머리말

행정사란 다른 사람의 위임을 받아 행정기관에 제출하는 서류의 작성, 번역, 제출 대행, 신청·청구 및 신고 등의 대리 등의 업무를 수행할 수 있는 법적 자격을 갖춘 자를 말합니다. 2013년부터 행정안전부 장관의 주관으로 행정사 시험이 시작되어 2025년 제13회 1차 시험이 끝났습니다. 이제 2026년 제14회 1차 시험을 준비할 때입니다.

행정사 1차 시험은 객관식 시험으로, 2차 시험은 주관식(논술 및 약술형) 시험으로 진행되고, 각 시험은 100점을 만점으로 하여 모든 과목의 점수가 40점 이상이고, 전 과목의 평균 점수가 60점 이상이면 합격하게 됩니다.

행정사는 2차 논술형 시험의 부담이 크기 때문에 1차 시험은 최소한의 시간 투자로 합격할 수 있도록 효율적인 공부를 해야 합니다. 이를 위하여 시대에듀에서는 13년간의 기출문제를 분석하여 기출쟁점 위주로 전과목을 효율적으로 정리한 『2026 시대에듀 행정사 1차 전과목 한권으로 끝내기』를 기획·출간하게 되었습니다.

『2026 시대에듀 행정사 1차 전과목 한권으로 끝내기』의 특징

첫째 행정사 1차 시험의 전과목(민법총칙, 행정법, 행정학개론)의 핵심내용을 진도별로 정리하여, 출제가능한 쟁점 위주로 효율적인 학습이 가능하도록 하였습니다.

둘째 2013년 제1회 시험부터 2025년 제13회 시험까지 13년간의 기출문제를 모두 분석하여 내용을 정리하고, 과목별 핵심내용에 기출연도를 표시함으로써 학습의 강약조절을 할 수 있도록 하였습니다.

셋째 최근 3년간 기출문제(필요한 경우에 한하여 그 이전 기출문제 추가) 및 상세한 해설을 수록하여 출제경향을 파악하고 문제풀이 연습을 할 수 있도록 하였습니다.

이 책이 행정사 시험에 도전하는 분들에게 합격을 위한 좋은 안내서가 되기를 바라며, 이 책으로 공부하는 수험생들 모두가 2026년 행정사 시험에 합격하기를 진심으로 기원합니다.

편저자 대표 **박종화**

이 책의 구성 및 특징

STEP 1
과목별 핵심이론 정리

행정사 1차 전과목(민법총칙, 행정법, 행정학개론)의 핵심이론을 정리하여 효율적인 학습이 가능하도록 하였습니다.

STEP 2
기출연도 표시

핵심이론에 13년간 기출연도를 모두 표시하여 출제의 빈도 및 최근 출제 경향을 파악할 수 있도록 하였습니다.

행정사

1차 전과목 한권으로 끝내기

민법총칙 / 행정법 / 행정학개론

끝까지 책임진다! 시대에듀!
QR코드를 통해 도서 출간 이후 발견된 오류나 개정법령, 변경된 시험 정보, 최신기출문제, 도서 업데이트 자료 등이 있는지 확인해 보세요!
시대에듀 합격 스마트 앱을 통해서도 알려 드리고 있으니 구글 플레이나 앱 스토어에서 다운받아 사용하세요.
또한, 파본 도서인 경우에는 구입하신 곳에서 교환해 드립니다.

편집진행 박종필·이재성 | **표지디자인** 현수빈 | **본문디자인** 표미영·임창규

2026 시대에듀 행정사 1차 전과목 한권으로 끝내기

Always with you

사람의 인연은 길에서 우연하게 만나거나 함께 살아가는 것만을 의미하지는 않습니다.
책을 펴내는 출판사와 그 책을 읽는 독자의 만남도 소중한 인연입니다.
시대에듀는 항상 독자의 마음을 헤아리기 위해 노력하고 있습니다. 늘 독자와 함께하겠습니다.

보다 깊이 있는 학습을 원하는 수험생들을 위한
시대에듀의 동영상 강의가 준비되어 있습니다.
www.sdedu.co.kr → 회원가입(로그인) → 강의살펴보기

합격의 공식 Formula of pass | 시대에듀 www.sdedu.co.kr

STEP 3
다양한 도표와 도해식 핵심정리

개념이해를 위한 다양한 도표와 도해식 핵심정리를 수록하여 보다 입체적으로 학습할 수 있도록 하였습니다.

STEP 4
기출문제

최근 3년간 기출문제(필요한 경우에 한하여 그 이전 기출문제 추가)를 수록하여 출제경향을 파악하고 문제풀이 연습을 할 수 있도록 하였습니다.

STEP 5
상세한 해설

최근 이론·법령·판례에 근거하여 정확하고 상세한 해설을 수록하여 기출문제를 완벽하게 이해할 수 있도록 하였습니다.

시험 안내

○ 행정사 개요

행정사는 다른 사람의 위임을 받아 행정기관에 제출하는 서류의 작성, 번역, 제출 대행, 신청·청구 및 신고 등의 대리 등의 업무를 수행하며, 다른 법률에 의하여 제한된 업무는 할 수 없습니다.

○ 수행직무(일반행정사의 경우)

❶ 행정기관에 제출하는 서류 또는 권리·의무나 사실증명에 관한 서류의 작성 및 제출 대행
❷ 인가·허가 및 면허 등을 받기 위하여 행정기관에 하는 신청·청구 및 신고 등의 대리
❸ 행정 관계 법령 및 행정에 대한 상담 또는 자문에 대한 응답
❹ 법령에 따라 위탁받은 사무의 사실 조사 및 확인

※ 해운 또는 해양안전심판에 관한 업무는 제외합니다.

○ 응시자격 및 결격사유

❶ 응시자격 : 제한 없음
  - 다만, 행정사법 시행령 제19조에 따라 부정행위자로 처리되어, 그 처분이 있는 날부터 5년이 지나지 않은 자는 시험에 응시할 수 없음
❷ 결격사유(행정사법 제6조)
  - 피성년후견인 또는 피한정후견인
  - 파산선고를 받고 복권되지 아니한 사람
  - 금고 이상의 실형을 선고받고 그 집행이 끝나거나(집행이 끝난 것으로 보는 경우 포함) 집행이 면제된 날부터 3년이 지나지 아니한 사람
  - 금고 이상의 형의 집행유예를 선고받고 그 유예기간이 끝난 날부터 2년이 지나지 아니한 사람
  - 금고 이상의 형의 선고유예를 받고 그 유예기간에 있는 사람
  - 공무원으로서 징계처분에 따라 파면되거나 해임된 후 3년이 지나지 아니한 사람
  - 행정사법 제30조(자격의 취소)에 따라 행정사 자격이 취소된 후 3년이 지나지 아니한 사람

※ 결격사유 심사기준일 : 최종 시험 시행일
※ 행정사법 제5조, 제6조에 따라 결격사유 심사기준일 기준 행정사가 될 수 없는 사유에 해당하는 것으로 확인된 경우에는 합격을 취소합니다.

○ 시험일정(2025년 제13회 시행공고 기준)

구 분	접수기간	시험일자	합격자발표	비 고
1차 시험	2025. 04. 14.(월)~04. 18.(금)	05. 31.(토)	07. 02.(수)	• 큐넷 행정사 홈페이지 접수 (모바일 큐넷 원서접수 불가) • 빈자리 접수 없음
2차 시험	2025. 07. 28.(월)~08. 01.(금)	09. 27.(토)	12. 10.(수)	

※ 원서접수시간은 원서접수 첫날 09:00부터 마지막 날 18:00까지임

○ 시험과목 및 검정방법

구 분	교 시	시험 과목	문항 수	시험시간
1차 시험	1	❶ 민법(총칙 관련 내용으로 한정) ❷ 행정법 ❸ 행정학개론(지방자치행정 포함)	과목당 25문항 (총 75문항)	75분 (09:30~10:45)
2차 시험	1 (공통)	❶ 민법(계약 관련 내용으로 한정) ❷ 행정절차론(행정절차법 포함)	과목당 4문항 (논술 1문제, 약술 3문제)	100분 (09:30~11:10)
	2	❶ 사무관리론(민원 처리에 관한 법률, 행정업무의 운영 및 혁신에 관한 규정 포함) ❷ 행정사실무법 • 행정심판사례 • 비송사건절차법		100분 (11:40~13:20)

※ 관련 법률 등을 적용하여 정답을 구해야 하는 문제는 '시험시행일' 현재 시행 중인 법률을 적용합니다.
※ 기활용된 문제, 기출문제 등도 변형 · 활용되어 출제될 수 있습니다.

○ 합격자 결정방법(행정사법 시행령 제17조)

1차 시험 및 2차 시험 합격자는 과목당 100점을 만점으로 하여 모든 과목의 점수가 40점 이상이고, 전 과목의 평균점수가 60점 이상인 사람으로 합니다.

※ 단, 제2차 시험 합격자가 최소선발인원보다 적은 경우에는 최소선발인원이 될 때까지 모든 과목의 점수가 40점 이상인 사람 중에서 전 과목 평균점수가 높은 순으로 합격자를 추가로 결정하고, 이 경우 동점자가 있어 최소선발인원을 초과하는 경우에는 그 동점자 모두를 합격자로 합니다.

출제경향 분석

2025년 행정사 1차 시험 출제경향

● 민법총칙

- 2025년 시험에서도 대부분의 문제가 기출쟁점에서 반복 출제되었습니다. 기출문제만 충분히 공부했어도 80점 이상의 점수를 받는 데 어려움이 없었을 것입니다. 실수가 없었다면 100점도 충분히 가능한 시험이었습니다.
- 민법총칙 25문제 총 124개 지문 중 판례를 알아야 하는 지문이 53개, 법조문을 알아야 하는 지문이 51개, 기타 이론이 20개 출제되었습니다.
- 2025년 시험에서는 사례문제가 2문제밖에 출제되지 않았고(2024년 시험에서는 5개의 사례문제가 출제됨), 박스형 문제도 1문제만 출제되어 시험장에서 문제가 더 쉽게 다가왔을 것입니다.
- 행정사 1차 시험 과목 중 민법총칙의 분량이 가장 적기 때문에 민법총칙에서 고득점을 하는 것이 1차 시험 합격의 지름길이라는 것을 다시 한 번 확인할 수 있는 시험이었습니다.

● 행정법

- 2025년 시험의 특징은 법조문의 내용을 묻는 문제가 많이 출제되었다는 것입니다. 총 112개의 지문 가운데 판례를 알아야 하는 지문이 35개, 법조문을 알아야 하는 지문이 77개 출제되었습니다.
- 행정사 1차 시험에 처음 출제되는 쟁점으로는 ① 법치행정의 원칙 및 법 적용기준에 관한 행정기본법 규정, ② 행정응원을 요청할 수 있는 경우에 관한 행정절차법 규정, ③ 공공기관의 정보공개에 관한 법률상 이의신청에 관한 규정, ④ 고정형 영상정보처리기기를 설치·운영할 수 있는 경우에 관한 개인정보 보호법 규정, ⑤ 행정상 강제에 관한 행정기본법 규정, ⑥ 부작위위법확인소송에 준용되는 취소소송에 관한 규정, ⑦ 경찰관의 직무범위에 관한 경찰관 직무집행법 규정이 있습니다.
- 처음 출제되는 문제가 7문제나 되어 행정법은 민법보다 더 어려웠을 것입니다. 그러나 나머지 18문제는 기출쟁점에서 출제되었으므로, 나머지 문제만 잘 풀었다면 70점 이상 득점하는 데는 어려움이 없었을 것입니다.
- 행정법은 전부 공부하려면 분량이 많으므로 기출쟁점(판례와 법조문) 위주로 공부할 수밖에 없습니다. 특히 각론은 대부분 기출쟁점에서 출제되므로 기출문제만 공부한다는 생각으로 접근해야 합니다.

● 행정학개론

- 2025년 시험에서 가장 큰 특징은 행정학개론에서 낯선 주제가 많이 출제되었다는 점입니다. 행정사 수험서는 물론 공무원 수험서에서도 제대로 소개되지 않은 쟁점도 출제되었습니다. 2025년 시험은 행정학개론이 가장 어려웠을 것으로 생각됩니다.
- 행정사 1차 시험에 처음 출제되는 쟁점으로는 ① 신공공관리의 시장성 테스트, ② 공공서비스 전달 방식 중 프랜차이즈, ③ 공무원 직무상 이해충돌, ④ 점증주의 예산이론, ⑤ 국가공무원법상 공무원이 준수해야 할 행동규범, ⑥ 채용시험의 효용성 판단 기준, ⑦ 교육훈련 방법 중 감수성 훈련, ⑧ 공직봉사동기(이론), ⑨ 지방자치법상 지방의회 의원의 징계 종류, ⑩ 지방자치법상 지방자치단체의 보조기관이 있습니다. 다만, 공부를 하지 않았더라도 문제를 읽고 일부 문제들은 충분히 해결할 수 있었을 것입니다.
- 2025년 시험에 낯선 주제들이 많이 출제되었다고 해서 행정사 1차 시험을 준비하기 위해 공무원 수험서를 보는 것은 비효율적입니다. 공부하지 않은 쟁점이 많이 나오더라도 행정학개론은 60점 이상만 득점해도 충분합니다. 따라서 행정학개론은 기출문제와 행정사 대비 기본서(또는 요약서) 위주로 공부하고, 분량이 적은 민법총칙과 2차 시험에도 연결되는 행정법은 고득점을 목표로 준비하는 것이 바람직합니다.

13년간 출제경향 분석

민법총칙

출제영역		연도별 출제문항 수												합계
		13	14	15	16	17	18	19	20	21	22	23	24	25	
민법서론 (2.6%)	서 설														
	민법의 법원	1	1		1	1	1	1		1			1		8
권리 일반 (4.6%)	법률관계와 권리·의무						1			1					2
	신의성실의 원칙	1	1	1	1	1		1	1	1	1	1	1	1	12
권리의 주체 (23.6%)	서 설														
	자연인	3	2	2	3	2	2	2	2	2	2	5	3	3	33
	법 인	3	3	3	3	3	3	4	3	3	3	2	3	3	39
권리의 객체 (4.2%)	물 건	1	1	1	1	1	1	1	1	1	1	1	1	1	13
권리의 변동 (49.2%)	서 설			1								2		2	5
	법률행위	1	2	1	1	2	2	3	3	1	2	3	2	2	25
	의사표시	3	3	2	2	3	3	3	3	3	4	3	4	2	38
	법률행위의 대리	3	2	4	3	4	5	3	3	7	3	2	2	1	42
	법률행위의 무효와 취소	1	1	1	2	3	2	3	3	2	3	1	2	3	27
	법률행위의 부관	1	1	1	1	1	1	1	1		1	1	2	1	13
기 간 (4.3%)	기간의 계산	1	1	1	1	1	1	1	1	1	1	1	1	1	13
소멸시효 (11.5%)	서 설								1		1		1	1	4
	소멸시효의 요건				1	2		2	2	1	2	2	2	2	16
	소멸시효의 중단과 정지	1	1	1	1	1	1		1		1	1	1		10
	소멸시효완성의 효과	1	1				2			1					5
합 계		20	20	20	20	25	25	25	25	25	25	25	25	25	305

※ 2017년부터 20문제에서 25문제로 문항수가 변경됨

출제경향 분석

행정법

출제영역		연도별 출제문항 수												합계
		13	14	15	16	17	18	19	20	21	22	23	24	25	
행정법통론 (7.9%)	행정과 행정법			1				1					1		3
	법치행정의 원칙						1		1			1		1	4
	행정법의 법원				1						1				2
	행정법의 일반원칙	1	1					1		1	1			1	6
	행정상의 법률관계		1			1	1						1		4
	행정법관계의 변동	1			1			1	1		1				5
행정작용법 (24.6%)	행정입법	1		2	2	3	1	1	1	2	1	2	1	1	18
	행정행위	3	4	1	3	4	3	5	3	4	3	2	3	2	40
	그 밖의 행정의 주요행위형식	1	1	3		1	2		1	1	2	2	1	2	17
행정절차 및 행정정보공개 등 (13.1%)	행정절차	1	1	2	1	1	2		2	3	1	2	3	2	21
	정보공개제도와 개인정보 보호제도	1	1	2	1	2	1	2	1	2	2	1	1	2	19
행정상의 의무이행 확보수단 (8.2%)	총 설													1	1
	행정상 강제집행	1		1	1	1		1	1	2	1	1	1	1	13
	행정상 즉시강제														
	행정벌	1	1		1	1	1	1	1			1	1		9
	새로운 의무이행 확보수단		1								1				2
행정구제법 (20.6%)	행정상 손해전보제도	2	2			1	2	2	2	2	1	1	1		16
	행정심판	1		1	1	2	1	1	1	1	2	2	1	1	15
	행정소송	1	2	2	2	2	4	3	4	2	1	3	3	3	32
행정조직법 (15.1%)	행정조직법의 의의	2			1	2	2	1	2	2	2	1		2	19
	지방자치법	2	1	2	1	1	1	1	2	1	1	1	1	1	16
	공무원법		1		1	1		1		2	1	2	1	1	11
특별행정작용법 (10.5%)	경찰행정법			1	1	1	1				1	1	1	1	9
	공물법	1	2	1	1	2	1	1	1	1	1	1	2	1	16
	공용부담법		1	1			1						1		4
	기타 특별행정작용법				1							1		1	3
합 계		20	20	20	20	25	25	25	25	25	25	25	25	25	305

※ 2017년부터 20문제에서 25문제로 문항수가 변경됨

행정학개론

출제영역		연도별 출제문항 수													합계
		13	14	15	16	17	18	19	20	21	22	23	24	25	
행정학의 기초이론 (21.8%)	행정의 본질	2	1	1	1			1	2						8
	행정의 지향과 가치		2	1	1	1	2	1				2	1	1	12
	행정학의 특징과 체계		1		1		2	1		1			1	2	9
	시장실패와 정부실패					1	1	1	1		1	1	1		7
	행정학의 주요이론	2	1	1	2	3	3	3	3	4	2	3	1	5	33
정책론 (13.5%)	정책과 정책학의 본질	2			1		1		2				1		7
	정책의제와 정책목표					1				1	1			1	4
	정책과정의 참여자와 참여자 간 관계	1		1			1				1	1	1	1	7
	정책분석과 미래예측									1	1		1	1	4
	정책결정		1	1	1	1		1					1	1	7
	정책집행			1	1					1	2	1		1	7
	정책평가와 환류		1			1	1	2		1					6
조직론 (14.7%)	조직과 조직이론												1		1
	조직구조론	2	2	2	1	3	2	2	2	2	4	3	3	1	29
	조직환경론							1							1
	조직관리론			1	1	1	2		1	1		1		1	9
	조직의 혁신		2				1								3
인사행정론 (12.5%)	인사행정의 기초이론		1			1	1		1	1	1		1		8
	공직(공무원)의 구분				1	2			1		1		1		6
	공무원의 임용	1					1		1				1	1	5
	공무원의 능력발전		1	1						1	1	1			5
	공무원의 복지와 사기							1	1	1				1	4
	공직윤리와 부패	1		1	1	1		2		1	1	1	1	2	12
재무행정론 (11.4%)	예산의 개념과 본질		1		1	1		1				1	1		6
	예산의 종류	2		1		2	1	1	1	1				1	10
	예산제도			1		1			1			1	1	1	6
	예산과정	1	1		2		1	1	1	1	2	1	1	1	13
행정환류론 (11.8%)	행정책임과 통제	2	1	1	1		1		2	1	1		1		11
	행정개혁		1	1				1	1	2	2	2			10
	정보화와 행정	1		1	1	1		2	1	1	1	1	1		12
지방자치론 (14.3%)	지방자치의 기초이론	1				1		1		1	1	1	2		8
	지방자치단체와 국가의 관계	1			1	1	1		1			1		1	8
	지방자치단체의 종류, 기관과 사무			2					1		1	1	1	2	8
	지방자치단체의 재정	1	1	2	1	1	1	1	1	1					11
	지방자치와 주민		2		1	1		1			1		2		8
합 계		20	20	20	20	25	25	25	25	25	25	25	25	25	305

※ 2017년부터 20문제에서 25문제로 문항수가 변경됨

이 책의 차례

1권 민법총칙

- 제1장 민법서론 · 006
- 제2장 권리 일반 · 017
- 제3장 권리의 주체 · 036
- 제4장 권리의 객체(물건) · 122
- 제5장 권리의 변동 · 136
- 제6장 기 간 · 278
- 제7장 소멸시효 · 286

2권 행정법

- 제1장 행정법통론 · 006
- 제2장 행정작용법 · 050
- 제3장 행정절차 및 행정정보공개 등 · 172
- 제4장 행정상의 의무이행확보수단 · 228
- 제5장 행정구제법 · 275
- 제6장 행정조직법 · 439
- 제7장 특별행정작용법 · 516

3권 행정학개론

- 제1장 행정학의 기초이론 · 006
- 제2장 정책론 · 089
- 제3장 조직론 · 168
- 제4장 인사행정론 · 228
- 제5장 재무행정론 · 274
- 제6장 행정환류론 · 315
- 제7장 지방자치론 · 340

행정사

1차 전과목 한권으로 끝내기

민법총칙

끝까지 책임진다! 시대에듀!
QR코드를 통해 도서 출간 이후 발견된 오류나 개정법령, 변경된 시험 정보, 최신기출문제, 도서 업데이트 자료 등이 있는지 확인해 보세요!
시대에듀 합격 스마트 앱을 통해서도 알려 드리고 있으니 구글 플레이나 앱 스토어에서 다운받아 사용하세요.
또한, 파본 도서인 경우에는 구입하신 곳에서 교환해 드립니다.

편집진행 박종필·이재성 | **표지디자인** 현수빈 | **본문디자인** 표미영·임창규

이 책의 차례

1권 민법총칙

제1장 민법서론
- 제1절 서 설 · 006
- 제2절 민법의 법원(法源) · 007
- 확인학습문제 · 013

제2장 권리 일반
- 제1절 법률관계와 권리 · 의무 · 017
- 제2절 신의성실의 원칙 · 020
- 확인학습문제 · 030

제3장 권리의 주체
- 제1절 서 설 · 036
- 제2절 자연인 · 037
- 제3절 법 인 · 063
- 확인학습문제 · 095

제4장 권리의 객체(물건)
- 제1절 서 설 · 122
- 제2절 물 건 · 122
- 제3절 동산과 부동산 · 124
- 제4절 주물과 종물 · 127
- 제5절 원물과 과실 · 129
- 확인학습문제 · 131

제5장 권리의 변동

- 제1절 서 설 · **136**
- 제2절 법률행위 · **139**
- 제3절 의사표시 · **154**
- 제4절 법률행위의 대리 · · · · · · · · · · · · · · · · · · · **175**
- 제5절 법률행위의 무효와 취소 · · · · · · · · · · · · **198**
- 제6절 법률행위의 부관 · · · · · · · · · · · · · · · · · · · **213**
- 확인학습문제 · **221**

제6장 기 간

- 제1절 기 간 · **278**
- 확인학습문제 · **281**

제7장 소멸시효

- 제1절 서 설 · **286**
- 제2절 소멸시효의 요건 · · · · · · · · · · · · · · · · · · · **289**
- 제3절 소멸시효의 중단과 정지 · · · · · · · · · · · · **296**
- 제4절 소멸시효완성의 효과 · · · · · · · · · · · · · · · **305**
- 확인학습문제 · **308**

PART 1 민법총칙

제1장	민법서론
제2장	권리 일반
제3장	권리의 주체
제4장	권리의 객체(물건)
제5장	권리의 변동
제6장	기 간
제7장	소멸시효

제1장 민법서론

학습 Key word
1. 민법의 법원(法源)에 관한 민법 제1조를 학습한다.
2. 성문민법과 불문민법, 특히 관습법과 사실인 관습에 대해 학습한다.

제1절 서 설

I. 민법의 의의

민법은 형식적으로 민법이라는 이름의 성문법전, 즉 민법전을 가리키지만, 실질적으로는 법질서 안에서의 지위에 착안하여 모든 사람들에게 일반적으로 적용되는 사법, 즉 일반사법을 말한다.

II. 민법의 성질

1. 사법으로서의 민법

사법(私法)으로서의 민법의 내용에는 재산관계와 가족관계가 포함되어 있으며, 재산관계를 규율하는 법을 재산법(물권법, 채권법)이라 하고, 가족관계를 규율하는 법을 가족법(친족·상속법)이라 한다.

2. 일반사법으로서의 민법

민법은 일반법으로 사람·사항·장소 등에 특별한 제한 없이 일반적으로 적용되는 법이다. 한편 특정한 사람·사항·장소에 관하여만 적용되는 사법을 특별사법이라 한다. 일반법과 특별법을 구별하는 실익은 일반법과 특별법이 충돌되면 「특별법 우선의 원칙」에 따라 특별법이 먼저 적용되고, 특별법이 규율하지 않는 사항에 대하여 일반법이 적용된다는 점이다.

3. 실체법

민법은 실체법으로 직접 법률관계 자체, 즉 권리·의무에 관하여 규율하는 법이다. 이에 반하여 절차법은 권리·의무를 실현하는 절차를 정하는 법으로 민사소송법, 민사집행법, 가사소송법 등이 있다.

Ⅲ 민법의 형식

1. 형식적 의미의 민법
1958.2.22. 제정·공포되어 1960.1.1. 시행되고 있는 민법전을 의미한다.

2. 실질적 의미의 민법
특별사법 및 절차법을 제외한 모든 사람들에게 일반적으로 적용되는 사법, 즉 일반사법을 의미한다.

3. 형식적 의미의 민법이지만 실질적 의미의 민법은 아닌 것
민법전에 규정되어 있으나 민사에 관한 법률관계를 규율하지 않고, 그 내용이 행정벌이나 절차법에 관한 것인 경우가 있다.
① 행정벌 : 법인의 이사, 감사, 청산인에 대한 벌칙규정(민법 제97조) 등
② 절차법 : 강제이행에 관한 규정(민법 제389조) 등

제2절 민법의 법원(法源)

> **민법 제1조(법원)** 기출 15
> 민사에 관하여 '법률'에 규정이 없으면 '관습법'에 의하고 관습법이 없으면 '조리'에 의한다.

Ⅰ 의 의

1. 개 념
일반적으로 법원(法源)이란 '법의 존재형식' 내지 '법을 인식하는 근거가 되는 자료'로서의 의미를 갖는다.

2. 성문법과 불문법
성문법은 문장의 형식으로 표현되고 일정한 형식 및 절차에 따라서 제정되는 법이며, 성문법이 아닌 법을 불문법이라 한다.

3. 민법 제1조의 해석

① **법원의 종류 및 적용순서** : 민법 제1조는 민법의 법원과 그 적용순서를 정하고 있다. 즉, 법률, 관습법 및 조리를 법원으로 인정하고, 이들의 적용순서에 관하여 1차적으로 법률, 법률이 없으면 관습법, 관습법도 없으면 조리에 의하도록 정하고 있는 것이다.
② **민사** : '민사'란 널리 사법관계를 의미한다.
③ **법률** : 민법 제1조의 법률은 형식적 의미의 법률만을 의미하는 것이 아니라 모든 법규범, 즉 성문법(제정법)을 통칭한다(예 법률, 명령, 조례, 규칙 등). 기출 19

Ⅱ 성문법

1. 법 률

① 국회가 제정한 '형식적 의미의 법률'을 의미하며, 헌법이 정하는 절차에 따라 제정·공포되는 것을 말한다(헌법 제53조 참조). 여기에는 민법전과 민법전 이외의 법률(예 주택임대차보호법, 부동산등기법 등)이 있다.
② 헌법상 대통령의 긴급명령·긴급재정경제명령은 법률과 같은 효력이 있으므로, 민사에 관한 것이면 민법의 법원이 된다.

2. 명 령

국회가 아닌 다른 국가기관이 일정한 절차를 거쳐서 제정하는 법규로 제정권자에 따라서 대통령령·총리령·부령으로 나누어진다. 명령도 민사에 관하여 규정하고 있는 경우 민법의 법원이 된다.

3. 대법원규칙

대법원은 법률에 저촉되지 않는 범위 안에서 소송에 관한 절차, 법원의 내부규칙과 사무처리에 관한 규칙을 제정할 수 있는데(헌법 제108조), 이러한 대법원규칙(예 공탁규칙)이 민사에 관한 것이라면 민법의 법원이 된다.

4. 조 약

헌법에 의하여 체결·공포된 조약과 일반적으로 승인된 국제법규는 국내법과 같은 효력을 가지므로(헌법 제6조 제1항), 비준·공포된 조약이 민사에 관한 것이면 민법의 법원(法源)이 된다. 기출 22·19·15

5. 자치법규

지방자치단체가 법률의 범위 내에서 그의 사무에 관하여 제정하는 조례나 규칙 속에 민사법규를 포함하는 경우에는 민법의 법원이 된다.

Ⅲ 불문법

불문민법으로는 민법 제1조가 규정하고 있는 관습법과 조리가 있다. 또한 학설상으로 논의되는 판례와 헌법재판소결정에 대하여도 검토한다.

1. 관습법

(1) 관습법의 의의

관습법이란 사회의 거듭된 관행으로 생성한 사회생활규범이 사회의 법적 확신과 인식에 의하여 법적 규범으로 승인·강행되기에 이르는 것을 말하고, 관습법은 바로 법원(法源)으로서 법령과 같은 효력을 갖는 관습으로서 '법령에 저촉되지 않는 한' 법칙으로서의 효력이 있다(대판 1983.6.14. 80다3231). 기출 22·20·18·17

(2) 관습법의 성립

관행의 존재와 그 관행에 대한 일반적인 법적 확신의 취득으로 성립한다.

> [1] 관습법이란 사회의 거듭된 관행으로 생성한 사회생활규범이 사회의 법적 확신과 인식에 의하여 법적 규범으로 승인·강행되기에 이른 것을 말하고, 기출 20·17 그러한 관습법은 법원(法源)으로서 법령에 저촉되지 아니하는 한 법칙으로서의 효력이 있는 것이고, 기출 22·18 또 사회의 거듭된 관행으로 생성한 어떤 사회생활규범이 법적 규범으로 승인되기에 이르렀다고 하기 위하여는 헌법을 최상위 규범으로 하는 전체 법질서에 반하지 아니하는 것으로서 정당성과 합리성이 있다고 인정될 수 있는 것이어야 하고, 기출 14 그렇지 아니한 사회생활규범은 비록 그것이 사회의 거듭된 관행으로 생성된 것이라고 할지라도 이를 법적 규범으로 삼아 관습법으로서의 효력을 인정할 수 없다. 기출 19
> [2] 사회의 거듭된 관행으로 생성된 사회생활규범이 관습법으로 승인되었다고 하더라도 사회 구성원들이 그러한 관행의 법적 구속력에 대하여 확신을 갖지 않게 되었다거나, 사회를 지배하는 기본적 이념이나 사회질서의 변화로 인하여 그러한 관습법을 적용하여야 할 시점에 있어서의 전체 법질서에 부합하지 않게 되었다면 그러한 관습법은 법적 규범으로서의 효력이 부정될 수밖에 없다. 기출 20·18·15·14
> [3] [다수의견] 종원의 자격을 성년남자로만 제한하고 여성에게는 종원의 자격을 부여하지 않는 종래 관습에 대하여 우리 사회 구성원들이 가지고 있던 법적 확신은 상당 부분 흔들리거나 약화되어 있고, 무엇보다도 헌법을 최상위 규범으로 하는 우리의 전체 법질서는 개인의 존엄과 양성의 평등을 기초로 한 가족생활을 보장하고, 가족 내의 실질적인 권리와 의무에 있어서 남녀의 차별을 두지 아니하며, 정치·경제·사회·문화 등 모든 영역에서 여성에 대한 차별을 철폐하고 남녀평등을 실현하는 방향으로 변화되어 왔으며, 앞으로도 이러한 남녀평등의 원칙은 더욱 강화될 것인바, 종중은 공동선조의 분묘수호와 봉제사 및 종원 상호 간의 친목을 목적으로 형성되는 종족단체로서 공동선조의 사망과 동시에 그 후손에 의하여 자연발생적으로 성립하는 것임에도, 공동선조의 후손 중 성년 남자만을 종중의 구성원으로 하고 여성은 종중의 구성원이 될 수 없다는 종래의 관습은, 공동선조의 분묘수호와 봉제사 등 종중의 활동에 참여할 기회를 출생에서 비롯되는 성별만에 의하여 생래적으로 부여하거나 원천적으로 박탈하는 것으로서, 위와 같이 변화된 우리의 전체 법질서에 부합하지 아니하여 정당성과 합리성이 있다고 할 수 없으므로, 종중 구성원의 자격을 성년 남자만으로 제한하는 종래의 관습법은 이제 더 이상 법적 효력을 가질 수 없게 되었다.
> [4] [다수의견] 종중이란 공동선조의 분묘수호와 제사 및 종원 상호 간의 친목 등을 목적으로 하여 구성되는 자연발생적인 종족집단이므로, 종중의 이러한 목적과 본질에 비추어 볼 때 공동선조와 성과 본을 같이 하는 후손은 성별의 구별 없이 성년이 되면 당연히 그 구성원이 된다고 보는 것이 조리에 합당하다(대판 2005.7.21. 2002다1178[전합]). 기출 22·15

(3) 관습법의 효력

1) 제정법(성문법)에 대한 열후적·보충적 효력

관습법은 법원(法源)으로서 법령과 같은 효력을 갖는 관습으로서 법령에 저촉되지 않는 한 법칙으로서의 효력이 있는 것이다. `기출 25·22·17·14` 즉, 관습법은 성문법에 대하여 보충적 효력을 갖는다.

2) 위헌법률심판의 대상

관습법은 비록 형식적 의미의 법률은 아니지만 실질적으로는 법률과 같은 효력을 갖는 것이므로 위헌법률심판의 대상이 된다(헌재 2013.2.28. 2009헌바129). `기출 22`

> **[호주가 사망한 경우 딸에게 분재청구권을 인정하지 아니한 구 관습법(이하 '이 사건 관습법'이라 한다)이 헌법재판소법 제68조 제2항에 의한 헌법소원심판의 대상이 되는지 여부(적극)]**
> 법률과 동일한 효력을 갖는 조약 등을 위헌법률심판의 대상으로 삼는 것은 헌법을 최고규범으로 하는 법질서의 통일성과 법적 안정성을 확보할 수 있을 뿐만 아니라, 합헌적인 법률에 의한 재판을 가능하게 하여 궁극적으로는 국민의 기본권 보장에 기여할 수 있다. 그런데 이 사건 관습법은 민법 시행 이전에 상속을 규율하는 법률이 없는 상황에서 재산상속에 관하여 적용된 규범으로서 비록 형식적 의미의 법률은 아니지만 실질적으로는 법률과 같은 효력을 갖는 것이므로 위헌법률심판의 대상이 된다(헌재결 2013.2.28. 2009헌바129). `기출 22`

3) 주장·입증책임

① 법령과 같은 효력을 갖는 관습법은 당사자의 주장·입증(증명)을 기다림이 없이 법원이 직권으로 확정하여야 한다(대판 1983.6.14. 80다3231). `기출 25·22·19·18·15`

② 다만, 관습은 그 존부 자체도 명확하지 않을 뿐만 아니라 그 관습이 사회의 법적 확신이나 법적 인식에 의하여 법적 규범으로까지 승인되었는지의 여부를 가리기는 더욱 어려운 일이므로, 법원이 이를 알 수 없는 경우 결국은 당사자가 이를 주장·입증할 필요가 있다(대판 1983.6.14. 80다3231).

4) 관련판례

> - 온천에 관한 권리는 관습상의 물권이나 준물권이라 할 수 없다(대판 1972.8.29. 72다1243).
> - 미등기 무허가건물의 양수인(= 취득자)이라 할지라도 그 소유권이전등기를 경료받지 않는 한 그 건물에 대한 소유권을 취득할 수 없고, 그러한 상태의 건물 양수인에게 소유권에 준하는 관습상의 물권이 있다고 볼 수도 없다(대판 2007.6.15. 2007다11347). `기출 25`
> - 타인 소유의 토지에 분묘를 설치한 경우에 20년간 평온, 공연하게 분묘의 기지를 점유하면 지상권과 유사한 관습상의 물권인 분묘기지권을 시효로 취득한다는 법적 규범은 2000.1.12. 법률 제6158호로 전부 개정된 '장사 등에 관한 법률'의 시행일인 2001.1.13. 이전에 설치된 분묘에 관하여 현재까지 유지되고 있다고 보아야 한다(대판 2017.1.19. 2013다17292[전합]).
> - 2000.1.12. 법률 제6158호로 전부 개정된 구 「장사 등에 관한 법률」의 시행일인 2001.1.13. 이전에 타인의 토지에 분묘를 설치한 다음 20년간 평온·공연하게 분묘의 기지(基地)를 점유함으로써 분묘기지권을 시효로 취득하였더라도, 분묘기지권자는 토지소유자가 분묘기지에 관한 지료를 청구하면 그 청구한 날부터의 지료를 지급할 의무가 있다고 보아야 한다(대판 2021.4.29. 2017다228007[전합]). `기출 25`
> - 수목의 집단에 대한 공시방법인 명인방법은 판례에 의하여 확인된 관습법이다(대판 1967.2.28. 66다2442). `기출 18`
>   → 수목은 본래 그것이 자라고 있는 토지의 정착물로서 토지의 일부임이 원칙이나, 수목의 집단이 '명인방법'이라는 관습법상의 공시방법을 갖춘 때에는 독립한 '부동산'으로서 거래의 목적이 된다는 것이다. 그러나 수목의 집단은 오로지 소유권의 객체가 될 뿐이고, 다른 권리의 목적으로 하지는 못한다.

- (호주가 사망한 경우 딸에게 분재청구권을 인정하지 아니한) 이 사건 관습법은 민법 시행 이전에 상속을 규율하는 법률이 없는 상황에서 재산상속에 관하여 적용된 규범으로서 비록 형식적 의미의 법률은 아니지만 실질적으로는 법률과 같은 효력을 갖는 것이므로 위헌법률심판의 대상이 된다(헌재 2013.2.28. 2009헌바129). 기출 22
- 제정 민법이 시행되기 전에 존재하던 관습 중 "상속회복청구권은 상속이 개시된 날부터 20년이 경과하면 소멸한다."는 내용의 관습은 이를 적용하게 되면 20년의 경과 후에 상속권침해가 있을 때에는 침해행위와 동시에 진정상속인은 권리를 잃고 구제를 받을 수 없는 결과가 되므로 소유권은 원래 소멸시효의 적용을 받지 않는다는 권리의 속성에 반할 뿐 아니라 진정상속인으로 하여금 참칭상속인에 의한 재산권침해를 사실상 방어할 수 없게 만드는 결과로 되어 불합리하고, 헌법을 최상위 규범으로 하는 법질서 전체의 이념에도 부합하지 아니하여 정당성이 없으므로, 위 관습에 법적 규범인 관습법으로서의 효력을 인정할 수 없다(대판 2003.7.24. 2001다48781).

5) 대법원의 판례변경을 통한 관습법의 효력 부정

대법원은 전원합의체에서 판례변경을 통하여, 종중 구성원의 자격을 공동선조의 후손 중 성년의 남자로만 제한하고 여성은 종중의 구성원이 될 수 없다는 종래의 관습법의 효력을 부정한 바 있다(대판 2005.7.21. 2002다1178 [전합]).

(4) 구별 개념 : 사실인 관습

1) 의 의

사실인 관습은 사회의 관행에 의하여 발생한 사회생활규범인 점에서 관습법과 같으나, 사회의 법적 확신이나 인식에 의하여 법적 규범으로서 승인된 정도에 이르지 않은 것이다(대판 1983.6.14. 80다3231).

2) 법적 효력

① 사실인 관습은 법원(法源)으로서의 효력이 인정되지 않는다. 기출 17·14
② 사실인 관습은 법령으로서의 효력이 없는 단순한 관행으로서 법률행위의 당사자의 의사를 보충함에 그치는 것이다. 기출 20·14
③ 사실인 관습은 사적자치가 인정되는 분야, 즉 그 분야의 제정법이 주로 '임의규정'일 경우에는 법률행위의 해석기준으로서 또는 의사를 보충하는 기능으로서 이를 재판의 자료로 할 수 있다(대판 1983.6.14. 80다3231). 기출 25
④ 그 분야의 제정법이 주로 '강행규정'일 경우에는 그 강행규정 자체에 결함이 있거나 강행규정 스스로가 관습에 따르도록 위임한 경우 등 이외에는 사실인 관습에 법적 효력을 부여할 수 없다(대판 1983.6.14. 80다3231).

3) 주장·입증책임

사실인 관습은 그 존재를 당사자가 주장·입증(증명)하여야 한다(대판 1983.6.14. 80다3231). 기출 17

2. 조리

(1) 조리의 의의

조리란 사물의 본성·자연의 이치를 말하며, 경험칙·사회통념·법의 일반원리 등으로 표현된다. 조리가 법원인지에 대해서는 학설의 대립이 있으나, 판례는 '섭외적 사건에 관하여 외국법규가 적용되는 경우, 법원에 관한 민사상 대원칙에 따라 외국법률, 외국관습법, 조리의 순으로 법원이 되는 것'이라고 판시한 적이 있다(대판 2000.6.9. 98다35037).

(2) 조리에 해당하는 사례

공동선조와 성과 본을 같이 하는 후손은 성별의 구별 없이 성년이 되면 당연히 그 구성원이 된다고 보는 것이 조리에 합당하다(대판 2005.7.21. 2002다1178[전합]). 기출 22

3. 판례

① 불문법 국가인 영미법계 국가에서는 판례를 중요한 법원(法源)으로 보나, 성문법계 국가(예 독일, 프랑스, 대한민국)에서는 판례의 법원성에 대한 견해의 대립이 있다.

② 법원조직법은 "상급법원 재판에서의 판단은 해당 사건에 관하여 하급심을 기속한다"라고 규정하고 있으나(법원조직법 제8조), 이것은 당해 사건에 한정되는 것이고, 동종의 다른 사건에 대해서까지 하급심을 기속한다는 의미는 아니다.

③ 한편 법원조직법에서는 대법원의 판례변경은 대법관 전원의 3분의 2 이상의 전원합의체에서 과반수로 결정하도록 규정하고 있고(법원조직법 제7조 제1항 제3호), 소액사건심판법에서는 대법원 판례 위반을 상고 또는 재항고 사유로 규정하고 있지만(소액사건심판법 제3조 제2호), 이는 판례의 변경을 신중하게 하려는 정책적 배려이므로 판례의 법원성 인정여부와는 직접 관련이 없다고 보아야 한다.

4. 헌법재판소의 결정

헌법재판소의 결정은 법원 기타 국가기관과 지방자치단체를 기속하므로(헌재법 제47조, 제67조, 제75조), 그 결정내용이 민사에 관한 것인 한 민법의 법원(法源)이 된다.

제1장 민법서론

⊃ 확인학습문제

| 제1절 | 서 설 |

| 제2절 | 민법의 법원(法源) |

01 민법의 법원(法源)에 관한 설명으로 옳지 않은 것은?(다툼이 있으면 판례에 따름)

22 행정사 제10회

① 헌법에 의하여 체결·공포된 민사에 관한 조약은 민법의 법원(法源)이 될 수 있다.
② 관습법은 헌법재판소의 위헌법률심판의 대상이 아니다.
③ 관습법의 존재는 특별한 사정이 없으면 당사자의 주장·증명을 기다릴 필요 없이 법원이 직권으로 확정하여야 한다.
④ 사실인 관습은 법원(法源)으로서 법령에 저촉되지 않는 한 법칙으로서의 효력이 있다.
⑤ 공동선조와 성과 본을 같이 하는 후손은 성별의 구별 없이 성년이 되면 당연히 종중의 구성원이 된다고 보는 것이 조리에 합당하다.

해설

[❶▶○] 헌법에 의하여 체결·공포된 조약과 일반적으로 승인된 국제법규는 국내법과 같은 효력을 가지므로(헌법 제6조 제1항), 비준·공포된 조약이 민사에 관한 것이면 민법의 법원(法源)이 된다.
[❷▶×] (호주가 사망한 경우 딸에게 분재청구권을 인정하지 아니한) 이 사건 관습법은 민법 시행 이전에 상속을 규율하는 법률이 없는 상황에서 재산상속에 관하여 적용된 규범으로서 비록 형식적 의미의 법률은 아니지만 실질적으로는 법률과 같은 효력을 갖는 것이므로 위헌법률심판의 대상이 된다(헌재 2013.2.28. 2009헌바129).
[❸▶○] 법령과 같은 효력을 갖는 관습법은 당사자의 주장 입증을 기다림이 없이 법원이 직권으로 이를 확정하여야 한다(대판 1983.6.14. 80다3231). → 관습법의 존재는 법원의 직권조사사항이다.
[❹▶×] 관습법은 법령에 저촉되지 아니하는 한 법칙으로서의 효력이 있으나, 사실인 관습은 단순한 관행으로서 법률행위의 당사자의 의사를 보충함에 그치는 것이다(대판 1983.6.14. 80다3231).
[❺▶○] 공동선조와 성과 본을 같이 하는 후손은 성별의 구별 없이 성년이 되면 당연히 그 구성원이 된다고 보는 것이 조리에 합당하다(대판 2005.7.21. 2002다1178[전합]).

답 ❷, ❹

02 민법의 법원(法源)인 관습법에 관한 설명으로 옳지 않은 것은?(다툼이 있으면 판례에 따름)

① 관습법이란 사회의 거듭된 관행으로 생성된 사회생활규범이 사회의 법적 확신과 인식에 의하여 법적 규범으로 승인·강행되기에 이른 것을 말한다.
② 어떤 관행이 관습법으로 승인된 이상, 사회구성원들이 그러한 관행의 법적 구속력에 대하여 확신을 갖지 않게 되었더라도, 그 관습법은 법규범으로서의 효력에 영향을 받지 않는다.
③ 관습법의 존재는 당사자의 주장·증명이 없어도 법원이 직권으로 이를 확정할 수 있다.
④ 수목의 집단에 대한 공시방법인 명인방법은 판례에 의하여 확인된 관습법이다.
⑤ 관습법은 법령에 저촉되지 아니하는 한 법칙으로서의 효력이 있다.

해설

[❶ ▶ ○] 관습법이란 사회의 거듭된 관행으로 생성한 사회생활규범이 사회의 법적 확신과 인식에 의하여 법적 규범으로 승인·강행되기에 이른 것을 말한다(대판 2005.7.21. 2002다1178[전합]).

[❷ ▶ ✕] 사회의 거듭된 관행으로 생성된 사회생활규범이 관습법으로 승인되었다고 하더라도 사회 구성원들이 그러한 관행의 법적 구속력에 대하여 확신을 갖지 않게 되었다거나, 사회를 지배하는 기본적 이념이나 사회질서의 변화로 인하여 그러한 관습법을 적용하여야 할 시점에 있어서의 전체 법질서에 부합하지 않게 되었다면 그러한 관습법은 법적 규범으로서의 효력이 부정될 수밖에 없다(대판 2005.7.21. 2002다1178[전합]).

[❸ ▶ ○] 법령과 같은 효력을 갖는 관습법은 당사자의 주장 입증을 기다림이 없이 법원이 직권으로 이를 확정하여야 한다(대판 1983.6.14. 80다3231). → 관습법의 존재는 법원의 직권조사사항이다.

[❹ ▶ ○] 수목의 집단에 대한 공시방법인 명인방법은 판례에 의하여 확인된 관습법이다(대판 1967.2.28. 66다2442). 수목은 본래 그것이 자라고 있는 토지의 정착물로서 토지의 일부임이 원칙이나, 수목의 집단을 특히 '명인방법'이라는 관습법상의 공시방법을 갖춘 때에는 독립한 '부동산'으로서 거래의 목적이 된다는 것이다. 그러나 그것은 오로지 소유권의 객체가 될 뿐이고, 다른 권리의 목적으로 하지는 못한다.

[❺ ▶ ○] 관습법은 법령에 저촉되지 아니하는 한 법칙으로서의 효력이 있으나, 사실인 관습은 단순한 관행으로서 법률행위의 당사자의 의사를 보충함에 그치는 것이다(대판 1983.6.14. 80다3231).

답 ❷

03 관습법과 사실인 관습에 관한 설명으로 옳은 것은?(다툼이 있으면 판례에 따름)

25 행정사 제13회

① 미등기 무허가건물의 취득자에게는 소유권에 준하는 관습법상의 물권이 있다.
② 사실인 관습은 법원(法源)으로서 법령에 저촉되지 않는 한 법칙으로서의 효력이 있다.
③ 시효로 관습법상 분묘기지권을 취득한 사람은 토지소유자가 분묘기지에 관한 지료를 청구하면 그 청구한 날부터의 지료를 지급하여야 한다.
④ 관습법은 그 존재를 당사자가 주장, 증명하여야 하고, 법원이 직권으로 확정할 수 없다.
⑤ 사실인 관습은 관련 분야의 제정법이 강행규정이라도 특별한 사정이 없는 한 법률행위의 의사를 보충하는 기능으로서 재판의 자료로 할 수 있다.

해설

[❶ ▶ ×] 미등기 무허가건물의 양수인(= 취득자)이라 할지라도 그 소유권이전등기를 경료받지 않는 한 그 건물에 대한 소유권을 취득할 수 없고, 그러한 상태의 건물 양수인에게 소유권에 준하는 관습(법)상의 물권이 있다고 볼 수도 없다(대판 2007.6.15. 2007다11347).

[❷ ▶ ×] 법원(法源)으로서 법령에 저촉되지 않는 한 법칙으로서의 효력이 있는 것은 "사실인 관습"이 아니라 "관습법"이다.

> 관습법이란 사회의 거듭된 관행으로 생성한 사회생활규범이 사회의 법적 확신과 인식에 의하여 법적 규범으로 승인·강행되기에 이른 것을 말하고, 그러한 관습법은 법원(法源)으로서 법령에 저촉되지 아니하는 한 법칙으로서의 효력이 있는 것이다(대판 2005.7.21. 2002다1178[전합]). 이에 반하여 사실인 관습은 법령으로서의 효력이 없는 단순한 관행으로서 법률행위의 당사자의 의사를 보충함에 그치는 것이다(대판 1983.6.14. 80다3231).

[❸ ▶ ○] 2000.1.12. 법률 제6158호로 전부 개정된 구「장사 등에 관한 법률」의 시행일인 2001.1.13. 이전에 타인의 토지에 분묘를 설치한 다음 20년간 평온·공연하게 분묘의 기지(基地)를 점유함으로써 분묘기지권을 시효로 취득하였더라도, 분묘기지권자는 토지소유자가 분묘기지에 관한 지료를 청구하면 그 청구한 날부터의 지료를 지급할 의무가 있다고 보아야 한다(대판 2021.4.29. 2017다228007[전합]).

[❹ ▶ ×] 법령과 같은 효력을 갖는 관습법은 당사자의 주장 입증을 기다림이 없이 법원이 직권으로 이를 확정하여야 한다(대판 1983.6.14. 80다3231).

[❺ ▶ ×] 사실인 관습은 사적 자치가 인정되는 분야 즉 그 분야의 제정법이 주로 임의규정일 경우에는 법률행위의 해석기준으로서 또는 의사를 보충하는 기능으로서 이를 재판의 자료로 할 수 있을 것이나 이 이외의 즉 그 분야의 제정법이 주로 강행규정일 경우에는 그 강행규정 자체에 결함이 있거나 강행규정 스스로가 관습에 따르도록 위임한 경우 등 이외에는 법적 효력을 부여할 수 없다(대판 1983.6.14. 80다3231).

답 ❸

04 민법의 법원(法源)에 관한 설명으로 옳지 않은 것은?(다툼이 있으면 판례에 따름)

19 행정사 제7회

① 관습법은 법률에 대하여 열후적·보충적 성격을 가진다.
② 헌법에 의하여 체결·공포된 조약으로서 민사에 관한 것은 민법의 법원이 된다.
③ 관습법은 원칙적으로 당사자의 주장·입증을 기다림이 없이 법원이 직권으로 이를 확정할 수 있다.
④ 민법 제1조 소정의 '법률'은 헌법이 정하는 절차에 따라서 제정·공포되는 형식적 의미의 법률만을 뜻한다.
⑤ 사회의 거듭된 관행으로 생성된 사회생활규범은 전체 법질서에 반하지 않아야 관습법으로서의 효력이 인정될 수 있다.

해설

[❶ ▶ ○] 제정법(성문법)에 대한 관습법의 효력에 관하여, 관습법은 제정법(성문법)과 대등하거나 제정법을 개폐하는 변경적 효력이 인정된다는 견해(대등적·변경적 효력설)와 민법 제1조의 규정상 관습법은 제정법(성문법)에 대하여 열후적·보충적 효력만 인정된다는 견해(보충적 효력설)가 대립한다. 판례는, 관습법은 법률에 대하여 열후적·보충적 성격을 가진다는 보충적 효력설의 입장이다.

> 가족의례준칙 제13조의 규정과 배치되는 관습법의 효력을 인정하는 것은 관습법의 제정법에 대한 열후적, 보충적 성격에 비추어 민법 제1조의 취지에 어긋나는 것이다(대판 1983.6.14. 80다3231).

[❷ ▶ ○] 헌법에 의하여 체결·공포된 조약과 일반적으로 승인된 국제법규는 국내법과 같은 효력을 가지므로(헌법 제6조 제1항), 비준·공포된 조약이 민사에 관한 것이면 민법의 법원(法源)이 된다.
[❸ ▶ ○] 법령과 같은 효력을 갖는 관습법은 당사자의 주장 입증을 기다림이 없이 법원이 직권으로 이를 확정하여야 한다(대판 1983.6.14. 80다3231). → 관습법의 존재는 법원의 직권조사사항이다.
[❹ ▶ ×] 민법 제1조의 "법률"(法律)이란 국회에서 제정한 형식적 의미의 법률뿐만 아니라 명령·규칙·조약·자치법규 등 성문법 내지 제정법 일반을 의미한다. 판례도 같은 취지이다(대판 1983.6.14. 80다3231 참조).
[❺ ▶ ○] 관습법이란 사회의 거듭된 관행으로 생성한 사회생활규범이 사회의 법적 확신과 인식에 의하여 법적 규범으로 승인·강행되기에 이른 것을 말하고, 그러한 관습법은 법원(法源)으로서 법령에 저촉되지 아니하는 한 법칙으로서의 효력이 있는 것이고, 또 사회의 거듭된 관행으로 생성한 어떤 사회생활규범이 법적 규범으로 승인되기에 이르렀다고 하기 위하여는 헌법을 최상위 규범으로 하는 전체 법질서에 반하지 아니하는 것으로서 정당성과 합리성이 있다고 인정될 수 있는 것이어야 하고, 그렇지 아니한 사회생활규범은 비록 그것이 사회의 거듭된 관행으로 생성된 것이라고 할지라도 이를 법적 규범으로 삼아 관습법으로서의 효력을 인정할 수 없다(대판 2005.7.21. 2002다1178[전합]).

답 ❹

제2장 권리 일반

학습 Key word
① 권리·의무와 사권의 분류에 대해 학습한다.
② 신의성실의 원칙 및 그에 대한 파생원칙으로서 사정변경의 원칙, 모순행위금지의 원칙, 실효의 원칙에 대해 상세히 학습하고, 권리남용금지의 원칙과 관련하여 신의성실의 원칙과의 관계, 권리남용의 성립요건 및 효과에 대해 학습한다.

제1절 법률관계와 권리·의무

I 법률관계

① 법률관계는 인(人)의 생활관계 중 법규범에 의하여 규율되는 생활관계를 말한다(통설).
② 법률관계가 아니면 법률관계 고유의 법적 효과가 발생하지 않는다. 법률관계는 구체적으로 권리와 의무로 나타난다.

II 권리·의무

1. 권리

(1) 의의

통설(권리법력설)에 의하면, 권리란 법익을 향유하기 위하여 법에서 허용하는 힘이라 할 수 있다.

(2) 구별개념

① 권능 : 일반적으로 권리의 내용을 이루는 개개의 법률상의 힘을 말한다(소유권의 내용인 사용·수익·처분권능 등).
② 권한 : 타인을 위하여 일정한 행위를 하고, 그로 인한 법률효과를 타인에게 발생할 수 있게 하는 법률상의 자격이나 지위를 말한다(대리권, 대표권, 부재자 재산관리인의 재산관리권 등).
③ 권원 : 일정한 법률상 또는 사실상 행위를 하는 것을 정당화 할 수 있는 법률상의 원인을 말한다(임차권은 타인의 부동산에 자기의 물건을 부속하여 그 부동산을 이용할 수 있는 법률상의 권원이 있다).

2. 의무

의무란 의무자의 의사와는 무관하게 법에 의하여 강요되는 법률상의 구속을 말한다. 보통 의무는 권리와 표리관계를 이루며 서로 대응하나, 언제나 권리와 의무가 상응하는 것은 아니다.

Ⅲ 사권의 분류

1. 작용(효력)에 따른 분류 🔑 작·지·청·항·형 기출 21·18

권리를 그 작용인 법률상의 힘, 즉 효력의 차이를 기준으로 분류하면 지배권·청구권·형성권·항변권으로 나눌 수 있다.

지배권	• 일정한 객체에 대하여 직접 지배력을 발휘할 수 있는 권리 • 물권(예 소유권, 저당권 등)은 가장 전형적인 지배권. 인격권처럼 사람을 객체로 하는 권리도 있음
청구권	• 특정인이 다른 특정인에 대하여 일정한 행위(작위 또는 부작위)를 요구할 수 있는 권리 • 채권은 청구권을 주된 내용으로 하지만, 청구권 이외의 다른 효력도 있고 청구권이 채권에서만 문제되는 것은 아님 • 청구권 발생의 기초가 되는 권리가 채권이면 채권적 청구권, 물권이면 물권적 청구권(예 소유물 반환청구권, 소유물방해제거청구권, 소유물방해예방청구권 등)
항변권	• 청구권의 행사에 대하여 그 작용을 막아서 그치게 할 수 있는 효력을 가지는 권리 • 연기적 항변권 : 상대방의 권리행사를 일시적으로 저지하는 권리로, 동시이행의 항변권, 보증인의 최고·검색의 항변권 • 영구적 항변권 : 상대방의 권리행사를 영구적으로 저지하는 권리로, 상속인의 한정승인의 항변권 등
형성권	• 권리자의 일방적인 의사표시에 의하여 곧바로 법률관계의 변동(발생·변경·소멸)이 발생하는 권리 • 형성권은 단독행위로서 원칙적으로 조건·기한을 붙이지 못한다. 다만, 예외적으로 정지조건부 해제는 유효 (대판 1992.8.18. 92다5928) • 형성권은 그 일부만을 행사할 수 없는 것이 원칙이다. 다만, 예외적으로 일부취소가 인정되는 경우도 있다. • 형성권의 행사기간은 일반적으로 제척기간의 적용을 받는다.
	권리자의 일방적 의사표시만으로 효과가 발생하는 형성권(대부분)
	• **동의권**(민법 제5조, 제13조), **취소권**(민법 제140조 이하), **추인권**(민법 제143조 이하) • **계약의 해지·해제권**(민법 제543조) • **상계권**(민법 제492조) • **일방예약의 완결권**(민법 제564조) • **약혼해제권**(민법 제805조) • **상속포기권**(민법 제1041조) 등
	법원의 확정판결이 있어야만 법률효과가 발생하는 형성권(재판을 통해서만 권리행사)
	• **채권자취소권**(민법 제406조) • **친생부인권**(민법 제846조) 등
	성질이 형성권임에도 불구하고 청구권으로 불리는 권리
	• **공유물분할청구권**(민법 제268조) • **지상권자·토지임차인의 지상물매수청구권**(민법 제283조 제2항, 제643조, 제644조, 제285조 제2항) • **전세권자·임차인·전차인의 부속물매수청구권**(민법 제316조 제2항, 제646조, 제647조) • **지료**(민법 제286조)·**전세금**(민법 제312조의2)·**차임**(민법 제628조)의 증감청구권 등

2. 내용에 따른 분류 🔑 내·인·신·사·재

인격권	• 권리자 자신을 객체로 하는 것으로 권리자와 분리할 수 없는 권리 • 생명권, 신체권, 초상권, 자유권, 명예권 등
가족권 (신분권)	• 친족관계에서 발생하는 신분적 이익을 내용으로 하는 권리 • 친권, 부부간의 동거청구권, 협력부조권, 친족 간 부양청구권, 상속권 등
사원권	• 단체의 구성원이 그 구성원의 지위에서 단체에 대하여 갖는 권리 • 의결권, 업무집행감독권, 이익배당청구권 등
재산권	• 금전으로 평가될 수 있는 경제적 이익을 내용으로 하는 권리 • 물권, 채권, 무체재산권, 위자료청구권 등

3. 기타의 분류

(1) 절대권(대세권)과 상대권(대인권)

① 절대권 : 모든 자에게 주장할 수 있는 권리로 물권, 지적재산권, 친권, 인격권이 이에 해당한다.
② 상대권 : 특정인에 대해서만 주장할 수 있는 권리로 채권이 이에 해당한다.

(2) 일신전속권과 비전속권

① 일신전속권 : ㉠ 특정한 주체만이 행사할 수 있는 행사상의 일신전속권과 ㉡ 특정한 주체만이 향유할 수 있는 귀속상의 일신전속권의 두 가지가 있다.
② 비전속권 : 대부분의 재산권이 이에 해당하며 양도, 상속, 대위, 대리가 가능한 권리이다.

(3) 주된 권리와 종된 권리

주된 권리는 독립성을 가지는 권리를 말하고, 종된 권리는 다른 권리에 종속된 권리를 말한다.

(4) 기대권

권리가 발생하기 위한 요건 중 일부만을 갖추어 장래 남은 요건이 갖추어지면 권리를 취득할 수 있는 상태에 대하여 법이 보호해 주는 것을 말한다.

제2절 신의성실의 원칙

> **민법 제2조(신의성실)**
> ① 권리의 행사와 의무의 이행은 신의에 좇아 성실히 하여야 한다.
> ② 권리는 남용하지 못한다.

I 신의성실의 원칙

1. 의 의
① 신의성실의 원칙이란 "법률관계의 당사자가 상대방의 이익을 배려하여 형평에 어긋나거나, 신뢰를 저버리는 내용 또는 방법으로 권리를 행사하거나 의무를 이행하여서는 아니 된다."는 추상적 규범을 말한다(대판 2011.2.10. 2009다68941). 기출 23·14
② 신의성실의 원칙은 로마법에 연원을 두고 주로 채권법 영역에서 발전하였다.

2. 강행규정
판례는 "신의성실의 원칙에 반하는 것 또는 권리남용은 강행규정에 위배되는 것이므로 당사자의 주장이 없더라도 법원은 직권으로 판단할 수 있다."고 판시하였다(대판 1998.8.21. 97다37821). 기출 25·24·22·20·19·17·14·13

3. 적용범위
신의칙은 재산법뿐만 아니라 가족법, 강제집행법, 소송법, 행정법규 등 공법 영역, 노동법 등에도 포괄적으로 적용된다(통설·판례).

> - 민법상 신의성실의 원칙은, 법률관계의 당사자가 상대방의 이익을 배려하여 형평에 어긋나거나 신뢰를 저버리는 내용 또는 방법으로 권리를 행사하거나 의무를 이행하여서는 안 된다는 추상적 규범을 말하는 것인바, 사적자치의 영역을 넘어 공공질서를 위하여 공익적 요구를 선행시켜야 할 사안에서는 원칙적으로 합법성의 원칙은 신의성실의 원칙보다 우월한 것이므로 신의성실의 원칙은 합법성의 원칙을 희생하여서라도 구체적 신뢰보호의 필요성이 인정되는 경우에 비로소 적용된다(대판 2021.6.10. 2021다207489). 기출 23
> - 일반 행정법률관계에서 관청의 행위에 대하여 신의칙이 적용되기 위해서는 합법성의 원칙을 희생하여서라도 처분의 상대방의 신뢰를 보호함이 정의의 관념에 부합하는 것으로 인정되는 특별한 사정이 있을 경우에 한하여 예외적으로 적용된다(대판 2004.7.22. 2002두11233). 기출 20
> - 항소권과 같은 소송법상의 권리에 대하여도 신의성실의 원칙의 파생원칙인 실효의 원칙이 적용될 수 있다(대판 1996.7.30. 94다51840). 기출 20
> - 채무자의 소멸시효에 기한 항변권의 행사도 우리 민법의 대원칙인 신의성실의 원칙과 권리남용금지의 원칙의 지배를 받는 것으로 보아야 한다(대판 2014.5.29. 2011다95847). 기출 25·15

4. 관련 판례

[신의칙상 인정되는 고지의무]

- 부동산 거래에 있어 거래 상대방이 일정한 사정에 관한 고지를 받았더라면 그 거래를 하지 않았을 것임이 경험칙상 명백한 경우에는 신의성실의 원칙상 사전에 상대방에게 그와 같은 사정을 고지할 의무가 있으며, 그와 같은 고지의무의 대상이 되는 것은 직접적인 법령의 규정뿐 아니라 널리 계약상, 관습상 또는 조리상의 일반원칙에 의하여도 인정될 수 있고, 일단 고지의무의 대상이 되는 사실이라고 판단되는 경우 이미 알고 있는 자에 대하여는 고지할 의무가 별도로 인정될 여지가 없지만, 상대방에게 스스로 확인할 의무가 인정되거나 거래관행상 상대방이 당연히 알고 있을 것으로 예상되는 예외적인 경우가 아닌 한, 실제 그 대상이 되는 사실을 알지 못하였던 상대방에 대하여는 비록 알 수 있었음에도 알지 못한 과실이 있다 하더라도 그 점을 들어 추후 책임을 일부 제한할 여지가 있음은 별론으로 하고 고지할 의무 자체를 면하게 된다고 할 수는 없다(대판 2007.6.1. 2005다5812·5829·5836).
- [1] 아파트 분양자는 아파트 단지 인근에 쓰레기 매립장이 건설예정인 사실을 분양계약자에게 고지할 신의칙상 의무를 부담한다. [2] 고지의무 위반은 부작위에 의한 기망행위에 해당하므로 원고들로서는 기망을 이유로 분양계약을 취소하고 분양대금의 반환을 구할 수도 있고 분양계약의 취소를 원하지 않을 경우 그로 인한 손해배상만을 청구할 수도 있다(대판 2006.10.12. 2004다48515). **기출 15**
- 우리 사회의 통념상으로는 공동묘지가 주거환경과 친한 시설이 아니어서 분양계약의 체결 여부 및 가격에 상당한 영향을 미치는 요인일 뿐만 아니라 대규모 공동묘지를 가까이에서 조망할 수 있는 곳에 아파트단지가 들어선다는 것은 통상 예상하기 어렵다는 점 등을 감안할 때 아파트 분양자는 아파트단지 인근에 공동묘지가 조성되어 있는 사실을 수분양자에게 고지할 신의칙상의 의무를 부담한다(대판 2007.6.1. 2005다5812).
- 물상보증인은 채권자가 아니라 채무자를 위해 자기 소유의 부동산을 담보로 제공하는 사람이다. 물상보증인은 담보권의 실행으로 담보물의 소유권을 잃게 되면 채무자에 대한 구상권을 행사할 수 있다. 보증제도는 본질적으로 주채무자의 무자력에 따른 채권자의 위험을 인수하는 것이다. 이러한 사정을 고려하면 물상보증인이 주채무자의 자력에 대하여 조사한 다음 계약을 체결할 것인지 여부를 스스로 결정해야 하고, 채권자가 물상보증인에게 주채무자의 신용 상태를 고지할 신의칙상 의무는 존재하지 않는다(대판 2020.10.15. 2017다254051).

[신의칙상 인정되는 보호의무]

- 병원은 병실에의 출입자를 통제·감독하든가 그것이 불가능하다면 최소한 입원환자에게 휴대품을 안전하게 보관할 수 있는 시정장치가 있는 사물함을 제공하는 등으로 입원환자의 휴대품 등의 도난을 방지함에 필요한 적절한 조치를 강구하여 줄 신의칙상의 보호의무가 있다고 할 것이다(대판 2003.4.11. 2002다63275). **기출 22·16·15**
- 사용자는 근로계약에 수반되는 신의칙상의 부수적 의무로서 피용자가 노무를 제공하는 과정에서 생명, 신체, 건강을 해치는 일이 없도록 인적·물적 환경을 정비하는 등 필요한 조치를 강구하여야 할 보호의무를 부담하고, 이러한 보호의무를 위반함으로써 피용자가 손해를 입은 경우 이를 배상할 책임이 있다(대판 2001.7.27. 99다56734). **기출 20**
- 숙박업자는 고객에게 위험이 없는 안전하고 편안한 객실 및 관련시설을 제공함으로써 고객의 안전을 배려하여야 할 보호의무를 부담하며 이러한 의무는 숙박계약의 특수성을 고려하여 신의칙상 인정되는 부수적인 의무에 해당한다(대판 1994.1.28. 93다43590). **기출 23·20**
- 기획여행업자는 여행자의 생명·신체·재산 등의 안전을 확보하기 위하여 여행목적지·여행일정·여행행정·여행서비스기관의 선택 등에 관하여 미리 충분히 조사·검토하여 여행계약 내용의 실시 도중에 여행자가 부딪칠지 모르는 위험을 미리 제거할 수단을 강구하거나, 여행자에게 그 뜻을 고지함으로써 여행자 스스로 위험을 수용할지에 관하여 선택할 기회를 주는 등 합리적 조치를 취할 신의칙상 안전배려의무를 부담하며, 기획여행업자가 사용한 여행약관에서 여행업자의 여행자에 대한 책임의 내용 및 범위 등에 관하여 규정하고 있다면 이는 위와 같은 안전배려의무를 구체적으로 명시한 것으로 보아야 한다(대판 2011.5.26. 2011다1330). **기출 24**

> **[신의칙에 의한 계약상 책임의 제한]**
> - 유효하게 성립한 계약상의 책임을 공평의 이념 또는 신의칙과 같은 일반원칙에 의하여 제한하는 것은 사적 자치의 원칙이나 법적 안정성에 대한 중대한 위협이 될 수 있으므로, 채권자가 유효하게 성립한 계약에 따른 급부의 이행을 청구하는 때에 법원이 급부의 일부를 감축하는 것은 원칙적으로 허용되지 않는다(대판 2016.12.1. 2016다240543). 기출 22
> - 변호사의 소송위임 사무처리 보수에 관하여 변호사와 의뢰인 사이에 약정이 있는 경우 위임사무를 완료한 변호사는 원칙적으로 약정 보수액 전부를 청구할 수 있다. 다만 의뢰인과의 평소 관계, 사건 수임 경위, 사건처리 경과와 난이도, 노력의 정도, 소송물 가액, 의뢰인이 승소로 인하여 얻게 된 구체적 이익, 그 밖에 변론에 나타난 여러 사정을 고려하여, 약정 보수액이 부당하게 과다하여 신의성실의 원칙이나 형평의 관념에 반한다고 볼 만한 특별한 사정이 있는 경우에는 예외적으로 적당하다고 인정되는 범위 내의 보수액만을 청구할 수 있다. 그런데 이러한 보수 청구의 제한은 어디까지나 계약자유의 원칙에 대한 예외를 인정하는 것이므로, 법원은 그에 관한 합리적인 근거를 명확히 밝혀야 한다(대판 2018.5.17. 2016다35833[전합]).
> - 세무사의 세무대리업무처리에 대한 보수에 관하여 의뢰인과의 사이에 약정이 있는 경우, 그 대리업무를 종료한 세무사는 특별한 사정이 없는 한 약정된 보수액을 전부 청구할 수 있는 것이 원칙이지만, 대리업무수임의 경위, 보수금의 액수, 세무대리업무의 내용 및 그 업무처리과정, 난이도, 노력의 정도, 의뢰인이 세무대리의 결과 얻게 된 구체적 이익과 세무사보수규정, 기타 변론에 나타난 제반 사정을 고려하여 그 약정된 보수액이 부당하게 과다하여 신의성실의 원칙이나 형평의 원칙에 반하는 특별한 사정이 있는 경우에는 예외적으로 상당하다고 인정되는 범위 내의 보수액만을 청구할 수 있다고 할 것이다(대판 2006.6.15. 2004다59393).

II 사정변경의 원칙

1. 의 의

사정변경의 원칙이란 법률행위 당시의 기초가 된 객관적 사정의 현저한 변화로 최초에 약정한 내용을 당사자에게 강제하는 것이 형평에 어긋나게 되어 신의칙상 계약을 변경하거나, 해제 또는 해지할 수 있게 하도록 하는 원칙으로 신의칙의 파생원칙 중 하나이다.

2. 사정변경의 원칙의 적용요건

① 계약 성립의 기초가 된 객관적 사정의 현저한 변경이 있을 것
② 사정변경에 해제권을 취득하는 당사자에게 귀책사유가 없을 것
③ 법률행위 당시 사정변경을 예견할 수 없었을 것
④ 종전의 계약관계를 유지하는 것이 법률행위 당사자에게 심히 부당할 것

> - 사정변경의 원칙에서 '사정'이란 계약의 기초가 되었던 객관적인 사정으로서, 일방 당사자의 주관적 또는 개인적인 사정을 의미하는 것은 아니다(대판 2007.3.29. 2004다31302). 기출 24
> - 계약의 성립에 기초가 되지 아니한 사정이 그 후 변경되어 일방 당사자가 계약 당시 의도한 계약목적을 달성할 수 없게 됨으로써 손해를 입게 되었다 하더라도 특별한 사정이 없는 한 그 계약 내용의 효력을 그대로 유지하는 것이 신의칙에 반한다고 볼 수도 없다(대판 2007.3.29. 2004다31302). 기출 19

3. 판례

(1) 일시적 계약

[사정변경을 원인으로 하는 계약해제]
이른바 '사정변경으로 인한 계약해제'는 계약성립 당시 당사자가 예견할 수 없었던 현저한 사정의 변경이 발생하였고 그러한 사정의 변경이 해제권을 취득하는 당사자에게 책임 없는 사유로 생긴 것으로서, 계약 내용대로의 구속력을 인정한다면 신의칙에 현저히 반하는 결과가 생기는 경우에 계약준수 원칙의 예외로서 인정되는 것이고, 여기에서 말하는 사정이란 계약의 기초가 되었던 객관적인 사정으로서, 일방 당사자의 주관적 또는 개인적인 사정을 의미하는 것은 아니다. 또한, 계약의 성립에 기초가 되지 아니한 사정이 그 후 변경되어 일방 당사자가 계약 당시 의도한 계약목적을 달성할 수 없게 됨으로써 손해를 입게 되었다 하더라도 특별한 사정이 없는 한 그 계약 내용의 효력을 그대로 유지하는 것이 신의칙에 반한다고 볼 수도 없다(대판 2007.3.29. 2004다31302). 기출 24·13

[가격등귀의 사정변경 해당 여부]
매수인이 애초에 계약할 당시의 금액표시대로 잔대금을 제공한다면, 그 동안에 앙등한 매매 목적물의 가격에 비하여 그것이 현저히 균형을 잃은 이행이 되는 경우라 하더라도, 민법상 매도인으로 하여금 사정변경의 원리를 내세워서 그 매매계약을 해제할 수 있는 권리는 생기지 아니한다(대판 1963.9.12. 63다452). 기출 16

(2) 계속적 계약

[사정변경으로 인한 계약해지]
이른바 '사정변경으로 인한 계약해지'는 계약성립 당시 당사자가 예견할 수 없었던 현저한 사정의 변경이 발생하였고 그러한 사정의 변경이 해지권을 취득하는 당사자에게 책임 없는 사유로 생긴 것으로서, 계약 내용대로의 구속력을 인정한다면 신의칙에 현저히 반하는 결과가 생기는 경우에 계약준수 원칙의 예외로서 인정되는 것이고, 여기서 말하는 사정이란 계약의 기초가 되었던 객관적인 사정으로서, 일방 당사자의 주관적 또는 개인적인 사정을 의미하는 것은 아니라 할 것이다. 따라서 계약의 성립에 기초가 되지 아니한 사정이 그 후 변경되어 일방 당사자가 계약 당시 의도한 계약 목적을 달성할 수 없게 됨으로써 손해를 입게 되었다 하더라도 특별한 사정이 없는 한 그 계약 내용의 효력을 그대로 유지하는 것이 신의칙에 반한다고 볼 수 없다. 이러한 법리는 계속적 계약관계에서 사정변경을 이유로 계약의 해지를 주장하는 경우에도 마찬가지로 적용된다(대판 2013.9.26. 2013다26746[전합]).

[근보증]
판례는 계속적 계약 중의 하나인 근보증의 경우 사정변경을 이유로 근보증계약의 해지를 명시적으로 인정하고 있다(대판 2000.3.10. 99다61750).

[확정채무의 보증과 계약해지]
• 회사의 이사가 채무액과 변제기가 특정되어 있는 회사 채무에 대하여 보증계약을 체결한 경우에는 계속적 보증이나 포괄근보증의 경우와는 달리 이사직 사임이라는 사정변경을 이유로 보증인인 이사가 일방적으로 보증계약을 해지할 수 없다(대판 2006.7.4. 2004다30675). 기출 17·13
• 사정변경을 이유로 보증계약을 해지할 수 있는 것은 포괄근보증이나 한정근보증과 같이 채무액이 불확정적이고 계속적인 거래로 인한 채무에 대하여 한 보증에 한하는바, 회사의 이사로 재직하면서 보증 당시 그 채무액과 변제기가 특정되어 있는 회사의 확정채무에 대하여 보증을 한 후 이사직을 사임하였다 하더라도, 사정변경을 이유로 보증계약을 해지할 수 없다(대판 1996.2.9. 95다27431). 기출 23

> **[특정채무의 보증과 책임범위의 제한]**
> 채권자와 채무자 사이에 계속적인 거래관계에서 발생하는 불확정한 채무를 보증하는 이른바 계속적 보증의 경우뿐만 아니라 특정채무를 보증하는 일반보증의 경우에 있어서도, 채권자의 권리행사가 신의칙에 비추어 용납할 수 없는 성질의 것인 때에는 보증인의 책임을 제한하는 것이 예외적으로 허용될 수 있을 것이나, 일단 유효하게 성립된 보증계약에 따른 책임을 신의칙과 같은 일반원칙에 의하여 제한하는 것은 자칫 잘못하면 사적자치의 원칙이나 법적 안정성에 대한 중대한 위협이 될 수 있으므로 신중을 기하여 극히 예외적으로 인정하여야 한다(대판 2004.1.27. 2003다45410).
>
> **[차임불증액 특약이 있는 경우 차임증액청구]**
> 임대차계약에 있어서 차임불증액의 특약이 있더라도 그 약정 후 그 특약을 그대로 유지시키는 것이 신의칙에 반한다고 인정될 정도의 사정변경이 있다고 보여지는 경우에는 형평의 원칙상 임대인에게 차임증액청구를 인정하여야 한다(대판 1996.11.12. 96다34061).

Ⅲ 권리남용금지의 원칙

1. 신의칙과의 관계

학설은 ① 권리행사가 신의칙에 반하는 경우에는 권리남용이 된다는 견해(다수설), ② 권리남용금지는 신의칙의 파생원칙이라는 견해 등이 있으나, 판례는 다수설과 같이 「권리행사가 신의성실에 반하는 경우에는 권리남용이 된다」고 판시하고 있다(대판 2007.1.25. 2005다67223).

2. 적용범위

소권, 항변권, 형성권의 행사 등도 권리남용이 될 수 있고, 소멸시효의 완성을 주장하는 것도 권리남용이 될 수 있으며, 확정판결에 기한 권리를 행사하는 것도 경우에 따라서는 권리남용이 될 수 있다.

3. 권리남용의 성립요건

(1) 객관적 요건 기출 21

권리남용이 성립하기 위해서는 ① 행사할 권리가 존재하여야 하며, ② 권리의 행사라고 볼 수 있는 행위가 존재하여야 하고, ③ 권리행사로 권리행사자의 이익과 그로 인하여 침해되는 상대방의 이익 사이에 현저한 불균형이 있어야 한다.

(2) 주관적 요건

1) 학설

통설은 객관적 요건만 갖추면 족하고, 주관적 요건은 불필요하다고 한다.

2) 판례

① 주류적인 판례는 통설과 달리 주관적 요건(가해의사)이 필요하다고 보고 있다(대판 2006.11.23. 2004다44285).

> 권리행사가 권리의 남용에 해당한다고 할 수 있으려면, 주관적으로는 그 권리행사의 목적이 오직 상대방에게 고통을 주고 손해를 입히려는 데 있을 뿐 권리를 행사하는 사람에게 아무런 이익이 없는 경우이어야 하고, 객관적으로는 그 권리행사가 사회질서에 위반된다고 볼 수 있어야 하는 것이며, 이와 같은 경우에 해당하지 않는 한 비록 그 권리의 행사에 의하여 권리행사자가 얻는 이익보다 상대방이 입을 손해가 현저히 크다고 하여도 그러한 사정만으로는 이를 권리남용이라 할 수 없다고 할 것이다(대판 2002.9.4. 2002다22083·22090 등). 기출 14

② 다만, 주관적 요건은 권리자의 정당한 이익을 결여한 권리행사로 보이는 객관적 사정에 의하여 추인할 수 있다고 한다(대판 2010.2.25. 2009다79378).
③ 반면 상계권 행사(대판 2003.4.11. 2002다59481)와 상표권 행사(대판 2007.1.25. 2005다67223)가 권리남용에 해당하는지 여부가 문제된 사안에서는 주관적 요건을 반드시 필요로 하는 것은 아니라고 하였다.

4. 권리남용의 효과

① 권리의 행사가 권리남용으로 인정되는 경우, 남용의 구체적 효과는 권리의 종류와 남용의 결과에 따라 다르다. 청구권의 행사가 권리남용으로 인정되면 법에 의한 조력을 받지 못하게 되고, 상대방에게 항변권이 생기게 되는 것이며, 형성권의 경우에는 권리자의 권리행사에 따른 법적 효과가 발생하지 않게 되는 것이다.
② 권리남용으로 인정되는 경우, 원칙적으로 권리 자체가 박탈되는 것은 아니다. 권리의 박탈은 법률의 규정이 있는 경우에 한하여 예외적으로 인정된다. 예를 들면, 친권의 남용이 있는 때에는 민법 제924조에 의하여 친권상실선고가 가능하다.
③ 토지소유자의 건물 철거 청구가 권리남용으로 인정된 경우라도 토지소유자의 소유권 자체가 부정되는 것은 아니고 건물소유자의 불법점유가 적법한 권원에 기한 것으로 전환되지도 않으므로 토지소유자는 건물소유자에 대하여 부당이득반환청구를 할 수 있다. 기출 22

> **[판결에 대한 강제집행이 권리남용에 해당하는 경우]**
> 채권자가 채권을 확보하기 위하여 제3자의 부동산을 채무자에게 명의신탁하도록 한 다음 동 부동산에 대하여 강제집행을 하는 따위의 행위는 신의칙에 비추어 허용할 수 없다(대판 1981.7.7. 80다2064). 기출 21
>
> **[부당이득반환청구 또는 불법행위에 기한 손해배상청구]**
> 소송당사자가 허위의 주장으로 법원을 기망하고 상대방의 권리를 해할 의사로 상대방의 소송관여를 방해하는 등 부정한 방법으로 실체의 권리관계와 다른 내용의 확정판결을 취득하여 그 판결에 기하여 강제집행을 하는 것은 정의에 반하고 사회생활상 도저히 용인될 수 없는 것이어서 권리남용에 해당한다고 할 것이지만, 위 확정판결에 대한 재심의 소가 각하되어 확정되는 등으로 위 확정판결이 취소되지 아니한 이상 위 확정판결에 기한 강제집행으로 취득한 채권을 법률상 원인 없는 이득이라고 하여 반환을 구하는 것은 위 확정판결의 기판력에 저촉되어 허용될 수 없다(대판 2001.11.13. 99다32905). 다만, 확정판결에 기한 강제집행이 권리남용에 해당하는 이상 위 강제집행은 상대방에 대한 관계에서 불법행위를 구성한다.

[토지(도로) 소유자의 방해배제청구]
- 어떤 토지가 개설경위를 불문하고 일반 공중의 통행에 공용되는 도로, 즉 공로(公路)가 되면 그 부지의 소유권 행사는 제약을 받게 되며, 이는 소유자가 수인하여야만 하는 재산권의 사회적 제약에 해당한다. 따라서 공로(公路) 부지의 소유자가 이를 점유·관리하는 지방자치단체를 상대로 공로로 제공된 도로의 철거, 점유 이전 또는 통행금지를 청구하는 것은 법질서상 원칙적으로 허용될 수 없는 '권리남용'이라고 보아야 한다(대판 2021.10.14. 2021다242154). 특별한 사정이 없는 한 도로 지하 부분에 매설된 시설에 대한 철거 등 청구도 권리남용이라고 봄이 상당하다(대판 2023.9.14. 2023다214108).
- 송전선이 토지 위를 통과하고 있다는 점을 알고서 토지를 취득하였다고 하여 그 취득자가 그 소유 토지에 대한 소유권의 행사가 제한된 상태를 용인하였다고 할 수 없으므로, 그 취득자의 송전선 철거 청구 등 권리행사가 신의성실의 원칙에 반하지 않는다고 본 사례(대판 1995.8.25. 94다27069).

[유치권의 남용]
유치권제도와 관련하여서는 거래당사자가 유치권을 자신의 이익을 위하여 고의적으로 작출함으로써 유치권의 최우선순위담보권으로서의 지위를 부당하게 이용하고 전체 담보권질서에 관한 법의 구상을 왜곡할 위험이 내재한다. 따라서 개별 사안의 구체적인 사정을 종합적으로 고려할 때 신의성실의 원칙에 반한다고 평가되는 유치권제도 남용의 유치권 행사는 허용될 수 없다(대판 2014.12.11. 2014다53462).

[동시이행항변권의 남용]
일반적으로 동시이행의 관계가 인정되는 경우에 그러한 항변권을 행사하는 자의 상대방이 그 동시이행의 의무를 이행하기 위하여 과다한 비용이 소요되거나 또는 그 의무의 이행이 실제적으로 어려운 반면 그 의무의 이행으로 인하여 항변권자가 얻는 이득은 별달리 크지 아니하여 동시이행의 항변권의 행사가 주로 자기 채무의 이행만을 회피하기 위한 수단이라고 보여지는 경우에는 그 항변권의 행사는 권리남용으로서 배척되어야 할 것이다(대판 2001.9.18. 2001다9304). 기출 24

[채무자의 시효완성의 주장이 권리남용이 되는 경우]
채무자의 소멸시효에 기한 항변권의 행사도 우리 민법의 대원칙인 신의성실의 원칙과 권리남용금지의 원칙의 지배를 받는 것이어서, 채무자가 시효완성 전에 채권자의 권리행사나 시효중단을 불가능 또는 현저히 곤란하게 하였거나, 그러한 조치가 불필요하다고 믿게 하는 행동을 하였거나, 객관적으로 채권자가 권리를 행사할 수 없는 장애사유가 있었거나, 또는 일단 시효완성 후에 채무자가 시효를 원용하지 아니할 것 같은 태도를 보여 권리자로 하여금 그와 같이 신뢰하게 하였거나, 채권자 보호의 필요성이 크고, 같은 조건의 다른 채권자가 채무의 변제를 수령하는 등의 사정이 있어 채무이행의 거절을 인정함이 현저히 부당하거나 불공평하게 되는 등의 특별한 사정이 있는 경우에는 채무자가 소멸시효의 완성을 주장하는 것이 신의성실의 원칙에 반하여 권리남용으로서 허용될 수 없다(대판 2011.1.13. 2009다103950). 기출 15

[국가의 소멸시효완성의 주장이 신의칙에 반하여 권리남용에 해당하는지 여부의 판단 기준]
국가에게 국민을 보호할 의무가 있다는 사유만으로 국가가 소멸시효의 완성을 주장하는 것 자체가 신의성실의 원칙에 반하여 권리남용에 해당한다고 할 수는 없으므로, 국가의 소멸시효완성 주장이 신의칙에 반하고 권리남용에 해당한다고 하려면 일반 채무자의 소멸시효완성 주장에서와 같은 특별사정이 인정되어야 한다(대판 2010.9.9. 2008다15865). 기출 13

Ⅳ 모순행위금지의 원칙(금반언의 원칙)

1. 의의
권리자의 권리행사가 그의 종전의 행동과 모순되는 경우에는 그러한 권리행사는 허용되지 않는다는 원칙을 말한다.

2. 적용요건
① 행위자의 선행행위가 있을 것
② 상대방은 선행행위로 인하여 정당한 신뢰를 형성하였을 것, 즉 상대방의 보호가치 있는 신뢰가 있을 것
③ 행위자가 선행행위와 모순되는 후행행위를 하였을 것

3. 관련 판례

(1) 금반언 내지 신의칙에 반하는 사례

- 대리권한 없이 타인의 부동산을 매도한 자(= 무권대리인)가 그 부동산을 상속한 후 소유자의 지위에서 자신의 대리행위가 무권대리로 무효임을 주장하여 등기말소 등을 구하는 것은 금반언원칙이나 신의칙상 허용될 수 없다 (대판 1994.9.27. 94다20617). 기출 25 · 22
- 취득시효완성 후에 그 사실을 모르고 당해 토지에 관하여 어떠한 권리도 주장하지 않기로 하였다 하더라도 이에 반하여 시효주장을 하는 것은 특별한 사정이 없는 한 신의칙상 허용되지 않는다(대판 1998.5.22. 96다24101).
- 사용자로부터 해고된 근로자가 퇴직금 등을 수령하면서 아무런 이의의 유보나 조건을 제기하지 않았다면 특별한 사정이 없는 한 그 해고의 효력을 인정하였다고 할 것이고, 따라서 그로부터 오랜 기간이 지난 후에 그 해고의 효력을 다투는 소를 제기하는 것은 신의칙이나 금반언의 원칙에 위배되어 허용될 수 없다. 그렇지만 근로자가 해고의 효력을 인정하지 아니하고 이를 다투고 있었다고 볼 수 있는 객관적인 사정이 있다거나 그 외에 상당한 이유가 있는 상황 아래에서 퇴직금을 수령하는 등 반대의 사정이 있음이 엿보이는 때에는, 명시적인 이의를 유보함이 없이 퇴직금을 수령한 경우라고 하여도 일률적으로 해고의 효력을 인정하였다고 보아서는 안 된다(대판 2014.9.4. 2014다210074).

(2) 금반언 내지 신의칙에 반하지 않는 사례

- 강행법규에 위반한 자가 스스로 그 약정의 무효를 주장하는 것이 신의칙에 위반되는 권리의 행사라는 이유로 그 주장을 배척한다면, 이는 오히려 강행법규에 의하여 배제하려는 결과를 실현시키는 셈이 되어 입법 취지를 완전히 몰각하게 되므로 달리 특별한 사정이 없는 한 위와 같은 주장은 신의칙에 반하는 것이라고 할 수 없다(대판 2004.6.11. 2003다1601). 기출 25 · 19 · 17 · 15 · 14
- 미성년자의 법률행위에 법정대리인의 동의를 요하도록 하는 것은 강행규정인데, 위 규정에 반하여 이루어진 신용구매계약을 미성년자 스스로 취소하는 것을 신의칙 위반을 이유로 배척한다면, 이는 오히려 위 규정에 의해 배제하려는 결과를 실현시키는 셈이 되어 미성년자 제도의 입법 취지를 몰각시킬 우려가 있으므로, 법정대리인의 동의 없이 신용구매계약을 체결한 미성년자가 사후에 법정대리인의 동의 없음을 사유로 들어 이를 취소하는 것이 신의칙에 위배된 것이라고 할 수 없다(대판 2007.11.16. 2005다71659). 기출 22

- 강행법규인 구「국토이용관리법」(현「부동산 거래신고 등에 관한 법률」) 제21조의3 제1항, 제7항을 위반하였을 경우에 있어서 위반한 자 스스로가 무효를 주장함이 신의성실의 원칙에 위배되는 권리의 행사라는 이유로서 이를 배척한다면 위에서 본 국토이용관리법의 입법취지를 완전히 몰각시키는 결과가 되므로, 거래당사자 사이의 약정내용과 취득목적대로 관할관청에 토지거래허가신청을 하였을 경우에 그 신청이 국토이용관리법 소정의 허가기준에 적합하여 허가를 받을 수 있었으나 다른 급박한 사정으로 이러한 절차를 회피하였다고 볼만한 특단의 사정이 엿보이지 아니하는 한, 그러한 주장이 신의성실의 원칙에 반한다고는 할 수 없다(대판 1993.12.24. 93다44319·44326).
- 강행법규에 위반하여 무효인 수익보장약정이 투자신탁회사가 먼저 고객에게 제의함으로써 체결된 것이라고 하더라도, 이러한 경우에 강행법규를 위반한 투자신탁회사 스스로가 그 약정의 무효를 주장함이 신의칙에 위배되는 권리의 행사라는 이유로 그 주장을 배척한다면, 이는 오히려 강행법규에 의하여 배제하려는 결과를 실현시키는 셈이 되어 입법취지를 완전히 몰각하게 되므로, 달리 특별한 사정이 없는 한 위와 같은 주장이 신의성실의 원칙에 반하는 것이라고 할 수 없다(대판 1999.3.23. 99다4405).
- 유류분을 포함한 상속의 포기는 상속이 개시된 후 일정한 기간 내에만 가능하고, 가정법원에 신고 하는 등 일정한 절차와 방식을 따라야만 그 효력이 있으므로, 상속인이 상속개시 전인 피상속인의 생존 시에 피상속인에 대하여 상속을 포기하기로 약정하였다고 하더라도, 상속개시 후에 자신의 상속권을 주장하는 것은 정당한 권리행사로서 신의칙에 반하지 않는다(대판 1998.7.24. 98다9021).
- 인지청구권은 포기할 수 없고, 포기하였다 하더라도 효력이 발생할 수 없고, 한편 인지청구권을 조정이나 화해로 포기하였다고 하더라도 인지청구가 금반언의 원칙에 반하거나 권리남용에 해당한다고 할 수 없다(대판 1999.10.8. 98므1698). **기출 23·16**

V 실효의 원칙

1. 의 의
① 실효의 원칙이란 권리자가 실제로 권리를 행사할 수 있는 기회가 있어서 그 권리를 행사할 수 있었음에도 불구하고 상당한 기간이 경과하도록 그 권리를 행사하지 아니하여 의무자인 상대방으로서도 이제는 권리자가 권리를 행사하지 아니할 것으로 신뢰할 만한 정당한 기대를 가지게 된 경우에 새삼스럽게 권리자가 그 권리를 행사하는 것은 법질서 전체를 지배하는 신의성실의 원칙에 위배되어 허용되지 아니한다는 것을 의미한다(대판 2011.4.28. 2010다89654).
② 실효의 원칙의 근거는 신의칙상의 모순행위금지의 원칙에서 찾을 수 있어, 신의칙의 파생원칙으로 이해하는 것이 일반적이다.

2. 적용요건
① 권리자가 실제로 권리를 행사할 수 있는 기대가능성이 있었음에도 불구하고
② 상당한 기간이 경과하도록 권리를 행사하지 않았을 것
③ 의무자인 상대방으로서도 이제는 권리자의 권리 불행사를 신뢰할 만한 정당한 기대를 가지게 되었을 것
④ 그럼에도 불구하고 권리자가 새삼스럽게 권리를 행사하는 것일 것

3. 적용범위

판례는 사법상 권리뿐만 아니라 공법상 권리, 근로관계상의 권리, 소권, 항소권 등 소송법상 권리(대판 1996.7.30. 94다51840) 등에도 적용될 수 있다고 한다. 기출 16

> 실권 또는 실효의 법리는 법의 일반원리인 신의성실의 원칙에 바탕을 둔 파생원칙인 것이므로 공법관계 가운데 관리관계는 물론이고 권력관계에도 적용된다(대판 1988.4.27. 87누915). 기출 24

4. 관련 판례

(1) 권리의 실효를 인정한 사례

> **[해제권의 실효]**
> 해제의 의사표시가 있은 무렵을 기준으로 볼 때 무려 1년 4개월 가량 전에 발생한 해제권을 장기간 행사하지 아니하고 오히려 매매계약이 여전히 유효함을 전제로 잔존채무의 이행을 최고함에 따라 상대방으로서는 그 해제권이 더 이상 행사되지 아니할 것으로 신뢰하였고 또 매매계약상의 매매대금 자체는 거의 전부가 지급된 점 등에 비추어 보면 그와 같이 신뢰한 데에는 정당한 사유도 있었다고 봄이 상당하다면, 그 후 새삼스럽게 그 해제권을 행사한다는 것은 신의성실의 원칙에 반하여 허용되지 아니한다 할 것이므로, 이제 와서 매매계약을 해제하기 위하여는 다시 이행제공을 하면서 최고를 할 필요가 있다고 한 사례.(대판 1994.11.25. 94다12234).
>
> **[소권의 실효]**
> 회사로부터 퇴직금을 수령하고 징계면직처분에 대해 전혀 다툼이 없이 다른 생업에 종사해 오다가 징계면직일로부터 2년 10개월이 지난 때에 제기한 해고무효확인의 소는 실효의 원칙에 비추어 허용될 수 없다(대판 2000.4.25. 99다34475).

(2) 권리의 실효를 부정한 사례

> - 토지 소유자가 그 점유자에 대하여 장기간 적극적으로 권리를 행사하지 아니하였다는 사정만으로는 부당이득반환청구권이 이른바 실효의 원칙에 따라 소멸하였다고 볼 수 없다(대판 2002.1.8. 2001다60019).
> - 인지청구권은 본인의 일신전속적인 신분관계상의 권리로서 포기할 수도 없으며 포기하였더라도 그 효력이 발생할 수 없는 것이고, 이와 같이 인지청구권의 포기가 허용되지 않는 이상 거기에 실효의 법리가 적용될 여지도 없다(대판 2001.11.27. 2001므1353). 기출 23·16
> - 송전선이 토지 위를 통과하고 있다는 점을 알고서 토지를 취득하였다고 하여 소유권의 행사가 제한된 상태를 용인하였다고 할 수 없으므로, 그 취득자의 송전선철거청구 등의 권리행사는 신의성실의 원칙에 반하지 않는다. 또한 종전 토지 소유자가 자신의 권리를 행사하지 않았다는 사정은 그 토지의 소유권을 적법하게 취득한 새로운 권리자에게 실효의 원칙을 적용함에 있어서 고려하여야 할 것은 아니다(대판 1995.8.25. 94다27069). 기출 19·15

제2장 권리 일반

⊃ 확인학습문제

제1절 법률관계와 권리·의무

01 다음 중 형성권이 아닌 것은?   21 행정사 제9회

① 물권적 청구권
② 취소권
③ 추인권
④ 동의권
⑤ 계약해지권

해설

[❶ ▸ ×] ② 취소권, ③ 추인권, ④ 동의권, ⑤ 계약해지권 등은 형성권에 해당하나, ① 물권적 청구권은 특정인이 다른 특정인에게 일정한 행위를 청구할 수 있는 청구권에 해당한다. 소유물 반환청구권, 소유물방해제거청구권, 소유물방해예방청구권 등이 그 예이다.

답 ❶

02 형성권의 행사에 해당하는 것을 모두 고른 것은?   18 행정사 제6회

> ㄱ. 무권대리행위에 대한 본인의 추인
> ㄴ. 미성년자의 법률행위에 대한 법정대리인의 취소
> ㄷ. 상계적상에 있는 채무의 대등액에 관한 채무자 일방의 상계
> ㄹ. 채무불이행을 원인으로 한 계약의 해제

① ㄱ, ㄷ
② ㄴ, ㄹ
③ ㄱ, ㄴ, ㄷ
④ ㄴ, ㄷ, ㄹ
⑤ ㄱ, ㄴ, ㄷ, ㄹ

해설

ㄱ. 무권대리행위에 대한 본인의 추인, ㄴ. 미성년자의 법률행위에 대한 법정대리인의 취소, ㄷ. 상계적상에 있는 채무의 대등액에 관한 채무자 일방의 상계, ㄹ. 채무불이행을 원인으로 한 계약의 해제는 모두 권리자의 일방적인 의사표시에 의하여 법률관계의 변동(발생·변경·소멸)이 일어나게 하는 형성권에 해당한다.

답 ❺

제2절 신의성실의 원칙

03 신의칙에 관한 설명으로 옳지 않은 것은?(다툼이 있으면 판례에 따름) `22` 행정사 제10회

① 신의칙에 반하는 것은 강행규정에 위반하는 것이므로 당사자의 주장이 없더라도 법원이 직권으로 판단할 수 있다.
② 법정대리인의 동의 없이 신용구매계약을 체결한 미성년자가 나중에 법정대리인의 동의 없음을 이유로 그 계약을 취소하는 것은 신의칙에 반한다.
③ 무권대리인이 본인을 단독 상속한 경우, 본인의 지위에서 자신이 한 무권대리행위의 추인을 거절하는 것은 신의칙에 반한다.
④ 병원은 입원환자의 휴대품 등의 도난을 방지하기 위하여 필요한 적절한 조치를 강구하여 줄 신의칙상 보호의무가 있다.
⑤ 채권자가 유효하게 성립한 계약에 따른 급부의 이행을 청구하는 경우, 법원이 신의칙에 의하여 그 급부의 일부를 감축하는 것은 원칙적으로 허용되지 않는다.

해설

[❶ ▸ O] 신의성실의 원칙에 반하는 것 또는 권리남용은 강행규정에 위배되는 것이므로 당사자의 주장이 없더라도 법원은 직권으로 판단할 수 있다(대판 1995.12.22. 94다42129).

[❷ ▸ ×] 법정대리인의 동의 없이 신용구매계약을 체결한 미성년자가 사후에 법정대리인의 동의 없음을 사유로 들어 이를 취소하는 것이 신의칙에 위배된 것이라고 할 수 없다(대판 2007.11.16. 2005다71659).

[❸ ▸ O] 대리권한 없이 타인의 부동산을 매도한 자가 그 부동산을 상속한 후 소유자의 지위에서 자신의 대리행위가 무권대리로 무효임을 주장하여 등기말소 등을 구하는 것은 금반언원칙이나 신의칙상 허용될 수 없다(대판 1994.9.27. 94다20617).

[❹ ▸ O] 병원은 병실에의 출입자를 통제·감독하든가 그것이 불가능하다면 최소한 입원환자에게 휴대품을 안전하게 보관할 수 있는 시정장치가 있는 사물함을 제공하는 등으로 입원환자의 휴대품 등의 도난을 방지함에 필요한 적절한 조치를 강구하여 줄 신의칙상의 보호의무가 있다고 할 것이다(대판 2003.4.11. 2002다63275).

[❺ ▸ O] 유효하게 성립한 계약상의 책임을 공평의 이념 또는 신의칙과 같은 일반원칙에 의하여 제한하는 것은 사적 자치의 원칙이나 법적 안정성에 대한 중대한 위협이 될 수 있으므로, 채권자가 유효하게 성립한 계약에 따른 급부의 이행을 청구하는 때에 법원이 급부의 일부를 감축하는 것은 원칙적으로 허용되지 않는다(대판 2016.12.1. 2016다240543).

답 ❷

04 신의성실의 원칙에 관한 설명으로 옳지 않은 것은?(다툼이 있으면 판례에 따름)

① 신의칙 위반 여부는 당사자의 주장이 없더라도 법원이 직권으로 판단할 수 있다.
② 사정변경의 원칙에서의 사정이란 계약을 체결하게 된 일방 당사자의 주관적·개인적 사정을 의미한다.
③ 실효의 원칙은 공법관계인 권력관계에도 적용될 수 있다.
④ 여행계약상 기획여행업자는 여행자의 안전을 확보하기 위한 합리적 조치를 할 신의칙상 안전배려의무가 있다.
⑤ 주로 자기의 채무 이행만을 회피하기 위한 수단으로 동시이행항변권을 행사하는 경우, 그 항변권의 행사는 권리남용이 될 수 있다.

해설

[❶ ▶ ○] 신의성실의 원칙에 반하는 것 또는 권리남용은 강행규정에 위배되는 것이므로 당사자의 주장이 없더라도 법원은 직권으로 판단할 수 있다(대판 1995.12.22. 94다42129).

[❷ ▶ ×] 이른바 '사정변경으로 인한 계약해제'는 계약 성립 당시 당사자가 예견할 수 없었던 현저한 사정의 변경이 발생하였고 그러한 사정의 변경이 해제권을 취득하는 당사자에게 책임 없는 사유로 생긴 것으로서, 계약 내용대로의 구속력을 인정한다면 신의칙에 현저히 반하는 결과가 생기는 경우에 계약준수원칙의 예외로서 인정되는 것이고, 여기에서 말하는 '사정'이란 계약의 기초가 되었던 객관적인 사정으로서, 일방 당사자의 주관적 또는 개인적 사정을 의미하는 것은 아니다(대판 2007.3.29. 2004다31302).

[❸ ▶ ○] 실권 또는 실효의 법리는 법의 일반원리인 신의성실의 원칙에 바탕을 둔 파생원칙인 것이므로 공법관계 가운데 관리관계는 물론이고 권력관계에도 적용된다(대판 1988.4.27. 87누915).

[❹ ▶ ○] 기획여행업자는 여행자의 생명·신체·재산 등의 안전을 확보하기 위하여 여행목적지·여행일정·여행행정·여행서비스기관의 선택 등에 관하여 미리 충분히 조사·검토하여 여행계약 내용의 실시 도중에 여행자가 부딪칠지 모르는 위험을 미리 제거할 수단을 강구하거나, 여행자에게 그 뜻을 고지함으로써 여행자 스스로 위험을 수용할지에 관하여 선택할 기회를 주는 등 합리적 조치를 취할 신의칙상 안전배려의무를 부담하며, 기획여행업자가 사용한 여행약관에서 여행업자의 여행자에 대한 책임의 내용 및 범위 등에 관하여 규정하고 있다면 이는 위와 같은 안전배려의무를 구체적으로 명시한 것으로 보아야 한다(대판 2011.5.26. 2011다1330).

[❺ ▶ ○] 일반적으로 동시이행의 관계가 인정되는 경우에 그러한 항변권을 행사하는 자의 상대방이 그 동시이행의 의무를 이행하기 위하여 과다한 비용이 소요되거나 또는 그 의무의 이행이 실제적으로 어려운 반면 그 의무의 이행으로 인하여 항변권자가 얻는 이득은 별달리 크지 아니하여 동시이행의 항변권의 행사가 주로 자기 채무의 이행만을 회피하기 위한 수단이라고 보여지는 경우에는 그 항변권의 행사는 권리남용으로서 배척되어야 할 것이다(대판 2001.9.18. 2001다9304).

답 ❷

05 신의성실의 원칙(이하 '신의칙')에 관한 설명으로 옳지 않은 것은?(다툼이 있으면 판례에 따름)

23 행정사 제11회

① 사적 자치의 영역을 넘어 공공질서를 위하여 공익적 요구를 선행시켜야 할 경우에도 특별한 사정이 없는 한 신의칙이 합법성의 원칙보다 우월하다.
② 신의칙이란 "법률관계의 당사자는 상대방의 이익을 고려하여 형평에 어긋나거나 신의를 저버리는 내용 또는 방법으로 권리를 행사하거나 의무를 이행하여서는 안 된다."는 추상적 규범을 말한다.
③ 숙박업자는 신의칙상 부수적 의무로서 고객의 안전을 배려할 보호의무를 부담한다.
④ 인지청구권에는 실효의 법리가 적용되지 않는다.
⑤ 이사가 회사 재직 중에 채무액과 변제기가 특정되어 있는 회사채무를 보증한 후 사임한 경우, 그 이사는 사정변경을 이유로 그 보증계약을 일방적으로 해지할 수 없다.

해설

[❶ ▶ ×]　사적자치의 영역을 넘어 공공질서를 위하여 공익적 요구를 선행시켜야 할 사안에서는 원칙적으로 합법성의 원칙은 신의성실의 원칙보다 우월한 것이므로 신의성실의 원칙은 합법성의 원칙을 희생하여서라도 구체적 신뢰보호의 필요성이 인정되는 경우에 비로소 적용된다고 봄이 상당하다(대판 2021.6.10. 2021다207489).

[❷ ▶ ○]　신의성실의 원칙은 법률관계의 당사자가 상대방의 이익을 배려하여 형평에 어긋나거나, 신의를 저버리는 내용 또는 방법으로 권리를 행사하거나 의무를 이행하여서는 아니 된다는 추상적 규범을 말한다(대판 2011.2.10. 2009다68941).

[❸ ▶ ○]　숙박업자는 고객에게 위험이 없는 안전하고 편안한 객실 및 관련시설을 제공함으로써 고객의 안전을 배려하여야 할 보호의무를 부담하며 이러한 의무는 숙박계약의 특수성을 고려하여 신의칙상 인정되는 부수적인 의무에 해당한다(대판 1994.1.28. 93다43590).

[❹ ▶ ○]　인지청구권은 본인의 일신전속적인 신분관계상의 권리로서 포기할 수도 없으며 포기하였더라도 그 효력이 발생할 수 없는 것이고, 이와 같이 인지청구권의 포기가 허용되지 않는 이상 거기에 실효의 법리가 적용될 여지도 없다(대판 2001.11.27. 2001므1353).

[❺ ▶ ○]　회사의 이사로 재직하면서 보증 당시 그 채무액과 변제기가 특정되어 있는 회사의 확정채무에 대하여 보증을 한 후 이사직을 사임하였다 하더라도, 사정변경을 이유로 보증계약을 해지할 수 없다(대판 1996.2.9. 95다27431).

답 ❶

06 권리남용에 관한 설명으로 옳지 않은 것은?(다툼이 있으면 판례에 따름) 〔21 행정사 제9회〕

① 확정판결에 따른 강제집행도 특별한 사정이 있으면 권리남용이 될 수 있다.
② 주로 자기의 채무 이행만을 회피할 목적으로 동시이행항변권을 행사하는 경우에 그 항변권의 행사는 권리남용이 될 수 있다.
③ 권리남용이 인정되기 위해서는 권리행사로 인한 권리자의 이익과 상대방의 불이익 사이에 현저한 불균형이 있어야 한다.
④ 권리남용이 불법행위가 되어 발생한 손해배상청구권은 1년의 단기소멸시효가 적용된다.
⑤ 토지소유자의 건물 철거 청구가 권리남용으로 인정된 경우라도 토지소유자는 그 건물의 소유자에 대해 그 토지의 사용대가를 부당이득으로 반환청구할 수 있다.

해설

[❶ ▶ ○] 확정판결의 내용이 실체적 권리관계에 배치되어 판결에 의한 집행이 권리남용에 해당된다고 하기 위해서는 확정판결에 기한 집행이 현저히 부당하고 상대방으로 하여금 집행을 수인하도록 하는 것이 정의에 반함이 명백하여 사회생활상 용인할 수 없다고 인정되는 경우이어야 한다(대판 2014.2.21. 2013다75717).

[❷ ▶ ○] 동시이행의 관계가 인정되는 경우에는 그러한 항변권을 행사하는 자의 상대방이 그 동시이행의 의무를 이행하기 위하여 과다한 비용이 소요되거나 또는 그 의무의 이행이 실제적으로 어려운 반면 그 의무의 이행으로 인하여 항변권자가 얻는 이득은 별달리 크지 아니하여 동시이행의 항변권의 행사가 주로 자기 채무의 이행만을 회피하기 위한 수단이라고 보여지는 경우에는 그 항변권의 행사는 권리남용으로서 배척되어야 한다(대판 1992.4.28. 91다29972).

[❸ ▶ ○] 권리의 행사가 주관적으로 오직 상대방에게 고통을 주고 손해를 입히려는 데 있을 뿐 이를 행사하는 사람에게는 아무런 이익이 없고, 객관적으로 사회질서에 위반된다고 볼 수 있으면, 그 권리의 행사는 권리남용으로서 허용되지 아니하고, 그 권리의 행사가 상대방에게 고통이나 손해를 주기 위한 것이라는 주관적 요건은 권리자의 정당한 이익을 결여한 권리행사로 보여지는 객관적인 사정에 의하여 추인할 수 있다(대판 2003.11.27. 2003다40422). → 권리남용의 객관적인 요건과 관련하여 보다 구체적인 내용으로 권리행사자의 이익과 권리행사로 인하여 침해되는 상대방의 이익 사이에 현저한 불균형이 있어야 하고, 그 불균형은 양자의 이익을 단순히 산술적으로 비교함에 그칠 것이 아니라 구체적 사건에서의 여러 사정들을 종합하여 비교·교량 하여야 한다(지원림, 민법강의).

[❹ ▶ ×] 불법행위로 인한 손해배상의 청구권은 피해자나 그 법정대리인이 그 손해 및 가해자를 안 날로부터 3년간, 불법행위를 한 날로부터 10년간 이를 행사하지 아니하면 시효로 인하여 소멸한다(민법 제766조).

[❺ ▶ ○] 토지소유자의 건물 철거 청구가 권리남용으로 인정된 경우라도 토지소유자의 소유권 자체가 부정되는 것은 아니고 건물소유자의 불법점유가 적법한 권원에 기한 것으로 전환되지도 않으므로 토지소유자는 건물소유자에 대하여 부당이득반환청구를 할 수 있다.

답 ❹

07 신의성실의 원칙에 관한 설명으로 옳은 것은?(다툼이 있으면 판례에 따름) 25 행정사 제13회

① 신의성실의 원칙은 당사자의 주장이 없더라도 법원이 직권으로 판단할 수 있다.
② 소멸시효를 이유로 한 채무자의 항변권 행사에는 신의성실의 원칙이 적용되지 않는다.
③ 무권대리인이 본인을 단독 상속한 경우, 본인의 지위에서 추인을 거절하더라도 신의성실의 원칙에 반하지 않는다.
④ 강행규정에 위반하여 계약을 체결한 자가 스스로 그 계약의 무효를 주장하는 것은 특별한 사정이 없는 한 신의성실의 원칙에 반한다.
⑤ 조건의 성취로 이익을 받을 당사자가 신의성실에 반하여 조건을 성취시키더라도, 상대방이 그 조건이 성취하지 아니한 것으로 주장할 수는 없다.

해설

[❶▶○] 신의성실의 원칙에 반하는 것 또는 권리남용은 강행규정에 위배되는 것이므로 당사자의 주장이 없더라도 법원은 직권으로 판단할 수 있다(대판 1995.12.22. 94다42129).

[❷▶×] 채무자의 소멸시효에 기한 항변권의 행사도 우리 민법의 대원칙인 신의성실의 원칙과 권리남용금지의 원칙의 지배를 받는다(대판 2016.9.30. 2016다218713).

[❸▶×] 무권대리인이 본인을 단독 상속한 경우, 본인의 지위에서 자신이 한 무권대리행위의 추인을 거절하는 것은 금반언의 원칙이나 신의칙에 반한다.

> 대리권한 없이 타인의 부동산을 매도한 자가 그 부동산을 상속한 후 소유자의 지위에서 자신의 대리행위가 무권대리로 무효임을 주장하여 등기말소 등을 구하는 것은 금반언의 원칙이나 신의칙상 허용될 수 없다(대판 1994.9.27. 94다20617).

[❹▶×] 강행법규에 위반한 자가 스스로 그 약정의 무효를 주장하는 것이 신의칙에 위반되는 권리의 행사라는 이유로 그 주장을 배척한다면, 이는 오히려 강행법규에 의하여 배제하려는 결과를 실현시키는 셈이 되어 입법 취지를 완전히 몰각하게 되므로 달리 특별한 사정이 없는 한 위와 같은 주장은 신의칙에 반하는 것이라고 할 수 없다(대판 2004.6.11. 2003다1601).

[❺▶×] 조건의 성취로 인하여 이익을 받을 당사자가 신의성실에 반하여 조건을 성취시킨 때에는 상대방은 그 조건이 성취하지 아니한 것으로 주장할 수 있다(민법 제150조 제2항).

답 ❶

제3장 권리의 주체

학습 Key word
❶ 자연인 : 권리능력(태아), 의사능력, 행위능력(법정대리인 동의 없이 미성년자가 단독으로 할 수 있는 행위, 성년후견·한정후견·특정후견, 제한능력자와 거래한 상대방의 보호), 부재와 실종(부재자 재산관리, 실종선고) 등에 대해 상세히 학습한다.
❷ 법인 : 법인 아닌 사단·재단, 법인의 설립요건, 법인의 능력(권리능력·행위능력·불법행위능력), 법인의 기관, 법인의 소멸, 기타 법인에 관한 규정(정관변경, 법인의 감독) 등에 대해 상세히 학습한다.

제1절 서 설

I 권리의 주체

권리의 주체는 법에 의하여 권리를 향유할 수 있는 힘을 부여받은 자를 말하며, 법적 인격 또는 법인격이라고도 한다. 민법상 권리의 주체로 자연인과 법인이 있다.

> 우리 민법은 외국인의 권리능력에 관한 명문규정을 두고 있지 않으나 헌법 제6조 제2항, 민법 제3조에 의하여 외국인도 내국인과 같은 권리능력을 가지는 것으로 보아야 한다. 다만, 외국인은 각종 특별법에 의하여 권리능력이 제한받는 경우가 적지 않다[예] 대한민국 국민이 아닌 사람은 대한민국의 도선사가 될 수 없다(도선법 제6조 제1호)]. 기출 16

II 민법상 능력

민법상 능력에 관한 규정은 모두 강행규정이다. 따라서 개인의 의사 또는 합의로 그 적용을 배제할 수 없다. 예를 들면, 권리능력을 포기하는 약정은 무효이다.

1. 권리능력

① 권리능력은 권리·의무의 주체가 될 수 있는 자격을 말한다. 우리 민법상 권리능력자는 '모든 살아 있는 사람'(자연인)과 '법인'으로 법정·획일화되어 있다.
② 애완견 등 이른바 반려동물은 권리능력이 없다. 따라서 소유권, 위자료 청구권 등의 주체가 될 수 없다.

> 민법이나 그 밖의 법률에 동물에 대하여 권리능력을 인정하는 규정이 없고 이를 인정하는 관습법도 존재하지 아니하므로, 동물 자체가 위자료 청구권의 귀속주체가 된다고 할 수 없다. 그리고 이는 그 동물이 애완견 등 이른바 반려동물이라고 하더라도 달리 볼 수 없다(대판 2013.4.25. 2012다118594).

2. 의사능력

의사능력이란 자신의 행위의 의미나 결과를 정상적인 인식력과 예기력을 바탕으로 합리적으로 판단할 수 있는 정신적 능력 내지는 지능을 말하는바, 의사능력의 유무는 구체적인 법률행위와 관련하여 개별적으로 판단되어야 할 것이다(대판 2006.9.22. 2006다29358). 의사능력이 없으면 이에 대한 명문규정이 없더라도 절대적 무효이다. 기출 13 이 경우 무효의 주장은 의사무능력자뿐만 아니라 상대방도 할 수 있다(통설).

3. 행위능력

행위능력이란 단독으로 완전하고 유효하게 법률행위를 할 수 있는 능력을 말한다. 행위능력이 없는 자를 제한능력자라고 하며, 제한능력자는 객관적으로 법정·획일화되어 있다(성년연령, 법원의 선고). 행위능력이 없으면 취소사유가 된다(민법 제5조 제2항, 제10조 제1항, 제13조 제4항).

4. 책임능력

책임능력은 자기의 행위에 대한 책임을 변식할 수 있는 능력을 말한다. 책임능력은 의사능력과 마찬가지로 구체적·개별적으로 판단한다. 책임능력이 없으면 불법행위책임 또는 채무불이행책임이 인정되지 아니한다.

제2절 자연인

제1관 | 권리능력

I 서 설

> **민법 제3조(권리능력의 존속기간)**
> 사람은 생존하는 동안 권리와 의무의 주체가 된다.

1. 권리능력의 시기

① 권리능력은 사람이 생존하기 시작하는 때, 즉 출생과 함께 시작된다. 출생의 시기에 대해서는 통설은 태아가 모체로부터 완전히 분리된 때에 출생한 것으로 본다(전부노출설).
② 사람이 출생하면 「가족관계의 등록 등에 관한 법률」상의 절차에 따라 출생신고를 하여야 하는데 이 신고는 보고적 신고에 불과하다. 즉, 출생신고에 의해 권리능력을 취득하는 것이 아니다.

> 가족관계등록부에 기재된 사항은 진실에 부합하는 것으로 추정된다 할 것이나, 그 기재에 반하는 증거가 있거나 그 기재가 진실이 아니라고 볼만한 특별한 사정이 있는 때에는 그 추정은 번복될 수 있다(대판 2013.7.25. 2011두13309). 기출 18

2. 권리능력의 종기

① 자연인에게 사망(死亡)만이 유일한 권리능력의 소멸사유이며, 인정사망이나 실종선고가 있더라도 당사자가 생존하고 있는 한 권리능력을 잃게 되지는 않는다. 따라서 의사능력이 없는 자(예) 치매로 사물을 판단할 능력이 전혀 없는 사람)라도 권리능력은 인정된다. 기출 16
② 사망의 시기에 대해서는 뇌사설이 주장되기는 하나 「심장정지설」이 통설이다.
③ 사망의 사실 및 시기에 대한 입증책임은 원칙적으로 그것을 전제로 한 법률효과를 주장하는 자가 진다(대판 1995.7.28. 94다42679).

II 태아의 권리능력

민법 제762조(손해배상청구권에 있어서의 태아의 지위)
태아는 손해배상의 청구권에 관하여는 이미 출생한 것으로 본다.

민법 제858조(포태 중인 자의 인지)
부(父)는 포태 중에 있는 자(子, 태아)에 대하여도 이를 인지할 수 있다.

민법 제1000조(상속의 순위)
③ 태아는 상속순위에 관하여는 이미 출생한 것으로 본다.

민법 제1064조(유언과 태아, 상속결격자)
제1000조 제3항(태아의 상속순위), 제1004조의 규정은 수증자에 준용한다.

1. 태아보호를 위한 입법주의 기출 13

민법의 태도에 따르면 태아는 원칙적으로 권리능력이 없지만 구체적 사례에서 개별적으로 이미 출생한 것으로 인정해주는 개별보호주의에 입각하고 있다.

2. 태아의 권리능력 기출 20

인정되는 것	부정되는 것
손·상·유·인 • 태아 자신에 대한 출생 전 불법행위에 기한 손해배상청구권 (민법 제762조) • 부모의 생명침해로 인한 태아 자신의 위자료청구권(민법 제752조) 기출 18	채무불이행에 기한 손해배상청구권
• 상속(민법 제1000조 제3항), 대습상속(민법 제1001조), 유류분권 (민법 제1118조, 제1001조) • 유증(민법 제1064조, 제1000조 제3항)	• 계약할 수 있는 능력이나 의사표시능력 원칙적 부정 • 판례는 '생전'증여의 수증능력을 부정(대판 1982.2.9. 81다534)
인지의 대상(민법 제858조)	태아의 인지청구권(다수설)
사인증여(민법 제562조) : 견해 대립. 다수설은 민법 제562조가 유증에 관한 규정을 준용한다는 점을 근거로 태아의 권리능력을 인정	

증여에 관하여는 태아의 수증능력이 인정되지 아니하였고, 또 태아인 동안에는 법정대리인이 있을 수 없으므로 법정대리인에 의한 수증(受贈)행위도 할 수 없다(대판 1982.2.9. 81다534).

3. 태아의 법적 지위(살아서 출생한 경우에만 의미가 있음) 기출 18

구 분	정지조건설(판례)	해제조건설(다수설)
취득시기	태아는 권리능력을 갖지 못하고, 살아서 출생하면 권리능력을 가지며, 그 시기는 문제되는 시기로 소급(대판 1993.4.27. 93다4663)	태아는 문제된 시기에 권리능력을 갖지만, 사산되면 문제된 시기로 소급하여 권리능력이 소멸
법정대리인 유무	태아인 상태에서는 권리능력이 없으므로 법정대리인이 존재할 수 없음	태아인 상태에서도 권리능력이 인정되므로 법정대리인이 대리 가능
장 점	거래안전에 유리	태아보호에 유리
사산(死産)한 경우	학설대립에 관계없이 태아의 권리능력은 인정되지 않음	

- 태아가 특정한 권리에 있어서 이미 태어난 것으로 본다는 것은 살아서 출생한 때에 출생시기가 문제의 사건의 시기까지 소급하여 그때에 태아가 출생한 것과 같이 법률상 보아 준다고 해석하여야 상당하므로 그(태아)가 모체와 같이 사망하여 출생의 기회를 못가진 이상 배상청구권을 논할 여지 없다(대판 1976.9.14. 76다1365).
- 태아도 손해배상청구권에 관하여는 이미 출생한 것으로 보는바, 부(父)가 교통사고로 상해를 입을 당시 태아가 출생하지 아니하였다고 하더라도 그 뒤에 출생한 이상 부(父)의 부상으로 인하여 입게 될 정신적 고통에 대한 위자료를 청구할 수 있다(대판 1993.4.27. 93다4663).

III 동시사망 · 인정사망

1. 동시사망

> **민법 제30조(동시사망)** 기출 13
> 2인 이상이 동일한 위난으로 사망한 경우에는 동시에 사망한 것으로 '추정'한다.

(1) 의 의

2인 이상이 동일한 위난으로 사망한 경우에는 동시에 사망한 것으로 추정한다(민법 제30조).

(2) 요 건

① 2인 이상이 동일한 위난으로 사망한 경우
② 동일하지 않은 위난으로 사망하였으나 그들의 사망시기의 선후를 확정할 수 없는 경우에도, 민법 제30조를 유추적용하여 동시사망을 추정하여야 한다는 것이 다수설이다.

(3) 효 과

① 동시사망 추정규정은 법률상 추정으로 ㉠ 이를 번복하기 위하여는 동일한 위난으로 사망하였다는 전제사실에 대하여 법원의 확신을 흔들리게 하는 반증을 제출하거나 ㉡ 각자 다른 시각에 사망하였다는 점에 대하여 법원에 확신을 줄 수 있는 본증을 제출하여야 한다(대판 1998.8.21. 98다8974).

② 동시사망 추정자 사이에는 상속이 일어나지 않는다. 다만, 그들의 직계비속이나 처가 있는 때에는 그 직계비속이나 처가 대습상속(민법 제1001조)을 한다(대판 2001.3.9. 99다13157). 기출 18

2. 인정사망

(1) 의 의

인정사망은 수난, 화재나 그 밖의 재난으로 인하여 사망의 증명을 얻을 수 없으나 사망이 확실시 되는 경우에, 이를 조사한 관공서가 사망지의 시·읍·면의 장에게 보고를 하고, 이 보고에 의하여 가족관계등록부에 사망의 기재를 하여 사망으로 추정하는 제도이다(가족관계의 등록 등에 관한 법률 제87조, 제16조).

(2) 효 과

실종선고와 달리 인정사망은 가족관계등록부에 사망을 기록하기 위한 절차적 특례 제도로, 강한 사망추정적 효과가 인정된다.

> **[인정사망이나 실종선고에 의하지 아니하고 법원이 사망사실을 인정할 수 있는지 여부(적극)]**
> 수난, 전란, 화재 기타 사변에 편승하여 타인의 불법행위로 사망한 경우에 있어서는 확정적인 증거의 포착이 손쉽지 않음을 예상하여 법은 인정사망, 위난실종선고 등의 제도와 그 밖에도 보통실종선고제도도 마련해 놓고 있으나 그렇다고 하여 위와 같은 자료나 제도에 의함이 없는 사망사실의 인정을 수소법원이 절대로 할 수 없다는 법리는 없다(대판 1989.1.31. 87다카2954).

제2관 | 의사능력

I 서 설

1. 의 의

의사능력이란 자신의 행위의 의미나 결과를 정상적인 인식력과 예기력을 바탕으로 합리적으로 판단할 수 있는 정신적 능력 내지는 지능을 말한다.

2. 판단 기준

어떤 법률행위가 그 일상적인 의미만을 이해하여서는 알기 어려운 특별한 법률적인 의미나 효과가 부여되어 있는 경우 의사능력이 인정되기 위하여는 그 행위의 일상적인 의미뿐만 아니라 법률적인 의미나 효과에 대하여도 이해할 수 있을 것을 요한다고 보아야 하고, 의사능력의 유무는 구체적인 법률행위와 관련하여 개별적으로 판단되어야 할 것이다(대판 2006.9.22. 2006다29358).

Ⅱ 의사무능력의 효과

1. 무 효

의사무능력자의 법률행위는 절대적 무효이다. 따라서 누구나 언제든지 무효를 주장할 수 있다. 법률행위의 무효를 주장하는 자가 의사능력이 없었음을 증명하여야 한다.

> 의사무능력자가 사실상의 후견인이었던 아버지의 보조를 받아 자신의 명의로 대출계약을 체결하고 자신 소유의 부동산에 관하여 근저당권을 설정한 후, 의사무능력자의 여동생이 특별대리인으로 선임되어 위 대출계약 및 근저당권설정계약의 효력을 부인하는 경우에, 이러한 무효 주장이 거래관계에 있는 당사자의 신뢰를 배신하고 정의의 관념에 반하는 예외적인 경우에 해당하지 않는 한, 의사무능력자에 의하여 행하여진 법률행위의 무효를 주장하는 것이 신의칙에 반하여 허용되지 않는다고 할 수 없다(대판 2006.9.22. 2004다51627). 기출 24

2. 의사무능력자의 부당이득 반환범위(현존이익에 한정)

> **[무능력자의 책임을 제한하는 민법 제141조 단서 규정이 의사능력의 흠결을 이유로 법률행위가 무효가 되는 경우에도 유추적용되는지 여부(적극)]**
> 무능력자의 책임을 제한하는 민법 제141조 단서는 부당이득에 있어 수익자의 반환범위를 정한 민법 제748조의 특칙으로서 무능력자의 보호를 위해 그 선의·악의를 묻지 아니하고 반환범위를 현존이익에 한정시키려는데 그 취지가 있으므로, 의사능력의 흠결을 이유로 법률행위가 무효가 되는 경우에도 유추적용되어야 할 것이나, 법률상 원인 없이 타인의 재산 또는 노무로 인하여 이익을 얻고 그로 인하여 타인에게 손해를 가한 경우에 그 취득한 것이 금전상의 이득인 때에는 그 금전은 이를 취득한 자가 소비하였는가의 여부를 불문하고 현존하는 것으로 추정되므로, 위 이익이 현존하지 아니함은 이를 주장하는 자, 즉 의사무능력자 측에 입증책임이 있다(대판 2009.1.15. 2008다58367). 기출 24·22·21

> **[부당이득반환청구의 대상]**
> 의사무능력자가 자신이 소유하는 부동산에 근저당권을 설정해 주고 금융기관으로부터 금원을 대출받아 이를 제3자에게 대여한 경우, 대출로써 받은 이익이 위 제3자에 대한 대여금채권 또는 부당이득반환채권의 형태로 현존하므로, 금융기관은 대출거래약정 등의 무효에 따른 원상회복으로서 위 대출금 자체의 반환을 구할 수는 없더라도 현존이익인 위 채권의 양도를 구할 수 있다(대판 2009.1.15. 2008다58367).

제3관 | 행위능력

Ⅰ 서 설

행위능력제도는 근본적으로는 거래안전을 희생시키더라도 제한능력자를 보호하고자 하는 취지의 제도이다. 민법의 개정으로 금치산, 한정치산제도가 폐지되고 성년후견, 한정후견, 특정후견, 임의후견제도가 2013년 7월 1일부터 시행되었다. 그동안의 민법상 금치산, 한정치산제도는 재산관리에 중점을 두고 능력을 박탈 또는 제한한다는 점에서 제도를 악용하는 사례가 끊이지 않았으며, 이에 변경된 성년후견제도는 능력의 박탈 또는 제한이 아닌 능력지원과 재산관리, 신상보호에 중점을 둔 제도라는 점에 의미가 있다.

II 미성년자

> **민법 제4조(성년)**
> 사람은 19세로 성년에 이르게 된다.
>
> **민법 제5조(미성년자의 능력)**
> ① 미성년자가 법률행위를 함에는 법정대리인의 동의를 얻어야 한다. 그러나 권리만을 얻거나 의무만을 면하는 행위는 그러하지 아니하다. 기출 23·21
> ② 전항의 규정에 위반한 행위는 취소할 수 있다.
>
> **민법 제6조(처분을 허락한 재산)**
> 법정대리인이 범위를 정하여 처분을 허락한 재산은 미성년자가 임의로 처분할 수 있다.
>
> **민법 제7조(동의와 허락의 취소)** 기출 20
> 법정대리인은 미성년자가 아직 법률행위를 하기 전에는 전2조의 동의와 허락을 취소할 수 있다.
>
> **민법 제8조(영업의 허락)**
> ① 미성년자가 법정대리인으로부터 허락을 얻은 특정한 영업에 관하여는 성년자와 동일한 행위능력이 있다. 기출 21
> ② 법정대리인은 전항의 허락을 취소 또는 제한할 수 있다. 그러나 선의의 제3자에게 대항하지 못한다. 기출 21

1. 성년기

(1) 의 의

민법상 19세로 성년이 되며(민법 제4조), 성년에 이르지 않은 자가 미성년자이다. 여기서 19세는 만 나이를 가리키며, 나이는 출생일을 산입하여 역(曆)에 따라 계산한다(민법 제158조, 제160조).

(2) 성년의제

① 미성년자가 혼인을 한 때에는 성년자로 본다(민법 제826조의2). 이때의 혼인이 법률혼인지 사실혼인지에 대하여 견해대립이 있으나 통설은 성년시기를 획일적으로 명확하게 하여 거래안전을 보호해야 한다는 점에서 법률혼에 한정하고 있다.
② 미성년자가 혼인을 한 때에는 행위능력자로 간주되므로 이혼을 할 때에는 부모 등의 동의를 얻을 필요가 없다.
③ 성년의제는 민법의 영역에 한정되고 공직선거법, 근로기준법 등 공법이나 기타 사회법에서는 적용되지 않는다.
④ 혼인한 미성년자에게는 민사소송법상의 소송능력이 인정된다(민사소송법 제55조 제1항 제1호).

2. 행위능력

(1) 원칙

① 미성년자가 법률행위를 함에는 법정대리인의 동의를 얻어야 하며(민법 제5조 제1항 본문), 법정대리인의 동의 없이 법률행위를 한 때에는 미성년자 본인이나 법정대리인이 취소할 수 있다(민법 제5조 제2항, 제140조). 그 취소는 선의취득(민법 제249조) 등의 별개의 권리취득 원인이 인정되지 않는 이상, 선의의 제3자에게도 대항할 수 있다(절대적 효력).

② 법정대리인의 동의는 언제나 명시적이어야 하는 것은 아니고 묵시적으로도 가능하다.

③ 미성년자의 법률행위에 법정대리인의 동의를 요하도록 하는 규정은 강행규정이다(대판 2007.11.16. 2005다71659). 기출 24

④ 법정대리인의 동의에 관한 입증책임은 미성년자에게 있는 것이 아니라 「동의가 있었음을 주장하는 상대방」에게 있다(대판 1970.2.24. 69다1568).

⑤ 취소된 법률행위는 처음부터 무효인 것으로 본다(소급효). 다만, 제한능력자는 그 행위로 인하여 받은 이익이 현존하는 한도에서 상환할 책임이 있다(민법 제141조). 기출 23

(2) 예외 : 미성년자가 단독으로 할 수 있는 행위

① 권리만을 얻거나 의무만을 면하는 행위(민법 제5조 제1항 단서)
  ㉠ 부담 없는 증여나 유증을 받는 경우
  ㉡ 채무면제계약에 있어서 채무면제의 청약에 대한 승낙, 의무만을 부담하는 계약의 해제, 이자 없는 소비대차의 해지 등
  ㉢ 권리만을 얻는 제3자를 위한 계약의 수익의 의사표시
  ㉣ 단, 부담부 증여, 미성년자에게 경제적으로 유리한 매매계약을 체결하는 경우, 상속의 승인은 권리만을 얻는 것이 아니라 의무도 부담하게 되므로 미성년자가 단독으로 할 수 없다. 기출 13

② 범위를 정하여 처분이 허락된 재산의 처분행위(민법 제6조)
  ㉠ 여기서 허락의 대상은 「사용의 목적」이 아니라 「재산의 범위」라고 보아야 한다(통설). 따라서 목적범위를 정하여 처분을 허락한 경우에도 지정목적에 상관없이 임의처분이 가능하다.
  ㉡ 법정대리인이 특정 재산에 관한 처분을 허락한 경우, 그 재산의 처분행위에 관한 동의권은 소멸하지만 대리권은 소멸하지 않는다. 따라서 법정대리인은 재산의 처분행위에 관하여 유효한 대리행위를 할 수 있다. 기출 23

> **[일정 소득이 있고 성년에 근접한 미성년자가 행한 신용구매계약의 취소 가능 여부]**
> [1] 행위무능력자 제도는 사적자치의 원칙이라는 민법의 기본이념, 특히, 자기책임 원칙의 구현을 가능케 하는 도구로서 인정되는 것이고, 거래의 안전을 희생시키더라도 행위무능력자를 보호하고자 함에 근본적인 입법 취지가 있는바, 행위무능력자 제도의 이러한 성격과 입법 취지 등에 비추어 볼 때, 신용카드 가맹점이 미성년자와 신용구매계약을 체결할 당시 향후 그 미성년자가 법정대리인의 동의가 없었음을 들어 스스로 위 계약을 취소하지는 않으리라고 신뢰하였다 하더라도 그 신뢰가 객관적으로 정당한 것이라고 할 수 있을지 의문일 뿐만 아니라, 그 미성년자가 가맹점의 이러한 신뢰에 반하여 취소권을 행사하는 것이 정의관념에 비추어 용인될 수 없는 정도의 상태라고 보기도 어려우며, 미성년자의 법률행위에 법정대리인의 동의를 요하도록 하는 것은 강행규정인데, 위 규정에 반하여 이루어진 신용구매계약을 미성년자 스스로 취소하는 것을 신의칙 위반을 이유로 배척한다면, 이는 오히려 위 규정에 의해 배제하려는 결과를 실현시키는 셈이 되어 미성년자 제도의 입법 취지를 몰각시킬 우려가 있으므로, 법정대리인의 동의 없이 신용구매계약을

> 체결한 미성년자가 사후에 법정대리인의 동의 없음을 사유로 들어 이를 취소하는 것이 신의칙에 위배된 것이라고 할 수 없다. 기출 24·22·17·15·13
> [2] 미성년자가 법률행위를 함에 있어서 요구되는 법정대리인의 동의는 언제나 명시적이어야 하는 것은 아니고 묵시적으로도 가능한 것이며, 미성년자의 행위가 위와 같이 법정대리인의 묵시적 동의가 인정되거나 처분허락이 있는 재산의 처분 등에 해당하는 경우라면, 미성년자로서는 더 이상 행위무능력을 이유로 그 법률행위를 취소할 수 없다.
> [3] 미성년자의 법률행위에 있어서 법정대리인의 묵시적 동의나 처분허락이 있다고 볼 수 있는지 여부를 판단함에 있어서는, 미성년자의 연령·지능·직업·경력, 법정대리인과의 동거 여부, 독자적인 소득의 유무와 그 금액, 경제활동의 여부, 계약의 성질·체결경위·내용, 기타 제반 사정을 종합적으로 고려하여야 할 것이고, 위와 같은 법리는 묵시적 동의 또는 처분허락을 받은 재산의 범위 내라면 특별한 사정이 없는 한 신용카드를 이용하여 재화와 용역을 신용구매한 후 사후에 결제하려는 경우와 곧바로 현금구매하는 경우를 달리 볼 필요는 없다(대판 2007.11.16. 2005다71659·71666·71673).

③ 허락된 영업에 관한 행위(민법 제8조)
  ㉠ 법정대리인이 영업을 허락함에는 반드시 영업의 종류를 특정하여야 하며, 그 영업에 관한 행위에 대하여는 성년자와 동일한 행위능력이 인정된다(민법 제8조 제1항). 기출 24 따라서 그 영업에 관하여는 법정대리인의 동의권과 대리권이 모두 소멸하고, 법정대리인은 그 영업에 관하여는 대리행위를 할 수 없다. 기출 23·21 한편 미성년자는 허락된 영업에 관하여는 소송능력도 갖게 된다.
  ㉡ 법정대리인은 허락을 취소 또는 제한할 수 있다. 그러나 선의의 제3자에게 대항하지 못한다(민법 제8조 제2항). 기출 24·21
  ㉢ 영업의 허락은 특별한 방식을 요하지 않으나, 미성년후견인이 허락하는 경우에는 후견감독인이 있으면 그의 동의를 받아야 한다(민법 제950조 제1항 제1호).
④ 근로계약의 체결 : 민법 제920조 단서(미성년자의 동의를 얻어야 한다)와 근로기준법 제67조 제1항(미성년자의 근로계약을 대리할 수 없다)의 충돌이 있으나, 다수설은 근로기준법에 의하여 법정대리인의 동의를 얻어 미성년자가 스스로 체결하는 방식만 가능하다는 입장이다. 나아가 미성년자는 독자적으로 임금을 청구할 수 있다(근기법 제68조). 기출 20
⑤ 대리행위(민법 제117조 참조) : 대리인은 행위능력자임을 요하지 아니한다(민법 제117조). 대리행위의 효과는 대리인이 아닌 본인에게 귀속하기 때문에 미성년자는 법정대리인의 동의 없이 타인의 대리인으로서 법률행위를 할 수 있다. 기출 20·13
⑥ 유언행위 : 유언에는 민법 제5조가 적용되지 않으며(민법 제1062조), 17세 이상이면 단독으로 유언이 가능하다(민법 제1061조). 기출 13
⑦ 제한능력을 이유로 하는 취소(민법 제140조) : 미성년자도 법정대리인의 동의 없이 단독으로 취소할 수 있다.
  기출 13

(3) 동의와 허락의 취소 또는 제한
① 미성년자의 법정대리인은 동의나 재산처분에 대한 허락을 취소할 수 있다(민법 제7조). 여기서 취소는 「철회」의 성질을 갖는다. 또한 철회는 미성년자가 법률행위를 하기 전에만 허용되는데, 미성년자나 상대방에게 하여야 한다. 미성년자에게만 철회를 한 경우에는 선의의 제3자에게 대항할 수 없다.
② 법정대리인은 그가 행한 영업의 허락을 취소 또는 제한할 수 있다(민법 제8조 제2항 본문). 여기서 취소도 「철회」의 의미이다. 따라서 그 효력은 장래를 향하여 발생한다. 그리고 영업허락의 취소나 제한은 선의의 제3자, 즉 미성년자와 거래한 선의의 상대방에게 대항하지 못한다(민법 제8조 제2항 단서).

3. 법정대리인

(1) 법정대리인으로 되는 자
① 1차적으로 친권자(부모)가 법정대리인이 된다(민법 제911조).
② 2차적으로 미성년자에게 부모가 없거나 부모가 친권을 행사할 수 없는 경우에는 후견인이 법정대리인으로 된다. 후견인은 지정후견인(민법 제931조), 선임후견인(민법 제932조) 순으로 된다.

(2) 법정대리인의 권한
① 동의권
  ㉠ 동의권은 미성년자와 피한정후견인의 법정대리인에게만 인정되며, 피성년후견인의 성년후견인에게는 동의권이 없다.
  ㉡ 동의는 미성년자의 법률행위가 있기 전에 하여야 하지만, 그 후에 하는 동의는 추인으로서 의미가 있다.
  ㉢ 법정대리인은 예견할 수 있는 범위 내에서 개괄적으로 동의 또는 허락할 수 있다. 동의나 허락은 미성년자나 그 상대방 어느 쪽에 대해서도 할 수 있으며, 명시적·묵시적으로 할 수 있다. 기출 24 다만, 미성년후견인이 미성년자의 일정한 행위에 동의를 할 때에는 후견감독인이 있으면 그의 동의를 받아야 한다(민법 제950조).

> 미성년자가 법률행위를 함에 있어서 요구되는 법정대리인의 동의는 언제나 명시적이어야 하는 것은 아니고 묵시적으로도 가능한 것이며, 미성년자의 행위가 위와 같이 법정대리인의 묵시적 동의가 인정되거나 처분허락이 있는 재산의 처분 등에 해당하는 경우라면, 미성년자로서는 더 이상 행위무능력을 이유로 그 법률행위를 취소할 수 없다(대판 2007.11.16. 2005다71659). 기출 24

② 대리권
  ㉠ 대리권은 동의 또는 처분허락을 준 행위에 대해서도 행사할 수 있지만, 영업허락의 경우에는 대리권이 소멸한다.
  ㉡ 미성년후견인이 미성년자의 일정한 행위를 대리한 때에는 후견감독인이 있으면 그의 동의를 받아야 한다(민법 제950조).
  ㉢ 민법 제909조를 위반하여 친권자인 부모의 일방이 부모의 공동명의로 대리권을 행사한 경우, 다른 일방의 의사에 반하더라도 선의의 상대방에 대하여 효력이 발생하는 반면(민법 제920조의2) 자기 단독명의로 대리권을 행사한 경우에는 무권대리행위가 된다.
  ㉣ 법정대리인이 미성년자 본인의 이름으로 매매계약을 체결한 경우에도 법정대리인이 그 행위를 한 이상 미성년자에 대하여 매매계약의 효과가 발생한다.
③ 취소권 : 법정대리인은 미성년자가 독자적으로 한 법률행위를 취소할 수 있다(민법 제140조). 친권은 부모가 공동으로 행사하여야 하지만(민법 제909조 제2항), 취소는 친권자 각자가 단독으로 할 수 있다.

Ⅲ 피성년후견인

민법 제9조(성년후견개시의 심판)
① 가정법원은 질병, 장애, 노령, 그 밖의 사유로 인한 정신적 제약으로 사무를 처리할 능력이 지속적으로 결여된 사람에 대하여 본인, 배우자, 4촌 이내의 친족, 미성년후견인, 미성년후견감독인, 한정후견인, 한정후견감독인, 특정후견인, 특정후견감독인, 검사 또는 지방자치단체의 장의 청구에 의하여 성년후견개시의 심판을 한다. 기출 23·18·16
② 가정법원은 성년후견개시의 심판을 할 때 본인의 의사를 고려하여야 한다. 기출 23·22·20·15

민법 제10조(피성년후견인의 행위와 취소)
① 피성년후견인의 법률행위는 취소할 수 있다. 기출 22·14
② 제1항에도 불구하고 가정법원은 취소할 수 없는 피성년후견인의 법률행위의 범위를 정할 수 있다. 기출 22·18·16·15
③ 가정법원은 본인, 배우자, 4촌 이내의 친족, 성년후견인, 성년후견감독인, 검사 또는 지방자치단체의 장의 청구에 의하여 제2항의 범위를 변경할 수 있다. 기출 18
④ 제1항에도 불구하고 일용품의 구입 등 일상생활에 필요하고 그 대가가 과도하지 아니한 법률행위는 성년후견인이 취소할 수 없다. 기출 23·18·17·15

민법 제11조(성년후견종료의 심판) 기출 19·15
성년후견개시의 원인이 소멸된 경우에는 가정법원은 본인, 배우자, 4촌 이내의 친족, 성년후견인, 성년후견감독인, 검사 또는 지방자치단체의 장의 청구에 의하여 성년후견종료의 심판을 한다.

민법 제14조의3(심판 사이의 관계)
① 가정법원이 피한정후견인 또는 피특정후견인에 대하여 성년후견개시의 심판을 할 때에는 종전의 한정후견 또는 특정후견의 종료 심판을 한다.
② 가정법원이 피성년후견인 또는 피특정후견인에 대하여 한정후견개시의 심판을 할 때에는 종전의 성년후견 또는 특정후견의 종료 심판을 한다. 기출 23·22

1. 피성년후견인의 의의

피성년후견인이란 질병, 장애, 노령, 그 밖의 사유로 인한 정신적 제약으로 사무를 처리할 능력이 지속적으로 결여된 사람으로서 가정법원으로부터 일정한 자의 청구에 의하여 성년후견개시의 심판을 받은 자를 말한다(민법 제9조 제1항).

2. 성년후견개시 심판의 요건

(1) 실질적 요건

질병, 장애, 노령, 그 밖의 사유로 인한 「정신적 제약」으로 사무를 처리할 능력이 「지속적으로 결여」된 사람이어야 한다(민법 제9조 제1항). 기출 23 가정법원은 피성년후견인이 될 사람의 정신상태에 관하여 의사에게 감정을 시켜야 하지만, 본인의 정신상태를 판단할 만한 다른 충분한 자료가 있는 때에는 그러하지 아니하다(가사소송법 제45조의2 제1항).

(2) 형식적 요건
① 본인, 배우자, 4촌 이내의 친족, 미성년후견인, 미성년후견감독인, 한정후견인, 한정후견감독인, 특정후견인, 특정후견감독인, 검사 또는 지방자치단체의 장의 청구가 있어야 한다(민법 제9조 제1항). 기출 18·16
② 가정법원이 직권으로 절차를 개시할 수 없다.
③ 가정법원이 심판을 할 때에는 본인의 의사를 고려하여야 한다(민법 제9조 제2항). 기출 23·22·20·15

3. 성년후견개시 심판의 절차
① 성년후견개시 심판의 절차는 가사소송법에 의하며(가사소송법 제2조 제1항 제2호, 제44조 이하), 성년후견개시 심판의 요건이 전부 갖추어지면 가정법원은 반드시 성년후견개시의 심판을 하여야 한다(민법 제9조 참조). 정신적 제약으로 사무처리능력이 지속적으로 결여된 사람이라도 성년후견개시의 심판을 받기 전에는 피성년후견인이 아니다(통설)(대판 1992.10.13. 92다6433).
② 가정법원의 성년후견개시 심판이 있으면 촉탁 또는 신청에 의하여 후견등기부에 그 구체적인 내용이 등기가 된다(후견등기에 관한 법률 제20조).
③ 가정법원은 성년후견개시가 청구되더라도 필요하다면 한정후견을 개시할 수 있다(대결 2021.7.2. 2020스596).

4. 피성년후견인의 행위능력

(1) 원 칙
피성년후견인이 단독으로 한 법률행위는 원칙적으로 취소할 수 있다(민법 제10조 제1항). 기출 22·14 성년후견인의 동의가 있었더라도 취소할 수 있는데, 취소권자는 피성년후견인 또는 성년후견인이다(민법 제140조).

(2) 예 외
① 가정법원은 피성년후견인이 단독으로 할 수 있는 법률행위의 범위를 정할 수 있고(민법 제10조 제2항), 기출 22·18·16·15 일정한 자의 청구에 의하여 그 범위를 변경할 수 있다(민법 제10조 제3항). 기출 18
② 일용품의 구입 등 일상생활에 필요하고 그 대가가 과도하지 아니한 법률행위는 성년후견인이 취소할 수 없다(민법 제10조 제4항). 기출 23·18·17·15
③ 대리인은 행위능력자임을 요하지 아니한다(민법 제117조). 따라서 피성년후견인도 의사능력이 있으면 유효하게 임의대리행위를 할 수 있다. 기출 24
④ 가족법상의 행위에 관하여 성년후견인의 동의를 받아 스스로 유효한 법률행위를 할 수 있는 경우가 있으며(민법 제802조, 제808조 제2항, 제835조, 제856조, 제873조 제1항, 제902조 등), 특히 유언의 경우 17세에 달한 피성년후견인은 의사능력을 회복한 때에 한하여 의사가 심신회복의 상태를 유언서에 부기하고 서명날인하면 단독으로 할 수 있다(민법 제1063조).

5. 법정대리인

① 피성년후견인에게는 성년후견인을 두어야 한다(민법 제929조). 성년후견인을 여러 명 둘 수 있으며(민법 제930조 제2항), 법인도 성년후견인이 될 수 있다(민법 제930조 제3항). 성년후견인은 성년후견개시 심판을 할 때 가정법원이 직권으로 선임한다(민법 제936조 제1항).
② 성년후견인은 피성년후견인의 법정대리인이 된다(민법 제938조 제1항).
③ 성년후견인은 원칙적으로 동의권은 없으나(민법 제10조 제1항 참조), 대리권(민법 제949조)과 취소권(민법 제10조 제1항, 제140조)은 인정된다. 따라서 성년후견인의 동의를 받아 피성년후견인이 직접 상대방과 법률행위를 한 때에도 제한능력을 이유로 여전히 취소할 수 있다.
④ 가정법원은 필요하다고 인정되면 직권으로 또는 일정한 자의 청구에 의하여 성년후견감독인을 선임할 수 있다(제940조의4 제1항).
⑤ 가정법원은 성년후견감독인이 사망, 결격, 그 밖의 사유로 없게 된 경우에는 직권으로 또는 피성년후견인, 친족, 성년후견인, 검사, 지방자치단체의 장의 청구에 의하여 성년후견감독인을 선임한다(민법 제940조의4 제2항).

6. 성년후견종료의 심판

① 성년후견개시의 원인이 소멸된 경우에는 가정법원은 본인, 배우자, 4촌 이내의 친족, 성년후견인, 성년후견감독인, 검사 또는 지방자치단체의 장의 청구에 의하여 성년후견종료의 심판을 해야 한다(민법 제11조). 기출 19·15 이때에는 의사에 의한 정신감정을 요하지 않는다.
② 성년후견종료의 심판은 장래에 향하여 효력을 가진다. 따라서 그 심판이 있기 전에 행하여진 피성년후견인의 법률행위는 원칙적으로 취소될 수 있다.
③ 가정법원이 피성년후견인에 대하여 한정후견개시의 심판을 한 때에는 종전의 성년후견의 종료 심판을 해야 한다(민법 제14조의3 제2항). 기출 23·22

IV 피한정후견인

민법 제12조(한정후견개시의 심판)
① 가정법원은 질병, 장애, 노령, 그 밖의 사유로 인한 정신적 제약으로 사무를 처리할 능력이 부족한 사람에 대하여 본인, 배우자, 4촌 이내의 친족, 미성년후견인, 미성년후견감독인, 성년후견인, 성년후견감독인, 특정후견인, 특정후견감독인, 검사 또는 지방자치단체의 장의 청구에 의하여 한정후견개시의 심판을 한다. 기출 25·16
② 한정후견개시의 경우에 제9조 제2항을 준용한다. 기출 25·14

민법 제9조(성년후견개시의 심판)
② 가정법원은 성년후견개시의 심판을 할 때 본인의 의사를 고려하여야 한다.

> **민법 제13조(피한정후견인의 행위와 동의)**
> ① 가정법원은 피한정후견인이 한정후견인의 동의를 받아야 하는 행위의 범위를 정할 수 있다. 기출 25·23·22·15
> ② 가정법원은 본인, 배우자, 4촌 이내의 친족, 한정후견인, 한정후견감독인, 검사 또는 지방자치단체의 장의 청구에 의하여 제1항에 따른 한정후견인의 동의를 받아야만 할 수 있는 행위의 범위를 변경할 수 있다. 기출 25
> ③ 한정후견인의 동의를 필요로 하는 행위에 대하여 한정후견인이 피한정후견인의 이익이 침해될 염려가 있음에도 그 동의를 하지 아니하는 때에는 가정법원은 피한정후견인의 청구에 의하여 한정후견인의 동의를 갈음하는 허가를 할 수 있다.
> ④ 한정후견인의 동의가 필요한 법률행위를 피한정후견인이 한정후견인의 동의 없이 하였을 때에는 그 법률행위를 취소할 수 있다. 다만, 일용품의 구입 등 일상생활에 필요하고 그 대가가 과도하지 아니한 법률행위에 대하여는 그러하지 아니하다.
>
> **민법 제14조(한정후견종료의 심판)**
> 한정후견개시의 원인이 소멸된 경우에는 가정법원은 본인, 배우자, 4촌 이내의 친족, 한정후견인, 한정후견감독인, 검사 또는 지방자치단체의 장의 청구에 의하여 한정후견종료의 심판을 한다.
>
> **민법 제14조의3(심판 사이의 관계)**
> ① 가정법원이 피한정후견인 또는 피특정후견인에 대하여 성년후견개시의 심판을 할 때에는 종전의 한정후견 또는 특정후견의 종료 심판을 한다. 기출 14
> ② 가정법원이 피성년후견인 또는 피특정후견인에 대하여 한정후견개시의 심판을 할 때에는 종전의 성년후견 또는 특정후견의 종료 심판을 한다.

1. 피한정후견인의 의의

피한정후견인이란 질병, 장애, 노령 그 밖의 사유로 인한 정신적 제약으로 사무를 처리할 능력이 부족한 사람으로서 가정법원으로부터 일정한 자의 청구에 의하여 한정후견개시 심판을 받은 자를 말한다(민법 제12조 제1항).

2. 한정후견개시 심판의 요건

(1) 실질적 요건

질병, 장애, 노령 그 밖의 사유로 인한 정신적 제약으로 사무를 처리할 능력이 「부족」해야 한다(민법 제12조 제1항). 성년후견개시 원인인 사무처리능력의 「지속적 결여」보다는 정신적 제약이 경미한 상태를 말하며, 이때에도 원칙적으로 의사의 감정을 거쳐야 한다(가사소송법 제45조의2 제1항). 기출 25

(2) 형식적 요건

① 본인, 배우자, 4촌 이내의 친족, 미성년후견인, 미성년후견감독인, 성년후견인, 성년후견감독인, 특정후견인, 특정후견감독인, 검사 또는 지방자치단체의 장의 청구가 있어야 한다(민법 제12조 제1항 참조). 가정법원은 직권으로 절차를 개시할 수 없다. 기출 16
② 가정법원은 한정후견개시의 심판을 할 때 본인의 의사를 고려하여야 한다(민법 제12조 제2항, 제9조 제2항).
기출 14·25

3. 한정후견개시 심판의 절차

가정법원은 한정후견개시 심판의 요건이 충족되면 반드시 한정후견개시의 심판을 하여야 한다(민법 제12조 참조). 심판의 절차는 가사소송법에 의한다(가사소송법 제2조 제1항 제2호, 제44조 이하).

4. 피한정후견인의 행위능력

(1) 원칙

① 한정후견이 개시되면 피한정후견인의 행위능력이 제한된다. 즉, 가정법원은 한정후견인의 동의를 받아야 하는 행위의 범위를 정할 수 있고(민법 제13조 제1항), 기출 25·23·22·15 그 범위에 속하는 행위를 한정후견인의 동의 없이 하였을 때에는 그 법률행위를 취소할 수 있다(민법 제13조 제4항). 그리고 그 범위는 본인, 배우자, 4촌 이내의 친족, 한정후견인, 한정후견감독인, 검사 또는 지방자치단체의 장의 청구에 의하여 가정법원이 변경할 수 있다(민법 제13조 제2항). 기출 25

② 한정후견인의 동의를 받아야 하는 행위에 대하여 피한정후견인의 이익을 해칠 염려가 있음에도 한정후견인이 동의를 하지 않는 때에는 가정법원은 피한정후견인의 청구에 의하여 한정후견인의 동의를 갈음하는 허가를 할 수 있다(민법 제13조 제3항).

(2) 예외

① 일용품의 구입 등 일상생활에 필요하고 그 대가가 과도하지 아니한 법률행위는 피한정후견인이 단독으로 할 수 있다(민법 제13조 제4항 단서). 따라서 그 법률행위를 한정후견인이 취소할 수 없다. 기출 25

② 피한정후견인의 행위능력 제한은 가족법상의 행위에 미치지 않는다. 즉, 피한정후견인은 신분행위에 관해서는 완전한 능력자로 취급된다(통설).

5. 법정대리인

① 피한정후견인에게는 한정후견인을 두어야 한다(민법 제959조의2). 한정후견인의 수와 자격, 선임방법 등은 성년후견인의 규정을 준용한다(민법 제959조의3 제2항). 즉, 한정후견인은 여러 명 둘 수 있고(민법 제959조의3 제2항, 제930조 제2항), 법인도 한정후견인이 될 수 있으며(민법 제959조의3 제2항, 제930조 제3항), 한정후견개시의 심판을 할 때 가정법원이 직권으로 선임한다(민법 제959조의3 제1항).

② 한정후견인은 동의를 요하는 범위에서 동의권과 대리권 및 취소권을 가진다. 그런데 한정후견인에 의한 능력보충은 주로 동의권 행사에 의하여 이루어지며 그 범위는 가정법원에 유보되어 있다. 그리고 대리권 행사는 대리권을 수여하는 가정법원의 심판이 있어야 가능하다(민법 제959조의4 제1항).

6. 한정후견종료의 심판

① 한정후견개시의 원인이 소멸한 경우에는 가정법원은 일정한 자의 청구에 의하여 한정후견종료의 심판을 해야 한다(민법 제14조).

② 한정후견종료의 심판은 장래에 향하여 효력을 가진다.

③ 가정법원이 피한정후견인에 대하여 성년후견개시의 심판을 할 때에는 종전의 한정후견의 종료 심판을 한다(민법 제14조의3 제1항). 기출 14

V 피특정후견인

> **민법 제14조의2(특정후견의 심판)**
> ① 가정법원은 질병, 장애, 노령, 그 밖의 사유로 인한 정신적 제약으로 일시적 후원 또는 특정한 사무에 관한 후원이 필요한 사람에 대하여 본인, 배우자, 4촌 이내의 친족, 미성년후견인, 미성년후견감독인, 검사 또는 지방자치단체의 장의 청구에 의하여 특정후견의 심판을 한다. 기출 22
> ② 특정후견은 본인의 의사에 반하여 할 수 없다. 기출 24·22·16·14
> ③ 특정후견의 심판을 하는 경우에는 특정후견의 기간 또는 사무의 범위를 정하여야 한다. 기출 24
>
> **민법 제14조의3(심판 사이의 관계)**
> ① 가정법원이 피한정후견인 또는 피특정후견인에 대하여 성년후견개시의 심판을 할 때에는 종전의 한정후견 또는 특정후견의 종료 심판을 한다.
> ② 가정법원이 피성년후견인 또는 피특정후견인에 대하여 한정후견개시의 심판을 할 때에는 종전의 성년후견 또는 특정후견의 종료 심판을 한다. 기출 22

1. 피특정후견인의 의의

피특정후견인이란 질병, 장애, 노령 그 밖의 사유로 인한 정신적 제약으로 일시적 후원 또는 특정한 사무에 관한 후원이 필요한 사람으로서 가정법원으로부터 일정한 자의 청구에 의하여 특정한 후견개시의 심판을 받은 자를 말한다(민법 제14조의2 제1항).

2. 특정후견 심판의 요건

(1) 실질적 요건

질병, 장애, 노령 그 밖의 사유로 인한 정신적 제약으로「일시적 후원」또는「특정한 사무에 관한 후원」이 필요해야 한다. 성년후견이나 한정후견에서의 제약이 지속적·포괄적인 것인 반면, 여기에서의 제약은 일시적·한정적인 것이다.

(2) 형식적 요건

① 본인, 배우자, 4촌 이내의 친족, 미성년후견인, 미성년후견감독인, 검사 또는 지방자치단체의 장의 청구가 있어야 한다(민법 제14조의2). 기출 24·22 가정법원이 직권으로 절차를 개시할 수는 없다.
② 특정후견은 본인의 의사에 반하여 할 수 없다(민법 제14조의2 제2항). 기출 22·16·14
③ 특정후견의 심판을 하는 경우에는 특정후견의 기간 또는 사무의 범위를 정하여야 한다(민법 제14조의2 제3항).
④ 가정법원은 특정후견의 심판을 할 때 의사나 그 밖에 전문지식이 있는 사람의 의견을 들어야 한다(가사소송법 제45조의2 제2항).

3. 특정후견 심판의 절차

가정법원은 특정후견 심판의 요건이 갖추어지면 반드시 특정후견의 심판을 하여야 한다. 심판의 절차는 가사소송법에 의한다(가사소송법 제2조 제1항 제2호, 제44조 이하).

4. 피특정후견인의 행위능력

① 특정후견의 심판을 하는 경우에 가정법원은 특정후견의 기간 또는 사무의 범위를 정하여야 하는데(민법 제14조의2 제3항), 특정후견의 심판이 있다고 하여 피특정후견인의 행위능력이 제한되지 않는다.
② 피특정후견인이 단독으로 한 법률행위라도 특정후견인이 취소할 수 없다.

5. 특정후견인 및 특정후견감독인

① 가정법원은 피특정후견인의 후원을 위하여 필요한 처분을 명할 때 피특정후견인을 후원하거나 대리하기 위한 특정후견인을 선임할 수 있다(민법 제959조의8, 제959조의9 제1항). 특정후견인의 수와 자격 등은 성년후견인의 규정을 준용한다(민법 제959조의9 제2항). 즉, 특정후견인은 여러 명을 둘 수 있고(민법 제959조의9 제2항, 제930조 제2항), 법인도 특정후견인이 될 수 있다(민법 제959조의9 제2항, 제930조 제3항).
② 가정법원은 피특정후견인의 후원을 위하여 필요하다고 인정되면 기간이나 범위를 정하여 특정후견인에게 대리권을 수여하는 심판을 할 수 있고(민법 제959조의11 제1항), 특정후견인은 그 범위에서 대리권을 가질 뿐이다.
③ 피특정후견인은 행위능력이 제한되지 않으므로 특정후견인은 동의권 및 취소권을 가지지 않는다.
④ 가정법원은 필요하다고 인정하면 직권으로 또는 일정한 자의 청구에 의하여 특정후견감독인을 선임할 수 있다(민법 제959조의10 제1항).

6. 특정후견의 종료

① 가정법원이 피특정후견인에 대하여 성년후견개시의 심판을 하거나 한정후견개시의 심판을 할 때에는 종전의 특정후견의 종료심판을 하여야 한다(민법 제14조의3 제1항·제2항). 기출 22
② 특정후견종료의 심판은 장래에 향하여 효력을 가진다.
③ 한편, 특정후견은 특정후견의 심판에서 정한 기간이 경과하면 가정법원의 종료심판 없이도 종료한다.

기출 24

[성년후견 · 한정후견 · 특정후견의 비교]

구 분	성년후견	한정후견	특정후견
개시사유	정신적 제약으로 사무처리능력의 지속적 결여	정신적 제약으로 사무처리능력의 부족	정신적 제약으로 일시적 후원 또는 특정사무 후원의 필요
후견개시 청구권자	• 본인, 배우자, 4촌 이내의 친족 • 미성년후견(감독)인 • 한정후견(감독)인 • 특정후견(감독)인 • 검사 또는 지방자치단체의 장 • 임의후견(감독)인 (민법 제959조의20 제1항 참조)	• 본인, 배우자, 4촌 이내의 친족 • 미성년후견(감독)인 • 성년후견(감독)인 • 특정후견(감독)인 • 검사 또는 지방자치단체의 장 • 임의후견(감독)인 (민법 제959조의20 제1항 참조)	• 본인, 배우자, 4촌 이내의 친족 • 미성년후견(감독)인 • 검사 또는 지방자치단체의 장 • 임의후견(감독)인 (민법 제959조의20 제1항 참조)

후견개시 시점	성년후견개시 심판 확정 시	한정후견개시 심판 확정 시	특정후견 심판 확정 시
공시방법	법원의 등기촉탁	법원의 등기촉탁	법원의 등기촉탁
본인의 행위능력	제한능력자(원칙)	제한능력자(예외)	행위능력자
후견인의 권한	원칙적 포괄적인 대리권·취소권	법원이 정한 범위 내에서 대리권·동의권·취소권	법원이 정한 범위 내에서 대리권

Ⅵ 제한능력자와 거래한 상대방의 보호

민법 제15조(제한능력자의 상대방의 확답을 촉구할 권리)
① 제한능력자의 상대방은 제한능력자가 능력자가 된 후에 그에게 1개월 이상의 기간을 정하여 그 취소할 수 있는 행위를 추인할 것인지 여부의 확답을 촉구할 수 있다. 능력자로 된 사람이 그 기간 내에 확답을 발송하지 아니하면 그 행위를 추인한 것으로 본다. 기출 23·19·15·14
② 제한능력자가 아직 능력자가 되지 못한 경우에는 그의 법정대리인에게 제1항의 촉구를 할 수 있고, 법정대리인이 그 정하여진 기간 내에 확답을 발송하지 아니한 경우에는 그 행위를 추인한 것으로 본다. 기출 19·17
③ 특별한 절차가 필요한 행위는 그 정하여진 기간 내에 그 절차를 밟은 확답을 발송하지 아니하면 취소한 것으로 본다.

민법 제16조(제한능력자의 상대방의 철회권과 거절권)
① 제한능력자가 맺은 계약은 추인이 있을 때까지 상대방이 그 의사표시를 철회할 수 있다. 다만, 상대방이 계약 당시에 제한능력자임을 알았을 경우에는 그러하지 아니하다. 기출 24·21·19·17·15·14
② 제한능력자의 단독행위는 추인이 있을 때까지 상대방이 거절할 수 있다. 기출 14
③ 제1항의 철회나 제2항의 거절의 의사표시는 제한능력자에게도 할 수 있다. 기출 23·21

민법 제17조(제한능력자의 속임수)
① 제한능력자가 속임수로써 자기를 능력자로 믿게 한 경우에는 그 행위를 취소할 수 없다. 기출 15
② 미성년자나 피한정후견인이 속임수로써 법정대리인의 동의가 있는 것으로 믿게 한 경우에도 제1항과 같다.
기출 25·23·20·19·14

1. 상대방 보호의 필요성

제한능력자의 법률행위는 취소될 수 있는데, 취소권을 제한능력자 측만이 가지므로 제한능력자와 거래하는 상대방은 매우 불안정한 지위에 놓이게 된다. 이에 민법은 불확정상태를 해소하기 위하여 법률행위의 취소에 관한 일반적 제도로서 법정추인제도(민법 제145조)와 취소권의 단기 제척기간제도(민법 제146조)를 규정하고 있다. 더 나아가 제한능력자의 상대방을 보호하기 위한 특칙으로 상대방의 최고권(민법 제15조)과 철회·거절권(민법 제16조) 및 속임수를 이유로 한 취소권의 배제(민법 제17조)를 규정하고 있다.

2. 상대방의 최고권

(1) 의 의
① 최고권이란 제한능력자 측에 대하여 취소할 수 있는 행위를 추인할 것인지 여부의 확답을 촉구하고, 이에 대한 응답이 없으면 취소 또는 추인의 효과를 발생케 하는 권리를 말한다.
② 최고의 성질은 최고의 효과가 최고권자의 의사와 관계없이 법률규정에 의하여 결정되므로, 준법률행위의 일종인 「의사의 통지」이다. 또한 일방적인 행위에 의하여 취소할 수 있는 행위의 취소 또는 추인이라는 효과를 발생시키므로 형성권의 일종이라고 할 것이다(통설).

(2) 최고의 요건
① 제한능력자의 상대방은 취소할 수 있는 행위를 적시하고, 1월 이상의 기간을 정하여 추인 여부의 확답을 촉구하여야 한다(민법 제15조 제1항).
② 최고는 상대방의 선의·악의를 묻지 않는다.
③ 최고의 상대방은 최고를 수령할 수 있는 능력이 있고(민법 제112조 참조), 또한 추인할 수 있는 자에 한한다(민법 제140조, 제143조). 따라서 제한능력자는 능력자로 된 후에만 최고의 상대방이 될 수 있고(민법 제15조 제1항), 아직 제한능력자인 때에는 법정대리인만이 최고의 상대방이 된다(민법 제15조 제2항). 기출 23·15·14

(3) 최고의 효과
① 유예기간 내에 확답을 한 경우 : 제한능력자 측이 유예기간 내에 추인 또는 취소의 확답을 한 경우 그에 따라 추인 또는 취소의 효과가 발생하는데, 이는 추인 또는 취소의 의사표시에 따른 효과이며, 최고 자체의 효과는 아니다.
② 유예기간 내에 확답을 발하지 않은 경우
  ㉠ 능력자가 된 후의 본인 또는 법정대리인이 상대방의 확답촉구를 받았으나 유예기간 내에 확답을 발송하지 않으면 그 행위를 추인한 것으로 본다(민법 제15조 제1항·제2항). 기출 23·19
  ㉡ 그러나 법정대리인이 특별한 절차를 거쳐야 하는 경우에는 유예기간 내에 확답을 발송하지 않으면 그 행위를 취소한 것으로 본다(민법 제15조 제3항). 여기서 특별한 절차가 필요한 행위란 법정대리인의 후견인이 민법 제950조 제1항에 열거된 법률행위에 관하여 추인하는 경우로, 후견감독인이 있으면 그의 동의를 받아야 하는 경우를 말한다[미성년자의 경우(민법 제950조 제1항), 피한정후견인의 경우(민법 제959조의6)].

3. 상대방의 철회권과 거절권

(1) 철회권
① 의의 : 철회권은 제한능력자와 거래한 상대방이 본인의 추인이나 취소가 있을 때까지 불확정적인 법률행위를 확정적 무효로 돌리는 행위로(민법 제16조 제1항 본문), 계약에서 인정된다.
② 철회권자 : 계약 당시 제한능력자임을 몰랐던 선의의 상대방에 한한다(민법 제16조 제1항). 따라서 제한능력자와 계약을 체결한 상대방이 계약 당시 제한능력자임을 알았을 경우에는 그 의사표시를 철회할 수 없다.
기출 24·23·21·19·15·14
③ 철회의 상대방 : 법정대리인은 물론 제한능력자도 포함된다(민법 제16조 제3항). 기출 23·17
④ 철회의 효과 : 상대방이 계약을 철회하면 법률행위는 소급하여 무효가 되며, 이미 이행한 것은 부당이득으로 반환하여야 한다(민법 제741조).

(2) 거절권

① 의의 : 거절권은 제한능력자의 행위에 대하여 그 상대방이 본인의 추인이나 취소가 있을 때까지 불확정한 법률행위를 확정적 무효로 돌리는 행위로(민법 제16조), 기출 14 상대방 있는 단독행위에서 인정된다. 기출 17

② 거절권자 : 철회권과 달리 악의인 경우에도 거절권을 행사할 수 있다(통설).

③ 거절의 상대방 : 법정대리인은 물론 제한능력자에게도 거절할 수 있다(민법 제16조 제3항). 기출 21

④ 거절의 효과 : 제한능력자의 상대방이 제한능력자의 단독행위를 거절하면 단독행위는 소급하여 무효가 된다.

4. 취소권의 배제

(1) 의 의

제한능력자가 속임수를 써서 법률행위를 하는 경우에 상대방은 사기에 의한 의사표시임을 이유로 그 법률행위를 취소하거나(민법 제110조) 또는 불법행위를 이유로 손해배상을 청구할 수도 있으나(민법 제750조), 법은 더 나아가 보호가치 없는 제한능력자로부터 취소권을 박탈함으로써 상대방이 당초 예기한 대로의 효과를 발생케 하여 거래의 안전과 상대방을 보호하고 있다(민법 제17조).

(2) 요 건

① 「제한능력자」가 속임수로써 자기를 능력자로 믿게 하거나(민법 제17조 제1항), 「미성년자나 피한정후견인」이 속임수로써 법정대리인의 동의가 있는 것으로 믿게 하려고 했어야 한다(민법 제17조 제1항, 제2항). 기출 25·23 즉, 민법 제17조 제1항은 제한능력자(미성년자, 피성년후견인, 피한정후견인) 모두에 적용되나, 민법 제17조 제2항은 「피성년후견인」에는 적용이 없다. 피성년후견인은 법정대리인의 동의를 얻더라도 원칙적으로 유효한 법률행위를 할 수 없기 때문이다. 기출 25·20·19·15·14

② 제한능력자가 속임수를 썼어야 한다. 여기서 속임수란 기망수단을 의미하는 바, 그 정도에 관하여 판례는 제한능력자의 보호를 위해 적극적인 기망수단을 의미한다고 한다(대판 1971.12.14. 71다2045). 예를 들면, 「미성년자가 계약 당시 친권자의 동의서를 위조한 경우」나 「미성년자가 주민등록증을 변조한 경우」는 적극적 기망수단에 해당한다. 기출 23 반면, 「성년자이며 군대를 갔다 왔다」, 「내가 사장이다」, 「단순히 능력자라고 말한 것」 정도의 표현은 민법 제17조의 속임수에 해당하지 않는다고 보았다. 기출 25 이에 대하여 다수설은 거래의 안전을 위하여 침묵 등 소극적 기망수단도 포함된다고 한다.

③ 제한능력자의 속임수에 의하여 상대방이 능력자라고 믿었거나 법정대리인의 동의가 있다고 믿었고, 이에 의하여 상대방이 제한능력자와 법률행위를 하여야 한다. 즉, 오신과 법률행위 사이에 인과관계가 있어야 한다. 이때 오신에 대한 상대방의 과실 유무는 문제되지 않는다.

④ 제한능력자가 속임수를 썼다는 주장·입증책임은 상대방에게 있다(대판 1971.12.14. 71다2045). 기출 25

(3) 효 과

제한능력자 측의 취소권이 배제된다. 이 경우 제한능력자의 행위는 「확정적」으로 유효하다(통설). 따라서 제한능력자의 상대방의 철회권도 배제된다(통설).

제4관 | 주 소

1. 주소의 개념
주소는 사람의 생활의 근거가 되는 곳을 말한다(민법 제18조 제1항).

2. 주소의 결정에 관한 우리나라의 입법주의

(1) 복수주의
주소의 개수에 관해서는 단일주의와 복수주의가 있다. 민법은 복수주의를 취하고 있다(민법 제18조 제2항).

(2) 실질주의
주소를 결정하는 표준에 관해서 형식주의와 실질주의가 있다. 형식주의는 형식적 표준에 의하여 주소를 획일적으로 결정하는 주의이고, 실질주의는 생활의 실질적 관계에 의하여 구체적으로 주소를 결정하는 주의이다. 민법은 실질주의를 따르고 있다(민법 제18조 제1항).

(3) 객관주의
정주(定住)의 사실만으로 주소를 결정하는 객관주의와 정주의 사실과 그 밖에 정주의 의사도 필요하다는 의사주의가 있다. 민법은 객관주의를 취하고 있다(통설).

3. 주소의 효과
① 민법상 주소는 부재와 실종의 표준이고(민법 제22조, 제27조), 변제장소를 정하는 표준이며(민법 제467조), 상속의 개시지(민법 제998조)이다.
② 기타 법률상 어음·수표행위의 장소(어음법 제2조, 수표법 제8조), 재판관할의 표준지(민소법 제2조 등) 등이 된다.

4. 거소, 현재지, 가주소
① 거소란 사람이 상당한 기간 계속하여 거주하는 장소로서, 그 장소와의 밀접성이 주소만 못한 것을 말한다.
② 주소를 알 수 없거나 국내에 주소가 없을 경우 거소를 주소로 본다(민법 제19조, 제20조).
③ 현재지는 장소적 관계가 거소보다 희박한 곳을 말한다.
④ 가주소는 당사자가 특정한 거래에 관하여 일정한 장소를 선정하여 그 거래관계에 관하여 주소로서의 법적 기능을 부여한 장소를 말한다(민법 제21조). 가주소는 생활의 실질과는 무관하며, 당사자의 의사에 의해 설정하는 것으로 제한능력자는 단독으로 가주소를 설정할 수 없다(통설).

제5관 | 부재와 실종

I 서 설

① 사람이 그의 주소나 거소를 떠나서 단시일 내에 돌아올 가능성이 없는 경우에는 그의 재산을 관리하거나 또는 상속인이나 잔존배우자 등의 이익을 보호하기 위하여 적절한 조치를 취할 필요가 있다. 이에 민법은 「부재자 재산관리제도」와 「실종선고제도」를 두고 있다.
② 「부재자 재산관리제도」와 「실종선고제도」는 거래의 안전을 보호하는 것이 아닌 부재자의 재산과 이해관계인을 보호하고자 하는 것이다.
③ 재산을 관리할 책임이 있는 법정대리인인 친권자나 후견인이 있는 경우, 그들이 재산관리를 할 수 있으므로 재산관리제도가 적용되지 않는다.

II 부재자의 재산관리

민법 제22조(부재자의 재산의 관리)
① 종래의 주소나 거소를 떠난 자가 재산관리인을 정하지 아니한 때에는 법원은 이해관계인이나 검사의 청구에 의하여 재산관리에 관하여 필요한 처분을 명하여야 한다. 본인의 부재 중 재산관리인의 권한이 소멸한 때에도 같다. 기출 21·13
② 본인이 그 후에 재산관리인을 정한 때에는 법원은 본인, 재산관리인, 이해관계인 또는 검사의 청구에 의하여 전항의 명령을 취소하여야 한다.

민법 제23조(관리인의 개임) 기출 21
부재자가 재산관리인을 정한 경우에 부재자의 생사가 분명하지 아니한 때에는 법원은 재산관리인, 이해관계인 또는 검사의 청구에 의하여 재산관리인을 개임할 수 있다.

민법 제24조(관리인의 직무)
① 법원이 선임한 재산관리인은 관리할 재산목록을 작성하여야 한다. 기출 25·23·21·16
② 법원은 그 선임한 재산관리인에 대하여 부재자의 재산을 보존하기 위하여 필요한 처분을 명할 수 있다.
③ 부재자의 생사가 분명하지 아니한 경우에 이해관계인이나 검사의 청구가 있는 때에는 법원은 부재자가 정한 재산관리인에게 전2항의 처분을 명할 수 있다.
④ 전3항의 경우에 그 비용은 부재자의 재산으로써 지급한다.

민법 제25조(관리인의 권한) 기출 21·13
법원이 선임한 재산관리인이 제118조에 규정한 권한을 넘는 행위를 함에는 법원의 허가를 얻어야 한다. 부재자의 생사가 분명하지 아니한 경우에 부재자가 정한 재산관리인이 권한을 넘는 행위를 할 때에도 같다.

> **민법 제118조(대리권의 범위)**
> 권한을 정하지 아니한 대리인은 다음 각 호의 행위만을 할 수 있다.
> 1. 보존행위
> 2. 대리의 목적인 물건이나 권리의 성질을 변하지 아니하는 범위에서 그 이용 또는 개량하는 행위

> **민법 제26조(관리인의 담보제공, 보수)**
> ① 법원은 그 선임한 재산관리인으로 하여금 재산의 관리 및 반환에 관하여 상당한 담보를 제공하게 할 수 있다. 기출 23·22
> ② 법원은 그 선임한 재산관리인에 대하여 부재자의 재산으로 상당한 보수를 지급할 수 있다. 기출 25·23·21
> ③ 전2항의 규정은 부재자의 생사가 분명하지 아니한 경우에 부재자가 정한 재산관리인에 준용한다.

1. 부재자의 개념

① 부재자란 「종래의 주소·거소를 떠나서 용이하게 돌아올 가능성이 없어서」 「그의 재산이 관리되지 못하고 방치되어 있는 자」를 의미한다(민법 제22조 제1항 참고). 실종선고와 달리 반드시 생사불명일 필요는 없다.
② 법인은 성질상 부재자가 될 수 없다(대결 1953.5.21. 4286민재항7).

2. 부재자 재산의 관리

(1) 부재자가 재산관리인을 둔 경우

1) 원칙

부재자가 재산관리인을 둔 경우 그 관리인은 부재자의 임의대리인에 해당하며, 법원은 원칙적으로 간섭할 수 없다. 기출 16 따라서 그의 권한은 위임계약 및 민법 제118조에 의하여 정하여지며 그 관리인에게 필요한 처분권까지 주어진 경우에는 그 재산을 처분함에 있어서 법원의 허가를 받을 필요는 없다(대판 1973.7.24. 72다2136). 기출 22

2) 예외

① 부재자가 재산관리인을 두었더라도 재산관리인의 권한이 본인의 부재 중 소멸하면 관리인을 두지 않은 경우와 같은 조치를 취한다(민법 제22조 제1항 후문). 기출 21
② 부재자가 재산관리인을 두었더라도 부재자의 생사가 분명하지 않게 되면 관리인을 개임할 수 있으며(민법 제23조), 기출 21 관리인을 바꾸지 않고 감독만 할 수도 있다. 이 경우 가정법원은 관리인에게 재산목록 작성·재산보존에 필요한 처분을 명할 수 있고(민법 제24조 제3항), 관리인이 권한을 넘는 행위를 할 때 허가를 하고(민법 제25조 후문), 상당한 담보를 제공하게 할 수 있으며, 기출 22 부재자의 재산에서 상당한 보수를 지급할 수 있다(민법 제26조 제3항). 기출 21

(2) 부재자가 재산관리인을 두지 않은 경우

1) 법원의 조치

부재자에게 재산관리인이 없고, 법정대리인도 없는 경우에 가정법원은 (법률상) 이해관계인, 검사의 청구에 의하여 재산관리에 필요한 처분을 명해야 한다(민법 제22조 제1항 전문). 기출 13 일반적으로 재산관리에 필요한 처분은 재산관리인의 선임이다.

2) 법원이 선임한 재산관리인의 지위 및 권한범위

① 지위 : 법원이 선임한 재산관리인은 법정대리인의 지위를 갖는다. 기출 13 선임된 재산관리인은 언제든지 사임할 수 있고(가사소송규칙 제42조 제2항), 법원도 언제든지 개임할 수 있다(가사소송규칙 제42조 제1항). 부재자와 관리인 사이에는 위임계약이 있는 것은 아니나, 그 직무의 성질상 수임인에 관한 민법의 규정을 유추적용한다(통설). 따라서 관리인은 선량한 관리자의 주의의무를 다하여 직무를 처리하여야 한다(민법 제681조).

② **권한범위** : 보존행위(예 부동산 소유권이전등기 말소청구), 관리행위(= 물건이나 권리의 성질을 변하지 아니하는 범위에서 그 이용 또는 개량하는 행위)는 단독으로 자유롭게 할 수 있다(민법 제25조, 제118조). 기출 25·23 그러나 처분행위는 가정법원의 허가를 얻어야 한다. 허가를 얻지 아니한 처분행위는 무효이며 가정법원의 허가는 사후 추인의 방법으로도 가능하다(대판 982.9.14. 80다3063). 기출 22·17·13

> • 부재자 재산관리인에 의한 권한초과행위인 부재자 소유의 부동산 매매행위에 대한 법원의 허가결정은 그 허가를 받은 재산에 대한 장래의 처분행위뿐만 아니라 기왕의 매매를 추인하는 방법으로도 할 수 있다(대판 2000.12.26. 99다19278). 기출 25·22·17·13
> • 부재자 재산관리인이 법원의 매각처분허가를 얻었다 하더라도 부재자와 아무런 관계가 없는 남의 채무의 담보만을 위하여 부재자 재산에 근저당권을 설정하는 행위는 통상의 경우 객관적으로 부재자를 위한 처분행위로서 당연하다고는 경험칙상 볼 수 없다(대결 1976.12.21. 75마551). → 즉, 법원의 허가를 얻은 처분행위에 있어서도 그 행위는 부재자를 위하는 범위에 한정된다.

③ **재산관리의 종료** : 부재자가 후에 재산관리인을 정한 때에는 법원은 부재자 본인·재산관리인·이해관계인 또는 검사의 청구에 의하여 처분에 관한 명령을 취소하여야 한다(민법 제22조 제2항). 부재자 스스로 그의 재산을 관리하게 된 때 또는 그의 사망이 분명하게 되거나 실종선고가 있는 때 또는 관리할 재산이 더 이상 남아 있지 아니한 때에는, 부재자 본인 또는 이해관계인의 청구에 의하여 그 명한 처분을 취소하여야 한다(가사소송규칙 제50조). 그런데 재산관리인이 부재자의 사망을 확인하였더라도 법원에 의하여 재산관리인 선임결정이 취소되지 않는 한 재산관리인은 계속하여 권한을 행사할 수 있다(대판 1971.3.23. 71다189). 기출 25·23 법원의 허가를 받은 재산관리인의 권한초과행위가 부재자에 대한 실종기간이 만료된 후에 이루어졌더라도 선임결정이 취소되기 전이라면 유효하다(대판 1991.11.26. 91다11810). 기출 17 또한 가정법원의 처분허가 취소의 효력은 소급하지 않는다. 따라서 재산관리인이 선임결정 후 그 취소 전에 자기의 권한범위 내에서 한 행위는 그의 선의·악의를 불문하고 유효하다.

> **[처분명령 취소의 장래효]**
> 법원에 의하여 일단 부재자의 재산관리인 선임결정이 있었던 이상, 가령 부재자가 그 이전에 사망하였음이 위 결정 후에 확실하여졌다 하더라도 법에 정하여진 절차에 의하여 결정이 취소되지 않는 한 선임된 부재자 재산관리인의 권한이 당연히 소멸되지 아니한다. 나아가 위 선임결정이 취소된 경우에도 그 취소의 효력은 장래에 향하여서만 생기는 것이며 그간의 그 부재자 재산관리인의 적법한 권한행사의 효과는 이미 사망한 그 부재자의 재산상속인에게 미친다 할 것이다(대판 1970.1.27. 69다719).

III 실종선고제도

> **민법 제27조(실종의 선고)**
> ① 부재자의 생사가 5년간 분명하지 아니한 때에는 법원은 이해관계인이나 검사의 청구에 의하여 실종선고를 하여야 한다. 기출 23
> ② 전지에 임한 자, 침몰한 선박 중에 있던 자, 추락한 항공기 중에 있던 자 기타 사망의 원인이 될 위난을 당한 자의 생사가 전쟁종지 후 또는 선박의 침몰, 항공기의 추락 기타 위난이 종료한 후 1년간 분명하지 아니한 때에도 제1항과 같다. 기출 16

> **민법 제28조(실종선고의 효과)** 기출 23·22·18
> 실종선고를 받은 자는 전조의 기간이 만료한 때에 사망한 것으로 본다.
>
> **민법 제29조(실종선고의 취소)**
> ① 실종자의 생존한 사실 또는 전조의 규정과 상이한 때에 사망한 사실의 증명이 있으면 법원은 본인, 이해관계인 또는 검사의 청구에 의하여 실종선고를 취소하여야 한다. 그러나 실종선고 후 그 취소전에 선의로 한 행위의 효력에 영향을 미치지 아니한다.
> ② 실종선고의 취소가 있을 때에 실종의 선고를 직접원인으로 하여 재산을 취득한 자가 선의인 경우에는 그 받은 이익이 현존하는 한도에서 반환할 의무가 있고 악의인 경우에는 그 받은 이익에 이자를 붙여서 반환하고 손해가 있으면 이를 배상하여야 한다. 기출 23·13

1. 실종선고의 의의

부재자의 생사불명상태가 일정 기간 계속된 경우에, 가정법원의 선고에 의하여 부재자를 사망한 것으로 간주하고, 종래의 주소나 거소를 중심으로 한 법률관계를 확정하는 제도이다.

2. 실종선고의 요건

(1) 실질적 요건

1) 생사불분명

생존의 증명도 사망의 증명도 할 수 없는 상태를 말한다. 호적상 이미 사망한 것으로 기재되어 있는 자에 대해서는 호적부의 추정력 때문에 실종선고를 할 수 없다(대결 1997.11.27. 97스4). 그리고 동일한 자에게 두 번의 실종선고를 할 수는 없다. 이 경우 먼저 선고된 실종선고를 기초로 상속관계를 판단하여야 한다.

2) 실종기간의 경과

① **보통실종**(민법 제27조 제1항) : 실종기간은 최후 소식 시로부터 5년이다.
② **특별실종**(민법 제27조 제2항) : 실종기간은 1년이다. 각 기산점은 전쟁실종은 전쟁 종료 시, 선박실종은 선박 침몰 시, 항공기실종은 항공기 추락 시, 위난실종은 위난 종료 시이다. 기출 16

(2) 형식적 요건

1) 이해관계인 또는 검사의 청구가 존재해야 함(민법 제27조)

여기서의 이해관계인은 실종선고에 대하여 신분상 또는 재산상 이해관계를 가지는 자, 즉 법률상의 이해관계를 가지는 자를 말하며, 부재자의 배우자, 상속인, 재산관리인 등이 그 예이다. 제1순위 상속인이 있는 경우 부재자의 자매로서 제2순위 상속인, 제4순위 상속인 등에 불과한 자는 부재자에 대한 실종선고를 청구할 이해관계인이 될 수 없다(대결 1992.4.14. 92스4). 기출 23·22·13

> 부재자에 대하여 실종선고를 청구할 수 있는 이해관계인은 그 실종선고로 인하여 일정한 권리를 얻고 의무를 면하는 등의 신분상 또는 재산상의 이해관계를 갖는 자에 한한다고 할 것이다. 부재자의 종손자로서, 부재자가 사망할 경우 제1순위의 상속인이 따로 있어 제2순위의 상속인에 불과한 청구인은 특별한 사정이 없는 한 위 부재자에 대하여 실종선고를 청구할 수 있는 신분상 또는 경제상의 이해관계를 가진 자라고 할 수 없다고 한 사례(대결 1992.4.14. 92스4). 기출 23·22·13

2) 공시최고

실종선고의 청구를 받은 가정법원은 가사소송규칙 제53조 이하에 따라 부재자 자신 또는 부재자의 생사를 알고 있는 자에 대하여 신고하도록 6개월 이상 공고해야 한다. 공시최고기간이 지나도록 신고가 없으면, 가정법원은 반드시 실종선고를 하여야 한다(민법 제27조 제1항).

3. 실종선고의 효과

(1) 사망의 간주

① 실종선고가 확정되면 실종선고를 받은 자는 사망한 것으로 본다(민법 제28조). 이에 따라 상속이 발생하고, 혼인이 해소되어 실종자의 배우자는 재혼할 수 있다.

② 민법 제28조는 "실종선고를 받은 자는 민법 제27조 제1항 소정의 생사불명기간이 만료된 때에 사망한 것으로 본다"고 규정(= 사망간주)하고 있으므로 실종선고가 취소되지 않는 한 반증(反證)을 들어 실종선고의 효과를 다툴 수는 없다(대판 1995.2.17. 94다52751). 기출 23·17·16·13 따라서 실종선고가 가정법원에 의하여 취소되지 않는 한 사망의 효과는 그대로 존속한다.

(2) 사망간주의 시기

① 실종선고에 의하여 사망한 것으로 간주되는 시기에 관하여 다양한 입법례가 있으나, 민법은 실종기간 만료 시에 사망한 것으로 본다(민법 제28조). 기출 22·18 이로 인해 사망간주 시점이 실종선고 시보다 앞서게 되어, 선의의 제3자를 보호하기 위한 조치의 필요성이 제기된다.

② 실종선고가 있으면 실종자는 실종기간이 만료되는 때에 사망한 것으로 간주되며, 그때까지 그는 생존하는 것으로 간주된다(대판 1977.3.22. 77다81·82). 기출 23

③ 실종선고를 받지 않은 경우에는 학설은 생존하고 있는 것으로 추정된다는 견해가 다수설이다.

(3) 사망간주의 범위 기출 16·13

실종선고는 부재자의 「종래 주소를 중심」으로 「실종기간 만료 시의 사법상의 법률관계를 종료시키고, 그 범위에서만」 사망의 효과를 발생시키는 것이고, 실종자의 권리능력 자체를 박탈하는 제도가 아니다. 따라서 종래의 주소로 「생환 후의 법률관계」나 실종자의 「다른 곳에서의 신주소를 중심으로 하는 법률관계」에 관하여는 사망의 효과가 미치지 않으며, 공법상의 법률관계(선거권, 납세의무 등)에 관해서도 영향을 미치지는 않는다.

> **[소송절차와 실종선고]**
> 실종선고의 효력이 발생하기 전에는 실종기간이 만료된 실종자라 하여도 소송상 당사자능력을 상실하는 것은 아니므로 실종선고 확정 전에는 실종기간이 만료된 실종자를 상대로 하여 제기된 소도 적법하고 실종자를 당사자로 하여 선고된 판결도 유효하며 그 판결이 확정되면 기판력도 발생한다고 할 것이고, 이처럼 판결이 유효하게 확정되어 기판력이 발생한 경우에는 그 판결이 해제조건부로 선고되었다는 등의 특별한 사정이 없는 한 그 효력이 유지되어 당사자로서는 그 판결이 재심이나 추완항소 등에 의하여 취소되지 않는 한 그 기판력에 반하는 주장을 할 수 없는 것이 원칙이라 할 것이며, 비록 실종자를 당사자로 한 판결이 확정된 후에 실종선고가 확정되어 그 사망간주의 시점이 소 제기 전으로 소급하는 경우에도 위 판결 자체가 소급하여 당사자능력이 없는 사망한 사람을 상대로 한 판결로서 무효가 된다고는 볼 수 없다(대판 1992.7.14. 92다2455). 기출 17

4. 실종선고의 취소

(1) 일반론
① 실종선고는 가정법원의 형식적인 취소선고가 있어야 취소된다(민법 제29조 제1항).
② 실종선고의 취소는 소급효가 있는 것이 원칙이다.

(2) 실종선고 취소의 요건

1) 실질적 요건
실종자가 생존하고 있는 사실(민법 제29조 제1항 본문), 실종기간이 만료된 때와 다른 시기에 사망한 사실(민법 제29조 제1항 본문) 또는 실종기간의 기산점 이후의 어떤 시점에 생존하고 있었던 사실이 있어야 한다. 다만, 이러한 사실이 인정된다고 하더라도 실제로 실종선고가 취소되지 아니하는 한, 임의로 실종기간이 만료하여 사망한 때로 간주되는 시점과는 달리 사망시점을 정하여 이미 개시된 상속을 부정하고 이와 다른 상속관계를 인정할 수는 없다(대판 1994.9.27. 94다21542).

2) 형식적 요건
본인, 이해관계인 또는 검사의 청구가 있어야 한다(민법 제29조 제1항 본문). 실종선고와 달리 공시최고는 요건이 아니다.

(3) 실종선고 취소의 효과

1) 원칙 : 소급효
실종선고가 취소되면 실종선고가 소급적으로 무효로 되어, 종래의 주소나 거소를 중심으로 한 실종자의 사법적 법률관계는 선고 전의 상태로 돌아간다.

2) 예외 : 소급효의 제한
① 실종선고 후 그 취소 전에 선의로 한 행위의 효력에 영향을 미치지 아니한다(민법 제29조 제1항 단서). 여기서 선의는 재산행위, 신분행위를 불문하고 양 당사자 모두 선의이어야 한다(다수설). 다만, 단독행위의 경우에는 단독행위자(상속인 등)가 선의이기만 하면 유효하다(통설).
② 실종선고의 취소가 있을 때에 실종의 선고를 직접원인으로 하여 재산을 취득한 자가 선의인 경우에는 그 받은 이익이 현존하는 한도에서 반환할 의무가 있고, 악의인 경우에는 그 받은 이익에 이자를 붙여서 반환하고 손해가 있으면 이를 배상하여야 한다(민법 제29조 제2항). 기출 13
③ 민법 제29조 제2항은 실종선고를 직접원인으로 하여 재산을 취득한 자에 국한하여 적용되므로 이로부터 다시 재산을 취득한 전득자는 포함되지 않는다(통설).
④ 민법 제29조 제2항의 이득반환청구는 부당이득반환청구권의 성질을 갖기 때문에 실종선고 취소 시로부터 10년의 시효에 걸린다. 다만, 실종선고의 취소로 인하여 상속인이 달라지는 경우에, 진정상속인이 표현상속인에게 재산회복청구를 하는 것은 상속회복청구가 되므로 상속회복청구권의 제척기간(민법 제999조)이 적용된다.

제3절 법 인

제1관 | 서 설

1. 법인의 의의
법인이란 자연인 이외에 법인격이 인정된 것으로, 일정한 목적을 위한 인적 결합에 법인격이 부여된 것을 「사단법인」, 일정한 목적에 바쳐진 재산에 법인격이 부여된 것을 「재단법인」이라 한다.

2. 법인의 본질

(1) 서 설
법인이 그것을 구성하는 개인 또는 재산으로부터 분리되어 단체로서의 독자적인 실체를 가지는 것이냐의 문제가 법인의 본질론이다.

(2) 학 설
① **법인의제설**: 권리·의무의 주체가 되는 것은 자연인인 개인뿐이며, 법이 일정한 단체에 권리주체성을 부여한 것은 자연인이 법인을 통하여 사적자치를 더욱 효율적으로 실현할 수 있다는 정책적 이유에 기인한다.
② **법인실재설**: 법인을 권리주체로서의 실질을 가지는 사회적 실체라고 보는 이론이다.

(3) 검 토
학설의 대립은 주로 법인의 불법행위능력과 관련하여 실익을 가진다. 즉, 의제설을 따르면 원칙적으로 법인의 불법행위능력이 부정되고 가해행위를 한 대표기관 개인의 책임만이 문제되나, 실재설에 의하면 법인의 불법행위능력이 인정되고 대표기관 개인의 책임이 당연히 긍정되지는 않는다. 생각건대 민법 제35조에 의하여 법인과 그 대표기관의 책임이 인정되므로, 어느 학설에 의하더라도 논의의 실익은 크지 아니하다.

제2관 | 법인 아닌 사단·재단

> **민법 제275조(물건의 총유)**
> ① 법인이 아닌 사단의 사원이 집합체로서 물건을 소유할 때에는 총유로 한다. 기출 20·18
> ② 총유에 관하여는 사단의 정관 기타 계약에 의하는 외에 다음 2조의 규정에 의한다.
>
> **민법 제276조(총유물의 관리, 처분과 사용, 수익)**
> ① 총유물의 관리 및 처분은 사원총회의 결의에 의한다.
> ② 각 사원은 정관 기타의 규약에 좇아 총유물을 사용, 수익할 수 있다.
>
> **민법 제277조(총유물에 관한 권리의무의 득상)**
> 총유물에 관한 사원의 권리의무는 사원의 지위를 취득상실함으로써 취득상실된다.

I. 서 설

1. 조합과 비법인사단의 구별

(1) 구별기준 : 단체성의 강약

민법상의 조합과 법인격은 없으나 사단성이 인정되는 비법인사단을 구별함에 있어서는 일반적으로 그 단체성의 강약을 기준으로 판단하여야 하는바, 조합은 2인 이상이 상호 간에 금전 기타 재산 또는 노무를 출자하여 공동사업을 경영할 것을 약정하는 계약관계에 의하여 성립하므로 어느 정도 단체성에서 오는 제약을 받게 되는 것이지만 구성원의 개인성이 강하게 드러나는 인적 결합체인 데 비하여 비법인사단은 구성원의 개인성과는 별개로 권리·의무의 주체가 될 수 있는 독자적 존재로서의 단체적 조직을 가지는 특성이 있다 하겠는데, 어떤 단체가 고유의 목적을 가지고 사단적 성격을 가지는 규약을 만들어 이에 근거하여 의사결정기관 및 집행기관인 대표자를 두는 등의 조직을 갖추고 있고, 기관의 의결이나 업무집행방법이 다수결의 원칙에 의하여 행하여지며, 구성원의 가입, 탈퇴 등으로 인한 변경에 관계없이 단체 그 자체가 존속되고, 그 조직에 의하여 대표의 방법, 총회나 이사회 등의 운영, 자본의 구성, 재산의 관리 기타 단체로서의 주요사항이 확정되어 있는 경우에는 비법인사단으로서의 실체를 가진다고 할 것이다(대판 1999.4.23. 99다4504).

(2) 재산소유형태

① 조합재산은 조합원들의 합유이다(민법 제704조).
② 비법인사단의 재산은 사원들의 총유이다(민법 제275조).
③ 한편 법인의 재산은 법인의 단독소유이다.

(3) 채무관계

① 조합채무에 대하여는 조합재산과 조합원의 개인재산으로 무한책임을 진다.
② 비법인사단의 채무는 사원들의 준총유 형태로 귀속되며(민법 제278조), 비법인사단의 재산으로만 책임을 진다.
③ 법인의 채무에 대해서는 법인의 재산만이 책임재산이 된다.

II. 권리능력 없는 사단(비법인사단)

1. 의 의

사단의 실체를 갖추고 있으나 법인등기를 하지 아니한 단체를 말한다.

2. 성립요건

권리능력 없는 사단은 사단의 실체를 가져야 하므로, 별도의 조직행위를 요하지는 않더라도 대표자와 총회 등 사단으로서의 조직을 갖추어야 하고, 구성원의 변경과 관계없이 존속해야 한다. 그 밖에 성문의 규약이 아니더라도 사단법인의 정관에 상응하는 것은 있어야 한다.

3. 법률관계

(1) 당사자능력과 등기능력

① 소송법상 당사자능력(민소법 제52조)과 부동산등기법상 등기능력(부동산등기법 제26조 제1항)은 명문의 규정으로 인정된다. 기출 18·13
② 비법인사단이 당사자능력이 있는지 여부는 「사실심의 변론종결 시」를 기준으로 판단한다(대판 2010.3.25. 2009다95387).

> 비법인사단에 해산사유가 발생하였다고 하더라도 곧바로 당사자능력이 소멸하는 것이 아니라 청산사무가 완료될 때까지 청산의 목적범위 내에서 권리·의무의 주체가 되고, 이 경우 청산 중의 비법인사단은 해산 전의 비법인사단과 동일한 사단이고 다만 그 목적이 청산 범위 내로 축소된 데 지나지 않는다(대판 2007.11.16. 2006다41297).

(2) 재산의 소유 형태

① 비법인사단의 재산은 사원들의 총유이다(민법 제275조). 기출 20·18
② 총유물의 관리 및 처분은 사원총회의 결의에 의하고(민법 제276조 제1항), 각 사원은 정관 기타의 규약에 좇아 총유물을 사용, 수익할 수 있다(민법 제276조 제2항).

> - 비법인사단이 타인 간의 금전채무를 보증하는 행위는 총유물 그 자체의 관리·처분이 따르지 아니하는 단순한 채무부담행위에 불과하여 이를 총유물의 관리·처분행위라고 볼 수는 없다(대판 2007.4.19. 2004다60072[전합]). 기출 23·20·17
> - 비법인사단이 총유물에 관한 매매계약을 체결하는 행위는 총유물 그 자체의 처분이 따르는 채무부담행위로서 총유물의 처분행위에 해당하나, 그 매매계약에 의하여 부담하고 있는 채무의 존재를 인식하고 있다는 뜻을 표시하는 데 불과한 소멸시효 중단사유로서의 승인은 총유물 그 자체의 관리·처분이 따르는 행위가 아니어서 총유물의 관리·처분행위라고 볼 수 없다. (따라서) 비법인사단의 대표자가 그 채무에 대하여 소멸시효 중단의 효력이 있는 승인을 하거나 그 채무를 이행할 경우에는 특별한 사정이 없는 한 별도로 그에 대한 사원총회의 결의를 거칠 필요는 없다고 보아야 한다(대판 2009.11.26. 2009다64383). → 비법인사단의 대표자가 총유물의 매수인에게 소유권이전등기를 해주기 위하여 매수인과 함께 법무사 사무실을 방문한 행위가 소유권이전등기 청구권의 소멸시효 중단의 효력이 있는 승인에 해당한다고 한 사례 기출 23

③ 공유나 합유와 달리, 총유의 경우 '보존행위는 그 구성원 각자가 할 수 있다'는 규정을 두고 있지 않다(대판 2005.9.15. 2004다44971[전합]).
④ 법인 아닌 사단의 단체성으로 인하여 구성원은 사용·수익권을 가질 뿐 이를 넘어서서 사단 재산에 대한 지분권은 인정되지 아니하므로, 총유재산의 처분·관리는 물론 보존행위까지도 법인 아닌 사단의 명의로 하여야 한다(대판 2006.4.20. 2004다37775[전합]). 기출 13 따라서 비법인사단의 구성원은 지분권에 기하여 총유물의 보존행위를 할 수 없다. 기출 23

> 민법 제276조 제1항은 "총유물의 관리 및 처분은 사원총회의 결의에 의한다.", 같은 조 제2항은 "각 사원은 정관 기타의 규약에 좇아 총유물을 사용·수익할 수 있다."라고 규정하고 있을 뿐 공유나 합유의 경우처럼 보존행위는 그 구성원 각자가 할 수 있다는 민법 제265조 단서 또는 제272조 단서와 같은 규정을 두고 있지 아니한바, 이는 법인 아닌 사단의 소유형태인 총유가 공유나 합유에 비하여 단체성이 강하고 구성원 개인들의 총유재산에 대한 지분권이 인정되지 아니하는 데에서 나온 당연한 귀결이라고 할 것이므로 총유재산에 관한 소송은 법인 아닌 사단이 그 명의로 사원총회의 결의를 거쳐 하거나 또는 그 구성원 전원이 당사자가 되어 필수적 공동소송의 형태로 할 수 있을 뿐 그 사단의 구성원은 설령 그가 사단의 대표자라거나 사원총회의 결의를 거쳤다 하더라도 그 소송의 당사자가 될 수 없고, 이러한 법리는 총유재산의 보존행위로서 소를 제기하는 경우에도 마찬가지라 할 것이다(대판 2005.9.15. 2004다44971[전합]).

(3) 사단법인에 관한 민법규정의 유추적용

권리능력 없는 사단(비법인사단)에 관하여는 사단법인에 관한 민법규정 가운데 법인격을 전제로 하는 것을 제외하고는 유추적용된다(대판 2011.4.28. 2008다15438).

> **[판례가 비법인사단에 유추적용을 긍정한 사단법인에 관한 민법규정]**
> - 법인의 권리능력에 관한 민법 제34조는 비법인사단에 유추적용된다(대판 2010.5.27. 2006다72109). 기출 25
> - 주택조합과 같은 비법인사단의 대표자가 직무에 관하여 타인에게 손해를 가한 경우 그 사단은 민법 제35조 제1항의 유추적용에 의하여 그 손해를 배상할 책임이 있으며, 비법인사단의 대표자의 행위가 대표자 개인의 사리를 도모하기 위한 것이었거나 혹은 법령의 규정에 위배된 것이었다 하더라도 외관상, 객관적으로 직무에 관한 행위라고 인정할 수 있는 것이라면 민법 제35조 제1항의 직무에 관한 행위에 해당한다(대판 2003.7.25. 2002다27088). 기출 25·20·18·17
> - 비법인사단에 대하여는 사단법인에 관한 민법규정 가운데 법인격을 전제로 하는 것을 제외하고는 이를 유추적용하여야 하는데, 기출 13 민법 제62조에 비추어 보면 비법인사단의 대표자는 정관 또는 총회의 결의로 금지하지 아니한 사항에 한하여 타인으로 하여금 특정한 행위를 대리하게 할 수 있을 뿐 비법인사단의 제반 업무처리를 포괄적으로 위임할 수는 없으므로 비법인사단 대표자가 행한 타인에 대한 업무의 포괄적 위임과 그에 따른 포괄적 수임인의 대행행위는 민법 제62조를 위반한 것이어서 비법인사단에 대하여 그 효력이 미치지 않는다(대판 2011.4.28. 2008다15438). 기출 22·18
> - 민법 제63조는 법인의 조직과 활동에 관한 것으로서 법인격을 전제로 하는 조항이 아니고, 법인 아닌 사단이나 재단의 경우에도 이사가 없거나 결원이 생길 수 있으며, 통상의 절차에 따른 새로운 이사의 선임이 극히 곤란하고 종전 이사의 긴급처리권도 인정되지 아니하는 경우에는 사단이나 재단 또는 타인에게 손해가 생길 염려가 있을 수 있으므로, 민법 제63조(임시이사의 선임)는 법인 아닌 사단이나 재단에도 유추적용할 수 있다(대결 2009.11.19. 2008마699[전합]). 기출 25·20·17
> - 비법인사단에 대하여는 사단법인에 관한 민법규정 중 법인격을 전제로 하는 것을 제외한 규정들을 유추적용하여야 할 것이므로 비법인사단인 교회의 교인이 존재하지 않게 된 경우 그 교회는 해산하여 청산절차에 들어가서 청산의 목적범위 내에서 권리·의무의 주체가 되며, 이 경우 해산 당시 그 비법인사단의 총회에서 향후 업무를 수행할 자를 선정하였다면 민법 제82조 제1항을 유추하여 그 선임된 자가 청산인으로서 청산 중의 비법인사단을 대표하여 청산업무를 수행하게 된다(대판 2003.11.14. 2001다32687). 기출 25
> - 권리능력 없는 사단인 재건축주택조합과 그 대표기관과의 관계는 위임인과 수임인의 법률관계와 같은 것으로서 임기가 만료되면 일단 그 위임관계는 종료되는 것이 원칙이고, 다만 그 후임자가 선임될 때까지 대표자가 존재하지 않는다면 대표기관에 의하여 행위를 할 수밖에 없는 재건축주택조합은 당장 정상적인 활동을 중단하지 않을 수 없는 상태에 처하게 되므로, 민법 제691조의 규정을 유추하여 구 대표자로 하여금 조합의 업무를 수행케 함이 부적당하다고 인정할 만한 특별한 사정이 없고 종전의 직무를 구 대표자로 하여금 처리하게 할 필요가 있는 경우에 한하여 후임 대표자가 선임될 때까지 임기만료된 구 대표자에게 대표자의 직무를 수행할 수 있는 업무수행권이 인정된다(대판 2003.7.8. 2002다74817).

[판례가 비법인사단에 유추적용을 부정한 사단법인에 관한 민법규정]
비법인사단의 경우에는 대표자의 대표권 제한에 관하여 등기할 방법이 없어 민법 제60조[이사의 대표권에 대한 제한은 등기하지 아니하면 제3자에게 대항하지 못한다(註)]의 규정을 준용할 수 없고, 비법인사단의 대표자가 정관에서 사원총회의 결의를 거쳐야 하도록 규정한 대외적 거래행위에 관하여 이를 거치지 아니한 경우라도, 이와 같은 사원총회 결의사항은 비법인사단의 내부적 의사결정에 불과하다 할 것이므로, 그 거래 상대방이 그와 같은 대표권 제한 사실을 알았거나 알 수 있었을 경우가 아니라면 그 거래행위는 유효하다고 봄이 상당하고, 이 경우 거래의 상대방이 대표권 제한 사실을 알았거나 알 수 있었음은 이를 주장하는 비법인사단 측이 주장·입증하여야 한다(대판 2003.7.22. 2002다64780). 기출 25·23·17

4. 권리능력 없는 사단인지 문제된 사례

① 종중, 사찰, 교회, 주택조합 또는 재건축조합, 자연부락, 동·리, 어촌계, 집합건물의 관리단, 아파트입주자대표회의, 채권자들로 구성된 청산위원회 등은 권리능력 없는 사단으로 인정하고 있다.
② 반면, 부도난 회사의 채권자들이 조직한 채권단, 원호대상자광주목공조합, 개인사찰, 학교, 대한불교조계종총무원 등은 판례가 권리능력 없는 사단으로 보고 있지 않다.

III 권리능력 없는 재단(비법인재단)

1. 의 의

재단법인의 실질을 갖추어 목적재산과 조직은 존재하지만 아직 법인격을 취득하지 못한 것을 의미한다.

2. 법률관계

① 소송상 당사자능력이 인정된다.
② 부동산에 관하여는 등기능력이 인정되는데, 이는 결국 부동산은 권리능력 없는 재단의 단독소유로 취급된다는 의미이다(통설·판례). 부동산 이외의 재산권에 대하여는 아무런 규정이 없어 신탁의 법리로 설명하는 견해와 기타의 재산권도 역시 권리능력 없는 재단에 속한다는 견해가 대립하고 있다.
③ 그 밖의 법률관계에 대하여는 재단법인에 관한 규정 가운데 법인격을 전제로 하는 것을 제외 하고는 이를 유추적용한다(통설).

3. 권리능력 없는 재단의 인정 여부

사찰, 장학재단(육영회), 유치원 등은 판례가 비법인재단으로 인정하였으나, 학교와 같이 시설(영조물)에 불과한 것은 비법인재단이 아니라고 보았다(대판 1977.8.23. 76다1478).

Ⅳ 종중의 법률관계

1. 종중의 의의

(1) 고유한 의미의 종중

1) 종중의 개념

종중이란 공동선조의 분묘수호 및 봉제사와 후손 상호 간의 친목을 목적으로 형성되는 「자연발생적인 종족단체」로, 선조의 사망과 동시에 후손에 의하여 성립하는 것이며, 법적 성격은 법인격 없는 사단이다(대판 2005.7.21. 2002다1178[전합]).

> 고유 의미의 종중이란 공동선조의 후손 중 성년인 사람을 종원으로 하여 구성되는 자연발생적인 종족집단으로서 특별한 조직행위를 필요로 함이 없이 관습상 당연히 성립하는 것이고, 종중이 자연발생적으로 성립한 후에 정관 등 종중규약을 작성하면서 일부 종원의 자격을 임의로 제한하거나 확장하더라도 그러한 규약은 종중의 본질에 반하여 무효이고, 그로 인하여 이미 성립한 종중의 실재 자체가 부인되는 것은 아니다. 또한 종중이 종중원의 자격을 박탈하거나 종중원이 종중을 탈퇴할 수 없는 것이어서 공동선조의 후손들은 종중을 양분하는 것과 같은 종중분열을 할 수 없다(대판 2023.12.28. 2023다278829).

2) 종중 유사의 단체

공동선조의 후손 중 "일정한 범위"의 종족집단이 사회적 조직체로서 성립하여 고유의 재산을 소유 관리하면서 독자적인 활동을 하고 있다면 단체로서의 실체를 부인할 수 없다고 할 것이나 이는 고유 의미의 종중과는 다른 종중 유사의 단체이다(대판 1992.9.22. 92다15048). 종중 유사의 단체는 사적자치의 원칙 내지 결사의 자유에 따라 그 구성원의 자격과 가입조건을 자유롭게 정할 수 있음이 원칙이므로 회칙 등에서 공동선조의 후손 중 남성만으로 구성원을 한정하고 있는 경우, 그러한 사정만으로 회칙 등이 무효로 되지는 않는다(대판 2011.2.24. 2009다17783). 같은 의미로 특정지역 내에 거주하는 일부 종중원이나 특정 항렬의 종중원만을 그 구성원으로 하는 단체는 종중 유사의 단체에 불과하고 고유한 의미의 종중은 될 수 없다(대판 2002.5.10. 2002다4863). 고유한 의미의 종중이라면 일부 종원의 자격을 임의로 제한하였거나 확장한 종중회칙은 종중의 본질에 반하여 무효이나, 그 종중의 회칙 규정이 종중의 본질에 반한다 하여 바로 고유한 의미의 종중이 아니라고 추단할 수는 없다(대판 2002.6.28. 2001다5296).

(2) 종중의 대표자

① 종중에는 관습에 따른 종장이 있는데, 종장이라는 이유만으로 당연히 법적 대표권한이 있는 것은 아니다(대판 1999.7.27. 99다9523).

② 「종중 대표자의 선임방법」은 그 종중에 규약이나 관례가 있으면 그에 따라 선임하고 그것이 없다면 종장 또는 문장이 그 종원을 소집하여 「출석종원의 과반수 결의」로 선출하며, 평소에 종중에 종장이나 문장이 선임되어 있지 아니하고 선임에 관한 규약이나 일반 관례가 없다면 현존하는 연고항존자(나이가 가장 많고 항렬이 가장 높은 사람)가 종장이나 문장이 되어 종중총회를 소집하는 것이 일반 관습이다(대판 2009.5.28. 2009다7182).

(3) 종중의 구성원

① 공동선조의 후손 중 성년이면 남녀를 불문하고 당연히 종중의 구성원이 된다.

② 다른 가문으로 출계한 아들(양자로 간 아들)은 그 생가의 종원 자격을 인정할 수 없다(대판 1996.8.23. 96다12566).

2. 종중의 법률관계

(1) 총회의 소집권자
① 총회의 소집권자는 '종중규약'에 정함이 있으면 그에 따르고, 정함이 없으면 '연고항존자'가 적법한 소집권자이다.
② 종중원들이 규약에 따라 적법한 소집권자 또는 그러한 자가 없어 연고항존자에게 총회의 소집을 요구하였으나 그 소집권자나 연고항존자가 정당한 이유 없이 이에 응하지 아니하는 경우에는 차석 또는 소집을 요구한 종중원들이 소집권자를 대신하여 그 총회를 소집할 수 있다(대판 2010.12.9. 2009다26596).

(2) 총회의 소집통지방법
반드시 직접 서면으로 하여야만 하는 것은 아니고 구두 또는 전화로 하여도 되고 다른 종중원이나 세대주를 통하여 하여도 무방하다(대판 2000.2.25. 99다20155).

(3) 총회의 결의방법
종중규약에 다른 규정이 없는 이상 종원은 서면이나 대리인으로 결의권을 행사할 수 있으므로, 일부 종원이 총회에 직접 출석하지 아니하고 다른 출석 종원에 대한 위임장 제출방식에 의하여 종중의 대표자 선임 등에 관한 결의권을 행사하는 것도 허용된다(대판 2000.2.25. 99다20155).

(4) 총회의 의결정족수
총회의 의결정족수를 정하는 기준이 되는 출석종원이란 문제가 된 결의 당시 회의장에 남아있던 종원만을 의미한다. 따라서 회의 도중 스스로 회의장에서 퇴장한 종원들은 이에 포함되지 않는다(대판 2001.7.27. 2000다56037).

V 교회의 분열과 재산귀속관계

1. 교회의 법적 성격
① 교인들로 구성된 비법인사단이다.
② 특정 교단에 소속된 지교회도 비법인사단으로서의 실체를 갖추고 있다면, 특정 교단과는 독립된 비법인사단이다.
③ 따라서 비법인사단에 관한 일반적인 법률관계가 교회에도 그대로 적용된다.

2. (비법인) 사단의 분열 여부
① 우리 민법이 사단법인에 있어서 구성원들이 2개의 법인으로 나뉘어 각각 독립한 법인으로 존속하면서 종전 사단법인에게 귀속되었던 재산을 소유하는 방식의 사단법인의 분열을 인정하지 아니하므로, 비법인사단의 분열도 허용되지 않는다(교회도 동일)(대판 2006.4.20. 2004다37775[전합]).
② 따라서 비법인사단의 구성원들이 집단적으로 탈퇴하는 경우 탈퇴한 자들은 구성원의 지위를 상실하는 반면, 잔존 구성원들로 구성된 단체는 여전히 동일성을 잃지 않고 비법인사단으로서의 실체를 유지하며 존속한다.
③ 집단적으로 탈퇴한 구성원들은 종전 사단의 재산에 대하여는 어떠한 권리도 가질 수 없다.

3. 교회 탈퇴 시 종전 교회재산의 귀속관계

① 교인들은 교회 재산을 총유의 형태로 소유하면서 사용·수익할 것인데, 일부 교인들이 교회를 탈퇴하여 그 교회 교인으로서의 지위를 상실하게 되면 종전 교회는 잔존 교인들을 구성원으로 하여 실체의 동일성을 유지하면서 존속하며 종전 교회의 재산은 그 교회에 소속된 잔존 교인들의 총유로 귀속됨이 원칙이다(대판 2007.12.27. 2007다17062).

② 다만, 의결권을 가진 종전 교회의 교인 중 2/3 이상이 소속 교단을 탈퇴하거나 소속 교단을 다른 교단으로 변경하는데 동의한 경우에는 종전 교회의 실체는 이와 같이 교단을 탈퇴한 교회로서 존속하고 종전 교회 재산은 위 탈퇴한 교회 소속 교인들의 총유로 귀속된다. 이때 종전 교회의 교인 중 2/3 이상의 동의가 있었는지 여부는 이를 주장하는 측에서 입증하여야 한다(대판 2007.12.27. 2007다17062). 기출 23

4. 지교회의 교단변경의 결의요건(의결권을 가진 교인 2/3 이상의 찬성)

① 특정 교단에 가입한 지교회(교단과는 독립한 비법인사단)의 경우에, 소속 교단을 변경하는 것은 지교회의 명칭이나 목적 등 자치규범을 변경하는 결과를 초래하므로, 소속 교단에서의 탈퇴 내지 변경은 사단법인 정관변경에 준하여 「의결권을 가진 교인 2/3 이상의 찬성」에 의한 결의를 필요로 하며, 소속 교단에서의 탈퇴 내지 변경이 의결권을 가진 교인의 2/3 이상의 찬성에 의하여 소속 교단에서의 탈퇴 또는 소속 교단의 변경결의가 적법·유효하게 이루어졌다는 점은 이를 주장하는 자가 입증하여야 한다(대판 2007.12.27. 2007다17062).

② 만약 교단 탈퇴 및 변경에 관한 결의를 하였으나 이에 찬성한 교인이 의결권을 가진 교인의 2/3에 이르지 못한다면, 종전 교회의 동일성은 여전히 종전 교단에 소속되어 있는 상태로서 유지된다(대판 2006.4.20. 2004다37775[전합]).

③ 반대로 교단변경 결의요건을 갖추어 소속 교단에서 탈퇴하거나 다른 교단으로 변경한 경우에는 종전 교회의 실체는 이와 같이 교단을 탈퇴한 교회로서 존속하고 종전 교회재산은 위 「탈퇴한 교회 소속 교인들의 총유」로 귀속된다(대판 2006.4.20. 2004다37775[전합]).

제3관 | 법인의 설립

> **민법 제31조(법인성립의 준칙)**
> 법인[사단법인, 재단법인(註)]은 법률의 규정에 의함이 아니면 성립하지 못한다. 기출 24
>
> **민법 제32조(비영리법인의 설립과 허가)** 기출 21·16
> 학술, 종교, 자선, 기예, 사교 기타 영리 아닌 사업을 목적으로 하는 사단 또는 재단은 주무관청의 허가를 얻어 이를 법인으로 할 수 있다.
>
> **민법 제33조(법인설립의 등기)** 기출 21
> 법인은 그 주된 사무소의 소재지에서 설립등기를 함으로써 성립한다.

I 사단법인의 설립요건

1. 목적의 비영리성(민법 제32조)

① 비영리성이란 사단법인의 수익이 사원들에게 분배되지 않는다는 의미이다. 다만, 목적달성을 위해 부수적인 영리행위는 그것이 비영리사단의 본질에 반하지 않는 한 문제되지 않는다.
② 민법상 사단법인은 비영리를 목적으로 하는 이상, 반드시 공익을 목적으로 할 필요는 없다.
③ 비영리사단법인만이 민법이 적용되며, 영리사단법인에는 민사회사와 상사회사가 있는데, 이에는 상법이 적용된다(민법 제39조 참조).

2. 설립행위

(1) 서 설

사단법인을 설립하려면 2인 이상의 사람이 법인의 근본규칙을 정하여 서면에 기재하고 기명날인하여야 한다(민법 제40조). 이 서면을 정관이라 하며 이러한 정관작성행위를 사단법인의 설립행위라고 한다.

(2) 법적 성질

① 사단법인 설립행위는 서면(정관작성)에 의해야 하는 요식행위이다.
② 사단법인 설립행위의 법적 성질에 대하여 합동행위라는 견해(다수설)와 특수한 계약이라는 견해가 대립하고 있다.
③ 다수설인 합동행위설에 의하면, 설립행위는 계약이 아니므로, 민법 제124조(자기계약, 쌍방대리금지)가 적용되지 않고, 의사표시 흠결에 관한 규정(민법 제107조 내지 제110조)도 적용되지 않는다고 한다.

(3) 정 관

사단법인 정관의 법적 성질은 계약이 아니라 「자치법규」이다. 기출 25 따라서 그 해석 방법은 어디까지나 객관적인 기준에 따라 그 규범적인 의미 내용을 확정하는 법규해석의 방법으로 해석되어야 하는 것이지, 작성자의 주관이나 해석 당시의 사원의 다수결에 의한 방법으로 자의적으로 해석될 수는 없다(대판 2000.11.24. 99다12437). 기출 20

(4) 정관의 기재사항 기출 20 · 18 · 17 · 16 · 15

> **민법 제40조(사단법인의 정관)**
> 사단법인의 설립자는 다음 각 호의 사항을 기재한 정관을 작성하여 기명날인하여야 한다.
> 1. 목 적
> 2. 명 칭
> 3. 사무소의 소재지
> 4. 자산에 관한 규정
> 5. 이사의 임면에 관한 규정
> 6. 사원자격의 득실에 관한 규정
> 7. 존립시기나 해산사유를 정하는 때에는 그 시기 또는 사유

① 필요적 기재사항 : 정관에 민법 제40조 각 호의 사항들을 반드시 기재하여야 하며, 하나라도 빠지면 그 정관은 '무효'이다.
② 임의적 기재사항 : 임의적 기재사항에는 제한이 없으며, 다만, 임의적 기재사항이라도 일단 정관에 기재되면 필요적 기재사항과 효력상 차이가 없으며, 따라서 그것을 변경할 때에는 정관변경절차에 의하여야 한다.

3. 주무관청의 허가(허가주의)

① 비영리법인의 설립에는 주무관청의 '허가'가 필요하고, 주무관청은 사후에 허가를 취소하여 법인을 소멸시킬 수 있다(민법 제38조). 이 허가 취소는 소급효가 없다.
② 판례는 위 허가는 주무관청의 자유재량에 속하는 행위이므로 주무관청이 판단과정에 합리성이 있음을 부정할 수 없는 경우에는, 다른 특별한 사정이 없는 한 그 불허가처분에 재량권을 일탈·남용한 위법이 있다고 할 수 없어 주무관청의 불허가처분에 관하여 행정소송으로 다툴 수 없다고 한다(대판 1996.9.10. 95누18437).

4. 설립등기

> **민법 제33조(법인설립의 등기)** 기출 21
> 법인은 그 주된 사무소의 소재지에서 설립등기를 함으로써 성립한다.
>
> **민법 제49조(법인의 등기사항)**
> ① 법인설립의 허가가 있는 때에는 3주간 내에 주된 사무소소재지에서 설립등기를 하여야 한다.
> ② 전항의 등기사항은 다음과 같다.
>   1. 목적
>   2. 명칭
>   3. 사무소
>   4. 설립허가의 연월일
>   5. 존립시기나 해산이유를 정한 때에는 그 시기 또는 사유
>   6. 자산의 총액
>   7. 출자의 방법을 정한 때에는 그 방법
>   8. 이사의 성명, 주소
>   9. 이사의 대표권을 제한한 때에는 그 제한
>
> **민법 제54조(설립등기 이외의 등기의 효력과 등기사항의 공고)**
> ① 설립등기 이외의 본절의 등기사항은 그 등기 후가 아니면 제3자에게 대항하지 못한다. 기출 19
> ② 등기한 사항은 법원이 지체 없이 공고하여야 한다.

사단법인은 법인등기부에 설립등기를 함으로써 성립한다(민법 제33조). 즉, 이 등기는 권리능력을 취득하기 위한 성립요건이고, 그 밖의 등기는 모두 대항요건에 해당한다(민법 제54조 제1항).

5. 설립 중의 회사

① 설립 중의 회사는 '강학상 개념'으로서 정관이 작성되고 발기인이 적어도 1주 이상의 주식을 인수하였을 때 비로소 성립한다(대판 1990.12.26. 90누2536). 설립 중의 회사의 법적 성격은 '법인 아닌 사단'으로 볼 것이다(대판 2008.2.28. 2007다37394 · 37400).

② 설립 중의 회사로서의 실체가 갖추어지기 이전에 발기인이 취득한 권리·의무는 구체적인 사정에 따라 발기인 개인 또는 발기인 조합에 귀속되는 것으로서 이들에게 귀속된 권리·의무를 설립 후의 회사에게 귀속시키기 위하여는 양수나 계약자 지위 인수 등의 특별한 이전행위가 있어야 한다(대판 1998.5.12. 97다56020).

③ 설립 중인 법인의 행위에 대하여 설립 후의 법인이 책임지는 것은 설립 자체를 위한 비용에 한정된다.

> 교회가 그 실체를 갖추어 법인 아닌 사단으로 성립한 경우에 교회의 대표자가 교회를 위하여 취득한 권리의무는 교회에 귀속되나, 교회가 아직 실체를 갖추지 못하여 법인 아닌 사단으로 성립하기 전에 설립의 주체인 개인이 취득한 권리의무는 그것이 앞으로 성립할 교회를 위한 것이라 하더라도 바로 법인 아닌 사단인 교회에 귀속될 수는 없고, 또한 설립 중의 회사의 개념과 법적 성격에 비추어, 법인 아닌 사단인 교회가 성립하기 전의 단계에서 설립 중의 회사의 법리를 유추적용할 수는 없다(대판 2008.2.28. 2007다37394 · 37400). 기출 17

II 재단법인의 설립요건

1. 목적의 비영리성(민법 제32조)

재단법인은 영리 아닌 사업을 목적으로 해야 한다. 재단법인은 사원이 없으므로 비영리법인만 존재한다.

2. 설립행위

재단법인의 설립자는 일정한 재산을 출연하고 정관을 작성하여 기명날인을 하여야 한다(민법 제43조).

(1) 법적 성질

재단법인 설립행위는 서면에 일정한 사항을 기재하는 '요식행위'이며, 상대방 없는 단독행위이다(통설)(대판 1999.7.9. 98다9045). 한편 설립자가 수인인 경우에는 단독행위의 경합으로 본다.

> [1] 민법 제47조 제1항에 의하여 생전처분으로 재단법인을 설립하는 때에 준용되는 민법 제555조는 "증여의 의사가 서면으로 표시되지 아니한 경우에는 각 당사자는 이를 해제할 수 있다"고 함으로써 서면에 의한 증여(출연)의 해제를 제한하고 있으나, 그 해제는 민법 총칙상의 취소와는 요건과 효과가 다르므로 서면에 의한 출연이더라도 민법 총칙규정에 따라 출연자의 착오에 기한 의사표시라는 이유로 출연의 의사표시를 취소할 수 있고, 상대방 없는 단독행위인 재단법인에 대한 출연행위라고 하여 달리 볼 것은 아니다.
> [2] 재단법인에 대한 출연자와 법인과의 관계에 있어서 그 출연행위에 터잡아 법인이 성립되면 그로써 출연재산은 민법 제48조에 의하여 법인 성립 시에 법인에게 귀속되어 법인의 재산이 되는 것이고, 출연재산이 부동산인 경우에 있어서도 위 양 당사자 간의 관계에 있어서는 법인의 성립 외에 등기를 필요로 하는 것은 아니라 할지라도, 재단법인의 출연자가 착오를 원인으로 취소를 한 경우에는 출연자는 재단법인의 성립 여부나 출연된 재산의 기본재산인 여부와 관계없이 그 의사표시를 취소할 수 있다(대판 1999.7.9. 98다9045).

(2) 정관의 필요적 기재사항(민법 제43조, 제40조 참조) 기출 21·16

> **민법 제43조(재단법인의 정관)**
> 재단법인의 설립자는 일정한 재산을 출연하고 제40조 제1호 내지 제5호의 사항을 기재한 정관을 작성하여 기명날인 하여야 한다.

- 사단법인과의 공통점 : 목적, 명칭, 사무소의 소재지, 자산에 관한 규정, 이사의 임면규정
- 사단법인과의 차이점(사단법인의 고유 기재사항) : '사원자격의 득실에 관한 규정', '존립시기나 해산사유를 정한 때에는 그 시기나 사유'는 재단법인 정관의 필요적 기재사항이 아니다. 기출 25

(3) 정관의 보충

> **민법 제44조(재단법인의 정관의 보충)** 기출 24·21·16
> 재단법인의 설립자가 그 명칭, 사무소 소재지 또는 이사임면의 방법을 정하지 아니하고 사망한 때에는 이해관계인 또는 검사의 청구에 의하여 법원이 이를 정한다.

① 사단법인에는 없는 제도이다.
② 이해관계인과 검사의 '청구'에 의해 '법원'이 나머지 사항을 정하여 법인을 성립시킨다.
③ 목적과 자산은 정해진 상태여야 한다.
④ 주무관청의 허가와 설립등기(민법 제32조, 제33조) : 사단법인과 동일하다.

Ⅲ 재단법인의 출연재산의 귀속시기

> **민법 제47조(증여, 유증에 관한 규정의 준용)**
> ① 생전처분으로 재단법인을 설립하는 때에는 증여에 관한 규정을 준용한다.
> ② 유언으로 재단법인을 설립하는 때에는 유증에 관한 규정을 준용한다.
>
> **민법 제48조(출연재산의 귀속시기)**
> ① 생전처분으로 재단법인을 설립하는 때에는 출연재산은 법인이 성립된 때로부터 법인의 재산이 된다.
> ② 유언으로 재단법인을 설립하는 때에는 출연재산은 유언의 효력이 발생한 때로부터 법인에 귀속한 것으로 본다.

1. 서 설

재단법인의 출연재산의 귀속시기와 관련된 논의는 권리변동에 별도의 공시가 필요한 물권과 증권화된 채권(지시채권, 무기명채권) 등을 출연하는 경우에만 문제가 되고, 「지명채권(채권자가 특정되어 있고, 성립·양도에 증권이 불필요한 채권)」의 경우에는 공시가 성립요건이 아니기 때문에 견해대립 없이 민법 제48조가 적용된다.

2. 생전처분으로 설립하는 경우(민법 제48조 제1항)

(1) 학 설

1) 민법 제48조 적용긍정설[법인성립시설(다수설)]
① 법인의 보호를 우선시하는 입장이다.
② 민법 제48조는 민법 제187조의 '기타 법률의 규정'에 해당한다.
③ 따라서 민법 제48조가 정한 시기(법인설립등기 시)에 권리귀속이 된다.

2) 민법 제48조 적용부정설[이전등기시설(소수설)]
① 거래의 안전을 우선시하는 입장이다.
② 민법 제187조의 '기타 법률의 규정'은 법률행위에 의하지 아니하고 형성적 효력을 갖는 물권변동을 규정한 법률만을 의미한다.
③ 따라서 민법 제187조가 법률행위에 의한 재단법인 설립의 경우에는 적용되지 않기 때문에, 공시가 있어야만 재단법인에게 출연재산이 귀속된다.

(2) 판례 : 소유권의 상대적 귀속

판례는 출연자와 법인의 관계에서는 민법 제187조, 제3자에 대한 관계에서는 민법 제186조가 적용된다는 입장이다(대판 1979.12.11. 78다481·482[전합]).

> 재단법인의 설립함에 있어서 출연재산은 그 법인이 성립된 때로부터 법인에 귀속된다는 민법 제48조의 규정은 출연자와 법인과의 관계를 상대적으로 결정하는 기준에 불과하여 출연재산이 부동산인 경우에도 출연자와 법인 사이에는 법인의 성립 외에 등기를 필요로 하는 것은 아니지만, 제3자에 대한 관계에 있어서, 출연행위는 법률행위이므로 출연재산의 법인에의 귀속에는 부동산의 권리에 관한 것일 경우 등기를 필요로 한다(대판 1979.12.11. 78다481·482[전합]).

3. 유언으로 설립하는 경우(민법 제48조 제2항)

(1) 학 설

1) 민법 제48조 적용긍정설[유언의 효력발생시설(다수설)]
법인이 설립되면 공시 없이도 '유언자의 사망 시(민법 제1073조 제1항 참조)'에 소급하여 법인의 재산이 된다는 견해이다.

2) 민법 제48조 적용부정설[이전등기시설(소수설)]
법인이 설립되고 이전등기, 인도, 배서·교부 등을 마쳐야 비로소 재산권이 법인에게 귀속된다는 견해이다.

(2) 판 례

유언으로 재단법인을 설립하는 경우에도 제3자에 대한 관계에서는 출연재산이 '부동산'인 경우에는 그 법인에의 귀속은 법인의 설립 외에 이전등기를 필요로 한다는 입장이다(대판 1993.9.14. 93다8054).

제4관 | 법인의 능력

I 서 설

1. 의 의

법인도 권리의 주체이므로, 자연인과 동일하게 권리능력·행위능력·불법행위능력을 가진다. 다만, 법인의 능력은 의사능력 내지 판단능력을 중심으로 하여 논의되는 자연인의 경우와는 본질적으로 다르기에 ① 법인이 어느 범위에서 권리능력을 갖는지, ② 누가 어떠한 형식으로 법인의 행위를 할 수 있는지, ③ 누구의 어떤 행위에 대하여 법인 자신이 배상책임을 부담하는지 등이 문제된다.

2. 능력에 관한 규정

법인의 능력에 관한 규정은 강행규정이다.

II 법인의 권리능력

> **민법 제34조(법인의 권리능력)** 기출 21·16
> 법인은 법률의 규정에 좇아 정관으로 정한 목적의 범위 내에서 권리와 의무의 주체가 된다.

1. 법률에 의한 제한

법인의 권리능력은 법률에 의하여 제한될 수 있다. 다만, 그 제한은 개별적(민법 제81조, 상법 제173조 등)이며, 법인의 권리능력을 일반적으로 제한하는 법률은 없다.

2. 성질상 제한

법인은 자연인을 전제로 하는 권리·의무의 주체가 될 수는 없다. 즉, 생명권, 친권, 부양청구권, 상속권 등은 성질상 법인에게 인정되지 않는다. 다만, 명예권, 성명권, 유증을 받을 수 있는 지위 등은 인정된다.

3. 정관에 의한 제한

「목적범위 내」를 어떻게 해석할 것인지와 관련하여 목적달성에 필요한 범위 내라는 견해와 목적에 위반하지 않는 범위 내라는 견해의 대립이 있으나, 판례는 「목적달성에 필요한 범위 내라고 판시하나, 직접적인 필요에 한정하지 않고 간접적으로 필요한 행위도 포함하고 있으며(대결 2001.9.21. 2000그98), 필요한지 여부도 객관적 성질에 따라 추상적으로 판단해야 한다(대판 1987.10.13. 86다카1522)」라고 하여 그 범위를 넓히고 있다.

Ⅲ 법인의 행위능력

1. 문제점
관념상 법인이 실제로 권리를 취득하거나 의무를 부담하는 것은 일정한 자연인의 행위에 의할 수밖에 없는데, 이 경우 누구의 행위를 법인의 행위로 볼 것인가의 문제가 발생하는 바, 이것이 법인의 행위능력의 문제이다.

2. 대표기관의 행위
법인은 대표기관을 통해 현실적인 행위를 하기에 대표기관의 행위는 법인의 행위로 간주된다. 이사(민법 제59조), 이사의 직무대행자(민법 제60조의2), 임시이사(민법 제63조), 특별대리인(민법 제64조), 청산인(민법 제82조) 등이 대표적인 대표기관에 해당한다.

3. 행위의 범위
민법은 법인의 행위능력에 관한 규정을 따로 두고 있지 않다. 다만, 법인의 경우에는 의사능력의 불완전성을 문제 삼을 필요가 없으므로 법인은 권리능력의 범위 내에서 행위능력을 갖는다고 보아야 한다(통설).

Ⅳ 법인의 불법행위능력

> **민법 제35조(법인의 불법행위능력)**
> ① 법인은 이사 기타 대표자가 그 직무에 관하여 타인에게 가한 손해를 배상할 책임이 있다. 이사 기타 대표자는 이로 인하여 자기의 손해배상책임을 면하지 못한다. 기출 21 · 19
> ② 법인의 목적범위 외의 행위로 인하여 타인에게 손해를 가한 때에는 그 사항의 의결에 찬성하거나 그 의결을 집행한 사원, 이사 및 기타 대표자가 연대하여 배상하여야 한다. 기출 17 · 16 · 15 · 14

1. 의 의
법인은 이사 기타 대표자가 그 직무에 관하여 타인에게 가한 손해를 배상할 책임이 있다. 이사 기타 대표자는 이로 인하여 자기의 손해배상책임을 면하지 못한다(민법 제35조 제1항). 민법 제35조는 종중과 같은 권리능력 없는 사단에도 유추적용된다(대판 1994.4.12. 92다49300).

2. 요 건

(1) 대표기관의 행위일 것

① 법문상의 '이사 기타 대표자'는 '대표기관'만을 의미한다. 대표권 없는 이사는 법인의 기관이지만 대표기관은 아니기 때문에 그들의 행위로 인하여 민법 제35조상의 법인의 불법행위가 성립하지는 않는다(대판 2005.12.23. 2003다30159). 기출 20 · 19 · 17 · 15 · 13 이러한 대표기관으로는 이사(민법 제59조), 임시이사(민법 제63조), 특별대리인(민법 제64조), 청산인(민법 제82조, 제83조), 직무대행자(민법 제52조의2, 제60조의2) 등이 있다.

이러한 '법인의 대표자'에는 그 명칭이나 직위 여하, 또는 대표자로 등기되었는지 여부를 불문하고 당해 법인을 실질적으로 운영하면서 법인을 사실상 대표하여 법인의 사무를 집행하는 사람을 포함한다(대판 2011.4.28. 2008다15438). 기출 21·16·15·14·13

② 감사, 지배인, 이사의 임의대리인(민법 제62조) 등은 대표기관이 아니므로, 이들의 불법행위에 관해서는 법인이 사용자책임을 질 수 있을 뿐이다.

구 분	법인의 불법행위책임(민법 제35조)	사용자책임(민법 제756조)
행위자	법인의 대표기관	대표기관이 아닌 자, 피용자
행 위	직무에 관하여 - 외형이론	사무집행에 관하여 - 외형이론
법인의 책임	법인 자체의 불법행위책임	사용자인 법인의 사용자책임
기타의 책임	법인과 대표기관은 부진정연대책임 관계	법인과 행위자는 부진정연대책임 관계
면책 규정	없 음	있 음

(2) 대표기관이 직무에 관하여 타인에게 손해를 주었을 것

1) '직무에 관하여'의 의미(외형이론에 의하여 판단)

직무상 행위란 직무행위와 견련관계가 있어 사회통념상 법인의 목적을 달성하기 위하여 행해진 것으로 인정되는 모든 행위를 말한다. 즉, 직무상 행위로 인정되기 위해서는 행위의 외형상 그 대표기관의 직무행위라고 인정할 수 있는 행위이면 족하다(대판 2004.2.27. 2003다15280). 기출 22·14 그러나 이때에도 상대방이 대표자의 배임행위를 알았거나 중대한 과실로 인하여 알지 못한 경우에는 민법 제35조의 책임을 묻지 못한다(대판 2004.3.26. 2003다34045). 기출 20·19·18·17·16·15·14 반면, 법인의 대표자의 행위가 직무행위에 해당하지 아니함을 피해자 자신이 경과실로 알지 못한 경우에는 법인에게 민법 제35조의 손해배상책임을 물을 수 있다.

기출 23

2) 외형이론의 적용범위

대표기관의 주관적 의사는 불문하며, 행위의 외형상 법인의대표자의 직무행위라고 인정할 수 있는 것이라면, 대표기관의 행위가 설사 대표자 개인의 사리를 도모하기 위한 것이었거나 혹은 법령에 위배되더라도 민법 제35조의 법인의 불법행위책임이 성립할 수 있다(대판 2004.2.27. 2003다15280). 기출 23·21·20·19·17·15·13

> • 법인의 대표자가 직무에 관하여 타인에게 손해를 가한 경우 그 법인은 민법 제35조 제1항에 의하여 그 손해를 배상할 책임이 있고, 대표자의 행위가 대표자 개인의 사리를 도모하기 위한 것이었거나 혹은 법령의 규정에 위반된 것이었다고 하더라도 외관상 객관적으로 직무에 관한 행위라고 인정할 수 있는 것이라면 민법 제35조 제1항의 직무에 관한 행위에 해당한다(대판 2024.7.25. 2024다229343).
> • 한편, 법인 대표자의 행위가 직무에 관한 행위에 해당하지 아니함을 피해자 자신이 알았거나 또는 중대한 과실로 인하여 알지 못한 경우에는 법인에 손해배상책임을 물을 수 없고, 여기서 중대한 과실이라 함은 거래의 상대방이 조금만 주의를 기울였더라면 대표자의 행위가 그 직무권한 내에서 적법하게 행하여진 것이 아니라는 사정을 알 수 있었음에도 만연히 이를 직무권한 내의 행위라고 믿음으로써 일반인에게 요구되는 주의의무를 현저히 위반하는 것으로 거의 고의에 가까운 정도의 주의를 결여하고, 공평의 관점에서 상대방을 구태여 보호할 필요가 없다고 봄이 상당하다고 인정되는 상태를 말한다(대판 2024.7.25. 2024다229343).

(3) 대표기관이 일반불법행위의 요건을 갖출 것

민법 제750조의 요건(즉, 대표기관의 가해행위, 고의·과실, 책임능력, 가해행위의 위법성, 손해발생, 가해행위와 손해 간의 인과관계) 모두가 필요하다.

3. 효 과

(1) 법인의 불법행위가 성립하는 경우

① 법인의 불법행위가 성립하는 경우에도 대표기관은 그 자신의 손해배상책임을 면하지 못한다(민법 제35조 제1항 후문). 기출 23·21·19·14
② 법인과 대표기관 개인의 채무는 부진정연대채무이다. 기출 19
③ 법인이 피해자에게 손해를 배상한 때에는 법인은 대표기관 개인에게 구상권을 행사할 수 있고, 그 근거는 선관주의의무의 위반이다. 기출 19
④ 대표기관의 고의적인 불법행위라고 하더라도, 피해자에게 그 불법행위 내지 손해발생에 과실이 있다면 법원은 과실상계의 법리에 좇아 손해배상의 책임 및 그 금액을 정함에 있어 이를 참작하여야 한다(대판 1987.12.8. 86다카1170). 기출 20

(2) 법인의 불법행위가 성립하지 않는 경우

① 대표기관의 가해행위가 직무의 범위를 벗어나는 경우에는 법인의 불법행위가 성립하지 않는다. 이때에는 대표기관만이 민법 제750조에 의해 불법행위책임을 진다.
② 다만, 민법은 피해자를 보호하기 위하여 그 의결에 찬성하거나 그 의결을 집행한 사원, 이사 및 기타 대표자는 민법 제760조의 공동불법행위의 성립 여부를 묻지 않고 연대[부진정연대(註)]하여 배상책임을 지도록 하고 있다. 기출 17·16·15·14

> **[민법 제756조와의 관계]** 기출 16·13
> - 법인의 불법행위가 성립하는 경우에 법인이 사용자의 지위에서 사용자책임(민법 제756조)도 지는지, 즉 민법 제35조 제1항과 제756조가 경합하는지 문제된다. 법인의 불법행위책임이 성립하는 경우에는 사용자책임은 성립하지 않는다는 것이 통설·판례의 태도이다. 또한 법인의 불법행위책임은 사용자책임과 달리 선임·감독에 주의의무를 다하였음을 증명하여도 면책될 수 없다.
> - 대표기관의 대리인의 가해행위가 있는 경우, 대리인은 대표기관이 아니므로 법인에게 민법 제35조상의 불법행위책임은 성립하지 않지만, 민법 제756조의 사용자책임이 성립할 수는 있다.

제5관 | 법인의 기관

I 서 설

1. 개 념
자연인과 같이 그 자체로 활동할 수 없는 법인이 독립체로서 법인의 의사를 결정하고 외부에 대하여 행동하며 내부의 사무를 처리하기 위한 일정한 조직을 기관이라 한다.

2. 필요기관·상설기관
① 이사는 집행기관으로서 재단·사단법인의 필요상설기관이다(민법 제57조). 기출 22·15 이에 반해 이사회는 이사들의 의결기관으로 임의기관이다(상법상 주식회사의 경우 이사회는 원칙적으로 상설의 필수기관이다).
② 감사는 민법상 필요기관도 상설기관도 아닌 임의기관이다(상법상 주식회사의 경우 감사는 원칙적으로 상설의 필수기관이다). 기출 22
③ 사원총회는 의사결정기관으로서 사단법인에서만 필요기관이다(상설기관은 아님).

II 이 사

1. 정관 기재사항 및 등기사항
이사는 정관에 임면 방법을 기재하여야 하고(민법 제40조 제5호, 제43조), 성명과 주소는 등기사항이다(민법 제49조 제2항).

2. 임 면

(1) 선 임
이사의 선임행위는 법인과 이사 간의 위임과 유사한 계약에 해당하므로, 특별한 사정이 없는 한 위임의 법리가 적용된다.

(2) 해임·퇴임 등
이사의 해임 및 퇴임도 정관에 의할 것이나, 법인과 이사의 법률관계는 신뢰를 기초한 위임 유사관계로 볼 수 있으므로 정관에 다른 규정이 없거나 규정이 있더라도 불충분한 경우에는 위임의 규정을 유추적용할 수 있다.

> • 법인의 정관에 이사의 해임사유에 관한 규정이 있는 경우 법인으로서는 이사의 중대한 의무위반 또는 정상적인 사무집행 불능 등의 특별한 사정이 없는 이상, 정관에서 정하지 아니한 사유로 이사를 해임할 수 없다(대판 2013.11.28. 2011다41741). 기출 24
> • 법인과 이사의 법률관계는 신뢰를 기초로 한 위임 유사의 관계이므로, 이사는 민법 제689조 제1항이 규정한 바에 따라 언제든지 사임할 수 있고, 법인의 이사를 사임하는 행위는 상대방 있는 단독행위이므로 그 의사표시가 상대방에게 도달함과 동시에 그 효력을 발생하고, 그 의사표시가 효력을 발생한 후에는 마음대로 이를 철회할 수 없음이 원칙이다(대판 2008.9.25. 2007다17109). → 법인이 정관에서 이사의 사임절차나 사임의 의사표시의 효력발생시기 등에 관하여 특별한 규정을 둔 경우에는 그에 따라야 하는 제한이 있지만(대판 2008.9.25. 2007다17109), 특별한 규정이 없는 한 이사의 사임은 주무관청의 승인이 있어야 그 효력이 발생하는 것은 아니다. 기출 24

3. 직무권한

(1) 서 설

이사는 대외적으로 법인을 대표하고 대내적으로 법인의 사무를 집행할 권한을 가진 상설의 필요기관이다(민법 제58조 제1항). 이사가 될 수 있는 자는 자연인에 한정된다. 직무를 집행할 때 이사는 선량한 관리자의 주의를 기울여야 한다(민법 제61조). 이사가 그 임무를 해태한 때에는 그 이사는 법인에 대하여 연대하여 손해배상의 책임이 있다(민법 제65조).

(2) 대외적 권한 : 법인의 대표권

> **민법 제59조(이사의 대표권)**
> ① 이사는 법인의 사무에 관하여 각자 법인을 대표한다. 그러나 정관에 규정한 취지에 위반할 수 없고 특히 사단법인은 총회의 의결에 의하여야 한다.
> ② 법인의 대표에 관하여는 대리에 관한 규정을 준용한다. 기출 18

1) 원 칙

이사는 법인 사무에 관하여 각자 법인을 대표한다(민법 제59조 제1항). 즉, 각자대표가 원칙이다. 수인의 이사가 있더라도 동일하다.

2) 적용범리

① 대표기관이 법인을 대표하여 어떤 행위를 하면, 그 행위는 법인의 행위로 되어 법인이 그로 인한 권리를 취득하고 의무를 부담한다. 그런데 민법 제59조 제2항은 대리에 관한 규정을 준용하므로, 대표행위를 할 때 법인을 위한 것임을 표시해야 하며(민법 제114조), 무권대리에 관한 규정도 준용된다.

② 법인이 대표기관을 통하여 법률행위를 한 때에는 대리에 관한 규정이 준용되므로 적법한 대표권을 가진 자와 맺은 법률행위의 효과는 대표자 개인이 아니라 본인인 법인에 귀속하고, 마찬가지로 그러한 법률행위상의 의무를 위반하여 발생한 채무불이행으로 인한 손해배상책임도 대표기관 개인이 아닌 법인만이 책임의 귀속주체가 되는 것이 원칙이다(대판 2019.5.30. 2017다53265). 또한 계약 해제로 인한 원상회복의무도 법인이 부담한다. 기출 24

> 계약이 적법한 대리인에 의하여 체결된 경우에 대리인은 다른 특별한 사정이 없는 한 본인을 위하여 계약상 급부를 변제로서 수령할 권한도 가진다. 그리고 대리인이 그 권한에 기하여 계약상 급부를 수령한 경우에, 그 법률효과는 계약 자체에서와 마찬가지로 직접 본인에게 귀속되고 대리인에게 돌아가지 아니한다. 따라서 계약상 채무의 불이행을 이유로 계약이 상대방 당사자에 의하여 유효하게 해제되었다면, 해제로 인한 원상회복의무는 대리인이 아니라 계약의 당사자인 본인이 부담한다. 이는 본인이 대리인으로부터 그 수령한 급부를 현실적으로 인도받지 못하였거나 해제의 원인이 된 계약상 채무의 불이행에 관하여 대리인에게 책임 있는 사유가 있다고 하여도 다른 특별한 사정이 없는 한 마찬가지라고 할 것이다(대판 2011.8.18. 2011다30871). 기출 24

③ **대표권 남용** : 대표이사가 대표권의 범위 내에서 한 행위는 설사 대표이사가 회사의 영리목적과 관계없이 자기 또는 제3자의 이익을 도모할 목적으로 그 권한을 남용한 것이라 할지라도 일단 회사의 행위로서 유효하고, 다만 그 행위의 상대방이 대표이사의 진의를 알았거나 알 수 있었을 때에는 회사에 대하여 무효가 되는 것이며, 이는 민법상 법인의 대표자가 대표권한을 남용한 경우에도 마찬가지이다(대판 2004.3.26. 2003다34045).

3) 대표권의 제한
① 정관에 의한 제한

> **민법 제41조(이사의 대표권에 대한 제한)** 기출 25·17·16·13
> 이사의 대표권에 대한 제한은 이를 정관에 기재하지 아니하면 그 효력이 없다.
>
> **민법 제60조(이사의 대표권에 대한 제한의 대항요건)** 기출 17·16·14·13
> 이사의 대표권에 대한 제한은 등기하지 아니하면 제3자에게 대항하지 못한다.
>
> **민법 제62조(이사의 대리인 선임)** 기출 22·20·13
> 이사는 정관 또는 총회의 결의로 금지하지 아니한 사항에 한하여 타인으로 하여금 특정한 행위를 대리하게 할 수 있다.

㉠ 정관기재는 효력요건이고, 등기는 대항요건이다. 따라서 이사의 대표권에 대한 제한을 정관에 기재하지 않은 이상 이를 등기하더라도 그 효력이 없다. 기출 25
㉡ 제3자의 범위 : 학설로는 악의의 제3자는 공평의 원칙상 보호할 필요가 없다는 제한설과 문리해석상 선·악의를 불문하고 대항할 수 있다는 무제한설의 대립이 있다. 판례는 '대표권의 제한에 관한 규정은 이를 등기하지 않을 경우 상대방의 선·악의를 불문하고 상대방에게 대표권 제한으로 대항할 수 없다'는 입장이다(무제한설)(대판 1992.2.14. 91다24564). 기출 24·14

> 법인의 정관에 법인 대표권의 제한에 관한 규정이 있으나 그와 같은 취지가 등기되어 있지 않다면 법인은 그와 같은 정관의 규정에 대하여 선의냐 악의냐에 관계없이 제3자에 대하여 대항할 수 없다(대판 1992.2.14. 91다24564). 기출 24

② 사원총회의 의결에 의한 제한(민법 제59조 제1항 단서)

> **민법 제59조(이사의 대표권)**
> ① 이사는 법인의 사무에 관하여 각자 법인을 대표한다. 그러나 정관에 규정한 취지에 위반할 수 없고 특히 사단법인은 총회의 의결에 의하여야 한다. 기출 13
> ② 법인의 대표에 관하여는 대리에 관한 규정을 준용한다. 기출 21

③ 이익상반행위 : '이익이 상반되는 사항'이란 법인의 이익을 해할 염려가 있는 모든 재산적 거래를 말한다.

> **민법 제64조(특별대리인의 선임)** 기출 24·15·14
> 법인과 이사의 이익이 상반하는 사항에 관하여는 이사는 대표권이 없다. 이 경우에는 전조의 규정에 의하여 특별대리인을 선임하여야 한다.

(3) 대내적 권한 : 법인의 사무집행권

> **민법 제58조(이사의 사무집행)** 기출 24 · 21 · 18
> ① 이사는 법인의 사무를 집행한다.
> ② 이사가 수인인 경우에는 정관에 다른 규정이 없으면 법인의 사무집행은 이사의 과반수로써 결정한다.

이사는 대내적으로 법인의 모든 사무를 집행한다(민법 제58조 제1항). 이사의 수가 수인인 경우, 정관에 다른 규정이 없으면 법인의 사무집행은 이사의 과반수로써 결정한다(민법 제59조 제2항).

> [민법상 법인의 정관에 대표권 있는 이사만 이사회를 소집할 수 있고, 다른 이사가 요건을 갖추어 이사회 소집을 요구하면 대표권 있는 이사가 이에 응하도록 규정하고 있는데도 대표권 있는 이사가 다른 이사의 정당한 이사회 소집을 거절한 경우, 이사가 정관의 규정 또는 민법에 기초하여 이사회를 소집할 수 있는지 여부(적극)]
> 민법 제58조 제1항은 민법상 법인의 사무집행은 이사가 하도록 규정하고 있고, 같은 조 제2항은 이사가 수인인 경우에는 이사의 과반수로써 결정하되 정관에 다른 규정이 있으면 이에 따르도록 규정하고 있다. 그러므로 이사가 수인인 민법상 법인의 정관에 대표권 있는 이사만 이사회를 소집할 수 있다고 규정하고 있다고 하더라도 이는 과반수의 이사가 본래 할 수 있는 이사회 소집에 관한 행위를 대표권 있는 이사로 하여금 하게 한 것에 불과하다. 따라서 정관에 다른 이사가 요건을 갖추어 이사회 소집을 요구하면 대표권 있는 이사가 이에 응하도록 규정하고 있는데도 대표권 있는 이사가 다른 이사의 정당한 이사회 소집을 거절하였다면, 대표권 있는 이사만 이사회를 소집할 수 있는 규정은 적용될 수 없다. 이 경우 이사는 정관의 이사회 소집권한에 관한 규정 또는 민법에 기초하여 법인의 사무를 집행할 권한에 의하여 이사회를 소집할 수 있다(대결 2017.12.1. 2017그661).

4. 이사의 주의의무와 임무해태에 대한 연대책임

> **민법 제61조(이사의 주의의무)**
> 이사는 선량한 관리자의 주의로 그 직무를 행하여야 한다.
>
> **민법 제65조(이사의 임무해태)**
> 이사가 그 임무를 해태한 때에는 그 이사는 법인에 대하여 연대하여 손해배상의 책임이 있다.

Ⅲ 이사의 임의대리인

> **민법 제62조(이사의 대리인 선임)** 기출 24·21·19·13
> 이사는 정관 또는 총회의 결의로 금지하지 아니한 사항에 한하여 타인으로 하여금 특정한 행위를 대리하게 할 수 있다.

① 정관이나 총회로 금지하지 않은 사항에 대해 선임이 가능하다.
② 포괄적 대리권의 부여는 허용되지 않으며, 구체적 범위를 정하여 대리인 선임이 가능하다(대판 1989.5.9. 87다카2407). 기출 22·20
③ 임의대리인의 불법행위에 대해서는 민법 제35조 제1항의 법인의 불법행위책임이 아니라 사용자책임(민법 제756조)이 적용된다(통설).

Ⅳ 이사회

이사회란 법인의 사무집행을 결정하기 위하여 이사 전원으로 구성된 의결기관으로, 민법상 법인에서는 필요기관이 아니다. 반면에 상법상 주식회사 이사회는 원칙적으로 상설의 필수기관이다(상법 제390조 이하).

Ⅴ 직무대행자

> **민법 제52조의2(직무집행정지 등 가처분의 등기)**
> 이사의 직무집행을 정지하거나 직무대행자를 선임하는 가처분을 하거나 그 가처분을 변경·취소하는 경우에는 주사무소가 있는 곳의 등기소에서 이를 등기하여야 한다.
>
> **민법 제60조의2(직무대행자의 권한)**
> ① 제52조의2의 직무대행자는 가처분명령에 다른 정함이 있는 경우 외에는 법인의 통상사무에 속하지 아니한 행위를 하지 못한다. 다만, 법원의 허가를 얻은 경우에는 그러하지 아니하다. 기출 14
> ② 직무대행자가 제1항의 규정에 위반한 행위를 한 경우에도 법인은 선의의 제3자에 대하여 책임을 진다. 기출 18

① 직무대행자는 이사의 선임행위에 흠이 있음을 이유로 이해관계인의 신청에 의하여 법원이 가처분으로써 선임하는 임시적, 잠정적 기관이다(민법 제52조의2).
② 직무대행자는 가처분명령에 다른 정함이 없는 한 법인의 「통상사무」에 속하는 행위만을 할 수 있다. 직무대행자가 이를 위반한 경우 법인은 선의의 제3자에 대하여 책임을 진다(민법 제60조의2). 다만, 법원의 허가를 얻은 경우에는 「통사상무에 속하지 아니한 행위」를 할 수 있다. 기출 18·14

Ⅵ 임시이사 · 특별대리인

> **민법 제63조(임시이사의 선임)** 기출 24 · 21 · 16 · 15
> 이사가 없거나 결원이 있는 경우에 이로 인하여 손해가 생길 염려가 있는 때에는 법원은 이해관계인이나 검사의 청구에 의하여 임시이사를 선임하여야 한다.
>
> **민법 제64조(특별대리인의 선임)** 기출 24 · 21 · 18 · 13
> 법인과 이사의 이익이 상반하는 사항에 관하여는 이사는 대표권이 없다. 이 경우에는 전조의 규정에 의하여 특별대리인을 선임하여야 한다.

1. 임시이사

이사가 없거나 결원이 있는 경우에 이로 인하여 손해가 생길 염려가 있는 때에는 법원은 이해관계인이나 검사의 청구에 의하여 임시이사를 선임하여야 한다(민법 제63조). 여기서 '이해관계인'이란 임시이사가 선임되는 것에 관하여 법률상의 이해관계가 있는 자로서 그 법인의 다른 이사, 사원 및 채권자 등을 포함한다(대결 2009.11.19. 2008마699[전합]).

> 민법 제63조에서 임시이사 선임의 요건으로 정하고 있는 '이사가 없거나 결원이 있는 경우'란 이사가 전혀 없거나 정관에서 정한 인원수에 부족이 있는 경우를 말하고, '이로 인하여 손해가 생길 염려가 있는 때'란 통상의 이사선임절차에 따라 이사가 선임되기를 기다릴 때에 법인이나 제3자에게 손해가 생길 우려가 있는 것을 의미한다(대결 2009.11.19. 2008마699[전합]). 기출 19

2. 특별대리인

법인과 이사의 이익이 상반하는 사항에 관하여는 이사는 대표권이 없다. 이 경우 법원은 이해관계인이나 검사의 청구에 의하여 특별대리인을 선임하여야 한다(민법 제64조).

Ⅶ 감사

> **민법 제66조(감사)** 기출 18 · 16 · 15 · 14
> 법인은 정관 또는 총회의 결의로 감사를 둘 수 있다.
>
> **민법 제67조(감사의 직무)** 기출 24
> 감사의 직무는 다음과 같다.
>   1. 법인의 재산상황을 감사하는 일
>   2. 이사의 업무집행의 상황을 감사하는 일
>   3. 재산상황 또는 업무집행에 관하여 부정, 불비한 것이 있음을 발견한 때에는 이를 총회 또는 주무관청에 보고하는 일
>   4. 전호의 보고를 하기 위하여 필요있는 때에는 총회를 소집하는 일

① 법인은 정관 또는 총회의 결의로 1인 또는 수인의 감사를 둘 수 있다(민법 제66조). 즉, 감사는 사단법인이든 재단법인이든 임의기관이며, 그 선임방법 등은 정관 또는 총회의 결의로 정해진다.
② 감사는 법인의 대표기관이 아니므로, 법인은 감사의 행위로 인하여 민법 제35조의 불법행위책임을 부담하지 않는다.
③ 감사는 법인의 재산상황 또는 업무집행에 관하여 부정·불비한 것이 있음을 발견한 경우, 이를 총회에 보고하기 위하여 필요한 때에는 임시총회를 소집할 권한이 있다(민법 제67조 제3호·제4호). 기출 24

VIII 사원총회

민법 제68조(총회의 권한)
사단법인의 사무는 정관으로 이사 또는 기타 임원에게 위임한 사항 외에는 총회의 결의에 의하여야 한다.

민법 제69조(통상총회) 기출 18
사단법인의 이사는 매년 1회 이상 통상총회를 소집하여야 한다.

민법 제70조(임시총회)
① 사단법인의 이사는 필요하다고 인정한 때에는 임시총회를 소집할 수 있다.
② 총사원의 5분의 1 이상으로부터 회의의 목적사항을 제시하여 청구한 때에는 이사는 임시총회를 소집하여야 한다. 이 정수는 정관으로 증감할 수 있다.
③ 전항의 청구 있는 후 2주간 내에 이사가 총회소집의 절차를 밟지 아니한 때에는 청구한 사원은 법원의 허가를 얻어 이를 소집할 수 있다.

민법 제71조(총회의 소집)
총회의 소집은 1주간 전에 그 회의의 목적사항을 기재한 통지를 발하고 기타 정관에 정한 방법에 의하여야 한다.

민법 제72조(총회의 결의사항) 기출 18·15
총회는 전조의 규정에 의하여 통지한 사항에 관하여서만 결의할 수 있다. 그러나 정관에 다른 규정이 있는 때에는 그 규정에 의한다.

민법 제73조(사원의 결의권)
① 각 사원의 결의권은 평등으로 한다.
② 사원은 서면이나 대리인으로 결의권을 행사할 수 있다.
③ 전2항의 규정은 정관에 다른 규정이 있는 때에는 적용하지 아니한다.

민법 제74조(사원이 결의권 없는 경우)
사단법인과 어느 사원과의 관계사항을 의결하는 경우에는 그 사원은 결의권이 없다.

민법 제75조(총회의 결의방법) 기출 19
① 총회의 결의는 본법 또는 정관에 다른 규정이 없으면 사원 과반수의 출석과 출석사원의 결의권의 과반수로써 한다.
② 제73조 제2항의 경우에는 당해사원은 출석한 것으로 한다.

> **민법 제76조(총회의 의사록)**
> ① 총회의 의사에 관하여는 의사록을 작성하여야 한다.
> ② 의사록에는 의사의 경과, 요령 및 결과를 기재하고 의장 및 출석한 이사가 기명날인하여야 한다.
> ③ 이사는 의사록을 주된 사무소에 비치하여야 한다.

1. 의 의
사원총회는 사단 내부에서의 최고의결기관으로, 정관에 의하더라도 두지 않거나 폐지할 수 없는 필요기관이다. 또한 사원 총원으로 구성되는 회의체이다.

2. 사원총회의 종류 및 소집절차

(1) 종 류
사원총회는 적어도 1년에 1회 이상 정관에 정한 시기에 소집되는 통상총회(민법 제69조)와 특별한 필요에 따라 임시로 소집되는 임시총회(민법 제70조)의 두 가지가 있다.

(2) 소집절차
① 사원총회를 소집하기 위하여 이사나 소수사원 등 적법한 소집권자가 1주일 전에 그 회의의 목적사항을 기재한 통지를 발하고, 기타 정관에 정한 방법에 의해야 한다(민법 제71조).
② 1주간의 기간은 정관으로 단축할 수 없지만, 연장하는 것은 가능하다.
③ 정관에 다른 규정이 없다면 총회는 통지한 사항에 관해서만 결의할 수 있다(민법 제72조). 기출 18·15
④ 소집절차가 법률이나 정관에 위반하여 하자가 있는 경우에, 사원총회의 결의는 무효이다.

> 소집권한 없는 자에 의한 총회소집이라고 하더라도 소집권자가 소집에 동의하여 그로 하여금 소집하게 한 것이라면 그와 같은 총회소집을 권한 없는 자의 소집이라고 볼 수 없으나 단지 소집권한 없는 자에 의한 총회에 소집권자가 참석하여 총회소집이나 대표자선임에 관하여 이의를 하지 아니하였다고 하여 이것만 가지고 총회가 소집권자의 동의에 의하여 소집된 것이라거나 그 총회의 소집절차상의 하자가 치유되어 적법하게 된다고는 할 수 없다(대판 1994.1.11. 92다40402).

⑤ 임시총회는 사단법인의 이사가 필요하다고 인정한 때, 또는 총사원의 5분의 1 이상으로부터 회의의 목적사항을 제시하여 청구한 때에 사단법인의 이사가 소집하여야 한다(민법 제70조).
⑥ 임시총회소집의 청구 있은 후 2주간 내에 이사가 총회소집의 절차를 밟지 아니한 때에는 청구한 사원은 법원의 허가를 얻어 이를 소집할 수 있다(민법 제70조 제3항).

3. 사원총회의 권한
① 정관으로 이사나 기타 임원에게 위임한 사항을 제외한 법인사무 전부에 대한 의결권은 총회에게 있다(민법 제68조).
② 정관변경(민법 제42조)과 임의해산(민법 제77조 제2항, 제78조)은 총회의 전권사항으로서 정관에 의해서도 박탈할 수 없다. 단, 정관으로 정족수를 달리 정할 수는 있다.

③ 총회의 결의로 소수사원권과 사원의 의결권과 같은 사원의 고유권을 박탈할 수는 없다.
④ 민법이나 정관에 달리 정함이 없으면, 결의의 성립에 필요한 의결정족수는 사원과반수의 출석과 출석사원 결의권의 과반수이다(민법 제75조). 기출 19

4. 의결권

① 의결권은 출자액에 비례하는 것이 아니라 각 사원에게 평등한 것이 원칙이다(민법 제73조 제1항).
② 다만, 의결권 평등의 원칙은 사원의 고유권을 박탈하지 않는 범위 내에서 정관으로 변경이 가능하다(민법 제73조 제3항).
③ 서면결의, 대리인을 통한 결의도 가능하다(민법 제73조 제2항).
④ 사단법인과 어느 사원과의 관계사항을 의결하는 경우에는 그 사원은 의결권이 없다(민법 제74조).

> 민법 제74조는 사단법인과 어느 사원과의 관계사항을 의결하는 경우 그 사원은 의결권이 없다고 규정하고 있으므로, 민법 제74조의 유추해석상 민법상 법인의 이사회에서 법인과 어느 이사와의 관계사항을 의결하는 경우에는 그 이사는 의결권이 없다. 기출 20 이때 의결권이 없다는 의미는 상법 제368조 제4항, 제371조 제2항의 유추해석상 이해관계 있는 이사는 이사회에서 의결권을 행사할 수는 없으나 의사정족수 산정의 기초가 되는 이사의 수에는 포함되고, 다만 결의 성립에 필요한 출석이사에는 산입되지 아니한다고 풀이함이 상당하다
> (대판 2009.4.9. 2008다1521).

5. 사원권

① 의의 : 사단법인의 사원이 사원이라는 자격 내지 지위에 기하여 사단법인에 대하여 가지는 권리·의무를 포괄하여 사원권이라 한다.
② 사원자격의 득실에 관한 규정은 정관의 필요적 기재사항이므로 사원권은 정관의 규정에 따라 취득한다(민법 제40조 제6호 참조).
③ 사단법인의 사원의 지위는 양도 또는 상속할 수 없다고 규정한 민법 제56조의 규정은 강행규정은 아니라고 할 것이므로, 정관에 의하여 이를 인정하고 있을 때에는 양도·상속이 허용된다(대판 1992.4.14. 91다26850). 기출 22·20·15·14·13 이는 비법인사단에서도 동일하다(대판 1997.9.26. 95다6205).
④ 사원의 지위는 사원의 사망·탈퇴, 총회의 결의, 정관에 정하는 사유에 의하여 소멸한다.

제6관 | 법인의 소멸

I 서 설

법인의 소멸이란 법인이 권리능력을 상실하는 것을 말하며, 법인의 소멸은 「해산」과 「청산」의 2단계를 거치게 된다. 특히 민법상의 청산절차에 관한 규정은 모두 제3자의 이해관계에 중대한 영향을 미치기 때문에 이른바 강행규정이라고 해석되므로 이에 반하는 잔여재산의 처분행위는 특단의 사정이 없는 한 무효라고 보아야 한다
(대판 1995.2.10. 94다13473). 기출 22·20·15

II 법인의 해산

> **민법 제38조(법인의 설립허가의 취소)** 기출 15
> 법인이 목적 이외의 사업을 하거나 설립허가의 조건에 위반하거나 기타 공익을 해하는 행위를 한 때에는 주무관청은 그 허가를 취소할 수 있다.
>
> **민법 제77조(해산사유)**
> ① 법인은 존립기간의 만료, 법인의 목적의 달성 또는 달성의 불능 기타 정관에 정한 해산사유의 발생, 파산 또는 설립허가의 취소로 해산한다.
> ② 사단법인은 사원이 없게 되거나 총회의 결의로도 해산한다. 기출 25·19
>
> **민법 제78조(사단법인의 해산결의)** 기출 22·14
> 사단법인은 총사원 4분의 3 이상의 동의가 없으면 해산을 결의하지 못한다. 그러나 정관에 다른 규정이 있는 때에는 그 규정에 의한다.
>
> **민법 제79조(파산신청)** 기출 19
> 법인이 채무를 완제하지 못하게 된 때에는 이사는 지체 없이 파산신청을 하여야 한다.

1. 개 념
해산이란 법인이 본래의 목적달성을 위한 적극적인 활동을 멈추고 청산단계로 들어가는 것을 말한다.

2. 해산사유

(1) 사단법인과 재단법인에 공통된 해산사유 존·목·파·설·기

법인은 존립기간의 만료, 법인의 목적의 달성 또는 달성의 불능, 기타 정관에 정한 해산사유의 발생, 파산 또는 설립허가의 취소로 해산한다(민법 제77조 제1항).

(2) 사단법인 특유의 해산사유

① 사단법인은 사원이 없게 되거나 총회의 결의로도 해산한다(민법 제77조 제2항).

> 법인 아닌 사단에 대하여는 사단법인에 관한 민법규정 가운데서 법인격을 전제로 하는 것을 제외하고는 이를 유추적용하여야 할 것인바, 사단법인에 있어서는 사원이 없게 된다고 하더라도 이는 해산사유가 될 뿐 막바로 권리능력이 소멸하는 것이 아니므로 법인 아닌 사단에 있어서도 구성원이 없게 되었다 하여 막바로 그 사단이 소멸하여 소송상의 당사자능력을 상실하였다고 할 수는 없고 청산사무가 완료되어야 비로소 그 당사자능력이 소멸하는 것이다(대판 1992.10.9. 92다23087).

② 사단법인은 총사원의 4분의 3 이상의 동의가 없으면 해산을 결의하지 못한다. 그러나 정관에 다른 규정이 있는 때에는 그 규정에 의한다(민법 제78조).

Ⅲ 법인의 청산

1. 개념

청산이란 해산한 법인의 잔존사무를 처리하고 재산을 정리하여 권리능력을 완전히 소멸시키는 절차를 말한다. 청산절차에 관한 규정은 제3자의 이해관계에 중대한 영향을 미치기 때문에 강행규정에 해당한다(대판 1995.2.10. 94다13473).

> 민법상의 청산절차에 관한 규정은 모두 제3자의 이해관계에 중대한 영향을 미치기 때문에 이른바 <u>강행규정</u>이라고 해석되므로 이에 반하는 잔여재산의 처분행위는 특단의 사정이 없는 한 무효라고 보아야 한다(대판 1995.2.10. 94다13473). 기출 25 · 15

2. 청산법인의 능력

> **민법 제81조(청산법인)** 기출 22
> 해산한 법인은 청산의 목적범위 내에서만 권리가 있고 의무를 부담한다.

① 청산법인은 해산 전의 법인과 동일성을 가지지만, 청산의 목적범위 내에서만 권리를 가지고 의무를 부담한다(민법 제81조). <u>이 범위를 초과하는 행위는 무효이다</u>(대판 1980.4.8. 79다2036). '청산의 목적범위 내'란 청산목적과 직접 관련된 것에 한정할 것은 아니고, 청산의 목적달성을 위한 행위라면 이에 포함된다.
② 법인에 대한 청산종결등기가 경료되었다고 하더라도 청산사무가 종결되지 않는 한 그 범위 내에서는 청산법인으로서 존속한다고 볼 것이다(대판 2003.2.11. 99다66427 · 73371). 기출 25 · 24 · 19

3. 청산법인의 기관

(1) 청산인

1) 지위

> **민법 제96조(준용규정)**
> 제58조 제2항, 제59조 내지 제62조, 제64조, 제65조 및 제70조의 규정은 청산인에 이를 준용한다.

법인이 해산하면 이사에 갈음하여 청산인이 청산법인의 집행기관이 된다. <u>청산인은 청산법인의 능력의 범위 내에서 내부의 사무를 집행하고, 외부에 대하여 청산법인을 대표한다</u>(민법 제87조 제2항). 기출 19 따라서 이사의 사무집행방법(민법 제58조 제2항), 이사의 대표권(민법 제59조), 이사의 대표권에 대한 제한의 대항요건(민법 제60조), 이사의 주의의무(민법 제61조), 이사의 대리인 선임(민법 제62조), 특별대리인의 선임(민법 제64조), 이사의 임무해태(민법 제65조), 임시총회의 소집(민법 제70조)의 규정은 모두 청산인에게 준용된다(민법 제96조).

2) 선 임

> **민법 제82조(청산인)**
> 법인이 해산한 때에는 파산의 경우를 제하고는 이사가 청산인이 된다. 그러나 정관 또는 총회의 결의로 달리 정한 바가 있으면 그에 의한다. 기출 25 · 13

> **민법 제83조(법원에 의한 청산인의 선임)**
> 전조의 규정에 의하여 청산인이 될 자가 없거나 청산인의 결원으로 인하여 손해가 생길 염려가 있는 때에는 법원은 직권 또는 이해관계인이나 검사의 청구에 의하여 청산인을 선임할 수 있다.

3) 해 임

> **민법 제84조(법원에 의한 청산인의 해임)**
> 중요한 사유가 있는 때에는 법원은 직권 또는 이해관계인이나 검사의 청구에 의하여 청산인을 해임할 수 있다.

(2) 기타의 기관

청산법인은 해산 전의 법인과 동일성이 유지되므로, 사원총회, 감사 등의 기관은 그대로 계속하여 청산법인의 기관에 해당한다.

4. 청산사무(청산인의 직무권한)

(1) **해산의 등기와 신고**(민법 제85조 제1항, 제86조 제1항)
(2) **현존사무의 종결**(민법 제87조 제1항 제1호)
(3) **채권의 추심**(민법 제87조 제1항 제2호)
(4) **채무의 변제**(민법 제87조 제1항 제2호)

> **민법 제90조(채권신고기간 내의 변제금지)** 기출 22
> 청산인은 제88조 제1항의 채권신고기간 내에는 채권자에 대하여 변제하지 못한다. 그러나 법인은 채권자에 대한 지연손해배상의 의무를 면하지 못한다.

> **민법 제91조(채권변제의 특례)**
> ① 청산 중의 법인은 변제기에 이르지 아니한 채권에 대하여도 변제할 수 있다. 기출 22 · 15
> ② 전항의 경우에는 조건 있는 채권, 존속기간의 불확정한 채권 기타 가액의 불확정한 채권에 관하여는 법원이 선임한 감정인의 평가에 의하여 변제하여야 한다.

> **민법 제92조(청산으로부터 제외된 채권)**
> 청산으로부터 제외된 채권자는 법인의 채무를 완제한 후 귀속권리자에게 인도하지 아니한 재산에 대하여서만 변제를 청구할 수 있다.

1) 채권신고의 최고

> **민법 제88조(채권신고의 공고)**
> ① 청산인은 취임한 날로부터 2월 내에 3회 이상의 공고로 채권자에 대하여 일정한 기간 내에 그 채권을 신고할 것을 최고하여야 한다. 그 기간은 2월 이상이어야 한다.
> ② 전항의 공고에는 채권자가 기간 내에 신고하지 아니하면 청산으로부터 제외될 것을 표시하여야 한다.
> ③ 제1항의 공고는 법원의 등기사항의 공고와 동일한 방법으로 하여야 한다.
>
> **민법 제89조(채권신고의 최고)**
> 청산인은 알고 있는 채권자에게 대하여는 각각 그 채권신고를 최고하여야 한다. 알고 있는 채권자는 청산으로부터 제외하지 못한다. 기출 25

① 채권자들에게 일정한 기간 내에 채권을 신고할 것을 공시최고하여야 한다(민법 제88조 제1항).
② 신고하지 않으면 청산에서 제외됨도 표시해야 한다(민법 제88조 제2항).
③ 청산인이 알고 있는 채권자에게는 개별적으로 최고해야 한다(민법 제89조 전문).

2) 변 제
① 채권신고기간 내에는 변제할 수 없다(민법 제90조 본문).
② 청산인이 알고 있는 채권자에게는 그의 신고가 없더라도 변제해야 한다(민법 제89조 후문).
③ 기한미도래의 채권, 조건부 채권, 불확정 채권도 변제해야 한다(민법 제91조).

(5) 잔여재산의 인도(민법 제87조 제1항 제3호)

> **민법 제80조(잔여재산의 귀속)**
> ① 해산한 법인의 재산은 정관으로 지정한 자에게 귀속한다.
> ② 정관으로 귀속권리자를 지정하지 아니하거나 이를 지정하는 방법을 정하지 아니한 때에는 이사 또는 청산인은 주무관청의 허가를 얻어 그 법인의 목적에 유사한 목적을 위하여 그 재산을 처분할 수 있다. 그러나 사단법인에 있어서는 총회의 결의가 있어야 한다.
> ③ 전2항의 규정에 의하여 처분되지 아니한 재산은 국고에 귀속한다.

(6) 파산신청

> **민법 제93조(청산 중의 파산)**
> ① 청산 중 법인의 재산이 그 채무를 완제하기에 부족한 것이 분명하게 된 때에는 청산인은 지체 없이 파산선고를 신청하고 이를 공고하여야 한다.
> ② 청산인은 파산관재인에게 그 사무를 인계함으로써 그 임무가 종료한다.
> ③ 제88조 제3항의 규정은 제1항의 공고에 준용한다.

(7) 청산종결의 등기와 신고

> **민법 제94조(청산종결의 등기와 신고)** 기출 15
> 청산이 종결한 때에는 청산인은 3주간 내에 이를 등기하고 주무관청에 신고하여야 한다.

법인에 대한 청산종결등기가 경료되었다고 하더라도 청산사무가 종결되지 않는 한 그 범위 내에서는 청산법인으로서 존속한다고 볼 것이다(대판 2003.2.11. 99다66427·73371). 기출 15

제7관 | 기타 법인에 관한 규정

I 정관변경

> **민법 제42조(사단법인의 정관의 변경)**
> ① 사단법인의 정관은 총사원 3분의 2 이상의 동의가 있는 때에 한하여 이를 변경할 수 있다. 그러나 정수에 관하여 정관에 다른 규정이 있는 때에는 그 규정에 의한다. 기출 19·16
> ② 정관의 변경은 주무관청의 허가를 얻지 아니하면 그 효력이 없다. 기출 25·19·16
>
> **민법 제45조(재단법인의 정관변경)**
> ① 재단법인의 정관은 그 변경방법을 정관에 정한 때에 한하여 변경할 수 있다. 기출 25
> ② 재단법인의 목적달성 또는 그 재산의 보전을 위하여 적당한 때에는 전항의 규정에 불구하고 명칭 또는 사무소의 소재지를 변경할 수 있다.
> ③ 제42조 제2항의 규정은 전2항의 경우에 준용한다.
>
> **민법 제46조(재단법인의 목적 기타의 변경)** 기출 24·16
> 재단법인의 목적을 달성할 수 없는 때에는 설립자나 이사는 주무관청의 허가를 얻어 설립의 취지를 참작하여 그 목적 기타 정관의 규정을 변경할 수 있다.

1. 의 의

① 정관의 변경이란 법인이 동일성을 유지하면서 그 조직을 변경하는 것을 말한다. 정관변경은 사단법인이든 재단법인이든 주무관청의 허가가 효력요건이다(민법 제42조 제2항, 제45조 제3항).

> 민법상 재단법인의 기본재산에 관한 저당권 설정행위는 특별한 사정이 없는 한 정관의 기재사항을 변경하여야 하는 경우에 해당하지 않으므로, 그에 관하여는 주무관청의 허가를 얻을 필요가 없다(대결 2018.7.20. 2017마1565).
> 기출 19

② 주무관청의 정관변경허가의 법적 성질은 그 표현이 허가로 되어 있으나 법률행위의 효력을 보충하여 주는 것이지 일반적 금지를 해제하는 것은 아니므로, 「인가」라고 보아야 한다(대판 1996.5.16. 95누4810[전합]).

2. 사단법인

① 정관변경은 원칙적으로 허용된다.
② 사원총회의 전권사항이다(총사원 2/3 이상의 동의, 정관으로 정족수 변경 가능). 따라서 사원총회의 결의 없이 이루어진 정관변경은 무효이다(대판 2000.10.27. 2000다22881).

③ 주무관청의 허가가 효력요건이고(민법 제42조 제2항), 변경내용이 등기사항이면 등기가 대항요건이다(민법 제49조 제2항, 제54조 참조).
④ 정관에서 그 정관을 변경할 수 없다고 규정하고 있더라도 총사원의 동의가 있으면 정관을 변경할 수 있다(통설). 다만, 동일성을 해치거나 사단법인의 본질에 반하는 정관변경은 허용되지 않는다(대판 1978.9.26. 78다1435).

3. 재단법인
① 재단법인의 정관은 그 변경방법을 정관에 정한 때에 한하여 변경할 수 있다(민법 제45조 제1항). 기출 25
② 그러나 재단법인의 목적달성 또는 재산보전을 위하여 적당한 경우에 명칭이나 사무소의 소재지를 변경할 수 있고(민법 제45조 제2항), 재단법인이 목적을 달성할 수 없으면 설립자나 이사가 설립의 취지를 참작하여 목적 기타 정관의 규정을 변경할 수 있다(민법 제46조). 어느 경우에나 주무관청의「허가」를 받아야 하고, 등기사항이라면 등기하여야 제3자에게 대항할 수 있다(민법 제54조 제1항).

Ⅱ 법인의 감독

1. 주무관청의 감독사항

> **민법 제37조(법인의 사무의 검사, 감독)**
> 법인의 사무는 주무관청이 검사, 감독한다.

(1) 의 의
법인설립 시 주무관청의 허가를 얻어야 하므로(민법 제32조) 법인설립 후에도 법인의 사무는 주무관청이 검사·감독한다(민법 제37조).

(2) 검사·감독의 내용
① 비영리법인의 설립허가(민법 제32조)
② 정관변경에 대한 허가(민법 제42조 제2항, 제45조 제3항, 제46조)
③ 법인의 설립허가의 취소(민법 제38조)
④ 법인의 해산신고, 청산종결신고는 주무관청에 한다(민법 제86조, 제94조).

2. 법원의 감독사항

> **민법 제95조(해산, 청산의 검사, 감독)** 기출 19·14
> 법인의 해산 및 청산은 법원이 검사, 감독한다.

해산, 청산은 법인의 목적과는 관계가 없을 뿐만 아니라 제3자의 이해관계와 밀접한 재산의 정리에 관한 것이므로 법원이 감독한다.

제 3 장 권리의 주체

> 확인학습문제

제1절 서 설

제2절 자연인

01 제한능력자에 관한 설명으로 옳지 않은 것은? 21 행정사 제9회

① 권리만을 얻는 법률행위는 미성년자가 단독으로 할 수 있다.
② 미성년자가 법정대리인으로부터 허락을 얻은 특정한 영업에 관하여는 성년자와 동일한 행위능력이 있다.
③ 법정대리인이 미성년자에게 한 특정한 영업의 허락을 취소하는 경우 그 취소로 선의의 제3자에게 대항할 수 있다.
④ 제한능력자의 상대방은 계약 당시 제한능력자임을 알았을 경우에는 그 의사표시를 철회할 수 없다.
⑤ 상대방이 거절의 의사표시를 할 수 있는 경우 제한능력자를 상대로 그 의사표시를 할 수 있다.

해설

[❶ ▶ ○] 미성년자가 법률행위를 함에는 법정대리인의 동의를 얻어야 한다. 그러나 권리만을 얻거나 의무만을 면하는 행위는 그러하지 아니하다(민법 제5조 제1항). 따라서 권리만을 얻는 법률행위는 법정대리인의 동의 없이도 미성년자가 단독으로 할 수 있다.
[❷ ▶ ○] [❸ ▶ ✕] 민법 제8조 참조

> **민법 제8조(영업의 허락)** ① 미성년자가 법정대리인으로부터 허락을 얻은 특정한 영업에 관하여는 성년자와 동일한 행위능력이 있다.❷
> ② 법정대리인은 전항의 허락을 취소 또는 제한할 수 있다. 그러나 선의의 제3자에게 대항하지 못한다.❸

[❹ ▶ ○] [❺ ▶ ○] 민법 제16조 참조

> **민법 제16조(제한능력자의 상대방의 철회권과 거절권)** ① 제한능력자가 맺은 계약은 추인이 있을 때까지 상대방이 그 의사표시를 철회할 수 있다. 다만, 상대방이 계약 당시에 제한능력자임을 알았을 경우에는 그러하지 아니하다.❹
> ③ 제1항의 철회나 제2항의 거절의 의사표시는 제한능력자에게도 할 수 있다.❺

답 ❸

02 부부 사이인 甲과 그의 아이 丙을 임신한 乙은 A의 과실로 교통사고를 당했다. 이에 관한 설명으로 옳은 것을 모두 고른 것은?(다툼이 있으면 판례에 따름) 20 행정사 제8회

> ㄱ. 이 사고로 丙이 출생 전 乙과 함께 사망하였더라도 丙은 A에 대하여 불법행위로 인한 손해배상청구권을 가진다.
> ㄴ. 사고 후 살아서 출생한 丙은 A에 대하여 甲의 부상으로 입게 될 자신의 정신적 고통에 대한 위자료를 청구할 수 있다.
> ㄷ. 甲이 사고로 사망한 후 살아서 출생한 丙은 甲의 A에 대한 불법행위로 인한 손해배상청구권을 상속받지 못한다.

① ㄱ
② ㄴ
③ ㄷ
④ ㄱ, ㄴ
⑤ ㄴ, ㄷ

해설

[ㄱ ▶ ✕] 태아도 손해배상청구권에 관하여는 이미 출생한 것으로 보지만(민법 제762조), 이는 태아가 살아서 출생한 때에 출생시기가 문제의 사건(예 교통사고)의 시기까지 소급하여 그때에 태아가 출생한 것과 같이 법률상 보아 준다고 해석하여야 하므로, 태아가 모체와 같이 사망하여 출생의 기회를 가지지 못한 이상, 불법행위로 인한 손해배상청구권을 논할 여지가 없다(대판 1976.9.14. 76다1365). 따라서 丙이 출생 전 乙과 함께 사망한 이상, 丙의 A에 대한 불법행위로 인한 손해배상청구권은 인정될 여지가 없다.

[ㄴ ▶ ○] 태아는 손해배상청구권에 관하여는 이미 출생한 것으로 본다(민법 제762조). 태아 丙이 살아서 출생한 이상, 丙은 甲의 부상으로 입게 될 '자신의 정신적 고통'에 대한 손해배상(위자료)을 A에게 청구할 수 있다.

> 태아도 손해배상청구권에 관하여는 이미 출생한 것으로 보는바, 부(父)가 교통사고로 상해를 입을 당시 태아가 출생하지 아니하였다고 하더라도 그 뒤에 출생한 이상 부(父)의 부상으로 인하여 입게 될 정신적 고통에 대한 위자료를 청구할 수 있다(대판 1993.4.27. 93다4663).

[ㄷ ▶ ✕] 甲이 교통사고로 인하여 사망하는 경우, 피해자 甲이 즉사한 경우라 하여도 甲이 치명상을 받은 때와 사망 사이에는 이론상 시간적 간격이 인정될 수 있는 것이므로 甲의 A에 대한 위자료청구권은 당연히 상속이 된다(대판 1969.4.15. 69다268). 사망으로 인한 적극적 손해와 일실수입(소극적 손해)에 대하여도 甲은 A에 대하여 손해배상청구권을 일단 취득하고, 그 손해배상청구권은 甲의 사망으로 상속인(배우자 乙과 자녀 丙)에게 상속된다. 교통사고 당시 丙은 태아였지만 태아는 상속순위에 관하여는 이미 출생한 것으로 보게 되므로(민법 제1000조 제3항), 태아 丙이 살아서 출생한 이상, 丙은 甲의 A에 대한 불법행위로 인한 손해배상청구권을 상속받는다.

답

03 후견에 관한 설명으로 옳지 않은 것은?

① 가정법원은 성년후견개시의 심판을 할 때 본인의 의사를 고려하여야 한다.
② 가정법원이 피성년후견인에 대하여 한정후견개시의 심판을 할 때에는 종전의 성년후견의 종료 심판을 하여야 한다.
③ 피성년후견인의 법률행위는 원칙적으로 취소할 수 있지만, 가정법원은 취소할 수 없는 법률행위의 범위를 정할 수 있다.
④ 가정법원은 피한정후견인이 한정후견인의 동의를 받아야 하는 행위의 범위를 정할 수 있다.
⑤ 가정법원은 정신적 제약으로 특정한 사무에 관하여 후원이 필요한 자에 대하여는 본인의 의사에 반하더라도 특정후견의 심판을 할 수 있다.

해설

[❶ ▶ ○] 가정법원은 성년후견개시의 심판을 할 때 본인의 의사를 고려하여야 한다(민법 제9조 제2항).
[❷ ▶ ○] 가정법원이 피성년후견인에 대하여 한정후견개시의 심판을 할 때에는 종전의 성년후견의 종료 심판을 한다(민법 제14조의3 제2항).
[❸ ▶ ○] 피성년후견인의 법률행위는 취소할 수 있으나, 가정법원은 취소할 수 없는 피성년후견인의 법률행위의 범위를 정할 수 있다(민법 제10조 제1항, 제2항). 그리고 일용품의 구입 등 일상생활에 필요하고 그 대가가 과도하지 아니한 법률행위는 성년후견인이 취소할 수 없다(민법 제10조 제4항).
[❹ ▶ ○] 피한정후견은 원칙적으로 행위능력을 가진다. 다만, 가정법원은 피한정후견인이 한정후견인의 동의를 받아야 하는 행위의 범위를 정할 수 있다(민법 제13조 제1항). 한정후견인의 동의가 필요한 법률행위를 피한정후견인이 동의 없이 한 경우, 그 법률행위는 취소할 수 있다. 다만, 일용품의 구입 등 일상생활에 필요하고 그 대가가 과도하지 않은 법률행위는 취소할 수 없다(민법 제13조 제4항).
[❺ ▶ ×] 민법 제14조의2 제1항, 제2항 참조

> **민법 제14조의2(특정후견의 심판)** ① 가정법원은 질병, 장애, 노령, 그 밖의 사유로 인한 정신적 제약으로 일시적 후원 또는 특정한 사무에 관한 후원이 필요한 사람에 대하여 본인, 배우자, 4촌 이내의 친족, 미성년후견인, 미성년후견감독인, 검사 또는 지방자치단체의 장의 청구에 의하여 특정후견의 심판을 한다.
> ② 특정후견은 본인의 의사에 반하여 할 수 없다.

답 ❺

04 피성년후견인과 피한정후견인에 관한 설명으로 옳지 않은 것은?

① 가정법원은 성년후견개시의 심판을 할 때 본인의 의사를 고려하여야 한다.
② 성년후견개시의 심판은 일정한 사유로 인한 정신적 제약으로 사무처리능력이 일시적으로 부족한 사람에게 허용된다.
③ 가정법원은 피한정후견인이 한정후견인의 동의를 받아야 하는 행위의 범위를 정할 수 있다.
④ 일상생활에 필요하고 그 대가가 과도하지 아니한 피성년후견인의 법률행위는 성년후견인이 취소할 수 없다.
⑤ 가정법원이 피성년후견인에 대하여 한정후견개시의 심판을 할 때에는 종전의 성년후견의 종료 심판을 한다.

해설

[❶ ▶ O] 가정법원은 성년후견개시의 심판을 할 때 본인의 의사를 고려하여야 한다(민법 제9조 제2항).

[❷ ▶ ×] 성년후견개시의 심판은 질병, 장애, 노령, 그 밖의 사유로 인한 정신적 제약으로 사무를 처리할 능력이 지속적으로 결여된 사람에게 허용된다(민법 제9조 제1항).

[❸ ▶ O] 가정법원은 피한정후견인이 한정후견인의 동의를 받아야 하는 행위의 범위를 정할 수 있다(민법 제13조 제1항).

[❹ ▶ O] 피성년후견인의 법률행위는 취소할 수 있으나(민법 제10조 제1항), 일용품의 구입 등 일상생활에 필요하고 그 대가가 과도하지 아니한 법률행위는 성년후견인이 취소할 수 없다(민법 제10조 제4항).

[❺ ▶ O] 가정법원이 피성년후견인에 대하여 한정후견개시의 심판을 할 때에는 종전의 성년후견의 종료 심판을 한다(민법 제14조의3 제2항).

답 ❷

05 성년후견에 관한 설명으로 옳지 않은 것은?

① 피성년후견인도 의사능력이 있으면 유효하게 임의대리행위를 할 수 있다.
② 가정법원은 본인의 의사에 반하더라도 특정후견의 심판을 할 수 있다.
③ 검사나 지방자치단체의 장도 특정후견의 심판을 청구할 수 있는 자에 포함된다.
④ 특정후견은 특정후견의 심판에서 정한 기간이 경과하면 가정법원의 종료심판 없이도 종료한다.
⑤ 특정후견의 심판을 하는 경우에는 특정후견의 기간 또는 사무의 범위를 정하여야 한다.

해설

[❶ ▶ ○]   대리인은 행위능력자임을 요하지 아니한다(민법 제117조). 대리에서는 법률효과가 대리인이 아닌 본인에게 귀속하기 때문에 제한능력자제도의 취지에 어긋나지 않고, 또 본인이 적당하다고 인정하여 제한능력자(미성년자, 피성년후견인, 피한정후견인)를 대리인으로 선정한 이상 그에 따른 불이익은 본인이 감수하는 것이 타당하기 때문이다. 그러나 대리인은 적어도 의사능력은 있어야 한다. 따라서 피성년후견인도 의사능력이 있으면 유효하게 임의대리행위를 할 수 있다.

[❷ ▶ ×]   특정후견은 본인의 의사에 반하여 할 수 없다(민법 제14조의2 제2항).

[❸ ▶ ○]   검사나 지방자치단체의 장도 특정후견의 심판을 청구할 수 있는 자에 포함된다(민법 제14조의2 제1항).

> **민법 제14조의2(특정후견의 심판)**   ① 가정법원은 질병, 장애, 노령, 그 밖의 사유로 인한 정신적 제약으로 일시적 후원 또는 특정한 사무에 관한 후원이 필요한 사람에 대하여 본인, 배우자, 4촌 이내의 친족, 미성년후견인, 미성년후견감독인, 검사 또는 지방자치단체의 장의 청구에 의하여 특정후견의 심판을 한다. ❸
> ② 특정후견은 본인의 의사에 반하여 할 수 없다. ❷
> ③ 특정후견의 심판을 하는 경우에는 특정후견의 기간 또는 사무의 범위를 정하여야 한다. ❺

[❹ ▶ ○]   특정후견은 일시적인 것이거나 특정한 사무에 관한 것이므로, 별도의 특정후견종료 심판 없이 특정후견인이 선임된 원인이 되는 사무처리의 종결, 기간의 경과로 종료된다.

[❺ ▶ ○]   특정후견의 심판을 하는 경우에는 특정후견의 기간 또는 사무의 범위를 정하여야 한다(민법 제14조의2 제3항).

답 ❷

06 민법상 한정후견인 제도에 관한 설명으로 옳지 않은 것은?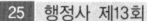

① 가정법원은 피한정후견인이 한정후견인의 동의를 받아야 하는 행위의 범위를 정할 수 있다.
② 질병, 장애, 노령 등으로 인한 정신적 제약 때문에 사무 처리 능력이 지속적으로 결여된 사람을 위한 제도이다.
③ 가정법원이 한정후견개시의 심판을 할 때 피성년후견의 경우에서와 마찬가지로 본인의 의사를 고려하여야 한다.
④ 피한정후견인의 행위에서 한정후견인의 동의가 필요한 범위에 대한 변경 청구는 검사나 지방자치단체의 장도 할 수 있다.
⑤ 피한정후견인이 한 법률행위가 일상생활에 필요하고 그 대가가 과도하지 않다면, 그 법률행위는 한정후견인이 취소할 수 없다.

해설

[❶ ▶ ○] [❺ ▶ ○] 피한정후견은 원칙적으로 행위능력을 가진다. 다만, 가정법원은 피한정후견인이 한정후견인의 동의를 받아야 하는 행위의 범위를 정할 수 있다(민법 제13조 제1항).❶ 한정후견인의 동의가 필요한 법률행위를 피한정후견인이 동의 없이 한 경우, 그 법률행위는 취소할 수 있다. 다만, 피한정후견인이 한 법률행위가 일용품의 구입 등 일상생활에 필요하고 그 대가가 과도하지 않은 법률행위인 경우, 그 법률행위는 한정후견인이 취소할 수 없다(민법 제13조 제4항).❺

[❷ ▶ ×] 한정후견인 제도는 질병, 장애, 노령, 그 밖의 사유로 인한 정신적 제약으로 사무를 처리할 능력이 부족한 사람을 위한 제도이다(민법 제12조 제1항). 질병, 장애, 노령 등으로 인한 정신적 제약 때문에 사무 처리 능력이 지속적으로 결여된 사람을 위한 제도는 성년후견인 제도이다(민법 제9조 제1항).

> **민법 제12조(한정후견개시의 심판)** ① 가정법원은 질병, 장애, 노령, 그 밖의 사유로 인한 정신적 제약으로 사무를 처리할 능력이 부족한 사람에 대하여 본인, 배우자, 4촌 이내의 친족, 미성년후견인, 미성년후견감독인, 성년후견인, 성년후견감독인, 특정후견인, 특정후견감독인, 검사 또는 지방자치단체의 장의 청구에 의하여 한정후견개시의 심판을 한다.❷

[❸ ▶ ○] 가정법원이 한정후견개시의 심판을 할 때 피성년후견의 경우에서와 마찬가지로 본인의 의사를 고려하여야 한다(민법 제12조 제2항에서 민법 제9조 제2항을 준용함).

> **민법 제12조(한정후견개시의 심판)** ② 한정후견개시의 경우에 제9조 제2항을 준용한다.❸
>
> **민법 제9조(성년후견개시의 심판)** ② 가정법원은 성년후견개시의 심판을 할 때 본인의 의사를 고려하여야 한다.

[❹ ▶ ○] 민법 제13조 제2항

> **민법 제13조(피한정후견인의 행위와 동의)** ① 가정법원은 피한정후견인이 한정후견인의 동의를 받아야 하는 행위의 범위를 정할 수 있다.
> ② 가정법원은 본인, 배우자, 4촌 이내의 친족, 한정후견인, 한정후견감독인, 검사 또는 지방자치단체의 장의 청구에 의하여 제1항에 따른 한정후견인의 동의를 받아야만 할 수 있는 행위의 범위를 변경할 수 있다.

답 ❷

07 미성년자의 법률행위에 관한 설명으로 옳은 것은?(다툼이 있으면 판례에 따름) 23 행정사 제11회

① 법정대리인이 취소한 미성년자의 법률행위는 취소한 때로부터 그 효력을 상실한다.
② 법정대리인이 재산의 범위를 정하여 미성년자에게 처분을 허락한 경우, 법정대리인은 그 재산에 관하여 유효한 대리행위를 할 수 없다.
③ 법정대리인이 미성년자에게 특정한 영업을 허락한 경우, 법정대리인은 그 영업에 관하여 유효한 대리행위를 할 수 있다.
④ 미성년자가 자신의 주민등록증을 변조하여 자기를 능력자로 믿게 하여 법률행위를 한 경우, 미성년자는 그 법률행위를 취소할 수 없다.
⑤ 미성년자가 오직 권리만을 얻는 법률행위를 할 경우에도 특별한 사정이 없는 한 법정대리인의 동의가 필요하다.

해설

[❶ ▶ ×] 취소된 법률행위는 처음부터 무효인 것으로 본다. 다만, 제한능력자는 그 행위로 인하여 받은 이익이 현존하는 한도에서 상환(償還)할 책임이 있다(민법 제141조). 법률행위가 취소되면 취소된 법률행위는 처음부터(법률행위 당시부터) 소급적으로 무효였던 것으로 된다. 그리고 취소된 법률행위에 인하여 받는 이익은 부당이득으로서 반환되어야 한다. 다만, 민법은 제한능력자의 반환범위에 관하여는 특별한 규정(민법 제141조)을 두고 있다.

[❷ ▶ ×] 법정대리인이 범위를 정하여 처분을 허락한 재산은 미성년자가 임의로 처분할 수 있다(민법 제6조). 법정대리인이 재산의 범위를 정하여 미성년자에게 처분을 허락한 경우, 그 재산에 관한 법정대리인의 동의권은 소멸하지만, 대리권은 소멸되지 않는다. 따라서 법정대리인은 여전히 법정대리인은 그 재산에 관하여 유효한 대리행위를 할 수 있다.

[❸ ▶ ×] 법정대리인이 미성년자에게 특정한 영업을 허락한 경우, 미성년자는 그 영업에 관한 행위에 대하여는 성년자와 동일한 행위능력을 갖는다(민법 제8조 제1항). 따라서 그 영업에 관하여는 법정대리인의 동의권과 대리권이 모두 소멸하고, 법정대리인은 그 영업에 관하여 유효한 대리행위를 할 수 없다.

[❹ ▶ ○] 제한능력자가 속임수로써 자기를 능력자로 믿게 한 경우에는 그 행위를 취소할 수 없다(민법 제17조 제1항). 따라서 미성년자가 자신의 주민등록증을 변조하여 자기를 능력자로 믿게 하여 법률행위를 한 경우, 미성년자는 그 법률행위를 취소할 수 없다. 주민등록증을 변조하는 것은 적극적 사기수단으로써 민법 제17조 제1항의 "속임수"에 해당한다.

[❺ ▶ ×] 미성년자가 법률행위를 함에는 법정대리인의 동의를 얻어야 한다. 그러나 권리만을 얻거나 의무만을 면하는 행위는 그러하지 아니하다(민법 제5조 제1항). 따라서 미성년자가 오직 권리만을 얻는 법률행위를 할 경우에는 법정대리인의 동의가 필요 없다.

답 ❹

08 의사무능력자 甲은 乙로부터 금전을 차용하는 소비대차계약을 乙과 체결하고 차용금을 전부 수령하였다. 이에 관한 설명으로 옳지 않은 것을 모두 고른 것은?(다툼이 있으면 판례에 따름)

> 24 행정사 제12회

> ㄱ. 甲의 특별대리인 丙이 甲의 의사무능력을 이유로 계약의 무효를 주장하는 것은 특별한 사정이 없는 한 신의칙에 반한다.
> ㄴ. 甲의 의사무능력을 이유로 계약이 무효가 된 경우, 甲은 그 선의·악의를 불문하고 乙에게 그 현존이익을 반환할 책임이 있다.
> ㄷ. 甲이 수령한 차용금을 모두 소비한 경우, 乙은 甲에게 그 이익이 현존한다는 사실에 관한 증명책임을 부담한다.

① ㄴ
② ㄷ
③ ㄱ, ㄴ
④ ㄱ, ㄷ
⑤ ㄱ, ㄴ, ㄷ

해설

[ㄱ ▶ ×] 의사무능력자 甲이 乙로부터 금전을 차용하는 소비대차계약을 乙과 체결하였더라도, 甲의 특별대리인 丙이 甲의 의사무능력을 이유로 계약의 무효를 주장하는 것은 특별한 사정이 없는 한 신의칙에 반하는 것이라고 할 수 없다(대판 2006.9.22. 2004다51627 참조).

> 의사무능력자가 사실상의 후견인이었던 아버지의 보조를 받아 자신의 명의로 대출계약을 체결하고 자신 소유의 부동산에 관하여 근저당권을 설정한 후, 의사무능력자의 여동생이 특별대리인으로 선임되어 위 대출계약 및 근저당권설정계약의 효력을 부인하는 경우에, 이러한 무효 주장이 거래관계에 있는 당사자의 신뢰를 배신하고 정의의 관념에 반하는 예외적인 경우에 해당하지 않는 한, 의사무능력자에 의하여 행하여진 법률행위의 무효를 주장하는 것이 신의칙에 반하여 허용되지 않는다고 할 수 없다(대판 2006.9.22. 2004다51627).

[ㄴ ▶ O] 무능력자의 책임을 제한하는 민법 제141조 단서는 부당이득에 있어 수익자의 반환범위를 정한 민법 제748조의 특칙으로서 무능력자의 보호를 위해 그 선의·악의를 묻지 아니하고 반환범위를 현존이익에 한정시키려는 데 그 취지가 있으므로, 의사능력의 흠결을 이유로 법률행위가 무효가 되는 경우에도 유추적용되어야 할 것이다(대판 2009.1.15. 2008다58367). 따라서 甲의 의사무능력을 이유로 계약이 무효가 된 경우, 甲은 그 선의·악의를 불문하고 乙에게 그 현존이익만 반환할 책임이 있다.

[ㄷ ▶ ×] 법률상 원인 없이 타인의 재산 또는 노무로 인하여 이익을 얻고 그로 인하여 타인에게 손해를 가한 경우에 그 취득한 것이 금전상의 이득인 때에는 그 금전은 이를 취득한 자가 소비하였는가의 여부를 불문하고 현존하는 것으로 추정되므로, 위 이익이 현존하지 아니함은 이를 주장하는 자, 즉 의사무능력자 측에 입증책임이 있다(대판 2009.1.15. 2008다58367). 따라서 甲이 수령한 차용금을 모두 소비한 경우, 이익이 현존하지 아니함을 주장하는 의사무능력자 甲 측이 그 증명책임을 부담한다.

답 ❹

09 민법상 미성년자의 법률행위에 관한 설명으로 옳지 않은 것은?(다툼이 있으면 판례에 따름)

24 행정사 제12회

① 미성년자의 법률행위에 법정대리인의 동의를 요하도록 하는 규정은 강행규정이다.
② 법정대리인의 동의를 요하는 미성년자의 법률행위에 있어서 법정대리인의 동의는 묵시적으로는 할 수 없다.
③ 미성년자가 법정대리인으로부터 허락을 얻은 특정한 영업에 관해서는 성년자와 동일한 행위능력이 있다.
④ 법정대리인이 미성년자에게 한 특정한 영업의 허락을 취소하는 경우, 그 취소는 선의의 제3자에게 대항할 수 없다.
⑤ 미성년자와 계약을 체결한 상대방은 계약 당시 미성년자임을 알았을 경우에는 그 의사표시를 철회할 수 없다.

해설

[❶▶○] 미성년자의 법률행위에 법정대리인의 동의를 요하도록 하는 것은 강행규정인데, 위 규정에 반하여 이루어진 신용구매계약을 미성년자 스스로 취소하는 것을 신의칙 위반을 이유로 배척한다면, 이는 오히려 위 규정에 의해 배제하려는 결과를 실현시키는 셈이 되어 미성년자 제도의 입법 취지를 몰각시킬 우려가 있으므로, 법정대리인의 동의 없이 신용구매계약을 체결한 미성년자가 사후에 법정대리인의 동의 없음을 사유로 들어 이를 취소하는 것이 신의칙에 위배된 것이라고 할 수 없다(대판 2007.11.16. 2005다71659).

[❷▶×] 미성년자가 법률행위를 함에 있어서 요구되는 법정대리인의 동의는 언제나 명시적이어야 하는 것은 아니고 묵시적으로도 가능한 것이며, 미성년자의 행위가 위와 같이 법정대리인의 묵시적 동의가 인정되거나 처분허락이 있는 재산의 처분 등에 해당하는 경우라면, 미성년자로서는 더 이상 행위무능력을 이유로 그 법률행위를 취소할 수 없다(대판 2007.11.16. 2005다71659).

[❸▶○] [❹▶○]

> **민법 제8조(영업의 허락)** ① 미성년자가 법정대리인으로부터 허락을 얻은 특정한 영업에 관하여는 성년자와 동일한 행위능력이 있다.❸
> ② 법정대리인은 전항의 허락을 취소 또는 제한할 수 있다. 그러나 선의의 제3자에게 대항하지 못한다.❹

[❺▶○] 미성년자와 계약을 체결한 상대방은 계약 당시 미성년자임을 알았을 경우에는 그 의사표시를 철회할 수 없다(민법 제16조 제1항 단서).

> **민법 제16조(제한능력자의 상대방의 철회권과 거절권)** ① 제한능력자가 맺은 계약은 추인이 있을 때까지 상대방이 그 의사표시를 철회할 수 있다. 다만, 상대방이 계약 당시에 제한능력자임을 알았을 경우에는 그러하지 아니하다.

답 ❷

10 미성년자 乙은 친권자 甲의 처분동의가 필요한 자기 소유의 물건을 甲의 동의 없이 丙에게 매도하는 계약을 체결하였다. 이에 관한 설명으로 옳지 않은 것은?(다툼이 있으면 판례에 따름)

23 행정사 제11회

① 丙은 乙이 성년이 된 후에 그에게 1개월 이상의 기간을 정하여 계약의 추인 여부의 확답을 촉구할 수 있다.
② 성년이 된 乙이 ①에서 丙이 정한 기간 내에 확답을 발송하지 아니하면 계약을 추인한 것으로 본다.
③ 丙이 계약 당시에 乙이 미성년자임을 알았더라도 丙은 자신의 의사표시를 철회할 수 있다.
④ 丙이 계약 당시에 乙이 미성년자임을 알지 못한 경우, 丙은 乙에게도 철회의 의사표시를 할 수 있다.
⑤ 乙이 계약 당시에 甲의 동의서를 위조하여 甲의 동의가 있는 것으로 丙을 믿게 한 경우, 甲은 그 계약을 취소할 수 없다.

해설

[❶ ▶ ○] [❷ ▶ ○] 민법 제15조 제1항 참조

> **민법 제15조(제한능력자의 상대방의 확답을 촉구할 권리)** ① 제한능력자의 상대방은 제한능력자가 능력자가 된 후에 그에게 1개월 이상의 기간을 정하여 그 취소할 수 있는 행위를 추인할 것인지 여부의 확답을 촉구할 수 있다.❶ 능력자로 된 사람이 그 기간 내에 확답을 발송하지 아니하면 그 행위를 추인한 것으로 본다.❷

[❸ ▶ ×] 제한능력자가 맺은 계약은 추인이 있을 때까지 상대방이 그 의사표시를 철회할 수 있다. 다만, 상대방이 계약 당시에 제한능력자임을 알았을 경우에는 그 의사표시를 철회할 수 없다(민법 제16조 제1항). 따라서 丙이 계약 당시에 乙이 미성년자임을 알았을 경우에는 丙은 자신의 의사표시를 철회할 수 없다.
[❹ ▶ ○] 철회의 의사표시는 제한능력자에게도 할 수 있다(민법 제16조 제3항). 따라서 丙이 계약 당시에 乙이 미성년자임을 알지 못한 경우, 丙은 계약의 추인이 있을 때까지 그 의사표시를 철회할 수 있고, 丙은 법정대리인(친권자) 甲은 물론 미성년자 乙에게도 철회의 의사표시를 할 수 있다(민법 제16조 제1항, 제3항).
[❺ ▶ ○] 미성년자 乙이 계약 당시에 친권자 甲의 동의서를 위조하여 甲의 동의가 있는 것으로 丙을 믿게 한 경우, 甲은 그 계약을 취소할 수 없다(민법 제17조 제2항). 동의서를 위조·변조하는 것은 적극적 사기수단으로써 민법 제17조 제2항의 "속임수"에 해당한다.

답 ❸

11 제한능력자 甲이 법정대리인 乙의 동의가 없었음에도 있었던 것처럼 속이고 丙과 X 토지에 대하여 매매계약을 체결하였다. 이에 관한 설명으로 옳은 것을 모두 고른 것은?(다툼이 있으면 판례에 따름)

25 행정사 제13회

ㄱ. 속임수를 쓴 甲이 미성년자라면, 乙은 매매계약을 취소할 수 없다.
ㄴ. 甲의 취소권이 배제되기 위해서는 甲이 속임수를 쓴 사실을 丙이 증명해야 한다.
ㄷ. 甲이 자신을 단순히 능력자라고 말하는 것은 취소권을 배제할 수 있는 속임수에 해당되지 않는다.
ㄹ. 속임수를 쓴 甲이 피성년후견인이라면, 甲은 매매계약을 취소할 수 없다.

① ㄹ
② ㄱ, ㄷ
③ ㄷ, ㄹ
④ ㄱ, ㄴ, ㄷ
⑤ ㄱ, ㄴ, ㄷ, ㄹ

해설

[ㄱ ▸ O] 제한능력자 甲이 법정대리인 乙의 동의가 없었음에도 속임수로써 법정대리인 乙의 동의가 있는 것으로 丙이 믿게 하고 丙과 X 토지 매매계약을 체결한 경우, 법정대리인 乙 또는 제한능력자 甲은 매매계약을 취소할 수 없다(민법 제17조 제2항).

[ㄴ ▸ O] 제한능력자 甲 측의 취소권이 배제되기 위해서는 제한능력자 甲이 속임수를 쓴 사실을 상대방 丙이 증명해야 한다(대판 1971.12.14. 71다2045).

[ㄷ ▸ O] 민법 제17조에서 "속임수"의 의미에 관하여, 판례는 제한능력자의 보호를 위해 적극적인 기망수단(= 사기수단)을 의미한다고 한다(대판 1971.12.14. 71다2045). 예를 들면, 「미성년자가 계약 당시 친권자의 동의서를 위조한 경우」나 「미성년자가 주민등록증을 변조한 경우」는 적극적 기망수단에 해당한다. 그러나 甲이 자신이 단순히 능력자라고 거짓말하는 것은 취소권을 배제할 수 있는 "속임수"에 해당되지 않는다(대판 1971.12.14. 71다2045).

[ㄹ ▸ X] 민법 제17조 제1항은 제한능력자(미성년자, 피성년후견인, 피한정후견인) 모두에 적용되나, 민법 제17조 제2항은 "피성년후견인"에게는 적용되지 않는다. 피성년후견인은 법정대리인의 동의를 얻더라도 원칙적으로 유효한 법률행위를 할 수 없기 때문이다. 따라서 피성년후견인(甲)이 속임수로써 법정대리인(乙)의 동의가 있는 것으로 믿게 한 경우라도 피성년후견인 甲측은 취소권을 행사할 수 있다.

> **민법 제17조(제한능력자의 속임수)** ① 제한능력자가 속임수로써 자기를 능력자로 믿게 한 경우에는 그 행위를 취소할 수 없다.
> ② 미성년자나 피한정후견인이 속임수로써 법정대리인의 동의가 있는 것으로 믿게 한 경우에도 제1항과 같다.

답 ❹

12 부재와 실종에 관한 설명으로 옳지 않은 것은?(다툼이 있으면 판례에 따름) `22 행정사 제10회`

① 부재자로부터 재산처분권을 위임받은 재산관리인은 그 재산을 처분함에 있어 법원의 허가를 받지 않아도 된다.
② 법원이 선임한 부재자 재산관리인의 권한초과행위에 대한 법원의 허가 결정은 기왕의 법률행위를 추인하는 방법으로는 할 수 없다.
③ 법원은 법원이 선임한 부재자 재산관리인으로 하여금 부재자의 재산관리 및 반환에 관하여 상당한 담보를 제공하게 할 수 있다.
④ 실종선고를 받은 자는 실종기간이 만료된 때에 사망한 것으로 본다.
⑤ 부재자의 제1순위 상속인이 있는 경우, 제2순위 상속인은 특별한 사정이 없는 한 부재자에 관한 실종선고를 청구할 수 있는 이해관계인이 아니다.

해설

[❶▶○] 부재자로부터 '재산처분권'까지 위임받은 재산관리인은 그 재산을 처분함에 있어 법원의 허가를 요하는 것은 아니다(대판 1973.7.24. 72다2136).
[❷▶×] 부재자 재산관리인에 의한 권한초과행위인 부재자 소유의 부동산 매매행위에 대한 법원의 허가결정은 그 허가를 받은 재산에 대한 장래의 처분행위뿐만 아니라 기왕의 매매를 추인하는 방법으로도 할 수 있다(대판 2000.12.26. 99다19278).
[❸▶○] 법원은 그 선임한 재산관리인으로 하여금 재산의 관리 및 반환에 관하여 상당한 담보를 제공하게 할 수 있다(민법 제26조 제1항).
[❹▶○] 실종선고를 받은 자는 실종기간이 만료한 때에 사망한 것으로 본다(민법 제28조).
[❺▶○] 부재자의 생사가 5년간 분명하지 아니한 때에는 이해관계인이나 검사는 법원에 실종선고를 청구할 수 있다(민법 제27조 제1항). 그러나 부재자의 종손자로서, 부재자가 사망할 경우 제1순위의 상속인이 따로 있어 제2순위의 상속인에 불과한 청구인은 특별한 사정이 없는 한 위 부재자에 대하여 실종선고를 청구할 수 있는 신분상 또는 경제상의 이해관계를 가진 자라고 할 수 없다(대결 1992.4.14. 92스4).

답 ❷

13 부재자의 재산관리에 관한 설명으로 옳지 않은 것은?(다툼이 있으면 판례에 따름)

23 행정사 제11회

① 법원이 선임한 재산관리인은 법원의 허가 없이 재산의 보존행위를 할 수 없다.
② 법원은 그 선임한 재산관리인으로 하여금 재산의 관리 및 반환에 관하여 상당한 담보를 제공하게 할 수 있다.
③ 법원이 선임한 재산관리인은 관리할 재산목록을 작성하여야 한다.
④ 법원은 그 선임한 재산관리인에 대하여 부재자의 재산으로 상당한 보수를 지급할 수 있다.
⑤ 법원이 선임한 부재자의 재산관리인은 그 부재자의 사망이 확인된 후라도 그에 대한 선임결정이 취소되지 않는 한 그 관리인으로서의 권한이 소멸되지 않는다.

해설

[❶▶×] 법원이 선임한 재산관리인이 민법 제118조의 범위(보존행위, 물건이나 권리의 성질을 변하지 아니하는 범위에서 그 이용 또는 개량하는 행위)를 넘는 행위를 하는 경우에 법원의 허가를 받아야 한다(민법 제25조). 따라서 보존행위의 경우, 법원이 선임한 재산관리인은 법원의 허가 없이도 할 수 있다.
[❷▶○] 법원은 그 선임한 재산관리인으로 하여금 재산의 관리 및 반환에 관하여 상당한 담보를 제공하게 할 수 있다(민법 제26조 제1항).
[❸▶○] 법원이 선임한 재산관리인은 관리할 재산목록을 작성하여야 한다(민법 제24조 제1항).
[❹▶○] 법원은 그 선임한 재산관리인에 대하여 부재자의 재산으로 상당한 보수를 지급할 수 있다(민법 제26조 제2항).
[❺▶○] 사망한 것으로 간주된 자가 그 이전에 생사불명의 부재자로서 그 재산관리에 관하여 법원으로부터 재산관리인이 선임되어 있었다면 재산관리인은 그 부재자의 사망을 확인했다고 하더라도 선임결정이 취소되지 아니하는 한 계속하여 권한을 행사할 수 있다 할 것이다(대판 1991.11.26. 91다11810).

답 ❶

14

법원에 의하여 부재자 甲의 재산관리인으로 선임된 乙에 관한 설명으로 옳지 않은 것은?(다툼이 있으면 판례에 따름)

25 행정사 제13회

① 乙은 관리할 甲의 재산목록을 작성해야 한다.
② 법원은 甲의 재산으로 乙에게 상당한 보수를 지급할 수 있다.
③ 乙은 법원의 허가가 없으면 부동산 소유권이전등기말소절차의 이행을 청구할 수 없다.
④ 법원은 甲 소유 부동산에 대한 乙의 처분행위를 사후 추인의 방법으로 허가할 수 있다.
⑤ 乙이 甲의 사망을 확인했더라도, 부재자 재산관리인으로서의 선임결정이 취소되지 않으면, 乙은 계속하여 그 권한을 행사할 수 있다.

해설

[❶▶○] 법원이 선임한 재산관리인(乙)은 관리할 재산목록을 작성하여야 한다(민법 제24조 제1항).
[❷▶○] 법원은 그 선임한 재산관리인에 대하여 부재자의 재산으로 상당한 보수를 지급할 수 있다(민법 제26조 제2항).
[❸▶×] 법원이 선임한 재산관리인이 민법 제118조의 범위(보존행위, 물건이나 권리의 성질을 변하지 아니하는 범위에서 그 이용 또는 개량하는 행위)를 넘는 행위를 하는 경우, 법원의 허가를 받아야 한다(민법 제25조). 부재자 甲 소유의 부동산에 원인무효의 소유권이전등기가 경료되어 있는 경우, 부동산 소유권이전등기말소절차의 이행을 청구하는 것은 보존행위에 해당하므로, 재산관리인 乙은 법원의 허가 없이도 부동산 소유권이전등기말소절차의 이행을 청구할 수 있다.
[❹▶○] 법원은 甲 소유 부동산에 대한 乙의 처분행위를 사후 추인의 방법으로 허가할 수 있다.

> 부재자 재산관리인에 의한 권한초과행위인 부재자 소유의 부동산 매매행위에 대한 법원의 허가결정은 그 허가를 받은 재산에 대한 장래의 처분행위뿐만 아니라 기왕의 매매를 추인하는 방법으로도 할 수 있다(대판 2000.12.26. 99다19278).

[❺▶○] 乙이 甲의 사망을 확인했더라도, 부재자 재산관리인으로서의 선임결정이 취소되지 않는 한, 乙은 계속하여 그 권한을 행사할 수 있다.

> 사망한 것으로 간주된 자가 그 이전에 생사불명의 부재자로서 그 재산관리에 관하여 법원으로부터 재산관리인이 선임되어 있었다면 재산관리인은 그 부재자의 사망을 확인했다고 하더라도 선임결정이 취소되지 아니하는 한 계속하여 권한을 행사할 수 있다 할 것이다(대판 1991.11.26. 91다11810).

답 ❸

15 실종선고에 관한 설명으로 옳지 않은 것은?(다툼이 있으면 판례에 따름) 23 행정사 제11회

① 부재자의 제1순위 상속인이 따로 있는 경우, 제2순위 상속인은 특별한 사정이 없는 한 부재자에 대하여 실종선고를 청구할 수 있는 이해관계인이 아니다.
② 실종선고가 취소되지 않더라도 반증을 들어 실종선고의 효과를 다툴 수 있다.
③ 실종선고의 요건이 충족되면 법원은 이해관계인이나 검사의 청구에 의하여 실종선고를 하여야 한다.
④ 실종선고를 받은 자는 특별한 사정이 없는 한 실종기간이 만료한 때에 사망한 것으로 본다.
⑤ 실종선고가 취소된 때 실종선고를 직접원인으로 재산을 취득한 자가 선의인 경우에는 그 받은 이익이 현존하는 한도에서 반환할 의무가 있다.

해설

[❶ ▶ ○] 부재자의 생사가 5년간 분명하지 아니한 때에는 이해관계인이나 검사는 법원에 실종선고를 청구할 수 있다(민법 제27조 제1항). 그러나 부재자의 종손자로서, 부재자가 사망할 경우 제1순위의 상속인이 따로 있어 제2순위의 상속인에 불과한 청구인은 특별한 사정이 없는 한 위 부재자에 대하여 실종선고를 청구할 수 있는 신분상 또는 경제상의 이해관계를 가진 자라고 할 수 없다(대결 1992.4.14. 92스4).
[❷ ▶ ×] 민법 제28조는 "실종선고를 받은 자는 민법 제27조 제1항 소정의 생사불명기간이 만료된 때에 사망한 것으로 본다"고 규정하고 있으므로 실종선고가 취소되지 않는 한 반증(反證)을 들어 실종선고의 효과를 다툴 수는 없다(대판 1995.2.17. 94다52751).
[❸ ▶ ○] 민법 제27조 참조

> **민법 제27조(실종의 선고)** ① 부재자의 생사가 5년간 분명하지 아니한 때에는 법원은 이해관계인이나 검사의 청구에 의하여 실종선고를 하여야 한다.
> ② 전지에 임한 자, 침몰한 선박 중에 있던 자, 추락한 항공기 중에 있던 자 기타 사망의 원인이 될 위난을 당한 자의 생사가 전쟁 종지 후 또는 선박의 침몰, 항공기의 추락 기타 위난이 종료한 후 1년간 분명하지 아니한 때에도 제1항과 같다.

[❹ ▶ ○] 실종선고를 받은 자는 실종기간이 만료한 때에 사망한 것으로 본다(민법 제28조).
[❺ ▶ ○] 실종선고의 취소가 있을 때에 실종의 선고를 직접원인으로 하여 재산을 취득한 자가 선의인 경우에는 그 받은 이익이 현존하는 한도에서 반환할 의무가 있고 악의인 경우에는 그 받은 이익에 이자를 붙여서 반환하고 손해가 있으면 이를 배상하여야 한다(민법 제29조 제2항).

답 ❷

제3절 법인

16 민법상 법인에 관한 설명으로 옳은 것은?(다툼이 있으면 판례에 따름) [22] 행정사 제10회

① 재단법인의 기본재산을 새롭게 편입하는 행위는 주무관청의 허가를 받지 않아도 유효하다.
② 재단법인의 감사는 민법상 필수기관이다.
③ 사단법인의 사원권은 정관에 정함이 있는 경우 상속될 수 있다.
④ 사단법인이 정관에 이사의 대표권에 관한 제한을 규정한 경우에는 이를 등기하지 않더라도 악의의 제3자에게 대항할 수 있다.
⑤ 이사 전원의 의결에 의하여 잔여재산을 처분하도록 한 사단법인의 정관 규정은 성질상 등기하여야만 제3자에게 대항할 수 있는 청산인의 대표권에 관한 제한으로 보아야 한다.

해설

[❶▸×] 재단법인의 기본재산에 관한 사항은 정관의 기재사항으로서 기본재산의 변경은 정관의 변경을 초래하기 때문에 주무장관의 허가를 받아야 하고, 따라서 기존의 기본재산을 처분하는 행위는 물론 새로이 기본재산으로 편입하는 행위도 주무장관의 허가가 있어야 유효하다(대판 1991.5.28. 90다8558).

[❷▸×] 법인은 정관 또는 총회의 결의로 감사를 둘 수 있다(민법 제66조). 재단법인에서 이사는 필수기관(민법 제43조)에 해당하나, 감사는 임의기관에 불과하다.

[❸▸○] "사단법인의 사원의 지위는 양도 또는 상속할 수 없다"고 한 민법 제56조의 규정은 강행규정은 아니라고 할 것이므로, 정관에 의하여 이를 인정하고 있을 때에는 양도·상속이 허용된다(대판 1992.4.14. 91다26850).

[❹▸×] 법인의 정관에 법인 대표권의 제한에 관한 규정이 있으나 그와 같은 취지가 등기되어 있지 않다면 법인은 그와 같은 정관의 규정에 대하여 선의냐 악의냐에 관계없이 제3자에 대하여 대항할 수 없다(대판 1992.2.14. 91다24564).

[❺▸×] 민법 제80조 제1항과 제2항의 각 규정 내용을 대비하여 보면, 법인 해산시 잔여재산의 귀속권리자를 직접 지정하지 아니하고 사원총회나 이사회의 결의에 따라 이를 정하도록 하는 등 간접적으로 그 귀속권리자의 지정방법을 정해 놓은 정관 규정도 유효하다. 그리고 이사 전원의 의결에 의하여 잔여재산을 처분하도록 한 정관 규정은 성질상 등기하여야만 제3자에게 대항할 수 있는 청산인의 대표권에 관한 제한이라고 볼 수 없다(대판 1995.2.10. 94다13473).

답 ❸

17 민법상 법인의 정관에 관한 설명으로 옳은 것은?(다툼이 있으면 판례에 따름) 25 행정사 제13회

① 사단법인의 정관은 자치법규가 아니라 계약이다.
② 재단법인의 정관은 특별한 사정이 없는 한, 그 변경방법을 정관에 정한 때에 한하여 변경할 수 있다.
③ 이사의 대표권에 대한 제한은 이를 정관에 기재하지 않더라도 등기하면 효력이 있다.
④ 사단법인의 정관 변경은 법원의 허가를 얻지 않으면 효력이 없다.
⑤ 재단법인의 존립시기나 해산사유는 정관의 필요적 기재사항이다.

해설

[❶ ▶ ×] 사단법인의 정관은 이를 작성한 사원뿐만 아니라 그 후에 가입한 사원이나 사단법인의 기관 등도 구속하는 점에 비추어 보면 그 법적 성질은 계약이 아니라 자치법규로 보는 것이 타당하므로, 이는 어디까지나 객관적인 기준에 따라 그 규범적인 의미 내용을 확정하는 법규해석의 방법으로 해석되어야 하는 것이지, 작성자의 주관이나 해석 당시의 사원의 다수결에 의한 방법으로 자의적으로 해석될 수는 없다(대판 2000.11.24. 99다12437).

[❷ ▶ ○] 민법 제45조 제1항

> **민법 제45조(재단법인의 정관변경)** ① 재단법인의 정관은 그 변경방법을 정관에 정한 때에 한하여 변경할 수 있다.
> ② 재단법인의 목적달성 또는 그 재산의 보전을 위하여 적당한 때에는 전항의 규정에 불구하고 명칭 또는 사무소의 소재지를 변경할 수 있다.

[❸ ▶ ×] 이사의 대표권에 대한 제한은 이를 정관에 기재하지 아니하면 그 효력이 없다(민법 제41조). 이사의 대표권에 대한 제한은 등기하지 아니하면 제3자에게 대항하지 못한다(민법 제60조). 이사의 대표권 제한의 정관 기재는 정관의 효력요건이고 등기는 제3자에 대한 대항요건에 불과하다. 따라서 이사의 대표권에 대한 제한을 정관에 기재하지 않은 이상 이를 등기하더라도 그 효력이 없다.

> **민법 제41조(이사의 대표권에 대한 제한)** 이사의 대표권에 대한 제한은 이를 정관에 기재하지 아니하면 그 효력이 없다.

> **민법 제60조(이사의 대표권에 대한 제한의 대항요건)** 이사의 대표권에 대한 제한은 등기하지 아니하면 제3자에게 대항하지 못한다.

[❹ ▶ ×] 사단법인의 정관 변경은 "법원의 허가"가 아니라 "주무관청의 허가"를 얻지 아니하면 그 효력이 없다(민법 제42조 제2항).

> **민법 제42조(사단법인의 정관의 변경)** ① 사단법인의 정관은 총사원 3분의 2 이상의 동의가 있는 때에 한하여 이를 변경할 수 있다. 그러나 정수에 관하여 정관에 다른 규정이 있는 때에는 그 규정에 의한다.
> ② 정관의 변경은 주무관청의 허가를 얻지 아니하면 그 효력이 없다.

[❺ ▶ ×] 재단법인의 경우, 재단법인의 존립시기나 해산사유는 정관의 필요적 기재사항이 아니다(민법 제43조, 제40조 제7호 참조).

> **민법 제43조(재단법인의 정관)** 재단법인의 설립자는 일정한 재산을 출연하고 제40조 제1호 내지 제5호의 사항을 기재한 정관을 작성하여 기명날인하여야 한다.
>
> **민법 제40조(사단법인의 정관)** 사단법인의 설립자는 다음 각 호의 사항을 기재한 정관을 작성하여 기명날인하여야 한다.
> 1. 목적
> 2. 명칭
> 3. 사무소의 소재지
> 4. 자산에 관한 규정
> 5. 이사의 임면에 관한 규정
> 6. 사원자격의 득실에 관한 규정
> 7. 존립시기나 해산사유를 정하는 때에는 그 시기 또는 사유

답 ❷

18 민법상 법인에 관한 설명으로 옳지 않은 것은?(다툼이 있으면 판례에 따름) [24] 행정사 제12회

① 재단법인은 법률의 규정에 의함이 아니면 성립하지 못한다.
② 재단법인의 설립자가 정관에 필요적 기재사항 중 이사임면의 방법만 정하지 않고 사망한 경우, 이해관계인 또는 검사의 청구에 의하여 법원이 이를 정한다.
③ 재단법인의 목적을 달성할 수 없는 경우, 설립자나 이사는 주무관청의 허가를 얻어 설립의 취지를 참작하여 그 목적에 관한 정관규정을 변경할 수 있다.
④ 사단법인의 감사는 법인의 재산상황에 관하여 부정한 것이 있음을 발견한 경우, 이를 총회에 보고하기 위해 필요하더라도 임시총회를 소집할 권한은 없다.
⑤ 법인에 대한 청산종결등기가 경료되었더라도 청산사무가 종결되지 않는 한, 법인은 그 범위 내에서는 청산법인으로 존속한다.

해설

[❶ ▶ ○] 민법상 법인(재단법인, 사단법인)은 법률의 규정에 의함이 아니면 성립하지 못한다(민법 제31조).
[❷ ▶ ○] 민법 제44조

> **민법 제44조(재단법인의 정관의 보충)** 재단법인의 설립자가 그 명칭, 사무소소재지 또는 이사임면의 방법을 정하지 아니하고 사망한 때에는 이해관계인 또는 검사의 청구에 의하여 법원이 이를 정한다.

[❸ ▶ ○] 민법 제46조

> **민법 제46조(재단법인의 목적 기타의 변경)** 재단법인의 목적을 달성할 수 없는 때에는 설립자나 이사는 주무관청의 허가를 얻어 설립의 취지를 참작하여 그 목적 기타 정관의 규정을 변경할 수 있다.

[❹ ▶ ✕] 재산상황 또는 업무집행에 관하여 부정, 불비한 것이 있음을 발견한 때에는 이를 총회 보고하기 위하여 필요 있는 때에 총회를 소집하는 일도 감사의 직무에 속한다(민법 제67조 제3호·제4호).

> **민법 제67조(감사의 직무)** 감사의 직무는 다음과 같다.
> 1. 법인의 재산상황을 감사하는 일
> 2. 이사의 업무집행의 상황을 감사하는 일
> 3. 재산상황 또는 업무집행에 관하여 부정, 불비한 것이 있음을 발견한 때에는 이를 총회 또는 주무관청에 보고하는 일
> 4. 전호의 보고를 하기 위하여 필요 있는 때에는 총회를 소집하는 일

[❺ ▶ ○] 법인에 대한 청산종결등기가 경료되었다고 하더라도 청산사무가 종결되지 않는 한 그 범위 내에서는 청산법인으로서 존속한다(대판 2003.2.11. 99다66427).

답 ❹

19

甲법인의 대표이사 乙은 대표자로서의 모든 권한을 丙에게 포괄적으로 위임하여 丙이 실질적으로 甲법인의 사실상 대표자로서 그 사무를 집행하고 있다. 이에 관한 설명으로 옳은 것을 모두 고른 것은?(다툼이 있으면 판례에 따름)   22 행정사 제10회

> ㄱ. 甲의 사무에 관한 丙의 대행행위는 원칙적으로 甲에게 효력이 미치지 않는다.
> ㄴ. 丙이 외관상 직무행위로 인하여 丁에게 손해를 입힌 경우, 甲은 특별한 사정이 없는 한 丁에 대하여 법인의 불법행위책임에 관한 민법 제35조의 손해배상책임을 진다.
> ㄷ. 만약 甲이 비법인사단이라면 乙은 甲의 사무 중 정관에서 대리를 금지한 사항의 처리에 대해서도 丙에게 포괄적으로 위임할 수 있다.

① ㄱ
② ㄴ
③ ㄱ, ㄴ
④ ㄱ, ㄷ
⑤ ㄴ, ㄷ

해설

[ㄱ ▶ ○] 이사는 정관 또는 총회의 결의로 금지하지 아니한 사항에 한하여 타인으로 하여금 '특정한 행위'를 대리하게 할 수 있으므로(민법 제62조), 대표이사 乙이 대표자로서의 권한을 丙에게 포괄적으로 위임하여 丙이 그 사무를 집행하고 있다면 丙의 대행행위는 민법 제62조를 위반한 것이어서 원칙적으로 甲에게 효력이 미치지 않는다(대판 2011.4.28. 2008다15438 참조).

[ㄴ ▶ ○] 丙은 甲법인을 실질적으로 운영하면서 법인을 사실상 대표하여 법인의 사무를 집행하는 사람으로서 민법 제35조에서 정한 '대표자'에 해당한다. 따라서 丙이 외관상 직무행위로 인하여 丁에게 손해를 입혔다면, 甲은 특별한 사정이 없는 한 丁에 대하여 민법 제35조의 손해배상책임을 진다(대판 2011.4.28. 2008다15438 참조).

> 민법 제35조 제1항은 "법인은 이사 기타 대표자가 그 직무에 관하여 타인에게 가한 손해를 배상할 책임이 있다"라고 정한다. 여기서 '법인의 대표자'에는 그 명칭이나 직위 여하, 또는 대표자로 등기되었는지 여부를 불문하고 당해 법인을 실질적으로 운영하면서 법인을 사실상 대표하여 법인의 사무를 집행하는 사람을 포함한다고 해석함이 상당하다. 그리고 이러한 법리는 주택조합과 같은 비법인사단에도 마찬가지로 적용된다(대판 2011.4.28. 2008다15438).

[ㄷ ▸ ×]   비법인사단의 경우에도 민법 제62조가 유추적용되므로 乙은 비법인사단 甲의 사무 중 정관에서 대리를 금지한 사항의 처리를 丙에게 포괄적으로 위임할 수 없다고 보는 것이 타당하다.

> 비법인사단에 대하여는 사단법인에 관한 민법 규정 가운데 법인격을 전제로 하는 것을 제외하고는 이를 유추적용하여야 하는데, 민법 제62조에 비추어 보면 비법인사단의 대표자는 정관 또는 총회의 결의로 금지하지 아니한 사항에 한하여 타인으로 하여금 특정한 행위를 대리하게 할 수 있을 뿐 비법인사단의 제반 업무처리를 포괄적으로 위임할 수는 없으므로 비법인사단 대표자가 행한 타인에 대한 업무의 포괄적 위임과 그에 따른 포괄적 수임인의 대행행위는 민법 제62조를 위반한 것이어서 비법인사단에 대하여 그 효력이 미치지 않는다(대판 2011.4.28. 2008다15438).

답 ❸

20 민법상 법인의 불법행위능력에 관한 설명으로 옳은 것은?(다툼이 있으면 판례에 따름)

23 행정사 제11회

① 법인의 대표자는 법인을 사실상 대표하는지 여부와 관계없이 대표자로 등기되었는지 여부만을 기준으로 판단하여야 한다.
② 법인의 대표자가 부정한 대표행위를 한 경우에 그 행위가 직무범위 내에 있더라도 법인의 불법행위가 성립될 여지가 없다.
③ 행위의 외형상 법인의 대표자의 직무행위라고 인정되더라도 법령의 규정에 위배된 것이라면 직무에 관한 행위에 해당하지 않는다.
④ 법인의 대표자의 행위로 법인의 불법행위책임이 성립하는 경우, 특별한 사정이 없는 한 법인만이 피해자에게 불법행위책임을 진다.
⑤ 법인의 대표자의 행위가 직무행위에 해당하지 아니함을 피해자 자신이 경과실로 알지 못한 경우에는 법인에게 손해배상책임을 물을 수 있다.

해설

[❶ ▸ ×]   민법 제35조 제1항은 "법인은 이사 기타 대표자가 그 직무에 관하여 타인에게 가한 손해를 배상할 책임이 있다"라고 정한다. 여기서 '법인의 대표자'에는 그 명칭이나 직위 여하, 또는 대표자로 등기되었는지 여부를 불문하고 당해 법인을 실질적으로 운영하면서 법인을 사실상 대표하여 법인의 사무를 집행하는 사람을 포함한다고 해석함이 상당하다(대판 2011.4.28. 2008다15438).
[❷ ▸ ×]   법인은 이사 기타 대표자가 그 직무에 관하여 타인에게 가한 손해를 배상할 책임이 있다(민법 제35조 제1항). 그리고 행위의 외형상 법인의 대표자의 직무행위라고 인정할 수 있는 것이라면 설사 그것이 대표자 개인의 사리를 도모하기 위한 것이었다 하더라도 위의 직무에 관한 행위에 해당한다고 보아야 한다(대판 2004.2.27. 2003다15280).
[❸ ▸ ×]   행위의 외형상 법인의 대표자의 직무행위라고 인정할 수 있는 것이라면 설사 그것이 법령의 규정에 위배된 것이었다 하더라도 위의 직무에 관한 행위에 해당한다고 보아야 한다(대판 2004.2.27. 2003다15280).

[❹▸×] 법인은 이사 기타 대표자가 그 직무에 관하여 타인에게 가한 손해를 배상할 책임이 있다. 이사 기타 대표자는 이로 인하여 자기의 손해배상책임을 면하지 못한다(민법 제35조 제1항).

[❺▸○] 법인의 대표자의 행위가 직무에 관한 행위에 해당하지 아니함을 피해자 자신이 알았거나 또는 중대한 과실로 인하여 알지 못한 경우에는 법인에게 손해배상책임을 물을 수 없다(대판 2009.11.26. 2009다57033). 따라서 법인의 대표자의 행위가 직무행위에 해당하지 아니함을 피해자 자신이 경과실로 알지 못한 경우에는 법인에게 손해배상책임을 물을 수 있다.

답 ❺

21

사단법인 甲의 대표자 乙이 직무에 관한 불법행위로 丙에게 손해를 가하였다. 甲의 불법행위능력(민법 제35조)에 관한 설명으로 옳지 않은 것은?(다툼이 있으면 판례에 따름) 21 행정사 제9회

① 甲의 불법행위가 성립하여 甲이 丙에게 손해를 배상하면 甲은 乙에게 구상할 수 있다.
② 乙이 법인을 실질적으로 운영하면서 사실상 대표하여 사무를 집행하였더라도 대표자로 등기되지 않았다면 민법 제35조에서 정한 '대표자'에 해당하지 않는다.
③ 甲의 불법행위책임은 그가 乙의 선임·감독에 주의를 다하였음을 이유로 면책되지 않는다.
④ 乙의 행위가 외형상 대표자의 직무행위로 인정되는 경우라면 그것이 乙 개인의 이익만을 도모하기 위한 것이라도 직무에 관한 행위에 해당한다.
⑤ 乙이 청산인인 경우에도 甲의 불법행위책임이 성립할 수 있다.

해설

[❶▸○] 사단법인 甲의 불법행위가 성립하는 경우, 대표자 乙은 이로 인하여 자기의 손해배상책임을 면하지 못한다(민법 제35조 제1항). 사단법인 甲의 불법행위책임과 대표자 乙의 불법행위책임이 인정되면 양자는 부진정연대책임의 관계에 있으므로 사단법인 甲이 피해자 丙에게 배상한 경우, 사단법인 甲은 대표자 乙에 대하여 구상권을 행사할 수 있다(민법 제61조, 제65조).

[❷▸×] 대표자 乙이 사단법인 甲을 실질적으로 운영하면서 사실상 대표하여 사무를 집행하였다면, 대표자로 등기되지 않았더라도, 그는 민법 제35조 제1항의 대표자에 해당한다고 보아야 한다.

> 민법 제35조 제1항의 '법인의 대표자'에는 그 명칭이나 직위 여하, 또는 대표자로 등기되었는지 여부를 불문하고 당해 법인을 실질적으로 운영하면서 법인을 사실상 대표하여 법인의 사무를 집행하는 사람을 포함한다고 해석함이 상당하다(대판 2011.4.28. 2008다15438).

[❸▸○] 민법 제35조의 법인의 불법행위책임에는 민법 제756조 제1항 단서와 같은 면책규정이 없기 때문에 사단법인 甲이 대표자 乙의 선임·감독에 주의를 다하였음을 증명하더라도 면책되지 않는다.

[❹▸○] 대표자 乙의 행위의 외형상 법인의 대표자의 직무행위라고 인정할 수 있는 것이라면 설사 그것이 대표자 개인의 사리를 도모하기 위한 것이었다 하더라도 직무에 관한 행위에 해당한다고 보아야 한다(대판 2004.2.27. 2003다15280).

[❺▸○] 민법 제35조 제1항의 '이사 기타 대표자'는 대표기관을 의미하며, 여기에는 청산인도 포함된다(민법 제87조 제2항 참조). 따라서 대표자 乙이 청산인인 경우에도 사단법인 甲의 불법행위책임이 인정된다.

답 ❷

22

사단법인 A의 대표이사 甲이 A를 대표하여 乙과 매매계약을 체결하였다. 이에 관한 설명으로 옳은 것을 모두 고른 것은?(다툼이 있으면 판례에 따름)

24 행정사 제12회

> ㄱ. 매매계약을 체결하는 것이 甲과 A의 이익이 상반하는 사항인 경우, 甲은 A를 대표할 권한이 없다.
> ㄴ. 甲이 A를 위하여 매수인 乙로부터 매매대금을 수령한 경우에 A의 채무불이행을 이유로 乙이 매매계약을 유효하게 해제하면, 특별한 사정이 없는 한 해제로 인한 원상회복의무는 甲이 부담한다.
> ㄷ. 만약 A가 정관에 甲의 매매계약체결에 관한 대표권을 제한하는 규정을 두었지만 이를 등기하지 않은 경우, A는 이러한 사실을 알았던 乙에게 그 대표권 제한사실로써 대항할 수 있다.

① ㄱ
② ㄷ
③ ㄱ, ㄴ
④ ㄴ, ㄷ
⑤ ㄱ, ㄴ, ㄷ

해설

[ㄱ ▸ O] 법인과 이사의 이익이 상반하는 사항에 관하여는 이사는 대표권이 없다. 이 경우에는 특별대리인을 선임하여야 한다(민법 제64조). 따라서 매매계약을 체결하는 것이 대표이사 甲과 사단법인 A의 이익이 상반하는 사항인 경우, 甲은 A를 대표할 권한이 없다.

[ㄴ ▸ ×] 대표이사 甲이 사단법인 A를 위하여 매수인 乙로부터 매매대금을 수령한 경우에 A의 채무불이행을 이유로 상대방 乙이 매매계약을 유효하게 해제하면, 특별한 사정이 없는 한 해제로 인한 원상회복의무는 대표이사 甲이 아니라 계약의 당사자인 사단법인 A가 부담한다(민법 제548조 제1항).

> 계약이 적법한 대리인에 의하여 체결된 경우에 대리인은 다른 특별한 사정이 없는 한 본인을 위하여 계약상 급부를 변제로서 수령할 권한도 가진다. 그리고 대리인이 그 권한에 기하여 계약상 급부를 수령한 경우에, 그 법률효과는 계약 자체에서와 마찬가지로 직접 본인에게 귀속되고 대리인에게 돌아가지 아니한다. 따라서 계약상 채무의 불이행을 이유로 계약이 상대방 당사자에 의하여 유효하게 해제되었다면, 해제로 인한 원상회복의무는 대리인이 아니라 계약의 당사자인 본인이 부담한다. 이는 본인이 대리인으로부터 그 수령한 급부를 현실적으로 인도받지 못하였다거나 해제의 원인이 된 계약상 채무의 불이행에 관하여 대리인에게 책임 있는 사유가 있다고 하여도 다른 특별한 사정이 없는 한 마찬가지라고 할 것이다(대판 2011.8.18. 2011다30871).

[ㄷ ▸ ×] 법인의 정관에 법인 대표권의 제한에 관한 규정이 있으나 그와 같은 취지가 등기되어 있지 않다면 법인은 그와 같은 정관의 규정에 대하여 선의냐 악의냐에 관계없이 제3자에 대하여 대항할 수 없다(대판 1992.2.14. 91다24564). 따라서 사단법인 A가 정관에 대표이사 甲의 매매계약체결에 관한 대표권을 제한하는 규정을 두었지만 이를 등기하지 않은 경우, A는 이러한 사실을 알았던 악의의 제3자 乙에게 그 대표권 제한사실로써 대항할 수 없다.

답 ①

23 민법상 법인의 이사에 관한 설명으로 옳지 않은 것은?(다툼이 있으면 판례에 따름)

① 이사가 여러 명인 경우 정관에 다른 정함이 없으면 법인의 사무집행은 이사의 과반수로써 결정한다.
② 이사의 결원으로 법인에게 손해가 생길 염려가 있는 경우, 법원은 이해관계인이나 검사의 청구에 의하여 임시이사를 선임하여야 한다.
③ 이사는 정관 또는 총회의 결의로 금지하지 아니한 사항에 한하여 타인으로 하여금 특정한 행위를 대리하게 할 수 있다.
④ 법인의 정관에 이사의 해임사유에 관한 규정이 있는 경우, 법인은 특별한 사정이 없는 한 정관에서 정하지 아니한 사유로 이사를 해임할 수 없다.
⑤ 이사의 사임은 특별한 사정이 없는 한 주무관청의 승인이 있어야 그 효력이 발생한다.

해설

[❶ ▶ ○] 이사가 수인(數人, 여러 명)인 경우에는 정관에 다른 규정이 없으면 법인의 사무집행은 이사의 과반수로써 결정한다(민법 제58조 제2항).

[❷ ▶ ○] 이사가 없거나 결원이 있는 경우에 이로 인하여 손해가 생길 염려 있는 때에는 법원은 이해관계인이나 검사의 청구에 의하여 임시이사를 선임하여야 한다(민법 제63조).

[❸ ▶ ○] 이사는 정관 또는 총회의 결의로 금지하지 아니한 사항에 한하여 타인으로 하여금 특정한 행위를 대리하게 할 수 있다(민법 제62조).

[❹ ▶ ○] 법인의 정관에 이사의 해임사유에 관한 규정이 있는 경우 법인으로서는 이사의 중대한 의무위반 또는 정상적인 사무집행 불능 등의 특별한 사정이 없는 이상, 정관에서 정하지 아니한 사유로 이사를 해임할 수 없다(대판 2013.11.28. 2011다41741).

[❺ ▶ ×] 법인과 이사의 법률관계는 신뢰를 기초로 한 위임 유사의 관계이므로, 이사는 민법 제689조 제1항이 규정한 바에 따라 언제든지 사임할 수 있고, 법인의 이사를 사임하는 행위는 상대방 있는 단독행위이므로 그 의사표시가 상대방에게 도달함과 동시에 그 효력을 발생하고, 그 의사표시가 효력을 발생한 후에는 마음대로 이를 철회할 수 없음이 원칙이다(대판 2008.9.25. 2007다17109). 법인이 정관에서 이사의 사임절차나 사임의 의사표시의 효력발생시기 등에 관하여 특별한 규정을 둔 경우에는 그에 따라야 하는 제한이 있지만(대판 2008.9.25. 2007다17109), 특별한 규정이 없는 한 이사의 사임은 주무관청의 승인이 있어야 그 효력이 발생하는 것은 아니다.

> 학교법인의 이사는 법인에 대한 일방적인 사임의 의사표시에 의하여 법률관계를 종료시킬 수 있고, 그 의사표시는 수령권 있는 기관에 도달됨으로써 바로 효력을 발생하는 것이며, 그 효력발생을 위하여 이사회의 결의나 관할관청의 승인이 있어야 하는 것은 아니다(대판 2003.1.10. 2001다1171).

답 ❺

24 민법상 법인의 해산과 청산에 관한 설명으로 옳지 않은 것은?(다툼이 있으면 판례에 따름)

22 행정사 제10회

① 해산한 법인은 청산의 목적범위 내에서만 권리가 있고 의무를 부담한다.
② 사단법인 총회의 해산결의는 정관에 다른 규정이 없는 한 총사원의 4분의 3 이상의 동의가 필요하다.
③ 민법상 청산절차에 관한 규정에 반하는 잔여재산의 처분행위는 특별한 사정이 없는 한 무효이다.
④ 청산 중의 법인은 변제기에 이르지 아니한 채권에 대해서도 변제할 수 있다.
⑤ 법인의 청산인은 채권신고기간 내에는 채권자에 대하여 변제하지 못하므로 법인은 그 기간 동안의 지연손해배상의무를 면한다.

해설

[❶ ▶ ○] 해산한 법인은 청산의 목적범위 내에서만 권리가 있고 의무를 부담한다(민법 제81조).
[❷ ▶ ○] 사단법인은 총사원 4분의 3 이상의 동의가 없으면 해산을 결의하지 못한다. 그러나 정관에 다른 규정이 있는 때에는 그 규정에 의한다(민법 제78조).
[❸ ▶ ○] 청산절차에 관한 규정은 모두 제3자의 이해관계에 중대한 영향을 미치는 것으로서 강행규정으로 보아야 한다(대판 2000.12.8. 98두5279). 따라서 강행규정에 반하는 잔여재산의 처분행위는 특별한 사정이 없는 한 무효이다.
[❹ ▶ ○] 청산 중의 법인은 변제기에 이르지 아니한 채권에 대하여도 변제할 수 있다(민법 제91조 제1항).
[❺ ▶ ✕] (법인의) 청산인은 채권신고기간 내에는 채권자에 대하여 변제하지 못한다. 그러나 법인은 채권자에 대한 지연손해배상의 의무를 면하지 못한다(민법 제90조).

답 ❺

25 민법상 법인의 소멸에 관한 설명으로 옳지 않은 것은?(다툼이 있으면 판례에 따름)

25 행정사 제13회

① 사단법인은 사원이 없게 되거나 총회의 결의로도 해산한다.
② 청산종결등기가 마쳐진 경우에도 청산사무가 종료되지 않았다면 청산법인으로 존속한다.
③ 청산인은 채권자에 대하여 채권신고를 최고해야 하고, 알고 있는 채권자는 청산에서 제외할 수 있다.
④ 법인이 파산이 아닌 사유로 해산한 경우 정관 또는 총회의 결의로 달리 정한 바가 없으면, 이사가 청산인이 된다.
⑤ 민법상의 청산절차에 관한 규정은 강행규정이므로 이에 반하는 잔여재산의 처분행위는 특별한 사정이 없는 한 무효이다.

해설

[❶ ▶ ○] 민법 제77조 제2항

> **민법 제77조(해산사유)** ① 법인은 존립기간의 만료, 법인의 목적의 달성 또는 달성의 불능 기타 정관에 정한 해산사유의 발생, 파산 또는 설립허가의 취소로 해산한다.
> ② 사단법인은 사원이 없게 되거나 총회의 결의로도 해산한다.

[❷ ▶ ○] 법인에 대한 청산종결등기가 경료되었다고 하더라도 청산사무가 종결되지 않는 한 그 범위 내에서는 청산법인으로서 존속한다고 볼 것이다(대판 2003.2.11. 99다66427).

[❸ ▶ ✕] 알고 있는 채권자는 청산으로부터 제외하지 못한다(민법 제89조).

> **민법 제88조(채권신고의 공고)** ① 청산인은 취임한 날로부터 2월 내에 3회 이상의 공고로 채권자에 대하여 일정한 기간 내에 그 채권을 신고할 것을 최고하여야 한다. 그 기간은 2월 이상이어야 한다.
> ② 전항의 공고에는 채권자가 기간 내에 신고하지 아니하면 청산으로부터 제외될 것을 표시하여야 한다.
> ③ 제1항의 공고는 법원의 등기사항의 공고와 동일한 방법으로 하여야 한다.
>
> **민법 제89조(채권신고의 최고)** 청산인은 알고 있는 채권자에게 대하여는 각각 그 채권신고를 최고하여야 한다. 알고 있는 채권자는 청산으로부터 제외하지 못한다.

[❹ ▶ ○] 민법 제82조

> **민법 제82조(청산인)** 법인이 해산한 때에는 파산의 경우를 제하고는 이사가 청산인이 된다. 그러나 정관 또는 총회의 결의로 달리 정한 바가 있으면 그에 의한다.

[❺ ▶ ○] 민법상의 청산절차에 관한 규정은 모두 제3자의 이해관계에 중대한 영향을 미치기 때문에 이른바 강행규정이라고 해석되므로 이에 반하는 잔여재산의 처분행위는 특단의 사정이 없는 한 무효라고 보아야 한다(대판 1995.2.10. 94다13473).

답 ❸

26 민법상 비법인사단에 관한 설명으로 옳은 것은?(다툼이 있으면 판례에 따름) <small>23 행정사 제11회</small>

① 비법인사단에는 대표권제한의 등기에 관한 규정이 적용되지 않는다.
② 비법인사단이 총유물에 관한 매매계약을 체결하는 행위는 총유물의 처분행위가 아니다.
③ 교회가 의결권을 가진 교인 2/3 이상의 찬성으로 소속 교단을 탈퇴한 경우, 종전 교회의 재산은 탈퇴한 교회 소속 교인들의 총유로 귀속되지 않는다.
④ 비법인사단의 구성원은 지분권에 기하여 총유물의 보존행위를 할 수 있다.
⑤ 비법인사단이 타인 간의 금전채무를 보증하는 행위는 총유물의 관리·처분행위로 볼 수 있다.

해설

[❶ ▶ ○] 비법인사단의 경우에는 대표자의 대표권 제한에 관하여 등기할 방법이 없어 민법 제60조의 규정을 준용할 수 없다(대판 2003.7.22. 2002다64780).
[❷ ▶ ×] 비법인사단이 총유물에 관한 매매계약을 체결하는 행위는 총유물 그 자체의 처분이 따르는 채무부담행위로서 총유물의 처분행위에 해당하나, 그 매매계약에 의하여 부담하고 있는 채무의 존재를 인식하고 있다는 뜻을 표시하는 데 불과한 소멸시효 중단사유로서의 승인은 총유물 그 자체의 관리·처분이 따르는 행위가 아니어서 총유물의 관리·처분행위라고 볼 수 없다(대판 2009.11.26. 2009다64383).
[❸ ▶ ×] 의결권을 가진 종전 교회의 교인 중 2/3 이상이 소속 교단을 탈퇴하거나 소속 교단을 다른 교단으로 변경하는데 동의한 경우에는 종전 교회의 실체는 이와 같이 교단을 탈퇴한 교회로서 존속하고 종전 교회 재산은 위 탈퇴한 교회 소속 교인들의 총유로 귀속된다. 이때 종전 교회의 교인 중 2/3 이상의 동의가 있었는지 여부는 이를 주장하는 측에서 입증하여야 한다(대판 2007.12.27. 2007다17062).
[❹ ▶ ×] 법인 아닌 사단의 단체성으로 인하여 구성원은 사용·수익권을 가질 뿐 이를 넘어서서 사단 재산에 대한 지분권은 인정되지 아니하므로, 총유재산의 처분·관리는 물론 보존행위까지도 법인 아닌 사단의 명의로 하여야 하고, 그 절차에 관하여 사단 규약에 특별한 정함이 없으면 의사결정기구인 총회 결의를 거쳐야 한다(민법 제276조 제1항)(대판 2006.4.20. 2004다37775[전합]). 따라서 비법인사단의 구성원은 지분권에 기하여 총유물의 보존행위를 할 수 없다.
[❺ ▶ ×] 비법인사단이 타인 간의 금전채무를 보증하는 행위는 총유물 그 자체의 관리·처분이 따르지 아니하는 단순한 채무부담행위에 불과하여 이를 총유물의 관리·처분행위라고 볼 수는 없다(대판 2007.4.19. 2004다60072[전합]).

답 ❶

27 민법상 사단법인에 관한 규정 중 비법인사단에 유추적용할 수 없는 것은?(다툼이 있으면 판례에 따름) <small>25 행정사 제13회</small>

① 임시이사의 선임에 관한 제63조
② 법인의 권리능력에 관한 제34조
③ 법인의 해산에 따른 청산인을 정하는 제82조
④ 이사의 대표권에 대한 제한의 대항요건을 규정한 제60조
⑤ 대표자의 불법행위에 대한 법인의 책임을 규정한 제35조 제1항

해설

[❶ ▶ ○]　임시이사의 선임에 관한 민법 제63조는 비법인사단에도 유추적용된다.

> 민법 제63조는 법인의 조직과 활동에 관한 것으로서 법인격을 전제로 하는 조항이 아니고, 법인 아닌 사단이나 재단의 경우에도 이사가 없거나 결원이 생길 수 있으며, 통상의 절차에 따른 새로운 이사의 선임이 극히 곤란하고 종전 이사의 긴급처리권도 인정되지 아니하는 경우에는 사단이나 재단 또는 타인에게 손해가 생길 염려가 있을 수 있으므로, 민법 제63조는 법인 아닌 사단이나 재단에도 유추 적용할 수 있다(대결 2009.11.19. 2008마699[전합]).

[❷ ▶ ○]　"법인은 법률의 규정에 좇아 정관으로 정한 목적의 범위내에서 권리와 의무의 주체가 된다"고 규정한 법인의 권리능력에 관한 민법 제34조는 비법인사단에도 유추적용된다.

> 지방 향교의 관할 구역은 독립된 비법인 사단인 지방 향교의 설립 목적과 사원 자격에 직결되어 있으므로, 비법인사단에 유추적용되는 민법 제34조에 따라 기본적으로 지방 향교의 정관이나 규약 등에 의하여 결정되는 것으로 봄이 상당하다(대판 2010.5.27. 2006다72109).

[❸ ▶ ○]　법인의 해산에 따른 청산인을 정하는 민법 제82조는 비법인사단에도 유추적용된다.

> 비법인사단에 대하여는 사단법인에 관한 민법규정 중 법인격을 전제로 하는 것을 제외한 규정들을 유추적용 하여야 할 것이므로 비법인사단인 교회의 교인이 존재하지 않게 된 경우 그 교회는 해산하여 청산절차에 들어가서 청산의 목적범위 내에서 권리·의무의 주체가 되며, 이 경우 해산 당시 그 비법인사단의 총회에서 향후 업무를 수행할 자를 선정하였다면 민법 제82조 제1항을 유추(적용)하여 그 선임된 자가 청산인으로서 청산 중의 비법인사단을 대표하여 청산업무를 수행하게 된다(대판 2003.11.14. 2001다32687).

[❹ ▶ ×]　비법인사단의 경우에는 대표자의 대표권 제한에 관하여 등기할 방법이 없어, 이사의 대표권에 대한 제한의 대항요건을 규정한 민법 제60조의 규정을 준용할 수 없다(대판 2003.7.22. 2002다64780).

> 민법 제60조(이사의 대표권에 대한 제한의 대항요건)　이사의 대표권에 대한 제한은 등기하지 아니하면 제3자에게 대항하지 못한다.

[❺ ▶ ○]　대표자의 불법행위에 대한 법인의 책임을 규정한 민법 제35조 제1항은 비법인사단에도 유추적용된다.

> 주택조합과 같은 비법인사단의 대표자가 직무에 관하여 타인에게 손해를 가한 경우 그 사단은 민법 제35조 제1항의 유추적용에 의하여 그 손해를 배상할 책임이 있으며, 비법인사단의 대표자의 행위가 대표자 개인의 사리를 도모하기 위한 것이었거나 혹은 법령의 규정에 위배된 것이었다 하더라도 외관상, 객관적으로 직무에 관한 행위라고 인정할 수 있는 것이라면 민법 제35조 제1항의 직무에 관한 행위에 해당한다(대판 2003.7.25. 2002다27088).

답 ❹

제4장 권리의 객체(물건)

학습 Key word
❶ 물건의 정의에 대해 학습한다.
❷ 동산 및 부동산에 대해 학습한다.
❸ 주물과 종물에 대해 학습한다.
❹ 원물과 과실에 대해 학습한다.

제1절 서 설

1. 의 의

권리의 객체는 권리의 종류에 따라 다르다. 물권의 객체는 물건, 채권의 객체는 채무자의 일정한 행위, 즉 급부이며, 형성권에서는 법률관계 자체가 객체이다.

2. 민법의 규정

민법에는 권리의 객체에 관한 일반규정이 없다. 다만, 민법은 총칙편 제4장에서 물건에 관하여만 규정한다.

제2절 물 건

1. 물 건

> **민법 제98조(물건의 정의)** 기출 23 · 16 · 15 · 13
> 본법에서 물건이란 유체물 및 전기 기타 관리할 수 있는 자연력을 말한다.

(1) 개 념
① 물건이란 '유체물 및 전기 기타 관리할 수 있는 자연력'을 말한다(민법 제98조). 기출 23 여기에서 '관리할 수 있다는 것', 즉 관리가능성은 배타적 지배가능성을 뜻한다.
② 권리는 물건이 아니다. 단, 물권의 객체는 될 수 있다.

③ 해, 달, 공기, 전파, 바다는 물건이 아니다. 관리가능성이 부정되기 때문이다.
④ 강아지, 고양이 등 반려동물은 민법규정의 해석상 물건에 해당한다.

(2) 외계의 일부일 것
① 사람의 신체나 그 일부는 물건이 아니다. 의족, 의치 등도 신체에 부착되어 있다면 신체의 일부로 보아야 한다. 다만, 신체로부터 분리되면 물건이 된다.
② 사체, 유골이 물건인지에 관하여 물건성을 인정하는 견해와 부정하는 견해가 대립하지만, 물건성을 인정하는 견해도 매장, 제사, 공양의 대상으로서의 내용만 가진다고 보므로 양 학설은 실질적 차이가 없다.
③ 판례는 「사람의 유체·유골은 매장·관리·제사·공양의 대상이 될 수 있는 유체물로서, 분묘에 안치되어 있는 선조의 유체·유골은 민법 제1008조의3 소정의 제사용 재산인 분묘와 함께 그 제사주재자에게 승계되고, 피상속인 자신의 유체·유골 역시 위 제사용 재산에 준하여 그 제사주재자에게 승계된다. 피상속인이 생전행위 또는 유언으로 자신의 유체·유골을 처분하거나 매장장소를 지정한 경우에, 선량한 풍속 기타 사회질서에 반하지 않는 이상 그 의사는 존중되어야 하고 이는 제사주재자로서도 마찬가지이지만, 피상속인의 의사를 존중해야 하는 의무는 도의적인 것에 그치고, 제사주재자가 무조건 이에 구속되어야 하는 법률적 의무까지 부담한다고 볼 수는 없다」(대판 2008.11.20. 2007다27670[전합])고 한다. **기출** 22·21

(3) 독립한 물건일 것(독립성)
① 물건이 독립한 것인지 여부는 사회관념에 따라 판단된다.
② 물건의 일부 또는 물건의 집합은 원칙적으로 물권의 객체로 되지 못한다(일물일권주의).

2. 물건의 개수에 따른 물건의 분류

(1) 단일물
형체상 단일한 일체를 이루고 각 구성부분이 개성을 상실한 물건을 말한다. 따라서 단일물은 하나의 물건이다.

> 건물은 일정한 면적, 공간의 이용을 위하여 지상, 지하에 건설된 구조물을 말하는 것으로서, 건물의 개수는 토지와 달리 공부상의 등록에 의하여 결정되는 것이 아니라 사회통념 또는 거래관념에 따라 물리적 구조, 거래 또는 이용의 목적물로서 관찰한 건물의 상태 등 객관적 사정과 건축한 자 또는 소유자의 의사 등 주관적 사정을 참작하여 결정되는 것이다(대판 1997.7.8. 96다36517). **기출** 20

(2) 합성물
각각의 구성부분이 개성을 잃지 않고 결합하여 일체를 이루는 물건으로, 법률상 한 개의 물건으로 다루어진다. 소유자를 달리하는 수 개의 물건이 결합하여 합성물로 되면 첨부의 법리에 따라 소유권의 변동이 일어날 수 있다.

(3) 집합물
① 다수의 물건이 결합하여 경제적으로 단일한 가치를 가지는 경우이다.
② 일물일권주의 원칙상 집합물 위에 하나의 물권이 성립할 수 없다. 단, 법률상 특별한 규정이 있다면 1개의 물건처럼 다루어진다(예 공장 및 광업재단저당법, 입목에 관한 법률 등).
③ 판례는 일정한 요건을 갖춘 경우 집합물을 「1개의 물건」으로 인정한다(대판 1990.12.26. 88다카20224).

> 일반적으로 일단의 증감 변동하는 동산을 하나의 물건으로 보아 이를 채권담보의 목적으로 삼으려는 이른바 집합물에 대한 양도담보설정계약체결도 가능하며 이 경우 그 목적 동산이 담보설정자의 다른 물건과 구별될 수 있도록 그 종류, 장소 또는 수량지정 등의 방법에 의하여 특정되어 있으면 그 전부를 하나의 재산권으로 보아 이에 유효한 담보권의 설정이 된 것으로 볼 수 있다(대판 1990.12.26. 88다카20224). 기출 18

3. 기타 물건의 분류

(1) 융통물 · 불융통물

사법상 거래의 객체가 될 수 있는 물건을 융통물이라 하고, 그렇지 못한 물건을 불융통물이라고 한다. 불융통물로는 공용물(예 관공서의 건물, 국공립학교의 건물 등), 공공용물(예 도로, 공원, 하천, 항만 등), 금제물(예 아편, 음란한 문서나 도화, 위조나 변조한 통화 등)이 있다.

(2) 대체물 · 부대체물

거래상 개성이 중시되지 아니하여 동종 · 동량의 물건으로 바꾸어도 급부의 동일성이 바뀌지 않는 물건이 대체물이고, 대체성이 없는 물건이 부대체물이다. 양자의 구별은 일반거래상 물건의 개성이 중요시되는지 여부에 따른 일반적 · 객관적인 성질에 의한다.

(3) 특정물 · 불특정물

당사자가 물건의 개성을 중요시하여 동종의 다른 물건으로 급부할 수 없는 물건이 특정물이고, 다른 물건으로 급부할 수 있는 물건이 불특정물이다. 양자의 구별은 대체물 · 부대체물과 달리 당사자의 의사에 의하여 주관적으로 결정된다.

제3절 동산과 부동산

민법 제99조(부동산, 동산)
① 토지 및 그 정착물은 부동산이다.
② 부동산 이외의 물건은 동산이다.

1. 동산과 부동산

① 민법은 토지와 그 정착물을 부동산이라 하고, 그 밖의 물건을 동산이라고 한다(민법 제99조).
② 동산과 부동산의 법적 취급이 다른 이유는 양자가 가지는 재산적 가치의 차이와 공시방법이 다르기 때문이다.

2. 부동산인 「토지」

(1) 토지의 범위

① 토지란 인위적으로 구획된 일정범위의 지면에 정당한 이익이 있는 범위 내에서 그 상하(上下)를 포함한다(민법 제212조 참조). 토석(土石)과 같은 토지의 구성물은 당연히 토지의 일부분에 지나지 않는다.

> 일반적으로 토석은 토지의 기본적 구성요소로서 토석 그 자체의 굴취, 채취를 목적으로 하는 경우를 제외하고는 토지와 분리하여 별도로 권리 또는 거래의 객체로 되지는 못한다(대판 1989.6.27. 88다카25861).

② 지하에서 용출되는 온천수도 토지의 구성부분일 뿐 그 토지와 독립된 권리의 객체가 아니다. 기출 18

③ 그러나 지하에 매장되어 있는 미채굴의 광물(예 금, 은, 철광석)에 대해서는 국가가 이를 채굴하고 취득할 권리(광업권)를 부여하는 권능을 가지고 있으므로(광업법 제2조), 토지소유자의 소유권이 미치지 않는다.

(2) 토지의 개수

① 토지의 개수는 「공간정보의 구축 및 관리 등에 관한 법률」(구 지적법)에 의한 지적공부(토지대장, 임야대장)상의 필(筆)수, 분계선에 의하여 결정된다(대판 1997.7.8. 96다36517).

② 1필의 토지를 수필의 토지로 분할하여 등기하려면 먼저 지적공부 소관청에 의하여 지적측량을 하고 그에 따라 필지마다 지번, 지목, 경계 또는 좌표와 면적이 정하여진 후 지적공부에 등록되는 등 분할의 절차를 밟아야 되고, 가사 등기부에만 분필의 등기가 이루어졌다고 하여도 이로써 분필의 효과가 발생할 수는 없다(대판 1995.6.16. 94다4615).

3. 「토지의 정착물」

(1) 건 물

① 토지의 정착물 중 건물은 토지와는 독립된 별개의 부동산으로 취급되며, 토지에 부합하지 않는다.

② 건물의 개수는 토지와 달리 공부상의 등록에 의하여 결정되는 것이 아니라 사회통념 또는 거래관념에 따라 물리적 구조, 거래 또는 이용의 목적물로서 관찰한 건물의 상태 등 객관적 사정과 건축한 자 또는 소유자의 의사 등 주관적 사정을 참작하여 결정되며(대판 1997.7.8. 96다36517), 동(棟)으로 표시한다.

> - 독립된 부동산으로서의 건물이라고 하기 위하여는 최소한의 기둥과 지붕 그리고 주벽이 이루어지면 된다(대판 2001.1.16. 2000다51872). 기출 23·17·13
> - 건물의 신축공사를 도급받은 수급인이 사회통념상 독립한 건물이라고 볼 수 없는 정착물을 토지에 설치한 상태에서 공사가 중단된 경우에 위 정착물은 토지의 부합물에 불과하다(대결 2008.5.30. 2007마98).

③ 건물의 경계는 사회통념상 독립한 건물로 인정되는 건물 사이의 현실적 경계에 의하여 특정된다(대판 1997.7.8. 96다36517).

(2) 등기된 입목

① 원래 수목이나 수목의 집단은 토지에 부합되어 토지의 구성부분으로 취급된다. 따라서 타인의 토지 위에 권원 없이 수목을 식재한 자는 특별한 사정이 없는 한 토지소유자에 대하여 그 수목의 소유권을 주장할 수 없다(대판 1989.7.11. 88다카9067). 기출 23

② 그러나 입목에 관한 법률에 의하여 보존등기를 하게 되면 그 수목은 토지와 「독립한 부동산」으로 다루어진다(입목에 관한 법률 제2조 제1항 제1호, 제3조 제1항). 기출 18

> **입목에 관한 법률 제2조(정의)**
> ① 이 법에서 사용하는 용어의 뜻은 다음과 같다.
>   1. "입목"이란 토지에 부착된 수목의 집단으로서 그 소유자가 이 법에 따라 소유권보존의 등기를 받은 것을 말한다.
>   2~3. 생 략
> ② 생 략
>
> **입목에 관한 법률 제3조(입목의 독립성)**
> ① 입목은 부동산으로 본다.
> ② 입목의 소유자는 토지와 분리하여 입목을 양도하거나 저당권의 목적으로 할 수 있다. 기출 13
> ③ 토지소유권 또는 지상권 처분의 효력은 입목에 미치지 아니한다.

(3) 명인방법을 갖춘 수목이나 그 집단 또는 미분리의 과실

① 수목은 토지로부터 분리되면 동산이지만, 분리되지 않은 상태에서는 토지의 일부이다.

> 타인의 토지상에 권원 없이 식재한 수목의 소유권은 토지에 부합되어 토지소유자에게 귀속하게 된다(대판 1998.4.24. 97도3425). 기출 14

② 그러나 입목에 관한 법률에 따른 입목등기를 하지 않은 수목이라도 명인방법을 갖추면 토지와 독립된 거래의 객체로 된다(대결 1998.10.28. 98마1817). 기출 15 이때 명인방법으로 공시할 수 있는 권리는 소유권(또는 소유권이전형식의 양도담보)에 한한다. 미분리의 과실도 명인방법을 갖추면 독립한 물건으로 다루어진다. 명인방법은 수목이나 그 집단 또는 미분리 과실의 현재 소유자가 누구라는 것을 제3자가 명백하게 인식할 수 있도록 하는 방법으로, 관습법에 의하여 인정되는 공시방법이다. 기출 18 따라서 미분리 과실도 명인방법이라는 공시방법을 갖춘 때에는 독립한 물건으로서 거래의 목적이 될 수 있다. 기출 15

(4) 농작물에 관한 판례 법리

① 농작물은 토지에 부합하지 않고 경작자에게 소유권이 있다. 경작자에게 적법한 권원이 있을 필요도 없고, 명인방법을 갖출 필요도 없다. 단, 독립성은 있어야 하므로 성숙한 농작물이어야 한다.

> 적법한 경작권 없이 타인의 토지를 경작하였더라도 그 경작한 입도(立稻, 수확하기 전의 벼)가 성숙하여 독립한 물건으로서의 존재를 갖추었으면 입도의 소유권은 경작자에게 귀속한다(대판 1979.8.28. 79다784).

② 그러나 농작물 매매에서 매수인이 농작물의 소유권을 취득하기 위해서는 명인방법을 갖추어야 하므로, 아직 명인방법을 갖추지 않았다면 농작물의 소유권은 여전히 매도인에게 있다(대판 1996.2.23. 95도2754).

4. 동 산

(1) 의 의

부동산 이외의 물건은 동산이다(민법 제99조 제2항). 따라서 가식(假植)의 수목과 같이 토지에 부착된 물건도 정착물이 아니면 동산이고, 전기 기타 관리할 수 있는 자연력도 동산이다. 기출 21 선박·자동차·항공기·건설기계 등도 동산이지만, 특별법에 의하여 부동산에 준하여 취급된다. 무기명채권(예 상품권, 승차권, 입장권, 무기명국채 등)은 물건이 아니므로 동산에도 해당하지 않는다.

(2) 금전의 특수성

금전 역시 동산이지만, 보통의 동산과는 다른 특수성이 인정된다. 기출 21 즉, 금전채무자는 채권자에게 일정한 화폐가치를 이전할 의무를 부담할 뿐이어서 채무불이행에 관한 특칙이 인정되고(민법 제397조), 타인의 점유에 들어간 금전에 대해서는 물권적 청구권이 인정되지 않고 부당이득이 문제될 뿐이며, 선의취득에 관해서도 특수성이 인정된다(민법 제250조 단서).

(3) 집합물

① 일물일권주의 원칙상 집합물 위에 하나의 물권이 성립할 수 없음이 원칙이다. 그러나 예외적으로 일정한 집합물은 특별법(예 「공장 및 광업재단 저당법」)에 의하여 특별한 공시방법이 인정되고 법률상 하나의 물건으로 다루어진다.

② 증감·변동하는 유동집합물(예 양돈장 내의 돼지, 양만장 내의 뱀장어)이라 하더라도 외부적·객관적으로 특정할 수 있는 경우 그 집합물 전부를 하나의 물건으로 보아 거래(예 양도담보설정계약)의 객체로 할 수 있다.

제4절 주물과 종물

> **민법 제100조(주물, 종물)**
> ① 물건의 소유자가 그 물건의 상용에 공하기 위하여 자기 소유인 다른 물건을 이에 부속하게 한 때에는 그 부속물은 종물이다.
> ② 종물은 주물의 처분에 따른다.

1. 의 의

물건의 소유자가 그 물건의 일상적인 사용을 돕기 위하여 자기 소유의 다른 물건을 이에 부속하게 한 경우에, 그 물건을 주물이라 하고 주물에 부속된 다른 물건을 종물이라 한다(민법 제100조 제1항).

2. 종물의 요건

(1) 주물의 상용에 공할 것

① 주물의 상용에 공한다는 것은 사회관념상 계속해서 주물의 경제적 효용을 다하게 하는 작용을 하는 것을 말한다. 따라서 일시적으로 어떤 물건의 효용을 돕고 있는 것은 종물이 아니다. 그리고 주물의 소유자나 이용자의 상용에 공여되고 있더라도 주물 그 자체의 효용과 직접 관계가 없는 물건은 종물이 아니다(대판 1994.6.10. 94다11606). 기출 25·22·20·19·18·15·14

② 주물과 종물 사이의 경제적 효용에 있어서 주종의 관계가 인정되려면 '장소적으로도 밀접한 위치'에 있어야 한다(통설·판례).

③ 주유소의 주유기는 주유소 건물의 종물이다(대판 1995.6.29. 94다6345). 기출 23

(2) 독립한 물건일 것
① 종물은 주물의 구성부분을 이루는 것이 아니라, 주물과는 독립한 물건이어야 한다. 기출 25·24·19·14 법률상 독립한 물건인 이상 동산·부동산을 불문한다. 기출 24
② 건물의 정화조, 주유소 토지에 매설된 유류저장탱크 등은 부합물에 불과할 뿐 종물이 아니다(판례).

(3) 주물과 종물이 모두 동일한 소유자 소유에 속할 것
① 학설은 종물이 타인의 소유라고 하더라도 그 타인의 권리를 해하지 않는 범위 내에서는 민법 제100조가 적용된다고 한다(통설).
② 반면 판례는 「종물이 제3자의 소유임에도 민법 제100조 제2항에 따라 주물과 종물이 법률적 운명을 같이 한다면 제3자의 권리가 침해되므로, 주물의 소유자 아닌 사람의 소유에 속하는 물건은 종물이 될 수 없다 (대판 2008.5.8. 2007다36933·36940)」고 하였다. 기출 20·17

3. 종물의 효과
① 종물은 주물의 처분에 따른다(민법 제100조 제2항). 여기서의 처분은 법률행위에 의한 처분뿐만 아니라 주물의 권리관계가 압류와 같은 공법상의 처분 등에 의하여 변동된 경우도 포함된다(대판 2006.10.26. 2006다29020). 기출 25·22·16 주물 위에 저당권이 설정된 경우에 그 저당권의 효력은 설정 후의 종물에도 미친다. 다만, 점유 기타 사실관계에 기한 권리변동에 있어서는 민법 제100조 제2항이 적용되지 않는다는 점을 주의해야 한다. 점유를 요건으로 하는 권리, 예를 들면 취득시효에 의한 소유권 취득(민법 제245조 이하), 유치권(민법 제320조), 질권(민법 제329조)의 경우에는, 그 권리의 성질상 주물 외에 종물에 대해서도 점유가 필요하며, 주물만 점유한 경우에는 종물에 대하여는 취득시효에 의한 소유권 취득, 유치권, 질권이 인정되지 않는 것으로 해석된다. 기출 24·21
② 민법 제100조 제2항은 임의규정이므로, 당사자는 주물을 처분할 때에 특약으로 종물을 제외 할 수 있고 종물만을 별도로 처분할 수도 있다(대판 2012.1.26. 2009다76546). 기출 25·24·22·20·19·17·16·15·13
③ 민법 제100조 제2항의 법리는 권리(주된 권리와 종된 권리) 상호 간에도 유추적용할 수 있다.
기출 25·19·17

> 이자채권은 원본채권에 대하여 종속성을 갖고 있으나 이미 변제기에 도달한 이자채권은 원본채권과 분리하여 양도할 수 있고 원본채권과 별도로 변제할 수 있으며 시효로 인하여 소멸되기도 하는 등 어느 정도 독립성을 갖게 되는 것이므로, 원본채권이 양도된 경우 이미 변제기에 도달한 이자채권은 원본채권의 양도 당시 그 이자채권도 양도한다는 의사표시가 없는 한 당연히 양도되지는 않는다(대판 1989.3.28. 88다카12803). 기출 22

4. 종물에 해당 여부가 문제된 사례

종물 ○	종물 ×
• 농지에 부속한 양수시설 • 횟집점포건물에 붙여서 신축한 생선보관용 수족관 건물 • 주유소의 주유기 • 공장건물과 인접한 저유조 • 백화점건물의 전화교환설비 • 건물 외의 창고, 연탄창고, 공동변소	• 건물의 정화조 • 주유소의 유류저장탱크 • 호텔의 객실에 설치된 전화기, 텔레비전 등

제5절 원물과 과실

> **민법 제101조(천연과실, 법정과실)** 기출 24·23·14·13
> ① 물건의 용법에 의하여 수취하는 산출물은 천연과실이다.
> ② 물건의 사용대가로 받는 금전 기타의 물건은 법정과실로 한다.
>
> **민법 제102조(과실의 취득)** 기출 19·17·16·15·14·13
> ① 천연과실은 그 원물로부터 분리하는 때에 이를 수취할 권리자에게 속한다.
> ② 법정과실은 수취할 권리의 존속기간일수의 비율로 취득한다.

1. 의의

물건으로부터 생기는 경제적 수익을 과실이라 하고, 과실을 생기게 하는 물건을 원물이라고 한다. 민법은 물건의 과실만을 인정하고, 권리의 과실을 인정하지 않는다. 기출 21 노동의 대가인 임금도 과실이 아니다.

2. 수취권자

(1) 수취권자에 해당하는 자

과실수취권자는 원칙적으로 원물의 소유자이나 이에 한정하지 않는다. 기출 14 즉, 선의의 점유자(민법 제201조 제1항), 지상권자(민법 제279조), 전세권자(민법 제303조), 목적물을 인도하지 않은 매도인(민법 제587조 전문), 임차인(민법 제618조) 등도 수취권을 가진다. 하나의 원물에 관하여 소유권자와 용익권자가 경합하는 경우, 원칙적으로 용익권자의 과실수취권이 우선한다.

(2) 수취권자에 해당하지 않는 자

반면, 수치인(민법 제693조, 제701조), 수임인(민법 제680조, 제684조), 사무관리자(민법 제734조, 제738조), 후견인(민법 제957조) 등은 수취권자가 아니다.

3. 과실의 종류

(1) 천연과실

① 의의 : 물건의 용법에 의하여 수취하는 산출물을 천연과실이라고 한다(민법 제101조 제1항). 기출 24·23 여기에서 '물건의 용법'은 원물의 경제적 용도에 따른다는 의미이고, 물건의 용법에 따르지 않은 산출물에 대하여도 본조가 유추적용된다(통설).
② 귀속 : 천연과실은 원물로부터 분리하는 때의 수취권자에게 귀속된다(민법 제102조 제1항). 이 규정은 임의규정이다. 분리는 자연적이든 인위적이든 불문한다.
③ 관련 판례 : 돼지를 양도담보의 목적물로 하여 소유권을 양도하되 점유개정의 방법으로 양도담보설정자가 계속하여 점유·관리하면서 무상으로 사용·수익하기로 약정한 경우, 양도담보 목적물로서 원물인 돼지가 출산한 새끼 돼지는 천연과실에 해당하고 그 천연과실의 수취권은 원물인 돼지의 사용·수익권을 가지는 양도담보설정자에게 귀속되므로, 다른 특별한 약정이 없는 한 천연과실인 새끼 돼지에 대하여는 양도담보의 효력이 미치지 않는다(대판 1996.9.10. 96다25463).

(2) 법정과실
① 의의 : 물건의 사용대가로 받는 금전 기타 물건을 법정과실이라고 한다(민법 제101조 제2항). 임료, 지료, 이자 등이 법정과실이다. 따라서 물건의 사용대가가 아닌 노동의 대가(임금)나 권리사용의 대가(예 주식의 배당금, 특허권의 사용료 등)는 법정과실이 아니며, 매매대금도 사용대가가 아니므로 법정과실에 해당하지 않는다. 기출 21
② 귀속 : 법정과실은 수취할 권리의 존속기간일수의 비율로 취득한다(민법 제102조 제2항). 이 규정 역시 임의규정이다.
③ 관련 판례 : 국립공원의 입장료는 수익자부담의 원칙에 따라 국립공원의 유지·관리비용의 일부를 입장객에게 부담시키는 것에 지나지 않고, 토지의 사용대가가 아닌 점에서 민법상의 과실은 아니다(대판 2001.12.28. 2000다27749). 기출 20·18

4. 사용이익

① 물건을 현실적으로 사용하여 얻는 이익을 '사용이익'이라고 한다.
② 실질이 과실과 동일하다고 보아 과실에 관한 규정이 유추적용된다.
③ (선의의 점유자가) 건물을 사용함으로써 얻은 이득은 건물의 과실에 준하는 것으로 본다(대판 1996.1.26. 95다44290).

제4장 권리의 객체(물건)

⊃ 확인학습문제

제1절	서 설
제2절	물 건
제3절	동산과 부동산
제4절	주물과 종물
제5절	원물과 과실

01 물건에 관한 설명으로 옳지 않은 것은?(다툼이 있으면 판례에 따름) 16 행정사 제4회

① 민법상 전기(電氣)는 물건이다.
② 주물이 압류된 경우 압류의 효력은 종물에도 미친다.
③ 종물은 주물의 처분에 따른다는 민법 제100조 제2항의 규정은 권리 상호 간에 적용될 수 없다.
④ 주물을 처분할 때 특약으로 종물을 제외할 수 있고 종물만을 별도로 처분할 수도 있다.
⑤ 법정과실은 수취할 권리의 존속기간일수의 비율로 취득하고, 천연과실은 그 원물로부터 분리하는 때에 이를 수취할 권리자에 속한다.

해설

[❶ ▸ ○] 본법에서 물건이란 유체물 및 전기 기타 관리할 수 있는 자연력을 말한다(민법 제98조).
[❷ ▸ ○] 민법 제100조 제2항에서의 처분은 처분행위에 의한 권리변동뿐 아니라 주물의 권리관계가 압류와 같은 공법상의 처분 등에 의하여 생긴 경우에도 적용되어야 한다(대판 2006.10.26. 2006다29020). 즉, 종물은 주물의 처분에 따르므로 주물에 대한 압류효력은 종물에도 미친다.
[❸ ▸ ×] 주물과 종물에 관해 정한 민법 제100조는 물건 상호 간의 관계에 관한 것이지만 권리 상호 간의 관계에도 유추적용된다(대판 2006.10.26. 2006다29020).
[❹ ▸ ○] 종물은 주물의 처분에 수반된다는 민법 제100조 제2항은 임의규정이므로, 당사자는 주물을 처분할 때에 특약으로 종물을 제외할 수 있고 종물만을 별도로 처분할 수도 있다(대판 2012.1.26. 2009다76546).
[❺ ▸ ○] 법정과실은 수취할 권리의 존속기간일수의 비율로 취득하고(민법 제102조 제2항), 천연과실은 그 원물로부터 분리하는 때에 이를 수취할 권리자에 속한다(민법 제102조 제1항).

답 ❸

02 물건에 관한 설명으로 옳은 것은?(다툼이 있으면 판례에 따름) 22 행정사 제10회

① 주물의 소유자의 상용에 공여되고 있더라도 주물 자체의 효용과 관계가 없는 물건은 종물이 아니다.
② 원본채권이 양도되면 특별한 사정이 없는 한 이미 변제기에 도달한 이자채권도 당연히 함께 양도된다.
③ 주물을 처분할 때 종물을 제외하거나 종물만을 별도로 처분하는 특약은 무효이다.
④ 피상속인이 유언으로 자신의 유골의 매장장소를 지정한 경우, 제사주재자는 피상속인의 의사에 따를 법률적 의무를 부담한다.
⑤ '종물은 주물의 처분에 따른다'고 규정한 민법 제100조 제2항의 '처분'에는 공법상 처분은 포함되지 않는다.

해설

[❶ ▶ ○] 주물의 상용에 이바지한다 함은 주물 그 자체의 경제적 효용을 다하게 하는 것을 말하는 것으로서, 주물의 소유자나 이용자의 사용에 공여되고 있더라도 주물 그 자체의 효용과 직접 관계가 없는 물건은 종물이 아니다(대결 2000.11.2. 2000마3530).

[❷ ▶ ×] 이자채권은 원본채권에 대하여 종속성을 갖고 있으나 이미 변제기에 도달한 이자채권은 원본채권과 분리하여 양도할 수 있고 원본채권과 별도로 변제할 수 있으며 시효로 인하여 소멸되기도 하는 등 어느 정도 독립성을 갖게 되는 것이므로, 원본채권이 양도된 경우 이미 변제기에 도달한 이자채권은 원본채권의 양도 당시 그 이자채권도 양도한다는 의사표시가 없는 한 당연히 양도되지는 않는다(대판 1989.3.28. 88다카12803).

[❸ ▶ ×] 종물은 주물의 처분에 수반된다는 민법 제100조 제2항은 임의규정이므로, 당사자는 주물을 처분할 때에 특약으로 종물을 제외할 수 있고, 종물만을 별도로 처분할 수도 있다(대판 2012.1.26. 2009다76546).

[❹ ▶ ×] 피상속인이 생전행위 또는 유언으로 자신의 유체·유골을 처분하거나 매장장소를 지정한 경우에, 선량한 풍속 기타 사회질서에 반하지 않는 이상 그 의사는 존중되어야 하고 이는 제사주재자로서도 마찬가지이지만, 피상속인의 의사를 존중해야 하는 의무는 도의적인 것에 그치고, 제사주재자가 무조건 이에 구속되어야 하는 법률적 의무까지 부담한다고 볼 수는 없다(대판 2008.11.20. 2007다27670[전합]).

[❺ ▶ ×] 민법 제100조 제2항의 종물과 주물의 관계에 관한 법리는 물건 상호 간의 관계뿐 아니라 권리 상호 간에도 적용되고, 위 규정에서의 처분은 처분행위에 의한 권리변동뿐 아니라 주물의 권리관계가 압류와 같은 공법상의 처분 등에 의하여 생긴 경우에도 적용된다(대판 2006.10.26. 2006다29020).

답 ❶

03 물건에 관한 설명으로 옳지 않은 것은?(다툼이 있으면 판례에 따름) ㉓ 행정사 제11회

① 물건이란 유체물 및 전기 기타 관리할 수 있는 자연력을 말한다.
② 주유소의 주유기는 특별한 사정이 없는 한 주유소 건물의 종물이다.
③ 타인의 토지 위에 권원 없이 식재한 수목의 소유권은 특별한 사정이 없는 한 식재한 자에게 속한다.
④ 물건의 용법에 의하여 수취하는 산출물은 천연과실이다.
⑤ 최소한의 기둥과 지붕 및 주벽이 있는 건물은 토지와는 별개의 독립한 물건으로 인정될 수 있다.

해설

[❶▶○]   본법에서 물건이란 유체물 및 전기 기타 관리할 수 있는 자연력을 말한다(민법 제98조).
[❷▶○]   주유소의 주유기는 계속해서 주유소 건물 자체의 경제적 효용을 다하게 하는 작용을 하고 있으므로 주유소건물의 상용에 공하기 위하여 부속시킨 종물이라고 본 사례(대판 1995.6.29. 94다6345).
[❸▶×]   민법 제256조는 부동산의 소유자는 그 부동산에 부합한 물건의 소유권을 취득한다. 그러나 타인의 권원에 의하여 부속된 것은 그러하지 아니한다라고 규정하고 있는데, 민법 제256조 단서 소정의 "권원"이란 지상권, 전세권, 임차권 등과 같이 타인의 부동산에 자기의 동산을 부속시켜서 그 부동산을 이용할 수 있는 권리를 뜻하므로 그와 같은 권원이 없는 자가 토지소유자의 승낙을 받음이 없이 그 임차인의 승낙만을 받아 그 부동산 위에 나무를 심었다면 특별한 사정이 없는 한 토지소유자에 대하여 그 나무의 소유권을 주장할 수 없다(대판 1989.7.11. 88다카9067).
[❹▶○]   물건의 용법에 의하여 수취하는 산출물은 천연과실이다. 물건의 사용대가로 받는 금전 기타의 물건은 법정과실로 한다(민법 제101조).
[❺▶○]   토지와는 별개의 독립된 부동산으로서의 건물이라고 하기 위하여는 최소한의 기둥과 지붕 그리고 주벽이 이루어지면 된다(대판 2001.1.16. 2000다51872).

답 ❸

04 민법상 물건에 관한 설명으로 옳은 것은?(다툼이 있으면 판례에 따름)

① 주물의 구성부분도 종물이 될 수 있다.
② 독립한 물건이라도 부동산은 종물이 될 수 없다.
③ 주물에 대한 점유시효취득의 효력은 점유하지 않는 종물에도 미친다.
④ 천연과실은 물건의 사용대가로 받는 금전 기타의 물건을 말한다.
⑤ 당사자는 주물을 처분할 때에 특약으로 종물을 제외할 수 있다.

해설

[❶ ▶ ×] 종물은 독립된 물건이어야 하기 때문에 주물의 구성부분은 종물이 될 수 없다.

[❷ ▶ ×] 종물은 주물과 독립한 물건이면 되고, 동산이든 부동산이든 관계없다. 독일민법(제97조 제1항)과 스위스민법(제644조 제2항)은 종물을 동산에 한정하고 있으나, 현행 민법은 이러한 제한을 두고 있지 않으므로 부동산도 종물이 될 수 있다. 판례도 낡은 가재도구 등의 보관장소로 사용되고 있는 방과 연탄창고 및 공동변소가 본채에서 떨어져 축조되어 있기는 하나 본채의 종물이라고 보았다(대판 1991.5.14. 91다2779).

[❸ ▶ ×] 종물은 주물의 처분에 따른다(민법 제100조 제2항). 그러나 점유를 요건으로 하는 권리, 예를 들면 취득시효에 의한 소유권 취득(민법 제245조 이하), 유치권(민법 제320조), 질권(민법 제329조)의 경우에는, 그 권리의 성질상 주물 외에 종물에 대해서도 점유가 필요하며, 주물만 점유한 경우에는 종물에 대하여는 취득시효에 의한 소유권 취득, 유치권, 질권이 인정되지 않는 것으로 해석된다(김준호, 민법총칙 제17판, p.162).

[❹ ▶ ×] 물건의 사용대가로 받는 금전 기타의 물건은 법정과실이다(민법 제101조 제2항). 천연과실은 물건의 용법에 의하여 수취하는 산출물을 말한다(민법 제101조 제1항).

[❺ ▶ ○] 종물은 주물의 처분에 수반된다는 민법 제100조 제2항은 임의규정이므로, 당사자는 주물을 처분할 때에 특약으로 종물을 제외할 수 있고 종물만을 별도로 처분할 수도 있다(대판 2012.1.26. 2009다76546).

답 ⑤

05 주물과 종물에 관한 설명으로 옳은 것은?(다툼이 있으면 판례에 따름) _{25 행정사 제13회}

① 주물과 종물은 동일한 소유자에 속한 것으로 법률상 하나의 물건으로 취급된다.
② 주물 소유자의 상용에 공여되고 있는 물건이라도 주물 자체의 효용과 직접 관계가 없다면 종물이 될 수 없다.
③ 주물을 처분할 때 특약으로 종물을 제외할 수 없고 종물만을 별도로 처분할 수도 없다.
④ 주물과 종물의 관계에 관한 법리는 주된 권리와 종된 권리 상호 간에는 적용되지 않는다.
⑤ 종물은 주물의 처분에 따른다는 법률효과는 주물의 권리관계가 공법상 처분에 의하여 생긴 경우에는 적용되지 않는다.

해설

[❶ ▶ ✕]　종물이 되면 주물의 처분에 따르게 되어 종물은 주물과 그 법률적 운명을 같이 한다고 할 수 있으나 본래 종물은 주물과 독립된 물건이기 때문에 법률상 하나의 물건으로 취급된다고 볼 수는 없을 것이다.

[❷ ▶ ○]　주물의 상용에 이바지한다 함은 주물 그 자체의 경제적 효용을 다하게 하는 것을 말하는 것으로서, 주물의 소유자나 이용자의 사용에 공여되고 있더라도 주물 그 자체의 효용과 직접 관계가 없는 물건은 종물이 아니다(대결 2000.11.2. 2000마3530).

[❸ ▶ ✕]　종물은 주물의 처분에 수반된다는 민법 제100조 제2항은 임의규정이므로, 당사자는 주물을 처분할 때에 특약으로 종물을 제외할 수 있고, 종물만을 별도로 처분할 수도 있다(대판 2012.1.26. 2009다76546).

[❹ ▶ ✕]　주물과 종물에 관해 정한 민법 제100조는 물건 상호 간의 관계에 관한 것이지만 권리 상호 간의 관계에도 유추적용된다(대판 2006.10.26. 2006다29020).

[❺ ▶ ✕]　민법 제100조 제2항의 종물과 주물의 관계에 관한 법리는 물건 상호 간의 관계뿐 아니라 권리 상호 간에도 적용되고, 위 규정에서의 처분은 처분행위에 의한 권리변동뿐 아니라 주물의 권리관계가 압류와 같은 공법상의 처분 등에 의하여 생긴 경우에도 적용된다(대판 2006.10.26. 2006다29020).

답 ❷

제 5 장 권리의 변동

학습 Key word
❶ 권리변동의 모습과 권리변동의 원인으로 법률사실의 분류에 대해 학습한다.
❷ 법률행위의 목적 및 해석에 대해 학습한다.
❸ 의사표시 : 진의 아닌 의사표시, 통정허위표시, 착오에 의한 의사표시, 사기·강박에 의한 의사표시, 의사표시의 효력발생시기에 대해 상세히 학습한다.
❹ 법률행위의 대리 : 대리가 인정되는 범위, 구별개념, 대리의 종류, 대리권, 대리행위, 대리의 효과, 복대리, 무권대리(표현대리/협의의 무권대리)에 대해 상세히 학습한다.
❺ 법률행위의 무효와 취소 : 무효와 취소의 구별, 무효와 취소의 이중효, 일부무효, 유동적 무효, 무권리자 처분행위의 추인, 무효행위의 전환, 취소의 당사자, 취소의 방법, 일부취소, 취소의 효과, 취소할 수 있는 법률행위의 추인, 법정추인, 단기제척사유에 대해 상세히 학습한다.
❻ 법률행위의 부관으로서 조건과 기한에 대해 학습한다.

제1절 서 설

I 의 의

1. 법률요건과 법률효과

법에 의하여 규율되는 생활관계를 법률관계라고 하며, 법률관계의 변동이 일어나려면 일정한 원인이 있어야 하는데, 그 원인을 법률요건이라고 한다. 따라서 법률요건이 갖추어지면 법률관계의 변동이 일어나게 되며 이를 법률효과라고 한다.

2. 권리변동의 모습

(1) 권리의 발생

1) 원시취득(절대적 발생)

타인의 권리에 기초하지 않고 원시적으로 취득하는 것을 말한다(예 건물 신축, 무주물 선점, 유실물 습득, 매장물 발견, 점유취득시효의 완성에 따른 부동산 소유권의 시효취득, 선의취득 등). 원시취득 시에는 종전의 권리에 대한 제한이 소멸된다. 기출 23

2) 승계취득(상대적 발생)

타인(전주[前主])의 권리에 기초한 취득을 말한다. 따라서 무권리자로부터 승계취득은 불가능하며, 타인의 권리에 제한이나 흠이 있으면 그대로 승계한다. 승계취득의 경우 그 타인(전주)의 권리 이상을 취득할 수 없다.

① 이전적 승계 : 매매나 상속 등에 의하여 전주가 가지고 있던 권리가 그대로 승계된다. 이전적 승계에는 특정승계와 포괄승계가 있다.
  ㉠ 특정승계 : 개별적 취득원인에 의하여 개개의 권리를 취득(예 매매에 의한 소유권 취득)
  ㉡ 포괄승계 : 전주가 가지고 있던 다수의 권리를 포괄적으로 취득(예 상속, 포괄유증, 합병 등에 의한 취득)
② 설정적 승계 : 소유자로부터 지상권이나 저당권을 설정받는 경우와 같이 전주의 권리 내용의 일부만을 승계한다(예 타인 소유의 부동산에 저당권을 취득한 경우, 신축건물의 소유권 보존등기를 마친 자로부터 그 건물에 대하여 전세권을 취득한 경우 등). 기출 23

[원시취득과 승계취득]

원시취득		건물 신축, 무주물 선점, 유실물 습득, 매장물 발견, 시효취득(판례), 선의취득(다수설)
승계취득	이전적 승계	특정승계	매매 · 증여 등에 의한 소유권 취득
		포괄승계	상속 · 포괄유증 · 합병에 의한 취득
	설정적 승계	지상권 설정, 전세권 설정, 저당권 설정

(2) 권리의 변경

권리의 변경이란 권리의 동일성을 유지하면서 권리의 주체, 내용 또는 작용이 변경되는 것을 말한다.

1) 주체의 변경 : 이전적 승계

2) 내용의 변경
① 질적 변경 : 손해배상청구권으로의 전환, 물상대위, 대물변제 등
② 양적 변경 : 제한물권의 설정으로 소유권이 축소되거나 설정된 제한물권의 소멸로 인하여 소유권이 확장되는 것

3) 작용(효력)의 변경
저당권의 순위변경, 대항력 없는 부동산임차권이 대항력을 갖추는 것, 채권양도통지로 대항력 취득 등

(3) 권리의 소멸

① 절대적 소멸 : 권리 그 자체의 종국적 소멸을 의미한다.
② 상대적 소멸 : 이전적 승계 시 전주의 권리는 소멸하나, 설정적 승계 시에는 상대적 소멸이 없다는 점을 주의해야 한다.

Ⅱ 권리변동의 원인

1. 법률요건과 법률사실

(1) 법률요건

법률요건은 권리변동의 원인이며, 법률요건에는 의사표시를 필요불가결한 요건으로 하는 법률행위와 법률행위 이외의 그 밖의 행위로서 민법이 권리변동의 효과를 발생시키는 것으로 정한 법률의 규정이 있다.

(2) 법률사실

법률사실은 법률요건을 구성하는 개개의 사실이다.

2. 법률사실의 분류

법률사실에 대한 전통적 분류는 일반화의 실익이 적기 때문에 크게 의사표시, 준법률행위, 사실행위로 구분하여 서술하기로 한다.

(1) 의사표시

일정한 법률효과의 발생을 목적으로 하는 의사의 표시행위이며, 법률요건에서 가장 중요한 법률행위의 필수불가결한 요소가 되는 법률사실이다.

(2) 준법률행위(법률적 행위)

당사자의 의사가 아닌 「법률의 규정에 의해 법적 효과가 발생」하는 법률요건으로 준법률행위 중 표현행위에 대해서는 법률행위에 관한 규정을 유추적용할 수 있다는 것이 실익이다.

1) 표현행위
   ① 의사의 통지 : 각종의 최고(예 무권대리인의 상대방이 본인에게 하는 무권대리 행위의 추인 여부에 대한 확답의 최고) 및 거절, 이행의 청구 등이 이에 해당한다. 기출 23
   ② 관념의 통지 : 사실의 통지라고도 하며, 채권양도의 통지나 승낙(민법 제450조), 사원총회의 소집 통지(민법 제71조), 시효중단사유의 채무의 승인(민법 제168조 제3호), 승낙연착의 통지(민법 제528조) 등이 이에 해당한다. 기출 23
   ③ 감정의 표시 : 일정한 감정을 표시하는 행위이다. 수증자의 망은행위에 대한 용서(민법 제556조 제2항), 부정에 대한 용서(민법 제841조) 등이 이에 해당한다.

2) 비표현행위(사실행위)
   ① 순수사실행위(외부적 결과만 발생하면 족함) : 매장물발견(민법 제254조), 가공(민법 제259조), 주소의 설정(민법 제18조 제1항) 등
   ② 혼합사실행위(결과발생과 일정한 사실적 의사 필요) : 점유의 취득(민법 제192조 제1항), 무주물선점(민법 제252조 제1항), 유실물습득(민법 제253조), 사무관리(민법 제734조) 등 기출 15

(3) 사건 : 사람의 정신작용에 기하지 않은 법률사실

① 출생과 사망, 물건의 멸실, 부합(민법 제256조, 제257조), 혼화(민법 제258조), 부당이득, 기간, 혼동 등
② 가공은 순수사실행위인데 반하여, 부합과 혼화는 사건이다.
③ 상속은 피상속인의 사망이라는 사건이 발생하면 법률규정(민법규정)에 의해 당연히 그 법률효과가 발생한다. 기출 25 [cf. 유언은 하나의 의사표시를 요소로 하는 법률요건으로서 법률행위(상대방 없는 단독행위)]

제2절 법률행위

제1관 | 법률행위 일반

I 의의

1. 개념
법률행위란 일정한 법률효과의 발생을 목적으로 하는 하나 또는 수 개의 의사표시를 불가결의 요소로 하는 법률요건을 말한다.

2. 성질

(1) 법률요건
법률행위는 법률요건이다. 법률요건 중 사적자치의 법적 실현수단이다.

(2) 의사표시와의 관계
법률행위는 의사표시를 필수불가결의 요소로 한다. 그러나 의사표시가 곧바로 법률행위인 것은 아니다. 한편 법률행위는 언제나 의사표시만으로 구성되는 것은 아니다.

(3) 추상적 개념
법률행위는 추상적인 개념이다. 즉, 법률행위라는 개념은 매매와 같은 행위로 구체화되어야 비로소 실재하는 법제도로서 생명력을 갖는다.

3. 법률행위의 요건

(1) 서설
법률행위가 완전히 그 효과를 발생하려면, 이론적으로는 먼저 법률행위로서「성립」하여야 하고, 이어서 성립된 법률행위가「유효」한 것이어야 한다.

(2) 성립요건(적극적 요건 : 권리를 주장하는 자가 요건의 구비를 입증해야 함)

1) 일반 성립요건
법률행위의 주체로서 당사자, 법률행위의 내용으로서 목적 및 법률행위의 불가결한 요소로서 의사표시가 있어야 한다.

2) 특별 성립요건(개별적인 법률행위에 대하여 특별히 요구되는 성립요건)
① 계약에서의 청약과 승낙의 합치
② 요식행위
③ 요물계약에서의 목적물의 인도

(3) 유효요건

1) 일반 효력발생요건(소극적 요건 : 권리발생을 저지하는 측에서 권리장애·멸각사실의 존재를 입증해야 함)
   ① 당사자에게 각종의 능력이 있어야 한다. 즉, 권리능력, 의사능력 및 행위능력이 있어야 한다.
   ② 법률행위의 목적에 확정가능성, 실현가능성, 적법성, 사회적 타당성이 있어야 한다.
   ③ 의사표시에 있어서 의사와 표시가 일치하고 하자가 없어야 한다.
2) 특별 효력발생요건[개별적인 법률행위에 대하여 특별히 요구되는 효력발생요건(적극적 요건 : 그 법률행위의 효력을 주장하는 자가 입증해야 함)]
   ① 법정대리인의 동의(민법 제5조)
   ② 대리권의 존재(민법 제114조 이하)
   ③ 조건의 성취와 기한의 도래(민법 제147조, 제152조)
   ④ 유언자의 사망(민법 제1073조)
   ⑤ 유증을 받을 자의 생존(민법 제1089조)
   ⑥ 허가(판례 : 토지거래허가구역 내의 토지매매 시 관할관청의 허가, 재단법인의 기본재산 처분 시 주무관청의 허가) 등

II 법률행위의 종류

1. 단독행위·계약·합동행위
법률행위의 요소인 의사표시의 수와 방향에 의한 분류이다.

(1) 단독행위
하나의 의사표시로 이루어진 법률행위이다. 단독행위는 법률행위의 일종으로서 법률효과를 발생시키는 법률요건이다. 기출 25
① 상대방 있는 단독행위 : 상계, 동의, 취소, 채무면제, 법정해제권의 행사, 추인 등 기출 25
② 상대방 없는 단독행위 : 재단법인설립행위, 유언(유증 포함), 소유권의 포기, 상속의 승인·포기 등 기출 25
③ 한계 : 단독행위에는 상대방의 지위 불안정을 고려하여 원칙적으로 조건이나 기한을 붙이지 못한다(민법 제493조 제1항 참조). 기출 22

(2) 계 약
① 청약과 승낙이라는 서로 대립하는 의사의 합치로 성립한다. 기출 25
② 법률행위인 계약의 자유는 사적 자치의 주요한 발현 형식이다. 기출 25
③ 민법은 매매, 교환, 소비대차, 사용대차, 임대차, 고용, 도급, 여행계약, 현상광고, 위임, 임치, 조합, 종신정기금, 화해 등 전형계약에 대하여 규정하고 있다.
④ 사인증여는 생전증여와 마찬가지로 '단독행위'가 아니라 '계약'에 해당한다. 증여는 당사자 일방이 상대방에게 재산을 무상으로 준다는 의사표시를 하고, 상대방이 이를 승낙함으로써 효력이 생기는 계약이다. 증여는 당사자의 합의(청약과 승낙의 합치)만으로 효력이 생기는 것이 원칙이지만, 증여자가 사망한 때 효력이 생기는 것으로 약정할 수 있는데 이것이 바로 '사인증여'이다. 사인증여는 계약인 점에서 단독행위인 '유증'과 구별된다. 기출 25

[단독행위와 계약의 구별] 기출 25

	단독행위			계약
의 미	하나의 의사표시로 이루어진 법률행위		의 미	청약과 승낙의 의사표시가 합치하여 성립하는 법률행위
종 류	상대방 있는 단독행위	상계, 동의, 취소, 채무면제, 법정해제권의 행사, 추인 등	종 류	증여(사인증여 포함), 매매, 교환, 소비대차, 사용대차, 임대차, 고용, 도급, 여행계약, 현상광고, 위임, 임치, 조합, 종신정기금, 화해 등
	상대방 없는 단독행위	유언(유증 포함), 소유권의 포기, 상속의 승인·포기, 재단법인설립행위 등		

(3) 합동행위
두 개 이상의 서로 방향을 같이 하는 의사표시의 합치로 이루어진다.
① 사단법인 설립행위가 이에 해당한다.
② 합동행위에는 통정허위표시 규정(민법 제108조), 자기계약·쌍방대리 금지규정(민법 제124조)이 적용되지 않는다.

2. 출연행위(出捐行爲), 비출연행위(非出捐行爲)
재산행위에는 자기의 재산을 감소시키고 타인의 재산을 증가시키는 출연행위와 그렇지 않은 행위로 비출연행위가 있다. 출연행위는 다시 다음과 같이 분류된다.

(1) 유상행위(有償行爲)와 무상행위(無償行爲)
자기의 출연에 대하여 상대방으로부터도 그에 대응하는 출연, 즉 대가를 받을 것을 목적으로 하는 행위가 유상행위이고, 그렇지 않은 것이 무상행위이다. 유상계약에 대하여 매매에 관한 규정이 준용된다(민법 제567조).

(2) 유인행위(有因行爲)와 무인행위(無因行爲)
출연행위는 일정한 법률상의 원인을 전제로 하여 행하여지는데, 이러한 원인이 존재하지 않으면 효력이 생기지 않는 것을 유인행위라 하고, 원인이 존재하지 않더라도 그대로 유효한 것을 무인행위라고 한다.

3. 요식행위(要式行爲), 불요식행위(不要式行爲)
① 의사표시가 일정한 방식에 따라 행해져야 하는 법률행위를 요식행위라고 하고, 그렇지 않은 행위를 불요식행위라고 한다.
② 법률행위는 계약자유의 원칙상 원칙적으로 불요식행위이다. 그러나 당사자의 신중한 의사결정을 위해, 거래의 안전과 신속 또는 법률관계의 명확화를 위해 일정한 방식이 요구되기도 한다.

4. 생전행위(生前行爲), 사인행위(死因行爲)
① 행위자의 사망으로 그 효력이 생기는 법률행위를 사인행위 또는 사후행위라고 하고, 기타의 보통의 행위를 생전행위라고 한다.
② 사인행위는 원칙적으로 엄격한 방식을 요한다(민법 제1060조 참조).

5. 주(主)된 행위(行爲), 종(從)된 행위(行爲)

① 법률행위가 유효하게 성립하기 위하여 다른 법률행위의 존재를 전제로 하는 행위를 종된 행위라 하고, 그 전제가 되는 행위를 주된 행위라고 한다.
② 종된 행위는 주된 행위와 법률적 운명을 같이 하는 것이 원칙이다.

제2관 | 법률행위의 목적

Ⅰ 의 의

① 법률행위의 목적이란 법률행위를 하는 자가 그 행위에 의하여 발생시키려고 하는 법률효과를 말하며, 법률행위의 내용이라고도 한다.
② 법률행위가 유효하려면 법률행위의 목적이 확정성, 실현가능성, 적법성, 사회적 타당성이라는 요건을 갖추어야 한다(통설).

Ⅱ 목적의 확정성

① 법률행위가 유효하기 위하여는 법률행위의 목적이 확정되어 있거나 적어도 확정가능하여야 한다. 확정할 수 없으면 무효가 된다. 확정가능의 여부는 법률행위의 해석에 의한다.
② 법률행위의 성립 당시부터 확정성을 갖출 필요는 없고, 「이행할 때까지」 확정할 수 있으면 족하다.

Ⅲ 목적의 실현가능성

1. 실현가능성의 의미

법률행위가 유효하기 위하여 목적의 실현이 가능하여야 한다. 따라서 목적이 불능인 법률행위는 효력이 없다. 여기에서 불능은 원시적 불능에 한한다.

2. 불능의 종류

(1) 불능사유의 발생시점에 따른 구별
① 원시적 불능
  ㉠ 법률행위의 성립 당시부터 이미 그 목적의 이행 혹은 처분을 할 수 없는 경우를 말한다.
  ㉡ 법률행위는 당연무효가 되며, 계약체결상의 과실(민법 제535조)이 문제된다.
② 후발적 불능
  ㉠ 법률행위의 성립 당시에는 가능하였으나, 이행기 전에 불능으로 된 경우를 말한다.
  ㉡ 채무자의 고의·과실에 의한 불능의 경우, 채무불이행으로 인한 손해배상(민법 제390조) 및 계약해제(민법 제546조)가 문제된다.
  ㉢ 채무자의 귀책사유 없는 이행불능의 경우, 채무자의 목적물인도채무는 소멸하고 위험부담이 문제된다(민법 제537조).

(2) 불능의 범위에 따른 구별

① 전부불능 : 법률행위의 목적이 전부불능인 경우 원시적 불능인지 후발적 불능인지에 따라 처리된다.
② 일부불능 : 법률행위의 목적이 일부가 불능인 경우 원칙적으로 전부무효가 되나, 당사자가 무효부분이 없더라도 나머지 부분의 법률행위를 하였을 것이라고 인정되면 나머지 부분을 유효로 본다(민법 제137조).

> 쌍무계약에 있어 당사자 일방이 부담하는 채무의 일부만이 채무자의 책임 있는 사유로 이행할 수 없게 된 때에는 그 이행이 불가능한 부분을 제외한 나머지 부분만의 이행으로는 계약의 목적을 달성할 수 없다면 채무의 이행은 전부가 불능이라고 보아야 할 것이므로 채권자로서는 채무자에 대하여 계약 전부를 해제하거나 또는 채무 전부의 이행에 갈음하는 전보배상을 청구할 수 있을 뿐이지 이행이 가능한 부분만의 급부를 청구할 수는 없다(대판 1995.7.25. 95다5929).

Ⅳ 목적의 적법성

1. 의 의

① 법률행위가 유효하기 위하여 그 목적이 적법해야 한다. 즉, 강행규정에 위반되는 법률행위는 무효이다. 법령 중 '선량한 풍속 기타 사회질서와 관계가 있는 규정'이 강행규정이다(민법 제105조).
② 강행규정에 위배되는 법률행위는 당사자의 주장이 없더라도 법원은 직권으로 판단할 수 있다(대판 1995.12.22. 94다42129). 기출 23

2. 적법성과 사회적 타당성의 관계

(1) 학 설
둘을 별개의 요건으로 보는 구별설(통설)과 동일설(소수설)의 대립이 있다.

(2) 판례(구별설)
강행규정에 위반된다고 하여 곧바로 사회질서에 반하는 행위에 해당한다고 할 수는 없다(대판 2001.5.29. 2001다1782).

3. 강행규정과 임의규정의 구별

① 강행규정과 임의규정 구별의 표준에 관한 일반적인 원칙은 없으며, 각 규정마다 종류·성질·입법목적 등을 고려하여 이를 개별적으로 판정하는 수밖에 없다.
② 다만, 권리능력·행위능력·법인 제도 등에 관한 규정, 거래의 안전을 위한 규정, 경제적 약자를 보호하기 위한 사회정책적 규정, 가족관계·질서에 관한 규정 등은 강행규정에 해당한다. 기출 20

4. 효력규정과 단속규정의 구별

(1) 견해의 대립

1) 통설·판례

강행규정을 효력규정과 단속규정으로 나누어 효력규정을 위반하면 무효이나, 단속규정을 위반하면 벌칙의 적용이 있을 뿐이고, 행위 그 자체의 사법상의 효력에는 영향이 없다는 견해이다.

2) 소수설

임의규정, 강행규정, 단속규정으로 크게 구분하고, 단속규정에 대하여는 다시 효력규정(위반 시 무효)과 단순한 단속규정(위반 시 사법상 효력에는 영향 없음)으로 세분하는 견해이다.

3) 검 토

통설·판례와 소수설의 실질적인 견해의 차이는 없어 보인다. 생각건대 어떤 강행규정이 효력규정인지 단속규정인지를 구별하는 것은 쉽지 않고, 이를 판정하는 일반적인 기준 또한 없다. 이에 따라 당해 규정의 입법취지가 어떤 행위의 효력발생을 금지하는지 아니면 단순히 그러한 행위를 금지하는지에 따라 효력규정과 단속규정을 구분하는 것이 타당하다고 생각된다.

(2) 효력규정과 단속규정의 예시

① 법률이 특히 엄격한 표준을 정하여 일정한 자격을 갖춘 자에게만 허용하는 경우에는 그 규정은 효력규정으로서 그 자격을 대여하는 계약은 무효이다(예 광업권의 대차, 어업권의 임대차 등).

② 단속규정에 위반되는 무허가음식점 등의 영업행위, 신고 없이 숙박업을 하는 행위 등의 사법상 행위는 유효하다.

③ 부동산등기특별조치법상 조세포탈과 부동산투기 등을 방지하기 위하여 위 법률 제2조 제2항 및 제8조 제1호에서 등기하지 아니하고 제3자에게 전매하는 행위를 일정 목적범위 내에서 형사처벌하도록 되어 있으나 이로써 순차매도한 당사자 사이의 중간생략등기합의에 관한 사법상 효력까지 무효로 한다는 취지는 아니다(대판 1993.1.26. 92다39112). 기출 20

④ 증권회사 또는 그 임·직원의 부당권유행위를 금지하는 증권거래법 제52조 제1호는 공정한 증권거래질서의 확보를 위하여 제정된 강행법규로서 이에 위배되는 주식거래에 관한 투자수익보장약정은 무효이고, 투자수익보장이 강행법규에 위반되어 무효인 이상 증권회사의 지점장에게 그와 같은 약정을 체결할 권한이 수여되었는지 여부에 불구하고 그 약정은 여전히 무효이므로 표현대리의 법리가 준용될 여지가 없다(대판 1996.8.23. 94다38199). 기출 21·20·18·17

⑤ 개업공인중개사 등이 중개의뢰인과 직접 거래를 하는 행위를 금지하는 공인중개사법 제33조 제6호를 효력규정으로 보아 이에 위반한 거래행위를 일률적으로 무효라고 할 경우 중개의뢰인이 직접 거래임을 알면서도 자신의 이익을 위해 한 거래도 단지 직접 거래라는 이유로 효력이 부인되어 거래의 안전을 해칠 우려가 있으므로, 위 규정은 강행규정이 아니라 단속규정이다(대판 2017.2.3. 2016다259677). 기출 20

⑥ 부동산 중개수수료에 관한 규정들은 중개수수료 약정 중 소정의 한도를 초과하는 부분에 대한 사법상의 효력을 제한하는 이른바 강행법규에 해당하고, 따라서 구 부동산중개업법 등 관련 법령에서 정한 한도를 초과하는 부동산 중개수수료 약정은 그 한도를 초과하는 범위 내에서 무효이다(대판 2007.12.20. 2005다32159 [전합]). 기출 17

⑦ 공익법인의 기본재산의 처분에 관한 공익법인의 설립·운영에 관한 법률 제11조 제3항의 규정은 강행규정으로서 이에 위반하여 주무관청의 허가를 받지 않고 기본재산을 처분하는 것은 무효라 할 것이다(대판 2005.9.28. 2004다50044). 기출 17

5. 탈법행위(간접적 위반)

(1) 의 의
강행규정을 직접 위반하지는 않았지만, 강행규정이 금지하고 있는 실질적 내용을 다른 수단으로 달성하려는 행위를 말한다.

(2) 효 과
탈법행위도 강행규정이 금지하고 있는 결과의 발생을 목적으로 하기 때문에 무효라는 점에는 이견이 없으나 탈법행위 개념을 따로 인정할 필요가 있는지에 관하여 견해가 대립된다.

6. 강행규정 위반의 효력
① 확정적 무효이다. 강행규정을 위반하여 확정적 무효가 된 법률행위는 특별한 사정이 없는 한 당사자의 추인에 의해 유효로 할 수 없다. 기출 23
② 강행규정에 위반하여 무효인 계약의 상대방이 그 위반사실에 대하여 선의·무과실이더라도 표현대리의 법리가 적용될 여지는 없다(대판 1996.8.23. 94다38199 참조). 기출 23
③ 절대적 무효이다. 따라서 제3자 보호규정을 강행규정에서 별도로 규정하고 있지 않는 한 강행규정에 반하여 무효인 법률행위를 기초로 하여 새롭게 이해관계를 갖게 되더라도 제3자는 선의·악의를 불문하고 보호되지 않는다(대판 1996.4.26. 94다43207 참조). 다만, 선의취득, 취득시효 등으로 보호받을 수는 있다.
④ 강행법규에 위반한 자가 스스로 그 약정의 무효를 주장하는 것이 신의칙에 위반되는 권리의 행사라는 이유로 그 주장을 배척한다면, 이는 오히려 강행법규에 의하여 배제하려는 결과를 실현시키는 셈이 되어 입법 취지를 완전히 몰각하게 되므로 달리 특별한 사정이 없는 한 위와 같은 주장은 신의칙에 반하는 것이라고 할 수 없다(대판 2004.6.11. 2003다1601). 기출 23

V 목적의 사회적 타당성

> **민법 제103조(반사회질서의 법률행위)** 기출 19
> 선량한 풍속 기타 사회질서에 위반한 사항을 내용으로 하는 법률행위는 무효로 한다.

1. 서 설
강행규정을 위반하지 않더라도 법률행위의 내용이 '선량한 풍속 기타 사회질서'에 반하면 무효이다(민법 제103조). 목적의 사회적 타당성은 강행규정과 더불어 사적자치의 한계를 이루며, 양자 공히 선량한 풍속 기타 사회질서와 관련되지만, 강행규정은 개개의 특정행위의 효력을 부인하는 반면, 목적의 사회적 타당성은 일반적·포괄적인 법의 근본이념에 의한 통제라는 점에서 차이가 있다.

2. 선량한 풍속 기타 사회질서의 의의
① 선량한 풍속이란 사회의 건전한 도덕관념이다.
② 사회질서란 사회의 평화와 질서를 유지하기 위하여 국민이 지켜야 할 국가, 사회의 공공적 질서 내지 일반적 이익이다.

3. 사회질서 위반의 요건

(1) 객관적 요건
법률행위의 내용이 선량한 풍속 기타 사회질서에 반해야 한다.

(2) 주관적 인식의 요부
자신의 법률행위가 사회질서에 반함을 행위자가 인식하고 있어야 하는가에 대하여 긍정하는 견해(통설)와 부정하는 견해의 대립이 있다.

(3) 사회질서 위반판단의 기준시기 [기출 20·19·16]
학설은 법률행위시설과 효력발생시설이 대립하고 있으며, 판례는 법률행위시설을 취하고 있다.

4. 동기의 불법

(1) 문제점
법률행위의 내용 자체는 사회질서에 반하지 않지만, 동기, 즉 의사표시를 하게 된 연유로 의사표시에 선행하는 심리과정에 반사회적 요소가 포함되어 있는 경우에, 법률행위의 효력은 어떻게 되는지 문제된다.

(2) 학설 및 판례의 태도
다수설은 동기의 불법에 관하여 동기의 착오와 마찬가지로 동기가 표시되거나 상대방에게 알려진 경우에 한하여 민법 제103조가 적용된다는 입장이다. 마찬가지로 판례도 동기가 표시되거나 상대방에게 알려진 경우에 민법 제103조를 적용한다(대판 2001.2.9. 99다38613). [기출 20·18·13]

> 민법 제103조에 의하여 무효가 되는 법률행위는 법률행위의 내용이 선량한 풍속 기타 사회질서에 위반되는 경우뿐만 아니라, 그 내용 자체는 반사회질서적인 것이 아니라고 하여도 법률적으로 이를 강제하거나 법률행위에 반사회질서적인 조건 또는 금전적 대가가 결부됨으로써 반사회질서적 성질을 띠게 되는 경우 및 표시되거나 상대방에게 알려진 법률행위의 동기가 반사회질서적인 경우도 당연히 포함한다(대판 2001.2.9. 99다38613).

5. 사회질서 위반행위의 유형화

(1) 정의관념에 반하는 행위
① 밀수입의 자금으로 사용하기 위한 소비대차 또는 그를 목적으로 한 출자행위
② 경매나 입찰에 있어서 부정한 약속을 하는 이른바 담합행위
③ 당사자의 일방이 상대방에게 공무원의 직무에 관한 사항에 관하여 특별한 청탁을 하게 하고 그에 대한 보수로 돈을 지급할 것을 내용으로 한 약정(대판 1995.7.14. 94다51994) [기출 13]
④ 매수인이 매도인에게 이중매도할 것을 적극 권유하는 등 그의 배임행위에 적극 가담하여 이루어진 매매계약 [기출 25·21·13]
⑤ 수증자가 매도인의 매수인에 대한 배임행위에 적극 가담하여 매매목적 부동산을 증여받은 경우(대판 1983.4.26. 83다카57) [기출 23]
⑥ 참고인이 수사기관에 허위의 진술을 하는 대가로 일정한 급부를 받기로 한 약정(대판 2001.4.24. 2000다71999) [기출 22·21·20]

⑦ 보험계약자가 다수의 보험계약을 통하여 보험금을 부정 취득할 목적으로 체결한 보험계약(대판 2005.7.28. 2005다23858) 기출 24 · 19
⑧ 당초부터 오로지 보험사고를 가장하여 보험금을 취득할 목적으로 생명보험계약을 체결한 경우(대판 2000.2.11. 99다49064) 기출 23
⑨ 증인은 진실을 진술할 의무가 있으므로, 소송에서 사실대로 증언해 주는 대가로 통상적이지 않은 거액을 받기로 하는 약정(대판 1994.3.11. 93다40522) 및 허위진술의 대가로 급부를 받기로 하는 약정도 반사회적 법률행위로 무효이다. 기출 25 · 18 · 17
⑩ 형사사건의 성공보수약정은 반사회적 법률행위에 해당하나(대판 2015.7.23. 2015다200111[전합]), 민사사건의 성공보수약정은 반사회적 법률행위에 해당하지 않는다. 기출 25 · 23 · 21 · 20 · 17
⑪ 행정기관에 진정서를 제출하여 상대방을 궁지에 빠뜨린 다음 이를 취하하는 조건으로 거액의 급부를 제공받기로 약정한 경우(대판 2000.2.11. 99다56833) 기출 24
⑫ 위약벌의 약정은 채무의 이행을 확보하기 위하여 정해지는 것으로서 손해배상의 예정과는 그 내용이 다르므로 손해배상의 예정에 관한 민법 제398조 제2항을 유추적용하여 그 액을 감액할 수는 없다. 다만, 그 의무의 강제에 의하여 얻어지는 채권자의 이익에 비하여 약정된 벌이 과도하게 무거울 때에는 그 일부 또는 전부가 공서양속에 반하여 무효가 된다. 기출 16
⑬ 살인을 포기할 것을 조건으로 한 증여 또는 살인할 것을 조건으로 하는 증여 기출 23 · 21
⑭ 금전소비대차계약과 함께 이자의 약정을 하는 경우, 양쪽 당사자 사이의 경제력의 차이로 인하여 그 이율이 당시의 경제적·사회적 여건에 비추어 사회통념상 허용되는 한도를 초과하여 현저하게 고율로 정하여졌다면, 그와 같이 허용할 수 있는 한도를 초과하는 부분의 이자 약정은 선량한 풍속 기타 사회질서에 위반한 사항을 내용으로 하는 법률행위로서 무효이다(대판 2007.2.15. 2004다50426[전합]). 기출 16

(2) 윤리적 질서에 반하는 행위
① 첩계약은 본처의 동의 유무를 불문하고 선량한 풍속에 반하는 사항을 내용으로 하는 법률행위로서 무효일 뿐만 아니라 위법한 행위이다(대판 1967.10.6. 67다1134).
② 부첩관계의 종료를 해제조건으로 하는 증여계약은 그 조건만이 무효인 것이 아니라 증여계약 자체가 무효가 된다(대판 1966.6.21. 66다530). 기출 19 · 13 다만, 부첩관계나 불륜관계를 해소 내지 단절하면서 장래의 생활대책을 마련해주기 위한 목적에서 그 첩의 생활비를 지급하거나 자녀의 양육비를 지급하기로 하는 계약은 유효하다(대판 1980.6.24. 80다458). 기출 16
③ 성매매행위를 전제로 한 선불금의 대여행위(대판 2013.6.14. 2011다65174) 기출 24
④ 자(子)가 부모를 상대로 불법행위에 의한 손해배상을 청구하는 행위

(3) 개인의 자유를 매우 심하게 제한하는 행위
① 어떠한 일이 있어도 이혼하지 아니하겠다는 각서(대판 1969.8.19. 69므18) 기출 21 · 18
② 반면 해외파견된 근로자가 귀국일로부터 일정 기간 소속회사에 근무하여야 한다는 사규나 약정은 민법 제103조 또는 제104조에 위반된다고 할 수 없다(대판 1982.6.22. 82다카90). 기출 25 · 20

> **[해외연수 근로자가 귀국 후 일정 기간 근무하지 않으면 그 소요경비를 배상한다는 사규나 약정의 효력]**
> 해외파견된 근로자가 귀국일로부터 일정 기간 소속회사에 근무하여야 한다는 사규나 약정은 민법 제103조 또는 제104조에 위반된다고 할 수 없고, 일정 기간 근무하지 않으면 해외파견 소요경비를 배상한다는 사규나 약정은 근로계약기간이 아니라 경비반환채무의 면제기간을 정한 것이므로 근로기준법 제21조에 위배하는 것도 아니다(대판 1982.6.22. 82다카90). 기출 17

③ 단체협약이 민법 제103조의 적용대상에서 제외될 수는 없으므로 단체협약의 내용이 선량한 풍속 기타 사회질서에 위배된다면 그 법률적 효력은 배제되어야 한다. 다만 단체협약이 선량한 풍속 기타 사회질서에 위배되는지를 판단할 때에는 단체협약이 헌법이 직접 보장하는 기본권인 단체교섭권의 행사에 따른 것이자 헌법이 제도적으로 보장한 노사의 협약자치의 결과물이라는 점 및 노동조합 및 노동관계조정법에 의해 이행이 특별히 강제되는 점 등을 고려하여 법원의 후견적 개입에 보다 신중할 필요가 있다. 헌법 제15조가 정하는 직업선택의 자유, 헌법 제23조 제1항이 정하는 재산권 등에 기초하여 사용자는 어떠한 근로자를 어떠한 기준과 방법에 의하여 채용할 것인지를 자유롭게 결정할 자유가 있다. 다만 사용자는 스스로 이러한 자유를 제한할 수 있는 것이므로, 노동조합과 사이에 근로자 채용에 관하여 임의로 단체교섭을 진행하여 단체협약을 체결할 수 있고, 그 내용이 강행법규나 선량한 풍속 기타 사회질서에 위배되지 아니하는 이상 단체협약으로서의 효력이 인정된다. 사용자가 노동조합과의 단체교섭에 따라 업무상 재해로 인한 사망 등 일정한 사유가 발생하는 경우 조합원의 직계가족 등을 채용하기로 하는 내용의 단체협약을 체결하였다면, 그와 같은 단체협약이 사용자의 채용의 자유를 과도하게 제한하는 정도에 이르거나 채용 기회의 공정성을 현저히 해하는 결과를 초래하는 등의 특별한 사정이 없는 한 선량한 풍속 기타 사회질서에 반한다고 단정할 수 없다(대판 2020.8.27. 2016다248998[전합]).

(4) 사행성이 현저한 행위
① 도박자금을 대여하는 행위 `기출 17`
② 도박자금에 제공할 목적으로 한 금전소비대차계약(대판 1973.5.22. 72다2249) `기출 25·24`
③ 도박으로 부담한 채무의 변제로써 토지를 양도하는 계약
④ 도박에 패한 빚을 토대로 하여 그 노름빚을 변제하기로 한 계약

(5) 기타 반사회적 법률행위에 해당하지 않는 사례

- 강제집행을 면할 목적으로 부동산에 허위의 근저당권설정등기를 경료하는 행위는 민법 제103조의 선량한 풍속 기타 사회질서에 위반한 사항을 내용으로 하는 법률행위로 볼 수 없다(대판 2004.5.28. 2003다70041). `기출 22·18·16`
- 반사회적 행위에 의하여 조성된 재산인 이른바 비자금을 소극적으로 은닉하기 위하여 임치한 것이 사회질서에 반하는 법률행위로 볼 수 없다고 하여 불법원인급여가 아니라고 한 원심 판단을 수긍한 사례(대판 2001.4.10. 2000다49343). `기출 24`
- 전통사찰의 주지직을 거액의 금품을 대가로 양도·양수하기로 하는 약정이 있음을 알고도 이를 묵인 혹은 방조한 상태에서 한 종교법인의 주지임명행위는 민법 제103조 소정의 반사회질서의 법률행위에 해당하지 않는다(대판 2001.2.9. 99다38613). `기출 22`
- 양도소득세의 일부를 회피할 목적으로 매매계약서에 실제로 거래한 가액을 매매대금으로 기재하지 아니하고 그보다 낮은 금액을 매매대금으로 기재하였다 하여, 그것만으로 그 매매계약이 사회질서에 반하는 법률행위로서 무효로 된다고 할 수는 없다(대판 2007.6.14. 2007다3285). `기출 19`
- 강박행위의 주체가 국가 공권력이고 그 공권력 행사의 내용이 기본권을 침해하는 것이라고 하여 그 강박에 의한 의사표시가 항상 반사회성을 띠게 되어 당연히 무효로 된다고는 볼 수 없다(대판 2002.12.10. 2002다56031). `기출 19`

6. 사회질서 위반행위의 효과

(1) 이행 전 : 절대적 무효

무효이므로 이행할 필요가 없고, 상대방도 이행을 구할 수 없다. 또한 선량한 풍속 기타 사회질서에 반하는 법률행위는 절대적 무효이므로 별도의 선의취득과 같은 권리취득 원인이 없는 한 제3자는 선의인 때에도 보호되지 않는다. 기출 24·18 그리고 추인을 하여도 추인의 효과가 인정되지 않으며, 무효임을 알고 추인하여도 새로운 법률행위를 한 효과가 발생하지 않는다(대판 1973.5.22. 72다2249). 기출 20·17

(2) 이행 후 : 불법원인급여

> **민법 제746조(불법원인급여)**
> 불법의 원인으로 인하여 재산을 급여하거나 노무를 제공한 때에는 그 이익의 반환을 청구하지 못한다. 그러나 그 불법원인이 수익자에게만 있는 때에는 그러하지 아니하다.

1) **불법원인급여의 요건**

① **원인의 불법** : 불법의 의미와 관련하여 견해의 대립이 있으나, 판례는 「민법 제746조가 규정하는 불법원인이란 그 원인될 행위가 선량한 풍속 기타 사회질서에 위반하는 경우를 말하는 것으로서 설사 법률의 금지에 위반하는 경우라 할지라도 그것이 선량한 풍속 기타 사회질서에 위반하지 않는 경우에는 이에 해당하지 않는 것」이라고 판시하였다(대판 1983.11.22. 83다430). 기출 23

> • 무효인 명의신탁약정에 기하여 타인 명의의 등기가 마쳐졌다는 이유만으로 그것이 당연히 불법원인급여에 해당한다고 볼 수 없다(대판 2003.11.27. 2003다41722).
> • 어업권의 임대차를 내용으로 하는 임대차계약이 구 수산업법 제33조에 위반되어 무효라고 하더라도 그것이 부당이득의 반환이 배제되는 '불법의 원인'에 해당하는 것으로 볼 수는 없으므로, 어업권을 임대한 어업권자로서는 그 임대차계약에 기해 임차인에게 한 급부로 인하여 임차인이 얻은 이익, 즉 임차인이 양식어장(어업권)을 점유·사용함으로써 얻은 이익을 부당이득으로 반환을 구할 수 있다(대판 2010.12.9. 2010다57626·57633).

② **급여** : 불법원인급여에 해당하기 위해서는 이익을 얻기 위해서 더 이상 국가의 조력이 필요 없는 종국적인 급여에 해당하여야 한다. 따라서 도박자금채권의 담보로 부동산에 관하여 근저당권설정등기가 경료되었을 뿐이라면 그 근저당권설정등기로 근저당권자가 받을 이익은 소유권 이전과 같은 종국적인 것이 되지 못하여 민법 제746조에서 말하는 이익에는 해당하지 아니하므로, 그 부동산의 소유자는 민법 제746조의 적용을 받음이 없이 그 말소를 청구할 수 있다(대판 1994.12.22. 93다55234).

2) **불법원인급여의 효과**

① **부당이득반환청구권** : 급부자는 수익자가 얻은 이익의 반환을 청구하지 못한다(민법 제746조 본문).
② **소유권에 기한 물권적 청구권** : 불법의 원인으로 급여를 한 사람이 그 원인행위가 무효라고 주장하고, 그 결과 급여물의 소유권이 자기에게 있다는 주장으로 소유권에 기한 반환청구를 하는 것도 허용할 수 없다(대판 1989.9.29. 89다카5994). 따라서 급여한 물건의 소유권은 반사적으로 급여를 받은 상대방에게 귀속된다(대판 1979.11.13. 79다483[전합]).

③ 불법행위를 원인으로 한 손해배상청구권 : 불법의 원인으로 재산을 급여한 사람은 상대방 수령자가 그 '불법의 원인'에 가공하였다고 하더라도 상대방에게만 불법의 원인이 있거나 그의 불법성이 급여자의 불법성보다 현저히 크다고 평가되는 등으로 제반 사정에 비추어 급여자의 손해배상청구를 인정하지 아니하는 것이 오히려 사회상규에 명백히 반한다고 평가될 수 있는 <u>특별한 사정이 없는 한 상대방의 불법행위를 이유로 그 재산의 급여로 말미암아 발생한 자신의 손해를 배상할 것을 주장할 수 없다</u>(대판 2013.8.22. 2013다35412).

7. 불공정한 법률행위(폭리행위)

> **민법 제104조(불공정한 법률행위)** 기출 18
> 당사자의 궁박, 경솔 또는 무경험으로 인하여 현저하게 공정을 잃은 법률행위는 무효로 한다.

(1) 의의
① 상대방의 궁박, 경솔 또는 무경험을 이용하여 자기의 급부에 비하여 현저하게 균형을 잃은 반대급부를 하게 함으로써 부당한 재산적 이익을 얻는 행위를 불공정한 법률행위 또는 폭리행위라고 한다(민법 제104조).
② 민법 제103조와 민법 제104조와의 관계에 대하여 통설·판례는 민법 제104조를 민법 제103조의 예시로 본다.

(2) 적용범위
① 증여와 같이 대가적 급부의 출연이 없는 무상행위에는 민법 제104조의 적용이 없다(대판 2000.2.11. 99다56833). 기출 25 · 19 · 17 · 14
② 당사자의 의사에 기하지 않은 경매에 의한 재산권 이전에는 민법 제104조의 적용이 없다(대결 1980.3.21. 80마77). 기출 25 · 24 · 15

> 경매에 있어서는 불공정한 법률행위 또는 채무자에게 불리한 약정에 관한 것으로서 효력이 없다는 민법 제104조, 제608조는 적용될 여지가 없다(대결 1980.3.21. 80마77).

③ 채권의 포기에도 민법 제104조가 적용될 수 있다(대판 1975.5.13. 75다92).
④ 합동행위 내지 권리능력 없는 사단의 총회결의에도 민법 제104조가 적용된다(대판 2003.6.27. 2002다68034).

(3) 요건

1) 객관적 요건
① **현저한 공정성 상실** : 객관적으로 급부와 반대급부 사이에 현저한 불균형이 존재하는 것을 의미한다. 급부와 반대급부 사이의 '현저한 불균형'은 단순히 시가와의 차액 또는 시가와의 배율로 판단할 수 있는 것은 아니고 구체적·개별적 사안에 있어서 일반인의 사회통념에 따라 결정하여야 한다(대판 2010.7.15. 2009다50308). 기출 18
② 현저한 불공정의 판단기준시점은 법률행위 시이다(통설·판례). 즉 불공정한 법률행위에 해당하는지는 법률행위가 이루어진 시점을 기준으로 약속된 급부와 반대급부 사이의 객관적 가치를 비교·평가하여 판단하여야 한다(대판 2013.9.26. 2010다42075). 기출 24 · 18 · 14

> 어떠한 법률행위가 불공정한 법률행위에 해당하는지는 법률행위 시를 기준으로 판단하여야 한다. 따라서 계약 체결 당시를 기준으로 전체적인 계약 내용에 따른 권리의무관계를 종합적으로 고려한 결과 불공정한 것이 아니라면, 사후에 외부적 환경의 급격한 변화에 따라 계약당사자 일방에게 큰 손실이 발생하고 상대방에게는 그에 상응하는 큰 이익이 발생할 수 있는 구조라고 하여 그 계약이 당연히 불공정한 계약에 해당한다고 말할 수 없다(대판 2013.9.26. 2011다53683[전합]).

2) 주관적 요건

① 불균형이 당사자의 궁박·경솔·무경험에 기인하여야 한다. 기출 19
② 폭리자가 당사자에게 위와 같은 사정이 있음을 알고서 그것을 이용하려는 의사가 있어야 한다. 따라서 폭리행위의 악의가 없었다면 민법 제104조에 규정된 불공정 법률행위가 성립하지 않는다(대판 2011.1.27. 2010다53457). 기출 19
③ 궁박·경솔·무경험은 모두 구비되어야 하는 요건은 아니고, 그중 일부만 갖추어지면 충분하다(대판 1993.10.12. 93다19924). 기출 24·18·17·15
④ 궁박이란 급박한 곤궁을 의미하며, 경제적 원인에 기인할 수도 있고, 정신적·심리적 원인에 기인할 수 있다(대판 2011.9.8. 2011다35722). 기출 24·22·15·14
⑤ 무경험은 일반적인 생활체험의 부족으로서 어느 특정영역에서의 경험부족이 아니라 거래일반에 대한 경험부족을 의미한다(대판 2002.10.22. 2002다38927). 기출 24
⑥ 매도인의 대리인이 매매한 경우에 있어서 그 매매가 불공정한 법률행위인가를 판단함에는 매도인의 경솔, 무경험은 그 대리인을 기준으로 하여 판단하여야 하고, 궁박상태에 있었는지의 여부는 매도인 본인의 입장에서 판단되어야 한다(대판 1972.4.25. 71다2255). 기출 24·22·19·15
⑦ 법률행위가 현저하게 공정을 잃었다고 하여 곧 그것이 궁박, 경솔 또는 무경험으로 이루어진 것이라고 추정되는 것은 아니다(대판 1977.12.13. 76다2179). 기출 22·19·18·15·14

3) 입증책임

폭리행위에 대한 주장 및 입증책임은 그 무효를 주장하는 자에게 있다.

(4) 효과

① 요건이 구비되면 그 행위는 무효이고, 추인에 의해서도 그 법률행위가 유효로 될 수 없다(대판 1994.6.24. 94다10900). 기출 25·22·20·18·13
② 계약이 불공정한 법률행위로서 무효인 경우, 그 계약에 대한 부제소합의 역시 다른 특별한 사정이 없는 한 무효이다(대판 2010.7.15. 2009다50308). 기출 23
③ 판례는 불공정한 법률행위에 해당하여 무효인 경우에도 무효행위 전환의 법리에 따라 법률행위가 유효로 될 수 있다고 본다.

> 매매계약이 약정된 매매대금의 과다로 말미암아 민법 제104조에서 정하는 '불공정한 법률행위'에 해당하여 무효인 경우에도 무효행위의 전환에 관한 민법 제138조가 적용될 수 있다(대판 2010.7.15. 2009다50308).
> 기출 25·23·22·18·14

④ 불공정한 법률행위는 무효이므로 아직 급부를 이행하지 아니한 경우에는 이행할 필요가 없다. 다만, 이미 급부를 이행한 경우에는 불법원인급여로서 제746조가 적용된다.
⑤ 대물변제계약이 불공정한 법률행위로서 무효인 경우에는 절대적 무효이므로 목적부동산의 소유권을 이전받은 선의의 제3자에 대해서도 무효를 주장할 수 있다(대판 1963.11.7. 63다479 참조). 기출 25·17

제3관 | 법률행위의 해석

> **민법 제105조(임의규정)**
> 법률행위의 당사자가 법령 중의 선량한 풍속 기타 사회질서에 관계없는 규정과 다른 의사를 표시한 때에는 그 의사에 의한다.
>
> **민법 제106조(사실인 관습)**
> 법령 중의 선량한 풍속 기타 사회질서에 관계없는 규정과 다른 관습이 있는 경우에 당사자의 의사가 명확하지 아니한 때에는 그 관습에 의한다.

I 의 의

1. 개 념
법률행위의 해석이란 법률행위의 성립 여부나 유효 여부를 판단하고, 목적(내용)을 확정시키는 것을 말한다. 그런데 법률행위는 의사표시를 요소로 하기 때문에 법률행위의 해석은 결국 의사표시의 해석으로 귀결된다.

2. 해석의 목표
법률행위(의사표시)의 해석의 목표는 표시행위가 가지는 당사자의 의사를 밝히는 것이다.

(1) 학 설
일반적으로 해석이란 당사자의 숨은 진의 내지 내심적 효과의사를 탐구하는 것이 아니라 당사자 의사의 객관적 표현이라고 볼 수 있는 표시행위가 가지는 객관적 의미를 밝히는 것이라고 한다.

(2) 판 례
「법률행위의 해석은 당사자가 그 '표시행위에 부여한 객관적인 의미'를 명백하게 확정하는 것」이라고 판시하고 있다. 기출 20

II 해석의 방법

1. 자연적 해석
① 표의자의 실제 내심의 의사를 밝히는 해석방법으로, 어떤 일정한 의사표시에 관하여 당사자가 사실상 일치하여 같은 의미로 이해한 경우에는 표시와 관계없이 그 일치한 의미대로 효력을 인정하여야 한다는 해석방법을 말한다. 기출 23
② 주로 상대방 없는 단독행위에서 자연적 해석방법이 적용된다.
③ 오표시무해의 원칙이란 표의자의 잘못된 표시는 그 표시의 진정한 의미를 인식할 수 있거나 명백한 때에는 표의자에게 해가 되지 않는다는 것으로, 자연적 해석이 적용된 결과를 말한다. 따라서 자연적 해석 시 착오 문제는 발생하지 않는다.

> **[자연적 해석 : 오표시무해의 원칙]**
> 부동산의 매매계약에 있어 쌍방 당사자가 모두 특정의 甲 토지를 계약의 목적물로 삼았으나 그 목적물의 지번 등에 관하여 착오를 일으켜 계약을 체결함에 있어서는 <u>계약서상 그 목적물을 甲 토지와는 별개인 乙 토지로 표시하였다 하여도, 甲 토지에 관하여 이를 매매의 목적물로 한다는 쌍방 당사자의 의사합치가 있은 이상 그 매매계약은 甲 토지에 관하여 성립한 것으로 보아야 하고 乙 토지에 관하여 매매계약이 체결된 것으로 보아서는 안 될 것이며, 만일 乙 토지에 관하여 그 매매계약을 원인으로 하여 매수인 명의로 소유권이전등기가 경료되었다면 이는 원인 없이 경료된 것으로서 무효이다</u>(대판 1996.8.20. 96다19581). 기출 23·14

2. 규범적 해석

① 상대방의 입장에서 표시행위의 객관적·규범적 의미를 밝히는 해석방법이다.
② 상대방 있는 의사표시에 적용된다.
③ 착오에 의한 취소가 문제되는 것은 규범적 해석에 의할 경우에 한정된다.

> **[규범적 해석 : 표시주의 관점]**
> • 법률행위의 해석은 당사자가 그 표시행위에 부여한 객관적인 의미를 명백하게 확정하는 것으로서, 서면에 사용된 문구에 구애받는 것은 아니지만 어디까지나 당사자의 내심적 의사의 여하에 관계없이 그 서면의 기재내용에 의하여 당사자가 그 표시행위에 부여한 객관적 의미를 합리적으로 해석하여야 하는 것이고, 기출 20 당사자가 표시한 문언에 의하여 그 객관적인 의미가 명확하게 드러나지 않는 경우에는 그 문언의 내용과 그 법률행위가 이루어진 동기 및 경위, 당사자가 그 법률행위에 의하여 달성하려는 목적과 진정한 의사, 거래의 관행 등을 종합적으로 고려하여 사회정의와 형평의 이념에 맞도록 논리와 경험의 법칙, 그리고 사회일반의 상식과 거래의 통념에 따라 합리적으로 해석하여야 한다(대판 2000.11.10. 98다31493).
> • <u>의사표시 해석에 있어서 당사자의 진정한 의사를 알 수 없다면, 의사표시의 요소가 되는 것은 표시행위로부터 추단되는 효과의사, 즉 표시상의 효과의사이고 표의자가 가지고 있던 내심적 효과의사가 아니므로, 당사자의 내심의 의사보다는 외부로 표시된 행위에 의하여 추단된 의사를 가지고 해석함이 상당하다</u>(대판 2002.6.28. 2002다23482).
> • <u>법원이 진정성립이 인정되는 처분문서를 해석함에 있어서는 특별한 사정이 없는 한 그 처분문서에 기재되어 있는 문언에 따라 당사자의 의사표시가 있었던 것으로 해석하여야 하는 것이나,</u> 기출 20 그 처분문서의 기재내용과 다른 특별한 명시적, 묵시적 약정이 있는 사실이 인정될 경우에 그 기재 내용의 일부를 달리 인정하거나 작성자의 법률행위를 해석함에 있어서 경험칙과 논리법칙에 어긋나지 아니하는 범위 내에서 자유로운 심증으로 판단할 수 있다(대판 2003.4.8. 2001다38593).

3. 보충적 해석

① 법률행위의 내용에 흠결이 있는 경우에 이를 해석에 의하여 보충하는 해석방법이다.
② 주로 계약에서 적용된다. 법률행위의 성립 전이나 불성립 시에는 보충적 해석이 문제되지 않는다.
③ 보충적 해석은 계약을 유지시키고자 하는 해석이기 때문에 착오에 의한 취소는 문제되지 않는다.

Ⅲ 해석의 표준

민법은 법률행위의 해석의 기준에 관해 일반규정을 두고 있지 않으나, 당사자가 기도한 목적, 사실인 관습, 임의법규, 신의성실의 원칙 등이 모두 해석의 기준이 될 수 있다.

제3절 의사표시

제1관 | 흠 있는 의사표시

Ⅰ 서 설

1. 의사표시의 의의

의사표시는 일정한 법률효과를 발생시키려는 의사를 외부로 표시하는 것으로, 법률행위의 본질적 구성부분이다.

2. 의사표시의 구성요소

(1) 구성요소

의사표시는 효과의사, 표시의사, 행위의사, 표시행위 등으로 분해될 수 있다. 다만, 이 중 '표시의사'가 의사표시의 구성요소로 필요한지 여부에 관하여 견해가 대립하고, 다수설은 이를 부정한다. '행위의사'에 대하여도 통설은 독립적인 구성요소로 보지는 않는다.

(2) 효과의사

효과의사는 어떤 구체적인 법률효과의 발생을 의도한 의사이다. 그런데 효과의사가 내심적 효과의사인가 표시상의 효과의사인가에 대하여 견해의 대립이 있으며, 다수설·판례는 법률행위의 해석과 관련하여 의사표시의 요소가 되는 것은 표시상의 효과의사라고 한다(대판 2002.6.28. 2002다23482).

(3) 표시의사

1) 의 의

표시의사란 효과의사를 외부에 표현하려는 의사이다. 포도주 경매사건이나 외환시장에서 손가락표시 등 자신의 표시행위의 법적 의미를 알지 못하고 표시행위를 한 경우를 표시의사가 없는 경우라 하는데, 이때의 법적 취급에 관하여 견해가 대립된다.

2) 표시의사 없는 경우의 법적 취급

① 표시의사는 의사표시의 구성요소가 아니라는 견해(불요설 : 통설) : 거래안전을 위해 표시의사가 없더라도 의사표시는 완전히 성립한다. 단, 의사와 표시의 불일치가 있는 경우로서 착오에 의한 취소 문제로 해결해야 한다는 입장이다.

② 표시의사는 의사표시의 구성요소라는 견해(필요설 : 소수설) : 표시의사가 없는 경우 의사표시는 불성립한다. 따라서 원칙적으로 착오 문제는 발생하지 않는다는 입장이다.

(4) 행위의사

행위의사란 어떤 행위를 하겠다는 인식을 의미하는 바, 수면 중의 행위, 반사적 행위, 최면상태의 행위 등은 행위의사가 없다. 이에 대해 통설은 행위의사를 의사표시의 독립적인 구성요소로 보지 않고 표시행위의 문제로 본다.

(5) 표시행위

1) 문제점

효과의사를 외부에 표시하는 행위로 쟁점은 명시적인 표시행위가 없는 경우에도 침묵이나 거동 등 일정한 행위를 표시행위로 보아 의사표시로 인정할 수 있는가이다.

2) 묵시적 의사표시(거동, 침묵, 포함적 의사표시 등)

① 거동 : 거동에 의한 의사표시는 가능하다.
② 침묵 : 침묵이 의사표시가 되기 위해서는 당사자 사이의 약정이나 거래관행상 일정한 의사표시로 평가될 수 있는 특별한 사정과 그에 대한 인식이 필요하다.
③ 포함적 의사표시(추단적 행위에 의한 의사표시, 간접적 의사표시)
  ㉠ 행위자의 실행행위에 어떤 의사표시가 포함되어 있는 경우로 이를 간접적 의사표시라고 표현하기도 한다.
  ㉡ 취소할 수 있는 법률행위의 법정추인(민법 제145조)은 포함적 의사표시이론에 근거한다.

II 진의 아닌 의사표시

민법 제107조(진의 아닌 의사표시)
① 의사표시는 표의자가 진의 아님을 알고 한 것이라도 그 효력이 있다. 그러나 상대방이 표의자의 진의 아님을 알았거나 이를 알 수 있었을 경우에는 무효로 한다. 기출 22 · 16 · 15 · 13
② 전항의 의사표시의 무효는 선의의 제3자에게 대항하지 못한다.

1. 의 의

비진의표시는 의사와 표시의 불일치를 표의자 스스로 알면서 하는 의사표시를 말한다.

2. 요 건

(1) 의사표시의 존재

진의 아닌 의사표시로 되기 위하여 우선 일정한 효과의사를 추단할 만한 행위가 있어야 한다.

(2) 진의와 표시가 불일치할 것

① 진의란 특정한 내용의 의사표시를 하고자 하는 표의자의 생각을 말하는 것이지 표의자가 진정으로 마음속에서 바라는 사항을 뜻하는 것은 아니라고 할 것이다(대판 1993.7.16. 92다41528 · 92다41535). 기출 25 · 20 · 13
② 표의자가 의사표시의 내용을 진정으로 마음속으로 바라지는 아니하였다고 하더라도 당시의 상황에서는 그것을 최선이라고 판단하여 그 의사표시를 하였을 경우에는 이를 내심의 효과의사가 결여된 진의 아닌 의사표시라고 할 수 없다(대판 2003.4.25. 2002다11458). 기출 20

> **[명의대여자의 의사표시가 비진의 의사표시에 해당하는지 여부]**
> 법률상 또는 사실상의 장애로 자기 명의로 대출받을 수 없는 자를 위하여 대출금채무자로서의 명의를 빌려준 자에게 그와 같은 채무부담의 의사가 없는 것이라고는 할 수 없으므로 그 의사표시를 비진의표시에 해당한다고 볼 수 없고, 설령 명의대여자의 의사표시가 비진의표시에 해당한다고 하더라도 그 의사표시의 상대방인 상호신용금고로서는 명의대여자가 전혀 채무를 부담할 의사 없이 진의에 반한 의사표시를 하였다는 것까지 알았다거나 알 수 있었다고 볼 수도 없다고 보아, 그 명의대여자는 표시행위에 나타난 대로 대출금채무를 부담한다(대판 1996.9.10. 96다18182).

(3) 표의자가 그러한 사실을 알고 있을 것
① 진의 아닌 의사표시는 표시가 진의와 다름을 표의자가 알고 있다는 점에서 표시와 진의가 다름을 표의자가 모르고 있는 착오와 구별된다. 기출 25·20
② 표시와 진의의 불일치가 상대방과 합의된 것이라면 통정허위표시에 해당한다(대판 2003.6.24. 2003다7357).
기출 25

3. 효 과 기출 20

(1) 원 칙
표시된 대로 효과가 발생하여 유효하다(민법 제107조 제1항 본문). 기출 25

(2) 예 외
상대방이 알았거나 알 수 있었을 경우에는 무효이다(민법 제107조 제1항 단서). 이 경우 상대방이 진의 아님을 알았다거나 또는 알 수 있었다는 것은 의사표시의 무효를 주장하는 자가 주장·증명하여야 한다(통설·판례). 기출 25 단, 무효로써 선의의 제3자에게 대항할 수 없다(민법 제107조 제2항).

> 진의 아닌 의사표시가 대리인에 의하여 이루어지고 그 대리인의 진의가 본인의 이익이나 의사에 반하여 자기 또는 제3자의 이익을 위한 배임적인 것임을 그 상대방이 알았거나 알 수 있었을 경우에는 민법 제107조 제1항 단서의 유추해석상 그 대리인의 행위에 대하여 본인은 아무런 책임을 지지 않는다고 보아야 한다(대판 2001.1.19. 2000다20694).
> 기출 21

4. 적용범위
① 계약 및 상대방 있는 단독행위 : 당연히 민법 제107조가 적용된다.
② 상대방 없는 단독행위 : 민법 제107조 제1항 단서의 적용 여부에 대하여 학설의 다툼이 있다.
③ 친족법상의 행위와 공법상의 의사표시 및 거래의 안전이 중시되는 주식인수의 청약 등에 대하여는 민법 제107조가 적용되지 않는다. 따라서 공무원의 사직의 의사표시에는 민법 제107조가 적용되지 않는다.
기출 20

> 공무원이 사직의 의사표시를 하여 의원면직처분을 하는 경우 그 사직의 의사표시는 그 법률관계의 특수성에 비추어 외부적·객관적으로 표시된 바를 존중하여야 할 것이므로, 비록 사직원제출자의 내심의 의사가 사직할 뜻이 아니었다고 하더라도 진의 아닌 의사표시에 관한 민법 제107조는 그 성질상 사직의 의사표시와 같은 사인의 공법행위에는 준용되지 아니하므로 그 의사가 외부에 표시된 이상 그 의사는 표시된 대로 효력을 발한다(대판 1997.12.12. 97누13962). 기출 24·20

5. 판 례

(1) 진의 아닌 의사표시에 해당하는 사례

사용자가 사직의 의사 없는 근로자로 하여금 어쩔 수 없이 사직서를 작성·제출하게 한 후 이를 수리하는 이른바 의원면직의 형식을 취하여 근로계약관계를 종료시키는 경우는 근로자의 사직서제출이 진의 아닌 의사표시에 해당하여 무효이다(대판 2000.4.25. 99다34475). 기출 20

(2) 진의 아닌 의사표시에 해당하지 않는 사례

① 비록 재산을 강제로 뺏긴다는 것이 표의자의 본심으로 잠재되어 있었다 하여도 표의자가 강박에 의하여서나마 증여를 하기로 하고 그에 따른 증여의 의사표시를 한 이상 증여의 내심의 효과의사가 결여된 것이라고 할 수는 없다(대판 2002.12.27. 2000다47361). 기출 24·20

② 근로자가 징계면직처분을 받은 후 당시 상황에서는 징계면직처분의 무효를 다투어 복직하기는 어렵다고 판단하여 퇴직금 수령 및 장래를 위하여 사직원을 제출하고 재심을 청구하여 종전의 징계면직처분이 취소되고 의원면직처리된 경우, 그 사직의 의사표시는 비진의의사표시에 해당하지 않는다(대판 2000.4.25. 99다34475).

③ 학교법인이 사립학교법상의 제한규정 때문에 그 학교의 교직원들인 소외인들의 명의를 빌려서 피고로부터 금원을 차용한 경우에 피고 역시 그러한 사정을 알고 있었다고 하더라도 위 소외인들의 의사는 위 금전의 대차에 관하여 그들이 주채무자로서 채무를 부담하겠다는 뜻이라고 해석함이 상당하므로 이를 진의 아닌 의사표시라고 볼 수 없다(대판 1980.7.8. 80다639). 기출 24

Ⅲ 통정한 허위의 의사표시

민법 제108조(통정한 허위의 의사표시)
① 상대방과 통정한 허위의 의사표시는 무효로 한다.
② 전항의 의사표시의 무효는 선의의 제3자에게 대항하지 못한다.

1. 서 설

(1) 의 의

허위표시란 상대방과 통정하여 하는 자기의 진의와 다른 의사표시를 말한다. 그리고 허위표시를 요소로 하는 법률행위를 가장행위라 한다.

(2) 구 별

① 은닉행위 : 증여를 하면서 증여세 면탈을 목적으로 매매를 가장하여 소유권이전등기를 하는 경우, 위 매매를 가장매매라 한다. 그리고 증여를 은닉행위라고 한다.

② 명의신탁행위 : 명의신탁에서 권리를 대외적으로 이전하려는 신탁자의 진의가 존재하므로, 명의신탁행위는 허위표시가 아니다.

③ **허수아비행위** : 계약당사자가 전면에 나서는 것을 꺼려 다른 사람을 내세워 법률행위를 하되 대내적으로 이에 따른 권리·의무를 자기에게 귀속시키는 행위를 허수아비행위라고 한다. 즉, 허수아비행위는 비진의표시나 통정허위표시가 될 수 없고, 원칙적으로 유효한 행위가 되어 허수아비에게 법적 효과가 귀속되고, 추후 배후자에게로의 권리이전의 문제가 남게 된다.

2. 요 건

(1) 의사표시의 존재
허위표시는 당연히 상대방 있는 의사표시여야 한다.

(2) 표시와 진의의 불일치
표시와 진의의 불일치하여야 한다. 따라서 표시행위의 의미(표시상의 효과의사)에 대응하는 표의자의 의사(내심적 효과의사)가 존재하는 한, 허위표시가 아니다.

(3) 상대방과의 통정이 있을 것
① 진의와 다른 표시를 하는 데 대하여 표의자가 알고 있어야 할 뿐만 아니라 상대방과 통정(표시와 진의의 불일치에 관한 합의)해야 한다.

> 통정허위표시가 성립하기 위하여는 의사표시의 진의와 표시가 일치하지 아니하고, 그 불일치에 관하여 상대방과 사이에 합의가 있어야 한다(대판 1998.9.4. 98다17909). 기출 23

② 상대방과의 통정이 있다는 것은 허위표시의 무효를 주장하는 자가 증명해야 한다.

3. 효 과

(1) 당사자 간의 효과
① 허위표시 당사자 사이에서는 언제나 무효이다.

> 통정한 허위의 의사표시는 허위표시의 당사자와 포괄승계인 이외의 자로서 그 허위표시에 의하여 외형상 형성된 법률관계를 토대로 실질적으로 새로운 법률상 이해관계를 맺은 선의의 제3자를 제외한 누구에 대하여서나 무효이고, 또한 누구든지 그 무효를 주장할 수 있다(대판 2003.3.28. 2002다72125).

② 무효인 법률행위는 그 법률행위가 성립한 당초부터 당연히 효력이 발생하지 않는 것이므로, 통정허위표시에 따른 법률효과를 침해하는 것처럼 보이는 위법행위가 있는 경우에도 그에 따른 손해배상을 청구할 수 없다(대판 2003.3.28. 2002다72125). 기출 23

③ **민법 제746조와의 관계** : 허위표시는 그 자체로는 불법이 아니므로 민법 제746조는 적용되지 않는다. 즉, 강제집행을 면할 목적으로 부동산의 소유자 명의를 허위의 근저당권 설정등기를 경료하거나 명의신탁 하는 것이 불법원인급여에 해당한다고 볼 수는 없다(대판 2004.5.28. 2003다70041). 따라서 상대방에게 급부한 것에 대한 부당이득반환을 청구할 수 있다.

④ **민법 제406조와의 관계** : 무효인 법률행위를 취소할 수 있는지가 문제되는데, 통설·판례는 이를 긍정한다. 즉, 법률행위가 통정허위표시인 경우에도 채권자취소권의 대상이 되며, 채권자취소권의 대상으로 된 채무자의 법률행위라도 통정허위표시의 요건을 갖춘 경우에는 무효이다(대판 1998.2.27. 97다50985).

기출 23·15·13

(2) 제3자에 대한 효과

1) 제3자의 의의

허위표시의 당사자 및 포괄승계인 이외의 자로서 허위표시에 의하여 형성된 법률관계를 토대로 실질적으로 새로운 이해관계를 갖는 자를 말한다(통설)(대판 2007.7.6. 99다51258). 기출 18 여기에서 선의의 제3자가 보호될 수 있는 법률상 이해관계는 위 전세권설정계약의 당사자를 상대로 하여 직접 법률상 이해관계를 가지는 경우 외에도 그 법률상 이해관계를 바탕으로 하여 다시 위 전세권설정계약에 의하여 형성된 법률관계와 새로이 법률상 이해관계를 가지게 되는 경우도 포함된다(대판 2013.2.15. 2012다49292). 따라서 통정허위표시의 제3자가 악의라도 그 전득자가 통정허위표시에 대하여 선의인 때에는 전득자에게 허위표시의 무효를 주장할 수 없다.

기출 21

제3자에 해당 ○	• 가장매매의 매수인으로부터 그 부동산을 다시 매수한 자(대판 1996.4.26. 94다12074) 기출 22·20·15 • 가장매매에 기한 대금채권의 양수인 또는 가장소비대차에 기한 채권의 양수인 • 가장양수인으로부터 저당권을 취득한 자 기출 16 • 통정허위표시에 의하여 외형상 형성된 법률관계로 생긴 채권의 가압류권자(대판 2004.5.28. 2003다70041) 기출 24·15·14 • 가장 근저당권설정계약이 유효하다고 믿고 그 피담보채권을 가압류한 자(대판 2004.5.28. 2003다70041) 기출 23 • 파산자가 상대방과 통정한 허위의 의사표시를 통하여 가장채권을 보유하고 있다가 파산이 선고된 경우의 파산관재인(대판 2003.6.24. 2002다48214) 기출 20·14 • 허위의 주채무자의 기망행위에 의하여 보증계약을 체결한 후 보증채무를 이행한 보증인(대판 2000.7.6. 99다51258) 기출 22 • 통정허위표시로 설정된 전세권에 대하여 선의로 저당권을 취득한 자(대판 2008.3.13. 2006다58912) 기출 16·15
제3자에 해당 ×	• 채권의 가장양도에 있어서의 주채무자(대판 1983.1.18. 82다594) 기출 20 • 저당권을 허위로 포기한 경우 기존의 후순위저당권자 • 가장매매에 의한 손해배상청구권의 양수인(통설) • 채권의 가장양수인으로부터 추심을 위한 채권양도를 받은 자 • 제3자를 위한 계약의 수익자 • 가장소비대차의 계약상 지위를 선의로 이전받은 자(대판 2004.1.15. 2002다31537) 기출 24·22 • 자신의 채권을 보전하기 위해 가장양도인의 가장양수인에 대한 권리를 대위행사하는 채권자 기출 23

2) 제3자의 선의

① 제3자의 선의는 추정되므로 무효를 주장하는 자가 제3자의 악의를 입증해야 한다는 것이 통설·판례(대판 2006.3.10. 2002다1321)이다. 기출 18·16
② 제3자는 선의이면 족하고, 무과실은 요건이 아니다(대판 2004.5.28. 2003다70041). 기출 21·17·16·13
③ 선의의 제3자로부터 다시 매수한 자(전득자)가 악의라 할지라도 보호된다(엄폐물 법칙, 통설).
④ 파산자가 상대방과 통정한 허위의 의사표시를 통하여 가장채권을 보유하고 있다가 파산이 선고된 경우, 파산관재인은 그 허위표시에 따라 외형상 형성된 법률관계를 토대로 실질적으로 새로운 법률상 이해관계를 가지게 된 민법 제108조 제2항의 제3자에 해당하고, 그 선의·악의도 파산관재인 개인의 선의·악의를 기준으로 할 수는 없고, 총파산채권자를 기준으로 하여 파산채권자 모두가 악의로 되지 않는 한 파산관재인은 선의의 제3자라고 할 수밖에 없다(대판 2010.4.29. 2009다96083). 기출 24

3) '대항하지 못한다'는 의미
① 선의의 제3자가 보호받는 경우 허위표시의 당사자뿐만 아니라 그 누구도 제3자에게 허위표시의 무효를 주장할 수 없다는 것이 통설·판례이다. 기출 18·14
② 그러나 선의의 제3자가 스스로 허위표시의 무효를 주장할 수는 있다(통설).

4. 적용범위
① 민법 제108조는 계약에 한하지 않고, 상대방 있는 단독행위에도 적용된다.
② 상대방 없는 행위에는 적용되지 않는다.
③ 가족법상의 법률행위에서 허위표시는 언제나 무효이다.

5. 허위표시와 철회
① 당사자 간 합의로 허위표시의 철회는 가능하다(통설).
② 철회가 있기 전 이해관계를 맺은 선의의 제3자에 대하여 철회를 가지고 대항할 수 없고, 철회 후에 이해관계를 맺은 제3자에 대해서는 허위표시의 외형을 제거한 경우에만 철회를 가지고 제3자에게 대항할 수 있다(통설).

6. 민법 제108조 제2항의 유추적용 문제
乙이 甲으로부터 부동산에 관한 담보권설정의 대리권만 수여받고도 그 부동산에 관하여 자기 앞으로 소유권이전등기를 하고 이어서 丙에게 그 소유권이전등기를 경료한 경우, 丙은 乙을 甲의 대리인으로 믿고서 위 등기의 원인행위를 한 것도 아니고, 甲도 乙 명의의 소유권이전등기가 경료된 데 대하여 이를 통정·용인하였거나 이를 알면서 방치하였다고 볼 수 없다면 이에 민법 제126조나 제108조 제2항을 유추할 수는 없다(대판 1991.12.27. 91다3208).

7. 차명대출
동일인에 대한 대출액 한도를 제한한 법령이나 금융기관 내부규정의 적용을 회피하기 위하여 실질적인 주채무자가 실제 대출받고자 하는 채무액에 대하여 제3자를 형식상의 주채무자로 내세우고, 금융기관도 이를 양해하여 제3자에 대하여는 채무자로서의 책임을 지우지 않을 의도하에 제3자 명의로 대출관계서류를 작성받은 경우, 제3자는 형식상의 명의만을 빌려 준 자에 불과하고 그 대출계약의 실질적인 당사자는 금융기관과 실질적 주채무자이므로, 제3자 명의로 되어 있는 대출약정은 그 금융기관의 양해하에 그에 따른 채무부담의 의사 없이 형식적으로 이루어진 것에 불과하여 통정허위표시에 해당하는 무효의 법률행위이고(대판 2001.5.29. 2001다11765), 금융기관과 실질적 주채무자 간의 대출약정은 은닉행위에 해당하여 유효이다.

Ⅳ 착오로 인한 의사표시

> **민법 제109조(착오로 인한 의사표시)**
> ① 의사표시는 법률행위의 내용의 중요부분에 착오가 있는 때에는 취소할 수 있다. 그러나 그 착오가 표의자의 중대한 과실로 인한 때에는 취소하지 못한다. 기출 22
> ② 전항의 의사표시의 취소는 선의의 제3자에게 대항하지 못한다. 기출 15

1. 서 설

의사표시는 법률행위의 내용의 중요부분에 착오가 있는 때에는 취소할 수 있다. 그러나 그 착오가 표의자의 중대한 과실로 인한 때에는 취소하지 못하며(민법 제109조 제1항), 그 의사표시의 취소는 선의의 제3자에게 대항하지 못한다(민법 제109조 제2항). 여기서 착오에 의한 의사표시란 표시에 의하여 추단되는 의사와 진의가 일치하지 않으며, 그 불일치를 표의자 자신이 모르는 의사표시를 말한다. 또한 착오가 미필적인 장래의 불확실한 사실에 관한 것이라도 민법 제109조 소정의 착오에서 제외되는 것은 아니다(대판 1994.6.10. 93다24810). 기출 22

2. 착오의 유형

(1) 표시상의 착오
① 표의자가 외부적으로 자기가 표시한 것으로 나타난 바를 표시하려 하지 않았던 경우에 이 유형의 착오가 존재한다. 즉, 표시행위 자체를 잘못하는 것이 표시상의 착오이다.
② 대리인에 의한 계약체결의 경우, 특별한 사정이 없는 한 착오의 유무는 대리인을 표준으로 판단하여야 한다(민법 제116조 제1항). 따라서 본인에게 착오가 있더라도 대리인에게 착오가 없다면 본인은 착오를 이유로 취소권을 행사할 수 없다. 기출 23

(2) 내용의 착오
표의자가 표시하려고 한 바를 제대로 표시하였지만 외부적으로 표시된 바를 법적으로 다른 의미 또는 범위와 결부시킨 경우에 내용의 착오가 존재한다.

(3) 동기의 착오

1) 의 의
동기의 착오란 의사형성의 과정에 있어서의 착오이며, 이에는 당사자 일방의 동기의 착오가 있고, 쌍방의 동기의 착오가 있다.

2) 문제점
민법 제109조 제1항은 '법률행위의 내용'에 착오가 있는 경우에만 착오를 이유로 의사표시를 취소할 수 있도록 규정하고 있는 바, '법률행위의 동기'에 착오가 있는 경우에도 이를 이유로 의사표시를 취소할 수 있을지 문제된다.

① 학설
  ㉠ 동기표시설(다수설) : 동기가 표시되고 이를 상대방이 알고 있는 경우에는 동기가 법률행위의 내용이 되어 민법 제109조를 적용할 수 있다는 견해로 표의자의 보호와 거래안전의 조화를 추구한다.
  ㉡ 동기포함설(민법 제109조 적용설) : 민법 제109조가 정한 착오의 개념에 동기의 착오도 포함되기에 표시 여하를 불문하고 민법 제109조의 요건을 갖추면 취소할 수 있다는 견해이다.
  ㉢ 민법 제109조 유추적용설 : 법률행위의 해석에 의해 동기가 법률행위의 내용으로 되었다고 할 수 없는 경우에는 일반 착오와 동일하게 취급할 수는 없고, 다만, 거래에 있어서 중요한 사람 또는 물건의 성질에 대한 착오 및 이에 준하는 착오는 민법 제109조를 유추적용할 수 있다는 견해이다.
② 판례 : 동기가 표시되어 의사표시 해석상 법률행위의 내용이 된 경우이거나 표시되지는 않았더라도 동기의 착오가 상대방으로부터 유발되거나 제공된 경우, 민법 제109조를 적용할 수 있다. 다만, 이때에도 민법 제109조의 나머지 요건(중요부분, 무중과실)을 갖추어야 취소할 수 있다는 점을 주의해야 한다.

> 동기의 착오가 법률행위의 내용 중 중요부분의 착오에 해당함을 이유로 표의자가 법률행위를 취소하려면 그 동기를 당해 의사표시의 내용으로 삼을 것을 상대방에게 표시하고 의사표시의 해석상 법률행위의 내용으로 되어 있다고 인정되면 충분하고 당사자들 사이에 별도로 그 동기를 의사표시의 내용으로 삼기로 하는 합의까지 이루어질 필요는 없다(대판 2015.7.23. 2012다15336). 기출 20·17·13

③ 검토 : 표의자의 보호와 거래안전의 조화의 필요성을 고려할 때 동기표시설이 타당하다.

3. 취소권 발생의 요건

(1) 법률행위 내용의 중요부분에 착오가 있을 것[이중적 기준설(통설)](대판 1999.4.23. 98다45546) 기출 20·14

1) 객관적 현저성
보통 일반인이 표의자의 입장에 섰더라면 그러한 의사표시를 하지 않았을 것이라고 생각될 정도로 중요한 것이어야 한다.

2) 주관적 현저성
표의자가 이러한 착오가 없었더라면 그 의사표시를 하지 않았을 것이라고 판단될 정도로 중요한 것이어야 한다. 결국, 판례는 법률행위의 내용의 중요부분에 착오가 있는지 여부는 그 행위에 관하여 주관적·객관적 표준에 좇아 구체적 사정에 따라 가려져야 할 것이고, 추상적·일률적으로 이를 가릴 수 없다고 한다(대판 1985.4.23. 84다카890).

3) 중요부분에 해당하는지 여부
① 표의자에게 경제적인 불이익이 없는 경우 : 착오가 법률행위 내용의 중요부분에 있다고 하기 위하여는 표의자에 의하여 추구된 목적을 고려하여 합리적으로 판단하여 볼 때 표시와 의사의 불일치가 객관적으로 현저하여야 하고, 만일 그 착오로 인하여 표의자가 무슨 경제적인 불이익을 입은 것이 아니라고 한다면 이를 법률행위 내용의 중요부분의 착오라고 할 수 없다(대판 1999.2.23. 98다47924). 기출 23·22·19·14·13
② 당사자에 관한 착오 : 원칙적으로 당사자의 동일성에 관한 착오는 법률행위 내용의 중요부분에 관한 착오에 해당한다. 따라서 채무자의 동일성에 관한 착오는 법률행위 내용의 중요부분에 관한 착오에 해당한다(대판 1995.12.22. 95다37087).

③ 목적물에 관한 착오 : 타인 소유의 부동산을 임대한 것이 임대차계약을 해지할 사유는 될 수 없고 목적물이 반드시 임대인의 소유일 것을 특히 계약의 내용으로 삼은 경우라야 착오를 이유로 임차인이 임대차계약을 취소할 수 있다(대판 1975.1.28. 74다2069).

④ 토지의 현황·경계·시가·지가에 관한 착오
  ㉠ 토지의 현황·경계에 관한 착오는 매매계약의 중요부분에 대한 착오에 해당한다.
  ㉡ 시가·지가에 관한 착오 : 부동산 매매에 있어서 시가에 관한 착오는 부동산을 매매하려는 의사를 결정함에 있어 동기의 착오에 불과할 뿐 법률행위의 중요부분에 관한 착오라고 할 수 없다(대판 1992.10.23. 92다29337). 기출 15

⑤ 자격에 관한 착오 : 재건축아파트 설계용역에서 건축사 자격이 가지는 중요성에 비추어 볼 때, 재건축조합이 건축사 자격이 없이 건축연구소를 개설한 건축학 교수에게 건축사 자격이 없다는 것을 알았더라면 재건축조합만이 아니라 객관적으로 볼 때 일반인으로서도 이와 같은 설계용역계약을 체결하지 않았을 것으로 보이므로, 재건축조합 측의 착오는 중요부분의 착오에 해당한다(대판 2003.4.11. 2002다70884).

(2) 표의자에게 중대한 과실이 없을 것
  ① 중대한 과실이란 표의자의 직업, 행위의 종류, 목적 등에 비추어 보통 요구되는 주의를 현저하게 결여하는 것을 말한다(대판 2003.4.11. 2002다70884). 기출 20
  ② 표의자에게 중대한 과실이 없어야 취소할 수 있음이 원칙이나, 상대방이 표의자의 착오를 알고 이용한 경우에는 그 착오가 표의자의 중대한 과실로 인한 것이라고 하더라도 표의자는 그 의사표시를 취소할 수 있다(대판 2023.4.27. 2017다227264). 기출 24·19

(3) 입증책임 기출 22·21·17·13
  ① 중요부분의 착오가 있다는 것은 착오에 의한 취소를 주장하는 '표의자'가 입증해야 한다.
  ② 표의자에게 중과실이 있다는 점은 취소를 막으려는 '표의자의 상대방'이 입증해야 한다. 기출 23

> 착오로 인한 의사표시에 있어서, 착오한 표의자의 중대한 과실 유무에 관한 주장과 입증책임(증명책임)은 착오자가 아니라 의사표시를 취소하게 하지 않으려는 상대방에게 있다(대판 2005.5.12. 2005다6228). 기출 23

(4) 착오에 대한 상대방의 예견가능성 요부
  상대방의 예견가능성을 요건으로 하는 것은 명문에 반하고, 사실상 착오에 의한 취소를 봉쇄하는 결과가 되므로 이를 요건으로 하지 않는다(통설·판례).

4. 효 과

(1) 법률행위의 소급적 무효(민법 제141조 본문)
  착오가 법률행위 일부에만 관계된 경우에는 그 부분만의 일부취소가 가능하며, 그 효과는 일부무효의 법리가 적용된다(통설)(대판1998.2.10. 97다44737). 기출 19·14

(2) 제3자에 대한 효과
  ① 착오에 의한 의사표시의 취소는 선의의 제3자에게 대항하지 못한다(민법 제109조 제2항).
  ② 제3자에는 단순히 착오로 인한 의사표시의 취소가 있기 전에 새로운 이해관계를 맺은 자뿐만 아니라 법률행위 취소 이후라도 그러한 사정을 모르는 자도 포함된다(통설).

(3) 신뢰이익의 배상책임

계약체결상의 과실책임(민법 제535조)을 유추적용하여 표의자에게 경과실이 있는 경우, 신뢰이익 배상책임을 인정한다(다수설).

(4) 불법행위로 인한 손해배상청구 여부

경과실이 있음에도 표의자가 착오를 이유로 의사표시를 취소하고 그 결과 법률행위가 효력을 잃는 경우에, 상대방이 신뢰이익의 배상을 청구할 수 있는지에 관하여 민법 제535조의 유추에 의하여 이를 긍정하는 견해(다수설)도 있으나, 판례는 민법이 규정하는 취소권을 행사하는 것은 위법하지 않음을 근거로 착오취소에서 경과실이 있는 착오자의 손해배상책임을 부정한다.

> 불법행위로 인한 손해배상책임이 성립하기 위하여는 가해자의 고의 또는 과실 이외에 행위의 위법성이 요구되므로, 전문건설공제조합이 계약보증서를 발급하면서 조합원이 수급할 공사의 실제 도급금액을 확인하지 아니한 과실이 있다고 하더라도 민법 제109조에서 중과실이 없는 착오자의 착오를 이유로 한 의사표시의 취소를 허용하고 있는 이상, 전문건설공제조합이 과실로 인하여 착오에 빠져 계약보증서를 발급한 것이나 그 착오 이유로 보증계약을 취소한 것이 위법하다고 할 수는 없다(대판 1997.8.22. 97다13023). 기출 24·21·19

5. 적용범위

① 신분행위에는 적용이 없다(다수설).

② 소송행위(대판 1964.9.15. 64다92)나 공법상의 행위에는 적용되지 않는다.

> 판결 선고 전에 이미 그 선고결과를 예상하고 법률행위를 하였으나 실제로 선고된 판결이 그 예상과 다르다 하더라도 이 표의자의 심리상태에 인식과 대조사실에 불일치가 있다고는 할 수 없어 착오로 다룰 수는 없다(대판 1972.3.28. 71다2193). 기출 21

③ 정형적 거래행위, 단체적 거래행위에는 원칙적으로 민법 제109조가 적용되지만, 거래안전을 위하여 일정한 경우에는 제한될 수 있다. 예를 들면, 회사성립 후에 주식을 인수한 자는 착오를 이유로 그 인수를 취소하지 못한다(상법 제320조 제1항).

> 민법 제109조의 법리는 적용을 배제하는 취지의 별도 규정이 있거나 당사자의 합의로 적용을 배제하는 등의 특별한 사정이 없는 한 원칙적으로 모든 사법(私法)상 의사표시에 적용된다(대판 2014.11.27. 2013다49794 참고). 기출 22

④ 민법 제109조 제1항은 임의규정이다. 따라서 당사자의 합의로 착오로 인한 의사표시의 취소에 관한 민법 제109조 제1항의 적용을 배제할 수 있다(대판 2016.4.15. 2013다97694). 기출 24

6. 민법 제109조와 다른 규정과의 경합 여부

(1) 착오와 사기의 경합

1) 기망행위로 인하여 동기의 착오를 일으킨 경우 : 경합 인정

판례는「기망행위로 인하여 법률행위의 중요부분에 관하여 착오를 일으킨 경우뿐만 아니라 법률행위의 내용으로 표시되지 아니한 의사결정의 동기에 관하여 착오를 일으킨 경우에도 표의자는 그 법률행위를 사기에 의한 의사표시로서 취소할 수 있다」(대판 1985.4.9. 85도167, 다만 이 판결에서는 사기에 의한 취소가 인정되었음에 주의)고 하여 착오와 사기의 경합을 인정하였다. 기출 22

2) 기망행위로 인하여 표시상의 착오를 일으킨 경우 : 경합 부정

판례는「신원보증서류에 서명날인한다는 착각에 빠진 상태로 연대보증의 서면에 서명날인한 경우, 위와 같은 행위는 강학상 기명날인의 착오(또는 서명의 착오), 즉 어떤 사람이 자신의 의사와 다른 법률효과를 발생시키는 내용의 서면에, 그것을 읽지 않거나 올바르게 이해하지 못한 채 기명날인을 하는 이른바 표시상의 착오에 해당하므로, 비록 위와 같은 착오가 제3자의 기망행위에 의하여 일어난 것이라 하더라도 착오에 의한 의사표시에 관한 법리만을 적용하여 취소권 행사의 가부를 가려야 한다」(대판 2005.5.27. 2004다43824)고 하여 착오와 사기의 경합을 부정하였다. 기출 20

> 사기에 의한 의사표시란 타인의 기망행위로 말미암아 착오에 빠지게 된 결과 어떠한 의사표시를 하게 되는 경우이므로 거기에는 의사와 표시의 불일치가 있을 수 없고, 단지 의사의 형성과정 즉 의사표시의 동기에 착오가 있는 것에 불과하며, 이 점에서 고유한 의미의 착오에 의한 의사표시와 구분되는데, 신원보증서류에 서명날인한다는 착각에 빠진 상태로 연대보증의 서면에 서명날인한 경우, 결국 위와 같은 행위는 강학상 기명날인의 착오(또는 서명의 착오), 즉 어떤 사람이 자신의 의사와 다른 법률효과를 발생시키는 내용의 서면에, 그것을 읽지 않거나 올바르게 이해하지 못한 채 기명날인을 하는 이른바 표시상의 착오에 해당하므로, 비록 위와 같은 착오가 제3자의 기망행위에 의하여 일어난 것이라 하더라도 그에 관하여는 사기에 의한 의사표시에 관한 법리, 특히 상대방이 그러한 제3자의 기망행위 사실을 알았거나 알 수 있었을 경우가 아닌 한 의사표시자가 취소권을 행사할 수 없다는 민법 제110조 제2항의 규정을 적용할 것이 아니라, 착오에 의한 의사표시에 관한 법리만을 적용하여 취소권 행사의 가부를 가려야 한다(대판 2005.5.27. 2004다43824). 기출 23·20

(2) 착오와 담보책임의 경합

① 학설 : 착오와 담보책임이 경합하는 경우에 양자는 경합하지 않고 매도인의 담보책임이 적용되는 한에 있어서 착오의 규정이 적용되지 않는다(법조경합설)는 견해와 양자의 경합을 인정하는 소수설이 대립한다.
② 판례 :「민법 제109조 제1항에 의하면 법률행위 내용의 중요부분에 착오가 있는 경우 착오에 중대한 과실이 없는 표의자는 법률행위를 취소할 수 있고, 민법 제580조 제1항, 제575조 제1항에 의하면 매매의 목적물에 하자가 있는 경우 하자가 있는 사실을 과실 없이 알지 못한 매수인은 매도인에 대하여 하자담보책임을 물어 계약을 해제하거나 손해배상을 청구할 수 있다. 착오로 인한 취소 제도와 매도인의 하자담보책임 제도는 취지가 서로 다르고, 요건과 효과도 구별된다. 따라서 매매계약 내용의 중요부분에 착오가 있는 경우 매수인은 매도인의 하자담보책임이 성립하는지와 상관없이 착오를 이유로 매매계약을 취소할 수 있다」(대판 2018.9.13. 2015다78703)고 판시하였다. 기출 24
③ 검토 : 착오로 인한 취소 제도와 매도인의 하자담보책임 제도는 취지가 서로 다르고, 요건과 효과도 구별되므로, 착오와 담보책임의 경합을 인정하는 것이 타당하다.

(3) 해제와 취소의 경합

매도인이 매수인의 중도금 지급채무불이행을 이유로 매매계약을 적법하게 해제한 후라도, 매수인은 계약해제에 따라 자신이 부담하게 될 손해배상책임을 피하기 위해 착오를 이유로 위 매매계약을 취소하여 이를 무효로 돌릴 수 있다(대판 1991.8.27. 91다11308). 기출 24·23·22·21·20·18·13

(4) 화해계약에 있어서 착오

① 민법상 화해계약에 있어서는 당사자는 착오를 이유로 취소하지 못하고 다만, 화해 당사자의 자격 또는 화해의 목적인 분쟁 이외의 사항에 착오가 있는 때에 한하여 취소할 수 있다(민법 제733조).
② 화해의 목적인 분쟁 이외의 사항이란 분쟁의 대상이 아니라 분쟁의 전제 또는 기초가 된 사항으로서 쌍방 당사자가 예정한 것이어서 상호양보의 내용으로 되지 않고 다툼이 없는 사실로 양해된 사항을 말한다(대판 2007.12.27. 2007다70285).

7. 착오에 관한 구체적 검토

(1) 중요부분의 착오에 해당하는 사례

귀속해제된 토지인데도 귀속재산인 줄로 잘못 알고 국가에 증여를 한 경우 이러한 착오는 일종의 동기의 착오라 할 것이나 그 동기를 제공한 것이 관계 공무원이었고 그러한 동기의 제공이 없었더라면 위 토지를 선뜻 국가에게 증여하지는 않았을 것이라면 그 동기는 증여행위의 중요부분을 이룬다고 할 것이므로 뒤늦게 그 착오를 알아차리고 증여계약을 취소했다면 그 취소는 적법하다(대판 1978.7.11. 78다719).

(2) 중요부분의 착오에 해당하지 않는 사례

① 주채무자의 차용금반환채무를 보증할 의사로 공정증서에 연대보증인으로 서명·날인하였으나 그 공정증서가 주채무자의 기존의 구상금채무 등에 관한 준소비대차계약의 공정증서이었던 경우, 위와 같은 착오는 연대보증계약의 중요부분의 착오가 아니다(대판 2006.12.7. 2006다41457).
② 회사사고 담당직원이 회사운전수에게 잘못이 있는 것으로 착각하고 회사를 대리하여 병원경영자와 간에 환자의 입원치료비의 지급을 연대보증하기로 계약한 경우는, 의사표시의 동기에 착오가 있는 것에 불과하므로, 특히 그 동기를 계약 내용으로 하는 의사를 표시하지 아니한 이상, 착오를 이유로 계약을 취소할 수 없다(대판 1979.3.27. 78다2493).

V 사기 · 강박에 의한 의사표시

민법 제110조(사기, 강박에 의한 의사표시)
① 사기나 강박에 의한 의사표시는 취소할 수 있다.
② 상대방 있는 의사표시에 관하여 제3자가 사기나 강박을 행한 경우에는 상대방이 그 사실을 알았거나 알 수 있었을 경우에 한하여 그 의사표시를 취소할 수 있다. 기출 21·18·17·16
③ 전2항의 의사표시의 취소는 선의의 제3자에게 대항하지 못한다. 기출 22·18

1. 서 설

피기망자나 피강박자의 재산을 보호하려는 것이 아니라 표의자의 의사결정의 자유를 보장하려는 것이 그 취지이다. 따라서 '표의자에게 재산상 손해가 있을 것'은 취소권 발생의 요건이 아니다.

2. 요 건

(1) 사기에 의한 의사표시

1) 의사표시의 존재

사기에 의한 의사표시가 인정되기 위해서는 의사표시의 존재가 인정되어야 한다. 따라서 매매계약 체결 시 토지의 일정 부분을 매매 대상에서 제외시키는 특약을 한 경우, 이는 매매계약의 대상 토지를 특정하여 그 일정 부분에 대하여는 매매계약이 체결되지 않았음을 분명히 한 것으로서 그 부분에 대한 어떠한 법률행위가 이루어진 것으로는 볼 수 없으므로, 그 특약만을 기망에 의한 법률행위로서 취소할 수는 없다(대판 1999.3.26. 98다56607).

2) 사기자의 고의

표의자를 기망하여 (동기의) 착오에 빠지게 하려는 고의와 착오에 기하여 의사표시를 하게 하려는 고의, 즉 2단계의 고의가 있어야 한다. 이를 넘어 표의자에게 재산상의 손실을 주려는 고의는 요하지 않는다.
기출 25·22

3) 기망행위가 있었을 것

① 작위에 의한 기망행위뿐만 아니라 침묵과 같은 부작위에 의한 기망행위도 인정된다. 부작위가 기망이 되기 위해서는 신의칙 및 거래관념에 비추어 어떤 상황을 고지 내지 설명할 의무가 있음에도 불구하고 이를 알리지 않을 것을 요한다. 기출 25·22·19·17

> - 부동산 거래에 있어 거래 상대방이 일정한 사정에 관한 고지를 받았더라면 그 거래를 하지 않았을 것임이 경험칙상 명백한 경우에는 신의성실의 원칙상 사전에 상대방에게 그와 같은 사정을 고지할 의무가 있으며, 그와 같은 고지의무의 대상이 되는 것은 직접적인 법령의 규정뿐 아니라 널리 계약상, 관습상 또는 조리상의 일반원칙에 의하여도 인정될 수 있다(대판 2006.10.12. 2004다48515). 기출 22
> - 아파트 분양자는 아파트 단지 인근에 쓰레기 매립장이 건설예정인 사실을 분양계약자에게 고지할 신의칙상 의무를 부담하므로 이에 대한 고지의무위반은 부작위에 의한 기망행위에 해당한다(대판 2006.10.12. 2004다48515).
> 기출 24·22·15

> • 재산권의 거래관계에 있어서 계약의 일방 당사자가 상대방에게 그 계약의 효력에 영향을 미치거나 상대방의 권리 확보에 위험을 가져올 수 있는 구체적 사정을 고지하였다면 상대방이 그 계약을 체결하지 아니하거나 적어도 그와 같은 내용 또는 조건으로 계약을 체결하지 아니하였을 것임이 경험칙상 명백한 경우 그 계약 당사자는 신의성실의 원칙상 상대방에게 미리 그와 같은 사정을 고지할 의무가 있다고 하겠으나, 이때에도 상대방이 고지의무의 대상이 되는 사실을 이미 알고 있거나 스스로 이를 확인할 의무가 있는 경우 또는 거래관행상 상대방이 당연히 알고 있을 것으로 예상되는 경우 등에는 상대방에게 위와 같은 사정을 알리지 아니하였다고 하여 고지의무를 위반하였다고 볼 수 없다(대판 2013.11.28. 2011다59247). 기출 24

② 기망행위(사기행위)가 존재하여야 한다.

> 상품의 선전, 광고에 있어 다소의 과장이나 허위가 수반되는 것은 그것이 일반 상거래의 관행과 신의칙에 비추어 시인될 수 있는 한 기망성이 결여된다고 하겠으나, 거래에 있어서 중요한 사항에 관하여 구체적 사실을 신의성실의 의무에 비추어 비난받을 정도의 방법으로 허위로 고지한 경우에는 기망행위에 해당한다(예 대형백화점의 이른바 변칙세일은 기망행위에 해당한다)(대판 1993.8.13. 92다52665). 기출 24·22

4) 기망행위의 위법성

교환계약의 당사자가 자기 소유 목적물의 시가를 묵비한 것은 특별한 사정이 없는 한 위법한 기망행위가 되지 않는다(대판 2002.9.4. 2000다54406). 기출 23

5) 인과관계의 존재

기망과 착오, 착오와 의사표시 사이에 모두 인과관계가 있어야 한다.

> 사기에 의한 의사표시란 타인의 기망행위로 말미암아 착오에 빠지게 된 결과 어떠한 의사표시를 하게 되는 경우이므로 거기에는 의사와 표시의 불일치가 있을 수 없고, 단지 의사의 형성과정 즉 의사표시의 동기에 착오가 있는 것에 불과하며, 이 점에서 고유한 의미의 착오에 의한 의사표시와 구분된다(대판 2005.5.27. 2004다43824). 기출 25·23

(2) 강박에 의한 의사표시

1) 의사표시의 존재

절대적 폭력에 의하여 행위를 한 경우에는 의사표시가 존재하지 않는다. 판례는 이러한 행위를 무효로 본다. 기출 17

> 강박이 의사결정의 자유를 완전히 박탈하는 정도에 이르지 아니하고 이를 제한하는 정도에 그친 경우에는 그 의사표시는 취소할 수 있음에 그치고 무효라고까지 볼 수 없다(대판 1984.12.11. 84다카1402). 기출 15

2) 강박자의 고의

강박자는 표의자에게 공포심을 일으키려는 고의와 그 공포심에 의하여 일정한 의사표시를 하게 하려는 고의, 즉 2단계의 고의가 있어야 한다. 기출 17

3) 강박행위

① 강박행위란 장차 해악이 초래될 것임을 고지하여 공포심을 일으키게 하는 행위를 말한다.
② 해악의 종류나 방법은 불문한다. 해악은 비재산적 법익에 대한 것일 수도 있다.
③ 어떤 해악의 고지가 아니라 단지 각서에 서명·날인할 것을 강력히 요구하는 행위는 강박행위가 아니다.

4) 강박행위의 위법성

이 의미는 강박행위 그 자체가 위법하여야 한다는 의미가 아닌 표의자의 의사결정이 위법하게 이루어져야 한다는 것을 의미한다. 따라서 위법성이 인정되기 위해서는 수단이 위법하거나, 추구하는 목적이 위법하거나 수단과 목적을 상관적으로 고려하여 정당하지 않으면 된다(통설·판례).

> **[부정행위에 대한 고소, 고발이 강박행위가 되는 경우]**
> 일반적으로 부정행위에 대한 고소, 고발은 그것이 부정한 이익을 목적으로 하는 것이 아닌 때에는 정당한 권리행사가 되어 위법하다고 할 수 없으나, 부정한 이익의 취득을 목적으로 하는 경우에는 위법한 강박행위가 되는 경우가 있고 목적이 정당하다 하더라도 행위나 수단 등이 부당한 때에는 위법성이 있는 경우가 있을 수 있다(대판 1992.12.24. 92다25120). 기출 19

5) 인과관계의 존재

강박과 공포, 공포와 의사표시 사이에 모두 인과관계가 있어야 한다.

3. 효 과

(1) 상대방의 사기·강박

① 사기나 강박에 의한 의사표시는 취소할 수 있다(민법 제110조 제1항).
② 사기·강박에 의한 의사표시의 취소권은 추인할 수 있는 날로부터 3년 내에, 법률행위를 한 날로부터 10년 내에 행사하여야 한다(민법 제146조). 이러한 취소권의 행사기간은 소멸시효기간이 아니라 제척기간이다. 기출 24

(2) 제3자의 사기·강박

① 상대방 없는 의사표시 : 제3자의 사기·강박이 있는 경우에도 표의자는 언제든지 그 의사표시를 취소할 수 있다. 즉, 의사표시의 상대방이 없는 경우라면, 기망행위를 누가 했는지에 상관없이 민법 제110조 제1항에 의하여 취소할 수 있다. 기출 25
② 상대방 있는 의사표시 : 상대방 있는 의사표시에 관하여 제3자가 사기나 강박을 행한 경우에는 상대방이 그 사실을 알았거나 알 수 있었을 경우에 한하여 그 의사표시를 취소할 수 있다(민법 제110조 제2항).
③ 제3자의 의미 : 의사표시에 관한 상대방의 대리인 등 상대방과 동일시할 수 있는 자는 민법 제110조 제2항의 제3자에 해당하지 않는다(대판 1998.1.23. 96다41496). 기출 25·23·21 반면, 단순히 상대방의 피용자에 불과한 경우에는 민법 제110조 제2항의 제3자에 해당한다(대판 1998.1.23. 96다41496). 기출 21

[상대방의 대리인(은행의 출장소장)이 사기·강박을 한 경우]
[1] 상대방 있는 의사표시에 관하여 제3자가 사기나 강박을 한 경우에는 상대방이 그 사실을 알았거나 알 수 있었을 경우에 한하여 그 의사표시를 취소할 수 있으나, 상대방의 대리인 등 상대방과 동일시할 수 있는 자의 사기나 강박은 제3자의 사기·강박에 해당하지 아니한다.
[2] 은행의 출장소장이 어음할인을 부탁받자 그 어음이 부도날 경우를 대비하여 담보조로 받아두는 것이라고 속이고 금전소비대차 및 연대보증 약정을 체결한 후 그 대출금을 자신이 인출하여 사용한 사안에서, 위 출장소장의 행위는 은행 또는 은행과 동일시할 수 있는 자의 사기일 뿐 제3자의 사기로 볼 수 없으므로, 은행이 그 사기사실을 알았거나 알 수 있었을 경우에 한하여 위 약정을 취소할 수 있는 것은 아니라고 본 사례(대판 1999.2.23. 98다60828). → 대리인 등 상대방과 동일시 할 수 있는 자는 민법 제110조 제2항의 제3자에 해당하지 아니하므로, 상대방이 대리인의 사기·강박 사실일 알았거나 알 수 있었는지를 묻지 않고 표의자는 민법 제110조 제1항에 따라 의사표시를 취소할 수 있다. 기출 24·23·21

[상대방의 피용자가 사기·강박을 한 경우]
민법 제110조 제2항에서 정한 제3자에 해당되지 아니한다고 볼 수 있는 자란 그 의사표시에 관한 상대방의 대리인 등 상대방과 동일시할 수 있는 자만을 의미하고, 단순히 상대방의 피용자이거나 상대방이 사용자책임을 져야 할 관계에 있는 피용자에 지나지 않는 자는 상대방과 동일시할 수 없어 이 규정에서 말하는 제3자에 해당한다(대판 1998.1.23. 96다41496). 기출 21

(3) 사기·강박에 의한 취소의 효과
① 사기나 강박에 의한 의사표시의 취소는 선의의 제3자에게 대항하지 못한다(민법 제110조 제3항).
② 취소를 주장하는 자와 양립되지 아니하는 법률관계를 가졌던 것이 취소 이전에 있었던가 이후에 있었던가는 가릴 필요 없이 사기에 의한 의사표시 및 그 취소사실을 몰랐던 모든 제3자에 대하여는 그 의사표시의 취소를 대항하지 못한다(대판 1975.12.23. 75다533).
③ 사기의 의사표시로 인한 매수인으로부터 부동산의 권리를 취득한 제3자는 특별한 사정이 없는 한 선의로 추정할 것이므로 사기로 인하여 의사표시를 한 부동산의 양도인이 제3자에 대하여 사기에 의한 의사표시의 취소를 주장하려면 제3자의 악의를 입증할 필요가 있다(대판 1970.11.24. 70다2155). 기출 23

[파산관재인이 민법 제108조 제2항 및 제110조 제3항의 제3자에 해당하는지 여부(적극) 및 그 선의 여부의 판단 기준(= 총파산채권자)]
파산자가 상대방과 통정한 허위의 의사표시를 통하여 가장채권을 보유하고 있다가 파산이 선고된 경우 그 가장채권도 일단 파산재단에 속하게 되고, 파산선고에 따라 파산자와는 독립한 지위에서 파산채권자 전체의 공동의 이익을 위하여 직무를 행하게 된 파산관재인은 그 허위표시에 따라 외형상 형성된 법률관계를 토대로 실질적으로 새로운 법률상 이해관계를 가지게 된 민법 제108조 제2항의 제3자에 해당하고, 그 선의·악의도 파산관재인 개인의 선의·악의를 기준으로 할 수는 없고, 총파산채권자를 기준으로 하여 파산채권자 모두가 악의로 되지 않는 한 파산관재인은 선의의 제3자라고 할 수밖에 없다. 그리고 이와 같이 파산관재인이 제3자로서의 지위도 가지는 점 등에 비추어, 특별한 사정이 없는 한 파산관재인은 사기에 의한 의사표시에 따라 외형상 형성된 법률관계를 토대로 실질적으로 새로운 법률상 이해관계를 가지게 된 민법 제110조 제3항의 제3자에 해당하고, 파산채권자 모두가 악의로 되지 않는 한 파산관재인은 선의의 제3자라고 할 수밖에 없다(대판 2010.4.29. 2009다96083).

4. 적용범위

① 가족법상의 법률행위에는 적용되지 않는다.
② 단체적 행위, 소송행위 및 공법상의 행위에는 적용되지 않는다. 따라서 민법상의 법률행위에 관한 규정은 민사소송법상의 소송행위에는 특별한 규정 기타 특별한 사정이 없는 한 적용이 없는 것이므로 소송행위가 강박에 의하여 이루어진 것임을 이유로 취소할 수는 없다(대판 1997.10.10, 96다35484). 기출 24

5. 민법 제110조와 다른 규정과의 경합 여부

(1) 사기와 착오의 경합
통설과 판례는 경합을 긍정하므로 선택적으로 취소권을 행사할 수 있다(기명·날인의 착오의 경우 경합 부정).

(2) 사기와 담보책임과의 경합
통설과 판례는 기망에 의해 하자 있는 물건에 관한 매매가 성립한 경우 매수인은 하자담보청구권과 사기에 의한 취소권을 선택적으로 행사할 수 있다고 한다.

> 민법 제569조가 타인의 권리의 매매를 유효로 규정한 것은 선의의 매수인의 신뢰 이익을 보호하기 위한 것이므로, 매수인이 매도인의 기망에 의하여 타인의 물건을 매도인의 것으로 알고 매수한다는 의사표시를 한 것은 만일 타인의 물건인 줄 알았더라면 매수하지 아니하였을 사정이 있는 경우에는 매수인은 민법 제110조에 의하여 매수의 의사표시를 취소할 수 있다(대판 1973.10.23, 73다268).

(3) 사기와 불법행위책임과의 경합

① 사기와 강박이 불법행위의 요건을 갖춘 때에는 의사표시의 취소뿐만 아니라 불법행위에 기한 손해배상청구권을 행사할 수 있다.
② 계약이 제3자의 위법한 사기행위로 체결된 경우, 피해자가 제3자를 상대로 손해배상청구를 하기 위하여 반드시 그 계약을 취소할 필요는 없다(대판 1998.3.10, 97다55829). 기출 24·23·21·19·17

> 제3자의 사기행위로 인하여 피해자가 주택건설사와 사이에 주택에 관한 분양계약을 체결하였다고 하더라도 제3자의 사기행위 자체가 불법행위를 구성하는 이상, 제3자로서는 그 불법행위로 인하여 피해자가 입은 손해를 배상할 책임을 부담하는 것이므로, 피해자가 제3자를 상대로 손해배상청구를 하기 위하여 반드시 그 분양계약을 취소할 필요는 없다(대판 1998.3.10, 97다55829). 기출 24·23·21·19·17

③ 법률행위가 사기에 의한 것으로서 취소되는 경우에 그 법률행위가 동시에 불법행위를 구성하는 때에는 취소의 효과로 생기는 부당이득반환청구권과 불법행위로 인한 손해배상청구권은 경합하여 병존하는 것이므로, 채권자는 어느 것이라도 선택하여 행사할 수 있지만 중첩적으로 행사할 수는 없다(대판 1993.4.27, 92다56087).

제2관 | 의사표시의 효력발생

> **민법 제111조(의사표시의 효력발생시기)**
> ① 상대방이 있는 의사표시는 상대방에게 도달한 때에 그 효력이 생긴다. 기출 22·19·18·16·14
> ② 의사표시자가 그 통지를 발송한 후 사망하거나 제한능력자가 되어도 의사표시의 효력에 영향을 미치지 아니한다.
> 기출 22·19·18·16
>
> **민법 제112조(제한능력자에 대한 의사표시의 효력)** 기출 22·18·14
> 의사표시의 상대방이 의사표시를 받은 때에 제한능력자인 경우에는 의사표시자는 그 의사표시로써 대항할 수 없다. 다만, 그 상대방의 법정대리인이 의사표시가 도달한 사실을 안 후에는 그러하지 아니하다.
>
> **민법 제113조(의사표시의 공시송달)** 기출 22·16
> 표의자가 과실 없이 상대방을 알지 못하거나 상대방의 소재를 알지 못하는 경우에는 의사표시는 민사소송법 공시송달의 규정에 의하여 송달할 수 있다.

I 서설

① 상대방 없는 의사표시의 경우에 특정의 상대방이 없으므로 원칙적으로 표의자가 의사를 표명한 때에 그 효력이 발생한다. 다만, 유언의 경우 민법 제1065조의 방식을 준수해야 하고, 사인행위이므로 유언자의 사망 시에 그 효력이 발생한다.
② 상대방 있는 의사표시의 경우에는 표의자에 의한 표백 → 발신 → 상대방에의 도달 → 상대방의 요지 단계를 거치는데, 위 의사표시가 효력을 발생하기 위해서는 원칙적으로 수령능력 있는 상대방에게 도달하여야 한다 (도달주의)(민법 제111조 제1항, 제112조).
③ 의사표시의 효력발생시기에 관한 규정은 임의규정이고, 다른 의사표시 규정과는 달리 원칙적으로 공법행위에도 적용된다.

II 상대방 있는 의사표시의 효력발생시기

1. 문제점

상대방 있는 의사표시의 경우에는 표의자에 의한 표백(表白) → 발신 → 상대방에게 도달 → 상대방의 요지(了知) 단계를 거치는데, 이들 중 어느 시기에 의사표시가 효력을 발생한다고 할지 문제된다.

2. 도달주의

(1) 도달주의의 원칙

① 민법은 도달주의를 채택하여 상대방에게 도달된 때에 그 의사표시가 효력을 발생한다고 한다.
② 도달주의 원칙을 규정한 민법 제111조는 임의규정이다.

(2) 도달의 의미 : 요지가능시설

① 상대방이 요지할 수 있는 상태에 이르면 도달한 것으로 본다(통설)(대판 1983.8.23. 82다카439). 기출 16
② 도달은 상대방이 의사표시의 내용을 알 수 있는 상태에 있으면 족하기 때문에 비록 상대방이 그 내용을 알지 못하였더라도 도달은 있었다고 보아야 한다. 따라서 상대방이 정당한 사유 없이 통지의 수령을 거절한 경우에도 상대방이 통지의 내용을 알 수 있는 객관적 상태에 놓여 있는 때에는 의사표시의 효력이 발생한다(대판 2008.6.12. 2008다19973). 기출 14

> 채권양도의 통지와 같은 준법률행위의 도달은 의사표시와 마찬가지로 사회관념상 채무자가 통지의 내용을 알 수 있는 객관적 상태에 놓여졌을 때를 지칭하고, 그 통지를 채무자가 현실적으로 수령하였거나 그 통지의 내용을 알았을 것까지는 필요하지 않다. 채권양도의 통지서가 들어 있는 우편물을 채무자의 가정부가 수령한 직후 한집에 거주하고 있는 통지인인 채권자가 그 우편물을 바로 회수해 버렸다면 그 우편물의 내용이 무엇인지를 그 가정부가 알고 있었다는 등의 특별한 사정이 없었던 이상 그 채권양도의 통지는 사회관념상 채무자가 그 통지내용을 알 수 있는 객관적 상태에 놓여 있는 것이라고 볼 수 없으므로 그 통지는 피고에게 도달되었다고 볼 수 없을 것이다(대판 1983.8.23. 82다카439). 기출 19

(3) 도달의 인정 여부가 문제되는 경우

① 보통우편의 방법으로 발송되었다는 사실만으로는 그 우편물이 상당기간 내에 도달하였다고 추정할 수 없고, 송달의 효력을 주장하는 측에서 증거에 의하여 도달사실을 입증하여야 할 것이다(대판 2002.7.26. 2000다25002).
② 내용증명 우편물이 발송되고 반송되지 아니하면, 특단의 사정이 없는 한, 그 무렵에 송달되었다고 볼 것이다(대판 1980.1.15. 79다1498). 기출 19·18

> [채권양도의 통지가 채무자에게 도달하였는지 여부에 대하여 민사소송법의 송달에 관한 규정을 유추적용할 수 있는지 여부(소극)]
> 민사소송법상의 송달은 당사자나 그 밖의 소송관계인에게 소송상 서류의 내용을 알 기회를 주기 위하여 법정의 방식에 좇아 행하여지는 통지행위로서, 송달장소와 송달을 받을 사람 등에 관하여 구체적으로 법이 정하는 바에 따라 행하여지지 아니하면 부적법하여 송달로서의 효력이 발생하지 아니한다. 한편 채권양도의 통지는 채무자에게 도달됨으로써 효력이 발생하는 것이고, 여기서 도달이란 사회통념상 상대방이 통지의 내용을 알 수 있는 객관적 상태에 놓여졌다고 인정되는 상태를 가리킨다. 이와 같이 도달은 보다 탄력적인 개념으로서 송달장소나 수송달자 등의 면에서 위에서 본 송달에서와 같은 엄격함은 요구되지 아니하며, 이에 송달장소 등에 관한 민사소송법의 규정을 유추적용할 것이 아니다. 따라서 채권양도의 통지는 민사소송법의 송달에 관한 규정에서 송달장소로 정하는 채무자의 주소·거소·영업소 또는 사무소 등에 해당하지 아니하는 장소에서라도 채무자가 사회통념상 그 통지의 내용을 알 수 있는 객관적 상태에 놓여졌다고 인정됨으로써 족하다(대판 2010.4.15. 2010다57).

(4) 도달주의의 효과

① 도달주의를 채택한 결과 의사표시의 불착 또는 연착의 불이익을 표의자가 부담한다. 따라서 의사표시의 효력발생을 주장하는 표의자가 도달에 대한 입증책임을 진다. 기출 14
② 의사표시가 일단 상대방에게 도달하여 그 효력을 발생하면, 더 이상 그 의사표시를 철회할 수 없다. 따라서 발신 이후 도달 이전까지는 아직 효력이 발생하지 않은 상태이므로 철회할 수 있다.
③ 의사표시 발신 후의 사정변경(표의자의 사망 또는 행위능력의 상실)은 의사표시에 영향을 미치지 않는다(민법 제111조 제2항). 기출 22·19·18·16

3. 예외적 발신주의

① 격지자 간의 계약에서 청약에 대한 승낙의 의사표시는 의사표시를 발송한 때에 그 효력을 발생하며, 그때 계약이 성립한다(발신주의)(민법 제531조).
② 거래의 신속을 목적으로 하는 상법에서는 발신주의를 채택한 예가 적지 않다(상법 제53조 등).

> **[도달주의에 대한 대표적 예외(발신주의)]**
> - 제한능력자의 상대방의 최고에 대한 제한능력자 측의 확답(민법 제15조)
> - 무권대리인의 상대방의 최고에 대한 본인의 확답(민법 제131조)
> - 채무인수에서 채무자의 최고에 대한 채권자의 확답(민법 제455조)
> - 사원총회의 소집 통지(민법 제71조)
> - 격지자 간 계약의 성립(민법 제531조)

III 의사표시의 효력발생과 관련된 여론(餘論)

1. 공시송달(민법 제113조)

(1) 요 건

표의자가 과실 없이 의사표시의 상대방을 알지 못하거나 상대방의 소재를 알지 못하는 경우일 것이다.

기출 22·16

(2) 절 차

법원에 신청하면 법원사무관 등이 송달할 서류를 보관하고 그 사유를 법원게시판에 게시하거나 그 밖에 대법원규칙이 정하는 방법에 따라서 하여야 한다(민소법 제195조).

(3) 효 과

① 법원게시판 등에 게시한 날로부터 2주일이 경과된 때 상대방에게 의사표시가 도달한 것으로 간주한다(민소법 제196조 제1항 본문).
② 동일 당사자에 대한 그 다음의 공시송달은 실시한 다음 날부터 효력이 생긴다(민소법 제196조 제1항 단서).
③ 외국에 대한 송달은 2개월 후에 효력이 발생한다(민소법 제196조 제2항).

2. 수령무능력자(민법 제112조)

(1) 의 의

의사표시의 수령능력이란 타인의 의사표시의 내용을 이해할 수 있는 능력을 말한다. 민법은 모든 제한능력자를 의사표시의 수령무능력자로 규정하여 제한능력자를 보호하고 있다(민법 제112조).

(2) 효 과

① 수령무능력자(제한능력자)에 대한 송달은 무효가 아니라 표의자가 효력을 주장할 수 없을 뿐이다. 달리 말하면 수령무능력자 측에서 의사표시의 도달 및 의사표시의 효력발생을 주장하는 것은 무방하다(민법 제112조 본문 참고).

② 그러나 법정대리인이 수령무능력자에의 도달을 안 후에는 표의자가 의사표시의 도달을 주장할 수 있다 (민법 제112조 단서). 기출 18·14
③ 의사표시가 기재된 내용증명 우편물이 발송되고 달리 반송되지 아니하였다면 특별한 사정이 없는 한 이는 그 무렵에 송달되었다고 봄이 상당하다(대판 2000.10.27. 2000다20052).

(3) 적용범위
상대방 없는 의사표시, 발신주의에 의한 의사표시, 공시송달에 의한 의사표시에는 적용이 없다.

제4절 법률행위의 대리

I 서 설

1. 대리의 의의

(1) 대리의 개념

대리란 타인이 '본인의 이름으로' 법률행위를 하거나 또는 의사표시를 수령함으로써 그 법률효과가 직접 본인에게 귀속되도록 하는 제도를 말한다. 즉, 법률상의 행위자는 대리인이지만 그 대리인의 효과의사에 기하여 본인에게 직접 법률효과가 귀속하는 것이다(대리인행위설).

(2) 대리의 기능

통설은 대리의 기능으로 '사적자치의 확장(임의대리)'과 '사적자치의 보충(법정대리)'을 든다.

2. 대리가 인정되는 범위

(1) 법률행위

원칙적으로 대리가 허용되나, 법률행위의 성질이나 당사자 사이의 약정, 법률의 규정에 의하여 대리가 금지되기도 한다.

(2) 준법률행위

① 원칙적으로 대리가 허용되지 않지만, 의사의 통지나 관념의 통지와 같은 표현행위로서의 준법률행위에는 대리가 허용된다.

> 민법상 대리는 행위자 아닌 자에게 법률행위의 효력을 귀속시키는 제도로서 의사표시를 요소로 하는 법률행위에서 인정되는 것이 원칙이지만, '의사 또는 관념의 통지'와 같은 준법률행위에 대하여도 대리에 관한 규정이 유추적용된다(대판 2024.1.4. 2023다225580).

② 사실행위에는 대리가 허용되지 않는다.

(3) 불법행위

① 대리가 허용되지 않고, 그 효과는 직접 대리인에게 발생한다.
② 만일 대리인이 피용자인 경우에는 본인은 민법 제756조의 사용자책임이 문제된다.

3. 구별개념

(1) 간접대리
① 행위자가 '자기이름으로' 타인을 위하여(타인의 계산으로) 하는 법률행위로 그 효과가 행위자 자신에게 생기되 나중에 그가 취득한 권리를 내부적으로 타인에게 이전하는 관계를 말한다(예 위탁매매업 등).
② 법률행위의 당사자와 법률효과의 귀속자가 간접대리인이라는 점에서 대리와 구별된다.

(2) 사자(使者)
① 본인이 결정한 내심적 효과의사를 상대방에게 표시하거나 전달함으로써 표시행위의 완성에 협력하는 자이다.
② 표시기관으로서의 사자와 전달기관으로서의 사자로 구분된다(통설).
③ 효과의사를 본인이 결정하면 사자, 대리하는 자가 결정하면 대리인으로 구별할 수 있다.

> 본인에게 효력이 발생할 의사표시의 내용을 스스로 결정하여 상대방과의 관계에서 자신의 이름으로 법률행위를 하는 대리인과 달리 '사자'는 본인이 완성해 둔 의사표시의 단순한 전달자에 불과하지만, 대리인도 본인의 지시에 따라 행위를 하여야 하는 이상(민법 제116조 제2항), 법률행위의 체결 및 성립 여부에 관한 최종적인 결정권한이 본인에게 유보되어 있다는 사정이 대리와 사자를 구별하는 결정적 기준이나 징표가 될 수는 없다. 그 구별은 의사표시 해석과 관련된 문제로서, 상대방의 합리적 시각, 즉 본인을 대신하여 행위하는 자가 상대방과의 외부적 관계에서 어떠한 모습으로 보이는지 여부를 중심으로 살펴보아야 하고, 이러한 사정과 더불어 행위자가 지칭한 자격·지위·역할에 관한 표시 내용, 행위자의 구체적 역할, 행위자에게 일정한 범위의 권한이나 재량이 부여되었는지 여부, 행위자가 그 역할을 수행함에 필요한 전문적인 지식이나 자격의 필요 여부, 행위자에게 지급할 보수나 비용의 규모 등을 종합적으로 고려하여 합리적으로 판단하여야 한다(대판 2024.1.4. 2023다225580).

④ 사자에 있어서는 본인이 행위능력을 가지고 있어야 한다.
⑤ 의사표시의 착오 등에 관하여는 사자의 표시와 본인의 의사를 비교해서 결정하는 것이 타당하므로, ㉠ 사자가 선의로 본인의 의사와는 다르게 의사표시를 전달한 경우 본인이 민법 제109조의 착오를 이유로 취소할 수 있고, ㉡ 사자가 악의로 본인의 의사와는 다르게 의사표시를 전달한 경우 표현대리규정을 유추적용할 수 있다(다수설).

> 대리인이 아니고 사실행위를 위한 사자라 하더라도 외견상 그에게 어떠한 권한이 있는 것의 표시 내지 행동이 있어 상대방이 그를 믿었고 또 그를 믿음에 있어 정당한 사유가 있다면 표현대리의 법리에 의하여 본인에게 책임이 있다(대판 1962.2.8. 4294민상192). 기출 18

(3) 대 표
대표기관은 법인의 기관으로서 그의 행위가 법인의 행위로 평가되고, 따라서 대표는 본래의 대리처럼 법률행위에 국한되는 것이 아니라 사실행위나 불법행위에서도 문제된다.

4. 대리의 종류

(1) 임의대리와 법정대리

① 임의대리는 본인의 의사에 의하여 대리권이 주어진 경우이나, 법정대리는 본인의 의사와는 무관하게 대리권이 주어지는 경우를 총칭한다(즉, 법률의 규정에 따라 대리인으로 되는 경우 뿐만 아니라 법원의 선임에 의한 경우도 법정대리인이다).

② 임의대리와 법정대리를 구별하는 실익은 대리인의 복임권(민법 제120조, 제122조)과 대리권의 소멸(민법 제128조) 등에서 나타난다.

(2) 능동대리와 수동대리

1) 의 의

능동대리는 본인을 위하여 제3자에게 의사표시를 하는 대리이고(민법 제114조 제1항), 수동대리는 본인을 위하여 제3자의 의사표시를 수령하는 대리이다(민법 제114조 제2항). 판례는 능동대리권이 있으면 수동대리권도 당연히 갖는다고 한다(대판 1994.2.8. 93다39379).

2) 양자의 차이점

① 현명주의의 요건 : 수동대리에는 민법 제115조(현명주의)가 적용되지 않는다.

② 공동대리의 적용 여부 : 수동대리의 경우에는 각자 수령이 가능하다(통설).

(3) 유권대리와 무권대리

정당한 대리권을 가진 경우를 유권대리라 하고, 그렇지 못한 경우를 무권대리라고 한다.

5. 명의모용과 당사자의 확정

(1) 문제점

계약은 원칙적으로 계약을 체결한 당사자 간에 성립한다. 따라서 타인의 명의를 사용하여 법률행위를 한 경우, 누가 계약의 당사자가 되는지 문제되며, 이는 계약에 관여한 당사자의 의사해석의 문제에 해당한다(대판 2010.5.13. 2009다92487).

(2) 판례의 입장

1) 당사자 확정 방법에 대한 일반론

계약을 체결하는 행위자가 타인의 이름으로 법률행위를 한 경우에 행위자 또는 명의인 가운데 누구를 계약의 당사자로 볼 것인가에 관하여는, 우선 행위자와 상대방의 의사가 일치한 경우에는 그 일치한 의사대로 행위자 또는 명의인을 계약의 당사자로 확정해야 하고, 행위자와 상대방의 의사가 일치하지 않는 경우에는 그 계약의 성질·내용·목적·체결 경위 등 그 계약 체결 전후의 구체적인 제반 사정을 토대로 상대방이 합리적인 사람이라면 행위자와 명의자 중 누구를 계약 당사자로 이해할 것인가에 의하여 당사자를 결정하여야 한다(대판 2011.2.10. 2010다83199·83205).

2) 명의자가 당사자로 확정되는 경우
① **명의가 중요한 거래행위** : 보험계약과 같이 신용이나 자격 등으로 인하여 명의가 중요한 거래행위의 경우에는 규범적 해석에 따라 명의자가 당사자로 확정된다. 따라서 행위자와 계약 당사자가 분리되므로 대리의 법리가 적용된다.
② **대리행위의 효력**
  ㉠ 명의사용에 동의를 얻은 경우 : 행위자가 명의자로부터 명의사용에 대한 동의를 얻었다면 특별한 사정이 없는 한 유권대리행위가 된다.
  ㉡ 명의를 무단으로 도용한 경우 : 행위자가 명의자로부터 동의 없이 명의를 무단으로 사용한 경우에는 무권대리행위에 해당하여 무효이다(민법 제130조 및 제135조 참고). 이때 상대방의 보호와 관련하여 표현대리가 성립하는지 또는 유추적용될 수 있는지 문제된다. 판례는 행위자가 본인 명의를 모용하여 직접 법률행위를 한 경우에는 특별한 사정이 없는 한 민법 제126조 소정의 표현대리는 성립될 수 없지만(대판 2002.6.28. 2001다49814), 행위자에게 본인을 대리할 수 있는 기본대리권이 인정되고, 행위자가 그 기본대리권을 넘는 행위를 하였으며, 상대방에게 행위자가 명의자라고 믿을 만한 정당한 이유가 인정된다면 표현대리의 법리가 유추적용되어 본인에게 효력이 미친다고 한다(대판 1993.2.23. 92다52436).

> **[기본대리권이 부정된 사안]**
> 처가 제3자를 남편으로 가장시켜 관련 서류를 위조하여 남편 소유의 부동산을 담보로 금원을 대출받은 경우, 남편에 대한 민법 제126조 소정의 표현대리책임을 부정하였다(대판 2002.6.28. 2001다49814). 즉, 기본대리권의 존재를 부정하였다.
>
> **[기본대리권이 인정된 사안]**
> 본인으로부터 아파트에 관한 임대 등 일체의 관리권한을 위임받아 본인으로 가장하여 아파트를 임대한 바 있는 대리인이 다시 자신을 본인으로 가장하여 임차인에게 아파트를 매도하는 법률행위를 한 경우에는 권한을 넘은 표현대리의 법리를 유추적용하여 본인에 대하여 그 행위의 효력이 미친다고 볼 수 있다(대판 1993.2.23. 92다52436).

3) 행위자가 당사자로 확정되는 경우
임대차계약과 같이 행위자의 개성이 중요한 거래행위의 경우에는 규범적 해석에 따라 행위자가 당사자로 확정된다. 이때에는 행위자와 계약 당사자가 일치하므로 대리의 법리가 적용되지 않고 무권리자 처분행위가 문제된다.

> **[대리구조가 부정되어 민법 제126조 표현대리의 성립이 부정된 사안]**
> 종중으로부터 임야의 매각과 관련한 권한을 부여받은 甲이 임야의 일부를 실질적으로 자기가 매수하여 그 처분권한이 있다고 하면서 乙로부터 금원을 차용하고 그 담보를 위하여 위 임야에 대하여 양도담보계약을 체결한 경우, 이는 종중을 위한 대리행위가 아니어서 그 효력이 종중에게 미치지 아니하고, 민법 제126조의 표현대리의 법리가 적용될 수도 없다(대판 2001.1.19. 99다67598).

6. 대리의 3면관계

대리의 법률관계는 ① 본인과 대리인 사이의 「대리권」, ② 대리인과 상대방 사이의 「대리행위」, ③ 본인과 상대방 사이의 「대리의 효과」의 세 가지 측면에서 고찰되어야 한다.

II 대리권(본인과 대리인 사이의 관계)

1. 대리권의 의의

대리권은 타인이 본인의 이름으로 의사표시를 하거나 제3자의 의사표시를 수령함으로써 직접 본인에게 그 법률효과를 귀속시킬 수 있는 법률상의 지위 또는 자격을 말한다. 대리권의 법적 성질에 관하여 자격설이 통설이며, 이에 의하면 대리권은 권리가 아니라 일종의 권한이다.

2. 대리권의 발생원인

(1) 법정대리권의 발생원인

1) 법률의 규정에 의한 법정대리인

자(子)에 대한 친권자의 대리권(민법 제911조, 제920조), 부부의 일상가사대리권(민법 제827조) 등이 있다.

2) 지정권자의 지정에 의한 법정대리인

지정후견인(민법 제931조), 지정유언집행자(민법 제1093조, 제1094조) 등이 있다.

3) 법원의 선임에 의한 법정대리인

부재자 재산관리인(민법 제22조), 선임후견인(민법 제936조), 상속재산관리인(민법 제1023조 등), 유언집행자(민법 제1096조) 등이 있다.

(2) 임의대리권의 발생원인 : 수권행위(授權行爲)

1) 수권행위의 의의

수권행위는 본인이 대리인에게 대리권을 수여하는 행위를 말한다.

2) 수권행위의 법적 성질

상대방 있는 단독행위이므로 수권행위 상대방의 동의, 승낙의 의사표시가 필요하지 않다(통설).

3) 수권행위의 방식

수권행위는 불요식행위이다. 따라서 반드시 서면으로 할 필요는 없으며, 구두로도 할 수 있다(통설). 또한 명시적인 의사표시 외에 묵시적 의사표시로도 할 수 있다(대판 2016.5.26. 2016다203315). 기출 21

4) 수권행위의 하자

① 대리행위의 하자 유무는 대리인을 기준으로 하여 결정되지만, 단독행위로서 수권행위의 하자는 본인을 기준으로 민법 제107조 이하에 따라 규율된다. 따라서 대리인은 제한능력자라도 무방하지만(민법 제117조), 수권행위에서 본인은 행위능력자여야 한다.

② 대리행위 자체에는 하자가 없더라도 수권행위가 무효·취소되면 대리행위는 당연히 소급하여 무권대리로 되는가에 대하여 견해가 대립하고 있으나 이미 행해진 대리행위에는 영향이 없다는 것이 통설이다.

③ 원인이 되는 기초적 법률관계가 종료하기 전에 본인은 언제든지 수권행위를 철회할 수 있으며, 이때 임의대리권은 소멸한다. 기출 21·19·18·16

(3) 관련 판례

인감도장 및 인감증명서는 대리권을 인정할 수 있는 하나의 자료에 지나지 아니하고 이에 의하여 당연히 피고에게 원고를 대리하여 양도담보부 금전소비대차계약을 체결하거나 위 계약에 대한 공정증서 작성을 촉탁할 대리권이 인정되는 것은 아니며, 대리권이 있다는 점에 대한 입증책임은 그 효과를 주장하는 피고에게 있다(대판 2008.9.25. 2008다42195).

3. 대리권의 범위와 그 제한

(1) 대리권의 범위

1) 법정대리권의 범위

법정대리권의 범위는 그 발생근거인 법률의 규정에 의하여 정해진다. 따라서 법률의 규정에 의하지 않는 한 법정대리권의 범위를 당사자의 의사에 따라 임의적으로 확장 또는 제한하는 것은 허용되지 않는다.

2) 임의대리권의 범위

> **민법 제118조(대리권의 범위)** 기출 22·21·17·16
> 권한을 정하지 아니한 대리인은 다음 각 호의 행위만을 할 수 있다.
> 1. 보존행위
> 2. 대리의 목적인 물건이나 권리의 성질을 변하지 아니하는 범위에서 그 이용 또는 개량하는 행위

① **원칙** : 임의대리권은 수권행위에 의하여 주어지므로 그 구체적 범위는 수권행위의 해석에 의하여 결정된다. 기출 22 다만, 일반적으로 말하면 수권행위의 통상의 내용으로서의 임의대리권은 그 권한에 부수하여 필요한 한도에서 상대방의 의사표시를 수령하는 이른바 수령대리권을 포함하는 것으로 보아야 한다(대판 1994.2.8. 93다39379). 기출 22·21

> **[대리권 범위 밖의 행위로 평가된 판례들]**
> - 일반적으로 법률행위에 의하여 수여된 대리권은 원인된 법률관계의 종료에 의하여 소멸하는 것이므로 특별한 다른 사정이 없는 한, 본인을 대리하여 금전소비대차 내지 그를 위한 담보권설정계약을 체결할 권한을 수여받은 대리인에게 본래의 계약관계를 해제할 대리권까지 있다고 볼 수 없다(대판 1993.1.15. 92다39365). 기출 20·14
> - 계약을 대리하여 체결하였던 대리인이 체결된 계약의 해제 등 일체의 처분권과 상대방의 의사를 수령할 권한까지 가지고 있다고 볼 수는 없다(대판 2008.6.12. 2008다11276). 기출 20
> - 특별한 다른 사정이 없는 한 부동산을 매수할 권한을 수여받은 대리인에게 그 부동산을 처분할 대리권도 있다고 볼 수 없다(대판 1991.2.12. 90다7364). 기출 22
> - 대여금의 영수권한만을 위임받은 대리인이 그 대여금 채무의 일부를 면제하기 위하여는 본인의 특별수권이 필요하다(대판 1981.6.23. 80다3221). 기출 14
> - 예금계약의 체결을 위임받은 자가 가지는 대리권에 당연히 그 예금을 담보로 하여 대출을 받거나 이를 처분할 수 있는 대리권이 포함되어 있는 것은 아니다(대판 1995.8.22. 94다59042). 기출 20·14
> - 신탁된 아파트의 분양을 수탁자로부터 위임받은 신탁자가 대물변제를 위하여 분양계약을 체결한 경우, 대리권의 범위 내의 행위는 아니지만 권한을 넘은 표현대리의 성립을 인정하였다(대판 2002.3.15. 2000다52141).
>
> **[대리권 범위 내의 행위로 평가된 판례들]**
> - 부동산의 소유자로부터 매매계약을 체결할 대리권을 수여받은 대리인은 특별한 사정이 없는 한 그 매매계약에서 약정한 바에 따라 중도금이나 잔금을 수령할 권한도 있다(대판 1994.2.8. 93다39379). 기출 20
> - 매매계약의 체결과 이행에 관하여 포괄적으로 대리권을 수여받은 대리인은 특별한 다른 사정이 없는 한 상대방에 대하여 약정된 매매대금지급기일을 연기하여 줄 권한도 가진다고 보아야 할 것이다(대판 1992.4.14. 91다43107). 기출 22·20·14
> - 소송상 화해나 청구의 포기에 관한 특별수권이 되어 있다면, 특별한 사정이 없는 한 그러한 소송행위에 대한 수권만이 아니라 그러한 소송행위의 전제가 되는 당해 소송물인 권리의 처분이나 포기에 대한 권한도 수여되어 있다고 봄이 상당하다(대결 2000.1.31. 99마6205).

② **보충규정으로서 민법 제118조** : 대리권이 존재하는 것은 분명하지만 그 범위가 불명한 경우를 위하여 민법은 보충규정을 두고 있다(민법 제118조).
  ㉠ 보존행위 : 재산의 현상을 유지하기 위한 행위를 말하며, 대리인은 아무런 제한 없이 보존행위를 할 수 있다.
  ㉡ 이용·개량행위 : 이용행위란 재산의 수익을 꾀하는 행위를 말하고, 개량행위는 사용가치 또는 교환가치를 증가시키는 행위를 말한다. 민법은 대리의 목적인 물건이나 권리의 성질이 변하지 않는 범위에서만 이용·개량행위를 허용한다. 기출 21

(2) 대리권의 제한

1) 자기계약 및 쌍방대리의 금지(민법 제124조)

> **민법 제124조(자기계약, 쌍방대리)** 기출 21·16·13
> 대리인은 본인의 허락이 없으면 본인을 위하여 자기와 법률행위를 하거나 동일한 법률행위에 관하여 당사자 쌍방을 대리하지 못한다. 그러나 채무의 이행은 할 수 있다.

① 개념 및 근거
  ㉠ 대리인이 본인을 대리하면서 다른 한편으로 자기 자신이 상대방으로서 계약을 체결하는 것을 자기계약이라 하며, 동일인이 하나의 법률행위에 관하여 당사자 쌍방의 대리인이 되어 대리행위를 하는 것을 쌍방대리라고 한다.
  ㉡ 자기계약과 쌍방대리는 원칙적으로 금지된다. 그 취지는 본인과 대리인 사이의 이해충돌 또는 본인 간의 이해충돌을 막기 위함이다. 민법 제124조는 임의규정에 해당한다.
② 금지의 예외 기출 16
  ㉠ 본인의 허락이 있는 경우(민법 제124조 본문)
  ㉡ 채무의 이행(민법 제124조 단서) : 단, 새로운 이해관계의 변경을 수반하는 대물변제와 경개 또는 다툼이 있는 채무의 이행, 기한이 미도래한 채무의 변제, 항변권 있는 채무의 변제 등은 허용되지 않는다.
  ㉢ 본인에게 유리한 경우
③ 위반의 효과 : 자기계약 또는 쌍방대리는 예외에 해당하지 않는 한 무권대리로 된다. 즉, 본인에 대하여 무효이지만, 본인의 추인에 의하여 유효로 될 수 있다.

> 변호사가 변호사법 제31조 제1항 제1호에 따른 수임제한 규정을 위반한 경우에는 민법 제124조가 적용됨에 따라 원칙적으로 허용되지 않는 무권대리행위에 해당하고, 예외적으로 본인의 허락이 있는 경우에 한하여 효력이 인정될 수 있다. '본인의 허락'이 있는지 여부는 이익충돌의 위험을 회피하기 위한 입법 취지에 비추어 쌍방대리행위에 관하여 유효성을 주장하는 자가 주장·증명책임을 부담하고, 이때의 '허락'은 명시된 사전 허락 이외에도 '묵시적 허락' 또는 '사후 추인'의 방식으로도 가능하다(대판 2024.1.4. 2023다225580).

④ 적용범위
  ㉠ 원칙 : 민법 제124조는 임의대리권과 법정대리권 모두에 적용된다(통설).
  ㉡ 예외 : 민법 제124조의 자기계약 또는 쌍방대리라고 하더라도 친권에 복종하는 미성년자에게 이익만이 있는 경우에는 자기계약이나 쌍방대리가 되는 경우라도 유효하다고 해석하여야 한다. 따라서 법정대리인인 친권자가 부동산을 매수하여 이를 그 자(子)에게 증여하는 행위는 미성년자인 자에게 이익만을 주는 행위이므로 자기계약이지만 유효하다(대판 1981.10.13. 81다649).

2) 공동대리
① 의의 및 취지
㉠ 대리인이 수인인 경우에 원칙적으로 대리인 각자가 본인을 대리한다. 즉, 각자대리가 원칙이다(민법 제119조 본문). 기출 21·13 그러나 법률 또는 수권행위에서 수인의 대리인이 공동으로만 대리할 수 있는 것으로 되어 있다면 공동으로 대리해야 한다.
㉡ 공동대리를 정한 취지는 대리인들로 하여금 상호 견제하에 의사결정을 신중히 하게 하여 본인을 보호하고자 함에 있다.
② 위반의 효과
㉠ 공동대리의 제한을 위반한 대리행위는 무권대리가 된다. 다만, 본인의 추인이 있으면 유효하다.
㉡ 친권의 행사에서 부모의 일방이 공동명의로 자를 대리한 경우, 다른 일방의 의사에 반하더라도 상대방이 악의가 아니라면 그 대리행위는 유효하다(민법 제920조의2).

4. 대리권의 남용

(1) 의의

① 대리권의 남용이란 대리인이 대리권의 범위 내에서 대리행위를 하였으나, 본인의 이익이 아닌 자기 또는 제3자의 이익을 꾀하기 위하여 대리행위를 하는 경우를 말한다.
② 대리권 남용에 관한 학설은 ㉠ 민법 제107조 제1항 단서 유추적용설(비진의의사표시설), ㉡ 권리남용설, ㉢ 무권대리설 3가지로 나뉘어 있다.
③ 판례는 민법 제107조 제1항 단서 유추적용설(비진의의사표시설)의 입장이다(대판 2007.4.12. 2004다51542). 따라서 대리권 남용에 관하여 그 상대방이 알았거나 알 수 있었을 때에는 대리행위가 무효이다.

> 진의 아닌 의사표시가 대리인에 의하여 이루어지고 그 대리인의 진의가 본인의 이익이나 의사에 반하여 자기 또는 제3자의 이익을 위한 배임적인 것임을 그 상대방이 알았거나 알 수 있었을 경우에는 민법 제107조 제1항 단서의 유추해석상 그 대리인의 행위에 대하여 본인은 책임을 지지 아니하므로, 금융기관의 임·직원이 예금 명목으로 돈을 교부받을 때의 진의가 예금주와 예금계약을 맺으려는 것이 아니라 그 돈을 사적인 용도로 사용하거나 비정상적인 방법으로 운용하는 데 있었던 경우에 예금주가 그 임·직원의 예금에 관한 비진의 내지 배임적 의사를 알았거나 알 수 있었다면 금융기관은 그러한 예금에 대하여 예금계약에 기한 반환책임을 지지 아니한다 (대판 2007.4.12. 2004다51542).

(2) 적용범위

대리권의 남용이 주로 임의대리에서 논의가 되지만 그에 한정할 것은 아니다. 즉, 법정대리에도 대리권 남용의 법리가 적용되어야 한다. 판례도 법정대리권의 남용을 인정한다(대판 1997.1.24. 96다43928).

5. 대리권의 소멸

> **민법 제127조(대리권의 소멸사유)** 🗝 본·사 / 대·사·성·파 기출 21·18
> 대리권은 다음 각 호의 어느 하나에 해당하는 사유가 있으면 소멸된다.
>   1. 본인의 사망
>   2. 대리인의 사망, 성년후견의 개시 또는 파산
>
> **민법 제128조(임의대리의 종료)** 기출 22·21·19·18·16
> 법률행위에 의하여 수여된 대리권은 전조의 경우 외에 그 원인된 법률관계의 종료에 의하여 소멸한다. 법률관계의 종료 전에 본인이 수권행위를 철회한 경우에도 같다.

법정대리권과 임의대리권의 공통된 소멸사유	임의대리권 특유의 소멸사유
• 본인 – 사망 • 대리인 – 사망, 성년후견의 개시, 파산	• 원인된 법률관계의 종료 • 법률관계의 종료 전에 수권행위의 철회

Ⅲ 대리행위(대리인과 상대방 사이의 관계)

1. 현명주의

> **민법 제114조(대리행위의 효력)**
> ① 대리인이 그 권한 내에서 본인을 위한 것임을 표시한 의사표시는 직접 본인에게 대하여 효력이 생긴다.
> ② 전항의 규정은 대리인에게 대한 제3자의 의사표시에 준용한다.

(1) 현명의 의의

통설은 현명을 대리인의 「대리적 효과의사(대리의사)」를 「외부에 표시하는 의사표시」라고 한다.

(2) 현명의 방식

① 대리인은 대리행위의 법률효과를 본인에게 생기게 하려면 「본인을 위한 것임을 표시」하여야 한다(민법 제114조).
② 현명은 방식을 불문할 뿐만 아니라 반드시 명시적으로만 할 필요가 없이 묵시적으로도 할 수 있는 것이다.

> 대리인이 본인을 위한 대리행위라는 의사의 표시(현명)는 방식을 불문할 뿐만 아니라 반드시 명시적으로만 할 필요가 없이 묵시적으로도 할 수 있는 것이고, 현명을 하지 아니한 경우라도 그 행위를 둘러싼 여러 사정에 비추어 대리행위로서 이루어진 것임을 상대방이 알았거나 알 수 있었을 때에는 적법한 대리행위로서 효력이 인정된다(대판 2024.1.4. 2023다225580).

③ 현명 시 본인을 특정할 필요도 없고, 본인의 이름을 명시할 필요도 없다. 즉, 타인을 위한 것이라는 것만 표시하면 족하다(통설·판례). 기출 19

> 甲이 부동산을 농업협동조합중앙회에 담보로 제공함에 있어 동업자인 乙에게 그에 관한 대리권을 주었다면 乙이 동 중앙회와의 사이에 그 부동산에 관하여 근저당권설정계약을 체결함에 있어 그 피담보채무를 동업관계의 채무로 특정하지 아니하고 또 대리관계를 표시함이 없이 마치 자신이 甲 본인인 양 행세하였다 하더라도 위 근저당권설정계약은 대리인인 위 乙이 그의 권한범위 안에서 한 것인 이상 그 효력은 본인인 甲에게 미친다(대판 1987.6.23. 86다카1411).

(3) 현명하지 않은 대리행위의 효력

> **민법 제115조(본인을 위한 것임을 표시하지 아니한 행위)**
> 대리인이 본인을 위한 것임을 표시하지 아니한 때에는 그 의사표시는 자기를 위한 것으로 본다. 그러나 상대방이 대리인으로서 한 것임을 알았거나 알 수 있었을 때에는 전조 제1항의 규정을 준용한다.

1) 원 칙

대리인이 본인을 위한 것임을 표시하지 아니한 때에는 그 의사표시는 자기를 위한 것으로 본다(민법 제115조 본문). 따라서 대리인이 법률행위의 당사자가 되며, 그로 인한 효과도 대리인에게 직접 발생하므로, 대리인은 자신을 위하여 행위할 의사가 없었다는 이유로 그 계약을 착오에 근거하여 취소할 수 없다.

2) 예 외

상대방이 대리인으로서 한 것임을 알았거나 알 수 있었을 때에는 대리행위의 효과가 직접 본인에게 발생한다(민법 제115조 단서).

> [1] 민법 제450조에 의한 채권양도통지는 양도인이 직접하지 아니하고 사자를 통하여 하거나 대리인으로 하여금 하게 하여도 무방하고, 채권의 양수인도 양도인으로부터 채권양도통지 권한을 위임받아 대리인으로서 그 통지를 할 수 있다.
> [2] 채권양도통지 권한을 위임받은 양수인이 양도인을 대리하여 채권양도통지를 함에 있어서는 민법 제114조 제1항의 규정에 따라 양도인 본인과 대리인을 표시하여야 하는 것이므로, 양수인이 서면으로 채권양도통지를 함에 있어 대리관계의 현명을 하지 아니한 채 양수인 명의로 된 채권양도통지서를 채무자에게 발송하여 도달되었다 하더라도 이는 효력이 없다고 할 것이다.
> [3] 대리에 있어 본인을 위한 것임을 표시하는 이른바 현명은 반드시 명시적으로만 할 필요는 없고 묵시적으로도 할 수 있는 것이고, 채권양도통지를 함에 있어 현명을 하지 아니한 경우라도 채권양도통지를 둘러싼 여러 사정에 비추어 양수인이 대리인으로서 통지한 것임을 상대방이 알았거나 알 수 있었을 때에는 민법 제115조 단서의 규정에 의하여 유효하다(대판 2004.2.13. 2003다43490).

2. 대리행위의 하자

> **민법 제116조(대리행위의 하자)**
> ① 의사표시의 효력이 의사의 흠결, 사기, 강박 또는 어느 사정을 알았거나 과실로 알지 못한 것으로 인하여 영향을 받을 경우에 그 사실의 유무는 대리인을 표준하여 결정한다. 기출 17·13
> ② 특정한 법률행위를 위임한 경우에 대리인이 본인의 지시에 좇아 그 행위를 한 때에는 본인은 자기가 안 사정 또는 과실로 인하여 알지 못한 사정에 관하여 대리인의 부지를 주장하지 못한다. 기출 21

(1) 원칙 : 대리인을 표준하여 결정

① 의사표시의 효력이 의사의 흠결, 사기, 강박 또는 어느 사정을 알았거나 과실로 알지 못한 것으로 인하여 영향을 받을 경우에 그 사실의 유무는 대리인을 표준하여 결정한다(민법 제116조 제1항).
② 그러나 그 대리행위의 하자에서 생기는 효과(취소권, 무효의 주장 등)는 본인에게 귀속됨을 주의해야 한다.
③ 본인에게 착오, 사기, 강박 등의 사유가 있더라도 대리인에게 그러한 사유가 없다면 본인은 이를 주장하여 취소권을 행사할 수 없다.

> **[구체적인 사례]**
> - 매매계약 내용의 중요부분에 관하여 본인의 착오가 있더라도 대리인에게는 착오가 없는 경우, 본인은 자신의 착오를 이유로 매매계약을 취소할 수 없다. 기출 24
> - 대리인의 사기로 인하여 상대방이 매도의 의사표시를 한 경우, 본인이 그 사실을 몰랐더라도 상대방은 사기를 이유로 그 의사표시를 취소할 수 있다. 기출 24
> - 부동산 이중매매에서도 매도인의 배임행위에 적극 가담하였는지 여부는 대리인을 기준으로 하여 판단한다. 따라서 부동산 이중매매에서 매수인의 대리인이 매도인의 배임행위에 적극 가담하였다면, 매수인 본인이 그 사정을 몰랐더라도 매매계약은 무효이다(대판 1998.2.27. 97다45532 참조). 기출 24

(2) 예 외

① 대리인이 본인의 지시에 좇아 법률행위를 한 경우에는 본인은 자신에게 악의·과실이 있는 경우 대리인이 선의·무과실이라고 하여도 이를 주장하지 못한다(민법 제116조 제2항).
② 제3자가 대리행위의 상대방에게 사기·강박을 행한 경우에 대리인뿐만 아니라 본인이 제3자의 사기·강박을 알았거나 알 수 있었더라도 상대방이 그 의사표시를 취소할 수 있다.
③ 본인이 대리행위의 상대방에게 사기·강박을 행한 경우에, 신의칙상 본인의 사기·강박은 대리인의 그것으로 평가되어, 대리인이 그 사실을 알았거나 알 수 있었는지 여부와 관계없이 상대방은 민법 제110조 제1항에 의하여 의사표시를 취소할 수 있다.

3. 대리인의 능력

> **민법 제117조(대리인의 행위능력)** 기출 22·21·19·18·17·15
> 대리인은 행위능력자임을 요하지 아니한다.

(1) 의 의
　① 대리인은 행위능력자임을 요하지 않는다(민법 제117조). 다만, 대리행위 당시 대리인이 적어도 의사능력은 가지고 있어야 한다.
　② 본인에게는 행위능력도 의사능력도 불필요하다. 단, 권리능력은 있어야 한다.

(2) 제한능력자인 대리인과 본인의 관계
　민법 제117조는 대리인이 제한능력자라는 점을 들어 본인이 그의 대리행위를 취소하지 못한다는 의미를 가질 뿐이며, 제한능력자인 대리인과 본인 사이의 내부적 관계에는 영향을 미치지 않는다. 즉, 대리인은 본인과의 기초적 내부관계를 발생시키는 행위를 제한능력을 이유로 취소할 수 있다.

Ⅳ 대리의 효과(본인과 상대방 사이의 관계)

① 대리인이 한 대리행위의 효과는 모두 직접 본인에게 귀속된다. 이 점에서 대리는 간접대리와 구별된다.
② 직접 본인에게 귀속하는 것은 당해 의사표시에 의한 효과뿐만 아니라 그 의사표시와 관련하여 생기는 담보책임, 계약해제권, 취소권, 채무불이행으로 인한 손해배상청구권 등도 포함한다. 예를 들면, 계약 상대방의 채무불이행이 있는 경우, 채무불이행을 이유로 한 계약해제권은 대리인이 아니라 본인에게 귀속된다.
　　　　　　　　　　　　　　　　　　　　　　　　　　　　　　　　　　　　　　　기출 24
③ 대리인이 한 불법행위는 법률행위의 대리가 아니므로 본인에게 그 효과가 귀속되지는 않고, 다만, 본인과 대리인이 사용자·피용자의 관계에 있는 경우에 본인이 민법 제756조의 사용자책임을 질 수는 있다.

Ⅴ 복대리(複代理)

> **민법 제120조(임의대리인의 복임권)** 기출 23·19·13
> 대리권이 법률행위에 의하여 부여된 경우에는 대리인은 본인의 승낙이 있거나 부득이한 사유 있는 때가 아니면 복대리인을 선임하지 못한다.
>
> **민법 제121조(임의대리인의 복대리인 선임의 책임)**
> ① 전조의 규정에 의하여 대리인이 복대리인을 선임한 때에는 본인에게 대하여 그 선임감독에 관한 책임이 있다.
> 　　　　　　　　　　　　　　　　　　　　　　　　　　　　　　　　기출 19
> ② 대리인이 본인의 지명에 의하여 복대리인을 선임한 경우에는 그 부적임 또는 불성실함을 알고 본인에게 대한 통지나 그 해임을 태만한 때가 아니면 책임이 없다. 기출 13

> **민법 제122조(법정대리인의 복임권과 그 책임)** 기출 23·21·19·18·15
> 법정대리인은 그 책임으로 복대리인을 선임할 수 있다. 그러나 부득이한 사유로 인한 때에는 전조 제1항에 정한 책임만이 있다.
>
> **민법 제123조(복대리인의 권한)**
> ① 복대리인은 그 권한 내에서 본인을 대리한다. 기출 23·17·16
> ② 복대리인은 본인이나 제3자에 대하여 대리인과 동일한 권리의무가 있다. 기출 21·16·15·13

1. 의 의

(1) 복대리인의 개념

복대리인은 대리인이 「대리인 자신의 이름」으로 선임한 「본인의 대리인」이다. 기출 22·19·15

(2) 복대리인의 법적 성질

① 복대리인은 「본인의 대리인」이고 대리인의 대리인은 아니다. 기출 23
② 복대리인을 선임한 후에도 대리인의 대리권은 소멸하지 않고 복대리인의 대리권과 병존한다. 따라서 복임행위는 대리권의 「병존적 부여행위」라고 할 것이다.

2. 대리인의 복임권과 책임

(1) 임의대리인의 복임권과 그 책임

① 임의대리인은 본인의 승낙이 있거나 부득이한 사유(예 본인의 소재불명)가 있는 경우에 한하여 복임권을 가진다. 이 경우 대리인은 본인에 대하여 (복대리인의) 선임·감독에 관한 책임이 있다(민법 제121조 제1항).
기출 23

> • 대리의 목적인 법률행위의 성질상 대리인 자신에 의한 처리가 필요하지 아니한 경우에는 본인이 복대리 금지의 의사를 명시하지 아니하는 한 복대리인의 선임에 관하여 묵시적인 승낙이 있는 것으로 보는 것이 타당하다(대판 1996.1.26. 94다30690).
> • 甲이 채권자를 특정하지 아니한 채 부동산을 담보로 제공하여 금원을 차용해 줄 것을 乙에게 위임하였고, 乙은 이를 다시 丙에게 위임하였으며, 丙은 丁에게 위 부동산을 담보로 제공하고 금원을 차용하여 乙에게 교부하였다면, 乙에게 위 사무를 위임한 甲의 의사에는 '복대리인 선임에 관한 승낙'이 포함되어 있다고 봄이 타당하다(대판 1993.8.27. 93다21156).

② 대리인이 본인의 지명에 의하여 복대리인을 선임한 경우, 그 책임이 완화되어 그 부적임 또는 불성실함을 알고 본인에게 대한 통지나 그 해임을 태만한 때가 아니면 책임이 없다(민법 제121조 제2항).

(2) 법정대리인의 복임권과 그 책임

① 법정대리인은 언제든지 복임권을 갖는다. 기출 23
② 법정대리인은 언제든지 복임권을 가지는 대신, 복대리인의 행위에 의하여 본인이 손해를 입으면, 선임·감독에 관하여 과실이 없더라도 그에 대하여 전적인 책임을 진다(민법 제122조 본문). 이때의 책임은 법정무과실책임이다. 다만, 부득이한 사유로 복대리인을 선임한 경우에는 그 선임·감독상의 과실에 대해서만 책임을 진다(민법 제122조 단서).

3. 복대리인의 지위

(1) 대리인에 대한 관계
① 복대리인은 대리인이 자기의 권한 내에서 선임한 것이므로 대리인의 감독에 복종하며, 그 권한도 대리권의 범위 내에 한한다.
② 복대리권은 대리권을 초과할 수 없으며, 대리권이 소멸하면 복대리권도 소멸한다.
③ 복대리인이 선임되어도 특별한 사정이 없는 한 대리인의 대리권은 소멸하지 않으며, 대리인과 복대리인은 모두 본인을 대리한다. 기출 23

(2) 상대방에 대한 관계
① 복대리인은 본인의 대리인이므로(민법 제123조 제1항), 상대방에 대하여는 대리인과 동일한 권리·의무가 있다(민법 제123조 제2항).
② 복대리인은 복대리행위를 함에 있어서 본인을 위한다는 표시를 하여야 하며(민법 제114조 제1항), 표현대리규정도 복대리행위에 적용될 수 있다. 기출 15·13

(3) 본인에 대한 관계
민법 제123조 제2항에 의하여 본인과 대리인 사이의 내부적 법률관계가 본인과 복대리인 간의 내부적 기초적 법률관계로 의제된다(통설).

(4) 복대리인의 복임권
선임 대리인과 동일한 조건으로 복임권을 인정할 수 있다(통설).

4. 복대리권의 소멸 기출 17·15

(1) 대리권 일반의 소멸원인 등
본인의 사망 또는 복대리인의 사망, 복대리인의 성년후견의 개시 또는 파산(민법 제127조), 대리인과 복대리인 사이의 내부적 법률관계의 종료(민법 제128조 전단) 또는 대리인의 수권행위의 철회(민법 제128조 후단)에 의해 복대리권은 소멸한다.

(2) 대리인의 대리권 소멸
복대리권은 대리인의 대리권을 전제로 하는 것이므로 대리인의 대리권의 소멸(예 본인의 사망, 대리인의 사망, 대리인의 성년후견의 개시, 대리인의 파산)에 의하여 복대리권도 소멸한다. 기출 23

Ⅵ 무권대리

1. 서 설

대리권 없이 행하여진 대리행위를 무권대리라 한다. 무권대리는 대리인에게 대리권이 있는 것으로 믿을 만한 외관이 있고, 그 외관 형성에 대하여 본인에게도 책임을 물을 만한 사정이 있는 표현대리와, 이러한 사정이 없는 경우인 협의의 무권대리로 나누어지며, 양자를 통틀어 광의의 무권대리라고 한다.

2. 표현대리

(1) 표현대리의 의의

1) 표현대리의 개념

표현대리란 대리인에게 대리권이 없음에도 불구하고 마치 그것이 있는 것과 같은 외관이 존재하고, 그러한 외관의 형성에 관여하든가 외관을 방치하는 등 본인이 책임져야 할 사정이 있는 경우에, 그 무권대리행위에 대하여 본인에게 책임을 지우는 제도이다.

2) 표현대리의 유형

민법은 대리권 수여표시에 의한 표현대리(민법 제125조)와 권한을 넘은 표현대리(민법 제126조), 대리권 소멸 후의 표현대리(민법 제129조)를 규정하고 있다.

3) 표현대리의 본질 및 무권대리와의 관계

① **문제점** : 표현대리가 유권대리의 일종인지 무권대리의 일종인지가 문제되는데 양자를 구별하는 실익은 표현대리가 성립할 경우에도 민법 제130조 이하의 무권대리 규정이 적용될 수 있을지, 특히 무권대리인의 상대방에 대한 책임규정(민법 제135조)의 적용 여부이다.
② **학설** : 표현대리를 유권대리의 아종으로 보는 견해도 있으나 다수설은 표현대리는 광의의 무권대리에 속하는 것으로서 민법 제130조 이하가 적용되는 것이 원칙이나 민법 제135조는 적용되지 않는다는 점이 무권대리와 다르다고 한다.
③ **판례** : 유권대리에 있어서는 본인이 대리인에게 수여한 대리권의 효력에 의하여 법률효과가 발생하는 반면, 표현대리에 있어서는 대리권이 없음에도 불구하고 법률이 특히 거래상대방 보호와 거래안전유지를 위하여 본래 무효인 무권대리행위의 효과를 본인에게 미치게 한 것으로, 양자의 구성요건 해당사실, 즉 주요사실은 다르다고 볼 수밖에 없으니, 유권대리에 관한 주장 속에 무권대리에 속하는 표현대리의 주장이 포함되어 있다고 볼 수 없다(대판 1983.12.13. 83다카1489[전합]). 기출 21·18·17·16·15·13
④ **검토** : 거래상대방 보호와 거래안전유지를 위하여 표현대리를 인정한 취지를 고려할 때 표현대리는 광의의 무권대리에 포함된다고 보아야 하나, 표현대리의 성립으로 상대방의 보호는 충분하므로, 민법 제135조를 적용하여 무권대리인의 책임을 추궁하는 것은 부정하는 것이 타당하다고 판단된다.

(2) 대리권 수여의 표시에 의한 표현대리(민법 제125조)

> **민법 제125조(대리권 수여의 표시에 의한 표현대리)**
> 제3자에 대하여 타인에게 대리권을 수여함을 표시한 자는 그 대리권의 범위 내에서 행한 그 타인과 그 제3자 간의 법률행위에 대하여 책임이 있다. 그러나 제3자가 대리권 없음을 알았거나 알 수 있었을 때에는 그러하지 아니하다.

1) 의 의
본인이 실제로는 타인에게 대리권을 수여하지 않았음에도 불구하고 수여하였다고 표시함으로써 대리권 수여의 외관이 존재하는 경우에 관한 규정이다.

2) 요 건
① 대리권 수여의 표시
  ㉠ 수권표시의 법적 성질 : 통설은 수권행위가 있었다는 뜻의 「관념의 통지」로 본다.
  ㉡ 수권표시의 방법 : 제한이 없다. 따라서 서면으로 하든 구술로 하든, 특정인에 대한 것이든, 불특정인에 대한 것이든 불문한다. 또한 본인이 직접하지 않고 대리인이 될 자를 통해서 하더라도 무방하다.

  > • 민법 제125조가 규정하는 대리권 수여의 표시에 의한 표현대리는 본인과 대리행위를 한 자 사이의 기본적인 법률관계의 성질이나 그 효력의 유무와는 관계없이 어떤 자가 본인을 대리하여 제3자와 법률행위를 함에 있어 본인이 그 자에게 대리권을 수여하였다는 표시를 제3자에게 한 경우에 성립한다(대판 2007.8.23. 2007다23425).
  > • 대리권을 수여하는 수권행위는 불요식의 행위로서 명시적인 의사표시에 의함이 없이 묵시적인 의사표시에 의하여 할 수도 있으며, 어떤 사람이 대리인의 외양을 가지고 행위하는 것을 본인이 알면서도 이의를 하지 아니하고 방임하는 등 사실상의 용태에 의하여 대리권의 수여가 추단되는 경우도 있다(대판 2016.5.26. 2016다203315). 기출 22
  > • 본인에 의한 대리권 수여의 표시는 반드시 대리권 또는 대리인이라는 말을 사용하여야 하는 것이 아니라 사회통념상 대리권을 추단할 수 있는 직함이나 명칭 등의 사용을 승낙 또는 묵인한 경우에도 대리권 수여의 표시가 있은 것으로 볼 수 있다(대판 1998.6.12. 97다53762). 기출 20·15

  ㉢ 수권표시의 철회 : 철회는 표현대리인이 대리행위를 하기 전에 행해져야 한다. 철회가 효력을 발생하려면 상대방에게 철회된 사실을 알려야 한다. 이때 철회는 표시와 동일한 방법이나 이에 준하는 방법으로 상대방에게 알려야 한다.
② 표시된 대리권의 범위 내의 행위일 것 : 만일 수권표시의 객관적인 범위를 넘는 행위가 있는 경우에 그 초과부분에 대해서는 민법 제126조가 적용될 여지가 있다.
③ 대리행위의 상대방 : 대리권 수여의 표시를 받은 상대방에 한정한다.
④ 상대방의 선의·무과실 : 상대방은 대리권 없음에 대하여 선의·무과실이어야 한다. 기출 25 상대방의 과실 유무는 무권대리행위 당시의 제반사정을 객관적으로 판단하여 결정해야 한다(대판 1974.7.9. 73다1804). 민법 제125조의 책임을 면하려는 본인이 상대방의 악의 또는 과실에 대한 입증책임을 진다. 기출 17

3) 적용범위
① 민법 제125조는 임의대리에만 적용되고 법정대리에는 적용되지 않는다(통설·판례).
② 복대리에 관해서도 민법 제125조는 적용된다(판례).

③ 소송행위에는 민법상의 표현대리규정이 적용 또는 유추적용될 수 없다(대판 1983.2.8. 81다카621). 공법상 행위도 마찬가지이다.
④ 대리행위가 강행규정에 위반하는 경우에는 표현대리의 법리가 적용되지 않는다(대판 1996.8.23. 94다38199).

기출 25

4) 법률효과
① 표현대리는 상대방이 이를 주장하는 경우에 비로소 문제되는 것이고, 상대방이 주장하지 않는 한 본인 측에서 표현대리를 주장할 수는 없다.
② 상대방의 철회와 본인의 추인 중 먼저 행해진 것에 따라서 표현대리의 효과가 확정된다.
③ 상대방에 대한 무권대리인의 책임규정(민법 제135조)은 적용되지 않는다.
④ 표현대리가 성립하는 경우에 그 본인은 표현대리행위에 의하여 전적인 책임을 져야 하고, 상대방에게 과실이 있다고 하더라도 과실상계의 법리를 유추적용하여 본인의 책임을 경감할 수 없다(대판 1996.7.12. 95다49554). 기출 25 · 21 · 20 · 18 · 14

(3) 권한을 넘은 표현대리(민법 제126조)

> **민법 제126조(권한을 넘은 표현대리)**
> 대리인이 그 권한 외의 법률행위를 한 경우에 제3자가 그 권한이 있다고 믿을 만한 정당한 이유가 있는 때에는 본인은 그 행위에 대하여 책임이 있다.

1) 의 의
대리인이 그 권한 외의 법률행위를 한 경우에도 거래의 안전과 거래 상대방의 이익을 보호하기 위하여 일정한 요건하에 대리행위의 효과를 본인에게 귀속하게 하는 것을 의미한다.

2) 요 건
① 대리인에게 기본대리권이 존재할 것
㉠ 기본대리권에 법정대리권도 포함되며, 대리행위와 동종·유사한 것일 필요가 없고 전혀 별개의 행위에 대한 기본대리권도 가능하다. 기출 25 · 21 · 15

> • 권한을 넘는 표현대리 규정은 거래의 안전을 도모하여 거래상대방의 이익을 보호하려는 데에 그 취지가 있으므로 법정대리라고 하여 임의대리와는 달리 그 적용이 없다고 할 수 없다(대판 1997.6.27. 97다3828).
> • 정당하게 부여받은 대리권의 내용되는 행위와 권한을 넘은 표현대리는 반드시 같은 종류의 행위에 속할 필요는 없다(대판 1969.7.22. 69다548).

㉡ 기본대리권은 현재의 대리권을 말하고, 과거에 가졌던 대리권을 넘은 경우는 포함되지 않는다. 다만, 과거에 가졌던 대리권이 소멸되어 민법 제129조에 의한 표현대리로 인정되는 경우에 그 표현대리의 권한을 넘는 대리행위가 있을 때에는 민법 제126조에 의한 표현대리가 성립할 수 있다.

> 민법 제126조에서 말하는 권한을 넘은 표현대리는 현재에 대리권을 가진 자가 그 권한을 넘은 경우에 성립하는 것이지, 현재에 아무런 대리권도 가지지 아니한 자가 본인을 위하여 한 어떤 대리행위가 과거에 이미 가졌던 대리권을 넘은 경우에까지 성립하는 것은 아니라고 할 것이고, 한편 과거에 가졌던 대리권이 소멸되어 민법 제129조에 의하여 표현대리로 인정되는 경우에 그 표현대리의 권한을 넘는 대리행위가 있을 때에는 민법 제126조에 의한 표현대리가 성립할 수 있다(대판 2008.1.31. 2007다74713). 기출 24 · 20 · 17

② 권한을 넘은 표현대리행위가 존재할 것
　㉠ 표현대리인과 상대방 사이에 대리행위가 없는 때에는 민법 제126조가 적용되지 않는다.
　㉡ 권한을 넘은 대리행위와 기본대리권이 반드시 동종의 것이어야 하는 것은 아니다. 민법 제126조의 표현대리는 기본대리권이 월권행위와 관련이 없는 경우에도 적용된다. 기출 21·15
　㉢ 기본대리권이 공법상의 권리이고 표현대리행위가 사법상의 행위일지라도 민법 제126조의 표현대리는 적용된다. 기출 14

> 기본대리권이 등기신청행위라 할지라도 표현대리인이 그 권한을 유월하여 대물변제라는 사법행위를 한 경우에는 표현대리의 법리가 적용된다(대판 1978.3.28. 78다282).

　㉣ 민법 제126조의「제3자」는 민법 제125조 및 민법 제129조의 경우와 마찬가지로 표현대리행위의「직접 상대방」만을 말하고,「전득자」는 포함되지 않는다(대판 1999.12.24. 99다13201). 기출 21
　㉤ 대리행위의 표시를 하지 아니하고 본인의 성명을 모용하여 자기가 마치 본인인 것처럼 기망하여 본인 명의로 직접 법률행위를 한 경우, 특별한 사정이 없는 한, 표현대리는 성립될 수 없다(대판 2002.6.28. 2001다49814). 기출 24

③ 정당한 이유가 존재할 것
　㉠ 정당한 이유란 대리행위에 대한 대리권이 존재하리라고 상대방이 믿은 데 과실이 없음을 말한다. 즉, 선의이며 과실이 없는 것을 의미한다.
　㉡ 정당한 이유의 존부는 대리인의 대리행위가 행하여질 때에 존재하는 제반사정을 객관적으로 관찰하여 판단하여야 한다(대판 2008.2.1. 2006다33418·33425).
　㉢ 정당한 이유의 유무는 대리행위 당시를 기준으로 판단하고 그 후의 사정이 고려되어서는 안 된다(대판 1997.6.27. 97다3828). 기출 24·21·14
　㉣ 정당한 이유의 증명책임에 관하여 학설은 대립하나, 판례는 표현대리의 유효를 주장하는 상대방이 정당한 이유가 있음을 증명해야 한다는 입장이다(대판 1968.6.18. 68다694).
　㉤ 타인의 채무에 대한 보증행위는 그 성질상 아무런 반대급부 없이 오직 일방적으로 불이익만을 입는 것인 점에 비추어 볼 때, 남편이 처에게 타인의 채무를 보증함에 필요한 대리권을 수여한다는 것은 사회통념상 이례에 속하므로, 처가 특별한 수권 없이 남편을 대리하여 위와 같은 행위를 하였을 경우에 그것이 민법 제126조 소정의 표현대리가 되려면 처에게 일상가사대리권이 있었다는 것만이 아니라 상대방이 처에게 남편이 그 행위에 관한 대리의 권한을 주었다고 믿었음을 정당화할 만한 객관적인 사정이 있어야 한다(대판 1998.7.10. 98다18988).

3) 적용범위
① 민법 제126조의 표현대리는 임의대리와 법정대리에 모두 적용된다(통설·판례).

> 권한을 넘는 표현대리 규정은 거래의 안전을 도모하여 거래상대방의 이익을 보호하려는 데에 그 취지가 있으므로 법정대리라고 하여 임의대리와는 달리 그 적용이 없다고 할 수 없다(대판 1997.6.27. 97다3828). 기출 24·20·17

② 민법 제125조와 민법 제129조가 적용됨으로써 상대방에 대한 관계에 있어서는 법률상 대리권의 수여가 있었던 것으로 다루어지기 때문에 그러한 범위를 넘은 경우에도 민법 제126조가 적용되어 민법 제125조와 민법 제129조의 표현대리권이 민법 제126조의 기본대리권에 해당한다(통설).

③ 복대리인 선임권이 없는 대리인에 의하여 선임된 복대리인의 권한도 민법 제126조에 의한 표현대리의 기본대리권이 될 수 있다(대판 1998.3.27. 97다48982). 기출 24
④ 부부 상호 간의 법정대리권인 일상가사대리권에 대해서도 민법 제126조의 적용이 있다(통설).
⑤ 문제가 된 부부의 행위가 일상가사에 속하지 않더라도 일상가사대리권을 기본대리권으로 하여 문제의 행위에 특별수권이 주어졌다고 믿을 만한 정당한 이유가 있는 경우에 민법 제126조의 표현대리를 인정할 수 있다(대판 1986.11.26. 68다1727·1728 참조).
⑥ 비법인사단인 교회의 대표자는 총유물인 교회 재산의 처분에 관하여 교인총회의 결의를 거치지 아니하고는 이를 대표하여 행할 권한이 없다. 따라서 교회의 대표자가 권한 없이 행한 교회 재산의 처분행위에 대하여는 민법 제126조의 표현대리에 관한 규정이 준용되지 아니한다(대판 2009.2.12. 2006다23312).

기출 18·13

4) 법률효과
민법 제126조의 요건이 충족되면 상대방은 표현대리인이 한 법률행위의 효력을 본인에게 주장할 수 있다.

(4) 대리권 소멸 후의 표현대리(민법 제129조)

> **민법 제129조(대리권 소멸 후의 표현대리)**
> 대리권의 소멸은 선의의 제3자에게 대항하지 못한다. 그러나 제3자가 과실로 인하여 그 사실을 알지 못한 때에는 그러하지 아니하다.

1) 의 의
① 민법 제129조는 대리권이 소멸하여 대리권이 없게 된 자가 대리행위를 한 경우에 선의·무과실로 그와 거래한 상대방을 보호하기 위하여 그 상대방과의 관계에서 마치 대리권이 있는 경우와 마찬가지로 효과를 인정한다.
② 민법 제129조는 그 효과로 '제3자에 대항하지 못한다'라고 규정하고 있는 바, 그 표현이 민법 제125조나 민법 제126조의 '책임이 있다'와 다르나 그 의미는 같다.

2) 요 건
① 대리인이 이전에는 대리권을 가지고 있었으나 대리행위를 할 때에는 대리권이 소멸하고 있어야 한다. 따라서 처음부터 전혀 대리권이 없는 경우에는 민법 제129조가 적용될 수 없다(대판 1984.10.10. 84다카780).

기출 25

② 제3자는 선의·무과실이어야 한다. 제3자의 악의·과실에 대한 입증책임은 본인에게 있다(통설).
③ 제3자는 대리행위의 직접 상대방만을 말하며 상대방과 거래한 제3자(전득자)는 포함되지 않는다.
④ 대리권이 이전에 존재하였던 것과 상대방의 신뢰 사이에 인과관계가 있어야 한다.
⑤ 대리인이 권한 내의 행위를 하여야 한다.
⑥ 수권행위가 철회 또는 취소된 경우와 기초적 내부관계가 소멸한 경우에도 대리권은 소멸하므로 민법 제129조의 표현대리가 적용될 수 있다.

3) 적용범위

① 민법 제129조의 표현대리는 임의대리와 법정대리 모두에 적용된다(통설·판례).

> 대리권 소멸 후의 표현대리에 관한 민법 제129조는 법정대리인의 대리권 소멸에 관하여도 적용이 있다(대판 1975.1.28, 74다1199). 기출 18·15

② 민법 제129조는 복대리인의 무권대리행위에 대해서도 적용된다.

> 대리인이 대리권 소멸 후 직접 상대방과 사이에 대리행위를 하는 경우는 물론 대리인이 대리권 소멸 후 복대리인을 선임하여 복대리인으로 하여금 상대방과 사이에 대리행위를 하도록 한 경우에도, 상대방이 대리권 소멸 사실을 알지 못하여 복대리인에게 적법한 대리권이 있는 것으로 믿었고 그와 같이 믿은 데 과실이 없다면 민법 제129조에 의한 표현대리가 성립할 수 있다(대판 1998.5.29, 97다55317).

3. 협의의 무권대리(無權代理)

(1) 서 설

대리인이 대리권 없이 대리행위를 한 경우 중 표현대리가 성립하는 경우를 제외한 것이 협의의 무권대리이다. 민법은 협의의 무권대리로 계약의 무권대리(민법 제130조 내지 제135조)와 단독행위의 무권대리(민법 제136조)를 규정하고 있다.

(2) 계약의 무권대리

> **민법 제130조(무권대리)** 기출 16
> 대리권 없는 자가 타인의 대리인으로 한 계약은 본인이 이를 추인하지 아니하면 본인에 대하여 효력이 없다.
>
> **민법 제131조(상대방의 최고권)** 기출 23·21·20·19·18·17
> 대리권 없는 자가 타인의 대리인으로 계약을 한 경우에 상대방은 상당한 기간을 정하여 본인에게 그 추인 여부의 확답을 최고할 수 있다. 본인이 그 기간 내에 확답을 발(發)[발송(註)]하지 아니한 때에는 추인을 거절한 것으로 본다.
>
> **민법 제132조(추인, 거절의 상대방)** 기출 21·20·18·15·13
> 추인 또는 거절의 의사표시는 상대방에 대하여 하지 아니하면 그 상대방에 대항하지 못한다. 그러나 상대방이 그 사실을 안 때에는 그러하지 아니하다.
>
> **민법 제133조(추인의 효력)** 기출 21·16·13
> 추인은 다른 의사표시가 없는 때에는 계약 시에 소급하여 그 효력이 생긴다. 그러나 제3자의 권리를 해하지 못한다.
>
> **민법 제134조(상대방의 철회권)** 기출 23·21·20·17·16·15·13
> 대리권 없는 자가 한 계약은 본인의 추인이 있을 때까지 상대방은 본인이나 그 대리인에 대하여 이를 철회할 수 있다. 그러나 계약 당시에 상대방이 대리권 없음을 안 때에는 그러하지 아니하다.

1) 본인과 상대방 사이의 효과
① 본인의 권리 : 추인권 및 추인거절권
   ㉠ 추인권의 성질 : 무권대리인의 법률행위에 대한 본인의 추인은 상대방이나 무권대리인의 동의나 승낙을 요하지 않는 상대방 있는 단독행위이다.
   ㉡ 추인의 당사자 : 추인권자는 본인이지만, 상속인 등 본인의 포괄승계인도 추인할 수 있고, 그 밖에 법정대리인이나 본인으로부터 특별수권을 부여받은 임의대리인도 추인할 수 있다. 추인의 상대방과 관련하여 판례는 무권대리인, 무권대리인의 직접 상대방 및 그 무권대리행위로 인한 권리 또는 법률관계의 승계인에 대하여도 추인할 수 있다(대판 1981.4.14. 80다2314)는 입장이다. 기출 18 다만, 추인을 무권대리인에게 하는 경우 상대방이 추인이 있음을 알지 못한 때에는 상대방에 대하여 추인의 효과를 주장하지 못한다(민법 제132조). 따라서 상대방은 그때까지 자신의 의사표시를 철회할 수 있다.
   ㉢ 추인의 방법 : 무권대리행위의 추인에 특별한 방식이 요구되는 것이 아니므로 명시적인 방법만 아니라 묵시적인 방법으로도 할 수 있고, 구술로 하든 서면으로 하든 모두 가능하며, 재판 외에서뿐만 아니라 재판상에서도 할 수 있다.
   ㉣ 일부추인의 가부 : 추인은 원칙적으로 무권대리행위 전부에 대하여 해야 한다(대판 2008.8.21. 2007다79480). 무권대리행위의 일부에 대한 추인이나 변경을 가한 추인은 상대방의 동의를 얻지 못하는 한 무효이다 (대판 1982.1.26. 81다카549). 기출 23・22・21・17・15

   > 무권대리행위의 추인은 무권대리인에 의하여 행하여진 불확정한 행위에 관하여 그 행위의 효과를 자기에게 직접 발생케 하는 것을 목적으로 하는 의사표시이며, 무권대리인 또는 상대방의 동의나 승낙을 요하지 않는 단독행위로서 추인은 의사표시의 전부에 대하여 행하여져야 하고, 그 일부에 대하여 추인을 하거나 그 내용을 변경하여 추인을 하였을 경우에는 상대방의 동의를 얻지 못하는 한 무효이다(대판 1982.1.26. 81다카549). 기출 23・22・21・17・15

   ㉤ 추인의 효과 : 추인은 다른 의사표시가 없는 때에는 계약 시에 소급하여 그 효력이 생긴다. 그러나 제3자의 권리를 해하지 못한다(민법 제133조).
   ㉥ 추인거절권 : 본인이 추인을 하지 않고 내버려 둘 수도 있으나, 적극적으로 추인의 의사가 없음을 표시하여 무권대리행위의 유동적 무효 상태를 확정적 무효 상태로 만들 수 있는데 이를 본인의 추인거절권이라 한다.
   ㉦ 추인거절권의 상대방과 그 방법 : 추인의 경우와 동일하다(민법 제133조).
   ㉧ 추인거절의 효과 : 추인거절이 있으면 이제는 본인도 추인할 수 없고, 상대방도 최고권, 철회권을 행사할 수 없다.

② 무권대리인과 상속
　㉠ 무권대리인이 본인을 상속한 경우 : 대리권한 없이 타인의 부동산을 매도한 자가 그 부동산을 상속한 후 소유자의 지위에서 자신의 대리행위가 무권대리로 무효임을 주장하여 등기말소 등을 구하는 것은 금반언 원칙이나 신의칙상 허용될 수 없다(대판 1994.9.27. 94다20617). 기출 23·22·17

> 甲이 대리권 없이 乙 소유 부동산을 丙에게 매도하여 부동산소유권 이전등기 등에 관한 특별조치법에 의하여 소유권이전등기를 마쳐주었다면 그 매매계약은 무효이고 이에 터잡은 이전등기 역시 무효가 되나, 甲은 乙의 무권대리인으로서 민법 제135조 제1항의 규정에 의하여 매수인 丙에게 부동산에 대한 소유권이전등기를 이행할 의무가 있으므로 그러한 지위에 있는 甲이 乙로부터 부동산을 상속받아 그 소유자가 되어 소유권이전등기이행의무를 이행하는 것이 가능하게 된 시점에서 자신이 소유자라고 하여 자신으로부터 부동산을 전전매수한 丁에게 원래 자신의 매매행위가 무권대리행위여서 무효였다는 이유로 丁 앞으로 경료된 소유권이전등기가 무효의 등기라고 주장하여 그 등기의 말소를 청구하거나 부동산의 점유로 인한 부당이득금의 반환을 구하는 것은 금반언의 원칙이나 신의성실의 원칙에 반하여 허용될 수 없다(대판 1994.9.27. 94다20617). 기출 20·18

　㉡ 본인이 무권대리인을 상속한 경우 : 상속인은 본인의 지위에서 추인을 거절할 수 있고 이는 신의칙에 반하지 않는다고 보는 것이 다수설의 입장이다. 추인을 거절하면 무권대리인의 지위에서 이행 또는 손해배상책임을 부담하게 된다. 판례의 입장도 동일한 것으로 보인다(대판 1994.8.26. 93다20191).

> 甲이 乙등 명의의 주식에 관하여 처분권한 없이 은행과 담보설정계약을 체결하였다 하더라도 이는 일종의 타인의 권리의 처분행위로서 유효하다 할 것이므로 甲은 乙등으로부터 그 주식을 취득하여 이를 은행에게 인도하여야 할 의무를 부담한다 할 것인데, 甲의 사망으로 인하여 乙등이 甲을 상속한 경우 乙등은 원래 그 주식의 주주로서 타인의 권리에 대한 담보설정계약을 체결한 은행에 대하여 그 이행에 관한 아무런 의무가 없고 이행을 거절할 수 있는 자유가 있었던 것이므로, 乙등은 신의칙에 반하는 것으로 인정할 특별한 사정이 없는 한 원칙적으로는 위 계약에 따른 의무의 이행을 거절할 수 있다(대판 1994.8.26. 93다20191).

③ 상대방의 권리
　㉠ 상대방의 최고권 : 대리권 없는 자가 타인의 대리인으로 계약을 한 경우에 상대방은 상당한 기간을 정하여 본인에게 그 추인여부의 확답을 최고할 수 있다. 본인이 그 기간 내에 확답을 발하지 아니한 때에는 추인을 거절한 것으로 본다(민법 제131조). 계약 당시에 상대방이 무권대리인의 대리권 없음을 안 때(악의)에도 최고권을 행사할 수 있다. 기출 23
　㉡ 상대방의 철회권 : 대리권 없는 자가 한 계약은 본인의 추인이 있을 때까지 (선의의) 상대방은 본인이나 그 대리인에 대하여 이를 철회할 수 있다. 그러나 계약당시에 상대방이 대리권 없음을 안 때(악의)에는 철회권이 인정되지 않는다(민법 제134조). 기출 23 상대방이 대리인에게 대리권이 없음을 알았다는 점(악의)에 대한 주장·입증책임은 철회의 효과를 다투는 본인에게 있다(대판 2017.6.29. 2017다213838). 적법하게 철회가 되면 불확정한 법률행위는 확정적으로 무효가 되고, 본인도 추인을 할 수 없게 되며, 상대방 역시 무권대리인에게 책임(민법 제135조)을 물을 수 없게 된다.

2) 대리인과 상대방과의 관계(무권대리인의 상대방에 대한 책임)

> **민법 제135조(상대방에 대한 무권대리인의 책임)**
> ① 다른 자의 대리인으로서 계약을 맺은 자가 그 대리권을 증명하지 못하고 또 본인의 추인을 받지 못한 경우에는 그는 상대방의 선택에 따라 계약을 이행할 책임 또는 손해를 배상할 책임이 있다. 기출 23·20·16·13
> ② 대리인으로서 계약을 맺은 자에게 대리권이 없다는 사실을 상대방이 알았거나 알 수 있었을 때 또는 대리인으로서 계약을 맺은 사람이 제한능력자일 때에는 제1항을 적용하지 아니한다. 기출 23·21·17·15

① 의의 및 책임의 법적 성질
  ㉠ 무권대리가 되면 본인은 원칙적으로 책임을 지지 않는다.
  ㉡ 무권대리인의 상대방에 대한 책임은 무과실책임이며(대판 2014.2.27. 2013다213038), 법정책임이다(통설).

> 민법 제135조 제1항에 따른 무권대리인의 상대방에 대한 책임은 무과실책임으로서 대리권의 흠결에 관하여 대리인에게 과실 등의 귀책사유가 있어야만 인정되는 것이 아니고, 무권대리행위가 제3자의 기망이나 문서 위조 등 위법행위로 야기되었다고 하더라도 책임은 부정되지 아니한다(대판 2014.2.27. 2013다213038).
> 기출 21·19

② 책임의 요건
  ㉠ 무권대리인이 대리권을 증명하지 못하고, 본인의 추인을 받지 못할 것
  ㉡ 상대방이 선의·무과실일 것(민법 제135조 제2항) : 상대방의 선의·무과실의 판단은 대리행위 당시를 기준으로 하며, 무권대리인이 상대방이 대리권 없음을 알았거나 알 수 있었다는 사실을 주장·입증해야 한다(통설).
  ㉢ 무권대리인이 제한능력자가 아닐 것(민법 제135조 제2항)
  ㉣ 상대방이 철회권을 행사한 경우에는 민법 제135조의 책임을 추궁할 수 없다.
③ 책임의 내용 : 「상대방」의 선택에 따라 계약의 이행 또는 손해배상책임을 진다.

> 타인의 대리인으로 계약을 한 자가 그 대리권을 증명하지 못하고 또 본인의 추인을 얻지 못한 때에는 상대방의 선택에 좇아 계약의 이행 또는 손해배상의 책임이 있는 것인바 이 상대방이 가지는 계약이행 또는 손해배상청구권의 소멸시효는 그 선택권을 행사할 수 있는 때로부터 진행한다 할 것이고 또 선택권을 행사할 수 있는 때라고 함은 대리권의 증명 또는 본인의 추인을 얻지 못한 때라고 할 것이다(대판 1965.8.24. 64다1156).

3) 본인과 무권대리인과의 관계
① 본인이 추인한 경우 : 본인이 추인하면 사무관리(민법 제734조)가 성립한다.
② 본인이 추인하지 않은 경우 : 본인과 대리인 사이에는 아무런 효과도 발생하지 않는다. 다만, 부당이득(민법 제741조), 불법행위(민법 제750조)가 문제될 수 있고, 본인이 대리인에게 내부적 법률관계에 의하여 채무불이행책임(민법 제390조)을 추궁할 수도 있다.

(3) 단독행위의 무권대리

> **민법 제136조(단독행위와 무권대리)**
> 단독행위에는 그 행위 당시에 상대방이 대리인이라 칭하는 자의 대리권 없는 행위에 동의하거나 그 대리권을 다투지 아니한 때에 한하여 전6조의 규정을 준용한다. 대리권 없는 자에 대하여 그 동의를 얻어 단독행위를 한 때에도 같다.

1) 상대방 없는 단독행위
① 유언, 재단법인의 설립행위, 권리의 포기 등의 상대방 없는 단독행위는 능동대리 및 수동대리를 묻지 않고 언제나 무효이다.
② 본인의 추인이 있더라도 무효이다.

2) 상대방 있는 단독행위
① 단독행위에는 그 행위 당시에 상대방이 대리인이라 칭하는 자의 대리권 없는 행위에 동의하거나 그 대리권을 다투지 아니한 때에 한하여 무권대리에 관한 규정을 준용한다. 대리권 없는 자에 대하여 그 동의를 얻어 단독행위를 한 때에도 같다(민법 제136조).
② 상대방 있는 단독행위도 원칙적으로 무효이다.
③ 민법 제136조 전단의 능동대리의 경우 대리권을 다투지 아니한 때란 이의를 제출하지 아니한 것을 말하고, 무권대리인에게 대리권이 없다는 데에 대한 선의·악의 내지 과실·무과실은 문제되지 않는다.
④ 민법 제136조 후단의 수동대리의 경우에는 무권대리인의 동의를 얻어 단독행위를 한 경우에만 계약과 동일한 효과가 발생한다.

제5절 법률행위의 무효와 취소

I 서 설

1. 개 념

처음부터 당연히 법률행위의 효력이 발생하지 아니하는 경우를 무효라 하고, 취소권자의 취소라는 행위가 있어야 비로소 소급적으로 무효가 되는 경우를 취소라고 한다.

2. 무효와 취소의 구별

구 분	무 효	취 소
효 력	처음부터 당연히 효력이 없음	원칙적으로 유효한 법률행위이나 취소를 통해 소급적 무효가 됨
주장권자	누구든지 무효 주장 가능	취소권자만 주장 가능(민법 제140조)
상대방	누구에게나 무효 주장 가능	법률행위 상대방에게만 주장 가능

기 간	한번 무효는 계속 무효	취소는 단기제척기간 존재(민법 제146조)
추 인	무효행위의 추인제도가 있음. 다만, 추인하여도 원칙적으로 그 효력이 발생하지 아니함. 다만, 무효임을 알고 추인한 경우 새로운 법률행위 될 수 있음 (민법 제139조)	취소할 수 있는 법률행위를 추인하면 유효한 법률행위로 확정
법정추인 제도	없 음	있음(민법 제145조)

3. 무효와 취소의 이중효

어느 법률행위가 무효사유와 취소사유를 모두 포함하고 있는 경우 예를 들어, 미성년자가 법정대리인의 동의 없이 상대방과 통정허위표시에 의한 법률행위를 한 때에는, 선택에 따라 통정허위표시에 의한 무효를 주장하거나 제한능력자(미성년자)임을 이유로 법률행위를 취소할 수 있다. 이를 무효와 취소의 이중효라고 한다.

II 법률행위의 무효

1. 의 의

법률행위가 성립요건을 갖추지 못할 때 법률행위의 부존재라고 하고, 성립요건은 갖추었으나 효력요건을 갖추지 못한 경우를 법률행위의 무효라고 한다.

2. 무효의 종류

(1) 절대적 무효·상대적 무효
① 절대적 무효는 누구에 대해서도 무효를 주장할 수 있는 경우이다(예 민법 제103조, 민법 제104조 위반, 강행규정 위반 등).
② 상대적 무효는 당사자 사이에서는 무효이지만 선의의 제3자에게 대항하지 못하는 경우이다(예 비진의표시가 무효로 되는 경우(민법 제107조 제1항), 통정허위표시(민법 제108조 제2항) 등).

(2) 당연무효·재판상 무효
무효는 원칙적으로 법률상 당연무효이다. 이와 달리 법률관계의 획일적 확정을 위하여 소(訴)에 의해서만 이를 주장할 수 있는 경우가 재판상 무효이다.

3. 무효의 일반적 효과

① 법률행위가 무효이면 법률효과는 발생하지 않으므로, 무효인 법률행위에 따른 법률효과를 침해하는 것처럼 보이는 위법행위나 채무불이행이 있더라도 법률효과 침해에 따른 손해배상을 청구할 수 없다(대판 2003.3.28, 2002다72125). 기출 20
② 무효인 법률행위에 기한 이행이 있기 전이라면 더 이상 이행할 필요가 없지만, 이미 급부가 이행되었다면 그 급부는 원칙적으로 부당이득에 관한 규정(민법 제741조 이하)에 의하여 반환되어야 한다.

4. 일부무효

> **민법 제137조(법률행위의 일부무효)** 기출 25·21·20·17·16·13
> 법률행위의 일부분이 무효인 때에는 그 전부를 무효로 한다. 그러나 그 무효부분이 없더라도 법률행위를 하였을 것이라고 인정될 때에는 나머지 부분은 무효가 되지 아니한다.

(1) 의의
① 전부무효가 원칙이나 예외적으로 무효부분을 제외한 나머지 부분은 유효가 될 수 있다.
② 일부무효에 관한 민법 제137조는 임의규정이다. 따라서 일부무효에 관하여 효력규정에 위반되지 않는 당사자의 명시적 또는 묵시적 약정이 있으면 그에 의하고, 제137조는 적용되지 않는다(대판 2010.3.25. 2009다41465).

(2) 요건
1) 법률행위의 일체성과 분할가능성이 있을 것(객관적 요건)
① 일체성 : 당사자가 법률행위의 여러 부분을 하나의 전체로서 의욕한 경우 일체성이 인정된다.
② 분할가능성 : 단, 그 여러 부분이 각각 분할가능성이 인정되어야 일부무효의 법리가 적용된다.

2) 무효부분이 없더라도 법률행위를 하였을 것이라고 인정될 것(주관적 요건)
① 무효부분이 없더라도 나머지 부분만으로도 법률행위를 하였을 것이라는 「가정적 의사」가 필요하다.

> 매매의 대상에 장차 불하받게 되는 특정의 토지 외에 양도인이 경작하던 간척지에 대한 임차권이 포함되어 있는 것으로 인정된다고 하여도 임차권의 대상이 되는 토지는 불하되기 전의 간척 중인 토지로서 이 토지에 대한 임차권의 양도만이 거래허가의 대상이 되는 것이므로, 이에 대한 토지거래허가가 없었다고 하여 당연히 양도계약 전부가 무효로 된다고 할 수는 없는바, 법률행위의 내용이 불가분인 경우에는 그 일부분이 무효일 때에도 일부 무효의 문제는 생기지 아니하나, 분할이 가능한 경우에는 민법 제137조의 규정에 따라 그 전부가 무효로 될 때도 있고, 그 일부만 무효로 될 때도 있기 때문이다(대판 1994.5.24. 93다58332).

② 판단시점은 법률행위 당시를 기준으로 한다.

3) 입증책임
잔부(殘部)의 유효를 주장하는 자가 위 요건의 존재를 입증해야 한다.

(3) 효과
① 원칙적으로 전부무효이나, 위 요건을 갖춘 경우 그 일부만을 유효로 볼 수 있다.
② 유효가 되는 시점은 법률행위 당시로 소급한다.

(4) 적용범위
① 민법 제137조는 임의규정이므로 당사자의 의사에 의해 배제할 수 있다.
② 또한 법률에 일부무효에 관한 효력에 관하여 특별한 규정이 있는 경우에도 적용되지 않는다.

5. 유동적 무효

(1) 의 의
유동적 무효란 법률행위가 무효이기는 하지만 추인 등에 의하여 행위 시에 소급하여 유효로 될 수 있는 경우를 말한다. 이는 취소할 수 있는 법률행위인 유동적 유효와 다르다.

(2) 토지거래 허가제도

1) 적용범위
토지거래 허가제도는 대가를 받고 소유권 또는 지상권을 이전 또는 설정하는 경우, 즉 유상계약에만 한정되어 적용되는 것이다(대판 2009.5.14. 2009도926).

2) 토지거래 허가를 받지 않은 계약의 효력
판례는 「허가를 받기 전의 거래계약이 처음부터 허가를 배제하거나 잠탈하는 내용의 계약일 경우에는 확정적으로 무효로서 유효화될 여지가 없으나 기출 25·24 이와 달리 허가받을 것을 전제로 한 거래계약(허가를 배제하거나 잠탈하는 내용의 계약이 아닌 계약은 여기에 해당하는 것으로 본다)일 경우에는 허가를 받을 때까지는 법률상 미완성의 법률행위로서 소유권 등 권리의 이전 또는 설정에 관한 거래의 효력이 전혀 발생하지 않음은 위의 확정적 무효의 경우와 다를 바 없지만, 일단 허가를 받으면 그 계약은 소급하여 유효한 계약이 되고 이와 달리 불허가가 된 때에는 무효로 확정되므로 허가를 받기까지는 유동적 무효의 상태에 있다고 보는 것이 타당하므로 허가받을 것을 전제로 한 거래계약은 허가받기 전의 상태에서는 거래계약의 채권적 효력도 전혀 발생하지 않으므로 권리의 이전 또는 설정에 관한 어떠한 내용의 이행청구도 할 수 없으나 일단 허가를 받으면 그 계약은 소급해서 유효화되므로 허가 후에 새로이 거래계약을 체결할 필요는 없다」(대판 1991.12.24. 90다12243[전합])고 하였다. 기출 18·16·14

3) 유동적 무효인 채권계약에 관한 법률관계

① **이행청구권의 인정 여부(소극)**: 허가를 받을 것을 전제로 한 거래계약은 허가받기 전의 상태에서는 거래계약의 채권적 효력도 전혀 발생하지 않으므로 권리의 이전 또는 설정에 관한 어떠한 내용의 이행청구도 할 수 없고, 그러한 거래계약의 당사자로서는 허가받기 전의 상태에서 상대방의 거래계약상 채무불이행을 이유로 거래계약을 해제하거나 그로 인한 손해배상을 청구할 수 없다(대판 1997.7.25. 97다4357·4364). 기출 19·16

② **해약금에 의한 해제 가능 여부(적극)**: 특별한 사정이 없는 한 국토이용관리법상의 토지거래 허가를 받지 않아 유동적 무효 상태인 매매계약에 있어서도 당사자 사이의 매매계약은 매도인이 계약금의 배액을 상환하고 계약을 해제함으로써 적법하게 해제된다(대판 1997.6.27. 97다9369). 기출 15

③ **의사표시에 의한 계약의 무효·취소 주장 가부(적극)**: 국토이용관리법상 규제구역 내에 속하는 토지거래에 관하여 관할 도지사로부터 거래허가를 받지 아니한 거래계약은 처음부터 위 허가를 배제하거나 잠탈하는 내용의 계약이 아닌 한 허가를 받기까지는 유동적 무효의 상태에 있고 거래 당사자는 거래허가를 받기 위하여 서로 협력할 의무가 있으나, 그 토지거래가 계약 당사자의 표시와 불일치한 의사(비진의표시, 허위표시 또는 착오) 또는 사기, 강박과 같은 하자 있는 의사에 의하여 이루어진 경우에는, 이들 사유에 의하여 그 거래의 무효 또는 취소를 주장할 수 있는 당사자는 그러한 거래허가를 신청하기 전 단계에서 이러한 사유를 주장하여 거래허가신청 협력에 대한 거절의사를 일방적으로 명백히 함으로써 그 계약을 확정적으로 무효화시키고 자신의 거래허가절차에 협력할 의무를 면할 수 있다(대판 1997.11.14. 97다36118).

④ **임의로 지급한 계약금·중도금에 대한 부당이득반환청구권의 인정 여부(원칙적 소극)** : 국토이용관리법상 토지거래 허가를 받지 않아 거래계약이 유동적 무효의 상태에 있는 경우, 유동적 무효 상태의 계약은 관할관청의 불허가처분이 있을 때뿐만 아니라 당사자 쌍방이 허가신청협력의무의 이행거절 의사를 명백히 표시한 경우에는 확정적으로 무효가 된다고 할 것이고, 이 경우 비로소 부당이득반환청구를 구할 수 있다(대판 1993.7.27. 91다33766). 또한 거래계약이 확정적으로 무효가 된 경우에는 거래계약이 확정적으로 무효로 됨에 있어서 귀책사유가 있는 자라고 하더라도 그 계약의 무효를 주장할 수 있다(대판 1997.7.25. 97다4357·4364). 기출 19·15

4) 협력의무에 관한 법률관계

① **협력의무의 인정 여부(적극)** : 국토이용관리법상의 규제구역 내의 토지에 관하여 관할관청의 허가 없이 체결된 매매계약이라 하더라도 거래당사자 사이에는 계약이 효력이 있는 것으로 완성될 수 있도록 서로 협력할 의무가 있어 매매계약의 쌍방 당사자는 공동으로 관할관청의 허가를 신청할 의무가 있고, 이러한 의무에 위배하여 허가신청절차에 협력하지 않는 당사자에 대하여 상대방은 협력의무의 이행을 구할 수 있는 것이므로, 허가를 받을 것을 전제로 하여 체결된 매매계약의 매수인은 비록 그 매매계약이 허가를 받을 때까지는 법률상 미완성의 법률행위로서 소유권의 이전에 관한 계약의 효력이 전혀 발생하지 아니한다고 할지라도 위와 같은 토지거래허가신청절차청구권을 피보전권리로 하여 매매목적물의 처분을 금하는 가처분을 구할 수 있다(대판 1988.12.22. 98다44376). 기출 14

② **협력의무와 대금지급의무의 동시이행관계 여부(소극)** : 협력의무가 대금지급의무와 동시이행관계에 있는 것은 아니다. 즉, 토지거래의 허가를 요하는 규제지역 내의 토지에 대한 거래계약은 허가받기 전의 상태에서는 채권적 효력도 전혀 발생하지 아니하여 계약의 이행청구를 할 수 없음은 당연하므로, 매수인이 토지거래허가에 대한 매도인의 협력을 구하기 위한 전제로 계약 내용에 따른 전대금지급의무를 이행 또는 이행제공하여야 하는 것은 아니다. 기출 16

③ **협력의무불이행에 기한 손해배상청구권 인정 여부(적극)** : 유동적 무효 상태에 있는 매매계약에 대하여 허가를 받을 수 있도록 허가신청을 하여야 할 협력의무를 이행하지 아니하고 매수인이 그 매매계약을 일방적으로 철회함으로써 매도인이 손해를 입은 경우에 매수인은 이 협력의무불이행과 인과관계가 있는 손해는 이를 배상하여야 할 의무가 있다(대판 1995.4.28. 93다26397). 나아가 당사자 사이에서 일방이 토지거래허가를 받기 위한 협력 자체를 이행하지 아니하거나 허가신청에 이르기 전에 매매계약을 철회하는 경우 상대방에게 일정한 손해액을 배상하기로 하는 약정을 유효하게 할 수 있다(대판 1996.3.8. 95다18673).

④ **협력의무불이행에 기한 계약해제 여부(소극)** : 유동적 무효의 상태에 있는 거래계약의 당사자는 상대방이 그 거래계약의 효력이 완성되도록 협력할 의무를 이행하지 아니하였음을 들어 일방적으로 유동적 무효의 상태에 있는 거래계약 자체를 해제할 수 없다(대판 1999.6.17. 98다40459[전합]). 기출 14

5) 유동적 무효가 확정적 유효로 되는 경우

① 토지거래허가를 받은 경우(대판 1992.7.28. 91다33612)
② 허가구역 지정이 해제된 때(대판 2002.5.14. 2002다12635)
③ 당사자 쌍방이 허가신청협력의무의 이행거절 의사를 명백히 표시한 경우(대판 1993.7.27. 91다33766)

6. 무권리자의 처분행위

(1) 의 의
무권리자의 처분행위란 타인의 재산을 처분할 권한이 없는 자가 타인의 권리를 자신의 이름으로 처분하는 것을 말한다.

(2) 효 력
법률행위에 따라 권리가 이전되려면 권리자 또는 처분권한이 있는 자의 처분행위가 있어야 한다. 무권리자가 타인의 권리를 처분한 경우에는 특별한 사정이 없는 한 권리가 이전되지 않는다(대판 2017.6.8. 2017다3499). 즉, 무권리자의 처분행위는 무효임이 원칙이다.

(3) 무권리자의 처분행위에 대한 추인

1) 인정 근거
과거 판례는 무권대리의 추인에서 근거를 찾았으나, 최근에는 사적자치의 원칙에서 근거를 찾고 있다.

> 법률행위에 따라 권리가 이전되려면 권리자 또는 처분권한이 있는 자의 처분행위가 있어야 한다. 무권리자가 타인의 권리를 처분한 경우에는 특별한 사정이 없는 한 권리가 이전되지 않는다. 그러나 이러한 경우에 권리자가 무권리자의 처분을 추인하는 것도 자신의 법률관계를 스스로의 의사에 따라 형성할 수 있다는 사적 자치의 원칙에 따라 허용된다(대판 2017.6.8. 2017다3499).

2) 추인의 방법 및 대상
권리자의 추인은 무권리자의 처분이 있음을 알고 해야 하고, 명시적으로 또는 묵시적으로 할 수 있으며, 그 의사표시는 무권리자나 그 상대방 어느 쪽에 해도 무방하다(대판 2017.6.8. 2017다3499).

> [1] 법률행위에 따라 권리가 이전되려면 권리자 또는 처분권한이 있는 자의 처분행위가 있어야 한다. 무권리자가 타인의 권리를 처분한 경우에는 특별한 사정이 없는 한 권리가 이전되지 않는다. 그러나 이러한 경우에 권리자가 무권리자의 처분을 추인하는 것도 자신의 법률관계를 스스로의 의사에 따라 형성할 수 있다는 사적자치의 원칙에 따라 허용된다. 이러한 추인은 무권리자의 처분이 있음을 알고 해야 하고, 명시적으로 또는 묵시적으로 할 수 있으며, 그 의사표시는 무권리자나 그 상대방 어느 쪽에 해도 무방하다.
> [2] 권리자가 무권리자의 처분을 추인하면 무권대리에 대해 본인이 추인을 한 경우와 당사자들 사이의 이익상황이 유사하므로, 무권대리의 추인에 관한 민법 제130조, 제133조 등을 무권리자의 추인에 유추적용할 수 있다. 따라서 무권리자의 처분이 계약으로 이루어진 경우에 권리자가 이를 추인하면 원칙적으로 계약의 효과가 계약을 체결했을 때에 소급하여 권리자에게 귀속된다고 보아야 한다(대판 2017.6.8. 2017다3499).

3) 추인의 효과
① **추인의 소급효** : 무권리자의 처분이 계약으로 이루어진 경우에 권리자가 이를 추인하면 원칙적으로 계약의 효과가 계약을 체결했을 때에 소급하여 권리자에게 귀속된다고 보아야 한다(대판 2017.6.8. 2017다3499).

기출 25 · 23

> 권리자가 무권리자의 처분을 추인하면 무권대리에 대해 본인이 추인을 한 경우와 당사자들 사이의 이익상황이 유사하므로, 무권대리의 추인에 관한 민법 제130조, 제133조 등을 무권리자의 추인에 유추 적용할 수 있다. 따라서 무권리자의 처분이 계약으로 이루어진 경우에 권리자가 이를 추인하면 원칙적으로 계약의 효과가 계약을 체결했을 때에 소급하여 권리자에게 귀속된다고 보아야 한다(대판 2017.6.8. 2017다3499).

② 권리자와 상대방 사이의 법률관계 : 권리자가 추인을 한 경우 무권리자의 처분행위의 효력은 권리자에게 미친다(대판 2001.11.9. 2001다44291). 기출 20
③ 무권리자와 상대방 사이의 법률관계 : 권리자가 무권리자의 처분행위에 대하여 추인을 하면, 무권리자는 상대방에게 담보책임을 지지 않는다. 한편 무권리자의 채권행위는 추인과 무관하게 민법 제569조에 의하여 처음부터 유효이다. 이 점이 채권계약도 무효인 무권대리행위와 구별된다.
④ 권리자와 무권리자의 관계 : 권리자가 무권리자의 처분행위에 대하여 추인을 한 경우 무권리자의 상대방이 유효하게 권리를 취득하게 될 뿐, 무권리자가 권리자에 대하여 그 처분으로 얻을 이득을 정당하게 보유할 권원이 있지는 않으므로, 권리자는 무권리자가 처분으로 얻은 이득을 부당이득으로 반환청구할 수 있다(대판 1992.9.8. 92다15550).

7. 무효행위의 전환

> **민법 제138조(무효행위의 전환)** 기출 25·17
> 무효인 법률행위가 다른 법률행위의 요건을 구비하고 당사자가 그 무효를 알았더라면 다른 법률행위를 하는 것을 의욕하였으리라고 인정될 때에는 다른 법률행위로서 효력을 가진다.

(1) 의 의
① 무효행위의 전환이란 원래 법률행위가 무효이지만 이러한 법률행위가 동시에 다른 법률행위로서의 요건을 갖추고 있는 경우에, 당사자가 무효임을 알았다면 그 다른 법률행위를 하였을 것이라고 인정되는 경우 다른 법률행위로서의 효력을 인정하는 것을 말한다.
② 무효행위의 전환을 질적 일부무효라고 한다.
③ 현실적 의사가 아니라 「가상적 의사」를 기초로 한다는 점에서 추인과 다르다.

(2) 요 건
① 일단 무효인 법률행위가 존재하여야 한다.
② 다른 법률행위로서의 요건을 갖추어야 한다.
③ 가상적 의사가 인정되어야 한다. 가상적 의사의 판단시점은 전환시점이 아니라 법률행위 당시를 기준으로 한다.

> 매매계약이 약정된 매매대금의 과다로 말미암아 민법 제104조에서 정하는 '불공정한 법률행위'에 해당하여 무효인 경우에도 무효행위의 전환에 관한 민법 제138조가 적용될 수 있다. 따라서 당사자 쌍방이 위와 같은 무효를 알았더라면 대금을 다른 액으로 정하여 매매계약에 합의하였을 것이라고 예외적으로 인정되는 경우에는, 그 대금액을 내용으로 하는 매매계약이 유효하게 성립한다. 이때 당사자의 의사는 매매계약이 무효임을 계약 당시에 알았다면 의욕하였을 가정적(假定的) 효과의사로서, 당사자 본인이 계약 체결 시와 같은 구체적 사정 아래 있다고 상정하는 경우에 거래관행을 고려하여 신의성실의 원칙에 비추어 결단하였을 바를 의미한다(대판 2010.7.15. 2009다50308). 기출 20

(3) 효 과
① 무효행위의 전환요건을 갖추면 다른 법률행위로서의 효력이 인정된다.
② 원래의 법률행위 시점부터 효력이 발생한다.

(4) 적용범위
① 단독행위의 전환에 대해 학설의 대립이 있으나 민법은 비밀증서 유언의 요건 흠결 시 자필증서 유언의 요건을 갖추면 자필증서 유언으로의 전환을 인정하고 있다(민법 제1071조).
② 신분행위의 전환에 관하여 판례는 혼인 외의 출생자를 혼인 중의 출생자로 신고한 경우에 그 신고는 친생자출생신고로는 무효이지만 인지신고로서의 효력을 인정한다(대판 1971.11.15. 71다1983). 또한 타인의 자를 자기의 자로서 출생신고한 경우에 그 신고는 출생신고로는 무효이지만 입양신고로서는 유효하다(대판 1977.7.26. 77다492[전합])고 판시하고 있다.

8. 무효행위의 추인

> **민법 제139조(무효행위의 추인)** 기출 25 · 21 · 20 · 19 · 18
> 무효인 법률행위는 추인하여도 그 효력이 생기지 아니한다. 그러나 당사자가 그 무효임을 알고 추인한 때에는 새로운 법률행위로 본다.

(1) 의 의
① 민법은 원칙적으로 추인을 금지하되(민법 제139조 본문), 예외적으로 당사자가 그 무효임을 알고 추인한 때에는 새로운 법률행위를 한 것으로 간주하고 있다(민법 제139조 단서).
② 민법상 법률행위의 추인에는 소급효가 없다.

(2) 요 건
① **법률행위가 무효일 것** : 법률행위가 불성립된 경우에는 무효행위의 추인이 적용될 수 없다.
② **무효임을 알고 추인하였을 것** : 추인은 「현실적인 의사표시」이다. 다만, 추인의 의사표시는 묵시적으로 할 수 있다.

> 무효인 법률행위를 추인에 의하여 새로운 법률행위로 보기 위하여서는 당사자가 이전의 법률행위가 무효임을 알고 그 행위에 대하여 추인하여야 하며, 이 추인은 묵시적으로도 가능하다(대판 2014.3.27. 2012다106607).
> 기출 24

③ 새로운 법률행위의 요건을 구비할 것

(3) 효 과
① 무효인 법률행위에 대한 추인은 소급효가 없는 것이 원칙이다(민법 제139조 본문). 그러나 당사자 간의 합의로 소급하여 유효로 할 수 있다(통설·판례).

> 무효인 법률행위는 당사자가 무효임을 알고 추인할 경우 새로운 법률행위를 한 것으로 간주할 뿐이고 소급효가 없는 것이므로 무효인 가등기를 유효한 등기로 전용키로 한 약정은 그때부터 유효하고 이로써 위 가등기가 소급하여 유효한 등기로 전환될 수 없다(대판 1992.5.12. 91다26546).

② 대법원은 무효인 신분행위의 추인에는 민법 제139조의 적용을 부정하면서 소급효를 인정하고 있다(대판 1965.12.28. 65므61). 기출 17

(4) 한 계
강행규정·민법 제103조·민법 제104조 위반으로 무효인 경우에는 추인이 있더라도 무효이다.

(5) 관련 쟁점 : 무권리자 처분행위
무권리자의 처분행위로서 무효인 처분행위도 권리자가 제3자의 이익을 해하지 않는 한 소급적으로 추인하여 유효로 할 수 있다.

III 법률행위의 취소

1. 서 설

(1) 의 의
법률행위의 취소란 일단 유효하게 성립한 법률행위의 효력을 제한능력 또는 의사표시의 결함을 이유로 취소권자의 의사표시에 의하여 행위 시에 소급하여 무효로 하는 것을 말한다.

(2) 적용범위
법률행위의 취소에 관한 민법 제140조 이하는 제한능력 또는 의사표시의 결함(착오·사기·강박에 의한 의사표시)을 이유로 하는 취소에 한하여 적용된다.

(3) 구별개념

1) 철 회
법률행위의 효력발생 전에 그 발생을 저지하는 행위이다.

2) 해 제
해제의 효과에 관한 직접효과설에 의하면, 일단 유효하게 성립한 계약의 효력을 약정해제권이나 법정해제권에 기하여 소급적으로 소멸하게 하는 행위이다.

2. 취소의 당사자

> **민법 제140조(법률행위의 취소권자)** 기출 22·21·20·16
> 취소할 수 있는 법률행위는 제한능력자, 착오로 인하거나 사기·강박에 의하여 의사표시를 한 자, 그의 대리인 또는 승계인만이 취소할 수 있다.

(1) 취소권자

1) 제한능력자, 착오·사기·강박에 의한 의사표시자

취소권을 행사하는 자는 능력이 있을 필요도 없고, 하자 상태에서 벗어나 있을 필요도 없다. 따라서 제한능력자는 법정대리인의 동의 없이 단독으로 취소할 수 있다. 기출 24·20·17 또한 착오를 한 표의자만 취소할 수 있을 뿐, 착오자의 상대방은 착오를 이유로 취소할 수 없다.

2) 대리인

취소도 법률행위이므로 대리인도 할 수 있다. 따라서 임의대리인(본인으로부터 별도의 수권이 필요)과 법정대리인(고유의 취소권이 인정) 모두 취소권이 인정된다.

3) 승계인

특정승계인, 포괄승계인 모두 취소권을 행사할 수 있으나, 특정승계인에 대해서는 취소권만의 승계는 인정되지 않는다. 기출 16

4) 보증인

보증인은 주채무자의 취소권이나 해제권을 직접 행사할 수는 없고, 주채무자에게 이러한 권리가 있을 때에는 이행을 거절할 수 있을 뿐이다(민법 제435조 참조).

(2) 취소의 상대방

> **민법 제142조(취소의 상대방)** 기출 24·14
> 취소할 수 있는 법률행위의 상대방이 확정한 경우에는 그 취소는 그 상대방에 대한 의사표시로 하여야 한다.

① 취소의 상대방은 취소의 대상이 되는 법률행위의 상대방이다.
② 상대방 없는 단독행위에서는 상대방이 확정되어 있지 않기 때문에 취소를 특정인에게 행할 필요가 없고, 취소의 의사를 적당한 방법으로 외부에 알리기만 하면 된다(다수설).
③ 취소할 수 있는 법률행위의 상대방이 그 법률행위로 취득한 권리를 타인에게 양도한 경우에도 그 취소의 상대방은 양수인이 아니라 원래의 상대방이다(민법 제142조). 기출 23

3. 취소의 방법

(1) 취소의 의사표시

① 취소권은 형성권이므로, 취소권자는 그의 일방적 의사표시에 의하여 취소권을 행사할 수 있다.
② 취소의 의사표시는 특별한 방식을 요하지 않는다. 취소의 의사가 상대방에 의하여 인식될 수 있다면 어떠한 방법에 의하더라도 무방하다.
③ 취소권은 재판상이든 재판외이든 민법 제146조가 규정하는 기간 내에 행사하면 된다. 기출 25

> 미성년자 또는 친족회가 민법 제950조 제2항에 따라 제1항의 규정에 위반한 법률행위를 취소할 수 있는 권리는 형성권으로서 민법 제146조에 규정된 취소권의 존속기간은 제척기간이라고 보아야 할 것이지만, 제척기간 내에 소를 제기하는 방법으로 권리를 재판상 행사하여야만 되는 것은 아니고, 재판 외에서 의사표시를 하는 방법으로도 권리를 행사할 수 있다고 보아야 한다(대판 1993.7.27. 92다52795). 기출 25

④ 취소의 의사표시란 반드시 명시적이어야 하는 것은 아니고, 취소자가 그 착오를 이유로 자신의 법률행위의 효력을 처음부터 배제하려고 한다는 의사가 드러나면 족하다(대판 2005.5.27. 2004다43824). 기출 18
⑤ 법률행위의 취소를 당연한 전제로 한 소송상의 이행청구나 이를 전제로 한 이행거절 가운데는 취소의 의사표시가 포함되어 있다고 볼 수 있다(대판 1993.9.14. 93다13162).

(2) 취소의 대상

제한능력을 이유로 하는 취소의 대상은 법률행위 자체이다.

(3) 일부취소

① 하나의 법률행위 중 일부에만 취소사유가 있는 경우에 그 일부만을 취소할 수 있을지 문제되는데 통설과 판례는 「일부무효의 법리」에 준하여 일부취소를 인정한다.

> 권리금계약은 임차권양도계약과 결합하여 그 전체가 경제적, 사실적으로 일체로서 행하여진 것으로 그 하나가 다른 하나의 조건이 되어 어느 하나의 존재 없이는 당사자가 다른 하나를 의욕하지 않았을 것으로 보이므로, 권리금계약 부분만 따로 떼어 이를 취소할 수는 없다(대판 2013.5.9. 2012다115120). 기출 19

② 즉, 일부무효와 마찬가지로 법률행위의 일부를 취소하기 위해서는 ㉠ 일체로서 법률행위가 ㉡ 가분적이고, ㉢ 그 법률행위의 일부에 취소사유가 존재해야 한다. 그 밖에 ㉣ 나머지 부분을 유지하려는 당사자의 가정적 의사가 있어야 한다.
③ 일부취소가 있으면 그 부분만이 소급적으로 무효가 되나, 당사자의 가정적 의사에 따라 법률행위 전부가 무효가 될 수 있다.

4. 취소의 효과

> **민법 제141조(취소의 효과)** 기출 24·20·17·16
> 취소된 법률행위는 처음부터 무효인 것으로 본다. 다만, 제한능력자는 그 행위로 인하여 받은 이익이 현존하는 한도에서 상환(償還)할 책임이 있다.

(1) 원칙 : 소급적 무효

① 취소가 있으면 그 법률행위는 처음부터 무효인 것으로 본다(민법 제141조 본문). 다만, 취소한 후라도 무효행위의 추인 요건에 따라 다시 추인할 수 있다(대판 1997.12.12. 95다38240). 기출 21·20·18

② 취소되면 법률행위가 소급하여 무효로 되기에 그 법률행위에 기하여 급부가 이미 행하여졌다면 부당이득반환의 법리(민법 제741조)에 의하여 그 급부가 반환되어야 한다. 반면 아직 급부가 이행되지 않은 경우에는 급부는 후속문제를 남기지 않고 소멸한다.

③ 취소의 효과는 원칙적으로 절대적이다. 단, 거래의 안전을 위해 법률에서 (선의의) 제3자에 대하여 취소로 대항할 수 없도록 규정하고 있는 경우가 있는데 이를 상대적 취소라 한다. 제한능력을 이유로 한 취소가 절대적 취소에 해당하고, 사기나 착오를 이유로 한 취소가 상대적 취소에 해당한다.

(2) 제한능력자의 반환범위에 관한 특칙

① 제한능력자는 선의·악의를 불문하고 언제나 현존이익만 반환하면 된다(민법 제141조 단서). 이 규정은 부당이득의 반환범위를 규정한 민법 제748조 제2항에 대한 특칙이다. 기출 24

② 현존이익이란 취소되는 행위에 의하여 사실상 얻은 이익이 그대로 있거나 또는 그것이 변형되어 잔존하는 것을 말한다.

③ 이익이 현존하는지 여부 및 현존이익의 범위는 「취소한 시점」을 기준으로 판단한다.

④ 이익의 현존에 대한 입증책임의 소재에 관하여, 취득한 것이 「금전상의 이득」인 때에는 그 금전은 이를 취득한 자가 소비하였는가의 여부를 불문하고 현존하는 것으로 추정되므로, 위 이익이 현존하지 아니함은 이를 주장하는 자, 즉 제한능력자(의사무능력자) 측에 입증책임이 있다는 것이 판례의 입장이다(대판 2009.1.15. 2008다58367). 그리고 취득한 것이 성질상 계속적으로 반복하여 거래되는 물품으로서 곧바로 판매되어 환가될 수 있는 「금전과 유사한 대체물」인 경우(비디오폰을 비롯한 각종 통신제품)에도 이득이 현존하는 것으로 추정한다(대판 2009.5.28. 2007다20440).

(3) 소급효의 예외

근로계약, 조합계약과 같은 계속적인 계약관계는 소급효가 부인된다(통설).

5. 취소할 수 있는 법률행위의 추인

> **민법 제143조(추인의 방법, 효과)** 기출 20·17
> ① 취소할 수 있는 법률행위는 제140조에 규정한 자가 추인할 수 있고 추인 후에는 취소하지 못한다.
> ② 전조의 규정은 전항의 경우에 준용한다.
>
> **민법 제144조(추인의 요건)**
> ① 추인은 취소의 원인이 소멸된 후에 하여야만 효력이 있다. 기출 13
> ② 제1항은 법정대리인 또는 후견인이 추인하는 경우에는 적용하지 아니한다. 기출 24·20·17

(1) 의 의
취소할 수 있는 법률행위의 추인이란 취소할 수 있는 법률행위를 취소하지 않겠다는 취소권자의 의사표시로, 취소권의 포기이다.

(2) 요 건
① 추인은 취소권의 포기이므로, 취소할 수 있는 행위임을 알고 추인해야 한다(대판 1997.5.30. 97다2986). 기출 18 법정추인과의 차이점이다.
② 추인은 추인권자(즉, 취소권자)가 취소의 원인이 종료한 후에 하여야 하고(대판 1997.5.30. 97다2986), 그렇지 않다면 그 효력이 없다(민법 제144조 제1항). 따라서 제한능력자는 능력자가 된 후, 착오·사기·강박에 의한 표의자는 그 상태를 벗어난 후가 아니면 추인할 수 없다. 다만, 법정대리인은 이러한 제한 없이 추인할 수 있다(민법 제144조 제2항). 기출 24
③ 법률행위의 상대방에게 추인의 의사표시를 해야 한다(민법 제143조 제2항).
④ 취소한 법률행위는 처음부터 무효인 것으로 간주되므로 취소할 수 있는 법률행위가 일단 취소된 이상 그 후에는 「취소할 수 있는 법률행위의 추인」에 의하여 이미 취소되어 무효인 것으로 간주된 당초의 의사표시를 다시 확정적으로 유효하게 할 수는 없고, 다만 「무효인 법률행위의 추인」의 요건과 효력으로서 추인할 수는 있다(대판 1997.12.12. 95다38240).

(3) 효 과
추인이 있으면 취소할 수 있는 행위를 더 이상 취소할 수 없고, 그 행위는 확정적으로 유효로 된다.

6. 법정추인

> **민법 제145조(법정추인)** 두 전·이·경·담·양·강 기출 25·22·21·17
> 취소할 수 있는 법률행위에 관하여 전조의 규정에 의하여 추인할 수 있는 후에 다음 각 호의 사유가 있으면 추인한 것으로 본다. 그러나 이의를 보류한 때에는 그러하지 아니하다.
> 1. 전부나 일부의 이행
> 2. 이행의 청구
> 3. 경 개
> 4. 담보의 제공
> 5. 취소할 수 있는 행위로 취득한 권리의 전부나 일부의 양도
> 6. 강제집행

(1) 의 의
① 민법은 추인할 수 있는 후에 일정한 사유가 있으면 당연히 추인한 것으로 간주하는 법정추인을 규정하고 있다(민법 제145조).
② 취소할 수 있는 법률행위에만 적용된다.
③ 취소원인이 소멸된 후에만 법정추인이 가능하다.
④ 행위자가 취소할 수 있는 법률행위인지를 알고 있을 필요가 없다(통설·판례).

(2) 법정추인의 사유
① 전부 또는 일부의 이행 : 취소권자가 상대방에게 이행한 경우는 물론이고 상대방의 이행을 수령한 경우를 포함한다. 기출 25
② 이행의 청구 : 취소권자가 청구하는 경우에 한한다. 취소권자의 상대방이 이행을 청구하는 경우에는 법정추인 사유에 해당하지 않는다. 기출 25·23
③ 경개 : 취소권자가 채권자인지 아니면 채무자인지 묻지 않는다. 기출 25
④ 담보의 제공 : 취소권자가 채무자로서 담보를 제공(예 취소권자의 저당권 설정행위)하거나 채권자로서 그러한 담보의 제공을 받는 경우이다. 기출 25
⑤ 취소할 수 있는 행위로 취득한 권리의 전부나 일부의 양도 : 취소권자가 양도하는 경우에 한한다. 기출 19 단, 취소함으로써 발생하게 될 장래의 채권의 양도는 제외된다.
⑥ 강제집행(압류) : 집행을 하는 경우뿐만 아니라 집행을 받는 경우에도 소송상 이의를 제기할 수 있었음에도 불구하고 이를 하지 않는 경우에는 이에 포함된다. 기출 25

(3) 효 과
법정추인 사유가 있으면 추인이 있는 것으로 의제된다.

7. 단기제척기간

> **민법 제146조(취소권의 소멸)** 기출 25·24·22·20·16·13
> 취소권은 추인할 수 있는 날로부터 3년 내에 법률행위를 한 날로부터 10년 내에 행사하여야 한다.

(1) 법적 성질 : 제척기간, 직권조사사항

민법 제146조가 규정하는 기간은 법률관계를 조속히 확정하여 상대방을 보호하기 위한 제도로 그 기간의 성질은 제척기간이다(통설)(대판 1996.9.20. 96다25371). 따라서 제척기간의 도과 여부는 당사자의 주장과 관계없이 법원이 당연히 조사하여 고려하여야 할 사항이다(대판 1996.9.20. 96다25371). → 법원의 직권조사사항이다.

기출 25·24

(2) 취소권의 단기소멸의 요건

1) 추인할 수 있는 때로부터 3년
① 취소할 수 있는 때로부터가 아니다.
② 「추인할 수 있는 날」이란 「취소의 원인이 종료」되어 취소권 행사에 관한 장애가 없어져서 취소권자가 취소의 대상인 법률행위를 추인할 수 있고 취소할 수도 있는 상태가 된 때를 가리킨다(대판 1998.11.27. 98다7421). 기출 25

2) 법률행위를 한 날로부터 10년

3) 양 기간의 관계
① 둘 중 먼저 도달한 것이 있으면 그때 완전히 소멸한다.
② 법정대리인과 행위능력자 중 누구에 대해서라도 먼저 기간이 도과하면 취소권은 모두 소멸한다.
③ 미성년자가 체결한 매매계약을 제한능력(미성년)을 이유로 취소하는 경우, 추인할 수 있는 날로부터 3년(미성년자가 성년에 이른 날로부터 3년, 법정대리인이 미성년자의 매매계약을 안 날로부터 3년), 법률행위를 한 날로부터 10년(매매계약을 체결한 날로부터 10년) 중 어느 것이든 먼저 경과하면 취소권을 행사할 수 없다(민법 제146조). 기출 25

(3) 취소에 의해 발생한 청구권의 존속기간
① 통설은 취소권과 마찬가지로 단기제척기간에 걸린다고 한다.
② 판례는 전혀 별개의 문제이므로 취소권은 단기제척기간 내에 행사해야 하지만, 그 효과로서 생긴 부당이득반환청구권은 취소권을 행사한 때로부터 소멸시효가 별도로 진행한다고 한다(대판 1991.2.22. 90다13420 참조).

제6절 법률행위의 부관

I 서 설

법률행위가 성립하면 곧바로 그 효력이 발생함이 원칙이다. 그러나 법률행위의 효력의 발생 또는 소멸을 제한하기 위하여 법률행위에 부가되는 약관을 법률행위의 부관이라고 한다. 민법상으로는 조건·기한·부담의 세 가지가 있다. 이 중 조건과 기한은 총칙에 일반규정을 두고, 부담부 증여(민법 제561조)와 부담부 유증(민법 제1088조)에 관한 특별규정을 둔다.

II 조 건

1. 조건의 의의

① 조건이란 법률행위의 효력의 발생 또는 소멸을 장래의 불확실한 사실의 성부에 의존케 하는 법률행위의 부관이다.
② 조건이 되는 사실은 발생할 것인지 여부가 객관적으로 불확실한 장래의 사실이어야 한다. 장래 반드시 실현되는 사실은 기한이지 조건으로 되지 못한다.
③ 조건은 당사자가 임의로 부가한 것이어야 한다. 따라서 법정조건은 조건이 아니다.
④ 조건이 성립하기 위해서는 의사표시의 일반원칙에 따라 조건을 붙이고자 하는 의사, 즉 조건의사와 그 표시가 필요하며, 조건의사가 있더라도 그것이 외부에 표시되지 않으면 법률행위의 동기에 불과할 뿐이고 그것만으로는 법률행위의 부관으로서의 조건이 되는 것은 아니다(대판 2003.5.13. 2003다10797). 기출 23

2. 조건의 종류

(1) 정지조건과 해제조건

① 정지조건 : 조건이 성취되어야 비로소 법률행위의 효력이 발생하는 조건을 말한다(민법 제147조 제1항). 예를 들면, 2024년 4월에 '2024년 제12회 행정사 시험에 응시하여 최종 합격하면 자동차를 사준다'는 법률행위를 한 경우, 이는 특별한 사정이 없는 한 정지조건부 법률행위이다. 기출 24 정지조건부 법률행위에 해당한다는 존재 사실은 그 법률행위로 인한 법률효과의 발생을 저지하는 사유로서, 법률효과의 발생을 다투는 자가 입증해야 하나, 정지조건의 성취는 법률행위의 효력을 주장하는 자가 입증해야 한다.
② 해제조건 : 조건이 성취되면 법률행위의 효력이 소멸하는 조건을 말한다(민법 제147조 제2항).

(2) 수의조건과 비수의조건

① 수의조건 : 조건의 성부가 당사자의 일방적 의사에 의존하는 조건으로, 이에는 다시 ㉠ 법률행위의 효력이 전적으로 당사자의 일방적 의사에만 의존하는 순수수의조건과 ㉡ 당사자 일방의 의사와 함께 일정한 다른 사실상태에 의존하는 단순수의조건이 있다. 이 중 순수수의조건은 당사자에게 법률행위의 효력을 발생시킬 의사가 없다고 보아야 하므로 언제나 무효라고 할 것이지만, 단순수의조건은 유효한 조건이다.
② 비수의조건 : 조건의 성부가 당사자의 일방적 의사에만 의존하지 않는 조건을 말한다. 이에는 ㉠ 조건의 성부가 당사자의 일방적 의사와는 관계없이 결정되는 우성조건과 ㉡ 조건의 성부가 당사자의 일방적 의사와 제3자의 의사에 의하여 결정되는 혼성조건이 있다.

(3) 가장조건

형식적으로 조건이지만 실질적으로는 조건으로서의 효력이 인정되지 못하는 것을 총칭하여 가장조건이라고 한다.

> **민법 제151조(불법조건, 기성조건)**
> ① 조건이 선량한 풍속 기타 사회질서에 위반한 것인 때에는 그 법률행위는 무효로 한다. 기출 20·17·16·13
> ② 조건이 법률행위의 당시 이미 성취한 것인 경우에는 그 조건이 정지조건이면 조건 없는 법률행위로 하고 해제조건이면 그 법률행위는 무효로 한다. 기출 19·14
> ③ 조건이 법률행위의 당시에 이미 성취할 수 없는 것인 경우에는 그 조건이 해제조건이면 조건 없는 법률행위로 하고 정지조건이면 그 법률행위는 무효로 한다. 기출 25·24·22·17·13

① **법정조건** : 법률행위의 효력이 발생하기 위하여 법률이 명문으로 요구하는 요건이 법정조건이다. 조건은 법률행위의 내용으로서 당사자들의 의사로 정하여야 하기에 법정조건은 조건이 아니다.
② **불법조건**
  ㉠ 선량한 풍속 기타 사회질서에 위반한 조건이 불법조건이다. 불법조건이 붙은 경우에 그 조건만이 무효인 것이 아니라 그 법률행위 전부가 무효로 된다(민법 제151조 제1항). 기출 25·24

  > • 부첩관계인 부부생활의 종료를 해제조건으로 하는 증여계약은 그 조건만이 무효인 것이 아니라 증여계약 자체가 무효이다(대판 1966.6.21. 66다530).
  > • 조건부 법률행위에 있어 조건의 내용 자체가 불법적인 것이어서 무효일 경우 또는 조건을 붙이는 것이 허용되지 아니하는 법률행위에 조건을 붙인 경우 그 조건만을 분리하여 무효로 할 수는 없고 그 법률행위 전부가 무효로 된다(대결 2005.11.8. 2005마541). 기출 24·22·15

  ㉡ 매매계약에서 매도인에게 부과될 공과금을 매수인이 책임진다는 취지의 특약을 하였다 하더라도 이는 공과금이 부과되는 경우 그 부담을 누가 할 것인가에 관한 약정으로서 그 자체가 불법조건이라고 할 수 없고 이것만 가지고 사회질서에 반한다고 단정하기도 어렵다(대판 1993.5.25. 93다296).
③ **기성조건** : 조건인 사실이 법률행위 성립 당시 이미 발생한 경우가 기성조건이다. 기성조건이 정지조건이면 조건 없는 법률행위가 되고, 해제조건이면 그 법률행위가 무효이다(민법 제151조 제2항). 따라서 정지조건부 화해계약 당시 이미 그 조건이 성취되었다면 이는 무조건 화해계약으로 볼 것이다(대판 1959.12.24. 4292민상670).
④ **불능조건** : 조건이 법률행위 성립 당시 이미 성취할 수 없는 것으로 객관적으로 확정된 경우가 불능조건이다. 불능조건이 해제조건이면 조건 없는 법률행위가 되고, 정지조건이라면 그 법률행위는 무효이다(민법 제151조 제3항).

(4) 관련 판례

동산의 매매계약을 체결하면서, 매도인이 대금을 모두 지급받기 전에 목적물을 매수인에게 인도하지만 대금이 모두 지급될 때까지는 목적물의 소유권은 매도인에게 유보되며 대금이 모두 지급된 때에 그 소유권이 매수인에게 이전된다는 내용의 이른바 소유권유보의 특약을 한 경우, 목적물의 소유권을 이전한다는 당사자 사이의 물권적 합의는 매매계약을 체결하고 목적물을 인도한 때 이미 성립하지만 대금이 모두 지급되는 것을 정지조건으로 한다(대판 1999.9.7. 99다30534).

3. 조건에 친하지 않은 법률행위

(1) 의의
법률행위에 조건이 붙으면 그 효력의 발생이나 존속이 불확실하게 되는데 그러한 불확실성을 감내할 수 없는 법률행위를 조건에 친하지 않은 법률행위라고 한다. 그럼에도 불구하고 조건에 친하지 않은 법률행위에 조건을 붙이면, 그 법률행위는 전체가 무효로 된다(대결 2005.11.8. 2005마541).

(2) 단독행위
① 원칙적으로 조건을 붙일 수 없다. 따라서 상계, 해제, 해지, 철회, 선택채권의 선택, 환매권 등에 조건을 붙일 수 없다.
② 단, 상대방의 동의가 있는 경우 또는 상대방에게 이익만을 주거나 상대방에게 불이익으로 되지 않는 경우에는 조건을 붙일 수 있다.

(3) 신분행위
① 원칙적으로 조건을 붙일 수 없다.
② 단, 유언에는 조건을 붙일 수 있다(민법 제1073조 제2항). 또한 혼인과 달리 약혼에는 조건을 붙일 수 있다(통설).

(4) 어음·수표행위
① 원칙적으로 조건을 붙일 수 없고, 조건을 붙이면 그 행위 전부가 무효가 된다. 단, 어음·수표의 배서에 붙인 조건은 그 조건만 무효가 되어 그 배서는 조건 없는 배서가 된다. 또한 어음보증에는 조건을 붙일 수 있다(대판 1986.9.9. 84다카2310).
② 조건과는 친하지 않지만, 기한과는 친하다.

(5) 물권행위
물권행위에 조건을 붙일 수 있는지 다툼이 있으나 다수설은 긍정하며, 판례는 소유권유보부매매(동산할부매매)에서 대금완납을 정지조건으로 하여 소유권이 이전된다는 '정지조건부 소유권이전의 합의'를 인정하고 있다.

4. 조건의 성취와 불성취

> **민법 제147조(조건성취의 효과)**
> ① 정지조건 있는 법률행위는 조건이 성취한 때로부터 그 효력이 생긴다. 기출 24·17·16·15
> ② 해제조건 있는 법률행위는 조건이 성취한 때로부터 그 효력을 잃는다. 기출 25·19
> ③ 당사자가 조건성취의 효력을 그 성취 전에 소급하게 할 의사를 표시한 때에는 그 의사에 의한다. 기출 19·17·16·13
>
> **민법 제150조(조건성취, 불성취에 대한 반신의행위)**
> ① 조건의 성취로 인하여 불이익을 받을 당사자가 신의성실에 반하여 조건의 성취를 방해한 때에는 상대방은 그 조건이 성취한 것으로 주장할 수 있다. 기출 25·20·16·14
> ② 조건의 성취로 인하여 이익을 받을 당사자가 신의성실에 반하여 조건을 성취시킨 때에는 상대방은 그 조건이 성취하지 아니한 것으로 주장할 수 있다. 기출 18

(1) 의 의
조건인 장래의 불확실한 사실이 일어나는 것을 조건의 성취라 하고, 그 반대의 경우를 불성취라고 한다.

(2) 조건의 성취 또는 불성취의 주장

1) 조건성취의 주장
① 조건의 성취로 인하여 불이익을 받을 당사자가 신의성실에 반하여 조건의 성취를 방해한 경우에, 상대방은 그 조건이 성취된 것으로 주장할 수 있다(민법 제150조 제1항).
② 여기서의 당사자는 조건의 성취로 인하여 직접 불이익을 받는 자에 한한다.
③ 조건 성취의 방해행위는 「고의」에 기한 경우뿐만 아니라 「과실」에 의한 경우에도 신의성실에 반하여 조건성취를 방해한 때에는 이를 포함하며, 작위에 한하지 않고 부작위라도 무방하다(대판 1990.11.13. 88다카29290). 기출 23

> 조건의 성취로 인하여 불이익을 받을 당사자가 신의성실에 반하여 조건의 성취를 방해한 때에는 상대방은 그 조건이 성취한 것으로 주장할 수 있다(민법 제150조 제1항). 조건의 성취로 인하여 불이익을 받을 당사자의 방해행위가 고의에 의한 경우만이 아니라 과실에 의한 경우에도 신의성실에 반하여 조건의 성취를 방해한 때에 해당한다 할 것이므로, 그 상대방은 민법 제150조 제1항의 규정에 의하여 그 조건이 성취된 것으로 주장할 수 있다(대판 1998.12.22. 98다42356). 기출 23

④ 상대방의 주장에 의하여 조건성취로 의제되는 시점은 신의칙에 반하는 방해행위가 없었다면 조건이 성취되었으리라고 추정되는 시점이다(대판 1998.12.22. 98다42356).

2) 조건불성취의 주장
조건의 성취로 인하여 이익을 받을 당사자가 신의성실에 반하여 조건을 성취시킨 경우에 상대방은 그 조건이 성취되지 않은 것으로 주장할 수 있다(민법 제150조 제2항).

(3) 조건의 성취 또는 불성취의 효과
조건성취의 효과는 원칙적으로 소급하지 않는다. 즉, 정지조건부 법률행위는 그 조건이 성취된 때부터 그 효력이 생기고(민법 제147조 제1항), 해제조건부 법률행위는 그 조건이 성취된 때부터 그 효력을 잃는다(민법 제147조 제2항). 다만, 당사자가 조건성취의 효력을 그 성취 전에 소급하게 할 의사를 표시한 경우에는 그 의사에 의한다(민법 제147조 제3항).

(4) 증명책임

1) 정지조건부 법률행위
어떠한 법률행위가 조건의 성취시 법률행위의 효력이 발생하는 소위 정지조건부 법률행위에 해당한다는 사실은 그 법률행위로 인한 법률효과의 발생을 저지하는 사유로서 그 법률효과의 발생을 다투려는 자에게 주장 입증책임이 있다(대판 1993.9.28. 93다20832). 반면 정지조건이 성취되었다는 사실은 권리를 취득하고자 하는 측에서 증명책임이 있다(대판 1983.4.12. 81다카692).

2) 해제조건부 법률행위
해제조건부 법률행위에 해당하는 사실 및 해제조건이 성취되었다는 사실 모두 법률행위 효력의 소멸을 주장하는 측에게 증명책임이 있다.

5. 조건부 법률행위의 일반적 효력

> **민법 제148조(조건부 권리의 침해금지)** 기출 24·19·17
> 조건 있는 법률행위의 당사자는 조건의 성부가 미정한 동안에 조건의 성취로 인하여 생길 상대방의 이익을 해하지 못한다.
>
> **민법 제149조(조건부 권리의 처분 등)** 기출 25·24·19·17·16·15·13
> 조건의 성취가 미정한 권리의무는 일반규정에 의하여 처분, 상속, 보존 또는 담보로 할 수 있다.

(1) 조건부 권리의 보호

① 조건부 법률행위의 당사자는 조건의 성부가 미정인 동안 조건의 성취로 인하여 생길 상대방의 이익을 해치지 못한다(민법 제148조). 기출 24·19·17

> 해제조건부 증여로 인한 부동산소유권이전등기를 마쳤다 하더라도 그 해제조건이 성취되면 그 소유권은 증여자에게 복귀한다고 할 것이고, 이 경우 당사자 간에 별단의 의사표시가 없는 한 그 조건성취의 효과는 소급하지 아니하나, 조건성취 전에 수증자가 한 처분행위는 조건성취의 효과를 제한하는 한도 내에서는 무효라고 할 것이고, 다만 그 조건이 등기되어 있지 않는 한 그 처분행위로 인하여 권리를 취득한 제3자에게 위 무효를 대항할 수 없다(대판 1992.5.22. 92다5584).

② 조건부 권리에 대한 침해가 민법 제150조 위반에 해당하는 경우에, 당사자는 선택적으로 조건성취의 주장 또는 손해배상의 청구를 할 수 있다.

(2) 조건부 권리의 처분 등

조건부 권리는 조건의 성취가 미정인 동안에도 일반규정에 의하여 처분·상속·보존 또는 담보로 할 수 있다(민법 제149조). 여기서 "담보로 할 수 있다"의 의미는 조건부 권리를 위해 담보를 설정할 수 있다는 뜻이다. 조건부 권리를 담보로 제공하는 것은 "처분"에 해당하기 때문이다.

III. 기 한

1. 기한의 의의
기한이란 법률행위의 효력의 발생이나 소멸을 장래 발생할 것이 확실한 사실에 의존케 하는 법률행위의 부관을 말한다. 기한은 법률행위의 내용으로 당사자가 임의로 정한 것이므로, 법정기한은 기한이 아니다.

2. 기한의 종류

(1) 시기와 종기
시기란 법률행위 효력의 발생에 관한 기한을 말하고, 종기란 효력의 소멸이 걸려 있는 기한이다.

(2) 확정기한과 불확정기한
① 기한의 내용인 사실이 발생하는 시기가 확정되어 있는 것이 확정기한이고, 그렇지 않은 것이 불확정기한이다.
② 어떤 부관이 불확정기한인지 조건인지 구별하기 어려운 경우 「법률행위의 해석」에 의해 판단한다. 부관에 표시된 사실이 발생하지 않으면 채무를 이행하지 않아도 된다고 보는 것이 합리적인 경우에는 조건으로 보아야 한다. 그러나 부관에 표시된 사실이 발생한 때에는 물론이고 반대로 발생하지 않는 것이 확정된 때에도 채무를 이행하여야 한다고 보는 것이 합리적인 경우에는 표시된 사실의 발생 여부가 확정되는 것을 불확정기한으로 정한 것으로 보아야 한다(대판 2018.6.28. 2018다201702).

> 당사자가 불확정한 사실이 발생한 때를 이행기한으로 정한 경우, 그 사실이 발생한 때는 물론 그 사실의 발생이 불가능하게 된 때에도 그 이행기한은 도래한 것으로 보아야 한다(대판 2007.5.10. 2005다67353). 기출 23·15

3. 기한에 친하지 않은 법률행위
① 혼인 등 신분행위에는 시기를 붙일 수 없다.
② 소급효가 있는 법률행위에는 시기를 붙일 수 없다(예 취소, 추인, 상계 등).
③ 그러나 어음·수표행위에는 시기를 붙일 수 있다.

4. 기한부 법률행위의 효력

민법 제152조(기한도래의 효과)
① 시기 있는 법률행위는 기한이 도래한 때로부터 그 효력이 생긴다. 기출 22·20
② 종기 있는 법률행위는 기한이 도래한 때로부터 그 효력을 잃는다. 기출 25·24·19

민법 제154조(기한부 권리와 준용규정) 기출 19
제148조(조건부 권리의 침해금지)와 제149조(조건부 권리의 처분 등)의 규정은 기한 있는 법률행위에 준용한다.

(1) 기한도래의 효과
　① 시기부 법률행위는 기한이 도래한 때부터 그 효력이 생긴다(민법 제152조 제1항). 반면 종기부 법률행위는 기한이 도래한 때부터 그 효력을 잃는다(민법 제152조 제2항).
　② 기한도래의 효과에는 소급효가 없다. 기한부 법률행위는 기한이 도래한 때로부터 그 효력 생기거나 잃는 것이 그 본질이므로(민법 제152조), 당사자의 특약에 의해서도 소급효를 인정할 수 없다. 기출 23

(2) 기한부 권리
　조건부 권리에 관한 규정(민법 제148조, 제149조)은 기한부 권리에도 준용된다(민법 제154조).

5. 기한의 이익

> **민법 제153조(기한의 이익과 그 포기)**
> ① 기한은 채무자의 이익을 위한 것으로 추정한다. 기출 25·22·18·13
> ② 기한의 이익은 이를 포기할 수 있다. 그러나 상대방의 이익을 해하지 못한다. 기출 15

(1) 의 의
　기한의 이익이란 기한이 존재하는 것, 즉 기한이 도래하지 않음으로써 당사자가 받는 이익을 말한다.

(2) 기한의 이익의 추정
　① 기한의 이익을 누가 가지는지는 우선 「법률행위의 성질」에 따라 정해진다.
　② 당사자의 특약이나 법률행위의 성질에 비추어 보아도 어느 당사자를 위한 것인지 불분명하다면 채무자를 위한 것으로 추정한다(민법 제153조 제1항). 기출 24

(3) 기한의 이익의 포기
　① 기한의 이익은 포기할 수 있다. 다만, 상대방의 이익을 해치지 못한다(민법 제153조 제2항).
　② 기한의 이익이 상대방에게도 있는 경우에 당사자 일방은 그 상대방의 손해를 배상하고 기한의 이익을 포기할 수 있다. 기출 24

> [1] 기한의 이익은 포기할 수 있으나, 상대방의 이익을 해하지 못한다(민법 제153조 제2항). 변제기 전이라도 채무자는 변제할 수 있으나, 상대방의 손해는 배상하여야 한다(민법 제468조). 채무의 변제는 제3자도 할 수 있으나(민법 제469조 제1항 본문), 그 경우에도 급부행위는 채무내용에 좇은 것이어야 한다(민법 제460조). 채권자와 채무자 모두가 기한의 이익을 갖는 이자부 금전소비대차계약 등에 있어서, 채무자가 변제로 인한 기한의 이익을 포기하고 변제기 전에 변제하는 경우 변제기까지의 약정이자 등 채권자의 손해를 배상하여야 하고, 이러한 약정이자 등 손해액을 함께 제공하지 않으면 채무의 내용에 따른 변제제공이라고 볼 수 없으므로, 채권자는 수령을 거절할 수 있다. 이는 제3자가 변제하는 경우에도 마찬가지이다.
> [2] 기한의 이익과 그 포기에 관한 민법 제153조 제2항, 변제기 전의 변제에 관한 민법 제468조의 규정들은 임의규정으로서 당사자가 그와 다른 약정을 할 수 있다. 은행여신거래에 있어서 당사자는 계약 내용에 편입된 약관에서 정한 바에 따라 위 민법 규정들과 다른 약정을 할 수도 있다(대판 2023.4.13. 2021다305338). 기출 24

③ 기한의 이익을 가지는 무이자 소비대차의 차주나 무상임치인은 손해배상 없이 언제든지 기한의 이익을 포기할 수 있다.
④ 포기는 상대방 있는 단독행위로, 상대방에 대한 일방적 의사표시로 행하여진다.
⑤ 기한의 이익의 포기는 소급효가 없고, 장래를 향해서만 효과가 있다.

(4) 기한의 이익의 상실

> **민법 제388조(기한의 이익의 상실)** 기출 24
> 채무자는 다음 각 호의 경우에는 기한의 이익을 주장하지 못한다.
> 1. 채무자가 담보를 손상, 감소 또는 멸실하게 한 때
> 2. 채무자가 담보제공의 의무를 이행하지 아니한 때

1) 의 의
당사자의 합의에 의한 기한이익 상실의 특약 외에 법은 일정한 경우에 채무자는 기한의 이익을 주장하지 못한다고 한다(민법 제388조).

2) 기한이익의 상실 특약
① 정지조건부 기한이익 상실 특약 : 일정한 사유가 발생하면 채권자의 청구 등을 요함이 없이 당연히 기한의 이익이 상실되어 채무의 이행기가 도래하는 약정이다.
② 형성권적 기한이익 상실 특약 : 일정한 사유가 발생한 후 채권자의 통지나 청구 등 채권자의 의사표시를 기다려 비로소 채무의 이행기가 도래하는 약정이다.

> 기한이익 상실의 특약은 그 내용에 의하여 일정한 사유가 발생하면 채권자의 청구 등을 요함이 없이 당연히 기한의 이익이 상실되어 이행기가 도래하는 것으로 하는 정지조건부 기한이익 상실의 특약과 일정한 사유가 발생한 후 채권자의 통지나 청구 등 채권자의 의사행위를 기다려 비로소 이행기가 도래하는 것으로 하는 형성권적 기한이익 상실의 특약의 두 가지로 대별할 수 있고, 기한이익 상실의 특약이 위의 양자 중 어느 것에 해당하느냐는 당사자의 의사해석의 문제이지만 일반적으로 기한이익 상실의 특약이 채권자를 위하여 둔 것인 점에 비추어 명백히 정지조건부 기한이익 상실의 특약이라고 볼만한 특별한 사정이 없는 이상 형성권적 기한이익 상실의 특약으로 추정하는 것이 타당하다(대판 2010.8.26. 2008다42416). 기출 23

3) 기한의 도래
민법상 기한의 이익의 상실사유가 발생한 경우 즉시 기한의 도래가 의제된 것이 아니라 채권자가 기한의 이익의 상실을 주장하여 즉시 변제를 청구할 수도 있고, 변제기를 기다려 청구할 수도 있다.

제 5 장 권리의 변동

제1절 서 설

제2절 법률행위

01 다음 중 행위 그 자체로 법률행위가 아닌 것을 모두 고른 것은? 　15 행정사 제3회

> ㄱ. 점유의 취득　　　　　ㄴ. 유실물의 습득
> ㄷ. 매장물의 발견　　　　ㄹ. 소유권의 포기
> ㅁ. 무주물의 선점

① ㄱ, ㄴ　　　　　　　② ㄱ, ㄹ, ㅁ
③ ㄴ, ㄷ, ㄹ　　　　　　④ ㄷ, ㄹ, ㅁ
⑤ ㄱ, ㄴ, ㄷ, ㅁ

해설

ㄱ. 점유의 취득, ㄴ. 유실물의 습득, ㄷ. 매장물의 발견, ㅁ. 무주물의 선점 등은 <u>사실행위</u>이고, ㄹ. <u>소유권의 포기는 상대방 없는 단독행위로서 법률행위</u>에 해당한다.

답 ⑤

02 강행규정이 아닌 것은?(다툼이 있으면 판례에 따름) 　19 행정사 제7회

① 신의성실의 원칙에 관한 민법 제2조
② 권리능력의 존속기간에 관한 민법 제3조
③ 미성년자의 행위능력에 관한 민법 제5조
④ 사단법인의 사원권의 양도, 상속금지에 관한 민법 제56조
⑤ 법인해산 시 잔여재산의 귀속에 관한 민법 제80조

해설

[④ ▶ ×] ① 신의성실의 원칙(대판 1995.12.22. 94다42129)을 규정한 민법 제2조, ②, ③ 민법상 능력에 관한 규정인 민법 제3조, 제5조, ⑤ 법인해산 시 잔여재산의 귀속(대판 2000.12.8. 98두5279)에 관한 민법 제80조는 강행규정에 해당하고 ④ <u>사단법인의 사원권의 양도・상속금지에 관한 민법 제56조는 임의규정에 해당</u>한다(대판 1992.4.14. 91다26850).

답 ④

03 권리의 승계취득에 해당하는 것을 모두 고른 것은?(다툼이 있으면 판례에 따름)

23 행정사 제11회

> ㄱ. 타인 소유의 부동산에 저당권을 취득한 경우
> ㄴ. 신축건물의 소유권 보존등기를 마친 자로부터 그 건물에 대하여 전세권을 취득한 경우
> ㄷ. 유실물에 대하여 적법하게 소유권을 취득한 경우
> ㄹ. 점유취득시효의 완성에 의해 완전한 부동산 소유권을 취득한 경우

① ㄱ, ㄴ
② ㄴ, ㄷ
③ ㄴ, ㄹ
④ ㄷ, ㄹ
⑤ ㄱ, ㄴ, ㄹ

해설

'원시취득'이란 타인(전주)의 권리에 기초하지 않고 원시적으로 취득하는 것을 말한다. 원시취득에는 건물 신축, 선점, 습득, 발견, 시효취득(판례), 선의취득(다수설) 등이 있다. 원시취득의 경우에는 종전의 권리에 대한 제한이 소멸된다(원칙)는 점을 유의해야 한다. 반면, '승계취득'이란 타인(전주)의 권리에 기초한 취득을 말한다. 승계취득의 경우 그 타인(전주)의 권리 이상을 취득할 수 없다. 승계취득에는 개별적 취득원인에 의하여 개개의 권리를 취득하는 특정승계(예 매매에 의한 소유권 취득)와 전주가 가지고 있던 다수의 권리를 포괄적으로 취득하는 포괄승계(예 상속, 포괄유증, 합병 등에 의한 취득), 소유권자로부터 지상권·저당권·전세권을 설정받는 경우와 같이 전주의 권리내용의 일부만을 승계하는 설정적 승계가 있다.

ㄱ. 타인 소유의 부동산에 저당권을 취득한 경우, ㄴ. 신축건물의 소유권 보존등기를 마친 자로부터 그 건물에 대하여 전세권을 취득한 경우는 승계취득(설정적 승계)에 해당하고, ㄷ. 유실물에 대하여 적법하게 소유권을 취득한 경우, ㄹ. 점유취득시효의 완성에 의해 완전한 부동산 소유권을 취득한 경우는 원시취득에 해당한다.

● 원시취득과 승계취득

원시취득		건물 신축, 무주물 선점, 유실물 습득, 매장물 발견, 시효취득(판례), 선의취득(다수설)
승계취득	이전적 승계	특정승계	매매·증여 등에 의한 소유권 취득
		포괄승계	상속·포괄유증·합병에 의한 취득
	설정적 승계	지상권 설정, 전세권 설정, 저당권 설정

답 ❶

04 민법상 강행규정을 위반한 법률행위의 효과에 관한 설명으로 옳지 않은 것은?(다툼이 있으면 판례에 따름)

23 행정사 제11회

① 강행규정을 위반한 법률행위는 당사자의 주장이 없더라도 법원이 직권으로 판단할 수 있다.
② 강행규정을 위반하여 확정적 무효가 된 법률행위는 특별한 사정이 없는 한 당사자의 추인에 의해 유효로 할 수 없다.
③ 강행규정에 위반하여 무효인 계약의 상대방이 그 위반사실에 대하여 선의·무과실이더라도 표현대리의 법리가 적용될 여지는 없다.
④ 강행규정에 위반한 약정을 한 자가 스스로 그 약정의 무효를 주장하는 것은 특별한 사정이 없는 한 신의성실 원칙에 반하여 허용될 수 없다.
⑤ 법률의 금지에 위반되는 행위라도 그것이 선량한 풍속 기타 사회질서에 위반하지 않는 경우에는 민법 제746조가 규정하는 불법원인에 해당하지 않는다.

해설

[❶ ▶ ○] 신의성실의 원칙에 반하는 것 또는 권리남용은 강행규정에 위배되는 것이므로 당사자의 주장이 없더라도 법원은 직권으로 판단할 수 있다(대판 1995.12.22. 94다42129).

[❷ ▶ ○] 법률행위의 내용이 강행규정 위반, 선량한 풍속 기타 사회질서위반 또는 불공정한 행위로 무효인 경우, 특별한 사정(예 무효원인이 제거되는 등)이 없는 한, 추인하더라도 유효로 될 수 없다(대판 2010.2.11. 2009다74007).

[❸ ▶ ○] 증권회사 또는 그 임·직원의 부당권유행위를 금지하는 증권거래법 제52조 제1호는 공정한 증권거래질서의 확보를 위하여 제정된 강행법규로서 이에 위배되는 주식거래에 관한 투자수익보장약정은 무효이고, 투자수익보장이 강행법규에 위반되어 무효인 이상 증권회사의 지점장에게 그와 같은 약정을 체결할 권한이 수여되었는지 여부에 불구하고 그 약정은 여전히 무효이므로 표현대리의 법리가 준용될 여지가 없다(대판 1996.8.23. 94다38199).

[❹ ▶ ×] 강행법규에 위반한 자가 스스로 그 약정의 무효를 주장하는 것이 신의칙에 위반되는 권리의 행사라는 이유로 그 주장을 배척한다면, 이는 오히려 강행법규에 의하여 배제하려는 결과를 실현시키는 셈이 되어 입법 취지를 완전히 몰각하게 되므로 달리 특별한 사정이 없는 한 위와 같은 주장은 신의칙에 반하는 것이라고 할 수 없다(대판 2004.6.11. 2003다1601).

[❺ ▶ ○] 부당이득의 반환청구가 금지되는 사유로 민법 제746조가 규정하는 불법원인이란 그 원인되는 행위가 선량한 풍속 기타 사회질서에 위반하는 경우를 말하는 것으로서, 법률의 금지에 위반하는 경우라 할지라도 그것이 선량한 풍속 기타 사회질서에 위반하지 않는 경우에는 이에 해당하지 않는다(대판 2003.11.27. 2003다41722).

답 ❹

05 준법률행위에 해당하는 것을 모두 고른 것은?

> ㄱ. 채무의 승인
> ㄴ. 채권양도의 통지
> ㄷ. 매매계약의 해제
> ㄹ. 무권대리인의 상대방이 본인에게 하는 무권대리행위의 추인 여부에 대한 확답의 최고

① ㄱ, ㄴ
② ㄴ, ㄷ
③ ㄷ, ㄹ
④ ㄱ, ㄴ, ㄹ
⑤ ㄴ, ㄷ, ㄹ

해설

준법률행위란 당사자의 의사가 아닌 '법률의 규정에 의해 법적 효과가 발생'하는 법률요건을 말한다.
ㄱ. 채무의 승인(민법 제168조 제3호), ㄴ. 채권양도의 통지(민법 제450조)는 관념의 통지로서 준법률행위에 해당하고, ㄹ. 무권대리인의 상대방이 본인에게 하는 무권대리행위의 추인 여부에 대한 확답의 최고(민법 제131조)는 의사의 통지로서 준법률행위에 해당한다.
그러나 ㄷ. 매매계약의 해제는 상대방 있는 단독행위로서 법률행위에 해당한다.

◎ 법률행위와 준법률행위

법률행위	단독행위	상대방 있는 단독행위	동의, 취소, 추인, 철회, 해제, 해지, 상계, 채무면제, 시효이익의 포기, 대리권수여(=수권행위)(다수설)
		상대방 없는 단독행위	재단법인 설립행위, 유언, 소유권 포기
	계 약		청약의 의사표시 + 승낙의 의사표시(예 매매, 증여, 임대차 등)
	합동행위		사단법인 설립행위(다수설)
준법률행위	표현행위	의사의 통지	각종 최고(제15조 제1항 등), 거절(제16조 제2항 등), 채무이행의 청구(제387조 제2항)
		관념의 통지	채권양도의 통지나 승낙(제450조), (시효중단사유인) 채무의 승인(제168조 제3호), 사원총회 소집통지(제71조), 공탁의 통지(제488조), 승낙 연착의 통지(제528조)
		감정의 표시	수증자의 망은행위에 대한 용서(제556조 제2항)
	비표현행위	순수사실행위	매장물 발견(제254조), 가공(제259조), 주소 설정(제18조 제1항)
		혼합사실행위	점유취득(제192조 제1항, 점유설정의사), 무주물 선점(제252조 제1항, 사실상의 소유 의사), 유실물 습득(제253조), 사무관리(제734조, 사무관리의사)

답 ④

06 법률행위에 관한 설명으로 옳지 않은 것은?

25 행정사 제13회

① 법률행위인 계약의 자유는 사적 자치의 주요한 발현 형식이다.
② 계약은 청약과 승낙의 의사표시가 합치하여 성립하는 법률행위이다.
③ 단독행위는 법률행위의 일종으로서 법률효과를 발생시키는 법률요건이다.
④ 법률행위인 유언과 상속은 법률효과의 발생에 의사표시가 필수적이라는 점에서 공통점이 있다.
⑤ 종기가 있는 법률행위는 기한이 도래한 때로부터 그 효력을 잃는다.

해설

[❶ ▶ ○]   법률행위인 계약의 자유는 사적 자치의 주요한 발현 형식이다. 사적 자치는 개인의 의사에 따라 법률관계를 자유롭게 형성할 수 있는 원칙을 말하는데, 계약의 자유는 사적 자치가 실현되는 대표적인 수단이다.

[❷ ▶ ○]   법률행위는 의사표시를 요소로 하는 법률요건이다. 법률행위는 하나의 의사표시로 성립하는 '단독행위'와 청약과 승낙의 의사표시가 합치하여 성립하는 '계약'으로 나누어진다.

[❸ ▶ ○]   단독행위는 법률행위의 일종으로서 법률효과를 발생시키는 법률요건이다.

[❹ ▶ ×]   유언은 하나의 의사표시를 요소로 하는 법률요건으로서 법률행위(단독행위)에 해당한다. 그러나 상속은 의사표시가 아니라 피상속인의 사망이라는 사건이 발생하면 법률규정(민법규정)에 의해 당연히 그 법률효과가 발생한다.

[❺ ▶ ○]   민법 제152조 제2항

> **민법 제152조(기한도래의 효과)**   ① 시기 있는 법률행위는 기한이 도래한 때로부터 그 효력이 생긴다.
> ② 종기 있는 법률행위는 기한이 도래한 때로부터 그 효력을 잃는다.

답 ❹

07 단독행위가 아닌 것은?

① 상 계
② 유 언
③ 사인증여
④ 소유권의 포기
⑤ 법정해제권의 행사

해설

[❸ ▶ ×] 사인증여는 생전증여와 마찬가지로 '단독행위'가 아니라 '계약'에 해당한다. 증여는 당사자 일방이 상대방에게 재산을 무상으로 준다는 의사표시를 하고, 상대방이 이를 승낙함으로써 효력이 생기는 계약이다. 증여는 당사자의 합의(청약과 승낙의 합치)만으로 효력이 생기는 것이 원칙이지만, 증여자가 사망한 때 효력이 생기는 것으로 약정할 수 있는데 이것이 바로 '사인증여'이다. 사인증여도 증여(계약)인 점에서 단독행위인 '유증'과 구별된다.

[❶ ▶ ○] [❷ ▶ ○] [❹ ▶ ○] [❺ ▶ ○] 법률행위는 하나의 의사표시로 성립하는 '단독행위'와 청약과 승낙의 의사표시가 합치하여 성립하는 '계약'으로 나누어진다. 상계, 법정해제권의 행사는 상대방 있는 단독행위에 해당하고, 유언, 소유권의 포기는 상대방 없는 단독행위에 해당한다.

● 단독행위와 계약

단독행위			계약	
의 미	하나의 의사표시로 이루어진 법률행위		의 미	청약과 승낙의 의사표시가 합치하여 성립하는 법률행위
종 류	상대방 있는 단독행위	상계,❶ 동의, 취소, 채무면제, 법정해제권의 행사,❺ 추인 등	종 류	증여(사인증여 포함),❸ 매매, 교환, 소비대차, 사용대차, 임대차, 고용, 도급, 여행계약, 현상광고, 위임, 임치, 조합, 종신정기금, 화해 등
	상대방 없는 단독행위	유언(유증 포함),❷ 소유권의 포기,❹ 상속의 승인·포기, 재단법인설립행위 등		

답 ❸

08 반사회질서의 법률행위에 해당하는 것을 모두 고른 것은?(다툼이 있으면 판례에 따름)

22 행정사 제10회

> ㄱ. 수사기관에서 참고인으로 자신이 잘 알지 못하는 내용에 대한 허위 진술의 대가로 작성된 각서에 기한 급부의 약정
> ㄴ. 강제집행을 면하기 위해 부동산에 허위의 근저당권설정등기를 경료하는 행위
> ㄷ. 전통사찰의 주지직을 거액의 금품을 대가로 양도·양수하기로 하는 약정이 있음을 알고도 이를 묵인한 상태에서 한 종교법인의 주지 임명행위

① ㄱ
② ㄷ
③ ㄱ, ㄴ
④ ㄴ, ㄷ
⑤ ㄱ, ㄴ, ㄷ

해설

[ㄱ ▶ O] 수사기관에서 참고인으로 진술하면서 자신이 잘 알지 못하는 내용에 대하여 허위의 진술을 하는 경우에 그 허위 진술행위가 범죄행위를 구성하지 않는다고 하여도 그 급부의 상당성 여부를 판단할 필요 없이 허위 진술의 대가로 작성된 각서에 기한 급부의 약정은 민법 제103조 소정의 반사회적 질서행위로 무효이다(대판 2001.4.24. 2000다71999).

[ㄴ ▶ X] 강제집행을 면할 목적으로 부동산에 허위의 근저당권설정등기를 경료하는 행위는 민법 제103조의 선량한 풍속 기타 사회질서에 위반한 사항을 내용으로 하는 법률행위로 볼 수 없다(대판 2004.5.28. 2003다70041).

[ㄷ ▶ X] 전통사찰의 주지직을 거액의 금품을 대가로 양도·양수하기로 하는 약정이 있음을 알고도 이를 묵인 혹은 방조한 상태에서 한 종교법인의 주지임명행위는 민법 제103조 소정의 반사회질서의 법률행위에 해당하지 않는다(대판 2001.2.9. 99다38613).

답 ①

09 반사회질서의 법률행위에 해당하지 않는 것은?(다툼이 있으면 판례에 따름)   24 행정사 제12회

① 행정기관에 진정서를 제출하여 상대방을 궁지에 빠뜨린 다음 이를 취하하는 조건으로 거액의 급부를 제공받기로 한 약정
② 보험계약자가 다수의 보험계약을 통하여 보험금을 부정취득할 목적으로 체결한 보험계약
③ 성매매행위를 전제로 한 선불금의 대여행위
④ 반사회질서의 법률행위에 의하여 조성된 재산인 이른바 비자금을 소극적으로 은닉하기 위하여 임치한 행위
⑤ 도박자금에 제공할 목적으로 한 금전대차계약

해설

[❶ ▸ ○] 행정기관에 진정서를 제출하여 상대방을 궁지에 빠뜨린 다음 이를 취하하는 조건으로 거액의 급부를 제공받기로 약정한 경우, 민법 제103조 소정의 반사회질서의 법률행위에 해당한다고 본 사례(대판 2000.2.11. 99다56833).

[❷ ▸ ○] 보험계약자가 다수의 보험계약을 통하여 보험금을 부정취득할 목적으로 보험계약을 체결한 경우, 이와 같은 보험계약은 민법 제103조 소정의 선량한 풍속 기타 사회질서에 반하여 무효이다(대판 2005.7.28. 2005다23858).

[❸ ▸ ○] 이른바 '티켓다방'을 운영하는 甲이 乙 등을 종업원으로 고용하면서 대여한 선불금이 불법원인급여에 해당하는지가 문제된 사안에서, 제반 사정에 비추어 乙 등으로서는 선불금반환채무와 여러 명목의 경제적 부담이 더해지는 불리한 고용조건 탓에 윤락행위를 선택하지 않을 수 없었고, 甲은 이를 알았을 뿐 아니라 유인, 조장하는 위치에 있었다고 보이므로, 위 선불금은 乙 등의 윤락행위를 전제로 한 것이거나 그와 관련성이 있는 경제적 이익으로서 그 대여행위는 민법 제103조에서 정하는 반사회질서의 법률행위에 해당함에도, 이와 달리 본 원심판결에 법리오해의 위법이 있다고 한 사례(대판 2013.6.14. 2011다65174).
☞ "윤락행위"라 함은 불특정인을 상대로 하여 금품 기타 재산상의 이익을 받거나 받을 것을 약속하고 성행위를 하는 것을 말한다.

[❹ ▸ ×] 반사회적 행위에 의하여 조성된 재산인 이른바 비자금을 소극적으로 은닉하기 위하여 임치한 것이 사회질서에 반하는 법률행위로 볼 수 없다고 하여 불법원인급여가 아니라고 한 원심 판단을 수긍한 사례(대판 2001.4.10. 2000다49343).

[❺ ▸ ○] 도박자금에 제공할 목적으로 금전의 대차를 한 때에는 그 대차계약은 민법 제103조의 반사회질서의 법률행위로 무효이다(대판 1973.5.22. 72다2249).

답 ❹

10 반사회질서의 법률행위에 해당하지 않는 것은?(다툼이 있으면 판례에 따름) <small>25 행정사 제13회</small>

① 매도인의 배임행위에 적극 가담한 이중매매계약
② 도박자금에 제공할 목적으로 한 금전소비대차계약
③ 형사사건의 변호에서 무죄 판결을 받기 위해 성공보수를 약정하는 계약
④ 소송에서 사실대로 증언해 주는 대가로 통상적이지 않은 거액을 받기로 한 약정
⑤ 해외파견 교육연수를 받은 근로자가 일정기간 소속 회사에 근무하기로 한 약정

해설

[❶ ▶ O] 부동산의 이중매매가 반사회적 법률행위로서 무효가 되기 위하여는 매도인의 배임행위와 매수인이 매도인의 배임행위에 적극 가담한 행위로 이루어진 매매로서, 그 적극 가담하는 행위는 매수인이 다른 사람에게 매매목적물이 매도된 것을 안다는 것만으로는 부족하고, 적어도 그 매도사실을 알고도 매도를 요청하여 매매계약에 이르는 정도가 되어야 한다(대판 1994.3.11. 93다55289).

[❷ ▶ O] 도박자금에 제공할 목적으로 금전의 대차를 한 때에는 그 대차계약은 민법 제103조의 반사회질서의 법률행위로 무효이다(대판 1973.5.22. 72다2249).

[❸ ▶ O] 형사사건에서의 성공보수약정은 수사·재판의 결과를 금전적인 대가와 결부시킴으로써, 기본적 인권의 옹호와 사회정의의 실현을 사명으로 하는 변호사 직무의 공공성을 저해하고, 의뢰인과 일반 국민의 사법제도에 대한 신뢰를 현저히 떨어뜨릴 위험이 있으므로, 선량한 풍속 기타 사회질서에 위배되는 것으로 평가할 수 있다(대판 2015.7.23. 2015다200111[전합]).

[❹ ▶ O] 어느 당사자가 그 증언이 필요함을 기화로 증언하여 주는 대가로 용인될 수 있는 정도를 초과하는 급부를 제공받기로 한 약정은 반사회질서적인 금전적 대가가 결부된 경우로 그러한 약정은 민법 제103조 소정의 반사회질서행위에 해당하여 무효로 된다(대판 1994.3.11. 93다40522).

[❺ ▶ ×] 해외파견된 근로자가 귀국일로부터 일정 기간 소속회사에 근무하여야 한다는 사규나 약정은 민법 제103조 또는 제104조에 위반된다고 할 수 없고, 일정 기간 근무하지 않으면 해외 파견 소요경비를 배상한다는 사규나 약정은 근로계약기간이 아니라 경비반환채무의 면제기간을 정한 것이므로 근로기준법 제21조에 위배하는 것도 아니다(대판 1982.6.22. 82다카90).

답 ❺

11 선량한 풍속 기타 사회질서에 반하는 법률행위에 해당하지 않는 것은?(다툼이 있으면 판례에 따름)

① 살인할 것을 조건으로 증여한 경우
② 형사사건에 관하여 보수약정과 별개로 성공보수를 약정한 경우
③ 강제집행을 면할 목적으로 부동산에 허위의 근저당권등기를 마친 경우
④ 수증자가 매도인의 매수인에 대한 배임행위에 적극 가담하여 매매목적 부동산을 증여받은 경우
⑤ 당초부터 오로지 보험사고를 가장하여 보험금을 취득할 목적으로 생명보험계약을 체결한 경우

해설

[❶ ▶ ○] 살인을 조건으로 한 증여계약은 법률행위(증여계약)에 반사회질서적인 조건(살인)이 결부됨으로써 반사회질서적 성질을 갖게 되므로 선량한 풍속 기타 사회질서에 반하는 법률행위가 된다.

> 민법 제103조에 의하여 무효로 되는 반사회질서 행위는 법률행위의 목적인 권리·의무의 내용이 선량한 풍속 기타 사회질서에 위반되는 경우뿐 아니라 그 내용 자체는 반사회질서적인 것이 아니라고 하여도 법률적으로 이를 강제하거나 법률행위에 반사회질서적인 조건 또는 금전적 대가가 결부됨으로써 반사회질서적 성질을 띠게 되는 경우 및 표시되거나 상대방에게 알려진 법률행위의 동기가 반사회질서적인 경우를 포함한다(대판 2002.12.27. 2000다47361).

[❷ ▶ ○] 형사사건에서의 성공보수약정은 수사·재판의 결과를 금전적인 대가와 결부시킴으로써, 기본적 인권의 옹호와 사회정의의 실현을 사명으로 하는 변호사 직무의 공공성을 저해하고, 의뢰인과 일반 국민의 사법제도에 대한 신뢰를 현저히 떨어뜨릴 위험이 있으므로, 선량한 풍속 기타 사회질서에 위배되는 것으로 평가할 수 있다(대판 2015.7.23. 2015다200111[전합]).

[❸ ▶ ×] 강제집행을 면할 목적으로 부동산에 허위의 근저당권설정등기를 경료하는 행위는 민법 제103조의 선량한 풍속 기타 사회질서에 위반한 사항을 내용으로 하는 법률행위로 볼 수 없다(대판 2004.5.28. 2003다70041).

[❹ ▶ ○] 매도인이 매수인에게 목적부동산을 매도한 사실을 알고서 수증자가 매도인으로부터 증여를 원인으로 하여 소유권이전등기를 함으로써 매도인의 매수인에 대한 배임행위에 가담한 결과에 이르렀다면, 이는 실체관계에 부합하는 유효한 등기가 될 리가 없고 반사회질서의 행위로서 무효이다(대판 1983.4.26. 83다카57).

[❺ ▶ ○] 당초부터 오로지 보험사고를 가장하여 보험금을 취득할 목적으로 생명보험계약을 체결한 경우에는 사람의 생명을 수단으로 이득을 취하고자 하는 불법적인 행위를 유발할 위험성이 크고, 이러한 목적으로 체결된 생명보험계약에 의하여 보험금을 지급하게 하는 것은 보험계약을 악용하여 부정한 이득을 얻고자 하는 사행심을 조장함으로써 사회적 상당성을 일탈하게 되므로, 이와 같은 생명보험계약은 사회질서에 위배되는 법률행위로서 무효이다(대판 2000.2.11. 99다49064).

답 ❸

12 불공정한 법률행위에 관한 설명으로 옳은 것은?(다툼이 있으면 판례에 따름) `22` 행정사 제10회

① 불공정한 법률행위는 원칙적으로 추인에 의해서 유효로 될 수 없다.
② 궁박은 경제적 원인에 기인하는 것을 말하며, 심리적 원인에 기인할 수 없다.
③ 특별한 사정이 없는 한 경솔・궁박은 본인을 기준으로 판단하고, 무경험은 대리인을 기준으로 판단한다.
④ 법률행위가 현저하게 공정성을 잃은 경우, 그 법률행위 당사자의 궁박・경솔・무경험은 추정된다.
⑤ 불공정한 법률행위에는 무효행위의 전환에 관한 민법 제138조는 적용되지 않는다.

해설

[❶ ▶ ○] 불공정한 법률행위로서 무효인 경우에는 추인에 의하여 무효인 법률행위가 유효로 될 수 없다(대판 1994.6.24. 94다10900).

[❷ ▶ ×] 궁박이란 '급박한 곤궁'을 의미하는 것으로서 경제적 원인에 기인할 수도 있고, 정신적 또는 심리적 원인에 기인할 수도 있다(대판 2005.2.17. 2004다60577).

[❸ ▶ ×] 대리인에 의하여 법률행위가 이루어진 경우 그 법률행위가 민법 제104조의 불공정한 법률행위에 해당하는지 여부를 판단함에 있어서 경솔과 무경험은 대리인을 기준으로 하여 판단하고, 궁박은 본인의 입장에서 판단하여야 한다(대판 2002.10.22. 2002다38927).

[❹ ▶ ×] 법률행위가 현저하게 공정을 잃었다고 하여 곧 그것이 궁박, 경솔하게 이루어진 것으로 추정되지 아니하므로 본조의 불공정한 법률행위의 법리가 적용되려면 그 주장하는 측에서 궁박, 경솔 또는 무경험으로 인하였음을 증명하여야 한다(대판 1969.12.30. 69다1873).

[❺ ▶ ×] 매매계약이 약정된 매매대금의 과다로 말미암아 민법 제104조에서 정하는 '불공정한 법률행위'에 해당하여 무효인 경우에도 무효행위의 전환에 관한 민법 제138조가 적용된다(대판 2011.4.28. 2010다106702).

답 ❶

13 불공정한 법률행위에 관한 설명으로 옳은 것은?(다툼이 있으면 판례에 따름) 25 행정사 제13회

① 특별한 사정이 없는 한 경매에도 불공정한 법률행위에 관한 민법 제104조가 적용된다.
② 매매계약이 약정된 대금의 과다로 인해 불공정한 법률행위에 해당하여 무효인 경우, 무효행위의 전환에 관한 민법 제138조는 적용될 여지가 없다.
③ 불공정한 법률행위는 원칙적으로 무효행위의 추인에 의해서 유효로 될 수 없다.
④ 무상 증여계약도 불공정한 법률행위가 될 수 있다.
⑤ 불공정한 법률행위로서 무효인 경우에 선의의 제3자에 대해서는 무효를 주장할 수 없다.

해설

[❶ ▶ ×] 경매에 있어서는 불공정한 법률행위 또는 채무자에게 불리한 약정에 관한 것으로서 효력이 없다는 민법 제104조, 제608조는 적용될 여지가 없다(대결 1980.3.21. 80마77).

> 민법 제104조(불공정한 법률행위) 당사자의 궁박, 경솔 또는 무경험으로 인하여 현저하게 공정을 잃은 법률행위는 무효로 한다.
>
> 민법 제608조(차주에 불이익한 약정의 금지) 전2조의 규정[제606조(대물대차), 제607조(대물반환의 예약)]에 위반한 당사자의 약정으로서 차주에 불리한 것은 환매 기타 여하한 명목이라도 그 효력이 없다.

[❷ ▶ ×] 매매계약이 약정된 매매대금의 과다로 말미암아 민법 제104조에서 정하는 '불공정한 법률행위'에 해당하여 무효인 경우에도 무효행위의 전환에 관한 민법 제138조가 적용될 수 있다(대판 2010.7.15. 2009다50308).

[❸ ▶ ○] 불공정한 법률행위로서 무효인 경우에는 추인에 의하여 무효인 법률행위가 유효로 될 수 없다(대판 1994.6.24. 94다10900). ☞ 불공정한 법률행위에는 민법 제139조의 무효행위의 추인의 법리가 적용되지 아니한다.

[❹ ▶ ×] 불공정한 법률행위란 자기의 급부에 비하여 현저하게 균형을 잃은 반대급부를 하게 함으로써 부당한 재산적 이익을 얻는 행위를 말하므로 증여와 같이 대가적 의미의 출연이 없는 무상행위에는 민법 제104조의 적용이 없다(대판 2000.2.11. 99다56833).

[❺ ▶ ×] 불공정한 법률행위는 절대적 무효로서, 법률행위를 행한 당사자 사이에서 뿐만 아니라 선의의 제3자에 대해서도 무효를 주장할 수 있다.

> 대물변제계약이 불공정한 법률행위로서 무효인 경우에는 목적부동산이 제3자에 소유권이전등기가 된 여부에 불구하고 누구에 대하여서도 무효를 주장할 수 있다(대판 1963.11.7. 63다479).

답

14 불공정한 법률행위에 관한 설명으로 옳지 않은 것은?(다툼이 있으면 판례에 따름)

24 행정사 제12회

① 특별한 사정이 없는 한 경매에도 불공정한 법률행위에 관한 민법 제104조가 적용된다.
② 불공정한 법률행위에 해당하는지는 법률행위가 이루어진 시점을 기준으로 약속된 급부와 반대급부 사이의 객관적 가치를 비교 평가하여 판단하여야 한다.
③ 불공정한 법률행위가 성립하기 위한 요건인 궁박, 경솔, 무경험은 그중 일부만 갖추어져도 충분하다.
④ 궁박은 급박한 곤궁을 의미하는 것으로서 심리적 원인에 기인할 수도 있다.
⑤ 무경험은 어느 특정영역에 있어서의 경험부족이 아니라 거래일반에 대한 경험부족을 뜻한다.

해설

[❶ ▶ ×] 경매에 있어서는 불공정한 법률행위 또는 채무자에게 불리한 약정에 관한 것으로서 효력이 없다는 민법 제104조, 제608조는 적용될 여지가 없다(대결 1980.3.21. 80마77).

> **민법 제104조(불공정한 법률행위)** 당사자의 궁박, 경솔 또는 무경험으로 인하여 현저하게 공정을 잃은 법률행위는 무효로 한다.
>
> **민법 제608조(차주에 불이익한 약정의 금지)** 전2조의 규정[제606조(대물대차), 제607조(대물반환의 예약)]에 위반한 당사자의 약정으로서 차주에 불리한 것은 환매 기타 여하한 명목이라도 그 효력이 없다.

[❷ ▶ ○] 불공정 법률행위에 해당하는지는 법률행위가 이루어진 시점을 기준으로 약속된 급부와 반대급부 사이의 객관적 가치를 비교 평가하여 판단하여야 할 문제이고, 당초의 약정대로 계약이 이행되지 아니할 경우에 발생할 수 있는 문제는 달리 특별한 사정이 없는 한 채무의 불이행에 따른 효과로서 다루어지는 것이 원칙이다(대판 2013.9.26. 2010다42075).
[❸ ▶ ○] 민법 제104조의 불공정한 법률행위가 성립하기 위하여 당사자 일방의 궁박, 경솔, 무경험은 모두 구비하여야 하는 요건이 아니고 그중 어느 하나만 갖추어져도 충분하다(대판 1993.10.12. 93다19924).
[❹ ▶ ○] '궁박'이라 함은 '급박한 곤궁'을 의미하는 것으로서 경제적 원인에 기인할 수도 있고 정신적 또는 심리적 원인에 기인할 수도 있으며, 당사자가 궁박한 상태에 있었는지 여부는 그의 나이와 직업, 교육 및 사회경험의 정도, 재산 상태 및 그가 처한 상황의 절박성의 정도 등 여러 사정을 종합하여 구체적으로 판단하여야 한다(대판 2024.3.12. 2023다301712).
[❺ ▶ ○] '무경험'은 일반적인 생활체험의 부족으로서 어느 특정영역에서의 경험부족이 아니라 거래일반에 대한 경험부족을 의미한다(대판 2002.10.22. 2002다38927).

답 ❶

15 "부동산 매매계약에서 당사자 쌍방이 모두 X토지를 그 목적물로 삼았으나 X토지의 지번에 착오를 일으켜 계약체결 시에 계약서상으로는 그 목적물을 Y토지로 표시한 경우라도, X토지를 매매 목적물로 한다는 당사자 쌍방의 의사합치가 있는 이상 그 매매계약은 X토지에 관하여 성립한 것으로 보아야 한다."고 하는 법률행위의 해석방법은?　　　　　　　　　　　　　　23 행정사 제11회

① 문언해석
② 통일적 해석
③ 자연적 해석
④ 규범적 해석
⑤ 보충적 해석

해설

[❶ ▶ ✕]　문언해석(문리해석)이란 법규정의 문언이나 자구(字句)를 언어학적인 의미에 충실하게 해석하는 방법이다. 문언해석은 법해석의 가장 기초적인 단계에서 이루어지는 해석방법이다.

[❷ ▶ ✕]　통일적 해석이란 어떤 법규정의 문언 등을 법규범 전체의 관점에서 통일적으로 해석하는 방법이다.

[❸ ▶ ○]　자연적 해석이란 어떤 일정한 의사표시에 관하여 당사자가 사실상 일치하여 같은 의미로 이해한 경우에는, 표시와 관계없이 그 일치한 의미대로 효력을 인정하여야 한다는 해석 방법이다. 사례는 당사자 쌍방 공통하는 지번에 관한 착오로 "계약서상으로는 그 목적물을 Y토지로 표시한 경우라도, X토지를 매매 목적물로 한다는 당사자 쌍방의 의사합치가 있은 이상 그 매매계약은 X토지에 관하여 성립한 것으로 보아야 한다."고 하고 있으므로 자연적 해석방법이 적용된 경우에 해당한다.

> 부동산의 매매계약에 있어 쌍방 당사자가 모두 특정의 甲 토지를 계약의 목적물로 삼았으나 그 목적물의 지번 등에 관하여 착오를 일으켜 계약을 체결함에 있어서는 계약서상 그 목적물을 甲 토지와는 별개인 乙 토지로 표시하였다 하여도, 甲 토지에 관하여 이를 매매의 목적물로 한다는 쌍방 당사자의 의사합치가 있은 이상 그 매매계약은 甲 토지에 관하여 성립한 것으로 보아야 하고 乙 토지에 관하여 매매계약이 체결된 것으로 보아서는 안 될 것이며, 만일 乙 토지에 관하여 그 매매계약을 원인으로 하여 매수인 명의로 소유권이전등기가 경료되었다면 이는 원인 없이 경료된 것으로서 무효이다(대판 1996.8.20. 96다19581).

[❹ ▶ ✕]　규범적 해석이란 상대방의 입장에서 표시행위의 객관적·규범적 의미를 밝히는 해석방법이다. 사적 자치의 원칙 중 자기책임의 원칙, 상대방의 신뢰보호를 근거로 한다. 규범적 해석에 의하는 경우 내심의 의사와 표시가 불일치하는 경우가 발생할 수 있고, 착오에 의한 취소가 문제될 수 있다.

[❺ ▶ ✕]　보충적 해석이란 자연적 해석·규범적 해석에 의해 법률행위가 성립된 것으로 확정된 후, 당사자가 미처 생각지 못했던 사정이 발생한 경우에 가상적 의사를 통해 흠결을 메우는 해석방법이다. 보충적 해석은 법률행위의 성립 전이나 불성립 시에는 문제되지 않는다.

답 ❸

16 법률행위의 해석에 관한 설명으로 옳지 않은 것은?(다툼이 있으면 판례에 따름)

20 행정사 제8회

① 일반적으로 계약의 당사자가 누구인지는 그 계약에 관여한 당사자의 의사해석의 문제에 해당한다.
② 의사표시의 해석은 당사자가 그 표시행위에 부여한 객관적인 의미를 명백하게 확정하는 것이다.
③ 표의자와 그 상대방이 생각한 의미가 서로 다른 경우 합리적인 상대방의 시각에서 표의자가 표시한 내용을 어떻게 이해하였는지 고려하여 객관적·규범적으로 해석하여야 한다.
④ 법률행위의 내용이 처분문서로 작성된 경우 문서에 부여된 객관적 의미와 관계없이 원칙적으로 당사자의 내심적 의사에 구속되어 그 내용을 해석하여야 한다.
⑤ 법률행위의 내용이 처분문서로 작성된 경우 문언의 객관적인 의미가 명확하다면 특별한 사정이 없는 한 문언대로 의사표시의 존재와 내용을 인정하여야 한다.

해설

[❶ ▶ ○] 일반적으로 계약의 당사자가 누구인지는 그 계약에 관여한 당사자의 의사해석의 문제에 해당한다(대판 2010.5.13. 2009다92487).
[❷ ▶ ○] 법률행위의 해석은 당사자가 그 표시행위에 부여한 객관적인 의미를 명백하게 확정하는 것으로서, 서면에 사용된 문구에 구애받는 것은 아니지만 어디까지나 당사자의 내심적 의사의 여하에 관계없이 그 서면의 기재 내용에 의하여 당사자가 그 표시행위에 부여한 객관적 의미를 합리적으로 해석하여야 하는 것이다(대판 1996.10.25. 96다16049).
[❸ ▶ ○] 의사표시를 한 사람이 생각한 의미가 상대방이 생각한 의미와 다른 경우에는 의사표시를 수령한 상대방이 합리적인 사람이라면 표시된 내용을 어떻게 이해하였다고 볼 수 있는지를 고려하여 의사표시를 객관적·규범적으로 해석하여야 한다(대판 2017.2.15. 2014다19776).
[❹ ▶ ×] 법원이 진정성립이 인정되는 처분문서를 해석함에 있어서는 특별한 사정이 없는 한 그 처분문서에 기재되어 있는 문언에 따라 당사자의 의사표시가 있었던 것으로 해석하여야 하는 것이다(대판 2003.4.8. 2001다38593).
[❺ ▶ ○] 법률행위에 따라 작성된 처분문서에 담긴 문언의 객관적인 의미가 명확하다면, 특별한 사정이 없는 한 그 문언대로 의사표시의 존재 및 내용을 인정하여야 한다(대판 2016.10.27. 2014다82026).

답 ❹

제3절 의사표시

17 비진의표시에 관한 설명으로 옳은 것은?(다툼이 있으면 판례에 따름)   20 행정사 제8회

① 비진의표시에서 진의는 표의자가 진정으로 마음 속에서 바라는 사항을 뜻한다.
② 비진의표시에서 진의는 특정한 내용의 의사표시를 하고자 하는 표의자의 생각을 의미하는 것은 아니다.
③ 표의자가 진정 마음에서 바라지는 아니하였더라도 당시의 상황에서는 최선이라고 판단하여 의사표시를 하였다면 비진의표시는 아니다.
④ 표의자가 강박에 의하여 증여를 하기로 하고 그에 따른 증여의 의사표시를 하였더라도, 재산을 강제로 뺏긴다는 본심이 잠재되어 있다면 그 증여는 비진의표시에 해당한다.
⑤ 공무원의 사직의 의사표시와 같은 공법행위에도 비진의표시에 관한 민법의 규정이 적용된다.

해설

[❶▶×] [❷▶×] [❸▶○] 진의 아닌 의사표시에 있어서의 진의란 특정한 내용의 의사표시를 하고자 하는 표의자의 생각을 말하는 것이지❷ 표의자가 진정으로 마음속에서 바라는 사항을 뜻하는 것은 아니므로, ❶ 표의자가 의사표시의 내용을 진정으로 마음속에서 바라지는 아니하였다고 하더라도 당시의 상황에서는 그것을 최선이라고 판단하여 그 의사표시를 하였을 경우에는 이를 내심의 효과의사가 결여된 진의 아닌 의사표시라고 할 수 없다❸(대판 2000.4.25. 99다34475).
[❹▶×] 재산을 강제로 뺏긴다는 것이 표의자의 본심으로 잠재되어 있었다 하여도 표의자가 강박에 의하여서나마 증여를 하기로 하고 그에 따른 증여의 의사표시를 한 이상 증여의 내심의 효과의사가 결여된 것이라고 할 수는 없다(대판 1993.7.16. 92다41528).
[❺▶×] 공무원인 사직원제출자의 내심의 의사가 사직할 뜻이 아니었다고 하더라도 진의 아닌 의사표시에 관한 민법 제107조는 그 성질상 사직의 의사표시와 같은 사인의 공법행위에는 준용되지 아니하므로 그 의사가 외부에 표시된 이상 그 의사는 표시된 대로 효력을 발한다(대판 1997.12.12. 97누13962).

답 ❸

18 진의 아닌 표시에 관한 설명으로 옳지 않은 것은?(다툼이 있으면 판례에 따름) 25 행정사 제13회

① 진의 아닌 의사표시는 원칙적으로 표시된 대로 법적 효과가 발생한다.
② 진의 아님을 알았다는 사실은 의사표시의 유효를 주장하는 사람이 증명해야 한다.
③ 진의는 특정 내용의 의사표시를 하고자 하는 표의자의 생각이지 표의자가 진정으로 마음속에서 바라는 사항을 뜻하는 것은 아니다.
④ 표시가 진의와 다름을 표의자가 알고 있다는 점은 착오와 구별된다.
⑤ 표시와 진의의 불일치가 상대방과 합의된 것이라면 통정허위표시이다.

해설

[❶ ▶ ○] 민법 제107조 제1항 본문

> **민법 제107조(진의 아닌 의사표시)** ① <u>의사표시는 표의자가 진의 아님을 알고 한 것이라도 그 효력이 있다. 그러나 상대방이 표의자의 진의 아님을 알았거나 이를 알 수 있었을 경우에는 무효로 한다.</u>
> ② 전항의 의사표시의 무효는 선의의 제3자에게 대항하지 못한다.

[❷ ▶ ×] 상대방이 진의 아님을 알았거나 알 수 있었음을 주장하여 <u>의사표시의 무효를 주장하는 사람이 상대방이 진의 아님을 알았거나 알 수 있었음을 증명해야</u> 한다.
[❸ ▶ ○] <u>진의 아닌 의사표시에 있어서의 진의란 특정한 내용의 의사표시를 하고자 하는 표의자의 생각을 말하는 것이지 표의자가 진정으로 마음속에서 바라는 사항을 뜻하는 것은 아니므로, 표의자가 의사표시의 내용을 진정으로 마음속에서 바라지는 아니하였다고 하더라도 당시의 상황에서는 그것을 최선이라고 판단하여 그 의사표시를 하였을 경우에는 이를 내심의 효과의사가 결여된 진의 아닌 의사표시라고 할 수 없다</u>(대판 2000.4.25. 99다34475).
[❹ ▶ ○] 진의 아닌 의사표시는 표시가 진의와 다름을 표의자가 알고 있다는 점에서 표시와 진의가 다름을 표의자가 모르고 있는 착오와 구별된다.
[❺ ▶ ○] 표시와 진의의 불일치가 상대방과 합의된 것이라면 통정허위표시에 해당한다(대판 2003.6.24. 2003다7357).

답 ❷

19 민법상 비진의 의사표시로서 무효가 아닌 것을 모두 고른 것은?(다툼이 있으면 판례에 따름)

24 행정사 제12회

> ㄱ. 공무원이 한 사직의 의사표시
> ㄴ. 학교법인이 사립학교법상의 제한규정 때문에 그 학교의 교직원들의 명의를 빌려서 금융기관으로부터 금원을 차용한 경우에 교직원들의 채무부담의사표시
> ㄷ. 재산을 강제로 뺏긴다는 것이 표의자의 본심으로 잠재되어 있었으나, 표의자가 강박에 의하여서나마 증여를 하기로 하고 그에 따라 한 증여의 의사표시

① ㄱ   ② ㄷ
③ ㄱ, ㄴ   ④ ㄴ, ㄷ
⑤ ㄱ, ㄴ, ㄷ

해설

[ㄱ ▶ ✕] 공무원인 사직원제출자의 내심의 의사가 사직할 뜻이 아니었다고 하더라도 진의 아닌 의사표시에 관한 민법 제107조는 그 성질상 (공무원의) 사직의 의사표시와 같은 사인의 공법행위에는 준용되지 아니하므로 그 의사가 외부에 표시된 이상 그 의사는 표시된 대로 효력을 발한다(대판 1997.12.12. 97누13962).

> **민법 제107조(진의 아닌 의사표시)** ① 의사표시는 표의자가 진의 아님을 알고 한 것이라도 그 효력이 있다. 그러나 상대방이 표의자의 진의 아님을 알았거나 이를 알 수 있었을 경우에는 무효로 한다.
> ② 전항의 의사표시의 무효는 선의의 제3자에게 대항하지 못한다.

[ㄴ ▶ ✕] 학교법인이 사립학교법상의 제한규정 때문에 그 학교의 교직원들인 소외인들의 명의를 빌려서 피고로부터 금원을 차용한 경우에 피고 역시 그러한 사정을 알고 있었다고 하더라도 위 소외인들의 의사는 위 금전의 대차에 관하여 그들이 주채무자로서 채무를 부담하겠다는 뜻이라고 해석함이 상당하므로 이를 진의 아닌 의사표시라고 볼 수 없다(대판 1980.7.8. 80다639).

[ㄷ ▶ ✕] 재산을 강제로 뺏긴다는 것이 표의자의 본심으로 잠재되어 있었다 하여도 표의자가 강박에 의하여서나마 증여를 하기로 하고 그에 따른 증여의 의사표시를 한 이상 증여의 내심의 효과의사가 결여된 것이라고 할 수는 없다(대판 1993.7.16. 92다41528). 따라서 진의 아닌 의사 표시에 해당하지 아니한다.

답 ❺

20 통정허위표시를 기초로 새로운 법률상의 이해관계를 맺은 제3자를 모두 고른 것은?(다툼이 있으면 판례에 따름)

22 행정사 제10회

> ㄱ. 가장매매의 매수인으로부터 그와의 매매계약에 의한 소유권이전청구권 보전을 위한 가등기를 마친 자
> ㄴ. 허위의 선급금 반환채무 부담행위에 기하여 그 채무를 보증하고 이행까지 하여 구상권을 취득한 자
> ㄷ. 가장소비대차에 있어 대주의 계약상의 지위를 이전받은 자

① ㄱ
② ㄷ
③ ㄱ, ㄴ
④ ㄱ, ㄷ
⑤ ㄴ, ㄷ

해설

[ㄱ ▶ O] 일반적으로 제3자라고 하면 당사자와 그 포괄승계인(예 상속인, 합병회사) 이외의 자를 모두 가리킨다. 그러나 민법 제108조 제2항에서 말하는 제3자는 허위표시의 당사자와 포괄승계인 이외의 자로서 허위표시에 의하여 외형상 형성된 법률관계를 토대로 실질적으로 새로운 법률상 이해관계를 맺은 자를 의미한다. 판례에 의하면, 가장매매의 매수인으로부터 그와의 매매계약에 의한 소유권이전청구권 보전을 위한 가등기를 마친 자는 허위표시인 가장매매를 기초로 하여 새로운 법률상 이해관계를 맺은 자로서 민법 제108조 제2항의 제3자에 해당한다(대판 1970.9.29. 70다466).

> 허위표시 매매에 의한 매수인으로부터 부동산상의 권리를 취득한 제3자[소유권이전청구권보전을 위한 가등기를 마친 자(註)]는 특별한 사정이 없는 한 선의로 추정할 것이므로 허위표시를 한 부동산양도인이 제3자에 대하여 소유권을 주장하려면 그 제3자의 악의임을 입증하여야 한다(대판 1970.9.29. 70다466).

[ㄴ ▶ O] 보증인이 주채무자의 기망행위에 의하여 주채무(선급금 반환채무)가 있는 것으로 믿고 주채무자와 보증계약을 체결한 다음 그에 따라 보증채무자로서 그 채무까지 이행한 경우, 그 보증인이 주채무자의 채권자에 대한 채무 부담행위라는 허위표시에 기초하여 구상권 취득에 관한 법률상 이해관계를 가지게 되었으므로 민법 제108조 제2항 소정의 '제3자'에 해당한다(대판 2000.7.6. 99다51258).

[ㄷ ▶ ✕] 가장소비대차에 있어 대주의 계약상의 지위를 그대로 이전받은 자는 허위표시행위(가장소비대차)를 기초로 하여 새로운 법률상 이해관계를 가지게 되었다고 볼 수 없어 민법 제108조 제2항의 제3자에 해당하지 않는다(대판 2004.1.15. 2002다31537).

> 구 상호신용금고법 소정의 계약이전은 금융거래에서 발생한 계약상의 지위가 이전되는 사법상의 법률효과를 가져오는 것이므로, 소외 금고(= 대주)로부터 이 사건 금전소비대차계약의 대출금 채권에 대하여 계약이전을 받은 피고는 소외 금고의 계약상 지위를 이전받은 자이어서 원고(= 차주)와 소외 금고 사이의 위 통정허위표시에 따라 형성된 법률관계를 기초로 하여 새로운 법률상 이해관계를 가지게 된 민법 제108조 제2항의 제3자에 해당하지 않는다(대판 2004.1.15. 2002다31537).

답 ③

21 통정허위표시에 관한 설명으로 옳지 않은 것은?(다툼이 있으면 판례에 따름) [23 행정사 제11회]

① 채무자의 법률행위가 통정허위표시인 경우에도 채권자취소권의 대상이 될 수 있다.
② 가장 근저당권설정계약이 유효하다고 믿고 그 피담보채권을 가압류한 자는 허위표시의 무효로부터 보호되는 선의의 제3자에 해당한다.
③ 의사표시의 진의와 표시의 불일치에 관하여 상대방과 사이에 합의가 있으면 통정허위표시가 성립한다.
④ 통정허위표시에 따른 법률효과를 침해하는 것처럼 보이는 위법행위가 있는 경우에도 그에 따른 손해배상을 청구할 수 없다.
⑤ 자신의 채권을 보전하기 위해 가장양도인의 가장양수인에 대한 권리를 대위행사하는 채권자는 허위표시를 기초로 새로운 법률상의 이해관계를 맺은 제3자에 해당한다.

해설

[❶ ▶ O] 채무자의 법률행위가 통정허위표시인 경우에도 채권자취소권의 대상으로 된다고 할 것이고, 한편 채권자취소권의 대상으로 된 채무자의 법률행위라도 통정허위표시의 요건을 갖춘 경우에는 무효라고 할 것이다(대판 1998.2.27. 97다50985).

[❷ ▶ O] 통정한 허위표시에 의하여 외형상 형성된 법률관계로 생긴 채권을 가압류한 경우, 그 가압류권자는 허위표시에 기초하여 새로운 법률상 이해관계를 가지게 되므로 민법 제108조 제2항의 제3자에 해당한다고 봄이 상당하고, 또한 민법 제108조 제2항의 제3자는 선의이면 족하고 무과실은 요건이 아니다. 따라서 원심이, 피고가 원고와 이향순 사이의 근저당권설정계약이 유효하다고 믿고 그 피담보채권에 대하여 가압류하였음을 전제로 민법 제108조 제2항의 선의의 제3자에 해당한다고 본 것은 정당하고, 거기에 주장과 같은 통정허위표시의 제3자에 대한 법리오해의 위법이 없다(대판 2004.5.28. 2003다70041).

[❸ ▶ O] 통정허위표시가 성립하기 위하여는 의사표시의 진의와 표시가 일치하지 아니하고, 그 불일치에 관하여 상대방과 사이에 합의가 있어야 한다(대판 1998.9.4. 98다17909).

[❹ ▶ O] 통정한 허위의 의사표시는 허위표시의 당사자와 포괄승계인 이외의 자로서 그 허위표시에 의하여 외형상 형성된 법률관계를 토대로 실질적으로 새로운 법률상 이해관계를 맺은 선의의 제3자를 제외한 누구에 대하여서나 무효이고, 또한 누구든지 그 무효를 주장할 수 있다. 그리고 무효인 법률행위는 그 법률행위가 성립한 당초부터 당연히 효력이 발생하지 않는 것이므로, 무효인 법률행위에 따른 법률효과를 침해하는 것처럼 보이는 위법행위나 채무불이행이 있다고 하여도 법률효과의 침해에 따른 손해는 없는 것이므로 그 손해배상을 청구할 수는 없다(대판 2003.3.28. 2002다72125).

[❺ ▶ ×] 채권자대위권이란 채권자가 자기의 채권을 보호하기 위하여 채무자의 제3자에 대한 권리를 채무자를 대신하여 행사하는 권리이므로, 자신의 채권을 보전하기 위해 가장양도인의 가장양수인에 대한 권리를 대위행사하는 채권자는 허위표시에 의하여 외형상 형성된 법률관계를 토대로 실질적으로 새로운 법률상의 이해관계를 맺은 민법 제108조 제2항의 제3자에 해당하지 않는다.

답 ❺

22 甲은 乙과 통정허위표시로 대출약정을 하고, 이를 통해 乙에 대하여 가장채권을 보유하고 있다. 이에 관한 설명으로 옳은 것을 모두 고른 것은?(다툼이 있으면 판례에 따름) **24** 행정사 제12회

> ㄱ. 丙이 대출약정과 관련한 甲의 계약상 지위를 이전받은 경우, 乙은 丙에게 대출약정이 무효라고 대항할 수 있다.
> ㄴ. 甲의 일반채권자 丁이 대출약정이 유효하다고 믿고 가장채권을 가압류한 경우, 위와 같이 믿은 것에 丁에게 과실이 있더라도 乙은 丁에게 대출약정이 무효라고 대항할 수 없다.
> ㄷ. 甲에게 파산이 선고된 경우, 파산관재인 戊가 대출약정이 통정허위표시라는 사실을 알았다면 파산 채권자 중 일부가 선의라도 乙은 戊에 대하여 대출약정이 무효라고 대항할 수 있다.

① ㄱ
② ㄴ
③ ㄱ, ㄴ
④ ㄱ, ㄷ
⑤ ㄴ, ㄷ

해설

[ㄱ▸○] 가장소비대차에 있어 대주의 계약상의 지위를 그대로 이전받은 자는 허위표시행위(가장소비대차)를 기초로 하여 새로운 법률상 이해관계를 가지게 되었다고 볼 수 없어 민법 제108조 제2항의 제3자에 해당하지 않는다(대판 2004.1.15. 2002다31537). 따라서 丙이 통정 허위표시에 의한 대출약정(= 가장소비대차)과 관련한 甲의 계약상 지위를 이전받은 경우, 丙은 민법 제108조 제2항의 제3자에 해당하지 않고, 乙은 丙에게 대출약정이 무효라고 대항할 수 있다.

[ㄴ▸○] 통정한 허위표시에 의하여 외형상 형성된 법률관계로 생긴 채권(= 가장채권)을 가압류한 경우, 그 가압류권자는 허위표시에 기초하여 새로운 법률상 이해관계를 가지게 되므로 민법 제108조 제2항의 제3자에 해당한다고 봄이 상당하고, 또한 민법 제108조 제2항의 제3자는 선의이면 족하고 무과실은 요건이 아니다(대판 2004.5.28. 2003다70041). 따라서 甲의 일반채권자 丁이 대출약정이 유효하다고 믿고 가장채권을 가압류한 경우, 丁은 민법 제108조 제2항의 제3자에 해당하므로 丁의 선의인 이상 과실이 있더라도 乙은 丁에게 대출약정이 무효라고 대항할 수 없다.

[ㄷ▸✕] 파산자가 상대방과 통정한 허위의 의사표시를 통하여 가장채권을 보유하고 있다가 파산이 선고된 경우 그 가장채권도 일단 파산재단에 속하게 되고, 파산선고에 따라 파산자와 독립한 지위에서 파산채권자 전체의 공동의 이익을 위하여 직무를 행하게 된 파산관재인은 그 허위표시에 따라 외형상 형성된 법률관계를 토대로 실질적으로 새로운 법률상 이해관계를 가지게 된 민법 제108조 제2항의 제3자에 해당하고, 그 선의·악의도 파산관재인 개인의 선의·악의를 기준으로 할 수는 없고, 총파산채권자를 기준으로 하여 파산채권자 모두가 악의로 되지 않는 한 파산관재인은 선의의 제3자라고 할 수밖에 없다(대판 2010.4.29. 2009다96083). 따라서 甲에게 파산이 선고된 경우, 파산관재인 戊가 대출약정이 통정허위표시라는 사실을 알았더라도 파산채권자 중 일부가 선의인 이상 乙은 파산관재인 戊에 대하여 대출약정이 무효라고 대항할 수 없다.

답 ❸

23 착오로 인한 의사표시에 관한 설명으로 옳지 않은 것은?(다툼이 있으면 판례에 따름)

① 법률행위 내용의 중요부분에 착오가 있는 경우, 그 착오가 표의자의 중과실로 인한 것이 아니라면 특별한 사정이 없는 한 이를 이유로 의사표시를 취소할 수 있다.
② 표의자는 자신에게 중과실이 없음에 대한 주장·증명책임을 부담한다.
③ 착오로 인한 의사표시에 관한 민법 제109조 제1항의 적용은 당사자의 합의로 배제할 수 있다.
④ 착오로 인하여 표의자가 경제적 불이익을 입지 않았다면 이는 법률행위 내용의 중요부분의 착오로 볼 수 없다.
⑤ 표의자가 장래에 있을 어떤 사항의 발생이 미필적임을 알아 그 발생을 예기한 데 지나지 않는 경우, 그 기대가 이루어지지 않은 것을 착오로 볼 수는 없다.

해설

[❶ ▶ ○] 의사표시는 법률행위의 내용의 중요부분에 착오가 있는 때에는 취소할 수 있다. 그러나 그 착오가 표의자의 중대한 과실로 인한 때에는 취소하지 못한다(민법 제109조 제1항).

[❷ ▶ ✕] 착오한 표의자의 중대한 과실 유무에 관한 주장과 입증책임은 착오자가 아니라 의사표시를 취소하게 하지 않으려는 상대방에게 있다(대판 2005.5.12. 2005다6228).

[❸ ▶ ○] 당사자의 합의로 착오로 인한 의사표시 취소에 관한 민법 제109조 제1항의 적용을 배제할 수 있다(대판 2016.4.15. 2013다97694).

[❹ ▶ ○] 착오로 인하여 표의자가 무슨 경제적인 불이익을 입은 것이 아니라면 이를 법률행위 내용의 중요부분의 착오라고 할 수 없다(대판 2006.12.7. 2006다41457).

[❺ ▶ ○] 표의자가 행위를 할 당시에 장래에 있을 어떤 사항의 발생이 미필적임을 알아 그 발생을 예기한 데 지나지 않는 경우는, 표의자의 심리상태에 인식과 대조에 불일치가 있다고 할 수 없어 착오로 다룰 수는 없다 할 것이다(대판 2010.5.27. 2009다94841).

> 공장을 설립할 목적으로 매수한 임야가 도시관리계획상 보전관리지역으로 지정됨에 따라 공장설립이 불가능하게 된 사안에서, 매매계약 당시 매수인이 위 임야가 장차 계획관리지역으로 지정되어 공장설립이 가능할 것으로 생각하였다고 하더라도 이는 장래에 대한 단순한 기대에 지나지 않는 것이므로, 그 기대가 이루어지지 아니하였다고 하여 이를 법률행위의 내용의 중요부분에 착오가 있는 것으로는 볼 수 없다고 한 사례(대판 2010.5.27. 2009다94841).

답 ❷

24 착오로 인한 의사표시에 관한 설명으로 옳은 것은?(다툼이 있으면 판례에 따름)

① 표의자가 경과실로 인한 착오로 의사표시를 하고 그 착오를 이유로 의사표시를 취소한 경우, 표의자는 그 취소로 인한 손해를 배상할 책임이 있다.
② 착오로 인한 의사표시의 취소에 관한 민법 제109조 제1항은 당사자의 합의로 그 적용을 배제할 수 없다.
③ 매도인이 매수인의 채무불이행을 이유로 매매계약을 적법하게 해제한 후에도 매수인은 착오를 이유로 매매계약을 취소할 수 있다.
④ 매도인의 하자담보책임이 성립하는 경우, 매매계약 내용의 중요 부분에 착오가 있더라도 매수인은 착오를 이유로 매매계약을 취소할 수 없다.
⑤ 상대방이 표의자의 착오를 알고 이를 이용한 경우라도 의사표시의 착오가 표의자의 중대한 과실로 인한 것이라면 표의자는 착오를 이유로 의사표시를 취소할 수 없다.

해설

[❶ ▸ ×] 경과실이 있음에도 표의자가 착오를 이유로 의사표시를 취소하고 그 결과 법률행위가 효력을 잃는 경우에, 상대방이 신뢰이익의 배상을 청구할 수 있는지에 관하여 민법 제535조의 유추에 의하여 이를 긍정하는 견해(다수설)도 있으나, 판례는 민법이 규정하는 취소권을 행사하는 것은 위법하지 않음을 근거로 착오취소에서 경과실이 있는 착오자의 손해배상책임을 부정한다(지원림, 민법강의 제21판, p.81).

> 불법행위로 인한 손해배상책임이 성립하기 위하여는 가해자의 고의 또는 과실 이외에 행위의 위법성이 요구되므로, 전문건설공제조합이 계약보증서를 발급하면서 조합원이 수급할 공사의 실제 도급금액을 확인하지 아니한 과실이 있다고 하더라도 민법 제109조에서 중과실이 없는 착오자의 착오를 이유로 한 의사표시의 취소를 허용하고 있는 이상, 전문건설공제조합이 과실로 인하여 착오에 빠져 계약보증서를 발급한 것이나 그 착오를 이유로 보증계약을 취소한 것이 위법하다고 할 수는 없다(대판 1997.8.22. 97다13023).

[❷ ▸ ×] 당사자의 합의로 착오로 인한 의사표시 취소에 관한 민법 제109조 제1항의 적용을 배제할 수 있다(대판 2016.4.15. 2013다97694). ☞ 민법 제109조 제1항은 임의규정이다.
[❸ ▸ O] 매도인이 매수인의 중도금 지급채무 불이행을 이유로 매매계약을 적법하게 해제한 후라도 매수인으로서는 상대방이 한 계약해제의 효과로서 발생하는 손해배상책임을 지거나 매매계약에 따른 계약금의 반환을 받을 수 없는 불이익을 면하기 위하여 착오를 이유로 한 취소권을 행사하여 매매계약 전체를 무효로 돌리게 할 수 있다(대판 1996.12.6. 95다24982).
[❹ ▸ ×] 민법 제109조 제1항에 의하면 법률행위 내용의 중요 부분에 착오가 있는 경우 착오에 중대한 과실이 없는 표의자는 법률행위를 취소할 수 있고, 민법 제580조 제1항, 제575조 제1항에 의하면 매매의 목적물에 하자가 있는 경우 하자가 있는 사실을 과실 없이 알지 못한 매수인은 매도인에 대하여 하자담보책임을 물어 계약을 해제하거나 손해배상을 청구할 수 있다. 착오로 인한 취소 제도와 매도인의 하자담보책임 제도는 취지가 서로 다르고, 요건과 효과도 구별된다. 따라서 매매계약 내용의 중요 부분에 착오가 있는 경우 매수인은 매도인의 하자담보책임이 성립하는지와 상관없이 착오를 이유로 매매계약을 취소할 수 있다(대판 2018.9.13. 2015다78703).
[❺ ▸ ×] 민법 제109조 제1항은 법률행위 내용의 중요 부분에 착오가 있는 때에는 그 의사표시를 취소할 수 있다고 규정하면서, 같은 항 단서에서 그 착오가 표의자의 중대한 과실로 인한 때에는 취소하지 못한다고 규정하고 있다. 위 단서 규정은 표의자의 상대방의 이익을 보호하기 위한 것이므로, 상대방이 표의자의 착오를 알고 이를 이용한 경우에는 그 착오가 표의자의 중대한 과실로 인한 것이라고 하더라도 표의자는 그 의사표시를 취소할 수 있다(대판 2023.4.27. 2017다227264).

답 ❸

25 착오에 의한 의사표시에 관한 설명으로 옳지 않은 것은?(다툼이 있으면 판례에 따름)

23 행정사 제11회

① 착오로 인하여 표의자가 경제적 불이익을 입은 것이 아니라면 이를 법률행위 내용의 중요부분의 착오라고 할 수 없다.
② 기망행위로 인하여 법률행위의 내용으로 표시되지 않은 동기에 관하여 착오를 일으킨 경우에도 표의자는 그 법률행위를 사기에 의한 의사표시를 이유로 취소할 수 있다.
③ 대리인에 의한 계약체결의 경우, 특별한 사정이 없는 한 착오의 유무는 대리인을 표준으로 판단하여야 한다.
④ 매도인이 매수인의 채무불이행을 이유로 매매계약을 적법하게 해제한 후라도 매수인은 착오를 이유로 취소권을 행사할 수 있다.
⑤ 착오로 인한 의사표시에 있어서 표의자의 중대한 과실 유무에 관한 증명책임은 그 상대방이 아니라 착오자에게 있다.

해설

[❶ ▶ ○] 법률행위의 중요부분의 착오란 표의자가 그러한 착오가 없었더라면 그 의사표시를 하지 않으리라고 생각될 정도로 중요한 것이어야 하고 보통 일반인도 표의자의 처지에 섰더라면 그러한 의사표시를 하지 않았으리라고 생각될 정도로 중요한 것이어야 한다(대판 2009.3.16. 2008다1842). 그러나 착오로 인하여 표의자가 무슨 경제적인 불이익을 입은 것이 아니라면 이를 법률행위 내용의 중요부분의 착오라고 할 수 없다(대판 2006.12.7. 2006다41457).

[❷ ▶ ○] 기망행위로 인하여 법률행위의 중요부분에 관하여 착오를 일으킨 경우뿐만 아니라 법률행위의 내용으로 표시되지 아니한 의사결정의 동기에 관하여 착오를 일으킨 경우에도 표의자는 그 법률행위를 사기에 의한 의사표시로서 취소할 수 있다(대판 1985.4.9. 85도167).

[❸ ▶ ○] 의사표시의 효력이 의사의 흠결, 사기, 강박 또는 어느 사정을 알았거나 과실로 알지 못한 것으로 인하여 영향을 받을 경우에 그 사실의 유무는 대리인을 표준하여 결정한다(민법 제116조 제1항). 민법 제116조 제1항은 비진의의사표시, 통정허위표시, 착오에 의한 의사표시, 사기·강박에 의한 의사표시에 있어서, 의사표시의 하자(예 착오 유무)는 대리인을 기준으로 하여 결정한다는 뜻이다. 따라서 대리인에 의한 계약체결의 경우, 본인에게 착오가 있더라도 대리인에게 착오가 없다면 본인은 이를 이유로 취소권을 행사할 수 없다.

[❹ ▶ ○] 매도인이 매수인의 중도금 지급채무 불이행을 이유로 매매계약을 적법하게 해제한 후라도 매수인으로서는 상대방이 한 계약해제의 효과로서 발생하는 손해배상책임을 지거나 매매계약에 따른 계약금의 반환을 받을 수 없는 불이익을 면하기 위하여 착오를 이유로 한 취소권을 행사하여 위 매매계약 전체를 무효로 돌리게 할 수 있다(대판 1991.8.27. 91다11308).

[❺ ▶ ×] 착오로 인한 의사표시에 있어서, 착오한 표의자의 중대한 과실 유무에 관한 주장과 입증책임(증명책임)은 착오자가 아니라 의사표시를 취소하게 하지 않으려는 상대방에게 있다(대판 2005.5.12. 2005다6228).

답 ❺

26 사기에 의한 의사표시에 관한 설명으로 옳지 않은 것은?(다툼이 있으면 판례에 따름)

① 광고에 있어 다소의 과장은 일반 상거래의 관행과 신의칙에 비추어 시인될 수 있는 한 기망성이 결여된다.
② 부작위에 의한 기망행위에서 고지의무는 조리상 일반원칙에 의해서는 인정될 수 없다.
③ 사기에 의한 의사표시가 인정되기 위해서는 의사표시자에게 재산상의 손실을 주려는 사기자의 고의는 필요하지 않다.
④ 기망행위로 인하여 법률행위의 내용으로 표시되지 않은 동기에 관하여 착오를 일으킨 경우에도 그 법률행위를 사기에 의한 의사표시를 이유로 취소할 수 있다.
⑤ 사기에 의한 의사표시의 취소는 선의의 제3자에게 대항하지 못한다.

해설

[❶ ▶ ○] 상품의 선전·광고에 다소의 과장이나 허위가 수반되는 것은 그것이 일반 상거래의 관행과 신의칙에 비추어 시인될 수 있는 한 기망성이 결여된다고 하겠으나, 거래에 있어서 중요한 사항에 관하여 구체적 사실을 신의성실의 의무에 비추어 비난받을 정도의 방법으로 허위로 고지한 경우에는 기망행위에 해당한다(대판 2014.1.23. 2012다84417).

[❷ ▶ ×] 부동산 거래에 있어 거래 상대방이 일정한 사정에 관한 고지를 받았더라면 그 거래를 하지 않았을 것임이 경험칙상 명백한 경우에는 신의성실의 원칙상 사전에 상대방에게 그와 같은 사정을 고지할 의무가 있으며, 그와 같은 고지의무의 대상이 되는 것은 직접적인 법령의 규정뿐 아니라 널리 계약상, 관습상 또는 조리상의 일반원칙에 의하여도 인정될 수 있다(대판 2006.10.12. 2004다48515).

[❸ ▶ ○] 사기자의 고의를 인정하기 위하여는 표의자를 기망하여 착오에 빠지게 하려는 고의와 착오에 기하여 의사표시를 하게 하려는 고의 등 2단의 고의가 있는 것으로 족하고, 별도로 표의자에게 재산상의 손실을 주려는 고의는 필요하지 아니하다. 민법 제110조는 표의자의 재산이 아니라 그의 의사결정의 자유를 보호하는데 그 취지가 있기 때문이다.

[❹ ▶ ○] 기망행위로 인하여 법률행위의 중요부분에 관하여 착오를 일으킨 경우뿐만 아니라 법률행위의 내용으로 표시되지 아니한 의사결정의 동기에 관하여 착오를 일으킨 경우에도 표의자는 그 법률행위를 사기에 의한 의사표시로서 취소할 수 있다(대판 1985.4.9. 85도167).

[❺ ▶ ○] 사기에 의한 의사표시의 취소는 선의의 제3자에게 대항하지 못한다(민법 제110조 제3항).

답 ❷

27 사기에 의한 의사표시에 관한 설명으로 옳지 않은 것은?(다툼이 있으면 판례에 따름)

23 행정사 제11회

① 사기에 의한 의사표시에는 의사와 표시의 불일치가 있을 수 없고, 단지 의사표시의 동기에 착오가 있는 것에 불과하다.
② 사기의 의사표시로 인해 부동산의 소유권을 취득한 자로부터 그 부동산의 소유권을 새로이 취득한 제3자는 특별한 사정이 없는 한 선의로 추정된다.
③ 교환계약의 당사자가 자기 소유의 목적물의 시가를 묵비하는 것은 특별한 사정이 없는 한 기망행위가 되지 않는다.
④ 상대방의 대리인에 의한 사기는 민법 제110조 제2항 소정의 제3자의 사기에 해당하지 않는다.
⑤ 계약이 제3자의 위법한 사기행위로 체결된 경우, 표의자는 그 계약을 취소하지 않는 한 제3자를 상대로 그로 인해 발생한 손해의 배상을 청구할 수 없다.

해설

[❶ ▶ ○] 사기에 의한 의사표시란 타인의 기망행위로 말미암아 착오에 빠지게 된 결과 어떠한 의사표시를 하게 되는 경우이므로 거기에는 의사와 표시의 불일치가 있을 수 없고, 단지 의사의 형성과정 즉 의사표시의 동기에 착오가 있는 것에 불과하며, 이 점에서 고유한 의미의 착오에 의한 의사표시와 구별된다(대판 2005.5.27. 2004다43824).

[❷ ▶ ○] 사기의 의사표시로 인한 매수인으로부터 부동산의 권리를 취득한 제3자는 특별한 사정이 없는 한 선의로 추정할 것이므로 사기로 인하여 의사표시를 한 부동산의 양도인이 제3자에 대하여 사기에 의한 의사표시의 취소를 주장하려면 제3자의 악의를 입증할 필요가 있다(대판 1970.11.24. 70다2155).

[❸ ▶ ○] 당사자 일방이 알고 있는 정보를 상대방에게 사실대로 고지하여야 할 신의칙상의 주의의무가 인정된다고 볼만한 특별한 사정이 없는 한, 교환계약의 어느 일방이 교환 목적물의 시가나 그 가액 결정의 기초가 되는 사항에 관하여 상대방에게 설명 내지 고지를 할 주의의무를 부담한다고 할 수 없고, 교환계약의 일방 당사자가 자기가 소유하는 목적물의 시가를 묵비하여 상대방에게 고지하지 아니하거나 혹은 허위로 시가보다 높은 가액을 시가라고 고지하였다 하더라도 이는 상대방의 의사결정에 불법적인 간섭을 한 것이라고 볼 수 없다(대판 2002.9.4. 2000다54406).

[❹ ▶ ○] 상대방 있는 의사표시에 관하여 제3자가 사기나 강박을 행한 경우에는 상대방이 그 사실을 알았거나 알 수 있었을 경우에 한하여 그 의사표시를 취소할 수 있다(민법 제110조 제2항). 그러나 의사표시에 관한 상대방의 대리인 등 상대방과 동일시할 수 있는 자는 민법 제110조 제2항의 제3자에 해당하지 않는다(대판 1998.1.23. 96다41496). 반면, 단순히 상대방의 피용자에 불과한 경우에는 민법 제110조 제2항의 제3자에 해당한다(대판 1998.1.23. 96다41496).

[❺ ▶ ×] 제3자의 사기행위로 인하여 피해자가 주택건설사와 사이에 주택에 관한 분양계약을 체결하였다고 하더라도 제3자의 사기행위 자체가 불법행위를 구성하는 이상, 제3자로서는 그 불법행위로 인하여 피해자가 입은 손해를 배상할 책임을 부담하는 것이므로, 피해자가 제3자를 상대로 손해배상청구를 하기 위하여 반드시 그 분양계약을 취소할 필요는 없다(대판 1998.3.10. 97다55829).

답 ❺

28 사기에 의한 의사표시에 관한 설명으로 옳지 않은 것은?(다툼이 있으면 판례에 따름)

25 행정사 제13회

① 의사표시의 상대방이 없는 경우라면, 기망행위를 누가 했는지에 상관없이 취소할 수 있다.
② 상대방의 대리인에 의한 사기는 민법 제110조 제2항에서 말하는 제3자의 사기에 해당하지 않는다.
③ 고지의무가 있는 사람이 알리지 않고 일부러 침묵하였다면, 부작위라도 기망행위가 될 수 있다.
④ 기망행위로 착오에 빠지게 된 경우이므로, 의사와 표시의 불일치가 아니라 의사표시의 동기에 착오가 있는 것이다.
⑤ 표의자에게 특정한 의사표시를 하도록 하는 것을 넘어 재산상의 손실을 주려는 기망행위자의 고의가 있어야 한다.

해설

[❶▶○] 상대방이 있는 의사표시의 경우, 제3자가 기망행위를 하였다면 상대방이 그 사실을 알았거나 알 수 있었을 경우에 한하여 그 의사표시를 취소할 수 있다(민법 제110조 제2항). 그러나 의사표시의 상대방이 없는 경우라면, 기망행위를 누가 했는지에 상관없이 민법 제110조 제1항에 의하여 취소할 수 있다.

[❷▶○] 상대방의 대리인에 의한 사기는 민법 제110조 제2항에서 말하는 제3자의 사기에 해당하지 않는다. 상대방의 대리인은 상대방과 동일시 할 수 있는 자이기 때문이다(대판 1999.2.23. 98다60828).

> 상대방 있는 의사표시에 관하여 제3자가 사기나 강박을 한 경우에는 상대방이 그 사실을 알았거나 알 수 있었을 경우에 한하여 그 의사표시를 취소할 수 있으나, 상대방의 대리인 등 상대방과 동일시할 수 있는 자의 사기나 강박은 제3자의 사기·강박에 해당하지 아니한다(대판 1999.2.23. 98다60828).

[❸▶○] 고지의무가 있는 사람이 알리지 않고 일부러 침묵하였다면, 부작위라도 기망행위가 될 수 있다.

> 사기죄의 요건으로서의 기망은 널리 재산상의 거래관계에 있어 서로 지켜야 할 신의와 성실의 의무를 저버리는 모든 적극적 또는 소극적 행위를 말하는 것이고, 이러한 소극적 행위로서의 부작위에 의한 기망은 법률상 고지의무 있는 자가 일정한 사실에 관하여 상대방이 착오에 빠져 있음을 알면서도 이를 고지하지 아니함을 말하는 것으로서, 일반거래의 경험칙상 상대방이 그 사실을 알았더라면 당해 법률행위를 하지 않았을 것이 명백한 경우에는 신의칙에 비추어 그 사실을 고지할 법률상 의무가 인정되는 것이다(대판 2000.1.28. 99도2884).

[❹▶○] 사기에 의한 의사표시란 타인의 기망행위로 말미암아 착오에 빠지게 된 결과 어떠한 의사표시를 하게 되는 경우이므로 거기에는 의사와 표시의 불일치가 있을 수 없고, 단지 의사의 형성과정 즉 의사표시의 동기에 착오가 있는 것에 불과하며, 이 점에서 고유한 의미의 착오에 의한 의사표시와 구분된다(대판 2005.5.27. 2004다43824).

[❺▶×] 사기에 의한 의사표시는 민법 제110조에 따라 취소할 수 있다. 이때 기망행위자는 표의자를 기망하여 (동기의) 착오에 빠지게 하려는 고의와 그 착오에 기하여 표의자로 하여금 의사표시를 하게 하려는 고의가 있어야 한다(2단의 고의). 이를 넘어 표의자에게 재산상의 손실을 주려는 고의는 요하지 않는다.

답 ⑤

29 사기·강박에 의한 의사표시에 관한 설명으로 옳은 것은?(다툼이 있으면 판례에 따름)

24 행정사 제12회

① 신의칙상 고지의무를 부담하는 자는 고지의무의 대상이 되는 사실을 이미 알고 있는 자에 대해서도 그 사실을 고지하여야 한다.
② 계약이 제3자의 위법한 사기행위로 체결된 경우, 표의자가 제3자를 상대로 사기로 인한 손해배상을 청구하기 위해서는 그 계약을 취소해야 한다.
③ 강박에 의한 의사표시에 대한 취소권의 행사기간은 소멸시효기간이다.
④ 소송행위가 강박에 의하여 이루어진 경우, 특별한 사정이 없는 한 강박을 이유로 소송행위를 취소할 수 있다.
⑤ 상품의 선전·광고에 다소의 과장이나 허위가 수반되는 것은 그것이 일반 상거래의 관행과 신의칙에 비추어 시인될 수 있는 한 기망성이 결여된다.

해설

[❶ ▶ ✕] 신의칙상 고지의무를 부담하는 자라도 고지의무의 대상이 되는 사실을 이미 알고 있는 자에 대하여는 그 사실을 고지하지 않아도 고지의무 위반이 아니다.

> 재산권의 거래관계에 있어서 계약의 일방 당사자가 상대방에게 그 계약의 효력에 영향을 미치거나 상대방의 권리 확보에 위험을 가져올 수 있는 구체적 사정을 고지하였다면 상대방이 그 계약을 체결하지 아니하거나 적어도 그와 같은 내용 또는 조건으로 계약을 체결하지 아니하였을 것임이 경험칙상 명백한 경우 그 계약 당사자는 신의성실의 원칙상 상대방에게 미리 그와 같은 사정을 고지할 의무가 있다고 하겠으나, 이때에도 상대방이 고지의무의 대상이 되는 사실을 이미 알고 있거나 스스로 이를 확인할 의무가 있는 경우 또는 거래 관행상 상대방이 당연히 알고 있을 것으로 예상되는 경우 등에는 상대방에게 위와 같은 사정을 알리지 아니하였다고 하여 고지의무를 위반하였다고 볼 수 없다(대판 2013.11.28. 2011다59247).

[❷ ▶ ✕] 계약이 제3자의 위법한 사기행위로 체결된 경우, 표의자가 제3자를 상대로 사기로 인한 손해배상을 청구하기 위하여 반드시 그 계약을 취소해야 하는 것은 아니다.

> 제3자의 사기행위로 인하여 피해자가 주택건설사와 사이에 주택에 관한 분양계약을 체결하였다고 하더라도 제3자의 사기행위 자체가 불법행위를 구성하는 이상, 제3자로서는 그 불법행위로 인하여 피해자가 입은 손해를 배상할 책임을 부담하는 것이므로, 피해자가 제3자를 상대로 손해배상청구를 하기 위하여 반드시 그 분양계약을 취소할 필요는 없다(대판 1998.3.10. 97다55829).

[❸ ▶ ✕] 강박에 의한 의사표시에 대한 취소권의 행사기간(민법 제146조, 추인할 수 있는 날로부터 3년 내, 법률행위를 한 날로부터 10년 내)은 소멸시효기간이 아니라 제척기간이다.

> 민법 제146조는 취소권은 추인할 수 있는 날로부터 3년 내에 행사하여야 한다고 규정하고 있는바, 이때의 3년이라는 기간은 일반 소멸시효기간이 아니라 제척기간으로서 제척기간이 도과하였는지 여부는 당사자의 주장에 관계없이 법원이 당연히 조사하여 고려하여야 할 사항이다(대판 1996.9.20. 96다25371).

[❹ ▶ ✕] 민법상의 법률행위에 관한 규정은 민사소송법상의 소송행위에는 특별한 규정 기타 특별한 사정이 없는 한 적용이 없는 것이므로 소송행위가 강박에 의하여 이루어진 것임을 이유로 취소할 수는 없다(대판 1997.10.10. 96다35484).

[❺ ▶ ○] 상품의 선전, 광고에 있어 다소의 과장이나 허위가 수반되는 것은 그것이 일반 상거래의 관행과 신의칙에 비추어 시인될 수 있는 한 기망성이 결여된다고 하겠으나, 거래에 있어서 중요한 사항에 관하여 구체적 사실을 신의성실의 의무에 비추어 비난받을 정도의 방법으로 허위로 고지한 경우에는 기망행위에 해당한다(대판 1993.8.13. 92다52665).

답 ❺

30 의사표시에 관한 설명으로 옳지 않은 것은? <small>22 행정사 제10회</small>

① 청약의 의사표시는 그 표시가 상대방에게 도달한 때에 그 효력이 생긴다.
② 의사표시자가 청약의 의사표시를 발송한 후 사망하였다면, 그 의사표시는 처음부터 무효인 것으로 본다.
③ 행위능력을 갖춘 미성년자에게는 특별한 사정이 없는 한 의사표시의 수령능력이 인정된다.
④ 표의자가 과실없이 상대방을 알지 못하는 경우, 민사소송법 공시송달의 규정에 의하여 의사표시를 송달할 수 있다.
⑤ 의사표시의 상대방이 의사표시를 받은 때에 제한능력자인 경우, 특별한 사정이 없는 한 의사표시자는 그 의사표시로써 대항할 수 없다.

해설

[❶ ▶ ○] 상대방이 있는 의사표시는 상대방에게 도달한 때에 그 효력이 생긴다(민법 제111조 제1항).
[❷ ▶ ×] 의사표시자가 그 통지를 발송한 후 사망하거나 제한능력자가 되어도 의사표시의 효력에 영향을 미치지 아니하므로(민법 제111조 제2항), 의사표시자의 청약이 상대방에게 도달하였다면 청약은 효력이 발생한다.
[❸ ▶ ○] 미성년자는 수령무능력자이나(민법 제112조 본문), 미성년자가 예외적으로 행위능력을 가지는 경우(예 미성년자가 법정대리인으로부터 특정한 영업의 허락을 받은 경우)에는 수령능력도 인정된다.
[❹ ▶ ○] 표의자가 과실없이 상대방을 알지 못하거나 상대방의 소재를 알지 못하는 경우에는 의사표시는 민사소송법 공시송달의 규정에 의하여 송달할 수 있다(민법 제113조).
[❺ ▶ ○] 의사표시의 상대방이 의사표시를 받은 때에 제한능력자인 경우에는 의사표시자는 그 의사표시로써 대항할 수 없다. 다만, 그 상대방의 법정대리인이 의사표시가 도달한 사실을 안 후에는 그러하지 아니하다(민법 제112조). 제한능력자는 의사표시의 수령능력이 없다는 의미이다.

답 ❷

제4절 법률행위의 대리

31 대리에 관한 설명으로 옳지 않은 것은?(다툼이 있으면 판례에 따름) <small>22 행정사 제10회</small>

① 대리인은 행위능력자임을 요하지 아니한다.
② 사실상의 용태에 의하여 대리권의 수여가 추단될 수 있다.
③ 임의대리의 원인된 법률관계가 종료하기 전이라도 본인은 수권행위를 철회할 수 있다.
④ 수권행위에서 권한을 정하지 아니한 대리인은 보존행위만을 할 수 있다.
⑤ 복대리인은 본인의 대리인이다.

해설

[❶ ▶ O] 대리인은 행위능력자임을 요하지 아니한다(민법 제117조). 따라서 미성년자와 같은 제한능력자도 타인의 대리인이 되어 대리행위를 할 수 있다.
[❷ ▶ O] 대리권을 수여하는 수권행위는 불요식의 행위로서 명시적인 의사표시에 의함이 없이 묵시적인 의사표시에 의하여 할 수도 있으며, 어떤 사람이 대리인의 외양을 가지고 행위하는 것을 본인이 알면서도 이의를 하지 아니하고 방임하는 등 사실상의 용태에 의하여 대리권의 수여가 추단되는 경우도 있다(대판 2016.5.26. 2016다203315).
[❸ ▶ O] 임의대리의 경우 그 원인된 법률관계의 종료 전에 본인이 수권행위를 철회할 수 있다(민법 제128조).
[❹ ▶ X] 권한을 정하지 아니한 대리인은 보존행위와 대리의 목적인 물건이나 권리의 성질을 변하지 아니하는 범위에서 그 이용 또는 개량하는 행위를 할 수 있다(민법 제118조).
[❺ ▶ O] 복대리인은 그 권한 내에서 본인을 대리한다(민법 제123조 제1항). 복대리인은 대리인이 대리권의 범위 내의 행위를 하게 하기 위하여 대리인 자신의 이름으로 선임한 본인의 대리인이다.

답 ❹

32 甲은 친구 乙로부터 丙소유의 X토지를 매수할 대리권을 수여받아, 乙을 대리하여 丙과 X에 관한 매매계약을 체결하였다. 이에 관한 설명으로 옳지 않은 것은?(다툼이 있으면 판례에 따름) <small>24 행정사 제12회</small>

① 매매계약 내용의 중요부분에 관하여 乙의 착오가 있는 경우, 甲에게는 착오가 없더라도 乙은 자신의 착오를 이유로 매매계약을 취소할 수 있다.
② 甲의 사기로 丙이 매도의 의사표시를 한 경우, 乙이 그 사실을 몰랐더라도 丙은 사기를 이유로 그 의사표시를 취소할 수 있다.
③ 丙이 이중매매를 하였고 위 매매계약이 제2매매인 경우에 甲이 丙의 배임행위에 적극가담하였다면, 乙이 그 사정을 몰랐더라도 매매계약은 무효이다.
④ 매매계약이 乙에게 불공정한 법률행위에 해당하는지 판단할 때 경솔, 무경험은 乙이 아닌 甲을 기준으로 판단한다.
⑤ 丙의 채무불이행이 있는 경우, 甲은 특별한 사정이 없는 한 채무불이행을 이유로 한 계약해제권을 가지지 않는다.

해설

[❶ ▶ ×]   의사표시의 효력이 의사의 흠결, 사기, 강박 또는 어느 사정을 알았거나 과실로 알지 못한 것으로 인하여 영향을 받을 경우에 그 사실의 유무는 대리인을 표준하여 결정한다(민법 제116조 제1항). 여기서 '의사의 흠결'이란 '의사와 표시의 불일치'를 의미하고, 비진의표시(민법 제107조), 통정허위표시(민법 제108조), 착오에 의한 의사표시(민법 제109조)가 이에 해당한다. 따라서 매매계약 내용의 중요부분에 관하여 본인 乙의 착오가 있더라도 대리인 甲에게는 착오가 없는 경우, 乙은 자신의 착오를 이유로 매매계약을 취소할 수 없다.

[❷ ▶ ○]   의사표시의 효력이 의사의 흠결, 사기, 강박 또는 어느 사정을 알았거나 과실로 알지 못한 것으로 인하여 영향을 받을 경우에 그 사실의 유무는 대리인을 표준하여 결정한다(민법 제116조 제1항). 대리인이 사기·강박을 한 경우, 대리인은 본인과 동일시할 수 있는 자로서(즉 제110조 제2항 소정의 '제3자의 사기·강박'에서 대리인은 제3자에 해당하지 않는다), 본인이 그 사실을 알았는지 여부를 묻지 않고 상대방은 그 의사표시를 취소할 수 있다(민법 제110조 제1항). 따라서 대리인 甲의 사기로 인하여 丙이 매도의 의사표시를 한 경우, 본인 乙이 그 사실을 몰랐더라도 상대방 丙은 사기를 이유로 그 의사표시를 취소할 수 있다.

> 상대방 있는 의사표시에 관하여 제3자가 사기나 강박을 행한 경우에는 상대방이 그 사실을 알았거나 알 수 있었을 경우에 한하여 그 의사표시를 취소할 수 있다(민법 제110조 제2항). 그러나 의사표시에 관한 상대방의 대리인 등 상대방과 동일시할 수 있는 자는 민법 제110조 제2항의 제3자에 해당하지 않는다(대판 1998.1.23. 96다41496).

[❸ ▶ ○]   의사표시의 효력이 의사의 흠결, 사기, 강박 또는 어느 사정을 알았거나 과실로 알지 못한 것으로 인하여 영향을 받을 경우에 그 사실의 유무는 대리인을 표준하여 결정한다(민법 제116조 제1항). 부동산 이중매매에서도 매도인의 배임행위에 적극 가담하였는지 여부는 대리인을 기준으로 하여 판단한다. 따라서 상대방 丙이 이중매매를 하였고 위 매매계약이 제2매매인 경우에 대리인 甲이 丙의 배임행위에 적극 가담하였다면, 본인 乙이 그 사정을 몰랐더라도 매매계약은 무효이다(대판 1998.2.27. 97다45532 참조).

> 대리인이 본인을 대리하여 매매계약을 체결함에 있어서 매매대상 토지에 관한 저간의 사정을 잘 알고 그 배임행위에 가담하였다면, 대리행위의 하자 유무는 대리인을 표준으로 판단하여야 하므로, 설사 본인이 미리 그러한 사정을 몰랐거나 반사회성을 야기한 것이 아니라고 할지라도 그로 인하여 매매계약이 가지는 사회질서에 반한다는 장애사유가 부정되는 것은 아니다(대판 1998.2.27. 97다45532).

[❹ ▶ ○]   대리인에 의하여 법률행위가 이루어진 경우 그 법률행위가 민법 제104조의 불공정한 법률행위에 해당하는지 여부를 판단함에 있어서 경솔과 무경험은 대리인을 기준으로 하여 판단하고, 궁박은 본인의 입장에서 판단하여야 한다(대판 2002.10.22. 2002다38927). 따라서 매매계약이 乙에게 불공정한 법률행위에 해당하는지 판단할 때 경솔, 무경험은 乙이 아닌 甲을 기준으로 판단한다.

[❺ ▶ ○]   대리인이 한 의사표시의 효과는 모두 직접 본인에게 발생한다(민법 제114조). 직접 본인에게 귀속하는 것은 당해 의사표시에 의한 효과뿐만 아니라 그 의사표시와 관련하여 생기는 담보책임, 계약해제권, 취소권, 채무불이행으로 인한 손해배상청구권 등도 포함한다. 따라서 丙의 채무불이행이 있는 경우, 채무불이행을 이유로 한 계약해제권은 대리인 甲이 아니라 본인 乙이 가진다.

> 어떠한 계약의 체결에 관한 대리권을 수여(授與)받은 대리인이 수권된 법률행위를 하게 되면 그것으로 대리권의 원인된 법률관계(기초적 내부관계)는 원칙적으로 목적을 달성하여 종료되는 것이고, 법률행위에 의하여 수여(授與)된 대리권은 그 원인된 법률관계의 종료에 의하여 소멸하는 것이므로(민법 제128조), 그 계약을 대리하여 체결하였다 하여 곧바로 그 사람이 체결된 계약의 해제 등 일체의 처분권과 상대방의 의사를 수령할 권한까지 가지고 있다고 볼 수는 없다(대판 2008.1.31. 2007다74713).

답 ❶

33 임의대리권의 범위에 관한 설명으로 옳지 않은 것은?(다툼이 있으면 판례에 따름)

22 행정사 제10회

① 임의대리권의 범위는 원칙적으로 수권행위에 의하여 정해진다.
② 특별한 사정이 없는 한 통상의 임의대리권은 필요한 한도에서 수령대리권을 포함한다.
③ 매도인으로부터 매매계약체결에 대한 대리권을 수여받은 자는 특별한 사정이 없는 한 그 매매계약에 따른 중도금을 수령할 권한이 있다.
④ 매도인으로부터 매매계약의 체결과 이행에 대해 포괄적인 대리권을 수여받은 자는 특별한 사정이 없는 한 약정된 매매대금의 지급기일을 연기해 줄 권한이 없다.
⑤ 부동산을 매수할 권한을 수여받은 자는 원칙적으로 그 부동산을 처분할 권한이 없다.

해설

[❶ ▸ ○] 임의대리권의 범위는 원칙적으로 수권행위에 의하여 정하여지고 수권행위의 해석에 의하여 구체화된다.

[❷ ▸ ○] 수권행위의 통상의 내용으로서의 임의대리권은 그 권한에 부수하여 필요한 한도에서 상대방의 의사표시를 수령하는 이른바 수령대리권을 포함하는 것으로 보아야 한다(대판 1994.2.8. 93다39379).

[❸ ▸ ○] [❹ ▸ ×] 부동산의 소유자로부터 매매계약을 체결할 대리권을 수여받은 대리인은 특별한 다른 사정이 없는 한 그 매매계약에서 약정한 바에 따라 중도금이나 잔금을 수령할 수도 있다고 보아야 하고,❸ 매매계약의 체결과 이행에 관하여 포괄적으로 대리권을 수여받은 대리인은 특별한 다른 사정이 없는 한 상대방에 대하여 약정된 매매대금지급기일을 연기하여 줄 권한도 가진다고 보아야 할 것이다❹(대판 1992.4.14. 91다43107).

[❺ ▸ ○] 법률행위에 의하여 수여된 대리권은 그 원인된 법률관계의 종료에 의하여 소멸하는 것이므로 특별한 다른 사정이 없는 한 부동산을 매수할 권한을 수여받은 대리인에게 그 부동산을 처분할 대리권도 있다고 볼 수 없다(대판 1991.2.12. 90다7364).

답 ❹

34

대리행위에 관한 설명으로 옳은 것은?(다툼이 있으면 판례에 따름)   21 행정사 제9회

① 미성년자 甲의 법정대리인 乙이 제3자 丙의 이익만을 위한 대리행위를 하고 그 사정을 상대방 丁이 알고 있었다면, 그 대리행위는 甲에게 효과가 없다.
② 매매위임장을 제시하고 매매계약을 체결하면서 계약서에 대리인의 성명만 기재하는 경우, 특단의 사정이 없는 한 그 계약은 본인에게 효력이 없다.
③ 특정한 법률행위를 위임한 경우에 대리인이 본인의 지시에 좇아 그 행위를 한 때에는 본인은 자기가 안 사정에 관하여 대리인의 부지(不知)를 주장할 수 있다.
④ 하나의 물건에 대해 본인과 대리인이 각각 계약을 체결한 경우, 대리인이 체결한 계약은 무효이다.
⑤ 본인은 임의대리인이 제한능력자라는 이유로 대리행위를 취소할 수 있다.

해설

[❶ ▶ ○]   대리권남용에 관하여 판례는 민법 제107조 제1항 단서 유추적용설의 입장을 따르고 있다(대판 1996.4.26. 94다29850). 판례의 취지를 고려할 때 상대방 丁이 법정대리인 乙의 대리권 남용 사실을 알고 있었다면 그 대리행위는 甲에게 효과가 없다고 하는 것이 타당하다.

> • 진의 아닌 의사표시가 대리인에 의하여 이루어지고 그 대리인의 진의가 본인의 이익이나 의사에 반하여 자기 또는 제3자의 이익을 위한 배임적인 것임을 그 상대방이 알았거나 알 수 있었을 경우에는, 민법 제107조 제1항 단서의 유추해석상 그 대리인의 행위는 본인의 대리행위로 성립할 수 없으므로 본인은 대리인의 행위에 대하여 아무런 책임이 없다(대판 1996.4.26. 94다29850).
> • 친권자인 모(母)가 미성년자인 자(子)의 법정대리인으로서 자의 유일한 재산을 아무런 대가도 받지 않고 증여하였고 상대방이 그 사실을 알고 있었던 경우, 그 증여행위는 친권(법정대리권)의 남용에 의한 것이므로 그 효과는 자에게 미치지 않는다(대판 1997.1.24. 96다43928).

[❷ ▶ ×]   매매위임장을 제시하고 매매계약을 체결하는 자는 특단의 사정이 없는 한 소유자를 대리하여 매매행위하는 것이라고 보아야 한다(대판 1982.5.25. 81다349). 즉, 유효한 대리행위로서 그 계약은 본인에게 효력이 있다.

[❸ ▶ ×]   특정한 법률행위를 위임한 경우에 대리인이 본인의 지시에 좇아 그 행위를 한 때에는 본인은 자기가 안 사정 또는 과실로 인하여 알지 못한 사정에 관하여 대리인의 부지를 주장하지 못한다(민법 제116조 제2항).

[❹ ▶ ×]   하나의 물건에 대해 본인과 대리인이 각각 계약을 체결한 경우라도 대리인이 그 권한범위 내에서 대리행위를 하였다면 대리인의 체결한 계약은 유효하고 본인에게 그 효력이 있다. 본인이 체결한 계약과 대리인이 체결한 계약은 모두 본인에게 그 효력이 있다.

[❺ ▶ ×]   대리인은 행위능력자임을 요하지 아니하므로(민법 제117조), 본인은 임의대리인이 제한능력자라는 이유로 대리행위를 취소할 수 없다고 보는 것이 타당하다.

답 ❶

35 복대리에 관한 설명으로 옳은 것은?

① 복대리인은 대리인의 대리인이다.
② 법정대리인은 언제나 복임권이 있다.
③ 대리인이 파산하여도 복대리권은 소멸하지 않는다.
④ 임의대리인은 본인의 승낙이 있는 때에 한하여 복임권을 갖는다.
⑤ 복대리인이 선임되면 특별한 사정이 없는 한 대리인의 대리권은 소멸한다.

해설

[❶ ▸ ×] 복대리인은 그 권한 내에서 본인을 대리한다(민법 제123조 제1항). 복대리인은 대리인의 대리인이 아니라, 대리인 선임한 본인의 대리인이다.
[❷ ▸ ○] 법정대리인은 그 책임으로 복대리인을 선임할 수 있다. 그러나 부득이한 사유로 인한 때에는 선임감독에 관한 책임만이 있다(민법 제122조). 즉, 법정대리인은 언제나 복임권이 있다.
[❸ ▸ ×] 복대리권은 대리인의 대리권을 전제로 하는 것이므로 대리인의 대리권의 소멸(예 본인의 사망, 대리인의 사망, 대리인의 성년후견의 개시, 대리인의 파산)에 의하여 소멸한다.
[❹ ▸ ×] 대리권이 법률행위에 의하여 부여된 경우(= 임의대리인의 경우)에는 대리인은 본인의 승낙이 있거나 부득이한 사유 있는 때가 아니면 복대리인을 선임하지 못한다(민법 제120조).
[❺ ▸ ×] 복대리인이 선임되더라도 대리인의 대리권이 소멸하는 것은 아니다.

답 ❷

36

무권대리행위에 대한 본인의 추인에 관한 설명으로 옳은 것은?(다툼이 있으면 판례에 따름)

22 | 행정사 제10회

① 추인은 무권대리인의 동의가 있어야 유효하다.
② 추인은 무권대리인이 아닌 무권대리행위의 상대방에게 하여야 한다.
③ 무권대리행위가 범죄가 되는 경우, 본인이 그 사실을 알고 장기간 형사고소를 하지 않았다면 묵시적 추인이 인정된다.
④ 추인은 무권대리행위가 있음을 알고 하여야 한다.
⑤ 무권대리행위의 일부에 대한 추인은 상대방의 동의가 없더라도 유효하다.

해설

[❶▶×] [❺▶×] 무권대리행위의 추인은 무권대리인에 의하여 행하여진 불확정한 행위에 관하여 그 행위의 효과를 자기에게 직접 발생케 하는 것을 목적으로 하는 의사표시이며, 무권대리인 또는 상대방의 동의나 승낙을 요하지 않는 단독행위로서❶ 추인은 의사표시의 전부에 대하여 행하여져야 하고, 그 일부에 대하여 추인을 하거나 그 내용을 변경하여 추인을 하였을 경우에는 상대방의 동의를 얻지 못하는 한 무효이다❺(대판 1982.1.26. 81다카549).

[❷▶×] 민법 제132조는 무권대리행위의 상대방을 추인의 상대방으로 규정하고 있지만 추인이 사후적인 대리권 수여의 성질을 가지고 있으므로 무권대리인도 추인의 상대방이 될 수 있다고 보는 것이 학설, 판례(대판 1992.10.27. 92다19033)의 일반적인 태도이다. 다만, 무권대리인에 대하여 추인을 한 경우에는 상대방이 추인이 있었음을 알지 못하는 때에는 이에 대하여 추인의 효과를 주장하지 못한다(민법 제132조).

[❸▶×] 무권대리행위가 범죄가 되는 경우에 대하여 그 사실을 알고도 장기간 형사고소를 하지 아니하였다 하더라도 그 사실만으로 묵시적인 추인이 있었다고 할 수는 없다(대판 1998.2.10. 97다31113).

[❹▶○] 무권대리행위는 그 효력이 불확정상태에 있다가 본인의 추인 유무에 따라 본인에 대한 효력 발생 여부가 결정되는 것인바, 그 추인은 무권대리행위가 있음을 알고 그 행위의 효과를 자기에게 귀속시키도록 하는 단독행위로서 그 의사표시의 방법에 관하여 일정한 방식이 요구되는 것이 아니므로 명시적이든 묵시적이든 묻지 아니한다(대판 1990.4.27. 89다카2100).

답 ❹

37 계약에 대한 무권대리에 관한 설명으로 옳은 것은?(다툼이 있으면 판례에 따름)

① 범죄가 되는 무권대리행위에 대하여 장기간 형사고소를 하지 아니하였다는 사실만으로 묵시적인 추인이 있었다고 볼 수 있다.
② 본인이 추인을 거절하더라도 상대방은 철회권을 행사할 수 있다.
③ 본인이 무권대리행위의 일부에 대해 추인을 한 경우, 그에 대하여 상대방의 동의를 얻으면 유효하다.
④ 본인이 무권대리인에게 한 추인의 의사표시는 항상 효력이 없다.
⑤ 무권대리인의 계약상대방에 대한 책임(민법 제135조 제1항)은 대리권의 흠결에 관하여 대리인에게 과실이 있어야 인정된다.

해설

[❶▸×] 무권대리행위가 범죄가 되는 경우에 대하여 그 사실을 알고도 장기간 형사고소를 하지 아니하였다 하더라도 그 사실만으로 묵시적인 추인이 있었다고 할 수는 없다(대판 1998.2.10. 97다31113).
[❷▸×] 본인의 추인거절이 있으면 무권대리행위는 무효로 확정되어 그 후에는 본인이 추인할 수 없을 뿐만 아니라 상대방도 철회권을 행사할 수 없다.
[❸▸○] 무권대리인 또는 상대방의 동의나 승낙을 요하지 않는 단독행위로서 추인은 의사표시의 전부에 대하여 행하여져야 하고, 그 일부에 대하여 추인을 하거나 그 내용을 변경하여 추인을 하였을 경우에는 상대방의 동의를 얻지 못하는 한 무효이다(대판 1982.1.26. 81다카549).
[❹▸×] 본인이 상대방이 아니라 무권대리인에 대하여 추인을 한 경우에는 상대방이 추인이 있었음을 알지 못하는 때에는 이에 대하여 추인의 효과를 주장하지 못한다(민법 제132조). 즉, 추인의 의사표시를 무권대리인에게 한 경우에도 그 사실을 상대방이 안 때에는 추인의 효력을 상대방에게 주장할 수 있다.
[❺▸×] 무권대리인의 상대방에 대한 책임은 무과실책임으로서 대리권의 흠결에 관하여 대리인에게 과실 등의 귀책사유가 있어야만 인정되는 것이 아니고, 무권대리행위가 제3자의 기망이나 문서위조 등 위법행위로 야기되었다고 하더라도 책임은 부정되지 아니한다(대판 2014.2.27. 2013다213038).

답 ❸

38 무권대리인 乙은 아무런 권한 없이 자신을 甲의 대리인이라고 칭하면서 丙과 甲소유의 X토지에 대한 매매계약을 체결하였다. 이에 관한 설명으로 옳지 않은 것은?(표현대리는 성립하지 않으며, 다툼이 있으면 판례에 따름)

23 행정사 제11회

① 丙이 계약 체결 당시 乙이 무권대리인임을 알지 못하였다면, 丙은 甲의 추인이 있기 전에 乙을 상대로 계약을 철회할 수 있다.
② 丙이 계약 체결 당시 乙이 무권대리인임을 알았더라도 丙은 상당한 기간을 정하여 甲에게 추인 여부의 확답을 최고할 수 있다.
③ 甲이 乙의 무권대리행위의 내용을 변경하여 추인한 경우, 그 추인은 그에 대한 丙의 동의가 있어야 유효하다.
④ 乙이 대리권을 증명하지 못하고 甲의 추인도 받지 못한 경우, 丙은 계약 체결 당시 乙이 무권대리인임을 알았더라도 乙에게 계약의 이행이나 손해배상을 청구할 수 있다.
⑤ 계약 체결 후 乙이 甲의 지위를 단독상속한 경우, 乙은 본인의 지위에서 丙을 상대로 계약의 추인을 거절할 수 없다.

해설

[❶ ▶ ○] 대리권 없는 자가 한 계약은 본인의 추인이 있을 때까지 상대방은 본인이나 그 대리인에 대하여 이를 철회할 수 있다. 그러나 계약 당시에 상대방이 대리권 없음을 안 때에는 그러하지 아니하다(민법 제134조). 따라서 丙이 계약 체결 당시 乙이 무권대리인임을 알지 못하였다면, 丙은 甲의 추인이 있기 전에 乙을 상대로 계약을 철회할 수 있다.
[❷ ▶ ○] 대리권 없는 자가 타인의 대리인으로 계약을 한 경우에 상대방은 상당한 기간을 정하여 본인에게 그 추인여부의 확답을 최고할 수 있다. 본인이 그 기간 내에 확답을 발하지 아니한 때에는 추인을 거절한 것으로 본다(민법 제131조). 무권대리 상대방의 최고권은 계약당시에 상대방이 대리권 없음을 안 때에도 인정되며, 본인에게만 최고권을 행사할 수 있다. 따라서 상대방 丙이 계약 체결 당시 乙이 무권대리인임을 알았더라도 丙은 상당한 기간을 정하여 甲에게 추인 여부의 확답을 최고할 수 있다.
[❸ ▶ ○] 무권대리행위의 추인은 의사표시의 전부에 대하여 행하여져야 하고, 그 일부에 대하여 추인을 하거나 그 내용을 변경하여 추인을 하였을 경우에는 상대방의 동의를 얻지 못하는 한 무효이다(대판 1982.1.26. 81다카549).
[❹ ▶ ×] 乙이 대리권을 증명하지 못하고 甲의 추인도 받지 못한 경우, 丙이 계약 체결 당시 乙이 무권대리인임을 몰랐고 모르는데 과실이 없었다면(선의・무과실), 丙은 乙에게 계약의 이행이나 손해배상을 청구할 수 있으나, 丙이 계약 체결 당시 乙이 무권대리인임을 안 이상(악의), 丙은 乙에게 계약의 이행이나 손해배상을 청구할 수 없다(민법 제135조).
[❺ ▶ ○] 계약 체결 후 무권대리인 乙이 본인 甲의 지위를 단독상속한 경우, 乙이 본인의 지위에서 丙을 상대로 계약의 추인을 거절하는 것은 금반언원칙이나 신의칙상 허용될 수 없다(대판 1994.9.27. 94다20617 참조).

답 ❹

39 권한을 넘은 표현대리(민법 제126조)에 관한 설명으로 옳지 않은 것은?(다툼이 있으면 판례에 따름)

21 행정사 제9회

① 권한을 넘은 대리행위와 기본대리권이 반드시 동종의 것이어야 하는 것은 아니다.
② 대리인이 사술을 써서 대리행위의 표시를 하지 아니하고 단지 본인의 성명을 모용하여 자기가 본인인 것처럼 기망하여 본인 명의로 직접 법률행위를 한 경우에는 특별한 사정이 없는 한 권한을 넘은 표현대리는 성립할 수 없다.
③ 권한을 넘은 표현대리에 관한 규정에서의 제3자에는 당해 표현대리행위의 직접상대방이 된 자 외에 전득자도 포함된다.
④ 권한을 넘은 표현대리에 있어서 정당한 이유의 유무는 대리행위 당시를 기준으로 하여 판단한다.
⑤ 복임권이 없는 대리인이 선임한 복대리인의 대리권도 권한을 넘은 표현대리에서의 기본대리권이 될 수 있다.

해설

[❶ ▶ ○] 정당하게 부여받은 대리권의 내용되는 행위와 권한을 넘은 표현대리는 반드시 같은 종류의 행위에 속할 필요는 없다(대판 1969.7.22. 69다548).

[❷ ▶ ○] 사술을 써서 대리행위의 표시를 하지 아니하고 단지 본인의 성명을 모용하여 자기가 마치 본인인 것처럼 기망하여 본인 명의로 직접 법률행위를 한 경우에는 특별한 사정이 없는 한 권한을 넘은 표현대리는 성립될 수 없다(대판 2002.6.28. 2001다49814).

[❸ ▶ ×] 권한을 넘은 표현대리에 관한 민법 제126조의 규정에서 제3자란 당해 표현대리행위의 직접 상대방이 된 자만을 지칭하는 것이고, 직접 상대방으로부터 다시 권리를 취득한 제3자(전득자)는 포함되지 않는다(대판 1999.12.24. 99다13201).

> **민법 제126조(권한을 넘은 표현대리)** 대리인이 그 권한외의 법률행위를 한 경우에 제3자가 그 권한이 있다고 믿을 만한 정당한 이유가 있는 때에는 본인은 그 행위에 대하여 책임이 있다.

[❹ ▶ ○] 권한을 넘은 표현대리에 있어서 정당한 이유의 유무는 대리행위 당시를 기준으로 하여 판정하여야 하고 매매계약 성립 이후의 사정은 고려할 것이 아니다(대판 1997.6.27. 97다3828).

[❺ ▶ ○] 대리인이 사자 내지 임의로 선임한 복대리인을 통하여 권한 외의 법률행위를 한 경우, 상대방이 그 행위자를 대리권을 가진 대리인으로 믿었고 또한 그렇게 믿는 데에 정당한 이유가 있는 때에는, 민법 제126조를 적용함에 있어서 기본대리권의 흠결 문제는 생기지 않는다(대판 1998.3.27. 97다48982).

답 ❸

40 권한을 넘은 표현대리에 관한 설명으로 옳지 않은 것은?(다툼이 있으면 판례에 따름)

24 행정사 제12회

① 권한을 넘은 표현대리에 관한 규정은 법정대리에도 적용된다.
② 대리인이 그 권한 외의 법률행위를 한 경우, 대리인에게 그 권한이 있다고 상대방이 믿을만한 정당한 이유가 있는지 여부는 대리행위 당시를 기준으로 결정해야 한다.
③ 복대리인 선임권이 없는 대리인에 의하여 선임된 복대리인의 권한은 기본대리권이 될 수 없다.
④ 대리권소멸 후의 표현대리가 인정되는 경우, 그 표현대리의 권한을 넘은 대리행위가 있을 때에는 권한을 넘은 표현대리가 성립할 수 있다.
⑤ 대리행위의 표시를 하지 아니하고 자기가 본인인 것처럼 기망하여 본인 명의로 직접 법률행위를 한 경우, 특별한 사정이 없는 한 권한을 넘은 표현대리는 성립할 수 없다.

해설

[❶▶○] 권한을 넘는 표현대리 규정은 거래의 안전을 도모하여 거래상대방의 이익을 보호하려는 데에 그 취지가 있으므로 법정대리라고 하여 임의대리와는 달리 그 적용이 없다고 할 수 없다(대판 1997.6.27. 97다3828).

[❷▶○] 권한을 넘은 표현대리에 있어서 정당한 이유의 유무는 대리행위 당시를 기준으로 하여 판정하여야 하고 매매계약 성립 이후의 사정은 고려할 것이 아니다(대판 1997.6.27. 97다3828).

[❸▶×] 대리인이 사자 내지 임의로 선임한 복대리인을 통하여 권한 외의 법률행위를 한 경우, 상대방이 그 행위자를 대리권을 가진 대리인으로 믿었고 또한 그렇게 믿는 데에 정당한 이유가 있는 때에는, 복대리인 선임권이 없는 대리인에 의하여 선임된 복대리인의 권한도 기본대리권이 될 수 있을 뿐만 아니라, 그 행위자가 사자라고 하더라도 대리행위의 주체가 되는 대리인이 별도로 있고 그들에게 본인으로부터 기본대리권이 수여된 이상, 민법 제126조를 적용함에 있어서 기본대리권의 흠결 문제는 생기지 않는다(대판 1998.3.27. 97다48982).

[❹▶○] 과거에 가졌던 대리권이 소멸되어 민법 제129조에 의하여 표현대리로 인정되는 경우에 그 표현대리의 권한을 넘는 대리행위가 있을 때에는 민법 제126조에 의한 표현대리가 성립할 수 있다(대판 2008.1.31. 2007다74713).

[❺▶○] 사술을 써서 대리행위의 표시를 하지 아니하고 단지 본인의 성명을 모용하여 자기가 마치 본인인 것처럼 기망하여 본인 명의로 직접 법률행위를 한 경우에는 특별한 사정이 없는 한 권한을 넘은 표현대리는 성립될 수 없다(대판 2002.6.28. 2001다49814).

답 ❸

41 표현대리에 관한 설명으로 옳은 것은?(다툼이 있으면 판례에 따름) 25 행정사 제13회

① 권한을 넘은 표현대리에서 법정대리권도 기본 대리권이 될 수 있다.
② 대리행위가 강행법규 위반으로 무효이더라도 표현대리 법리가 적용된다.
③ 처음부터 아무 대리권도 없었던 사람의 대리행위에 대하여 대리권 소멸 후의 표현대리를 유추 적용할 수 있다.
④ 대리권 수여의 표시로 인한 표현대리에서 대리권 존재에 대한 상대방의 선의 및 무과실은 요건이 아니다.
⑤ 표현대리의 성립으로 본인이 이행책임을 질 때 상대방의 과실이 있는 경우에는 과실상계의 법리에 따라 본인의 책임이 경감된다.

해설

[❶▸○] 법정대리권도 민법 제126조의 권한을 넘은 표현대리의 기본 대리권이 될 수 있다.

> 권한을 넘는 표현대리 규정은 거래의 안전을 도모하여 거래상대방의 이익을 보호하려는 데에 그 취지가 있으므로 법정대리라고 하여 임의대리와는 달리 그 적용이 없다고 할 수 없다(대판 1997.6.27. 97다3828).

[❷▸×] 투자수익보장이 강행법규에 위반되어 무효인 이상 증권회사의 지점장에게 그와 같은 약정을 체결할 권한이 수여되었는지 여부에 불구하고 그 약정은 여전히 무효이므로 표현대리의 법리가 준용될 여지가 없다(대판 1996.8.23. 94다38199).

[❸▸×] 기본적인 어떠한 대리권도 없는 자에 대하여 대리권한의 유월 또는 대리권 소멸 후의 표현대리 관계는 성립할 여지가 없다(대판 1984.10.10. 84다카780).

[❹▸×] 대리권수여의 표시에 의한 표현대리는 '대리권 없음에 대한 제3자(표현대리의 상대방)의 선의 및 무과실'을 요건으로 한다(민법 제125조).

> **민법 제125조(대리권수여의 표시에 의한 표현대리)** 제3자에 대하여 타인에게 대리권을 수여함을 표시한 자는 그 대리권의 범위 내에서 행한 그 타인과 그 제3자 간의 법률행위에 대하여 책임이 있다. 그러나 제3자가 대리권 없음을 알았거나 알 수 있었을 때에는 그러하지 아니하다.

[❺▸×] 표현대리행위가 성립하는 경우에 본인은 표현대리행위에 기하여 전적인 책임을 져야 하는 것이고 상대방에게 과실이 있다고 하더라도 과실상계의 법리를 유추적용하여 본인의 책임을 감경할 수 없는 것이다(대판 1994.12.22. 94다24985).

답 ❶

42 무권대리와 표현대리에 관한 설명으로 옳지 않은 것은?(다툼이 있으면 판례에 따름)

21 행정사 제9회

① 유권대리에 관한 주장 속에는 무권대리에 속하는 표현대리의 주장이 포함되어 있다고 볼 수 없다.
② 표현대리가 성립하는 경우, 상대방에게 과실이 있어도 과실상계의 법리를 유추적용하여 본인의 책임을 경감할 수 없다.
③ 대리행위가 강행법규 위반으로 무효인 경우 표현대리 법리가 적용되지 않는다.
④ 상대방은 계약 당시에 대리인에게 대리권이 없음을 안 때에는 계약을 철회할 수 없다.
⑤ 제한능력자인 무권대리인은 민법 제135조 제1항에 따라 계약을 이행할 책임 또는 손해를 배상할 책임이 있다.

해설

[❶ ▶ ○] 표현대리가 성립된다고 하여 무권대리의 성질이 유권대리로 전환되는 것은 아니므로, 양자의 구성요건 해당사실, 즉 주요사실은 다르다고 볼 수밖에 없으니 유권대리에 관한 주장 속에 무권대리에 속하는 표현대리의 주장이 포함되어 있다고 볼 수 없다(대판 1983.12.13. 83다카1489[전합]).

[❷ ▶ ○] 표현대리행위가 성립하는 경우에 본인은 표현대리행위에 기하여 전적인 책임을 져야 하는 것이고 상대방에게 과실이 있다고 하더라도 과실상계의 법리를 유추적용하여 본인의 책임을 감경할 수 없는 것이다(대판 1994.12.22. 94다24985).

[❸ ▶ ○] 투자수익보장이 강행법규에 위반되어 무효인 이상 증권회사의 지점장에게 그와 같은 약정을 체결할 권한이 수여되었는지 여부에 불구하고 그 약정은 여전히 무효이므로 표현대리의 법리가 준용될 여지가 없다(대판 1996.8.23. 94다38199).

[❹ ▶ ○] 대리권 없는 자가 한 계약은 본인의 추인이 있을 때까지 상대방은 본인이나 그 대리인에 대하여 이를 철회할 수 있다. 그러나 계약 당시에 상대방이 대리권 없음을 안 때에는 이를 철회할 수 없다(민법 제134조 참조).

[❺ ▶ ×] 무권대리인의 상대방에 대한 책임이 인정되기 위해서는 대리인으로서 계약을 맺은 사람(무권대리인)이 제한능력자가 아니어야 한다(민법 제135조 제2항).

> **민법 제135조(상대방에 대한 무권대리인의 책임)** ① 다른 자의 대리인으로서 계약을 맺은 자가 그 대리권을 증명하지 못하고 또 본인의 추인을 받지 못한 경우에는 그는 상대방의 선택에 따라 계약을 이행할 책임 또는 손해를 배상할 책임이 있다.
> ② 대리인으로서 계약을 맺은 자에게 대리권이 없다는 사실을 상대방이 알았거나 알 수 있었을 때 또는 대리인으로서 계약을 맺은 사람이 제한능력자일 때에는 제1항을 적용하지 아니한다.

답 ⑤

43 甲이 만 18세인 대학생 乙에게 X아파트 분양계약체결에 관한 대리권을 수여하였고, 乙은 甲을 대리하여 丙이 분양하는 X아파트를 3억원에 분양받기로 하는 계약을 체결한 경우에 관한 설명으로 옳지 않은 것은?(다툼이 있으면 판례에 따름)

15 행정사 제3회

① 丙은 甲에 대하여 X아파트 분양계약에 따른 이행을 청구할 수 있다.
② 乙의 법정대리인은 X아파트 분양계약을 법정대리인의 동의가 없다는 이유로 취소할 수 없다.
③ 丙이 X아파트에 대한 소유권이전등기를 해 주지 않은 경우, 특별한 사정이 없는 한 乙은 甲을 대리하여 계약을 해제할 수 없다.
④ 만일 乙이 무권대리인이었고, 丙이 이를 알지 못하였다면, 丙은 乙에게 계약의 이행을 청구할 수 있다.
⑤ 만일 X아파트 단지 인근에 쓰레기 매립장이 건설예정인 사실을 알고 있는 丙이 乙에게 이를 고지하지 않았다면 이는 부작위에 의한 기망행위가 된다.

해설

[❶ ▶ ○] 대리인은 행위능력자임을 요하지 아니하므로(민법 제117조), 乙에 의한 X아파트 분양계약의 효력은 본인 甲에게 귀속한다. 따라서 丙은 甲에게 X아파트 분양계약에 따른 이행을 청구할 수 있다.
[❷ ▶ ○] 대리인은 행위능력자임을 요하지 아니하고, 미성년자 乙의 대리행위(X아파트 분양계약)의 효과는 직접 본인 甲에게 귀속되므로 법정대리인은 X아파트 분양계약을 취소할 수 없다.
[❸ ▶ ○] 판례의 취지를 고려할 때 X아파트 분양계약체결에 관한 대리권을 수여받은 乙은 甲을 대리하여 계약을 해제할 수 없다고 보아야 한다.

> 매매계약을 소개하고 매수인을 대리하여 매매계약을 체결하였다 하여 곧바로 그 제3자가 매수인을 대리하여 매매계약의 해제 등 일체의 처분권과 상대방의 의사를 수령할 권한까지 가지고 있다고 볼 수는 없다(대판 1987.4.28. 85다카971).

[❹ ▶ ×] 乙이 대리권이 없다는 사실에 대해 상대방 丙이 선의(이고 무과실)라 하더라도 무권대리인 乙은 미성년자로서 제한능력자이므로 丙은 乙에게 X아파트 분양계약의 이행을 청구할 수 없다(민법 제135조 제2항).
[❺ ▶ ○] 아파트 분양자는 아파트 단지 인근에 쓰레기 매립장이 건설예정인 사실을 분양계약자에게 고지할 신의칙상 의무를 부담하므로 이에 대한 고지의무위반은 부작위에 의한 기망행위에 해당한다(대판 2006.10.12. 2004다48515). 따라서 아파트 분양자 丙이 乙에게 이를 고지하지 않았다면 이는 부작위에 의한 기망행위가 된다.

답 ❹

제5절 법률행위의 무효와 취소

44 법률행위의 무효에 관한 설명으로 옳은 것은?(다툼이 있으면 판례에 따름) `22 행정사 제10회`

① 진의 아닌 의사표시는 원칙적으로 무효이다.
② 법률행위가 무효와 취소사유를 모두 포함하고 있는 경우, 당사자는 취소권이 있더라도 무효에 따른 효과를 제거하기 위해 이미 무효인 법률행위를 취소할 수 없다.
③ 법률행위의 무효는 제한능력자, 착오나 사기·강박에 의하여 의사표시를 한 자, 그의 대리인 또는 승계인 이외에는 주장할 수 없다.
④ 타인의 권리를 목적으로 하는 매매계약은 특별한 사정이 없는 한 유효하다.
⑤ 무효인 법률행위는 추인할 수 있는 날로부터 3년, 법률행위를 한 날로부터 10년 이후에는 추인할 수 없다.

해설

[❶ ▸ ×] 의사표시는 표의자가 진의 아님을 알고 한 것이라도 그 효력이 있다. 그러나 상대방이 표의자의 진의 아님을 알았거나 이를 알 수 있었을 경우에는 무효로 한다(민법 제107조).

[❷ ▸ ×] 법률행위가 무효와 취소사유를 모두 포함하고 있는 경우, 당사자는 민법 제535조와 같은 무효에 따른 법률효과를 제거하기 위하여 무효인 법률행위를 취소할 수 있다(무효와 취소의 이중효).

[❸ ▸ ×] 법률행위의 무효는 누구에 대해서나 누구에 의해서나 주장될 수 있으나(절대적 무효의 경우), 법률행위의 취소는 제한능력자, 착오나 사기·강박에 의하여 의사표시를 한 자, 그의 대리인 또는 승계인 이외에는 주장할 수 없다(민법 제140조 참조).

[❹ ▸ ○] 특허권 등의 양도계약이 무효라고 볼 수 없으며, 양도계약의 목적물이 타인의 권리에 속하는 경우에 있어서도 그 양도계약은 계약당사자 간에 있어서는 유효하고, 그 양도계약에 따라 양도인은 그 목적물을 취득하여 양수인에게 이전하여 줄 의무가 있다(대판 2011.4.28. 2009다19093).

[❺ ▸ ×] 취소할 수 있는 법률행위는 추인할 수 있는 날로부터 3년, 법률행위를 한 날로부터 10년 이후에는 추인할 수 없다(민법 제146조). 반면, 무효인 법률행위의 추인은 기간제한이 없다.

답 ❹

45 甲이 자신 소유의 X토지를 乙에게 매도하면서 乙의 매매대금의 지급과 동시에 乙앞으로 소유권이전등기를 마쳐주기로 약정하였다. 이에 관한 설명으로 옳지 않은 것은?(다툼이 있으면 판례에 따름)

22 행정사 제10회

① 甲과 乙이 소유권이전등기와 매매대금의 지급을 이행하였으나 위 매매계약이 통정허위표시로 무효인 경우, 특별한 사정이 없는 한 甲이 지급받은 매매대금과 乙명의로 마쳐진 소유권등기를 각각 부당이득으로 반환 청구할 수 있다.
② 甲과 乙의 매매계약이 甲이 미성년자임을 이유로 적법하게 취소된 경우, 甲은 특별한 사정이 없는 한 이익이 현존하는 한도에서 상환할 책임이 있다.
③ 甲이 乙의 매매대금지급 불이행을 이유로 매매계약을 적법하게 해제한 경우, 乙은 계약해제에 따른 손해배상책임을 면하기 위해 착오를 이유로 그 매매계약을 취소할 수 없다.
④ 甲과 乙이 각각 소유권이전등기와 매매대금의 지급을 이행한 이후, 乙이 甲의 사기를 이유로 위 매매계약을 적법하게 취소한 경우, 甲의 매매대금반환과 乙의 소유권이전등기말소는 특별한 사정이 없는 한 동시에 이행되어야 한다.
⑤ 甲과 乙의 매매계약이 관련 법령에 따라 관할청의 허가를 받아야 함에도 아직 토지거래허가를 받지 않아 유동적 무효 상태인 경우, 乙은 甲에게 계약의 무효를 주장하여 이미 지급한 계약금의 반환을 부당이득으로 청구할 수 없다.

해설

[❶ ▸ ○] 甲과 乙 사이의 X토지에 대한 매매계약이 통정허위표시로 무효인 경우, 이미 이행한 것은 법률상 원인이 없어 부당이득반환의 대상이 된다(민법 제741조). 즉, 甲과 乙은 상대방에 대하여 乙명의로 마쳐진 소유권등기와 甲이 지급받은 매매대금을 각각 부당이득으로 반환 청구할 수 있다.

[❷ ▸ ○] 甲과 乙의 매매계약이 甲이 미성년자임을 이유로 적법하게 취소된 경우, 미성년자인 甲은 민법 제748조 제2항에 대한 특칙으로서 그 이익이 현존하는 한도 내에서 상환할 책임이 있다(민법 제141조).

[❸ ▸ ✕] 甲이 乙의 매매대금지급 불이행을 이유로 X토지에 대한 매매계약을 적법하게 해제한 경우, 乙은 매매계약의 해제에 따른 손해배상책임을 면하기 위해 착오를 이유로 한 취소권을 행사하여 매매계약 전체를 무효로 돌리게 할 수 있다(대판 1996.12.6. 95다24982).

[❹ ▸ ○] 乙이 甲의 사기를 이유로 위 매매계약을 적법하게 취소한 경우 X토지에 대한 매매계약은 소급하여 무효가 되므로 당해 매매계약에 의하여 행하여진 급부는 부당이득반환의 법리에 의하여 반환되어야 하며 甲의 매매대금반환과 乙의 소유권이전등기말소는 특별한 사정이 없는 한 동시에 이행되어야 한다(대판 1993.8.13. 93다5871).

[❺ ▸ ○] 甲과 乙의 X토지에 대한 매매계약이 관련 법령에 따라 관할청의 허가를 받아야 함에도 아직 토지거래허가를 받지 않아 유동적 무효 상태인 경우, 당사자 사이에 있어서는 그 계약이 효력 있는 것으로 완성될 수 있도록 서로 협력할 의무가 있어 계약의 당사자인 甲과 乙은 공동으로 관할청의 허가를 신청할 의무가 있으므로 乙은 甲에게 계약의 무효를 주장하여 이미 지급한 계약금의 반환을 부당이득으로 청구할 수 없다(대판 1993.6.22. 91다21435).

답 ❸

46 민법상 법률행위의 무효에 관한 설명으로 옳지 않은 것은?(다툼이 있으면 판례에 따름)

① 법률행위의 일부분이 무효인 때에는 그 전부를 무효로 하지만, 무효부분이 없더라도 법률행위를 하였을 것이라고 인정될 때에는 나머지 부분은 무효가 되지 않는다.
② 무효인 법률행위가 다른 법률행위의 요건을 구비하고, 당사자가 무효를 알았더라면 다른 법률행위를 하는 것을 의욕하였으리라고 인정될 때에는 다른 법률행위로서 효력을 가진다.
③ 무효인 법률행위는 추인하여도 효력이 생기지 않지만, 당사자가 무효임을 알고 추인한 때에는 새로운 법률행위로 본다.
④ 토지거래 허가구역 내 토지에 대하여 허가를 받기 전에 한 매매가 처음부터 허가를 배제하는 내용의 계약인 경우, 그 매매는 유동적 무효이다.
⑤ 무권리자가 타인의 권리를 처분하는 계약을 한 경우, 권리자가 추인하면 그 계약의 효과는 원칙적으로 계약체결시로 소급한다.

해설

[❶▶○] 법률행위의 일부분이 무효인 때에는 그 전부를 무효로 한다. 그러나 그 무효부분이 없더라도 법률행위를 하였을 것이라고 인정될 때에는 나머지 부분은 무효가 되지 아니한다(민법 제137조).

[❷▶○] 무효인 법률행위가 다른 법률행위의 요건을 구비하고 당사자가 그 무효를 알았더라면 다른 법률행위를 하는 것을 의욕하였으리라고 인정될 때에는 다른 법률행위로서 효력을 가진다(민법 제138조).

[❸▶○] 무효인 법률행위는 추인하여도 그 효력이 생기지 아니한다. 그러나 당사자가 그 무효임을 알고 추인한 때에는 새로운 법률행위로 본다(민법 제139조).

[❹▶✕] 국토이용관리법의 규제구역 내의 '토지등의 거래계약' 허가에 관한 관계규정의 내용과 그 입법취지에 비추어 볼 때 토지의 소유권 등 권리를 이전 또는 설정하는 내용의 거래계약은 관할 관청의 허가를 받아야만 그 효력이 발생하고 허가를 받기 전에는 물권적 효력은 물론 채권적 효력도 발생하지 아니하여 무효라고 보아야 할 것인바, 다만 허가를 받기 전의 거래계약이 처음부터 허가를 배제하거나 잠탈하는 내용의 계약일 경우에는 확정적으로 무효로서 유효화될 여지가 없다(대판 1991.12.24. 90다12243[전합]).

[❺▶○] 권리자가 무권리자의 처분을 추인하면 무권대리에 대해 본인이 추인을 한 경우와 당사자들 사이의 이익상황이 유사하므로, 무권대리의 추인에 관한 제130조, 제133조 등을 무권리자의 추인에 유추 적용할 수 있다. 따라서 무권리자의 처분이 계약으로 이루어진 경우에 권리자가 이를 추인하면 원칙적으로 그 계약의 효과가 계약을 체결했을 때에 소급하여 권리자에게 귀속된다고 보아야 한다(대판 2017.6.8. 2017다3499).

답 ❹

47 법률행위의 무효와 취소에 관한 설명으로 옳은 것은?(다툼이 있으면 판례에 따름)

23 행정사 제11회

① 계약이 불공정한 법률행위로서 무효인 경우, 그 계약에 대한 부제소합의는 특별한 사정이 없는 한 유효하다.
② 취소할 수 있는 법률행위에서 취소권자의 상대방이 이행을 청구하는 경우에는 법정추인이 된다.
③ 매매계약이 약정된 대금의 과다로 인해 불공정한 법률행위에 해당하여 무효인 경우, 무효행위의 전환에 관한 민법 제138조는 적용될 여지가 없다.
④ 무권리자가 타인의 권리를 처분하는 계약을 체결한 경우, 권리자가 이를 추인하면 계약의 효과는 원칙적으로 계약체결시에 소급하여 권리자에게 귀속된다.
⑤ 취소할 수 있는 법률행위의 상대방이 그 법률행위로 취득한 권리를 타인에게 임의로 양도한 경우, 특별한 사정이 없는 한 그 취소의 의사표시는 그 양수인을 상대방으로 하여야 한다.

해설

[❶▸×] 매매계약과 같은 쌍무계약이 급부와 반대급부와의 불균형으로 말미암아 민법 제104조에서 정하는 '불공정한 법률행위'에 해당하여 무효라고 한다면, 그 계약으로 인하여 불이익을 입는 당사자로 하여금 위와 같은 불공정성을 소송 등 사법적 구제수단을 통하여 주장하지 못하도록 하는 부제소합의 역시 다른 특별한 사정이 없는 한 무효이다(대판 2010.7.15. 2009다50308).
[❷▸×] 취소할 수 있는 법률행위에서 취소권자가 이행을 청구하는 경우에는 법정추인사유에 해당하지만, 취소권자의 상대방이 이행을 청구하는 경우에는 법정추인사유에 해당하지 않는다.
[❸▸×] 매매계약이 약정된 매매대금의 과다로 말미암아 민법 제104조에서 정하는 '불공정한 법률행위'에 해당하여 무효인 경우에도 무효행위의 전환에 관한 민법 제138조가 적용된다(대판 2011.4.28. 2010다106702).
[❹▸○] 권리자가 무권리자의 처분을 추인하면 무권대리에 대해 본인이 추인을 한 경우와 당사자들 사이의 이익상황이 유사하므로, 무권대리의 추인에 관한 제130조, 제133조 등을 무권리자의 추인에 유추적용할 수 있다. 따라서 무권리자의 처분이 계약으로 이루어진 경우에 권리자가 이를 추인하면 원칙적으로 그 계약의 효과가 계약을 체결했을 때에 소급하여 권리자에게 귀속된다고 보아야 한다(대판 2017.6.8. 2017다3499).
[❺▸×] 취소할 수 있는 법률행위의 상대방이 확정한 경우에는 그 취소는 그 상대방에 대한 의사표시로 하여야 한다(민법 제142조). 따라서 취소할 수 있는 법률행위의 상대방이 그 법률행위로 취득한 권리를 타인에게 임의로 양도한 경우라도, 그 취소의 의사표시는 그 양수인이 아니라 원래의 법률행위 상대방(양도인)에게 하여야 한다.

답 ❹

48 법률행위의 무효에 관한 설명으로 옳은 것은?(다툼이 있으면 판례에 따름)   21 행정사 제9회

① 법률행위의 일부분이 무효이면 그 일부분만 무효로 되는 것이 원칙이다.
② 의사무능력을 이유로 법률행위가 무효인 경우 의사무능력자는 이익의 현존 여부를 불문하고 받은 이익 전부를 반환하여야 한다.
③ 무효인 법률행위에 대해 당사자가 무효임을 알고 추인하면 그 법률행위는 소급하여 유효하게 되는 것이 원칙이다.
④ 불공정한 법률행위로서 무효인 경우 그 무효인 법률행위는 추인에 의하여 유효로 될 수 없다.
⑤ 반사회적 법률행위로서 무효인 경우 그 무효로 선의의 제3자에게 대항할 수 없다.

해설

[❶ ▶ ×]   법률행위의 일부분이 무효인 때에는 그 전부를 무효로 한다. 그러나 그 무효부분이 없더라도 법률행위를 하였을 것이라고 인정될 때에는 나머지 부분은 무효가 되지 아니한다(민법 제137조).

[❷ ▶ ×]   무능력자의 책임을 제한하는 민법 제141조 단서는 부당이득에 있어 수익자의 반환범위를 정한 민법 제748조의 특칙으로서 무능력자의 보호를 위해 그 선의·악의를 묻지 아니하고 반환범위를 현존이익에 한정시키려는 데 그 취지가 있으므로, 의사능력의 흠결을 이유로 법률행위가 무효가 되는 경우에도 유추적용되어야 할 것이다(대판 2009.1.15. 2008다58367).

[❸ ▶ ×]   무효인 법률행위에 대하여 당사자가 무효임을 알고 추인하면 새로운 법률행위를 한 것으로 의제될 뿐이고 추인에 소급효가 인정되지 않는다(민법 제139조). 다만, 당사자 간의 합의에 의한 채권적·소급적 추인을 인정할 수는 있을 것이다.

[❹ ▶ ○]   불공정한 법률행위로서 무효인 경우에는 추인에 의하여 무효인 법률행위가 유효로 될 수 없다(대판 1994.6.24. 94다10900).

[❺ ▶ ×]   반사회적 법률행위로서 무효인 경우 그 무효는 절대적 무효이므로 무효로써 선의의 제3자에게 대항할 수 있다.

답 ❹

49 법률행위의 당사자 외에 선의의 제3자에 대하여도 무효를 주장할 수 있는 경우를 모두 고른 것은? (다툼이 있으면 판례에 따름) 19 행정사 제7회

> ㄱ. 의사무능력자의 법률행위
> ㄴ. 반사회질서의 법률행위
> ㄷ. 무효인 진의 아닌 의사표시
> ㄹ. 통정한 허위의 의사표시

① ㄱ, ㄴ
② ㄱ, ㄷ
③ ㄷ, ㄹ
④ ㄱ, ㄴ, ㄹ
⑤ ㄴ, ㄷ, ㄹ

해설

ㄷ. 무효인 진의 아닌 의사표시, ㄹ. 통정한 허위의 의사표시는 그 무효로써 선의의 제3자에게 대항하지 못한다(민법 제107조 제2항, 제108조 제2항). 즉 상대적 무효이다. 이와 달리 ㄱ. 의사무능력자의 법률행위, ㄴ. 반사회질서의 법률행위는 선의의 제3자를 포함한 누구에게든지 그 무효를 주장할 수 있는 절대적 무효이다.

답 ①

50 취소할 수 있는 법률행위의 법정추인 사유에 해당하지 않는 것은?(다툼이 있으면 판례에 따름)

25 행정사 제13회

① 취소권자 상대방의 이행청구
② 취소권자의 전부나 일부 이행
③ 경개계약
④ 취소권자의 저당권 설정행위
⑤ 취소권자의 강제집행

해설

[❶ ▶ ×] 취소권자의 상대방이 아니라, 취소권자가 이행을 청구하는 경우가 법정추인사유에 해당한다(민법 제145조 제2호).
[❷ ▶ ○] 취소권자의 전부나 일부 이행은 법정추인 사유에 해당한다(민법 제145조 제1호).
[❸ ▶ ○] 경개계약은 법정추인 사유에 해당한다(민법 제145조 제3호).
[❹ ▶ ○] 취소권자의 저당권 설정행위는 취소권자의 담보의 제공에 해당하여 법정추인사유에 해당한다(민법 제145조 제4호).
[❺ ▶ ○] 취소권자의 강제집행은 법정추인 사유에 해당한다(민법 제145조 제6호).

> **민법 제145조(법정추인)** 취소할 수 있는 법률행위에 관하여 전조의 규정에 의하여 추인할 수 있는 후에 다음 각 호의 사유가 있으면 추인한 것으로 본다. 그러나 이의를 보류한 때에는 그러하지 아니하다.
> 1. 전부나 일부의 이행❷
> 2. 이행의 청구
> 3. 경 개❸
> 4. 담보의 제공❹
> 5. 취소할 수 있는 행위로 취득한 권리의 전부나 일부의 양도
> 6. 강제집행❺

답 ❶

51 미성년자 甲은 자신의 자전거를 乙에게 매도하는 계약을 체결하였고 甲은 미성년자임을 이유로 계약을 취소하려고 한다. 이에 관한 설명으로 옳지 않은 것은?(다툼이 있으면 판례에 따름)

24 행정사 제12회

① 甲은 계약을 취소하면 그가 악의인 경우에도 그 현존이익의 한도에서 상환할 책임이 있다.
② 甲은 법정대리인의 동의 없이 단독으로 계약을 취소할 수 있다.
③ 甲의 취소권의 행사기간은 법원의 직권조사사항이다.
④ 甲의 법정대리인이 취소할 수 있는 법률행위를 추인하는 경우, 그 추인은 취소의 원인이 소멸된 후에 하여야만 효력이 있다.
⑤ 甲의 취소권은 추인할 수 있는 날로부터 3년 내에, 법률행위를 한 날로부터 10년 내에 행사하여야 한다.

해설

[❶ ▶ ○]　취소된 법률행위는 처음부터 무효인 것으로 본다. 다만, 제한능력자는 그 행위로 인하여 받은 이익이 현존하는 한도에서 상환(償還)할 책임이 있다(민법 제141조). 취소된 법률행위에 인하여 받는 이익은 부당이득으로서 반환되어야 하지만, 민법은 제한능력자의 반환범위에 관하여는 위와 같이 민법 제748조 제2항에 대한 특칙을 두고 있다. 따라서 甲과 乙의 매매계약이 甲이 미성년자임을 이유로 적법하게 취소된 경우, 미성년자인 甲은 그가 악의인 경우에도 그 이익이 현존하는 한도 내에서 상환할 책임이 있다(민법 제141조 단서).

[❷ ▶ ○]　취소할 수 있는 법률행위는 제한능력자, 착오로 인하거나 사기·강박에 의하여 의사표시를 한 자, 그의 대리인 또는 승계인만이 취소할 수 있다(민법 제140조). 따라서 미성년자인 甲이 제한능력을 이유로 법정대리인의 동의 없이 체결한 자전거 매매계약을 취소를 하는 경우 단독으로 취소권을 행사할 수 있다.

[❸ ▶ ○]　민법 제146조는 취소권은 추인할 수 있는 날로부터 3년 내에 행사하여야 한다고 규정하고 있는바, 이때의 3년이라는 기간은 일반 소멸시효기간이 아니라 제척기간으로서 제척기간이 도과하였는지 여부는 당사자의 주장에 관계없이 법원이 당연히 조사하여 고려하여야 할 사항이다(대판 1996.9.20. 96다25371). ☞ 甲의 취소권의 행사기간은 제척기간으로서 법원의 직권조사사항이다.

[❹ ▶ ✕]　甲의 법정대리인이 취소할 수 있는 법률행위를 추인하는 경우, 그 추인은 취소의 원인(甲이 미성년자로서 제한능력자라는 점)이 소멸되기 전에 하여도 효력이 있다(민법 제144조 제2항).

> **민법 제144조(추인의 요건)**　① 추인은 취소의 원인이 소멸된 후에 하여야만 효력이 있다.
> ② 제1항은 법정대리인 또는 후견인이 추인하는 경우에는 적용하지 아니한다.

[❺ ▶ ○]　취소권은 추인할 수 있는 날로부터 3년 내에 법률행위를 한 날로부터 10년 내에 행사하여야 한다(민법 제146조).

답 ❹

52 미성년자의 매매계약을 미성년을 이유로 취소하는 경우, 민법 제146조가 규정하는 취소권의 행사기간에 관한 설명으로 옳지 않은 것은?(다툼이 있으면 판례에 따름) 　25 행정사 제13회

① 취소권은 추인할 수 있는 날로부터 3년 내에, 매매계약을 한 날로부터 10년 내에 행사해야 한다.
② 추인할 수 있는 날은 취소 원인의 종료로 취소권행사에 관한 장애가 없어져서 취소권자가 추인할 수도 있고 취소할 수도 있는 상태가 된 때이다.
③ 미성년자가 성년에 이른 날로부터 3년, 법정대리인이 미성년자의 매매계약을 안 날로부터 3년, 그 매매계약을 한 날로부터 10년 중 어느 것이든 먼저 경과하면 취소권을 행사할 수 없다.
④ 민법 제146조의 취소권 소멸 규정은 제척기간이 아니라 소멸시효기간에 관한 것이다.
⑤ 취소권은 재판상이든 재판외이든 민법 제146조가 규정하는 기간 내에 행사하면 된다.

해설

[❶ ▶ ○] 취소권은 추인할 수 있는 날로부터 3년 내에, 법률행위(매매계약)를 한 날로부터 10년 내에 행사하여야 한다(민법 제146조).

[❷ ▶ ○] 민법 제146조 전단은 "취소권은 추인할 수 있는 날로부터 3년 내에 행사하여야 한다."고 규정하는 한편, 민법 제144조 제1항에서는 "추인은 취소의 원인이 종료한 후에 하지 아니하면 효력이 없다."고 규정하고 있는바, 위 각 규정의 취지와 추인은 취소권의 포기를 내용으로 하는 의사표시인 점에 비추어 보면, 민법 제146조 전단에서 취소권의 제척기간의 기산점으로 삼고 있는 "추인할 수 있는 날"이란 취소의 원인이 종료되어 취소권행사에 관한 장애가 없어져서 취소권자가 취소의 대상인 법률행위를 추인할 수도 있고 취소할 수도 있는 상태가 된 때를 가리킨다고 보아야 한다(대판 1998.11.27. 98다7421).

[❸ ▶ ○] 미성년자의 매매계약을 미성년을 이유로 취소하는 경우, 추인할 수 있는 날로부터 3년(미성년자가 성년에 이른 날로부터 3년, 법정대리인이 미성년자의 매매계약을 안 날로부터 3년), 법률행위를 한 날로부터 10년(= 매매계약을 한 날로부터 10년) 중 어느 것이든 먼저 경과하면 취소권을 행사할 수 없다(민법 제146조).

[❹ ▶ ×] [❺ ▶ ○] 미성년자 또는 친족회가 민법 제950조 제2항에 따라 제1항의 규정에 위반한 법률행위를 취소할 수 있는 권리는 형성권으로서 민법 제146조에 규정된 취소권의 존속기간은 제척기간이라고 보아야 할 것이지만,❹ 그 제척기간 내에 소를 제기하는 방법으로 권리를 재판상 행사하여야만 되는 것은 아니고, 재판 외에서 의사표시를 하는 방법으로도 권리를 행사할 수 있다❺고 보아야 한다(대판 1993.7.27. 92다52795).

답 ❹

53 법률행위의 무효와 취소에 관한 설명으로 옳지 않은 것은?(다툼이 있으면 판례에 따름)

① 취소된 법률행위는 처음부터 무효인 것으로 본다.
② 무효행위의 추인은 묵시적으로 할 수 있다.
③ 토지거래계약 허가구역 내 토지에 대하여 처음부터 허가를 잠탈하는 내용의 매매계약이 체결된 경우, 그 계약은 유동적 무효이다.
④ 반사회질서의 법률행위로서 무효인 경우, 그 무효로 선의의 제3자에게 대항할 수 있다.
⑤ 취소할 수 있는 법률행위의 상대방이 확정된 경우에는 그 취소는 그 상대방에 대한 의사표시로 하여야 한다.

해설

[❶ ▶ ○] 법률행위가 취소되면 취소된 법률행위는 처음부터(법률행위 당시부터) 소급적으로 무효였던 것으로 된다(민법 제141조 본문).

> **민법 제141조(취소의 효과)** 취소된 법률행위는 처음부터 무효인 것으로 본다. 다만, 제한능력자는 그 행위로 인하여 받은 이익이 현존하는 한도에서 상환(償還)할 책임이 있다.

[❷ ▶ ○] 무효인 법률행위를 추인에 의하여 새로운 법률행위로 보기 위하여서는 당사자가 이전의 법률행위가 무효임을 알고 그 행위에 대하여 추인하여야 하며, 이 추인은 묵시적으로도 가능하다(대판 2014.3.27. 2012다106607).

[❸ ▶ ×] 토지거래계약 허가구역 내 토지에 대하여 허가를 받기 전의 거래계약이 처음부터 허가를 배제하거나 잠탈하는 내용의 계약일 경우에는 확정적으로 무효로서 유효화될 여지가 없다(대판 1991.12.24. 90다12243[전합]).

[❹ ▶ ○] 반사회질서의 법률행위는 선의의 제3자를 포함한 누구에게든지 그 무효를 주장할 수 있는 절대적 무효이다.

[❺ ▶ ○] 취소할 수 있는 법률행위의 상대방이 확정한 경우에는 그 취소는 그 상대방에 대한 의사표시로 하여야 한다(민법 제142조).

답 ❸

제6절 법률행위의 부관

54 법률행위의 부관에 관한 설명으로 옳은 것은?(다툼이 있으면 판례에 따름) 　22 행정사 제10회

① 상계의 의사표시에는 원칙적으로 조건을 붙일 수 있다.
② 조건부 법률행위에서 조건의 내용 자체가 불법적이어서 무효인 경우, 원칙적으로 그 조건만이 무효이고 나머지 법률행위는 유효이다.
③ 해제조건부 법률행위의 조건이 불능조건인 경우, 그 법률행위는 무효이다.
④ 시기(始期) 있는 법률행위는 기한이 도래한 때로부터 그 효력을 잃는다.
⑤ 기한은 특별한 사정이 없는 한 채무자의 이익을 위한 것으로 추정한다.

해설

[❶ ▶ ×] 상계는 상대방에 대한 의사표시로 한다. 이 의사표시에는 조건 또는 기한을 붙이지 못한다(민법 제493조 제1항).

[❷ ▶ ×] 조건부 법률행위에 있어 조건의 내용 자체가 불법적인 것이어서 무효일 경우 또는 조건을 붙이는 것이 허용되지 아니하는 법률행위에 조건을 붙인 경우 그 조건만을 분리하여 무효로 할 수는 없고 그 법률행위 전부가 무효로 된다(대결 2005.11.8. 2005마541).

[❸ ▶ ×] 조건이 법률행위의 당시에 이미 성취할 수 없는 것인 경우에는 그 조건이 해제조건이면 조건 없는 법률행위로 한다(민법 제151조 제3항).

[❹ ▶ ×] 시기 있는 법률행위는 기한이 도래한 때로부터 그 효력이 생긴다(민법 제152조 제1항).

[❺ ▶ ○] 기한은 채무자의 이익을 위한 것으로 추정한다(민법 제153조 제1항).

답 ❺

55 법률행위의 조건에 관한 설명으로 옳은 것은?

① 해제조건이 있는 법률행위는 조건이 성취한 때부터 효력이 생긴다.
② 조건의 성취가 미정한 권리의무는 일반규정에 의해 처분, 상속 또는 담보로 할 수 없다.
③ 선량한 풍속 기타 사회질서에 위반한 조건의 법률행위는 조건이 없는 법률행위이다.
④ 해제조건이 법률행위의 당시에 이미 성취할 수 없는 것인 경우 그 법률행위는 무효이다.
⑤ 기한은 특별한 사정이 없는 한 채무자의 이익을 위한 것으로 추정한다.

해설

[❶ ▶ ×] 해제조건이 있는 법률행위는 조건이 성취한 때로부터 그 효력을 잃는다(민법 제147조 제2항). 조건이 성취한 때로부터 그 효력이 생기는 것은 정지조건이 있는 법률행위이다(민법 제147조 제1항).

> **민법 제147조(조건성취의 효과)**　① 정지조건 있는 법률행위는 조건이 성취한 때로부터 그 효력이 생긴다.
> ② 해제조건 있는 법률행위는 조건이 성취한 때로부터 그 효력을 잃는다.
> ③ 당사자가 조건성취의 효력을 그 성취전에 소급하게 할 의사를 표시한 때에는 그 의사에 의한다.

[❷ ▶ ×] 조건의 성취가 미정한 권리의무는 일반규정에 의하여 처분, 상속, 보존 또는 담보로 할 수 있다(민법 제149조). "담보로 할 수 있다"의 의미는 조건부 권리를 위해 담보를 설정할 수 있다는 뜻이다. 조건부 권리를 담보로 제공하는 것은 "처분"에 해당하기 때문이다.

[❸ ▶ ×] 조건이 선량한 풍속 기타 사회질서에 위반한 것인 때에는 그 법률행위는 무효로 한다(민법 제151조 제1항). 즉, 조건만 무효인 것이 아니라 조건부 법률행위 자체가 무효이다.

[❹ ▶ ×] 조건이 법률행위의 당시에 이미 성취할 수 없는 것인 경우에는 그 조건이 해제조건이면 조건 없는 법률행위로 한다(민법 제151조 제3항).

[❺ ▶ ○] 기한은 채무자의 이익을 위한 것으로 추정한다(민법 제153조 제1항).

답 ❺

56 법률행위의 조건과 기한에 관한 설명으로 옳은 것은?(다툼이 있으면 판례에 따름)

23 행정사 제11회

① 기한이익 상실의 특약은 특별한 사정이 없는 한 정지조건부 기한이익 상실의 특약으로 추정한다.
② 당사자가 불확정한 사실이 발생한 때를 이행기한으로 정한 경우, 그 사실의 발생이 불가능하게 된 때에는 기한의 도래로 볼 수 없다.
③ 조건성취로 불이익을 받을 자가 과실로 신의성실에 반하여 조건의 성취를 방해한 때에는 상대방은 조건이 성취된 것으로 주장할 수 없다.
④ 기한부 법률행위의 당사자가 기한도래의 효력을 그 도래 전으로 소급하게 할 의사를 표시한 때에는 그 의사에 의한다.
⑤ 조건이 성립하기 위해서는 조건의사와 그 표시가 필요하고, 조건의사가 있더라도 그것이 외부에 표시되지 않으면 원칙적으로 법률행위의 동기에 불과하다.

해설

[❶▶×] 기한이익 상실의 특약은 ⑦ 일정한 사유가 발생하면 채권자의 청구 등을 요하지 않고 당연히 기한의 이익이 상실되어 이행기가 도래하는 것으로 보는 정지조건부 기한이익 상실의 특약과 ⓒ 일정한 사유가 발생한 후 채권자의 통지나 청구 등 채권자의 의사행위를 기다려 비로소 이행기가 도래하는 것으로 보는 형성권적 기한이익 상실의 특약 2가지로 구별할 수 있다. 기한이익 상실의 특약이 위 2가지 중 어느 것에 해당하느냐는 법률행위의 해석의 문제이지만 일반적으로 기한이익 상실의 특약이 채권자를 위하여 둔 것인 점에 비추어 명백히 정지조건부 기한이익 상실의 특약이라고 볼만한 특별한 사정이 없는 이상 형성권적 기한이익 상실의 특약으로 추정하는 것이 타당하다(대판 2010.8.26. 2008다42416).

[❷▶×] 당사자가 불확정한 사실이 발생한 때를 이행기한으로 정한 경우에는 그 사실이 발생한 때는 물론 그 사실의 발생이 불가능하게 된 때에도 이행기한은 도래한 것으로 보아야 한다(대판 2002.3.29. 2001다41766).

[❸▶×] 조건의 성취로 인하여 불이익을 받을 당사자가 신의성실에 반하여 조건의 성취를 방해한 때에는 상대방은 그 조건이 성취한 것으로 주장할 수 있다(민법 제150조 제1항). 조건의 성취로 인하여 불이익을 받을 당사자의 방해행위가 고의에 의한 경우만이 아니라 과실에 의한 경우에도 신의성실에 반하여 조건의 성취를 방해한 때에 해당한다 할 것이므로, 그 상대방은 민법 제150조 제1항의 규정에 의하여 그 조건이 성취된 것으로 주장할 수 있다(대판 1998.12.22. 98다42356).

[❹▶×] 기한부 법률행위는 기한이 도래한 때로부터 그 효력이 생기거나 잃는 것이 그 본질이므로(민법 제152조), 당사자의 특약으로도 기한도래의 소급효를 인정할 수 없다. 반면 조건부 법률행위의 경우, 당사자가 조건성취의 효력을 그 성취 전에 소급하게 할 의사를 표시한 때에는 그 의사에 의한다(민법 제147조 제3항).

[❺▶○] 조건은 법률행위의 효력의 발생 또는 소멸을 장래의 불확실한 사실의 성부에 의존케 하는 법률행위의 부관으로서 당해 법률행위를 구성하는 의사표시의 일체적인 내용을 이루는 것이므로, 의사표시의 일반원칙에 따라 조건을 붙이고자 하는 의사 즉 조건의사와 그 표시가 필요하며, 조건의사가 있더라도 그것이 외부에 표시되지 않으면 법률행위의 동기에 불과할 뿐이고 그것만으로는 법률행위의 부관으로서의 조건이 되는 것은 아니다(대판 2003.5.13. 2003다10797).

답 ❺

57 법률행위의 조건과 기한에 관한 설명으로 옳지 않은 것은?(다툼이 있으면 판례에 따름)

24 행정사 제12회

① 기한의 이익은 특약이나 법률행위의 성질로 분명하지 아니한 경우에는 채무자를 위한 것으로 추정한다.
② 채무자가 담보를 손상하게 한 때에 그는 기한의 이익을 주장하지 못한다.
③ 조건 있는 법률행위의 당사자는 조건의 성부가 미정한 동안에는 조건의 성취로 인하여 생길 상대방의 이익을 해하지 못한다.
④ 2024년 4월에 '2024년 제12회 행정사 시험에 응시하여 최종 합격하면 자동차를 사준다'는 법률행위를 한 경우, 이는 특별한 사정이 없는 한 정지조건부 법률행위이다.
⑤ 불법조건이 붙은 법률행위는 그 조건만 무효이다.

해설

[❶ ▶ O] 기한의 이익이란 기한이 도래하지 않음으로써 당사자가 받는 이익을 말한다. 기한의 이익은 채권자만 가지는 경우도 있고(예 무상임치계약), 채무자만 가지는 경우도 있고(예 무이자부 금전소비대차계약), 채권자·채무자 쌍방이 가지는 경우도 있다(예 이자부 금전소비대차계약). 민법은 당사자의 특약이나 법률행위의 성질상 분명하지 않으면 기한의 이익은 채무자를 위한 것으로 추정한다(민법 제153조 제1항).

[❷ ▶ O] 민법 제388조 제1호

> **민법 제388조(기한의 이익의 상실)** 채무자는 다음 각 호의 경우에는 <u>기한의 이익을 주장하지 못한다</u>.
> 1. 채무자가 담보를 손상, 감소 또는 멸실하게 한 때
> 2. 채무자가 담보제공의 의무를 이행하지 아니한 때

[❸ ▶ O] 민법 제148조

> **민법 제148조(조건부권리의 침해금지)** 조건있는 법률행위의 당사자는 <u>조건의 성부가 미정한 동안에</u> 조건의 성취로 인하여 생길 상대방의 이익을 해하지 못한다.

[❹ ▶ O] 정지조건은 그 조건이 성취되면 법률행위의 효력이 발생하는 조건을 말하고(민법 제147조 제1항), 해제조건은 그 조건이 성취되면 법률행위의 효력이 소멸하는 조건을 말한다(민법 제147조 제2항). 따라서 2024년 4월에 '2024년 제12회 행정사 시험에 응시하여 최종 합격하면 자동차를 사준다'는 법률행위를 한 경우, 이는 특별한 사정이 없는 한 정지조건부 법률행위이다.

[❺ ▶ ✕] 선량한 풍속 기타 사회질서에 위반한 조건이 불법조건이다. 불법조건이 붙은 경우에 그 조건만이 무효인 것이 아니라 그 법률행위 전부가 무효로 된다(민법 제151조 제1항).

> 조건부 법률행위에 있어 조건의 내용 자체가 불법적인 것이어서 무효일 경우 또는 조건을 붙이는 것이 허용되지 아니하는 법률행위에 조건을 붙인 경우 <u>그 조건만을 분리하여 무효로 할 수는 없고 그 법률행위 전부가 무효로 된다</u>(대결 2005.11.8. 2005마541).

답 ❺

58 법률행위의 부관에 관한 설명으로 옳은 것은?

① 정지조건 있는 법률행위는 조건이 성취한 때로부터 그 효력을 잃는다.
② 조건이 법률행위의 당시에 이미 성취할 수 없는 불능조건인 경우에는 그 조건이 해제조건이면 그 법률행위는 무효로 한다.
③ 종기(終期) 있는 법률행위는 기한이 도래한 때로부터 그 효력이 생긴다.
④ 기한의 이익이 상대방에게도 있는 경우에 당사자 일방은 그 상대방의 손해를 배상하고 기한의 이익을 포기할 수 있다.
⑤ 조건의 성취가 미정한 권리의무는 일반규정에 의하여 처분, 상속 또는 담보로 할 수 없다.

해설

[❶ ▸ ✕] 정지조건 있는 법률행위는 조건이 성취한 때로부터 그 효력을 생긴다(민법 제147조 제1항).

> **민법 제147조(조건성취의 효과)** ① 정지조건 있는 법률행위는 조건이 성취한 때로부터 그 효력이 생긴다.
> ② 해제조건 있는 법률행위는 조건이 성취한 때로부터 그 효력을 잃는다.
> ③ 당사자가 조건성취의 효력을 그 성취전에 소급하게 할 의사를 표시한 때에는 그 의사에 의한다.

[❷ ▸ ✕] 조건이 법률행위의 당시에 이미 성취할 수 없는 불능조건인 경우에는 그 조건이 해제조건이면 조건 없는 법률행위로 한다(민법 제151조 제3항).

> **민법 제151조(불법조건, 기성조건)** ① 조건이 선량한 풍속 기타 사회질서에 위반한 것인 때에는 그 법률행위는 무효로 한다.
> ② 조건이 법률행위의 당시 이미 성취한 것인 경우에는 그 조건이 정지조건이면 조건 없는 법률행위로 하고 해제조건이면 그 법률행위는 무효로 한다.
> ③ 조건이 법률행위의 당시에 이미 성취할 수 없는 것인 경우에는 그 조건이 해제조건이면 조건 없는 법률행위로 하고 정지조건이면 그 법률행위는 무효로 한다.

[❸ ▸ ✕] 시기(始期) 있는 법률행위는 기한이 도래한 때로부터 그 효력이 생긴다. 종기(終期) 있는 법률행위는 기한이 도래한 때로부터 그 효력을 잃는다(민법 제152조).

[❹ ▸ ○] 기한의 이익은 포기할 수 있으나, 상대방의 이익을 해하지 못한다(민법 제153조 제2항). 변제기 전이라도 채무자는 변제할 수 있으나, 상대방의 손해는 배상하여야 한다(민법 제468조). 채무의 변제는 제3자도 할 수 있으나(민법 제469조 제1항 본문), 그 경우에도 급부행위는 채무내용에 좇은 것이어야 한다(민법 제460조). 채권자와 채무자 모두가 기한의 이익을 갖는 이자부 금전소비대차계약 등에 있어서, 채무자가 변제기로 인한 기한의 이익을 포기하고 변제기 전에 변제하는 경우 변제기까지의 약정이자 등 채권자의 손해를 배상하여야 하고, 이러한 약정이자 등 손해액을 함께 제공하지 않으면 채무의 내용에 따른 변제제공이라고 볼 수 없으므로, 채권자는 수령을 거절할 수 있다. 이는 제3자가 변제하는 경우에도 마찬가지이다(대판 2023.4.13. 2021다305338).

[❺ ▸ ✕] 조건의 성취가 미정한 권리의무는 일반규정에 의하여 처분, 상속, 보존 또는 담보로 할 수 있다(민법 제149조).

답 ❹

제6장 기간

학습 Key word
❶ 기간의 의의에 대해 학습한다.
❷ 기간의 계산방법에 대해 상세히 학습한다.

제1절 기간

민법 제155조(본장의 적용범위) 기출 25·18
기간의 계산은 법령, 재판상의 처분 또는 법률행위에 다른 정한 바가 없으면 본장의 규정에 의한다.

민법 제156조(기간의 기산점) 기출 24·23·22·21·15·14·13
기간을 시, 분, 초로 정한 때에는 즉시로부터 기산한다.

민법 제157조(기간의 기산점) 기출 24·22·21·20·18·17·16·15·13
기간을 일, 주, 월 또는 연으로 정한 때에는 기간의 초일은 산입하지 아니한다. 그러나 그 기간이 오전 영시로부터 시작하는 때에는 그러하지 아니하다.

민법 제158조(나이의 계산과 표시) 기출 25·24·23·22·19·16·15·14·13
나이는 출생일을 산입하여 만(滿) 나이로 계산하고, 연수(年數)로 표시한다. 다만, 1세에 이르지 아니한 경우에는 월수(月數)로 표시할 수 있다.

민법 제159조(기간의 만료점) 기출 14
기간을 일, 주, 월 또는 연으로 정한 때에는 기간 말일의 종료로 기간이 만료한다.

민법 제160조(역에 의한 계산)
① 기간을 주, 월 또는 연으로 정한 때에는 역에 의하여 계산한다. 기출 22·18
② 주, 월 또는 연의 처음으로부터 기간을 기산하지 아니하는 때에는 최후의 주, 월 또는 연에서 그 기산일에 해당한 날의 전일로 기간이 만료한다. 기출 23·20·17·16·15·13
③ 월 또는 연으로 정한 경우에 최종의 월에 해당일이 없는 때에는 그 월의 말일로 기간이 만료한다. 기출 21·20

민법 제161조(공휴일 등과 기간의 만료점) 기출 25·24·23·21·18
기간의 말일이 토요일 또는 공휴일에 해당한 때에는 기간은 그 익일로 만료한다.

I 기간의 의의

① 기간이란 어느 시점부터 어느 시점까지의 계속된 시간을 말한다. 법률사실로서 기간은 사건에 속한다. 따라서 기한(부관)과는 전혀 다르다.
② 기간계산에 관한 민법규정은 보충적인 것이다. 즉, 법령이나 재판상의 처분 또는 법률행위에 달리 정한 바가 있으면 민법의 규정에 의한다(민법 제155조). 기출 25·17·16·15·14 그런데 민법의 기간에 관한 규정은 사법관계뿐만 아니라 공법관계에도 적용된다. 기출 25·17

II 기간의 계산방법

민법은 시·분·초와 같은 단기간의 경우 자연적 계산방법을, 일·주·월·연과 같은 장기간의 경우에는 역법적 계산방법을 활용한다.

1. 기간을 「시·분·초」로 정한 경우

즉시로 기산하고, 시, 분, 초 단위로 산정하여(민법 제156조), 기간의 만료는 그 정하여진 시, 분, 초가 종료한 때이다. 기출 24·22·21·15·14·13

2. 기간을 「일·주·월·연」으로 정한 경우

(1) 기산점

① 초일불산입의 원칙 : 기간을 일, 주, 월 또는 연으로 정한 때에는 기간의 초일은 산입하지 아니한다(민법 제157조 본문). 기출 22·20 다만, 초일불산입의 원칙은 임의규정이므로 당사자의 합의로 달리 정할 수 있다(대판 2007.8.23. 2006다62942). 기출 25·23

> 민법 제157조는 "기간을 일, 주, 월 또는 년으로 정한 때에는 기간의 초일은 산입하지 아니한다"고 규정하여 초일 불산입을 원칙으로 정하고 있으나, 민법 제155조에 의하면 법령이나 법률행위 등에 의하여 위 원칙과 달리 정하는 것도 가능하다(대판 2007.8.23. 2006다62942). 기출 23

② 예외적으로 초일을 산입하는 경우 : 나이의 계산(예 성년의 계산)(민법 제158조), 오전 0시로부터 기산하는 경우(예 내년 6월 1일부터 '4일 동안'이라고 하는 경우)(민법 제157조 단서) 기출 24·23·22·18·17·16·15·13

(2) 만료점

① 기간 말일의 종료로 기간이 만료된다(민법 제159조). 기출 14
② 기간을 「주·월·연」으로 정한 경우에는 이를 일로 환산하지 않고 역(歷)에 의하여 계산한다(민법 제160조 제1항). 기출 22·18
③ 주·월·연의 처음부터 기산하지 않을 경우에, 최후의 주·월·연에서 그 기산일에 해당하는 날의 전일로 기간이 만료된다(민법 제160조 제2항). 기출 20·17·16·15·13

④ 월 또는 연으로 정하였는데 최종의 월에 해당일이 없으면, 그 월의 말일로 기간이 만료된다(민법 제160조 제3항). 기출 21·20

⑤ 기간의 말일이 토요일 또는 공휴일에 해당하는 경우에 그 다음 날로 만료하지만(민법 제161조), 기출 21·18 기간의 초일이 토요일 또는 공휴일인 경우에는 그 적용이 없으며 기간은 초일부터 기산한다(대판 1982.2.23. 81누204). 기출 24·22·18·17·16·15

⑥ **정년의 계산** : 정년이 60세라고 하는 것은 만 60세에 도달하는 날을 의미하는 것이지, 만 60세가 만료하는 날을 의미하는 것이 아니다(대판 1973.6.12. 71다2669 참조). 기출 24

3. 기간의 역산

민법상의 기간의 계산방법은 기간을 소급하여 계산할 때에도 유추적용된다(통설). 기출 16·14·13

예 사단법인의 사원총회를 1주일 전에 통지한다고 할 때에(민법 제71조), 총회일이 10월 19일이라고 한다면 늦어도 10월 11일 24시까지는 사원총회의 소집통지를 발송하여야 한다.

제 6 장 기간

⊃ 확인학습문제

제1절   기 간

01 민법상 기간에 관한 설명으로 옳지 않은 것은?(다툼이 있으면 판례에 따름)

22 행정사 제10회 수정

① 나이 계산에는 출생일을 산입한다.
② 기간의 초일(初日)이 공휴일에 해당한 때에는 기간은 그 익일부터 기산한다.
③ 기간을 시, 분, 초로 정한 때에는 즉시로부터 기산한다.
④ 기간을 주, 월 또는 연으로 정한 때에는 역(曆)에 의하여 계산한다.
⑤ 기간을 일, 주, 월로 정한 때에는 그 기간이 오전 영(零)시로부터 시작하는 때가 아니면 기간의 초일은 산입하지 않는다.

해설

[❶▸○]   나이는 출생일을 산입하여 만(滿) 나이로 계산하고, 연수(年數)로 표시한다. 다만, 1세에 이르지 아니한 경우에는 월수(月數)로 표시할 수 있다(민법 제158조).
[❷▸×]   기간의 초일이 공휴일이라 하더라도 그 기간은 초일부터 기산한다(대판 1982.2.23. 81누204).

> 민법 제161조가 정하는 기간의 말일이 공휴일에 해당한 때에는 기간은 그 익일로 만료한다는 규정의 취지는 명문이 정하는 바와 같이 기간의 말일이 공휴일인 경우를 정하는 것이고, 이는 기간의 만료일이 공휴일에 해당함으로써 발생할 불이익을 막고자 함에 그 뜻이 있는 것이므로 기간 기산의 초일은 이의 적용이 없다고 풀이하여야 할 것이다(대판 1982.2.23. 81누204).

[❸▸○]   기간을 시, 분, 초로 정한 때에는 즉시로부터 기산한다(민법 제156조).
[❹▸○]   기간을 주, 월 또는 연으로 정한 때에는 역(曆)에 의하여 계산한다(민법 제160조 제1항).
[❺▸○]   기간을 일, 주, 월 또는 연으로 정한 때에는 기간의 초일은 산입하지 아니한다. 그러나 그 기간이 오전 영시로부터 시작하는 때에는 그러하지 아니하다(민법 제157조).

답 ❷

02 민법상 기간에 관한 설명으로 옳지 않은 것은?(다툼이 있으면 판례에 따름) [25 행정사 제13회]

① 기간의 계산은 법령, 재판상의 처분 또는 법률행위에 다른 정한 바가 없으면 민법의 규정에 의한다.
② 민법의 기간에 관한 규정은 사법관계뿐만 아니라 공법관계에도 적용된다.
③ 나이는 출생일을 산입하여 만(滿)나이로 계산한다.
④ 기간을 일, 주, 월 또는 년으로 정한 때는 초일 불산입의 원칙이 적용되어 당사자 간의 합의에 의해 이와 달리 정할 수 없다.
⑤ 기간의 말일이 토요일 또는 공휴일에 해당한 때는 기간은 그 익일로 만료한다.

해설

[❶ ▶ ○] 기간의 계산은 법령, 재판상의 처분 또는 법률행위에 다른 정한 바가 없으면 민법의 규정에 의한다(민법 제155조 참조).

[❷ ▶ ○] 민법상 기간의 계산에 관한 규정은 사법관계뿐만 아니라 공법관계에도 적용된다. 행정기본법에서도 행정에 관한 기간의 계산에 관하여는 행정기본법 또는 다른 법령등에 특별한 규정이 있는 경우를 제외하고는 민법을 준용한다고 규정하고 있다(행정기본법 제6조 제1항).

[❸ ▶ ○] 나이는 출생일을 산입하여 만(滿) 나이로 계산하고, 연수(年數)로 표시한다. 다만, 1세에 이르지 아니한 경우에는 월수(月數)로 표시할 수 있다(민법 제158조).

[❹ ▶ ×] 민법 제155조에 의하면 법령이나 법률행위 등에 의하여 초일불산입 원칙과 달리 정하는 것도 가능하므로 기간을 일, 주, 월 또는 년으로 정한 때에 그 기간의 초일을 산입하기로 한 당사자 사이의 약정은 유효하다(대판 2007.8.23. 2006다62942).

[❺ ▶ ○] 기간의 말일이 토요일 또는 공휴일에 해당한 때에는 기간은 그 익일로 만료한다(민법 제161조).

답 ❹

03 甲은 乙에게 1천만원을 빌려주면서 대여기간을 각 대여일로부터 1개월로 약정하였다. 민법의 기간에 관한 규정에 따를 때 변제기가 옳은 것을 모두 고른 것은?(8월 15일 외에는 평일을 전제로 함)

20 행정사 제8회

> ㄱ. 대여일 : 1월 31일 14시, 변제기 : 2월 28일(윤년 아님) 24시
> ㄴ. 대여일 : 3월 14일 17시, 변제기 : 4월 14일 17시
> ㄷ. 대여일 : 7월 15일 17시, 변제기 : 8월 15일(공휴일)의 익일인 8월 16일 24시

① ㄷ
② ㄱ, ㄴ
③ ㄱ, ㄷ
④ ㄴ, ㄷ
⑤ ㄱ, ㄴ, ㄷ

해설

[ㄱ ▶ ○]   1개월의 기산점은 초일불산입의 원칙에 따라 2월 1일 0시이고(민법 제157조), 만료점(변제기)은 2월 28일 24시가 된다(민법 제159조, 제160조 제1항·제3항).

> **민법 제160조(역에 의한 계산)**   ① 기간을 주, 월 또는 연으로 정한 때에는 역에 의하여 계산한다.
> ② 주, 월 또는 연의 처음으로부터 기간을 기산하지 아니하는 때에는 최후의 주, 월 또는 연에서 그 기산일에 해당한 날의 전일로 기간이 만료한다.
> ③ 월 또는 연으로 정한 경우에 최종의 월에 해당일이 없는 때에는 그 월의 말일로 기간이 만료한다.

[ㄴ ▶ ✕]   1개월의 기산점은 초일불산입의 원칙에 따라 3월 15일 0시이고(민법 제157조), 만료점(변제기)은 4월 14일 24시이다(민법 제159조, 제160조 제1항·제2항).

[ㄷ ▶ ○]   1개월의 기산점은 초일불산입의 원칙에 따라 7월 16일 0시이고(민법 제157조), 만료점(변제기)인 8월 15일이 공휴일이기 때문에 익일인 8월 16일 24시이다(민법 제159조, 제160조 제1항·제2항, 제161조).

> **민법 제157조(기간의 기산점)**   기간을 일, 주, 월 또는 연으로 정한 때에는 기간의 초일은 산입하지 아니한다. 그러나 그 기간이 오전 영시로부터 시작하는 때에는 그러하지 아니하다.
>
> **민법 제159조(기간의 만료점)**   기간을 일, 주, 월 또는 연으로 정한 때에는 기간말일의 종료로 기간이 만료한다.
>
> **민법 제161조(공휴일 등과 기간의 만료점)**   기간의 말일이 토요일 또는 공휴일에 해당한 때에는 기간은 그 익일로 만료한다.

답 ❸

04 민법상 기간에 관한 설명으로 옳지 않은 것은?(다툼이 있으면 판례에 따름) `24` 행정사 제12회

① 내년 6월 1일부터 '4일 동안'이라고 하는 경우에 그 기산점은 내년 6월 1일이다.
② 기간을 시(時)로 정한 때에는 즉시로부터 기산한다.
③ 정년이 60세라고 하는 것은 특별한 사정이 없으면 만60세가 만료되는 날을 말한다.
④ 1세에 이른 사람의 나이는 출생일을 산입하여 만(滿) 나이로 계산하고 연수(年數)로 표시한다.
⑤ 어느 기간의 말일인 6월 4일이 토요일이고 6월 6일이 공휴일인 경우, 그 기간은 6월 7일에 만료한다.

해설

[❶ ▶ ○] 기간을 일, 주, 월 또는 연으로 정한 때에는 기간의 초일은 산입하지 아니한다. 그러나 그 기간이 오전 영시로부터 시작하는 때에는 그러하지 아니하다(민법 제157조). 내년 6월 1일부터 '4일 동안'이라고 하는 경우처럼 미래의 일정 시점을 기간의 시작 기준으로 하는 경우, 그 기간은 오전 영(0)시로부터 시작하므로 초일을 산입하여야 한다. 따라서 그 기산점은 내년 6월 1일이다.

[❷ ▶ ○] 기간을 시(時), 분(分), 초(秒)로 정한 때에는 즉시로부터 기산한다(민법 제156조).

[❸ ▶ ✕] 정년이 60세라 함은 만 60세에 도달하는 날을 의미하는 것이지, 만 60세가 만료하는 날을 의미하는 것이 아니다(대판 1973.6.12. 71다2669).

> 원심은 피고 공사의 정년이 53세라 함은 '만 53세가 만료되는 날'을 의미한다고 볼 것이라 하여 이것을 전제로 하여 수익불능으로 인한 손해 퇴직금, 상여금 등을 계산하고 있다. 그러나 피고 공사에 피용된 채탄부의 정년이 53세라 함은 '만 53세에 도달하는 날'을 말하는 것이라고 보는 것이 상당하므로 이와 반대의 입장에서 풀이하고 있는 원심은 잘못되었다 할 것이다(대판 1973.6.12. 71다2669).

[❹ ▶ ○] 나이는 출생일을 산입하여 만(滿) 나이로 계산하고, 연수(年數)로 표시한다. 다만, 1세에 이르지 아니한 경우에는 월수(月數)로 표시할 수 있다(민법 제158조). 즉 1세에 이른 사람의 나이는 출생일을 산입하여 만(滿) 나이로 계산하고 연수(年數)로 표시한다.

[❺ ▶ ○] 기간을 일, 주, 월 또는 연으로 정한 때에는 기간 말일의 종료로 기간이 만료한다(민법 제159조). 기간의 말일이 토요일 또는 공휴일에 해당한 때에는 기간은 그 익일로 만료한다(민법 제161조). ☞ 어느 기간의 말일인 6월 4일이 토요일이고 6월 6일이 공휴일인 경우, (6월 5일 일요일도 공휴일이므로) 그 기간은 6월 7일에 만료한다.

답 ❸

05 민법상 기간에 관한 설명으로 옳은 것은?(다툼이 있으면 판례에 따름) `23 행정사 제11회`

① 2023년 6월 1일(목) 14시부터 2일간의 기간이 만료하는 때는 2023년 6월 4일 24시이다.
② 2023년 6월 1일(목) 16시부터 72시간의 기간이 만료하는 때는 2023년 6월 4일 16시이다.
③ 2023년 4월 1일(토) 09시부터 2개월의 기간이 만료하는 때는 2023년 6월 2일 24시이다.
④ 2004년 5월 16일(일) 오전 7시에 태어난 사람은 2023년 5월 16일 24시에 성년자가 된다.
⑤ 민법 제157조의 초일불산입의 원칙은 강행규정이므로 당사자의 합의로 달리 정할 수 없다.

해설

[❶▸×] 기간을 일, 주, 월 또는 연으로 정한 때에는 기간의 초일은 산입하지 아니한다. 그러나 그 기간이 오전 영시로부터 시작하는 때에는 그러하지 아니하다(민법 제157조). 기간을 일, 주, 월 또는 연으로 정한 때에는 기간 말일의 종료로 기간이 만료한다(민법 제159조). 기간의 말일이 토요일 또는 공휴일에 해당한 때에는 기간은 그 익일로 만료한다(민법 제161조). 따라서 2023년 6월 1일(목) 14시부터 2일간의 기간을 계산할 때는, 2023년 6월 2일(금)이 기산점이 되고(초일불산입, 민법 제157조 본문), 2일의 기간이 만료되는 날은 2023년 6월 3일(토) 24시이다(민법 제159조). 그러나 2023년 6월 3일은 토요일이고, 6월 4일은 공휴일(일요일)에 해당하므로 그 익일(다음 날)인 2023년 6월 5일(월) 24시로 기간이 만료한다(민법 제161조).

[❷▸○] 기간을 시, 분, 초로 정한 때에는 즉시로부터 기산한다(민법 제156조). 따라서 2023년 6월 1일(목) 16시부터 72시간의 기간이 만료하는 때는 2023년 6월 4일 16시이다[72시간 = 8시간(6월 1일) + 24시간(6월 2일) + 24시간(6월 3일) + 16시간(6월 4일)].

[❸▸×] 기간을 주, 월 또는 연으로 정한 때에는 역에 의하여 계산한다. 주, 월 또는 연의 처음으로부터 기간을 기산하지 아니하는 때에는 최후의 주, 월 또는 연에서 그 기산일에 해당한 날의 전일로 기간이 만료한다(민법 제160조). 기간을 일, 주, 월 또는 연으로 정한 때에는 기간의 초일은 산입하지 아니한다. 그러나 그 기간이 오전 영시로부터 시작하는 때에는 그러하지 아니하다(민법 제157조). 기간을 일, 주, 월 또는 연으로 정한 때에는 기간 말일의 종료로 기간이 만료한다(민법 제159조). 따라서 2023년 4월 1일(토) 09시부터 2개월의 기간을 계산할 때는 2023년 4월 2일(일)이 기산점이 되고(초일불산입, 민법 제157조 본문), 2개월의 기간이 만료되는 날은 2023년 6월 1일(목) 24시이다(민법 제160조 및 제159조).

[❹▸×] 나이는 출생일을 산입하여 만(滿) 나이로 계산하고, 연수(年數)로 표시한다. 다만, 1세에 이르지 아니한 경우에는 월수(月數)로 표시할 수 있다(민법 제158조). 한편, 사람은 19세로 성년에 이르게 된다(민법 제4조). 따라서 2004년 5월 16일(일) 오전 7시에 태어난 사람은 5월 16일(일)을 산입(출생일을 산입)하여, 19년의 기간이 만료되는 2023년 5월 15일 24시(또는 5월 16일 0시)에 성년자가 된다(민법 제159조).

[❺▸×] 민법 제157조는 "기간을 일, 주, 월 또는 년으로 정한 때에는 기간의 초일은 산입하지 아니한다"고 규정하여 초일불산입을 원칙으로 정하고 있으나, 민법 제155조에 의하면 법령이나 법률행위 등에 의하여 위 원칙과 달리 정하는 것도 가능하다(대판 2007.8.23. 2006다62942).

답 ❷

제7장 소멸시효

학습 Key word
❶ 소멸시효와 제척기간에 대해 비교 학습한다.
❷ 소멸시효의 요건으로서 소멸시효의 대상이 되는 권리, 소멸시효의 기산점, 소멸시효의 기간에 대해 상세히 학습한다.
❸ 소멸시효의 중단사유 및 중단의 효력에 대해 상세히 학습하고, 추가로 정지사유에 대해서도 조문을 중심으로 학습한다.
❹ 소멸시효완성의 효과 : 절대적 소멸설과 상대적 소멸설을 비교 학습하고, 소멸시효의 소급효, 소멸시효이익의 포기, 종속된 권리에 대한 효력에 대해서 상세히 학습한다.

제1절 서설

I. 시효의 의의

1. 시효의 개념
시효란 일정한 사실상태가 일정 기간 계속된 경우에, 진정한 권리관계와 일치하는지 여부를 불문하고 그 사실상태를 존중하여 일정한 법률효과를 발생시키는 제도이다.

2. 시효의 법적 성질
① 시효는 일정한 법률효과를 발생시키는 법률요건이다.
② 시효는 재산권에 관한 것이며, 가족관계에는 적용이 없다.
③ 법질서 안정을 위한 공익적 제도이기에 개인의 의사로 배척할 수 없다.

II. 시효제도의 존재이유(통설·판례)

시효제도의 존재이유로 통설·판례는 ① 법적 안정성의 확보, ② 증명곤란의 구제, ③ 권리행사의 태만에 대한 제재를 든다.

Ⅲ 구별제도 : 제척기간

1. 의의

(1) 개념

제척기간이란 법률이 예정하고 있는 일정한 권리의 행사기간 또는 존속기간을 말하며, 권리와 관련된 법률관계를 조속히 확정시키려는 취지에서 제척기간을 두고 있다. 제척기간은 불변기간이 아니어서 그 기간을 지난 후에는 당사자가 책임질 수 없는 사유로 그 기간을 준수하지 못하였더라도 추후에 보완될 수 없다(대결 2003.8.11. 2003스32).

(2) 법적 성질

① 통설은 제척기간이 정하여진 권리는 그 기간 내 소의 제기가 있어야 보전되는 것으로 보아, 제소기간(출소기간)으로 본다.
② 판례는 재판상 또는 재판 외의 권리행사가 있으면 보전되는 것으로 보나, 점유침탈자 또는 방해자에 대한 청구권의 제척기간을 출소기간으로 본다(대판 2002.4.26. 2001다8097·8103). 제소기간의 경우에는 소를 제기한 때, 즉 소장을 법원에 제출한 때 기간준수의 효과가 인정된다(민소법 제265조).

> 채권양도의 통지는 양도인이 채권이 양도되었다는 사실을 채무자에게 알리는 것에 그치는 행위이므로, 그것만으로 제척기간 준수에 필요한 권리의 재판 외 행사에 해당한다고 할 수 없다. 따라서 집합건물인 아파트의 입주자대표회의가 스스로 하자담보추급에 의한 손해배상청구권을 가짐을 전제로 하여 직접 아파트의 분양자를 상대로 손해배상청구소송을 제기하였다가, 소송 계속 중에 정당한 권리자인 구분소유자들에게서 손해배상채권을 양도받고 분양자에게 통지가 마쳐진 후 그에 따라 소를 변경한 경우에는, 채권양도통지에 채권양도의 사실을 알리는 것 외에 이행을 청구하는 뜻이 별도로 덧붙여지거나 그 밖에 구분소유자들이 재판 외에서 권리를 행사하였다는 등 특별한 사정이 없는 한, 위 손해배상청구권은 입주자대표회의가 위와 같이 소를 변경한 시점에 비로소 행사된 것으로 보아야 한다(대판 2012.3.22. 2010다28840[전합]).

2. 소멸시효와 제척기간의 비교 기출 25·22·20

구분	소멸시효	제척기간
제도의 취지	법적 안정성의 확보, 증명곤란의 구제, 권리행사의 태만에 대한 제재	권리와 관련된 법률관계를 조속히 확정
권리 소멸의 소급효 여부	소급효 ○ (소멸시효는 그 기산일에 소급하여 권리 소멸의 효력)	장래효 ○ (제척기간이 경과한 때부터 장래에 향하여 권리 소멸)
중단·정지 제도	소멸시효의 중단·정지 제도 있음	제척기간의 중단·정지 제도 없음
포기 제도	소멸시효 완성 후 시효이익 포기 가능 (소멸시효 완성 전 미리 포기 ×)	이익 포기 제도 없음
기간의 단축·경감	인정 ○	인정 ×
기간의 배제, 연장 또는 가중	인정 ×	인정 ×
기간의 기산점	권리를 행사할 수 있는 때	권리가 발생한 때
변론주의 적용 여부	소멸시효의 기산점 : 변론주의 적용대상 ○ (소멸시효기간 : 변론주의 적용대상 ×)	변론주의 적용 대상 × (제척기간의 도과 여부는 법원이 직권으로 조사하여 재판에 고려)

3. 내 용

(1) 소멸시효와의 구별기준
일반적으로 법문에 '시효로 인하여'라는 표현이 있으면 소멸시효로 보고, 그렇지 않은 것은 제척기간으로 본다. 형성권의 행사기간은 제척기간이다.

(2) 문제되는 경우
① 상속의 승인·포기의 취소권과 유증의 승인·포기의 취소권은 행사기간에 관하여 통설은 제척기간으로 본다.
② 유류분반환청구권의 행사기간에 관하여 학설은 제척기간으로 보나, 판례는 소멸시효로 본다(대판 1993.4.13. 92다3595).
③ 불법행위에 기한 손해배상청구권(민법 제766조)
　㉠ 제1항의 3년의 기간은 소멸시효라고 보는 데 이견이 없다.
　㉡ 제2항의 10년의 기간에 대해 통설은 제척기간이라고 보나, 판례는 소멸시효라고 한다.
④ 형성권 관련 쟁점
　㉠ 형성권의 행사기간은 원칙적으로 제척기간이다. 기간의 정함이 없는 경우 10년으로 한다.
　㉡ 제척기간은 법원의 직권조사사항이다.
　㉢ 행사방법은 원칙적으로 재판 외에서도 가능하다.

(3) 소멸시효와 제척기간의 경합 기출 22
판례는 「수급인의 담보책임에 기한 하자보수에 갈음하는 손해배상청구권에 대하여는 민법 제670조 또는 제671조의 제척기간이 적용되고, 이는 법률관계의 조속한 안정을 도모하고자 하는 데에 취지가 있다. 그런데 이러한 도급인의 손해배상청구권에 대하여는 권리의 내용·성질 및 취지에 비추어 민법 제162조 제1항의 채권 소멸시효의 규정 또는 도급계약이 상행위에 해당하는 경우에는 상법 제64조의 상사시효의 규정이 적용되고, 민법 제670조 또는 제671조의 제척기간 규정으로 인하여 위 각 소멸시효 규정의 적용이 배제된다고 볼 수 없다(대판 2012.11.15. 2011다56491)」고 판시하여 소멸시효와 제척기간의 경합을 인정하였다.

제2절 소멸시효의 요건

제1관 | 소멸시효의 대상이 되는 권리

I 서 설

시효로 인하여 권리가 소멸하려면 ① 권리가 소멸시효의 목적이 될 수 있어야 하고(대상적격), ② 권리자가 권리를 행사할 수 있음에도 불구하고 행사하지 않아야 하며(시효의 기산점), ③ 권리불행사의 상태가 일정 기간 계속되어야 한다(시효기간)는 요건이 갖추어져야 한다. 이하에서는 대상적격에 대해 검토하고, 나머지 요건은 목차를 달리하여 검토하겠다.

II 소멸시효의 대상적격 〔기출 19〕

1. 소멸시효에 걸리는 권리

채권뿐만 아니라 소유권을 제외한 그 밖의 재산권도 소멸시효의 대상이다(민법 제162조).

① 채권은 10년간 행사하지 아니하면 소멸시효가 완성한다(민법 제162조 제1항).
② 판결에 의하여 확정된 채권은 단기의 소멸시효에 해당한 것이라도 그 소멸시효는 10년으로 한다(민법 제165조 제1항).
③ 파산절차에 의하여 확정된 채권 및 재판상의 화해, 조정, 기타 판결과 동일한 효력이 있는 것에 의하여 확정된 채권도 단기의 소멸시효에 해당한 것이라도 그 소멸시효는 10년으로 한다(민법 제165조 제2항). 〔기출 18〕
④ 판결확정 당시에 변제기가 도래하지 아니한 채권에 적용하지 아니한다(민법 제165조 제3항).
⑤ 해제조건부 채권, 불확정기한부 채권도 소멸시효의 대상이 된다.

2. 소멸시효에 걸리지 않는 권리

(1) 비재산권

인격권 등의 비재산권은 소멸시효에 걸리지 않는다. 〔기출 19〕

(2) 형성권

형성권에 존속기간이 정해져 있는 경우, 원칙적으로 제척기간으로 보아야 한다.

(3) 소유권 〔기출 20·19〕

소유권이나 소유권에 기한 물권적 청구권은 소멸시효에 걸리지 않는다(대판 1982.7.27. 80다2968).

〔기출 24·22·20·19〕

> 매매계약이 합의해제된 경우에도 매수인에게 이전되었던 소유권은 당연히 매도인에게 복귀하는 것이므로 합의해제에 따른 매도인의 원상회복청구권은 소유권에 기한 물권적 청구권이라고 할 것이고 이는 소멸시효의 대상이 되지 아니한다(대판 1982.7.27. 80다2968). 〔기출 22〕

(4) 부동산을 인도받아 점유하고 있는 매수인의 소유권이전등기청구권

부동산에 관하여 인도, 등기 등의 어느 한 쪽만에 대하여서라도 권리를 행사하는 자는 전체적으로 보아 그 부동산에 관하여 권리 위에 잠자는 자라고 할 수 없다 할 것이므로, 매수인이 목적부동산을 인도받아 계속 점유하는 경우에는 그 소유권이전등기청구권의 소멸시효가 진행하지 않는다(대판 1999.3.18. 98다32175[전합]).

> 부동산매매계약에 있어서 매수인의 소유권이전등기청구권은 채권적 청구권이므로 10년의 소멸시효에 걸리지만 매수인이 매매목적물인 부동산을 인도받아 점유하고 있는 이상 매매대금의 지급 여부와는 관계없이 그 소멸시효가 진행되지 아니한다(대판 1991.3.22. 90다9797). 기출 24·22

(5) 그 밖에 소멸시효에 걸리지 않는 재산권

① 점유권과 유치권은 점유가 존재하는 한 소멸시효가 문제되지 않는다. 기출 24·21·20
② 상린권과 공유물분할청구권과 같이 소유권에 수반하는 권리는 소유권과 독립하여 소멸시효에 걸리지 않는다.
③ 피담보채권이 존속하는 한 담보물권만이 소멸시효에 걸리지는 않는다(담보물권의 부종성).
④ 항변권이 소멸시효에 걸리는지 논의가 있으나 적어도 동시이행의 항변권 또는 보증인의 최고·검색의 항변권은 소멸시효에 걸리지 않는다고 보아야 한다.
⑤ 소멸시효 제도의 존재 이유와 취지, 임대차기간이 끝난 후 보증금반환채권에 관계되는 당사자 사이의 이익형량, 주택임대차보호법 제4조 제2항의 입법 취지 등을 종합하면, 주택임대차보호법에 따른 임대차에서 그 기간이 끝난 후 임차인이 보증금을 반환받기 위해 목적물을 점유하고 있는 경우 보증금반환채권에 대한 소멸시효는 진행하지 않는다고 보아야 한다(대판2020.7.9. 2016다244224·2016다244231).

제2관 | 소멸시효의 기산점

> **민법 제166조(소멸시효의 기산점)**
> ① 소멸시효는 권리를 행사할 수 있는 때로부터 진행한다.
> ② 부작위를 목적으로 하는 채권의 소멸시효는 위반행위를 한 때로부터 진행한다. 기출 21·20·18·17·13
> [민법 제166조 제1항 중 '진실·화해를 위한 과거사정리 기본법' 제2조 제1항 제3호, 제4호에 규정된 사건에 적용되는 부분은 헌법에 위반됨(헌재 2018.8.30. 2014헌바148. 단순위헌)]

I 의 의

소멸시효의 기산점은 권리를 행사할 수 있는 때로부터 진행한다(민법 제166조 제1항). 여기서 '권리를 행사할 수 있는 때'란 권리를 행사함에 있어 이행기의 미도래, 정지조건부 권리에 있어서의 조건 미성취와 같은 법률상의 장애가 없는 경우를 말하는 것이다(대판 2006.12.7. 2005다21029). 기출 21·19

법률상 장애(시효 진행 ×)
• 정지조건이 아직 성취되지 않은 경우이거나 이행기가 아직 도래하지 않은 경우 • 건물에 관한 소유권이전등기청구권에 있어서 그 목적물인 건물이 완공되지 않은 경우 등 기출 14

사실상 장애	
원칙: 시효 진행 ○	권리자의 개인적인 사정, 법률지식의 부족, 권리존재의 부지, 채무자의 부재 등 사실상의 장애로 권리를 행사하지 못한 것은 법률상 장애가 아니므로 시효의 진행을 막지 못한다(대판 1982.1.19. 80다2626). 이는 사실상 그 권리의 존부나 권리행사의 가능성을 알지 못하였거나 알지 못함에 과실이 없다고 하여도 마찬가지이다(대판 2010.9.9. 2008다15865).
예외: 시효 진행 ×	• 보험금청구권의 소멸시효는 특별한 다른 사정이 없는 한 보험사고가 발생한 때부터 진행하는 것이 원칙이지만, 보험사고가 발생하였는지 여부가 객관적으로 분명하지 아니하여 보험금청구권자가 과실 없이 보험사고의 발생을 알 수 없었던 경우에도 보험사고가 발생한 때부터 보험금청구권의 소멸시효가 진행한다고 해석하는 것은 보험금청구권자에게 가혹한 결과를 초래하게 되어 정의와 형평의 이념에 반하고 소멸시효 제도의 존재 이유에도 부합하지 않으므로, 이와 같이 객관적으로 보아 보험사고가 발생한 사실을 확인할 수 없는 사정이 있는 경우에는 보험금청구권자가 보험사고의 발생을 알았거나 알 수 있었던 때부터 보험금청구권의 소멸시효가 진행한다고 해석할 것이다(대판 2008.11.13. 2007다19624 등). • 소멸시효의 진행은 당해 청구권이 성립한 때로부터 발생하고 원칙적으로 권리의 존재나 발생을 알지 못하였다고 하더라도 소멸시효의 진행에 장애가 되지 않는다고 할 것이지만, 법인의 이사회결의가 부존재함에 따라 발생하는 제3자의 부당이득반환청구권처럼 법인이나 회사의 내부적인 법률관계가 개입되어 있어 청구권자가 권리의 발생 여부를 객관적으로 알기 어려운 상황에 있고 청구권자가 과실 없이 이를 알지 못한 경우에도 청구권이 성립한 때부터 바로 소멸시효가 진행한다고 보는 것은 정의와 형평에 맞지 않을 뿐만 아니라 소멸시효 제도의 존재 이유에도 부합한다고 볼 수 없으므로, 이러한 경우에는 이사회결의부존재확인판결의 확정과 같이 객관적으로 청구권의 발생을 알 수 있게 된 때로부터 소멸시효가 진행된다고 보는 것이 타당하다(대판 2003.4.8. 2002다64957·64964).

Ⅱ 각종 권리의 기산점

권리	소멸시효의 기산점
확정기한부 채권	기한이 도래한 때부터 소멸시효가 진행한다. 기출 20·17 따라서 이행기가 도래한 후 채권자와 채무자가 기한을 유예하기로 합의한 경우 그 유예된 때로 이행기가 변경되어 소멸시효는 변경된 이행기가 도래한 때부터 다시 진행한다. 이 경우 유예의 합의는 명시적으로 뿐만 아니라 묵시적으로도 가능하다(대판 2017.4.13. 2016다274904).
불확정기한부 채권	기한이 객관적으로 도래한 때부터 소멸시효가 진행한다. 기출 23·20 따라서 채무자가 기한 도래의 사실을 알고 있었는지 여부는 문제되지 않는다. ※ 불확정기한부 채무의 이행지체책임은 채무자가 기한도래를 안 때부터 발생한다. 기출 20
기한의 정함이 없는 채권	• 채권의 성립 시부터 소멸시효가 진행된다(원칙). 기출 25·20·14 • 부당이득반환청구권 – 채권 성립 시부터 소멸시효가 진행된다. ※ 기한의 정함이 없는 채권의 이행지체책임은 채무자가 채권자의 이행청구를 받은 때부터 진다(민법 제387조 제2항).
동시이행의 항변권이 있는 채권	• 본래의 이행기가 도래한 때부터 소멸시효가 진행된다. 기출 25·17 • 부동산에 대한 매매대금채권이 소유권이전등기청구권과 동시이행의 관계에 있는 경우, 매매대금 청구권은 그 지급기일 이후 시효의 진행에 걸린다(대판 1991.3.22. 90다9797). 기출 23

기한이익상실의 특약이 있는 경우	• 정지조건부 기한이익상실의 특약 : 기한이익 상실사유 발생 시(정지조건이 성취된 때)부터 소멸시효가 진행된다(대판 1997.8.29. 97다12990). 또한 그 특약에 정한 기한이익의 상실사유가 발생함과 동시에 기한의 이익을 상실케 하는 채권자의 의사표시가 없더라도 이행기도래의 효과가 발생하고, 채무자는 특별한 사정이 없는 한 그때부터 이행지체의 상태에 놓이게 된다(대판 1989.9.29. 88다카14663). • 형성권적 기한이익상실의 특약 : 형성권적 기한이익 상실의 특약이 있는 할부채무에 있어서는 1회의 불이행이 있더라도 각 할부금에 대해 그 각 변제기의 도래 시마다 그때부터 순차로 소멸시효가 진행하고 채권자가 특히 잔존 채무 전액의 변제를 구하는 취지의 의사를 표시한 경우에 한하여 전액에 대하여 그때부터 소멸시효가 진행한다(대판 1997.8.29. 97다12990). 기출 25
부작위를 목적으로 하는 채권	위반행위를 한 때부터 소멸시효가 진행된다(민법 제166조 제2항). 기출 25·21·20·18·17·13
선택채권	선택권을 행사할 수 있는 때로부터 소멸시효가 진행된다(대판 1965.8.24. 64다1156). 기출 23
채무불이행에 기한 손해배상청구권	• 채무불이행이 발생한 때부터 소멸시효가 진행된다. 기출 17 • 소유권이전등기 말소등기의무의 이행불능으로 인한 전보배상청구권의 소멸시효는 말소등기의무가 이행불능 상태에 돌아간 때로부터 진행된다(대판 2005.9.15. 2005다29474). 기출 25
대상청구권	이행불능 시부터(원칙)
불법행위에 기한 손해배상청구권	• 손해 및 가해자를 안 날(민법 제766조 제1항) • 불법행위를 한 날(민법 제766조 제2항) • 성년이 될 때(민법 제766조 제3항)
정지조건부 권리	정지조건부 권리의 경우에는 조건 미성취의 동안은 권리를 행사할 수 없는 것이어서 소멸시효는 조건이 성취된 때로부터 진행한다(대판 2009.12.24. 2007다64556). 기출 21·20·17
계속적 물품공급계약에 의한 외상대금채권	계속적 물품공급계약에 기하여 발생한 외상대금채권은 특별한 사정이 없는 한 개별 거래로 인한 각 외상대금채권이 발생한 때로부터 개별적으로 소멸시효가 진행하는 것이지 거래종료일부터 외상대금채권 총액에 대하여 한꺼번에 소멸시효가 기산한다고 할 수 없다(대판 2007.1.25. 2006다68940).
의사의 치료비채권	특약이 없는 한 개개의 진료가 종료될 때마다 각각의 당해 진료에 필요한 비용의 이행기가 도래하여 그에 대한 소멸시효가 진행된다(대판 2001.11.9. 2001다52568).

III 변론주의의 적용대상

① 소멸시효의 기산점은 변론주의의 적용대상이다. 기출 19
  ㉠ 본래의 소멸시효 기산일과 당사자가 주장하는 기산일이 서로 다른 경우에는 변론주의의 원칙상 법원은 당사자가 주장하는 기산일을 기준으로 소멸시효를 계산하여야 하는데, 이는 당사자가 본래의 기산일보다 뒤의 날짜를 기산일로 하여 주장하는 경우는 물론이고, 특별한 사정이 없는 한 그 반대의 경우에 있어서도 마찬가지라고 보아야 할 것이다(대판 2009.12.24. 2009다60244).
  ㉡ 시효의 기산점에 대한 입증책임은 시효이익을 주장하는 자가 진다(대판 1995.6.30. 94다13435).
② 소멸시효기간은 변론주의의 적용대상이 아니다. 따라서 법원이 직권으로 판단할 수 있다.

> [소멸시효기간에 관한 주장에 변론주의가 적용되는지 여부(소극)]
> 어떤 권리의 소멸시효기간이 얼마나 되는지에 관한 주장은 단순한 법률상의 주장에 불과하므로 변론주의의 적용대상이 되지 않고 법원이 직권으로 판단할 수 있다(대판 2013.2.15. 2012다68217). 기출 23·19

제3관 | 소멸시효의 기간

I 일반 채권

> **민법 제162조(채권, 재산권의 소멸시효)** 기출 21·13
> ① 채권은 10년간 행사하지 아니하면 소멸시효가 완성한다.
> ② 채권 및 소유권 이외의 재산권은 20년간 행사하지 아니하면 소멸시효가 완성한다.
>
> **상법 제64조(상사시효)**
> 상행위로 인한 채권은 본법에 다른 규정이 없는 때에는 5년간 행사하지 아니하면 소멸시효가 완성한다. 그러나 다른 법령에 이보다 단기의 시효의 규정이 있는 때에는 그 규정에 의한다.

① 민법상 채권은 10년이 원칙이고(민법 제162조 제1항), 상행위로 인한 상사채권은 5년이 원칙이다(상법 제64조).
② 상행위가 아닌 경우, 부동산 매매대금채권의 소멸시효기간은 10년이다. 기출 24

II 단기시효

1. 3년의 시효

> **민법 제163조(3년의 단기소멸시효)** 투 이·의·도·변·변·생·수 기출 25·24·23·16
> 다음 각 호의 채권은 3년간 행사하지 아니하면 소멸시효가 완성한다.
> 1. 이자, 부양료, 급료, 사용료 기타 1년 이내의 기간으로 정한 금전 또는 물건의 지급을 목적으로 한 채권
> 2. 의사, 조산사, 간호사 및 약사의 치료, 근로 및 조제에 관한 채권
> 3. 도급받은 자, 기사 기타 공사의 설계 또는 감독에 종사하는 자의 공사에 관한 채권
> 4. 변호사, 변리사, 공증인, 공인회계사 및 법무사에 대한 직무상 보관한 서류의 반환을 청구하는 채권
> 5. 변호사, 변리사, 공증인, 공인회계사 및 법무사의 직무에 관한 채권 (cf. 세무사 ×)
> 6. 생산자 및 상인이 판매한 생산물 및 상품의 대가
> 7. 수공업자 및 제조자의 업무에 관한 채권

(1) 제1호

① '1년 이내의 기간으로 정한 채권'이란 1년 이내의 정기로 지급되는 채권을 의미하는 것이지, 변제기가 1년 이내인 채권을 말하는 것이 아니다. 기출 16
② 이자란 약정이자를 의미하는 것이지 지연이자는 아니다.

> 금전채무의 이행지체로 인하여 발생하는 지연손해금은 그 성질이 손해배상금이지 이자가 아니며, 민법 제163조 제1호가 규정한 '1년 이내의 기간으로 정한 채권'도 아니므로 3년간의 단기소멸시효의 대상이 되지 아니한다(대판 1998.11.10. 98다42141).

③ 사용료는 부동산의 사용료를 의미하고, 동산의 사용료는 1년의 단기소멸시효기간이 적용된다.

(2) 제2호
무자격자의 치료행위라도 그 사법상 효력이 부인되는 것은 아니며 소멸시효 규정도 그대로 적용된다.

(3) 제3호
① 수급인의 공사에 관한 채권은 수급인이 채권자로서 나설 경우의 공사채권이나 공사에 부수되는 채권을 의미하므로(대판 2010.11.25, 2010다56685), 도급인이 수급인을 상대로 그 공사의 과급금의 반환을 청구하는 채권은 포함되지 않는다(대판 1963.4.18, 63다92). 수급인의 도급인에 대한 저당권설정청구권은 3년의 소멸시효기간이 적용된다(대판 2016.10.27, 2014다211978).

② 소멸시효의 기산점은 일을 완성한 때라 할 것이다.

(4) 제6호
3년의 단기소멸시효가 적용되는 '상인이 판매한 상품의 대가'란 상품의 매매로 인한 대금 그 자체의 채권만을 말하는 것으로서, 상품의 공급 자체와 등가성이 있는 청구권에 한한다(대판 1996.1.23, 95다39854). 기출 24

2. 1년의 시효

> **민법 제164조(1년의 단기소멸시효)** 두 여·의·노·학 기출 24·22·20·17
> 다음 각 호의 채권은 1년간 행사하지 아니하면 소멸시효가 완성한다.
> 1. 여관, 음식점, 대석, 오락장의 숙박료, 음식료, 대석료, 입장료, 소비물의 대가 및 체당금의 채권
> 2. 의복, 침구, 장구 기타 동산의 사용료의 채권
> 3. 노역인, 연예인의 임금 및 그에 공급한 물건의 대금채권
> 4. 학생 및 수업자의 교육, 의식 및 유숙에 관한 교주, 숙주, 교사의 채권

일정한 채권의 소멸시효기간에 관하여 이를 특별히 1년의 단기로 정하는 민법 제164조는 그 각 호에서 개별적으로 정하여진 채권의 채권자가 그 채권의 발생원인이 된 계약에 기하여 상대방에 대하여 부담하는 반대채무에 대하여는 적용되지 아니한다. 따라서 그 채권의 상대방이 그 계약에 기하여 가지는 반대채권은 원칙으로 돌아가, 다른 특별한 사정이 없는 한 민법 제162조 제1항에서 정하는 10년의 일반소멸시효기간의 적용을 받는다(대판 2013.11.14, 2013다65178). 기출 19

III 판결이 확정된 채권의 소멸시효기간 : 10년

> **민법 제165조(판결 등에 의하여 확정된 채권의 소멸시효)**
> ① 판결에 의하여 확정된 채권은 단기의 소멸시효에 해당한 것이라도 그 소멸시효는 10년으로 한다. 기출 25·24·17·13
> ② 파산절차에 의하여 확정된 채권 및 재판상의 화해, 조정 기타 판결과 동일한 효력이 있는 것에 의하여 확정된 채권도 전항과 같다.
> ③ 전2항의 규정은 판결확정 당시에 변제기가 도래하지 아니한 채권에 적용하지 아니한다. 기출 19·18

1. 취 지

단기소멸시효가 적용되는 채권이라도 판결에 의하여 채권의 존재가 확정되면 그 성립이나 소멸에 관한 증거자료의 일실 등으로 인한 다툼의 여지가 없어지고, 법률관계를 조속히 확정할 필요성도 소멸하며, 채권자로 하여금 단기소멸시효 중단을 위해 여러 차례 중단절차를 밟도록 하는 것은 바람직하지 않기 때문이다(대판 2006.8.24. 2004다26287).

2. 내 용

① 본조의 판결은 기판력 있는 확정판결만을 의미한다. 파산절차에 의하여 확정된 채권 및 재판상의 화해, 조정 기타 판결과 동일한 효력이 있는 것(예 인낙조서)에 의하여 확정된 채권의 소멸시효도 10년으로 연장된다(민법 제165조 제2항).

② 민법 제165조의 규정은 단기의 소멸시효에 걸리는 것이라도 확정판결을 받은 권리의 소멸시효는 10년으로 한다는 뜻일 뿐 10년보다 장기의 소멸시효를 10년으로 단축한다는 의미도 아니고 본래 소멸시효의 대상이 아닌 권리가 확정판결을 받음으로써 10년의 소멸시효에 걸린다는 뜻도 아니다(대판 1981.3.24. 80다1888).

③ 시효연장의 효과는 상대적이어서 판결 등의 당사자에게만 연장된다.

　㉠ 채권자와 주채무자 사이의 확정판결에 의하여 주채무가 확정되어 그 소멸시효기간이 10년으로 연장되었다 할지라도, 위 확정판결 등은 채권자와 연대보증인 사이에는 아무런 영향을 미치지 않고 채권자의 연대보증인의 연대보증채권의 소멸시효기간은 여전히 종전의 소멸시효기간에 따른다(대판 2006.8.24. 2004다26287·26294).

> **[유치권의 피담보채권의 소멸시효기간이 확정판결 등에 의하여 10년으로 연장된 경우, 유치권이 성립된 부동산의 매수인이 종전의 단기소멸시효를 원용할 수 있는지 여부(소극)]**
>
> 유치권이 성립된 부동산의 매수인은 피담보채권의 소멸시효가 완성되면 시효로 인하여 채무가 소멸되는 결과 직접적인 이익을 받는 자에 해당하므로 소멸시효의 완성을 원용할 수 있는 지위에 있다고 할 것이나, 매수인은 유치권자에게 채무자의 채무와는 별개의 독립된 채무를 부담하는 것이 아니라 단지 채무자의 채무를 변제할 책임을 부담하는 점 등에 비추어 보면, 유치권의 피담보채권의 소멸시효기간이 확정판결 등에 의하여 10년으로 연장된 경우 매수인은 그 채권의 소멸시효기간이 연장된 효과를 부정하고 종전의 단기소멸시효기간을 원용할 수는 없다(대판 2009.9.24. 2009다39530).

　㉡ 단, 민법규정에 의하여 시효중단의 효력은 당연히 보증인에게도 미친다(민법 제440조).

③ 판결 등에 의하여 확정된 채권은 판결확정 당시에 변제기가 도래한 채권이어야 한다.

Ⅳ 기타 재산권의 소멸시효기간

채권과 소유권 이외의 재산권의 소멸시효기간은 20년이다(민법 제162조 제2항).

제3절 소멸시효의 중단과 정지

제1관 | 소멸시효의 중단

> **민법 제168조(소멸시효의 중단사유)**
> 소멸시효는 다음 각 호의 사유로 인하여 중단된다.
>   1. 청구
>   2. 압류 또는 가압류, 가처분
>   3. 승인

I 의의

① 소멸시효의 중단이란 소멸시효가 진행하는 도중에 권리의 불행사라는 소멸시효의 기초가 되는 사실을 깨뜨리는 사정이 발생한 경우, 이미 진행한 시효기간의 효력을 상실케 하는 제도이다(대판 1979.7.10. 79다569).
② 시효가 중단된 때에는 중단까지에 경과한 시효기간은 이를 산입하지 아니하고 중단사유가 종료한 때로부터 새로이 진행한다(민법 제178조 제1항). 기출 20
③ 시효중단사유는 변론주의의 대상이어서 당사자의 주장이 없으면 법원이 이에 관하여 판단할 필요가 없다. 그에 대한 입증책임은 시효완성을 다투는 당사자가 진다(대판 2017.3.22. 2016다258124).

II 소멸시효의 중단사유

1. 청구(민법 제168조 제1호)

> **민법 제170조(재판상의 청구와 시효중단)** 기출 25 · 15 · 13
> ① 재판상의 청구는 소송의 각하, 기각 또는 취하의 경우에는 시효중단의 효력이 없다.
> ② 전항의 경우에 6월 내에 재판상의 청구, 파산절차참가, 압류 또는 가압류, 가처분을 한 때에는 시효는 최초의 재판상 청구로 인하여 중단된 것으로 본다.
>
> **민법 제171조(파산절차참가와 시효중단)** 기출 13
> 파산절차참가는 채권자가 이를 취소하거나 그 청구가 각하된 때에는 시효중단의 효력이 없다.
>
> **민법 제172조(지급명령과 시효중단)** 기출 18
> 지급명령은 채권자가 법정기간 내에 가집행신청을 하지 아니함으로 인하여 그 효력을 잃은 때에는 시효중단의 효력이 없다.

민법 제173조(화해를 위한 소환, 임의출석과 시효중단) 기출 24·21·13
화해를 위한 소환은 상대방이 출석하지 아니하거나 화해가 성립되지 아니한 때에는 1월 내에 소를 제기하지 아니하면 시효중단의 효력이 없다. 임의출석의 경우에 화해가 성립되지 아니한 때에도 그러하다.

민법 제174조(최고와 시효중단)
최고는 6월 내에 재판상의 청구, 파산절차참가, 화해를 위한 소환, 임의출석, 압류 또는 가압류, 가처분을 하지 아니하면 시효중단의 효력이 없다.

(1) 의 의
① 청구는 시효의 대상인 권리를 재판상 내지 재판 외로 행사하는 것을 말한다. 민법은 청구의 유형으로 재판상 청구(민법 제170조), 파산절차참가(민법 제171조), 지급명령(민법 제172조), 화해를 위한 소환 내지 임의출석(민법 제173조), 최고(민법 제174조)를 규정하고 있다. 기출 17
② 지급명령 사건이 채무자의 이의신청으로 소송으로 이행되는 경우에 지급명령에 의한 시효중단의 효과는 소송으로 이행된 때가 아니라 지급명령을 신청한 때에 발생한다(대판 2015.2.12. 2014다228440). 기출 23

(2) 재판상 청구(민법 제170조)

의 의	자기의 권리를 재판상 주장하는 것을 말하며, 보통 소를 제기하는 것을 의미		
요 건	민사소송 ○ (각종의 모든 소 ○, 재심 ○)	형사소송 × (단, 배상명령신청 ○)	행정소송 × (단, 과세처분의 취소 또는 무효확인의 소 ○)
효 과	• 재판상 청구에 의한 시효중단의 효과는 소를 제기한 때, 즉 소장을 법원에 제출한 때에 발생한다(민사소송법 제265조, 제248조). 한편 응소행위로 인한 시효중단의 효력은 피고가 현실적으로 권리를 행사하여 응소한 때에 발생한다(대판 2005.12.23. 2005다59383). • 판결에 의해 확정된 채권은 단기 소멸시효에 해당한 것이라도 그 소멸시효기간은 10년으로 연장된다(민법 제165조 제1항). • 재판상 청구가 있더라도 소가 취하, 각하되거나 청구가 기각되면 시효중단의 효력이 없다(민법 제170조 제1항). 그러나 이 경우에도 최고로서의 효력은 인정되므로(대판 1987.12.22. 87다카2337), 6개월 내에 재판상 청구, 파산절차 참가, 압류, 가압류 또는 가처분을 했을 때에는 시효는 최초의 재판상 청구에 의하여 중단된 것으로 본다(민법 제170조 제2항).		

[재판상 청구로 인한 시효중단]
• 종래 실무의 문제점을 해결하기 위해서, 시효중단을 위한 후소로서 이행소송 외에 전소 판결로 확정된 채권의 시효를 중단시키기 위한 조치, 즉 '재판상의 청구'가 있다는 점에 대하여만 확인을 구하는 형태의 '새로운 방식의 확인소송'이 허용되고, 채권자는 두 가지 형태의 소송 중 자신의 상황과 필요에 보다 적합한 것을 선택하여 제기할 수 있다고 보아야 한다(대판 2018.10.18. 2015다232316[전합]). 기출 24
• 민법 제168조 제1호, 제170조 제1항에서 시효중단사유의 하나로 규정하고 있는 재판상의 청구라 함은, 통상적으로는 권리자가 원고로서 시효를 주장하는 자를 피고로 하여 소송물인 권리를 소의 형식으로 주장하는 경우를 가리키지만, 이와 반대로 시효를 주장하는 자(= 채무자)가 원고가 되어 소를 제기한 데 대하여 권리자(= 채권자)가 피고로서 응소하여 그 소송에서 적극적으로 권리를 주장하고 그것이 받아들여진 경우도 마찬가지로 이에 포함되는 것으로 해석함이 타당하다(대판 1993.12.21. 92다47861[전합]). → 재판에서 자신의 권리를 주장하는 점에서 다를 것이 없기 때문이다. 기출 24·21

- 시효를 주장하는 자의 소 제기에 대한 응소행위가 민법상 시효중단사유로서의 재판상 청구에 준하는 행위로 인정되려면 의무 있는 자가 제기한 소송에서 권리자가 의무 있는 자를 상대로 응소하여야 할 것이므로, 담보가등기가 설정된 후에 그 목적 부동산의 소유권을 취득한 제3취득자나 물상보증인 등 시효를 원용할 수 있는 지위에 있으나 직접 의무를 부담하지 아니하는 자가 제기한 소송에서의 응소행위는 권리자의 의무자에 대한 재판상 청구에 준하는 행위에 해당한다고 볼 수 없다(대판 2007.1.11. 2006다33364). 기출 16·14
- 재판상의 청구는 소송의 각하, 기각 또는 취하의 경우에는 시효중단의 효력이 없지만, 그 경우 6개월 내에 재판상의 청구, 파산절차참가, 압류 또는 가압류, 가처분을 한 때에는 시효는 최초의 재판상 청구로 인하여 중단된 것으로 본다(민법 제170조). 그러므로 채무자가 제3채무자를 상대로 제기한 금전채권의 이행소송이 압류 및 추심명령으로 인한 당사자적격의 상실로 각하되더라도, 위 이행소송의 계속 중에 피압류채권에 대하여 채무자에 갈음하여 당사자적격을 취득한 추심채권자가 위 각하판결이 확정된 날로부터 6개월 내에 제3채무자를 상대로 추심의 소를 제기하였다면, 채무자가 제기한 재판상 청구로 인하여 발생한 시효중단의 효력은 추심채권자의 추심소송에서도 그대로 유지된다고 보는 것이 타당하다(대판 2019.7.25. 2019다212945).
- 이미 사망한 자를 피고로 하여 제기된 소는 부적법하여 이를 간과한 채 본안 판단에 나아간 판결은 당연무효로서 그 효력이 상속인에게 미치지 않고, 채권자의 이러한 제소는 권리자의 의무자에 대한 권리행사에 해당하지 않으므로, 상속인을 피고로 하는 당사자표시정정이 이루어진 경우와 같은 특별한 사정이 없는 한, 거기에는 애초부터 시효중단 효력이 없어 민법 제170조 제2항이 적용되지 않는다고 봄이 타당하고, 법원이 이를 간과하여 본안에 나아가 판결을 내린 경우에도 마찬가지라고 보아야 한다(대판 2014.2.27. 2013다94312).

[흠 있는 소제기가 재판상 청구에 해당하는지 여부]
- 비록 대항요건을 갖추지 못하여 채무자에게 대항하지 못한다고 하더라도 채권의 양수인이 채무자를 상대로 재판상의 청구를 하였다면 이는 소멸시효중단사유인 재판상의 청구에 해당한다(대판 2005.11.10. 2005다41818).
- 채권양도 후 대항요건이 구비되기 전의 양도인은 채무자에 대한 관계에서는 여전히 채권자의 지위에 있으므로 채무자를 상대로 시효중단의 효력이 있는 재판상의 청구를 할 수 있고, 이 경우 양도인이 제기한 소송 중에 채무자가 채권양도의 효력을 인정하는 등의 사정으로 인하여 양도인의 청구가 기각됨으로써 민법 제170조 제1항에 의하여 시효중단의 효과가 소멸된다고 하더라도, 양도인의 청구가 당초부터 무권리자에 의한 청구로 되는 것은 아니므로, 양수인이 그로부터 6월 내에 채무자를 상대로 재판상의 청구 등을 하였다면, 민법 제169조 및 제170조 제2항에 의하여 양도인의 최초의 재판상 청구로 인하여 시효가 중단된다(대판 2009.2.12. 2008두20109).
- 공동주택의 입주자대표회의가 하자보수에 갈음한 손해배상청구의 소를 제기하여 수행하던 중 자신에게 위 손해배상청구권이 없음을 알고 일부 구분소유자로부터 그 권리를 양도받아 채권양도에 의한 손해배상청구를 예비적 청구원인으로 추가한 경우, 당초의 소제기는 권리 없는 자의 소제기이므로 시효중단의 효력이 없고, 특별한 사정이 없는 한 채권양도를 받아 정당한 권리자로서 예비적 청구원인의 준비서면을 제출한 날에 비로소 시효중단의 효력이 발생한다(대판 2008.12.24. 2008다48490).

(3) **최고**(민법 제174조)

① 의의 : 최고란 채권자가 채무자에 대하여 재판 외에서 채무이행을 청구하는 것으로, 그 법적 성질은 채권자의 의사통지이다.

② 방식 : 소멸시효중단사유의 하나로서 민법 제174조가 규정하고 있는 최고는 채무자에 대하여 채무이행을 구한다는 채권자의 의사통지(준법률행위)로서, 이에는 특별한 형식이 요구되지 아니할 뿐 아니라 행위 당시 당사자가 시효중단의 효과를 발생시킨다는 점을 알거나 의욕하지 않았다 하더라도 이로써 권리행사의 주장을 하는 취지임이 명백하다면 최고에 해당하는 것으로 보아야 할 것이므로, 채권자가 확정판결에 기한 채권의 실현을 위하여 채무자의 제3채무자에 대한 채권에 관하여 압류 및 추심명령을 받아 그 결정이 제3채무자에게 송달이 되었다면 거기에 소멸시효중단사유인 최고로서의 효력을 인정하여야 한다(대판 2003.5.13. 2003다16238).

③ 효 과
  ㉠ 임시적인 시효중단의 효과가 발생하는데, 최고는 상대방에게 도달한 때에 그 효과가 발생한다.
  ㉡ 확정적인 중단을 위해 6개월 이내에 별도의 조치가 필요하다.
    ㉮ 문제점 : 민법 제174조에 의하면 최고는 6월 내에 재판상 청구, 파산절차참가, 화해를 위한 소환, 임의출석, 압류 또는 가압류, 가처분을 하지 아니하면 시효중단의 효력이 없다. 여기서 문제는 6개월의 기산점이 어느 시점인지이다.
    ㉯ 판례의 입장
      • 원칙 : 6개월의 기산점은 원칙적으로 최고가 상대방에게 도달한 때부터 기산된다. 따라서 민법 제174조가 시효중단사유로 규정하고 있는 최고를 여러 번 거듭하다가 재판상 청구 등을 한 경우에 시효중단의 효력은 항상 최초의 최고 시에 발생하는 것이 아니라 재판상 청구 등을 한 시점을 기준으로 하여 이로부터 소급하여 6월 이내에 한 최고 시에 발생한다(대판 2019.3.14. 2018두56435).
      • 예외 : 채무이행을 최고받은 채무자가 그 이행의무의 존부 등에 대하여 조사를 해 볼 필요가 있다는 이유로 채권자에 대하여 그 이행의 유예를 구한 경우에는 채권자가 그 회답을 받을 때까지는 최고의 효력이 계속된다고 보아야 하고 따라서 같은 조 소정의 6월의 기간은 채권자가 채무자로부터 회답을 받은 때로부터 기산되는 것이라고 해석하여야 한다(대판 1995.5.12. 94다24336).

2. 압류 · 가압류 · 가처분

민법 제175조(압류, 가압류, 가처분과 시효중단)
압류, 가압류 및 가처분은 권리자의 청구에 의하여 또는 법률의 규정에 따르지 아니함으로 인하여 취소된 때에는 시효중단의 효력이 없다.

민법 제176조(압류, 가압류, 가처분과 시효중단) 기출 25·16·13
압류, 가압류 및 가처분은 시효의 이익을 받은 자에 대하여 하지 아니한 때에는 이를 그에게 통지한 후가 아니면 시효중단의 효력이 없다.

의 의	압류 또는 가압류·가처분은 반드시 재판상의 청구를 전제로 하지 않을 뿐만 아니라 판결이 있더라도 재판확정 후에는 다시 시효가 진행하므로, 민법은 압류 등을 별도로 시효중단사유로 규정하고 있음
	시효중단의 효력발생

요 건	• 유효한 가압류, 압류, 가처분이 있을 것
	  - 당연무효의 압류 등에는 시효중단효가 인정되지 않는다(대판 2006.8.24. 2004다26287·26294). 기출 15
	  - 부동산경매절차에서 집행력 있는 채무명의 정본을 가진 채권자가 하는 배당요구는 민법 제168조 제2호의 압류에 준하는 것으로서 배당요구에 관련된 채권에 관하여 소멸시효를 중단하는 효력이 생긴다고 할 것이고, 따라서 원인채권의 지급을 확보하기 위하여 어음이 수수된 당사자 사이에 채권자가 어음채권에 관한 집행력 있는 채무명의 정본에 기하여 한 배당요구는 그 원인채권의 소멸시효를 중단시키는 효력이 있다(대판 2002.2.26. 2000다25484).
	• 시효가 완성되기 전일 것
	• 시효이익을 받을 자에게 하였을 것
	  - 압류, 가압류 및 가처분은 시효의 이익을 받은 자에 대하여 하지 아니한 때에는 이를 그에게 통지한 후가 아니면 시효중단의 효력이 없다(민법 제176조).

	– [1] 채권자가 채무자의 제3채무자에 대한 채권을 압류 또는 가압류한 경우에 채무자에 대한 채권자의 채권에 관하여 시효중단의 효력이 생긴다고 할 것이나, 압류 또는 가압류된 채무자의 제3채무자에 대한 채권에 대하여는 민법 제168조 제2호 소정의 소멸시효중단사유에 준하는 확정적인 시효중단의 효력이 생긴다고 할 수 없다. [2] 소멸시효중단사유의 하나로서 민법 제174조가 규정하고 있는 최고는 채무자에 대하여 채무이행을 구한다는 채권자의 의사통지(준법률행위)로서, 이에는 특별한 형식이 요구되지 아니할 뿐 아니라 행위 당시 당사자가 시효중단의 효과를 발생시킨다는 점을 알거나 의욕하지 않았다 하더라도 이로써 권리행사의 주장을 하는 취지임이 명백하다면 최고에 해당하는 것으로 보아야 할 것이므로, 채권자가 확정판결에 기한 채권의 실현을 위하여 채무자의 제3채무자에 대한 채권에 관하여 압류 및 추심명령을 받아 그 결정이 제3채무자에게 송달이 되었다면 거기에 소멸시효중단사유인 최고로서의 효력을 인정하여야 한다(대판 2003.5.13. 2003다16238).
시기	민법 제168조 제2호에서 가압류를 시효중단사유로 정하고 있지만, 가압류로 인한 시효중단의 효력이 언제 발생하는지에 관해서는 명시적으로 규정되어 있지 않다. 민사소송법 제265조에 의하면, 시효중단사유 중 하나인 '재판상의 청구'(민법 제168조 제1호, 제170조)는 소를 제기한 때 시효중단의 효력이 발생한다. 가압류에 관해서도 위 민사소송법 규정을 유추적용하여 '재판상의 청구'와 유사하게 가압류를 신청한 때 (소급하여) 시효중단의 효력이 생긴다고 보아야 한다. 가압류를 시효중단사유로 규정한 이유는 가압류에 의하여 채권자가 권리를 행사하였다고 할 수 있기 때문이다(대판 2017.4.7. 2016다35451).
	시효중단의 효력소멸
요건	• 압류 등이 취소된 경우 – 권리자의 청구에 의하여 또는 법률의 규정에 따르지 아니함으로 인하여 취소된 때에는 시효중단의 효력이 없다(민법 제175조). 그러나 압류절차를 개시한 이상 집행불능에 그치더라도 시효중단의 효력은 발생한다 (대판 2011.5.13. 2011다10044). • 압류가 해제되거나 집행절차가 종료된 경우 – [1] 시효가 중단된 때에는 중단까지에 경과한 시효기간은 이를 산입하지 아니하고 중단사유가 종료한 때로부터 새로이 진행하는데(국세기본법 제28조 제2항, 민법 제178조 제1항), 소멸시효의 중단사유 중 '압류'에 의한 시효중단의 효력은 압류가 해제되거나 집행절차가 종료될 때 중단사유가 종료한 것으로 볼 수 있다. [2] 보험계약자의 보험금 채권에 대한 압류가 행하여지더라도 채무자나 제3채무자는 기본적 계약관계인 보험계약 자체를 해지할 수 있고, 보험계약이 해지되면 계약에 의하여 발생한 보험금 채권은 소멸하게 되므로 이를 대상으로 한 압류명령은 실효된다. [3] 체납처분에 의한 채권압류로 인하여 채권자의 채무자에 대한 채권의 시효가 중단된 경우에 압류에 의한 체납처분 절차가 채권추심 등으로 종료된 때뿐만 아니라, 피압류채권이 기본계약관계의 해지·실효 또는 소멸시효완성 등으로 인하여 소멸함으로써 압류의 대상이 존재하지 않게 되어 압류 자체가 실효된 경우에도 체납처분 절차는 더 이상 진행될 수 없으므로 시효중단사유가 종료한 것으로 보아야 하고, 그때부터 시효가 새로이 진행한다(대판 2017.4.28. 2016다239840). • 가압류등기가 말소된 경우 – [1] 민법 제168조에서 가압류를 시효중단사유로 정하고 있는 것은 가압류에 의하여 채권자가 권리를 행사하였다고 할 수 있기 때문이고 가압류에 의한 집행보전의 효력이 존속하는 동안은 가압류채권자에 의한 권리행사가 계속되고 있다고 보아야 할 것이므로 가압류에 의한 시효중단의 효력은 가압류의 집행보전의 효력이 존속하는 동안은 계속된다. [2] 가압류에 의한 시효중단은 경매절차에서 부동산이 매각되어 가압류등기가 말소되기 전에 배당절차가 진행되어 가압류채권자에 대한 배당표가 확정되는 등의 특별한 사정이 없는 한, 채권자가 가압류집행에 의하여 권리행사를 계속하고 있다고 볼 수 있는 가압류등기가 말소된 때 그 중단사유가 종료되어, 그때부터 새로 소멸시효가 진행한다(매각대금 납부 후의 배당절차에서 가압류채권자의 채권에 대하여 배당이 이루어지고 배당액이 공탁되었다고 하여 가압류채권자가 그 공탁금에 대하여 채권자로서 권리행사를 계속하고 있다고 볼 수는 없으므로 그로 인하여 가압류에 의한 시효중단의 효력이 계속된다고 할 수 없다(대판 2013.11.14. 2013다18622·18639). 기출 21 – 민법 제168조에서 가압류와 재판상의 청구를 별도의 시효중단사유로 규정하고 있는데 비추어 보면, 가압류의 피보전채권에 관하여 본안의 승소판결이 확정되었다고 하더라도 가압류에 의한 시효중단의 효력이 이에 흡수되어 소멸된다고 할 수 없다(대판 2000.4.25. 2000다11102). 기출 23

3. 승인

> **민법 제177조(승인과 시효중단)** 기출 25·23·18·15·14
> 시효중단의 효력 있는 승인에는 상대방의 권리에 관한 처분의 능력이나 권한 있음을 요하지 아니한다.

의 의	승인은 시효의 이익을 받을 당사자인 채무자가 그 시효의 완성으로 권리를 상실하게 될 자 또는 그 대리인에게 그 권리의 존재를 인정한다는 뜻을 표시하는 행위이다(대판 1992.4.14. 92다947). 이에 따라 현존하지 아니하는 장래의 채권을 미리 승인하는 것은 채무자가 그 권리의 존재를 인식하고서 한 것이라고 볼 수 없어 허용되지 않는다고 할 것이다(대판 2001.11.9. 2001다52568). 기출 21
법적 성질	승인은 준법률행위 중 관념의 통지로서 의사표시 규정이 유추적용된다. 따라서 승인하는 자는 행위능력·의사능력이 필요하다.
당사자	• 소멸시효 중단사유인 채무승인을 할 수 있는 자는 시효이익을 받을 당사자인 채무자 및 그 대리인이고, 채무승인의 상대방은 소멸시효의 완성으로 채권을 상실하게 될 자 또는 그 대리인이다(대판 2014.1.23. 2013다64793). 기출 23 • 시효중단의 효력 있는 승인에는 상대방의 권리에 관한 처분의 능력이나 권한 있음을 요하지 아니한다(민법 제177조). 그러나 민법 제177조의 반대해석상 승인자는 해당 권리에 대한 관리능력이나 권한은 있어야 한다(대판 1965.12.28. 65다2133).

승인의 의미 기출 15·14	소멸시효 진행 이전 승인	소멸시효 진행 이후 승인	소멸시효완성 이후 승인
	소멸시효중단 ×	소멸시효중단 ○	소멸시효이익의 포기

방 법	특별한 방식을 요하지 않음(서면·구두, 명시·묵시, 재판상·재판 외 모두 가능)
효 과	• 소멸시효중단 시점 : 승인이 상대방에게 도달한 때(대판 1995.9.29. 95다30178) • 채무승인이 있었다는 사실에 대한 입증책임은 채권자에게 있다(대판 2005.2.17. 2004다59959). 기출 18 • 시효완성 전에 채무의 일부를 변제한 경우에는 그 수액에 관하여 다툼이 없는 한 채무승인으로서의 효력이 있어 채무 전부에 관하여 시효중단의 효력이 발생한다(대판 2018.11.9. 2018다250513). 기출 21·18

Ⅲ 시효중단의 효력

> **민법 제169조(시효중단의 효력)** 기출 25·24·21·17·14
> 시효의 중단은 당사자 및 그 승계인 간에만 효력이 있다.
>
> **민법 제178조(중단 후에 시효진행)**
> ① 시효가 중단된 때에는 중단까지에 경과한 시효기간은 이를 산입하지 아니하고 중단사유가 종료한 때로부터 새로이 진행한다. 기출 20·17·14
> ② 재판상의 청구로 인하여 중단한 시효는 전항의 규정에 의하여 재판이 확정된 때로부터 새로이 진행한다.
> 기출 25·23

1. 기본적 효력

① 시효가 중단되면 그때까지 경과한 시효기간은 그 효력을 잃고(민법 제178조 제1항 전단), 중단사유가 없어지면 시효가 새로 진행되어야 한다.
② 시효가 중단된 후에는 중단사유가 종료된 때부터 다시 시효가 진행된다(민법 제178조 제1항 후단).

2. 시효중단의 효력이 미치는 인적 범위

(1) 원 칙

시효의 중단은 원칙적으로 당사자 및 그 승계인 사이에서만 그 효력이 있다(민법 제169조).

기출 25 · 24 · 21 · 17 · 14

① 당사자는 시효중단행위에 관여한 당사자를 의미하고, 시효의 대상인 권리관계의 당사자를 말하는 것은 아니다.
② 승계인이란 시효중단에 관여한 당사자로부터 중단의 효과를 받는 권리를 승계한 자를 말하며, 특정승계이건 포괄승계이건 불문한다. 그리고 승계는 중단사유가 발생한 후에 이루어져야 하고, 중단사유 발생 전의 승계인은 포함되지 않는다.

(2) 예 외

다음의 경우에는 시효중단의 효력이 미치는 범위가 확대된다.
① 주채무자에 대한 시효의 중단은 보증인에 대하여 그 효력이 있다. 반면, 보증채무에 대한 시효가 중단되더라도 주채무에 대한 소멸시효가 중단되지는 않는다.
② 압류, 가압류, 가처분의 시효이익을 받은 자에 대하여 하지 않았더라도, 이를 시효이익을 받은 자에게 통지하면 그때부터 시효가 중단된다.
③ 연대채무자에 대한 이행청구는 다른 연대채무자에게도 효력이 있다. 반면 부진정연대채무자의 경우에는 그렇지 않다.

3. 시효중단의 효력이 미치는 물적 범위

(1) 일부청구

원칙적으로 한 개의 채권 중 일부에 관하여만 판결을 구한다는 취지를 명백히 한 경우 그 소제기에 의한 소멸시효의 중단의 효력은 그 일부에만 발생하고 나머지 부분에는 발생하지 아니한다.

> [일부청구와 시효중단의 범위]
> [1] 하나의 채권 중 일부에 관하여만 판결을 구한다는 취지를 명백히 하여 소송을 제기한 경우에는 소제기에 의한 소멸시효중단의 효력이 그 일부에 관하여만 발생하고, 나머지 부분에는 발생하지 아니하나, 소장에서 청구의 대상으로 삼은 채권 중 일부만을 청구하면서 소송의 진행경과에 따라 장차 청구금액을 확장할 뜻을 표시하고 당해 소송이 종료될 때까지 실제로 청구금액을 확장한 경우에는 소제기 당시부터 채권 전부에 관하여 판결을 구한 것으로 해석되므로, 이러한 경우에는 소제기 당시부터 채권 전부에 관하여 재판상 청구로 인한 시효중단의 효력이 발생한다. [2] 소장에서 청구의 대상으로 삼은 채권 중 일부만을 청구하면서 소송의 진행경과에 따라 장차 청구금액을 확장할 뜻을 표시하였으나 당해 소송이 종료될 때까지 실제로 청구금액을 확장하지 않은 경우에는 소송의 경과에 비추어 볼 때 채권 전부에 관하여 판결을 구한 것으로 볼 수 없으므로, 나머지 부분에 대하여는 재판상 청구로 인한 시효중단의 효력이 발생하지 아니한다. 그러나 이와 같은 경우에도 소를 제기하면서 장차 청구금액을 확장할 뜻을 표시한 채권자로서는 장래에 나머지 부분을 청구할 의사를 가지고 있는 것이 일반적이라고 할 것이므로, 다른 특별한 사정이 없는 한 당해 소송이 계속 중인 동안에는 나머지 부분에 대하여 권리를 행사하겠다는 의사가 표명되어 최고에 의해 권리를 행사하고 있는 상태가 지속되고 있는 것으로 보아야 하고, 채권자는 당해 소송이 종료된 때부터 6월 내에 민법 제174조에서 정한 조치를 취함으로써 나머지 부분에 대한 소멸시효를 중단시킬 수 있다(대판 2020.2.6, 2019다223723).

(2) 가분채권의 일부분을 피보전채권으로 한 가압류
채권자가 가분채권의 일부분을 피보전채권으로 주장하여 채무자 소유의 재산에 대하여 가압류를 한 경우에 있어서는 그 피보전채권 부분만에 한하여 시효중단의 효력이 있다 할 것이고 가압류에 의한 보전채권에 포함되지 아니한 나머지 채권에 대하여는 시효중단의 효력이 발생할 수 없다(대판 1976.2.24. 75다1240).

(3) 일부변제
시효완성 전에 채무의 일부를 변제한 경우에는, 그 수액에 관하여 다툼이 없는 한 채무승인으로서의 효력이 있어 시효중단의 효과가 발생한다(대판 1996.1.23. 95다39854).

(4) 어음채권과 원인채권
원인채권의 지급을 확보하기 위하여 어음이 수수된 당사자 사이에서 채권자가 어음채권을 청구채권으로 하여 채무자의 재산을 압류함으로써 그 권리를 행사한 경우에는 그 원인채권의 소멸시효를 중단시키는 효력이 있다. 그러나 이미 어음채권의 소멸시효가 완성된 후에는 그 채권이 소멸되고 시효중단을 인정할 여지가 없으므로, 시효로 소멸된 어음채권을 청구채권으로 하여 채무자의 재산을 압류한다 하더라도 이를 어음채권 내지는 원인채권을 실현하기 위한 적법한 권리행사로 볼 수 없어, 그 압류에 의하여 그 원인채권의 소멸시효가 중단된다고 볼 수 없다(대판 2010.5.13. 2010다6345).

(5) 복수의 채권
채권자가 동일한 목적을 달성하기 위하여 복수의 채권을 갖고 있는 경우, 채권자로서는 그 선택에 따라 권리를 행사할 수 있되, 그중 어느 하나의 청구를 한 것만으로는 다른 채권 그 자체를 행사한 것으로 볼 수는 없으므로, 특별한 사정이 없는 한 그 다른 채권에 대한 소멸시효중단의 효력은 없다(대판 2011.2.10. 2010다81285).

4. 시효중단의 효력이 미치는 시간적 범위(민법 제178조)

(1) 재판상 청구 등
재판상의 청구로 인한 시효의 중단은 재판이 확정된 때로부터 새로이 진행한다(민법 제178조 제2항).

(2) 압류·가압류·가처분
압류·가압류·가처분은 절차의 종료로 인하여 그 효력이 상실된 때로부터 새롭게 시효가 진행된다.

(3) 승 인
원고(반소피고)의 승인에 대하여 피고가 채무의 변제를 유예해 주었다고 인정되는 경우, 만약 그 유예기간을 정하지 않았다면 변제유예의 의사를 표시한 때부터, 그리고 유예기간을 정하였다면 그 유예기간이 도래한 때부터 다시 소멸시효가 진행된다(대판 2006.9.22. 2006다22852·22869).

제2관 | 소멸시효의 정지

> **민법 제179조(제한능력자의 시효정지)**
> 소멸시효의 기간만료 전 6개월 내에 제한능력자에게 법정대리인이 없는 경우에는 그가 능력자가 되거나 법정대리인이 취임한 때부터 6개월 내에는 시효가 완성되지 아니한다.
>
> **민법 제180조(재산관리자에 대한 제한능력자의 권리, 부부 사이의 권리와 시효정지)**
> ① 재산을 관리하는 아버지, 어머니 또는 후견인에 대한 제한능력자의 권리는 그가 능력자가 되거나 후임 법정대리인이 취임한 때부터 6개월 내에는 소멸시효가 완성되지 아니한다.
> ② 부부 중 한 쪽이 다른 쪽에 대하여 가지는 권리는 혼인관계가 종료된 때부터 6개월 내에는 소멸시효가 완성되지 아니한다. 기출 15
>
> **민법 제181조(상속재산에 관한 권리와 시효정지)** 기출 24
> 상속재산에 속한 권리나 상속재산에 대한 권리는 상속인의 확정, 관리인의 선임 또는 파산선고가 있는 때로부터 6월 내에는 소멸시효가 완성하지 아니한다.
>
> **민법 제182조(천재 기타 사변과 시효정지)** 기출 24·18
> 천재 기타 사변으로 인하여 소멸시효를 중단할 수 없을 때에는 그 사유가 종료한 때로부터 1월 내에는 시효가 완성하지 아니한다.

Ⅰ 의의

시효기간이 거의 완성할 무렵에 권리자가 중단행위를 하는 것이 불가능 또는 대단히 곤란한 사정이 있는 경우에 그 시효기간의 진행을 일시적으로 멈추게 하고 그러한 사정이 없어졌을 때 다시 나머지 기간을 진행시키는 것을 말한다.

Ⅱ 정지사유

1. 제한능력자를 위한 정지

① 소멸시효의 기간만료 전 6개월 내에 제한능력자에게 법정대리인이 없는 경우에는 그가 능력자가 되거나 법정대리인이 취임한 때부터 6개월 내에는 시효가 완성되지 아니한다(민법 제179조).
② 재산을 관리하는 아버지, 어머니, 또는 후견인에 대한 제한능력자의 권리는 그가 능력자가 되거나 후임 법정대리인이 취임한 때부터 6개월 이내에는 소멸시효가 완성되지 아니한다(민법 제180조 제1항).

2. 혼인관계의 종료에 의한 정지

부부의 한 쪽이 다른 쪽에 대하여 가지는 권리는 혼인관계가 종료된 때부터 6개월 내에는 소멸시효가 완성되지 아니한다(민법 제180조 제2항).

3. 상속재산에 관한 정지

상속재산에 속한 권리나 상속재산에 대한 권리는 상속인의 확정, 관리인의 선임 또는 파산선고가 있는 때로부터 <u>6개월</u> 이내에는 소멸시효가 완성하지 아니한다(민법 제181조). 기출 24

4. 천재 기타 사변에 의한 정지

천재 기타 사변으로 인하여 소멸시효를 중단할 수 없을 때에는 그 사유가 종료한 때로부터 <u>1월</u> 내에는 시효가 완성하지 아니한다(민법 제182조). 기출 24 · 18

제4절 소멸시효완성의 효과

I 소멸시효완성의 효과에 대한 견해 대립

구 분		절대적 소멸설(판례)	상대적 소멸설
시효완성의 효과 (권리소멸 여부)		시효완성으로 권리는 당연 소멸	시효완성으로 권리는 소멸하지 않고 원용권이 발생
재판상 시효완성사실을 주장해야 하는지 여부 기출 21 · 18		변론주의의 원칙상 주장하지 않으면 그 의사에 반하여 재판 불가	권리가 소멸하지 않으므로 원용하지 않으면 직권고려 불가
시효완성 후의 변제	알고 변제한 경우	악의의 비채변제로서 반환청구 불가(민법 제742조)	시효완성 후의 변제는 시효완성 사실을 알고 했든 모르고 했든 유효한 변제로서 부당이득반환청구 불가
	모르고 변제한 경우	도의관념에 적합한 비채변제로서 반환청구 불가(민법 제744조)	
소멸시효이익의 포기에 대한 이론 구성		시효이익을 받지 않겠다는 의사표시로 이해	원용권을 포기하는 의사표시로 이해

- 당사자의 원용이 없어도 시효완성의 사실로서 채무는 당연히 소멸하고, 다만 소멸시효의 이익을 받는 자가 소멸시효이익을 받겠다는 뜻을 항변하지 않는 이상 그 의사에 반하여 재판할 수 없을 뿐이다(대판 1979.2.13. 78다2157).
- 피담보채무가 소멸시효의 완성으로 당연히 소멸하였다고 하더라도 변론주의 원칙상 그 소멸시효의 이익을 받는 자가 소멸시효완성의 주장을 하지 않으면 그 의사에 반하여 재판할 수는 없다(대판 2014.1.23. 2013다64793). 기출 21 · 18

II 소멸시효의 소급효

민법 제167조(소멸시효의 소급효) 기출 25·24·21·20·18·14
소멸시효는 그 기산일에 소급하여 효력이 생긴다.

III 소멸시효이익의 포기

민법 제184조(시효의 이익의 포기 기타)
① 소멸시효의 이익은 미리 포기하지 못한다. 기출 25·24·13
② 소멸시효는 법률행위에 의하여 이를 배제, 연장 또는 가중할 수 없으나 이를 단축 또는 경감할 수 있다.
기출 24·21·17

1. 의 의

소멸시효이익의 포기에 대한 이론적 설명에 대해 학설상 다툼이 있으나 판례는 시효이익의 포기를 시효의 완성으로 인한 법적인 이익을 받지 않겠다고 하는 효과의사를 필요로 하는 의사표시로 파악하고 있다(대판 2013.7.25. 2011다56187·56194).

2. 요 건

(1) 소멸시효가 완성된 후일 것

소멸시효의 이익은 미리 포기하지 못한다(민법 제184조 제1항). 따라서 <u>시효완성 전에 채무자가 한 포기의 의사표시는 시효이익의 포기의 효력이 인정될 수 없다.</u> 기출 18·13

(2) 포기자에게 처분능력 또는 처분권한이 있을 것

<u>시효이익의 포기는 처분행위에 해당하므로 포기자는 처분권한이 인정되어야 한다.</u>

(3) 상대방에 대한 의사표시로 할 것

시효이익의 포기는 시효완성으로 권리를 상실한 자 또는 그 대리인에게 하여야 한다.

(4) 시효완성사실을 알았을 것

<u>판례는 채무자가 시효완성 후에 채무를 승인하거나 일부를 변제한 때에는 시효완성의 사실을 알고 그 이익을 포기한 것이라고 추정할 수 있다고 한다</u>(대판 2001.6.12. 2001다3580).

3. 효과

(1) 효력발생시기

포기의 의사표시가 상대방에게 적법하게 도달한 때에 시효이익의 포기 효과가 발생한다(대판 2008.11.27. 2006다18129). 기출 18 따라서 채무자가 소멸시효완성 후에 채권자에 대하여 채무를 승인함으로써 그 시효의 이익을 포기한 경우에는 그때부터 새로이 소멸시효가 진행한다(대판 2009.7.9. 2009다14340). 기출 18

> 채무자가 소멸시효 완성 후 채권자에 대하여 채무 일부를 변제함으로써 시효의 이익을 포기한 경우, 포기한 때로부터 새로이 소멸시효가 진행한다(대판 2013.5.23. 2013다12464). 기출 24

(2) 인적 범위

주채무자의 시효이익의 포기는 보증인, 물상보증인 등에게는 효력이 미치지 않는다(대판 1991.1.29. 89다카1114).
기출 18

(3) 물적 범위

소멸시효이익의 포기는 가분채무 일부에 대해서도 가능하다(대판 2012.5.10. 2011다109500). 다만, 통상적으로 가분채권의 일부변제가 전체 채무의 일부로서 변제한 것이라면 채권 전부에 관한 포기의 효과가 인정된다(대판 1993.10.26. 93다14936).

Ⅳ 종속된 권리에 대한 효력

> **민법 제183조(종속된 권리에 대한 소멸시효의 효력)**
> 주된 권리의 소멸시효가 완성한 때에는 종속된 권리에 그 효력이 미친다. 기출 24·17·13

주된 권리의 소멸시효가 완성한 때에는 종속된 권리에 그 효력이 미친다(민법 제183조). 이에 따라 원본채권이 시효로 소멸하면, 변제기가 도래하지 아니한 이자채권도 소멸한다.

제7장 소멸시효

제1절 서설

01 소멸시효의 효력에 관한 설명으로 옳지 않은 것은?(다툼이 있으면 판례에 따름)

24 행정사 제12회

① 소멸시효는 그 기산일에 소급하여 효력이 생긴다.
② 주된 권리의 소멸시효가 완성한 때에는 종속된 권리에 그 효력이 미친다.
③ 소멸시효는 법률행위에 의하여 이를 배제할 수 없으나 연장할 수는 있다.
④ 소멸시효의 이익은 미리 포기하지 못한다.
⑤ 채무자가 소멸시효 완성 후 채권자에 대하여 채무 일부를 변제함으로써 시효의 이익을 포기한 경우, 포기한 때로부터 새로이 소멸시효가 진행한다.

해설

[❶ ▶ ○] 소멸시효는 그 기산일에 소급하여 효력이 생긴다(민법 제167조). 즉 소멸시효가 완성되면 그로 인한 권리의 소멸은 소멸시효의 기산일로 소급하여 효력이 생긴다.

[❷ ▶ ○] 주된 권리의 소멸시효가 완성한 때에는 종속된 권리에 그 효력이 미친다(민법 제183조). 여기서 '종속된 권리에도 그 효력이 미친다'는 것은 종속된 권리의 소멸시효도 완성된 것으로 간주한다는 뜻이다.

[❸ ▶ ×] 소멸시효는 법률행위에 의하여 이를 배제, 연장 또는 가중할 수 없으나 이를 단축 또는 경감할 수 있다(민법 제184조 제2항).

[❹ ▶ ○] 소멸시효의 이익은 미리 포기하지 못한다(민법 제184조 제1항). 즉 소멸시효가 완성되기 전에 미리 시효이익을 포기하는 것은 인정되지 않는다. 민법 제184조 제1항의 반대해석상, 소멸시효가 완성된 후에 소멸시효의 이익을 포기하는 것은 유효하다(통설).

[❺ ▶ ○] 채무자가 소멸시효 완성 후 채권자에 대하여 채무 일부를 변제함으로써 시효의 이익을 포기한 경우, 포기한 때로부터 새로이 소멸시효가 진행한다(대판 2013.5.23. 2013다12464).

답 ❸

02 소멸시효와 제척기간에 관한 설명으로 옳은 것은?(다툼이 있으면 판례에 따름) 22 행정사 제10회

① 소멸시효가 완성되면 그 기간이 경과한 때부터 장래에 향하여 권리가 소멸하지만, 제척기간이 완성되면 그 기산일에 소급하여 권리가 소멸한다.
② 소멸시효는 그 성질상 기간의 중단이 있을 수 없지만, 제척기간은 권리자의 청구가 있으면 기간이 중단된다.
③ 소멸시효가 완성된 이후 그 이익을 포기하는 것은 원칙적으로 인정되지만, 제척기간은 그 포기가 인정되지 않는다.
④ 소멸시효 완성에 의한 권리소멸은 법원의 직권조사 사항이지만, 제척기간에 의한 권리의 소멸은 원용권자가 이를 주장하여야 한다.
⑤ 매도인의 하자담보책임에 기한 매수인의 손해배상청구권과 같이 청구권에 관하여 제척기간을 정하고 있는 경우에는 제척기간이 적용되므로 소멸시효는 당연히 적용될 수 없다.

해설

[❶▶×] 소멸시효가 완성되면 그 기산일에 소급하여 권리소멸의 효과가 생기지만(민법 제167조), 제척기간이 완성되면 기간이 경과한 때부터 장래를 향하여 권리가 소멸하여 법률관계가 확정된다.
[❷▶×] 제척기간에 있어서는 소멸시효와 같이 기간의 중단이 있을 수 없다(대판 2003.1.10. 2000다26425).
[❸▶○] 소멸시효의 이익을 포기하는 것은 가능하지만(민법 제184조 제1항), 제척기간의 경우는 기간의 경과로 권리가 당연히 소멸하므로 포기가 인정되지 아니한다.
[❹▶×] 소멸시효 완성에 의한 권리의 소멸은 시효원용권자가 시효완성사실을 원용한 경우에 비로소 고려되는 항변사항이지만 제척기간에 의한 권리의 소멸은 당사자가 주장하지 않아도 법원이 직권으로 고려해야 하는 직권조사사항이다.
[❺▶×] 매도인에 대한 하자담보에 기한 손해배상청구권에 대하여는 민법 제582조의 제척기간이 적용되고, 이는 법률관계의 조속한 안정을 도모하고자 하는 데에 취지가 있다. 그런데 하자담보에 기한 매수인의 손해배상청구권은 권리의 내용·성질 및 취지에 비추어 민법 제162조 제1항의 채권 소멸시효의 규정이 적용되고, 민법 제582조의 제척기간 규정으로 인하여 소멸시효 규정의 적용이 배제된다고 볼 수 없으며, 이때 다른 특별한 사정이 없는 한 무엇보다도 매수인이 매매 목적물을 인도받은 때부터 소멸시효가 진행한다고 해석함이 타당하다(대판 2011.10.13. 2011다10266).

답 ❸

03 소멸시효와 제척기간에 관한 설명으로 옳지 않은 것은?(다툼이 있으면 판례에 따름)

☐☐☐　25　행정사 제13회

① 소멸시효의 이익은 미리 포기할 수 있다.
② 소멸시효는 그 기산일에 소급하여 효력이 생긴다.
③ 제척기간이 경과한 때부터 장래에 향하여 권리가 소멸한다.
④ 제척기간의 기산점은 특별한 사정이 없는 한 원칙적으로 권리가 발생한 때이다.
⑤ 제척기간이 도과했는지 여부는 당사자의 주장이 없더라도 법원이 직권으로 조사하여 재판에 고려해야 한다.

해설

[❶ ▶ ✕]　소멸시효의 이익은 미리 포기하지 못한다(민법 제184조 제1항). 즉 소멸시효가 완성되기 전에 미리 시효이익을 포기하는 것은 인정되지 않는다. 민법 제184조 제1항의 반대해석상, 소멸시효가 완성된 후에 소멸시효의 이익을 포기하는 것은 유효하다(통설).

[❷ ▶ ○]　소멸시효는 그 기산일에 소급하여 효력이 생긴다(민법 제167조). 즉 소멸시효가 완성되면 그로 인한 권리의 소멸은 소멸시효의 기산일로 소급하여 효력이 생긴다.

[❸ ▶ ○]　소멸시효가 완성되면 그 기산일에 소급하여 권리소멸의 효과가 생기지만(민법 제167조), 제척기간이 완성되면 기간이 경과한 때부터 장래를 향하여 권리가 소멸하여 법률관계가 확정된다.

[❹ ▶ ○]　소멸시효의 기산점은 '권리를 행사할 수 있는 때'이나 제척기간의 기산점은 (특별한 사정이 없는 한) 원칙적으로 '권리가 발생한 때'이다.

> 제척기간은 권리자로 하여금 당해 권리를 신속하게 행사하도록 함으로써 법률관계를 조속히 확정시키려는 데 그 제도의 취지가 있는 것으로서, 소멸시효가 일정한 기간의 경과와 권리의 불행사라는 사정에 의하여 권리 소멸의 효과를 가져오는 것과는 달리 그 기간의 경과 자체만으로 곧 권리 소멸의 효과를 가져오게 하는 것이므로 제척기간 진행의 기산점은 특별한 사정이 없는 한 원칙적으로 권리가 발생한 때이다(대판 1995.11.10. 94다22682).

[❺ ▶ ○]　소멸시효 완성에 의한 권리의 소멸은 시효원용권자가 시효완성사실을 원용한 경우에 비로소 고려되는 '항변사항'이지만, 제척기간 도과에 의한 권리의 소멸은 당사자가 주장하지 않아도 법원이 직권으로 고려해야 하는 '직권조사사항'이다.

> 민법 제146조는 취소권은 추인할 수 있는 날로부터 3년 내에 행사하여야 한다고 규정하고 있는바, 이때의 3년이라는 기간은 일반 소멸시효기간이 아니라 제척기간으로서 제척기간이 도과하였는지 여부는 당사자의 주장에 관계없이 법원이 당연히 조사하여 고려하여야 할 사항이다(대판 1996.9.20. 96다25371).

답 ❶

제2절 소멸시효의 요건

04 소멸시효에 관한 설명으로 옳지 않은 것은?(다툼이 있으면 판례에 따름) 24 행정사 제12회

① 부동산 매수인이 목적 부동산을 인도받아 계속 점유하고 있는 경우, 매수인의 소유권 이전등기청구권은 채권이므로 소멸시효가 진행한다.
② 소유권에 기한 물권적 청구권은 소멸시효에 걸리지 아니한다.
③ 판결에 의하여 확정되고 판결 확정 당시에 변제기가 도래한 채권은 단기소멸시효에 해당한 것이라도 그 판결의 당사자 사이에서 그 시효기간은 10년으로 한다.
④ 시효의 중단은 원칙적으로 당사자 및 그 승계인 사이에만 효력이 있다.
⑤ 점유권은 시효에 걸리지 아니한다.

해설

[❶▶×] 부동산매매계약에 있어서 매수인의 소유권이전등기청구권은 채권적 청구권이므로 10년의 소멸시효에 걸리지만 매수인이 매매목적물인 부동산을 인도받아 점유하고 있는 이상 매매대금의 지급 여부와는 관계없이 그 소멸시효가 진행되지 아니한다(대판 1991.3.22. 90다9797).

> 시효제도의 존재이유에 비추어 보아 부동산 매수인이 그 목적물을 인도받아서 이를 사용수익하고 있는 경우에는 그 매수인을 권리 위에 잠자는 것으로 볼 수도 없고 또 매도인 명의로 등기가 남아 있는 상태와 매수인이 인도받아 이를 사용수익하고 있는 상태를 비교하면 매도인 명의로 잔존하고 있는 등기를 보호하기보다는 매수인의 사용수익상태를 더욱 보호하여야 할 것이므로 그 매수인의 등기청구권은 다른 채권과는 달리 소멸시효에 걸리지 않는다고 해석함이 타당하다(대판 1976.11.6. 76다148[전합]).

[❷▶○] 매매계약이 합의해제된 경우에도 매수인에게 이전되었던 소유권은 당연히 매도인에게 복귀하는 것이므로 합의해제에 따른 매도인의 원상회복청구권은 소유권에 기한 물권적 청구권이라고 할 것이고 이는 소멸시효의 대상이 되지 아니한다(대판 1982.7.27. 80다2968).

[❸▶○] 판결에 의하여 확정되고 판결 확정 당시에 변제기가 도래한 채권은 단기소멸시효에 해당한 것이라도 그 판결의 당사자 사이에서 그 시효기간은 10년으로 한다(민법 제165조 제1항·제3항).

> **민법 제165조(판결 등에 의하여 확정된 채권의 소멸시효)** ① 판결에 의하여 확정된 채권은 단기의 소멸시효에 해당한 것이라도 그 소멸시효는 10년으로 한다.
> ③ 전2항의 규정은 판결확정당시에 변제기가 도래하지 아니한 채권에 적용하지 아니한다.

[❹▶○] 시효의 중단은 원칙적으로 당사자 및 그 승계인 간에만 효력이 있다(민법 제169조). 여기서 '당사자'란 중단에 관여한 당사자를 말하고, 시효의 대상인 권리의 당사자를 말하는 것이 아니다. '승계인'은 시효중단에 관여한 당사자로부터 중단의 효과를 받는 권리를 그 중단의 효과 발생 이후에 승계한 자를 가리키며(대판 1998.6.12. 96다26961), 특정승계인·포괄승계인을 모두 포함한다. 예외적으로 다음의 경우에는 시효중단의 효력이 미치는 범위가 확장된다. ㉠ 물상보증인의 재산에 대해 압류를 한 경우에 이를 채무자에게 통지하면 채무자에 대해서도 시효가 중단되고(민법 제176조), ㉡ 어느 연대채무자에 대한 이행청구는 다른 연대채무자에게도 효력이 있어 시효중단의 효력도 같이 받게 되며(민법 제416조), ㉢ 주채무자에 대한 시효의 중단은 보증인에게 효력이 있다(민법 제440조).

[❺▶○] 물건을 사실상 지배함으로써 성립하고 지배를 상실함으로써 바로 소멸하는 점유권에서는 성질상 소멸시효가 문제되지 아니한다. 즉 점유권은 소멸시효에 걸리지 않는다.

답 ❶

05 민법상 1년의 소멸시효기간의 적용을 받는 채권이 아닌 것은? 22 행정사 제10회

① 음식점의 음식대금채권
② 여관의 숙박대금채권
③ 판결에 의하여 확정된 채권
④ 의복 등 동산의 사용료 채권
⑤ 연예인의 임금채권

해설

[❸ ▸ ×] ① 음식점의 음식대금채권(민법 제164조 제1호), ② 여관의 숙박대금채권(민법 제164조 제1호), ④ 의복 등 동산의 사용료 채권(민법 제164조 제2호), ⑤ 연예인의 임금채권(민법 제164조 제3호) 등은 1년의 소멸시효 기간이 적용되는 채권에 해당하나, ③ 판결에 의하여 확정된 채권은 10년의 소멸시효기간에 걸린다(민법 제165조 제1항).

답 ❸

06 민법상 3년의 소멸시효 기간의 적용을 받는 채권이 아닌 것은?

① 이자 기타 1년 이내의 기간으로 정한 금전지급채권
② 의사의 치료에 관한 채권
③ 도급받은 자의 공사에 관한 채권
④ 변호사의 직무에 관한 채권
⑤ 판결에 의하여 확정된 채권

해설

[❶ ▶ ○] 이자 기타 1년 이내의 기간으로 정한 금전지급채권의 소멸시효는 3년이다(민법 제163조 제1호).
[❷ ▶ ○] 의사의 치료에 관한 채권의 소멸시효는 3년이다(민법 제163조 제2호).
[❸ ▶ ○] 도급받은 자의 공사에 관한 채권의 소멸시효는 3년이다(민법 제163조 제3호).
[❹ ▶ ○] 변호사의 직무에 관한 채권의 소멸시효는 3년이다(민법 제163조 제5호).

> **민법 제163조(3년의 단기소멸시효)** 다음 각 호의 채권은 3년간 행사하지 아니하면 소멸시효가 완성한다.
> 1. 이자, 부양료, 급료, 사용료 기타 1년 이내의 기간으로 정한 금전 또는 물건의 지급을 목적으로 한 채권❶
> 2. 의사, 조산사, 간호사 및 약사의 치료, 근로 및 조제에 관한 채권❷
> 3. 도급받은 자, 기사 기타 공사의 설계 또는 감독에 종사하는 자의 공사에 관한 채권❸
> 4. 변호사, 변리사, 공증인, 공인회계사 및 법무사에 대한 직무상 보관한 서류의 반환을 청구하는 채권
> 5. 변호사, 변리사, 공증인, 공인회계사 및 법무사의 직무에 관한 채권❹
> 6. 생산자 및 상인이 판매한 생산물 및 상품의 대가
> 7. 수공업자 및 제조자의 업무에 관한 채권

[❺ ▶ ×] 판결에 의하여 확정된 채권은 단기의 소멸시효에 해당한 것이라도 그 소멸시효는 10년으로 한다. 그러나 이러한 시효기간 연장의 효과는 판결확정 당시에 변제기가 도래하지 아니한 채권에 적용하지 아니한다(민법 제165조 제1항, 제3항).

답 ❺

07 甲의 乙에 대한 채권의 소멸시효기간이 가장 긴 것은?(甲, 乙은 상인이 아님) 24 행정사 제12회

① 甲이 연예인 乙에게 물건을 공급한 경우, 甲의 물건공급대금채권
② 甲의 동산을 乙이 사용한 경우, 甲의 동산사용료채권
③ 甲교사의 강의를 乙학생이 수강한 경우, 甲의 수강료채권
④ 甲이 乙에게 부동산을 매도한 경우, 甲의 매매대금채권
⑤ 생산자 甲이 乙에게 생산물을 판매한 경우, 甲의 생산물대금채권

해설

[❶▸×] [❷▸×] [❸▸×] 甲이 연예인 乙에게 물건을 공급한 경우, 甲의 물건공급대금채권(제3호), ❶ 甲의 동산을 乙이 사용한 경우, 甲의 동산사용료채권(제2호), ❷ 甲교사의 강의를 乙학생이 수강한 경우, 甲의 수강료채권(제4호)❸의 소멸시효기간은 모두 1년이다(민법 제164조).

> **민법 제164조(1년의 단기소멸시효)** 다음 각 호의 채권은 1년간 행사하지 아니하면 소멸시효가 완성한다.
> 1. 여관, 음식점, 대석, 오락장의 숙박료, 음식료, 대석료, 입장료, 소비물의 대가 및 체당금의 채권
> 2. 의복, 침구, 장구 기타 동산의 사용료의 채권
> 3. 노역인, 연예인의 임금 및 그에 공급한 물건의 대금채권
> 4. 학생 및 수업자의 교육, 의식 및 유숙에 관한 교주, 숙주, 교사의 채권

[❹▸○] 채권은 10년간 행사하지 아니하면 소멸시효가 완성한다(민법 제162조 제1항). 다만, 상행위로 생긴 채권의 소멸시효기간은 5년이다(그러나 다른 법령에 이보다 단기 시효의 규정이 있는 때에는 그 규정에 의한다)(상법 제64조). 한편, 민법은 3년 또는 1년의 단기소멸시효에 걸리는 채권을 규정하고 있다.
☞ 甲, 乙은 상인이 아니고 부동산 매매대금채권은 1년 또는 3년의 단기소멸시효에 걸리는 채권이 아닌 보통의 채권이므로 그 소멸시효기간은 10년이다(민법 제162조 제1항).

[❺▸×] 생산자 및 상인이 판매한 생산물 및 상품의 대가의 소멸시효기간은 3년이다(민법 제163조 제6호).

> **민법 제163조(3년의 단기소멸시효)** 다음 각 호의 채권은 3년간 행사하지 아니하면 소멸시효가 완성한다.
> 1. 이자, 부양료, 급료, 사용료 기타 1년 이내의 기간으로 정한 금전 또는 물건의 지급을 목적으로 한 채권
> 2. 의사, 조산사, 간호사 및 약사의 치료, 근로 및 조제에 관한 채권
> 3. 도급받은 자, 기사 기타 공사의 설계 또는 감독에 종사하는 자의 공사에 관한 채권
> 4. 변호사, 변리사, 공증인, 공인회계사 및 법무사에 대한 직무상 보관한 서류의 반환을 청구하는 채권
> 5. 변호사, 변리사, 공증인, 공인회계사 및 법무사의 직무에 관한 채권
> 6. 생산자 및 상인이 판매한 생산물 및 상품의 대가
> 7. 수공업자 및 제조자의 업무에 관한 채권

답 ❹

08 甲이 자신 소유의 X토지를 乙에게 매도하고, 乙은 甲에게 매매대금을 모두 지급하였다. 甲과 乙이 행사하는 다음 등기청구권 중 소멸시효가 진행되는 경우를 모두 고른 것은?(다툼이 있으면 판례에 따름)

> 22 행정사 제10회

> ㄱ. 乙이 甲을 상대로 위 매매계약에 기하여 X토지에 대해 소유권이전등기청구권을 행사하는 경우
> ㄴ. 乙이 위 매매계약에 기하여 甲으로부터 X토지를 인도받아 사용·수익하고 있으나, 아직 甲의 명의로 소유권이전등기가 남아 있어 甲을 상대로 X토지에 대해 소유권이전등기청구권을 행사하는 경우
> ㄷ. 乙이 위 매매계약에 기하여 甲으로부터 X토지에 대해 소유권이전등기를 경료받았으나, 이후 甲과 乙의 매매계약이 적법하게 취소되어 甲이 乙을 상대로 소유권에 기한 말소등기청구권을 행사하는 경우

① ㄱ
② ㄴ
③ ㄱ, ㄷ
④ ㄴ, ㄷ
⑤ ㄱ, ㄴ, ㄷ

해설

[ㄱ▸O] [ㄴ▸X] 판례의 취지를 고려할 때 乙이 甲의 X토지를 매수하여 소유권이전등기청구권을 행사하는 경우에는 소멸시효가 진행되어 10년의 소멸시효에 걸리지만, 매수인 乙이 甲으로부터 X토지를 인도받아 사용·수익하고 있어 甲을 상대로 소유권이전등기청구권을 행사하는 경우라면 그 소멸시효는 진행하지 아니한다고 보는 것이 타당하다.

> 부동산매매계약에 있어서 매수인의 소유권이전등기청구권은 채권적 청구권이므로 10년의 소멸시효에 걸리지만 매수인이 매매목적물인 부동산을 인도받아 점유하고 있는 이상 매매대금의 지급 여부와는 관계없이 그 소멸시효가 진행되지 아니한다(대판 1991.3.22. 90다9797).

[ㄷ▸X] 甲과 乙의 매매계약이 적법하게 취소되었다면 X토지의 소유권은 甲에게 복귀하게 되므로(물권행위의 유인성) 소유권에 기한 물권적 청구권은 소멸시효의 대상이 되지 아니한다는 판례의 취지를 고려할 때 甲이 乙을 상대로 소유권에 기한 말소등기청구권을 행사하는 경우에는 소멸시효는 진행하지 아니한다고 보는 것이 타당하다.

> 매매계약이 합의해제된 경우에도 매수인에게 이전되었던 소유권은 당연히 매도인에게 복귀하는 것이므로 합의해제에 따른 매도인의 원상회복청구권은 소유권에 기한 물권적 청구권이라고 할 것이고 이는 소멸시효의 대상이 되지 아니한다(대판 1982.7.27. 80다2968).

답 ①

09 소멸시효에 관한 설명으로 옳지 않은 것은?(다툼이 있으면 판례에 따름)

① 선택채권의 소멸시효는 선택권을 행사할 수 있는 때로부터 진행한다.
② 부작위를 목적으로 하는 채권의 소멸시효는 위반행위를 한 때로부터 진행한다.
③ 불확정기한부 채권의 소멸시효는 그 기한이 객관적으로 도래한 때로부터 진행한다.
④ 어떤 권리의 소멸시효기간이 얼마나 되는지에 대해서는 법원이 직권으로 판단할 수 없다.
⑤ 부동산에 대한 매매대금채권이 소유권이전등기청구권과 동시이행의 관계에 있는 경우, 매매대금 청구권은 그 지급기일 이후 시효의 진행에 걸린다.

해설

[❶ ▶ ○] 선택채권의 소멸시효는 <u>선택권을 행사할 수 있는 때로부터 진행한다</u>(대판 1965.8.24. 64다1156).

> 타인의 대리인으로 계약을 한 자가 그 대리권을 증명하지 못하고 또 본인의 추인을 얻지 못한 때에는 상대방의 선택에 좇아 계약의 이행 또는 손해배상의 책임이 있는 것인바 이 상대방이 가지는 계약이행 또는 손해배상청구권의 소멸시효는 그 선택권을 행사할 수 있는 때로부터 진행한다 할 것이고 또 선택권을 행사할 수 있는 때라고 함은 대리권의 증명 또는 본인의 추인을 얻지 못한 때라고 할 것이다(대판 1965.8.24. 64다1156).

[❷ ▶ ○] 부작위를 목적으로 하는 채권의 소멸시효는 <u>위반행위를 한 때로부터 진행한다</u>(민법 제166조 제2항).
[❸ ▶ ○] 확정기한부 채권은 그 기한이 도래한 때로부터 소멸시효가 진행하고, 불확정기한부 채권은 기한이 객관적으로 도래한 때부터 소멸시효가 진행한다.
[❹ ▶ ✕] 어떤 권리의 소멸시효기간이 얼마나 되는지에 관한 주장은 <u>단순한 법률상의 주장에 불과하므로 변론주의의 적용대상이 되지 않고 법원이 직권으로 판단할 수 있다</u>(대판 2013.2.15. 2012다68217).
[❺ ▶ ○] <u>부동산에 대한 매매대금 채권이 소유권이전등기청구권과 동시이행의 관계에 있다고 할지라도 매도인은 매매대금의 지급기일 이후 언제라도 그 대금의 지급을 청구할 수 있는 것이며, 다만 매수인은 매도인으로부터 그 이전등기에 관한 이행의 제공을 받기까지 그 지급을 거절할 수 있는 데 지나지 아니하므로 매매대금 청구권은 그 지급기일 이후 시효의 진행에 걸린다</u>(대판 1991.3.22. 90다9797).

답 ❹

10 민법상 3년의 소멸시효 기간의 적용을 받는 채권이 아닌 것은?(다툼이 있으면 판례에 따름)

23 행정사 제11회

① 의사의 치료에 관한 채권
② 세무사의 직무에 관한 채권
③ 도급받은 자의 공사에 관한 채권
④ 공인회계사의 직무에 관한 채권
⑤ 수공업자의 업무에 관한 채권

해설

[❷ ▸ ×] ① 의사의 치료에 관한 채권, ③ 도급받은 자의 공사에 관한 채권, ④ 공인회계사의 직무에 관한 채권, ⑤ 수공업자의 업무에 관한 채권은 3년의 단기소멸시효에 걸린다(민법 제163조 참조). 그러나 ② 세무사의 직무에 관한 채권은 민법상 3년의 소멸시효 기간의 적용을 받는 채권이 아니다.

> **민법 제163조(3년의 단기소멸시효)** 다음 각 호의 채권은 3년간 행사하지 아니하면 소멸시효가 완성한다.
> 1. 이자, 부양료, 급료, 사용료 기타 1년 이내의 기간으로 정한 금전 또는 물건의 지급을 목적으로 한 채권
> 2. 의사, 조산사, 간호사 및 약사의 치료, 근로 및 조제에 관한 채권❶
> 3. 도급받은 자, 기사 기타 공사의 설계 또는 감독에 종사하는 자의 공사에 관한 채권❸
> 4. 변호사, 변리사, 공증인, 공인회계사 및 법무사에 대한 직무상 보관한 서류의 반환을 청구하는 채권
> 5. 변호사, 변리사, 공증인, 공인회계사 및 법무사의 직무에 관한 채권❹
> 6. 생산자 및 상인이 판매한 생산물 및 상품의 대가
> 7. 수공업자 및 제조자의 업무에 관한 채권❺

답 ❷

11 소멸시효의 기산점에 관한 설명으로 옳지 않은 것은?(다툼이 있으면 판례에 따름)

① 채무불이행으로 인한 손해배상청구권의 소멸시효는 계약이 성립한 때로부터 진행한다.
② 확정기한부채권의 소멸시효는 그 기한이 도래한 때로부터 진행한다.
③ 정지조건부 권리의 소멸시효는 그 조건이 성취된 때로부터 진행한다.
④ 부작위를 목적으로 하는 채권의 소멸시효는 위반행위를 한 때로부터 진행한다.
⑤ 동시이행의 항변권이 붙은 채권의 소멸시효는 그 이행기로부터 진행한다.

해설

[❶ ▶ ×] 채무불이행으로 인한 손해배상청구권의 소멸시효는 채무불이행시로부터 진행한다(대판 1995.6.30. 94다54269).
[❷ ▶ ○] 확정기한부채권은 그 기한이 도래한 때로부터 소멸시효가 진행한다.
[❸ ▶ ○] 정지조건부 권리의 경우에는 조건 미성취의 동안은 권리를 행사할 수 없는 것이어서 소멸시효는 조건이 성취된 때로부터 진행한다(대판 2009.12.24. 2007다64556).
[❹ ▶ ○] 부작위를 목적으로 하는 채권의 소멸시효는 위반행위를 한 때로부터 진행한다(민법 제166조 제2항).
[❺ ▶ ○] 부동산에 대한 매매대금 채권이 소유권이전등기청구권과 동시이행의 관계에 있다고 할지라도 매도인은 매매대금의 지급기일 이후 언제라도 그 대금의 지급을 청구할 수 있는 것이며, 다만 매수인은 매도인으로부터 그 이전등기에 관한 이행의 제공을 받기까지 그 지급을 거절할 수 있는 데 지나지 아니하므로 매매대금 청구권은 그 지급기일 이후 시효의 진행에 걸린다(대판 1991.3.22. 90다9797).

답 ❶

12 소멸시효의 기산점에 관한 설명으로 옳지 않은 것은?(다툼이 있으면 판례에 따름)

25 행정사 제13회

① 동시이행의 항변권이 붙은 채권의 소멸시효는 이행기부터 진행한다.
② 이행불능으로 인한 전보배상청구권의 소멸시효는 이행불능시부터 진행한다.
③ 기한의 정함이 없는 채권의 소멸시효는 채권이 성립한 때부터 진행한다.
④ 형성권적 기한이익 상실의 특약이 있는 할부채무는 1회의 불이행시부터 바로 전액에 대해 소멸시효가 진행한다.
⑤ 부작위를 목적으로 하는 채권의 소멸시효는 위반행위를 한 때부터 진행한다.

해설

[❶ ▶ ○] 동시이행의 항변권이 붙은 채권의 소멸시효는 그 이행기로부터 진행한다(대판 1991.3.22. 90다9797 참조).

> 부동산에 대한 매매대금 채권이 소유권이전등기청구권과 동시이행의 관계에 있다고 할지라도 매도인은 매매대금의 지급기일 이후 언제라도 그 대금의 지급을 청구할 수 있는 것이며, 다만 매수인은 매도인으로부터 그 이전등기에 관한 이행의 제공을 받기까지 그 지급을 거절할 수 있는 데 지나지 아니하므로 매매대금청구권은 그 지급기일(= 이행기) 이후 시효의 진행에 걸린다(대판 1991.3.22. 90다9797).

[❷ ▶ ○] 소유권이전등기 말소등기의무의 이행불능으로 인한 전보배상청구권의 소멸시효는 말소등기의무가 이행불능 상태에 돌아간 때로부터 진행된다(대판 2005.9.15. 2005다29474).

[❸ ▶ ○] 기한의 정함이 없는 채권은 채권자가 그 채권이 발생한 때부터 언제든지 이행을 청구하는 것이 가능하므로, 그 채권이 발생(성립)한 때부터 소멸시효가 진행한다.

[❹ ▶ ×] 형성권적 기한이익 상실의 특약이 있는 경우에는 그 특약은 채권자의 이익을 위한 것으로서 기한이익의 상실 사유가 발생하였다고 하더라도 채권자가 나머지 전액을 일시에 청구할 것인가 또는 종래대로 할부변제를 청구할 것인가를 자유로이 선택할 수 있으므로, 형성권적 기한이익 상실의 특약이 있는 할부채무에 있어서는 1회의 불이행이 있더라도 각 할부금에 대해 그 각 변제기의 도래시마다 그때부터 순차로 소멸시효가 진행하고 채권자가 특히 잔존 채무 전액의 변제를 구하는 취지의 의사를 표시한 경우에 한하여 전액에 대하여 그때부터 소멸시효가 진행한다(대판 2002.9.4. 2002다28340).

[❺ ▶ ○] 부작위를 목적으로 하는 채권의 소멸시효는 위반행위를 한 때로부터 진행한다(민법 제166조 제2항).

답 ❹

제3절 소멸시효의 중단과 정지

13 민법상 소멸시효에 관한 설명으로 옳은 것은?(다툼이 있으면 판례에 따름) [19 행정사 제7회]

① 판결에 의하여 확정된 채권은 판결확정 당시에 변제기가 도래하지 않아도 10년의 소멸시효에 걸린다.
② 본래의 소멸시효 기산일과 당사자가 주장하는 기산일이 서로 다른 경우에 법원은 당사자가 주장하는 기산일을 기준으로 소멸시효를 계산해야 한다.
③ 소멸시효의 기산점이 되는 '권리를 행사할 수 있는 때'란 권리를 행사하는 데 있어 사실상의 장애가 없는 경우를 말한다.
④ 어떤 권리의 소멸시효기간이 얼마나 되는지에 대해서 법원은 당사자의 주장에 따라 판단하여야 한다.
⑤ 어떤 채권이 1년의 단기소멸시효에 걸리는 경우, 그 채권의 발생원인이 된 계약에 기하여 상대방이 가지는 반대채권도 당연히 1년의 단기소멸시효에 걸린다.

해설

[① ▸ ×] 판결에 의하여 확정된 채권은 단기의 소멸시효에 해당한 것이라도 그 소멸시효는 10년으로 한다. 그러나 판결확정 당시에 변제기가 도래하지 아니한 채권에 적용하지 아니한다(민법 제165조 제1항, 제3항).

[② ▸ ○] 본래의 소멸시효 기산일과 당사자가 주장하는 기산일이 서로 다른 경우에는 변론주의의 원칙상 법원은 당사자가 주장하는 기산일을 기준으로 소멸시효를 계산하여야 하는데, 이는 당사자가 본래의 기산일보다 뒤의 날짜를 기산일로 하여 주장하는 경우는 물론이고, 특별한 사정이 없는 한 그 반대의 경우에 있어서도 마찬가지라고 보아야 할 것이다(대판 2009.12.24. 2009다60244).

[③ ▸ ×] '권리를 행사할 수 없는' 경우란 그 권리행사에 법률상의 장애사유, 예컨대 기간의 미도래나 조건 불성취 등이 있는 경우를 말하는 것이고, 권리행사를 하는 것이 사실상 곤란하였다는 등의 사유는 그에 해당하지 아니한다(대판 2014.1.16. 2013다205341).

[④ ▸ ×] 어떤 권리의 소멸시효기간이 얼마나 되는지에 관한 주장은 단순한 법률상의 주장에 불과하므로 변론주의의 적용대상이 되지 않고 법원이 직권으로 판단할 수 있다(대판 2013.2.15. 2012다68217).

[⑤ ▸ ×] 일정한 채권의 소멸시효기간에 관하여 이를 특별히 1년의 단기로 정하는 민법 제164조는 그 각 호에서 개별적으로 정하여진 채권의 채권자가 그 채권의 발생원인이 된 계약에 기하여 상대방에 대하여 부담하는 반대채무에 대하여는 적용되지 아니한다. 따라서 그 채권의 상대방이 그 계약에 기하여 가지는 반대채권은 원칙으로 돌아가, 다른 특별한 사정이 없는 한 민법 제162조 제1항에서 정하는 10년의 일반소멸시효기간의 적용을 받는다(대판 2013.11.14. 2013다65178).

답 ②

14

소멸시효 중단에 관한 설명으로 옳지 않은 것은?(다툼이 있으면 판례에 따름) `23` 행정사 제11회

① 지급명령에 의한 시효중단의 효과는 지급명령을 신청한 때에 발생한다.
② 시효이익을 받을 본인의 대리인은 소멸시효 중단사유인 채무의 승인을 할 수 있다.
③ 가압류의 피보전채권에 관하여 본안의 승소판결이 확정되면 가압류에 의한 시효중단의 효력은 당연히 소멸한다.
④ 재판상의 청구로 인하여 중단한 소멸시효는 재판이 확정된 때로부터 새로이 진행한다.
⑤ 시효중단의 효력 있는 승인에는 상대방의 권리에 관한 처분능력이나 권한 있음을 요하지 않는다.

해설

[❶ ▶ ○] 지급명령의 신청은 소멸시효중단사유의 하나이다(민법 제172조). 민사소송법 제472조 제2항은 "채무자가 지급명령에 대하여 적법한 이의신청을 한 경우에는 지급명령을 신청한 때에 이의신청된 청구목적의 값에 관하여 소가 제기된 것으로 본다."라고 규정하고 있는바, 지급명령 사건이 채무자의 이의신청으로 소송으로 이행되는 경우에 지급명령에 의한 시효중단의 효과는 소송으로 이행된 때가 아니라 지급명령을 신청한 때에 발생한다(대판 2015.2.12. 2014다228440).

[❷ ▶ ○] 소멸시효 중단사유인 채무의 승인은 시효이익을 받을 당사자나 대리인만 할 수 있으므로 이행인수인이 채권자에 대하여 채무자의 채무를 승인하더라도 다른 특별한 사정이 없는 한 시효중단 사유가 되는 채무승인의 효력은 발생하지 않는다(대판 2016.10.27. 2015다239744).

[❸ ▶ ×] 민법 제168조에서 가압류와 재판상의 청구를 별도의 시효중단사유로 규정하고 있는데 비추어 보면, 가압류의 피보전채권에 관하여 본안의 승소판결이 확정되었다고 하더라도 가압류에 의한 시효중단의 효력이 이에 흡수되어 소멸된다고 할 수 없다(대판 2000.4.25. 2000다11102).

> 민법 제168조에서 가압류를 시효중단사유로 정하고 있는 것은 가압류에 의하여 채권자가 권리를 행사하였다고 할 수 있기 때문인데 가압류에 의한 집행보전의 효력이 존속하는 동안은 가압류채권자에 의한 권리행사가 계속되고 있다고 보아야 할 것이므로 가압류에 의한 시효중단의 효력은 가압류의 집행보전의 효력이 존속하는 동안은 계속된다(대판 2000.4.25. 2000다11102). 가압류에 의한 시효중단은 특별한 사정이 없는 한, 채권자가 가압류집행에 의하여 권리행사를 계속하고 있다고 볼 수 있는 가압류등기가 말소된 때 그 중단사유가 종료되어, 그때부터 새로 소멸시효가 진행한다고 봄이 타당하다(대판 2013.11.14. 2013다18622).

[❹ ▶ ○] 재판상의 청구로 인하여 시효가 중단된 때에는 중단까지에 경과한 시효기간은 이를 산입하지 아니하고 재판이 확정된 때로부터 새로이 진행한다(민법 제178조 제2항).

[❺ ▶ ○] 시효중단의 효력 있는 승인에는 상대방의 권리에 관한 처분의 능력이나 권한 있음을 요하지 아니한다(민법 제177조).

답 ❸

15 소멸시효 중단에 관한 설명으로 옳지 않은 것은?(다툼이 있으면 판례에 따름) 25 행정사 제13회

① 재판상의 청구는 그 소송이 각하, 기각 또는 취하된 경우에는 그로부터 6월 내에 다시 재판상의 청구 등을 하지 않는 한 시효중단의 효력이 없다.
② 시효중단의 효력있는 승인은 상대방의 권리에 관한 처분의 능력이나 권한이 있음을 요한다.
③ 시효의 중단은 원칙적으로 당사자 및 그 승계인간에만 효력이 있다.
④ 압류는 시효의 이익을 받은 자에 대해 하지 않은 때에는 이를 그에게 통지한 후가 아니면 시효중단의 효력이 없다.
⑤ 재판상의 청구로 인해 중단한 시효는 재판이 확정된 때부터 새로이 진행한다.

해설

[❶ ▶ ○] 민법 제170조 참조

> 민법 제170조(재판상의 청구와 시효중단) ① 재판상의 청구는 소송의 각하, 기각 또는 취하의 경우에는 시효중단의 효력이 없다.
> ② 전항의 경우에 6월 내에 재판상의 청구, 파산절차참가, 압류 또는 가압류, 가처분을 한 때에는 시효는 최초의 재판상 청구로 인하여 중단된 것으로 본다.

[❷ ▶ ×] 시효중단의 효력 있는 승인에는 상대방의 권리에 관한 처분의 능력이나 권한 있음을 요하지 아니한다(민법 제177조). 승인을 하려는 자는 관리에 관한 능력이나 권한만 있으면 된다(반대해석).
[❸ ▶ ○] 시효의 중단은 당사자 및 그 승계인 간에만 효력이 있다(민법 제169조).
[❹ ▶ ○] 압류, 가압류 및 가처분은 시효의 이익을 받은 자에 대하여 하지 아니한 때에는 그에게 통지한 후가 아니면 시효중단의 효력이 없다(민법 제176조).
[❺ ▶ ○] 재판상의 청구로 인하여 시효가 중단된 때에는 중단까지에 경과한 시효기간은 이를 산입하지 아니하고 재판이 확정된 때로부터 새로이 진행한다(민법 제178조 제2항).

답 ❷

16 소멸시효의 중단에 관한 설명으로 옳지 않은 것은?(다툼이 있으면 판례에 따름)

21 행정사 제9회

① 채무자가 제기한 소에 대하여 채권자가 응소하여 그 소송에서 적극적으로 권리를 주장하고 그것이 받아들여진 경우 재판상의 청구가 될 수 있다.
② 시효완성 전에 한 채무의 일부변제는 특별한 사정이 없는 한 시효중단사유가 될 수 있다.
③ 현존하지 않는 장래의 채권을 시효진행이 개시되기 전에 미리 승인하는 것도 허용된다.
④ 임의출석의 경우에 화해가 성립되지 아니한 때에는 1월 내에 소를 제기하지 아니하면 시효중단의 효력이 없다.
⑤ 시효의 중단은 당사자 및 그 승계인 사이에만 효력이 있는 것이 원칙이다.

해설

[❶ ▶ ○] 시효를 주장하는 자가 원고가 되어 소를 제기한 데 대하여 권리자가 피고로서 응소하여 소송에서 적극적으로 권리를 주장하고 그것이 받아들여진 경우도 재판상의 청구에 포함된다(대판 2012.1.12. 2011다78606).

> 민법 제168조 제1호, 제170조 제1항에서 시효중단사유의 하나로 규정하고 있는 재판상의 청구란, 통상적으로는 권리자가 원고로서 시효를 주장하는 자를 피고로 하여 소송물인 권리를 소의 형식으로 주장하는 경우를 가리키나, 이와 반대로 시효를 주장하는 자가 원고가 되어 소를 제기한 데 대하여 피고로서 응소하여 소송에서 적극적으로 권리를 주장하고 그것이 받아들여진 경우도 이에 포함되고, 위와 같은 응소행위로 인한 시효중단의 효력은 피고가 현실적으로 권리를 행사하여 응소한 때에 발생하지만, 권리자인 피고가 응소하여 권리를 주장하였으나 소가 각하되거나 취하되는 등의 사유로 본안에서 권리주장에 관한 판단 없이 소송이 종료된 경우에는 민법 제170조 제2항을 유추적용하여 그때부터 6월 이내에 재판상의 청구 등 다른 시효중단조치를 취한 경우에 한하여 응소 시에 소급하여 시효중단의 효력이 있다고 보아야 한다(대판 2012.1.12. 2011다78606).

[❷ ▶ ○] 시효완성 전에 채무의 일부를 변제한 경우에는 그 수액에 관하여 다툼이 없는 한 채무승인으로서의 효력이 있어 채무 전부에 관하여 시효중단의 효력이 발생한다(대판 2018.11.9. 2018다250513).
[❸ ▶ ×] 현존하지 아니하는 장래의 채권을 미리 승인하는 것은 채무자가 그 권리의 존재를 인식하고서 한 것이라고 볼 수 없어 허용되지 않는다고 할 것이다(대판 2001.11.9. 2001다52568).
[❹ ▶ ○] 화해를 위한 소환은 상대방이 출석하지 아니하거나 화해가 성립되지 아니한 때에는 1월 내에 소를 제기하지 아니하면 시효중단의 효력이 없다. 임의출석의 경우에 화해가 성립되지 아니한 때에도 그러하다(민법 제173조).
[❺ ▶ ○] 시효의 중단은 당사자 및 그 승계인 간에만 효력이 있다(민법 제169조).

답 ❸

17 소멸시효의 중단과 정지에 관한 설명으로 옳지 않은 것은?(다툼이 있으면 판례에 따름)

24 행정사 제12회

① 채무자가 제기한 소에 대하여 채권자가 응소하여 그 소송에서 적극적으로 권리를 주장하고 그것이 받아들여진 경우, 재판상의 청구가 될 수 있다.
② 승소 확정판결을 받은 채권자가 그 판결상 채권의 시효중단을 위해 후소를 제기하는 경우, 재판상 청구가 있다는 점에 대하여만 확인을 구하는 형태의 새로운 방식의 확인소송은 허용될 수 없다.
③ 상속재산에 속한 권리나 상속재산에 대한 권리는 상속인의 확정, 관리인의 선임 또는 파산선고가 있는 때로부터 6월 내에는 소멸시효가 완성하지 아니한다.
④ 화해를 위한 소환은 상대방이 출석하지 아니한 때에는 화해신청인이 1월 내에 소를 제기하지 아니하면 시효중단의 효력이 없다.
⑤ 천재 기타 사변으로 소멸시효를 중단할 수 없을 때에는 그 사유가 종료한 때로부터 1월 내에는 시효가 완성하지 아니한다.

해설

[❶ ▶ ○] 시효를 주장하는 자(= 채무자)가 원고가 되어 소를 제기한 데 대하여 권리자(= 채권자)가 피고로서 응소하여 소송에서 적극적으로 권리를 주장하고 그것이 받아들여진 경우도 소멸시효 중단사유인 재판상의 청구에 포함된다(대판 2012.1.12. 2011다78606).

[❷ ▶ ×] 종래 실무의 문제점을 해결하기 위해서, 시효중단을 위한 후소로서 이행소송 외에 전소 판결로 확정된 채권의 시효를 중단시키기 위한 조치, 즉 '재판상의 청구'가 있다는 점에 대하여만 확인을 구하는 형태의 '새로운 방식의 확인소송'이 허용되고, 채권자는 두 가지 형태의 소송 중 자신의 상황과 필요에 보다 적합한 것을 선택하여 제기할 수 있다고 보아야 한다(대판 2018.10.18. 2015다232316[전합]).

[❸ ▶ ○] 민법 제181조

> **민법 제181조 (상속재산에 관한 권리와 시효정지)** 상속재산에 속한 권리나 상속재산에 대한 권리는 상속인의 확정, 관리인의 선임 또는 파산선고가 있는 때로부터 6월 내에는 소멸시효가 완성하지 아니한다.

[❹ ▶ ○] 민법 제173조

> **민법 제173조(화해를 위한 소환, 임의출석과 시효중단)** 화해를 위한 소환은 상대방이 출석하지 아니하거나 화해가 성립되지 아니한 때에는 1월 내에 소를 제기하지 아니하면 시효중단의 효력이 없다. 임의출석의 경우에 화해가 성립되지 아니한 때에도 그러하다.

[❺ ▶ ○] 민법 제182조

> **민법 제182조(천재 기타 사변과 시효정지)** 천재 기타 사변으로 인하여 소멸시효를 중단할 수 없을 때에는 그 사유가 종료한 때로부터 1월 내에는 시효가 완성하지 아니한다.

답 ❷

제4절 소멸시효완성의 효과

18 소멸시효에 관한 설명으로 옳지 않은 것은?(다툼이 있으면 판례에 따름)   **18** 행정사 제6회

① 시효의 이익을 받은 자가 소송에서 소멸시효완성 사실을 주장하지 않으면, 그 의사에 반하여 재판할 수 없다.
② 천재 기타 사변으로 인하여 소멸시효를 중단할 수 없는 경우에는 그 사유가 종료한 때에 시효가 완성된다.
③ 부작위를 목적으로 하는 채권의 소멸시효는 위반행위를 한 때로부터 진행한다.
④ 파산절차에 의하여 확정된 채권이 확정 당시에 변제기가 이미 도래한 경우, 그 시효는 10년으로 한다.
⑤ 소멸시효는 그 기산일에 소급하여 효력이 생긴다.

해설

[❶ ▶ ○]   피담보채무가 소멸시효의 완성으로 당연히 소멸하였다고 하더라도 변론주의의 원칙상 그 소멸시효의 이익을 받는 자가 소멸시효완성의 주장을 하지 않으면 그 의사에 반하여 재판할 수는 없다(대판 2014.1.23. 2013다64793).
[❷ ▶ ×]   천재 기타 사변으로 인하여 소멸시효를 중단할 수 없을 때에는 그 사유가 종료한 때로부터 1월 내에는 시효가 완성하지 아니한다(민법 제182조).
[❸ ▶ ○]   부작위를 목적으로 하는 채권의 소멸시효는 위반행위를 한 때로부터 진행한다(민법 제166조 제2항).
[❹ ▶ ○]   민법 제165조 참조

> **민법 제165조(판결 등에 의하여 확정된 채권의 소멸시효)**   ① 판결에 의하여 확정된 채권은 단기의 소멸시효에 해당한 것이라도 그 소멸시효는 10년으로 한다.
> ② 파산절차에 의하여 확정된 채권 및 재판상의 화해, 조정 기타 판결과 동일한 효력이 있는 것에 의하여 확정된 채권도 전항과 같다.
> ③ 전2항의 규정은 판결확정 당시에 변제기가 도래하지 아니한 채권에 적용하지 아니한다.

[❺ ▶ ○]   소멸시효는 그 기산일에 소급하여 효력이 생긴다(민법 제167조).

답 ❷

19 소멸시효완성 후 시효이익의 포기에 관한 설명으로 옳지 않은 것은?(다툼이 있으면 판례에 따름)

① 시효완성 후 시효이익의 포기는 허용되지만, 시효완성 전 시효이익의 포기는 허용되지 않는다.
② 시효이익의 포기는 그 의사표시로 인하여 권리에 직접적인 영향을 받는 상대방에게 도달한 때에 그 효력이 발생한다.
③ 주채무자가 시효이익을 포기하면 보증인에게도 그 효과가 미친다.
④ 시효이익을 포기한 경우에는 그때부터 새로이 소멸시효가 진행한다.
⑤ 시효완성 후 당해 채무의 이행을 채무자가 약정한 경우에는 특별한 사정이 없는 한, 시효이익을 포기한 것으로 보아야 한다.

해설

[❶ ▶ ○] 소멸시효의 이익은 미리 포기하지 못한다(민법 제184조 제1항). 그러나 시효가 완성한 뒤에는 소멸시효의 이익을 자유롭게 포기할 수 있다.

[❷ ▶ ○] 시효이익의 포기와 같은 상대방 있는 단독행위는 그 의사표시로 인하여 권리에 직접적인 영향을 받는 상대방에게 도달하는 때에 효력이 발생한다 할 것이다(대판 1994.12.23. 94다40734).

[❸ ▶ ✕] 주채무가 시효로 소멸한 때에는 보증인도 그 시효소멸을 원용할 수 있으며, 주채무자가 시효의 이익을 포기하더라도 보증인에게는 그 효력이 없다(대판 1991.1.29. 89다카1114).

[❹ ▶ ○] 채무자가 소멸시효 완성 후에 채권자에 대하여 채무를 승인함으로써 그 시효의 이익을 포기한 경우에는 그때부터 새로이 소멸시효가 진행한다(대판 2009.7.9. 2009다14340).

[❺ ▶ ○] 시효완성 후 당해 채무의 이행을 채무자가 약정한 경우에는 특별한 사정이 없는 한 채무자는 시효완성의 사실을 알고 그 채무를 묵시적으로 승인하여 시효의 이익을 포기한 것으로 보아야 한다.

답 ❸

 **합격의 공식 온라인 강의**

혼자 공부하기 힘드시다면 방법이 있습니다.
시대에듀의 동영상 강의를 이용하시면 됩니다.
www.sdedu.co.kr → 회원가입(로그인) → 강의 살펴보기

행정사

1차 전과목 한권으로 끝내기

행정법

끝까지 책임진다! 시대에듀!
QR코드를 통해 도서 출간 이후 발견된 오류나 개정법령, 변경된 시험 정보, 최신기출문제, 도서 업데이트 자료 등이 있는지 확인해 보세요!
시대에듀 합격 스마트 앱을 통해서도 알려 드리고 있으니 구글 플레이나 앱 스토어에서 다운받아 사용하세요.
또한, 파본 도서인 경우에는 구입하신 곳에서 교환해 드립니다.

편집진행 박종필·이재성 | **표지디자인** 현수빈 | **본문디자인** 표미영·임창규

이 책의 차례

2권 행정법

제1장 행정법통론

제1절 행정과 행정법 · 006
제2절 법치행정의 원칙 · 010
제3절 행정법의 법원 · 013
제4절 행정법의 일반원칙 · 017
제5절 행정상의 법률관계 · 025
제6절 행정법관계의 변동(발생 · 변경 · 소멸) · · · · · · · 029
확인학습문제 · 036

제2장 행정작용법

제1절 행정입법 · 050
제2절 행정행위 · 065
제3절 그 밖의 행정의 주요행위형식 · · · · · · · · · · · · · · · 110
확인학습문제 · 137

제3장 행정절차 및 행정정보공개 등

제1절 행정절차 · 172
제2절 정보공개제도와 개인정보 보호제도 · · · · · · · · · 193
확인학습문제 · 209

제4장　행정상의 의무이행확보수단

제1절　총 설 · **228**
제2절　행정상 강제집행 · · · · · · · · · · · · · · · · · · **229**
제3절　행정상 즉시강제 · · · · · · · · · · · · · · · · · · **245**
제4절　행정벌 · **247**
제5절　새로운 의무이행 확보수단 · · · · · · · **255**
확인학습문제 · **261**

제5장　행정구제법

제1절　행정상 손해전보제도 · · · · · · · · · · · · · **275**
제2절　행정심판 · **303**
제3절　행정소송 · **331**
확인학습문제 · **406**

제6장　행정조직법

제1절　행정조직법의 의의 · · · · · · · · · · · · · · · · **439**
제2절　지방자치법 · **452**
제3절　공무원법 · **476**
확인학습문제 · **495**

제7장　특별행정작용법

제1절　경찰행정법 · **516**
제2절　공물법 · **525**
제3절　공용부담법 · **536**
제4절　기타 특별행정작용법 · · · · · · · · · · · · · **542**
확인학습문제 · **551**

PART 2 행정법

제1장	행정법통론
제2장	행정작용법
제3장	행정절차 및 행정정보공개 등
제4장	행정상의 의무이행확보수단
제5장	행정구제법
제6장	행정조직법
제7장	특별행정작용법

제1장 행정법통론

학습 Key word
1. 통치행위로 인정된 사례에 대하여 학습하고, 법률우위의 원칙과 법률유보의 원칙에 대하여 학습한다.
2. 행정법의 법원(法源)의 종류와 행정법의 일반원칙(행정의 법 원칙)에 대하여 학습한다.
3. 공법관계과 사법관계의 구별, 자기완결적 신고와 수리를 요하는 신고의 구별에 대하여 학습한다.

제1절 행정과 행정법

I 행정의 의의

1. 형식적 의미의 행정과 실질적 의미의 행정

행정의 개념은 기본적으로 '형식적 의미의 행정'과 '실질적 의미의 행정', 두 가지 방법에 의하여 정의될 수 있다.

형식적 의미의 행정	• 행정기관이 수행하는 모든 활동(= 행정부의 권한에 속하는 모든 작용)을 말한다. • 실질적 의미의 입법(예 행정입법)이나 실질적 의미의 사법(司法)(예 행정심판의 재결)에 속하는 작용도 행정기관에 의해 행하여지므로 형식적 의미 행정에 해당하고, 행정법의 대상이 된다. • 행정법의 대상이 되는 행정이 '실질적 의미의 행정'에 한정되는 것은 아니다.
실질적 의미의 행정	• 행정작용의 성질을 기준으로 입법(立法) 및 사법(司法)과 비교하여 행정의 개념을 정의한 것이다. • 삼권분립의 원칙에 따라 입법은 법정립작용, 사법은 법선언작용, 행정은 법집행작용이라고 구분할 때, '법집행작용'이 바로 실질적 의미의 행정이다. • 실질적 의미의 행정의 구체적 개념 정의에 관하여는 학설이 대립한다.

2. 기타 행정의 분류

(1) 공법상 행정과 사법상 행정

행정을 공법상 행정과 사법상 행정으로 구분하는 주된 실익은 양자에 적용되는 실체법이 다르고, 권리구제 방식 등이 다르기 때문이다. 공법상 행정에는 공법 및 공법원칙이 적용되고 행정소송에 의하여 분쟁을 해결하나, 사법상의 행정은 사법 및 사법원칙이 적용되고 민사소송에 의하여 분쟁을 해결한다. 기출 15

(2) 침해행정과 급부행정

침해행정은 공법적 방식(예 행정처분)에 의하여 행해지지만, 급부행정은 공법적인 방식(예 행정처분, 공법상 계약) 이외에 사법적인 방식(예 행정사법, 국고관계)으로도 이루어진다. 기출 15

Ⅱ 행정법

1. 행정법의 의의
① 헌법의 구체화법인 행정법의 대상으로서 행정은 권력분립원리에 따라 확립된 개념이다. 헌법과 행정법의 관계에 관하여, 독일 연방헌법재판소장이었던 프리츠 베르너(F. Werner)는 "헌법의 구체화법으로서의 행정법"으로 표현하였다. 기출 15
② 행정법은 행정에 고유한 공법으로서, 내용적으로는 '행정조직, 행정작용 및 행정구제에 관한 국내공법'을 말한다.

2. 행정법의 독자성과 그 범위
① 행정은 행정에 고유한 법이다. 그러나 행정법은 헌법·민법·형법 등과 같이 통일된 단일법전으로 되어 있지 못하고, 행정조직, 행정작용, 행정구제에 관한 무수한 법들로 구성되어 있다.
② 행정에 관한 모든 법이 행정법은 아니며 행정에 관한 공법만이 행정법이다. 따라서 행정작용 중 행정주체가 공권력의 주체로서 우월한 지위에서 행하는 권력작용과 행정주체가 사인과 대등한 지위에서 하는 활동 중 그 작용이 공익과 밀접한 관련이 있는 관리작용이 행정법의 규율 대상이 된다.
③ 이와 달리 국가 등의 행정주체가 사경제주체로서 사인(私人)과 법률관계를 형성하는 경우, 당해 작용(국고작용)은 사인의 행위와 다름이 없으므로 사법(私法)에 의해 규율된다.
④ 행정법은 국내에 적용되는 공법으로서 국제공법인 국제법과 구별된다.

Ⅲ 관련문제 : 통치행위

1. 의 의
통치행위(統治行爲)란 고도의 정치적 성격을 띤 국가행위로 사법심사의 대상에서 제외되거나 사법심사의 대상이 되는 것이 적당하지 않은 행위를 말한다. 기출 24

2. 통치행위의 인정 여부
① 우리나라의 경우 통치행위의 인정 여부에 대하여 견해의 대립이 있으나, 대법원은 통치행위를 인정한다(대판 1979.12.7. 79초70).
② 헌법재판소도 통치행위의 개념을 긍정한다. 다만, 고도의 정치적 결단에 의하여 행해지는 국가작용이라 할지라도 그것이 국민의 기본권 침해와 직접 관련되는 경우에는 당연히 헌법재판소의 심판대상이 된다고 하였다(헌재 1996.2.29. 93헌마186).

3. 통치행위에 해당 여부가 문제된 사례

(1) 통치행위에 해당하는 것

① 이라크파병결정

> 이 사건과 같은 파견결정(= 이라크파병결정)이 헌법에 위반되는지의 여부에 대한 판단은 대의기관인 대통령과 국회의 몫이고, 성질상 한정된 자료만을 가지고 있는 우리 재판소가 판단하는 것은 바람직하지 않다고 할 것이며 … 외국에의 국군의 파견결정은 고도의 정치적 결단이 요구되는 사안이다. 이 사건 파견결정은 그 성격상 국방 및 외교에 관련된 고도의 정치적 결단을 요하는 문제로서, 헌법과 법률이 정한 절차를 지켜 이루어진 것임이 명백하므로, 대통령과 국회의 판단은 존중되어야 하고 우리 재판소가 사법적 기준만으로 이를 심판하는 것은 자제되어야 한다(헌재 2004.4.29. 2003헌마814). 기출 19

② 남북정상회담의 개최

> 남북정상회담의 개최는 고도의 정치적 성격을 지니고 있는 행위라 할 것이므로 특별한 사정이 없는 한 그 당부를 심판하는 것은 사법권의 내재적·본질적 한계를 넘어서는 것이 되어 적절하지 못하지만, 남북정상회담의 개최과정에서 재정경제부장관에게 신고하지 아니하거나 통일부장관의 협력사업 승인을 얻지 아니한 채 북한측에 사업권의 대가 명목으로 송금한 행위 자체는 헌법상 법치국가의 원리와 법 앞에 평등원칙 등에 비추어 볼 때 사법심사의 대상이 된다(대판 2004.3.26. 2003도7878). 기출 19

③ 대통령의 비상계엄선포나 확대행위

> - 대통령의 계엄선포행위는 고도의 정치적, 군사적 성격을 띠는 행위라고 할 것이어서, 그 선포의 당, 부당을 판단할 권한은 헌법상 계엄의 해제요구권이 있는 국회만이 가지고 있다 할 것이고 그 선포가 당연무효의 경우라면 모르되, 사법기관인 법원이 계엄선포의 요건 구비여부나, 선포의 당, 부당을 심사하는 것은 사법권의 내재적인 본질적 한계를 넘어서는 것이 되어 적절한 바가 못된다(대판 1979.12.7. 79초70). 기출 19
> - 대통령의 비상계엄의 선포나 확대 행위는 고도의 정치적·군사적 성격을 지니고 있는 행위라 할 것이므로, 그것이 누구에게도 일견하여 헌법이나 법률에 위반되는 것으로서 명백하게 인정될 수 있는 등 특별한 사정이 있는 경우라면 몰라도, 그러하지 아니한 이상 그 계엄선포의 요건 구비 여부나 선포의 당·부당을 판단할 권한이 사법부에는 없다고 할 것이나, 비상계엄의 선포나 확대가 국헌문란의 목적을 달성하기 위하여 행하여진 경우에는 법원은 그 자체가 범죄행위에 해당하는지의 여부에 관하여 심사할 수 있다(대판 1997.4.17. 96도3376[전합]).

④ 사 면

> - 사면은 형의 선고의 효력 또는 공소권을 상실시키거나, 형의 집행을 면제시키는 국가원수의 고유한 권한을 의미하며, 사법부의 판단을 변경하는 제도로서 권력분립의 원리에 대한 예외가 된다(헌재 2000.6.1. 97헌바74). 기출 19
> - 특별사면은 사면권자의 고도의 정치적·정책적 판단에 따른 시혜적인 조치이고, 특별사면 진행 여부 및 그 적용 범위는 사전에 예상하기 곤란할 뿐 아니라, 처분청에 처분상대방이 특별사면 대상이 되도록 신속하게 절차를 진행할 의무까지 인정된다고 보기도 어렵다(대판 2018.5.15. 2016두57984).

(2) 통치행위에 해당하지 않는 것

① 대통령의 서훈취소

> 서훈취소는 서훈수여의 경우와는 달리 이미 발생된 서훈대상자 등의 권리 등에 영향을 미치는 행위로서 관련 당사자에게 미치는 불이익의 내용과 정도 등을 고려하면 사법심사의 필요성이 크다. 따라서 기본권의 보장 및 법치주의의 이념에 비추어 보면, 비록 서훈취소가 대통령이 국가원수로서 행하는 행위라고 하더라도 법원이 사법심사를 자제하여야 할 고도의 정치성을 띤 행위라고 볼 수는 없다(대판 2015.4.23. 2012두26920). 기출 24·19

② 대통령이 한미연합 군사훈련의 일종인 2007년 전시증원연습을 하기로 한 결정

> 피청구인(대통령)이 2007. 3.경에 한 이 사건 연습결정(= 2007년 전시증원연습결정)이 새삼 국방에 관련되는 고도의 정치적 결단에 해당하여 사법심사를 자제하여야 하는 통치행위에 해당된다고 보기 어렵다(헌재 2009.5.28. 2007헌마369).

③ 남북정상회담 개최과정에서의 대북송금행위

> 남북정상회담의 개최과정에서 재정경제부장관에게 신고하지 아니하거나 통일부장관의 협력사업 승인을 얻지 아니한 채 북한측에 사업권의 대가 명목으로 송금한 행위 자체는 헌법상 법치국가의 원리와 법 앞에 평등원칙 등에 비추어볼 때 사법심사의 대상이 된다(대판 2004.3.26. 2003도7878). 기출 24

(3) 통치행위에 해당하지만 위헌심사를 한 것

① 대통령의 긴급재정경제명령(금융실명제 사건)

> 대통령의 긴급재정경제명령은 국가긴급권의 일종으로서 고도의 정치적 결단에 의하여 발동되는 행위이고 그 결단을 존중하여야 할 필요성이 있는 행위라는 의미에서 이른바 통치행위에 속한다고 할 수 있으나, 통치행위를 포함하여 모든 국가작용은 국민의 기본권적 가치를 실현하기 위한 수단이라는 한계를 반드시 지켜야 하는 것이고, 헌법재판소는 헌법의 수호와 국민의 기본권 보장을 사명으로 하는 국가기관이므로 비록 고도의 정치적 결단에 의하여 행해지는 국가작용이라고 할지라도 그것이 국민의 기본권 침해와 직접 관련되는 경우에는 당연히 헌법재판소의 심판대상이 된다(헌재 1996.2.29. 93헌마186).

② 개성공단 운영 중단조치

> 이 사건 개성공단 운영 중단조치(대통령이 개성공단의 운영을 전면 중단시킨 일련의 행위)가 북한의 핵무기 개발로 인한 위기에 대처하기 위한 조치로서 국가안보와 관련된 대통령의 의사 결정을 포함하고 그러한 의사 결정이 고도의 정치적 결단을 요하는 문제이기는 하나, 그 의사 결정에 따른 조치 결과 투자기업인 청구인들의 영업의 자유 등 기본권에 제한이 발생하였다. … 따라서 이 사건 헌법소원심판이 사법심사가 배제되는 행위를 대상으로 한 것이어서 부적법하다고는 볼 수 없다(헌재 2022.1.27. 2016헌마364).

4. 통치행위의 판단

통치행위의 개념을 인정한다고 하더라도 과도한 사법심사의 자제가 기본권을 보장하고 법치주의 이념을 구현하여야 할 법원의 책무를 태만히 하거나 포기하는 것이 되지 않도록 그 인정을 지극히 신중하게 하여야 하며, 그 판단은 오로지 사법부만에 의하여 이루어져야 한다(대판 2004.3.26. 2003도7878). 기출 24

제2절 법치행정의 원칙

I 개 설

> **행정기본법 제8조(법치행정의 원칙)** 기출 25
> 행정작용은 법률에 위반되어서는 아니 되며, 국민의 권리를 제한하거나 의무를 부과하는 경우와 그 밖에 국민생활에 중요한 영향을 미치는 경우에는 법률에 근거하여야 한다.

① 법치행정의 원칙이란 행정은 법에 근거하여야 하며, 행정권의 행사도 법률의 범위 내에서 이루어져야 한다는 원리를 말한다.
② 행정의 법률적합성은 법률의 법규창조력, 법률우위의 원칙, 법률유보의 원칙을 그 내용으로 한다고 설명하는 것이 일반적이다. 행정법은 헌법상 법치국가원리를 구체화하는 법이라는 점을 감안하여, 2021.3.23. 제정된 행정기본법에서는 이러한 법치행정의 원칙을 선언하여 명문화하였다(행정기본법 제8조).

II 법률의 법규창조력

① 법률의 법규창조력이란 국민의 대표기관인 국회(의회)가 제정한 '형식적 의미의 법률'만이 국민의 권리를 제한하거나 의무를 부과하는 법규(법규범)를 창조할 수 있는 힘을 가진다는 원칙을 말한다.
② 오늘날에는 국회(의회)에서 제정한 법률 외에 행정법의 일반원칙이나 관습법도 법규성을 가지며 행정권도 긴급명령 또는 긴급재정경제명령과 같은 법률의 효력을 갖는 법규명령을 발할 수 있으므로 이제는 법률만이 법규창조력을 갖는다고 할 수 없다는 것이 일반적인 견해이다.

III 법률우위의 원칙

1. 의 의
① 법률우위의 원칙이란 법률은 행정에 우월한 것으로 행정작용은 법률에 위반하여서는 아니 된다는 원칙을 말한다(행정기본법 제8조 전단).
② 법률우위의 원칙은 행정작용이 이미 존재하는 법률에 위반하면 안 된다는 것이므로 소극적 의미의 법률적 합성의 원칙에 해당한다.

2. 법률우위의 원칙에서 '법률'의 의미
법률우위의 원칙에서 말하는 '법률'은 국회가 제정한 '형식적 의미의 법률'뿐만 아니라 헌법, 법규명령, 자치법규, 행정법의 일반원칙과 관습법 등의 불문법을 포함한 모든 법규범을 의미한다. 그러나 여기의 '법률'에 행정규칙은 포함되지 않는다. 기출 20

3. 법률우위의 원칙의 적용 범위

① 법률우위의 원칙은 제한 없이 행정의 모든 영역에 적용되므로 수익적 행정인지 침익적 행정인지를 불문하고 적용되고, 공법 형식의 행정작용뿐만 아니라 사법(私法) 형식의 행정작용(예 행정사법)에도 적용된다. 또한 법적행위뿐만 아니라 사실행위에도 적용된다. 기출 20

② 법률의 우위는 법률의 행정입법에 대한 우위를 포함한다(행정기본법 제38조 제1항). 따라서 법규명령이 법률에 위반되는 경우 헌법재판소나 법원에 의한 직접·간접적 통제의 대상이 된다.

4. 법률우위의 원칙 위반의 효과

① 행정작용이 법률우위의 원칙을 위반하면 위법한 행정작용이 되는데, 위법한 행정작용의 법적 효과는 행정의 행위형식에 따라 달라서 일률적으로 말할 수 없다.

② 법률우위의 원칙에 위반한 행정행위는 그 위법성의 정도에 따라 무효사유인 행정행위와 취소사유인 행정행위로 구분된다. 즉 법률우위의 원칙에 위반한 행정행의 경우 그 위법이 중대하고 명백하면 무효인 행정행위가 되고, 그 위법이 중대하지 않거나 중대하지만 명백하지 않은 경우에는 취소할 수 있는 행정행위가 된다(중대명백설). 기출 20

③ 공법상 계약이 위법한 경우 특별한 사정이 없는 한 무효가 되고, 행정입법이 법률우위의 원칙에 위배되어 위법한 경우에도 무효가 된다.

④ 위법한 행정작용으로 손해가 발생한 경우 손해배상책임(국가배상책임)이 인정될 수도 있다.

Ⅳ 법률유보의 원칙

1. 의 의

① 법률유보의 원칙은 일정한 행정권의 발동에는 법률에 근거가 있어야 하며, 법률에 근거가 없는 경우에는 행정개입의 필요가 있더라도 행정권이 발동될 수 없다는 원칙을 말한다(행정기본법 제8조 후단).

② 모든 행정(작용)은 조직법적 근거가 있어야 하므로, 법률유보의 원칙에서 문제되는 '법률의 근거'는 조직법적 근거가 아니라 작용법적 근거이다(대판 2005.2.17. 2003두14765). 법률유보의 원칙은 행정권 발동의 법적 근거가 존재하여야 한다는 것이므로 적극적 의미의 법률적합성의 원칙에 해당한다.

③ 법률유보의 원칙에서 요구되는 법적 근거는 개별적 근거를 말하지만, 예외적으로 경찰권 행사에서와 같이 포괄적 근거로 족한 경우도 있다.

2. 법률유보의 원칙에서 '법률'의 의미

① 법률유보의 원칙에서 '법률'은 국회에서 제정한 '형식적 의미의 법률'을 의미한다. 따라서 불문법인 '관습법'은 포함되지 않는다.

② 다만, 법률유보의 원칙은 '법률에 의한' 규율만을 뜻하는 것이 아니라 '법률에 근거한' 규율을 요청하는 것이므로 기본권 제한의 형식이 반드시 '법률'의 형식일 필요는 없고 법률에 근거를 두면서 헌법 제75조가 요구하는 위임의 구체성과 명확성을 구비하기만 하면 '위임입법'(= 법률의 위임에 의해 제정된 법규명령·규칙·조례)에 의하여도 기본권 제한을 할 수 있다(헌재 2005.2.24. 2003헌마289; 헌재 2013.7.25. 2012헌마167).

기출 20

3. 적용 범위

(1) 견해의 대립

① 법률유보의 원칙의 적용범위에 관하여 침해유보설, 권력행정유보설, 급부행정유보설, 전부유보설 등이 대립하였으나, 오늘날에는 국민에게 중요한(본질적인) 행정권의 조치는 침해행정뿐만 아니라 급부행정에 있어서도 법률의 근거를 요한다고 보는 중요사항유보설(본질성설)이 통설적 견해이다. 본질성설에 의할 때 본질적인 것은 국회의 법률에 의하여 규율되어야 하나, 그 외의 것(비본질적인 것)은 행정입법에 위임하는 것도 인정된다. 기출 20

② 한편, 의회유보론(의회유보의 원칙)은 국가공동체와 그 구성원에게 기본적이고 중요한 의미를 갖는 영역, 특히 국민의 기본권 실현에 관련된 영역에 있어서는 국민의 대표자인 입법자가 법률로 정해야 한다는 원칙으로서, 중요사항유보설에 포함되는 이론이다. 의회유보의 원칙에서 '의회유보 사항'은 반드시 법률로 규율해야 하고, 행정입법에 위임하는 것은 금지된다.

(2) 판 례

① 우리 헌법재판소의 판례(헌재 1999.5.27. 98헌바70)와 대법원의 판례(대판 2007.10.12. 2006두14476)는 중요사항유보설(의회유보론)을 따르고 있다.

② 헌법재판소 판례

> • 오늘날 법률유보원칙은 단순히 행정작용이 법률에 근거를 두기만 하면 충분한 것이 아니라, 국가공동체와 그 구성원에게 기본적이고도 중요한 의미를 갖는 영역, 특히 국민의 기본권실현과 관련된 영역에 있어서는 국민의 대표자인 입법자가 그 본질적 사항에 대해서 스스로 결정하여야 한다는 요구까지 내포하고 있다(의회유보원칙). 그런데 텔레비전방송수신료는 대다수 국민의 재산권 보장의 측면이나 한국방송공사에게 보장된 방송자유의 측면에서 국민의 기본권실현에 관련된 영역에 속하고, 수신료금액의 결정은 납부의무자의 범위 등과 함께 수신료에 관한 본질적인 중요한 사항이므로 국회가 스스로 행하여야 하는 사항에 속하는 것임에도 불구하고 한국방송공사법 제36조 제1항에서 국회의 결정이나 관여를 배제한 채 한국방송공사로 하여금 수신료금액을 결정해서 문화관광부장관의 승인을 얻도록 한 것은 법률유보원칙에 위반된다(헌재 1999.5.27. 98헌바70). 기출 23

> • 토지등소유자가 도시환경정비사업을 시행하는 경우 사업시행인가 신청시 필요한 토지등소유자의 동의는 개발사업의 주체 및 정비구역 내 토지등소유자를 상대로 수용권을 행사하고 각종 행정처분을 발할 수 있는 행정주체로서의 지위를 가지는 사업시행자를 지정하는 문제로서 그 동의요건을 정하는 것은 국민의 권리와 의무의 형성에 관한 기본적이고 본질적인 사항이므로 국회가 스스로 행하여야 하는 사항에 속하는 것임에도 불구하고 사업시행인가 신청에 필요한 동의정족수를 토지등소유자가 자치적으로 정하여 운영하는 규약에 정하도록 한 것은 법률유보원칙에 위반된다(헌재 2011.8.30. 2009헌바128). 기출 18

③ 대법원 판례

> • 오늘날의 법률유보원칙은 단순히 행정작용이 법률에 근거를 두기만 하면 충분한 것이 아니라, 국가공동체와 그 구성원에게 기본적이고도 중요한 의미를 갖는 영역, 특히 국민의 기본권 실현에 관련된 영역에 있어서는 행정에 맡길 것이 아니고 국민의 대표자인 입법자 스스로 그 본질적 사항에 대하여 결정하여야 한다는 요구, 즉 의회유보원칙까지 내포하는 것으로 이해되고 있다. 여기서 어떠한 사안이 국회가 형식적 법률로 스스로 규정하여야 하는 본질적 사항에 해당되는지는, 구체적 사례에서 관련된 이익 내지 가치의 중요성, 규제 또는 침해의 정도와 방법 등을 고려하여 개별적으로 결정하여야 하지만, 규율대상이 국민의 기본권과 관련한 중요성을 가질수록 그리고 그에 관한 공개적 토론의 필요성 또는 상충하는 이익 사이의 조정 필요성이 클수록,

그것이 국회의 법률에 의하여 직접 규율될 필요성은 더 증대된다. 따라서 국민의 권리·의무에 관한 기본적이고 본질적인 사항은 국회가 정하여야 하고, 헌법상 보장된 국민의 자유나 권리를 제한할 때에는 적어도 그 제한의 본질적인 사항에 관하여 국회가 법률로써 스스로 규율하여야 한다(대판 2007.10.12. 2006두14476[전합]; 대판 2020.9.3. 2016두32992[전합]).
- (주택재개발)조합이 도시환경정비사업을 시행하는 경우 사업시행인가 신청에 필요한 토지등소유자의 동의는 국민의 권리·의무에 관한 기본적이고 본질적인 사항이 아니고, 사업시행인가 신청시의 토지등소유자의 동의요건을 사업시행자의 정관에 위임한 것은 법률유보 내지 의회유보의 원칙에 위배되지 않는다(대판 2007.10.12. 2006두14476).

④ 자치법적 사항의 위임과 의회유보의 원칙

- 법률이 공법적 단체 등의 정관에 자치법적 사항을 위임한 경우에는 헌법 제75조가 정하는 포괄적인 위임입법의 금지는 원칙적으로 적용되지 않는다고 봄이 상당하고, 그렇다 하더라도 그 사항이 국민의 권리·의무에 관련되는 것일 경우에는 적어도 국민의 권리·의무에 관한 기본적이고 본질적인 사항은 국회가 정하여야 한다(대판 2007.10.12. 2006두14476).
- 법률이 행정부에 속하지 않는 기관의 자치규범에 특정 규율 내용을 정하도록 위임하더라도 그 사항이 국민의 권리 의무에 관련되는 것일 경우에는 적어도 국민의 권리와 의무의 형성에 관한 사항을 비롯하여 국가의 통치조직과 작용에 관한 기본적이고 본질적인 사항은 반드시 국회가 정하여야 한다는 법률유보 내지 의회유보의 원칙이 지켜져야 한다(헌재 2022.5.26. 2021헌마619). → 「대한변호사협회의 변호사 광고에 관한 규정」이 법률유보의 원칙(의회유보원칙)에 위배되지 않는다고 한 사례

제3절 행정법의 법원

I 개설

1. 법원(法源)의 의의
① 행정법의 법원(法源)이란 행정법의 존재 형식을 말한다(통설).
② 행정법은 다양한 법규범들로 이루어지므로, 행정법에서의 법원론(法源論)은 행정현상을 규율하는 법규범들을 체계화하는 역할을 한다.

2. 행정법의 법원의 특징

(1) 성문법주의 원칙과 불문법에 의한 보완
① 법률유보의 원칙에 비추어 볼 때 행정법은 성문법(제정법)임을 원칙으로 한다.
② 행정법은 무수한 개별 법령의 집합으로 구성되어 있고, 성문법이 흠결된 경우가 적지 않아 불문법에 의해 보완되기도 한다. 특히 행정기본법이 제정되기 전에는 행정법총칙이 존재하지 않은 탓에 불문법 중에서 행정법의 일반원칙이 특히 중요한 법원으로서의 역할을 하였다.

(2) 행정기본법의 제정 및 개별 법률

① 행정법은 민법·상법 등과 같이 단일법전으로 이루어져 있지 않다. 기출 16 다만, 행정절차에 관하여는 일반적 규정인 행정절차법이 제정되어 있고, 행정쟁송절차에 관하여는 일반법에 해당하는 행정심판법과 행정소송법이 제정되어 있다.
② 지금까지 행정작용 전반을 종합적으로 규율하는 기본법이 없었는데, 이를 규율함으로써 행정법총칙에 해당하는 「행정기본법」이 2021.3.23. 제정·시행되었다.
③ 행정기본법 외에도 특정 분야에서 일반법으로서의 성격을 갖는 법률에는 「정부조직법」, 「민원 처리에 관한 법률」, 「행정조사기본법」, 「행정대집행법」, 「질서위반행위규제법」, 「공공기관의 정보공개에 관한 법률」, 「개인정보보호법」, 「국가배상법」, 「지방자치법」, 「국가공무원법」, 「국가재정법」, 「국유재산법」, 「지방재정법」, 「공유재산 및 물품 관리법」, 「공익사업을 위한 토지 등의 취득 및 보상에 관한 법률」, 「경찰관 직무집행법」, 「국토의 계획 및 이용에 관한 법률」, 「건축법」, 「부동산 가격공시에 관한 법률」, 「국세기본법」, 「국세징수법」 등이 존재한다.

II 성문법원

1. 헌 법

① 헌법은 국가의 기본조직과 작용에 관한 기본법이다. 헌법규정 중 행정조직에 관한 규정, 법규명령의 근거와 한계규정, 기본권규정, 지방자치제도에 관한 규정 등은 행정법의 법원이 된다. 기본권 규정 등 헌법규정은 행정권을 포함하여 국가권력을 직접 구속한다.
② 헌법과 행정법의 관계에 관하여 독일 연방헌법재판소장이었던 프리츠 베르너(F. Werner)는 "헌법의 구체화법으로서의 행정법"으로 표현하였는데, 이는 오늘날의 행정법이 헌법 형성적 가치나 기본이념과 무관하게 존재하는 것이 아니고, 이러한 가치나 기본이념은 일정한 실정법원리로 구체화되어 행정을 구속하는 행정법의 기본원리를 구성한다는 의미로 해석할 수 있다. 이러한 헌법의 구체화 법리로서는 평등원칙, 비례원칙, 신뢰보호원칙 등을 들 수 있다.

2. 법 률

행정법의 법원으로서의 법률은 형식적 의미로 이해되고, 형식적 의미의 법률은 헌법상의 입법절차에 따라 국회가 제정한 법규범을 의미한다. 공동체나 국민에게 기본적이거나 중요한 사항은 법률로 정하여야 하고(중요사항유보설, 의회유보설), 국민의 기본권 제한은 법률로 하여야 한다(헌법 제37조 제2항).

3. 명 령

명령이란 행정권에 의해 정립되는 법을 말한다. 헌법에서 인정하고 있는 명령에는 긴급명령과 긴급재정·경제명령(헌법 제76조, 이는 법률과 동일한 효력이 있음), 대통령령(헌법 제75조), 총리령과 부령(헌법 제95조), 중앙선거관리위원회규칙(헌법 제114조), 국회규칙(헌법 제64조), 대법원규칙(헌법 제108조), 헌법재판소규칙(헌법 제113조)이 있다.

4. 조약 및 국제법규

① 헌법 제6조 제1항에 따라 조약 및 국제법규가 국내행정에 관계된 사항을 규율하는 경우 이는 행정법의 법원이 될 수 있다.

> 남북 사이의 화해와 불가침 및 교류협력에 관한 합의서(= 남북기본합의서)는 남북한 당국이 각기 정치적인 책임을 지고 상호 간에 그 성의 있는 이행을 약속한 것이기는 하나 법적 구속력이 있는 것은 아니어서 이를 국가 간의 조약 또는 이에 준하는 것으로 볼 수 없고, 따라서 국내법과 동일한 효력이 인정되는 것도 아니다(대판 1999.7.23. 98두14525). → 남북기본합의서는 일종의 공동성명 또는 신사협정에 준하는 성격을 가지는 불과하다(헌재 1997.1.16. 92헌바6). 기출 16

② 헌법 제6조 제1항은 "헌법에 의하여 체결·공포된 조약과 일반적으로 승인된 국제법규(國際法規)는 국내법과 동일한 효력을 갖는다"라고 규정하고 있는데, 이때 "국내법과 같은 효력을 가진다"라는 표현이 무엇을 의미하는지 명확하지 않다. 생각건대, 헌법 제60조에 열거된 조약으로서 국회의 동의를 얻은 조약은 형식적 의미의 법률에 준하는 효력이 인정되고(헌재 2001.9.27. 2000헌바20), 행정협정과 같이 국회의 동의를 요하지 않는 조약은 법규명령과 같은 효력이 인정된다고 할 것이다.

③ 그러나 WTO 협정이나 '서비스 무역에 관한 일반협정'(GATS) 등은 국가 간의 문제이므로, 당사국이 아닌 사인(私人, 사기업 포함)이 회원국 정부의 처분이 협정에 위반됨 이유로 국내법원에 소송을 제기하여 다투는 것은 원칙적으로 허용되지 아니한다(직접효력 부정설)(대판 2009.1.30. 2008두17936; 대판 2015.11.19. 2015두295[전합]).

④ 다만, 사인이 아닌 국가는 법령이 WTO 등의 협정에 합치되도록 제정할 의무가 있으므로, 중앙정부 등이 원고가 되어 지방의회를 상대로 조례안재의결무효확인을 구하는 기관소송에서는 예외적으로 직접효력이 인정된다(대판 2005.9.9. 2004추10).

5. 자치법규

자치법규란 지방자치단체가 자치입법권에 의하여, 법령의 범위 안에서 제정하는 자치에 관한 법규를 말한다(헌법 제117조 제1항). 이러한 자치법규에는 지방의회가 제정하는 '조례'와 지방자치단체의 집행기관이 제정하는 '규칙'이 있다(행정기본법 제2조 제1호 나목). 집행기관에는 일반사무의 집행기관(지방자치단체의 장)과 교육에 관한 사무의 집행기관(교육감)의 두 종류가 있으므로, 규칙에도 (일반)규칙과 교육규칙의 두 종류가 있다.

Ⅲ 불문법원

1. 관습법

① 관습법이란 사회의 거듭된 관행으로 생성한 사회생활규범이 사회의 법적 확신과 인식에 의하여 법적 규범으로 승인·강행되기에 이른 것을 말하고, 그러한 관습법은 법원(法源)으로서 법령에 저촉되지 아니하는 한 법칙으로서의 효력이 있는 것이다(대판 2005.7.21. 2002다1178[전합]).

② 행정청의 관행이 일반적으로 국민들에게 받아들여진 때에는 관습법으로서 법적 구속력을 갖는다. 법적 확신을 얻지 못한 관행(사실인 관습)은 자기구속력을 가질 수 있다.

③ 관습법은 성문법 및 법의 일반원칙이 존재하지 않거나 불완전한 경우에 보충적으로만 인정된다(보충적 효력설). 관습법이 성립된 경우에도 관행에 반하는 내용의 성문법이 제정되면 그 관습법은 효력을 상실한다.
④ 사실인 관습(행정청의 관행)은 관습법과는 달리 아직 국민의 법적 확신에 의하여 법규범으로 승인될 정도에는 이르지 않은 것이므로 그 법원성(法源性)이 부정된다.

2. 판례

① 판례의 선례구속성이 영미법계 국가에서는 인정되는 반면, 대륙법계 국가에서는 인정되지 않기 때문에, 판례의 법원성(法源性)은 주로 대륙법계 국가에서 다투어진다.
② 대륙법계 국가에서처럼 우리나라에서도 선례(先例)가 법상 구속력을 갖지 않는다.
③ 법원조직법은 "상급법원 재판에서의 판단은 해당 사건에 관하여 하급심을 기속한다"라고 규정하고 있으나(법원조직법 제8조), 이것은 당해 사건에 한정되는 것이고, 동종의 다른 사건에 대해서까지 하급심을 기속한다는 의미는 아니다.
④ 대법원의 판례가 법률해석의 일반적인 기준을 제시한 경우에 유사한 사건을 재판하는 하급심법원의 법관은 판례의 견해를 존중하여 재판하여야 하는 것이나, 판례가 사안이 서로 다른 사건을 재판하는 하급심법원을 직접 기속하는 효력이 있는 것은 아니다(대판 1996.10.25. 96다31307). 기출 16

3. 행정법의 일반원칙

① 행정법의 일반원칙이란 현행 행정법질서의 기초를 이룬다고 생각되는 일반 법원칙을 말한다. 평등의 원칙, 비례의 원칙, 성실의무의 원칙, 권한남용금지의 원칙, 신뢰보호의 원칙, 부당결부금지의 원칙, 행정의 자기구속의 원칙 등이 그 예이다.
② 법의 흠결이 적지 않고 총칙규정이 존재하지 않았던 행정법 영역에서 행정법의 일반원칙이 중요한 법원(法源)이었다. 그리고 이러한 행정법의 일반원칙은 다른 법원(法源)과의 관계에서 보충적 법원에 그치는 것이 아니고 독자적인 법원(法源)으로 기능해왔다. 기출 16
③ 그러나 2021.3.23. 제정된 행정기본법에서 그동안 학설과 판례에 따라 확립된 원칙인 평등의 원칙(제9조), 비례의 원칙(제10조), 성실의무 및 권한남용금지의 원칙(제11조), 신뢰보호의 원칙(제12조), 부당결부금지의 원칙(제13조)을 명문으로 규정함으로써 그동안 불문법원으로 인정되어 왔던 것이 성문화 되었다. 다만, 행정의 자기구속의 원칙은 여전히 불문법원으로 존재한다. 기출 18

[행정법의 법원]

성문법	불문법

• 대한민국 헌법(헌법규정 중 행정조직에 관한 규정, 법규명령의 근거와 한계규정, 기본권규정, 지방자치제도에 관한 규정 등)
• 법률(예 행정기본법, 행정절차법)
• 헌법에 의하여 체결·공포된 조약과 일반적으로 승인된 국제법규
• 대통령의 긴급명령·긴급재정경제명령
• 대통령령(예 행정기본법 시행령)
• 총리령(예 식품위생법 시행규칙)
• 부령(예 건축법 시행규칙)
• 국회규칙, 대법원규칙, 헌법재판소규칙, 중앙선거관리위원회 규칙
• 지방의회가 제정한 조례(예 서울특별시 성동구 조례)
• 지방자치단체의 장이 제정한 규칙, 교육감이 제정한 교육규칙
	• 관습법
	• (성문화되지 않은) 행정법의 일반원칙
	  (예 행정의 자기구속의 원칙)
	  (cf. 사실인 관습과 판례는 법원성 ×)

제4절 행정법의 일반원칙

I 평등의 원칙

> **행정기본법 제9조(평등의 원칙)**
> 행정청은 합리적 이유 없이 국민을 차별해서는 아니 된다.

1. 의 의
평등의 원칙은 '같은 것은 같게, 다른 것은 다르게'로 요약되는바, 특별히 다르게 다루어야 할 합리적 사유가 없는 이상 상대방을 다르게 취급하면 안 된다는 원칙을 말한다.

2. 근 거
지금까지 평등원칙은 헌법 제11조에 직접 근거하는 성문법원이라고 보는 견해와 헌법 제11조로부터 도출되는 불문법원칙으로 보는 견해(다수설)가 대립해왔다. 행정기본법이 평등의 원칙을 명문으로 규정한 이상, 평등의 원칙의 직접적인 근거는 행정기본법 제9조로 볼 수 있다.

3. 내 용(적용 요건)
① 동일한 사안에 대한 차별취급이 존재하고, ② 차별취급이 합리적 이유가 없어야 한다. 따라서 합리적인 이유가 있어서 동일한 사안을 다르게 취급하는 것은 평등원칙 위반이 아니다.

> 같은 정도의 비위를 저지른 자들 사이에 있어서도 그 직무의 특성 등에 비추어, 개전의 정이 있는지 여부에 따라 징계의 종류의 선택과 양정에 있어서 차별적으로 취급하는 것은, 사안의 성질에 따른 합리적 차별로서 이를 자의적 취급이라고 할 수 없는 것이어서 평등원칙 내지 형평에 반하지 아니한다(대판 1999.8.20. 99두2611).

4. 효 력
행정기본법 제9조는 헌법상 원칙인 평등의 원칙을 실정법에 명문화한 것에 불과할 뿐 평등의 원칙은 여전히 헌법적 효력을 가지므로 평등원칙에 반하는 법령이나 행정권 행사는 위헌·위법한 것이 된다.

5. 한 계
불법(不法) 앞의 평등은 인정되지 않으므로 평등원칙에 근거하여 불법을 요구할 수는 없다.

Ⅱ 행정의 자기구속의 원칙

1. 의 의
행정의 자기구속의 원칙이란 행정청이 동일한 사안에서 이미 제3자에게 행한 결정(선례)과 같은 결정을 상대방에 대하여 하여야 한다는 원칙을 말한다.

2. 근 거
행정의 자기구속원칙의 인정근거에 대해 다수설은 평등의 원칙에서 그 근거를 찾고 있으나, 대법원과 헌법재판소는 평등의 원칙이나 신뢰보호의 원칙에서 근거를 찾고 있다(대판 2009.12.24. 2009두7967; 헌재 1990.9.3. 90헌마13). 기출 19

> 재량권 행사의 준칙인 행정규칙이 그 정한 바에 따라 되풀이 시행되어 행정관행이 이루어지게 되면 평등의 원칙이나 신뢰보호의 원칙에 따라 행정기관은 그 상대방에 대한 관계에서 그 규칙에 따라야 할 자기구속을 받게 되므로, 이러한 경우에는 특별한 사정이 없는 한 그에 위반하는 처분은 평등의 원칙이나 신뢰보호의 원칙에 위배되어 재량권을 일탈·남용한 위법한 처분이 된다(대판 2009.12.24. 2009두7967). 기출 19

3. 적용 영역
행정의 자기구속의 원칙은 기속영역에서는 인정할 수 없고, 재량이 인정되는 영역에서만 적용될 수 있다. 행정의 자기구속의 원칙은 특히 재량준칙에서 중요한 의의를 갖는다.

4. 적용 요건
행정의 자기구속의 원칙이 적용되려면 다음의 요건을 갖추어야 한다.
① 문제된 사안이 행정선례와 동일한 사안이어야 한다.
② 재량준칙이 존재하는 경우 재량준칙과 관련하여 행정의 자기구속의 원칙을 적용함에 있어서 행정선례가 필요한가에 대하여는 선례필요설과 선례불필요설(예기관행설)의 대립이 있다. 판례는 재량준칙이 공표된 것만으로는 자기구속의 원칙이 적용될 수 없고, 재량준칙이 되풀이 시행되어 행정관행이 성립한 경우 자기구속의 원칙이 적용될 수 있다고 본다(대판 2009.12.24. 2009두7967).

5. 효 력
행정의 자기구속의 원칙은 헌법적 효력을 가지므로 행정의 자기구속의 원칙에 반하는 법령이나 행정권 행사는 위헌·위법한 것이 된다. 행정청의 재량행위에 행정의 자기구속의 원칙 위반이 있으면 재량권 행사의 한계를 벗어나는 것이 되어 재량의 일탈·남용이 된다.

6. 한 계

① 불법에 있어서 평등은 인정될 수 없으므로, 행정관행이 위법한 경우에는 행정청은 자기구속을 당하지 않는다(대판 2009.6.25. 2008두13132). 다만, 위법한 행정관행에 대하여 국민의 신뢰가 형성되어 있다면 신뢰보호의 원칙이 적용될 가능성은 있다.

> 위법한 행정처분이 수차례에 걸쳐 반복적으로 행하여졌다 하더라도 그러한 처분이 위법한 것인 때에는 행정청에 대하여 자기구속력을 갖게 된다고 할 수 없다(대판 2009.6.25. 2008두13132). 기출 19·16

② 행정관행이 성립된 경우에도 행정관행과 다른 처분을 할 '특별한 사정'이 있는 경우에는 행정의 자기구속의 원칙이 적용되지 않을 수 있다(대판 2009.12.24. 2009두7967).

Ⅲ 비례의 원칙

> **행정기본법 제10조(비례의 원칙)**
> 행정작용은 다음 각 호의 원칙에 따라야 한다.
> 1. 행정목적을 달성하는 데 유효하고 적절할 것
> 2. 행정목적을 달성하는 데 필요한 최소한도에 그칠 것
> 3. 행정작용으로 인한 국민의 이익 침해가 그 행정작용이 의도하는 공익보다 크지 아니할 것

1. 의 의

비례의 원칙이란 과잉(조치)금지의 원칙이라고도 하는데, 행정작용에 있어서 실현하고자 하는 행정목적과 이를 위해 선택한 행정수단 사이에는 합리적인 비례관계가 있어야 한다는 원칙을 말한다.

> 비례의 원칙은 법치국가 원리에서 당연히 파생되는 헌법상의 기본원리로서, 모든 국가작용에 적용된다. 행정목적을 달성하기 위한 수단은 목적달성에 유효·적절하고, 가능한 한 최소침해를 가져오는 것이어야 하며, 아울러 그 수단의 도입에 따른 침해가 의도하는 공익을 능가하여서는 안 된다(대판 2019.7.11. 2017두38874). 기출 19

2. 근 거

① 비례의 원칙은 헌법 제37조 제2항 및 법치국가원리로부터 도출되는 법원칙이다.
② 행정기본법 제10조는 비례의 원칙을 명문화하였다. 그 밖에도 행정규제기본법 제5조 제3항과 경찰관직무집행법 제1조 제2항에서 비례의 원칙을 명문으로 규정하고 있다.

3. 내용(적용 요건)

① 비례의 원칙은 적합성의 원칙, 필요성의 원칙, 상당성의 원칙을 그 세부원칙으로 하는데, 행정작용이 그중 어느 하나에라도 위반하면 그 행정작용은 위법하게 된다.

② ㉠ 적합성의 원칙은 행정은 추구하는 행정목적의 달성에 적합한(적절한) 수단을 선택하여야 한다는 원칙을 말한다. ㉡ 필요성의 원칙은 행정목적을 달성에 적합한 수단이 여러 가지인 경우에 국민의 권리를 최소한으로 침해하는 수단을 선택하여야 한다는 원칙을 말한다. ㉢ 상당성의 원칙은 최소 침해를 주는 수단을 선택하는 경우에도, 행정조치를 취함에 따른 불이익(사익)이 그것에 의해 달성되는 이익(공익)을 능가해서는 안 된다는 원칙을 말한다.

③ 행정기본법에서도 학설·판례에 따라 비례의 원칙의 세 가지 요소로 제시되는 ① 적합성(제1호 : 행정목적을 달성하는 데 유효하고 적절할 것), ② 필요성(제2호 : 행정목적을 달성하는 데 필요한 최소한도에 그칠 것), ③ 상당성(제3호 : 행정작용으로 인한 국민의 이익 침해가 의도하는 공익보다 크지 아니할 것)을 모두 명시하였다(제10조).

4. 적용 영역

① 비례의 원칙은 모든 행정 분야 및 모든 행정작용에 적용된다. 행정기본법은 비례의 원칙이 경찰행정 등 일부 행정법 영역에 국한되지 않고 모든 행정법 영역에 공통적으로 적용되는 일반적 법 원칙임을 분명히 하였다(행정기본법 제10조).

② 비례의 원칙은 특히 재량권 행사의 한계(행정기본법 제21조), 부관의 한계(행정기본법 제17조 제4항 제3호), 경찰권 발동의 한계(경찰관 직무집행법 제1조 제2항), 급부행정의 한계가 된다. 따라서 비례의 원칙의 확대적용은 행정재량의 고유한 영역을 축소할 수 있다.

③ 비례의 원칙의 파생원칙으로는 수익적 행정행위의 취소·철회의 제한법리(이익형량의 원칙), 형량명령이론, 과잉급부금지의 원칙 등이 있다.

④ 비례의 원칙은 행정주체와 국민간의 관계에서 준수해야 할 행정법의 일반원칙이고 행정주체와 다른 행정주체간의 권한 분배에서는 적용되지 않는다.

5. 효력

비례의 원칙은 헌법상 기본원칙으로서 헌법적 효력을 가진다. 비례의 원칙에 반하는 행정권 행사는 위법하고, 비례의 원칙에 반하는 법령은 위헌·무효가 된다. 기출 19

Ⅳ 신뢰보호의 원칙

> **행정기본법 제12조(신뢰보호의 원칙)**
> ① 행정청은 공익 또는 제3자의 이익을 현저히 해칠 우려가 있는 경우를 제외하고는 행정에 대한 국민의 정당하고 합리적인 신뢰를 보호하여야 한다.

1. 의 의

신뢰보호의 원칙이란 행정기관의 명시적 또는 묵시적 언동(말 또는 행동)에 대해 국민이 신뢰를 갖고 어떠한 행위를 한 경우 그 국민의 신뢰가 보호할 가치 있는 경우에 그 신뢰를 보호하여 주어야 한다는 원칙을 말한다.

2. 근 거

① 신뢰보호원칙의 법적 근거로 신의성실의 원칙을 드는 견해도 있지만(신의칙설), 법치국가 원리의 한 내용인 법적 안정성을 드는 것(법적 안정성설)이 다수설과 판례의 입장이다(대판 2006.11.16. 2003두12899[전합]).
② 2021.3.23. 제정된 행정기본법은 판례·학설상 행정법의 일반원칙으로 정립된 신뢰보호의 원칙을 행정의 법 원칙으로서 명문화하였다(행정기본법 제12조 제1항). 한편, 행정절차법 제4조 제2항과 국세기본법 제18조 제3항은 새로운 해석 또는 관행의 소급적용금지에 대하여 규정하고 있는데 이는 신뢰보호의 원칙의 구체적 내용의 하나이다.

3. 적용 요건

(1) 판 례

일반적으로 행정상의 법률관계에 있어서 행정청의 행위에 대하여 신뢰보호의 원칙이 적용되려면, ① 행정청이 개인에 대하여 신뢰의 대상이 되는 공적인 견해표명을 하여야 하고, ② 행정청의 견해표명이 정당하다고 신뢰한 데에 대하여 그 개인에게 귀책사유가 없어야 하며, ③ 그 개인이 그 견해표명을 신뢰하고 이에 상응하는 어떠한 행위를 하였어야 하고, ④ 행정청이 그 견해표명에 반하는 처분을 함으로써 그 견해표명을 신뢰한 개인의 이익이 침해되는 결과가 초래되어야 하며, ⑤ 위 견해표명에 따른 행정처분을 할 경우 이로 인하여 공익 또는 제3자의 정당한 이익을 현저히 해할 우려가 있는 경우가 아니어야 한다(대판 1998.5.8. 98두4061; 대판 2002.11.8. 2001두1512).

(2) 요건의 구체적 검토

1) 행정권의 행사에 관하여 신뢰를 주는 선행조치(공적인 견해 표명)

① 행정권의 행사에 관하여 상대방인 국민에게 신뢰를 주는 선행조치(언동, 공적인 견해표명)가 있어야 한다.
② 신뢰보호의 원칙이 적용되기 위해서는 행정청이 개인에 대하여 신뢰의 대상이 되는 공적인 견해표명을 하여야 하는데, 공적인 견해표명은 명시적 또는 묵시적으로 할 수 있다(대판 1995.2.3. 94누11750). **기출 22**
③ 행정권의 언동은 신뢰의 대상이 되는 구체적인 행정권의 행사에 관한 언동이어야 한다. 행정권의 행사와 무관하게 단순히 법령의 해석에 대한 질의에 대하여 회신해 주는 것(구체적인 사안과 관련된 법령의 질의회신은 제외) 등 일반적·추상적 견해표명은 신뢰보호원칙의 적용대상이 아니다.

④ 행정청의 공적 견해표명이 있었는지의 여부를 판단하는 데 있어 반드시 행정조직상의 형식적인 권한분장에 구애될 것은 아니다(대판 1997.9.12. 96누18380). 처분청 자신의 공적인 견해표명이 있어야 하는 것은 아니며 경우에 따라서는 보조기관인 담당공무원(예 담당과장)의 공적인 견해표명도 신뢰의 대상이 될 수 있다.
⑤ 신뢰보호의 원칙의 요건인 공적 견해표명은 반드시 특정 개인에 대한 것일 필요는 없으므로, 법령(법률, 대통령령, 총리령·부령, 조례·규칙 등) 또는 행정계획에 대한 신뢰도 경우에 따라 보호될 수 있다.[1]

기출 22·19

⑥ 신뢰보호의 원칙은 행정청이 공적인 견해를 표명할 당시의 사정이 그대로 유지됨을 전제로 적용되는 것이 원칙이므로, 사후에 그와 같은 사정이 변경된 경우에는 그 공적 견해가 더 이상 개인에게 신뢰의 대상이 된다고 보기 어려운 만큼, 특별한 사정이 없는 한 행정청이 그 견해표명에 반하는 처분을 하더라도 신뢰보호의 원칙에 위반된다고 할 수 없다(대판 2020.6.25. 2018두34732). 기출 22
⑦ 단순히 착오로 어떠한 처분을 계속한 경우, 처분청이 추후 오류를 발견하여 합리적인 방법으로 변경하는 것은 신뢰보호원칙에 위배되지 않는다(대판 2020.7.23. 2020두33824). 기출 22

2) 보호가치 있는 신뢰(관계자에게 귀책사유가 없을 것)
① 선행조치에 대한 관계자(상대방, 수임인 등)의 신뢰가 보호가치 있는 것이어야 하므로, 상대방 등 관계자에게 '귀책사유'가 없어야 한다.
② '귀책사유'란 행정청의 견해표명의 하자가 상대방 등 관계자의 사실은폐나 기타 사위의 방법에 의한 신청행위 등 부정행위에 기인한 것이거나 그러한 부정행위가 없다고 하더라도 하자가 있음을 알았거나 중대한 과실로 알지 못한 경우 등을 의미한다고 해석함이 상당하고, 귀책사유의 유무는 상대방(예 건축주)과 그로부터 신청행위를 위임받은 수임인(예 건축설계를 위임받은 건축사) 등 관계자 모두를 기준으로 판단하여야 한다(대판 2002.11.8. 2001두1512). 기출 22
③ 귀책사유가 없는 한 위법한 행정조치에 대한 신뢰도 보호된다. 법규 위반에 대한 제재처분에 관한 법령규정이 있는 경우 이 규정을 잘 알 수 있었던 자는 귀책사유가 인정될 수 있으나, 이 규정을 잘 알 수 없었던 자에게는 귀책사유를 인정하기 어려울 것이다.

3) 신뢰에 입각한 사인(私人)의 조치
상대방인 국민이 행정기관의 선행조치(언동, 공적인 견해표명)에 대한 신뢰에 입각하여 어떠한 조치(예 자본 투하, 사업 준비를 위한 계약의 체결 등)를 취하였어야 한다.

4) 신뢰에 반하는 행정권의 행사, 인과관계
① 행정기관이 상대방의 신뢰에 반하는 행정권 행사를 하였고 그로 인하여 상대방의 권익이 침해되어야 한다.
② 신뢰를 주는 행정청의 선행조치와 상대방의 조치 또는 권익의 침해 사이에 인과관계가 있어야 한다.

5) 공익 또는 제3자의 정당한 이익을 현저히 해할 우려가 있는 경우가 아닐 것
판례는 '공적 견해표명에 따른 행정권의 행사가 공익 또는 제3자의 정당한 이익을 현저히 해할 우려가 있는 경우가 아니어야 한다는 것'을 신뢰보호의 원칙이 적용되기 위한 소극적 요건으로 보고 있으나(대판 2002.11.8. 2001두1512), 이를 신뢰보호의 원칙의 적용요건으로 보기보다는 신뢰보호의 원칙의 적용의 한계 내지 신뢰보호의 원칙의 적용에 있어서의 이익형량의 문제로 보는 것이 타당하다.

---

1) 그러나 판례는 재량준칙의 공표만으로는 신청인이 보호가치 있는 신뢰를 갖게 되었다고 볼 수 없다고 보았다(대판 2009.12.24. 2009두7967).

4. 적용 영역

① 행정기본법은 신뢰보호의 원칙을 명문화함으로써 신뢰보호의 원칙이 소급과세금지 등 일부 행정법 분야에 국한되지 않고 행정법 영역 전반에 공통적으로 적용되는 일반적 법 원칙임을 선언하였다.
② 신뢰보호의 원칙이 적용되는 경우로는 수익적 행정행위의 취소 또는 철회의 제한, 실권의 법리, 확약의 법적 근거, 행정계획에 있어서 계획보장청구권, 행정의 자기구속의 법리, 신뢰보호의 원칙에 반하는 처분의 취소, 신뢰보호의 원칙 위반을 이유로 한 국가배상청구 등이 있다.

5. 효력

신뢰보호의 원칙에 반하는 행정작용은 위헌·위법한 것이 된다. 이때 행정작용이 행정행위인 경우에는 중대명백설에 따라 무효 또는 취소할 수 있는 행위가 되며, 행정입법이나 공법상 계약의 경우 무효가 된다.

Ⅴ 실권의 법리

행정기본법 제12조(신뢰보호의 원칙)
② 행정청은 권한 행사의 기회가 있음에도 불구하고 장기간 권한을 행사하지 아니하여 국민이 그 권한이 행사되지 아니할 것으로 믿을 만한 정당한 사유가 있는 경우에는 그 권한을 행사해서는 아니 된다. 다만, 공익 또는 제3자의 이익을 현저히 해칠 우려가 있는 경우는 예외로 한다.

실권의 법리는 신뢰보호원칙의 파생법리인 특별법리이다[그러나 판례는 신의성실의 원칙에 바탕을 둔 파생원칙으로 본다(대판 1998.11.13. 98두7343)]. 따라서 실권의 법리가 신뢰보호의 원칙보다 우선 적용된다.

Ⅵ 부당결부금지의 원칙

행정기본법 제13조(부당결부금지의 원칙) 기출 25
행정청은 행정작용을 할 때 상대방에게 해당 행정작용과 실질적인 관련이 없는 의무를 부과해서는 아니 된다.

1. 의의

① 부당결부금지의 원칙이란 행정주체(행정기관, 행정청)가 행정작용을 함에 있어서 상대방에게 이와 실질적인 관련이 없는 의무를 부과하거나 그 이행을 강제하여서는 아니 된다는 원칙을 말한다(대판 2009.2.12. 2005다65500).
② 부당결부금지의 원칙은 판례와 학설에 따라 확립된 행정법의 일반원칙이었으나, 최근 제정된 행정기본법에서 이를 명문화하였다(제13조). 부당결부금지의 원칙은 처분뿐만 아니라 공법상 계약, 부관 등 '모든 행정작용'에 적용된다.

2. 적용 요건

부당결부금지의 원칙이 적용되려면, ① 행정청(행정기관)의 행정작용이 존재할 것, ② 행정작용이 상대방의 반대급부와 결부되어 있을 것, ③ 행정작용과 반대급부 사이에 실질적 관련성이 없을 것이 요구된다.

3. 위반의 효과

부당결부금지의 원칙에 반하는 행정권의 행사(예 부담)는 위법하며, 중대명백설에 따라 무효사유 또는 취소사유가 된다.

4. 적용례

> 지방자치단체장이 사업자에게 주택사업계획승인을 하면서 그 주택사업과는 아무런 관련이 없는 토지를 기부채납하도록 하는 부관을 주택사업계획승인에 붙인 경우, 그 부관은 부당결부금지의 원칙에 위반되어 위법하다(대판 1997.3.11. 96다49650). 기출 13

VII. 신의성실의 원칙 및 권한남용 금지의 원칙

1. 신의성실의 원칙

> **행정기본법 제11조(성실의무 및 권한남용금지의 원칙)**
> ① 행정청은 법령등에 따른 의무를 성실히 수행하여야 한다.

① 신의성실의 원칙은 법률관계의 당사자는 상대방의 이익을 배려하여 형평에 어긋나거나 신뢰를 저버리는 내용 또는 방법으로 권리를 행사하거나 의무를 이행하여서는 아니 된다는 추상적 규범을 말한다(대판 2004.7.22. 2002두11233).
② 행정기본법 제11조 제1항(성실의무의 원칙), 행정절차법 제4조 제1항, 국세기본법 제15조에서도 신의성실의 원칙을 명문으로 규정하고 있다.
③ 신의성실의 원칙은 당사자 사이에 계약 등 구체적인 관계가 있는 경우에 적용되는 것으로 보는 것이 일반적 견해이다. 따라서 그러한 관계를 전제로 하지 않는 행정작용(예 행정규칙, 행정계획 등)에는 적용될 수 없다.

> 국가(피고)가 과거사정리법의 적용 대상인 피해자의 진실규명신청을 받아 피고 산하 정리위원회에서 희생자로 확인 또는 추정하는 진실규명결정을 하였다면, 그 결정에 기초하여 피해자나 그 유족이 상당한 기간 내에 권리를 행사할 경우에, 피고가 적어도 소멸시효의 완성을 들어 권리소멸을 주장하지 아니할 것이라는 데 대한 신뢰를 가질 만한 특별한 사정이 있다고 봄이 타당하고, 그럼에도 불구하고 피고가 피해자 등에 대하여 소멸시효의 완성을 주장하는 것은 신의성실원칙에 반하는 권리남용에 해당하여 허용될 수 없다(대판 2014.5.29. 2013다217467). 기출 14

2. 권한남용금지의 원칙

> **행정기본법 제11조(성실의무 및 권한남용금지의 원칙)**
> ② 행정청은 행정권한을 남용하거나 그 권한의 범위를 넘어서는 아니 된다.

행정법상 권한남용금지의 원칙이란 법치국가원리 내지 법치주의에 기초한 것으로, 행정기관(행정청)은 취소권, 철회권, 재량권 등의 행정권한을 남용하거나 그 권한의 범위를 넘어 행사해서는 아니 된다는 원칙을 말한다. 대법원은 행정법상 권한남용금지의 원칙을 민법상 권리남용금지의 원칙과 구별하여 행정법의 고유한 법 원칙으로 선언하였고(대판 2016.12.15. 2016두47659), 행정기본법은 이를 명문화하였다(제11조 제2항).

제5절 행정상의 법률관계

I 공법관계와 사법관계의 구별

1. 개 설

행정활동을 기초로 하여 맺어지는 법률관계를 행정상 법률관계라고 말한다. 행정상 법률관계는 공법이 적용되는 경우와 사법이 적용되는 경우가 있는데, 행정상 법률관계 중 공법이 적용되는 법률관계를 공법관계(행정법관계)라 한다.

2. 공법관계와 사법관계의 구별실익

공법관계(공법상 행정)와 사법관계(사법상 행정)의 구별은 문제된 법률관계에 적용 법규 및 적용 법원리를 결정하고, 소송형식 및 소송절차의 결정을 위하여 필요하다. ① 공법관계에 관한 소송은 행정소송으로 제기하여야 하고, 사법관계에 관한 소송은 민사소송으로 제기하여야 한다. 처분에 대하여는 항고소송을 제기하고, 공법상 법률관계에 관한 분쟁에 있어서는 공법상 당사자소송을 제기하여야 한다. ② 행정소송은 행정소송법에서 민사소송과는 다른 특별한 소송절차를 규정하고 있다. 기출 15

3. 공법관계와 사법관계의 구별 기준

(1) 제1차적 기준 : 관련법규정

공법관계와 사법관계를 구별할 때 우선 문제되는 법률관계를 규율하는 관련법규정이 제1차적 기준이 된다. 관련법규가 문제의 법률관계가 공법관계라는 것을 전제로 하고 있는 법 규정인 경우에는 그 법률관계는 공법관계이고, 어떤 법률관계(행정작용)가 사법형식에 의해 규율되고 있는 것이 명백한 경우에 그 법률관계(행정작용)는 사법관계(사법행위)가 된다.

(2) 제2차적 기준 : 법률관계(또는 행위)의 성질
① 공법관계와 사법관계의 구별 기준에 관하여 권력설(종속설), 이익설, 귀속설(신주체설) 등이 중요한 구별 기준을 제시하고 있지만, 공법관계와 사법관계의 구별에 관한 완벽한 이론이 되지는 못한다.
② 따라서 세 이론을 종합적으로 고려하여 문제의 법률관계(행위)가 공법관계(공법행위)인지 사법관계(사법행위)인지를 개별적으로 판단하여야 한다. 즉, 행정주체에게 우월적 지위가 인정되는지(권력설), 공익의 보호와 관계가 있는 법률관계인지(이익설), 공권력의 담당자의 지위를 갖는 자에게만 권리 또는 의무를 귀속시키는 법률관계인지(귀속설) 등을 종합적으로 고려하여 개별적으로 판단하여야 한다.

4. 공법관계와 사법관계의 구별에 관한 판례

공법관계	• 행정재산을 기부채납한 사인에 대한 그 행정재산의 사용·수익허가(강학상 특허)(대판 2001.6.15. 99두509) 기출 24·17 • 국립의료원 부설주차장에 관한 위탁관리용역운영(행정재산의 사용·수익허가, 강학상 특허) • 국가의 부가가치세 환급세액 지급관계(대판 2013.3.21. 2011다95564) 기출 18·17 • 국가나 지방자치단체에서 근무하는 청원경찰의 근무관계(대판 1993.7.13. 92다47564) 기출 18 • 국유 일반재산의 무단점유자에 대한 변상금의 부과(강학상 하명, 행정처분)(대판 1988.2.23. 87누1046) 기출 14 • 주민등록 전입신고와 그 수리(= 수리를 요하는 신고의 수리) 기출 24 • 「국가를 당사자로 하는 계약에 관한 법률」에 따른 부정당업자에 대한 입찰참가자격정지 • 조달청의 국가종합전자조달시스템인 나라장터 종합쇼핑몰에 거래정지조치 • 공무원연금관리공단의 급여결정 • 시립무용단원의 해촉(대판 1995.12.22. 95누4636) 기출 24 • 미지급된 공무원 퇴직연금의 지급청구 • 농지개량조합과 그 직원과의 관계(공법상의 특별권력관계) • 공공하수도 이용관계 • 하천법상 하천구역에의 편입에 따른 손실보상청구 • 「도시 및 주거환경정비법」상의 주택재건축정비사업조합이 수립한 관리처분계획안에 대한 조합 총회결의 • 공익사업으로 인하여 이주하게 된 주거용 건물의 세입자에게 인정되는 주거이전비 보상(대판 2008.5.29. 2007다8129) 기출 24
사법관계	• 재개발조합과 조합임원 사이의 해임에 관한 법률관계(대결 2009.9.24. 2009마168) 기출 18 • 국유일반재산의 매각·임대 등(예 일반재산인 국유림의 대부행위)(대판 2000.2.11. 99다61675) 기출 18·14 • 국유일반재산에 관한 대부료의 납부고지 • 무효인 과세처분에 의한 과오납금반환 채권과 채무(대판 1995.4.28. 94다55019) 기출 17 • 조세부과처분이 당연무효임을 전제로 한 이미 납부한 세금의 반환청구(대판 1995.4.28. 94다55019) 기출 14 • 개발부담금 부과처분 취소로 인한 그 과오납금의 반환청구 • 「국가를 당사자로 하는 계약에 관한 법률」에 따른 입찰보증금 국고귀속조치(= 구 예산회계법에 따른 입찰보증금 국고귀속조치) • 국가배상청구 • 공공단체의 임·직원들의 근무관계 • 한국마사회의 기수면허의 취소(대판 2008.1.31. 2005두8269) 기출 24 • 한국조폐공사가 행한 소속 직원 파면행위 • 「공익사업을 위한 토지 등의 취득 및 보상에 관한 법령」에 따른 협의취득(대판 2012.2.23. 2010다91206) 기출 17·14 • 환매권의 행사

Ⅱ 행정상 법률관계의 종류

1. 공법 관계

(1) 권력관계

권력관계란 행정주체가 우월적인 지위에서 국민에 대하여 일방적인 조치(법률행위 또는 사실행위)를 취하는 관계를 말한다. 예를 들면, 권력적 법률행위인 행정행위와 권력적 사실행위인 행정강제가 있다. 권력관계는 사인 상호 간의 대등한 관계와는 근본적으로 다르기 때문에 사법과는 다른 공법원리에 의해 규율된다.

(2) 관리관계(비권력적 공행정관계)

① 관리관계란 행정주체가 사인과 대등한 관계에서 공행정을 수행함에 있어서(공익목적을 달성하기 위하여 사업을 수행하거나 재산을 관리함에 있어서) 국민(사인)과 맺는 관계를 말한다. 관리관계는 비권력적 공행정관계라고도 한다. 관리관계의 예로는 공법상 계약관계 등을 들 수 있다.

② 관리관계는 비권력관계라는 점에서 권력관계와 구별되고 사법관계와 유사하나 사법관계와 달리 공익성이 강하기 때문에 공익목적을 달성하기 위하여 필요한 한도에서는 특수한 공법적 규율이 행하여지는 관계이다.

2. 사법관계

(1) 국고관계

① 국고관계란 행정주체가 일반 사인과 같은 지위에서(사법상의 재산권의 주체로서) 사법상의 행위를 함에 있어 사인과 맺는 관계를 말한다. 예를 들면, 행정에 필요한 물품의 구매계약, 청사·도로·교량의 건설 도급계약, 국유 일반재산(잡종재산)의 매각·임대, 수표의 발행, 금전차입을 들 수 있다. 판례는 조달계약을 사법상 계약으로 보지만, 학설은 공법상 계약으로 보는 견해와 행정사법으로 보는 견해가 있다.

② 국고관계는 사법에 의해 규율되고 그에 관련된 법률상 분쟁은 민사소송에 의한다.

(2) 행정사법관계

① 행정사법관계란 행정주체가 사법형식에 의해 공행정(공적 임무)을 수행함에 있어 국민(사인)과 맺는 법률관계를 말한다. 사법형식에 의한 행정이 행해질 수 있는 대표적인 영역은 급부행정(예 철도사업, 시영버스사업, 쓰레기처리사업 등)과 자금지원행정(예 보조금의 지급, 융자)이다.

② 행정사법관계는 사법형식에 의해 규율되는 법률관계이므로 기본적으로 사법관계이며 사법에 의해 규율된다. 그러나 실질은 공행정이므로 일정한 공법원칙(예 평등원칙, 비례의 원칙, 신뢰보호의 원칙, 부당결부금지의 원칙 등)에 의한 제한을 받는다. 기출 22

> 지방자치단체가 일방 당사자가 되는 이른바 '공공계약'이 사경제의 주체로서 상대방과 대등한 위치에서 체결하는 사법상 계약에 해당하는 경우 그에 관한 법령에 특별한 정함이 있는 경우를 제외하고는 사적자치와 계약자유의 원칙 등 사법의 원리가 그대로 적용된다(대판 2018.2.13. 2014두11328).

③ 행정사법관계는 공법적인 제약에도 불구하고 기본적으로 사법관계이므로 이에 관한 법적 분쟁은 민사소송의 대상이 된다.

Ⅲ 행정법관계의 당사자(행정주체와 행정객체)

1. 행정주체

행정주체란 행정권을 행사하고 그 법적 효과가 귀속되는 당사자를 말한다. 행정주체에는 국가, 지방자치단체, 공공조합, 영조물법인, 공법상 재단, 공무수탁사인이 있다. 행정을 실제로 행하는 것은 행정주체가 아니라 행정주체의 기관(행정청)이다. 그러나 이들 기관의 행위의 법적 효과는 법인격체인 행정주체에게 귀속된다.

2. 행정객체

행정의 상대방을 행정객체라 한다. 행정객체에는 사인, 협의의 공공단체와 지방자치단체가 있다. 공공단체는 사인에 대한 관계에서는 행정주체임과 동시에 국가나 다른 공공단체에 대한 관계에서는 행정객체가 될 수 있다. 지방자치단체는 국가나 광역지방자치단체에 대한 관계에서 행정객체가 될 수 있다.

Ⅳ 공권

1. 공법관계와 공권

(1) 의의

공법관계는 공법상의 권리의무관계, 즉 공권과 공의무로 이루어지는 관계를 말한다. 공권(公權)이란 공법관계에서 직접 자기를 위하여 일정한 이익을 주장할 수 있는 법률상의 힘을 말한다. 공의무(公義務)란 의무자의 의사에 가하여진 공법상의 구속을 말한다.

(2) 공권의 종류

공권에는 국가적 공권과 개인적 공권이 있다. 행정법에서 통상 공권이란 개인적 공권을 말한다. 국가적 공권이란 행정주체가 우월한 의사의 주체로서 행정객체에 대하여 가지는 권리를 말한다. 개인적 공권이란 개인이 직접 자기의 이익을 위하여 행정주체에게 일정한 행위를 할 것을 요구할 수 있는 공법에 의해 주어진 법적인 힘이다. 개인적 공권에 대응하여 행정권에게는 일정한 작위 또는 부작위의 의무가 부과된다.

2. 개인적 공권의 성립요건

① 종래에는 개인적 공권(이하 '공권'이라 한다)의 성립요소로 강행법규에 의한 행정권에 대한 의무의 부과(강행법규성), 강행법규의 사익보호성, 청구권능부여성(소구가능성)을 들었다(Bühler). 그런데 오늘날에는 헌법상 재판청구권이 보장되고 실정법(행정소송법)상 개괄적으로 권리구제제도가 보장되고 있으므로 공권의 성립요소 중 청구권능의 부여는 특별히 요구되지 않게 되었다.

② 오늘날 공권이 성립하기 위하여는 다음의 두 요건을 갖추어야 한다.

 ㉠ 강행법규성 : 강행법규(공법)에 의해 행정주체에게 일정한 행위(작위 또는 부작위)를 하여야 할 의무가 부과되고 있어야 한다. 행정주체의 의무에는 기속행위에서의 특정행위를 할 의무뿐만 아니라 재량행위에서의 하자 없이 행정권을 행사할 의무도 포함된다. 즉, 재량행위에서도 공권이 성립될 수 있다.

 ㉡ 사익보호성 : 그 법규가 공익의 보호와 함께 사익의 보호를 목적으로 하고 있어야 한다. 일반적으로 공법법규는 공익의 보호를 제1차적 목적으로 한다. 그런데 공법법규가 공익의 보호와 함께 사익의 보호를 목적으로 하는 경우가 있고 이 경우에만 공권이 성립하게 된다.

3. 공권(법적 이익)과 반사적 이익의 구별

(1) 공권(법적 이익)과 반사적 이익의 구별

① 공권(법적 이익)과 반사적 이익은 구별하여야 한다. 반사적 이익이란 행정법규 중 공익실현만을 목적으로 하는 법규에 의해 개인이 간접적으로 얻게 되는 사실상의 이익을 말한다.

② 공권이 침해된 자는 행정소송에서 원고적격(소송을 제기할 자격)이 인정되지만, 반사적 이익이 침해된 자는 원고적격이 인정되지 않는다. 즉, 공권(법적 이익)이 침해된 자는 재판을 통하여 권익의 구제를 청구할 수 있지만, 반사적 이익이 침해된 자는 재판을 통한 구제를 청구할 수 없고 그 이익의 침해를 감수하여야 한다.

③ 공권(법적 이익)은 처분의 근거법규 및 관계법규에 의해 보호된 개인의 이익(사익)을 말한다. 보다 정확히 말하면 공익을 보호하는 법규가 개인의 이익도 아울러 보호하고 있는 경우에 그 보호된 개인의 이익이 공권이다. 이에 반하여 실정법규가 공익의 보호만을 목적으로 하고 있고 개인은 그로 인하여 반사적으로 이익을 누리는 경우 그 개인의 이익은 반사적 이익이다. 즉, 공권과 반사적 이익의 구별기준은 처분의 근거 및 관계 법규의 목적이 된다. 법률의 보호목적에 의한 개인적 공권과 반사적 이익의 구별은 입법자의 의사를 중시하는 것이다.

(2) 공권의 확대화 경향

① 공권의 확대는 반사적 이익의 보호이익화, 기본권의 공권화, 무하자재량행사청구권 등의 인정을 통해 행해지고 있다.

② 기본권의 보호의 필요성은 매우 크지만 해석상 근거법규 또는 관계법규의 보호규범성이 인정되지 않는 경우, 헌법상 기본권(자유권)이 보충적으로 개인적 공권의 성립 근거가 될 수 있다.

제6절 행정법관계의 변동(발생·변경·소멸)

I 법률요건

법률관계의 발생·변경·소멸의 원인이 되는 것을 법률요건이라 한다. 법률요건에는 행위, 사건 등이 있다. 행정법상의 법률관계는 행정주체의 공법행위 또는 사인의 공법행위 및 사건에 의해 발생·변경·소멸된다.

II 사인의 공법행위

1. 의의

① 사인의 공법행위란 공법적 효과의 발생을 목적으로 하는 사인(私人)의 법적 행위를 말한다.

② 사인의 공법행위는 공법적 효과의 발생을 목적으로 하는 행위인 점에서 사법적 효과의 발생을 목적으로 하는 사인의 사법(私法)행위와 구별된다. 기출 13

③ 사인의 공법행위는 행위의 효과를 기준으로 자기완결적(자체완성적) 공법행위와 행위요건적(행정요건적) 공법행위로 나눌 수 있다. 기출 13

2. 사인의 공법행위에 대한 적용법규

① 사인의 공법행위에 대한 일반법은 없다. 다만, 행정절차법은 처분의 신청절차, 신고절차에 대한 일반적 규정을 두고 있고, 「민원 처리에 관한 법률」에 민원 처리에 관한 몇 개의 원칙적인 규정이 있다.
② 사인의 공법행위에 적용할 법규정이 없는 경우에는 민법상의 법원칙, 의사표시나 법률행위에 관한 규정을 원칙적으로 적용할 수 있다. 다만, 사인의 공법행위와 사법행위 사이에 성질상의 차이가 있는 경우에는 그 한도 내에서 사법규정을 적용할 수 없거나 수정하여 적용하여야 할 것이다.

 ㉠ 의사능력과 행위능력 : 특별한 예외규정이 없는 한 민법의 의사능력(意思能力)에 관한 규정은 사인의 공법행위에도 적용된다. 즉, 행위 당시에 의사능력을 결여한 사인의 공법행위는 무효이다. 행위능력(行爲能力)에 관한 민법의 규정도 사인의 공법행위에 원칙적으로 적용된다. 다만, 민법의 행위능력 규정의 입법취지와 무관한 행정법관계에는 민법의 행위능력에 관한 규정을 배제하는 경우가 적지 않다.

 ㉡ 의사의 흠결 및 하자 있는 의사표시 : 사인의 의사표시에 하자가 있는 경우 원칙적으로 민법상의 법률행위에 관한 규정이 유추적용된다. 예를 들면, 강요에 의해 의사능력이 박탈된 상태에서 한 사직원의 제출은 무효이고, 강박에 의한 사직원의 제출은 민법 제110조 제1항에 따라 취소할 수 있다(대판 1997.12.12. 97누13962). 그러나 형식적 확실성을 중요시하고 그 행위의 형식화를 특색으로 하는 공법관계의 특수성에 비추어 민법상 비진의 의사표시의 무효에 관한 규정(제107조 제1항 단서)은 그 성질상 영업재개신고나 사직(일괄사직)의 의사표시와 같은 사인의 공법행위에 적용되지 않는다(대판 1978.7.25. 76누276; 대판 2001.8.24. 99두9971 등).

 ㉢ 행위의 철회 : 사법관계에 있어서는 의사표시가 상대방에게 도달한 경우에는 원칙적으로 그것을 철회할 수 없다. 그러나 사인의 공법상 행위는 명문으로 금지되거나 성질상 불가능한 경우가 아닌 한 그에 따른 행정행위가 행하여질 때까지 자유로이 철회하거나 보정할 수 있다(대판 2014.7.10. 2013두7025).

> 공무원이 한 사직 의사표시의 철회나 취소는 그에 터잡은 의원면직처분이 있을 때까지 할 수 있는 것이고, 일단 면직처분이 있고 난 이후에는 철회나 취소할 여지가 없다(대판 2001.8.24. 99두9971).

3. 사인의 공법행위의 효과

① 자기완결적 공법행위는 사인의 행정청에 대한 일방적인 의사표시나 통지가 행정청에 도달함으로써 공법적 효과가 발생하므로 별도의 수리행위는 요하지 아니한다. 기출 13
② 신청 등 일정한 행위요건적 공법행위에 대하여는 행정청에게 처리의무(응답의무 또는 신청에 따른 처분의무)가 부과된다.

Ⅲ 사인의 공법행위로서의 신고

1. 신고의 의의

신고란 사인이 행정기관에게 일정한 사항을 알리는 것을 말한다. 신고는 사인의 공법행위라는 점에서 행정청의 준법률행위적 행정행위(공증행위)인 등록(전형적인 등록)과 구별된다. 다만, 실정법에서 등록이라고 규정하는 경우에도 사인의 공법행위인 신고에 해당하는 경우가 있다.

2. 정보제공적 신고와 금지해제적 신고

(1) 정보제공적 신고

① 정보제공적 신고란 행정청에게 행정의 대상이 되는 사실에 관한 정보를 제공하는 기능을 갖는 신고를 말한다.
② 정보제공적 신고의 경우에는 신고 없이 행위를 하여도 신고 없이 한 행위 자체는 위법하지 않다. 정보제공적 신고는 자기완결적 신고이다.

(2) 금지해제적 신고

① 금지해제적 신고란 법상 금지된 행위를 해제하는 효력을 갖는 신고를 말한다.
② 금지해제적 신고의 경우 그 신고 없이 한 행위는 당연히 위법한 행위가 된다. 기출 16

3. 자기완결적 신고와 수리를 요하는 신고

(1) 자기완결적 신고

1) 의 의

① 자기완결적 신고(자체완성적 신고)란 적법한 요건을 갖춘 신고가 있으면 행정청의 수리 여부에 관계없이 신고서가 접수기관에 도달된 때에 신고의무가 이행된 것으로 보는 신고를 말한다. 기출 13
② 행정절차법상 '행정청에 일정한 사항을 통지함으로써 의무가 끝나는 신고'가 바로 자기완결적 신고인데(행정절차법 제40조 제1항), 형식상 요건을 갖추어 신고서가 접수기관에 도달된 때 신고의무가 이행된 것으로 본다(행정절차법 제40조 제2항).
③ 행정청은 필요한 구비서류가 첨부되어 있지 않은 신고서가 제출된 경우에는 지체 없이 상당한 기간을 정하여 신고인에게 보완을 요구하여야 한다(행정절차법 제40조 제3항). 기출 16
④ 자기완결적 신고는 적법한 신고만 있으면 행정청의 수리가 없더라도 신고의 대상이 되는 행위를 적법하게 할 수 있고, 과태료나 벌금의 부과 등 어떠한 불이익도 받지 않으므로 '수리를 요하지 않는 신고'라고도 한다. 자기완결적 신고에는 정보제공적 신고와 금지해제적 신고가 있다.

> 당구장업 영업신고와 같이 신고체육시설업의 경우, 적법한 요건을 갖춘 신고의 경우에는 행정청의 수리처분 등 별단의 조치를 기다릴 필요 없이 그 접수시에 신고로서의 효력이 발생하는 것이므로 그 수리가 거부되었다고 하여 무신고 영업이 되는 것은 아니다(대판 1998.4.24. 97도3121). 기출 16

2) 법적 성질과 권리구제
① 자기완결적 신고의 수리는 법적 효과를 발생시키지 않는 사실행위이다. 따라서 자기완결적 신고의 수리행위나 수리거부행위는 원칙적으로 항고소송의 대상이 되는 처분이 아니다.
② 다만, 자기완결적 신고 중 건축신고 등과 같은 금지해제적 신고의 경우에 신고가 반려될 경우 당해 신고의 대상이 되는 행위를 하면 시정명령, 이행강제금, 벌금의 대상이 되는 등 신고인이 법적 불이익을 받을 위험이 있는 경우에는 그 위험을 제거할 수 있도록 하기 위하여 신고수리거부(반려)행위의 처분성을 인정할 필요가 있다.
③ 판례는 건축신고 반려행위(대판 2010.11.18, 2008두167[전합]), 착공신고 반려행위(대판 2011.6.10, 2010두7321)가 행정처분에 해당한다고 판시함으로써 같은 입장을 취하고 있다. 기출 16 또한 건축신고수리 철회도 행정처분에 해당한다고 하였다(대판 2012.3.15, 2011두27322).

> 건축주 등으로서는 착공신고가 반려될 경우, 당해 건축물의 착공을 개시하면 시정명령, 이행강제금, 벌금의 대상이 되거나 당해 건축물을 사용하여 행할 행위의 허가가 거부될 우려가 있어 불안정한 지위에 놓이게 된다. 따라서 행정청의 착공신고 반려행위는 항고소송의 대상이 된다(대판 2011.6.10, 2010두7321). 기출 16

(2) 수리를 요하는 신고

> **행정기본법 제34조(수리 여부에 따른 신고의 효력)**
> 법령등으로 정하는 바에 따라 행정청에 일정한 사항을 통지하여야 하는 신고로서 법률에 신고의 수리가 필요하다고 명시되어 있는 경우(행정기관의 내부 업무 처리 절차로서 수리를 규정한 경우는 제외한다)에는 행정청이 수리하여야 효력이 발생한다.

1) 의 의
수리를 요하는 신고는 행정청이 신고를 수리하여야 신고의 효과가 발생하는 신고를 말한다(행정기본법 제34조 참조). 행위요건적 신고(행정요건적 신고), 수리행위가 있는 신고 등으로도 불린다. 구「장사 등에 관한 법률」에 따른 납골당(봉안당) 설치신고(대판 2011.9.8, 2009두6766), 수산업법상 어업신고(대판 2000.5.26, 99다37382) 등이 수리를 요하는 신고에 해당한다. 수리를 요하는 신고의 경우 신고의 요건을 갖춘 신고가 있었다 하더라도 수리되지 않으면 신고가 되지 않은 것으로 보는 것이 다수설 및 판례의 입장이다.

> 납골당설치 신고의 처리절차 및 구 장사 등에 관한 법률의 관계 규정을 종합하면, 납골당설치 신고는 이른바 '수리를 요하는 신고'라 할 것이므로, 납골당설치 신고가 구 장사법 관련 규정의 모든 요건에 맞는 신고라 하더라도 신고인은 곧바로 납골당을 설치할 수는 없고, 이에 대한 행정청의 수리처분이 있어야만 신고한 대로 납골당을 설치할 수 있게 된다. 한편 수리란 신고를 유효한 것으로 판단하고 법령에 의하여 처리할 의사로 이를 수령하는 수동적 행위이므로 수리행위에 신고필증 교부 등의 행위가 꼭 필요한 것은 아니다. … 납골당설치신고 수리처분 이행통지는 참가인의 납골당설치 신고에 대하여 피고가 납골당설치 요건을 구비하였음을 확인하고 구 장사법상의 납골당설치 기준, 관계 법령상의 허가 또는 신고 내용을 고지하면서 참가인에게 신고한 대로 납골당 시설을 설치하도록 한 것이므로, 피고는 참가인에게 이 사건 이행통지를 함으로써 납골당설치 신고에 대한 수리를 하였다고 봄이 타당하다. 한편 이 사건 이행통지는 피고가 납골당설치 신고를 수리하면서 납골당을 설치하는 데 필요한 각종 인허가 사항, 향후 절차 등에 관한 사항을 알려 준 것에 불과한 것으로, 이로 인하여 새로이 참가인 또는 관계자들의 법률상 지위에 변동을 일으키지 아니하므로, 이 사건 이행통지를 수리처분과는 별도로 항고소송의 대상이 되는 다른 처분으로 볼 수는 없다(대판 2011.9.8, 2009두6766). 기출 19

2) 법적 성질

수리를 요하는 신고의 경우 수리는 (준법률행위적) 행정행위인 수리행위이고, 수리거부는 거부처분에 해당하여 각각 항고소송의 대상이 된다는 것이 일반적인 견해이다. 판례는 수리를 요하는 신고를 허가와 구별하고 있지만(대판 2014.4.10. 2011두6998), 수리를 요하는 신고와 허가가 어떻게 구별되는지에 관하여는 아직 판례가 충분히 형성되어 있지 못하다.

3) 신고요건의 심사

수리를 요하는 신고의 경우에는 요건에 대한 형식적 심사만을 거친다고 보는 견해도 있지만, 다수의 견해와 판례는 수리를 요하는 신고에서는 행정청이 실질적 심사를 행한다고 본다. 다만, 판례는 수리를 요하는 신고에 해당하는 노동조합설립신고의 경우, 행정관청에 광범위한 심사권한을 인정할 경우 행정관청의 심사가 자의적으로 이루어져 신고제가 사실상 허가제로 변질될 우려가 있으므로, 행정관청이 설립신고서를 접수할 당시 실질적 요건에 관하여 문제된다고 볼만한 객관적인 사정이 있는 경우에 한하여 설립신고서와 규약 내용 외의 사항에 대하여 실질적인 심사를 거쳐 반려 여부를 결정할 수 있다고 하여 실질적 심사범위를 제한한 바 있다(대판 2014.4.12. 2011두6998).

4) 인·허가의제 효과를 수반하는 건축신고

인·허가의제 효과를 수반하는 건축신고는 일반적인 건축신고와는 달리, 특별한 사정이 없는 한 행정청이 그 실체적 요건에 관한 심사를 한 후 수리하여야 하는 이른바 '수리를 요하는 신고'로 보는 것이 옳다(대판 2011.1.20. 2010두14954[전합]). 기출 15

(3) 지위승계신고

1) 지위승계신고의 법적 성질

> 구 식품위생법 제39조는 제1항, 제3항에 의하여, 영업양도에 따른 지위승계신고를 수리하는 허가관청의 행위는 단순히 양도인과 양수인 사이에 이미 발생한 사법상 사업양도의 법률효과에 의하여 양수인이 영업을 승계하였다는 사실의 신고를 접수하는 행위에 그치는 것이 아니라, 실질적으로 양도자의 사업허가 등을 취소함과 아울러 양수자에게 적법하게 사업을 할 수 있는 권리를 설정하여 주는 행위로서 사업허가자 등의 변경이라는 법률효과를 발생시키는 행위라고 할 것이다(대판 2012.1.12. 2011도6561). 기출 20

2) 지위승계신고 수리시 사전통지 및 의견제출 기회의 부여의 상대방

> 사실상 영업이 양도·양수되었지만 아직 승계신고 및 그 수리처분이 있기 이전에는 여전히 종전의 영업자인 양도인이 영업허가자이고, 양수인은 영업허가자가 되지 못한다 할 것이어서 행정제재처분의 사유가 있는지 여부 및 그 사유가 있다고 하여 행하는 행정제재처분은 영업허가자인 양도인을 기준으로 판단하여 그 양도인에 대하여 행하여야 할 것이다(대판 1995.2.24. 94누9146). 기출 20

3) 영업양도행위가 무효인 경우, 지위승계신고수리처분의 무효확인을 구할 소의 이익

> 사업양도·양수에 따른 허가관청의 지위승계신고의 수리는 적법한 사업의 양도·양수가 있었음을 전제로 하는 것이므로 그 수리대상인 사업양도·양수가 존재하지 아니하거나 무효인 때에는 수리를 하였다 하더라도 그 수리는 유효한 대상이 없는 것으로서 당연히 무효라 할 것이고, 사업의 양도행위가 무효라고 주장하는 양도자는 민사쟁송으로 양도·양수행위의 무효를 구함이 없이 막바로 허가관청을 상대로 하여 행정소송으로 위 신고수리처분의 무효확인을 구할 법률상 이익이 있다(대판 2005.12.23. 2005두3554). 기출 20·13

4) 영업양도와 제재처분사유의 승계

판례는 대물적 허가업의 경우, 영업양도·양수가 유효하다면 명문의 규정이 없더라도 양도인의 위반행위를 이유로 양수인에 대하여 제재처분을 할 수 있다고 하여(대판 1986.7.22. 86누203), 제재처분사유의 승계를 긍정한다. 기출 20

4. 부적법한 신고의 효력

(1) 부적법한 신고의 의의

신고의 요건을 충족하지 않는 경우, 그 신고는 부적법한 신고가 된다. 판례에 따르면 개별법령상 신고요건을 충족한 신고라도 다른 법령에 의해 신고의 대상이 되는 행위가 금지된 경우에는 적법한 신고로 보지 않는다(대판 2008.12.24. 2007두17076 등).

(2) 신고요건의 보완

행정청은 요건을 갖추지 못한 신고서가 제출된 경우(부적법한 신고의 경우) 지체 없이 상당한 기간을 정하여 신고인에게 보완을 요구하여야 하고(행정절차법 제40조 제3항), 행정청은 신고인이 보완기간 내에 보완을 하지 아니한 때에는 그 이유를 구체적으로 밝혀 당해 신고서를 되돌려 보내야 한다(행정절차법 제40조 제4항).

(3) 부적법한 신고의 수리 및 그 효과

① 법령상 신고사항이 아닌 신고를 수리한 경우, 그 수리는 항고소송의 대상이 되지 않는다. 마찬가지로 신고대상이 아닌 사항의 신고에 대한 행정청의 수리거부 역시 취소소송의 대상이 되는 처분에 해당하지 않는다. 기출 13

> 공동주택 입주민의 옥외운동시설인 테니스장을 배드민턴장으로 변경하고 그 변동사실을 신고하여 관할 시장이 그 신고를 수리한 경우, 그 용도변경은 주택건설촉진법상 신고를 요하는 입주자 공유인 복리시설의 용도변경에 해당하지 아니하므로 그 변동사실은 신고할 사항이 아니고 관할 시장이 그 신고를 수리하였다 하더라도 그 수리는 공동주택 입주민의 구체적인 권리의무에 아무런 변동을 초래하지 않으므로 항고소송의 대상이 되는 행정처분이 아니다(대판 2000.12.22. 99두455). 기출 16·13

② 수리대상인 신고가 무효인 때에는 수리를 하였다 하더라도 그 수리는 유효한 대상이 없는 것으로서 당연히 무효라 할 것이다(대판 2005.12.23. 2005두3554). 기출 19

> 노인장기요양보호법상 장기요양기관의 폐업신고와 노인의료복지시설의 폐지신고는 '수리를 필요로 하는 신고'에 해당한다. 행정청이 그 신고를 수리하였다고 하더라도, 신고서 위조 등의 사유가 있어 신고행위 자체가 효력이 없다면 그 신고행위는 유효한 대상이 없는 것으로서, 수리행위 자체에 중대·명백한 하자가 있는지를 따질 것도 없이 당연히 무효이다(대판 2018.6.12. 2018두33593).

③ 수리행위가 취소할 수 있는 행위인 경우에는 신고의 효과가 발생한다. 수리행위가 무효인 경우에 신고 후 영업을 하였다면 무신고영업으로서 불법영업이나, 그 수리행위가 취소할 수 있는 행위인 경우에는 수리가 취소되기까지는 신고된 영업으로서 불법영업이 아니다.

[수리를 요하는 신고와 수리를 요하지 않는 신고]

수리를 요하는 신고 (= 행정요건적 신고)	• 다른 법률에 의한 인·허가의제 효과를 수반하는 건축법상 건축신고(대판 2011.1.20. 2010두14954[전합]) 기출 22 • 수산업법상 어업의 신고(대판 2000.5.26. 99다37382) • 노인장기요양보험업법상 장기요양기관의 폐업신고(대판 2018.6.12. 2018두33593) 기출 22 • 유료노인복지주택의 설치신고(대판 2007.1.11. 2006두14537) • 식품위생법상 영업양도에 따른 지위승계신고(대판 2020.3.26. 2019두38830) 기출 22 • 납골당설치 신고(대판 2011.9.8. 2009두6766) 기출 19 • 주민등록 전입신고(대판 2009.6.18. 2008두10997[전합]) • 의료법 제33조 제3항에 따른 정신과의원 개설신고(대판 2018.10.25. 2018두44302) • 체육시설의 회원을 모집하고자 하는 자의 시·도지사 등에 대한 회원모집계획서 제출(대판 2009.2.26. 2006두16243) • 노동조합 및 노동관계조정법상 노동조합설립신고(대판 2014.4.12. 2011두6998) • 유통산업발전법상 대규모점포의 개설 등록(대판 2015.11.19. 2015두295[전합])
수리를 요하지 않는 신고 (= 자기완결적 신고)	• 건축법 제14조 제1항에 따른 건축신고(대판 1999.10.22. 98두18435) 기출 22 • 당구장 영업신고(= 신고체육시설업의 신고)(대판 1998.4.24. 97도3121) 기출 16 • 체육시설의 설치·이용에 관한 법률 제20조에 의한 변경신고 • 구 평생교육법 제22조 제2항에 따른 원격평생교육시설 신고(대판 2011.7.28. 2005두11784) • 축산물판매업 신고(대판 2010.4.29. 2009다97925)

제 1 장 행정법통론

⊃ 확인학습문제

제1절 행정과 행정법

01 통치행위에 관한 설명으로 옳은 것을 모두 고른 것은?(다툼이 있으면 판례에 따름)

24 행정사 제12회

> ㄱ. 고도의 정치적 성격을 띤 국가행위로 사법심사 대상에서 제외된다.
> ㄴ. 대통령의 서훈취소는 통치행위가 아니다.
> ㄷ. 통치행위에 해당하는지의 최종적 판단은 오로지 사법부에 의하여 이루어져야 한다.
> ㄹ. 남북정상회담 개최 과정에서 주무부 장관에게 신고하지 아니하거나 승인 없이 북한 측에 사업권의 대가 명목으로 송금한 행위는 통치행위가 아니다.

① ㄱ, ㄷ
② ㄱ, ㄹ
③ ㄱ, ㄴ, ㄹ
④ ㄴ, ㄷ, ㄹ
⑤ ㄱ, ㄴ, ㄷ, ㄹ

해설

[ㄱ ▸ ✕] 통치행위란 고도의 정치적 성격을 띤 국가행위로 사법심사 대상에서 제외되거나 사법심사의 대상이 되는 것이 적당하지 않은 행위를 말한다. 우리나라의 경우 통치행위의 인정 여부에 대하여 견해의 대립이 있으나, 대법원은 사법심사의 대상에서 제외되는 통치행위를 인정한다(대판 1979.12.7. 79초70). 헌법재판소는 통치행위의 개념 자체는 긍정하지만, 고도의 정치적 결단에 의하여 행해지는 국가작용이라 할지라도 그것이 국민의 기본권 침해와 직접 관련되는 경우에는 당연히 헌법재판소의 심판대상이 된다는 입장이다(헌재 1996.2.29. 93헌마186). ☞ "고도의 정치적 성격을 띤 국가행위로 사법심사 대상에서 제외되는 행위"는 통치행위에 대한 전통적인 개념으로서 옳은 지문으로 보더라도 큰 무리는 없다고 본다. 다만, (다툼이 있으면 판례에 따름)이라고 문제에서 제시하고 있어 헌법재판소의 판례에 따르면 통치행위라도 사법심사의 대상이 되는 경우가 있다는 점을 고려하여 최종 정답 발표 시 틀린 지문으로 보아 "전항 정답"처리를 한 것 같다. 산업인력공단의 최종 정답은 "전항 정답"으로 발표가 되었지만, 여기서는 ㄱ. 만 틀린 지문으로 보아 ④를 정답으로 처리하도록 한다.

> • 대통령의 계엄선포행위는 고도의 정치적, 군사적 성격을 띠는 행위라고 할 것이어서, 그 선포의 당, 부당을 판단할 권한은 헌법상 계엄의 해제요구권이 있는 국회만이 가지고 있다 할 것이고 그 선포가 당연무효의 경우라면 모르되, 사법기관인 법원이 계엄선포의 요건 구비여부나, 선포의 당, 부당을 심사하는 것은 사법권의 내재적인 본질적 한계를 넘어서는 것이 되어 적절한 바가 못 된다(대판 1979.12.7. 79초70).

- 대통령의 긴급재정경제명령은 국가긴급권의 일종으로서 고도의 정치적 결단에 의하여 발동되는 행위이고 그 결단을 존중하여야 할 필요성이 있는 행위라는 의미에서 이른바 통치행위에 속한다고 할 수 있으나, 통치행위를 포함하여 모든 국가작용은 국민의 기본권적 가치를 실현하기 위한 수단이라는 한계를 반드시 지켜야 하는 것이고, 헌법재판소는 헌법의 수호와 국민의 기본권 보장을 사명으로 하는 국가기관이므로 비록 고도의 정치적 결단 의하여 행해지는 국가작용이라고 할지라도 그것이 국민의 기본권 침해와 직접 관련되는 경우에는 당연히 헌법재판소의 심판대상이 된다(헌재 1996.2.29. 93헌마186).

[ㄴ ▶ ○]   대통령의 서훈취소는 통치행위가 아니다.

서훈취소는 서훈수여의 경우와는 달리 이미 발생된 서훈대상자 등의 권리 등에 영향을 미치는 행위로서 관련 당사자에게 미치는 불이익의 내용과 정도 등을 고려하면 사법심사의 필요성이 크다. 따라서 기본권의 보장 및 법치주의의 이념에 비추어 보면, 비록 서훈취소가 대통령이 국가원수로서 행하는 행위라고 하더라도 법원이 사법심사를 자제하여야 할 고도의 정치성을 띤 행위라고 볼 수는 없다(대판 2015.4.23. 2012두26920).

[ㄷ ▶ ○]   통치행위의 개념을 인정한다고 하더라도 과도한 사법심사의 자제가 기본권을 보장하고 법치주의 이념을 구현하여야 할 법원의 책무를 태만히 하거나 포기하는 것이 되지 않도록 그 인정을 지극히 신중하게 하여야 하며, 그 판단은 오로지 사법부만에 의하여 이루어져야 한다(대판 2004.3.26. 2003도7878).

[ㄹ ▶ ○]   남북정상회담 개최 과정에서 주무부 장관에게 신고하지 아니하거나 승인 없이 북한 측에 사업권의 대가 명목으로 송금한 행위는 통치행위가 아니고, 사법심사의 대상이 된다.

남북정상담의 개최과정에서 재정경제부장관에게 신고하지 아니하거나 통일부장관의 협력사업 승인을 얻지 아니한 채 북한 측에 사업권의 대가 명목으로 송금한 행위 자체는 헌법상 법치국가의 원리와 법 앞에 평등원칙 등에 비추어볼 때 사법심사의 대상이 된다(대판 2004.3.26. 2003도7878).

답 ❹ (산업인력공단 발표 : 전항 정답)

02 행정법의 대상이 되는 행정에 관한 설명으로 옳지 않은 것은?

15 행정사 제3회

① 헌법의 구체화법인 행정법의 대상으로서 행정은 권력분립원리에 따라 확립된 개념이다.
② 행정의 목표로서 공익의 개념은 명백한 것이기 때문에 공익의 개념은 시간의 흐름에 따라 변하지 않는 고정적인 것이다.
③ 우리나라의 경우 대통령의 통치행위를 판례에서 인정한 바 있다.
④ 행정을 공법상 행정과 사법상 행정으로 구분하는 주된 실익은 양자에 적용되는 실체법이 다르고, 권리구제 방식 등이 다르기 때문이다.
⑤ 급부행정은 공법적인 방식 외에 사법적인 방식으로도 이루어진다.

해설

[① ▶ ○] 행정법의 대상으로서 행정은 근대 국가 이후 권력분립원리에 따라 확립된 개념이다. 헌법과 행정법의 관계에 관하여, 독일 연방헌법재판소장이었던 프리츠 베르너(F. Werner)는 "헌법의 구체화법으로서의 행정법"으로 표현하였다.

[② ▶ ✕] 행정의 목표인 공익은 불확정개념으로서 시간의 흐름에 따라 변하는 유동적인 것이다.

[③ ▶ ○] 판례는 대통령의 비상계엄선포(대판 1979.12.7. 79초70), 남북정상회담의 개최(대판 2004.3.26. 2003도7878) 등 고도의 정치성을 띤 국가행위에 대하여 통치행위의 개념을 인정한 바 있다.

[④ ▶ ○] 행정을 공법상 행정과 사법상 행정으로 구분하는 주된 실익은 적용되는 실체법과 권리구제 방식이 다르기 때문이다. 공법상 행정에는 공법 및 공법원칙이 적용되고 행정소송에 의하여 분쟁을 해결하나, 사법상의 행정은 사법 및 사법원칙이 적용되고 민사소송에 의하여 분쟁을 해결한다.

[⑤ ▶ ○] 급부행정은 공법적인 방식(예 행정처분, 공법상 계약) 이외에 사법적인 방식(예 행정사법, 국고관계)으로도 이루어진다.

답 ❷

제2절 법치행정의 원칙

03 법치행정의 원리에 관한 설명으로 옳은 것은? _{20 행정사 제8회}

① 법률우위의 원칙에서 말하는 법률은 국회가 제정한 형식적 의미의 법률만을 말한다.
② 법률우위의 원칙은 사법형식의 행정작용에는 적용되지 않는다.
③ 법률우위의 원칙에 위반한 행정행위는 무효이다.
④ 법률유보의 원칙에서 말하는 법률에는 법률의 위임에 의해 제정된 법규명령도 포함된다.
⑤ 법률유보의 범위와 관련하여 본질성설에 따르는 경우 행정입법에의 위임은 금지된다.

해설

[❶▶×] 법률우위의 원칙이란 법률은 행정에 우월한 것으로 행정작용은 법률에 위반하여서는 아니 된다는 원칙을 말한다(행정기본법 제8조 전단). 법률우위의 원칙에서 말하는 '법률'은 국회가 제정한 '형식적 의미의 법률'뿐만 아니라 헌법, 법규명령, 자치법규, 행정법의 일반원칙과 관습법 등의 불문법을 포함한 모든 법규범을 의미한다. 그러나 여기의 '법률'에 행정규칙은 포함되지 않는다.

[❷▶×] 법률우위의 원칙은 제한 없이 행정의 모든 영역에 적용되므로 수익적 행정인지 침익적 행정인지를 불문하고 적용되고, 공법 형식의 행정작용뿐만 아니라 사법 형식의 행정작용(예 행정사법)에도 적용된다. 법적행위뿐만 아니라 사실행위에도 적용된다. 또한 법률의 우위는 법률의 행정입법에 대한 우위를 포함한다(행정기본법 제38조 제1항).

[❸▶×] 법률우위의 원칙에 위반한 행정행위는 그 위법성의 정도에 따라 무효사유인 행정행위와 취소사유인 행정행위로 구분된다. 즉 법률우위의 원칙에 위반한 행정행의 경우 그 위법이 중대하고 명백하면 무효인 행정행위가 되고, 그 위법이 중대하지 않거나 중대하지만 명백하지 않은 경우에는 취소할 수 있는 행정행위가 된다(중대명백설).

[❹▶○] 법률유보의 원칙에서 말하는 '법률'은 국회가 제정한 '형식적 의미의 법률'을 의미한다. 따라서 불문법인 관습법은 포함되지 않는다. 다만, 법률유보의 원칙은 '법률에 의한' 규율만을 뜻하는 것이 아니라 '법률에 근거한' 규율을 요청하는 것이므로, 기본권 제한의 형식이 반드시 '법률'일 필요는 없고, 법률에 근거를 두면서 헌법 제75조가 요구하는 위임의 구체성과 명확성을 구비하기만 하면 '위임입법(법률의 위임에 의해 제정된 법규명령·규칙·조례)'에 의해서도 기본권을 제한할 수 있다(헌재 2005.2.24. 2003헌마289; 2013.7.25. 2012헌마167).

[❺▶×] 본질성설에 의할 때 본질적인 것은 국회의 법률에 의하여 규율되어야 하나, 그 외의 것은 행정입법에 위임하는 것도 인정된다. 이와 달리 의회유보의 원칙에서 '의회유보 사항'은 반드시 법률로 규율해야 하고, 행정입법에 위임하는 것은 금지된다.

답 ❹

제3절 행정법의 법원

04 행정법의 법원(法源)에 해당하지 않는 것은?   `22` 행정사 제10회

① 대한민국헌법
② 건축법시행규칙
③ 서울특별시 성동구 조례
④ 헌법재판소규칙
⑤ 사실인 관습

해설

[❶▶○] [❷▶○] [❸▶○] [❹▶○] 행정법의 법원(法源)이란 행정법의 존재 형식을 말한다. 행정법은 다양한 법규범들로 이루어져 있다. 대한민국헌법, 건축법시행규칙(국토교통부령), 서울특별시 성동구 조례(지방자치단체의 조례), 헌법재판소규칙 등은 행정법의 법원에 해당한다.

[❺▶×] 사실인 관습은 법원으로 인정되는 관습법과는 달리 아직 국민의 법적 확신에 의하여 법규범으로 승인될 정도에는 이르지 않은 것이므로 그 법원성이 부정된다.

> 관습법이란 사회의 거듭된 관행으로 생성한 사회생활규범이 사회의 법적 확신과 인식에 의하여 법적 규범으로 승인·강행되기에 이른 것을 말하고, 그러한 관습법은 법원(法源)으로서 법령에 저촉되지 아니하는 한 법칙으로서의 효력이 있는 것이다(대판 2005.7.21. 2002다1178[전합]).

● 행정법의 법원

성문법	불문법
• 대한민국 헌법(헌법규정 중 행정조직에 관한 규정, 법규명령의 근거와 한계규정, 기본권규정, 지방자치제도에 관한 규정 등) • 법률(예 행정기본법, 행정절차법) • 헌법에 의하여 체결·공포된 조약과 일반적으로 승인된 국제법규 • 대통령의 긴급명령·긴급재정경제명령 • 대통령령(예 행정기본법 시행령) • 총리령(예 식품위생법 시행규칙) • 부령(예 건축법 시행규칙) • 국회규칙, 대법원규칙, 헌법재판소규칙, 중앙선거관리위원회 규칙 • 지방의회가 제정한 조례(예 서울특별시 성동구 조례) • 지방자치단체의 장이 제정한 규칙, 교육감이 제정한 교육규칙	• 관습법 • (성문화되지 않은) 행정법의 일반원칙 (예 행정의 자기구속의 원칙) (cf. 사실인 관습과 판례는 법원성 ×)

답 ❺

05 행정법의 법원(法源)에 관한 설명으로 옳지 않은 것은?(다툼이 있으면 판례에 따름)

16 행정사 제4회

① 행정법의 일반원칙은 법원의 성격을 갖는다.
② 행정법에는 헌법, 민법, 형법과 같은 단일 법전(法典)이 없다.
③ 위법한 행정처분이라 하더라도 수차례에 걸쳐 반복적으로 행해져 행정관행이 되었다면 행정청에 대하여 자기구속력을 갖는다.
④ 대법원의 판례가 법률해석의 일반적인 기준을 제시하였어도 사안이 서로 다른 사건을 재판하는 하급심법원을 직접 기속하는 것은 아니다.
⑤ '남북 사이의 화해와 불가침 및 교류협력에 관한 합의서'는 국가 간 맺은 조약이 아니므로 국내법과 동일한 효력을 가지는 것은 아니다.

해설

[❶ ▶ ○] 행정법의 일반원칙이란 현행 행정법질서의 기초를 이룬다고 생각되는 일반 법원칙을 말한다. 평등의 원칙, 비례의 원칙, 성실의무의 원칙, 권한남용금지의 원칙, 신뢰보호의 원칙, 부당결부금지의 원칙, 행정의 자기구속의 원칙 등이 그 예이다. 법의 흠결이 적지 않고 총칙규정이 존재하지 않았던 행정법 영역에서 행정법의 일반원칙이 중요한 법원(法源)이었다. 그리고 이러한 행정법의 일반원칙은 다른 법원(法源)과의 관계에서 보충적 법원에 그치는 것이 아니고 독자적인 법원으로 기능해왔다. 그러나 2021.3.23. 제정된 행정기본법에서 그동안 학설과 판례에 따라 확립된 원칙인 평등의 원칙(제9조), 비례의 원칙(제10조), 성실의무 및 권한남용금지의 원칙(제11조), 신뢰보호의 원칙(제12조), 부당결부금지의 원칙(제13조)을 명문으로 규정함으로써 그동안 불문법원으로 인정되어 왔던 것이 성문화 되었다. 다만, 행정의 자기구속의 원칙은 여전히 불문법원으로 존재한다.
[❷ ▶ ○] 행정법은 단일한 법전(法典)으로 되어 있지 아니하고 무수한 법령의 집합으로 구성되어 있다.
[❸ ▶ ×] 위법한 행정처분이 수차례에 걸쳐 반복적으로 행하여졌다 하더라도 그러한 처분이 위법한 것인 때에는 행정청에 대하여 자기구속력을 갖게 된다고 할 수 없다(대판 2009.6.25. 2008두13132).
[❹ ▶ ○] 대법원의 판례가 법률해석의 일반적인 기준을 제시한 경우에 유사한 사건을 재판하는 하급심법원의 법관은 판례의 견해를 존중하여 재판하여야 하는 것이나, 판례가 사안이 서로 다른 사건을 재판하는 하급심법원을 직접 기속하는 효력이 있는 것은 아니다(대판 1996.10.25. 96다31307). → 법원조직법은 "상급법원 재판에서의 판단은 해당 사건에 관하여 하급심을 기속한다"라고 규정하고 있으나(제8조), 이것은 해당 사건에 한정되는 것이고 동종의 다른 사건에 대해서까지 하급심을 기속한다는 의미는 아니다.
[❺ ▶ ○] 남북 사이의 화해와 불가침 및 교류협력에 관한 합의서(= 남북기본합의서)는 남북한 당국이 각기 정치적인 책임을 지고 상호 간에 그 성의 있는 이행을 약속한 것이기는 하나 법적 구속력이 있는 것은 아니어서 이를 국가 간의 조약 또는 이에 준하는 것으로 볼 수 없고, 따라서 국내법과 동일한 효력이 인정되는 것도 아니다(대판 1999.7.23. 98두14525). → 남북기본합의서는 일종의 공동성명 또는 신사협정에 준하는 성격을 가지는 불과하다(헌재 1997.1.16. 92헌바6).

답 ❸

제4절 행정법의 일반원칙

06 행정의 법원칙 중 행정기본법에 명문으로 규정하고 있는 것이 아닌 것은? 21 행정사 제9회

① 행정의 자기구속의 원칙
② 부당결부금지의 원칙
③ 성실의무 및 권한남용금지의 원칙
④ 비례의 원칙
⑤ 평등의 원칙

해설

[❶ ▶ ✕] 2021.3.23. 제정된 행정기본법은 행정의 법원칙으로 법치행정의 원칙(동법 제8조), ② 부당결부금지의 원칙(동법 제13조), ③ 성실의무 및 권한남용금지의 원칙(동법 제11조), ④ 비례의 원칙(동법 제10조), ⑤ 평등의 원칙(동법 제9조)에 대하여 규정하고 있지만, ① 행정의 자기구속의 원칙에 대하여는 규정하고 있지 아니하다.

답 ❶

07 행정의 법원칙에 관한 판례의 내용이다. (   )에 들어갈 것은? 23 행정사 제11회

> 텔레비전방송수신료 금액의 결정은 수신료에 관한 본질적인 중요한 사항이므로 국회가 스스로 행하여야 하는 사항에 속하는 것임에도 불구하고 한국방송공사법에서 국회의 결정이나 관여를 배제한 채 한국방송공사로 하여금 수신료금액을 결정해서 문화관광부장관의 승인을 얻도록 한 것은 (   )원칙에 위반된다.

① 비 례
② 평 등
③ 신뢰보호
④ 법률유보
⑤ 부당결부금지

해설

[❹ ▶ ○] 텔레비전방송수신료는 대다수 국민의 재산권 보장의 측면이나 한국방송공사에게 보장된 방송자유의 측면에서 국민의 기본권실현에 관련된 영역에 속하고, 수신료금액의 결정은 납부의무자의 범위 등과 함께 수신료에 관한 본질적인 중요한 사항이므로 국회가 스스로 행하여야 하는 사항에 속하는 것임에도 불구하고 한국방송공사법 제36조 제1항에서 국회의 결정이나 관여를 배제한 채 한국방송공사로 하여금 수신료금액을 결정해서 문화관광부장관의 승인을 얻도록 한 것은 법률유보원칙에 위반된다(헌재 1999.5.27. 98헌바70).

답 ❹

08 행정상 신뢰보호원칙의 적용요건에 관한 설명으로 옳은 것은?(다툼이 있으면 판례에 따름)

22 행정사 제10회

① 공적 견해표명은 묵시적으로 할 수 없다.
② 신뢰보호의 대상은 특정 개인에 대한 행정작용에 한정되며, 법률에 대한 신뢰는 신뢰보호의 대상이 되지 않는다.
③ 행정청이 공적 견해표명을 한 후, 사정변경이 있는 경우에는 특별한 사정이 없는 한 행정청이 그 견해표명에 반하는 처분을 하더라도 신뢰보호원칙에 위반된다고 할 수 없다.
④ 귀책사유의 유무는 상대방을 기준으로 판단하며 상대방으로부터 신청행위를 위임받은 수임인 등 관계자는 고려하지 않는다.
⑤ 단순히 착오로 어떠한 처분을 계속하다가 처분청이 추후 오류를 발견하여 합리적인 방법으로 변경할 경우 신뢰보호원칙에 위배된다.

해설

[❶▶×] 신뢰보호의 원칙이 적용되기 위해서는 행정청이 개인에 대하여 신뢰의 대상이 되는 공적인 견해표명을 하여야 하는데, 공적인 견해표명은 명시적 또는 묵시적으로 할 수 있다.

> 과세관청의 행위에 대하여 신의성실의 원칙이 적용되기 위한 공식적인 견해나 의사는 명시적 또는 묵시적으로 표시되어야 하지만 묵시적 표시가 있다고 하기 위하여는 단순한 과세누락과는 달리 과세관청이 상당기간의 불과세 상태에 대하여 과세하지 않겠다는 의사표시를 한 것으로 볼 수 있는 사정이 있어야 한다(대판 1995.2.3. 94누11750). → 대법원 판례는 세법의 영역에서 신뢰보호의 원칙 대신 신의성실의 원칙으로 표현하기도 한다.

[❷▶×] 신뢰보호의 원칙의 요건인 공적 견해표명은 반드시 특정 개인에 대한 것일 필요는 없으므로, 법령(법률, 대통령령, 총리령·부령, 조례·규칙 등) 또는 행정계획에 대한 신뢰도 경우에 따라 보호될 수 있다.

> 법률의 개정시 구법질서에 대한 당사자의 신뢰가 합리적이고도 정당하며 법률의 개정으로 야기되는 당사자의 손해가 극심하여 새로운 입법으로 달성하고자 하는 공익적 목적이 그러한 당사자의 신뢰의 파괴를 정당화할 수 없다면 그러한 새 입법은 신뢰보호의 원칙상 허용될 수 없다(헌재 1999.7.22. 97헌바76).

[❸▶○] 신뢰보호의 원칙은 행정청이 공적인 견해를 표명할 당시의 사정이 그대로 유지됨을 전제로 적용되는 것이 원칙이므로, 사후에 그와 같은 사정이 변경된 경우에는 그 공적 견해가 더 이상 개인에게 신뢰의 대상이 된다고 보기 어려운 만큼, 특별한 사정이 없는 한 행정청이 그 견해표명에 반하는 처분을 하더라도 신뢰보호의 원칙에 위반된다고 할 수 없다(대판 2020.6.25. 2018두34732).

[❹▶×] 귀책사유란 행정청의 견해표명의 하자가 상대방 등 관계자의 사실은폐나 기타 사위의 방법에 의한 신청행위 등 부정행위에 기인한 것이거나 그러한 부정행위가 없다고 하더라도 하자가 있음을 알았거나 중대한 과실로 알지 못한 경우 등을 의미한다고 해석함이 상당하고, 귀책사유의 유무는 상대방(예 건축주)과 그로부터 신청행위를 위임받은 수임인(예 건축설계를 위임받은 건축사) 등 관계자 모두를 기준으로 판단하여야 한다(대판 2002.11.8. 2001두1512).

[❺▶×] 단순히 착오로 어떠한 처분을 계속한 경우, 처분청이 추후 오류를 발견하여 합리적인 방법으로 변경하는 것은 신뢰보호원칙에 위배되지 않는다(대판 2020.7.23. 2020두33824).

답 ❸

09 주택사업계획을 승인하면서 그 주택사업과는 아무런 관련이 없는 토지를 기부채납하도록 부관을 붙인 경우 위법 판단의 근거로 제시할 수 있는 행정법의 일반원칙은? 13 행정사 제1회

① 신뢰보호의 원칙
② 부당결부금지의 원칙
③ 평등의 원칙
④ 투명성의 원칙
⑤ 행정의 자기구속의 원칙

해설

[❷ ▶ ○] 지방자치단체장이 사업자에게 주택사업계획승인을 하면서 그 주택사업과는 아무런 관련이 없는 토지를 기부채납하도록 하는 부관을 주택사업계획승인에 붙인 경우, 그 부관은 부당결부금지의 원칙에 위반되어 위법하다(대판 1997.3.11. 96다49650).

> 부당결부금지의 원칙이란 행정주체가 행정작용을 함에 있어서 상대방에게 이와 실질적인 관련이 없는 의무를 부과하거나 그 이행을 강제하여서는 아니 된다는 원칙을 말한다(대판 2009.2.12. 2005다65500).

답 ❷

10 행정기본법상 법원칙에 관한 설명이다. ( )에 들어갈 용어는? 25 행정사 제13회

( )의 원칙 : 행정청은 행정작용을 할 때 상대방에게 해당 행정작용과 실질적인 관련이 없는 의무를 부과해서는 아니 된다.

① 신뢰보호
② 평 등
③ 부당결부금지
④ 명확성
⑤ 법률유보

해설

[❶ ▶ ×] 행정기본법 제12조 참조

> **행정기본법 제12조(신뢰보호의 원칙)** ① 행정청은 공익 또는 제3자의 이익을 현저히 해칠 우려가 있는 경우를 제외하고는 행정에 대한 국민의 정당하고 합리적인 신뢰를 보호하여야 한다.
> ② 행정청은 권한 행사의 기회가 있음에도 불구하고 장기간 권한을 행사하지 아니하여 국민이 그 권한이 행사되지 아니할 것으로 믿을 만한 정당한 사유가 있는 경우에는 그 권한을 행사해서는 아니 된다. 다만, 공익 또는 제3자의 이익을 현저히 해칠 우려가 있는 경우는 예외로 한다.

[❷ ▶ ×] 행정기본법 제9조 참조

> **행정기본법 제9조(평등의 원칙)** 행정청은 합리적 이유 없이 국민을 차별하여서는 아니 된다.

[❸ ▶ ○] "부당결부금지의 원칙"에 대한 설명이다.

> **행정기본법 제13조(부당결부금지의 원칙)** 행정청은 행정작용을 할 때 상대방에게 해당 행정작용과 실질적인 관련이 없는 의무를 부과해서는 아니 된다.

[❹ ▶ ×] 명확성의 원칙은 법치국가원리의 한 표현으로서 기본권을 제한하는 법규범의 내용은 명확하여야 한다는 헌법상의 원칙을 말한다(헌재 2005.12.22. 2004헌바45).

[❺ ▶ ×] 법률유보의 원칙은 행정작용이 국민의 권리를 제한하거나 의무를 부과하는 경우와 그 밖에 국민생활에 중요한 영향을 미치는 경우에는 법률에 근거하여야 한다는 원칙을 말한다(행정기본법 제8조 후단).

답 ❸

제5절　행정상의 법률관계

11 판례에 의할 때 공법상 법률관계에 해당하는 것을 모두 고른 것은?　　17 행정사 제5회

> ㄱ. 무효인 과세처분에 의한 과오납금반환 채권과 채무
> ㄴ. 국가에 대한 납세의무자의 부가가치세 환급세액 지급청구
> ㄷ. 행정재산을 기부채납한 사인에 대한 그 행정재산의 사용허가
> ㄹ. 공익사업을 위한 토지 등의 취득 및 보상에 관한 법령에 따른 토지의 협의취득

① ㄱ, ㄴ
② ㄱ, ㄷ
③ ㄱ, ㄹ
④ ㄴ, ㄷ
⑤ ㄷ, ㄹ

해설

[ㄴ▶O] [ㄷ▶O] [ㄱ▶X] [ㄹ▶X]　ㄴ. 국가에 대한 납세의무자의 부가가치세 환급세액 지급청구(대판 2013.3.21. 2011다95564), ㄷ. 행정재산을 기부채납한 사인에 대한 그 행정재산의 사용허가(대판 2001.6.15. 99두509) 등은 공법상 법률관계에 해당하나, ㄱ. 무효인 과세처분에 의한 과오납금반환 채권과 채무(대판 1995.4.28. 94다55019), ㄹ. 공익사업을 위한 토지 등의 취득 및 보상에 관한 법령에 따른 토지의 협의취득(대판 2012.2.23. 2010다91206)은 사법상 법률관계에 해당한다.

답 ❹

12 판례에 의할 때 공법상 법률관계에 해당하는 것을 모두 고른 것은?　　18 행정사 제6회

> ㄱ. 재개발조합과 조합임원 사이의 해임에 관한 법률관계
> ㄴ. 국가의 부가가치세 환급세액 지급관계
> ㄷ. 국가에서 근무하는 청원경찰의 근무관계
> ㄹ. 일반재산인 국유림의 대부관계

① ㄱ, ㄴ
② ㄱ, ㄷ
③ ㄱ, ㄹ
④ ㄴ, ㄷ
⑤ ㄷ, ㄹ

해설

[ㄴ▶O] [ㄷ▶O]　국가의 부가가치세 환급세액 지급관계(대판 2013.3.21. 2011다95564[전합]), 국가에서 근무하는 청원경찰의 근무관계(대판 1993.7.13. 92다47564)는 공법관계에 해당한다.
[ㄱ▶X] [ㄹ▶X]　재개발조합과 조합임원 사이의 해임에 관한 법률관계(대결 2009.9.24. 2009마168), 일반재산인 국유림의 대부관계(대판 2000.2.11. 99다61675)는 사법관계에 해당한다.

답 ❹

13. 공법관계에 관한 소송이 아닌 것은?(다툼이 있으면 판례에 따름)

① 행정재산의 사용허가 신청에 대한 거부를 다투는 소송
② 서울시립무용단 단원의 해촉에 관한 소송
③ 공익사업으로 인하여 이주하게 된 주거용 건축물의 세입자에게 인정되는 주거이전비 보상을 둘러싼 소송
④ 주민등록전입신고와 그 수리 여부에 관한 소송
⑤ 한국마사회 기수의 면허취소를 다투는 소송

해설

[❶ ▸ ○] 공유재산의 관리청이 하는 행정재산의 사용·수익에 대한 허가는 순전히 사경제주체로서 행하는 사법상의 행위가 아니라 관리청이 공권력을 가진 우월적 지위에서 행하는 행정처분이라고 보아야 한다(대판 2001.6.15. 99두509). 따라서 행정재산의 사용허가 신청에 대한 거부를 다투는 소송은 항고소송(거부처분 취소소송 또는 무효확인소송)으로서 공법관계에 관한 소송(= 행정소송)에 해당한다.

[❷ ▸ ○] 서울특별시립무용단 단원의 위촉은 공법상의 계약이라고 할 것이고, 따라서 그 단원의 해촉에 대하여는 공법상의 당사자소송으로 그 무효확인을 청구할 수 있다(대판 1995.12.22. 95누4636).

[❸ ▸ ○] 적법하게 시행된 공익사업으로 인하여 이주하게 된 주거용 건축물 세입자의 주거이전비 보상청구권은 공법상의 권리이고, 따라서 그 보상을 둘러싼 쟁송은 민사소송이 아니라 공법상의 법률관계를 대상으로 하는 행정소송에 의하여야 한다(대판 2008.5.29. 2007다8129).

[❹ ▸ ○] 주민등록전입신고는 수리를 요하는 신고에 해당하고, 주민등록전입신고의 수리 여부에 관한 소송은 항고소송(수리거부처분 취소소송 또는 무효확인소송)으로서 공법관계에 관한 소송(= 행정소송)에 해당한다.

> 이 사건 원심이, 원고의 주민등록전입신고에 대한 수리를 거부한 이 사건 처분의 위법성에 대하여 판단하면서 거주지의 실질적 요건으로 지방자치의 이념에 부합하는지 여부를 들고 있는 것은 위에서 본 법리에 반하는 것이어서 적절하지 않지만, 한편 원고가 이 사건 거주지를 생활의 근거지로 삼아 10년 이상 거주하여 온 사실에 기초하여 투기나 이주대책 요구 등을 방지할 목적으로 주민등록전입신고를 거부하는 것은 주민등록법의 입법 목적과 취지 등에 비추어 허용될 수 없다고 보아 이 사건 처분을 취소한 것은 위 법리에 따른 것이어서, 그 결론은 정당하고, 따라서 상고이유에서 주장하는 바와 같은 주민등록전입신고의 요건에 관한 법리를 오해한 위법이 없다(대판 2009.6.18. 2008두10997[전합]).

[❺ ▸ ✕] 한국마사회 기수의 면허취소를 다투는 소송은 사법관계에 관한 소송(= 민사소송)이다.

> 한국마사회가 조교사 또는 기수의 면허를 부여하거나 취소하는 것은 경마를 독점적으로 개최할 수 있는 지위에서 우수한 능력을 갖추었다고 인정되는 사람에게 경마에서의 일정한 기능과 역할을 수행할 수 있는 자격을 부여하거나 이를 박탈하는 것에 지나지 아니하므로, 이는 국가 기타 행정기관으로부터 위탁받은 행정권한의 행사가 아니라 일반 사법상의 법률관계에서 이루어지는 단체 내부에서의 징계 내지 제재처분이다(대판 2008.1.31. 2005두8269).

답 ⑤

제6절 행정법관계의 변동(발생·변경·소멸)

14 판례에 따를 때 수리를 요하지 않는 신고에 해당하는 것은? ₂₂ 행정사 제10회

① 다른 법률에 의한 인·허가의제 효과를 수반하는 건축법상 건축신고
② 건축법 제14조 제1항에 따른 건축신고
③ 수산업법상 어업의 신고
④ 노인장기요양보험법상 장기요양기관의 폐업신고
⑤ 식품위생법상 영업양도에 따른 지위승계 신고

해설

[❷ ▶ ○] ② 건축법 제14조 제1항에 따른 건축신고(대판 1999.10.22. 98두18435)는 수리를 요하지 아니하는 신고에 해당하지만, ① 다른 법률에 의한 인·허가의제 효과를 수반하는 건축법상 건축신고(대판 2011.1.20. 2010두14954[전합]), ③ 수산업법상 어업의 신고(대판 2000.5.26. 99다37382), ④ 노인장기요양보험법상 장기요양기관의 폐업신고(대판 2018.6.12. 2018두33593), ⑤ 식품위생법상 영업양도에 따른 지위승계 신고(대판 2020.3.26. 2019두38830) 등은 수리를 요하는 신고에 해당한다.

➔ **수리를 요하는 신고와 수리를 요하지 않는 신고**

수리를 요하는 신고(= 행정요건적 신고)	수리를 요하지 않는 신고(= 자기완성적 신고)
• <u>다른 법률에 의한 인·허가의제 효과를 수반하는 건축법상 건축신고</u> • <u>수산업법상 어업의 신고</u> • <u>노인장기요양보험법상 장기요양기관의 폐업신고</u> • 유료노인복지주택의 설치신고 • <u>식품위생법상 영업양도에 따른 지위승계신고</u> • 납골당설치 신고 • 주민등록 전입신고 • 의료법 제33조 제3항에 따른 정신과의원 개설신고 • 체육시설의 회원을 모집하고자 하는 자의 시·도지사 등에 대한 회원모집계획서 제출 • 노동조합 및 노동관계조정법상 노동조합설립신고 • 유통산업발전법상 대규모점포의 개설 등록	• 건축법 제14조 제1항에 따른 건축신고 • 당구장 영업신고(= 신고체육시설업의 신고) • 체육시설의 설치·이용에 관한 법률 제20조에 의한 변경신고 • 구 평생교육법 제22조 제2항에 따른 원격평생교육시설 신고 • 축산물판매업 신고

답 ❷

15 대물적 허가를 받아 영업을 하는 甲은 자신의 영업을 乙에게 양도하고자 乙과 영업의 양도·양수 계약을 체결하고 관련법에 따라 관할 A행정청에 지위승계신고를 하였다. 이에 관한 설명으로 옳은 것을 모두 고른 것은?(다툼이 있으면 판례에 따름) 　20 행정사 제8회

> ㄱ. 적법한 지위승계신고를 하였다면 A행정청이 수리를 거부하더라도 乙에게 영업양수의 효과가 발생한다.
> ㄴ. 지위승계신고가 있기 전에 A행정청이 위 영업허가를 취소하려는 경우 허가취소의 상대방은 甲이 된다.
> ㄷ. 甲과 乙 사이의 영업양도·양수계약이 무효라면 지위승계신고가 수리되더라도 乙에게 영업양수의 효과가 발생하지 않는다.
> ㄹ. 영업양도·양수가 유효하더라도 명문의 규정이 없는 한 양도 전 甲의 위반행위를 이유로 乙에 대하여 제재처분을 할 수는 없다.

① ㄱ, ㄴ
② ㄱ, ㄹ
③ ㄴ, ㄷ
④ ㄱ, ㄷ, ㄹ
⑤ ㄴ, ㄷ, ㄹ

해설

[ㄱ▸×] 사업양수에 의한 지위승계신고를 수리하는 허가관청의 행위는 … 실질에 있어서 양도자의 사업허가를 취소함과 아울러 양수자에게 적법히 사업을 할 수 있는 법규상 권리를 설정하여 주는 행위로서 사업허가자의 변경이라는 법률효과를 발생시키는 행위이다(대판 1993.6.8. 91누11544). 따라서 적법한 지위승계신고가 A행정청에 의하여 수리거부되었다면 乙에게 영업양수의 효과가 발생하지 아니한다.

[ㄴ▸○] 아직 지위승계신고가 있기 전이라면 허가취소의 상대방은 甲으로 보는 것이 타당하다.

> 사실상 영업이 양도·양수되었지만 아직 승계신고 및 그 수리처분이 있기 이전에는 여전히 종전의 영업자인 양도인이 영업허가자이고, 양수인은 영업허가자가 되지 못한다 할 것이어서 행정제재처분의 사유가 있는지 여부 및 그 사유가 있다고 하여 행하는 행정제재처분은 영업허가자인 양도인을 기준으로 판단하여 그 양도인에 대하여 행하여야 할 것이다(대판 1995.2.24. 94누9146).

[ㄷ▸○] 사업양도·양수에 따른 허가관청의 지위승계신고의 수리는 적법한 사업의 양도·양수가 있었음을 전제로 하는 것이므로 그 수리대상인 사업양도·양수가 존재하지 아니하거나 무효인 때에는 수리를 하였다 하더라도 그 수리는 유효한 대상이 없는 것으로서 당연히 무효라 할 것이다(대판 2005.12.23. 2005두3554). 따라서 甲과 乙 사이의 영업양도·양수계약이 무효라면 지위승계신고가 수리되더라도 乙에게 영업양수의 효과가 발생하지 않는다.

[ㄹ▸×] 판례는 대물적 허가업의 경우, 영업양도·양수가 유효하다면 명문의 규정이 없더라도 양도인(甲)의 위반행위를 이유로 양수인(乙)에 대하여 제재처분을 할 수 있다고 하여(대판 1986.7.22. 86누203), 제재처분사유의 승계를 긍정한다.

답 ❸

제2장 행정작용법

학습 Key word
❶ 법규명령의 성립·효력, 법규명령의 한계, 법규명령의 통제방법에 대하여 학습하고, 행정규칙의 성립·효력에 대하여 학습하며, 법령보충적 행정규칙과 법규명령 형식으로 규정된 행정처분 기준에 대하여 학습한다.
❷ 기속행위와 재량행위 구별 및 재량권의 한계, 법률행위적 행정행위(하명, 허가, 면제, 특허, 인가, 공법상 대리행위)와 준법률행위적 행정행위(공증, 통지, 수리, 확인)의 개념 및 종류에 대하여 학습한다.
❸ 행정행위의 부관 종류와 한계 및 부관의 독립쟁송가능성, 행정행위의 효력(공정력, 불가변력, 불가쟁력 등), 하자의 승계, 행정행위의 취소와 철회, 행정계획, 확약, 공법상 계약, 행정지도에 대하여 학습한다.

제1절 행정입법

제1관 | 법규명령

I 개 설

넓은 의미의 행정입법이란 행정기관이 일반적·추상적 규범을 정립하는 작용 또는 그에 따라 정립된 규범을 말한다. 이러한 넓은 의미의 행정입법은 법규명령과 행정규칙을 포함한다. 법률에 대응하여 사용되는 좁은 의미의 행정입법은 법규명령을 의미한다.

II 법규명령의 의의

법규명령이란 행정권이 제정하는 법규(法規)를 말한다. 법규명령은 행정권이 제정하는 법인 점에서 의회가 제정하는 법률과 다르다. 좁은 의미의 행정입법이라고도 한다.

III 법규명령의 근거

1. 헌법적 근거

> **헌법 제75조**
> 대통령은 법률에서 구체적으로 범위를 정하여 위임받은 사항과 법률을 집행하기 위하여 필요한 사항에 관하여 대통령령을 발할 수 있다.

> **헌법 제95조**
> 국무총리 또는 행정각부의 장은 소관사무에 관하여 <u>법률이나 대통령령의 위임 또는 직권으로</u> 총리령 또는 부령을 발할 수 있다.

① 헌법 제76조는 대통령의 긴급명령 및 긴급재정·경제명령의 근거를, 제75조는 대통령령(위임명령과 집행명령)의 근거를, 제95조는 총리령과 부령(위임명령과 집행명령)의 근거를, 제114조 제6항은 중앙선거관리위원회규칙 등의 근거를 규정하고 있다.
② 국회, 대법원, 헌법재판소 중앙선거관리위원회가 제정한 규칙은 헌법이 인정하고 있는 위임입법(행정입법)의 형식으로서, 그 명칭은 '규칙'으로 되어 있으나, <u>법규사항(국민의 권리·의무에 관한 사항)을 규정하고 있다면 법규명령에 해당한다.</u>
③ 판례는 중앙선거관리위원회규칙의 법적 성질과 관련하여, "공직선거관리규칙은 중앙선거관리위원회가 헌법 제114조 제6항 소정의 규칙제정권에 의하여 공직선거 및 선거부정방지법에서 위임된 사항과 대통령·국회의원·지방의회의원 및 지방자치단체의 장의 선거의 관리에 필요한 세부사항을 규정함을 목적으로 하여 제정된 <u>법규명령</u>이라고 할 것"이라고 판시한 바 있다(대판 1996.7.12. 96우16).

2. 감사원규칙

<u>감사원규칙은 헌법에는 명시적 근거가 없으며, 감사원법에 그 근거를 두고 있다.</u> 감사원규칙의 법적 성질에 대하여는 법규명령설과 행정규칙설의 대립이 있다. 기출 16

IV 법규명령의 종류

1. 법률과의 관계에 따른 분류

(1) 긴급명령, 긴급재정·경제명령
대통령의 긴급명령 및 긴급재정·경제명령은 <u>법률과 같은 효력을 갖는 명령이다.</u>

(2) 종속명령
종속명령은 법률보다 하위의 효력을 가지는 명령을 말한다. 종속명령은 <u>새로운 법규사항(국민의 권리·의무에 관한 사항)</u>을 정하는지 여부에 따라 위임명령과 집행명령으로 구분된다.

1) 위임명령

위임명령은 <u>법률 또는 상위명령의 위임에 의해 새로운 법규사항을 정하는 명령이다.</u> 우리나라에서는 새로운 법규사항을 정하는 명령은 법률 또는 상위명령의 위임에 의해 제정되어야 한다.

2) 집행명령

① 집행명령은 <u>상위법령의 집행을 위하여 필요한 사항(신고서양식 등)을 법령의 위임(근거) 없이 직권으로 발하는 명령</u>을 말한다. 집행명령에서는 <u>법률 또는 상위명령의 위임이 없으므로 새로운 법규사항을 정할 수 없다.</u>
② 해석명령은 집행명령의 일종이라고 할 수 있다. 해석명령규정은 상위법령의 범위를 벗어나지 않은 경우 법적 효력이 있다(대판 2014.8.20. 2012두19526). 다만, <u>해석규정이 위임의 한계를 벗어난 것으로 인정될 경우에는 무효이다</u>(대판 2017.4.20. 2015두45700[전합]).

2. 제정권자에 따른 분류

(1) 대통령령, 총리령, 부령

① 대통령령이 제정하는 명령을 대통령령, 총리가 발하는 명령을 총리령, 행정각부의 장이 발하는 명령을 부령이라 한다. 입법 실제에 있어서 대통령령에는 통상 시행령이라는 이름을 붙이고, 총리령과 부령에는 시행규칙이라는 이름을 붙인다. 예외적이기는 하지만 대통령령 중에는 규정이라는 명칭을 붙인 것도 있다(예 보안업무규정). 기출 23

② 대통령령은 총리령 및 부령보다 우월한 효력을 갖는다. 총리령과 부령의 효력상 우열에 대하여는 총리령 우위설과 동위설이 있다.

③ 대통령령은 행정조직 내부적으로 법제처 심사와 국무회의의 심의를 거쳐야 하나, 총리령·부령은 법제처 심사만 거치면 되고 국무회의 심의는 거치지 않아도 된다.

(2) 규 칙

중앙선거관리위원회는 중앙선거관리위원회규칙을(헌법 제114조 제6항), 대법원은 대법원규칙을(헌법 제108조), 헌법재판소는 헌법재판소규칙을(헌법 제113조 제2항), 국회는 국회규칙을(헌법 제64조 제1항) 각각 제정할 수 있다. 이들 명령은 대통령으로부터 독립된 기관이 발하는 법규명령이며 규칙이라는 이름을 붙인다.

V 법규명령의 한계

1. 위임명령의 한계

(1) 상위법령의 위임

① 위임명령은 상위법령의 위임(수권)이 있어야 한다. 상위법령의 위임이 없음에도 상위법령에 규정된 처분요건에 해당하는 사항을 부령에서 변경하여 규정한 경우에는 그 부령의 규정은 행정청 내부의 사무처리 기준 등을 정한 것으로서 행정조직 내에서 적용되는 행정명령의 성격을 지닐 뿐 국민에 대한 대외적 구속력은 없다고 보아야 한다(대판 2013.9.12. 2011두10584). 기출 22·19

② 일반적으로 법률의 위임에 따라 효력을 갖는 법규명령의 경우에 위임의 근거가 없어 무효였더라도 나중에 법 개정으로 위임의 근거가 부여되면 그때부터는 유효한 법규명령으로 볼 수 있다(대판 2017.4.20. 2015두45700 [전합]). 기출 19

③ 구법의 위임에 의한 유효한 법규명령이 법 개정으로 위임의 근거가 없어지게 되면 그때부터 무효인 법규명령이 된다(대판 1995.6.30. 93추83). 법규명령 제정 당시로 소급하여 무효인 법규명령이 되는 것이 아니다.

기출 16

(2) 수권의 한계

1) 일반적·포괄적 위임의 금지

① 우리 헌법은 제75조와 제95조에서 위임입법의 근거를 마련하는 한편 위임입법의 범위와 한계를 제시하고 있다. 위임입법이 필요한 분야라도 입법권의 위임은 법치주의의 원칙과 의회민주주의의 원칙, 권력분립의 원칙에 비추어 구체적으로 범위를 정하여 하는 경우에만 허용되며 일반적·포괄적인 위임은 금지된다(헌법 제75조).

② 위임명령은 법률이나 상위명령에서 구체적으로 범위를 정한 개별적인 위임이 있을 때에 가능하고, 여기에서 구체적인 위임의 범위는 규제하고자 하는 대상의 종류와 성격에 따라 달라지는 것이어서 일률적 기준을 정할 수는 없지만, 적어도 위임명령에 규정될 내용 및 범위의 기본사항이 구체적으로 규정되어 있어서 누구라도 당해 법률이나 상위법령으로부터 위임명령에 규정될 내용의 대강을 예측할 수 있어야 한다(대판 2015.1.15. 2013두14238). 위임입법이 대법원규칙인 경우에도 수권법률에서 이 원칙을 준수하여야 하는 것은 마찬가지이다(헌재 2016.6.30. 2013헌바370).

③ 조례에 대한 법률의 위임은 법규명령에 대한 법률의 위임과 같이 반드시 구체적으로 범위를 정하여 할 필요가 없으며 포괄적인 것으로 족하다(헌재 1995.4.20. 92헌마264). 기출 16

> 지방자치단체는 헌법상 자치입법권이 인정되고, 법령의 범위 안에서 그 권한에 속하는 모든 사무에 관하여 조례를 제정할 수 있다는 점과 조례는 선거를 통하여 선출된 그 지역의 지방의원으로 구성된 주민의 대표기관인 지방의회에서 제정되므로 지역적인 민주적 정당성까지 갖고 있다는 점을 고려하면, 조례에 위임할 사항은 헌법 제75조 소정의 행정입법에 위임할 사항보다 더 포괄적이어도 헌법에 반하지 않는다고 할 것이다(헌재 2004.9.23. 2002헌바76). 기출 16

④ 법률이 공법적 단체 등의 정관에 자치법적 사항을 위임한 경우에는 헌법 제75조가 정하는 포괄적인 위임입법의 금지는 원칙적으로 적용되지 않는다(대판 2007.10.12. 2006두14476). 기출 20

> 법률이 공법적 단체 등의 정관에 자치법적 사항을 위임한 경우에는 헌법 제75조가 정하는 포괄적인 위임입법의 금지는 원칙적으로 적용되지 않는다고 봄이 상당하고, 그렇다 하더라도 그 사항이 국민의 권리·의무에 관련되는 것일 경우에는 적어도 국민의 권리·의무에 관한 기본적이고 본질적인 사항은 국회가 정하여야 한다(대판 2007.10.12. 2006두14476). 기출 20

2) 명확성의 원칙

① 어떠한 법규범이 명확한지 여부는 그 법규범이 수범자에게 법규의 의미내용을 알 수 있도록 공정한 고지를 하여 예측가능성을 주고 있는지 여부 및 그 법규범이 법을 해석·집행하는 기관에게 충분한 의미내용을 규율하여 자의적인 법해석이나 법집행이 배제되는지 여부, 다시 말하면 예측가능성 및 자의적 법집행 배제가 확보되는지 여부에 따라 이를 판단할 수 있다(대판 2006.5.11. 2006도920). 기출 19

② 형사처벌에 관련된 모든 법규를 예외 없이 형식적 의미의 법률에 의하여 규정한다는 것은 사실상 불가능할 뿐만 아니라 실제에 적합하지도 아니하기 때문에, 특히 긴급한 필요가 있거나 미리 법률로써 자세히 정할 수 없는 부득이한 사정이 있는 경우에 한하여 수권법률(위임법률)이 구성요건의 점에서는 처벌대상인 행위가 어떠한 것인지 이를 예측할 수 있을 정도로 구체적으로 정하고, 형벌의 점에서는 형벌의 종류 및 그 상한과 폭을 명확히 규정하는 것을 전제로 위임입법이 허용되며, 이러한 위임입법은 죄형법정주의에 반하지 않는다(대판 2002.11.26. 2002도2998). 기출 13

3) 법률전속사항(의회유보사항)의 위임금지

의회유보론은 일정한 사항은 법률로 정해야 하며 명령에 수권할 수 없다는 이론이다. 법률유보의 원칙에 관하여 본질성설(중요사항유보설)을 취하는 경우 공동체나 국민에게 본질적인 사항, 즉 의회유보사항은 반드시 법률로 정하여야 하며 명령에 위임하여서는 안 된다.

(3) 위임명령의 제정상의 한계

① 위임명령은 법률의 위임이 없으면 국민의 권리·의무에 관한 내용을 변경·보충하거나 법률에 규정되지 아니한 새로운 내용을 정할 수 없다(대판 2016.12.1. 2014두8650).
② 위임명령은 수권(위임)의 범위 내에서 제정되어야 한다. 수권(위임)의 한계를 벗어난 법규명령은 위법한 명령이 되고, 대외적인 효력이 인정되지 않는다(대판 2017.6.15. 2016두52378).
③ 위임명령의 내용은 상위법령(예 헌법, 법률)에 위반해서는 아니 된다(행정기본법 제38조 제1항). 상위법령에 위반한 위임명령은 위법한 명령이 된다. 그러나 위임명령이 위헌인 경우라고 해서 수권법률까지 위헌으로 되는 것은 아니다(헌재 1997.9.25. 96헌바18 등).
④ 위임명령을 제정할 때에는 헌법과 법령 등에서 정한 절차를 준수하여야 한다(행정기본법 제38조 제1항).

(4) 재위임의 한계

법률에서 위임받은 사항을 전혀 규정하지 않고 재위임하는 것은 복위임금지 원칙에 반할 뿐 아니라 위임명령의 제정 형식에 관한 수권법의 내용을 변경하는 것이 되므로 허용되지 않으나 위임받은 사항에 관하여 대강을 정하고 그중의 특정사항을 범위를 정하여 하위법령에 다시 위임하는 경우에는 재위임이 허용된다(헌재 1996.2.29. 94헌마213). 기출 18

2. 집행명령의 한계

① 집행명령은 위임명령과는 달리 법률의 구체적인 위임이 없더라도 직권으로 제정할 수 있다(헌법 제75조, 제95조). 다만, 집행명령은 상위법령의 집행에 필요한 절차나 형식을 정하는 데 그쳐야 하며 새로운 법규사항(국민의 권리·의무에 관한 사항)을 규정할 수 없다. 따라서 상위 법령의 위임이 없이는 집행명령으로 새로운 국민의 의무를 정할 수 없다. 기출 23·20·18
② 집행명령은 근거법령인 상위법령이 폐지되면 특별한 규정이 없는 이상 실효되는 것이나, 상위법령이 개정됨에 그친 경우에는 개정법령과 성질상 모순, 저촉되지 아니하고 개정된 상위법령의 시행에 필요한 사항을 규정하고 있는 이상 그 집행명령은 상위법령의 개정에도 불구하고 당연히 실효되지 아니하고 개정법령의 시행을 위한 집행명령이 제정, 발효될 때까지는 여전히 그 효력을 유지한다(대판 1989.9.12. 88누6962).

기출 13

VI 법규명령의 성립·효력·소멸

1. 법규명령의 성립요건

> **행정기본법 제7조(법령등 시행일의 기간 계산)** 기출 21
> 법령등(훈령·예규·고시·지침 등을 포함)의 시행일을 정하거나 계산할 때에는 다음 각 호의 기준에 따른다.
> 1. 법령등을 공포한 날부터 시행하는 경우에는 공포한 날을 시행일로 한다.
> 2. 법령등을 공포한 날부터 일정 기간이 경과한 날부터 시행하는 경우 법령등을 공포한 날을 첫날에 산입하지 아니한다.
> 3. 법령등을 공포한 날부터 일정 기간이 경과한 날부터 시행하는 경우 그 기간의 말일이 토요일 또는 공휴일인 때에는 그 말일로 기간이 만료한다.

법규명령은 법규명령제정권자가 제정하여 법규명령의 형식으로 공포함으로써 성립한다.

2. 법규명령의 효력요건

(1) 효력발생일

① 대통령령, 총리령 및 부령은 특별한 규정이 없으면 공포한 날부터 20일이 경과함으로써 효력을 발생한다(법령 등 공포에 관한 법률 제13조). 기출 15·16

② 다만, 국민의 권리 제한 또는 의무 부과와 직접 관련되는 법률, 대통령령, 총리령 및 부령은 긴급히 시행하여야 할 특별한 사유가 있는 경우를 제외하고는 공포일부터 적어도 30일이 경과한 날부터 시행되도록 하여야 한다(법령 등 공포에 관한 법률 제13조의2).

(2) 효력이 미치는 범위

1) 대인적 범위

행정법령은 속지주의의 원칙에 따라 대한민국의 영토 내에 있는 모든 사람에게 적용되는 것이 원칙이나, 외국인에 대한 특칙(국내에 주둔하는 미합중국군대의 구성원)을 두거나 상호주의(국가배상법 제8조)가 적용되는 경우가 있다. 기출 15

2) 지역적 범위

법령의 지역적 효력은 대한민국 영토범위 내 어디에나 미치는 것이 원칙이나, 「제주특별자치도설치 및 국제자유도시 조성을 위한 특별법」이나 「수도권정비계획법」 등과 같이 해당 법령의 지역적 효력이 일부 지역으로 한정되는 경우가 있다. 기출 15

3) 시적 범위

> **행정기본법 제14조(법 적용의 기준)**
> ① 새로운 법령등은 법령등에 특별한 규정이 있는 경우를 제외하고는 그 법령등의 효력 발생 전에 완성되거나 종결된 사실관계 또는 법률관계에 대해서는 적용되지 아니한다.
> ② 당사자의 신청에 따른 처분은 법령등에 특별한 규정이 있거나 처분 당시의 법령등을 적용하기 곤란한 특별한 사정이 있는 경우를 제외하고는 처분 당시의 법령등에 따른다. 기출 25·23
> ③ 법령등을 위반한 행위의 성립과 이에 대한 제재처분은 법령등에 특별한 규정이 있는 경우를 제외하고는 법령등을 위반한 행위 당시의 법령등에 따른다. 다만, 법령등을 위반한 행위 후 법령등의 변경에 의하여 그 행위가 법령등을 위반한 행위에 해당하지 아니하거나 제재처분 기준이 가벼워진 경우로서 해당 법령등에 특별한 규정이 없는 경우에는 변경된 법령등을 적용한다. 기출 23

① 법령의 소급적용, 특히 행정법규의 소급적용은 이를 인정하지 않는 것이 원칙이나, 법령을 소급적용하더라도 일반 국민의 이해에 직접 관계가 없는 경우, 오히려 그 이익을 증진하는 경우, 불이익이나 고통을 제거하는 경우 등의 특별한 사정이 있는 경우에 한하여 예외적으로 법령의 소급적용이 허용된다(대판 2005.5.13. 2004다8630). 기출 15

② 허가신청 후 허가기준이 변경되었다 하더라도 그 허가관청이 허가신청을 수리하고도 정당한 이유 없이 그 처리를 늦추어 그 사이에 허가기준이 변경된 것이 아닌 이상 변경된 허가기준에 따라서 처분을 하여야 한다(대판 1996.8.20. 95누10877). 기출 15

3. 법규명령의 소멸

법규명령의 위임의 근거가 되는 법률에 대하여 위헌결정이 선고되면 그 위임규정에 근거하여 제정된 법규명령도 원칙적으로 효력을 상실한다고 할 것이다(대판 1998.4.10. 96다52359). 기출 18

Ⅶ 행정입법의 통제

1. 법원에 의한 통제

(1) 간접적 통제(구체적 규범통제)

1) 의의와 근거
① 우리 헌법은 "명령·규칙 또는 처분이 헌법이나 법률에 위반되는 여부가 재판의 전제가 된 경우에는 대법원은 이를 최종적으로 심사할 권한을 가진다"고 규정하여(헌법 제107조 제2항), 구체적 규범통제의 방식을 취하고 있다. 기출 18·16
② 지방법원, 고등법원도 심사할 권한이 있지만, 대법원이 "최종적으로" 심사할 권한이 있다는 의미이다. 기출 17

2) 통제의 대상
① 헌법 제107조 제2항의 간접적(구체적) 규범통제의 대상은 '명령·규칙'인데, 여기서 '명령'이란 법규명령을 의미한다. 위임명령과 집행명령 모두 통제의 대상이 된다.
② '규칙'이란 중앙선거관리위원회규칙, 대법원규칙, 헌법재판소규칙, 국회규칙과 같이 법규명령인 규칙을 의미한다. 헌법 제107조 제2항의 '명령·규칙'에는 자치법규인 지방자치단체의 조례와 규칙이 모두 포함된다(대판 1995.8.22. 94누5694[전합]).

3) 통제의 요건
① 법원이 법규명령, 규칙, 조례, 행정규칙 등(이하 '규정'이라 한다)이 위헌·위법인지를 심사하려면 그것이 '재판의 전제'가 되어야 한다(대판 2019.6.13. 2017두33985).

> 법원이 법률 하위의 법규명령, 규칙, 조례, 행정규칙 등(이하 '규정'이라 한다)이 위헌·위법인지를 심사하려면 그것이 '재판의 전제'가 되어야 한다. 여기에서 '재판의 전제'란 구체적 사건이 법원에 계속 중이어야 하고, 위헌·위법인지가 문제된 경우에는 규정의 특정 조항이 해당 소송사건의 재판에 적용되는 것이어야 하며, 그 조항이 위헌·위법인지에 따라 그 사건을 담당하는 법원이 다른 판단을 하게 되는 경우를 말한다(대판 2019.6.13. 2017두33985).

② 법원이 구체적 규범통제를 통해 위헌·위법으로 선언할 심판대상은, 해당 규정의 전부가 불가분적으로 결합되어 있어 일부를 무효로 하는 경우 나머지 부분이 유지될 수 없는 결과를 가져오는 특별한 사정이 없는 한, 원칙적으로 해당 규정 중 재판의 전제성이 인정되는 조항에 한정된다(대판 2019.6.13. 2017두33985). 기출 23·21

4) 통제의 효력
① 구체적 규범통제에서 법규명령이 위법하다는 대법원 판결이 있는 경우, 현재의 일반적인 견해는 당해 법규명령이 일반적으로 효력을 상실하는 것으로 보지 않고 당해 사건에 한하여 적용되지 않는 것으로 보고 있다. 판례도 법규명령이 위법하다는 대법원의 판결이 있는 경우 당해 사건에서만 적용이 배제되는 것으로 보고 있다(대판 1994.4.26. 93부32 참조). 기출 20
② 행정소송에 대한 대법원판결에 의하여 명령·규칙이 헌법 또는 법률에 위반된다는 것이 확정된 경우에는 대법원은 지체없이 그 사유를 행정안전부장관에게 통보하여야 한다(행정소송법 제6조 제1항). 통보를 받은 행정안전부장관은 지체 없이 이를 관보에 게재하여야 한다(행정소송법 제6조 제2항). 기출 22·16·13

(2) 직접적 통제(처분적 명령에 대한 항고소송)

① 다른 집행행위의 매개 없이 그 자체로서 국민의 구체적인 권리의무나 법률관계에 직접적인 변동을 초래케 하는 것이 아닌 일반적, 추상적인 법령 등은 항고소송의 대상이 될 수 없다(대판 2007.4.12. 2005두15168). 기출 17

② 다만, 법규명령(법령보충적 행정규칙 포함) 중 처분적 성질을 갖는 명령(처분적 명령)은 항고소송의 대상이 된다는 것이 판례 및 일반적 견해이다.

> - 어떠한 고시가 일반적·추상적 성격을 가질 때에는 법규명령 또는 행정규칙에 해당할 것이지만, 다른 집행행위의 매개 없이 그 자체로서 직접 국민의 구체적인 권리의무나 법률관계를 규율하는 성격을 가질 때에는 행정처분에 해당한다(대판 2006.9.22. 2005두2506).
> - 조례가 집행행위의 개입 없이도 그 자체로서 직접 국민의 구체적인 권리의무나 법적 이익에 영향을 미치는 등의 법률상 효과를 발생하는 경우 그 조례는 항고소송의 대상이 되는 행정처분에 해당한다(대판 1996.9.20. 95누8003). 기출 25

2. 헌법재판소에 의한 통제

헌법소원심판의 대상으로서의 "공권력"이란 입법·사법·행정 등 모든 공권력을 말하는 것이므로 입법부에서 제정한 법률, 행정부에서 제정한 시행령이나 시행규칙 및 사법부에서 제정한 규칙 등은 그것들이 별도의 집행행위를 기다리지 않고 직접 기본권을 침해하는 것일 때에는 모두 헌법소원심판의 대상이 될 수 있는 것이다(헌재 1990.10.15. 89헌마178). 기출 17

3. 국민에 의한 통제

법규명령에 대한 국민의 통제수단으로는 법규명령의 제정 시 공청회·청문 등에 의해 국민의 의사를 반영하고 각종 압력단체나 여론에 의한 통제를 통하여 행정입법의 적법성을 확보하는 간접적인 수단을 상정할 수 있을 뿐이고, 법규명령의 효력·발생·소멸을 국민이 직접 통제하는 직접적 수단은 인정되지 않고 있다.

기출 17

VIII 행정입법부작위

1. 의 의

행정입법부작위란 행정권에게 행정입법을 제정·개정 또는 폐지할 법적 의무가 있음에도 정당한 이유 없이 이를 지체하여 제정·개정 또는 폐지하지 않는 것을 말한다.

2. 요 건

행정입법의 부작위가 위헌·위법이라고 하기 위하여는 ① 행정권에 행정입법을 제정·개폐할 법적 의무가 있어야 하고, ② 상당한 기간이 지났음에도 불구하고, 행정입법이 제정 또는 개폐되지 않았어야 한다(헌재 1998.7.16. 96헌마246). 또한 ③ 행정입법부작위에 정당한 이유가 없어야 한다(헌재 2004.2.26. 2001헌마718).

3. 행정입법부작위에 대한 권리구제

(1) 항고소송(부작위위법확인소송)

행정입법부작위에 대해서 법원에 부작위위법확인소송을 제기할 수 있는지가 문제되는데, 대법원은 "행정소송은 구체적 사건에 대한 법률상 분쟁을 법에 의하여 해결함으로써 법적 안정을 기하자는 것이므로 부작위위법확인소송의 대상이 될 수 있는 것은 구체적 권리의무에 관한 분쟁이어야 하고, 추상적인 법령에 관하여 제정의 여부 등은 그 자체로서 국민의 구체적인 권리의무에 직접적 변동을 초래하는 것이 아니어서 행정소송의 대상이 될 수 없다"고 하여 행정입법부작위에 대한 부작위위법확인소송을 인정하지 않는다(대판 1992.5.8. 91누11261). 기출 22·20

(2) 헌법소원

① 행정입법의 진정입법부작위에 대한 헌법소원은, 행정청에게 헌법에서 유래하는 행정입법의 작위의무가 있고 상당한 기간이 경과하였음에도 불구하고 행정입법의 제정권이 행사되지 않은 경우에 인정된다(헌재 1998.7.16. 96헌마246).
② 시행령을 제정할 법적 의무가 있는 경우에 시행령 제정의 거부나 입법부작위도 헌법재판소법 제68조 제1항의 '공권력의 불행사'에 해당하므로, 나머지 헌법소원의 요건을 충족하면 행정입법부작위에 대해서도 헌법소원을 제기할 수 있다(헌재 2004.2.26. 2001헌마718).

(3) 국가배상청구

행정입법부작위로 인하여 손해가 발생한 경우에 공무원의 과실이 인정되는 등 다른 국가배상청구권의 요건을 충족한 경우에는 국가배상청구가 가능하다(대판 2007.11.29. 2006다3561 참조).

제2관 | 행정규칙

I 행정규칙의 의의 및 종류

1. 행정규칙의 의의

① 행정규칙이란 행정기관 내부의 업무처리지침이나 법령의 해석·적용 기준 등 행정의 사무처리기준으로서 제정된 일반적·추상적 규범을 말한다. 훈령·예규·고시·지침 등이 행정규칙에 해당한다.
② 행정규칙은 통상 법적 근거 없이 제정되고 법규가 아닌 점에서 법규명령과 구별된다. 다만, 법령보충적 행정규칙은 법규명령으로서의 효력을 갖는다. 최근 제정된 행정기본법도 상위법령의 위임을 받아 중앙행정기관의 장이 정한 행정규칙은 "법령"에 포함된다고 규정하였다(제2조 제1호 가목).

2. 고시(告示)

① 고시의 법적 성질은 일률적으로 판단될 것이 아니라 고시에 담겨진 내용에 따라 구체적인 경우마다 달리 결정된다고 보아야 한다.
② 고시(告示)가 행정사무의 처리기준이 되는 일반적·추상적 규범의 성질을 갖는 경우 행정규칙이다. 이 행정규칙인 고시는 행정기관이 일정한 사항을 불특정 다수인에게 통지하는 방법인 고시와 구별되어야 한다.

> 어떠한 고시가 일반적·추상적 성격을 가질 때에는 법규명령 또는 행정규칙에 해당할 것이지만, 다른 집행행위의 매개 없이 그 자체로서 직접 국민의 구체적인 권리의무나 법률관계를 규율하는 성격을 가질 때에는 항고소송의 대상이 되는 행정처분에 해당한다(대결 2003.10.9. 2003무23). 기출 23·17·16

③ 고시가 다른 집행행위의 매개 없이 그 자체로서 직접 국민의 구체적인 권리의무나 법률관계를 규율하는 성격을 가질 때에는 항고소송의 대상이 되는 행정처분에 해당한다.

> 보건복지부 고시인 약제급여·비급여목록 및 급여상한금액표는 다른 집행행위의 매개 없이 그 자체로서 국민건강보험가입자, 국민건강보험공단, 요양기관 등의 법률관계를 직접 규율하는 성격을 가지므로 항고소송의 대상이 되는 행정처분에 해당한다(대판 2006.9.22. 2005두2506). 기출 21

④ 고시가 일반적·구체적 성질을 가질 때에는 '일반처분'에 해당하며, 고시의 내용이 어떤 물건의 성질 또는 상태를 규율하는 내용을 담고 있을 때에는 물적 행정행위라고 보아야 한다.
⑤ 행정규칙인 고시가 법령의 수권에 의해 법령을 보충하는 사항을 정하는 경우에는 법령보충적 고시로서 근거법령규정과 결합하여 대외적으로 구속력 있는 법규명령의 효력을 갖는다(대판 1999.11.26. 97누13474).

> 일반적으로 행정 각부의 장이 정하는 고시(告示)라 하더라도 그것이 특히 법령의 규정에서 특정 행정기관에게 법령 내용의 구체적 사항을 정할 수 있는 권한을 부여함으로써 그 법령 내용을 보충하는 기능을 가질 경우에는 그 형식과 상관없이 근거 법령 규정과 결합하여 대외적으로 구속력이 있는 법규명령으로서의 효력을 가지는 것이나 이는 어디까지나 법령의 위임에 따라 그 법령 규정을 보충하는 기능을 가지는 점에 근거하여 예외적으로 인정되는 효력이므로 특정 고시가 비록 법령에 근거를 둔 것이라고 하더라도 그 규정 내용이 법령의 위임 범위를 벗어난 것일 경우에는 위와 같은 법규명령으로서의 대외적 구속력을 인정할 여지는 없다(대판 1999.11.26. 97누13474). 기출 17

II 행정규칙의 성립

1. 행정규칙의 법적 근거

① 행정규칙은 행정조직 내부사항과 내부자를 그 규율대상으로 하기 때문에 행정규칙의 제정에는 그 법적 근거를 요하지 아니한다. 기출 17·15·13
② 상급 행정기관은 감독권에 근거하여 하급 행정기관에 대한 행정규칙을 제정할 수 있고, 행정기관(행정청)은 자율권 및 처분권에 근거하여 재량준칙과 같은 행정규칙을 제정할 수 있다. 기출 17
③ 재량준칙은 재량권 행사의 기준을 정하는 행정규칙으로서 일반적으로 행정조직 내부에서만 효력을 가질 뿐 대외적인 구속력은 인정되지 아니하므로, 재량준칙의 제정에는 법적 근거를 요하지 아니한다.
기출 19

2. 행정규칙의 공표

① 법규명령과 달리 행정규칙의 일반적 공표의무를 정하는 법 규정은 없고, 행정규칙의 공표가 행정규칙의 성립요건이나 효력요건도 아니다. 따라서 행정규칙(예 국세청훈령)은 적당한 방법으로 이를 표시 또는 통보하면 되는 것이지, 공포하거나 고시하지 아니하였다는 이유만으로 그 효력을 부인할 수 없다(대판 1990.5.22. 90누639).

② 다만, 행정청은 행정규칙(예 재량준칙)으로 처분기준을 설정하는 경우 해당 처분의 성질에 비추어 되도록 구체적으로 정하여 공표하여야 한다. 처분기준을 변경하는 경우에도 마찬가지로 공표하여야 한다(행정절차법 제20조 제1항). 기출 17

③ 공고문서(고시·공고 등 행정기관이 일정한 사항을 일반에게 알리는 문서)는 그 문서에서 효력 발생 시기를 밝히고 있지 않으면 그 고시 또는 공고 등이 있은 날부터 5일이 경과한 때에 효력이 발생한다(「행정 효율과 협업 촉진에 관한 규정」 제6조 제3항).

Ⅲ 행정규칙의 효력(구속력)

1. 행정규칙의 대내적 구속력

① 행정규칙은 원칙적으로 대내적 구속력이 있다. 행정규칙(특히 훈령)은 상급 행정기관의 감독권에 근거하여 하급 행정기관에 대하여 발해지는 것이므로 행정규칙은 하급 행정기관에 대한 상급 행정기관의 직무명령의 성격을 아울러 가지므로 하급행정기관은 공무원법상의 복종의무에 따라 행정규칙을 준수할 법적 의무를 진다(국가공무원법 제57조). 하급 행정기관이 상급 행정기관이 제정한 행정규칙에 따르지 않고 처분을 한 경우 징계사유가 될 수 있다(대판 2001.8.24. 2000두7704 참조).

② 그러나 행정규칙의 내용이 상위법령이나 법의 일반원칙에 반하는 것이라면 법치국가원리에서 파생되는 법질서의 통일성과 모순금지 원칙에 따라 그것은 법질서상 당연무효이고, 행정 내부적 효력도 인정될 수 없다(대판 2020.5.28. 2017두66541). 이러한 경우 법원은 해당 행정규칙이 법질서상 부존재하는 것으로 취급하여 행정기관이 한 조치의 당부를 상위법령의 규정과 입법 목적 등에 따라서 판단하여야 한다(대판 2019.10.31. 2013두20011).

2. 행정규칙의 대외적 구속력

① 행정규칙의 대외적 구속력이란 국민이 행정작용이 행정규칙에 위반하였다는 것을 이유로 위법을 주장할 수 있는 것과 행정규칙이 법원에 대하여 재판규범이 되는 것을 말한다.

② 행정규칙(예 재량준칙)은 일반적으로 행정조직 내부에서만 효력을 가지는 것이고, 특별한 사정이 없는 한 대외적으로 국민이나 법원을 구속하는 효력이 없다(대판 2021.10.14. 2021두39362). 기출 24·15 따라서 처분이 행정규칙을 위반하였다고 해서 그러한 사정만으로 곧바로 위법하게 되는 것은 아니고, 처분이 행정규칙을 따른 것이라고 해서 적법성이 보장되는 것도 아니다. 기출 25 처분이 적법한지는 행정규칙에 적합한지 여부가 아니라 상위법령의 규정과 입법 목적 등에 적합한지 여부에 따라 판단해야 한다(대판 2019.7.11. 2017두38874). 기출 24

> • 상급행정기관이 소속 공무원이나 하급행정기관에 대하여 업무처리지침이나 법령의 해석·적용 기준을 정해 주는 '행정규칙'은 일반적으로 행정조직 내부에서만 효력을 가질 뿐 대외적으로 국민이나 법원을 구속하는 효력이 없다(대판 2019.7.11. 2017두38874). 기출 25
> • 상급행정기관이 하급행정기관에 대하여 업무처리지침이나 법령의 해석적용에 관한 기준을 정하여 발하는 이른바 행정규칙은 일반적으로 행정조직 내부에서만 효력을 가질 뿐 대외적인 구속력을 갖는 것은 아니다(대판 1998.6.9. 97누19915). 기출 15

③ 행정규칙은 대외적 구속력이 없으므로 행정규칙에서 정한 절차를 위반한 처분이 행하여진 경우에도 이는 조직 내부의 징계사유가 될 수는 있으나 절차상의 위법은 인정되지 아니한다. 기출 15

④ 행정조직 내부의 사무처리기준인 행정규칙은 대외적 구속력이 인정되지 않으므로 원칙적으로 헌법소원의 대상이 되는 공권력의 행사가 아니다. 기출 15

> 경기도교육청의 1999.6.2.자 '학교장·교사 초빙제 실시'는 학교장·교사 초빙제의 실시에 따른 구체적 시행을 위해 제정한 사무처리지침으로서 행정조직 내부에서만 효력을 가지는 행정상의 운영지침을 정한 것이어서, 국민이나 법원을 구속하는 효력이 없는 행정규칙에 해당하므로 헌법소원의 대상이 되지 않는다(헌재 2001.5.31. 99헌마413).

⑤ 다만, ⊙ 행정규칙이 법령의 규정에 의하여 행정관청에 법령의 구체적 내용을 보충할 권한을 부여한 경우, 또는 ⓒ 재량권 행사의 준칙인 규칙이 그 정한 바에 따라 되풀이 시행되어 행정관행이 성립하여 평등의 원칙이나 신뢰보호의 원칙에 따라 행정기관이 그 상대방에 대한 관계에서 그 규칙에 따라야 할 자기구속을 당하게 되는 경우에는 대외적인 구속력을 가지게 되므로 헌법재판소법 제68조 제1항의 공권력의 행사에 해당한다(헌재 1990.9.3. 90헌마13). 기출 24·22·21·17·15

제3관 | 법령보충적 행정규칙

I 의 의

① 법령보충적 행정규칙이란 형식적으로는 고시·훈령 등 행정규칙 형식으로 제정되었으나, 내용적으로는 상위 법령의 위임에 의해 법령을 보충하는 법규사항을 정하는 행정규칙을 말한다. '법규적 효력(내용)을 갖는 행정규칙'이라고도 한다.
② 법령보충적 행정규칙은 법령의 명시적 수권이 있는 경우에만 인정되고, 또 고도로 전문적이고 기술적인 분야에 한정하여 인정되는 것은 아니므로 규범구체화행정규칙과 구별되어야 한다. (독일의) 규범구체화행정규칙이란 고도의 전문성과 기술을 가진 행정영역에 있어서 입법기관이 규율내용을 구체화하지 못하고 그것을 사실상 행정기관에 맡긴 경우에 행정기관이 법령의 내용을 구체화하는 행정규칙을 말한다.

Ⅱ 법령보충적 행정규칙의 인정 여부

① 법령보충적 행정규칙이라는 입법형식을 인정하는 것이 헌법상 가능한지에 관하여 견해가 대립하고 있다. 헌법재판소는 "헌법이 인정하고 있는 위임입법의 형식은 예시적인 것으로 보아야 할 것"이라고 하여(헌재 2016.2.25. 2015헌바191; 헌재 2014.7.24. 2013헌바183 등), 긍정설을 취하고 있다. 대법원도 명시적으로 법령보충적 행정규칙이 헌법상 인정되는지를 논하고 있지 않지만, 법령보충적 행정규칙(고시)에 대해 법규명령의 효력을 인정하였다(대판 1987.9.29. 86누484).

> 헌법이 인정하고 있는 위임입법의 형식(예 대통령령, 총리령·부령, 지방자치단체의 조례·규칙 등)은 예시적인 것으로 보아야 한다. 법률이 일정한 사항을 행정규칙(예 고시, 훈령 등)에 위임하더라도 그 행정규칙은 위임된 사항만을 규율할 수 있으므로, 국회입법의 원칙과 상치되지 않는다(헌재 2016.3.31. 2014헌바382). 기출 23·21·19

② 최근 제정된 행정기본법에서는 "법령"을 ㉠ 법률 및 대통령령·총리령·부령, ㉡ 국회규칙·대법원규칙·헌법재판소규칙·중앙선거관리위원회 규칙 및 감사원규칙, ㉢ ㉠ 또는 ㉡의 위임을 받아 중앙행정기관의 장, 국회의장, 대법원장, 헌법재판소장, 중앙선거관리위원회위원장, 감사원장 등이 정한 훈령·예규 및 고시 등 행정규칙 중 어느 하나에 해당하는 것"으로 정의하고 있다(행정기본법 제2조 제1호 가목).

③ 법령보충적 행정규칙은 행정규제기본법 제4조 제2항 단서에서 정한 바와 같이 "법령에서 전문적·기술적 사항이나 경미한 사항으로서 업무의 성질상 위임이 불가피한 사항에 관하여, 구체적으로 범위를 정하여 위임한 경우에 한하여" 허용된다고 보아야 한다.

> 행정규칙은 법규명령과 같은 엄격한 제정 및 개정절차를 요하지 아니하므로, 재산권 등과 같은 기본권을 제한하는 작용을 하는 법률이 입법위임을 할 때에는 "대통령령", "총리령", "부령" 등 법규명령에 위임함이 바람직하고, 금융감독위원회의 고시와 같은 형식으로 입법위임을 할 때에는 적어도 행정규제기본법 제4조 제2항 단서에서 정한 바와 같이 법령이 전문적·기술적 사항이나 경미한 사항으로서 업무의 성질상 위임이 불가피한 사항에 한정된다 할 것이고, 그러한 사항이라 하더라도 포괄위임금지의 원칙상 법률의 위임은 반드시 구체적·개별적으로 한정된 사항에 대하여 행하여져야 한다(헌재 2004.10.28. 99헌바91). 기출 17

Ⅲ 법령보충적 행정규칙의 법적 효력

① 대법원은 법령 보충적 행정규칙은 행정규칙이지만 상위법령과 결합하여 법규명령으로서의 효력을 갖는다고 본다(대판 2004.5.28. 2002두4716).

> • 행정규칙은 일반적으로 행정조직 내부에서만 효력을 가질뿐 대외적인 구속력을 갖는 것은 아니지만, 법령의 규정이 특정행정기관에게 그 법령내용의 구체적 사항을 정할 수 있는 권한을 부여하면서 그 권한행사의 절차나 방법을 특정하고 있지 아니한 관계로 수임행정기관이 행정규칙의 형식으로 그 법령의 내용이 될 사항을 구체적으로 정하고 있다면 그와 같은 행정규칙, 규정은 행정규칙이 갖는 일반적 효력으로서가 아니라, 행정기관에 법령의 구체적 내용을 보충할 권한을 부여한 법령규정의 효력에 의하여 그 내용을 보충하는 기능을 갖게 된다 할 것이므로 이와 같은 행정규칙, 규정은 당해 법령의 위임한계를 벗어나지 아니하는 한 그것들과 결합하여 대외적인 구속력이 있는 법규명령으로서의 효력을 갖게 된다(대판 1987.9.29. 86누484). 기출 25

- 법령의 규정이 특정 행정기관에 그 법령 내용의 구체적 사항을 정할 수 있는 권한을 부여하면서 그 권한 행사의 절차나 방법을 특정하고 있지 않아 수임행정기관이 행정규칙인 고시의 형식으로 그 법령의 내용이 될 사항을 구체적으로 정하고 있는 경우, 그 고시가 당해 법령의 위임 한계를 벗어나지 않는 한, 그와 결합하여 대외적으로 구속력이 있는 법규명령으로서 효력을 가진다(대판 2008.4.10. 2007두4841).

② 헌법재판소도 법령보충적 행정규칙은 그 자체로서 직접적 대외적 구속력을 갖는 것이 아니라 상위법령과 결합하여 상위법령의 일부가 됨으로써 대외적 구속력을 가질 뿐이라고 본다(헌재 2004.10.28. 99헌바91).

법령의 내용과 형식에 비추어 보더라도 장기요양급여 제공기준 및 급여비용 산정방법 등에 관한 고시조항은 노인보험법 제39조 제1항, 제3항 및 노인보험법 시행규칙 제32조가 위임한 바에 따라 그 법령의 내용이 될 사항을 구체적으로 정한 것으로서 당해 법령의 위임한계를 벗어난 것으로 볼 수 없으므로 이 사건 고시조항은 상위 법령인 노인보험법령의 관계 규정들과 결합하여 대외적으로 구속력이 있는 법규명령으로서의 효력을 가진다고 봄이 상당하다(대판 2013.4.11. 2012두2658). 기출 22

Ⅳ 법령보충적 행정규칙의 한계

① 법령보충적 행정규칙은 상위법령의 수권에 근거하여야 하고, 그 수권은 포괄위임금지의 원칙상 구체적·개별적으로 한정된 사항에 대하여 행하여져야 한다(헌재 2004.10.28. 99헌바91).
② 행정 각부의 장이 정하는 고시가 비록 법령에 근거를 둔 것이라고 하더라도 그 규정 내용이 법령의 위임 범위를 벗어난 것일 경우에는 법규명령으로서의 대외적 구속력을 인정할 여지는 없다(대결 2006.4.28. 2003마715). 이 경우 해당 법령보충적 행정규칙은 위법한 법규명령의 효력을 갖는 것이 아니라 행정규칙에 불과한 것이 된다. 기출 17
③ 행정규제기본법 제4조 제2항 단서는 법령보충적 행정규칙(고시 등)의 일반적 근거와 한계를 규정하고 있는데, 여기에서 '고시 등'은 행정규칙을 의미하므로 훈령, 예규, 고시 및 공고가 포함된다(헌재 1992.6.26. 91헌마25 참조).
④ 상위법령에서 구체적인 규범 형식을 지정하지 않고 수권한 경우 수권의 범위 내에서 법규명령 또는 행정규칙의 형식으로 법규사항을 정할 수 있다(대판 2019.10.17. 2014두3020). 그러나 상위법령에서 세부사항 등을 시행규칙으로 정하도록 위임하였음에도 이를 고시 등 행정규칙으로 정한 경우, 대외적 구속력을 가지는 법규명령으로서 효력을 인정할 수 없다(대판 2012.7.5. 2010다72076).

V. 법령보충적 행정규칙의 사법적 통제

1. 법원에 의한 통제

법령보충적 행정규칙은 법규명령의 효력을 가지므로 법규명령과 같이 재판의 전제가 된 경우에 법원이 간접적으로 통제하고(헌법 제107조 제2항), 처분성을 갖는 경우 직접 항고소송의 대상이 된다(서울행법 2003.1.15. 2001구25210).

2. 헌법재판소에 의한 통제

법령보충적 행정규칙이 처분에 해당하지 아니하고(헌법소원의 보충성), 직접적으로 국민의 기본권을 침해하는 경우에는 헌법소원의 대상이 된다. 헌법재판소도 "행정규칙이 법령의 규정에 의하여 행정관청에 법령의 구체적인 내용을 보충할 권한을 부여한 경우에는 대외적인 구속력을 갖게 되어 헌법소원의 대상이 될 수 있다"고 판시하였다(헌재 2013.5.30. 2012헌마255).

제4관 | 법규명령 형식으로 규정된 행정처분 기준

I. 의 의

행정규칙은 고시·훈령·예규 등의 형식으로 제정하는 것이 보통이다. 그런데 재량권 행사의 기준(재량준칙, 특히 제재적 처분의 기준)과 같이 규범의 실질은 행정규칙이나 대통령령(예 시행령) 또는 부령(예 시행규칙)과 같이 법규명령의 형식으로 제정하는 경우가 있는데, 이를 '법규명령형식의 행정규칙'이라 한다.

II. 성질 및 효력

1. 학 설

행정청 내부의 사무처리기준(예 재량준칙)을 대통령령이나 부령과 같이 법규명령의 형식으로 규정한 경우 그 법적 성질에 관하여, ① 규범의 실질을 중시하여 행정규칙으로 보아야 한다는 견해(행정규칙설), ② 규범의 형식을 중시하여 법규명령으로 보아야 한다고 보는 견해(법규명령설), ③ 상위법의 수권이 있으면 법규명령으로 보고 상위법의 수권이 없으면 행정규칙으로 보아야 한다는 견해(수권여부기준설)가 대립한다.

2. 판 례

① 판례는 대통령령(시행령) 형식으로 정한 제재적 처분기준은 대외적으로 국민이나 법원을 구속하는 법규명령으로 보고 있다(대판 1997.12.26. 97누15418). 반면, 부령(시행규칙) 형식으로 정한 제재적 처분기준은 행정규칙의 성질을 가지는 것이며 대외적으로 국민이나 법원을 구속하는 것은 아니라고 보았다(대판 2022.4.14. 2021두60960 등). 그리고 제재적 처분기준을 총리령(대판 1992.4.14. 91누9954)이나 지방자치단체의 규칙(대판 1995.10.17. 94누14148[전합])으로 정한 경우에도 행정규칙의 성질을 가진다고 보았다. 기출 20·17·13
② 대통령령의 형식으로 정해진 제재처분의 기준을 법규명령으로 보면서도 재량권 행사의 여지를 인정하기 위하여 처분기준(과징금 처분기준)을 최고한도(최고한도액)를 정한 것으로 본 판례도 있다(대판 2001.3.9. 99두5207). 그러나 법령상 기속행위로 규정된 처분의 기준은 상한(최고한도)이 아니라 절대적 구속력을 갖는다고 보아야 한다(대판 2014.11.27. 2013두8653).

제2절 행정행위

제1관 | 행정행위의 개념과 분류

I 행정행위의 개념

1. 행정행위의 개념

행정행위란 행정청이 구체적인 사실에 대한 법집행으로서 행하는 외부에 대하여 직접적·구체적인 법적 효과를 발생시키는 권력적 단독행위인 공법행위를 말한다. 행정행위는 강학상 개념이며, 실무에서는 '처분', '행정처분'이라는 용어가 사용되고 있다.

2. 행정기본법상 '처분' 개념

최근 제정된 행정기본법은 처분의 개념에 대하여 정의하고 있는데, "처분"이란 '행정청이 구체적 사실에 관하여 행하는 법 집행으로서 공권력의 행사 또는 그 거부와 그 밖에 이에 준하는 행정작용을 말한다'라고 하여(제2조 제4호), 행정쟁송법상의 처분 개념(행정소송법 제2조 제1항 제1호, 행정심판법 제2조 제1호)과 동일하게 규정하고 있다.

II 행정행위의 분류

1. 법률행위적 행정행위와 준법률행위적 행정행위

종래 통설은 행위자의 효과의사의 유무 내지 행정행위의 법적 효과의 발생원인에 따라 행정행위를 법률행위적 행정행위와 준법률행위적 행정행위로 구분하였다.

법률행위적 행정행위	행정청의 의사표시(효과의사)를 구성요소로 하고, 행정청의 효과의사의 내용에 따라 일정한 법적 효과가 발생하는 행위를 말한다(예 허가, 인가, 특허).
준법률행위적 행정행위	행정청의 의사표시(효과의사) 이외의 정신작용을 구성요소로 하고, 그 법적 효과는 행정청의 의사와는 무관하게 법규범에 의해 부여되는 행위를 말한다(예 공증, 통지, 수리, 확인).

2. 기속행위와 재량행위

행정행위는 법에 기속되는 정도에 따라 기속행위와 재량행위로 나누어진다.

기속행위	행정권 행사의 요건과 효과가 법에 일의적으로 규정되어 있어서 행정청에게 선택권이 전혀 인정되지 않고 행정청은 법에 정해진 대로 행위를 하여야 하는 의무를 지는 행정행위를 말한다.
재량행위	행위의 요건이나 효과의 선택에 관하여 법이 행정권에게 판단의 여지 내지 재량권을 인정한 경우에 행해지는 행정청의 행정행위를 말한다.

3. 침해적 행정행위, 수익적 행정행위, 이중효과적 행정행위

행정행위가 초래하는 이익 및 불이익 상황에 따라 행해지는 구분이다.

침해적 행정행위	행정행위를 행위의 상대방의 권익을 침해하는(권익을 제한하거나 의무를 부과하는) 행정행위를 말한다(예 영업정지처분, 과징금부과처분).
수익적 행정행위	행위의 상대방에게 이익을 부여하는 행정행위를 말한다(예 강학상 특허).
이중효과적(복효적) 행정행위	하나의 행정행위가 이익과 불이익을 동시에 발생시키는 행정행위를 말한다. ㉠ 제3자효 행정행위(상대방에게는 이익을 주고 제3자에게는 불이익을 주거나 상대방에게는 불이익을 주고 제3자에게는 이익을 주는 행정행위)와 ㉡ 혼합효 행정행위(상대방에 대하여 동시에 수익적 효과와 침해적 효과를 발생하는 행정행위)를 포함한다.

4. 대인적 행정행위, 대물적 행정행위, 혼합적 행정행위

이 구별의 실익은 행정행위의 효과가 이전될 수 있는지에 있다.

대인적 행정행위	행위의 상대방의 주관적 사정에 착안하여 행해지는 행정행위를 말하며, 그 효과는 일신전속적인 것이므로 제3자에게 승계되지 않는다(예 운전면허, 의사면허 등).
대물적 행정행위	• 행위의 상대방의 주관적 사정을 고려하지 않고 행위의 대상인 물건이나 시설의 객관적 사정에 착안하여 행해지는 행정행위를 말한다. • 대물적 행정행위 중 수익적 행정행위(예 건축허가)의 효과는 명문의 규정이 없어도 (건축물에 대한 권리변동에 수반하여) 제3자에게 승계된다(대판 1979.10.30. 79누190 참조). 예 건축허가, 건축물사용승인, 차량검사합격처분, 문화재지정처분, 공중위생업소폐쇄명령, 채석허가, 환지처분 등
혼합적 행정행위	• 행위의 상대방의 주관적 사정과 함께 행위의 대상인 물건이나 시설의 객관적 사정에 착안하여 행해지는 행정행위를 말한다. • 혼합적 행정행위의 이전은 명문의 규정이 있는 경우에 한하여 인정되며 통상 행정청의 승인 또는 허가 등을 받도록 규정하고 있다.

> 건축허가는 대물적 성질을 갖는 것이어서 행정청으로서는 그 허가를 할 때에 건축주 또는 토지 소유자가 누구인지 등 인적 요소에 관하여는 형식적 심사만 한다(대판 2017.3.15. 2014두41190). 기출 19

제2관 | 재량행위와 기속행위, 판단여지

I 재량행위와 기속행위의 구별

1. 재량행위와 기속행위의 개념

① 재량행위란 행정결정에 있어 행정청에게 선택의 자유가 인정되는 행정행위를 말하고, 기속행위란 행정행위의 요건 및 법적 결과(효과)가 일의적으로 명확하게 규정되어 있어서 법을 집행함에 있어서 행정청에게 어떠한 선택의 자유도 인정되지 않고 법을 기계적으로 적용하는 행정행위를 말한다.
② 재량행위는 행정기관이 재량권이 부여된 행정권을 행사함에 있어 어떠한 행정결정을 하거나 하지 않을 수 있는 권한을 갖는 경우(결정재량권)와 둘 이상의 법상 허용된 조치 중 어떠한 조치를 할 것인지 선택을 할 수 있는 권한을 갖는 경우(선택재량권)가 있다.

2. 재량행위와 기속행위의 구별실익

① **법원의 통제** : 재량행위는 재량권의 한계를 넘지 않는 한 법원에 의해 통제되지 않는다. 이에 반하여 기속행위는 행정권 행사에 법을 위반한 잘못이 있는 경우에 바로 위법한 행위가 되므로 기속행위에 대한 법원의 통제에는 그러한 제한이 없다.

② **사법심사방식의 차이** : 행정행위가 그 재량성의 유무 및 범위와 관련하여 이른바 기속행위 내지 기속재량행위와 재량행위 내지 자유재량행위로 구분된다고 할 때, 기속행위 내지 기속재량행위의 경우 그 법규에 대한 원칙적인 기속성으로 인하여 법원이 사실인정과 관련 법규의 해석·적용을 통하여 일정한 결론을 도출한 후 그 결론에 비추어 행정청이 한 판단의 적법 여부를 독자의 입장에서 판정하는 방식(완전심사 및 판단대체방식)에 의하게 되나, 재량행위 내지 자유재량행위의 경우 행정청의 재량에 기한 공익판단의 여지를 감안하여 법원은 독자의 결론을 도출함이 없이 당해 행위에 재량권의 일탈·남용이 있는지 여부만을 심사하게 되고(제한심사방식), 이러한 재량권의 일탈·남용 여부에 대한 심사는 사실오인, 비례·평등의 원칙 위배, 당해 행위의 목적 위반이나 동기의 부정 유무 등을 그 판단 대상으로 한다(대판 2001.2.9. 98두17593).

③ **부관과의 관계** : 재량행위의 경우에는 법률의 명시적 근거가 없는 경우에도 재량권의 범위 내에서 행정행위의 법률효과를 일부 제한하거나 상대방에게 특별한 부담을 지우는 부관을 붙일 수 있지만(대판 2004.3.25. 2003두12837), 기속행위 및 기속재량행위의 경우에는 행위요건의 일부가 충족되지 않은 경우에 그 요건의 충족을 조건으로 하는 부관만을 붙일 수 있을 뿐, 법령에 특별한 근거가 없는 한 행정행위의 효과를 제한하는 부관을 붙일 수 없는 점에서 기속행위와 재량행위의 구별실익이 있다(행정기본법 제17조 제1항, 제2항).

④ **요건 충족에 따른 효과의 부여** : 행정청은 기속행위의 경우 요건이 충족되면 반드시 법에 정해진 효과를 부여하여야 하지만, 재량행위의 경우 요건이 충족되어도 공익과의 이익형량을 통하여 법에 정해진 효과를 부여하지 않을 수도 있다.

⑤ **자동적 처분의 가부** : 기속행위의 경우, 행정청은 법률로 정하는 바에 따라 완전히 자동화된 시스템(인공지능 기술을 적용한 시스템을 포함)으로 처분을 할 수 있다(자동적 처분의 예시 : 교통 신호, 시험 채점, 세금 결정 등). 그러나 처분 과정에서 행정청의 재량적 판단이 필요한 처분은 자동적 처분의 대상에서 제외된다(행정기본법 제20조).

3. 재량행위와 기속행위의 구별기준

(1) 법률규정 및 입법취지

① 기속행위와 재량행위의 구별에 관하여 종래 요건재량설, 효과재량설 등의 견해가 주장되었으나, 오늘날 재량행위와 기속행위의 구별에 있어 법률규정이 일차적 기준이 된다고 보고 있다. 왜냐하면 재량권은 입법권에 의해 행정기관에 부여되는 것이기 때문이다. 여기서 법률규정의 문리적 표현뿐만 아니라 관련 규정, 입법목적 및 입법취지를 아울러 고려하여야 한다.

② 법률에서 효과규정을 '행정청은 … 할 수 있다'라고 가능형식으로 규정하고 있는 경우에는 원칙적으로 재량행위이고, '행정청은 … 하여야 한다'라고 강제형식으로 규정하고 있는 경우에는 원칙적으로 기속행위이다. 그러나 법률에서 '… 하고자 하는 자는 허가를 받아야 한다'라는 규정만 두고, 행정청의 허가에 대한 재량에 관하여는 아무런 규정을 두지 않은 경우에는 해석을 통하여 그 허가가 재량행위인지 기속행위인지 판단하여야 한다.

(2) 법률 규정이 불명확한 경우

① 법률규정만으로 재량행위인지 기속행위인지 판단할 수 없는 경우에는 입법목적 및 입법취지를 고려하고 아울러 다음과 같이 문제의 행위의 성질, 기본권 관련성 및 공익관련성을 함께 고려하여야 한다(대판 2001.2.9. 98두17593 참조).

② 판례는 "예외적인 개발행위의 허가는 상대방에게 수익적인 것이 틀림이 없으므로 그 법률적 성질은 재량행위 내지 자유재량행위에 속하는 것"이라고 하여(대판 2004.3.25. 2003두12837), 성질설(효과재량설)을 보충적으로 활용하기도 한다.

(3) 구체적 사례의 검토

1) 기속행위에 해당하는 사례

- **식품위생법상 대중음식점영업허가** : 식품위생법상 대중음식점영업허가는 성질상 일반적 금지에 대한 해제에 불과하므로 허가권자는 허가신청이 법에서 정한 요건을 구비한 때에는 허가하여야 하고 관계법규에서 정하는 제한사유 이외의 사유를 들어 허가신청을 거부할 수 없다(대판 1993.5.27. 93누2216).
- **국유재산법에 의한 국유재산의 무단점유 등에 대한 변상금부과** : 국유재산의 무단점유 등에 대한 변상금징수의 요건은 국유재산법 제72조 제1항에 명백히 규정되어 있으므로 변상금을 징수할 것인가는 처분청의 재량을 허용하지 않는 기속행위이다(대판 2000.1.28. 97누4098). 기출 25

2) 재량행위

- **「공유수면 관리 및 매립에 관한 법률」상 공유수면의 점용·사용허가** : 공유수면의 점용·사용허가는 특정인에게 공유수면 이용권이라는 독점적 권리를 설정하여 주는 처분으로서 처분 여부 및 내용의 결정은 원칙적으로 행정청의 재량에 속한다(대판 2017.4.28. 2017두30139). 기출 25·21
- **도로법상 도로점용허가** : 구 도로법 제61조 제1항에 의한 도로점용허가는 일반사용과 별도로 도로의 특정 부분에 대하여 특별사용권을 설정하는 설권행위이다. 도로관리청은 신청인의 적격성, 점용목적, 특별사용의 필요성 및 공익상의 영향 등을 참작하여 점용허가 여부 및 점용허가의 내용인 점용장소, 점용면적, 점용기간을 정할 수 있는 재량권을 갖는다(대판 2019.1.17. 2016두56721).
- **농지법에 따른 농지의 전용행위를 수반하는 건축허가** : 구 농지법상 농지전용허가는 그 각 요건이 불확정개념으로 되어 있어 그 각 요건에 해당하는지 여부의 판단에 관하여 행정청에 재량권이 부여되어 있으므로, 농지법에 따른 농지의 전용행위를 수반하는 건축허가는 재량행위에 해당한다(대판 2016.10.27. 2015두41579). 기출 25
- **출입국관리법상 체류자격 변경허가** : 출입국관리법상 체류자격 변경허가는 신청인에게 당초의 체류자격과 다른 체류자격에 해당하는 활동을 할 수 있는 권한을 부여하는 일종의 설권적 처분의 성격을 가지므로, 허가권자는 신청인이 관계 법령에서 정한 요건을 충족하였더라도, 신청인의 적격성, 체류 목적, 공익상의 영향 등을 참작하여 허가 여부를 결정할 수 있는 재량을 가진다(대판 2016.7.14. 2015두48846). 기출 25

4. 기속재량행위의 인정 여부

판례는 기속행위이지만 예외적으로 중대한 공익을 이유로 인허가 또는 신고수리를 거부할 수 있는 행위(기속재량행위)를 인정하고 있다. 이러한 의미의 기속재량은 거부재량으로 불리기도 한다. 예를 들면, 판례는 "건축허가권자는 건축신고가 건축법, 국토의 계획 및 이용에 관한 법률 등 관계법령에서 정하는 명시적인 제한에 배치되지 않는 경우에도 건축을 허용하지 않아야 할 중대한 공익상 필요가 있는 경우에는 건축신고의 수리를 거부할 수 있다"고 판시하여(대판 2019.10.31. 2017두74320), 개발행위허가를 의제하지 않거나 토지형질변경을 수반하지 않는 순수한 의미에서의 건축허가는 기속재량행위라고 한다.

Ⅱ 재량권의 한계

1. 의 의

> **행정기본법 제21조(재량행사의 기준)**
> 행정청은 재량이 있는 처분을 할 때에는 관련 이익을 정당하게 형량하여야 하며, 그 재량권의 범위를 넘어서는 아니 된다.

① 행정청에 재량권이 부여된 경우에도 재량권은 무한정한 것은 아니며 일정한 법적 한계가 있다. 최근 제정된 행정기본법은 재량행사의 기준을 명문화하였다(행정기본법 제21조).
② 재량권의 한계를 넘은 것을 재량권의 일탈 또는 남용이라고 한다. 재량권의 일탈이란 재량권의 외적 한계(즉, 법적·객관적 한계)를 벗어난 것을 말하고, 재량권의 남용이란 재량권의 내적 한계, 즉 재량권이 부여된 내재적 목적을 벗어난 것을 의미한다. 재량권의 한계를 넘은 재량권 행사에는 법 규정의 위반, 사실오인, 평등원칙 위반, 자기구속의 원칙 위반, 비례원칙 위반, 절차 위반, 재량권의 불행사 또는 해태, 목적 위반 등이 있다.
③ 판례는 "재량권의 일탈·남용 여부에 대한 심사는 사실오인, 비례·평등의 원칙 위배, 당해 행위의 목적 위반이나 동기의 부정 유무 등을 그 판단 대상으로 한다"고 판시하고 있다(대판 2001.2.9. 98두17593).

2. 재량권의 일탈·남용의 유형

(1) 법 규정의 위반

법령이 재량권을 부여함에 있어 직접 재량권의 일정한 한계를 정하는 경우가 있고 이 경우에 이 법령상의 한계를 넘는 재량처분은 위법하다.

(2) 사실오인(처분사유의 부존재)

사실의 존부에 대한 판단에는 재량권이 인정될 수 없으므로 사실을 오인하여 재량권을 행사한 경우에 그 처분은 위법하다(대판 2001.7.27. 99두2970).

(3) 행정법의 일반원칙 위반

재량권의 행사가 평등원칙, 자기구속의 원칙, 비례원칙 등 행정법의 일반원칙에 위반한 경우, 재량권을 일탈·남용한 위법한 처분에 해당한다(대판 2001.2.9. 98두17593).

(4) 재량권의 불행사 또는 재량의 해태

① 재량권의 불행사란 재량권을 행사함에 있어 고려하여야 할 구체적 사정을 전혀 고려하지 않은 경우를 말한다. 예를 들면, ㉠ 행정법규를 위반한 영업에 대하여 영업허가를 취소 또는 정지할 수 있다고 규정되어 있는데 위반행위의 동기, 목적 및 방법, 위반행위의 결과, 위반행위의 횟수 등을 전혀 고려함이 없이 영업허가를 취소한 경우(행정기본법 제22조 제2항 참조), ㉡ 제재처분을 함에 있어 감경사유가 있음에도 이를 전혀 고려하지 않거나 그 사유에 해당하지 않는다고 오인한 나머지 감경하지 아니한 경우(대판 2016.8.29. 2014두45956), 그 처분은 재량권을 일탈·남용한 것으로 위법한 처분이 된다.

② 재량의 해태란 재량권을 행사함에 있어 고려하여야 하는 구체적 사정에 대한 고려를 하였지만 충분히 고려하지 않은 경우를 말한다. 예를 들면, 재량권 행사시 고려하여야 하는 관계 이익(공익 및 사익)을 충분히 고려하지 않은 경우를 말한다.

- 처분의 근거 법령이 행정청에 처분의 요건과 효과 판단에 일정한 재량을 부여하였는데도, 행정청이 자신에게 재량권이 없다고 오인한 나머지 처분으로 달성하려는 공익과 그로써 처분상대방이 입게 되는 불이익의 내용과 정도를 전혀 비교형량 하지 않은 채 처분을 하였다면, 이는 재량권 불행사로서 그 자체로 재량권 일탈·남용으로 해당 처분을 취소하여야 할 위법사유가 된다(대판 2019.7.11. 2017두38874). 기출 21
- 과징금 감경사유가 있음에도 이를 전혀 고려하지 않았거나 감경사유에 해당하지 않는다고 오인한 나머지 과징금을 감경하지 않았다면 그 과징금 부과처분은 재량권을 일탈·남용한 위법한 처분이라고 할 수밖에 없다(대판 2010.7.15. 2010두7031). 기출 21

(5) 목적 위반

재량권이 사적 목적 내지 불법한 동기에 의해 행사된 경우에 재량행위가 위법하게 된다는 데에 이견이 없다. 나아가 행정권이 주어진 목적과 실체적 관련이 없는 전혀 다른 목적으로 행사된 경우에는 공익목적을 위하여 행사된 경우에도 재량권을 남용한 것으로 위법한 것으로 보아야 한다.

(6) 명백히 불합리한 재량권의 행사

재량권의 행사가 명백히 불합리한 경우(사회통념상 현저하게 타당성을 잃은 경우), 이는 재량권의 일탈·남용으로서 위법하다(대판 2016.7.14. 2015두48846).

- 행정청이 제재처분 양정을 하면서 공익과 사익의 형량을 전혀 하지 않았거나 이익형량의 고려대상에 마땅히 포함하여야 할 사항을 누락한 경우 또는 이익형량을 하였으나 정당성·객관성이 결여된 경우에는 제재처분은 재량권을 일탈·남용한 것이라고 보아야 한다(대판 2020.6.25. 2019두52980). 기출 21

3. 재량행위에 대한 사법적 통제

① 재량행위에 대한 취소소송에서 행정청의 재량권 일탈·남용 여부는 본안판단 사항에 해당한다. 따라서 법원은 재량권의 일탈·남용이 있으면 취소판결(인용판결)을 하고(행정소송법 제27조), 재량권의 일탈·남용이 없으면 기각판결을 한다.
② 재량권을 일탈·남용한 특별한 사정이 있다는 점은 증명책임분배의 일반원칙에 따라 이를 주장하는 자(처분의 효력을 다투는 원고)가 증명하여야 한다(대판 2021.3.25. 2020두51280; 대판 2021.6.30. 2021두35681).
③ 또한 재량권의 일탈 또는 남용이 있어 위법한 처분으로 인하여 손해를 입은 국민은 국가배상을 청구할 수 있다(국가배상법 제2조).

Ⅲ 판단여지

1. 불확정개념과 판단여지

(1) 불확정개념

법률이 행위의 요건을 규정함에 있어서 불확정개념을 사용하는 경우가 있다. 불확정개념이란 그 개념 자체로서는 그 의미가 명확하지 않고 해석의 여지가 있는 개념을 말한다. '공공의 안녕과 질서', '중대한 사유', '식품의 안전', '환경의 보전' 등을 그 예로 들 수 있다.

(2) 판단여지

① 판단여지란 요건을 이루는 불확정개념의 해석·적용에 있어서 이론상 하나의 판단만이 가능한 것이지만, 둘 이상의 판단이 모두 적법한 판단으로 인정될 수 있는 가능성이 있는 것을 말한다.

② 일반적으로 불확정개념은 법개념(법원에 의해 논리법칙 또는 경험법칙에 따라 그 개념이 일의적으로 해석될 수 있는 개념)으로 본다. 다만, 일정한 경우에 행정기관이 불확정개념을 해석·적용함에 있어 둘 이상의 상이한 판단이 행해질 수 있는 경우가 있는데, 이와 같이 행정기관에게 판단여지가 인정되는 경우에는 판단의 여지 내에서 이루어진 행정기관의 판단은 법원에 의한 통제의 대상이 되지 않는다는 견해를 판단여지설이라 한다.

2. 재량과 판단여지의 구별

① 판단여지는 법률요건에 대한 인식의 문제이지만 재량은 법률효과의 선택의 문제라는 점과 재량은 입법자에 의하여 부여되지만 판단여지는 법원에 의하여 주어지는 점 등을 고려할 때 양자를 구별하는 것이 타당하다는 견해(구별긍정설)와 재량과 판단여지는 모두 법원에 의한 사법심사의 배제라는 측면에서 동일하므로 이를 구별할 실익이 없다는 견해(구별부정설)가 주장되고 있다.

② 판례는 판단여지설의 논리를 일부 수용하면서도 재량권과 판단여지를 구분하지 않고, 판단여지가 인정될 수 있는 경우도 재량권이 인정되는 것으로 본다(대판 2008.12.24. 2008두8970 등).

> 토지의 형질변경허가는 그 금지요건이 불확정개념으로 규정되어 있어 그 금지요건에 해당하는지 여부를 판단함에 있어서 행정청에게 재량권이 부여되어 있다고 할 것이므로, 「국토의 계획 및 이용에 관한 법률」에 의하여 지정된 도시지역 안에서 토지의 형질변경행위를 수반하는 건축허가는 결국 재량행위에 속한다(대판 2005.7.14. 2004두6181). 기출 21

3. 판단여지의 인정범위 및 인정기준

① 판단여지는 행정행위의 요건 중 일정한 불확정개념의 판단에서 인정된다. 판단여지는 주로 ㉠ 비대체적 결정의 영역(예 주관식시험이나 면접시험의 평가), ㉡ 구속적 가치평가의 영역(예 전문위원회에 의한 청소년 유해도서의 판단, 보호대상 문화재 해당 여부의 판단), ㉢ 예측결정의 영역(예 환경상 위험의 예측평가, 경제여건의 변화예측), ㉣ 정책적 결정의 영역(예 외국인의 체류갱신허가의 필요성 판단), ㉤ 고도의 전문성이 요구되는 영역(예 위험의 과학적 불확실성의 판단) 등에서 인정된다.

② 판례는 공무원 임용을 위한 면접전형(대판 2008.12.24. 2008두8970), 사법시험 제2차 시험의 채점행위(대판 2007.1.11. 2004두10432), 건설공사를 계속하기 위한 고분발굴허가(대판 2000.10.27. 99두264), 감정평가사시험의 합격기준의 선택(대판 1996.9.20. 96누6882), 교과서 검정(대판 1992.4.24. 91누6634) 등 판단여지가 인정될 수 있는 경우에도 판단여지를 인정하는 대신 재량권을 인정하고 있다.

제3관 | 법률행위적 행정행위

I 개설

① 행정행위는 의사표시를 구성요소로 하는가, 의사표시 이외의 정신작용(인식·판단 등)의 표현을 구성요소로 하는가에 따라 '법률행위적 행정행위'와 '준법률행위적 행정행위'로 분류하는 것이 전통적 견해이다.
② 법률행위적 행정행위는 그 법적 효과가 행정청의 효과의사의 내용에 따라 발생하는 반면, 준법률행위적 행정행위는 행정청의 단순한 정신작용의 표현에 의하여 그 효과는 법령이 정하는 바에 따라 부여된다 점에서 차이가 있다. 준법률행위적 행정행위는 행정청의 의사에 따라 법률효과가 발생하는 것이 아니므로, 그 내용에 관하여 행정청에 재량권이 인정될 여지가 없고, 부관을 붙일 수 없다는 점에서 양자의 구별실익이 있다.

II 법률행위적 행정행위의 구분

① 법률행위적 행정행위는 법률효과의 내용에 따라 명령적 행위와 형성적 행위로 구분된다.
② 통설적 견해에 의하면, ㉠ 명령적 행위는 상대방에게 일정한 의무(작위·부작위)를 과하거나 이미 부과된 의무를 해제함을 내용으로 하는 행정행위(하명, 허가, 면제)를 말하고, ㉡ 형성적 행위는 상대방에게 권리 또는 능력의 형성(발생·변경·소멸)을 목적으로 하는 행정행위(특허, 인가, 공법상 대리행위)를 말한다.

기출 18

III 명령적 행정행위

1. 하명

(1) 의의 및 근거

① 하명이란 행정청이 국민에게 작위, 부작위, 급부 또는 수인을 명(命)하는 행위를 말한다. 하명은 법률행위적 행정행위 중 명령적 행정행위에 해당한다.
② 하명은 의무의 내용에 따라, 작위하명(예 위법건축물 철거명령, 불법광고물의 철거명령), 부작위하명(예 영업정지처분), 수인하명(예 건강진단 수진명령, 강제접종결정), 급부하명(예 과징금 부과처분)으로 구분할 수 있다. 기출 19·17
③ 하명은 개인의 자연적 자유를 제한하여 의무를 부과하는 행위이므로 헌법 제37조 제2항 및 행정기본법 제8조에 따라 법률에 근거가 있어야 한다.

(2) 하명의 효과

하명은 그 내용에 따라 작위·부작위·수인·급부의무를 발생시킨다. 하명의 효과는 원칙적으로 그 상대방(수명자)에게 대한 관계에서만 발생하지만, 대물적 하명의 경우에는 그 대상인 물건을 승계한 자에게도 그 효과가 승계된다.

(3) 하명 위반의 효과

하명에 의하여 부과된 의무를 이행하지 않는 경우(예 위법 건축물의 철거의무), 행정상 강제집행의 대상이 되고, 행정벌 기타 제재가 부과되는 것이 보통이다. 그러나 하명에 위반한 법률행위가 사법(私法)상으로 당연히 무효로 되는 것은 아니다.

2. 허 가

(1) 의 의

① 강학상 허가란 일반적 금지의 해제, 즉 법규에 의한 일반적·상대적 금지를 특정한 경우에 해제하여 일정한 사실행위 또는 법률행위를 할 수 있게 해주는 행정행위를 말한다. 이러한 허가는 학문상(강학상)의 개념이다. 법령에서는 허가 이외에 면허, 인허, 승인 등의 여러 가지 용어가 사용되고 있는바, 당해 행위가 강학상 허가에 해당하는지의 여부는 관계 법령의 구체적 규정이나 취지 등에 비추어 개별적으로 판단해야 한다.

② 식품위생법상 대중음식점영업허가(대판 1993.5.27. 93누2216), 건축허가(대판 2009.9.24. 2009두8946), 어업허가, 주류판매업 면허(종합주류도매업 면허)(대판 1995.11.10. 95누5714), 기부금품모집허가(대판 1999.7.23. 99두3690), 운전면허(대판 2017.10.31. 2017도9230)가 강학상 허가의 대표적인 예이다.

(2) 허가의 법적 성질

1) 명령적 행위

종래의 통설은 허가는 권리 기타 능력을 설정하여 주는 행위가 아니라 인간이 본래 가지고 있는 자연적 자유를 회복시켜 주는 것에 불과한 것이므로 명령적 행위에 해당한다고 본다. 판례도 "한의사 면허는 경찰금지를 해제하는 명령적 행위(강학상 허가)에 해당한다"고 판시함으로써(대판 1998.3.10. 97누4289), 허가를 명령적 행위로 본다.

2) 기속행위(원칙)

허가는 법령에 특별한 규정이 없는 한 기속행위라고 보아야 한다. 허가요건을 충족하였다는 것은 자유권의 행사에 공익상의 장해요인이 없다는 것을 의미하게 되므로 허가요건을 충족하였는데도 허가를 거부하는 것은 정당한 사유 없이 헌법상 자유권을 제한하는 것이 되기 때문이다.

> 식품위생법상 대중음식점영업허가는 성질상 일반적 금지에 대한 해제에 불과하므로 허가권자는 허가신청이 법에서 정한 요건을 구비한 때에는 허가하여야 하고 관계법규에서 정하는 제한사유 이외의 사유를 들어 허가신청을 거부할 수 없다(대판 1993.5.27. 93누2216).

3) 예외 : 기속재량행위, 재량행위

① 판례는 건축허가 등 일정한 허가를 원칙적으로 기속행위라고 보면서도 예외적으로 중대한 공익상 필요가 있는 경우 거부할 수 있는 재량권(기속재량권)을 인정하고 있다. 즉, 허가를 기속재량행위로 보는 경우가 있다.

> 건축허가권자는 건축허가신청이 건축법 등 관계 법령에서 정하는 어떠한 제한에 배치되지 않는 이상 같은 법령에서 정하는 건축허가를 하여야 하고, 중대한 공익상의 필요가 없음에도 불구하고 요건을 갖춘 자에 대한 허가를 관계 법령에서 정하는 제한사유 이외의 사유를 들어 거부할 수는 없다(대판 2016.8.24. 2016두35762).
> 기출 15

② 법령에서 일정한 경우에 허가를 재량행위로 규정하고 있는 경우가 있는데, 그 경우에는 허가도 재량행위가 된다. 예를 들면, 건축법 제11조 제4항은 "허가권자는 위락시설 또는 숙박시설에 해당하는 건축물의 건축을 허가하는 경우 해당 대지에 건축하려는 건축물의 용도·규모 또는 형태가 주거환경이나 교육환경 등 주변 환경을 고려할 때 부적합하다고 인정되는 경우에는 이 법이나 다른 법률에도 불구하고 건축위원회의 심의를 거쳐 건축허가를 하지 아니할 수 있다"고 규정하고 있으므로, 건축법 제11조 제4항에 의한 건축허가는 재량행위이다.

③ 명문의 규정이 없더라도 근거법령 내지 관계법령의 규정에 비추어 허가 시 중대한 공익(예 공중위생, 공중오락의 건전성 유지, 환경의 이익 등)의 고려가 필요하여 이익형량이 요구되는 경우 허가는 재량행위라고 보아야 한다.

(3) 허가의 신청

① 강학상 허가는 상대방의 신청에 따라 행하여지는 것이 보통이다. 그러나 반드시 신청을 전제로 하는 것은 아니다. 통행금지의 해제처럼 신청이 없는 허가도 허용된다. `기출 19·15`

② 허가신청 후 허가기준이 변경되었다 하더라도 그 허가관청이 허가신청을 수리하고도 정당한 이유 없이 그 처리를 늦추어 그 사이에 허가기준이 변경된 것이 아닌 이상 변경된 허가기준에 따라서 처분을 하여야 한다(대판 2006.8.25. 2004두2974). `기출 19`

(4) 허가의 효과

① **자연적 자유의 회복** : 허가는 일반적 금지를 해제하여 본래의 자유를 회복하여 주는 행위라고 보는 것이 통설적 견해이다. 예를 들면, 영업허가 또는 건축허가를 받은 자는 헌법상의 자유권을 회복하여 적법하게 영업행위 또는 건축행위를 할 수 있게 된다.

② **이익의 향유**

㉠ 개인이 허가를 받음으로써 누리는 이익은 법률상 이익으로서 법의 보호를 받는다. 예를 들면 단란주점 허가를 받은 사업자는 적법하게 단란주점 영업을 할 수 있다. 따라서 정당한 사유 없이 행정청이 단란주점허가를 철회한 경우, 철회에 대한 취소소송을 통하여 권리구제를 받을 수 있다.

㉡ 한편, 허가의 효과가 '반사적 이익(사실상 이익)'으로서 법의 보호를 받지 못하는 경우란 적법한 허가를 받은 신규업자가 출현함으로써 기존업자의 영업상 이익이 감소한 경우이다. 이때 신규업자에 대한 관계에서 허가로 인하여 기존 허가권자가 누리는 영업상 이익(경업자로서의 이익)은 원칙적으로 반사적 이익에 불과하다(대판 1998.3.10. 97누4289). 일반적으로 허가제도를 설정하는 법규정은 공익(질서유지 등)의 달성을 목적으로 하고 있을 뿐 허가업자의 영업상의 이익 보호를 목적으로 하고 있지 않기 때문이다.

㉢ 다만, 당해 영업허가의 요건으로서 관계법상 거리 제한 또는 영업구역 제한 규정이 있는 경우에 당해 구역 내에서 허가업자가 누리는 영업상의 이익의 성질에 대하여는 보다 구체적인 검토를 요한다. 이 경우 당해 이익의 성질이 법률상 이익인지 아니면 반사적 이익에 불과한지는 거리 제한 또는 영업구역 제한을 두고 있는 관계 규정 내지 관계 법규 전체의 목적·취지에 비추어 판단하여야 한다. 관계 규정의 목적·취지가 공익뿐만 아니라 허가업자 개개인의 이익도 보호하고 있는 것으로 해석되는 경우, 기존 허가업자가 누리는 독점적 이익은 법률상 이익으로 볼 수 있다(대판 1998.6.14. 87누873 참조).

③ **다른 법률상의 제한** : 허가가 있으면 특별한 사정이 없는 한 당해 허가의 대상이 된 행위에 대한 금지만 해제될 뿐 타법에 한 금지까지 해제되는 것은 아니다. 기출 15 예를 들면, 국가공무원이 음식점영업허가를 받는다 하여도 식품위생법상의 금지가 해제될 뿐 국가공무원법상의 영리업무금지는 해제되지 않는다.

④ **허가에 부가된 기한** : 일반적으로 행정처분에 효력기간이 정하여져 있는 경우에는 그 기간의 경과로 그 행정처분의 효력은 상실되나, 허가에 붙은 기한이 그 허가된 사업의 성질상 부당하게 짧은 경우에는 이를 그 허가 자체의 존속기간이 아니라 그 허가조건의 존속기간(갱신기간)으로 보아야 한다(대결 2005.1.17. 2004무48). 기출 19

(5) 관련 문제 : 예외적 허가(승인)

1) **의 의**

① 예외적 허가(승인)란 억제적 금지의 해제, 즉 사회적으로 유해하거나 바람직하지 않은 일정 행위를 법령상 원칙적으로 금지하고 예외적인 경우에 금지를 해제하여 해당 행위를 적법하게 할 수 있게 해주는 행정행위를 말한다.

② 「학교보건법」 제6조 제1항 단서의 학교환경위생정화구역 내 금지해제조치(대판 1996.10.29. 96누8253), 개발제한구역 내에서의 개발행위허가(건축허가나 용도변경)(대판 2001.2.9. 98두17593), 자연공원구역 안에서의 건축허가(대판 2005.3.10. 2004도8311), 카지노영업허가 등을 들 수 있다.

2) **예외적 허가의 법적 성질**

① 예외적 허가는 상대방에게 새로운 권리를 설정해주는 것이 아니라 금지를 해제하여 주는 것에 불과하므로 허가의 일종으로 보는 것이 타당하다(견해 대립 있음).

② 허가는 사회적으로 유해하거나 바람직하지 않은 일정한 행위를 공익상 원칙적으로 금지하고 그 금지목적을 해하지 않는 한도 내에서 예외적으로 허가하는 것으로서, 공익 보호의 필요성이 크므로 원칙적으로 재량행위에 속한다. 판례도 예외적 허가에 해당하는 개발제한구역 내에서의 개발행위허가나 건축물용도변경 허가를 재량행위로 보고 있다(대판 2004.7.22. 2003두7606; 대판 2001.2.9. 98두17593).

> 개발제한구역 내에서는 구역지정의 목적상 건축물의 건축 및 공작물의 설치 등 개발행위가 원칙적으로 금지되고, 다만 구체적인 경우에 이러한 구역지정의 목적에 위배되지 아니할 경우 예외적으로 허가에 의하여 그러한 행위를 할 수 있게 되어 있음이 그 규정의 체제와 문언상 분명하고, 이러한 예외적인 개발행위의 허가는 상대방에게 수익적인 것이 틀림이 없으므로 그 법률적 성질은 재량행위 내지 자유재량행위에 속하는 것이다(대판 2004.3.25. 2003두12837). 기출 21

3. 면 제

면제란 특정한 경우에 법령에 의해 정해진 작위의무, 급부의무 또는 수인의무를 해제하는 행정행위를 말한다. 예를 들면, 예방접종의무의 면제, 납세의무의 면제를 들 수 있다. 의무의 해제라는 점에서 면제는 허가와 같은 것이나, 허가의 경우 그 대상이 부작위의무라는 점에서 차이가 있다.

Ⅳ 형성적 행정행위

1. 개 설

① 형성적 행위란 상대방(국민)에게 특정한 권리, 능력(법적 지위), 포괄적 법률관계 등을 발생·변경·소멸시키는 행위를 말한다.
② 형성적 행위에는 ① 직접 상대방을 위하여 권리, 능력, 포괄적 법률관계를 발생·변경·소멸시키는 행위(강학상 특허)와 ② 행정청이 타인의 법률행위를 보충하여 그 효력을 완성시켜 주는 행위(강학상 인가), ③ 제3자가 해야 할 행위를 행정기관이 대신하여 행함으로써 제3자가 행한 것과 같은 효과를 발생시키는 행위(공법상 대리)가 있다. 기출 19

2. 특 허

(1) 의 의

① 특허란 상대방에게 직접 새로운 권리·능력, 법적 지위, 포괄적 법률관계를 설정하는 행위를 말한다.
② 강학상 특허에는 사인에게 권리를 설정해 주는 행위(협의의 특허), 능력 설정행위, 포괄적 법률관계의 설정행위가 있다. 기출 19
③ 공유수면매립면허(대판 1989.9.12. 88누9206), 보세구역의 설영특허(대판 1989.5.9. 88누4188), 공유수면점용·사용허가(대판 2017.4.28. 2017두30139), 하천점용허가(대판 2015.1.29. 2012두27404), 어업면허(대판 1999.5.14. 98다14030), 출입국관리법상 체류자격 변경허가(대판 2016.7.14. 2015두48846), 법무부장관의 공증인 인가·임명행위(대판 2019.12.13. 2018두41907), 도시 및 주거환경정비법상 조합설립인가(대결 2009.9.24. 2009마168), 여객자동차운수사업법상 개인택시운송사업면허(대판 2005.4.28. 2004두8910)는 각각 특허에 해당한다. 기출 22·17·16

[강학상 특허의 예]

권리 설정행위 (협의의 특허)	버스운송사업면허, 개인택시운송사업면허, 폐기물처리업허가, 체류자격 변경허가, 광업허가, 도로점용허가, 공유수면점용·사용허가, 공유수면 매립면허, 하천점용허가, 보세구역 설영특허, 어업면허 등 기출 22·17·16
능력 설정행위	행정주체 또는 공법인으로서의 지위를 부여하는 행위(예 재건축·재개발 정비사업조합 설립인가 등), 법무부장관의 공증인 인가·임명행위 기출 17
포괄적 법률관계의 설정행위	공무원 임명, 귀화허가, 난민 인정 결정 등

(2) 특허의 성질

① 특허는 상대방에게 권리나 이익을 새로이 설정하는 형성적 행위이다. 그리고 특허 여부를 결정할 때 공익 목적의 효과적인 달성을 고려하여야 하므로 특허는 원칙적으로 재량행위이다. 다만, 법령상 특허를 기속행위로 규정할 수도 있다.
② 판례는 도로점용허가, 개인택시운송사업면허, 공유수면 점용·사용허가, 체류자격변경허가, 공증인 인가·임명행위 등 강학상 특허를 일반적으로 재량행위로 본다. 다만, 난민 인정 결정은 기속행위로 보았다(대판 2017.12.5. 2016두42913).

(3) 특허의 효과

특허는 상대방에게 새로운 권리·능력, 법적 지위 등 법률상의 힘을 발생시킨다. 특허에 의해 설정되는 권리는 배타적 권리로서 공권(예 공유수면의 점용·사용허가)인 것이 보통이나 사권(예 광업권, 어업권)인 경우도 있다. 특허의 효과는 그것이 일신전속적인 것(예 귀화허가)인 경우에는 이전성이 없으나, 대물적 특허의 경우에는 자유로이 또는 일정한 제한(예 행정청에의 지위승계신고)하에 이전될 수 있다.

(4) 허가와 특허의 구별

전통적 견해 및 판례에 따르면, ① 허가는 신청 없이 행하여지는 경우도 있으나(무출원 허가), 특허는 항상 신청을 요하는 쌍방적 행정행위이다. ② 허가는 단지 자연적 자유를 회복시켜 주는 명령적 행위이고, 특허는 권리·능력, 법적지위 등의 설정행위로서 형성적 행위(설권적 행위)이다. ③ 관계법상의 허가요건이 충족되는 경우에는 행정청은 원칙적으로 허가를 하여야 할 기속을 받는다(기속행위). 그러나 특허는 공익을 고려하여 특허 여부를 결정하여야 하므로 행정청에 재량이 인정될 소지가 많다(재량행위). 그러나 이것이 곧 특허가 언제나 재량행위라는 것을 의미하는 것은 아니고, 관계법의 규정 방식에 따라서는 기속행위인 경우도 있을 수 있다. ④ 신규 특허에 대하여 기존 특허업자가 누리는 영업상 이익은 통상 법률상 이익이지만, 신규 허가에 대하여 기존 허가업자가 누리는 영업상 이익은 원칙적으로 반사적 이익이다. 그러나 오늘날 허가와 특허의 구별은 상대화하고 있고 양자는 상호 접근하는 경향이 있다.

3. 인 가

(1) 의 의

① 강학상 인가란 행정청이 타인의 법률적 행위를 보충하여 그 법률적 효력을 완성시켜 주는 행정행위를 말한다. 이론상 인가는 법률적 행위의 효력을 인가라는 행정청의 결정에 의해 발생시킬 공익상 필요가 있는 경우에 인정된다. 기출 19·17
② 강학상 인가는 법률행위적 행정행위로서 공법상 행정처분에 해당한다. 기출 17

(2) 인가의 예

① 부동산 거래신고 등에 관한 법률상 외국인등의 토지거래 허가(부동산 거래신고 등에 관한 법률 제9조 제1항)는 강학상 인가에 해당한다. 기출 22
② 판례가 인정한 인가의 예로는 사립학교법인임원의 선임행위에 대한 감독청의 승인(대판 1987.8.18. 86누152; 대판 2007.12.27. 2005두9651), 토지거래허가(대판 1991.12.24. 90다12243[전합]), 재단법인의 정관변경허가(대판 1996.5.16. 95누4810[전합]), 자동차관리사업자단체인 조합 또는 협회 설립인가(대판 2015.5.29. 2013두635), 정비조합의 정관변경인가(대판 2014.7.10. 2013도11532), 정비조합 조합장의 명의변경인가(대판 2005.10.14. 2005두1046), 「도시 및 주거환경정비법」상 관리처분계획인가(대판 2001.12.11. 2001두7541), 「도시 및 주거환경정비법」상 조합설립추진위원회 구성승인처분(대판 2013.1.31. 2011두11112), 「도시 및 주거환경정비법」상 주택재건축조합·주택재개발정비사업조합의 사업시행계획에 대한 인가(대판 2008.1.10. 2007두16691; 대판 2021.2.10. 2020두48031) 등이 있다.

> • 민법 제45조와 제46조에서 말하는 재단법인의 정관변경 "허가"는 법률상의 표현이 허가로 되어 있기는 하나, 그 성질에 있어 법률행위의 효력을 보충해 주는 것이지 일반적 금지를 해제하는 것이 아니므로, 그 법적 성격은 인가라고 보아야 한다(대판 1996.5.16. 95누4810[전합]). 기출 14

- 사립학교법 제20조 제2항에 의한 <u>학교법인의 임원에 대한 감독청의 취임승인은 학교법인의 임원선임행위</u>를 보충하여 그 법률상의 효력을 완성하게 하는 보충적 행정행위로서 성질상 기본행위를 떠나 승인처분 그 자체만으로는 법률상 아무런 효과도 발생할 수 없다(대판 2001.5.29. 99두7432). 기출 17
- 자동차관리법상 자동차관리사업자로 구성하는 사업자단체인 조합 또는 협회(이하 '조합 등'이라고 한다)의 설립인가처분은 국토해양부장관 또는 시·도지사(이하 '시·도지사 등'이라고 한다)가 자동차관리사업자들의 단체결성행위를 보충하여 효력을 완성시키는 처분에 해당한다(대판 2015.5.29. 2013두635). 기출 21

③ 판례가 인가와 구별되는 설권적 처분(특허)으로 본 예 : 판례는 「도시 및 주거환경정비법」상의 <u>주택재건축조합의 설립인가처분</u>(대판 2009.9.24. 2008다60568)과 <u>주택재개발조합의 설립인가처분</u>(대판 2010.1.28. 2009두4845) 및 토지 등 소유자들이 조합을 따로 설립하지 않고 직접 시행하는 도시환경정비사업에서 사업시행인가처분(대판 2013.6.13. 2011두19994)은 설권적 처분(특허)의 성질을 갖는 것으로 본다. 또한 개발촉진지구 안에서 시행되는 지역개발사업에서 지정권자의 실시계획승인처분도 설권적 처분의 성격을 가진 독립된 행정처분으로 본다(대판 2014.9.26. 2012두5619).

(3) 인가의 성질

① 인가는 <u>인가의 대상이 되는 기본행위의 효력을 완성시켜 주는 행위인 점에서 형성적 행정행위이며, 보충적 행위</u>이다.
② 인가는 기속행위인 경우도 있지만(대판 1992.9.22. 92누5461), 그 근거법령의 규정 방식 등에 따라 재량행위로 본 판례도 있다(대판 2015.5.29. 2013두635). 인가가 재량행위인 경우(예 사회복지법인의 정관변경허가) 부관을 붙일 수 있다(대판 2002.9.24. 2000두5661).

(4) 인가의 대상

<u>인가의 대상은 법률행위에 한하며, 사실행위는 인가의 대상이 될 수 없다</u>. 인가의 대상이 되는 법률행위는 계약(예 토지거래)일 수도 있고, 합동행위(예 재단법인 정관변경결의)일 수도 있다. 그리고 법률행위는 <u>공법상 행위</u>(예 재개발조합의 사업시행계획결의)일 수도 있고 <u>사법상 행위</u>(예 사립학교법인의 이사선임행위)일 수도 있다.

(5) 인가의 효과

<u>인가는 기본행위가 효력을 발생하기 위한 효력요건이다</u>. 기본행위는 행정청의 인가가 있어야 비로소 법적 효력이 발생한다. 인가의 대상이 됨에도 인가를 받지 않은 행위(무인가행위)는 무효이다(대판 2014.7.10. 2013도11532 참조). 이 점에서 허가와 차이가 있다. 그러나 무허가행위와 달리 무인가행위는 강제집행이나 처벌의 대상은 되지 않는다.

(6) 기본행위와 인가

1) 인가의 보충성

인가는 신청에 따라 기본행위의 효력을 완성시켜 주는 <u>보충적 행위</u>이다. 따라서 <u>인가는 항상 상대방의 신청을 요건으로 하고</u>(쌍방적 행정행위), 인가의 대상이 되는 기본행위의 내용은 신청인이 결정한다. 행정청은 인가 여부만 결정할 수 있을 뿐이고, <u>명문의 규정이 없는 한 인가의 대상이 되는 행위의 내용을 수정하여 인가하는 것(수정인가)은 허용되지 않는다</u>.

2) 기본행위의 하자와 인가

① 인가는 기본행위의 효력을 완성시켜 주는 보충적 행위이므로 인가의 효력은 기본행위의 유무 및 하자에 의해 영향을 받는다.

② 기본행위가 성립하지 않거나 무효인 경우, 인가를 받더라도 기본행위가 유효로 되는 것은 아니다. 즉 인가는 기본행위의 하자를 치유하지 못한다(대판 1996.5.16. 95누4810[전합]). 기출 17 그리고 기본행위가 성립하지 않거나 무효인 경우에 인가가 있어도 당해 인가는 무효가 된다.

> 인가는 기본행위인 재단법인의 정관변경에 대한 법률상의 효력을 완성시키는 보충행위로서, 그 기본이 되는 정관변경 결의에 하자가 있을 때에는 그에 대한 인가가 있었다 하여도 기본행위인 정관변경 결의가 유효한 것으로 될 수 없으므로 기본행위인 정관변경 결의가 적법 유효하고 보충행위인 인가처분 자체에만 하자가 있다면 그 인가처분의 무효나 취소를 주장할 수 있지만, 인가처분에 하자가 없다면 기본행위에 하자가 있다 하더라도 따로 그 기본행위의 하자를 다투는 것은 별론으로 하고 기본행위의 무효를 내세워 바로 그에 대한 행정청의 인가처분의 취소 또는 무효확인을 소구할 법률상의 이익이 없다(대판 1996.5.16. 95누4810[전합]). 기출 17

③ 기본행위에 취소원인이 있는 경우 기본행위가 취소되지 않는 한 인가의 효력에는 영향이 없다. 그러나 유효한 기본적 행위를 대상으로 인가가 행해진 후에 기본적 행위가 취소되거나 실효(失效)된 경우에는 인가도 실효된다.

3) 쟁송방법

① 기본행위에 하자가 있는 경우에 그 기본행위의 하자를 다투어야 하며 기본행위의 하자를 이유로 인가처분의 취소 또는 무효확인을 소구할 법률상 이익(협의의 소의 이익)이 없다(대판 1996.5.16. 95누4810[전합]; 대판 2005.12.23. 2005두4823).

② 기본행위가 적법·유효하고 보충행위인 인가처분 자체에만 하자가 있다면 그 인가처분의 무효나 취소를 주장할 수 있다(대판 2010.12.9. 2010두1248). 인가처분이 무효이거나 인가처분이 취소된 경우에는 기본행위는 무인가행위가 된다.

[강학상 인가, 강학상 허가, 예외적 허가의 구별]

강학상 인가	강학상 허가
• 부동산 거래신고 등에 관한 법률상 외국인등의 토지거래허가 기출 22 • 국토이용관리법상 토지거래허가 • 재단법인의 정관변경허가 기출 14 • 정비사업조합 정관변경인가 • 정비조합 조합장의 명의변경인가 • 도시 및 주거환경정비법상 조합설립추진위원회 구성승인 처분 • 도시 및 주거환경정비법상 주택재건축조합·주택재개발 정비사업조합의 사업시행계획에 대한 인가 • 구 자동차관리법상 자동차정비조합설립인가 • 사립학교법인의 임원에 대한 감독청의 취임승인행위	• 한의사 면허, 의사면허 • 식품위생법상 대중음식점영업허가 • 식품위생법상 유흥접객업허가 • 기부금품모집규제법상 기부금품모집가 • 건축허가 • 통행금지해제 • 운전면허 • 총포·화약물제조허가
	예외적 허가
	• 구 도시계획법상 개발제한구역 내에서의 건축허가 • 학교보건법상 학교환경위생정화구역 내에서의 금지해제조치 • 자연공원구역 안에서의 건축허가 • 카지노영업허가

4. 공법상 대리행위

① 공법상 대리행위란 제3자가 해야 할 행위를 행정기관이 대신하여 행함으로써 제3자가 행한 것과 같은 효과를 발생시키는 행위를 말한다. 기출 19
② 공법상 대리행위는 법률행위적 행정행위 중 형성적 행정행위에 해당한다.
③ 공법상 대리행위의 예로는 ① 행정주체가 공익적·감독적 견지에서 공공단체·특허기업자 등을 대신하여 행하는 행위(예 감독청에 의한 공법인의 정관 작성·임원 임명), ② 당사자 사이의 협의 불성립의 경우에 국가가 대신하여 행하는 재정[[예 협의 불성립 시 토지수용위원회의 수용재결(토지보상법 제34조)], ③ 행정주체가 행정작용의 실효성을 확보하기 위하여 행하는 행위(예 조세 체납처분절차에서의 압류재산의 공매행위) 등이 있다. 기출 17

제4관 | 준법률행위적 행정행위

I 개 설

① 준법률행위적 행정행위란 행정청의 의사표시 이외의 정신작용(인식·판단 등)의 표현을 구성요소로 그 효과는 법령이 정하는 바에 따라 발생하는 행위를 말한다.
② 준법률행위적 행정행위는 행정청의 의사에 따라 법률효과가 발생하는 것이 아니므로, 그 내용에 관하여 행정청에 재량권이 인정될 여지가 없고, 부관을 붙일 수 없다.
③ 준법률행위적 행정행위에는 공증, 통지, 수리, 확인 4가지가 있다. 기출 18

II 공증(행위)

1. 의 의

① 공증이란 특정의 사실 또는 법률관계의 존부를 공적으로 증명하는 행위를 말한다. 공증은 의문이나 다툼을 전제로 하지 않는 점에서 '확인'과 구별된다.
② 부동산등기부에의 등기, 토지대장에의 등재, 선거인명부에의 등록, 광업원부에의 등록, 상표사용권 설정등록행위(대판 1991.8.13. 90누9414), 각종 증명서의 발급(예 합격증서의 발급, 자격증서의 발급, 여권 발급), 영수증의 교부 등이 그 예이다. 기출 17

2. 공증의 효과

① 공증의 효과는 사실 또는 법률관계의 존부에 대하여 공적 증거력을 부여하는 것이다. 그러나 이러한 공적 증거력은 그 증명된 것에 대한 반증이 있을 때까지만 일응 진실한 것으로 추정되는 데 그친다. 따라서 그에 대한 반증이 있으면 행정청의 취소를 기다리지 않고 공적 증거력을 다투고 이를 번복할 수 있다.
② 이러한 공적 증거력 외에 어떠한 효과가 발생하는가는 개별 법률이 정하는 바에 따라 다르다. 권리행사의 요건(예 선거인 명부에의 등록)이 되기도 하고 권리의 성립요건(예 부동산등기부에의 등기)이 되기도 한다.

3. 공증의 처분성 여부

① 통설은 공증의 취소 없이도 반증이 있으면 공증의 공적 증거력이 번복된다고 하여, 공증의 공정력을 부정하고 있다. 공정력은 행정행위의 중요한 특성에 해당하므로 공정력이 인정되지 않는 공증의 행정행위성 또는 처분성을 인정할 것인지 문제된다.

② 종래 대법원은 지적공부(예 토지대장, 지적도, 임야도 등), 건축물대장, 자동차차운전면허대장 등에 대한 행정청의 공부 기재·정정·말소행위 등에 대하여, 그 자체만으로 국민에게 구체적으로 어떤 권리를 제한하거나 의무를 명하는 등 법률적 효과를 발생시키는 것이 아니라는 이유로 항고소송의 대상이 될 수 없다고 보았다. 그러나 지목변경신청 반려행위의 처분성을 인정한 판결(대판 2004.4.22. 2003두9015[전합]) 이후 행정청의 공부 기재·정정·말소행위 등이 국민의 권리관계에 밀접하게 관련되어 있는 경우 처분성을 긍정하고 있다.

Ⅲ 통지(행위)

1. 의 의

① 통지란 특정인 또는 불특정 다수인에게 특정사실을 알리는 행위를 말한다. 여기서 말하는 통지는 그 자체가 일정한 법적 효과를 발생시키는 준법률행위적 행정행위이다. 사업인정의 고시, 대집행의 계고, 납세의 독촉 등이 그 예이다.

② 통지가 아무런 법적 효과를 발생하지 않은 때는 단순한 사실의 통지(예 당연퇴직의 통보)에 불과하고 준법률행위적 행정행위인 통지가 아니다. 그리고 준법률행위적 행정행위인 통지는 이미 성립된 행정행위의 효력발생요건인 고지 또는 통지(교부·송달)와도 구별된다.

2. 처분성 여부

국민의 권리·의무관계에 변동을 가져오는 통지는 항고소송의 대상이 되는 행정처분에 해당한다(대판 2006.4.20. 2002두1878[전합]). 그러나 통지가 아무런 법적 효과를 발생하지 않은 때는 단순한 사실의 통지에 불과하고 행정처분에 해당하지 않는다(대판 1995.11.14. 95누2036; 대판 2019.2.14. 2016두41729).

Ⅳ 수리(행위)

1. 의 의

수리란 신청 등 타인의 행위를 행정청이 유효한 행위로 받아들이는 행위를 말한다. 수리는 행정청의 의사작용(수동적 의사행위, 인식의 표시행위)인 점에서 사실행위인 도달 또는 접수와 구별된다. 각종 신청서·신고서의 수리(예 혼인신고서의 수리), 사직서의 수리, 행정심판청구서의 수리 등이 이에 해당한다.

2. 법적 성질

수리는 행정청의 수리의무를 전제로 하여 행해지는 준법률행위적 행정행위로서 처분에 해당하고, 수리거부는 거부처분에 해당하여 항고소송의 대상이 된다. 법정요건을 갖춘 신고는 수리되어야 하므로 수리는 원칙적으로 기속행위이다.

3. 효 과

① 수리는 준법률행위적 행정행위로서, 수리의 법적 효과는 행정청의 의사와 상관없이 개별법이 정하는 바에 따른다. 수리에 의해 사법상의 법률효과가 발생하는 경우도 있고(㈜ 혼인신고서의 수리 – 혼인의 성립), 공법상 법률효과가 발생하는 경우도 있다(㈜ 공무원의 사직서의 수리 – 공무원의 신분 상실).

② 수리는 사인의 행위를 유효한 행위로 받아들이는 행위이므로, 그 수리대상인 행위(㈜ 사업의 양도·양수)가 존재하지 아니하거나 무효인 때에는 수리를 하였다 하여도 그것은 유효한 대상이 없는 것으로서, 당연히 무효가 된다. 이 경우 양도·양수행위가 무효라고 주장하는 자는 당해 행위의 무효를 구함이 없이 그 신고수리처분의 무효확인을 소구할 수 있다(대판 2005.12.23. 2005두3554).

V 확인(행위)

1. 의 의

확인이란 특정한 사실 또는 법률관계의 존부(存否) 또는 정부(正否)에 관하여 '의문이 있거나 다툼이 있는 경우'에 행정청이 이를 공권적으로 확정하는 행위를 말한다. 확인은 강학상 용어로 실정법상으로는 재결·결정·특허 등의 용어가 주로 사용된다.

2. 확인의 예

이의신청의 재결, 행정심판의 재결, 국가시험 합격자의 결정, 당선인 결정, 도로구역 또는 하천구역의 결정, 발명특허, 교과서의 검정, 장애등급결정, 국가유공자등록, 민주화운동관련자결정, 국방부장관의 유족수급권자 심사·확인결정(대판 2019.12.27. 2018두46780), 소득세 부과를 위한 소득금액의 결정, 방위사업법령 및 국방전력발전업무훈령에 따른 연구개발확인서 발급, 친일반민족행위자 재산조사위원회의 친일재산 국가귀속결정(대판 2008.11.13. 2008두13491), 진실·화해를 위한 과거사정리위원회의 진실규명결정(대판 2013.1.16. 2010두22856), 근로복지공단이 사업주에 대하여 하는 개별 사업장의 사업종류 (변경)결정(대판 2020.4.9. 2019두61137), 준공검사처분(대판 1992.4.10. 91누5358), 임대주택법 제21조에 의한 분양전환승인처분(대판 2020.7.23. 2015두48129) 등이 그 예이다.

3. 법적 성질

확인은 준법률행위적 행정행위로서 항고소송의 대상이 되는 행정처분에 해당한다(대판 2019.12.27. 2018두46780). 그리고 확인은 어떤 사실 또는 법률관계의 존부 또는 정부를 판단·확정하는 행위이므로 법선언적 행위이고, 광의의 사법행위(司法行爲)로서의 성질을 가진다. 확인은 단순한 판단작용이므로, 원칙적으로 행정청에게 재량권이 인정될 수 없다(기속행위). 다만, 판단여지가 인정될 수 있다(㈜ 교과서의 검정). 또한 확인은 행정청의 판단에 법률상 일정한 법적 효과가 결부되는 것이라는 점에서, 부관을 붙일 수 없다.

4. 효 과

확인은 의문이 있거나 다툼이 있는 사실 또는 법률관계를 공권적(유권적)으로 확정하는 행위로서 법원의 판결과 유사하므로, 행정청이 임의로 변경할 수 없는 불가변력이 발생한다(다수설). 이러한 공통적 효과 외에, 구체적 효과는 개별 법률이 정하는 바에 따라 다르다. 이것은 확인의 효과가 행정청의 의사가 아니라 법률의 규정에 따라 발생하는 것이라는 점에 기인하는 것이다.

[준법률행위적 행정행위(공증, 통지, 수리, 확인)]

공 증	• 부동산등기부에의 등기, 토지대장에의 등재 • 선거인명부에의 등록 기출 17 • 광업원부에의 등록 • 상표사용권 설정등록행위 • 각종 증명서의 발급(예 합격증서의 발급, 자격증서의 발급, 여권 발급)
통 지	사업인정의 고시, 대집행의 계고, 납세의 독촉 등
수 리	혼인신고서의 수리, 공무원 사직서의 수리, 행정심판청구서의 수리 등
확 인	• 행정심판의 재결, 국가시험 합격자의 결정, 당선인 결정, 발명특허, 교과서 검정, 장애등급결정, 국가유공자등록, 민주화운동관련자결정, 준공검사처분 • 국방부장관의 유족수급권자 심사·확인결정 • 친일반민족행위자 재산조사위원회의 친일재산 국가귀속결정 • 진실·화해를 위한 과거사정리위원회의 진실규명결정 • 근로복지공단이 사업주에 대하여 하는 개별 사업장의 사업종류 (변경)결정 • 임대주택법 제21조에 의한 분양전환승인

제5관 | 행정행위의 부관

I 부관의 개념

1. 개 관

행정행위의 부관(附款)은 행정행위(처분)의 효과를 제한 또는 보충하기 위하여 주된 행정행위에 부가되는 종된 규율을 말한다. 부관은 주된 행정행위의 존재와 효력에 의존한다는 점에서 종속적이다(부종성). 부관은 학문적 개념이었으나 최근 행정기본법에서는 부관에 대하여 규정하여 실정법적 개념이 되었다.

2. 구별개념

(1) 법정부관

① 법정부관이란 법령이 직접 행정행위의 조건이나 기한 등 정하고 있는 경우의 부관을 말한다(예 어업면허의 유효기간을 10년으로 규정한 수산업법 제14조 제1항).
② 법정부관은 행정청의 의사에 기하여 붙여지는 본래의 의미에서의 행정행위의 부관은 아니므로, 행정행위에 부관을 붙일 수 있는 한계에 관한 일반적인 원칙이 적용되지는 않는다(대판 1994.3.8. 92누1728). 기출 14

(2) 법률효과의 일부배제

① 법률효과의 일부배제란 행정행위의 주된 행정행위의 내용에 부가하여 그 법적 효과 발생의 일부를 배제하는 행정청의 의사표시이다. 격일제운행을 조건으로 하는 택시운송사업면허나 영업구역을 설정한 영업허가가 이에 해당한다. 법률효과의 일부배제는 법령에 규정되어 있는 효과를 일부 배제하는 것이므로 명시적 근거규정이 있는 경우에만 허용된다.
② 법률효과이 일부배제가 부관에 해당하는지 여부에 관하여 견해대립이 있으나, 판례는 법률효과의 일부배제를 행정청의 부관으로 보고 있다(대판 1993.10.8. 93누2032). 판례에 의하면 법률이 예정하는 행정행위의 효과를 일부 배제하는 부관도 인정된다. 기출 20

> 지방국토관리청장이 일부 공유수면매립지에 대하여 한 국가 또는 직할시 귀속처분은 매립준공인가를 함에 있어서 매립의 면허를 받은 자의 매립지에 대한 소유권취득을 규정한 공유수면매립법 제14조의 효과 일부를 배제하는 부관을 붙인 것이고, 이러한 행정행위의 부관은 위 법리와 같이 독립하여 행정소송 대상이 될 수 없다(대판 1993.10.8. 93누2032). 기출 24·20

II 부관의 종류

1. 조건
① 조건은 행정행위의 효력의 발생 또는 소멸을 장래의 '불확실한' 사실에 의존시키는 부관을 말한다.
② 조건이 성취되어야 효력이 발생하는 부관은 정지조건이고, 조건이 성취되어야 효력이 소멸하는 부관이 해제조건이다. 기출 18

2. 기한

(1) 의의

기한이란 행정행위의 효력의 발생 또는 소멸을 장래 발생 여부가 '확실한' 사실에 의존시키는 부관을 말한다. 기한은 당해 사실의 발생이 확실하다는 점에서 조건과 구별된다.

(2) 종류

① 기한이 도래함으로써 행정행위의 효력이 발생하는 기한을 '시기'(始期)라 하고, 기한이 도래함으로써 행정행위의 효력이 상실되는 기한을 '종기'(終期)라 한다. 기출 19

> □ 사례
> 2019.2.1. 행정청 甲이 乙에 대하여 2019.3.1.부터 2020.4.30.까지의 기간을 정하여 도로점용허가처분을 한 경우 : 2019.3.1.은 시기(始期)에 해당하고, 2020.4.30.은 종기(終期)에 해당한다. 따라서 乙에 대한 도로점용허가처분은 행정청 甲의 별도의 의사표시가 없어도 2020.4.30. 종기(終期)가 도래함으로써 그 효력이 소멸한다. 기출 19

② 기한 중 도래시점이 확정된 기한을 '확정기한'이라 하고(예 도로점용허가를 하면서 점용기간을 2년으로 정한 경우), 도래시점이 확정되지 않은 기한을 '불확정기한'이라 한다(예 사망 시까지 연금을 지급하기로 정한 경우).

(3) 허가 자체의 존속기간(종기)과 허가조건의 존속기간의 구별

① 일반적으로 행정처분에 효력기간(종기)이 정하여져 있는 경우에는 그 기간의 경과로 그 행정처분의 효력은 상실된다. 다만 허가에 붙은 기한이 그 허가된 사업의 성질상 부당하게 짧은 경우에는 이를 그 허가 자체의 존속기간이 아니라 그 허가조건의 존속기간(= 갱신기간)으로 보아 그 기한이 도래함으로써 그 조건의 개정을 고려한다는 뜻으로 해석할 수 있다(대판 1995.11.10. 94누11866; 대판 2004.3.25. 2003두12837).
② 허가 조건의 존속기간(= 갱신기간)으로 보는 경우라 하더라도 그 허가기간이 연장되기 위하여는 그 종기(終期)가 도래하기 전에 그 허가기간의 연장에 관한 신청이 있어야 한다. 만일 그러한 연장신청이 없는 상태에서 허가의 유효기간(= 갱신기간)이 만료하였다면 그 허가의 효력은 상실된다(대판 2007.10.11. 2005두12404). 따라서 허가의 유효기간(= 갱신기간)이 지난 후에 한 기간연장신청은 '새로운 허가신청'으로 보아야 한다(대판 1995.11.10. 94누11866).

3. 부 담

(1) 의 의
① 부담이란 행정행위의 주된 내용에 부가하여 그 상대방에게 작위, 부작위, 급부, 수인을 명하는 행정청의 의사표시를 말한다.
② 예를 들면, 甲이 乙에게 매달 100만원의 점용료를 납부할 의무를 명하는 부관은 하명(급부하명)으로서 부관 중 부담에 해당한다. 기출 19

(2) 법적 규율
① 부담은 행정청이 행정처분을 하면서 일방적으로 부가할 수도 있지만 부담을 부가하기 이전에 상대방과 협의하여 부담의 내용을 협약의 형식으로 미리 정한 다음 행정처분을 하면서 이를 부가할 수도 있다(대판 2009.2.12. 2005다65500). 기출 20·13
② 행정청이 행정처분을 하면서 부담을 협약의 형식으로 정하여 부가하였다고 하여 행정처분이 그 처분성을 상실하고 공법상 계약으로 되는 것은 아니다.
③ 부담은 주된 행정행위의 일부가 아니라 그 자체로 독립한 행정행위이므로 부담에 따른 의무의 불이행은 독립하여 강제집행의 대상이 된다.

(3) 부담과 조건의 구별

1) 부담과 조건의 구별기준
① 부담은 법령 또는 실무상 조건이라는 용어로 사용되는 경우가 많으므로 부담과 조건의 구별이 중요하다.
② 부관의 준수가 매우 중요하여 행정행위의 효력 자체를 그 조건에 의존시키는 것이 타당하다고 인정되는 경우에 그 부관은 조건으로 보아야 하고, 부관의 준수 여부가 행정행위의 효력 발생이나 소멸과는 상관이 없고, 독립된 의무를 부과한 것에 불과한 것이라면 부담으로 볼 수 있다.
③ 부담인지 아니면 조건인지 판정이 어려운 경우에는 원칙적으로 상대방에게 유리한 부담으로 해석하여야 한다.

2) 부담과 조건의 구별실익
① 정지조건과 부담의 구별 : 정지조건부 행정행위는 조건이 성취되어야 비로소 그 효력이 발생하는 반면, 부담부 행정행위는 (부담의 이행 여부와 상관없이) 처음부터 완전히 효력이 발생하고, 행정행위의 상대방에게 일정한 의무가 부과되어 있음에 불과하다. 기출 23·18
② 해제조건과 부담의 구별 : 해제조건부 행정행위는 조건이 성취되면 당연히 행정행위의 효력이 소멸하는 반면, 부담부 행정행위는 상대방이 부담에 의해 부과된 의무를 이행하지 않은 경우 당연히 행정행위의 효력이 상실되는 것은 아니고 행정행위의 철회사유가 될 뿐이다(대판 1989.1.24. 89누2431 참조). 기출 23

> 부담부 행정처분에 있어서 처분의 상대방이 부담(의무)을 이행하지 아니한 경우에 처분행정청으로서는 이를 들어 당해 처분을 철회할 수 있는 것이다(대판 1989.10.24. 89누2431).

(4) 부담과 기한의 구별
기한은 그 도래에 의해 주된 행정행위의 효력을 발생 또는 소멸시키지만, 부담의 경우는 의무기한의 도래로 주된 행정행위가 당연히 실효되는 것은 아니고 철회사유가 될 뿐이다.

4. 철회권의 유보

① 철회권의 유보란 행정행위의 주된 내용에 부가하여 일정한 경우에 당해 행정행위를 철회할 수 있는 권한을 유보하는 행정청의 의사표시이다.

> 행정청이 종교단체에 대하여 기본재산전환인가를 함에 있어 인가조건을 부가하고 그 불이행시 인가를 취소할 수 있도록 한 경우, 인가조건의 의미는 철회권을 유보한 것이라고 본 사례(대판 2003.5.30. 2003다6422).

② 철회권이 유보되어 있는 경우에도 그 자체만으로 제한 없이 철회가 가능한 것은 아니고, 행정행위의 철회에 관한 일반적 요건이 충족된 경우에 비로소 철회가 허용된다. 즉, 철회권이 유보된 경우에도 철회의 제한이론인 이익형량의 원칙이 적용된다.

③ 철회권이 유보된 경우, 그 상대방은 철회에 대한 예견가능성이 있다고 할 것이므로 행정행위의 상대방은 원칙적으로 신뢰보호의 원칙을 원용하여 철회의 제한을 주장하거나 또는 신뢰보호에 근거한 손실보상을 청구할 수는 없게 된다. 철회권의 유보는 이러한 점에서 그 존재의의가 있다.

Ⅲ 부관의 한계

1. 부관의 (부가) 가능성

(1) 준법률행위적 행정행위에 대한 부관의 가능성

① 종래 통설에 의하면, 부관은 법률행위적 행정행위에만 붙일 수 있다고 본다. 즉 부관이 행정청의 주된 '의사표시'의 효과를 제한하기 위해 붙이는 것이라면, 행정청의 판단·인식 등의 정신작용에 법률이 일정한 법적 효과를 결부시키는 준법률행위적 행정행위의 경우에는 행정청의 '의사표시'의 효과를 제한하는 의미의 부관은 붙일 수 없다고 보는 것이다.

② 이에 대하여 행정행위를 사법상의 법률행위에 준하여 법률행위적 행정행위와 준법률행위적 행정행위로 나누는 것 자체에 문제가 있을 뿐만 아니라, 법률행위적 행정행위 중에도 부관을 붙이기가 적당하지 않은 것이 있는가 하면, 이른바 준법률행위적 행정행위에도 부관을 붙일 수 있는 것이 있다는 의문이 제기된다. 예를 들면, ㉠ 귀화허가 또는 공무원의 임명행위는 법률행위적 행정행위이지만 부관과 친숙하지 않은 행정행위이다. 이러한 신분설정행위에 부관을 붙일 수 있다고 한다면 당사자의 법적 지위가 지나치게 불안정하게 되기 때문이다. 반면, ㉡ 준법률행위적 행정행위 중 확인·공증에는 기한(특히 종기)이 붙여지는 경우가 많다(예 여권에 붙여진 유효기간). 다만, 준법률행위적 행정행위의 경우에는 법률의 근거가 없는 경우에는 부관을 붙일 수 없다. 그리고 ㉢ 확인은 다툼이 있는 사실 또는 법률관계를 공권적으로 확인하는 행위이므로 법률에서 종기 이외의 부관을 붙이도록 하는 것은 적당하지 않다.

(2) 재량행위와 기속행위에 대한 부관의 가능성

> **행정기본법 제17조(부관)**
> ① 행정청은 처분에 재량이 있는 경우에는 부관(조건, 기한, 부담, 철회권의 유보 등을 말한다. 이하 이 조에서 같다)을 붙일 수 있다.
> ② 행정청은 처분에 재량이 없는 경우에는 법률에 근거가 있는 경우에 부관을 붙일 수 있다. 기출 24·23

① 기속행위에 대하여는 법령상 특별한 근거가 없는 한 부관을 붙일 수 없고 가사 부관을 붙였다 하더라도 이는 무효이다(대판 1993.7.27. 92누13998). 따라서 법률의 근거 없이 기속행위에 그 효과를 제한하는 부관을 붙인 경우 그 부관은 무효이다. 기출 20·14

> 일반적으로 기속행위나 기속적 재량행위에는 부관을 붙일 수 없고 가사 부관을 붙였다 하더라도 무효이다. 따라서 건축허가를 하면서 일정 토지를 기부채납하도록 하는 내용의 허가조건은 부관을 붙일 수 없는 기속행위 내지 기속적 재량행위인 건축허가에 붙인 부담이거나 또는 법령상 아무런 근거가 없는 부관이어서 무효이다(대판 1995.6.13. 94다56883). 기출 20·14

② 식품위생법상 유흥주점 영업허가는 강학상허가로서 기속행위에 해당하지만, 부관을 붙일 수 있는 명시적 근거규정(식품위생법 제37조 제2항)이 있기 때문에 부관을 붙일 수 있다.

③ 기속행위와는 달리 재량행위에 있어서는 관계 법령에 명시적인 금지규정이 없는 한 행정목적을 달성하기 위하여 조건이나 기한, 부담 등의 부관을 붙일 수 있다(대판 2004.3.25. 2003두12837). 기출 18

> - 개발제한구역 내에서는 구역지정의 목적상 건축물의 건축 및 공작물의 설치 등 개발행위가 원칙적으로 금지되고, 다만 구체적인 경우에 이러한 구역지정의 목적에 위배되지 아니할 경우 예외적으로 허가에 의하여 그러한 행위를 할 수 있게 되어 있음이 그 규정의 체제와 문언 상 분명하고, 이러한 예외적인 개발행위의 허가는 상대방에게 수익적인 것이 틀림이 없으므로 그 법률적 성질은 재량행위 내지 자유재량행위에 속하는 것이고, 이러한 재량행위에 있어서는 관계 법령에 명시적인 금지규정이 없는 한 행정목적을 달성하기 위하여 조건이나 기한, 부담 등의 부관을 붙일 수 있고, 그 부관의 내용이 이행 가능하고 비례의 원칙 및 평등의 원칙에 적합하며 행정처분의 본질적 효력을 저해하지 아니하는 이상 위법하다고 할 수 없다(대판 2004.3.25. 2003두12837). 기출 18
> - 토지형질변경행위의 허가를 함에 있어서 공익상 또는 이해관계인의 보호를 위하여 부관을 붙일 필요가 있는지의 유무 등을 판단함에 있어서는 행정청에 재량의 여지가 있으므로 그에 관한 판단 기준을 정하는 것 역시 행정청의 재량에 속하고, 그 설정된 기준이 객관적으로 합리적이 아니라거나 타당하지 않다고 볼만한 특별한 사정이 없는 이상 행정청의 의사는 가능한 한 존중되어야 한다(대판 1999.5.25. 98다53134). 기출 21
> - 하천부지 점용허가 여부는 관리청의 재량에 속하고 재량행위에 있어서는 법령상의 근거가 없어도 부관을 붙일 것인가의 여부는 당해 행정청의 재량에 속하며, 또한 구 하천법 제33조 단서가 하천의 점용허가에는 하천의 오염으로 인한 공해 기타 보건위생상 위해를 방지함에 필요한 부관을 붙이도록 규정하고 있으므로, 하천부지 점용허가의 성질의 면으로 보나 법 규정으로 보나 부관을 붙일 수 있음은 명백하다(대판 2008.7.24. 2007두25930). 기출 24

2. 부관의 내용상 한계

행정기본법 제17조(부관)
④ 부관은 다음 각 호의 요건에 적합하여야 한다.
  1. 해당 처분의 목적에 위배되지 아니할 것 기출 24·17
  2. 해당 처분과 실질적인 관련이 있을 것 기출 24·17
  3. 해당 처분의 목적을 달성하기 위하여 필요한 최소한의 범위일 것

① 부관은 주된 처분(행정행위)의 목적에 반하여서는 안 된다(행정기본법 제17조 제4항 제1호). 기출 24·17
② 부관은 주된 처분(행정행위)과 실질적 관련성이 있어야 하며(행정기본법 제17조 제4항 제2호), 그렇지 못한 것은 부당결부금지의 원칙에 반하여 위법한 부관이 된다. 기출 24·17

> 공무원이 인·허가 등 수익적 행정처분을 하면서 상대방에게 그 처분과 관련하여 이른바 부관으로서 부담을 붙일 수 있다 하더라도, 그러한 부담은 법치주의와 사유재산 존중, 조세법률주의 등 헌법의 기본원리에 비추어 비례의 원칙이나 부당결부의 원칙에 위반되지 않아야만 적법한 것인바, 행정처분과 부관 사이에 실제적 관련성이 있다고 볼 수 없는 경우 공무원이 위와 같은 공법상의 제한을 회피할 목적으로 행정처분의 상대방과 사이에 사법상 계약을 체결하는 형식을 취하였다면 이는 법치행정의 원리에 반하는 것으로서 위법하다(대판 2009.12.10. 2007다63966). 기출 13

③ 행정행위에 부관을 붙일 수 있는 경우에도 그 부관의 내용은 적법하고 이행가능하여야 하며 비례의 원칙 및 평등의 원칙에 적합하고 행정처분의 본질적 효력을 해하지 아니하는 한도의 것이어야 한다(대판 1997.3.14. 96누16698). 기출 17

3. 부관의 시간적 한계(사후부관의 문제)

> **행정기본법 제17조(부관)**
> ③ 행정청은 부관을 붙일 수 있는 처분이 다음 각 호의 어느 하나에 해당하는 경우에는 그 처분을 한 후에도 부관을 새로 붙이거나 종전의 부관을 변경할 수 있다.
> 1. 법률에 근거가 있는 경우
> 2. 당사자의 동의가 있는 경우 기출 21
> 3. 사정이 변경되어 부관을 새로 붙이거나 종전의 부관을 변경하지 아니하면 해당 처분의 목적을 달성할 수 없다고 인정되는 경우 기출 20·17·14

① 사후부관은 주된 행정행위를 할 때 붙이지 않고, 행정행위가 행하여진 후에 부관을 추가하거나(부관의 사후부가), 이미 붙여진 부관을 변경하는 것(부관의 사후변경)을 말한다.
② 최근 제정된 행정기본법(제17조 제3항)에서는 ㉠ 법률에 근거가 있는 경우(제1호), ㉡ 당사자의 동의가 있는 경우(제2호), ㉢ 사정이 변경되어 부관을 새로 붙이거나 종전의 부관을 변경하지 아니하면 해당 처분의 목적을 달성할 수 없다고 인정되는 경우(제3호)에 사후부관이 가능하다고 규정함으로써, 입법으로 이를 해결하였다.

> - 행정처분에 이미 부담이 부가되어 있는 상태에서 그 의무의 범위 또는 내용 등을 변경하는 부관의 사후변경은, 법률에 명문의 규정이 있거나 그 변경이 미리 유보되어 있는 경우 또는 상대방의 동의가 있는 경우에 한하여 허용되는 것이 원칙이지만, 사정변경으로 인하여 당초에 부담을 부가한 목적을 달성할 수 없게 된 경우에도 그 목적달성에 필요한 범위 내에서 예외적으로 허용된다(대판 1997.5.30. 97누2627). 기출 20·17·14
> - 부관은 면허 발급 당시에 붙이는 것뿐만 아니라 면허 발급 이후에 붙이는 것도 법률에 명문의 규정이 있거나 변경이 미리 유보되어 있는 경우 또는 상대방의 동의가 있는 경우 등에는 특별한 사정이 없는 한 허용된다(대판 2016.11.24. 2016두45028). 기출 21

> □ **사례**
> 2019.2.1. 행정청 甲이 乙에 대하여 도로점용허가처분을 한 후에 2019.5.1.에 '乙의 도로점용이 교통혼잡을 초래할 경우 도로점용허가를 취소할 수 있다는 부관'을 부가한 경우 : 이 부관은 '철회권의 유보'로서 '사후부관'에 해당한다. 이러한 사후부관은 법률에 근거가 없더라도 당사자의 동의가 있는 경우에는 적법하다(행정기본법 제17조 제3항 제2호, 대판 2016.11.24. 2016두45028). 기출 19

Ⅳ 위법한 부관과 권리구제

1. 위법한 부관의 효력

① 부관의 한계를 벗어나 위법한 부관은 행정행위의 하자이론에 따라 그 하자의 정도가 결정된다. 즉 부관의 위법이 중대하고 명백하면 그 부관은 무효이고, 위법이 중대하지 않거나 중대하더라도 명백하지 않으면 취소할 수 있는 부관이 된다(중대명백설).

② 행정청이 수익적 행정처분을 하면서 부가한 부담의 위법 여부는 처분 당시 법령을 기준으로 판단하여야 하고, 부담이 처분 당시 법령을 기준으로 적법하다면 처분 후 부담의 전제가 된 주된 행정처분의 근거 법령이 개정됨으로써 행정청이 더 이상 부관을 붙일 수 없게 되었다 하더라도 곧바로 위법하게 되거나 그 효력이 소멸하게 되는 것은 아니다(대판 2009.2.12. 2005다65500).

2. 위법한 부관이 부가된 주된 행정행위의 효력

① 부담부 행정처분에 있어서 처분의 상대방이 부담(의무)을 이행하지 아니한 경우에 처분행정청으로서는 이를 들어 당해 처분을 철회할 수 있는 것이다(대판 1989.10.24. 89누2431). 기출 21·13

> □ 참고
> 행정행위의 '철회'는 적법요건을 구비하여 완전히 효력을 발하고 있는 행정행위를 사후적으로 효력의 전부 또는 일부를 장래에 향해 소멸시키는 별개의 행정처분이다. '철회 사유'는 행정행위가 성립된 이후에 새로이 발생한 것으로서 행정행위의 효력을 존속시킬 수 없는 사유를 말한다(대판 2018.6.28. 2015두58195). 최근 제정된 행정기본법에서는 철회 사유로 ㉠ 법률에서 정한 철회 사유에 해당하게 된 경우(제1호), ㉡ 법령등의 변경이나 사정변경으로 처분을 더 이상 존속시킬 필요가 없게 된 경우(제2호), ㉢ 중대한 공익을 위하여 필요한 경우(제3호)를 규정하고 있다(행정기본법 제19조 제1항). 그러나 이러한 규정이 위의 3가지 사유 외에는 철회를 할 수 없다는 것을 의미하는 것은 아니다. 따라서 상대방의 유책행위(법령위반, 의무위반, 부담의 불이행)가 있는 경우, 철회권을 유보한 경우 등에도 철회가 인정된다.

② 부관이 위법한 경우(무효인 경우) 그 본체인 주된 행정행위에 어떠한 영향을 미치는가에 관하여 견해대립이 있으나, 원칙적으로 주된 행정행위는 부관이 없는 단순 행정행위가 되는 것이나, 부관이 주된 행정행위에 있어 없어서는 안 될 본질적인 요소를 이루는 것일 때에는 주된 행정행위도 무효가 된다는 견해(통설)가 타당하다.

> 도로점용허가의 점용기간은 행정행위의 본질적인 요소에 해당한다고 볼 것이어서 부관인 점용기간을 정함에 있어서 위법사유가 있다면 이로써 도로점용허가 처분 전부가 위법하게 된다(대판 1985.7.9. 84누604).

3. 위법한 부관과 행정쟁송

(1) 문제점

부관이 위법한 경우, ① 부관 그 자체만을 행정쟁송의 대상으로 할 수 있는지 여부(부관의 독립쟁송가능성) 및 ② 부관만이 행정쟁송의 대상이 되거나 부관부 행정행위 전체가 행정쟁송의 대상이 된 경우에 위법한 부관만의 취소 또는 무효확인이 가능한지 여부(독립취소가능성 또는 독립무효확인가능성)가 문제된다.

(2) 부관의 독립쟁송가능성

① 판례는 부관 그 자체만을 독립된 쟁송의 대상으로 할 수 없는 것이 원칙이지만, 부관 중 '부담'의 경우에는 다른 부관과는 달리 그 자체로서 행정쟁송의 대상이 될 수 있다고 한다(대판 1992.1.21. 91누1264).

기출 23·21·20·19·14

> 행정행위의 부관은 행정행위의 일반적인 효력이나 효과를 제한하기 위하여 의사표시의 주된 내용에 부가되는 종된 의사표시이지 그 자체로서 직접 법적 효과를 발생하는 독립된 처분이 아니므로 현행 행정쟁송제도 아래에서는 부관 그 자체만을 독립된 쟁송의 대상으로 할 수 없는 것이 원칙이나 행정행위의 부관 중에서도 행정행위에 부수하여 그 행정행위의 상대방에게 일정한 의무를 부과하는 행정청의 의사표시인 '부담'의 경우에는 다른 부관과는 달리 행정행위의 불가분적인 요소가 아니고 그 존속이 본체인 행정행위의 존재를 전제로 하는 것일 뿐이므로 부담 그 자체로서 행정쟁송의 대상이 될 수 있다(대판 1992.1.21. 91누1264). 기출 23·21·20·19·14

> □ 사례
> 행정청 甲이 乙에게 도로점용허가를 하면서 매달 100만원의 점용료를 납부할 의무를 명하는 부관을 부가한 경우 : 이 부관은 부담에 해당하므로, 독립하여 취소소송의 대상이 될 수 있고(독립쟁송가능성), 부관(부담)이 비례의 원칙에 위배되어 위법하다면 법원은 이 부관(부담)만을 취소할 수 있다(독립취소가능성)(대판 1992.1.21. 91누1264). 기출 19

② 그리고 부담 이외의 부관(예 기한, 조건 등)만의 취소를 구하는 소송에 대하여는 각하판결을 하여야 한다고 보며, 부관부행정행위 전체의 취소를 구하는 형태의 쟁송만 인정하고 있다(대판 2001.6.15. 99두509).

기출 19

> • 기부채납받은 행정재산에 대한 사용·수익허가에서 공유재산의 관리청이 정한 사용·수익허가의 기간은 그 허가의 효력을 제한하기 위한 행정행위의 부관으로서 이러한 사용·수익허가의 기간에 대해서는 독립하여 행정소송을 제기할 수 없다(대판 2001.6.15. 99두509). 기출 13
> • 어업면허처분을 함에 있어 그 면허의 유효기간을 1년으로 정한 경우, 위 면허의 유효기간은 행정청이 위 어업면허처분의 효력을 제한하기 위한 행정행위의 부관이라 할 것이고 이러한 행정행위의 부관은 독립하여 행정소송의 대상이 될 수 없는 것이므로 위 어업면허처분 중 그 면허유효기간만의 취소를 구하는 청구는 허용될 수 없다(대판 1986.8.19. 86누202). 기출 23

③ 현행법상 의무이행소송이 인정되지 아니하므로(대판 1997.9.30. 97누3200), 부관이 없는 행정행위를 발급해 줄 것을 구하는 항고소송은 허용되지 아니한다. 현행법상으로는 ㉠ 부담의 경우에는 부담만의 취소를 구하는 소송을 제기하면 되고(대판 1992.1.21. 91누1264), ㉡ 부담 이외의 부관의 경우에는 먼저 행정청에 부관의 취소를 신청한 다음 행정청이 이를 거부하면 거부처분 취소소송을 통하여 다툴 수 있다(대판 1990.4.27. 89누6808 참조). 기출 14

(3) 부관의 독립취소가능성

① 부관의 독립취소가능성이란 부관만이 취소소송의 대상의 대상(진정일부취소송)이 되거나 부관부 행정행위 전체에 대하여 취소소송이 제기된 경우(부진정일부취소송)에 본안에서 법원이 심리를 통하여 부관이 위법하다는 이유로 부관만을 독립하여 취소할 수 있는 가의 문제이다. 부관의 독립쟁송가능성이 소송요건에 관한 문제라면, 독립취소가능성은 본안의 문제이다.

② **부담의 경우** : 대법원은 부담의 처분성을 인정하여 독립 쟁송가능성을 인정하고 있으며(진정일부취소소송), 부담이 위법한 경우 부담만의 취소를 인정하고 있다(대판 1994.1.25. 93누13537 참조). 부담은 다른 부관과 달리 주된 행정행위의 불가분적 요소가 아니므로 부담이 위법한 이상 부담만의 취소가 가능하다고 본다(대판 1992.1.21. 91누1264).

③ **기타 부관의 경우** : 대법원은 부담 이외의 부관의 독립쟁송가능성 자체를 인정하지 않고, 부진정일부취소소송의 형태도 인정하지 않는다. 따라서 기타 부관의 경우 판례에 따르면 부관의 독립취소가능성의 문제는 제기되지 않는다. 대법원은 부관부 행정행위 전체에 대한 취소소송만 인정하고 있으며, 부관이 주된 행정행위의 본질적인 요소에 해당한다는 이유로 부관부 행정행위 전체를 취소한 예가 있다(대판 1985.7.9. 84누604).

4. 위법한 부관의 이행으로 행한 법률행위의 효력

> - 행정처분에 부담인 부관을 붙인 경우 그 부관의 무효화에 의하여 본체인 행정처분 자체의 효력에도 영향이 있게 될 수는 있지만, 그 처분을 받은 사람이 그 부담의 이행으로서 사법(私法)상 매매 등의 법률행위를 한 경우에는 그 부관은 특별한 사정이 없는 한 그 법률행위를 하게 된 동기 내지 연유로 작용하였을 뿐이므로 이는 그 법률행위의 취소사유가 될 수 있음은 별론으로 하고 그 법률행위 자체를 당연히 무효화하는 것은 아니다(대판 2009.6.25. 2006다18174). 기출 24·18
> - 토지소유자가 토지형질변경행위허가에 붙은 기부채납의 부관에 따라 토지를 국가나 지방자치단체에 기부채납(증여)한 경우, 기부채납의 부관이 당연무효이거나 취소되지 아니한 이상 토지소유자는 위 부관으로 인하여 증여계약의 중요부분에 착오가 있음을 이유로 증여계약을 취소할 수 없다(대판 1999.5.25. 98다53134). 기출 21

제6관 | 행정행위의 성립요건, 적법요건, 효력발생요건

I 개 설

행정행위가 성립하여 효력을 발생하기 위하여는 법에 정해진 일정한 실체적·절차적·형식적 요건을 갖추어야 한다. 이러한 요건을 갖추지 못한 행정행위를 흠(하자) 있는 행정행위라고 한다.

II 성립요건

행정행위의 성립요건이란 행정행위가 성립하여 존재하기 위한 최소한의 요건을 말한다. 일반적으로 행정행위가 주체·내용·절차와 형식이라는 내부적 성립요건과 외부에 대한 표시라는 외부적 성립요건을 모두 갖춘 경우에 행정행위가 성립(존재)한다고 할 수 있다. 이러한 행정행위의 성립요건을 결여하면 행정행위는 부존재하는 것이 되며 부존재확인청구소송의 대상이 된다(행정소송법 제35조).

Ⅲ 적법요건

1. 적법요건의 구분

행정행위를 함에 있어 법에 의해 요구되는 요건을 적법요건이라 한다. 적법요건을 '내부적 성립요건'이라고 하기도 한다.

주체에 관한 요건	행정행위는 해당 행정행위를 발할 수 있는 권한을 가진 자에 의해 행해져야 한다.
절차에 관한 요건	행정행위를 행함에 있어 일정한 절차, 예를 들면 행정행위를 함에 있어 사전통지, 이유제시, 의견청취절차(청문, 공청회, 의견제출), 다른 기관과의 협의 등이 요구되는 경우에는 그 절차를 거쳐야 한다.
형식에 관한 요건	행정청이 '처분'을 하는 때에는 다른 법령 등에 특별한 규정이 있는 경우를 제외하고는 '문서'로 하여야 한다. 다만, 당사자 등의 동의가 있거나 당사자가 전자문서로 처분을 신청한 경우에는 전자문서로 할 수 있다(행정절차법 제24조 제1항).
내용에 관한 요건	행정행위는 그 내용에 있어 적법하여야 하며 법률상이나 사실상으로 실현가능하고 관계인이 인식할 수 있을 정도로 명확하여야 한다.

2. 적법요건을 결여한 행정행위의 효력

행정행위가 적법요건을 충족시키지하지 못한 경우에는 위법하다. 적법요건을 충족하지 못한 행정행위는 흠(하자) 있는 행정행위이며, 흠(하자) 있는 행정행위의 효력은 부존재, 무효 또는 취소할 수 있는 행위가 된다.

Ⅳ 효력발생요건

1. 상대방 있는 행정행위 : 통지(고지)되어 상대방에게 도달

① 행정행위의 효력발생요건이란 행정행위가 상대방에 대하여 효력을 발생하기 위한 요건을 말한다. 행정행위는 상대방에게 통지(고지)하여 도달되어야 효력을 발생한다. '제3자'에 대한 통지는 효력발생요건이 아니며, 이는 '제3자효 있는 행정행위'의 경우에도 마찬가지이다.

> 상대방 있는 행정처분은 특별한 규정이 없는 한 의사표시에 관한 일반법리에 따라 상대방에게 고지되어야 효력이 발생하고, 상대방 있는 행정처분이 상대방에게 고지되지 아니한 경우에는 상대방이 다른 경로를 통해 행정처분의 내용을 알게 되었다 하더라도 행정처분의 효력이 발생한다고 볼 수 없다(대판 2019.8.9. 2019두38656).

② 통지(고지)의 방식으로는 송달과 공고 또는 고시가 있다. 원칙적으로 상대방에 대한 통지(고지)는 송달의 방법에 의한다(행정절차법 제14조 제1항). 다만, 송달받을 자의 주소등을 통상적인 방법으로 확인할 수 없는 경우나 송달이 불가능한 경우에는 송달받을 자가 알기 쉽도록 관보, 공보, 게시판, 일간신문 중 하나 이상에 공고하고 인터넷에도 공고하여야 한다(행정절차법 제14조 제4항; 송달에 갈음하는 공고).

③ '도달'이란 처분상대방이 행정행위의 내용을 알 수 있는 상태에 놓이는 것을 말하고 상대방이 그 내용을 현실적으로 알 필요는 없다(대판 2017.3.9. 2016두첫60577 등).

2. 상대방이 존재하지 않는 행정행위 : 상당한 방법으로 대외적으로 표시

상대방이 존재하지 않는 행정행위(예 망인에 대한 서훈취소)는 처분권자의 의사에 따라 상당한 방법으로 대외적으로 표시됨으로써 행정행위로서 성립하여 효력이 발생한다. 판례도 망인에 대한 서훈취소는 유족에 대한 것이 아니므로 유족에 대한 통지에 의해서만 성립하여 효력이 발생한다고 볼 수 없고, 그 결정이 처분권자의 의사에 따라 상당한 방법으로 대외적으로 표시됨으로써 행정행위로서 성립하여 효력이 발생한다고 하였다(대판 2014.9.26. 2013두2518).

제7관 | 행정행위의 효력

I 행정행위의 공정력과 구성요건적 효력

1. 공정력과 구성요건적 효력의 구별

(1) 전통적 견해

공정력(公定力)이란 일단 행정행위가 행하여지면 비록 행정행위에 하자(흠)가 있다 하더라도 그 하자가 중대하고 명백하여 무효로 되는 경우를 제외하고는 권한 있는 기관(취소권 있는 행정기관 또는 취소소송의 수소법원)에 의해 취소 또는 철회되거나 기간의 경과 등으로 소멸되기 전까지는 상대방 및 이해관계인뿐만 아니라 다른 행정청 및 법원에 대하여 잠정적으로 유효한 것으로 통용되는 힘을 말한다. 즉, 전통적 견해는 공정력을 행정행위의 상대방 및 이해관계인뿐만 아니라 타 국가기관에도 미치는 효력이라고 보고 있다.

(2) 최근의 유력한 견해

최근의 유력한 견해는 효력이 미치는 상대방에 따라 공정력과 구성요건적 효력을 구별하고 있다. 즉, 공정력은 행정행위의 상대방 또는 이해관계인에 대한 구속력이고, 구성요건적 효력은 제3의 국가기관(예 다른 행정청, 취소소송의 수소법원 이외의 법원)에 대한 구속력이라고 보고 있다. 이러한 견해에 따르면 구성요건적 효력이란 하자 있는 행정행위일지라도 무효가 아닌 이상 제3의 국가기관은 그 행정행위의 존재 및 내용을 존중하고, 스스로의 판단의 기초 내지는 구성요건으로 삼아야 하는 구속력을 말한다. 구성요건적 효력은 국가기관 상호 간의 권한분배존중에서 그 이론적 근거를 찾을 수 있다.

2. 공정력(행정행위의 잠정적 통용력)

> **행정기본법 제15조(처분의 효력)**
> 처분은 권한이 있는 기관이 취소 또는 철회하거나 기간의 경과 등으로 소멸되기 전까지는 유효한 것으로 통용된다. 다만, 무효인 처분은 처음부터 그 효력이 발생하지 아니한다.

(1) 의 의

행정행위는 하자가 있더라도 당연무효가 아닌 한 권한이 있는 기관(예 취소권이 있는 처분청, 취소소송의 수소법원)에 의하여 취소될 때까지 잠정적으로 유효한 것으로 통용되는데, 이러한 효력을 공정력이라 한다(대판 1993.11.9. 93누14271). 기출 18·17

> 행정행위의 공정력이란 행정행위에 하자가 있더라도 당연무효가 아닌 한 권한 있는 기관에 의하여 취소될 때까지는 잠정적으로 유효한 것으로 통용되는 효력에 지나지 아니하는 것이므로, 행정행위가 취소되지 아니하여 공정력이 인정된다고 하더라도 그 상대방이나 이해관계인은 언제든지 그 행정행위가 위법한 것임을 주장할 수 있다(대판 1993.11.9. 93누14271). 기출 18·17

(2) 법적 근거

① '행정기본법' 제15조는 공정력에 대해 명시적인 규정을 두고 있다. 따라서 실정법상 공정력을 직접적으로 규정하는 법률(행정기본법)이 존재한다. 기출 22·17
② '행정소송법'에 공정력의 명시적인 근거규정은 없다. 다만, 취소소송과 관련된 행정소송법, 행정심판법 규정에서 그 간접적 근거를 찾아볼 수 있다(예 집행부정지의 원칙, 행정상 강제집행제도, 쟁송제기기간의 제한규정 등).

(3) 공정력의 인정범위

① 행정행위의 부존재나 행정행위가 무효인 경우에는 공정력이 발생하지 아니한다. 기출 17·13
② 공정력은 행정행위에 인정되는 효력이므로 행정상 사실행위나 공법상 계약에는 공정력이 인정되지 아니한다. 기출 17
③ 처분청은 자신이 한 행정행위를 직권으로 취소할 수 있으므로 공정력에 구속되지 아니한다. 즉, 처분청은 공정력을 부정할 수 있다. 그리고 취소소송의 수소법원도 공정력을 부정할 수 있다. 기출 17

3. 구성요건적효력(또는 공정력)과 선결문제

> **행정소송법 제11조(선결문제)**
> ① 처분등의 효력 유무 또는 존재 여부가 민사소송의 선결문제로 되어 당해 민사소송의 수소법원이 이를 심리·판단하는 경우에는 제17조(행정청의 소송참가), 제25조(행정심판기록의 제출명령), 제26조(직권심리) 및 제33조(소송비용에 관한 재판의 효력)의 규정을 준용한다.
> ② 제1항의 경우 당해 수소법원은 그 처분등을 행한 행정청에게 그 선결문제로 된 사실을 통지하여야 한다.

(1) 부당이득반환청구소송에서 선결문제와 구성요건적 효력

1) 행정행위의 효력 유무를 확인하는 것이 선결문제인 경우

구성요건적 효력(또는 공정력)은 행정행위가 무효인 경우에는 인정되지 않는다. 행정소송법 제11조도 처분등의 효력 유무 또는 존재 여부가 민사소송의 선결문제인 경우 민사법원이 이를 심판할 수 있다고 규정하고 있다. 따라서 부당이득반환청구소송의 수소법원(민사법원)은 행정행위의 효력 유무(무효 여부)를 확인할 수 있다. 기출 18

> 민사소송에 있어서 어느 행정처분의 당연무효 여부가 선결문제로 되는 때에는 이를 판단하여 당연무효임을 전제로 판결할 수 있고 반드시 행정소송 등의 절차에 의하여 그 취소나 무효확인을 받아야 하는 것은 아니다(대판 2010.4.8. 2009다90092). 기출 24

2) 행정행위의 효력을 부인하는 것이 선결문제인 경우

① 행정행위의 효력을 상실시키는(부인하는) 것이 민사소송에서 선결문제가 된 경우에 민사법원은 (취소사유로) 위법한 행정행위의 효력을 부인할 수 없다(대판 1973.7.10. 70다1439). 공정력과 구성요건적 효력을 구별하지 않는 종래의 통설은 이것이 공정력에 반하기 때문이라고 하고, 공정력과 구성요건적 효력을 구별하는 견해는 구성요건적 효력에 반하기 때문이라고 한다.

> 행정처분이 당연무효임을 전제로 하여 민사소송을 제기한 때에는 그 행정처분이 당연무효인지의 여부가 선결문제이므로 법원은 이를 심사하여 그 행정처분의 하자가 중대하고도 명백하여 당연무효라고 인정될 경우에는 이를 전제로 하여 판단할 수 있으나 그 하자가 단순한 취소사유에 그칠 때에는 법원은 그 효력을 부인할 수 없다(대판 1973.7.10. 70다1439). 기출 18·13

② 이러한 경우 행정청이 직권취소를 하지 않은 이상, 부당이득반환청구소송을 제기하기 전에 먼저 행정처분(예 과세처분)이 취소심판이나 취소소송을 통해 취소하여야 한다. 그러나 제소기간이 도과하여 행정처분에 불가쟁력이 발생하였다면 행정처분의 효력을 부인할 방법이 없어 이미 납부한 금액을 부당이득반환청구소송을 통해 반환받을 수 없게 된다. 기출 18

(2) 국가배상청구소송에서 선결문제와 구성요건적 효력

행정행위의 위법 여부가 민사소송(예 국가배상청구소송)에서 선결문제로 되는 경우 수소법원은 행정행위의 위법 여부를 판단할 수 있다(대판 1972.4.28. 72다337). 공정력(또는 구성요건적 효력)은 행정행위의 적법성을 추정하는 것이 아니라 권한 있는 기관에 의해 취소될 때까지 그 유효성이 잠정적으로 인정되는 것에 불과하므로, 민사소송에서 수소법원이 행정행위의 위법성을 확인하는 것은 공정력(또는 구성요건적 효력)에 반하지 않기 때문이다. 기출 18

> 위법한 행정대집행이 완료되면 그 처분의 무효확인 또는 취소를 구할 소의 이익은 없다 하더라도, 미리 그 행정처분의 취소판결이 있어야만, 그 행정처분의 위법임을 이유로 한 손해배상 청구를 할 수 있는 것은 아니다(대판 1972.4.28. 72다337). 기출 18

(3) 형사소송에서의 행정행위의 효력을 부인하는 것이 선결문제인 경우

① 판례는 형사법원이 행정행위의 효력을 부인하여야 유죄판결을 할 수 있는 경우에 있어서 부정설(다수설)의 입장이다(대판 1982.6.8. 80도2646).

> 연령 미달의 결격자인 피고인 甲이 자신의 형인 乙의 이름으로 운전면허시험에 응시하여 합격함으로써 교부받은 운전면허를 가지고 운전한 것에 대해 무면허운전으로 기소된 사건에서 당해 운전면허는 당연무효가 아니고 취소되지 않는 한 유효하므로 무면허운전행위에 해당하지 않는다고 판시한 사례(대판 1982.6.8. 80도2646). 기출 24

② 형사법원이 형사소송의 선결문제인 행정행위의 효력을 부인하는 것은 구성요건적 효력(또는 공정력)에 반하므로 허용되지 않는다고 보아야 하므로, 부정설이 타당하다고 본다. 부정설에 의하면 허가취소처분 후 영업을 하면 무허가영업이 되고, 형사법원이 허가취소처분의 효력을 부인할 수 없으므로 형사법원은 당해 허가취소처분이 위법하더라도 유죄판결을 내려야 한다.

③ 그러나 형사법원이 판결을 내리기 전에 당해 허가취소처분이 취소소송에서 취소되면 그 허가취소처분은 소급하여 효력을 상실하여 허가취소처분 후의 영업행위는 무허가행위가 아닌 것이 되므로 형사법원은 무죄를 선고하여야 한다. 또한 위법한 행정행위(조세부과처분)의 취소가 유죄판결(조세포탈죄) 확정 후에 이루어진 경우에 형사소송법 제420조 제5호 소정의 재심사유에 해당한다(대판 1985.10.22. 83도2933).

(4) 형사소송에서의 행정행위의 위법성을 확인하는 것이 선결문제인 경우

판례는 토지의 형질을 변경하지 않은 자에 대하여 한 원상복구의 시정명령이 위법한 것으로 인정되는 경우, 이에 따르지 아니한 행위를 도시계획법 제92조 위반죄로 처벌할 수 있는지 여부가 문제된 사안에서, "도시계획법 제78조 제1항에 정한 처분이나 조치명령을 받은 자가 이에 위반한 경우 이로 인하여 같은 법 제92조에 정한 처벌을 하기 위하여는 그 처분이나 조치명령이 적법한 것이라야 하고, 그 처분이 당연무효가 아니라 하더라도 그것이 위법한 처분으로 인정되는 한 같은 법 제92조 위반죄가 성립될 수 없다"고 판시하여(대판 1992.8.18. 90도1709), 긍정설의 입장으로 평가된다.

Ⅱ 행정행위의 구속력

행정행위가 성립요건과 효력발생요건을 모두 갖춘 경우에는 그 내용에 따라 상대방·제3자·처분청·관계행정청 등을 구속하는 실체법적 효력이 발생하게 되는데 이를 내용상 구속력이라고 한다. 무효인 행정행위는 구속력이 없다. 기출 18

Ⅲ 행정행위의 존속력(또는 확정력)

1. 불가쟁력

① 불가쟁력이란 하자 있는 행정행위라 할지라도 그에 대한 불복기간이 경과하거나 쟁송절차가 종료된 경우에는 더 이상 그 행정행위의 효력을 다툴 수 없게 하는 효력을 말한다. 기출 24 불가쟁력은 행정행위의 효력을 신속히 확정하여 행정법관계의 안정성을 확보하기 위한 것이다. 그러나 불가쟁력으로 행정처분의 기초가 된 사실관계나 법률적 판단이 확정되는 것은 아니다(대판 2008.7.24. 2006두20808 참조). 기출 24

> 일반적으로 행정처분이나 행정심판재결이 불복기간의 경과로 인하여 확정될 경우, 그 확정력은 그 처분으로 인하여 법률상 이익을 침해받은 자가 당해 처분이나 재결의 효력을 더 이상 다툴 수 없다는 의미일 뿐, 더 나아가 판결에 있어서와 같은 기판력이 인정되는 것은 아니어서 그 처분의 기초가 된 사실관계나 법률적 판단이 확정되고 당사자들이나 법원이 이에 기속되어 모순되는 주장이나 판단을 할 수 없게 되는 것은 아니다(대판 1994.11.8. 93누21927). 기출 24·23·18

② 불가쟁력은 행정행위의 상대방이나 이해관계인에 대한 구속력을 말한다. 따라서 처분청이 불가쟁력이 발생한 행정행위를 직권취소하거나 철회하는 것은 가능하다(행정기본법 제37조 제6항). 기출 22

③ 불가쟁력은 행정행위(처분)의 효력을 다툴 수 없다는 것이고 위법성을 다툴 수 없다는 의미는 아닌데, 국가배상청구소송은 행정행위(처분)의 효력을 다투는 것이 아니므로 불가쟁력이 발생한 행정행위로 손해를 입은 국민은 국가배상을 청구할 수 있다(대판 1979.4.10. 79다262 참조). 따라서 과세처분에 불가쟁력이 발생하였더라도 국가배상청구소송을 제기하는 경우, 국가배상청구소송의 수소법원(민사법원)은 선결문제로서 과세처분의 위법 여부를 판단할 수 있다(대판 1972.4.28. 72다337). 기출 18

④ **불가쟁력의 예외(처분의 재심사 제도)** : 최근 제정된 행정기본법에서는 불가쟁력이 발생하여 쟁송으로 다툴 수 없는 처분도 특별한 사정이 있는 경우 다툴 수 있도록 처분의 재심사 제도를 도입하였다(행정기본법 제37조).

2. 불가변력

① 행정행위의 불가변력이란 행정행위의 성질상 인정되는 효력으로, 행정청이 당해 행정행위를 직권으로 취소, 철회 또는 변경할 수 없게 하는 힘을 말한다. 불가쟁력은 모든 행정행위에 다 인정되지만, 불가변력은 준사법적 행정행위(예 행정심판의 재결), 토지수용위원회의 수용재결, 준법률행위적 행정행위 중 확인(다수설) 등에만 예외적으로 인정된다. 기출 23 · 22 · 18

② 행정심판의 재결은 준사법적 행위로서 불가변력이 인정된다. 그러나 불가변력이 인정되는 행위라도 행정심판 청구인은 제소기간의 경과하기 전에는 항고소송을 제기하여 재결의 효력을 다툴 수 있다. 다만, 재결취소소송의 경우에는 재결 자체에 고유한 위법이 있음을 이유로 하는 경우에 한한다(행정소송법 제19조 단서). 기출 23

③ 불가변력은 행정청을 구속하는 효력이지만, 불가쟁력은 행정행위의 상대방이나 이해관계인을 구속하는 효력이다. 따라서 행정청은 불가변력이 있는 행정행위를 직권으로 취소 또는 철회할 수 없다. 반면 행정행위의 상대방이나 이해관계인은 불가변력이 있는 행정행위일지라도 쟁송기간이 경과하지 않는 한 취소심판이나 취소소송을 통해 취소를 청구할 수 있다. 기출 23 · 22

④ 국민의 권리와 이익을 옹호하고 법적안정을 도모하기 위하여 특정한 행위에 대하여는 행정청이라 하여도 이것을 자유로이 취소, 변경 및 철회할 수 없다는 행정행위의 불가변력은 당해 행정행위에 대하여서만 인정되는 것이고, 동종의 행정행위라 하더라도 그 대상을 달리할 때에는 이를 인정할 수 없다(대판 1974.12.10. 73누129). 기출 23

Ⅳ 행정행위의 강제력

1. 집행력(자력집행력)

집행력이란 행정행위에 의하여 부과된 행정상의 의무를 상대방이 이행하지 아니하는 경우에 행정청이 스스로의 강제력을 발동하여 그 의무를 실현시키는 힘을 말하며, 이는 의무가 부과되는 행정행위에서 문제된다. 집행력이 인정되려면 법률에 근거가 있어야 한다. 기출 22

2. 제재력

행정행위에 의해 부과된 의무를 위반하는 경우에는 그에 대한 제재로서 행정벌이 부과되는 경우가 많다. 행정벌을 부과하려면 법률에 근거가 있어야 한다.

제8관 | 행정행위의 하자와 그 효과

I 행정행위의 부존재

1. 의 의

행정행위의 부존재란 행정행위가 그 성립요건의 어떤 중요한 요소를 완전히 결여함으로써 행정행위로서 성립조차 하지 못한 경우, 즉 행정행위라고 볼 수 있는 외관조차 갖추지 못한 경우를 말한다(예 행정기관 내부의 의사결정이 있었을 뿐이고, 행정행위로 외부에 표시되지 않은 경우). 반면, 행정행위의 무효란 행정행위가 외관상으로는 존재하고 있으나 그 하자가 중대하고 명백하여 처음부터 그 효력이 발생하지 않는 경우를 말한다(중대명백설).

2. 무효와 부존재의 구별 실익

무효인 행정행위는 무효선언을 구하는 의미의 취소소송의 대상이 되지만(대판 1984.5.29. 84누175), 행정행위가 부존재하는 경우에는 그러한 소송이 인정되지 않는다는 점, 무효인 행정행위는 유효한 행정행위로의 전환이 인정되지만, 행정행위가 부존재하는 경우 행정행위의 전환이 인정될 수 없다는 점에서는 양자를 구별할 실익이 있다.

II 행정행위의 무효와 취소

1. 의 의

① 행정행위의 무효란 행정행위가 외관상으로는 존재하고 있으나 그 하자가 중대하고 명백하여 처음부터 그 효력이 발생하지 않는 경우를 말한다(중대명백설).
② 행정행위의 취소란 일단 유효하게 성립한 행정행위의 효력을 그 위법을 이유로 소급적으로 소멸시키는 것을 말한다. 행정행위의 취소에는 행정쟁송절차에 의한 쟁송취소와 행정청의 직권취소가 있다. 쟁송취소의 형태에는 행정심판에 따른 취소재결과 취소소송에 따른 취소판결이 있다. 직권취소는 처분청(또는 감독청)이 취소하는 것을 말하며 독립된 행정행위(행정처분)에 해당한다.

2. 무효(사유)와 취소(사유)의 구별 기준

판례는 "하자 있는 행정처분이 당연무효가 되기 위하여는 그 하자가 법규의 중요한 부분을 위반한 중대한 것으로서 객관적으로 명백한 것이어야 한다"고 판시함으로써(대판 1995.7.11. 94누4615[전합]), 기본적으로 중대명백설을 따르고 있다. 기출 14

3. 무효와 취소의 구별 실익

구 분	무 효	취 소
공정력	공정력 인정 ×	공정력 인정 ○
선결문제	• 부당이득반환청구소송에서 무효확인 ○ • 국가배상청구소송에서 위법성 심사 ○	• 부당이득반환청구소송에서 효력부인 × • 국가배상청구소송에서 위법성 심사 ○
불가쟁력	불가쟁력 ×	불가쟁력 ○

제소기간의 제한	제소기간의 제한 × (무효선언을 구하는 의미의 취소소송은 제소기간의 제한 ○)	제소기간의 제한 ○
쟁송형태	• 무효등확인심판 • 무효등확인소송 (무효선언을 구하는 의미의 취소소송 ○)	• 취소심판 • 취소소송
사정판결, 사정재결	사정재결 및 사정판결 인정 ×	사정재결 및 사정판결 인정 ○
행정소송법상 간접강제	거부처분 무효확인판결의 간접강제 인정 × (cf. 거부처분 무효확인재결의 간접강제 ○)	거부처분 취소판결의 간접강제 인정 ○ (거부처분 취소재결의 간접강제 인정 ○)
(예외적) 행정심판전치주의	행정심판전치주의 적용 × (무효선언을 구하는 의미의 취소소송은 행정심판전치주의 적용 ○)	행정심판전치주의 적용 ○
하자의 치유	하자의 치유 인정 ×	하자의 치유 인정 ○
하자 있는 행정행위의 전환	하자 있는 행정행위의 전환 인정 ○	하자 있는 행정행위의 전환 인정 ×

III 행정행위의 하자(위법사유)

행정행위의 하자에는 ① 주체에 관한 하자, ② 절차에 관한 하자, ③ 형식에 관한 하자, ④ 내용에 관한 하자(내용상 하자)가 있는데 ①, ②, ③을 넓은 의미에서 '형식상(절차상) 하자'라 한다.

1. 주체에 관한 하자

① 행정행위는 정당한 권한을 가진 행정기관에 의해 그 권한 내에서 행하여져야 한다.
② 행정기관의 권한 외의 행위(무권한의 행위)는 원칙적으로 무효이다(대판 1993.5.27. 93누6621 참조).

> 체납취득세에 대한 압류처분권한은 도지사로부터 시장에게 권한위임된 것이고 시장으로부터 압류처분권한을 내부위임을 받은데 불과한 구청장으로서는 시장 명의로 압류처분을 대행처리 할 수 있을 뿐이고 자신의 명의로 이를 할 수 없다 할 것이므로 구청장이 자신의 명의로 한 압류처분은 권한 없는 자에 의하여 행하여진 위법무효의 처분이다(대판 1993.5.27. 93누6621).

2. 절차에 관한 하자

① 판례는 이유제시의 하자를 취소사유로 보고(대판 1985.4.9. 84누431), 청문절차의 하자를 취소사유로 보며(대판 2007.11.16. 2005두15700), 사전통지를 누락하거나 의견 제출 기회를 주지 않은 하자를 취소사유로 봄으로써(대판 2000.11.14. 99두5870; 대판 2016.10.27. 2016두41811), 절차의 하자를 통상 취소사유로 보고 있다.
② 다만, 환경영향평가를 거쳐야 할 대상사업에 대하여 환경영향평가를 거치지 아니하였음에도 불구하고 승인 등 처분을 한 경우(대판 2006.6.30. 2005두14363)나 과세예고 통지 후 과세전적부심사 청구나 그에 대한 결정이 있기도 전에 과세처분을 한 경우(대판 2016.12.27. 2016두49228)에는 그 하자가 중대하고 명백하여 당연무효라고 본다. 그러나 환경영향평가를 거쳤다면, 비록 그 환경영향평가의 내용이 다소 부실하더라도 승인 등의 처분이 당연히 위법하게 되는 것은 아니라고 한다(대판 2001.6.29. 99두9902).

3. 형식에 관한 하자

① 행정청이 '처분'을 하는 때에는 다른 법령 등에 특별한 규정이 있는 경우를 제외하고는 '문서'로 하여야 한다. 다만, 당사자 등의 동의가 있거나 당사자가 전자문서로 처분을 신청한 경우에는 전자문서로 할 수 있다(행정절차법 제24조 제1항).

② 행정절차법 제24조(처분의 방식)는 행정의 공정성·투명성 및 신뢰성을 확보하고 국민의 권익을 보호하기 위한 것이므로 위 규정을 위반하여 행하여진 행정청의 처분은 하자가 중대하고 명백하여 원칙적으로 무효이다(대판 2011.11.10. 2011도11109). 기출 14

③ 법률이 행정청의 서명날인을 요구하고 있는 경우에 서명날인을 결여한 행위는 원칙적으로 무효이다.

4. 내용에 관한 하자

(1) 행정행위 내용의 법 위반

행정행위의 내용은 헌법과 법률은 물론 행정법의 일반원칙(비례의 원칙, 평등의 원칙, 행정의 자기구속의 원칙, 신뢰보호의 원칙 등)을 포함한 모든 법을 위반하면 안 되며, 이를 위반한 경우 위법한 행정행위가 된다. 법에 위반한 행정행위는 무효와 취소의 구별기준에 따라 무효 또는 취소할 수 있는 행위가 된다. 중대명백설(다수설·판례)에 의하면, 행정처분이 당연무효라고 하기 위해서는 처분에 위법사유가 있다는 것만으로는 부족하고 그 하자가 법규의 중요한 부분을 위반한 중대한 것으로서 객관적으로 명백한 것이어야 한다(대판 2017.12.28. 2017두30122).

(2) 위헌·위법인 법령에 근거한 처분

1) 위헌인 법령에 근거한 처분의 효력

① 대법원은 무효와 취소의 구별에 관한 중대명백설의 입장에서 위헌·위법인 법령에 근거한 행정처분은 특별한 사정이 없는 한 취소할 수 있는 행위에 불과하다고 보고 있다. 여기에서 '특별한 사정이 있는 경우'란 법령의 위헌 또는 위법여부가 해석상 다툼의 여지가 없을 정도로 명백한 경우를 말한다(대판 2007.6.14. 2004두619).

> 행정청이 법률에 근거하여 행정처분을 한 후에 헌법재판소가 그 법률을 위헌으로 결정하였다면 그 행정처분은 결과적으로 법률의 근거가 없이 행하여진 것과 마찬가지가 되어 하자가 있다고 할 것이나, 하자 있는 행정처분이 당연무효가 되기 위하여는 그 하자가 중대할 뿐만 아니라 명백한 것이어야 하는데, 일반적으로 법률이 헌법에 위반된다는 사정은 헌법재판소의 위헌결정이 있기 전에는 객관적으로 명백한 것이라고 할 수 없으므로 특별한 사정이 없는 한 이러한 하자는 위 행정처분의 취소사유에 해당할 뿐 당연무효 사유는 아니라고 봄이 상당하다(대판 1994.10.28. 92누9463; 대판 1996.6.11. 96누1689). 기출 19

② 어느 행정처분에 대하여 그 행정처분의 근거가 된 법령이 위헌이라는 이유로 무효확인청구의 소가 제기된 경우에는 다른 특별한 사정이 없는 한 법원으로서는 그 법령이 위헌인지 여부에 대하여는 판단할 필요 없이 위 무효확인청구를 기각하여야 한다(대판 1994.10.28. 92누9463 참조).

2) 위헌인 법령에 근거한 처분의 집행력

① 위헌인 법령에 근거한 처분에 불가쟁력이 발생한 경우, 그 처분에 집행력(執行力)을 부여할 수 있는지에 관하여 견해가 대립한다.
② 판례는 "위헌법률에 기한 행정처분의 집행이나 집행력을 유지하기 위한 행위는 위헌결정의 기속력에 위반되어 허용되지 않는다"고 판시하여(대판 2002.8.23. 2001두2959), 부정설의 입장이다.
③ 나아가 판례는 처분(예 과세처분)의 근거가 되었던 법률 규정에 대하여 위헌결정이 내려진 후 행한 처분의 집행행위(예 압류 등 체납처분)를 당연무효로 보았다(대판 2012.2.16. 2010두10907[전합]).

> 구 택지소유상한에 관한 법률 전부에 대한 위헌결정 이전에 이미 택지초과소유부담금 부과처분과 압류처분 및 이에 기한 압류등기가 이루어지고 위 각 처분이 확정되었다고 하여도, 위헌결정 이후에 별도의 행정처분으로서 다른 재산에 대한 압류처분, 징수처분 등 체납처분절차를 진행하였다면 이는 근거되는 법률이 없는 것이어서 그 하자가 중대하고 명백하여 당연무효라고 하지 않을 수 없다(대판 2002.6.28. 2001다60873). 기출 19

Ⅳ 하자의 승계

1. 개 설

① 일정한 행정 목적을 위하여 둘 이상의 행정행위(행정처분)가 연속적으로 또는 단계적으로 행하여지는 경우, 선행행위(선행처분)의 하자(위법성)를 후행행위(후행처분)의 위법사유로 주장할 수 있는가 하는 문제가 제기되는데, 이것이 하자의 승계문제이다.
② 이러한 하자의 승계는 선행처분이 위법하나 불가쟁력이 발생하여 그 효력을 더 이상 다툴 수 없고 후행처분은 적법한 경우에, 하자의 승계가 인정된다면 선행처분의 위법을 이유로 후행처분의 효력을 다툴 수 있게 된다는 점에서 그 이론의 실익이 있다.

2. 하자승계의 전제요건

하자의 승계가 인정되려면 다음의 전제조건을 충족하여야 한다.
① 선행행위와 후행행위가 모두 항고소송의 대상이 되는 행정처분이어야 한다. 기출 20·22
② 선행행위에 무효가 아닌 취소사유의 하자(위법)가 존재하여야 한다. 선행행위가 무효인 경우에는 당사자는 선행행위의 무효를 언제나 주장할 수 있을 뿐만 아니라 이를 전제로 한 후행행위도 당연히 무효가 되므로 하자의 승계를 논할 필요가 없다. 기출 20·22

> 사업인정처분이 당연무효이면 그것이 유효함을 전제로 이루어진 수용재결도 무효라고 보아야 한다(대판 2017.7.11. 2016두35144). 기출 25

③ 후행행위는 하자가 없는 적법한 행위이어야 한다. 후행행위가 위법하면 후행행위의 위법을 다투면 되므로 굳이 하자의 승계를 논할 필요가 없다. 기출 20·22
④ 선행행위에 대한 제소기간이 경과하여 불가쟁력이 발생하여야 한다. 선행행위에 대한 제소기간이 경과하지 않은 경우에는 선행행위의 하자(위법)를 다투어 권리구제를 받을 수 있기 때문이다. 후행행위에 불가변력이나 불가쟁력이 발생해야 한다는 것은 하자승계의 요건에 해당하지 않는다. 기출 20·22

3. 하자승계가 인정되는 경우

① 판례는 기본적으로 ㉠ 선행처분과 후행처분이 서로 결합하여 하나의 법률효과를 완성하는 때에는 선행처분의 하자가 후행처분에 승계되지만, ㉡ 선행처분과 후행처분이 서로 독립하여 별개의 법률효과를 목적으로 하는 때에는 선행처분의 하자가 후행처분에 승계되지 않는다고 본다(대판 1994.1.25. 93누8542). 기출 14

> 두 개 이상의 행정처분이 연속적으로 행하여지는 경우 선행처분과 후행처분이 서로 결합하여 1개의 법률효과를 완성하는 때에는 선행처분에 하자가 있으면 그 하자는 후행처분에 승계되므로 선행처분에 불가쟁력이 생겨 그 효력을 다툴 수 없게 된 경우에도 선행처분의 하자를 이유로 후행처분의 효력을 다툴 수 있는 반면 선행처분과 후행처분이 서로 독립하여 별개의 법률효과를 목적으로 하는 때에는 선행처분에 불가쟁력이 생겨 그 효력을 다툴 수 없게 된 경우에는 선행처분의 하자가 중대하고 명백하여 당연무효인 경우를 제외하고는 선행처분의 하자를 이유로 후행처분의 효력을 다툴 수 없는 것이 원칙이다(대판 1994.1.25. 93누8542). 기출 14

② 이러한 기준에 따라 판례는 ㉠ 대집행처분(계고 - 통지 - 비용납부명령) 사이나 징수처분(납세고지 - 압류처분 - 공매처분 - 환가처분) 사이에는 하자의 승계를 인정하고, ㉡ 하명처분(예 철거명령, 부과처분)과 집행처분(예 대집행처분[계고, 통지, 비용납부명령], 징수처분[납세고지, 압류처분, 공매처분, 환가처분]) 사이에는 하자의 승계를 부정하고 있다.

③ 다만, 대법원 판례는 "선행처분과 후행처분이 서로 독립하여 별개의 법률효과를 목적으로 하는 경우에도 선행처분의 불가쟁력이나 구속력이 그로 인하여 불이익을 입게 되는 자에게 수인한도를 넘는 가혹함을 가져오며, 그 결과가 당사자에게 예측가능한 것이 아닌 경우에는 국민의 재판받을 권리를 보장하고 있는 헌법의 이념에 비추어 선행처분의 후행처분에 대한 구속력은 인정될 수 없다"고 판시함으로써, 그 예외를 인정하고 있다(대판 1994.1.25. 93누8542).

[하자의 승계 인정 여부(판례)]

하자의 승계 인정	하자의 승계 부정
• 귀속재산의 임대처분과 매각처분 사이	• 택지개발예정지구 지정과 택지개발계획 승인 사이 기출 13 • 사업시행계획과 관리처분계획 사이 • 사업인정처분과 수용재결처분 사이 기출 16 • 도시계획결정과 수용재결 사이 • 도시·군계획시설결정과 실시계획인가 사이 • 도시계획사업의 실시계획인가와 수용재결 사이
• 가산금·중가산금의 독촉처분과 가산금·중가산금의 징수처분 사이	• 조세부과처분과 체납처분(독촉·압류·매각 등) 사이 기출 13
• 대집행 계고처분과 대집행영장발부통보처분 사이 기출 16 • 대집행 계고처분과 대집행비용납부명령처분 사이 기출 16	• 건물철거명령과 대집행 계고처분 사이 기출 13
• 한지의사 시험자격인정과 한지의사 면허처분 사이 • 안경사시험합격무효처분과 안경사면허취소처분 사이 (선행행위가 무효인 경우임) 기출 16	
	• 공무원 직위해제처분과 공무원 면직처분 사이 기출 13 • 보충역 편입처분과 공익근무요원소집처분 사이 • 액화석유가스판매사업 허가처분과 사업개시신고반려처분 사이 • 공인중개사업무정지처분과 중개사무소의 개설등록취소처분 사이

- 개별공시지가결정과 과세처분 사이
- 표준지공시지가결정과 (보상금증액청구소송에서) 수용재결(보상금 결정) 사이 기출 13
- 친일반민족행위자 결정처분과 독립유공자 예우에 관한 법률 적용배제자 결정처분 사이 기출 16

- 표준공시지가결정과 개별공시지가결정 사이
- 개별공시지가 결정에 대하여 한 재조사청구에 따른 조정결정을 통지받고서 더 이상 다투지 아니한 경우, 개별공시지가결정과 과세처분 사이

Ⅴ 하자 있는 행정행위의 치유와 전환

1. 하자의 치유

① 하자의 치유란 성립 당시에 적법한 요건을 갖추지 못한 하자(흠) 있는 행정행위라 할지라도 사후에 그 하자의 원인이 된 적법요건을 보완한 경우, 성립 당시의 하자에도 불구하고 적법한 행위로 취급하는 것을 말한다.

② 하자의 치유는 취소할 수 있는 행정행위에서만 인정된다. 무효인 행정행위는 처음부터 법적 효력을 발생하지 아니하여 유효하게 존치시킬 행정행위가 존재하지 않는 것이므로 무효인 행정행위의 치유는 인정될 수 없다(대판 1997.5.28. 96누5308). 기출 19·18

③ 하자의 치유사유 : 하자의 치유가 문제되고 또 인정되는 것은 주로 형식·절차상의 하자이다. 행정행위(처분)의 내용상 하자의 치유는 인정되지 않는다(대판 1991.5.28. 90누1359).

④ 하자치유의 시간적 한계 : 판례는 이유 제시의 하자의 치유에 관한 사안에서, 하자를 치유하려면 늦어도 처분에 대한 불복 여부의 결정 및 불복신청에 편의를 줄 수 있는 상당한 기간 내에 하여야 한다고 판시하여(대판 1983.7.26. 82누420; 대판 1984.4.10. 83누393), 행정쟁송제기전설의 입장을 따르고 있다.

⑤ 행정행위의 하자가 치유되면 그 행정행위는 하자의 보완시가 아니라 처음부터 적법한 행정행위로 효력을 발생하게 된다. 즉, 하자의 치유에는 소급효가 인정된다.

2. 하자 있는 행정행위의 전환

① 하자 있는 행정행위의 전환이란 행정행위가 원래의 행정행위(A)로서는 위법하나 다른 행정행위(B)로 보면 그 요건이 충족되는 경우, 하자(흠) 있는 행정행위(A)를 다른 행정행위(B)로 보아 유효하게 취급하는 것을 말한다.

② 하자 있는 행정행위의 전환은 무효인 행정행위에만 인정된다고 보는 것이 종래의 통설적 견해이다. 그러나 하자의 내용이 보다 가벼운 취소할 수 있는 행정행위의 전환을 부인할 이유는 없다고 본다.

③ 하자 있는 행정행위의 전환은 행정행위의 성질이나 법치주의의 관점에서 볼 때 원칙적으로 허용될 수 없는 것이지만, 행정행위의 무용한 반복을 피하고 당사자의 법적 안정성을 위해 국민의 권리와 이익을 침해하지 않는 범위에서 구체적 사정에 따라 합목적적으로 인정될 수 있다(대판 1983.7.26. 82누420).

④ 하자 있는 행정행위의 전환이 인정되면 새로운 행정행위(B)로서 그 효력이 발생한다. 즉, 하자 있는 행정행위(A)는 종전의 하자 있는 행정행위 발령 시점으로 소급하여 새로운 행정행위(B)로서 효력이 발생한다.

제9관 | 행정행위 취소와 철회

I. 행정행위의 (직권)취소

1. (직권)취소의 개념

행정행위의 직권취소는 하자가 있지만 일단 유효하게 성립한 행정행위의 효력을 소급적으로 소멸시키는 행정청의 별도의 행정행위(행정처분)를 의미한다(대판 2018.6.28. 2015두58195). 기출 25 따라서 행정행위의 직권취소는 취소소송의 대상인 '처분'에 해당한다(행정소송법 제19조, 제2조 제1항 제1호).

> 행정행위의 취소는 일단 유효하게 성립한 행정행위를 성립 당시 존재하던 하자를 사유로 소급하여 효력을 소멸시키는 행정처분이고, 행정행위의 철회는 적법요건을 구비하여 유효한 행정행위를 행정행위 성립 이후 새로이 발생한 사유로 행위의 효력을 장래에 향해 소멸시키는 행정처분이다. 행정청의 행정행위 취소가 있더라도 취소사유의 내용, 경위 기타 제반 사정을 종합하여 명칭에도 불구하고 행정행위의 효력을 장래에 향해 소멸시키는 행정행위의 철회에 해당하는지 살펴보아야 한다(대결 2022.9.29. 2022마118). 기출 25

2. 쟁송취소와의 구별

① 쟁송취소(취소재결, 취소판결)의 효과는 당연히 처분 당시로 소급한다. 이를 취소재결·취소판결의 소급효라 한다. 기출 14

> 피고인이 행정청으로부터 자동차 운전면허취소처분을 받았으나 나중에 그 행정처분 자체가 행정쟁송절차에 의하여 취소되었다면, 위 운전면허취소처분은 그 처분 시에 소급하여 효력을 잃게 되고, 피고인은 위 운전면허취소처분에 복종할 의무가 원래부터 없었음이 후에 확정되었다고 봄이 타당할 것이다(대판 1999.2.5. 98도4239).

② 쟁송취소의 경우, 행정심판법과 행정소송법에서 쟁송기간(취소심판의 청구기간, 취소소송의 제소기간)을 규정하고 있다(행정심판법 제27조, 행정소송법 제20조). 직권취소의 경우, 2023.3.24. 시행되는 '행정기본법'에 의하면 제척기간의 제한이 있다. 즉, 행정청은 법령등의 위반행위가 종료된 날부터 5년이 지나면 해당 위반행위에 대하여 직권취소를 할 수 없다(행정기본법 제23조 제1항). 또한 행정청이 취소권을 행사할 수 있음을 알면서도 장기간 행사하지 않은 경우 취소권은 실권될 수 있다(행정기본법 제12조 제2항). 그러나 '행정절차법'에는 직권취소의 기간 제한을 규정하고 있지 않다. 기출 14·13

3. 법적 근거 요부

행정처분을 한 처분청은 그 행위에 하자가 있는 경우에는 원칙적으로 별도의 법적 근거가 없더라도 스스로 이를 직권으로 취소할 수 있다(대판 1995.9.15. 95누6311). 다만, 최근 제정된 행정기본법에서는 위법 또는 부당한 처분의 직권취소에 대한 일반적 근거규정을 두고 있다(행정기본법 제18조 제1항). 기출 25·20·16

4. 취소권자

① **처분청** : 처분청이 취소권을 가진다는 점에 대해서는 다툼이 없다. 이때 행정처분을 취소할 수 있는 권한은 '당해 행정처분을 한 처분청'에게 속하고, 당해 행정처분을 할 수 있는 적법한 권한을 가지는 행정청에게 그 취소권이 귀속되는 것은 아니다(대판 1994.10.10. 84누463).

② **감독청** : 감독청에 의한 취소는 하급 행정청의 위법한 행정행위를 시정하는 행정의 자율적 통제수단이므로(취소권은 감독권에 당연히 포함), 감독청은 별도의 법적 근거 없이도 취소권을 가진다는 견해가 다수설의 입장이다.

5. 취소사유

① 행정행위의 '취소사유'는 원칙적으로 행정행위의 성립 당시에 존재하였던 하자(원시적 하자)이다(대판 2018.6.28. 2015두58195).

② 위법한 처분뿐만 아니라 부당한 처분도 직권취소의 대상이 된다(행정기본법 제18조 제1항). 기출 25·24·21

6. 취소의 제한

(1) 개 설

① 처분청은 원칙적으로 행정행위(처분)를 취소할 공익상의 필요와 취소로 당사자가 입을 불이익 등 여러 사정을 참작하여 취소 여부를 결정할 수 있는 재량이 있다. 즉, 직권취소 여부는 원칙적으로 행정청의 재량에 속한다(행정기본법 제18조 제1항). 그러나 취소사유가 존재한다고 하더라도 그 사유만으로 직권취소가 정당화 되는 것은 아니고 직권취소가 비례의 원칙, 신뢰보호의 원칙 등에 위반하지 않아야 한다.
기출 25·20

② 이러한 직권취소 제한의 법리는 주로 수익적 행정행위에서 문제된다. 침익적 행정행위의 직권취소는 상대방에게 수익적이므로 원칙적으로 그 취소가 자유롭다. 복효적 행정행위(제3자효 행정행위)의 경우에는 취소로 인한 행정행위의 상대방의 이익 또는 불이익과 함께 제3자의 이익 또는 불이익을 이익형량에 포함시켜야 한다.

(2) 이익형량의 원칙(비례의 원칙)

> **행정기본법 제18조(위법 또는 부당한 처분의 취소)**
> ② 행정청은 제1항에 따라 당사자에게 권리나 이익을 부여하는 처분을 취소하려는 경우에는 취소로 인하여 당사자가 입게 될 불이익을 취소로 달성되는 공익과 비교·형량(衡量)하여야 한다. 다만, 다음 각 호의 어느 하나에 해당하는 경우에는 그러하지 아니하다.
> 1. 거짓이나 그 밖의 부정한 방법으로 처분을 받은 경우
> 2. 당사자가 처분의 위법성을 알고 있었거나 중대한 과실로 알지 못한 경우

① 수익적 행정처분을 취소할 때에는 이를 취소하여야 할 공익상의 필요와 취소로 인하여 당사자가 입게 될 기득권과 신뢰보호 및 법률생활 안정의 침해 등 불이익을 비교·교량한 후 공익상의 필요가 당사자가 입을 불이익을 정당화할 만큼 강한 경우에 한하여 취소할 수 있다(대판 2014.11.27. 2013두16111). 이 원칙을 이익형량의 원칙이라 한다.

② 수익적 처분의 직권취소의 경우, 취소될 행정처분의 하자나 취소하여야 할 필요성에 대한 증명책임은 기존의 이익과 권리를 침해하는 처분을 한 그 행정청에 있다(대판 2014.7.10. 2013두7025). 기출 21

(3) 신뢰이익의 고려(신뢰보호의 원칙)
① 행정청이 수익적 행정처분을 취소하는 경우, 신뢰보호의 원칙상 수익적 행정처분의 상대방의 신뢰이익을 고려하여야 한다.
② 그러나 수익적 행정처분의 하자가 당사자의 사실은폐나 기타 사위의 방법에 의한 신청행위에 기인한 것이라면 당사자는 처분에 의한 이익이 위법하게 취득되었음을 알아 취소가능성도 예상하고 있었다 할 것이므로, 그 자신이 처분에 관한 신뢰이익을 원용할 수 없음은 물론이고 행정청이 이를 고려하지 아니하였더라도 재량권의 남용이 되지 아니한다(대판 1996.10.25. 95누14190; 대판 2002.2.5. 2001두5286). 당사자의 사실은폐나 기타 사위의 방법에 의한 신청행위가 있었는지 여부는 행정청의 상대방과 그로부터 신청행위를 위임받은 수임인 등 관계자 모두를 기준으로 판단하여야 한다(대판 2014.11.27. 2013두16111).

(4) 제척기간 및 실권의 법리에 의한 제한
① 처분청은 처분에 대한 취소소송이 진행 중이라도 처분청은 위법한 처분을 스스로 직권취소하고 그 하자를 보완하여 다시 적법한 처분을 할 수 있다(대판 2006.2.10. 2003두5686). 기출 20·13

> 변상금 부과처분에 대한 취소소송이 진행 중이라도 그 부과권자로서는 위법한 처분을 스스로 취소하고 그 하자를 보완하여 다시 적법한 부과처분을 할 수도 있는 것이어서 그 권리행사에 법률상 장애사유가 있는 경우에 해당한다고 할 수 없으므로, 그 처분에 대한 취소소송이 진행되는 동안에도 그 부과권의 소멸시효가 진행된다(대판 2006.2.10. 2003두5686). 기출 20·13

② 다만, 2023.3.24. 시행되는 행정기본법에 의하면 직권취소는 제척기간의 제한이 있다. 즉, 행정청은 법령등의 위반행위가 종료된 날부터 5년이 지나면 해당 위반행위에 대하여 직권취소를 할 수 없다(행정기본법 제23조 제1항).
③ 또한 행정청이 취소권을 행사할 수 있음을 알면서도 장기간 행사하지 않은 경우 취소권은 실권될 수 있다(행정기본법 제12조 제2항). 행정기본법이 제정되기 이전까지는 학설·판례에 의해 인정된 실권의 법리로 해결해 왔었다.

7. 취소절차
① 직권취소는 법령에 규정이 없는 한 특별한 절차를 요하지 않으나, 그 자체로 처분에 해당하므로 행정절차법의 적용을 받는다(행정절차법 제3조 제1항).
② 수익적 행정행위(처분)에 대한 직권취소는 '당사자의 권익을 제한하는 처분'에 해당하므로 행정절차법상 사전통지의 대상이 되고(행정절차법 제21조), 개별법에서 청문이나 공청회를 개최하도록 하고 있는 경우 외에는 당사자등에게 의견제출의 기회를 주어야 한다(행정절차법 제22조 제3항).
③ 직권취소도 처분(행정행위)이므로 원칙적으로 당사자에게 처분의 근거와 이유를 제시하여야 한다(행정절차법 제23조 제1항).

8. 취소의무

직권취소 여부는 원칙적으로 행정청의 재량에 속한다(행정기본법 제18조 제1항 참조). 따라서 직권취소를 할 수 있다는 사정만으로 이해관계인에게 처분청에 대하여 그 취소를 요구할 신청권이 인정되는 것은 아니다(대판 2006.6.30. 2004두701). 다만, 위법한 행정행위의 존속으로 국민의 중대한 기본권이 침해되는 경우에는 행정행위의 취소의무를 부담할 수 있다.

9. 취소의 효과

> **행정기본법 제18조(위법 또는 부당한 처분의 취소)**
> ① 행정청은 위법 또는 부당한 처분의 전부나 일부를 소급하여 취소할 수 있다. 다만, 당사자의 신뢰를 보호할 가치가 있는 등 정당한 사유가 있는 경우에는 장래를 향하여 취소할 수 있다. 기출 24·21

① 직권취소의 효과는 처분 당시로 소급하는 것이 원칙이나(행정기본법 제18조 제1항 본문), 수익적 행정행위의 직권취소의 경우에는 상대방에게 귀책사유가 없는 한 취소의 효과가 소급하지 않는다고 보는 것이 통설적 견해이다. 기출 20
② 행정기본법에서도 당사자의 신뢰를 보호할 가치가 있는 등 정당한 사유가 있는 경우에는 장래를 향하여 취소할 수 있다고 규정하고 있다(제18조 제1항 단서).
③ 산재법상 각종 보험급여 등의 지급결정이 적법한지를 판단하는 기준과 그 처분이 잘못되었음을 전제로 하여 이미 지급된 보험급여액에 해당하는 금액을 징수하는 처분이 적법한지를 판단하는 기준이 동일하다고 할 수는 없으므로, 지급결정이 적법하게 취소되었다고 하여 그에 기한 징수처분도 반드시 적법하다고 판단하여야 하는 것은 아니다(대판 2017.6.29. 2014두39012). 기출 21

10. 취소의 취소

판례는 침익적 행정행위를 직권취소하면 해당 침익적 행정행위는 확정적으로 효력을 상실하므로, 침익적 행정행위의 직권취소의 직권취소는 인정되지 않는다고 본다(대판 1995.3.10. 94누7027). 반면, 수익적 행정행위의 경우 직권취소의 직권취소를 인정한다(대판 1997.1.21. 96누3401). 다만, 수익적 행정행위에 있어서도 이해관계 있는 제3자가 있는 경우에는 직권취소에 대한 직권취소를 부정하고 있음을 유의하여야 한다(대판 1967.10.23. 67누126). 기출 20

11. 일부취소

일부취소란 하나의 행정행위의 일부만을 취소하는 것을 말한다(행정기본법 제18조 제1항). 외형상 하나의 행정처분이라고 하더라도 가분성이 있거나 그 처분대상의 일부가 특정될 수 있다면 일부만의 취소도 가능하고 그 일부의 취소는 해당 취소 부분에 관하여 효력이 생긴다(대판 2020.7.23. 2015두48129). 기출 24·15

Ⅱ 행정행위의 철회

> **행정기본법 제19조(적법한 처분의 철회)**
> ① 행정청은 적법한 처분이 다음 각 호의 어느 하나에 해당하는 경우에는 그 처분의 전부 또는 일부를 장래를 향하여 철회할 수 있다.
> 1. 법률에서 정한 철회 사유에 해당하게 된 경우
> 2. 법령등의 변경이나 사정변경으로 처분을 더 이상 존속시킬 필요가 없게 된 경우
> 3. 중대한 공익을 위하여 필요한 경우 기출 24

1. 철회의 의의

행정행위의 철회란 적법요건을 구비하여 완전히 효력을 발하고 있는 행정행위를 사후적으로 그 행위의 효력의 전부 또는 일부를 장래에 향해 소멸시키는 행정행위(행정처분)를 말한다(대판 2003.5.30. 2003다6422). 따라서 행정행위의 철회도 취소소송의 대상인 '처분'에 해당한다(행정소송법 제19조, 제2조 제1항 제1호).

2. 철회와 취소의 구별

> 행정행위의 취소는 일단 유효하게 성립한 행정행위를 그 행위에 위법 또는 부당한 하자가 있음을 이유로 소급하여 그 효력을 소멸시키는 별도의 행정처분이고, 행정행위의 철회는 적법요건을 구비하여 완전히 효력을 발하고 있는 행정행위를 사후적으로 그 행위의 효력의 전부 또는 일부를 장래에 향해 소멸시키는 행정처분이므로, 행정행위의 취소사유는 행정행위의 성립 당시에 존재하였던 하자를 말하고, 철회사유는 행정행위가 성립된 이후에 새로이 발생한 것으로서 행정행위의 효력을 존속시킬 수 없는 사유를 말한다(대판 2003.5.30. 2003다6422). 기출 16·14

3. 철회권자

행정행위의 철회는 처분청만 할 수 있다. 상급행정청(감독청)의 일반적 감독권에는 하급행정청의 행정행위에 대해 철회지시만 내릴 수 있을 뿐 직접 철회할 수 있는 권한까지 포함된 것은 아니라는 것이 다수설의 태도이다. 따라서 법률에 특별한 규정이 없는 한 감독청이 그 행정행위를 직접 철회할 수는 없다. 기출 14

4. 철회사유

① 철회사유는 행정행위가 성립된 이후에 새로이 발생한 것으로서 행정행위의 효력을 존속시킬 수 없는 사유를 말한다(대판 2003.5.30. 2003다6422).
② 최근 제정된 행정기본법(제19조 제1항)에서는 철회사유로 ㉠ 법률에서 정한 철회 사유에 해당하게 된 경우(제1호), ㉡ 법령등의 변경이나 사정변경으로 처분을 더 이상 존속시킬 필요가 없게 된 경우(제2호), ㉢ 중대한 공익을 위하여 필요한 경우(제3호)를 규정하고 있다. 그러나 이러한 규정이 위의 3가지 사유 외에는 철회를 할 수 없다는 것을 의미하는 것은 아니다. 따라서 ㉣ 상대방의 유책행위(법령 위반, 의무 위반, 부담의 불이행)가 있는 경우(대판 1989.10.24. 89누2431), ㉤ 철회권을 유보한 경우 등에도 철회가 인정된다고 할 것이다.

> 행정행위를 한 처분청은 비록 그 처분 당시에 별다른 하자가 없었고, 또 그 처분 후에 이를 철회할 별도의 법적 근거가 없다 하더라도 원래의 처분을 존속시킬 필요가 없게 된 사정변경이 생겼거나 또는 중대한 공익상의 필요가 발생한 경우에는 그 효력을 상실케 하는 별개의 행정행위로 이를 철회할 수 있다(대판 2004.7.22. 2003두7606). 기출 16

5. 철회의 법적 근거

① 침익적 행정행위의 철회는 그 상대방에게 수익적으로 작용하므로 그 법적 근거는 특별히 문제되지 아니한다. 그러나 수익적 행정행위의 철회는 상대방의 권리나 이익을 제한·박탈하는 침익적 행정행위로 작용하므로 별도의 법적 근거 없이 철회를 할 수 있는지가 문제된다. 한편, '철회권이 유보된 경우'에는 수익적 행정행위의 철회의 경우에도 법적 근거가 필요하지 않다는 점에 견해가 일치한다.

② 판례는 수익적 행정행위의 철회라고 하더라도 법적 근거가 필요 없다는 입장이다(대판 2004.7.22. 2003두7606). 다만, 최근 제정된 행정기본법에서는 처분의 철회에 대한 일반적 근거규정을 두고 있다(행정기본법 제19조). 기출 14

6. 철회의 제한

(1) 이익형량의 원칙

> **행정기본법 제19조(적법한 처분의 철회)**
> ② 행정청은 제1항에 따라 처분을 철회하려는 경우에는 철회로 인하여 당사자가 입게 될 불이익을 철회로 달성되는 공익과 비교·형량하여야 한다. 기출 24

(2) 신뢰보호의 원칙

① 행정행위의 철회의 경우에는 신뢰보호의 원칙에 의한 철회 제한의 법리가 행정행위의 취소보다 강하게 작용한다. 철회의 대상인 행정행위는 원래 적법한 것이었다는 점에서, 하자 있는 행정행위의 취소에 비하여 신뢰보호의 가치가 보다 크다고 볼 수 있기 때문이다.

② 따라서 상대방에게 귀책사유(철회가능성을 알고 있었거나 중대한 과실로 알지 못한 것)가 없는 한 신뢰보호의 원칙에 따라 철회가 제한된다. 다만, 철회권이 유보된 경우에는 상대방이 철회의 가능성을 알고 있다고 볼 수 있으므로, 유보된 철회권을 행사한 경우 신뢰보호의 원칙은 적용되지 않는다.

(3) 제척기간 및 실권의 법리에 의한 제한

① 2023.3.24. 시행되는 행정기본법에 의하면 행정행위의 철회에는 제척기간의 제한이 있다. 즉, 행정청은 법령등의 위반행위가 종료된 날부터 5년이 지나면 해당 위반행위에 대하여 철회를 할 수 없다(행정기본법 제23조 제1항).

② 또한 행정청이 철회권을 행사할 수 있음을 알면서도 장기간 행사하지 않은 경우 철회권은 실권될 수 있다(행정기본법 제12조 제2항).

7. 철회의 효과

(1) 장래효
행정행위의 철회는 장래를 향하여 원행정행위의 효력을 상실시키는 효력을 갖는다. 즉 철회의 효과는 장래를 향해서만 발생함이 원칙이다. 그러나 소급효를 인정하지 않으면 철회의 의의가 없는 경우에는 예외적으로 그 소급효를 인정하여야 하는 경우도 있다. 예를 들면, 행정행위에 의하여 보조금을 지급하였으나, 상대방의 부담 또는 법령상의 의무의 위반을 이유로 지급결정을 철회하는 경우가 이에 해당한다. 다만, 철회의 소급효를 인정하려면 별도의 법적 근거가 있어야 한다(대판 2018.6.28. 2015두58195).

(2) 손실보상
행정행위의 철회로 인하여 상대방이 특별한 손해를 입게 되면 철회로 인한 손실을 보상하여야 한다. 그러나 철회권이 유보된 경우 또는 법령 또는 부관으로 부과된 의무를 이행하지 않은 것이 철회의 원인이 되는 등 상대방에게 귀책사유가 있어 상대방이 신뢰보호를 주장할 수 없는 경우에는 손실보상의 대상이 아니다.

제3절 그 밖의 행정의 주요행위형식

제1관 | 행정계획

Ⅰ 의 의

행정계획이란 행정에 관한 전문적·기술적 판단을 기초로 하여 도시의 건설·정비·개량 등과 같은 특정한 행정목표를 달성하기 위하여 서로 관련되는 행정수단을 종합·조정함으로써 장래의 일정한 시점에 있어서 일정한 질서를 실현하기 위한 활동기준으로 설정된 것을 말한다(대판 1996.11.29. 96누8567). 기출 25

Ⅱ 법적 성질

1. 개 설
① 행정계획은 종류와 내용이 매우 다양하므로 그 법적 성질은 계획마다 개별적으로 검토되어야 한다.
② 행정계획이 특정의 법적 형식에 의해 수립된 경우 해당 행정계획은 그 법적 형식의 성질을 갖는다. 즉, 행정계획이 법률의 형식에 의해 수립된 행정계획은 법률의 성질을 가지고, 법규명령의 형식에 의해 수립된 행정계획은 법규명령의 성질을 가지며, 조례의 형식에 의해 수립된 경우 행정계획은 조례의 성질을 가진다.
③ 행정계획이 특정의 행위형식을 취하지 않는 경우, 해당 행정계획이 항고소송의 대상이 되는 처분인지 여부가 특히 문제된다. ㉠ 항고소송의 대상이 되는지 여부가 문제되는 것은 주로 국민에 대하여 구속력을 갖는 행정계획이다. ㉡ 국민이나 행정기관에 대하여 아무런 구속력을 갖지 않는 비구속적 행정계획과 행정기관에 대해서만 구속력을 갖는 행정계획은 원칙적으로 항고소송의 대상이 되지 않는다.

> - 구 도시계획법상 도시기본계획은 도시의 기본적인 공간구조와 장기발전방향을 제시하는 종합계획으로서 그 계획에는 토지이용계획, 환경계획, 공원녹지계획 등 장래의 도시개발의 일반적인 방향이 제시되지만, 그 계획은 도시계획입안의 지침이 되는 것에 불과하여 일반 국민에 대한 직접적인 구속력은 없는 것이다(대판 2002.10.11. 2000두8226). 기출 25
> - 구 도시계획법 제19조 제1항 및 도시계획시설결정 당시의 지방자치단체의 도시계획조례에서는, 도시계획이 도시기본계획에 부합되어야 한다고 규정하고 있으나, 도시기본계획은 도시의 장기적 개발방향과 미래상을 제시하는 도시계획 입안의 지침이 되는 장기적·종합적인 개발계획으로서 행정청에 대한 직접적인 구속력은 없다(대판 2007.4.12. 2005두1893).

2. 도시·군관리계획의 법적 성질

(1) 학 설

「국토의 계획 및 이용에 관한 법률」 제30조의 도시·군관리계획의 법적 성질에 관하여, 국민의 자유와 권리에 관련되는 일반적·추상적인 규범의 정립작용이라고 보는 견해(입법행위설), 개인의 권리 내지 법적 지위에 개별적·구체적 변동이라는 효과를 가져오는 행위라는 견해(행정행위설), 법규도 아니고 행정행위도 아닌 특수한 성질로서 구속력이 인정된다는 견해(독자성설), 개별적 검토설 등이 주장되고 있다.

(2) 판 례

판례는 도시·군관리계획 결정은 구속적 행정계획으로서 그 처분성이 인정된다고 본다(대판 1982.3.9. 80누105; 대판 2017.6.8. 2015두38573). 기출 14

> 도시계획법 제12조 소정의 도시계획(현행 「국토의 계획 및 이용에 관한 법률」 제30조의 도시·군관리계획) 결정이 고시되면 도시계획구역안의 토지나 건물 소유자의 토지형질변경, 건축물의 신축, 개축 또는 증축 등 권리행사가 일정한 제한을 받게 되는바 이런 점에서 볼 때 고시된 도시계획결정은 특정 개인의 권리 내지 법률상의 이익을 개별적이고 구체적으로 규제하는 효과를 가져오게 하는 행정청의 처분이라 할 것이고, 이는 행정소송의 대상이 되는 것이라 할 것이다(대판 1982.3.9. 80누105).

III 행정계획절차

1. 행정계획의 절차적 통제

① 행정계획의 절차에 관하여도 행정절차법이 적용된다(행정절차법 제3조 제1항). 기출 18
② 개정 행정절차법은 학설과 판례에 의하여 정립된 형량명령의 원칙을 명문화하였다(행정절차법 제40조의4).
③ 행정청은 행정계획을 수립·시행하거나 변경하려는 경우에는 원칙적으로 이를 예고하여야 한다(행정절차법 제46조 제1항).
④ 처분적 성질의 행정계획에 대해서는 행정절차법상 처분에 관한 절차가 적용되고, 행정입법의 형식의 행정계획에 대해서는 행정상 입법예고에 관한 절차가 적용된다.
⑤ 그러나 행정절차법은 행정계획의 절차상 통제방법으로 관계 행정기관과의 협의와 주민·이해관계인의 참여(청문, 공청회) 등에 관한 일반적인 규정을 두고 있지 않고, 개별 법률에서 규정하고 있다.

2. 행정계획절차의 하자

① 행정계획절차의 하자는 하자의 일반이론에 따라 무효사유 또는 취소사유가 된다. 판례는 도시계획의 수립에 있어서 공청회를 열지 않거나(대판 1990.1.23. 87누947), 도시계획안의 공고 및 공람절차에 하자가 있는 경우(대판 2000.3.23. 98두2768) 이를 취소사유로 본다.

② 그러나 구 도시계획법 제7조는 도시계획결정 등 처분의 고시를 도시계획구역, 도시계획결정 등의 효력발생요건으로 규정한 것이므로 정당하게 도시계획결정 등의 처분을 하였다고 하더라도 이를 관보에 게재하여 고시하지 아니한 이상 대외적으로는 아무런 효력도 발생하지 않는다(대판 1985.12.10. 85누186).

Ⅳ 계획재량과 통제

1. 계획재량의 개념

① 계획재량이란 행정계획을 수립·변경함에 있어서 계획청에게 인정되는 재량을 말한다. 일반적으로 행정계획을 입안·결정 및 변경함에 있어서 비교적 광범위한 재량권이 인정된다.

> - 도시계획법 등 관계 법령에는 추상적인 행정목표와 절차만이 규정되어 있을 뿐 행정계획의 내용에 대하여는 별다른 규정을 두고 있지 아니하므로 행정주체는 구체적인 행정계획을 입안·결정함에 있어서 비교적 광범위한 형성의 자유를 가진다(대판 1996.11.29. 96누8567). 기출 25·14
> - 이러한 법리는 도시계획시설구역 내 토지 등을 소유하고 있는 주민이 장기간 집행되지 아니한 도시계획시설의 결정권자에게 도시계획시설의 변경을 신청하고, 결정권자가 이러한 신청을 받아들여 도시계획시설을 변경할 것인지를 결정하는 경우에도 동일하게 적용된다고 보아야 한다(대판 2012.1.12. 2010두5806). 기출 18

② 계획재량에는 일반적인 행정재량과 비교하여 행정청에게 광범위한 재량권이 부여되어 있다는 것에 대하여는 학설상 이론이 없다(양적 차이 인정).

③ 그런데 계획재량이 일반적인 행정재량과 질적으로 구별되는 것인지에 대하여는 학설이 대립한다. 계획재량과 행정재량은 규범구조면에서 차이가 있고(행정재량은 '요건 – 효과의 구조'인데 반하여, 계획재량은 '목적 – 수단의 구조'), 형량명령이라는 특유의 하자이론이 존재한다는 것을 근거로 질적 차이가 있다는 견해가 다수설이다.

> - 자연환경 보호 등을 목적으로 하는 도시관리계획결정은 식생이 양호한 수림의 훼손 등과 같이 장래 발생할 불확실한 상황과 파급효과에 대한 예측 등을 반영한 행정청의 재량적 판단으로서, 그 내용이 현저히 합리성을 결여하거나 형평이나 비례의 원칙에 뚜렷하게 반하는 등의 사정이 없는 한 폭넓게 존중해야 한다(대판 2023.11.16. 2022두61816). 기출 25
> - 택지개발 예정지구 지정처분은 건설교통부장관이 법령의 범위 내에서 도시지역의 시급한 주택난 해소를 위한 택지를 개발·공급할 목적으로 주택정책상의 전문적·기술적 판단에 기초하여 행하는 일종의 행정계획으로서 재량행위라고 할 것이므로 그 재량권의 일탈·남용이 없는 이상 그 처분을 위법하다고 할 수 없다(대판 1997.9.26. 96누10096). 기출 15

2. 계획재량의 통제이론 : 형량명령의 원칙

(1) 형량명령의 원칙

① 형량명령의 원칙이란 행정계획을 수립(입안)·변경·폐지함에 있어서 관련된 여러 이익을 정당하게 형량하여야 한다는 원칙으로 계획재량의 통제이론이다.
② 개정 행정절차법은 "행정청은 행정청이 수립하는 계획 중 국민의 권리·의무에 직접 영향을 미치는 계획을 수립하거나 변경·폐지할 때에는 관련된 여러 이익을 정당하게 형량하여야 한다"고 하여(행정절차법 제40조의4), 학설과 판례에 의해 정립된 형량명령의 원칙을 명문화하였다. 기출 14

> • 행정주체가 구체적인 행정계획을 입안·결정할 때에 가지는 비교적 광범위한 형성의 자유는 무제한적인 것이 아니라 행정계획에 관련되는 자들의 이익을 공익과 사익 사이에서는 물론이고 공익 상호 간과 사익 상호 간에도 정당하게 비교·교량하여야 한다는 제한이 있는 것이므로, 행정주체가 행정계획을 입안·결정하면서 이익형량을 전혀 행하지 않거나 이익형량의 고려 대상에 마땅히 포함시켜야 할 사항을 빠뜨린 경우 또는 이익형량을 하였으나 정당성과 객관성이 결여된 경우에는 행정계획결정은 형량에 하자가 있어 위법하게 된다(대판 2012.1.12. 2010두5806). 기출 15
> • 행정주체가 기반시설을 조성하기 위하여 도시계획시설결정(도시·군계획시설결정)을 하거나 실시계획인가 처분을 할 때 행사하는 재량권에는 그 한계가 있음이 분명하므로, 이는 재량통제의 대상이 된다(대판 2018.7.24. 2016두48416). 기출 25

(2) 형량하자와 그 효과

① 행정계획결정을 함에 있어서 ⑦ 이익형량을 전혀 하지 않은 것을 형량의 불행사(부존재)라 하고, 특히 조사의무를 이행하지 않은 하자를 조사의 결함이라 한다. ⓒ 고려하여야 할 이익을 빠뜨리는 것을 형량의 흠결(또는 형량의 누락)이라 하고, ⓒ 관련된 공익 또는 사익의 가치를 잘못 평가한 경우는 평가의 과오(오형량)라 하며, ⓔ 형량에 있어 비례성을 결한 것을 형량불비례라 한다.
② 형량하자 중 ⑦ 조사의 결함, ⓒ 형량의 흠결 및 ⓒ 평가의 과오는 행정계획결정의 광의의 절차상 하자(형식상 하자)이므로 이를 이유로 취소판결이 나면 처분청은 다시 적법하게 형량하여 동일한 내용의 행정계획결정을 할 수 있지만, ⓔ 형량불비례는 행정계획결정의 내용상 하자이므로 이를 이유로 취소판결이 나면 특별한 사정이 없는 한 동일한 내용의 행정계획결정을 할 수 없다. 다만, 경우에 따라서는 부관을 붙여 동일한 내용의 행정계획결정을 할 수는 있다.

> 행정주체가 행정계획을 입안·결정하면서 이익형량을 전혀 행하지 않거나 이익형량의 고려 대상에 마땅히 포함시켜야 할 사항을 빠뜨린 경우 또는 이익형량을 하였으나 정당성과 객관성이 결여된 경우에는 행정계획결정은 형량에 하자가 있어 위법하게 된다. 이러한 법리는 ⑦ 행정주체가 구 국토의 계획 및 이용에 관한 법률 제26조에 의한 주민의 도시관리계획 입안 제안을 받아들여 도시관리계획결정을 할 것인지를 결정할 때에도 마찬가지이고, 나아가 ⓒ 도시계획시설구역 내 토지 등을 소유하고 있는 주민이 장기간 집행되지 아니한 도시계획시설의 결정권자에게 도시계획시설의 변경을 신청하고, 결정권자가 이러한 신청을 받아들여 도시계획시설을 변경할 것인지를 결정하는 경우에도 동일하게 적용된다고 보아야 한다(대판 2012.1.12. 2010두5806).

V 계획보장청구권(행정계획과 신뢰보호)

(1) 계획보장청구권의 의의
계획보장청구권이란 행정계획에 대한 관계국민의 신뢰를 보호하기 위하여 관계국민에 대하여 인정된 행정계획주체에 대한 권리를 총칭하는 개념이다. 신뢰보호의 원칙이 행정계획분야에 적용된 것이다. 계획보장청구권의 인정에 있어서는 공익목적을 달성하기 위한 행정계획의 변경의 필요성과 관계국민의 신뢰보호의 가치를 조화시키는 해결을 하여야 한다.

(2) 계획보장청구권의 종류
① 계획보장청구권에 포함되는 권리로는 계획존속청구권, 계획이행청구권, 경과조치청구권, 손해배상청구권 및 손실보상청구권이 있다.
② 계획존속청구권은 개인의 신뢰보호가 공익에 대하여 일방적인 우선권을 가지는 경우를 전제로 하기 때문에 원칙적으로 인정되지 아니한다. 다만, 법률의 형식에 의한 행정계획의 경우 계획존속에 대한 개인의 신뢰가 계획변경에 대한 공익보다 우월한 경우에는 예외적으로 계획존속청구권이 성립할 수 있고, 행정행위의 형식에 의한 행정계획의 경우에는 행정행위의 취소와 철회의 제한의 법리에 따라 개인의 신뢰가 보호받는 경우가 있을 수 있다. 기출 22

VI 계획변경청구권

1. 원 칙
계획법규는 원칙적으로 공익의 보호를 목적으로 하는 것이며 사익의 보호를 목적으로 하지 않기 때문에 원칙적으로 계획변경청구권은 인정될 수 없다. 기출 15

> 국민의 신청에 대한 행정청의 거부처분이 항고소송의 대상이 되는 행정처분이 되기 위하여는, 국민이 행정청에 대하여 그 신청에 따른 행정행위를 해줄 것을 요구할 수 있는 법규상 또는 조리상의 권리가 있어야 하는 바, 도시계획법상 주민이 도시계획 및 그 변경에 대하여 어떤 신청을 할 수 있음에 관한 규정이 없을 뿐만 아니라, 도시계획과 같이 장기성·종합성이 요구되는 행정계획에 있어서는 그 계획이 일단 확정된 후에 어떤 사정의 변동이 있다고 하여 지역주민에게 일일이 그 계획의 변경을 청구할 권리를 인정해 줄 수도 없는 이치이므로 도시계획시설변경신청을 불허한 행위는 항고소송의 대상이 되는 행정처분이라고 볼 수 없다(대판 1984.10.23. 84누227). 기출 15

2. 예 외
① 예외적으로 법규상 또는 조리상 계획변경신청권이 인정되는 경우가 있다.
② 판례는 장래에 일정한 행정처분을 구하는 신청을 할 수 있는 법률상 지위에 있는 자의 국토이용계획변경신청을 거부하는 것이 실질적으로 해당 행정처분 자체를 거부하는 결과가 되는 경우(대판 2003.9.23. 2001두10936), 예외적으로 그 신청인에게 조리상 계획변경신청권을 인정한다.

[1] 구 국토이용관리법상 주민이 국토이용계획의 변경에 대하여 신청을 할 수 있다는 규정이 없을 뿐만 아니라, 원칙적으로는 그 계획이 일단 확정된 후에 어떤 사정의 변동이 있다고 하여 그러한 사유만으로는 지역주민이나 일반 이해관계인에게 일일이 그 계획의 변경을 신청할 권리를 인정하여 줄 수는 없을 것이지만, 장래 일정한 기간 내에 관계 법령이 규정하는 시설 등을 갖추어 일정한 행정처분을 구하는 신청을 할 수 있는 법률상 지위에 있는 자의 국토이용계획변경신청을 거부하는 것이 실질적으로 당해 행정처분 자체를 거부하는 결과가 되는 경우에는 예외적으로 그 신청인에게 국토이용계획변경을 신청할 권리가 인정된다고 봄이 상당하므로, 이러한 신청에 대한 거부행위는 항고소송의 대상이 되는 행정처분에 해당한다.

[2] 폐기물처리사업계획의 적정통보를 받은 자는 장래 일정한 기간 내에 관계 법령이 규정하는 시설 등을 갖추어 폐기물처리업허가신청을 할 수 있는 법률상 지위에 있다고 할 것인바, 피고(진안군수)로부터 폐기물처리사업계획의 적정통보를 받은 원고가 폐기물처리업허가를 받기 위하여는 이 사건 부동산에 대한 용도지역을 '농림지역 또는 준농림지역'에서 '준도시지역(시설용지지구)'으로 변경하는 국토이용계획변경이 선행되어야 하고, 원고의 위 계획변경신청을 피고가 거부한다면 이는 실질적으로 원고에 대한 폐기물처리업허가신청을 불허하는 결과가 되므로, 원고는 위 국토이용계획변경의 입안 및 결정권자인 피고에 대하여 그 계획변경을 신청할 법규상 또는 조리상 권리를 가진다고 본 사례(대판 2003.9.23. 2001두10936).

③ 기타 조리상 계획변경청구권을 인정한 사례

- 도시계획구역 내 토지 등을 소유하고 있는 사람과 같이 당해 도시계획시설결정에 이해관계가 있는 주민으로서는 도시시설계획의 입안권자 내지 결정권자에게 도시시설계획의 입안 내지 변경을 요구할 수 있는 법규상 또는 조리상의 신청권이 있고, 이러한 신청에 대한 거부행위는 항고소송의 대상이 되는 행정처분에 해당한다 (대판 2015.3.26. 2014두42742). 기출 15
- 문화재보호구역 내에 있는 토지소유자 등으로서는 위 보호구역의 지정해제를 요구할 수 있는 법규상 또는 조리상의 신청권이 있다고 할 것이고, 이러한 신청에 대한 거부행위는 항고소송의 대상이 되는 행정처분에 해당한다(대판 2004.4.27. 2003두8821).
- 구 국토의 계획 및 이용에 관한 법률 중 그 판시와 같은 조항들과 헌법상 개인의 재산권 보장의 취지에 비추어 보면, 피고(울산광역시 울주군수)는 관할구역인 이 사건 신청부지에 대한 도시관리계획의 입안권자이고, 원고는 도시관리계획구역 내 토지 등을 소유하고 있는 주민으로서 이 사건 납골시설에 관한 도시관리계획의 입안을 요구할 수 있는 법규상 또는 조리상의 신청권이 있다고 할 것이어서, 이러한 원고의 입안제안을 반려한 피고의 이 사건 처분은 항고소송의 대상이 되는 행정처분에 해당한다. … 나아가 이 사건 납골시설이 도시계획시설로 결정될 수 없는 시설에 해당한다 하더라도, 이는 본안에 관한 판단에서 고려되어야 할 사항일 뿐, 그로 인하여 피고의 이 사건 처분을 항고소송의 대상이 되는 행정처분으로 볼 수 없다거나 이 사건 소의 이익이 없다고 볼 수는 없다(대판 2010.7.22. 2010두5745).

국토의 계획 및 이용에 관한 법률 제26조(도시·군관리계획 입안의 제안)

① 주민(이해관계자를 포함한다. 이하 같다)은 다음 각 호의 사항에 대하여 제24조에 따라 도시·군관리계획을 입안할 수 있는 자에게 도시·군관리계획의 입안을 제안할 수 있다. 이 경우 제안서에는 도시·군관리계획도서와 계획설명서를 첨부하여야 한다.
1. 기반시설의 설치·정비 또는 개량에 관한 사항
2. 지구단위계획구역의 지정 및 변경과 지구단위계획의 수립 및 변경에 관한 사항 기출 14
3. 다음 각 목의 어느 하나에 해당하는 용도지구의 지정 및 변경에 관한 사항
   가. 개발진흥지구 중 공업기능 또는 유통물류기능 등을 집중적으로 개발·정비하기 위한 개발진흥지구로서 대통령령으로 정하는 개발진흥지구
   나. 제37조에 따라 지정된 용도지구 중 해당 용도지구에 따른 건축물이나 그 밖의 시설의 용도·종류 및 규모 등의 제한을 지구단위계획으로 대체하기 위한 용도지구
4. 입지규제최소구역의 지정 및 변경과 입지규제최소구역계획의 수립 및 변경에 관한 사항

3. 후행 도시계획의 내용이 선행 도시계획과 양립할 수 없는 경우

도시계획의 결정·변경 등에 관한 권한을 가진 행정청은 이미 도시계획이 결정·고시된 지역에 대하여도 다른 내용의 도시계획을 결정·고시할 수 있고, 이때에 후행 도시계획에 선행 도시계획과 서로 양립할 수 없는 내용이 포함되어 있다면, 특별한 사정이 없는 한 선행 도시계획은 후행 도시계획과 같은 내용으로 변경되는 것이라고 보아야 한다(대판 2000.9.8. 99두11257). 기출 18·15

Ⅶ 행정계획과 권리구제제도

1. 취소소송과 헌법소원

(1) 행정계획이 처분인 경우 : 취소소송

① 행정계획에 대하여 취소소송이 인정되기 위하여는 우선 행정계획의 처분성이 인정되어야 한다. 구속적 행정계획의 경우에 행정계획으로 인하여 국민의 권리에 직접적인 영향을 미친 경우에 한하여 처분성이 인정된다. 행정계획의 폐지 또는 변경의 경우에도 마찬가지이다.

> - 개발제한구역의 지정·고시(= 고시된 도시계획결정)은 특정 개인의 권리 내지 법률상의 이익을 개별적이고 구체적으로 규제하는 효과를 가져오게 하는 행정청의 처분이라 할 것이고, 이는 행정소송의 대상이 된다(대판 1982.3.9. 80누105; 헌재 1991.7.22. 89헌마174). 기출 18
> - 도시 및 주거환경정비법상 주택재건축정비사업조합이 같은 법 제48조에 따라 수립한 관리처분계획에 대하여 관할 행정청의 인가·고시까지 있게 되면 관리처분계획은 행정처분으로서 효력이 발생하게 되므로, 총회결의의 하자를 이유로 하여 행정처분의 효력을 다투는 항고소송의 방법으로 관리처분계획의 취소 또는 무효확인을 구하여야 하고, 그와 별도로 행정처분에 이르는 절차적 요건 중 하나에 불과한 총회결의 부분만을 따로 떼어내어 효력 유무를 다투는 확인의 소를 제기하는 것은 특별한 사정이 없는 한 허용되지 않는다(대판 2009.9.17. 2007다2428[전합]).
> - 국토해양부, 환경부, 문화체육관광부, 농림수산부, 식품부가 합동으로 2009.6.8. 발표한 '4대강 살리기 마스터플랜' 등은 4대강 정비사업과 주변 지역의 관련 사업을 체계적으로 추진하기 위하여 수립한 종합계획이자 '4대강 살리기 사업'의 기본방향을 제시하는 계획으로서, 행정기관 내부에서 사업의 기본방향을 제시하는 것일 뿐, 국민의 권리·의무에 직접 영향을 미치는 것이 아니어서 행정처분에 해당하지 않는다고 한 사례(대판 2011.4.21. 2010무111[전합]).

② 취소소송으로 권리구제를 받으려면 행정계획의 위법성이 인정되어야 한다. 그런데 행정주체에게는 광범위한 재량이 인정되므로 행정계획의 위법성을 인정하기가 쉽지 않을 것이다.
③ 또한 행정계획이 위법한 경우에도 행정계획의 취소로 인하여 침해되는 공익이 크게 되기 때문에 사정판결에 의해 행정계획이 취소되지 않을 가능성이 크다.

(2) 행정계획이 공권력의 행사이지만 처분이 아닌 경우 : 헌법소원

행정계획이 공권력 행사이지만 처분이 아닌 경우 헌법소원의 대상이 된다. 그러나 행정계획의 처분성이 인정되는 경우에는 행정쟁송절차로 다툴 수 있으므로 이에 대한 헌법소원은 부적법하게 된다(헌법소원의 보충성). 기출 18

- 비구속적 행정계획안이나 행정지침이라도 국민의 기본권에 직접적으로 영향을 끼치고, 앞으로 법령의 뒷받침에 의하여 그대로 실시될 것이 틀림없을 것으로 예상될 수 있을 때에는, 공권력행위로서 예외적으로 헌법소원의 대상이 될 수 있다(헌재 2000.6.1. 99헌마538). 기출 18
- 건설부장관의 개발제한구역의 지정·고시(고시된 도시계획 결정)가 공권력의 행사로서 헌법소원심판의 대상이 됨은 물론이나 헌법소원심판은 다른 법률에 구제절차가 있는 경우에는 그 절차를 모두 거친 후가 아니면 청구할 수 없는 바(헌법재판소법 제68조 제1항 단서), 개발제한구역 지정·고시행위(고시된 도시계획 결정)에 대하여는 행정쟁송절차로써 다툴 수 있으므로 헌법소원심판은 부적법하다(헌재 1991.7.22. 89헌마174). 기출 18

2. 국가배상과 손실보상

① 위법한 행정계획의 수립·변경 또는 폐지로 인하여 손해를 받은 자는 국가배상을 청구할 수 있다.
② 적법한 행정계획의 수립·변경 또는 폐지로 인하여 특별한 희생을 입은 개인은 손실보상의 요건을 갖춘 경우에 손실보상을 청구할 수 있다.
③ 행정절차법은 행정계획의 확정·변경 또는 실효로 인한 국민의 재산상 손실의 보상에 관해서는 규정하고 있지 아니하다. 기출 14

제2관 | 공법상 계약

I 의 의

1. 공법상 계약의 개념

① 공법상 계약이란 공법적 효과의 발생을 목적으로 하여 대등한 당사자 사이의 의사표시의 합치로 성립하는 공법행위를 말한다(대판 2021.2.4. 2019다277133).
② 최근 제정된 행정기본법에서는 비권력적 행정의 대표적인 행위형식인 공법상 계약에 관하여 규정하고 있다(제27조).

2. 구별 개념

(1) 사법상 계약과의 구별

① 행정주체가 체결하는 계약(공공계약)에는 사법의 적용을 받는 사법상 계약과 공법적 규율을 받는 공법상 계약이 있다.
② 사법상 계약에는 사법규정 및 사법원리(사적 자치의 원칙, 계약의 자유 등)가 적용된다. 반면 공법상 계약은 사법과는 다른 특수한 공법적 규율(평등의 원칙 등 행정의 법 원칙, 계약체결이 강제되는 경우 등)의 대상이 된다. 실체법상 공법상 계약은 공법적 효과를 발생시키고 공익과 밀접한 관련이 있으므로 사법과는 다른 특수한 공법적 규율의 대상이 된다.

- 국가를 당사자로 하는 계약이나 공공기관의 운영에 관한 법률의 적용 대상인 공기업이 일방 당사자가 되는 계약(이하 편의상 '공공계약'이라 한다)은 국가 또는 공기업(이하 '국가 등'이라 한다)이 사경제의 주체로서 상대방과 대등한 지위에서 체결하는 사법(私法)상의 계약으로서 본질적인 내용은 사인 간의 계약과 다를 바가 없으므로, 법령에 특별한 정함이 있는 경우를 제외하고는 서로 대등한 입장에서 당사자의 합의에 따라 계약을 체결하여야 하고 당사자는 계약의 내용을 신의성실의 원칙에 따라 이행하여야 하는 등(구 국가를 당사자로 하는 계약에 관한 법률(이하 '국가계약법'이라 한다) 제5조 제1항) 사적 자치와 계약자유의 원칙을 비롯한 사법의 원리가 원칙적으로 적용된다(대판 2017.12.21. 2012다74076[전합]). 기출 24
- 지방자치단체가 일방 당사자가 되는 이른바 '공공계약'이 사경제의 주체로서 상대방과 대등한 위치에서 체결하는 사법상 계약에 해당하는 경우 그에 관한 법령에 특별한 정함이 있는 경우를 제외하고는 사적 자치와 계약자유의 원칙 등 사법의 원리가 그대로 적용된다(대판 2018.2.13. 2014두11328). 기출 21

> **참고**
> 지방자치단체인 A시가 일방 당사자가 되어 甲회사와 생활폐기물수집·운반대행위탁계약을 체결한 경우,「국가를 당사자로 하는 계약에 관한 법률」이 아니라「지방자치단체를 당사자로 하는 계약에 관한 법률」이 적용된다. 기출 21

③ 사법상 계약에 관한 분쟁은 민사소송의 대상이 되지만, 공법상 계약에 관한 분쟁은 공법상 당사자소송을 제기해야 한다.

> 이 사건 최초계약과 변경계약은 피고(진주시)가 원고들(甲회사 등)에게 음식물류 폐기물의 수집·운반, 가로청소, 재활용품의 수집·운반 업무의 대행을 위탁하고 그에 대한 대행료를 지급하는 것을 내용으로 하는 용역계약으로서 이 사건 변경계약에 따른 대행료 정산의무의 존부는 민사 법률관계에 해당하므로 이를 소송물로 다투는 소송은 민사소송에 해당하는 것으로 보아야 한다(대판 2018.2.13. 2014두11328). 기출 21

(2) 행정행위의 구별

① 공법상 계약과 행정행위는 구체적인 법적 효과를 발생시키는 법적 행위인 점에서는 동일하지만 양자는 행위의 형성방식에 차이가 있다.
② 행정행위는 행정주체에 의해 일방적으로 행해지는 권력적 행위이지만, 공법상 계약은 행정주체와 국민 사이의 합의에 의해 행해지는 비권력적 행위이다.
③ 행정행위는 항고소송의 대상이 되고, 공법상 계약에 관한 분쟁은 당사자소송의 대상이 된다.

Ⅱ 공법상 계약의 성립요건과 적법요건

> **행정기본법 제27조(공법상 계약의 체결)**
> ① 행정청은 법령등을 위반하지 아니하는 범위에서 행정목적을 달성하기 위하여 필요한 경우에는 공법상 법률관계에 관한 계약(이하 "공법상 계약"이라 한다)을 체결할 수 있다. 이 경우 계약의 목적 및 내용을 명확하게 적은 <u>계약서를 작성하여야 한다</u>. 기출 24·23
> ② 행정청은 공법상 계약의 상대방을 선정하고 계약 내용을 정할 때 <u>공법상 계약의 공공성과 제3자의 이해관계를 고려하여야</u> 한다. 기출 23

1. 공법상 계약의 성립요건

공법상 계약은 사법상 계약과 마찬가지로 양 당사자의 반대방향의 의사의 합치에 의해 성립된다. 공법상 계약에서 <u>계약의 일방은 당사자는 행정주체이어야</u> 한다. '행정주체'에는 공무수탁사인도 포함된다.

2. 공법상 계약의 적법요건

(1) 주체에 관한 요건

공법상 계약은 '행정기관(예 지방자치단체장)'이 아니라 '행정주체(예 지방자치단체)'가 그 당사자가 된다. 그런데 실제에 있어서는 행정청이 행정주체를 대표하여 공법상 계약을 체결한다. 행정기본법도 "행정청은 … 공법상 법률관계에 관한 계약을 체결할 수 있다."라고 한다(제27조 제1항). 행정청은 행정주체를 대표하여 공법상 계약을 체결하는 것이므로 <u>공법상 계약의 법적 효과는 행정주체에 귀속된다</u>.

(2) 절차에 관한 요건

① 행정절차법은 처분, 신고, 확약, 위반사실 등의 공표, 행정계획, 행정상 입법예고, 행정예고 및 행정지도의 절차에 적용된다(행정절차법 제3조 제1항). 행정절차법은 '사법상 계약절차'는 물론 '<u>공법상 계약절차</u>'에도 <u>적용되지 않는다</u>. 기출 21

② 따라서 <u>공법상 계약의 해지를 함에 있어서 행정절차법상의 사전 통지 및 의견청취절차를 거쳐야 하는 것은 아니다</u>(대판 2002.11.26. 2002두5948).

> 계약직공무원에 관한 현행 법령의 규정에 비추어 볼 때, 계약직공무원 채용계약해지의 의사표시는 일반공무원에 대한 징계처분과는 달라서 항고소송의 대상이 되는 처분 등의 성격을 가진 것으로 인정되지 아니하고, 일정한 사유가 있을 때에 국가 또는 지방자치단체가 채용계약 관계의 한 쪽 당사자로서 대등한 지위에서 행하는 의사표시로 취급되는 것으로 이해되므로, <u>이를 징계해고 등에서와 같이 그 징계사유에 한하여 효력 유무를 판단하여야 하거나, 행정처분과 같이 행정절차법에 의하여 근거와 이유를 제시하여야 하는 것은 아니다</u>(대판 2002.11.26. 2002두5948). → 공법상 계약(및 그 해지의 의사표시)에는 행정절차법이 적용되지 않는다. 기출 21

③ 행정청은 행정기본법 제27조에 따라 공법상 법률관계에 관한 계약을 체결할 때 <u>법령등에 따른 관계 행정청의 동의, 승인 또는 협의 등이 필요한 경우에는 이를 모두 거쳐야</u> 한다(행정기본법 시행령 제6조). 기출 23

(3) 형식에 관한 요건

공법상 계약은 계약 내용을 명확히 할 필요가 있으므로 문서로 하여야 한다. 최근 제정된 행정기본법은 계약의 목적 및 내용을 명확하게 적은 계약서를 작성하도록 요구하고 있다(행정기본법 제27조 제1항 후문). 기출 24·23

(4) 내용에 관한 요건

① '행정절차법'은 공법상 계약에 관하여 규정하고 있지 않다. '행정기본법'에서 공법상 계약에 관한 규정(제27조)을 두고 있는데, 행정기본법 제27조는 공법상 계약에 관한 일반법이다. 따라서 공법상 계약에 관한 특별한 규정이 없으면 행정기본법 제27조가 적용된다. 기출 23

② 다른 행정작용과 마찬가지로 공법상 계약에도 '법률우위의 원칙'이 적용된다. 행정기본법에서도 "법령등을 위반하지 아니하는 범위에서" 공법상 계약을 체결할 수 있다고 규정함으로써(제27조 제1항), 공법상 계약에 법률우위의 원칙이 적용됨을 분명히 하고 있다. 따라서 비례의 원칙, 평등원칙, 신뢰보호의 원칙 등 행정의 법 원칙도 준수해야 한다. 기출 24·23

③ 공법상 계약에는 '법률유보의 원칙'이 적용되지 않는다(다수설). 즉, 공법상 계약은 당사자 사이의 자유로운 의사의 합치에 의해 성립되므로 법률의 근거가 필요 없다.

Ⅲ 공법상 계약의 종류

1. 행정주체 상호 간에 체결되는 공법상 계약

① 법에 의해 금지되지 않는 한 행정주체 상호 간에 공법상 계약을 자유롭게 체결할 수 있다.
② 행정주체 상호 간의 업무위탁계약, 공공시설의 관리 협의(예 도로법 제24조), 행정비용부담계약(예 지방자치단체간의 하천관리를 위한 비용분담에 관한 계약) 등이 이에 해당한다.

2. 행정주체와 사인(私人)간에 체결되는 공법상 계약

사인(私人)에 대한 행정사무의 위탁계약, 민간투자사업상 실시협약(서울고법 2004.6.24. 2003누6483), 계약직 공무원의 채용계약, 서울특별시 시립무용단원이 가지는 지위가 공무원과 유사한 경우 서울특별시 시립무용단원 위촉계약(대판 1995.12.22. 95누4636), 국립중앙극장 전속단원 채용계약(대판 1996.8.27. 95나35953) 등이 이에 해당하고, 사인이 행정권한을 위탁받아 행정주체의 지위를 갖는 경우 행정주체의 지위에서 다른 사인과 공법상 계약을 체결할 수도 있다.

[공법상의 계약인지 사업상 계약인지 문제된 사례]

| 공법상 계약 | • 서울특별시 시립무용단 위촉계약(대판 1995.12.22. 95누4636)
• 국립중앙극장 전속단원 채용계약(대판 1996.8.27. 95나35953)
• 지방직계약직공무원인 서울특별시 시민감사옴브즈만 채용행위(대판 2014.4.24. 2013두6244)
• 전문직공무원인 공중보건의사의 채용계약(대판 1996.5.31. 95누10617)
• 「사회기반시설에 대한 민간투자법」에 근거하여 광역자치단체와 체결한 터널 민간투자사업 실시협약(대판 2019.1.31. 2017두46455)
• 중소기업 정보화지원사업에 따른 지원금 출연을 위하여 중소기업청장이 체결하는 협약(대판 2015.8.27. 2015두41449)
• 국책사업인 한국형 헬기 민군겸용 핵심구성품 개발협약(대판 2017.11.9. 2015다215526) |

사법상 계약	• 지방자치단체의 관할구역 내에 있는 각급 학교에서 학교회계직원으로 근무하는 것을 내용으로 하는 근로계약(대판 2018.5.11. 2015다237748) • 지방자치단체와 사인 간 체결한 자원회수시설 위탁운영협약(대판 2019.10.17. 2018두60588) ※ 비교 : 국립의료원 부설 주차장에 관한 위탁관리용역 운영계약은 행정처분(강학상 특허)(대판 2006.3.9. 2004다31074) • 「공익사업을 위한 토지 등의 취득 및 보상에 관한 법률」상의 협의취득(대판 2018.12.13. 2016두51719) • 국유일반재산의 대부행위(대판 2017.4.13. 2013다27941)

Ⅳ 공법상 계약의 법적 규율

1. 실체법상 규율

(1) 공법상 계약의 하자

공법상 계약에는 행정행위와 달리 공정력이 인정되지 않으므로 위법한 공법상 계약은 원칙적으로 무효라는 것이 다수설이다. 공법상 계약이 무효인 경우 계약상 권리나 의무는 발생하지 않는다.

(2) 공법상 계약의 집행상 특수한 규율

① 공법상 계약에는 행정행위에서 인정되는 공정력·확정력·자력 집행력이 인정되지 않는다.
② 공법상 계약에 의한 의무의 불이행에 대해서는 별도의 명문규정이 있는 경우 외에는 행정대집행법도 적용되지 않는다. 대집행의 대상이 되는 공법상 의무는 법령에 의하여 직접 명령되었거나 법령에 의거한 행정처분에 의해 명하여진 경우에 한하기 때문이다(행정대집행법 제2조).
③ 계약상의 의무불이행에 대해서는 법원의 판결을 받아 강제집행을 해야 한다.

2. 소송법상 규율(권리구제 방법)

(1) 공법상 당사자소송

공법상 계약에 관한 소송분쟁은 민사소송이 아니라 공법상 당사자소송에 의한다. 기출 24 공법상 계약의 무효확인소송, 공법상 계약에 의한 의무의 확인에 관한 소송 및 계약의무불이행시의 의무이행소송도 공법상 당사자소송에 의한다. 판례는 공법상 계약 해지의 의사표시도 처분으로 보아야 하는 특별한 사정이 없는 한 공법상 당사자소송으로 해지의 의사표시의 무효확인을 청구하여야 한다고 보고 있다(대판 1996.5.31. 95누10617; 대판 1995.12.22. 95누4636 등).

(2) 항고소송의 대상이 되는 경우

① 행정청에 의한 '공법상 계약의 체결 여부의 결정' 또는 '계약상대방의 결정'은 처분성을 가지며, 공법상 계약과 분리될 수 있는 경우 행정소송법상 처분에 해당한다고 보아야 한다.
② 예를 들면, 「사회기반시설에 대한 민간투자법」제13조 제3항의 실시협약(동법에 의하여 주무관청과 민간투자사업을 시행하려는 자간에 사업시행의 조건 등에 관하여 체결하는 계약)은 공법상 계약이고, 그 이전에 행해지는 동법 제13조 제2항의 행정청의 협상대상자(협상대상자는 특별한 사정이 없는 한 사업시행자가 된다) 지정행위는 행정행위(처분)의 성질을 갖는다(서울고법 2004.6.24. 2003누6483). 「민간투자법」상 서울 – 춘천 간 고속도로 민간투자시설사업의 사업시행자 지정(대판 2009.4.23. 2007두13159)도 행정행위(처분)의 성질을 갖는 것으로 보아야 한다.

③ 법에 근거하여 '제재로서' 행해지는 공법상 계약의 해지 등 계약상대방에 대한 권력적 성격이 강한 행위는 행정소송법상 처분으로 보아야 한다.
④ 조달계약 및 공법상 계약에 관한 입찰참가자격 제한이 법적 근거에 따른 경우 행정처분에 해당한다고 보는 것이 판례의 입장이다(대판 2018.10.25. 2016두33537 참조).

제3관 | 확 약

> **행정절차법 제40조의2(확약)**
> ① 법령등에서 당사자가 신청할 수 있는 처분을 규정하고 있는 경우 행정청은 당사자의 신청에 따라 장래에 어떤 처분을 하거나 하지 아니할 것을 내용으로 하는 의사표시(이하 "확약"이라 한다)를 할 수 있다.
> ② 확약은 문서로 하여야 한다.
> ③ 행정청은 다른 행정청과의 협의 등의 절차를 거쳐야 하는 처분에 대하여 확약을 하려는 경우에는 확약을 하기 전에 그 절차를 거쳐야 한다.
> ④ 행정청은 다음 각 호의 어느 하나에 해당하는 경우에는 확약에 기속되지 아니한다.
> 1. 확약을 한 후에 확약의 내용을 이행할 수 없을 정도로 법령등이나 사정이 변경된 경우
> 2. 확약이 위법한 경우
> ⑤ 행정청은 확약이 제4항 각 호의 어느 하나에 해당하여 확약을 이행할 수 없는 경우에는 지체 없이 당사자에게 그 사실을 통지하여야 한다.

I 확약의 의의

1. 확약의 개념
① 확약은 "행정청이 당사자의 신청에 따라 장래에 어떤 처분을 하거나 하지 아니할 것을 내용으로 하는 의사표시"를 말한다(행정절차법 제40조의2 제1항).
② 확약은 신뢰보호 또는 금반언의 법리(禁反言의 法理)를 바탕으로 인정되는 행정청의 행위형식의 하나로서, 신뢰보호의 원칙의 적용에 있어서는 행정청의 선행 조치(공적 견해표명)에 해당한다.

2. 구별 개념
① 확약은 일방적·고권적 의사표시라는 점에서 쌍방 간에 의사표시의 합치를 요소로 하는 공법상 계약과 구별된다. 기출 24·22
② 확약은 일정한 행정행위에 대한 약속에 불과하므로 종국적인 의사표시(종국적 규율)가 아니라는 점에서, 그 자체로 종국적 규율성을 가지며 행정행위에 해당하는 사전결정이나 부분허가와 구별하여야 한다.
기출 22
③ 확약은 확약만으로는 확약의 대상이 되는 행정행위의 효력이 발생하지 않는다는 점에서, 잠정적이기는 하나 본행정행위와 동일한 법적 효력을 발생시키는 가행정행위와 구별된다.
④ 확약은 자기구속을 할 의도로 행하는 것이라는 점에서 그런 의도가 없는 정보제공(예 비구속적 법률적 견해의 표명)과 다르다.

3. 확약의 예

① 확약의 예로 공무원 임명의 내정, 행정실무상 존재하는 내허가·내인가(본 인·허가의 전단계로서 행해지는 인·허가의 발급 약속), 자진신고자에 대한 세금 인하의 약속 등을 들 수 있다.
② 판례는 어업권면허에 선행하는 우선순위결정을 확약으로 보았으나(대판 1995.1.20. 94누6529), 건축법상 사전결정이 주택건설사업계획승인처분을 하겠다는 내용의 확약은 아니라고 보았다(대판 1996.8.20. 95누10877).

Ⅱ 확약의 성질(처분성)

1. 학설

처분성 긍정설 (다수설)	확약은 행정청에 대하여 확약의 내용대로 이행할 법적 의무를 발생시킨다는 점에 비추어 확약의 처분성을 인정하는 견해이다. 다만, 이 견해도 확약이 종국적 규율이 되지 못함은 인정한다.
처분성 부정설 (판례)	확약은 사정변경에 의해 변경될 수 있어 종국적 규율성을 가지지 못한다는 점을 근거로 처분이 아니라고 보는 견해이다.

2. 판례

판례는 확약의 처분성을 부정하고, 그 결과 확약에 공정력이나 불가쟁력과 같은 효력은 인정되지 아니한다고 판시하였다(대판 1995.1.20. 94누6529).

> 어업권면허에 선행하는 우선순위결정은 행정청이 우선권자로 결정된 자의 신청이 있으면 어업권면허처분을 하겠다는 것을 약속하는 행위로서 강학상 확약에 불과하고 행정처분은 아니므로, 우선순위결정에 공정력이나 불가쟁력과 같은 효력은 인정되지 아니한다. 따라서 우선순위결정이 잘못되었다는 이유로 종전의 어업권면허처분이 취소되면 행정청은 종전의 우선순위결정을 무시하고 다시 우선순위를 결정한 다음 새로운 우선순위결정에 기하여 새로운 어업권면허를 할 수 있다(대판 1995.1.20. 94누6529). 기출 22

Ⅲ 확약의 적법요건

주체	확약은 약속된 행정행위에 대한 정당한 권한을 가진 행정청에 의해서 그 권한의 범위 내에서만 발해질 수 있다. 기출 22
절차	다른 행정청과의 협의 등의 절차를 거쳐야 하는 처분에 대하여 확약을 하려는 경우에는 확약을 하기 전에 그 절차를 거쳐야 한다(행정절차법 제40조의2 제3항).
형식	확약은 문서로 하여야 한다(행정절차법 제40조의2 제2항).
내용	• 확약의 내용은 법령에 적합하여야 하고, 명확하여야 하며, 이행가능하여야 한다. • 확약이 법적 구속력을 갖기 위해서는 상대방에게 표시되고, 그 상대방이 행정청의 확약을 신뢰하였고 그 신뢰에 귀책사유가 없어야 한다. • 다른 법령 등에서 당사자가 신청할 수 있는 처분을 규정하고 있는 경우에 한하여 확약을 할 수 있다(행정절차법 제40조의2 제1항).

Ⅳ 확약의 효력

1. 확약의 구속력(구속효)
① 확약을 발령한 행정청은 확약내용에 따른 행정행위를 해야 할 자기구속의 의무를 부담한다. 상대방은 행정청에 대해 확약을 이행할 것을 청구할 수 있는 권리가 인정된다.
② 이러한 확약의 구속력이 인정되려면 확약은 적법하고 가능하며 확정적이어야 한다. 또한 확약의 대상이 되는 행정행위도 적법하여야 한다. 따라서 확약의 대상이 되는 행정행위가 위법한 경우 확약의 구속력을 인정할 수 없다(대판 1995.1.20. 94누6529 참조).

2. 확약의 실효(기속력의 배제)
① 확약을 한 후에 확약의 내용을 이행할 수 없을 정도로 법령등이나 사정이 변경된 경우나 확약이 위법한 경우, 행정청은 확약에 기속되지 아니한다(행정절차법 제40조의2 제4항).

> 확약 또는 공적인 의사표명이 있은 후에 사실적·법률적 상태가 변경되었다면, 그와 같은 확약 또는 공적인 의사표명은 행정청의 별다른 의사표시를 기다리지 않고 실효된다(대판 1996.8.20. 95누10877). 기출 22

② 행정청은 확약이 위와 같은 사유에 해당하여 확약을 이행할 수 없는 경우에는 지체 없이 당사자에게 그 사실을 통지하여야 한다(행정절차법 제40조의2 제5항).

Ⅴ 확약의 취소·철회

위법한 확약은 취소가 가능하고, 적법한 확약이라 하더라도 상대방의 의무불이행 등 철회사유가 발생한 경우 철회의 대상이 된다. 확약의 취소·철회에 있어서도 이익형량의 원칙 등 취소·철회의 제한에 관한 법리가 적용된다. 한편, 본인가 신청이 있음에도 내인가를 취소한 경우 내인가의 취소를 (본)인가신청을 거부하는 처분으로 보아야 한다는 판례가 있다(대판 1991.6.28. 90누4402).

> 자동차운송사업 양도양수계약에 기한 양도양수 인가신청에 대하여 피고 시장이 내인가를 한 후 위 내인가에 기한 본인가 신청이 있었으나 자동차운송사업 양도양수 인가신청서가 합의에 의한 정당한 신청서라고 할 수 없다는 이유로 위 내인가를 취소한 경우, 위 내인가의 법적 성질이 행정행위의 일종으로 볼 수 있든 아니든 그것이 행정청의 상대방에 대한 의사표시임이 분명하고, 피고가 위 내인가를 취소함으로써 다시 본인가에 대하여 따로이 인가 여부의 처분을 한다는 사정이 보이지 않는다면 위 내인가취소를 (본)인가신청을 거부하는 처분으로 보아야 할 것이다(대판 1991.6.28. 90누4402).

제4관 | 단계적 행정결정

I 가행정행위(잠정적 행정행위)

1. 의의

가행정행위란 사실관계와 법률관계의 계속적인 심사를 유보한 상태에서 당해 행정법관계의 권리와 의무의 전부 또는 일부를 잠정적으로 확정하는 행위를 말한다. 즉, 가행정행위는 본행정행위가 있을 때까지 잠정적으로만 행정행위로서의 구속력을 가지는 행정의 행위형식을 말한다.

2. 가행정행위의 예

가행정행위의 예로는 파면·해임·강등 또는 정직에 해당하는 징계의결이 요구 중인 공무원에 대한 직위해제 처분(국가공무원법 제73조의3 제1항 제3호), 소득이 확정되기 전 소득신고액에 따라 잠정적으로 하는 과세처분 등이 있다.

3. 법적 성질

가행정행위는 잠정적이기는 하지만 직접 법적 효력을 발생시키는 행위이므로 행정처분에 해당한다. 판례는 직위해제처분은 직권면직 또는 징계처분과 그 목적·성질 등이 다른 별개의 독립된 처분이므로 직위해제처분 후 동일한 사유로 다시 직권면직처분 또는 징계처분(예) 해임처분)을 하여도 일사부재리의 원칙에 반하지 않는다고 하였다(대판 1983.10.25. 83누340; 대판 1984.2.28. 83누489).

II 사전결정(예비결정)

1. 의의

사전결정(예비결정)이란 최종적인 행정결정을 내리기 전 사전적인 단계에서 행정행위의 요건 중 일부에 대해 우선적으로 심사하여 종국적인 판단으로서 내리는 결정을 말한다.

2. 부분허가와의 구별

부분허가를 받은 자는 허가의 대상이 되는 행위를 적법하게 할 수 있다. 그러나 사전결정을 받은 것만으로는 상대방에게 어떠한 행위를 할 수 있게 하는 것은 아니다. 따라서 폐기물처리업의 허가를 받지 않은 이상, 사업계획서에 대한 적정통보를 받았다 하더라도 폐기물처리업을 할 수 있게 되는 것은 아니다. 부분허가는 단계적으로 시설의 일부분에 대하여 부여하는 허가를 의미하는 반면, 사전결정은 특정한 행정처분의 요건의 일부에 대한 판단에 그치는 것이다.

3. 사전결정의 예

사전결정의 예로서는 ① 건축법 제10조 제1항의 사전결정, ② 구 주택건설촉진법 제32조의4 제1항의 사전결정, ③ 폐기물처리업허가 전의 사업계획에 대한 적정·부적정통보(대판 1998.4.28. 97누21086), ④ 구 항공법 제118조(현행 항공사업법 제16조)의 운수권 배분처분(서울행법 2005.9.8. 2004구합35622) 등을 들 수 있다.

4. 법적 성질

사전결정은 그 자체가 하나의 행정행위로서 처분성이 인정된다. 판례도 사전결정에 해당하는 ① 폐기물처리업허가 전의 사업계획에 대한 적정통보 또는 부적정통보(대판 1998.4.28. 97누21086)와 ② 국제선정기항공운송사업 노선면허 전의 운수권배분처분(대판 2004.11.26. 2003두10251), ③ 건축법상 사전결정(대판 1996.3.12. 95누658)이 항고소송의 대상이 되는 행정처분에 해당한다고 보았다.

Ⅲ 부분허가

1. 의 의

부분허가란 원자력발전소와 같이 그 건설에 비교적 장기간의 시간을 요하고 영향력이 큰 시설물의 건설에 있어서 단계적으로 시설의 일부분에 대하여 부여하는 허가를 말한다.

2. 부분허가의 예

구 원자력법상의 원자로 및 관계시설의 건설의 건설허가 전에 행하는 부지에 대한 제한공사승인(구 원자력법 제11조 제4항)은 독일 원자력법상 제1차 부분허가에 해당한다고 볼 수 있다. 다만, 판례는 원자로시설부지 사전승인처분의 법적 성격을 '사전적 부분 건설허가'라고 판시하였는데(대판 1998.9.4. 97누19588 참조), 이는 원자로시설부지 사전승인처분이 '사전결정'과 '부분허가'의 성질을 함께 갖고 있는 것으로 본 것으로 이해된다.

3. 법적 성질

부분허가는 그 자체로 규율하는 사항에 대해서는 법적 효과가 종국적으로 발생한다는 점에서 행정행위(행정처분)에 해당한다(통설·판례).

> 원자로 및 관계 시설의 부지사전승인처분은 그 자체로서 건설부지를 확정하고 사전공사를 허용하는 법률효과를 지닌 독립한 행정처분이기는 하지만, 건설허가 전에 신청자의 편의를 위하여 미리 그 건설허가의 일부 요건을 심사하여 행하는 사전적 부분 건설허가처분의 성격을 갖고 있는 것이어서 나중에 건설허가처분이 있게 되면 그 건설허가처분에 흡수되어 독립된 존재가치를 상실함으로써 그 건설허가처분만이 쟁송의 대상이 되는 것이므로, 부지사전승인처분의 취소를 구하는 소는 소의 이익을 잃게 되고, 따라서 부지사전승인처분의 위법성은 나중에 내려진 건설허가처분의 취소를 구하는 소송에서 이를 다투면 된다(대판 1998.9.4. 97누19588). 기출 24

제5관 | 행정상 사실행위

I 의의

행정상 사실행위란 일정한 법률효과의 발생을 목적으로 하는 것이 아니라, 직접적으로는 사실상의 결과만을 가져오는 행정의 행위형식을 말한다. 사실행위의 예로는 폐기물 수거, 행정지도, 대집행의 실행, 행정상 즉시강제, 직접강제, 행정조사 등이 있다.

II 행정상 사실행위의 종류

1. 권력적 사실행위

권력적 사실행위란 행정기관이 우월적 지위를 가지고 하는 행위로서 공권력 행사(명령·강제)의 실체를 가지는 사실행위를 말한다. 대집행의 실행행위(예 불법건축물의 강제철거), 행정상 즉시강제(예 감염병환자의 강제격리), 권력적 행정조사, 직접강제 등이 그 예에 해당한다.

2. 비권력적 사실행위

비권력적 사실행위란 공권력 행사의 실체를 가지지 않는 사실행위를 말한다. 비권력적 사실행위의 예로는 행정지도, 폐기물의 수거 등이 있다.

III 행정상 사실행위에 대한 구제

1. 항고소송

(1) 행정상 사실행위의 처분성

1) 권력적 사실행위
① 행정상의 사실행위 중 '권력적 사실행위'는 공권력의 행사에 해당하여 처분성이 인정되므로 항고소송의 대상이 된다는 것이 학설·판례의 일반적인 태도이다. 기출 22
② 대법원은 권력적 사실행위에 해당하는 재소자에게 송부된 의류(티셔츠)의 사용 불허행위(대판 2008.2.14. 2007두13203), 수형자에 대한 '접견내용 녹음·녹화 및 접견시 교도관 참여대상자' 지정행위(대판 2014.2.13. 2013두20899), 교도소 재소자의 이송조치(대판 1992.8.7. 92두30), 종로구청장의 단수처분(대판 1979.12.28. 79누218)의 처분성을 인정하였다.
③ 헌법재판소도 "단추 달린 남방형 티셔츠에 대하여 휴대를 불허한 이 사건 행위는 이른바 '권력적 사실행위'로서 행정소송법 및 행정심판법의 대상이 되는 '행정청이 행하는 구체적 사실에 대한 법집행으로서의 공권력의 행사'에 해당한다"고 판시하여(헌재 2002.8.5. 2002헌마462), 권력적 사실행위의 처분성을 명시적으로 인정하였다.

2) 비권력적 사실행위
판례는 국민의 권리의무에 직접 영향을 미치지 못하는 비권력적 사실행위는 행정처분이라고 볼 수 없어 항고소송의 대상이 될 수 없다고 한다(대판 1980.10.27. 80누395).

(2) 행정상 사실행위에 대한 취소소송에서 협의의 소의 이익

행정상 사실행위에 처분성이 인정되더라도 대집행의 실행과 같이 행정상 사실행위는 비교적 단시간에 집행이 종료되는 경우가 보통이므로, 그러한 경우에는 소의 이익이 부정되어 소가 각하될 위험이 있다. 다만, ① 감염병환자의 수용과 같이 내용적으로 계속적 성질의 사실행위의 경우에 취소소송으로 다툴 소의 이익이 인정된다. 그리고 ② 사실행위가 완료되었어도 취소판결의 기속력(특히 원상회복의무)에 따라 원상회복이 가능한 경우(예 행정상 직접강제로서 간판제거조치를 한 경우), ③ 원상회복이 불가능하다고 보이는 경우라도 동일한 위법처분이 반복될 위험성이 있어 행정처분의 위법성 확인 내지 불분명한 법률문제에 대한 해명이 필요하다고 판단되는 경우 등에는 소의 이익이 인정되기도 한다(대판 2008.2.14. 2007두13203 참조).

2. 예방적 금지소송과 가처분

권력적 사실행위로 인하여 국민의 권익이 침해된 경우에는 취소소송을 통한 구제에는 어려움이 있는 경우가 적지 않다. 이 경우에는 예방적 금지소송과 가처분이 효과적인 구제방법이 될 수 있다. 그러나 판례는 명문의 규정이 없는 예방적 금지소송을 인정하지 않고(대판 1987.3.24. 86누182), 민사집행법상의 가처분도 인정될 수 없다는 입장이다(대판 1992.7.6. 92마54).

3. 헌법소원

권력적 사실행위도 헌법소원의 대상이 되는 공권력의 행사에 해당한다(헌재 2014.5.29. 2013헌마280). 그러나 권력적 사실행위가 행정소송법상 처분에도 해당하는 경우에는 보충성의 원칙상 먼저 행정소송 등의 권리구제를 거쳐야 한다(헌재 2002.8.5. 2002헌마462). 다만, 권력적 사실행위가 행정심판이나 행정소송의 대상이 된다고 단정하기 어렵거나 또는 행정심판이나 행정소송의 대상이 될 수 있는 경우라고 보더라도 그 권력적 사실행위가 이미 종료되어 소의 이익이 없다고 볼 가능성이 있는 경우에는 보충성원칙의 예외가 인정된다(헌재 1999.5.27. 97헌마137 등).

4. 손실보상

적법한 권력적 사실행위에 의해 국민이 특별한 희생을 입은 경우에는 손실보상을 청구할 수 있다. 소방기본법 제49조의2 제1항 제3호는 소방파괴로 인한 손실에 대한 손실보상을 규정하고 있는데, 이는 적법한 권력적 사실행위로 인한 손실보상의 예에 해당한다. 다만, 손해를 입은 자에게 귀책사유가 있는 경우에는 손실보상이 인정되지 않을 수 있다.

5. 국가배상

위법한 행정상 사실행위로 국민이 손해를 입은 경우에는 국가배상법에 따라 손해배상을 청구할 수 있다. 사실행위의 처분성이 인정되지 않는 경우 또는 단시간에 목적을 달성하고 종결되어 버리는 사실행위에 대하여는 항고소송이 인정되지 않으므로 국가배상이 실효성 있는 구제수단이 된다.

제6관 | 행정지도

Ⅰ 의의

① "행정지도"란 행정기관이 그 소관 사무의 범위에서 일정한 행정목적을 실현하기 위하여 특정인에게 일정한 행위를 하거나 하지 아니하도록 지도, 권고, 조언 등을 하는 행정작용을 말한다(행정절차법 제2조 제3호). 행정지도는 서면뿐만 아니라 말로도 할 수 있다(행정절차법 제49조 제2항). 기출 23
② 예를 들면, 시장은 사업주체가 건설할 주택을 공업화주택으로 건설하도록 사업주체에게 권고할 수 있는데(주택법 제53조 제1항), 이러한 권고는 행정절차법 제2조 제3호의 행정지도에 해당한다. 기출 18

Ⅱ 법적 성질

① 행정지도는 행정청이 행정목적의 실현을 위하여 상대방의 임의적인 협력을 구하는 데 그 개념적 특징이 있다. 따라서 행정지도는 비권력적 행위이다.
② 행정지도는 그 자체만으로는 법적 효과가 발생하지 않으므로 행정상 사실행위에 속한다.

Ⅲ 행정지도의 법적 근거 요부

① 행정절차법은 행정지도의 원칙과 방식 등에 대해서는 규정하고 있으나, 행정지도에 법적 근거를 요하는지 여부에 대해서는 규정하고 있지 아니하다. 기출 18
② 행정지도에 따를 것인지의 여부가 상대방인 국민의 임의적 결정에 달려 있으므로 행정지도에는 법적 근거가 없어도 된다는 것이 다수설 입장이다.
③ 행정지도는 법적 근거 없이도 가능하고 행정지도로 인하여 국민의 권익이 침해된 경우에도 행정구제수단이 불완전하다 점에서 법치주의(법치행정의 원리)의 관점에서 문제가 있다. 또한 책임소재의 불분명으로 인한 책임행정에서 이탈된다는 문제점도 지적되고 있다. 기출 15

Ⅳ 행정지도의 한계

1. 조직법상 한계

행정지도는 해당 행정기관의 권한 범위 내에서 행해져야 한다. 권한의 범위를 넘는 행정지도는 무권한의 하자가 있어 위법하게 된다. 기출 18

2. 작용법상 한계

① 행정지도가 상대방의 임의적 협력을 전제로 하는 비권력적 사실행위라고 하더라도(제48조 제1항 후단), 행정지도가 행정작용인 이상 법률우위의 원칙에 따라 행정법의 일반원칙을 포함한 모든 법에 위반하여서는 안 된다는 실체법상의 한계를 가진다. 행정절차법도 "행정지도는 그 목적 달성에 필요한 최소한도에 그쳐야 한다"고 규정하여(제48조 제1항 전단), 비례의 원칙을 명문화하고 있다. 기출 22·13

② 개별법상 명시적 규정의 유무를 불문하고 행정지도에는 행정법의 일반원칙이 적용된다. 기출 18 한편, 2021.3.23. 제정된 행정기본법에서 그동안 학설과 판례에 따라 확립된 원칙인 평등의 원칙(제9조), 비례의 원칙(제10조), 성실의무 및 권한남용금지의 원칙(제11조), 신뢰보호의 원칙(제12조), 부당결부금지의 원칙(제13조)을 명문으로 규정함으로써 그동안 불문법원으로 인정되어 왔던 행정법의 일반원칙이 성문화되었다.

V 행정지도에 관한 행정절차법 규정

1. 행정지도의 원칙

> **행정절차법 제48조(행정지도의 원칙)**
> ① 행정지도는 그 목적 달성에 필요한 최소한도에 그쳐야 하며, 행정지도의 상대방의 의사에 반하여 부당하게 강요하여서는 아니 된다. 기출 25·17·13
> ② 행정기관은 행정지도의 상대방이 행정지도에 따르지 아니하였다는 것을 이유로 불이익한 조치를 하여서는 아니 된다. 기출 25·23·20·15·13

2. 행정지도의 방식

> **행정절차법 제49조(행정지도의 방식)**
> ① 행정지도를 하는 자는 그 상대방에게 그 행정지도의 취지 및 내용과 신분을 밝혀야 한다. 기출 25·20·17·13
> ② 행정지도가 말로 이루어지는 경우에 상대방이 제1항의 사항을 적은 서면의 교부를 요구하면 그 행정지도를 하는 자는 직무 수행에 특별한 지장이 없으면 이를 교부하여야 한다. 기출 23

3. 의견 제출

> **행정절차법 제50조(의견제출)** 기출 25·23·20·15·13
> 행정지도의 상대방은 해당 행정지도의 방식·내용 등에 관하여 행정기관에 의견제출을 할 수 있다.

4. 다수인을 대상으로 하는 행정지도

> **행정절차법 제51조(다수인을 대상으로 하는 행정지도)** 기출 23
> 행정기관이 같은 행정목적을 실현하기 위하여 많은 상대방에게 행정지도를 하려는 경우에는 특별한 사정이 없으면 행정지도에 공통적인 내용이 되는 사항을 공표하여야 한다.

Ⅵ 행정지도와 행정구제

1. 항고소송

(1) 행정지도의 처분성

행정지도는 상대방의 임의적 협력을 전제로 하는 비권력적 사실행위로 아무런 법적 효과를 발생시키지 아니한다. 따라서 행정지도는 항고소송의 대상인 행정처분에 해당하지 아니한다. 판례도 행정지도의 처분성을 부정한다(대판 1996.3.22. 96누433; 대판 1980.10.27. 80누395 참조). 기출 20·15

> 세무당국이 소외 회사에 대하여 원고와의 주류거래를 일정 기간 중지하여 줄 것을 요청한 행위는 권고 내지 협조를 요청하는 권고적 성격의 행위로서 소외 회사나 원고의 법률상의 지위에 직접적인 법률상의 변동을 가져오는 행정처분이라고 볼 수 없는 것이므로 항고소송의 대상이 될 수 없다(대판 1980.10.27. 80누395). 기출 17

(2) 행정지도의 위법성과 위법한 행정지도에 근거한 사인의 행위의 위법성의 관계

사인(私人)의 행위가 위법한 행정지도에 따라 행해진 경우라고 하더라도 그 사인의 행위의 위법성이 조각되지는 않는다(대판 1994.6.14. 93도3247 참조). 기출 18

> 행정관청이 국토이용관리법 소정의 토지거래계약신고에 관하여 공시된 기준시가를 기준으로 매매가격을 신고하도록 행정지도를 하여 그에 따라 허위신고를 한 것이라 하더라도 이와 같은 행정지도는 법에 어긋나는 것으로서 그와 같은 행정지도나 관행에 따라 허위신고행위에 이르렀다고 하여도 이것만 가지고서는 그 범법행위가 정당화될 수 없다(대판 1994.6.14. 93도3247). 기출 18

2. 헌법소원

행정지도가 단순한 행정지도로서의 한계를 넘어 규제적·구속적 성격을 상당히 강하게 가지게 될 경우 헌법소원의 대상이 되는 공권력의 행사라고 볼 수 있다(헌재 2003.6.26. 2002헌마337). 기출 17

> 교육인적자원부장관의 대학총장들에 대한 이 사건 학칙시정요구는 고등교육법 제6조 제2항, 동법 시행령 제4조 제3항에 따른 것으로서 그 법적 성격은 대학총장의 임의적인 협력을 통하여 사실상의 효과를 발생시키는 행정지도의 일종이지만, 그에 따르지 않을 경우 일정한 불이익조치를 예정하고 있어 사실상 상대방에게 그에 따를 의무를 부과하는 것과 다를 바 없으므로 단순한 행정지도로서의 한계를 넘어 규제적·구속적 성격을 상당히 강하게 갖는 것으로서 헌법소원의 대상이 되는 공권력의 행사라고 볼 수 있다(헌재 2003.6.26. 2002헌마337). 기출 17·15

3. 국가배상청구

① 위법한 행정지도로 인하여 손해가 발생한 경우 국가배상책임의 요건을 충족하는 한 국가배상책임이 인정된다는 것이 판례 및 일반적 견해이다.
② 행정지도는 행정목적을 달성하기 위한 비권력적 사실행위이므로 행정지도는 비권력적 공행정작용이다. 통설과 판례는 국가나 지방자치단체의 '비권력적 작용'도 국가배상법이 정한 손해배상청구의 요건인 '공무원의 직무행위'에 포함된다고 본다(대판 2004.4.9. 2002다10691). 따라서 행정지도 역시 국가배상법 제2조의 '공무원의 직무행위'에 해당된다. 기출 25·20·17

③ 행정지도로 인한 손해에 대해 국가배상책임이 인정되기 위하여는 행정지도의 위법성과 행정지도를 행한 공무원의 고의 또는 과실이 인정되어야 한다.
④ 판례는 행정지도가 그에 따를 의사가 없는 원고에게 이를 부당하게 강요하는 것인 경우에는 행정지도의 한계를 일탈한 위법한 행정지도에 해당하여 불법행위를 구성한다고 보았다(대판 2008.9.25. 2006다18228). 그러나 행정지도가 강제성을 띠지 않은 비권력적 작용으로서 행정지도의 한계를 일탈하지 아니하였다면, 그로 인하여 상대방에게 어떤 손해가 발생하였다 하더라도 행정기관은 그에 대한 손해배상책임이 없다(대판 2008.9.25. 2006다18228).

4. 손실보상청구

상대방이 자유로운 의사에 의하여 행정지도에 따른 이상, 그로 인한 위험(손실의 가능성)을 상대방이 수인하여야 하므로 행정지도가 강제성을 띠지 않는 한 손실보상은 인정되지 않는다. 그러나 행정지도가 사실상 강제성을 띠고 있고, 국민이 행정지도를 따를 수밖에 없었던 경우에는 특별한 희생이 발생한 경우 손실보상을 해 주어야 할 것이다.

제7관 | 행정조사

I 의의 및 법적성질

1. 의 의

'행정조사'란 행정기관이 정책을 결정하거나 직무를 수행하는 데 필요한 정보나 자료를 수집하기 위하여 현장조사·문서열람·시료채취 등을 하거나 조사대상자에게 보고요구·자료제출요구 및 출석·진술요구를 행하는 활동을 말한다(행정조사기본법 제2조 제1호).

2. 법적 성질

종래 행정조사를 즉시강제의 차원에서 논의하였으나, 오늘날에는 행정과정적 차원에서 독립적으로 접근하는 것이 일반적인 경향이다. 일반적인 행정조사는 법적 효과를 발생시키지 아니하므로 사실행위에 해당한다(예 여론조사). 그러나 일정한 경우 상대방에게 수인의무를 발생시킴으로서(예 불심검문) 사실행위와 법적 행위가 결합되는 경우도 있다.

II 법적 근거

> **행정조사기본법 제5조(행정조사의 근거)**
> 행정기관은 법령등에서 행정조사를 규정하고 있는 경우에 한하여 행정조사를 실시할 수 있다. 다만, 조사대상자의 자발적인 협조를 얻어 실시하는 행정조사의 경우에는 그러하지 아니하다.
>
> **행정조사기본법 제20조(자발적인 협조에 따라 실시하는 행정조사)**
> ① 행정기관의 장이 제5조 단서에 따라 조사대상자의 자발적인 협조를 얻어 행정조사를 실시하고자 하는 경우 조사대상자는 문서·전화·구두 등의 방법으로 당해 행정조사를 거부할 수 있다. `기출 15`
> ② 제1항에 따른 행정조사에 대하여 조사대상자가 조사에 응할 것인지에 대한 응답을 하지 아니하는 경우에는 법령등에 특별한 규정이 없는 한 그 조사를 거부한 것으로 본다.

① 권력적 행정조사는 국민의 자유와 재산에 대한 제한을 수반하므로 법적 근거가 있어야 한다.
② 비권력적 행정조사는 원칙적으로 법률의 근거가 없어도 가능하다고 보아야 할 것이다. 특히 상대방의 동의에 행하여지는 행정조사에 있어서는 '동의는 불법을 조각한다'는 법원칙에 비추어 법적 근거가 없어도 된다.

> 행정조사기본법 제5조는 행정기관이 정책을 결정하거나 직무를 수행하는 데에 필요한 정보나 자료를 수집하기 위하여 행정조사를 실시할 수 있는 근거에 관하여 정한 것으로서, 이러한 규정의 취지와 아울러 문언에 비추어 보면, 단서에서 정한 '조사대상자의 자발적인 협조를 얻어 실시하는 행정조사'는 개별 법령 등에서 행정조사를 규정하고 있는 경우에도 실시할 수 있다(대판 2016.10.27. 2016두41811).

III 조사방법

1. 행정조사의 기본원칙

> **행정조사기본법 제4조(행정조사의 기본원칙)**
> ① 행정조사는 조사목적을 달성하는데 필요한 최소한의 범위 안에서 실시하여야 하며, 다른 목적 등을 위하여 조사권을 남용하여서는 아니 된다.
> ② 행정기관은 조사목적에 적합하도록 조사대상자를 선정하여 행정조사를 실시하여야 한다.
> ③ 행정기관은 유사하거나 동일한 사안에 대하여는 공동조사 등을 실시함으로써 행정조사가 중복되지 아니하도록 하여야 한다. `기출 15`
> ④ 행정조사는 법령등의 위반에 대한 처벌보다는 법령등을 준수하도록 유도하는 데 중점을 두어야 한다. `기출 15`
> ⑤ 다른 법률에 따르지 아니하고는 행정조사의 대상자 또는 행정조사의 내용을 공표하거나 직무상 알게 된 비밀을 누설하여서는 아니 된다.
> ⑥ 행정기관은 행정조사를 통하여 알게 된 정보를 다른 법률에 따라 내부에서 이용하거나 다른 기관에 제공하는 경우를 제외하고는 원래의 조사목적 이외의 용도로 이용하거나 타인에게 제공하여서는 아니 된다.

2. 조사방법

① 행정조사기본법은 출석·진술 요구(제9조), 보고요구와 자료제출의 요구(제10조), 현장조사(제11조), 시료채취(제12조), 자료 등의 영치(제13조), 공동조사(제14조) 등 행정조사의 방법에 관한 규정을 두고 있다.
② 또한 행정기관의 장은 법령등에서 규정하고 있는 조사사항을 조사대상자로 하여금 스스로 신고하도록 하는 제도(자율신고제도)를 운영할 수 있다. 행정기관의 장은 조사대상자가 신고한 내용이 거짓의 신고라고 인정할 만한 근거가 있거나 신고내용을 신뢰할 수 없는 경우를 제외하고는 그 신고내용을 행정조사에 갈음할 수 있다(행정조사기본법 제25조 제1항). 기출 15

Ⅳ 행정조사의 한계

1. 실체법상 한계

① 행정조사는 행정조사를 규율하는 법령을 위반하여서는 안 된다. 행정조사에 관한 일반법인 행정조사기본법은 행정조사의 기본원칙과 그 한계를 규정하고 있다(제4조, 제7조, 제8조, 제15조, 제20조).
② 행정조사는 수권법령상 조사목적 이외의 다른 목적 등을 위하여 행해져서 안 되며(목적부합성의 원칙), 비례의 원칙, 평등의 원칙 등 행정법의 일반원칙을 준수하여야 한다.

2. 절차법상 한계

(1) 조사의 사전통지

> **행정조사기본법 제17조(조사의 사전통지)**
> ① 행정조사를 실시하고자 하는 행정기관의 장은 제9조에 따른 출석요구서, 제10조에 따른 보고요구서·자료제출요구서 및 제11조에 따른 현장출입조사서(이하 "출석요구서등"이라 한다)를 조사개시 7일 전까지 조사대상자에게 서면으로 통지하여야 한다. 다만, 다음 각 호의 어느 하나에 해당하는 경우에는 행정조사의 개시와 동시에 출석요구서등을 조사대상자에게 제시하거나 행정조사의 목적 등을 조사대상자에게 구두로 통지할 수 있다.
> 1. 행정조사를 실시하기 전에 관련 사항을 미리 통지하는 때에는 증거인멸 등으로 행정조사의 목적을 달성할 수 없다고 판단되는 경우
> 2. 「통계법」 제3조 제2호에 따른 지정통계의 작성을 위하여 조사하는 경우
> 3. 제5조 단서에 따라 조사대상자의 자발적인 협조를 얻어 실시하는 행정조사의 경우

(2) 영장주의의 적용 여부

① 행정조사를 위해 압수·수색이 필요한 경우에 헌법상 영장주의가 적용될 것인가 하는 문제가 제기된다.
② 판례는 ㉠ 수사기관의 강제처분이 아닌 행정조사의 성격을 가지는 한 영장은 요구되지 않는다고 본다(대판 2013.9.26. 2013도7718). 그러나 ㉡ 행정조사에서 나아가 범죄수사를 하면서 행하는 압수·수색에는 영장이 필요하다고 본다(대판 2016.7.27. 2016도6295).

- 우편물 통관검사절차에서 이루어지는 우편물의 개봉, 시료채취, 성분분석 등의 검사는 수출입물품에 대한 적정한 통관 등을 목적으로 한 행정조사의 성격을 가지는 것으로서 수사기관의 강제처분이라고 할 수 없으므로, 압수·수색영장 없이 우편물의 개봉, 시료채취, 성분분석 등 검사가 진행되었다 하더라도 특별한 사정이 없는 한 위법하다고 볼 수 없다(대판 2013.9.26. 2013도7718).
- 수출입물품 통관검사절차에서 이루어지는 물품의 개봉, 시료채취, 성분분석 등의 검사는 수출입물품에 대한 적정한 통관 등을 목적으로 조사를 하는 것으로서 이를 수사기관의 강제처분이라고 할 수 없으므로, 세관공무원은 압수·수색영장 없이 이러한 검사를 진행할 수 있다. 그러나 마약류 불법거래 방지에 관한 특례법 제4조 제1항에 따른 조치의 일환으로 특정한 수출입물품을 개봉하여 검사하고 그 내용물의 점유를 취득한 행위는 위에서 본 수출입물품에 대한 적정한 통관 등을 목적으로 조사를 하는 경우와는 달리, 범죄수사인 압수 또는 수색에 해당하여 사전 또는 사후에 영장을 받아야 한다(대판 2017.7.18. 2014도8719).

V 행정조사와 권리구제

1. 위법한 행정조사에 기초한 행정처분의 효력

판례는 "구 국세기본법 제81조의4 제2항에 따라 금지되는 재조사에 기하여 과세처분을 하는 것은 단순히 당초 과세처분의 오류를 경정하는 경우에 불과하다는 등의 특별한 사정이 없는 한 그 자체로 위법하고, 이는 과세관청이 그러한 재조사로 얻은 과세자료를 과세처분의 근거로 삼지 않았다거나 이를 배제하고서도 동일한 과세처분이 가능한 경우라고 하여 달리 볼 것은 아니다"라고 판시하여(대판 2017.12.13. 2016두55421), 행정조사(세무조사)가 위법한 경우에 그 조사를 기초로 한 행정결정처분(과세처분)은 위법한 것으로 본다. 다만, 행정조사절차의 하자의 정도가 중대하지 않고 경미한 경우에는 위법사유가 되지 않는 것으로 본다(대판 2009.1.30. 2006두9498).

2. 행정조사에 대한 행정구제

(1) 적법한 행정조사에 대한 구제 : 손실보상

적법한 행정조사로 인해 재산상 특별한 희생을 입은 자에게는 손실보상을 해 주어야 한다. 행정조사기본법은 시료채취와 관련하여 손실보상을 규정하고 있다(행정조사기본법 제12조 제2항). 보상규정이 없는 경우에는 헌법 제23조 제3항을 근거로 손실보상을 청구할 수 있는지에 관하여 견해가 대립한다.

(2) 위법한 행정조사에 대한 구제

1) 항고소송

① 위법한 행정조사에 대하여 항고소송을 하려면 행정조사의 처분성과 소의 이익이 인정되어야 한다. 단기간에 끝나는 행정조사는 권리보호의 필요가 있다고 보기 어려우므로 소의 이익이 인정되려면 행정조사의 상태가 계속되어야 한다. 다만, 위법한 행정조사가 종료된 경우에도 그것이 반복될 위험이 있는 경우에는 소의 이익이 인정될 수 있다(행정소송법 제12조 후단).

② 장부제출명령, 출두명령 등 행정행위 형식을 취하는 사실행위와 법적 행위가 결합된 행정조사는 물론 사실행위로서의 행정조사도 권력적인 행정조사인 경우에는 항고소송의 대상이 되는 처분이라고 보아야 한다.

③ 행정조사 중 특히 세무조사의 처분성이 문제된다. 세무조사는 그 자체만으로는 직접적으로는 법적 효과를 발생시키지 않는 사실행위이지만, 부과처분을 위한 과세관청의 질문조사권이 행하여지는 세무조사의 경우, 납세자 또는 그 납세자와 거래가 있다고 인정되는 자 등은 세무공무원의 과세자료 수집을 위한 질문에 대답하고 검사를 수인하여야 할 법적 의무를 부담한다(대판 2017.3.16. 2014두8360 참조). 따라서 부과처분을 위한 과세관청의 질문조사권이 행하여지는 세무조사는 과세관청이 우월적 지위를 가지고 하는 행위로서 공권력 행사의 실체를 가지므로 권력적 사실행위에 해당한다. 학설과 판례는 일반적으로 권력적 사실행위의 처분성을 긍정하고 있으므로 권력적 사실행위로서의 세무조사는 항고소송의 대상이 되는 행정처분으로 보아야 한다.

④ 판례는 "부과처분을 위한 과세관청의 질문조사권이 행해지는 세무조사결정이 있는 경우 납세의무자는 세무공무원의 과세자료 수집을 위한 질문에 대답하고 검사를 수인하여야 할 법적 의무를 부담하게 되는 점 등을 종합하면, 세무조사결정은 납세의무자의 권리·의무에 직접 영향을 미치는 공권력의 행사에 따른 행정작용으로서 항고소송의 대상이 된다"고 판시하여(대판 2011.3.10. 2009두23617), 세무조사 전 단계의 세무조사결정의 처분성을 인정하였다. 이 판결은 세무조사결정과 그것의 구체적인 실행행위(세무조사)를 구분하여 접근하는 계기가 되었다. 기출 15

2) 손해배상

위법한 행정조사로 손해를 입은 국민은 국가배상법 제2조에 따라 손해배상을 청구할 수 있다.

제2장 행정작용법

⊃ 확인학습문제

제1절 행정입법

01 행정입법에 관한 설명으로 옳지 않은 것은?(다툼이 있으면 판례에 따름) 23 행정사 제11회

① 입법 실제에 있어서 통상 대통령령에는 시행령이라는 이름을 붙이고 총리령과 부령에는 시행규칙이라는 이름을 붙인다.
② 헌법이 인정하고 있는 위임입법의 형식은 예시적인 것이다.
③ 상위 법령의 집행을 위하여 필요한 경우에는 상위 법령의 위임이 없더라도 집행명령으로 새로운 국민의 의무를 정할 수 있다.
④ 법원이 구체적 규범통제를 통해 위헌·위법으로 선언할 심판대상은 원칙적으로 재판의 전제성이 인정되는 조항에 한정된다.
⑤ 고시가 다른 집행행위의 매개 없이 그 자체로서 직접 국민의 구체적인 권리의무나 법률관계를 규율하는 성격을 가질 때에는 항고소송의 대상이 되는 행정처분에 해당한다.

해설

[❶ ▶ ○] 대통령령이 제정하는 명령을 대통령령, 총리가 발하는 명령을 총리령, 행정각부의 장이 발하는 명령을 부령이라 한다. 입법 실제에 있어서 대통령령에는 통상 시행령이라는 이름을 붙이고, 총리령과 부령에는 시행규칙이라는 이름을 붙인다. 예외적이기는 하지만 대통령령 중에는 규정이라는 명칭을 붙인 것도 있다(예 보안업무규정).
[❷ ▶ ○] 헌법이 인정하고 있는 위임입법의 형식(예 대통령령, 총리령·부령, 지방자치단체의 조례·규칙 등)은 예시적인 것으로 보아야 한다. 법률이 일정한 사항을 행정규칙(예 고시, 훈령 등)에 위임하더라도 그 행정규칙은 위임된 사항만을 규율할 수 있으므로, 국회입법의 원칙과 상치되지 않는다(헌재 2016.3.31. 2014헌바382).
[❸ ▶ ✕] 집행명령은 위임명령과는 달리 법률의 구체적인 위임이 없더라도 직권으로 제정할 수 있다(헌법 제75조, 제95조). 다만, 집행명령은 상위법령의 집행에 필요한 절차나 형식을 정하는 데 그쳐야 하며 새로운 법규사항을 규정할 수 없다. 따라서 상위 법령의 위임이 없이는 집행명령으로 새로운 국민의 의무를 정할 수 없다.
[❹ ▶ ○] 법원이 구체적 규범통제를 통해 위헌·위법으로 선언할 심판대상은, 해당 규정의 전부가 불가분적으로 결합되어 있어 일부를 무효로 하는 경우 나머지 부분이 유지될 수 없는 결과를 가져오는 특별한 사정이 없는 한, 원칙적으로 해당 규정 중 재판의 전제성이 인정되는 조항에 한정된다(대판 2019.6.13. 2017두33985).
[❺ ▶ ○] 어떠한 고시가 일반적·추상적 성격을 가질 때에는 법규명령 또는 행정규칙에 해당할 것이지만, 다른 집행행위의 매개 없이 그 자체로서 직접 국민의 구체적인 권리의무나 법률관계를 규율하는 성격을 가질 때에는 항고소송의 대상이 되는 행정처분에 해당한다(대결 2003.10.9. 2003무23).

답 ❸

02 행정입법에 관한 설명으로 옳지 않은 것은?(다툼이 있으면 판례에 따름) _{22 행정사 제10회}

① 법령의 위임이 없음에도 법령에 규정된 처분 요건 사항을 부령에서 변경하여 규정한 경우, 이 부령의 규정은 대외적 구속력이 없다.
② 행정입법의 부작위는 항고소송으로 다툴 수 없다.
③ 재량준칙은 행정의 자기구속법리나 평등원칙 등에 의해 대외적 구속력을 가질 수 있다.
④ 장기요양급여 제공기준 및 급여비용 산정방법 등에 관한 고시에 대해 외부적 구속효를 인정한다.
⑤ 대법원판결에 의해 명령·규칙이 헌법 또는 법률에 위반된다는 것이 확정된 경우에는 대법원은 지체 없이 그 사유를 법무부장관에게 통보하여야 한다.

해설

[❶ ▶ ○]   법령의 위임이 없음에도 법령에 규정된 처분 요건에 해당하는 사항을 부령에서 변경하여 규정한 경우에는 그 부령의 규정은 행정청 내부의 사무처리 기준 등을 정한 것으로서 행정조직 내에서 적용되는 행정명령의 성격을 지닐 뿐 국민에 대한 대외적 구속력은 없다고 보아야 한다(대판 2013.9.12. 2011두10584).

[❷ ▶ ○]   부작위위법확인소송의 대상이 될 수 있는 것은 구체적 권리의무에 관한 분쟁이어야 하고 추상적인 법령에 관하여 제정의 여부 등은 그 자체로서 국민의 구체적인 권리의무에 직접적 변동을 초래하는 것이 아니어서 부작위위법확인소송의 대상이 될 수 없다(대판 1992.5.8. 91누11261).

[❸ ▶ ○]   행정규칙이 법령의 규정에 의하여 행정관청에 법령의 구체적 내용을 보충할 권한을 부여한 경우, 또는 재량권 행사의 준칙인 규칙이 그 정한 바에 따라 되풀이 시행되어 행정관행이 이룩되게 되면 평등의 원칙이나 신뢰보호의 원칙에 따라 행정기관은 그 상대방에 대한 관계에서 그 규칙에 따라야 할 자기구속을 당하게 되는 경우에는 대외적인 구속력을 가지게 되어 헌법재판소법 제68조 제1항의 공권력의 행사에 해당한다(헌재 1990.9.3. 90헌마13).

[❹ ▶ ○]   법령의 내용과 형식에 비추어 보더라도 장기요양급여 제공기준 및 급여비용 산정방법 등에 관한 고시조항은 노인보험법 제39조 제1항, 제3항 및 노인보험법 시행규칙 제32조가 위임한 바에 따라 그 법령의 내용이 될 사항을 구체적으로 정한 것으로서 당해 법령의 위임한계를 벗어난 것으로 볼 수 없으므로 이 사건 고시조항은 상위 법령인 노인보험법령의 관계 규정들과 결합하여 대외적으로 구속력이 있는 법규명령으로서의 효력을 가진다고 봄이 상당하다(대판 2013.4.11. 2012두2658). → 법령보충적 행정규칙에 해당하여 대외적 구속력이 인정된다.

[❺ ▶ ×]   행정소송에 대한 대법원판결에 의하여 명령·규칙이 헌법 또는 법률에 위반된다는 것이 확정된 경우에는 대법원은 지체없이 그 사유를 행정안전부장관에게 통보하여야 한다(행정소송법 제6조 제1항).

답 ❺

03 법규명령에 관한 설명으로 옳지 않은 것은?(다툼이 있으면 판례에 따름)   20 행정사 제8회

① 법률이 자치법적 사항을 공법적 단체의 정관에 위임하는 경우에는 포괄적 위임금지원칙이 적용되지 않는다.
② 행정입법부작위는 부작위위법확인소송의 대상이 된다.
③ 행정입법이 대법원에 의하여 위법하다는 판정이 있더라도 일반적으로 그 효력이 상실되는 것은 아니다.
④ 집행명령은 상위법령의 수권 없이 제정될 수 있다.
⑤ 제재적 처분기준이 부령의 형식으로 규정되어 있는 때에는 국민에게 법적 효력이 없다.

해설

[❶▶○] 법률이 공법적 단체 등의 정관에 자치법적 사항을 위임한 경우에는 헌법 제75조가 정하는 포괄적인 위임입법의 금지는 원칙적으로 적용되지 않는다고 봄이 상당하고, 그렇다 하더라도 그 사항이 국민의 권리·의무에 관련되는 것일 경우에는 적어도 국민의 권리·의무에 관한 기본적이고 본질적인 사항은 국회가 정하여야 한다(대판 2007.10.12. 2006두14476).

[❷▶×] 부작위위법확인소송의 대상이 될 수 있는 것은 구체적 권리의무에 관한 분쟁이어야 하고, 추상적인 법령에 관하여 제정의 여부 등은 그 자체로서 국민의 구체적인 권리의무에 직접적 변동을 초래하는 것이 아니어서 부작위위법확인소송의 대상이 될 수 없다(대판 1992.5.8. 91누11261). → 행정입법부작위는 부작위위법확인소송의 대상이 될 수 없다.

[❸▶○] 구체적 규범통제에서 법규명령이 위법하다는 대법원 판결이 있는 경우, 현재의 일반적인 견해는 당해 법규명령이 일반적으로 효력을 상실하는 것으로 보지 않고 당해 사건에 한하여 적용되지 않는 것으로 보고 있다. 판례도 법규명령이 위법하다는 대법원의 판결이 있는 경우 당해 사건에서만 적용이 배제되는 것으로 보고 있다(대판 1994.4.26. 93부32 참조).

[❹▶○] 집행명령은 위임명령과 달리 상위법령의 구체적인 위임(수권)이 없더라도 직권으로 제정할 수 있다(헌법 제75조, 제95조). 다만, 집행명령은 상위법령의 집행에 필요한 절차나 형식을 정하는 데 그쳐야 하며 새로운 법규사항을 규정할 수 없다.

[❺▶○] 판례는 대통령령(시행령) 형식으로 정한 제재적 처분기준은 대외적으로 국민이나 법원을 구속하는 법규명령으로 보고 있다(대판 1997.12.26. 97누15418). 반면, 부령(시행규칙) 형식으로 정한 제재적 처분기준은 행정규칙의 성질을 가지는 것이며 대외적으로 국민이나 법원을 구속하는 것은 아니라고 보았다(대판 2022.4.14. 2021두60960 등). 그리고 제재적 처분기준을 총리령(대판1992.4.14. 91누9954)이나 지방자치단체의 규칙(대판 1995.10.17. 94누14148[전합])으로 정한 경우에도 행정규칙의 성질을 가진다고 보았다.

답 ❷

04 행정기본법상 법 적용의 기준에 관한 내용이다. ( )에 들어갈 것으로 옳은 것은?

23 행정사 제11회

> ○ 당사자의 신청에 따른 처분은 법령등에 특별한 규정이 있거나 (ㄱ) 당시의 법령등을 적용하기 곤란한 특별한 사정이 있는 경우를 제외하고는 (ㄱ) 당시의 법령등에 따른다.
> ○ 법령등을 위반한 행위의 성립과 이에 대한 제재처분은 법령등에 특별한 규정이 있는 경우를 제외하고는 (ㄴ) 당시의 법령등에 따른다. 다만, 법령등을 위반한 행위 후 법령등의 변경에 의하여 그 행위가 법령등을 위반한 행위에 해당하지 아니하거나 제재처분 기준이 가벼워진 경우로서 해당 법령등에 특별한 규정이 없는 경우에는 변경된 법령등을 적용한다.

① ㄱ : 신청, ㄴ : 제재처분
② ㄱ : 신청, ㄴ : 법령등을 위반한 행위
③ ㄱ : 처분, ㄴ : 판결
④ ㄱ : 처분, ㄴ : 법령등을 위반한 행위
⑤ ㄱ : 판결, ㄴ : 제재처분

해설

[④ ▶ ○] (ㄱ)에는 (처분)이 들어가고, (ㄴ)에는 (법령등을 위반한 행위)가 들어간다.

> **행정기본법 제14조(법 적용의 기준)** ② 당사자의 신청에 따른 처분은 법령등에 특별한 규정이 있거나 처분 당시의 법령등을 적용하기 곤란한 특별한 사정이 있는 경우를 제외하고는 처분 당시의 법령등에 따른다.
> ③ 법령등을 위반한 행위의 성립과 이에 대한 제재처분은 법령등에 특별한 규정이 있는 경우를 제외하고는 법령등을 위반한 행위 당시의 법령등에 따른다. 다만, 법령등을 위반한 행위 후 법령등의 변경에 의하여 그 행위가 법령등을 위반한 행위에 해당하지 아니하거나 제재처분 기준이 가벼워진 경우로서 해당 법령등에 특별한 규정이 없는 경우에는 변경된 법령등을 적용한다.

답 ④

05 법령등 시행일의 기간 계산에 관한 설명으로 옳은 것을 모두 고른 것은?   21 행정사 제9회

> ㄱ. 법령등을 공포한 날부터 시행하는 경우에는 공포한 날을 시행일로 한다.
> ㄴ. 법령등을 공포한 날부터 일정 기간이 경과한 날부터 시행하는 경우 법령을 공포한 날을 첫날에 산입하지 아니한다.
> ㄷ. 법령등을 공포한 날부터 일정 기간이 경과한 날부터 시행하는 경우 그 기간의 말일이 토요일 또는 공휴일인 때에는 그 말일로 기간이 만료한다.
> ㄹ. 대통령령은 특별한 규정이 없으면 공포한 날부터 10일이 경과함으로써 효력을 발생한다.

① ㄱ, ㄴ   ② ㄱ, ㄹ
③ ㄷ, ㄹ   ④ ㄱ, ㄴ, ㄷ
⑤ ㄴ, ㄷ, ㄹ

해설

[ㄱ▶O] [ㄴ▶O] [ㄷ▶O] 행정기본법 제7조 참조

> **행정기본법 제7조(법령등 시행일의 기간 계산)** 법령등(훈령·예규·고시·지침 등을 포함)의 시행일을 정하거나 계산할 때에는 다음 각 호의 기준에 따른다.
> 1. 법령등을 공포한 날부터 시행하는 경우에는 공포한 날을 시행일로 한다. ㄱ
> 2. 법령등을 공포한 날부터 일정 기간이 경과한 날부터 시행하는 경우 법령등을 공포한 날을 첫날에 산입하지 아니한다. ㄴ
> 3. 법령등을 공포한 날부터 일정 기간이 경과한 날부터 시행하는 경우 그 기간의 말일이 토요일 또는 공휴일인 때에는 그 말일로 기간이 만료한다. ㄷ

[ㄹ▶X] 대통령령, 총리령 및 부령은 특별한 규정이 없으면 공포한 날부터 20일이 경과함으로써 효력을 발생한다(법령공포법 제13조).

답 ④

06 행정기본법의 조문의 일부이다. ( )에 들어갈 내용으로 옳은 것은?   25 행정사 제13회

> ○ 행정작용은 (ㄱ)에 위반되어서는 아니 되며, 국민의 권리를 제한하거나 의무를 부과하는 경우와 그 밖에 국민생활에 중요한 영향을 미치는 경우에는 (ㄱ)에 근거하여야 한다.
> ○ 당사자의 신청에 따른 처분은(ㄴ)등에 특별한 규정이 있거나 처분 당시의 (ㄴ)등을 적용하기 곤란한 특별한 사정이 있는 경우를 제외하고는 처분 당시의 (ㄴ)등에 따른다.

① ㄱ : 헌법, ㄴ : 법률
② ㄱ : 헌법, ㄴ : 법령
③ ㄱ : 법률, ㄴ : 법률
④ ㄱ : 법률, ㄴ : 법령
⑤ ㄱ : 법령, ㄴ : 법령

해설

[④ ▶ ○]   ㄱ : 법률, ㄴ : 법령

> **행정기본법 제8조(법치행정의 원칙)**   행정작용은 <u>법률</u>❶에 위반되어서는 아니 되며, 국민의 권리를 제한하거나 의무를 부과하는 경우와 그 밖에 국민생활에 중요한 영향을 미치는 경우에는 <u>법률</u>❶에 근거하여야 한다.
>
> **행정기본법 제14조(법 적용의 기준)**   ② 당사자의 신청에 따른 처분은 <u>법령</u>❷등에 특별한 규정이 있거나 처분 당시의 <u>법령</u>❷등을 적용하기 곤란한 특별한 사정이 있는 경우를 제외하고는 처분 당시의 <u>법령</u>❷등에 따른다.

답 ④

07 행정규칙에 관한 설명으로 옳지 않은 것은?(다툼이 있으면 판례에 따름) `24 행정사 제12회`

① 행정규칙은 특별한 사정이 없는 한 대외적으로 국민이나 법원을 구속하는 효력이 없다.
② 처분이 행정규칙을 따른 것이면 적법성이 보장된다.
③ 처분이 행정규칙을 위반하였다고 해서 그러한 사정만으로 곧바로 위법하게 되는 것은 아니다.
④ 행정규칙에 따른 처분의 적법성 여부는 상위법령의 규정과 입법 목적 등에 적합한지 여부에 따라 판단해야 한다.
⑤ 행정규칙이 그 정한 바에 따라 되풀이 시행되어 행정관행이 이루어지게 되면 행정기관은 그 상대방에 대한 관계에서 그 규칙에 따라야 할 자기구속을 받게 된다.

해설

[❶ ▶ ○] [❷ ▶ ×] [❸ ▶ ○] [❹ ▶ ○] 처분이 행정규칙을 따른 것이라고 해서 적법성이 보장되는 것은 아니다.

> 행정기관 내부의 업무처리지침이나 법령의 해석·적용 기준을 정한 행정규칙은 특별한 사정이 없는 한 대외적으로 국민이나 법원을 구속하는 효력이 없다.❶ 처분이 행정규칙을 위반하였다고 해서 그러한 사정만으로 곧바로 위법하게 되는 것은 아니고,❸ 처분이 행정규칙을 따른 것이라고 해서 적법성이 보장되는 것도 아니다.❷ 처분이 적법한지는 행정규칙에 적합한지 여부가 아니라 상위법령의 규정과 입법 목적 등에 적합한지 여부에 따라 판단해야 한다❹(대판 2021.10.14. 2021두39362).

[❺ ▶ ○] 재량권 행사의 준칙인 행정규칙이 그 정한 바에 따라 되풀이 시행되어 행정관행이 이루어지게 되면 평등의 원칙이나 신뢰보호의 원칙에 따라 행정기관은 그 상대방에 대한 관계에서 그 규칙에 따라야 할 자기구속을 받게 되므로, 이러한 경우에는 특별한 사정이 없는 한 그를 위반하는 처분은 평등의 원칙이나 신뢰보호의 원칙에 위배되어 재량권을 일탈·남용한 위법한 처분이 된다(대판 2009.12.24. 2009두7967).

답 ❷

08 행정입법에 관한 설명으로 옳지 않은 것은?(다툼이 있으면 판례에 따름) `21 행정사 제9회`

① 재량준칙은 일반적으로 행정조직 내부에서만 효력을 가질 뿐 대외적인 구속력을 갖는 것은 아니다.
② 재량권 행사의 준칙인 행정규칙이 정한 바에 따라 되풀이 시행되어 행정관행이 형성되어 행정기관이 그 상대방에 대한 관계에서 그 규칙에 따라야 할 자기구속을 당하게 되는 경우에는 헌법소원의 대상이 될 수 있다.
③ 법원이 구체적 규범통제를 통해 위헌·위법으로 선언할 심판대상은 원칙적으로 해당 규정 전체이고, 재판의 전제성이 인정되는 조항에 한정되지 않는다.
④ 헌법이 인정하고 있는 위임입법의 형식은 예시적인 것으로 보아야 한다.
⑤ 보건복지부 고시인 약제급여·비급여목록 및 급여상한금액표에 대해서는 취소소송으로 다툴 수 있다.

해설

[❶ ▸ ○] [❷ ▸ ○] 행정규칙(예 재량준칙)은 일반적으로 행정조직 내부에서만 효력을 가지는 것이고 대외적인 구속력을 갖는 것이 아니다.❶ 다만, 행정규칙이 법령의 규정에 의하여 행정관청에 법령의 구체적 내용을 보충할 권한을 부여한 경우, 또는 재량권 행사의 준칙인 규칙이 그 정한 바에 따라 되풀이 시행되어 행정관행이 이룩되게 되면 평등의 원칙이나 신뢰보호의 원칙에 따라 행정기관은 그 상대방에 대한 관계에서 그 규칙에 따라야 할 자기구속을 당하게 되는 경우에는 대외적인 구속력을 가지게 되어 헌법재판소법 제68조 제1항의 공권력의 행사에 해당한다❷(헌재 1990.9.3. 90헌마13).

[❸ ▸ ✕] 법원이 구체적 규범통제를 통해 위헌·위법으로 선언할 심판대상은, 해당 규정의 전부가 불가분적으로 결합되어 있어 일부를 무효로 하는 경우 나머지 부분이 유지될 수 없는 결과를 가져오는 특별한 사정이 없는 한, 원칙적으로 해당 규정 중 재판의 전제성이 인정되는 조항에 한정된다(대판 2019.6.13. 2017두33985).

[❹ ▸ ○] 헌법이 인정하고 있는 위임입법의 형식은 예시적인 것으로 보아야 한다(헌재 2016.3.31. 2014헌바382).

[❺ ▸ ○] 보건복지부 고시인 약제급여·비급여목록 및 급여상한금액표는 다른 집행행위의 매개 없이 그 자체로서 국민건강보험가입자, 국민건강보험공단, 요양기관 등의 법률관계를 직접 규율하는 성격을 가지므로 항고소송의 대상이 되는 행정처분에 해당한다(대판 2006.9.22. 2005두2506).

답 ❸

09 행정입법에 관한 설명으로 옳지 않은 것은?(다툼이 있으면 판례에 따름) _{25 행정사 제13회}

① 상급행정기관의 소속 공무원에 대한 업무처리지침은 일반적으로 행정조직 내부에서만 효력을 가진다.
② 조례는 집행행위의 개입 없이도 그 자체로서 직접 국민의 구체적인 권리의무에 영향을 미치는 등의 법률상 효과를 발생하는 경우에도 항고소송의 대상이 될 수 없다.
③ 처분이 행정규칙을 위반하였다고 해서 그러한 사정만으로 곧바로 위법하게 되는 것은 아니다.
④ 지방의회는 자치사무에 관하여 법률에 특별한 규정이 없는 한 지방자치단체의 장의 고유권한을 침해하지 않는 범위 내에서 조례를 제정할 수 있다.
⑤ 법령보충적 행정규칙은 상위법령과 결합하여 대외적 구속력이 있는 법규명령으로서의 효력을 가진다.

해설

[❶ ▶ ○] 상급행정기관이 소속 공무원이나 하급행정기관에 대하여 업무처리지침이나 법령의 해석·적용 기준을 정해주는 '행정규칙'은 일반적으로 행정조직 내부에서만 효력을 가질 뿐 대외적으로 국민이나 법원을 구속하는 효력이 없다(대판 2019.7.11. 2017두38874).

[❷ ▶ ✕] 조례가 집행행위의 개입 없이도 그 자체로서 직접 국민의 구체적인 권리의무나 법적 이익에 영향을 미치는 등의 법률상 효과를 발생하는 경우 그 조례는 항고소송의 대상이 되는 행정처분에 해당한다(대판 1996.9.20. 95누8003).

[❸ ▶ ○] 처분이 행정규칙을 위반하였다고 해서 그러한 사정만으로 곧바로 위법하게 되는 것은 아니고, 처분이 행정규칙을 따른 것이라고 해서 적법성이 보장되는 것도 아니다. 처분이 적법한지는 행정규칙에 적합한지 여부가 아니라 상위법령의 규정과 입법 목적 등에 적합한지 여부에 따라 판단해야 한다(대판 2019.7.11. 2017두38874).

[❹ ▶ ○] 헌법 제117조 제1항과 지방자치법 제28조에 의하면 지방자치단체는 법령의 범위 안에서 그 사무에 관하여 조례를 제정할 수 있고, 지방자치법은 의결기관으로서의 지방의회와 집행기관으로서의 지방자치단체장에게 독자적 권한을 부여하는 한편, 지방의회는 행정사무감사와 조사권 등에 의하여 지방자치단체장의 사무집행을 감시 통제할 수 있게 하고 지방자치단체장은 지방의회의 의결에 대한 재의요구권 등으로 의회의 의결권행사에 제동을 가할 수 있게 함으로써 상호 견제와 균형을 유지하도록 하고 있으므로, 지방의회는 자치사무에 관하여 법률에 특별한 규정이 없는 한 조례로써 위와 같은 지방자치단체장의 고유권한을 침해하지 않는 범위 내에서 조례를 제정할 수 있다고 할 것이다(대판 2013.4.11. 2012추22).

[❺ ▶ ○] 법령보충적 행정규칙은 상위법령과 결합하여 대외적 구속력이 있는 법규명령으로서의 효력을 가진다.

> 법령의 규정이 특정 행정기관에 그 법령 내용의 구체적 사항을 정할 수 있는 권한을 부여하면서 그 권한 행사의 절차나 방법을 특정하고 있지 않아 수임행정기관이 행정규칙인 고시의 형식으로 그 법령의 내용이 될 사항을 구체적으로 정하고 있는 경우, 그 고시가 당해 법령의 위임 한계를 벗어나지 않는 한, 그와 결합하여 대외적으로 구속력이 있는 법규명령으로서 효력을 가진다(대판 2008.4.10. 2007두4841).

답 ❷

제2절 행정행위

10 재량행위와 기속행위에 관한 설명으로 옳은 것은?(다툼이 있으면 판례에 따름) 21 행정사 제9회

① 공유수면 관리 및 매립에 관한 법률상 공유수면 점용허가는 기속행위이다.
② 재외동포에 대한 사증 발급과 관련한 재량권 불행사는 그 자체로 재량권 일탈·남용에 해당하지 않으므로 해당 처분을 취소하여야 할 위법사유가 되지 않는다.
③ 국토의 계획 및 이용에 관한 법률에 의하여 지정된 도시지역 안에서 토지의 형질변경행위를 수반하는 건축허가의 법적 성질은 기속행위이다.
④ 법령상 감경사유가 있는 경우 이를 전혀 고려하지 않은 과징금 부과처분은 위법하다.
⑤ 행정청이 제재처분 양정을 하면서 이익형량을 하였다면 그 양정에 정당성·객관성이 결여 된 경우라도 위법은 아니다.

해설

[❶▶×] 공유수면의 점용·사용허가는 특정인에게 공유수면 이용권이라는 독점적 권리를 설정하여 주는 처분으로서 처분 여부 및 내용의 결정은 원칙적으로 행정청의 재량에 속한다(대판 2017.4.28. 2017두30139).

[❷▶×] 처분의 근거 법령이 행정청에 처분의 요건과 효과 판단에 일정한 재량을 부여하였는데도, 행정청이 자신에게 재량권이 없다고 오인한 나머지 처분으로 달성하려는 공익과 그로써 처분상대방이 입게 되는 불이익의 내용과 정도를 전혀 비교형량 하지 않은 채 처분을 하였다면, 이는 재량권 불행사로서 그 자체로 재량권 일탈·남용으로 해당 처분을 취소하여야 할 위법사유가 된다(대판 2019.7.11. 2017두38874).

[❸▶×] 토지의 형질변경허가는 그 금지요건이 불확정개념으로 규정되어 있어 그 금지요건에 해당하는지 여부를 판단함에 있어서 행정청에게 재량권이 부여되어 있다고 할 것이므로, 국토의 계획 및 이용에 관한 법률에 의하여 지정된 도시지역 안에서 토지의 형질변경행위를 수반하는 건축허가는 결국 재량행위에 속한다(대판 2005.7.14. 2004두6181).

[❹▶○] 과징금 감경사유가 있음에도 이를 전혀 고려하지 않았거나 감경사유에 해당하지 않는다고 오인한 나머지 과징금을 감경하지 않았다면 그 과징금 부과처분은 재량권을 일탈·남용한 위법한 처분이라고 할 수밖에 없다(대판 2010.7.15. 2010두7031).

[❺▶×] 행정청이 제재처분 양정을 하면서 공익과 사익의 형량을 전혀 하지 않았거나 이익형량의 고려 대상에 마땅히 포함하여야 할 사항을 누락한 경우 또는 이익형량을 하였으나 정당성·객관성이 결여된 경우에는 제재처분은 재량권을 일탈·남용한 것이라고 보아야 한다(대판 2020.6.25. 2019두52980).

답 ❹

11 재량행위에 해당하는 것을 모두 고른 것은?(다툼이 있으면 판례에 따름) ― 25 행정사 제13회

> ㄱ. 구)「출입국관리법」상 체류자격변경허가
> ㄴ. 구)「농지법」에 따른 농지의 전용행위를 수반하는 건축허가
> ㄷ. 구)「공유수면 관리 및 매립에 관한 법률」상 공유수면 점용허가
> ㄹ. 구)「국유재산법」에 의한 국유재산의 무단점유 등에 대한 변상금부과

① ㄱ, ㄴ
② ㄱ, ㄹ
③ ㄷ, ㄹ
④ ㄱ, ㄴ, ㄷ
⑤ ㄴ, ㄷ, ㄹ

해설

[ㄱ▶O] 출입국관리법상 체류자격 변경허가는 신청인에게 당초의 체류자격과 다른 체류자격에 해당하는 활동을 할 수 있는 권한을 부여하는 일종의 설권적 처분의 성격을 가지므로, 허가권자는 신청인이 관계 법령에서 정한 요건을 충족하였더라도, 신청인의 적격성, 체류 목적, 공익상의 영향 등을 참작하여 허가 여부를 결정할 수 있는 재량을 가진다(대판 2016.7.14. 2015두48846).

[ㄴ▶O] 구 농지법상 농지전용허가는 그 각 요건이 불확정개념으로 되어 있어 그 각 요건에 해당하는지 여부의 판단에 관하여 행정청에 재량권이 부여되어 있으므로, 농지법에 따른 농지의 전용행위를 수반하는 건축허가는 재량행위에 해당한다(대판 2016.10.27. 2015두41579).

[ㄷ▶O] 공유수면의 점용·사용허가는 특정인에게 공유수면 이용권이라는 독점적 권리를 설정하여 주는 처분으로서 처분 여부 및 내용의 결정은 원칙적으로 행정청의 재량에 속한다(대판 2017.4.28. 2017두30139).

[ㄹ▶X] 국유재산의 무단점유 등에 대한 변상금징수의 요건은 국유재산법 제72조 제1항에 명백히 규정되어 있으므로 변상금을 징수할 것인가는 처분청의 재량을 허용하지 않는 기속행위이다(대판 2000.1.28. 97누4098).

답 ❹

12 강학상 허가에 관한 설명으로 옳지 않은 것은?(다툼이 있으면 판례에 따름) [19 행정사 제7회]

① 반드시 신청을 전제로 하는 것은 아니다.
② 건축허가는 대물적 성질을 갖는 것이어서 그 허가를 할 때에 인적 요소에 관해서는 형식적 심사만 한다.
③ 허가에 붙은 기한이 그 허가된 사업의 성질상 부당하게 짧은 경우에는 그 허가조건의 존속기간으로 보아야 한다.
④ 허가신청 후 처분 전에 관계법령이 개정되었다면 원칙적으로 개정된 법령에 따라 허가 여부를 결정하여야 한다.
⑤ 타법상의 인·허가가 의제되는 허가를 하는 경우, 행정청은 타법상의 인·허가요건에 대한 심사 없이 허가처분을 할 수 있다.

해설

[❶ ▶ ○]   허가는 상대방의 신청(출원)에 따라 행하여지는 것이 보통이다. 다만 통행금지의 해제처럼 신청이 없이 하는 허가도 존재한다.

[❷ ▶ ○]   건축허가는 대물적 성질을 갖는 것으로서 행정청으로서는 허가를 함에 있어 건축주가 누구인가 등 인적 요소에 대하여는 형식적 심사만 하고 신청서에 기재된 바에 따르게 된다(대판 1993.6.29. 92누17822).

[❸ ▶ ○]   일반적으로 행정처분에 효력기간이 정하여져 있는 경우에는 그 기간의 경과로 그 행정처분의 효력은 상실되나, 허가에 붙은 기한이 그 허가된 사업의 성질상 부당하게 짧은 경우에는 이를 그 허가 자체의 존속기간이 아니라 그 허가조건의 존속기간으로 보아야 한다(대결 2005.1.17. 2004무48).

[❹ ▶ ○]   허가신청 후 허가기준이 변경되었다 하더라도 그 허가관청이 허가신청을 수리하고도 정당한 이유 없이 그 처리를 늦추어 그 사이에 허가기준이 변경된 것이 아닌 이상 변경된 허가기준에 따라서 처분을 하여야 한다(대판 2006.8.25. 2004두2974).

[❺ ▶ ×]   건축법에서 인허가의제 제도를 둔 취지는, 인허가의제사항과 관련하여 건축허가의 관할 행정청으로 창구를 단일화하고 절차를 간소화하며 비용과 시간을 절감함으로써 국민의 권익을 보호하려는 것이지, 인허가의제사항 관련 법률에 따른 각각의 인허가 요건에 관한 일체의 심사를 배제하려는 것으로 보기는 어려우므로, 도시계획시설인 주차장에 대한 건축허가신청을 받은 행정청으로서는 건축법상 허가 요건뿐 아니라 국토의 계획 및 이용에 관한 법령이 정한 도시계획시설사업에 관한 실시계획인가 요건도 충족하는 경우에 한하여 이를 허가해야 한다(대판 2015.7.9. 2015두39590).

답 ❺

13 형성적 행정행위에 해당하는 것을 모두 고른 것은?   19 행정사 제7회

> ㄱ. 사인에게 권리를 설정해 주는 행위
> ㄴ. 작위의무를 명하는 행위
> ㄷ. 포괄적 법률관계를 설정하는 행위
> ㄹ. 행정청이 타인의 법률행위를 보충하여 그 효력을 완성시켜 주는 행위
> ㅁ. 제3자가 해야 할 행위를 행정기관이 대신하여 함으로써 제3자가 행한 것과 같은 효과를 발생시키는 행위

① ㄱ, ㄴ, ㅁ   ② ㄱ, ㄷ, ㄹ
③ ㄱ, ㄷ, ㄹ, ㅁ   ④ ㄴ, ㄷ, ㄹ, ㅁ
⑤ ㄱ, ㄴ, ㄷ, ㄹ, ㅁ

해설

형성적 행위란 상대방(국민)에게 특정한 권리, 능력(법적 지위), 포괄적 법률관계 등을 발생·변경·소멸시키는 행위를 말한다. 형성적 행위에는 ① 직접 상대방을 위하여 권리, 능력, 포괄적 법률관계를 발생·변경·소멸시키는 행위(강학상 특허)와 ② 행정청이 타인의 법률행위를 보충하여 그 효력을 완성시켜 주는 행위(강학상 인가), ③ 제3자가 해야 할 행위를 행정기관이 대신하여 함으로써 제3자가 행한 것과 같은 효과를 발생시키는 행위(공법상 대리)가 있다.
ㄱ. 사인에게 권리를 설정해 주는 행위(강학상 특허), ㄷ. 포괄적 법률관계를 설정하는 행위(강학상 특허), ㄹ. 행정청이 타인의 법률행위를 보충하여 그 효력을 완성시켜 주는 행위(강학상 인가), ㅁ. 제3자가 해야 할 행위를 행정기관이 대신하여 함으로써 제3자가 행한 것과 같은 효과를 발생시키는 행위(공법상 대리)는 형성적 행정행위에 해당한다. ㄴ. 작위의무를 명하는 행위(작위하명)는 명령적 행정행위에 해당한다는 것을 유의하여야 한다.

➡ 강학상 특허의 예

권리 설정행위 (협의의 특허)	버스운송사업면허, 개인택시운송사업면허, 폐기물처리업허가, 체류자격 변경허가, 광업허가, 도로점용허가, 공유수면점용·사용허가, 공유수면 매립면허, 보세구역 설영특허, 어업면허 등
능력 설정행위	행정주체 또는 공법인으로서의 지위를 부여하는 행위(예 재건축·재개발 정비사업조합 설립인가 등), 법무부장관의 공증인 인가·임명행위
포괄적 법률관계의 설정행위	공무원 임명, 귀화허가 등

답 ❸

14 강학상 인가에 해당하는 것은?(다툼이 있으면 판례에 따름)

① 부동산 거래신고 등에 관한 법률상 외국인등의 토지거래 허가
② 공유수면매립면허
③ 보세구역의 설영특허
④ 법무부장관의 공증 인가
⑤ 자동차운전면허대장상의 등재행위

22 행정사 제10회

해설

[❶ ▸ ○] ① 부동산 거래신고 등에 관한 법률상 외국인등의 토지거래 허가(부동산거래신고법 제9조 제1항)는 강학상 인가에 해당하나, ② 공유수면매립면허(대판 1989.9.12. 88누9206), ③ 보세구역의 설영특허(대판 1989.5.9. 88누4188), ④ 법무부장관의 공증 인가(공증인법 제15조의2)는 각각 특허에 해당한다. 한편 ⑤ 자동차운전면허대장상의 등재행위는 그 등재행위로 인하여 당해 운전면허 취득자에게 새로이 어떠한 권리가 부여되거나 변동 또는 상실되는 효력이 발생하는 것은 아니므로 이는 행정소송의 대상이 되는 독립한 행정처분으로 볼 수 없다(대판 1991.9.24. 91누1400).

➲ 강학상 인가, 강학상 허가, 예외적 허가의 구별

강학상 인가	강학상 허가
• 부동산 거래신고 등에 관한 법률상 외국인등의 토지거래 허가 • 국토이용관리법상 토지거래허가 • 재단법인의 정관변경허가 • 정비사업조합 정관변경인가 • 정비조합 조합장의 명의변경인가 • 도시 및 주거환경정비법상 조합설립추진위원회 구성승인처분 • 도시 및 주거환경정비법상 주택재건축조합·주택재개발정비사업조합의 사업시행계획에 대한 인가 • 구 자동차관리법상 자동차정비조합설립인가 • 사립학교법인의 임원에 대한 감독청의 취임승인행위	• 한의사 면허, 의사면허 • 식품위생법상 대중음식점영업허가 • 식품위생법상 유흥접객업허가 • 기부금품모집규제법상 기부금품모집허가 • 건축허가 • 통행금지해제 • 운전면허 • 총포·화약물제조허가
	예외적 허가
	• 구 도시계획법상 개발제한구역 내에서의 건축허가 • 학교보건법상 학교환경위생정화구역 내에서의 금지해제조치 • 자연공원구역 안에서의 건축허가 • 카지노영업허가

답 ❶

15 행정행위의 법적 성질을 바르게 연결한 것은?(다툼이 있으면 판례에 따름) 　21　행정사 제9회

> ㄱ. 구 자동차관리법상 자동차정비조합설립인가
> ㄴ. 구 도시계획법상 개발제한구역 내의 건축허가
> ㄷ. 기부금품모집규제법상 기부금품모집허가

① ㄱ : 인가, ㄴ : 예외적 허가, ㄷ : 특허
② ㄱ : 인가, ㄴ : 허가, ㄷ : 특허
③ ㄱ : 인가, ㄴ : 예외적 허가, ㄷ : 허가
④ ㄱ : 특허, ㄴ : 인가, ㄷ : 허가
⑤ ㄱ : 허가, ㄴ : 특허, ㄷ : 인가

해설

[ㄱ ▶ 인가]　자동차관리법상 자동차관리사업자로 구성하는 사업자단체인 조합 또는 협회(이하 '조합 등'이라고 한다)의 설립인가처분은 국토해양부장관 또는 시・도지사(이하 '시・도지사 등'이라고 한다)가 자동차관리사업자들의 단체결성행위를 보충하여 효력을 완성시키는 처분에 해당한다(대판 2015.5.29. 2013두635).

> 인가란 행정청이 타인의 법률적 행위를 보충하여 그 법률적 효력을 완성시켜 주는 행정행위를 말한다.

[ㄴ ▶ 예외적 허가]　개발제한구역 내에서는 구역지정의 목적상 건축물의 건축 및 공작물의 설치 등 개발행위가 원칙적으로 금지되고, 다만 구체적인 경우에 이러한 구역지정의 목적에 위배되지 아니할 경우 예외적으로 허가에 의하여 그러한 행위를 할 수 있게 되어 있음이 그 규정의 체제와 문언상 분명하고, 이러한 예외적인 개발행위의 허가는 상대방에게 수익적인 것이 틀림이 없으므로 그 법률적 성질은 재량행위 내지 자유재량행위에 속하는 것이다(대판 2004.3.25. 2003두12837).

> 예외적 허가란 억제적 금지의 해제, 즉 사회적으로 유해하거나 바람직하지 않은 일정 행위를 법령상 원칙적으로 금지하고 예외적인 경우에 금지를 해제하여 해당 행위를 적법하게 할 수 있게 해주는 행정행위를 말한다(예 학교환경위생정화구역 내에서의 금지해제조치, 카지노영업허가 등).

[ㄷ ▶ 허가]　기부금품모집허가의 법적 성질이 강학상의 허가라는 점을 고려하면, 기부금품 모집행위가 같은 법 제4조 제2항의 각 호의 사업에 해당하는 경우에는 특별한 사정이 없는 한 그 모집행위를 허가하여야 하는 것으로 풀이하여야 한다(대판 1999.7.23. 99두3690).

> 허가란 일반적 금지의 해제, 즉 법규에 의한 일반적・상대적 금지를 특정한 경우에 해제하여 일정한 사실행위 또는 법률행위를 할 수 있게 해주는 행정행위를 말한다(예 건축허가, 식품위생법상 대중음식점영업허가 등).

답 ❸

16 의사표시를 구성요소로 하는가에 따라 행정행위를 분류할 때 성질이 다른 하나는?

18 행정사 제6회

① 면 제
② 특 허
③ 확 인
④ 인 가
⑤ 대 리

해설

행정행위는 의사표시를 구성요소로 하는가, 의사표시 이외의 정신작용(인식·판단 등)의 표현을 구성요소로 하는가에 따라 '법률행위적 행정행위'와 '준법률행위적 행정행위'로 분류하는 것이 전통적 견해이다. '법률행위적 행정행위'에는 '명령적 행정행위'에 해당하는 하명, 허가, 면제가 있고, '형성적 행정행위'에 해당하는 특허, 인가, (공법상) 대리가 있다. '준법률행위적 행정행위'에는 공증, 통지, 수리, 확인 4가지가 있다.

③ 확인은 준법률행위적 행정행위에 해당하나, ① 면제, ② 특허, ④ 인가, ⑤ 대리 등은 법률행위적 행정행위에 해당한다.

답 ❸

17 행정행위의 부관에 관한 설명으로 옳은 것은?(다툼이 있으면 판례에 따름)

24 행정사 제12회

① 행정청은 처분에 재량이 없는 경우에는 법률에 근거가 있는 경우에 부관을 붙일 수 있다.
② 부관은 해당 처분과 실질적인 관련이 있어야 하지만, 해당 처분의 목적에는 구속되지 않는다.
③ 법률이 예정하는 행정행위의 효과를 일부 배제하는 부관은 독립하여 행정소송의 대상이 될 수 있다.
④ 행정처분에 붙인 부담인 부관이 무효가 되면 그 부담의 이행으로 한 사법상 법률행위도 당연히 무효가 된다.
⑤ 「하천법」상 하천부지 점용허가에는 그 성질상 부관을 붙일 수 없다.

해설

[❶ ▶ ○] 행정청은 처분에 재량이 없는 기속행위라도 법률에 근거가 있는 경우에는 부관을 붙일 수 있다(행정기본법 제17조 제2항).

> **행정기본법 제17조(부관)** ① 행정청은 처분에 재량이 있는 경우에는 부관(조건, 기한, 부담, 철회권의 유보 등을 말한다. 이하 이 조에서 같다)을 붙일 수 있다.
> ② 행정청은 처분에 재량이 없는 경우에는 법률에 근거가 있는 경우에 부관을 붙일 수 있다.

[❷ ▶ ×] 부관은 주된 처분(행정행위)의 목적에 반하여서는 안 된다(행정기본법 제17조 제4항 제1호). 부관은 주된 처분(행정행위)과 실질적 관련성이 있어야 하며(행정기본법 제17조 제4항 제2호), 그렇지 못한 것은 부당결부금지의 원칙에 반하여 위법한 부관이 된다.

> **행정기본법 제17조(부관)** ④ 부관은 다음 각 호의 요건에 적합하여야 한다.
> 1. 해당 처분의 목적에 위배되지 아니할 것
> 2. 해당 처분과 실질적인 관련이 있을 것
> 3. 해당 처분의 목적을 달성하기 위하여 필요한 최소한의 범위일 것

[❸ ▸ ×]   법률이 예정하는 행정행위의 효과를 일부 배제하는 부관은 독립하여 행정소송의 대상이 될 수 없다(대판 1993.10.8. 93누2032).

> 지방국토관리청장이 일부 공유수면매립지에 대하여 한 국가 또는 직할시 귀속처분은 매립준공인가를 함에 있어서 매립의 면허를 받은 자의 매립지에 대한 소유권취득을 규정한 공유수면매립법 제14조의 효과 일부를 배제하는 부관을 붙인 것이고, 이러한 행정행위의 부관은 위 법리와 같이 독립하여 행정소송 대상이 될 수 없다(대판 1993.10.8. 93누2032).

[❹ ▸ ×]   행정처분에 붙인 부담인 부관이 무효인 경우에도 그 부담의 이행으로 한 사법상 법률행위가 당연히 무효가 되는 것은 아니다.

> 행정처분에 부담인 부관을 붙인 경우 그 부관의 무효화에 의하여 본체인 행정처분 자체의 효력에도 영향이 있게 될 수는 있지만, 그 처분을 받은 사람이 그 부담의 이행으로서 사법상 매매 등의 법률행위를 한 경우에는 그 부관은 특별한 사정이 없는 한 그 법률행위를 하게 된 동기 내지 연유로 작용하였을 뿐이므로 이는 그 법률행위의 취소사유가 될 수 있음은 별론으로 하고 그 법률행위 자체를 당연히 무효화하는 것은 아니다(대판 2009.6.25. 2006다18174).

[❺ ▸ ×]   「하천법」상 하천부지 점용허가는 재량행위로서, 그 성질상 부관을 붙일 수 있다.

> 하천부지 점용허가 여부는 관리청의 재량에 속하고 재량행위에 있어서는 법령상의 근거가 없어도 부관을 붙일 것인가의 여부는 당해 행정청의 재량에 속하며, 또한 구 하천법 제33조 단서가 하천의 점용허가에는 하천의 오염으로 인한 공해 기타 보건위생상 위해를 방지함에 필요한 부관을 붙이도록 규정하고 있으므로, 하천부지 점용허가의 성질의 면으로 보나 법 규정으로 보나 부관을 붙일 수 있음은 명백하다(대판 2008.7.24. 2007두25930).

답 ❶

18 준법률행위적 행정행위에 해당하는 것은?(다툼이 있으면 판례에 따름)   17 행정사 제5회

① 도시 및 주거환경정비법상 조합설립인가
② 여객자동차운수사업법상 개인택시운송사업면허
③ 선거인명부에의 등록
④ 불법광고물의 철거명령
⑤ 감독청에 의한 공법인의 임원 임명

해설

[❸ ▸ ○]   ③ 선거인명부에의 등록은 준법률행위적 행정행위인 '공증'에 해당하나, ① 도시 및 주거환경정비법상 조합설립인가(대결 2009.9.24. 2009마168)와 ② 여객자동차운수사업법상 개인택시운송사업면허는 '특허', ④ 불법광고물의 철거명령은 '하명', ⑤ 감독청에 의한 공법인의 임원 임명은 '대리'에 해당한다.

답 ❸

19 행정행위의 부관에 관한 설명으로 옳지 않은 것은?(다툼이 있으면 판례에 따름)

<small>23 행정사 제11회</small>

① 부담부 행정행위는 부담을 이행하여야 비로소 그 효력이 발생한다.
② 부담을 불이행한 것만으로는 주된 행정행위의 효력이 소멸하지 않는다.
③ 부담은 그 자체로서 행정쟁송의 대상이 될 수 있다.
④ 행정청은 처분에 재량이 없는 경우에는 법률에 근거가 있는 경우에 부관을 붙일 수 있다.
⑤ 어업면허처분 중 면허의 유효기간만 취소하여 달라는 소송을 제기하는 것은 허용될 수 없다.

해설

[❶ ▶ ×] 정지조건부 행정행위는 조건이 성취되어야 비로소 그 효력이 발생하는 반면, 부담부 행정행위는 (부담의 이행 여부와 상관없이) 처음부터 완전히 효력이 발생하고, 행정행위의 상대방에게 일정한 의무가 부과되어 있음에 불과하다.

[❷ ▶ ○] 부담을 불이행한 것만으로는 주된 행정행위의 효력이 소멸하는 것은 아니고, 부담부 행정행위의 철회사유가 될 뿐이다(대판 1989.10.24. 89누2431).

> 부담부 행정처분에 있어서 처분의 상대방이 부담(의무)을 이행하지 아니한 경우에 처분행정청으로서는 이를 들어 당해 처분을 철회할 수 있는 것이다(대판 1989.10.24. 89누2431).

[❸ ▶ ○] 부담의 경우에는 다른 부관과는 달리 행정행위의 불가분적인 요소가 아니고 그 존속이 본체인 행정행위의 존재를 전제로 하는 것일 뿐이므로 부담 그 자체로서 행정쟁송의 대상이 될 수 있다(대판 1992.1.21. 91누1264).

[❹ ▶ ○] 행정기본법 제17조 제2항

> **행정기본법 제17조(부관)** ① 행정청은 처분에 재량이 있는 경우에는 부관(조건, 기한, 부담, 철회권의 유보 등을 말한다. 이하 이 조에서 같다)을 붙일 수 있다.
> ② 행정청은 처분에 재량이 없는 경우에는 법률에 근거가 있는 경우에 부관을 붙일 수 있다.

[❺ ▶ ○] 어업면허처분을 함에 있어 그 면허의 유효기간을 1년으로 정한 경우, 위 면허의 유효기간은 행정청이 위 어업면허처분의 효력을 제한하기 위한 행정행위의 부관이라 할 것이고 이러한 행정행위의 부관은 독립하여 행정소송의 대상이 될 수 없는 것이므로 위 어업면허처분 중 그 면허유효기간만의 취소를 구하는 청구는 허용될 수 없다(대판 1986.8.19. 86누202).

답 ❶

20 甲은 과세처분에 따라 부과된 금액을 납부하였으나, 그 과세처분에 하자가 있음을 발견하고 이미 납부한 금액을 반환받고자 한다. 이에 관한 설명으로 옳지 않은 것은?(다툼이 있으면 판례에 따름)

18 행정사 제6회

① 과세처분에 취소사유가 있고 불가쟁력이 발생한 경우, 甲은 이미 납부한 금액을 부당이득반환청구소송을 통해 반환받을 수 없다.
② 과세처분에 불가쟁력이 발생한 경우, 甲이 국가배상청구소송을 제기하더라도 법원은 과세처분의 위법 여부를 판단할 수 없다.
③ 과세처분이 취소소송을 통해 취소된 경우, 甲은 이미 납부한 금액을 부당이득반환청구소송을 통해 반환받을 수 있다.
④ 과세처분이 무효인 경우, 甲은 이미 납부한 금액을 반환받기 위하여 무효확인소송을 제기할 수 있다.
⑤ 과세처분이 무효인 경우, 甲은 이미 납부한 금액을 부당이득반환청구소송을 통해 반환받을 수 있다.

해설

[❶ ▶ ○]   과세처분이 무효가 아니라 취소사유가 존재하는 것에 불과한 경우에는 부당이득반환청구소송의 수소법원(민사법원)은 위법한 과세처분의 효력을 부인할 수 없다(대판 1973.7.10. 70다1439). 이를 인정하면 공정력(또는 구성요건적 효력)에 반하기 때문이다. 따라서 행정청이 직권취소를 하지 않은 이상, 甲은 부당이득반환청구소송을 제기하기 전에 먼저 과세처분 취소심판이나 취소소송을 통해 과세처분을 취소하여야 하는데, 제소기간이 도과하여 과세처분에 불가쟁력이 발생하였다면 甲은 과세처분의 효력을 부인할 방법이 없어 이미 납부한 금액을 부당이득반환청구소송을 통해 반환받을 수 없게 된다.

[❷ ▶ ×]   불가쟁력은 행정행위(처분)의 효력을 다툴 수 없다는 것이고 위법성을 다툴 수 없다는 의미는 아닌데, 국가배상청구소송은 행정행위(처분)의 효력을 다투는 것이 아니므로 불가쟁력이 발생한 행정행위로 손해를 입은 국민은 국가배상을 청구할 수 있다(대판 1979.4.10. 79다262 참조). 따라서 과세처분에 불가쟁력이 발생하였더라도 甲이 국가배상청구소송을 제기하는 경우, 국가배상청구소송의 수소법원(민사법원)은 선결문제로서 과세처분의 위법 여부를 판단할 수 있다(대판 1972.4.28. 72다337).

[❸ ▶ ○]   과세처분이 취소소송을 통해 취소된 경우, 법률상의 원인이 없게 되므로 甲은 이미 납부한 금액을 부당이득반환청구소송을 통해 반환받을 수 있다.

[❹ ▶ ○]   과세처분이 무효인 경우, 甲은 이미 납부한 금액을 부당이득반환청구소송을 통해 반환받을 수 있으며, 무효확인소송은 보충성(즉시확정의 이익)을 요건으로 하지 아니하므로 바로 과세처분 무효확인소송을 제기할 수도 있다(대판 2008.3.20. 2007두6342[전합]).

[❺ ▶ ○]   과세처분이 무효인 경우, 당해 처분에 공정력(또는 구성요건적 효력)은 인정되지 아니한다. 따라서 甲은 이미 납부한 금액을 부당이득반환청구소송을 통해 반환받을 수 있다.

답 ❷

21 행정행위의 효력에 관한 설명으로 옳지 않은 것은?   22 행정사 제10회

① 실정법상 공정력을 직접적으로 규정하는 법률은 없다.
② 불가쟁력은 행정행위의 상대방이나 이해관계인에 대한 구속력이다.
③ 불가변력이란 처분청 스스로도 당해 행정행위에 구속되어 직권으로 취소·변경할 수 없는 것을 말한다.
④ 집행력은 의무가 부과되는 행정행위에서 문제된다.
⑤ 불가변력이 있는 행정행위일지라도 쟁송기간이 경과하지 않는 한 행정쟁송에 의한 취소가 가능하다.

해설

[❶ ▶ ×] 행정기본법 제15조는 공정력에 대해 명시적인 규정을 두고 있다.

> **행정기본법 제15조(처분의 효력)** 처분은 권한이 있는 기관이 취소 또는 철회하거나 기간의 경과 등으로 소멸되기 전까지는 유효한 것으로 통용된다. 다만, 무효인 처분은 처음부터 그 효력이 발생하지 아니한다.

[❷ ▶ ○] 불가쟁력은 행정행위의 상대방이나 이해관계인에 대한 구속력을 말한다. 따라서 취소권을 가진 처분청이 불가쟁력이 발생한 행정행위를 직권취소하는 것은 가능하다.
[❸ ▶ ○] 행정행위의 불가변력이란 행정행위의 성질상 인정되는 효력으로, 행정청이 당해 행정행위를 직권으로 취소, 철회 또는 변경할 수 없게 하는 힘을 말한다. 불가변력은 준사법적 행정행위(예 행정심판의 재결), 토지수용위원회의 수용재결, 준법률행위적 행정행위 중 확인(다수설) 등에만 예외적으로 인정된다.
[❹ ▶ ○] 집행력이란 행정행위에 의하여 부과된 행정상의 의무를 상대방이 이행하지 아니하는 경우에 행정청이 스스로의 강제력을 발동하여 그 의무를 실현시키는 힘을 말하며, 이는 의무가 부과되는 행정행위에서 문제된다.
[❺ ▶ ○] 행정행위의 상대방이나 이해관계인은 불가변력이 있는 행정행위일지라도 쟁송기간이 경과하지 않는 한 취소심판이나 취소소송을 통해 취소를 청구할 수 있다.

답 ❶

22 행정행위의 효력에 관한 판례의 내용으로 옳지 않은 것은? `24` 행정사 제12회

① 행정행위는 불가쟁력의 효력이 있어 법령에 의한 불복기간이 경과한 경우에는 당사자는 그 행정처분의 효력을 다툴 수 없다.
② 연령미달의 결격자가 타인의 이름으로 운전면허시험에 응시, 합격하여 교부받은 운전면허는 당연무효는 아니다.
③ 민사소송에 있어서 어느 행정처분의 당연무효 여부가 선결문제로 되는 때에는 민사법원은 이를 판단하여 당연무효임을 전제로 판결할 수 있다.
④ 행정처분이 불복기간의 경과로 인하여 확정될 경우, 그 처분의 기초가 된 사실관계나 법률적 판단이 확정된다.
⑤ 구「원자력법」에 따른 원자로 시설의 부지사전승인처분은 그 자체로서 독립한 행정처분이다.

해설

[❶ ▶ ○] 불가쟁력이란 하자 있는 행정행위라 할지라도 그에 대한 불복기간이 경과하거나 쟁송절차가 종료된 경우에는 더 이상 그 행정행위의 효력을 다툴 수 없게 하는 효력을 말한다. 따라서 법령에 의한 불복기간이 경과한 경우에는 당사자는 그 행정처분의 효력을 다툴 수 없다. 불가쟁력은 행정행위의 상대방이나 이해관계인에 대한 구속력이므로, 처분청이 불가쟁력이 발생한 행정행위를 직권취소하거나 철회하는 것은 가능하다(행정기본법 제37조 제6항).

[❷ ▶ ○] 연령 미달의 결격자인 피고인 甲이 자신의 형인 乙의 이름으로 운전면허시험에 응시하여 합격함으로써 교부받은 운전면허를 가지고 운전한 것에 대해 무면허운전으로 기소된 사건에서, 판례는 당해 운전면허는 당연무효가 아니고 취소되지 않는 한 유효하므로 무면허운전행위에 해당하지 않는다고 판시하였다(대판 1982.6.8. 80도2646).

[❸ ▶ ○] 구성요건적 효력(또는 공정력)은 행정행위가 무효인 경우에는 인정되지 않는다. 행정소송법 제11조도 민사소송에 있어서 어느 행정처분의 당연무효 여부가 민사소송의 선결문제로 되는 때에는 민사법원은 이를 판단하여 당연무효임을 전제로 판결할 수 있음을 규정하고 있다.

> **행정소송법 제11조 (선결문제)** ① 처분등의 효력 유무 또는 존재 여부가 민사소송의 선결문제로 되어 당해 민사소송의 수소법원이 이를 심리·판단하는 경우에는 제17조, 제25조, 제26조 및 제33조의 규정을 준용한다.

[❹ ▶ ×] 일반적으로 행정처분이나 행정심판재결이 불복기간의 경과로 인하여 확정될 경우, 그 확정력은 그 처분으로 인하여 법률상 이익을 침해받은 자가 당해 처분이나 재결의 효력을 더 이상 다툴 수 없다는 의미일 뿐, 더 나아가 판결에 있어서와 같은 기판력이 인정되는 것은 아니어서 그 처분의 기초가 된 사실관계나 법률적 판단이 확정되고 당사자들이나 법원이 이에 기속되어 모순되는 주장이나 판단을 할 수 없게 되는 것은 아니다(대판 1994.11.8. 93누21927).

[❺ ▶ ○] 원자로 및 관계 시설의 부지사전승인처분은 그 자체로서 건설부지를 확정하고 사전공사를 허용하는 법률효과를 지닌 독립한 행정처분이기는 하지만, 건설허가 전에 신청자의 편의를 위하여 미리 그 건설허가의 일부 요건을 심사하여 행하는 사전적 부분 건설허가처분의 성격을 갖고 있는 것이어서 나중에 건설허가처분이 있게 되면 그 건설허가처분에 흡수되어 독립된 존재가치를 상실함으로써 그 건설허가처분만이 쟁송의 대상이 되는 것이므로, 부지사전승인처분의 취소를 구하는 소는 소의 이익을 잃게 되고, 따라서 부지사전승인처분의 위법성은 나중에 내려진 건설허가처분의 취소를 구하는 소송에서 이를 다투면 된다(대판 1998.9.4. 97누19588).

답 ❹

23 행정행위의 불가변력과 불가쟁력에 관한 설명으로 옳은 것은?(다툼이 있으면 판례에 따름)

① 불가변력은 행정행위의 상대방이나 이해관계인을 구속하는 효력이고 불가쟁력은 행정청을 구속하는 효력이다.
② 불가변력은 모든 행정행위에 다 인정되지만, 불가쟁력은 예외적으로 일부 행정행위의 경우에만 인정된다.
③ 불가변력은 당해 행정행위에 대하여서만 인정되는 것이고, 동종의 행정행위라 하더라도 그 대상을 달리할 때에는 이를 인정할 수 없다.
④ 행정처분이 불복기간의 경과로 인하여 확정된 경우 처분의 기초가 된 사실관계나 법률적 판단이 확정되고, 당사자들이나 법원이 이에 기속되어 모순되는 주장이나 판단을 할 수 없게 된다.
⑤ 행정심판의 재결은 준사법적 행위로서 불가쟁력이 인정되므로 행정심판 청구인은 제소기간의 경과 여부를 불문하고 그 재결의 효력을 다툴 수 없게 된다.

해설

[❶ ▶ ×] 불가변력은 행정청을 구속하는 효력이고, 불가쟁력은 행정행위의 상대방이나 이해관계인을 구속하는 효력이다.

[❷ ▶ ×] 불가쟁력은 모든 행정행위에 다 인정되지만, 불가변력은 예외적으로 일부 행정행위(예 행정심판의 재결, 토지수용재결, 확인 등)에만 인정된다.

[❸ ▶ ○] 국민의 권리와 이익을 옹호하고 법적안정을 도모하기 위하여 특정한 행위에 대하여는 행정청이라 하여도 이것을 자유로이 취소, 변경 및 철회할 수 없다는 행정행위의 불가변력은 당해 행정행위에 대하여서만 인정되는 것이고, 동종의 행정행위라 하더라도 그 대상을 달리할 때에는 이를 인정할 수 없다(대판 1974.12.10. 73누129).

[❹ ▶ ×] 일반적으로 행정처분이나 행정심판재결이 불복기간의 경과로 인하여 확정될 경우, 그 확정력은 그 처분으로 인하여 법률상 이익을 침해받은 자가 당해 처분이나 재결의 효력을 더 이상 다툴 수 없다는 의미일 뿐, 더 나아가 판결에 있어서와 같은 기판력이 인정되는 것은 아니어서 그 처분의 기초가 된 사실관계나 법률적 판단이 확정되고 당사자들이나 법원이 이에 기속되어 모순되는 주장이나 판단을 할 수 없게 되는 것은 아니다(대판 1994.11.8. 93누21927).

[❺ ▶ ×] 행정심판의 재결은 준사법적 행위로서 불가변력이 인정된다. 그러나 불가변력이 인정되는 행위라도 행정심판 청구인은 제소기간의 경과하기 전에는 항고소송을 제기하여 재결의 효력을 다툴 수 있다. 다만, 재결취소소송의 경우에는 재결 자체에 고유한 위법이 있음을 이유로 하는 경우에 한한다(행정소송법 제19조 단서).

답 ❸

24 행정행위의 무효와 취소에 관한 설명으로 옳은 것은?(다툼이 있으면 판례에 따름)

19 행정사 제7회

① 하자의 치유는 무효인 행정행위에서만 인정된다.
② 행정심판의 필요적 전치주의가 적용되는 경우 무효확인소송을 제기하려면 무효확인심판의 재결을 거쳐야 한다.
③ 당연무효를 선언하는 의미에서의 취소소송을 제기할 때에는 취소소송의 제소기간을 준수해야 한다.
④ 헌법재판소에 의해 위헌으로 결정된 법률에 근거한 행정행위는 위헌결정이 있기 전에 발령된 행정행위라도 무효이다.
⑤ 불가쟁력이 발생한 과세처분의 근거법률이 후에 위헌으로 결정되었더라도 위헌결정 이후에 행한 그 과세처분에 따른 체납처분은 효력이 있다.

해설

[① ▶ ✕] 하자의 치유란 성립 당시에 적법한 요건을 갖추지 못한 하자(흠) 있는 행정행위라 할지라도 사후에 그 하자의 원인이 된 적법요건을 보완한 경우, 성립 당시의 하자에도 불구하고 적법한 행위로 취급하는 것을 말한다. 하자의 치유는 취소할 수 있는 행정행위에서만 인정된다. 무효인 행정행위는 처음부터 법적 효력을 발생하지 아니하여 유효하게 존치시킬 행정행위가 존재하지 않는 것이므로 무효인 행정행위의 치유는 인정될 수 없다(대판 1997.5.28. 96누5308).

[② ▶ ✕] 예외적 행정심판전치주의는 취소소송과 부작위법확인소송에는 적용되나(행정소송법 제18조 제1항, 제38조 제2항), 무효등확인소송과 당사자소송에는 적용되지 아니한다(행정소송법 제38조 제1항, 제44조 제1항).

[③ ▶ ○] 행정처분의 '당연무효를 선언하는 의미에서 취소를 구하는 행정소송'을 제기한 경우 (형식적으로는 취소소송이므로) 제소기간의 준수 등 취소소송의 소송요건을 갖추어야 한다(대판 1993.3.12. 92누11039).

[④ ▶ ✕] 행정청이 법률에 근거하여 행정처분을 한 후에 헌법재판소가 그 법률을 위헌으로 결정하였다면 그 행정처분은 결과적으로 법률의 근거가 없이 행하여진 것과 마찬가지가 되어 하자가 있다고 할 것이나, 하자 있는 행정처분이 당연무효가 되기 위하여는 그 하자가 중대할 뿐만 아니라 명백한 것이어야 하는데, 일반적으로 법률이 헌법에 위반된다는 사정은 헌법재판소의 위헌결정이 있기 전에는 객관적으로 명백한 것이라고 할 수 없으므로 특별한 사정이 없는 한 이러한 하자는 위 행정처분의 취소사유에 해당할 뿐 당연무효 사유는 아니라고 보아야 한다(대판 2000.6.9. 2000다16329).

[⑤ ▶ ✕] 구 택지소유상한에 관한 법률 전부에 대한 위헌결정 이전에 이미 택지초과소유부담금 부과처분과 압류처분 및 이에 기한 압류등기가 이루어지고 위 각 처분이 확정되었다고 하여도, 위헌결정 이후에 별도의 행정처분으로서 다른 재산에 대한 압류처분, 징수처분 등 체납처분절차를 진행하였다면 이는 근거되는 법률이 없는 것이어서 그 하자가 중대하고 명백하여 당연무효라고 하지 않을 수 없다(대판 2002.6.28. 2001다60873).

답 ③

25 행정행위의 하자승계 논의의 전제에 관한 설명으로 옳지 않은 것은?(다툼이 있으면 판례에 따름)

22 행정사 제10회

① 선행행위와 후행행위가 모두 항고소송의 대상인 행정처분이어야 한다.
② 선행행위에는 취소사유인 하자가 존재해야 한다.
③ 후행행위는 하자가 없이 적법해야 한다.
④ 선행행위에 불가쟁력이 발생해야 한다.
⑤ 후행행위에 불가변력이 발생해야 한다.

해설

[⑤ ▶ ×]　⑤ 후행행위에 불가변력이 발생해야 한다는 것은 하자승계의 요건에 해당하지 않는다. 하자의 승계가 인정되려면 다음의 전제조건을 충족하여야 한다. ① 선행행위와 후행행위가 모두 항고소송의 대상이 되는 행정처분이어야 한다. ② 선행행위에 무효가 아닌 취소사유의 하자(위법)가 존재하여야 한다. 선행행위가 무효인 경우에는 당사자는 선행행위의 무효를 언제나 주장할 수 있을 뿐만 아니라 이를 전제로 한 후행행위도 당연히 무효가 되므로 하자의 승계를 논할 필요가 없다. ③ 후행행위는 하자가 없는 적법한 행위이어야 한다. 후행행위가 위법하면 후행행위의 위법을 다투면 되므로 굳이 하자의 승계를 논할 필요가 없다. ④ 선행행위에 대한 제소기간이 경과하여 불가쟁력이 발생하여야 한다. 선행행위에 대한 제소기간이 경과하지 않은 경우에는 선행행위의 하자(위법)를 다투어 권리구제를 받을 수 있기 때문이다.

답 ⑤

26 판례에 의할 때 선행 처분에 취소사유가 있음을 들어 후행 처분의 위법을 주장할 수 있는 경우는? (단, 선행 처분에 불가쟁력이 발생하였고, 후행 처분에는 고유의 위법이 없음)　13 행정사 제1회

① 조세부과처분 – 체납처분
② 표준지공시지가결정 – 수용재결
③ 공무원 직위해제처분 – 공무원 면직처분
④ 택지개발예정지구 지정 – 택지개발계획 승인
⑤ 건물철거명령 – 대집행계고처분

해설

[② ▶ ○]　판례에 의하면 ② 표준지공시지가결정 – 수용재결 사이에는 하자의 승계가 인정되나(대판 2008.8.21. 2007두13845), ① 조세부과처분 – 체납처분(대판 2001.11.27. 98두9530), ③ 공무원 직위해제처분 – 공무원 면직처분(대판 1984.9.11. 84누191), ④ 택지개발예정지구 지정 – 택지개발계획 승인(대판 2000.10.13. 99두653), ⑤ 건물철거명령 – 대집행계고처분(대판 1998.9.8. 97누20502) 사이에는 하자의 승계가 인정되지 아니한다.

답 ②

27 행정기본법상 행정행위의 취소·철회에 관한 설명으로 옳은 것은? 　24 행정사 제12회

① 위법한 처분의 일부에 대해 취소할 수 없다.
② 부당한 처분에 대해서는 취소할 수 없다.
③ 당사자의 신뢰를 보호할 가치가 있는 경우에는 위법한 처분에 대해 장래를 향하여 취소할 수 있다.
④ 적법한 처분은 중대한 공익을 위하여 필요한 경우에도 그 처분의 전부를 철회할 수 없다.
⑤ 적법한 처분을 철회하는 경우에는 철회로 인하여 당사자가 입게 될 불이익을 철회로 달성되는 공익과 비교·형량할 필요는 없다.

해설

[① ▶ ×] 행정청은 위법한 처분의 일부에 대하여도 취소할 수 있다(행정기본법 제18조 제1항 본문). 외형상 하나의 행정처분이라고 하더라도 가분성이 있거나 그 처분대상의 일부가 특정될 수 있다면 일부만의 취소도 가능하고 그 일부의 취소는 해당 취소 부분에 관하여 효력이 생긴다(대판 2020.7.23. 2015두48129).

[② ▶ ×] 행정청은 부당한 처분에 대하여도 취소할 수 있다(행정기본법 제18조 제1항 본문).

[③ ▶ ○] 행정기본법 제18조 제1항 단서

> **행정기본법 제18조(위법 또는 부당한 처분의 취소)** ① 행정청은 위법 또는 부당한 처분의 전부나 일부를 소급하여 취소할 수 있다. 다만, 당사자의 신뢰를 보호할 가치가 있는 등 정당한 사유가 있는 경우에는 장래를 향하여 취소할 수 있다.

[④ ▶ ×] 적법한 처분도 중대한 공익을 위하여 필요한 경우 그 처분의 전부를 철회할 수 있다(행정기본법 제19조 제1항 제3호).

[⑤ ▶ ×] 적법한 처분을 철회하는 경우에는 철회로 인하여 당사자가 입게 될 불이익을 철회로 달성되는 공익과 비교·형량하여야 한다(행정기본법 제19조 제2항).

> **행정기본법 제19조(적법한 처분의 철회)** ① 행정청은 적법한 처분이 다음 각 호의 어느 하나에 해당하는 경우에는 그 처분의 전부 또는 일부를 장래를 향하여 철회할 수 있다.
> 1. 법률에서 정한 철회 사유에 해당하게 된 경우
> 2. 법령등의 변경이나 사정변경으로 처분을 더 이상 존속시킬 필요가 없게 된 경우
> 3. 중대한 공익을 위하여 필요한 경우
> ② 행정청은 제1항에 따라 처분을 철회하려는 경우에는 철회로 인하여 당사자가 입게 될 불이익을 철회로 달성되는 공익과 비교·형량하여야 한다.

답 ③

28 행정행위의 직권취소에 관한 설명으로 옳지 않은 것은?(다툼이 있으면 판례에 따름)

① 행정행위의 취소사유가 있는 경우에는 신뢰보호의 원칙 등을 고려할 필요가 없다.
② 처분청은 그 처분의 성립에 하자가 있는 경우 이를 취소할 별도의 법적 근거가 없다고 하더라도 직권으로 이를 취소할 수 있다.
③ 행정청의 행정행위 취소가 있더라도 취소사유의 내용, 경위 기타 제반 사정을 종합하여 행정행위의 효력을 장래에 향해 소멸시키는 행정행위의 철회에 해당하는지 살펴보아야 한다.
④ 행정행위의 취소는 일단 유효하게 성립한 행정행위를 성립 당시 존재하던 하자를 사유로 소급하여 효력을 소멸시키는 행정처분이다.
⑤ 취소사유로는 위법이 있는 경우만이 아니라 부당한 경우도 포함한다.

해설

[❶▸✕] 취소사유가 존재한다고 하더라도 그 사유만으로 직권취소가 정당화되는 것은 아니고 직권취소가 비례의 원칙, 신뢰보호의 원칙 등에 위반하지 않아야 한다. 이러한 직권취소 제한의 법리는 주로 수익적 행정행위에서 문제된다. 침익적 행정행위의 직권취소는 상대방에게 수익적이므로 원칙적으로 그 취소가 자유롭다.

> 수익적 행정처분을 취소할 때에는 이를 취소하여야 할 공익상의 필요와 취소로 인하여 당사자가 입게 될 기득권과 신뢰보호 및 법률생활 안정의 침해 등 불이익을 비교·교량한 후 공익상의 필요가 당사자가 입을 불이익을 정당화할 만큼 강한 경우에 한하여 취소할 수 있으며, 나아가 수익적 행정처분의 하자가 당사자의 사실은폐나 기타 사위의 방법에 의한 신청행위에 기인한 것이라면 당사자는 처분에 의한 이익이 위법하게 취득되었음을 알아 취소가능성도 예상하고 있었다 할 것이므로, 그 자신이 처분에 관한 신뢰이익을 원용할 수 없음은 물론 행정청이 이를 고려하지 아니하였더라도 재량권의 남용이 되지 아니한다(대판 2014.11.27. 2013두16111).

[❷▸○] 행정처분을 한 처분청은 그 행위에 하자가 있는 경우에는 원칙적으로 별도의 법적 근거가 없더라도 스스로 이를 직권으로 취소할 수 있는 것이다(대판 1995.9.15. 95누6311). 다만, 최근 제정된 행정기본법에서는 위법 또는 부당한 처분의 직권취소에 대한 일반적 근거규정을 두고 있다(행정기본법 제18조 제1항).

[❸▸○] [❹▸○] 행정행위의 취소는 일단 유효하게 성립한 행정행위를 성립 당시 존재하던 하자를 사유로 소급하여 효력을 소멸시키는 행정처분❹이고, 행정행위의 철회는 적법요건을 구비하여 유효한 행정행위를 행정행위 성립 이후 새로이 발생한 사유로 행위의 효력을 장래에 향해 소멸시키는 행정처분이다. 행정청의 행정행위 취소가 있더라도 취소사유의 내용, 경위 기타 제반 사정을 종합하여 명칭에도 불구하고 행정행위의 효력을 장래에 향해 소멸시키는 행정행위의 철회에 해당하는지 살펴보아야 한다❸(대결 2022.9.29. 2022마118).

[❺▸○] 행정행위의 취소는 일단 유효하게 성립한 행정행위를 그 행위에 위법 또는 부당한 하자가 있음을 이유로 소급하여 그 효력을 소멸시키는 별도의 행정처분이다(대판 2003.5.30. 2003다6422).

> **행정기본법 제18조(위법 또는 부당한 처분의 취소)** ① 행정청은 위법 또는 부당한 처분의 전부나 일부를 소급하여 취소할 수 있다. 다만, 당사자의 신뢰를 보호할 가치가 있는 등 정당한 사유가 있는 경우에는 장래를 향하여 취소할 수 있다.

답 ❶

29 처분의 취소 또는 변경에 관한 설명으로 옳은 것은?(다툼이 있으면 판례에 따름)

21 행정사 제9회

① 처분의 위법은 직권취소의 사유가 되지만, 처분의 부당은 직권취소의 사유가 되지 않는다.
② 수익적 처분의 직권취소 필요성에 관한 증명책임은 처분의 상대방에 있다.
③ 수익적 처분에 대한 직권취소의 경우에는 행정절차법상 사전통지가 필요하지 않다.
④ 행정청은 행정소송이 계속되고 있는 때에는 직권으로 해당 처분을 변경할 수 없다.
⑤ 산업재해보상보험법상 연금지급결정을 취소하는 처분이 적법하다고 하여 그에 터잡은 징수처분이 반드시 적법한 것은 아니다.

해설

[❶▶×] 위법한 처분뿐만 아니라 부당한 처분도 직권취소의 대상이 된다(행정기본법 제18조 제1항).

> **행정기본법 제18조(위법 또는 부당한 처분의 취소)** ① 행정청은 위법 또는 부당한 처분의 전부나 일부를 소급하여 취소할 수 있다. 다만, 당사자의 신뢰를 보호할 가치가 있는 등 정당한 사유가 있는 경우에는 장래를 향하여 취소할 수 있다.

[❷▶×] 취소될 행정처분의 하자나 취소하여야 할 필요성에 대한 증명책임은 기존의 이익과 권리를 침해하는 처분을 한 그 행정청에 있다(대판 2014.7.10. 2013두7025).

[❸▶×] 수익적 처분에 대한 직권취소는 '당사자의 권익을 제한하는 처분'에 해당하므로 행정절차법상 사전통지의 대상이 된다(행정절차법 제21조).

[❹▶×] 행정청은 행정소송이 계속되고 있는 때에도 직권으로 그 처분을 변경할 수 있고, 행정소송법 제22조 제1항은 이를 전제로 처분변경으로 인한 소의 변경에 관하여 규정하고 있다(대판 2019.1.17. 2016두56721).

> **행정소송법 제22조(처분변경으로 인한 소의 변경)** ① 법원은 행정청이 소송의 대상인 처분을 소가 제기된 후 변경한 때에는 원고의 신청에 의하여 결정으로써 청구의 취지 또는 원인의 변경을 허가할 수 있다.

[❺▶○] 산재법상 각종 보험급여 등의 지급결정이 적법한지를 판단하는 기준과 그 처분이 잘못되었음을 전제로 하여 이미 지급된 보험급여액에 해당하는 금액을 징수하는 처분이 적법한지를 판단하는 기준이 동일하다고 할 수는 없으므로, 지급결정이 적법하게 취소되었다고 하여 그에 기한 징수처분도 반드시 적법하다고 판단하여야 하는 것은 아니다(대판 2017.6.29. 2014두39012).

답 ❺

제3절 그 밖의 행정의 주요행위형식

30 행정계획에 관한 설명으로 옳지 않은 것은?(다툼이 있는 경우에는 판례에 의함)

14 행정사 제2회

① 행정주체는 구체적인 행정계획을 입안·결정함에 있어서 비교적 광범위한 형성의 자유를 가진다.
② 형량명령이란 행정계획을 입안·결정함에 있어서 관련된 이익을 정당하게 형량하여야 한다는 원칙을 말한다.
③ 행정계획의 확정·변경 또는 실효로 인한 국민의 재산상 손실의 보상에 관해서는 행정절차법이 일반적 규정을 두고 있다.
④ 도시·군관리계획은 국민의 권익에 직접 구체적인 영향을 미치는 점에서 항고소송의 대상이 된다.
⑤ 주민은 도시·군관리계획의 입안권자에게 지구단위계획구역의 변경에 관한 도시·군관리계획의 입안을 제안할 수 있다.

해설

[❶ ▶ ○] 행정계획이란 행정에 관한 전문적·기술적 판단을 기초로 하여 도시의 건설·정비·개량 등과 같은 특정한 행정목표를 달성하기 위하여 서로 관련되는 행정수단을 종합·조정함으로써 장래의 일정한 시점에 있어서 일정한 질서를 실현하기 위한 활동기준으로 설정된 것으로서, 도시계획법 등 관계 법령에는 추상적인 행정목표와 절차만이 규정되어 있을 뿐 행정계획의 내용에 대하여는 별다른 규정을 두고 있지 아니하므로 <u>행정주체는 구체적인 행정계획을 입안·결정함에 있어서 비교적 광범위한 형성의 자유를 가진다</u>(대판 1996.11.29. 96누8567).

[❷ ▶ ○] 형량명령의 원칙이란 행정계획을 수립(입안)·변경·폐지함에 있어서 관련된 여러 이익을 정당하게 형량하여야 한다는 원칙으로 계획재량의 통제이론이다. 개정 행정절차법은 "행정청은 행정청이 수립하는 계획 중 <u>국민의 권리·의무에 직접 영향을 미치는 계획을 수립하거나 변경·폐지할 때에는 관련된 여러 이익을 정당하게 형량하여야 한다</u>"고 하여(행정절차법 제40조의4), <u>학설과 판례에 의해 정립된 형량명령의 원칙을 명문화하였다.</u>

[❸ ▶ ×] 행정절차법은 행정계획의 확정·변경 또는 실효로 인한 국민의 재산상 손실의 보상에 관해서는 규정하고 있지 아니하다.

[❹ ▶ ○] 구 국토의 계획 및 이용에 관한 법률에 따른 <u>도시·군관리계획 결정은 구속적 행정계획으로서 그 처분성이 인정된다</u>(대판 2017.6.8. 2015두38573).

[❺ ▶ ○] <u>주민(이해관계자를 포함)</u>은 ㉠ 기반시설의 설치·정비 또는 개량에 관한 사항, ㉡ <u>지구단위계획구역의 지정 및 변경과 지구단위계획의 수립 및 변경에 관한 사항</u>, ㉢ 입지규제최소구역의 지정 및 변경과 입지규제최소구역계획의 수립 및 변경에 관한 사항 등에 대하여 제24조에 따라 <u>도시·군관리계획을 입안할 수 있는 자에게 도시·군관리계획의 입안을 제안할 수 있다.</u> 이 경우 제안서에는 도시·군관리계획도서와 계획설명서를 첨부하여야 한다(국토의 계획 및 이용에 관한 법률 제26조 제1항).

답 ❸

31 행정계획에 관한 설명으로 옳지 않은 것은?(다툼이 있으면 판례에 따름) `25` 행정사 제13회

① 행정계획이란 특정한 행정목표를 달성하기 위하여 서로 관련되는 행정수단을 종합·조정함으로써 장래의 일정한 시점에 일정한 질서를 실현하기 위한 활동기준으로 설정된 것이다.
② 행정주체는 구체적인 행정계획을 입안·결정하면서 비교적 광범위한 형성의 자유를 가진다.
③ 행정주체가 기반시설을 조성하기 위하여 도시·군계획시설결정을 할 때 행사하는 재량권에는 한계가 있다.
④ 자연환경 보호 등을 목적으로 하는 도시관리계획결정은 행정청의 재량적 판단으로서, 그 내용이 현저히 합리성을 결여하거나 형평이나 비례의 원칙에 뚜렷하게 반하는 등의 사정이 없는 한 폭넓게 존중되어야 한다.
⑤ 구)「도시계획법」상 도시기본계획은 일반 국민에 대한 직접적인 구속력이 있다.

해설

[❶ ▸ ○] [❷ ▸ ○] 행정계획이라 함은 행정에 관한 전문적·기술적 판단을 기초로 하여 도시의 건설·정비·개량 등과 같은 특정한 행정목표를 달성하기 위하여 서로 관련되는 행정수단을 종합·조정함으로써 장래의 일정한 시점에 있어서 일정한 질서를 실현하기 위한 활동기준으로 설정된 것❶으로서, 도시계획법 등 관계 법령에는 추상적인 행정목표와 절차만이 규정되어 있을 뿐 행정계획의 내용에 대하여는 별다른 규정을 두고 있지 아니하므로 행정주체는 구체적인 행정계획을 입안·결정함에 있어서 비교적 광범위한 형성의 자유를 가진다❷(대판 1996.11.29. 96누8567).

[❸ ▸ ○] 행정주체가 기반시설을 조성하기 위하여 도시계획시설결정(도시·군계획시설결정)을 하거나 실시계획인가처분을 할 때 행사하는 재량권에는 그 한계가 있음이 분명하므로, 이는 재량통제의 대상이 된다(대판 2018.7.24. 2016두48416).

[❹ ▸ ○] 자연환경 보호 등을 목적으로 하는 도시관리계획결정은 식생이 양호한 수림의 훼손 등과 같이 장래 발생할 불확실한 상황과 파급효과에 대한 예측 등을 반영한 행정청의 재량적 판단으로서, 그 내용이 현저히 합리성을 결여하거나 형평이나 비례의 원칙에 뚜렷하게 반하는 등의 사정이 없는 한 폭넓게 존중해야 한다(대판 2023.11.16. 2022두61816).

[❺ ▸ ✕] 구 「도시계획법」상 도시기본계획은 도시의 기본적인 공간구조와 장기발전방향을 제시하는 종합계획으로서 그 계획에는 토지이용계획, 환경계획, 공원녹지계획 등 장래의 도시개발의 일반적인 방향이 제시되지만, 그 계획은 도시계획입안의 지침이 되는 것에 불과하여 일반 국민에 대한 직접적인 구속력은 없는 것이다(대판 2002.10.11. 2000두8226).

답 ❺

32 공법상 계약에 관한 설명으로 옳은 것은?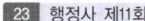

① 「행정절차법」은 공법상 계약의 절차에 관한 일반법이다.
② 행정청은 공법상 계약의 상대방을 선정하고 계약 내용을 정할 때 공법상 계약의 공공성만을 고려하여야 하고 제3자의 이해관계를 고려하여서는 아니 된다.
③ 행정청이 공법상 계약을 체결하는 경우 계약의 목적 및 내용을 명확하게 적은 계약서를 작성하여야 한다.
④ 공법상 계약에는 법률우위의 원칙이 적용되지 않는다.
⑤ 행정청이 공법상 계약을 체결할 때 법령등에 따른 관계 행정청의 동의, 승인 등이 필요하다고 하여 이를 모두 거쳐야 하는 것은 아니다.

해설

[❶ ▶ ×] 「행정절차법」은 공법상 계약에 관하여 규정하고 있지 않다. 「행정기본법」에서 공법상 계약에 관한 규정(제27조)을 두고 있는데, 행정기본법 제27조는 공법상 계약에 관한 일반법이다. 따라서 공법상 계약에 관한 특별한 규정이 없으면 행정기본법 제27조가 적용된다.

[❷ ▶ ×] [❸ ▶ ○] 행정기본법 제27조

> **행정기본법 제27조(공법상 계약의 체결)** ① 행정청은 법령등을 위반하지 아니하는 범위에서 행정목적을 달성하기 위하여 필요한 경우에는 공법상 법률관계에 관한 계약(이하 "공법상 계약"이라 한다)을 체결할 수 있다. 이 경우 계약의 목적 및 내용을 명확하게 적은 계약서를 작성하여야 한다. ❸
> ② 행정청은 공법상 계약의 상대방을 선정하고 계약 내용을 정할 때 공법상 계약의 공공성과 제3자의 이해관계를 고려하여야 한다. ❷

[❹ ▶ ×] 다른 행정작용과 마찬가지로 공법상 계약에도 '법률우위의 원칙'이 적용된다. 행정기본법에서도 "법령등을 위반하지 아니하는 범위에서" 공법상 계약을 체결할 수 있다고 규정함으로써(제27조 제1항), 공법상 계약에 법률우위의 원칙이 적용됨을 분명히 하고 있다.

[❺ ▶ ×] 행정청은 법 제27조에 따라 공법상 법률관계에 관한 계약을 체결할 때 법령등에 따른 관계 행정청의 동의, 승인 또는 협의 등이 필요한 경우에는 이를 모두 거쳐야 한다(행정기본법 시행령 제6조).

답 ❸

33 공법상 계약에 관한 설명으로 옳지 않은 것은?(다툼이 있으면 판례에 따름) `24` 행정사 제12회

① 공법상 계약에는 법률우위의 원칙이 적용된다.
② 공법상 계약의 체결 시 계약의 목적 및 내용을 명확하게 적은 계약서를 작성하여야 한다.
③ 공법상 계약에 따른 권리·의무의 확인 소송은 공법상 당사자소송에 의한다.
④ 확약은 일방적 행위라는 점에서 복수당사자의 의사의 합치인 공법상 계약과는 구분된다.
⑤ 「국가를 당사자로 하는 계약에 관한 법률」에 따라 국가가 당사자가 되는 공공계약은 공법상 계약에 해당한다.

해설

[❶ ▸ ○]   다른 행정작용과 마찬가지로 공법상 계약에도 '법률우위의 원칙'이 적용된다. 행정기본법에서도 "법령등을 위반하지 아니하는 범위에서" 공법상 계약을 체결할 수 있다고 규정함으로써(행정기본법 제27조 제1항), 공법상 계약에 법률우위의 원칙이 적용됨을 분명히 하고 있다.

[❷ ▸ ○]   행정기본법 제27조

> **행정기본법 제27조(공법상 계약의 체결)** ① 행정청은 법령등을 위반하지 아니하는 범위에서 행정목적을 달성하기 위하여 필요한 경우에는 공법상 법률관계에 관한 계약(이하 "공법상 계약"이라 한다)을 체결할 수 있다. 이 경우 계약의 목적 및 내용을 명확하게 적은 계약서를 작성하여야 한다.
> ② 행정청은 공법상 계약의 상대방을 선정하고 계약 내용을 정할 때 공법상 계약의 공공성과 제3자의 이해관계를 고려하여야 한다.

[❸ ▸ ○]   공법상 계약에 따른 권리·의무의 확인 소송은 공법상 당사자소송에 의한다.

> **행정소송규칙 제19조 (당사자소송의 대상)**   당사자소송은 다음 각 호의 소송을 포함한다.
>   4. 공법상 계약에 따른 권리·의무의 확인 또는 이행청구 소송
> [2023.8.31. 제정]

[❹ ▸ ○]   확약은 장래에 어떤 행정행위를 하거나 하지 아니할 것을 약속하는 행정청의 의사표시를 말한다. 확약은 일방적·고권적 의사표시라는 점에서 복수당사자의 의사의 합치를 요소로 하는 공법상 계약과 구별된다.

[❺ ▸ ×]   「국가를 당사자로 하는 계약에 관한 법률」에 따라 국가가 당사자가 되는 공공계약은 사법상 계약에 해당한다.

> 국가를 당사자로 하는 계약이나 공공기관의 운영에 관한 법률의 적용 대상인 공기업이 일방 당사자가 되는 계약(이하 편의상 '공공계약'이라 한다)은 국가 또는 공기업(이하 '국가 등'이라 한다)이 사경제의 주체로서 상대방과 대등한 지위에서 체결하는 사법(私法)상의 계약으로서 본질적인 내용은 사인 간의 계약과 다를 바가 없으므로, 법령에 특별한 정함이 있는 경우를 제외하고는 서로 대등한 입장에서 당사자의 합의에 따라 계약을 체결하여야 하고 당사자는 계약의 내용을 신의성실의 원칙에 따라 이행하여야 하는 등(구 국가를 당사자로 하는 계약에 관한 법률(이하 '국가계약법'이라 한다) 제5조 제1항) 사적 자치와 계약 자유의 원칙을 비롯한 사법의 원리가 원칙적으로 적용된다(대판 2017.12.21. 2012다74076[전합]).

답 ❺

34. 확약에 관한 설명으로 옳지 않은 것은?(다툼이 있으면 판례에 따름)

① 확약은 일방적 행위라는 점에서 복수당사자의 의사의 합치인 공법상 계약과는 구분된다.
② 확약은 종국적 규율이 아니라는 점에서 종국적 규율을 하는 사전결정이나 부분허가와 구분된다.
③ 어업권면허에 선행하는 우선순위결정은 강학상 확약에 불과하고 행정처분은 아니다.
④ 확약 이후에 사실상태 또는 법적 상태가 변경된 경우에도 확약의 구속성이 상실되기 위해서는 행정청의 별도의 의사표시가 있어야 한다.
⑤ 확약은 정당한 권한을 가진 행정청에 의해서 그 권한의 범위 내에서만 발해질 수 있다.

해설

[❶ ▶ ○] 확약은 장래에 어떤 행정행위를 하거나 하지 아니할 것을 약속하는 행정청의 의사표시를 말한다. 확약은 일방적·고권적 의사표시라는 점에서 쌍방 간에 의사표시의 합치를 요소로 하는 공법상 계약과 구별된다.

[❷ ▶ ○] 확약은 일정한 행정행위에 대한 약속에 불과하므로 종국적인 의사표시(종국적 규율)가 아니라는 점에서, 그 자체로 종국적 규율성을 가지며 행정행위에 해당하는 사전결정이나 부분허가와 구별하여야 한다.

[❸ ▶ ○] 어업권면허에 선행하는 우선순위결정은 행정청이 우선권자로 결정된 자의 신청이 있으면 어업권면허처분을 하겠다는 것을 약속하는 행위로서 강학상 확약에 불과하고 행정처분은 아니므로, 우선순위결정에 공정력이나 불가쟁력과 같은 효력은 인정되지 아니한다(대판 1995.1.20. 94누6529).

[❹ ▶ ✕] 확약 또는 공적인 의사표명이 있은 후에 사실적·법률적 상태가 변경되었다면, 그와 같은 확약 또는 공적인 의사표명은 행정청의 별다른 의사표시를 기다리지 않고 실효된다(대판 1996.8.20. 95누10877).

> **행정절차법 제40조의2(확약)** ① 법령등에서 당사자가 신청할 수 있는 처분을 규정하고 있는 경우 행정청은 당사자의 신청에 따라 장래에 어떤 처분을 하거나 하지 아니할 것을 내용으로 하는 의사표시(이하 "확약"이라 한다)를 할 수 있다.
> ② 확약은 문서로 하여야 한다.
> ③ 행정청은 다른 행정청과의 협의 등의 절차를 거쳐야 하는 처분에 대하여 확약을 하려는 경우에는 확약을 하기 전에 그 절차를 거쳐야 한다.
> ④ 행정청은 다음 각 호의 어느 하나에 해당하는 경우에는 확약에 기속되지 아니한다.
>   1. 확약을 한 후에 확약의 내용을 이행할 수 없을 정도로 법령등이나 사정이 변경된 경우
>   2. 확약이 위법한 경우
> ⑤ 행정청은 확약이 제4항 각 호의 어느 하나에 해당하여 확약을 이행할 수 없는 경우에는 지체 없이 당사자에게 그 사실을 통지하여야 한다.

[❺ ▶ ○] 확약은 약속된 행정행위에 대한 정당한 권한을 가진 행정청에 의해서 그 권한의 범위 내에서만 발해질 수 있다.

답 ❹

35 행정작용에 관한 설명으로 옳은 것은?(다툼이 있으면 판례에 따름) ㉒ 행정사 제10회

① 행정계획은 사인의 신뢰보호를 위해 일반적으로 계획존속청구권이 인정된다.
② 행정사법작용에는 사적 자치의 원칙이 통용되므로 공법적 제한을 받지 않는다.
③ 사실행위는 법적 효과의 제거대상이 될 수 없으므로, 권력적인지 비권력적인지를 불문하고 항고소송의 대상인 처분성이 인정되지 않는다.
④ 계약직공무원에 대한 채용계약해지를 함에 있어서는 행정절차법에 의하여 그 근거와 이유를 제시할 필요가 없다.
⑤ 행정지도는 상대방의 임의적인 협력을 구하는 것이므로, 법률우위의 원칙은 적용되지 않는다.

해설

[❶ ▸ ×] 계획존속청구권은 개인의 신뢰보호가 공익에 대하여 일방적인 우선권을 가지는 경우를 전제로 하기 때문에 원칙적으로 인정되지 아니한다. 다만, 법률의 형식에 의한 행정계획의 경우 계획존속에 대한 개인의 신뢰가 계획변경에 대한 공익보다 우월한 경우에는 예외적으로 계획존속청구권이 성립할 수 있고, 행정행위의 형식에 의한 행정계획의 경우에는 행정행위의 취소와 철회의 제한의 법리에 따라 개인의 신뢰가 보호받는 경우가 있을 수 있다.

[❷ ▸ ×] 행정사법관계란 행정주체가 사법형식에 의해 공행정(공적 임무)을 수행함에 있어 국민(사인)과 맺는 법률관계를 말한다. 사법형식에 의한 행정이 행해질 수 있는 대표적인 영역은 급부행정(예 철도사업, 시영버스사업, 쓰레기처리사업 등)과 자금지원행정(예 보조금의 지급, 융자)이다. 행정사법관계는 사법형식에 의해 규율되는 법률관계이므로 기본적으로 사법관계이며 사법에 의해 규율된다. 그러나 실질은 공행정이므로 일정한 공법원리(예 평등원칙, 비례의 원칙, 신뢰보호의 원칙, 부당결부금지의 원칙 등)에 의한 제한을 받는다.

[❸ ▸ ×] 행정상의 사실행위 중 권력적 사실행위는 공권력의 행사에 해당하여 처분성이 인정되므로 항고쟁송의 대상이 된다는 것이 학설·판례의 일반적인 태도이다.

[❹ ▸ ○] 계약직공무원에 관한 현행 법령의 규정에 비추어 볼 때, 계약직공무원 채용계약해지의 의사표시는 일반공무원에 대한 징계처분과는 달라서 항고소송의 대상이 되는 처분 등의 성격을 가진 것으로 인정되지 아니하고, 일정한 사유가 있을 때에 국가 또는 지방자치단체가 채용계약 관계의 한 쪽 당사자로서 대등한 지위에서 행하는 의사표시로 취급되는 것으로 이해되므로, 이를 징계해고 등에서와 같이 그 징계사유에 한하여 효력 유무를 판단하여야 하거나, 행정처분과 같이 행정절차법에 의하여 근거와 이유를 제시하여야 하는 것은 아니다(대판 2002.11.26. 2002두5948). → 공법상 계약에는 행정절차법이 적용되지 않는다.

[❺ ▸ ×] 행정지도가 상대의 임의적 협력을 전제로 하는 비권력적 사실행위라고 하더라도(행정절차법 제48조 제1항 후단), 행정지도가 행정작용인 이상 법률우위의 원칙에 따라 행정법의 일반원칙을 포함한 모든 법에 위반하여서는 안 된다는 실체법상의 한계를 가진다.

답 ❹

36 행정지도에 관한 설명으로 옳지 않은 것은?

23 행정사 제11회

① 행정지도를 반드시 서면으로 해야 하는 것은 아니다.
② 행정기관은 행정지도의 상대방이 행정지도에 따르지 아니하였다는 것을 이유로 불이익한 조치를 하여서는 아니 된다.
③ 행정기관이 같은 행정목적을 실현하기 위하여 많은 상대방에게 행정지도를 하려는 경우에는 특별한 사정이 없으면 행정지도에 공통적인 내용이 되는 사항을 공표하여야 한다.
④ 행정지도의 상대방은 해당 행정지도의 내용뿐만 아니라 행정지도의 방식에 관해서도 행정기관에 의견제출을 할 수 있다.
⑤ 「행정기본법」은 임의성의 원칙 등 행정지도의 원칙에 관하여 규정하고 있다.

해설

[❶▶○] "행정지도"란 행정기관이 그 소관 사무의 범위에서 일정한 행정목적을 실현하기 위하여 특정인에게 일정한 행위를 하거나 하지 아니하도록 지도, 권고, 조언 등을 하는 행정작용을 말한다(행정절차법 제2조 제3호). 행정지도는 서면뿐만 아니라 말로도 할 수 있다(행정절차법 제49조 제2항).

> **행정절차법 제49조(행정지도의 방식)** ① 행정지도를 하는 자는 그 상대방에게 그 행정지도의 취지 및 내용과 신분을 밝혀야 한다.
> ② 행정지도가 말로 이루어지는 경우에 상대방이 제1항의 사항을 적은 서면의 교부를 요구하면 그 행정지도를 하는 자는 직무 수행에 특별한 지장이 없으면 이를 교부하여야 한다.

[❷▶○] 행정기관은 행정지도의 상대방이 행정지도에 따르지 아니하였다는 것을 이유로 불이익한 조치를 하여서는 아니 된다(행정절차법 제48조 제2항).

[❸▶○] 행정기관이 같은 행정목적을 실현하기 위하여 많은 상대방에게 행정지도를 하려는 경우에는 특별한 사정이 없으면 행정지도에 공통적인 내용이 되는 사항을 공표하여야 한다(행정절차법 제51조).

[❹▶○] 행정지도의 상대방은 해당 행정지도의 방식·내용 등에 관하여 행정기관에 의견제출을 할 수 있다(행정절차법 제50조).

[❺▶×] 행정기본법이 아니라 행정절차법에서 임의성의 원칙 등 행정지도의 원칙에 관하여 규정하고 있다.

> **행정절차법 제48조(행정지도의 원칙)** ① 행정지도는 그 목적 달성에 필요한 최소한도에 그쳐야 하며, 행정지도의 상대방의 의사에 반하여 부당하게 강요하여서는 아니 된다.
> ② 행정기관은 행정지도의 상대방이 행정지도에 따르지 아니하였다는 것을 이유로 불이익한 조치를 하여서는 아니 된다.

답 ⑤

37 행정지도에 관한 설명으로 옳지 않은 것은?(다툼이 있으면 판례에 따름) 25 행정사 제13회

① 행정지도를 하는 자는 그 상대방에게 그 행정지도의 취지 및 내용과 신분을 밝혀야 한다.
② 행정기관은 행정지도의 상대방이 행정지도에 따르지 아니하였다는 것을 이유로 불이익 한 조치를 하여서는 아니 된다.
③ 「국가배상법」이 정한 배상청구의 요건인 공무원의 직무에는 행정지도와 같은 비권력적 작용은 포함되지 않는다.
④ 행정지도의 상대방은 해당 행정지도의 방식·내용 등에 관하여 행정기관에 의견제출을 할 수 있다.
⑤ 행정지도는 그 목적 달성에 필요한 최소한도에 그쳐야 하며, 행정지도의 상대방의 의사에 반하여 부당하게 강요하여서는 아니 된다.

해설

[❶▶○] 행정지도를 하는 자는 그 상대방에게 그 행정지도의 취지 및 내용과 신분을 밝혀야 한다(행정절차법 제49조 제1항).

[❷▶○] 행정기관은 행정지도의 상대방이 행정지도에 따르지 아니하였다는 것을 이유로 불이익한 조치를 하여서는 아니 된다(행정절차법 제48조 제2항).

[❸▶×] 행정지도는 행정목적을 달성하기 위한 비권력적 사실행위이므로 행정지도는 비권력적 공행정작용이다. 통설과 판례는 국가나 지방자치단체의 '비권력적 작용'도 국가배상법이 정한 손해배상청구의 요건인 '공무원의 직무행위'에 포함된다고 본다(대판 2004.4.9. 2002다10691). 따라서 행정지도 역시 국가배상법 제2조의 '공무원의 직무행위'에 해당된다.

[❹▶○] 행정지도의 상대방은 해당 행정지도의 방식·내용 등에 관하여 행정기관에 의견제출을 할 수 있다(행정절차법 제50조).

[❺▶○] 행정지도는 그 목적 달성에 필요한 최소한도에 그쳐야 하며, 행정지도의 상대방의 의사에 반하여 부당하게 강요하여서는 아니 된다(행정절차법 제48조 제1항).

답 ❸

제3장 행정절차 및 행정정보공개 등

학습 Key word
❶ 행정절차법의 적용범위, 처분절차[처분의 이유제시, 처분의 사전통지, 의견청취절차(청문, 공청회, 의견제출)], 행정상 입법예고 절차, 절차의 하자의 독자적 위법성 및 위법성의 정도, 인허가의제제도 등에 대하여 학습한다.
❷ 정보공개법의 적용범위, 비공개대상정보, 비공개결정에 대한 불복방법(이의신청, 행정심판, 행정소송), 공개결정에 대한 제3자의 구제수단 등에 대하여 학습한다.

제1절 행정절차

제1관 | 개 설

I. 행정절차법의 기본구조와 용어의 정의

1. 행정절차법의 적용범위

① 처분, 신고, 확약, 위반사실 등의 공표, 행정계획, 행정상 입법예고, 행정예고 및 행정지도의 절차에 관하여 다른 법률에 특별한 규정이 있는 경우를 제외하고는 이 법에서 정하는 바에 따른다(행정절차법 제3조 제1항). 따라서 행정절차에 관하여 다른 법률에 특별한 규정이 있는 경우에는 다른 법률이 우선한다. 기출 22

② 현행 행정절차법에는 처분, 신고, 확약, 위반사실 등의 공표, 행정계획, 행정상 입법예고, 행정예고 및 행정지도의 절차에 관하여 규정하고 있다(행정절차법 제3조 제1항). 이 중 확약, 위반사실 등의 공표, 행정계획은 2022.1.11. 개정법에서 추가되었다. 그러나 공법상 계약(행정계약)체결절차, 행정강제절차, 행정조사절차, 행정행위의 재심사절차 등은 규정하고 있지 않다. 기출 21·20·15·14

2. 용어의 정의

① 행정절차법상 "행정청"이란 '행정에 관한 의사를 결정하여 표시하는 국가 또는 지방자치단체의 기관 및 그 밖에 법령 또는 자치법규에 따라 행정권한을 가지고 있거나 위임 또는 위탁받은 공공단체 또는 그 기관이나 사인(私人)'을 말한다(행정절차법 제2조 제1호).

② 행정절차법상 "당사자 등"이란 '행정청의 처분에 대하여 직접 그 상대가 되는 당사자'와 '행정청이 직권으로 또는 신청에 따라 행정절차에 참여하게 한 이해관계인'을 말한다(제2조 제4호). 따라서 처분에 이해관계 있는 자라 하더라도 행정청이 직권으로 또는 신청에 따라 행정절차에 참여하게 하지 않은 이상 '당사자 등'에 포함되지 않는다. 자연인, 법인, 법인이 아닌 사단 또는 재단, 그 밖에 다른 법령등에 따라 권리·의무의 주체가 될 수 있는 자는 행정절차에서 당사자등이 될 수 있다(행정절차법 제9조). 기출 14

Ⅱ 행정절차법의 적용범위

행정절차법 제3조(적용 범위)
① 처분, 신고, 확약, 위반사실 등의 공표, 행정계획, 행정상 입법예고, 행정예고 및 행정지도의 절차(이하 "행정절차")에 관하여 다른 법률에 특별한 규정이 있는 경우를 제외하고는 이 법에서 정하는 바에 따른다.
② 이 법은 다음 각 호의 어느 하나에 해당하는 사항에 대하여는 적용하지 아니한다.
  1. 국회 또는 지방의회의 의결을 거치거나 동의 또는 승인을 받아 행하는 사항 [기출 21·14·13]
  2. 법원 또는 군사법원의 재판에 의하거나 그 집행으로 행하는 사항
  3. 헌법재판소의 심판을 거쳐 행하는 사항
  4. 각급 선거관리위원회의 의결을 거쳐 행하는 사항
  5. 감사원이 감사위원회의의 결정을 거쳐 행하는 사항 [기출 21]
  6. 형사(刑事), 행형(行刑) 및 보안처분 관계 법령에 따라 행하는 사항
  7. 국가안전보장·국방·외교 또는 통일에 관한 사항 중 행정절차를 거칠 경우 국가의 중대한 이익을 현저히 해칠 우려가 있는 사항 [기출 21]
  8. 심사청구, 해양안전심판, 조세심판, 특허심판, 행정심판, 그 밖의 불복절차에 따른 사항 [기출 21]
  9. 병역법에 따른 징집·소집, 외국인의 출입국·난민인정·귀화, 공무원 인사 관계 법령에 따른 징계와 그 밖의 처분, 이해 조정을 목적으로 하는 법령에 따른 알선·조정·중재(仲裁)·재정(裁定) 또는 그 밖의 처분 등 해당 행정작용의 성질상 행정절차를 거치기 곤란하거나 거칠 필요가 없다고 인정되는 사항과 행정절차에 준하는 절차를 거친 사항으로서 대통령령으로 정하는 사항

판례는 행정절차법 제3조 제2항 제9호의 '공무원 인사관계 법령에 따른 징계와 그 밖의 처분'에 관하여, "공무원 인사관계 법령에 의한 처분에 관한 사항 전부에 대하여 행정절차법의 적용이 배제되는 것이 아니라 성질상 행정절차를 거치기 곤란하거나 불필요하다고 인정되는 처분이나 행정절차에 준하는 절차를 거치도록 하고 있는 처분의 경우에만 행정절차법의 적용이 배제된다"고 판시하고 있다(대판 2007.9.21. 2006두20631; 대판 2013.1.16. 2011두30687). 이는 행정절차법 제3조 제2항 제9호, 행정절차법 시행령 제2조 제2호에서 규정하는 행정절차법의 적용이 제외되는 '외국인의 출입국에 관한 사항'의 경우에도 마찬가지이다(대판 2019.7.11. 2017두38874).

- 국가공무원법상 직위해제처분은 구 행정절차법 제3조 제2항 제9호, 구 행정절차법 시행령 제2조 제3호에 의하여 당해 행정작용의 성질상 행정절차를 거치기 곤란하거나 불필요하다고 인정되는 사항 또는 행정절차에 준하는 절차를 거친 사항에 해당하므로, 처분의 사전통지 및 의견청취 등에 관한 행정절차법의 규정이 별도로 적용되지 않는다(대판 2014.5.16. 2012두26180). [기출 18·16]
- 행정절차법 제3조 제2항, 같은법 시행령 제2조 제6호에 의하면 공정거래위원회의 의결·결정을 거쳐 행하는 사항에는 행정절차법의 적용이 제외되게 되어 있으므로, 설사 공정거래위원회의 시정조치 및 과징금납부명령에 행정절차법 소정의 의견청취절차 생략사유가 존재한다고 하더라도, 공정거래위원회는 행정절차법을 적용하여 의견청취절차를 생략할 수는 없다(대판 2001.5.8. 2000두10212).

제2관 | 처분절차

I 공통절차

1. 처분의 이유제시

> **행정절차법 제23조(처분의 이유 제시)**
> ① 행정청은 처분을 할 때에는 다음 각 호의 어느 하나에 해당하는 경우를 제외하고는 당사자에게 그 근거와 이유를 제시하여야 한다.
>   1. 신청 내용을 모두 그대로 인정하는 처분인 경우 [기출] 22·20·16·14
>   2. 단순·반복적인 처분 또는 경미한 처분으로서 당사자가 그 이유를 명백히 알 수 있는 경우 [기출] 24
>   3. 긴급히 처분을 할 필요가 있는 경우

(1) 처분의 이유제시의 의의 및 취지

① 행정청은 처분을 할 때, (이해관계인이 아니라) 당사자에게 처분의 이유와 근거를 제시하여야 한다(행정절차법 제23조 제1항). '당사자'란 행정청의 처분에 대하여 직접 그 상대가 되는 당사자를 말한다(행정절차법 제2조 제4호 가목). [기출] 21

② 처분의 근거 및 이유제시 제도의 취지는 행정청의 자의적 결정을 배제하고 당사자로 하여금 행정구제절차에서 적절히 대처할 수 있도록 하는 것이다(대판 2019.1.31. 2016두64975).

(2) 이유제시의무 대상처분

행정절차법은 원칙적으로 '모든 행정처분'에 있어서 처분의 근거와 이유를 제시하도록 하고 있다. 다만, ㉠ 신청 내용을 모두 그대로 인정하는 처분인 경우(제1호), ㉡ 단순·반복적인 처분 또는 경미한 처분으로서 당사자가 그 이유를 명백히 알 수 있는 경우(제2호), ㉢ 긴급히 처분을 할 필요가 있는 경우(제3호) 중 어느 하나에 해당하는 경우 이유제시의무가 면제된다(행정절차법 제23조 제1항). [기출] 24·22·20·16·14 그러나 행정청은 ㉡, ㉢에 해당하는 경우에도 처분 후 당사자가 요청하는 경우에는 그 근거와 이유를 제시하여야 한다(제23조 제2항).

(3) 이유제시의무의 내용과 정도

① 행정청은 처분의 원인이 되는 사실과 근거가 되는 법령 또는 자치법규의 내용을 구체적으로 명시하여야 한다(행정절차법 시행령 제14조의2). 즉, 행정청은 처분 당시 당사자가 어떠한 근거와 이유로 처분이 이루어진 것인지를 충분히 알 수 있을 정도로 명확하고 구체적으로 제시하여야 한다.

② 판례는 ㉠ 처분서에 기재된 내용, 관계 법령과 해당 처분에 이르기까지 전체적인 과정 등을 종합적으로 고려하여, 처분 당시 당사자가 어떠한 근거와 이유로 처분이 이루어진 것인지를 충분히 알 수 있어서 그에 불복하여 행정구제절차로 나아가는 데 별다른 지장이 없었던 것으로 인정되는 경우(대판 2013.11.14. 2011두18571; 대판 2019.12.13. 2018두41907)와 ㉡ 당사자가 근거규정 등을 명시하여 신청하는 인·허가 등을 거부하는 처분을 함에 있어 당사자가 그 근거를 알 수 있을 정도로 상당한 이유를 제시한 경우(대판 2002.5.17. 2000두8912)에는 이유제시의 정도를 완화하여 당해 처분의 근거 및 이유를 구체적 조항 및 내용까지 명시하지 않았더라도 그로 말미암아 그 처분이 위법한 것이 된다고 할 수 없다고 본다.

(4) 이유제시의 하자

① 이유제시의 하자란 행정청이 처분이유를 제시하여야 함에도 처분이유를 전혀 제시하지 않거나 불충분하게 제시한 경우를 말한다. 이유제시의무가 있는 경우 이유제시는 원칙적으로 처분과 동시에 행하여야 한다. 처분 이후에 이유제시를 할 수 있는가의 문제는 하자 치유의 영역에 해당한다.

② 이유제시의 하자는 절차의 하자로서 독자적인 위법사유가 되며(통설·판례), 무효사유와 취소사유의 구별기준에 따라 무효인 하자나 취소할 수 있는 하자가 된다. 판례는 이유제시의 하자를 통상 취소사유로 보고 있다(대판 1985.4.9. 84누431; 대판 1985.5.28. 84누289).

(5) 이유제시 하자의 치유

일반적으로 이유제시의 하자는 그 하자의 치유가 인정된다. 문제는 어느 시점까지 하자의 치유가 인정될 수 있는가이다. 이유제시의 취지의 중점은 상대방에게 불복 여부의 결정 및 불복신청에 편의를 제공하는 데 있으므로 '행정쟁송의 제기 이전까지(= 불복여부의 결정 및 불복신청에 편의를 줄 수 있는 상당한 기간 내)' 하자의 치유가 가능한 것으로 보아야 할 것이다(행정쟁송제기전설). 판례도 같은 입장이다(대판 1983.7.26. 82누420).

2. 처분의 방식(문서주의)

① 행정청이 처분을 할 때에는 다른 법령등에 특별한 규정이 있는 경우를 제외하고는 문서로 하여야 하며, 당사자등의 동의가 있는 경우나 당사자가 전자문서로 처분을 신청한 경우에는 전자문서로 할 수 있다. 다만, 공공의 안전 또는 복리를 위하여 긴급히 처분을 할 필요가 있거나 사안이 경미한 경우에는 말, 전화, 휴대전화를 이용한 문자 전송, 팩스 또는 전자우편 등 문서가 아닌 방법으로 처분을 할 수 있다. 이 경우 당사자가 요청하면 지체 없이 처분에 관한 문서를 주어야 한다(행정절차법 제24조). 기출 21·16

② 행정절차법 제24조는 처분내용의 명확성을 확보하고 처분의 존부에 관한 다툼을 방지하여 처분상대방의 권익을 보호하기 위한 것이므로, 이를 위반한 처분은 하자가 중대·명백하여 무효이다(대판 2019.7.11. 2017두38874).

3. 처리기간의 설정·공표

① 행정청은 신청인의 편의를 위하여 처분의 처리기간을 종류별로 미리 정하여 공표하여야 한다(행정절차법 제19조 제1항).

② 행정청은 부득이한 사유로 설정·공표한 처리기간 내에 처분을 처리하기 곤란한 경우에는 해당 처분의 처리기간의 범위에서 한 번만 그 기간을 연장할 수 있다(행정절차법 제19조 제2항).

③ 행정청은 처리기간을 연장할 때에는 처리기간의 연장 사유와 처리 예정 기한을 지체 없이 신청인에게 통지하여야 한다(행정절차법 제19조 제3항).

④ 행정청이 정당한 처리기간 내에 처리하지 아니하였을 때에는 신청인은 해당 행정청 또는 그 감독 행정청에 신속한 처리를 요청할 수 있다(행정절차법 제19조 제4항).

⑤ 처리기간에 관한 규정은 훈시규정에 불과할 뿐 강행규정이라고 볼 수 없다. 따라서 행정청이 처리기간이 지나 처분을 하였더라도 이를 처분을 취소할 절차상 하자로 볼 수 없다(대판 2019.12.13. 2018두41907).

4. 처분기준의 설정·공표

① 행정청은 필요한 처분기준을 해당 처분의 성질에 비추어 되도록 구체적으로 정하여 공표하여야 한다. 처분기준을 변경하는 경우에도 또한 같다(행정절차법 제20조 제1항).

②「행정기본법」제24조에 따른 인허가의제의 경우 관련 인허가 행정청은 관련 인허가의 처분기준을 주된 인허가 행정청에 제출하여야 하고, 주된 인허가 행정청은 제출받은 관련 인허가의 처분기준을 통합하여 공표하여야 한다. 처분기준을 변경하는 경우에도 또한 같다(행정절차법 제20조 제2항).

③ 처분기준을 공표하는 것이 해당 처분의 성질상 현저히 곤란하거나 공공의 안전 또는 복리를 현저히 해치는 것으로 인정될 만한 상당한 이유가 있는 경우에는 처분기준을 공표하지 아니할 수 있다(행정절차법 제20조 제3항). 기출 24

> 행정청으로 하여금 처분기준을 구체적으로 정하여 공표하도록 한 것은 해당 처분이 가급적 미리 공표된 기준에 따라 이루어질 수 있도록 함으로써 해당 처분의 상대방으로 하여금 결과에 대한 예측가능성을 높이고 이를 통하여 행정의 공정성, 투명성, 신뢰성을 확보하며 행정청의 자의적인 권한행사를 방지하기 위한 것이다. 그러나 처분의 성질상 처분기준을 미리 공표하는 경우 행정목적을 달성할 수 없게 되거나 행정청에 일정한 범위 내에서 재량권을 부여함으로써 구체적인 사안에서 개별적인 사정을 고려하여 탄력적으로 처분이 이루어지도록 하는 것이 오히려 공공의 안전 또는 복리에 더 적합한 경우도 있다. 그러한 경우에는 행정절차법 제20조 제3항에 따라 처분기준을 따로 공표하지 않거나 개략적으로만 공표할 수도 있다(대판 2019.12.13. 2018두41907).

④ 당사자등은 공표된 처분기준이 명확하지 아니한 경우 해당 행정청에 그 해석 또는 설명을 요청할 수 있다. 이 경우 해당 행정청은 특별한 사정이 없으면 그 요청에 따라야 한다(행정절차법 제20조 제4항).

⑤ **처분기준의 법적 성질** : 행정청이 행정절차법 제20조 제1항에 따라 정하여 공표한 처분기준은, 그것이 해당 처분의 근거 법령에서 구체적 위임을 받아 제정·공포되었다는 특별한 사정이 없는 한, 원칙적으로 대외적 구속력이 없는 행정규칙에 해당한다(대판 2020.12.24. 2018두45633).

⑥ 설정·공표의무 위반의 효과
  ㉠ 처분기준을 설정하여야 함에도 설정하지 않거나 설정된 처분기준이 구체적이지 못한 경우 그리고 처분기준을 공표하지 않는 경우에 그 하자는 관련 행정처분의 독립된 취소사유가 될 것인가에 대하여는 견해가 대립한다.
  ㉡ 판례는 "행정청이 행정절차법 제20조 제1항의 처분기준 사전공표 의무를 위반하여 미리 공표하지 아니한 기준을 적용하여 처분을 하였다고 하더라도, 그러한 사정만으로 곧바로 해당 처분에 취소사유에 이를 정도의 흠이 존재한다고 볼 수는 없다. 다만 해당 처분에 적용한 기준이 상위법령의 규정이나 신뢰보호의 원칙 등과 같은 법의 일반원칙을 위반하였거나 객관적으로 합리성이 없다고 볼 수 있는 구체적인 사정이 있다면 해당 처분은 위법하다고 평가할 수 있다"고 판시한 바 있다(대판 2020.12.24. 2018두45633).

5. 처분의 정정

행정청은 처분에 오기(誤記), 오산(誤算) 또는 그 밖에 이에 준하는 명백한 잘못이 있을 때에는 직권으로 또는 신청에 따라 지체 없이 정정하고 그 사실을 당사자에게 통지하여야 한다(행정절차법 제25조). 기출 24

Ⅱ 신청에 의한 처분절차

1. 처분의 신청

① 행정청에 대하여 '처분'을 구하는 신청은 문서로 하여야 한다. 다만, 다른 법령 등에 특별한 규정이 있는 경우와 행정청이 미리 다른 방법을 정하여 공시한 경우에는 그러하지 아니하다(행정절차법 제17조 제1항).
② 처분을 신청할 때 전자문서로 하는 경우에는 행정청의 컴퓨터 등에 입력된 때에 신청한 것으로 본다(행정절차법 제17조 제2항). 기출 17

2. 신청의 접수 및 신청서의 보완 등

(1) 신청서의 접수

① 행정청은 신청을 받았을 때에는 다른 법령 등에 특별한 규정이 있는 경우를 제외하고는 그 접수를 보류 또는 거부하거나 부당하게 되돌려 보내서는 아니 되며, 신청을 접수한 경우에는 신청인에게 접수증을 주어야 한다. 다만, 대통령령으로 정하는 경우에는 접수증을 주지 아니할 수 있다(행정절차법 제17조 제4항).
② 신청인의 행정청에 대한 신청의 의사표시는 명시적이고 확정적인 것이어야 한다. 따라서 신청인이 신청에 앞서 행정청의 허가업무 담당자에게 신청서의 내용에 대한 검토를 요청한 것만으로는 다른 특별한 사정이 없는 한 명시적이고 확정적인 신청의 의사표시가 있었다고 하기 어렵다(대판 2004.9.24. 2003두13236).

(2) 신청서의 보완

행정청은 신청에 구비서류의 미비 등 흠이 있는 경우에는 보완에 필요한 상당한 기간을 정하여 지체 없이 신청인에게 보완을 요구하여야 한다(행정절차법 제17조 제5항). 행정청은 신청인이 제5항에 따른 기간 내에 보완을 하지 아니하였을 때에는 그 이유를 구체적으로 밝혀 접수된 신청을 되돌려 보낼 수 있다(제17조 제6항). 다만, 행정절차법 제17조 제5항이 행정청으로 하여금 신청에 대하여 거부처분을 하기 전에 반드시 신청인에게 신청의 내용이나 처분의 실체적 발급요건에 관한 사항까지 보완할 기회를 부여하여야 할 의무를 정한 것은 아니라고 보아야 한다(대판 2020.7.23. 2020두36007).

(3) 기 타

① 다수의 행정청이 관여하는 처분 : 행정청은 다수의 행정청이 관여하는 처분을 구하는 신청을 접수한 경우에는 관계 행정청과의 신속한 협조를 통하여 그 처분이 지연되지 아니하도록 하여야 한다(행정절차법 제18조).
기출 24
② 다른 행정청에 신청의 접수 : 행정청은 신청인의 편의를 위하여 다른 행정청에 신청을 접수하게 할 수 있다. 이 경우 행정청은 다른 행정청에 접수할 수 있는 신청의 종류를 미리 정하여 공시하여야 한다(행정절차법 제17조 제7항). 기출 24
③ 신청 내용의 보완·변경·취하 : 신청인은 처분이 있기 전에는 그 신청의 내용을 보완·변경하거나 취하(取下)할 수 있다. 다만, 다른 법령등에 특별한 규정이 있거나 그 신청의 성질상 보완·변경하거나 취하할 수 없는 경우에는 그러하지 아니하다(행정절차법 제17조 제8항).

Ⅲ 처분의 사전통지와 의견청취절차

1. 개 설

행정절차법은 당사자에게 의무를 부과하거나 권익을 제한하는 처분(이하 '침해적 처분'이라 한다)에 대하여 사전통지, 의견제출 기회의 부여 등 의견청취절차(의견진술절차)를 규정하고 있다. 행정절차법이 당사자에게 의무를 부과하거나 권익을 제한하는 처분을 하는 경우에 사전통지 및 의견청취를 하도록 규정한 것은 불이익처분 상대방의 방어권 행사를 실질적으로 보장하기 위함이다(대판 2020.4.29. 2017두31064).

2. 처분의 사전통지

> **행정절차법 제21조(처분의 사전 통지)**
> ① 행정청은 당사자에게 의무를 부과하거나 권익을 제한하는 처분을 하는 경우에는 미리 다음 각 호의 사항을 당사자등에게 통지하여야 한다.
>   1. 처분의 제목
>   2. 당사자의 성명 또는 명칭과 주소
>   3. 처분하려는 원인이 되는 사실과 처분의 내용 및 법적 근거
>   4. 제3호에 대하여 의견을 제출할 수 있다는 뜻과 의견을 제출하지 아니하는 경우의 처리방법
>   5. 의견제출기관의 명칭과 주소
>   6. 의견제출기한
>   7. 그 밖에 필요한 사항
> ③ 제1항 제6호에 따른 기한은 의견제출에 필요한 기간을 10일 이상으로 고려하여 정하여야 한다.

(1) 사전통지의 의의

사전통지란 행정청이 당사자에게 의무를 부과하거나 권익을 제한하는 처분을 하고자 하는 경우에 처분하려는 원인이 되는 사실과 처분의 내용 및 법적 근거, 이에 대하여 의견을 제출할 수 있다는 뜻과 의견을 제출하지 아니하는 경우의 처리방법 등 일정한 사항을 당사자에게 미리 통지하는 것을 말한다(행정절차법 제21조).

(2) 사전통지의 대상이 되는 처부

1) 개 설

사전통지의 대상이 되는 처분은 당사자에게 '침해적인 처분', 즉 '당사자에게 의무를 부과하거나 권익을 제한하는 처분'이다(행정절차법 제21조 제1항). 따라서 허가나 특허와 같이 당사자에게 '수익적인 처분'은 사전통지의 대상이 아니다.

2) 거부처분

판례는 신청에 대한 거부처분은 '당사자의 권익을 제한하는 처분'이 아니어서 사전통지 대상이 아니라고 본다(대판 2003.11.28. 2003두674).

> 신청에 따른 처분이 이루어지지 아니한 경우에는 아직 당사자에게 권익이 부과되지 아니하였으므로 특별한 사정이 없는 한 신청에 대한 거부처분이라고 하더라도 직접 당사자의 권익을 제한하는 것은 아니어서 신청에 대한 거부처분을 여기에서 말하는 '당사자의 권익을 제한하는 처분'에 해당한다고 할 수 없는 것이어서 처분의 사전통지대상이 된다고 할 수 없다(대판 2003.11.28. 2003두674). → 따라서 거부처분에 앞서 사전통지를 하지 않았더라도 그 거부처분에는 절차상 하자가 있다고 할 수 없다. 기출 22·21·20·18·13

3) 일반처분

'고시' 등의 방법으로 불특정 다수인을 상대로 의무를 부과하거나 권익을 제한하는 처분은 성질상 의견제출의 기회를 주어야 하는 상대방을 특정할 수 없으므로, 이와 같은 처분은 사전통지나 의견청취의 대상이 되는 처분이 아니다(대판 2014.10.27. 2012두7745; 대판 2008.6.12. 2007두1767).

4) 복효적 행정행위(제3자효 행정행위)

행정절차법은 사전통지의 대상을 '당사자'에게 의무를 부과하거나 권익을 제한하는 처분(침해적 처분)으로 제한하고 있다. 여기에서 '당사자'는 행정처분의 직접 상대방을 말한다(대판 2003.2.14. 2001두7015). 따라서 처분의 직접 상대방에게 이익이 되지만 동시에 제3자의 권익을 침해하는 복효적 행정행위(제3자효 행정행위)는 행정절차법상의 사전통지 및 의견제출의 대상이 아니다.

(3) 사전통지의 상대방

행정절차법은 법 제2조 제4호 소정의 '당사자 등'을 사전통지 및 의견제출 기회 부여의 대상으로 규정하고 있다. 여기에서 '당사자 등'이란 행정청의 처분에 대하여 직접 그 상대가 되는 '당사자'와 '행정청이 직권으로 또는 신청에 따라 행정절차에 참여하게 한 이해관계인'을 말한다. 따라서 처분에 이해관계 있는 자라 하더라도 행정청이 직권으로 또는 신청에 따라 행정절차에 참여하게 하지 않은 이상 '당사자 등'에 포함되지 않는다(대판 2009.4.23. 2008두686).

(4) 사전통지의 예외사유

> **행정절차법 제21조(처분의 사전 통지)**
> ④ 다음 각 호의 어느 하나에 해당하는 경우에는 제1항에 따른 통지를 하지 아니할 수 있다.
>   1. 공공의 안전 또는 복리를 위하여 긴급히 처분을 할 필요가 있는 경우
>   2. 법령등에서 요구된 자격이 없거나 없어지게 되면 반드시 일정한 처분을 하여야 하는 경우에 그 자격이 없거나 없어지게 된 사실이 법원의 재판 등에 의하여 객관적으로 증명된 경우
>   3. 해당 처분의 성질상 의견청취가 현저히 곤란하거나 명백히 불필요하다고 인정될 만한 상당한 이유가 있는 경우 기출 16
> ⑤ 처분의 전제가 되는 사실이 법원의 재판 등에 의하여 객관적으로 증명된 경우 등 제4항에 따른 사전 통지를 하지 아니할 수 있는 구체적인 사항은 대통령령으로 정한다.

(5) 사전통지의 하자

행정청이 침해적 행정처분을 함에 있어서 당사자에게 행정절차법상의 사전통지를 하지 아니한 경우, 그 처분은 위법하여 취소를 면할 수 없다(대판 2000.11.14. 99두5870).

> 행정절차법 제21조 제1항, 제4항, 제22조 제1항 내지 제4항에 의하면, 행정청이 침해적 행정처분을 함에 있어서 당사자에게 위와 같은 사전통지를 하거나 의견제출의 기회를 주지 아니하였다면 사전통지를 하지 않거나 의견제출의 기회를 주지 아니하여도 되는 예외적인 경우에 해당하지 아니하는 한 그 처분은 위법하여 취소를 면할 수 없다(대판 2000.11.14. 99두5870).

3. 의견청취(청문, 공청회, 의견제출) 절차

> **행정절차법 제22조(의견청취)**
> 행정청이 처분을 할 때 다음 각 호의 어느 하나에 해당하는 경우에는 청문을 한다.
>   1. 다른 법령등에서 청문을 하도록 규정하고 있는 경우
>   2. 행정청이 필요하다고 인정하는 경우
>   3. 다음 각 목의 처분을 하는 경우
>   가. 인허가 등의 취소
>   나. 신분·자격의 박탈
>   다. 법인이나 조합 등의 설립허가의 취소
> ② 행정청이 처분을 할 때 다음 각 호의 어느 하나에 해당하는 경우에는 공청회를 개최한다.
>   1. 다른 법령등에서 공청회를 개최하도록 규정하고 있는 경우
>   2. 해당 처분의 영향이 광범위하여 널리 의견을 수렴할 필요가 있다고 행정청이 인정하는 경우
>   3. 국민생활에 큰 영향을 미치는 처분으로서 대통령령으로 정하는 처분에 대하여 대통령령으로 정하는 수 이상의 당사자등이 공청회 개최를 요구하는 경우
> ③ 행정청이 당사자에게 의무를 부과하거나 권익을 제한하는 처분을 할 때 제1항 또는 제2항의 경우 외에는 당사자등에게 의견제출의 기회를 주어야 한다.
> ④ 제1항부터 제3항까지의 규정에도 불구하고 제21조 제4항 각 호의 어느 하나에 해당하는 경우와 당사자가 의견진술의 기회를 포기한다는 뜻을 명백히 표시한 경우에는 의견청취를 하지 아니할 수 있다. 기출 14
> ⑤ 행정청은 청문·공청회 또는 의견제출을 거쳤을 때에는 신속히 처분하여 해당 처분이 지연되지 아니하도록 하여야 한다. 기출 21

(1) 의견청취 절차의 의의

행정처분을 함에 있어서 이해관계인에게 의견진술의 기회를 주는 것은 행정절차의 핵심적 요소이다. 행정처분의 상대방 등 이해관계인에게 행정처분 전에 의견진술의 기회를 주는 행정절차를 이해관계인의 입장에서 보면 의견진술절차라고 할 수 있고, 행정청의 입장에서 보면 의견청취절차라고 할 수 있다. 행정절차법은 제22조에서 의견청취라는 표제 하에 의견제출, 청문, 공청회를 규정하고 있다.

(2) 의견청취(청문, 공청회, 의견제출) 절차의 예외사유

1) 행정절차법상 예외사유

행정절차법 제21조 제4항 각 호의 사전통지의 예외 사유, 즉 ① 공공의 안전 또는 복리를 위하여 긴급히 처분을 할 필요가 있는 경우(제1호), ② 법령등에서 요구된 자격이 없거나 없어지게 되면 반드시 일정한 처분을 하여야 하는 경우에 그 자격이 없거나 없어지게 된 사실이 법원의 재판 등에 의하여 객관적으로 증명된 경우(제2호), ③ 해당 처분의 성질상 의견청취가 현저히 곤란하거나 명백히 불필요하다고 인정될 만한 상당한 이유가 있는 경우(제3호)와 ④ 당사자가 의견진술의 기회를 포기한다는 뜻을 명백히 표시한 경우에는 의견청취(청문, 공청회, 의견제출)를 하지 아니할 수 있다(행정절차법 제22조 제4항). 기출 14

2) 청문 등 의견청취 절차의 예외사유 해당 여부가 문제된 사례
① 행정청이 당사자와 의견청취 절차를 배제하는 협약

> 행정청이 당사자와 사이에 도시계획사업의 시행과 관련한 협약을 체결하면서 관계 법령 및 행정절차법에 규정된 청문의 실시 등 의견청취 절차를 배제하는 조항을 두었다고 하더라도, 위와 같은 협약의 체결로 청문의 실시에 관한 규정의 적용을 배제할 수 있다고 볼만한 법령상의 규정이 없는 한, 이러한 협약이 체결되었다고 하여 청문의 실시에 관한 규정의 적용이 배제된다거나 청문을 실시하지 않아도 되는 예외적인 경우에 해당한다고 할 수 없다(대판 2004.7.8. 2002두8350). 기출 20·18

② 청문통지서의 반송이나 청문일시에 당사자의 불출석

> 행정절차법 제21조 제4항 제3호는 침해적 행정처분을 할 경우 청문을 실시하지 않을 수 있는 사유로서 "당해 처분의 성질상 의견청취가 현저히 곤란하거나 명백히 불필요하다고 인정될 만한 상당한 이유가 있는 경우"를 규정하고 있으나, 여기에서 말하는 '의견청취가 현저히 곤란하거나 명백히 불필요하다고 인정될 만한 상당한 이유가 있는지 여부'는 당해 행정처분의 성질에 비추어 판단하여야 하는 것이지, 청문통지서의 반송 여부, 청문통지의 방법 등에 의하여 판단할 것은 아니며, 또한 행정처분의 상대방이 통지된 청문일시에 불출석하였다는 이유만으로 행정청이 관계 법령상 그 실시가 요구되는 청문을 실시하지 아니한 채 침해적 행정처분을 할 수는 없을 것이므로, 행정처분의 상대방에 대한 청문통지서가 반송되었다거나, 행정처분의 상대방이 청문일시에 불출석하였다는 이유로 청문을 실시하지 아니하고 한 침해적 행정처분은 위법하다(대판 2001.4.13. 2000두3337). 기출 16

4. 청문 절차

(1) 의 의
① "청문"이란 행정청이 어떠한 처분을 하기 전에 당사자등의 의견을 직접 듣고 증거를 조사하는 절차를 말한다(행정절차법 제2조 제5호). 기출 17
② 행정청은 직권으로 또는 당사자의 신청에 따라 여러 개의 사안을 병합하거나 분리하여 청문을 할 수 있다(행정절차법 제32조). 기출 13

(2) 인정범위
① 행정청이 '처분'을 할 때 다음의 어느 하나에 해당하는 경우에는 청문을 한다(행정절차법 제22조 제1항).
  ㉠ 다른 법령등에서 청문을 하도록 규정하고 있는 경우(의무적 청문)(제1호)
  ㉡ 행정청이 필요하다고 인정하는 경우(임의적 청문)(제2호)
  ㉢ 인허가 등의 취소, 신분·자격의 박탈, 법인이나 조합 등의 설립허가의 취소의 경우(의무적 청문)(제3호) 기출 22·21·18
② 인허가 등의 취소, 신분·자격의 박탈, 법인이나 조합 등의 설립허가의 취소의 처분을 하는 경우, 행정절차법 개정 전에는 의견제출기한 내에 당사자등의 신청이 있는 경우에 청문을 실시하도록 규정하고 있었으나(신청에 의한 청문의 대상), 2022.1.11. 개정법에서는 '의무적 청문의 대상'으로 규정함으로써 청문의 대상을 확대하였다(행정절차법 제22조 제3호). 따라서 인허가 등의 취소처분이나 법인 설립허가의 취소 시 행정청은 당사자등의 신청이 없어도 청문을 실시해야 한다.
③ 의견제출과 달리 청문의 대상이 되는 '처분'이 '당사자에게 의무를 부과하거나 권익을 제한하는 처분'에 한정되는 것은 아니다.

(3) 청문 실시를 위한 사전통지

행정청은 청문을 하려면 청문이 시작되는 날부터 10일 전까지 처분하려는 원인이 되는 사실과 처분의 내용 및 법적 근거, 청문의 일시 및 장소, 청문에 응하지 아니하는 경우의 처리방법 등 일정한 사항을 '당사자등'에게 통지하여야 한다. 이 경우 의견을 제출할 수 있다는 뜻과 의견을 제출하지 아니하는 경우의 처리방법, 의견제출기관의 명칭과 주소, 의견제출기한은 청문 주재자의 소속·직위 및 성명, 청문의 일시 및 장소, 청문에 응하지 아니하는 경우의 처리방법 등 청문에 필요한 사항으로 갈음한다(행정절차법 제21조 제2항).

(4) 청문의 주재자

① 행정청은 소속 직원 또는 대통령령으로 정하는 자격을 가진 사람 중에서 청문 주재자를 공정하게 선정하여야 한다(행정절차법 제28조 제1항).
② 행정청은 다음 각 호의 어느 하나에 해당하는 처분을 하려는 경우에는 청문 주재자를 2명 이상으로 선정할 수 있다. 이 경우 선정된 청문 주재자 중 1명이 청문 주재자를 대표한다(행정절차법 제28조 제2항). 기출 24
  ㉠ 다수 국민의 이해가 상충되는 처분
  ㉡ 다수 국민에게 불편이나 부담을 주는 처분
  ㉢ 그 밖에 전문적이고 공정한 청문을 위하여 행정청이 청문 주재자를 2명 이상으로 선정할 필요가 있다고 인정하는 처분
③ 행정청은 청문이 시작되는 날부터 7일 전까지 청문 주재자에게 청문과 관련한 필요한 자료를 미리 통지하여야 한다(행정절차법 제28조 제3항).
④ 청문 주재자는 독립하여 공정하게 직무를 수행하며, 그 직무 수행을 이유로 본인의 의사에 반하여 신분상 어떠한 불이익도 받지 아니한다(행정절차법 제28조 제4항).

(5) 청문의 공개

청문은 당사자가 공개를 신청하거나 청문 주재자가 필요하다고 인정하는 경우 공개할 수 있다. 다만, 공익 또는 제3자의 정당한 이익을 현저히 해칠 우려가 있는 경우에는 공개하여서는 아니 된다(행정절차법 제30조).

기출 24

(6) 청문의 진행 및 종결 등

① 증거조사 : 청문 주재자는 직권으로 또는 당사자의 신청에 따라 필요한 조사를 할 수 있으며, 당사자등이 주장하지 아니한 사실에 대하여도 조사할 수 있다(행정절차법 제33조 제1항). 기출 24·18
② 청문의 종결 : 청문 주재자는 해당 사안에 대하여 당사자등의 의견진술, 증거조사가 충분히 이루어졌다고 인정하는 경우에는 청문을 마칠 수 있다(행정절차법 제35조 제1항). 청문 주재자는 당사자등의 전부 또는 일부가 정당한 사유 없이 청문기일에 출석하지 아니하거나 제31조 제3항에 따른 의견서를 제출하지 아니한 경우에는 이들에게 다시 의견진술 및 증거제출의 기회를 주지 아니하고 청문을 마칠 수 있다(행정절차법 제35조 제2항).
③ 청문의 재개 : 행정청은 청문을 마친 후 처분을 할 때까지 새로운 사정이 발견되어 청문을 재개(再開)할 필요가 있다고 인정할 때에는 제35조 제4항에 따라 받은 청문조서 등을 되돌려 보내고 청문의 재개를 명할 수 있다(행정절차법 제36조).

④ 청문결과의 반영 : 행정청은 처분을 할 때에 청문조서, 청문 주재자의 의견서, 그 밖의 관계 서류 등을 충분히 검토하고 상당한 이유가 있다고 인정하는 경우에는 청문결과를 반영하여야 한다(행정절차법 제35조의2).

⑤ 문서의 열람 또는 복사 : 당사자등은 의견제출의 경우에는 처분의 사전 통지가 있는 날부터 의견제출기한 까지, 청문의 경우에는 청문의 통지가 있는 날부터 청문이 끝날 때까지 행정청에 해당 사안의 조사결과에 관한 문서와 그 밖에 해당 처분과 관련되는 문서의 열람 또는 복사를 요청할 수 있다. 이 경우 행정청은 다른 법령에 따라 공개가 제한되는 경우를 제외하고는 그 요청을 거부할 수 없다(행정절차법 제37조 제1항). 기출 18

⑥ 비밀유지 : 누구든지 의견제출 또는 청문을 통하여 알게 된 사생활이나 경영상 또는 거래상의 비밀을 정당한 이유 없이 누설하거나 다른 목적으로 사용하여서는 아니 된다(행정절차법 제37조 제6항). 기출 24

(7) 청문절차의 하자

청문절차를 결여한 처분은 위법한 처분으로서 취소사유에 해당한다(대판 2007.11.16. 2005두15700).

5. 공청회 절차

(1) 의 의

공청회란 "행정청이 공개적인 토론을 통하여 어떠한 행정작용에 대하여 당사자 등, 전문지식과 경험을 가진 사람, 그 밖의 일반인으로부터 의견을 널리 수렴하는 절차"를 말한다(행정절차법 제2조 제6호).

(2) 인정 범위

① 행정청이 처분을 할 때, ㉠ 다른 법령등에서 공청회를 개최하도록 규정하고 있는 경우(제1호), ㉡ 해당 처분의 영향이 광범위하여 널리 의견을 수렴할 필요가 있다고 행정청이 인정하는 경우(제2호), ㉢ 국민생활에 큰 영향을 미치는 처분으로서 대통령령으로 정하는 처분에 대하여 대통령령으로 정하는 수 이상의 당사자등이 공청회 개최를 요구하는 경우(제3호) 중 어느 하나에 해당하는 경우에는 공청회를 개최한다(행정절차법 제22조 제2항). 또한 ④ 행정청은 입법안에 관하여 공청회를 개최할 수 있다(행정절차법 제45조). 기출 21

② 개별법에서 특별한 공청회 절차를 규정하고 있지 않은 경우에는 행정절차법상 공청회절차가 적용된다. 다만, 행정청이 개최하는 공청회가 아닌 경우에는 그러하지 아니하다(대판 2007.4.12. 2005두1893).

> 묘지공원과 화장장의 후보지를 선정하는 과정에서 서울특별시, 비영리법인, 일반 기업 등이 공동발족한 협의체인 추모공원건립추진협의회가 후보지 주민들의 의견을 청취하기 위하여 그 명의로 개최한 공청회는 행정청이 도시계획시설결정을 하면서 개최한 공청회가 아니므로, 위 공청회의 개최에 관하여 행정절차법에서 정한 절차를 준수하여야 하는 것은 아니라고 한 사례(대판 2007.4.12. 2005두1893).

(3) 공청회 개최의 알림

행정청은 공청회를 개최하려는 경우에는 공청회 개최 14일 전까지 일시 및 장소, 주요 내용 등의 사항을 당사자등에게 통지하고 관보, 공보, 인터넷 홈페이지 또는 일간신문 등에 공고하는 등의 방법으로 널리 알려야 한다(행정절차법 제38조). 기출 13

6. 의견제출 절차

(1) 의 의

의견제출이란 "행정청이 어떠한 행정작용을 하기 전에 당사자 등이 의견을 제시하는 절차로서 청문이나 공청회에 해당하지 아니하는 절차"를 말한다(행정절차법 제2조 제7호). 청문에 비하여 간단한 절차라는 점에서 의견제출을 '약식 청문절차'라고도 한다.

(2) 의견제출의 대상

① 행정청이 '당사자에게 의무를 부과하거나 권익을 제한하는 처분'을 할 때, 청문을 실시하거나 공청회를 개최하는 경우 외에는 '당사자 등'에게 의견제출의 기회를 주어야 한다(행정절차법 제22조 제3항).
② 청문이나 공청회와 달리 '당사자에게 의무를 부과하거나 권익을 제한하는 처분'에 한하여 의견제출 절차가 인정된다.
③ 의견제출의 대상이 되는 처분은 사전통지의 대상인 처분과 동일하다. 따라서 처분의 사전통지와 마찬가지로 ㉠ 신청에 대한 거부처분, ㉡ 처분의 직접 상대방에게 이익이 되지만 동시에 제3자의 권익을 침해하는 복효적 행정행위(제3자효 행정행위), ㉢ 불특정 다수인을 상대로 의무를 부과하거나 권익을 제한하는 처분은 모두 의견제출의 대상이 아니다.

> '고시'의 방법으로 불특정 다수인을 상대로 의무를 부과하거나 권익을 제한하는 처분은 성질상 의견제출의 기회를 주어야 하는 상대방을 특정할 수 없으므로, 이와 같은 처분에 있어서까지 구 행정절차법 제22조 제3항에 의하여 그 상대방에게 의견제출의 기회를 주어야 한다고 해석할 것은 아니다(대판 2014.10.27. 2012두7745).
> 기출 18

(3) 의견제출의 기회를 부여하지 않아도 되는 경우

의견청취(청문, 공청회, 의견제출) 절차를 거치지 않아도 되는 공통적인 예외사유인 ① 행정절차법 제21조 제4항 각 호의 사전통지의 예외사유에 해당하는 경우와 ② 당사자가 의견진술의 기회를 포기한다는 뜻을 명백히 표시한 경우(행정절차법 제22조 제4항) 외에도 ③ 다른 법령 등에서 청문이나 공청회를 개최하도록 규정하고 있거나 행정청이 필요하다고 인정하여 청문을 실시하거나 공청회를 개최하는 경우에는 의견제출의 기회를 부여하지 않아도 된다(행정절차법 제22조 제3항).

(4) 의견제출자 : '당사자등'

행정절차법은 '당사자 등'을 사전통지 및 의견제출 기회 부여의 대상으로 규정하고 있다. 여기에서 '당사자 등'이란 행정청의 처분에 대하여 직접 그 상대가 되는 '당사자'와 '행정청이 직권으로 또는 신청에 따라 행정절차에 참여하게 한 이해관계인'을 말한다(행정절차법 제2조 제4호). 기출 18 따라서 처분에 이해관계 있는 자라 하더라도 행정청이 직권으로 또는 신청에 따라 행정절차에 참여하게 하지 않은 이상 '당사자 등'에 포함되지 않는다(대판 2009.4.23. 2008두686).

(5) 의견제출의 방식

'당사자등'은 '처분 전에' 그 처분의 관할 행정청에 서면이나 말로 또는 정보통신망을 이용하여 의견제출을 할 수 있다(행정절차법 제27조 제1항). '당사자등'은 의견제출을 하는 경우 그 주장을 입증하기 위한 증거자료 등을 첨부할 수 있다(제2항). 당사자등이 정당한 이유 없이 의견제출기한까지 의견제출을 하지 아니한 경우에는 의견이 없는 것으로 본다(제4항).

(6) 제출의견의 반영

행정청은 처분을 할 때에 당사자 등이 제출한 의견이 상당한 이유가 있다고 인정하는 경우에는 이를 반영하여야 한다(행정절차법 제27조의2 제1항). 다만, 제출된 의견이 법적으로 행정청을 기속하지는 않는다(대판 1995.12.22. 95누30 참조). 행정청은 당사자등이 제출한 의견을 반영하지 아니하고 처분을 한 경우 당사자등이 처분이 있음을 안 날부터 90일 이내에 그 이유의 설명을 요청하면 서면으로 그 이유를 알려야 한다. 다만, 당사자등이 동의하면 말, 정보통신망 또는 그 밖의 방법으로 알릴 수 있다(제2항).

(7) 의견제출 절차의 하자

판례는 "행정청이 침해적 행정처분을 함에 있어서 당사자에게 처분의 사전통지를 하지 않거나 의견제출의 기회를 주지 않은 경우, 처분의 사전통지를 하지 않거나 의견제출의 기회를 주지 아니하여도 되는 예외적인 경우에 해당하지 않는 한, 그 처분은 위법하여 취소를 면할 수 없다"고 하여(대판 2000.11.14. 99두5870; 대판 2007.9.21. 2006두20631), 의견제출 절차의 하자를 취소사유로 본다.

제3관 | 기타의 절차

I   행정지도의 절차

행정절차법은 제48조 이하에서 행정지도의 원칙(동법 제48조), 행정지도의 방식(동법 제49조), 의견제출(동법 제50조), 다수인을 대상으로 하는 행정지도(동법 제51조) 등을 규정하고 있다. 기출 22

II   행정상 입법예고의 절차

1. 행정상 입법예고의 대상과 예외

> **행정절차법 제41조(행정상 입법예고)**
> ① 법령등을 제정·개정 또는 폐지하려는 경우에는 해당 입법안을 마련한 행정청은 이를 예고하여야 한다. 다만, 다음 각 호의 어느 하나에 해당하는 경우에는 예고를 하지 아니할 수 있다.
>   1. 신속한 국민의 권리 보호 또는 예측 곤란한 특별한 사정의 발생 등으로 입법이 긴급을 요하는 경우
>   2. 상위 법령등의 단순한 집행을 위한 경우 기출 17
>   3. 입법내용이 국민의 권리·의무 또는 일상생활과 관련이 없는 경우 기출 15
>   4. 단순한 표현·자구를 변경하는 경우 등 입법내용의 성질상 예고의 필요가 없거나 곤란하다고 판단되는 경우
>   5. 예고함이 공공의 안전 또는 복리를 현저히 해칠 우려가 있는 경우
> ③ 법제처장은 입법예고를 하지 아니한 법령안의 심사 요청을 받은 경우에 입법예고를 하는 것이 적당하다고 판단할 때에는 해당 행정청에 입법예고를 권고하거나 직접 예고할 수 있다.
> ④ 입법안을 마련한 행정청은 입법예고 후 예고내용에 국민생활과 직접 관련된 내용이 추가되는 등 대통령령으로 정하는 중요한 변경이 발생하는 경우에는 해당 부분에 대한 입법예고를 다시 하여야 한다. 다만, 제1항 각 호의 어느 하나에 해당하는 경우에는 예고를 하지 아니할 수 있다.
> ⑤ 입법예고의 기준·절차 등에 관하여 필요한 사항은 대통령령으로 정한다. 기출 15

2. 행정상 입법예고의 절차

① 입법예고기간은 예고할 때 정하되, 특별한 사정이 없으면 40일(자치법규는 20일) 이상으로 한다(행정절차법 제43조). 기출 17·15
② 누구든지 예고된 입법안에 대하여 의견을 제출할 수 있다(행정절차법 제44조 제1항). 기출 17
③ 행정청은 예고된 입법안의 전문에 대한 열람 또는 복사를 요청받았을 때에는 특별한 사유가 없으면 그 요청에 따라야 한다(행정절차법 제42조 제5항). 기출 15
④ 행정청은 입법안에 관하여 공청회를 개최할 수 있다(행정절차법 제45조 제1항).

Ⅲ 행정청의 관할과 협조 및 행정응원

1. 행정청의 관할

① 행정청이 그 관할에 속하지 아니하는 사안을 접수하였거나 이송받은 경우에는 지체 없이 이를 관할 행정청에 이송하여야 하고 그 사실을 신청인에게 통지하여야 한다. 행정청이 접수하거나 이송받은 후 관할이 변경된 경우에도 또한 같다(행정절차법 제6조 제1항). 기출 23
② 행정청의 관할이 분명하지 아니한 경우에는 해당 행정청을 공통으로 감독하는 상급 행정청이 그 관할을 결정하며, 공통으로 감독하는 상급 행정청이 없는 경우에는 각 상급 행정청이 협의하여 그 관할을 결정한다(행정절차법 제6조 제2항). 기출 23

2. 행정청 간의 협조

> **행정절차법 제7조(행정청 간의 협조 등)**
> ① 행정청은 행정의 원활한 수행을 위하여 서로 협조하여야 한다.
> ② 행정청은 업무의 효율성을 높이고 행정서비스에 대한 국민의 만족도를 높이기 위하여 필요한 경우 행정협업(다른 행정청과 공동의 목표를 설정하고 행정청 상호 간의 기능을 연계하거나 시설·장비 및 정보 등을 공동으로 활용하는 것을 말한다. 이하 같다)의 방식으로 적극적으로 협조하여야 한다.
> ③ 행정청은 행정협업을 활성화하기 위한 시책을 마련하고 그 추진에 필요한 행정적·재정적 지원방안을 마련하여야 한다.

3. 행정응원

> **행정절차법 제8조(행정응원)**
> ① 행정청은 다음 각 호의 어느 하나에 해당하는 경우에는 다른 행정청에 행정응원(行政應援)을 요청할 수 있다.
>   1. 법령등의 이유로 독자적인 직무 수행이 어려운 경우 기출 25
>   2. 인원·장비의 부족 등 사실상의 이유로 독자적인 직무 수행이 어려운 경우 기출 25
>   3. 다른 행정청에 소속되어 있는 전문기관의 협조가 필요한 경우 기출 25

> 4. 다른 행정청이 관리하고 있는 문서(전자문서를 포함한다. 이하 같다)·통계 등 행정자료가 직무 수행을 위하여 필요한 경우
> 5. 다른 행정청의 응원을 받아 처리하는 것이 보다 능률적이고 경제적인 경우 기출 25
> ② 제1항에 따라 행정응원을 요청받은 행정청은 다음 각 호의 어느 하나에 해당하는 경우에는 응원을 거부할 수 있다.
> 1. 다른 행정청이 보다 능률적이거나 경제적으로 응원할 수 있는 명백한 이유가 있는 경우
> 2. 행정응원으로 인하여 고유의 직무 수행이 현저히 지장받을 것으로 인정되는 명백한 이유가 있는 경우
> ③ 행정응원은 해당 직무를 직접 응원할 수 있는 행정청에 요청하여야 한다.
> ④ 행정응원을 요청받은 행정청은 응원을 거부하는 경우 그 사유를 응원을 요청한 행정청에 통지하여야 한다. 기출 23
> ⑤ 행정응원을 위하여 파견된 직원은 응원을 요청한 행정청의 지휘·감독을 받는다. 다만, 해당 직원의 복무에 관하여 다른 법령등에 특별한 규정이 있는 경우에는 그에 따른다.
> ⑥ 행정응원에 드는 비용은 응원을 요청한 행정청이 부담하며, 그 부담금액 및 부담방법은 응원을 요청한 행정청과 응원을 하는 행정청이 협의하여 결정한다. 기출 23

Ⅳ 행정절차법상 송달 및 기간·기한

1. 송달방법

① 송달은 우편, 교부 또는 정보통신망 이용 등의 방법으로 하되, 송달받을 자(대표자 또는 대리인을 포함한다. 이하 같다)의 주소·거소·영업소·사무소 또는 전자우편주소로 한다. 다만, 송달받을 자가 동의하는 경우에는 그를 만나는 장소에서 송달할 수 있다(행정절차법 제14조 제1항).

② **교부송달 및 유치송달** : 교부에 의한 송달은 수령확인서를 받고 문서를 교부함으로써 하며, 송달하는 장소에서 송달받을 자를 만나지 못한 경우에는 그 사무원·피용자 또는 동거인으로서 사리를 분별할 지능이 있는 사람에게 문서를 교부할 수 있다(교부송달). 다만, 문서를 송달받을 자 또는 그 사무원등이 정당한 사유 없이 송달받기를 거부하는 때에는 그 사실을 수령확인서에 적고, 문서를 송달할 장소에 놓아둘 수 있다(유치송달)(행정절차법 제14조 제2항).

③ **전자우편송달** : 정보통신망을 이용한 송달은 송달받을 자가 동의하는 경우에만 한다. 이 경우 송달받을 자는 송달받을 전자우편주소 등을 지정하여야 한다(행정절차법 제14조 제3항). 기출 23

④ **공시송달(공고에 의한 송달)** : 송달받을 자의 주소등을 통상적인 방법으로 확인할 수 없는 경우 또는 송달이 불가능한 경우에는 송달받을 자가 알기 쉽도록 관보, 공보, 게시판, 일간신문 중 하나 이상에 공고하고 인터넷에도 공고하여야 한다(행정절차법 제14조 제4항). 공고를 할 때에는 민감정보 및 고유식별정보 등 송달받을 자의 개인정보를 「개인정보 보호법」에 따라 보호하여야 한다(제14조 제5항).

⑤ 행정청은 송달하는 문서의 명칭, 송달받는 자의 성명 또는 명칭, 발송방법 및 발송 연월일을 확인할 수 있는 기록을 보존하여야 한다(행정절차법 제14조 제6항). 기출 23

2. 송달의 효력 발생

① 도달주의 : 송달은 다른 법령등에 특별한 규정이 있는 경우를 제외하고는 해당 문서가 송달받을 자에게 도달됨으로써 그 효력이 발생한다(행정절차법 제15조 제1항). 기출 23
② 행정절차법 제14조 제3항에 따라 정보통신망을 이용하여 전자문서로 송달하는 경우에는 송달받을 자가 지정한 컴퓨터 등에 입력된 때에 도달된 것으로 본다(행정절차법 제15조 제2항).
③ 제14조 제4항의 경우(공시송달, 공고에 의한 송달)에는 다른 법령등에 특별한 규정이 있는 경우를 제외하고는 공고일부터 14일이 지난 때에 그 효력이 발생한다. 다만, 긴급히 시행하여야 할 특별한 사유가 있어 효력 발생 시기를 달리 정하여 공고한 경우에는 그에 따른다(행정절차법 제15조 제2항).

3. 기간 및 기한의 특례

① 천재지변이나 그 밖에 당사자등에게 책임이 없는 사유로 기간 및 기한을 지킬 수 없는 경우에는 그 사유가 끝나는 날까지 기간의 진행이 정지된다(행정절차법 제16조 제1항). 기출 23
② 외국에 거주하거나 체류하는 자에 대한 기간 및 기한은 행정청이 그 우편이나 통신에 걸리는 일수(日數)를 고려하여 정하여야 한다(행정절차법 제16조 제2항). 기출 23

제4관 | 인허가의제제도

I 의의 및 취지

① 하나의 인허가(주된 인허가)를 받으면 법률로 정하는 바에 따라 그와 관련된 다른 허가, 인가, 특허, 신고 또는 등록 등 여러 인허가(관련 인허가, 이하 '인허가 등'이라 한다)를 받은 것으로 간주하는 것을 인허가의제제도라 한다(행정기본법 제24조 제1항 참조). 건축신고처럼 신고로 허가가 의제되는 경우도 있다.
② 인허가의제제도는 복합민원의 일종으로 주된 인허가의 관할 행정청으로 창구를 단일화하고 절차를 간소화하여 민원인이 비용과 시간을 절감하고 관련 인허가를 신속하게 받을 수 있도록 하기 위한 것이라는 것이 판례의 입장이다(원스톱 서비스 기능)(대판 2011.1.20. 2010두14954[전합]).
③ 인허가 의제 제도는 사업시행자의 이익을 위하여 만들어진 것이므로, 사업시행자가 반드시 관련 인허가 의제 처리를 신청할 의무가 있는 것은 아니다(대판 2020.7.23. 2019두31839). 기출 25

II 인허가의제의 근거 및 대상

① 인허가의제는 행정기관의 권한에 변경을 가져오므로 법률에 명시적인 근거가 있어야 하며, 인허가가 의제되는 범위도 법률에 명시되어야 한다. 따라서 명시적인 명문의 규정이 없는 한 '의제의 의제'(의제되는 허가에 의해 다른 인허가가 재차 의제되는 것)는 인정되지 않는다.
② 통상 의제되는 관련 인허가는 주된 인허가를 규율하는 법률에 열거되어 있다. 예를 들면, 건축법 제11조 제5항은 건축허가를 받은 경우 「국토의 계획 및 이용에 관한 법률」 제56조에 따른 개발행위허가, 농지법 제34조 제1항에 따른 농지전용허가를 포함하여 23개의 인허가 등을 받은 것으로 의제하고 있다.

Ⅲ 인허가절차

> **행정기본법 제24조(인허가의제의 기준)**
> ① 이 절에서 "인허가의제"란 하나의 인허가(이하 "주된 인허가"라 한다)를 받으면 법률로 정하는 바에 따라 그와 관련된 여러 인허가(이하 "관련 인허가"라 한다)를 받은 것으로 보는 것을 말한다.
> ② 인허가의제를 받으려면 주된 인허가를 신청할 때 관련 인허가에 필요한 서류를 함께 제출하여야 한다. 다만, 불가피한 사유로 함께 제출할 수 없는 경우에는 주된 인허가 행정청이 별도로 정하는 기한까지 제출할 수 있다. 기출 25
> ③ 주된 인허가 행정청은 주된 인허가를 하기 전에 관련 인허가에 관하여 미리 관련 인허가 행정청과 협의하여야 한다. 기출 25
> ④ 관련 인허가 행정청은 제3항에 따른 협의를 요청받으면 그 요청을 받은 날부터 20일 이내(제5항 단서에 따른 절차에 걸리는 기간은 제외한다)에 의견을 제출하여야 한다. 이 경우 전단에서 정한 기간(민원 처리 관련 법령에 따라 의견을 제출하여야 하는 기간을 연장한 경우에는 그 연장한 기간을 말한다) 내에 협의 여부에 관하여 의견을 제출하지 아니하면 협의가 된 것으로 본다.
> ⑤ 제3항에 따라 협의를 요청받은 관련 인허가 행정청은 해당 법령을 위반하여 협의에 응해서는 아니 된다. 다만, 관련 인허가에 필요한 심의, 의견 청취 등 절차에 관하여는 법률에 인허가의제 시에도 해당 절차를 거친다는 명시적인 규정이 있는 경우에만 이를 거친다.

1. 서류의 동시 제출

인허가의제를 받으려면 주된 인허가를 신청할 때 관련 인허가에 필요한 서류를 함께 제출하도록 하는 것이 원칙이다(행정기본법 제24조 제2항 본문). 기출 25·24 다만, '불가피한 사유'로 관련 인허가에 필요한 서류를 함께 제출할 수 없는 경우에는 주된 인허가 행정청이 별도로 정하는 기한까지 이를 제출할 수 있다(제24조 제2항 단서). 여기서 '불가피한 사유'는 선행하는 절차 또는 처분을 거치고 있거나 거치지 않은 등으로 사실상 관련 서류를 제출할 수 없는 경우를 말한다[예 사업시행계획인가를 신청한 때에 시공자가 선정되어 있지 아니하여 관계서류를 제출할 수 없는 경우(도시 및 주거환경정비법 제57조 제3항)].

2. 관련 인허가 행정청과의 협의

주된 인허가 행정청은 주된 인허가를 하기 전에 관련 인허가에 관하여 미리 관련 인허가 행정청과 협의하여야 한다(행정기본법 제24조 제3항). 기출 25·24 이 규정은 훈시규정이 아니라 필요적 규정이며 강제규정으로 주된 인허가를 하기 전에 관련 인허가 행정청과 협의를 하지 않으면 위법이 된다. 따라서 주된 인허가 행정청은 적극적으로 협의를 진행하여야 한다.

3. 절차의 집중

① 판례는 신청된 주된 인허가절차만 거치면 되고 의제되는 관련 인허가의 절차를 거칠 필요는 없다는 견해(절차집중설)를 취하고 있다(대판 1992.11.10. 92누1162; 대판 2018.11.29. 2016두38792).
② 행정기본법은 "관련 인허가에 필요한 심의, 의견 청취 등 절차에 관하여는 법률에 인허가의제 시에도 해당 절차를 거친다는 명시적인 규정이 있는 경우에만 이를 거친다"는 점을 분명히 하여, 입법적으로 해결하였다(행정기본법 제24조 제5항 단서). 따라서 원칙적으로 관련 인허가의 절차적 요건은 거치지 않아도 되고(절차집중 긍정), '법률'에서 특별히 관련 인허가의 절차도 거치도록 명시적으로 규정하고 있는 경우에는 관련 인허가의 절차도 거쳐야 한다(절차집중 부정). 여기서 '법률'은 주된 인허가를 규정하는 법률과 관련 인허가를 규정하는 법률 중 어느 것이든 상관없다.

Ⅳ 인허가요건의 판단방식

① 건축법에서 인허가의제 제도를 둔 취지는 인허가의제사항과 관련하여 건축허가의 관할 행정청으로 창구를 단일화하고 절차를 간소화하며 비용과 시간을 절감함으로써 국민의 권익을 보호하려는 것이지, 인허가의제 사항 관련 법률에 따른 각각의 인허가 요건에 관한 일체의 심사를 배제하려는 것으로 보기는 어려우므로, 도시계획시설인 주차장에 대한 건축허가신청을 받은 행정청으로서는 건축법상 허가 요건뿐 아니라 국토의 계획 및 이용에 관한 법령이 정한 도시계획시설사업에 관한 실시계획인가 요건도 충족하는 경우에 한하여 이를 허가해야 한다(대판 2015.7.9. 2015두39590). 기출 19

② 행정기본법은 "주된 인허가 행정청으로부터 협의 요청을 받은 관련 인허가 행정청은 해당 법령을 위반하여 협의에 응해서는 아니 된다"라고 규정함으로써(행정기본법 제24조 제5항 본문), 해당 법령에서 정한 관련 인허가의 실체적 요건을 충족한 경우에만 협의를 해주도록 하였는바, 이는 종래의 판례의 입장(실체집중부정설)을 입법에 반영한 것이라 할 수 있다. 기출 24

Ⅴ 주된 인허가의 효력

> **행정기본법 제25조(인허가의제의 효과)**
> ① 제24조 제3항·제4항에 따라 협의가 된 사항에 대해서는 주된 인허가를 받았을 때 관련 인허가를 받은 것으로 본다.
> ② 인허가의제의 효과는 주된 인허가의 해당 법률에 규정된 관련 인허가에 한정된다. 기출 25

1. 관련 인허가 등의 의제 효과 발생(집중효)

주된 인허가 행정청과 관련 인허가 행정청 사이에 관련 인허가에 관하여 협의된 사항(협의가 이루어졌거나 협의가 된 것으로 간주된 사항)에 한하여 인허가의제의 효과가 발생한다(행정기본법 제25조 제1항). 기출 24 따라서 인허가의제가 인정되는 경우에도 관련 모든 인허가의제 사항에 관하여 관계 행정기관의 장과 일괄하여 사전 협의를 거칠 것을 요건으로 하는 것은 아니라고 할 것이다(대판 2012.2.9. 2009두16305).

2. 인허가의제 시 의제되는 관련 인허가를 규율하는 다른 법규정의 적용 여부

주된 인허가에 관한 사항을 규정하고 있는 어떠한 법률(A법률)에서 주된 인허가가 있으면 다른 법률(B법률)에 의한 인허가를 받은 것으로 의제한다는 규정을 둔 경우에는, 주된 인허가가 있으면 다른 법률(B법률)에 의한 인허가가 있는 것으로 보는 데 그치는 것이고, 그에서 더 나아가 다른 법률(B법률)에 의하여 인허가를 받았음을 전제로 한 다른 법률(B법률)의 모든 규정들까지 적용되는 것은 아니다(대판 2004.7.22. 2004다19715; 대판 2016.11.24. 2014두47686).

3. 인허가의제의 사후관리

인허가의제의 경우 관련 인허가 행정청은 관련 인허가를 직접 한 것으로 보아 관계 법령에 따른 관리·감독 등 필요한 조치를 하여야 한다(행정기본법 제26조 제1항). 기출 25·24

Ⅵ 인허가의제제도에서 민원인 또는 제3자의 불복방법

1. 주된 인허가를 신청한 민원인의 불복 방법

① 판례는 '주된 인허가의 신청 자체에 대한 거부처분'이 있는 경우와 주된 인허가의 신청이 받아들여진 후 주된 인허가로 '의제된 관련 인허가가 취소'된 경우를 달리 판단한다.

② 주된 인허가(예 건축허가)의 신청에 대한 거부처분의 경우 : 행정청이 주된 인허가의 거부처분 사유로 관련 인허가(예 토지형질변경허가, 농지전용허가)의 요건을 충족하지 못함을 들고 있는 경우에도 이를 다투기 위해서는 주된 인허가의 거부처분(예 건축허가 거부처분)을 대상으로 항고소송을 제기하여야 한다(대판 2001.1.16. 99두10988).

③ 주된 인허가(예 사업계획승인)로 의제된 관련 인허가의 하나인 산지전용허가의 취소처분이 있은 후, 이어서 주된 인허가(예 사업계획승인)의 취소처분이 있는 경우 : 의제된 관련 인허가의 취소와 주된 인허가의 취소가 대상과 범위를 달리하는 이상, 주된 인허가의 취소처분과 별도로 의제된 관련 인허가의 취소처분을 다툴 수 있다(대판 2018.7.12. 2017두48734).

2. 의제된 관련 인허가 처분으로 인하여 권익을 침해받은 제3자(이해관계인)의 불복방법

① 의제된 관련 인허가 처분으로 인하여 권익을 침해받은 '제3자'가 다투고자 하는 경우, 주된 인허가처분을 대상으로 해야 하는지 아니면 의제된 관련 인허가처분을 다투어야 하는지가 문제된다.

② 판례는 이해관계인이 의제된 관련 인허가가 위법함을 다투고자 하는 경우, 원칙적으로 주된 인허가처분(예 주택건설사업계획승인처분)이 아니라 의제된 관련 인허가(예 지구단위계획결정)를 항고소송의 대상으로 삼아야 한다고 하며, 의제된 관련 인허가는 주된 인허가와 별도로 항고소송의 대상이 되는 처분에 해당한다고 본다(대판 2018.11.29. 2016두38792).

③ 다만, 인허가 의제대상이 되는 처분의 공시방법에 관한 하자가 있다고 하더라도, 그로써 해당 인허가 등 의제의 효과가 발생하지 않을 여지가 있게 될 뿐이고, 그러한 사정이 주된 행정처분인 주택건설사업계획 승인처분 자체의 위법사유가 될 수는 없다고 본다(대판 2017.9.12. 2017두45131).

제5관 | 절차의 하자

I 절차의 하자의 독자적 위법성

① 행정처분에 절차상 하자(위법)이가 있는 경우에 절차상 하자(위법)가 해당 행정처분의 독자적 위법사유(취소 또는 무효사유)가 되는지가 문제된다.
② 절차적 하자만으로 독자적 취소사유가 된다는 것이 학설·판례의 일반적인 태도이다. 기출 20
③ 판례는 재량행위의 경우뿐만 아니라 기속행위에 있어서도 절차의 하자는 독자적 위법사유가 된다고 본다(대판 1991.7.9. 91누971; 대판 1983.7.26. 82누420).

II 절차의 하자의 위법성의 정도

① 행정절차법은 절차상 하자있는 행정처분의 법적 효력에 관한 명문의 규정을 두고 있지 아니하여 이에 대하여는 학설, 판례에 맡겨져 있다.
② 판례는 ㉠ 이유제시의 하자를 취소사유로 보고(대판 1985.4.9. 84누431), ㉡ 청문절차의 하자를 취소사유로 보며(대판 2007.11.16. 2005두15700), ㉢ 사전통지를 누락하거나 의견 제출 기회를 주지 않은 하자를 취소사유로 봄으로써(대판 2000.11.14. 99두5870; 대판 2016.10.27. 2016두41811), 절차상 하자있는 행정행위의 효력을 통상 취소사유로 보고 있다.
기출 13

III 절차의 하자의 치유

① 하자의 치유가 주로 인정되는 것은 절차와 형식의 하자의 경우이다. 예를 들면, 이유제시의 하자는 절차상 하자로 치유의 대상이 된다(대판 1984.4.10. 83누393). 기출 20 내용상 하자의 치유는 인정되지 않는다(대판 1991.5.28. 90누1359).
② 하자 있는 행정행위의 치유는 행정행위의 성질이나 법치주의의 관점에서 볼 때 원칙적으로 허용될 수 없는 것이고, 예외적으로 행정행위의 무용한 반복을 피하고 당사자의 법적 안정성을 위해 이를 허용할 수 있는 것인데 이때에도 다른 국민의 권리나 이익을 침해하지 않는 범위에서 구체적 사정에 따라 합목적적으로 인정하여야 할 것이다(대판 1983.7.26. 82누420).
③ 행정행위의 하자가 치유되면 그 행정행위는 하자의 보완시가 아니라 처음부터 적법한 행정행위로 효력을 발생하게 된다. 즉, 하자의 치유에는 소급효가 인정된다.

IV 절차의 하자로 인한 취소판결의 기속력

판례는 과세절차의 하자로 과세처분의 취소판결이 확정된 후 과세관청이 그 하자를 보완하여 새로운 과세처분을 하는 것이 확정판결의 기속력에 저촉되지도 않는다고 한다(대판 1987.2.10. 86누91).

제2절 정보공개제도와 개인정보 보호제도

제1관 | 정보공개제도

I 개설

1. 정보공개청구권자

(1) 모든 국민

① 모든 국민은 정보의 공개를 청구할 권리를 가진다(정보공개법 제5조 제1항). 기출 16

② 공공기관의 정보공개에 관한 법률 제6조 제1항은 "모든 국민은 정보의 공개를 청구할 권리를 가진다."고 규정하고 있는데, 여기에서 말하는 국민에는 자연인은 물론 법인, 권리능력 없는 사단·재단도 포함되고, 법인, 권리능력 없는 사단·재단 등의 경우에는 설립목적을 불문한다(대판 2003.12.12. 2003두8050). 기출 19·16·15·14·13

③ 지방자치단체는 정보공개법 제5조에서 정한 정보공개청구권자인 '국민'에 해당되지 아니한다(서울행법 2005.10.2. 2005구합10484[확정]).

④ 국민의 정보공개청구권은 법률상 보호되는 구체적인 권리이므로(정보공개법 제5조 제1항), 정보공개청구의 목적에는 특별한 제한이 없고, 공익을 위한 정보공개청구도 인정된다(대판 2003.12.12. 2003두8050 참조). 기출 17·14

(2) 외국인

일정한 요건을 갖춘 외국인도 정보공개청구권이 인정된다. 즉, 외국인 중 국내에 일정한 주소를 두고 거주하거나 학술·연구를 위하여 일시적으로 체류하는 사람(제1호), 국내에 사무소를 두고 있는 법인 또는 단체(제2호)는 정보공개를 청구할 수 있는 외국인에 해당한다(정보공개법 제5조 제2항, 동법 시행령 제3조). 기출 22·15

2. 정보공개의 원칙

① 정보공개법 제3조는 "공공기관이 보유·관리하는 정보는 국민의 알권리 보장 등을 위하여 정보공개법이 정하는 바에 따라 적극적으로 공개하여야 한다"라고 하여 정보공개의 원칙을 천명하고 있다. 또한 정보공개법 제9조가 예외적인 비공개사유를 열거하고 있다. 이러한 점에 비추어 보면, 국민으로부터 보유·관리하는 정보에 대한 공개를 요구받은 공공기관으로서는 정보공개법 제9조 제1항 각 호에서 정하고 있는 비공개사유에 해당하지 않는 한 이를 공개하여야 한다(대판 2009.12.10. 2009두12785).

② 「공공기관의 정보공개에 관한 법률」(약칭 : 정보공개법)은 비공개대상정보에 해당하지 않는 한 공공기관이 보유·관리하는 정보는 공개 대상이 된다고 규정하고 있을 뿐(제9조 제1항) 정보공개 청구권자가 공개를 청구하는 정보와 어떤 관련성을 가질 것을 요구하거나 정보공개청구의 목적에 특별한 제한을 두고 있지 아니하므로 정보공개 청구권자의 권리구제 가능성 등은 정보의 공개 여부 결정에 아무런 영향을 미치지 못한다(대판 2017.9.7. 2017두44558). 기출 22

Ⅱ 정보공개의 대상이 되는 정보 : 공공기관이 보유·관리하는 정보

1. 공공기관의 범위

> **공공기관의 정보공개에 관한 법률(약칭 : 정보공개법) 제2조(정의)**
> 이 법에서 사용하는 용어의 뜻은 다음과 같다.
>   3. "공공기관"이란 다음 각 목의 기관을 말한다.
>   가. 국가기관
>   1) 국회, 법원, 헌법재판소, 중앙선거관리위원회 기출 17
>   2) 중앙행정기관(대통령 소속 기관과 국무총리 소속 기관을 포함한다) 및 그 소속 기관
>   3) 「행정기관 소속 위원회의 설치·운영에 관한 법률」에 따른 위원회
>   나. 지방자치단체 기출 17
>   다. 「공공기관의 운영에 관한 법률」 제2조에 따른 공공기관(예 한국방송공사[KBS]) 기출 17
>   라. 「지방공기업법」에 따른 지방공사 및 지방공단 기출 17
>   마. 그 밖에 대통령령으로 정하는 기관
>
> **공공기관의 정보공개에 관한 법률 시행령 제2조(공공기관의 범위)**
> 「공공기관의 정보공개에 관한 법률」(이하 "법"이라 한다) 제2조 제3호 마목에서 "대통령령으로 정하는 기관"이란 다음 각 호의 기관 또는 단체를 말한다. 〈개정 2021.6.22.〉
>   1. 「유아교육법」, 「초·중등교육법」, 「고등교육법」에 따른 각급 학교 또는 그 밖의 다른 법률에 따라 설치된 학교 기출 17
>   4. 특별법에 따라 설립된 특수법인
>   5. 「사회복지사업법」 제42조 제1항에 따라 국가나 지방자치단체로부터 보조금을 받는 사회복지법인과 사회복지사업을 하는 비영리법인

① 한국증권업협회는 정보를 공개할 의무가 있는 공공기관 중 하나인 '특별법에 의하여 설립된 특수법인'에 해당하지 아니한다(대판 2010.4.29. 2008두5643). 기출 17

② 고등교육법에 따른 대학은 정보공개의무를 지는 공공기관에 해당한다. 사립대학교도 정보공개 의무기관인 공공기관에 해당한다(대판 2006.8.24. 2004두2783). 기출 21·19·17·16

> 구 공공기관의 정보공개에 관한 법률 제2조 제3호는 '공공기관'이란 국가, 지방자치단체, 정부투자기관관리기본법 제2조의 규정에 의한 정부투자기관 기타 대통령령이 정하는 기관을 말한다고 규정하고 있고, 같은 법 시행령 제2조 제1호는 대통령령이 정하는 기관에 초·중등교육법 및 고등교육법 기타 다른 법률에 의하여 설치된 각급 학교를 포함시키고 있어, 사립대학교는 정보공개 의무기관인 공공기관에 해당하게 되었다(대판 2006.8.24. 2004두2783). 기출 19·17·16

2. 공공기관의 보유·관리하고 있는 정보

① 공개청구의 대상이 되는 정보란 공공기관이 직무상 작성 또는 취득하여 관리하고 있는 문서(전자문서를 포함한다) 및 전자매체를 비롯한 모든 형태의 매체 등에 기록된 사항을 말한다(제2조 제1호). 공개청구의 대상이 되는 문서가 반드시 원본일 필요는 없다(대판 2006.5.25. 2006두3049). 기출 22·19·15·14

② 공개청구자가 특정한 바와 같은 정보를 공공기관이 보유·관리하고 있지 않은 경우라면 특별한 사정이 없는 한 해당 정보에 대한 공개거부처분에 대하여는 취소를 구할 법률상 이익이 없다(대판 2013.1.24. 2010두18918). 기출 15

③ 공개청구자는 그가 공개를 구하는 정보를 공공기관이 보유·관리하고 있을 상당한 개연성이 있다는 점에 대하여 입증할 책임이 있으나, 공개를 구하는 정보를 공공기관이 한때 보유·관리하였으나 후에 그 정보가 담긴 문서들이 폐기되어 존재하지 않게 된 것이라면 그 정보를 더 이상 보유·관리하고 있지 않다는 점에 대한 증명책임은 공공기관에 있다(대판 2013.1.24. 2010두18918). 기출 16

④ 인터넷 등에 '이미 공개된 정보'라도 공개청구의 대상이 되며(대판 2010.2.11. 2009두6001), 공공기관이 사경제주체의 지위에서 행한 사업과 관련된 정보라도 공개청구의 대상이 된다(대판 2007.6.1. 2006두20587 참조).

3. 비공개대상 정보

(1) 의 의

비공개대상 정보란 공공기관이 공개를 거부할 수 있는 정보를 말한다. 비공개대상 정보가 비밀정보나 공개가 금지되는 정보를 의미하는 것은 아니며, 행정기관이 '공개하지 않을 수 있는 정보'를 말한다. 따라서 비공개정보에 해당한다고 하여 공공기관이 반드시 공개를 거부해야 하는 것은 아니다. 비공개대상 정보는 공익 또는 타인의 권익을 보호하기 위하여 인정되는 것이므로, 정보의 비공개 여부는 해당 정보의 공개로 달성될 수 있는 공익 및 사익이익과 비공개로 하여야 할 공익 및 사익이익을 이익형량하여 결정하여야 한다(대판 2009.12.10. 2009두12785).

(2) 비공개대상 정보의 종류 및 내용

1) 정보공개법상 비공개대상정보

> **공공기관의 정보공개에 관한 법률 제9조(비공개 대상 정보)**
> ① 공공기관이 보유·관리하는 정보는 공개 대상이 된다. 다만, 다음 각 호의 어느 하나에 해당하는 정보는 공개하지 아니할 수 있다.
>   1. 다른 법률 또는 법률에서 위임한 명령(국회규칙·대법원규칙·헌법재판소규칙·중앙선거관리위원회규칙·대통령령 및 조례로 한정한다)에 따라 비밀이나 비공개 사항으로 규정된 정보
>   2. 국가안전보장·국방·통일·외교관계 등에 관한 사항으로서 공개될 경우 국가의 중대한 이익을 현저히 해칠 우려가 있다고 인정되는 정보
>   3. 공개될 경우 국민의 생명·신체 및 재산의 보호에 현저한 지장을 초래할 우려가 있다고 인정되는 정보
>   4. 진행 중인 재판에 관련된 정보와 범죄의 예방, 수사, 공소의 제기 및 유지, 형의 집행, 교정(矯正), 보안처분에 관한 사항으로서 공개될 경우 그 직무수행을 현저히 곤란하게 하거나 형사피고인의 공정한 재판을 받을 권리를 침해한다고 인정할 만한 상당한 이유가 있는 정보

5. 감사·감독·검사·시험·규제·입찰계약·기술개발·인사관리에 관한 사항이나 의사결정 과정 또는 내부검토 과정에 있는 사항 등으로서 <u>공개될 경우 업무의 공정한 수행이나 연구·개발에 현저한 지장을 초래한다고 인정할 만한 상당한 이유가 있는 정보</u>. 다만, 의사결정 과정 또는 내부검토 과정을 이유로 비공개할 경우에는 제13조 제5항에 따라 통지를 할 때 의사결정 과정 또는 내부검토 과정의 단계 및 종료 예정일을 함께 안내하여야 하며, 의사결정 과정 및 내부검토 과정이 종료되면 제10조에 따른 청구인에게 이를 통지하여야 한다. [시행일 : 2021.6.23.] 제9조 제1항 제5호 단서
6. 해당 정보에 포함되어 있는 성명·주민등록번호 등 「개인정보 보호법」 제2조 제1호에 따른 개인정보로서 공개될 경우 사생활의 비밀 또는 자유를 침해할 우려가 있다고 인정되는 정보. 다만, 다음 각 목에 열거한 사항은 제외한다.
   가. 법령에서 정하는 바에 따라 열람할 수 있는 정보
   나. 공공기관이 공표를 목적으로 작성하거나 취득한 정보로서 사생활의 비밀 또는 자유를 부당하게 침해하지 아니하는 정보
   다. 공공기관이 작성하거나 취득한 정보로서 <u>공개하는 것이 공익이나 개인의 권리 구제를 위하여 필요하다고 인정되는 정보</u>
   라. 직무를 수행한 공무원의 성명·직위
   마. 공개하는 것이 공익을 위하여 필요한 경우로서 법령에 따라 국가 또는 지방자치단체가 업무의 일부를 위탁 또는 위촉한 개인의 성명·직업
7. 법인·단체 또는 개인(이하 "법인등"이라 한다)의 경영상·영업상 비밀에 관한 사항으로서 공개될 경우 <u>법인등의 정당한 이익을 현저히 해칠 우려가 있다고 인정되는 정보</u>. 다만, 다음 각 목에 열거한 정보는 제외한다.
   가. 사업활동에 의하여 발생하는 위해(危害)로부터 사람의 생명·신체 또는 건강을 보호하기 위하여 공개할 필요가 있는 정보
   나. 위법·부당한 사업활동으로부터 국민의 재산 또는 생활을 보호하기 위하여 공개할 필요가 있는 정보
8. 공개될 경우 부동산 투기, 매점매석 등으로 특정인에게 이익 또는 불이익을 줄 우려가 있다고 인정되는 정보 기출 24

② 공공기관은 제1항 각 호의 어느 하나에 해당하는 정보가 <u>기간의 경과 등으로 인하여 비공개의 필요성이 없어진 경우에는 그 정보를 공개 대상으로 하여야 한다.</u>

2) 정보공개법상 비공개대상정보 해당 여부가 문제된 사례

- **보안관찰법 소정의 보안관찰 관련 통계자료** : 보안관찰법 소정의 보안관찰 관련 통계자료의 분석에 의하여 대남공작활동이 유리한 지역으로 보안관찰처분대상자가 많은 지역을 선택하는 등으로 위 정보가 북한정보기관에 의한 간첩의 파견, 포섭, 선전선동을 위한 교두보의 확보 등 북한의 대남전략에 있어 매우 유용한 자료로 악용될 우려가 없다고 할 수 없으므로, 위 정보는 공공기관의 정보공개에 관한 법률 제9조 제1항 <u>제2호 소정의 공개될 경우 국가안전보장·국방·통일·외교관계 등 국가의 중대한 이익을 해할 우려가 있는 정보</u>, 또는 <u>제3호 소정의 공개될 경우 국민의 생명·신체 및 재산의 보호 기타 공공의 안전과 이익을 현저히 해할 우려가 있다고 인정되는 정보에 해당한다</u>(대판 2004.3.18. 2001두8254[전합]).
- **진행 중인 재판에 관련된 정보** : 법원 이외의 공공기관이 위 규정이 정한 '<u>진행 중인 재판에 관련된 정보</u>'(제9조 제1항 제4호)에 해당한다는 사유로 정보공개를 거부하기 위하여는 <u>반드시 그 정보가 진행 중인 재판의 소송기록 그 자체에 포함된 내용의 정보일 필요는 없으나, 재판에 관련된 일체의 정보가 그에 해당하는 것은 아니고 진행 중인 재판의 심리 또는 재판결과에 구체적으로 영향을 미칠 위험이 있는 정보에 한정된다고 할 것이다</u>(대판 2012.4.12. 2010두24913). 기출 21·13

- 학교폭력대책자치위원회의 회의록 : 학교폭력대책자치위원회의 회의록은 공공기관의 정보공개에 관한 법률 제9조 제1항 제5호의 '공개될 경우 업무의 공정한 수행에 현저한 지장을 초래한다고 인정할 만한 상당한 이유가 있는 정보'에 해당한다(대판 2010.6.10. 2010두2913). 기출 21 → 학교폭력대책자치위원회의 회의록은 공공기관의 정보공개에 관한 법률 제9조 제1항 제1호의 '다른 법률 또는 법률이 위임한 명령에 의하여 비밀 또는 비공개 사항으로 규정된 정보'에도 해당한다.
- 학교환경위생정화위원회의 회의록에 기재된 발언내용에 대한 해당 발언자의 인적사항 : [1] 공공기관의 정보공개에 관한 법률상 비공개대상정보의 입법 취지에 비추어 살펴보면, 같은 법 제7조(현행 제9조) 제1항 제5호에서의 '감사·감독·검사·시험·규제·입찰계약·기술개발·인사관리·의사결정과정 또는 내부검토과정에 있는 사항'은 비공개대상정보를 예시적으로 열거한 것이라고 할 것이므로 의사결정과정에 제공된 회의관련자료나 의사결정과정이 기록된 회의록 등은 의사가 결정되거나 의사가 집행된 경우에는 더 이상 의사결정과정에 있는 사항 그 자체라고는 할 수 없으나, 의사결정과정에 있는 사항에 준하는 사항으로서 비공개대상정보에 포함될 수 있다. [2] 학교환경위생구역 내 금지행위(숙박시설) 해제결정에 관한 학교환경위생정화위원회의 '회의록에 기재된 발언내용에 대한 해당 발언자의 인적사항' 부분에 관한 정보는 공공기관의 정보공개에 관한 법률 제7조 제1항 제5호 소정의 비공개대상에 해당한다고 한 사례(대판 2003.8.22. 2002두12946). 기출 21
- 피의자신문조서 등 조서에 기재된 피의자 등의 인적사항 이외의 진술내용 : 불기소처분 기록이나 내사기록 중 피의자신문조서 등 조서에 기재된 피의자 등의 인적사항 이외의 진술내용 역시 개인의 사생활의 비밀 또는 자유를 침해할 우려가 인정되는 경우에는 위 비공개대상정보에 해당한다. 이 사건 내사기록 중 사건관계인들의 주민등록번호, 직업, 주거 및 직장주소, 본적(등록기준지), 전화번호 등의 연락처, 학력, 경력, 가족관계, 월수입 및 재산상태, 정당·사회단체 가입 여부, 건강상태에 관한 정보는 정보공개법 제9조 제1항 제6호에서 정한 비공개대상정보에 해당한다(대판 2017.9.7. 2017두44558).
- 공무원이 직무와 관련 없이 개인적인 자격으로 간담회·연찬회 등 행사에 참석하고 금품을 수령한 정보 : 공무원이 직무와 관련 없이 개인적인 자격으로 간담회·연찬회 등 행사에 참석하고 금품을 수령한 정보는 공공기관의 정보공개에 관한 법률 제9조 제1항 제6호 단서 (다) 목 소정의 '공개하는 것이 공익을 위하여 필요하다고 인정되는 정보'에 해당하지 않는다고 한 사례(대판 2003.12.12. 2003두8050). → 제6호의 비공개대상정보에 해당한다.
- 사면대상자들의 사면실시건의서와 그와 관련된 국무회의 안건자료에 관한 정보 : 사면대상자들의 사면실시건의서와 그와 관련된 국무회의 안건자료에 관한 정보는 그 공개로 얻는 이익이 그로 인하여 침해되는 당사자들의 사생활의 비밀에 관한 이익보다 더욱 크므로 구 공공기관의 정보공개에 관한 법률 제9조 제1항 제6호에서 정한 비공개사유에 해당하지 않는다(대판 2006.12.7. 2005두241).
- 법인등이 거래하는 금융기관의 계좌번호에 관한 정보 : 법인등이 거래하는 금융기관의 계좌번호에 관한 정보는 법인등의 영업상 비밀에 관한 사항으로서 공개될 경우 법인등의 정당한 이익을 현저히 해할 우려가 있다고 인정되는 정보(제9조 제1항 제7호의 비공개대상정보)에 해당한다(대판 2004.8.20. 2003두8302). 기출 22

4. 권리남용 등

국민의 정보공개청구는 정보공개법 제9조에 정한 비공개 대상 정보에 해당하지 아니하는 한 원칙적으로 폭넓게 허용되어야 하지만, 실제로는 해당 정보를 취득 또는 활용할 의사가 전혀 없이 정보공개 제도를 이용하여 사회통념상 용인될 수 없는 부당한 이득을 얻으려 하거나, 오로지 공공기관의 담당공무원을 괴롭힐 목적으로 정보공개청구를 하는 경우처럼 권리의 남용에 해당하는 것이 명백한 경우에는 정보공개청구권의 행사를 허용하지 아니하는 것이 옳다(대판 2014.12.24. 2014두9349). 기출 20·15

> 교도소에 복역 중인 甲이 지방검찰청 검사장에게 자신에 대한 불기소사건 수사기록 중 타인의 개인정보를 제외한 부분의 공개를 청구하였으나 甲은 위 정보에 접근하는 것을 목적으로 정보공개를 청구한 것이 아니라, 청구가 거부되면 거부처분의 취소를 구하는 소송에서 승소한 뒤 소송비용 확정절차를 통해 자신이 그 소송에서 실제 지출한 소송비용보다 다액을 소송비용으로 지급받아 금전적 이득을 취하거나, 수감 중 변론기일에 출정하여 강제노역을 회피하는 것 등을 목적으로 정보공개를 청구하였다고 볼 여지가 큰 점 등에 비추어 甲의 정보공개청구는 권리를 남용하는 행위로서 허용되지 않는다고 한 사례(대판 2014.12.24. 2014두9349). 기출 15

Ⅲ 정보공개절차

1. 정보공개청구

① 정보의 공개를 청구하는 자는 해당 정보를 보유하거나 관리하고 있는 공공기관에 다음 각 호의 사항을 적은 정보공개청구서를 제출하거나 말로써 정보의 공개를 청구할 수 있다(정보공개법 제10조 제1항). 기출 24·16

② 공개청구대상정보를 기재함에 있어서는 사회일반인의 관점에서 청구대상정보의 내용과 범위를 확정할 수 있을 정도로 특정함을 요한다(대판 2007.6.1. 2007두2555). 기출 20

2. 정보공개 여부의 결정

(1) 공개 여부의 결정기간

① 공공기관은 정보공개의 청구를 받은 날부터 10일 이내에 공개 여부를 결정하여야 한다(정보공개법 제11조 제1항). 부득이한 사유로 10일 이내에 공개 여부를 결정할 수 없을 때에는 그 기간이 끝나는 날의 다음 날부터 기산(起算)하여 10일의 범위에서 공개 여부 결정기간을 연장할 수 있다. 이 경우 공공기관은 연장된 사실과 연장 사유를 청구인에게 지체 없이 문서로 통지하여야 한다(정보공개법 제11조 제2항). 기출 24

② 구 정보공개법 제11조 제5항은 '정보공개를 청구한 날부터 20일 이내에 공공기관이 공개 여부를 결정하지 아니한 때에는 비공개의 결정이 있는 것으로 본다'고 하여 간주거부규정을 두고 있었으나, 2013.8.6. 개정으로 삭제하였다. 그렇다고 하여 20일이 경과하도록 공개 여부를 결정하지 않은 때에 정보공개결정이 있는 것으로 보는 것도 아니다. 따라서 현행 정보공개법에 의하면 정보공개 청구 후 20일이 경과하도록 정보공개 결정이 없는 경우, 이는 '부작위'에 해당하므로 부작위위법확인소송의 대상이 된다. 기출 14

(2) 제3자의 의견청취

공공기관은 공개 청구된 공개 대상 정보의 전부 또는 일부가 제3자와 관련이 있다고 인정할 때에는 그 사실을 제3자에게 지체 없이 통지하여야 하며, 필요한 경우에는 그의 의견을 들을 수 있다(정보공개법 제11조 제3항). 기출 24

3. 정보공개 여부 결정 및 통지

① 국민으로부터 보유·관리하는 정보에 대한 공개를 요구받은 공공기관으로서는 정보공개법 제9조 제1항 각 호에서 정하고 있는 비공개사유에 해당하지 않는 한 이를 공개하여야 하고, 공개를 거부하는 경우라 할지라도 대상이 된 정보의 내용을 구체적으로 확인·검토하여, 어느 부분이 어떠한 법익 또는 기본권과 충돌되어 정보공개법 제9조 제1항 몇 호에서 정하고 있는 비공개사유에 해당하는지를 주장·증명하여야만 하고, 그에 이르지 아니한 채 개괄적인 사유만을 들어 공개를 거부하는 것은 허용되지 아니한다(대판 2018.4.12. 2014두5477). 기출 21

② 공공기관은 정보의 공개를 결정한 경우에는 공개의 일시 및 장소 등을 분명히 밝혀 청구인에게 통지하여야 한다(정보공개법 제13조 제1항).

③ 공공기관은 정보의 비공개결정을 한 때에는 그 사실을 청구인에게 지체 없이 '문서'로 통지하여야 하며, 이 경우 제9조 제1항 각 호 중 어느 규정에 해당하는 비공개 대상 정보인지를 포함한 비공개 이유와 불복의 방법 및 절차를 구체적으로 밝혀야 한다(정보공개법 제13조 제5항). 여기에서 '문서'는 '전자문서'를 포함하므로, 정보의 비공개 결정은 '전자문서'로 통지할 수도 있다(대판 2014.4.10. 2012두17384).

4. 정보공개의 방법

(1) 정보공개의 구체적 방법

① "공개"란 공공기관이 정보공개법에 따라 정보를 열람하게 하거나 그 사본·복제물을 제공하는 것 또는 정보통신망을 통하여 정보를 제공하는 것 등을 말한다(정보공개법 제2조 제2호). 정보공개의 구체적인 방법은 다음과 같다.

> **공공기관의 정보공개에 관한 법률 제13조(정보공개 여부 결정의 통지)**
> ② 공공기관은 청구인이 사본 또는 복제물의 교부를 원하는 경우에는 이를 교부하여야 한다. 기출 24
> ③ 공공기관은 공개 대상 정보의 양이 너무 많아 정상적인 업무수행에 현저한 지장을 초래할 우려가 있는 경우에는 해당 정보를 일정 기간별로 나누어 제공하거나 사본·복제물의 교부 또는 열람과 병행하여 제공할 수 있다.

② 청구인에게는 특정한 공개방법을 지정하여 정보공개를 청구할 수 있는 법령상 신청권이 있다. 따라서 공공기관이 공개청구의 대상이 된 정보를 공개는 하되, 청구인이 신청한 공개방법 이외의 방법으로 공개하기로 하는 결정을 하였다면, 이는 정보공개청구 중 정보공개방법에 관한 부분에 대하여 일부 거부처분을 한 것이고, 청구인은 그에 대하여 항고소송으로 다툴 수 있다(대판 2016.11.10. 2016두44674).

(2) 부분 공개

① 공개 청구한 정보가 비공개대상정보인 부분과 공개 가능한 부분이 혼합되어 있는 경우로서 공개 청구의 취지에 어긋나지 아니하는 범위에서 두 부분을 분리할 수 있는 경우에는 비공개대상정보에 해당하는 부분을 제외하고 공개하여야 한다(정보공개법 제14조). 기출 21

② 정보의 부분 공개가 허용되는 경우란 그 정보의 공개방법 및 절차에 비추어 당해 정보에서 비공개대상정보에 관련된 기술 등을 제외 혹은 삭제하고 나머지 정보만을 공개하는 것이 가능하고 나머지 부분의 정보만으로도 공개의 가치가 있는 경우를 의미한다(대판 2009.12.10. 2009두12785). 기출 13

(3) 정보의 전자적 공개

① 공공기관은 전자적 형태로 보유·관리하는 정보에 대하여 청구인이 전자적 형태로 공개하여 줄 것을 요청하는 경우에는 그 정보의 성질상 현저히 곤란한 경우를 제외하고는 청구인의 요청에 따라야 한다(정보공개법 제15조 제1항).

② 공공기관은 전자적 형태로 보유·관리하지 아니하는 정보에 대하여 청구인이 전자적 형태로 공개하여 줄 것을 요청한 경우에는 정상적인 업무수행에 현저한 지장을 초래하거나 그 정보의 성질이 훼손될 우려가 없으면 그 정보를 전자적 형태로 변환하여 공개할 수 있다(제15조 제2항).

5. 비용부담

① 정보의 공개 및 우송 등에 드는 비용은 실비(實費)의 범위에서 청구인이 부담한다(정보공개법 제17조 제1항). 기출 17

② 공개를 청구하는 정보의 사용 목적이 공공복리의 유지·증진을 위하여 필요하다고 인정되는 경우에는 제1항에 따른 비용을 감면할 수 있다(정보공개법 제17조 제2항).

Ⅳ 불복절차

1. 비공개결정 등에 대한 청구인의 불복절차

(1) 개 설

정보공개 청구인은 공공기관의 비공개결정에 대한 불복절차로 이의신청을 제기하거나(정보공개법 제18조 제1항), 이의신청절차를 거치지 않고 행정심판을 청구하거나(정보공개법 제19조 제2항), 행정소송을 제기할 수 있고(정보공개법 제20조 제1항), 이의신청절차를 거친 경우에도 행정심판 청구 및 행정소송의 제기가 가능하다. 기출 22·20·17

(2) 이의신청

① 청구인이 정보공개와 관련한 공공기관의 비공개 또는 부분 공개의 결정에 대하여 불복이 있거나 정보공개 청구 후 20일이 경과하도록 정보공개 결정이 없는 때에는 공공기관으로부터 정보공개 여부의 결정 통지를 받은 날 또는 정보공개 청구 후 20일이 경과한 날부터 30일 이내에 '해당 공공기관'에 문서로 이의신청을 할 수 있다(정보공개법 제18조 제1항). 기출 25

② 이의신청은 임의적 절차이며 행정심판이 아니다. 따라서 청구인은 이의신청을 거치지 않고도 행정심판을 청구하거나 행정소송을 제기할 수 있다(서울행법 1999.2.25. 98구3692).

③ 국가기관등은 이의신청이 있는 경우에는 심의회를 개최하여야 한다. 다만, 심의회의 심의를 이미 거친 사항, 단순반복적인 청구, 법령에 따라 비밀로 규정된 정보에 대한 청구 중 어느 하나에 해당하는 경우에는 심의회를 개최하지 아니할 수 있으며 개최하지 아니하는 사유를 청구인에게 문서로 통지하여야 한다(정보공개법 제18조 제2항).

④ 공공기관은 이의신청을 받은 날부터 7일 이내에 그 이의신청에 대하여 결정하고 그 결과를 청구인에게 지체 없이 문서로 통지하여야 한다. 다만, 부득이한 사유로 정하여진 기간 이내에 결정할 수 없을 때에는 그 기간이 끝나는 날의 다음 날부터 기산하여 7일의 범위에서 연장할 수 있으며, 연장 사유를 청구인에게 통지하여야 한다다(정보공개법 제18조 제3항). 기출 25

⑤ 공공기관은 이의신청을 각하(却下) 또는 기각(棄却)하는 결정을 한 경우에는 청구인에게 행정심판 또는 행정소송을 제기할 수 있다는 사실을 결과 통지와 함께 알려야 한다(정보공개법 제18조 제4항).

(3) 행정심판

① 청구인이 정보공개와 관련한 공공기관의 결정에 대하여 불복이 있거나 정보공개 청구 후 20일이 경과하도록 정보공개 결정이 없는 때에는 행정심판법에서 정하는 바에 따라 행정심판을 청구할 수 있다. 이 경우 국가기관 및 지방자치단체 외의 공공기관의 결정에 대한 감독행정기관은 관계 중앙행정기관의 장 또는 지방자치단체의 장으로 한다(정보공개법 제19조 제1항). 청구인은 제18조에 따른 이의신청 절차를 거치지 아니하고 행정심판을 청구할 수 있다(제19조 제2항).

② 행정심판은 거부처분 취소심판 또는 의무이행심판의 형식으로 제기한다. 의무이행심판을 제기한 경우, 행정심판위원회는 해당 정보를 보유·관리하고 있지 않으므로 처분재결(정보공개처분재결)을 할 수는 없고, 처분명령재결(정보공개명령재결)을 할 수밖에 없다. 다만, 공공기관이 처분명령을 불이행한 경우라도 행정심판위원회는 해당 정보를 보유·관리하고 있지 않으므로 '처분의 성질상 위원회가 직접처분을 할 수 없는 경우'에 해당하여 위원회의 직접처분은 불가능하다.

③ 2017.4.18. 개정 행정심판법에서 간접강제제도가 신설되었으므로, 정보공개거부처분 취소재결이 확정되었음에도 공공기관이 재처분의무를 이행하지 않는 경우나 의무이행심판에서 처분명령재결(정보공개명령재결)이 확정되었음에도 불구하고 공공기관이 정보공개를 하지 않는 경우, 청구인은 간접강제를 신청할 수 있다(행정심판법 제50조의2).

(4) 행정소송

1) 개 설

청구인이 정보공개와 관련한 공공기관의 결정에 대하여 불복이 있거나 정보공개청구 후 20일이 경과하도록 정보공개 결정이 없는 때에는 행정소송법에서 정하는 바에 따라 행정소송을 제기할 수 있다(정보공개법 제20조 제1항). 행정심판은 이의신청과 마찬가지로 임의적 절차이므로 청구인은 행정심판을 거치지 않고 바로 행정소송을 제기할 수 있다. 기출 18·14

2) 대상적격

① 공공기관의 비공개결정·통보행위는 정보공개청구권자의 정보공개신청에 대한 거부행위로서 항고소송의 대상이 되는 '거부처분'에 해당한다. 판례는 거부처분의 성립요건으로 법규상 또는 조리상 신청권을 요구하고 있는데, 모든 국민은 정보의 공개를 청구할 권리를 가지므로(정보공개법 제5조 제1항), 법규상 신청권이 인정되는 점에는 의문이 없다.

② 공공기관의 부분공개결정·통보행위는 정보공개신청에 대한 '일부 거부처분'으로 볼 수 있다.

> 공공기관이 공개청구의 대상이 된 정보를 공개는 하되, 청구인이 신청한 공개방법 이외의 방법으로 공개하기로 하는 결정을 하였다면, 이는 정보공개청구 중 정보공개방법에 관한 부분에 대하여 일부 거부처분을 한 것이고, 청구인은 그에 대하여 항고소송으로 다툴 수 있다(대판 2016.11.10. 2016두44674). 기출 20·19

③ 공공기관이 정보공개 신청에 대해 공개결정도 하지 않고 비공개결정도 하지 않은 경우(무응답 상태), 청구인은 어떠한 형태의 소송을 제기하여야 하는지가 문제된다. 현행 정보공개법에 의하면 정보공개 청구 후 20일이 경과하도록 정보공개 결정이 없는 경우, 이는 '부작위'에 해당하므로 부작위위법확인소송의 대상이 된다.

3) 원고적격

정보공개청구권은 법률상 보호되는 구체적인 권리이므로 청구인이 공공기관에 대하여 정보공개를 청구하였다가 거부처분을 받은 것 자체가 법률상 이익의 침해에 해당한다(대판 2003.12.12. 2003두8050). 따라서 거부처분을 받은 자는 공개를 신청한 정보와 개인적인 이해관계가 있는지 여부를 불문하고 공공기관의 거부처분을 다툴 원고적격이 인정된다. 기출 13

4) 소의 이익

① 공개청구자가 특정한 바와 같은 정보를 공공기관이 보유·관리하고 있지 않은 경우라면 특별한 사정이 없는 한 해당 정보에 대한 공개거부처분에 대하여는 취소를 구할 법률상 이익이 없다(대판 2013.1.24. 2010두18918). 기출 20

② 공개청구의 대상이 되는 정보가 이미 다른 사람에게 공개되어 널리 알려져 있다거나 인터넷 등을 통하여 공개되어 인터넷검색 등을 통하여 쉽게 알 수 있다는 사정만으로는 소의 이익이 없다거나 비공개결정이 정당화될 수 없다(대판 2010.12.23. 2008두13101). 기출 19·13

5) 증명책임(입증책임)

① 정보공개제도는 공공기관이 보유·관리하는 정보를 그 상태대로 공개하는 제도로서 공개를 구하는 정보를 공공기관이 보유·관리하고 있을 상당한 개연성이 있다는 점에 대한 증명책임은 원칙적으로 공개청구자에게 있다(대판 2006.1.13. 2003두9459).

② 그러나 공개를 구하는 정보를 공공기관이 한 때 보유·관리하였으나 후에 그 정보가 담긴 문서등이 폐기되어 존재하지 않게 된 것이라면, 그 정보를 더 이상 보유·관리하고 있지 않다는 점에 대한 증명책임은 공공기관에게 있다(대판 2013.1.24. 2010두18918).

6) 비공개 열람·심사

재판장은 필요하다고 인정하면 당사자를 참여시키지 아니하고 제출된 공개 청구 정보를 비공개로 열람·심사할 수 있다(정보공개법 제20조 제2항).

7) 처분사유의 추가·변경

① 공공기관이 정보공개법 제9조 제1항 각 호 중 어느 하나에서 정한 비공개사유가 있음을 이유로 공개거부처분을 하였다가 공개거부처분(비공개결정)에 대한 취소소송에서 다른 호 소정의 비공개사유를 처분사유로 추가·변경하는 것이 허용되는지 문제된다.

② 판례는 정보공개법 제9조 제1항 각 호의 비공개사유는 ㉠ 비공개사유의 요건이 되는 사실을 달리하고 있을 뿐 아니라 ㉡ 각 정보를 비공개대상정보로 한 근거와 입법취지가 다른 점 등 여러 사정을 합목적적으로 고려하여 볼 때, 기본적 사실관계가 동일하다고 볼 수 없으므로 다른 호 소정의 비공개사유를 처분사유로 추가·변경하는 것은 허용되지 않는다는 입장이다(대판 2003.12.11. 2001두8827; 대판 2006.1.13. 2004두12629 등).

8) 일부취소판결

정보공개거부취소소송에서 심리결과 비공개대상정보에 해당하는 부분과 공개가 가능한 부분이 구별되고 두 부분을 분리할 수 있음이 인정되는 경우, 법원은 분리되는 공개정보에 대응하여가 가능한 정보에 관한 부분만의 일부취소판결을 내려야 한다(대판 2003.3.11. 2001두6425).

> 법원이 행정청의 정보공개거부처분의 위법 여부를 심리한 결과 공개를 거부한 정보에 비공개대상정보에 해당하는 부분과 공개가 가능한 부분이 혼합되어 있고 공개청구의 취지에 어긋나지 아니하는 범위 안에서 두 부분을 분리할 수 있음을 인정할 수 있을 때에는, 위 정보 중 공개가 가능한 부분을 특정하고 판결의 주문에 행정청의 위 거부처분 중 공개가 가능한 정보에 관한 부분만을 취소한다고 표시하여야 한다(대판 2003.3.11. 2001두6425).

2. 정보공개에 대하여 이해관계 있는 제3자의 보호수단

> **공공기관의 정보공개에 관한 법률 제21조(제3자의 비공개 요청 등)**
> ① 제11조 제3항에 따라 공개 청구된 사실을 통지받은 제3자는 그 통지를 받은 날부터 3일 이내에 해당 공공기관에 대하여 자신과 관련된 정보를 공개하지 아니할 것을 요청할 수 있다. 기출 18
> ② 제1항에 따른 비공개 요청에도 불구하고 공공기관이 공개 결정을 할 때에는 공개 결정 이유와 공개 실시일을 분명히 밝혀 지체 없이 문서로 통지하여야 하며, 제3자는 해당 공공기관에 문서로 이의신청을 하거나 행정심판 또는 행정소송을 제기할 수 있다. 이 경우 이의신청은 통지를 받은 날부터 7일 이내에 하여야 한다. 기출 18

(1) 공개청구된 사실의 통보 및 비공개요청

① 공공기관은 공개 청구된 공개 대상 정보의 전부 또는 일부가 제3자와 관련이 있다고 인정할 때에는 그 사실을 제3자에게 지체 없이 통지하여야 하며, 필요한 경우에는 그의 의견을 들을 수 있다(정보공개법 제11조 제3항). 공개청구된 사실을 통지받은 제3자는 그 통지를 받은 날부터 3일 이내에 해당 공공기관에 대하여 자신과 관련된 정보를 공개하지 아니할 것을 요청할 수 있다(정보공개법 제21조 제1항). 기출 18
② 제3자의 비공개요청이 있다는 사유만으로 정보공개법상 정보의 비공개사유에 해당하는 것은 아니다(대판 2008.9.25. 2008두8680). 따라서 공공기관은 제3자의 비공개요청이 있는 경우에도 정보의 공개를 결정할 수 있다(정보공개법 제21조 제1항, 제2항). 기출 17

(2) 공개통지 및 행정쟁송의 제기

① 제3자의 비공개 요청에도 불구하고 공공기관이 공개 결정을 할 때에는 공개 결정 이유와 공개 실시일을 분명히 밝혀 지체 없이 문서로 통지하여야 하며(정보공개법 제21조 제2항), 공개 결정일과 공개 실시일 사이에 최소한 30일의 간격을 두어야 한다(제21조 제3항).
② 비공개 요청을 한 제3자는 공개결정을 한 해당 공공기관에 문서로 이의신청을 하거나 행정심판 또는 행정소송을 제기할 수 있다. 이 경우 이의신청은 통지를 받은 날부터 7일 이내에 하여야 한다(정보공개법 제21조 제2항). 기출 18

제2관 | 개인정보 보호제도

I 의 의

개인정보 보호제도란 개인에 관한 정보가 부당하게 수집, 유통, 이용되는 것을 막아 개인의 프라이버시를 보호하는 제도를 말한다.

II 법적 근거

① 개인정보보호제도의 헌법적 근거는 헌법상 기본권인 개인정보자기결정권(자기정보통제권)이다.
② 공적부분에서의 개인정보 보호와 민간부문에서의 개인정보 보호를 구분하여 규율하던 것을 통일적으로 규율하기 위하여 2011.3.29. 「개인정보 보호법」이 제정되어 시행되고 있다. 「개인정보 보호법」은 개인정보의 보호에 관한 기본법 및 일반법의 성질을 갖는다.

III 개인정보 보호의 내용

1. 보호대상이 되는 개인정보의 의의

① 「개인정보 보호법」은 살아 있는 개인에 관한 정보를 그 보호대상으로 하므로(개인정보 보호법 제2조 제1호), 법인(法人)이나 사자(死者)의 정보는 개인정보 보호법의 보호대상에 해당하지 아니한다. 기출 19

② 「개인정보 보호법」의 보호대상이 되는 개인정보란 살아 있는 개인에 관한 정보로서 다음 각 목의 어느 하나에 해당하는 정보를 말한다(개인정보 보호법 제2조 제1호).

> **개인정보 보호법 제2조(정의)**
> 이 법에서 사용하는 용어의 뜻은 다음과 같다.
> 1. "개인정보"란 살아 있는 개인에 관한 정보로서 다음 각 목의 어느 하나에 해당하는 정보를 말한다.
>   가. 성명, 주민등록번호 및 영상 등을 통하여 개인을 알아볼 수 있는 정보
>   나. 해당 정보만으로는 특정 개인을 알아볼 수 없더라도 다른 정보와 쉽게 결합하여 알아볼 수 있는 정보. 이 경우 쉽게 결합할 수 있는지 여부는 다른 정보의 입수 가능성 등 개인을 알아보는 데 소요되는 시간, 비용, 기술 등을 합리적으로 고려하여야 한다.
>   다. 가목 또는 나목을 제1호의2에 따라 가명처리함으로써 원래의 상태로 복원하기 위한 추가 정보의 사용·결합 없이는 특정 개인을 알아볼 수 없는 정보(이하 "가명정보"라 한다)

③ "가명처리"란 개인정보의 일부를 삭제하거나 일부 또는 전부를 대체하는 등의 방법으로 추가 정보가 없이는 특정 개인을 알아볼 수 없도록 처리하는 것을 말한다(개인정보 보호법 제2조 제1의2호).

④ 개인정보처리자는 통계작성, 과학적 연구, 공익적 기록보존 등을 위하여 정보주체의 동의 없이 가명정보를 처리할 수 있다(개인정보 보호법 제28조의2 제1항). 기출 22

2. 개인정보 보호 원칙

① 개인정보처리자는 개인정보의 처리 목적을 명확하게 하여야 하고 그 목적에 필요한 범위에서 최소한의 개인정보만을 적법하고 정당하게 수집하여야 한다(개인정보 보호법 제3조 제1항). 기출 23

② 개인정보처리자는 개인정보의 처리 목적에 필요한 범위에서 적합하게 개인정보를 처리하여야 하며, 그 목적 외의 용도로 활용하여서는 아니 된다(개인정보 보호법 제3조 제2항).

③ 개인정보처리자는 개인정보의 처리 목적에 필요한 범위에서 개인정보의 정확성, 완전성 및 최신성이 보장되도록 하여야 한다(개인정보 보호법 제3조 제3항). 기출 23

④ 개인정보처리자는 개인정보의 처리 방법 및 종류 등에 따라 정보주체의 권리가 침해받을 가능성과 그 위험 정도를 고려하여 개인정보를 안전하게 관리하여야 한다(개인정보 보호법 제3조 제4항).

⑤ 개인정보처리자는 제30조에 따른 개인정보 처리방침 등 개인정보의 처리에 관한 사항을 공개하여야 하며, 열람청구권 등 정보주체의 권리를 보장하여야 한다(개인정보 보호법 제3조 제5항). 기출 23

⑥ 개인정보처리자는 정보주체의 사생활 침해를 최소화하는 방법으로 개인정보를 처리하여야 한다(개인정보 보호법 제3조 제6항). 기출 23

⑦ 개인정보처리자는 개인정보를 익명 또는 가명으로 처리하여도 개인정보 수집목적을 달성할 수 있는 경우 익명처리가 가능한 경우에는 익명에 의하여, 익명처리로 목적을 달성할 수 없는 경우에는 가명에 의하여 처리될 수 있도록 하여야 한다(개인정보 보호법 제3조 제7항). 기출 23

3. 개인정보의 처리(수집, 이용, 제공 등)의 규제

(1) 개인정보의 수집·이용의 제한

1) 개인정보의 수집·이용

> **개인정보 보호법 제15조(개인정보의 수집·이용)**
> ① 개인정보처리자는 다음 각 호의 어느 하나에 해당하는 경우에는 개인정보를 수집할 수 있으며 그 수집 목적의 범위에서 이용할 수 있다. 〈개정 2023.3.14.〉
> 1. 정보주체의 동의를 받은 경우
> 2. 법률에 특별한 규정이 있거나 법령상 의무를 준수하기 위하여 불가피한 경우
> 3. 공공기관이 법령 등에서 정하는 소관 업무의 수행을 위하여 불가피한 경우
> 4. 정보주체와 체결한 계약을 이행하거나 계약을 체결하는 과정에서 정보주체의 요청에 따른 조치를 이행하기 위하여 필요한 경우
> 5. 명백히 정보주체 또는 제3자의 급박한 생명, 신체, 재산의 이익을 위하여 필요하다고 인정되는 경우
> 6. 개인정보처리자의 정당한 이익을 달성하기 위하여 필요한 경우로서 명백하게 정보주체의 권리보다 우선하는 경우. 이 경우 개인정보처리자의 정당한 이익과 상당한 관련이 있고 합리적인 범위를 초과하지 아니하는 경우에 한한다.
> 7. 공중위생 등 공공의 안전과 안녕을 위하여 긴급히 필요한 경우

2) 개인정보의 수집 제한

> **개인정보 보호법 제16조(개인정보의 수집 제한)**
> ① 개인정보처리자는 제15조 제1항 각 호의 어느 하나에 해당하여 개인정보를 수집하는 경우에는 그 목적에 필요한 최소한의 개인정보를 수집하여야 한다. 이 경우 최소한의 개인정보 수집이라는 입증책임은 개인정보처리자가 부담한다.
> ② 개인정보처리자는 정보주체의 동의를 받아 개인정보를 수집하는 경우 필요한 최소한의 정보 외의 개인정보 수집에는 동의하지 아니할 수 있다는 사실을 구체적으로 알리고 개인정보를 수집하여야 한다.
> ③ 개인정보처리자는 정보주체가 필요한 최소한의 정보 외의 개인정보 수집에 동의하지 아니한다는 이유로 정보주체에게 재화 또는 서비스의 제공을 거부하여서는 아니 된다.

(2) 개인정보의 제공(공유 포함) 제한

> **개인정보 보호법 제17조(개인정보의 제공)**
> ① 개인정보처리자는 다음 각 호의 어느 하나에 해당되는 경우에는 정보주체의 개인정보를 제3자에게 제공(공유를 포함한다. 이하 같다)할 수 있다.
> 1. 정보주체의 동의를 받은 경우
> 2. 제15조 제1항 제2호, 제3호 및 제5호부터 제7호까지에 따라 개인정보를 수집한 목적 범위에서 개인정보를 제공하는 경우

개인정보처리자는 '정보주체와 체결한 계약을 이행하거나 계약을 체결하는 과정에서 정보주체의 요청에 따른 조치를 이행하기 위하여 필요한 경우'에는 정보주체의 동의 없이 개인정보를 수집할 수 있으며 그 수집 목적의 범위에서 이용할 수는 있으나, 정보주체의 개인정보를 제3자에게 제공(공유를 포함)할 수는 없다(개인정보 보호법 제15조 제1항 제4호, 제17조 제1항 제2호). 기출 19

(3) 개인정보의 처리 제한

1) 민감정보의 처리 제한

> **개인정보 보호법 제23조(민감정보의 처리 제한)**
> ① 개인정보처리자는 사상·신념, 노동조합·정당의 가입·탈퇴, 정치적 견해, 건강, 성생활 등에 관한 정보, 그 밖에 정보주체의 사생활을 현저히 침해할 우려가 있는 개인정보로서 대통령령으로 정하는 정보(이하 "민감정보"라 한다)를 처리하여서는 아니 된다. 다만, 다음 각 호의 어느 하나에 해당하는 경우에는 그러하지 아니하다.
> 1. 정보주체에게 제15조 제2항 각 호 또는 제17조 제2항 각 호의 사항을 알리고 다른 개인정보의 처리에 대한 동의와 별도로 동의를 받은 경우
> 2. 법령에서 민감정보의 처리를 요구하거나 허용하는 경우

2) 고유식별정보의 처리 제한

> **개인정보 보호법 제24조(고유식별정보의 처리 제한)**
> ① 개인정보처리자는 다음 각 호의 경우를 제외하고는 법령에 따라 개인을 고유하게 구별하기 위하여 부여된 식별정보로서 대통령령으로 정하는 정보(이하 "고유식별정보"라 한다)를 처리할 수 없다.
> 1. 정보주체에게 제15조 제2항 각 호 또는 제17조 제2항 각 호의 사항을 알리고 다른 개인정보의 처리에 대한 동의와 별도로 동의를 받은 경우
> 2. 법령에서 구체적으로 고유식별정보의 처리를 요구하거나 허용하는 경우

3) 주민등록번호 처리의 제한

> **개인정보 보호법 제24조의2(주민등록번호 처리의 제한)**
> ① 제24조 제1항에도 불구하고 개인정보처리자는 다음 각 호의 어느 하나에 해당하는 경우를 제외하고는 주민등록번호를 처리할 수 없다.
> 1. 법률·대통령령·국회규칙·대법원규칙·헌법재판소규칙·중앙선거관리위원회규칙 및 감사원규칙에서 구체적으로 주민등록번호의 처리를 요구하거나 허용한 경우
> 2. 정보주체 또는 제3자의 급박한 생명, 신체, 재산의 이익을 위하여 명백히 필요하다고 인정되는 경우
> 3. 제1호 및 제2호에 준하여 주민등록번호 처리가 불가피한 경우로서 보호위원회가 고시로 정하는 경우

4. 고정형 영상정보처리기기의 설치 · 운영의 제한

> **개인정보 보호법 제25조(고정형 영상정보처리기기의 설치 · 운영 제한)**
> ① 누구든지 다음 각 호의 경우를 제외하고는 공개된 장소에 고정형 영상정보처리기기를 설치 · 운영하여서는 아니 된다. 〈개정 2023.3.14.〉
>   1. 법령에서 구체적으로 허용하고 있는 경우
>   2. 범죄의 예방 및 수사를 위하여 필요한 경우 기출 25
>   3. 시설의 안전 및 관리, 화재 예방을 위하여 정당한 권한을 가진 자가 설치 · 운영하는 경우 기출 25
>   4. 교통단속을 위하여 정당한 권한을 가진 자가 설치 · 운영하는 경우 기출 25
>   5. 교통정보의 수집 · 분석 및 제공을 위하여 정당한 권한을 가진 자가 설치 · 운영하는 경우
>   6. 촬영된 영상정보를 저장하지 아니하는 경우로서 대통령령으로 정하는 경우 기출 25
>
>> **개인정보 보호법 시행령 제22조(고정형 영상정보처리기기 설치 · 운영 제한의 예외)**
>> ① 법 제25조 제1항 제6호에서 "대통령령으로 정하는 경우"란 다음 각 호의 어느 하나에 해당하는 경우를 말한다. 〈신설 2023.9.12.〉
>>   1. 출입자 수, 성별, 연령대 등 통계값 또는 통계적 특성값 산출을 위해 촬영된 영상정보를 일시적으로 처리하는 경우 기출 25
>>   2. 그 밖에 제1호에 준하는 경우로서 보호위원회의 심의 · 의결을 거친 경우
>
> ② 누구든지 불특정 다수가 이용하는 목욕실, 화장실, 발한실(發汗室), 탈의실 등 개인의 사생활을 현저히 침해할 우려가 있는 장소의 내부를 볼 수 있도록 고정형 영상정보처리기기를 설치 · 운영하여서는 아니 된다. 다만, 교도소, 정신보건 시설 등 법령에 근거하여 사람을 구금하거나 보호하는 시설로서 대통령령으로 정하는 시설에 대하여는 그러하지 아니하다. 〈개정 2023.3.14.〉
> ⑤ 고정형영상정보처리기기운영자는 고정형 영상정보처리기기의 설치 목적과 다른 목적으로 고정형 영상정보처리기기를 임의로 조작하거나 다른 곳을 비춰서는 아니 되며, 녹음기능은 사용할 수 없다. 〈개정 2023.3.14.〉
> ⑥ 고정형영상정보처리기기운영자는 개인정보가 분실 · 도난 · 유출 · 위조 · 변조 또는 훼손되지 아니하도록 제29조에 따라 안전성 확보에 필요한 조치를 하여야 한다. 〈개정 2023.3.14.〉

5. 정보주체의 권리

> **개인정보 보호법 제4조(정보주체의 권리)**
> 정보주체는 자신의 개인정보 처리와 관련하여 다음 각 호의 권리를 가진다.
>   1. 개인정보의 처리에 관한 정보를 제공받을 권리 기출 22
>   2. 개인정보의 처리에 관한 동의 여부, 동의 범위 등을 선택하고 결정할 권리 기출 22
>   3. 개인정보의 처리 여부를 확인하고 개인정보에 대한 열람(사본의 발급을 포함한다) 및 전송을 요구할 권리 기출 22
>   4. 개인정보의 처리 정지, 정정 · 삭제 및 파기를 요구할 권리 기출 22
>   5. 개인정보의 처리로 인하여 발생한 피해를 신속하고 공정한 절차에 따라 구제받을 권리
>   6. 완전히 자동화된 개인정보 처리에 따른 결정을 거부하거나 그에 대한 설명 등을 요구할 권리

6. 권리구제 수단

(1) 행정심판 또는 행정소송

개인정보 보호법 제35조 내지 제37조에 근거한 개인정보의 열람요구, 정정·삭제요구 및 처리정지 등 요구에 대한 거부나 부작위는 행정심판법 및 행정소송법상의 처분이나 부작위이므로 이에 대해 행정심판이나 행정소송을 제기할 수 있다.

(2) 손해배상청구

① 정보주체는 개인정보처리자가 개인정보 보호법을 위반한 행위로 손해를 입으면 개인정보처리자에게 손해배상을 청구할 수 있다. 이 경우 그 개인정보처리자는 고의 또는 과실이 없음을 입증하지 아니하면 책임을 면할 수 없다(개인정보 보호법 제39조 제1항). 즉, 개인정보처리자의 손해배상책임은 과실책임이다. 기출 19

② 개인정보처리자의 고의 또는 중대한 과실로 인하여 개인정보가 분실·도난·유출·위조·변조 또는 훼손된 경우로서 정보주체에게 손해가 발생한 때에는 법원은 그 손해액의 5배를 넘지 아니하는 범위에서 손해배상액을 정할 수 있다. 다만, 개인정보처리자가 고의 또는 중대한 과실이 없음을 증명한 경우에는 그러하지 아니하다(개인정보 보호법 제39조 제3항).

③ 법정손해배상의 청구 : 제39조 제1항에도 불구하고 정보주체는 개인정보처리자의 고의 또는 과실로 인하여 개인정보가 분실·도난·유출·위조·변조 또는 훼손된 경우에는 300만원 이하의 범위에서 상당한 금액을 손해액으로 하여 배상을 청구할 수 있다. 이 경우 해당 개인정보처리자는 고의 또는 과실이 없음을 입증하지 아니하면 책임을 면할 수 없다(개인정보 보호법 제39조의2 제1항).

(3) 개인정보 분쟁조정

개인정보와 관련한 분쟁의 조정을 원하는 자는 분쟁조정위원회에 분쟁조정을 신청할 수 있다(개인정보 보호법 제43조 제1항).

(4) 개인정보 단체소송

① 개인정보처리자가 집단분쟁조정을 거부하거나 집단분쟁조정의 결과를 수락하지 아니한 경우에는 법원에 권리침해 행위의 금지·중지를 구하는 소송(단체소송)을 제기할 수 있다(개인정보 보호법 제51조). 단체소송을 제기하는 단체는 법원의 허가를 받아야 한다(개인정보 보호법 제54조, 제55조). 기출 19

② 단체소송의 원고는 변호사를 소송대리인으로 선임하여야 한다(개인정보 보호법 제53조).

③ 원고의 청구를 기각하는 판결이 확정된 경우 이와 동일한 사안에 관하여는 제51조에 따른 다른 단체는 단체소송을 제기할 수 없다. 다만, 판결이 확정된 후 그 사안과 관련하여 국가·지방자치단체 또는 국가·지방자치단체가 설립한 기관에 의하여 새로운 증거가 나타난 경우 또는 기각판결이 원고의 고의로 인한 것임이 밝혀진 경우에는 그러하지 아니하다(개인정보 보호법 제56조).

제3장 행정절차 및 행정정보공개 등

> 확인학습문제

제1절 행정절차

01 행정절차법이 정하고 있는 적용제외 대상이 아닌 것은?   21 행정사 제9회

① 국가안전보장·국방·외교 또는 통일에 관한 사항 중 행정절차를 거칠 경우 국가의 중대한 이익을 현저히 해칠 우려가 있는 사항
② 감사원이 감사위원회의의 결정을 거쳐 행하는 사항
③ 심사청구, 해양안전심판, 조세심판, 특허심판, 행정심판, 그 밖의 불복절차에 따른 사항
④ 국회 또는 지방의회의 의결을 거치거나 동의 또는 승인을 받아 행하는 사항
⑤ 처분의 전제가 되는 사실이 경찰의 수사에 의하여 객관적으로 증명된 사항

해설

[⑤ ▶ ✕] '처분의 전제가 되는 사실이 경찰의 수사에 의하여 객관적으로 증명된 사항'은 행정절차법 제3조 제2항에서 규정하고 있는 행정절차법 적용제외 대상이 아니다.

> **행정절차법 제3조(적용 범위)** ① 처분, 신고, 확약, 위반사실 등의 공표, 행정계획, 행정상 입법예고, 행정예고 및 행정지도의 절차(이하 "행정절차")에 관하여 다른 법률에 특별한 규정이 있는 경우를 제외하고는 이 법에서 정하는 바에 따른다.
> ② 이 법은 다음 각 호의 어느 하나에 해당하는 사항에 대하여는 적용하지 아니한다.
> 1. 국회 또는 지방의회의 의결을 거치거나 동의 또는 승인을 받아 행하는 사항 ❹
> 2. 법원 또는 군사법원의 재판에 의하거나 그 집행으로 행하는 사항
> 3. 헌법재판소의 심판을 거쳐 행하는 사항
> 4. 각급 선거관리위원회의 의결을 거쳐 행하는 사항
> 5. 감사원이 감사위원회의의 결정을 거쳐 행하는 사항 ❷
> 6. 형사(刑事), 행형(行刑) 및 보안처분 관계 법령에 따라 행하는 사항
> 7. 국가안전보장·국방·외교 또는 통일에 관한 사항 중 행정절차를 거칠 경우 국가의 중대한 이익을 현저히 해칠 우려가 있는 사항 ❶
> 8. 심사청구, 해양안전심판, 조세심판, 특허심판, 행정심판, 그 밖의 불복절차에 따른 사항 ❸
> 9. 병역법에 따른 징집·소집, 외국인의 출입국·난민인정·귀화, 공무원 인사 관계 법령에 따른 징계와 그 밖의 처분, 이해 조정을 목적으로 하는 법령에 따른 알선·조정·중재(仲裁)·재정(裁定) 또는 그 밖의 처분 등 해당 행정작용의 성질상 행정절차를 거치기 곤란하거나 거칠 필요가 없다고 인정되는 사항과 행정절차에 준하는 절차를 거친 사항으로서 대통령령으로 정하는 사항

답 ⑤

02 행정절차에 관한 설명으로 옳은 것은?(다툼이 있으면 판례에 따름)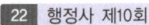

① 행정절차에 관하여 다른 법률에 특별한 규정이 있는 경우에도 행정절차법이 우선한다.
② 행정청은 청문이 필요하다고 인정하는 경우에도 법령등에서 청문을 하도록 규정한 경우가 아니면 청문을 할 수 없다.
③ 신청에 대한 거부처분은 사전통지대상이다.
④ 행정청은 신청 내용을 모두 그대로 인정하는 처분을 하는 경우 처분의 근거와 이유를 제시하지 않아도 된다.
⑤ 행정절차법에는 행정지도에 관한 규정을 두고 있지 않다.

해설

[❶ ▶ ✕]　처분, 신고, 확약, 위반사실 등의 공표, 행정계획, 행정상 입법예고, 행정예고 및 행정지도의 절차에 관하여 <u>다른 법률에 특별한 규정이 있는 경우를 제외하고는 이 법에서 정하는 바에 따른다</u>(행정절차법 제3조 제1항). 따라서 행정절차에 관하여 다른 법률에 특별한 규정이 있는 경우에는 다른 법률이 우선한다.
[❷ ▶ ✕]　다른 법령등에서 청문을 하도록 규정하고 있는 경우(제1호)뿐만 아니라 <u>행정청이 필요하다고 인정하는 경우</u>(제2호), 인허가 등의 취소, 신분·자격의 박탈, 법인이나 조합 등의 설립허가의 취소를 하는 경우(제3호)에는 <u>행정청은 처분을 할 때 청문을 한다</u>(행정절차법 제22조 제1항).
[❸ ▶ ✕]　신청에 따른 처분이 이루어지지 아니한 경우에는 아직 당사자에게 권익이 부과되지 아니하였으므로 특별한 사정이 없는 한 신청에 대한 거부처분이라고 하더라도 직접 당사자의 권익을 제한하는 것은 아니어서 <u>신청에 대한 거부처분을 여기에서 말하는 '당사자의 권익을 제한하는 처분'에 해당한다고 할 수 없는 것이어서 처분의 사전통지대상이 된다고 할 수 없다</u>(대판 2003.11.28. 2003두674).
[❹ ▶ ◯]　행정청이 당사자의 신청 내용을 모두 그대로 인정하는 경우에는 당사자에게 처분의 근거와 이유를 제시할 필요가 없다(행정절차법 제23조 제1항).
[❺ ▶ ✕]　행정절차법은 제48조 이하에서 행정지도의 원칙(동법 제48조), 행정지도의 방식(동법 제49조), 의견제출(동법 제50조), 다수인을 대상으로 하는 행정지도(동법 제51조) 등을 규정하고 있다.

답 ❹

03 행정절차법에서 규정하고 있지 않은 것은?

① 신 고
② 공법상 계약
③ 행정지도
④ 행정예고
⑤ 행정상 입법예고

해설

[❷ ▶ ✕]　현행 행정절차법에는 <u>처분, 신고, 확약, 위반사실 등의 공표, 행정계획, 행정상 입법예고, 행정예고 및 행정지도의 절차에 관하여 규정하고 있다</u>(행정절차법 제3조 제1항). 이 중 확약, 위반사실 등의 공표, 행정계획은 2022.1.11. 개정법에서 추가되었다. <u>행정계약(공법상 계약)에 대하여는 규정하고 있지 않다</u>.

답 ❷

04 행정절차법상 처분절차에 관한 설명으로 옳은 것은? `24` 행정사 제12회

① 행정청은 처분을 할 때에는 단순·반복적인 처분으로서 당사자가 그 이유를 명백히 알 수 있는 경우에도 당사자에게 그 근거와 이유를 사전에 제시하여야 한다.
② 행정청은 처분에 오기(誤記)가 있어서 직권으로 이를 정정한 경우에는 그 사실을 당사자에게 통지할 필요는 없다.
③ 행정청은 행정청의 편의를 위하여 신청인이 다른 행정청에 처분을 구하는 신청을 접수하게 할 수 있다.
④ 행정청은 다수의 행정청이 관여하는 처분을 구하는 신청을 접수한 경우에는 관계 행정청과의 신속한 협조를 통하여 그 처분이 지연되지 아니하도록 하여야 한다.
⑤ 행정청은 필요한 처분기준을 정하여 공표하는 것이 해당 처분의 성질상 현저히 곤란한 경우라도 그 처분기준을 공표하여야 한다.

해설

[❶ ▶ ×] 단순·반복적인 처분으로서 당사자가 그 이유를 명백히 알 수 있는 경우에는 당사자에게 그 근거와 이유를 제시하지 않아도 된다(행정절차법 제23조 제1항 제2호).

> **행정절차법 제23조(처분의 이유 제시)** ① 행정청은 처분을 할 때에는 다음 각 호의 어느 하나에 해당하는 경우를 제외하고는 당사자에게 그 근거와 이유를 제시하여야 한다.
> 1. 신청 내용을 모두 그대로 인정하는 처분인 경우
> 2. 단순·반복적인 처분 또는 경미한 처분으로서 당사자가 그 이유를 명백히 알 수 있는 경우
> 3. 긴급히 처분을 할 필요가 있는 경우

[❷ ▶ ×] 행정청은 처분에 오기(誤記), 오산(誤算) 또는 그 밖에 이에 준하는 명백한 잘못이 있을 때에는 직권으로 또는 신청에 따라 지체 없이 정정하고 그 사실을 당사자에게 통지하여야 한다(행정절차법 제25조).

[❸ ▶ ×] 행정청은 신청인의 편의를 위하여 다른 행정청에 신청을 접수하게 할 수 있다. 이 경우 행정청은 다른 행정청에 접수할 수 있는 신청의 종류를 미리 정하여 공시하여야 한다(행정절차법 제17조 제7항).

[❹ ▶ ○] 행정청은 다수의 행정청이 관여하는 처분을 구하는 신청을 접수한 경우에는 관계 행정청과의 신속한 협조를 통하여 그 처분이 지연되지 아니하도록 하여야 한다(행정절차법 제18조).

[❺ ▶ ×] 필요한 처분기준을 정하여 공표하는 것이 해당 처분의 성질상 현저히 곤란한 경우에는 처분기준을 공표하지 아니할 수 있다(행정절차법 제20조 제3항).

> **행정절차법 제20조(처분기준의 설정·공표)** ① 행정청은 필요한 처분기준을 해당 처분의 성질에 비추어 되도록 구체적으로 정하여 공표하여야 한다. 처분기준을 변경하는 경우에도 또한 같다.
> ③ 제1항에 따른 처분기준을 공표하는 것이 해당 처분의 성질상 현저히 곤란하거나 공공의 안전 또는 복리를 현저히 해치는 것으로 인정될 만한 상당한 이유가 있는 경우에는 처분기준을 공표하지 아니할 수 있다.

답 ❹

05

행정절차법상 처분절차에 관한 설명으로 옳지 않은 것은?

① 처분을 할 때 해당 처분의 영향이 광범위하여 널리 의견을 수렴할 필요가 있다고 행정청이 인정하는 경우에는 공청회를 개최한다.
② 행정청은 인허가 등의 취소 시 의견제출기한 내에 당사자등의 신청이 있는 경우에는 청문을 한다.
③ 청문·공청회 또는 의견제출을 거쳤을 때에는 신속히 처분하여 해당 처분이 지연되지 아니하도록 하여야 한다.
④ 행정청은 처분을 할 때에는 이해관계인에게 그 근거와 이유를 제시하여야 한다.
⑤ 행정청은 처분을 신속히 처리할 필요가 있거나 사안이 경미한 경우에는 말 또는 그 밖의 방법으로 할 수 있다.

해설

[❶ ▶ ○] 행정청이 처분을 할 때, 다른 법령등에서 공청회를 개최하도록 규정하고 있는 경우(제1호), 해당 처분의 영향이 광범위하여 널리 의견을 수렴할 필요가 있다고 행정청이 인정하는 경우(제2호), 국민생활에 큰 영향을 미치는 처분으로서 대통령령으로 정하는 처분에 대하여 대통령령으로 정하는 수 이상의 당사자등이 공청회 개최를 요구하는 경우(제3호) 중 어느 하나에 해당하는 경우에는 공청회를 개최한다(행정절차법 제22조 제2항).

[❷ ▶ ×] 인허가 등의 취소, 신분·자격의 박탈, 법인이나 조합 등의 설립허가의 취소의 처분을 하는 경우, 행정절차법 개정 전에는 의견제출기한 내에 당사자등의 신청이 있는 경우에 청문을 실시하도록 규정하고 있었으나(신청에 의한 청문의 대상), 2022.1.11. 개정법에서는 '의무적 청문의 대상'으로 규정함으로써 청문의 대상을 확대하였다(행정절차법 제22조 제3호). 따라서 행정청은 당사자등의 신청이 없어도 청문을 실시해야 한다. 출제 당시에는 옳은 지문이었으나, 개정 행정절차법에 따라 틀린 지문으로 처리한다.

[❸ ▶ ○] 행정청은 청문·공청회 또는 의견제출을 거쳤을 때에는 신속히 처분하여 해당 처분이 지연되지 아니하도록 하여야 한다(행정절차법 제22조 제5항).

[❹ ▶ ×] 행정청은 처분을 할 때, (이해관계인이 아니라) 당사자에게 처분의 이유와 근거를 제시하여야 한다(행정절차법 제23조 제1항). '당사자'란 행정청의 처분에 대하여 직접 그 상대가 되는 당사자를 말한다(행정절차법 제2조 제4호 가목).

[❺ ▶ ○] 공공의 안전 또는 복리를 위하여 긴급히 처분을 할 필요가 있거나 사안이 경미한 경우에는 말, 전화, 휴대전화를 이용한 문자 전송, 팩스 또는 전자우편 등 문서가 아닌 방법으로 처분을 할 수 있다. 이 경우 당사자가 요청하면 지체 없이 처분에 관한 문서를 주어야 한다(행정절차법 제24조 제2항).

답 ❷, ❹

06 행정절차법상 의견청취에 관한 설명으로 옳지 않은 것은?(다툼이 있으면 판례에 따름)

18 행정사 제6회

① 고시의 방법으로 불특정 다수인을 상대로 권익을 제한하는 처분을 하는 경우, 행정청은 상대방에게 의견제출의 기회를 주어야 한다.
② 행정청은 법령상 다른 규정이 없는 한, 사인과의 협약을 통해 법령상 요구되는 청문을 생략할 수 없다.
③ 행정청은 법인 설립허가의 취소 시 의견제출기한 내에 당사자등의 신청이 있는 경우에는 청문을 실시하여야 한다.
④ 당사자등은 청문의 통지가 있는 날부터 청문이 끝날 때까지 행정청에 해당 사안의 조사결과에 관한 문서의 복사를 요청할 수 있다.
⑤ 청문 주재자는 당사자등이 주장하지 아니한 사실에 대하여도 증거조사를 할 수 있다.

해설

[❶ ▸ ✕] '고시'의 방법으로 불특정 다수인을 상대로 의무를 부과하거나 권익을 제한하는 처분은 성질상 의견제출의 기회를 주어야 하는 상대방을 특정할 수 없으므로, 이와 같은 처분에 있어서까지 구 행정절차법 제22조 제3항에 의하여 그 상대방에게 의견제출의 기회를 주어야 한다고 해석할 것은 아니다(대판 2014.10.27. 2012두7745).

[❷ ▸ ○] 행정청이 당사자와 사이에 도시계획사업의 시행과 관련한 협약을 체결하면서 관계 법령 및 행정절차법에 규정된 청문의 실시 등 의견청취절차를 배제하는 조항을 두었다고 하더라도, 위와 같은 협약의 체결로 청문의 실시에 관한 규정의 적용을 배제할 수 있다고 볼만한 법령상의 규정이 없는 한, 이러한 협약이 체결되었다고 하여 청문의 실시에 관한 규정의 적용이 배제된다거나 청문을 실시하지 않아도 되는 예외적인 경우에 해당한다고 할 수 없다(대판 2004.7.8. 2002두8350).

[❸ ▸ ✕] 인허가 등의 취소, 신분·자격의 박탈, 법인이나 조합 등의 설립허가의 취소의 처분을 하는 경우, 행정절차법 개정 전에는 의견제출기한 내에 당사자등의 신청이 있는 경우에 청문을 실시하도록 규정하고 있었으나(신청에 의한 청문의 대상), 2022.1.11. 개정법에서는 '의무적 청문의 대상'으로 규정함으로써 청문의 대상을 확대하였다(행정절차법 제22조 제3호). 따라서 행정청은 법인 설립허가의 취소 시 당사자등의 신청이 없어도 청문을 실시해야 한다. 출제 당시에는 옳은 지문이었으나, 개정 행정절차법에 따라 틀린 지문으로 처리한다. 앞으로 이러한 형태의 지문이 출제되지는 않을 것이므로 개정법의 내용을 잘 아는 것이 중요하다.

> **행정절차법 제22조(의견청취)** ① 행정청이 처분을 할 때 다음 각 호의 어느 하나에 해당하는 경우에는 청문을 한다.
> 3. 다음 각 목의 처분을 하는 경우
>   가. 인허가 등의 취소
>   나. 신분·자격의 박탈
>   다. 법인이나 조합 등의 설립허가의 취소

[❹ ▸ ○] 당사자등은 의견제출의 경우에는 처분의 사전 통지가 있는 날부터 의견제출기한까지, 청문의 경우에는 청문의 통지가 있는 날부터 청문이 끝날 때까지 행정청에 해당 사안의 조사결과에 관한 문서와 그 밖에 해당 처분과 관련되는 문서의 열람 또는 복사를 요청할 수 있다(행정절차법 제37조 제1항 전문).

[❺ ▸ ○] 청문 주재자는 직권으로 또는 당사자의 신청에 따라 필요한 조사를 할 수 있으며, 당사자등이 주장하지 아니한 사실에 대하여도 조사할 수 있다(행정절차법 제33조 제1항).

답 ❶, ❸

07 행정절차법상 청문에 관한 설명으로 옳지 않은 것은?

24 행정사 제12회

① 행정청은 다수 국민의 이해가 상충되는 처분을 하려는 경우에는 청문 주재자를 2명 이상으로 선정할 수 있다.
② 청문은 당사자가 공개를 신청하더라도 제3자의 정당한 이익을 현저히 해칠 우려가 있는 경우에는 공개하여서는 아니 된다.
③ 청문 주재자는 직권으로 당사자등이 주장한 사실에 한하여 필요한 조사를 하여야 한다.
④ 청문 주재자는 필요하다고 인정할 때에는 관계 행정청에 필요한 문서의 제출을 요구할 수 있다.
⑤ 누구든지 청문을 통하여 알게 된 경영상의 비밀을 정당한 이유 없이 누설하여서는 아니 된다.

해설

[① ▶ ○] 행정절차법 제28조 제2항 제1호

> **행정절차법 제28조(청문 주재자)** ① 행정청은 소속 직원 또는 대통령령으로 정하는 자격을 가진 사람 중에서 청문 주재자를 공정하게 선정하여야 한다.
> ② 행정청은 다음 각 호의 어느 하나에 해당하는 처분을 하려는 경우에는 **청문 주재자를 2명 이상으로 선정할 수 있다**. 이 경우 선정된 청문 주재자 중 1명이 청문 주재자를 대표한다.
> 1. 다수 국민의 이해가 상충되는 처분
> 2. 다수 국민에게 불편이나 부담을 주는 처분
> 3. 그 밖에 전문적이고 공정한 청문을 위하여 행정청이 청문 주재자를 2명 이상으로 선정할 필요가 있다고 인정하는 처분

[② ▶ ○] 청문은 당사자가 공개를 신청하거나 청문 주재자가 필요하다고 인정하는 경우 공개할 수 있다. 다만, 공익 또는 제3자의 정당한 이익을 현저히 해칠 우려가 있는 경우에는 공개하여서는 아니 된다(행정절차법 제30조).

[③ ▶ ×] 청문 주재자는 직권으로 또는 당사자의 신청에 따라 필요한 조사를 할 수 있으며, 당사자등이 주장하지 아니한 사실에 대하여도 조사할 수 있다(행정절차법 제33조 제1항).

[④ ▶ ○] 청문 주재자는 필요하다고 인정할 때에는 관계 행정청에 필요한 문서의 제출 또는 의견의 진술을 요구할 수 있다. 이 경우 관계 행정청은 직무 수행에 특별한 지장이 없으면 그 요구에 따라야 한다(행정절차법 제33조 제3항).

[⑤ ▶ ○] 누구든지 의견제출 또는 청문을 통하여 알게 된 사생활이나 경영상 또는 거래상의 비밀을 정당한 이유 없이 누설하거나 다른 목적으로 사용하여서는 아니 된다(행정절차법 제37조 제6항).

답 ③

08 행정절차법상 행정상 입법예고에 관한 내용으로 옳은 것을 모두 고른 것은? `15 행정사 제3회`

> ㄱ. 입법예고의 기준·절차 등에 관하여 필요한 사항은 대통령령으로 정한다.
> ㄴ. 입법내용이 국민의 권리·의무 또는 일상생활과 관련이 없는 경우에도 예고를 하여야 한다.
> ㄷ. 입법예고기간은 예고할 때 정하되, 특별한 사정이 없으면 40일(자치법규는 20일) 이상으로 한다.
> ㄹ. 행정청은 예고된 입법안의 전문에 대한 열람 또는 복사를 요청받았을 때에는 특별한 사유가 없으면 그 요청에 따라야 한다.

① ㄱ, ㄴ
② ㄴ, ㄷ
③ ㄷ, ㄹ
④ ㄱ, ㄷ, ㄹ
⑤ ㄴ, ㄷ, ㄹ

해설

[ㄱ ▶ O] 입법예고의 기준·절차 등에 관하여 필요한 사항은 대통령령으로 정한다(행정절차법 제41조 제5항).

[ㄴ ▶ ×] 행정청은 입법내용이 국민의 권리·의무 또는 일상생활과 관련이 없는 경우에는 입법안을 예고를 하지 아니할 수 있다(행정절차법 제41조 제1항).

> **행정절차법 제41조(행정상 입법예고)** ① 법령등을 제정·개정 또는 폐지하려는 경우에는 해당 입법안을 마련한 행정청은 이를 예고하여야 한다. 다만, 다음 각 호의 어느 하나에 해당하는 경우에는 예고를 하지 아니할 수 있다.
> 1. 신속한 국민의 권리 보호 또는 예측 곤란한 특별한 사정의 발생 등으로 입법이 긴급을 요하는 경우
> 2. 상위 법령등의 단순한 집행을 위한 경우
> 3. 입법내용이 국민의 권리·의무 또는 일상생활과 관련이 없는 경우
> 4. 단순한 표현·자구를 변경하는 경우 등 입법내용의 성질상 예고의 필요가 없거나 곤란하다고 판단되는 경우
> 5. 예고함이 공공의 안전 또는 복리를 현저히 해칠 우려가 있는 경우

[ㄷ ▶ O] 입법예고기간은 예고할 때 정하되, 특별한 사정이 없으면 40일(자치법규는 20일) 이상으로 한다(행정절차법 제43조).

[ㄹ ▶ O] 행정청은 예고된 입법안의 전문에 대한 열람 또는 복사를 요청받았을 때에는 특별한 사유가 없으면 그 요청에 따라야 한다(행정절차법 제42조 제5항).

답 ④

09 행정절차법상 행정청의 관할 및 협조에 관한 설명으로 옳지 않은 것은?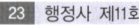

① 행정청이 그 관할에 속하지 아니하는 사안을 접수한 경우 지체 없이 이를 관할 행정청에 이송하여야 하고 그 사실을 신청인에게 통지하여야 한다.
② 행정응원에 드는 비용은 응원을 하는 행정청이 부담한다.
③ 행정청은 행정의 원활한 수행을 위하여 서로 협조하여야 한다.
④ 행정응원을 요청받은 행정청은 응원을 거부하는 경우 그 사유를 응원을 요청한 행정청에 통지하여야 한다.
⑤ 행정청의 관할이 분명하지 아니한 경우이지만 공통으로 감독하는 상급 행정청이 없는 경우에는 각 상급 행정청이 협의하여 그 관할을 결정한다.

해설

[❶ ▶ ○] 행정청이 그 관할에 속하지 아니하는 사안을 접수하였거나 이송받은 경우에는 지체 없이 이를 관할 행정청에 이송하여야 하고 그 사실을 신청인에게 통지하여야 한다. 행정청이 접수하거나 이송받은 후 관할이 변경된 경우에도 또한 같다(행정절차법 제6조 제1항).
[❷ ▶ ×] 행정응원에 드는 비용은 응원을 요청한 행정청이 부담하며, 그 부담금액 및 부담방법은 응원을 요청한 행정청과 응원을 하는 행정청이 협의하여 결정한다(행정절차법 제8조 제6항).
[❸ ▶ ○] 행정청은 행정의 원활한 수행을 위하여 서로 협조하여야 한다(행정절차법 제7조 제1항).
[❹ ▶ ○] 행정응원을 요청받은 행정청은 응원을 거부하는 경우 그 사유를 응원을 요청한 행정청에 통지하여야 한다(행정절차법 제8조 제4항).
[❺ ▶ ○] 행정청의 관할이 분명하지 아니한 경우에는 해당 행정청을 공통으로 감독하는 상급 행정청이 그 관할을 결정하며, 공통으로 감독하는 상급 행정청이 없는 경우에는 각 상급 행정청이 협의하여 그 관할을 결정한다(행정절차법 제6조 제2항).

답 ❷

10 행정절차법상 행정응원을 요청할 수 있는 경우로 명시된 경우가 아닌 것은?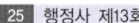

① 법령등의 이유로 독자적인 직무 수행이 어려운 경우
② 행정서비스에 대한 국민의 만족도를 높이기 위하여 필요한 경우
③ 다른 행정청의 응원을 받아 처리하는 것이 보다 능률적이고 경제적인 경우
④ 다른 행정청에 소속되어 있는 전문기관의 협조가 필요한 경우
⑤ 인원·장비의 부족 등 사실상의 이유로 독자적인 직무 수행이 어려운 경우

해설

[❷ ▶ ×] '행정서비스에 대한 국민의 만족도를 높이기 위하여 필요한 경우'는 행정절차법상 행정응원을 요청할 수 있는 경우에 해당하지 않는다.

> **행정절차법 제8조(행정응원)** ① 행정청은 다음 각 호의 어느 하나에 해당하는 경우에는 다른 행정청에 행정응원(行政應援)을 요청할 수 있다.
> 1. 법령등의 이유로 독자적인 직무 수행이 어려운 경우❶
> 2. 인원·장비의 부족 등 사실상의 이유로 독자적인 직무 수행이 어려운 경우❺
> 3. 다른 행정청에 소속되어 있는 전문기관의 협조가 필요한 경우❹
> 4. 다른 행정청이 관리하고 있는 문서(전자문서를 포함한다. 이하 같다)·통계 등 행정자료가 직무 수행을 위하여 필요한 경우
> 5. 다른 행정청의 응원을 받아 처리하는 것이 보다 능률적이고 경제적인 경우❸

답 ❷

11 행정절차법상 송달 및 기간·기한에 관한 설명으로 옳은 것은? 　　23 행정사 제11회

① 정보통신망을 이용한 송달은 송달받을 자의 동의 여부와 상관없이 언제든지 가능하다.
② 행정청은 송달하는 문서의 명칭과 송달받는 자의 성명을 확인할 수 있는 기록을 보존하지 않아도 된다.
③ 송달은 다른 법령등에 특별한 규정이 있는 경우를 제외하고는 해당 문서를 발신한 때 그 효력이 발생한다.
④ 천재지변으로 기한을 지킬 수 없는 경우에는 그 사유가 끝나는 날이 속하는 주말까지 기간의 진행이 정지된다.
⑤ 외국에 거주하거나 체류하는 자에 대한 기간 및 기한은 행정청이 그 우편이나 통신에 걸리는 일수를 고려하여 정하여야 한다.

해설

[❶ ▶ ×] 정보통신망을 이용한 송달은 송달받을 자가 동의하는 경우에만 한다. 이 경우 송달받을 자는 송달받을 전자우편주소 등을 지정하여야 한다(행정절차법 제14조 제3항).
[❷ ▶ ×] 행정청은 송달하는 문서의 명칭, 송달받는 자의 성명 또는 명칭, 발송방법 및 발송 연월일을 확인할 수 있는 기록을 보존하여야 한다(행정절차법 제14조 제6항).
[❸ ▶ ×] 송달은 다른 법령등에 특별한 규정이 있는 경우를 제외하고는 해당 문서가 송달받을 자에게 도달됨으로써 그 효력이 발생한다(행정절차법 제15조 제1항).
[❹ ▶ ×] 천재지변이나 그 밖에 당사자등에게 책임이 없는 사유로 기간 및 기한을 지킬 수 없는 경우에는 그 사유가 끝나는 날까지 기간의 진행이 정지된다(행정절차법 제16조 제1항).
[❺ ▶ ○] 외국에 거주하거나 체류하는 자에 대한 기간 및 기한은 행정청이 그 우편이나 통신에 걸리는 일수(日數)를 고려하여 정하여야 한다(행정절차법 제16조 제2항).

답 ❺

12 인허가의제 제도에 관한 설명으로 옳지 않은 것은?(다툼이 있으면 판례에 따름)

25 행정사 제13회

① 인허가의제를 받으려면 주된 인허가를 신청할 때, 불가피한 사유로 함께 제출할 수 없는 경우가 아니라면 관련 인허가에 필요한 서류를 함께 제출하여야 한다.
② 주된 인허가 행정청은 주된 인허가를 하기 전에 관련 인허가에 관하여 미리 관련 인허가 행정청과 협의하여야 한다.
③ 인허가의제의 효과는 주된 인허가의 해당 법률에 규정된 관련 인허가에 한정된다.
④ 인허가의제의 경우 관련 인허가 행정청은 관련 인허가를 직접 한 것으로 보아 관계법령에 따른 관리·감독 등 필요한 조치를 하여야 한다.
⑤ 인허가의제 제도는 사업시행자의 이익을 위하여 만들어진 것이므로 사업시행자가 반드시 관련 인허가의제 처리를 신청할 의무가 있다.

해설

[❶ ▶ ○] [❷ ▶ ○] 행정기본법 제24조 제2항, 제3항

> **행정기본법 제24조(인허가의제의 기준)** ① 이 절에서 "인허가의제"란 하나의 인허가(이하 "주된 인허가"라 한다)를 받으면 법률로 정하는 바에 따라 그와 관련된 여러 인허가(이하 "관련 인허가"라 한다)를 받은 것으로 보는 것을 말한다.
> ② 인허가의제를 받으려면 주된 인허가를 신청할 때 관련 인허가에 필요한 서류를 함께 제출하여야 한다. 다만, 불가피한 사유로 함께 제출할 수 없는 경우에는 주된 인허가 행정청이 별도로 정하는 기한까지 제출할 수 있다.❶
> ③ 주된 인허가 행정청은 주된 인허가를 하기 전에 관련 인허가에 관하여 미리 관련 인허가 행정청과 협의하여야 한다.❷

[❸ ▶ ○] 행정기본법 제25조 제2항

> **행정기본법 제25조(인허가의제의 효과)** ① 제24조 제3항·제4항에 따라 협의가 된 사항에 대해서는 주된 인허가를 받았을 때 관련 인허가를 받은 것으로 본다.
> ② 인허가의제의 효과는 주된 인허가의 해당 법률에 규정된 관련 인허가에 한정된다.

[❹ ▶ ○] 인허가의제의 경우 관련 인허가 행정청은 관련 인허가를 직접 한 것으로 보아 관계 법령에 따른 관리·감독 등 필요한 조치를 하여야 한다(행정기본법 제26조 제1항).

[❺ ▶ ×] 어떤 개발사업의 시행과 관련하여 여러 개별 법령에서 각각 고유한 목적과 취지를 가지고 요건과 효과를 달리하는 인허가 제도를 각각 규정하고 있다면, 그 개발사업을 시행하기 위해서는 개별 법령에 따른 여러 인허가 절차를 각각 거치는 것이 원칙이다. 다만 어떤 인허가의 근거 법령에서 절차간소화를 위하여 관련 인허가를 의제 처리할 수 있는 근거 규정을 둔 경우에는, 사업시행자가 인허가를 신청하면서 하나의 절차 내에서 관련 인허가를 의제 처리해줄 것을 신청할 수 있다. 관련 인허가 의제 제도는 사업시행자의 이익을 위하여 만들어진 것이므로, 사업시행자가 반드시 관련 인허가 의제 처리를 신청할 의무가 있는 것은 아니다(대판 2020.7.23. 2019두31839).

답 ❺

13 甲은 건축물을 신축하기 위하여 허가청인 A에게 건축허가(주된 허가)를 신청하였다. 甲은 건축허가를 신청하면서 산지전용허가도 받고자 하는데, 건축법상 甲이 건축허가를 받으면 산지관리법에 따른 산지전용허가(관련 허가)를 받은 것으로 의제된다. 이에 관한 설명으로 옳지 않은 것은?(단, 관련 허가의 허가청은 B임)

24 행정사 제12회

① 甲은 건축허가를 A에게 신청하면서 산지전용허가에 필요한 서류를 함께 제출하여야 한다.
② A는 건축허가를 하기 전에 산지전용허가에 관하여 미리 B와 협의하여야 한다.
③ B는 산지전용허가에 관한 법령을 위반하여 협의에 응해서는 아니 된다.
④ A와 B 사이에 협의가 되면 건축허가와 산지전용허가를 모두 받은 것으로 본다.
⑤ 산지전용허가가 의제된 경우 B는 산지전용허가를 직접 한 것으로 보아 관계 법령에 따른 관리·감독 등 필요한 조치를 하여야 한다.

해설

[❶▶○] 인허가의제를 받으려면 주된 인허가를 신청할 때 관련 인허가에 필요한 서류를 함께 제출하도록 하는 것이 원칙이다(행정기본법 제24조 제2항 본문). 다만, '불가피한 사유'로 관련 인허가에 필요한 서류를 함께 제출할 수 없는 경우에는 주된 인허가 행정청이 별도로 정하는 기한까지 이를 제출할 수 있다(행정기본법 제24조 제2항 단서). 따라서 원칙적으로 甲은 건축허가(= 주된 인허가)를 A에게 신청하면서 산지전용허가(= 관련 인허가)에 필요한 서류를 함께 제출하여야 한다.

[❷▶○] 주된 인허가 행정청은 주된 인허가를 하기 전에 관련 인허가에 관하여 미리 관련 인허가 행정청과 협의하여야 한다(행정기본법 제24조 제3항). 이 규정은 훈시규정이 아니라 필요적 규정이며 강제규정으로 주된 인허가를 하기 전에 관련 인허가 행정청과 협의를 하지 않으면 위법이 된다. 따라서 주된 인허가 행정청 A는 건축허가를 하기 전에 산지전용허가에 관하여 미리 관련 인허가 행정청인 B와 협의하여야 한다.

[❸▶○] 주된 인허가 행정청으로부터 협의 요청을 받은 관련 인허가 행정청은 해당 법령을 위반하여 협의에 응해서는 아니 된다(행정기본법 제24조 제5항 본문). 따라서 관련 인허가 행정청 B는 산지전용허가에 관한 법령을 위반하여 협의에 응해서는 아니 된다.

[❹▶×] 행정기본법 제24조 제3항·제4항에 따라 협의가 된 사항에 대해서는 주된 인허가를 받았을 때 관련 인허가를 받은 것으로 본다(행정기본법 제25조 제1항). 따라서 A와 B 사이에 협의가 되면 건축허가와 산지전용허가를 모두 받은 것으로 보는 것이 아니라, 건축허가(= 주된 인허가)를 받았을 때 산지전용허가(= 관련 인허가)를 받은 것으로 본다.

[❺▶○] 인허가의제의 경우 관련 인허가 행정청은 관련 인허가를 직접 한 것으로 보아 관계 법령에 따른 관리·감독 등 필요한 조치를 하여야 한다(행정기본법 제26조 제1항). 따라서 산지전용허가가 의제된 경우 관련 인허가 행정청 B는 산지전용허가를 직접 한 것으로 보아 관계 법령에 따른 관리·감독 등 필요한 조치를 하여야 한다.

답 ❹

제2절 정보공개제도와 개인정보 보호제도

14 공공기관의 정보공개에 관한 법령상 정보공개에 관한 설명으로 옳지 않은 것은?(다툼이 있으면 판례에 따름)

22 행정사 제10회

① 공개청구의 대상이 되는 정보는 공공기관이 보유·관리하고 있는 정보에 한정된다.
② 일정한 요건을 갖춘 외국인은 정보공개 청구를 할 수 있다.
③ 정보공개 청구권자의 권리구제 가능성이 없는 경우에는 비공개 대상 정보에 해당하지 않는 정보라도 공개하지 않을 수 있다.
④ 정보공개청구에 대한 공공기관의 비공개결정에 대한 불복절차로 이의신청, 행정심판, 행정소송이 있다.
⑤ 법인이 거래하는 금융기관의 계좌번호에 관한 정보는 법인의 영업상 비밀에 관한 사항으로서 비공개 대상 정보에 해당한다.

해설

[❶ ▶ ○] 공공기관의 정보공개에 관한 법률상 공개청구의 대상이 되는 정보란 공공기관이 직무상 작성 또는 취득하여 현재 보유·관리하고 있는 문서에 한정되는 것이기는 하나, 그 문서가 반드시 원본일 필요는 없다(대판 2006.5.25. 2006두3049).

[❷ ▶ ○] 모든 국민은 정보의 공개를 청구할 권리를 가진다(정보공개법 제5조 제1항). 일정한 요건을 갖춘 외국인도 정보공개청구권이 인정된다(정보공개법 제5조 제2항, 동법 시행령 제3조).

> **정보공개법 시행령 제3조(외국인의 정보공개 청구)** 법 제5조 제2항에 따라 정보공개를 청구할 수 있는 외국인은 다음 각 호의 어느 하나에 해당하는 자로 한다.
> 1. 국내에 일정한 주소를 두고 거주하거나 학술·연구를 위하여 일시적으로 체류하는 사람
> 2. 국내에 사무소를 두고 있는 법인 또는 단체

[❸ ▶ ×] 공공기관의 정보공개에 관한 법률은 비공개대상정보에 해당하지 않는 한 공공기관이 보유·관리하는 정보는 공개 대상이 된다고 규정하고 있을 뿐(동법 제9조 제1항) 정보공개 청구권자가 공개를 청구하는 정보와 어떤 관련성을 가질 것을 요구하거나 정보공개청구의 목적에 특별한 제한을 두고 있지 아니하므로 정보공개 청구권자의 권리구제 가능성 등은 정보의 공개 여부 결정에 아무런 영향을 미치지 못한다(대판 2017.9.7. 2017두44558).

[❹ ▶ ○] 정보공개 청구인은 공공기관의 비공개결정에 대한 불복절차로 이의신청을 제기하거나(정보공개법 제18조 제1항), 이의신청절차를 거치지 않고 행정심판을 청구하거나(정보공개법 제19조 제2항), 행정소송을 제기할 수 있고(정보공개법 제20조 제1항), 이의신청절차를 거친 경우에도 행정심판 청구 및 행정소송의 제기가 가능하다.

[❺ ▶ ○] 법인등이 거래하는 금융기관의 계좌번호에 관한 정보는 법인등의 영업상 비밀에 관한 사항으로서 공개될 경우 법인등의 정당한 이익을 현저히 해할 우려가 있다고 인정되는 정보에 해당한다(대판 2004.8.20. 2003두8302).

답 ❸

15 공공기관의 정보공개에 관한 법률에 따른 정보공개제도에 관한 설명으로 옳지 않은 것은?(다툼이 있으면 판례에 따름)　20　행정사 제8회

① 공개를 청구하는 정보는 사회일반의 관점에서 청구대상정보의 내용과 범위를 알 수 있을 정도로 특정되어야 한다.
② 공개청구한 정보를 공공기관이 보유·관리하고 있지 않은 경우에는 특별한 사정이 없는 한 해당 정보에 대한 공개거부처분의 취소를 구할 법률상의 이익이 없다.
③ 정보공개청구의 목적이 오로지 담당공무원을 괴롭힐 목적인 경우처럼 권리의 남용이 명백한 경우에는 정보공개청구권의 행사가 허용되지 않는다.
④ 비공개결정에 대해 이의신청을 거친 경우에는 행정심판을 제기할 수 없다.
⑤ 청구인이 신청한 공개방법이 이외의 방법으로 정보를 공개하기로 결정한 경우 청구인은 그에 대하여 항고소송으로 다툴 수 있다.

해설

[❶▶○] 공개청구대상정보를 기재함에 있어서는 사회일반인의 관점에서 청구대상정보의 내용과 범위를 확정할 수 있을 정도로 특정함을 요한다(대판 2007.6.1. 2007두2555).

[❷▶○] 공개청구자가 특정한 바와 같은 정보를 공공기관이 보유·관리하고 있지 않은 경우라면 특별한 사정이 없는 한 해당 정보에 대한 공개거부처분에 대하여는 취소를 구할 법률상 이익이 없다(대판 2013.1.24. 2010두18918).

[❸▶○] 해당 정보를 취득 또는 활용할 의사가 전혀 없이 정보공개 제도를 이용하여 사회통념상 용인될 수 없는 부당한 이득을 얻으려 하거나, 오로지 공공기관의 담당공무원을 괴롭힐 목적으로 정보공개청구를 하는 경우처럼 권리의 남용에 해당하는 것이 명백한 경우에는 정보공개청구권의 행사를 허용하지 아니하는 것이 옳다(대판 2014.12.24. 2014두9349).

[❹▶×] 정보공개 청구인은 이의신청절차를 거치지 않고 행정심판을 청구할 수 있으며(정보공개법 제19조 제2항), 이의신청절차를 거친 경우에도 행정심판 청구 및 행정소송의 제기가 가능하다.

[❺▶○] 공공기관이 공개청구의 대상이 된 정보를 공개는 하되, 청구인이 신청한 공개방법 이외의 방법으로 공개하기로 하는 결정을 하였다면, 이는 정보공개청구 중 정보공개방법에 관한 부분에 대하여 일부 거부처분을 한 것이고, 청구인은 그에 대하여 항고소송으로 다툴 수 있다(대판 2016.11.10. 2016두44674).

답 ❹

16 공공기관의 정보공개에 관한 법률의 내용으로 옳지 않은 것은?

① 공개될 경우 부동산 투기, 매점매석 등으로 특정인에게 이익 또는 불이익을 줄 우려가 있다고 인정되는 정보라도 공공기관이 보유·관리하는 정보라면 이를 공개하여야 한다.
② 공공기관은 부득이한 사유가 없다면 정보공개의 청구를 받은 날부터 10일 이내에 공개 여부를 결정하여야 한다.
③ 공공기관은 공개 청구된 공개 대상 정보의 일부가 제3자와 관련이 있다고 인정할 때에는 그 사실을 제3자에게 지체 없이 통지하여야 한다.
④ 공공기관은 정보의 공개를 결정한 경우 해당 청구인이 사본의 교부를 원하는 때에는 이를 교부하여야 한다.
⑤ 정보공개청구는 말로써 할 수 있다.

해설

[**❶ ▶ ×**] 공개될 경우 부동산 투기, 매점매석 등으로 특정인에게 이익 또는 불이익을 줄 우려가 있다고 인정되는 정보는 공개하지 아니할 수 있다(공공기관의 정보공개에 관한 법률 제9조 제8호).

> **공공기관의 정보공개에 관한 법률 제9조(비공개 대상 정보)** ① 공공기관이 보유·관리하는 정보는 공개 대상이 된다. 다만, 다음 각 호의 어느 하나에 해당하는 정보는 공개하지 아니할 수 있다.
> 8. 공개될 경우 부동산 투기, 매점매석 등으로 특정인에게 이익 또는 불이익을 줄 우려가 있다고 인정되는 정보

[**❷ ▶ ○**] 공공기관의 정보공개에 관한 법률 제11조 제1항

> **공공기관의 정보공개에 관한 법률 제11조(정보공개 여부의 결정)** ① 공공기관은 제10조에 따라 정보공개의 청구를 받으면 그 청구를 받은 날부터 10일 이내에 공개 여부를 결정하여야 한다.
> ② 공공기관은 부득이한 사유로 제1항에 따른 기간 이내에 공개 여부를 결정할 수 없을 때에는 그 기간이 끝나는 날의 다음 날부터 기산(起算)하여 10일의 범위에서 공개 여부 결정기간을 연장할 수 있다. 이 경우 공공기관은 연장된 사실과 연장 사유를 청구인에게 지체 없이 문서로 통지하여야 한다.

[**❸ ▶ ○**] 공공기관의 정보공개에 관한 법률 제11조 제3항

> **공공기관의 정보공개에 관한 법률 제11조(정보공개 여부의 결정)** ③ 공공기관은 공개 청구된 공개 대상 정보의 전부 또는 일부가 제3자와 관련이 있다고 인정할 때에는 그 사실을 제3자에게 지체 없이 통지하여야 하며, 필요한 경우에는 그의 의견을 들을 수 있다.

[**❹ ▶ ○**] 공공기관의 정보공개에 관한 법률 제13조 제2항

> **공공기관의 정보공개에 관한 법률 제13조(정보공개 여부 결정의 통지)** ① 공공기관은 제11조에 따라 정보의 공개를 결정한 경우에는 공개의 일시 및 장소 등을 분명히 밝혀 청구인에게 통지하여야 한다.
> ② 공공기관은 청구인이 사본 또는 복제물의 교부를 원하는 경우에는 이를 교부하여야 한다.
> ③ 공공기관은 공개 대상 정보의 양이 너무 많아 정상적인 업무수행에 현저한 지장을 초래할 우려가 있는 경우에는 해당 정보를 일정 기간별로 나누어 제공하거나 사본·복제물의 교부 또는 열람과 병행하여 제공할 수 있다.

[❺ ▶ ○] 정보공개청구는 말로써 할 수 있다(공공기관의 정보공개에 관한 법률 제10조 제1항).

> **공공기관의 정보공개에 관한 법률 제10조(정보공개의 청구방법)** ① 정보의 공개를 청구하는 자(이하 "청구인"이라 한다)는 해당 정보를 보유하거나 관리하고 있는 공공기관에 다음 각 호의 사항을 적은 정보공개 청구서를 제출하거나 말로써 정보의 공개를 청구할 수 있다.
> 1. 청구인의 성명·생년월일·주소 및 연락처(전화번호·전자우편주소 등을 말한다. 이하 이 조에서 같다). 다만, 청구인이 법인 또는 단체인 경우에는 그 명칭, 대표자의 성명, 사업자등록번호 또는 이에 준하는 번호, 주된 사무소의 소재지 및 연락처를 말한다.
> 2. 청구인의 주민등록번호(본인임을 확인하고 공개 여부를 결정할 필요가 있는 정보를 청구하는 경우로 한정한다)
> 3. 공개를 청구하는 정보의 내용 및 공개방법
> ② 제1항에 따라 청구인이 말로써 정보의 공개를 청구할 때에는 담당 공무원 또는 담당 임직원(이하 "담당공무원등"이라 한다)의 앞에서 진술하여야 하고, 담당공무원등은 정보공개 청구조서를 작성하여 이에 청구인과 함께 기명날인하거나 서명하여야 한다.

답 ❶

17 공공기관의 정보공개에 관한 법률상 이의신청에 관한 내용이다. ( )에 알맞은 숫자는?

25 행정사 제13회

> ○ 청구인이 정보공개와 관련한 공공기관의 비공개 결정 또는 부분 공개 결정에 대하여 불복이 있거나 정보공개 청구 후 (ㄱ)일이 경과하도록 정보공개 결정이 없는 때에는 공공기관으로부터 정보공개 여부의 결정 통지를 받은 날 또는 정보공개 청구 후 (ㄱ)일이 경과한 날부터 (ㄴ)일 이내에 해당 공공기관에 문서로 이의신청을 할 수 있다.
> ○ 공공기관은 이의신청을 받은 날부터 (ㄷ)일 이내에 그 이의신청에 대하여 결정하고 그 결과를 청구인에게 지체 없이 문서로 통지하여야 한다.

① ㄱ : 7, ㄴ : 10, ㄷ : 20
② ㄱ : 10, ㄴ : 20, ㄷ : 10
③ ㄱ : 10, ㄴ : 20, ㄷ : 30
④ ㄱ : 20, ㄴ : 30, ㄷ : 7
⑤ ㄱ : 20, ㄴ : 30, ㄷ : 10

해설 [❹▶○] ㄱ : 20, ㄴ : 30, ㄷ : 7

> **공공기관의 정보공개에 관한 법률 제18조(이의신청)** ① 청구인이 정보공개와 관련한 공공기관의 비공개 결정 또는 부분 공개 결정에 대하여 불복이 있거나 정보공개 청구 후 20일ㄱ이 경과하도록 정보공개 결정이 없는 때에는 공공기관으로부터 정보공개 여부의 결정 통지를 받은 날 또는 정보공개 청구 후 20일ㄱ이 경과한 날부터 30일ㄴ 이내에 해당 공공기관에 문서로 이의신청을 할 수 있다.
> ③ 공공기관은 이의신청을 받은 날부터 7일ㄷ 이내에 그 이의신청에 대하여 결정하고 그 결과를 청구인에게 지체 없이 문서로 통지하여야 한다. 다만, 부득이한 사유로 정해진 기간 이내에 결정할 수 없을 때에는 그 기간이 끝나는 날의 다음 날부터 기산하여 7일의 범위에서 연장할 수 있으며, 연장 사유를 청구인에게 통지하여야 한다.

답 ❹

18 개인정보 보호법상 정보주체가 자신의 개인정보 처리와 관련하여 가지는 권리가 아닌 것은?

22 행정사 제10회

① 개인정보의 처리에 관한 정보를 제공받을 권리
② 개인정보의 처리 정지를 요구할 권리
③ 개인정보의 처리 여부를 확인하고 개인정보에 대하여 사본의 발급을 요구할 권리
④ 개인정보의 처리에 관한 동의 여부, 동의 범위 등을 결정할 권리
⑤ 개인정보처리자의 가명정보 처리에 동의할 권리

해설 [❶▶○] [❷▶○] [❸▶○] [❹▶○]

> **개인정보 보호법 제4조(정보주체의 권리)** 정보주체는 자신의 개인정보 처리와 관련하여 다음 각 호의 권리를 가진다. 〈개정 2023.3.14.〉
> 1. 개인정보의 처리에 관한 정보를 제공받을 권리❶
> 2. 개인정보의 처리에 관한 동의 여부, 동의 범위 등을 선택하고 결정할 권리❹
> 3. 개인정보의 처리 여부를 확인하고 개인정보에 대한 열람(사본의 발급을 포함한다) 및 전송을 요구할 권리❸
> 4. 개인정보의 처리 정지, 정정·삭제 및 파기를 요구할 권리❷
> 5. 개인정보의 처리로 인하여 발생한 피해를 신속하고 공정한 절차에 따라 구제받을 권리
> 6. 완전히 자동화된 개인정보 처리에 따른 결정을 거부하거나 그에 대한 설명 등을 요구할 권리

[❺▶×] 개인정보처리자는 통계작성, 과학적 연구, 공익적 기록보존 등을 위하여 정보주체의 동의 없이 가명정보를 처리할 수 있다(개인정보 보호법 제28조의2 제1항).

답 ❺

19 개인정보 보호법에 관한 설명으로 옳은 것은?　　　　　　　　　　　　　　19 행정사 제7회

① 법인의 정보는 이 법의 보호대상이다.
② 사자(死者)의 정보는 이 법의 보호대상이다.
③ 정보처리자는 정보주체와의 계약의 체결을 위하여 불가피한 경우에는 정보주체의 동의 없이 개인정보를 제3자에게 제공할 수 있다.
④ 개인정보처리자가 이 법에 위반한 행위로 정보주체에게 손해를 입힌 경우, 개인정보처리자의 손해배상책임은 무과실책임이다.
⑤ 정보주체가 권리침해행위의 금지·중지를 구하는 단체소송을 제기하려면 법원의 허가를 받아야 한다.

해설

[❶ ▶ ×] [❷ ▶ ×] 개인정보 보호법은 살아 있는 개인에 관한 정보를 그 보호대상으로 하므로(동법 제2조 제1호), 법인(法人)이나 사자(死者)의 정보는 동법의 보호대상에 해당하지 아니한다.

[❸ ▶ ×] 개인정보처리자는 '정보주체와 체결한 계약을 이행하거나 계약을 체결하는 과정에서 정보주체의 요청에 따른 조치를 이행하기 위하여 필요한 경우'에는 정보주체의 동의 없이 개인정보를 수집할 수 있으며 그 수집 목적의 범위에서 이용할 수는 있으나, 정보주체의 개인정보를 제3자에게 제공(공유를 포함)할 수는 없다(개인정보 보호법 제15조 제1항 제4호, 제17조 제1항 제2호).

> 개인정보처리자는 정보주체의 동의를 받은 경우 정보주체의 개인정보를 제3자에게 제공(공유를 포함)할 수 있다. 정보주체의 동의를 받지 않은 경우에도 ㉠ 법률에 특별한 규정이 있거나 법령상 의무를 준수하기 위하여 불가피한 경우, ㉡ 공공기관이 법령 등에서 정하는 소관 업무의 수행을 위하여 불가피한 경우 및 명백히 정보주체 또는 제3자의 급박한 생명, 신체, 재산의 이익을 위하여 필요하다고 인정되는 경우, ㉢ 개인정보처리자의 정당한 이익을 달성하기 위하여 필요한 경우로서 명백하게 정보주체의 권리보다 우선하는 경우(이 경우 개인정보처리자의 정당한 이익과 상당한 관련이 있고 합리적인 범위를 초과하지 아니하는 경우에 한한다), ㉣ 공중위생 등 공공의 안전과 안녕을 위하여 긴급히 필요한 경우 중 어느 하나에 해당하는 경우 개인정보를 수집한 목적 범위에서 개인정보를 제3자에게 제공할 수 있다(개인정보 보호법 제17조 제1항 참조).

[❹ ▶ ×] 정보주체는 개인정보처리자가 이 법을 위반한 행위로 손해를 입으면 개인정보처리자에게 손해배상을 청구할 수 있다. 이 경우 그 개인정보처리자는 고의 또는 과실이 없음을 입증하지 아니하면 책임을 면할 수 없다(개인정보 보호법 제39조 제1항). 즉, 개인정보처리자의 손해배상책임은 과실책임이다.

[❺ ▶ ○] 개인정보처리자가 집단분쟁조정을 거부하거나 집단분쟁조정의 결과를 수락하지 아니한 경우에는 법원에 권리침해 행위의 금지·중지를 구하는 소송(단체소송)을 제기할 수 있다. 단체소송을 제기하는 단체는 법원의 허가를 받아야 한다(개인정보 보호법 제54조, 제55조).

답 ❺

20 개인정보 보호법상 개인정보 보호 원칙에 관한 설명으로 옳지 않은 것은? 　23 행정사 제11회

① 개인정보처리자는 개인정보의 처리 목적에 필요한 범위에서 적합하게 개인정보를 처리하여야 한다.
② 개인정보처리자는 개인정보의 처리 목적에 필요한 범위에서 개인정보의 정확성, 완전성 및 최신성이 보장되도록 하여야 한다.
③ 개인정보처리자는 정보주체의 사생활 침해를 최소화하는 방법으로 개인정보를 처리하여야 한다.
④ 개인정보처리자는 개인정보 처리방침 등 개인정보의 처리에 관한 사항을 공개하여야 한다.
⑤ 개인정보처리자는 개인정보를 익명 또는 가명으로 처리하여서는 아니 된다.

해설

[① ▶ ○] 개인정보처리자는 개인정보의 처리 목적을 명확하게 하여야 하고 그 목적에 필요한 범위에서 최소한의 개인정보만을 적법하고 정당하게 수집하여야 한다(개인정보 보호법 제3조 제1항).

[② ▶ ○] 개인정보처리자는 개인정보의 처리 목적에 필요한 범위에서 개인정보의 정확성, 완전성 및 최신성이 보장되도록 하여야 한다(개인정보 보호법 제3조 제3항).

[③ ▶ ○] 개인정보처리자는 정보주체의 사생활 침해를 최소화하는 방법으로 개인정보를 처리하여야 한다(개인정보 보호법 제3조 제6항).

[④ ▶ ○] 개인정보처리자는 제30조에 따른 개인정보 처리방침 등 개인정보의 처리에 관한 사항을 공개하여야 하며, 열람청구권 등 정보주체의 권리를 보장하여야 한다(개인정보 보호법 제3조 제5항). 〈개정 2023.3.14.〉

[⑤ ▶ ×] 개인정보처리자는 개인정보를 익명 또는 가명으로 처리하여도 개인정보 수집목적을 달성할 수 있는 경우 익명처리가 가능한 경우에는 익명에 의하여, 익명처리로 목적을 달성할 수 없는 경우에는 가명에 의하여 처리될 수 있도록 하여야 한다(개인정보 보호법 제3조 제7항).

답 ⑤

21 개인정보 보호법령상 고정형 영상정보처리기기를 설치·운영할 수 있는 경우로 명시된 경우가 아닌 것은?

① 범죄의 예방 및 수사를 위하여 필요한 경우
② 화재 예방을 위하여 정당한 권한을 가진 자가 설치·운영하는 경우
③ 교통단속을 위하여 정당한 권한을 가진 자가 설치·운영하는 경우
④ 촬영 사실을 명확히 표시하여 정보주체가 촬영 사실을 알 수 있도록 하였음에도 불구하고 촬영 거부 의사를 밝히지 아니한 경우
⑤ 촬영된 영상정보를 저장하지 아니하는 경우로서 출입자 수, 성별, 연령대 등 통계값 또는 통계적 특성값 산출을 위해 촬영된 영상정보를 일시적으로 처리하는 경우

해설

[❹ ▶ ×] "촬영 사실을 명확히 표시하여 정보주체가 촬영 사실을 알 수 있도록 하였음에도 불구하고 촬영 거부 의사를 밝히지 아니한 경우"는 "고정형 영상정보처리기기"를 설치·운영할 수 있는 경우가 아니라 공개된 장소에서 "이동형 영상정보처리기기"로 사람 또는 그 사람과 관련된 사물의 영상을 촬영할 수 있는 경우에 해당한다(개인정보 보호법 제25조의2).

> **개인정보 보호법 제25조(고정형 영상정보처리기기의 설치·운영 제한)** ① 누구든지 다음 각 호의 경우를 제외하고는 공개된 장소에 고정형 영상정보처리기기를 설치·운영하여서는 아니 된다. 〈개정 2023.3.14.〉
> 1. 법령에서 구체적으로 허용하고 있는 경우
> 2. 범죄의 예방 및 수사를 위하여 필요한 경우❶
> 3. 시설의 안전 및 관리, 화재 예방을 위하여 정당한 권한을 가진 자가 설치·운영하는 경우❷
> 4. 교통단속을 위하여 정당한 권한을 가진 자가 설치·운영하는 경우❸
> 5. 교통정보의 수집·분석 및 제공을 위하여 정당한 권한을 가진 자가 설치·운영하는 경우
> 6. 촬영된 영상정보를 저장하지 아니하는 경우로서 대통령령으로 정하는 경우❺
>
>> **개인정보 보호법 시행령 제22조(고정형 영상정보처리기기 설치·운영 제한의 예외)** ① 법 제25조 제1항 제6호에서 "대통령령으로 정하는 경우"란 다음 각 호의 어느 하나에 해당하는 경우를 말한다. 〈신설 2023.9.12.〉
>> 1. 출입자 수, 성별, 연령대 등 통계값 또는 통계적 특성값 산출을 위해 촬영된 영상정보를 일시적으로 처리하는 경우❺
>> 2. 그 밖에 제1호에 준하는 경우로서 보호위원회의 심의·의결을 거친 경우

답 ④

제4장 행정상의 의무이행확보수단

학습 Key word
❶ 행정상 강제의 종류, 대집행의 요건과 절차, 직접강제, 이행강제금, 강제징수, 행정상 즉시강제에 대하여 학습한다.
❷ 행정형벌의 특수성, 양벌규정, 행정형벌과 행정질서벌의 병과 가능성, 질서위반행위규제법의 주요 규정, 과태료 부과에 대한 권리구제방법 등에 대하여 학습한다.
❸ 새로운 의무이행확보수단으로서 과징금, 위반사실 등의 공표(명단공표)에 대하여 학습한다.

제1절 총 설

I 개 설

전통적으로 행정상의 의무이행확보수단으로 직접적 의무이행확보수단인 행정상 강제와 간접적 수단인 행정벌이 인정되고 있다. 그런데 사회현상의 변화에 따라 행정상 강제와 행정벌만으로는 행정상의 의무이행을 확보하는데 불충분하고 효과적이지 못한 경우가 있기 때문에 새로운 유형의 의무이행확보수단이 등장하고 있다. 과징금, 가산세·가산금, 위반사실의 공표(명단공표), 관허사업의 제한, 공급 거부 등이 그 예이다.

II 행정상 강제

> **행정기본법 제30조(행정상 강제)**
> ① 행정청은 행정목적을 달성하기 위하여 필요한 경우에는 법률로 정하는 바에 따라 필요한 최소한의 범위에서 다음 각 호의 어느 하나에 해당하는 조치를 할 수 있다.
>   1. <u>행정대집행</u> : 의무자가 행정상 의무(법령등에서 직접 부과하거나 행정청이 법령등에 따라 부과한 의무를 말한다. 이하 이 절에서 같다)로서 타인이 대신하여 행할 수 있는 의무를 이행하지 아니하는 경우 법률로 정하는 다른 수단으로는 그 이행을 확보하기 곤란하고 그 불이행을 방치하면 공익을 크게 해칠 것으로 인정될 때에 행정청이 의무자가 하여야 할 행위를 스스로 하거나 제3자에게 하게 하고 그 비용을 의무자로부터 징수하는 것
>   2. <u>이행강제금의 부과</u> : 의무자가 행정상 의무를 이행하지 아니하는 경우 행정청이 적절한 이행기간을 부여하고, 그 기한까지 행정상 의무를 이행하지 아니하면 금전급부의무를 부과하는 것
>   3. <u>직접강제</u> : 의무자가 행정상 의무를 이행하지 아니하는 경우 행정청이 의무자의 신체나 재산에 실력을 행사하여 그 행정상 의무의 이행이 있었던 것과 같은 상태를 실현하는 것
>   4. <u>강제징수</u> : 의무자가 행정상 의무 중 금전급부의무를 이행하지 아니하는 경우 행정청이 의무자의 재산에 실력을 행사하여 그 행정상 의무가 실현된 것과 같은 상태를 실현하는 것

5. 즉시강제 : 현재의 급박한 행정상의 장해를 제거하기 위한 경우로서 다음 각 목의 어느 하나에 해당하는 경우에 행정청이 곧바로 국민의 신체 또는 재산에 실력을 행사하여 행정목적을 달성하는 것
　　　가. 행정청이 미리 행정상 의무 이행을 명할 시간적 여유가 없는 경우
　　　나. 그 성질상 행정상 의무의 이행을 명하는 것만으로는 행정목적 달성이 곤란한 경우
② 행정상 강제 조치에 관하여 이 법에서 정한 사항 외에 필요한 사항은 따로 법률로 정한다.
③ 형사(刑事), 행형(行刑) 및 보안처분 관계 법령에 따라 행하는 사항이나 외국인의 출입국·난민인정·귀화·국적회복에 관한 사항에 관하여는 이 절을 적용하지 아니한다. 기출 25

① 행정상 강제란 행정목적의 실현을 확보하기 위하여 사람의 신체 또는 재산에 실력을 가함으로써 행정청이 직접 행정상 필요한 상태를 실현하는 권력적 행위를 말한다. 행정상 강제에는 행정상 강제집행과 행정상 즉시강제가 있다.
② 행정상 강제집행(행정대집행, 이행강제금의 부과, 직접강제, 강제징수)은 의무의 존재 및 그 불이행을 전제로 하는 점에서, 이를 전제로 하지 않고 급박한 경우에 행하여지는 행정상 즉시강제와 구별된다.
③ 그동안 행정상 강제는 행정대집행법을 제외하고는 개별법을 통해 인정되고 있고, 강제징수의 경우는 국세징수법이 실질적인 일반법 기능을 하고 있으나, 행정상 강제를 아우르는 일반법은 없었다. 행정상 강제는 대표적인 권력적 행정으로서 강제력 행사를 통한 국민의 자유와 재산에 대한 침해가 전제되는바, 행정상 강제 일반에 대하여 체계적·통일적으로 규정하는 한편, 개별법에 흩어져 있는 이행강제금, 직접강제, 즉시강제의 기본적 원리와 한계에 대한 선언적 규정을 마련하고 절차적 권리 보장을 강화하려는 취지에서, 행정기본법은 행정상 강제(행정대집행, 이행강제금의 부과, 직접강제, 강제징수, 즉시강제)에 대하여 규정하고 있다 (행정기본법 제30조~제33조).

제2절　행정상 강제집행

제1관 | 개 설

I　의 의

① 행정상 강제집행이란 행정법상의 의무불이행이 있는 경우에 행정청이 장래를 향하여 의무자의 신체 또는 재산에 실력을 가하여 그 의무를 이행시키거나 이행한 것과 동일한 상태를 실현시키는 작용을 말한다.
② 행정상 강제집행에는 행정대집행, 이행강제금의 부과, 직접강제, 강제징수가 있다.
③ 행정상 강제집행이 인정되는 경우 민사상 강제집행은 인정될 수 없다. 따라서 행정대집행의 절차가 인정되는 경우에는 따로 민사소송의 방법으로 공작물의 철거, 수거 등을 구할 수는 없다(대판 2000.5.12, 99다18909). 그러나 행정법상의 의무불이행에 대하여, ㉠ 행정상 강제집행을 인정하는 법률이 존재하지 않거나 ㉡ 행정상 강제집행을 인정하는 법률이 존재하더라도 행정청이 그 행정상 강제집행을 하지 않는 경우 등 권리실현에 장애가 있게 되는 특별한 사정이 있다고 볼 수 있는 경우에는 행정법상 의무의 이행을 강제하기 위해 민사상 강제집행수단을 이용할 수 있다(대판 2009.6.11, 2009다1122 참조).

> - 구 토지수용법 위반행위에 의하여 생긴 유형적 결과의 시정을 명하는 행정처분을 하여 이에 따르지 않는 경우에는 행정대집행의 방법으로 그 의무내용을 실현할 수 있는 것이고, 이러한 행정대집행의 절차가 인정되는 경우에는 따로 민사소송의 방법으로 공작물의 철거, 수거 등을 구할 수는 없다(대판 2000.5.12. 99다18909). 기출 15
> - 국유재산법 제52조는 "정당한 사유 없이 국유재산을 점유하거나 이에 시설물을 설치한 때에는 행정대집행법을 준용하여 철거 기타 필요한 조치를 할 수 있다."고 규정하고 있으므로, 관리권자인 보령시장으로서는 행정대집행의 방법으로 이 사건 시설물을 철거할 수 있고, 이러한 행정대집행의 절차가 인정되는 경우에는 따로 민사소송의 방법으로 피고들에 대하여 이 사건 시설물의 철거를 구하는 것은 허용되지 않는다고 할 것이다(대판 2009.6.11. 2009다1122). 기출 18

II 법적 근거

① 행정상 강제집행은 국민의 기본권에 제한을 가져오므로 법적 근거가 있어야 한다. 행정법상 의무를 명하는 법을 의무 불이행에 대한 행정상 강제집행의 법적 근거로 볼 수는 없다.
② 대집행의 근거법으로는 대집행에 관한 일반법인 행정대집행법과 대집행에 관한 개별법 규정이 있고, 행정상 강제징수의 근거법으로는 실질적으로 강제징수에 관한 일반법의 기능을 하는 국세징수법과 국세징수법을 준용하는 여러 개별법 규정이 있다. 직접강제와 이행강제금은 각 개별법에서 예외적으로 인정되고 있다.

제2관 | 대집행

I 대집행의 의의

> **행정대집행법 제2조(대집행과 그 비용징수)**
> 법률(법률의 위임에 의한 명령, 지방자치단체의 조례를 포함한다. 이하 같다)에 의하여 직접명령되었거나 또는 법률에 의거한 행정청의 명령에 의한 행위로서 타인이 대신하여 행할 수 있는 행위를 의무자가 이행하지 아니하는 경우 다른 수단으로써 그 이행을 확보하기 곤란하고 또한 그 불이행을 방치함이 심히 공익을 해할 것으로 인정될 때에는 당해 행정청은 스스로 의무자가 하여야 할 행위를 하거나 또는 제3자로 하여금 이를 하게 하여 그 비용을 의무자로부터 징수할 수 있다.

대집행이란 의무자가 공법상 대체적 작위의무를 이행하지 아니하는 경우 법률로 정하는 다른 수단으로는 그 이행을 확보하기 곤란하고 그 불이행을 방치하면 공익을 크게 해칠 것으로 인정될 때에 행정청이 의무자가 하여야 할 행위를 스스로 하거나 제3자에게 하게 하고 그 비용을 의무자로부터 징수하는 것을 말한다(행정기본법 제30조 제1항 제1호, 행정대집행법 제2조).

Ⅱ 대집행의 요건

1. 대집행의 요건

행정대집행법상 대집행이 인정되려면, ㉠ 공법상 의무의 불이행이 있을 것, ㉡ 불이행된 의무가 타인이 대신하여 행할 수 있을 것(대체적 작위의무일 것), ㉢ 다른 수단으로써 의무이행을 확보가 곤란할 것, ㉣ 의무불이행을 방치하는 것이 심히 공익을 해할 것에 해당하여야 한다(행정대집행법 제2조). 그러나 대체적 작위의무를 명하는 처분에 불가쟁력이 발생할 것은 대집행의 요건이 아니다. 기출 20·13

2. 대집행 요건의 구체적 검토

(1) 공법상 대체적 작위의무의 불이행

1) 공법상 대체적 작위의무

① '대체적 작위의무'란 타인이 대신하여 행할 수 있는 작위의무를 말한다(예 건물의 철거, 물건의 파기). 비대체적 작위의무나 부작위의무는 대집행의 대상이 될 수 없다. 기출 17
② 행정대집행법상 대집행의 대상이 되는 대체적 작위의무는 '공법상 의무(행정상 의무)'이어야 한다. 따라서 공법상의 의무가 아닌 사법상의 약정에 기한 철거의무는 행정대집행법에 의한 대집행의 대상이 되지 않는다(대판 2006.10.13. 2006두7096).
③ 대체적 작위의무는 ㉠ 법률(법률의 위임에 의한 명령, 지방자치단체의 조례를 포함)에 의해 직접 부과되었거나 ㉡ 법률에 의거한 행정청의 명령에 의해 부과된 경우이어야 한다(행정대집행법 제2조). 다만, 대집행의 대상이 되는 의무는 구체적·특정적 의무이어야 한다.

2) 부작위의무와 수인의무

부작위의무(금지의무)와 수인의무는 성질상 타인이 대신하여 행할 수 있는 대체적 작위의무가 아니다. 또한, 부작위의무의 근거규정(금지규정)으로부터 작위의무 명령권이 당연히 도출되는 것도 아니다. 따라서 별도의 법률규정에 근거하여 작위를 명하는 명령(철거명령)을 발하고 그 작위의무(철거의무) 불이행에 대해 대집행을 해야 한다.

> 관계 법령에 위반하여 장례식장 영업을 하고 있는 자의 장례식장 사용 중지 의무는 비대체적 부작위의무에 해당하므로 행정대집행법 제2조의 규정에 의한 대집행의 대상이 되지 아니한다(대판 2005.9.28. 2005두7464). 기출 19·15

3) 토지나 건물의 인도(명도)의무

토지·건물의 인도의무(명도의무)는 대체적 작위의무에 해당하지 아니하므로 직접강제의 대상이 될 수 있을 뿐 대집행의 대상이 될 수 없다는 것이 학설·판례(대판 1998.10.23. 97누157)의 일반적인 태도이다. 기출 19·13

> 도시공원시설인 매점의 관리청이 그 공동점유자 중의 1인에 대하여 소정의 기간 내에 위 매점으로부터 퇴거하고 이에 부수하여 그 판매 시설물 및 상품을 반출하지 아니할 때에는 이를 대집행하겠다는 내용의 계고처분은 매점에 대한 점유자의 점유를 배제하고 그 점유이전을 받는 데 있다고 할 것인데, 이러한 의무는 대체적 작위의무에 해당하는 것은 아니어서 직접강제의 방법에 의하는 것은 별론으로 하고 행정대집행법에 의한 대집행의 대상이 되는 것은 아니다(대판 1998.10.23. 97누157). 기출 14

(2) 비례성 요건

① 공법상 대체적 작위의무의 불이행이 있다고 하여 언제든지 대집행이 인정되는 것은 아니고, 다른 수단으로써 그 이행을 확보하기 곤란하고 또한 그 불이행을 방치함이 심히 공익을 해할 것으로 인정되어야 한다(행정대집행법 제2조). 이는 비례의 원칙이 행정대집행에도 적용된 것으로 볼 수 있다. 기출 17

② 비례성 요건에 대한 주장·입증책임은 처분 행정청에게 있다(대판 1996.10.11. 96누8086).

> 건축법에 위반하여 건축한 것이어서 철거의무가 있는 건물이라 하더라도 그 철거의무를 대집행하기 위한 계고처분을 하려면 다른 방법으로는 이행의 확보가 어렵고 불이행을 방치함이 심히 공익을 해하는 것으로 인정될 때에 한하여 허용되고 이러한 요건의 주장·입증책임은 처분 행정청에 있다(대판 1996.10.11. 96누8086).

III 대집행의 절차

대집행은 ① 계고, ② 대집행영장에 의한 통지, ③ 대집행의 실행, ④ 대집행비용의 징수(납부명령 및 강제징수)의 네 단계로 이루어진다.

1. 계고

(1) 계고의무

① 대집행을 하려 함에 있어서는 상당한 이행기한을 정하여 그 기한까지 이행되지 아니할 때에는 대집행을 한다는 뜻을 미리 문서로써 계고하여야 한다(행정대집행법 제3조 제1항 전문). 따라서 구두(口頭)에 의한 계고는 할 수 없다. 기출 19·17·13

② 다만, "비상시 또는 위험이 절박한 경우에 있어서 당해 행위의 급속한 실시를 요하여 계고를 취할 여유가 없을 때"에는 계고를 거치지 아니하고 대집행을 할 수 있다(행정대집행법 제3조 제3항).

(2) 계고의 법적성질

① 계고는 대집행의 실시를 예고하는 통지행위이나 그 법적 효과인 대집행 수인의무는 행정청의 의사표시가 아니라 행정대집행법에 의해 부여된다는 점에서 준법률행위적 행정행위(통지)로 보아야 한다.

② '계고'는 대집행영장을 발부하고 대집행을 하는데 전제가 되는 것이므로 처분성이 인정되어 그 자체로 독립하여 항고소송의 대상이 된다(대판 1962.10.18. 62누117). 다만, '2차, 3차의 계고'는 대집행기한의 연기통지에 불과하므로 행정처분이 아니다(대판 1994.10.28. 94누5144).

> 행정대집행법상의 건물철거의무는 제1차 철거명령 및 계고처분으로서 발생하였고 제2차, 제3차의 계고처분은 새로운 철거의무를 부과한 것이 아니고 다만 대집행기한의 연기통지에 불과하므로 행정처분이 아니다(대판 1994.10.28. 94누5144). 기출 21·15·14·13

(3) 계고의 요건

① 대집행 계고를 함에 있어서는 의무자가 이행하여야 할 행위와 그 의무불이행시 대집행할 행위의 내용 및 범위가 구체적으로 특정되어야 한다(대판 1992.6.12. 91누13564). 다만, 의무자가 이행하여야 할 행위와 그 의무불이행시 대집행할 행위의 내용 및 범위는 반드시 대집행계고서에 의하여서만 특정되어야 하는 것은 아니고 그 처분 전후에 송달된 문서나 기타 사정을 종합하여 이를 특정할 수 있으면 족하다(대판 1992.3.10. 91누4140; 대판 1994.10.28. 94누5144).

② 계고처분은 문서로 하여야 한다(행정대집행법 제3조 제1항).

③ 계고처분에는 상당한 이행기간을 정하여야 하는데, 행정청은 상당한 이행기한을 정함에 있어 의무의 성질·내용 등을 고려하여 사회통념상 해당 의무를 이행하는 데 필요한 기간이 확보되도록 하여야 한다(행정대집행법 제3조 제1항). 상당한 의무이행기간을 부여하지 아니한 대집행계고처분 후에 대집행영장으로써 대집행의 시기를 늦추었다고 하더라도 그러한 계고처분은 대집행의 적법절차에 위배한 것으로 위법한 처분이다(대판 1990.9.14. 90누2048).

④ 계고시에 '대집행의 요건'이 충족되어 있어야 한다. 이러한 대집행계고의 요건에 관한 주장·입증책임은 처분청에게 있다(대판 1974.10.25. 74누122).

(4) 철거명령과 함께 이루어진 1차 계고의 적법 여부

판례는 철거명령과 계고처분을 1장의 문서로 동시에 할 수 있다고 본다(대판 1992.6.12. 91누13564).

> 계고서라는 명칭의 1장의 문서로서 일정 기간 내에 위법건축물의 자진철거를 명함과 동시에 그 소정기한 내에 자진철거를 하지 아니할 때에는 대집행할 뜻을 미리 계고한 경우라도 건축법에 의한 철거명령과 행정대집행법에 의한 계고처분은 독립하여 있는 것으로서 각 그 요건이 충족되었다고 볼 것이다(대판 1992.6.12. 91누13564). 기출 21·14

2. 대집행영장에 의한 통지

① 대집행영장에 의한 통지는 대집행을 실행하겠다는 의사를 구체적으로 통지하는 행위이다. 대집행영장에 의한 통지는 준법률행위적 행정행위로서 통지행위에 해당하고, 그 자체로 처분성이 인정되어 취소소송의 대상이 된다. 기출 22·13

② 대집행영장에 의한 통지는 원칙적으로 대집행의 의무적 절차의 하나이다(행정대집행법 제3조 제2항). 다만, 비상시 또는 위험이 절박한 경우에 있어서 당해 행위의 급속한 실시를 요하여 전2항에 규정한 수속(대집행의 계고 및 대집행영장에 의한 통지)을 취할 여유가 없을 때에는 그 수속을 거치지 아니하고 대집행을 할 수 있다(행정대집행법 제3조 제3항). 기출 15

3. 대집행의 실행

(1) 의의 및 성질

① 당해 행정청은 스스로 의무자가 하여야 할 행위를 하거나 제3자로 하여금 이를 하게 하여 그 비용을 의무자로부터 징수할 수 있다(행정대집행법 제2조). 즉, 반드시 당해 행정청이 대집행을 실행해야 하는 것은 아니고 제3자로 하여금 대집행을 수행하게 할 수 있다. 기출 19·17·21

② 대집행 실행행위는 강제적으로 물리력을 행사하는 권력적 사실행위로서 취소소송의 대상이 된다.

(2) 대집행의 실행절차

> **행정대집행법 제4조(대집행의 실행 등)**
> ① 행정청(제2조에 따라 대집행을 실행하는 제3자를 포함한다. 이하 이 조에서 같다)은 해가 뜨기 전이나 해가 진 후에는 대집행을 하여서는 아니 된다. 다만, 다음 각 호의 어느 하나에 해당하는 경우에는 그러하지 아니하다.
>   1. 의무자가 동의한 경우 기출 25·23
>   2. 해가 지기 전에 대집행을 착수한 경우 기출 25·23
>   3. 해가 뜬 후부터 해가 지기 전까지 대집행을 하는 경우에는 대집행의 목적 달성이 불가능한 경우
>   4. 그 밖에 비상시 또는 위험이 절박한 경우
> ② 행정청은 대집행을 할 때 대집행 과정에서의 안전 확보를 위하여 필요하다고 인정하는 경우 현장에 긴급 의료장비나 시설을 갖추는 등 필요한 조치를 하여야 한다.
> ③ 대집행을 하기 위하여 현장에 파견되는 집행책임자는 그가 집행책임자라는 것을 표시한 증표를 휴대하여 대집행 시에 이해관계인에게 제시하여야 한다.

> [1] 관계 법령상 행정대집행의 절차가 인정되어 행정청이 행정대집행의 방법으로 건물의 철거 등 대체적 작위의무의 이행을 실현할 수 있는 경우에는 따로 민사소송의 방법으로 그 의무의 이행을 구할 수 없다. 한편 건물의 점유자가 철거의무자일 때에는 건물철거의무에 퇴거의무도 포함되어 있는 것이어서 별도로 퇴거를 명하는 집행권원이 필요하지 않다. 기출 21
> [2] 행정청이 행정대집행의 방법으로 건물철거의무의 이행을 실현할 수 있는 경우에는 건물철거 대집행 과정에서 부수적으로 건물의 점유자들에 대한 퇴거 조치를 할 수 있고, 점유자들이 적법한 행정대집행을 위력을 행사하여 방해하는 경우 형법상 공무집행방해죄가 성립하므로, 필요한 경우에는 '경찰관 직무집행법'에 근거한 위험발생 방지조치 또는 형법상 공무집행방해죄의 범행방지 내지 현행범체포의 차원에서 경찰의 도움을 받을 수도 있다(대판 2017.4.28. 2016다213916). 기출 21

4. 비용징수

① 당해 행정청은 스스로 의무자가 하여야 할 행위를 하거나 또는 제3자로 하여금 이를 하게 하여 그 비용을 의무자로부터 징수할 수 있다(행정대집행법 제2조). 기출 22
② 대집행비용의 징수에 있어서는 행정청은 그 금액과 그 납기일을 정하여 의무자에게 문서로서 그 납부를 명하여야 한다(행정대집행법 제5조). 이 비용납부명령은 비용납부의무를 발생시키는 행정행위(급부하명)이다. 따라서 비용납부명령은 항고소송의 대상이 된다.
③ 비용납부명령에 따라 발생한 행정청의 비용납부청구권은 공법상 청구권이다. 따라서 대집행에 요한 비용은 국세징수법의 예에 의하여 징수할 수 있다(행정대집행법 제6조 제1항). 기출 25·23·21·19·15
④ 대집행에 요한 비용에 대하여서는 행정청은 사무비의 소속에 따라 국세에 다음가는 순위의 선취득권을 가진다(제6조 제2항). 기출 25·23

Ⅳ. 대집행의 구제수단

1. 행정심판

대집행에 대하여는 행정심판을 제기할 수 있다(행정대집행법 제7조). 행정대집행법상 대집행에 대한 행정심판은 임의적 절차이며(제8조), 행정심판법에 의해 규율된다. 기출 25·23·22·17

2. 항고소송

(1) 항고소송의 대상

대집행은 ① 계고, ② 대집행영장에 의한 통지, ③ 대집행의 실행, ④ 대집행비용의 징수(납부명령 및 강제징수)의 네 단계를 거쳐 행해지는데, 항고소송은 이 중 어느 행위에 대하여 인정될 것인지 문제된다. ① 계고와 ② 대집행영장에 의한 통지는 준법률행위적 행정행위(통지)로서 처분성이 인정되므로, 그 자체가 독립하여 항고소송의 대상이 된다. ③ 행정소송법상의 '처분'에는 권력적 사실행위도 포함된다고 해석하는 것이 타당하므로, 권력적 사실행위의 성질을 가지는 대집행의 실행도 항고소송의 대상이 된다. ④ 비용납부명령은 공법상 의무인 비용납부의무를 과하는 급부하명(행정행위)이다. 따라서 비용납부명령도 항고소송의 대상이 된다.

(2) (협의의) 소의 이익

계고 또는 대집행영장에 의한 통지에 대한 항고소송은 대집행의 실행이 완료된 경우에는 그 취소를 구할 소의 이익(협의의 소의 이익)을 상실한다. 대집행의 실행에 대한 항고소송도 대집행 실행이 단기간에 종료되는 경우 소의 이익이 부정될 가능성이 크다. 또한, 의무를 명하는 행정처분(예 철거명령)에 대한 항고소송도 원칙적으로 소의 이익을 상실한다. 따라서 항고소송을 제기하면서 대집행 절차의 집행정지 신청을 동시에 하는 것이 바람직하다.

(3) 하자의 승계

① 철거명령은 그 상대방에게 철거의무를 부과하여 자주적으로 위법건축물의 철거를 이행시키는 것을 목적으로 하는 반면, 대집행 절차를 이루는 행위(계고, 대집행영장에 의한 통지, 대집행 실행, 비용납부명령)는 행정청이 의무자를 대신하여 그 철거의무의 내용을 강제적으로 실현하는 것을 목적으로 한다. 즉 양자는 별개의 법적 효과를 목적으로 하므로, 철거명령의 하자가 대집행 절차를 이루는 각 행위에 승계되지 않는다는 것이 통설과 판례의 입장이다(대판 1998.9.8. 97누20502). 다만, 철거명령이 무효이면 대집행절차를 이루는 행위도 당연히 무효가 된다.

② 대집행절차를 이루는 계고, 대집행영장에 의한 통지, 대집행 실행, 비용납부명령은 상호 결합하여 대집행이라는 하나의 법적 효과를 목적으로 하므로 선행행위의 하자가 후행행위에 승계된다는 것이 통설과 판례의 입장이다(대판 1996.2.9. 95누12507).

> 후행처분인 대집행영장발부통보처분의 취소청구소송에서 선행처분인 계고처분이 위법하다면 대집행영장발부통보처분도 위법한 것이라는 주장을 할 수 있다(대판 1996.2.9. 95누12507). 기출 21

③ 그러나 계고처분의 후속절차인 대집행에 위법이 있다고 하더라도, 그와 같은 후속절차에 위법성이 있다는 점을 들어 선행절차인 계고처분이 부적법하다는 사유로 삼을 수는 없다(대판 1997.2.14. 96누15428). 기출 22

3. 국가배상청구 및 결과제거청구

대집행의 실행이 완료되면 위법한 대집행의 계고처분 등의 취소소송은 그 취소를 구할 소의 이익을 상실한다. 따라서 국가배상청구소송을 제기하여 위법한 대집행으로 인한 손해의 배상을 청구할 수밖에 없다. 또한 대집행의 실행으로 인하여 위법한 상태가 계속되는 경우에는 결과제거청구를 할 수 있을 것이다(다수설).

4. 손실보상

대집행은 의무자의 대체적 작위의무의 불이행을 전제로 의무를 대신 이행하는 행위이므로 대집행으로 인한 손실은 원칙적으로 손실보상의 대상이 아니다. 다만, 의무자의 의무가 경찰상 위해에 대한 의무자의 책임 없이 공익상 부과된 경우에는 대집행으로 인한 손실보상을 청구할 수 있을 것이다.

제3관 | 이행강제금(집행벌)

행정기본법 제31조(이행강제금의 부과)

① 이행강제금 부과의 근거가 되는 법률에는 이행강제금에 관한 다음 각 호의 사항을 명확하게 규정하여야 한다. 다만, 제4호 또는 제5호를 규정할 경우 입법목적이나 입법취지를 훼손할 우려가 크다고 인정되는 경우로서 대통령령으로 정하는 경우는 제외한다.
 1. 부과·징수 주체
 2. 부과 요건
 3. 부과 금액
 4. 부과 금액 산정기준
 5. 연간 부과 횟수나 횟수의 상한
② 행정청은 다음 각 호의 사항을 고려하여 이행강제금의 부과 금액을 가중하거나 감경할 수 있다. 기출 25
 1. 의무 불이행의 동기, 목적 및 결과
 2. 의무 불이행의 정도 및 상습성
 3. 그 밖에 행정목적을 달성하는 데 필요하다고 인정되는 사유
③ 행정청은 이행강제금을 부과하기 전에 미리 의무자에게 적절한 이행기간을 정하여 그 기한까지 행정상 의무를 이행하지 아니하면 이행강제금을 부과한다는 뜻을 문서로 계고(戒告)하여야 한다. 기출 25
④ 행정청은 의무자가 제3항에 따른 계고에서 정한 기한까지 행정상 의무를 이행하지 아니한 경우 이행강제금의 부과 금액·사유·시기를 문서로 명확하게 적어 의무자에게 통지하여야 한다.
⑤ 행정청은 의무자가 행정상 의무를 이행할 때까지 이행강제금을 반복하여 부과할 수 있다. 다만, 의무자가 의무를 이행하면 새로운 이행강제금의 부과를 즉시 중지하되, 이미 부과한 이행강제금은 징수하여야 한다.
⑥ 행정청은 이행강제금을 부과받은 자가 납부기한까지 이행강제금을 내지 아니하면 국세강제징수의 예 또는 「지방행정제재·부과금의 징수 등에 관한 법률」에 따라 징수한다. 기출 25

I 의의 및 성질

1. 의 의

이행강제금(집행벌)이란 행정법상의 부작위의무 또는 비대체적 작위의무의 불이행이 있는 경우에 일정한 기한까지 의무이행이 없을 때에는 일정한 금전적 부담을 과할 뜻을 미리 계고하고 그 기한까지 의무이행이 없는 경우에는 금전납부의무를 부과함으로써(행정기본법 제30조 제1항 제2호 참조), 의무자에게 심리적 압박을 주어 장래를 향하여 의무이행을 확보하려는 간접적인 행정상 강제집행 수단이다(대판 2015.6.24. 2011두2170 참조). 이행강제금은 장래의 의무이행을 확보하기 위하여 과하여지는 행정상 강제집행의 수단으로서, 과거의 의무위반에 대한 제재로서 과하여지는 행정벌과 구별된다.

2. 이행강제금 부과의 법적 성질

이행강제금 부과행위는 금전납부의무를 명하는 행정행위(급부하명)이다. 또한 이행강제금 부과는 침익적 처분이므로 원칙적으로 행정절차법에 따른 사전통지 및 의견제출 기회의 부여 대상이다.

II 이행강제금의 대상

전통적으로 행정대집행은 대체적 작위의무에 대한 강제집행수단으로, 이행강제금은 부작위의무나 비대체적 작위의무에 대한 강제집행수단으로 이해되어 왔으나, 이는 이행강제금제도의 본질에서 오는 제약은 아니며, 이행강제금은 대체적 작위의무의 위반에 대하여도 부과될 수 있다(헌재 2004.2.26. 2001헌바80). 기출 21·16

III 법적 근거

① 이행강제금의 부과는 행정청이 우월한 지위에서 일방적으로 국민에게 금전납부의무를 부과하는 권력적·침익적 강제수단(급부하명)으로서, 법률유보의 원칙상 당연히 법적 근거가 필요하다(헌법 제37조 제2항). 행정기본법은 법률유보의 원칙을 명시적으로 규정하고(제30조 제1항), 이행강제금 부과의 근거가 되는 법률에 대한 입법지침도 규정하고 있다(제31조 제1항).

② 그러나 행정기본법 제31조를 근거로 이행강제금을 직접 부과할 수 있는 것은 아니며, 이행강제금의 부과를 위해서는 별도로 개별법상의 근거를 요한다. 이행강제금 부과의 근거가 되는 개별법으로는 건축법 제80조, 농지법 제63조, 도로법 제100조, 「부동산 실권리자명의 등기에 관한 법률」 제6조, 독점규제 및 공정거래에 관한 법률 제16조 등이 있다. 기출 16

③ 이행강제금에 관한 일반법으로는 행정기본법 제30조 제1항 및 제31조이 있다. 건축법은 이행강제금에 관한 일반법이 아니다. 기출 16

Ⅳ 이행강제금의 부과요건 및 절차

이행강제금의 부과요건 및 절차는 각 개별법에서 정하고 있는데, 건축법을 중심으로 그 내용을 살펴보면 다음과 같다.

1. 철거명령 등 시정명령

> **건축법 제79조(위반 건축물 등에 대한 조치 등)**
> ① 허가권자는 이 법 또는 이 법에 따른 명령이나 처분에 위반되는 대지나 건축물에 대하여 이 법에 따른 허가 또는 승인을 취소하거나 그 건축물의 건축주·공사시공자·현장관리인·소유자·관리자 또는 점유자(이하 "건축주등"이라 한다)에게 공사의 중지를 명하거나 상당한 기간을 정하여 그 건축물의 해체·개축·증축·수선·용도변경·사용금지·사용제한, 그 밖에 필요한 조치를 명할 수 있다.

2. 시정명령의 불이행 등

건축주등이 제79조 제1항에 따라 시정명령(제1차 시정명령)을 받은 후 시정기간 내에 시정명령을 이행하지 아니하여, 허가권자가 시정명령의 이행에 필요한 상당한 이행기간을 정하여 시정명령을 이행할 것을 통지(2차 시정명령)하였음에도 불구하고, 건축주등이 그 이행기간 내에 시정명령을 이행하지 아니하였어야 한다(건축법 제80조 제1항).

> 건축법 제79조 제1항 및 제80조 제1항에 의하면, 허가권자는 먼저 건축주 등에 대하여 상당한 기간을 정하여 시정명령을 하고, 건축주 등이 그 시정기간 내에 시정명령을 이행하지 아니하면, 다시 그 시정명령의 이행에 필요한 상당한 이행기한을 정하여 그 기한까지 시정명령을 이행할 수 있는 기회를 준 후가 아니면 이행강제금을 부과할 수 없다(대판 2010.6.24. 2010두3978). 기출 18

3. 계고처분

허가권자(행정청)는 이행강제금을 부과하기 전에 의무자에게 적절한 이행기간을 정하여 그 기한까지 행정상 의무를 이행하지 아니하면 이행강제금을 부과·징수한다는 뜻을 미리 문서로써 계고(戒告)하여야 한다(건축법 제80조 제3항 및 행정기본법 제31조 제3항). 기출 25

4. 이행강제금의 부과 및 징수

① 의무자가 계고에서 정한 기한까지 행정상 의무를 이행하지 아니한 경우, 허가권자(행정청)는 이행강제금을 부과한다(행정기본법 제31조 제4항 참조). 이행강제금을 부과하는 경우 금액, 부과 사유, 납부기한, 수납기관, 이의제기 방법 및 이의제기 기관 등을 구체적으로 밝힌 문서로 하여야 한다(건축법 제80조 제4항 및 행정기본법 제31조 제4항 참조).

② 행정청은 의무자가 행정상 의무를 이행할 때까지 이행강제금을 반복하여 부과할 수 있다. 의무자가 의무를 이행하면 새로운 이행강제금의 부과를 즉시 중지하되, 이미 부과한 이행강제금은 징수하여야 한다(행정기본법 제31조 제5항).

③ 건축법상 이행강제금의 경우, 허가권자는 최초의 시정명령이 있었던 날을 기준으로 하여 1년에 2회 이내의 범위에서 해당 지방자치단체의 조례로 정하는 횟수만큼 그 시정명령이 이행될 때까지 반복하여 이행강제금을 부과·징수할 수 있다(건축법 제80조 제5항). 기출 16

④ 이행강제금의 본질(행정상 간접강제 수단)상 시정명령을 받은 의무자가 이행강제금이 부과되기 전에 그 의무를 이행한 경우에는 비록 시정명령에서 정한 기간을 지나서 이행한 경우라도 이행강제금을 부과할 수 없다(대판 2014.12.11. 2013두15750; 대판 2018.1.25. 2015두35116).

⑤ 그러나 제재적 성격을 갖는 이행강제금은 의무불이행을 중단하고 의무를 이행한 경우에도 과거의 의무불이행기간에 대해 이행강제금을 부과할 수 있다고 보아야 한다(대판 2019.12.12. 2018두63563).

> 독점규제 및 공정거래에 관한 법률 제17조의3에 따른 이행강제금은 기업결합과 관련하여 종래의 과징금 제도를 폐지하고 과거의 의무위반행위에 대한 제재와 장래 의무 이행의 간접강제를 통합하여 시정조치 불이행기간에 비례하여 제재금을 부과하도록 하는 제도라고 보아야 한다. 따라서, 이러한 이행강제금이 부과되기 전에 시정조치를 이행하거나 부작위 의무를 명하는 시정조치 불이행을 중단한 경우에도 과거의 시정조치 불이행기간에 대하여 이행강제금을 부과할 수 있다고 봄이 타당하다(대판 2019.12.12. 2018두63563).

⑥ 행정청은 의무 불이행의 동기, 목적 및 결과, 의무 불이행의 정도 및 상습성, 그 밖에 행정목적을 달성하는 데 필요하다고 인정되는 사유를 고려하여 이행강제금의 부과 금액을 가중하거나 감경할 수 있다(행정기본법 제31조 제5항). 기출 25

⑦ 행정청은 이행강제금을 부과받은 자가 납부기한까지 이행강제금을 내지 아니하면 국세강제징수의 예 또는 「지방행정제재·부과금의 징수 등에 관한 법률」에 따라 징수한다(행정기본법 제31조 제6항). 기출 25

V 이행강제금의 부과 대상자

① 이행강제금의 부과대상자는 시정의무를 이행할 법적 권한이 있는 자로 보는 것이 타당하다(대판 2010.10.14. 2010두13340 참조).

② 이행강제금 납부의무는 상속인 기타의 사람에게 승계될 수 없는 일신전속적인 성질의 것이므로 이미 사망한 사람에게 이행강제금을 부과하는 내용의 처분이나 결정은 당연무효이다(대결 2006.12.8. 2006마470). 기출 21·18

③ 회사합병이 있는 경우에는 피합병회사의 권리·의무는 사법상의 관계나 공법상의 관계를 불문하고 그의 성질상 이전을 허용하지 않는 것을 제외하고는 모두 합병으로 인하여 존속한 회사에 승계되는 것으로 보아야 하므로, 피합병회사의 이행강제금 납부의무도 합병으로 인하여 존속하는 회사에 승계된다(대판 2019.12.12. 2018두63563).

Ⅵ 이행강제금의 부과에 대한 권리구제방법

1. 개별법에 비송사건절차법에 의한 특별한 절차가 마련되어 있는 경우

개별법에서 이행강제금 부과처분을 받은 자가 이의를 제기하면 법원은 비송사건절차법에 따른 과태료 재판에 준하여 재판을 하도록 규정하는 경우가 있다(예 농지법 제63조 제7항). 이와 같이 이행강제금의 부과처분에 대해 비송사건절차법에 의한 특별한 불복절차가 마련되어 있는 경우에는 이행강제금 부과처분은 행정소송법상 항고소송의 대상은 될 수 없다(대판 2019.4.11. 2018두42955).

2. 개별법에 별도의 불복방법에 관한 규정이 없는 경우

개별법에서 이행강제금의 부과처분에 대한 불복방법에 관하여 아무런 규정을 두고 있지 않은 경우, 이행강제금 부과처분은 급부하명으로서 행정행위에 해당하므로 행정심판 또는 행정소송을 제기할 수 있다.

3. 건축법상 이행강제금의 경우

구 건축법상 이행강제금에 대하여 비송사건절차법에 의한 재판을 통해 구제받도록 한 준용규정이 2005.11.8. 법개정으로 삭제되었으므로, 현행 건축법상 이행강제금은 급부하명으로서 항고소송의 대상이 되는 행정처분이라는 것이 통설의 입장이다. 판례도 이행강제금의 처분성을 긍정하는 전제하에서 이행강제금 부과처분의 위법 여부를 본안에서 판단하고 있다(대판 2012.3.29. 2011두27919). 기출 21

Ⅶ 다른 행정의 실효성 확보수단과의 관계

1. 이행강제금과 대집행의 관계

건축물 철거와 같은 대체적 작위의무의 위반이 있는 경우 행정청은 대집행과 이행강제금을 선택적으로 활용할 수 있다. 기출 14

> 현행 건축법상 위법건축물에 대한 이행강제수단으로 대집행과 이행강제금(동법 제83조 제1항)이 인정되고 있는데, 양 제도는 각각의 장·단점이 있으므로 행정청은 개별사건에 있어서 위반내용, 위반자의 시정의지 등을 감안하여 대집행과 이행강제금을 선택적으로 활용할 수 있으며, 이처럼 그 합리적인 재량에 의해 선택하여 활용하는 이상 중첩적인 제재에 해당한다고 볼 수 없다(헌재 2004.2.26. 2001헌바80). 기출 14

2. 이행강제금과 행정벌(형사처벌)의 관계

이행강제금과 행정벌의 병과는 허용된다. 기출 17

> 개발제한구역 내의 건축물에 대하여 허가를 받지 않고 한 용도변경행위에 대한 형사처벌과 건축법 제83조 제1항에 의한 시정명령 위반에 대한 이행강제금의 부과는 그 처벌 내지 제재대상이 되는 기본적 사실관계로서의 행위를 달리하며, 또한 그 보호법익과 목적에서도 차이가 있으므로 이중처벌에 해당한다고 할 수 없다(대결 2005.8.19. 2005마30). 기출 17·16

제4관 | 직접강제

> **행정기본법 제32조(직접강제)**
> ① 직접강제는 행정대집행이나 이행강제금 부과의 방법으로는 행정상 의무 이행을 확보할 수 없거나 그 실현이 불가능한 경우에 실시하여야 한다. 기출 25
> ② 직접강제를 실시하기 위하여 현장에 파견되는 집행책임자는 그가 집행책임자임을 표시하는 증표를 보여 주어야 한다.
> ③ 직접강제의 계고 및 통지에 관하여는 제31조 제3항 및 제4항을 준용한다.

I 의의 및 법적 근거

1. 의 의
직접강제란 의무자가 행정상 의무를 이행하지 아니하는 경우 행정청이 의무자의 신체나 재산에 실력을 행사하여 그 행정상 의무의 이행이 있었던 것과 같은 상태를 실현하는 강제집행수단을 말한다(행정기본법 제30조 제1항 제3호). 기출 24·17

2. 법적 근거
① 직접강제는 국민의 자유나 권리를 가장 크게 제약하는 행정상 강제집행수단이므로, 법률유보의 원칙상 법적 근거가 필요하다(행정기본법 제30조 제1항 참조). 지금까지 직접강제를 허용하는 일반법이 없어 식품위생법, 도로교통법 등 개별법에 의해 처리되어 왔다.
② 최근 제정된 행정기본법에서 직접강제의 절차 중 공통된 절차를 규정하고 있으나, 이에 근거하여 직접강제를 할 수 있는 것은 아니고, 개별법상 근거가 별도로 있어야 한다.

II 직접강제의 대상

① 직접강제는 비대체적 의무(예 비대체적 작위의무, 부작위의무, 수인의무)뿐만 아니라 대체적 작위의무에도 행해질 수 있다(통설). 그러나 대체적 작위의무(예 건물 철거의무)에 대하여 대집행이 가능한 경우에는 비례의 원칙상 직접강제는 인정되지 않는다고 보아야 한다.
② 현행법상 인정되고 있는 직접강제의 대표적인 수단으로는 식품위생법 제79조의 영업소 폐쇄조치(예 해당 영업소의 간판 등 영업 표지물의 제거나 삭제, 해당 영업소가 적법한 영업소가 아님을 알리는 게시문 등의 부착, 해당 영업소의 시설물과 영업에 사용하는 기구 등을 사용할 수 없게 하는 봉인)나 출입국관리법 제46조의 외국인의 강제퇴거 등이 있다.

Ⅲ 직접강제의 한계

직접강제에는 비례의 원칙 및 적법절차의 원칙에 따라 보다 엄격한 절차법적·실체법적 통제가 가해져야 한다. 직접강제는 행정상 강제집행수단 중에서 국민의 인권을 가장 크게 제약하는 것이기 때문에 행정대집행이나 이행강제금 부과의 방법으로는 행정상 의무 이행을 확보할 수 없거나 그 실현이 불가능한 경우에 실시하여야 한다(행정기본법 제32조 제1항). 기출 25 한편, 행정기본법은 직접강제의 계고 및 통지에 대해 이행강제금의 부과 규정을 준용하고 있다(제32조 제3항).

Ⅳ 직접강제의 법적 성질과 권익구제

직접강제는 권력적 사실행위로서의 성격을 가진다. 따라서 직접강제가 그 한계를 위반한 경우 권력적 사실행위에 대한 권리구제와 동일하게 행정쟁송, 국가배상, 공법상 결과제거청구를 통한 권리구제가 문제된다. 위법한 직접강제에 의한 인신구속의 경우에는 인신보호법에 따라 구제받을 수 있다(행정상 즉시강제 참조).

제5관 | (행정상) 강제징수

Ⅰ 의의 및 법적 근거

1. 의 의

행정상 강제징수란 "의무자가 행정상 의무 중 금전급부의무를 이행하지 아니하는 경우 행정청이 의무자의 재산에 실력을 행사하여 그 행정상 의무가 실현된 것과 같은 상태를 실현하는 것"을 말한다(행정기본법 제30조 제1항 제4호).

2. 법적 근거

국세납부의무의 불이행에 대하여 국세징수법에서 강제징수를 규정하고 있고, 관련 개별법의 규정(지방세징수법 제107조, 토지보상법 제90조 등)에서 강제징수에 관하여 국세징수법 규정을 준용하고 있다. 따라서 국세징수법은 행정상 강제징수에 관하여 사실상 일반법의 지위를 가진다.

Ⅱ 행정상 강제징수의 절차

국세징수법에 의한 강제징수의 절차는 ① 독촉, ② 재산의 압류, ③ 압류재산의 매각(환가처분), ④ 청산(충당)으로 이루어져 있다.

1. 독 촉

① 독촉은 금전급부의무자에게 의무의 이행을 최고하고 최고기한까지 납부하지 않을 때에는 체납처분을 하겠다는 것을 예고하는 통지행위로서 준법률행위적 행정행위(통지행위)에 해당한다. 그러나 판례는 건축법상 이행강제금 납부의 '최초 독촉'은 '징수처분'으로서 항고소송의 대상이 되는 행정처분이라고 하였다(대판 2009.12.24. 2009두14507).

② 판례는 독촉의 처분성을 긍정하지만, 독촉이 반복된 경우에는 최초의 독촉만 그 처분성을 인정한다(대판 1999.7.13. 97누119).

③ 독촉은 이후에 행해지는 압류의 적법요건이 되며 최고기간 동안 조세채권의 소멸시효를 중단시키는 법적 효과를 갖는다(국세기본법 제28조 제1항 참조). 기출 18

2. 체납처분

(1) 개 설

① 체납처분은 ㉠ 재산의 압류, ㉡ 압류재산의 매각, ㉢ 청산의 3단계로 이루어진다.

② 조세부과처분과 체납처분[압류, 매각(공매), 청산]은 서로 독립하여 별개의 법적 효과를 목적으로 하므로 조세부과처분의 하자가 체납처분(압류처분)에 승계되지는 않는다(대판 1987.9.22. 87누383).

③ 반면, 독촉, 압류, 매각(공매), 충당이라는 각각의 처분은 조세채권의 강제적 실현이라는 동일 목적을 위하여 결합되거나 단계적으로 진행되는 일련의 절차로서 행해지는 경우에는 선행처분에 위법이 있으면 그 하자가 승계되어 후행처분도 위법하게 된다고 할 것이다(서울고법 2006.4.12. 2005누16323). 기출 18

(2) 재산의 압류

① 압류는 권력적 사실행위로서의 성질을 갖는다. 압류된 재산에 대하여는 사실상·법률상의 처분이 금지된다. 독촉절차 없이 한 압류처분은 위법하지만(대판 1984.9.25. 84누107), 독촉절차 없이 압류처분을 한 사유만으로 압류처분이 무효가 되는 것은 아니다(대판 1987.9.22. 87누383).

② 조세납부, 충당, 공매의 중지, 부과의 취소 또는 그 밖의 사유로 압류할 필요가 없게 된 경우 등에 해당하는 경우에는 필요적으로 압류를 해제하여야 한다(국세징수법 제57조 제1항). 사정변경에 의해 압류 후 압류재산의 가격이 변동하여 체납액에 비하여 현저하게 크게 된 경우 등에는 압류재산의 전부 또는 일부에 대하여 압류를 해제할 수 있다(국세징수법 제57조 제2항). 압류해제신청에 대한 거부는 거부처분에 해당하여 행정쟁송의 대상이 된다.

③ 판례는 압류 후 부과처분의 근거법령에 대한 위헌결정으로 후속 체납처분을 진행할 수 없는 경우에도 '그 밖의 사유로 압류할 필요가 없게 된 경우'에 해당하므로 압류를 해제하여야 한다고 보았다(대판 2002.7.12. 2002두3317). 압류처분 후 과세처분의 근거법률이 위헌으로 결정된 경우에 체납자의 압류해제신청을 거부한 행정청의 행위는 위법하다. 기출 18

> 구 택지소유 상한에 관한 법률에 대한 위헌결정으로 후속 체납처분 절차의 속행이 불가능해 짐으로써 이 사건 압류처분은 국세징수법 제53조 제1항 제1호 소정의 '기타의 사유로 압류의 필요가 없게 된 때'에 해당하게 되었다고 봄이 상당하므로 원고의 이 사건 압류처분의 해제신청을 거부한 피고의 이 사건 거부처분은 위법하다 (대판 2002.7.12. 2002두3317). 기출 18

(3) 압류재산의 매각

1) 개 설

① 압류한 재산의 매각은 체납자의 재산을 금전으로 환가하는 것을 말한다. 압류한 재산에 대한 매각은 원칙적으로 '공매'에 의하여야 하지만(국세징수법 제66조), 예외적으로 수의계약이 허용된다(제67조). 공매는 경쟁입찰 또는 경매의 방법으로 한다(제65조 제2항).

② 공매를 하고자 할 때에는 '공고'하여야 하며(제72조 제1항), 즉시 그 내용을 체납자·납세담보물 소유자·공매재산이 공유물의 지분인 경우 공유자·공매재산에 대하여 전세권·질권·저당권 또는 그 밖의 권리를 가진 자에게 '공매통지'를 하여야 한다(제75조).

2) 공매와 공매통지의 법적 성질

공매는 공법상 대리행위로서 항고소송의 대상이 되는 행정처분에 해당한다(대판 1984.9.25. 84누201). 그러나 공매통지는 공매의 절차적 요건에 불과하고, 행정처분이 아니다(대판 2011.3.24. 2010두25527).

3) 공매통지를 하지 않은 경우 공매의 효력

① 체납자 등에 대한 공매통지는 공매의 절차적 요건이다. 따라서 체납자 등에게 공매통지를 하지 않았거나 적법하지 않은 공매통지를 한 경우 그 공매처분은 위법하게 된다(대판 2011.3.24. 2010두25527).

② 공매통지의 하자는 절차상 하자에 불과하므로 공매통지 없이 한 공매처분이 당연무효가 되는 것은 아니다 (대판 2012.7.26. 2010다50625).

③ 체납자 등은 자신에 대한 공매통지의 하자만을 공매처분의 위법사유로 주장할 수 있을 뿐 다른 권리자에 대한 공매통지의 하자를 들어 공매처분의 위법사유로 주장하는 것은 허용되지 않는다(대판 2008.11.20. 2007두18154[전합]). 기출 18

④ 한편, 판례는 행정청이 체납자인 부동산소유자나 그 임차인에게 한국자산관리공사에 공매를 의뢰하였다는 '공매대행 사실의 통지'나 '공매예고통지'를 하지 않았다는 것만으로 그 공매처분(매각처분)이 위법하게 되는 것은 아니라고 하였다(대판 2013.6.28. 2011두18304).

⑤ 한국자산공사가 당해 부동산을 인터넷을 통하여 재공매(입찰)하기로 한 결정 자체는 내부적인 의사결정에 불과하여 항고소송의 대상이 되는 행정처분이라고 볼 수 없다(대판 2007.7.27. 2006두8464). 기출 18

(4) 청 산

청산이란 압류재산의 매각대금 등 체납처분에 의해 취득한 금전을 국세·가산금과 체납처분비 기타의 채권에 배분하는 것을 말한다(국세징수법 제94조, 제96조 제1항, 제2항). 배분한 금전에 잔액이 있는 때에는 이를 체납자에게 지급하여야 한다(제96조 제3항).

Ⅲ 행정상 강제징수에 대한 불복

행정상 강제징수에 대한 불복에 대하여는 국세기본법에서 특별한 규정을 두고 있다(국세기본법 제55조 이하). 즉, 독촉, 압류, 압류해제거부 및 공매처분에 대하여 이의신청을 할 수 있고(국세청장이 조사·결정 또는 처리거나 하였어야 할 것인 경우를 제외), 이의신청을 거치거나 거치지 않고 심사청구나 심판청구를 할 수 있다. 다만, 행정소송법 제18조 제1항 본문, 제2항 및 제3항에도 불구하고 심사청구 또는 심판청구 중 하나에 대한 결정을 거치지 아니하면 행정소송을 제기할 수 없다(행정심판전치주의)(제56조 제2항).

제3절 행정상 즉시강제

I 의의 및 성질

1. 의 의
① 행정상 즉시강제란 "현재의 급박한 행정상의 장해를 제거하기 위한 경우로서, 행정청이 미리 행정상 의무이행을 명할 시간적 여유가 없는 경우 또는 그 성질상 행정상 의무의 이행을 명하는 것만으로는 행정목적 달성이 곤란한 경우에 행정청이 곧바로 국민의 신체 또는 재산에 실력을 행사하여 행정목적을 달성하는 것"을 말한다(행정기본법 제30조 제1항 제5호).
② 감염병환자의 강제입원, 소방장애물의 제거, 도로교통법상의 주차위반차량의 견인·보관조치, 불법게임물의 강제수거·삭제·폐기 등이 그 예이다.

2. 행정상 강제집행과의 구별
통설은 선행하는 의무불이행의 존재 여부를 기준으로 행정상 강제집행과 행정상 즉시강제를 구별하고 있다. 즉, 행정상 강제집행은 행정법상의 의무불이행을 전제로 하여 의무의 이행을 강제하는 것인 데 반하여, 행정상 즉시강제는 급박한 상황 하에서 의무를 명할 수 없는 경우에 행하여지는 행정강제로서 행정법상의 의무불이행을 전제로 하지 않는다는 점에서 양자를 구별한다. 헌법재판소도 같은 입장이다(헌재 2002.10.31. 2000헌가12). 다만, 양자는 모두 국민의 신체 또는 재산에 직접 실력을 행사하는 권력적 사실행위인 점에서는 동일하다.

3. 법적 성질
행정상 즉시강제의 법적 성질은 권력적 사실행위이다. 행정상 즉시강제는 항고소송의 대상이 되는 '처분'에 해당한다.

II 법적 근거

① 행정상 즉시강제는 엄격한 실정법상의 근거를 필요로 한다(헌재 2002.10.31. 2000헌가12). 행정기본법은 즉시강제에 대한 직접적이고 실체적인 규율을 목적으로 하기 보다는 즉시강제를 행정상 강제의 한 유형으로 포섭하고, 즉시강제의 한계 및 최소한의 절차적 보장만을 규정하고 있다(행정기본법 제30조 제1항 제5호, 제33조). 따라서 행정기본법 제33조를 직접 근거로 하여 즉시강제를 실시할 수는 없고, 별도의 개별법적 근거 규정이 있어야 한다.
② 즉시강제를 인정하는 개별법에는 「감염병의 예방 및 관리에 관한 법률」, 「마약류 관리에 관한 법률」, 식품위생법, 소방기본법, 경찰관 직무집행법 등이 있다.

Ⅲ 행정상 즉시강제의 요건(한계)

> **행정기본법 제33조(즉시강제)**
> ① 즉시강제는 다른 수단으로는 행정 목적을 달성할 수 없는 경우에만 허용되며, 이 경우에도 최소한으로만 실시하여야 한다. 기출 25
> ② 즉시강제를 실시하기 위하여 현장에 파견되는 집행책임자는 그가 집행책임자임을 표시하는 증표를 보여 주어야 하며, 즉시강제의 이유와 내용을 고지하여야 한다.
> ③ 제2항에도 불구하고 집행책임자는 즉시강제를 하려는 재산의 소유자 또는 점유자를 알 수 없거나 현장에서 그 소재를 즉시 확인하기 어려운 경우에는 즉시강제를 실시한 후 집행책임자의 이름 및 그 이유와 내용을 고지할 수 있다. 다만, 다음 각 호에 해당하는 경우에는 게시판이나 인터넷 홈페이지에 게시하는 등 적절한 방법에 의한 공고로써 고지를 갈음할 수 있다. 〈신설 2024.1.16.〉
> 1. 즉시강제를 실시한 후에도 재산의 소유자 또는 점유자를 알 수 없는 경우
> 2. 재산의 소유자 또는 점유자가 국외에 거주하거나 행방을 알 수 없는 경우
> 3. 그 밖에 대통령령으로 정하는 불가피한 사유로 고지할 수 없는 경우

1. 행정상 즉시강제의 요건

① 일반적으로 행정상 즉시강제는 ⊙ 급박한 행정상의 장해를 제거하기 위한 경우에 미리 의무이행을 명할 시간적 여유가 없는 때 또는 성질상 의무의 이행을 명하는 것만으로는 목적 달성이 곤란한 때에 한하여(행정기본법 제30조 제1항 제5호), ⓒ 다른 수단으로는 행정 목적을 달성할 수 없는 경우에만 허용되며(보충성의 원칙), 이 경우에도 최소한으로만 실시하여야 한다(비례의 원칙)(행정기본법 제33조 제1항).

② 행정상 장해란 자신 또는 타인의 법익에 대한 위험을 말하며, 그 위험은 이미 발생하였거나 발생의 개연성(상당한 정도의 가능성)이 있어야 한다. 행정상 즉시강제를 필요로 하는 행정상 장해의 내용은 각 개별법에서 정해진다.

2. 행정상 즉시강제의 절차적 통제

① 행정상 즉시강제에 대한 절차적 통제와 관련하여 특히 영장주의의 적용 여부가 문제된다. 헌법상 영장주의가 행정상 즉시강제에 대해 적용될 것인가에 대하여 견해가 대립한다.

② 대법원은 "인신의 자유를 제한하는 국가의 모든 영역에서도 존중되어야 하지만, 사전영장주의를 고수하다가는 도저히 행정목적을 달성할 수 없는 지극히 예외적인 경우에는 형사절차에서와 같은 예외가 인정된다"고 하였다(대판 1995.6.30. 93추83; 대판 1997.6.13. 96다56115).

③ 헌법재판소는 "행정상 즉시강제는 그 본질상 급박성을 요건으로 하고 있어 법관의 영장을 기다려서는 그 목적을 달성할 수 없다고 할 것이므로, 원칙적으로 영장주의가 적용되지 않는다"고 판시하였다(헌재 2002.10.31. 2000헌가12).

Ⅳ. 행정상 즉시강제에 대한 구제

1. 적법한 즉시강제에 대한 구제

① 행정상 장해의 발생에 책임이 있는 자는 즉시강제로 손실을 입어도 손실보상을 청구할 수 없다. 그러나 행정상 장해의 발생에 책임이 있는 자 이외의 제3자에 대하여 즉시강제가 행하여짐으로써 특별한 희생이 발생한 경우에는 특히 공적부담 앞의 평등의 원칙상 손실보상이 인정되어야 한다.
② 한편, 「경찰관 직무집행법」은 '경찰관'의 적법한 직무집행으로 인한 손실보상을 규정하고 있으므로(경찰관 직무집행법 제11조의2), 적법한 경찰상 즉시강제로 인한 손실을 입은 자는 이 규정에 근거하여 손실보상을 청구할 수 있다.

2. 위법한 즉시강제에 대한 구제

(1) 행정쟁송

행정상 즉시강제는 권력적 사실행위로서 항고소송(취소소송)의 대상이 되는 '처분'에 해당한다(행정소송법 제19조, 제2조 제1항 제1호). 그러나 행정상 즉시강제는 단시간에 종료되기 때문에 협의의 소의 이익(권리보호의 필요)이 없어 항고소송은 부적법 각하될 가능성이 크다. 이 경우에는 원상회복이나 행정상 손해배상을 통하여 권리구제를 받을 수밖에 없다. 그러나 감염병환자의 강제격리, 정신질환자의 강제입원과 같이 즉시강제가 계속적 성질을 갖는 경우에는 위법상태가 계속되는 한 항고소송으로 다툴 소의 이익이 인정된다.

(2) 국가배상

위법한 즉시강제로 인적 또는 물적 손해를 받았을 때에는 국가배상법에 근거하여 국가배상을 청구할 수 있다. 즉시강제가 이미 종료하여 행정쟁송으로 다툴 소의 이익이 없는 경우, 국가배상은 효과적인 구제수단이 될 수 있다.

(3) 공법상 결과제거청구

즉시강제로 위법한 상태가 야기된 경우 공법상 결과제거청구가 가능하다(다수설).

제4절 행정벌

제1관 | 개설

Ⅰ. 의의

① 행정벌이란 행정법상의 의무위반에 대하여 일반통치권에 의거하여 과하는 제재로서의 벌을 말한다. 행정벌은 의무를 위반하면 그에 대하여 궁극적으로 제재가 가하여질 것이라는 심리적 압박을 가함으로써 행정법상의 의무이행을 확보하는 간접적 강제수단에 해당한다.
② 행정벌은 형식적으로는 과거의 의무위반에 대한 제재로서 과하여지는 것이라는 점에서, 장래에 향하여 행정상의 의무이행을 확보하기 위하여 행해지는 행정상 강제집행과 구별된다.

Ⅱ 종류

① 행정벌은 그 성질에 따라 행정형벌과 행정질서벌로 구분된다. 행정형벌은 형법에 규정되어 있는 형벌이 과하여지는 행정벌이고, 행정질서벌은 과태료가 과하여지는 행정벌이다.
② 어떤 행정법규 위반행위에 대하여 이를 단지 간접적으로 행정상의 질서에 장해를 줄 위험성이 있음에 불과한 경우로 보아 행정질서벌인 과태료를 과할 것인가 아니면 직접적으로 행정목적과 공익을 침해한 행위로 보아 행정형벌을 과할 것인가는 기본적으로 입법권자가 제반 사정을 고려하여 결정할 입법재량에 속하는 문제라고 할 수 있다(헌재 1994.4.28, 91헌바14).

제2관 | 행정범과 행정형벌

Ⅰ 의의

행정범(行政犯)이란 행정법규의 위반으로 성립되는 범죄를 말한다. 행정형벌은 행정법규 위반에 대하여 과하여지는 형법에 규정된 형벌을 말한다. 형법에 규정된 형벌의 종류에는 ① 사형, ② 징역, ③ 금고, ④ 자격상실, ⑤ 자격정지, ⑥ 벌금, ⑦ 구류, ⑧ 과료, ⑨ 몰수가 있다(형법 제41조).

Ⅱ 행정범과 행정형벌의 특수성과 법적 규율

1. 행정범에 대한 형법총칙의 적용

① 형법 제8조는 "본법 총칙은 타법령에 정한 죄에 적용한다. 단, 그 법령에 특별한 규정이 있는 대에는 예외로 한다"고 규정하고 있으므로, 행정범에 대하여도 죄형법정주의 등 형법총칙 규정은 원칙적으로 적용된다. 다만, 그 특성을 고려하여 관계 행정법규에 '특별한 규정'이 있는 경우에는 그 한도에서 형법총칙의 적용이 배제된다.
② 그리고 형벌법규의 해석은 엄격하여야 하고 명문규정의 의미를 피고인에게 불리한 방향으로 지나치게 확장 해석하거나 유추 해석하는 것은 죄형법정주의의 원칙에 어긋나는 것으로서 허용되지 않으며, 이러한 법해석의 원리는 그 형벌법규의 적용대상이 되는 행정법규의 규정을 해석하는 데에도 마찬가지로 적용된다(대판 2007.6.29, 2006도4582).

2. 행정형벌에 대한 특수한 법적 규율

(1) 과실행위의 처벌문제

형법 제14조는 "정상의 주의를 태만함으로 인하여 죄의 성립요소인 사실을 인식하지 못한 행위는 법률에 특별한 규정이 있는 경우에 한하여 처벌한다."고 규정하고 있다. 그런데 대법원 판결은 '(명문규정이 없더라도) 해석상 과실범도 벌할 뜻이 명확한 경우'에는 과실범을 처벌할 수 있다는 입장을 간접적으로 표명하였다[다만, 이 판결에 대하여 형법 제14조의 문언(文言)에 반한다는 학계의 비판이 있다.] 기출 14

> 행정상의 단속을 주안으로 하는 법규라 하더라도 '명문규정이 있거나 해석상 과실범도 벌할 뜻이 명확한 경우'를 제외하고는 형법의 원칙에 따라 '고의'가 있어야 벌할 수 있다(대판 2010.2.11, 2009도9807). 기출 14

(2) 양벌규정과 법인의 책임

1) 양벌규정의 의의

양벌규정이란 범죄행위자와 함께 행위자 이외의 자를 함께 처벌하는 법 규정을 말한다. 형사범에서는 범죄를 행한 자만을 벌하지만, 행정범에서는 범죄행위자 이외의 자도 벌하는 것으로 규정하는 경우가 있다. 종업원의 위반행위에 대하여 사업주도 함께 처벌하는 규정이 그 예이다(예 식품위생법 제100조의 양벌규정).

2) 타인의 행위에 대한 책임의 성질

① 양벌규정에 의한 영업주의 처벌은 금지위반행위자인 종업원의 처벌에 종속하는 것이 아니라 독립하여 그 자신의 종업원에 대한 선임감독상의 과실로 인하여 처벌되는 것이므로 종업원의 범죄성립이나 처벌이 영업주 처벌의 전제조건이 될 필요는 없다(대판 2006.2.24. 2005도7673). 기출 14

② 종업원의 범죄에 아무런 귀책사유가 없는 영업주나 법인에 대해서도 형벌을 부과하는 것은 책임주의원칙에 위반되므로 위헌이다(헌재 2007.11.29. 2005헌가10; 헌재 2013.10.24. 2013헌가18).

③ 법인 대표자의 행위는 법인의 행위로 볼 수 있고, 법인대표자의 법규위반에 대한 법인의 책임은 법인 자신의 법규위반행위로 평가될 수 있는 법인의 직접책임이므로(대표자의 고의에 의한 위반행위에 대하여는 법인이 고의 책임을, 대표자의 과실에 의한 위반행위에 대하여는 법인이 과실책임을 부담한다), 법인 대표자가 법인의 업무에 관하여 일정한 범죄행위를 한 경우 그 법인도 함께 처벌하는 양벌규정은 책임주의원칙에 위반되지 아니한다(헌재 2013.10.24. 2013헌가18; 헌재 2020.4.23. 2019헌가25).

3) 양벌규정에 의한 법인의 처벌

① 형사범이나 행정범이나 법인(法人)의 범죄능력을 부인하는 것이 일반적인 견해이다. 형사범에서는 범죄행위자만이 처벌되고, 법인은 그 자체로서 윤리적 자기결정을 할 인격성이 결여되므로 형사벌의 대상이 되지 않는다.

② 그러나 행정범에서는 법인의 대표자 또는 법인의 종업원이 그 법인의 업무와 관련하여 행정범을 범한 경우에 행위자뿐만 아니라 법인도 아울러 처벌한다는 양벌규정을 두는 경우가 많다. 즉, 행정범에서 법인은 범죄능력은 없지만, 형벌능력은 있다.

③ 지방자치단체 등 공공단체도 그 고유의 사무를 처리하는 경우에는 양벌규정의 적용대상이 되는 법인에 해당하는 경우가 있다(대판 2005.11.10. 2004도2657). 양벌규정에 의한 법인의 처벌은 어디까지나 형벌의 일종으로서 행정적 제재처분이나 민사상 불법행위책임과는 성격을 달리한다(대판 2019.11.14. 2017도4111).

> - [1] 지방자치단체가 그 고유의 자치사무를 처리하는 경우에는 지방자치단체는 국가기관의 일부가 아니라 국가기관과는 별도의 독립한 공법인이므로, 지방자치단체 소속 공무원이 지방자치단체 고유의 자치사무를 수행하던 중 도로법 제81조 내지 제85조의 규정에 의한 위반행위를 한 경우에는 지방자치단체는 도로법 제86조의 양벌규정에 따라 처벌대상이 되는 법인에 해당한다.
> [2] 지방자치단체 소속 공무원이 압축트럭 청소차를 운전하여 고속도로를 운행하던 중 제한축중을 초과 적재 운행함으로써 도로관리청의 차량운행제한을 위반한 사안에서, 해당 지방자치단체가 도로법 제86조의 양벌규정에 따른 처벌대상이 된다고 한 사례(대판 2005.11.10. 2004도2657).
> - 지방자치단체 소속 공무원이 지정항만순찰 등의 업무를 위해 관할관청의 승인 없이 개조한 승합차를 운행함으로써 구 자동차관리법을 위반한 사안에서, 지정항만순찰 등의 업무가 지방자치단체의 장이 국가로부터 위임받은 기관위임사무에 해당하여 해당 지방자치단체가 구 자동차관리법 제83조의 양벌규정에 따른 처벌대상이 될 수 없다고 한 사례(대판 2009.6.11. 2008도6530).

(3) 행정형벌의 과벌절차

1) 원 칙

행정형벌도 원칙적으로 형사벌과 마찬가지로 형사소송법상 절차에 따라 법원이 부과한다.

2) 예외 : 통고처분

① 통고처분은 행정범에 대하여 정식의 형사재판에 갈음하여 행정청(예 경찰청장, 세무서장)이 벌금·과료에 상당하는 금액(범칙금)의 납부를 명하는 준사법적 행위이다. 통고처분은 현행법상 조세범, 관세범, 출입국관리사범, 교통사범 등에 대하여 인정되고 있다.

② 통고처분에 대해 이의가 있는 경우에는 통고처분에 따른 범칙금을 납부하지 않으면 되는 것으로 하고, 이 경우 법정기간이 지나면 통고처분은 효력을 상실하며 즉결심판청구 또는 고발에 의해 형사소송절차로 이행되는 것으로 특별불복절차가 규정되어 있다. 즉, 통고처분은 상대방의 임의의 승복을 그 발효요건으로 하기 때문에 그 자체만으로는 통고이행을 강제하거나 상대방에게 아무런 권리의무를 형성하지 않는다. 따라서 대법원과 헌법재판소는 통고처분을 행정심판이나 행정소송의 대상이 되는 행정처분이 아니라고 보고 있다(대판 1995.6.29. 95누4674; 헌재 1998.5.28. 96헌바4).

> 경찰서장의 통고처분은 행정소송의 대상이 되는 행정처분이 아니므로 그 처분의 취소를 구하는 소송은 부적법하고, 도로교통법상의 통고처분을 받은 자가 그 처분에 대하여 이의가 있는 경우에는 통고처분에 따른 범칙금의 납부를 이행하지 아니함으로써 경찰서장의 즉결심판청구에 의하여 법원의 심판을 받을 수 있게 될 뿐이다(대판 1995.6.29. 95누4674). 기출 17·14

제3관 | 행정질서벌(과태료)

I 의 의

행정질서벌이란 경미한 행정법상의 의무위반에 대하여 과태료가 과하여지는 행정벌이다.

II 부과 대상

과태료는 통상적인 행정질서벌 중의 하나로서 행정형벌과는 다르다. 즉, 행정질서벌과 행정형벌은 행정법령에 위반하는데 대한 제재라는 점에서는 같다하더라도 행정형벌은 그 행정법규 위반이 직접적으로 행정목적과 사회공익을 침해하는 경우에 과하여지는 것인데 반하여, 행정질서벌인 과태료는 직접적으로 행정목적이나 사회공익을 침해하는데 까지는 이르지 않고 다만 간접적으로 행정상의 질서에 장해를 줄 위험성이 있는 정도의 단순한 의무태만에 대한 제재로서 과하여지는데 불과하다(대결 1969.7.29. 69마400). 다만, 행정형벌의 행정질서벌화 정책에 따라 행정형벌을 과하여야 할 행위에 행정질서벌을 부과하는 경우가 있다.

Ⅲ 형법총칙 적용문제 등 법적 규율

① 과태료는 행정상의 질서유지를 위한 행정질서벌에 해당할 뿐 형벌이라고 할 수 없어 죄형법정주의의 규율대상에 해당하지 아니하는 등 형법총칙이 적용되지 않는다(헌재 1998.5.28. 96헌바83). 그러나 과태료는 행정형벌과 유사한 성질을 갖기 때문에 과태료규정이나 과태료의 부과대상이 되는 행정법규사항의 해석·적용은 엄격히 하여야 하고, 과태료 처분대상인 위반행위를 함부로 유추해석하거나 확대해석하여서는 아니 된다(대판 2007.3.30. 2004두7665; 대판 2007.3.29. 2006마724).

② 질서위반행위규제법은 종전 판례와 달리 과태료의 부과에 행위자의 고의 또는 과실을 요구하고(제7조), 위법성의 착오에 관한 규정을 두는(제8조) 등 과태료를 종전보다 형벌과 유사하게 규정하고 있다.

Ⅳ 행정형벌과 행정질서벌의 병과가능성

① 대법원은 "행정법상의 질서벌인 과태료의 부과처분과 형사처벌은 그 성질이나 목적을 달리하는 별개의 것이므로 행정법상의 질서벌인 과태료를 납부한 후에 형사처벌을 한다고 하여 이를 일사부재리의 원칙에 반하는 것이라고 할 수는 없다"고 하여(대판 1996.4.12. 96도158), 긍정설의 입장이다.

② 헌법재판소는 "부동산실명법상의 의무위반에 대하여 처벌을 함과 동시에 과징금 또는 이행강제금을 부과하는 것이 바로 이중처벌에 해당하여 헌법에 위반된다고 보기는 어렵다 할 것이고, 다만, 동일한 행위를 대상으로 하여 형벌을 부과하면서 아울러 과징금이나 이행강제금을 부과하여 대상자에게 거듭 처벌되는 것과 같은 효과를 낳는다면 이중처벌금지의 기본정신에 배치되어 국가 입법권의 남용이 문제될 수도 있다 할 것이나, 이는 이중처벌금지 원칙의 문제라기보다는 그러한 중복적 제재가 과잉에 해당하는지 여부의 문제로 다루어져야 할 것"이라고 판시한 바 있다(헌재 2001.5.31. 99헌가18 등).

Ⅴ 행정질서벌의 부과

1. 부과의 근거

(1) 개 설

① 행정질서벌을 부과하기 위해서는 법률에 근거가 있어야 한다. 행정질서벌의 구체적인 규정은 개별 법률에서 규정하고 있고, 지방자치단체는 조례로써 과태료를 정할 수 있다(지방자치법 제34조, 제156조).

② 질서위반행위 법정주의 : 법률에 따르지 아니하고는 어떤 행위도 질서위반행위로 과태료를 부과하지 아니한다(질서위반행위규제법 제6조). [기출 23·19]

③ 질서위반행위규제법은 질서위반 행위자에 대한 과태료 부과의 근거법률은 아니며 질서위반행위(제2조 제1호)를 한 자에 대한 과태료 부과의 요건, 절차 등을 정하는 법률이다.

④ 과태료의 부과·징수, 재판 및 집행 등의 절차에 관한 다른 법률의 규정 중 이 법의 규정에 저촉되는 것은 이 법으로 정하는 바에 따른다(질서위반행위규제법 제6조). [기출 16]

(2) 질서위반행위의 의미

> **질서위반행위규제법 제2조(정의)**
> 이 법에서 사용하는 용어의 뜻은 다음과 같다.
> 1. "질서위반행위"란 법률(지방자치단체의 조례를 포함한다. 이하 같다)상의 의무를 위반하여 과태료를 부과하는 행위를 말한다. 다만, 다음 각 목의 어느 하나에 해당하는 행위를 제외한다.
>   가. 대통령령으로 정하는 사법상·소송법상 의무를 위반하여 과태료를 부과하는 행위
>   나. 대통령령으로 정하는 법률에 따른 징계사유에 해당하여 과태료를 부과하는 행위 기출 13

(3) 질서위반행위규제법의 적용 범위

> **질서위반행위규제법 제3조(법 적용의 시간적 범위)**
> ① 질서위반행위의 성립과 과태료 처분은 행위 시의 법률에 따른다. 기출 20·19·17
> ② 질서위반행위 후 법률이 변경되어 그 행위가 질서위반행위에 해당하지 아니하게 되거나 과태료가 변경되기 전의 법률보다 가볍게 된 때에는 법률에 특별한 규정이 없는 한 변경된 법률을 적용한다. 기출 24
> ③ 행정청의 과태료 처분이나 법원의 과태료 재판이 확정된 후 법률이 변경되어 그 행위가 질서위반행위에 해당하지 아니하게 된 때에는 변경된 법률에 특별한 규정이 없는 한 과태료의 징수 또는 집행을 면제한다.
>
> **질서위반행위규제법 제4조(법 적용의 장소적 범위)**
> ① 이 법은 대한민국 영역 안에서 질서위반행위를 한 자에게 적용한다. → 속지주의
> ② 이 법은 대한민국 영역 밖에서 질서위반행위를 한 대한민국의 국민에게 적용한다. → 속인주의 기출 24·23
> ③ 이 법은 대한민국 영역 밖에 있는 대한민국의 선박 또는 항공기 안에서 질서위반행위를 한 외국인에게 적용한다.
>   → 기국주의 기출 23

(4) 질서위반행위의 성립

> **질서위반행위규제법 제7조(고의 또는 과실)**
> 고의 또는 과실이 없는 질서위반행위는 과태료를 부과하지 아니한다. 기출 23·20·18·19·17·16·13
>
> **질서위반행위규제법 제8조(위법성의 착오)**
> 자신의 행위가 위법하지 아니한 것으로 오인하고 행한 질서위반행위는 그 오인에 정당한 이유가 있는 때에 한하여 과태료를 부과하지 아니한다.
>
> **질서위반행위규제법 제9조(책임연령)**
> 14세가 되지 아니한 자의 질서위반행위는 과태료를 부과하지 아니한다. 다만, 다른 법률에 특별한 규정이 있는 경우에는 그러하지 아니하다. 기출 23

> **질서위반행위규제법 제10조(심신장애)**
> ① 심신(心神)장애로 인하여 행위의 옳고 그름을 판단할 능력이 없거나 그 판단에 따른 행위를 할 능력이 없는 자의 질서위반행위는 과태료를 부과하지 아니한다.
> ② 심신장애로 인하여 제1항에 따른 능력이 미약한 자의 질서위반행위는 과태료를 감경한다.
> ③ 스스로 심신장애 상태를 일으켜 질서위반행위를 한 자에 대하여는 제1항 및 제2항을 적용하지 아니한다.
>
> **질서위반행위규제법 제11조(법인의 처리 등)**
> ① 법인의 대표자, 법인 또는 개인의 대리인·사용인 및 그 밖의 종업원이 업무에 관하여 법인 또는 그 개인에게 부과된 법률상의 의무를 위반한 때에는 법인 또는 그 개인에게 과태료를 부과한다.

질서위반행위규제법은 과태료의 부과 대상인 질서행위반행위에 대하여도 책임주의 원칙을 채택하여, 고의 또는 과실이 없는 질서위반행위는 과태료를 부과하지 아니한다고 규정하고 있다(질서위반행위규제법 제7조).

2. 부과절차

(1) 행정청이 과태료를 부과하는 경우

과태료는 행정질서벌이고 형벌이 아니므로 형사소송법이 아니라 질서위반행위규제법이 적용된다. **기출 14**

> **질서위반행위규제법 제16조(사전통지 및 의견 제출 등)**
> ① 행정청이 질서위반행위에 대하여 과태료를 부과하고자 하는 때에는 미리 당사자(제11조 제2항에 따른 고용주등을 포함한다. 이하 같다)에게 대통령령으로 정하는 사항을 통지하고, 10일 이상의 기간을 정하여 의견을 제출할 기회를 주어야 한다. 이 경우 지정된 기일까지 의견 제출이 없는 경우에는 의견이 없는 것으로 본다. **기출 19**
>
> **질서위반행위규제법 제17조(과태료의 부과)**
> ① 행정청은 제16조의 의견 제출 절차를 마친 후에 서면(당사자가 동의하는 경우에는 전자문서를 포함한다. 이하 이 조에서 같다)으로 과태료를 부과하여야 한다.
> ② 제1항에 따른 서면에는 질서위반행위, 과태료 금액, 그 밖에 대통령령으로 정하는 사항을 명시하여야 한다.
>
> **질서위반행위규제법 제19조(과태료 부과의 제척기간)**
> ① 행정청은 질서위반행위가 종료된 날(다수인이 질서위반행위에 가담한 경우에는 최종행위가 종료된 날을 말한다)부터 5년이 경과한 경우에는 해당 질서위반행위에 대하여 과태료를 부과할 수 없다.
>
> **질서위반행위규제법 제15조(과태료의 시효)**
> ① 과태료는 행정청의 과태료 부과처분이나 법원의 과태료 재판이 확정된 후 5년간 징수하지 아니하거나 집행하지 아니하면 시효로 인하여 소멸한다. **기출 20·16·13**

(2) 법원이 과태료 재판에 의해 부과하는 경우

법원이 과태료 재판에 의해 부과하는 경우에는 질서위반행위규제법 및 비송사건절차법에 따른다.

3. 부과대상자

(1) 질서위반행위를 한 자

과태료의 부과대상자는 원칙적으로 질서위반행위를 한 자이다. 다만, 법인의 대표자, 법인 또는 개인의 대리인·사용인 및 그 밖의 종업원이 업무에 관하여 법인 또는 그 개인에게 부과된 법률상의 의무를 위반한 때에는 법인 또는 그 개인에게 과태료를 부과한다(질서위반행위규제법 제11조 제1항).

(2) 다수인이 질서위반행위에 가담한 경우

① 2인 이상이 질서위반행위에 가담한 때에는 각자가 질서위반행위를 한 것으로 본다(질서위반행위규제법 제12조 제1항). 기출 20

② 신분에 의하여 성립하는 질서위반행위에 신분이 없는 자가 가담한 때에는 신분이 없는 자에 대하여도 질서위반행위가 성립한다(질서위반행위규제법 제12조 제2항). 기출 24·13

(3) 수개의 질서위반행위의 처리

① 하나의 행위가 2 이상의 질서위반행위에 해당하는 경우에는 각 질서위반행위에 대하여 정한 과태료 중 가장 중한 과태료를 부과한다(질서위반행위규제법 제13조 제1항). 기출 24·16

② 제1항의 경우를 제외하고 2 이상의 질서위반행위가 경합하는 경우에는 각 질서위반행위에 대하여 정한 과태료를 각각 부과한다. 다만, 다른 법령(지방자치단체의 조례를 포함한다. 이하 같다)에 특별한 규정이 있는 경우에는 그 법령으로 정하는 바에 따른다(질서위반행위규제법 제13조 제2항).

Ⅵ 행정질서벌 부과행위의 법적성질과 권리구제

1. 과태료가 행정청에 의해 부과되는 경우

(1) 과태료 부과행위의 법적 성질

과태료가 행정청에 의해 부과되는 경우, 과태료 부과행위는 행정행위(급부하명)에 해당한다. 그러나 판례는 과태료 재판이라는 별도의 불복절차가 규정되어 있는 과태료 부과처분은 행정청을 피고로 하는 행정소송의 대상이 되는 행정처분이라고 볼 수 없다고 한다(대판 2012.10.11. 2011두19369). 기출 19·16

(2) 과태료 부과행위에 대한 권리구제

① 행정청의 과태료 부과에 불복하는 당사자는 과태료 부과 통지를 받은 날부터 60일 이내에 해당 행정청에 서면으로 이의제기를 할 수 있고(질서위반행위규제법 제20조 제1항), 이의제기가 있는 경우에는 그 과태료 부과처분은 효력을 상실한다(제20조 제2항). 기출 20

② 이의제기를 받은 행정청은 이의제기를 받은 날부터 14일 이내에 이에 대한 의견 및 증빙서류를 첨부하여 관할 법원에 통보하여야 하고(질서위반행위규제법 제21조 제1항), 그 통보를 받은 관할 법원은 비송사건절차법 규정을 준용하여 이유를 붙인 결정으로써 과태료 재판을 한다(제28조, 제36조 제1항).

2. 과태료가 법원의 재판에 의하여 부과되는 경우

(1) 법적 성질 및 불복방법
① 과태료가 법원의 재판에 의해 부과되는 경우 과태료 부과행위는 사법행위(司法行爲)의 성질을 가진다.
② 당사자와 검사는 법원의 과태료 재판에 대하여 즉시항고를 할 수 있다. 이 경우 항고는 집행정지의 효력이 있다(질서위반행위규제법 제38조 제1항). 기출 13

(2) 과태료 재판의 집행
과태료 재판은 검사의 명령으로써 집행한다. 기출 24 이 경우 검사의 명령은 집행력 있는 집행권원과 동일한 효력이 있다(질서위반행위규제법 제42조 제1항). 과태료 재판의 집행절차는 민사집행법에 따르거나 국세 또는 지방세 체납처분의 예에 따른다(제42조 제2항).

제5절 새로운 의무이행확보수단

제1관 | 과징금

> **행정기본법 제28조(과징금의 기준)**
> ① 행정청은 법령등에 따른 의무를 위반한 자에 대하여 법률로 정하는 바에 따라 그 위반행위에 대한 제재로서 과징금을 부과할 수 있다.
> ② 과징금의 근거가 되는 법률에는 과징금에 관한 다음 각 호의 사항을 명확하게 규정하여야 한다.
>   1. 부과·징수 주체
>   2. 부과 사유
>   3. 상한액
>   4. 가산금을 징수하려는 경우 그 사항
>   5. 과징금 또는 가산금 체납 시 강제징수를 하려는 경우 그 사항
> ③ 제2항 제4호에 따라 체납된 과징금에 대한 가산금을 부과하는 규정을 정할 때에는 가산금의 부과율 및 부과기간이 금융기관 등이 연체대출금에 대하여 적용하는 이자율 등을 고려하여 대통령령으로 정하는 부과율 및 부과기간을 넘지 아니하도록 규정하여야 한다. 〈신설 2025.3.18.〉

I 의 의

① 과징금이란 행정법상의 의무를 위반한 자에 대하여 당해 위반행위로 얻게 된 경제적 이익을 박탈하기 위한 목적으로 부과하는 금전상 제재를 말한다(본래적 의미의 과징금).
② 과징금 중에는 「독점규제 및 공정거래에 관한 법률」상의 과징금과 같이 법규위반으로 인한 경제적 이득을 환수하는 것을 주된 목적으로 하면서도 부수적으로 법규 위반행위에 대한 제재적 성격을 함께 갖는 과징금도 있다(대판 2001.2.9. 2000두6206 참조).

Ⅱ 변형된 과징금

① 변형된 과징금은 인·허가사업에 있어서 그 영업정지를 명할 일정한 위법사유가 있음에도 불구하고 공익의 보호 등을 이유로 그 사업 자체는 계속하게 하고, 영업정지처분에 갈음하여 부과하는 과징금을 말한다.
② 변형된 과징금은 행정법규 위반자인 사업자의 영업정지로 인하여 시민 등이 큰 불편을 겪거나 국민경제에 적지 않은 피해를 주는 등 공익을 해할 우려가 있는 경우에 그 사업 자체는 계속하게 하되 영업정지 대신 그 영업으로 인한 이익을 박탈하는 과징금을 부과함으로써 공익을 보호하기 위한 것이다.
③ 영업정지처분에 갈음하는 과징금이 규정되어 있는 경우 과징금을 부과할 것인지 영업정지처분을 내릴 것인지는 통상 행정청의 재량에 속한다(대판 1998.4.10. 98두2270).

Ⅲ 과징금 부과처분의 법적 성질

① 과징금 부과처분은 그 상대방에게 금전납부의무를 부과하는 침익적 행정행위(급부하명)에 해당한다. 따라서 과징금 부과처분은 행정절차법상 처분의 사전통지 및 의견제출에 관한 규정의 적용대상이 되고, 항고소송의 대상이 된다. 기출 14
② 과징금 부과처분은 제재적 처분으로서 통상 재량행위로 규정되고, 최근 제정된 행정기본법도 과징금 부과처분에 관하여 행정청의 재량권을 인정하고 있다(행정기본법 제28조 제1항). 다만, 「부동산 실권리자명의 등기에 관한 법률」 및 같은법 시행령상 명의신탁자에 대한 과징금부과처분과 같이 '과징금을 부과할 것인지 여부'는 기속행위로 규정된 경우도 있다(대판 2007.7.12. 2005두17287).

Ⅳ 법적 근거

① 과징금의 부과는 그 상대방에게 침익적이므로 법률에 근거가 있어야 한다(행정기본법 제28조 제1항). 현행법상 과징금은 다양한 형태로 도입되어 있으나 그 규정 방식이 통일되어 있지 않은바, 행정기본법에서는 과징금의 법적 성격 및 법률유보 등 과징금과 관련된 일반원칙을 명확히 규정하였다. 그러나 행정본법이 과징금 부과의 법적 근거가 될 수는 없고, 개별법에 별도의 법적 근거가 있어야 한다.
② 법령으로 정한 '과징금을 부과하는 위반행위와 과징금의 금액'에 열거되지 않은 위반행위에 대해 사업정지처분을 갈음하여 과징금을 부과할 수 없다. 기출 22

> 입법자는 화물자동차 운수사업법 시행령에 단순히 '과징금의 산정기준'을 구체화하는 임무만을 위임한 것이 아니라, 사업정지처분을 갈음하여 과징금을 부과할 수 있는 '위반행위의 종류'를 구체화하는 임무까지 위임한 것이라고 보아야 한다. 따라서 구 화물자동차 운수사업법 시행령 [별표 2] '과징금을 부과하는 위반행위의 종류와 과징금의 금액'에 열거되지 않은 위반행위의 종류에 대해서 사업정지처분을 갈음하여 과징금을 부과하는 것은 허용되지 않는다고 보아야 한다(대판 2020.5.28. 2017두73693). 기출 22

V 과징금 부과처분의 법적 규율

① 제재적 행정처분으로서의 과징금은 현실적인 행위자가 아닌 법령상 책임자에게 부과할 수 있다. 기출 22
② 제재적 행정처분으로서의 과징금은 원칙적으로 위반자의 고의 또는 과실을 요하지 아니한다. 기출 22

> 구 여객자동차 운수사업법상의 과징금부과처분은 제재적 행정처분으로서 행정법규 위반이라는 객관적 사실에 착안하여 가하는 제재이므로 반드시 현실적인 행위자가 아니라도 법령상 책임자로 규정된 자에게 부과되고 원칙적으로 위반자의 고의·과실을 요하지 아니하나, 위반자의 의무 해태를 탓할 수 없는 정당한 사유가 있는 등의 특별한 사정이 있는 경우에는 이를 부과할 수 없다(대판 2014.10.15. 2013두5005). 기출 22

VI 과징금 납부의무의 이전 가능성

① 상속으로 인한 과징금 납부의무의 포괄승계 긍정 : 「부동산 실권리자명의 등기에 관한 법률」제5조에 의하여 부과된 과징금 채무는 대체적 급부가 가능한 의무이므로 위 과징금을 부과받은 자가 사망한 경우 그 상속인에게 포괄승계된다(대판 1999.5.14. 99두35).
② 회사가 분할하는 경우, 과징금 부과사유의 승계 부정 : 회사 분할 시 신설회사 또는 존속회사가 승계하는 것은 분할하는 회사의 권리와 의무이고, 분할하는 회사의 분할 전 법 위반행위를 이유로 과징금이 부과되기 전까지는 단순한 사실행위만 존재할 뿐 과징금과 관련하여 분할하는 회사에 승계 대상이 되는 어떠한 의무가 있다고 할 수 없으므로, 특별한 규정이 없는 한 신설회사에 대하여 분할하는 회사의 분할 전 법 위반행위를 이유로 과징금을 부과하는 것은 허용되지 않는다(대판 2011.5.26. 2008두18335).

VII 과징금과 벌금·범칙금의 병과가능성

① 과징금은 행정상의 제재금이고 헌법 제13조 제1항에서 금지하는 국가의 형벌권의 행사로서의 처벌이 아니다. 기출 22
② 따라서 행정법규 위반에 대해 벌금 이외에 과징금을 부과하는 것은 이중처벌금지의 원칙에 반하지 않는다. 기출 22

> 구 독점규제 및 공정거래에 관한 법률 제24조의2에 의한 부당내부거래에 대한 과징금을 두고 헌법 제13조 제1항에서 금지하는 국가형벌권 행사로서의 '처벌'에 해당한다고는 할 수 없으므로, 공정거래법에서 형사처벌과 아울러 과징금의 병과를 예정하고 있더라도 이중처벌금지원칙에 위반된다고 볼 수 없으며, 이 과징금 부과처분에 대하여 공정력과 집행력을 인정한다고 하여 이를 확정판결 전의 형벌집행과 같은 것으로 보아 무죄추정의 원칙에 위반된다고도 할 수 없다(헌재 2003.7.24. 2001헌가25). 기출 22

제2관 | 위반사실 등의 공표(명단공표)

I 의 의

위반사실 등의 공표(명단공표)란 행정법상의 의무를 위반한 자의의 성명·법인명이나 위반사실, 위반을 이유로 한 처분 사실을 법률로 정하는 바에 따라 일반에게 공표함으로써 심리적인 압박을 가하여 행정법상의 의무이행을 확보하는 간접강제수단을 말한다.

II 법적근거

> **행정절차법 제40조의3(위반사실 등의 공표)**
> ① 행정청은 법령에 따른 의무를 위반한 자의 성명·법인명, 위반사실, 의무 위반을 이유로 한 처분사실 등(이하 "위반사실등"이라 한다)을 법률로 정하는 바에 따라 일반에게 공표할 수 있다. 〈2022.1.11. 신설〉

위반사실 등의 공표는 그 상대방의 명예·신용 또는 프라이버시를 침해하거나 사실상 심각한 불이익을 초래할 우려가 있으므로 법적 근거가 필요하다고 보는 것이 다수설이다. 개정 행정절차법에서도 "행정청은 위반사실 등을 법률로 정하는 바에 따라 일반에게 공표할 수 있다"고 규정하고 있다. 따라서 위반사실 등의 공표에는 개별법에 별도의 법적 근거가 필요하다. 개별법에서 위반사실 등의 공표를 인정하는 것으로는 고액·상습세금체납자 등의 명단 공개(국세기본법 제114조), 아동·청소년 대상 성폭력범죄를 저지른 자의 등록정보의 공개(아동·청소년의 성보호에 관한 법률 제49조), 병역의무 기피자의 인적사항 등의 공개(병역법 제81조의2) 등이 있다.

III 한 계

1. 이익형량의 원칙(비례의 원칙)

법에 근거가 있는 경우에도 비례의 원칙에 따라 명예, 신용, 인격권 또는 프라이버시권과 위반사실 등의 공표로 달성하고자 하는 공익(예 국민의 알권리, 표현의 자유, 공표를 통한 의무이행의 확보) 간에 이익형량을 하여 공표행위의 위법 여부를 판단하여야 한다(대판 1998.7.14. 96다17257).

2. 행정절차법상 한계

> **행정절차법 제40조의3(위반사실 등의 공표)**
> ② 행정청은 위반사실등의 공표를 하기 전에 사실과 다른 공표로 인하여 당사자의 명예·신용 등이 훼손되지 아니하도록 객관적이고 타당한 증거와 근거가 있는지를 확인하여야 한다.
> ⑦ 행정청은 위반사실등의 공표를 하기 전에 당사자가 공표와 관련된 의무의 이행, 원상회복, 손해배상 등의 조치를 마친 경우에는 위반사실등의 공표를 하지 아니할 수 있다.
> ⑧ 행정청은 공표된 내용이 사실과 다른 것으로 밝혀지거나 공표에 포함된 처분이 취소된 경우에는 그 내용을 정정하여, 정정한 내용을 지체 없이 해당 공표와 같은 방법으로 공표된 기간 이상 공표하여야 한다. 다만, 당사자가 원하지 아니하면 공표하지 아니할 수 있다.
> 〈2022.1.11. 신설〉

Ⅳ 위반사실 등의 공표 절차

개정 행정절차법은 위반사실 등의 공표에 관한 공통절차를 규정하고 있다.

> **행정절차법 제40조의3(위반사실 등의 공표)**
> ③ 행정청은 위반사실등의 공표를 할 때에는 미리 당사자에게 그 사실을 통지하고 의견제출의 기회를 주어야 한다. 다만, 다음 각 호의 어느 하나에 해당하는 경우에는 그러하지 아니하다.
>   1. 공공의 안전 또는 복리를 위하여 긴급히 공표를 할 필요가 있는 경우
>   2. 해당 공표의 성질상 의견청취가 현저히 곤란하거나 명백히 불필요하다고 인정될 만한 타당한 이유가 있는 경우
>   3. 당사자가 의견진술의 기회를 포기한다는 뜻을 명백히 밝힌 경우
> ④ 제3항에 따라 의견제출의 기회를 받은 당사자는 공표 전에 관할 행정청에 서면이나 말 또는 정보통신망을 이용하여 의견을 제출할 수 있다.
> ⑤ 제4항에 따른 의견제출의 방법과 제출 의견의 반영 등에 관하여는 제27조 및 제27조의2를 준용한다. 이 경우 "처분"은 "위반사실등의 공표"로 본다.
> ⑥ 위반사실등의 공표는 관보, 공보 또는 인터넷 홈페이지 등을 통하여 한다.
> 〈2022.1.11. 신설〉

Ⅴ 구제방법

1. 항고소송

(1) 처분성 인정 여부

판례는 병무청장이 병역법에 따라 병역의무 기피자의 인적사항 등을 인터넷 홈페이지에 게시하는 등의 방법으로 공개한 경우(명단공표), 병무청장의 공개결정이 항고소송의 대상인 행정처분에 해당한다고 보았다(대판 2019.6.27. 2018두49130). 기출 21

(2) 소의 이익

① 위반 사실 등이 이미 공표된 경우에도 위반사실 등의 공표가 계속 중인 경우 당연히 그 취소를 구할 소의 이익이 있다.

② 위반사실 등의 공표행위가 종료한 경우에는 소의 이익이 없다는 견해도 있으나, 위반사실 등의 공표가 취소되면 판결의 기속력에 의해 정정공고 등 행정청에게 원상회복의무가 있고 정정공고에 의해 원상회복이 가능하므로 소의 이익이 있다고 보아야 한다.

> 병무청장이 인터넷 홈페이지 등에 게시하는 사실행위를 함으로써 공개 대상자의 인적사항 등이 이미 공개되었더라도, 재판에서 병무청장의 공개결정이 위법함이 확인되어 취소판결이 선고되는 경우, 병무청장은 취소판결의 기속력에 따라 위법한 결과를 제거하는 조치를 할 의무가 있으므로 공개 대상자의 실효적 권리구제를 위해 병무청장의 공개결정을 행정처분으로 인정할 필요성이 있다(대판 2019.6.27. 2018두49130).

(3) 가구제수단

실효성 있는 권리구제를 위하여는 위반사실 등의 공표를 다투면서 가구제를 신청할 필요가 있다. 위반사실 등의 공표의 처분성을 인정하는 견해에서는 취소소송을 제기하면서 집행정지를 신청하여야 하고, 처분성을 부정하고 당사자소송을 제기하여야 한다는 견해에서는 가처분을 신청하여야 한다.

2. 공법상 결과제거청구

위반사실 등의 공표로 인하여 훼손된 명예 또는 신용을 회복하기 위하여 이론상 공법상 결과제거청구권을 행사할 수 있지만(다수설), 현행법상 공법상 결과제거청구권은 인정되고 있지 않다. 따라서 현행법 하에서는 민법 제764조에 근거하여 민사소송으로 정정공고(訂正公告)와 같은 '명예회복에 적당한 처분'을 청구할 수 있다.

3. 국가배상청구

위반사실 등의 공표행위는 공행정작용의 성질을 가지는 것으로, 위법한 공표에 의해 명예·신용 등이 침해된 경우에는 국가배상법 제2조에 따라 행정상 손해배상(국가배상)을 청구할 수 있을 것이다. 다만 대법원 판례는 위법한 공표행위로 인한 손해에 대하여는 「국가배상법」이 아니라 「민법」규정에 의하여 그 손해배상 등의 구제를 받을 수 있다고 보고 있다(대판 1999.1.26. 97다10215; 대판 2001.11.30. 2000다68474).

제4장 행정상의 의무이행확보수단

⊃ 확인학습문제

제1절 총설

01 행정기본법상 행정상 강제에 관한 설명으로 옳지 않은 것은?   25 행정사 제13회

① 외국인의 출입국·난민인정에 관한 사항에 관하여는 「행정기본법」 제5절(행정상 강제)을 적용하지 아니한다.
② 직접강제는 다른 모든 수단으로는 행정목적을 달성할 수 없는 경우에만 허용되며, 이 경우에도 최소한으로만 실시하여야 한다.
③ 행정청은 이행강제금을 부과받은 자가 납부기한까지 이행강제금을 내지 아니하면 국세 강제징수의 예 또는 「지방행정제재·부과금의 징수 등에 관한 법률」에 따라 징수한다.
④ 의무 불이행의 동기, 목적 및 결과는 이행강제금의 부과 금액을 가중하거나 감경할 수 있는 고려사항에 해당한다.
⑤ 행정청은 이행강제금을 부과하기 전에 미리 의무자에게 적절한 이행기간을 정하여 그 기한까지 행정상 의무를 이행하지 아니하면 이행강제금을 부과한다는 뜻을 문서로 계고 하여야 한다.

해설

[❶ ▶ ○]   형사(刑事), 행형(行刑) 및 보안처분 관계 법령에 따라 행하는 사항이나 외국인의 출입국·난민인정·귀화·국적회복에 관한 사항에 관하여는 이 절(「행정기본법」 제5절[행정상 강제])을 적용하지 아니한다(행정기본법 제30조 제3항).

[❷ ▶ ✕]   직접강제는 행정대집행이나 이행강제금 부과의 방법으로는 행정상 의무 이행을 확보할 수 없거나 그 실현이 불가능한 경우에 실시하여야 한다(행정기본법 제32조 제1항). 한편, 즉시강제는 다른 수단으로는 행정목적을 달성할 수 없는 경우에만 허용되며, 이 경우에도 최소한으로만 실시하여야 한다(행정기본법 제33조 제1항).

[❸ ▶ ○]   행정기본법 제31조 제6항

> **행정기본법 제31조(이행강제금의 부과)**   ⑤ 행정청은 의무자가 행정상 의무를 이행할 때까지 이행강제금을 반복하여 부과할 수 있다. 다만, 의무자가 의무를 이행하면 새로운 이행강제금의 부과를 즉시 중지하되, 이미 부과한 이행강제금은 징수하여야 한다.
> ⑥ 행정청은 이행강제금을 부과받은 자가 납부기한까지 이행강제금을 내지 아니하면 국세강제징수의 예 또는 「지방행정제재·부과금의 징수 등에 관한 법률」에 따라 징수한다.

[❹ ▶ ○]　행정기본법 제31조 제2항 제1호

> **행정기본법 제31조(이행강제금의 부과)**　② 행정청은 다음 각 호의 사항을 고려하여 이행강제금의 부과 금액을 가중하거나 감경할 수 있다.
> 1. 의무 불이행의 동기, 목적 및 결과
> 2. 의무 불이행의 정도 및 상습성
> 3. 그 밖에 행정목적을 달성하는 데 필요하다고 인정되는 사유

[❺ ▶ ○]　행정기본법 제31조 제3항

> **행정기본법 제31조(이행강제금의 부과)**　③ 행정청은 이행강제금을 부과하기 전에 미리 의무자에게 적절한 이행기간을 정하여 그 기한까지 행정상 의무를 이행하지 아니하면 이행강제금을 부과한다는 뜻을 문서로 계고(戒告)하여야 한다.
> ④ 행정청은 의무자가 제3항에 따른 계고에서 정한 기한까지 행정상 의무를 이행하지 아니한 경우 이행강제금의 부과 금액·사유·시기를 문서로 명확하게 적어 의무자에게 통지하여야 한다.

답 ❷

제2절 행정상 강제집행

02 행정대집행에 관한 설명으로 옳은 것을 모두 고른 것은?(다툼이 있으면 판례에 따름)

22 행정사 제10회

> ㄱ. 대집행영장에 의한 통지는 취소소송의 대상이 된다.
> ㄴ. 행정대집행법에서는 대집행에 대해 행정심판을 제기할 수 있음을 규정하고 있다.
> ㄷ. 계고처분의 후속절차인 대집행에 위법이 있다고 하더라도, 그와 같은 후속절차에 위법성이 있다는 점을 들어 선행절차인 계고처분이 부적법하다는 사유로 삼을 수는 없다.
> ㄹ. 대집행은 대집행의 대상이 되는 의무를 명하는 처분청이 그 주체가 되며 타인에게 위탁할 수 없다.

① ㄱ
② ㄴ, ㄷ
③ ㄱ, ㄴ, ㄷ
④ ㄴ, ㄷ, ㄹ
⑤ ㄱ, ㄴ, ㄷ, ㄹ

해설

[ㄱ▶○] 대집행영장에 의한 통지는 준법률행위적 행정행위로 통지행위이며 독립적인 처분으로서 취소소송의 대상이 될 수 있다.
[ㄴ▶○] 대집행에 대하여는 행정심판을 제기할 수 있다(행정대집행법 제7조).
[ㄷ▶○] 계고처분의 후속절차인 대집행에 위법이 있다고 하더라도, 그와 같은 후속절차에 위법성이 있다는 점을 들어 선행절차인 계고처분이 부적법하다는 사유로 삼을 수는 없다(대판 1997.2.14. 96누15428).
[ㄹ▶✕] 당해 행정청은 스스로 의무자가 하여야 할 행위를 하거나 또는 제3자로 하여금 이를 하게 하여 그 비용을 의무자로부터 징수할 수 있다(행정대집행법 제2조).

답

03

행정대집행법의 내용에 관한 설명으로 옳은 것은? 23 행정사 제11회

① 의무자가 동의한 경우라도 행정청은 해가 뜨기 전에는 대집행을 착수할 수 없다.
② 해가 지기 전에 대집행을 착수한 경우라도 해가 진 후에는 행정청은 즉시 대집행을 중단해야 한다.
③ 대집행에 대하여는 행정심판을 제기할 수 없다.
④ 대집행에 요한 비용은 「민사집행법」의 예에 의하여 징수하여야 한다.
⑤ 대집행에 요한 비용에 대하여서는 행정청은 사무비의 소속에 따라 국세에 다음가는 순위의 선취득권을 가진다.

해설

[❶ ▶ ×] 의무자가 동의한 경우, 행정청은 해가 뜨기 전에 대집행을 착수할 수 있다(행정대집행법 제4조 제1항 제1호).

[❷ ▶ ×] 해가 지기 전에 대집행을 착수한 경우, 행정청은 해가 진 후에도 대집행을 할 수 있다(행정대집행법 제4조 제1항 제2호).

> **행정대집행법 제4조(대집행의 실행 등)** ① 행정청(제2조에 따라 대집행을 실행하는 제3자를 포함한다.)은 해가 뜨기 전이나 해가 진 후에는 대집행을 하여서는 아니 된다. 다만, 다음 각 호의 어느 하나에 해당하는 경우에는 그러하지 아니하다.
> 1. 의무자가 동의한 경우
> 2. 해가 지기 전에 대집행을 착수한 경우
> 3. 해가 뜬 후부터 해가 지기 전까지 대집행을 하는 경우에는 대집행의 목적 달성이 불가능한 경우
> 4. 그 밖에 비상시 또는 위험이 절박한 경우

[❸ ▶ ×] 대집행에 대하여는 행정심판을 제기할 수 있다(행정대집행법 제7조).
[❹ ▶ ×] 대집행에 요한 비용은 국세징수법의 예에 의하여 징수할 수 있다(행정대집행법 제6조 제1항).
[❺ ▶ ○] 대집행에 요한 비용에 대하여서는 행정청은 사무비의 소속에 따라 국세에 다음가는 순위의 선취득권을 가진다(행정대집행법 제6조 제2항).

답 ❺

04 행정대집행법의 내용에 관한 설명으로 옳지 않은 것은? 25 행정사 제13회

① 행정청은 해가 지기 전에 대집행을 착수한 경우라도 해가 진 후에는 대집행을 하여서는 아니 된다.
② 대집행에 요한 비용에 대하여서는 행정청은 사무비의 소속에 따라 국세에 다음가는 순위의 선취득권을 가진다.
③ 대집행에 대하여는 행정심판을 제기할 수 있다.
④ 대집행에 요한 비용은 「국세징수법」의 예에 의하여 징수할 수 있다.
⑤ 의무자가 동의한 경우 행정청은 해가 뜨기 전에 대집행을 할 수 있다.

해설

[❶ ▶ ×] 해가 지기 전에 대집행을 착수한 경우, 행정청은 해가 진 후에도 대집행을 할 수 있다(행정대집행법 제4조 제1항 제2호).

[❷ ▶ ○] 대집행에 요한 비용에 대하여서는 행정청은 사무비의 소속에 따라 국세에 다음가는 순위의 선취득권을 가진다(행정대집행법 제6조 제2항).

[❸ ▶ ○] 대집행에 대하여는 행정심판을 제기할 수 있다(행정대집행법 제7조).

[❹ ▶ ○] 대집행에 요한 비용은 국세징수법의 예에 의하여 징수할 수 있다(행정대집행법 제6조 제1항).

[❺ ▶ ○] 의무자가 동의한 경우, 행정청은 해가 뜨기 전에 대집행을 착수할 수 있다(행정대집행법 제4조 제1항 제1호).

> **행정대집행법 제4조(대집행의 실행 등)** ① 행정청(제2조에 따라 대집행을 실행하는 제3자를 포함한다.)은 해가 뜨기 전이나 해가 진 후에는 대집행을 하여서는 아니 된다. 다만, 다음 각 호의 어느 하나에 해당하는 경우에는 그러하지 아니하다.
> 1. 의무자가 동의한 경우❺
> 2. 해가 지기 전에 대집행을 착수한 경우❶
> 3. 해가 뜬 후부터 해가 지기 전까지 대집행을 하는 경우에는 대집행의 목적 달성이 불가능한 경우
> 4. 그 밖에 비상시 또는 위험이 절박한 경우

답 ❶

05 행정대집행법상 대집행에 관한 설명으로 옳은 것은?(다툼이 있으면 판례에 따름)

21 행정사 제9회

① 철거대집행 계고처분 후 행한 제2차 계고는 대집행기한의 연기통지가 아니라 새로운 철거의무를 부과한 것이다.
② 철거명령과 계고처분은 계고서라는 명칭의 1장의 문서로 이루어질 수 있다.
③ 대집행은 처분청 스스로 하여야 하며, 대집행 권한을 제3자에게 위임·위탁할 수 없다.
④ 후행처분인 대집행영장발부통보처분의 취소소송에서, 선행처분인 계고처분의 위법을 이유로 대집행영장발부통보처분이 위법하다는 주장을 할 수 없다.
⑤ 행정청이 대집행의 방법으로 건물철거의무의 이행을 실현할 수 있는 경우, 건물철거대집행 과정에서 부수적으로 건물의 점유자들에 대한 퇴거 조치를 할 수 없다.

해설

[❶▶×]   행정대집행법상의 건물철거의무는 제1차 철거명령 및 계고처분으로서 발생하였고 제2차, 제3차의 계고처분은 새로운 철거의무를 부과한 것이 아니고 다만 대집행기한의 연기통지에 불과하므로 행정처분이 아니다(대판 1994.10.28. 94누5144).

[❷▶○]   계고서라는 명칭의 1장의 문서로서 일정 기간 내에 위법건축물의 자진철거를 명함과 동시에 그 소정기한 내에 자진철거를 하지 아니할 때에는 대집행할 뜻을 미리 계고한 경우라도 건축법에 의한 철거명령과 행정대집행법에 의한 계고처분은 독립하여 있는 것으로서 각 그 요건이 충족되었다고 볼 것이다(대판 1992.6.12. 91누13564).

[❸▶×]   당해 행정청은 스스로 의무자가 하여야 할 행위를 하거나 제3자로 하여금 이를 하게 하여 그 비용을 의무자로부터 징수할 수 있다(행정대집행법 제2조).

[❹▶×]   후행처분인 대집행영장발부통보처분의 취소청구소송에서 선행처분인 계고처분이 위법하다면 대집행영장발부통보처분도 위법한 것이라는 주장을 할 수 있다(대판 1996.2.9. 95누12507). → 하자의 승계 인정 ○

[❺▶×]   행정청이 행정대집행의 방법으로 건물철거의무의 이행을 실현할 수 있는 경우에는 건물철거대집행 과정에서 부수적으로 건물의 점유자들에 대한 퇴거 조치를 할 수 있고, 점유자들이 적법한 행정대집행을 위력을 행사하여 방해하는 경우 형법상 공무집행방해죄가 성립하므로, 필요한 경우에는 '경찰관 직무집행법'에 근거한 위험발생 방지조치 또는 형법상 공무집행방해죄의 범행방지 내지 현행범체포의 차원에서 경찰의 도움을 받을 수도 있다(대판 2017.4.28. 2016다213916).

> 관계 법령상 행정대집행의 절차가 인정되어 행정청이 행정대집행의 방법으로 건물의 철거 등 대체적 작위의무의 이행을 실현할 수 있는 경우에는 따로 민사소송의 방법으로 그 의무의 이행을 구할 수 없다. 한편 건물의 점유자가 철거의무자일 때에는 건물철거의무에 퇴거의무도 포함되어 있는 것이어서 별도로 퇴거를 명하는 집행권원이 필요하지 않다(대판 2017.4.28. 2016다213916).

답 ❷

06 행정기본법상 의무자가 행정상 의무를 이행하지 아니하는 경우 행정청이 의무자의 신체나 재산에 실력을 행사하여 그 행정상 의무의 이행이 있었던 것과 같은 상태를 실현하는 것은?

`24` 행정사 제12회

① 행정대집행
② 이행강제금의 부과
③ 직접강제
④ 강제징수
⑤ 즉시강제

해설

[❸ ▶ ○]   직접강제란 의무자가 행정상 의무를 이행하지 아니하는 경우 행정청이 의무자의 신체나 재산에 실력을 행사하여 그 행정상 의무의 이행이 있었던 것과 같은 상태를 실현하는 강제집행수단을 말한다(행정기본법 제30조 제1항 제3호).

> • 행정대집행 : 의무자가 행정상 의무(법령등에서 직접 부과하거나 행정청이 법령등에 따라 부과한 의무를 말한다)로서 타인이 대신하여 행할 수 있는 의무를 이행하지 아니하는 경우 법률로 정하는 다른 수단으로는 그 이행을 확보하기 곤란하고 그 불이행을 방치하면 공익을 크게 해칠 것으로 인정될 때에 행정청이 의무자가 하여야 할 행위를 스스로 하거나 제3자에게 하게 하고 그 비용을 의무자로부터 징수하는 강제집행수단을 말한다(행정기본법 제30조 제1항 제1호).
> • 이행강제금의 부과 : 의무자가 행정상 의무를 이행하지 아니하는 경우 행정청이 적절한 이행기간을 부여하고, 그 기한까지 행정상 의무를 이행하지 아니하면 금전급부의무를 부과하는 강제집행수단을 말한다(행정기본법 제30조 제1항 제2호).
> • 강제징수 : 의무자가 행정상 의무 중 금전급부의무를 이행하지 아니하는 경우 행정청이 의무자의 재산에 실력을 행사하여 그 행정상 의무가 실현된 것과 같은 상태를 실현하는 강제집행수단을 말한다(행정기본법 제30조 제1항 제4호).
> • 즉시강제 : 현재의 급박한 행정상의 장해를 제거하기 위한 경우로서, ㉠ 행정청이 미리 행정상 의무이행을 명할 시간적 여유가 없는 경우 또는 ㉡ 그 성질상 행정상 의무의 이행을 명하는 것만으로는 행정목적 달성이 곤란한 경우에 행정청이 곧바로 국민의 신체 또는 재산에 실력을 행사하여 행정목적을 달성하는 것을 말한다(행정기본법 제30조 제1항 제5호).

답 ❸

07 행정의 실효성 확보수단에 관한 설명으로 옳은 것은?(다툼이 있으면 판례에 따름)

21 행정사 제9회

① 건축법상 이행강제금 부과처분은 항고소송으로 다툴 수는 없다.
② 이행강제금은 대체적 작위의무의 위반에 대하여 부과될 수 없다.
③ 건축법상 이행강제금의 납부의무는 상속인에게 승계될 수 없는 일신전속적인 성질의 것이다.
④ 대집행에 요한 비용은 국세징수법의 예에 의하여 징수할 수 없다.
⑤ 병무청장이 병역법에 따라 병역의무 기피자의 인적사항을 인터넷 홈페이지에 공개하는 결정은 항고소송의 대상이 되는 행정처분이 아니다.

해설

[❶ ▶ ×] 구 건축법상 이행강제금에 대하여 비송사건절차법에 의한 재판을 통해 구제받도록 한 준용규정이 2005.11.8. 법개정으로 삭제되었으므로, 현행 건축법상 이행강제금은 급부하명으로서 항고소송의 대상이 되는 행정처분이라는 것이 통설의 입장이다. 판례도 이행강제금의 처분성을 긍정하는 전제하에서 이행강제금 부과처분의 위법 여부를 본안에서 판단하고 있다(대판 2012.3.29. 2011두27919).

[❷ ▶ ×] 전통적으로 행정대집행은 대체적 작위의무에 대한 강제집행수단으로, 이행강제금은 부작위의무나 비대체적 작위의무에 대한 강제집행수단으로 이해되어 왔으나, 이는 이행강제금제도의 본질에서 오는 제약은 아니며, 이행강제금은 대체적 작위의무의 위반에 대하여도 부과될 수 있다(헌재 2004.2.26. 2001헌바80).

[❸ ▶ ○] 이행강제금 납부의무는 상속인 기타의 사람에게 승계될 수 없는 일신전속적인 성질의 것이므로 이미 사망한 사람에게 이행강제금을 부과하는 내용의 처분이나 결정은 당연무효이다(대결 2006.12.8. 2006마470).

[❹ ▶ ×] 대집행에 요한 비용은 국세징수법의 예에 의하여 징수할 수 있다(행정대집행법 제6조 제1항).

[❺ ▶ ×] 병무청장이 병역법 제81조의2 제1항에 따라 병역의무 기피자의 인적사항 등을 인터넷 홈페이지에 게시하는 등의 방법으로 공개한 경우 병무청장의 공개결정을 항고소송의 대상이 되는 행정처분으로 보아야 한다(대판 2019.6.27. 2018두49130).

답 ❸

08 행정상 강제징수에 관한 설명으로 옳지 않은 것은?(다툼이 있으면 판례에 따름)

18 행정사 제6회 수정

① 체납자는 공매처분취소소송에서 다른 권리자에 대한 공매통지의 하자를 이유로 공매처분의 취소를 구할 수 있다.
② 한국자산관리공사가 압류재산을 인터넷을 통하여 재공매하기로 한 결정은 항고소송의 대상이 될 수 없다.
③ 압류처분과 공매처분 간에는 하자가 승계된다.
④ 압류처분 후 과세처분의 근거법률이 위헌으로 결정된 경우에 체납자의 압류해제신청을 거부한 행정청의 행위는 위법하다.
⑤ 세무서장이 독촉을 하면 국세징수권의 소멸시효는 중단된다.

해설

[❶ ▸ ✕] 체납자 등은 자신에 대한 공매통지의 하자만을 공매처분의 위법사유로 주장할 수 있을 뿐 다른 권리자에 대한 공매통지의 하자를 들어 공매처분의 위법사유로 주장하는 것은 허용되지 않는다(대판 2008.11.20. 2007두18154[전합]).

[❷ ▸ ○] 한국자산공사가 당해 부동산을 인터넷을 통하여 재공매(입찰)하기로 한 결정 자체는 내부적인 의사결정에 불과하여 항고소송의 대상이 되는 행정처분이라고 볼 수 없다(대판 2007.7.27. 2006두8464).

[❸ ▸ ○] 조세부과처분과 체납처분 절차(압류, 매각(공매), 청산) 사이에는 하자의 승계가 인정되지 않는다(대판 1987.9.22. 87누383). 반면, 독촉, 압류, 매각(공매), 충당이라는 각각의 처분은 조세채권의 강제적 실현이라는 동일 목적을 위하여 결합되거나 단계적으로 진행되는 일련의 절차로서 행해지는 경우에는 선행처분에 위법이 있으면 그 하자가 승계되어 후행처분도 위법하게 된다고 할 것이다(서울고법 2006.4.12. 2005누16323).

[❹ ▸ ○] 구 택지소유 상한에 관한 법률에 대한 위헌결정으로 후속 체납처분 절차의 속행이 불가능해짐으로써 이 사건 압류처분은 국세징수법 제53조 제1항 제1호 소정의 '기타의 사유로 압류의 필요가 없게 된 때'에 해당하게 되었다고 봄이 상당하므로 원고의 이 사건 압류처분의 해제신청을 거부한 피고의 이 사건 거부처분은 위법하다(대판 2002.7.12. 2002두3317).

[❺ ▸ ○] 납부고지, 독촉, 교부청구, 압류에 의하여 국세징수권의 소멸시효는 중단된다(국세기본법 제28조 제1항). 2020.12.29. 국세징수법 개정으로 인하여, 국세기본법에서도 납세고지와 납부통지는 납부고지로, 독촉과 납부최고는 독촉으로 각각 용어를 통일하였다. 이에 따라 지문의 "독촉 또는 납부최고"를 "독촉"으로 수정하였다.

답 ❶

09 이행강제금에 관한 설명으로 옳은 것은?(다툼이 있으면 판례에 따름)

① 이행강제금은 그에 관한 법적 근거가 없더라도 부과할 수 있다.
② 이행강제금에 관한 일반법으로는 건축법이 있다.
③ 건축법상 이행강제금은 반복하여 부과할 수 없다.
④ 이행강제금과 행정벌의 병과는 허용된다.
⑤ 이행강제금은 대체적 작위의무 위반에 대해서는 부과될 수 없다.

해설

[❶ ▶ ×] 이행강제금의 부과는 행정청이 우월한 지위에서 일방적으로 국민에게 금전납부의무를 부과하는 권력적·침익적 강제수단(급부하명)으로서, 법률유보의 원칙상 당연히 법적 근거가 필요하다(헌법 제37조 제2항). 행정기본법은 법률유보의 원칙을 명시적으로 규정하고(제30조 제1항), 이행강제금 부과의 근거가 되는 법률에 대한 입법지침도 규정하고 있다(제31조 제1항). 그러나 행정기본법 제31조를 근거로 이행강제금을 직접 부과할 수 있는 것은 아니며, 이행강제금의 부과를 위해서는 별도의 개별법적 근거를 요한다. 이행강제금 부과의 근거가 되는 개별법으로는 건축법 제80조, 농지법 제63조, 도로법 제100조, 부동산 실권리자명의 등기에 관한 법률 제6조, 독점규제 및 공정거래에 관한 법률 제16조 등이 있다.

[❷ ▶ ×] 이행강제금에 관한 일반법으로는 행정기본법 제30조 제1항 및 제31조이 있다. 건축법은 이행강제금에 관한 일반법이 아니다.

[❸ ▶ ×] 허가권자는 최초의 시정명령이 있었던 날을 기준으로 하여 1년에 2회 이내의 범위에서 해당 지방자치단체의 조례로 정하는 횟수만큼 그 시정명령이 이행될 때까지 반복하여 이행강제금을 부과·징수할 수 있다(건축법 제80조 제5항).

[❹ ▶ ○] 개발제한구역 내의 건축물에 대하여 허가를 받지 않고 한 용도변경행위에 대한 형사처벌과 건축법 제83조 제1항에 의한 시정명령 위반에 대한 이행강제금의 부과는 그 처벌 내지 제재대상이 되는 기본적 사실관계로서의 행위를 달리하며, 또한 그 보호법익과 목적에서도 차이가 있으므로 이중처벌에 해당한다고 할 수 없다(대결 2005.8.19. 2005마30).

[❺ ▶ ×] 전통적으로 행정대집행은 대체적 작위의무에 대한 강제집행수단으로, 이행강제금은 부작위의무나 비대체적 작위의무에 대한 강제집행수단으로 이해되어 왔으나, 이는 이행강제금제도의 본질에서 오는 제약은 아니며, 이행강제금은 대체적 작위의무의 위반에 대하여도 부과될 수 있다(헌재 2004.2.26. 2001헌바80).

답 ❹

제3절 행정상 즉시강제

제4절 행정벌

10 행정벌에 관한 설명으로 옳은 것은?(다툼이 있는 경우에는 판례에 의함) `14 행정사 제2회`

① 명문의 규정이 있는 경우뿐만 아니라 관련 행정형벌법규의 해석에 의하여 과실행위도 처벌한다는 뜻이 도출되는 경우에는 과실행위에 대해서 행정형벌을 부과할 수 있다.
② 양벌규정에 의한 영업주의 처벌은 금지위반행위자인 종업원의 처벌을 전제로 하는 것이므로 종업원이 무죄인 경우에는 영업주를 처벌할 수 없다.
③ 도로교통법상 경찰서장의 통고처분에 대해서는 행정소송을 통하여 불복할 수 있다.
④ 과태료는 행정벌의 일종이므로 그 과벌절차에는 형사소송법이 적용된다.
⑤ 과실에 의한 질서위반행위에 대해서는 과태료를 부과할 수 없다.

해설

[❶ ▶ ○] 행정상의 단속을 주안으로 하는 법규라 하더라도 '명문규정이 있거나 해석상 과실범도 벌할 뜻이 명확한 경우'를 제외하고는 형법의 원칙에 따라 '고의'가 있어야 벌할 수 있다(대판 2010.2.11. 2009도9807). → 형법 제14조는 "정상의 주의를 태만함으로 인하여 죄의 성립요소인 사실을 인식하지 못한 행위는 법률에 특별한 규정이 있는 경우에 한하여 처벌한다."고 규정하고 있다. 그런데 위 대법원판결은 '(명문규정이 없더라도) 해석상 과실범도 벌할 뜻이 명확한 경우'에는 과실범을 처벌할 수 있다는 입장을 간접적으로 표명하였다[다만, 이 판결에 대하여 형법 제14조의 문언(文言)에 반한다는 학계의 비판이 있다.]

[❷ ▶ ✕] 양벌규정에 의한 영업주의 처벌은 금지위반행위자인 종업원의 처벌에 종속하는 것이 아니라 독립하여 그 자신의 종업원에 대한 선임감독상의 과실로 인하여 처벌되는 것이므로 종업원의 범죄성립이나 처벌이 영업주 처벌의 전제조건이 될 필요는 없다(대판 2006.2.24. 2005도7673).

[❸ ▶ ✕] 도로교통법에서 규정하는 경찰서장의 통고처분은 행정소송의 대상이 되는 행정처분이 아니므로 그 처분의 취소를 구하는 소송은 부적법하고, 도로교통법상의 통고처분을 받은 자가 그 처분에 대하여 이의가 있는 경우에는 통고처분에 따른 범칙금의 납부를 이행하지 아니함으로써 경찰서장의 즉결심판청구에 의하여 법원의 심판을 받을 수 있게 될 뿐이다(대판 1995.6.29. 95누4674).

[❹ ▶ ✕] 과태료는 행정질서벌이고 형벌이 아니므로 형사소송법이 아니라 <u>질서위반행위규제법이 적용</u>된다.

[❺ ▶ ✕] 고의에 의한 경우뿐만 아니라 <u>과실에 의한 질서위반행위에 대하여도 과태료를 부과할 수 있다</u>(질서위반행위규제법 제7조).

답 ❶

11 질서위반행위규제법의 내용으로 옳지 않은 것은?

① 과태료 재판은 검사의 명령으로써 집행한다.
② 신분에 의하여 성립하는 질서위반행위에 신분이 없는 자가 가담한 때에는 신분이 없는 자에 대하여는 질서위반행위가 성립하지 아니한다.
③ 질서위반행위 후 법률이 변경되어 그 행위가 질서위반행위에 해당하지 아니하게 된 때에는 법률에 특별한 규정이 없는 한 변경된 법률을 적용한다.
④ 「질서위반행위규제법」은 대한민국 영역 밖에서 질서위반행위를 한 대한민국의 국민에게 적용한다.
⑤ 하나의 행위가 2 이상의 질서위반행위에 해당하는 경우에는 각 질서위반행위에 대하여 정한 과태료 중 가장 중한 과태료를 부과한다.

해설

[❶ ▶ ○] 과태료 재판은 검사의 명령으로써 집행한다. 이 경우 그 명령은 집행력 있는 집행권원과 동일한 효력이 있다(질서위반행위규제법 제42조 제1항).

[❷ ▶ ✕] 질서위반행위규제법 제12조 제2항

> **질서위반행위규제법 제12조(다수인의 질서위반행위 가담)** ① 2인 이상이 질서위반행위에 가담한 때에는 각자가 질서위반행위를 한 것으로 본다.
> ② 신분에 의하여 성립하는 질서위반행위에 신분이 없는 자가 가담한 때에는 신분이 없는 자에 대하여도 질서위반행위가 성립한다.
> ③ 신분에 의하여 과태료를 감경 또는 가중하거나 과태료를 부과하지 아니하는 때에는 그 신분의 효과는 신분이 없는 자에게는 미치지 아니한다.

[❸ ▶ ○] 질서위반행위규제법 제3조 제2항

> **질서위반행위규제법 제3조(법 적용의 시간적 범위)** ① 질서위반행위의 성립과 과태료 처분은 행위 시의 법률에 따른다.
> ② 질서위반행위 후 법률이 변경되어 그 행위가 질서위반행위에 해당하지 아니하게 되거나 과태료가 변경되기 전의 법률보다 가볍게 된 때에는 법률에 특별한 규정이 없는 한 변경된 법률을 적용한다.
> ③ 행정청의 과태료 처분이나 법원의 과태료 재판이 확정된 후 법률이 변경되어 그 행위가 질서위반행위에 해당하지 아니하게 된 때에는 변경된 법률에 특별한 규정이 없는 한 과태료의 징수 또는 집행을 면제한다.

[❹ ▶ ○] 질서위반행위규제법 제4조 제2항

> **질서위반행위규제법 제4조(법 적용의 장소적 범위)** ① 이 법은 대한민국 영역 안에서 질서위반행위를 한 자에게 적용한다.
> ② 이 법은 대한민국 영역 밖에서 질서위반행위를 한 대한민국의 국민에게 적용한다.
> ③ 이 법은 대한민국 영역 밖에 있는 대한민국의 선박 또는 항공기 안에서 질서위반행위를 한 외국인에게 적용한다.

[❺ ▶ ○] 질서위반행위규제법 제13조 제1항

> **질서위반행위규제법 제13조(수개의 질서위반행위의 처리)** ① 하나의 행위가 2 이상의 질서위반행위에 해당하는 경우에는 각 질서위반행위에 대하여 정한 과태료 중 가장 중한 과태료를 부과한다.
> ② 제1항의 경우를 제외하고 2 이상의 질서위반행위가 경합하는 경우에는 각 질서위반행위에 대하여 정한 과태료를 각각 부과한다. 다만, 다른 법령(지방자치단체의 조례를 포함한다. 이하 같다)에 특별한 규정이 있는 경우에는 그 법령으로 정하는 바에 따른다.

답 ❷

12 질서위반행위규제법의 내용에 관한 설명으로 옳지 않은 것은? 〔23 행정사 제11회〕

① 다른 법률에 특별한 규정이 없는 한 14세가 되지 아니한 자의 질서위반행위에 대해서도 과태료를 부과한다.
② 고의 또는 과실이 없는 질서위반행위는 과태료를 부과하지 아니한다.
③ 법률에 따르지 아니하고는 어떤 행위도 질서위반행위로 과태료를 부과하지 아니한다.
④ 대한민국 영역 밖에 있는 대한민국의 선박 또는 항공기 안에서 질서위반행위를 한 외국인에게도 적용한다.
⑤ 대한민국 영역 밖에서 질서위반행위를 한 대한민국의 국민에게도 적용한다.

해설

[❶ ▶ ×] 14세가 되지 아니한 자의 질서위반행위는 과태료를 부과하지 아니한다. 다만, 다른 법률에 특별한 규정이 있는 경우에는 그러하지 아니하다(질서위반행위규제법 제9조).
[❷ ▶ ○] 고의 또는 과실이 없는 질서위반행위는 과태료를 부과하지 아니한다(질서위반행위규제법 제7조).
[❸ ▶ ○] 법률에 따르지 아니하고는 어떤 행위도 질서위반행위로 과태료를 부과하지 아니한다(질서위반행위규제법 제6조). → 질서위반행위 법정주의
[❹ ▶ ○] [❺ ▶ ○]

> **질서위반행위 규제법 제4조(법 적용의 장소적 범위)** ① 이 법은 대한민국 영역 안에서 질서위반행위를 한 자에게 적용한다.
> ② 이 법은 대한민국 영역 밖에서 질서위반행위를 한 대한민국의 국민에게 적용한다. ❺
> ③ 이 법은 대한민국 영역 밖에 있는 대한민국의 선박 또는 항공기 안에서 질서위반행위를 한 외국인에게 적용한다. ❹

답 ❶

제5절 새로운 의무이행확보수단

13 과징금에 관한 설명으로 옳지 않은 것은?(다툼이 있으면 판례에 따름) `22 행정사 제10회`

① 행정법규 위반에 대해 벌금 이외에 과징금을 부과하는 것은 이중처벌금지의 원칙에 반하지 않는다.
② 제재적 행정처분으로서의 과징금은 현실적인 행위자가 아닌 법령상 책임자에게 부과할 수 있다.
③ 제재적 행정처분으로서의 과징금은 원칙적으로 위반자의 고의 또는 과실을 요한다.
④ 과징금은 국가의 형벌권을 실행하는 과벌이 아니다.
⑤ 법령으로 정한 '과징금을 부과하는 위반행위와 과징금의 금액'에 열거되지 않은 위반행위에 대해 사업정지처분을 갈음하여 과징금을 부과할 수 없다.

해설

[❶▶○] [❹▶○] 구 독점규제 및 공정거래에 관한 법률 제24조의2에 의한 부당내부거래에 대한 과징금을 두고 헌법 제13조 제1항에서 금지하는 국가형벌권 행사로서의 '처벌'에 해당한다고는 할 수 없으므로,❹ 공정거래법에서 형사처벌과 아울러 과징금의 병과를 예정하고 있더라도 이중처벌금지원칙에 위반된다고 볼 수 없으며,❶ 이 과징금 부과처분에 대하여 공정력과 집행력을 인정한다고 하여 이를 확정판결 전의 형벌집행과 같은 것으로 보아 무죄추정의 원칙에 위반된다고도 할 수 없다(헌재 2003.7.24. 2001헌가25).

[❷▶○] [❸▶×] 구 여객자동차 운수사업법상의 과징금부과처분은 제재적 행정처분으로서 행정법규 위반이라는 객관적 사실에 착안하여 가하는 제재이므로 반드시 현실적인 행위자가 아니라도 법령상 책임자로 규정된 자에게 부과되고❷ 원칙적으로 위반자의 고의·과실을 요하지 아니하나,❸ 위반자의 의무 해태를 탓할 수 없는 정당한 사유가 있는 등의 특별한 사정이 있는 경우에는 이를 부과할 수 없다(대판 2014.10.15. 2013두5005).

[❺▶○] 입법자는 화물자동차 운수사업법 시행령에 단순히 '과징금의 산정기준'을 구체화하는 임무만을 위임한 것이 아니라, 사업정지처분을 갈음하여 과징금을 부과할 수 있는 '위반행위의 종류'를 구체화하는 임무까지 위임한 것이라고 보아야 한다. 따라서 구 화물자동차 운수사업법 시행령 [별표 2] '과징금을 부과하는 위반행위의 종류와 과징금의 금액'에 열거되지 않은 위반행위의 종류에 대해서 사업정지처분을 갈음하여 과징금을 부과하는 것은 허용되지 않는다고 보아야 한다(대판 2020.5.28. 2017두73693).

답 ❸

제 5 장 행정구제법

학습 Key word

❶ 국가배상법 제2조의 공무원의 위법행위로 인한 손해배상책임, 국가배상법 제5조의 영조물의 설치·관리상의 하자로 인한 국가배상책임, 군인등에 대한 이중배상금지, 차량사고와 국가배상 등에 대하여 학습한다.
❷ 손실보상의 요건, 잔여지 수용청구, 간접손실의 보상, 생활보상, 수용재결에 대한 불복절차(이의신청, 항고소송, 보상금증감청구소송), 토지보상법상 손실보상의 원칙 등에 대하여 학습한다.
❸ 행정심판의 종류, 행정심판청구의 요건(청구인적격, 피청구인적격, 청구기간 등), 행정심판법상 가구제수단(집행정지와 임시처분), 행정심판위원회의 종류, 행정심판의 재결의 종류, 이행재결의 기속력 확보수단(직접처분과 간접강제), 고지제도, 특별행정심판 등에 대하여 학습한다.
❹ 행정소송 및 항고소송의 종류, 취소소송의 소송요건(대상적격, 원고적격, 협의의 소의 이익, 제소기간, 예외적 행정심판전치주의 등), 소의 (종류)변경, 처분변경으로 인한 소의 변경, 처분사유의 추가·변경, 제3자의 소송참가 및 제3자의 재심청구, 취소판결의 종류, 사정판결, 취소판결의 형성력 및 제3자효, 취소판결의 기속력 및 간접강제, 거부처분의 집행정지 인정 여부, 항고소송에 가처분 인정 여부, 무효등확인소송의 소송요건, 당사자소송의 대상, 취소소송에 관한 규정 중 부작위법확인소송·무효등확인소송·당사자소송에 준용되는 규정 등에 대하여 학습한다.

제1절 행정상 손해전보제도

제1관 | 행정상 손해배상(국가배상)

I 공무원의 위법행위로 인한 손해배상책임

1. 국가배상법의 규정

> **국가배상법 제2조(배상책임)**
> ① 국가나 지방자치단체는 공무원 또는 공무를 위탁받은 사인(이하 "공무원"이라 한다)이 직무를 집행하면서 고의 또는 과실로 법령을 위반하여 타인에게 손해를 입히거나, 「자동차손해배상 보장법」에 따라 손해배상의 책임이 있을 때에는 이 법에 따라 그 손해를 배상하여야 한다. 다만, 군인·군무원·경찰공무원 또는 예비군대원이 전투·훈련 등 직무 집행과 관련하여 전사(戰死)·순직(殉職)하거나 공상(公傷)을 입은 경우에 본인이나 그 유족이 다른 법령에 따라 재해보상금·유족연금·상이연금 등의 보상을 지급받을 수 있을 때에는 이 법 및 「민법」에 따른 손해배상을 청구할 수 없다.
> ② 제1항 본문의 경우에 공무원에게 고의 또는 중대한 과실이 있으면 국가나 지방자치단체는 그 공무원에게 구상(求償)할 수 있다.

「국가배상법」제2조의 공무원의 위법행위로 인한 손해배상책임에 대응하는 것이 「민법」제756조의 사용자의 배상책임인데, 「민법」제756조 제1항 단서는 "사용자가 피용자의 선임 및 그 사무감독에 상당한 주의를 한 때 또는 상당한 주의를 하여도 손해가 있을 경우"를 사용자의 면책사유로 규정하고 있다. 그러나 국가배상법 제2조는 이러한 면책사유를 규정하고 있지 않다. 기출 24

2. 국가배상책임의 성질

> 국가배상법 제2조 제1항 본문 및 제2항의 입법 취지는 공무원의 직무상 위법행위로 타인에게 손해를 끼친 경우에는 변제자력이 충분한 국가 등에게 선임감독상 과실 여부에 불구하고 손해배상책임을 부담시켜 국민의 재산권을 보장하되, ① 공무원이 직무를 수행함에 있어 경과실로 타인에게 손해를 입힌 경우에는 그 직무수행상 통상 예기할 수 있는 흠이 있는 것에 불과하므로, 이러한 공무원의 행위는 여전히 국가 등의 기관의 행위로 보아 그로 인하여 발생한 손해에 대한 배상책임도 전적으로 국가 등에만 귀속시키고 공무원 개인에게는 그로 인한 책임을 부담시키지 아니하여 공무원의 공무집행의 안정성을 확보하고, 반면에 ② 공무원의 위법행위가 고의·중과실에 기한 경우에는 비록 그 행위가 그의 직무와 관련된 것이라고 하더라도 그와 같은 행위는 그 본질에 있어서 기관행위로서의 품격을 상실하여 국가 등에게 그 책임을 귀속시킬 수 없으므로 공무원 개인에게 불법행위로 인한 손해배상책임을 부담시키되, 다만 이러한 경우에도 그 행위의 외관을 객관적으로 관찰하여 공무원의 직무집행으로 보여질 때에는 피해자인 국민을 두텁게 보호하기 위하여 국가 등이 공무원 개인과 중첩적으로 배상책임을 부담하되 국가 등이 배상책임을 지는 경우에는 공무원 개인에게 구상할 수 있도록 함으로써 궁극적으로 그 책임이 공무원 개인에게 귀속되도록 하려는 것이라고 봄이 합당하다(대판 1996.2.15, 95다38677[전합]).

3. 국가배상책임의 성립요건

(1) 개 설

국가배상법 제2조에 의한 국가배상책임은 ① 공무원이 ② 직무를 집행하면서 ③ 고의 또는 과실로 ④ 법령을 위반하여 ⑤ 타인에게 손해를 입혔고, ⑥ 가해행위와 손해 사이에 인과관계(상당인과관계)가 있을 때에 성립한다.

(2) 공무원의 행위

① 국가배상법 제2조 소정의 '공무원'이란 국가공무원법이나 지방공무원법에 의하여 공무원으로서의 신분을 가진 자에 국한하지 않고, 널리 공무를 위탁받아 실질적으로 공무에 종사하고 있는 일체의 자를 가리키는 것으로서, 공무의 위탁이 일시적이고 한정적인 사항에 관한 활동을 위한 것이어도 달리 볼 것은 아니므로(대판 2001.1.5, 98다39060), 공무를 위탁받은 사인(예 교통할아버지)의 직무집행행위에 대해서도 국가배상책임이 성립할 수 있다. 기출 22·19·14·13

② 판례는 이러한 기준에 따라 소집 중인 향토예비군(대판 1970.5.26, 70다471)이나 국가나 지방자치단체에 근무하는 청원경찰(대판 1993.7.13, 92다47564), 교통할아버지(대판 2001.1.5, 98다39060) 등을 공무원에 포함시키고 있다.

> 지방자치단체가 '교통할아버지 봉사활동 계획'을 수립한 후 관할 동장으로 하여금 '교통할아버지'를 선정하게 하여 어린이 보호, 교통안내, 거리질서 확립 등의 공무를 위탁하여 집행하게 하던 중 '교통할아버지'로 선정된 노인이 위탁받은 업무 범위를 넘어 교차로 중앙에서 교통정리를 하다가 교통사고를 발생시킨 경우, 지방자치단체가 국가배상법 제2조 소정의 배상책임을 부담한다고 인정한 원심의 판단을 수긍한 사례(대판 2001.1.5, 98다39060).

③ 그러나 의용소방대원은 국가배상법 제2조의 공무원이 아니라고 하였는데(대판 1966.6.28, 66다808; 대판 1975.11.25, 73다1896), 이에 대하여 비판적 견해가 있다.

(3) 직무행위

1) 직무행위의 의미

국가배상법이 정한 배상청구의 요건인 '공무원의 직무'에는 '권력적 작용'만이 아니라 행정지도와 같은 '비권력적 작용'도 포함되며 단지 행정주체가 '사경제주체로서 하는 활동'만 제외된다(대판 1998.7.10. 96다38971). 2)

기출 13

2) 직무행위의 범위

① **입법작용** : 국가배상법상 직무행위에는 입법·사법·행정의 모든 국가작용이 포함된다. 다만, 판례는 국회의원(국회)의 입법행위나 입법부작위의 경우 극히 예외적으로만 위법성이 인정된다고 한다(대판 1997.6.13. 96다56115). 기출 24·18·14

> 국회의원은 입법에 관하여 원칙적으로 국민 전체에 대한 관계에서 정치적 책임을 질 뿐 국민 개개인의 권리에 대응하여 법적 의무를 지는 것은 아니므로, 국회의원의 입법행위는 그 입법 내용이 헌법의 문언에 명백히 위배됨에도 불구하고 국회가 굳이 당해 입법을 한 것과 같은 특수한 경우가 아닌 한 국가배상법 제2조 제1항 소정의 위법행위에 해당한다고 볼 수 없다(대판 1997.6.13. 96다56115). 기출 18·14

② **사법작용**

㉠ 판례는 재판에 대한 불복절차 또는 시정절차 등의 존재를 재판행위로 인한 국가배상책임 제한 근거로 들고 있다(대판 2003.7.11. 99다24218).

> [1] 재판에 대하여 따로 불복절차 또는 시정절차가 마련되어 있는 경우에는 재판의 결과로 불이익 내지 손해를 입었다고 여기는 사람은 그 절차에 따라 자신의 권리 내지 이익을 회복하도록 함이 법이 예정하는 바이므로, 불복에 의한 시정을 구할 수 없었던 것 자체가 법관이나 다른 공무원의 귀책사유로 인한 것이라거나 그와 같은 시정을 구할 수 없었던 부득이한 사정이 있었다는 등의 특별한 사정이 없는 한, 스스로 그와 같은 시정을 구하지 아니한 결과 권리 내지 이익을 회복하지 못한 사람은 원칙적으로 국가배상에 의한 권리구제를 받을 수 없다고 봄이 상당하다고 하겠으나, 재판에 대하여 불복절차 내지 시정절차 자체가 없는 경우에는 부당한 재판으로 인하여 불이익 내지 손해를 입은 사람은 국가배상 이외의 방법으로는 자신의 권리 내지 이익을 회복할 방법이 없으므로, 이와 같은 경우에는 배상책임의 요건이 충족되는 한 국가배상책임을 인정하지 않을 수 없다.
> [2] 헌법재판소 재판관이 청구기간 내에 제기된 헌법소원심판청구 사건에서 청구기간을 오인하여 각하결정을 한 경우, 이에 대한 불복절차 내지 시정절차가 없는 때에는 국가배상책임(위법성)을 인정할 수 있다고 한 사례(대판 2003.7.11. 99다24218). 기출 18

---

2) 국가나 지방자치단체가 사인(私人)과 대등한 지위에서 사경제의 주체로 활동하였을 경우에는 국가배상법이 적용될 수 없고, 민법이 적용된다(대판 1969.4.22. 68다2225).

ⓒ 법관의 재판(오판)으로 인한 국가배상책임에서 문제되는 것은 판결 자체의 위법이 아니라 법관의 직무상 의무의 위반으로서의 위법이다. 다만, 판례는 재판행위의 위법성을 제한적으로만 인정하고 있다(대판 2003.7.11. 99다24218).

> [1] 법관의 재판에 법령의 규정을 따르지 아니한 잘못이 있다 하더라도 이로써 바로 그 재판상 직무행위가 국가배상법 제2조 제1항에서 말하는 위법한 행위로 되어 국가의 손해배상책임이 발생하는 것은 아니고, 그 국가배상책임이 인정되려면 당해 법관이 위법 또는 부당한 목적을 가지고 재판을 하였다거나 법이 법관의 직무수행상 준수할 것을 요구하고 있는 기준을 현저하게 위반하는 등 법관이 그에게 부여된 권한의 취지에 명백히 어긋나게 이를 행사하였다고 인정할 만한 특별한 사정이 있어야 한다.
> [2] 헌법소원심판을 청구한 자로서는 헌법재판소 재판관이 일자 계산을 정확하게 하여 본안판단을 할 것으로 기대하는 것이 당연하고, 따라서 헌법재판소 재판관의 위법한 직무집행의 결과 잘못된 각하결정을 함으로써 청구인으로 하여금 본안판단을 받을 기회를 상실하게 한 이상, 설령 본안판단을 하였더라도 어차피 청구가 기각되었을 것이라는 사정이 있다고 하더라도 잘못된 판단으로 인하여 헌법소원심판 청구인의 위와 같은 합리적인 기대를 침해한 것이고 이러한 기대는 인격적 이익으로서 보호할 가치가 있다고 할 것이므로 그 침해로 인한 정신상 고통에 대하여는 위자료를 지급할 의무가 있다(대판 2003.7.11. 99다24218).

③ 수사기관의 행위
  ⓐ 검사도 국가배상법 제2조의 '공무원'에 해당하므로, 검사의 직무행위가 국가배상법 제2조의 요건을 충족하는 경우 국가배상책임이 인정될 수 있다.
  ⓑ 그러나 형사재판에서 무죄판결이 확정되었다는 사정만으로 검사의 구속 및 공소제기가 위법하게 되는 것은 아니고, 그 구속 및 공소제기에 관한 검사의 판단이 그 당시의 자료에 비추어 경험칙이나 논리칙상 도저히 합리성을 긍정할 수 없는 정도에 이른 경우에만 그 위법성을 인정할 수 있다(대판 2002.2.22. 2001다23447).

(4) 직무를 집행하면서(직무관련성)

① 국가배상법 제2조 제1항의 '직무를 집행하면서'란 직접 공무원의 직무집행행위이거나 그와 밀접한 관련이 있는 행위를 포함하고, 이를 판단함에 있어서는 행위 자체의 외관을 객관적으로 관찰하여 공무원의 직무행위로 보여질 때에는 비록 그것이 실질적으로 직무행위가 아니거나 또는 행위자로서는 주관적으로 공무집행의 의사가 없었다고 하더라도 그 행위는 공무원이 '직무를 집행하면서' 한 것으로 보아야 한다(외형설)(대판 2005.1.14. 2004다26805).

> 인사업무담당 공무원이 다른 공무원의 공무원증 등을 위조한 행위에 대하여 실질적으로는 직무행위에 속하지 아니한다 할지라도 외관상으로 국가배상법 제2조 제1항의 직무집행 관련성을 인정한 사례(대판 2005.1.14. 2004다26805). **기출 23**

② 외형상 직무행위로 보이는 이상, 공무원의 가해행위가 실질적으로 공무수행행위가 아니라는 사정을 피해자가 알았다 하더라도 이에 대한 국가배상책임은 원칙적으로 부인되지 않는다(대판 1966.3.22. 66다117).

(5) 법령 위반(위법)

1) '법령'의 범위

① 국가배상법 제2조의 '법령'의 범위에 관하여, 엄격한 의미의 법률·명령만을 의미한다는 견해(협의설)도 있지만, 판례는 법률·명령뿐만 아니라 인권존중·권력남용금지·신의성실·공서양속 등을 포함하는 '법 일반'을 의미한다고 본다(대판 2015.8.27. 2012다204587).

> 공무원의 행위를 원인으로 한 국가배상책임을 인정하기 위하여는 '공무원이 직무를 집행하면서 고의 또는 과실로 법령을 위반하여 타인에게 손해를 입힌 때'라고 하는 국가배상법 제2조 제1항의 요건이 충족되어야 한다. 여기서 '법령을 위반하여'란 엄격하게 형식적 의미의 법령에 명시적으로 공무원의 행위의무가 정하여져 있음에도 이를 위반하는 경우만을 의미하는 것은 아니고, 인권존중·권력남용금지·신의성실과 같이 공무원으로서 마땅히 지켜야 할 준칙이나 규범을 지키지 아니하고 위반한 경우를 비롯하여 널리 그 행위가 객관적인 정당성을 결여하고 있는 경우도 포함한다(대판 2015.8.27. 2012다204587).

② 따라서 헌법상 과잉금지의 원칙 내지 비례의 원칙을 위반하여 국민의 기본권을 침해한 국가작용은 국가배상책임에 있어 법령을 위반한 가해행위가 된다(대판 2022.9.29. 2018다224408).

③ 그러나 '행정규칙'은 법규성을 갖지 않는 한 법령에 포함되지 않는다고 본다.

2) 국가배상법상 '위법'(법령 위반)의 의미

판례는 "공무원의 직무집행이 법령이 정한 요건과 절차에 따라 이루어진 것이라면 특별한 사정이 없는 한 이는 법령에 적합한 것이고 그 과정에서 개인의 권리가 침해되는 일이 생긴다고 하여 그 법령적합성이 곧바로 부정되는 것은 아니다"고 판시하여(대판 2000.11.10. 2000다26807 등), (협의의) 행위위법설을 취한 경우도 있으나, 최근 판례 중에는 상대적 위법성설을 지지한 것으로 보이는 판결도 적지 않다(대판 2000.5.12. 99다70600 등).

> 어떠한 행정처분이 후에 항고소송에서 취소되었다고 할지라도 그 기판력에 의하여 당해 행정처분이 곧바로 공무원의 고의 또는 과실로 인한 것으로서 불법행위를 구성한다고 단정할 수는 없는 것이고, 그 행정처분의 담당공무원이 보통 일반의 공무원을 표준으로 하여 볼 때 객관적 주의의무를 결하여 그 행정처분이 객관적 정당성을 상실하였다고 인정될 정도에 이른 경우에 국가배상법 제2조 소정의 국가배상책임의 요건을 충족하였다고 봄이 상당할 것이며, 이때에 객관적 정당성을 상실하였는지 여부는 피침해이익의 종류 및 성질, 침해행위가 되는 행정처분의 태양 및 그 원인, 행정처분의 발동에 대한 피해자측의 관여의 유무, 정도 및 손해의 정도 등 제반 사정을 종합하여 손해의 전보책임을 국가 또는 지방자치단체에게 부담시켜야 할 실질적인 이유가 있는지 여부에 의하여 판단하여야 한다(대판 2000.5.12. 99다70600; 대판 2003.11.27. 2001다33789). 기출 23·22

3) 부작위에 의한 국가배상책임

① 개설 : 공무원의 부작위에 의해서도 국가배상책임이 인정될 수 있음은 당연하다. 행정쟁송에서의 부작위와는 달리 국가배상책임에서의 부작위는 반드시 신청을 전제로 하지 않으므로 국가배상책임에서 문제되는 부작위는 행정권의 불행사를 의미한다. 다만, 부작위가 국가배상법상 '법령 위반'으로 인정되려면 공무원의 작위의무가 전제되어야 한다.

② 조리에 의한 작위의무
  ㉠ 작위의무(직무상 의무)가 법령에서 명문으로 규정되어 있지 않은 경우에도 조리에 의해 법적 작위의무를 인정할 수 있는지에 관하여 긍정설과 부정설이 대립하고 있다.
  ㉡ 판례는 공무원의 작위의무가 형식적 의미의 법령에 명시적으로 규정되어 있지 않은 경우라도 관련 법 규정에 비추어 조리상 위험방지 작위의무를 인정하고 있다(대판 2012.7.26. 2010다95666; 대판 2021.7.21. 2021두33838). 기출 24

> - 공무원의 부작위로 인한 국가배상책임을 인정하기 위하여는 국가배상법 제2조 제1항의 요건이 충족되어야 할 것인바, 여기서 '법령에 위반하여'라고 하는 것은 엄격하게 형식적 의미의 법령에 명시적으로 공무원의 작위의무가 규정되어 있는데도 이를 위반하는 경우만을 의미하는 것은 아니고, 국민의 생명, 신체, 재산 등에 대하여 절박하고 중대한 위험상태가 발생하였거나 발생할 우려가 있어서 국민의 생명, 신체, 재산 등을 보호하는 것을 본래적 사명으로 하는 국가가 초법규적, 일차적으로 그 위험 배제에 나서지 아니하면 국민의 생명, 신체, 재산 등을 보호할 수 없는 경우에는 형식적 의미의 법령에 근거가 없더라도 국가나 관련 공무원에 대하여 그러한 위험을 배제할 작위의무를 인정할 수 있을 것이다(대판 2004.6.25. 2003다69652). 기출 20·18
> - 국가배상책임에 있어 공무원의 가해행위는 법령을 위반한 것이어야 하고, 법령을 위반하였다 함은 엄격한 의미의 법령 위반뿐 아니라 인권존중, 권력남용금지, 신의성실과 같이 공무원으로서 마땅히 지켜야 할 준칙이나 규범을 지키지 아니하고 위반한 경우를 포함하여 널리 그 행위가 객관적인 정당성을 결여하고 있음을 뜻하는 것이므로, 경찰관이 범죄수사를 함에 있어 경찰관으로서 의당 지켜야 할 법규상 또는 조리상의 한계를 위반하였다면 이는 법령을 위반한 경우에 해당한다(대판 2008.6.12. 2007다64365). 기출 23

③ 부작위(행정권의 불행사)의 위법성과 과실 : 이론상 위법과 과실은 구별된다. 그러나 행정권의 불행사의 위법기준에 비추어 볼 때 행정권의 불행사가 위법하면 원칙적으로 공무원의 고의 또는 과실이 인정된다고 볼 수 있다. 판례도 이러한 입장을 취하고 있다(대판 2010.9.9. 2008다77795).

4) 행정규칙 위반

국가배상법 제2조에서 '법령에 위반하여'의 의미는 일반적으로 위법행위를 함을 말하는 것이고, 단순한 행정적인 내부규칙에 위배하는 것을 포함하지 아니한다(대판 1973.1.30. 72다2062). 따라서 공무원의 조치가 적법한지는 행정규칙에 적합한지 여부가 아니라 상위법령의 규정과 입법 목적 등에 적합한지 여부에 따라 판단해야 한다(대판 2020.5.28. 2017다211559).

(6) 고의 또는 과실

① '고의'는 자기의 행위가 일정한 결과를 발생시킬 것을 인식하고 또 그 결과의 발생을 용인하는 것을 말한다. 반면, '과실'은 어떤 사실(결과)의 발생을 예견할 수 있었음에도 불구하고, 부주의로 그것을 알지 못한 상태를 말한다.

② 판례는 공무원의 직무집행상 과실을 "공무원이 직무를 수행하면서 해당 직무를 담당하는 평균인이 통상 갖추어야 할 객관적 주의의무를 게을리한 것"으로 보아(대판 2021.6.10. 2017다286874; 대판 2000.5.12. 99다70600), 주관설(객관적 주관설)의 입장이다.

(7) 공무원의 과실 인정 여부가 문제된 사례

① 공무원의 법령의 해석·적용상의 잘못

㉠ 공무원의 법령의 해석·적용상의 잘못이 있으면 원칙적으로 과실이 인정된다. 공무원은 직무상 필요한 법령지식을 갖추고 있어야 하기 때문이다(대판 2001.2.9. 98다52988).

> 법령에 대한 해석이 복잡, 미묘하여 워낙 어렵고, 이에 대한 학설, 판례조차 귀일되어 있지 않는 등의 특별한 사정이 없는 한 일반적으로 공무원이 관계 법규를 알지 못하거나 필요한 지식을 갖추지 못하고 법규의 해석을 그르쳐 행정처분을 하였다면 그가 법률전문가가 아닌 행정직 공무원이라고 하여 과실이 없다고는 할 수 없다(대판 2001.2.9. 98다52988).

ⓒ 예외적으로 법령의 해석이 미묘하여 통일된 학설이 없고 판례도 확정되지 아니한 경우, 관계 공무원이 전문가의 자문을 구하는 등 해당 법령을 신중하게 해석·적용한 경우에는 결과적으로 그 처분이 법원에서 위법한 것으로 판명되었다 하더라도 그것만으로는 과실을 인정할 수 없다(대판 1973.10.10. 72다2583; 대판 2001.3.13. 2000다20731).

② 행정처분의 근거가 된 법령이 사후에 위헌·위법으로 결정된 경우 : 위헌·위법인 법령을 집행하는 공권력 행사는 위법하나, 원칙적으로 해당 법령을 적용한 공무원의 고의나 과실을 인정하기는 어렵다(헌재 2008.4.24. 2006헌바72 참조).

③ 행정규칙에 따른 처분 : 공무원이 행정규칙인 재량권행사의 기준에 따라 행정처분을 한 경우에는 나중에 재량권을 일탈한 위법한 처분임이 판명되어 취소되더라도 곧바로 당해 공무원에게 직무상의 과실이 있다고 할 수 없다(대판 1994.11.8. 94다26141). 행정규칙은 대내적 구속력이 있어 공무원은 이를 따를 수밖에 없기 때문이다. 기출 13

④ 행정처분이 항고소송에서 취소된 경우 : 어떠한 행정처분이 후에 항고소송에서 취소되었다고 할지라도 그 기판력에 의하여 당해 행정처분이 곧바로 공무원의 고의 또는 과실로 인한 것으로서 불법행위를 구성한다고 단정할 수는 없다. 그러나 보통 일반의 공무원을 표준으로 하여 볼 때 위법한 행정처분의 담당 공무원이 객관적 주의의무를 소홀히 하고 그로 인해 행정처분이 객관적 정당성을 잃었다고 볼 수 있는 경우에는 국가배상법 제2조가 정한 국가배상책임이 성립할 수 있다(대판 2011.1.27. 2008다30703; 대판 2021.6.30. 2017다249219).

(8) 타인에게 손해의 발생

① 국가배상책임이 성립하기 위해서는 공무원의 직무집행이 위법하다는 점만으로는 부족하고, 그로 인해 타인의 권리·이익이 침해되어 구체적 손해가 발생하여야 한다(대판 2016.8.30. 2015두60617). 불법행위를 이유로 배상하여야 할 손해는 현실로 입은 확실한 손해에 한정된다(대판 2020.10.15. 2017다278446).

② 국가배상의 대상이 되는 손해는 민법상 불법행위책임에서의 손해와 동일하다. 따라서 재산적 손해(적극적 손해, 소극적 손해)뿐만 아니라 정신적 손해도 포함된다. 기출 14

③ 국가배상법은 생명·신체의 침해로 인한 정신적 고통에 대한 위자료 배상만 규정하고 있다(국가배상법 제3조 제5항). 판례는 재산권 침해로 인한 정신적 고통은 특별한 사정이 없는 한 재산상 손해배상만으로 전보된다고 한다(대판 1998.7.10. 96다38971). 따라서 재산권 침해로 인한 위자료는 특별한 사정이 있는 경우에 한하여 예외적으로 인정된다.

(9) 가해행위와 손해 사이의 인과관계

① 가해행위인 공무원의 행위와 손해의 발생 사이에 상당인과관계가 있어야 한다. 국가배상책임의 성립요건인 '상당인과관계'는 민법상 불법행위책임에서와 동일하다(대판 2009.7.23. 2006다87798).

② 판례는 '직무상 의무의 사익보호성'을 국가배상에서의 상당인과관계의 판단요소의 하나로 보는 경향이 있다(대판 2010.9.9. 2008다77795).

4. 공무원의 배상책임

(1) 공무원의 피해자에 대한 배상책임(피해자의 선택적 청구권)

① 국가배상법 제2조의 요건을 충족하여 국가 또는 지방자치단체의 배상책임이 인정되는 경우에 피해자는 공무원에 대하여도 손해배상을 청구할 수 있는지에 관하여 견해가 대립한다.

② 판례는 "공무원이 직무수행 중 불법행위로 타인에게 손해를 입힌 경우에 국가 등이 국가배상책임을 부담하는 외에 공무원 개인도 고의 또는 중과실이 있는 경우에는 불법행위로 인한 손해배상책임을 진다고 할 것이지만, 공무원에게 경과실뿐인 경우에는 공무원 개인은 손해배상책임을 부담하지 아니한다"고 판시하여(대판 1996.2.15. 95다38677[전합]), 제한적 긍정설의 입장이다. 기출 20·18·13

(2) 공무원의 국가에 대한 구상책임

① 국가가 국가배상책임을 이행한 경우 공무원에게 고의 또는 중대한 과실이 있으면 국가는 그 공무원에게 구상할 수 있다(국가배상법 제2조 제2항). 그러나 공무원에게 경과실만 있다면 국가는 그 공무원에게 구상할 수 없다. 기출 24·20·19·13

② 다만, 공무원의 불법행위로 손해를 입은 피해자의 국가배상청구권의 소멸시효 기간이 지났으나 국가가 소멸시효 완성을 주장하는 것이 신의성실의 원칙에 반하는 권리남용으로 허용될 수 없어 배상책임을 이행한 경우에는, 그 소멸시효 완성 주장이 권리남용에 해당하게 된 원인행위와 관련하여 해당 공무원이 그 원인이 되는 행위를 적극적으로 주도하였다는 등의 특별한 사정이 없는 한, 국가가 해당 공무원에게 구상권을 행사하는 것은 신의칙상 허용되지 않는다(대판 2016.6.9. 2015다200258).

(3) 공무원의 국가에 대한 구상권

판례는 직무수행 중 '경과실'로 피해자에게 손해를 입힌 공무원이 피해자에게 손해를 배상한 경우, 공무원은 특별한 사정이 없는 한 국가의 피해자에 대한 손해배상책임의 범위 내에서 자신이 변제한 금액에 관하여 구상권을 취득한다고 보았다(대판 2014.8.20. 2012다54478).

II 영조물의 설치·관리의 하자로 인한 손해배상책임

1. 국가배상법의 규정

> **국가배상법 제5조(공공시설 등의 하자로 인한 책임)**
> ① 도로·하천, 그 밖의 공공의 영조물의 설치나 관리에 하자가 있기 때문에 타인에게 손해를 발생하게 하였을 때에는 국가나 지방자치단체는 그 손해를 배상하여야 한다. 이 경우 제2조 제1항 단서, 제3조 및 제3조의2를 준용한다.
> ② 제1항을 적용할 때 손해의 원인에 대하여 책임을 질 자가 따로 있으면 국가나 지방자치단체는 그 자에게 구상할 수 있다.

2. 영조물책임의 법적 성질

국가배상법 제5조의 영조물의 설치·관리상의 하자로 인한 책임은 무과실책임으로 이해되고 있고, 별도의 면책규정이 없다는 것을 유의하여야 한다. 기출 20

> 국가배상법 제5조 소정의 영조물의 설치·관리상의 하자로 인한 책임은 무과실책임이고 나아가 민법 제758조 소정의 공작물의 점유자의 책임과는 달리 면책사유도 규정되어 있지 않으므로, 국가 또는 지방자치단체는 영조물의 설치·관리상의 하자로 인하여 타인에게 손해를 가한 경우에 그 손해의 방지에 필요한 주의를 해태하지 아니하였다 하여 면책을 주장할 수 없다(대판 1994.11.22. 94다32924). 기출 20

3. 영조물책임의 성립요건

국가배상법 제5조에 의한 손해배상책임이 성립하기 위하여는 ① '공공의 영조물'의 ② 설치 또는 관리의 '하자'로 인하여 ③ 타인에게 손해가 발생하였을 것을 요한다.

(1) '공공의 영조물'의 개념

① 국가배상법 제5조의 '공공의 영조물'은 '강학상 영조물'[행정주체가 행정목적을 달성하기 위하여 제공한 인적·물적 종합시설(예 국립도서관)]이 아니라, 행정주체에 의해 직접 행정목적에 제공된 물건(유체물 내지 물적 설비), 즉 '강학상 공물'을 의미한다고 보는 것이 통설·판례이다(대판 1998.10.23. 98다17381).

기출 17·13

> 국가배상법 제5조 제1항 소정의 "공공의 영조물"이란 국가 또는 지방자치단체에 의하여 특정 공공의 목적에 공여된 유체물 내지 물적 설비를 지칭하며, 특정 공공의 목적에 공여된 물이란 일반공중의 자유로운 사용에 직접적으로 제공되는 공공용물에 한하지 아니하고, 행정주체 자신의 사용에 제공되는 공용물도 포함하며 국가 또는 지방자치단체가 소유권, 임차권 그 밖의 권한에 기하여 관리하고 있는 경우뿐만 아니라 사실상의 관리를 하고 있는 경우도 포함한다(대판 1995.1.24. 94다45302). 기출 24·14

② '공공의 영조물'에는 도로·하수도·제방·관공서의 청사와 같은 인공공물(人工公物)뿐만 아니라 하천·호수·해변 등 자연공물(自然公物)도 포함되고, 동산(자동차·항공기 등) 및 동물(경찰견 등)도 포함된다고 볼 것이다. 그 대상이 공작물에 한정되지 않는다는 점에서 민법 제758조에 비하여 적용범위가 넓다. 그러나 국가 또는 지방자치단체가 관리주체인 경우라도 사경제적 목적에 제공되고 있는 일반재산에 대하여는 민법 제758조가 적용된다. 반면에 국가와 지방자치단체가 관리하지만 사인의 소유에 속하는 타유공물(他有公物)에 대하여는 국가배상법 제5조가 적용된다.

(2) 설치 또는 관리상의 하자

1) 설치 또는 관리의 하자의 의미

① 국가배상법 제5조 제1항에 정해진 '영조물의 설치 또는 관리의 하자'란 영조물이 그 용도에 따라 통상 갖추어야 할 안전성을 갖추지 못한 상태에 있음을 말하는 것이다(대판 2007.10.26. 2005다51235). 기출 23

② 국가배상법 제5조 제1항에 정하여진 '영조물의 설치 또는 관리의 하자'란 당해 영조물을 구성하는 물적 시설 그 자체에 있는 물리적·외형적 흠결이나 불비로 인하여 그 이용자에게 위해를 끼칠 위험성이 있는 경우(= 물적 하자)뿐만 아니라, 그 영조물이 공공의 목적에 이용됨에 있어 그 이용상태 및 정도가 일정한 한도를 초과하여 제3자에게 사회통념상 수인할 것이 기대되는 한도를 넘는 피해를 입히는 경우(= 기능상 하자 또는 이용상 하자)까지 포함된다고 보아야 한다(대판 2005.1.27. 2003다49566). 기출 19

2) 설치 또는 관리의 하자의 판단 기준
① 판례는 영조물의 설치·관리상의 하자는 "영조물이 그 용도에 따라 통상 갖추어야 할 안전성을 갖추지 못한 상태에 있음을 말하는 것"으로 정의하는데, 영조물의 '물적 하자'와 '이용상 하자(기능상 하자)'를 구분하고 각각 다른 판단기준을 제시하고 있다.
② 물적 하자의 경우
  ㉠ '물적 하자'란 '당해 영조물을 구성하는 물적 시설 그 자체에 있는 물리적·외형적 흠결이나 불비로 인하여 그 이용자에게 위해를 끼칠 위험성이 있는 경우'를 말한다(대판 2004.3.12. 2002다14242).
  ㉡ 영조물의 물적 하자는 해당 영조물의 용도, 그 설치장소의 현황 및 이용 상황 등 제반 사정을 종합적으로 고려하여 설치·관리자가 그 영조물의 위험성에 비례하여 사회통념상 일반적으로 요구되는 정도의 방호조치의무(안전관리의무)를 다하지 않은 경우를 말한다(대판 2001.7.27. 2000다56822).
  ㉢ 만일 객관적으로 보아 시간적·장소적으로 영조물의 기능상 결함으로 인한 손해발생의 예견가능성과 회피가능성이 없는 경우, 즉 그 영조물의 결함이 영조물의 설치·관리자의 관리행위가 미칠 수 없는 상황 아래에 있는 경우임이 입증되는 경우라면 영조물의 설치·관리상의 하자를 인정할 수 없다고 할 것이다(대판 2007.10.26. 2005다51235). 그러나 현재의 기술수준 및 예산상 부득이하다는 사정만으로는 관리가능성이 없다고 할 수 없다(대판 2001.7.27. 2000다56822).
③ 이용상 하자(기능상 하자)의 경우
  ㉠ '이용상 하자(기능상 하자)'란 '영조물이 공공의 목적에 이용됨에 있어 그 이용상태 및 정도가 일정한 한도를 초과하여 제3자에게 사회통념상 참을 수 없는 피해(수인한도를 넘는 피해)를 입히는 경우'를 말한다.3)
  ㉡ '제3자의 수인한도의 기준'을 결정함에 있어서는 일반적으로 침해되는 권리나 이익의 성질과 침해의 정도뿐만 아니라 침해행위가 갖는 공공성의 내용과 정도, 그 지역환경의 특수성, 공법적인 규제에 의하여 확보하려는 환경기준, 침해를 방지 또는 경감시키거나 손해를 회피할 방안의 유무 및 그 난이 정도 등 여러 사정을 종합적으로 고려하여 구체적 사건에 따라 개별적으로 결정하여야 한다(대판 2005.1.27. 2003다49566).

3) 영조물 설치·관리의 하자의 증명책임
국가배상청구소송에서 영조물 설치·관리의 하자(영조물이 그 용도에 따라 통상 갖추어야 할 안전성을 갖추지 못한 상태에 있음)의 증명책임(입증책임)은 피해자에게 있다. 이에 대하여 손해발생의 예견가능성과 회피가능성이 없었다는 점에 대한 증명책임은 영조물의 관리주체(국가나 지방자치단체)가 진다(대판 1998.2.10. 97다32536).

---

3) '이용상 하자론'에 대하여 이용상 하자는 엄밀한 의미에서 영조물의 설치 또는 관리의 하자라고 할 수 없으므로, 그로 인한 피해를 국가배상으로 구제해 주는 것은 타당하지 않다는 비판이 있다. 이러한 견해에서는 영조물의 이용상 야기되고 회피할 수 없는 공해로 인한 피해는 영조물의 이용상 어쩔 수 없이 발생하는 것이므로 적법한 손해이고, 따라서 손실보상(수용적 침해 또는 간접손실보상)으로 구제하여야 한다고 본다.

(3) 인과관계(상당인과관계)

① 영조물의 설치 또는 관리상의 하자로 인한 사고란 영조물의 설치 또는 관리상의 하자만이 손해발생의 원인이 되는 경우만을 말하는 것이 아니고, 다른 자연적 사실이나 제3자의 행위 또는 피해자의 행위와 경합하여 손해가 발생하더라도 영조물의 설치 또는 관리상의 하자가 공동원인의 하나가 되는 이상 그 손해는 영조물의 설치 또는 관리상의 하자에 의하여 발생한 것이라고 해석함이 상당하다(대판 1994.11.22. 94다32924).

② 다만, 불법행위에 기한 손해배상 사건에 있어서 피해자가 입은 손해가 자연력과 가해자의 과실행위가 경합되어 발생된 경우 가해자의 배상 범위는 손해의 공평한 부담이라는 견지에서 손해 발생에 대하여 자연력이 기여하였다고 인정되는 부분을 공제한 나머지 부분으로 제한하여야 할 것이다(대판 2001.2.23. 99다61316).

(4) 타인에게 손해가 발생할 것

영조물의 설치·관리상의 하자로 인한 손해의 배상은 가해행위와 상당인과관계에 있는 모든 손해를 그 대상으로 한다. 재산상 손해뿐만 아니라 정신적 고통으로 인한 손해(위자료)도 그 배상범위에 포함된다(대판 1990.11.13. 90다카25604).

Ⅲ 국가배상책임의 면책사유

1. 불가항력

통설과 판례는 불가항력을 국가배상책임의 면책사유로 인정한다(대판 2003.10.23. 2001다48057 참조).

- 100년 발생빈도의 강우량을 기준으로 책정된 계획홍수위를 초과하여 600년 또는 1,000년 발생빈도의 강우량에 의한 하천의 범람은 예측가능성 및 회피가능성이 없는 불가항력적인 재해로서 그 영조물의 관리청에게 책임을 물을 수 없다고 본 사례(대판 2003.10.23. 2001다48057).
- 집중호우로 제방도로가 유실되면서 그 곳을 걸어가던 보행자가 강물에 휩쓸려 익사한 경우, 사고 당일의 집중호우가 50년 빈도의 최대강우량에 해당한다는 사실만으로 불가항력에 기인한 것으로 볼 수 없다는 이유로 제방도로의 설치·관리상의 하자를 인정한 사례(대판 2000.5.26. 99다53247).

2. 예산부족(재정적 제약)

예산부족이 면책사유가 되는지가 문제되지만, 판례는 재정 사정은 영조물의 안전성의 정도에 관하여 참작사유는 될 수 있을지언정 안정성을 결정지을 절대적 요건은 되지 못한다고 보았다(대판 1967.2.21. 66다1723).

3. 피해자의 과실

① 피해자의 과실로 인하여 손해가 확대된 경우에는 손해의 공평한 부담의 원칙상 국가 등의 책임이 면책 또는 감경될 수 있다. 예를 들면, 피해지역임이 구체적으로 드러나고 또한 이러한 사실이 그 지역에 널리 알려진 이후에 이주하여 오는 경우에는 위험에의 접근에 따른 가해자의 면책 여부를 보다 적극적으로 인정할 여지가 있을 것이다.

② 다만, 그와 같은 위험의 존재를 인식하면서도 위험으로 인한 피해를 용인하면서 접근하였다고 볼 수 없는 경우에는 손해배상액의 산정에 있어 형평의 원칙상 과실상계에 준하여 감액사유로 고려하는 것이 상당하다(대판 2004.3.12. 2002다14242; 대판 2005.1.27. 2003다49566).

Ⅳ 배상책임자

국가배상법 제6조(비용부담자 등의 책임)
① 제2조·제3조 및 제5조에 따라 국가나 지방자치단체가 손해를 배상할 책임이 있는 경우에 공무원의 선임·감독 또는 영조물의 설치·관리를 맡은 자와 공무원의 봉급·급여, 그 밖의 비용 또는 영조물의 설치·관리 비용을 부담하는 자가 동일하지 아니하면 그 비용을 부담하는 자도 손해를 배상하여야 한다. 기출 19
② 제1항의 경우에 손해를 배상한 자는 내부관계에서 그 손해를 배상할 책임이 있는 자에게 구상할 수 있다.

사무의 귀속주체(또는 영조물의 관리주체)와 비용부담자가 다를 경우 피해자는 피고를 잘못 지정하여 국가배상청구소송에서 불리한 취급을 받을 위험이 있는바, 국가배상법 제6조 제1항은 일단 사무의 귀속주체(또는 영조물의 관리주체)뿐만 아니라 비용부담자도 손해를 배상하여야 한다는 규정을 둠으로써 그 문제를 해결하고 있다. 따라서 피해자는 그 선택에 의하여 사무의 귀속주체(또는 영조물의 관리주체)와 비용부담자 중 어느 쪽에 대하여도 손해배상을 청구할 수 있다.

[1] 도로법 제22조 제2항에 의하여 지방자치단체의 장인 시장이 국도의 관리청이 되었다 하더라도 이는 시장이 국가로부터 관리업무를 위임받아 국가행정기관의 지위에서 집행하는 것이므로 국가는 도로관리상 하자로 인한 손해배상책임을 면할 수 없다.
[2] 시(市)가 국도의 관리상 비용부담자로서 책임을 지는 것은 국가배상법이 정한 자신의 고유한 배상책임이므로 도로의 하자로 인한 손해에 대하여 시는 부진정연대채무자인 공동불법행위자와의 내부관계에서 배상책임을 분담하는 관계에 있으며 국가배상법 제6조 제2항의 규정은 도로의 관리주체인 국가와 그 비용을 부담하는 경제주체인 시 상호 간에 내부적으로 구상의 범위를 정하는데 적용될 뿐 이를 들어 구상권자인 공동불법행위자에게 대항할 수 없다(대판 1993.1.26. 92다2684). 기출 14

Ⅴ 군인등에 대한 이중배상금지

헌법 제29조
군인·군무원·경찰공무원 기타 법률이 정하는 자가 전투·훈련등 직무집행과 관련하여 받은 손해에 대하여는 법률이 정하는 보상 외에 국가 또는 공공단체에 공무원의 직무상 불법행위로 인한 배상은 청구할 수 없다.

국가배상법 제2조(배상책임)
① 국가나 지방자치단체는 공무원 또는 공무를 위탁받은 사인(이하 "공무원"이라 한다)이 직무를 집행하면서 고의 또는 과실로 법령을 위반하여 타인에게 손해를 입히거나, 「자동차손해배상 보장법」에 따라 손해배상의 책임이 있을 때에는 이 법에 따라 그 손해를 배상하여야 한다. 다만, 군인·군무원·경찰공무원 또는 예비군대원이 전투·훈련 등 직무 집행과 관련하여 전사(戰死)·순직(殉職)하거나 공상(公傷)을 입은 경우에 본인이나 그 유족이 다른 법령에 따라 재해보상금·유족연금·상이연금 등의 보상을 지급받을 수 있을 때에는 이 법 및 「민법」에 따른 손해배상을 청구할 수 없다. 기출 21

1. 군인 등에 대한 이중배상금지의 취지

① 군인 등에 대한 이중배상금지의 취지는, 피해 군인 등이 국가 등에 대하여 공무원의 직무상 불법행위로 인한 손해배상을 청구할 수 없게 함으로써, 군인 등의 동일한 피해에 대하여 국가 등의 보상과 배상이 모두 이루어짐으로 인하여 발생할 수 있는 과다한 재정지출과 피해 군인 등 사이의 불균형을 방지하고, 또한 가해자인 군인 등과 피해자인 군인 등의 직무상 잘못을 따지는 쟁송이 가져올 폐해를 예방하려는 데에 있다(대판 2001.2.15. 96다42420[전합]).

② 헌법재판소는 "국가배상법 제2조 제1항 단서는 헌법 제29조 제2항에 직접 근거하고, 실질적으로 그 내용을 같이 하는 것이므로 헌법에 위반되지 아니한다."라고 하였다(헌재 2001.2.22. 2000헌바38).

2. 이중배상금지의 적용요건

(1) 피해자가 군인, 군무원, 경찰공무원 또는 예비군대원일 것

① 가해행위의 피해자가 군인, 군무원, 경찰공무원 또는 예비군대원이어야 한다.
② 대법원은 현역병으로 입대하였으나 교도소 경비교도로 전임 임용된 자(대판 1998.2.10. 97다45914), 공익근무요원(대판 1997.3.28. 97다4036)을 국가배상법 제2조 제1항 단서의 '군인 등'에 해당하지 않는다고 본 반면, 의무경찰대원은 '군인 등'에 해당한다고 보았다(대판 2001.2.15. 96다42420[전합] 참조).

> 공익근무요원이 국가배상법 제2조 제1항 단서의 규정에 의하여 국가배상법상 손해배상청구가 제한되는 군인·군무원·경찰공무원 또는 향토예비군대원에 해당한다고 할 수 없다(대판 1997.3.28. 97다4036). **기출 21**

③ 헌법재판소는 전투경찰순경은 국가배상법 제2조 제1항 단서에 규정한 경찰공무원에 해당한다고 보았다(헌재 1996.6.13. 94헌마118).

(2) 전투, 훈련 등 직무 집행과 관련하여 전사·순직하거나 공상을 입었을 것

① '군인 등'이 '전투, 훈련 등 직무집행'과 관련하여 '전사·순직하거나 공상'을 입었어야 한다.
② 그런데 최근 판례는 전투·훈련 또는 이에 준하는 직무집행뿐만 아니라 '일반 직무집행'의 경우에도 이중배상금지가 적용되는 것으로 보았다(대판 2011.3.10. 2010다85942).

> 국가배상법 제2조 제1항 단서는 전투·훈련 또는 이에 준하는 직무집행뿐만 아니라 '일반 직무집행'에 관하여도 국가나 지방자치단체의 배상책임을 제한하는 것이라고 보아야 한다(대판 2011.3.10. 2010다85942). **기출 21**

(3) 본인 또는 유족이 다른 법령의 규정에 의하여 보상금을 지급받을 수 있을 것

① 국가배상청구권의 제한을 받는 자는 군인 등과 그 유족이다. 국가배상청구권에 제한되는 유족 개념에는 생존자의 가족은 포함되지 않는다(서울고법 2016.12.1. 2014나2011749). 따라서 생존자의 가족은 국가를 상대로 별도로 위자료 등 손해배상청구를 할 수 있다.
② 본인 또는 그 유족이 다른 법령의 규정에 의하여 재해보상금, 유족연금, 상이연금 등의 보상을 지급받을 수 있어야 한다. 다른 법령에 의한 보상금은 손해배상에 준하는 것이어야 하며, 해당 보상금이 손해배상과는 전혀 성질이 다른 것인 경우에는 국가배상법 제2조 제1항 단서가 적용되지 않고 피해자는 국가배상법에 근거하여 국가배상을 청구할 수 있다.

③ 판례는 「국가유공자 등 예우 및 지원에 관한 법률」(대판 2017.2.3. 2014두40012), 「보훈보상대상자 지원에 관한 법률」(대판 2017.2.3. 2015두60075), 「군인연금법」(대판 1994.12.13. 93다29969)이 정한 보상에 관한 규정은 국가배상법 제2조 제1항 단서가 정한 '다른 법령'에 해당한다고 본다.

④ 군인 등이 '다른 법령'에 규정된 요건에 해당되어 보상을 받을 권리가 발생한 이상, 실제로 권리를 행사하였거나 행사하고 있는지와 관계없이 국가배상법 제2조 제1항 단서가 적용되어 손해배상청구가 금지된다(대판 2015.11.26. 2015다226137).

⑤ 그러나 군인 등이 전투·훈련 등 직무집행과 관련하여 전사·순직하거나 공상을 입은 경우라 하더라도 다른 법령에 의해 별도의 보상을 받을 수 없는 경우에는 국가배상법 제2조 제1항 단서의 적용 대상에서 제외되므로, 국가배상청구를 할 수 있다(대판 1996.12.20. 96다42178).

⑥ 한편, 판례는 국가배상법에 따라 손해배상을 받았다는 사정을 들어 국가배상법 제2조 제1항 단서가 정한 '다른 법령'에 따른 보상의 지급을 거부할 수 없다고 본다(대판 2017.2.3. 2014두40012).

3. 적용범위 - 공동불법행위자인 민간인의 구상권

(1) 문제점

국가배상법 제2조 제1항 단서의 해석과 관련하여 군인 등이나 그 유족에 대하여 손해를 배상할 책임이 있는 공동불법행위자인 민간인(일반 국민)이 그 군인 등이나 유족에게 (자신의 귀책부분은 넘는 배상을 한 경우) 손해배상을 하였음을 이유로 국가에 대하여 구상권을 행사할 수 있는지 여부가 문제된다.

(2) 대법원 판례

대법원은 "민간인과 직무집행 중인 군인 등의 공동불법행위로 인하여 직무집행중인 다른 군인 등이 피해를 입은 경우에는 민간인은 피해 군인 등에 대하여 그 손해 중 국가 등이 민간인에 대한 구상의무를 부담한다면 그 내부적인 관계에서 부담하여야 할 부분을 제외한 나머지 자신의 부담부분에 한하여 손해배상의무를 부담하고, 한편 국가 등에 대하여는 그 귀책부분의 구상을 청구할 수 없다."고 하였다(대판 2001.2.15. 96다42420[전합]).

기출 21

(3) 헌법재판소 판례

헌법재판소는 민간인이 공동불법행위자로서 손해를 전액 배상한 후에 민간인의 국가에 대한 구상권 행사를 허용하지 않는 것은 평등원칙(헌법 제11조), 재산권 보장규정(헌법 제23조 제1항) 및 헌법 제37조 제2항 등의 헌법규정에 반한다고 하였다(헌재 1994.12.29. 93헌바21).

Ⅵ 배상의 기준 및 절차

1. 배상심의회에 배상신청

① 국가배상법에 따라 배상금의 지급을 받고자 하는 자는 그 주소지·소재지 또는 배상원인 발생지를 관할하는 지구심의회에 대하여 배상신청을 하여야 한다(제12조 제1항). 다만, 배상심의회에 대한 배상청구는 임의절차이다(제9조).

② 2000.12.29. 국가배상법 제9조의 배상심의회에서의 결정절차가 임의적 전치주의로 개정되었다. 따라서 국가배상법에 따른 손해배상의 소송은 배상심의회에 배상신청을 하지 아니하고도 제기할 수 있다(국가배상법 제9조). 기출 20

③ 합의제 행정기관(행정위원회)인 배상심의회(본부심의회, 특별심의회, 지구심의회)의 결정은 재판상 화해와 같은 효력이 없으므로 법적 구속력을 갖지 않는다. 따라서 신청인은 배상결정에 동의하거나 배상금을 수령한 경우에도 법원에 손해배상 청구소송을 제기할 수 있다.

2. 양도 및 압류의 금지

생명・신체의 침해로 인한 국가배상을 받을 권리는 양도하거나 압류하지 못한다(국가배상법 제4조). 그러나 재산권 침해로 인한 국가배상청구권은 양도할 수 있다. 기출 23・22・19

3. 소멸시효

① 국가배상법 제8조는 "이 법에 규정된 사항 외에는 민법에 따른다."라고 규정하고 있으므로, 국가배상청구권은 민법상 손해배상청구권과 마찬가지로 민법 제766조 제1항에 따라 피해자나 그 법정대리인이 손해 및 가해자를 안 날로부터 3년간 이를 행사하지 아니하면 시효로 인하여 소멸한다(대판 1998.7.10. 98다7001).

② 피해자나 그 법정대리인이 손해 및 가해자를 알지 못한 경우에는 국가재정법 제96조 제1항・제2항 및 지방재정법 제82조 제1항・제2항에 따라 불법행위 종료일로부터 5년간 이를 행사하지 아니하면 국가배상청구권은 시효로 소멸한다(대판 2008.11.27. 2007다60223). 기출 22

③ 국가재정법 제96조 제1항 및 지방재정법 제82조 제1항에서 '다른 법률의 규정'이란 다른 법률에 위 조항들에서 규정한 5년의 소멸시효 기간보다 짧은 기간의 소멸시효의 규정이 있는 경우를 가리키는 것이고, 이보다 긴 10년의 소멸시효를 규정한 민법 제766조 제2항4)은 국가재정법 제96조 제1항에서 말하는 '다른 법률의 규정'에 해당하지 아니한다(대판 2001.4.24. 2000다33469).

④ 판례는 국가배상청구권의 소멸시효 완성 주장이 신의칙에 반하여 권리남용에 해당하는 경우에는 이를 받아들이지 않는다(대판 2008.5.29. 2004다33469).

4. 외국인의 국가배상청구

국가배상법은 외국인이 피해자인 경우에는 해당 국가와 상호 보증이 있을 때에만 적용한다(국가배상법 제7조).

기출 22

VII 차량사고와 국가배상

1. 자동차손해배상 보장법에 의한 국가배상책임이 인정되는 경우

국가배상법 제2조(배상책임)
① 국가나 지방자치단체는 공무원 또는 공무를 위탁받은 사인(이하 "공무원"이라 한다)이 직무를 집행하면서 고의 또는 과실로 법령을 위반하여 타인에게 손해를 입히거나, 「자동차손해배상 보장법」에 따라 손해배상의 책임이 있을 때에는 이 법에 따라 그 손해를 배상하여야 한다.

---

4) 불법행위로 인한 손해배상의 청구권은 "불법행위를 한 날"로부터 10년을 경과한 때에도 시효로 인하여 소멸한다(민법 제766조 제1항 참조).

(1) 자동차손해배상 보장법에 의한 국가배상책임의 성립

1) 개 설
① 「자동차손해배상 보장법」은 배상책임의 성립요건에 관하여는 국가배상법에 우선하여 적용된다(대판 1996.3.8. 94다23876).
② 「자동차손해배상 보장법」상 손해배상책임이 인정되려면, ① '자동차의 운행으로 사람이 사망하거나 부상한 경우'이어야 하고, ② 국가나 지방자치단체가 '자기를 위하여 자동차를 운행하는 자'에 해당하여야 한다(자동차손해배상 보장법 제3조). 여기에서 '자기를 위하여 자동차를 운행하는 자'란 '자동차에 대한 운행이익과 운행지배를 가지고 있는 자'를 의미한다(대판 1994.12.27. 94다31860).

2) 공무원이 직무를 집행하기 위하여 공용차(관용차)를 운행한 경우
공무원이 그 직무를 집행하기 위하여 국가 또는 지방자치단체 소유의 공용차(관용차)를 운전하는 경우에는 국가나 지방자치단체의 운행이익과 운행지배가 인정된다(대판 1994.12.27. 94다31860). 따라서 「자동차손해배상 보장법」 제3조에 따라 국가나 지방자치단체의 손해배상책임이 인정된다.

3) 공무원이 개인적 용무를 위하여 무단으로 공용차(관용차)를 운행한 경우
공무원이 개인적 용무를 위하여 무단으로 국가 또는 지방자치단체 소유의 공용차(관용차)를 운전하다 타인을 사망하게 하거나 부상을 입힌 경우에도, 객관적, 외형적으로 보아 국가 또는 지방자치단체가 운행지배 및 운행 이익을 계속 가지고 있었다고 인정된다면, 「자동차손해배상 보장법」에 의해 국가나 지방자치단체의 손해배상책임이 인정된다(대판 1988.1.19. 87다카2202).

(2) 국가배상법에 의한 배상절차
「자동차손해배상 보장법」 규정에 의하여 국가 또는 지방자치단체의 손해배상책임이 성립하는 경우, 그 배상절차는 국가배상법에 의하여야 한다(국가배상법 제2조 제1항). 따라서 「자동차손해배상 보장법」의 규정에 의하여 손해배상책임을 지는 경우에도 이중배상금지규정인 국가배상법 제2조 제1항 단서가 적용된다.

2. 국가배상법에 의한 국가배상책임이 인정되는 경우
① 공무원이 자기 소유의 자동차를 운전 중 타인을 사망하게 하거나 부상을 입힌 경우에는 공무원 자신의 운행이익과 운행지배가 인정된다. 따라서 국가나 지방자치단체가 「자동차손해배상 보장법」에 의하여 손해배상책임을 지는 일은 없다.
② 그러나 공무원이 '직무를 집행하기 위하여' 자기 소유의 자동차를 운전하다가 사고를 낸 경우, 국가배상법 제2조에 의하여 국가나 지방자치단체가 국가배상책임을 질 수 있다(대판 1998.11.19. 97다36873[전합]). 기출 18
③ 공무원이 '개인적 용무를 위하여' 자기 소유의 자동차를 운전한 경우라면, 국가나 지방자치단체가 국가배상법 제2조에 의하여 국가배상책임을 지지 않는다(대판 1996.5.31. 94다15271). 이 경우에는 공무원 자신이 자동차에 대한 운행이익과 운행지배를 가지고 있으므로, 그 공무원이 「자동차손해배상 보장법」에 의한 손해배상책임을 지게 된다.

제2관 | 행정상 손실보상

I 손실보상의 의의 및 근거

1. 행정상 손실보상의 의의

행정상 손실보상이란 공공의 필요에 의한 적법한 공권력 행사에 의하여 국민이 특별한 손실을 입은 경우, 공적 부담 앞의 평등원칙에 근거하여 그 손실을 보상하여 주는 것을 말한다.

2. 행정상 손실보상의 근거

(1) 이론적 근거

손실보상은 공공사업의 시행과 같이 적법한 공권력의 행사로 가하여진 재산상의 특별한 희생에 대하여 전체적인 공평부담의 견지에서 인정되는 것이다(대판 2013.6.14. 2010다9658).

(2) 실정법상 근거

① 우리 헌법 제23조 제3항은 "공공필요에 의한 재산권의 수용·사용 또는 제한 및 그에 대한 보상은 법률로써 하되, 정당한 보상을 지급하여야 한다"고 규정하고 있다.
② 이러한 헌법규정에 따라 「공익사업을 위한 토지 등의 취득 및 보상에 관한 법률」(이하 '토지보상법'이라 한다. 판례는 '공익사업법'이라고 부르기도 한다)은 공익사업을 위한 토지수용의 근거 및 보상의 기준과 절차 등을 규정하고 있으며, 토지보상법 이외에도 하천법, 소방기본법 등 개별법에서 공공필요에 의한 재산권 침해에 대한 보상을 규정하고 있다.

II 손실보상의 요건

1. 개 설

행정상 손실보상이 인정되려면 ① 적법한 공용침해가 있고, ② 그로 인해 손실이 발생하며, ③ 그 손실이 특별한 희생에 해당하여야 한다(헌법 제23조 제3항).

2. 적법한 공용침해

(1) 공공필요

1) 공공필요의 개념

① 재산권에 대한 수용·사용·제한은 '공공필요'가 있는 경우에 한하여 인정된다(헌법 제23조 제3항).
② 여기에서 '공공필요'란 '국민의 재산권을 그 의사에 반하여 강제적으로라도 취득해야 할 공익적 필요성'을 말하며, '공익성'과 '필요성'이라는 요소로 구성되어 있다. 따라서 ㉠ 공익사업에 공익성이 있어야 하고, ㉡ 수용으로 인하여 달성하고자 하는 공익이 수용으로 인하여 침해되는 이익보다 커야 한다(필요성).

2) 공익성

① 오늘날 공익사업의 범위가 확대되는 경향에 대응하여 재산권의 존속보장과의 조화를 위해서는, '공공필요'의 요건 중 '공익성'은 추상적인 공익 일반 또는 국가의 이익 이상의 중대한 공익을 요구하므로 기본권 일반의 제한사유인 '공공복리'보다 좁게 보는 것이 타당하며, '공익성'의 정도를 판단함에 있어서는 공용수용을 허용하고 있는 개별법의 입법목적, 사업내용, 사업이 입법목적에 이바지하는 정도는 물론, 특히 그 사업이 대중을 상대로 하는 영업인 경우에는 그 사업 시설에 대한 대중의 이용·접근가능성도 아울러 고려하여야 한다(헌재 2014.10.30. 2011헌바172·129).

② 공용수용이 허용될 수 있는 공익성을 가진 사업, 즉 공익사업의 범위는 사업시행자와 토지소유자 등의 이해가 상반되는 중요한 사항으로서, 공용수용에 대한 법률유보의 원칙에 따라 법률에서 명확히 규정되어야 한다. 공공의 이익에 도움이 되는 사업이라도 '공익사업'으로 실정법에 열거되어 있지 않은 사업은 공용수용이 허용될 수 없다. 공익사업의 범위는 국가의 목표 및 시대적 상황에 따라 달라질 수 있으며 입법정책으로 결정될 문제라고 할 수 있다(헌재 2014.10.30. 2011헌바172·129).

③ 현재 공용수용이 허용될 수 있는 공익사업은 「공익사업을 위한 토지 등의 취득 및 보상에 관한 법률」(토지보상법) 및 각 개별법에 열거되어 있다. 다만 법이 공용수용을 할 수 있는 공익사업을 열거하고 있더라도, 이는 공공성 유무를 판단하는 일응의 기준을 제시한 것에 불과하므로, 사업인정의 단계에서 개별적·구체적으로 공공성에 관한 심사를 하여야 한다. 즉 공공성의 확보는 1차적으로 입법자가 입법을 행할 때 일반적으로 당해 사업이 수용이 가능할 만큼 공공성을 갖는가를 판단하고, 2차적으로는 사업인정권자가 개별적·구체적으로 당해 사업에 대한 사업인정을 행할 때 공공성을 판단하는 것이다(헌재 2014.10.30. 2011헌바172·129).

3) 필요성

① 공용수용을 허용하고 있는 개별법은 대부분 공익사업을 시행하기 위하여 '필요한 경우'에 토지 등을 수용할 수 있다고 규정하고 있다. 수용은 타인의 재산권을 직접적으로 박탈하는 것일 뿐 아니라, 헌법 제10조로부터 도출되는 계약의 자유 내지 피수용자의 거주이전 자유까지 문제될 수 있는 등 사실상 많은 헌법상 가치들의 제약을 초래할 수 있으므로, 헌법적 요청에 의한 수용이라 하더라도 국민의 재산을 그 의사에 반하여 강제적으로라도 취득해야 할 정도의 필요성이 인정되어야 하고, 그 필요성이 인정되기 위해서는 공용수용을 통하여 달성하려는 공익과 그로 인하여 재산권을 침해당하는 사인의 이익 사이의 형량에서 사인의 재산권침해를 정당화할 정도의 공익의 우월성이 인정되어야 한다(헌재 2014.10.30. 2011헌바172·129).

② 헌법 제23조 제3항은 재산권 수용의 주체를 한정하지 않고 있으므로 공공필요성이 있으면 민간기업과 같은 사인(私人)에 의한 수용도 인정된다(헌재 2009.9.24. 2007헌바114).

③ 다만, 사업시행자가 사인인 경우에는 위와 같은 공익의 우월성이 인정되는 것 외에도 사인은 경제활동의 근본적인 목적이 이윤을 추구하는 일에 있으므로, 그 사업 시행으로 획득할 수 있는 공익이 현저히 해태되지 않도록 보장하는 제도적 규율도 갖추어져 있어야 한다(헌재 2009.9.24. 2007헌바114).

(2) 법률의 근거

1) 공용침해의 법적 근거

공용침해는 국회가 제정한 형식적 의미의 '법률'에 근거해야 한다. 물론 법률의 위임이 있는 경우 법규명령 또는 조례에 의한 공용침해도 가능하다. 그리고 여기의 "법률로써" 하는 수용에는 법률에 의하여 직접 수용이 이루어지는 '입법적 수용'과 법률에 근거하여 일련의 절차를 거쳐 별도의 행정처분에 의하여 이루어지는 '행정적 수용'이 모두 포함된다.

2) 손실보상의 법적 근거

행정상 손실보상이 인정되려면 원칙적으로 법률에 의해서 손실보상의 기준, 방법, 내용 등이 규정되어 있어야 한다(대판 1993.7.13. 93누2131).

3) 보상규정 없는 공용침해

① 보상규정 없는 공용침해도 손실보상의 대상이 되는 것으로 보는 경우, ㉠ 직접효력설에 의하면 헌법 제23조 제3항에 근거하여 직접 손실보상청구권이 인정되고, ㉡ 유추적용설에 의하는 경우에도 손실보상청구권이 인정된다. 그러나 ㉢ 보상입법부작위위헌설에 의하면 입법자의 보상입법을 기다려 그 보상입법에 따라 손실보상을 하게 된다.

② 대법원은 공용침해로 인한 특별한 손해에 대한 보상규정이 없는 경우에 관련 보상법령규정을 유추적용하여 보상하려는 경향이 있다(보상규정유추적용설)(대판 1987.7.21. 84누126; 대판 2018.12.27. 2014두11601).

(3) 재산권의 공용침해

① 손실보상은 재산권의 수용·사용 또는 제한이 있는 경우에 인정된다. 공용수용·공용사용·공용제한을 포괄하여 공용침해라고 한다.

② ㉠ '공용수용'은 공공필요를 위하여 특정한 재산권을 강제적으로 취득하는 것을 말하고, ㉡ '공용사용'은 공공필요를 위하여 토지 기타의 재산권을 일시적·강제적으로 사용하는 것을 말하며, ㉢ '공용제한'은 공공필요를 위하여 특정의 재산권에 대하여 가하는 계획제한·보전제한 등과 같은 공법상의 제한을 말한다.

③ 공용침해의 대상이 되는 헌법 제23조의 '재산권'은 민법상의 소유권뿐만 아니라, 재산적 가치 있는 사법상의 물권, 채권 등 모든 권리를 포함하며, 또한 국가로부터의 일방적인 급부가 아닌 자기 노력의 대가나 자본의 투자 등 특별한 희생을 통하여 얻은 공법상의 권리도 포함한다(헌재 2000.6.29. 99헌마289). 그러나 구체적인 권리가 아닌 단순한 이익이나 재화의 획득에 관한 기회 등은 포함되지 않는다(헌재 1996.8.29. 95헌바36).

3. 손실의 발생

① 손실보상이 인정되려면 공용침해로 인하여 실질적이고 현실적인 손실(피해)이 발생하여야 한다.

> 손실보상은 공공필요에 의한 행정작용에 의하여 사인에게 발생한 특별한 희생에 대한 전보라는 점에서 그 사인에게 특별한 희생이 발생하여야 하는 것은 당연히 요구되는 것이고, 공유수면 매립면허의 고시가 있다고 하여 반드시 그 사업이 시행되고 그로 인하여 손실이 발생한다고 할 수 없으므로, 매립면허 고시 이후 매립공사가 실행되어 관행어업권자에게 실질적이고 현실적인 피해가 발생한 경우에만 공유수면매립법에서 정하는 손실보상청구권이 발생하였다고 할 것이다(대판 2010.12.9. 2007두6571).

② 판례는 손실보상의 대상이 되기 위해서는 손실과 공익사업(공용침해) 사이에 상당인과관계가 있어야 한다고 보고 있다(대판 2009.6.23. 2009두2672).

4. 특별한 희생

손실보상이 인정되려면, 타인의 재산권에 대한 공권적 침해로 인한 손실이 '특별한 희생'에 해당하여야 한다(대판 2010.12.9. 2007두6571 참조). 특별한 희생이란 그 손실이 재산권자가 수인해야 하는 '사회적 제약을 넘어서는 손실'을 의미한다.

Ⅲ 손실보상의 기준과 내용

1. 행정상 손실보상의 일반적 기준 : 정당한 보상의 원칙

헌법 제23조 제3항의 '정당한 보상'의 의미에 관하여 견해가 대립하나(완전보상설, 상당보상설, 절충설), 헌법재판소는 '완전보상설'의 입장이다(헌재 1990.6.25. 89헌마107).

> 헌법이 규정한 '정당한 보상'이란 원칙적으로 피수용재산의 객관적인 재산가치를 완전하게 보상하는 것이어야 한다는 완전보상을 뜻하는 것으로서 보상금액뿐만 아니라 보상의 시기나 방법 등에 있어서도 어떠한 제한을 두어서는 아니 된다는 것을 의미한다고 할 것이다(헌재 1990.6.25. 89헌마107).

2. 토지보상법상 손실보상의 원칙

① **사업시행자보상의 원칙** : 공익사업에 필요한 토지등의 취득 또는 사용으로 인하여 토지소유자나 관계인이 입은 손실은 사업시행자가 보상하여야 한다(토지보상법 제61조). 기출 19·14

② **사전보상의 원칙** : 사업시행자는 해당 공익사업을 위한 공사에 착수하기 이전에 토지소유자와 관계인에게 보상액 전액(全額)을 지급하여야 한다. 다만, 제38조에 따른 천재지변 시의 토지 사용과 제39조에 따른 시급한 토지 사용의 경우 또는 토지소유자 및 관계인의 승낙이 있는 경우에는 그러하지 아니하다(토지보상법 제62조).

③ **현금보상의 원칙** : 손실보상은 다른 법률에 특별한 규정이 있는 경우를 제외하고는 현금으로 지급하여야 한다(토지보상법 제63조 제1항 본문). 기출 19

④ **개인별 보상의 원칙** : 손실보상은 토지소유자나 관계인에게 개인별로 하여야 한다. 다만, 개인별로 보상액을 산정할 수 없을 때에는 그러하지 아니하다(토지보상법 제64조). 기출 14

⑤ **일괄보상의 원칙** : 사업시행자는 동일한 사업지역에 보상시기를 달리하는 동일인 소유의 토지등이 여러 개 있는 경우 토지소유자나 관계인이 요구할 때에는 한꺼번에 보상금을 지급하도록 하여야 한다(토지보상법 제65조). 기출 14

⑥ **사업시행 이익과의 상계금지** : 사업시행자는 동일한 소유자에게 속하는 일단의 토지의 일부를 취득하거나 사용하는 경우 해당 공익사업의 시행으로 인하여 잔여지의 가격이 증가하거나 그 밖의 이익이 발생한 경우에도 그 이익을 그 취득 또는 사용으로 인한 손실과 상계할 수 없다(토지보상법 제66조).

⑦ **보상액의 가격시점** : 보상액의 산정은 협의에 의한 경우에는 협의 성립 당시의 가격을, 재결에 의한 경우에는 수용 또는 사용의 재결 당시의 가격을 기준으로 한다(토지보상법 제67조 제1항). 기출 25·19·14

⑧ **개발이익의 배제** : 보상액을 산정할 경우에 해당 공익사업으로 인하여 토지등의 가격이 변동되었을 때에는 이를 고려하지 아니한다(토지보상법 제67조 제2항). 기출 25·14

3. 토지보상법상 손실보상의 구체적 기준과 내용

(1) 개 설
토지보상법상 재산권 보상, 즉 토지취득에 대한 보상(제70조), 토지사용에 대한 보상(제71조), 건축물 등 물건에 대한 보상(제75조)뿐만 아니라 부대적 손실의 보상, 확장수용보상, 간접손실의 보상도 규정하고 있다.

(2) 보상대상자 및 보상주체
① 토지보상법상 보상의 대상이 되는 자는 공익사업에 필요한 토지의 '소유자' 및 '관계인'이다.
② '관계인'이란 사업시행자가 취득 또는 사용할 토지에 관하여 지상권·지역권·전세권·저당권·사용대차 또는 임대차에 의한 권리 기타 토지에 관한 소유권 외의 권리를 가진 자 또는 그 토지에 있는 물건에 관하여 소유권 그 밖의 권리를 가진 자를 말한다.
③ 토지보상법상 공익사업에 필요한 토지 등의 취득 또는 사용으로 인하여 토지소유자나 관계인이 입은 손실은 사업시행자가 보상하여야 하므로(토지보상법 제61조), 보상주체는 사업시행자이다.

(3) 토지취득에 대한 보상
① 보상액의 산정은 협의에 의한 취득의 경우 '협의 성립 당시의 가격'을, 수용재결에 의한 취득의 경우에는 '수용재결 당시의 가격'을 기준으로 한다(토지보상법 제67조 제1항). 기출 25

> 수용대상 토지를 평가함에 있어서는 수용재결에서 정한 수용시기가 아니라 수용재결일을 기준으로 하고 당해 수용사업의 계획 또는 시행으로 인한 개발이익은 이를 배제하고 평가하여야 한다(대판 1998.7.10. 98두6067).
> 기출 22

② 공익사업의 시행으로 지가가 상승하여 발생하는 개발이익은 형평의 관념에 비추어볼 때, 토지소유자에게 당연히 귀속되어야 할 성질의 것은 아니고, 오히려 투자인 기업자 또는 궁극적으로는 국민 모두에게 귀속되어야 할 성질의 것이다. 또한 개발이익은 공공사업의 시행에 의하여 비로소 발생하는 것이므로 그것이 피수용토지가 수용 당시 갖는 객관적 가치에 포함된다고 볼 수도 없다(대판 1993.7.13. 93누2131).
③ 헌법재판소도 개발이익을 배제하고 손실보상액을 산정한다 하여 헌법이 규정한 정당보상의 원리에 어긋나는 것은 아니라고 보았다(헌재 1990.6.25. 89헌마107).

(4) 부대적 손실의 보상
완전보상의 원칙상 취득의 대상이 된 재산권의 재산적 가치뿐만 아니라 취득이 원인이 되어 부수적으로 발생한 손실도 보상되어야 한다. 현행 토지보상법도 잔여지의 손실과 공사비의 보상(제73조), 잔여 건축물의 손실에 대한 보상(제75조의2), 건축물 등에 대한 이전비의 보상(제75조 제4항), 광업권·어업권 등 권리의 보상(제76조), 영업을 폐지하거나 휴업함에 따른 영업 손실의 보상(제77조 제1항), 농업 손실의 보상(제77조 제2항), 임금 손실의 보상(제77조 제3항)을 규정함으로써 이러한 입장을 취하고 있다. 그러나 정신적 고통으로 인한 손해(위자료)는 보상의 대상이 아니다.

(5) 잔여지등 수용

1) 잔여지의 수용의 요건
   ① 동일한 토지소유자에 속하는 일단의 토지의 일부가 협의에 의하여 매수되거나 수용됨으로 인하여 잔여지를 '종래의 목적'에 '사용하는 것이 현저히 곤란할 때'에는 해당 토지소유자는 사업시행자에게 잔여지를 매수하여 줄 것을 청구할 수 있으며, 사업인정 이후에는 '관할 토지수용위원회'에 수용을 청구할 수 있다. 이 경우 수용의 청구는 매수에 관한 협의가 성립되지 아니한 경우에만 할 수 있으며, 그 사업의 공사완료일까지 하여야 한다(토지보상법 제74조 제1항). 기출 22
   ② 여기에서 '종래의 목적'이란 수용재결 당시에 당해 잔여지가 현실적으로 사용되고 있는 구체적인 용도를 의미하고, '사용하는 것이 현저히 곤란할 때'란 물리적으로 사용하는 것이 곤란하게 된 경우는 물론 사회적·경제적으로 사용하는 것이 곤란하게 된 경우, 즉 절대적으로 이용불가능한 경우뿐 아니라 이용은 가능하나 많은 비용이 소요되는 경우를 포함한다(대판 2005.1.28. 2002두4679; 대판 2017.9.21. 2017두30252).

2) 잔여지등 수용청구권의 행사기간 및 성질
   ① 수용의 청구는 매수에 관한 협의가 성립되지 아니한 경우에만 할 수 있으며, 사업완료일까지 하여야 한다(토지보상법 제74조 제1항). 잔여지 수용청구권의 행사기간은 제척기간이며 토지소유자가 그 행사기간 내에 잔여지 수용청구권을 행사하지 아니하면 그 권리가 소멸한다(대판 2010.8.19. 2008두822).
   ② 잔여지 수용청구권은 손실보상의 일환으로 토지소유자에게 부여되는 권리로서 그 요건을 구비한 때에는 잔여지를 수용하는 토지수용위원회의 재결이 없더라도 그 청구에 의하여 수용의 효과가 발생하는 형성권적 성질을 가진다(대판 2001.9.4. 99두11080; 대판 2010.8.19. 2008두822).

3) 불복방법
   ① 토지수용위원회의 결정에 대하여 이의신청을 할 수 있다는 데 대하여는 견해의 대립이 없다.
   ② 잔여지등 수용재결에 대해 사업시행자가 행정소송을 제기하는 경우, 잔여지수용 자체를 다툴 때에는 토지수용위원회를 피고로 하여 항고소송을 제기하여야 한다.
   ③ 사업시행자나 토지소유자가 잔여지등 수용재결에 대해 보상금의 액수만을 다툴 때에는 보상금증감청구소송을 제기하여야 한다.
   ④ 토지소유자가 잔여지등 수용거부재결에 대해 소송을 제기하는 경우, 보상금증감청구소송을 제기하여야 한다(대판 2010.8.19. 2008두822).

(6) 간접손실의 보상(사업시행지 밖의 손실에 대한 보상)

1) 간접손실 및 간접손실보상의 개념
   ① 공익사업으로 인하여 사업시행지 밖의 재산권자에게 가해지는 손실 중 공익사업으로 인하여 필연적으로 발생하는 손실이 간접손실(사업시행지 밖의 손실)이며 이 손실에 대한 보상이 간접손실보상이다.
   ② 간접손실의 보상은 사업시행지 밖의 재산권자 등이 간접적으로 입은 손실에 대한 보상을 의미하므로, 사업시행지 내의 재산권자가 직접적으로 입은 부대적 손실의 보상, 즉 영업 손실의 보상(토지보상법 제77조) 등과는 구별된다.

2) 간접손실보상의 근거

① 판례는 공공사업의 시행 결과 그로 인하여 사업지 밖에 미치는 간접손실의 보상에 관한 명문의 근거 법령이 없는 경우라고 하더라도, 헌법 제23조 제3항이 손실보상의 근거가 될 수 있다고 보았다(대판 1999.11.15. 99다27231).

② 토지보상법 제79조 제2항에서도 "공익사업이 시행되는 지역 밖에 있는 토지 등이 공익사업의 시행으로 인하여 본래의 기능을 다할 수 없게 되는 경우에는 국토교통부령으로 정하는 바에 따라 그 손실을 보상하여야 한다"라고 간접손실보상의 원칙을 규정하고 있다. 이에 따라 토지보상법 시행규칙은 제59조 이하에서 간접보상을 유형화하여 열거하고 있다. ㉠ 공익사업시행지구 밖의 대지 등에 대한 보상(제59조), ㉡ 공익사업시행지구 밖의 건축물에 대한 보상(제60조), ㉢ 소수잔존자에 대한 보상(제61조), ㉣ 공익사업시행지구 밖의 공작물 등에 대한 보상(제62조), ㉤ 공익사업시행지구 밖의 어업의 피해에 대한 보상(제63조), ㉥ 공익사업시행지구 밖의 영업손실에 대한 보상(제64조), ㉦ 공익사업시행지구 밖의 농업의 손실에 대한 보상(제65조)이 바로 그것이다. 그리고 ㉧ 토지보상법 제79조 제1항도 간접손실인 공사비용의 보상을 규정하고 있다.

> **토지보상법 시행규칙 제64조(공익사업시행지구밖의 영업손실에 대한 보상)**
> ① 공익사업시행지구밖에서 제45조에 따른 영업손실의 보상대상이 되는 영업을 하고 있는 자가 공익사업의 시행으로 인하여 다음 각 호의 어느 하나에 해당하는 경우에는 그 영업자의 청구에 의하여 당해 영업을 공익사업시행지구에 편입되는 것으로 보아 보상하여야 한다. 기출 22
> 1. 배후지의 3분의 2 이상이 상실되어 그 장소에서 영업을 계속할 수 없는 경우
> 2. 진출입로의 단절, 그 밖의 부득이한 사유로 인하여 일정한 기간 동안 휴업하는 것이 불가피한 경우

3) 보상규정의 흠결과 권리구제 방법

판례는 간접손실의 보상에 관한 명문의 근거법령이 없더라도, 공공사업의 시행으로 인하여 그러한 손실이 발생하리라는 것을 쉽게 예견할 수 있고 그 손실의 범위도 구체적으로 이를 특정할 수 있는 경우라면, 관련 규정을 유추적용하여 보상할 수 있다고 본다(대판 2013.6.14. 2010다9658).

4) 간접손실 보상청구 및 불복방법

① 간접손실의 보상은 해당 사업의 공사완료일부터 1년이 지난 후에는 청구할 수 없다(토지보상법 제79조 제5항, 제73조 제2항). 이 청구기간이 지난 경우에는 손해배상을 청구할 수 있을 것이다.

② 간접손실의 보상은 토지수용위원회의 재결에 의해 결정되고(토지보상법 제80조 제2항), 사업시행지구 밖의 토지 등을 공익사업시행지구에 편입된 것으로 보고 보상한다고 규정하고 있으므로 간접손실보상의 가부와 보상액에 관한 다툼은 명시적 규정은 없지만 토지보상법상의 이의신청 또는 행정소송으로 하여야 하는 것으로 보아야 한다(토지보상법 제83조 및 제85조).

4. 생활보상

(1) 의의
'생활보상'은 피수용자가 생활상의 이익을 상실하는 경우 종전과 같은 생활을 유지할 수 있도록 보장하는 보상을 말한다. 생활보상은 금전보상만으로는 생활상의 이익상실에 대한 보상으로 부족하기 때문에 실질적인 생활재건조치로 등장한 것이다.

(2) 생활보상의 근거

1) 대법원 판례
대법원은 "이주대책은 이주자들에 대하여 종전의 생활상태를 원상으로 회복시키면서 동시에 인간다운 생활을 보장하여 주기 위한 이른바 생활보상의 일환으로 국가의 적극적이고 정책적인 배려에 의하여 마련된 제도"(대판 2003.7.25. 2001다57778)라고 하였고, "주거용 건축물의 세입자에 대한 주거이전비와 이사비는 사회보장적 성격의 금원"으로 보았다(대판 2006.4.27. 2006두2435). 그런데 최근에는 '생활대책'이 헌법 제23조 제3항의 정당한 보상에 포함된다고 본 판례도 있다(대판 2011.10.13. 2008두17905).

2) 헌법재판소 판례
헌법재판소는 생활보상의 일환인 '이주대책'에 대해 헌법 제23조 제3항의 정당한 보상에 포함되는 것은 아니라고 하였다(헌재 2006.2.23. 2004헌마19).

(3) 토지보상법상 이주대책

1) 사업시행자의 이주대책의 수립의무
① 사업시행자는 공익사업의 시행으로 인하여 주거용 건축물을 제공함에 따라 생활의 근거를 상실하게 되는 자(이하 "이주대책대상자"라 한다)를 위하여 이주대책을 수립·실시하거나 이주정착금을 지급하여야 한다(토지보상법 제78조 제1항).
② 이와 같이 사업시행자는 법령에서 정한 일정한 경우 이주대책을 수립할 의무가 있다. 이주대책은 국토교통부령이 정하는 부득이한 사유가 있는 경우를 제외하고는 이주대책대상자 중 이주정착지에 이주를 희망하는 자의 가구 수가 10호(戸) 이상인 경우에 수립·실시한다. 다만, 사업시행자가 「택지개발촉진법」 또는 「주택법」 등 관계법령에 의하여 이주대책대상자에게 택지 또는 주택을 공급한 경우(사업시행자의 알선에 의하여 공급한 경우를 포함한다)에는 이주대책을 수립·실시한 것으로 본다(토지보상법 시행령 제40조 제2항).
③ 사업시행자의 이주대책 수립·실시의무와 이주대책의 내용을 정하고 있는 토지보상법 규정은 당사자의 합의 또는 사업시행자의 재량에 의하여 적용을 배제할 수 없는 강행법규이다(대판 2011.6.23. 2007다63089,63096 [전합]). 한편, 사업시행자는 이주대책의 내용결정에 있어서는 일정한 재량권을 갖는다(대판 2007.2.22. 2004두7481).

2) 이주대책대상자

① 토지보상법상 이주대책대상자는 '공익사업의 시행으로 인하여 주거용 건축물을 제공함에 따라 생활의 근거를 상실하게 되는 자' 및 대통령령으로 정하는 공익사업의 시행으로 공장을 이전하는 자이다(토지보상법 제78조 제1항 및 제78조의2).

② 다만, ㉠ 허가를 받거나 신고를 하고 건축하여야 하는 건축물을 허가를 받지 아니하거나 신고를 하지 아니하고 건축 또는 용도변경을 한 건축물의 소유자, ㉡ 해당 건축물에 공익사업을 위한 관계법령에 의한 고시 등이 있은 날부터 계약체결일 또는 수용재결일까지 계속하여 거주하고 있지 아니한 건축물의 소유자(다만, 질병으로 인한 요양, 징집으로 인한 입영, 공무, 취학, 해당 공익사업지구 내 타인이 소유하고 있는 건축물에의 거주 그 밖에 이에 준하는 부득이한 사유로 인하여 거주하지 아니한 경우에는 그러하지 아니하다), ㉢ 타인이 소유하고 있는 건축물에 거주하는 세입자(다만, 해당 공익사업지구에 주거용 건축물을 소유한 자로서 타인이 소유하고 있는 건축물에 거주하는 세입자는 제외한다)는 이주대책대상자에서 제외된다(토지보상법 시행령 제40조 제3항).

③ 공익사업법령이 이주대책대상자의 범위를 정하고 이주대책대상자에게 시행할 이주대책 수립 등의 내용에 관하여 구체적으로 규정하고 있으므로, 사업시행자는 이처럼 법이 정한 이주대책대상자를 법령이 예정하고 있는 이주대책 수립 등의 대상에서 임의로 제외하여서는 아니 된다(대판 2015.8.27. 2012두26746).

④ 그러나 그 규정 취지가 사업시행자가 시행하는 이주대책 수립 등의 대상자를 법이 정한 이주대책대상자로 한정하는 것은 아니므로, 사업시행자는 해당 공익사업의 성격, 구체적인 경위나 내용, 그 원만한 시행을 위한 필요 등 제반 사정을 고려하여 법이 정한 이주대책대상자를 포함하여 그 밖의 이해관계인에게까지 넓혀 이주대책 수립 등을 시행할 수 있다(대판 2015.8.27. 2012두26746). 그런데 사업시행자가 이와 같이 이주대책 수립 등의 시행 범위를 넓힌 경우에, 그 내용은 법이 정한 이주대책대상자에 관한 것과 그 밖의 이해관계인에 관한 것으로 구분되고, 그 밖의 이해관계인에 관한 이주대책 수립 등은 법적 의무가 없는 시혜적인 것으로 보아야 한다. 그리고 시혜적으로 시행되는 이주대책 수립 등의 경우에 그 대상자(시혜적인 이주대책대상자)의 범위나 그들에 대한 이주대책 수립 등의 내용을 어떻게 정할 것인지에 관하여는 사업시행자에게 폭넓은 재량이 있다(대판 2015.8.27. 2012두26746).

3) 이주대책대상자의 수분양권 등의 취득시기 및 불복방법

① 사업시행자가 이주대책에 관한 구체적인 계획을 수립하여 이를 해당자에게 통지 내지 공고한 후, 이주자가 수분양권을 취득하기를 희망하여 이주대책에 정한 절차에 따라 사업시행자에게 이주대책 대상자 선정 신청을 하고 사업시행자가 이를 받아들여 이주대책 대상자로 확인·결정하여야만 비로소 구체적인 수분양권이 발생하게 된다(대판 1995.10.12. 94누11279; 대판 1994.5.24. 92다35783[전합]). **기출 22**

② 판례에 의하면, ㉠ 이주대책대상자 선정 신청에 대한 거부는 거부처분이 되므로 이에 대하여 거부처분취소소송을 제기하고, ㉡ 부작위에 해당하는 경우에는 부작위위법확인소송을 제기하여야 한다(대판 1994.5.24. 92다35783[전합]; 대판 2014.2.27. 2013두10885).

③ 수분양권은 공법상 권리이므로(대판 1994.5.24. 92다35783[전합]), 이주자가 이주대책대상자 확인·결정을 받아 수분양권을 취득한 이후에 수분양권의 확인을 구하는 경우에는 공법상 당사자소송으로 제기하여야 할 것이다.

Ⅳ 수용재결에 대한 불복절차

1. 이의신청

(1) 의 의

지방토지수용위원회의 재결에 이의가 있는 자는 해당 지방토지수용위원회를 거쳐 중앙토지수용위원회에 이의를 신청할 수 있다(토지보상법 제83조 제2항). 기출 19

(2) 성 질

수용재결에 대한 이의신청은 준사법적 절차로서 행정심판(특별행정심판)의 성질을 가지므로, 토지보상법의 이의신청에 관한 규정은 행정심판법에 대한 특별규정이다. 이러한 이의신청은 임의적 절차이므로 토지소유자·관계인 또는 사업시행자는 이의신청을 하지 않고 바로 행정소송을 제기할 수도 있다. 기출 25·21

(3) 신청인 및 신청기간

① 이의신청을 할 수 있는 자는 토지수용위원회의 재결에 대하여 불복하는 토지소유자·관계인 또는 사업시행자이다.
② 이의신청은 재결서의 정본을 받은 날부터 30일 이내에 하여야 한다(토지보상법 제83조 제3항). 이의신청기간은 행정심판법상 심판청구기간(처분이 있음을 알게 된 날부터 90일 이내)보다 짧게 규정되어 있다.

(4) 이의신청의 대상

① 이의신청의 대상은 지방토지수용위원회의 재결이나 중앙토지수용위원회의 재결이다.
② 토지수용위원회의 재결은 수용재결 부분(토지 등을 수용하는 결정)과 보상재결 부분(보상액을 정하는 결정)으로 분리될 수 있는데, 수용재결 부분과 보상재결 부분 중 어느 한 부분에 대하여만 불복하는 경우에도 토지수용위원회의 재결 자체가 이의신청의 대상이 된다.

(5) 중앙토지수용위원회의 이의재결

이의신청을 받은 중앙토지수용위원회는 원재결(原裁決)이 위법 또는 부당한 때에는 그 원재결의 전부 또는 일부를 취소하거나 손실보상액을 변경할 수 있다(토지보상법 제84조 제1항). 여기에서 '손실보상액의 변경'이란 손실보상액의 증액 또는 감액을 말한다.

(6) 집행부정지의 원칙

이의의 신청이나 행정소송의 제기는 사업의 진행 및 토지의 수용 또는 사용을 정지시키지 아니한다(토지보상법 제88조). 기출 21·14

(7) 이의재결의 효력

① 수용재결은 원처분에 해당하고, 이의신청에 대한 재결이 행정심판의 재결에 해당하여 행정심판법상 재결의 기속력 규정(행정심판법 제49조)이 준용된다. 기출 20
② 토지보상법 제85조 제1항에 따른 기간 이내에 행정소송이 제기되지 아니하거나 그 밖의 사유로 이의신청에 대한 재결이 확정된 때에는 민사소송법상의 확정판결이 있은 것으로 보며, 재결서 정본은 집행력 있는 판결의 정본과 동일한 효력을 가진다(토지보상법 제86조 제1항).

2. 행정소송

> **토지보상법 제85조(행정소송의 제기)**
> ① 사업시행자, 토지소유자 또는 관계인은 제34조에 따른 재결에 불복할 때에는 재결서를 받은 날부터 90일 이내에, 이의신청을 거쳤을 때에는 이의신청에 대한 재결서를 받은 날부터 60일 이내에 각각 행정소송을 제기할 수 있다. 이 경우 사업시행자는 행정소송을 제기하기 전에 제84조에 따라 늘어난 보상금을 공탁하여야 하며, 보상금을 받을 자는 공탁된 보상금을 소송이 종결될 때까지 수령할 수 없다. 기출 21
> ② 제1항에 따라 제기하려는 행정소송이 보상금의 증감(增減)에 관한 소송인 경우 그 소송을 제기하는 자가 토지소유자 또는 관계인일 때에는 사업시행자를, 사업시행자일 때에는 토지소유자 또는 관계인을 각각 피고로 한다.
> 기출 21·20·19·14·13

(1) 개설

① 수용재결(원처분) 또는 이의재결에 대한 불복에는 수용 자체를 다투는 경우와 보상액을 다투는 경우가 있다. ㉠ 수용 자체를 다투는 경우에는 재결에 대하여 취소소송 또는 무효확인소송을 제기하고(토지보상법 제85조 제1항), ㉡ 보상금에 대하여만 다투는 경우에는 보상금의 증감을 청구하는 소송을 제기하여야 한다(토지보상법 제85조 제2항).

② 토지보상법 제85조 제1항은 수용 자체를 다투는 항고소송(취소소송 또는 무효확인소송)과 보상액을 다투는 보상금증감청구소송 모두를 규율하는 규정이고, 제85조 제2항은 보상금증감청구소송에 관한 규정이다.

(2) 취소소송(또는 무효확인소송)

① 의의 : 토지수용위원회의 재결에 대한 불복의 내용이 수용 자체를 다투는 것이면, 이의재결을 거쳐 취소소송 또는 무효확인소송을 제기하거나 이의신청을 제기함이 없이 바로 취소소송 또는 무효확인소송을 제기할 수 있다(토지보상법 제85조 제1항).

② 대상
㉠ 이의신청을 거쳐 취소소송을 제기하는 경우, 취소소송의 대상이 원처분인 수용재결인지 아니면 이의재결인지 문제된다.
㉡ 토지보상법 제85조 제1항이 행정소송에 의한 불복의 대상을 '제34조의 규정에 의한 재결', 즉 수용재결이라고 규정하고 있고, 이의신청은 임의적 절차에 불과하며, 이의재결을 대상으로 한다는 명문의 규정이 없는 이상 행정소송법 제19조의 일반원칙(원처분주의)에 따라 원처분인 수용재결을 대상으로 하여야 한다. 다만, 이의재결 자체에 고유한 위법이 있는 경우에는 이의재결을 대상으로 하여 취소소송을 제기할 수 있다(행정소송법 제19조 단서). 판례도 같은 입장이다(대판 2010.1.28, 2008두1504).

> 수용재결에 불복하여 취소소송을 제기하는 때에는 이의신청을 거친 경우에도 수용재결을 한 중앙토지수용위원회 또는 지방토지수용위원회를 피고로 하여 수용재결의 취소를 구하여야 하고, 다만 이의신청에 대한 재결 자체에 고유한 위법이 있음을 이유로 하는 경우에는 그 이의재결을 한 중앙토지수용위원회를 피고로 하여 이의재결의 취소를 구할 수 있다고 보아야 한다(대판 2010.1.28, 2008두1504). 기출 20·14

③ 제소기간
  ㉠ 이의신청 없이 바로 취소소송을 제기하는 경우에는 (수용)재결서를 받은 날부터 90일 이내에, 이의신청을 거친 때에는 '이의신청에 대한 재결서'를 받은 날부터 60일 이내에 제기하여야 한다(토지보상법 제85조 제1항).
  ㉡ 취소소송과 달리 무효확인소송을 제기하는 경우에는 제소기간의 제한이 없다.
④ **집행부정지** : 이의의 신청이나 행정소송의 제기는 사업의 진행 및 토지의 수용 또는 사용을 정지시키지 아니한다(토지보상법 제88조).
⑤ **하자의 승계 문제** : 사업인정처분과 수용재결 사이에는 하자의 승계가 인정되지 않는다(대판 1992.3.13. 91누4324).

> 사업인정처분 자체의 위법은 사업인정단계에서 다투어야 하고 이미 그 쟁송기간이 도과한 수용재결단계에서는 사업인정처분이 당연무효라고 볼만한 특단의 사정이 없는 한 그 위법을 이유로 재결의 취소를 구할 수는 없다(대판 1992.3.13. 91누4324). 기출 21

(3) 보상금증감청구소송
① **의 의**
  ㉠ 보상금증감청구소송은 수용재결 중 보상금에 대하여만 이의가 있는 경우에 보상금의 증액 또는 감액을 청구하는 소송이다.
  ㉡ 토지소유자 또는 관계인은 보상금의 증액을 청구하는 소송(보상금증액청구소송)을 제기하고, 사업시행자는 보상액의 감액을 청구하는 소송(보상금감액청구소송)을 제기할 것이다.
② **법적성질** : 토지보상법상 보상금증감청구소송에서 당사자가 실질적으로 다투고자 하는 바는 보상금에 대한 것이고 그 전제로서 재결의 효력이 심판의 대상이 되는 것이므로, 보상금증감청구소송을 형식적 당사자소송으로 볼 수 있다. 판례는 보상금증감청구소송을 공법상 당사자소송으로 보았다(대판 1991.11.26. 91누285).

> 토지수용법 제75조의2 제2항의 규정은 그 제1항에 의하여 이의재결에 대하여 불복하는 행정소송을 제기하는 경우, 이것이 보상금의 증감에 관한 소송인 때에는 이의재결에서 정한 보상금이 증액 변경될 것을 전제로 하여 기업자를 상대로 보상금의 지급을 구하는 공법상의 당사자소송을 규정한 것으로 볼 것이다(대판 1991.11.26. 91누285). 기출 14

③ **원고적격과 피고적격**
  ㉠ 보상금증감청구소송은 '토지소유자' 또는 '관계인'이 소를 제기하는 경우에는 사업시행자를 피고로 하고, '사업시행자'가 소를 제기하는 경우에는 토지소유자 또는 관계인을 피고로 한다(제85조 제2항).

  기출 21·20·19·14·13

  ㉡ 토지수용위원회는 보상금증감청구소송의 피고적격이 없으므로, 토지수용위원회를 피고로 한 보상금증감청구소송은 부적법하다.
④ **제소기간** : ㉠ 이의신청 없이 바로 보상금증감청구소송을 제기하는 경우에는 (수용)재결서를 받은 날부터 90일 이내에, ㉡ 이의신청을 거친 경우에는 이의신청에 대한 재결서를 받은 날부터 60일 이내에 제기하여야 한다(토지보상법 제85조 제1항). 기출 21

⑤ **청구의 병합** : 주위적으로 '관할 토지수용위원회'를 피고로 하여 수용재결의 취소를 청구하면서 예비적으로 '사업시행자'를 피고로 하는 보상금증액청구를 병합할 수도 있다(행정소송법 제10조 제2항).

⑥ **관련 판례**

> - 잔여지 수용청구를 받아들이지 않은 토지수용위원회의 재결에 대하여 토지소유자가 불복하여 제기하는 소송은 위 법 제85조 제2항에 규정되어 있는 '보상금의 증감에 관한 소송'에 해당하여 사업시행자를 피고로 하여야 한다(대판 2010.8.19. 2008두822).
> - 어떤 보상항목이 공익사업을 위한 토지 등의 취득 및 보상에 관한 법령상 손실보상대상에 해당함에도 관할 토지수용위원회가 사실을 오인하거나 법리를 오해함으로써 손실보상대상에 해당하지 않는다고 잘못된 내용의 재결을 한 경우에는, 피보상자는 관할 토지수용위원회를 상대로 그 재결에 대한 취소소송을 제기할 것이 아니라, 사업시행자를 상대로 구「공익사업을 위한 토지 등의 취득 및 보상에 관한 법률」제85조 제2항에 따른 보상금증감소송을 제기하여야 한다(대판 2018.7.20. 2015두4044).
> - 하나의 재결에서 피보상자별로 여러 가지의 토지, 물건, 권리 또는 영업(이처럼 손실보상 대상에 해당하는지, 나아가 그 보상금액이 얼마인지를 심리·판단하는 기초 단위를 이하 '보상항목'이라고 한다)의 손실에 관하여 심리·판단이 이루어졌을 때, 피보상자 또는 사업시행자가 반드시 재결 전부에 관하여 불복하여야 하는 것은 아니며, 여러 보상항목들 중 일부에 관해서만 불복하는 경우에는 그 부분에 관해서만 개별적으로 불복의 사유를 주장하여 행정소송을 제기할 수 있다. 이러한 보상금 증감 소송에서 법원의 심판범위는 하나의 재결 내에서 소송당사자가 구체적으로 불복신청을 한 보상항목들로 제한된다. 법원이 구체적인 불복신청이 있는 보상항목들에 관해서 감정을 실시하는 등 심리한 결과, 재결에서 정한 보상금액이 일부 보상항목의 경우 과소하고 다른 보상항목의 경우 과다한 것으로 판명되었다면, 법원은 보상항목 상호 간의 유용을 허용하여 항목별로 과다 부분과 과소 부분을 합산하여 보상금의 합계액을 정당한 보상금으로 결정할 수 있다(대판 2018.5.15. 2017두41221). **기출 22**

제2절 행정심판

제1관 | 개 설

I. 행정심판의 목적 및 개념

1. 행정심판의 목적

> **행정심판법 제1조(목적)**
> 이 법은 행정심판 절차를 통하여 행정청의 위법 또는 부당한 처분(處分)이나 부작위(不作爲)로 침해된 국민의 권리 또는 이익을 구제하고, 아울러 행정의 적정한 운영을 꾀함을 목적으로 한다.

행정소송은 행정소송절차를 통하여 행정청의 위법한 처분 그 밖에 공권력의 행사·불행사등으로 인한 국민의 권리 또는 이익의 침해를 구제하고, 공법상의 권리관계 또는 법적용에 관한 다툼을 적정하게 해결함을 목적으로 함에 반하여 행정심판은 행정심판 절차를 통하여 행정청의 위법 또는 부당한 처분이나 부작위로 침해된 국민의 권리 또는 이익을 구제하고, 아울러 행정의 적정한 운영을 꾀함을 목적으로 한다(행정소송법 제1조, 행정심판법 제1조). **기출 16**

2. 행정심판의 개념

① 행정심판이란 행정청의 위법 또는 부당한 처분이나 부작위에 대한 불복에 대하여, 사법부가 아닌 행정부에 설치된 독립된 행정기관이 심판하는 행정쟁송절차를 말한다.
② 행정심판의 개념에 대하여는 ㉠ 행정심판을 행정심판법상의 행정심판으로 한정하는 견해도 있으나(협의설, 형식설), ㉡ 행정심판법상의 행정심판은 물론이고 개별법상의 이의신청이나 심사청구·심판청구 등(예 토지보상법상 이의신청, 국세기본법상의 심사청구 또는 심판청구, 감사원법상 재심의 판정 등)을 포함하여 행정기관이 행정법상의 사건에서 준사법적 절차에 의해 사법유사적 판단권을 가지는 경우를 모두 포함한다고 보는 것이 타당하다(실질설, 광의설).

> 헌법 제107조 제3항은 "재판의 전심절차로서 행정심판을 할 수 있다. 행정심판의 절차는 법률로 정하되, 사법절차가 준용되어야 한다"고 규정하고 있으므로, 입법자가 행정심판을 전심절차가 아니라 종심절차로 규정함으로써 정식재판의 기회를 배제하거나, 어떤 행정심판을 필요적 전심절차로 규정하면서도 그 절차에 사법절차가 준용되지 않는다면 이는 위 헌법조항, 나아가 재판청구권을 보장하고 있는 헌법 제27조에도 위반된다(헌재 2001.6.28. 2000헌바30). 기출 16

3. 구별개념: 이의신청

> **행정기본법 제36조(처분에 대한 이의신청)**
> ① 행정청의 처분(「행정심판법」 제3조에 따라 같은 법에 따른 행정심판의 대상이 되는 처분을 말한다. 이하 이 조에서 같다)에 이의가 있는 당사자는 처분을 받은 날부터 30일 이내에 해당 행정청에 이의신청을 할 수 있다.
> ② 행정청은 제1항에 따른 이의신청을 받으면 그 신청을 받은 날부터 14일 이내에 그 이의신청에 대한 결과를 신청인에게 통지하여야 한다. 다만, 부득이한 사유로 14일 이내에 통지할 수 없는 경우에는 그 기간을 만료일 다음 날부터 기산하여 10일의 범위에서 한 차례 연장할 수 있으며, 연장 사유를 신청인에게 통지하여야 한다.
> ③ 제1항에 따라 이의신청을 한 경우에도 그 이의신청과 관계없이 「행정심판법」에 따른 행정심판 또는 「행정소송법」에 따른 행정소송을 제기할 수 있다.
> ④ 이의신청에 대한 결과를 통지받은 후 행정심판 또는 행정소송을 제기하려는 자는 그 결과를 통지받은 날(제2항에 따른 통지기간 내에 결과를 통지받지 못한 경우에는 같은 항에 따른 통지기간이 만료되는 날의 다음 날을 말한다)부터 90일 이내에 제1항의 처분(이의신청 결과 처분이 변경된 경우에는 변경된 처분으로 한다)에 대하여 행정심판 또는 행정소송을 제기할 수 있다. 〈개정 2025.3.18.〉
> ⑤ 행정청은 제2항 또는 다른 법률에 따라 이의신청에 대한 결과를 통지할 때에는 대통령령으로 정하는 바에 따라 제4항에 따른 행정심판 또는 행정소송을 제기할 수 있는 기간 등 행정심판 또는 행정소송의 제기에 관한 사항을 함께 안내하여야 한다. 다만, 이의신청에 대한 결과를 통지하기 전에 이미 신청인이 행정심판 또는 행정소송을 제기한 경우에는 안내하지 아니할 수 있다. 〈신설 2025.3.18.〉
> ⑥ 다른 법률에서 이의신청과 이에 준하는 절차에 대하여 정하고 있는 경우에도 그 법률에서 규정하지 아니한 사항에 관하여는 이 조에서 정하는 바에 따른다. 〈개정 2025.3.18.〉
> ⑦ 제1항부터 제6항까지에서 규정한 사항 외에 이의신청의 방법 및 절차 등에 관한 사항은 대통령령으로 정한다. 〈개정 2025.3.18.〉
> ⑧ 다음 각 호의 어느 하나에 해당하는 사항에 관하여는 이 조를 적용하지 아니한다. 〈개정 2025.3.18.〉
> 1. 공무원 인사 관계 법령에 따른 징계 등 처분에 관한 사항
> 2. 「국가인권위원회법」 제30조에 따른 진정에 대한 국가인권위원회의 결정
> 3. 「노동위원회법」 제2조의2에 따라 노동위원회의 의결을 거쳐 행하는 사항

> 4. 형사, 행형 및 보안처분 관계 법령에 따라 행하는 사항
> 5. 외국인의 출입국·난민인정·귀화·국적회복에 관한 사항
> 6. 과태료 부과 및 징수에 관한 사항

① 일반적으로 이의신청은 위법하거나 부당한 행정작용에 대하여 '처분을 한 행정청(처분청)'에 제기하는 행정불복절차를 말한다.

② 이의신청 제도는 국민이 행정심판이나 소송 전에 간편하게 불복할 수 있는 기회를 제공한다는 측면에서 필요하나, 행정기본법 제정 전에는 개별법에서 이의신청, 불복, 재심 등 다양한 용어와 형태로 규정되어 있었고, 이의신청 기간 중에 행정심판이나 소송의 제소기간이 정지되는지가 불명확하여 국민 혼란이 초래되고 있었다. 행정기본법에서는 처분의 이의신청에 대한 공통적인 방법과 절차를 규정하여 이의신청 제도가 실효성 있게 운영되도록 하고, 개별법령에 이의신청에 관한 내용이 규정되어 있지 아니한 처분에 대해서도 불복할 수 있는 기회를 제공(이의신청에 관한 일반적 근거 규정)하여 국민 권리구제를 강화하였다.

II 행정심판의 종류

1. 개 설

> **행정심판법 제5조(행정심판의 종류)**
> 행정심판의 종류는 다음 각 호와 같다.
> 1. 취소심판 : 행정청의 위법 또는 부당한 처분을 취소하거나 변경하는 행정심판
> 2. 무효등확인심판 : 행정청의 처분의 효력 유무 또는 존재 여부를 확인하는 행정심판
> 3. 의무이행심판 : 당사자의 신청에 대한 행정청의 위법 또는 부당한 거부처분이나 부작위에 대하여 일정한 처분을 하도록 하는 행정심판

행정심판법은 행정심판의 종류로 취소심판, 무효등확인심판, 의무이행심판만 규정하고 있고, 당사자심판이나 부작위위법확인심판은 규정하고 있지 않다(행정심판법 제5조). 따라서 처분 등을 원인으로 하는 법률관계에 관한 다툼이 있는 경우라도 당사자심판을 제기할 수 없다. 기출 25·13

2. 취소심판

(1) 의 의

① 취소심판은 '행정청의 위법 또는 부당한 처분의 취소 또는 변경을 하는 심판'을 말한다(행정심판법 제5조 제1호). 취소심판의 대상이 되는 처분은 적극적인 처분뿐만 아니라 소극적인 거부처분도 포함된다.

② 행정심판에서 '변경'이란 취소소송과 달리 적극적인 변경(예 허가취소처분을 3개월의 영업정지처분으로 변경하는 것)도 포함하는 의미이다. 그 이유는 행정심판에서는 행정소송과 달리 적극적 변경을 허용하여도 권력분립에 반한 소지가 적기 때문이다.

(2) 특 징

취소심판은 취소소송과 마찬가지로 청구기간의 제한이 있고(행정심판법 제27조), 집행부정지의 원칙이 적용되고(행정심판법 제30조), 사정재결을 할 수 있다(행정심판법 제44조).

(3) 인용재결

행정심판위원회(이하 '위원회')는 취소심판의 청구가 이유가 있다고 인정하면 처분을 취소 또는 다른 처분으로 변경하거나 처분을 다른 처분으로 변경할 것을 피청구인에게 명한다(행정심판법 제43조 제3항). 따라서 취소심판에서는 처분취소재결, 처분변경재결, 처분변경명령재결을 할 수 있다. 처분취소명령재결은 2010년 행정심판법 개정으로 삭제되었으므로 인정되지 않는다.

3. 무효등확인심판

(1) 의 의

① 무효등확인심판이란 행정청의 처분의 효력 유무 또는 존재 여부를 확인하는 행정심판을 말한다(행정심판법 제5조 제2호). 따라서 행정심판법상 처분의 존재확인심판뿐만 아니라 처분의 부존재확인심판도 허용된다. 기출 20 무효등확인심판의 대상이 되는 처분은 적극적인 처분뿐만 아니라 소극적인 거부처분도 포함된다. 기출 24

② 이론적으로는 처분이 무효이거나 부존재하는 경우에는 당연히 처음부터 효력이 인정되지 않겠지만, 처분으로서의 외관이 존재하는 경우 처분의 상대방이나 이해관계인이 불이익을 받을 우려가 있으므로 처분의 효력유무나 존재여부에 대한 확인을 받을 필요성이 인정된다.

(2) 특 징

무효등확인심판은 취소심판과 달리 청구기간의 제한을 받지 않으며(행정심판법 제27조 제7항), 집행부정지의 원칙이 적용되고(행정심판법 제30조), 사정재결은 인정되지 않는다(통설).

(3) 인용재결

위원회는 무효등확인심판의 청구가 이유 있다고 인정하면 처분의 효력 유무 또는 존재 여부를 확인한다(행정심판법 제43조 제4항). 따라서 무효등확인심판에서는 처분무효확인재결, 처분실효확인재결, 처분유효확인재결, 처분존재확인재결, 처분부존재확인재결을 할 수 있다.

4. 의무이행심판

(1) 의 의

① 의무이행심판은 '행정청의 위법 또는 부당한 거부처분이나 부작위에 대하여 일정한 처분을 하도록 하는 심판'을 말한다(행정심판법 제5조 제3호).

② 행정소송법에서는 의무이행소송에 대한 명문의 규정이 없어 인정 여부에 대해 견해가 대립하고 있으나(판례는 의무이행소송을 부정한다), 행정심판법은 명문으로 의무이행심판을 인정하고 있다(행정심판법 제5조 제3호). 기출 16 그러나 행정소송에서 부작위위법확인소송이 인정되는 것과 달리, 행정심판에서는 '부작위위법확인심판'이 인정되지 않는다.

③ 의무이행심판은 행정청의 '부작위'뿐만 아니라 '거부처분'에 대하여도 적극적인 처분을 구하는 행정심판이다. 따라서 '거부처분'에 대하여는 '취소심판'뿐만 아니라 '의무이행심판'도 선택적으로 청구할 수 있다.

기출 24 · 20 · 18

(2) 성 질

의무이행심판은 행정청에게 일정한 처분을 할 것을 명하는 재결을 구하는 행정심판이므로 이행쟁송으로 보는 것이 통설적 견해이다. 그러나 현행 행정심판법상 의무이행심판의 경우 처분명령재결뿐만 아니라 처분재결도 인정된다(행정심판법 제43조 제5항). 처분재결은 행정심판기관인 위원회가 스스로 처분을 하는 것으로 형성재결이고, 처분명령재결은 행정청에게 처분을 명하는 재결이므로 이행재결이 된다. 그러므로 의무이행심판은 이행적 쟁송의 성질과 함께 형성적 쟁송의 성질을 갖는다고 보아야 한다.

(3) 특 징

① 거부처분에 대한 의무이행심판은 청구기간의 제한이 있지만, 부작위에 대한 의무이행심판은 청구기간의 제한을 받지 않는다(행정심판법 제27조 제7항).
② 정지의 대상이 되는 처분이 없으므로 집행부정지에 관한 규정은 적용되지 아니하며, 사정재결은 인정된다.

(4) 인용재결

위원회는 의무이행심판의 청구가 이유 있다고 인정하면 신청에 따른 처분을 하거나 처분을 할 것을 피청구인에게 명한다(행정심판법 제43조 제5항). 신청에 따른 처분은 처분재결에 해당하고 신청에 따른 처분을 할 것을 피청구인에게 명하는 것은 처분명령재결에 해당한다. 기출 22

(5) 기각재결에 대한 불복

행정소송에서는 의무이행소송이 인정되지 않으므로, ① '부작위'에 대한 기각재결에 대하여는 부작위위법확인소송을 통하여, ② '거부처분'에 대한 기각재결에 대하여는 거부처분취소소송을 통하여 불복할 수 있다.

제2관 | 행정심판의 대상

I. 처분 또는 부작위

> **행정심판법 제2조(정의)**
> 이 법에서 사용하는 용어의 뜻은 다음과 같다.
> 1. "처분"이란 행정청이 행하는 구체적 사실에 관한 법집행으로서의 공권력의 행사 또는 그 거부, 그 밖에 이에 준하는 행정작용을 말한다.
> 2. "부작위"란 행정청이 당사자의 신청에 대하여 상당한 기간 내에 일정한 처분을 하여야 할 법률상 의무가 있는데도 처분을 하지 아니하는 것을 말한다. 기출 23
>
> **행정심판법 제3조(행정심판의 대상)**
> ① 행정청의 처분 또는 부작위에 대하여는 다른 법률에 특별한 규정이 있는 경우 외에는 이 법에 따라 행정심판을 청구할 수 있다.
> ② 대통령의 처분 또는 부작위에 대하여는 다른 법률에서 행정심판을 청구할 수 있도록 정한 경우 외에는 행정심판을 청구할 수 없다.

1. 처분
① "처분"이란 행정청이 행하는 구체적 사실에 관한 법집행으로서의 공권력의 행사 또는 그 거부, 그 밖에 이에 준하는 행정작용을 말한다(행정심판법 제2조 제1호).
② "처분"에는 '거부처분'도 포함되고, 거부처분에 대하여 취소심판(또는 무효등확인심판)뿐만 아니라 의무이행심판도 제기할 수 있다. 기출 20

2. 부작위
① "부작위"란 행정청이 당사자의 신청에 대하여 상당한 기간 내에 일정한 처분을 하여야 할 법률상 의무가 있는데도 처분을 하지 아니하는 것을 말한다(행정심판법 제2조 제2호). 기출 23
② 부작위도 행정심판(의무이행심판)의 대상이 된다(행정심판법 제3조 제1항, 제5조 제3호). 기출 17
③ 부작위위법확인소송이 인정되는 행정소송법과 달리, 행정심판법상 '부작위위법확인심판'은 인정되지 않는다.

II 심판의 제외대상

1. 대통령의 처분 또는 부작위
대통령의 처분 또는 부작위에 대하여는 다른 법률에서 행정심판을 청구할 수 있도록 정한 경우 외에는 행정심판을 청구할 수 없다(행정심판법 제3조 제2항). 기출 25 · 17

2. 행정심판의 재결
행정심판청구에 대한 재결이 있으면 그 재결 및 같은 처분 또는 부작위에 대하여 다시 행정심판을 청구할 수 없다(행정심판법 제51조, 재심판청구의 금지).

3. 처분적 법규명령
처분적 법규명령이 행정심판의 대상이 될 것인지에 관하여는 견해가 대립하고 있는데, 실무에서는 헌법 제107조 제2항은 명령에 대한 규범통제권을 법원에 부여하고 있는 점을 근거로 부정설을 취하고 있다. 긍정설을 취하는 견해도 행정심판법 제3조 제2항에 따라 처분적 법규명령이 대통령령인 경우에는 행정심판의 대상이 되지 않는다고 본다.

4. 행정소송 이외의 특별불복절차가 마련된 처분
통고처분, 검사의 불기소처분, 과태료부과처분과 같이 행정소송법 제2조의 '처분'의 개념 정의에는 해당한다고 하더라도 그 처분의 근거 법률에서 행정소송 이외의 다른 절차에 의하여 불복할 것을 예정하고 있는 처분은 행정심판의 대상이 될 수 없다.

제3관 | 행정심판의 당사자 및 관계인

I 청구인

1. 청구인능력

① 청구인은 행정심판을 청구하는 자를 말한다. 청구인은 원칙적으로 자연인 또는 법인(法人)이어야 한다.
② 법인이 아닌 사단 또는 재단으로서 대표자나 관리인이 정하여져 있는 경우에는 그 사단이나 재단의 이름으로 심판청구를 할 수 있다(행정심판법 제14조). 기출 17
③ 청구인능력이 없는 자가 제기한 행정심판은 부적법하므로 각하재결의 대상이 된다.

2. 청구인적격

> **행정심판법 제13조(청구인 적격)**
> ① 취소심판은 처분의 취소 또는 변경을 구할 법률상 이익이 있는 자가 청구할 수 있다. 처분의 효과가 기간의 경과, 처분의 집행, 그 밖의 사유로 소멸된 뒤에도 그 처분의 취소로 회복되는 법률상 이익이 있는 자의 경우에도 또한 같다.
> ② 무효등확인심판은 처분의 효력 유무 또는 존재 여부의 확인을 구할 법률상 이익이 있는 자가 청구할 수 있다.
> ③ 의무이행심판은 처분을 신청한 자로서 행정청의 거부처분 또는 부작위에 대하여 일정한 처분을 구할 법률상 이익이 있는 자가 청구할 수 있다. 기출 23

① 청구인적격은 행정심판을 청구할 자격이 있는 자, 즉 '행정심판을 제기할 법률상 이익이 있는 자'를 의미한다(행정심판법 제13조). 여기에서의 '법률상 이익'은 취소소송에서와 마찬가지로 "당해 처분의 근거 법규 및 관련 법규에 의하여 보호되는 개별적·직접적·구체적 이익이 있는 경우"를 의미한다('취소소송의 원고적격' 참조).
② 청구인적격이 없는 자가 제기한 행정심판은 부적법하므로 각하재결의 대상이 된다.

3. 선정대표자

① 여러 명의 청구인이 공동으로 심판청구를 할 때에는 청구인들 중에서 3명 이하의 선정대표자를 선정할 수 있다(행정심판법 제15조 제1항). 기출 23
② 선정대표자는 청구인 중에서 이를 선정하여야 하는 것이므로 청구인이 아닌 개인에 대한 선정행위는 무효이다(대판 1991.1.25. 90누7791 참조).

Ⅱ 피청구인

> **행정심판법 제17조(피청구인의 적격 및 경정)**
> ① 행정심판은 처분을 한 행정청(의무이행심판의 경우에는 청구인의 신청을 받은 행정청)을 피청구인으로 하여 청구하여야 한다. 다만, 심판청구의 대상과 관계되는 권한이 다른 행정청에 승계된 경우에는 권한을 승계한 행정청을 피청구인으로 하여야 한다.

① 피청구인은 행정심판청구의 상대방을 말한다. 법 이론상으로 피청구인은 행정주체인 국가나 지방자치단체 등이 되어야 하나 심판진행의 편의상 행정심판법은 '처분을 한 행정청'(처분청)을 피청구인으로 하도록 규정하고 있다(행정심판법 제17조 제1항). 행정심판의 피청구인이 되는 '처분청'이란 실제로 그의 이름으로 처분을 한 행정청을 말한다.
② 의무이행심판은 신청에 대한 거부처분이나 부작위에 대하여 청구하는 것이므로, 청구인의 신청을 받은 행정청이 의무이행심판의 피청구인이 된다(행정심판법 제17조 제1항). 예를 들면, 정보공개 거부처분에 대한 취소심판의 피청구인은 정보공개청구를 받은 행정청이 된다. 기출 18
③ '행정청'이란 행정에 관한 의사를 결정하여 표시하는 국가 또는 지방자치단체의 기관, 그 밖에 법령 또는 자치법규에 따라 행정권한을 가지고 있거나 위탁을 받은 공공단체나 그 기관 또는 사인(私人)을 말한다(행정심판법 제2조 제4호).

Ⅲ 대리인

> **행정심판법 제18조(대리인의 선임)**
> ① 청구인은 법정대리인 외에 다음 각 호의 어느 하나에 해당하는 자를 대리인으로 선임할 수 있다.
>   1. 청구인의 배우자, 청구인 또는 배우자의 사촌 이내의 혈족
>   2. 청구인이 법인이거나 제14조에 따른 청구인 능력이 있는 법인이 아닌 사단 또는 재단인 경우 그 소속 임직원
>   3. 변호사
>   4. 다른 법률에 따라 심판청구를 대리할 수 있는 자
>   5. 그 밖에 위원회의 허가를 받은 자
> ② 피청구인은 그 소속 직원 또는 제1항 제3호부터 제5호까지의 어느 하나에 해당하는 자를 대리인으로 선임할 수 있다.
> ③ 제1항과 제2항에 따른 대리인에 관하여는 제15조 제3항 및 제5항을 준용한다.

> **행정심판법 제18조의2(국선대리인)**
> ① 청구인이 경제적 능력으로 인해 대리인을 선임할 수 없는 경우에는 위원회에 국선대리인을 선임하여 줄 것을 신청할 수 있다. 기출 23
> ② 위원회는 제1항의 신청에 따른 국선대리인 선정 여부에 대한 결정을 하고, 지체 없이 청구인에게 그 결과를 통지하여야 한다. 이 경우 위원회는 심판청구가 명백히 부적법하거나 이유 없는 경우 또는 권리의 남용이라고 인정되는 경우에는 국선대리인을 선정하지 아니할 수 있다.
> ③ 국선대리인 신청절차, 국선대리인 지원 요건, 국선대리인의 자격·보수 등 국선대리인 운영에 필요한 사항은 국회규칙, 대법원규칙, 헌법재판소규칙, 중앙선거관리위원회규칙 또는 대통령령으로 정한다.

제4관 | 행정심판의 청구

I 청구기간

> **행정심판법 제27조(심판청구의 기간)**
> ① 행정심판은 처분이 있음을 알게 된 날부터 90일 이내에 청구하여야 한다. 기출 23
> ② 청구인이 천재지변, 전쟁, 사변(事變), 그 밖의 불가항력으로 인하여 제1항에서 정한 기간에 심판청구를 할 수 없었을 때에는 그 사유가 소멸한 날부터 14일 이내에 행정심판을 청구할 수 있다. 다만, 국외에서 행정심판을 청구하는 경우에는 그 기간을 30일로 한다.
> ③ 행정심판은 처분이 있었던 날부터 180일이 지나면 청구하지 못한다. 다만, 정당한 사유가 있는 경우에는 그러하지 아니하다.
> ④ 제1항과 제2항의 기간은 불변기간(不變期間)으로 한다.
> ⑤ 행정청이 심판청구 기간을 제1항에 규정된 기간보다 긴 기간으로 잘못 알린 경우 그 잘못 알린 기간에 심판청구가 있으면 그 행정심판은 제1항에 규정된 기간에 청구된 것으로 본다. 기출 22
> ⑥ 행정청이 심판청구 기간을 알리지 아니한 경우에는 제3항에 규정된 기간에 심판청구를 할 수 있다.
> ⑦ 제1항부터 제6항까지의 규정은 무효등확인심판청구와 부작위에 대한 의무이행심판청구에는 적용하지 아니한다. 기출 17

1. 원칙

(1) 개 설

① 행정심판의 청구기간은 원칙적으로 처분이 있음을 알게 된 날부터 90일 이내, 처분이 있었던 날부터 180일 이내이다(행정심판법 제27조 제1항 및 제3항). 두 기간을 모두 준수해야 하므로, 둘 중 어느 하나라도 도과하면 원칙적으로 행정심판청구를 할 수 없다. 기출 23

② 따라서 처분이 있었던 날부터 180일이 경과하거나 180일 이내라도 처분이 있음을 알게 된 날부터 90일이 경과하면 행정심판은 부적법하게 된다.

③ 행정심판의 청구기간은 취소심판청구와 '거부처분'에 대한 의무이행심판청구에만 적용되고, 무효등확인심판청구나 '부작위'에 대한 의무이행심판청구에는 적용되지 아니한다(행정심판법 제27조 제7항). 기출 17

(2) 처분이 있음을 알게 된 날부터 90일 이내

① 심판청구기간 기산점인 '처분이 있음을 알게 된 날'이란 당사자가 통지·공고 기타의 방법에 의하여 당해 처분이 있었다는 사실을 현실적으로 안 날을 의미한다(대판 1995.11.24. 95누11535).

② 행정청이 심판청구 기간을 처분이 있음을 알게 된 날부터 90일보다 긴 기간으로 잘못 알린 경우 그 잘못 알린 기간에 심판청구가 있으면 그 행정심판은 제1항에 규정된 기간에 청구된 것으로 본다(행정심판법 제27조 제5항). 기출 22·21

③ 심판청구기간을 계산할 때에는 피청구인이나 행정심판위원회에 심판청구서가 제출되었을 때에 행정심판이 청구된 것으로 본다(행정심판법 제23조 제4항).

④ 불특정 다수인에게 고시 또는 공고에 의하여 행정처분을 하는 경우(= 일반처분의 경우)에는 그 처분의 상대방이 불특정 다수인이고, 그 처분의 효력이 불특정 다수인에게 일률적으로 적용되는 것이므로, 그에 대한 행정심판 청구기간도 그 행정처분에 이해관계를 갖는 자가 고시 또는 공고가 있었다는 사실을 현실적으로 알았는지 여부에 관계없이 '고시가 효력을 발생하는 날'인 고시 또는 공고가 있은 후 5일이 경과한 날에 행정처분이 있음을 알았다고 보아야 한다(대판 2000.9.8. 99두11257). 기출 15

- (3) 처분이 있었던 날부터 90일 이내
  - ① 행정심판은 처분이 있었던 날부터 180일이 지나면 청구하지 못한다. 다만, 정당한 사유가 있는 경우에는 그러하지 아니하다(행정심판법 제27조 제3항).
  - ② '처분이 있었던 날'은 그 처분의 효력이 발생한 날을 의미한다(대판 2019.8.9. 2019두38656).

2. 예외

(1) 90일에 대한 예외 : 천재지변 등
행정심판은 처분이 있음을 알게 된 날부터 90일 이내에 청구하여야 하지만, 천재지변, 전쟁, 사변, 그 밖의 불가항력으로 그 기간 내에 심판청구를 할 수 없었을 때에는 그 사유가 소멸한 날부터 14일(국외에서는 30일) 이내에 청구할 수 있다(행정심판법 제27조 제1항, 제2항).

(2) 180일에 대한 예외 : 정당한 사유의 존재
행정심판은 처분이 있었던 날부터 180일 이내에 청구하여야 하지만, 정당한 사유가 있는 경우에는 180일이 지나도 청구할 수 있다(행정심판법 제27조 제3항). 어떤 사유가 '정당한 사유'에 해당하는지가 문제되는데, 이는 180일 이내에 심판청구를 하지 못한 것을 '정당화할 만한 객관적인 사유'로 판단되어야 한다.

(3) 심판청구기간의 오고지(誤告知) 및 불고지(不告知)의 경우
- ① 행정청이 처분을 할 때에는 그 처분의 상대방에게 해당 처분에 대하여 행정심판을 제기할 수 있는지 여부, 행정심판을 청구하는 경우의 심판청구절차 및 청구기간을 알려야 한다(행정심판법 제58조 제1항).
- ② 심판청구기간을 고지함에 있어서 실제보다 긴 기간으로 잘못 알린 경우(오고지)에는 그 잘못 고지된 긴 기간 내에 심판청구를 할 수 있고(행정심판법 제27조 제5항), 심판청구기간을 고지하지 아니한 경우(불고지)에는 처분이 있었던 날부터 180일 이내에 심판청구를 할 수 있다(행정심판법 제27조 제6항).

3. 개별법에서 심판청구기간을 정한 경우

개별법에서 심판청구기간을 별도로 규정하고 있는 경우에는 그에 따라야 한다. 토지보상법상 토지수용재결에 대한 이의신청기간은 (수용)재결서의 정본을 받은 날로부터 30일 이내이고(토지보상법 제83조 제3항), 국가공무원법상 소청심사청구기간은 처분사유 설명서를 받은 날부터 30일 이내이다(국가공무원법 제76조 제1항).

II 심판청구의 방식과 절차

1. 심판청구서의 작성(서면주의)

- ① 행정심판의 청구는 일정한 사항을 기재하여 서면으로 하여야 한다(행정심판법 제28조 제1항). 다만, 심판청구서와 그 밖의 서류를 전자문서로 만들어서 전자정보처리조직을 통하여 제출함으로써 심판청구를 할 수 있다(행정심판법 제52조 제1항).
- ② 행정심판의 청구는 서면행위이기는 하나 엄격한 요식행위라고 보기는 어렵고, 심판청구인은 일반적으로 전문적인 법률지식을 갖지 못한 경우가 보통이므로 진정서, 청원서, 이의신청서, 답변서 등 문서의 형식과 관계없이 그 불비한 사항의 보정이 가능한 이상 적법한 행정심판청구로 보아야 한다.

> 비록 제목이 '진정서'로 되어 있고, 재결청의 표시, 심판청구의 취지 및 이유, 처분을 한 행정청의 고지의 유무 및 그 내용 등 행정심판법 제19조 제2항 소정의 사항들을 구분하여 기재하고 있지 아니하여 행정심판청구서로서의 형식을 다 갖추고 있다고 볼 수는 없으나, 피청구인인 처분청과 청구인의 이름과 주소가 기재되어 있고, 청구인의 기명이 되어 있으며, 문서의 기재 내용에 의하여 심판청구의 대상이 되는 행정처분의 내용과 심판청구의 취지 및 이유, 처분이 있은 것을 안 날을 알 수 있는 경우, 위 문서에 기재되어 있지 않은 재결청, 처분을 한 행정청의 고지의 유무 등의 내용과 날인 등의 불비한 점은 보정이 가능하므로 위 문서를 행정처분에 대한 행정심판청구로 보는 것이 옳다(대판 2000.6.9. 98두2621). 기출 15

2. 행정심판 제기절차

① 행정심판을 청구하려는 자는 심판청구서를 작성하여 피청구인이나 행정심판위원회에 제출하여야 한다(행정심판법 제23조 제1항 전문). 즉, 청구인은 본인의 선택에 따라 피청구인(처분 행정청, 의무이행심판의 경우에는 청구인의 신청을 받은 행정청)을 경유하여 행정심판을 제기하거나 직접 행정심판위원회에 제기할 수 있다. 기출 20
② 행정청의 불고지 오고지로 청구인이 심판청구서를 다른 행정기관에 제출한 경우에는 그 행정기관은 그 심판청구서를 지체 없이 정당한 권한이 있는 피청구인에게 보내야 한다(행정심판법 제23조 제2항).
③ 피청구인이 심판청구서를 접수하거나 송부받으면 10일 이내에 심판청구서와 답변서를 행정심판위원회에 보내야 한다(행정심판법 제24조 제1항).
④ 심판청구서를 받은 피청구인은 그 심판청구가 이유 있다고 인정하면 심판청구의 취지에 따라 직권으로 처분을 취소·변경하거나 확인을 하거나 신청에 따른 처분을 할 수 있다(행정심판법 제25조 제1항).

제5관 | 행정심판법상의 임시구제

I 집행정지

행정심판법 제30조(집행정지)
① 심판청구는 처분의 효력이나 그 집행 또는 절차의 속행(續行)에 영향을 주지 아니한다.
② 위원회는 처분, 처분의 집행 또는 절차의 속행 때문에 중대한 손해가 생기는 것을 예방할 필요성이 긴급하다고 인정할 때에는 직권으로 또는 당사자의 신청에 의하여 처분의 효력, 처분의 집행 또는 절차의 속행의 전부 또는 일부의 정지(이하 "집행정지"라 한다)를 결정할 수 있다. 다만, 처분의 효력정지는 처분의 집행 또는 절차의 속행을 정지함으로써 그 목적을 달성할 수 있을 때에는 허용되지 아니한다.
③ 집행정지는 공공복리에 중대한 영향을 미칠 우려가 있을 때에는 허용되지 아니한다.
④ 위원회는 집행정지를 결정한 후에 집행정지가 공공복리에 중대한 영향을 미치거나 그 정지사유가 없어진 경우에는 직권으로 또는 당사자의 신청에 의하여 집행정지 결정을 취소할 수 있다.
⑤ 집행정지 신청은 심판청구와 동시에 또는 심판청구에 대한 제7조 제6항 또는 제8조 제7항에 따른 위원회나 소위원회의 의결이 있기 전까지, 집행정지 결정의 취소신청은 심판청구에 대한 제7조 제6항 또는 제8조 제7항에 따른 위원회나 소위원회의 의결이 있기 전까지 신청의 취지와 원인을 적은 서면을 위원회에 제출하여야 한다. 다만, 심판청구서를 피청구인에게 제출한 경우로서 심판청구와 동시에 집행정지 신청을 할 때에는 심판청구서 사본과 접수증명서를 함께 제출하여야 한다.

Ⅱ 임시처분

> **행정심판법 제31조(임시처분)**
> ① 위원회는 처분 또는 부작위가 위법·부당하다고 상당히 의심되는 경우로서 처분 또는 부작위 때문에 당사자가 받을 우려가 있는 중대한 불이익이나 당사자에게 생길 급박한 위험을 막기 위하여 임시지위를 정하여야 할 필요가 있는 경우에는 직권으로 또는 당사자의 신청에 의하여 임시처분을 결정할 수 있다. 기출 20·17
> ② 제1항에 따른 임시처분에 관하여는 제30조 제3항부터 제7항까지를 준용한다. 이 경우 같은 조 제6항 전단 중 "중대한 손해가 생길 우려"는 "중대한 불이익이나 급박한 위험이 생길 우려"로 본다.
> ③ 제1항에 따른 임시처분은 제30조 제2항에 따른 집행정지로 목적을 달성할 수 있는 경우에는 허용되지 아니한다.
> 기출 21·20

제6관 | 행정심판위원회

Ⅰ 개 설

① 과거 행정심판법은 심리·의결기능과 재결기능을 분리시켜, 심리·의결은 행정심판위원회에 부여하고 재결청이 행정심판위원회의 의결에 따라 재결하도록 규정하고 있었다. 그러나 2008.2.29. 개정 행정심판법에서 신속한 권리구제라는 행정심판제도의 취지에 부합하도록 절차를 간소화시켜, 재결청의 개념을 없애고 행정심판위원회가 행정심판청구 사건의 심리·의결뿐만 아니라 재결도 담당하도록 하였다(행정심판법 제6조).
② 행정심판위원회는 행정심판청구에 대한 의사를 결정하고 이를 대외적으로 표시할 권한도 가지고 있으므로 합의제행정청의 지위를 갖는다.

Ⅱ 행정심판위원회의 종류

1. 일반행정심판위원회

(1) 처분행정청 소속 행정심판위원회

① 행정심판법은 다음의 행정청 또는 그 소속 행정청5)의 처분 또는 부작위에 대한 행정심판의 청구에 대하여는 다음의 행정청에 두는 행정심판위원회에서 심리·재결하도록 하였다(행정심판법 제6조 제1항).
  ㉠ 감사원, 국가정보원장, 그 밖에 대통령령으로 정하는 대통령 소속기관의 장 기출 13
  ㉡ 국회사무총장·법원행정처장·헌법재판소사무처장 및 중앙선거관리위원회사무총장
  ㉢ 국가인권위원회, 진실·화해를 위한 과거사 정리위원회, 그 밖에 지위·성격의 독립성과 특수성 등이 인정되어 대통령령으로 정하는 행정청
② ㉠에서 "대통령령으로 정하는 대통령 소속기관의 장"이란 대통령 비서실장, 국가안보실장, 대통령경호처장 및 방송통신위원회를 말하고, ㉢에서 "대통령령으로 정하는 행정청"이란 고위공직자범죄수사처장을 말한다(행정심판법 시행령 제2조).

---

5) 행정기관의 계층구조와 관계없이 그 감독을 받거나 위탁을 받은 모든 행정청을 말하되, 위탁을 받은 행정청은 그 위탁받은 사무에 관하여는 위탁한 행정청의 소속 행정청으로 본다.

(2) 중앙행정심판위원회
① 중앙행정심판위원회는 「부패방지 및 국민권익위원회의 설치와 운영에 관한 법률」에 따라 설치된 국민권익위원회에 소속되어 있다.
② 중앙행정심판위원회는 다음 행정청의 처분 또는 부작위에 대한 심판청구를 심리·재결한다(행정심판법 제6조 제2항).
  ㉠ 제6조 제1항에 따른 행정청 외의 국가행정기관의 장 또는 그 소속 행정청
  ㉡ 특별시장·광역시장·특별자치시장·도지사·특별자치도지사(특별시·광역시·특별자치시·도 또는 특별자치도의 교육감을 포함한다) 또는 특별시·광역시·특별자치시·도·특별자치도의 의회 (의장, 위원회의 위원장, 사무처장 등 의회 소속 모든 행정청을 포함한다) 기출 22·16
  ㉢ 「지방자치법」에 따른 지방자치단체조합 등 관계 법률에 따라 국가·지방자치단체·공공법인 등이 공동으로 설립한 행정청(다만, 제6조 제3항 제3호에 해당하는 행정청은 제외)

(3) 시·도지사 소속의 행정심판위원회
① 시·도행정심판위원회는 각각 특별시장·광역시장·도지사·특별자치도지사(이하 '시·도지사'라 한다)에 소속되어 있다.
② 시·도행정심판위원회는 다음의 행정청의 처분 또는 부작위에 대한 심판청구를 심리·재결한다(제6조 제3항).
  ㉠ 시·도 소속 행정청
  ㉡ 시·도의 관할구역에 있는 시·군·자치구의 장, 소속 행정청 또는 시·군·자치구의 의회(의장, 위원회의 위원장, 사무국장, 사무과장 등 의회 소속 모든 행정청을 포함한다)
  ㉢ 시·도의 관할구역에 있는 둘 이상의 지방자치단체(시·군·자치구를 말한다)·공공법인 등이 공동으로 설립한 행정청

(4) 직근 상급행정기관 소속 행정심판위원회
① 대통령령으로 정하는 국가행정기관 소속 특별지방행정기관의 장의 처분 또는 부작위에 대한 심판청구에 대하여는 해당 행정청의 직근 상급행정기관에 두는 행정심판위원회에서 심리·재결한다(행정심판법 제6조 제4항).
② "대통령령으로 정하는 국가행정기관 소속 특별지방행정기관"이란 법무부 및 대검찰청 소속 특별지방행정기관(직근 상급행정기관이나 소관 감독행정기관이 중앙행정기관인 경우는 제외한다)을 말한다(행정심판법 시행령 제3조).

2. 특별행정심판위원회
① 사건의 전문성과 특수성 때문에 행정심판법이 아닌 개별 법률에서 특별한 행정불복절차나 일반 행정심판 절차에 대한 특례를 인정하는 경우가 있는데, 이러한 경우에 해당 법률에 의해 설치된 행정심판위원회를 특별행정심판위원회라 한다.
② 특별행정심판을 담당하는 제3자적 특별행정심판위원회로는 국가공무원법 또는 지방공무원법상 소청심사위원회(국가공무원법 제3조, 지방공무원법 제13조), 국세기본법상 조세심판원(국세기본법 제67조), 토지보상법상 중앙토지수용위원회(토지보상법 제49조) 등이 있다.

III 중앙행정심판위원회의 시정조치요청권

중앙행정심판위원회는 심판청구를 심리·의결함에 있어서 처분 또는 부작위의 근거가 되는 명령 등(대통령령·총리령·부령·훈령·예규·고시·조례·규칙 등을 말한다)이 법령에 근거가 없거나 상위법령에 위배되거나 국민에게 과도한 부담을 주는 등 크게 불합리하면 관계 행정기관에 그 명령 등의 개정·폐지 등 적절한 시정조치를 요청할 수 있다(행정심판법 제59조 제1항). 이 경우 요청을 받은 관계 행정기관은 정당한 사유가 없으면 이에 따라야 한다(행정심판법 제59조 제2항).

제7관 | 행정심판의 심리

I 심리의 내용

1. 요건심리

① 행정심판의 요건심리란 행정심판청구에 필요한 형식적 요건을 충족하고 있는가에 대하여 심리하는 것을 말한다.
② 행정심판청구의 형식적 요건으로는, ㉠ 행정심판의 대상인 처분 또는 부작위의 존재, ㉡ 청구인능력 및 청구인적격의 존재, ㉢ 피청구인 적격의 존재, ㉣ 권한 있는 행정심판위원회에의 제기 여부, ㉤ 심판청구기간의 준수, ㉥ 심판청구서 기재사항의 구비 등을 들 수 있다.
③ 형식적 요건을 충족하지 않은 심판청구는 부적법하므로 행정심판위원회는 각하재결을 내려야 한다(행정심판법 제43조 제1항). 다만, 행정심판위원회는 심판청구가 적법하지 아니하나 보정할 수 있다고 인정하면 기간을 정하여 청구인에게 보정할 것을 요구할 수 있고, 경미한 사항은 직권으로 보정할 수 있다(행정심판법 제32조 제1항). 보정을 한 경우에는 처음부터 적법하게 행정심판이 청구된 것으로 본다(행정심판법 제32조 제4항).
④ 행정심판청구의 형식적 요건 충족 여부는 직권조사사항이므로 당사자의 주장이 없더라도 행정심판위원회는 직권으로 조사할 수 있고, 형식적 요건의 충족 여부는 심리종결 시를 기준으로 판단한다.

2. 본안심리

행정심판의 본안심리란 요건심리 결과 행정심판청구가 형식적 요건을 구비한 것으로 인정되는 경우에 심판청구의 당부를 심리하는 것을 말한다. 본안심리의 결과 심판청구가 이유 있다고 인정되면 인용재결을 하고, 심판청구가 이유 없다고 인정되면 기각재결(사정재결 포함)을 한다.

Ⅱ 심리의 범위

1. 위법성 및 부당성 심사
① 행정심판위원회는 처분 또는 부작위의 위법성(합법성)뿐만 아니라 부당성(합목적성) 여부에 대해서도 심리할 수 있다. 즉, 행정심판의 심리에 있어서는 행정소송에서와 달리 처분 또는 부작위의 부당성의 문제도 심리의 대상이 된다(행정심판법 제1조 참조).
② 행정심판에 있어서 행정처분의 위법·부당 여부는 원칙적으로 처분 시를 기준으로 판단하여야 할 것이나, 행정심판위원회는 처분 당시 존재하였거나 행정청에 제출되었던 자료뿐만 아니라, 재결 당시까지 제출된 모든 자료를 종합하여 처분 당시 존재하였던 객관적 사실을 확정하고 그 사실에 기초하여 처분의 위법·부당 여부를 판단할 수 있다(대판 2001.7.27. 99두5092). 기출 15

2. 불고불리의 원칙 및 불이익변경금지의 원칙
① 행정심판위원회는 심판청구의 대상이 되는 처분 또는 부작위 외의 사항에 대하여는 재결하지 못하는데(행정심판법 제47조 제1항), 이를 불고불리의 원칙이라 한다.
② 행정심판위원회는 심판청구의 대상이 되는 처분보다 청구인에게 불리한 재결을 하지 못하는데(행정심판법 제47조 제2항), 이를 불이익변경금지의 원칙이라 한다. 기출 23·21

Ⅲ 심리의 구조와 기본원칙

1. 대심주의(당사자주의적 구조)
① 당사자주의적 구조(대심주의)란 심리에 있어서 당사자 쌍방에게 공격·방어방법을 제출할 수 있는 대등한 기회를 보장하는 제도이다.
② 행정심판법은 대립되는 당사자(청구인과 피청구인)를 전제로 하여(행정심판법 제13조 내지 제22조) 당사자 쌍방에게 공격과 방어방법을 제출하도록 함으로써(행정심판법 제23조, 제33조, 제34조, 제36조 등), 전체적으로 당사자주의적 구조(대심주의)에 입각하고 있다.
③ 심리기관인 행정심판위원회는 공정하고 중립적인 제3자적 입장에서 당사자가 제출한 공격·방어방법을 바탕으로 심리를 진행한다.

2. 직권심리주의(직권탐지주의)의 가미
① 행정심판위원회는 사건의 심리를 위하여 필요하면 직권으로 증거조사를 할 수 있고(행정심판법 제36조 제1항), 필요하면 당사자가 주장하지 아니한 사실에 대하여도 심리할 수 있다(행정심판법 제39조). 기출 13
② 행정심판법이 행정소송법(행정소송법 제26조)과 마찬가지로 직권심리주의 또는 직권탐지주의를 보충적으로 인정하고 있는 이유는 행정심판이 개인의 권리구제와 아울러 행정의 적법성과 타당성 보장이라고 하는 공익실현의 두 가지 목적을 추구하는 당연한 귀결이라고 할 수 있다.

3. 심리의 방식

행정심판의 심리는 구술심리나 서면심리로 한다. 다만, 당사자가 구술심리를 신청한 경우에는 서면심리만으로 결정할 수 있다고 인정되는 경우 외에는 구술심리를 하여야 한다(행정심판법 제40조 제1항). 기출 22

4. 비공개심리

① 행정심판법에서는 명문으로 비공개심리를 규정하고 있지 않으나 통설은 행정심판의 경우 당사자가 구술심리를 신청하지 않는 한 서면심리로 진행하는 것이므로 행정심판의 심리·의결절차를 일반에 공개하지 않는 것으로 이해하고 있다. 실무에서도 행정심판의 심리는 비공개로 진행되는 것이 일반적이다.
② 행정심판위원회에서 위원이 발언한 내용이나 그 밖에 공개되면 위원회의 심리·재결의 공정성을 해칠 우려가 있는 사항으로서 대통령령으로 정하는 사항은 공개하지 아니한다(행정심판법 제41조).

Ⅳ 처분사유의 추가·변경

① 행정심판에서의 처분사유의 추가·변경이란 행정청이 처분 시에 처분사유(처분이유)를 제시하였으나 당해 처분에 대하여 행정심판이 제기된 경우, 행정심판 계속 중에 처분의 적법성을 유지하기 위하여 행청청(처분청)이 처분 시에 이미 존재하였지만 처분사유로 제시하지 않았던 사유를 추가하거나 변경하는 것을 말한다.
② 행정심판법에는 행정소송법과 마찬가지로 처분사유의 추가·변경에 관한 명문의 규정은 없으나, 항고소송에서 처분사유의 추가·변경의 법리는 행정심판(취소심판)에서 그대로 적용된다. 따라서 취소심판에서도 기본적 사실관계가 동일성이 있다고 인정되는 한도 내에서 처분사유의 추가 또는 변경이 허용된다(대판 2014.5.16. 2013두26118). 기출 25·22·20

> 행정처분의 취소를 구하는 항고소송에서 처분청은 당초 처분의 근거로 삼은 사유와 기본적 사실관계가 동일성이 있다고 인정되는 한도 내에서만 다른 사유를 추가 또는 변경할 수 있고, 이러한 기본적 사실관계의 동일성 유무는 처분사유를 법률적으로 평가하기 이전의 구체적 사실에 착안하여 그 기초인 사회적 사실관계가 기본적인 점에서 동일한지에 따라 결정되므로, 추가 또는 변경된 사유가 처분 당시에 이미 존재하고 있었다거나 당사자가 그 사실을 알고 있었다고 하여 당초의 처분사유와 동일성이 있다고 할 수 없다. 그리고 이러한 법리는 행정심판 단계에서도 그대로 적용된다(대판 2014.5.16. 2013두26118). 기출 25·22·20

③ 사례 : 근무보고서의 공개가 '교정업무의 수행을 현저히 곤란하게 할 우려가 있다는 사유'와 '사생활의 비밀을 침해할 우려가 있다는 사유'는 기본적 사실관계의 동일성이 인정되지 아니하므로 교도소장은 처분사유를 변경할 수 없다. 기출 18

제8관 | 행정심판의 재결과 조정

I 재결의 의의 및 성질

① 행정심판의 재결이란 행정심판의 청구에 대하여 행정심판위원회가 행하는 판단을 말한다(행정심판법 제2조 제3호).
② 행정심판의 재결은 다툼이 있는 행정법상의 사실 또는 법률관계를 확정하는 행위이므로 확인행위(준법률행위적 행정행위)로서의 성질을 갖는다. 그리고 재결은 행정심판기관이 행정법상의 분쟁에 대하여 일정한 심리절차를 거쳐 당해 분쟁을 해결하는 결정이란 점에서 법원의 판결과 그 성질이 비슷하므로 준사법작용(準司法作用)에 해당한다.

II 재결절차 및 범위 등

1. 재결기간 및 방식(재결서)

① 재결은 위원회 또는 피청구인이 심판청구서를 받은 날부터 60일 이내에 하여야 한다. 다만, 부득이한 사정이 있을 때에는 위원장이 직권으로 30일을 연장할 수 있다(행정심판법 제45조 제1항). 이러한 재결기간은 일반적으로 강행규정이 아닌 훈시규정으로 본다.
② 재결은 서면으로 한다. 재결서에는 사건번호와 사건명, 당사자·대표자 또는 대리인의 이름과 주소, 주문, 청구의 취지, 이유, 재결한 날짜가 포함되어야 한다. 그리고 재결서에 적는 이유에는 주문 내용이 정당하다는 것을 인정할 수 있는 정도의 판단을 표시하여야 한다(행정심판법 제46조). 기출 23

2. 재결의 범위

행정심판법은 국민의 권리구제를 도모하기 위하여 불고불리의 원칙(행정심판법 제47조 제1항)과 불이익변경금지의 원칙(행정심판법 제47조 제2항)을 채택하고 있다. 즉, 위원회는 심판청구의 대상이 되는 처분 또는 부작위 외의 사항에 대하여는 재결하지 못하며(행정심판법 제47조 제1항), 심판청구의 대상이 되는 처분보다 청구인에게 불이익한 재결을 하지 못한다(행정심판법 제47조 제2항).

3. 재결의 송달

① 위원회는 지체 없이 당사자에게 재결서의 정본을 송달하여야 하고, 재결은 청구인에게 송달이 있은 때에 그 효력이 생긴다(행정심판법 제48조 제1항·제2항). 기출 23
② 위원회는 재결서의 등본을 지체 없이 참가인에게 송달하여야 하며, 처분의 상대방이 아닌 제3자가 심판청구를 한 경우 위원회는 재결서의 등본을 지체 없이 피청구인을 거쳐 처분의 상대방에게 송달하여야 한다(행정심판법 제48조 제3항·제4항).

Ⅲ 재결의 종류

> **행정심판법 제43조(재결의 구분)**
> ① 위원회는 심판청구가 적법하지 아니하면 그 심판청구를 각하(却下)한다. 기출 23
> ② 위원회는 심판청구가 이유가 없다고 인정하면 그 심판청구를 기각(棄却)한다.
> ③ 위원회는 취소심판의 청구가 이유가 있다고 인정하면 처분을 취소 또는 다른 처분으로 변경하거나 처분을 다른 처분으로 변경할 것을 피청구인에게 명한다.
> ④ 위원회는 무효등확인심판의 청구가 이유가 있다고 인정하면 처분의 효력 유무 또는 처분의 존재 여부를 확인한다.
> ⑤ 위원회는 의무이행심판의 청구가 이유가 있다고 인정하면 지체 없이 신청에 따른 처분을 하거나 처분을 할 것을 피청구인에게 명한다.

1. 각하재결
① 행정심판위원회는 심판청구가 형식적 요건을 갖추지 못하여 적법하지 아니하면 그 심판청구를 각하(却下)한다(행정심판법 제43조 제1항). 다만, 부적법한 심판청구라도 보정할 수 있는 경우에는 먼저 보정을 요구할 수 있다(행정심판법 제32조 제1항). 기출 23
② 예를 들면, 청구인적격이 없는 자가 제기한 행정심판은 당사자적격의 흠결로 부적법하므로, 각하재결을 해야 한다. 기출 17

2. 기각재결
① 행정심판위원회는 심판청구가 이유가 없다고 인정하면 그 심판청구를 기각(棄却)한다(행정심판법 제43조 제2항).
② 기각재결은 청구인의 심판청구를 배척하고 원처분을 시인하는 것에 그치고, 원처분을 유지하여야 의무를 처분청에게 지우지는 않는다. 따라서 처분청은 기각재결이 있은 후에도 행정처분을 직권으로 취소 또는 변경할 수 있다.

3. 사정재결
① 행정심판위원회는 심판청구가 이유가 있다고 인정하는 경우에도 이를 인용(認容)하는 것이 공공복리에 크게 위배된다고 인정하면 그 심판청구를 기각하는 재결을 할 수 있는데(행정심판법 제44조 제1항 전문), 이를 사정재결이라 한다. 사정재결도 기각재결의 일종이다. 기출 23
② 사정재결을 하는 경우 행정심판위원회는 재결의 주문(主文)에서 그 처분 또는 부작위가 위법하거나 부당하다는 것을 구체적으로 밝혀야 한다(행정심판법 제44조 제1항 후문). 기출 21
③ 행정소송에서 사정판결이 인정되는 것과 마찬가지로 행정심판에서도 사정재결이 인정되고 있음을 유의하여야 한다. 기출 16
④ 사정재결은 심판청구가 위법 또는 부당하더라도 공익을 위하여 기각재결하는 것이므로, 행정심판위원회는 사정재결을 할 때에는 청구인에 대하여 상당한 구제방법을 취하거나 상당한 구제방법을 취할 것을 피청구인에게 명할 수 있다(행정심판법 제44조 제2항).
⑤ 행정심판법상 사정재결은 취소심판과 의무이행심판에서만 인정되고, 무효등확인심판의 경우에는 사정재결이 인정되지 않는다(행정심판법 제44조 제3항). 행정심판법은 무효등확인심판에서는 사정재결을 할 수 없음을 명문으로 규정하고 있다. 기출 25·20·13

4. 인용재결

① 인용재결은 본안심리의 결과 심판청구가 이유가 있다고 인정하여 청구인의 청구취지를 받아들이는 재결을 말한다. 인용재결에는 취소재결, 변경재결 및 변경명령재결, 무효등확인재결, 의무이행재결이 있다.
② 취소심판에서 인용재결은 처분취소재결, 처분변경재결, 처분변경명령재결이 있다(행정심판법 제43조 제3항). 종래 인용재결의 내용으로 규정되어 있던 처분취소명령재결은 2010.1.25. 행정심판법 제43조 제3항의 개정으로 삭제되었으므로, 현행법상 인정되지 않는다. 기출 19
③ 의무이행심판에서의 인용재결에는 처분재결, 처분명령재결이 있다(행정심판법 제43조 제5항).
④ 무효등확인심판에서의 인용재결에는 처분무효확인재결, 처분유효확인재결, 처분존재확인재결, 처분부존재확인재결, 처분실효확인재결이 있다(행정심판법 제43조 제4항).

[행정심판법상 재결의 종류]

각하재결	• 부적법한 심판청구에 대하여 본안에 대한 심리를 거절하는 재결 • 각하재결의 사유 : 청구인적격 흠결, 청구기간 미준수 등
기각재결	본안심리의 결과 심판청구가 이유 없다고 인정하여 원처분을 지지하는 재결
사정재결	• 심판청구가 이유 있다고 인정되는 경우에도 이를 인용하는 것이 공공복리에 크게 위배된다고 인정하는 때에 그 심판청구를 기각하는 재결(기각재결의 일종) • 재결의 주문(主文)에서 그 처분 또는 부작위가 위법하거나 부당하다는 것을 구체적으로 밝혀야 함 • 무효등확인심판의 경우 사정재결 인정 ×
인용재결	• 본안심리의 결과 심판청구가 이유가 있다고 인정하여 청구인의 청구취지를 받아들이는 재결 • 취소심판의 인용재결 : 처분취소재결, 처분변경재결, 처분변경명령재결(처분취소명령재결 ×) • 의무이행심판의 인용재결 : 처분재결, 처분명령재결 • 무효등확인심판의 인용재결 : 무효등확인재결(처분무효확인재결, 처분유효확인재결, 처분존재확인재결, 처분부존재확인재결, 처분실효확인재결)

Ⅳ 재결의 효력

1. 불가쟁력과 불가변력

(1) 불가변력

행정심판의 재결은 행정심판위원회가 공법상 분쟁을 당사자와 관계인의 참여 아래 엄격한 절차를 거쳐 내려지는 준사법적 행위이므로, 불가변력이 인정된다. 따라서 일단 재결이 행해지면 비록 위법·부당하게 생각되는 경우라도 행정심판위원회가 스스로 이를 취소·변경할 수 없다. 기출 20

(2) 불가쟁력

재결에 대하여는 다시 행정심판을 청구할 수 없으며(행정심판법 제51조), 재결 자체에 고유한 위법이 있는 경우에 한하여 행정소송을 제기할 수 있다(행정소송법 제19조 단서). 이 경우에도 제소기간을 경과하면 누구든지 재결의 효력을 다툴 수 없는데, 이를 재결의 불가쟁력이라고 한다.

2. 형성력

(1) 의의
재결의 형성력이란 재결의 내용대로 새로운 법률관계의 발생하거나 종래의 법률관계가 변경·소멸하는 효력을 말한다(대판 1999.12.16. 98두18619[전합] 참조). 재결의 형성력은 제3자에게도 미친다는 점을 고려하여, '대세적 효력'이라고도 한다.

(2) 형성력이 인정되는 재결
① 형성력이 인정되는 재결은 취소심판에서의 취소재결·변경재결, 의무이행심판에서의 처분재결과 같은 형성재결이다. 변경명령재결이나 처분명령재결과 같은 이행재결의 경우에는 형성력이 인정되지 않고 처분청은 처분을 해야할 의무를 부담할 뿐이다.

② 재결의 형성력에 따라, ⊙ 처분을 취소하는 재결이 있으면 그 처분은 별도의 행정처분을 기다릴 것도 없이 당연히 취소되어 소급적으로 효력을 상실한다(대판 1998.4.24. 97누17131). 기출 15 ⓒ 변경재결이 있으면 원처분이 변경재결로 변경되어 존재하는 것이 된다(대판 1993.8.24. 93누5673). ⓒ 처분재결이 있는 경우에는 당해 재결은 장래에 향하여 즉시 효력을 발생한다.

> 행정심판법 제32조 제3항에 의하면 재결청은 취소심판의 청구가 이유 있다고 인정할 때에는 처분을 취소·변경하거나 처분청에게 취소·변경할 것을 명한다고 규정하고 있으므로, 행정심판 재결의 내용이 처분청에게 처분의 취소를 명하는 것이 아니라 재결청이 스스로 처분을 취소하는 것일 때에는 그 재결의 형성력에 의하여 당해 처분은 별도의 행정처분을 기다릴 것 없이 당연히 취소되어 소멸되는 것이다(대판 1998.4.24. 97누17131).
> 기출 15

3. 기속력

> **행정심판법 제49조(재결의 기속력 등)**
> ① 심판청구를 인용하는 재결은 피청구인과 그 밖의 관계 행정청을 기속한다.
> ② 재결에 의하여 취소되거나 무효 또는 부존재로 확인되는 처분이 당사자의 신청을 거부하는 것을 내용으로 하는 경우에는 그 처분을 한 행정청은 재결의 취지에 따라 다시 이전의 신청에 대한 처분을 하여야 한다. 기출 25
> ③ 당사자의 신청을 거부하거나 부작위로 방치한 처분의 이행을 명하는 재결이 있으면 행정청은 지체 없이 이전의 신청에 대하여 재결의 취지에 따라 처분을 하여야 한다.
> ④ 신청에 따른 처분이 절차의 위법 또는 부당을 이유로 재결로써 취소된 경우에는 제2항을 준용한다.

(1) 의의
재결의 기속력이란 피청구인인 행정청과 그 밖의 관계행정청이 재결의 취지에 따르도록 구속하는 효력(구속력)을 말한다(행정심판법 제49조 제1항). 재결의 기속력은 '인용재결'에만 인정되고, '각하재결'이나 '기각재결'에는 인정되지 않는다.

(2) 반복금지효

① 반복금지효란 심판청구를 인용하는 재결(취소재결, 변경재결 또는 무효등 확인재결)이 있는 경우 행정청이 동일한 사정 아래에서는 같은 내용의 처분을 되풀이하지 못하며 동일한 과오를 되풀이 하지 못하는 효력을 말한다(대판 1983.8.23. 82누302 참조).

② 행정청의 처분이 반복금지의무에 위반되는지 여부는 재결에서 위법하다고 판단된 사유와 기본적 사실관계의 동일성이 인정되는지를 기준으로 판단한다(대판 2003.4.25. 2002두3201).

> • 행정심판법 제49조가 정하고 있는 재결은 당해 처분에 관하여 재결주문 및 그 전제가 된 요건사실의 인정과 판단에 대하여 처분청을 기속하므로, 당해 처분에 관하여 위법한 것으로 재결에서 판단된 사유와 기본적 사실관계에 있어 동일성이 인정되는 사유를 내세워 다시 동일한 내용의 처분을 하는 것은 허용되지 않는다(대판 1988.12.13. 88누7880).
> • 새로운 처분의 처분사유와 종전 처분에 관하여 위법한 것으로 재결에서 판단된 사유가 기본적 사실관계에 있어 동일성이 없는 경우, 새로운 처분이 종전 처분에 대한 재결의 기속력에 저촉되지 않는다(대판 2005.12.9. 2003두7705). 기출 16

(3) 원상회복의무

행정심판에서 취소재결 또는 무효등확인재결이 있으면, 행정청은 무효 또는 취소된 처분에 의해 초래된 위법·부당상태를 제거하여 원상회복할 의무를 진다. 예를 들면, 건물의 철거명령이 재결로써 취소되었다면, 철거명령을 근거로 한 대집행계고처분 역시 취소되어야 한다.

(4) (재)처분의무

① 의무이행심판에서 처분명령재결이 있는 경우 : 당사자의 신청을 거부하거나 부작위로 방치한 처분의 이행을 명하는 재결이 있으면 행정청은 지체 없이 이전의 신청에 대하여 재결의 취지에 따라 처분을 하여야 한다(행정심판법 제49조 제3항).

② 취소심판에서 절차의 하자를 이유로 한 취소재결이 있는 경우 : (제3자가 제기한) 취소심판에서 신청에 따른 처분(예 건축허가처분)이 절차의 위법 또는 부당을 이유로 재결로써 취소된 경우 행정청은 지체 없이 이전의 신청에 대하여 재결의 취지에 따라(= 적법·타당한 절차에 따라) 처분을 하여야 한다(행정심판법 제49조 제4항).

③ 취소심판에서 변경명령재결이 있는 경우 : 취소심판에서 변경명령재결이 있을 때에는 행정청은 당해 처분을 다른 처분으로 변경하여야 한다(행정심판법 제49조 제1항 참조).

④ 거부처분취소재결

㉠ 거부처분취소재결이 있는 경우에도 처분청의 재처분의무가 인정되는지에 관하여 견해가 대립하였고, 판례는 긍정설의 입장이었다(대판 1988.12.13. 88누7880).

㉡ 2017.4.18. 개정 행정심판법은 거부처분에 대한 취소재결·무효확인재결·부존재확인재결에 따른 처분청의 재처분의무를 명시적으로 인정하였다(행정심판법 제49조 제2항). 기출 25 나아가 재처분의무의 실효성을 확보하기 위하여 간접강제제도를 신설하였다(행정심판법 제50조의2).

(5) 기속력이 미치는 범위

① 주관적 범위 : 기속력이 미치는 주관적 범위는 피청구인인 행정청과 그 밖의 관계 행정청이다(행정심판법 제49조 제1항).

② 객관적 범위 : 기속력의 객관적 범위는 '재결의 주문 및 재결이유 중 그 전제가 된 요건사실의 인정과 처분의 효력 판단'에 한정되고(대판 2005.12.9. 2003두7705), 재결의 결론과 직접 관련이 없는 방론이나 간접사실에 대한 판단에까지는 미치지 않는다.

> - 행정심판법 제37조에서 정하고 있는 행정심판청구에 대한 재결이 행정청과 그 밖의 관계 행정청을 기속하는 효력은 당해 처분에 관하여 재결주문 및 그 전제가 된 요건사실의 인정과 판단에만 미치고 이와 직접 관계가 없는 다른 처분에 대하여는 미치지 아니한다(대판 1998.2.27. 96누13972). 기출 15
> - 재결의 기속력은 재결의 주문 및 그 전제가 된 요건사실의 인정과 판단, 즉 처분 등의 구체적 위법사유에 관한 판단에만 미친다고 할 것이고, 종전 처분이 재결에 의하여 취소되었다 하더라도 종전 처분 시와는 다른 사유를 들어서 처분을 하는 것은 기속력에 저촉되지 않는다고 할 것이며, 여기에서 동일 사유인지 다른 사유인지는 종전 처분에 관하여 위법한 것으로 재결에서 판단된 사유와 기본적 사실관계에 있어 동일성이 인정되는 사유인지 여부에 따라 판단되어야 한다(대판 2005.12.9. 2003두7705).

(6) 이행재결의 기속력 확보수단(1) – 직접 처분

> **행정심판법 제50조(위원회의 직접 처분)**
> ① 위원회는 피청구인이 제49조 제3항에도 불구하고 처분을 하지 아니하는 경우에는 당사자가 신청하면 기간을 정하여 서면으로 시정을 명하고 그 기간에 이행하지 아니하면 직접 처분을 할 수 있다. 다만, 그 처분의 성질이나 그 밖의 불가피한 사유로 위원회가 직접 처분을 할 수 없는 경우에는 그러하지 아니하다.
> ② 위원회는 제1항 본문에 따라 직접 처분을 하였을 때에는 그 사실을 해당 행정청에 통보하여야 하며, 그 통보를 받은 행정청은 위원회가 한 처분을 자기가 한 처분으로 보아 관계 법령에 따라 관리·감독 등 필요한 조치를 하여야 한다.

1) 의의 및 성질

① 의무이행심판에서 행정심판위원회가 처분명령재결을 한 경우 재결의 기속력에 따라 처분청은 지체 없이 그 재결의 취지에 따라 다시 이전의 신청에 대한 처분을 해야 한다(행정심판법 제49조 제3항). 그런데 처분청이 이러한 처분의무를 이행하지 아니하는 경우에 당사자의 신청에 따라 행정심판위원회가 직접 해당 처분을 할 수 있는데(행정심판법 제50조 제1항), 이를 '직접 처분'이라 한다. '직접 처분'은 거부처분 취소심판에서는 인정되지 않는다. 기출 24

② 직접 처분은 의무이행심판에서 처분명령재결의 실효성을 확보하기 위하여 1995년 개정 행정심판법에서 도입된 제도이다.

2) 요 건

① 위원회(행정심판위원회)의 직접 처분이 인정되려면, ㉠ 당사자의 신청을 거부하거나 부작위로 방치한 처분의 이행을 명하는 재결(처분명령재결)이 있었으나 행정청이 처분을 하지 아니하였을 것, ㉡ 위원회가 '당사자의 신청'에 따라 기간을 정하여 시정을 명하였을 것, ㉢ 당해 행정청이 기간 내에 시정명령(처분명령)을 이행하지 아니하였을 것을 요한다(행정심판법 제50조 본문). 따라서 당해 행정청이 어떠한 처분을 하였다면 그 처분이 재결의 내용에 따르지 아니하였다고 하더라도 위원회가 직접 처분을 할 수는 없다(대판 2002.7.23. 2000두9151). 또한 ㉣ 그 처분의 성질이나 그 밖의 불가피한 사유로 위원회가 직접 처분을 할 수 없는 경우에 해당하지 않을 것을 요한다(행정심판법 제50조 단서).

② ㉣요건에서 (ⅰ) '처분의 성질상 위원회가 직접 처분을 할 수 없는 경우'란 처분의 성질에 비추어 직접 처분이 불가능한 경우를 말한다. 예를 들면, 정보공개를 명하는 재결이 있는 경우 정보공개는 정보를 보유하는 공공기관만 할 수 있으며 처분의 성질상 정보를 보유하고 있지 않은 위원회는 직접 정보공개처분을 할 수 없다. 따라서 당사자의 신청에 따라 간접강제결정만 가능하다(행정심판법 제50조의2). 기출 18
(ⅱ) '위원회가 직접 처분을 할 수 없는 그 밖의 불가피한 사유'의 예로는 과도한 예산이 수반되는 이주대책의 수립과 같이 처분명령재결 후 사정변경(법적 상황 또는 사실적 상황의 변경)이 생겼고, 이러한 사정변경이 처분의 중요한 기초가 되는데, 위원회 자신이 인적·물적 자원의 한계로 인하여 그러한 처분의 기초자료에 관한 조사를 충실히 행할 수 없기 때문에 직접 처분을 할 수 없는 불가피한 경우를 들 수 있다.

(7) 이행재결의 기속력 확보수단(2) - 간접강제

> **행정심판법 제50조의2(위원회의 간접강제)**
> ① 위원회는 피청구인이 제49조 제2항(제49조 제4항에서 준용하는 경우를 포함한다) 또는 제3항에 따른 처분을 하지 아니하면 청구인의 신청에 의하여 결정으로 상당한 기간을 정하고 피청구인이 그 기간 내에 이행하지 아니하는 경우에는 그 지연기간에 따라 일정한 배상을 하도록 명하거나 즉시 배상을 할 것을 명할 수 있다.
> ② 위원회는 사정의 변경이 있는 경우에는 당사자의 신청에 의하여 제1항에 따른 결정의 내용을 변경할 수 있다. 기출 24
> ③ 위원회는 제1항 또는 제2항에 따른 결정을 하기 전에 신청 상대방의 의견을 들어야 한다.
> ④ 청구인은 제1항 또는 제2항에 따른 결정에 불복하는 경우 그 결정에 대하여 행정소송을 제기할 수 있다. 기출 24
> ⑤ 제1항 또는 제2항에 따른 결정의 효력은 피청구인인 행정청이 소속된 국가·지방자치단체 또는 공공단체에 미치며, 결정서 정본은 제4항에 따른 소송제기와 관계없이 「민사집행법」에 따른 강제집행에 관하여는 집행권원과 같은 효력을 가진다. 이 경우 집행문은 위원장의 명에 따라 위원회가 소속된 행정청 소속 공무원이 부여한다.
> ⑥ 간접강제 결정에 기초한 강제집행에 관하여 이 법에 특별한 규정이 없는 사항에 대하여는 「민사집행법」의 규정을 준용한다. 다만, 「민사집행법」 제33조(집행문부여의 소), 제34조(집행문부여 등에 관한 이의신청), 제44조(청구에 관한 이의의 소) 및 제45조(집행문부여에 대한 이의의 소)에서 관할 법원은 피청구인의 소재지를 관할하는 행정법원으로 한다. 기출 24

1) 의의

① 행정심판법상 간접강제란 행정심판의 인용재결에 따라 행정청의 (재)처분의무가 인정됨에도 불구하고 행정청이 인용재결에 따른 처분을 하지 아니하는 경우, 행정심판위원회가 당사자의 신청에 의하여 결정으로 상당한 기간을 정하고, 행정청이 그 기간 내에 이행하지 아니하는 경우에 지연기간에 따라 일정한 배상을 하도록 명하거나 즉시 배상을 할 것을 명하는 제도를 말한다(행정심판법 제50조의2).
② 간접강제는 행정소송법에서만 인정되었으나, 행정심판위원회의 인용재결의 실효성을 높이기 위하여 2017.4.18. 개정 행정심판법에서 간접강제가 신설되었다.

2) 간접강제의 대상

① 간접강제의 대상이 되는 재결은 다음과 같다. ㉠ 재결에 의하여 취소되거나 무효 또는 부존재로 확인되는 처분이 당사자의 신청을 거부하는 것을 내용으로 하는 경우(행정심판법 제49조 제2항), ㉡ 당사자의 신청을 거부하거나 부작위로 방치한 처분의 이행을 명하는 재결의 경우(제3항), ㉢ 신청에 따른 처분이 절차의 위법 또는 부당을 이유로 재결로써 취소된 경우(제4항).
② 거부처분취소재결에 따른 재처분의무를 이행하지 않은 경우에도 간접강제의 대상이 된다는 점에 주의하여야 한다(행정심판법 제49조 제2항).

3) 간접강제의 절차

간접강제를 하려면 청구인의 신청이 있어야 하고(행정심판법 제50조의2 제1항), 행정심판위원회는 간접강제 결정을 하기 전에 신청 상대방의 의견을 들어야 한다(행정심판법 제50조의2 제3항). 행정심판위원회는 사정의 변경이 있는 경우에는 당사자의 신청에 의하여 간접강제 결정의 내용을 변경할 수 있다(행정심판법 제50조의2 제2항).

4) 간접강제 결정의 효력 및 불복

① 간접강제결정 또는 간접강제변경결정의 효력은 피청구인인 행정청이 소속된 국가·지방자치단체 또는 공공단체에 미치며, 결정서 정본은 간접강제 결정에 대한 소송제기와 관계없이 「민사집행법」에 따른 강제집행에 관하여는 집행권원과 같은 효력을 가진다.
② 청구인은 간접강제결정 또는 간접강제변경결정에 불복하는 경우 그 결정에 대하여 행정소송을 제기할 수 있다(행정심판법 제50조의2 제4항).

4. 재결의 기판력 부정

행정심판의 재결은 피청구인인 행정청을 기속하는 효력을 가지므로 재결청이 취소심판의 청구가 이유 있다고 인정하여 처분청에 처분을 취소할 것을 명하면 처분청으로서는 재결의 취지에 따라 처분을 취소하여야 하지만, 나아가 재결에 판결에서와 같은 기판력이 인정되는 것은 아니어서 재결이 확정된 경우에도 처분의 기초가 된 사실관계나 법률적 판단이 확정되고 당사자들이나 법원이 이에 기속되어 모순되는 주장이나 판단을 할 수 없게 되는 것은 아니다(대판 2015.11.27. 2013다6759).

V 재결에 대한 불복

1. 재심판청구의 금지

심판청구에 대한 재결이 있으면 그 재결 및 같은 처분 또는 부작위에 대하여 다시 행정심판을 청구할 수 없다(행정심판법 제51조). 따라서 시·도행정심판위원회의 재결에 불복하여 중앙행정심판위원회에 다시 행정심판을 청구할 수 없다. 기출 16·13

2. 청구인 등의 행정소송

① 기각재결 또는 일부인용재결을 받은 청구인이 이에 불복하는 경우, 항고소송을 제기할 수 있다.
② 행정소송법이 원처분주의를 취하고 있으므로, 원칙적으로 '원처분'을 다투어야 하고 기각재결(또는 일부인용재결)에 대한 취소소송은 재결 자체에 고유한 위법이 있는 경우에 한한다(행정소송법 제19조 참조).

3. 처분청의 불복가능성

① 판례는 재결의 기속력을 규정하고 있는 행정심판법 제49조 제1항에 근거하여 처분청은 행정심판의 재결에 대해 불복할 수 없다고 본다(대판 1998.5.8. 97누15432).
② 헌법재판소는 행정심판청구를 인용하는 재결이 행정청을 기속하도록 규정한 행정심판법 제49조 제1항이 헌법 제101조 제1항, 제107조 제2항 및 제3항에 위배되지 않는다고 보아 합헌결정을 하였다(헌재 2014.6.26. 2013헌바122).

VI. 행정심판에서의 조정제도

① 2017. 10. 31. 개정된 행정심판법에서는 양 당사자 간의 합의가 가능한 사건의 경우 행정심판위원회가 개입·조정하는 절차를 통해 갈등을 조기에 해결할 수 있도록 행정심판에 조정제도를 도입하였다.
② 행정심판위원회는 당사자의 권리 및 권한의 범위에서 당사자의 동의를 받아 심판청구의 신속하고 공정한 해결을 위하여 조정을 할 수 있다. 다만, 그 조정이 공공복리에 적합하지 아니하거나 해당 처분의 성질에 반하는 경우에는 그러하지 아니하다(행정심판법 제43조의2 제1항). 기출 21
③ 조정은 당사자가 합의한 사항을 조정서에 기재한 후 당사자가 서명 또는 날인하고 위원회가 이를 확인함으로써 성립한다(행정심판법 제43조의2 제3항).
④ 이렇게 성립한 조정에 대하여는 행정심판법 제48조(재결의 송달과 효력 발생), 제49조(재결의 기속력 등), 제50조(위원회의 직접 처분), 제50조의2(위원회의 간접강제), 제51조(행정심판 재청구의 금지)의 규정을 준용한다(행정심판법 제43조의2 제4항). 따라서 조정이 성립하면 재결과 같이 기속력이 발생하고, 그에 대한 이행확보 수단으로 직접처분과 간접강제가 인정되며, 그 조정의 결과 및 같은 처분 또는 부작위에 대하여 다시 행정심판을 청구할 수 없다.

제9관 | 행정심판법상 고지제도

I. 고지제도의 의의 및 종류

> **행정심판법 제58조(행정심판의 고지)**
> ① 행정청이 처분을 할 때에는 처분의 상대방에게 다음 각 호의 사항을 알려야 한다.
>   1. 해당 처분에 대하여 행정심판을 청구할 수 있는지
>   2. 행정심판을 청구하는 경우의 심판청구 절차 및 심판청구 기간
> ② 행정청은 이해관계인이 요구하면 다음 각 호의 사항을 지체 없이 알려 주어야 한다. 이 경우 서면으로 알려 줄 것을 요구받으면 서면으로 알려 주어야 한다.
>   1. 해당 처분이 행정심판의 대상이 되는 처분인지
>   2. 행정심판의 대상이 되는 경우 소관 위원회 및 심판청구 기간

II. 불고지·오고지의 효과

1. 불고지의 효과

(1) 청구인이 심판청구서를 다른 행정기관에 잘못 제출한 경우

처분청이 고지를 하지 아니하여 청구인이 심판청구서를 다른 행정기관에 제출한 경우에는 그 행정기관은 그 심판청구서를 지체 없이 정당한 권한 있는 피청구인에게 보내야 하고(행정심판법 제23조 제2항), 지체 없이 그 사실을 청구인에게 통지하여야 한다(제3항). 이 경우에 심판청구기간을 계산할 때에는 다른 행정기관에 심판청구서가 제출되었을 때에 행정심판이 청구된 것으로 본다(제4항).

(2) 청구기간을 고지하지 않은 경우

① 처분청이 심판청구기간을 고지하지 아니한 경우에는 처분에 대한 심판청구기간은 (처분이 있음을 알고 있었는지와 무관하게) 처분이 있은 날부터 180일이 된다(행정심판법 제27조 제6항).

② 판례는 도로점용료 상당 부당이득금의 징수 및 이의절차를 규정한 지방자치법에서 이의제출기간을 행정심판법 소정기간 보다 짧게 정하였다고 하여도 도로관리청인 피고가 이 사건 도로점용료 상당 부당이득금의 징수고지서를 발부함에 있어서 원고들에게 이의제출기간 등을 알려주지 아니하였다면 원고들은 지방자치법상의 이의제출기간에 구애됨이 없이 행정심판법 규정에 의하여 징수고지처분이 있은 날로부터 180일 이내에 이의를 제출할 수 있다고 보았다(대판 1990.7.10. 89누6839).

2. 오고지의 효과

(1) 청구인이 심판청구서를 다른 행정기관에 잘못 제출한 경우

처분청이 심판청구 절차를 잘못 고지하여 청구인이 심판청구서를 다른 행정기관에 제출한 경우에는 그 행정기관은 그 심판청구서를 지체 없이 정당한 권한 있는 피청구인에게 보내야 하고(행정심판법 제23조 제2항), 지체 없이 그 사실을 청구인에게 통지하여야 한다(제3항). 이 경우에 심판청구기간을 계산할 때에는 다른 행정기관에 심판청구서가 제출되었을 때에 행정심판이 청구된 것으로 본다(제4항).

(2) 청구기간을 잘못 고지한 경우

① 행정심판은 처분이 있음을 알게 된 날부터 90일 이내에 청구하여야 한다(행정심판법 제27조 제1항). 행정청이 심판청구 기간을 처분이 있음을 알게 된 날부터 90일보다 긴 기간으로 잘못 알린 경우 그 잘못 알린 기간에 심판청구가 있으면 그 행정심판은 제1항에 규정된 기간에 청구된 것으로 본다(행정심판법 제27조 제5항).

기출 22·21

② 행정심판법 제27조 제5항의 규정은 행정소송 제기에는 적용되지 않는다(대판 2007.4.27. 2004두9302).

> 행정청이 법정 심판청구기간보다 긴 기간으로 잘못 알린 경우에 그 잘못 알린 기간 내에 심판청구가 있으면 그 심판청구는 법정 심판청구기간 내에 제기된 것으로 본다는 취지의 행정심판법 제27조 제5항의 규정은 행정심판 제기에 관하여 적용되는 규정이지, 행정소송 제기에도 당연히 적용되는 규정이라고 할 수는 없다(대판 2007.4.27. 2004두9302).

3. 불고지·오고지와 처분의 효력

불고지 또는 오고지는 행정처분 자체의 효력과는 무관하므로, 불고지 또는 오고지 인하여 심판의 대상이 되는 행정처분에 어떤 하자를 가져오는 것은 아니다(대판 1987.11.24. 87누529 참조).

> 행정절차법 제26조는 "행정청이 처분을 할 때에는 당사자에게 그 처분에 관하여 행정심판 및 행정소송을 제기할 수 있는지 여부, 그 밖에 불복을 할 수 있는지 여부, 청구절차 및 청구기간 그 밖에 필요한 사항을 알려야 한다."라고 규정하고 있다. 이러한 고지절차에 관한 규정은 행정처분의 상대방이 그 처분에 대한 행정심판의 절차를 밟는 데 편의를 제공하려는 것이어서 처분청이 위 규정에 따른 고지의무를 이행하지 아니하였다고 하더라도 경우에 따라 행정심판의 제기기간이 연장될 수 있음에 그칠 뿐, 그 때문에 심판의 대상이 되는 행정처분이 위법하다고 할 수는 없다(대판 2018.2.8. 2017두66633). 기출 20

제10관 | 특별행정심판

I 의의

> **행정심판법 제4조(특별행정심판 등)**
> ① 사안(事案)의 전문성과 특수성을 살리기 위하여 특히 필요한 경우 외에는 이 법에 따른 행정심판을 갈음하는 특별한 행정불복절차(이하 "특별행정심판"이라 한다)나 이 법에 따른 행정심판 절차에 대한 특례를 다른 법률로 정할 수 없다.
> ② 다른 법률에서 특별행정심판이나 이 법에 따른 행정심판 절차에 대한 특례를 정한 경우에도 그 법률에서 규정하지 아니한 사항에 관하여는 이 법에서 정하는 바에 따른다.
> ③ 관계 행정기관의 장이 특별행정심판 또는 이 법에 따른 행정심판 절차에 대한 특례를 신설하거나 변경하는 법령을 제정·개정할 때에는 미리 중앙행정심판위원회와 협의하여야 한다.

① 행정심판법에 따른 행정심판을 일반행정심판이라면, 특별행정심판이란 행정심판법에 대한 특례규정에 따라 행해지는 행정심판을 말한다.
② 특별행정심판의 예로는 국세기본법상의 심사청구 또는 심판청구(국세기본법 제7장), 공무원의 소청심사의 청구(국가공무원법 제76조, 지방공무원법 제67조, 교육공무원법 제53조), 토지보상법상의 이의신청(토지보상법 제83조), 공무원연금법상 공무원연금급여 재심위원회에 대한 심사청구(대판 2019.8.9. 2019두38656), 특허법상의 특허심판(특허법 제132조의17) 등이 있다.

II 특별행정심판의 예

1. 조세심판

(1) 국세에 대한 행정심판

① 국세기본법은 "제55조에 규정된 위법한 처분에 대한 행정소송은 행정소송법 제18조 제1항 본문, 제2항 및 제3항에도 불구하고 국세기본법에 따른 심사청구 또는 심판청구와 그에 대한 결정을 거치지 아니하면 제기할 수 없다. 다만, 심사청구(국세청장) 또는 심판청구(조세심판원)에 대한 제65조 제1항 제3호 단서(제81조에서 준용하는 경우를 포함한다)의 재조사 결정에 따른 처분청의 처분에 대한 행정소송은 그러하지 아니하다."라고 규정함으로써(국세기본법 제56조 제2항), 필요적 전치주의를 규정하고 있다. 심사청구 또는 심판청구 어느 하나만 거치면 되고, 동일한 처분에 대해서 심사청구와 심판청구를 중복하여 제기할 수는 없다(제55조 제9항). 기출 22
② 또한「국세기본법」은 행정심판 전치주의가 완화되는 행정소송법 제18조 제2항(행정심판의 재결을 거치지 않아도 되는 경우) 및 제3항(행정심판을 제기하지 않아도 되는 경우)까지 배제하고 있다. 헌법재판소는 이에 대해 합헌결정을 하였다(헌재 2016.12.29. 2015헌바229).
③ 국세기본법에 의한 심사청구 또는 심판청구는 (특별)행정심판의 성질을 갖는다. 처분이 국세청장이 조사·결정 또는 처리하거나 하였어야 할 것인 경우를 제외하고는 그 처분에 대하여 심사청구 또는 심판청구에 앞서 국세기본법 제7장에 규정에 따른 이의신청을 할 수 있다(국세기본법 제55조 제3항). 이때의 이의신청은 행정심판은 아니다.

(2) 지방세에 대한 행정심판

① 지방세에 대한 행정심판은 국세에 대한 행정심판에 준하여 규율되고 있다(지방세기본법 제89조 내지 제100조).

② 2019.12.23. 개정된 지방세기본법은, "제89조에 규정된 위법한 처분에 대한 행정소송은 「행정소송법」 제18조 제1항 본문, 같은 조 제2항 및 제3항에도 불구하고 이 법에 따른 심판청구와 그에 대한 결정을 거치지 아니하면 제기할 수 없다. 다만, 심판청구에 대한 재조사 결정(제100조에 따라 심판청구에 관하여 준용하는 「국세기본법」 제65조 제1항 제3호 단서에 따른 재조사 결정을 말한다)에 따른 처분청의 처분에 대한 행정소송은 그러하지 아니하다"라고 신설함으로써(지방세기본법 제98조 제3항), 필요적 전치주의를 규정하고 있다. 따라서 지방세에 대한 행정소송도 국세에 대한 행정소송과 마찬가지로 지방세기본법상 행정심판(또는 감사원법상 심사청구)을 거쳐야만 제기할 수 있다. 한편, 활용률이 낮은 지방세기본법상 시·군·구세에 대한 심사청구제도는 폐지되었다.

2. 노동행정심판

① 지방노동위원회나 특별노동위원회의 결정 또는 명령에 불복이 있는 관계 당사자는 그 결정서나 명령서를 송달받은 날부터 10일 이내에 중앙노동위원회에 재심을 신청할 수 있고, 그 재심판정서의 송달을 받은 날부터 15일 이내에 중앙노동위원회의 재심판정에 대하여 행정소송을 제기할 수 있다(노동위원회법 제26조 제1항 및 제2항, 제27조 제1항, 노동조합 및 노동관계조정법 제85조 제1항 및 제2항).

② 중앙노동위원회의 재심은 (특별)행정심판의 성질을 가지며, 중앙노동위원회의 재심판정에 대하여만 행정소송을 제기할 수 있도록 한 것은 항고소송의 대상에 관하여 재결주의(및 필요적 전치주의)를 규정하고 있는 것이다.

③ 한편, 지방노동위원회의 구제명령에 불복하는 사용자는 중앙노동위원회에 재심신청을 할 수 있지만, 지방노동위원회의 구제명령 불이행에 따른 '이행강제금부과처분'에 대하여는 재심신청을 할 수 없다(근로기준법 제31조 제1항). 다만, 이행강제금 부과처분도 행정처분이므로 이행강제금 부과처분 자체의 취소를 구하는 행정심판(행정심판법 제5조 제1호)이나 행정소송(행정소송법 제3조 제1호)을 제기하는 것을 생각할 수 있다(근로기준법 주해 2). 기출 22

3. 공무원의 징계처분 등에 대한 소청

(1) 일반공무원의 경우

① 공무원에 대하여 징계처분등을 할 때나 강임·휴직·직위해제 또는 면직처분을 할 때에는 그 처분권자 또는 처분제청권자는 처분사유를 적은 설명서를 교부하여야 하는데(국가공무원법 제75조 제1항).

② 제75조에 따른 처분사유 설명서를 받은 공무원이 그 처분에 불복할 때에는 그 설명서를 받은 날부터, 공무원이 제75조에서 정한 처분 외에 본인의 의사에 반한 불리한 처분을 받았을 때에는 그 처분이 있은 것을 안 날부터 각각 30일 이내에 소청심사위원회에 이에 대한 심사를 청구할 수 있다. 이 경우 변호사를 대리인으로 선임할 수 있다(국가공무원법 제76조 제1항). 기출 22

③ 국가공무원법 및 지방공무원법은 "징계처분 등(강임·휴직·직위해제 또는 면직처분 포함)그 밖에 본인의 의사에 반한 불리한 처분이나 부작위에 관한 행정소송은 소청심사위원회의 심사·결정을 거치지 아니하면 제기할 수 없다"라고 규정하여(국가공무원법 제16조 제1항, 지방공무원법 제20조의2), 필요적 전치주의를 규정하고 있다.

(2) 교원인 공무원의 경우

교육공무원법은 "국가공무원법 제16조 제1항을 교육공무원(공립대학에 근무하는 교육공무원은 제외한다. 이하 이 조에서 같다)인 교원에게 적용할 때 같은 항의 '소청심사위원회'는 '교원소청심사위원회'로 본다"라고 규정함으로써(교육공무원법 제53조 제1항), 교원인 공무원의 교원소청심사도 필요적 전치주의로 규정하고 있다.

4. 토지수용위원회의 수용재결에 대한 이의신청

① 지방토지수용위원회의 재결에 이의가 있는 자는 해당 지방토지수용위원회를 거쳐 중앙토지수용위원회에 이의를 신청할 수 있다(토지보상법 제83조 제2항). 기출 22
② 토지보상법 제83조에서 규정하고 있는 수용재결에 대한 이의신청은 준사법적 절차로서 행정심판(특별행정심판)의 성질을 가지므로, 토지보상법의 이의신청에 관한 규정은 행정심판법에 대한 특별규정이다.
③ 현행 토지보상법은 구법과는 달리 임의적 전치주의를 채택하여 이의신청을 거쳐 행정소송을 제기할 수도 있고, 이의신청을 거치지 않고 바로 행정소송을 제기할 수도 있도록 규정하고 있다(토지보상법 제85조).

제3절 　행정소송

제1관 | 행정소송의 의의 및 종류

I 　행정소송의 의의

1. 행정소송의 개념

행정소송은 법원이 공법(公法)상의 법률관계에 관한 분쟁에 대하여 행하는 재판절차를 말한다. 행정소송은 공법상의 법률관계에 관한 분쟁에 관한 쟁송절차라는 점에서 사법(私法)상의 법률관계에 관한 분쟁을 심판하는 민사소송이나 국가 형벌권의 발동과 관련된 형사소송과 구별된다. 그리고 행정소송은 독립된 재판기관인 법원에 의한 재판이란 점에서 행정기관이 하는 행정심판과 구별된다.

2. 행정소송의 적용 법률

행정소송법은 "행정소송에 대하여는 다른 법률에 특별한 규정이 있는 경우를 제외하고는 이 법이 정하는 바에 의한다."라고 규정하여 행정소송법이 행정소송의 일반법임을 명시하고 있다(행정소송법 제8조 제1항). 그리고 행정소송에 관하여 행정소송법에 특별한 규정이 없는 사항에 대하여는 법원조직법과 민사소송법 및 민사집행법의 규정을 준용하는 것으로 규정하고 있다(행정소송법 제8조 제2항).

Ⅱ 행정소송의 종류

1. 행정소송의 종류

> **행정소송법 제3조(행정소송의 종류)**
> 행정소송은 다음의 네 가지로 구분한다. 기출 23·19
> 1. 항고소송 : 행정청의 처분등이나 부작위에 대하여 제기하는 소송
> 2. 당사자소송 : 행정청의 처분등을 원인으로 하는 법률관계에 관한 소송 그 밖에 공법상의 법률관계에 관한 소송으로서 그 법률관계의 한 쪽 당사자를 피고로 하는 소송
> 3. 민중소송 : 국가 또는 공공단체의 기관이 법률에 위반되는 행위를 한 때에 직접 자기의 법률상 이익과 관계없이 그 시정을 구하기 위하여 제기하는 소송
> 4. 기관소송 : 국가 또는 공공단체의 기관상호 간에 있어서의 권한의 존부 또는 그 행사에 관한 다툼이 있을 때에 이에 대하여 제기하는 소송. 다만, 헌법재판소법 제2조의 규정에 의하여 헌법재판소의 관장사항으로 되는 소송은 제외한다.

행정소송은 항고소송, 당사자소송, 민중소송, 기관소송 네 가지로 구분한다(행정소송법 제3조). 그리고 항고소송에는 취소소송, 무효등 확인소송, 부작위위법확인소송이 포함된다. 그러나 예방적 금지소송이나 의무이행소송은 행정소송법에서 행정소송의 종류로 규정하고 있지 않다(행정소송법 제3조 및 제4조). 기출 23·19

2. 항고소송의 종류

> **행정소송법 제4조(항고소송)**
> 항고소송은 다음과 같이 구분한다. 기출 19
> 1. 취소소송 : 행정청의 위법한 처분등을 취소 또는 변경하는 소송
> 2. 무효등 확인소송 : 행정청의 처분등의 효력 유무 또는 존재여부를 확인하는 소송
> 3. 부작위위법확인소송 : 행정청의 부작위가 위법하다는 것을 확인하는 소송

(1) 행정소송법 규정
① 행정소송법상 항고소송은 취소소송, 무효등확인소송, 부작위위법확인소송이 있다(행정소송법 제4조).
② 현행 행정소송법은 취소소송을 중심으로 규정되어 있고 나머지 소송은 주로 취소소송에 대한 준용규정으로 구성되어 있다. 기출 15

(2) 의무이행소송의 인정 여부
① 의무이행소송은 당사자의 신청에 대한 행정청의 위법한 거부처분 또는 부작위가 있는 경우 행정청으로 하여금 일정한 처분을 하도록 명하는 소송을 말한다.
② 행정소송법에는 의무이행소송을 인정하는 명문규정이 존재하지 아니한다. (cf. 행정심판법에는 의무이행심판을 인정하는 명문의 규정 존재 O)

③ 해석상 의무이행소송을 허용할 것인지에 대하여 견해가 대립하지만, 다수설과 판례는 현행 행정소송법상 의무이행소송은 허용되지 않는다는 입장이다(대판 1997.9.30. 97누3200). 기출 25·21

> 현행 행정소송법상 행정청으로 하여금 일정한 행정처분을 하도록 명하는 이행판결을 구하는 소송이나 법원으로 하여금 행정청이 일정한 행정처분을 행한 것과 같은 효과가 있는 행정처분을 직접 행하도록 하는 형성판결을 구하는 소송은 허용되지 아니한다(대판 1997.9.30. 97누3200).

④ 판례는 '의무이행소송'뿐만 아니라 '(작위)의무확인소송'도 부정한다(대판 1992.11.10. 92누1629; 대판 2021.12.30. 2018다241458).

> - 행정소송법상 행정청의 부작위에 대하여는 부작위위법확인소송만 인정되고 작위의무의 이행이나 확인을 구하는 행정소송은 허용될 수 없다(대판 1992.11.10. 92누1629).
> - 현행 행정소송법에서는 장래에 행정청이 일정한 내용의 처분을 할 것 또는 하지 못하도록 할 것을 구하는 소송(의무이행소송, 의무확인소송 또는 예방적 금지소송)은 허용되지 않는다(대판 2021.12.30. 2018다241458).

(3) 예방적 금지소송(부작위청구소송)의 인정 여부

① 예방적 금지소송(예방적 부작위청구소송)이란 행정청이 장래에 위법한 처분을 할 것이 임박한 경우에 그 처분의 금지(부작위)를 청구하는 소송을 말한다.
② 행정소송법에는 예방적 금지소송을 인정하는 명문규정이 존재하지 아니한다.
③ 해석상 예방적 금지소송을 허용할 것인지에 대하여 견해가 대립하지만, 판례는 "행정소송법상 행정청이 일정한 처분을 하지 못하도록 그 부작위를 구하는 청구는 허용되지 않는 부적법한 소송이다"고 판시하여, 행정소송법상 예방적 금지소송은 허용되지 않는다는 입장이다(대판 2006.5.25. 2003두11988).

> - 행정소송법상 행정청이 일정한 처분을 하지 못하도록 그 부작위를 구하는 청구는 허용되지 않는 부적법한 소송이다(대판 2006.5.25. 2003두11988).
> - 건축건물의 준공처분을 하여서는 아니 된다는 내용의 부작위를 구하는 청구는 행정소송에서 허용되지 아니하는 것이므로 부적법하다(대판 1987.3.24. 86누182). 기출 15

제2관 | 취소소송

I 개 설

1. 취소소송의 의의

취소소송이란 '행정청의 위법한 처분 등을 취소 또는 변경하는 소송'을 말한다(행정소송법 제4조 제1호). 행정소송법 제4조 제1호의 '변경'의 의미에 관하여, 적극적 변경까지 포함된다는 견해도 있으나, '변경'을 '일부 취소'의 의미로 이해하여 처분을 적극적으로 변경하는 형성소송은 허용되지 않는다는 것이 판례의 입장이다(대판 1997.9.30. 97누3200).

2. 취소소송의 성질

취소소송의 성질에 관하여, ① 처분의 위법성을 확인하는 확인소송으로 보는 견해(확인소송설)와 ② 처분의 효력을 소멸시키는 소송으로 보는 견해(형성소송설)가 대립하고 있다. 행정소송법 제4조 제1호의 취소소송의 개념에 비추어 형성소송설이 타당하고 할 것이다. 형성소송설이 통설·판례의 입장이다.

Ⅱ 소송요건

1. 소송요건의 의의

① 소송요건이란 본안심리를 하기 위하여 갖추어야 하는 요건, 즉 소의 적법요건을 말한다.
② 소송요건의 구비 여부 판단의 기준시점은 사실심 변론종결 시이므로 그 사이에 보완되면 소송요건의 흠결은 치유되고, 제소 당시 소송요건을 갖추었더라도 사실심 변론종결 시 소송요건이 결여되면 법원은 각하판결을 내린다. 다만, 상고가 제기된 경우라면 소송요건(예 원고적격)은 상고심에서도 존속하여야 한다(대판 2007.4.12. 2004두7924).
③ 취소소송의 소송요건으로는 ㉠ 대상적격으로서 처분등이 존재할 것(제19조), ㉡ 원고적격 및 협의의 소의 이익이 인정될 것(제12조), ㉢ 피고적격 있는 자를 상대로 소를 제기할 것(제13조), ㉣ 제소기간을 준수하였을 것(제20조), ㉤ 예외적으로 행정심판전치주의가 적용되는 경우 전치요건을 갖출 것(제18조), ㉥ 관할권 있는 법원에 소를 제기할 것(제9조) 등이 있다.
④ 소송요건의 존부는 법원의 직권조사사항이고, 자백의 대상이 될 수 없다. 그리고 본안판단을 받는다는 것 자체가 원고에게 유리한 사실이므로 원고가 소송요건에 대한 증명책임(입증책임)을 진다.

2. 대상적격

> **행정소송법 제19조(취소소송의 대상)**
> 취소소송은 처분등을 대상으로 한다. 다만, 재결취소소송의 경우에는 재결 자체에 고유한 위법이 있음을 이유로 하는 경우에 한한다.

(1) 개 설

취소소송은 '처분 등'을 대상으로 하는데(행정소송법 제19조), "처분등"이란 행정청이 행하는 구체적 사실에 관한 법집행으로서의 공권력의 행사 또는 그 거부와 그 밖에 이에 준하는 행정작용(이하 "처분"이라 한다) 및 행정심판에 대한 재결을 말한다(행정소송법 제2조 제1항 제1호). 기출 23

(2) 처분의 의미

① 처분이란 '행정청이 행하는 구체적 사실에 관한 법집행으로서의 공권력의 행사 또는 그 거부와 그 밖에 이에 준하는 행정작용'을 말한다(행정소송법 제2조 제1항 제1호).
② 판례는 기본적으로 행정소송법상 처분을 "행정청이 공권력의 주체로서 행하는 구체적 사실에 관한 법집행으로서 국민의 권리의무에 직접적으로 영향을 미치는 행위"로 정의하고 있다(대판 2007.10.11. 2007두1316).

③ 행정청의 행위가 '처분'에 해당하는지가 불분명한 경우에는 그에 대한 불복방법 선택에 중대한 이해관계를 가지는 상대방의 인식가능성과 예측가능성을 중요하게 고려하여 규범적으로 판단하여야 한다(대판 2020.4.9. 2019두61137; 대판 2022.7.28. 2021두60748).

④ 어떠한 처분에 법령상 근거가 있는지, 행정절차법에서 정한 처분절차를 준수하였는지는 본안에서 당해 처분이 적법한가를 판단하는 단계에서 고려할 요소이지, 소송요건 심사단계에서 고려할 요소가 아니다(대판 2021.12.30. 2018다241458).

⑤ 처분의 신청에 대한 거부행위도 취소소송의 대상이 되는 행정처분에 해당한다(제2조 제1항 제1호). 다만, 판례는 법규상 또는 조리상의 신청권이 있어야 한다는 입장이다. 기출 22

> - 국민의 적극적 신청행위에 대하여 행정청이 그 신청에 따른 행위를 하지 않겠다고 거부한 행위가 항고소송의 대상이 되는 행정처분에 해당하기 위해서는, ㉠ 신청한 행위가 공권력의 행사 또는 이에 준하는 행정작용이어야 하고, ㉡ 거부행위가 신청인의 법률관계에 어떤 변동을 일으키는 것이어야 하며, ㉢ 국민에게 행위발동을 요구할 법규상 또는 조리상의 신청권이 있어야 한다(대판 2009.9.10. 2007두20638; 대판 2017.6.15. 2013두2945).
> 기출 21
> - 여기에서 '신청인의 법률관계에 어떤 변동을 일으키는 것'이라는 의미는 신청인의 실체상의 권리관계에 직접적인 변동을 일으키는 것은 물론, 그렇지 않다 하더라도 신청인이 실체상의 권리자로서 권리를 행사함에 중대한 지장을 초래하는 것도 포함한다(대판 2007.10.11. 2007두1316).

㉠ 거부처분이란 행정청이 적극적 처분의 발급을 구하는 신청에 대하여 그에 따른 행위를 하지 않겠다고 거부하는 행위를 말한다.

㉡ 거부처분은 신청을 받아들이지 않았다는 점에서는 부작위와 같지만, 적극적으로 거부의사를 표시(묵시적 거부의사의 표시도 포함)했다는 점에서 부작위와 구별된다.

㉢ 행정청이 당사자의 신청에 대하여 거부처분을 한 경우에는 거부처분에 대하여 취소소송을 제기하여야 하고, 행정처분의 부존재를 전제로 한 부작위위법확인소송을 제기할 수 없다(대판 1992.4.28. 91누8753).

㉣ 법규상 또는 조리상의 신청권 인정 여부가 문제된 사례

> - 기간제로 임용된 국·공립대학 조교수의 재임용신청권(O) : 기간제로 임용되어 임용기간이 만료된 국·공립대학의 조교수는 교원으로서의 능력과 자질에 관하여 합리적인 기준에 의한 공정한 심사를 받아 위 기준에 부합되면 특별한 사정이 없는 한 재임용되리라는 기대를 가지고 재임용 여부에 관하여 합리적인 기준에 의한 공정한 심사를 요구할 법규상 또는 조리상 신청권을 가진다고 할 것이니, 임용권자가 임용기간이 만료된 조교수에 대하여 재임용을 거부하는 취지로 한 임용기간만료의 통지는 위와 같은 대학교원의 법률관계에 영향을 주는 것으로서 행정소송의 대상이 되는 처분에 해당한다(대판 2004.4.22. 2000두7735[전합]).
> - 건축주 아닌 토지 소유자의 건축허가 철회신청권(O) : 건축주가 토지 소유자로부터 토지사용승낙서를 받아 그 토지 위에 건축물을 건축하는 대물적 성질의 건축허가를 받았다가 그 착공에 앞서 건축주의 귀책사유로 해당 토지를 사용할 권리를 상실한 경우, (제3자에 대한) 건축허가의 존재로 말미암아 토지에 대한 소유권 행사에 지장을 받을 수 있는 토지 소유자로서는 그 건축허가의 철회를 신청할 수 있다고 보아야 한다. 따라서 토지 소유자의 위와 같은 신청을 거부한 행위는 항고소송의 대상이 된다(대판 2017.3.15. 2014두41190).

- **주민등록번호가 불법 유출된 경우, 주민등록번호 변경신청권(O)** : 甲 등이 인터넷 포털사이트 등의 개인정보 유출사고로 자신들의 주민등록번호 등 개인정보가 불법 유출되자 이를 이유로 관할 구청장에게 주민등록번호를 변경해 줄 것을 신청하였으나 구청장이 '주민등록번호가 불법 유출된 경우 주민등록법상 변경이 허용되지 않는다'는 이유로 주민등록번호 변경을 거부하는 취지의 통지를 한 사안에서, 피해자의 의사와 무관하게 주민등록번호가 유출된 경우에는 조리상 주민등록번호의 변경을 요구할 신청권을 인정함이 타당하고, 구청장의 주민등록번호 변경신청 거부행위는 항고소송의 대상이 되는 행정처분에 해당한다고 한 사례(대판 2017.6.15. 2013두2945).

⑥ 기타 특수한 처분
  ㉠ 변경처분

  기존의 행정처분을 변경하는 내용의 행정처분이 뒤따르는 경우, ① 후속처분이 종전처분을 완전히 대체하는 것이거나 주요 부분을 실질적으로 변경하는 내용인 경우에는 특별한 사정이 없는 한 종전처분은 효력을 상실하고 후속처분만이 항고소송의 대상이 되지만, ② 후속처분의 내용이 종전처분의 유효를 전제로 내용 중 일부만을 추가·철회·변경하는 것이고 추가·철회·변경된 부분이 내용과 성질상 나머지 부분과 불가분적인 것이 아닌 경우에는, 후속처분에도 불구하고 종전처분이 여전히 항고소송의 대상이 된다. 따라서 종전처분을 변경하는 내용의 후속처분이 있는 경우 법원으로서는, 후속처분의 내용이 종전처분 전체를 대체하거나 주요 부분을 실질적으로 변경하는 것인지, 후속처분에서 추가·철회·변경된 부분의 내용과 성질상 나머지 부분과 가분적인지 등을 살펴 항고소송의 대상이 되는 행정처분을 확정하여야 한다(대판 2015.11.19. 2015두295[전합]).

  ㉡ 경정처분

  - **감액처분** : 행정청이 금전부과처분을 한 후 감액처분을 한 경우에는 감액처분은 일부취소처분의 성질을 가진다. 따라서 '감액처분'이 항고소송(취소소송)의 대상이 되는 것이 아니며 '처음의 부과처분 중 감액처분에 의하여 취소되지 않고 남은 부분'이 항고소송의 대상이 된다(대판 2008.2.15. 2006두3957; 대판 2017.1.12. 2015두2352).
  - **증액처분** : 국세기본법 제22조의2의 시행 이후에도 증액경정처분이 있는 경우, 당초 신고나 결정은 증액경정처분에 흡수됨으로써 독립한 존재가치를 잃게 된다고 보아야 하므로, 원칙적으로는 당초 신고나 결정에 대한 불복기간의 경과 여부 등에 관계없이 증액경정처분만이 항고소송의 심판대상이 되고, 납세의무자는 그 항고소송에서 당초 신고나 결정에 대한 위법사유도 함께 주장할 수 있다고 해석함이 타당하다(대판 2009.5.14. 2006두17390).

  ㉢ 반복된 행위

  - **반복된 대집행 계고처분(처분 ×)** : 건물의 소유자에게 위법건축물을 일정기간까지 철거할 것을 명함과 아울러 불이행할 때에는 대집행한다는 내용의 철거대집행 계고처분을 고지한 후 이에 불응하자 다시 제2차, 제3차 계고서를 발송하여 일정기간까지의 자진철거를 촉구하고 불이행하면 대집행을 한다는 뜻을 고지하였다면 행정대집행법상의 건물철거의무는 제1차 철거명령 및 계고처분으로서 발생하였고 제2차, 제3차의 계고처분은 새로운 철거의무를 부과한 것이 아니고 다만 대집행기한의 연기통지에 불과하므로 행정처분이 아니다(대판 1994.10.28. 94누5144).

- **반복된 거부처분(처분 O)** : 수익적 행정행위 신청에 대한 거부처분은 당사자의 신청에 대하여 관할 행정청이 거절하는 의사를 대외적으로 명백히 표시함으로써 성립되고, 거부처분이 있은 후 당사자가 다시 신청을 한 경우에는 신청의 제목 여하에 불구하고 그 내용이 새로운 신청을 하는 취지라면 관할 행정청이 이를 다시 거절하는 것은 새로운 거부처분으로 봄이 원칙이다(대판 2019.4.3. 2017두52764).
- **이의신청이 새로운 신청을 하는 취지로 볼 수 있는 경우, 이의신청에 대한 결정의 통보(처분 O)** : 수익적 행정처분을 구하는 신청에 대한 거부처분이 있은 후 당사자가 다시 신청을 한 경우에는 신청의 제목 여하에 불구하고 그 내용이 새로운 신청을 하는 취지라면 관할 행정청이 이를 다시 거절하는 것은 새로운 거부처분이라고 보아야 한다. 나아가 어떠한 처분이 수익적 행정처분을 구하는 신청에 대한 거부처분이 아니라고 하더라도, 해당 처분에 대한 이의신청의 내용이 새로운 신청을 하는 취지로 볼 수 있는 경우에는, 그 이의신청에 대한 결정의 통보를 새로운 처분으로 볼 수 있다(대판 2022.3.17. 2021두53894).

② 무효인 처분

무효인 처분에 대하여는 무효확인소송뿐만 아니라 취소소송을 제기할 수도 있는데, 이러한 경우의 취소소송을 '무효를 선언하는 의미의 취소소송'이라고 하는데, 형식적으로는 취소소송이므로 제소기간 등 취소소송으로서의 소송요건을 갖추어야 소송이 적법하게 된다(대판 1984.5.29. 84누175). 기출 22

(3) 항고소송(취소소송)의 대상에 관한 판례

항고소송의 대상적격(처분성) 인정	항고소송의 대상적격(처분성) 부정
	〈행정청의 행위가 아닌 경우(위탁받은 행정권한의 행사가 아닌 경우 포함)〉 • 한국마사회의 기수 면허 취소 기출 17 (대판 2008.1.31. 2005두8269) • 한국철도시설공단의 공사낙찰적격심사 감점조치 통보 (대판 2014.12.24. 2010두6700) • 국민건강보험공단의 근로자에 대한 직위해제처분이나 징계처분(대판 2010.7.29. 2007두18406) • 병역법상 군의관의 신체등위 판정 기출 17 (대판 1993.8.27. 93누3356)
• 두밀분교를 폐교하는 경기도의 조례 기출 21 (대판 1996.9.20. 95누8003) • 보건복지부 고시인 약제급여 · 비급여목록 및 급여상한금액표(대판 2006.9.22. 2005두2506) • 항정신병 치료제의 요양급여 인정기준에 관한 보건복지부 고시(대판 2003.10.9. 2003무23) • 구 청소년보호법상 청소년유해매체물 결정 및 고시처분 (대판 2007.6.14. 2004두619) 기출 21 • 도지사의 지방의료원 폐업결정(대판 2016.8.30. 2015두60617)	〈일반적·추상적 법령, 비구속적 행정계획 등〉 • 일반적·추상적 법령(예 의료법 시행규칙) (대판 2007.4.12. 2005두15168) • 대학입시기본계획 내의 내신성적 산정지침 (대판 1994.9.10. 94두33) • 국토해양부 등에서 발표한 '4대강 살리기 마스터플랜' (대결 2011.4.21. 2010무111[전합]) • 도지사의 혁신도시 최종입지 선정 행위 기출 17 (대판 2007.11.15. 2007두10198)
• 국유재산의 무단점유자에 대한 변상금부과처분 기출 13 (대판 1988.2.23. 87누1046) • 나라장터 종합쇼핑몰 거래정지조치 (대판 2018.11.29. 2015두52395) • 공공기관의 운영에 관한 법령에 따른 입찰참가자격제한 조치(대판 2020.5.28. 2017두66541)	〈사법행위〉 • 국유 일반재산의 매각이나 대부행위 (대판 1993.12.21. 93누13735) • 국유 일반재산 대부신청을 거부한 행위 기출 25 (대판 1998.9.22. 98두7602) • 입찰보증금의 국고귀속조치(대판 1983.12.27. 81누366)

• 지방자치단체에 대한 건축협의의 취소 (대판 2014.2.27. 2012두22980) • 국가인권위원회의 성희롱결정 및 시정조치권고 기출 14 (대판 2005.7.8. 2005두487) • 공정거래위원회의 표준약관 사용권장행위 (대판 2010.10.14. 2008두23184)	〈내부행위〉 • 소방서장의 건축부동의(대판 2004.10.15. 2003두6573) • 행정권 내부에서의 행위나 알선·권유·사실상의 통지 등 비권력적 사실행위(대판 2008.9.11. 2006두18362) • 기관위임사무의 처리(대판 2007.9.20. 2005두6935)
• 교육부장관이 대학에서 추천한 총장 후보자를 임용제청에서 제외하는 행위(대판 2018.6.15. 2016두57564) • 승진후보자 명부에 포함된 후보자에 대한 교육부장관의 승진임용 제외처분(대판 2018.3.27. 2015두47492) • 병무청장의 병역의무 기피자 공개결정 (대판 2019.6.27. 2018두49130)	〈사실행위〉 • 경찰공무원 시험승진후보자명부에서 삭제한 행위 기출 22 (대판 1997.11.14. 97누7325) • 해군참모총장이 수당지급대상자를 추천하거나 추천하지 아니하는 행위(대판 2009.12.10. 2009두14231) • 관할 지방병무청장의 병역의무 기피자 1차 공개결정 (대판 2019.6.27. 2018두49130)

〈사전결정·가행정행위〉
• 건축법상 사전결정(대판 1996.3.12. 95누658)
• 폐기물처리사업계획 부적합통보(대판 1998.4.28. 97누21086)
  → 사전결정 기출 18·14
• 공무원에 대한 직위해제(대판 2014.10.30. 2012두25552)
  → 가행정행위 기출 22
	〈확약〉
	• 어업권 면허에 선행하는 우선순위결정 기출 21
	(대판 1995.1.20. 94누6529)

• 세무조사결정(대판 2011.3.10. 2009두23617) 기출 18 • 원천징수의무자인 법인에 대하여 행한 소득처분에 따른 소득금액변동통지(대판 2021.4.29. 2020두52689)	〈국민의 권리의무에 영향을 미치지 않는 행위〉 • 국세환급금 결정이나 환급거부 결정 기출 18 (대판 2009.11.26. 2007두4018; 대판 1989.6.15. 88누6436[전합]) • 소득의 귀속자에 대한 소득금액변동통지 (대판 2015.3.26. 2013두9267) • 국민건강보험 가입자 자격상실 및 자격변동 통보 (대판 2019.2.14. 2016두41729) • 국가공무원법상의 당연퇴직인사발령 기출 17 (대판 1995.11.14. 95누2036)
• 지방의회의 징계의결(대판 1993.11.26. 93누7341) 기출 18 • 지방의회의장에 대한 불신임의결 기출 17·13 (대결 1994.10.11. 94두23) • 공정거래위원회의 경고의결(대판 2013.12.26. 2011두4930) • 금융기관의 임원에 대한 금융감독원장의 문책경고 (대판 2005.2.17. 2003두14765) • 행정규칙에 의한 불문경고조치 기출 25 (대판 2002.7.26. 2001두3532) • 검찰총장의 검사에 대한 경고조치 (대판 2021.2.10. 2020두47564)	• 국회의원의 징계의결·제명의결(헌법 제64조 제4항) • 공정거래위원회의 고발조치 기출 13 (대판 1995.5.12. 94누13794)
• 거부처분(대판 2009.9.10. 2007두20638 등) • 거부처분 이후에 동일한 내용의 신청에 대해 다시 반복된 거부처분(대판 2002.3.29. 2000두6084) 기출 14 • 이의신청의 내용이 새로운 신청을 하는 취지로 볼 수 있는 경우, 이의신청에 대한 결정의 통보(대판 2022.3.17. 2021두53894)	〈행정소송 이외의 특별불복절차가 마련된 경우〉 • 과태료 부과처분(대판 2012.10.11. 2011두19369) • 농지법상 이행강제금 부과처분 기출 21 (대판 2019.4.11. 2018두42955) • 도로교통법상 통고처분(대판 1995.6.29. 95누4674) • 검사의 불기소결정 및 처분결과 통지 (대판 2018.9.28. 2017두47465)

□ 토지대장 등 공적 장부 기재·정정·삭제 관련 행정처분에 해당 여부

항고소송의 대상적격(처분성) 인정	항고소송의 대상적격(처분성) 부정
• 지적공부 소관청의 지목변경신청 반려행위 기출 13·23 (대판 2004.4.22. 2003두9015[전합]) • 토지대장 직권말소행위 기출 23 • 토지분할신청의 거부행위 • 고속도로 건설공사에 편입되는 토지면적등록 정정신청 반려행위	• 토지대장상의 소유자명의변경신청 거부행위 기출 23
• 건축물대장 작성신청 반려행위 기출 23 • 건축물대장 소관청의 건축물 용도변경신청 거부행위 (대판 2009.1.30. 2007두7277) 기출 13·23 • 건축물대장 직권말소행위 • 건축주 명의변경신고 수리거부행위 기출 14 (대판 1992.3.31. 91누4911) • 건축신고 반려행위(대판 2007.10.11. 2007두1316) 기출 18	• 무허가건물관리대장의 등재 또는 삭제행위 • 가옥대장에 일정한 사항을 등재한 행위
	• 법무법인의 공정증서 작성행위 • 자동차운전면허대장상 일정한 사항(예 벌점)의 등재행위 (대판 1994.8.12. 94누2190) • 과세관청의 부가가치세법상 사업자등록의 직권말소행위 (대판 2000.12.22. 99두6903) 기출 14 • 인감증명행위

(4) 행정심판의 재결

1) 개 설

① 행정소송법은 행정심판의 재결을 행정처분과 함께 취소소송의 대상으로 명시하고 있다(행정소송법 제19조).

② 원처분주의

㉠ 행정심판의 재결을 거쳐 취소소송을 제기하는 경우에 원처분을 대상으로 하여야 하는가 아니면 재결을 대상으로 하여야 하는가에 관하여 원처분주의와 재결주의가 대립하고 있다.

원처분주의	원처분과 재결에 대하여 모두 소송을 제기할 수 있지만, 원처분의 위법은 원처분취소소송에서만 주장할 수 있고, 재결취소소송에서는 재결 고유한 위법만을 주장할 수 있도록 하는 제도를 말한다.
재결주의	원처분에 대한 소송 제기는 허용되지 아니하고 재결에 대한 취소소송만 허용하되, 그 소송에서 재결 자체의 위법뿐만 아니라 원처분의 위법도 주장할 수 있도록 하는 제도를 말한다.

㉡ 원처분주의를 채택할 것인가 재결주의를 채택할 것인가는 입법정책의 문제이나, 현행 행정소송법은 원처분주의를 채택하고 있다(행정소송법 제19조). 다만, 개별 법률에서 예외적으로 재결주의를 채택하고 있는 경우가 있다.

2) 원처분이 소송의 대상이 되는 경우
① 불이익처분에 대한 취소심판에서 일부취소재결(예 2024.2.5.자 1,000만원의 과징금부과처분을 700만원으로 감액하는 일부취소재결)이 내려진 경우, '감경되고 남은 원처분(예 700만원으로 감액된 2024.2.5.자 과징금부과처분)'을 대상으로 '처분청'을 피고로 하여 취소소송을 제기하여야 한다(대판 1993.8.24. 93누5673; 대판 1997.11.14. 97누7325 참조). 제소기간의 준수 여부 또한 변경처분이 아닌 '변경된 내용의 원처분'을 기준으로 판단하되, 행정심판을 거친 경우이므로 재결서 정본을 송달받은 날로부터 90일 이내에 취소소송을 제기하여야 한다. 기출 24

② 적극적 변경명령재결(예 원처분인 영업정지처분을 과징금부과처분으로 변경하라는 명령재결)에 따라 변경처분이 행해진 경우에도, 변경되고 남은 원처분(과징금부과처분)을 취소소송의 대상으로 하여야 한다(대판 2007.4.27. 2004두9302).
  ㉠ 피고적격 : 행정심판위원회가 아니라 원처분청이 취소소송의 피고가 된다.
  ㉡ 제소기간 : 제소기간의 준수 여부 또한 변경처분이 아닌 '변경된 내용의 원처분'을 기준으로 판단하되, 행정심판을 거친 경우이므로 재결서 정본을 송달받은 날로부터 90일 이내에 취소소송을 제기하여야 한다(대판 2007.4.27. 2004두9302).

3) 재결이 취소소송의 대상이 되는 경우
① 개 설
  ㉠ 재결에 대한 취소소송은 재결 자체에 고유한 위법이 있음을 이유로 하여야 하는데(행정소송법 제19조 단서), 재결 자체에 고유한 위법이란 원처분에는 없고 재결에만 있는 하자를 말한다.
  ㉡ 재결 자체에 고유한 위법에는 재결의 주체에 관한 위법, 재결의 절차에 관한 위법, 재결의 형식에 관한 위법, 재결의 내용에 관한 위법이 있다.

② 재결의 주체, 절차, 형식에 관한 위법

주체에 관한 위법	권한이 없는 행정심판위원회에 의한 재결의 경우 또는 행정심판위원회의 구성상 하자가 있는 경우(예 행정심판위원회 구성원의 결격사유가 있는 경우)를 말한다.
절차에 관한 위법	행정심판법상의 심판절차를 준수하지 않은 경우를 그 예로 들 수 있다. 다만, 행정심판법 제34조에서 규정하고 있는 재결기간은 훈시규정으로 해석되므로 재결기간을 넘긴 경우에도 그것만으로는 절차의 위법이 있다고 볼 수 없다.
형식에 관한 위법	서면에 의하지 아니한 재결, 재결서에 주요기재 사항이 누락된 경우, 재결서에 기명날인을 하지 아니한 경우 등을 그 예로 들 수 있다.

③ 재결의 내용에 관한 위법
  ㉠ 재결 자체에 고유한 위법에는 재결 자체의 주체, 절차, 형식상 위법뿐만 아니라 재결 자체의 내용상 위법이 포함된다(대판 1993.8.24. 93누5673).
  ㉡ 행정심판이 부적법함에도 인용재결을 한 경우 : 행정심판이 소송요건을 충족하지 못하여 부적법한 경우 각하재결을 하여야 함에도 인용재결을 한 경우, 재결 자체에 고유한 하자(위법)가 있는 경우에 해당한다(대판 2001.5.29. 99두10292).

ⓒ 적법한 행정심판청구에 대한 각하재결의 경우 : 적법한 행정심판청구를 각하한 재결은 심판청구인의 실체심리를 받을 권리를 박탈한 것으로서 원처분에 없는 재결 자체에 고유한 위법이 있는 경우에 해당하고 따라서 각하재결이 취소소송의 대상이 된다(대판 2001.7.27. 99두2970). **기출 18**

ⓔ 인용재결에 대하여 제3자가 취소소송을 제기하는 경우 : 다수설과 판례는 이른바 복효적 행정행위, 특히 제3자효를 수반하는 행정행위에 대한 행정심판청구에 있어서 인용재결은 원처분과 내용을 달리하는 것이므로 인용재결의 취소를 주장하는 것은 행정소송법 제19조 단서에 따라 원처분에 없는 재결에 고유한 하자를 주장하는 것으로 본다(대판 2001.5.29. 99두10292; 대판 1998.4.24. 97누17131).

④ 행정소송법 제19조 단서에 위반한 경우의 법원의 조치
  ㉠ 행정소송법 제19조 단서에 위반한 경우, 즉 재결 자체에 고유한 위법이 없음에도 재결에 대해 취소소송을 제기한 경우에 법원의 재판형식과 관련하여 견해가 대립한다.
  ㉡ 판례는 ㉮ 재결 자체에 고유한 위법이 있음을 이유로 하지 않은 경우 부적법 각하하여야 하고(대판 1989.10.24. 89누1865), ㉯ 재결 자체에 고유한 위법을 주장하였으나 심리결과 재결 자체에 고유한 위법이 없는 경우에는 기각판결을 하여야 한다는 입장으로 보인다(대판 1994.1.25. 93누16901).

4) 원처분주의에 대한 예외
① 개설 : 개별 법률에서 재결주의를 채택하고 있는 경우에는 원처분은 취소소송의 대상이 되지 못하고(원처분의 취소를 구하는 것은 부적법하여 소각하 사유가 된다), 행정심판의 재결만이 취소소송의 대상이 된다. 따라서 그 논리적인 전제로서 취소소송을 제기하기 전에 행정심판을 필요적으로 경유할 것이 요구된다(행정심판전치주의 적용).

② 감사원의 재심의 판정에 대한 불복(재결주의)
  ㉠ 감사원법 제36조, 제40조는 회계관계직원에 대한 감사원의 변상판정(원처분)에 대하여 감사원에 재심의를 청구할 수 있도록 하고, 그 재심의 판정(재결)에 대하여는 감사원을 당사자로 하여 행정소송을 제기하도록 규정하고 있다.
  ㉡ 판례는 이 규정의 해석에 있어서 "감사원의 변상판정처분에 대하여서는 행정소송을 제기할 수 없고, 재결에 해당하는 재심의 판정에 대하여서만 감사원을 피고로 하여 행정소송을 제기할 수 있다"고 판시하였다(대판 1984.4.10. 84누91).

③ 지방노동위원회 등의 처분에 대한 중앙노동위원회의 재심판정에 대한 불복(재결주의)
  ㉠ 노동위원회법 제26조, 제27조는 지방노동위원회나 특별노동위원회의 처분에 대하여 불복하고자 하는 자는 관계 법령에 특별한 규정이 있는 경우를 제외하고는 지방노동위원회나 특별노동위원회가 행한 처분을 송달받은 날부터 10일 이내에 중앙노동위원회에 재심을 신청하여야 하고, 중앙노동위원회의 처분에 대한 소는 중앙노동위원회위원장을 피고로 하여 처분(판정서 정본)의 송달을 받은 날부터 15일 이내에 제기하도록 규정하고 있다(노동조합 및 노동관계조정법 제85조도 같은 취지로 규정하고 있다).
  ㉡ 판례에 의하면 지방노동위원회 등의 원처분은 취소소송의 대상이 되지 못하고, 그에 대한 행정심판의 재결에 해당하는 중앙노동위원회의 재심판정만이 소송의 대상이 되는 것으로 해석된다(대판 1995.9.15. 95누6724 참조).

④ 특허심판원의 심결에 대한 불복(재결주의) : 특허출원에 대한 심사관의 특허거절결정에 대하여 불복하기 위해서는 먼저 특허심판원에 심판청구를 한 다음 특허심판원의 심결을 대상으로 하여 특허법원에 심결취소를 요구하는 소를 제기하여야 한다(특허법 제186조, 제189조).

⑤ 중앙토지수용위원회의 이의재결에 대한 불복(원처분주의) : 수용재결에 불복하여 취소소송을 제기하는 때에는 이의신청을 거친 경우에도 수용재결을 한 중앙토지수용위원회 또는 지방토지수용위원회를 피고로 하여 수용재결의 취소를 구하여야 하고, 다만 이의신청에 대한 재결 자체에 고유한 위법이 있음을 이유로 하는 경우에는 그 이의재결을 한 중앙토지수용위원회를 피고로 하여 이의재결의 취소를 구할 수 있다고 보아야 한다(대판 2010.1.28. 2008두1504).

⑥ 교원소청심사위원회의 결정에 대한 불복(원처분주의)
　㉠ 사립학교교원에 대한 사립학교장의 징계처분은 행정처분이 아니기 때문에 교원소청심사위원회의 결정은 행정심판의 재결이 아니라 행정처분(원처분)으로서 항고소송의 대상이 된다. 사립학교 교원은 소청절차를 밟을 수 있을 뿐만 아니라 민사소송을 제기하여 권리구제를 받을 수도 있다.
　㉡ 국·공립학교의 교원의 경우 징계처분 등 원처분이 행정처분이고 교원소청심사위원회의 결정은 일반공무원에 대한 소청심사위원회의 결정에 대응하는 행정심판에 해당하여(국가공무원법 제16조 제1항, 교육공무원법 제54조 제1항 참조), 일반공무원의 경우처럼 소송의 대상이 되는 것은 원처분이 징계처분 등 불이익처분이고, 교원소청심사위원회의 결정(재결)은 그 자체의 고유한 위법이 있을 때에만 소송의 대상이 된다(대판 1994.2.8. 93누17874).

3. 원고적격

> **행정소송법 제12조(원고적격)** 기출 23·19·16
> 취소소송은 처분등의 취소를 구할 법률상 이익이 있는 자가 제기할 수 있다. 처분등의 효과가 기간의 경과, 처분등의 집행 그 밖의 사유로 인하여 소멸된 뒤에도 그 처분등의 취소로 인하여 회복되는 법률상 이익이 있는 자의 경우에는 또한 같다.

(1) 개 설

① 원고적격(原告適格)이란 특정한 소송사건에서 원고로서 소송을 수행하여 본안판결을 받기에 적합한 자격을 말한다.
② 원고적격이 인정되려면 그 전제로서 당사자능력이 인정되어야 한다. 당사자능력이란 소송법상의 권리능력, 즉 특정한 소송에서 소송의 주체가 될 수 있는 일반적인 능력을 말한다. 권리능력이 있는 자연인과 법인, 대표자 또는 관리인이 있는 법인 아닌 사단 또는 재단에게는 당사자능력이 인정된다(행정소송법 제8조 제2항, 민사소송법 제51조 및 제52조 참조).
③ 공법인인 국가나 지방자치단체도 당사자능력이 있으므로, '국가나 지방자치단체'가 행정처분의 상대방인 경우에는 해당 처분을 다툴 원고적격이 인정된다(대판 2014.2.27. 2012두22980; 대판 2014.3.13. 2013두15934).
④ '국가 등의 기관'은 권리능력이 없으므로 당사자능력이 없고 원칙적으로 행정소송에서 원고적격이 인정되지 않는다. 다만, 판례는 다른 기관의 처분에 의해 국가기관이 권리를 침해받거나 의무를 부과받는 등 중대한 불이익을 받았음에도 그 처분을 다툴 별다른 방법이 없고, 그 처분의 취소를 구하는 항고소송을 제기하는 것이 유효·적절한 권익구제수단인 경우에 예외적으로 국가기관(예 경기도선거관리위원회 위원장, 소방청장)의 당사자능력과 원고적격을 인정한다(대판 2013.7.25. 2011두1214; 대판 2018.8.1. 2014두35379).

기출 25

(2) 취소소송에서의 원고적격

1) **원고적격의 인정 요건**

① 취소소송은 처분등의 취소를 구할 법률상 이익이 있는 자가 제기할 수 있다(행정소송법 제12조 전문). 기출 19

② **법률상 이익의 의미**

㉠ 문제점 : 행정소송법 제12조 전문은 '처분등의 취소를 구할 법률상 이익이 있는 자'에게 취소소송의 원고적격을 인정하고 있는데, '법률상 이익'의 의미에 관하여 취소송의 목적·기능과 관련하여 다음과 같이 견해가 대립한다.

㉡ 판례 : 판례는 "법률상 보호되는 이익이란 당해 처분의 근거 법규 및 관련 법규에 의하여 보호되는 개별적·직접적·구체적 이익이 있는 경우를 말하고, 공익보호의 결과로 국민 일반이 공통적으로 가지는 일반적·간접적·추상적 이익이 생기는 경우에는 법률상 보호되는 이익이 있다고 할 수 없다"고 판시하여(대판 2006.3.16. 2006두330[전합]), 원칙적으로 '법적 이익구제설'에 입각하고 있는 것으로 평가된다.

> - 국방부 민·군 복합형 관광미항(제주해군기지) 사업시행을 위한 해군본부의 요청에 따라 제주특별자치도지사가 절대보존지역이던 서귀포시 강정동 해안변지역에 관하여 절대보존지역을 변경(축소)하고 고시한 사안에서, 절대보존지역의 유지로 지역주민회와 주민들이 가지는 주거 및 생활환경상 이익은 지역의 경관 등이 보호됨으로써 반사적으로 누리는 것일 뿐 근거 법규 또는 관련 법규에 의하여 보호되는 개별적·직접적·구체적 이익이라고 할 수 없다는 이유로, 지역주민회 등은 위 처분을 다툴 원고적격이 없다고 본 원심판단을 정당하다고 한 사례(대판 2012.7.5. 2011두13187).
> - 생태·자연도의 작성 및 등급변경의 근거가 되는 구 자연환경보전법 제34조 제1항 및 그 시행령 제27조 제1항, 제2항에 의하면, 생태·자연도는 토지이용 및 개발계획의 수립이나 시행에 활용하여 자연환경을 체계적으로 보전·관리하기 위한 것일 뿐, 1등급 권역의 인근 주민들이 가지는 생활상 이익을 직접적이고 구체적으로 보호하기 위한 것이 아님이 명백하고, 1등급 권역의 인근 주민들이 가지는 이익은 환경보호라는 공공의 이익이 달성됨에 따라 반사적으로 얻게 되는 이익에 불과하므로, 인근 주민에 불과한 甲은 생태·자연도 등급권역을 1등급에서 일부는 2등급으로, 일부는 3등급으로 변경한 결정의 무효 확인을 구할 원고적격이 없다고 본 원심판단을 수긍한 사례(대판 2014.2.21. 2011두29052).

③ **보호규범의 범위**

㉠ 당해 처분의 근거법규 및 관련법규에 의하여 보호되는 법률상 이익이란 (ⅰ) 당해 처분의 근거법규(근거법규가 다른 법규를 인용함으로 인하여 근거법규가 된 경우까지를 아울러 포함한다)의 명문규정에 의하여 보호받는 법률상 이익, (ⅱ) 당해 처분의 근거법규에 의하여 보호되지는 아니하나 당해 처분의 행정목적을 달성하기 위한 일련의 단계적인 관련처분들의 근거법규에 의하여 명시적으로 보호받는 법률상 이익, (ⅲ) 당해 처분의 근거법규 또는 관련법규에서 명시적으로 당해 이익을 보호하는 명문의 규정이 없더라도 근거법규 및 관련법규의 합리적 해석상 그 법규에서 행정청을 제약하는 이유가 순수한 공익의 보호만이 아닌 개별적·직접적·구체적 이익을 보호하는 취지가 포함되어 있다고 해석되는 경우까지를 말한다(대판 2004.8.16. 2003두2175).

㉡ 이해관계인에게 절차적 권리가 인정되는 경우에는 이해관계인의 원고적격이 인정된다.

> 법무사규칙 제37조 제4항이 이의신청 절차를 규정한 것은 채용승인을 신청한 법무사뿐만 아니라 사무원이 되려는 사람의 이익도 보호하려는 취지로 볼 수 있다. 따라서 지방법무사회의 사무원 채용승인 거부처분 또는 채용승인 취소처분에 대해서는 처분 상대방인 법무사뿐만 아니라 그 때문에 사무원이 될 수 없게 된 사람도 이를 다툴 원고적격이 인정되어야 한다(대판 2020.4.9. 2015다34444). 기출 23

ⓒ 헌법상 기본권이 법률상 이익이 될 수 있는지에 관하여, 대법원은 추상적 기본권(환경권)의 침해만으로는 원고적격을 인정할 수 없다고 판시하였다(대판 2006.3.16. 2006두330[전합]). 그러나 헌법재판소는 기본권인 경쟁의 자유가 법률상 이익이 될 수 있음을 인정하였다(헌재 1998.4.30. 97헌마141).

- 국세청장의 지정행위(납세병마개 제조자 지정행위)의 근거규범인 이 사건 조항들이 단지 공익만을 추구할 뿐 청구인 개인의 이익을 보호하려는 것이 아니라는 이유로 청구인(지정행위의 상대방이 아닌 제3자)에게 취소소송을 제기할 법률상 이익을 부정한다고 하더라도, 국세청장의 지정행위는 행정청이 병마개 제조업자들 사이에 특혜에 따른 차별을 통하여 사경제 주체간의 경쟁조건에 영향을 미치고 이로써 기업의 경쟁의 자유를 제한하는 것임이 명백한 경우에는 국세청장의 지정행위로 말미암아 기업의 경쟁의 자유를 제한받게 된 자들은 적어도 보충적으로 기본권에 의한 보호가 필요하다. 따라서 일반법규에서 경쟁자를 보호하는 규정을 별도로 두고 있지 않은 경우에도 기본권인 경쟁의 자유가 바로 행정청의 지정행위의 취소를 구할 법률상의 이익이 된다 할 것이다(헌재 1998.4.30. 97헌마141).
- 헌법 제35조 제1항에서 정하고 있는 환경권에 관한 규정만으로는 그 권리의 주체·대상·내용·행사방법 등이 구체적으로 정립되어 있다고 볼 수 없고, 환경정책기본법 제6조도 그 규정 내용 등에 비추어 국민에게 구체적인 권리를 부여한 것으로 볼 수 없다는 이유로, 환경영향평가 대상지역 밖에 거주하는 주민에게 헌법상의 환경권 또는 환경정책기본법에 근거하여 공유수면매립면허처분과 농지개량사업 시행인가처분의 무효확인을 구할 원고적격이 없다고 한 사례(대판 2006.3.16. 2006두330[전합]).

④ 법률상 보호되는 이익의 내용
　㉠ 개별적·직접적·구체적 이익

- 법인의 주주는 법인에 대한 행정처분에 관하여 사실상이나 간접적인 이해관계를 가질 뿐이어서 스스로 그 처분의 취소를 구할 원고적격이 없는 것이 원칙이라고 할 것이지만, 그 처분으로 인하여 법인이 더 이상 영업 전부를 행할 수 없게 되고, 영업에 대한 인·허가의 취소 등을 거쳐 해산·청산되는 절차 또한 처분 당시 이미 예정되어 있으며, 그 후속절차가 취소되더라도 그 처분의 효력이 유지되는 한 당해 법인이 종전에 행하던 영업을 다시 행할 수 없는 예외적인 경우에는 주주도 그 처분에 관하여 직접적이고 구체적인 법률상 이해관계를 가진다고 보아 그 효력을 다툴 원고적격이 있다(대판 2005.1.7. 2002두5313).
- 구 주택법(2012.1.26. 법률 제11243호로 개정되기 전의 것)상 입주자나 입주예정자는 사용검사처분의 무효확인 또는 취소를 구할 법률상 이익이 없다(대판 2015.1.29. 2013두24976). 기출 23

㉡ 사적(개인적 이익) 이익 : 처분 등에 의해 법에 의해 보호되는 사적 이익(개인적 이익)이 침해되는 경우이어야 하고, 공익이 침해된 것만으로는 취소소송의 원고적격이 인정될 수 없다. 처분 등으로 법인 또는 단체의 사적 이익이 침해된 경우에는 그 법인 또는 단체에게 원고적격이 인정된다(대판 2006.9.22. 2005두2506). 그러나 단체의 구성원의 법률상 이익의 침해를 이유로 소를 제기한 경우에는 그 단체의 사적 이익(법률상 이익)이 침해된 경우가 아니므로 원고적격이 인정되지 않는다(대판 2006.5.25. 2003두11988; 대판 2012.6.28. 2010두2005).

- 제약회사가 자신이 공급하는 약제에 관하여 국민건강보험법, 같은 법 시행령, 국민건강보험 요양급여의 기준에 관한 규칙(2001.12.31. 보건복지부령 제207호) 등 약제상한금액고시의 근거 법령에 의하여 보호되는 직접적이고 구체적인 이익을 향유하는데, 보건복지부 고시인 약제급여·비급여목록 및 급여상한금액표(보건복지부 고시 제2002-46호로 개정된 것)로 인하여 자신이 제조·공급하는 약제의 상한금액이 인하됨에 따라 위와 같이 보호되는 법률상 이익이 침해당할 경우, 제약회사는 위 고시의 취소를 구할 원고적격이 있다고 한 사례(대판 2006.9.22. 2005두2506). 기출 23

- 사단법인 대한의사협회는 의료법에 의하여 의사들을 회원으로 하여 설립된 사단법인으로서, 국민건강보험법상 요양급여행위, 요양급여비용의 청구 및 지급과 관련하여 직접적인 법률관계를 갖지 않고 있으므로, 보건복지부 고시인 '건강보험요양급여행위 및 그 상대가치점수 개정'으로 인하여 자신의 법률상 이익을 침해당하였다고 할 수 없다는 이유로 위 고시의 취소를 구할 원고적격이 없다고 한 사례(대판 2006.5.25, 2003두11988).
- 재단법인 甲 수녀원이, 매립목적을 택지조성에서 조선시설용지로 변경하는 내용의 공유수면매립목적 변경 승인처분으로 인하여 법률상 보호되는 환경상 이익을 침해받았다면서 행정청을 상대로 처분의 무효 확인을 구하는 소송을 제기한 사안에서, 공유수면매립목적 변경 승인처분으로 甲 수녀원에 소속된 수녀 등이 쾌적한 환경에서 생활할 수 있는 환경상 이익을 침해받는다고 하더라도 이를 가리켜 곧바로 甲 수녀원의 법률상 이익이 침해된다고 볼 수 없고, 자연인이 아닌 甲 수녀원은 쾌적한 환경에서 생활할 수 있는 이익을 향수할 수 있는 주체가 아니므로 위 처분으로 위와 같은 생활상의 이익이 직접적으로 침해되는 관계에 있다고 볼 수도 없으며, 위 처분으로 환경에 영향을 주어 甲 수녀원이 운영하는 쨈 공장에 직접적이고 구체적인 재산적 피해가 발생한다거나 甲 수녀원이 폐쇄되고 이전해야 하는 등의 피해를 받거나 받을 우려가 있다는 점 등에 관한 증명도 부족하다는 이유로, 甲 수녀원에 처분의 무효 확인을 구할 원고적격이 없다고 한 사례(대판 2012.6.28, 2010두2005).

⑤ **입증책임** : 법률상 이익의 침해 또는 침해 우려는 원칙적으로 원고가 증명하여야 한다. 다만, 환경영향평가대상지역 또는 영향권 내의 주민 등에 대하여는 특단의 사정이 없는 한 환경상 이익에 대한 침해 또는 침해 우려가 있는 것으로 사실상 추정된다(대판 2010.4.15, 2007두16127).

2) 원고적격 인정 여부의 유형별 검토

① **불이익처분의 상대방** : 불이익처분의 상대방은 직접 개인적 이익의 침해를 받은 자로서 원고적격이 인정된다(대판 2018.3.27, 2015두47492). 그러나 행정처분이 수익적인 처분이거나 신청에 의하여 신청 내용대로 이루어진 처분인 경우에는 처분 상대방의 권리나 법률상 보호되는 이익이 침해되었다고 볼 수 없으므로 달리 특별한 사정이 없는 한 처분의 상대방은 그 취소를 구할 이익이 없다(대판 1995.5.26, 94누7324).

② **거부처분의 상대방** : 행정처분에 대한 취소소송에서 원고적격이 있는지 여부는, 당해 처분의 상대방인지 여부에 따라 결정되는 것이 아니라 그 취소를 구할 법률상 이익이 있는지 여부에 따라 결정되는 것이다(대판 2018.5.15, 2014두42506). 따라서 거부처분의 상대방도 당해 처분의 근거 법률에 의하여 보호되는 직접적이고 구체적인 이익이 없는 경우에는 원고적격이 인정되지 않는다.

- 체류자격 및 사증발급의 기준과 절차에 관한 출입국관리법과 그 하위법령의 위와 같은 규정들은, 대한민국의 출입국 질서와 국경관리라는 공익을 보호하려는 취지일 뿐, 외국인에게 대한민국에 입국할 권리를 보장하거나 대한민국에 입국하고자 하는 외국인의 사익까지 보호하려는 취지로 해석하기는 어렵다. ㉠ 사증발급 거부처분을 다투는 외국인은, 아직 대한민국에 입국하지 않은 상태에서 대한민국에 입국하게 해달라고 주장하는 것으로, 대한민국과의 실질적 관련성 내지 대한민국에서 법적으로 보호가치 있는 이해관계를 형성한 경우는 아니어서, 해당 처분의 취소를 구할 법률상 이익을 인정하여야 할 법정책적 필요성도 크지 않다. 반면, ㉡ 국적법상 귀화불가처분이나 출입국관리법상 체류자격변경 불허가처분, 강제퇴거명령 등을 다투는 외국인은 대한민국에 적법하게 입국하여 상당한 기간을 체류한 사람이므로, 이미 대한민국과의 실질적 관련성 내지 대한민국에서 법적으로 보호가치 있는 이해관계를 형성한 경우이어서, 해당 처분의 취소를 구할 법률상 이익이 인정된다고 보아야 한다. … 이와 같은 사증발급의 법적 성질, 출입국관리법의 입법 목적, 사증발급 신청인의 대한민국과의 실질적 관련성, 상호주의원칙 등을 고려하면, 우리 출입국관리법의 해석상 외국인에게는 사증발급 거부처분의 취소를 구할 법률상 이익이 인정되지 않는다고 봄이 타당하다(대판 1999.12.7, 97누12556).

> - 미얀마 국적의 甲이 위명(僞名)인 '乙' 명의의 여권으로 대한민국에 입국한 뒤 乙 명의로 난민 신청을 하였으나 법무부장관이 乙 명의를 사용한 甲을 직접 면담하여 조사한 후 甲에 대하여 난민불인정 처분을 한 사안에서, 처분의 상대방은 허무인이 아니라 '乙'이라는 위명을 사용한 甲이라는 이유로, 甲이 처분의 취소를 구할 법률상 이익이 있다고 한 사례(대판 2017.3.9. 2013두16852).

③ 제3자의 원고적격 : 행정처분의 직접 상대방이 아닌 제3자라도 당해 행정처분의 취소를 구할 법률상의 이익이 있는 경우에는 원고적격이 인정된다(대판 1999.12.7. 97누12556). 제3자의 원고적격이 문제되는 대표적인 사례로는 경업자소송, 경원자소송, 인인소송(인근주민소송)이 있다.

> - 행정처분의 직접 상대방이 아닌 제3자라도 당해 행정처분의 취소를 구할 법률상의 이익이 있는 경우에는 원고적격이 인정된다고 할 것이나, 여기서 말하는 법률상 이익은 당해 처분의 근거 법률에 의하여 보호되는 직접적이고 구체적인 이익이 있는 경우를 말하고 다만 공익보호의 결과로 국민 일반이 공통적으로 가지는 추상적, 평균적, 일반적 이익과 같이 간접적이거나 사실적, 경제적 이해관계를 가지는 데 불과한 경우는 여기에 포함되지 않는다(대판 1999.12.7. 97누12556).
> - 불이익처분의 상대방은 직접 개인적 이익의 침해를 받은 자로서 원고적격이 인정된다. 처분의 직접 상대방이 아닌 제3자라 하더라도 이른바 '경원자 관계'나 '경업자 관계'와 같이 처분의 근거 법규 또는 관련 법규에 의하여 개별적·직접적·구체적으로 보호되는 이익이 있는 경우에는 처분의 취소를 구할 원고적격이 인정되지만, 제3자가 해당 처분과 간접적·사실적·경제적인 이해관계를 가지는 데 불과한 경우에는 처분의 취소를 구할 원고적격이 인정되지 않는다(대판 2021.2.4. 2020두48772).

3) 경업자소송에서의 원고적격

① 경업자소송(競業者訴訟)이란 경쟁관계에 있는 영업자 사이에서 특정 영업자에 대한 수익적 처분이 다른 영업자(경업자)에게 법률상 불이익을 초래하는 경우 다른 영업자(제3자)가 그 수익적 처분의 취소(또는 무효확인)을 구하는 소송을 말한다.

② 판례는 신규업자에 대한 인·허가처분에 의해 기존업자의 법률상 이익이 침해되는 경우 기존업자에게 원고적격을 인정하고, 기존업자의 단순한 경제적·사실상 이익만이 침해되는 경우 기존업자에게 원고적격을 인정하지 않는다.

③ 또한 판례는 일반적으로 기존업자가 특허기업인 경우(예 자동차운송사업면허)에는 그 기존업자가 그 특허로 인하여 받은 영업상 이익은 법률상 이익이라고 보아 원고적격을 인정하고, 기존업자가 허가기업인 경우(예 식품위생법상 유흥접객업허가)에 그 기존업자가 그 허가로 인하여 받는 영업상 이익은 반사적 이익 내지 사실상 이익에 불과한 것으로 보아 원고적격을 부정하는 경향이 있다.

> - 석탄수급조정에 관한 임시조치법 소정의 석탄가공업에 관한 허가는 사업경영의 권리를 설정하는 형성적 행정행위가 아니라 질서유지와 공공복리를 위한 금지를 해제하는 명령적 행정행위여서 그 허가를 받은 자는 영업자유를 회복하는데 불과하고 독점적 영업권을 부여받은 것이 아니기 때문에 기존허가를 받은 원고들이 신규허가로 인하여 영업상 이익이 감소된다 하더라도 이는 원고들의 반사적 이익을 침해하는 것에 지나지 아니하므로 원고들은 신규허가 처분에 대하여 행정소송을 제기할 법률상 이익이 없다(대판 1980.7.22. 80누33). → 기존업자가 허가기업(석탄가공업)인 경우, 원고적격 부정

> • 甲회사의 시외버스운송사업과 乙회사의 시외버스운송사업이 다 같이 운행계통을 정하여 여객을 운송하는 노선여객자동차 운송사업에 속하고, 乙회사에 대한 시외버스운송사업계획변경인가 처분으로 기존의 시외버스운송사업자인 甲회사의 노선 및 운행계통과 甲회사의 노선 및 운행계통이 일부 같고, 기점 혹은 종점이 같거나 인근에 위치한 甲회사의 수익감소가 예상되므로, 기존의 시외버스운송사업자인 甲회사에 위 처분의 취소를 구할 법률상의 이익이 있다고 한 사례(대판 2010.6.10. 2009두10512). → 기존업자가 특허기업(시외버스운송사업)인 경우, 원고적격 인정 기출 23

④ 허가기업이라도 허가요건으로 거리제한 또는 영업허가구역 규정이 있는 경우 해당 규정은 공익뿐만 아니라 기존허가업자의 영업상 개인적 이익을 보호하고 있는 것으로 볼 수 있으므로 기존허가업자에게 신규허가를 다툴 원고적격이 인정될 수 있다(대판 1988.6.14. 87누873).

> • 甲이 적법한 약종상허가를 받아 허가지역 내에서 약종상영업을 경영하고 있음에도 불구하고 행정관청이 구 약사법시행규칙(1969.8.13. 보건사회부령 제344호)을 위배하여 같은 약종상인 乙에게 乙의 영업허가지역이 아닌 甲의 영업허가지역내로 영업소를 이전하도록 허가하였다면 甲으로서는 이로 인하여 기존업자로서의 법률상 이익을 침해받았음이 분명하므로 甲에게는 행정관청의 영업소이전허가처분의 취소를 구할 법률상 이익이 있다(대판 1988.6.14. 87누873).
> • 담배 일반소매인의 지정기준으로서 일반소매인의 영업소 간에 일정한 거리제한을 두고 있는 것은 담배유통구조의 확립을 통하여 국민의 건강과 관련되고 국가 등의 주요 세원이 되는 담배산업 전반의 건전한 발전 도모 및 국민경제에의 이바지라는 공익목적을 달성하고자 함과 동시에 일반소매인 간의 과당경쟁으로 인한 불합리한 경영을 방지함으로써 일반소매인의 경영상 이익을 보호하는 데에도 그 목적이 있다고 보이므로, 일반소매인으로 지정되어 영업을 하고 있는 기존업자의 신규 일반소매인에 대한 이익은 단순한 사실상의 반사적 이익이 아니라 법률상 보호되는 이익이라고 해석함이 상당하다(대판 2008.3.27. 2007두23811).

⑤ 최근 판례는 허가와 특허의 구별 없이 처분의 근거가 되는 법률이 해당 업자들 사이의 과당경쟁으로 인한 경영의 불합리를 방지하는 것도 그 목적으로 하고 있는 경우, 기존 업자에게 신규 인·허가에 대한 취소를 구할 원고적격을 인정하고 있다(대판 2006.7.28. 2004두6716).

> • 일반적으로 면허나 인·허가 등의 수익적 행정처분의 근거가 되는 법률이 해당 업자들 사이의 과당경쟁으로 인한 경영의 불합리를 방지하는 것도 그 목적으로 하고 있는 경우, 다른 업자에 대한 면허나 인·허가 등의 수익적 행정처분에 대하여 이미 같은 종류의 면허나 인·허가 등의 수익적 행정처분을 받아 영업을 하고 있는 기존의 업자는 경업자에 대하여 이루어진 면허나 인·허가 등 행정처분의 상대방이 아니라 하더라도 당해 행정처분의 취소를 구할 원고적격이 있다(대판 2006.7.28. 2004두6716).
> • 한정면허를 받은 시외버스운송사업자가 일반면허를 받은 시외버스운송사업자에 대한 사업계획변경 인가처분으로 수익감소가 예상되는 경우, 일반면허 시외버스운송사업자에 대한 사업계획변경인가처분의 취소를 구할 법률상의 이익이 있다고 한 사례(대판 2018.4.26. 2015두53824).

4) 경원자소송에서의 원고적격

① 경원자소송(競願者訴訟)이란 수인의 신청을 받아 우선 순위에 따라 일부에 대하여만 인·허가 등의 수익적 행정처분을 하는 경우에 인·허가 등을 받지 못한 자(제3자)가 타인이 받은 인·허가처분(수익적 처분)의 취소(또는 무효확인)를 구하는 소송을 말한다.

② 경원자관계에 있는 경우에는 각 경원자에 대한 인·허가 등이 배타적 관계에 있으므로 자신의 권익을 구제하기 위해 타인에 대한 인·허가 등을 취소할 법률상 이익(= 원고적격)이 있다고 보아야 한다(대판 1992.5.8. 91누13274; 대판 2009.12.10. 2009두8359 참조).

> [1] 인·허가 등의 수익적 행정처분을 신청한 수인(數人)이 서로 경쟁관계에 있어서 일방에 대한 허가 등의 처분이 타방에 대한 불허가 등으로 귀결될 수밖에 없는 때 허가 등의 처분을 받지 못한 자는 비록 경원자에 대하여 이루어진 허가 등 처분의 상대방이 아니라 하더라도 당해 처분의 취소를 구할 원고 적격이 있다. 다만, 명백한 법적 장애로 인하여 원고 자신의 신청이 인용될 가능성이 처음부터 배제되어 있는 경우에는 당해 처분의 취소를 구할 정당한 이익이 없다.
> [2] 원고를 포함하여 법학전문대학원 설치인가 신청을 한 41개 대학들은 2,000명이라는 총 입학정원을 두고 그 설치인가 여부 및 개별 입학정원의 배정에 관하여 서로 경쟁관계에 있고, 이 사건 각 처분(로스쿨예비인가처분)이 취소될 경우 원고의 신청이 인용될 가능성도 배제할 수 없으므로, 원고가 이 사건 각 처분의 상대방이 아니라도 그 처분의 취소 등을 구할 당사자적격이 있다고 한 사례(대판 2009.12.10. 2009두8359).

③ 관련 문제(협의의 소의 이익) : 경원자소송에서 경원자에게 원고적격이 인정되더라도 명백한 법적 장애로 인하여 원고(경원자) 자신의 신청이 인용될 가능성이 처음부터 배제되어 있는 경우에는 당해 처분의 취소를 구할 협의의 소의 이익이 부정된다(대판 1992.5.8. 91누13274; 대판 2009.12.10. 2009두8359 참조).

④ 권리구제방법 : 경원자관계에 있는 자는 타인에 대한 허가처분의 취소를 구하거나(경원자소송), 자신에 대한 불허가처분(거부처분)의 취소를 구할 수 있고(거부처분취소소송), 양자를 관련청구소송으로 병합하여 제기할 수도 있다.

5) 인인소송(인근주민소송, 이웃소송)에서의 원고적격

① 인인소송(隣人訴訟)이란 행정청의 인·허가처분으로 인하여 법률상 보호되는 이익을 침해받은 인근 주민(제3자)이 인·허가처분의 취소(또는 무효확인)을 구하는 소송을 말한다.

② 인근 주민의 원고적격 유무는 인·허가처분의 근거법규 및 관련법규 보호목적에 따라 결정된다. 즉 인·허가처분의 근거법규 및 관련법규가 공익뿐만 아니라 인근주민의 개인적 이익도 보호하고 있다고 해석되는 경우(사익보호성이 인정되는 경우)에 인근주민에게 인근주민소송의 원고적격이 인정된다.

③ 원고적격을 긍정한 사례

> • 부지 사전승인처분 취소소송에서 원자로 시설부지 인근주민들의 원고적격 : 원자력법 제12조 제2호(발전용 원자로 및 관계 시설의 위치·구조 및 설비가 대통령령이 정하는 기술수준에 적합하여 방사성물질 등에 의한 인체·물체·공공의 재해방지에 지장이 없을 것)의 취지는 원자로 등 건설사업이 방사성물질 및 그에 의하여 오염된 물질에 의한 인체·물체·공공의 재해를 발생시키지 아니하는 방법으로 시행되도록 함으로써 방사성물질 등에 의한 생명·건강상의 위해를 받지 아니할 이익을 일반적 공익으로서 보호하려는 데 그치는 것이 아니라 방사성물질에 의하여 보다 직접적이고 중대한 피해를 입으리라고 예상되는 지역 내의 주민들의 위와 같은 이익을 직접적·구체적 이익으로서도 보호하려는 데에 있다 할 것이므로, 위와 같은 지역 내의 주민들에게는 방사성물질 등에 의한 생명·신체의 안전침해를 이유로 부지사전승인처분의 취소를 구할 원고적격이 있다(대판 1998.9.4. 97누19588).

- 환경영향평가 대상지역 안의 주민들의 원고적격 : 공유수면매립면허처분과 농지개량사업 시행인가처분의 근거 법규 또는 관련 법규가 되는 구 공유수면매립법, 구 농촌근대화촉진법, 구 환경보전법, 구 환경보전법 시행령, 구 환경정책기본법, 구 환경정책기본법 시행령의 각 관련 규정의 취지는, 공유수면매립과 농지개량사업시행으로 인하여 직접적이고 중대한 환경피해를 입으리라고 예상되는 환경영향평가 대상지역 안의 주민들이 전과 비교하여 수인한도를 넘는 환경침해를 받지 아니하고 쾌적한 환경에서 생활할 수 있는 개별적 이익까지도 이를 보호하려는 데에 있다고 할 것이므로, 위 주민들(환경영향평가 대상지역 안의 주민들)이 공유수면매립면허처분 등과 관련하여 갖고 있는 위와 같은 환경상의 이익은 주민 개개인에 대하여 개별적으로 보호되는 직접적·구체적 이익으로서 그들에 대하여는 특단의 사정이 없는 한 환경상의 이익에 대한 침해 또는 침해우려가 있는 것으로 사실상 추정되어 공유수면매립면허처분 등의 무효확인을 구할 원고적격이 인정된다. 한편, 환경영향평가 대상지역 밖의 주민이라 할지라도 공유수면매립면허처분 등으로 인하여 그 처분 전과 비교하여 수인한도를 넘는 환경피해를 받거나 받을 우려가 있는 경우에는, 공유수면매립면허처분 등으로 인하여 환경상 이익에 대한 침해 또는 침해우려가 있다는 것을 입증함으로써 그 처분 등의 무효확인을 구할 원고적격을 인정받을 수 있다(대판 2006.3.16. 2006두330[전합]).

  > □ 참고
  > 환경상 이익에 대한 침해 또는 침해 우려가 있는 것으로 사실상 추정되어 원고적격이 인정되는 사람에는 환경상 침해를 받으리라고 예상되는 영향권 내의 주민들을 비롯하여 그 영향권 내에서 농작물을 경작하는 등 현실적으로 환경상 이익을 향유하는 사람도 포함된다. 그러나 단지 그 영향권 내의 건물·토지를 소유하거나 환경상 이익을 일시적으로 향유하는 데 그치는 사람은 포함되지 않는다(대판 2009.9.24. 2009두2825).

- 납골당설치신고수리처분 취소소송에서 인근 주민의 원고적격 : 납골당 설치장소에서 500m 내에 20호 이상의 인가가 밀집한 지역에 거주하는 주민들의 경우, 납골당이 누구에 의하여 설치되는지와 관계없이 납골당 설치에 대하여 환경 이익 침해 또는 침해 우려가 있는 것으로 사실상 추정되어 원고적격이 인정된다(대판 2011.9.8. 2009두6766).

④ 원고적격을 부정한 사례

- 상수원보호구역 설정의 근거가 되는 수도법 제5조 제1항 및 동 시행령 제7조 제1항이 보호하고자 하는 것은 상수원의 확보와 수질보전일 뿐이고, 그 상수원에서 급수를 받고 있는 지역주민들이 가지는 상수원의 오염을 막아 양질의 급수를 받을 이익은 직접적이고 구체적으로는 보호하고 있지 않음이 명백하여 위 지역주민들이 가지는 이익은 상수원의 확보와 수질보호라는 공공의 이익이 달성됨에 따라 반사적으로 얻게 되는 이익에 불과하므로 지역주민들에 불과한 원고들에게는 위 상수원보호구역변경처분의 취소를 구할 법률상의 이익이 없다(대판 1995.9.26. 94누14544).
- 국유도로의 공용폐지처분 등의 취소소송에서 인근주민의 원고적격 일반적으로 도로는 국가나 지방자치단체가 직접 공중의 통행에 제공하는 것으로서 일반국민은 이를 자유로이 이용할 수 있는 것이기는 하나, 그렇다고 하여 그 이용관계로부터 당연히 그 도로에 관하여 특정한 권리나 법령에 의하여 보호되는 이익이 개인에게 부여되는 것이라고까지는 말할 수 없으므로, 일반적인 시민생활에 있어 도로를 이용만 하는 사람은 그 용도폐지를 다툴 법률상의 이익이 있다고 말할 수 없다(대판 1992.9.22. 91누13212).
- 환경영향평가대상지역 밖의 주민·일반 국민·산악인·사진가·학자·환경보호단체 등의 환경상 이익이나 전원개발사업구역 밖의 주민 등의 재산상 이익에 대하여는 전원개발사업실시계획승인처분의 근거 법률인 전원개발에 관한 특례 법률, 구 환경보전법령, 구 환경정책기본법령 및 환경영향평가법령 등에 이를 그들의 개별적·직접적·구체적 이익으로 보호하려는 내용 및 취지를 가지는 규정을 두고 있지 아니하므로, 이들에게는 위와 같은 이익 침해를 이유로 전원개발사업실시계획승인처분의 취소를 구할 원고적격이 없다(대판 1998.9.22. 97누19571).

4. 협의의 소의 이익

(1) 의 의

① '협의의 소의 이익'이란 '분쟁을 재판에 의하여 해결할 현실적 필요성'을 의미한다. 협의의 소의 이익을 '권리보호의 필요'라고도 부른다. 소의 이익을 필요로 하는 이유는 남소를 막고, 권리구제를 위하여 본안판결이 필요로 하는 사건에 법원의 능력을 집중할 수 있도록 하기 위한 것이다.

② 현행 행정소송법 제12조 후문(제2문)은 "처분 등의 효과가 기간의 경과, 처분 등의 집행 그 밖의 사유로 인하여 소멸된 뒤에도 그 처분 등의 취소로 인하여 회복되는 법률상 이익이 있는 자의 경우에는 또한 같다"라고 취소소송에서의 협의의 소의 이익을 규정하고 있다(다수설·판례). 기출 23·16

③ 행정소송법 제12조 제2문에서 정한 법률상 이익, 즉 행정처분을 다툴 협의의 소의 이익은 개별·구체적 사정을 고려하여 판단하여야 한다(대판 2020.12.24. 2020두30450).

④ 협의의 소의 이익은 직권조사사항으로 당사자의 이의가 없더라도 법원이 직권으로 조사하여 그 흠결이 밝혀지면 소를 부적법 각하하여야 한다. 사실심 변론종결 시는 물론 상고심에서도 소의 이익이 존속하여야 하며, 상고심 계속 중 소의 이익이 없게 되면 부적법한 소가 되어 각하사유가 된다(대판 1996.2.23. 95누2685).

(2) 행정소송법 제12조 후문의 '회복되는 법률상 이익'의 의미

① 행정소송법 제12조 후문의 '회복되는 법률상 이익'의 의미를 제12조 전문의 '법률상 이익'과 동일하게 보는 견해도 있으나, 제12조 후문의 '회복되는 법률상 이익'은 취소소송을 통하여 구제되는 기본적인 법률상 이익뿐만 아니라 '부수적 이익'도 포함한다고 보는 점에서 원고적격에서의 법률상 이익보다 넓은 개념으로 보는 것이 일반적인 입장이다.

② '부수적 이익'에 어떠한 이익이 포함될 것인지에 관하여는 견해가 나뉘고 있다.

> - 항고소송에 있어서 소의 이익이 인정되기 위하여는 행정소송법 제12조 소정의 "법률상 이익"이 있어야 하는바, 그 법률상 이익은 당해 처분의 근거 법률에 의하여 보호되는 직접적이고 구체적인 이익이 있는 경우를 말하고 간접적이거나 사실적, 경제적 이해관계를 가지는데 불과한 경우는 여기에 해당되지 아니한다(대판 1995.10.17. 94누14148[전합]).
> - 자격정지처분의 취소청구에 있어 그 정지기간이 경과된 이상 그 처분의 취소를 구할 이익이 없고 설사 그 처분으로 인하여 명예, 신용 등 인격적인 이익이 침해되어 그 침해상태가 자격정지기간 경과 후까지 잔존하더라도 이와 같은 불이익은 동 처분의 직접적인 효과라고 할 수 없다(대판 1978.5.23. 78누72).
> - 고등학교졸업학력검정고시에 합격하였다 하여 고등학교 학생으로서의 신분과 명예가 회복될 수 없는 것이니, 퇴학처분을 받은 자로서는 퇴학처분의 위법을 주장하여 그 취소를 구할 소송상의 이익이 있다(대판 1992.7.14. 91누4737).

(3) 협의의 소의 이익의 판단 기준

① 취소소송은 위법한 처분등에 의하여 발생한 위법상태를 배제하여 원상으로 회복시키고, 그 처분으로 침해되거나 방해받은 권리와 이익을 구제하고자 하는 소송이므로, 처분등의 효력이 존속하고 있어야 하고, 그 취소로써 원상회복이 가능하여야 한다.

② ㉠ 처분의 효력이 소멸한 경우(예 행정처분을 직권취소한 경우, 제재처분의 기간이 경과한 경우), ㉡ 처분 후 사정변경으로 인하여 권익침해가 해소된 경우(예 불합격처분 이후 새로 실시된 국가시험에서 합격한 경우), ㉢ 취소소송 이외에 보다 실효적이고 직접적인 다른 구제방법이 존재하는 경우, ㉣ 원상회복이 불가능한 경우(예 폐기명령에 따라 식품을 폐기한 경우)에는 원칙적으로 취소소송을 제기할 (협의의) 소의 이익이 부정된다.

(4) 처분의 효력이 소멸한 경우

1) 원 칙

처분의 효과가 기간의 경과, 처분 등의 집행 그 밖의 사유로 인하여 처분의 효력이 소멸한 경우에는 그 처분은 더 이상 존재하지 않는 것이 되고, 존재하지 않는 그 처분을 대상으로 취소소송을 제기하는 것은 무의미하므로 원칙적으로 취소소송을 제기할 협의의 소의 이익이 없다(대판 2019.6.27. 2018두49130 참조).

> - 행정처분의 무효확인 또는 취소를 구하는 소가 제소 당시에는 소의 이익이 있어 적법하였더라도, 소송 계속 중 처분청이 다툼의 대상이 되는 행정처분을 직권으로 취소하면 그 처분은 효력을 상실하여 더 이상 존재하지 않는 것이므로, 존재하지 않는 그 처분을 대상으로 한 항고소송은 원칙적으로 소의 이익이 소멸하여 부적법하다(대판 2019.6.27. 2018두49130).
> - 보충역편입처분 및 공익근무요원소집처분의 취소를 구하는 소의 계속 중 병역처분변경신청에 따라 제2국민역편입처분으로 병역처분이 변경된 경우, 보충역편입처분은 제2국민역편입처분을 함으로써 취소 또는 철회되어 그 효력이 소멸하였고, 공익근무요원소집처분의 근거가 된 보충역편입처분이 취소 또는 철회되어 그 효력이 소멸한 이상 공익근무요원소집처분 또한 그 효력이 소멸하였다는 이유로, 종전 보충역편입처분 및 공익근무요원소집처분의 취소를 구할 소의 이익이 없다고 한 사례(대판 2005.12.9. 2004두6563).

2) 예 외

① 제재적 처분의 전력이 장래의 제재적 처분의 가중요건 또는 전제요건인 경우

  ㉠ 법령 또는 행정규칙에 제재적 처분이 장래의 제재적 처분의 가중요건 또는 전제요건으로 규정되어 있는 경우에는 가중된 제재적 처분을 받을 위험(불이익)이 현실적이므로 가중된 제재적 처분을 받을 위험(불이익)을 제거하기 위하여 제재기간이 지나 제재처분의 효력이 소멸된 경우에도 제재처분취소의 이익이 인정된다(대판 2006.6.22. 2003두1684[전합]).

  ㉡ 다만, 일정 기간의 경과 등으로 실제로 가중된 제재처분을 받을 우려가 없어졌다면 다른 특별한 사정이 없는 한 그 처분의 취소를 구할 법률상 이익은 소멸되었다고 보아야 한다(대판 2000.4.21. 98두10080).

② 위법한 처분의 반복가능성이 있는 등 불분명한 문제에 대한 해명이 필요한 경우 : 행정처분의 무효확인 또는 취소를 구하는 소가 제소 당시에는 소의 이익이 있어 적법하였더라도, 소송 계속 중 처분청이 다툼의 대상이 되는 행정처분을 직권으로 취소하면 그 처분은 효력을 상실하여 더 이상 존재하지 않는 것이므로, 존재하지 않는 그 처분을 대상으로 한 항고소송은 원칙적으로 소의 이익이 소멸하여 부적법하다(대판 2019.6.27. 2018두49130). 다만, 그 행정처분과 동일한 사유로 위법한 처분이 반복될 위험성이 있어 행정처분의 위법성 확인 내지 불분명한 법률문제에 대한 해명이 필요한 경우에는 행정의 적법성 확보와 그에 대한 사법통제, 국민의 권리구제 확대 등의 측면에서 예외적으로 그 처분의 취소를 구할 소의 이익을 인정할 수 있다. 여기에서 '그 행정처분과 동일한 사유로 위법한 처분이 반복될 위험성이 있는 경우'란 불분명한 법률문제에 대한 해명이 필요한 상황에 대한 대표적인 예시일 뿐이며, 반드시 '해당 사건의 동일한 소송 당사자 사이에서' 반복될 위험이 있는 경우만을 의미하는 것은 아니다(대판 2020.12.24. 2020두30450).

(5) 처분 후의 사정변경에 의해 권익침해가 해소된 경우

최초 처분이 행해진 시점 이후에 사정변경이 있어 최초 처분으로 인한 권익침해가 해소되었다면 그 처분의 취소를 구할 소의 이익이 없다. 그 처분이 위법함을 이유로 손해배상청구를 할 예정이라고 하더라도 소의 이익이 부정되는 것은 마찬가지이다(대판 2007.9.21. 2007두12057).

- 공익근무요원 소집해제신청을 거부한 후에 원고가 계속하여 공익근무요원으로 복무함에 따라 복무기간 만료를 이유로 소집해제처분을 한 경우, 원고가 입게 되는 권리와 이익의 침해는 소집해제처분으로 해소되었으므로 위 거부처분의 취소를 구할 소의 이익이 없다고 한 사례(대판 2005.5.13. 2004두4369).
- 치과의사국가시험 합격은 치과의사 면허를 부여받을 수 있는 전제요건이 된다고 할 것이나 국가시험에 합격하였다고 하여 위 면허취득의 요건을 갖추게 되는 이외에 그 자체만으로 합격한 자의 법률상 지위가 달라지게 되는 것은 아니므로 불합격처분 이후 새로 실시된 국가시험에 합격한 자들로서는 더 이상 위 불합격처분의 취소를 구할 법률상의 이익이 없다(대판 1993.11.9. 93누6867).

(6) 원상회복이 불가능한 경우

1) 원 칙

위법한 처분을 취소한다 하더라도 원상회복이 불가능한 경우에는 원칙적으로 그 취소를 구할 소의 이익이 없다.

- 건축허가가 건축법 소정의 이격거리를 두지 아니하고 건축물을 건축하도록 되어 있어 위법하다 하더라도 그 건축허가에 기하여 건축공사가 완료되었다면 그 건축허가를 받은 대지와 접한 대지의 소유자인 원고가 위 건축허가처분의 취소를 받아 이격거리를 확보할 단계는 지났으며 민사소송으로 위 건축물 등의 철거를 구하는 데 있어서도 위 처분의 취소가 필요한 것이 아니므로 원고로서는 위 처분의 취소를 구할 법률상의 이익이 없다고 한 사례(대판 1992.4.24. 91누11131).
- 지방의료원의 설립·통합·해산은 지방자치단체의 조례로 결정할 사항이므로, 도가 설치·운영하는 乙 지방의료원의 폐업·해산은 도의 조례로 결정할 사항인 점 등을 종합하면, 甲 도지사의 폐업결정은 행정청이 행하는 구체적 사실에 관한 법집행으로서의 공권력 행사로서 입원환자들과 소속 직원들의 권리·의무에 직접 영향을 미치는 것이므로 항고소송의 대상에 해당하지만, 폐업결정 후 乙 지방의료원을 해산한다는 내용의 조례가 제정·시행되었고 조례가 무효라고 볼 사정도 없어 乙 지방의료원을 폐업 전의 상태로 되돌리는 원상회복은 불가능하므로 법원이 폐업결정을 취소하더라도 단지 폐업결정이 위법함을 확인하는 의미밖에 없고, 폐업결정의 취소로 회복할 수 있는 다른 권리나 이익이 남아있다고 보기도 어려우므로, 甲 도지사의 폐업결정이 법적으로 권한 없는 자에 의하여 이루어진 것으로서 위법하더라도 취소를 구할 소의 이익을 인정하기 어렵다고 한 사례(대판 2016.8.30. 2015두60617).

2) 예 외(부수적 이익이 있는 경우)

원상회복이 불가능하더라도 무효확인 또는 취소로써 회복할 수 있는 다른 권리나 이익(부수적 이익)이 남아 있는 경우 예외적으로 법률상 이익이 인정될 수 있다.

- 해임처분 무효확인 또는 취소소송 계속 중 임기가 만료되어 해임처분의 무효확인 또는 취소로 지위를 회복할 수는 없다고 할지라도, 그 무효확인 또는 취소로 해임처분일부터 임기만료일까지 기간에 대한 보수 지급을 구할 수 있는 경우에는 해임처분의 무효확인 또는 취소를 구할 법률상 이익이 있다. 해임권자와 보수지급의무자가 다른 경우에도 마찬가지이다(대판 2012.2.23. 2011두5001).
- 국가공무원법상 직위해제처분의 무효확인 또는 취소소송 계속 중 정년을 초과하여 직위해제처분의 무효확인 또는 취소로 공무원 신분을 회복할 수는 없다고 할지라도, 그 무효확인 또는 취소로 직위해제일부터 직권면직일까지 기간에 대한 감액된 봉급 등의 지급을 구할 수 있는 경우에는 직위해제처분의 무효확인 또는 취소를 구할 법률상 이익이 있다(대판 2014.5.16. 2012두26180).

- 현역입영대상자로서는 현실적으로 입영을 하였다고 하더라도, 입영 이후의 법률관계에 영향을 미치고 있는 현역병 입영통지처분 등을 한 관할지방병무청장을 상대로 위법을 주장하여 그 취소를 구할 소송상의 이익이 있다(대판 2003.12.26. 2003두1875).

5. 피고적격

행정소송법 제13조(피고적격) 기출 20·19
① 취소소송은 다른 법률에 특별한 규정이 없는 한 그 처분등을 행한 행정청을 피고로 한다. 다만, 처분등이 있은 뒤에 그 처분등에 관계되는 권한이 다른 행정청에 승계된 때에는 이를 승계한 행정청을 피고로 한다.
② 제1항의 규정에 의한 행정청이 없게 된 때에는 그 처분등에 관한 사무가 귀속되는 국가 또는 공공단체를 피고로 한다.

행정소송법 제2조(정의)
② 이 법을 적용함에 있어서 행정청에는 법령에 의하여 행정권한의 위임 또는 위탁을 받은 행정기관, 공공단체 및 그 기관 또는 사인이 포함된다.

(1) 처분 등을 행한 행정청

① 취소소송은 다른 법률에 특별한 규정이 없는 한 그 처분등을 행한 행정청을 피고로 한다(행정소송법 제13조 제1항 본문). 기출 19
② '처분 등을 행한 행정청'이란 처분 등을 외부적으로 그의 명의로 행한 행정청을 말하고, 정당한 권한을 가진 행정기관인지 여부는 불문한다. 정당한 처분권한이 있는지 여부는 본안의 문제이고, 피고적격을 판단함에 있어 고려할 사항은 아니다(대판 1994.6.14. 94누1197 참조). 기출 22
③ "행정청"에는 본래적 의미의 행정청(행정에 관한 의사를 결정하여 표시하는 국가 또는 지방자치단체의 기관) 외에도 법령에 의하여 행정권한의 위임 또는 위탁을 받은 행정기관, 공공단체 및 그 기관 또는 사인이 포함된다(행정소송법 제2조 제2항). 따라서 공무수탁사인이 자신의 이름으로 처분을 한 경우에 공무수탁사인이 취소소송의 피고가 된다.
④ 행정심판의 재결이 항고소송의 대상이 되는 경우에는 행정심판위원회(합의제 행정청)가 피고가 된다.
⑤ 처분등이 있은 뒤에 그 처분등에 관계되는 권한이 다른 행정청에 승계된 때에는 이를 승계한 행정청을 피고로 한다(행정소송법 제13조 제1항). 기출 20

> **참고**
> 행정청은 국가나 지방자치단체 등의 기관에 불과하므로 취소소송의 피고적격은 처분이나 재결의 효과가 귀속되는 행정주체(국가나 지방자치단체 등)가 갖는 것이 원칙이지만, 행정소송법은 소송수행의 편의를 위해서 '처분 등을 행한 행정청'에게 피고적격을 인정하고 있는 것이다. 이처럼 취소소송에서는 민사소송의 경우와는 달리 실체법상의 권리능력은 물론 민사소송법상의 당사자능력도 없는 행정청에게 피고로서의 당사자능력(피고능력)과 피고적격이 인정된다는 점에 특색이 있다.

(2) 구체적 사례 검토

1) 처분청과 통지한 자가 다른 경우

처분청과 통지한 자가 다른 경우에는 <u>처분청이 피고가 된다</u>(대판 1990.4.27. 90누233).

> 국무회의에서 건국훈장 독립장이 수여된 망인에 대한 서훈취소를 의결하고 대통령이 결재함으로써 서훈취소가 결정된 후 국가보훈처장이 망인의 유족 甲에게 '독립유공자 서훈취소결정 통보'를 하자 甲이 국가보훈처장을 상대로 서훈취소결정의 무효 확인 등의 소를 제기한 사안에서, 甲이 <u>서훈취소 처분을 행한 행정청(대통령)</u>이 아니라 국가보훈처장을 상대로 제기한 위 소는 피고를 잘못 지정한 경우에 해당하므로, <u>법원으로서는 석명권을 행사하여 정당한 피고(대통령)로 경정하게 하여 소송을 진행해야 함에도</u> 국가보훈처장이 서훈취소 처분을 한 것을 전제로 처분의 적법 여부를 판단한 원심판결에 법리오해 등의 잘못이 있다고 한 사례(대판 2014.9.26. 2013두2518).

2) 권한의 위임 또는 내부위임의 경우

① 행정권한의 위임이 있는 경우에는 수임관청(수임기관)은 자신의 이름으로 처분을 하며, 이 경우에 <u>수임관청(수임기관)이 취소소송의 피고가 된다.</u>

② 행정권한의 위임과 달리 내부위임의 경우에는 처분권한이 대외적으로 이전되지는 않는다. 따라서 내부위임의 경우에 수임관청(수임기관)은 위임관청(위임기관)의 이름으로 처분을 해야 하고 자기의 이름으로 처분을 할 수 없다(대판 1995.11.28. 94누6475). 따라서 내부위임의 경우 <u>위임관청(위임기관)이 처분청으로서 취소소송의 피고가 되는 것이 원칙이다.</u>

③ 내부위임의 경우에 위임청의 명의로 처분을 해야 함에도 불구하고 수임기관이 자신의 명의로 처분을 하는 경우가 있다. 이러한 경우에는 <u>자신의 명의로 실제로 그 처분을 한 수임기관(수임관청)을 피고로 하여야 한다</u>(대판 1994.8.12. 94누2763). 물론 그 처분은 권한 없는 자가 한 위법한 처분이 될 것이지만, 이는 본안에서 판단할 사항일 뿐 피고적격을 판단함에 있어서는 고려할 사항이 아니다.

> 행정처분의 취소 또는 무효확인을 구하는 행정소송은 다른 법률에 특별한 규정이 없는 한 그 처분을 행한 행정청을 피고로 하여야 하며, <u>행정처분을 행할 적법한 권한 있는 상급행정청으로부터 내부위임을 받은 데 불과한 하급행정청이 권한 없이 행정처분을 한 경우에도 실제로 그 처분을 행한 하급행정청을 피고로 하여야 할 것이지 그 처분을 행할 적법한 권한 있는 상급행정청을 피고로 할 것은 아니다</u>(대판 1994.8.12. 94누2763).

④ 행정권한의 위탁을 받은 공공단체 또는 사인도 그의 이름으로 처분을 한 경우에 행정청으로서 취소소송의 피고가 된다.

> 에스에이치공사가 택지개발사업 시행자인 서울특별시장으로부터 이주대책 수립권한을 포함한 택지개발사업에 따른 권한을 위임 또는 위탁받은 경우, 이주대책 대상자들이 에스에이치공사 명의로 이루어진 이주대책에 관한 처분에 대한 취소소송을 제기함에 있어 정당한 <u>피고는 에스에이치공사가 된다</u>고 한 사례(대판 2007.8.23. 2005두3776).

3) 권한의 대리의 경우
① 대리기관이 대리관계를 표시하고 피대리 행정청을 대리하여 행정처분을 한 때에는 피대리 행정청이 피고로 되어야 한다(대판 2018.10.25. 2018두43095).

> [1] 항고소송은 다른 법률에 특별한 규정이 없는 한 원칙적으로 소송의 대상인 행정처분을 외부적으로 행한 행정청을 피고로 하여야 하고(행정소송법 제13조 제1항 본문), 다만 대리기관이 대리관계를 표시하고 피대리 행정청을 대리하여 행정처분을 한 때에는 피대리 행정청이 피고로 되어야 한다.
> [2] 농림축산식품부장관이 2016.5.12. 원고에 대하여 농지보전부담금 부과처분을 한다는 의사표시가 담긴 2016.6.20.자 납부통지서를 수납업무 대행자인 한국농어촌공사가 원고에게 전달함으로써, 이 사건 농지보전부담금 부과처분은 성립요건과 효력 발생요건을 모두 갖추게 되었다. 나아가 한국농어촌공사가 '농림축산식품부장관의 대행자' 지위에서 위와 같은 납부통지를 하였음을 분명하게 밝힌 이상, 농림축산식품부장관이 이 사건 농지보전부담금 부과처분을 외부적으로 자신의 명의로 행한 행정청으로서 항고소송의 피고가 되어야 하고, 단순한 대행자에 불과한 피고 한국농어촌공사를 피고로 삼을 수는 없다(대판 2018.10.25. 2018두43095).

② 그러나 대리권을 수여받은 행정청이 대리관계를 밝힘이 없이 자신의 명의로 행정처분을 한 경우, 처분명의자인 당해 행정청(대리 행정청)이 항고소송의 피고가 되어야 하는 것이 원칙이다. 기출 25 다만, 처분명의자(대리 행정청)가 피대리 행정청 산하의 행정기관으로서 실제로 피대리 행정청으로부터 대리권한을 수여받아 피대리 행정청을 대리한다는 의사로 행정처분을 하였고 처분명의자는 물론 그 상대방도 그 행정처분이 피대리 행정청을 대리하여 한 것임을 알고서 이를 받아들인 예외적인 경우에는 피대리 행정청이 피고가 된다(대결 2006.2.23. 2005부4).

> 근로복지공단의 이사장으로부터 보험료의 부과 등에 관한 대리권을 수여받은 지역본부장이 대리의 취지를 명시적으로 표시하지 않고서 산재보험료 부과처분을 한 경우, 그러한 관행이 약 10년간 계속되어 왔고, 실무상 근로복지공단을 상대로 산재보험료 부과처분에 대한 항고소송을 제기하여 온 점 등에 비추어 지역본부장은 물론 그 상대방 등도 근로복지공단과 지역본부장의 대리관계를 알고 받아들였다는 이유로, 위 부과처분에 대한 항고소송의 피고적격이 근로복지공단에 있다고 한 사례(대결 2006.2.23. 2005부4).

4) 합의제 행정청
① 합의제 행정기관(예 감사원, 공정거래위원회, 토지수용위원회)도 행정에 관한 의사를 결정하고 자신의 이름으로 대외적으로 그 의사를 표시할 수 있는 권한을 가지고 있으면, 합의제 행정청에 해당한다. 합의제 행정청이 처분청인 경우에는 합의제행정청이 피고가 되므로, 공정거래위원회의 처분에 대한 항고소송의 피고는 공정거래위원회가 된다. 기출 20
② 다만, 「노동위원회법」은 중앙노동위원회의 처분에 대한 소송을 '중앙노동위원회 위원장'을 피고로 하여 제기하도록 특별한 규정을 두고 있다(노동위원회법 제27조 제1항).

5) 지방의회와 지방자치단체의 장
① 조례에 대한 무효확인소송의 경우 의결기관인 지방의회가 아니라 지방자치단체의 집행기관으로서 조례로서의 효력을 발생시키는 공포권이 있는 지방자치단체의 장이 피고가 된다. 교육·학예에 관한 조례라면 시·도교육감이 피고가 된다(대판 1996.9.20. 95누8003). 기출 25·20

> [1] 조례에 대한 무효확인소송을 제기함에 있어서 행정소송법 제38조 제1항, 제13조에 의하여 피고적격이 있는 처분 등을 행한 행정청은, 행정주체인 지방자치단체 또는 지방자치단체의 내부적 의결기관으로서 지방자치단체의 의사를 외부에 표시할 권한이 없는 지방의회가 아니라, 지방자치단체의 집행기관으로서 조례로서의 효력을 발생시키는 공포권이 있는 지방자치단체의 장이다. 기출 20
> [2] 구 지방교육자치에 관한 법률 제14조 제5항, 제25조에 의하면 시·도의 교육·학예에 관한 사무의 집행기관은 시·도 교육감이고 시·도 교육감에게 지방교육에 관한 조례안의 공포권이 있다고 규정되어 있으므로, 교육에 관한 조례의 무효확인소송을 제기함에 있어서는 그 집행기관인 시·도 교육감을 피고로 하여야 한다(대판 1996.9.20. 95누8003). 기출 25

② 그러나 지방의회의원에 대한 징계의결이나 지방의회의장선거나 지방의회의장 불신임결의의 처분청은 지방의회이므로 이들 처분에 대한 취소소송의 피고는 지방의회가 된다(대판 1993.11.26. 93누7341; 대판 1995.1.12. 94누2602 참조).

(3) 피고의 경정

> **행정소송법 제14조(피고경정)**
> ① 원고가 피고를 잘못 지정한 때에는 법원은 원고의 신청에 의하여 결정으로써 피고의 경정을 허가할 수 있다. 기출 20
> ② 법원은 제1항의 규정에 의한 결정의 정본을 새로운 피고에게 송달하여야 한다.
> ③ 제1항의 규정에 의한 신청을 각하하는 결정에 대하여는 즉시항고할 수 있다.
> ④ 제1항의 규정에 의한 결정이 있은 때에는 새로운 피고에 대한 소송은 처음에 소를 제기한 때에 제기된 것으로 본다.
> ⑤ 제1항의 규정에 의한 결정이 있은 때에는 종전의 피고에 대한 소송은 취하된 것으로 본다.
> ⑥ 취소소송이 제기된 후에 제13조 제1항 단서 또는 제13조 제2항에 해당하는 사유가 생긴 때에는 법원은 당사자의 신청 또는 직권에 의하여 피고를 경정한다. 이 경우에는 제4항 및 제5항의 규정을 준용한다.

1) 의 의
① 원고가 피고를 잘못 지정한 때에는 법원은 원고의 신청에 의한 결정으로써 피고의 경정을 허가할 수 있다(행정소송법 제14조 제1항). 기출 20
② 취소소송이 제기된 후에 제13조 제1항 단서(처분등이 있은 뒤에 그 처분등에 관계되는 권한이 다른 행정청에 승계된 때) 또는 제13조 제2항(처분등을 행한 행정청이 없게 된 때)에 해당하는 사유가 생긴 때에는 법원은 당사자의 신청 또는 직권에 의하여 피고를 경정한다(행정소송 제14조 제6항).

2) 허용시기
① 제1심 변론종결 시까지만 피고의 경정이 허용되는 민사소송과 달리, 항고소송(취소소송)에서의 피고의 경정은 사실심 변론종결 시까지 허용된다(대결 2006.2.23. 2005부4; 행정소송규칙 제6조).
② 행정소송법에는 명문의 규정이 없으나 피고가 본안에 관하여 변론한 후에는 피고의 동의를 얻어야 한다(행정소송법 제8조 제2항, 민사소송법 제260조 제1항).

3) 법원의 석명의무

행정소송에서 원고가 처분청이 아닌 행정관청을 피고로 잘못 지정하였다면 법원으로서는 석명권을 행사하여 원고로 하여금 피고를 처분청으로 경정하게 하여 소송을 진행케 하여야 할 것이지, 그러한 조치를 취하지 아니한 채 피고의 지정이 잘못되었다는 이유로 막바로 소를 각하면 안 된다(대판 1985.11.12. 85누621). 그리고 이러한 법리는 당사자소송에서 원고가 피고를 잘못 지정한 경우에도 마찬가지로 적용된다(대판 2006.11.9. 2006다23503).

4) 피고경정의 효과

피고경정 허가결정이 있은 때에는 새로운 피고에 대한 소송은 처음에 소를 제기한 때에 제기된 것으로 보고(행정소송법 제14조 제4항), 종전의 피고에 대한 소송은 취하된 것으로 본다(행정소송법 제14조 제5항).

5) 적용 범위

① 피고의 경정에 관한 행정소송법 제14조는 무효등확인소송, 부작위위법확인소송 및 당사자소송에 준용되고 있다(행정소송법 제38조 및 제44조 제1항).

② 또한 행정소송법은 소의 (종류)변경에 따른 피고의 경정을 인정하고 있다. 소의 (종류)변경을 허가하는 결정이 확정되면, 법원은 결정의 정본을 새로운 피고에게 송달하여야 하고, 새로운 피고에 대한 소송은 처음에 소를 제기한 때에 제기된 것으로 보며, 종전의 피고에 대한 소송은 취하된 것으로 본다(행정소송법 제21조 제4항, 제14조 제2항·제4항·제5항). 기출 20

6. 제소기간

> **행정소송법 제20조(제소기간)**
> ① 취소소송은 처분등이 있음을 안 날부터 90일 이내에 제기하여야 한다. 다만, 제18조 제1항 단서에 규정한 경우와 그 밖에 행정심판청구를 할 수 있는 경우 또는 행정청이 행정심판청구를 할 수 있다고 잘못 알린 경우에 행정심판청구가 있은 때의 기간은 재결서의 정본을 송달받은 날부터 기산한다.
> ② 취소소송은 처분등이 있은 날부터 1년(제1항 단서의 경우는 재결이 있은 날부터 1년)을 경과하면 이를 제기하지 못한다. 다만, 정당한 사유가 있는 때에는 그러하지 아니하다.
> ③ 제1항의 규정에 의한 기간은 불변기간으로 한다.

(1) 행정심판을 거치지 않고 취소소송을 제기하는 경우

1) 개 설

① 행정심판을 거치지 않고 취소소송을 제기하는 경우 취소소송은 처분 등이 있음을 안 날부터 90일 이내에 제기하여야 한다(행정소송법 제20조 제1항 본문). 그리고 정당한 사유가 있는 때를 제외하고, 처분 등이 있은 날부터 1년을 경과하면 취소소송을 제기하지 못한다(행정소송법 제20조 제2항). 두 기간 중 어느 하나의 기간이라도 경과하게 되면 취소소송은 부적법하게 된다.

② 행정소송법 제20조 제1항에서 말하는 "취소소송은 처분 등이 있음을 안 날부터 90일 이내"는 불변기간이다(행정소송법 제20조 제3항). 불변기간이란 법정기간으로서 법원 등이 변경할 수 없는 기간을 말한다.

2) 처분 등이 있음을 안 날부터 90일 이내

① '처분이 있음을 안 날'이란 '당사자가 통지·공고 그 밖의 방법에 의하여 해당 처분이 있었다는 사실을 현실적으로 안 날'을 의미한다(대판 2014.9.25. 2014두8254).

② 처분이 있음을 알았다고 하려면 처분의 존재가 전제되어야 하고, 행정처분이 상대방에게 고지되어 효력을 발생하여야 한다(대판 1977.11.22. 77누195; 대판 2014.9.25. 2014두8254 참조).

> 행정소송법 제20조 제1항이 정한 제소기간의 기산점인 '처분 등이 있음을 안 날'이란 통지, 공고 기타의 방법에 의하여 당해 처분 등이 있었다는 사실을 현실적으로 안 날을 의미한다. 상대방이 있는 행정처분의 경우에는 특별한 규정이 없는 한 의사표시의 일반적 법리에 따라 행정처분이 상대방에게 고지되어야 효력을 발생하게 되므로, 행정처분이 상대방에게 고지되어 상대방이 이러한 사실을 인식함으로써 행정처분이 있다는 사실을 현실적으로 알았을 때 행정소송법 제20조 제1항이 정한 제소기간이 진행한다고 보아야 한다(대판 2014.9.25. 2014두8254).

③ 따라서 아직 외부적으로 성립되지 않은 처분이거나 행정처분이 상대방에게 고지되지 않아 효력이 발생하지 않은 경우 등에는 비록 상대방이 그 내용을 어떠한 경로(예 정보공개청구)를 통하여 알게 되었다 하더라도 제소기간이 진행될 수 없다(대판 2014.9.25. 2014두8254 참조).

> 지방보훈청장이 허혈성심장질환이 있는 甲에게 재심 서면판정 신체검사를 실시한 다음 종전과 동일하게 전(공)상군경 7급 국가유공자로 판정하는 '고엽제후유증전환 재심신체검사 무변동처분' 통보서를 2012.8.27. 甲에게 송달하자 甲이 위 처분의 취소를 구한 사안에서, 위 처분이 甲에게 고지되어 처분이 있다는 사실을 현실적으로 알았을 때(2012.8.27.) 행정소송법 제20조 제1항에서 정한 제소기간이 진행한다고 보아야 함에도, 甲이 통보서를 송달받기 전에 자신의 의무기록에 관한 정보공개를 청구하여 위 처분을 하는 내용의 통보서를 비롯한 일체의 서류를 교부받은 날(2012.5.29.)부터 제소기간을 기산하여 위 소는 90일이 지난 후 제기한 것으로서 부적법하다고 본 원심판결에 법리를 오해한 위법이 있다고 한 사례(대판 2014.9.25. 2014두8254).

④ 처분서가 처분상대방의 주소지에 송달되는 등 사회통념상 처분이 있음을 처분상대방이 알 수 있는 상태에 놓인 때에는 반증이 없는 한, 처분상대방이 처분이 있음을 알았다고 추정할 수 있다(대판 2017.3.9. 2016두60577).

> 행정소송법 제20조 제1항이 정한 제소기간의 기산점인 '처분 등이 있음을 안 날'이란 통지, 공고 기타의 방법에 의하여 당해 처분 등이 있었다는 사실을 현실적으로 안 날을 의미하므로, 행정처분이 상대방에게 고지되어 상대방이 이러한 사실을 인식함으로써 행정처분이 있다는 사실을 현실적으로 알았을 때 행정소송법 제20조 제1항이 정한 제소기간이 진행한다고 보아야 하고, 처분서가 처분상대방의 주소지에 송달되는 등 사회통념상 처분이 있음을 처분상대방이 알 수 있는 상태에 놓인 때에는 반증이 없는 한 처분상대방이 처분이 있음을 알았다고 추정할 수 있다. 또한 우편물이 등기취급의 방법으로 발송된 경우 그것이 도중에 유실되었거나 반송되었다는 등의 특별한 사정에 대한 반증이 없는 한 그 무렵 수취인에게 배달되었다고 추정할 수 있다(대판 2017.3.9. 2016두60577).

⑤ 고시 또는 공고에 의한 행정처분의 경우
  ㉠ 일반처분의 경우 : 일반처분의 경우(불특정 다수인에게 고시 또는 공고에 의하여 행정처분을 하는 경우), 고시 또는 공고가 있었다는 사실을 현실적으로 알았는지 여부에 관계없이 '고시가 효력을 발생하는 날' 행정처분이 있음을 알았다고 보아야 한다(대판 2007.6.14. 2004두619).

  > [1] 통상 고시 또는 공고에 의하여 행정처분을 하는 경우에는 그 처분의 상대방이 불특정 다수인이고 그 처분의 효력이 불특정 다수인에게 일률적으로 적용되는 것이므로, 그 행정처분에 이해관계를 갖는 자가 고시 또는 공고가 있었다는 사실을 현실적으로 알았는지 여부에 관계없이 고시가 효력을 발생하는 날 행정처분이 있음을 알았다고 보아야 한다.
  > [2] 인터넷 웹사이트에 대하여 구 청소년보호법에 따른 청소년유해매체물 결정 및 고시처분을 한 사안에서, 위 결정은 이해관계인이 고시가 있었음을 알았는지 여부에 관계없이 관보에 고시됨으로써 효력이 발생하고, 그가 위 결정을 통지받지 못하였다는 것이 제소기간을 준수하지 못한 것에 대한 정당한 사유가 될 수 없다고 한 사례(대판 2007.6.14. 2004두619).

  ㉡ 특정인에 대한 행정처분의 경우 : 특정인에 대한 행정처분을 주소불명 등의 이유로 송달할 수 없어 관보·공보·게시판·일간신문 등에 공고한 경우(행정절차법 제14조 제4항, 송달에 갈음하는 공고), 공고가 효력을 발생하는 날에 상대방이 그 행정처분이 있음을 알았다고 볼 수는 없고, 상대방이 그 처분이 있었다는 사실을 현실적으로 안 날에 그 처분이 있음을 알았다고 보아야 한다(대판 2006.4.28. 2005두14851).
  ㉢ 불고지·오고지의 경우 : 행정심판법과 달리 행정소송법에는 행정소송의 제기에 필요한 사항의 고지의무 및 불고지·오고지의 효과에 관한 규정이 없으므로 행정소송 제기기간에 관한 불고지·오고지는 행정소송제기기간에 영향을 미치지 않는다(대판 2007.4.27. 2004두9302).

3) 처분 등이 있은 날부터 1년 이내
① 정당한 사유가 있는 때를 제외하고, 처분 등이 있은 날부터 1년을 경과하면 취소소송을 제기하지 못한다(행정소송법 제20조 제2항).
② '처분이 있은 날'이란 '처분이 효력을 발생한 날'을 의미한다. 따라서 처분이 단순히 내부적으로 결정된 것만으로는 부족하고, 외부에 표시되어야 하고 상대방이 있는 처분의 경우에는 상대방에게 도달하여 처분의 효력이 발생한 날을 말한다(대판 1990.7.13. 90누2284). 다만, 통지가 없는 처분의 경우(예 권력적 사실행위)에는 외부에 표시되어 효력을 발생한 날을 말한다.

(2) 행정심판을 거쳐 취소소송을 제기하는 경우
① 행정심판을 거쳐 취소소송을 제기하는 경우, 재결서의 정본을 송달받은 날부터 90일 이내에 소송을 제기하여야 한다(행정소송법 제20조 제1항 단서). 그리고 정당한 사유가 있는 때를 제외하고, 재결이 있은 날부터 1년을 경과하면 취소소송을 제기하지 못한다(행정소송법 제20조 제2항). 두 기간 중 어느 하나의 기간이라도 경과하게 되면 취소소송은 부적법하게 된다.
② 제소기간의 기산점을 처분이 있음을 안 날이 아니라 재결서 정본을 송달받은 날을 기준으로 하려면 행정심판청구가 적법하여야 한다(대판 2011.11.24. 2011두18786). 따라서 행정심판청구가 부적법하여 각하재결을 받은 경우에는 행정소송법 제20조 제1항 단서를 적용할 수 없다.

(3) 직권조사사항
① 제소기간 준수 여부는 소송요건으로 법원의 직권조사사항이다(대판 2013.3.14. 2010두2623). 따라서 제소기간이 도과한 후에 소를 제기한 경우에 있어서 피고 행정청이 이를 다투지 않고 변론에 응하더라도 제소기간에 대한 요건의 흠결은 치유되지 않는다(대판 1987.1.20. 86누490 참조).
② 취소소송의 제소기간이 도과한 경우, 법원은 소를 각하하여야 한다(소각하판결).

7. 행정심판전치주의가 적용되는 경우 그 요건을 충족할 것

(1) 임의적전치주의(원칙)

행정소송법은 "취소소송은 법령의 규정에 의하여 해당 처분에 대한 행정심판을 제기할 수 있는 경우에도 이를 거치지 아니하고 제기할 수 있다. 다만, 다른 법률에 해당 처분에 대한 행정심판의 재결을 거치지 아니하면 취소소송을 제기할 수 없다는 규정이 있는 때에는 그러하지 아니하다(행정소송법 제18조 제1항)"라고 규정하여, 행정심판을 원칙적으로 임의적인 구제절차로 규정하고 있다. 기출 25

(2) 행정심판전치주의가 적용되는 경우
① 예외적 행정심판전치주의는 개별법의 규정에 의해 인정되고 있다.
② 국가공무원의 경우, 「국가공무원법」 제16조 제1항은 "징계처분 그 밖에 본인의 의사에 반한 불리한 처분이나 부작위에 관한 행정소송은 소청심사위원회의 심사·결정을 거치지 아니하면 제기할 수 없다"라고 규정하여, 소청(심사)전치주의를 규정하고 있다.

> **□ 참고**
> 교육공무원의 경우, 교육공무원법 제53조 제1항에서 「국가공무원법」 제16조 제1항이 준용된다(소청전치주의 적용). 지방공무원의 경우 지방공무원법 제20조의2에서 「국가공무원법」 제16조 제1항과 유사한 규정을 두고 있다(소청전치주의 적용).

③ 국세 부과처분에 대해서는 행정심판(심사청구·심판청구)전치주의가 채택되어 있고(국세기본법 제56조 제2항), 지방세 부과처분에 대한 행정심판(심사청구 또는 심판청구) 역시 필요적 전치절차이다(지방세기본법 제98조 제3항 및 제6항).
④ 도로교통법상 처분(예 운전면허취소처분)에도 행정심판전치주의가 적용된다(도로교통법 제142조).
⑤ 행정심판전치주의가 적용되는 행정처분이 제3자효 행정행위인 경우, 행정처분의 상대방이 아닌 제3자가 행정소송을 제기하는 경우에도 제3자는 행정심판의 재결을 거쳐 행정소송을 제기해야 한다(대판 1989.5.9. 88누5150).

(3) 행정심판 전치주의의 적용범위
① 행정심판 전치주의는 취소소송과 부작위위법확인소송에서 인정되며(행정소송법 제18조 제1항, 제38조 제2항), 무효확인소송에는 인정되지 않는다(행정소송법 제38조 제1항에서 제18조를 준용하지 않음).
② 그러나 무효선언을 구하는 취소소송은 그 형식이 취소소송이므로 행정심판전치주의가 적용된다(대판 1976.2.24. 75누128[전합]; 대판 1987.6.9. 87누219). 무효선언을 구하는 취소소송에서 행정심판전치주의의 요건을 충족하지 않은 경우에는 무효확인소송으로 소의 종류를 변경을 하면 된다.
③ 주위적 청구가 무효확인소송이라 하더라도 병합 제기된 예비적 청구가 취소소송이라면 이에 대한 행정심판의 재결을 거치는 등으로 취소소송의 적법한 제소요건을 갖추어야 한다(대판 1994.4.29. 93누12626).

(4) 행정심판전치주의의 완화(예외)

행정소송법 제18조 제2항과 제3항은 행정심판전치주의에 대한 다양한 예외를 인정하고 있는바, 공무원에 대한 징계처분에 관하여 소청심사를 거치지 아니하고서는 행정소송을 제기할 수 없도록 한 국가공무원법 제16조 제2항의 경우(소청전치주의)에도 동일하게 적용된다(헌재 2007.1.17. 2005헌바86 참조).

행정심판의 재결 없이 행정소송을 제기할 수 있는 경우 (이 경우 행정심판 청구는 있어야 한다)(제18조 제2항)	행정심판의 제기 없이 행정소송을 제기할 수 있는 경우 (제18조 제3항, 제22조 제2항)
• 행정심판청구가 있은 날로부터 60일이 지나도 재결이 없는 때 • 처분의 집행 또는 절차의 속행으로 생길 중대한 손해를 예방하여야 할 긴급한 필요가 있는 때 • 법령의 규정에 의한 행정심판기관이 의결 또는 재결을 하지 못할 사유가 있는 때 • 그 밖의 정당한 사유가 있는 때	• 동종사건에 관하여 이미 행정심판의 기각재결이 있은 때 • 서로 내용상 관련되는 처분 또는 같은 목적을 위하여 단계적으로 진행되는 처분 중 어느 하나가 이미 행정심판의 재결을 거친 때 • 행정청이 사실심의 변론종결 후 소송의 대상인 처분을 변경하여 당해 변경된 처분에 관하여 소를 제기하는 때 • 처분을 행한 행정청이 행정심판을 거칠 필요가 없다고 잘못 알린 때 • 취소소송이 사실심에 계속되고 있는 동안 행정청이 소송의 대상인 처분을 변경하여 소의 변경을 한 때(제22조 제2항)

(5) 행정심판전치주의의 이행 여부의 판단

① 적법한 행정심판청구
   ㉠ 행정심판전치주의의 요건을 갖추었다고 보려면 행정심판이 적법하여야 한다. 행정심판을 필요적 전치절차로 규정한 것은 행정청에게 스스로 위법·부당을 시정할 수 있도록 하기 위한 것이기 때문이다.
   ㉡ 행정심판청구가 적법한지는 법원이 판단할 문제이고 행정심판위원회의 판단에 구애되지 아니하므로, 적법한 행정심판청구를 행정심판위원회가 부적법하다고 각하한 경우에는 행정심판 전치요건을 충족한 것으로 보아야 한다(대판 1990.10.12. 90누2383 참조).
   ㉢ 반면, 부적법한 행정심판은 행정심판위원회가 이를 적법한 것으로 오인하고 본안판단을 하였다고 하더라도, 행정심판 전치의 요건을 갖추었다고 볼 수 없다(대판 1991.6.25. 90누8091).

② 직권조사사항 : 행정심판전치주의가 적용되는 경우, 행정심판 전치요건(행정심판청구와 그 재결의 존재)은 소송요건이므로 법원의 직권조사사항에 속한다. 따라서 피고 행정청의 이의가 없더라도 법원은 전치요건을 갖추었는지를 직권으로 조사하여야 한다.

③ 판단의 기준 시 : 행정심판전치주의가 적용되는 사건에서, 전치요건을 충족하였는지의 여부는 사실심 변론종결 시를 기준으로 판단한다(대판 1987.4.28. 86누29). 따라서 행정소송 제기 당시에는 행정심판 전치요건을 구비하지 못한 위법이 있다 하여도 소를 각하하기 전에 재결이 있으면 그 흠결의 하자는 치유되고, 행정심판청구를 하지 않고 제기된 소송이라도 사실심 변론종결당시까지 그 전치요건을 갖추면 법원은 소를 각하할 수 없다(대판 1987.9.22. 87누176 참조).

8. 관할법원

> **행정소송법 제9조(재판관할)**
> ① 취소소송의 제1심관할법원은 피고의 소재지를 관할하는 행정법원으로 한다.
> ② 제1항에도 불구하고 다음 각 호의 어느 하나에 해당하는 피고에 대하여 취소소송을 제기하는 경우에는 대법원소재지를 관할하는 행정법원에 제기할 수 있다.
>   1. 중앙행정기관, 중앙행정기관의 부속기관과 합의제행정기관 또는 그 장
>   2. 국가의 사무를 위임 또는 위탁받은 공공단체 또는 그 장
> ③ 토지의 수용 기타 부동산 또는 특정의 장소에 관계되는 처분등에 대한 취소소송은 그 부동산 또는 장소의 소재지를 관할하는 행정법원에 이를 제기할 수 있다.

Ⅲ 취소소송에서의 심리

1. 개 설

소송의 심리란 수소법원이 판결의 기초가 될 소송자료, 즉 사실과 증거를 수집하는 것을 말한다. 행정소송의 심리는 행정소송법에 특별한 규정이 없는 한 민사소송법에 따라야 하므로 민사소송에서의 변론 및 그 준비, 증거에 관한 여러 원칙(공개심리주의, 쌍방심리주의, 구술심리주의, 변론주의 등)이 그 기본이 된다. 다만, 행정소송법은 행정소송의 공익성을 고려하여 직권심리주의를 보충적인 소송원칙으로 인정하고(행정소송법 제26조), 증거방법으로 행정심판기록 제출명령을 규정하고 있다(행정소송법 제25조).

2. 심리의 내용

(1) 요건심리

① 요건심리란 취소소송이 소송요건을 갖추어 적법한지를 심리하는 것을 말한다. 심리 결과 소송요건을 갖추지 않은 것으로 인정될 때에는 먼저 보정을 명하고, 보정할 수 없으면 그 소는 부적법하므로 각하판결을 하게 된다.
② 소송요건(쟁송의 대상이 되는 행정처분의 존부, 원고적격 구비 여부, 제소기간 준수 여부 등)은 공익적 성질을 가지는 것으로 법원의 직권조사사항에 속한다(대판 2004.12.24. 2003두15195).

> 행정소송에서 쟁송의 대상이 되는 행정처분의 존부는 소송요건으로서 직권조사사항이고, 자백의 대상이 될 수 없는 것이므로, 설사 그 존재를 당사자들이 다투지 아니한다 하더라도 그 존부에 관하여 의심이 있는 경우에는 이를 직권으로 밝혀 보아야 할 것이고, 사실심에서 변론종결 시까지 당사자가 주장하지 않던 직권조사사항에 해당하는 사항을 상고심에서 비로소 주장하는 경우 그 직권조사사항에 해당하는 사항은 상고심의 심판범위에 해당한다(대판 2004.12.24. 2003두15195).

③ 원고적격은 소송요건의 하나이므로 사실심 변론종결 시는 물론 상고심에서도 존속하여야 하고 이를 흠결하면 부적법한 소가 된다 할 것이다(대판 2007.4.12. 2004두7924).

(2) 본안심리

① 본안심리란 청구의 인용 여부에 관한 심리를 말한다. 취소소송에서 본안심리 결과 처분이 위법하여 청구가 이유 있다고 인정되면 청구인용판결(취소판결)을 하고, 처분이 적법하여 청구가 이유 없다고 인정되면 청구기각판결을 한다.
② 어떠한 처분에 법령상 근거가 있는지, 행정절차법에서 정한 처분 절차를 준수하였는지는 본안에서 해당 처분이 적법한가를 판단하는 단계에서 고려할 요소이지, 소송요건 심사단계에서 고려할 요소가 아니다(대판 2021.2.4. 2020두48772).

3. 심리의 범위

(1) 처분권주의

① 행정소송법 제26조의 직권심리주의는 사실심리에 관한 것으로서 처분권주의의 원칙 자체를 배제하는 것은 아니다.
② 행정소송에서도 소의 제기 및 종료, 심판의 대상이 당사자에 의하여 결정되는 처분권주의가 원칙적으로 적용된다(행정소송법 제8조 제2항, 민사소송법 제203조). 원고의 청구취지, 즉 청구범위·액수 등을 초과하여 판결할 수 없고(대판 1995.4.28. 95누627), 원고의 청구 범위를 유지하면서 그 범위 내에서 필요에 따라 주장 외의 사실에 관하여도 판단할 수 있을 뿐이다(대판 1987.11.10. 86누491).

(2) 재량문제의 심리

> **행정소송법 제27조(재량처분의 취소)**
> 행정청의 재량에 속하는 처분이라도 재량권의 한계를 넘거나 그 남용이 있는 때에는 법원은 이를 취소할 수 있다.

① 행정청의 재량행위도 취소소송의 대상이 된다. 즉, 재량행위도 재량권의 일탈·남용이 있는 경우에는 위법하게 되고, 법원은 재량권의 일탈·남용 여부에 대하여 심리·판단할 수 있다.
② 법원은 재량행위에 대하여 취소소송이 제기된 경우에는 각하할 것이 아니라 본안심리를 하여 재량권의 일탈·남용 여부를 판단하여 재량권의 일탈·남용이 있으면 인용판결(취소판결)을 하고, 재량권의 일탈·남용이 없으면 기각판결을 하여야 한다. 그러나 행정심판위원회와 달리 법원은 재량권 행사가 '부당'한 것인지 여부는 심리·판단할 수 없다.

4. 심리의 일반원칙

(1) 민사소송법상의 심리절차의 준용

행정소송사건의 심리절차에 관하여 행정소송법에 특별한 규정이 없는 경우에는 민사소송법의 관련규정이 준용되는데(행정소송법 제8조 제2항), 행정소송법에는 제26조(직권심리) 및 제25조(행정심판기록의 제출명령)를 제외하고는 다른 특별한 규정이 없으므로 민사소송의 심리에 관한 일반원칙인 공개심리주의, 쌍방심리주의, 구술심리주의, 변론주의 등이 행정소송의 심리에도 적용된다.

(2) 행정소송법상의 특수한 소송절차

1) 행정심판기록의 제출명령

> **행정소송법 제25조(행정심판기록의 제출명령)**
> ① 법원은 당사자의 신청이 있는 때에는 결정으로써 재결을 행한 행정청에 대하여 행정심판에 관한 기록의 제출을 명할 수 있다.
> ② 제1항의 규정에 의한 제출명령을 받은 행정청은 지체없이 당해 행정심판에 관한 기록을 법원에 제출하여야 한다.

① 행정소송법은 원고의 입증방법의 확보를 위하여 재결을 행한 행정청(행정심판위원회)에 대한 행정심판기록의 제출명령제도를 규정하고 있다(행정소송법 제25조).
② 행정심판기록의 제출명령에 관한 규정은 무효등 확인소송과 부작위위법확인소송에 준용될 뿐만 아니라 공법상 당사자소송에도 준용된다(행정소송법 제38조, 제44조 제1항). 기출 18

2) 직권심리주의

> **행정소송법 제26조(직권심리)** 기출 19
> 법원은 필요하다고 인정할 때에는 직권으로 증거조사를 할 수 있고, 당사자가 주장하지 아니한 사실에 대하여도 판단할 수 있다.

① 직권심리주의란 소송자료(사실과 증거)의 수집을 법원이 직권으로 할 수 있는 소송심리의 원칙을 말한다. 행정소송법 제26조는 직권심리주의(직권탐지주의)를 규정하고 있다. 그런데 판례는 행정소송에서 직권탐지는 극히 예외적으로만 인정하고 있다(대판 1994.10.11. 94누4820). 기출 19
② 행정소송의 심리에 있어서는 당사자주의·변론주의가 원칙이고 직권탐지주의는 보충적 적용되고, 직권탐지는 소송기록에 나타난 사실에 한정된다(대판 2010.2.11. 2009두18035). 기출 18

> 행정소송법 제26조가 법원은 필요하다고 인정할 때에는 직권으로 증거조사를 할 수 있고, 당사자가 주장하지 아니한 사실에 대하여도 판단할 수 있다고 규정하고 있지만, 이는 행정소송의 특수성에 연유하는 당사자주의, 변론주의에 대한 일부 예외 규정일 뿐 법원이 아무런 제한 없이 당사자가 주장하지 아니한 사실을 판단할 수 있는 것은 아니고, 일건 기록에 현출되어 있는 사항에 관하여서만 직권으로 증거조사를 하고 이를 기초로 하여 판단할 수 있을 따름이고, 그것도 법원이 필요하다고 인정할 때에 한하여 청구의 범위 내에서 증거조사를 하고 판단할 수 있을 뿐이다(대판 1994.10.11. 94누4820).

5. 심리과정의 제문제

(1) 관련청구소송의 이송과 병합

> **행정소송법 제10조(관련청구소송의 이송 및 병합)**
> ① 취소소송과 다음 각 호의 1에 해당하는 소송(이하 "관련청구소송"이라 한다)이 각각 다른 법원에 계속되고 있는 경우에 관련청구소송이 계속된 법원이 상당하다고 인정하는 때에는 당사자의 신청 또는 직권에 의하여 이를 취소소송이 계속된 법원으로 이송할 수 있다.
> 1. 당해 처분등과 관련되는 손해배상·부당이득반환·원상회복등 청구소송
> 2. 당해 처분등과 관련되는 취소소송
> ② 취소소송에는 사실심의 변론종결 시까지 관련청구소송을 병합하거나 피고외의 자를 상대로 한 관련청구소송을 취소소송이 계속된 법원에 병합하여 제기할 수 있다.

1) 관련청구소송의 이송
① 취소소송과 관련청구소송이 각각 다른 법원에 계속되고 있는 경우에 관련청구소송이 계속된 법원이 상당하다고 인정하는 때에는 당사자의 신청 또는 직권에 의하여 관련청구소송을 취소소송이 계속된 법원으로 이송할 수 있다(행정소송법 제10조 제1항).
② 취소소송에서의 관련청구소송의 이송에 관한 행정소송법 제10조 제1항은 무효등확인소송 및 부작위법확인소송과 당사자소송에도 준용된다(행정소송법 제38조, 제44조 제2항).
③ '처분 등과 관련되는 손해배상·부당이득반환·원상회복 등의 청구'란 손해배상청구 등의 청구의 내용 또는 발생 원인이 행정소송의 대상인 처분 등과 법률상 또는 사실상 공통되거나, 그 처분의 효력이나 존부 유무가 선결문제로 되는 등의 관계에 있는 청구를 말한다(대판 2000.10.27. 99두561).

2) 관련청구소송의 병합
① 취소소송에는 사실심의 변론종결 시까지 관련청구소송을 병합하거나 피고 외의 자를 상대로 한 관련청구소송을 취소소송이 계속된 법원에 병합하여 제기할 수 있다(행정소송법 제10조 제2항).
② 행정소송법은 취소소송에서의 관련청구소송의 병합을 규정하고(행정소송법 제10조 제2항), 무효등확인소송, 부작위법확인소송 및 당사자소송에 이를 준용하고 있다(행정소송법 제38조, 제44조 제2항).
③ 관련청구의 병합을 인정하는 것은 소송경제를 도모하고, 서로 관련 있는 사건 사이에 판결의 모순저촉을 피하기 위한 것이다.
④ 관련청구소송의 병합에는 민사소송에서와 마찬가지로 단순병합, 선택적 병합, 예비적 병합이 있을 수 있다. 다만, 행정처분에 대한 무효확인과 취소청구는 서로 양립할 수 없는 청구로서 주위적·예비적 청구로서만 병합이 가능하고 선택적 청구로서의 병합이나 단순 병합은 허용되지 아니한다(대판 1999.8.20. 97누6889). **기출 15**
⑤ 관련청구소송의 병합은 본체인 취소소송이 그 자체로 소송요건을 구비할 것을 전제로 하므로, 취소소송이 부적법하다면 관련청구소송도 부적합한 것으로 각하되어야 하고 본안판결을 내릴 수 없다(대판 2001.11.27. 2000두697). **기출 18**

> 행정소송법 제38조, 제10조에 의한 관련청구소송의 병합은 본래의 항고소송이 적법할 것을 요건으로 하는 것이어서 본래의 항고소송이 부적법하여 각하되면 그에 병합된 관련청구도 소송요건을 흠결한 부적합한 것으로 각하되어야 한다(대판 2001.11.27. 2000두697).

⑥ 취소소송 등의 행정소송이 주된 소송이고, 손해배상·부당이득반환·원상회복 등의 민사소송은 병합되는 소송이다. 그러나 민사소송에 행정소송을 병합할 수 있다는 명문의 규정이 없고, 민사소송법상 청구의 병합은 같은 종류의 소송절차에 의하여 심판될 수 있을 것을 요건으로 하고 있으므로(민사소송법 제253조), 손해배상청구 등의 민사소송에 취소소송 등의 행정소송을 병합할 수는 없다.

> 행정소송법 제10조 제2항이 관련 청구소송의 병합을 인정하고 있는 취지에 비추어 보면, 취소소송에 병합할 수 있는 당해 처분과 관련되는 부당이득반환소송에는 당해 처분의 취소를 선결문제로 하는 부당이득반환청구가 포함되고, 이러한 부당이득반환청구는 그 소송절차에서 당해 처분이 취소되면 충분하고 그 처분의 취소가 확정될 것은 아니므로, 부당이득반환청구는 당해 처분이 확정되어야 비로소 인용될 수 있다는 취지의 환송 후 원심판결에는 관련 청구소송에 관한 법리오해의 위법이 있다(대판 2009.4.9. 2008두23153).

(2) 소의 변경

1) 소의 종류변경

> **행정소송법 제21조(소의 변경)**
> ① 법원은 취소소송을 당해 처분등에 관계되는 사무가 귀속하는 국가 또는 공공단체에 대한 당사자소송 또는 취소소송외의 항고소송으로 변경하는 것이 상당하다고 인정할 때에는 청구의 기초에 변경이 없는 한 사실심의 변론종결시까지 원고의 신청에 의하여 결정으로써 소의 변경을 허가할 수 있다.
> ② 제1항의 규정에 의한 허가를 하는 경우 피고를 달리하게 될 때에는 법원은 새로이 피고로 될 자의 의견을 들어야 한다.
> ③ 제1항의 규정에 의한 허가결정에 대하여는 즉시항고할 수 있다.
> ④ 제1항의 규정에 의한 허가결정에 대하여는 제14조 제2항·제4항 및 제5항의 규정을 준용한다.
>
> **행정소송법 제14조(피고경정)**
> ② 법원은 제1항의 규정에 의한 결정의 정본을 새로운 피고에게 송달하여야 한다.
> ④ 제1항의 규정에 의한 결정이 있은 때에는 새로운 피고에 대한 소송은 처음에 소를 제기한 때에 제기된 것으로 본다.
> ⑤ 제1항의 규정에 의한 결정이 있은 때에는 종전의 피고에 대한 소송은 취하된 것으로 본다.

① 행정소송에는 여러 종류가 있는데 권리구제를 위하여 어떠한 소송의 종류를 선택하여야 하는지 명확하지 않은 경우가 적지 않아 소송의 종류를 잘못 선택할 위험이 있다. 이러한 경우를 대비하여 행정소송법은 행정소송간의 소의 종류의 변경을 인정하고 있다(행정소송법 제21조, 제37조, 제42조).

② 소의 종류의 변경에 관한 행정소송법 제21조의 규정은 무효등확인소송이나 부작위위법확인소송을 취소소송 또는 당사자소송으로 변경하는 경우에 준용하며(행정소송법 제37조), 당사자소송을 항고소송으로 변경하는 경우에 준용한다(행정소송법 제42조).

2) 처분변경으로 인한 소의 변경

> **행정소송법 제22조(처분변경으로 인한 소의 변경)**
> ① 법원은 행정청이 소송의 대상인 처분을 소가 제기된 후 변경한 때에는 원고의 신청에 의하여 결정으로써 청구의 취지 또는 원인의 변경을 허가할 수 있다.
> ② 제1항의 규정에 의한 신청은 처분의 변경이 있음을 안 날로부터 60일 이내에 하여야 한다.
> ③ 제1항의 규정에 의하여 변경되는 청구는 제18조 제1항 단서의 규정에 의한 요건을 갖춘 것으로 본다.

① 행정소송이 제기된 뒤에 행정청이 소송의 대상이 된 처분을 변경하면 소송물이 달라지고 청구의 기초에 변경이 있을 수 있으므로, 민사소송법의 소의 변경 이론에 의해서는 청구의 변경이 인정되기 어렵다(대판 1963.2.21. 62누231 참조). 따라서 원고는 종전의 처분에 대한 소송을 취하하고 새로운 처분에 대한 새로운 소송을 제기하여야 하는데, 이는 소송경제 및 행정소송의 권익구제기능에 반한다.

② 이러한 문제를 해결하기 위하여 행정소송법은 취소소송에서 처분변경으로 인한 소의 변경을 인정하고(행정소송법 제22조), 이를 무효등확인소송과 당사자소송에서 준용함으로써(행정소송법 제38조 제1항, 제44조 제1항), 행정소송절차가 무용하게 반복되는 것을 피하고 있다.

> 행정청은 행정소송이 계속되고 있는 때에도 직권으로 그 처분을 변경할 수 있고, 행정소송법 제22조 제1항은 이를 전제로 처분변경으로 인한 소의 변경에 관하여 규정하고 있다(대판 2019.1.17. 2016두56721). 기출 21

3) 민사소송법에 의한 소의 변경

행정소송법의 소의 변경에 관한 규정은 민사소송법에 의한 소의 변경을 배척하는 것이 아니므로, 행정소송의 원고는 행정소송법 제8조 제2항에 의하여 준용되는 민사소송법 제235조에 따라 청구의 기초에 변경이 없는 한도에서 청구의 취지 또는 원인을 변경할 수 있다(대판 1999.11.26. 99두9407).

(3) 소송참가

1) 개 설

① 소송참가란 현재 계속 중인 타인간의 소송에 제3자가 자기의 이익을 옹호하기 위하여 참가하는 것을 말한다. 행정소송법은 제3자의 소송참가(행정소송법 제16조)와 행정청의 소송참가(행정소송법 제17조)를 규정하고 있다.

② 행정소송법은 취소소송에 관하여 위와 같이 소송참가를 규정하고 이들 규정을 무효등확인소송 및 부작위위법확인소송과 당사자소송에 준용하고 있고(행정소송법 제38조, 제44조), 민중소송 및 기관소송에는 그 성질에 반하지 않는 한 준용되는 것으로 하고 있다(행정소송법 제46조 제1항).

2) 제3자의 소송참가

> **행정소송법 제16조(제3자의 소송참가)**
> ① 법원은 소송의 결과에 따라 권리 또는 이익의 침해를 받을 제3자가 있는 경우에는 당사자 또는 제3자의 신청 또는 직권에 의하여 결정으로써 그 제3자를 소송에 참가시킬 수 있다.
> ② 법원이 제1항의 규정에 의한 결정을 하고자 할 때에는 미리 당사자 및 제3자의 의견을 들어야 한다.
> ③ 제1항의 규정에 의한 신청을 한 제3자는 그 신청을 각하한 결정에 대하여 즉시항고할 수 있다.
> ④ 제1항의 규정에 의하여 소송에 참가한 제3자에 대하여는 민사소송법 제67조의 규정을 준용한다.

① 취소소송에 있어서 원고승소판결은 소송당사자가 아닌 제3자에게도 효력을 미치므로(행정소송법 제29조 제1항), 소송의 결과에 의하여 권리 또는 이익의 침해를 받을 제3자를 소송에 참가시켜 제3자에게 공격방어방법을 제출하는 기회를 줌으로써 그의 권익을 보호할 필요가 있다. 제3자의 소송참가가 인정되는 경우는 대체로 제3자효 행정행위에 대한 취소소송의 경우이다.

② 행정소송법 제16조의 제3자의 소송참가가 허용되기 위하여는 당해 소송의 결과에 따라 제3자의 권리 또는 이익이 침해되어야 하고, 이때의 이익은 '법률상 이익'을 말하며 단순한 사실상의 이익이나 경제상의 이익은 포함되지 않는다(대판 2008.5.29. 2007두23873).

③ 소송참가인에 대해서는 민사소송법 제67조의 규정이 준용되므로 참가인은 피참가인과의 사이에 필수적 공동소송에 있어서의 공동소송인에 준하는 지위에 서게 되나(행정소송법 제16조 제4항), 당사자에 대하여 독자적인 청구를 하는 것이 아니므로 강학상 공동소송적 보조참가인의 지위와 유사한 것으로 보는 것이 통설이다.

④ 관련문제 : 제3자의 재심청구

㉠ 처분등을 취소하는 판결에 의하여 권리 또는 이익의 침해를 받은 제3자는 자기에게 책임 없는 사유로 소송에 참가하지 못함으로써 판결의 결과에 영향을 미칠 공격 또는 방어방법을 제출하지 못한 때에는 이를 이유로 확정된 종국판결에 대하여 재심의 청구를 할 수 있다(행정소송법 제31조 제1항). 따라서 제3자가 소송에 참가한 이상 패소하였더라도 재심청구를 할 수 없다. 기출 18

㉡ 제3자에 의한 재심청구는 확정판결이 있음을 안 날로부터 30일 이내, 판결이 확정된 날로부터 1년 이내에 제기하여야 한다(행정소송법 제31조 제2항). 이때의 기간은 불변기간으로 한다(행정소송법 제31조 제3항).

3) 행정청의 소송참가

> **행정소송법 제17조(행정청의 소송참가)**
> ① 법원은 다른 행정청을 소송에 참가시킬 필요가 있다고 인정할 때에는 당사자 또는 당해 행정청의 신청 또는 직권에 의하여 결정으로써 그 행정청을 소송에 참가시킬 수 있다.
> ② 법원은 제1항의 규정에 의한 결정을 하고자 할 때에는 당사자 및 당해 행정청의 의견을 들어야 한다.
> ③ 제1항의 규정에 의하여 소송에 참가한 행정청에 대하여는 민사소송법 제76조의 규정을 준용한다.

4) 민사소송법상 보조참가

행정소송 사건에서 참가인이 한 보조참가는 행정소송법 제16조가 규정한 제3자의 소송참가에 해당하지 아니하더라도, 민사소송법상 보조참가의 요건을 갖춘 경우 허용되고 그 성격은 공동소송적 보조참가라고 할 것이다(대결 2013.7.12. 2012무84). 기출 18

(4) 처분사유의 추가·변경

1) 의 의

① 처분사유의 추가·변경이란 행정청이 처분 시에 처분사유(처분이유)를 제시하였으나 당해 처분에 대하여 취소소송이 제기된 경우, 소송 계속 중에 처분의 적법성을 유지하기 위하여 행정청(처분청)이 처분 시에 이미 존재하였지만 처분사유로 제시하지 않았던 사유를 추가하거나 변경하는 것을 말한다.

② 여기에서 '처분사유'란 처분의 적법성을 유지하기 위하여 처분청에 의해 주장되는 처분의 사실적·법적 근거를 말한다. 처분사유 자체가 아니라 처분사유의 근거가 되는 기초사실 내지 평가요소에 지나지 않는 사정은 추가로 주장할 수 있다(대판 2018.12.13. 2016두31616).

2) 처분사유의 추가·변경의 허용 여부

① 문제점 : 행정소송법에 소송계속 중의 처분사유의 추가·변경에 관한 명문의 규정은 없다. 그리하여 처분사유의 추가·변경을 허용할 것인지, 허용한다면 어느 범위 내에서 허용할 것인지가 문제되었다.

② 판례 : 판례는 "행정처분의 취소를 구하는 항고소송에 있어서는 실질적 법치주의와 행정처분의 상대방인 국민에 대한 신뢰보호라는 견지에서 처분청은 당초 처분의 근거로 삼은 사유와 기본적 사실관계에 있어서 동일성이 인정되는 한도 내에서만 새로운 처분사유를 추가하거나 변경할 수 있을 뿐, 기본적 사실관계와 동일성이 인정되지 않는 별개의 사실을 들어 처분사유로 주장하는 것은 허용되지 않는다."고 판시하여(대판 2004.2.13. 2001두4030), 제한적 긍정설의 입장이다.

> 행정처분의 취소를 구하는 항고소송에 있어서, 처분청은 당초 처분의 근거로 삼은 사유와 기본적 사실관계가 동일성이 있다고 인정되는 한도 내에서만 다른 사유를 추가하거나 변경할 수 있고, 여기서 기본적 사실관계의 동일성 유무는 처분사유를 법률적으로 평가하기 이전의 구체적인 사실에 착안하여 그 기초인 사회적 사실관계가 기본적인 점에서 동일한지 여부에 따라 결정되며 이와 같이 기본적 사실관계와 동일성이 인정되지 않는 별개의 사실을 들어 처분사유로 주장하는 것이 허용되지 않는다고 해석하는 이유는 행정처분의 상대방의 방어권을 보장함으로써 실질적 법치주의를 구현하고 행정처분의 상대방에 대한 신뢰를 보호하고자 함에 그 취지가 있고, 추가 또는 변경된 사유가 당초의 처분 시 그 사유를 명기하지 않았을 뿐 처분 시에 이미 존재하고 있었고 당사자도 그 사실을 알고 있었다 하여 당초의 처분사유와 동일성이 있는 것이라 할 수 없다(대판 2003.12.11. 2001두8827).

③ **행정소송규칙에 근거 규정 신설**: 2023.8.31. 제정된 행정소송규칙에서는 판례의 태도를 반영하여, "행정청은 사실심 변론을 종결할 때까지 당초의 처분사유와 기본적 사실관계가 동일한 범위 내에서 처분사유를 추가 또는 변경할 수 있다(행정소송규칙 제9조)."고 규정함으로써 처분사유의 추가·변경에 관한 근거 규정을 신설하였다.

3) 처분사유의 추가·변경의 요건

① 처분청은 당초 처분의 근거로 삼은 사유와 기본적 사실관계가 동일성이 있다고 인정되는 한도 내에서만 다른 사유를 추가하거나 변경할 수 있다(대판 2003.12.11. 2001두8827).
② 위법성 판단은 처분 시를 기준으로 판단되므로, 추가사유나 변경사유는 처분 당시에 객관적으로 존재하던 사유이어야 한다. 처분 이후에 발생한 새로운 사실적·법적 사유를 추가·변경할 수는 없다.
③ 행정청의 처분사유의 추가·변경은 사실심 변론종결 시까지만 허용된다(대판 1999.8.20. 98두17043).

6. 주장책임과 증명책임

(1) 주장책임

① 주장책임이란 소송에서 당사자가 자기에게 유리한 주요사실을 주장하지 않으면 그 사실은 없는 것으로 취급되어 불이익한 판단을 받게 되는 당사자 일방의 위험 또는 불이익을 말한다.
② 행정처분의 적법성에 관하여는 당해 처분청이 이를 주장·입증(증명)하여야 한다.

> 행정소송에 있어서 특단의 사정이 있는 경우를 제외하면 당해 행정처분의 적법성에 관하여는 당해 처분청이 이를 주장·입증하여야 하고, 행정소송에 있어서 직권주의가 가미되어 있다고 하여도 여전히 당사자주의, 변론주의를 기본 구조로 하는 이상 행정처분의 위법을 들어 그 취소를 청구함에 있어서는 직권조사사항을 제외하고는 그 취소를 구하는 자가 위법된 구체적인 사항을 먼저 주장하여야 한다(대판 1995.7.28. 94누12807).

③ 당사자는 행정심판절차에서의 미처 주장하지 아니한 사유라도 행정소송에서 공격방어방법으로 제출할 수 있다(대판 1996.6.14. 96누754).

> 항고소송에 있어서 원고는 전심절차에서 주장하지 아니한 공격방어방법을 소송절차에서 주장할 수 있고 법원은 이를 심리하여 행정처분의 적법 여부를 판단할 수 있는 것이므로, 원고가 전심절차에서 주장하지 아니한 처분의 위법사유를 소송절차에서 새롭게 주장하였다고 하여 다시 그 처분에 대하여 별도의 전심절차를 거쳐야 하는 것은 아니다(대판 1996.6.14. 96누754).

(2) 증명책임

① 증명책임(입증책임)이란 소송상 증명을 요하는 어느 사실의 존부가 확정되지 않은 경우 당해 사실이 존재하지 않는 것으로 취급되어 불리한 법률판단을 받게 되는 당사자 일방의 위험 또는 불이익을 말한다.
② 민사소송법 규정이 준용되는 행정소송에서의 증명책임은 원칙적으로 민사소송 일반원칙에 따라 당사자 간에 분배되는데, 처분사유 및 처분의 적법성에 관한 증명책임은 피고(처분 행정청)에게 있다(대판 2016.10.27. 2015두42817).

> 민사소송법 규정이 준용되는 행정소송에서의 증명책임은 원칙적으로 민사소송 일반원칙에 따라 당사자 간에 분배되고, 항고소송의 경우에는 그 특성에 따라 처분의 적법성을 주장하는 피고에게 적법사유에 대한 증명책임이 있다. 피고가 주장하는 일정한 처분의 적법성에 관하여 합리적으로 수긍할 수 있는 일응의 증명이 있는 경우에 처분은 정당하며, 이와 상반되는 주장과 증명은 상대방인 원고에게 책임이 돌아간다(대판 2016.10.27. 2015두42817).

③ 취소소송의 경우 : 과세처분의 위법을 이유로 그 취소를 구하는 행정소송에 있어 처분의 적법성 및 과세요건사실의 존재에 관하여는 원칙적으로 과세관청(피고)이 그 증명책임(입증책임)을 부담한다(대판 1996.4.26. 96누1627).
④ 무효확인소송의 경우 : 행정처분의 당연무효를 주장하여 그 무효확인을 구하는 행정소송에 있어서는 원고(무효를 주장하는 사람)에게 그 행정처분이 무효인 사유를 주장·입증할 책임이 있다(대판 2010.5.13. 2009두3460). 기출 18

Ⅳ 취소소송의 판결

1. 판결의 의의
판결이란 법률상 쟁송을 해결하기 위하여 '법원'이 소송절차를 거쳐 내리는 판단을 말한다.

2. 판결의 종류

(1) 소송판결과 본안판결

소송판결	• 종국판결 중 <u>소송요건 또는 상소요건의 흠결</u>이 있는 경우에 소송을 부적법하다 하여 각하하는 판결을 소송판결이라 한다(예 소각하판결). • 소송종료선언도 성질상 소송판결에 속한다.
본안판결	• 종국판결 중 <u>청구의 당부에 관한 판결</u>을 본안판결이라 한다. • 본안판결에는 <u>인용판결</u>과 <u>기각판결</u>, <u>사정판결</u>이 있다.

(2) 인용판결과 기각판결

인용판결	• 본안심리의 결과, 원고의 주장이 이유 있다고 하여 그 청구의 <u>전부 또는 일부를 인용하는 판결</u>을 말한다. • 인용판결은 소의 종류에 따라 <u>이행판결</u>, 확인판결, 형성판결로 나뉜다.
기각판결	• 기각판결이란 본안심리의 결과, 원고의 주장이 이유 없다고 하여 그 <u>청구를 배척하는 판결</u>을 말한다. • 원고의 청구가 이유 있다고 인정하는 경우에도 그 처분을 취소 또는 변경하는 것이 현저히 공공복리에 적합하지 아니하다고 인정하는 때에는 법원은 원고의 청구를 기각할 수 있는데(행정소송법 제28조), 이러한 기각판결을 <u>사정판결</u>이라 한다.

(3) 형성판결, 확인판결, 이행판결

형성판결	• 일정한 법률관계를 형성·변경 또는 소멸시키는 것을 내용으로 하는 판결을 말한다. • 형성판결의 예로는 <u>취소소송에서의 인용판결(취소판결)</u>을 들 수 있다.
확인판결	• 확인의 소에서 일정한 <u>법률관계나 법률사실의 존부를 확인하는</u> 판결을 말한다. • 확인판결의 예로는 무효등확인소송에서의 인용판결, 부작위법확인소송에서의 인용판결, 법률관계의 확인을 구하는 당사자소송에서의 인용판결을 들 수 있다.
이행판결	• 피고에 대하여 일정한 행위를 명하는 판결을 말한다. • 항고소송에서의 의무이행소송이 인정되고 있지 않으므로 항고소송에서는 이행판결이 있을 수 없으나, 공법상 당사자소송에서는 국가 또는 공공단체에 대하여 일정한 행위를 명하는 이행판결이 있을 수 있다.

3. 취소소송의 판결의 종류

(1) 각하판결

취소소송의 소송요건을 결여한 부적법한 소에 대하여는 본안심리를 거절하는 각하판결(却下判決)을 한다. 소송요건의 충족 여부는 변론종결 시를 기준으로 판단한다.

(2) 기각판결

본안심리의 결과, 원고의 취소청구가 이유 없다고 판단되는 경우 기각판결(棄却判決)을 내린다. 계쟁처분이 적법하거나, <u>위법하지 아니하고 단순한 부당에 그친 경우(위법과 부당은 본안의 문제)</u>와 사정판결을 할 경우에도 <u>기각판결</u>을 내린다.

(3) 인용판결(취소판결)

1) 의 의

① 취소소송에서 인용판결이란 취소법원이 본안심리의 결과 원고의 취소청구가 이유 있다고 인정하는 경우, <u>당해 처분의 전부 또는 일부를 취소하는 판결</u>을 말한다.
② 행정청의 재량에 속하는 처분이라도 <u>재량권의 한계를 넘거나 그 남용이 있는 때에는 법원은 이를 취소할 수 있다</u>(행정소송법 제27조). 기출 23

2) 종 류

취소소송에서의 인용판결에는 처분이나 재결에 대한 취소판결, 무효선언을 하는 취소판결이 있다. 그리고 계쟁처분에 대한 전부취소판결과 일부취소판결이 있다.

3) 적극적 변경의 가능성

① 행정소송법 제4조 제1호에서 취소소송을 "<u>행정청의 위법한 처분 등을 취소 또는 변경하는 소송</u>"으로 정의하고 있는데, 취소소송의 인용판결로 처분을 적극적으로 변경하는 것이 가능한지에 대하여 견해가 대립되고 있다.
② 판례는 행정소송법 제4조 제1호의 '변경'을 <u>소극적 변경, 즉 일부취소를 의미하는 것</u>으로 보고 있다(대판 1964.5.19. 63누177 참조).

4) 일부취소판결의 가능성
① **일부취소의 인정기준** : 외형상 하나의 행정처분이라 하더라도 가분성이 있거나 그 처분대상의 일부가 특정될 수 있다면 그 일부만의 취소도 가능하고 그 일부의 취소는 당해 취소부분에 관하여 효력이 생긴다 (대판 1995.11.16. 95누8850[전합]).
② **일부취소가 가능한 경우**
   ㉠ 조세부과처분과 같은 금전부과처분이 기속행위인 경우, 당사자가 제출한 자료에 의해 정당한 부과금액을 산정할 수 있다면 부과처분 전체를 취소할 것이 아니라 정당한 부과금액을 초과하는 부분만 일부취소하여야 한다(대판 2000.6.13. 98두5811). 기출 22

   > 과세처분취소소송의 처분의 적법 여부는 과세액이 정당한 세액을 초과하느냐의 여부에 따라 판단되는 것으로서 당사자는 사실심 변론종결 시까지 객관적인 조세채무액을 뒷받침하는 주장과 자료를 제출할 수 있고 이러한 자료에 의하여 적법하게 부과될 정당한 세액이 산출되는 때에는 그 정당한 세액을 초과하는 부분만 취소하여야 할 것이고 전부를 취소할 것이 아니다(대판 2000.6.13. 98두5811). 기출 22

   ㉡ 여러 개의 운전면허를 가진 사람이 음주운전을 한 경우 취소되는 운전면허는 음주운전 당시 운전한 차량의 종류에 따라 그 범위가 달라진다(대판 1995.11.16. 95누8850[전합]; 대판 1994.11.25. 94누9672 등).

   > [1] 한 사람이 여러 종류의 자동차 운전면허를 취득하는 경우뿐 아니라 이를 취소 또는 정지함에 있어서도 서로 별개의 것으로 취급하는 것이 원칙이고, 한 사람이 여러 종류의 자동차 운전면허를 취득하는 경우 1개의 운전면허증을 발급하고 그 운전면허증의 면허번호는 최초로 부여한 면허번호로 하여 이를 통합관리하고 있다고 하더라도, 이는 자동차 운전면허증 및 그 면허번호 관리상의 편의를 위한 것에 불과할 뿐 그렇다고 하여 여러 종류의 면허를 서로 별개의 것으로 취급할 수 없다거나 각 면허의 개별적인 취소 또는 정지를 분리하여 집행할 수 없는 것은 아니다.
   > [2] 외형상 하나의 행정처분이라 하더라도 가분성이 있거나 그 처분대상의 일부가 특정될 수 있다면 그 일부만의 취소도 가능하고 그 일부의 취소는 당해 취소부분에 관하여 효력이 생긴다고 할 것인바, 이는 한 사람이 여러 종류의 자동차 운전면허를 취득한 경우 그 각 운전면허를 취소하거나 그 운전면허의 효력을 정지함에 있어서도 마찬가지이다.
   > [3] 제1종 보통, 대형 및 특수 면허를 가지고 있는 자가 레이카크레인을 음주운전한 행위는 제1종 특수면허의 취소사유에 해당될 뿐 제1종 보통 및 대형 면허의 취소사유는 아니므로, 3종의 면허를 모두 취소한 처분 중 제1종 보통 및 대형 면허에 대한 부분은 이를 이유로 취소하면 될 것이다(대판 1995.11.16. 95누8850[전합]).

   ㉢ 정보공개거부취소소송에서 심리결과 비공개대상정보에 해당하는 부분과 공개가 가능한 부분이 구별되고 두 부분을 분리할 수 있음이 인정되는 경우, 법원은 청구취지의 변경이 없더라도 공개가 가능한 정보에 관한 부분만의 일부취소를 명할 수 있다(대판 2004.12.9. 2003두12707).
   ㉣ 행정청이 여러 개의 위반행위에 대하여 하나의 제재처분을 하였으나, 위반행위별로 제재처분의 내용을 구분하는 것이 가능하고 여러 개의 위반행위 중 일부의 위반행위에 대한 제재처분 부분만이 위법하다면, 법원은 제재처분 중 위법성이 인정되는 부분만 취소하여야 하고 제재처분 전부를 취소하여서는 아니 된다(대판 2020.5.14. 2019두63515).

> 공정거래위원회가 위반행위에 대한 과징금을 부과하면서 여러 개의 위반행위에 대하여 외형상 하나의 과징금 납부명령을 하였으나 여러 개의 위반행위 중 일부의 위반행위에 대한 과징금 부과만이 위법하고 소송상 그 일부의 위반행위를 기초로 한 과징금액을 산정할 수 있는 자료가 있는 경우에는, 하나의 과징금 납부명령일지라도 그 일부의 위반행위에 대한 과징금액에 해당하는 부분만을 취소하여야 한다(대판 2019.1.31, 2013두14726).

③ 일부취소가 불가능한 경우

㉠ 과징금 부과처분과 같은 재량행위인 경우 : 과징금 부과처분과 같이 재량행위인 경우에는 처분청의 재량권을 존중하여야 하고, 법원이 직접 처분을 하는 것은 인정되지 아니하므로 전부취소를 하여 처분청이 재량권을 행사하여 다시 적정한 처분을 하도록 하여야 한다. 재량행위의 일부취소(예 영업정지 6개월 중 영업정지 3개월을 취소하는 것)는 행정청의 재량권을 침해하는 것이므로 인정될 수 없다.

> [1] 자동차운수사업면허조건 등을 위반한 사업자에 대하여 행정청이 행정제재수단으로 사업 정지를 명할 것인지, 과징금을 부과할 것인지, 과징금을 부과키로 한다면 그 금액은 얼마로 할 것인지에 관하여 재량권이 부여되었다 할 것이므로 과징금부과처분이 법이 정한 한도액을 초과하여 위법할 경우 법원으로서는 그 전부를 취소할 수밖에 없고, 그 한도액을 초과한 부분이나 법원이 적정하다고 인정되는 부분을 초과한 부분만을 취소할 수 없다.
> [2] 금 1,000,000원을 부과한 당해 처분 중 금 100,000원을 초과하는 부분은 재량권 일탈·남용으로 위법하다며 그 일부분만을 취소한 원심판결을 파기한 사례(대판 1998.4.10, 98두2270).

㉡ 금전부과처분이 기속행위일지라도 적법하게 부과될 부과금액을 산출할 수 없는 경우 : 금전부과처분에서 당사자가 제출한 자료에 의해 적법하게 부과될 부과금액을 산출할 수 없는 경우에는 금전부과처분이 기속행위일지라도 법원이 처분청의 역할을 할 수는 없으므로 금전부과처분의 일부취소가 인정되지 않는다(대판 2020.6.25, 2017두72935 참조).

> 개발부담금부과처분 취소소송에 있어 당사자가 제출한 자료에 의하여 적법하게 부과될 정당한 부과금액이 산출할 수 없을 경우에는 부과처분 전부를 취소할 수밖에 없으나, 그렇지 않은 경우에는 그 정당한 금액을 초과하는 부분만 취소하여야 한다(대판 2004.7.22, 2002두868).

(4) 사정판결

행정소송법 제28조(사정판결)
① 원고의 청구가 이유있다고 인정하는 경우에도 처분등을 취소하는 것이 현저히 공공복리에 적합하지 아니하다고 인정하는 때에는 법원은 원고의 청구를 기각할 수 있다. 이 경우 법원은 그 판결의 주문에서 그 처분등이 위법함을 명시하여야 한다. 기출 22·17
② 법원이 제1항의 규정에 의한 판결을 함에 있어서는 미리 원고가 그로 인하여 입게 될 손해의 정도와 배상방법 그 밖의 사정을 조사하여야 한다.
③ 원고는 피고인 행정청이 속하는 국가 또는 공공단체를 상대로 손해배상, 제해시설의 설치 그 밖에 적당한 구제방법의 청구를 당해 취소소송등이 계속된 법원에 병합하여 제기할 수 있다.

1) 의 의

사정판결(事情判決)이란 취소소송에 있어서 본안심리 결과, 원고의 청구가 이유 있다고 인정하는 경우(처분이 위법한 것으로 인정되는 경우)에도 처분등을 취소하는 것이 현저히 공공복리에 적합하지 아니하다고 인정하는 때에 원고의 청구를 기각하는 판결을 말한다(행정소송법 제28조).

2) 요 건

법원이 사정판결을 하려면, ① 처분이 위법하여야 하고, ② 처분을 취소하는 것이 현저히 공공복리에 적합하지 아니하다고 인정되어야 한다(행정소송법 제28조).

> 행정소송법 제28조에서 정한 사정판결은 행정처분이 위법함에도 불구하고 이를 취소·변경하게 되면 그것이 도리어 현저히 공공의 복리에 적합하지 않은 경우에 극히 예외적으로 할 수 있으므로, 그 요건에 해당하는지는 위법·부당한 행정처분을 취소·변경하여야 할 필요와 취소·변경으로 발생할 수 있는 공공복리에 반하는 사태 등을 비교·교량하여 엄격하게 판단하되, 처분에 이르기까지의 경과 및 처분 상대방의 관여 정도, 위법사유의 내용과 발생원인 및 전체 처분에서 위법사유가 관련된 부분이 차지하는 비중, 처분을 취소할 경우 예상되는 결과, 특히 처분을 기초로 새로운 법률관계나 사실상태가 형성되어 다수 이해관계인의 신뢰 보호 등 처분의 효력을 존속시킬 공익적 필요성이 있는지 여부 및 정도, 처분의 위법으로 인해 처분 상대방이 입게 된 손해 등 권익 침해의 내용, 행정청의 보완조치 등으로 위법상태의 해소 및 처분 상대방의 피해 전보가 가능한지 여부, 처분 이후 처분청이 위법상태의 해소를 위해 취한 조치 및 적극성의 정도와 처분 상대방의 태도 등 제반 사정을 종합적으로 고려하여야 한다(대판 2016.7.14. 2015두4167).

3) 사정판결의 절차

① 사정판결을 할 사정에 관한 주장·입증책임은 피고(처분청)에게 있다고 할 것이지만, 법원은 사정판결을 할 필요가 있다고 인정하는 때에는 당사자의 명백한 주장이 없는 경우에도 일건 기록에 나타난 사실을 기초로 하여 직권으로 사정판결을 할 수 있다(대판 1995.7.28. 95누4629). 기출 17

② 취소소송에서 처분 등의 위법 여부는 처분 시를 기준으로 판단하지만, 공공복리를 위한 사정판결의 필요성은 변론종결 시(판결 시)를 기준으로 판단하여야 한다(대판 1970.3.24. 69누29). 2023.8.31. 제정된 행정소송규칙에서도 판례의 태도를 반영하여, "법원이 법 제28조 제1항에 따른 판결(사정판결)을 할 때 그 처분등을 취소하는 것이 현저히 공공복리에 적합하지 아니한지 여부는 사실심 변론을 종결할 때를 기준으로 판단한다(행정소송규칙 제14조)."고 규정하고 있다.

③ 사정판결을 하는 경우 법원은 그 판결의 주문에서 그 처분 등이 위법함을 명시하여야 한다(행정소송법 제28조 제1항). 기출 17

④ 법원이 사정판결을 함에 있어서는 미리 원고가 그로 인하여 입게 될 손해의 정도와 배상방법 그 밖의 사정을 조사하여야 한다(행정소송법 제28조 제2항).

4) 효 과

① 사정판결은 처분의 취소청구를 기각하는 기각판결의 일종이므로, 사정판결이 있으면 취소소송의 대상인 처분은 위법함에도 불구하고 그 효력을 유지한다. 기출 17

② 사정판결이 있는 경우 원고의 청구가 이유 있음에도 불구하고 원고가 패소한 것이므로, 기각판결임에도 불구하고 소송비용은 승소자인 피고가 부담한다(행정소송법 제32조). 기출 17

5) 구제방법청구의 병합

사정판결로 해당 처분 등이 적법하게 되는 것은 아니므로 원고가 당해 처분 등으로 손해를 입은 경우 손해배상청구를 할 수 있다. 원고는 피고인 행정청이 속하는 국가 또는 공공단체를 상대로 손해배상, 제해시설(除害施設)의 설치 그 밖에 적당한 구제방법의 청구를 당해 취소소송 등이 계속된 법원에 병합하여 제기할 수 있다(행정소송법 제28조 제3항).

6) 사정판결에 대한 불복

사정판결에 대하여는 원고와 피고(처분 행정청) 모두가 상소할 수 있다. 원고는 사정판결을 할 사정이 없는데도 사정판결을 하여 청구가 기각되었음을 이유로 다툴 수 있고, 피고(처분 행정청)도 청구를 기각한 것에 대하여는 불만이 없지만 처분이 적법한데도 위법하다고 선언하였다는 점을 이유로 다툴 수 있다.

7) 사정판결의 인정 범위

사정판결은 취소소송에서만 인정되고(행정소송법 제28조), 무효등확인소송과 부작위위법확인소송에서는 인정되지 아니하고 있다(행정소송법 제38조). 기출 17

> 당연무효의 행정처분을 소송목적물로 하는 행정소송에서는 존치시킬 효력이 있는 행정행위가 없기 때문에 행정소송법 제28조 소정의 사정판결을 할 수 없다(대판 1996.3.22. 95누5509).

4. 취소소송에서 위법판단의 기준 시

(1) 처분 취소소송에서의 위법판단의 기준 시

판례는 "행정소송에서 행정처분의 위법 여부는 행정처분이 행하여졌을 때의 법령과 사실상태를 기준으로 하여 판단하여야 하고, 처분 후 법령의 개폐나 사실상태의 변동에 의하여 영향을 받지는 않는다."고 판시하여(대판 2007.5.11. 2007두1811), 처분시설의 입장이다.

(2) 행정처분의 위법 여부를 판단하는 기준시점이 처분 시라는 의미

① 항고소송에 있어서 행정처분의 위법 여부를 판단하는 기준 시점에 대하여 판결시가 아니라 처분 시라고 하는 의미는 처분 시 적용할 법령과 행정처분이 있을 때의 사실상태를 기준으로 하여 위법 여부를 판단할 것이며, 처분 후 법령의 개폐나 사실상태의 변동에 영향을 받지 않는다는 뜻이지, 처분 당시 보유하였던 처분자료나 행정청에 제출되었던 자료만으로 위법 여부를 판단한다는 의미는 아니다(대판 1993.5.27. 92누19033).

② 따라서 처분 당시의 사실상태 등에 대한 증명은 사실심 변론종결 당시까지 할 수 있고, 수소법원은 행정처분 당시 행정청이 알고 있었던 자료뿐만 아니라 사실심 변론종결 당시까지 제출된 모든 자료를 종합하여 처분 당시 존재하였던 객관적 사실을 확정하고 그 사실에 기초하여 처분의 위법 여부를 판단할 수 있다(대판 2018.6.28. 2015두58195).

(3) 위법판단에 적용할 법령

1) 개 설
처분 시와 판결 시(변론종결 시) 가운데 처분 시를 기준으로 처분의 위법 여부를 판단한다고 하여도, 규율 대상인 사실관계가 이루어진 시기와 처분 시 사이 법령이 개정된 경우 어느 법령을 적용하여 그 판단을 하여야 하는지 여전히 문제된다.

2) 처분시법 적용의 원칙

> **행정기본법 제14조(법 적용의 기준)**
> ② 당사자의 신청에 따른 처분은 법령등에 특별한 규정이 있거나 처분 당시의 법령등을 적용하기 곤란한 특별한 사정이 있는 경우를 제외하고는 처분 당시의 법령등에 따른다.

① 행정기관은 법치행정의 원칙 및 공익보호의 원칙에 비추어 행정처분의 근거 법령이 개정된 경우에도 경과규정에서 달리 정함이 없는 한 처분 당시 시행되는 개정 법령과 그에서 정한 기준에 의하는 것이 원칙이다(대판 2014.7.24. 2012두23501). 이는 신청에 따른 처분의 경우에도 마찬가지이다.

② 예를 들면, 허가의 신청 후 허가처분 전에 법령의 개정으로 허가기준이 변경된 경우 원칙적으로 신청 당시의 법령이 아닌 개정된 처분 당시의 법령이 적용된다. 다만, 입법으로 법령에 특별한 규정을 두거나 처분 당시 법령을 적용하기 곤란한 특별한 사정(예 행정청의 부당한 처리 지연 등)이 있는 경우는 신청 당시의 법령이 적용될 수 있다. 최근 제정된 행정기본법에서도 이러한 처분시법 적용의 원칙을 명확히 규정하고 있다(행정기본법 제14조 제2항).

> 행정행위는 처분 당시에 시행중인 법령과 허가기준에 의하여 하는 것이 원칙이고 인·허가신청 후 처분 전에 관계 법령이 개정시행된 경우 신법령 부칙에 그 시행 전에 이미 허가신청이 있는 때에는 종전의 규정에 의한다는 취지의 경과규정을 두지 아니한 이상 당연히 허가신청 당시의 법령에 의하여 허가 여부를 판단하여야 하는 것은 아니며, 소관 행정청이 허가신청을 수리하고도 정당한 이유 없이 처리를 늦추어 그 사이에 법령 및 허가기준이 변경된 것이 아닌 한 변경된 법령 및 허가기준에 따라서 한 불허가처분은 적법하다(대판 1998.3.27. 96누19772).

3) 법령불소급의 원칙

> **행정기본법 제14조(법 적용의 기준)**
> ① 새로운 법령등은 법령등에 특별한 규정이 있는 경우를 제외하고는 그 법령등의 효력 발생 전에 완성되거나 종결된 사실관계 또는 법률관계에 대해서는 적용되지 아니한다.

① 법령의 (진정)소급적용은 법적 안정성과 그 주관적 측면인 개인의 신뢰를 현저히 침해하는 것으로서 원칙적으로 인정되지 아니한다(헌재 2006.6.29. 2005헌마65). 즉 법령의 효력 발생 전에 완성되거나 종결된 사실관계 또는 법률관계에 대해서는 당해 법령을 적용할 수 없다(행정기본법 제14조 제1항).

② 그러나 법령을 소급적용하더라도 일반 국민의 이해에 직접 관계가 없는 경우, 오히려 그 이익을 증진하는 경우, 불이익이나 고통을 제거하는 경우 등의 특별한 사정이 있는 경우에 한하여 예외적으로 법령의 소급적용이 허용된다(대판 2005.5.13. 2004다8630).

4) 법령 위반에 대한 제재처분 : 행위시법 적용의 원칙과 예외

> **행정기본법 제14조(법 적용의 기준)**
> ③ 법령등을 위반한 행위의 성립과 이에 대한 제재처분은 법령등에 특별한 규정이 있는 경우를 제외하고는 법령등을 위반한 행위 당시의 법령등에 따른다. 다만, 법령등을 위반한 행위 후 법령등의 변경에 의하여 그 행위가 법령등을 위반한 행위에 해당하지 아니하거나 제재처분 기준이 가벼워진 경우로서 해당 법령등에 특별한 규정이 없는 경우에는 변경된 법령등을 적용한다.

최근 제정된 행정기본법은 법령등을 위반한 행위의 성립과 이에 대한 제재처분은 법령등에 특별한 규정이 없는 한, 행위 당시의 법령등을 적용하는 것을 원칙으로 하였다(행정기본법 제14조 제3항 본문). 다만, 법령등을 위반한 행위 후 법령등의 변경에 의하여 그 행위가 법령등을 위반한 행위에 해당하지 아니하거나 제재처분 기준이 가벼워진 경우로서 해당 법령등에 특별한 규정이 없는 경우에는 변경된 법령등을 적용한다(행정기본법 제14조 제3항 단서).

> 건설업자가 시공자격 없는 자에게 전문공사를 하도급한 행위에 대하여 과징금 부과처분을 하는 경우, 구체적인 부과기준에 대하여 처분 시의 법령이 행위 시의 법령보다 불리하게 개정되었고 어느 법령을 적용할 것인지에 대하여 특별한 규정이 없다면 행위 시의 법령을 적용하여야 한다고 한 사례(대판 2002.12.10. 2001두3228).

(4) 거부처분취소소송에서의 위법판단의 기준 시

판례는 "행정소송에서 행정처분의 위법 여부는 행정처분이 행하여졌을 때의 법령과 사실 상태를 기준으로 하여 판단하여야 하고, 처분 후 법령의 개폐나 사실상태의 변동에 의하여 영향을 받지는 않으므로, 난민 인정 거부처분의 취소를 구하는 취소소송에서도 그 거부처분을 한 후 국적국의 정치적 상황이 변화하였다고 하여 처분의 적법 여부가 달라지는 것은 아니다."고 판시하여(대판 2008.7.24. 2007두3930), 처분시설의 입장이다.

5. 취소판결의 효력

(1) 개 설

확정된 취소판결의 효력에는 형성력, 기속력 및 기판력이 있는데, 형성력과 기속력은 인용판결에 인정되는 효력이고, 기판력은 인용판결뿐만 아니라 기각판결에도 인정되는 효력이다.

(2) 형성력

1) 의 의

'처분등'의 취소판결이 확정된 때에는 그 '처분등'은 처분청 또는 행정심판기관의 취소를 기다릴 것 없이 당연히 효력을 상실하는데, 이를 형성력(形成力)이라 한다.

2) 적용 범위

형성력은 행정처분을 취소하는 원고승소판결(취소판결)에만 발생하고, 원고패소판결(청구기각판결)에는 발생하지 않는다. 원고승소판결이 선고된 것만으로는 부족하고 그 판결이 확정되어야 형성력이 발생한다(대판 1969.1.28. 68다1466).

3) 형성력의 내용

취소판결의 형성력은 형성효, 소급효 및 대세효(제3자효)로 이루어진다. 즉 취소판결은 처분의 효력을 소급적으로 상실시키며, 제3자에 대하여도 효력이 있다.

(3) 제3자효(대세효)

> **행정소송법 제29조(취소판결등의 효력)**
> ① 처분등을 취소하는 확정판결은 제3자에 대하여도 효력이 있다. 기출 25·23·19
> ② 제1항의 규정은 제23조의 규정에 의한 집행정지의 결정 또는 제24조의 규정에 의한 그 집행정지결정의 취소결정에 준용한다.

1) 의 의
① 처분등을 취소하는 확정판결은 당사자 사이뿐만 아니라 제3자에 대하여도 효력이 있다(행정소송법 제29조 제1항). 이를 취소판결의 대세효(제3자효)라 한다. 기출 23·19
② 취소판결의 효력(형성효 및 소급효)이 제3자에도 미침으로 인하여 제3자가 불측의 손해를 입을 수 있으므로, 행정소송법은 제3자의 권리를 보호하기 위하여 제3자의 소송참가제도(행정소송법 제16조)와 제3자의 재심청구제도(행정소송법 제31조)를 인정하고 있다. 기출 23·19

2) 제3자효의 문제
행정처분을 취소하는 확정판결이 제3자에게 효력이 있다고 하더라도 일반적으로 판결의 효력은 주문에 포함된 것에 한하여 미치는 것이므로 취소판결 자체의 효력으로써 그 행정처분을 기초로 하여 새로 형성된 제3자의 권리까지 당연히 그 행정처분 전의 상태로 환원시키는 것이라고는 할 수 없다(대판 1986.8.19. 83다카2022).

3) 취소판결의 제3자효의 적용범위
행정소송법 제29조 제1항의 취소판결의 효력(형성력, 제3자효)은 집행정지결정 또는 집행정지결정의 취소결정에 준용되고(행정소송법 제29조 제2항), 무효등확인소송 및 부작위위법확인소송에도 준용된다(행정소송법 제38조).

(4) 기속력

> **행정소송법 제30조(취소판결등의 기속력)**
> ① 처분등을 취소하는 확정판결은 그 사건에 관하여 당사자인 행정청과 그 밖의 관계행정청을 기속한다.
> ② 판결에 의하여 취소되는 처분이 당사자의 신청을 거부하는 것을 내용으로 하는 경우에는 그 처분을 행한 행정청은 판결의 취지에 따라 다시 이전의 신청에 대한 처분을 하여야 한다.
> ③ 제2항의 규정은 신청에 따른 처분이 절차의 위법을 이유로 취소되는 경우에 준용한다.

1) 의 의
기속력(羈束力)이란 행정청에 대하여 판결의 취지에 따라 행동하도록 당사자인 행정청과 그 밖의 관계행정청을 구속하는 효력을 말한다. 기속력은 '인용판결'이 '확정'된 경우에 한하여 인정되고, 기각판결에는 인정되지 않는다. 따라서 취소소송의 기각판결이 있은 후에도 처분청은 당해 처분을 직권으로 취소할 수 있다.

> 행정소송법 제30조 제1항은 "처분 등을 취소하는 확정판결은 그 사건에 관하여 당사자인 행정청과 그 밖의 관계행정청을 기속한다."라고 규정하고 있다. 이러한 취소 확정판결의 '기속력'은 취소 청구가 인용된 판결에서 인정되는 것으로서 당사자인 행정청과 그 밖의 관계행정청에게 확정판결의 취지에 따라 행동하여야 할 의무를 지우는 작용을 한다(대판 2016.3.24. 2015두48235).

2) 내 용

① 반복금지효

㉠ 처분청이 취소된 처분과 '동일한 처분'을 하는 것은 취소판결의 기속력(반복금지효)에 반한다. 여기에서 '동일한 처분'이란 동일 사실관계 아래에서 동일 당사자에 대하여 동일한 내용을 갖는 처분을 말한다.

> 취소 확정판결의 기속력은 판결의 주문 및 전제가 되는 처분 등의 구체적 위법사유에 관한 판단에도 미치나, 종전 처분이 판결에 의하여 취소되었더라도 종전 처분과 다른 사유를 들어서 새로이 처분을 하는 것은 기속력에 저촉되지 않는다. 여기에서 동일 사유인지 다른 사유인지는 확정판결에서 위법한 것으로 판단된 종전 처분사유와 기본적 사실관계에서 동일성이 인정되는지 여부에 따라 판단되어야 하고, 기본적 사실관계의 동일성 유무는 처분사유를 법률적으로 평가하기 이전의 구체적인 사실에 착안하여 그 기초인 사회적 사실관계가 기본적인 점에서 동일한지에 따라 결정된다(대판 2016.3.24. 2015두48235).

㉡ 처분의 기본적 사실관계가 동일하다면 적용법규정을 달리하거나 처분사유를 변경하여 동일한 내용의 처분을 하는 것은 동일한 행위의 반복에 해당하여 취소판결의 기속력에 반한다(대판 1990.12.11. 90누3560).

㉢ 기속력은 판결이유에 제시된 개개의 위법사유에 대하여 미치므로 판결의 이유에서 제시된 위법사유를 다시 반복하는 것은 동일한 처분이 아닌 경우에도 동일한 과오를 반복하는 것으로서 기속력에 반한다.

㉣ 취소사유가 절차 또는 형식의 흠인 경우, 행정청이 적법한 절차 또는 형식을 갖추어 행한 동일한 내용의 새로운 처분은 취소된 처분과 동일한 처분이 아니므로 새로운 처분은 기속력에 저촉되지 않는다.

> 행정처분의 절차 또는 형식에 위법이 있어 행정처분을 취소하는 판결이 확정되었을 때는 그 확정판결의 기판력[기속력(註)]은 거기에 적시된 절차 및 형식의 위법사유에 한하여 미치는 것이므로 행정관청은 그 위법사유를 보완하여 다시 새로운 행정처분을 할 수 있고 그 새로운 행정처분은 확정판결에 의하여 취소된 종전의 행정처분과는 별개의 처분이라 할 것이어서 종전의 처분과 중복된 행정처분이 아니다(대판 1992.5.26. 91누5242).

② 원상회복의무(위법상태제거의무)
취소판결이 확정되면 행정청은 취소된 처분에 의해 초래된 위법상태를 제거하여 원상회복할 의무를 진다. 이를 취소판결의 원상회복의무라 한다. 취소판결의 기속력에 원상회복의무(위법상태제거의무)가 포함되는지에 관하여 명문의 규정은 없지만, 긍정하는 것이 타당하다.

> 어떤 행정처분을 위법하다고 판단하여 취소하는 판결이 확정되면 행정청은 행정소송법 제30조의 취소판결의 기속력에 따라 그 판결에서 확인된 위법사유를 배제한 상태에서 다시 처분을 하거나 그 밖에 위법한 결과를 제거하는 조치를 할 의무가 있다(행정소송법 제30조, 대판 2019.10.17. 2018두104).

③ 재처분의무

㉠ 거부처분취소소송을 제기하여 인용판결이 확정되었다면 처분청은 이전의 신청에 대하여 판결의 취지에 따른 재처분의무를 부담한다(행정소송법 제30조 제2항). 이때 행정청의 재처분의 내용은 '판결의 취지'를 존중하는 것이면 되고, 반드시 원고가 신청한 내용대로 처분을 하여야 하는 것은 아니다(대판 1998.1.7. 97두22 참조). 예를 들면, 절차의 하자를 이유로 인용판결(취소판결)이 확정된 경우라면, 처분청은 적법한 절차를 거쳐 다시 거부처분을 할 수도 있다. 기출 20

㉡ 신청에 따른 처분이 절차의 위법을 이유로 취소된 경우에는 거부처분취소판결에 있어서의 재처분의무에 관한 제30조 제2항이 준용된다(행정소송법 제30조 제3항). 여기에서 '신청에 따른 처분'이란 '신청에 대한 인용처분'을 말한다.

ⓒ 재처분의무에 관한 판례

> - **거부처분 취소판결에 따른 재처분의무의 내용** : 행정소송법 제30조 제2항의 규정에 의하면 행정청의 거부처분을 취소하는 판결이 확정된 때에는 그 처분을 행한 행정청이 판결의 취지에 따라 이전의 신청에 대하여 재처분할 의무가 있으나, 이때 확정판결의 당사자인 처분 행정청은 그 확정판결에서 적시된 위법사유를 보완하여 새로운 처분을 할 수 있다(대판 1998.1.7. 97두22).
> - **절차상의 위법사유를 보완한 새로운 거부처분** : 행정소송법 제30조 제2항의 규정에 의하면 행정청의 거부처분을 취소하는 판결이 확정된 경우에는 그 처분을 행한 행정청이 판결의 취지에 따라 이전의 신청에 대하여 재처분할 의무가 있다고 할 것이나, 그 취소사유가 행정처분의 절차, 방법의 위법으로 인한 것이라면 그 처분 행정청은 그 확정판결의 취지에 따라 그 위법사유를 보완하여 다시 종전의 신청에 대한 거부처분을 할 수 있고, 그러한 처분도 위 조항에 규정된 재처분에 해당한다(대판 2005.1.14. 2003두13045). 기출 20
> - **사실심 변론종결 이후 발생한 사유를 근거로 한 새로운 거부처분** : 행정소송법 제30조 제2항에 의하면, 행정청의 거부처분을 취소하는 판결이 확정된 경우에는 그 처분을 행한 행정청은 판결의 취지에 따라 이전의 신청에 대하여 재처분할 의무가 있고, 이 경우 확정판결의 당사자인 처분 행정청은 그 행정소송의 사실심 변론종결 이후 발생한 새로운 사유를 내세워 다시 이전의 신청에 대하여 거부처분을 할 수 있으며, 그러한 처분도 이 조항에 규정된 재처분에 해당한다(대판 1999.12.28. 98두1895).
> - **거부처분 후에 '개정된 법령'에 근거한 새로운 거부처분** : 행정처분의 적법 여부는 그 행정처분이 행하여진 때의 법령과 사실을 기준으로 하여 판단하는 것이므로 거부처분 후에 법령이 개정·시행된 경우에는 개정된 법령 및 허가기준을 새로운 사유로 들어 다시 이전의 신청에 대한 거부처분을 할 수 있으며 그러한 처분도 행정소송법 제30조 제2항에 규정된 재처분에 해당된다(대판 1998.1.7. 97두22).

3) 거부처분 취소판결에 따른 재처분의무의 실효성 확보수단(간접강제)

> **행정소송법 제34조(거부처분취소판결의 간접강제)**
> ① 행정청이 제30조 제2항의 규정에 의한 처분[거부처분취소판결의 취지에 따라 이전의 신청에 대한 재처분(註)]을 하지 아니하는 때에는 제1심수소법원은 당사자의 신청에 의하여 결정으로써 상당한 기간을 정하고 행정청이 그 기간 내에 이행하지 아니하는 때에는 그 지연기간에 따라 일정한 배상을 할 것을 명하거나 즉시 손해배상을 할 것을 명할 수 있다.
> ② 제33조(소송비용에 관한 재판의 효력)와 민사집행법 제262조(채무자의 심문)의 규정은 제1항의 경우에 준용한다.

① 개 설
  ㉠ 행정심판에서는 이행재결의 기속력의 확보를 위하여 위원회의 직접처분(행정심판법 제50조)과 간접강제제도(행정심판법 제50조의2) 2가지 수단이 인정되는 반면, 행정소송에서는 거부처분 취소판결의 기속력의 확보를 위한 수단으로 간접강제제도만 인정된다(행정소송법 제34조). 기출 21
  ㉡ 간접강제 결정은 상고심 법원(대법원)이 아니라 제1심수소법원이 당사자의 신청에 따라 할 수 있다(행정소송법 제34조 제1항). 기출 20
② 요건 : 처분청이 거부처분의 취소판결의 취지에 따라 재처분을 하지 않았어야 한다(재처분의무의 불이행). 재처분의무의 불이행이란 행정청이 아무런 재처분을 하지 않은 것뿐만 아니라 재처분이 기속력에 반하여 당연무효가 되는 경우를 포함한다(대결 2002.12.11. 2002무22).

> 거부처분에 대한 취소의 확정판결이 있음에도 행정청이 아무런 재처분을 하지 아니하거나, 재처분을 하였다 하더라도 그것이 종전 거부처분에 대한 취소의 확정판결의 기속력에 반하는 등으로 당연무효라면 이는 아무런 재처분을 하지 아니한 때와 마찬가지라 할 것이므로 이러한 경우에는 행정소송법 제30조 제2항, 제34조 제1항 등에 의한 간접강제신청에 필요한 요건을 갖춘 것으로 보아야 한다(대결 2002.12.11. 2002무22).

③ **인정 범위**: 간접강제제도는 거부처분취소소송에서 규정되어 있고(행정소송법 제34조), 부작위위법확인소송에 준용되고 있다(행정소송법 제38조 제2항). 무효등확인소송에는 준용규정이 없는데(행정소송법 제38조 제1항), 이는 입법의 불비이다. 그러나 판례는 거부처분에 대한 무효확인 판결은 간접강제의 대상이 되지 않는다고 본다(대결 1998.12.24. 98무37). 기출 25

④ **간접강제결정의 효력이 미치는 주관적 범위**: 간접강제결정은 피고 또는 참가인이었던 행정청이 소속하는 국가 또는 공공단체에 그 효력을 미친다(행정소송법 제34조 제2항, 제33조).

⑤ **배상금의 성질과 배상금의 추심**

> 간접강제결정에 기한 배상금은 거부처분취소판결이 확정된 경우 그 처분을 행한 행정청으로 하여금 확정판결의 취지에 따른 재처분의무의 이행을 확실히 담보하기 위한 것으로서, 확정판결의 취지에 따른 재처분의 지연에 대한 제재나 손해배상이 아니고 재처분의 이행에 관한 심리적 강제수단에 불과한 것이다. 따라서 간접강제결정에서 정한 의무이행기한이 지나 배상금이 발생한 후에라도 확정판결의 취지에 따른 재처분의 이행이 있으면, 특별한 사정이 없는 한 배상금을 추심함으로써 심리적 강제를 꾀할 목적이 상실되어 처분상대방이 더 이상 배상금을 추심하는 것은 허용되지 않는다(대판 2004.1.15. 2002두2444; 대판 2010.12.23. 2009다37725).

4) 기속력의 범위

① **주관적 범위**: 처분등을 취소하는 확정판결은 그 사건에 관하여 '당사자인 행정청'과 그 밖의 '관계행정청'을 기속한다(행정소송법 제30조 제1항). 여기에서 '관계행정청'이란 취소된 처분 등을 기초로 하여 그와 관련되는 처분이나 부수되는 행위를 할 수 있는 행정청을 총칭하는 것이라고 할 것이다.

② **객관적 범위**: 취소소송에서 처분 등을 취소하는 확정판결의 기속력은 주로 판결의 실효성 확보를 위하여 인정되는 효력으로서 판결의 주문뿐만 아니라 그 전제가 되는 처분 등의 구체적 위법사유에 관한 이유 중의 판단에 대하여도 인정된다(대판 2001.3.23. 99두5238).

③ **시간적 범위**: 처분의 위법 여부의 판단시점은 처분 시이기 때문에 기속력은 처분 당시까지 존재하던 사유에 대하여만 미치고 그 이후에 생긴 사유에는 미치지 아니한다. 따라서 취소된 처분 후 새로운 처분사유가 생긴 경우(법령 또는 사실상태가 변경된 경우)에는 기본적 사실관계의 동일성이 없는 한 행정청은 동일한 내용의 처분을 다시 할 수도 있다(대판 1998.1.7. 97두22).

5) 기속력 위반의 효과

기속력에 위반된 행정처분은 그 하자가 중대하고 명백한 것이어서 당연무효가 된다(대판 1990.12.11. 90누3560).

(5) 기판력

① 기판력(旣判力)이란 일단 판결이 확정된 때에는 소송당사자는 동일한 소송물에 대하여는 다시 소를 제기할 수 없고, 법원도 일사부재리의 원칙에 따라 확정판결과 내용적으로 모순되는 판단을 하지 못하는 효력을 말한다(대판 1987.6.9. 86다카2756 참조).

② 행정소송법에서는 기판력에 관한 명문의 규정을 두고 있지 않지만, 행정소송법 제8조 제2항에서 행정소송법에 특별한 규정이 없는 사항에 대하여는 민사소송법을 준용한다고 하고 있으므로 행정소송의 판결에도 기판력이 인정된다는 점에는 의문이 없다. 기판력은 확정된 종국판결에 인정된다. 인용판결뿐만 아니라 기각판결, 소송판결(각하판결)에도 인정된다.

> 행정소송법 제8조 제2항에 의하여 행정소송에 준용되는 민사소송법 제216조, 제218조가 규정하고 있는 '기판력'이란 기판력 있는 전소 판결의 소송물과 동일한 후소를 허용하지 않음과 동시에, 후소의 소송물이 전소의 소송물과 동일하지는 않더라도 전소의 소송물에 관한 판단이 후소의 선결문제가 되거나 모순관계에 있을 때에는 후소에서 전소 판결의 판단과 다른 주장을 하는 것을 허용하지 않는 작용을 한다(대판 2016.3.24. 2015두48235).

Ⅴ 취소소송에서의 가구제

1. 개설
① 행정소송에서 가구제(또는 임시구제)란 본안판결의 실효성을 확보하기 위하여 본안판결 확정될 때까지 잠정적으로 권리구제를 도모하는 것을 말한다.
② 현행 행정소송법은 항고소송에 의한 권리구제의 실효성을 확보하기 위하여 행정소송상의 가구제로서 집행정지제도를 규정하고 있다.
③ 취소소송에서 원고의 가구제 수단으로 논의는 것은 침익적 행정처분에 대한 집행정지제도와 수익적 행정처분에 대한 가처분제도가 있다.

2. 행정소송법상 집행정지제도

> **행정소송법 제23조(집행정지)**
> ① 취소소송의 제기는 처분등의 효력이나 그 집행 또는 절차의 속행에 영향을 주지 아니한다. 기출 15
> ② 취소소송이 제기된 경우에 처분등이나 그 집행 또는 절차의 속행으로 인하여 생길 회복하기 어려운 손해를 예방하기 위하여 긴급한 필요가 있다고 인정할 때에는 본안이 계속되고 있는 법원은 당사자의 신청 또는 직권에 의하여 처분등의 효력이나 그 집행 또는 절차의 속행의 전부 또는 일부의 정지(이하 "집행정지"라 한다)를 결정할 수 있다. 다만, 처분의 효력정지는 처분등의 집행 또는 절차의 속행을 정지함으로써 목적을 달성할 수 있는 경우에는 허용되지 아니한다. 기출 24·15
> ③ 집행정지는 공공복리에 중대한 영향을 미칠 우려가 있을 때에는 허용되지 아니한다. 기출 19·15
> ④ 제2항의 규정에 의한 집행정지의 결정을 신청함에 있어서는 그 이유에 대한 소명이 있어야 한다. 기출 19
> ⑤ 제2항의 규정에 의한 집행정지의 결정 또는 기각의 결정에 대하여는 즉시항고할 수 있다. 이 경우 집행정지의 결정에 대한 즉시항고에는 결정의 집행을 정지하는 효력이 없다. 기출 24·15
> ⑥ 제30조 제1항의 규정은 제2항의 규정에 의한 집행정지의 결정에 이를 준용한다.

(1) 집행부정지의 원칙과 예외적 집행정지
① **집행부정지의 원칙** : 행정소송법은 "취소소송의 제기는 처분등의 효력이나 그 집행 또는 절차의 속행에 영향을 주지 아니한다."고 하여(행정소송법 제23조 제1항), '집행부정지 원칙'을 규정하고 있다. 이러한 집행부정지 원칙의 근거를 행정행위의 공정력에서 찾는 견해도 있으나, 입법정책으로 보는 것이 통설이다. 기출 15
② **예외적 집행정지** : 집행부정지 원칙을 획일적으로 적용하면 원고가 후일 승소하더라도 이미 처분의 집행이 종료되어 회복할 수 없는 손해를 입게 도는 결과가 발생할 수도 있으므로 행정소송법은 집행정지에 관한 일반적 규정을 두어 일정한 요건 하에 예외적으로 집행정지를 인정하고 있다(행정소송법 제23조 제2항~제6항).

(2) 적용범위
집행정지가 허용될 수 있는 본안소송은 취소소송과 무효등확인소송이며(행정소송법 제23조 제2항, 제38조 제1항), 부작위위법확인소송과 당사자소송은 제외된다(행정소송법 제38조 제2항, 제44조 제1항). 기출 24

(3) 집행정지의 요건

1) 형식적 요건

① 집행정지신청이 적법하려면, ㉠ 집행정지의 대상인 '처분등'이 존재하여야 하고(대상적격), ㉡ 적법한 취소소송이 계속 중이어야 하고(제23조 제2항), ㉢ 신청인에게 '처분등'에 대한 집행정지를 구할 '법률상 이익'이 있어야 하며(신청인 적격), ㉣ 집행정지 신청의 이익(현실적 필요성)이 인정되어야 한다.
② 여기에서 '적법한 취소소송의 계속(㉡)'과 관련하여 판례는 집행정지 사건 자체에 의하여도 신청인의 '본안청구'가 적법한 것이어야 한다는 것을 집행정지의 요건으로 본다(대결 2010.11.26. 2010무137).
③ 형식적 요건을 갖추지 못하면 집행정지신청은 부적법하므로 법원은 각하결정을 한다.
④ 형식적 요건 관련 판례

> • 집행정지결정을 하려면 이에 대한 본안소송이 법원에 제기되어 계속 중임을 요건으로 하는 것이므로 집행정지결정을 한 후에라도 본안소송이 취하되어 소송이 계속하지 아니한 것으로 되면 집행정지결정은 당연히 그 효력이 소멸되는 것이고 별도의 취소조치를 필요로 하는 것이 아니다(대결 2007.6.28. 2005무75). 기출 20
> • 행정처분의 효력정지나 집행정지를 구하는 신청사건에서는 '행정처분' 자체의 적법 여부는 원칙적으로 판단의 대상이 아니고, 그 행정처분의 효력이나 집행을 정지할 것인가에 관한 행정소송법 제23조 제2항에서 정한 요건의 존부만이 판단의 대상이 되는 것이다. 다만, 집행정지는 행정처분의 집행부정지원칙의 예외로서 인정되는 것이고, 또 본안에서 원고가 승소할 수 있는 가능성을 전제로 한 권리보호수단이라는 점에 비추어 보면, 집행정지사건 자체에 의하여도 신청인의 '본안청구'가 적법한 것이어야 한다는 것을 집행정지의 요건에 포함시키는 것이 옳다(대결 2010.11.26. 2010무137).
> • 행정처분에 대한 효력정지신청을 구함에 있어서도 이를 구할 법률상 이익이 있어야 하는바, 이 경우 법률상 이익이란 그 행정처분으로 인하여 발생하거나 확대되는 손해가 당해 처분의 근거 법률에 의하여 보호되는 직접적이고 구체적인 이익과 관련된 것을 말하는 것이고 단지 간접적이거나 사실적·경제적 이해관계를 가지는 데 불과한 경우는 여기에 포함되지 않는다(대결 2000.10.10. 2000무17).

2) 실체적 요건(인용요건)

① 집행정지신청이 인용되려면, ㉠ 처분등이나 그 집행 또는 절차의 속행으로 인하여 '회복하기 어려운 손해'가 발생할 우려가 있어야 하고, ㉡ 그 손해를 예방하기 위한 긴급한 필요가 인정되어야 하고, ㉢ 공공복리에 중대한 영향을 미칠 우려가 없어야 한다(행정소송법 제23조 제3항). 명문의 규정은 없으나 판례는 ㉣ '본안청구가 이유 없음이 명백하지 아니할 것'을 집행정지의 소극적 요건으로 인정하고 있다(대판 1992.6.8. 92두14; 대판 1992.8.7. 92두30). 기출 19·15
② 행정심판에서 중대한 손해가 생기는 것을 예방하기 위한 것으로 규정한 것(행정심판법 제30조 제2항)과 달리, 행정소송에서는 회복하기 어려운 손해를 예방하기 위한 것으로 규정(행정소송법 제23조 제2항)하고 있음을 유의하여야 한다. 기출 19
③ 처분의 효력정지는 처분등의 집행 또는 절차의 속행을 정지함으로써 목적을 달성할 수 있는 경우에는 허용되지 아니한다(행정소송법 제23조 제2항 단서). 기출 24·19
④ 집행정지의 결정을 신청함에 있어서는 그 이유에 대한 소명이 있어야 한다(행정소송법 제23조 제4항). 기출 19

> **증명과 소명**
> 증명(證明)이란 법관이 요증사실의 존재에 대하여 고도의 개연성에 의한 확신을 얻은 상태를 의미하거나 그와 같은 상태에 이르도록 증거를 제출하는 당사자의 노력을 말한다. 반면, 소명(疎明)이란 증명에 비하여 한 단계 낮은 개연성(저도의 개연성), 즉 법관이 일응 확실할 것이라는 추측을 얻은 상태를 의미하거나 그와 같은 상태에 이르도록 증거를 제출하는 당사자의 노력을 말한다.

⑤ 실체적 요건을 갖추지 못하면 법원은 기각결정을 한다.
⑥ 실체적 요건 관련 판례

> - 행정소송법 제23조 제2항에서 정하고 있는 효력정지 요건인 '회복하기 어려운 손해'란, 특별한 사정이 없는 한 금전으로 보상할 수 없는 손해로서 금전보상이 불가능한 경우 내지는 금전보상으로는 사회관념상 행정처분을 받은 당사자가 참고 견딜 수 없거나 참고 견디기가 현저히 곤란한 경우의 유형, 무형의 손해를 일컫는다(대결 2011.4.21. 2010무111[전합]).
> - 당사자가 처분 등이나 그 집행 또는 절차의 속행으로 인하여 재산상의 손해를 입거나 기업 이미지 및 신용이 훼손당하였다고 주장하는 경우에 그 손해가 금전으로 보상될 수 없어 '회복하기 어려운 손해'에 해당한다고 하기 위해서는 그 경제적 손실이나 기업 이미지 및 신용의 훼손으로 인하여 사업자의 자금사정이나 경영전반에 미치는 파급효과가 매우 중대하여 사업자체를 계속할 수 없거나 중대한 경영상의 위기를 맞게 될 것으로 보이는 등의 사정이 존재하여야 한다(대결 2003.10.9. 2003무23). → 항정신병 치료제의 요양급여 인정기준에 관한 보건복지부 고시의 효력이 계속 유지됨으로 인한 제약회사의 경제적 손실, 기업 이미지 및 신용의 훼손은 행정소송법 제23조 제2항 소정의 집행정지의 요건인 '회복하기 어려운 손해'에 해당하지 않는다고 한 사례.
> - 사업여건의 악화 및 막대한 부채비율로 인하여 외부자금의 신규차입이 사실상 중단된 상황에서 285억원 규모의 과징금을 납부하기 위하여 무리하게 외부자금을 신규차입하게 되면 주거래은행과의 재무구조개선약정을 지키지 못하게 되어 사업자가 중대한 경영상의 위기를 맞게 될 것으로 보이는 경우, 그 과징금납부명령의 처분으로 인한 손해는 효력정지 내지 집행정지의 적극적 요건인 '회복하기 어려운 손해'에 해당한다고 한 사례(대결 2001.10.10. 2001무29).
> - '긴급한 필요'란 회복하기 어려운 손해의 발생이 시간상으로 절박하여 손해를 회피하기 위해 본안판결을 기다릴 여유가 없는 것을 말한다(대결 1994.1.17. 93두79).
> - '긴급한 필요'가 있는지 여부는 처분의 성질과 태양 및 내용, 처분상대방이 입은 손해의 성질·내용 및 정도, 원상회복·금전배상의 방법 및 난이 등은 물론 본안청구의 승소가능성의 정도 등을 종합적으로 고려하여 구체적·개별적으로 판단하여야 한다(대결 2011.4.21. 2010무111[전합]; 대결 2018.7.12. 2018무600).
> - '공공복리에 중대한 영향을 미칠 우려'가 있다는 것은 집행정지의 소극적 요건(장애사유)이므로, 이에 대한 주장·소명책임은 행정청(피신청인)에게 있다(대판 1994.10.11. 94누23).
> - 행정처분의 효력정지나 집행정지를 구하는 신청사건에 있어서는 행정처분 자체의 적법 여부는 원칙적으로는 판단할 것이 아니고 그 행정처분의 효력이나 집행을 정지할 것인가에 대한 행정소송법 제23조 제2항 소정의 요건의 존부만이 판단의 대상이 되나 본안소송에서의 처분의 취소가능성이 없음에도 불구하고 처분의 효력정지나 집행정지를 인정한다는 것은 제도의 취지에 반하므로 집행정지사건 자체에 의하여도 신청인의 본안청구가 이유 없음이 명백할 때에는 행정처분의 효력정지나 집행정지를 명할 수 없다(대판 1992.8.7. 92두30).

(4) 거부처분에 대하여 집행정지가 가능한지 여부

① 문제점 : 행정소송법은 제23조에서 행정소송법상 가구제 수단으로서 집행정지를 규정하고 있는데, '거부처분'도 행정소송법 제23조 제2항의 '처분'에 해당하기 때에 집행정지의 대상에 해당한다. 다만, <u>거부처분의 경우 집행정지를 인정하더라도 신청인의 법적 지위는 거부처분이 없는 상태, 즉 신청단계로 돌아가는 것에 그치므로 집행정지 신청의 이익이 부정되는 것은 아닌지</u> 문제된다.

② 판례 : 판례는 "거부처분의 효력정지는 그 거부처분으로 인하여 신청인에게 생길 손해를 방지하는 데에 아무런 소용이 없어 그 효력정지를 구할 이익이 없다"고 판시하여, <u>거부처분의 집행정지는 인정되지 않는다는 입장이다</u>(대결 1992.2.13. 91두47; 대판 1995.6.21. 95두26). **기출 21**

> 신청에 대한 거부처분의 효력을 정지하더라도 거부처분이 없었던 것과 같은 상태, 즉 거부처분이 있기 전의 신청시의 상태로 되돌아가는 데에 불과하고 행정청에게 신청에 따른 처분을 하여야 할 의무가 생기는 것이 아니므로, <u>거부처분의 효력정지는 그 거부처분으로 인하여 신청인에게 생길 손해를 방지하는 데 아무런 보탬이 되지 아니하여 그 효력정지를 구할 이익이 없다</u>(대판 1995.6.21. 95두26).

(5) 법원의 결정

1) 각하결정 · 기각결정
① 집행정지의 신청이 본안소송의 계속, 신청인 적격 등 형식적 요건(신청요건)을 갖추지 못한 때에는 부적법하다는 이유로 각하하여야 한다(<u>각하결정</u>).
② 주장 자체로 이유 없는 경우, 적극적 요건의 소명이 없는 경우, 소극적 요건의 소명이 있는 경우에는 결정으로써 기각한다(<u>기각결정</u>).

2) 집행정지결정(인용결정)
① 집행정지의 요건이 충족된 경우에 본안이 계속되고 있는 법원은 당사자의 신청 또는 직권에 의하여 <u>처분 등의 효력이나 그 집행 또는 절차의 속행의 전부 또는 일부의 정지를 결정할 수 있다</u>(행정소송법 제23조 제2항).
② 법원은 당사자의 신청이 없어도 직권의 집행정지 결정을 할 수 있고, 신청인이 처분의 집행정지를 구한 경우에도 법원은 처분의 효력을 정지시킬 수 있다.

(6) 집행정지결정의 내용

① 처분의 내용이 가분적인 경우에는 '<u>처분의 일부</u>'에 대한 집행정지도 가능하다(행정소송법 제23조 제2항).

기출 24

② 이론상 그 효력의 강도 면에서는 처분의 효력을 정지하는 것이 가장 강력하다고 할 것인데, 잠정처분에 불과한 집행정지는 필요 최소한도에 그쳐야 한다. 따라서 <u>처분의 효력정지는 처분 등의 집행 또는 절차의 속행을 정지함으로써 목적을 달성할 수 있는 경우에는 허용되지 아니한다</u>(행정소송법 제23조 제2항). **기출 15**

(7) 집행정지의 효력

① 형성력 : 집행정지결정이 고지되면 행정청의 별도의 절차 없이 <u>집행정지결정의 종기까지 잠정적으로 행정처분이 없었던 것과 같은 상태가 되는데</u>(대결 1961.11.23. 4294행상3), 이를 집행정지 결정의 형성력이라 한다. 그러나 집행정지 전에 이미 집행된 부분에 대해서는 영향을 미치지 않는다(대판 1957.11.4. 4290민상4623).

② 기속력 : <u>집행정지결정은 취소판결의 기속력에 준하여 당해 사건에 관하여 당사자인 행정청과 관계행정청을 기속한다</u>(행정소송법 제23조 제6항, 제30조 제1항).

③ 집행정지 효력의 시적 범위
  ㉠ 법원이 집행정지를 결정하는 경우 그 종기는 본안판결 선고일부터 30일 이내의 범위에서 정한다. 다만, 법원은 당사자의 의사, 회복하기 어려운 손해의 내용 및 그 성질, 본안 청구의 승소가능성 등을 고려하여 달리 정할 수 있다(행정소송규칙 제10조).
  ㉡ 집행정지결정의 효력은 결정 주문에서 정한 기간까지 존속하다가 그 기간이 만료되면 장래에 향하여 소멸한다(대판 2020.9.3. 2020두34070). 즉 집행정지결정은 소급효를 갖지 않는다.

> 집행정지결정의 효력은 결정 주문에서 정한 기간까지 존속하다가 그 기간이 만료되면 장래에 향하여 소멸한다. 집행정지결정은 처분의 집행으로 회복하기 어려운 손해를 예방하기 위하여 긴급한 필요가 있고 달리 공공복리에 중대한 영향을 미치지 않을 것을 요건으로 하여 본안판결이 있을 때까지 해당 처분의 집행을 잠정적으로 정지함으로써 위와 같은 손해를 예방하는 데 그 취지가 있으므로, 항고소송을 제기한 원고가 본안소송에서 패소확정판결을 받았다고 하더라도 집행정지결정의 효력이 소급하여 소멸하지 않는다(대판 2020.9.3. 2020두34070).

④ 본안소송의 계속과 집행정지결정의 효력
  ㉠ 집행정지결정은 본안소송이 계속되고 있어야 하므로, 집행정지결정을 한 후에라도 본안소송이 취하되어 본안이 계속되고 있지 않으면 집행정지결정은 당연히 효력이 소멸하고 별도의 취소조치가 필요하지 않다(대판 1975.11.11. 75누97; 대결 2007.6.28. 2005무75).
  ㉡ 제재처분에 대한 행정쟁송절차에서 처분에 대해 집행정지결정이 이루어졌더라도 본안에서 해당 처분이 최종적으로 적법한 것으로 확정되어 집행정지결정이 실효되고 제재처분을 다시 집행할 수 있게 되면, 처분청으로서는 당초 집행정지결정이 없었던 경우와 동등한 수준으로 해당 제재처분이 집행되도록 필요한 조치를 취하여야 한다(대판 2020.9.3. 2020두34070).

(8) 집행정지결정에 대한 불복과 집행정지결정의 취소
  ① 집행정지결정에 대한 불복
    ㉠ 집행정지의 결정 또는 기각의 결정에 대하여는 즉시항고할 수 있다(행정소송법 제23조 제5항). 기출 18·15
    ㉡ 민사소송에서 즉시항고의 경우 결정의 집행을 정지하는 효력이 인정되는 것과 달리(민사소송법 제447조), 집행정지의 결정에 대한 즉시항고에는 그 결정의 집행을 정지하는 효력이 없다(행정소송법 제23조 제5항 후문).
  ② 집행정지 결정의 취소
    ㉠ '집행정지의 결정이 확정된 후' 집행정지가 공공복리에 중대한 영향을 미치거나 그 정지사유가 없어진 때에는 당사자의 신청 또는 직권에 의하여 결정으로써 집행정지의 결정을 취소할 수 있다(행정소송법 제24조 제1항).
    ㉡ 그러나 집행정지기간이 이미 경과하여 집행정지결정의 효력이 소멸한 경우에는 집행정지결정의 취소를 구할 이익이 없다(대결 2005.1.17. 2004무61).
    ㉢ 집행정지결정의 취소결정에 대하여는 즉시항고할 수 있는데, 취소결정에 대한 즉시항고는 결정의 집행을 정지하는 효력이 없다(행정소송법 제24조 제2항).

3. 가처분

(1) 가처분의 의의

'가처분'이란 금전 이외의 특정한 급부를 목적으로 하는 청구권의 집행보전을 도모하거나 다툼이 있는 권리관계에 관하여 임시의 지위를 정함을 목적으로 하는 가구제(보전처분)제도를 말한다. 민사집행법은 가처분으로 ① 다툼의 대상에 관한 가처분과 ② 임시의 지위를 정하기 위한 가처분을 인정하고 있다(제300조).

(2) 항고소송(취소소송)에서의 가처분의 인정 여부

① 문제점 : 행정심판법과는 달리 행정소송법은 임시처분에 해당하는 가처분에 관한 규정을 두고 있지 않다. 다만, 행정소송법이 민사집행법상의 가처분을 배제한다는 규정을 두지 아니한 채, "행정소송에 관하여 이 법에 특별한 규정이 없는 사항에 대하여는 ⋯ 민사집행법의 규정을 준용한다."라고 규정하고 있어(행정소송법 제8조 제2항), 항고소송(취소소송)에서 가처분을 인정할 수 있는지가 문제된다. 기출 20·19

② 판례 : 판례는 "민사집행법상의 가처분으로 행정청의 행정행위 금지를 구하는 것은 허용될 수 없다"고 판시하여(대결 1992.7.6. 92마54), 부정설의 입장이다.

(3) 당사자소송에서의 가처분의 인정 여부

당사자소송에 대하여는 행정소송법 제23조 제2항의 집행정지에 관한 규정이 준용되지 아니하므로(행정소송법 제44조 제1항 참조), 당사자소송을 본안으로 하는 가처분에 대하여는 행정소송법 제8조 제2항에 따라 민사집행법상 가처분에 관한 규정이 준용되어야 한다(대결 2015.8.21. 2015무26). 기출 20·16

제3관 | 무효등 확인소송

I 의의 및 성질

1. 의의 및 종류

① 무효등확인소송이란 '행정청의 처분등의 효력 유무 또는 존재 여부를 확인하는 소송'을 말한다(행정소송법 제4조 제2호).
② 무효등확인소송에는 처분이나 재결의 존재확인소송, 부존재확인소송, 유효확인소송, 무효확인소송, 실효확인소송이 있다. 그러나 행정청의 작위의무를 확인하는 소송은 인정되지 않는다(대판 1992.11.10. 92누1629).

2. 성 질

행정소송법은 무효등확인소송을 항고소송으로 규정하고 있다(행정소송법 제4조). 그런데 실질에 있어서는 무효등확인소송은 항고소송의 성질과 확인소송의 성질을 아울러 갖는 것으로 보아야 한다.

Ⅱ 소송요건

1. 대상적격
① 취소소송의 대상에 관한 행정소송법 제19조는 무효등확인소송에 준용된다(행정소송법 제38조 제1항). 따라서 무효등확인소송도 '처분 등'(처분 + 재결)을 그 대상으로 한다.
② 다만, 재결에 대한 무효등확인소송은 재결 자체에 고유한 위법이 있음을 이유로 하는 경우에만 가능하다(행정소송법 제19조 단서, 제38조 제1항).

2. 원고적격
① 무효등 확인소송은 처분등의 효력 유무 또는 존재 여부의 확인을 구할 법률상 이익이 있는 자가 제기할 수 있다(행정소송법 제35조). 기출 23
② 무효등확인소송에서의 '법률상의 이익'은 취소소송에서의 '법률상의 이익'과 마찬가지로 당해 처분의 근거 법률에 의하여 보호되는 직접적이고 구체적인 이익이 있는 경우를 말하고 간접적이거나 사실적, 경제적 이해관계를 가지는 데 불과한 경우는 여기에 해당되지 아니한다(대판 2001.7.10. 2000두2136).

3. 소의 이익

(1) 일반론
무효등확인소송에서도 취소소송에서와 마찬가지로 (협의의) 소의 이익이 요구된다. 따라서 절차상 또는 형식상 하자로 무효인 행정처분에 대하여 행정청이 적법한 절차 또는 형식을 갖추어 다시 동일한 행정처분을 하였다면, 종전의 무효인 행정처분에 대한 무효확인 청구는 과거의 법률관계의 효력을 다투는 것에 불과하므로 무효확인을 구할 법률상 이익이 없다(대판 2010.4.29. 2009두16879).

(2) 즉시확정의 이익(확인소송의 보충성)이 요구되는지 여부
① 문제점 : 무효등확인소송에 있어서 일반 확인소송(민사소송인 확인소송)에서 요구되는 '즉시확정의 이익(확인소송의 보충성)'이 요구되는지에 관하여는 견해가 대립하고 있다.
② 판례 : 종래의 판례는 필요설(즉시확정이익설)을 취하고 있었다(대판 2006.5.12. 2004두14717). 그러나 전원합의체판결로 종래의 판례를 변경하여, 무효확인소송에서는 '행정처분의 근거 법률에 의해 보호되는 직접적이고 구체적인 이익'과 별도로 민사소송(확인소송)에서 요구하는 '즉시확정의 이익(확인소송의 보충성)'은 요구되지 않는다는 입장이다(대판 2008.3.20. 2007두6342[전합]).

4. 피고적격
① 무효등확인소송은 다른 법률에 특별한 규정이 없는 한 그 '처분 등을 행한 행정청'을 피고로 한다(행정소송법 제13조, 제38조 제1항).
② 원고가 피고를 잘못 지정한 때에는 법원은 원고의 신청에 의하여 결정으로써 피고의 경정을 허가할 수 있다(행정소송법 제14조, 제38조 제1항).

5. 제소기간

① 무효등확인소송을 제기하는 경우에는 제소기간의 제한이 없고(행정소송법 제38조 제1항에서 제20조를 준용하지 않음), 행정심판을 거친 경우에도 마찬가지이다. 기출 13
② 행정법 관계의 조속한 안정이 필요하다 하더라도 처분에 존속하는 하자가 중대하고 명백하여 처음부터 그 효력이 없는 무효인 처분까지도 일정한 기간이 지나면 그 효력을 다툴 수 없다고 하는 것은 법치행정의 원리상 허용되지 않기 때문이다.
③ 그러나 '당연무효를 선언하는 의미에서 취소를 구하는 행정소송'(= 무효선언을 구하는 취소소송)을 제기한 경우 (형식적으로는 취소소송이므로) 제소기간의 준수 등 취소소송의 소송요건을 갖추어야 한다(대판 1993.3.12. 92누11039). 기출 24 · 19

6. 행정심판전치주의와의 관계

① 예외적 행정심판전치주의는 취소소송과 부작위위법확인소송에는 적용되나(행정소송법 제18조 제1항, 제38조 제2항), 무효등확인소송과 당사자소송에는 적용되지 아니한다(행정소송법 제38조 제1항, 제44조 제1항). 기출 19
② 그러나 '무효선언을 구하는 취소소송'은 그 형식이 취소소송이므로 예외적 행정심판전치주의가 적용된다(대판 1976.2.24. 75누128[전합]; 대판 1987.6.9. 87누219). 무효선언을 구하는 취소소송에서 행정심판전치 요건을 충족하지 못한 경우에는 무효확인소송으로 소의 종류를 변경을 하면 된다.
③ 주위적 청구가 무효확인소송이라 하더라도 병합 제기된 예비적 청구가 취소소송이라면 이에 대한 행정심판의 재결을 거치는 등으로 취소소송의 적법한 제소요건을 갖추어야 한다(대판 1994.4.29. 93누12626).

7. 관할법원

무효등확인소송의 제1심 관할법원은 피고의 소재지를 관할하는 행정법원이다(행정소송법 제9조 제1항, 제38조 제1항). 행정법원이 설치되지 아니한 지역에서의 행정사건의 관할 등은 취소소송에서와 동일하다.

III 소송의 제기와 관련 문제

1. 무효확인소송과 취소소송의 관계

(1) 무효인 처분에 대하여 취소소송을 제기한 경우

① 무효확인소송과 취소소송은 별개의 소송이다. 그러나 무효와 취소의 구별은 상대적인 것으로 그 구별이 곤란한 경우가 많고, 무효이든 취소이든 그 처분의 효력이 부인되기만 하면 일단 소를 제기한 원고의 목적은 달성되는 것으로 볼 수 있다는 점을 고려할 때, 무효사유가 있는 처분에 대하여도 취소소송을 제기할 수 있다고 할 것이다. 이러한 경우의 취소소송을 '무효를 선언하는 의미의 취소소송'이라고 하는데, 형식적으로는 취소소송이므로 제소기간 등 취소소송으로서의 소송요건을 갖추어야 소송이 적법하게 된다(대판 1984.5.29. 84누175).
② 재판장은 무효확인소송이 취소소송의 제소기간 내에 제기된 경우에는 원고에게 처분등의 취소를 구하지 아니하는 취지인지를 명확히 하도록 촉구할 수 있다. 다만, 원고가 처분등의 취소를 구하지 아니함을 밝힌 경우에는 그러하지 아니하다(행정소송규칙 제16조).

(2) 취소사유만을 가진 처분에 대해 무효확인소송을 제기한 경우

① 문제점 : 법원은 무효확인소송의 대상이 된 처분이 심리결과 무효라고 판단되는 경우에는 인용판결(무효확인판결)을 내린다. 그런데 처분의 하자(위법)가 취소사유에 불과한 경우에 법원은 어떠한 판결을 내려야 하는지 문제된다.

② 판례 : 판례는 "일반적으로 행정처분의 무효확인을 구하는 소에는 원고가 그 처분의 취소를 구하지 아니한다고 밝히지 아니한 이상, 그 처분이 만약 당연무효가 아니라면 그 취소를 구하는 취지도 포함되어 있는 것으로 보아야 한다."고 판시하여(대판 1994.12.23. 94누477), 취소소송포함설의 입장으로 보인다. 기출 25 다만, 이 경우 취소청구를 인용하려면 취소소송으로서의 제소요건(소송요건)을 구비하고 있어야 한다(대판 1986.9.23. 85누838).

(3) 무효확인청구와 취소청구의 병합

행정처분에 대한 무효확인과 취소청구는 서로 양립할 수 없는 청구로서 주위적·예비적 청구로서만 병합이 가능하고 선택적 청구로서의 병합이나 단순 병합은 허용되지 아니한다(대판 1999.8.20. 97누6889).

2. 관련청구소송의 이송과 병합

(1) 관련청구소송의 이송

무효등확인소송과 관련청구소송이 각각 다른 법원에 계속되고 있는 경우에 관련청구소송이 계속된 법원이 상당하다고 인정하는 때에는 당사자의 신청 또는 직권에 의하여 이를 무효등확인소송이 계속된 법원으로 이송할 수 있다(행정소송법 제10조 제1항, 제38조 제1항).

(2) 관련청구소송의 병합

무효등확인소송에는 사실심의 변론종결 시까지 관련청구소송을 병합하거나 피고외의 자를 상대로 한 관련청구소송을 무효등확인소송이 계속된 법원에 병합하여 제기할 수 있다(행정소송법 제10조 제2항, 제38조 제1항).

3. 소의 변경

소의 종류의 변경에 관한 행정소송법 제21조의 규정은 무효등확인소송을 취소소송 또는 당사자소송으로 변경하는 경우에 준용된다(행정소송법 제37조). 그리고 무효등확인소송에서도 처분변경으로 인한 소의 변경도 인정된다(행정소송법 제22조, 제38조 제1항).

4. 집행정지

무효등확인소송에도 집행정지에 관한 규정이 준용된다(행정소송법 제38조 제1항, 제23조 제2항). 즉, 집행정지가 허용될 수 있는 본안소송은 취소소송뿐만 아니라 무효등확인소송도 해당한다. 따라서 무효확인소송의 제기와 함께 행하는 집행정지신청은 허용된다. 기출 18

Ⅳ 소송의 심리

1. 직권심리주의와 행정심판기록의 제출명령
취소소송의 직권심리주의를 규정하고 있는 행정소송법 제26조와 행정심판기록제출명령을 규정하고 있는 행정소송법 제25조는 무효등확인소송에도 준용된다(행정소송법 제38조 제1항).

2. 주장책임과 증명책임
① 무효등확인소송에 있어서도 주요사실(主要事實)은 당사자가 변론에서 주장하지 않으면 판결의 기초로 삼을 수 없다. 다만, 직권탐지주의가 보충적으로 적용되는 무효등확인소송에서 주장책임은 완화된다.
② 행정처분의 당연무효를 구하는 소송에 있어서 그 무효를 구하는 사람에게 그 행정처분에 존재하는 하자가 중대하고 명백하다는 것을 주장·입증할 책임이 있다(대판 1984.2.28. 82누154). 기출 24·18

3. 위법판단의 기준 시
취소소송에서와 마찬가지로 처분 시를 기준으로 처분 등의 무효를 판단해야 한다는 것이 통설적 입장이다.

Ⅴ 판결의 효력 등

1. 무효등확인판결의 대세효
처분등의 무효등을 확인하는 확정판결은 제3자에 대하여도 효력이 있다(행정소송법 제29조 제1항, 제38조 제1항).

2. 무효등확인판결의 기속력
① 처분등의 무효등을 확인하는 확정판결은 그 사건에 관하여 당사자인 행정청과 그 밖의 관계행정청을 기속한다(행정소송법 제30조 제1항, 제38조 제1항).
② 거부처분에 대하여 무효확인판결이 내려진 경우, 거부처분을 한 행정청은 판결의 취지에 따라 신청에 대한 처분을 할 의무(재처분의무)를 부담한다(행정소송법 제30조 제2항, 제38조 제1항).

3. 제3자의 소송참가 및 제3자에 의한 재심청구
제3자에 소송참가(제16조) 및 제3자에 의한 재심청구에 관한 규정(제31조)도 무효등확인소송에 준용된다(행정소송법 제38조 제1항).

4. 사정판결

① 행정소송법상 사정판결은 취소소송에서만 인정되고(행정소송법 제28조), 무효등확인소송과 부작위위법확인소송에는 준용되고 있지 않다(행정소송법 제38조). 기출 24
② 준용규정이 없음에도 불구하고 무효등확인소송에서 사정판결이 인정될 수 있는지에 관하여 견해가 대립하나, 판례는 무효확인소송에서는 사정판결을 할 수 없다고 하여(대판 1996.3.22. 95누5509), 부정설의 입장이다.

> 당연무효의 행정처분을 소송목적물로 하는 행정소송에서는 존치시킬 효력이 있는 행정행위가 없기 때문에 행정소송법 제28조 소정의 사정판결을 할 수 없다(대판 1996.3.22. 95누5509).

5. 간접강제

① 간접강제제도는 무효등확인소송에는 준용되지 않고 있다(행정소송법 제38조 제1항).
② 이를 근거로 판례는 거부처분에 대한 무효확인판결이 내려진 경우에 간접강제는 허용되지 않는다고 본다(대판 1998.12.24. 98무37). 기출 25

> 행정소송법 제38조 제1항이 무효확인 판결에 관하여 취소판결에 관한 규정을 준용함에 있어서 같은 법 제30조 제2항을 준용한다고 규정하면서도 같은 법 제34조는 이를 준용한다는 규정을 두지 않고 있으므로, 행정처분에 대하여 무효확인 판결이 내려진 경우에는 그 행정처분이 거부처분인 경우에도 행정청에 판결의 취지에 따른 재처분의무가 인정될 뿐 그에 대하여 간접강제까지 허용되는 것은 아니라고 할 것이다(대판 1998.12.24. 98무37).

6. 취소소송에 관한 규정의 준용

무효등확인소송에 준용되는 것	무효등확인소송에 준용되지 않는 것
• 재판관할(제9조)	• 선결문제(제11조)
• 관련청구소송의 이송 및 병합(제10조)	• 원고적격(제12조) → 별도 규정 존재(제35조)
• 피고적격(제13조) 및 피고의 경정(제14조) 기출 18	• 행정심판전치주의(제18조)
• 공동소송(제15조) 기출 18	• 제소기간(제20조)
• 제3자의 소송참가(제16조)	• 재량처분의 취소(제27조)
• 행정청의 소송참가(제17조) 기출 18	• 사정판결(제28조) 기출 24·18
• 취소소송의 대상(제19조)	• 소송비용의 부담(제32조)
• 소의 (종류)변경(제21조)	• 거부처분취소판결의 간접강제(제34조) 기출 25
• 처분변경으로 인한 소의 변경(제22조) 기출 18	
• 집행정지(제23조) 및 집행정지의 취소(제24조)	
• 행정심판기록의 제출명령(제25조)	
• 직권심리(제26조)	
• 취소판결등의 효력(= 제3자효)(제29조)	
• 취소판결등의 기속력(제30조)	
• 제3자에 의한 재심청구(제31조)	
• 소송비용에 관한 재판의 효력(제33조)	

제4관 | 부작위위법확인소송

I 의의 및 성질

1. 의 의

부작위위법확인소송이란 '행정청의 부작위가 위법하다는 것을 확인하는 소송'을 말한다(행정소송법 제4조 제3호). 행정청의 부작위에 대한 보다 실효적인 구제수단은 의무이행소송이지만, 현행법상 의무이행소송은 인정되지 않는다(대판 1989.9.12. 87누868).

> 행정심판법 제3조에 의하면 행정청의 위법 또는 부당한 거부처분이나 부작위에 대하여 의무이행 심판청구를 할 수 있으나 행정소송법 제4조에서는 행정심판법상의 의무이행심판청구에 대응하여 부작위위법확인소송만을 규정하고 있으므로 행정청의 부작위에 대한 의무이행소송은 현행법상 허용되지 않는다(대판 1989.9.12. 87누868).

2. 성 질

행정소송법은 부작위위법확인소송을 항고소송의 하나로 규정하고 있지만(행정소송법 제4조), 그 실질은 확인소송이라고 보아야 할 것이다.

II 소송요건

1. 대상적격

① 부작위위법확인소송의 대상은 '부작위'이다. 여기에서 '부작위'란 '행정청이 당사자의 신청에 대하여 상당한 기간 내에 일정한 처분을 하여야 할 법률상 의무가 있음에도 불구하고 이를 하지 아니하는 것'을 말한다(행정소송법 제2조 제1항 제2호). 즉, 행정청의 모든 부작위가 부작위위법확인소송의 대상이 되는 것이 아니며 일정한 요건을 갖추어야 한다.

② 판례는 "행정청이 국민으로부터 어떤 신청을 받고서 그 신청에 따르는 내용의 행위를 하지 아니한 것이 항고소송의 대상이 되는 위법한 부작위가 된다고 하기 위하여서는 국민이 행정청에 대하여 그 신청에 따른 행정행위를 해 줄 것을 요구할 수 있는 법규상 또는 조리상의 권리가 있어야 한다."고 판시하여(대판 1992.10.27. 92누5867), 신청권 필요설의 입장이다.

③ 관련 판례

> - 부작위위법확인소송의 대상이 되는 행정청의 부작위란 행정청이 당사자의 신청에 대하여 상당한 기간 내에 일정한 처분을 할 법률상 의무가 있음에도 불구하고 이를 하지 아니하는 것을 말하고, 이 소송은 처분의 신청을 한 자가 제기하는 것이므로 이를 통하여 원고가 구하는 행정청의 응답행위는 행정소송법 제2조 제1항 제1호 소정의 '처분'에 관한 것이라야 한다(대판 1991.11.8. 90누9391).
> - 당사자의 신청에 대한 행정청의 거부처분이 있는 경우에는 행정청이 당사자의 신청에 대하여 상당한 기간 내에 일정한 처분을 하여야 할 법률상의 응답의무를 이행하지 아니함으로써 야기된 부작위라는 위법상태를 제거하기 위하여 제기하는 부작위위법확인소송은 허용되지 아니한다(대판 1991.11.8. 90누9391).

2. 원고적격

> **행정소송법 제36조(부작위위법확인소송의 원고적격)**
> 부작위위법확인소송은 처분의 신청을 한 자로서 부작위의 위법의 확인을 구할 법률상 이익이 있는 자만이 제기할 수 있다.

3. 소의 이익

① 당사자의 신청이 있은 이후 당사자에게 생긴 사정의 변화로 인하여 위 부작위가 위법하다는 확인을 받는다고 하더라도 종국적으로 침해되거나 방해받은 권리와 이익을 보호·구제받는 것이 불가능하게 되었다면 그 부작위가 위법하다는 확인을 구할 이익은 없다(대판 2002.6.28. 2000두4750).
② 변론종결 시까지 처분청이 처분(거부처분 포함)을 한 경우에는 부작위상태가 해소됨으로써 소의 이익이 없게 된다(대판 1990.9.25. 89누4758).

4. 피고적격

① 부작위위법확인소송의 피고는 '처분을 신청한 행정청(부작위 행정청)'이 된다(행정소송법 제13조, 제38조 제2항).
② 원고가 피고를 잘못 지정한 때에는 법원은 원고의 신청에 의하여 결정으로써 피고의 경정을 허가할 수 있다(행정소송법 제14조, 제38조 제1항).

5. 제소기간

① 부작위위법확인소송의 경우에도 제소기간에 관한 행정소송법 제20조가 준용된다(행정소송법 제38조 제2항). 그러나 부작위는 특정시점에 성립하여 종결되는 것이 아니라 계속되는 것이므로 부작위위법확인소송은 원칙적으로 제소기간의 제한을 받지 않는다고 보는 것이 타당하다.
② 판례는 ⊙ 행정심판을 거치지 않은 경우에는 부작위위법확인소송의 특성상 제소기간의 제한을 받지 않는다고 보고, ⓒ 행정심판을 거친 경우에는 행정소송법 제20조가 정한 제소기간 내(재결서의 정본을 송달받은 날로부터 90일 이내)에 부작위위법확인의 소를 제기하여야 한다고 본다.

6. 행정심판전치주의와의 관계

예외적 행정심판전치주의에 관한 규정은 부작위위법확인소송에도 준용된다(행정소송법 제18조 제1항, 제38조 제2항). 따라서 개별법에서 행정심판전치주의를 규정하고 있는 경우에는 행정심판을 거쳐 부작위위법확인소송을 제기해야 한다.

7. 관할법원

부작위위법확인소송의 제1심 관할법원은 피고의 소재지를 관할하는 행정법원이다(행정소송법 제9조 제1항, 제38조 제2항). 행정법원이 설치되지 아니한 지역에서의 행정사건의 관할 등은 취소소송에서와 동일하다(취소소송에서의 관할법원 참조).

Ⅲ 소송의 심리

1. 직권심리주의와 행정심판기록의 제출명령

취소소송의 직권심리에 관한 규정(행정소송법 제26조)과 행정심판기록의 제출명령에 관한 규정(행정소송법 제25조)은 부작위위법확인소송에도 준용된다(행정소송법 제38조 제2항).

2. 주장책임과 증명책임

부작위위법확인소송에서 부작위의 존재(신청사실 및 신청권의 존재, 처분이 없는 사실의 존재)는 부작위를 주장하는 원고에게 입증책임이 있다.

3. 심리의 범위

① **문제점** : 부작위위법확인소송에서 심판의 범위가 부작위 자체의 위법 여부에 그치는 것인지, 아니면 부작위의 위법 여부뿐만 아니라 신청에 따른 처분의무 유무에 대하여도 미치는지에 관하여 견해가 나뉘고 있다.

② **판례** : 판례는 "행정청이 상대방의 신청에 대하여 아무런 적극적 또는 소극적 처분을 하지 않고 있는 이상 행정청의 부작위는 그 자체로 위법하다고 할 것이고, 구체적으로 그 신청이 인용될 수 있는지 여부는 소극적 처분에 대한 항고소송의 본안에서 판단하여야 할 사항"이라고 판시하여(대판 2005.4.14. 2003두7590), 절차적 심리설의 입장이다.

> 부작위위법확인의 소는 행정청이 국민의 법규상 또는 조리상의 권리에 기한 신청에 대하여 상당한 기간 내에 그 신청을 인용하는 적극적 처분 또는 각하하거나 기각하는 등의 소극적 처분을 하여야 할 법률상의 응답의무가 있음에도 불구하고 이를 하지 아니하는 경우, 판결(사실심의 구두변론 종결)시를 기준으로 그 부작위의 위법을 확인함으로써 행정청의 응답을 신속하게 하여 부작위 내지 무응답이라고 하는 소극적인 위법상태를 제거하는 것을 목적으로 하는 것이고, 나아가 당해 판결의 구속력에 의하여 행정청에게 처분 등을 하게 하고 다시 당해 처분 등에 대하여 불복이 있을 때에는 그 처분 등을 다투게 함으로써 최종적으로는 국민의 권리이익을 보호하려는 제도이므로, 소제기의 전후를 통하여 판결시까지 행정청이 그 신청에 대하여 적극 또는 소극의 처분을 함으로써 부작위상태가 해소된 때에는 소의 이익을 상실하게 되어 당해 소는 각하를 면할 수가 없는 것이다(대판 1990.9.25. 89누4758).

4. 위법판단의 기준 시

① 부작위위법확인소송의 경우에는 아무런 처분도 존재하지 않으므로 위법판단은 처분 당시의 사실 및 법률상태를 기준으로 해야 한다는 처분시설을 따를 수는 없다.

② 부작위가 위법하다는 판결이 확정되면 행정청은 그 판결의 취지에 따라 다시 이전의 신청에 대한 처분을 하여야 하므로(행정소송법 제38조 제2항, 제30조 제2항), 부작위위법확인소송의 판단 대상은 사실심 변론종결 당시의 부작위 상태의 위법 여부라고 할 수 있다. 따라서 부작위위법확인소송의 경우, 위법 판단의 기준 시는 판결 시(사실심 변론종결 시)로 보는 것이 통설이며 판례의 입장이다(대판 1990.9.25. 89누4758).

Ⅳ 판결의 효력 등

1. 부작위법확인판결의 효력
부작위위법확인판결에는 취소판결의 제3자효와 기속력에 관한 규정(제29조, 제30조) 및 거부처분취소판결의 간접강제에 관한 규정(제34조)이 준용된다(행정소송법 제38조 제2항).

2. 부작위법확인판결의 기속력(처분의무)
① 문제점 : 부작위위법확인판결의 기속력에 따라 행정청은 판결의 취지에 따른 처분의무를 부담한다(행정소송법 제38조 제2항, 제30조 제2항). 그런데 처분의무의 내용이 구체적으로 무엇인지에 관하여 견해가 대립한다.
② 판례 : 판례는 부작위위법확인소송의 인용판결이 확정된 후 행정청이 거부처분을 한 경우에도 간접강제의 요건을 갖추지 못한 것으로 보아(대결 2010.2.5. 2009무153), 응답의무설의 입장이다.

3. 간접강제
① 간접강제에 관한 행정소송법 제34조는 부작위위법확인소송에도 준용된다(행정소송법 제38조 제2항).
② 행정소송법은 부작위의 위법을 확인하는 확정판결이 있으면 행정청에게 판결의 취지에 따라 다시 이전의 신청에 대한 처분의무를 부과하고(행정소송법 제38조 제2항, 제30조 제2항), 행정청의 처분의무 불이행시 간접강제를 인정함으로써 판결의 실효성을 확보하고 있다(행정소송법 제38조 제2항, 제34조).

4. 취소소송에 관한 규정의 준용

부작위위법확인소송에 준용되는 것	부작위위법확인소송에 준용되지 않는 것
• 재판관할(제9조) • 관련청구소송의 이송 및 병합(제10조) • 피고적격(제13조) 및 피고의 경정(제14조) • 공동소송(제15조) • 제3자의 소송참가(제16조) 기출 25 • 행정청의 소송참가(제17조) • 행정심판과의 관계(행정심판전치주의)(제18조) • 취소소송의 대상(제19조) • 제소기간(제20조) • 소의 (종류)변경(제21조) • 행정심판기록의 제출명령(제25조) • 직권심리(제26조) • 재량처분의 취소(제27조) • 취소판결등의 효력(= 제3자효)(제29조) • 취소판결등의 기속력(제30조) • 제3자에 의한 재심청구(제31조) • 소송비용에 관한 재판의 효력(제33조) 기출 25 • 거부처분취소판결의 간접강제(제34조) 기출 25	• 선결문제(제11조) • 원고적격(제12조) → 별도 규정 존재(제36조) • 처분변경으로 인한 소의 변경(제22조) • 집행정지(제23조) 및 집행정지의 취소(제24조) 기출 25·24 • 사정판결(제28조) 기출 25 • 소송비용의 부담(제32조)

제5관 | 당사자소송

I 의의

① 공법상 당사자소송이란 "행정청의 처분 등을 원인으로 하는 법률관계에 관한 소송, 그 밖에 공법상의 법률관계에 관한 소송으로서 그 법률관계의 한 쪽 당사자를 피고로 하는 소송"을 말한다(행정소송법 제3조 제2호).
② '처분 또는 그 부작위'를 대상으로 하는 항고소송과 달리, 당사자소송은 '법률관계 자체'를 대상으로 한다. 즉 당사자소송은 기본적으로 대등한 당사자 사이의 소송이라는 점에서 공권력의 행사자로서의 행정청의 우월적 지위가 전제되어 있는 항고소송과 구별된다.
③ 당사자소송은 '공법상 법률관계'를 대상으로 한다는 점에서 '사법상 법률관계'를 대상으로 하는 민사소송과 구별된다.

II 당사자소송의 종류

1. 실질적 당사자소송

① 실질적 당사자소송이란 공법상의 법률관계에 관한 다툼으로서 그 법률관계의 한 쪽 당사자를 피고로 하는 소송을 말한다(행정소송법 제3조 제2호).
② '행정청의 처분 등을 원인으로 하는 법률관계'에 관한 소송도 형식적 당사자소송으로 인정되는 것을 제외하고는 실질적 당사자소송에 속한다. 일반적으로 당사자소송은 실질적 당사자소송을 말한다.
③ (실질적) 당사자소송은 행정소송법 제3조 제2호가 일반적으로 인정하고 있으므로 개별법의 근거는 필요 없다고 보는 것이 타당하다. **기출 15**

2. 형식적 당사자소송

① 형식적 당사자소송이란 '처분 등을 원인으로 하는 법률관계에 관한 소송'으로서 그 원인이 되는 처분 등에 불복하는 성질을 가지고 있으나 처분청을 피고로 하는 것이 아니라 그 법률관계의 한 쪽 당사자를 피고로 하는 소송을 말한다.
② 형식적 당사자소송은 처분 등에 불복하는 항고소송의 실질을 가지고 있으나, 권리구제의 실효성 제고와 소송경제 등의 필요에 의하여 행정청을 피고로 하지 않고 법률관계의 직접 당사자를 피고로 한다는 점에 특색이 있다.
③ 행정소송법 제3조 제2호가 형식적 당사자소송의 일반적 근거가 된다는 견해도 있지만, 행정소송법 제3조 제2호는 형식적 당사자소송의 일반적 근거가 될 수 없고, 개별 법률의 명시적 근거가 있어야 형식적 당사자소송이 인정된다는 것이 다수설의 입장이다.
④ 현행법상 형식적 당사자소송의 예로는 「공익사업을 위한 토지 등의 취득 및 보상에 관한 법률」 제85조 제2항의 보상금증감청구소송, 특허법상 보상금 또는 대가에 관한 불복의 소(특허법 제190조, 제191조) 등이 있다.

Ⅲ 당사자소송의 대상

> **행정소송규칙 제19조(당사자소송의 대상)**
> 당사자소송은 다음 각 호의 소송을 포함한다.
> 1. 다음 각 목의 손실보상금에 관한 소송
>   가. 「공익사업을 위한 토지 등의 취득 및 보상에 관한 법률」 제78조 제1항 및 제6항에 따른 이주정착금, 주거이전비 등에 관한 소송
>   나. 「공익사업을 위한 토지 등의 취득 및 보상에 관한 법률」 제85조 제2항에 따른 보상금의 증감(增減)에 관한 소송
>   다. 「하천편입토지 보상 등에 관한 특별조치법」 제2조에 따른 보상금에 관한 소송
> 2. 그 존부 또는 범위가 구체적으로 확정된 공법상 법률관계 그 자체에 관한 다음 각 목의 소송
>   가. 납세의무 존부의 확인
>   나. 「부가가치세법」 제59조에 따른 환급청구
>   다. 「석탄산업법」 제39조의3 제1항 및 같은 법 시행령 제41조 제4항 제5호에 따른 재해위로금 지급청구
>   라. 「5·18민주화운동 관련자 보상 등에 관한 법률」 제5조, 제6조 및 제7조에 따른 관련자 또는 유족의 보상금 등 지급청구
>   마. 공무원의 보수·퇴직금·연금 등 지급청구
>   바. 공법상 신분·지위의 확인
> 3. 처분에 이르는 절차적 요건의 존부나 효력 유무에 관한 다음 각 목의 소송
>   가. 「도시 및 주거환경정비법」 제35조 제5항에 따른 인가 이전 조합설립변경에 대한 총회결의의 효력 등을 다투는 소송
>   나. 「도시 및 주거환경정비법」 제50조 제1항에 따른 인가 이전 사업시행계획에 대한 총회결의의 효력 등을 다투는 소송
>   다. 「도시 및 주거환경정비법」 제74조 제1항에 따른 인가 이전 관리처분계획에 대한 총회결의의 효력 등을 다투는 소송
> 4. 공법상 계약에 따른 권리·의무의 확인 또는 이행청구 소송 **기출 24**

① 2023.8.31. 제정된 행정소송규칙 제19조에서는 법이론이나 재판 실무를 통해 정립된 당사자소송의 예시를 규정하고 있다.
② 판례는 공법상 신분 또는 지위 등의 확인소송을 당사자소송으로 이해하고 있다(대판 1998.10.23. 98두12932; 행정소송규칙 제19조 제2호 바목). 예를 들면, 무효인 파면처분에 대하여 제기하는 공무원지위확인소송은 당사자소송으로서 행정소송법상 허용된다. **기출 18**
③ 공법상 원인에 의한 부당이득반환청구와 국가배상청구는 실무에서 당사자소송이 아니라 민사소송의 대상으로 보고 있다(대판 2015.8.27. 2013다212639; 대판 1972.4.6. 70다2955 등).

당사자소송의 대상	• 공무원의 지위확인소송(대판 1998.10.23. 98두12932) **기출 18** • 시민옴부즈만 불채용 통보행위를 다투는 소송(대판 2014.4.24. 2013두6244) • 지방전문직공무원 채용계약의 해지에 대한 불복(대판 1993.9.14. 92누4611) **기출 14** • 공중보건의사 채용계약해지 의사표시 무효확인을 구하는 소송(대판 1996.5.31. 95누10617) • 광주광역시립합창단의 재위촉 거부를 다투는 소송(대판 2001.12.11. 2001두7794) • 서울특별시립무용단원의 해촉의 무효확인을 구하는 소송(대판 1995.12.22. 95누4636) • 읍·면장에 의한 이장의 임명 및 면직을 다투는 소송(대판 2021.10.25. 2010두18963) • 훈장종류의 확인소송(대판 1990.10.23. 90누4440) • 한국전력공사가 TV수신료를 징수할 권한이 있는지 다투는 소송(대판 2008.7.24. 2007다25261)

	• 재개발조합을 상대로 한 조합원자격 유무에 관한 확인을 구하는 소송(대판 1996.2.15. 94다31235[전합]) • 국가에 대한 납세의무자의 부가가치세 환급세액 지급청구소송(대판 2013.3.21. 2011다95564[전합]) 기출 16 • 지방자치단체가 보조금 지급결정을 하면서 일정 기한 내에 보조금을 반환하도록 하는 교부조건을 부가한 경우에 그 지방자치단체가 제기하는 보조금반환청구소송(대판 2011.6.9. 2011다2951) 기출 16 • 「공익사업을 위한 토지 등의 취득 및 보상에 관한 법률」상의 보상금증액청구소송과 보상금감액청구소송(대판 1991.11.26. 91누285) 기출 16 • 「공익사업을 위한 토지 등의 취득 및 보상에 관한 법률」상 세입자의 주거이전비 보상청구소송(대판 2008.5.29. 2007다8129) 기출 16 • 「하천법」부칙 등에 의한 손실보상청구소송(대판 2006.5.18. 2004다6207[전합]). • 지방소방공무원이 소속 지방자치단체를 상대로 초과근무수당의 지급을 구하는 소송(대판 2013.3.28. 2012다102629) 기출 14 • 석탄산업법령상 재해위로금 지급청구소송(대판 1998.12.23. 97누5046) • 고용보험료・산재보험료 납부의무 부존재 확인소송(대판 2016.10.13. 2016다221658) • 행정주체인 주택재건축정비사업조합을 상대로 관리처분계획안에 대한 조합 총회결의의 효력을 다투는 소송(대판 2009.9.17. 2007다2428[전합]) • 조세채권의 소멸시효 중단을 위한 조세채권존재확인의 소(대판 2020.3.2. 2017다41771) • 부가가치세법령상 확정된 부가가치세 환급세액 지급청구 소송(대판 2013.3.21. 2011다95564[전합]) • 명예퇴직한 법관이 미지급 명예퇴직수당액의 지급을 청구하는 소송(대판 2016.5.24. 2013두14863) • 「광주민주화운동관련자 보상 등에 관한 법률」에 의거한 보상금 지급청구소송(대판 1992.12.24. 92누3335)
항고 소송의 대상	• 「도시 및 주거환경정비법」상 관리처분계획에 대한 행정청의 인가・고시 후 관리처분계획안에 대한 조합총회결의의 효력을 다투는 소송(대판 2009.9.17. 2007다2428[전합]) 기출 16 • 지방계약직공무원에 대한 보수 삭감을 다투는 소송(대판 2008.6.12. 2006두16328) • 육아휴직급여 지급거부처분을 다투는 소송(대판 2021.3.18. 2018두47264[전합]) • 「민주화운동관련자 명예회복 및 보상 등에 관한 법률」에 따른 보상심의위원회의 결정을 다투는 소송(대판 2008.4.17. 2005두16185[전합]) • 공무원연금법에 의한 퇴직수당 등의 급여 청구소송(대판 2010.5.27. 2008두5636) • 지방자치단체의 장이 공유재산 및 물품관리법에 근거하여 우선협상대상자를 선정하는 행위와 이미 선정된 우선협상대상자를 그 지위에서 배제하는 행위를 다투는 소송(대판 2020.4.29. 2017두31064)
민사 소송의 대상	• 재개발조합의 조합장 또는 조합임원의 지위를 다투는 소송(대판 2009.9.24. 2009마168) • 서울특별지하철공사 소속직원에 대한 징계처분을 다투는 소송(대판 1989.9.12. 89누2103) • 토지보상법상 환매권의 존부확인 및 환매대금의 증감청구소송(대판 2013.2.28. 2010두22368) • 국세 과오납부액에 대한 부당이득반환청구소송(대판 2015.8.27. 2013다212639) • 국세환급금 결정이나 환급 거부결정을 다투는 소송(대판 1989.6.15. 88누6436[전합]) • 국세환급금의 충당을 다투는 소송(대판 2019.6.13. 2016다239888) • 과세처분의 당연무효를 전제로 한 부당이득반환청구소송(대판 1995.4.28. 94다55019) • 청년인턴지원금의 반환을 청구하는 소송(대판 2019.8.30. 2018다242451)

IV 당사자소송에서의 소송요건

1. 원고적격

행정소송법에 당사자소송에서의 원고적격에 관한 규정은 존재하지 않고, 민사소송에서의 원고적격에 관한 법리가 적용된다. 당사자소송에서 원고적격이 있는 자는 당사자소송을 통하여 주장하는 공법상 법률관계의 주체이다.

2. 협의의 소의 이익

① 행정소송법은 공법상 당사자소송에 대하여는 원고적격이나 소의 이익에 관한 규정을 두고 있지 않다. 따라서 공법상 당사자소송의 소의 이익에 관하여는 민사소송의 소의 이익에 관한 법리가 준용된다.
② 공법상 당사자소송인 확인소송의 경우에는 항고소송인 무효확인소송에서와 달리 확인의 이익(확인소송의 보충성)이 요구된다(대판 2018.3.15. 2016다275679).

> 확인의 소에는 권리보호요건으로서 확인의 이익이 있어야 하고, 확인의 이익은 확인판결을 받는 것이 원고의 권리 또는 법률상의 지위에 현존하는 불안·위험을 제거하는 가장 유효적절한 수단일 때에 인정된다(대판 2018.3.15. 2016다275679).

3. 피고적격

> **행정소송법 제39조(피고적격)**
> 당사자소송은 국가·공공단체 그 밖의 권리주체를 피고로 한다.

① 당사자소송은 '국가·공공단체 그 밖의 권리주체'를 피고로 한다(행정소송법 제39조). 기출 14
② 당사자소송의 피고는 권리주체를 피고로 하는 점에서 처분청을 피고로 하는 항고소송과 다르다. 예를 들면, 납세의무부존재확인의 소의 피고는 행정청인 세무서장이 아니라 국가가 되며, 지방공무원지위확인의 소의 피고는 지방자치단체가 된다.
③ 형식적 당사자소송의 피고는 개별 법률에 규정되어 있다(토지보상법 제85조 제2항, 특허법 제91조 등).
④ 피고의 경정에 관한 행정소송법 제14조는 당사자소송에 준용되고 있다(행정소송법 제44조 제1항). 당사자소송에서도 사실심 변론종결 시까지 피고의 경정이 가능하다(대판 2006.11.9. 2006다23503).

> 행정소송법 소정의 당사자소송에 있어서 원고가 피고를 잘못 지정한 때에는 법원은 원고의 신청에 의하여 결정으로서 피고의 경정을 허가할 수 있는 것이므로, 원고가 피고를 잘못 지정한 것으로 보이는 경우 법원으로서는 마땅히 석명권을 행사하여 원고로 하여금 정당한 피고로 경정하게 하여 소송을 진행케 하여야 할 것이지, 그러한 조치를 취하지 아니한 채 피고의 지정이 잘못되었다는 이유로 막바로 소를 각하할 것은 아니다(대판 2006.11.9. 2006다23503).

4. 기타의 소송요건

(1) 당사자소송의 제소기간

> **행정소송법 제41조(제소기간)**
> 당사자소송에 관하여 법령에 제소기간이 정하여져 있는 때에는 그 기간은 불변기간으로 한다.

① 행정소송법에는 당사자소송의 제소기간에 관한 제한이 없다. 즉, 당사자소송의 제소기간에 대해서는 취소소송의 제소기간에 관한 규정이 준용되지 않는다. 기출 14
② 당사자소송에 관하여 법령에 제소기간이 정하여져 있는 때에는 그 기간은 불변기간으로 한다(행정소송법 제41조).

(2) 당사자소송의 관할법원

> **행정소송법 제40조(재판관할)**
> 제9조의 규정은 당사자소송의 경우에 준용한다. 다만, 국가 또는 공공단체가 피고인 경우에는 관계행정청의 소재지를 피고의 소재지로 본다.
>
> **행정소송법 제44조(준용규정)**
> ② 제10조(관련청구소송의 이송과 병합)의 규정은 당사자소송과 관련청구소송이 각각 다른 법원에 계속되고 있는 경우의 이송과 이들 소송의 병합의 경우에 준용한다.

당사자소송의 관할에 관하여는 취소소송에서의 재판관할에 관한 제9조가 준용된다. 따라서 원칙적으로 당사자소송의 제1심관할법원은 피고의 소재지를 관할하는 행정법원으로 한다. 다만, 당사자소송의 피고로 될 수 있는 자는 국가·공공단체 그 밖의 권리주체이므로(행정소송법 제39조), 국가 또는 공공단체가 피고인 경우에는 관계행정청의 소재지를 피고의 소재지로 간주하고 있다(행정소송법 제40조). 예를 들면, 처분등을 원인으로 하는 법률관계에 관한 당사자소송의 경우, 그 처분을 한 행정청(관계행정청)의 소재지를 관할하는 행정법원이 제1심관할법원이 된다.

Ⅴ 당사자소송에서의 가구제 등

1. 집행정지와 가처분

① 공법상 당사자소송에서 집행정지는 인정되지 않는다(행정소송법 제44조에서 제23조를 준용하지 않음).
② 공법상 당사자소송을 본안소송으로 하는 가처분은 인정된다(대결 2015.8.21. 2015무26).

> 당사자소송에 대하여는 행정소송법 제23조 제2항의 집행정지에 관한 규정이 준용되지 아니하므로(행정소송법 제44조 제1항 참조), 이를 본안으로 하는 가처분에 대하여는 행정소송법 제8조 제2항에 따라 민사집행법상 가처분에 관한 규정이 준용되어야 한다(대결 2015.8.21. 2015무26).

2. 가집행선고

재산권의 청구를 인용하는 판결을 하는 경우에 가집행선고를 할 수 있다(대판 2000.11.28. 99누3416). 행정소송법 제43조는 국가를 상대로 하는 당사자소송의 경우에는 가집행선고를 할 수 없도록 규정하고 있었으나, 이 규정에 대하여 헌법재판소는 평등원칙에 위배된다고 보아 위헌결정을 하였다(헌재 2022.2.24. 2020헌가12).

Ⅵ 심리과정의 제문제

1. 관련청구소송의 이송과 병합

> **행정소송법 제44조(준용규정)**
> ② 제10조(관련청구소송의 이송과 병합)의 규정은 당사자소송과 관련청구소송이 각각 다른 법원에 계속되고 있는 경우의 이송과 이들 소송의 병합의 경우에 준용한다.

2. 기타 준용 규정

① 소의 종류의 변경에 관한 행정소송법 제21조의 규정은 당사자소송을 항고소송으로 변경하는 경우에 준용한다(행정소송법 제42조). 따라서 법원은 사실심의 변론종결 시까지 원고의 신청에 의하여 결정으로써 소의 변경을 허가할 수 있다.

> 공법상의 법률관계에 관한 당사자소송에서는 그 법률관계의 한 쪽 당사자를 피고로 하여 소송을 제기하여야 한다(행정소송법 제3조 제2호, 제39조). 다만 원고가 고의 또는 중대한 과실 없이 당사자소송으로 제기하여야 할 것을 항고소송으로 잘못 제기한 경우에, 당사자소송으로서의 소송요건을 결하고 있음이 명백하여 당사자소송으로 제기되었더라도 어차피 부적법하게 되는 경우가 아닌 이상, 법원으로서는 원고가 당사자소송으로 소 변경을 하도록 하여 심리·판단하여야 한다(대판 2016.5.24. 2013두14863).

② 당사자소송에서도 제3자의 소송참가 및 행정청의 소송참가가 허용된다(행정소송법 제44조 제1항, 제16조 및 제17조). 기출 14

③ 취소소송의 직권심리에 관한 규정(행정소송법 제26조)과 행정심판기록의 제출명령에 관한 규정(행정소송법 제25조)은 무효등확인소송과 부작위법확인소송에 준용될 뿐만 아니라(행정소송법 제38조), 공법상 당사자소송에도 준용된다(행정소송법 제44조 제1항). 기출 18

[당사자소송에 준용되는 취소소송에 관한 규정]

준용되는 것	준용되지 않는 것
• 재판관할(제9조)	• 선결문제(제11조)
• 관련청구소송의 이송 및 병합(제10조)	• 원고적격(제12조) → 규정 없음
• 피고의 경정(제14조)	• 피고적격(제13조) → 별도 규정 존재(제39조)
• 공동소송(제15조)	• 행정심판과의 관계(행정심판전치주의)(제18조)
• 제3자의 소송참가(제16조) 기출 14	• 취소소송의 대상(제19조)
• 행정청의 소송참가(제17조) 기출 14	• 제소기간(제20조) → 규정 없음
• 소의 (종류)변경(제21조)	• 집행정지(제23조) 및 집행정지의 취소(제24조)
• 처분변경으로 인한 소의 변경(제22조)	• 재량처분의 취소(제27조)
• 행정심판기록의 제출명령(제25조) 기출 18	• 사정판결(제28조)
• 직권심리(제26조) 기출 18	• 취소판결등의 효력(= 제3자효)(제29조)
• 취소판결등의 기속력(제30조 제1항)	• 제3자에 의한 재심청구(제31조)
• 소송비용의 부담(제32조)	• 거부처분취소판결의 간접강제(제34조)
• 소송비용에 관한 재판의 효력(제33조)	

제6관 | 민중소송과 기관소송

I 민중소송

> **행정소송법 제45조(소의 제기)**
> 민중소송 및 기관소송은 법률이 정한 경우에 법률에 정한 자에 한하여 제기할 수 있다.
>
> **행정소송법 제46조(준용규정)**
> ① 민중소송 또는 기관소송으로서 처분등의 취소를 구하는 소송에는 그 성질에 반하지 아니하는 한 취소소송에 관한 규정을 준용한다.
> ② 민중소송 또는 기관소송으로서 처분등의 효력 유무 또는 존재 여부나 부작위의 위법의 확인을 구하는 소송에는 그 성질에 반하지 아니하는 한 각각 무효등 확인소송 또는 부작위법확인소송에 관한 규정을 준용한다.
> ③ 민중소송 또는 기관소송으로서 제1항 및 제2항에 규정된 소송외의 소송에는 그 성질에 반하지 아니하는 한 당사자소송에 관한 규정을 준용한다.

1. 의 의

① 민중소송이란 '국가 또는 공공단체의 기관이 법률에 위반되는 행위를 한 때에 직접 자기의 법률상 이익과 관계없이 그 시정을 구하기 위하여 제기하는 소송'을 말한다(행정소송법 제3조 제3호).
② 민중소송은 법률상 이익의 침해 여부를 불문하고 국민, 주민 또는 선거인 등 일정 범위의 일반 국민에게 원고적격이 인정된다. 따라서 민중소송은 공익소송이며, 주관적 소송이 아니라 객관적 소송이다.

2. 민중소송 법정주의

① 민중소송은 법률이 정한 경우에 한하여 예외적으로 인정된다(민중소송법정주의)(행정소송법 제45조).
② 민중소송의 예로는 공직선거법 제222조와 제224조의 선거소송(대판 2016.11.24. 2016수64), 국민투표에 관한 소송(국민투표법 제92조), 주민소송(지방자치법 제22조)을 들 수 있다.
③ 민중소송은 법률에서 정한 사항을 제외하고는 그 성질에 반하지 아니하는 한 취소소송, 무효등 확인소송, 부작위법확인소송, 당사자소송에 관한 규정을 준용한다(행정소송법 제46조).

3. 민중소송의 원고적격과 소의 이익

① 민중소송은 법률에 정한 자에 한하여 제기할 수 있다(행정소송법 제45조). 따라서 민중소송에서 원고적격 및 협의의 소의 이익은 특별히 문제되지 않는다. 다만, 당선인이 사퇴하거나 사망한 때에는 당선무효확인소송을 제기할 소의 이익이 없다.
② 예를 들면, 지방자치법상 주민소송은 객관적 소송의 일종인 민중소송에 해당하므로 개인의 구체적인 권리의 침해가 없더라도 제기할 수 있다. 기출 15

4. 민중소송의 피고적격

민중소송의 경우, 민중소송을 인정하고 있는 법률에서 피고로 정한 자에게 피고적격이 인정된다. 예를 들면, ① 주민소송의 피고는 해당 지방자치단체의 장(해당 사항의 사무처리에 관한 권한을 소속 기관의 장에게 위임한 경우에는 그 소속기관의 장)이 된다(지방자치법 제22조 제1항). ② 국민투표무효소송의 경우 중앙선거관리위원회 위원장이 피고가 되고(국민투표법 제92조), 선거무효소송의 경우 당해 선거구선거관리위원회 위원장 등이 피고가 되며(공직선거법 제222조), 당선무효소송의 경우 당선무효사유에 따라 당선인 또는 당선인을 결정한 중앙선거관리위원장 또는 당해 선거구관리위원회 위원장이나 국회의장 등이 그 피고가 된다(공직선거법 제223조).

5. 민중소송의 제소기간

민중소송의 경우는 그 소송을 인정하는 개별 법률에서 제소기간에 관한 특칙을 두는 것이 일반적이나, 그러한 특칙이 없더라도 처분의 취소를 구하는 취지의 소송일 때에는 그 성질이 반하지 아니하는 한 취소소송에 관한 제소기간의 제한을 받게 된다(행정소송법 제46조 제1항 참조).

Ⅱ 기관소송

행정소송법 제45조(소의 제기)
민중소송 및 기관소송은 법률이 정한 경우에 법률에 정한 자에 한하여 제기할 수 있다.

행정소송법 제46조(준용규정)
① 민중소송 또는 기관소송으로서 처분등의 취소를 구하는 소송에는 그 성질에 반하지 아니하는 한 취소소송에 관한 규정을 준용한다.
② 민중소송 또는 기관소송으로서 처분등의 효력 유무 또는 존재 여부나 부작위의 위법의 확인을 구하는 소송에는 그 성질에 반하지 아니하는 한 각각 무효등 확인소송 또는 부작위법확인소송에 관한 규정을 준용한다.
③ 민중소송 또는 기관소송으로서 제1항 및 제2항에 규정된 소송외의 소송에는 그 성질에 반하지 아니하는 한 당사자소송에 관한 규정을 준용한다.

1. 의 의

① 기관소송이란 "국가 또는 공공단체의 기관 상호 간에 있어서의 권한의 존부 또는 그 행사에 관한 다툼이 있을 때에 이에 대하여 제기하는 소송"을 말한다. 다만, 헌법재판소법 제2조의 규정에 의하여 헌법재판소의 관장사항으로 되어 있는 권한쟁의심판은 행정소송법상 기관소송에서 제외된다(행정소송법 제3조 제4호).
② 본래 동일한 행정주체에 속하는 기관 상호 간의 권한을 둘러싼 분쟁은 상급청이 해결하는 것이 원칙이다(행정절차법 제6조 제2항, 헌법 제89조 제10호). 그런데 행정주체 내에 이러한 분쟁을 해결할 수 있는 적당한 기관이 없거나 제3자에 의한 공정한 해결을 할 필요가 있는 경우가 있고, 이러한 경우에 법원에 제소하여 해결하도록 한 제도가 기관소송이다.

2. 기관소송 법정주의

① 기관소송은 법률이 정한 경우에 한하여 예외적으로 인정된다(기관소송법정주의)(행정소송법 제45조).
② 현행법상 인정되고 있는 기관소송의 예로는 지방의회재의결에 대한 지방자치단체의 장의 소송을 들 수 있다(지방자치법 제120조 제3항).
③ 기관소송은 법률에서 정한 사항을 제외하고는 그 성질에 반하지 아니하는 한 취소소송, 무효등 확인소송, 부작위위법확인소송, 당사자소송에 관한 규정을 준용한다(행정소송법 제46조).

3. 기관소송의 원고적격 및 소의 이익

기관소송은 법률에 정한 자에 한하여 제기할 수 있다(행정소송법 제45조). 따라서 기관소송에서 원고적격 및 협의의 소의 이익은 특별히 문제되지 않는다.

4. 기관소송의 피고적격

① 기관소송의 경우, 기관소송을 인정하고 있는 법률에서 피고로 정한 자에게 피고적격이 인정된다.
② 예를 들면, 지방의회의 의결무효소송의 경우는 지방의회가 피고가 되고(지방자치법 제120조, 제192조 참조), 주무부장관이나 상급지방자치단체장의 감독처분에 대한 이의소송의 피고는 주무부장관이나 상급지방자치단체장이 된다(지방자치법 제188조, 제189조 참조).

5. 기관소송의 제소기간

기관소송의 경우는 그 소송을 인정하는 개별 법률에서 제소기간에 관한 특칙을 두는 것이 일반적이나, 그러한 특칙이 없더라도 처분의 취소를 구하는 취지의 소송일 때에는 그 성질이 반하지 아니하는 한 취소소송에 관한 제소기간의 제한을 받게 된다(행정소송법 제46조 제1항 참조).

제5장 행정구제법

제1절 행정상 손해전보제도

01 국가배상에 관한 설명으로 옳지 않은 것은?(다툼이 있으면 판례에 따름) `22` 행정사 제10회

① 공무를 위탁받은 사인의 직무집행행위에 대해서도 국가배상책임이 성립할 수 있다.
② 가해행위인 처분에 대해 취소판결이 확정된 경우에는 기판력에 의해 국가배상소송에서도 국가배상책임이 인정된다.
③ 생명·신체의 침해로 인한 국가배상을 받을 권리는 압류하지 못한다.
④ 피해자나 그 법정대리인이 손해 및 가해자를 알지 못한 경우 국가배상청구권의 소멸시효기간은 5년이다.
⑤ 외국인이 피해자인 경우에는 해당 국가와 상호 보증이 있을 때에만 국가배상법이 적용된다.

해설

[❶▶○] 국가배상법 제2조 소정의 '공무원'이란 국가공무원법이나 지방공무원법에 의하여 공무원으로서의 신분을 가진 자에 국한하지 않고, 널리 공무를 위탁받아 실질적으로 공무에 종사하고 있는 일체의 자를 가리키는 것으로서, 공무의 위탁이 일시적이고 한정적인 사항에 관한 활동을 위한 것이어도 달리 볼 것은 아니므로(대판 2001.1.5. 98다39060), 공무를 위탁받은 사인(예 교통할아버지)의 직무집행행위에 대해서도 국가배상책임이 성립할 수 있다.

[❷▶×] 어떠한 행정처분이 후에 항고소송에서 취소되었다고 할지라도 그 기판력에 의하여 당해 행정처분이 곧바로 공무원의 고의 또는 과실로 인한 것으로서 불법행위를 구성한다고 단정할 수는 없는 것이고, 그 행정처분의 담당공무원이 보통 일반의 공무원을 표준으로 하여 볼 때 객관적 주의의무를 결하여 그 행정처분이 객관적 정당성을 상실하였다고 인정될 정도에 이른 경우에 국가배상법 제2조 소정의 국가배상책임의 요건을 충족하였다고 봄이 상당할 것이다(대판 2000.5.12. 99다70600).

[❸▶○] 생명·신체의 침해로 인한 국가배상을 받을 권리는 양도하거나 압류하지 못한다(국가배상법 제4조). 그러나 재산권 침해로 인한 국가배상청구권은 양도할 수 있다.

[❹▶○] 국가배상청구권은 피해자나 그 법정대리인이 손해 및 가해자를 안 날로부터 3년간(국가배상법 제8조, 민법 제766조 제1항) 이를 행사하지 아니하면 시효로 인하여 소멸한다. 그러나 손해 및 가해자를 모르는 경우에는 민법 제766조 제2항에 의할 것이 아니라 국가재정법 제96조 제1항, 제2항에 따라 불법행위의 종료일로부터 5년간 이를 행사하지 아니하면 시효로 인하여 소멸한다는 것이 판례의 태도이다(대판 2008.11.27. 2008다60223).

[❺▶○] 이 법은 외국인이 피해자인 경우에는 해당 국가와 상호 보증이 있을 때에만 적용한다(국가배상법 제7조).

답

02 국가배상법에 관한 설명으로 옳은 것은?(다툼이 있으면 판례에 따름) `19` 행정사 제7회

① 국가배상법 제2조의 공무원이란 국가공무원법이나 지방공무원법에 의해 공무원으로서의 신분을 가진 자에 국한한다.
② 국가배상책임에 있어서 공무원에게 중과실이 있는 경우 국가나 지방자치단체는 그 공무원에게 구상할 수 없다.
③ 공공의 영조물의 설치·관리의 하자에는 물적 하자만이 아니라 기능적 하자 또는 이용상 하자도 포함된다.
④ 국가배상책임이 있는 경우에 공무원의 선임·감독을 맡은 자와 공무원의 봉급·급여를 부담하는 자가 동일하지 아니하면 선임·감독을 맡은 자만이 손해를 배상한다.
⑤ 생명·신체의 침해로 인한 국가배상을 받을 권리는 양도할 수 있지만, 압류할 수는 없다.

해설

[❶ ▸ ✕] 국가배상법 제2조 소정의 '공무원'이란 국가공무원법이나 지방공무원법에 의하여 공무원으로서의 신분을 가진 자에 국한하지 않고, 널리 공무를 위탁받아 실질적으로 공무에 종사하고 있는 일체의 자를 가리키는 것으로서, 공무의 위탁이 일시적이고 한정적인 사항에 관한 활동을 위한 것이어도 달리 볼 것은 아니다(대판 2001.1.5. 98다39060).

[❷ ▸ ✕] 국가가 국가배상책임을 이행한 경우 공무원에게 고의 또는 중대한 과실이 있으면 국가는 그 공무원에게 구상할 수 있다(국가배상법 제2조 제2항).

[❸ ▸ ○] 국가배상법 제5조 제1항에 정하여진 '영조물의 설치 또는 관리의 하자'란 당해 영조물을 구성하는 물적 시설 그 자체에 있는 물리적·외형적 흠결이나 불비로 인하여 그 이용자에게 위해를 끼칠 위험성이 있는 경우(= 물적 하자)뿐만 아니라, 그 영조물이 공공의 목적에 이용됨에 있어 그 이용상태 및 정도가 일정한 한도를 초과하여 제3자에게 사회통념상 수인할 것이 기대되는 한도를 넘는 피해를 입히는 경우(= 기능상 하자 또는 이용상 하자)까지 포함된다고 보아야 한다(대판 2005.1.27. 2003다49566).

[❹ ▸ ✕] 국가나 지방자치단체가 손해를 배상할 책임이 있는 경우에 공무원의 선임·감독 또는 영조물의 설치·관리를 맡은 자와 공무원의 봉급·급여, 그 밖의 비용 또는 영조물의 설치·관리 비용을 부담하는 자가 동일하지 아니하면 그 비용을 부담하는 자도 손해를 배상하여야 한다(국가배상법 제6조 제1항).

[❺ ▸ ✕] 생명·신체의 침해로 인한 국가배상을 받을 권리는 양도하거나 압류하지 못한다(국가배상법 제4조).

답 ❸

03 국가배상에 관한 설명으로 옳지 않은 것은?(다툼이 있으면 판례에 따름) `23` 행정사 제11회

① 인사업무담당 공무원이 다른 공무원의 공무원증을 위조한 행위는 직무집행행위에 해당한다.
② 행정처분이 후에 항고소송에서 취소되면 그 기판력에 의하여 당해 행정처분은 공무원의 고의·과실 여부와 관계없이 곧바로 불법행위를 구성한다.
③ 생명·신체의 침해로 인한 국가배상을 받을 권리는 양도하지 못한다.
④ 경찰관이 범죄수사를 함에 있어 법규상 또는 조리상의 한계를 위반하였다면 이는 법령을 위반한 경우에 해당한다.
⑤ 영조물 설치·관리상의 하자는 공공의 목적에 공여된 영조물이 그 용도에 따라 통상 갖추어야 할 안전성을 갖추지 못한 상태에 있음을 말한다.

해설

[❶ ▶ ○] 인사업무담당 공무원이 다른 공무원의 공무원증 등을 위조한 행위에 대하여 실질적으로는 직무행위에 속하지 아니한다 할지라도 외관상으로 국가배상법 제2조 제1항의 직무집행 관련성을 인정한 사례(대판 2005.1.14. 2004다26805).

[❷ ▶ ×] 어떠한 행정처분이 후에 항고소송에서 취소되었다고 할지라도 그 기판력에 의하여 당해 행정처분이 곧바로 공무원의 고의 또는 과실로 인한 것으로서 불법행위를 구성한다고 단정할 수는 없는 것이고, 그 행정처분의 담당공무원이 보통 일반의 공무원을 표준으로 하여 볼 때 객관적 주의의무를 결하여 그 행정처분이 객관적 정당성을 상실하였다고 인정될 정도에 이른 경우에 비로소 국가배상법 제2조 소정의 국가배상책임의 요건을 충족하였다고 봄이 상당할 것이다(대판 2003.11.27. 2001다33789).

[❸ ▶ ○] 생명·신체의 침해로 인한 국가배상을 받을 권리는 양도하거나 압류하지 못한다(국가배상법 제4조). 그러나 재산권 침해로 인한 국가배상을 받을 권리는 양도할 수 있다.

[❹ ▶ ○] 국가배상책임에 있어 공무원의 가해행위는 법령을 위반한 것이어야 하고, 법령을 위반하였다 함은 엄격한 의미의 법령 위반뿐 아니라 인권존중, 권력남용금지, 신의성실과 같이 공무원으로서 마땅히 지켜야 할 준칙이나 규범을 지키지 아니하고 위반한 경우를 포함하여 널리 그 행위가 객관적인 정당성을 결여하고 있음을 뜻하는 것이므로, 경찰관이 범죄수사를 함에 있어 경찰관으로서 의당 지켜야 할 법규상 또는 조리상의 한계를 위반하였다면 이는 법령을 위반한 경우에 해당한다(대판 2008.6.12. 2007다64365).

[❺ ▶ ○] 국가배상법 제5조 제1항에 정해진 '영조물의 설치 또는 관리의 하자'란 영조물이 그 용도에 따라 통상 갖추어야 할 안전성을 갖추지 못한 상태에 있음을 말하는 것이다(대판 2007.10.26. 2005다51235).

답 ❷

04 국가배상법 제2조 제1항 단서의 이중배상금지에 관한 설명으로 옳지 않은 것은?(다툼이 있으면 판례에 따름)

21 행정사 제9회

① 피해자가 군인·군무원·경찰공무원 또는 예비군대원이어야 한다.
② 병역법상 공익근무요원은 군인에 해당하여 이중배상이 금지되는 자에 속한다.
③ 전투·훈련 또는 이에 준하는 직무집행뿐만 아니라 일반 직무집행에 관하여도 적용된다.
④ 전투훈련 중 민간인이 군인과 공동불법행위를 한 경우 민간인은 자신의 부담 부분만을 피해 군인에게 배상하면 된다는 것이 대법원판례의 입장이다.
⑤ 전투·훈련 등 직무집행과 관련하여 전사·순직하거나 공상을 입은 손해에 한한다.

해설

[❶ ▶ ○] [❺ ▶ ○] 군인·군무원·경찰공무원 또는 예비군대원이❶ 전투·훈련 등 직무 집행과 관련하여 전사·순직하거나 공상(公傷)을 입은 경우에❺ 본인이나 그 유족이 다른 법령에 따라 재해보상금·유족연금·상이연금 등의 보상을 지급받을 수 있을 때에는 이 법 및 민법에 따른 손해배상을 청구할 수 없다(국가배상법 제2조 제1항 단서).

[❷ ▶ ×] 공익근무요원이 국가배상법 제2조 제1항 단서의 규정에 의하여 국가배상법상 손해배상청구가 제한되는 군인·군무원·경찰공무원 또는 향토예비군대원에 해당한다고 할 수 없다(대판 1997.3.28. 97다4036).

[❸ ▶ ○] 국가배상법 제2조 제1항 단서는 전투·훈련 또는 이에 준하는 직무집행뿐만 아니라 '일반 직무집행'에 관하여도 국가나 지방자치단체의 배상책임을 제한하는 것이라고 보아야 한다(대판 2011.3.10. 2010다85942).

[❹ ▶ ○] 민간인과 직무집행 중인 군인 등의 공동불법행위로 인하여 직무집행중인 다른 군인 등이 피해를 입은 경우에는 민간인은 피해 군인 등에 대하여 그 손해 중 국가 등이 민간인에 대한 구상의무를 부담한다면 그 내부적인 관계에서 부담하여야 할 부분을 제외한 나머지 자신의 부담부분에 한하여 손해배상의무를 부담하고, 한편 국가 등에 대하여는 그 귀책부분의 구상을 청구할 수 없다고 해석함이 상당하다(대판 2001.2.15. 96다42420[전합]).

답

05 국가배상책임에 관한 설명으로 옳지 않은 것은?(다툼이 있으면 판례에 따름) [24 행정사 제12회]

① 「국가배상법」 제2조상의 직무행위에는 입법작용과 사법작용이 포함된다.
② 국가가 국가배상책임을 이행한 경우 공무원에게 경과실이 있으면 국가는 그 공무원에게 구상할 수 있다.
③ 「국가배상법」은 「민법」 제756조 제1항 단서상의 사용자 면책조항에 상응하는 규정을 두고 있지 않다.
④ 부작위에 의한 국가배상책임의 성립요건상 직무상 작위의무는 조리에 의해서도 성립할 수 있다.
⑤ 「국가배상법」 제5조상의 공공의 영조물에는 행정주체가 적법한 권한에 기하여 관리하고 있는 공물뿐만 아니라 사실상 관리하고 있는 공물도 포함된다.

해설

[❶ ▶ ○] 「국가배상법」 제2조의 직무행위에는 입법·사법·행정의 모든 국가작용이 포함된다. 다만, 판례는 국회의원(국회)의 입법행위나 입법부작위의 경우 극히 예외적으로만 위법성이 인정된다고 한다(대판 1997.6.13. 96다56115).

[❷ ▶ ×] 국가가 국가배상책임을 이행한 경우 공무원에게 고의 또는 중대한 과실이 있으면 국가는 그 공무원에게 구상할 수 있으나(국가배상법 제2조 제2항), 그에게 경과실만 있다면 국가는 그 공무원에게 구상할 수 없다.

> 국가배상법 제2조 제1항 본문 및 제2항의 입법 취지는 공무원의 직무상 위법행위로 타인에게 손해를 끼친 경우에는 변제자력이 충분한 국가 등에게 선임감독상 과실 여부에 불구하고 손해배상책임을 부담시켜 국민의 재산권을 보장하되, 공무원이 직무를 수행함에 있어 경과실로 타인에게 손해를 입힌 경우에는 그 직무수행상 통상 예기할 수 있는 흠이 있는 것에 불과하므로, 이러한 공무원의 행위는 여전히 국가 등의 기관의 행위로 보아 그로 인하여 발생한 손해에 대한 배상책임도 전적으로 국가 등에만 귀속시키고 공무원 개인에게는 그로 인한 책임을 부담시키지 아니하여 공무원의 공무집행의 안정성을 확보하고, 반면에 공무원의 위법행위가 고의·중과실에 기한 경우에는 비록 그 행위가 그의 직무와 관련된 것이라고 하더라도 그와 같은 행위는 그 본질에 있어서 기관행위로서의 품격을 상실하여 국가 등에게 그 책임을 귀속시킬 수 없으므로 공무원 개인에게 불법행위로 인한 손해배상책임을 부담시키되, 다만 이러한 경우에도 그 행위의 외관을 객관적으로 관찰하여 공무원의 직무집행으로 보여질 때에는 피해자인 국민을 두텁게 보호하기 위하여 국가 등이 공무원 개인과 중첩적으로 배상책임을 부담하되 국가 등이 배상책임을 지는 경우에는 공무원 개인에게 구상할 수 있도록 함으로써 궁극적으로 그 책임이 공무원 개인에게 귀속되도록 하려는 것이라고 봄이 합당하다(대판 1996.2.15. 95다38677[전합]).

[❸ ▶ ○] 「국가배상법」 제2조의 공무원의 위법행위로 인한 손해배상책임에 대응하는 것이 「민법」 제756조의 사용자의 배상책임인데, 「민법」 제756조 제1항 단서는 "사용자가 피용자의 선임 및 그 사무감독에 상당한 주의를 한 때 또는 상당한 주의를 하여도 손해가 있을 경우"를 사용자의 면책사유로 규정하고 있다. 그러나 국가배상법 제2조는 이러한 면책사유를 규정하고 있지 않다.

[❹ ▶ ○] 부작위에 의한 국가배상책임의 성립요건 중 직무상 작위의무는 조리에 의해서도 성립할 수 있다.

> 공무원의 부작위로 인한 국가배상책임을 인정하기 위하여는 국가배상법 제2조 제1항의 요건이 충족되어야 할 것인바, 여기서 '법령에 위반하여'라고 하는 것은 엄격하게 형식적 의미의 법령에 명시적으로 공무원의 작위의무가 규정되어 있는데도 이를 위반하는 경우만을 의미하는 것은 아니고, 국민의 생명, 신체, 재산 등에 대하여 절박하고 중대한 위험상태가 발생하였거나 발생할 우려가 있어서 국민의 생명, 신체, 재산 등을 보호하는 것을 본래적 사명으로 하는 국가가 초법규적, 일차적으로 그 위험 배제에 나서지 아니하면 국민의 생명, 신체, 재산 등을 보호할 수 없는 경우에는 형식적 의미의 법령에 근거가 없더라도 국가나 관련 공무원에 대하여 그러한 위험을 배제할 작위의무를 인정할 수 있을 것이다(대판 2004.6.25. 2003다69652). ☞ 조리에 의한 작위의무 인정 ○

[❺ ▶ ○] 「국가배상법」 제5조의 공공의 영조물에는 행정주체가 적법한 권한에 기하여 관리하고 있는 공물뿐만 아니라 사실상 관리하고 있는 공물도 포함된다.

> 국가배상법 제5조 제1항 소정의 "공공의 영조물"이라 함은 국가 또는 지방자치단체에 의하여 특정 공공의 목적에 공여된 유체물 내지 물적 설비를 지칭하며, 특정 공공의 목적에 공여된 물이라 함은 일반공중의 자유로운 사용에 직접적으로 제공되는 공공용물에 한하지 아니하고, 행정주체 자신의 사용에 제공되는 공용물도 포함하며 국가 또는 지방자치단체가 소유권, 임차권 그 밖의 권한에 기하여 관리하고 있는 경우뿐만 아니라 사실상의 관리를 하고 있는 경우도 포함한다(대판 1995.1.24. 94다45302).

답 ❷

06 공익사업을 위한 토지 등의 취득 및 보상에 관한 법령상 손실보상에 관한 설명으로 옳지 않은 것은?(다툼이 있으면 판례에 따름) 22 행정사 제10회

① 토지수용재결시 대상토지의 평가는 재결에서 정한 수용시기가 아닌 수용재결일을 기준으로 한다.
② 관할 토지수용위원회에 잔여지수용청구를 하려는 토지소유자는 사업완료일까지 그 수용청구를 하여야 한다.
③ 이주대책대상자는 사업시행자가 이주대책에 대한 구체적인 계획을 수립하여 공고한 때에 수분양권을 취득한다.
④ 공익사업시행지구 밖의 영업손실에 대해서도 일정한 요건 하에 보상을 받을 수 있다.
⑤ 재결에서 정한 보상금액이 일부 보상항목은 과소하고 다른 보상항목은 과다할 경우 법원은 보상항목 상호 간의 유용을 허용하여 보상금을 결정할 수 있다.

해설

[❶ ▶ ○] 수용대상토지를 평가함에 있어서는 수용재결에서 정한 수용시기가 아니라 수용재결일을 기준으로 하고 당해 수용사업의 계획 또는 시행으로 인한 개발이익은 이를 배제하고 평가하여야 한다(대판 1998.7.10. 98두6067).

[❷ ▶ ○] 동일한 소유자에게 속하는 일단의 토지의 일부가 협의에 의하여 매수되거나 수용됨으로 인하여 잔여지를 종래의 목적에 사용하는 것이 현저히 곤란할 때에는 해당 토지소유자는 사업시행자에게 잔여지를 매수하여 줄 것을 청구할 수 있으며, 사업인정 이후에는 관할 토지수용위원회에 수용을 청구할 수 있다. 이 경우 수용의 청구는 매수에 관한 협의가 성립되지 아니한 경우에만 할 수 있으며, 사업완료일까지 하여야 한다(토지보상법 제74조 제1항).

[❸ ▶ ×] 사업시행자가 이주대책에 관한 구체적인 계획을 수립하여 이를 해당자에게 통지 내지 공고한 후, 이주자가 수분양권을 취득하기를 희망하여 이주대책에 정한 절차에 따라 사업시행자에게 이주대책 대상자 선정신청을 하고 <u>사업시행자가 이를 받아들여 이주대책 대상자로 확인·결정하여야만 비로소 구체적인 수분양권이 발생하게 된다</u>(대판 1995.10.12. 94누11279).

[❹ ▶ ○] 토지보상법 시행규칙 제64조 제1항 참조

> **토지보상법 시행규칙 제64조(공익사업시행지구밖의 영업손실에 대한 보상)** ① 공익사업시행지구밖에서 제45조에 따른 영업손실의 보상대상이 되는 영업을 하고 있는 자가 공익사업의 시행으로 인하여 다음 각 호의 어느 하나에 해당하는 경우에는 그 영업자의 청구에 의하여 당해 영업을 공익사업시행지구에 편입되는 것으로 보아 보상하여야 한다.
> 1. 배후지의 3분의 2 이상이 상실되어 그 장소에서 영업을 계속할 수 없는 경우
> 2. 진출입로의 단절, 그 밖의 부득이한 사유로 인하여 일정한 기간 동안 휴업하는 것이 불가피한 경우

[❺ ▶ ○] 법원이 구체적인 불복신청이 있는 보상항목들에 관해서 감정을 실시하는 등 심리한 결과, <u>재결에서 정한 보상금액이 일부 보상항목의 경우 과소하고 다른 보상항목의 경우 과다한 것으로 판명되었다면, 법원은 보상항목 상호 간의 유용을 허용하여 항목별로 과다 부분과 과소 부분을 합산하여 보상금의 합계액을 정당한 보상금으로 결정할 수 있다</u>(대판 2018.5.15. 2017두41221).

답 ❸

07 공익사업을 위한 토지 등의 취득 및 보상에 관한 법률에 관한 설명으로 옳지 않은 것은?(다툼이 있으면 판례에 따름)

21 행정사 제9회

① 사업인정처분이 당연무효이면 그것이 유효함을 전제로 이루어진 수용재결도 무효이다.
② 수용재결에 대한 이의신청은 행정소송을 하기 위한 필수적인 전심절차이다.
③ 수용재결에 대한 취소소송의 제기는 사업의 진행 및 토지의 수용 또는 사용을 정지시키지 아니한다.
④ 토지소유자가 보상금 증액청구소송을 제기할 경우 사업시행자를 피고로 하여야 한다.
⑤ 보상금증감청구소송의 제기기간은 이의신청을 거친 경우 이의신청에 대한 재결서를 받은 날부터 60일 이내이다.

해설

[❶ ▶ ○] <u>사업인정처분 자체의 위법은 사업인정단계에서 다투어야 하고 이미 그 쟁송기간이 도과한 수용재결단계에서는 사업인정처분이 당연무효라고 볼만한 특단의 사정이 없는 한 그 위법을 이유로 재결의 취소를 구할 수는 없다</u>(대판 1992.3.13. 91누4324). 따라서 사업인정처분이 당연무효라면 수용재결도 당연히 무효라고 보아야 한다.

[❷ ▶ ×] <u>수용재결에 대한 이의신청은 준사법적 절차로서 행정심판(특별행정심판)의 성질</u>을 가지므로, 토지보상법의 이의신청에 관한 규정은 행정심판법에 대한 특별규정이다. 이러한 <u>이의신청은 임의적 절차</u>이므로 토지소유자·관계인 또는 사업시행자는 이의신청을 하지 않고 바로 행정소송을 제기할 수도 있다.

[❸ ▶ ○] 이의의 신청이나 행정소송의 제기는 사업의 진행 및 토지의 수용 또는 사용을 정지시키지 아니한다(토지보상법 제88조). → 집행부정지의 원칙 ○

[❹ ▶ ○] [❺ ▶ ○]   토지보상법 제85조 참조

> **토지보상법 제85조(행정소송의 제기)** ① 사업시행자, 토지소유자 또는 관계인은 제34조에 따른 재결에 불복할 때에는 재결서를 받은 날부터 90일 이내에, 이의신청을 거쳤을 때에는 이의신청에 대한 재결서를 받은 날부터 60일 이내에 각각 행정소송을 제기할 수 있다. 이 경우 사업시행자는 행정소송을 제기하기 전에 제84조에 따라 늘어난 보상금을 공탁하여야 하며, 보상금을 받을 자는 공탁된 보상금을 소송이 종결될 때까지 수령할 수 없다.
> ② 제1항에 따라 제기하려는 행정소송이 보상금의 증감(增減)에 관한 소송인 경우 그 소송을 제기하는 자가 토지소유자 또는 관계인일 때에는 사업시행자를, 사업시행자일 때에는 토지소유자 또는 관계인을 각각 피고로 한다.

답 ❷

08 공익사업을 위한 토지 등의 취득 및 보상에 관한 법률의 내용에 관한 설명으로 옳은 것은?(다툼이 있으면 판례에 따름)   행정사 제13회

① 사업시행자는 사용의 개시일에 토지의 사용권을 취득하며, 그 토지에 관한 다른 권리는 재결로 인정되지 아니 하더라도 사용 기간 중에 행사할 수 있다.
② 수용재결에 불복할 때는 이의신청을 거치지 않고도 행정소송을 제기할 수 있다.
③ 재결에 의한 경우 보상액의 산정은 수용개시 당시의 가격을 기준으로 한다.
④ 사업인정처분이 당연무효이더라도 그것이 유효함을 전제로 이루어진 수용재결이 무효가 되는 것이 아니다.
⑤ 보상액을 산정할 경우에 해당 공익사업으로 인하여 토지등의 가격이 변동되었을 때에는 이를 고려 하여야 한다.

해설

[❶ ▶ ×] 사업시행자는 사용의 개시일에 토지의 사용권을 취득하며, 그 토지에 관한 다른 권리는 토지수용위원회의 재결로 인정되지 아니한 이상 사용 기간 중에 행사하지 못한다.

> **공익사업을 위한 토지 등의 취득 및 보상에 관한 법률 제45조(권리의 취득·소멸 및 제한)** ① 사업시행자는 수용의 개시일에 토지나 물건의 소유권을 취득하며, 그 토지나 물건에 관한 다른 권리는 이와 동시에 소멸한다.
> ② 사업시행자는 사용의 개시일에 토지나 물건의 사용권을 취득하며, 그 토지나 물건에 관한 다른 권리는 사용 기간 중에는 행사하지 못한다.
> ③ 토지수용위원회의 재결로 인정된 권리는 제1항 및 제2항에도 불구하고 소멸되거나 그 행사가 정지되지 아니한다.

[❷ ▶ ○]　수용재결에 불복할 때는 이의신청을 거치지 않고도 행정소송을 제기할 수 있다(임의적 전치주의).

> **공익사업을 위한 토지 등의 취득 및 보상에 관한 법률 제85조(행정소송의 제기)**　① 사업시행자, 토지소유자 또는 관계인은 제34조에 따른 재결에 불복할 때에는 재결서를 받은 날부터 90일 이내에, 이의신청을 거쳤을 때에는 이의신청에 대한 재결서를 받은 날부터 60일 이내에 각각 행정소송을 제기할 수 있다.

> 공익사업을 위한 토지 등의 취득 및 보상에 관한 법률 제85조 제1항 전문의 문언 내용과 같은 법 제83조, 제85조가 중앙토지수용위원회에 대한 이의신청을 임의적 절차로 규정하고 있는 점, 행정소송법 제19조 단서가 행정심판에 대한 재결은 재결 자체에 고유한 위법이 있음을 이유로 하는 경우에 한하여 취소소송의 대상으로 삼을 수 있도록 규정하고 있는 점 등을 종합하여 보면, 수용재결에 불복하여 취소소송을 제기하는 때에는 이의신청을 거친 경우에도 수용재결을 한 중앙토지수용위원회 또는 지방토지수용위원회를 피고로 하여 수용재결의 취소를 구하여야 하고, 다만 이의신청에 대한 재결 자체에 고유한 위법이 있음을 이유로 하는 경우에는 그 이의재결을 한 중앙토지수용위원회를 피고로 하여 이의재결의 취소를 구할 수 있다고 보아야 한다(대판 2010.1.28. 2008두1504).

[❸ ▶ ×]　재결에 의한 경우 보상액의 산정은 수용재결 당시의 가격을 기준으로 한다.

> **공익사업을 위한 토지 등의 취득 및 보상에 관한 법률 제67조(보상액의 가격시점 등)**　① 보상액의 산정은 협의에 의한 경우에는 협의 성립 당시의 가격을, 재결에 의한 경우에는 수용 또는 사용의 재결 당시의 가격을 기준으로 한다.

[❹ ▶ ×]　사업인정처분이 당연무효이면 그것이 유효함을 전제로 이루어진 수용재결도 무효라고 보아야 한다(대판 2017.7.11. 2016두35144).

[❺ ▶ ×]　보상액을 산정할 경우에 해당 공익사업으로 인하여 토지등의 가격이 변동되었을 때에는 이를 고려하지 아니한다(공익사업을 위한 토지 등의 취득 및 보상에 관한 법률 제67조 제2항).

답 ❷

09 공익사업을 위한 토지 등의 취득 및 보상에 관한 법률에 따른 토지수용에 대한 이의신청 및 행정소송에 관한 설명으로 옳지 않은 것은?(다툼이 있는 경우에는 판례에 의함)   14 행정사 제2회

① 이의신청은 행정심판으로서의 성질을 가지며, 이에 관한 규정은 행정심판법에 대한 특별규정이다.
② 수용재결에 불복하여 취소소송을 제기하는 때에는 이의신청을 거친 경우에도 수용재결의 취소를 구하여야 한다.
③ 보상금증감청구소송은 공법상 당사자소송에 해당한다.
④ 보상금증감청구소송을 제기하는 자가 토지소유자일 때에는 사업시행자를 피고로 한다.
⑤ 수용재결에 대한 행정소송이 제기되면 사업의 진행 및 토지의 수용 또는 사용은 정지된다.

해설

[❶ ▶ ○] 토지수용위원회의 수용재결에 대한 이의절차는 실질적으로 행정심판의 성질을 갖는 것이므로 토지수용법(현행 토지보상법)에 특별한 규정이 있는 것을 제외하고는 행정심판법의 규정이 적용된다고 할 것이다(대판 1992.6.9. 92누565).

[❷ ▶ ○] 수용재결에 불복하여 취소소송을 제기하는 때에는 이의신청을 거친 경우에도 수용재결을 한 중앙토지수용위원회 또는 지방토지수용위원회를 피고로 하여 수용재결의 취소를 구하여야 하고, 다만 이의신청에 대한 재결 자체에 고유한 위법이 있음을 이유로 하는 경우에는 그 이의재결을 한 중앙토지수용위원회를 피고로 하여 이의재결의 취소를 구할 수 있다고 보아야 한다(대판 2010.1.28. 2008두1504).

[❸ ▶ ○] 토지수용법 제75조의2 제2항의 규정은 그 제1항에 의하여 이의재결에 대하여 불복하는 행정소송을 제기하는 경우, 이것이 보상금의 증감에 관한 소송인 때에는 이의재결에서 정한 보상금이 증액 변경될 것을 전제로 하여 기업자를 상대로 보상금의 지급을 구하는 공법상의 당사자소송을 규정한 것으로 볼 것이다(대판 1991.11.26. 91누285).

[❹ ▶ ○] 제기하려는 행정소송이 보상금의 증감에 관한 소송인 경우 그 소송을 제기하는 자가 토지소유자 또는 관계인일 때에는 사업시행자를, 사업시행자일 때에는 토지소유자 또는 관계인을 각각 피고로 한다(토지보상법 제85조 제2항).

[❺ ▶ ✕] 이의의 신청이나 행정소송의 제기는 사업의 진행 및 토지의 수용 또는 사용을 정지시키지 아니한다(토지보상법 제88조).

답 ⑤

제2절 행정심판

10 행정심판에 관한 설명으로 옳지 않은 것은?(다툼이 있으면 판례에 따름)　25　행정사 제13회

① 무효등확인심판에는 사정재결을 할 수 있다.
② 「행정심판법」은 당사자심판에 관해서 규정하고 있지 않다.
③ 행정처분의 취소를 구하는 심판에서 처분청은 당초 처분의 근거로 삼은 사유와 기본적 사실관계가 동일성이 있다고 인정되는 한도 내에서 다른 사유를 추가 또는 변경할 수 있다.
④ 재결에 의하여 취소되는 처분이 당사자의 신청을 거부하는 것을 내용으로 하는 경우에는 그 처분을 한 행정청은 재결의 취지에 따라 다시 이전의 신청에 대한 처분을 하여야 한다.
⑤ 대통령의 처분에 대하여는 다른 법률에서 행정심판을 청구할 수 있도록 정한 경우 외에는 행정심판을 청구할 수 없다.

해설

[❶ ▶ ✕] 무효등확인심판에는 사정재결에 관한 규정이 적용되지 않는다(행정심판법 제44조 제3항). 따라서 사정재결을 할 수 없다.

[❷ ▶ ○] 「행정심판법」은 당사자심판에 관해서 규정하고 있지 않다.

> **행정심판법 제5조(행정심판의 종류)** 　행정심판의 종류는 다음 각 호와 같다.
> 1. 취소심판 : 행정청의 위법 또는 부당한 처분을 취소하거나 변경하는 행정심판
> 2. 무효등확인심판 : 행정청의 처분의 효력 유무 또는 존재 여부를 확인하는 행정심판
> 3. 의무이행심판 : 당사자의 신청에 대한 행정청의 위법 또는 부당한 거부처분이나 부작위에 대하여 일정한 처분을 하도록 하는 행정심판

[❸ ▶ ○] 행정처분의 취소를 구하는 항고소송에서 행정청이 처분의 근거 사유를 추가하거나 변경하기 위한 요건인 '기본적 사실관계의 동일성'에 관한 법리가 행정심판 단계에서도 그대로 적용된다.

> 행정처분의 취소를 구하는 항고소송에서 처분청은 당초 처분의 근거로 삼은 사유와 기본적 사실관계가 동일성이 있다고 인정되는 한도 내에서만 다른 사유를 추가 또는 변경할 수 있고, 이러한 기본적 사실관계의 동일성 유무는 처분사유를 법률적으로 평가하기 이전의 구체적 사실에 착안하여 그 기초인 사회적 사실관계가 기본적인 점에서 동일한지에 따라 결정되므로, 추가 또는 변경된 사유가 처분 당시에 이미 존재하고 있었다거나 당사자가 그 사실을 알고 있었다고 하여 당초의 처분사유와 동일성이 있다고 할 수 없다. 그리고 이러한 법리는 행정심판 단계에서도 그대로 적용된다(대판 2014.5.16. 2013두26118).

[❹ ▶ ○] 재결에 의하여 취소되거나 무효 또는 부존재로 확인되는 처분이 당사자의 신청을 거부하는 것을 내용으로 하는 경우에는 그 처분을 한 행정청은 재결의 취지에 따라 다시 이전의 신청에 대한 처분을 하여야 한다(행정심판법 제49조 제2항). ☞ 거부처분 취소재결이 있는 경우에도 처분청의 재처분의무가 인정되는지에 관하여 견해가 대립하였고, 판례는 긍정설의 입장이었다. 2017.4.18. 개정 행정심판법은 거부처분에 대한 취소재결·무효확인재결·부존재확인재결에 따른 처분청의 재처분의무를 명시적으로 인정하였다. 나아가 재처분의무의 실효성을 확보하기 위하여 간접강제제도를 신설하였다(행정심판법 제50조의2).

[❺ ▶ ○] 대통령의 처분 또는 부작위에 대하여는 다른 법률에서 행정심판을 청구할 수 있도록 정한 경우 외에는 행정심판을 청구할 수 없다(행정심판법 제3조 제2항).

답 ❶

11 행정심판에 관한 설명으로 옳은 것은?(다툼이 있으면 판례에 따름)

① 의무이행심판에서 청구가 이유 있으면 신청에 따른 처분을 하거나 처분을 할 것을 피청구인에게 명하는 재결을 한다.
② 심판청구기간을 법상 규정된 기간보다 긴 기간으로 잘못 고지한 경우에도 규정된 행정심판기간 내에 심판청구를 하여야 한다.
③ 시·도지사의 처분에 대한 심판청구는 시·도지사 소속으로 두는 행정심판위원회에서 심리·재결한다.
④ 심리는 구술심리나 서면심리로 하고, 당사자가 구술심리를 신청한 경우에는 서면심리는 할 수 없다.
⑤ 항고소송에서의 처분사유의 추가·변경의 법리는 행정심판에 적용되지 않는다.

해설

[❶ ▶ ○] 위원회는 의무이행심판의 청구가 이유가 있다고 인정하면 지체 없이 신청에 따른 처분을 하거나 처분을 할 것을 피청구인에게 명한다(행정심판법 제43조 제5항). 신청에 따른 처분은 처분재결에 해당하고 신청에 따른 처분을 할 것을 피청구인에게 명하는 것은 처분명령재결에 해당한다.

[❷ ▶ ×] 행정심판은 처분이 있음을 알게 된 날부터 90일 이내에 청구하여야 한다(행정심판법 제27조 제1항). 행정청이 심판청구 기간을 처분이 있음을 알게 된 날부터 90일보다 긴 기간으로 잘못 알린 경우 그 잘못 알린 기간에 심판청구가 있으면 그 행정심판은 제1항에 규정된 기간에 청구된 것으로 본다(행정심판법 제27조 제5항).

[❸ ▶ ×] 시·도지사의 처분에 대한 심판청구는 중앙행정심판위원회에서 심리·재결한다(행정심판법 제6조 제2항).

[❹ ▶ ×] 행정심판의 심리는 구술심리나 서면심리로 한다. 다만, 당사자가 구술심리를 신청한 경우에는 서면심리만으로 결정할 수 있다고 인정되는 경우 외에는 구술심리를 하여야 한다(행정심판법 제40조 제1항).

[❺ ▶ ×] 행정처분의 취소를 구하는 항고소송에서 처분청은 당초 처분의 근거로 삼은 사유와 기본적 사실관계가 동일성이 있다고 인정되는 한도 내에서만 다른 사유를 추가 또는 변경할 수 있고, 이러한 기본적 사실관계의 동일성 유무는 처분사유를 법률적으로 평가하기 이전의 구체적 사실에 착안하여 그 기초인 사회적 사실관계가 기본적인 점에서 동일한지에 따라 결정되므로, 추가 또는 변경된 사유가 처분 당시에 이미 존재하고 있었다거나 당사자가 그 사실을 알고 있었다고 하여 당초의 처분사유와 동일성이 있다고 할 수 없다. 그리고 이러한 법리는 행정심판 단계에서도 그대로 적용된다(대판 2014.5.16. 2013두26118).

답 ❶

12 행정심판으로 적법하게 청구된 것을 모두 고른 것은?

ㄱ. 국세부과처분에 대해 국세청장에 심사청구
ㄴ. 국가공무원 면직처분에 대해 징계위원회에 재심사청구
ㄷ. 지방토지수용위원회의 수용재결에 대해 중앙토지수용위원회에 이의신청
ㄹ. 지방노동위원회의 구제명령 불이행에 대한 이행강제금부과처분에 대해 중앙노동위원회에 재심신청

① ㄱ, ㄴ ② ㄱ, ㄷ
③ ㄴ, ㄷ ④ ㄴ, ㄹ
⑤ ㄷ, ㄹ

해설

[ㄱ ▶ ○] 국세의 부과·징수에 대한 행정심판은 국세청장에 대한 심사청구와 조세심판원장에 대한 심판청구의 두 종류의 절차가 있으며, 이 중 어느 하나의 절차를 거치면 행정소송을 제기할 수 있다(국세기본법 제55조 제1항, 제56조 제2항). 다만, 당사자가 원하는 경우에는 심사청구나 심판청구 전에 이의신청을 할 수 있도록 규정하고 있다(동법 제55조 제3항).

[ㄴ ▶ ×] 면직처분을 받은 국가공무원은 처분사유 설명서를 받은 날로부터 30일 이내에 소청심사위원회에 이에 대한 심사를 청구할 수 있다(국가공무원법 제76조 제1항). 소청을 제기한 공무원이 소청심사위원회의 결정이 위법하다고 생각하여 불복하는 경우에는 행정소송을 제기하여야 한다(국가공무원법 제16조).

[ㄷ ▶ ○] 지방토지수용위원회의 재결에 이의가 있는 자는 해당 지방토지수용위원회를 거쳐 중앙토지수용위원회에 이의를 신청할 수 있다(토지보상법 제83조 제2항). 현행 토지보상법은 구법과는 달리 임의적 전치주의를 채택하여 이의신청을 거쳐 행정소송을 제기할 수도 있고, 이의신청을 거치지 않고 바로 행정소송을 제기할 수도 있도록 규정하고 있다(토지보상법 제85조).

[ㄹ ▶ ×] 지방노동위원회의 구제명령에 불복하는 사용자는 중앙노동위원회에 재심신청을 할 수 있지만, 지방노동위원회의 구제명령 불이행에 따른 이행강제금부과처분에 대하여는 재심신청을 할 수 없다(근로기준법 제31조 제1항). 다만, 이행강제금 부과처분도 행정처분이므로 이행강제금 부과처분 자체의 취소를 구하는 행정심판(행정심판법 제5조 제1호)이나 행정소송(행정소송법 제3조 제1호)을 제기하는 것을 생각할 수 있다(근로기준법 주해 2, 682면).

답

13 행정심판법에 관한 설명으로 옳은 것은? 21 행정사 제9회

① 행정심판위원회는 당사자의 동의가 없더라도 심판청구의 신속하고 공정한 해결을 위하여 조정을 할 수 있다.
② 행정심판위원회는 사정재결시 그 재결의 주문에서 그 처분 또는 부작위가 위법하거나 부당하다는 것을 구체적으로 밝혀야 한다.
③ 집행정지로 목적을 달성할 수 있는 경우에도 임시처분이 허용된다.
④ 처분청이 심판청구기간을 법정기간보다 긴 기간으로 잘못 고지한 경우, 심판청구기간은 당해 처분이 있은 날부터 180일이 된다.
⑤ 행정심판위원회는 심판청구의 대상이 되는 처분보다 청구인에게 불리한 재결을 할 수 있다.

해설

[❶ ▶ ×] 행정심판위원회는 당사자의 권리 및 권한의 범위에서 당사자의 동의를 받아 심판청구의 신속하고 공정한 해결을 위하여 조정을 할 수 있다. 다만, 그 조정이 공공복리에 적합하지 아니하거나 해당 처분의 성질에 반하는 경우에는 그러하지 아니하다(행정심판법 제43조의2 제1항). 2017.10.31. 개정된 행정심판법에서는 양 당사자 간의 합의가 가능한 사건의 경우 행정심판위원회가 개입·조정하는 절차를 통해 갈등을 조기에 해결할 수 있도록 행정심판에 조정제도를 도입하였다.

[❷ ▶ ○] 행정심판위원회는 심판청구가 이유가 있다고 인정하는 경우에도 이를 인용(認容)하는 것이 공공복리에 크게 위배된다고 인정하면 그 심판청구를 기각하는 재결(= 사정재결)을 할 수 있다. 이 경우 행정심판위원회는 재결의 주문(主文)에서 그 처분 또는 부작위가 위법하거나 부당하다는 것을 구체적으로 밝혀야 한다(행정심판법 제44조 제1항).

[❸ ▶ ×] 임시처분은 집행정지로 목적을 달성할 수 있는 경우에는 허용되지 아니한다(행정심판법 제31조 제3항).

[❹ ▶ ×] 행정심판은 처분이 있음을 알게 된 날부터 90일 이내에 청구하여야 한다(행정심판법 제27조 제1항). 행정청이 심판청구 기간을 처분이 있음을 알게 된 날부터 90일보다 긴 기간으로 잘못 알린 경우 그 잘못 알린 기간에 심판청구가 있으면 그 행정심판은 제1항에 규정된 기간에 청구된 것으로 본다(행정심판법 제27조 제5항).

[❺ ▶ ×] 위원회는 심판청구의 대상이 되는 처분보다 청구인에게 불리한 재결을 하지 못하는데(행정심판법 제47조 제2항), 이를 불이익변경금지의 원칙이라 한다.

답 ❷

14 행정심판법의 내용에 관한 설명으로 옳지 않은 것은?

① 부작위란 행정청이 당사자의 신청에 대하여 상당한 기간 내에 일정한 처분을 하여야 할 법률상 의무가 있는데도 처분을 하지 아니하는 것을 말한다.
② 행정심판은 처분이 있음을 알게 된 날부터 180일 이내에 청구하여야 한다.
③ 청구인이 경제적 능력으로 인해 대리인을 선임할 수 없는 경우에는 행정심판위원회에 국선대리인을 선임하여 줄 것을 신청할 수 있다.
④ 여러 명의 청구인이 공동으로 심판청구를 할 때에는 청구인들 중에서 3명 이하의 선정대표자를 선정할 수 있다.
⑤ 의무이행심판은 처분을 신청한 자로서 행정청의 거부처분 또는 부작위에 대하여 일정한 처분을 구할 법률상 이익이 있는 자가 청구할 수 있다.

해설

[① ▶ ○] "부작위"란 행정청이 당사자의 신청에 대하여 상당한 기간 내에 일정한 처분을 하여야 할 법률상 의무가 있는데도 처분을 하지 아니하는 것을 말한다(행정심판법 제2조 제2호).

[② ▶ ×] 행정심판은 처분이 있음을 알게 된 날부터 90일 이내에 청구하여야 한다(행정심판법 제27조 제1항).

> **행정심판법 제27조(심판청구의 기간)** ① 행정심판은 처분이 있음을 알게 된 날부터 90일 이내에 청구하여야 한다.
> ③ 행정심판은 처분이 있었던 날부터 180일이 지나면 청구하지 못한다. 다만, 정당한 사유가 있는 경우에는 그러하지 아니하다.

[③ ▶ ○] 청구인이 경제적 능력으로 인해 대리인을 선임할 수 없는 경우에는 행정심판위원회에 국선대리인을 선임하여 줄 것을 신청할 수 있다(행정심판법 제18조의2 제1항).

[④ ▶ ○] 여러 명의 청구인이 공동으로 심판청구를 할 때에는 청구인들 중에서 3명 이하의 선정대표자를 선정할 수 있다(행정심판법 제15조 제1항).

[⑤ ▶ ○] 의무이행심판은 처분을 신청한 자로서 행정청의 거부처분 또는 부작위에 대하여 일정한 처분을 구할 법률상 이익이 있는 자가 청구할 수 있다(행정심판법 제13조 제3항).

답 ②

15 행정심판에 관한 설명으로 옳은 것은?(다툼이 있으면 판례에 따름)   20 행정사 제8회

① 행정심판 재결에는 특별한 사유가 없는 한 불가변력이 발생하지 않는다.
② 취소심판에는 처분사유의 추가·변경이 허용되지 않는다.
③ 행정심판법은 무효등확인심판에서는 사정재결을 할 수 없음을 명문으로 규정하고 있다.
④ 청구인은 행정심판청구서를 피청구인인 행정청에 제출할 수 없다.
⑤ 행정심판법상 처분의 부존재확인심판은 허용되지 않는다.

해설

[❶ ▸ ×] 행정심판의 재결은 행정심판위원회가 공법상 분쟁을 당사자와 관계인의 참여 아래 엄격한 절차를 거쳐 내려지는 준사법적 행위이므로, 불가변력이 인정된다. 따라서 일단 재결이 행해지면 비록 위법·부당하게 생각되는 경우라도 행정심판위원회가 스스로 이를 취소·변경할 수 없다.

[❷ ▸ ×] 항고소송에서 처분사유의 추가·변경의 법리는 행정심판(취소심판)에서 그대로 적용된다. 따라서 취소심판에서도 기본적 사실관계가 동일성이 있다고 인정되는 한도 내에서 처분사유의 추가 또는 변경이 허용된다(대판 2014.5.16. 2013두26118).

> 행정처분의 취소를 구하는 항고소송에서 처분청은 당초 처분의 근거로 삼은 사유와 기본적 사실관계가 동일성이 있다고 인정되는 한도 내에서만 다른 사유를 추가 또는 변경할 수 있고, 이러한 기본적 사실관계의 동일성 유무는 처분사유를 법률적으로 평가하기 이전의 구체적 사실에 착안하여 그 기초인 사회적 사실관계가 기본적인 점에서 동일한지에 따라 결정되므로, 추가 또는 변경된 사유가 처분 당시에 이미 존재하고 있었다거나 당사자가 그 사실을 알고 있었다고 하여 당초의 처분사유와 동일성이 있다고 할 수 없다. 그리고 이러한 법리는 행정심판 단계에서도 그대로 적용된다(대판 2014.5.16. 2013두26118).

[❸ ▸ ○] 사정재결은 무효등확인심판에는 적용되지 아니한다(행정심판법 제44조 제3항). 즉, 행정심판법은 무효등확인심판에서는 사정재결을 할 수 없음을 명문으로 규정하고 있다.

[❹ ▸ ×] 행정심판을 청구하려는 자는 심판청구서를 작성하여 피청구인이나 위원회에 제출하여야 한다(행정심판법 제23조 제1항 전문). 즉, 청구인은 본인의 선택에 따라 피청구인을 경유하여 행정심판을 제기하거나 직접 행정심판위원회에 제기할 수 있습니다.

[❺ ▸ ×] 무효등확인심판이란 행정청의 처분의 효력 유무 또는 존재 여부를 확인하는 행정심판을 말한다(행정심판법 제5조 제2호). 따라서 행정심판법상 처분의 존재확인심판뿐만 아니라 처분의 부존재확인심판도 허용된다.

답 ❸

16 행정심판법상 재결에 관한 설명으로 옳지 않은 것은?

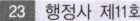 행정사 제11회

① 재결은 서면으로 한다.
② 행정심판위원회는 사정재결을 할 수 없다.
③ 재결은 청구인에게 재결서의 정본이 송달되었을 때에 그 효력이 생긴다.
④ 행정심판위원회는 심판청구의 대상이 되는 처분보다 청구인에게 불리한 재결을 하지 못한다.
⑤ 행정심판위원회는 심판청구가 적법하지 아니하면 그 심판청구를 각하한다.

해설

[❶ ▶ ○] 재결은 서면으로 한다. 재결서에는 사건번호와 사건명, 당사자·대표자 또는 대리인의 이름과 주소, 주문, 청구의 취지, 이유, 재결한 날짜가 포함되어야 한다(행정심판법 제46조 제1항 및 제2항).

[❷ ▶ ✕] 행정심판위원회는 사정재결을 할 수 있다(행정심판법 제44조).

> **행정심판법 제44조(사정재결)** ① 위원회는 심판청구가 이유가 있다고 인정하는 경우에도 이를 인용(認容)하는 것이 공공복리에 크게 위배된다고 인정하면 그 심판청구를 기각하는 재결을 할 수 있다. 이 경우 위원회는 재결의 주문(主文)에서 그 처분 또는 부작위가 위법하거나 부당하다는 것을 구체적으로 밝혀야 한다.
> ② 위원회는 제1항에 따른 재결을 할 때에는 청구인에 대하여 상당한 구제방법을 취하거나 상당한 구제방법을 취할 것을 피청구인에게 명할 수 있다.
> ③ 제1항과 제2항은 무효등확인심판에는 적용하지 아니한다.

[❸ ▶ ○] 재결은 청구인에게 재결서의 정본이 송달되었을 때에 그 효력이 생긴다(행정심판법 제48조 제2항).

[❹ ▶ ○] 행정심판위원회는 심판청구의 대상이 되는 처분 또는 부작위 외의 사항에 대하여는 재결하지 못하고, 심판청구의 대상이 되는 처분보다 청구인에게 불리한 재결을 하지 못한다(행정심판법 제47조).

[❺ ▶ ○] 행정심판위원회는 심판청구가 적법하지 아니하면 그 심판청구를 각하한다(행정심판법 제43조 제1항).

> **행정심판법 제43조(재결의 구분)** ① 위원회는 심판청구가 적법하지 아니하면 그 심판청구를 각하(却下)한다.
> ② 위원회는 심판청구가 이유가 없다고 인정하면 그 심판청구를 기각(棄却)한다.

답 ❷

17 행정심판법상 직접 처분과 간접강제에 관한 설명으로 옳은 것은? ₂₄ 행정사 제12회

① 거부처분 취소심판의 경우 행정심판위원회는 직접 처분을 할 수 있다.
② 의무이행심판의 인용재결이 처분명령재결인 경우 행정심판위원회는 직접 처분을 할 수 없다.
③ 행정심판위원회는 사정의 변경이 있어 당사자가 신청하는 경우에도 간접강제 결정의 내용을 변경할 수 없다.
④ 행정심판의 청구인은 간접강제 결정에 불복하는 경우 그 결정에 대하여 행정소송을 제기할 수 있다.
⑤ 간접강제 결정에 기초한 강제집행에 관하여 「행정심판법」에 특별한 규정이 없는 사항에 대하여는 「행정기본법」의 규정을 준용한다.

해설

[❶▶✕] 행정심판위원회는 취소심판의 청구가 이유가 있다고 인정하면 처분을 취소 또는 다른 처분으로 변경하거나 처분을 다른 처분으로 변경할 것을 피청구인에게 명한다(행정심판법 제43조 제3항). 즉 취소심판에서는 처분취소재결, 처분변경재결, 처분변경명령재결만 할 수 있다. 의무이행심판에서 처분명령재결(의무이행재결)이 있음에도 불구하고 처분청이 처분의무를 이행하지 않는 경우, 의무이행재결의 기속력 확보수단으로서의 '직접 처분'(행정심판법 제50조)이 인정된다. 그러나 이러한 직접 처분은 거부처분 취소심판에서는 인정되지 않는다.

[❷▶✕] 의무이행심판에서 행정심판위원회가 처분명령재결을 한 경우 재결의 기속력에 따라 처분청은 지체 없이 그 재결의 취지에 따라 다시 이전의 신청에 대한 처분을 해야 한다(행정심판법 제49조 제3항). 그런데 처분청이 이러한 처분의무를 이행하지 아니하는 경우에 당사자의 신청에 따라 행정심판위원회가 직접 해당 처분을 할 수 있는데(행정심판법 제50조 제1항), 이를 '직접 처분'이라 한다.

[❸▶✕] 행정심판위원회는 사정의 변경이 있어 당사자가 신청하는 경우, 간접강제 결정의 내용을 변경할 수 있다(행정심판법 제50조의2 제2항).

[❹▶○] 행정심판의 청구인은 간접강제 결정에 불복하는 경우 그 결정에 대하여 행정소송을 제기할 수 있다(행정심판법 제50조의2 제4항).

> **행정심판법 제50조의2(위원회의 간접강제)** ① 위원회는 피청구인이 제49조 제2항(제49조 제4항에서 준용하는 경우를 포함한다) 또는 제3항에 따른 처분을 하지 아니하면 청구인의 신청에 의하여 결정으로 상당한 기간을 정하고 피청구인이 그 기간 내에 이행하지 아니하는 경우에는 그 지연기간에 따라 일정한 배상을 하도록 명하거나 즉시 배상을 할 것을 명할 수 있다.
> ② 위원회는 사정의 변경이 있는 경우에는 당사자의 신청에 의하여 제1항에 따른 결정의 내용을 변경할 수 있다. ❸
> ③ 위원회는 제1항 또는 제2항에 따른 결정을 하기 전에 신청 상대방의 의견을 들어야 한다.
> ④ 청구인은 제1항 또는 제2항에 따른 결정에 불복하는 경우 그 결정에 대하여 행정소송을 제기할 수 있다. ❹

[❺▶✕] 간접강제 결정에 기초한 강제집행에 관하여 이 법에 특별한 규정이 없는 사항에 대하여는 「민사집행법」의 규정을 준용한다. 다만, 「민사집행법」 제33조(집행문부여의 소), 제34조(집행문부여 등에 관한 이의신청), 제44조(청구에 관한 이의의 소) 및 제45조(집행문부여에 대한 이의의 소)에서 관할 법원은 피청구인의 소재지를 관할하는 행정법원으로 한다(행정심판법 제50조의2 제6항).

답 ❹

제3절 행정소송

18 행정소송법에서 규정하고 있는 행정소송의 종류에 해당하지 않는 것은? 〔19 행정사 제7회〕

① 당사자소송
② 기관소송
③ 민중소송
④ 부작위위법확인소송
⑤ 예방적 금지소송

해설

[❺ ▸ ×] ① 당사자소송, ② 기관소송, ③ 민중소송, ④ 부작위위법확인소송(항고소송에 포함)은 행정소송의 유형에 해당하나, 예방적 금지소송은 행정소송법에서 행정소송의 종류로 규정하고 있지 않다(행정소송법 제3조 및 제4조).

> **행정소송법 제3조(행정소송의 종류)** 행정소송은 다음의 네 가지로 구분한다.
> 1. 항고소송 : 행정청의 처분등이나 부작위에 대하여 제기하는 소송
> 2. 당사자소송 : 행정청의 처분등을 원인으로 하는 법률관계에 관한 소송 그 밖에 공법상의 법률관계에 관한 소송으로서 그 법률관계의 한 쪽 당사자를 피고로 하는 소송
> 3. 민중소송 : 국가 또는 공공단체의 기관이 법률에 위반되는 행위를 한 때에 직접 자기의 법률상 이익과 관계없이 그 시정을 구하기 위하여 제기하는 소송
> 4. 기관소송 : 국가 또는 공공단체의 기관상호 간에 있어서의 권한의 존부 또는 그 행사에 관한 다툼이 있을 때에 이에 대하여 제기하는 소송. 다만, 헌법재판소법 제2조의 규정에 의하여 헌법재판소의 관장사항으로 되는 소송은 제외한다.
>
> **행정소송법 제4조(항고소송)** 항고소송은 다음과 같이 구분한다.
> 1. 취소소송 : 행정청의 위법한 처분등을 취소 또는 변경하는 소송
> 2. 무효등 확인소송 : 행정청의 처분등의 효력 유무 또는 존재여부를 확인하는 소송
> 3. 부작위위법확인소송 : 행정청의 부작위가 위법하다는 것을 확인하는 소송

답 ❺

19 행정소송법상 허용되지 않는 것은?(다툼이 있으면 판례에 따름) 〔18 행정사 제6회〕

① 무효확인소송의 제기와 함께 행하는 집행정지신청
② 무효인 파면처분에 대하여 제기하는 공무원지위확인소송
③ 집행정지 기각결정에 대한 신청인의 즉시항고
④ 적법한 행정심판청구를 각하한 재결을 대상으로 한 취소소송
⑤ 소송참가를 하였지만 패소한 제3자가 제기하는 행정소송법 제31조에 따른 재심청구

해설

[❶▶○]　무효등확인소송에도 집행정지에 관한 규정이 준용된다(행정소송법 제38조 제1항, 제23조 제2항). 따라서 무효확인소송의 제기와 함께 행하는 집행정지신청은 허용된다.

[❷▶○]　행정소송법상 인정되는 당사자소송은 '행정청의 처분등을 원인으로 하는 법률관계에 관한 소송 그 밖에 공법상의 법률관계에 관한 소송으로서 그 법률관계의 한 쪽 당사자를 피고로 하는 소송'을 말하는데(행정소송법 제3조 제2호), 판례는 공법상 신분 또는 지위 등의 확인소송을 당사자소송으로 이해하고 있다(대판 1998.10.23. 98두12932). 따라서 무효인 파면처분에 대하여 제기하는 공무원지위확인소송은 당사자소송으로서 행정소송법상 허용된다.

[❸▶○]　집행정지의 결정 또는 기각의 결정에 대하여는 즉시항고할 수 있다. 이 경우 집행정지의 결정에 대한 즉시항고에는 결정의 집행을 정지하는 효력이 없다(행정소송법 제23조 제5항).

[❹▶○]　적법한 행정심판청구를 각하한 재결은 심판청구인의 실체심리를 받을 권리를 박탈한 것으로서 원처분에 없는 재결 자체에 고유한 위법이 있는 경우에 해당하고 따라서 각하재결이 취소소송의 대상이 된다(대판 2001.7.27. 99두2970).

[❺▶×]　처분등을 취소하는 판결에 의하여 권리 또는 이익의 침해를 받은 제3자는 자기에게 책임없는 사유로 소송에 참가하지 못함으로써 판결의 결과에 영향을 미칠 공격 또는 방어방법을 제출하지 못한 때에는 이를 이유로 확정된 종국판결에 대하여 재심의 청구를 할 수 있다(행정소송법 제31조 제1항). 따라서 제3자가 소송에 참가한 이상 패소하였더라도 재심청구를 할 수 없다.

답 ❺

20 행정소송제도에 관한 설명 중 옳은 것은?(다툼이 있으면 판례에 따름)　〔15〕 행정사 제3회

① 판례는 예방적 부작위청구소송(예방적 금지소송)을 인정한다.
② 주민소송은 주관적 소송에 해당한다.
③ 현행 행정소송법은 취소소송중심주의를 취하고 있다.
④ 행정처분에 대한 무효확인청구와 취소청구는 선택적 청구로서의 병합은 허용된다.
⑤ 당사자소송의 인정에 있어서는 개별법의 근거가 필요하다.

해설

[❶▶×]　건축건물의 준공처분을 하여서는 아니 된다는 내용의 부작위를 구하는 청구는 행정소송에서 허용되지 아니하는 것이므로 부적법하다(대판 1987.3.24. 86누182).

[❷▶×]　지방자치법상 주민소송은 객관적 소송의 일종인 민중소송에 해당하므로 개인의 구체적인 권리의 침해가 없더라도 제기할 수 있다.

[❸▶○]　현행 행정소송법은 취소소송을 중심으로 규정되어 있고 나머지 소송은 주로 취소소송에 대한 준용규정으로 구성되어 있다.

[❹▶×]　행정처분에 대한 무효확인과 취소청구는 서로 양립할 수 없는 청구로서 주위적·예비적 청구로서만 병합이 가능하고 선택적 청구로서의 병합이나 단순 병합은 허용되지 아니한다(대판 1999.8.20. 97누6889).

[❺▶×]　당사자소송은 행정소송법 제3조 제2호가 일반적으로 인정하고 있으므로 개별법의 근거는 필요 없다고 보는 것이 타당하다.

답 ❸

21 판례에 의할 때 항고소송의 대상인 것을 모두 고른 것은?

> ㄱ. 어업권 면허에 선행하는 우선순위결정
> ㄴ. 농지법상 이행강제금 부과처분
> ㄷ. 구 청소년보호법상 청소년유해매체물 결정 및 고시처분
> ㄹ. 두밀분교를 폐교하는 경기도의 조례

① ㄱ, ㄴ
② ㄱ, ㄷ
③ ㄴ, ㄷ
④ ㄴ, ㄹ
⑤ ㄷ, ㄹ

해설

ㄷ. 구 청소년보호법상 청소년유해매체물 결정 및 고시처분(대판 2007.6.14. 2004두619), ㄹ. 두밀분교를 폐교하는 경기도의 조례(대판 1996.9.20. 95누8003)는 항고소송의 대상이 되는 처분에 해당하나, ㄱ. 어업권 면허에 선행하는 우선순위결정(대판 1995.1.20. 94누6529), ㄴ. 농지법상 이행강제금 부과처분(대판 2019.4.11. 2018두42955)은 항고소송의 대상이 되는 처분에 해당하지 않는다.

답 ❺

22 판례에 의할 때 항고소송의 대상이 되는 행정처분에 해당하는 것을 모두 고른 것은?

> ㄱ. 지목변경신청 반려행위
> ㄴ. 건축물 용도변경신청 거부행위
> ㄷ. 건축물대장 작성신청 반려행위
> ㄹ. 토지대장 직권말소행위
> ㅁ. 토지대장상의 소유자명의변경신청 거부행위

① ㄱ
② ㄴ, ㅁ
③ ㄷ, ㄹ, ㅁ
④ ㄱ, ㄴ, ㄷ, ㄹ
⑤ ㄱ, ㄴ, ㄷ, ㄹ, ㅁ

해설

대법원 판례는 ㄱ. 지목변경신청 반려행위(대판 2004.4.22. 2003두9015[전합]), ㄴ. 건축물 용도변경신청 거부행위(대판 2009.1.30. 2007두7277), ㄷ. 건축물대장 작성신청 반려행위(대판 2009.2.12. 2007두17359), ㄹ. 토지대장 직권말소행위(대판 2013.10.24. 2011두13286)는 항고소송의 대상이 되는 행정처분에 해당한다고 보았다.
그러나 ㅁ. 토지대장상의 소유자명의변경신청 거부행위는 항고소송의 대상이 되는 행정처분이 아니라고 보았다(대판 2012.1.12. 2010두12354).

답 ❹

23 관할 시장 A는 2024.2.5. 甲에 대하여 1,000만원의 과징금부과처분을 하였고, 甲은 2024.2.6. 처분서를 수령하였다. 甲은 과징금부과처분 취소심판을 제기하였는데, 관할 행정심판위원회는 2024.4.23. 1,000만원의 과징금부과처분을 700만원으로 감액하는 일부취소재결을 하여, 해당 재결서의 정본이 2024.4.24. 甲에게 송달되었다. 이때 甲이 일부취소재결에도 아직 취소되지 않고 남아있는 부분이 위법하다고 보아 취소소송을 제기하는 경우 소의 대상과 제소기간의 기산일은? (일부취소재결 고유의 하자는 없으며, 다툼이 있으면 판례에 따름)   24 행정사 제12회

	소의 대상	제소기간 기산일
①	700만원으로 감액된 2024.2.5. 자 과징금부과처분	2024.4.24.
②	700만원으로 감액된 2024.2.5. 자 과징금부과처분	2024.2.6.
③	700만원으로 감액한 2024.4.23. 자 일부취소재결	2024.4.24.
④	700만원으로 감액한 2024.4.23. 자 일부취소재결	2024.2.6.
⑤	2024.2.5. 자 1,000만원의 과징금부과처분	2024.2.6.

해설

[❶ ▶ ○] 행정심판에서 당초의 1,000만원의 과징금부과처분을 700만원으로 감액하는 변경재결(일부취소재결)이 있는 경우, 취소소송의 대상은 '700만원으로 변경된 내용의 2024.2.5. 자 당초처분'이고, 취소소송의 제소기간의 준수 여부도 '변경된 내용의 당초 처분'을 기준으로 판단하여야 한다(대판 2007.4.27. 2004두9302 참조). 다만, 행정심판의 재결을 거친 경우이므로 취소소송은 행정심판의 재결서 정본을 송달받은 날(2024.4.24.)로부터 90일 이내에 제기되어야 한다(행정소송법 제20조 제1항 단서).

> 행정청이 식품위생법령에 따라 영업자에게 행정제재처분을 한 후 그 처분을 영업자에게 유리하게 변경하는 처분을 한 경우, 변경처분에 의하여 당초 처분은 소멸하는 것이 아니고 당초부터 유리하게 변경된 내용의 처분으로 존재하는 것이므로, 변경처분에 의하여 유리하게 변경된 내용의 행정제재가 위법하다 하여 그 취소를 구하는 경우 그 취소소송의 대상은 변경된 내용의 당초 처분이지 변경처분은 아니고, 제소기간의 준수 여부도 변경처분이 아닌 변경된 내용의 당초 처분을 기준으로 판단하여야 한다(대판 2007.4.27. 2004두9302). ☞ [판결이유] 일부인용의 이행재결에 따른 후속 변경처분에 의하여 변경된 내용의 당초처분의 취소를 구하는 이 사건 소 또한 행정심판재결서 정본을 송달받은 날로부터 90일 이내 제기되어야 한다.

답 ❶

24 행정소송법상 취소소송에 관한 설명으로 옳은 것은?(다툼이 있으면 판례에 따름)

22 행정사 제10회

① 무효인 처분에 대하여는 무효확인청구소송을 제기하여야 하고 취소소송을 제기할 수는 없다.
② 신청에 대한 거부행위는 취소소송의 대상이 될 수 없다.
③ 처분등을 할 정당한 권한을 가진 행정청만이 피고적격을 갖는다.
④ 처분이 위법한 것으로 인정되는 경우에도 공공복리를 위하여 원고의 청구가 기각될 수 있다.
⑤ 과세처분취소소송에서 적법하게 부과될 정당한 세액이 산출되더라도 법원은 정당한 세액을 초과하는 부분만 취소할 수는 없고 전부를 취소하여야 한다.

해설

[❶ ▶ ×] 무효인 처분에 대하여는 무효확인소송뿐만 아니라 취소소송을 제기할 수도 있는데, 이러한 경우의 취소소송을 '무효를 선언하는 의미의 취소소송'이라고 하는데, 형식적으로는 취소소송이므로 제소기간 등 취소소송으로서의 소송요건을 갖추어야 소송이 적법하게 된다(대판 1984.5.29. 84누175).

[❷ ▶ ×] 신청에 대한 거부행위도 거부처분의 성립요건을 갖추면 취소소송의 대상이 되는 행정처분에 해당한다.

> 국민의 적극적 신청행위에 대하여 행정청이 그 신청에 따른 행위를 하지 않겠다고 거부한 행위가 항고소송의 대상이 되는 행정처분에 해당하기 위해서는, ㉠ 신청한 행위가 공권력의 행사 또는 이에 준하는 행정작용이어야 하고, ㉡ 거부행위가 신청인의 법률관계에 어떤 변동을 일으키는 것이어야 하며, ㉢ 국민에게 행위발동을 요구할 법규상 또는 조리상의 신청권이 있어야 한다(2009.9.10. 2007두20638; 2017.6.15. 2013두2945).

[❸ ▶ ×] 취소소송은 다른 법률에 특별한 규정이 없는 한 그 '처분 등을 행한 행정청'을 피고로 한다(행정소송법 제13조). 여기에서 '처분 등을 행한 행정청'이란 처분 등을 외부적으로 그의 명의로 행한 행정청을 말하고, 정당한 권한을 가진 행정기관인지 여부는 불문한다. 정당한 처분권한이 있는지 여부는 본안의 문제이고, 피고적격을 판단함에 있어 고려할 사항은 아니다(대판 1994.6.14. 94누1197 참조).

[❹ ▶ ○] 원고의 청구가 이유있다고 인정하는 경우에도 처분등을 취소하는 것이 현저히 공공복리에 적합하지 아니하다고 인정하는 때에는 법원은 원고의 청구를 기각할 수 있다(= 사정판결). 이 경우 법원은 그 판결의 주문에서 그 처분등이 위법함을 명시하여야 한다(행정소송법 제28조 제1항).

[❺ ▶ ×] 과세처분취소소송의 처분의 적법 여부는 과세액이 정당한 세액을 초과하느냐의 여부에 따라 판단되는 것으로서 당사자는 사실심 변론종결 시까지 객관적인 조세채무액을 뒷받침하는 주장과 자료를 제출할 수 있고 이러한 자료에 의하여 적법하게 부과될 정당한 세액이 산출되는 때에는 그 정당한 세액을 초과하는 부분만 취소하여야 할 것이고 전부를 취소할 것이 아니다(대판 2000.6.13. 98두5811).

답 ❹

25 행정소송법상 항고소송에 관한 내용으로 옳지 않은 것은?(다툼이 있으면 판례에 따름)

25 행정사 제13회

① 국가기관은 취소소송의 당사자가 될 수 있다.
② 교육에 관한 조례의 무효확인소송을 제기함에 있어서는 그 조례의 공포권이 있는 시·도 교육감을 피고로 하여야 한다.
③ 대리권을 수여받은 데 불과하여 그 자신의 명의로는 행정처분을 할 권한이 없는 행정청의 경우 대리관계를 밝힘이 없이 그 자신의 명의로 행정처분을 하였다면 그에 대하여는 처분명의자인 해당 행정청이 항고소송의 피고가 되는 것이 원칙이다.
④ 지방자치단체장이 국유 일반재산을 대부하여 달라는 신청을 거부한 것은 행정처분이 아니므로 항고소송으로 그 취소를 구할 수 없다.
⑤ 행정규칙에 의한 불문경고조치는 항고소송의 대상이 되는 행정처분에 해당하지 아니한다.

해설

[❶ ▶ ○] 국가기관은 권리능력이 없으므로 당사자능력이 없고 따라서 원칙적으로 항고소송에서 원고적격이 인정되지 않는다. 다만, 판례는 다른 기관의 처분에 의해 국가기관이 권리를 침해받거나 의무를 부과받는 등 중대한 불이익을 받았음에도 그 처분을 다툴 별다른 방법이 없고, 그 처분의 취소를 구하는 항고소송을 제기하는 것이 유효·적절한 권익구제수단인 경우에 예외적으로 국가기관(예 경기도선거관리위원회 위원장, 소방청장)의 당사자능력과 원고적격을 인정한다(대판 2013.7.25. 2011두1214; 대판 2018.8.1. 2014두35379).

국민권익위원회가 소방청장에게 인사와 관련하여 부당한 지시를 한 사실이 인정된다며 이를 취소할 것을 요구하기로 의결하고 그 내용을 통지하자 소방청장이 국민권익위원회 조치요구의 취소를 구하는 소송을 제기한 사안에서, 처분성이 인정되는 국민권익위원회의 조치요구에 불복하고자 하는 소방청장으로서는 조치요구의 취소를 구하는 항고소송을 제기하는 것이 유효·적절한 수단으로 볼 수 있으므로 소방청장이 예외적으로 당사자능력과 원고적격을 가진다고 한 사례(대판 2018.8.1. 2014두35379).

[❷ ▶ ○] 구 「지방교육자치에 관한 법률」 제14조 제5항, 제25조에 의하면 시·도의 교육·학예에 관한 사무의 집행기관은 시·도 교육감이고 시·도 교육감에게 지방교육에 관한 조례안의 공포권이 있다고 규정되어 있으므로, 교육에 관한 조례(두밀분교폐지조례)의 무효확인소송을 제기함에 있어서는 그 집행기관인 시·도 교육감을 피고로 하여야 한다(대판 1996.9.20. 95누8003).

[❸ ▶ ○] 항고소송은 다른 법률에 특별한 규정이 없는 한 원칙적으로 소송의 대상인 행정처분을 외부적으로 행한 행정청을 피고로 하여야 하고(행정소송법 제13조 제1항 본문), 다만 대리기관이 대리관계를 표시하고 피대리 행정청을 대리하여 행정처분을 한 때에는 피대리 행정청이 피고로 되어야 한다(대판 2018.10.25. 2018두43095). 그런데 대리권을 수여받은 데 불과하여 그 자신의 명의로는 행정처분을 할 권한이 없는 행정청의 경우 대리관계를 밝힘이 없이 그 자신의 명의로 행정처분을 하였다면 그에 대하여는 처분명의자인 당해 행정청이 항고소송의 피고가 되어야 하는 것이 원칙이지만, 비록 대리관계를 명시적으로 밝히지는 아니하였다 하더라도 처분명의자가 피대리 행정청 산하의 행정기관으로서 실제로 피대리 행정청으로부터 대리권한을 수여받아 피대리 행정청을 대리한다는 의사로 행정처분을 하였고 처분명의자는 물론 그 상대방도 그 행정처분이 피대리 행정청을 대리하여 한 것임을 알고서 이를 받아들인 예외적인 경우에는 피대리 행정청이 피고가 되어야 한다(대결 2006.2.23. 2005부4).

[④▶○] 지방자치단체장이 국유 잡종재산(= 일반재산)을 대부하여 달라는 신청을 거부한 것은 항고소송의 대상이 되는 행정처분이 아니므로 행정소송으로 그 취소를 구할 수 없다(대판 1998.9.22. 98두7602).
[⑤▶×] 행정규칙에 의한 '불문경고조치'가 비록 법률상의 징계처분은 아니지만 위 처분을 받지 아니하였다면 차후 다른 징계처분이나 경고를 받게 될 경우 징계감경사유로 사용될 수 있었던 표창공적의 사용가능성을 소멸시키는 효과와 1년 동안 인사기록카드에 등재됨으로써 그 동안은 장관표창이나 도지사표창 대상자에서 제외시키는 효과 등이 있다는 이유로 항고소송의 대상이 되는 행정처분에 해당한다고 한 사례(대판 2002.7.26. 2001두3532)

답 ❺

26 항고소송의 피고에 관한 설명으로 옳지 않은 것은?(다툼이 있으면 판례에 따름)

20 행정사 제8회

① 처분이 있은 뒤에 그 처분에 관계되는 권한이 다른 행정청에 승계된 때에는 이를 승계한 행정청을 피고로 한다.
② 공정거래위원회의 처분에 대한 항고소송의 피고는 공정거래위원회가 된다.
③ 조례에 대한 무효확인소송의 경우 해당 지방의회의 의장이 피고가 된다.
④ 원고가 피고를 잘못 지정한 때에는 법원은 원고의 신청에 의하여 결정으로써 피고의 경정을 허가할 수 있다.
⑤ 소의 종류의 변경 시에도 피고의 경정이 인정된다.

해설

[❶▶○] 취소소송은 다른 법률에 특별한 규정이 없는 한 그 처분등을 행한 행정청을 피고로 한다. 다만, 처분등이 있은 뒤에 그 처분에 관계되는 권한이 다른 행정청에 승계된 때에는 이를 승계한 행정청을 피고로 한다(행정소송법 제13조 제1항).
[❷▶○] 합의제 행정기관(예 감사원, 공정거래위원회, 토지수용위원회)도 행정에 관한 의사를 결정하고 자신의 이름으로 대외적으로 그 의사를 표시할 수 있는 권한을 가지고 있으면, 합의제 행정청에 해당한다. 합의제 행정청이 처분청인 경우에는 합의제행정청이 피고가 되므로, 공정거래위원회의 처분에 대한 항고소송의 피고는 공정거래위원회가 된다.
[❸▶×] 조례에 대한 무효확인소송을 제기함에 있어서 피고적격이 있는 처분 등을 행한 행정청은, 지방자치단체의 집행기관으로서 조례로서의 효력을 발생시키는 공포권이 있는 지방자치단체의 장이다(대판 1996.9.20. 95누8003).
[❹▶○] 원고가 피고를 잘못 지정한 때에는 법원은 원고의 신청에 의하여 결정으로써 피고의 경정을 허가할 수 있다(행정소송법 제14조 제1항).
[❺▶○] 소의 (종류)변경을 허가하는 결정이 확정되면, 법원은 결정의 정본을 새로운 피고에게 송달하여야 하고, 새로운 피고에 대한 소송은 처음에 소를 제기한 때에 제기된 것으로 보며, 종전의 피고에 대한 소송은 취하된 것으로 본다(행정소송법 제21조 제4항, 제14조 제2항·제4항·제5항). 즉, 소의 (종류)변경 시에도 피고의 경정이 인정된다.

답 ❸

27 행정소송법상 사정판결에 관한 설명으로 옳지 않은 것은?

① 무효확인소송에서는 사정판결을 할 수 없다.
② 사정판결 시 법원은 그 판결의 주문에서 그 처분등이 위법함을 명시하여야 한다.
③ 당사자의 주장이 없더라도 법원은 직권으로 사정판결을 할 수 있다.
④ 사정판결이 있으면 취소소송의 대상인 처분은 당해 처분이 위법함에도 그 효력이 유지된다.
⑤ 사정판결은 기각판결이므로 소송비용은 원고가 부담한다.

해설

[① ▶ ○] 사정판결은 취소소송에서만 인정되고 무효등확인소송과 부작위위법확인소송에서는 인정되지 아니하고 있다(행정소송법 제38조).

[② ▶ ○] 사정판결을 할 경우 법원은 그 판결의 주문에서 그 처분등이 위법함을 명시하여야 한다(행정소송법 제28조 제1항 후문).

[③ ▶ ○] 법원은 이러한 사정판결을 할 필요가 있다고 인정하는 때에는 당사자의 명백한 주장이 없는 경우에도 일건 기록에 나타난 사실을 기초로 하여 직권으로 사정판결을 할 수 있다(대판 1995.7.28. 95누4629).

[④ ▶ ○] 사정판결은 처분의 취소청구를 기각하는 기각판결의 일종이므로, 사정판결이 있으면 취소소송의 대상인 처분은 위법함에도 불구하고 그 효력을 유지한다.

[⑤ ▶ ×] 취소청구가 사정판결 규정에 의하여 기각되거나 행정청이 처분등을 취소 또는 변경함으로 인하여 청구가 각하 또는 기각된 경우에는 소송비용은 피고의 부담으로 한다(행정소송법 제32조).

답 ⑤

28 행정소송의 심리에 관한 설명으로 옳은 것은?(다툼이 있으면 판례에 따름)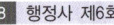

① 행정심판기록의 제출명령에 관한 규정은 당사자소송에는 준용되지 않는다.
② 행정소송의 심리에 있어서 직권탐지주의가 원칙이고, 당사자주의·변론주의는 보충적으로 적용된다.
③ 행정소송법 제16조에 따른 소송참가가 허용되지 않는 제3자라 하더라도 민사소송법에 따라 공동소송적 보조참가를 할 수 있다.
④ 관련청구소송을 취소소송에 병합한 경우, 법원은 취소소송이 부적법하더라도 관련청구소송에 대하여 본안판결을 내릴 수 있다.
⑤ 무효확인소송에서 처분의 무효사유에 대한 주장·입증책임은 피고인 행정청이 부담한다.

해설

[❶ ▶ ×] 행정심판기록의 제출명령에 관한 규정은 당사자소송에 준용된다(행정소송법 제44조 제1항, 제25조).

[❷ ▶ ×] 행정소송의 심리에 있어서는 당사자주의·변론주의가 원칙이고 직권탐지주의는 보충적 적용된다.

> 행정소송법 제26조가 법원은 필요하다고 인정할 때에는 직권으로 증거조사를 할 수 있고, 당사자가 주장하지 아니한 사실에 대하여도 판단할 수 있다고 규정하고 있지만, 이는 행정소송의 특수성에 연유하는 당사자주의, 변론주의에 대한 일부 예외 규정일 뿐 법원이 아무런 제한 없이 당사자가 주장하지 아니한 사실을 판단할 수 있는 것은 아니고, 일건 기록에 현출되어 있는 사항에 관하여서만 직권으로 증거조사를 하고 이를 기초로 하여 판단할 수 있을 따름이고, 그것도 법원이 필요하다고 인정할 때에 한하여 청구의 범위내에서 증거조사를 하고 판단할 수 있을 뿐이다(대판 1994.10.11. 94누4820).

[❸ ▶ ○] 행정소송 사건에서 참가인이 한 보조참가는 행정소송법 제16조가 규정한 제3자의 소송참가에 해당하지 아니하더라도, 민사소송법상 보조참가의 요건을 갖춘 경우 허용되고 그 성격은 공동소송적 보조참가라고 할 것이다(대결 2013.7.12. 2012무84).

[❹ ▶ ×] 관련청구소송의 병합은 본체인 취소소송이 그 자체로 소송요건을 구비할 것을 전제로 하므로, 취소소송이 부적법하다면 관련청구소송도 부적합한 것으로 각하되어야 하고 본안판결을 내릴 수 없다.

> 행정소송법 제38조, 제10조에 의한 관련청구소송의 병합은 본래의 항고소송이 적법할 것을 요건으로 하는 것이어서 본래의 항고소송이 부적법하여 각하되면 그에 병합된 관련청구도 소송요건을 흠결한 부적합한 것으로 각하되어야 한다(대판 2001.11.27. 2000두697).

[❺ ▶ ×] 행정처분의 당연무효를 구하는 소송에 있어서 그 무효를 구하는 사람에게 그 행정처분에 존재하는 하자가 중대하고 명백하다는 것을 주장·입증할 책임이 있다(대판 1984.2.28. 82누154).

답 ❸

29 행정소송상 집행정지에 관한 설명으로 옳은 것을 모두 고른 것은?

24 행정사 제12회

ㄱ. 「행정소송법」상 집행정지는 부작위위법확인소송에는 인정되지 않는다.
ㄴ. 처분이 가분적이더라도 처분의 일부에 대한 집행정지는 허용되지 않는다.
ㄷ. 처분의 효력정지는 처분등의 집행을 정지함으로써 목적을 달성할 수 있는 경우에는 허용되지 않는다.
ㄹ. 집행정지의 결정에 대한 즉시항고에는 결정의 집행을 정지하는 효력이 인정된다.

① ㄱ, ㄴ
② ㄱ, ㄷ
③ ㄴ, ㄹ
④ ㄱ, ㄷ, ㄹ
⑤ ㄴ, ㄷ, ㄹ

해설

[ㄱ▶O] 집행정지가 허용될 수 있는 본안소송은 취소소송과 무효등 확인소송이며(행정소송법 제23조 제2항, 제38조 제1항), 부작위법확인소송과 당사자소송은 집행정지가 인정되지 않는다(행정소송법 제38조 제2항, 제44조 제1항).

[ㄴ▶X] 처분의 내용이 가분적인 경우에는 처분의 일부에 대하여서만 정지하는 것도 가능하다(행정소송법 제23조 제2항 본문).

[ㄷ▶O] 처분의 효력정지는 처분등의 집행을 정지함으로써 목적을 달성할 수 있는 경우에는 허용되지 않는다(행정소송법 제23조 제2항 단서).

[ㄹ▶X] 집행정지의 결정에 대한 즉시항고에는 결정의 집행을 정지하는 효력이 없다(행정소송법 제23조 제5항 단서).

> **행정소송법 제23조(집행정지)** ② 취소소송이 제기된 경우에 처분등이나 그 집행 또는 절차의 속행으로 인하여 생길 회복하기 어려운 손해를 예방하기 위하여 긴급한 필요가 있다고 인정할 때에는 본안이 계속되고 있는 법원은 당사자의 신청 또는 직권에 의하여 처분등의 효력이나 그 집행 또는 절차의 속행의 전부 또는 일부의 정지(이하 "집행정지"라 한다)를 결정할 수 있다. ❶ 다만, 처분의 효력정지는 처분등의 집행 또는 절차의 속행을 정지함으로써 목적을 달성할 수 있는 경우에는 허용되지 아니한다. ❷
> ⑤ 제2항의 규정에 의한 집행정지의 결정 또는 기각의 결정에 대하여는 즉시항고할 수 있다. 이 경우 집행정지의 결정에 대한 즉시항고에는 결정의 집행을 정지하는 효력이 없다. ❸

답 ❷

30 행정소송법의 내용에 관한 설명으로 옳지 않은 것은?　23 행정사 제11회

① 처분등을 취소하는 확정판결은 당사자에 대해서만 효력이 있다.
② 처분등이란 행정청이 행하는 구체적 사실에 관한 법집행으로서의 공권력의 행사 또는 그 거부와 그 밖에 이에 준하는 행정작용 및 행정심판에 대한 재결을 말한다.
③ 행정소송의 종류로는 항고소송, 당사자소송, 민중소송, 기관소송이 규정되어 있다.
④ 무효등 확인소송은 처분등의 효력 유무 또는 존재 여부의 확인을 구할 법률상 이익이 있는 자가 제기할 수 있다.
⑤ 행정청의 재량에 속하는 처분이라도 재량권의 한계를 넘거나 그 남용이 있는 때에는 법원은 이를 취소할 수 있다.

해설

[❶▶×] 처분등을 취소하는 확정판결은 제3자에 대하여도 효력이 있다(행정소송법 제29조 제1항).
[❷▶○] "처분등"이란 행정청이 행하는 구체적 사실에 관한 법집행으로서의 공권력의 행사 또는 그 거부와 그 밖에 이에 준하는 행정작용(이하 "처분"이라 한다) 및 행정심판에 대한 재결을 말한다(행정소송법 제2조 제1항 제1호).
[❸▶○] 행정소송은 항고소송, 당사자소송, 민중소송, 기관소송 네 가지로 구분한다(행정소송법 제3조).

> **행정소송법 제3조(행정소송의 종류)** 행정소송은 다음의 네가지로 구분한다.
> 1. 항고소송 : 행정청의 처분등이나 부작위에 대하여 제기하는 소송
> 2. 당사자소송 : 행정청의 처분등을 원인으로 하는 법률관계에 관한 소송 그 밖에 공법상의 법률관계에 관한 소송으로서 그 법률관계의 한 쪽 당사자를 피고로 하는 소송
> 3. 민중소송 : 국가 또는 공공단체의 기관이 법률에 위반되는 행위를 한 때에 직접 자기의 법률상 이익과 관계없이 그 시정을 구하기 위하여 제기하는 소송
> 4. 기관소송 : 국가 또는 공공단체의 기관상호 간에 있어서의 권한의 존부 또는 그 행사에 관한 다툼이 있을 때에 이에 대하여 제기하는 소송. 다만, 헌법재판소법 제2조의 규정에 의하여 헌법재판소의 관장사항으로 되는 소송은 제외한다.

[❹▶○] 무효등 확인소송은 처분등의 효력 유무 또는 존재 여부의 확인을 구할 법률상 이익이 있는 자가 제기할 수 있다(행정소송법 제35조).
[❺▶○] 행정청의 재량에 속하는 처분이라도 재량권의 한계를 넘거나 그 남용이 있는 때에는 법원은 이를 취소할 수 있다(행정소송법 제27조).

답 ❶

31 행정소송법의 내용에 관한 설명으로 옳은 것은?(다툼이 있으면 판례에 따름) `25` 행정사 제13회

① 취소소송은 법령의 규정에 의하여 당해 처분에 대한 행정심판을 제기할 수 있는 경우에는 이를 거치지 아니하고 제기할 수 없다.
② 처분등을 취소하는 확정판결은 제3자에 대하여는 효력이 없다.
③ 행정처분의 무효 확인을 구하는 소에는 특단의 사정이 없는 한 취소를 구하는 취지도 포함되어 있다.
④ 거부처분취소판결의 간접강제에 관한 규정은 무효등 확인소송의 경우에 준용한다.
⑤ 「행정소송법」에서는 의무이행소송을 인정하고 있다.

해설

[❶ ▸ ✕] 행정소송법 제18조 제1항. 우리 행정소송법은 임의적 전치주의를 취하고 있다.

> **행정소송법 제18조(행정심판과의 관계)** ① 취소소송은 법령의 규정에 의하여 당해 처분에 대한 행정심판을 제기할 수 있는 경우에도 이를 거치지 아니하고 제기할 수 있다. 다만, 다른 법률에 당해 처분에 대한 행정심판의 재결을 거치지 아니하면 취소소송을 제기할 수 없다는 규정이 있는 때에는 그러하지 아니하다.

[❷ ▸ ✕] 처분등을 취소하는 확정판결은 제3자에 대하여도 효력이 있다(행정소송법 제29조 제1항). 이를 '취소판결의 대세효(= 제3자효)'라 한다.

[❸ ▸ ○] 행정처분의 무효확인을 구하는 소에는 특단의 사정이 없는 한 그 취소를 구하는 취지도 포함되어 있다고 보아야 한다(대판 2005.12.23. 2005두3554).

> 일반적으로 행정처분의 무효확인을 구하는 소에는 원고가 그 처분의 취소를 구하지 아니한다고 밝히지 아니한 이상, 그 처분이 만약 당연무효가 아니라면 그 취소를 구하는 취지도 포함되어 있는 것으로 보아야 한다(대판 1994.12.23. 94누477).

[❹ ▸ ✕] 무효등확인소송의 경우 취소판결의 기속력에 관한 규정(행정소송법 제30조)은 준용되지만, 재처분의무에 따른 간접강제에 관한 규정(행정소송법 제34조)은 준용되지 않는다(행정소송법 제38조 제1항).

[❺ ▸ ✕] 의무이행소송이란 당사자의 신청에 대한 행정청의 위법한 거부처분 또는 부작위가 있는 경우 행정청으로 하여금 일정한 처분을 하도록 명하는 소송을 말한다. 이러한 의무이행소송은 위법한 거부처분 또는 부작위에 대한 효과적인 구제수단이 된다. 그러나 현행 행정소송법은 우회적인 구제수단인 '거부처분취소소송'과 '부작위위법확인소송'만을 인정하고 있을 뿐 '의무이행소송'을 인정하는 명문의 규정을 두고 있지 않으므로 해석상 이를 허용할 수 있을 것인지 여부가 문제된다. 학설은 견해가 대립하고 있으나 판례는 의무이행소송은 현행 행정소송법상 허용되지 아니한다는 입장이다(대판 1997.9.30. 97누3200; 대판 1995.3.10. 94누14018 등).

> 현행 행정소송법상 의무이행소송이나 의무확인소송은 인정되지 않으며, 행정심판법이 의무이행심판청구를 할 수 있도록 규정하고 있다고 하여 행정소송에서 의무이행청구를 할 수 있는 근거가 되지 못한다(대판 1992.2.11. 91누4126).

답 ❸

32 甲의 건축허가 신청에 대하여 관할 군수 乙은 거부처분을 하였으나, 해당 거부처분에 무효사유에 해당하는 하자가 있어 甲이 행정쟁송으로 다투고자 한다. 이에 관한 설명으로 옳지 않은 것은?(다툼이 있으면 판례에 따름)

24 행정사 제12회

① 甲은 거부처분 무효확인심판을 제기할 수 있다.
② 甲은 의무이행심판을 제기할 수 있다.
③ 甲이 거부처분 무효확인소송을 제기한 경우 무효인 사유를 주장·증명할 책임은 甲에게 있다.
④ 甲이 거부처분 무효확인소송을 제기한 경우 「행정소송법」상 취소소송의 사정판결 규정은 준용되지 않는다.
⑤ 甲이 무효의 선언을 구하는 의미의 취소소송을 제기한 경우 제소기간의 제한이 없다.

해설

[❶ ▶ ○] 무효등확인심판이란 행정청의 처분의 효력 유무 또는 존재 여부를 확인하는 행정심판을 말한다(행정심판법 제5조 제2호). 그리고 "처분"이란 행정청이 행하는 구체적 사실에 관한 법집행으로서의 공권력의 행사 또는 그 거부, 그 밖에 이에 준하는 행정작용을 말한다(행정심판법 제2조 제1호). 따라서 거부처분에 무효사유에 해당하는 하자가 있는 경우 무효등확인심판을 제기할 수 있다.

[❷ ▶ ○] 의무이행심판은 행정청의 위법 또는 부당한 거부처분이나 부작위에 대하여 일정한 처분을 하도록 하는 심판을 말한다(행정심판법 제5조 제3호). 의무이행심판은 행정청의 '부작위'뿐만 아니라 '거부처분'에 대하여도 적극적인 처분을 구하는 행정심판이다. 따라서 '거부처분'에 대하여는 '취소심판'뿐만 아니라 '의무이행심판'도 선택적으로 청구할 수 있다.

[❸ ▶ ○] 행정처분의 당연무효를 주장하여 그 무효확인을 구하는 행정소송에 있어서는 원고(= 무효를 주장하는 사람)에게 그 행정처분이 무효인 사유를 주장·입증(= 증명)할 책임이 있다(대판 2010.5.13. 2009두3460).

[❹ ▶ ○] 사정판결은 취소소송에서 인정되고(행정소송법 제28조), 무효등확인소송과 부작위위법확인소송에는 준용되지 않는다(행정소송법 제38조 제1항·제2항). 판례도 "당연무효의 행정처분을 소송목적물로 하는 행정소송에서는 사정판결을 할 수 없다"고 판시하고 있다(대판 1985.2.26. 84누380).

[❺ ▶ ×] 처분의 당연무효를 선언하는 의미에서 그 취소를 구하는 행정소송은 형식상 취소소송에 속하므로 제소기간의 준수 등 취소소송의 제소요건을 갖추어야 한다(대판 1993.3.12. 92누11039).

답 ⑤

33 행정소송법상 부작위위법확인소송의 경우에 취소소송에 관한 규정이 준용되는 것을 모두 고른 것은?

25 행정사 제13회

> ㄱ. 집행정지
> ㄴ. 사정판결
> ㄷ. 제3자의 소송참가
> ㄹ. 소송비용에 관한 재판의 효력
> ㅁ. 거부처분취소판결의 간접강제

① ㄱ, ㄴ
② ㄴ, ㄹ
③ ㄱ, ㄷ, ㅁ
④ ㄷ, ㄹ, ㅁ
⑤ ㄴ, ㄷ, ㄹ, ㅁ

해설

[ㄱ ▶ ✕] 집행정지(제23조) 및 집행정지의 취소(제24조)에 관한 규정은 부작위위법확인소송에 준용되지 않는다.
[ㄴ ▶ ✕] 사정판결(제28조)에 관한 규정은 부작위위법확인소송에 준용되지 않는다.
[ㄷ ▶ ○] 제3자의 소송참가(제16조)에 관한 규정은 부작위위법확인소송에 준용된다.
[ㄹ ▶ ○] 소송비용에 관한 재판의 효력(제33조)에 관한 규정은 부작위위법확인소송에 준용된다.
[ㅁ ▶ ○] 거부처분취소판결의 간접강제(제34조)에 관한 규정은 부작위위법확인소송에 준용된다.

➡ **부작위위법확인소송에 준용되는 취소소송에 관한 규정(행정소송법 제38조 제2항)**

준용되는 것	준용되지 않는 것
• 재판관할(제9조)	• 선결문제(제11조)
• 관련청구소송의 이송 및 병합(제10조)	• 원고적격(제12조) → 별도 규정 존재(제36조)
• 피고적격(제13조) 및 피고의 경정(제14조)	• 처분변경으로 인한 소의 변경(제22조)
• 공동소송(제15조)	• 집행정지(제23조) 및 집행정지의 취소(제24조)
• 제3자의 소송참가(제16조)	• 사정판결(제28조)
• 행정청의 소송참가(제17조)	• 소송비용의 부담(제32조)
• 행정심판과의 관계(행정심판전치주의)(제18조)	
• 취소소송의 대상(제19조)	
• 제소기간(제20조)	
• 소의 (종류)변경(제21조, 제37조에서 준용)	
• 행정심판기록의 제출명령(제25조)	
• 직권심리(제26조)	
• 재량처분의 취소(제27조)	
• 취소판결등의 효력(= 제3자효)(제29조)	
• 취소판결등의 기속력(제30조)	
• 제3자에 의한 재심청구(제31조)	
• 소송비용에 관한 재판의 효력(제33조)	
• 거부처분취소판결의 간접강제(제34조)	

답 ④

34

당사자소송에 관한 설명으로 옳은 것은?(다툼이 있는 경우에는 판례에 의함) `14 행정사 제2회`

① 당사자소송에는 행정청의 소송참가가 허용되지 않는다.
② 당사자소송의 피고는 원칙적으로 처분을 행한 행정청이 된다.
③ 지방소방공무원이 소속 지방자치단체를 상대로 초과근무수당의 지급을 구하는 소송은 당사자소송 절차에 따라야 한다.
④ 지방전문직공무원 채용계약의 해지에 대한 불복은 당사자소송이 아니라 항고소송으로 하여야 한다.
⑤ 당사자소송의 제소기간에 대해서는 취소소송의 제소기간에 관한 규정이 준용된다.

해설

[① ▸ ×] 당사자소송에서도 제3자의 소송참가 및 행정청의 소송참가가 허용된다(행정소송법 제44조 제1항, 제16조 및 제17조).

[② ▸ ×] 당사자소송은 국가·공공단체 그 밖의 권리주체를 피고로 한다(행정소송법 제39조).

[③ ▸ ○] 지방소방공무원의 초과근무수당 지급청구권은 법령의 규정에 의하여 직접 그 존부나 범위가 정하여지고 법령에 규정된 수당의 지급요건에 해당하는 경우에는 곧바로 발생한다고 할 것이므로, 지방소방공무원이 자신이 소속된 지방자치단체를 상대로 초과근무수당의 지급을 구하는 청구에 관한 소송은 행정소송법 제3조 제2호에 규정된 당사자소송의 절차에 따라야 한다(대판 2013.3.28. 2012다102629).

[④ ▸ ×] 지방전문직공무원 채용계약 해지의 의사표시에 대하여는 대등한 당사자 간의 소송형식인 공법상 당사자소송으로 그 의사표시의 무효확인을 청구할 수 있다(대판 1993.9.14. 92누4611).

[⑤ ▸ ×] 당사자소송의 제소기간에 대해서는 취소소송의 제소기간에 관한 규정이 준용되지 않으며 당사자소송은 원칙적으로 제소기간의 제한이 없다.

답 ③

제6장 행정조직법

학습 Key word

❶ 행정기관의 종류, 행정기관법정주의, 정부조직법상 국무총리 소속 행정기관, 권한의 위임과 내부위임, 권한의 대리, 상급행정청의 감독수단 등에 대하여 학습한다.
❷ 지방자치단체의 종류 및 구역, 주민투표권, 주민소환권, 주민조례청구권, 주민감사청구권 및 주민소송, 지방의회와 지방자치단체의 장의 권한 및 관계, 자치사무와 국가사무(기관위임사무)의 구별, 조례제정권의 범위와 한계, 조례(안)에 대한 통제, 감독기관의 시정명령 및 취소·정지권, 직무이행명령에 대하여 학습한다.
❸ 국가공무원법상 공무원의 분류, 공무원관계의 변동(신규임용·승진임용, 직위해제, 면직·해임·파면, 퇴직 등), 공무원에 불이익처분에 대한 구제(소청 및 행정소송), 징계책임 등에 대하여 학습한다.

제1절 행정조직법의 의의

제1관 | 행정조직법 개설

I 행정조직법정주의

① 우리 헌법 제96조는 "행정각부의 설치·조직과 직무범위는 법률로 정한다"라고 규정하여 행정조직법정주의를 선언하고 있다. 행정조직법정주의는 행정권한법정주의를 포함하는 개념이다. 이에 근거하여 정부조직법이 제정되었다. 기출 23·13

② 중앙행정기관의 설치와 직무범위는 법률로 정한다(정부조직법 제2조 제1항). 따라서 방송통신위원회, 공정거래위원회, 국민권익위원회, 금융위원회와 같은 중앙행정기관인 위원회의 설치와 직무범위도 법률로 정한다. 기출 19

③ 각종 징계위원회나 지방의회와 같은 부속기관의 설치에는 법령의 근거를 필요로 한다(정부조직법 제4조, 제5조). 기출 13

④ 헌법에 따라 설치되는 위원회 및 정부조직법 제2조 제2항에 따라 다른 법률에 의하여 중앙행정기관으로 설치되는 위원회에 대하여는 「행정기관 소속 위원회의 설치·운영에 관한 법률」(행정기관위원회법)을 적용하지 아니한다(행정기관위원회법 제3조 제2항). 기출 19

⑤ 지방자치단체는 소관사무의 범위에서 법령이나 그 지방자치단체의 조례로 정하는 바에 따라 자문기관(소관사무에 대한 자문에 응하거나 협의, 심의 등을 목적으로 하는 심의회, 위원회 등)을 설치·운영할 수 있다(지방자치법 제130조 제1항). 기출 19

II 행정기관의 개념

① 행정조직법적 관점에서의 행정기관은 행정사무의 분배 단위를 의미한다. 정부조직법은 "중앙행정기관은 … 부·처·청으로 한다"라고 규정하고 있는데(제2조 제2항), 이는 행정조직법적 관점의 행정기관을 의미한다.
② 행정작용법(내지 행정쟁송법)적 의미의 행정기관은 일정한 행정권한의 귀속자를 의미한다. 행정기관의 행정작용의 효과는 궁극적으로 행정주체(국가 또는 지방자치단체)에 귀속된다. ㉠ 권한의 위임·위탁과 관련된 정부조직법 제6조의 행정기관, ㉡ 행정청으로서의 행정기관(행정기본법 제2조 제2호, 행정심판법 제2조 제4호, 행정소송법 제2조 제2항)이 행정작용법적 의미의 행정기관에 해당한다.
③ 각 행정기관의 장은 소관사무를 통할하고 소속공무원을 지휘·감독한다(정부조직법 제7조 제1항). 기출 21
④ 행정기관 또는 소속기관을 설치하거나 공무원의 정원을 증원할 때에는 반드시 예산상의 조치가 병행되어야 한다(정부조직법 제9조). 기출 23·16

III 행정기관의 종류

1. 권한에 의한 분류(행정작용법적 행정기관)

(1) 행정청

① "행정청"이란 행정에 관한 의사를 결정하여 표시하는 국가 또는 지방자치단체의 기관이나 그 밖에 법령 또는 자치법규에 따라 행정권한을 가지고 있거나 위임 또는 위탁받은 공공단체 또는 그 기관이나 사인(私人)을 말한다(행정기본법 제2조 제2호, 행정절차법 제2조 지0호). 기출 21
② 행정청은 행정주체의 행정에 관한 의사 또는 판단을 결정하고 이를 외부에 표시할 수 있는 권한을 가진 행정기관을 말한다. 행정 각부의 장관과 지방자치단체의 장이 행정청에 해당한다. 기출 13
③ 행정권한을 위탁 받은 공공단체 또는 그 기관이나 사인은 행정기본법 및 행정절차법상의 행정청에 해당한다(행정절차법 제2조 제1호). 기출 17
④ 관련 판례

> 공법인이나 이에 준하는 지위를 가진 자라 하더라도 공무를 수행하거나 고권적 행위를 하는 경우가 아닌 사경제 주체로서 활동하는 경우나 조직법상 국가로부터 독립한 고유 업무를 수행하는 경우, 그리고 다른 공권력 주체와의 관계에서 지배복종관계가 성립되어 일반 사인처럼 그 지배하에 있는 경우 등에는 기본권 주체가 될 수 있다(헌재 2013.9.26. 2012헌마271). 기출 17

(2) 보조기관

① 보조기관이란 행정청에 소속되어 행정청의 권한행사를 보조하는 것을 임무로 하는 기관을 말한다. 행정 각부의 차관·차장·실장 및 과장이 보조기관에 해당한다(정부조직법 제2조 제3항).
② 보조기관은 독자적으로 의사를 결정하고 외부에 대하여 표시하는 권한을 갖지 못하는 것이 원칙이다. 다만, 보조기관은 위임받은 사항에 대하여는 그 범위에서 행정기관으로서 그 사무를 수행하므로(정부조직법 제6조 제2항), 그 한도에서 행정청의 지위를 가진다고 할 수 있다. 기출 13
③ 보조기관에 대한 위임전결의 경우 보조기관은 내부적으로 최종적인 의사를 결정하는 권한을 가지지만, 그 결정에 따라 대외적으로 처분을 할 때에는 행정청의 이름으로 처분을 하여야 한다(따라서 위임전결의 경우에는 보조기관은 행정청이 아니다).

(3) 보좌기관

보좌기관이란 행정청 또는 그 보조기관을 보좌하는 기관을 말한다(보좌기관을 보조기관의 일종으로 보는 견해도 있다). 행정 각부의 차관보, 담당관 등이 보좌기관에 해당한다.

(4) 의결기관

① 의결기관은 행정주체(국가나 지방자치단체)의 의사를 결정할 권한을 가지고 있으나 이를 대외적으로 표시할 수 있는 권한을 갖지 못한 합의제 행정기관을 말한다. 의결기관의 설치는 법률에 근거가 있어야 하며, 각종 징계위원회나 지방의회 등이 이에 해당한다.
② 의결기관(예 징계위원회)은 행정주체의 의사를 외부에 표시할 권한이 없다는 점에서 그러한 권한이 있는 합의제행정청(예 소청심사위원회)과 구별된다. 기출 22·19
③ 의결기관의 결정은 행정청을 구속한다. 의결기관의 의결을 요하는 처분임에도 불구하고 행정청이 의결을 거치지 않고 처분을 한 경우, 그 처분은 무권한의 처분으로 당연무효이다. 의결기관의 의결에 반하는 처분도 원칙적으로 무효가 된다.

(5) 심의기관

① 심의기관은 일정한 안건을 반드시 심의에 부쳐야 하지만, 행정청의 의사가 심의 결과에 반드시 구속될 필요는 없는 경우의 기관을 의미한다. 대표적인 심의기관으로는 국무회의가 있으며, 지방행정기관으로서 학교운영위원회도 이러한 심의기관에 해당한다.
② 심의기관은 심의를 반드시 거쳐야 된다는 점에서 자문기관과 구별되나, 법적 구속력이 없다는 점에서 의결기관과 구별된다. 기출 19

(6) 자문기관

① 자문기관이란 행정청의 자문 신청에 따라 또는 자진하여 행정청에 대하여 의견(자문)을 제시하는 것을 임무로 하는 기관을 말한다. 국가안전보장회의(헌법 제91조), 민주평화통일자문회의(헌법 제92조), 국민경제자문회의(헌법 제93조)가 그 예이다.
② 행정청은 자문기관의 의견·권고에 구속되지 않는다. 다만, 법령에 자문절차가 규정되어 있는 경우에 자문절차를 거치지 않고 한 행정작용(처분 등)은 절차의 하자가 있는 위법한 행위이며, 원칙적으로 취소사유에 해당한다. 자문기관은 합의제인 것이 보통이나 독임제인 것도 있을 수 있고, 그 구성원은 공무원인 경우뿐만 아니라 사인인 경우도 있다.

(7) 집행기관

집행기관이란 행정청의 명을 받아 실력을 행사하여 행정청의 의사를 집행하는 기관(강제집행기관)을 말한다. 경찰공무원, 세무공무원, 무허가건물철거반원 등이 그 예이다. 이러한 집행기관은 행정청에 해당하는 지방자치법상의 집행기관(지방자치단체의 장, 교육감)과 구별해야 한다.

2. 독임제 행정기관과 합의제 행정기관

(1) 독임제 행정기관

독임제 행정기관은 1명의 자연인으로 구성되는 행정기관을 말한다. 독임제 행정기관은 책임소재의 명확성, 사무통일성의 확보, 신속한 조치 등을 취할 수 있는 장점이 있다. 상하의 계층질서를 이루는 피라미드형의 체계를 취하는 일반행정조직은 독임제가 원칙이다.

(2) 합의제 행정기관

1) 의 의
합의제 행정기관은 복수(2명 이상)의 자연인에 의하여 구성되고, 의사결정이 이들 구성원의 합의에 의해 이루어지는 행정기관을 말한다(예 공정거래위원회, 토지수용위원회 등). 합의제 행정기관은 신중·공정한 판단, 각종 이해의 공정한 조정, 의사결정 과정의 민주성, 기관의 정치적 중립성 등을 담보하여 주는 장점이 있다.

2) 설치 근거
① 행정기관에는 그 소관사무의 일부를 독립하여 수행할 필요가 있는 때에는 법률로 정하는 바에 따라 행정위원회 등 합의제행정기관을 둘 수 있다(정부조직법 제5조). 기출 21·18·13
② 지방자치단체는 소관사무의 일부를 독립하여 수행할 필요가 있으면 법령이나 그 지방자치단체의 조례로 정하는 바에 따라 합의제행정기관을 설치할 수 있다(지방자치법 제129조 제1항). 기출 21·18

3) 종 류
① 합의제 행정기관에는 ㉠ 의결권과 함께 그 결정된 의사를 자기의 이름으로 대외적으로 표시할 권한을 가지고 있는 '합의제 행정청'인 경우(예 공정거래위원회, 노동위원회, 금융위원회, 감사원, 행정심판위원회 등), ㉡ 의결권만을 갖는 의결기관인 경우(예 징계위원회), ㉢ 동의권만 갖는 동의기관인 경우(예 인사위원회), ㉣ 심의권만 갖는 심의기관인 경우(예 정보공개심의회), 그리고 ㉤ 자문권만 갖는 자문기관(예 국민경제자문회의)인 경우가 있다.
② 소청심사위원회 결정은 그 자체로서 처분의 성격을 가지므로 소청심사위원회는 심사결정권과 함께 대외적 표시권한을 갖는 행정청이다(대판 2018.7.12. 2017두65821). 기출 18
③ 중앙노동위원회의 처분에 대한 소송은 중앙노동위원회 위원장을 피고로 하여 처분의 송달을 받은 날부터 15일 이내에 제기하여야 한다(노동위원회법 제27조 제1항). 기출 18

> **참고**
> 합의제 행정청이 처분청인 경우에는 다른 법률에 특별한 규정이 없는 한, 합의제 행정청이 피고가 된다. 다만, 노동위원회법은 중앙노동위원회의 처분에 대한 소송을 '중앙노동위원회 위원장'을 피고로 하여 제기하도록 특별한 규정을 두고 있다(노동위원회법 제27조 제1항). 기출 18

3. 행정주체와 행정기관의 관계
① 행정주체는 행정을 담당하는 법적 주체이며 행정법상 국민과의 관계에서 권리·의무의 주체가 된다. 행정주체에는 국가, 지방자치단체와 공공단체 및 공무수탁사인이 있다.
② 행정주체 중 국가와 지방자치단체는 스스로 행정작용을 하는 것이 아니라 행정기관을 통하여 행정작용을 행한다. 국가와 지방자치단체의 경우 국민과의 관계에서 행위를 하는 것은 행정기관(행정청)이며 행정기관의 행위의 효과는 행정주체에게 귀속된다.

4. 정부조직법상 소속에 따른 행정기관의 분류

(1) 정부조직법상 대통령과 국무총리 소속 행정기관(2024.5.17. 시행 정부조직법 기준)

대통령 소속	국무총리 소속
• 대통령비서실(정부조직법 제14조 제1항) • 국가안보실(정부조직법 제15조 제1항) • 대통령경호처(정부조직법 제16조 제1항) 기출 23	• 국무조정실(정부조직법 제20조) • 국무총리비서실(정부조직법 제21조)
• 감사원(헌법 제97조) • 국가정보원(정부조직법 제17조 제1항) • 방송통신위원회(방통위법 제3조 제1항) • 특별감찰관(특별감찰관법 제3조)	• 인사혁신처(정부조직법 제22조의3 제1항) • 법제처(정부조직법 제23조 제1항) 기출 23 • 식품의약품안전처(정부조직법 제25조 제1항) ※ 국민안전처(2017.7.26. 국민안전처와 행정자치부를 행정안전부로 통합) ※ 국가보훈처(2023.3.4. 국가보훈부로 격상)
	• 공정거래위원회(공정거래법 제54조) • 국민권익위원회(부패방지권익위법 제11조) • 금융위원회(금융위원회법 제3조) • 개인정보보호위원회(개인정보 보호법 제7조) • 원자력안전위원회(원안위법 제3조)

(2) 정부조직체계에서 청 단위기관과 소속부처(2024.5.17. 시행 정부조직법 기준)

구 분(19부)	소속 청 단위 기관
기획재정부	국세청, 관세청, 조달청, 통계청 기출 23
외교부	재외동포청(2023.3.4. 신설, 2023.6.5. 시행)
법무부	검찰청
국방부	병무청, 방위사업청
행정안전부	경찰청, 소방청
문화체육관광부	국가유산청(2024.2.13. 개정, 2024.5.17. 시행. 문화재청 → 국가유산청)
농림축산식품부	농촌진흥청, 산림청
산업통상자원부	특허청 기출 23
보건복지부	질병관리청
환경부	기상청
국토교통부	행정중심복합도시건설청, 새만금개발청
해양수산부	해양경찰청
과학기술정보통신부	우주항공청(2024.1.26. 개정, 2024.5.17. 시행)

※ 교육부, 통일부, 국가보훈부(2023.3.4. 신설, 2023.6.5. 시행), 고용노동부, 여성가족부, 중소기업벤처부 6개의 부에는 소속청이 없다.

※ 2025년 6월 현재 국회에 접수된 정부조직법 개정안들의 내용을 살펴보면, ① 기존 기획재정부는 기획예산 기능과 재정경제 기능을 분리하여 '기획예산처'와 '재정경제부'로 이원화하고, 기존 산업통상자원부는 '산업부', '외교통상부', '기후에너지부'로 재편하고, 과학기술정보통신부장관은 과학기술부총리로 격상하고 해양수산부는 복수차관제를 도입하는 개정안, ② 대통령 소속으로 '예산처'를 신설하고 기획재정부의 명칭을 '재무부'로 변경하는 개정안, ③ 고용노동부 산하에 '산업안전보건청'을 신설하는 개정안, ④ 여성가족부의 명칭을 '성평등가족청소년부'로 변경하는 개정안 등이 있다. 2025년 8월 이후에 정부조직법이 개정되면, 개정법에 따른 정오표는 시대에듀 홈페이지에 올릴 예정이니 반드시 확인하기 바란다.

제2관 | 행정청의 권한

I 권한의 설정(행정권한 법정주의)

① 행정(관)청의 권한의 범위는 원칙적으로 행정청을 설치하는 근거법규(헌법 또는 법률)에 의해 정해진다. 이를 행정권한법정주의라 한다. 다만, 권한에 관한 세부적인 사항은 명령(법규명령)에 위임할 수 있다.
② 행정권한의 위임은 권한의 법적 귀속의 변경을 가져오므로 행정권한법정주의에 따라 법적 근거가 있어야 한다.

II 권한의 위임

1. 의 의

① 권한의 위임이란 법률에 규정된 행정기관의 장의 권한 중 일부를 그 보조기관 또는 하급행정기관의 장이나 지방자치단체의 장에게 맡겨 그의 권한과 책임 아래 행사하도록 하는 것을 말한다(행정권한의 위임 및 위탁에 관한 규정 제2조 제1호). 기출 21
② 광의의 권한의 위임 중 지휘감독 하에 있는 하급관청에 위임하는 것을 협의의 '권한의 위임'이라 하고, 지휘감독 하에 있지 않는 행정기관이나 단체에 대한 위임을 '권한의 위탁'이라 한다.

2. 내부위임과의 구별

① 권한의 내부위임이란 행정관청이 내부적으로 사무처리의 편의를 도모하기 위하여 보조기관 또는 하급행정관청으로 하여금 그 권한을 사실상 행사하도록 하는 것을 말한다(대판 1998.2.27. 97누1105). 기출 23·21

> 행정권한의 내부위임은 법률이 위임을 허용하고 있지 아니한 경우에도 행정관청의 내부적인 사무처리의 편의를 도모하기 위하여 그의 보조기관 또는 하급행정관청으로 하여금 그의 권한을 사실상 행사하게 하는 것이므로, 권한위임의 경우에는 수임관청이 자기의 이름으로 그 권한행사를 할 수 있지만 내부위임의 경우에는 수임관청은 위임관청의 이름으로만 그 권한을 행사할 수 있을 뿐 자기의 이름으로는 그 권한을 행사할 수 없다(대판 1995.11.28. 94누6475). 기출 23·21

② 권한의 내부위임에서는 대외적으로 권한의 이전이 없는 점에서 권한의 위임과 구별된다. 따라서 권한의 내부위임은 법률의 근거 없이도 가능하나 권한의 위임은 법률의 근거를 요한다(대판 1995.11.28. 94누6475).
③ 권한위임의 경우에는 수임관청이 자기의 이름으로 그 권한행사를 할 수 있지만 내부위임의 경우에는 수임관청은 위임관청의 이름으로만 그 권한을 행사할 수 있을 뿐 자기의 이름으로는 그 권한을 행사할 수 없다(대판 1995.11.28. 94누6475). 기출 18·13
④ 내부위임의 경우에는 수임관청(수임행정청)은 위임관청(위임행정청)의 이름으로만 그 권한을 행사할 수 있을 뿐 자기의 이름으로는 그 권한을 행사할 수 없는 것이므로, 수임관청이 자기의 이름으로 처분을 행한 경우 그 처분은 권한 없는 자에 의하여 행하여진 위법무효의 처분이라고 보아야 한다(대판 1995.11.28. 94누6475). 기출 20·18 이 경우의 하자가 무효사유인지 아니면 취소사유에 불과한 것인지에 관하여 견해가 대립하나, 판례는 무권한의 하자로 보아 처분은 무효가 된다고 한다(대판 1993.5.27. 93누6621).

⑤ 다만, 행정처분을 행할 적법한 권한 있는 상급행정청으로부터 내부위임을 받은 데 불과한 하급행정청이 권한 없이 행정처분을 한 경우에도 실제로 그 처분을 행한 하급행정청을 피고로 하여야 할 것이지 그 처분을 행할 적법한 권한 있는 상급행정청을 피고로 할 것은 아니라 할 것이다(대판 1994.8.12. 94누2763).

기출 24 · 22 · 18 · 17

⑥ 결국 내부위임의 경우 ㉠ 수임기관이 자기의 이름으로 처분을 한 경우 항고소송의 피고는 실제로 처분을 한 기관인 수임기관이 되고(대판 1991.10.8. 91누520), ㉡ 수임기관이 위임기관의 이름으로 처분을 한 경우에는 위임기관이 항고소송의 피고가 된다. 대외적으로 처분으로 할 때 실제로 처분청으로 표시된 자가 행정소송법상 항고소송의 피고가 되기 때문이다.

3. 위임의 근거

(1) 위임의 법적 근거 요부

① 행정청의 권한의 위임은 법률에 의하여 정하여진 권한분배를 대외적으로 변경하는 것이므로 법률의 명시적 근거를 필요로 한다. 기출 22

> 행정권한의 위임은 행정관청이 법률에 따라 특정한 권한을 다른 행정관청에 이전하여 수임관청의 권한으로 행사하도록 하는 것이어서 권한의 법적인 귀속을 변경하는 것이므로 법률이 위임을 허용하고 있는 경우에 한하여 인정된다 할 것이다(대판 1995.11.28. 94누6475). 기출 23 · 17

② 반면, 권한의 내부위임은 법률의 근거 없이도 가능하다(대판 1995.11.28. 94누6475). 기출 20 · 18

> 행정권한의 위임은 행정관청이 법률에 따라 특정한 권한을 다른 행정관청에 이전하여 수임관청의 권한으로 행사하도록 하는 것이어서 권한의 법적인 귀속을 변경하는 것임에 대하여, 행정권한의 내부위임은 행정관청의 내부적인 사무처리의 편의를 도모하기 위하여 그의 보조기관 또는 하급행정관청으로 하여금 그의 권한을 사실상 행하도록 하는데 그치는 것이므로, 권한의 내부위임은 법률의 근거 없이도 가능하나 권한의 위임은 법률의 근거를 요한다(대판 1995.11.28. 94누6475). 기출 20 · 18

(2) 일반규정에 의한 위임 및 재위임의 가부

① 문제점: 권한을 위임하거나 재위임하는 경우 원칙적으로 개별법에 근거규정이 있어야 한다. 그런데 개별법에 위임 및 재위임에 관한 근거규정이 없는 경우 일반규정에 의한 위임 및 재위임을 인정할 수 있는지가 문제된다. 즉, 정부조직법 제6조 제1항과 「행정권한의 위임 및 위탁에 관한 규정」 제3조 또는 제4조가 행정권한의 위임 또는 재위임의 일반적 근거가 될 수 있는지 문제된다.

② 판례: 판례는 개별법에 재위임에 관한 근거규정이 없는 경우에도, 정부조직법 제6조 제1항과 이에 기한 「행정권한의 위임 및 위탁에 관한 규정」 제4조에 재위임에 관한 일반적인 근거규정이 있으므로, 그 일반적인 규정에 따라 재위임을 할 수 있다고 본다(대판 1995.7.11. 94누4615[전합]).

> 구 건설업법 제57조 제1항, 같은법 시행령 제53조 제1항 제1호에 의하면 건설부장관의 권한에 속하는 같은 법 제50조 제2항 제3호 소정의 영업정지 등 처분권한은 서울특별시장·직할시장 또는 도지사에게 위임되었을 뿐 시·도지사가 이를 구청장·시장·군수에게 재위임할 수 있는 근거규정은 없으나, 정부조직법 제5조 제1항(현행 제6조 제1항)과 이에 기한 행정권한의 위임 및 위탁에 관한 규정 제4조에 재위임에 관한 일반적인 근거규정이 있으므로 시·도지사는 그 재위임에 관한 일반적인 규정에 따라 위임받은 위 처분권한을 구청장 등에게 재위임할 수 있다(대판 1995.7.11. 94누4615[전합]).

4. 위임의 방식

① 권한의 위임은 권한을 대외적으로 변경하는 것이므로 권한을 위임함에 있어서는 그것을 국민에게 주지시킬 수 있는 방식에 의하여야 한다. 법령에 정해진 위임방식을 위반한 위임은 위법하다.

② 행정기관은 법령으로 정하는 바에 따라 그 소관사무의 일부를 보조기관 또는 하급행정기관에 위임하거나 다른 행정기관·지방자치단체 또는 그 기관에 위탁 또는 위임할 수 있다. 이 경우 위임 또는 위탁을 받은 기관은 특히 필요한 경우에는 법령으로 정하는 바에 따라 위임 또는 위탁을 받은 사무의 일부를 보조기관 또는 하급행정기관에 재위임할 수 있다(정부조직법 제6조 제1항). 기출 23·17·16

③ 지방자치단체의 장은 조례나 규칙으로 정하는 바에 따라 그 권한에 속하는 사무의 일부를 보조기관, 소속 행정기관 또는 하부행정기관에 위임할 수 있다(지방자치법 제117조 제1항). 자치사무는 조례로 위임 가능하고(지방자치법 제117조 제1항), 기관위임사무는 위임기관의 장의 승인을 받아 규칙으로 재위임 가능하다(행정권한의 위임 및 위탁에 관한 규정 제4조). 기출 25·13

> [1] 관리처분계획의 인가 등에 관한 사무는 국가사무로서 지방자치단체의 장에게 위임된 이른바 기관위임사무에 해당하므로, 시·도지사가 지방자치단체의 조례에 의하여 이를 구청장 등에게 재위임할 수는 없고, 행정권한의 위임 및 위탁에 관한 규정 제4조에 의하여 위임기관의 장의 승인을 얻은 후 지방자치단체의 장이 제정한 규칙이 정하는 바에 따라 재위임하는 것만이 가능하다. 기출 24·22
> [2] 법령상 '규칙'으로 행정권한을 위임해야 함에도 '조례'에 의한 위임에 따라 행해진 수임기관의 처분은 적법한 위임 없이 권한 없는 자에 의하여 행하여진 것과 마찬가지가 되어 그 하자가 중대하나, 처분의 위임과정의 하자가 객관적으로 명백한 것이라고 할 수 없으므로 결국 당연무효 사유는 아니라고 봄이 상당하다(대판 1995.8.22. 94누5694[전합]). 기출 17

④ 권한의 위임은 위임청의 권한이 수임 행정기관에 이전되는 것이므로 소속 하급행정청에 대한 위임은 위임청의 일방적 위임행위에 의하여 성립하고, 수임기관의 동의를 요하지 않는다. 기출 13

⑤ 권한 전부의 위임은 위임청의 권한 자체를 폐지하는 것과 동일하므로 권한의 위임은 위임관청의 권한의 일부에 한하여 인정된다. 기출 24·20·17

⑥ 위임 또는 위탁을 받은 기관은 특히 필요한 경우에는 법령으로 정하는 바에 따라 위임 또는 위탁을 받은 사무의 일부를 보조기관 또는 하급행정기관에 재위임할 수 있다(정부조직법 제6조 제1항 후문). 즉, 행정기관은 위임을 받은 사무의 전부를 재위임할 수는 없으나 일부를 보조기관 또는 하급행정기관에 재위임할 수는 있다. 기출 21

5. 위임의 효과

① 권한이 위임되면 위임기관은 그 사무를 처리할 권한을 잃고 그 권한은 수임기관의 권한이 된다(대판 1992.9.22. 91누11292). 수임기관은 자기의 이름과 책임 아래 그 권한을 행사한다(행정권한의 위임 및 위탁에 관한 규정 제8조 참조). 따라서 처분은 수임기관의 명의로 하여야 하고, 수임기관은 처분 행정청으로서 항고소송의 피고가 된다. 기출 13

② 권한의 위임이 위임의 해제, 해제조건의 성취, 종기의 도래 등으로 종료되면 위임되었던 권한은 다시 위임기관에 회복된다. 기출 17

6. 위임기관의 지휘·감독

① 위임 및 위탁기관은 수임 및 수탁기관의 수임 및 수탁사무 처리에 대하여 지휘·감독하고, 그 처리가 위법하거나 부당하다고 인정될 때에는 이를 취소하거나 정지시킬 수 있다(행정권한의 위임 및 위탁에 관한 규정 제6조). 기출 25·21·17

② 수임 및 수탁사무의 처리에 관하여 위임 및 위탁기관은 수임 및 수탁기관에 대하여 사전승인을 받거나 협의를 할 것을 요구할 수 없다(행정권한의 위임 및 위탁에 관한 규정 제7조). 기출 25·24·21·18

7. 민간위탁

행정기관은 법령으로 정하는 바에 따라 그 소관사무 중 조사·검사·검정·관리 업무 등 국민의 권리·의무와 직접 관계되지 아니하는 사무를 지방자치단체가 아닌 법인·단체 또는 그 기관이나 개인에게 위탁할 수 있다(정부조직법 제6조 제3항). 기출 16

Ⅲ 권한의 대리

1. 의 의

권한의 대리란 행정청의 권한(전부 또는 일부)을 다른 행정기관(보조기관)이 대리기관으로서 대신 행사하고 그 행위의 법적 효과는 피대리 행정청의 행위로서 발생하는 것을 말한다(예 행정안전부장관 대리 행정안전부차관).

2. 권한의 위임과 구별

① 권한의 위임은 위임청의 권한이 수임 행정기관에 이전되는 것임에 반하여 권한의 대리는 행정청이 권한을 일시적으로 대리기관으로 하여금 대신하여 행사하게 하는 것에 지나지 않으며 권한 자체가 이전되는 것은 아니라는 점에서 구별된다. 기출 24·13

② 권한의 대리 중에서 임의대리는 반드시 법적 근거를 요하지 않으나(통설), 권한의 위임은 법령상의 권한 분배의 변경을 가져오므로 법적 근거를 요한다.

③ 권한의 대리에서 대리기관은 피대리 행정청의 보조기관(예 차장, 국장 등)인 것이 보통이나, 권한의 위임에서 수임기관은 하급관청인 것이 일반적이다.

3. 종류

(1) 임의대리(수권대리)
수권대리는 피대리 행정청의 수권에 의해 대리관계가 발생하는 경우를 말한다. 피대리 행정청의 의사에 따라 임의로 다른 기관에 대리권을 부여하는 경우이므로 임의대리라고도 한다.

(2) 법정대리
① 법정대리는 일정한 법정사실이 발생한 경우에 수권행위 없이 직접 법령의 규정에 의하여 대리관계가 발생하는 경우를 말한다. 「직무대리규정」(대통령령)은 직무대리, 즉 "기관장, 부기관장이나 그 밖의 공무원에게 사고가 발생한 경우에는 직무상의 공백이 생기지 아니하도록 해당 공무원의 직무를 대신 수행하는 것"을 규율하고 있는데(제2조 제1호), 이때의 직무대리는 법정대리에 해당한다.
② 법정대리의 대리권의 범위는 특별한 규정이 없는 한 피대리관청의 권한의 전부에 미친다. 기출 20
③ 지정대리란 사고 등 법정사실이 발생하였을 때에 일정한 자가 대리자를 지정함으로써 비로소 대리관계가 발생하는 경우를 말하고, (협의의) 법정대리는 법정사실이 발생하면 법상 당연히 특정한 자에게 대리권이 부여되어 대리관계가 성립하는 것을 말한다. 기출 22

4. 대리권 행사의 효과
① 법규상 행정권한은 여전히 수권행정청(피대리 행청정)이 가지고 있으며, 대리기관이 대리관계를 표시하고 대리행위를 하면 피대리 행정청이 처분청으로서 행정권한을 행사한 것으로 된다.
② 대리권 없는 자가 대리자로서 행한 행위는 무권한의 행위로서 원칙적으로 무효이다(대판 1967.1.29. 67다1694 참조). 다만, 상대방이 행위자에게 대리권이 있다고 믿을만한 상당한 이유가 있을 때에는 표현대리가 성립하여 행정행위는 유효하게 된다(대판 1963.12.5. 63다519 참조).

5. 대리기관에 의한 처분에 대한 권리구제(피고적격의 문제)
① 항고소송은 다른 법률에 특별한 규정이 없는 한 원칙적으로 소송의 대상인 행정처분을 외부적으로 행한 행정청을 피고로 하여야 하고(행정소송법 제13조 제1항 본문), 다만 대리기관이 대리관계를 표시하고 피대리 행정청을 대리하여 행정처분을 한 때에는 피대리 행정청이 피고로 되어야 한다(대판 2018.10.25. 2018두43095).
기출 20

> [1] 항고소송은 다른 법률에 특별한 규정이 없는 한 원칙적으로 소송의 대상인 행정처분을 외부적으로 행한 행정청을 피고로 하여야 하고(행정소송법 제13조 제1항 본문), 다만 대리기관이 대리관계를 표시하고 피대리 행정청을 대리하여 행정처분을 한 때에는 피대리 행정청이 피고로 되어야 한다.
> [2] 농림축산식품부장관이 2016.5.12. 원고(甲)에 대하여 농지보전부담금 부과처분을 한다는 의사표시가 담긴 2016.6.20.자 납부통지서를 수납업무 대행자인 한국농어촌공사가 원고(甲)에게 전달함으로써, 이 사건 농지보전부담금 부과처분은 성립요건과 효력 발생요건을 모두 갖추게 되었다. 나아가 한국농어촌공사가 '피고 농림축산식품부장관의 대행자' 지위에서 위와 같은 납부통지를 하였음을 분명하게 밝힌 이상, 농림축산식품부장관이 이 사건 농지보전부담금 부과처분을 외부적으로 자신의 명의로 행한 행정청으로서 항고소송의 피고가 되어야 하고, 단순한 대행자에 불과한 한국농어촌공사를 피고로 삼을 수는 없다(대판 2018.10.25. 2018두43095).

② 반면, 대리권을 수여받은 행정기관(대리기관)이 대리관계를 밝힘이 없이 자신의 명의로 행정처분을 한 경우, 처분명의자인 해당 행정기관(대리기관)이 항고소송의 피고가 되어야 하는 것이 원칙이다(대결 2006.2.23. 2005부4).

> [1] 대리권을 수여받은 데 불과하여 그 자신의 명의로는 행정처분을 할 권한이 없는 행정청의 경우 대리관계를 밝힘이 없이 그 자신의 명의로 행정처분을 하였다면 그에 대하여는 처분명의자인 당해 행정청이 항고소송의 피고가 되어야 하는 것이 원칙이지만, 비록 대리관계를 명시적으로 밝히지는 아니하였다 하더라도 처분명의자가 피대리 행정청 산하의 행정기관으로서 실제로 피대리 행정청으로부터 대리권한을 수여받아 피대리 행정청을 대리한다는 의사로 행정처분을 하였고 처분명의자는 물론 그 상대방도 그 행정처분이 피대리 행정청을 대리하여 한 것임을 알고서 이를 받아들인 예외적인 경우에는 피대리 행정청이 피고가 되어야 한다.
> [2] 근로복지공단의 이사장으로부터 보험료의 부과 등에 관한 대리권을 수여받은 지역본부장이 대리의 취지를 명시적으로 표시하지 않고서 산재보험료 부과처분을 한 경우, 그러한 관행이 약 10년간 계속되어 왔고, 실무상 근로복지공단을 상대로 산재보험료 부과처분에 대한 항고소송을 제기하여 온 점 등에 비추어 지역본부장은 물론 그 상대방 등도 근로복지공단과 지역본부장의 대리관계를 알고 받아들였다는 이유로, 위 부과처분에 대한 항고소송의 피고적격이 근로복지공단에 있다고 한 사례(대결 2006.2.23. 2005부4).

제3관 | 행정청 상호 간의 관계

I 상·하 행정청간의 관계

1. 개 설
① 상·하 행정청간의 관계는 계층적 통일체로서의 행정조직과 관련하여 권한의 위임과 권한의 감독관계가 문제된다. 권한의 위임에 대해서는 앞에서 설명하였으므로 여기서는 권한의 감독관계에 대해서만 설명한다.
② 권한의 감독이란 상급행정청이 하급행정청의 권한행사의 합법성과 합목적성을 확보하기 위하여 행하는 통제작용을 말한다. 권한의 감독 수단으로 감시권, 훈령권, 인가·승인권, 취소·정지권, 주관쟁의결정권 등이 있다.

2. 감시권
① 감시권이란 하급관청의 사무처리상황을 파악하기 위하여 상급관청이 하급관청의 사무를 감시하거나, 하급관청으로 하여금 사무처리의 내용을 보고받거나 서류검사·현장시찰 등의 사무감독 등을 행하는 것을 말한다.
② 상급관청의 하급관청에 대한 감시권은 감독권에 포함된 것으로 별도의 법적 근거를 요하지 아니한다.

기출 19

3. 훈령권

① 훈령이란 상급행정청이 하급행정청 또는 보조기관의 권한행사를 지휘하기 위하여 발하는 명령을 말한다. 이러한 훈령을 발할 수 있는 권한을 훈령권이라 한다. 기출 22
② 훈령은 상·하행정청간의 관계에 대한 것이므로, 상하공무원간의 관계에서 상급공무원이 하급공무원에게 발하는 직무명령과는 구별된다.
③ 훈령권은 상급관청의 감독권에 당연히 포함된 것으로 별도의 법적 근거를 요하지 아니한다. 기출 19
④ 훈령은 개별적·구체적 처분에 대하여 발령되기도 하고, 동종의 처분에 대하여 일반적·추상적 규범의 형식으로 발령되기도 한다. 훈령 중 일반적·추상적 규범의 형식으로 발령되는 것은 행정규칙에 해당한다.
⑤ 훈령은 원칙적으로 대외적 구속력은 없다. 따라서 행정청의 행정작용이 훈령에 위반하였다는 사실만으로 위법하게 되지는 않는다. 한편, 훈령은 대내적 구속력이 있다. 훈령은 하급기관에 대한 지시 내지 명령의 성질을 가지며 하급기관은 훈령에 구속된다. 훈령 위반은 명령복종의무 위반이 되므로 훈령 위반자는 징계의 대상이 된다. 기출 22·19

4. 승인권

① 행정청이 일정한 권한행사를 하는 경우에 상급관청 또는 감독관청의 인가 또는 승인을 받도록 하고 있는 경우가 있다. 이 승인은 사전적인 감독수단의 하나이다.
② 법령에 의해 하급관청이 어떠한 행위를 하기 전에 승인을 받도록 규정되어 있는 경우에 승인을 받지 않고 행위를 하면 당해 행위는 위법·무효가 된다.
③ 감독수단으로서의 승인·인가는 행정조직법상의 내부행위이며 행정행위인 인가와는 성질이 다르다. 따라서 항고소송의 대상이 되는 행정처분에 해당하지 아니한다(대판 1997.9.26. 97누8540). 승인·인가 등이 거부되었다고 하더라도 승인·인가 등을 받지 못한 하급관청은 승인·인가 등의 거부에 대해 항고소송을 제기할 수도 없다.

> 항고소송의 대상이 되는 행정처분은 행정청의 공법상의 행위로서 특정 사항에 대하여 법규에 의한 권리의 설정 또는 의무의 부담을 명하거나 기타 법률상의 효과를 직접 발생케 하는 등 국민의 구체적인 권리 의무에 직접 관계가 있는 행위를 말하는바, 상급행정기관의 하급행정기관에 대한 승인·동의·지시 등은 행정기관 상호 간의 내부행위로서 국민의 권리 의무에 직접 영향을 미치는 것이 아니므로 항고소송의 대상이 되는 행정처분에 해당한다고 볼 수 없다(대판 1997.9.26. 97누8540). 기출 19

5. 주관쟁의결정권

① 주관쟁의결정권이란 상급행정청이 하급행정청 상호 간에 권한에 관하여 다툼이 있는 경우에 이를 결정하는 권한을 말한다. 기출 22
② 행정청 사이의 권한쟁의는 행정조직 내부의 문제이므로 원칙적으로 행정소송의 대상이 되지 않는다.
③ 행정청의 관할이 분명하지 아니한 경우에는 해당 행정청을 공통으로 감독하는 상급 행정청이 그 관할을 결정하며, 공통으로 감독하는 상급 행정청이 없는 경우에는 각 상급 행정청이 협의하여 그 관할을 결정한다(행정절차법 제6조). 공통의 상급관청 사이에 협의가 이루어지지 않을 때에는 최종적으로는 행정 각부 간의 주관쟁의가 되어 국무회의의 심의를 거쳐 대통령이 결정한다(헌법 제89조 제10항).
④ 부·처의 장은 그 소관사무의 효율적 추진을 위하여 필요한 경우에는 국무총리에게 소관사무와 관련되는 다른 행정기관의 사무에 대한 조정을 요청할 수 있다(정부조직법 제7조 제5항). 기출 16

6. 취소·정지권

① 상급행정청은 법적 근거가 없는 경우에도 지휘감독권에 근거하여 하급행정청의 위법 또는 부당한 행위를 취소 또는 정지할 수 있는가에 관하여 견해가 대립하고 있다.
② 감독청에 의한 취소는 하급 행정청의 위법한 행정행위를 시정하는 행정의 자율적 통제수단이므로(취소권은 감독권에 당연히 포함), 감독청은 별도의 법적 근거 없이도 직권에 의한 취소권을 가진다는 견해(긍정설)가 다수설이다. 기출 22
③ 한편, 정부조직법에서는 대통령과 국무총리의 일반적인 취소·정지권을 인정하고 있다(제11조 제2항, 제18조 제2항).

II 대등행정청간의 관계

1. 권한의 상호 존중

① 대등한 행정청은 서로 다른 행정청의 권한을 존중하여야 하며 그를 침범하여서는 아니 된다. 권한존중의 원칙은 행정법상 법의 일반원칙이라고 할 수 있다.
② 행정청의 행위는 권한존중의 원칙에 근거하여 무효가 아닌 한 구성요건적 효력(또는 공정력)을 가지므로 다른 행정청은 이에 구속된다.

2. 상호 협력관계

(1) 협 의

① 관계행정청의 협의의견은 원칙적으로 주무행정청을 구속하지 않는다. 다만, 법령상 '협의'로 규정되어 있다 하더라도 해석상 '동의'라고 보아야 하는 경우에 그 '협의'의견은 실질적으로 '동의'의견으로서 법적 구속력을 갖는다(대판 1995.3.10. 94누12739). 기출 19
② 판례는 법에 정해진 협의를 거치지 않은 처분을 원칙적으로 취소할 수 있는 행위로 본다(대판 2009.4.23. 2007두13159 등).

(2) 동 의

① 처분청은 동의기관의 동의 의견 또는 부동의 의견에 구속된다.
② 동의를 받아야 함에도 동의 없이 한 처분은 무권한의 하자로 원칙적으로 무효로 보아야 한다.
③ 동의기관의 부동의는 행정조직 내부행위에 불과할 뿐 처분이 아니므로 그 자체를 다투는 항고소송을 제기할 수 없고, 처분청이 동의기관의 부동의 의견을 이유로 거부처분을 한 경우에 당해 거부처분의 취소를 구하면서 처분사유가 된 부동의를 다투어야 한다(대판 2004.10.15. 2003두6573).

> 건축허가권자가 건축불허가처분을 하면서 그 처분사유로 건축불허가 사유뿐만 아니라 구 소방법 제8조 제1항에 따른 소방서장의 건축부동의 사유를 들고 있다고 하여 그 건축불허가처분 외에 별개로 건축부동의처분이 존재하는 것이 아니므로, 그 건축불허가처분을 받은 사람은 그 건축불허가처분에 관한 쟁송에서 건축법상의 건축불허가 사유뿐만 아니라 소방서장의 부동의 사유에 관하여도 다툴 수 있다(대판 2004.10.15. 2003두6573).

제2절 지방자치법

제1관 | 개 설

I 지방자치

지방자치란 일정한 지역의 주민이 그 지방적 사무를 자신의 책임 하에 자신이 선출한 기관(자치단체의 장과 지방의회)을 통하여 처리하는 제도를 말한다(헌재 2001.6.28. 2000헌마735 참조).

II 지방자치단체

1. 개 념

지방자치법은 지방자치단체의 개념 그 자체를 정의하고 있지는 않다. 지방자치단체란 국가와 독립하여 일정한 지역의 자치권을 행사하는 법인격이 부여된 단체라고 정의할 수 있을 것이다. 자치지방자치단체는 주민, 구역, 자치권의 3요소로 구성된다.

2. 지방자치단체의 법적 지위

(1) 공법인

지방자치법 제3조 제1항은 "지방자치단체는 법인으로 한다"라고 규정하고 있다. 지방자치단체가 '법인'이란 지방자치단체가 국가와는 별개의 '권리의무의 주체'라는 것을 의미하며 국가가 그 행정집행의 편의를 위하여 설치한 단순한 행정구역이 아님을 의미한다. 또한 지방자치단체는 공공적 사무를 집행함을 존립의 목적으로 하고 있는 점에서 사법인과 구별되는 '공법인'에 해당한다.

(2) 소송당사자

공법인인 지방자치단체도 독립된 법주체로서 소송상 당사자능력이 인정된다. 따라서 지방자치단체가 행정처분의 상대방인 경우에는 해당 처분을 다툴 원고적격이 인정된다(대판 2014.2.27. 2012두22980). 그러나 읍·면은 지방자치단체의 하부 행정구역에 불과하여 소송상의 당사자능력이 인정되지 않는다(대판 2002.3.29. 2001다83258).

3. 지방자치단체의 종류

> **지방자치법 제2조(지방자치단체의 종류)**
> ① 지방자치단체는 다음의 두 가지 종류로 구분한다. 기출 13
>   1. 특별시, 광역시, 특별자치시, 도, 특별자치도
>   2. 시, 군, 구
>
> **지방자치법 제3조(지방자치단체의 법인격과 관할)**
> ③ 특별시·광역시 또는 특별자치시가 아닌 인구 50만 이상의 시에는 자치구가 아닌 구를 둘 수 있고, 군에는 읍·면을 두며, 시와 구(자치구를 포함한다)에는 동을, 읍·면에는 리를 둔다.
> ④ 제10조 제2항에 따라 설치된 시에는 도시의 형태를 갖춘 지역에는 동을, 그 밖의 지역에는 읍·면을 두되, 자치구가 아닌 구를 둘 경우에는 그 구에 읍·면·동을 둘 수 있다.

① 지방자치단체에는 보통지방자치단체와 특별지방자치단체가 있다.
② 보통지방자치단체에는 ㉠ 광역지방자치단체(특별시·광역시·특별자치시·도·특별자치도)와 ㉡ 기초지방자치단체(시·군·자치구)의 두 종류가 있다. 제주특별자치도와 세종특별자치시는 보통지방자치단체(광역지방자치단체)에 해당한다. 기출 20
③ 특별지방자치단체는 2개 이상의 지방자치단체가 공동으로 특정한 목적을 위하여 광역적으로 사무를 처리할 필요가 있을 때에 설치할 수 있다(지방자치법 제199조 제1항). 지방자치법 제176조 이하에서 규정되고 있는 지방자치단체조합도 일종의 특별지방자치단체로 볼 수 있다.
④ 읍·면·동·리는 행정구역에 불과하고 지방자치단체에 속하지는 아니한다. 기출 13

Ⅲ 지방자치단체의 구역

1. 의 의

지방자치단체의 구역은 주민·자치권과 함께 지방자치단체의 구성요소로서, 자치권을 행사할 수 있는 장소적 범위를 말하며, 다른 지방자치단체와의 관할범위를 명확하게 구분해주는 기능을 한다(헌재 2004.9.23. 2000헌라2).

2. 구역의 획정

① 헌법 제118조 제2항은 '지방자치단체의 조직과 운영에 관한 사항'을 법률로 정하도록 하고 있는바, 이에는 지방자치단체의 관할구역이 포함된다(헌재 2020.7.16. 2015헌라3). 지방자치단체의 구역은 종전과 같이 하고, 구역을 바꿀 때에는 법률로 정한다(지방자치법 제5조 제1항). 여기에서 '종전의 구역'이란 원칙적으로 1948.8.15. 당시 관습법상 정해진 구역을 말한다.
② 다만, 매립지나 지적공부에 등록이 누락된 토지의 지역이 속할 지방자치단체는 지방자치단체중앙분쟁조정위원회의 심의·의결 등 일정한 절차를 거쳐 행정안전부장관이 결정한다(지방자치법 제5조 제4항). 따라서 매립지는 행정안전부장관이 결정하기 전까지 어느 지방자치단체에도 속하지 않는다(헌재 2020.7.16. 2015헌라3).
③ 자치권이 미치는 관할 구역의 범위에는 육지는 물론 바다도 포함되므로, 공유수면에 대해서도 지방자치단체의 자치권한이 존재한다(헌재 2004.9.23. 2000헌라2; 헌재 2021.2.25. 2015헌라7).

3. 구역의 변경, 폐치·분합 및 경계변경

① 지방자치단체의 명칭과 구역을 바꾸거나 지방자치단체를 폐지하거나 설치하거나 나누거나 합칠 때에는 법률로 정하되, 다만, 지방자치단체의 구역변경 중 관할 구역 경계변경과 지방자치단체의 한자 명칭의 변경은 대통령령으로 정한다(지방자치법 제5조 제1항·제2항).

> **지방자치법 제6조(지방자치단체의 관할 구역 경계변경 등)**
> ① 지방자치단체의 장은 관할 구역과 생활권과의 불일치 등으로 인하여 주민생활에 불편이 큰 경우 등 대통령령으로 정하는 사유가 있는 경우에는 행정안전부장관에게 경계변경이 필요한 지역 등을 명시하여 경계변경에 대한 조정을 신청할 수 있다. 이 경우 지방자치단체의 장은 지방의회 재적의원 과반수의 출석과 출석의원 3분의 2 이상의 동의를 받아야 한다. 기출 23

② 지방자치단체의 구역을 변경하거나 지방자치단체를 폐지하거나 설치하거나 나누거나 합칠 때에는 새로 그 지역을 관할하게 된 지방자치단체가 그 사무와 재산을 승계한다(지방자치법 제8조 제1항). 여기에서 '재산'이란 '현금 이외의 모든 재산적 가치가 있는 물건 및 권리'만을 말하며, 채무는 포함되지 않는다(대판 2008.2.1. 2007다8914).

③ 지방자치단체의 폐치·분합에 관한 것은 지방자치단체의 자치행정권 중 지역고권의 보장문제이나, 기본권과도 관련이 있어 주민은 헌법소원을 제기할 수 있다(헌재 1994.12.29. 94헌마201).

4. 공유수면매립지 등의 구역결정

① 지방자치법 제5조 제1항에도 불구하고 「공유수면 관리 및 매립에 관한 법률」에 따른 매립지와 지적공부에 등록이 누락되어 있는 토지가 속할 지방자치단체는 지방자치법 제4항부터 제7항까지의 규정에 따라 행정안전부장관이 결정한다(지방자치법 제5조 제4항).

② 매립지의 경우에는 '면허관청' 또는 '관련 지방자치단체의 장'이 준공검사를 하기 전에, ⓑ 지적공부에 등록이 누락된 토지의 경우에는 '지적소관청'이 지적공부에 등록하기 전에, 각각 해당 지역의 위치, 귀속 희망 지방자치단체 등을 명시하여 행정안전부장관에게 그 지역이 속할 지방자치단체의 결정을 신청하여야 한다. 이 경우 매립지의 매립면허를 받은 자는 면허관청에 해당 매립지가 속할 지방자치단체의 결정 신청을 요구할 수 있다(지방자치법 제5조 제5항). 매립지 관할 귀속 결정의 신청권자로 규정한 '관련 지방자치단체의 장'에는 기초 지방자치단체의 장도 포함된다(대판 2021.2.4. 2015추528).

③ 관계 지방자치단체의 장은 행정안전부장관의 결정에 이의가 있으면 그 결과를 통보받은 날부터 15일 이내에 대법원에 소송을 제기할 수 있다(지방자치법 제5조 제9항). 행정안전부장관은 대법원의 인용결정이 있으면 그 취지에 따라 다시 결정하여야 한다(지방자치법 제5조 제10항).

제2관 | 지방자치단체의 주민

I 주민의 의의

① 지방자치단체의 구역 안에 주소를 가진 자는 그 지방자치단체의 주민이 된다(지방자치법 제16조). 지방자치단체의 관할구역 내에 주민등록지를 갖고 있는 자연인 및 그 주된 사무소 또는 본점의 소재지가 있는 법인은 지방자치단체의 주민이 된다.

② 법인의 경우 해당 지방자치단체의 구역 안에 주된 사무소 또는 본점을 두고 있지 않더라도 '사업소'를 두고 있다면 지방자치법 제138조에 따른 분담금 납부의무자인 '주민'에 해당한다(대판 2022.4.14. 2020두58427).

③ 외국인도 지방자치단체의 주민이 된다. 다만, 외국인에게는 참정권 등의 권리가 제한되기도 한다. 기출 20

Ⅱ 주민의 권리

1. 재산·공공시설을 이용할 권리와 균등하게 행정의 혜택을 받을 권리

주민은 법령으로 정하는 바에 따라 소속 지방자치단체의 재산과 공공시설을 이용할 권리와 그 지방자치단체로부터 균등하게 행정의 혜택을 받을 권리를 가진다(지방자치법 제17조 제2항).

2. 정치·행정에 참가하는 권리

(1) 정책결정 및 집행에 참여할 권리·선거권

① 주민은 법령으로 정하는 바에 따라 주민생활에 영향을 미치는 지방자치단체의 정책의 결정 및 집행 과정에 참여할 권리를 가진다(지방자치법 제17조 제1항).

② 주민은 법령으로 정하는 바에 따라 그 지방자치단체에서 실시하는 지방의회의원과 지방자치단체의 장의 선거에 참여할 권리를 가진다(지방자치법 제17조 제2항).

(2) 주민투표권

① 18세 이상의 주민(선거권 없는 사람은 제외)은 주민에게 과도한 부담을 주거나 중대한 영향을 미치는 지방자치단체의 주요 결정사항 등에 대하여 주민투표권을 가진다(지방자치법 제18조 제1항). 이러한 주민투표권은 헌법에 근거한 것이 아니라 지방자치법과 주민투표법에 근거한 것으로서, 헌법상 기본권이 아니라 법률상 권리에 불과하다(헌재 2001.6.28, 2000헌마735). 기출 25·18·16

② 지방자치법은 주민투표의 대상·발의자·발의요건, 그 밖에 투표절차 등에 관한 사항은 따로 법률로 정하도록 규정하고 있고(지방자치법 제18조 제2항), 그 법률로 주민투표법이 제정·시행되고 있다.

(3) 주민조례청구권(조례의 제정 및 개폐청구권)

1) 의 의

① 지방자치단체의 18세 이상의 주민(선거권 없는 사람은 제외)은 해당 지방자치단체의 의회에 조례를 제정하거나 개정하거나 폐지할 것을 청구(이하 '주민조례청구'라 한다)할 수 있는데(지방자치법 제19조 제1항, 주민조례발안에 관한 법률 제2조), 이를 주민조례청구권이라 한다. 기출 25

② 주민조례청구는 주민발안의 일종이다. 주민조례청구권(조례제정·개폐청구권)은 법률에 의하여 보장되는 권리에 해당하고, 헌법상 보장되는 기본권이라거나 헌법 제37조 제1항의 '헌법에 열거되지 아니한 권리'로 보기 어렵다(헌재 2014.4.24, 2012헌마287). 기출 17

2) 주민조례청구권자 및 청구의 상대방

① 주민조례청구권자 : 주민조례청구권자는 18세 이상의 주민으로서 해당 지방자치단체의 관할 구역에 주민등록이 되어 있는 사람 또는 「출입국관리법」 제10조에 따른 영주(永住)할 수 있는 체류자격 취득일 후 3년이 지난 외국인으로서 같은 법 제34조에 따라 해당 지방자치단체의 외국인등록대장에 올라 있는 사람이다. 다만 「공직선거법」 제18조에 따른 선거권이 없는 사람은 제외된다(주민조례발안에 관한 법률 제2조).

② 주민조례청구의 상대방 : 주민조례청구의 상대방은 지방자치단체의 장이 아니라 조례의 제정권을 가진 지방의회가 된다(주민조례발안에 관한 법률 제2조).

3) 청구의 대상
① 조례의 제정·개정·폐지청구의 대상이 되는 사항은 지방의회의 조례제정권의 범위에 속하는 사항이다. 따라서 지방자치단체의 자치사무와 단체위임사무가 그 대상이 된다.
② 다만, ㉠ 법령을 위반하는 사항, ㉡ 지방세·사용료·수수료·부담금을 부과·징수 또는 감면하는 사항, ㉢ 행정기구를 설치하거나 변경하는 것에 관한 사항, ㉣ 공공시설의 설치를 반대하는 사항은 주민조례청구의 대상에서 제외된다(주민조례발안에 관한 법률 제4조). 기출 18·16

(4) 규칙 제정·개정·폐지 의견제출권
① 주민은 제29조에 따른 규칙(권리·의무와 직접 관련되는 사항으로 한정한다)의 제정, 개정 또는 폐지와 관련된 의견을 해당 지방자치단체의 장에게 제출할 수 있다(지방자치법 제20조 제1항).
② 법령이나 조례를 위반하거나 법령이나 조례에서 위임한 범위를 벗어나는 사항은 의견 제출 대상에서 제외한다(지방자치법 제20조 제2항).

(5) 청원권
① 지방의회에 청원을 하려는 자는 지방의회의원의 소개를 받아 청원서를 제출하여야 한다. 청원서에는 청원자의 성명(법인인 경우에는 그 명칭과 대표자의 성명을 말한다) 및 주소를 적고 서명·날인하여야 한다(지방자치법 제85조 제1항·제2항).
② 재판에 간섭하거나 법령에 위배되는 내용의 청원은 수리하지 아니한다(지방자치법 제86조).

3. 지방행정의 통제·감시를 위한 권리

(1) 주민감사청구권
1) 의 의
지방자치단체의 18세 이상의 주민은 그 지방자치단체의 조례로 정하는 18세 이상의 주민 수 이상의 연대서명으로, 시·도에서는 주무부장관에게, 시·군 및 자치구에서는 시·도지사에게 그 지방자치단체와 그 장의 권한에 속하는 사무의 처리가 법령에 위반되거나 공익을 현저히 해친다고 인정되면 감사를 청구할 수 있는데, 이를 주민감사청구권이라고 한다(지방자치법 제21조 제1항).

2) 대 상
① 주민감사청구의 대상이 되는 사무는 지방자치단체와 지방자치단체의 장의 권한에 속하는 모든 사무이다. 따라서 자치사무와 단체위임사무뿐만 아니라 기관위임사무도 주민감사 청구의 대상이 된다.
② 다만, ㉠ 수사나 재판에 관여하게 되는 사항, ㉡ 개인의 사생활을 침해할 우려가 있는 사항, ㉢ 다른 기관에서 감사하였거나 감사 중인 사항(다만, 다른 기관에서 감사한 사항이라도 새로운 사항이 발견되거나 중요 사항이 감사에서 누락된 경우와 제22조 제1항에 따라 주민소송의 대상이 되는 경우에는 그러하지 아니하다), ㉣ 동일한 사항에 대하여 제22조 제2항 각 호의 어느 하나에 해당하는 소송이 진행 중이거나 그 판결이 확정된 사항은 감사청구의 대상에서 제외된다(지방자치법 제21조 제2항).

3) 청구기간의 제한
주민감사 청구는 사무처리가 있었던 날이나 끝난 날부터 3년이 지나면 제기할 수 없다(지방자치법 제21조 제3항).

(2) 주민소송

1) 의 의

① 주민소송제도는 지방자치단체 주민이 지방자치단체의 위법한 재무회계행위의 방지 또는 시정을 구하거나 그로 인한 손해의 회복 청구를 요구할 수 있도록 함으로써 지방자치단체의 재무행정의 적법성과 지방재정의 건전하고 적정한 운영을 확보하려는 데 목적이 있다(대판 2016.5.27. 2014두8490).

② 우리나라는 별도로 주민소송법을 제정하지 않고, 지방자치법에서 직접 주민소송에 관한 규정을 두고 있으며, 지방자치법에 규정된 것 이외의 경우에는 행정소송법에 따르게 된다(지방자치법 제22조 제18항). 기출 17

③ 현행 지방자치법은 주민의 감사청구(지방자치법 제21조)뿐만 아니라 주민소송(지방자치법 제22조)도 인정하고 있다. 기출 16

2) 성 질

주민소송은 "지방자치단체의 기관이 법률에 위반되는 행위를 한 때에 직접 자기의 법률상 이익과 관계없이 그 시정을 구하기 위하여 제기하는 소송"으로서 행정소송법상 민중소송에 해당한다(행정소송법 제3조 제3호 참조). 이러한 주민소송은 행정의 적법성 통제를 목적으로 하는 소송으로서 구체적인 권익의 침해 없이도 제기할 수 있다는 점에서 객관소송의 성격을 갖는다. 기출 20·22·14

3) 주민소송의 종류

> **지방자치법 제22조(주민소송)**
> ② 제1항에 따라 주민이 제기할 수 있는 소송은 다음 각 호와 같다.
> 1. 해당 행위를 계속하면 회복하기 어려운 손해를 발생시킬 우려가 있는 경우에는 그 행위의 전부나 일부를 중지할 것을 요구하는 소송 기출 22
> 2. 행정처분인 해당 행위의 취소 또는 변경을 요구하거나 그 행위의 효력 유무 또는 존재 여부의 확인을 요구하는 소송 기출 21
> 3. 게을리한 사실의 위법 확인을 요구하는 소송 기출 21
> 4. 해당 지방자치단체의 장 및 직원, 지방의회의원, 해당 행위와 관련이 있는 상대방에게 손해배상청구 또는 부당이득반환청구를 할 것을 요구하는 소송. 다만, 그 지방자치단체의 직원이 회계관계직원 등의 책임에 관한 법률 제4조에 따른 변상책임을 져야 하는 경우에는 변상명령을 할 것을 요구하는 소송을 말한다.
> 기출 21

① **중지청구소송(제1호 소송)** : 지방자치법상 일정한 요건을 구비한 주민은 해당 행위를 계속하면 회복하기 어려운 손해를 발생시킬 우려가 있는 경우에는 그 행위의 전부나 일부를 중지할 것을 요구하는 소송(=중지청구소송, 제1호 소송)을 제기할 수 있다(지방자치법 제22조 제2항 제1호). 다만, 중지청구소송은 해당 행위를 중지할 경우 생명이나 신체에 중대한 위해가 생길 우려가 있거나 그 밖에 공공복리를 현저하게 저해할 우려가 있으면 제기할 수 없다(지방자치법 제22조 제3항). 기출 22

② **처분취소소송·처분무효 등 확인소송(제2호 소송)** : 행정처분인 해당 행위의 취소 또는 변경을 요구하거나 그 행위의 효력유무 또는 존재 여부의 확인을 요구하는 소송. 제2호 소송에는 취소판결의 기속력에 관한 규정이 준용된다.

> 이 사건 주민소송에서 이 사건 도로점용허가를 취소하는 판결이 확정되면, 피고는 취소판결의 기속력에 따라 위법한 결과를 제거하는 조치의 일환으로서 피고 보조참가인에 대하여 도로법 제73조, 제96조, 제100조 등에 의하여 이 사건 도로의 점용을 중지하고 원상회복할 것을 명령하고, 이를 이행하지 않을 경우 행정대집행이나 이행강제금 부과 조치를 하는 등 이 사건 도로점용허가로 인한 위법상태를 제거하는 것이 가능하게 된다(대판 2019.10.17. 2018두104).

③ 게을리한 사실 위법확인소송(제3호 소송) : 게을리한 사실의 위법확인을 요구하는 소송. 위법확인판결이 확정되면 기속력에 의해 관계행정청에게 판결의 취지에 따른 작위의무가 발생한다.

④ 손해배상청구·부당이득반환청구 이행소송(제4호 소송) : 지방자치단체의 장에게 해당 지방자치단체의 장 및 직원, 지방의회 의원, 해당 행위와 관련이 있는 상대방에게 손해배상청구 또는 부당이득반환청구를 할 것을 요구하는 소송. 다만, 그 지방자치단체의 직원이 「회계관계직원 등의 책임에 관한 법률」 제4조에 따른 변상책임을 져야 하는 경우에는 변상명령을 할 것을 요구하는 소송을 말한다. 그러나 주민소송으로 지방의회 의원 등을 피고로 하여 직접 부당이득 반환청구를 할 수는 없다.

4) 주민소송의 요건

① 주민감사청구전치주의

㉠ 주민소송을 제기하기 위하여는 반드시 주민감사청구를 하였어야 하고, 주민감사청구를 한 주민만 주민소송을 제기할 수 있다(지방자치법 제22조 제1항). 주민감사청구전치주의는 주민소송의 소송요건이다. 따라서 감사청구를 하지 않고 주민소송을 제기한 경우 또는 감사청구된 사항과 무관한 사항에 대하여 주민소송을 제기한 경우에는 각하판결을 하여야 한다. 기출 22·21·14

㉡ 주민소송의 소송요건이 되는 주민감사청구는 지방자치법에서 정한 적법요건을 모두 갖춘 적법한 것이어야 한다. 즉, 주민감사청구는 지방자치법 제21조에서 정한 적법요건을 모두 갖추고 나아가 지방자치법 제22조 제1항 각 호에서 정한 사유에도 해당하여야 한다(대판 2020.6.25. 2018두67251).

㉢ 주민감사청구가 지방자치법에서 정한 적법요건을 모두 갖추었음에도, 감사기관이 해당 주민감사청구가 부적법하다고 오인하여 더 나아가 구체적인 조사·판단을 하지 않은 채 각하하는 결정을 한 경우에는, 주민감사청구 전치요건을 충족한 것으로 볼 수 있고, 감사청구한 주민은 주민소송을 제기할 수 있다(대판 2020.6.25. 2018두67251).

② 주민소송의 제소사유 : 주민소송은 ㉠ 주무부장관이나 시·도지사가 감사청구를 수리한 날부터 60일(제21조 제9항 단서에 따라 감사기간이 연장된 경우에는 연장기간이 끝난 날을 말한다)이 지나도 감사를 끝내지 아니한 경우, ㉡ 제21조 제9항 및 제10항에 따른 감사결과 또는 제21조 제12항에 따른 조치요구에 불복하는 경우, ㉢ 제21조 제12항에 따른 주무부장관이나 시·도지사의 조치요구를 지방자치단체의 장이 이행하지 아니한 경우, ㉣ 제21조 제12항에 따른 지방자치단체의 장의 이행 조치에 불복하는 경우 중 어느 하나에 해당하는 경우에 제기할 수 있다(제22조 제1항). 다만, 주민소송이 진행 중이면 다른 주민은 같은 사항에 대하여 별도의 소송을 제기할 수 없다(지방자치법 제22조 제5항). 기출 22

③ 주민소송의 대상
  ⊙ 주민감사청구는 지방자치단체와 그 장의 권한에 속하는 사무의 처리가 법령에 위반되거나 공익을 현저히 해친다고 인정되면 가능하지만(지방자치법 제21조 제1항), 주민소송의 대상은 주민감사청구를 한 사항 중에서 지방자치법 제22조 제1항에서 정하는 재무회계사항으로 제한된다. 지방자치법 제22조 제1항에서 정한 재무회계사항이 아닌 사항을 대상으로 하여 제기된 주민소송은 부적법하고, 법원은 각하판결을 내려야 한다(대판 2015.9.10. 2013두16746).
  ⓒ 주민소송의 대상은 감사청구한 일정한 재무회계사항(공금의 지출에 관한 사항, 재산의 취득·관리·처분에 관한 사항, 해당 지방자치단체를 당사자로 하는 매매·임차·도급계약이나 그 밖의 계약의 체결·이행에 관한 사항 또는 지방세·사용료·수수료·과태료 등 공금의 부과·징수를 게을리한 사항)과 관련이 있는 위법한 행위나 업무를 게을리한 사실이다(지방자치법 제22조 제1항).
  ⓒ 주민소송의 대상은 주민감사를 청구한 사항과 관련이 있는 것으로 충분하고, 주민감사를 청구한 사항과 반드시 동일할 필요는 없다(대판 2020.7.29. 2017두63467). 기출 21
  ⓔ 이행강제금의 부과·징수를 게을리한 행위는 주민소송의 대상이 되는 공금의 부과·징수를 게을리한 사항에 해당한다(대판 2015.9.10. 2013두16746). 기출 20
  ⓜ 도로 등 공물이나 공공용물을 특정 사인이 배타적으로 사용하도록 하는 점용허가가 도로 등의 본래 기능 및 목적과 무관하게 그 사용가치를 실현·활용하기 위한 것으로 평가되는 경우에는 주민소송의 대상이 되는 재산의 관리·처분에 해당한다(대판 2016.5.27. 2014두8490).

④ 주민소송의 원고적격
  ⊙ 감사청구한 주민의 경우에만 주민소송의 원고가 될 수 있다(지방자치법 제22조 제1항). 주민감사청구와 달리 일정 수 이상의 주민의 연대서명을 요하는 것은 아니며, 주민감사를 청구한 주민이라면 1인에 의한 주민소송 제기도 가능하다. 기출 18·17·14
  ⓒ 주민소송의 원고는 감사를 청구한 주민이어야 하고 감사청구권은 18세 이상의 주민에 대해 인정되므로 법인 등 단체는 주민소송을 제기할 당사자적격이 없다(지방자치법 제21조, 제22조). 기출 14
  ⓒ 소송의 계속(繫屬) 중에 소송을 제기한 주민이 사망하거나 주민의 자격을 잃으면 소송절차는 중단된다. 소송대리인이 있는 경우에도 또한 같다(지방자치법 제22조 제6항). 기출 22

⑤ 주민소송의 피고적격 : 주민소송의 피고는 비위를 저지른 공무원이 아니라 해당 지방자치단체의 장(당해 사항의 사무처리에 관한 권한을 소속기관의 장에게 위임한 경우에는 그 소속기관의 장)이 된다(지방자치법 제22조 제1항). 기출 14

⑥ 제소기간 : 주민소송은 ⊙ 감사청구를 수리한 날부터 60일이 끝난 날(제21조 제9항 단서에 따라 감사기간이 연장된 경우에는 연장기간이 끝난 날을 말한다)(제22조 제1항 제1호의 경우), ⓒ 해당 감사결과나 조치요구내용에 대한 통지를 받은 날(제22조 제1항 제2호의 경우), ⓒ 해당 조치를 요구할 때에 지정한 처리기간이 끝난 날(제22조 제1항 제3호의 경우), ⓔ 해당 이행조치결과에 대한 통지를 받은 날(제22조 제1항 제4호의 경우) 중 어느 하나에 해당하는 날부터 90일 이내에 제기하여야 한다(지방자치법 제22조 제4항). 주민감사청구 및 이를 전제로 한 주민소송에 대해서는 행정소송법 제20조 제1항에서 정한 일반 취소소송의 제소기간이 적용되지 않는다(대판 2019.10.17. 2018두104).

⑦ 관할법원 : 주민소송은 해당 지방자치단체의 사무소 소재지를 관할하는 행정법원(행정법원이 설치되지 아니 한 지역의 경우에는 행정법원의 권한에 속하는 사건을 관할하는 지방법원본원을 말한다)의 관할로 한다(지방자치법 제22조 제9항).

5) 다툼의 대상에 대한 위법성 판단

주민소송에서 다툼의 대상이 된 처분의 위법성은 행정소송법상 항고소송에서와 마찬가지로 헌법, 법률, 그 하위의 법규명령, 법의 일반원칙(예 비례의 원칙) 등 객관적 법질서를 구성하는 모든 법규범에 위반되는지 여부를 기준으로 판단하여야 하는 것이지, 해당 처분으로 인하여 지방자치단체의 재정에 손실이 발생하였는지 만을 기준으로 판단할 것은 아니다(대판 2019.10.17. 2018두104).

6) 소의 취하 등의 제한

주민소송에서 당사자는 법원의 허가를 받지 아니하고는 소의 취하, 소송의 화해 또는 청구의 포기를 할 수 없다(지방자치법 제22조 제14항). 이 경우 법원은 허가를 하기 전에 감사 청구에 연대 서명한 다른 주민에게 그 사실을 알려야 하며, 알린 때부터 1개월 이내에 허가 여부를 결정하여야 한다(지방자치법 제22조 제15항).

(3) 주민소환권

1) 의 의

① 주민소환제란 지방자치단체의 주민들이 자신들이 선출한 지방자치단체의 장이나 지방의회의원(비례대표 지방의회의원은 제외)을 임기만료 이전에 해임시키는 제도를 말한다. 기출 25

② 주민소환제 자체는 지방자치의 본질적인 내용이라고 할 수 없으므로 이를 보장하지 않는 것이 위헌이라거나 어떤 특정한 내용의 주민소환제를 반드시 보장해야 한다는 헌법적인 요구가 있다고 볼 수는 없다(헌재 2011.12.29. 2010헌바368). 기출 18

③ 주민소환청구권 자체는 헌법상 기본권으로서 보장되는 것은 아니고, 입법에 의하여 형성된 주민소환청구 제도에 따라 행사할 수 있는 법률상의 권리에 불과하다(헌재 2011.12.29. 2010헌바368).

④ 주민소환은 「주민소환에 관한 법률」에 의해 규율된다. 제주특별자치도에서의 주민소환은 「제주특별자치도 설치 및 국제자유도시 조성을 위한 특별법」에 의해 규율된다.

2) 주민소환투표권자

> **주민소환에 관한 법률 제3조(주민소환투표권)**
> ① 제4조 제1항의 규정에 의한 주민소환투표인명부 작성기준일 현재 다음 각 호의 어느 하나에 해당하는 자는 주민소환투표권이 있다.
>   1. 19세 이상의 주민으로서 당해 지방자치단체 관할구역에 주민등록이 되어 있는 자(「공직선거법」 제18조의 규정에 의하여 선거권이 없는 자를 제외한다)
>   2. 19세 이상의 외국인으로서 「출입국관리법」 제10조의 규정에 따른 영주의 체류자격 취득일 후 3년이 경과한 자 중 같은 법 제34조의 규정에 따라 당해 지방자치단체 관할구역의 외국인등록대장에 등재된 자
> ② 주민소환투표권자의 연령은 주민소환투표일 현재를 기준으로 계산한다.

3) 주민소환청구의 요건

① 「주민소환에 관한 법률」은 주민소환의 청구사유에 제한을 두지 않고 있다.

② 주민소환의 청구사유에 제한을 두지 않은 것은 주민소환제를 기본적으로 정치적인 절차로 설계함으로써 위법행위를 한 공직자뿐만 아니라 정책적으로 실패하거나 무능하고 부패한 공직자까지도 그 대상으로 삼아 공직에서의 해임이 가능하도록 하여 책임정치 혹은 책임행정의 실현을 기하려는 데 그 입법목적이 있다(헌재 2009.3.26. 2007헌마843). 기출 17

4) 주민소환청구의 대상

주민은 그 지방자치단체의 장 및 지방의회의원(비례대표 지방의회의원은 제외)을 소환할 권리를 가진다(지방자치법 제25조 제1항). 즉, 지방자치법 및 주민소환에 관한 법률은 선출직 지방공직자(선거에 의해 선출되는 모든 지방자치단체의 장과 지역구 지방의회의원)만을 주민소환의 대상으로 하고, 비례대표선거구 시·도의회의원 및 비례대표선거구 자치구·시·군의회의원은 제외하고 있다(주민소환에 관한 법률 제7조 제1항). 기출 20·17

5) 주민소환투표의 청구제한기간

> **주민소환에 관한 법률 제8조(주민소환투표의 청구제한기간)**
> 제7조 제1항 내지 제3항의 규정에 불구하고 다음 각 호의 어느 하나에 해당하는 때에는 주민소환투표의 실시를 청구할 수 없다.
> 1. 선출직 지방공직자의 <u>임기개시일부터 1년이 경과하지 아니한 때</u>
> 2. 선출직 지방공직자의 <u>임기만료일부터 1년 미만일 때</u>
> 3. 해당선출직 지방공직자에 대한 <u>주민소환투표를 실시한 날부터 1년 이내인 때</u>

6) 주민소환투표결과의 확정
① 주민소환은 제3조의 규정에 의한 <u>주민소환투표권자 총수의 3분의 1 이상의 투표와 유효투표 총수 과반수의 찬성으로 확정된다</u>(주민소환에 관한 법률 제22조 제1항).
② <u>전체 주민소환투표자의 수가 주민소환투표권자 총수의 3분의 1에 미달하는 때에는 개표를 하지 아니한다</u> (주민소환에 관한 법률 제22조 제2항). 기출 16

제3관 | 지방자치단체의 조직

I 개 설

우리 헌법은 지방자치단체에는 의회를 두도록 하고 기타 지방자치단체의 조직과 운영에 관한 사항은 법률로 정하도록 하고 있고(헌법 제118조), 이에 따라 제정된 지방자치법은 <u>지방자치단체의 의결기관으로서 '지방의회'와 집행기관으로서 '지방자치단체의 장'을 규정하고 있어 기관대립형을 취하고 있다</u>고 볼 수 있다.

II 지방의회

1. 지방의회의 지위

① 헌법은 "지방자치단체에 의회를 둔다"고 규정하고 있다(헌법 제118조 제1항). 따라서 <u>지방의회는 지방자치단체의 구성부분으로 헌법상 기관</u>이다. 따라서 법률에 의해 지방의회를 두지 않거나 이를 다른 조직으로 대체할 수 없다. 기출 15
② 지방의회는 <u>주민의 대의기관</u>이며(지방자치법 제37조), 지방자치단체의 사무에 관한 조례를 제정·개정 및 폐지하는 권한을 가지는 <u>자치입법기관이다</u>(지방자치법 제28조 및 제47조 제1호).
③ 지방의회는 조례의 제정·개정 및 폐지, 예산의 심의·확정, 결산의 승인 등 지방자치단체의 중요한 문제에 관하여 의결권을 갖는 <u>의결기관</u>이며(지방자치법 제47조), 집행기관을 감시하고 통제하는 <u>감시·통제기관</u>이다(지방자치법 제48조, 제49조, 제51조 등).

2. 지방의회의 구성과 운영

(1) 지방의회의 회의

1) 정례회
정례회는 매년 2회 개최한다. 정례회의 집회일, 그 밖에 정례회 운영에 필요한 사항은 해당 지방자치단체의 조례로 정한다(지방자치법 제53조).

2) 임시회
① 지방의회의 의장은 지방자치단체의 장이나 조례로 정하는 수 이상의 지방의회의원이 요구하면 15일 이내에 임시회를 소집하여야 한다. 다만, 지방의회의 의장과 부의장이 부득이한 사유로 임시회를 소집할 수 없을 때에는 지방의회의원 중 최다선의원이, 최다선의원이 2명 이상인 경우에는 그중 연장자의 순으로 소집할 수 있다.
② 임시회 소집은 집회일 3일 전에 공고하여야 한다. 다만, 긴급할 때에는 그러하지 아니하다.

3) 회의의 원칙
① 회의의 공개원칙 : 지방의회의 회의는 공개한다. 다만, 지방의회의원 3명 이상이 발의하고 출석의원 3분의 2 이상이 찬성한 경우 또는 지방의회의 의장이 사회의 안녕질서 유지를 위하여 필요하다고 인정하는 경우에는 공개하지 아니할 수 있다(지방자치법 제75조 제1항). 기출 15
② 회기계속의 원칙 : 지방의회에 제출된 의안은 회기 중에 의결되지 못한 것 때문에 폐기되지 아니한다. 다만, 지방의회의원의 임기가 끝나는 경우에는 그러하지 아니하다(지방자치법 제79조).
③ 일사부재의의 원칙 : 지방의회에서 부결된 의안은 같은 회기 중에 다시 발의하거나 제출할 수 없다(지방자치법 제80조).

4) 지방의회의 의결
① 지지방의회의 의결은 지방의회의 최종적인 의사이다. 지방의회의 의결은 지방자치단체의 장이나 기타 기관을 구속한다. 다만, 지방의회의 의결은 내부적인 효력만 가지므로 원칙적으로 항고소송의 대상이 되는 처분이 아니다.
② 다만, 지방의회 의장선거(대판 1995.1.12. 94누2602), 지방의회 의장에 대한 불신임의결(대판 1994.10.11. 94두23), 지방의회 의원징계의결(대판 1993.11.26. 93누7341)은 행정처분의 일종으로서 항고소송의 대상이 된다.

(2) 지방의회 의장과 의원
① 지방의회의 의장은 지방의회 사무직원을 지휘·감독하고 법령과 조례·의회규칙으로 정하는 바에 따라 그 임면·교육·훈련·복무·징계 등에 관한 사항을 처리한다(지방자치법 제103조 제2항). 기출 15
② 국회의원과 달리 지방의회의원에게는 면책특권이나 불체포특권이 인정되지 않는다. 다만, 수사기관의 장은 체포되거나 구금된 지방의회의원이 있으면 지체 없이 해당 지방의회의 의장에게 영장의 사본을 첨부하여 그 사실을 알려야 한다. 각급 법원장은 지방의회의원이 형사사건으로 공소(公訴)가 제기되어 판결이 확정되면 지체 없이 해당 지방의회의 의장에게 그 사실을 알려야 한다(지방자치법 제45조). 기출 15
③ 의원과는 달리 정치적, 법적으로 아무런 책임을 지지 아니하는 주민이 본회의 또는 위원회의 안건 심의 중 안건에 관하여 발언한다는 것은 선거제도를 통한 대표제 원리에 정면으로 위반되는 것으로서 허용될 수 없다(대판 1993.2.26. 92추109). 기출 18
④ 지방의회의원의 의정활동을 지원하기 위하여 지방의회의원 정수의 2분의 1 범위에서 해당 지방자치단체의 조례로 정하는 바에 따라 지방의회에 정책지원 전문인력을 둘 수 있다(지방자치법 제41조 제1항). 기출 25

3. 지방의회의 권한

① 의결권(지방자치법 제47조 제1항)
   ㉠ 조례의 제정·개정 및 폐지에 관한 의결권(제1호)
   ㉡ 예산의 심의·확정에 관한 의결권(제2호)
   ㉢ 결산의 승인에 관한 의결권(제3호)
   ㉣ 법령에 규정된 것을 제외한 사용료·수수료·분담금·지방세 또는 가입금의 부과와 징수에 관한 의결권(제4호)
   ㉤ 기금의 설치·운용에 관한 의결권(제5호) 기출 24
   ㉥ 대통령령으로 정하는 중요 재산의 취득·처분에 관한 의결권(제6호)
   ㉦ 대통령령으로 정하는 공공시설의 설치·처분에 관한 의결권(제7호)
   ㉧ 법령과 조례에 규정된 것을 제외한 예산 외의 의무부담이나 권리의 포기에 관한 의결권(제8호)
   ㉨ 청원의 수리와 처리에 관한 의결권(제9호) 기출 24
   ㉩ 외국 지방자치단체와의 교류·협력에 관한 의결권(제10호)
   ㉪ 그 밖에 법령에 따라 그 권한에 속하는 사항에 관한 의결권(제11호)
② 결산과 관련한 검사위원 선임권(지방자치법 제150조 제1항) 기출 24
③ 지방의회의원의 자격상실에 관한 의결권(지방자치법 제92조) 기출 24
④ 행정사무감사권 및 조사권 : 지방의회에 지방자치단체의 사무에 대한 행정사무감사권 및 조사권이 인정된다. 즉, 지방의회는 매년 1회 그 지방자치단체의 사무에 대하여 시·도에서는 14일의 범위에서, 시·군 및 자치구에서는 9일의 범위에서 감사를 실시하고, 지방자치단체의 사무 중 특정 사안에 관하여 본회의 의결로 본회의나 위원회에서 조사하게 할 수 있다(지방자치법 제49조 제1항). 기출 15

Ⅲ 지방자치단체의 집행기관

1. 의 의

① 지방자치단체의 집행기관은 지방자치단체의 의사를 외부에 표시하고 그 의사를 집행하는 기관을 말한다.
② 지방자치단체의 집행기관으로는 지방자치법상 지방자치단체의 장과 그 보조기관(예 부지사·부시장·부군수·부구청장), 소속 행정기관, 하부행정기관의 장(예 읍장·면장·동장)이 있고, 「지방교육자치에 관한 법률」상 교육감과 그 보조기관(예 부교육감) 및 하급 교육행정기관의 장(예 교육장)이 있다.

2. 지방자치단체의 장의 권한

(1) 지방자치단체의 최고집행기관으로서의 권한

지방자치단체의 장은 지방자치단체를 대표하고, 그 사무를 총괄하고(지방자치법 제114조), 지방자치단체의 장은 그 지방자치단체의 사무와 법령에 따라 그 지방자치단체의 장에게 위임된 사무를 관리하고 집행한다(지방자치법 제116조). 또한 지방자치단체의 장은 소속 직원의 임면·감독권(지방자치법 제118조), 규칙제정권(지방자치법 제29조), 주민투표회부권(지방자치법 제18조 제1항) 등의 권한을 행사한다. 기출 24

(2) 국가 등의 수임기관(하급기관)으로서의 권한

지방자치단체의 장이 국가 또는 시·도의 사무를 위임받아 처리하는 경우에는 국가 또는 시·도의 기관으로서의 지위를 갖는다. 따라서 기관위임사무를 처리함에 있어 지방자치단체의 장은 주무부장관 또는 시·도지사의 하급기관으로서 이들의 지휘감독을 받는다(지방자치법 제115조·제185조).

(3) 지방의회에 대한 권한

1) 재의요구 및 소송제기권
① 지방의회의 의결에 대한 재의요구와 제소권
  ㉠ 지방자치단체의 장은 지방의회의 의결이 월권이거나 법령에 위반되거나 공익을 현저히 해친다고 인정되면 그 의결사항을 이송받은 날부터 20일 이내에 이유를 붙여 재의를 요구할 수 있다(지방자치법 제120조 제1항).
  ㉡ 지방의회에서 재의한 결과 재적의원 과반수의 출석과 출석의원 3분의 2 이상의 찬성으로 전과 같은 의결을 하면 그 의결사항은 확정되지만(지방자치법 제120조 제2항), 지방자치단체의 장은 재의결된 사항이 법령에 위반된다고 인정되면 대법원에 소를 제기할 수 있다. 이 경우에는 지방자치법 제192조 제4항을 준용한다(지방자치법 제120조 제3항).
② 예산상 집행 불가능한 의결에 대한 재의요구권 : 지방자치단체의 장은 지방의회의 의결이 예산상 집행할 수 없는 경비를 포함하고 있다고 인정되는 경우, 지방의회가 법령에 의하여 지방자치단체에서 의무적으로 부담하여야 할 경비 또는 비상재해로 인한 시설의 응급복구를 위하여 필요한 경비를 줄이는 의결을 할 경우에 그 의결 사항을 이송받은 날부터 20일 이내에 이유를 붙여 재의를 요구할 수 있다(지방자치법 제121조 제1항·제2항). 이 경우에 지방자치법 제120조 제2항을 준용한다(지방자치법 제121조 제3항).

2) 선결처분권
① 지방자치단체의 장은 ㉠ 지방의회가 지방의회의원이 구속되는 등의 사유로 제73조에 따른 의결정족수에 미달될 때와 ㉡ 지방의회의 의결사항 중 주민의 생명과 재산 보호를 위하여 긴급하게 필요한 사항으로서 지방의회를 소집할 시간적 여유가 없거나 지방의회에서 의결이 지체되어 의결되지 아니할 때에는 선결처분(先決處分)을 할 수 있다(지방자치법 제122조 제1항).
② 선결처분은 지체 없이 지방의회에 보고하여 승인을 받아야 하고, 지방의회에서 승인을 받지 못하면 그 선결처분은 그때부터 효력을 상실한다(지방자치법 제122조 제2항·제3항).

Ⅳ 지방의회와 지방자치단체의 장의 견제와 균형

1. 개 설

지방자치법은 지방자치단체의 의사를 내부적으로 결정하는 최고의결기관으로 지방의회를, 외부에 대하여 지방자치단체의 대표로서 지방자치단체의 의사를 표명하고 그 사무를 통할하는 집행기관으로 단체장을 독립한 기관으로 두고, 의회와 단체장에게 독자적인 권한을 부여하여 상호 견제와 균형을 이루도록 하고 있으므로, 법률에 특별한 규정이 없는 한 조례로써 견제의 범위를 넘어서 상대방의 고유권한을 침해하는 규정을 제정할 수 없다(대판 2012.11.29. 2011추87).

2. 구체적 검토

① 지방의회는 자치사무에 관하여 법률에 특별한 규정이 없는 한 조례로써 지방자치단체장의 고유권한을 침해하지 않는 범위 내에서 조례를 제정할 수 있다고 할 것이다(대판 2013.4.11. 2012추22). 기출 25·15

② 지방의회가 조례로써 법령에 규정이 없는 지방자치단체의 장에 대한 새로운 견제장치를 만드는 것은 집행기관(지방자치단체의 장)의 고유권한을 침해하는 것이 되어 허용할 수 없다(대판 2012.11.29. 2011추87).

③ 지방의회가 집행기관의 인사권에 관하여 견제의 범위 내에서 소극적·사후적으로 개입하는 것은 허용되나, 집행기관의 인사권을 독자적으로 행사하거나 동등한 지위에서 합의하여 행사할 수는 없고, 그에 관하여 사전에 적극적으로 개입하는 것도 원칙적으로 허용되지 아니한다(대판 2009.9.24. 2009추53). 기출 15

④ 상위법령에서 단체장에게 기관구성원의 임명위촉의 권한을 부여한 경우에는 특별한 규정이 없는 한 그 임명위촉권은 단체장에게 전속적으로 부여된 것이라고 보아야 하므로, 하위법규인 조례로써 위 단체장의 임명위촉권을 제한할 수 없다(대판 2004.7.22. 2003추44).

⑤ 지방자치단체장의 고유권한이 아닌 사항에 대하여도 지방의회가 그 사무집행에 관한 집행권을 본질적으로 침해하는 것은 지방자치법의 관련 규정에 위반되어 허용될 수 없다(대판 2001.11.27. 2001추57).

> '서울특별시 중구 사무의 민간위탁에 관한 조례안' 제4조 제3항 등이 지방자치단체 사무의 민간위탁에 관하여 지방의회의 사전 동의를 받도록 한 것과 지방자치단체장이 동일 수탁자에게 위탁사무를 재위탁하거나 기간연장 등 기존 위탁계약의 중요한 사항을 변경하고자 할 때 지방의회의 동의를 받도록 한 것은, 지방자치단체장의 집행권한을 본질적으로 침해하는 것으로 볼 수 없다(대판 2011.2.10. 2010추11). 따라서 위법하지 않다. 기출 25·19

제4관 | 지방자치단체의 사무

I 개 설

① 지방자치단체의 사무란 지방자치단체가 그 사무의 관리주체가 되고 사무처리의 효과가 지방자치단체에 귀속되는 사무를 말한다. 지방자치법 제13조 제1항은 "지방자치단체는 관할구역의 자치사무와 법령에 따라 지방자치단체에 속하는 사무를 처리한다."라고 규정하고 하여 지방자치단체의 사무 범위를 정하고 있다. 여기에서 '법령에 따라 지방자치단체에 속하는 사무'란 단체위임사무를 의미하므로, 지방자치단체의 사무란 '자치사무'와 '단체위임사무'를 말한다. 기관위임사무는 지방자치단체의 장이 처리하지만 그 성질은 위임기관이 속한 행정주체, 즉 국가 또는 시·도(이하 '국가등'이라 한다)의 사무이며 지방자치단체의 사무는 아니다.

② 현행 지방자치법은 자치사무를 포괄적으로 수권하면서도 지방자치단체의 사무(자치사무와 단체위임사무)를 예시하고 있는 절충적 입법방식을 취하고 있다(지방자치법 제13조 제1항·제2항). 그리고 지방자치법 제15조는 특별한 규정이 없는 한 지방자치단체가 처리할 수 없는 국가사무를 예시적으로 열거하고 있다.

Ⅱ 자치사무

1. 의 의

자치사무(고유사무)란 지역적 이해관계가 있는 지역의 고유한 사무를 말한다. 헌법은 자치사무를 주민의 복리에 관한 사무와 재산관리사무라고 규정하고 있다(헌법 제117조 제1항).

2. 자치사무의 범위

(1) 전권한성의 원칙에 따른 자치사무의 추정

지방자치권의 보장은 주민의 복리에 관한 사무 등 지역적 이해관계가 있는 사무는 그 지방자치단체의 사무처리 권한을 보장해주는 것을 내용으로 하는데, 이를 보편성 또는 전권한성의 원칙이라 한다. 따라서 법령에 명문의 규정이 없더라도 주민의 복리에 관한 사무는 그 지방자치단체의 자치사무가 된다.

(2) 자치사무와 국가사무의 구별

1) 자치사무와 국가사무(기관위임사무)의 구별실익

① 조례제정의 대상 : 자치사무는 지방자치단체의 사무로서 법률의 위임이 없어도 조례제정의 대상이 된다. 다만, 국민의 권리를 제한하거나 의무를 부과하거나 벌칙을 정하는 경우에는 법률의 위임이 있어야 한다(지방자치법 제28조 제1항, 다만 그 위임은 포괄적 위임으로 족하다). 그러나 기관위임사무는 지방자치단체의 사무가 아니라 '국가등'의 사무이므로 명문의 규정이 없는 한 조례제정의 대상이 되지 않는다(대판 2014.2.27. 2012추145). 다만, 상위법령의 수권(위임)이 있는 경우에는 기관위임사무에 대하여도 조례(위임조례)를 제정할 수 있다. 이러한 '위임조례'는 자치입법이 아니라 행정입법의 성질을 가지므로 그 위임은 구체적 위임이어야 한다.

② 비용부담

㉠ 지방자치단체는 자치사무의 수행에 필요한 경비와 위임된 사무에 필요한 경비를 지출할 의무를 진다. 다만, 국가사무나 지방자치단체사무를 위임할 때에는 그 사무를 위임한 국가나 지방자치단체에서 그 경비를 부담하여야 한다(지방자치법 제158조). 즉, 지방자치단체의 관할구역 자치사무에 필요한 경비는 그 지방자치단체가 전액을 부담하지만(지방재정법 제20조, 지방자치법 제158조 본문), 기관위임사무는 그 사무를 위임한 국가(또는 지방자치단체)의 사무이므로 위임자인 국가(또는 지방자치단체)에서 그 경비를 부담하여야 하는 것이다(지방자치법 제158조 단서). 기출 25

㉡ 다만, 지방자치단체는 국가시책을 달성하기 위하여 노력하여야 하고, 이를 위하여 필요한 경비에 대한 국고보조율과 지방비부담률은 법령으로 정한다고 규정함으로써(지방자치법 제138조), 국가사무의 경비는 국가가 부담하는 것을 원칙으로 하면서도 예외적으로 지방자치단체가 일부 부담할 여지가 있음을 인정하고 있다(대판 2020.12.30. 2020두37406). 그리고 도로법(제85조), 하천법(제61조) 등 개별법에서 지방자치단체에 그 비용의 일부를 부담시킬 수 있는 예외규정을 둔 경우가 있다.

③ 국가의 감독 : 지방자치단체에 대한 국가의 감독(행정적 통제)은 합법성에 대한 통제와 합목적성에 대한 통제가 있다. 합목적성에 대한 통제의 가능 여부 및 정도는 지방자치단체의 사무의 종류에 따라 다르다. 즉, 지방자치단체의 고유사무인 자치사무에 대해서는 합법성(적법성) 통제만 가능하고, 위임사무(기관위임사무 및 단체위임사무)에 대해서는 합법성 통제뿐만 아니라 합목적성(타당성) 통제도 가능하다. 기출 20·19

④ 국가배상법상 피해자에 대한 배상책임자 : 자치사무의 경우 사무의 관리주체와 비용부담주체 모두 지방자치단체이므로 지방자치단체가 국가배상책임을 진다. 반면, 국가의 기관위임사무에 있어서는 위임자인 국가가 사무의 귀속주체로서 국가배상법 제2조에 따라 피해자에 대하여 국가배상책임을 지고, 지방자치단체는 형식적 비용부담자이므로 국가배상법 제6조 제1항에 따라 피해자에 대하여 배상책임을 진다(대판 1994.12.9. 94다38137 참조). 기출 20

3. 자치사무와 국가사무(기관위임사무)의 구별

(1) 구별 기준

판례는 "법령상 지방자치단체의 장이 처리하도록 규정하고 있는 사무가 자치사무인지 아니면 기관위임사무인지를 판단함에 있어서는 그에 관한 법령의 규정 형식과 취지를 우선 고려하여야 하지만 그 외에도 그 사무의 성질이 전국적으로 통일적인 처리가 요구되는 사무인지 여부나 그에 관한 경비부담과 최종적인 책임귀속의 주체 등도 아울러 고려하여야 한다."고 판시하였다(대판 2003.4.22. 2002두10483; 대판 2010.12.9. 2008다71575).

(2) 자치사무로 본 사례

① 호적사무 : 호적사무는 국가의 사무로서 국가의 기관위임에 의하여 수행되는 사무가 아니고 지방자치법 제9조(현행 제13조)가 정하는 지방자치단체의 사무라 할 것이다(대판 1995.3.28. 94다45654).6) 기출 19

② 건축허가에 관한 사무 : 건축허가 사무에 관한 근거 규정의 형식·체재, 내용 및 입법 취지와 아울러 실제의 경비 부담, 수수료의 납부 및 귀속 등에 관한 사정들을 종합하여 보면 건축허가에 관한 사무는 물론이고 건축허가를 의제하는 건축협의에 관한 사무도 지방자치단체의 자치사무라고 할 것이다(대판 2014.3.13. 2013두15934).

③ 시장 등이 약국개설자에 대한 업무정지명령 또는 과징금을 부과하는 사무 : 약국개설자가 구 약사법을 위반한 경우 시장·군수 또는 구청장이 업무의 정지를 명하거나 과징금을 부과하는 사무는 지방자치단체 고유의 자치사무라고 보는 것이 타당하다(대판 2014.10.27. 2012두15920).

④ 아동·청소년의 보호에 관한 사무 : 지방자치법 제9조(현행 제13조) 제2항 제2호 (라) 목은 '노인·아동·심신장애인·청소년 및 여성의 보호와 복지증진'을 지방자치단체의 '자치사무'로 예시하고 있다. 이 사건 조례안 규정은 전자파의 유해성으로부터 경기도 내 아동·청소년의 건강과 안전을 보호하기 위하여 경기도 교육감이 유치원 및 초등학교와 아동·청소년 시설을 전자파 안심지대로 지정하고, 그곳에 기지국의 설치를 금지하는 것을 그 내용으로 하고 있다. 이는 전파법이 규정하지 않은 아동·청소년의 보호에 관한 사항을 정한 것으로 볼 수 있다. 따라서 이 사건 조례안에서 정한 사무는 지방자치법 제9조 제2항 제2호 (라) 목에 따른 자치사무에 해당한다(대판 2017.12.5. 2016추5162).

---

6) 호적법이 헌법재판소에 의하여 헌법불합치결정(헌재 2005.2.3. 2001헌가9)을 받은 후 2007.5.17.부터는 새로운 호적체계인 「가족관계의 등록 등에 관한 법률」이 제정·시행되고 있다.

(3) 국가사무(기관위임사무)로 본 사례

① **교원의 지위에 관한 사무** : 교원의 지위에 관한 사항은 법률로 정하여 전국적으로 통일적인 규율이 필요하고 또 국가가 이를 위하여 상당한 경비를 부담하고 있으므로, 이에 관한 사무는 국가사무로 보아야 한다. 따라서 이 사건 조례안 제10조가 교원인사에 관한 사항을 심의하기 위하여 공립학교에 교원인사자문위원회를 두도록 하고 그 심의사항에 관하여 규정한 것은 국가사무에 관하여 법령의 위임 없이 조례로 정한 것으로 조례제정권의 한계를 벗어나 위법하다(대판 2016.12.29. 2013추36).

② **학교생활기록부 작성에 관한 교육감의 지도·감독 사무** : 공립·사립학교의 장이 행하는 학교생활기록부 작성에 관한 교육감의 지도·감독 사무는 국립학교의 장이 행하는 학교생활기록부 작성에 관한 교육부장관의 지도·감독 사무와 마찬가지로 국가사무로서, 시·도 교육감에 위임된 사무이다(대판 2015.9.10. 2013추517).

③ **공증사무** : 공증사무는 국가 사무로서 공증인 인가·임명행위는 국가가 사인에게 특별한 권한을 수여하는 행위이다. 그런데 위와 같이 공증인법령은 공증인 선정에 관한 구체적인 심사기준이나 절차를 자세하게 규율하지 않은 채 법무부장관에게 맡겨두고 있다(대판 2019.12.13. 2018두41907).

4. 자치사무의 처리

시·도와 시·군 및 자치구는 사무를 처리할 때 서로 겹치지 아니하도록 하여야 하며, 사무가 서로 겹치면 시·군 및 자치구에서 먼저 처리한다(지방자치법 제14조 제3항). `기출 19`

Ⅲ 위임사무

1. 단체위임사무

① 단체위임사무란 국가 또는 광역지방자치단체의 사무를 법령의 위임에 따라 지방자치단체에 위임하여 처리하는 사무를 말한다. 지방자치법 제13조 제1항의 "법령에 의하여 지방자치단체에 속하는 사무"가 단체위임사무이다.

② 단체위임사무의 예로는 시·도의 국가하천의 점용료의 징수(하천법 제37조 제2항), 시·군의 도세징수사무(구 지방세기본법 제53조 제1항)가 거론되기도 하나 단체위임사무의 예는 찾아보기 어렵다.

③ 단체위임사무는 개별 법령에 위임의 근거가 있어야 한다(지방자치법 제13조 제1항). 한편 광역지방자치단체 사무의 단체위임의 가능성은 지방자치법 제117조 제2항에서 규정하고 있다.

2. 기관위임사무

① 기관위임사무란 국가 또는 광역지방자치단체의 사무를 법령의 위임에 따라 지방자치단체의 장이 위임받아 처리하는 사무를 말한다. 국가 또는 광역지방자치단체 등으로부터 지방자치단체의 집행기관(지방자치단체의 장 또는 교육감)에게 위임된 사무를 말한다.

② 기관위임사무는 위임자인 국가나 광역지방자치단체의 사무이고, 위임받은 사무를 수행하는 지방자치단체의 장이 속하는 지방자치단체의 사무가 아니다. 따라서 기관위임사무를 수행하는 지방자치단체의 장은 해당 기관위임사무의 수행에 관하여는 위임자(국가 또는 다른 지방자치단체)의 기관으로서의 지위가 인정된다.

③ 기관위임사무의 위임에는 법적 근거를 요한다. 국가사무의 기관위임의 일반적인 법적 근거로는 정부조직법 제6조 제1항, 「행정권한의 위임 및 위탁에 관한 규정」 제3조·제4조, 지방자치법 제115조가 있고, 광역지방자치단체 사무의 기관위임의 가능성은 지방자치법 제117조 제2항에서 규정되어 있다.

제5관 | 지방자치단체의 조례와 규칙

I 자치입법권

지방자치단체는 자치행정에 관하여 법령의 수권 없이 자율적으로 법규를 제정할 수 있는 자치입법권이 있는데, 이러한 자치입법권에 의한 법규로 조례와 규칙이 있다. 조례가 규칙보다 상위규범이다(대판 1995.7.11. 94누4615 참조).

II 조례

1. 의의

① 조례는 자치입법 중 지방자치단체가 지방의회의 의결을 거쳐 제정하는 법 형식을 말한다. 조례도 행정주체에 의한 행정입법에 속한다. 다만, 지역적인 민주적 정당성을 지니고 있는 주민의 대표기관인 지방의회가 제정한 자치조례는 지방자치단체의 자치법(자주법)으로서 법률에 준하는 성질을 갖는다.
② 조례는 일반·추상적인 형식의 법규범으로서 대외적 구속력이 있는 것이 원칙이지만, 경우에 따라서 행정내부적인 관계를 규율하는 조례도 있으며, 처분적 조례도 있다.

2. 조례제정권의 범위와 한계

> **헌법 제117조**
> ① 지방자치단체는 주민의 복리에 관한 사무를 처리하고 재산을 관리하며, 법령의 범위 안에서 자치에 관한 규정을 제정할 수 있다.
>
> **지방자치법 제28조(조례)**
> ① 지방자치단체는 법령의 범위에서 그 사무에 관하여 조례를 제정할 수 있다. 다만, 주민의 권리 제한 또는 의무 부과에 관한 사항이나 벌칙을 정할 때에는 법률의 위임이 있어야 한다.
> ② 법령에서 조례로 정하도록 위임한 사항은 그 법령의 하위 법령에서 그 위임의 내용과 범위를 제한하거나 직접 규정할 수 없다.

(1) 조례제정의 대상사무

① 지방자치단체의 고유 사무인 '자치사무'와 '단체위임사무(법령에 따라 지방자치단체에 속하는 사무)'가 조례제정의 대상 사무에 해당한다(지방자치법 제13조 제1항 참조).

② 지방자치단체의 집행기관(예 지방자치단체의 장, 교육감)에 위임된 사무인 기관위임사무는 지방자치단체의 사무가 아니라 국가 등의 사무이므로 명문의 규정이 없는 한 조례제정의 대상이 되지 않는다(대판 2014.2.27. 2012추145). 기출 25·17 다만, 기관위임사무에 있어서도 그에 관한 개별법령에서 일정한 사항을 조례로 정하도록 위임하고 있는 경우에는 위임받은 사항에 관하여 개별법령의 취지에 부합하는 범위 내에서 이른바 위임조례를 정할 수 있다(대판 2000.5.30. 99추85). 기출 20

> 지방자치단체가 자치조례를 제정할 수 있는 사항은 지방자치단체의 고유사무인 자치사무와 개별법령에 의하여 지방자치단체에 위임된 단체위임사무에 한하는 것이고, 국가사무가 지방자치단체의 장에게 위임된 기관위임사무는 원칙적으로 자치조례의 제정범위에 속하지 않는다 할 것이고, 다만, 기관위임사무에 있어서도 그에 관한 개별법령에서 일정한 사항을 조례로 정하도록 위임하고 있는 경우에는 위임받은 사항에 관하여 개별법령의 취지에 부합하는 범위 내에서 이른바 위임조례를 정할 수 있다(대판 2000.5.30. 99추85). 기출 20·15·13

(2) 법률유보의 문제

1) 법률유보의 범위

① 지방자치단체는 법령의 범위에서 그 사무에 관하여 조례를 제정할 수 있다. 다만, 주민의 권리 제한 또는 의무 부과에 관한 사항이나 벌칙을 정할 때에는 법률의 위임이 있어야 한다(지방자치법 제28조 제1항). 기출 13

② 여기서 '법령의 범위 안에서'란 '법령에 위반되지 않는 범위 내에서'를 의미하므로, 지방자치단체는 '법령에 위반되지 않는 범위 내'이기만 하면, 원칙적으로 법령의 위임 없이도 조례를 제정할 수 있다. 다만, 침익적 조례(주민의 권리 제한 또는 의무 부과에 관한 사항이나 벌칙을 정하는 조례)는 법률의 위임이 있어야 한다.

2) 위임의 정도

① 주민의 권리를 제한하거나 의무를 부과하는 등의 내용의 조례의 제정에 있어서는 법률의 위임이 있어야 하는 것이나, 조례는 위임명령과는 달리 지방자치단체의 의회가 제정하는 자주법으로서의 성질을 가지는 점을 고려하면, 법률의 위임에 있어서는 일정 한도의 포괄적 위임은 허용된다 할 것이다(헌재 1995.4.20. 92헌마264; 대판 2017.12.5. 2016추5162).

② 그러나 기관위임사무에 관한 위임조례의 경우에는 위임조례는 자치입법이 아니라 행정입법의 성질을 가지므로 위임입법의 일반적인 원칙에 따라 구체적 위임이 있어야 한다(대판 2000.11.24. 2000추29 참조). 기출 19

3) 법률의 위임 없이 제정된 침익적 조례의 효력

지방자치법 제28조 제1항, 「행정규제기본법」 제4조 제3항에 의하면 지방자치단체가 조례를 제정함에 있어 그 내용이 주민의 권리제한 또는 의무부과에 관한 사항이나 벌칙인 경우에는 법률의 위임이 있어야 하므로, 법률의 위임 없이 주민의 권리제한 또는 의무부과에 관한 사항을 정한 조례는 효력이 없다. 즉 무효이다(대판 2018.11.29. 2016두35229).

(3) 법률우위의 문제

1) 의 의

법률우위의 원칙은 모든 행정작용에 대하여 예외 없이 적용되기 때문에 조례도 법률우위의 원칙의 적용을 받아 조례의 내용 등이 상위법령에 위반될 수 없는 것은 당연하다. 헌법 제117조 제1항과 지방자치법 제28조 제1항에서의 '법령의 범위 안에서'란 '법령에 위반되지 아니하는 범위 내에서'를 의미하는데(대판 2009.4.9, 2007추103), 이는 법률우위의 원칙을 표현한 것으로 볼 수 있다.

2) 법률 우위의 원칙

① 법률의 우위는 국가법령의 자치법규(조례)에 대한 우위를 의미한다. 헌법 제117조 제1항에서 규정하고 있는 '법령'에 법률 및 헌법 제75조 및 제95조 등에 의거한 '대통령령', '총리령' 및 '부령'과 같은 법규명령뿐만 아니라 법규명령으로서 기능하는 행정규칙(법령보충규칙)도 포함된다(헌재 2002.10.31, 2001헌라1).

② 조례가 법령에 위반되면 위법한 조례가 되며, 법원 및 헌법재판소에 의해 직접적 통제 또는 간접적 통제의 대상이 된다. 조례가 법령에 위반하여 위법한 경우, 그 조례는 효력이 없다. 즉 무효이다(대판 2009.4.9, 2007추103).

3) 광역자치단체의 조례와 기초자치단체의 조례의 관계

시·군 및 자치구의 조례나 규칙은 시·도의 조례나 규칙을 위반하여서는 아니 된다(지방자치법 제30조).

3. 조례(안)의 통제

(1) 지방자치단체의 장에 의한 통제

1) 지방자치법 제32조 제3항에 의한 재의요구

> **지방자치법 제32조(조례와 규칙의 제정 절차 등)**
> ① 조례안이 지방의회에서 의결되면 지방의회의 의장은 의결된 날부터 5일 이내에 그 지방자치단체의 장에게 이송하여야 한다.
> ② 지방자치단체의 장은 제1항의 조례안을 이송받으면 20일 이내에 공포하여야 한다.
> ③ 지방자치단체의 장은 이송받은 조례안에 대하여 이의가 있으면 제2항의 기간에 이유를 붙여 지방의회로 환부(還付)하고, 재의(再議)를 요구할 수 있다. 이 경우 지방자치단체의 장은 조례안의 일부에 대하여 또는 조례안을 수정하여 재의를 요구할 수 없다. 기출 13
> ④ 지방의회는 제3항에 따라 재의 요구를 받으면 조례안을 재의에 부치고 재적의원 과반수의 출석과 출석의원 3분의 2 이상의 찬성으로 전(前)과 같은 의결을 하면 그 조례안은 조례로서 확정된다.
> ⑤ 지방자치단체의 장이 제2항의 기간에 공포하지 아니하거나 재의 요구를 하지 아니하더라도 그 조례안은 조례로서 확정된다.
> ⑧ 조례와 규칙은 특별한 규정이 없으면 공포한 날부터 20일이 지나면 효력을 발생한다. 기출 13

2) 지방자치법 제120조 제3항에 의한 제소

지방자치법 제32조 제3항은 지방의회의 의결사항 중 하나인 조례안에 대하여 지방자치단체의 장에게 재의요구권을 폭넓게 인정한 것으로서 지방자치단체의 장의 재의요구권을 일반적으로 인정한 지방자치법 제120조 제1항에 대한 특별규정이라고 할 것이므로, 지방자치단체의 장의 재의요구에도 불구하고 조례안이 원안대로 재의결되었을 때에는 지방자치단체의 장은 지방자치법 제120조 제3항에 따라 그 재의결에 법령위반이 있음을 내세워 대법원에 제소할 수 있다(대판 1999.4.27, 99추23 참조).

3) 지방자치법 제192조 제4항에 의한 제소
① 감독기관의 재의요구(지시)를 받은 지방자치단체의 장이 재의요구를 하였으나 지방의회에서 재적의원 과반수의 출석과 출석의원 3분의 2 이상의 찬성으로 전과 같은 의결을 하면 그 의결사항은 확정된다(지방자치법 제192조 제3항). 이때 지방자치단체의 장은 '재의결된 사항'(조례안의 재의결도 포함)이 법령에 위반된다고 판단되는 때에는 재의결된 날부터 20일 이내에 대법원에 지방의회를 상대로 소(재의결 무효확인의 소)를 제기할 수 있다. 이 경우 필요하다고 인정되는 때에는 그 의결의 집행을 정지하게 하는 집행정지결정을 신청할 수 있다(지방자치법 제192조 제4항).
② 지방자치법 제192조 제4항에 따라 지방자치단체의 장이 제기하는 소송의 성질에 관하여 기관소송으로 보는 견해와 지방자치법이 인정하는 특수한 소송으로 보는 견해가 대립하나, 판례는 기관소송으로 본다 (대판 1993.11.26. 93누7341 참조).

(2) 감독기관에 의한 통제

1) 감독기관에 의한 재의요구 지시

지방의회의 의결이 법령에 위반되거나 공익을 현저히 해한다고 판단될 때에는 시·도에 대하여는 주무부장관이, 시·군 및 자치구에 대하여는 시·도지사가 재의를 요구하게 할 수 있다(지방자치법 제192조 제1항). 그리고 시·군 및 자치구의회의 의결이 법령에 위반된다고 판단됨에도 불구하고 시·도지사가 재의를 요구하게 하지 아니한 경우 주무부장관이 직접 시장·군수 및 자치구의 구청장에게 재의를 요구하게 할 수 있다(지방자치법 제192조 제2항). 재의요구(지시)를 받은 지방자치단체의 장은 의결사항을 이송받은 날부터 20일 이내에 지방의회에 이유를 붙여 재의를 요구하여야 한다(지방자치법 제192조 제3항). 여기에서 지방의회의 '의결'에는 '조례안의 의결'도 포함된다.

2) 재의요구 불응시 감독기관의 직접 제소

지방의회의 의결이 법령에 위반된다고 판단되어 주무부장관이나 시·도지사로부터 재의 요구 지시를 받은 해당 지방자치단체의 장이 재의를 요구하지 아니하는 경우(법령에 위반되는 지방의회의 의결사항이 조례안인 경우로서 재의 요구 지시를 받기 전에 그 조례안을 공포한 경우를 포함한다)에는 주무부장관이나 시·도지사는 제1항 또는 제2항에 따른 기간(지방자치단체의 장이 의결사항을 이송받은 날부터 20일)이 지난 날부터 7일 이내에 대법원에 직접 제소 및 집행정지 결정을 신청할 수 있다(지방자치법 제192조 제8항).

3) 재의결에 대한 감독청의 제소 지시 또는 직접 제소

재의결된 사항이 법령에 위반된다고 판단됨에도 불구하고 해당 지방자치단체의 장이 소를 제기하지 아니하면 시·도에 대해서는 주무부장관이, 시·군 및 자치구에 대해서는 시·도지사(제192조 제2항에 따라 주무부장관이 직접 재의 요구 지시를 한 경우에는 주무부장관을 말한다)가 그 지방자치단체의 장에게 제소를 지시하거나 직접 제소 및 집행정지결정을 신청할 수 있다(지방자치법 제192조 제5항). 다만, 재의결된 사항이 둘 이상의 부처와 관련되거나 주무부장관이 불분명하면 행정안전부장관이 재의요구 또는 제소를 지시하거나 직접 제소와 집행정지결정을 신청할 수 있다(지방자치법 제192조 제9항).

(3) 법원에 의한 통제

1) 조례안재의결에 대한 무효확인소송(기관소송)

① 지방자치법 제192조 및 제120조에 따르면 지방자치단체의 장은 <u>조례의 법령위반을 이유로 재의결한 지방의회를 상대로 대법원에 소를 제기할 수 있다</u>. 조례안재의결 무효확인소송은 <u>조례에 대한 사전적·추상적 규범통제의 성질을 갖는다</u>.

② 조례안재의결 무효확인소송에서 대법원의 심리대상은 지방자치단체의 장이 지방의회에 재의를 요구할 당시 이의사항으로 지적되어 재의결에서 심의의 대상이 된 것에 국한된다(대판 2007.12.13. 2006추52). 이러한 법리는 주무부장관이 지방자치법 제192조 제7항에 따라 지방의회의 의결에 대하여 직접 제소함에 따른 조례안의결 무효확인소송에도 마찬가지로 적용되므로, 조례안의결 무효확인소송의 심리대상은 주무부장관이 재의요구 요청에서 이의사항으로 지적한 것에 한정된다(대판 2015.5.14. 2013추98).

③ 조례안은 그 일부가 위법한 경우에도 위법한 부분만의 효력을 부인하는 것은 불가능하며, <u>조례안에 대한 재의결은 전부 효력이 부인되어야 한다</u>(대판 2017.12.5. 2016추5162). <u>대법원의 위법결정은 당해 조례를 무효로 한다</u>.

2) 헌법 제107조 제2항의 법원의 위헌·위법심사

<u>조례는 헌법 제107조 제2항에 의한 간접적 규범통제의 대상이 된다</u>. 즉, 위법한 조례에 근거하여 내려진 처분에 의해 권익을 침해받은 경우에 권익을 침해받은 주민은 그 처분에 대하여 항고소송을 제기하여 당해 항고소송에서 당해 처분의 위법사유로서 그 근거법규인 조례의 위법을 주장할 수 있고, 항고소송의 수소법원은 전제문제가 된 조례의 위법을 확인할 수 있다. 다만, <u>법원은 위헌·위법으로 판단된 해당 조례를 당해 사건에의 적용을 배제하는 데 그치고, 그 조례를 일반적으로 무효화시킬 수는 없다</u>.

3) 항고소송

<u>조례가 집행행위의 개입 없이도 그 자체로서 직접 국민의 구체적인 권리의무나 법적 이익에 영향을 미치는 등의 법률상 효과를 발생하는 경우 그 조례는 항고소송의 대상이 되는 행정처분에 해당한다</u>(대판 1996.9.20. 95누8003). **기출 13**

(4) 헌법재판소에 의한 통제

조례제정행위도 공권력작용에 해당하므로 헌법재판소법 제68조 제1항에 따라 <u>조례에 의해 기본권을 직접, 현재 침해당한 경우에는 헌법소원을 제기할 수 있다</u>(헌재 1995.4.20. 92헌마264 등). 다만, 항고소송의 대상이 되는 처분적 조례는 보충성의 원칙상 헌법소원심판을 청구할 수 없다고 할 것이다.

(5) 주민에 의한 통제

주민은 <u>청원권</u>(지방자치법 제85조 이하)이나 <u>조례 제정·개폐청구권</u>(지방자치법 제19조)을 행사함으로써 조례에 대한 통제를 할 수 있다.

제6관 | 지방자치단체에 대한 국가의 통제 및 관여

I 개설

지방자치단체에 대한 국가의 행정적 통제는 합법성에 대한 통제와 합목적성에 대한 통제가 있다. 합목적성에 대한 통제의 가능 여부 및 정도는 지방자치단체의 사무의 종류에 따라 다르다. 즉, 지방자치단체의 고유사무인 자치사무에 대해서는 합법성 통제만 가능하고, 위임사무(기관위임사무 및 단체위임사무)에 대해서는 합법성 통제뿐만 아니라 합목적성 통제도 가능하다. 기출 20

II 행정적 통제

1. 감독기관

① 지방자치법은 시·도에 대하여는 주무부장관을 감독기관으로 정하고 있고, 시·군 및 자치구에 대하여는 1차로 시·도지사를 2차로 주무부장관을 감독기관으로 정하고 있다(제185조 제1항, 제188조 제1항). 이 경우 시·도지사는 국가기관의 지위에서 감독을 행한다.
② 교육감에 대한 감독기관은 교육부장관이다.
③ 감사원은 지방자치단체의 회계검사와 지방자치단체의 사무와 그에 소속한 지방공무원의 직무의 감찰에 관한 권한을 가진다(감사원법 제22조, 제24조).

2. 일반적 감독

① 지방자치단체 또는 그 장이 위임받아 처리하는 국가사무, 즉 단체위임사무와 기관위임사무에 한하여 국가기관의 일반적·후견적 감독이 인정되고 있다. 그러나 지방자치단체의 자치사무(고유사무)에 대하여는 지방자치를 보장하기 위하여 국가의 일반적·후견적 감독은 인정되지 않는다.
② 지방자치단체 및 그 장이 위임받아 처리하는 국가사무와 시·도의 사무에 대하여 국회와 시·도의회가 직접 감사하기로 한 사무 외에는 그 감사를 각각 해당 시·도의회와 시·군 및 자치구의회가 할 수 있다(지방자치법 제49조 제3항 전문). 기출 15

3. 개별적 감독

(1) 명령·처분의 시정명령 및 취소·정지권

> **지방자치법 제188조(위법·부당한 명령·처분의 시정)**
> ① 지방자치단체의 사무에 관한 그 장의 명령이나 처분이 법령에 위반되거나 현저히 부당하여 공익을 해친다고 인정되면 시·도에 대하여는 주무부장관이, 시·군 및 자치구에 대하여는 시·도지사가 기간을 정하여 서면으로 시정할 것을 명하고, 그 기간에 이행하지 아니하면 이를 취소하거나 정지할 수 있다. 이 경우 자치사무에 관한 명령이나 처분에 대하여는 법령을 위반하는 것에 한한다.
> ② 지방자치단체의 장은 제1항에 따른 자치사무에 관한 명령이나 처분의 취소 또는 정지에 대하여 이의가 있으면 그 취소처분 또는 정지처분을 통보받은 날부터 15일 이내에 대법원에 소(訴)를 제기할 수 있다.

① 지방자치단체의 사무(자치사무와 단체위임사무)가 지방자치법 제188조(명령·처분의 시정명령 및 취소·정지권)에 의한 통제의 대상이 되고, 기관위임사무는 통제의 대상에 포함되지 않는다(대판 2014.2.27. 2012추183).
② 지방자치법 제188조 제6항은 '자치사무'에 관한 '취소 또는 정지처분'에 한하여 소송을 제기할 수 있는 것으로 규정하고 있다. 따라서 ㉠ '단체위임사무'에 관한 취소 또는 정지처분이나 ㉡ 자치사무나 단체위임사무에 관한 '시정명령'에 대해서는 소송을 제기할 수 없다(대판 2014.2.27. 2012추183; 대판 2017.10.12. 2016추5148).

기출 20

(2) 지방자치단체의 장에 대한 직무이행명령

> **지방자치법 제189조(지방자치단체의 장에 대한 직무이행명령)**
> ① 지방자치단체의 장이 법령의 규정에 따라 그 의무에 속하는 국가위임사무나 시·도위임사무의 관리와 집행을 명백히 게을리하고 있다고 인정되면 시·도에 대하여는 주무부장관이, 시·군 및 자치구에 대하여는 시·도지사가 기간을 정하여 서면으로 이행할 사항을 명령할 수 있다.
> ② 주무부장관이나 시·도지사는 해당 지방자치단체의 장이 제1항의 기간에 이행명령을 이행하지 아니하면 그 지방자치단체의 비용부담으로 대집행하거나 행정상·재정상 필요한 조치(이하 이 조에서 "대집행등"이라 한다)를 할 수 있다. 이 경우 행정대집행에 관하여는 「행정대집행법」을 준용한다.
> ④ 주무부장관은 시·도지사가 제3항에 따른 기간에 이행명령을 하지 아니하면 제3항에 따른 기간이 지난 날부터 7일 이내에 직접 시장·군수 및 자치구의 구청장에게 기간을 정하여 이행명령을 하고, 그 기간에 이행하지 아니하면 주무부장관이 직접 대집행등을 할 수 있다.
> ⑤ 주무부장관은 시·도지사가 시장·군수 및 자치구의 구청장에게 제1항에 따라 이행명령을 하였으나 이를 이행하지 아니한 데 따른 대집행등을 하지 아니하는 경우에는 시·도지사에게 기간을 정하여 대집행등을 하도록 명하고, 그 기간에 대집행등을 하지 아니하면 주무부장관이 직접 대집행등을 할 수 있다.
> ⑥ 지방자치단체의 장은 제1항 또는 제4항에 따른 이행명령에 이의가 있으면 이행명령서를 접수한 날부터 15일 이내에 대법원에 소를 제기할 수 있다. 이 경우 지방자치단체의 장은 이행명령의 집행을 정지하게 하는 집행정지결정을 신청할 수 있다. 기출 20

① **직무이행명령의 대상**: 직무이행명령의 대상사무는 '법령의 규정에 의하여 지방자치단체의 장의 의무에 속하는 국가위임사무 또는 시·도위임사무'이다(지방자치법 제189조 제1항). 이 사무에 단체위임사무까지 포함되는 것으로 해석하는 견해도 있으나, 직무이행명령 제도의 입법취지에 비추어 기관위임사무로 보는 것이 타당하다. 판례도 직무이행명령의 대상사무를 기관위임사무로 본다(대판 2013.6.27. 2009추206).
② **직무이행명령의 요건**
  ㉠ 지방자치단체의 장이 법령의 규정에 따라 그 의무에 속하는 국가위임사무나 시·도위임사무의 관리와 집행을 명백히 게을리 하고 있다고 인정되어야 한다(지방자치법 제189조 제1항).
  ㉡ 지방자치단체의 장은 그 의무에 속한 국가위임사무를 이행하는 것이 원칙이므로, 지방자치단체의 장이 특별한 사정이 없이 그 의무를 이행하지 아니한 때에는 '국가위임사무의 관리와 집행을 명백히 게을리하고 있다'는 요건을 충족한다고 해석하여야 한다(대판 2015.9.10. 2013추517).
③ **직무이행명령에 대한 이의소송**: 지방자치단체의 장은 직무이행명령에 이의가 있으면 이행명령서를 접수한 날부터 15일 이내에 대법원에 소를 제기할 수 있다. 이 경우 지방자치단체의 장은 이행명령의 집행을 정지하게 하는 집행정지결정을 신청할 수 있다(지방자치법 제189조 제6항). 기출 20

제3절 공무원법

제1관 | 개 설

I. 공무원의 개념 및 지위

1. 공무원의 개념

① 헌법 제7조 제1항은 "공무원은 국민 전체에 대한 봉사자이며 국민에 대하여 책임을 진다."고 규정하고 있는데, 여기에서의 공무원은 광의(넓은 의미)의 공무원의 개념에 해당한다. 넓은 의미에서 공무원이란 직접 또는 간접적으로 국민에 의하여 선출 또는 임용되어 국가나 공공단체와 공법상의 근무관계를 맺고 공공적 업무를 담당하고 있는 자를 말한다(헌재 1992.4.28. 90헌바27). 광의의 공무원에는 경력직공무원·특수경력직공무원은 물론이고 공무원의 신분을 가지고 있지는 않지만 공무를 위탁받아 이에 종사하는 공무수탁자도 포함된다.

② 헌법 제7조 제2항은 "공무원의 신분과 정치적 중립성은 법률이 정하는 바에 의하여 보장된다."고 하여, 직업공무원제도를 규정하고 있다. 직업공무원제도에서 말하는 공무원은 협의의 공무원, 즉 경력직 공무원만을 말하며 정치적 공무원이라든가 임시적 공무원은 포함되지 않는다(헌재 1989.12.18. 89헌마32 참조).

2. 공무원의 지위

공무원은 공직자인 동시에 국민의 한 사람이기도 하므로 국민전체에 대한 봉사자로서의 지위와 기본권을 향유하는 기본권주체로서의 지위라는 이중적 지위를 가지는바, 공무원이라고 하여 기본권이 무시되거나 경시되어서는 안 되지만, 공무원의 신분과 지위의 특수성상 공무원에 대해서는 일반 국민에 비해 보다 넓고 강한 기본권 제한이 가능하게 된다(헌재 2012.3.29. 2010헌마97). 기출 23

II. 공무원의 종류

1. 국가공무원과 지방공무원

공무원은 임명주체·담당사무 등에 따라 국가공무원과 지방공무원으로 구분된다. 국가공무원은 보통 국가에 의하여 임명되고 국가의 사무를 집행하는 공무원이며, 지방공무원은 지방자치단체에 의하여 임명되고 지방자치단체의 사무를 집행하는 공무원(지방자치단체가 경비를 부담하는 공무원)이라 할 수 있다. 그러나 공무원 중에는 선거에 의하여 선출되는 경우도 있고, 권한이 기관위임된 경우에 국가공무원이 지방자치단체의 사무를 담당하기도 하고, 지방공무원이 국가의 사무를 담당하기도 한다.

2. 경력직공무원과 특수경력직공무원

(1) 경력직공무원

① 경력직공무원이란 실적과 자격에 따라 임용되고 그 신분이 보장되며 평생 동안(근무기간을 정하여 임용하는 공무원의 경우에는 그 기간 동안을 말한다) 공무원으로 근무할 것이 예정되는 공무원을 말한다(국가공무원법 제2조 제2항, 지방공무원법 제2조 제2항).

② 경력직공무원은 일반직공무원과 특정직공무원으로 구분된다.

(2) 특수경력직공무원

① 특수경력직공무원이란 경력직공무원 외의 공무원을 말한다(국가공무원법 제2조 제3항, 지방공무원법 제2조 제3항).
② 특수경력직 공무원은 정무직공무원과 별정직공무원으로 구분된다. 기출 25

[국가공무원법상 공무원의 구분]

경력직 공무원	일반직공무원	기술·연구 또는 행정 일반에 대한 업무를 담당하는 공무원
	특정직공무원	법관, 검사, 외무공무원, 경찰공무원, 소방공무원, 교육공무원, 군인, 군무원, 헌법재판소 헌법연구관, 국가정보원의 직원, 경호공무원과 특수 분야의 업무를 담당하는 공무원으로서 다른 법률에서 특정직공무원으로 지정하는 공무원 기출 25·23
특수경력직 공무원	정무직공무원 기출 25	선거로 취임하거나 임명할 때 국회의 동의가 필요한 공무원
		고도의 정책결정 업무를 담당하거나 이러한 업무를 보조하는 공무원으로서 법률이나 대통령령(대통령비서실 및 국가안보실의 조직에 관한 대통령령만 해당한다)에서 정무직으로 지정하는 공무원
	별정직공무원	비서관·비서 등 보좌업무 등을 수행하거나 특정한 업무 수행을 위하여 법령에서 별정직으로 지정하는 공무원

제2관 | 공무원관계의 변동

I 개 설

임용(任用)이란 공무원관계를 발생·변경·소멸시키는 모든 행위, 즉 공무원관계를 처음 발생시키는 신규채용, 공무원관계의 변동에 해당하는 승진임용·전직·전보·겸임·파견·강임·휴직·직위해제·정직·강등 및 복직과 공무원관계를 소멸시키는 면직·해임·파면을 모두 포함하는 것이다(공무원임용령 제2조 제1호).

II 공무원관계의 발생

1. 서 설

공무원 관계의 발생 원인에는 임명 외에도 선거에 의하는 경우(예 대통령, 국회의원, 지방자치단체의 장, 지방의회의원) 또는 법률의 규정에 의한 강제적 설정이 있으나, 가장 중요하고 보편적인 임명을 중심으로 살펴보기로 한다.

2. 임명의 의의

① 임명(任命)이란 특정인에게 공무원의 신분을 부여하여 공무원관계를 발생시키는 행위를 말한다. 임명은 공무원관계를 발생·변경·소멸시키는 모든 행위를 의미하는 임용과는 구별되는 개념이지만, 임용도 좁은 의미에서는 임명의 의미로 사용되기도 한다.
② 공무원은 임용장이나 임용통지서에 적힌 날짜에 임용된 것으로 보며, 임용일자를 소급해서는 아니 된다(공무원임용령 제6조 제1항). 기출 20

3. 임명의 성질

임명(행위)의 성질에 관하여는 공법상 계약설, 단독행위설도 있으나 공무원이 되고자 하는 자의 신청이나 동의를 요하는 행정행위(쌍방적 행정행위)로 보는 것이 통설적 견해이다. 임명행위는 쌍방적 행정행위이므로 당사자의 신청이나 동의가 결여된 임명행위는 당연무효라고 보아야 한다.

4. 임명의 요건

(1) 개 설

공무원으로 임명되기 위하여는 일정한 능력요건과 성적요건을 갖추어야 한다. 이는 정규임용은 물론 시보임용의 경우에도 마찬가지이다.

(2) 능력요건(소극적 요건) : 결격사유가 없을 것

> **국가공무원법 제33조(결격사유)**
> 다음 각 호의 어느 하나에 해당하는 자는 공무원으로 임용될 수 없다.
> 1. 피성년후견인
> 2. 파산선고를 받고 복권되지 아니한 자
> 3. 금고 이상의 실형을 선고받고 그 집행이 종료되거나 집행을 받지 아니하기로 확정된 후 5년이 지나지 아니한 자
> 4. 금고 이상의 형을 선고받고 그 집행유예 기간이 끝난 날부터 2년이 지나지 아니한 자
> 5. 금고 이상의 형의 선고유예를 받은 경우에 그 선고유예 기간 중에 있는 자
> 6. 법원의 판결 또는 다른 법률에 따라 자격이 상실되거나 정지된 자
> 6의2. 공무원으로 재직기간 중 직무와 관련하여 「형법」 제355조(횡령, 배임) 및 제356조(업무상의 횡령과 배임)에 규정된 죄를 범한 자로서 300만원 이상의 벌금형을 선고받고 그 형이 확정된 후 2년이 지나지 아니한 자
> 6의3. 다음 각 목의 어느 하나에 해당하는 죄를 범한 사람으로서 100만원 이상의 벌금형을 선고받고 그 형이 확정된 후 3년이 지나지 아니한 사람
>   가. 「성폭력범죄의 처벌 등에 관한 특례법」 제2조에 따른 성폭력범죄
>   나. 「정보통신망 이용촉진 및 정보보호 등에 관한 법률」 제74조 제1항 제2호 및 제3호에 규정된 죄
>   다. 「스토킹범죄의 처벌 등에 관한 법률」 제2조 제2호에 따른 스토킹범죄
> 6의4. 미성년자에 대하여 「성폭력범죄의 처벌 등에 관한 특례법」 제2조에 따른 성폭력범죄 또는 「아동·청소년의 성보호에 관한 법률」 제2조 제2호에 따른 아동·청소년대상 성범죄를 범한 사람으로서 다음 각 목의 어느 하나에 해당하는 날부터 20년이 지나지 아니한 사람 〈개정 2024.12.31.〉
>   가. 금고 이상의 실형을 선고받고 그 집행이 끝나거나(집행이 끝난 것으로 보는 경우를 포함한다) 집행이 면제된 날
>   나. 금고 이상의 형의 집행유예를 선고받고 그 집행유예가 확정된 날
>   다. 벌금 이하의 형을 선고받고 그 형이 확정된 날
>   라. 치료감호를 선고받고 그 집행이 끝나거나 집행이 면제된 날
>   마. 징계로 파면처분 또는 해임처분을 받은 날
> 7. 징계로 파면처분을 받은 때부터 5년이 지나지 아니한 자
> 8. 징계로 해임처분을 받은 때부터 3년이 지나지 아니한 자

① 국가공무원법 제33조는 공무원의 임용결격사유를 규정하고 있는데, 이러한 결격사유에 해당하는 자는 공무원으로 임명(임용)될 수 없다.
② 공무원관계는 국가의 임용이 있는 때에 설정되는 것이므로 공무원임용 결격사유가 있는지의 여부는 채용후보자 명부에 등록한 때가 아닌 <u>임용 당시에 시행되던 법률을 기준으로 하여 판단하여야 한다</u>(대판 1987.4.14. 86누459). 기출 22·20·16
③ 공무원이 재직 중에 국가공무원법 제33조 각 호의 결격사유 어느 하나에 해당하게 되면 <u>당연퇴직사유가 된다</u>(국가공무원법 제69조 본문). 다만, 국가공무원법상 임용 결격사유(제33조의 각 호)에 해당하더라도 <u>당연퇴직사유에 해당하지 아니하는 경우가 있다</u>(국가공무원법 제69조 단서). 기출 16

(3) 성적요건(자격요건)

① 공무원으로 임명(임용)되기 위하여는 임용결격사유에 해당하지 않아야 할 뿐만 아니라, <u>일정한 자격(예 학력 또는 경력 등)을 갖추어야 한다. 그 자격은 원칙적으로 시험성적·근무성적, 그 밖의 능력의 실증에 따라 행한다</u>(국가공무원법 제26조, 지방공무원법 제25조).
② 일반적으로 특수경력직공무원(예 정무직 공무원, 별정직 공무원)은 성적요건이 필요하지 아니하나, <u>경력직 공무원의 채용은 공개경쟁시험에 의한다. 다만, 예외적으로 특별채용시험에 의할 수도 있다</u>(예 1급 공무원의 채용, 특정자격증 소지자의 채용 등)(국가공무원법 제28조, 지방공무원법 제27조).

(4) 시보 임용의 경우

국가공무원법 제29조는 "5급 공무원을 신규 채용하는 경우에는 1년, 6급 이하의 공무원을 신규 채용하는 경우에는 6개월간 각각 시보(試補)로 임용하고 그 기간의 근무성적·교육훈련성적과 공무원으로서의 자질을 고려하여 정규 공무원으로 임용한다"고 하여 시보임용제도를 규정하고 있다. 지방공무원법 제28조에도 이와 유사한 시보임용제도를 규정을 두고 있다. 이 경우 <u>정규공무원 임용행위는 시보임용행위와는 별도의 임용행위이므로 그 요건과 효력은 개별적으로 판단하여야 한다</u>(대판 2005.7.28. 2003두469). 기출 16

5. 요건 결여의 효과

(1) 임용결격사유를 간과한 임명행위의 효과

① 판례는 "<u>임용당시 공무원임용결격사유가 있었다면 비록 국가의 과실에 의하여 임용결격자임을 밝혀내지 못하였다 하더라도 그 임용행위는 당연무효로 보아야 한다.</u>"고 판시하여(대판 1987.4.14. 86누459), 무효설의 입장이다.

> • 공무원연금법에 의한 퇴직급여 등은 적법한 공무원으로서의 신분을 취득하여 근무하다가 퇴직하는 경우에 지급되는 것이고, <u>임용 당시 공무원임용 결격사유가 있었다면 비록 국가의 과실에 의하여 임용 결격자임을 밝혀내지 못하였다고 하더라도 그 임용행위는 당연무효로 보아야 한다</u>(대판 1998.1.23. 97누16985).
> 기출 24·22·14
> • 경찰공무원법에 규정되어 있는 경찰관임용 결격사유는 경찰관으로 임용되기 위한 절대적인 소극적 요건으로서 임용 당시 경찰관임용 결격사유가 있었다면 비록 임용권자의 과실에 의하여 임용 결격자임을 밝혀내지 못하였다 하더라도 그 임용행위는 당연무효로 보아야 한다(대판 2005.7.28. 2003두469). 기출 20
> • <u>국가가 공무원임용 결격사유가 있는 자에 대하여 결격사유가 있는 것을 알지 못하고 공무원으로 임용하였다가 사후에 결격사유가 있는 자임을 발견하고 공무원 임용행위를 취소하는 것은 당사자에게 원래의 임용행위가 당초부터 당연무효이었음을 통지하여 확인시켜 주는 행위에 지나지 아니하는 것이므로, 그러한 의미에서 당초의 임용처분을 취소함에 있어서는 신의칙 내지 신뢰의 원칙을 적용할 수 없고 또 그러한 의미의 취소권은 시효로 소멸하는 것도 아니다</u>(대판 1987.4.14. 86누459). 기출 22

② 다만, 당초 임용 당시 공무원 결격사유가 있었던 자를 그 후의 공무원 경력을 바탕으로 특별임용하였으나 특별임용 당시에는 공무원 결격사유가 없는 경우에는 그 특별임용의 하자가 중대·명백하다고 볼 수 없어 당연무효는 아니라고 보았다(대판 1998.10.23. 98두12932).[7]

(2) 성적요건의 결여를 간과한 경우

① 성적요건(자격요건)을 결여한 자에 대한 임명(임용)행위는 그 하자가 중대하고 명백하다고 볼 수는 없으므로 원칙적으로 취소사유에 해당한다고 보아야 한다(중대명백설).
② 행정행위의 직권취소의 효과는 처분 당시로 소급하는 것이 원칙이나(행정기본법 제18조 제1항 본문), 공무원 임명행위와 같은 수익적 행정행위의 직권취소의 경우에는 행정행위의 상대방에게 귀책사유가 없는 한 취소의 효과가 소급되지 않는 것이 통설적 견해이다.
③ 성적요건을 결여한 자에 대한 임명행위를 취소하는 경우, 수익적 행정행위의 취소·철회의 제한법리(이익형량의 원칙, 신뢰보호의 원칙)가 적용된다(대판 2002.2.5. 2001두5286 참조).

> [1] 행정처분에 하자가 있음을 이유로 처분청이 이를 취소하는 경우에도 그 처분이 국민에게 권리나 이익을 부여하는 처분인 때에는 그 처분을 취소하여야 할 공익상의 필요와 그 취소로 인하여 당사자가 입게 될 불이익을 비교·교량한 후 공익상의 필요가 당사자가 입을 불이익을 정당화할 만큼 강한 경우에 한하여 취소할 수 있는 것이지만, 그 처분의 하자가 당사자의 사실은폐나 기타 사위의 방법에 의한 신청행위에 기인한 것이라면 당사자는 그 처분에 의한 이익이 위법하게 취득되었음을 알아 그 취소가능성도 예상하고 있었다고 할 것이므로 그 자신이 위 처분에 관한 신뢰이익을 원용할 수 없음은 물론 행정청이 이를 고려하지 아니하였다고 하여도 재량권의 남용이 되지 않는다.
> [2] 허위의 고등학교 졸업증명서를 제출하는 사위의 방법에 의한 하사관 지원의 하자를 이유로 하사관 임용일로부터 33년이 경과한 후에 행정청이 행한 하사관 및 준사관 임용취소처분이 적법하다고 한 사례(대판 2002.2.5. 2001두5286).

(3) 연금청구권이나 퇴직급여 청구권의 인정 여부

① 판례는 임용이 당연 무효인 임용결격 공무원의 「공무원연금법」상 '퇴직급여(퇴직연금)청구권'[8]이나 「근로자퇴직급여 보장법」상 '퇴직급여청구권'은 부정하였다. 이와 같은 법리는 임용결격사유로 인하여 임용행위가 당연무효인 경우뿐만 아니라 임용행위의 하자로 임용행위가 취소되어 소급적으로 지위를 상실한 경우에도 마찬가지로 적용된다(대판 2017.5.11. 2012다200486). 기출 24
② 그러나 임용결격공무원이 손해를 입은 범위 내에서, 국가 및 지방자치단체의 '부당이득 반환의무'는 인정하였다(대판 2017.5.11. 2012다200486). 즉, 국가 또는 지방자치단체는 ㉠ 퇴직급여 가운데 임용결격공무원 등이 스스로 적립한 기여금 관련 금액 + ㉡ 근로자퇴직급여 보장법상 퇴직금 상당액의 합계액은 '부당이득'으로 임용결격공무원 등에게 반환하여야 한다고 하였다(다만, ㉠ + ㉡ 합계액이 '공무원연금법상 퇴직급여 상당액'을 넘는 경우, '공무원연금법상 퇴직급여 상당액'으로 제한된다).

---

[7] 이 판례는 성적요건(자격요건)을 갖추지 못한 경우에 관한 것이므로, 임용결격 사유 있는 자에 대한 임용행위를 당연무효로 보는 판례와 모순되지 않는다.
[8] 「공무원연금법」상 퇴직급여에는 퇴직연금, 퇴직연금일시금, 퇴직연금공제일시금, 퇴직일시금이 있다(제42조).

Ⅲ 공무원관계의 변경

1. 의의
공무원관계의 변경이란 공무원으로서의 신분은 유지하면서 공무원관계의 내용 전부 또는 일부를 일시적 또는 영구적으로 변경하는 것을 말한다. 그 종류에는 승진, 전직, 전보, 파견, 휴직, 정직, 직위해제, 강임, 감봉, 복직 등이 있다.

2. 승진

(1) 의의

승진(昇進)이란 같은 직렬 내에서 상위의 직급에 임용되는 것을 말하며, 승진임용은 동일 직렬의 바로 하급공무원 중에서 행하되(국가공무원법 제40조의2 제3항), 근무성적평정·경력평정, 그 밖에 능력의 실증에 따른다. 여기서 "직렬"이란 직무의 종류가 유사하고 그 책임과 곤란성의 정도가 서로 다른 직급의 군을 말한다(국가공무원법 제5조 제8호, 지방공무원법 제5조 제8호).

(2) 승진임용의 법적 성질

① 승진임용은 공무원의 법적 지위에 변경을 가져오는 행위이므로 항고소송의 대상이 되는 행정처분에 해당하고, 임용권자가 공무원의 능력과 경력 등을 고려하여 행하는 재량행위에 해당한다(대판 2007.3.22. 2005추62 [전합] 참조).

② 승진임용은 재량행위이므로 재량권의 일탈이나 남용이 없는 한 위법하지 않다. 한편, 공무원에 대한 신규임용 행위가 당연무효인 경우, 승진임용 행위도 당연무효가 된다(대판 1996.7.12. 96누3333).

(3) 승진과 권리구제

① 승진탈락자는 승진자와 경원자관계에 있으므로 승진자 대한 승진임용의 취소를 구하는 소송을 제기할 수도 있고(경원자소송), 자신에 대한 승진임용거부처분의 취소를 구하는 소송을 제기할 수도 있으며(거부처분취소소송), 두 가지 소송을 병합하여 제기할 수도 있다.

② 다만, 승진임용거부처분취소소송을 제기하려면 법규상 또는 조리상 승진임용신청권이 인정되어야 하는데, 판례는 공무원의 조리상 승진임용신청권을 원칙적으로 부정하고, 일정한 경우에 한하여 예외적으로 인정하고 있다.

③ 관련 판례

> 시험승진후보자명부에 등재되어 있던 자가 그 명부에서 삭제됨으로써 승진임용의 대상에서 제외되었다 하더라도, 그와 같은 시험승진후보자명부에서의 삭제행위는 결국 그 명부에 등재된 자에 대한 승진 여부를 결정하기 위한 행정청 내부의 준비과정에 불과하고, 그 자체가 어떠한 권리나 의무를 설정하거나 법률상 이익에 직접적인 변동을 초래하는 별도의 행정처분이 된다고 할 수 없다(대판 1997.11.14. 97누7325). **기출 22**
>
> **□ 비교**
> 교육공무원법상 승진후보자 명부에 의한 승진심사 방식으로 행해지는 승진임용에서 승진후보자 명부에 포함되어 있던 후보자를 승진임용인사발령에서 제외하는 행위는 불이익처분으로서 항고소송의 대상인 처분에 해당한다고 보아야 한다(대판 2018.3.27. 2015두47492).

3. 전직·전보·전입

(1) 전 직

전직(轉職)이란 직렬을 달리하는 임명을 말한다(예 행정사무관을 외무사무관으로 임용)(국가공무원법 제5조 제5호, 지방공무원법 제5조 제5호).

(2) 전 보

전보(轉補)란 같은 직급 내에서의 보직변경(예 A과 과장에서 B과 과장으로 발령) 또는 고위공무원단 직위 간의 보직변경을 말한다(국가공무원법 제5조 제6호, 지방공무원법 제5조 제6호).

(3) 전 입

① 전입(轉入)이란 임명권자를 달리하는 국회·법원·헌법재판소·선거관리위원회 및 행정부 상호 간에 다른 소속 공무원을 임용하는 것을 말한다. 다른 기속 소속 공무원을 전입하려는 때에는 시험을 거쳐 임용하여야 한다. 이 경우 임용 자격 요건 또는 승진소요최저연수·시험과목이 같을 때에는 대통령령등으로 정하는 바에 따라 그 시험의 일부나 전부를 면제할 수 있다(국가공무원법 제28조의2).

② 공무원에 대한 전출명령과 전입명령은 행정소송법상 처분으로 보아야 한다.

③ 지방공무원법은 지방자치단체의 장(또는 지방의회의 의장)은 다른 지방자치단체의 장(또는 지방의회의 의장)의 동의를 얻어 그 소속 공무원을 전입할 수 있음을 규정하고 있다(지방공무원법 제29조의3). 대법원은 본인의 동의 없는 전출명령은 위법하여 취소되어야 한다고 판시하였다(대판 2001.12.11. 99두1823).

4. 휴직·복직

(1) 휴 직

① 휴직(休職)이란 공무원으로서의 신분은 보유하게 하면서 직무담임을 일시적으로 해제하는 행위를 말한다. 휴직에는 임용권자가 직권으로 휴직을 명하는 직권휴직과 본인의 원에 따라 휴직을 명하는 청원휴직(의원휴직)이 있다(국가공무원법 제71조 제1항·제2항, 지방공무원법 제63조 제1항·제2항).

② 휴직은 제재적 성격을 가지지 않는 점에 유의할 필요가 있다.

③ 휴직 중인 공무원은 신분은 보유하나 직무에 종사하지 못한다(국가공무원법 제73조 제1항, 지방공무원법 제65조 제1항). 휴직 기간 중 그 사유가 없어지면 30일 이내에 임용권자(또는 임용제청권자)에게 신고하여야 하며, 임용권자는 지체 없이 복직을 명하여야 한다. 휴직기간이 끝난 공무원이 30일 이내에 복귀신고를 하면 당연히 복직된다(국가공무원법 제73조 제2항·제3항, 지방공무원법 제65조 제2항·제3항).

(2) 복 직

복직(復職)이란 휴직·직위해제, 정직 중이거나 강등으로 직무에 종사하지 못한 공무원을 직위에 복귀시키는 임용을 말한다(공무원임용령 제2조 제3호).

5. 직위해제

(1) 의 의

① 직위해제란 직위를 계속 보유하게 할 수 없는 사유가 있는 경우에 공무원의 신분을 보유하게 하면서 일시적으로 그 직위를 부여하지 아니함으로써 직무에 종사하지 못하도록 하는 잠정적인 조치로서의 보직의 해제를 말한다(대판 2003.10.10. 2003두5945).

② 직위해제처분은 징벌적 제재인 징계처분과는 그 성질을 달리하는 별개의 처분이다(대판 2014.10.30. 2012두25552). 기출 22·21·14

(2) 직위해제처분의 법적 성질

① 직위해제는 국가공무원법상 징계에는 해당하지 않지만, 임용권자가 일방적으로 보직을 박탈시키는 행위로서 해당 공무원에게 보수·승진·승급 등 다양한 측면에서 직·간접적으로 불리한 효력을 발생시키는 침익적 처분에 해당한다(대판 2022.10.14. 2022두45623). 따라서 직위해제처분은 항고소송의 대상이 되는 행정처분이다.

② "임용권자는 … 그 직위를 부여하지 아니할 수 있다"고 규정하고 있는 국가공무원법 제73조의3의 문언에 비추어 볼 때, 직위해제 여부는 임용권자의 재량에 속한다(대판 1999.9.17. 98두15412).

(3) 직위해제처분에 행정절차법의 적용 여부

국가공무원법상 직위해제처분은 당해 행정작용의 성질상 행정절차를 거치기 곤란하거나 불필요하다고 인정되는 사항 또는 행정절차에 준하는 절차를 거친 사항에 해당하므로, 처분의 사전통지 및 의견청취 등에 관한 행정절차법의 규정이 별도로 적용되지 않는다(대판 2014.5.16. 2012두26180). 기출 24·20

(4) 직위해제처분과 후속조치의 관계

1) 일사부재리의 원칙 위배 여부

① 직위해제처분은 공무원에 대하여 불이익한 처분이긴 하나 징계처분과 같은 성질의 처분이라고는 볼 수 없으므로 동일한 사유에 대한 직위해제처분이 있은 후 다시 해임처분이 있었다 하여 일사부재리의 법리에 어긋난다고 할 수 없다(대판 1984.2.28. 83누489). 기출 24·16

② 직권면직처분과 이보다 앞서 행하여진 직위해제처분은 그 목적을 달리한 각 별개의 독립된 처분이라 할 것이므로 본건 직권면직처분이 직위해제처분을 사유로 하였다 하더라도 일사부재리원칙에 위배되지 않는다(대판 1983.10.25. 83누340). 기출 21

2) 하자의 승계

판례는 직위해제처분의 위법은 직권면직처분에 승계되지 않는다고 본다(대판 1970.1.27. 68누10).

(5) 직위해제처분 소멸 후의 소의 이익

직위해제기간 만료 등으로 직위해제처분의 효력이 소멸한 경우에도 ① 인사규정 등에서 직위해제 처분에 따른 효과로 승진·승급에 제한을 가하는 등의 법률상 불이익을 규정하고 있는 경우(대판 2010.7.29. 2007두18406), ② 직위해제기간 동안 감액된 봉급 등의 지급을 구할 수 있는 경우(대판 2014.5.16. 2012두26180)와 같이 직위해제 취소로 인하여 회복되는 법률상 이익(부수적 이익)이 있는 경우에는 직위해제 처분의 취소를 구할 협의의 소의 이익이 인정된다.

6. 강 임

① 강임(降任)이란 같은 직렬 내에서 하위 직급에 임명하거나 하위 직급이 없어 다른 직렬의 하위 직급으로 임명하거나 고위공무원단에 속하는 일반직공무원을 고위공무원단 직위가 아닌 하위 직위에 임명하는 것을 말한다(국가공무원법 제5조 제4호, 지방공무원법 제5조 제4호).
② 강임은 징계처분이 아닌 점에서 징계처분인 강등과 구별된다.
③ 임용권자는 직제 또는 정원의 변경이나 예산의 감소 등으로 직위가 폐지되거나 하위의 직위로 변경되어 과원(過員)이 된 경우 또는 본인이 동의한 경우에는 소속공무원을 강임할 수 있다(국가공무원법 제73조의4 제1항).

7. 정직·감봉

(1) 정 직

정직(停職)은 징계처분의 하나로 1개월 이상 3개월 이하의 기간으로 한다. 정직 처분을 받은 자는 그 기간 중 공무원의 신분은 보유하나 직무에 종사하지 못하며 보수는 전액을 감한다(국가공무원법 제80조 제3항).

(2) 감 봉

감봉(減俸)은 징계처분의 하나로 1개월 이상 3개월 이하의 기간 동안 보수의 3분의 1을 감한다(국가공무원법 제80조 제4항).

Ⅳ 공무원관계의 소멸

1. 당연퇴직

(1) 의 의

당연퇴직(當然退職)이란 별도의 행위를 요하지 아니하고 일정한 사유의 발생으로 공무원관계가 당연히 소멸하는 것을 말한다. 예를 들면, 정년으로 인한 퇴직의 경우에 정년이 도래하면 당연히 공무원관계가 소멸되는 것이며 임용권자의 퇴직처분을 요하지 않는다.

(2) 사 유

① 공무원이 국가공무원법상 임용결격사유 중 제33조 제2호부터 제6호까지, 제6호의2부터 제6호의4까지, 제7호 및 제8호 중 어느 하나에 해당하는 경우(국가공무원법 제69조 제1호, 다만, 임용결격사유에 해당하더라도 당연퇴직사유에 해당하지 아니하는 경우가 있다). 국가공무원에 대하여 성년후견이 개시되었다는 사실만으로 당연퇴직되도록 하는 것은 과잉금지원칙에 위배된다는 헌법재판소의 위헌결정 취지를 반영하여 당연퇴직 사유 중 '피성년후견인'(제33조 제1호)은 삭제되었다(2024.12.31. 국가공무원법 개정).
② 임기제공무원의 근무기간이 만료된 경우(국가공무원법 제69조 제2호)
③ 공무원이 사망한 경우
④ 공무원의 정년이 도래한 경우(다른 법률에 특별한 경우를 제외하고는 60세). 다만, 공무원은 그 정년에 이른 날이 1월부터 6월 사이에 있으면 6월 30일에, 7월부터 12월 사이에 있으면 12월 31일에 각각 당연히 퇴직된다(국가공무원법 제74조 제4항).

(3) 효 과

당연퇴직된 자는 그 시점부터 공무원의 신분을 상실한다. 따라서 당연퇴직된 자가 행한 처분은 무권한의 하자에 해당하여 원칙적으로 무효이다. 다만, 그 행위가 사실상 공무원이론에 의해 유효한 행위가 될 수는 있을 것이다.

(4) 권리구제

① 실무상으로는 당연퇴직사유가 발생하면 퇴직발령통보를 하고 있으나, 당연퇴직의 인사발령은 법률상 당연히 발생하는 퇴직사유를 공적으로 확인하여 알려주는 이른바 관념의 통지에 불과하고 공무원의 신분을 상실시키는 새로운 형성적 행위가 아니므로 행정소송의 대상이 되는 독립한 행정처분이라고 할 수 없다(대판 1995.11.14. 95누2036). 기출 24·20

② 당연퇴직을 다투려면 공법상 당사자소송에 해당하는 '공무원 지위의 확인을 구하는 소'를 제기해야 한다.

2. 면 직

(1) 개 설

면직(免職)이란 임용권자의 결정에 의하여 공무원관계가 소멸되는 경우이다. 면직에는 의원면직과 일방적 면직이 있다.

(2) 의원 면직

① 의원면직(依願免職)이란 공무원의 사직의 의사표시에 의하여 임용권자가 공무원관계를 소멸시키는 행위를 말한다. 권고사직, 명예퇴직도 의원면직에 속한다. 의원면직은 공무원 본인의 신청(사직원의 제출)을 요건으로 하는 쌍방적 행정행위로 보는 것이 통설적 견해이다.

② 공무원의 사직의 의사표시(사직원의 제출, 사인의 공법행위)가 있어도 임용권자의 면직처분(사직원의 수리행위)이 있을 때까지 공무원관계는 존속한다. 따라서 사직원을 제출한 공무원도 사직원이 수리될 때까지는 출근하여 직무를 수행하는 등 공무원으로서의 모든 의무를 이행하여야 한다. 또한 사직원이 수리되지 않은 상태에서 출근하지 아니한 경우 징계처분의 대상이 된다(대판 1991.11.22. 91누3666 참조).

③ 공무원이 한 사직 의사표시의 철회나 취소는 그에 터잡은 의원면직처분이 있을 때까지 할 수 있는 것이고, 일단 면직처분이 있고 난 이후에는 철회나 취소할 여지가 없다(대판 2001.8.24. 99두9971). 기출 14

(3) 일방적 면직

1) 개 설

일방적 면직(一方的 免職)이란 임용권자가 일방적 결정에 의하여 공무원관계를 소멸시키는 행위를 말한다. 일방적 면직에는 징계면직과 직권면직이 있다.

2) 징계면직

① 징계면직(懲戒免職)이란 공무원의 신분을 박탈하는 징계로서 내려지는 파면과 해임을 말한다. 파면과 해임은 공무원의 신분을 박탈하는 징계처분인 점에서는 동일하지만 공직의 취임제한기간, 퇴직급여 및 퇴직수당의 제한 등에 있어서 차이가 있다.

② 징계로 파면처분을 받은 때부터 5년이 지나지 아니한 자는 공무원으로 임용될 수 없는 반면, 징계로 해임처분을 받은 때부터 3년이 지나지 아니한 자는 공무원으로 임용될 수 없다(국가공무원법 제33조 제7호, 제8호).

③ 징계에 의하여 파면된 경우에는 퇴직급여 및 퇴직수당의 일부를 감액하지만(재직기간 5년 미만인 사람의 퇴직급여의 4분의 1, 재직기간 5년 이상인 사람의 퇴직급여 2분의 1, 퇴직수당 2분의 1), 징계에 의해 해임된 경우에는 원칙적으로 퇴직급여 및 퇴직수당의 일부를 감액하지 않고, '금품 및 향응 수수, 공금의 횡령·유용으로 해임된 경우'에만 퇴직급여 및 퇴직 수당의 일부(재직기간이 5년 미만인 사람의 퇴직급여 8분의 1, 재직기간 5년 이상인 사람의 퇴직급여 4분의 1, 퇴직수당 4분의 1)를 감액한다(공무원연금법 제65조 제1항).

3) 직권면직

직권면직(職權免職)이란 법으로 정해진 사유(국가공무원법 제70조 제1항)에 해당하는 경우 임용권자가 직권으로 공무원의 신분을 박탈하는 처분을 말한다. 직권면직은 징계면직과 달리 징계처분이 아니다.

Ⅴ 불이익처분에 대한 구제

1. 소 청

(1) 의 의

소청(訴請)이란 공무원의 징계처분, 그 밖에 그 의사에 반하는 불리한 처분이나 부작위에 대한 소청심사위원회에 그 심사를 청구하는 제도이다(국가공무원법 제9조). 소청은 처분에 대한 재심사의 청구라는 점에서 행정심판의 일종(특별행정심판)이다(행정심판법 제4조).

(2) 소청사항

징계처분, 그 밖에 공무원의 의사에 반하는 불리한 처분이나 부작위가 소청의 대상이 된다(국가공무원법 제9조 제1항, 지방공무원법 제13조). 여기에서 "그 밖에 공무원의 의사에 반하는 불리한 처분"의 범위에는 해석상 문제가 있으나, 일반적으로 징계처분 외에 강임·휴직·직위해제·직권면직·의원면직 형식에 의한 면직·대기발령·전보·전직 등이 여기에 포함된다고 보고 있다.

(3) 소청심사위원회

> **국가공무원법 제9조(소청심사위원회의 설치)**
> ① 행정기관 소속 공무원의 징계처분, 그 밖에 그 의사에 반하는 불리한 처분이나 부작위에 대한 소청을 심사·결정하게 하기 위하여 인사혁신처에 소청심사위원회를 둔다. 기출 20
> ② 국회, 법원, 헌법재판소 및 선거관리위원회 소속 공무원의 소청에 관한 사항을 심사·결정하게 하기 위하여 국회사무처, 법원행정처, 헌법재판소사무처 및 중앙선거관리위원회사무처에 각각 해당 소청심사위원회를 둔다.
> ④ 제1항에 따라 설치된 소청심사위원회는 다른 법률로 정하는 바에 따라 특정직공무원의 소청을 심사·결정할 수 있다.

① 소청에 대한 심사·결정권을 갖는 소청심사위원회는 '특별행정심판위원회'에 해당한다. 그리고 소청심사위원회는 의결권과 함께 그 결정된 의사를 자기의 이름으로 대외적으로 표시할 권한을 가지고 있으므로 '합의제 행정청'에 해당한다.
② 소청심사위원회의 결정(재결) 자체의 고유한 위법을 다투는 경우, 항고소송의 피고는 합의제 행정청인 소청심사위원회가 된다.

(4) 소청절차

1) 소청의 제기

① 공무원에 대하여 징계처분등을 할 때나 강임·휴직·직위해제 또는 면직처분을 할 때에는 그 처분권자 또는 처분제청권자는 처분사유를 적은 설명서를 교부(交付)하여야 한다. 다만, 본인의 원(願)에 따른 강임·휴직 또는 면직처분할 때에는 처분사유를 적은 설명서를 교부하지 않아도 된다(국가공무원법 제75조 제1항). 기출 25

② 제75조에 따른 처분사유 설명서를 받은 공무원이 그 처분에 불복할 때에는 그 처분사유 설명서를 받은 날부터, 공무원이 제75조에서 정한 처분 외에 본인의 의사에 반한 불리한 처분을 받았을 때에는 그 처분이 있은 것을 안 날부터 각각 30일 이내에 소청심사위원회에 이에 대한 심사를 청구할 수 있다. 이 경우 변호사를 대리인으로 선임할 수 있다(국가공무원법 제76조 제1항).

③ 공무원은 소청심사청구를 이유로 불이익한 처분이나 대우를 받지 아니한다(국가공무원법 제76조 제6항).

2) 소청심사위원회의 심사

① 소청심사위원회는 심사를 할 때 필요하면 검증(檢證)·감정(鑑定), 그 밖의 사실조사를 하거나 증인을 소환하여 질문하거나 관계 서류를 제출하도록 명할 수 있다(국가공무원법 제12조 제2항).

② 소청심사위원회가 소청 사건을 심사할 때에는 소청인 또는 대리인으로 선임된 변호사에게 진술 기회를 주어야 한다(국가공무원법 제13조 제1항). 진술의 기회를 부여하지 아니한 결정은 무효가 된다(국가공무원법 제13조 제2항). 기출 21·20·18

3) 소청심사위원회의 결정

> **국가공무원법 제14조(소청심사위원회의 결정)**
> ⑥ 소청심사위원회의 결정은 다음과 같이 구분한다.
> 1. 심사 청구가 이 법이나 다른 법률에 적합하지 아니한 것이면 그 청구를 각하(却下)한다.
> 2. 심사 청구가 이유 없다고 인정되면 그 청구를 기각(棄却)한다.
> 3. 처분의 취소 또는 변경을 구하는 심사 청구가 이유 있다고 인정되면 처분을 취소 또는 변경하거나 처분 행정청에 취소 또는 변경할 것을 명한다.
> 4. 처분의 효력 유무 또는 존재 여부에 대한 확인을 구하는 심사 청구가 이유 있다고 인정되면 처분의 효력 유무 또는 존재 여부를 확인한다.
> 5. 위법 또는 부당한 거부처분이나 부작위에 대하여 의무 이행을 구하는 심사 청구가 이유 있다고 인정되면 지체 없이 청구에 따른 처분을 하거나 이를 할 것을 명한다. 기출 20

① 소청심사위원회의 결정은 행정심판의 재결에 해당한다. 소청심사위원회의 결정은 그 이유를 구체적으로 밝힌 결정서로 하여야 한다(국가공무원법 제14조 제9항). 기출 21

② **불이익변경금지의 원칙** : 소청심사위원회가 징계처분 또는 징계부가금 부과처분을 받은 자의 청구에 따라 소청을 심사할 경우에는 원징계처분보다 무거운 징계 또는 원징계부가금 부과처분보다 무거운 징계부가금을 부과하는 결정을 하지 못한다(국가공무원법 제14조 제8항). 기출 20

③ **기속력** : 소청심사위원회의 결정은 처분 행정청을 기속한다(국가공무원법 제15조). 기출 21

2. 행정소송

(1) 소청(심사)전치주의(= 행정심판전치주의)

① 공무원에 대한 징계처분, 강임·휴직·직위해제 또는 면직처분(국가공무원법 제75조의 처분), 그 밖에 본인의 의사에 반한 불리한 처분이나 부작위에 관한 행정소송은 소청심사위원회의 심사·결정을 거치지 아니하면 제기할 수 없다(국가공무원법 제16조 제1항). 기출 20·17

② 교육공무원인 교원에 대한 징계처분 등은 행정처분이므로, 그에 불복하는 경우에도 반드시 교원소청심사위원회의 심사·결정을 거쳐 행정소송을 제기해야 한다(소청(심사)전치주의)(국가공무원법 제16조 제1항, 교육공무원법 제53조 제1항 참조).9)

(2) 행정소송(항고소송)의 대상

공무원이 소청심사위원회의 결정에 거쳐 행정소송을 제기하는 경우, 원처분(불이익처분)과 소청심사 결정 중 어느 것을 대상으로 하여야 하는지 문제된다. 이에 관하여 특별한 규정이 없으므로 행정소송법 제19조에 따라 원처분(징계처분 등 불이익 처분)을 대상으로 하여야 하고, 다만 소청심사위원회의 결정(재결) 자체에 고유한 위법이 있는 경우에는 소청심사위원회의 결정을 대상으로 하여야 한다(원처분주의).

(3) 피고적격

① 소청심사위원회의 심사·결정을 거쳐 행정소송(항고소송)을 제기할 때, 다른 법률에 특별한 규정이 없는 한 그 '처분 등을 행한 행정청'을 피고로 한다(행정소송법 제13조, 제38조 제1항·제2항).

② 다만, 대통령의 처분 또는 부작위의 경우에는 소속 장관(대통령령으로 정하는 기관의 장을 포함)을, 중앙선거관리위원회위원장의 처분 또는 부작위의 경우에는 중앙선거관리위원회사무총장을 각각 피고로 하도록 하는 특별규정이 있다(국가공무원법 제16조 제2항).

③ 소청심사위원회의 결정(재결) 자체에 고유한 위법을 다투는 경우, 항고소송의 피고는 합의제 행정청인 소청심사위원회가 된다.

3. 기타 : 고충심사

① 공무원은 인사·조직·처우 등 각종 직무 조건과 그 밖에 신상 문제와 관련한 고충에 대하여 상담을 신청하거나 심사를 청구할 수 있으며, 누구나 기관 내 성폭력 범죄 또는 성희롱 발생 사실을 알게 된 경우 이를 신고할 수 있다. 이 경우 상담 신청이나 심사 청구 또는 신고를 이유로 불이익한 처분이나 대우를 받지 아니한다(국가공무원법 제76조의2 제1항).

② 고충심사결정 자체에 의하여는 어떠한 법률관계의 변동이나 이익의 침해가 직접적으로 생기는 것은 아니므로 고충심사의 결정은 행정상 쟁송의 대상이 되는 행정처분이라고 할 수 없다(대판 1987.12.8. 87누657). 기출 19

---

9) 이와 달리 사립학교교원에 대한 사립학교장의 징계처분 등은 행정처분이 아니기 때문에 교원소청심사위원회의 결정은 행정심판의 재결이 아니라 행정처분(원처분)으로서 항고소송의 대상이 된다. 한편, 사립학교 교원에 대한 징계처분 등은 사법적 성질을 가지므로, 사립학교교원은 소청절차를 밟을 수 있을 뿐만 아니라 민사소송을 제기하여 권리구제를 받을 수도 있다(대판 1993.2.12. 92누13707).

제3관 | 공무원의 권리와 의무

I 공무원의 (재산상) 권리

1. 보수청구권

① 공무원은 보수청구권을 갖는다. 공무원의 보수는 계약에 의해 정해지는 것이 아니라 원칙적으로 법령에 의해 정해진다(국가공무원법 제47조, 지방공무원법 제45조). 공무원보수규정과 지방공무원 보수규정이 공무원의 보수에 관하여 구체적인 규정을 두고 있다.

② 공무원이 국가를 상대로 실질이 보수에 해당하는 금원의 지급을 구하려면 공무원의 '근무조건 법정주의'에 따라 국가공무원법령 등 공무원의 보수에 관한 법률에 그 지급근거가 되는 명시적 규정이 존재하여야 하고, 나아가 해당 보수 항목이 국가예산에도 계상되어 있어야만 한다(대판 2018.2.28. 2017두64606). 기출 19

2. 연금수급권

① 연금(年金)이란 공무원이 일정한 기간 근무하고 퇴직(사망으로 인한 퇴직 포함)한 경우에 공무원 또는 그 유족에게 지급되는 급여를 말한다. 공무원이 10년 미만 재직하고 퇴직한 경우에는 퇴직일시금을 지급한다(공무원연금법 제51조 제1항).

② 공무원연금법상 연금수급권은 사회적 기본권의 하나인 사회보장수급권의 성격과 재산권의 성격을 아울러 지니고 있다(헌재 2016.3.31. 2015헌바18). 기출 19

③ 구 공무원연금법령상 급여를 받으려고 하는 자는 우선 관계 법령에 따라 공단에 급여지급을 신청하여 공무원연금관리공단이 이를 거부하거나 일부 금액만 인정하는 급여지급결정을 하는 경우 그 결정을 대상으로 항고소송을 제기하는 등으로 구체적 권리를 인정받은 다음 비로소 당사자소송으로 그 급여의 지급을 구하여야 하고, 구체적인 권리가 발생하지 않은 상태에서 곧바로 공무원연금관리공단 등을 상대로 한 당사자소송으로 급여의 지급을 소구하는 것은 허용되지 않는다(대판 2010.5.27. 2008두5636). 기출 19

④ 판례는 임용이 당연 무효인 임용결격 공무원의「공무원연금법」상 '퇴직급여(퇴직연금)청구권'[10]이나「근로자퇴직급여 보장법」상 '퇴직급여청구권'은 부정하였다(대판 2017.5.11. 2012다200486).

> 공무원연금법이나 근로기준법에 의한 퇴직금은 적법한 공무원으로서의 신분취득 또는 근로고용관계가 성립되어 근무하다가 퇴직하는 경우에 지급되는 것이고, 당연무효인 임용 결격자에 대한 임용행위에 의하여서는 공무원의 신분을 취득하거나 근로고용관계가 성립될 수 없는 것이므로 임용 결격자가 공무원으로 임용되어 사실상 근무하여 왔다고 하더라도 그러한 피임용자는 위 법률 소정의 퇴직금청구를 할 수 없다(대판 1987.4.14. 86누459). 기출 14

3. 실비변상청구권

공무원은 보수 외에 대통령령등으로 정하는 바에 따라 직무 수행에 필요한 실비 변상을 받을 수 있다(국가공무원법 제48조 제1항). 즉, 공무원은 국내여비규정과 국외여비규정에 의해 운임, 일비, 숙박료, 식비 등을 지급받을 수 있다.

---

10)「공무원연금법」상 퇴직급여에는 퇴직연금, 퇴직연금일시금, 퇴직연금공제일시금, 퇴직일시금이 있다(제42조).

Ⅱ 공무원의 의무

1. 성실의무

① 모든 공무원은 국민 전체에 대한 봉사자로서 성실히 직무를 수행하여야 한다(국가공무원법 제56조).
② 성실의무는 공무원의 가장 기본적이고 중요한 의무로서 최대한으로 공공의 이익을 도모하고 그 불이익을 방지하기 위하여 전인격과 양심을 바쳐서 성실히 직무를 수행하여야 하는 것을 내용으로 한다(대판 2017.11.9. 2017두47472).
③ 성실의무는 법적 의무이므로 성실의무에 위반하면 징계의 대상이 된다. 예를 들면, 상습적인 지각이나 음주 후 근무는 성실의무 위반이 될 수 있다. 성실의무는 경우에 따라서는 근무시간 외에 근무지 밖까지 미칠 수도 있다(대판 1997.2.11. 96누2125).

2. 직무상 의무

(1) 개 설

직무상 의무는 공무원의 직무집행과 직접 관련되어 부과되는 의무로서, 법령준수의무, 복종의무, 직무전념의무, 친절·공정의무, 비밀엄수의무, 품위유지의무 및 청렴의무 등이 있다.

(2) 법령준수의무

① 모든 공무원은 법령을 준수하며 성실히 직무를 수행하여야 한다(국가공무원법 제56조). 기출 23
② 공무원의 법령준수의무 위반은 징계사유가 된다(국가공무원법 제78조 제1항).

(3) 복종의무

① 국가공무원법은 "공무원은 직무를 수행할 때 소속 상관의 직무상 명령에 복종하여야 한다"고만 규정하고 있다(국가공무원법 제57조). 반면, 지방공무원법은 "공무원은 직무를 수행할 때 소속 상사의 직무상 명령에 복종하여야 한다. 다만, 이에 대한 의견을 진술할 수 있다"고 규정하여(지방공무원법 제49조), 공무원의 의견진술권도 규정하고 있다. 기출 19
② 공무원인 하관은 소속 상관의 적법한 명령에 복종할 의무는 있으나 명백히 위법 내지 불법한 명령인 때에는 이는 벌써 직무상의 지시명령이라 할 수 없으므로 이에 따라야 할 의무가 없다(대판 1999.4.23. 99도636). 기출 23

> 공무원이 그 직무를 수행함에 있어 상관은 하관에 대하여 범죄행위 등 위법한 행위를 하도록 명령할 직권이 없는 것이고, 하관은 소속상관의 적법한 명령에 복종할 의무는 있으나 그 명령이 참고인으로 소환된 사람에게 가혹행위를 가하라는 등과 같이 명백한 위법 내지 불법한 명령인 때에는 이는 벌써 직무상의 지시명령이라 할 수 없으므로 이에 따라야 할 의무는 없다(대판 1988.2.23. 87도2358).

(4) 직무전념의무

1) 직장이탈금지

① 공무원은 소속 상사의 허가 없이 또는 정당한 이유 없이 직장을 이탈하지 못한다(국가공무원법 제58조 제1항). 직장이탈금지의무는 근무시간 중에 한하여 성립하는 것이나, 시간외 근무명령이 있는 경우에도 성립한다.
② 휴가 중, 휴직 중, 직위해제 중에는 직장이탈금지가 적용되지 않지만, 휴가나 휴직의 신청, 사직원의 제출만으로는 이 의무를 면하지 못한다. 따라서 사직원이 수리되지 아니한 상태에서 출근하지 않은 것은 직장이탈금지의무에 위반되는 행위에 해당한다(대판 1991.11.22. 91누3666).

2) 영리업무 및 겸직의 금지
  ① 공무원은 공무 외에 영리를 목적으로 하는 업무에 종사하지 못하며 소속 기관장의 허가 없이 다른 직무를 겸할 수 없다(국가공무원법 제64조 제1항).
  ② 영리업무 및 겸직의 금지의무는 퇴근시간 후의 취업에도 적용된다.
  3) 집단행위의 금지
  ① 공무원은 노동운동이나 그 밖에 공무 이외의 일을 위한 집단 행위를 하여서는 아니 된다. 다만, 사실상 노무에 종사하는 공무원은 예외로 한다(국가공무원법 제66조 제1항).
  ② 여기에서 "노동운동"은 근로자의 근로조건의 향상을 위한 단결권·단체교섭권·단체행동권 등 이른바 노동3권을 기초로 하여 이에 직접 관련된 행위를 의미한다고 할 것이고, "공무 이외의 일을 위한 집단적 행위"는 공무가 아닌 어떤 일을 위하여 공무원들이 하는 모든 집단적 행위를 의미하는 것은 아니고 '공익에 반하는 목적을 위하여 직무전념의무를 해태하는 등의 영향을 가져오는 집단적 행위'라는 의미로 좁게 해석해야 한다는 것이 대법원과 헌법재판소의 공통된 입장이다(대판 2005.4.15. 2003도2960; 헌재 2007.8.30. 2003헌바51).
  4) 정치운동의 금지
  공무원은 정치적 중립성을 지켜야 한다(헌법 제7조 제2항). 따라서 공무원은 정당 그 밖의 정치단체의 결성에 관여하거나 이에 가입할 수 없다(국가공무원법 제65조 제1항).

(5) 비밀엄수의무
  ① 공무원은 재직 중은 물론 퇴직 후에도 직무상 알게 된 비밀을 엄수하여야 한다(국가공무원법 제60조). '직무상 알게 된 비밀'에는 자신이 처리하는 직무에 관한 비밀뿐만 아니라 직무와 관련하여 알게 된 비밀도 포함된다. 예를 들면, 세무직공무원이 세무조사시에 알게 된 납세자의 개인적 비밀이 이에 해당한다.
  ② 공무원의 비밀엄수의무의 대상이 되는 비밀(秘密)의 의미에 관하여, 판례는 "국가공무원법상 직무상 비밀이란 국가 공무의 민주적, 능률적 운영을 확보하여야 한다는 이념에 비추어 볼 때 당해 사실이 일반에 알려질 경우 그러한 행정의 목적을 해할 우려가 있는지 여부를 기준으로 판단하여야 하며, 구체적으로는 행정기관이 비밀이라고 형식적으로 정한 것에 따를 것이 아니라 실질적으로 비밀로서 보호할 가치가 있는지, 즉 그것이 통상의 지식과 경험을 가진 다수인에게 알려지지 아니한 비밀성을 가졌는지, 또한 정부나 국민의 이익 또는 행정목적 달성을 위하여 비밀로서 보호할 필요성이 있는지 등이 객관적으로 검토되어야 한다."고 판시하여(대판 1996.10.11. 94누7171), 실질설을 취하고 있다.

(6) 품위유지의무
  ① 공무원은 직무의 내외를 불문하고 그 품위를 손상하는 행위를 하여서는 아니 된다(국가공무원법 제63조).
  ② 여기에서 '품위'란 공직의 체면, 위신, 신용을 유지하고, 주권자인 국민의 수임을 받은 국민 전체의 봉사자로서의 직책을 다함에 손색이 없는 몸가짐을 뜻하는 것으로서, 직무의 내외를 불문하고, 국민의 수임자로서의 직책을 맡아 수행해 나가기에 손색이 없는 인품을 말한다(대판 2017.11.9. 2017두47472).
  ③ 품위유지의무는 직무 내에서 뿐만 아니라 직무외 사생활에 있어서도 적용된다(대판 1998.2.27. 97누18172).

(7) 청렴의무

공무원은 직무와 관련하여 직접 또는 간접을 불문하고 사례·증여 또는 향응을 수수할 수 없으며 직무상의 관계 여하를 불문하고 그 소속 상관에 증여하거나 소속공무원으로부터 증여를 받아서는 아니 된다(국가공무원법 제61조). 공무원이 직무와 관련하여 뇌물을 받은 것은 성실의무와 청렴의무에 위반된다(대판 1990.3.13. 89도5034).

(8) 차별금지의무

① 국가기관의 장은 소속 공무원을 임용할 때 합리적인 이유 없이 성별, 종교 또는 사회적 신분 등을 이유로 차별해서는 아니 된다(국가공무원법 제26조의6). 기출 23
② 공무원은 종교에 따른 차별 없이 직무를 수행하여야 하며, 공무원은 소속 상관이 이에 위배되는 직무상 명령을 한 경우에는 따르지 아니할 수 있다(국가공무원법 제59조의2, 지방공무원법 제51조의2). 기출 14

제4관 | 공무원의 책임

I 징계책임

1. 의 의

징계란 공무원의 의무위반에 대하여 공무원관계의 질서를 유지하기 위하여 국가 또는 지방자치단체가 사용자로서의 지위에서 과하는 행정적 제재를 말한다. 그 제재로서의 벌을 징계벌이라 하고 이 벌을 받아야 할 책임을 징계책임이라 한다.

2. 형사절차와 징계절차의 관계

(1) 상호 독립

형사절차와 징계절차는 상호 독립된 절차이므로 공무원의 동일한 행위에 대한 형사절차의 진행이 징계절차에 영향을 미치지 않는 것이 원칙이다. 따라서 공무원에게 징계사유가 인정되는 이상 관련된 형사사건이 아직 유죄로 확정되지 아니하였다고 하더라도 징계처분을 할 수 있다(대판 2001.11.9. 2001두4184).

(2) 임의적 징계절차 중지

검찰·경찰, 그 밖의 수사기관에서 수사 중인 사건에 대하여는 수사개시 통보를 받은 날부터 징계의결의 요구나 그 밖의 징계절차를 진행하지 아니할 수 있다(국가공무원법 제83조 제2항). 이와 같은 징계절차의 중지는 의무적인 것은 아니며 징계권자의 재량에 속하는 것이다. 기출 17

(3) 형사소추시의 임의적 직위해제

공무원이 형사소송으로 기소 중인 경우(약식명령이 청구된 자는 제외)에 형사법원의 최종판결이 날 때까지 기소된 공무원의 직위를 해제할 수 있다(국가공무원법 제73조의3 제1항). 직위해제 여부는 징계권자의 재량에 속하는 것이므로 기소 중인 공무원을 반드시 직위해제해야 하는 것은 아니다.

(4) 징계벌과 형벌의 병과

징계벌과 형벌은 그 권력적 기초 및 행사목적이 다르므로 형벌과 징계벌을 병과할 수 있다. 즉, 형벌과 징계벌 사이에는 일사부재리의 원칙이 적용되지 않는다. 기출 17

3. 징계처분

(1) 징계처분의 성질

① 징계처분(懲戒處分)은 행정처분의 성질을 갖는다. 따라서 징계처분은 소청(행정심판) 및 행정소송의 대상이 된다.
② 국가공무원법은 징계권자는 징계의결의 결과에 따라 징계처분을 행하여야 한다고 규정하고 있다(국가공무원법 제78조 제1항). 즉, 징계처분권자는 징계위원회의 의결에 구속된다.
③ 공무원의 징계사유의 경중 및 경위와 함께 공무원의 평소의 근무성적 및 근무태도를 고려하여 결정하여야 한다. 따라서 징계처분은 재량행위이다(대판 2017.11.9. 2017두47472). 그런데 징계처분은 징계위원회의 의결에 따라 행해지므로 징계처분에서 재량은 주로 징계위원회의 의결에 부여되어 있다. 즉, 징계위원회의 징계여부의 결정 및 징계의 종류의 선택에 재량이 인정된다(대판 2001.8.24. 2000두7704 참조).

(2) 징계의결등의 요구의 시효

> **국가공무원법 제83조의2(징계 및 징계부가금 부과 사유의 시효)**
> ① 징계의결등의 요구는 징계 등 사유가 발생한 날부터 다음 각 호의 구분에 따른 기간이 지나면 하지 못한다.
>   1. 징계 등 사유가 다음 각 목의 어느 하나에 해당하는 경우 : 10년
>   가. 「성매매알선 등 행위의 처벌에 관한 법률」 제4조에 따른 금지행위
>   나. 「성폭력범죄의 처벌 등에 관한 특례법」 제2조에 따른 성폭력범죄
>   다. 「아동·청소년의 성보호에 관한 법률」 제2조 제2호에 따른 아동·청소년대상 성범죄
>   라. 「양성평등기본법」 제3조 제2호에 따른 성희롱
>   2. 징계 등 사유가 제78조의2 제1항 각 호(금전, 물품, 부동산, 향응 또는 그 밖에 대통령령으로 정하는 재산상 이익을 취득하거나 제공한 경우, 예산 및 기금 등에 해당하는 것을 횡령, 배임, 절도, 사기 또는 유용한 경우)의 어느 하나에 해당하는 경우 : 5년 [기출 17]
>   3. 그 밖의 징계 등 사유에 해당하는 경우 : 3년

4. 징계처분의 종류

(1) 개 설

징계는 파면·해임·강등·정직·감봉·견책 6가지로 구분한다(국가공무원법 제79조). 징계 중 파면, 해임, 강등, 정직을 중징계라 하고 감봉, 견책을 경징계라 한다(공무원징계령 제1조의3). 한편, 강임은 징계처분이 아니라 수직적 인사이동이다. [기출 17]

(2) 파면과 해임

파면과 해임은 둘 다 공무원 신분을 박탈시킨다는 점에서는 동일하나, 공직취임 제한기간은 파면은 5년, 해임은 3년이라는 점에서 구별된다. 즉, 징계로 해임처분을 받은 때부터 3년이 지나지 아니한 자나 징계로 파면처분을 받은 때부터 5년이 지나지 아니한 자는 공무원으로 임용될 수 없다(국가공무원법 제33조 제7호, 제8호).

[기출 16]

(3) 강 등

강등은 1계급 아래로 직급을 내리고(고위공무원단에 속하는 공무원은 3급으로 임용하고, 연구관 및 지도관은 연구사 및 지도사로 한다) 공무원 신분은 보유하나 3개월간 직무에 종사하지 못하며 그 기간 중 보수는 전액을 감한다. 강등처분을 받은 자는 승진·승급이 18개월 동안 제한된다(국가공무원법 제80조 제6항, 공무원보수규정 제14조, 공무원임용령 제32조).

(4) 정 직

정직(停職)은 공무원의 신분은 유지하나 일정기간 직무에 종사하지 못하도록 하는 징계벌이다. 정직은 1개월 이상 3개월 이하의 기간으로 하고, 정직처분을 받은 자는 정직기간 동안 직무에 종사하지 못하며 정직기간 중 보수의 전액이 감해진다(국가공무원법 제80조 제3항). 정직처분을 받은 자는 승진·승급이 18개월 동안 제한된다(국가공무원법 제80조 제6항, 공무원보수규정 제14조, 공무원임용령 제32조).

(5) 감 봉

감봉(減俸)은 징계의 대상이 되는 공무원에 대하여 직무담임을 계속하게 하면서 보수만을 감하는 징계벌이다. 감봉은 1개월 이상 3개월 이하의 기간으로 행해지며 감봉을 받은 자는 감봉기간 동안 보수의 3분의 1이 감해진다(국가공무원법 제80조 제4항). 감봉처분을 받은 자는 승진·승급이 12개월간 제한된다(공무원보수규정 제14조, 공무원임용령 제32조).

(6) 견 책

견책(譴責)은 전과에 대하여 훈계하고 회개하게 하는 징계벌이다(국가공무원법 제80조 제5항). 견책처분을 받은 자는 6개월간 승진·승급이 제한된다(공무원보수규정 제14조, 공무원임용령 제32조). 따라서 견책도 처분으로서 소청의 대상이 된다.

(7) 경 고

경고는 법령상 정해진 징계의 종류는 아니지만, 실무상 가장 가벼운 징계로 행해지고 있다. 경고는 공무원의 신분에 법적 효과를 미치지 않으므로 원칙적으로 처분이 아니지만(대판 1991.11.12. 91누2700), 공무원의 신분에 실질적으로 영향을 미치는 경우에는 처분으로 볼 수 있다(대판 2002.7.26. 2001두3532).

5. 징계처분에 대한 권리구제

① 징계처분에 불복하는 공무원은 소청을 제기할 수 있다(국가공무원법 제76조 제1항).
② 징계처분은 공무원의 법적 지위에 변경을 가져오는 행정처분이므로 항고소송을 제기할 수 있다. 다만, 공무원에 대한 징계처분, 강임·휴직·직위해제 또는 면직처분, 그 밖에 본인의 의사에 반한 불리한 처분이나 부작위에 관한 행정소송은 소청심사위원회의 심사·결정을 거치지 아니하면 제기할 수 없다(국가공무원법 제16조 제1항). 기출 17

제6장 행정조직법

○ 확인학습문제

제1절 행정조직법의 의의

01 행정기관에 관한 설명으로 옳지 않은 것은?(다툼이 있으면 판례에 따름) 21 행정사 제9회

① 법령에 따라 행정권한을 위탁받은 사인은 행정청이 될 수 없다.
② 행정에 관한 의사를 결정하여 표시하는 국가 또는 지방자치단체의 기관은 행정청이다.
③ 지방자치단체는 그 소관사무의 일부를 독립하여 수행할 필요가 있으면 법령이나 그 지방자치단체의 조례로 정하는 바에 따라 합의제행정기관을 설치할 수 있다.
④ 행정기관의 장은 소관사무를 통할하고 소속공무원을 지휘·감독한다.
⑤ 정부조직법은 합의제행정기관의 설치에 관한 법적 근거를 두고 있다.

해설

[❶▶×] [❷▶○] "행정청"이란 행정에 관한 의사를 결정하여 표시하는 국가 또는 지방자치단체의 기관이나❷ 그 밖에 법령 또는 자치법규에 따라 행정권한을 가지고 있거나 위임 또는 위탁받은 공공단체 또는 그 기관이나 사인(私人)을 말한다❶(행정기본법 제2조 제2호).
[❸▶○] 지방자치단체는 소관사무의 일부를 독립하여 수행할 필요가 있으면 법령이나 그 지방자치단체의 조례로 정하는 바에 따라 합의제행정기관을 설치할 수 있다(지방자치법 제129조 제1항).
[❹▶○] 각 행정기관의 장은 소관사무를 통할하고 소속공무원을 지휘·감독한다(정부조직법 제7조 제1항).
[❺▶○] 행정기관에는 그 소관사무의 일부를 독립하여 수행할 필요가 있는 때에는 법률로 정하는 바에 따라 행정위원회 등 합의제행정기관을 둘 수 있다(정부조직법 제5조).

답 ❶

02 행정기관에 관한 설명으로 옳지 않은 것은?(다툼이 있으면 판례에 따름) 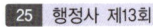 행정사 제13회

① 상급행정기관의 하급행정기관에 대한 승인·동의·지시는 국민의 권리 의무에 직접 영향을 미치지 않더라도 행정처분에 해당한다.
② 법제처는 국무총리 소속 행정기관이다.
③ 중앙행정기관의 설치와 직무범위는 법률로 정한다.
④ 각 행정기관의 장은 소관사무를 통할하고 소속공무원을 지휘·감독한다.
⑤ 행정기관에는 그 소관사무의 일부를 독립하여 수행할 필요가 있는 때에는 법률로 정하는 바에 따라 행정위원회 등 합의제행정기관을 둘 수 있다.

해설

[❶ ▶ ×] 상급행정기관의 하급행정기관에 대한 승인·동의·지시 등은 행정기관 상호 간의 내부행위로서 국민의 권리·의무에 직접 영향을 미치는 것이 아니므로 항고소송의 대상이 되는 행정처분에 해당한다고 볼 수 없다(대판 2008.5.15. 2008두2583).

[❷ ▶ ○] 국무회의에 상정될 법령안·조약안과 총리령안 및 부령안의 심사와 그 밖에 법제에 관한 사무를 전문적으로 관장하기 위하여 국무총리 소속으로 법제처를 둔다(정부조직법 제23조 제1항).

[❸ ▶ ○] 정부조직법 제2조 제1항

> 정부조직법 제2조(중앙행정기관의 설치와 조직 등) ① 중앙행정기관의 설치와 직무범위는 법률로 정한다.
> ② 중앙행정기관은 이 법에 따라 설치된 부·처·청과 다음 각 호의 행정기관으로 하되, 중앙행정기관은 이 법 및 다음 각 호의 법률에 따르지 아니하고는 설치할 수 없다.
> 1.~9. 생 략

[❹ ▶ ○] 각 행정기관의 장은 소관사무를 통할하고 소속공무원을 지휘·감독한다(정부조직법 제7조 제1항).

[❺ ▶ ○] 행정기관에는 그 소관사무의 일부를 독립하여 수행할 필요가 있는 때에는 법률로 정하는 바에 따라 행정위원회 등 합의제행정기관을 둘 수 있다(정부조직법 제5조).

답 ❶

03 행정조직에 관한 설명으로 옳지 않은 것은?　　22 행정사 제10회

① 훈령이란 상급관청이 하급관청의 권한행사를 지휘하기 위해 발하는 명령이다.
② 공무원이 대외적 구속력이 없는 훈령에 위반한 경우에도 위법은 아니며 징계책임이 부과될 수 있을 뿐이다.
③ 상급관청은 직권에 의해 하급관청의 위법·부당한 행위의 취소를 명할 수 있다.
④ 징계위원회 같은 의결기관으로서의 위원회는 의결권은 물론이고 정해진 의사를 대외적으로 표시할 권한을 갖는다.
⑤ 주관쟁의결정권이란 하급관청 사이에 권한의 분쟁이 있는 경우, 상급관청이 그 분쟁을 해결하고 결정하는 권한을 말한다.

해설

[❶▸○]　상급행정청이 하급행정청 또는 보조기관의 권한행사를 지휘하기 위하여 발하는 명령을 훈령이라고 한다.

[❷▸○]　훈령은 원칙적으로 대외적 구속력은 없다. 따라서 행정청의 행정작용이 훈령에 위반하였다는 사실만으로 위법하게 되지는 않는다. 한편, 훈령은 대내적 구속력이 있다. 훈령은 하급기관에 대한 지시 내지 명령의 성질을 가지며 하급기관은 훈령에 구속된다. 훈령 위반은 명령복종의무 위반이 되므로 훈령 위반자는 징계의 대상이 된다.

[❸▸○]　상급행정청은 법적 근거가 없는 경우에도 지휘감독권에 근거하여 하급행정청의 위법 또는 부당한 행위를 취소 또는 정지할 수 있는가에 관하여 견해가 대립하고 있다. 감독청에 의한 취소는 하급행정청의 위법한 행정행위를 시정하는 행정의 자율적 통제수단이므로(취소권은 감독권에 당연히 포함), 감독청은 별도의 법적 근거 없이도 (직권에 의한) 취소권을 가진다는 견해(긍정설)가 다수설이다. 한편, 정부조직법에서는 대통령과 국무총리의 일반적인 취소·정지권을 인정하고 있다(제11조 제2항, 제18조 제2항).

[❹▸✕]　징계위원회와 같은 의결기관으로서의 위원회는 의사를 결정할 권한을 가지고 있으나, 이를 대외적으로 표시할 권한은 가지고 있지 아니하다. 따라서 징계위원회는 합의제행정청에 해당하지 아니한다.

[❺▸○]　주관쟁의결정권이란 상급행정청이 하급행정청 상호 간에 권한에 관하여 다툼이 있는 경우에 이를 결정하는 권한을 말한다. 행정청 사이의 권한쟁의는 행정조직 내부의 문제이므로 원칙적으로 소송의 대상이 되지 않는다. 행정청의 관할이 분명하지 아니한 경우에는 해당 행정청을 공통으로 감독하는 상급 행정청이 그 관할을 결정하며, 공통으로 감독하는 상급 행정청이 없는 경우에는 각 상급 행정청이 협의하여 그 관할을 결정한다(행정절차법 제6조). 공통의 상급관청 사이에 협의가 이루어지지 않을 때에는 최종적으로는 행정 각부 간의 주관쟁의가 되어 국무회의 심의를 거쳐 대통령이 결정한다(헌법 제89조 제10항).

답 ❹

04 권한의 대리와 위임에 관한 설명으로 옳은 것을 모두 고른 것은?(다툼이 있으면 판례에 따름)

22 행정사 제10회

> ㄱ. 지방자치단체의 장이 수임한 기관위임사무의 일부를 재위임하고자 하는 경우 위임자의 승인을 얻어 규칙으로 재위임할 수 있다.
> ㄴ. 내부위임의 경우 수임관청이 자신의 명의로 행정처분을 하였더라도 항고소송에서의 피고는 위임관청이 된다.
> ㄷ. 권한의 위임은 반드시 법적 근거를 요하는 것은 아니다.
> ㄹ. 지정대리란 법정사실이 발생하면 법상 당연히 특정한 자에게 대리권이 부여되어 대리관계가 성립하는 것을 말한다.

① ㄱ
② ㄴ, ㄷ
③ ㄱ, ㄴ, ㄷ
④ ㄴ, ㄷ, ㄹ
⑤ ㄱ, ㄴ, ㄷ, ㄹ

해설

[ㄱ▶O] 관리처분계획의 인가 등에 관한 사무는 국가사무로서 지방자치단체의 장에게 위임된 이른바 기관위임사무에 해당하므로, 시·도지사가 지방자치단체의 조례에 의하여 이를 구청장 등에게 재위임할 수는 없고, 행정권한의 위임 및 위탁에 관한 규정 제4조에 의하여 위임기관의 장의 승인을 얻은 후 지방자치단체의 장이 제정한 규칙이 정하는 바에 따라 재위임하는 것만이 가능하다(대판 1995.8.22. 94누5694[전합]).

> **행정위임위탁규정 제4조(재위임)** 특별시장·광역시장·특별자치시장·도지사 또는 특별자치도지사(특별시·광역시·특별자치시·도 또는 특별자치도의 교육감을 포함한다)나 시장·군수 또는 구청장(자치구의 구청장을 말한다)은 행정의 능률향상과 주민의 편의를 위하여 필요하다고 인정될 때에는 수임사무의 일부를 그 위임기관의 장의 승인을 받아 규칙으로 정하는 바에 따라 시장·군수·구청장(교육장을 포함한다) 또는 읍·면·동장, 그 밖의 소속기관의 장에게 다시 위임할 수 있다.

[ㄴ▶X] 행정처분을 행할 적법한 권한 있는 상급행정청으로부터 내부위임을 받은 데 불과한 하급행정청이 권한 없이 행정처분을 한 경우에도 실제로 그 처분을 행한 하급행정청을 피고로 하여야 할 것이지 그 처분을 행할 적법한 권한 있는 상급행정청을 피고로 할 것은 아니라 할 것이다(대판 1994.8.12. 94누2763).

[ㄷ▶X] 행정청의 권한의 위임은 법률에 의하여 정하여진 권한분배를 대외적으로 변경하는 것이므로 법률의 명시적 근거를 필요로 한다.

[ㄹ▶X] 지정대리란 사고 등 법정사실이 발생하였을 때에 일정한 자가 대리자를 지정함으로써 비로소 대리관계가 발생하는 경우를 말하고, (협의) 법정대리는 법정사실이 발생하면 법상 당연히 특정한 자에게 대리권이 부여되어 대리관계가 성립하는 것을 말한다.

답 ①

05 권한의 위임에 관한 설명으로 옳지 않은 것은?(다툼이 있으면 판례에 따름) [25 행정사 제13회]

① 국가사무가 지방자치단체의 장에게 위임된 기관위임사무는 원칙적으로 자치조례의 제정범위에 속하지 않는다.
② 지방자치단체의 장은 기관수임사무의 일부를 그 위임기관의 장의 승인을 받아 규칙으로 정하는 바에 따라 재위임할 수 있다.
③ 위임기관은 수임기관의 수임사무 처리에 대하여 지휘·감독하고, 그 처리가 위법하거나 부당하다고 인정될 때에는 이를 취소하거나 정지시킬 수 있다.
④ 수임사무의 처리에 관하여 위임기관은 수임기관에 대하여 사전승인을 받거나 협의를 할 것을 요구할 수 없다.
⑤ 지방자치단체가 국가사무를 수임한 경우에는 수임한 지방자치단체에서 그 경비를 부담하여야 한다.

해설

[❶▶○] 지방자치단체가 자치조례를 제정할 수 있는 사항은 지방자치단체의 고유사무인 자치사무와 개별법령에 의하여 지방자치단체에 위임된 단체위임사무에 한하는 것이고, 국가사무가 지방자치단체의 장에게 위임된 기관위임사무는 원칙적으로 자치조례의 제정범위에 속하지 않는다 할 것이고, 다만, 기관위임사무에 있어서도 그에 관한 개별법령에서 일정한 사항을 조례로 정하도록 위임하고 있는 경우에는 위임받은 사항에 관하여 개별법령의 취지에 부합하는 범위 내에서 이른바 위임조례를 정할 수 있다(대판 2000.5.30. 99추85).

[❷▶○] 행정권한의 위임 및 위탁에 관한 규정 제4조

> **행정권한의 위임 및 위탁에 관한 규정 제4조(재위임)** 특별시장·광역시장·특별자치시장·도지사 또는 특별자치도지사(특별시·광역시·특별자치시·도 또는 특별자치도의 교육감을 포함한다. 이하 같다)나 시장·군수 또는 구청장(자치구의 구청장을 말한다. 이하 같다)은 행정의 능률향상과 주민의 편의를 위하여 필요하다고 인정될 때에는 수임사무의 일부를 그 위임기관의 승인을 받아 규칙으로 정하는 바에 따라 시장·군수·구청장(교육장을 포함한다) 또는 읍·면·동장, 그 밖의 소속기관의 장에게 다시 위임할 수 있다.

> 영업정지 등 처분에 관한 사무는 국가사무로서 지방자치단체의 장에게 위임된 이른바 기관위임사무에 해당하므로 시·도지사가 지방자치단체의 조례에 의하여 이를 구청장 등에게 재위임할 수는 없고 행정권한의 위임 및 위탁에 관한 규정 제4조에 의하여 위임기관의 장의 승인을 얻은 후 지방자치단체의 장이 제정한 규칙이 정하는 바에 따라 재위임하는 것만이 가능하다(대판 1995.7.11. 94누4615[전합]).

[❸▶○] 위임 및 위탁기관은 수임 및 수탁기관의 수임 및 수탁사무 처리에 대하여 지휘·감독하고, 그 처리가 위법하거나 부당하다고 인정될 때에는 이를 취소하거나 정지시킬 수 있다(행정권한의 위임 및 위탁에 관한 규정 제6조).

[❹▶○] 수임 및 수탁사무의 처리에 관하여 위임 및 위탁기관은 수임 및 수탁기관에 대하여 사전승인을 받거나 협의를 할 것을 요구할 수 없다(행정권한의 위임 및 위탁에 관한 규정 제7조).

[❺▶✕] 지방자치단체는 자치사무 수행에 필요한 경비와 위임된 사무에 필요한 경비를 지출할 의무를 진다. 다만, 국가사무나 지방자치단체사무를 위임할 때에는 사무를 위임한 국가나 지방자치단체에서 그 경비를 부담하여야 한다(지방자치법 제158조).

답 ⑤

06 권한의 대리와 위임에 관한 설명으로 옳은 것은?(다툼이 있으면 판례에 의함) `24` 행정사 제12회

① 권한의 위임은 권한 자체를 수임자에게 이전하지 않는 점에서 권한 자체가 이전되는 권한의 대리와 구별된다.
② 국가사무가 도지사에게 기관위임된 경우 도지사가 이를 군수에게 재위임하기 위해서는 도 조례에 의하여야 한다.
③ 「정부조직법」에 따르면 권한의 위임은 위임기관의 권한의 일부에 한하여 인정된다.
④ 내부위임에 따라 수임관청이 자신의 이름으로 처분을 한 경우 그 처분에 대한 무효확인소송의 피고는 위임관청이 된다.
⑤ 「행정권한의 위임 및 위탁에 관한 규정」에 따르면 수임사무의 처리에 관하여 위임기관은 수임기관에 대하여 사전승인을 받을 것을 요구할 수 있다.

해설

[❶▶×] 권한의 위임은 위임청의 권한이 수임 행정기관에 이전되는 것임에 반하여 권한의 대리는 행정청이 권한을 일시적으로 대리기관으로 하여금 대신하여 행사하게 하는 것에 지나지 않으며 권한 자체가 이전되는 것은 아니라는 점에서 구별된다.

[❷▶×] 관리처분계획의 인가 등에 관한 사무는 국가사무로서 지방자치단체의 장에게 위임된 이른바 기관위임사무에 해당하므로, 시·도지사가 지방자치단체의 조례에 의하여 이를 구청장 등에게 재위임할 수는 없고, 행정권한의 위임 및 위탁에 관한 규정 제4조에 의하여 위임기관의 장의 승인을 얻은 후 지방자치단체의 장이 제정한 규칙이 정하는 바에 따라 재위임하는 것만이 가능하다(대판 1995.8.22. 94누5694 [전합]).

> **행정권한의 위임 및 위탁에 관한 규정 제4조(재위임)** 특별시장·광역시장·특별자치시장·도지사 또는 특별자치도지사(특별시·광역시·특별자치시·도 또는 특별자치도의 교육감을 포함한다)나 시장·군수 또는 구청장(자치구의 구청장을 말한다)은 행정의 능률향상과 주민의 편의를 위하여 필요하다고 인정될 때에는 수임사무의 일부를 그 위임기관의 장의 승인을 받아 규칙으로 정하는 바에 따라 시장·군수·구청장(교육장을 포함한다) 또는 읍·면·동장, 그 밖의 소속기관의 장에게 다시 위임할 수 있다.

[❸▶○] 위임 또는 위탁을 받은 기관은 특히 필요한 경우에는 법령으로 정하는 바에 따라 위임 또는 위탁을 받은 사무의 일부를 보조기관 또는 하급행정기관에 재위임할 수 있다(정부조직법 제6조 제1항 후문). 따라서 행정기관은 위임을 받은 사무의 전부를 재위임할 수는 없으나 일부를 재위임할 수는 있다.

[❹▶×] 행정처분을 행할 적법한 권한 있는 상급행정청으로부터 내부위임을 받은 데 불과한 하급행정청이 권한 없이 행정처분을 한 경우에도 실제로 그 처분을 행한 하급행정청을 피고로 하여야 할 것이지 그 처분을 행할 적법한 권한 있는 상급행정청을 피고로 할 것은 아니라 할 것이다(대판 1994.8.12. 94누2763).

[❺▶×] 수임 및 수탁사무의 처리에 관하여 위임 및 위탁기관은 수임 및 수탁기관에 대하여 사전승인을 받거나 협의를 할 것을 요구할 수 없다(행정권한의 위임 및 위탁에 관한 규정 제7조).

답 ❸

07 정부조직법상 국무총리 소속 행정기관에 해당하는 것은? 23 행정사 제11회

① 법제처
② 특허청
③ 국세청
④ 통계청
⑤ 대통령경호처

해설

[❶ ▶ ○] 국무회의에 상정될 법령안·조약안과 총리령안 및 부령안의 심사와 그 밖에 법제에 관한 사무를 전문적으로 관장하기 위하여 국무총리 소속으로 법제처를 둔다(정부조직법 제23조 제1항).

[❷ ▶ ×] 특허·실용신안·디자인 및 상표에 관한 사무와 이에 대한 심사·심판사무를 관장하기 위하여 산업통상자원부장관 소속으로 특허청을 둔다(정부조직법 제38조 제4항).

[❸ ▶ ×] 내국세의 부과·감면 및 징수에 관한 사무를 관장하기 위하여 기획재정부장관 소속으로 국세청을 둔다(정부조직법 제27조 제3항).

[❹ ▶ ×] 통계의 기준설정과 인구조사 및 각종 통계에 관한 사무를 관장하기 위하여 기획재정부장관 소속으로 통계청을 둔다(정부조직법 제27조 제9항).

[❺ ▶ ×] 대통령 등의 경호를 담당하기 위하여 대통령경호처를 둔다(정부조직법 제16조 제1항). 대통령경호처는 대통령 소속이다.

답 ❶

08 행정조직과 권한의 위임 등에 관한 설명으로 옳지 않은 것은?(다툼이 있으면 판례에 따름)

23 행정사 제11회

① 행정기관은 법령으로 정하는 바에 따라 그 소관사무의 일부를 하급행정기관에 위임할 수 있다.
② 행정기관 또는 소속기관을 설치하거나 공무원의 정원을 증원할 때에는 반드시 예산상의 조치가 병행되어야 한다.
③ 행정권한의 위임은 권한의 법적인 귀속을 변경하는 것이므로 법률이 위임을 허용하고 있는 경우에 한하여 인정된다.
④ 행정권한의 내부위임은 법률이 위임을 허용하고 있는 경우에 한하여 인정된다.
⑤ 헌법은 행정각부의 설치·조직과 직무범위는 법률로 정한다고 규정하고 있다.

해설

[❶▶○] 행정기관은 법령으로 정하는 바에 따라 그 소관사무의 일부를 보조기관 또는 하급행정기관에 위임하거나 다른 행정기관·지방자치단체 또는 그 기관에 위탁 또는 위임할 수 있다. 이 경우 위임 또는 위탁을 받은 기관은 특히 필요한 경우에는 법령으로 정하는 바에 따라 위임 또는 위탁을 받은 사무의 일부를 보조기관 또는 하급행정기관에 재위임할 수 있다(정부조직법 제6조 제1항).
[❷▶○] 행정기관 또는 소속기관을 설치하거나 공무원의 정원을 증원할 때에는 반드시 예산상의 조치가 병행되어야 한다(정부조직법 제9조).
[❸▶○] 행정권한의 위임은 행정관청이 법률에 따라 특정한 권한을 다른 행정관청에 이전하여 수임관청의 권한으로 행사하도록 하는 것이어서 권한의 법적인 귀속을 변경하는 것이므로 법률이 위임을 허용하고 있는 경우에 한하여 인정된다 할 것이다(대판 1995.11.28. 94누6475).
[❹▶×] 행정권한의 내부위임은 법률이 위임을 허용하고 있지 아니한 경우에도 행정관청의 내부적인 사무처리의 편의를 도모하기 위하여 그의 보조기관 또는 하급행정관청으로 하여금 그의 권한을 사실상 행사하게 하는 것이므로, 권한위임의 경우에는 수임관청이 자기의 이름으로 그 권한행사를 할 수 있지만 내부위임의 경우에는 수임관청은 위임관청의 이름으로만 그 권한을 행사할 수 있을 뿐 자기의 이름으로는 그 권한을 행사할 수 없다(대판 1995.11.28. 94누6475).
[❺▶○] 헌법 제96조는 "행정각부의 설치·조직과 직무범위는 법률로 정한다"고 규정하여, 행정조직법 정주의를 채택하고 있다.

답 ❹

제2절 지방자치법

09 지방자치제도에 관한 설명으로 옳지 않은 것은?(다툼이 있으면 판례에 따름) `20 행정사 제8회`

① 제주특별자치도와 세종특별자치시는 지방자치법상 특별지방자치단체에 해당한다.
② 외국인도 지방자치단체의 주민의 지위를 가질 수 있다.
③ 지방자치법상 주민소송은 객관적 소송으로서 민중소송에 해당한다.
④ 비례대표 지방의회의원에 대해서는 주민소환을 할 수 없다.
⑤ 이행강제금의 부과·징수를 게을리한 행위는 주민소송의 대상이 되는 공금의 부과·징수를 게을리한 행위에 해당한다.

해설

[❶▶×] 지방자치단체에는 보통지방자치단체와 특별지방자치단체가 있다. 보통지방자치단체에는 광역지방자치단체(특별시·광역시·특별자치시·도·특별자치도), 기초지방자치단체(시·군·자치구)의 두 종류가 있다. 특별지방자치단체는 2개 이상의 지방자치단체가 공동으로 특정한 목적을 위하여 광역적으로 사무를 처리할 필요가 있을 때에 설치할 수 있다(지방자치법 제199조 제1항). 지방자치법 제176조 이하에서 규정되고 있는 지방자치단체조합도 일종의 특별지방자치단체로 볼 수 있다. 제주특별자치도와 세종특별자치시는 보통지방자치단체(광역지방자치단체)에 해당한다.

[❷▶○] 지방자치단체의 구역 안에 주소를 가진 자는 그 지방자치단체의 주민이 된다(지방자치법 제16조). 지방자치단체의 관할구역 내에 주민등록지를 갖고 있는 자연인 및 그 주된 사무소 또는 본점의 소재지가 있는 법인은 지방자치단체의 주민이 된다. 외국인도 지방자치단체의 주민이 된다. 다만, 외국인에게는 참정권 등의 권리가 제한되기도 한다.

[❸▶○] 주민소송은 "지방자치단체의 기관이 법률에 위반되는 행위를 한 때에 직접 자기의 법률상 이익과 관계없이 그 시정을 구하기 위하여 제기하는 소송"으로서 행정소송법상 민중소송에 해당한다(행정소송법 제3조 제3호 참조). 이러한 주민소송은 행정의 적법성 통제를 목적으로 하는 소송으로서 구체적인 권익의 침해 없이도 제기할 수 있다는 점에서 객관소송의 성격을 갖는다.

[❹▶○] 주민은 그 지방자치단체의 장 및 지방의회의원(비례대표 지방의회의원은 제외)을 소환할 권리를 가진다(지방자치법 제25조 제1항). 즉, 지방자치법 및 주민소환에 관한 법률은 선출직 지방공직자(선거에 의해 선출되는 모든 지방자치단체의 장과 지역구 지방의회의원)만을 주민소환의 대상으로 하고, 비례대표선거구 시·도의회의원 및 비례대표선거구 자치구·시·군의회의원은 제외하고 있다(주민소환에 관한 법률 제7조 제1항).

[❺▶○] 이행강제금의 부과·징수를 게을리한 행위는 주민소송의 대상이 되는 공금의 부과·징수를 게을리한 사항에 해당한다(대판 2015.9.10. 2013두16746).

답 ❶

10 지방자치단체의 관할 구역 경계변경에 관한 지방자치법 조문의 일부이다. ( )에 들어갈 내용으로 옳은 것은?

> 지방자치단체의 장은 관할 구역과 생활권과의 불일치 등으로 인하여 주민생활에 불편이 큰 경우 등 대통령령으로 정하는 사유가 있는 경우에는 행정안전부장관에게 경계변경이 필요한 지역 등을 명시하여 경계변경에 대한 조정을 신청할 수 있다. 이 경우 지방자치단체의 장은 지방의회 재적의원 (ㄱ)의 출석과 출석의원 (ㄴ) 이상의 동의를 받아야 한다.

① ㄱ : 3분의 1 이상, ㄴ : 2분의 1
② ㄱ : 과반수, ㄴ : 2분의 1
③ ㄱ : 과반수, ㄴ : 3분의 2
④ ㄱ : 3분의 2 이상, ㄴ : 2분의 1
⑤ ㄱ : 3분의 2 이상, ㄴ : 3분의 2

해설

[❸ ▶ ○] (ㄱ)에는 (과반수)가 들어가고, (ㄴ)에는 (3분의 2)가 들어간다.

> **지방자치법 제6조(지방자치단체의 관할 구역 경계변경 등)** ① 지방자치단체의 장은 관할 구역과 생활권과의 불일치 등으로 인하여 주민생활에 불편이 큰 경우 등 대통령령으로 정하는 사유가 있는 경우에는 행정안전부장관에게 경계변경이 필요한 지역 등을 명시하여 경계변경에 대한 조정을 신청할 수 있다. 이 경우 지방자치단체의 장은 <u>지방의회 재적의원 과반수의 출석과 출석의원 3분의 2 이상의 동의</u>를 받아야 한다.

답 ❸

11 지방자치단체의 주민에 관한 설명으로 옳지 않은 것은?(다툼이 있으면 판례에 따름)

18 행정사 제6회

① 감사청구한 주민이라면 1인이라도 지방자치법상 주민소송을 제기할 수 있다.
② 주민소환제는 지방자치의 본질적인 내용이라 할 수 없다.
③ 주민투표권은 헌법이 보장하는 참정권이라 할 수 없다.
④ 주민이라 하더라도 공공시설의 설치를 반대하는 사항에 대해서는 조례제정을 청구할 수 없다.
⑤ 주민이 지방의회 본회의의 안건 심의 중 방청인으로서 안건에 관하여 발언하는 것은 선거제도를 통한 대표제 원리에 위반되지 않는다.

해설

[❶▸○] 감사청구한 주민의 경우에만 주민소송의 원고가 될 수 있다(지방자치법 제22조 제1항). 주민감사청구와 달리 일정 수 이상의 주민의 연대서명을 요하는 것은 아니며, <u>주민감사를 청구한 주민이라면 1인에 의한 주민소송 제기도 가능하다</u>.

[❷▸○] <u>주민소환제 자체는 지방자치의 본질적인 내용이라고 할 수 없으므로</u> 이를 보장하지 않는 것이 위헌이라거나 어떤 특정한 내용의 주민소환제를 반드시 보장해야 한다는 헌법적인 요구가 있다고 볼 수는 없다(헌재 2011.12.29. 2010헌바368).

[❸▸○] 주민은 주민에게 과도한 부담을 주거나 중대한 영향을 미치는 지방자치단체의 주요 결정사항 등에 대하여 주민투표권을 가진다(지방자치법 제18조 제1항). 이러한 <u>주민투표권은 헌법에 근거한 것이 아니라 지방자치법과 주민투표법에 근거한 것으로서, 헌법상 기본권이 아니라 법률상 권리에 불과하다</u>(헌재 2001.6.28. 2000헌마735).

[❹▸○] <u>공공시설의 설치를 반대하는 사항은 주민조례청구 대상에서 제외한다</u>(주민조례발안에 관한 법률 제4조 제4호).

[❺▸✕] 의원과는 달리 정치적, 법적으로 아무런 책임을 지지 아니하는 <u>주민이 본회의 또는 위원회의 안건 심의 중 안건에 관하여 발언한다는 것은 선거제도를 통한 대표제 원리에 정면으로 위반되는 것으로서 허용될 수 없다</u>(대판 1993.2.26. 92추109).

답 ❺

12 지방자치법의 내용에 관한 설명으로 옳지 않은 것은?(다툼이 있으면 판례에 따름)

① 지방자치단체의 주민은 조례를 폐지할 것을 청구할 수 있다.
② 지방자치단체의 주민은 그 지방자치단체의 장 및 비례대표 지방의회의원을 포함한 지방의회의원을 소환할 권리를 가진다.
③ 주민투표권은 헌법상 보장되는 기본권 또는 헌법상 제도적으로 보장되는 주관적 공권이 아니다.
④ 지방자치단체장이 동일 수탁자에게 위탁사무를 재위탁하고자 할 때 지방의회의 동의를 받도록 한 조례안은 지방자치단체장의 집행권한을 본질적으로 침해하는 것으로 볼 수 없다.
⑤ 지방의회의원 정수의 2분의 1범위에서 해당 지방자치단체의 조례로 정하는 바에 따라 지방의회에 정책지원 전문인력을 둘 수 있다.

해설

[❶ ▶ ○] 지방자치단체의 18세 이상의 주민(선거권 없는 사람은 제외)은 해당 지방자치단체의 의회에 조례를 제정하거나 개정하거나 폐지할 것을 청구(이하 '주민조례청구'라 한다)할 수 있는데(지방자치법 제19조 제1항, 주민조례발안에 관한 법률 제2조). 이를 주민조례청구권이라 한다. 주민조례청구권(조례제정·개정·폐지청구권)은 법률에 의하여 보장되는 권리에 해당하고, 헌법상 보장되는 기본권이라거나 헌법 제37조 제1항의 '헌법에 열거되지 아니한 권리'로 보기 어렵다(헌재 2014.4.24. 2012헌마287).

[❷ ▶ ×] 주민은 그 지방자치단체의 장 및 지방의회의원(비례대표 지방의회의원은 제외)을 소환할 권리를 가진다(지방자치법 제25조 제1항).

[❸ ▶ ○] 주민은 주민에게 과도한 부담을 주거나 중대한 영향을 미치는 지방자치단체의 주요 결정사항 등에 대하여 주민투표권을 가진다(지방자치법 제18조 제1항). 이러한 주민투표권은 헌법에 근거한 것이 아니라 지방자치법과 주민투표법에 근거한 것으로서, 헌법상 기본권이 아니라 법률상 권리에 불과하다(헌재 2001.6.28. 2000헌마735).

[❹ ▶ ○] 지방자치단체장이 동일 수탁자에게 위탁사무를 재위탁하거나 기간연장 등 기존 위탁계약의 중요한 사항을 변경하고자 할 때 지방의회의 동의를 받도록 한 목적은 민간위탁에 관한 지방의회의 적절한 견제기능이 최초의 민간위탁 시뿐만 아니라 그 이후에도 지속적으로 이루어질 수 있도록 하는 데 있으므로, 이에 관한 이 사건 조례안('서울특별시 중구 사무의 민간위탁에 관한 조례안' 제4조 제3항 등) 역시 지방자치단체장의 집행권한을 본질적으로 침해하는 것으로 볼 수 없다(대판 2011.2.10. 2010추11).

[❺ ▶ ○] 지방의회의원의 의정활동을 지원하기 위하여 지방의회의원 정수의 2분의 1 범위에서 해당 지방자치단체의 조례로 정하는 바에 따라 지방의회에 정책지원 전문인력을 둘 수 있다(지방자치법 제41조 제1항).

답 ❷

13 지방자치법상 주민소송에 관한 설명으로 옳지 않은 것은?　　22 행정사 제10회

① 주민소송은 민중소송이며 객관소송이다.
② 해당 행위를 계속하면 회복하기 곤란한 손해가 발생할 우려가 있는 경우에 그 행위의 전부나 일부를 중지할 것을 요구하는 소송을 주민소송으로 제기할 수 있다.
③ 주민소송을 제기하기 위해서는 그에 앞서 당해 사안에 대해 주민감사청구를 하여야 한다.
④ 소송의 계속(繫屬) 중에 소송을 제기한 주민이 사망하면 소송절차는 중단된다.
⑤ 주민소송이 진행 중이라도 다른 주민은 같은 사항에 대하여 별도의 소송을 제기할 수 있다.

해설

[❶▶○] 주민소송은 "지방자치단체의 기관이 법률에 위반되는 행위를 한 때에 직접 자기의 법률상 이익과 관계없이 그 시정을 구하기 위하여 제기하는 소송"으로서 행정소송법상 민중소송에 해당한다(행정소송법 제3조 제3호 참조). 이러한 주민소송은 행정의 적법성 통제를 목적으로 하는 소송으로서 구체적인 권익의 침해 없이도 제기할 수 있다는 점에서 객관소송의 성격을 갖는다.

[❷▶○] 지방자치법상 일정한 요건을 구비한 주민은 해당 행위를 계속하면 회복하기 어려운 손해를 발생시킬 우려가 있는 경우에는 그 행위의 전부나 일부를 중지할 것을 요구하는 소송(=중지청구소송, 제1호 소송)을 제기할 수 있다(지방자치법 제22조 제2항 제1호). 다만, 중지청구소송은 해당 행위를 중지할 경우 생명이나 신체에 중대한 위해가 생길 우려가 있거나 그 밖에 공공복리를 현저하게 저해할 우려가 있으면 제기할 수 없다(지방자치법 제22조 제3항).

[❸▶○] 주민소송을 제기하기 위하여는 반드시 주민감사청구를 하였어야 하고, 주민감사청구를 한 주민만 주민소송을 제기할 수 있다(지방자치법 제22조 제1항). 주민감사청구전치주의는 주민소송의 소송요건이다. 따라서 감사청구를 하지 않고 주민소송을 제기한 경우 또는 감사청구된 사항과 무관한 사항에 대하여 주민소송을 제기한 경우에는 각하판결을 하여야 한다.

[❹▶○] 소송의 계속(繫屬) 중에 소송을 제기한 주민이 사망하거나 주민의 자격을 잃으면 소송절차는 중단된다. 소송대리인이 있는 경우에도 또한 같다(지방자치법 제22조 제6항).

[❺▶×] 주민소송이 진행 중이면 다른 주민은 같은 사항에 대하여 별도의 소송을 제기할 수 없다(지방자치법 제22조 제5항).

답 ❺

14 지방자치법상 지방의회의 권한에 해당하지 않는 것은?

① 청원의 수리와 처리에 관한 의결권
② 결산과 관련한 검사위원 선임권
③ 주민투표 회부권
④ 지방의회의원의 자격상실에 대한 의결권
⑤ 기금의 설치·운용에 관한 의결권

해설

[❶▶○][❺▶○] 청원의 수리와 처리에 관한 의결권, 기금의 설치·운용에 관한 의결권은 지방의회의 권한에 속한다(지방자치법 제47조 제5호, 제9호).

> **지방자치법 제47조(지방의회의 의결사항)** ① 지방의회는 다음 각 호의 사항을 의결한다.
> 1. 조례의 제정·개정 및 폐지
> 2. 예산의 심의·확정
> 3. 결산의 승인
> 4. 법령에 규정된 것을 제외한 사용료·수수료·분담금·지방세 또는 가입금의 부과와 징수
> 5. 기금의 설치·운용 ❺
> 6. 대통령령으로 정하는 중요 재산의 취득·처분
> 7. 대통령령으로 정하는 공공시설의 설치·처분
> 8. 법령과 조례에 규정된 것을 제외한 예산 외의 의무부담이나 권리의 포기
> 9. 청원의 수리와 처리 ❶
> 10. 외국 지방자치단체와의 교류·협력
> 11. 그 밖에 법령에 따라 그 권한에 속하는 사항

[❷▶○] 결산과 관련한 검사위원 선임권은 지방의회의 권한에 속한다(지방자치법 제150조 제1항). 지방자치법 제150조 제1항 전단에 따라 지방의회가 선임하는 검사위원의 수는 시·도의 경우 7명 이상 20명 이내, 시·군 및 자치구의 경우 3명 이상 10명 이내로 하며, 그 수·선임방법·운영과 실비보상에 필요한 사항은 해당 지방자치단체의 조례로 정한다(지방자치법 시행령 제83조 제1항).

[❸▶×] 주민투표 회부권은 지방자치단체의 장의 권한에 속한다. 지방자치단체의 장은 주민에게 과도한 부담을 주거나 중대한 영향을 미치는 지방자치단체의 주요 결정사항 등에 대하여 주민투표에 부칠 수 있다(지방자치법 제18조 제1항).

[❹▶○] 지방의회의원의 자격상실에 대한 의결권은 지방의회의 권한에 속한다. 지방의회의원에 대한 자격상실 의결은 재적의원 3분의 2 이상의 찬성이 있어야 한다(지방자치법 제92조).

답 ❸

15 A장관을 주무부장관으로 하는 국가사무인 X사무가 법령에 의해 B지방자치단체의 장에게 위임되었다. X사무의 처리에 관한 설명으로 옳은 것은?(다툼이 있으면 판례에 따름) 〔20〕 행정사 제8회

① 법령이 X사무에 대해 조례에 위임하는 경우 포괄적 위임도 가능하다.
② A장관은 X사무의 처리가 위법한 경우에 한하여 B지방자치단체의 장을 감독할 수 있다.
③ A장관이 X사무의 처리에 관하여 시정명령을 발한 경우 B지방자치단체의 장은 이에 대해 대법원에 제소할 수 있다.
④ B지방자치단체의 장이 X사무를 처리하면서 불법행위를 하여 국가배상책임이 성립하는 경우 B지방자치단체도 배상책임이 있다.
⑤ A장관이 X사무의 해태를 이유로 직무이행명령을 발한 경우 B지방자치단체의 장은 이에 대해 대법원에 제소할 수 없다.

해설

[❶ ▸ ×] 기관위임사무에 있어서도 그에 관한 개별법령에서 일정한 사항을 조례로 정하도록 위임하고 있는 경우에는 위임받은 사항에 관하여 개별법령의 취지에 부합하는 범위 내에서 이른바 위임조례를 정할 수 있다(대판 2000.5.30. 99추85). 조례의 경우 일정 한도의 포괄적 위임은 허용되지만(대판 2017.12.5. 2016추5162), 기관위임사무에 관한 위임조례의 경우에는 위임(입법)의 일반적인 원칙에 따라 구체적 위임이 있어야 한다(2000.11.24. 2000추29 참조). 따라서 법령이 X사무에 대해 조례에 위임하는 경우 포괄적 위임은 허용되지 아니한다.

[❷ ▸ ×] 기관위임사무에 대한 국가기관의 감독은 합법성, 합목적성에도 미친다. 따라서 A장관은 X사무의 처리가 위법한 경우뿐만 아니라 부당한 경우에도 B지방자치단체의 장을 감독할 수 있다.

[❸ ▸ ×] 지방자치단체의 사무(자치사무와 단체위임사무)가 지방자치법 제188조(명령·처분의 시정명령 및 취소·정지권)에 의한 통제의 대상이 되고, 기관위임사무는 통제의 대상에 포함되지 않는다(대판 2014.2.27. 2012추183). 그리고 지방자치법 제188조 제6항은 '자치사무'에 관한 '취소 또는 정지처분'에 한하여 소송을 제기할 수 있는 것으로 규정하고 있다. 따라서 ㉠ '단체위임사무'에 관한 취소 또는 정지처분이나 ㉡ 자치사무나 단체위임사무에 관한 '시정명령'에 대해서는 소송을 제기할 수 없다(대판 2014.2.27. 2012추183; 대판 2017.10.12. 2016추5148). 따라서 A장관이 시정명령을 발한 경우 B지방자치단체의 장은 대법원에 제소할 수 없다.

[❹ ▸ ○] 자치사무의 경우 사무의 관리주체와 비용부담주체 모두 지방자치단체이므로 지방자치단체가 국가배상책임을 진다. 반면, 국가의 기관위임사무에 있어서는 위임자인 국가가 사무의 귀속주체로서 국가배상법 제2조에 따라 피해자에 대하여 국가배상책임을 지고, 지방자치단체는 형식적 비용부담자이므로 국가배상법 제6조 제1항에 따라 피해자에 대하여 배상책임을 진다(대판 1994.12.9. 94다38137 참조). 따라서 B지방자치단체의 장이 기관위임사무인 X사무를 처리하면서 국가배상책임을 부담하는 경우, B지방자치단체도 형식적 비용부담자로서 국가배상법 제6조 제1항에 따라 피해자에 대하여 배상책임을 진다.

[❺ ▸ ×] B지방자치단체의 장은 A장관의 직무이행명령에 이의가 있으면 이행명령서를 접수한 날부터 15일 이내에 대법원에 소를 제기할 수 있다(지방자치법 제189조 제6항).

답 ❹

제3절 공무원법

16 국가공무원에 관한 설명으로 옳지 않은 것은?(다툼이 있으면 판례에 따름) 23 행정사 제11회

① 공무원의 신분과 지위의 특수성상 공무원에 대해서는 일반 국민에 비해 보다 넓고 강한 기본권 제한이 가능하다.
② 공무원이 그 직무를 수행함에 있어 소속 상관의 명백한 위법 내지 불법한 명령에 따라야 할 의무는 없다.
③ 법관, 검사, 외무공무원은 일반직공무원에 해당한다.
④ 모든 공무원은 법령을 준수하며 성실히 직무를 수행하여야 한다.
⑤ 국가기관의 장은 소속 공무원을 임용할 때 합리적인 이유 없이 사회적 신분을 이유로 차별해서는 아니 된다.

해설

[❶ ▶ ○] 공무원은 공직자인 동시에 국민의 한 사람이기도 하므로 국민전체에 대한 봉사자로서의 지위와 기본권을 향유하는 기본권주체로서의 지위라는 이중적 지위를 가지는바, 공무원이라고 하여 기본권이 무시되거나 경시되어서는 안 되지만, 공무원의 신분과 지위의 특수성상 공무원에 대해서는 일반 국민에 비해 보다 넓고 강한 기본권 제한이 가능하게 된다(헌재 2012.3.29. 2010헌마97).

[❷ ▶ ○] 공무원인 하관은 소속 상관의 적법한 명령에 복종할 의무는 있으나 명백히 위법 내지 불법한 명령인 때에는 이는 벌써 직무상의 지시명령이라 할 수 없으므로 이에 따라야 할 의무가 없다(대판 1999.4.23. 99도636).

[❸ ▶ ✕] 법관, 검사, 외무공무원은 경력직 공무원 중 "특정직공무원"에 해당한다(국가공무원법 제2조 제2항 제2호).

[❹ ▶ ○] 모든 공무원은 법령을 준수하며 성실히 직무를 수행하여야 한다(국가공무원법 제56조).

[❺ ▶ ○] 국가기관의 장은 소속 공무원을 임용할 때 합리적인 이유 없이 성별, 종교 또는 사회적 신분 등을 이유로 차별해서는 아니 된다(국가공무원법 제26조의6).

◎ 국가공무원법상 공무원의 구분

경력직 공무원	일반직공무원	기술·연구 또는 행정 일반에 대한 업무를 담당하는 공무원
	특정직공무원	법관, 검사, 외무공무원, 경찰공무원, 소방공무원, 교육공무원, 군인, 군무원, 헌법재판소 헌법연구관, 국가정보원의 직원, 경호공무원과 특수 분야의 업무를 담당하는 공무원으로서 다른 법률에서 특정직공무원으로 지정하는 공무원
특수경력직 공무원	정무직공무원	선거로 취임하거나 임명할 때 국회의 동의가 필요한 공무원
		고도의 정책결정 업무를 담당하거나 이러한 업무를 보조하는 공무원으로서 법률이나 대통령령(대통령비서실 및 국가안보실의 조직에 관한 대통령령만 해당한다)에서 정무직으로 지정하는 공무원
	별정직공무원	비서관·비서 등 보좌업무 등을 수행하거나 특정한 업무 수행을 위하여 법령에서 별정직으로 지정하는 공무원

답 ❸

17 국가공무원법의 내용에 관한 설명으로 옳지 않은 것은?

① 검사는 특정직공무원에 해당한다.
② 정무직공무원은 특수경력직공무원에 해당한다.
③ 직급이란 1명의 공무원에게 부여할 수 있는 직무와 책임을 말한다.
④ 소청심사위원회의 결정은 처분 행정청을 기속한다.
⑤ 본인의 원(願)에 따른 강임·휴직 또는 면직처분을 할 때에는 그 처분권자 또는 처분제청권자는 처분사유를 적은 설명서를 교부하지 않아도 된다.

해설

[❶ ▶ ○] 법관, 검사, 외무공무원 등은 경력직 공무원 중 "특정직공무원"에 해당한다(국가공무원법 제2조 제2항 제2호).

[❷ ▶ ○] 정무직공무원과 별정직공무원은 "특수경력직공무원"에 해당한다(국가공무원법 제2조 제3항).

[❸ ▶ ×] "직급(職級)"이란 직무의 종류·곤란성과 책임도가 상당히 유사한 직위의 군을 말한다(국가공무원법 제5조 제2호). 1명의 공무원에게 부여할 수 있는 직무와 책임은 "직위(職位)"이다(국가공무원법 제5조 제1호).

> **국가공무원법 제5조(정의)** 이 법에서 사용하는 용어의 뜻은 다음과 같다.
> 1. "직위(職位)"란 1명의 공무원에게 부여할 수 있는 직무와 책임을 말한다.
> 2. "직급(職級)"이란 직무의 종류·곤란성과 책임도가 상당히 유사한 직위의 군을 말한다.
> 3. "정급(定級)"이란 직위를 직급 또는 직무등급에 배정하는 것을 말한다.
> 7. "직군(職群)"이란 직무의 성질이 유사한 직렬의 군을 말한다.
> 8. "직렬(職列)"이란 직무의 종류가 유사하고 그 책임과 곤란성의 정도가 서로 다른 직급의 군을 말한다.
> 9. "직류(職類)"란 같은 직렬 내에서 담당 분야가 같은 직무의 군을 말한다.
> 10. "직무등급"이란 직무의 곤란성과 책임도가 상당히 유사한 직위의 군을 말한다.

[❹ ▶ ○] 소청심사위원회의 결정은 처분 행정청을 기속(羈束)한다(국가공무원법 제15조).

[❺ ▶ ○] 국가공무원법 제75조 제1항 단서

> **국가공무원법 제75조(처분사유 설명서의 교부)** ① 공무원에 대하여 징계처분등을 할 때나 강임·휴직·직위해제 또는 면직처분을 할 때에는 그 처분권자 또는 처분제청권자는 처분사유를 적은 설명서를 교부(交付)하여야 한다. 다만, 본인의 원(願)에 따른 강임·휴직 또는 면직처분은 그러하지 아니하다.

답 ❸

18 공무원관계에 관한 판례의 태도로 옳은 것은?

① 공무원임용 결격사유가 있는지의 여부는 임용 당시가 아닌 채용후보자 명부에 등록한 때에 시행되던 법률을 기준으로 하여 판단하여야 한다.
② 임용 당시 공무원임용 결격사유가 있었다면 비록 국가의 과실에 의하여 임용 결격자임을 밝혀내지 못하였다 하더라도 그 임용행위는 당연무효이다.
③ 국가가 공무원임용 결격사유가 있는 자에 대해 결격사유가 있음을 알지 못하고 임용하였다가 사후에 결격사유가 있는 자임을 발견하고 임용행위를 취소하는 경우, 그 취소권은 시효의 제한을 받는다.
④ 시험승진후보자명부에서의 삭제행위는 행정처분이다.
⑤ 직위해제는 징계처분에 해당한다.

해설

[❶▶×] 공무원관계는 국가의 임용이 있는 때에 설정되는 것이므로 공무원임용 결격사유가 있는지의 여부는 채용후보자 명부에 등록한 때가 아닌 임용 당시에 시행되던 법률을 기준으로 하여 판단하여야 한다(대판 1987.4.14. 86누459).

[❷▶○] 공무원연금법에 의한 퇴직급여 등은 적법한 공무원으로서의 신분을 취득하여 근무하다가 퇴직하는 경우에 지급되는 것이고, 임용 당시 공무원임용 결격사유가 있었다면 비록 국가의 과실에 의하여 임용 결격자임을 밝혀내지 못하였다고 하더라도 그 임용행위는 당연무효로 보아야 한다(대판 1998.1.23. 97누16985).

[❸▶×] 국가가 공무원임용 결격사유가 있는 자에 대하여 결격사유가 있는 것을 알지 못하고 공무원으로 임용하였다가 사후에 결격사유가 있는 자임을 발견하고 공무원 임용행위를 취소하는 것은 당사자에게 원래의 임용행위가 당초부터 당연무효이었음을 통지하여 확인시켜 주는 행위에 지나지 아니하는 것이므로, 그러한 의미에서 당초의 임용처분을 취소함에 있어서는 신의칙 내지 신뢰의 원칙을 적용할 수 없고 또 그러한 의미의 취소권은 시효로 소멸하는 것도 아니다(대판 1987.4.14. 86누459).

[❹▶×] 시험승진후보자명부에 등재되어 있던 자가 그 명부에서 삭제됨으로써 승진임용의 대상에서 제외되었다 하더라도, 그와 같은 시험승진후보자명부에서의 삭제행위는 결국 그 명부에 등재된 자에 대한 승진 여부를 결정하기 위한 행정청 내부의 준비과정에 불과하고, 그 자체가 어떠한 권리나 의무를 설정하거나 법률상 이익에 직접적인 변동을 초래하는 별도의 행정처분이 된다고 할 수 없다(대판 1997.11.14. 97누7325).

[❺▶×] 직위해제처분은 징벌적 제재인 징계처분과는 그 성질을 달리하는 별개의 처분이다(대판 2014.10.30. 2012두25552).

답

19 판례에 의할 때 공무원의 신분관계에 관한 설명으로 옳은 것은? 24 행정사 제12회

① 임용 당시 공무원임용 결격사유가 있었다면 비록 국가의 과실에 의하여 임용결격자임을 밝혀내지 못하였다 하더라도 그 임용행위는 당연 무효이다.
② 공무원에 대한 직위해제처분이 있은 후 동일한 사유로 다시 해임처분을 하는 것은 일사부재리의 법리에 어긋난다.
③ 「국가공무원법」상 당연퇴직의 인사발령은 항고소송의 대상이 되는 처분에 해당한다.
④ 「국가공무원법」상의 직위해제처분에는 의견청취에 관한 「행정절차법」규정이 적용된다.
⑤ 임용행위의 하자로 임용행위가 취소되어 소급적으로 공무원의 지위를 상실한 자도 「공무원연금법」에서 정한 퇴직급여를 청구할 수 있다.

해설

[❶▶○] 공무원연금법에 의한 퇴직급여 등은 적법한 공무원으로서의 신분을 취득하여 근무하다가 퇴직하는 경우에 지급되는 것이고, 임용 당시 공무원임용 결격사유가 있었다면 비록 국가의 과실에 의하여 임용 결격자임을 밝혀내지 못하였다고 하더라도 그 임용행위는 당연무효로 보아야 한다(대판 1998.1.23. 97누16985).

[❷▶×] 직위해제처분은 공무원에 대하여 불이익한 처분이긴 하나 징계처분과 같은 성질의 처분이라고는 볼 수 없으므로 동일한 사유에 대한 직위해제처분이 있은 후 다시 해임처분이 있었다 하여 일사부재리의 법리에 어긋난다고 할 수 없다(대판 1984.2.28. 83누489).

[❸▶×] 당연퇴직의 인사발령은 법률상 당연히 발생하는 퇴직사유를 공적으로 확인하여 알려주는 이른바 관념의 통지에 불과하고 공무원의 신분을 상실시키는 새로운 형성적 행위가 아니므로 행정소송의 대상이 되는 독립한 행정처분이라고 할 수 없다(대판 1995.11.14. 95누2036).

[❹▶×] 국가공무원법상 직위해제처분은 당해 행정작용의 성질상 행정절차를 거치기 곤란하거나 불필요하다고 인정되는 사항 또는 행정절차에 준하는 절차를 거친 사항에 해당하므로, 처분의 사전통지 및 의견청취 등에 관한 행정절차법의 규정이 별도로 적용되지 않는다(대판 2014.5.16. 2012두26180).

[❺▶×] 공무원연금법이나 근로자퇴직급여 보장법에서 정한 퇴직급여는 적법한 공무원으로서의 신분을 취득하거나 근로고용관계가 성립하여 근무하다가 퇴직하는 경우에 지급되는 것이다. 임용 당시 공무원 임용결격사유가 있었다면, 비록 국가의 과실에 의하여 임용결격자임을 밝혀내지 못하였다 하더라도 임용행위는 당연무효로 보아야 하고, 당연무효인 임용행위에 의하여 공무원의 신분을 취득한다거나 근로고용관계가 성립할 수는 없다. 따라서 임용결격자가 공무원으로 임용되어 사실상 근무하여 왔다 하더라도 적법한 공무원으로서의 신분을 취득하지 못한 자로서는 공무원연금법이나 근로자퇴직급여 보장법에서 정한 퇴직급여를 청구할 수 없다. 나아가 이와 같은 법리는 임용결격사유로 인하여 임용행위가 당연무효인 경우뿐만 아니라 임용행위의 하자로 임용행위가 취소되어 소급적으로 지위를 상실한 경우에도 마찬가지로 적용된다(대판 2017.5.11. 2012다200486).

> 판례는 임용이 당연 무효인 임용결격 공무원의 「공무원연금법」상 '퇴직급여(퇴직연금)청구권'이나 「근로자퇴직급여 보장법」상 '퇴직급여청구권'은 부인하였다. 그러나 임용결격공무원이 손해를 입은 범위 내에서, 국가 및 지방자치단체의 '부당이득 반환의무'는 인정하였다(대판 2017.5.11. 2012다200486). 즉, 국가 또는 지방자치단체는 ① 퇴직급여 가운데 임용결격공무원 등이 스스로 적립한 기여금 관련 금액+② 근로자퇴직급여 보장법상 퇴직금 상당액의 합계액은 '부당이득'으로 임용결격공무원 등에게 반환하여야 한다고 하였다(다만, ①+② 합계액이 '공무원연금법상 퇴직급여 상당액'을 넘는 경우, '공무원연금법상 퇴직급여 상당액'으로 제한된다).

답 ❶

20 국가공무원법상 징계처분과 소청 등에 관한 설명으로 옳지 않은 것은?(다툼이 있으면 판례에 따름)

21 행정사 제9회

① 공무원에 대한 직위해제처분은 징계처분이다.
② 직위해제처분과 그 후속 직권면직처분은 별개 독립의 처분으로 일사부재리원칙에 위배되지 않는다.
③ 소청심사위원회가 소청사건을 심사할 때 소청인에게 진술 기회를 주지 아니한 결정은 무효이다.
④ 소청심사위원회의 결정은 처분 행정청을 기속한다.
⑤ 소청심사위원회의 결정은 그 이유를 구체적으로 밝힌 결정서로 하여야 한다.

해설

[❶ ▶ ×] 직위해제처분은 징벌적 제재인 징계처분과는 그 성질을 달리하는 별개의 처분이다(대판 2014.10.30. 2012두25552).

[❷ ▶ ○] 직권면직처분과 이보다 앞서 행하여진 직위해제처분은 그 목적을 달리한 각 별개의 독립된 처분이라 할 것이므로 본건 직권면직처분이 직위해제처분을 사유로 하였다 하더라도 일사부재리원칙에 위배되지 않는다(대판 1983.10.25. 83누340).

[❸ ▶ ○] 소청심사위원회가 소청사건을 심사할 때에는 소청인 또는 대리인에게 진술 기회를 주어야 하며, 의견진술 기회를 주지 아니한 결정은 무효로 한다(국가공무원법 제13조).

[❹ ▶ ○] 소청심사위원회의 결정은 처분 행정청을 기속한다(국가공무원법 제15조).

[❺ ▶ ○] 소청심사위원회의 결정은 그 이유를 구체적으로 밝힌 결정서로 하여야 한다(국가공무원법 제14조 제9항).

답 ❶

21 국가공무원법령상 공무원의 징계와 관련된 설명으로 옳은 것은?　　17 행정사 제5회

① 형벌과 징계벌 사이에는 일사부재리의 원칙이 적용된다.
② 징계 중 파면, 해임, 강등을 중징계라 하고, 정직, 감봉, 견책을 경징계라 한다.
③ 금전의 수수행위에 대한 징계의결 등의 요구는 징계 등의 사유가 발생한 날부터 3년이 지나면 하지 못한다.
④ 징계처분에 대한 행정소송은 소청심사위원회의 심사·결정을 거치지 아니하고도 제기할 수 있다.
⑤ 수사기관에서 수사 중인 사건에 대하여는 수사개시의 통보를 받은 날로부터 징계절차를 진행하지 아니할 수 있다.

해설

[❶ ▶ ×]　징계벌과 형벌은 그 권력적 기초 및 행사목적이 다르므로 형벌과 징계벌을 병과할 수 있다. 즉, 형벌과 징계벌 사이에는 일사부재리의 원칙이 적용되지 않는다.

[❷ ▶ ×]　징계는 파면·해임·강등·정직·감봉·견책 6가지로 구분한다(국가공무원법 제79조). 징계 중 파면, 해임, 강등, 정직을 중징계라 하고 감봉, 견책을 경징계라 한다(공무원징계령 제1조의3). 한편, 강임은 징계처분이 아니라 수직적 인사이동이다.

[❸ ▶ ×]　징계의결 등의 요구는 징계 등 사유가 금전 등의 수수행위에 해당하는 경우에는 5년이 지나면 하지 못한다(국가공무원법 제83조의2 제1항 제2호).

> **국가공무원법 제83조의2(징계 및 징계부가금 부과 사유의 시효)**　① 징계의결등의 요구는 징계 등 사유가 발생한 날부터 다음 각 호의 구분에 따른 기간이 지나면 하지 못한다.
> 1. 징계 등 사유가 다음 각 목의 어느 하나에 해당하는 경우 : 10년
>   가. 「성매매알선 등 행위의 처벌에 관한 법률」 제4조에 따른 금지행위
>   나. 「성폭력범죄의 처벌 등에 관한 특례법」 제2조에 따른 성폭력범죄
>   다. 「아동·청소년의 성보호에 관한 법률」 제2조 제2호에 따른 아동·청소년대상 성범죄
>   라. 「양성평등기본법」 제3조 제2호에 따른 성희롱
> 2. 징계 등 사유가 제78조의2 제1항 각 호(금전, 물품, 부동산, 향응 또는 그 밖에 대통령령으로 정하는 재산상 이익을 취득하거나 제공한 경우, 예산 및 기금 등에 해당하는 것을 횡령, 배임, 절도, 사기 또는 유용한 경우)의 어느 하나에 해당하는 경우 : 5년
> 3. 그 밖의 징계 등 사유에 해당하는 경우 : 3년

[❹ ▶ ×]　공무원에 대한 징계처분, 강임·휴직·직위해제 또는 면직처분, 그 밖에 본인의 의사에 반한 불리한 처분이나 부작위에 관한 행정소송은 소청심사위원회의 심사·결정을 거치지 아니하면 제기할 수 없다(국가공무원법 제16조 제1항). → 소청(심사)전치주의 ○

[❺ ▶ ○]　검찰·경찰, 그 밖의 수사기관에서 수사 중인 사건에 대하여는 수사개시 통보를 받은 날부터 징계의결의 요구나 그 밖의 징계절차를 진행하지 아니할 수 있다(국가공무원법 제83조 제2항).

답 ❺

제 7 장 특별행정작용법

학습 Key word
❶ 경찰권발동의 조리상 한계, 경찰관직무집행법의 주요 규정, 경찰책임의 원칙 등에 대하여 학습한다.
❷ 강학상 공물의 종류, 국유재산법상 행정재산의 종류, 공용수용, 공용수용절차, 개별공시지가와 표준지공시지가, 예산 등에 대하여 학습한다.

제1절 경찰행정법

제1관 | 개 설

I 경찰의 개념

1. 형식적 의미의 경찰(제도적 의미의 경찰)

① 형식적 의미의 경찰(警察)은 실정법상 보통경찰기관(예 경찰청장, 지방경찰청장, 경찰서장 등)이 관장하는 모든 행정작용을 말하며, 그 작용의 성질은 불문한다. 제도적 의미의 경찰이라고도 한다. 「국가경찰과 자치경찰의 조직 및 운영에 관한 법률」, 「경찰공무원법」, 「경찰관 직무집행법」 등 실정법상의 경찰 개념이 바로 형식적 의미의 경찰 개념이다.

② 형식적 의미의 경찰에는 실질적 의미의 경찰(행정경찰) 외에 사법경찰(司法警察, 범죄를 수사하고 범인을 체포하는 권력작용)도 포함되어 있고, 반대로 일반행정기관이 관장하는 행정작용 중에도 실질적 의미의 경찰작용이 적지 않다. 따라서 형식적 의미의 경찰은 실질적 의미의 경찰과 그 내용이 반드시 일치하는 것은 아니다.

2. 실질적 의미의 경찰(행정경찰)

① 실질적 의미의 경찰은 실제 경찰기관의 관장사무와는 무관하게 일정한 행정작용의 성질에 착안하여 학문적으로 적립된 개념이다. 실질적 의미의 경찰은 공공의 안녕·질서를 유지하기 위하여 일반통치권에 근거하여 국민(개인)에게 명령·강제함으로써 그의 자연적 자유를 제한하는 작용을 의미한다고 보는 것이 일반적이다.

② 실질적 의미의 경찰은 행정경찰(行政警察)이라고도 한다. 경찰행정법 영역에서 논의하는 경찰은 행정경찰을 의미한다.

Ⅱ 경찰의 종류

1. 행정경찰과 사법경찰
① 전통적으로 경찰은 사법경찰과 행정경찰로 구분되고 있다. 사법경찰은 범죄수사, 피의자의 체포 등 형사사법권의 보조적 작용을 말하고, 행정경찰은 행정상의 목적을 위하여 행하여지는 경찰을 말한다.
② 행정경찰은 사법경찰과 그 목적 및 성질이 다르다.
　㉠ 사법경찰은 범죄자를 재판에 넘기기 위하여 범죄자를 추적, 체포하는 것을 목적으로 하는 반면에, 행정경찰은 공공질서에 대한 모든 혼란의 억제와 예방조치를 취하는 것을 목적으로 한다.
　㉡ 사법경찰은 그 성질이 사법(司法)작용인데 반하여 행정경찰은 그 성질이 행정(行政)작용이다.
　㉢ 사법경찰은 사후적·제재적 작용인 반면에 행정경찰은 사전적·예방적 작용이다.

2. 보안경찰과 협의의 행정경찰
① 행정경찰은 다시 '보안경찰'과 '협의의 행정경찰'로 구분하는 것이 일반적이다.
② 보안경찰(保安警察)은 교통경찰, 해양경찰, 풍속경찰 등과 같이 다른 영역의 행정과는 무관하게 그 자체로 보통경찰기관에 의해 독립적으로 행하여지는 행정경찰을 말한다.
③ 협의의 행정경찰(行政警察)은 다른 행정작용을 수행하는 일반행정기관에 의해 부수적으로 수행되는 행정경찰을 말한다. 위생경찰, 건축경찰, 노동경찰, 산업경찰 등이 이에 해당한다.
④ 보안경찰과 협의의 행정경찰은 그 작용의 성질은 동일하므로 기본적으로 동일한 법리(경찰행정의 법리)가 적용된다. 다만, 수행기관의 차이 및 협의의 행정경찰의 다른 행정작용과의 융합경향에 비추어 보안경찰과 다른 규율을 할 필요가 있는 경우도 있다.

제2관 | 경찰권 발동의 근거

Ⅰ 개 설
① 경찰은 공공의 안녕과 질서를 유지하기 위하여 국민에게 명령·강제 등을 하는 권력적·침익적 작용을 그 주된 수단으로 사용하는바, 법률유보의 원칙에 따라 이러한 경찰권의 발동에는 반드시 법률의 근거가 있어야 한다(헌법 제37조 제2항, 행정기본법 제8조 후단). 이는 법치주의 또는 법률에 의한 행정의 원칙의 당연한 귀결이다.
② 법률유보의 원칙에서 말하는 법률의 근거는 원칙적으로 조직법상의 근거(직무규범)가 아니라 작용법상의 근거를 말한다. 그리고 경찰권의 발동은 원칙적으로 개별적인 수권규범에 근거하여야 한다.

Ⅱ 개별적 수권조항
「경찰관 직무집행법」 및 여러 개별법에서 경찰권 발동에 대한 개별적인 수권규정을 두고 있다. 「경찰관 직무집행법」상 개별적 수권조항으로는 제3조(불심검문), 제4조(보호조치 등), 제5조(위험발생의 방지조치), 제6조(범죄의 예방과 제지조치), 제7조(위험방지를 위한 출입)가 있다.

Ⅲ 일반적 수권조항

① 개별적인 수권규정이 없는 경우에 일반적인 수권규정이 경찰권 발동의 근거가 될 수 있는지에 대하여 견해가 대립되고 있다. 일반적 수권조항을 규정하는 것이 우리 헌법질서에서 가능한지와 「경찰관 직무집행법」 제2조 제7호와 제5조 제1항 제3호가 경찰권행사의 일반적 수권조항으로 해석될 수 있는지가 문제된다.
② 아직 판례가 확립된 것이라고 볼 수는 없지만, 「경찰관 직무집행법」 제2조의 '기타 공공의 안녕과 질서 유지'를 근거로 하여 경찰권이 발동될 수 있다고 한 것으로 보아(대판 1986.1.28, 85도2448, 85감도356), 일반적 수권조항의 존재를 인정하고 있는 듯하다.

Ⅳ 경찰관 직무집행법의 내용

1. 경찰관의 직무의 범위

> **경찰관 직무집행법 제2조(직무의 범위)**
> 경찰관은 다음 각 호의 직무를 수행한다.
> 1. 국민의 생명·신체 및 재산의 보호
> 2. 범죄의 예방·진압 및 수사
> 2의2. 범죄피해자 보호 기출 25
> 3. 경비, 주요 인사(人士) 경호 및 대간첩·대테러 작전 수행 기출 25
> 4. 공공안녕에 대한 위험의 예방과 대응을 위한 정보의 수집·작성 및 배포 기출 25
> 5. 교통 단속과 교통 위해(危害)의 방지
> 6. 외국 정부기관 및 국제기구와의 국제협력 기출 25·17
> 7. 그 밖에 공공의 안녕과 질서 유지

2. 경찰관 직무집행법상의 경찰권의 발동

(1) 불심검문

> **경찰관 직무집행법 제3조(불심검문)**
> ① 경찰관은 다음 각 호의 어느 하나에 해당하는 사람을 정지시켜 질문할 수 있다.
>   1. 수상한 행동이나 그 밖의 주위 사정을 합리적으로 판단하여 볼 때 어떠한 죄를 범하였거나 범하려 하고 있다고 의심할 만한 상당한 이유가 있는 사람 기출 17
>   2. 이미 행하여진 범죄나 행하여지려고 하는 범죄행위에 관한 사실을 안다고 인정되는 사람
> ② 경찰관은 제1항에 따라 같은 항 각 호의 사람을 정지시킨 장소에서 질문을 하는 것이 그 사람에게 불리하거나 교통에 방해가 된다고 인정될 때에는 질문을 하기 위하여 가까운 경찰서·지구대·파출소 또는 출장소(지방해양경찰관서를 포함하며, 이하 "경찰관서"라 한다)로 동행할 것을 요구할 수 있다. 이 경우 동행을 요구받은 사람은 그 요구를 거절할 수 있다. 기출 24·17·16

③ 경찰관은 제1항 각 호의 어느 하나에 해당하는 사람에게 질문을 할 때에 그 사람이 흉기를 가지고 있는지를 조사할 수 있다. 기출 24
④ 경찰관은 제1항이나 제2항에 따라 질문을 하거나 동행을 요구할 경우 자신의 신분을 표시하는 증표를 제시하면서 소속과 성명을 밝히고 질문이나 동행의 목적과 이유를 설명하여야 하며, 동행을 요구하는 경우에는 동행 장소를 밝혀야 한다.
⑤ 경찰관은 제2항에 따라 동행한 사람의 가족이나 친지 등에게 동행한 경찰관의 신분, 동행 장소, 동행 목적과 이유를 알리거나 본인으로 하여금 즉시 연락할 수 있는 기회를 주어야 하며, 변호인의 도움을 받을 권리가 있음을 알려야 한다.
⑥ 경찰관은 제2항에 따라 동행한 사람을 6시간을 초과하여 경찰관서에 머물게 할 수 없다. 기출 16
⑦ 제1항부터 제3항까지의 규정에 따라 질문을 받거나 동행을 요구받은 사람은 형사소송에 관한 법률에 따르지 아니하고는 신체를 구속당하지 아니하며, 그 의사에 반하여 답변을 강요당하지 아니한다. 기출 24

(2) 보호조치 등

경찰관 직무집행법 제4조(보호조치 등)
① 경찰관은 수상한 행동이나 그 밖의 주위 사정을 합리적으로 판단해 볼 때 다음 각 호의 어느 하나에 해당하는 것이 명백하고 응급구호가 필요하다고 믿을 만한 상당한 이유가 있는 사람(이하 "구호대상자")을 발견하였을 때에는 보건의료기관이나 공공구호기관에 긴급구호를 요청하거나 경찰관서에 보호하는 등 적절한 조치를 할 수 있다.
  1. 정신착란을 일으키거나 술에 취하여 자신 또는 다른 사람의 생명·신체·재산에 위해를 끼칠 우려가 있는 사람 기출 18
  2. 자살을 시도하는 사람 기출 18
  3. 미아, 병자, 부상자 등으로서 적당한 보호자가 없으며 응급구호가 필요하다고 인정되는 사람. 다만, 본인이 구호를 거절하는 경우는 제외한다. 기출 18
② 제1항에 따라 긴급구호를 요청받은 보건의료기관이나 공공구호기관은 정당한 이유 없이 긴급구호를 거절할 수 없다.
③ 경찰관은 제1항의 조치를 하는 경우에 구호대상자가 휴대하고 있는 무기·흉기 등 위험을 일으킬 수 있는 것으로 인정되는 물건을 경찰관서에 임시로 영치(領置)하여 놓을 수 있다.
④ 경찰관은 제1항의 조치를 하였을 때에는 지체 없이 구호대상자의 가족, 친지 또는 그 밖의 연고자에게 그 사실을 알려야 하며, 연고자가 발견되지 아니할 때에는 구호대상자를 적당한 공공보건의료기관이나 공공구호기관에 즉시 인계하여야 한다.
⑤ 경찰관은 제4항에 따라 구호대상자를 공공보건의료기관이나 공공구호기관에 인계하였을 때에는 즉시 그 사실을 소속 경찰서장이나 해양경찰서장에게 보고하여야 한다.
⑥ 제5항에 따라 보고를 받은 소속 경찰서장이나 해양경찰서장은 대통령령으로 정하는 바에 따라 구호대상자를 인계한 사실을 지체 없이 해당 공공보건의료기관 또는 공공구호기관의 장 및 그 감독행정청에 통보하여야 한다.
⑦ 제1항에 따라 구호대상자를 경찰관서에서 보호하는 기간은 24시간을 초과할 수 없고, 제3항에 따라 물건을 경찰관서에 임시로 영치하는 기간은 10일을 초과할 수 없다.

(3) 위험 발생의 방지 등

> **경찰관 직무집행법 제5조(위험 발생의 방지 등)**
> ① 경찰관은 사람의 생명 또는 신체에 위해를 끼치거나 재산에 중대한 손해를 끼칠 우려가 있는 천재(天災), 사변(事變), 인공구조물의 파손이나 붕괴, 교통사고, 위험물의 폭발, 위험한 동물 등의 출현, 극도의 혼잡, 그 밖의 위험한 사태가 있을 때에는 다음 각 호의 조치를 할 수 있다.
>   1. 그 장소에 모인 사람, 사물(事物)의 관리자, 그 밖의 관계인에게 필요한 경고를 하는 것
>   2. 매우 긴급한 경우에는 위해를 입을 우려가 있는 사람을 필요한 한도에서 억류하거나 피난시키는 것
>   3. 그 장소에 있는 사람, 사물의 관리자, 그 밖의 관계인에게 위해를 방지하기 위하여 필요하다고 인정되는 조치를 하게 하거나 직접 그 조치를 하는 것 〔기출 24〕
> ② 경찰관서의 장은 대간첩 작전의 수행이나 소요(騷擾) 사태의 진압을 위하여 필요하다고 인정되는 상당한 이유가 있을 때에는 대간첩 작전지역이나 경찰관서·무기고 등 국가중요시설에 대한 접근 또는 통행을 제한하거나 금지할 수 있다.
> ③ 경찰관은 제1항의 조치를 하였을 때에는 지체 없이 그 사실을 소속 경찰관서의 장에게 보고하여야 한다.
> ④ 제2항의 조치를 하거나 제3항의 보고를 받은 경찰관서의 장은 관계 기관의 협조를 구하는 등 적절한 조치를 하여야 한다.

(4) 범죄의 예방과 제지

> **경찰관 직무집행법 제6조(범죄의 예방과 제지)**
> 경찰관은 범죄행위가 목전(目前)에 행하여지려고 하고 있다고 인정될 때에는 이를 예방하기 위하여 관계인에게 필요한 경고를 하고, 그 행위로 인하여 사람의 생명·신체에 위해를 끼치거나 재산에 중대한 손해를 끼칠 우려가 있는 긴급한 경우에는 그 행위를 제지할 수 있다.

(5) 위험방지를 위한 출입

> **경찰관 직무집행법 제7조(위험 방지를 위한 출입)**
> ① 경찰관은 제5조 제1항·제2항 및 제6조에 따른 위험한 사태가 발생하여 사람의 생명·신체 또는 재산에 대한 위해가 임박한 때에 그 위해를 방지하거나 피해자를 구조하기 위하여 부득이하다고 인정하면 합리적으로 판단하여 필요한 한도에서 다른 사람의 토지·건물·배 또는 차에 출입할 수 있다.
> ② 흥행장(興行場), 여관, 음식점, 역, 그 밖에 많은 사람이 출입하는 장소의 관리자나 그에 준하는 관계인은 경찰관이 범죄나 사람의 생명·신체·재산에 대한 위해를 예방하기 위하여 해당 장소의 영업시간이나 해당 장소가 일반인에게 공개된 시간에 그 장소에 출입하겠다고 요구하면 정당한 이유 없이 그 요구를 거절할 수 없다.
> ④ 경찰관은 제1항부터 제3항까지의 규정에 따라 필요한 장소에 출입할 때에는 그 신분을 표시하는 증표를 제시하여야 하며, 함부로 관계인이 하는 정당한 업무를 방해해서는 아니 된다.

(6) 경찰장비의 사용 등

1) 일반원칙

> **경찰관 직무집행법 제10조(경찰장비의 사용 등)**
> ① 경찰관은 직무수행 중 경찰장비를 사용할 수 있다. 다만, 사람의 생명이나 신체에 위해를 끼칠 수 있는 경찰장비(이하 이 조에서 "위해성 경찰장비"라 한다)를 사용할 때에는 필요한 안전교육과 안전검사를 받은 후 사용하여야 한다.
> ② 제1항 본문에서 "경찰장비"란 무기, 경찰장구(警察裝具), 최루제(催淚劑)와 그 발사장치, 살수차, 감식기구(鑑識機具), 해안 감시기구, 통신기기, 차량·선박·항공기 등 경찰이 직무를 수행할 때 필요한 장치와 기구를 말한다.
> ③ 경찰관은 경찰장비를 함부로 개조하거나 경찰장비에 임의의 장비를 부착하여 일반적인 사용법과 달리 사용함으로써 다른 사람의 생명·신체에 위해를 끼쳐서는 아니 된다.
> ④ 위해성 경찰장비는 필요한 최소한도에서 사용하여야 한다.
> ⑤ 경찰청장은 위해성 경찰장비를 새로 도입하려는 경우에는 대통령령으로 정하는 바에 따라 안전성 검사를 실시하여 그 안전성 검사의 결과보고서를 국회 소관 상임위원회에 제출하여야 한다. 이 경우 안전성 검사에는 외부 전문가를 참여시켜야 한다.
> ⑥ 위해성 경찰장비의 종류 및 그 사용기준, 안전교육·안전검사의 기준 등은 대통령령으로 정한다.

2) 경찰장구의 사용

> **경찰관 직무집행법 제10조의2(경찰장구의 사용)**
> ① 경찰관은 다음 각 호의 직무를 수행하기 위하여 필요하다고 인정되는 상당한 이유가 있을 때에는 그 사태를 합리적으로 판단하여 필요한 한도에서 경찰장구를 사용할 수 있다.
>   1. 현행범이나 사형·무기 또는 장기 3년 이상의 징역이나 금고에 해당하는 죄를 범한 범인의 체포 또는 도주 방지
>   2. 자신이나 다른 사람의 생명·신체의 방어 및 보호
>   3. 공무집행에 대한 항거(抗拒) 제지
> ② 제1항에서 "경찰장구"란 경찰관이 휴대하여 범인 검거와 범죄 진압 등의 직무 수행에 사용하는 수갑, 포승(捕繩), 경찰봉, 방패 등을 말한다. 기출 17·16

3) 분사기 등의 사용

> **경찰관 직무집행법 제10조의3(분사기 등의 사용)**
> 경찰관은 다음 각 호의 직무를 수행하기 위하여 부득이한 경우에는 현장책임자가 판단하여 필요한 최소한의 범위에서 분사기(「총포·도검·화약류 등의 안전관리에 관한 법률」에 따른 분사기를 말하며, 그에 사용하는 최루 등의 작용제를 포함한다. 이하 같다) 또는 최루탄을 사용할 수 있다.
>   1. 범인의 체포 또는 범인의 도주 방지
>   2. 불법집회·시위로 인한 자신이나 다른 사람의 생명·신체와 재산 및 공공시설 안전에 대한 현저한 위해의 발생 억제

4) 무기의 사용

> **경찰관 직무집행법 제10조의4(무기의 사용)**
> ① 경찰관은 범인의 체포, 범인의 도주 방지, 자신이나 다른 사람의 생명·신체의 방어 및 보호, 공무집행에 대한 항거의 제지를 위하여 필요하다고 인정되는 상당한 이유가 있을 때에는 그 사태를 합리적으로 판단하여 필요한 한도에서 무기를 사용할 수 있다. 다만, 다음 각 호의 어느 하나에 해당할 때를 제외하고는 사람에게 위해를 끼쳐서는 아니 된다.
> 1. 「형법」에 규정된 정당방위와 긴급피난에 해당할 때
> 2. 다음 각 목의 어느 하나에 해당하는 때에 그 행위를 방지하거나 그 행위자를 체포하기 위하여 무기를 사용하지 아니하고는 다른 수단이 없다고 인정되는 상당한 이유가 있을 때
>   가. 사형·무기 또는 장기 3년 이상의 징역이나 금고에 해당하는 죄를 범하거나 범하였다고 의심할 만한 충분한 이유가 있는 사람이 경찰관의 직무집행에 항거하거나 도주하려고 할 때
>   나. 체포·구속영장과 압수·수색영장을 집행하는 과정에서 경찰관의 직무집행에 항거하거나 도주하려고 할 때
>   다. 제3자가 가목 또는 나목에 해당하는 사람을 도주시키려고 경찰관에게 항거할 때
>   라. 범인이나 소요를 일으킨 사람이 무기·흉기 등 위험한 물건을 지니고 경찰관으로부터 3회 이상 물건을 버리라는 명령이나 항복하라는 명령을 받고도 따르지 아니하면서 계속 항거할 때
> 3. 대간첩 작전 수행 과정에서 무장간첩이 항복하라는 경찰관의 명령을 받고도 따르지 아니할 때
> ② 제1항에서 "무기"란 사람의 생명이나 신체에 위해를 끼칠 수 있도록 제작된 권총·소총·도검 등을 말한다.
> ③ 대간첩·대테러 작전 등 국가안전에 관련되는 작전을 수행할 때에는 개인화기(個人火器) 외에 공용화기(共用火器)를 사용할 수 있다. 기출 17

(7) 사실의 확인 등

> **경찰관 직무집행법 제8조(사실의 확인 등)**
> ① 경찰서의 장은 직무 수행에 필요하다고 인정되는 상당한 이유가 있을 때에는 국가기관이나 공사(公私) 단체 등에 직무 수행에 관련된 사실을 조회할 수 있다. 다만, 긴급한 경우에는 소속 경찰관으로 하여금 현장에 나가 해당 기관 또는 단체의 장의 협조를 받아 그 사실을 확인하게 할 수 있다.
> ② 경찰관은 다음 각 호의 직무를 수행하기 위하여 필요하면 관계인에게 출석하여야 하는 사유·일시 및 장소를 명확히 적은 출석 요구서를 보내 경찰관서에 출석할 것을 요구할 수 있다.
> 1. 미아를 인수할 보호자 확인 기출 23
> 2. 유실물을 인수할 권리자 확인 기출 23
> 3. 사고로 인한 사상자(死傷者) 확인 기출 23
> 4. 행정처분을 위한 교통사고 조사에 필요한 사실 확인 기출 23

제3관 | 경찰권 행사(발동)의 한계

I 경찰권 행사(발동)의 조리상의 한계 기출 15

경찰비례의 원칙	경찰권의 행사는 달성하고자 하는 공익과 그로 인하여 제한·침해되는 개인의 자유·권리(사익) 사이에는 합리적인 비례관계가 유지되어야 한다는 원칙	
경찰평등의 원칙	경찰권을 행사할 때 행정청은 합리적 이유 없이 국민을 차별해서는 아니 된다는 원칙	
경찰공공의 원칙	경찰권은 사회공공의 안녕과 질서를 유지하기 위해서만 발동될 수 있고, 그와 직접 관계가 없는 사생활·사주소 및 민사상의 법률관계에는 원칙적으로 개입할 수 없다는 원칙	
	사생활 불가침의 원칙	경찰기관은 사회공공의 안녕 및 질서와 관계없는 개인의 생활이나 행동에 간섭하여서는 안 된다는 원칙
	사주소 불가침의 원칙	경찰기관은 사회공공의 안녕 및 질서와 관계없이 개인의 사주소를 침해하면 안 된다는 원칙
	민사관계 불간섭의 원칙	경찰기관은 사회공공의 안녕 및 질서와 관계없이 민사관계에 개입해서는 안 된다는 원칙
경찰소극(목적)의 원칙	경찰권은 사회공공의 안녕·질서의 위험 방지 및 제거라는 소극적 목적을 위해서만 발동될 수 있고, 공공복리의 증진이라는 적극적 목적을 위해서는 발동될 수 없다는 원칙	
경찰책임의 원칙	경찰상 위해가 발생하거나 발생할 우려가 있는 경우, 이를 예방 또는 제거하기 위한 경찰권의 발동은 원칙적으로 경찰책임자(위해의 발생에 책임이 있는 자)에게만 할 수 있다는 원칙	

II 경찰책임의 원칙

1. 의의

경찰책임의 원칙이란 경찰상 위해가 발생하거나 발생할 우려가 있는 경우, 이를 예방 또는 제거하기 위한 경찰권의 발동은 원칙적으로 경찰책임자(위해의 발생에 책임이 있는 자)에게만 할 수 있다는 원칙을 말한다. 다만, 경찰책임자에 대한 경찰권의 발동이 어려운 경우에는 예외적으로 경찰책임이 없는 자에게도 경찰권이 발동될 수 있다. 통상 경찰권의 발동은 그 상대방의 기본권을 제한하게 되므로 법률유보의 원칙에 따라 경찰권 발동의 상대방은 법률로 규정되어야 한다.

2. 경찰책임자

① 특정한 자연인이나 법인의 행위에 의하여 공공의 안녕과 질서에 대한 위해가 야기되는 경우에 인정되는 것이 행위책임이므로 사법(私法)상 법인도 경찰책임을 부담할 수 있다. 자연인은 성년·미성년을 불문하고 내국인·외국인을 가리지 아니한다. 기출 19

② 경찰책임은 경찰책임자의 고의 또는 과실을 요하지 않으므로 행위능력이나 불법행위능력이 없는 자연인도 경찰책임자가 될 수 있다. 다만, 행위능력이 없는 경찰책임자에 대한 경찰권의 발동으로 인한 의무부과처분은 법정대리인에게 송달되어야 한다. 기출 22

③ 타인을 보호 또는 감독하는 자는 그 권한의 범위 안에서 피보호자 또는 피감독자의 행위로 인하여 생긴 질서위반의 상태에 대하여 경찰책임을 진다. 예를 들면, 자녀의 행위에 대하여 보호자가, 그리고 사용인(피용자)의 행위에 대하여 사업주가 책임을 지도록 규정된 경우가 있다. 타인의 행위에 대한 경찰책임은 타인의 책임을 대신하여 지는 것은 아니며 자신의 생활범위 안에서 질서위반의 상태를 발생시킨 것 자체에 의해 인정되는 자기책임이다. 타인의 행위에 대하여 경찰책임이 인정되는 경우에도 행위자의 경찰책임이 면제되는 것은 아니다. 즉, 실제의 행위자와 감독자의 경찰책임이 모두 인정된다. 기출 22

3. 행위책임

① 행위책임이란 자기의 행위 또는 자기의 보호·감독 아래 있는 사람의 행위로 인하여 질서위반의 상태가 발생한 경우에 지는 경찰책임을 말한다. 경찰책임(행위책임)은 경찰책임자의 고의 또는 과실을 요하지 않으므로 행위능력이나 불법행위능력이 없는 자연인도 경찰책임자가 될 수 있다. 기출 19

② 경찰상 위해의 상태를 발생시킨 행위는 작위뿐만 아니라 부작위도 포함한다. 부작위란 질서위반 상태의 발생을 방지할 법적 의무가 있는 자가 그 의무를 이행하지 않고 있는 것을 말한다. 기출 22

4. 상태책임

① 상태책임이란 공공의 안녕과 질서에 대한 위해가 물건으로 인한 위험이나 장해로부터 발생하는 경찰책임을 말한다. 기출 19

② 상태책임이란 물건의 소유자 및 물건을 사실상 지배하는 자가 그의 지배범위 안에서 그 물건으로부터 경찰 위반의 상태가 발생한 경우에 지게 되는 책임을 말한다. 점유자뿐만 아니라 물건에 대한 권원의 유무와 관계없이 물건을 현실적으로 지배하고 있는 자에게도 상태책임이 인정된다. 물건의 소유권자는 통상적으로 2차적인 책임자가 된다. 기출 22

5. 긴급시 제3자의 경찰책임

① 급박하게 발생되는 위험을 경찰책임자에 대한 경찰권발동이나 경찰 스스로의 자력에 의하여 제거할 수 없는 경우가 빈번하게 발생하게 되는데, 이러한 경우에 엄격한 요건 하에 경찰비책임자(제3자)에 대하여 경찰권발동이 가능하다고 이해되고 있다. 기출 22

② 경찰상 위해나 장애에 직접 책임이 없는 제3자에 대하여 경찰권이 발동될 수 있는지 문제된다. 생각건대, 경찰목적의 달성과 제3자인 국민의 권익의 보호를 모두 고려하여야 하므로, 경찰상 긴급성이 있고, 법률의 근거 있는 경우에 한하여, 비례의 원칙에 따라 제3자의 경찰책임을 인정할 수 있을 것이다. 기출 19

③ 긴급시 제3자의 경찰책임은 원칙적으로 개별법에 근거가 있어야 하지만, 예외적으로 일반조항에 근거하여서도 인정될 수 있을 것이다. 그리고 경찰권 발동으로 제3자에게 특별한 손실이 발생한 경우에는 손실보상을 해 주어야 한다.

6. 경찰권의 발동과 손실보상

> **경찰관 직무집행법 제11조의2(손실보상)**
> ① 국가는 경찰관의 적법한 직무집행으로 인하여 다음 각 호의 어느 하나에 해당하는 손실을 입은 자에 대하여 정당한 보상을 하여야 한다. 기출 16
> 　1. 손실발생의 원인에 대하여 책임이 없는 자가 생명·신체 또는 재산상의 손실을 입은 경우(손실발생의 원인에 대하여 책임이 없는 자가 경찰관의 직무집행에 자발적으로 협조하거나 물건을 제공하여 재산상의 손실을 입은 경우를 포함한다)
> 　2. 손실발생의 원인에 대하여 책임이 있는 자가 자신의 책임에 상응하는 정도를 초과하는 생명·신체 또는 재산상의 손실을 입은 경우 기출 24
> ② 제1항에 따른 보상을 청구할 수 있는 권리는 손실이 있음을 안 날부터 3년, 손실이 발생한 날부터 5년간 행사하지 아니하면 시효의 완성으로 소멸한다.

제2절 공물법

I 공물의 개념

① 공물(公物)이란 행정주체에 의해 직접 공적 목적에 제공된 물건을 말한다. 공물은 실정법상의 용어가 아니라 학문상 개념이다.
② 공물의 관리주체는 국가, 지방자치단체, 공공단체 등 행정주체에 한한다. 행정주체에게는 공물의 관리권만 있으면 되고, 행정주체에게 공물의 소유권이 있을 필요는 없다. 사인의 소유에 속하는 물건이라도 정당한 권원(공용사용, 임차 등)에 의해 공적 목적에 제공되면 공물이 된다. 이러한 공물을 사유공물(私有公物)이라 한다.

II 공물의 분류

1. 공물의 목적에 의한 분류

공공용물	• 일반 공중의 사용에 제공된 공물을 말한다. 기출 22 • 도로·하천·공원·해안 등이 그 예이다. • 「국유재산법」이나 「공유재산법」상의 '공공용재산'은 공공용물이다.
공용물	• 직접 행정주체 자신의 사용에 제공된 공물을 말한다. 기출 22·13 • 관공서의 청사, 국영철도시설 등이 그 예이다. • 「국유재산법」이나 「공유재산법」상 '공용재산'과 '기업용재산'은 공용물이다.
공적 보존물 (보존공물)	• 공공목적을 위하여 그 물건의 보존이 강제되는 공물을 말한다. 공적 보존물에는 공물주체에게 공물관리권이 존재하지 않는다. • 「문화유산의 보존 및 활용에 관한 법률」상 문화유산(문화재), 「산림법」상의 보안림이 그 예이다. • 「국유재산법」이나 「공유재산법」의 '보존용재산'은 공적 보존물이다.

2. 공물의 소유권자에 따른 분류

국유공물	• 물건의 소유권이 국가에 있는 공물을 국유공물을 말한다. 기출 22 • 「국유재산법」상의 '국유재산'이 이에 해당한다.
공유공물	• 물건의 소유권이 지방자치단체에 있는 공물을 말한다. 기출 22 • 「공유재산법」상의 '공유재산'이 이에 해당한다.
사유공물	• 물건의 소유권이 사인(私人)에게 있는 공물을 말한다. • 사인의 물건이 공물로 지정된 경우 및 사인이 소유하는 공적 보존물(문화재)이 이이 해당한다.

3. 공물의 성립과정의 차이에 의한 분류

자연공물	• 인공이 가해짐이 없이 <u>자연 상태 그대로 공적 목적에 제공되는 공물</u>을 말한다. • <u>하천, 호소(湖沼), 해안, 해변</u> 등이 그 예이다. 기출 22
인공공물	• 인공을 가하여 공적 목적에 적합하도록 가공한 후 공적 목적에 제공되는 공물을 말한다. • <u>도로, 공원</u> 등이 그 예이다. 기출 22

4. 기타의 분류

(1) 자유공물과 타유공물

<u>공물의 관리주체와 공물의 귀속주체가 일치하는 공물을 자유공물</u>이라 하고, <u>공물의 관리주체와 공물의 귀속주체가 다른 공물을 타유공물</u>이라 한다. 기출 22

(2) 동산공물과 부동산 공물

공물은 물건의 성격에 따라 동산공물과 부동산공물로 구분할 수 있는데, <u>경찰견은 토지 및 그 정착물이 아니므로 동산공물에 해당</u>한다. 기출 22

Ⅲ 공물법의 법원(法源)

1. 개 설

① 공물에 관한 일반 법률은 존재하지 않으며 공물법은 여러 개별법으로 구성되어 있다.
② 국유의 공물인 행정재산은 「국유재산법」에 의해, 지방자치단체가 소유하는 공물인 행정재산은 「공유재산 및 물품 관리법」(이하 '공유재산법'이라 한다)에 의해 어느 정도 일반적으로 규율되고 있다.
③ 그러나 국유재산법이나 공유재산법은 행정재산뿐만 아니라 일반재산(잡종재산)도 함께 규율하고 있고, 공물의 공적 목적에의 제공을 규율하기보다는 국유나 공유의 재산의 관리에 중점을 두어 규율하고 있는 점에서 공물법으로서의 그 한계가 있다. <u>국유재산이나 공유재산 중 행정재산은 공물법(행정법)의 규율대상이지만, 일반재산(잡종재산)은 사법(私法)에 의해 규율</u>된다.
④ 공물 중 공공용물은 개별 공물마다 개별법에 의해 규율되고 있다. 「도로법」, 「하천법」, 「도시공원법」 등이 그 예이다.

2. 국유재산법

(1) 국유재산법상 용어의 정의

> **국유재산법 제2조(정의)**
> 이 법에서 사용하는 용어의 뜻은 다음과 같다.
> 1. "<u>국유재산</u>"이란 국가의 부담, 기부채납이나 법령 또는 조약에 따라 <u>국가 소유로 된 제5조 제1항 각 호의 재산</u>을 말한다.
> 2. "<u>기부채납</u>"이란 <u>국가 외의 자가 제5조 제1항 각 호에 해당하는 재산의 소유권을 무상으로 국가에 이전하여 국가가 이를 취득하는 것</u>을 말한다.

3. "관리"란 국유재산의 취득·운용과 유지·보존을 위한 모든 행위를 말한다.
4. "처분"이란 매각, 교환, 양여, 신탁, 현물출자 등의 방법으로 국유재산의 소유권이 국가 외의 자에게 이전되는 것을 말한다.
5. "관리전환"이란 일반회계와 특별회계·기금 간 또는 서로 다른 특별회계·기금 간에 국유재산의 관리권을 넘기는 것을 말한다.
6. "정부출자기업체"란 정부가 출자하였거나 출자할 기업체로서 대통령령으로 정하는 기업체를 말한다.
7. "사용허가"란 행정재산을 국가 외의 자가 일정 기간 유상이나 무상으로 사용·수익할 수 있도록 허용하는 것을 말한다. 기출 18
8. "대부계약"이란 일반재산을 국가 외의 자가 일정 기간 유상이나 무상으로 사용·수익할 수 있도록 체결하는 계약을 말한다. 기출 18
9. "변상금"이란 사용허가나 대부계약 없이 국유재산을 사용·수익하거나 점유한 자(사용허가나 대부계약 기간이 끝난 후 다시 사용허가나 대부계약 없이 국유재산을 계속 사용·수익하거나 점유한 자를 포함한다. 이하 "무단점유자"라 한다)에게 부과하는 금액을 말한다. 기출 24·18

> □ 참고
> "과징금"이란 행정법상의 의무를 위반한 자에 대하여 당해 위반행위로 얻게 된 경제적 이익을 박탈하기 위한 목적으로 부과하는 금전상 제재를 말한다(본래적 의미의 과징금).

10. "총괄청"이란 기획재정부장관을 말한다. 기출 18
11. "중앙관서의 장등"이란 「국가재정법」 제6조에 따른 중앙관서의 장(이하 "중앙관서의 장"이라 한다)과 제42조 제1항에 따라 일반재산의 관리·처분에 관한 사무를 위임·위탁받은 자를 말한다.

국유재산의 무단점유 등에 대한 변상금징수의 요건은 국유재산법 제51조 제1항에 명백히 규정되어 있으므로 변상금을 징수할 것인가는 처분청의 재량을 허용하지 않는 기속행위이다(대판 2000.1.28. 97누4098). 기출 19

(2) 국유재산의 구분과 정의

국유재산법 제6조(국유재산의 구분과 종류)
① 국유재산은 그 용도에 따라 행정재산과 일반재산으로 구분한다.
② 행정재산의 종류는 다음 각 호와 같다. 기출 14
  1. 공용재산 : 국가가 직접 사무용·사업용 또는 공무원의 주거용(직무 수행을 위하여 필요한 경우로서 대통령령으로 정하는 경우로 한정한다)으로 사용하거나 대통령령으로 정하는 기한까지 사용하기로 결정한 재산 기출 25·17
  2. 공공용재산 : 국가가 직접 공공용으로 사용하거나 대통령령으로 정하는 기한까지 사용하기로 결정한 재산 기출 25·17
  3. 기업용재산 : 정부기업이 직접 사무용·사업용 또는 그 기업에 종사하는 직원의 주거용(직무 수행을 위하여 필요한 경우로서 대통령령으로 정하는 경우로 한정한다)으로 사용하거나 대통령령으로 정하는 기한까지 사용하기로 결정한 재산
  4. 보존용재산 : 법령이나 그 밖의 필요에 따라 국가가 보존하는 재산 기출 25·23·21
③ "일반재산"이란 행정재산 외의 모든 국유재산을 말한다. 기출 18·16·14

① 국유재산법상 국유재산은 행정재산과 일반재산으로 구분되며, 행정재산에는 공용재산, 공공용재산, 기업용재산, 보존용재산이 포함된다. 행정재산은 민법 제245조에도 불구하고 시효취득의 대상이 되지 아니한다(국유재산법 제7조 제2항). 기출 25·19

② 공용재산은 국가가 직접 사무용·사업용 또는 공무원의 주거용으로 사용하거나 대통령령으로 정하는 기한까지 사용하기로 결정한 재산으로서 관공서의 청사, 학교, 병원 등이 이에 해당한다.

③ 공공용재산은 국가가 직접 공공용으로 사용하거나 대통령령으로 정하는 기한까지 사용하기로 결정한 재산으로 도로나 하천, 공원 등이 이에 해당한다(국유재산법 제6조 제2항 참조). 기출 17

④ 행정재산 외의 모든 국유재산을 일반재산이라고 하며 일반재산은 시효취득의 대상이 된다(국유재산법 제6조, 제7조). 기출 23

⑤ 국유재산의 취득
  ㉠ 총괄청이나 중앙관서의 장은 소유자 없는 부동산을 국유재산으로 취득한다(국유재산법 제12조 제1항). 기출 25
  ㉡ 사권(私權)이 설정된 재산은 그 사권이 소멸된 후가 아니면 국유재산으로 취득하지 못한다. 다만, 판결에 따라 취득하는 경우에는 그러하지 아니하다(국유재산법 제11조 제1항). 기출 25

(3) 국유재산법상 행정재산의 사용허가
① 행정재산의 사용허가는 제한된 범위 내에서만 인정된다(국유재산법 제30조 제1항). 기출 24

> **국유재산법 제30조(사용허가)**
> ① 중앙관서의 장은 다음 각 호의 범위에서만 행정재산의 사용허가를 할 수 있다.
>   1. 공용·공공용·기업용 재산 : 그 용도나 목적에 장애가 되지 아니하는 범위
>   2. 보존용재산 : 보존목적의 수행에 필요한 범위

② 행정재산의 사용허가기간은 5년 이내로 한다(국유재산법 제35조 제1항 본문). 기출 21

③ 중앙관서의 장은 행정재산의 사용허가를 받은 자가 다음 각 호의 어느 하나에 해당하면 그 허가를 취소하거나 철회할 수 있다(국유재산법 제36조 제1항).
  ㉠ 거짓 진술을 하거나 부실한 증명서류를 제시하거나 그 밖에 부정한 방법으로 사용허가를 받은 경우
  ㉡ 사용허가 받은 재산을 제30조 제2항을 위반하여 다른 사람에게 사용·수익하게 한 경우
  ㉢ 해당 재산의 보존을 게을리하였거나 그 사용목적을 위배한 경우
  ㉣ 납부기한까지 사용료를 납부하지 아니하거나 제32조 제2항 후단에 따른 보증금 예치나 이행보증조치를 하지 아니한 경우
  ㉤ 중앙관서의 장의 승인 없이 사용허가를 받은 재산의 원래 상태를 변경한 경우

④ 중앙관서의 장은 사용허가한 행정재산을 국가나 지방자치단체가 직접 공용이나 공공용으로 사용하기 위하여 필요하게 된 경우에는 그 허가를 철회할 수 있다(국유재산법 제36조 제2항). 기출 21

(4) 변상금 부과처분

① 변상금이란 사용허가나 대부계약 없이 국유재산을 사용·수익하거나 점유한 자(사용허가나 대부계약 기간이 끝난 후 다시 사용허가나 대부계약 없이 국유재산을 계속 사용·수익하거나 점유한 자를 포함한다. 이하 "무단점유자"라 한다)에게 부과하는 금액을 말한다(국유재산법 제2조 제9호). **기출 24**

② 중앙관서의 장등은 무단점유사용의 대상이 된 재산에 대한 사용료나 대부료의 100분의 120에 상당하는 변상금을 징수한다(국유재산법 제72조 제1항).

③ 국유재산(일반재산 포함)의 무단점유에 대한 변상금부과처분은 행정소송의 대상이 되는 행정처분이다(대판 1988.2.23. 87누1046).

④ 국유재산의 무단점유 등에 대한 변상금의 징수의 요건은 「국유재산법」제72조 제1항에 명백해 규정되어 있으므로 변상금을 징수할 것인가는 처분청의 재량을 허용하지 않는 기속행위이며(대판 2000.1.28. 97누4098), 변상금 연체료 부과처분 또한 기속행위에 해당한다(대판 2014.4.10. 2012두16787).

Ⅳ 공물의 성립

1. 공공용물의 성립

(1) 인공공물의 성립

1) 개 설

인공공물인 공공용물이 성립하기 위하여는 당해 물건이 일반 공중의 사용에 제공될 수 있는 형체적 요소를 갖추어야 하고(형체적 요소), 그 물건을 공공용물로서 일반 공중의 사용에 제공한다는 의사를 표시하는 공용개시행위(공용지정)가 있어야 한다(의사적 요건).

2) 형체적 요건

인공 공공용물의 성립에는 우선 인공을 가하여 일반 공중의 사용에 제공될 수 있는 구조 내지 형체적(실체적) 요소를 갖춘 물건을 만들어야 한다. 이러한 형체적 요소를 갖추지 못한 물건은 공물로 지정되더라도 예정공물에 지나지 않는다.

3) 의사적 요건(공용개시행위, 공용지정)

① 인공 공공용물이 성립하기 위하여는 형체적 요소를 갖춘 것만으로는 충분하지 않고 공용개시행위가 필요하다. 공용개시행위란 행정주체가 공공용물의 형체적 요소를 갖춘 물건을 일반 공중의 사용에 제공한다는 의사를 표시하는 행위이다.

② 도로, 공원과 같은 인공적 공공용재산은 법령에 의하여 지정되거나 행정처분으로써 공공용으로 사용하기로 결정한 경우, 또는 행정재산으로 실제로 사용하는 경우의 어느 하나에 해당하면 행정재산이 된다(대판 2014.11.27. 2014두10769).

> 도로는 도로로서의 형태를 갖추고 도로법에 따른 노선의 지정 또는 인정의 공고 및 도로구역 결정·고시를 한 때 또는 도시계획법 또는 도시재개발법에서 정한 절차를 거쳐 도로를 설치하였을 때에 공공용물로서 공용개시행위가 있으므로, 토지의 지목이 도로이고 국유재산대장에 등재되어 있다는 사정만으로 바로 토지가 도로로서 행정재산에 해당한다고 할 수는 없다. 이는 국유재산대장에 행정재산으로 등재되어 있다가 용도폐지된 바가 있더라도 마찬가지이다(대판 2016.5.12. 2015다255524). **기출 20**

4) 정당한 권원의 존재
① 공물의 관리주체는 공공용물로 제공되는 물건에 대한 정당한 권원(權原)을 취득하여야 한다. 정당한 권원(예 소유권, 임차권, 지상권 등) 없이 공용개시행위를 하고 공공용에 제공한 경우 당해 공용개시행위의 효력 및 이에 대한 권리구제 수단이 문제된다.
② 판례는 행정주체가 사인 소유의 토지를 권원 없이 도로로 점유하고 있는 경우 불법행위를 원인으로 한 손해배상청구나 부당이득반환청구는 인정하지만, 도로법 제4조의 규정상 소유권에 기한 반환청구는 인정하지 않는다(대판 1968.10.22. 68다1317; 대판 1989.1.24. 88다카6006).

(2) 자연공물의 성립

1) 공용개시행위의 요부
자연공물의 성립에도 형체적 요건은 갖추어야 한다. 그러나 자연공물의 성립에 공용개시행위(공용지정)가 필요 없다(대판 2007.6.1. 2005도7523).

> 국유 하천부지는 자연의 상태 그대로 공공용에 제공될 수 있는 실체를 갖추고 있는 이른바 자연공물로서 별도의 공용개시행위가 없더라도 행정재산이 되고 그 후 본래의 용도에 공여되지 않는 상태에 놓여 있더라도 국유재산법령에 의한 용도폐지를 하지 않은 이상 당연히 잡종재산으로 된다고는 할 수 없다(대판 2007.6.1. 2005도7523).

2) 정당한 권원의 요부
하천과 같은 자연공물은 그 성립에 공용개시행위가 필요하지 않고 자연적 상태에 의하여 당연히 성립하므로, 자연공물의 성립에 있어서는 정당한 권원의 취득을 요하지 않는다.

2. 공용물의 성립

공용물의 경우에도 명시적 또는 묵시적 공용지정이 필요하다고 보는 견해도 있으나, 공용물(公用物)은 일정한 물건이 공용(행정주체 자신의 사용)에 제공될 수 있는 실체를 갖추고 사실상 사용됨으로써 성립되고 그 성립에 공용개시행위가 필요하지 않다고 보는 것이 통설이다. 공용물은 행정주체 자신이 직접 사용하는 공물이므로 일반인에게 당해 물건의 공법적인 특성을 알리는 행위가 별도로 필요하지 않기 때문이다. 다만, 행정주체는 당해 물건에 대하여 정당한 권원을 가져야 한다.

3. 공적 보존물(보존공물)의 성립

공적 보존물(公的 保存物)의 성립에는 공적 보존물로 지정하는 법령의 규정에 의한 지정 또는 지정하는 의사표시(공용지정행위)가 필요하다. 공적 보존물의 지정은 물건 자체의 보존에 목적이 있으므로 그 물건에 관한 정당한 권원이나 본인의 동의를 요하지 않는다.

V 공물의 소멸

1. 공공용물의 소멸

(1) 인공공물의 소멸

1) 공용폐지행위

인공 공공공물은 공용폐지행위에 의해 소멸한다. 공용폐지행위란 공공용물을 일반 공중의 이용에 제공하는 것을 폐지하고자 하는 취지의 의사적 행위를 말한다. 공용폐지는 명시적 의사표시뿐만 아니라 묵시적 의사표시로도 가능하다(대판 1998.11.10. 98다42974).

2) 형체적 요소의 소멸

① 공용폐지행위 없이도 형체적 요소의 소멸만으로 인공 공공용물이 공물로서의 성질을 상실하는지가 문제된다. 자연력 또는 인공에 의해 그 형체적 요소가 파괴되었어도 그 회복이 가능하고, 일시적으로 공물로서의 목적을 달성하기 어려운 것에 불과한 경우에는 공물은 소멸되지 않는다. 그런데 형체적 요소의 소멸이 사회통념상 회복되기 불가능한 경우 인공 공공용물이 공용폐지행위 없이 소멸하는지에 관하여는 견해의 대립이 있다.

② 판례는 인공 공공용물인 구거(溝渠)[11]가 시장(市場) 부지로 20년 이상 사용되어 온 사안에서, "행정재산(구거)이 기능을 상실하여 본래의 용도에 제공되지 않은 상태에 있다 하더라도 용도폐지(공용폐지)가 되지 아니한 이상, 당연히 취득시효의 대상이 되는 잡종재산이 되는 것은 아니다."고 판시하여(대판 1998.11.10. 98다42974), 공용폐지행위가 필요하다는 입장이다.

(2) 자연공물의 소멸

① 자연공물이 자연 상태에 있어서 공물로서의 형체적 요소가 소멸된 경우 공물로서의 성질을 상실한다고 보는 것이 다수설의 입장이다.

② 그러나 판례는 자연공물의 소멸에 공용폐지의 의사표시가 있어야 한다는 입장이다. 즉, 자연공물도 공용폐지가 없는 한, 공물로서의 성질을 유지한다고 본다. 다만, 공용폐지는 묵시적으로도 가능하다고 본다. 이때 공물의 공용폐지에 관하여 국가의 묵시적인 의사표시가 있다고 인정되려면 공물이 사실상 본래의 용도에 사용되고 있지 않다거나 행정주체가 점유를 상실하였다는 정도의 사정만으로는 부족하고, 주위의 사정을 종합하여 객관적으로 공용폐지 의사의 존재가 추단될 수 있어야 한다(대판 2009.12.10. 2006다87538).

> - 공유수면은 소위 자연공물로서 그 자체가 직접 공공의 사용에 제공되는 것이므로 공유수면의 일부가 사실상 매립되어 대지화되었다고 하더라도 국가가 공유수면으로서의 공용폐지를 하지 아니하는 이상 법률상으로는 여전히 공유수면으로서의 성질을 보유하고 있다(대판 2013.6.13. 2012두2764). 기출 15
> - 국유 하천부지는 자연의 상태 그대로 공공용에 제공될 수 있는 실체를 갖추고 있는 이른바 자연공물로서 별도의 공용개시행위가 없더라도 행정재산이 되고 그 후 본래의 용도에 공여되지 않는 상태에 놓여 있더라도 국유재산법령에 의한 용도폐지를 하지 않은 이상 당연히 잡종재산(= 일반재산)으로 된다고는 할 수 없다(대판 2007.6.1. 2005도7523). 기출 13

---

[11] 구거(溝渠)란 '용수(用水) 또는 배수(排水)를 위하여 일정한 형태를 갖춘 인공적인 수로·둑 및 그 부속시설물의 부지와 자연의 유수(流水)가 있거나 있을 것으로 예상되는 소규모 수로부지'를 말하는데(공간정보의 구축 및 관리 등에 관한 법률 시행령 제58조 제18호), 구거는 인공 공공용물에 해당한다(대판 2007.6.1. 2005도7523).

> • 공용폐지의 의사표시는 명시적 의사표시뿐 아니라 묵시적 의사표시이어도 무방하나 적법한 의사표시이어야 하고, 행정재산이 본래의 용도에 제공되지 않는 상태에 놓여 있다는 사실만으로 관리청의 이에 대한 공용폐지의 의사표시가 있었다고 볼 수 없으며, 행정재산에 관하여 체결된 것이기 때문에 무효인 매매계약을 가지고 적법한 공용폐지의 의사표시가 있었다고 볼 수도 없다(대판 1996.5.28. 95다52383). 기출 20

2. 공용물의 소멸

① 공용물은 그 성립에 있어서 공용개시행위를 필요로 하지 않으므로 그 소멸에 있어서도 별도의 공용폐지행위를 필요로 하지 않는다는 것이 다수설의 입장이다. 다수설에 의하면 공용물은 행정주체가 사실상 그 사용을 폐지함으로써 공물로서의 성질을 상실한다.

② 그러나 판례는 공용물(예 교육청사 부지, 학교 관사)의 소멸에 있어서도 명시적 또는 묵시적 공용폐지행위가 필요하다는 입장이다(대판 1997.3.14. 96다43508; 대판 1999.7.23. 99다15924).

3. 공적 보존물(보존공물)의 소멸

공적 보존물은 지정해제의 의사표시로 소멸된다. 형체적 요소의 멸실은 공적 보존물의 소멸사유가 된다는 견해가 있으나, 지정해제사유에 불과하다고 보아야 한다. 형체적 요소의 멸실 후에도 공적 보존물이 복원될 수도 있고(예 숭례문의 소실 후 복원), 복원 여부의 결정시까지 공물법상의 제한을 유지할 필요가 있기 때문이다.

4. 공용폐지의 효과

공용폐지(公用廢止)가 되면 공물로서의 성질을 상실하고 그에 대한 공물법상의 제한이 소멸된다. 즉, 공용폐지된 물건은 사물(私物)로서 사법이 적용되고, 시효취득의 대상이 된다.

VI 공물의 법률적 특색

1. 공물에 대한 사권행사의 제한

① 공물에 대한 사권행사의 제한으로는 공물의 사적거래(융통성)의 제한과 공물의 사용·수익의 제한이 있다. 공물에 대한 사권행사의 제한은 공물의 목적을 달성시키기 위하여 필요한 한도 내에서만 인정된다. 따라서 공물의 사권행사의 제한은 공물의 종류에 따라 그 제한의 내용이나 정도가 다르다.

② 공물의 사권행사의 제한에 관한 규정으로는 「도로법」 제4조, 「하천법」 제4조 제2항, 「국유재산법」 제27조 및 제30조, 「공유재산 및 물품 관리법」 제19조 및 제20조 등이 있다.

③ 국유재산에는 사권을 설정하지 못한다. 다만, 일반재산에 대하여 대통령령으로 정하는 경우에는 그러하지 아니하다(국유재산법 제11조 제2항). 기출 21

> 행정재산은 사법상 거래의 대상이 되지 아니하는 불융통물이므로 비록 관재 당국이 이를 모르고 매각하였다 하더라도 그 매매는 당연무효라 아니할 수 없으며, 사인 간의 매매계약 역시 불융통물에 대한 매매로서 무효임을 면할 수 없다(대판 1995.11.14. 94다50922). 기출 20·15

④ 도로를 구성하는 부지, 옹벽, 그 밖의 시설물에 대해서는 사권(私權)을 행사할 수 없다. 다만, 소유권을 이전하거나 저당권을 설정하는 경우에는 사권을 행사할 수 있다(도로법 제4조). 기출 19
⑤ 관련 판례

> 지방자치단체가 법령상의 의무에 위반하여 국가가 관리하는 자연공물인 바닷가를 매립하고도 구 공유수면매립법 등에 의하여 집합구획하여 위치와 지목 등을 특정하고 국가에 소유권을 귀속시켜야 하는 바닷가 매립지에 관한 내용을 누락한 채 매립된 공유수면 전부를 자신 앞으로 소유권을 귀속시키는 내용의 위법한 준공인가신청을 하여 그와 같은 내용의 준공인가가 나게 함으로써 국가로 하여금 자연공물인 바닷가의 관리권을 상실하게 하고 집합구획한 바닷가 매립지에 관한 소유권을 취득하지 못하게 하는 한편, 자신은 위 준공인가일에 바닷가 매립지에 관한 소유권을 원시취득한 것은 자연공물인 바닷가의 관리권자이자 매립공사의 준공인가에 의하여 바닷가 매립지에 대한 소유권을 취득할 지위에 있는 국가에 대한 불법행위가 될 수 있다(대판 2014.5.29. 2011다35258). 기출 15

2. 공물에 대한 강제집행의 제한

① 사유공물에 대하여는 강제집행이 가능하나, 국유공물에 대하여는 강제집행은 불가능하다. 기출 19
② 민사집행법이 "국가에 대한 강제집행은 국고금을 압류함으로써 한다"라고 규정하고 있으므로(제192조), '국유'의 도로 및 하천의 경우에는 강제집행이 인정되지 않는다고 해석된다(다수설). 또한 국유재산법 제27조 및 공유재산 및 물품 관리법 제19조에 의하면 국·공유의 공물(행정재산)에 대하여는 원칙적으로 사권설정이 인정되지 않으므로 국·공유의 공물은 강제집행의 대상이 될 수 없고, 사유공물만이 강제집행의 대상이 된다.

3. 공물의 시효취득의 제한

① 행정재산은 민법 제245조에도 불구하고 시효취득의 대상이 되지 아니한다(국유재산법 제7조 제2항).
 기출 19·17·13
② 행정재산과 달리 일반재산(잡종재산)은 시효취득의 대상이 된다(국유재산법 제7조 제2항). 기출 21
③ 판례는 행정재산은 공용폐지가 없는 한 시효취득의 대상이 되지 않는다고 본다(대판 1994.9.13. 94다12579).

> • 행정재산은 공용이 폐지되지 않는 한 사법상의 거래의 대상이 될 수 없으므로 취득시효의 대상이 되지 않는다. 공용폐지의 의사표시는 명시적이든 묵시적이든 상관없으나 적법한 의사표시가 있어야 하고, 행정재산이 사실상 본래의 용도에 사용되지 않고 있다는 사실만으로 용도폐지의 의사표시가 있었다고 볼 수는 없다(대판 1994.9.13. 94다12579).
> • 공용폐지의 의사표시는 명시적이든 묵시적이든 상관없으나 적법한 의사표시가 있어야 하며, 행정재산이 사실상 본래의 용도에 사용되고 있지 않다는 사실만으로 공용폐지의 의사표시가 있었다고 볼 수 없고, 원래의 행정재산이 공용폐지되어 취득시효의 대상이 된다는 입증책임은 시효취득을 주장하는 자에게 있다(대판 1997.8.22. 96다10737). 기출 24·17
> • 구 지방재정법 제74조 제2항은 "공유재산은 민법 제245조의 규정에 불구하고 시효취득의 대상이 되지 아니한다. 다만, 잡종재산의 경우에는 그러하지 아니하다."라고 규정하고 있으므로, 구 지방재정법상 공유재산에 대한 취득시효가 완성되기 위하여는 그 공유재산이 취득시효기간 동안 계속하여 시효취득의 대상이 될 수 있는 잡종재산이어야 하고, 이러한 점에 대한 증명책임은 시효취득을 주장하는 자에게 있다(대판 2009.12.10. 2006다19177).

Ⅶ 공물의 사용관계

1. 공물의 일반사용(자유사용)

(1) 의 의

공물(공공용물)의 일반사용(자유사용)이란 특별한 요건을 충족할 필요 없이 공물을 자유로이 그 본래의 용법에 따라 사용하는 것을 말한다. 도로에서의 통행, 공원에서의 산책, 하천에서의 수영 등이 공물의 일반사용의 예이다. 공공용물의 특허사용(행정재산의 사용허가에 의한 사용)은 사용료 징수(납부)의 대상이 되지만(국유재산법 제32조 제1항), 공공용물의 일반사용은 사용료 징수(납부)의 대상이 아니다. 기출 24

(2) 인접주민의 고양된 일반사용권

공물의 인접주민은 다른 일반인보다 인접공물의 일반사용에 있어 특별한 이해관계를 가지는 경우가 있고, 그러한 의미에서 다른 사람에게 인정되지 아니하는 이른바 고양된 일반사용권이 보장될 수 있으며, 이러한 고양된 일반사용권이 침해된 경우 다른 개인과의 관계에서 민법상으로도 보호될 수 있으나, 그 권리도 공물의 일반사용의 범위 안에서 인정되는 것이므로, 특정인에게 어느 범위에서 이른바 고양된 일반사용권으로서의 권리가 인정될 수 있는지의 여부는 당해 공물의 목적과 효용, 일반사용관계, 고양된 일반사용권을 주장하는 사람의 법률상의 지위와 당해 공물의 사용관계의 인접성, 특수성 등을 종합적으로 고려하여 판단하여야 한다. 따라서 구체적으로 공물을 사용하지 않고 있는 이상 그 공물의 인접주민이라는 사정만으로는 공물에 대한 고양된 일반사용권이 인정될 수 없다(대판 2006.12.22. 2004다68311). 기출 24·14

(3) 권리 구제

공공용물에 관하여 적법한 개발행위 등이 이루어짐으로 말미암아 이에 대한 일정 범위의 사람들의 일반사용이 종전에 비하여 제한받게 되었다 하더라도 특별한 사정이 없는 한 그로 인한 불이익은 손실보상의 대상이 되는 특별한 손실에 해당한다고 할 수 없다(대판 2002.2.26. 99다35300). 기출 20·14

2. 공물의 특허사용

(1) 의 의

① 공물의 특허사용이란 공물사용권의 특허에 의한 공물의 사용을 말한다. 공물사용권의 특허란 일반인에게는 인정되지 않는 특별한 사용권을 특정인에게 창설하여 주는 행위를 말한다.
② 「도로법」에 의한 도로점용허가(제61조)와 「공유수면 관리 및 매립에 관한 법률」에 의한 공유수면의 점용·사용허가(제12조)는 공물의 특허사용의 예이다.
③ 공물의 특허사용은 일반사용의 범위를 넘어 공물을 계속적으로 사용하는 권리를 새롭게 창설하여 주는 점에서 일반적 금지를 해제하여 일시적으로 본래 일반사용에 속하는 유형의 사용을 할 수 있도록 하는 허가사용과 구별된다.

(2) 도로점용의 허가

도로법 제40조 제1항에 의한 도로점용은 일반공중의 교통에 사용되는 도로에 대하여 이러한 일반사용과는 별도로 도로의 특정부분을 유형적·고정적으로 특정한 목적을 위하여 사용하는 이른바 특별사용을 뜻하는 것이고, 이러한 도로점용의 허가는 특정인에게 일정한 내용의 공물사용권을 설정하는 설권행위로서, 공물관리자가 신청인의 적격성, 사용목적 및 공익상의 영향 등을 참작하여 허가를 할 것인지의 여부를 결정하는 재량행위이다(대판 2002.10.25. 2002두5795). 기출 17·15

(3) 하천의 점용허가

① 하천의 점용허가권은 특허에 의한 공물사용권의 일종으로서 하천의 관리주체에 대하여 일정한 특별사용을 청구할 수 있는 채권에 지나지 아니하고 대세적 효력이 있는 물권이라 할 수 없다(대판 2015.1.29. 2012두27404). 기출 24·20·15

② 하천부지 점용허가 여부는 관리청의 재량에 속하고 재량행위에 있어서는 법령상의 근거가 없어도 부관을 붙일 것인가의 여부는 당해 행정청의 재량에 속하며, 또한 구 하천법 제33조 단서가 하천의 점용허가에는 하천의 오염으로 인한 공해 기타 보건위생상 위해를 방지함에 필요한 부관을 붙이도록 규정하고 있으므로, 하천부지 점용허가의 성질의 면으로 보나 법 규정으로 보나 부관을 붙일 수 있음은 명백하다(대판 2008.7.24. 2007두25930). 기출 14

③ 하천부지의 점용허가를 받은 사람은 그 하천부지를 권원 없이 점유·사용하는 자에 대하여 직접 부당이득의 반환 등을 구할 수 있다(대판 1994.9.9. 94다4592). 기출 14

3. 행정재산의 목적외 사용

(1) 의 의

행정재산은 그 목적에 장해가 되지 않는 한 행정재산의 목적외(目的外)로 사용 또는 수익되는 것으로 할 수 있는데, 이를 행정재산의 목적외 사용이라 한다. 관공서 청사의 일부를 사인에게 식당이나 매점을 경영하도록 하는 사용허가를 예로 들 수 있다.

(2) 법적 근거

① 행정재산의 목적외 사용에 관한 일반법으로 「국유재산법」과 「공유재산 및 물품 관리법」이 있다. 행정재산 중에서도 하천, 도로, 공원, 공유수면 등의 목적외 사용에 대하여는 각각 「하천법」, 「도로법」, 「도시공원 및 녹지 등에 관한 법률」, 「공유수면 관리 및 매립에 관한 법률」 등에서 특별히 규정하고 있다.

② 행정재산의 목적외 사용은 법률의 근거가 없는 경우에도 계약에 의해 행해질 수 있다. 이 경우 행정재산의 목적외 사용관계는 당해 계약이 공법상 계약인가 아니면 사법상 계약인가에 따라 공법관계 또는 사법관계이다.

(3) 행정재산의 목적외 사용허가의 성질

① 판례는 행정재산의 목적외 사용·수익허가를 행정처분(특허)으로 본다(대판 1998.2.27. 97누1105). 그 행정재산이 기부채납받은 재산이라 하더라도 그에 대한 사용·수익허가의 성질은 마찬가지로 행정처분이라고 한다(대판 2001.6.15. 99두509).

> • 공유재산의 관리청이 행정재산의 사용·수익에 대한 허가는 순전히 사경제주체로서 행하는 사법상의 행위가 아니라 관리청이 공권력을 가진 우월적 지위에서 행하는 행정처분으로서 특정인에게 행정재산을 사용할 수 있는 권리를 설정하여 주는 강학상 특허에 해당한다(대판 1998.2.27. 97누1105). 기출 19·13
> • [1] 국유재산 등의 관리청이 하는 행정재산의 사용·수익에 대한 허가는 순전히 사경제주체로서 행하는 사법상의 행위가 아니라 관리청이 공권력을 가진 우월적 지위에서 행하는 행정처분으로서 특정인에게 행정재산을 사용할 수 있는 권리를 설정하여 주는 강학상 특허에 해당한다.
> [2] 국립의료원 부설 주차장에 관한 위탁관리용역운영계약의 실질은 행정재산에 대한 국유재산법 제24조 제1항의 사용·수익 허가임을 이유로, 민사소송으로 제기된 위 계약에 따른 가산금지급채무의 부존재확인청구에 관하여 본안 판단을 한 원심판결을 파기하고, 소를 각하한 사례(대판 2006.3.9. 2004다31074).

② 판례는 국유재산의 관리청이 행정재산의 사용·수익을 허가한 다음 그 사용·수익하는 자에 대하여 하는 사용료 부과도 항고소송의 대상이 되는 행정처분이라 보고 있다(대판 1996.2.13. 95누11023).

> 국유재산의 관리청이 행정재산의 사용·수익을 허가한 다음 그 사용·수익하는 자에 대하여 하는 사용료 부과는 순전히 사경제주체로서 행하는 사법상의 이행청구라 할 수 없고, 이는 관리청이 공권력을 가진 우월적 지위에서 행한 것으로서 항고소송의 대상이 되는 행정처분이라 할 것이다(대판 1996.2.13. 95누11023). 기출 14

제3절 공용부담법

I 공용부담의 의의 및 종류

1. 공용부담의 의의

공용부담이란 공공복리를 적극적으로 증진하기 위하여 개인에게 부과되는 공법상의 경제적 부담을 말하며, 이는 강제적인 부담이기 때문에 그의 부과는 반드시 법률의 근거가 있어야 한다. 기출 15

2. 공용부담의 분류

인적 공용부담	• 인적 공용부담은 사람에 대하여 일정한 공공복리를 증진하기 위하여 일정한 작위, 부작위 또는 급부의무를 부과하는 것을 말한다. • 인적 공용부담은 그 내용에 따라 금전급부의무인 부담금, 노역 또는 물품과 금전의 선택적 급부의무인 부역·현품부담, 노역 또는 물품의 급부의무인 노역·물품부담, 일정한 공사·시설을 완성할 의무인 시설부담, 부작위의무인 부작위부담이 있다.
물적 공용부담	• 물적 공용부담은 일정한 공공복리를 증진을 위하여 권리(재산권)에 대하여 일정한 제한, 수용 또는 교환의 제약을 가하는 것을 말한다. • 물적 공용부담으로 공용제한, 공용사용, 공용수용, 공용환지·공용환권이 있다.

Ⅱ 공용제한·공용사용

공용제한	• 공공필요를 위하여 재산권에 대하여 가해지는 공법상의 제한을 말한다. • 공용제한은 재산권에 대한 제한을 내용으로 하므로 <u>법률에 근거가 있어야</u> 한다(헌법 제37조 제2항). • 공용제한이 재산권에 내재하는 <u>사회적 제약에 불과한 경우</u> 재산권자가 이를 감수하여야 하지만(헌법 제1항·제2항), <u>특별희생에 해당하는</u> 경우 재산권자는 손실보상을 청구할 수 있다(헌법 제23조 제3항).
공용사용	• 공공필요를 위하여 특정인의 토지 등 재산을 강제로 사용하는 것을 말한다. • 공용사용도 재산권에 대한 제한이므로 <u>법률에 근거가 있어야</u> 한다(헌법 제37조 제2항). • 토지보상법은 <u>공익사업을 위한 공용사용의 일반적 근거규정</u>을 두고 있다(토지보상법 제19조, 제38조). • 토지보상법은 "공익사업에 필요한 토지등의 취득 또는 사용으로 인하여 토지소유자나 관계인이 입은 손실은 사업시행자가 보상하여야 한다"라고 규정하고 있고(제61조), <u>공용사용으로 인한 보상기준</u>에 관하여도 정하고 있다(제71조, 제72조).

Ⅲ 공용수용

1. 개 설

(1) 공용수용의 의의

① 공용수용이란 공익사업을 시행하기 위하여 공익사업의 주체가 타인의 토지 등을 강제적으로 취득하고 그로 인한 손실을 보상하는 물적 공용부담제도를 말한다.

② 공용수용은 <u>공공의 필요가 있는 경우</u>에 한하여 인정되며 <u>법률에 근거가 있어야</u> 한다. 또한, 공용수용에 대하여는 보상을 해야 한다(헌법 제23조 제3항).

③ 공용수용은 공익사업을 위하여 타인의 특정한 재산권을 법률의 힘에 의하여 강제적으로 취득하는 것이므로 <u>수용할 목적물의 범위는 원칙적으로 사업을 위하여 필요한 최소한도에 그쳐야 한다</u>(대판 2005.11.10. 2003두7507). 기출 15

(2) 협의취득과의 구별

① 공익사업을 위한 토지의 취득에는 토지 등의 소유자의 의사에 반하는 강제취득인 공용수용 이외에 공용수용의 주체와 토지 등의 소유자 사이의 협의에 의한 취득이 가능하다. 토지보상법은 협의취득을 공식적인 법제도로 규정하고 있다.

② <u>공용수용절차 개시(사업인정) 이전의 협의취득절차는 의무적인 절차는 아니며</u> 공익사업의 주체가 이 절차를 거칠 것인지 여부를 결정한다. 공익사업의 주체는 협의에 의해 취득되지 못한 토지 등에 한하여 공용수용절차를 개시할 수 있다.

③ 토지 등의 협의에 의한 취득절차는 다음과 같다.

> **협의취득절차**
> ① 토지조서 및 물건조서의 작성(제14조) → ② 보상계획의 공고·통지 및 열람(제15조) → ③ 협의(제16조) → ④ 계약의 체결(제17조)

④ 공익사업을 위한 토지 등의 취득 및 보상에 관한 법령에 의한 <u>협의취득은 사법상의 법률행위이므로 당사자 사이의 자유로운 의사에 따라 채무불이행책임이나 매매대금 과부족금에 대한 지급의무를 약정할 수 있다</u>(대판 2012.2.23. 2010다91206). 기출 15

2. 공용수용의 근거

공용수용은 재산권을 침해하는 행위이므로 법률에 근거가 있어야 한다(헌법 제37조 제2항 및 제23조 제3항). 엄밀히 말하면 현행법상 공용수용에 관한 일반법은 없다. 「토지보상법」은 상당히 포괄적으로 공익사업을 위한 토지수용을 정하고 있어 토지수용에 관한 일반법에 준하는 성격을 가지고 있다. 토지보상법 이외에도 「도로법」, 「하천법」 등 개별법에서 공용수용의 근거를 두고 있다.

3. 공용수용절차

> **□ 공용수용절차**
> ① 사업인정(제20조) → ② 토지조서 및 물건조서의 작성(제26조) → ③ 보상계획의 공고·통지 및 열람(제26조) → ④ 협의(제26조) → ⑤ 협의 불성립 시 재결 신청(제28조) → ⑥ 수용재결(제34조)

(1) 사업인정

1) 의의

사업인정이란 공익사업을 토지 등을 수용 또는 사용할 사업으로 결정하는 것으로서 공익사업의 시행자에게 그 후 일정한 절차를 거칠 것을 조건으로 일정한 내용의 수용권을 설정하여 주는 형성행위이다(대판 2011.1.27. 2009두1051). 기출 18

2) 법적 성질

① 사업인정은 그 후 일정한 절차를 거칠 것을 조건으로 하여 사업시행자에게 일정한 내용의 수용권을 설정해 주는 행정처분으로서(대판 1994.11.11. 93누19375), 이에 따라 수용할 목적물의 범위가 확정되고, 수용권자가 목적물에 대한 현재 및 장래의 권리자에게 대항할 수 있는 공법상 권한이 생긴다(대판 2019.12.12. 2019두47629). 기출 24

② 토지수용을 위한 사업인정은 단순한 확인행위가 아니라 형성행위이고 당해 사업이 비록 토지를 수용할 수 있는 사업에 해당된다 하더라도 행정청으로서는 그 사업이 공용수용을 할 만한 공익성이 있는지의 여부를 모든 사정을 참작하여 구체적으로 판단하여야 하는 것이므로 사업인정의 여부는 행정청의 재량에 속한다(대판 1992.11.13. 92누596).

3) 사업인정의 요건

① **사업인정의 대상이 되는 공익사업** : 토지보상법은 사업인정의 대상이 되는 공익사업을 한정적으로 열거하고 있다(토지보상법 제4조, 제4조의2). 공용수용이 허용될 수 있는 공익성을 가진 사업, 즉 공익사업의 범위는 사업시행자와 토지소유자 등의 이해가 상반되는 중요한 사항으로서, 공용수용에 대한 법률유보의 원칙에 따라 법률에서 명확히 규정되어야 한다. 공공의 이익에 도움이 되는 사업이라도 '공익사업'으로 실정법에 열거되어 있지 않은 사업은 공용수용이 허용될 수 없다(헌재 2014.10.30. 2011헌바172 등).

② **공공필요성** : 법이 공익사업을 열거하고 있더라도, 이는 공공성 유무를 판단하는 일응의 기준을 제시한 것에 불과하므로, 사업인정의 단계에서 개별적·구체적으로 공공성에 관한 심사를 하여야 한다(헌재 2014.10.30. 2011헌바172 등).

③ **비례성(정당한 이익형량)**: 사업인정이란 공익사업을 토지 등을 수용 또는 사용할 사업으로 결정하는 것으로서 공익사업의 시행자에게 그 후 일정한 절차를 거칠 것을 조건으로 일정한 내용의 수용권을 설정하여 주는 형성행위이므로, 해당 사업이 외형상 토지 등을 수용 또는 사용할 수 있는 사업에 해당한다고 하더라도 사업인정기관으로서는 그 사업이 공용수용을 할 만한 공익성이 있는지의 여부와 공익성이 있는 경우에도 그 사업의 내용과 방법에 관하여 사업인정에 관련된 자들의 이익을 공익과 사익 사이에서는 물론, 공익 상호 간 및 사익 상호 간에도 정당하게 비교·교량하여야 하고, 그 비교·교량은 비례의 원칙에 적합하도록 하여야 한다(대판 2011.1.27, 2009두1051).

④ **공익사업을 수행할 의사와 능력**: 해당 공익사업을 수행하여 공익을 실현할 의사나 능력이 없는 자에게 타인의 재산권을 공권력적·강제적으로 박탈할 수 있는 수용권을 설정하여 줄 수는 없으므로, 사업시행자에게 해당 공익사업을 수행할 의사와 능력이 있어야 한다는 것도 사업인정의 한 요건이라고 보아야 한다(대판 2011.1.27, 2009두1051). 기출 18

4) 사업인정의 효과

① 사업인정은 <u>고시한 날부터 그 효력이 발생한다</u>(토지보상법 제22조 제3항). 기출 24·18
② 사업인정고시가 된 후 권리의 변동이 있을 때에는 그 권리를 승계한 자가 보상금 또는 공탁금을 받는다(토지보상법 제40조 제3항). 기출 15
③ 사업시행자가 사업인정의 고시가 된 날부터 1년 이내에 재결신청을 하지 아니하거나, 사업인정고시가 된 후 사업의 전부 또는 일부를 폐지하거나 변경함으로 인하여 토지수용이 필요 없게 된 경우에는 <u>사업인정이 실효된다</u>(토지보상법 제23조, 제24조). 기출 18

(2) 협 의

1) 협의제도의 의의

① 공용수용절차 개시(사업인정) 이후의 협의는 수용재결신청 전에 사업시행자로 하여금 수용대상 토지에 관하여 권리를 취득하거나 소멸시키기 위하여 토지소유자 및 관계인과 교섭하도록 하는 절차를 말한다.
② 「토지보상법」은 사업인정 이후의 협의절차를 필요적 절차로 규정하고 있다(토지보상법 제26조 제1항). 그러나 사업인정 이전의 협의취득절차를 거친 경우에는 공용수용절차에서 협의절차를 거치지 아니할 수 있다. 다만, 사업시행자나 토지소유자 및 관계인이 제16조에 따른 협의를 요구할 때에는 협의하여야 한다(토지보상법 제26조). 다만, 협의 후 토지소유자 및 관계인과 합의에 도달하여야 하는 것은 아니다(토지보상법 제28조 제1항).

2) 협의에 의한 보상합의

① 사업시행자와 토지소유자 및 관계인 사이의 협의 결과 합의(合意)에 도달하는 경우가 있다. 이 보상합의(협의취득)의 법적 성질에 관하여 공법상 계약설과 사법상 계약설이 대립하고 있다.
② 과거 공용수용은 「토지수용법」에서 규율하고 있었는데, 판례는 <u>사업인정고시 후의 협의취득에 해당하는 「토지수용법」상 협의취득을 사법상 계약으로 보았었다</u>(대판 1996.2.13, 95다3510). 그리고 현행 토지보상법(공익사업법)상의 협의취득(보상합의)에 대하여도 "공익사업법에 의한 보상합의는 공공기관이 사경제주체로서 행하는 사법상 계약의 실질을 가지는 것"이라고 판시하여(대판 2013.8.22, 2012다3517), <u>사법상 계약설</u>의 입장이다.
③ 토지보상법상 '협의취득'의 성격은 사법상 매매계약이므로 그 이행으로 인한 <u>사업시행자의 소유권 취득도 승계취득</u>이다(대판 1996.2.13, 95다3510; 대판 2018.12.13, 2016두51719).

3) 협의성립의 확인
① 사업시행자와 토지소유자 및 관계인 간에 협의가 성립되었을 때에는 사업시행자는 재결의 신청 기간 이내에 해당 토지소유자 및 관계인의 동의를 받아 관할 토지수용위원회에 협의성립의 확인을 신청할 수 있고, 토지수용위원회는 협의성립을 확인하고, 이 확인으로 협의성립이 확인된다(토지보상법 제29조 제1항·제2항). 여기서 협의 성립의 확인 신청에 필요한 동의의 주체인 토지소유자는 협의 대상이 되는 '토지의 진정한 소유자'를 의미한다(대판 2018.12.13. 2016두51719).
② 사업시행자가 협의가 성립된 토지의 소재지·지번·지목 및 면적 등 대통령령으로 정하는 사항에 대하여 「공증인법」에 따른 공증을 받아 제1항에 따른 협의 성립의 확인을 신청하였을 때에는 관할 토지수용위원회가 이를 수리함으로써 협의 성립이 확인된 것으로 본다(토지보상법 제29조 제4항).
③ 협의성립의 확인은 토지수용위원회의 재결로 보며, 사업시행자·토지 소유자 및 관계인은 그 확인된 협의의 성립이나 내용을 다툴 수 없다(토지보상법 제29조 제4항).

> 토지보상법 제29조 제3항에 따른 신청이 수리됨으로써 협의 성립의 확인이 있었던 것으로 간주되면, 토지보상법 제29조 제4항에 따라 그에 관한 재결이 있었던 것으로 재차 의제되고, 그에 따라 사업시행자는 확인대상 토지를 수용재결의 경우와 동일하게 원시취득하는 효과를 누리게 된다(대판 2018.12.13. 2016두51719).

(3) 수용재결

1) 재결의 의의와 성질
① 토지수용위원회의 수용재결은 사업시행자로 하여금 토지 또는 토지의 사용권을 취득하도록 하고 사업시행자가 지급하여야 하는 손실보상액을 정하는 결정을 말한다.
② 수용재결은 일정한 법적 효과를 가져오는 처분으로서 행정행위의 성질을 가진다. 수용재결은 행정심판의 재결이 아니라 원행정행위이지만, 사법절차에 준하는 절차에 따라 행해지므로 불가변력이 인정된다.

기출 24

2) 재결의 신청
① 토지수용위원회에 재결을 신청할 수 있는 자는 사업시행자에 한정된다(토지보상법 제28조 제1항, 제30조).
② 토지소유자와 관계인은 대통령령으로 정하는 바에 따라 서면으로 사업시행자에게 재결을 신청할 것을 청구할 수 있다(토지보상법 제30조 제1항).

3) 재결사항
① 토지수용위원회의 재결사항은 ㉠ 수용하거나 사용할 토지의 구역 및 사용방법, ㉡ 손실의 보상, ㉢ 수용 또는 사용의 개시일과 기간, ㉣ 그 밖에 토지보상법 및 다른 법률에서 규정한 사항(토지보상법 제50조 제1항)이다.
② 토지수용위원회는 사업시행자, 토지소유자 또는 관계인이 신청한 범위에서 재결하여야 한다. 다만, 손실보상의 경우에는 증액재결을 할 수 있다(토지보상법 제50조 제2항).

4) 수용재결의 효과

① **권리취득의 효과(원시취득)** : 재결의 효과로서 일정한 조건하에 사업시행자의 권리취득의 효과가 발생한다. 즉, 사업시행자는 '재결시'가 아니라 '수용의 개시일'에 토지나 물건의 소유권을 취득하며, 그 토지나 물건에 관한 다른 권리는 이와 동시에 소멸한다(토지보상법 제45조 제1항). 여기에서 '수용의 개시일'이란 토지수용위원회가 재결로 정한 수용의 효과가 발생하는 날을 말한다. 수용에 의한 사업시행자의 권리취득은 토지소유자와 사업시행자 사이의 법률행위에 의한 승계취득이 아니라, 법률의 규정에 의한 원시취득이다. 수용의 개시일까지 보상금을 지급하거나 공탁하지 않으면 재결은 실효되므로 보상금의 지급 또는 공탁이 있어야 한다. 기출 24

② **손실보상청구권** : 토지보상법에 명문의 규정은 없지만 재결의 효과로서 피수용자인 토지소유자 및 관계인은 손실보상청구권을 취득한다. 사업시행자는 천재·지변시의 토지의 사용 또는 시급을 요하는 토지의 사용의 경우를 제외하고는 수용 또는 사용의 개시일(토지수용위원회가 재결로써 결정한 수용 또는 사용을 개시하는 날을 말한다)까지 관할 토지수용위원회가 재결한 보상금을 지급하여야 한다(토지보상법 제40조 제1항).

(4) 사업인정과 수용재결의 관계

1) 수용재결에 대한 취소쟁송의 제기와 사업인정에 대한 취소소송의 소의 이익

사업인정과 수용재결은 행위의 요건과 효과가 다르므로 각 소송에서 주장되는 위법사유가 다를 것이므로 수용재결에 대한 취소소송이 제기되었다고 하더라도 사업인정의 취소를 구할 소의 이익은 소멸하지 않는다.

2) 하자의 승계

사업인정처분 자체의 위법은 사업인정단계에서 다투어야 하고 이미 그 쟁송기간이 도과한 수용재결단계에서는 사업인정처분이 당연무효라고 볼만한 특단의 사정이 없는 한 그 위법을 이유로 (수용)재결의 취소를 구할 수는 없다(대판 1992.3.13. 91누4324). 기출 24·18

(5) 수용재결에 대한 불복방법

1) 이의신청

① 지방토지수용위원회의 재결에 대하여 이의가 있는 자는 중앙토지수용위원회에 이의신청을 할 수 있다(토지보상법 제83조). 이의신청은 준사법적 절차로서 행정심판(특별행정심판)의 성질을 가지므로, 「토지보상법」의 이의신청에 관한 규정은 행정심판법에 대한 특별규정이다.

> 토지수용위원회의 수용재결에 대한 이의절차는 실질적으로 행정심판의 성질을 갖는 것이므로 토지수용법(현행 토지보상법)에 특별한 규정이 있는 것을 제외하고는 행정심판법의 규정이 적용된다고 할 것이다(대판 1992.6.9. 92누565). 기출 14

② 이러한 이의신청은 임의적 절차이므로 토지소유자·관계인 또는 사업시행자는 이의신청을 하지 않고 바로 행정소송을 제기할 수도 있다.

2) 행정소송

행정소송에는 항고소송(토지보상법 제85조 제1항)과 보상금증감청구소송(토지보상법 제85조 제2항)이 있다(자세한 내용은 '행정상 손실보상' 부분을 참조).

4. 환매권

① 환매권이란 공익사업을 위해 취득(협의취득 또는 수용)된 토지가 해당 사업에 필요 없게 되거나 일정기간 동안 당해 사업에 이용되지 않는 경우에 원소유자 등이 일정한 요건 하에 당해 토지를 회복할 수 있는 권리를 말한다.
② 공용수용된 토지 등에 대한 환매권은 헌법상의 재산권 보장으로부터 도출되는 것으로서 헌법이 보장하는 재산권의 내용에 포함되는 권리이다(헌재 1995.10.26. 95헌바22). **기출 15**
③ 환매권의 법적 성질에 관하여 공권설(다수설)과 사권설의 견해대립이 있으나, 판례는 사권설의 입장이다 (대판 1992.4.24. 92다4673).

제4절 기타 특별행정작용법

제1관 | 개발행정법

I 토지거래허가제

1. 의의

토지거래는 본래 사적자치의 원칙에 따라 토지소유자의 자유에 속한다. 그러나 토지의 지가가 급격히 상승하는 지역에 토지투기가 행해짐으로써 당해 지역뿐만 아니라 그 이외의 지역에서도 토지거래질서가 왜곡되는 문제가 발생하므로 「부동산 거래신고 등에 관한 법률」은 예외적으로 토지거래허가제를 도입하고 있다.

2. 토지거래허가제가 실시되는 지역(허가구역)

토지거래에 있어 허가를 받도록 하는 것은 허가구역으로 지정된 지역에 한한다. 구 「국토의 계획 및 이용에 관한 법률」(현행 「부동산 거래신고 등에 관한 법률」) 소정의 토지거래허가구역의 지정은 행정처분에 해당한다(대판 2006.12.22. 2006두12883).

3. 토지거래허가의 법적 성질

(1) 인가인지 허가인지 여부

토지거래허가의 법적 성질에 관하여, 강학상 인가인지 아니면 강학상 허가인지 견해의 대립이 있는데, 판례는 토지거래허가를 강학상 인가로 본다.

> 토지거래허가가 규제지역 내의 모든 국민에게 전반적으로 토지거래의 자유를 금지하고 일정한 요건을 갖춘 경우에만 금지를 해제하여 계약체결의 자유를 회복시켜 주는 성질의 것이라고 보는 것은 위 법의 입법취지를 넘어선 지나친 해석이라고 할 것이고, 규제지역 내에서도 토지거래의 자유가 인정되나 다만 위 허가는 허가 전의 유동적 무효 상태에 있는 법률행위의 효력을 완성시켜 주는 인가적 성질을 띤 것이라고 보는 것이 타당하다(대판 1991.12.24. 90다12243[전합]).

(2) 기속행위

토지거래는 자유롭게 할 수 있는 것이 원칙이고, 토지거래허가의 거부는 토지거래의 자유라는 중대한 기본권을 제한하는 것이므로 토지거래허가는 기속행위로 보아야 한다(대판 1997.6.27. 96누9362).

Ⅱ 공시지가제

1. 의 의

① 공시지가제란 토지의 적정가격을 국가가 공시하고, 토지의 가격을 기초로 하여 행하는 행정에서 공시된 지가를 지가산정의 기준이 되도록 하는 제도를 말한다.
② 공시지가란 국가에 의해 공시된 토지의 가격을 말한다. 공시지가를 넓은 의미로 사용할 때에는 표준지공시지가와 개별공시지가를 포함하지만, 좁은 의미로 사용할 때에는 표준지공시지가를 의미한다. 통상 공시지가라 하면 표준지공시지가를 말한다.

2. 표준지공시지가

(1) 의 의

① 표준지공시지가란 「부동산 가격공시에 관한 법률」(약칭 : 부동산공시법)의 규정에 의한 절차에 따라 국토교통부장관이 조사·평가하여 공시한 표준지의 단위면적당 가격을 말한다(부동산 공시법 제3조).
② 표준지공시지가는 표준지의 매년 공시기준일(원칙적으로 1월 1일) 현재의 적정가격을 말하는데(부동산 공시법 제4조 제1항), '적정가격'이란 해당 토지에 대하여 통상적인 시장에서 정상적인 거래가 이루어지는 경우 성립될 가능성이 가장 높다고 인정되는 가격을 말한다(부동산 공시법 제2조 제5호).
③ 표준지공시지가는 토지수용에 대한 보상금 산정의 기준이 된다(부동산 공시법 제9조). 기출 16

(2) 법적 성질

판례는 표준지공시지가의 처분성을 인정하고 있다(대판 1994.3.8. 93누10828).

> 표준지로 선정되어 공시지가가 공시된 토지의 공시지가에 대하여 불복을 하기 위하여는 … 처분청인 건설부장관을 피고로 하여 위 공시지가 결정의 취소를 구하는 행정소송을 제기하여야 한다(대판 1994.3.8. 93누10828).

(3) 표준지공시지가에 대한 이의신청

표준지공시지가에 이의가 있는 자는 그 공시일부터 30일 이내에 서면(전자문서를 포함)으로 국토교통부장관에게 이의를 신청할 수 있다(부동산 공시법 제7조 제1항). 기출 16

3. 개별공시지가

(1) 의 의

시장・군수 또는 구청장은 국세・지방세 등 각종 세금의 부과, 그 밖의 다른 법령에서 정하는 목적을 위한 지가산정에 사용되도록 하기 위하여 시・군・구부동산가격공시위원회의 심의를 거쳐 매년 공시지가의 공시기준일 현재 관할 구역 안의 개별토지의 단위면적당 가격을 결정・공시하고, 이를 관계 행정기관 등에 제공하여야 한다(부동산 공시법 제10조 제1항). 여기서 '개별토지의 단위면적당 가격'을 개별공시지가라 한다. 기출 16

(2) 법적 성질

판례는 개별공시지가의 처분성을 인정하고 있다(대판 1993.6.11. 92누16706).

> 시장, 군수 또는 구청장의 개별토지가격결정은 관계법령에 의한 토지초과이득세, 택지초과소유부담금 또는 개발부담금 산정의 기준이 되어 국민의 권리나 의무 또는 법률상 이익에 직접적으로 관계되는 것으로서 행정소송법 제2조 제1항 제1호 소정의 행정청이 행하는 구체적 사실에 관한 법집행으로서 공권력행사이므로 항고소송의 대상이 되는 행정처분에 해당한다(대판 1993.6.11. 92누16706).

(3) 개별공시지가결정에 대한 이의신청

① 현행 「부동산 가격공시에 관한 법률」은 개별공시지가에 대한 이의신청제도를 두고 있다(부동산 공시법 제11조 제1항). 여기에서의 이의신청은 준사법적 절차라고 보기 어려우므로 행정심판의 성질을 갖지 않는다.
② 개별공시지가에 이의가 있는 자는 그 결정・공시일부터 30일 이내에 서면으로 시장・군수 또는 구청장에게 이의를 신청할 수 있다(부동산 공시법 제11조 제1항). 기출 16

(4) 하자의 승계

1) 표준지공시지가와 개별공시지가 사이 : 부정

판례는 표준지공시지가와 개별공시지가 사이의 하자의 승계를 부정한다(대판 1998.3.24. 96누6851).

2) 표준지공시지가결정과 토지수용재결 사이 : 긍정

판례는 "표준지공시지가결정은 이를 기초로 한 수용재결 등과는 별개의 독립된 처분으로서 서로 독립하여 별개의 법률효과를 목적으로 하지만, 표준지공시지가결정이 위법한 경우에는 수용보상금의 증액을 구하는 소송에서도 선행처분으로서 그 수용대상 토지 가격 산정의 기초가 된 비교표준지공시지가결정의 위법을 독립한 사유로 주장할 수 있다."고 판시하여, 표준지공시지가결정과 토지수용재결 사이의 하자의 승계를 긍정하였다(대판 2008.8.21. 2007두13845). 기출 16

3) 개별공시지가결정과 과세처분 사이의 하자의 승계 : 긍정

판례는 "개별공시지가결정은 이를 기초로 한 과세처분 등과는 별개의 독립된 처분으로서 서로 독립하여 별개의 법률효과를 목적으로 하는 것이나, 과세처분 등 행정처분의 취소를 구하는 행정소송에서도 선행처분인 개별공시지가결정의 위법을 독립된 위법사유로 주장할 수 있다."고 판시하여, 개별공시지가결정(결정이 통지되지 않은 경우)과 과세처분 사이의 하자의 승계를 긍정한다(대판 1994.1.25. 93누8542).

제2관 | 재무행정법

I 국가재정법

1. 국가의 회계

(1) 회계의 구분

① 국가의 회계는 일반회계와 특별회계로 구분한다(국가재정법 제4조 제1항). 기출 25
② 일반회계는 조세수입 등을 주요 세입으로 하여 국가의 일반적인 세출에 충당하기 위하여 설치한다(국가재정법 제4조 제2항).
③ 특별회계는 국가에서 특정한 사업을 운영하고자 할 때, 특정한 자금을 보유하여 운용하고자 할 때, 특정한 세입으로 특정한 세출에 충당함으로써 일반회계와 구분하여 회계처리할 필요가 있을 때에 법률로써 설치하되, [별표 1]에 규정된 법률에 의하지 아니하고는 이를 설치할 수 없다(국가재정법 제4조 제3항).

(2) 회계연도 독립의 원칙

① 국가의 회계연도는 매년 1월 1일에 시작하여 12월 31일에 종료한다(국가재정법 제2조).
② 회계연도 독립의 원칙 : 각 회계연도의 경비는 그 연도의 세입 또는 수입으로 충당하여야 한다(국가재정법 제3조). 기출 25

(3) 기금의 설치

① 기금은 국가가 특정한 목적을 위하여 특정한 자금을 신축적으로 운용할 필요가 있을 때에 한정하여 법률로써 설치하되, 정부의 출연금 또는 법률에 따른 민간부담금을 재원으로 하는 기금은 [별표 2]에 규정된 법률에 의하지 아니하고는 이를 설치할 수 없다(국가재정법 제5조 제1항).
② 국가재정법 제5조 제1항의 규정에 따른 기금은 세입세출예산에 의하지 아니하고 운용할 수 있다(국가재정법 제5조 제2항).
③ 예산, 결산 및 기금에 관한 사무는 기획재정부장관이 관장한다(국가재정법 제11조 제1항). 기출 25

2. 예 산

(1) 국가재정법 제16조의 예산의 원칙

> **국가재정법 제16조(예산의 원칙)**
> 정부는 예산을 편성하거나 집행할 때 다음 각 호의 원칙을 준수하여야 한다.
> 1. 정부는 재정건전성의 확보를 위하여 최선을 다하여야 한다. 기출 23
> 2. 정부는 국민부담의 최소화를 위하여 최선을 다하여야 한다.
> 3. 정부는 재정을 운용할 때 재정지출 및 「조세특례제한법」 제142조의2 제1항에 따른 조세지출의 성과를 제고하여야 한다.
> 4. 정부는 예산과정의 투명성과 예산과정에의 국민참여를 제고하기 위하여 노력하여야 한다.
> 5. 정부는 「성별영향평가법」 제2조 제1호에 따른 성별영향평가의 결과를 포함하여 예산이 여성과 남성에게 미치는 효과를 평가하고, 그 결과를 정부의 예산편성에 반영하기 위하여 노력하여야 한다. 기출 23
> 6. 정부는 예산이 「기후위기 대응을 위한 탄소중립·녹색성장 기본법」 제2조 제5호에 따른 온실가스 감축에 미치는 효과를 평가하고, 그 결과를 정부의 예산편성에 반영하기 위하여 노력하여야 한다.

(2) 예산총계주의

① 한 회계연도의 모든 수입을 세입으로 하고, 모든 지출을 세출로 한다(국가재정법 제17조 제1항). 기출 25·23
② 제53조에 규정된 사항을 제외하고는 세입과 세출은 모두 예산에 계상하여야 한다(국가재정법 제17조 제2항).

(3) 예산의 구성

1) 의의
예산은 예산총칙·세입세출예산·계속비·명시이월비 및 국고채무부담행위를 총칭한다(국가재정법 제19조).

기출 25·23

2) 예산총칙

> **국가재정법 제17조(예산총칙)**
> ① 예산총칙에는 세입세출예산·계속비·명시이월비 및 국고채무부담행위에 관한 총괄적 규정을 두는 외에 다음 각 호의 사항을 규정하여야 한다.
>   1. 제18조 단서의 규정에 따른 국채와 차입금의 한도액(중앙관서의 장이 관리하는 기금의 기금운용계획안에 계상된 국채발행 및 차입금의 한도액을 포함한다)
>   2. 「국고금관리법」 제32조의 규정에 따른 재정증권의 발행과 일시차입금의 최고액
>   3. 그 밖에 예산집행에 관하여 필요한 사항
> ② 정부는 기존 국채를 새로운 국채로 대체하기 위하여 필요한 경우에는 제1항 제1호의 한도액을 초과하여 국채를 발행할 수 있다. 이 경우 미리 국회에 이를 보고하여야 한다.

3) 세입세출예산

> **국가재정법 제21조(세입세출예산의 구분)**
> ① 세입세출예산은 필요한 때에는 계정으로 구분할 수 있다.
> ② 세입세출예산은 독립기관 및 중앙관서의 소관별로 구분한 후 소관 내에서 일반회계·특별회계로 구분한다.
> ③ 세입예산은 제2항의 규정에 따른 구분에 따라 그 내용을 성질별로 관·항으로 구분하고, 세출예산은 제2항의 규정에 따른 구분에 따라 그 내용을 기능별·성질별 또는 기관별로 장·관·항으로 구분한다.
> ④ 예산의 구체적인 분류기준 및 세항과 각 경비의 성질에 따른 목의 구분은 기획재정부장관이 정한다.

4) 계속비

> **국가재정법 제23조(계속비)**
> ① 완성에 수년이 필요한 공사나 제조 및 연구개발사업은 그 경비의 총액과 연부액(年賦額)을 정하여 미리 국회의 의결을 얻은 범위 안에서 수년도에 걸쳐서 지출할 수 있다.
> ② 제1항의 규정에 따라 국가가 지출할 수 있는 연한은 그 회계연도부터 5년 이내로 한다. 다만, 사업규모 및 국가재원 여건을 고려하여 필요한 경우에는 예외적으로 10년 이내로 할 수 있다.
> ③ 기획재정부장관은 필요하다고 인정하는 때에는 국회의 의결을 거쳐 제2항의 지출연한을 연장할 수 있다.

5) 명시이월비

> **국가재정법 제24조(명시이월비)**
> ① 세출예산 중 경비의 성질상 연도 내에 지출을 끝내지 못할 것이 예측되는 때에는 그 취지를 세입세출예산에 명시하여 미리 국회의 승인을 얻은 후 다음 연도에 이월하여 사용할 수 있다.
> ② 각 중앙관서의 장은 제1항의 규정에 따른 명시이월비에 대하여 예산집행상 부득이한 사유가 있는 때에는 사항마다 사유와 금액을 명백히 하여 기획재정부장관의 승인을 얻은 범위 안에서 다음 연도에 걸쳐서 지출하여야 할 지출원인행위를 할 수 있다.
> ③ 기획재정부장관은 제2항의 규정에 따라 다음 연도에 걸쳐서 지출하여야 할 지출원인행위를 승인한 때에는 감사원에 통지하여야 한다.

6) 국고채무부담행위

> **국가재정법 제25조(국고채무부담행위)**
> ① 국가는 법률에 따른 것과 세출예산금액 또는 계속비의 총액의 범위 안의 것 외에 채무를 부담하는 행위를 하는 때에는 미리 예산으로써 국회의 의결을 얻어야 한다.
> ② 국가는 제1항에 규정된 것 외에 재해복구를 위하여 필요한 때에는 회계연도마다 국회의 의결을 얻은 범위 안에서 채무를 부담하는 행위를 할 수 있다. 이 경우 그 행위는 일반회계 예비비의 사용절차에 준하여 집행한다.
> ③ 국고채무부담행위는 사항마다 그 필요한 이유를 명백히 하고 그 행위를 할 연도 및 상환연도와 채무부담의 금액을 표시하여야 한다.

(4) 예비비

① 정부는 예측할 수 없는 예산 외의 지출 또는 예산초과지출에 충당하기 위하여 일반회계 예산총액의 100분의 1 이내의 금액을 예비비로 세입세출예산에 계상할 수 있다. 다만, 예산총칙 등에 따라 미리 사용목적을 지정해 놓은 예비비는 본문에도 불구하고 별도로 세입세출예산에 계상할 수 있다(국가재정법 제22조 제1항).

기출 23

② 제1항 단서에도 불구하고 공무원의 보수 인상을 위한 인건비 충당을 위하여는 예비비의 사용목적을 지정할 수 없다(국가재정법 제22조 제2항).

Ⅱ 조세행정법

1. 조세의 부과 및 징수에 대한 권리구제

(1) 과세전 적부심사제

과세전 적부심사제는 일종의 사전구제제도로서 세무조사결과에 따른 과세처분 등을 하기 전에 앞으로 과세할 내용을 미리 납세자에게 통지하여 그 내용에 대하여 이의가 있는 경우에 과세의 적법여부심사를 청구할 수 있도록 하는 사전적 권리구제제도이다(국세기본법 제81조의15).

(2) 행정심판

1) 국세에 대한 행정심판

① 「국세기본법」은 "제55조에 규정된 위법한 처분에 대한 행정소송은 「행정소송법」 제18조 제1항 본문, 제2항 및 제3항에도 불구하고 국세기본법에 따른 심사청구 또는 심판청구와 그에 대한 결정을 거치지 아니하면 제기할 수 없다. 다만, 심사청구 또는 심판청구에 대한 제65조 제1항 제3호 단서(제81조에서 준용하는 경우를 포함한다)의 재조사 결정에 따른 처분청의 처분에 대한 행정소송은 그러하지 아니하다."라고 규정함으로써(국세기본법 제56조 제2항), 필요적 전치주의를 규정하고 있다. 또한 「국세기본법」은 행정심판 전치주의가 완화되는 행정소송법 제18조 제2항(행정심판의 재결을 거치지 않아도 되는 경우) 및 제3항(행정심판을 제기하지 않아도 되는 경우)까지 배제하고 있다.

② 「국세기본법」에 의한 심사청구 또는 심판청구는 행정심판의 성질을 갖는다. 처분이 국세청장이 조사·결정 또는 처리하거나 하였어야 할 것인 경우를 제외하고는 그 처분에 대하여 심사청구 또는 심판청구에 앞서 국세기본법에 의한 이의신청을 할 수 있으나(국세기본법 제55조 제3항), 이때의 이의신청은 행정심판은 아니다.

2) 지방세에 대한 행정심판

지방세에 대한 행정심판은 국세에 대한 행정심판에 준하여 규율되고 있다(지방세기본법 제89조 내지 제100조). 2019.12.23. 개정된 지방세기본법(2021.1.1. 시행)은, "제89조에 규정된 위법한 처분에 대한 행정소송은 「행정소송법」 제18조 제1항 본문, 같은 조 제2항 및 제3항에도 불구하고 이 법에 따른 심판청구와 그에 대한 결정을 거치지 아니하면 제기할 수 없다. 다만, 심판청구에 대한 재조사 결정(제100조에 따라 심판청구에 관하여 준용하는 「국세기본법」 제65조 제1항 제3호 단서에 따른 재조사 결정을 말한다)에 따른 처분청의 처분에 대한 행정소송은 그러하지 아니하다"라고 신설함으로써(지방세기본법 제98조 제3항), 필요적 전치주의를 규정하고 있다. 즉, 국세기본법과 마찬가지로 행정소송법 제18조 제2항 및 제3항의 적용을 배제하고 있다. 한편, 「감사원법」에 따른 심사청구를 거친 경우에는 지방세기본법에 따른 심판청구를 거친 것으로 보고 제98조 제3항을 준용한다(지방세기본법 제98조 제6항).

3) 관세에 대한 행정심판

관세에 대한 행정심판으로 심사청구와 심판청구가 있으나, 국세·지방세의 경우와 마찬가지로 행정소송의 필요적 전심절차로서는 이 중 어느 하나만을 거치면 되고(필요적 전치주의), 양자를 중복하여 제기하지는 못한다(관세법 제120조 제2항). 한편 관세의 경우에도 일반 국세와 마찬가지로 임의적 절차로서 이의신청절차가 있다(관세법 제119조 제1항).

(3) 감사원에 심사청구

① 「감사원법」은 감사원의 감사를 받는 자의 직무에 관한 처분, 그 밖의 행위에 관하여 이해관계가 있는 자는 감사원에 심사청구를 할 수 있도록 하고 있으므로(감사원법 제43조 제1항), 조세(국세·관세·지방세)에 관한 처분에 대하여도 감사원에 심사청구를 할 수 있다. 다만, 감사원은 심리결과 심사청구의 이유가 있다고 인정할 때에는 관계기관의 장에게 시정이나 그 밖에 필요한 조치를 요구할 수 있을 뿐(감사원법 제46조 제2항), 당해 처분을 직접 취소·변경할 수 없기 때문에 이 제도는 단순한 진정의 성격을 가지는 것이라 할 것이다.

② 다만, 감사원의 심사청구를 거친 경우 국세기본법 등에 따른 심판청구를 거친 것으로 간주하기 때문에(감사원법 제46조의2, 국세기본법 제56조 제5항, 지방세기본법 제98조 제6항), 행정심판전치주의와 관련해서는 감사원에의 심사청구는 행정심판의 지위(성격)가 인정되고 있다고 볼 수 있다.

(4) 행정소송

1) 개 설

① 조세의 부과·징수처분에 중대·명백한 위법성이 있는 경우에는 무효확인소송을 제기할 수 있으나, 위법한 조세의 부과·징수처분을 다투는 행정소송의 중심을 이루는 것은 취소소송이다.

② 과세관청은 과세처분에 잘못이 있는 경우 조세부과권의 제척기간 등 장애사유가 없는 한, 그 횟수에 제한 없이 당초처분을 시정하기 위하여 경정처분(更正處分)을 할 수 있다. 경정처분은 부과과세방식의 조세와 신고납세방식의 조세 모두에 인정된다. 이처럼 과세관청이 당초처분을 시정하기 위하여 경정처분을 한 경우 취소소송 등의 대상적격이 문제된다.

2) 경정처분과 행정소송의 대상

① 증액경정처분의 경우

㉠ 판례는 「국세기본법」 제22조의2의 시행 이후에도 증액경정처분이 있는 경우, 당초 신고나 결정은 증액경정처분에 흡수됨으로써 독립한 존재가치를 잃게 된다고 보아야 하므로, 원칙적으로는 '당초 신고나 결정에 대한 불복기간의 경과 여부 등에 관계 없이' 증액경정처분만이 항고소송의 심판대상이 되고(흡수설), 납세의무자는 그 항고소송에서 당초 신고나 결정에 대한 위법사유도 함께 주장할 수 있다고 본다(대판 2009.5.14. 2006두17390).

㉡ 다만, 증액경정처분이 있기 전에 불복기간이나 경정청구기간의 도과로 더 이상 다툴 수 없게 된 세액에 관하여는 그 취소를 구할 수 없고, 증액경정처분에 의하여 증액된 세액을 한도로 취소를 구할 수 있다(대판 2011.4.14. 2010두9808; 대판 2020.4.9. 2018두57490).

② 감액경정처분의 경우

㉠ 감액경정처분은 당초 부과처분과 별개의 독립된 처분이 아니라 당초 부과처분의 일부 효력을 취소하는 처분이다. 따라서 감액경정결정으로도 아직 취소되지 않고 남아 있는 부분이 위법하다고 하여 다투는 경우, 항고소송의 대상은 '당초의 부과처분 중 경정결정에 의하여 취소되지 않고 남은 부분(= 감액된 당초 처분)'이라는 것이 판례의 태도이다(역흡수설).

㉡ 행정심판전치절차나 제소기간의 준수 여부도 경정처분을 기준으로 할 것이 아니라 '당초 처분'을 기준으로 판단하여야 한다(대판 1991.9.13. 91누391).

2. 조세과오납금환급소송

(1) 과오납금환급청구의 의의

납세자는 실체적인 권리로서 정당한 법률상의 원인 없이 과오납한 세액에 대하여 국가(지방세의 경우 해당 지방자치단체)에 대하여 그 환급(반환)을 청구할 수 있는 권리를 가지는데, 이를 과오납금환급청구권이라 한다. 이러한 과오납금환급청구권은 부당이득반환청구권의 성질을 가진다.

(2) 과오납금환급청구소송

판례는 "조세부과처분이 당연무효임을 전제로 하여 이미 납부한 세금의 반환을 청구하는 것은 민사상의 부당이득반환청구로서 민사소송절차에 따라야 한다."고 판시하여(대판 1995.4.28. 94다55019), 민사소송설의 입장이다.

(3) 환급거부 또는 부작위에 대한 권리구제

납세자가 세무서장에게 국세환급금지급청구를 한 경우에 세무서장이 이를 거부하거나 아무런 조치를 취하지 아니할 때, 납세자가 거부처분취소소송이나 부작위위법확인소송을 제기할 수 있는지 여부가 문제된다. 국민의 권리구제를 위하여 환급거부결정에 대한 항고소송을 인정하여야 한다는 견해가 있으나, 판례는 환급거부결정을 항고소송의 대상이 되는 처분이 아니라고 본다(대판 1989.6.15. 88누6436[전합]).

제7장 특별행정작용법

제1절 경찰행정법

01 경찰권발동의 조리상의 한계에 해당하지 않는 것은?　　15 행정사 제3회

① 사주소불가침의 원칙
② 경찰비례의 원칙
③ 경찰공공의 원칙
④ 경찰평등의 원칙
⑤ 경찰적극목적의 원칙

해설

[⑤ ▶ ×] ① 사주소불가침의 원칙, ② 경찰비례의 원칙, ③ 경찰공공의 원칙, ④ 경찰평등의 원칙은 경찰권발동의 조리상의 한계에 해당하고, ⑤ 경찰적극목적의 원칙이 아니라 <u>경찰소극목적의 원칙이 경찰권발동의 조리상의 한계에 해당</u>한다.

● 경찰권발동의 조리상의 한계

경찰비례의 원칙		경찰권의 행사는 달성하고자 하는 공익과 그로 인하여 제한·침해되는 개인의 자유·권리(사익) 사이에는 합리적인 비례관계가 유지되어야 한다는 원칙
경찰평등의 원칙		경찰권을 행사할 때 행정청은 합리적 이유 없이 국민을 차별해서는 아니 된다는 원칙
경찰공공의 원칙		경찰권은 사회공공의 안녕과 질서를 유지하기 위해서만 발동될 수 있고, 그와 직접 관계가 없는 사생활·사주소 및 민사상의 법률관계에는 원칙적으로 개입할 수 없다는 원칙
	사생활 불가침의 원칙	경찰기관은 사회공공의 안녕 및 질서와 관계없는 개인의 생활이나 행동에 간섭하여서는 안 된다는 원칙
	사주소 불가침의 원칙	경찰기관은 사회공공의 안녕 및 질서와 관계없이 개인의 사주소를 침해하면 안 된다는 원칙
	민사관계 불간섭의 원칙	경찰기관은 사회공공의 안녕 및 질서와 관계없이 민사관계에 개입해서는 안 된다는 원칙
경찰소극(목적)의 원칙		경찰권은 사회공공의 안녕·질서의 위험 방지 및 제거라는 소극적 목적을 위해서만 발동될 수 있고, 공공복리의 증진이라는 적극적 목적을 위해서는 발동될 수 없다는 원칙

답 ⑤

02 경찰관 직무집행법상 경찰관의 직무의 범위로 명시된 것을 모두 고른 것은? [25 행정사 제13회]

ㄱ. 범죄피해자 보호
ㄴ. 경비, 주요 인사(人士)경호
ㄷ. 대간첩・대테러 작전 수행
ㄹ. 외국 정부기관 및 국제기구와의 국제협력
ㅁ. 공공안녕에 대한 위험의 예방과 대응을 위한 정보의 수집・작성 및 배포

① ㄹ
② ㄷ, ㄹ
③ ㄱ, ㄴ, ㅁ
④ ㄱ, ㄴ, ㄷ, ㅁ
⑤ ㄱ, ㄴ, ㄷ, ㄹ, ㅁ

해설

[ㄱ▸O] [ㄴ▸O] [ㄷ▸O] [ㄹ▸O] [ㅁ▸O] 경찰관 직무집행법 제2조

경찰관 직무집행법 제2조(직무의 범위) 경찰관은 다음 각 호의 직무를 수행한다.
1. 국민의 생명・신체 및 재산의 보호
2. 범죄의 예방・진압 및 수사
2의2. 범죄피해자 보호 ㄱ
3. 경비, 주요 인사(人士) 경호 ㄴ 및 대간첩・대테러 작전 수행 ㄷ
4. 공공안녕에 대한 위험의 예방과 대응을 위한 정보의 수집・작성 및 배포 ㅁ
5. 교통 단속과 교통 위해(危害)의 방지
6. 외국 정부기관 및 국제기구와의 국제협력 ㄹ
7. 그 밖에 공공의 안녕과 질서 유지

답 ⑤

03 경찰관 직무집행법상 사실의 확인을 위하여 경찰관이 출석 요구서를 보내 경찰관서에 출석할 것을 요구할 수 있는 직무수행으로 명시되어 있지 않은 것은?

23 행정사 제11회

① 미아를 인수할 보호자 확인
② 유실물을 인수할 권리자 확인
③ 사고로 인한 사상자 확인
④ 긴급구호를 요청받은 보건의료기관에 대한 요청사실의 확인
⑤ 행정처분을 위한 교통사고 조사에 필요한 사실 확인

해설

[❹ ▸ ×] '긴급구호를 요청받은 보건의료기관에 대한 요청사실의 확인'은 경찰관 직무집행법상 사실의 확인을 위하여 경찰관이 출석 요구서를 보내 경찰관서에 출석할 것을 요구할 수 있는 직무수행으로 명시되어 있지 않다(경찰관 직무집행법 제8조 제2항).

> **경찰관 직무집행법 제8조(사실의 확인 등)** ① 경찰관서의 장은 직무 수행에 필요하다고 인정되는 상당한 이유가 있을 때에는 국가기관이나 공사(公私) 단체 등에 직무 수행에 관련된 사실을 조회할 수 있다. 다만, 긴급한 경우에는 소속 경찰관으로 하여금 현장에 나가 해당 기관 또는 단체의 장의 협조를 받아 그 사실을 확인하게 할 수 있다.
> ② 경찰관은 다음 각 호의 직무를 수행하기 위하여 필요하면 관계인에게 출석하여야 하는 사유·일시 및 장소를 명확히 적은 출석 요구서를 보내 경찰관서에 출석할 것을 요구할 수 있다.
> 1. 미아를 인수할 보호자 확인
> 2. 유실물을 인수할 권리자 확인
> 3. 사고로 인한 사상자(死傷者) 확인
> 4. 행정처분을 위한 교통사고 조사에 필요한 사실 확인

답 ❹

---

04 경찰관 직무집행법의 내용으로 옳지 않은 것은?

24 행정사 제12회

① 불심검문과정에서 경찰관으로부터 가까운 경찰서로 동행할 것을 요구받은 사람은 그 요구를 거절할 수 있다.
② 불심검문과정에서 경찰관은 그 대상이 되는 사람에게 질문을 할 때에 흉기를 가지고 있는지를 조사할 수 있다.
③ 불심검문과정에서 경찰관으로부터 질문을 받은 사람은 그 의사에 반하여 답변을 강요당하지 아니한다.
④ 경찰관은 재산에 중대한 손해를 끼칠 우려가 있는 인공구조물의 파손이 있을 때에는 그 장소에 있는 사람에게 위해를 방지하기 위하여 필요하다고 인정되는 조치를 하게 할 수 있다.
⑤ 경찰관의 적법한 직무집행으로 인하여 손실을 입은 자는 그 손실발생의 원인에 대하여 책임이 있는 경우라도 그 손실 전부에 대하여 보상을 받을 수 있다.

해설

[❶ ▶ ○] [❷ ▶ ○] [❸ ▶ ○]   경찰관 직무집행법 제3조 제2항, 제3항, 제7항

> **경찰관 직무집행법 제3조(불심검문)**   ① 경찰관은 다음 각 호의 어느 하나에 해당하는 사람을 정지시켜 질문할 수 있다.
> 1. 수상한 행동이나 그 밖의 주위 사정을 합리적으로 판단하여 볼 때 어떠한 죄를 범하였거나 범하려 하고 있다고 의심할 만한 상당한 이유가 있는 사람
> 2. 이미 행하여진 범죄나 행하여지려고 하는 범죄행위에 관한 사실을 안다고 인정되는 사람
> ② 경찰관은 제1항에 따라 같은 항 각 호의 사람을 정지시킨 장소에서 질문을 하는 것이 그 사람에게 불리하거나 교통에 방해가 된다고 인정될 때에는 질문을 하기 위하여 가까운 경찰서·지구대·파출소 또는 출장소(지방해양경찰관서를 포함하며, 이하 "경찰서"라 한다)로 동행할 것을 요구할 수 있다. 이 경우 동행을 요구받은 사람은 그 요구를 거절할 수 있다. ❶
> ③ 경찰관은 제1항 각 호의 어느 하나에 해당하는 사람에게 질문을 할 때에 그 사람이 흉기를 가지고 있는지를 조사할 수 있다. ❷
> ⑦ 제1항부터 제3항까지의 규정에 따라 질문을 받거나 동행을 요구받은 사람은 형사소송에 관한 법률에 따르지 아니하고는 신체를 구속당하지 아니하며, 그 의사에 반하여 답변을 강요당하지 아니한다. ❸

[❹ ▶ ○]   경찰관 직무집행법 제5조 제1항 제3호

> **경찰관 직무집행법 제5조(위험 발생의 방지 등)**   ① 경찰관은 사람의 생명 또는 신체에 위해를 끼치거나 재산에 중대한 손해를 끼칠 우려가 있는 천재(天災), 사변(事變), 인공구조물의 파손이나 붕괴, 교통사고, 위험물의 폭발, 위험한 동물 등의 출현, 극도의 혼잡, 그 밖의 위험한 사태가 있을 때에는 다음 각 호의 조치를 할 수 있다.
> 1. 그 장소에 모인 사람, 사물(事物)의 관리자, 그 밖의 관계인에게 필요한 경고를 하는 것
> 2. 매우 긴급한 경우에는 위해를 입을 우려가 있는 사람을 필요한 한도에서 억류하거나 피난시키는 것
> 3. 그 장소에 있는 사람, 사물의 관리자, 그 밖의 관계인에게 위해를 방지하기 위하여 필요하다고 인정되는 조치를 하게 하거나 직접 그 조치를 하는 것

[❺ ▶ ×]   경찰관의 적법한 직무집행으로 인하여 손실을 입은 자가 손실발생의 원인에 대하여 책임이 있는 경우, 손실 전부가 아니라 자신의 책임에 상응하는 정도를 초과하는 과하는 생명·신체 또는 재산상의 손실에 대하여만 보상을 받을 수 있다(경찰관 직무집행법 제11조의2 제1항 제2호).

> **경찰관 직무집행법 제11조의2(손실보상)**   ① 국가는 경찰관의 적법한 직무집행으로 인하여 다음 각 호의 어느 하나에 해당하는 손실을 입은 자에 대하여 정당한 보상을 하여야 한다.
> 1. 손실발생의 원인에 대하여 책임이 없는 자가 생명·신체 또는 재산상의 손실을 입은 경우(손실발생의 원인에 대하여 책임이 없는 자가 경찰관의 직무집행에 자발적으로 협조하거나 물건을 제공하여 생명·신체 또는 재산상의 손실을 입은 경우를 포함한다)
> 2. 손실발생의 원인에 대하여 책임이 있는 자가 자신의 책임에 상응하는 정도를 초과하는 생명·신체 또는 재산상의 손실을 입은 경우
> ② 제1항에 따른 보상을 청구할 수 있는 권리는 손실이 있음을 안 날부터 3년, 손실이 발생한 날부터 5년간 행사하지 아니하면 시효의 완성으로 소멸한다.

답 ❺

05 경찰책임에 관한 설명으로 옳지 않은 것은?   22 행정사 제10회

① 행위능력이 없는 자도 경찰책임자가 될 수 있다.
② 경찰책임자에 대한 경찰권의 발동이 어려운 경우에는 예외적으로 경찰책임이 없는 자에게도 경찰권이 발동될 수 있다.
③ 물건에 대한 권원의 유무와 관계없이 물건을 현실적으로 지배하고 있는 자에게도 상태책임이 인정된다.
④ 행위책임의 행위에는 부작위를 포함한다.
⑤ 타인을 감독하는 자가 타인의 행위에 대하여 지는 경찰책임은 자기책임이 아니라 타인의 책임을 대신하여 지는 것이다.

해설

[❶ ▶ ○] 경찰책임은 경찰책임자의 고의 또는 과실을 요하지 않으므로 행위능력이나 불법행위능력이 없는 자연인도 경찰책임자가 될 수 있다. 다만, 행위능력이 없는 경찰책임자에 대한 경찰권의 발동으로 인한 의무부과처분은 법정대리인에게 송달되어야 한다.

[❷ ▶ ○] 급박하게 발생되는 위험을 경찰책임자에 대한 경찰권발동이나 경찰 스스로의 자력에 의하여 제거할 수 없는 경우가 빈번하게 발생하게 되는데, 이러한 경우에 엄격한 요건 하에 경찰비책임자(제3자)에 대하여 경찰권발동이 가능하다고 이해되고 있다.

[❸ ▶ ○] 상태책임이란 물건의 소유자 및 물건을 사실상 지배하는 자가 그의 지배범위 안에서 그 물건으로부터 경찰 위반의 상태가 발생한 경우에 지게 되는 책임을 말한다. 점유자뿐만 아니라 물건에 대한 권원의 유무와 관계없이 물건을 현실적으로 지배하고 있는 자에게도 상태책임이 인정된다. 물건의 소유권자는 통상적으로 2차적인 책임자가 된다.

[❹ ▶ ○] 행위책임이란 자기의 행위 또는 자기의 보호·감독하에 있는 사람의 행위로 인하여 질서위반의 상태가 발생한 경우에 지는 경찰책임을 말한다. 경찰상 위해의 상태를 발생시킨 행위는 작위뿐만 아니라 부작위도 포함한다. 부작위란 질서위반 상태의 발생을 방지할 법적 의무가 있는 자가 그 의무를 이행하지 않고 있는 것을 말한다.

[❺ ▶ ×] 타인을 보호 또는 감독하는 자는 그 권한의 범위 안에서 피보호자 또는 피감독자의 행위로 인하여 생긴 질서위반의 상태에 대하여 경찰책임을 진다. 예를 들면, 자녀의 행위에 대하여 보호자가, 그리고 사용인(피용자)의 행위에 대하여 사업주가 책임을 지도록 규정된 경우가 있다. 타인의 행위에 대한 경찰책임은 타인의 책임을 대신하여 지는 것은 아니며 자신의 생활범위 안에서 질서위반의 상태를 발생시킨 것 자체에 의해 인정되는 자기책임이다. 타인의 행위에 대하여 경찰책임이 인정되는 경우에도 행위자의 경찰책임이 면제되는 것은 아니다. 즉, 실제의 행위자와 감독자가 동시에 경찰책임을 진다.

답 ❺

제2절 공물법

06 공물에 관한 설명으로 옳은 것은? 　　22 행정사 제10회

① 공공용물은 직접 행정주체 자신의 사용에 제공된 공물을 말한다.
② 국가 또는 지방자치단체가 소유권자인 공물을 국유공물이라 한다.
③ 공물의 관리주체와 공물의 귀속주체가 다른 공물을 자유공물(自有公物)이라고 한다.
④ 경찰견은 동산공물에 해당한다.
⑤ 도로, 공원 등은 자연공물에 해당한다.

해설

[❶ ▶ ×] 공공용물은 직접 일반공중의 사용에 제공된 물건을 말하고, 공용물은 직접적으로 행정주체 자신의 사용에 제공된 물건을 말한다.
[❷ ▶ ×] 물건의 소유권이 국가에 있는 공물을 국유공물이라 하고, 물건의 소유권이 지방자치단체에 있는 공물을 공유공물이라고 한다.
[❸ ▶ ×] 공물의 관리주체와 공물의 귀속주체가 다른 공물을 타유공물이라 하고, 공물의 관리주체와 공물의 귀속주체가 일치하는 공물을 자유공물이라고 한다.
[❹ ▶ ○] 공물은 물건의 성격에 따라 동산공물과 부동산공물로 구분할 수 있는데, 경찰견은 토지 및 그 정착물이 아니므로 동산공물에 해당한다.
[❺ ▶ ×] 도로, 공원 등은 인공공물에 해당하고 하천·호소(湖沼) 등이 자연공물에 해당한다.

답 ❹

07 공물에 관한 설명으로 옳은 것은?(다툼이 있으면 판례에 따름) [24 행정사 제12회]

① 공공용물의 일반사용의 경우에는 사용료를 납부하여야 한다.
② 공물의 인접주민에게는 구체적으로 공물을 사용하지 않고 있더라도 공물에 대한 고양된 일반사용권이 인정된다.
③ 행정재산이 공용폐지되어 시효취득의 대상이 된다는 증명책임은 시효취득을 주장하는 자에게 있다.
④ 「하천법」상 하천의 점용허가권은 대세적 효력이 있는 물권이다.
⑤ 중앙관서의 장은 특별한 제한 없이 행정재산의 사용허가를 할 수 있다.

해설

[❶ ▸ ×] 공공용물의 일반사용(= 자유사용)이란 특별한 요건을 충족할 필요 없이 공공용물을 자유로이 그 본래의 용법에 따라 사용하는 것을 말한다. 도로에서의 통행, 공원에서의 산책, 하천에서의 수영 등이 공공용물의 일반사용의 예이다. 공공용물(공용물, 공공용물, 보존공물)의 특허사용(행정재산의 사용허가에 의한 사용)은 사용료 징수(납부)의 대상이 되지만(국유재산법 제32조 제1항), 공공용물의 일반사용은 사용료 징수(납부)의 대상이 아니다.

> [참고] 공물의 특허사용
> 행정재산을 사용허가한 때에는 대통령령으로 정하는 요율(料率)과 산출방법에 따라 매년 사용료를 징수한다. 다만, 연간 사용료가 대통령령으로 정하는 금액 이하인 경우에는 사용허가기간의 사용료를 일시에 통합 징수할 수 있다(국유재산법 제32조 제1항). 행정재산의 사용·수익에 대한 허가는 특정인에게 행정재산을 사용할 수 있는 권리를 설정하여 주는 강학상 특허에 해당한다(대판 1998.2.27. 97누1105).

[❷ ▸ ×] 공물의 인접주민은 다른 일반인보다 인접공물의 일반사용에 있어 특별한 이해관계를 가지는 경우가 있고, 그러한 의미에서 다른 사람에게 인정되지 아니하는 이른바 고양된 일반사용권이 보장될 수 있으며, 이러한 고양된 일반사용권이 침해된 경우 다른 개인과의 관계에서 민법상으로도 보호될 수 있으나, 그 권리도 공물의 일반사용의 범위 안에서 인정되는 것이므로, 특정인에게 어느 범위에서 이른바 고양된 일반사용권으로서의 권리가 인정될 수 있는지의 여부는 당해 공물의 목적과 효용, 일반사용관계, 고양된 일반사용권을 주장하는 사람의 법률상의 지위와 당해 공물의 사용관계의 인접성, 특수성 등을 종합적으로 고려하여 판단하여야 한다. 따라서 구체적으로 공물을 사용하지 않고 있는 이상 그 공물의 인접주민이라는 사정만으로는 공물에 대한 고양된 일반사용권이 인정될 수 없다(대판 2006.12.22. 2004다68311).

[❸ ▸ ○] 공용폐지의 의사표시는 명시적이든 묵시적이든 상관없으나 적법한 의사표시가 있어야 하며, 행정재산이 사실상 본래의 용도에 사용되고 있지 않다는 사실만으로 공용폐지의 의사표시가 있었다고 볼 수 없고, 원래의 행정재산이 공용폐지되어 취득시효의 대상이 된다는 입증책임은 시효취득을 주장하는 자에게 있다(대판 1997.8.22. 96다10737).

[❹ ▸ ×] 하천의 점용허가권은 특허에 의한 공물사용권의 일종으로서 하천의 관리주체에 대하여 일정한 특별사용을 청구할 수 있는 채권에 지나지 아니하고 대세적 효력이 있는 물권이라 할 수 없다(대판 2015.1.29. 2012두27404).

[❺ ▸ ×] 행정재산의 사용허가는 제한된 범위 내에서만 인정된다(국유재산법 제30조 제1항).

> **국유재산법 제30조(사용허가)** ① 중앙관서의 장은 다음 각 호의 범위에서만 행정재산의 사용허가를 할 수 있다.
> 1. 공용·공공용·기업용 재산 : 그 용도나 목적에 장애가 되지 아니하는 범위
> 2. 보존용재산 : 보존목적의 수행에 필요한 범위

답 ❸

08 국유재산법에 관한 설명으로 옳지 않은 것은?(다툼이 있으면 판례에 따름) 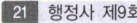 행정사 제9회

① 행정재산의 사용허가기간은 원칙상 5년 이내로 한다.
② 일반재산은 민법상 시효취득의 대상이 되지 아니한다.
③ 행정재산에는 사권을 설정하지 못한다.
④ 보존용재산은 법령이나 그 밖의 필요에 따라 국가가 보존하는 재산이다.
⑤ 중앙관서의 장은 사용허가한 행정재산을 국가가 직접 공용으로 사용하기 위하여 필요하게 된 경우에는 사용허가를 철회할 수 있다.

해설

[❶ ▸ ○] 행정재산의 사용허가기간은 5년 이내로 한다(국유재산법 제35조 제1항 본문).
[❷ ▸ ×] 행정재산은 시효취득의 대상이 아니지만, 일반재산은 시효취득의 대상이 된다(국유재산법 제7조 제2항).
[❸ ▸ ○] 국유재산은 그 용도에 따라 행정재산과 일반재산으로 구분한다(국유재산법 제6조 제1항). 국유재산에는 사권을 설정하지 못한다. 다만, 일반재산에 대하여 대통령령으로 정하는 경우에는 그러하지 아니하다(국유재산법 제11조 제2항).
[❹ ▸ ○] 보존용재산은 법령이나 그 밖의 필요에 따라 국가가 보존하는 재산을 의미한다(국유재산법 제6조 제2항 제4호).
[❺ ▸ ○] 중앙관서의 장은 사용허가한 행정재산을 국가나 지방자치단체가 직접 공용이나 공공용으로 사용하기 위하여 필요하게 된 경우에는 그 허가를 철회할 수 있다(국유재산법 제36조 제2항).

답 ❷

09 국유재산법의 내용에 관한 설명으로 옳은 것은?

25 행정사 제13회

① 보존용재산은 일반재산에 속한다.
② 공용재산이란 국가가 직접 공공용으로 사용하거나 대통령령으로 정하는 기한까지 사용하기로 결정한 재산을 말한다.
③ 기업용재산은 「민법」 제245조에 따른 시효취득의 대상이 된다.
④ 판결에 따라 취득하는 경우에도 사권(私權)이 설정된 재산은 그 사권이 소멸된 후가 아니면 국유재산으로 취득하지 못한다.
⑤ 총괄청이나 중앙관서의 장은 소유자 없는 부동산을 국유재산으로 취득한다.

해설

[❶ ▶ ×] 보존용재산은 일반재산이 아니라 행정재산에 속한다(국유재산법 제6조 제2항 제4호).
[❷ ▶ ×] 국가가 직접 공공용으로 사용하거나 대통령령으로 정하는 기한까지 사용하기로 결정한 재산은 '공용재산'이 아니라 '공공용재산'이다(국유재산법 제6조 제2항 제2호).

> **국유재산법 제6조(국유재산의 구분과 종류)** ① 국유재산은 그 용도에 따라 행정재산과 일반재산으로 구분한다.
> ② 행정재산의 종류는 다음 각 호와 같다.
>   1. 공용재산 : 국가가 직접 사무용·사업용 또는 공무원의 주거용(직무 수행을 위하여 필요한 경우로서 대통령령으로 정하는 경우로 한정한다)으로 사용하거나 대통령령으로 정하는 기한까지 사용하기로 결정한 재산
>   2. 공공용재산 : 국가가 직접 공공용으로 사용하거나 대통령령으로 정하는 기한까지 사용하기로 결정한 재산❷
>   3. 기업용재산 : 정부기업이 직접 사무용·사업용 또는 그 기업에 종사하는 직원의 주거용(직무 수행을 위하여 필요한 경우로서 대통령령으로 정하는 경우로 한정한다)으로 사용하거나 대통령령으로 정하는 기한까지 사용하기로 결정한 재산
>   4. 보존용재산 : 법령이나 그 밖의 필요에 따라 국가가 보존하는 재산❶
> ③ "일반재산"이란 행정재산 외의 모든 국유재산을 말한다.

[❸ ▶ ×] 행정재산은 민법 제245조에도 불구하고 시효취득(時效取得)의 대상이 되지 아니한다(국유재산법 제7조 제2항). 기업용재산은 행정재산에 속하므로 시효취득의 대상이 되지 아니한다.
[❹ ▶ ×] 국유재산법 제11조 제1항 단서

> **국유재산법 제11조(사권 설정의 제한)** ① 사권(私權)이 설정된 재산은 그 사권이 소멸된 후가 아니면 국유재산으로 취득하지 못한다. 다만, 판결에 따라 취득하는 경우에는 그러하지 아니하다.
> ② 국유재산에는 사권을 설정하지 못한다. 다만, 일반재산에 대하여 대통령령으로 정하는 경우에는 그러하지 아니하다.

[❺ ▶ ○] 총괄청이나 중앙관서의 장은 소유자 없는 부동산을 국유재산으로 취득한다(국유재산법 제12조 제1항).

답 ❺

10 국유재산법상 행정재산의 종류 중 법령이나 그 밖의 필요에 따라 국가가 보존하는 재산은?

23 행정사 제11회

① 공용재산
② 공공용재산
③ 기업용재산
④ 보존용재산
⑤ 일반재산

해설

[❹ ▶ ○] 보존용재산이란 행정재산의 종류 중 법령이나 그 밖의 필요에 따라 국가가 보존하는 재산을 말한다(국유재산법 제6조 제2항 제4호).

> **국유재산법 제6조(국유재산의 구분과 종류)** ① 국유재산은 그 용도에 따라 행정재산과 일반재산으로 구분한다.
> ② 행정재산의 종류는 다음 각 호와 같다.
> 1. 공용재산 : 국가가 직접 사무용·사업용 또는 공무원의 주거용(직무 수행을 위하여 필요한 경우로서 대통령령으로 정하는 경우로 한정한다)으로 사용하거나 대통령령으로 정하는 기한까지 사용하기로 결정한 재산
> 2. 공공용재산 : 국가가 직접 공공용으로 사용하거나 대통령령으로 정하는 기한까지 사용하기로 결정한 재산
> 3. 기업용재산 : 정부기업이 직접 사무용·사업용 또는 그 기업에 종사하는 직원의 주거용(직무 수행을 위하여 필요한 경우로서 대통령령으로 정하는 경우로 한정한다)으로 사용하거나 대통령령으로 정하는 기한까지 사용하기로 결정한 재산
> 4. 보존용재산 : 법령이나 그 밖의 필요에 따라 국가가 보존하는 재산
> ③ "일반재산"이란 행정재산 외의 모든 국유재산을 말한다.

강학상 공물의 목적에 의한 분류

공공용물	• 일반 공중의 사용에 제공된 공물을 말한다. 도로·하천·공원·해안 등이 그 예이다. • 국유재산법상 '공공용재산'은 공공용물이다.
공용물	• 직접 행정주체 자신의 사용에 제공된 공물을 말한다. 관공서의 청사, 국영철도시설 등이 그 예이다. • 국유재산법상 '공용재산'은 공용물이다.
공적 보존물 (보존공물)	• 공공목적을 위하여 그 물건의 보존이 강제되는 공물을 말한다. 문화유산의 보존 및 활용에 관한 법률상 문화유산(문화재), 산림법상의 보안림이 그 예이다. • 국유재산법상 보존용재산은 공적 보존물이다.

답 ❹

11 국유재산법상 ( )에 들어갈 용어는?

24 행정사 제12회

> ( )(이)란 사용허가나 대부계약 없이 국유재산을 사용·수익하거나 점유한 자(사용허가나 대부계약 기간이 끝난 후 다시 사용허가나 대부계약 없이 국유재산을 계속 사용·수익하거나 점유한 자를 포함한다)에게 부과하는 금액을 말한다.

① 과징금
② 이행강제금
③ 과태료
④ 부담금
⑤ 변상금

해설

[❶ ▶ ×] 과징금이란 행정법상의 의무를 위반한 자에 대하여 당해 위반행위로 얻게 된 경제적 이익을 박탈하기 위한 목적으로 부과하는 금전상 제재를 말한다(본래적 의미의 과징금).

[❷ ▶ ×] 이행강제금이란 행정법상의 부작위의무 또는 비대체적 작위의무의 불이행이 있는 경우에 일정한 기한까지 의무이행이 없을 때에는 일정한 금전적 부담을 과할 뜻을 미리 계고하고 그 기한까지 의무이행이 없는 경우에는 금전납부의무를 부과함으로써(행정기본법 제30조 제1항 제2호 참조), 의무자에게 심리적 압박을 주어 장래를 향하여 의무이행을 확보하려는 간접적인 행정상 강제집행 수단이다.

[❸ ▶ ×] 과태료란 직접적으로 행정목적이나 사회공익을 침해하는 데까지는 이르지 않고 다만 간접적으로 행정상의 질서에 장해를 줄 위험성이 있는 정도의 단순한 의무태만에 대한 제재로서 과하여지는 행정질서벌을 말한다(대결 1969.7.29. 69마400 참조). 과태료는 벌금이나 과료와 달리 형벌의 성질을 가지지 않는 금전벌이다.

[❹ ▶ ×] 부담금이란 특정한 공익사업으로부터 특별한 혜택을 받은 자 또는 이해관계자에 대해 그 사업에 소요되는 경비의 전부 또는 일부를 부담시키기 위해 과하는 공법상의 금전급부 의무를 말한다.

> [참고] 부담금
> 부담금은 조세에 대한 관계에서 어디까지나 예외적으로만 인정되어야 하며, 어떤 공적 과제에 관한 재정조달을 조세로 할 것인지 아니면 부담금으로 할 것인지에 관하여 입법자의 자유로운 선택권을 허용하여서는 안 된다. 부담금 납부의무자는 재정조달 대상인 공적 과제에 대하여 일반국민에 비해 '특별히 밀접한 관련성'을 가져야 하며, 부담금이 장기적으로 유지되는 경우에 있어서는 그 징수의 타당성이나 적정성이 입법자에 의해 지속적으로 심사될 것이 요구된다. 다만, 부담금이 재정조달목적뿐 아니라 정책실현목적도 함께 가지는 경우에는 위 요건들 중 일부가 완화된다(헌재 1998.12.24. 98헌가1).

[❺ ▶ ○] 변상금이란 사용허가나 대부계약 없이 국유재산을 사용·수익하거나 점유한 자(사용허가나 대부계약 기간이 끝난 후 다시 사용허가나 대부계약 없이 국유재산을 계속 사용·수익하거나 점유한 자를 포함한다. 이하 "무단점유자"라 한다)에게 부과하는 금액을 말한다(국유재산법 제2조 제9호).

답 ❺

제3절 공용부담법

12 공용부담 및 공용수용에 관한 설명으로 옳지 않은 것은?(다툼이 있으면 판례에 따름)

15 행정사 제3회

① 공용수용은 당사자와의 협력을 기반으로 하기 때문에 최소침해의 원칙이 적용되지 않는다.
② 공용부담이란 일정한 공공복리를 적극적으로 증진하기 위하여 개인에게 부과되는 공법상의 경제적 부담을 말한다.
③ 판례는 공익사업을 위한 토지 등의 취득 및 보상에 관한 법령에 의한 협의취득을 사법상의 법률행위로 본다.
④ 공용수용에 있어서 사업인정고시가 된 후 권리의 변동이 있을 때에는 그 권리를 승계한 자가 보상금 또는 공탁금을 받는다.
⑤ 헌법재판소는 환매권을 헌법상의 재산권 보장으로부터 도출되는 것으로 보고 있다.

해설

[❶ ▶ ×] 공용수용은 공익사업을 위하여 타인의 특정한 재산권을 법률의 힘에 의하여 강제적으로 취득하는 것이므로 수용할 목적물의 범위는 원칙적으로 사업을 위하여 필요한 최소한도에 그쳐야 한다(대판 2005.11.10. 2003두7507).

[❷ ▶ ○] 공용부담이란 공공복리를 적극적으로 증진하기 위하여 개인에게 부과되는 공법상의 경제적 부담을 말하며, 이는 강제적인 부담이기 때문에 그의 부과는 반드시 법률의 근거가 있어야 한다.

[❸ ▶ ○] 공익사업을 위한 토지 등의 취득 및 보상에 관한 법령에 의한 협의취득은 사법상의 법률행위이므로 당사자 사이의 자유로운 의사에 따라 채무불이행책임이나 매매대금 과부족금에 대한 지급의무를 약정할 수 있다(대판 2012.2.23. 2010다91206).

[❹ ▶ ○] 사업인정고시가 된 후 권리의 변동이 있을 때에는 그 권리를 승계한 자가 보상금 또는 공탁금을 받는다(토지보상법 제40조 제3항).

[❺ ▶ ○] 공용수용된 토지 등에 대한 환매권은 헌법상의 재산권 보장으로부터 도출되는 것으로서 헌법이 보장하는 재산권의 내용에 포함되는 권리이다(헌재 1995.10.26. 95헌바22).

답 ❶

13 공익사업을 위한 토지 등의 취득 및 보상에 관한 법률상 사업인정과 수용재결에 관한 설명으로 옳지 않은 것은?(다툼이 있으면 판례에 따름)   24 행정사 제12회

① 사업인정은 항고소송의 대상이 되는 처분에 해당한다.
② 사업인정에 불가쟁력이 발생한 경우 당연무효가 아닌 한 사업인정의 하자를 이유로 수용재결의 취소를 구할 수 없다.
③ 사업인정은 사업인정이 고시된 날부터 효력을 발생한다.
④ 수용재결은 행정심판의 재결의 성질을 갖는다.
⑤ 수용재결의 효과로서 수용에 의한 사업시행자의 토지소유권 취득은 법률의 규정에 의한 원시취득이다.

해설

[❶ ▸ ○] 사업인정은 그 후 일정한 절차를 거칠 것을 조건으로 하여 사업시행자에게 일정한 내용의 수용권을 설정해 주는 행정처분으로서(대판 1994.11.11. 93누19375), 이에 따라 수용할 목적물의 범위가 확정되고, 수용권자가 목적물에 대한 현재 및 장래의 권리자에게 대항할 수 있는 공법상 권한이 생긴다(대판 2019.12.12. 2019두47629).

[❷ ▸ ○] 사업인정처분 자체의 위법은 사업인정단계에서 다투어야 하고 이미 그 쟁송기간이 도과한 수용재결단계에서는 사업인정처분이 당연무효라고 볼 만한 특단의 사정이 없는 한 그 위법을 이유로 재결의 취소를 구할 수는 없다(대판 1992.3.13. 91누4324).

[❸ ▸ ○] 사업인정은 고시한 날부터 그 효력이 발생한다(토지보상법 제22조 제3항).

[❹ ▸ ×] 수용재결은 (행정심판의 재결이 아니라) 원처분에 해당하고, 수용재결에 대한 이의신청이 준사법적 절차로서 행정심판(특별행정심판)의 성질을 가진다(대판 1992.6.9. 92누565). 토지보상법의 이의신청에 관한 규정은 행정심판법에 대한 특별규정이다.

[❺ ▸ ○] 사업시행자는 '재결시'가 아니라 '수용의 개시일'에 토지나 물건의 소유권을 취득하며, 그 토지나 물건에 관한 다른 권리는 이와 동시에 소멸한다(토지보상법 제45조 제1항). 여기에서 '수용의 개시일'이란 토지수용위원회가 재결로 정한 수용의 효과가 발생하는 날을 말한다. 수용에 의한 사업시행자의 권리취득은 토지소유자와 사업시행자 사이의 법률행위에 의한 승계취득이 아니라, 법률의 규정에 의한 원시취득이다.

답 ❹

제4절 기타 특별행정작용법

14 부동산 가격공시에 관한 법률상 공시지가에 관한 설명으로 옳지 않은 것은?(다툼이 있으면 판례에 따름)

16 행정사 제4회 수정

① 개별공시지가는 국세·지방세 등 각종 세금의 부과, 그 밖의 다른 법령에서 정하는 목적을 위한 지가산정에 사용한다.
② 개별공시지가에 이의가 있는 자는 개별공시지가의 결정·공시일부터 30일 이내에 서면으로 시장·군수 또는 지방자치단체인 구의 구청장에게 이의를 신청할 수 있다.
③ 표준지공시지가는 토지수용에 대한 보상금 산정의 기준이 된다.
④ 표준지공시지가의 결정은 항고소송의 대상인 처분으로 볼 수 없다.
⑤ 표준지공시지가에 이의가 있는 자는 표준지공시지가의 공시일부터 30일 이내에 서면으로 국토교통부장관에게 이의를 신청할 수 있다.

해설

[❶▶○] 시장·군수 또는 구청장은 국세·지방세 등 각종 세금의 부과, 그 밖의 다른 법령에서 정하는 목적을 위한 지가산정에 사용되도록 하기 위하여 시·군·구부동산가격공시위원회의 심의를 거쳐 매년 공시지가의 공시기준일 현재 관할 구역 안의 개별토지의 단위면적당 가격을 결정·공시하고, 이를 관계 행정기관 등에 제공하여야 한다(부동산공시법 제10조 제1항). 「부동산 가격공시 및 감정평가에 관한 법률」이 「부동산 가격공시에 관한 법률(부동산공시법)」로 명칭이 바뀌고, 법 내용도 개정되어 개정법에 맞게 문제를 일부 수정하였다.
[❷▶○] 개별공시지가에 이의가 있는 자는 그 결정·공시일부터 30일 이내에 서면으로 시장·군수 또는 구청장에게 이의를 신청할 수 있다(부동산공시법 제11조 제1항).
[❸▶○] 표준지공시지가는 토지수용에 대한 보상금 산정의 기준이 된다(부동산공시법 제9조 참조).
[❹▶×] 표준지공시지가결정이 위법한 경우에는 그 자체를 행정소송의 대상이 되는 행정처분으로 보아 그 위법 여부를 다툴 수 있음은 물론, 수용보상금의 증액을 구하는 소송에서도 선행처분으로서 그 수용대상 토지 가격 산정의 기초가 된 비교표준지공시지가결정의 위법을 독립한 사유로 주장할 수 있다(대판 2008.8.21. 2007두13845).
[❺▶○] 표준지공시지가에 이의가 있는 자는 그 공시일부터 30일 이내에 서면(전자문서를 포함)으로 국토교통부장관에게 이의를 신청할 수 있다(부동산공시법 제7조 제1항).

답 ❹

15 국가재정법의 내용에 관한 설명으로 옳지 않은 것은?

① 정부는 재정건전성의 확보를 위하여 최선을 다하여야 한다.
② 정부는 「성별영향평가법」에 따른 성별영향평가의 결과를 포함하여 예산이 여성과 남성에게 미치는 효과를 평가하고, 그 결과를 정부의 예산편성에 반영하기 위하여 노력하여야 한다.
③ 한 회계연도의 모든 수입을 세입으로 하고, 모든 지출을 세출로 한다.
④ 예산은 예산총칙·세입세출예산·계속비·명시이월비 및 국고채무부담행위를 총칭한다.
⑤ 정부는 예측할 수 없는 예산 외의 지출에 충당하기 위하여 일반회계 예산총액의 100분의 10 이내의 금액을 예비비로 세입세출예산에 계상하여야 한다.

해설

[❶▸○] [❷▸○] 국가재정법 제16조 제1호, 제5호

> **국가재정법 제16조(예산의 원칙)** 정부는 예산을 편성하거나 집행할 때 다음 각 호의 원칙을 준수하여야 한다.
> 1. 정부는 재정건전성의 확보를 위하여 최선을 다하여야 한다.❶
> 2. 정부는 국민부담의 최소화를 위하여 최선을 다하여야 한다.
> 3. 정부는 재정을 운용할 때 재정지출 및 「조세특례제한법」 제142조의2 제1항에 따른 조세지출의 성과를 제고하여야 한다.
> 4. 정부는 예산과정의 투명성과 예산과정에의 국민참여를 제고하기 위하여 노력하여야 한다.
> 5. 정부는 「성별영향평가법」 제2조 제1호에 따른 성별영향평가의 결과를 포함하여 예산이 여성과 남성에게 미치는 효과를 평가하고, 그 결과를 정부의 예산편성에 반영하기 위하여 노력하여야 한다.❷
> 6. 정부는 예산이 「기후위기 대응을 위한 탄소중립·녹색성장 기본법」 제2조 제5호에 따른 온실가스 감축에 미치는 효과를 평가하고, 그 결과를 정부의 예산편성에 반영하기 위하여 노력하여야 한다.

[❸▸○] 한 회계연도의 모든 수입을 세입으로 하고, 모든 지출을 세출로 한다(국가재정법 제17조 제1항).
[❹▸○] 예산은 예산총칙·세입세출예산·계속비·명시이월비 및 국고채무부담행위를 총칭한다(국가재정법 제19조).
[❺▸✕] 정부는 예측할 수 없는 예산 외의 지출 또는 예산초과지출에 충당하기 위하여 일반회계 예산총액의 100분의 1 이내의 금액을 예비비로 세입세출예산에 계상할 수 있다. 다만, 예산총칙 등에 따라 미리 사용목적을 지정해 놓은 예비비는 본문에도 불구하고 별도로 세입세출예산에 계상할 수 있다(국가재정법 제22조 제1항).

답 ❺

16

국가재정법의 내용에 관한 설명으로 옳지 않은 것은? 25 행정사 제13회

① 예산, 결산 및 기금에 관한 사무는 기획재정부장관이 관장한다.
② 각 회계연도의 경비는 그 연도의 세입 또는 수입으로 충당하여야 한다.
③ 국가의 회계는 통상회계와 임시회계로 구분한다.
④ 한 회계연도의 모든 수입을 세입으로 하고, 모든 지출을 세출로 한다.
⑤ 예산은 예산총칙·세입세출예산·계속비·명시이월비 및 국고채무부담행위를 총칭한다.

해설

[❶ ▶ ○] 예산, 결산 및 기금에 관한 사무는 기획재정부장관이 관장한다(국가재정법 제11조 제1항).

> [참고] 기획재정부의 분리
> 이재명 정부는 '기획재정부'를 '예산처'와 '재정경제부'로 분리하는 방안을 검토하고 있다. 추후 국가재정법이 개정된다면 도서 업데이트 자료를 올려놓을 예정이니 꼭 확인하기 바란다.

[❷ ▶ ○] 각 회계연도의 경비는 그 연도의 세입 또는 수입으로 충당하여야 한다(국가재정법 제3조).
[❸ ▶ ×] 국가의 회계는 일반회계와 특별회계로 구분한다(국가재정법 제4조 제1항).

> **국가재정법 제4조(회계구분)** ① 국가의 회계는 일반회계와 특별회계로 구분한다.
> ② 일반회계는 조세수입 등을 주요 세입으로 하여 국가의 일반적인 세출에 충당하기 위하여 설치한다.
> ③ 특별회계는 국가에서 특정한 사업을 운영하고자 할 때, 특정한 자금을 보유하여 운용하고자 할 때, 특정한 세입으로 특정한 세출에 충당함으로써 일반회계와 구분하여 회계처리할 필요가 있을 때에 법률로써 설치하되, [별표 1]에 규정된 법률에 의하지 아니하고는 이를 설치할 수 없다.

[❹ ▶ ○] 한 회계연도의 모든 수입을 세입으로 하고, 모든 지출을 세출로 한다(국가재정법 제17조 제1항).
[❺ ▶ ○] 예산은 예산총칙·세입세출예산·계속비·명시이월비 및 국고채무부담행위를 총칭한다(국가재정법 제19조).

답 ❸

 합격의 공식 ▶ 온라인 강의

혼자 공부하기 힘드시다면 방법이 있습니다.
시대에듀의 동영상 강의를 이용하시면 됩니다.
www.sdedu.co.kr ➜ 회원가입(로그인) ➜ 강의 살펴보기

행정사

1차 전과목 한권으로 끝내기

행정학개론

끝까지 책임진다! 시대에듀!
QR코드를 통해 도서 출간 이후 발견된 오류나 개정법령, 변경된 시험 정보, 최신기출문제, 도서 업데이트 자료 등이 있는지 확인해 보세요! 시대에듀 합격 스마트 앱을 통해서도 알려 드리고 있으니 구글 플레이나 앱 스토어에서 다운받아 사용하세요.
또한, 파본 도서인 경우에는 구입하신 곳에서 교환해 드립니다.

편집진행 박종필 · 이재성 | **표지디자인** 현수빈 | **본문디자인** 표미영 · 임창규

이 책의 차례

3권 행정학개론

제1장 행정학의 기초이론
- 제1절 행정의 본질 · **006**
- 제2절 행정의 지향과 가치 · **012**
- 제3절 행정학의 특징과 체계 · · · · · · · · · · · · · · · · · · · **019**
- 제4절 시장실패와 정부실패 · **025**
- 제5절 행정학의 주요 이론 · **029**
- 확인학습문제 · **053**

제2장 정책론
- 제1절 정책과 정책학의 본질 · · · · · · · · · · · · · · · · · · · **089**
- 제2절 정책의제와 정책목표 · **096**
- 제3절 정책과정의 참여자와 참여자 간 관계 · · · · **099**
- 제4절 정책분석과 미래예측 · **107**
- 제5절 정책결정 · **115**
- 제6절 정책집행 · **122**
- 제7절 정책평가와 환류 · **128**
- 확인학습문제 · **138**

제3장 조직론
- 제1절 조직과 조직이론 · **168**
- 제2절 조직구조론 · **170**
- 제3절 조직환경론 · **187**
- 제4절 조직관리론 · **190**
- 제5절 조직의 혁신 · **197**
- 확인학습문제 · **205**

제4장 인사행정론

- 제1절 인사행정의 기초이론 · · · · · · · · · · · · · · · · · · **228**
- 제2절 공직(공무원)의 구분 · · · · · · · · · · · · · · · · · · **232**
- 제3절 공무원의 임용 · **234**
- 제4절 공무원의 능력발전 · **238**
- 제5절 공무원의 복지와 사기 · · · · · · · · · · · · · · · · · **242**
- 제6절 공직윤리와 부패 · **244**
- 확인학습문제 · **251**

제5장 재무행정론

- 제1절 예산의 개념과 본질 · **274**
- 제2절 예산의 종류 · **278**
- 제3절 예산제도 · **285**
- 제4절 예산과정 · **290**
- 확인학습문제 · **299**

제6장 행정환류론

- 제1절 행정책임과 통제 · **315**
- 제2절 행정개혁 · **319**
- 제3절 정보화와 행정 · **322**
- 확인학습문제 · **327**

제7장 지방자치론

- 제1절 지방자치의 기초이론 · · · · · · · · · · · · · · · · · · **340**
- 제2절 지방자치단체와 국가의 관계 · · · · · · · · · · · **344**
- 제3절 지방자치단체의 종류, 기관과 사무 · · · · · **347**
- 제4절 지방자치단체의 재정 · · · · · · · · · · · · · · · · · · **352**
- 제5절 지방자치와 주민 · **358**
- 확인학습문제 · **+364**

PART 3 행정학개론

제1장	행정학의 기초이론
제2장	정책론
제3장	조직론
제4장	인사행정론
제5장	재무행정론
제6장	행정환류론
제7장	지방자치론

제 1 장 행정학의 기초이론

학습 Key word

❶ 행정의 개념, 행정과 경영의 비교, 정치행정일원론과 정치행정이원론, 공익 실체설과 과정설, 사회적 자본, 행정의 본질적 가치와 수단적 가치, 행정학의 학문적 성격, 미국 행정학의 형성과 발달과정, 공공서비스의 유형, 시장실패와 정부실패, 과학적 관리론과 인간관계론 등에 대하여 학습한다.
❷ 행태론적 접근방법, 후기행태주의, 생태론, 비교행정론, 리그스의 프리즘 모형, 체제론적 접근방법, 발전행정론, 신행정론, 신제도주의(역사적 제도주의, 사회학적 제도주의, 합리적 선택 제도주의), 포스트모더니즘 행정이론, 신공공관리론, 공공선택이론, 뉴거버넌스이론, 피터스의 거버넌스 모형, 신공공서비스론 등에 대하여 학습한다.

제1절 행정의 본질

I 행정의 개념

1. 넓은 의미의 행정과 좁은 의미의 행정
① 넓은 의미의 행정은 정부의 공행정과 기업의 사행정이 모두 포함되는 보편적 개념이다.
② 좁은 의미의 행정은 행정부의 구조와 공무원을 포함한 정부 관료제를 중심으로 이뤄지는 활동을 의미한다. 기출 13
③ 행정은 공공서비스를 생산하고 공급하며 배분하는 모든 활동을 의미한다(좁은 의미). 기출 20

2. 기능개념
① 행정개념이 기능개념이기 때문에 기능변화와 다양화에 따라 여러 시각으로 설명될 수 있다. 기출 20
② 오늘날에는 행정에 대한 개념해석이 계속 확대되고 있다. 기출 20
③ 오늘날에는 정부가 공공서비스의 생산 및 공급을 독점하는 것이 아닌 시민사회, 시장 등 민간 부문의 참여와 협력이라는 거버넌스(Governance) 개념을 지향해가고 있다. 기출 20

3. 행정의 본질
① 행정의 실체와 역할은 정부를 둘러싼 정치적·사회적·문화적 환경 등의 다양한 환경 속에서 규정된다. 기출 20
② 행정의 영역과 범위는 명확하게 설정되고 있지 않으며 그 한계도 분명하지 않아서 고도로 체계화된 개념화는 어렵다. 기출 20

③ 행정은 행정에 대한 연구대상의 선택이나 연구방법의 변화에 따라 다르게 이해되어 왔다. 기출 20
④ 이윤을 추구하는 경영과 달리 행정은 공익을 지향하며 공공문제의 해결이라는 공공 목적을 달성한다. 기출 20
⑤ 공공서비스의 생산·분배 과정에서 국민의 의견을 존중하고 국민에 대해 책임을 다해야 한다. 기출 20
⑥ 국민의 권리를 제한하고 의무를 부과하는 규제활동은 행정의 본질에 속한다. 기출 14

Ⅱ 행정의 개념적 특성

① **공익성** : 행정에 있어서 의사결정은 공익 실현을 목적으로 한다. 그런데 공익이란 매우 다양한 사회적 가치를 포함하는 개념이기 때문에 행정의 의사결정은 해당 사회의 가치체계와 밀접한 관계를 갖고 있다. 기출 14
② **정치성** : 행정에서 '가치의 권위적 배분'을 강조하는 것은 행정의 정치적 특성을 나타낸다. 이스턴(D. Easton)은 정치를 사회적 가치의 권위적 배분이라고 하면서 행정의 정치적 특성을 강조하였다. 기출 18
③ **체제성** : 행정은 사회환경과 밀접한 관계를 갖고 있다. 즉, 행정은 사회환경으로부터 영향을 받고 영향을 미치는 체제성을 띠고 있다. 기출 14
④ **권력성** : 행정은 특정행위의 이행을 확보하기 위한 권력적 강제수단을 구비하고 있다. 국민의 권리를 제한하고 의무를 부과하는 규제활동은 행정의 본질이다. 기출 14
⑤ **관리성(합리성)** : 행정과 경영은 관리활동이라는 점에서 유사한 활동이라고 할 수 있다.

Ⅲ 행정과 경영의 비교

① 행정과 경영은 관리활동이라는 점에서 유사한 활동이라고 할 수 있으나 그 목적하는 바가 다르다. 행정의 목적은 공익 추구이고, 경영의 목적은 이윤 극대화이다. 즉 행정은 공익추구를 핵심가치로 하지만, 경영은 이윤추구를 핵심가치로 한다. 기출 19·13
② 행정과 경영은 능률성을 추구하는 과정에서 유사한 관리기법을 많이 활용한다. 기출 19
③ 행정은 모든 국민에게 법 앞에 평등원칙이 지배하지만 경영은 고객에 따라 대우를 달리할 수 있다. 즉, 행정은 모든 국민에 대한 평등성이 강조되지만 경영은 이윤 추구 과정에서 고객 간 차별대우가 용인된다. 기출 19·13
④ 행정은 경영보다 더 강한 권력수단을 갖는다. 행정은 특정행위의 이행을 확보하기 위한 권력적 강제수단을 구비하고 있는 반면, 경영은 공리적·경제적 수단이 주된 통제수단이 됨에 그친다. 따라서 상대적으로 행정은 권력적 측면이 강하게 나타나고, 경영은 관리적 측면이 강하게 나타난다. 기출 19·13
⑤ 행정은 공익을 추구하기 때문에 경영보다 상대적으로 엄격한 법적 규제를 받는다. 기출 19·14·13
⑥ 행정은 경영보다 의회, 정당, 이익단체로부터 더 강한 비판과 통제를 받는다. 기출 13
⑦ 행정은 공공성 때문에 그 행위와 책임이 법률에 상세하게 규정되어 있어 엄격한 법적 책임과 규제의 대상이 되며 타율성과 기속성이 강하나, 경영은 운영상의 재량과 자율성이 행정보다 상대적으로 강하다. 기출 14

[행정과 경영의 구별]

구 분	행 정	경 영
주 체	정 부	기 업
목 적	공익 추구	이윤(사익) 추구
정치성	강 함	약 함
권력성	권력적 강제수단	공리적·경제적 수단
서비스의 질	낮 음	높 음
법적 규제	엄격한 법적 규제	약 함
평등성	평등성 강조	차별대우 용인
기술의 변화	둔 감	민 감
능률의 척도	사회적 능률	기계적 능률
독점성	강 함	약 함
공개성	강 함	약 함

Ⅳ 행정과 정치의 관계

1. 정치행정이원론

(1) 성립 배경

① 미국의 경우 19세기 말 정치권력이 행정에 지나치게 개입해 공무원을 정치적으로 임명하는 문제(정당정치의 개입, 엽관주의의 폐해)가 심각해져 이를 극복하고 행정의 능률성을 확보하고자 윌슨(W. Wilson)을 비롯한 초기 행정학자들에 의해 정치행정이원론이 대두되었다. 기출 14

② 과학적 관리론 등 행정개혁운동은 정치행정이원론이 등장하게 된 배경이다.

(2) 특 징

① 정치행정이원론은 정치와 행정을 엄격히 구분하고, 행정에 있어서 정치적 기능(가치판단 및 정책결정기능)을 배제한다(행정의 탈정치화). 기출 18·14

② 윌슨은 행정을 전문적·기술적 영역으로 규정하고, 정부는 효율성과 전문성을 갖추어야 한다고 주장하였다. 행정에 있어서 절약과 능률을 최고 가치로 추구한다(행정관리론). 기출 15

③ 행정과 경영이 차이가 없음을 강조하는 공사행정일원론의 입장을 취한다.

④ 행정관리론은 정치와 행정은 분명히 구별된다는 정치·행정이원론의 입장에 입각해, 행정을 정책집행을 위한 전문적 관리기술로 이해했다.

(3) 주요 학자

① 윌슨(W. Wilson)은 1887년에 발표한 「행정의 연구」를 통해 행정은 부패한 엽관정치로부터 분리되어 경영처럼 효율성을 추구해야 한다는 점을 강조하였다. 행정은 정치가 아닌 경영이라고 하여 정치행정이원론을 주장함으로써 Pendleton법을 이론적으로 뒷받침하였다.

② 굿노우(F. Goodnow)는 1900년 「정치와 행정」에서 행정은 국가의지의 표현이나 결정이 아니라 실천(=집행)하는 것이라고 주장하면서 정치와 행정을 엄격히 구분하였다.

③ 행정을 관리라는 사회기술의 과정 또는 기술 체제로 보는 행정관리론을 주장한 학자로는 윌슨(W. Wilson)과 화이트(L. D. White), 귤릭(L. Gulick), 어윅(L. Urwick), 페이욜(H. Fayol) 등이 있다.
④ 행정관리론은 최고관리자의 운영원리로 POSDCoRB를 제시하였다. POSDCoRB는 1937년에 귤릭(L. Gulick)과 어윅(L. Urwick)이 공저한 「행정과학논총」에서 귤릭이 최고관리자의 7대 기능(능률적인 관리방법)으로 제시한 용어를 말한다. 이에 의하면 POSDCoRB는 행정의 관리적 측면을 강조하는 것이다. POSDCORB은 Planning(기획), Organizing(조직), Staffing(인사), Directing(지휘), Coordinating(조정), Reporting(보고), Budgeting(예산)을 말하는 것으로 행정관리설의 대표적 모형이다. 기출 18

> **정치행정새이원론**
> 사이먼(H. A. Simon) 등 행태주의 학자들은 행정의 정책결정 기능(가치)을 인정한다는 점에서 기존의 정치행정이원론과 구분된다(정치행정새이원론).

2. 정치행정일원론(통치기능론)

(1) 성립 배경
① 1930년대 경제대공황(Great Depression), 뉴딜정책 이후 정부의 적극적 역할이 강조된 시기에 행정의 우월화 현상을 인정한 정치행정이원론이 등장하였다. 기출 15
② 행정국가는 정치행정일원론의 입장에서 설명할 수 있다. 행정국가는 국가권력 중 입법, 사법에 비하여 행정의 역할이 확대되고 주도하는 국가를 말한다. 이러한 행정국가는 행정과 정치는 불가분의 관계에 있다고 보고, 행정의 정치적 기능으로서의 '정책형성기능'을 중시하며, 행정의 적극적 기능과 행정입법의 확대를 지지하는 정치행정일원론의 입장에서 설명할 수 있다. 기출 14

(2) 특 징
① 정치행정일원론은 정치와 행정은 불가분의 관계에 있으므로 둘은 상호배타적이라기보다 서로 협조적 관계에 있다고 보았다. 기출 15·14
② 행정에 있어서 정책수립이라는 정치적·가치배분적 기능이 중시 된다(정책형성기능 중시). 기출 15·14
③ 정치행정일원론은 민주성(= 사회적 능률성), 대응성, 책임성을 강조하였다.
④ 정치행정일원에서는 행정 책임과 행정에 대한 민주적 통제를 강조하였다.

(3) 주요 학자
① 디목(M. E. Dimock), 애플비(P. H. Appleby) 등에 의해 주장되었다. 기출 15
② 애플비(P. H. Appleby)는 「정책과 행정」(1949) 정치와 행정은 단절적 관계가 아니라 연속적·융합적·정합적 관계임을 강조하고 행정에서의 정치성과 권력성을 강조하였다(통치기능설).

> **정치행정새일원론**
> 1940년대 통치기능설이 정치우위론적 일원론이라면, 발전행정론은 행정우위론적 일원론이다(정치행정새일원론).

[정치행정이원론과 정치행정일원론의 비교]

구 분	정치행정이원론	정치행정일원론
의 미	행정은 정책의 집행 또는 관리	행정은 정책형성 및 정책집행
성립시기	19세기 근대입법국가	20세기 현대행정국가
학 자	윌슨, 화이트, 굿노우 등	디목, 애플비 등
정치와의 관계	행정의 정치적 성격 부정	행정의 정치적 성격 인정
배 경	엽관제 극복을 위한 정치와 행정의 분리	경제대공황 등 시장실패에의 대응
가치와 사실	가치를 배제하고 사실에 한정	가치와 사실의 혼합
행정학의 성격	과학성 강조	기술성 강조
이 념	합법성, 능률성(= 기계적 능률성)	민주성(사회적 능률성), 대응성, 책임성
관련 행정이론	과학적 관리론, 실적주의, 관료제	기능적 행정학, 발전행정론, 신행정론
책임과 통제	외재적 책임과 외부적 통제 중시	내재적 책임과 내부적 통제 중시

V 사회적 자본

1. 배 경

사회적 자본(Social Capital)은 사회문제를 해결하기 위한 구성원들의 신뢰와 협력현상을 말하는 것으로 1990년대 거버넌스와 함께 발달하였다. 따라서 전통적인 행정이론과는 관련이 없다.

2. 개 념

사회적 자본(Social Capital)은 인적·물적 자본과는 구분되는 사회적 관계 속에 존재하는 자본으로 '사회구성원들이 공동의 문제를 해결하는 데 적극적으로 참여하는 사회의 조건 또는 특성'을 의미한다. '사회적 조건 또는 특성'이란 '상호 신뢰', '호혜주의', '친사회적 규범', '협력적 네트워크' 등을 의미하며, 이러한 특성이 사회적 자본의 핵심 구성요소가 된다. 기출 15

3. 사회적 자본의 특징(효용과 한계)

① 사회적 자본은 구성원 사이의 상호신뢰를 바탕으로 하는 구성원간 호혜주의 규범으로 이타주의나 공동체를 위한 대가 없는 봉사가 아니다. 사회적 자본은 거시적 차원에서 공공재의 속성을 가지고 있다.
② 사회적 자본의 교환관계는 동등한 가치의 등가교환이 아니고, 지속적인 교환과정을 거쳐서 유지되고 재생산된다.
③ 사회적 자본은 스스로 창출되면서도 오랜 기간에 걸쳐 구축되고 나면 짧은 기간 내에 쉽게 사라지지 않는 성격을 가진다(지속성).
④ 사회적 자본은 사용할수록 더욱 증가하는 포지티브 섬(positive-sum) 관계로 나타난다. 반면, 인적·물적 경제자본은 사용할수록 더욱 감소하는 네거티브 섬(negative-sum) 관계이다.
⑤ 사회적 자본은 조정과 협동을 용이하게 만들어 거래비용을 감소시키는 긍정적 효과가 있다(가외성의 필요성 최소화).

⑥ 사회적 자본은 협력적 행태를 촉진할 뿐만 아니라 혁신적 조직발전에 기여한다.
⑦ 사회적 자본은 사회적 규범 또는 효과적인 사회적 제재력을 제공한다.
⑧ 사회적 자본은 집단결속력으로 인해 다른 집단과의 관계에 있어서 부정적 효과를 나타낼 수도 있다(집단 이기주의 등).
⑨ 세계은행은 개발도상국 개발사업에 사회적 자본개념을 활용하고 있다.

4. 관련 학자

① 사회적 자본에 대해 정의를 한 학자로는 퍼트남(R. D. Putnam), 후쿠야마(F. Fukuyama), 부르디외(P. Bourdieu) 등이 있다. 기출 15
② 퍼트남(R. Putnam)은 사회적 자본에 있어 네트워크, 규범, 신뢰를 강조하였다(금융, 교육, 소득 등 물질적·경제적 요인은 사회적 자본과 관계없음). 퍼트남(R. D. Putnam)은 이탈리아에서 사회자본(시민공동체의식)이 지방정부의 제도적 성과 차이를 잘 설명한다고 주장했다.
③ 후쿠야마(F. Fukuyama)는 국가의 경쟁력은 사회에 내재하는 신뢰수준이 결정한다고 보면서, 한국사회에 만연한 불신은 사회적 비효율성의 원인이라고 하였다.
④ 부르디외(P. Bourdieu)는 사회적 자본을 미시적으로 접근하여 '서로 알고 지내는 사이에 지속적으로 존재하는 네트워크를 통하여 얻을 수 있는 실제적이고 잠재적인 자원의 합계'로 정의하였다.

Ⅵ 행정의 변천

1. 정부관의 변청흐름

① 19세기 근대 자유주의 국가는 국가의 역할을 국방·치안·외교 등에 국한하는 '야경국가'를 지향하였다.
② 경제대공황 이후 케인즈주의, 루즈벨트 대통령의 뉴딜정책은 시장실패를 해결하기 위한 정부의 개입과 큰 정부관을 강조하였다.
③ 영국의 대처리즘, 미국의 레이거노믹스는 신자유주의의 공급경제학에 바탕을 둔 작은 정부를 지향했다.
④ 하이에크(Hayek)는 신자유주의의 시조로 「노예의 길」에서 정부실패를 비판하고 작은 정부를 강조했다.

2. 작은 정부론와 큰 정부론

(1) 큰 정부론

① 큰 정부의 등장은 대공황 등 경제위기 속에서 시장에 대한 정부의 적극적 개입을 통해 대공황을 극복해야 한다는 케인즈주의에 사상적 기반을 두고 있다.
② 경제 대공황 극복을 위하여 등장한 뉴딜 정책과 함께 2차 세계대전 등 전쟁은 큰 정부가 탄생하는 데 결정적인 영향을 주었다.
③ 시장실패에 대한 대응으로 나타난 큰 정부는 규제를 강화하고 사회보장, 의료보험 등 사회정책을 펼침으로써, 정부의 적극적 역할을 강조하였으며, 이러한 이유로 정부의 규모가 커졌다.
④ 공공재는 시장에서 적절하게 제공되지 못하므로 정부가 제공해야 한다는 주장은 시장에 대한 정부의 개입을 강조한다.

(2) 작은 정부론

① 작은 정부를 주장하는 하이에크는 케인즈의 주장을 반박하며, 정부의 시장 개입은 단기적 경기 부양에는 효과적일 수 있어도 장기적으로는 시장의 효율성을 심각하게 훼손한다고 주장하였다.
② 정부실패 이후 신자유주의적 관점에서 작은 정부를 지향하는 것은 신공공관리론이다. 신공공관리론은 정부실패를 해결하기 위하여 규제완화, 민영화, 감축관리 등을 통하여 행정기능을 감축하고 민간기업의 시장논리를 도입하려는 새로운 행정패러다임을 의미한다.
③ 작은 정부론은 정부의 개입이 초래하는 대표적 정부실패의 사례로 독점으로 인해 발생하는 X-비효율성을 제시한다.
④ 작은 정부론자는 "비용과 편익의 괴리(절연)"를 정부실패의 사례로 제시하고, 이를 치유하기 위해서는 정부가 시정에 개입하지 않는 작은 정부를 지향해야 한다고 한다.
⑤ 작은 정부론은 민영화의 확대를 주장하지만, 또 다른 시장실패를 유발할 수 있다는 점에서 네트워크 거버넌스의 필요성이 제기되기도 한다.

제2절 행정의 지향과 가치

I 공익

1. 공익의 개념
① 공익이란 사회구성원들이 일반적으로 그 정당성을 인정하는 사회 전체의 이익을 말한다.
② 공익은 행정이 추구해야 할 본질적 가치로서 행정작용의 규범적 기준이 된다.

2. 공익 실체설과 공익 과정설

(1) (공익) 실체설
① 실체설은 공익이 사익을 초월하여 선험적·규범적인 것으로 존재한다고 본다. 실체설은 정의 또는 공동선과 같은 절대가치를 공익으로 본다. 기출 18
② 실체설에서 공익이란 특정인이나 집단의 특수이익이 아니라 사회 구성원이 보편적으로 공유하는 이익이다. 실체설은 사회 전체이익을 최대화 한 것이 공익이라는 입장이다[단, 개인의 사익의 합 ≠ 전체이익(공익)].
③ 실체설은 공익이 행정의 구체적인 지침이 될 수 있다고 본다. 기출 23
④ 플라톤(Plato), 롤스(Rawls), 칸트(Kant), 루소(Rousseau)는 공익의 실체설을 주장한 대표적 학자들로 공익을 선험적인 것으로 본다.
⑤ 실체설은 엘리트주의(선량주의)나 국가주의와 연관된다.

> **□ 절충적 실체설**
> 사회 구성원의 개별적 이익을 모두 합한 전체이익을 최대화한 것이 공익이다. 전체효용의 극대화를 강조하는 입장으로서 사회구성원의 효용을 계산한 다음에 전 구성원의 총효용을 극대화함으로써 공익에 도달할 수 있다고 본다.

(2) (공익) 과정설

① 과정설은 사익을 초월한 별도의 공익 실체를 존재를 부정한다. 과정설은 공익이란 사익의 총합이거나 수많은 사익 간의 갈등의 조정·타협의 소산물 또는 민주적 정치체제 내의 개인과 집단 간 정치활동의 결과물이라는 견해이다. 기출 18
② 과정설은 공익은 선험적인 개념(절대가치)이 아닌 사회집단 간 대립·투쟁·협상·타협의 과정에서 도출되는 산물에 불과하다는 입장이다. 기출 23
③ 과정설에 의하면 공익과 사익은 본질적인 차이가 있는 것이 아니라 상대적·양적 차이가 있는 것에 불과하므로 개인의 사익 추구가 결과적으로 공동체의 선을 최대한 증대시키는 결과가 되고(공익 = 사익의 총합), 여러 사회집단의 대립과 협상과정에서 결과적으로 다수 이익에 일치되는 것이 공익으로 도출된다. 기출 18
④ 적법절차의 준수에 의해 공익이 보장된다. 사익이 공익으로 전환되는 민주적·기계적 과정을 중시하는 것이 과정설의 입장이다. 민주적 조정 과정을 중시하는 과정설은 개발도상국보다는 선진국에서 설명력이 더 높다.
⑤ 과정설에서는 개인이나 집단 사이의 이해를 조정하는 행정의 조정자 역할을 강조한다. 기출 23
⑥ 「지방재정법」에 규정된 주민참여예산제도의 준수를 통해 지방자치단체의 예산을 배분하는 것은 과정설의 입장에 의해 설명할 수 있다. 기출 23
⑦ 과정설은 개인주의·다원주의 관점을 취한다.

Ⅱ 행정이 추구하는 이념(가치)

1. 개 설

① 행정이 추구하는 이념은 시대와 상황에 따라 강조점을 달리해 왔으나 대체로 민주성, 능률성, 합법성, 효과성, 형평성 등이 주장되었다. 기출 13
② 행정이 추구하는 가치(이념)에는 본질적 가치와 수단적 가치가 있다.

2. 본질적 가치

행정의 본질적 가치는 시대 흐름과 무관하게 중시되는 가치로서 행정을 통해 이루고자 하는 궁극적 가치로 공익성, 자유, 정의, 형평성 등이 이에 해당한다.

본질적 가치	수단적 가치
공익성, 자유, 정의, 형평성(사회적 형평성), 평등(가치의 평등한 배분), 복지	합법성, 능률성(효율성), 민주성, 합리성, 효과성, 가외성, 생산성, 신뢰성, 투명성 등

(1) 정 의

1) 개 념

정의란 역사가 오래된 가치개념으로 여러 학자들에 의해 다양하게 정의되어 왔다. 아리스토텔레스(Aristoteles)는 '동등한 사람이 똑같은 배당을 받는 것'으로 규정하였으며, 롤스(J. Rawls)는 정의를 '공평(fairness)'으로 풀이하였다.

2) 롤스(J. Rawls)의 정의론

롤스는 무지의 베일(veil of ignorance)에 가려진 원초적 자연 상태에서 구성원들이 합의하는 규칙 또는 원칙이 공정할 것이라고 가정하는 사회계약론적 전통에 따른다.

3) 롤스(J. Rawls)의 정의론의 기본원리

롤스(J. Rawls)는 정의의 두 가지 원리를 주장하였다.

① 정의의 제1원리 : 기본적 자유의 평등원리(= 동등한 자유의 원리). 누구나 다른 사람의 자유를 침해하지 않는 범위 내에서 자신의 자유를 최대한 동등하게 누릴 권리가 인정되어야 한다.

② 정의의 제2원리 : 기회균등의 원리와 차등의 원리로 구성된다.
  ㉠ 기회균등의 원리 : 직무와 직위는 모든 사람에게 공정하게 개방되어야 한다(기회의 균등).
  ㉡ 차등의 원리 : 사회적(권력)·경제적(부) 평등은 사회에서 가장 혜택을 받지 못한 사람에게 최대한의 혜택이 돌아가도록 해야 한다는 것을 말한다[최소극대화의 원리, 최대최소 원칙(maximin principle)]. 차등의 원리는 정당한(정의로운) 저축원리와 양립하는 범위 안에서 최소수혜자에게 이득이 되어야 한다는 것이다. 차등의 원리는 사회적으로 최소의 혜택을 받는 사람들에게 차별적 이익을 제공하는 이론적 근거를 제공한다. 기출 18

> □ 저축의 원리
> 저축의 원리는 정의의 제2의 원리 중 차등의 원리를 구현함에 있어서 이익의 일정 부분은 장래 세대의 복지를 위하여 저축 내지 유보되어야 한다는 '정의로운 저축원리'를 부정하지 않는다는 것이다.

③ 원리 간의 관계 : 제1원리와 제2원리가 충돌할 때에는 제1원리가 제2원리에 우선하고, 제2원리 내에서 충돌할 때에는 기회균등의 원리가 차등의 원리에 우선한다.

4) 롤스(J. Rawls)의 정의론의 특징

① 롤스의 정의론은 전통적 자유주의와 사회주의의 양극단을 지양하고, 자유와 평등의 조화를 추구하는 중도적 입장을 취하고 있다.

② 정의를 공평으로 풀이하면서 배분적 정의가 평등원칙에 입각해야 함을 강조한다.

③ 사회의 모든 가치는 평등하게 배분되어야 하며, 불평등한 배분은 그것이 사회의 최소수혜자에게 더 유리한 경우에 정당하다고 본다.

④ 롤스의 정의론은 자유와 평등의 조화를 추구하는 입장으로서 신행정론의 등장 이후 사회적 형평성 논의에 많은 영향을 미쳤다.

(2) 형평성(사회적 형평성)

① 형평성은 공정성, 사회적 정의와 거의 같은 의미로 쓰인다. 형평성 이념은 다수결이나 공리주의적 계산에서 배제되고 사회적으로 최소의 혜택을 받는 사람들에게 차별적 이익을 제공할 수 있는 규범적 가치이다. 기출 18

② 행정이념으로서 사회적 형평성은 1960년대 말 미국에서 가치중립적인 행태론 등이 철학의 부재, 가치판단의 결여 등으로 격동기의 현실 사회문제를 해결할 능력이나 적실성이 없어 사회적인 불평등을 심화시켰다고 비판한 신행정론에 의하여 강조되기 시작하였다.

③ 형평성(사회적 형평성)이란 '동등한 것을 동등하게 취급하는 것'(수평적 형평성)과 '동등하지 않은 것을 서로 다르게 취급하는 것'(수직적 형평성)을 의미한다.

　㉠ 수익자 부담원칙은 수익을 얻은 사람이 비용부담을 하는 것으로 수평적 형평성과 관계가 깊고, 대표관료제는 사회적 약자들을 우대임용하는 임용할당제이므로 수직적 형평성과 관계가 깊다.

　㉡ 장애인들에게 특별한 세금감면 혜택을 부여하는 것은 사회적 약자에게는 특별한 배려를 함으로써 다른 것은 다르게 다루어야 한다는 수직적 형평성에 부합하는 제도이다.

　㉢ 정부의 환경보존사업에 필요한 비용을 공채발행으로 조달하여 다음 세대에게 그 부담을 전가하는 것은 세대 간 수직적 형평성에 해당한다.

> **□ 욕구이론과 실적이론**
> - **욕구이론**: 인간의 기본욕구 충족과 최소한의 평등 확보 측면에서 욕구이론은 수평적 형평에 대한 유용한 기준을 제시한다.
> - **실적이론**: 실적의 차이에 따른 차등적 배분의 정당성을 뒷받침하는 실적이론은 수직적 형평의 관념을 바탕으로 하고 있다.
>
> | 구 분 | 이 념 | 형평성의 개념 | 성 격 | 예 |
> |---|---|---|---|---|
> | 욕구이론 | 사회주의 | 수평적 형평
(같은 것은 같게) | 인간의 존엄,
기본적 욕구 강조 | 공개경쟁채용, 비례세 |
> | 실적이론 | 자유주의 | 수직적 형평
(다른 것은 다르게) | 능력·실적의 차이 강조 | 할당임용제, 누진세 |

3. 수단적 가치

행정의 수단적 가치는 본질적 가치를 달성하기 위한 수단이 되는 가치로 민주성, 합법성, 합리성, 능률성(효율성), 효과성, 생산성, 투명성, 가외성, 신뢰성 등이 이에 해당한다. 기출 13

(1) 민주성

1) 개념 및 등장 배경

① 행정의 민주성은 대외적 민주성과 대내적 민주성으로 구분된다. 대외적 민주성이란 국민을 위한 행정을 말하고, 대내적 민주성이란 정부 내부 의사결정 과정의 민주성을 말한다.

② 행정의 민주성이란 대외적으로 정부가 국민의사를 존중하고 수렴하는 책임행정의 구현을 의미하며, 대내적으로는 행정조직 내부 관리 및 운영의 민주화를 의미한다.

③ 1930년대를 분수령으로 하여 정치행정이원론의 지양과 정치행정일원론으로 전환과 때를 같이해서 행정에서 민주성의 이념이 대두되었다.

2) 민주성을 확보하기 위한 방안
① 행정의 대외적 민주성을 확보하기 위한 방안으로 행정인의 행정윤리 확립, 책임행정의 확보, 일반국민의 행정 참여, 부당한 침해에 대한 제도적 구제장치 등이 있다.
② 행정의 대내적 민주성을 확보하기 위한 방안으로 하의상달, 민주적 리더십, Y이론, 참여와 분권, 탈관료제 등이 있다.

(2) 합법성
① 합법성(legality)이란 법률적합성, 법에 의한 행정, 법에 근거한 행정, 즉 법치행정을 의미한다. 합법성을 강조하면 절차적 민주성과 법 앞의 평등이 보장되므로 민주주의를 저해하지 않는다.
② 합법성은 행정학 성립 이전인 법치행정의 원리가 지배하였던 19세기 법치국가(입법국가)에서 의회가 제정한 법에 의하여 행정권의 자의적인 발동이나 재량권을 억제함으로써 국민의 자유와 권리를 최대한 보장하기 위하여 강조된 가치이다. 기출 14
③ 적극적 의미의 합법성(실질적 합법성)은 입법의 의도나 목적을 달성하기 위하여 상황에 따라 법률을 신축성 있게 적용하는 법의 적합성을 강조하고, 소극적 의미의 합법성(형식적 합법성)은 상황에 무관하게 법을 예외 없이 적용하는 법의 안정성을 강조한다.
④ 합법성을 지나치게 강조하는 경우 목표의 대치(동조과잉)나, 형식주의의 폐단을 가져올 수 있다.

(3) 합리성
① 합리성은 어떤 행위가 궁극적 목표 달성의 최적 수단이 되느냐의 여부를 가리는 개념이다. 이러한 근대 이후의 합리성은 베버(M. Weber)에 의하여 정립되었으며, 목적 그 자체보다는 수단과 연관된 개념이다.
② 합리성은 본질적 행정가치보다는 수단적 행정가치에 포함된다.
③ 개인적 합리성의 추구가 반드시 집단적 합리성으로 연결되는 것은 아니다.
④ 사이먼은 합리성을 내용적 합리적(substantive rationality, 실질적 합리성)과 절차적 합리성(procedural rationality)으로 구분하였다.
　㉠ 내용적 합리성 : 선택된 수단이 목표에 적합한 것인지의 정도를 말한다. 목표에 비추어 적합한 행동이 선택되는 정도를 의미한다.
　㉡ 절차적 합리성 : 행동대안을 선택하기 위하여 사용된 절차가 인간의 인지능력과 여러 가지 한계에 비추어 보았을 때 얼마만큼 효과적이었는가의 정도를 의미한다. 절차적 합리성은 주관적 합리성이라고도 하는데 주어진 여건 속에서 가능한 최선의 대안을 선택하는 합리성을 말한다. 사이먼(Simon)은 결정자의 인지능력의 한계, 상황의 불확실성 및 시간의 제약 때문에 제한적 합리성 하에서 결정이 이루어진다고 주장한다. 기출 17

(4) 능률성(효율성)

1) 개념 및 등장 배경
① 능률성(효율성, Efficiency)은 투입 대비 산출의 비율을 의미하는 것으로서, 목표와 무관하게 자원을 낭비 없이 사용하는 것을 의미한다. 능률성이 높은 행정이란 최소의 투입으로 최대의 산출을 내는 행정을 의미한다. 기출 23
② 능률성은 19세기 말 행정학의 성립시기에 엽관주의의 폐해인 행정의 비능률과 예산낭비를 극복하기 위한 행정개혁운동으로 공공부문에 과학적 관리법이 도입되면서 중시되었다. 기출 19

2) 능률성의 종류 : 기계적 능률성(효율성)과 사회적 능률성(민주성)
① 기계적 능률성(효율성)은 투입 대 산출의 비율을 금전적인 수치로 파악하려는 고전적 능률성이며, 사회적 능률성은 인간의 존엄, 사회문제해결, 다양한 가치의 조화 등 사회 전반적 관점에서 효율을 접근하는 것이다.
② 기계적 능률성(효율성)은 정치행정이원론 시대에 과학적 관리론이 행정학에 도입되면서 귤릭(Gulick)이 강조한 개념이다. 사이먼(Simon)은 기계적 능률성을 대차대조표적 효율성이라고 표현하면서 성과를 계량화하여 객관적인 기준에 따라 효율성을 평가한다고 보았다.
③ 사회적 능률성(효율성)은 1930년대 경제대공황 이후 통치기능론자 디목(M. Dimock)과 메이요(Mayo) 등이 주장한 이념으로 행정에 의한 사회문제의 해결, 다양한 가치의 조화 등을 중시한 사실상 민주성에 가까운 개념이다(통치기능론, 정치행정일원론). 기출 14

(5) 효과성

1) 개념 및 등장 배경
① 효과성(effectiveness)은 목표 대비 산출의 비율, 즉 목표달성도(= 사회문제의 해결 정도)를 의미하는 개념으로 효과성이 높은 행정은 목표를 성취하는 능력이 큰 행정을 의미한다. 기출 23
② 효과성(effectiveness)은 1960년대 이후 발전 행정적 사고가 지배적일 때 행정의 발전 목표를 사전적·계획적·의도적으로 계획하여 이러한 목표를 달성하려는 데 최대 관심을 두면서 강조된 행정 가치이다(발전행정론). 기출 14

2) 효율성과 효과성의 관계
① 효율성(능률성)이 높아도 효과성은 낮을 수 있으며, 효과성이 높더라도 효율성은 낮을 수 있다. 따라서 효율성은 효과성의 필요충분조건이 아니다. 기출 23·18
② 효율성은 투입 대 산출의 비율로 수단적·과정적 측면에 중점을 두는 반면, 효과성은 목표에 대한 산출의 비율(목표달성도)로써 기능적·결과적 측면에 중점을 둔다.
③ 효과성을 추구하는 과정에서 능률성의 희생이 발생할 수 있다. 효과성은 목표달성도이고 능률성은 투입에 대한 산출의 비율을 의미하므로 양자는 상충될 수 있다.
④ 효과성, 능률성, 민주성은 모두 행정의 수단적 가치에 해당한다. 기출 23

(6) 투명성
① 투명성이란 정부의 의사결정과 집행과정 등 다양한 공적 활동이 정부 외부로 명확하게 공개되는 것을 의미한다.
② 투명성은 정보공개 뿐만 아니라 정보에 대한 접근권까지 포함하는 개념이다.
③ 민원처리 과정을 온라인으로 공개함으로써 과정의 투명성을 확보할 수 있다. 기출 14

(7) 가외성(Redundancy)
① 가외성은 행정에 있어서 중첩이나 여분·초과분을 의미한다. 가외성의 특성 '중첩성'은 동일한 기능을 여러 기관들이 독자적인 상태에서 수행하는 것을 뜻한다. 기출 14
② 가외성은 1960년대 정보과학, 컴퓨터 기술, Cybernetics이론 발달과 함께 논의되고, 란다우(M. Landau)가 불확실성 시대의 정책 실패에 대비하기 위한 장치로 행정학에 도입하였다(1969년).
③ 가외성이 적용된 사례로 권력분립, 부통령제, 양원제, 재판의 3심제, 대통령의 거부권, 연방주의, 위원회제, 계선과 막료 등을 들 수 있다(만장일치, 계층제는 해당 ×).
④ 가외성은 안정된 상황보다는 위기상황이나 불확실한 상황하에서 실패의 확률을 감소시켜 행정의 적응성, 신뢰성, 안정성, 창조성을 증진시키려는 전략적 가치로서의 효용이 있다. 따라서 환경의 불확실성이 커질수록 가외성의 필요성은 증가한다. 기출 14
⑤ 가외성은 비용 및 규모의 증가로 인한 능률성, 경제성, 효율성과의 충돌의 우려가 있어, 작고 효율적인 행정개혁을 저해할 수 있다. 기출 14
⑥ 가외성은 능률성과 상충관계에 있다. 가외성이 0인 상태가 가장 능률적인 상태이다.
⑦ 가외성은 중첩과 중복으로 인한 기능상 충돌 가능성 및 책임의 모호성을 초래할 우려가 있다.

[행정이념의 종류와 변천] 기출 24

이 념	개 념	시기 및 행정이론	시대적 배경
합법성	법률 적합성	19세기 관료제이론	입법국가
절약과 능률성 (기계적 능률성)	산출/투입 (투입 대비 산출의 비율)	1900년대 행정관리론 (과학적 관리론)	행정학 성립기
민주성 (사회적 능률성)	국민을 위한 행정(대응성)	1930년대 통치기능론 (인간관계론)	행정국가
합리성	목표에 대한 수단의 적합성	1940년대 행태론	
효과성	목표달성도	1960년대 발전행정론	
사회적 형평성	서비스의 공평한 배분정도 (소외계층 위주의 행정)	1970년대 신행정론	
생산성(효율성)	능률성 + 효과성	1980년대 신공공관리론	신행정국가
신뢰성	정부에 대한 국민의 믿음	2000년대 뉴거버넌스론	
공익성	국민에 대한 봉사	2000년대 신공공서비스론	

□ **효율성(생산성) = 능률성 + 효과성**
전통적 개념으로 효율성은 능률성과 동의어로 사용되었으나, 오늘날 공공행정 부문의 생산성(효율성)은 최소의 비용과 노력으로 최대의 산출을 얻으면서도 산출물이 당초의 목표를 어느 정도 달성했는가를 나타내는 능률성과 효과성을 합한 개념으로 이해한다. 능률성과 효과성은 항상 일치하는 것은 아니므로 이를 조화시키고자 하는 이념이 생산성이며 국내학자들은 이를 효율성으로 본다.

제3절 행정학의 특징과 체계

I 행정학의 학문적 성격

1. 종합학문적 성격
행정학은 정치학, 경제학, 경영학, 사회학, 법학, 심리학 등의 이론과 지식을 접목하여 사용하고 있다. 즉, 행정학은 다른 학문으로부터 많은 이론과 지식을 받아들여 종합학문적인 성격을 지니고 있다[간학문적 성격, 학제 간(interdisciplinary) 성격]. 기출 19·18·13

2. 기술성과 과학성의 종합
① 행정학은 시민사회, 정치집단, 시장과의 상호작용 속에서 공공가치의 달성을 위해 정부가 수행하는 정책이나 관리활동에 대한 지식과 이론을 구축하는 것(과학성)과 이러한 지식과 이론을 바탕으로 적실성 있는 처방과 실천으로 공공가치를 실제로 구현해 나가는 것(기술성)을 모두 연구대상으로 한다. 기출 13 즉, 행정학은 과학성(진단, 검증, 이론)과 기술성(처방, 실현, 실제)의 두 가지 측면을 가지고 있다.
② 행정학에서 기술성을 중요하게 생각하는 것은 윌슨(W. Wilson)의 행정(공공)관리론, 이스턴(D. Easton)의 후기행태주의, 왈도(D. Waldo)의 신행정학 등이다. 상대적으로 사이먼(H. A. Simon)은 과학성을, 왈도(D. Waldo)는 기술성을 더 강조하였다. 기출 19
③ 행정학에서 과학성은 행태주의에 의해 중요하게 제기되었다. 사이먼(H. A. Simon) 등 행태주의 학자들은 행정학의 연구에서 처방보다는 학문의 과학화에 역점을 두고 가설의 경험적 검증 등을 강조했다. 기출 19

- 사이먼(H. A. Simon)은 과학성을 강조하였으나 기술성을 부정하지는 않았다.
- 사이먼(H. A. Simon)이 'practice'란 용어로 지칭한 기술성은 정해진 목표를 어떻게 효율적으로 달성하는가 하는 방법을 의미한다. [왈도(D. Waldo)의 기술성 : 문제처방행위(art)]

3. 보편성과 특수성
① 행정이론의 적용은 일반적 법칙성이라는 '보편성'의 문제와 개별체제의 정치·사회·문화적 맥락이라는 '특수성'을 동시에 고려해야 한다.
② 행정학의 과학성을 강조하는 사람들은 행정현상의 보편적인 원칙을 인정한다. 기출 19

4. 이론과 실제의 통합 지향
① 행정학은 실증학문일 뿐만 아니라 가치지향적인 규범학문의 성격도 지닌다. 기출 18
② 행정학은 사실에 기초한 과학성과 가치에 기초한 규범성을 동시에 고려하여야 하므로 이론과 실제의 통합을 지향하게 된다. 기출 13

Ⅱ 미국행정학의 형성과 발달과정

1. 미국행정학의 태동
① 1883년 제정된 펜들턴법(Pendleton Act)은 엽관주의 폐단을 막고 실적주의 확립을 위하여 공개경쟁시험제도를 도입하고 공무원의 정치활동금지 및 중앙인사기구의 설치 등을 규정하였다. 기출 21
② 1887년 윌슨(W. Wilson)은 펜들턴법을 이론적으로 뒷받침하기 위하여 「행정의 연구(The Study of Administration)」에서 행정의 본질은 정치가 아니라 관리의 영역이라고 주장하였다(행정관리론, 정치행정이원론). 기출 21

2. 정통 행정학(고전기 행정학)의 성립·발전
① 1920년대에서 1930년대에 걸쳐 능률에 기초한 관리를 주장하는 정통 행정학의 모습을 갖추게 되었다(행정관리론). 기출 21
② 기술적 행정학이라고 불리는 미국의 고전기 행정학은 인간의 합리성과 경제성을 가정하여 조직인을 이해타산적 존재로 인식하였다.
③ 고전기 행정학은 행정은 정치가 아니라 경영이라고 주장하며 정치와 행정의 분리를 주장하였다(정치행정이원론).
④ 정치행정이원론에 입각하여, 가치중립성과 기술적 수단성을 강조하였다.
⑤ 고전기 행정학은 행정을 관리작용으로 보고 절약과 능률을 최고의 가치로 삼았다(행정관리설).
⑥ 행정관리론은 과학적 관리론, 고전적 관료제론 등과 함께 행정학의 출범 초기에 학문적 기초를 쌓는 데 크게 기여했다.

3. 정치행정일원론(통치기능론)
① 1930년대 경제대공황(Great Depression), 뉴딜정책 이후 정부의 적극적 역할이 강조된 시기에 발달되었다. 행정의 우월화 현상을 인정한 정치행정이원론이 등장하였다. 기출 15
② 디목(M. E. Dimock), 애플비(P. H. Appleby) 등에 의해 주장된 정치행정일원론은 행정을 정치와 불가분의 관계에 있다고 보고, 행정의 정치적 기능으로서의 정책형성기능(가치판단 및 정책결정 기능)을 중시하였다. 기출 21
③ 통치기능설의 영향으로 행정학의 정체성 위기가 처음 등장하였다. 신행정론, 공공선택론은 행정학의 정체성의 위기를 극복하려고 시도하였다. 기출 19
④ 행정 관료의 정책형성에 대한 영향력 증가는 국민이 선출한 입법부에 의한 행정부 통제와 견제 기능에 한계를 초래하여 결국 대의민주제의 정치적 책무성(political accountability)을 약화시키는 문제를 가져온다. 기출 18

4. 행태주의

① 1940년대 사이몬(H. A. Simon)에 의하여 체계화된 행정행태론(행태주의)은 행정학 연구에 있어 자연과학적 연구방법(논리실증주의)을 도입하여 행정연구의 과학화를 주장하였다.
② 행태주의는 기본적으로 행정을 존재(sein)의 영역으로 보고, 최대한 가치(value)의 영역을 배제하고 사실(facts)을 바탕으로 연구하려는 입장이다. 기출 21

5. 행정학 이론의 변천

시기	이론	학자	특징
1880	과학적 관리론	테일러(Taylor)	행정학 성립기 고전적 행정이론
1930	인간관계론	메이요(Mayo)	신고전적 행정이론
1945	행정행태론	사이먼(Simon)	논리실증주의, 가치중립적·과학적 연구
1950	생태론·체제론	리그스(Riggs)	행정환경과의 관계를 연구한 개방적 거시이론(행정체제의 개방성)
1960	발전행정론	에스만(Esman)	개발도상국의 국가발전을 위한 이론
1960	후기행태주의	이스턴(Easton)	가치평가적인 정책연구를 지향
1960	신행정론	왈도(Waldo)	격동기 미국사회의 문제를 위한 이론(사회적 형평성과 적실성 강조)
1970	공공선택이론	오스트롬(Ostrom)	경제학적 관점으로 정부실패 연구
1980	신제도주의		개인의 행동에 대한 제도적 제약 연구
1980	신공공관리론	오스본(Osborne), 게블러(Gaebler)	정부실패를 극복을 위해 경쟁의 원리 도입(기업가적 정부)
1990	거버넌스론	로즈(Rhodes)	민관협력 네트워크(협치)(정부·시장·시민사회 간 네트워크)
1990	신공공서비스론	덴하트(Denhardt)	국민에 대한 봉사(Service) 강조

III 사바스(E. Savas)가 구분한 네 가지 공공서비스의 유형

(1) 시장재(민간재, private goods)

① 시장재(민간재)는 시장의 수요와 공급의 법칙이나 개인의 선호에 따라 공급 또는 이용할 수 있는 사적 재화를 말한다. 빵, 구두, 라면 등이 이에 해당한다.
② 순수민간재는 '경합성'과 '배제성'을 모두 가지고 있다. 기출 18
③ 민간재의 경우에도 기본적인 수요조차 충족이 어려운 저소득층이나 사회적 약자를 위해 최소한도의 일정 수준 이상의 서비스를 정부가 공급하게 하는데 이러한 재화를 가치재(worthy goods)라 한다(예 의료, 교육, 주택, 교통, 문화 등). 가치재의 경우 민간재이지만 일정수준 정부의 개입이 필요하다.

> □ **경합성과 배제성**
> - **경합성** : 한 사람의 소비가 다른 사람의 소비량을 줄이는 효과가 있는 재화나 서비스의 특성을 '경합성'이라 하고, 한 사람의 소비가 다른 사람의 소비에 영향을 미치지 않는 경우 그러한 재화나 서비스의 특성을 '비경합성'이라 한다.
> - **배제성** : 정당한 대가(요금)를 지불하지 않는 소비자를 소비에서 배제할 수 있는 재화나 서비스의 특성을 '배제성'이라 하고, 정당한 대가를 지불하지 않더라도 소비자를 소비에서 배제할 수 없는 재화나 서비스의 특성을 '비배제성'이라 한다.

(2) 요금재(유료재, toll goods)

① 요금재(유료재)는 비경합적 소비가 이루어지나 배제 자체가 가능한 공동서비스를 말한다. 상하수도, 통신, 혼잡하지 않은 유료고속도로 등을 말하는 것으로 비경합성과 배제성을 그 특징으로 한다.

② 유료재(toll goods)는 고속도로나 공원 같이 배제원칙의 적용이 가능한 공공재를 포함한다. **기출 18** 즉, 공공재 중에서도 요금제도를 만들어 요금을 지불하지 않는 소비자를 배제할 수 있는 공공재는 유료재에 포함된다.

③ 유료재(요금재)의 경우 공기업이 공급하기도 하지만 서비스의 상당 부분을 정부가 공급하는 이유는 자연독점으로 인한 시장실패에 대응해야 하기 때문이다.

(3) 공유재(common pool goods)

① 공유재는 경합성과 비배제성을 특징으로 한다. **기출 18**

② 공유재는 소비는 경쟁적이지만(경합성), 배제가 불가능한 재화(비배제성)로서 구성원 모두가 공유하는 공동재를 말한다. 목초지, 천연자원(해저광물), 국립공원(무료입장), 하천이나 정부예산이 이에 해당한다.

③ 공유재는 정당한 대가를 지불하지 않는 사람들을 이용에서 배제하기 어렵다는 문제가 있다.

④ 공유재는 비배제성과 경합성으로 인하여 규제나 합의 등 적절한 조치가 없으면 과다소비로 인한 고갈의 문제가 발생하기도 한다(공유재의 비극). 공유재의 비극은 비용의 분산과 편익의 집중으로 인하여 발생한다. 공유재의 비극은 시장실패를 설명하는 대표적 모형으로 정부가 공유재를 규제해야 하는 정당성을 제공하는 이론적 토대가 된다.

⑤ 공유재의 비극을 해결하기 위해 고전적 공유재 모형이 제시한 대안은 정부규제나 공유재산을 사유화하는 것이다(G. Hardin). 반면, 오스트롬(E. Ostrom)은 공유자원은 사유화하거나 정부의 규제에 의해서가 아니라 구성원들의 자기통치와 자기조직화 원리에 맡겨 자치적으로 해결하는 것이 바람직하며, 공유재의 비극은 다양한 제도적 장치에 의하여 해결될 수 있다고 보고 보편적 이론을 경계해야 한다는 결론을 제시하였다.

(4) 공공재(public goods)

① 공공재란 국방·외교·치안과 같이 비경합성과 비배제성을 특징으로 하는 공공서비스를 말한다.

② 공공재는 비경합성과 비배제성의 특징으로 인하여 '무임승차'의 문제가 발생하므로 적정 수준의 시장이 형성되기 어려워 공공재의 존재는 시장실패의 원인이 된다. **기출 18** 시장실패의 발생가능성은 정부개입을 합리화하는 정당성을 제공한다.

③ 순수공공재의 공급은 정부가 담당하지만, 그에 필요한 비용은 일반재원(조세)으로 충당한다. **기출 18**

> ☐ **집합재(collective goods)**
> 집단적 소비의 대상이 되는 재화를 말하는데, 공공재는 집합재의 일부이다. 외교, 국방, 치안, 환경오염 통제 등이 집합재에 해당한다.

[재화와 서비스의 유형]

구 분	비경합성	경합성(경쟁성)
비배제성	공공재(≒ 집합재) 예 국방, 외교, 치안, 등대 등	공유재 예 천연자원, (무료)국립공원, 목초지, 하천 등
배제성	유료재(요금재) 예 전기, 가스, 상하수도 등	시장재(민간재) 예 구두, 택시, 음식점, 호텔 등

Ⅳ 공공서비스의 공급 방식 : 주체와 수단에 따른 분류

(1) 의 의
공공서비스를 공급하는 방식은 그 주체가 누구이며, 공급 수단이 권력에 의한 것인지 시장에 근거한 것인지에 따라 네 가지 유형으로 나뉜다. 공공서비스의 주체는 일반적으로 공공부문과 민간부문으로 나뉘고, 서비스를 제공하는 수단은 권력과 시장으로 볼 수 있다.

(2) 공공서비스의 공급 방식
① **일반행정** : 공공 서비스의 공급 주체가 공공부문(정부)이고 공급 수단이 권력에 기반하는 형태. 일반행정의 대상이 되는 공공서비스는 정부의 기본적 업무로서 공익성이 우선되어 민간의 참여가 배제되는 공공서비스이다.
② **민간위탁** : 공공서비스의 공급 주체가 민간부문이지만, 서비스를 제공하는 수단이 권력에 근거한 형태. 민간위탁은 서비스 공급을 민간부문에 맡기되, 서비스의 안정적 공급을 위해 공급 업체를 선정할 때 정부가 정한 기준을 충족하는 업체와의 계약을 통해 독점의 지위를 부여하는 것으로 수단 자체는 정부 권력에 근거했다고 볼 수 있다. 민간위탁의 대상이 되는 공공서비스는 서비스의 소비에 배제성이 있고, 공공성의 기준이 상대적으로 완화될 수 있는 공공서비스이다.
③ **책임경영** : 공공서비스의 공급 주체는 공공부문(정부)이나, 서비스를 제공하는 수단이 시장에 근거하는 형태. 오늘날 책임운영기관의 형태로 운영되는 운전면허시험장, 국립의료원 서비스가 이에 해당한다.
④ **민간기업(민영화)** : 공공서비스를 공급하는 주체도 민간부문이고, 공급 수단도 시장에 근거하는 형태이다.

[공공서비스의 공급 방식 : 주체와 수단에 따른 분류] 기출 24

정부 역할		공급 주체	
		공공부문	민간부문
공급 수단	권 력	일반행정	민간위탁
	시 장	책임경영	민간기업(민영화)

공공서비스 생산방식 중 이용권(voucher) 기출 24

- 이용권(voucher)은 공공서비스의 생산방식을 민간에 위탁하는 방법 중의 하나이다.
- 소비자가 재화의 선택권을 갖는다는 장점이 있다. 따라서 소비자 중심의 맞춤형 사회서비스가 강조되면서 서비스가 확대되고 있다.
- 시민들이 정부가 지정하는 하나의 서비스 제공 기관에서 이용권을 사용해야 하는 것은 아니다.
- 노인, 장애인, 보육 정책 등에서 서비스가 확대되고 있다.
- 보건복지부는 각종 돌봄서비스에서 전자 이용권을 제공하고 있다.

[기타 공공서비스의 공급(전달) 방식]

구분	내용
아웃소싱 (outsourcing)	아웃소싱은 인사, 회계, 전산관리 등과 같이 정부기관 내부에서 수행되던 특정 업무과정 일부를 외부의 전문기관에게 위탁하는 것을 의미한다. 아웃소싱은 관련 업무과정의 '일부'를 대행하게 한다는 점에서 특정 분야의 공공서비스의 생산과정 '전체'를 계약하는 민간위탁(contract out)과 구별된다. 아웃소싱은 조직의 역량을 핵심 역량에 집중하고, 전문성을 활용하며, 비용을 절감하는 등의 효과를 기대하며 이루어진다.
프랜차이즈 (franchise)	프랜차이즈는 정부가 특정 재화나 서비스의 생산·공급과 관련하여 민간부문에 대해 일정한 구역 내 공공서비스를 제공할 수 있는 영업권(독점권)을 부여하는 방식이다. 프랜차이즈는 정부가 서비스 수준 및 요금체계를 통제하면서도 서비스 생산을 민간부문에 이양하는 형태이다. 기출 25
보조금 (subsidy)	보조금은 서비스의 성격 자체는 공공성을 가지고 있으나 공공부문으로는 서비스나 재화의 생산·공급이 수요에 미치지 못할 경우 이와 유사한 서비스를 제공하는 민간부문의 생산자에게 재정 또는 현물 등의 생산보조금을 제공함으로써 이에 기여하게 하는 방식이다.
바우처 (voucher)	바우처(voucher, 이용권)는 공공서비스의 생산을 민간부문에 위탁하면서 시민들의 서비스 구입 부담을 완화시키기 위해 소비자에게 금전적 가치가 있는 증서(쿠폰, voucher)를 제공하는 형태이다. 바우처는 소비자가 재화의 선택권을 갖는다는 장점이 있어 소비자 중심의 맞춤형 사회서비스가 강조되면서 서비스가 확대되고 있다. 살라몬(L. M. Salamon)의 행정수단 유형분류에 있어서 바우처는 보조금과 함께 직접성이 가장 낮은 행정수단이다. 전자바우처의 도입을 통해 행정비용을 절감할 수 있다. 저소득층 및 특수계층을 대상으로 하는 복지 분야에서 많이 활용되고 있다.
자원봉사 (voluntary service)	자원봉사는 서비스의 생산과 관련된 현금지출에 대해서만 보상받고 직접적인 보수는 받지 않으면서 공익을 위해 봉사하는 사람들을 활용하는 형태이다. 사바스(E. Savas)가 제시한 공공서비스 공급유형에 따르면, 자원봉사 방식은 민간이 생산을 결정하고 민간이 공급하는 유영에 속한다.
자조활동 (self-service)	자조활동은 주민 스스로가 이웃끼리 공공서비스를 계획·생산하고 소비하는 자기생산 또는 자급자족 활동으로 공급자와 수혜자가 같은 집단에 소속되어 서로 돕는 형태를 말한다(예 주민순찰).

제4절 시장실패와 정부실패

I 시장실패

1. 개념
① 시장실패란 시장에 의한 자원배분이 효율성과 형평성을 담보하지 못하는 상태를 의미한다.
② 시장실패는 ㉠ 공공재의 존재, ㉡ 외부효과, ㉢ 자연독점이나 불완전 경쟁, ㉣ 불완전한 정보(정보의 비대칭성), ㉤ 소득의 불공정한 분배 등이 주요한 원인이 된다.

2. 시장실패의 구체적 원인

(1) 공공재의 존재 기출 22·19·17

국방·외교 및 치안서비스 활동과 같은 공공재의 존재는 '비경합성' 및 '비배제성'의 특징으로 인하여 '무임승차'의 문제가 발생하므로 적정 수준의 시장이 형성되기 어려워 시장실패의 원인이 된다.

(2) 외부효과(외부경제 or 외부불경제) 기출 22·20·19·17

① 외부효과란 시장을 거치지 않고 제3자에게 이익을 주거나 비용을 부담시키는 행위이다. 기출 24
② 외부효과가 발생 시 경제주체의 활동에 대한 정당한 대가가 지불되지 않으므로 과다공급(과잉생산) 또는 과소공급(과소생산)을 초래한다. 따라서 외부효과(외부경제, 외부불경제)는 시장실패의 원인이 된다. 외부효과에 따른 자원의 비효율성을 해소하기 위해서는 사회적 비용 혹은 사회적 편익의 내부화를 해야 한다.
③ 긍정적 외부효과(외부경제) : 긍정적 외부효과란 외부에 이익을 주고도 정당한 대가를 지급받지 못하는 경우를 말한다. 긍정적 외부효과가 존재하는 경우 사회적 적정수준보다 과소공급(과소생산)의 결과를 가져와 시장실패의 원인이 된다. 긍정적 외부효과의 대표적인 예는 교육, 교통정리 등이 있다. 기출 24
④ 부정적 외부효과(외부불경제) : 외부에 불이익을 주고도 정당한 비용을 지급하지 않는 경우를 말한다. 부정적 외부효과가 존재하는 경우 정부의 개입이 없다면 과다공급(과잉생산)의 결과를 가져와 시장실패의 원인이 된다. 부정적 외부효과를 해결하기 위해 정부는 공적 규제[조세(피구세)나 벌금]를 통하여 대응하게 된다. 불법주차, 환경오염 등은 부정적 외부효과를 야기시키는 행위이다. 기출 24

(3) 자연독점(기술독점)이나 불완전 경쟁 기출 17

① 자연독점은 경제주체를 가격순응자가 아닌 가격 설정자로 기능하게 함으로써 시장실패의 원인이 된다.
② 항공기와 철도 같은 자연독점산업의 경우에는 경쟁을 촉진하는 것이 자원배분의 효율성 측면에서 바람직하나, 규모의 경제가 있는 경우 비용절감의 장점이 있을 수 있으므로 생산비용절감의 측면에서는 독점이 유리할 수 있다.

(4) 불완전 경쟁(인위적 과점) 기출 20·19
소수의 기업이 지배하는 불완전 경쟁은 경제주체를 가격순응자가 아닌 가격 설정자로 기능하게 함으로써 시장실패의 원인이 된다.

(5) 불완전한 정보(정보의 비대칭성, 정보의 불충분성) 기출 20·19
① 시장에서의 정보 비대칭성이 있는 경우 소비자는 공급자보다 늘 정보 면에서 불리하며 공급자는 소비자의 무지를 이용하여 이윤을 창출하려는 의도를 가지고 행동하게 된다. 이는 결국 시장에서 자원배분의 비효율성을 초래하여 시장실패의 원인이 된다.
② 주인-대리인 이론은 주인(소비자)과 대리인(생산자)은 모두 자신의 이익을 극대화하려는 합리적 이기주의자로 가정하고, 주인(소비자)과 대리인(생산자) 간에는 정보격차(정보의 비대칭 또는 불균형)와 상충적 이해관계로 대리손실(역선택과 도덕적 해이)이 발생한다고 주장하였다.

(6) 소득의 불공정한 분배 기출 17
시장에서는 능률성을 중시하지만 소득의 공정한 분배는 보장할 수 없다. 따라서 정부는 사회적·경제적 약자를 위한 사회보장정책 등을 시행하여야 한다.

3. 시장실패의 원인에 따른 정부의 대응
① 공공재의 경우 원칙적으로 정부가 직접 공급한다.
② 외부효과에 의한 시장실패는 공적유인(보조금)이나 정부규제로 대응하게 되는데 그중 외부불경제(부정적 외부효과)에서 나타나는 문제에 대응하기 위해 정부는 규제를 강화하여야 하며, 외부경제(긍정적 외부효과)에서 나타나는 문제에 대응하기 위해 유인(보조금)을 제공한다.

> **□ 외부효과로 인한 시장실패에 대한 방안**
> - **교정적 조세(피구세, Pigouvian tax)** : 유발된 부정적 외부효과의 양에 해당하는 만큼 조세로 비용부담을 시키는 제도로서 외부효과를 내부화시켜 부정적 외부효과를 억제하는 제도를 말한다.
> - **코우즈 정리(Coase Theorem)** : 시장에서 부정적인 외부효과가 발생하는 경우 정부에 의한 규제가 아니라 공유재산의 사유화(소유권을 명확하게 확립)를 통해 문제를 해결할 수 있다는 이론을 말한다. 즉, 거래비용이 적고 각 개인의 소유권이 명확하게 제도상으로 설정되어 있는 경우 등 일정한 조건 아래서는 시장에서의 효율적인 자원배분이 가능하며, 정부의 인위적 개입이 불필요하다는 것을 증명한 이론이다.
> - **오염허가서(pollution permits) 제도** : 오염물질 배출행위를 할 수 있는 일정한 권리를 신설·인정하여 이 권리를 시장에서 매매가 가능하도록 하는 공해배출권 거래 제도를 말한다. 할당된 오염량을 초과할 경우 오염부담금 등을 매기는 오염허가서 제도는 명령, 지시에 의한 직접규제가 아니라 시장기제를 이용한 간접규제(시장유인적 규제)에 해당한다.

③ 독점의 폐해를 막기 위해 정부는 서비스를 직접 공급(공적 공급)하거나 규제를 한다.
④ 불완전경쟁이란 담합 등 인위적인 방식에 의한 과점현상을 말하므로 이를 해결하기 위해서는 공적 규제(예 과징금 부과) 방식으로 대응하여야 한다.
⑤ 정보의 비대칭성에 기인하는 문제에 대응해 정부는 유인(보조금)을 제공하거나 규제를 한다.

[시장실패의 원인에 따른 정부의 대응]

구 분		공적 공급	공적 유인(보조금 지급)	정부 규제
공공재의 존재		○		
외부효과의 발생	긍정적		○	
	부정적			○
자연독점		○		○
불완전경쟁(인위적 과점)				○
정보의 비대칭성			○	○

※ 시장실패의 원인에는 과도한 규모의 경제, 불공평한 소득분배 등도 포함된다.

Ⅱ 정부실패

1. 개 념

① 정부실패란 시장실패에 대한 대응으로 행한 정부의 개입이 의도한 결과를 나타내지 못하거나 오히려 기존의 상태를 더욱 악화시키는 현상을 말한다.
② 정부실패는 ㉠ 내부성(내부조직목표와 사회적 목표의 괴리), ㉡ X-비효율성·비용체증, ㉢ 파생적 외부효과, ㉣ 권력의 편재(권력의 특혜나 남용), ㉤ 비용과 수익의 분리(비용과 편익의 괴리) 등이 주요한 원인이 된다.

2. 정부실패의 원인

(1) 내부성(내부조직목표와 사회적 목표의 괴리)

① 공공조직의 내부성(internalities)은 공공조직이 공익적 목표보다는 관료 개인이나 소속기관의 이익을 우선적으로 고려하는 것으로 정부실패의 원인이 된다.
② 사회목표와 내부조직목표의 괴리로 인하여 사회문제 해결의 목표보다는 내부적인 절차와 규칙에 집착하는 정부조직 목표의 대치(displacement) 현상이 발생한다. 기출 23
③ 니스카넨(Niskanen)의 예산극대화 가설 : 정치가와 관료는 목적함수가 서로 다름을 가정하고, 정치가는 순편익의 극대화를 추구하는 반면, 관료는 비용이 예산에 의해 충당되어야 한다는 점에만 관심을 갖고 예산극대화를 추구하게 된다고 본다. 이러한 관료들의 예산극대화의 추구 성향으로 인해 공공서비스는 과잉생산되고 자원배분의 비효율성이 발생하여 정부실패의 원인이 된다.

(2) X-비효율성·비용체증

① X-비효율성이란 경제주체가 독점적 지위를 가지는 경우 관리상의 효율성을 극대화하려는 유인이 부족해 생산의 평균비용이 증가하는 현상을 말한다. X-비효율성은 자원배분이나 법규정으로 설명할 수 없기 때문에 이러한 비효율성을 'X'(알 수 없다)로 이름 붙였다.
② 정부의 독점적 지위나 특정 민간기업에 정부가 독점적 지위를 허용함으로써 정부의 X-비효율성이 발생한다. 정부의 X-비효율성은 정부서비스의 공급 측면에서 정부가 독점적 지위를 가짐으로써 발생한다.

기출 23

(3) 파생적 외부효과 기출 20·19
① 파생적 외부효과(파생적 외부성, Derived Externalities)란 시장실패를 해결하기 위한 정부의 개입으로 발생하는 잠재적·비의도적 파급효과나 부작용을 말한다(예 경기회복정책이 경기과잉을 초래, 주택안정화정책이 부동산 투기 조장 등).
② '지대추구'는 정부 개입에 의한 인위적 지대(rent)를 획득하는 과정에서 불필요한 자원 낭비가 발생하는 것을 말한다. 정부실패의 원인 중 파생적 외부효과에 해당한다. Tullock의 지대추구이론은 규제나 개발계획과 같은 정부의 시장개입이 클수록 지대추구행태가 증가하고 그에 다른 사회적 손실도 증가한다고 주장한다. 기출 23

(4) 권력의 편재(권력의 특혜나 남용)
권력의 편재에 다른 특혜나 남용에 의한 분배의 왜곡(불평등한 분배) 등은 정부실패의 원인이 된다(예 특혜적 기업면허, 진입장벽의 유지 등).

(5) 비용과 수익의 분리(절연)(= 비용과 편익의 괴리) 기출 20·17
비용과 편익의 분리(절연)란 공공서비스는 소요자원을 제공하는 측과 그 결과를 공급받는 측면이 직접 연결되지 아니하여 정부는 생산 자체의 총량을 늘리는 것에만 관심을 가지게 되고 공무원은 원가 개념이 없어 과잉생산하게 되며 국민(소비자)은 비용에 대한 인식이 없어 과잉소비하게 되는 현상을 말한다.

(6) 정치인들의 왜곡된 보상체계, 정치인들의 단기적 이익 중시
선거에 민감한 정치인들의 정치적 보상기제로 인해 사회문제가 과장되거나 단기적 해결책에 그치는 경우가 발생한다는 것(정치인들의 왜곡된 보상체계, 정치인들의 단기적 이익 중시)은 정부실패의 원인을 수요 측면과 공급 측면의 원인에 따라 분류할 때 수요측면의 정부실패 원인에 해당한다(C. Wolf). 기출 23

3. 정부의 대응

① 사적 목표의 설정(내부성)는 정부의 직접공급에 의하여 발생하는 정부실패의 원인이므로 민영화가 필요하다.
② X-비효율성은 경쟁의 결여에서 발생하므로 경쟁을 저해하는 모든 요인을 제거해야 한다.
③ 파생적 외부효과로 인한 정부실패는 정부의 유인(보조금의 지급)이나 규제가 의도하지 않은 부작용을 초래하는 것이므로 보조금 삭감, 규제 완화의 방식으로 해결하는 것이 적합하다.
④ 최근 시장실패와 정부실패를 함께 교정할 수 있는 제도로서 '네트워크 거버넌스'가 제시되고 있다.

[정부실패의 원인에 따른 정부의 대응]

구 분	민영화	보조금 삭감	규제 완화
사적목표 설정	○		
X-비효율성	○	○	○
파생적 외부효과		○	○
권력의 편재	○		○

[시장실패와 정부실패의 원인]

시장실패의 원인	정부실패의 원인
• 공공재의 존재 • 외부효과(외부경제 or 외부불경제) • 자연독점(독과점의 출현) • 불완전 경쟁 • 불완전한 정보(정보의 비대칭성) • 소득의 불공정한 분배	• 내부성(내부조직목표와 사회적 목표의 괴리) • X-비효율성 · 비용체증 • 파생적 외부효과 • 권력의 편재(권력의 특혜나 남용) • 비용과 수익의 분리(절연)(= 비용과 편익의 괴리)

제5절 행정학의 주요 이론

I 과학적 관리론과 인간관계론

1. 과학적 관리론

(1) 개 념

① 과학적 관리론은 최소의 비용과 노력으로 최대의 산출을 확보하는 능률성(기계적 효율성)을 가장 중요한 가치기준으로 삼고, 공식구조 중심의 과학적 관리기술을 연구한 고전적 관리이론을 말한다. 기출 24

② 과학적 관리론은 대표적인 고전적 조직이론으로 인간은 합리적·경제적 욕구에 의하여 동기가 유발된다고 전제한다(조직 내 인간은 경제적 유인에 의해 동기가 유발되는 타산적 존재).

(2) 특 징

① 과학적 분석에 의하여 유일최선의 방법(best one way)을 발견할 수 있다고 가정한다.

② 과학적 관리론은 조직과 구성원 간의 관계를 합리적 존재로만 봄으로써 조직을 일종의 기계 장치처럼 설계하려 하였다.

③ 과학적 관리론은 조직목표 달성을 위해 생산성과 능률성에 기반을 둔 금전적 보상과 경제적 인간관을 강조한다. 기출 22

④ 과학적 관리론은 과업목표의 달성을 위해 체계적인 관리와 통제를 중시하는 관료제 조직에 적합하다(X이론의 인간형에 입각). 기출 16

⑤ 과학적 관리론은 기계적 능률성(효율성)과 공식구조(공식적 조직)에 대한 과학적 분석을 중시하였다. 기출 16

⑥ 과학적 관리론의 공공부문에 도입은 행정의 전문성 및 능률성(기계적 능률성)을 확보함으로써 정치행정이원론의 발전에 기여하였다. 기출 14

(3) 주요 연구

① 테일러(F. Taylor)는 「과학적 관리법」(1911)에서 조직의 생산성과 능률성을 향상시키기 위해 관리자의 직관보다는 과학적인 법칙에 따를 것을 강조하였다.

② 페이욜(H. Fayol)은 최고관리자의 관점에서 14가지 조직 관리의 원칙(분업, 계층제, 규율, 명령일원화, 집권화, 단결의 원칙 등)을 제시하였다.

2. 인간관계론

(1) 개념

① 인간관계론은 과학적 관리론과 달리 인간을 사회적 유인에 따라 움직이는 존재로 파악하고 조직 내에서 사회적 능률을 향상시킬 수 있는 관리방법을 탐구한 접근방법으로, 1960년대 신고전적 행정학을 형성하였다. → 추구하는 행정이념은 사회적 능률성(= 민주성) 기출 24

② 인간관계론은 인간을 감정적·정서적 존재로 인식한다. 인간관계론은 물리적 근무환경이나 공식구조보다는 구성원간의 욕구·취미·혈연·지연을 중심으로 하는 비공식적 조직의 역할을 중시한다.

(2) 메이요(Mayo)는 호손(Hawthorne)실험

① 메이요(Mayo)는 호손(Hawthorne)실험을 통해 생산성 향상에 비공식적(자생적) 집단이 개인의 태도와 생산성에 큰 영향을 미친다는 것을 발견하였는데, 이는 인간관계론의 형성에 영향을 주었다. 기출 21·16

② 호손(Hawthorne)실험에서 과학적 관리법의 정당성을 입증하려고 했던 본래 실험 의도와는 다르게 작업의 과학화·객관화·분업화보다는 대인관계(비공식적 집단)의 중요성을 발견하였다.

> □ **메이요(E. Mayo)의 호손 공장 연구**
> 메이요(E. Mayo)의 호손 공장 연구(1927~1932년)에 의해 인간관계론의 이론적 기반이 마련되었다. 처음에는 과학적 관리론의 바탕 위에서 작업장의 조명, 휴식 시간 등 물리적·육체적 작업조건과 물질적 보상방법의 변화가 근로자의 동기 유발과 노동생산성에 미치는 영향을 분석하려고 설계되었으나, 연구의 결과 생산성은 누구와 같이 일하고, 사람의 대접을 받고 있으며, 자기의 능력을 인정받고 있는가의 인간적이고 사회심리적 요소에 의해서 결정된다는 사실을 발견하게 된 것이다.

(3) 특징

① 인간관계론에서는 대인관계나 인간의 심리적 만족감 등 사회적 규범이나 사회적·비경제적 보상을 중시하였고 인간을 작업환경이나 물리적 조건보다는 조직구성원의 사회심리적 요인에 의해 영향을 받는 사회심리적 존재(사회적 인간)로 인식하였다(Y이론의 인간형에 입각). 기출 22·16

② 인간관계론은 비공식적 집단의 역할을 강조하고, 작업환경이나 물리적 조건보다 조직구성원의 사회심리적 요인을 중시한다. 기출 21

③ 인간관계론도 과학적 관리론과 마찬가지로 생산성 향상이 궁극적 목표임을 인정한다. 기출 21 과학적 관리론과 인간관계론 모두 궁극적으로 능률성·생산성·성과 향상을 추구한다. 기출 16

④ 인간관계론은 인간에 대한 관심을 불러 일으켰고 행태과학 연구를 촉발하였다.

⑤ 인간관계론과 과학적 관리론의 공통점은 외부 환경적 요인을 고려하지 않은 폐쇄적 행정이론이라는 점과 생산성 향상을 위한 관리기술이라는 점이다.

(4) 비판

① 인간관계론은 폐쇄조직이론이므로 외부환경의 영향을 경시한다는 한계가 있다.

② 인간관계론은 인간을 지나치게 사회심리적이고 감정적인 존재로 인식한다는 비판이 있다.

③ 인간관계론은 조직 운영의 민주화나 구성원의 자아실현을 궁극적인 목적으로 하는 것이 아니라, 근로자(젖소)를 만족시켜 더 많은 생산(우유)을 유도하려는 이론에 불과하다고 보아 '젖소 사회학(cow sociology)'이라는 비판을 받기도 한다.

[과학적 관리론과 인간관계론의 비교]

구 분	과학적 관리론	인간관계론
인간관	합리적·경제적 인간관(X론적 인간관)	사회적 인간관(Y론적 인간관)
초 점	• 공식구조의 설계 중시 • 기계적 능률성 중시 기출 24	• 비공식적 구조에 대한 관심 • 사회적 능률성 중시 기출 24
관리 방식	명확한 목표와 반복적 훈련 강조	인간중심의 유연한 관리 강조
동기 부여	경제적 보상	사회적 욕구 충족 등 비경제적 보상
학문적 기여	고전적 행정학(행정관리론, 정치행정이원론)의 성립에 기틀을 마련	신고전적 행정학(행태주의)의 이론적 발전에 기초를 제공

※ 공통점 : 폐쇄적 행정이론, 생산성 향상을 위한 관리기술

Ⅱ 행태론적 접근방법, 생태론적 접근방법, 체제론적 접근방법

1. 행태론적 접근방법(행태주의)

(1) 의 의

① 행태론적 접근방법은 종합학문적 접근방법이다. 행태론적 접근방법은 심리학, 사회학, 인류학, 경제학, 정치학 등에서 개인의 심리적·사회적·문화적·소비적·정치적 행태를 연구하는 데 다양하게 적용되고 있다. 따라서 이들 학문과 행정학이 공통적으로 관심을 갖는 행태 분야에서는 종합학문으로서 상호 유용한 지식을 공유하게 된다. 기출 23

② 사회과학에서 과학적 방법을 가장 충실히 따르는 대표적인 접근방법이 행태론적 접근방법이다. 행태론적 접근방법은 '인간행태의 규칙성'을 가정하고, 이러한 행태의 규칙성을 '경험적으로 관찰'함으로써 가설을 검증한다. 경험적 관찰은 연구자의 주관적 가치가 개입되지 않은 가치중립적 입장에서 현상을 객관적으로 관찰할 것이 요구된다. 객관적 관찰은 연구대상인 행태에서도 가치가 배제될 것이 요구된다. 그리고 변수 간의 정확한 '인과관계'를 규명하고자 하며, 검증된 이론의 일반 법칙성을 추구한다. 일반 법칙성이란 연구대상이었던 개인이나 집단에게만 이론이 적용되는 것이 아니라 대상 이외의 개인이나 집단에게도 보편적으로 타당함을 의미한다. 기출 23

(2) 사이먼의 행정행태론

① 사이먼(H. A. Simon)은 행정행태론을 주장하면서 기존의 행정연구는 격언(proverb)에 불과하다고 비판하고 보다 실증적이고 의사결정이 중심이 되는 연구를 주장했다('원리주의의 원리들은 과학적인 실험을 거치지 않은 격언에 불과하다').

② 1940년대 사이먼(H. A. Simon)에 의하여 체계화된 행정행태론(행태주의)은 행정학 연구에 있어 자연과학적 연구방법(논리실증주의)을 도입하여 행정연구의 과학화를 주장하였다.

③ 행태주의는 기본적으로 행정을 존재(sein)의 영역으로 보고, 최대한 가치(value)의 영역을 배제하고 사실(facts)을 바탕으로 연구하려는 입장이다(가치중립적 연구). 따라서 행태주의에 의하면 자유와 평등의 가치는 연구대상에서 제외되게 된다. 기출 22·18·16·15

④ 행태론적 접근방법은 논리실증주의를 강조한 사이먼(Simon) 이후 행정학 분야에서 크게 발전하였다. 행태주의는 1949년 사이먼(Simon)의 행정행태론(Administrative Behaviour)에 의하여 도입되어 1960년대까지 현대 행정학을 풍미하였다.

(3) 특 징
① 행정행태론(행태주의)은 사회현상을 관찰 가능한 객관적 대상으로 보며, 인간의 주관이나 의식을 배제하고 인식론적 근거로서 논리실증주의를 신봉한다.
② 행정행태론(행태주의)은 가치중립적 과학적·객관적 연구를 지향한다. 인간의 주관이나 의식과 같은 가치의 영역은 검증이 불가능하다고 보고 이를 연구대상에서 배제하고자 한다.
③ 행정행태론(행태주의)은 가치와 사실을 분리하는 정치행정이원론에 해당하지만, 행정현상 중 가치판단요소나 정치적 요소의 존재를 부정하지는 않았다(정치행정새이원론).
④ 행정행태론(행태주의)은 명백한 자극과 반응으로 볼 수 있는 행위 또는 행동만을 연구 대상으로 삼는 심리학적 행동주의와 달리 특정 질문에 따른 반응을 통해 파악해 볼 수 있는 태도, 의견, 개성 등도 행태에 포함시키고 있다.
⑤ 행정행태론(행태주의)은 현상과 현상 사이에 존재하는 인과관계 법칙을 규명하는 것이 연구의 목적이 된다. 행태의 규칙성, 상관성 및 인과성을 경험적으로 입증하고 설명할 수 있다고 본다.

(4) 평 가
① 행정행태론(행태주의)은 인간행위를 연구대상으로 정립했으며 행정연구에 과학주의를 도입하여 가치중립적인 객관적 분석을 가능하게 하였다. 그러나 이 이론은 과학적·계량적 연구방법론의 강조로 연구대상과 범위의 제한을 가져왔다는 비판을 받고 있다. 기출 13
② 행태주의는 가치와 사실을 분리하여 연구대상에서 가치를 배제하기 때문에 인간의 자유와 존엄과 같은 인본주의 가치를 소홀히 한다는 비판이 있다.
③ 행태주의는 객관적인 사실에 입각한 일반법칙적인 연구에만 몰두한 나머지 실천성과 적실성이 결여된 보수적인 경향의 접근법으로 제도의 변화나 개혁을 지향하지 않는다.

> **세이어(Sayer)의 법칙**
> 세이어(Sayer)의 법칙이란 행정학의 기술성(技術性)을 강조한 것으로 행정과 경영은 중요하지 않은 면에서만 닮았다는 이론이다. 공사행정이원론, 정치행정일원론을 강조한 것이므로 사이먼(Simon)의 정치행정이원론을 반박한 모형이다. 기출 15

(5) 후기 행정행태론의 등장
① 후기 행정행태론(행태주의)은 1960년대 흑인에 대한 인종차별, 월남전에 대한 반전데모 및 강제징집에 대한 저항 등 미국사회의 혼란을 해결하지 못하는 학문적 무력함에 대한 반성으로 등장한 신행정론의 핵심적인 내용이다.
② 후기 행정행태론은 정치체계론자인 이스턴(D. Easton)에 의하여 행정학에 도입되었다. 후기 행정행태론은 가치중립적인 과학적 연구를 기반으로 하는 행정행태론을 비판하고 '적실성 있는 연구'와 '연구결과의 실천성'을 강조하였으며, 가치중립적인 과학적·실증적 연구보다 가치평가적인 정책연구를 지향하고, 정책학 발전의 견인차 역할을 하였다. 기출 13

2. 생태론적 접근방법(생태론)

(1) 의의
① 생태론적 접근방법은 행정현상을 자연적·사회적 환경과 관련시켜 이해하려는 거시적 접근법을 말하며, 1947년 가우스(J. M. Gaus)가 행정학에 도입하였다.
② 생태론자들은 서구의 행정제도가 후진국에 잘 작동되지 않는 이유는 사회문화적 환경이 다르기 때문이라고 분석하였다. 생태론적 접근방법은 후진국의 행정현상을 설명하는 데 크게 기여했으며, 행정의 보편적 이론보다는 중범위이론의 구축에 자극을 주어 행정학의 과학화에 기여하였다.

(2) 특징
① 생태론적 접근방법은 행정체제의 개방성을 강조한다. 생태론적 접근방법은 행정을 유기체로 파악하고 행정현상을 자연·사회·문화적 환경과 관련시켜 이해하려는 접근법이다. 생태론적 접근방법은 행위자 개인보다 조직이나 집단을 분석단위로 하는 거시적 접근방법이다. 기출 16·15
② 생태론적 접근방법은 정치와 행정현상에서 개별국가의 특수성을 중시한다.
③ 생태론적 접근방법은 외부 환경이 행정 체제에 영향을 미친다는 시각으로 환경에 대한 행정의 주체적인 역할을 경시한다는 비판을 받는다.
④ 생태론은 행정현상을 환경과 연관시켜 진단과 설명을 하는 것에는 우수하지만, 처방적 성격이 부족하고 행정이 추구해야 할 목표나 방향, 가치 등을 명확하게 제시하지 못하고 있다는 비판을 받는다.

(3) 비교행정론
① 비교행정론과 발전행정론은 제2차 체계대전 이후 선진국의 이론과 제도가 후진국에 적용되지 않는 문제점을 깨닫고 후진국의 행정현상을 진단하고 실천적인 발전전략을 모색하기 위하여 1950~1960년대 등장하였다.
② 비교행정론은 1950년대 선진국과 후진국 등 각종 행정을 비교·연구한 이론을 말한다.
③ 비교행정론은 미국 행정학의 과학적 성격에 의문을 제기하면서 미국행정학의 과학화를 위하여 각국의 행정현상을 비교연구함으로써 행정연구의 과학화에 기여하였다. 다만, 비교행정론은 행정을 종속변수로 취급한 나머지 환경적 요인에 의하여 행정체제의 특성이 순전히 결정된다고 보는 정태적·균형적 성격의 이론을 벗어나지 못하였다.

(4) 리그스의 프리즘 모형

1) 의의
① 비교행정론의 대표적 학자 리그스(F. W. Riggs)의 농경국가도 산업국가도 아닌 제3의 국가형태인 개발도상국의 행정체제를 설명하기 위하여 프리즘적 모형(Prismatic Model)을 제시하였다. 기출 20·13
② 프리즘 모형은 환경의 중요성을 강조하는 생태론적 접근방법에 의해 설명된다. 즉, 선진국의 행정체제를 개발도상국에 도입할 때 왜 제대로 작동하지 않는지를 설명한 이론이다. 기출 20·16

2) 프리즘 모형의 내용
① 리그스(F. W. Riggs)는 개발도상국의 행정체제를 설명하기 위하여 농업사회를 융합된 사회, 산업사회를 분화된 사회로 파악하고 그 중간에 농업사회에서 산업사회로 이행되어 가는 개발도상국 모델로 과도기 사회인 프리즘적 사회(모형)를 제시하였다. 기출 20
② 농업사회(융합된 사회)의 관료제 모형은 안방모델(Chamber Model, 공사의 미구분)이라고 하고, 과도기 사회(프리즘적 사회)의 관료제 모형을 사랑방모델(Sala Model, 공사 구분과 미구분의 혼재)이라고 한다.
기출 20

③ 프리즘적 사회의 특징은 <u>형식주의</u>(외형과 내실이 괴리되는 문화적 특성, 형식·명분 중시), <u>정실주의</u>(공직 임명 시 실적 외의 요인, 즉 정치적 요인이나 혈연·지연·학연 등을 기준으로 하는 것), <u>이질혼합성</u>(전통적 요소와 현대적 요소의 혼재)을 들 수 있다. 기출 20

[리그스의 프리즘적 모형]

구 분	융합된 사회	프리즘적 사회	분화된 사회
사회구조	농업사회 (전통국가)	과도기 사회[굴절사회] (신생국)	산업사회 (선진국)
관료제 모형	• 안방모델(Chamber Model) • 공·사의 미구분	• 사랑방모델(Sala Model) • 공·사의 구분과 미구분의 혼재	• 사무실모델(Office Model) • 공·사의 구분

3. 체제론적 접근방법(체제이론)

(1) 의 의

① <u>체제론적 접근방법(체제이론)</u>은 행정현상을 하나의 유기체로 보아 행정을 둘러싸고 있는 다른 환경적 요소와의 관련성 속에서 거시적으로 행정 현상을 연구하려는 개방체제적 접근방법으로, 변동의 소용돌이 속에 있는 <u>개발도상국보다는 투입기능이 활성화되고 안정적인 선진국의 행정 현상을 설명하는 데 적합한 연구방법이다.</u> 기출 22·16

② 체제론적 접근방법은 연구 대상인 현상을 '체제(system)'의 관점에서 분석하고 설명하고자 한다. 어떠한 행정 현상이나 문제를 독립적인 것이 아니라 여러 관련 요소가 서로 연결되어 있고 특히 외부 환경과의 <u>유기적인 상호작용 관계로 본다.</u> 기출 23

③ 체제이론에서는 서구의 행정제도가 후진국에서 잘 작동되지 않는 이유를 문화와 환경의 차이라고 설명하면서, <u>분석 수준을 행위자 개인이 아닌 체제와 환경의 관계에 두었다(방법론적 전체주의).</u>

> □ **폐쇄체제와 개방체제**
> • 폐쇄체제는 환경의 영향을 받지 않고 그 자체 내에 필요한 자원과 에너지를 가지고 있어 스스로 기능을 수행하는 체제를 말한다. 폐쇄체제는 정태적 균형을 추구한다.
> • 개방체제는 환경의 다양한 요구에 대응할 수 있도록 분화되고 분화된 부분들의 질서 있는 기능을 통해 체제를 유지해 나가는 것을 말한다. 개방체제는 <u>부[負, (-)]의 엔트로피(해체·소멸)를 추구</u>하며 <u>선형적 인과관계</u>(부분이 모여 전체가 된다는 비례적·규칙적 인과관계, 방법론적 개체주의)를 반대한다.
> • 개방체제의 특성 : 환경에 대한 인식(자각), 등종국성(equifinality, 유일최선책의 부정), 부(-)의 엔트로피, 항상성(안정된 상태를 유지하고자 스스로를 규제), <u>방법론적 전체주의</u>, 구조·기능·절차의 다양성, 체제의 진화(분화와 통합을 통한 끊임없는 진화·발전), 동태적 균형을 중시
> • 엔트로피(entropy)란 모든 유기체는 필연적으로 해체·소멸한다는 법칙인데, 개방체제는 엔트로피를 부정하여 체제를 지속적으로 생존시켜 나가는 부(-)의 엔트로피를 추구한다.

(2) 체제모형

① 행정체제이론은 행정체제는 '투입 – 전환 – 산출 – 환류(feedback)'의 단계를 거치며 환경과 상호작용을 통한 체제의 지속적인 균형을 중시한다.
② 가장 대표적인 체제모형으로는 이스턴(D. Easton)이 제시한 '투입 – 산출 모형'이다.

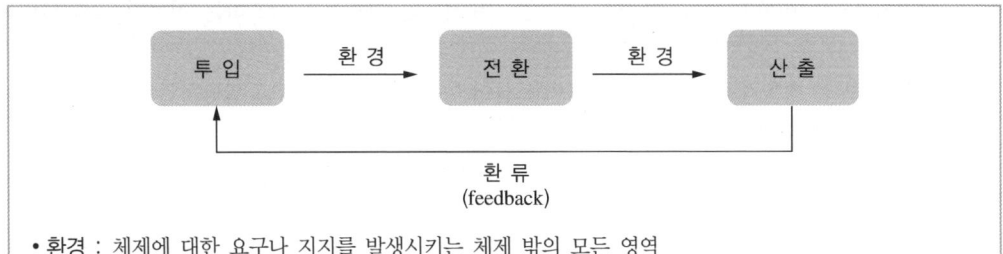

- 환경 : 체제에 대한 요구나 지지를 발생시키는 체제 밖의 모든 영역
- 투입 : 국민의 지지나 반대 등의 요구
- 전환 : 목표를 설정하고 필요한 정책을 결정하는 과정
- 산출 : 전환과정을 거쳐 다시 환경에 응답하는 결과물
- 환류 : 산출결과를 반영하여 다시 정치체제에 대한 새로운 투입이 발생하는 과정

(3) 체제론적 접근방법의 특징

① 체제론적 접근방법은 자율적으로 목표를 설정하고 그 방향으로 체제를 적극적으로 변화시켜 나가려는 측면보다 환경 변화에 잘 적응하려는 측면을 강조한다.
② 체제론적 접근방법은 균형과 안정을 중시하는 정태적·보수적 이론이지만, 개방체제는 동태적 균형(투입과 산출을 통한 균형)을 중시한다. 체제의 변화나 성장은 기존의 균형 상태에서 일어나지 않고 구성요소 중 어느 하나에 변화가 생기거나 새로운 이질적 요소가 투입될 때 발생한다고 본다.
③ 체제론적 접근방법에서는 이들 부분들의 관계를 거시적·전체적 관점에서 순환적이며 상호작용적으로 파악한다. 이러한 점에서 전체를 부분으로 환원시켜 부분들 간의 일방적·선형적 인과관계를 밝히려던 엄격한 과학적 태도와는 시각을 달리하는 것이다. 기출 18
④ 체제론적 접근방법은 행정현상에서 중요한 권력, 의사전달, 정책결정 등의 문제나 혹은 행정의 가치문제를 고려하지 못하였다는 한계가 있다.

Ⅲ 발전행정론, 신행정학

1. 발전행정론

(1) 의 의

발전행정론(발전기능설)은 행정을 정책수립과 그 집행의 기능뿐만이 아니라 국가나 사회를 발전시키는 기능으로 파악하는 견해로서, 에스만(M. J. Esman), 와이드너(E. W. Weidner) 등에 의하여 제창되었다. 발전기능설의 핵심은 행정이 정치에 대한 우위적인 위치에서 스스로 정치·경제·사회의 발전 목표의 설정에 적극적으로 참여하여 행정이 국가 발전을 주도하는 역할을 담당해야 한다는 것이다. 1960~70년대 개발도상국의 정부주도 고도성장을 지원하기 위한 행정에서 강조되었기 때문에 '개발기능설'이라고도 한다. 기출 21

(2) 특 징

① 발전기능설은 절대적 빈곤문제를 해결하기 위하여 목표를 설정하고 그 달성을 강조하기 때문에 목표달성도, 즉 효과성(effectiveness)을 중시한다. 기출 17
② 발전행정론은 엘리트주의와 국가주의를 이론적 토대로 한다.
③ 발전행정론은 이론적 과학성보다는 실천성(처방성) 및 기술성을 강조하는 정치행정일원론의 관점에 가깝다.
④ 발전행정론은 경험적 검증을 거친 이론이 드물어 이론적 과학성이 낮고 일방적인 산출을 강조한 나머지 투입기능을 경시했다는 비판을 받는다.
⑤ 발전행정론은 행정체제가 다른 분야 발전을 이끌어가야 한다는 불균형적 접근법으로 행정권력의 비대화를 정당화시켰다는 비판을 받는다.

2. 신행정론(신행정학, New Public Administration)

(1) 의 의

① 1960년대 말 왈도(D. Waldo)를 중심으로 가치와 형평성을 중시하면서 사회의 문제해결에 대한 현실 적합성을 갖는 새로운 행정학의 정립을 시도하였다. 왈도(Waldo)가 주도한 1968년 미노부르크 회의(Minnowbrook Conference)를 계기로 행정의 적실성, 사회적 형평성 등을 강조한 신행정학이 태동하였다. 신행정학은 왈도(D. Waldo), 마리니(F. Marini), 프레데릭슨(H. G. Frederickson) 등이 주도하였다.
② 신행정론은 현실문제에 대한 해결책을 제시하지 못하였던 행태주의와 실증주의에 대한 반발로 등장하였으며, 현실적합성을 확보하기 위하여 새로운 가치로서의 사회적 형평성을 중시하고, 고객 중심의 행정(민주성), 시민의 참여, 능동적 행정, 정책 및 문제지향성의 강조, 사회적 적절성·기술성, 참여와 형평의 가치를 중심으로 한 현실문제의 처방적 연구를 중시하였다. 기출 22·17·16
③ 신행정론의 이론 형성에 영향을 끼친 것은 1960년대 '적실성의 신조'와 '실천'을 강조하는 후기 행정행태론이다. 기출 15

(2) 특 징

① 신행정론은 실증주의 대신 현상학적 연구를 지향한다.
② 신행정론은 정책지향성이나 문제지향성을 강조하여 관료들이 정책결정을 해야만 한다는 적극적 정치행정일원론(정치행정새일원론)을 주장한다. 기출 21
③ 신행정론은 기존의 가치중립적 관리론에 대해 비판하고, 능률과 절약에 앞서 사회적 형평성의 가치를 중시하고, 고객 중심의 행정(민주성)을 주장하였다. 기출 24·23
④ 신행정론은 행정학의 실천적 성격과 적실성을 회복하기 위해 정책지향적 행정학, 가치지향적 행정학을 요구하였다.
⑤ 신행정학은 가치에 대한 새로운 인식을 기초로 규범적이며 처방적인 연구를 강조했다. 신행정론은 행정학에서 가치에 관한 연구가 본격적으로 관심을 끌기 시작한 계기가 되었다.

Ⅳ 현상학(현상학적 접근방법), 포스트 모더니즘

1. 현상학(현상학적 접근방법)

(1) 의 의

① 현상학은 인간의 주관적 관념, 의식 및 동기의 의미를 이해하는 데에 초점을 맞추어 조직문제에 대한 폭넓은 사고방식과 준거의 틀을 정립하는 이론이다. 기출 15
② 현상학은 행태론을 반박하며 인간의 주관적 내면현상까지도 연구대상으로 해야 한다는 철학적 접근으로, 후기행태주의 등과 함께 신행정학의 중심을 이루었다.

(2) 특 징

① 현상학은 행태주의의 경험적 실증론과 달리 의도나 생각을 중시하는 선험적 관념론이다.
② 현상학은 행정현상은 사람들의 의식, 생각, 언어, 개념 등을 통해 구성된 것으로 본다. 행정연구에서 행정활동과 관련된 사람들 사이의 상호작용에 의해 구성된 상호주관적 경험이 중요하다고 본다.
③ 현상학은 현실과 동떨어진 실험실보다는 행정학 연구를 행정가의 일상적이고 실제적인 측면을 강조하는 미시적 관점으로 방향을 전환한 것이다.
④ 현상학은 행정현실을 이해하는 데 과학적 방법보다는 해석학적 방법을 선호한다.

2. 포스트모더니즘이론

(1) 의 의

① 포스트모더니즘이론은 모더니즘의 핵심 가정인 '인간 이성'과 '합리성'에 대한 신뢰, 그리고 객관주의·경험주의적 접근방법을 거부하고 해체하려는 새로운 철학적 관점을 말한다.
② 포스트모더니즘이론에서는 보편적 진리를 추구하는 것에 의심을 품고, 진리의 기준은 상대적이고 맥락의존적(context dependent)이라고 보기 때문에, 사회적 맥락에 대한 고려 없이 보편적 이론을 발견하고자 하는 실증주의를 배격한다. 기출 21

(2) 포스트모더니즘이론의 핵심개념

상상 (imagination)	소극적으로는 과거의 규칙에 얽매이지 않는 행정의 운영을, 적극적으로는 문제의 특수성과 다양성을 이해하는 것을 말한다. 기출 17
은유 (metaphor)	일반적으로 유사성을 근거로 하나의 사물을 다른 사물에 비교하여 의미를 더하는 수사학적 기법을 말하는데, 이는 언어의 절대과 보편성을 중시하는 모더니즘에 대한 반발로 등장한 포스트모더니즘의 직관적·비유적 표현방식을 가리키기도 한다. 기출 17
탈영역화 (deterritorialization)	모든 지식의 성격과 조직에서 갖고 있는 '고유'영역이 해체(탈영역화)된다는 의미이다. 행정학 고유 영역이라고 믿는 지식의 성격이 변화하고, 행정조직의 계층성이 약화되는 탈관료제의 모습이 등장한다. 기출 17
해체 (deconstruction)	외면적인 텍스트(언어, 몸짓, 이야기, 설화 등)의 근거를 파헤쳐 보는 것을 말한다.
타자성 (alterity)	나 아닌 다른 사람을 인식적 타자(객체, epistemic other)가 아닌 도덕적 타자(moral other)로 인정하는 것을 의미한다. 기출 17

(3) 특 징

① 진리의 기준은 맥락 의존적이다(보편적 진리의 부정).
② 파머(D. Farmer)는 다양한 가치와 패러다임의 공존을 강조하였다. 파머(D. Farmer)는 후기산업사회 행정의 특징으로 상상, 해체, 탈영역화(영역 해체), 타자성을 들었다.
③ 후기산업사회는 상대적이고 다원주의적이며, 동시에 해방주의적 성격의 세계관을 지니고 있다.
④ 바람직한 행정서비스는 다품종 소량생산체제에서 제공될 가능성이 높으며, 행정서비스의 수명은 갈수록 짧아진다.
⑤ 과학적 합리성(rationality)보다 관점에 따라 다양한 가능성이 허용되는 상상(imagination)이 더 중요하다.
⑥ "행정은 객관적으로 연구될 수 있다"는 설화는 해체(deconstruction)를 통해 더 잘 이해할 수 있다(메타설화의 부정과 해체).

V 공공선택론(public choice theory)

1. 의 의

① 공공선택론은 공공부문에 경제학적 관점을 도입하려는 접근법으로 행정을 공공서비스의 공급과 소비관계로 파악하고 정부는 공공서비스의 공급자, 국민은 소비자로 규정하여 시장에서처럼 시민이 자신의 선호에 따라 공공서비스를 선택할 수 있다는 이론을 말한다. 뷰캐넌(J. Buchanan)이 창시하고 오스트롬(V. Ostrom)이 발전시킨 이론이다.
② 공공선택론은 집권적이며 계층제적 구조를 강조하는 정부관료제가 시민의 요구에 민감하게 반응하지 못한다고 주장하며, 공공선택이론은 집권적 관료제가 공공서비스를 제공하는 데 있어서 유일한 최선의 방안은 아니라고 한다. 기출 21

2. 특 징

① 공공선택론은 공공서비스의 효율적 공급을 위해 공공부문의 시장경제화를 추구하며 정치 및 행정현상에 경제학적 분석도구를 적용하여 설명한다. 기출 15
② 공공선택론은 공공서비스의 공급에 있어 합리적 선택과 방법론적 개인주의를 강조한다. 공공선택론은 공공조직이 아닌 개인을 분석의 기초단위로 채택함으로서 방법론적 개인주의를 추구한다. 기출 22
③ 공공선택론의 입장은 전통적인 대규모 관료제보다는 시민의 선호에 부응할 수 있는 분권화되고 시장화된 탈관료제 조직이라는 새로운 장치를 선호한다.
④ 공공선택론은 대외적으로는 환경으로부터 정당성의 확보, 대내적으로는 목표의 능률성 달성을 중시한다는 점에서 정치·경제학적 접근의 일종이며 비시장경제학이라고도 불린다. 기출 13
⑤ 관료의 사익추구, 예산극대화, 지대추구행위, 정치·행정 현상의 경제학적 분석, 시민 개개인의 합리적 선호와 선택의 중시, 방법론적 개인주의는 공공선택론과 관련된 내용이다. 기출 20
⑥ 공공선택론의 대표적인 학자들 중에는 오스트롬(V. Ostrom), 뷰캐넌(Buchanan), 털럭(Tullock), 니스카넨(Niskanen)이 있다.

3. 비 판

① 공공선택론은 자유시장의 논리를 공공부문에 도입함으로써 시장실패라는 고유한 한계를 안고 있다.
② 공공선택론은 현실 세계가 효용극대화를 추구하고 있으며 합리적인 개인들로 구성되어 있다고 가정하는데, 이는 현실적이지 못하다.
③ 공공선택론은 행정은 가치중립적인 것이며 정치의 영역 밖에 있다고 가정하는데, 이는 현실적합성이 매우 떨어진다.
④ 공공선택론은 분배의 불평등 등 시장의 한계를 보완해주는 정부의 개입이나 역할을 경시하기 때문에, 시장에서 역사적으로 누적 형성된 개인의 기득권을 계속 유지하려는 보수적인 접근이라는 비판이 있다.

4. 공공선택론의 주요 모형

(1) 티부가설

1) 의 의

① 티부가설(Tiebout Hypothesis), 즉 발로 하는 투표(voting with feet) 가설이란 주민의 자유로운 지방 간 이동과 다수의 지방정부가 전제되는 경우 '발로 하는 투표'에 의해 지방공공재 공급의 적정규모가 결정될 수 있다는 이론이다. 기출 18
② 공공재는 정치적 과정을 통해 중앙정부에 의해서만 공급될 수 있다는 새뮤얼슨(Samuelson)의 공공재 공급 이론(중앙정부론) 대한 반론으로 제시되었다.

2) 티부가설의 기본 전제

- 한 국가는 다수의 이질적인 지방정부들로 구성되어 있다.
- 각 지방정부는 주민들의 의사에 따라 지출과 조세에 대한 의사결정을 할 수 있다. 주민들은 지방정부가 제공하는 서비스의 정보를 완전히 알고 있다.
- 개인들은 비용을 들이지 않고 자유롭게 지역 간 이주가 가능하다.
- 주민으로부터 나오는 재산세(property-tax)가 유일한 재원이다(지방정부의 재원에 외부에서 유입되는 국고보조금 등은 포함되지 않아야 한다.).
- 지역재정프로그램의 혜택은 그 지역주민만이 누릴 수 있어야 한다.
- 지방정부의 공공서비스에 외부효과가 발생하지 않아야 한다(외부효과의 부존재).

3) 특 징

① 티부가설은 주민은 발로 이동하며 선호를 표시한다는 것으로 관할권이 다른 지방정부로 이주하는 것은 개인의 지방정부에 대한 선호 표시의 수단이라고 본다.
② 티부가설에 의하면 분권화된 체제에서 더 효율적인 자원배분이 이루어진다.
③ 티부가설은 주민 요구에 대한 대응성 제고 측면을 강조한다.
④ 정보통신 발달 및 생활광역화는 주민들의 이동을 불필요하게 만들어 '발로 하는 투표'의 설득력을 낮춘다.
⑤ 지방분권은 자치단체의 재정력에 따라 지역 간 격차가 발생할 수 있다는 것이 단점이다.

(2) 니스카넨(W. Niskanen)의 예산극대화모형

1) 의 의
   ① 니스카넨의 예산극대화모형은 관료의 효용은 부처 예산의 크기에 비례함을 전제하고(부처의 예산이 증가할수록 관료의 효용은 증가), 관료도 자신의 효용극대화를 추구하는 존재로서 예산극대화 행태를 나타내고, 이로 인하여 발생하는 자원배분의 비효율성을 설명하는 모형이다.
   ② 니스카넨의 예산극대화모형은 관료(집행자)는 공공서비스의 공급자, 정치인(결정자)은 공공서비스의 구매자(수요자)로서 쌍방독점적인 관계를 가정한다. 즉, 관료는 예산극대화를 추구하고, 정치인들은 관료들의 행동을 감시하기보다 관료가 공급한 서비스를 구매해줌으로써 이를 통해 득표의 극대화를 추구하는 쌍방독점관계로 보는 것이다.

2) 특 징
   ① 정치가는 사회후생의 극대화를 추구한다고 가정한다. 정치가는 총편익과 총비용의 차이인 순편익이 최대가 되는 수준에서 공공서비스를 공급하려 한다고 본다. 정치가는 한계편익곡선과 한계비용곡선이 교차하는 점(MB = MC)에서 공공서비스를 공급하려 한다고 본다.
   ② 관료는 자신의 효용을 극대화하려는 합리적 경제인이라고 가정한다. 관료는 정치가들과 달리 자신의 이익이나 효용을 극대화하기 위하여 총편익곡선과 총비용곡선이 일치하는 지점, 즉 순편익이 0이 되는 지점까지 생산을 확대한다. 즉, 관료는 한계편익(MB)보다 한계비용(MC)이 훨씬 큰 지점까지 생산을 늘려서 공공서비스의 과잉공급이 발생하고 정부실패가 발생한다고 본다.
   ③ 니스카넨에 따르면 최적의 서비스 공급 수준은 정치인들의 목적함수처럼 한계편익(MB)과 한계비용(MC)이 일치하는 수준에서 총효용이 극대화되도록 결정되어야 하지만, 관료들은 이와 달리 총편익과 총비용이 일치하는 수준(순편익이 0이 되는 수준)에서 과잉생산을 한다고 본다.

[니스카넨의 예산극대화모형에 따른 정치가와 관료의 차이]

구 분	정치가	관료
목적함수	사회후생의 극대화	개인 효용의 극대화
서비스 공급	• 순편익(총편익 – 총비용)이 극대화되는 지점 • 한계편익 = 한계비용인 지점	• 순편익(총편익 – 총비용)이 0인 지점 • 한계편익 < 한계비용인 지점
생 산	공공서비스의 최적 생산	공공서비스의 과다 생산

Ⅵ 신제도주의(New Institutionalism)

1. 의 의

① 법령에 규정된 공식적·정태적 제도만을 중시하는 구제도론과 달리, 신제도주의는 제도와 인간의 상호연계를 중시하는 새로운 제도주의를 말한다. 신제도주의에서는 제도의 개념을 법률로 규정된 공식적 정부에만 한정하지 않고, 균형점, 규범, 규칙 등으로 이해하며, 제도를 인간의 행위 및 사회현상 등 다양한 변수를 포함한 공식, 비공식적 요소의 결합으로 인식한다.

② 신제도주의는 행위 주체의 의도적이고 전략적인 행정이 제도에 영향을 미칠 수 있다는 점을 인정하고, 제도의 안정성과 함께 어떠한 변수들이 제도를 변화시키는지 제도설계와 변화 측면에도 관심을 보이고 있다. 즉, 신제도주의는 제도의 안정성과 함께 동태적 역동성(변화가능성)을 인정하고 이를 분석·연구한다.

③ 신제도주의는 제도가 인간의 행동에 미치는 영향을 연구하는 분야로서, 합리적 선택 신제도주의, 역사적 신제도주의, 그리고 사회학적 신제도주의로 구분될 수 있으며 특히 사회학적 신제도주의는 제도의 공식적 측면보다는 규범, 문화, 상징체계, 의미 등 비공식적 측면을 강조하였다. 기출 16

> **구제도주의** 기출 24
> - 구제도주의(법률적·제도론적 접근방법)는 공식적 제도나 법률에 기반을 두고 있기 때문에 제도 이면에 존재하는 행정의 동태적 측면을 측면을 파악하지 못하며, 제도의 국가 간 차이 등에 대해서는 설명하지 못한다.
> - 구제도주의(법적·제도적 접근방법)는 연구가 지나치게 기술적(descriptive) 수준에 머물고 정태적이라는 비판에 부딪혔다.
> - 구제도주의는 제도의 공식적·구조적·유형적 측면을 중시하지만, 신제도주의는 비공식적·무형적 측면도 중시한다. 신제도주의에서 제도는 법률, 규범, 관습 등을 포함한다.

2. 신제도주의의 특징

① 신제도주의에서는 제도를 공식적인 체제나 구조·조직에 한정하지 않고 비공식적 제도나 규범도 포함시키고 있다.

② 신제도주의는 행태주의에 대한 반발로서 제도가 사람의 행태 못지않게 중요하다는 인식에 바탕을 두고 있다. 기출 19 신제도주의는 제도를 지나치게 강조하는 구제도주의도 비판하지만, 아무런 제도적 제약이 없다고 보는 행태주의나 다원주의도 비판한다.

③ 제도적 제약을 인정하지 않는 행태주의와 달리, 신제도주의는 제도를 사람의 행태에 영향을 미치는 상위 독립변수로 본다. 신제도주의에서는 제도가 개인 간 상호작용을 통해서 만들어지고(종속변수), 그러한 제도가 개인행위를 제약(독립변수)하기도 한다고 이해하였다(상호작용). 기출 21

④ 신제도주의는 제도변화의 요인을 외생적 요인(정치·경제구조 등 환경적 요인)과 내생적 요인(변화의 지지와 반대 등 행위자 요인)으로 구분하고 이들의 상호작용으로 제도가 변화한다고 본다. 신제도주의에서는 제도가 환경과의 교호작용으로 형성되므로 정책 또는 행정환경은 외생변수가 아닌 내생변수로 이해하였다. 기출 19

⑤ 신제도주의는 제도와 행위 사이의 정확한 인과관계를 설명하는 데 한계가 있다는 비판을 받는다.

3. 신제도주의의 구분

(1) 역사적 신제도주의

1) 의 의
   ① 역사적 신제도주의는 정치적 신제도주의라고도 하며 개별 국가마다 제도가 달리 형성되는 역사적 특수성(맥락)과 경로의존성을 중시하는 중범위 수준의 거시적 신제도주의 이론이다.
   ② 역사적 신제도주의는 동일한 상황에서 국가 간의 상이한 제도로 인해 서로 다른 정책이 채택되고 효과도 다르게 나타나는 현상을 강조한다. 기출 23

2) 특 징
   ① 역사적 신제도주의는 각국 정책의 상이성과 효과를 역사적으로 형성된 각국의 제도에서 찾는다. 기출 19
   ② 역사적 신제도주의는 제도가 일단 형성되면 방향성과 안정성을 유지하는 제도의 경로의존성(path dependency)을 강조한다(불합리한 제도가 지속되는 이유 설명). 기출 18
   ③ 역사적 신제도주의는 경로의존성을 중시하므로 제도의 지속성을 강조하지만, 특정 제도가 급격한 변화(결절된 충격)에 의하여 중단될 수 있는 가능성을 인정한다.
   ④ 역사적 제도주의에 의하면, 제도는 환경의 변화가 크지 않으면 안정적인 균형상태를 유지하다가 외부의 충격을 겪으면서 근본적 변화를 경험하고 새로운 경로에서 다시 균형상태를 이루는 단절적 균형의 특성을 보인다.

(2) 사회학적 신제도주의

1) 의 의
   ① 사회학적 신제도주의는 규칙이나 절차뿐만 아니라 전통, 관습, 규범, 문화 등을 포함하여 사람의 표준화된 행동을 낳는 것이면 제도로 이해하므로 제도의 범위를 가장 넓게 해석하는 입장으로, 제도의 비공식적 측면을 중시하고 사회적 정당성을 얻기 위하여 조직의 구조와 형태가 수렴되고 같아지는 동형화가 발생한다고 주장하였다. 기출 19
   ② 사회학적 신제도주의는 개인의 표준화된 행동코드로서 제도의 준수를 통한 소속감을 강조한다. 제도 자체에 인간의 표준화된 행동코드가 내재되어 있어(embedded) 그 틀을 벗어나기 힘들며 개인은 인지적으로 현상을 보고 해석하는 고정된 생각의 틀을 가지고 있는데 그것은 많은 사람들이 공유하는 믿음의 체계인 문화나 법적·정치적 장치를 벗어날 수 없다는 것이다. 이렇듯 개인은 정치적·사회적으로 안정된 제도 속에 종속되고 그런 제도나 문화를 따름으로써 그 사회에 대한 소속감이나 일체감을 갖게 된다. 기출 23

2) 특 징
   ① 사회학적 신제도주의는 선진 제도 학습에 따른 제도의 동형화(isomorphism)를 강조한다. 따라서 사회학적 신제도주의는 서로 다른 국가들 사이의 제도가 유사해지는 현상을 설명하는데 유리하다. 기출 23·18
   ② 사회학적 신제도주의는 경제적 효율성이 아니라 사회적 정당성 때문에 새로운 제도적 관행이 채택된다고 주장한다. 사회학적 신제도주의에서는 개인이나 조직의 제도적 환경에 대한 적응력이 강조되고, 사회적으로 표준화된 규칙 또는 규범에 적절하게 순응하는 개인이나 조직은 사회로부터 정당성을 부여받는다.

③ 사회학적 신제도주의는 제도의 변화에서 개인의 역할을 인정하지 않고, 개인은 자신의 의도에 따라 제도를 만들거나 변화시킬 수 없으며 제도에 종속될 뿐이라고 본다.
④ 사회학적 신제도주의는 방법론적 전체주의(holism)에 의한 거시적·귀납적 방법에 주로 의존한다.
⑤ 역사적 신제도주의가 제도의 종단면적 측면을 중시하면서 국가 간의 차이를 강조한다면, 사회학적 신제도주의는 횡단면적으로 서로 다른 국가나 조직에서 어떻게 유사한 제도가 나타나는지에 관심을 갖는다.

(3) 합리적 선택 신제도주의

1) 의 의
① 합리적 선택 신제도주의는 신제도주의의 주류에서는 약간 벗어나 합리적 선택이론과 신제도주의의 조화를 시도한 이론이다. 제도의 형성과 변화과정에서 개인의 합리적·전략적 선택을 중시하고, 개인의 합리성이 조직 합리성으로 전달될 수 있는 유인구조 설계에 관심을 가지는데, 대표적으로 공공선택론, 거래비용경제학, 공유재이론, 코즈의 정리 등이 이에 속한다. 기출 19
② 합리적 선택 신제도주의는 개인을 합리적 행위자로 전제하고, 제도는 개인들 간의 전략적 상호작용의 결과로 형성된 균형으로 인식한다. 즉, 제도는 개인의 선택을 결정하지는 않지만, 개별 행위자의 행동에 영향을 주며, 거래의 불확실성과 거래비용을 감소시켜 거래의 인정성과 교환의 효율성을 높이는 역할을 수행한다고 본다. 기출 18

2) 특 징
① 합리적 선택 신제도주의는 방법론적 개인주의(individualism)의 입장에서 제도의 범위를 이해한다. 합리적 선택 신제도주의는 개인에 대한 가정에 기초한 미시적·연역적 방법에 주로 의존한다. 기출 23
② 합리적 선택 신제도주의는 인간을 합리적인 행위자로 전제하나, 개인(행위자)의 선호는 선험적으로 주어진 외생적인 것으로 가정하므로 선호 형성 자체에 대해서 제도는 아무런 역할을 하지 못한다(개인의 선호는 개인 간 상호작용의 결과가 아님).
③ 합리적 선택 신제도주의에서 제도는 개인 간 전략적 상호작용의 결과이다. 합리적 선택 신제도주의는 제도를 개인의 효용을 극대화하기 위한 수단으로 본다.
④ 합리적 선택 제도주의는 경제학에 뿌리를 둔 신제도주의로 비용편익분석 등 경제학적 모형이나 연역적 연구방법을 주로 사용한다. 합리적 선택 신제도주의가 형성되는 데 거래비용접근법(거래비용경제학)이 많은 영향을 미쳤다.
⑤ 합리적 선택 제도주의의 연장선상에서 오스트롬(E. Ostrom)은 '공유재(공유지)의 비극'의 해결방안으로 공동체 중심의 자치제도를 제시한다(공공선택론). 기출 23

[신제도주의의 비교]

구 분	역사적 신제도주의	사회학적 신제도주의	합리적 선택 신제도주의
학문적 기초	정치학, 역사학	사회학	경제학
제도의 개념	장기간 역사적 과정(맥락)에서 형성(경로 의존성)	사회적 정당성을 획득한 상징, 도덕적 기초, 문화	개인의 합리적(전략적) 선택의 결과로 형성된 균형
중 점	제도의 지속성과 제도형성의 과정 중시	제도의 형성과 변화과정에서의 사회적 동형화 중시	개인들 간의 전략적 선택 중시
초 점	국가중심(국가의 자율성), 제도의 상이성 설명	사회중심(문화의 중심), 제도의 유사성 설명	개인중심(개인의 자율성)

제도의 형성·변화의 원인	외부적 충격, 결정된 균형, 우연 → 역사적 경로성	인지, 상징흡수, 동형화 → 사회적 정당성	비용편익분석, 전략적 선택 → 경제적 효율성
제도의 범위	• 넓음 : 집합(전체)주의 • 거시적 : 국가, 정치체제	• 넓음 : 집합(전체)주의 • 거시적 : 사회문화	좁음 : 개체주의
개인의 선호	내생적 → 집단의 선호를 결정하는 정치체제가 개인선호를 형성하고 제약함	• 내생적 → 사회문화 및 상징이 개인선호를 형성하고 제약함 • 선호는 개인 간 상호작용의 산물	외생적 → 개인의 선호는 선험적으로 결정됨
접근법	• 귀납적 접근(사례연구, 비교연구) • 방법론적 전체주의	• 귀납적(경험적, 실증적, 형이상학적 신비주의, 해석학, 민속학, 현상학적 연구) • 방법론적 전체주의	• 연역적(일반이론 추구) • 방법론적 개체주의

Ⅶ 신공공관리론(NPM)

1. 의 의

① 신공공관리론(NPM ; New Public Management)은 내부적으로는 '신관리주의'를 통해 성과중심의 행정을 구현하고, 외부적으로는 '시장주의'를 통해 정부역할의 감소와 공공서비스 공급에서의 경쟁구조, 고객지향의 행정을 추구하는 정부 운영 및 개혁에 관한 이론이다.

② 신공공관리론은 공공선택이론의 주장과 같이 정부의 역할을 대폭 시장에 맡겨야 한다는 입장은 아니며, 기존의 계층제적 통제를 경쟁원리에 기초한 시장체제로 대체함으로써 관료제의 효율성과 성과를 높이려 한다.

③ 하이에크(Hayek)의 「노예의 길」(1944)은 시장에 대한 국가의 개입이나 국가기획을 반대한 입장으로 신자유주의나 대처리즘, 신공공관리론의 철학적 기초가 되었다.

2. 신공공관리론의 특징

① 신공공관리론은 국민(시민)을 자율적인 소비자 또는 고객으로 간주하는 이론이다. 신공공관리론은 정부실패를 해결하기 위하여 국민을 고객으로 인식하고 공공부문에 시장원리를 도입하고자 하였다. 시장원리의 도입을 통한 행정서비스 공급의 효율성 향상을 꾀한다. 기출 23·22·21

② 신공공관리론은 정부기능·조직·인력을 정부기능의 폐지 또는 민영화, 민간위탁 등을 통해 감축(비용지출 최소화)하고, 성과중심의 행정체제로의 전환을 추구하고 시장적 기제의 도입에 따른 경쟁도입 및 고객 위주의 서비스 지향을 강조하였다. 따라서 정부는 시민을 위하여 정부서비스의 품질을 향상시켜야 한다. 기출 20·18

③ 신공공관리론은 정부 내에 시장 요소(경쟁적 요소)를 적극적 도입함으로써 부서 간 또는 기관 간 경쟁을 강조한다. 기출 23·19·16

④ 신공공관리론은 행정의 민주성보다는 시장논리에 따라 생산성이나 효율성을 강조하고, 자원배분의 기준으로서 투입보다 성과(산출)를 중시한다. 기출 21·20

⑤ 신공공관리론은 공익을 행정활동으로 생성되는 부산물로 간주하고, 공익을 개인들의 총이익의 합으로 본다(공익 과정설). 기출 21·19

⑥ 신공공관리론은 기업가적 목표달성을 위한 광범위한 행정재량을 인정한다. 기출 21·19
⑦ 신공공관리론에서는 정부(관료)의 역할은 '노젓기'(정치적으로 정의된 단일 목표에 초점을 둔 정책설계와 집행)가 아니라 '방향잡기'(시장의 힘을 활용한 촉매자의 역할)로 보았다. 기출 19
⑧ 신공공관리론은 정치적 책임성과 법적 책임성 외에도 시장 책임성을 강조한다. 기출 14
⑨ 신공공관리론은 정책결정기능과 정책집행기능을 분리에 의한 성과중심의 책임행정체제를 확립하고자 하였다(책임운영기관 등의 설치).

3. 오스본(D. Osborne)과 게블러(T. Gaebler)의 「정부재창조론」

① 오스본(D. Osborne)과 게블러(T. Gaebler)의 「정부재창조론」(1992)에서 제시한 '기업가적 정부운영의 10대 원리'는 신공공관리론의 특징과 신공공관리론적 정부개혁의 방향을 잘 나타내고 있다.
② '기업가적 정부운영의 10대 원리'란 ㉠ 촉매자로서의 정부(노젓기보다는 방향잡기), ㉡ 지역사회가 주도하는 정부(서비스 제공보다 권한 부여), ㉢ 경쟁적 정부(공공서비스 제공에 경쟁 원리 도입), ㉣ 사명 지향적 정부(규칙이나 절차 중심이 아니라 목표와 임무 중심), ㉤ 성과 지향적 정부(투입이나 과정이 아닌 성과와 연계한 예산배분), ㉥ 고객 지향적 정부(관료제가 아닌 고객 요구 충족), ㉦ 기업가적 정부(지출보다는 수익 창출), ㉧ 미래에 대비하는 예방적 정부(문제에 대한 사후 수습보다는 사전 예방), ㉨ 분권적 정부(권한 분산과 하부 위임을 통한 참여적 의사결정 촉진) ㉩ 시장 지향적 정부(시장기구를 통한 변화 촉진)를 말한다. 기출 13

[오스본과 게블러의 전통적 행정과 신공공관리 비교] 기출 24

기 준	전통적 행정	신공공관리
정부 역할	노젓기	방향잡기
서비스 공급	독점적 공급	경쟁 도입
행정가치	관료 중심	고객 중심
행정주체	집권적 계층제 (명령과 통제)	참여와 팀워크 (분권적 정부)
관리방식	규칙 중심	업무(임무, mission) 중심

4. 기업가 정부를 만들기 위한 다섯 가지 전략

오스본(D. Osborne)과 플래스트릭(P. Plastrik)은 「관료제의 추방(1997)」에서 기업가정부를 만들기 위한 다섯 가지 전략을 제시하였다. 기출 19

핵심전략 (Corel Strategy)	• 공공조직의 목표를 대상으로 하고 목표, 역할, 정책방향의 명료화 추구 • 정부 목표의 명확화 강조
성과전략 (Consequence Strategy)	• 업무유인의 개선을 위해 경쟁을 도입하고 성과관리 추진 • 성과관리 강조
고객전략 (Customer Strategy)	• 정부조직의 책임을 대상으로 고객에 대한 정부의 책임확보 및 고객에 의한 선택의 확대 추구 • 정부서비스의 공급의 경쟁 확대, 품질확보, 고객의 선택 강조
통제전략 (Control Strategy)	• 업무수행에 있어 기존의 관리자에 의한 내부규제를 줄이고 재량권을 부여하되 결과에 대하여 책임지도록 함 • 실무자, 일선기관, 지역사회에 권한위임을 강조
문화전략 (Culture Strategy)	• 조직문화를 대상으로 구성원의 가치, 규범, 태도 그리고 기대를 바꾸려는 것 • 기업가적 조직문화를 창출을 위한 관습타파, 감동정신, 승리정신 강조

5. 신공공관리론에 대한 비판

① 무분별한 민영화의 시도는 행정의 공공성, 책임성을 해칠 수 있다.
② 전통적인 행정가치인 형평성이나 공익성을 해칠 우려가 있다.
③ 공공부문은 민간부문과 다르기 때문에 민간부문의 관리 기법을 공공부문에 그대로 적용하는 데에는 한계가 있다. 기업경영의 원리와 기법을 그대로 정부에 이식하려고 한다는 비판을 받는다.
④ 고객 중심 논리는 국민을 관료 주도의 서비스에 의존하는 수동적 존재로 전락시킬 우려가 있다.
⑤ 신공공관리론은 효율성과 성과만을 강조한 나머지 공공행정의 전통적 가치(공익성·형평성·정치성·민주성·책임성·대응성)를 경시한다는 한계가 있다.

> ❑ **신공공관리(New Public Management)의 시장성 테스트**
> - 시장성테스트(Market Testing)란 특정 공공업무를 민영화, 민간위탁 또는 강제 입찰시킬 것인지의 여부를 결정하기 위한 사전 검증절차를 말한다. 기출 25
> - 시장성 테스트(Market Testing)는 1991년 영국 메이저(Major) 행정부에서 행정개혁 일환으로 처음 시행되었다. 기출 25 영국에서 시행된 시장성 테스트는 정부기능을 원점에서 재검토하여 정부책임하의 공공업무공급자를 민간과의 경쟁입찰을 통해 보다 효율적으로 결정하고자 한 제도였다.
> - 시장성 테스트는 내부시장화 또는 민간화 등 다양한 서비스 제공방식을 제시한다. 기출 25
> - 시장성 테스트의 적합한 공공업무는 급속한 시장변화 속에 있는 업무를 포함한다. 기출 25
> - 정부가 수행하더라도 시장성이 강하면 공기업 형태로, 시장성이 약하면 책임운영기관 형태로 운영하는 것이 바람직하다. 기출 25 ㉠ 순수정부조직 → ㉡ 책임운영기관 → ㉢ 공기업 → ㉣ 민간위탁 → ㉤ 민영화 순으로 시장성이 강하다고 보면 된다.

Ⅷ (뉴)거버넌스이론

1 의의

① 뉴거버넌스이론은 정부에 의한 공공서비스의 독점적인 공급·생산이 아니라 시장 또는 정부와 민간, 비영리부문 등 다양한 세력과 조직의 참여와 상호작용에 의한 동태적인 연계망이나 네트워크에 의하여 이루어지는 양상을 강조하는 이론을 말한다.
② 전통적 거버넌스(old governance)에서 공공서비스는 공공관료제에 의해 주도적으로 생산되고 공급되었으나, 뉴거버넌스 체제에서는 시장(기업)과 시민사회(NGO)가 공공서비스 공급에 중요한 역할을 맡게 되었다. 뉴거버넌스가 새로운 국정관리시스템으로 정착되기 위해서는 정부와 시장 그리고 시민사회가 수평적 네트워크를 구축해야만 한다.
③ 뉴거버넌스이론은 정부와 공공부문에 참여하는 다양한 참여자들의 네트워크를 중시하고, 정부는 전체 네트워크를 관리하는 조정자의 역할을 한다고 본다. 뉴거버넌스 체제하에서 정부의 중심 기능은 기존의 감독자 역할에서 조정자 역할로 변화한다.

④ 뉴거버넌스이론은 전통적인 행정국가의 정부실패와 시장실패를 극복하기 위하여 정부가 민간의 힘을 동원하여 공동체 구성원의 참여(협치)에 의한 공적 문제의 해결을 중시한 이론으로 로즈(R. A. W. Rhodes)는 민관협력 네트워크를 강조하였다. 기출 13

⑤ 뉴거버넌스의 등장배경에는 정부실패, 재정 위기의 심화, 사회적 복잡성의 증대, 통치양식의 효율화 등 다양한 원인이 지적된다.

2. (뉴)거버넌스이론의 특징

① 뉴거버넌스이론은 정부, 시장, 시민사회의 협력과 협치를 지향한다. 뉴거버넌스이론은 내부 관리측면보다 정부 외부의 다양한 조직과 역할자들 간의 신뢰와 협력·조정 등 정치적·사회적 상호작용 및 연계관계를 더 중시한다. 기출 23

② 뉴거버넌스이론은 민간과 공공부문의 파트너십을 강조하고, 기업가 정신보다 시민권을 중요시한다.
기출 16

③ 뉴거버넌스이론은 시민을 공공서비스의 주체인 주인으로 본다. 즉, 시민을 정부의 정책결정 과정에 참여하고, 공공문제 해결에 기여할 수 있는 주체로 인식한다.

④ 뉴거버넌스이론은 사회적 자본에 기초한 시민의 집단적 역량과 참여를 강조하고, 참여주체인 시민사회를 구성하는 사회구성원 간의 평등한 협력과 신뢰를 중시한다. 시민재창조는 신공공관리론에 대한 반발로 등장한 뉴거버넌스이론의 특징이다. 기출 23·18

⑤ 뉴거버넌스이론은 공공서비스 공급자로서 정부의 독점적 역할을 부정하고 시민과의 네트워크에 의한 공동생산을 중시한다. 뉴거버넌스의 인식론적 기초는 공동체주의이다.

⑥ 뉴거버넌스가 상정하는 정부의 역할은 방향잡기(steering)이다.

⑦ 거버넌스의 확대가 다양한 사회 세력들의 참여를 증대시킴으로써 정부의 전횡을 방지한다는 점에서 민주화에 기여할 수 있다(민주성과 대응성의 제고).

⑧ 뉴거버넌스이론은 (책임의) 분절화로 인한 집행통제의 어려움이 있고, 서비스의 공동생산에 따라 책임소재가 불분명하다는 단점이 있다.

⑨ 선출을 통해 구성되지 않은 외부기관에 의하여 민주적 정부가 통제받는다는 점에서 민주주의의 이념에 위배되고 선거기제에 의한 민주적 통제가 곤란해질 수 있다.

⑩ 거버넌스론은 내재화된 변수가 많고 변수 간의 유기적 관계를 강조하기 때문에 모형화가 어렵다는 비판이 있다.

3. 신공공관리론과 (뉴)거버넌스이론의 비교

① 정부규모를 일방적으로 축소하려는 신공공관리론과 달리 뉴거버넌스이론은 정부기관을 배제하지 않고 계층제(정부관료제)를 포함하여 시장과 네트워크를 연계, 조합한 방식을 활용하여 공공문제를 협력적으로 해결하려 한다.

② 신공공관리론은 경쟁의 원리를 강조하지만, 뉴거버넌스이론은 신뢰를 기반으로 조정과 협조를 중시한다.
기출 18

③ 신공공관리론은 시민을 공공서비스의 객체인 고객으로 보지만, 뉴거버넌스이론은 시민을 공공서비스의 주체인 주인으로 본다.
④ 신공공관리론에서 관료의 역할은 공공기업가이며, 뉴거버넌스이론에서 관료의 역할은 조정자이다.
⑤ 신공공관리론과 뉴거버넌스이론은 모두 정부의 역할로서 노젓기(rowing)보다 방향잡기(steering)를 강조한다. 정책결정(방향잡기)과 집행기능(노젓기)을 분리하여 정부를 방향잡기의 중심에 놓는다는 점은 동일하지만, 분리된 집행기능(노젓기)을 민영화할 것인가(신공공관리론) 아니면 공동으로 생산할 것인가(뉴거버넌스이론)의 차이가 있을 뿐이다.
⑥ 신공공관리론과 뉴거버넌스이론은 모두 투입(input)보다 산출(output)을 중시한다.
⑦ 신공공관리가 정부 내부 관리의 문제를 다루는 반면 뉴거버넌스이론은 시장 및 시민사회와의 관계에서 정부의 역할과 기능을 다룬다.
⑧ 신공공관리론과 뉴거버넌스론은 모두 정부실패에 대한 대안으로 제시된 것이다. 기출 21

> **로즈(R. A. W. Rhodes)의 좋은 거버넌스(good governance)**
> - 유엔과 세계은행이 제3세계 국가들에 대한 대출조건으로서 사용한 개념이다.
> - 행정의 투명성, 책임성, 통제 및 대응성이 높을수록 좋은 거버넌스라고 할 수 있다.
> - 행정업무 수행에서 공무원들이 효율적·개방적이면서도 타당한 정책결정과 집행을 할 수 있는 관료제적 능력을 지니는 것을 말한다.
> - 자유민주주의(참여·분권)와 신공공관리(투명·효율·개방·유능)를 결합한 개념이다.

[신공공관리론과 뉴거버넌스론의 비교] 기출 20

구 분	신공공관리론	뉴거버넌스론
인식론적 기초 기출 20	신자유주의	공동체주의, 참여주의
관리가치 기출 20	결과(효율성, 생산성)	과정(민주성, 대응성, 정치성, 신뢰)
작동원리 기출 20	경쟁의 원리(시장메커니즘)	신뢰와 협력(참여메커니즘)
관료의 역할 기출 20	공공기업가	조정자(네트워크 촉매자)
정부의 역할	방향잡기(steering)	방향잡기(steering)
서비스 기출 20	민영화, 민간위탁	공동생산(시민·기업의 참여)
관리기구(공급주체)	시장(market)	서비스연계망(공동체에 의한 공동생산)
관리방식	고객지향	임무중심
시 민	고객(공공서비스의 객체)	주인(공공서비스의 주체)
참여의 형태	공리주의, 자원봉사주의	시민주의
정치성	탈정치화(정치행정이원론)	재정치화(정치행정일원론)
이데올로기	우 파	좌 파
혁신의 초점	정부재창조(미국)	시민재창조(영국)
분석수준	조직 내	조직 간

4. 피터스(B. Guy Peters)의 거버넌스 모형

(1) 전통적 정부모형
① 전통제 정부모형은 전형적인 관료제 모형으로 문제 진단 기준은 전근대적인 권위에 있으며, 구조 개혁 방안으로 계층제를 제안한다.
② 조직과 그 구성원들에 대한 통제 문제와 관련하여 구조보다 절차를 더 중시한다.

(2) 시장적 정부모형
① 피터스는 뉴거버넌스에 기초한 정부개혁 모형으로 시장적 정부모형, 참여적 정부모형, 신축적 정부모형(유연정부모형), 저통제 정부모형을 제시한다.
② 시장적 정부모형(market model)은 독점성을 정부실패의 원인으로 보고 중앙정부의 독점이 아닌 분권화된 조직을 구조개혁의 처방으로 제시하였다.
③ 시장적 정부모형은 책임운영기관과 같은 준자치적인 조직들이 상부로부터의 정책이나 이념적 지시에 순응할 것을 기대한다.
④ 시장적 정부모형에서는 정책과 집행기능의 분리 등을 통한 조직의 분권화를 처방으로 제시한다.
⑤ 시장적 정부모형의 문제 진단 기준은 공공서비스에 대한 정부의 독점적 공급에 있으며, 구조 개혁방안으로 분권화를 제안한다.
⑥ 시장적 정부모형은 공공부문에 시장운영기법을 적용하는 것으로 정부는 경제적 가치와 규범을 중시하고 서비스 공급 역할을 맡으며, 국민의 공공서비스의 소비자 또는 고객으로 간주되고, 사회는 시장기제를 통해 국가를 직접 통제한다.

(3) 참여적 정부모형
① 참여적 정부모형(participatory model)은 계층제를 문제삼으며 계층형태를 띠지 않는 평면조직을 대안으로 제시하였다.
② 참여적 정부모형은 지나친 계층화로 인하여 의사결정과정의 하급자나 고객들의 참여가 배제됨으로서 정부실패가 발생하였다고 보는 거버넌스 모형이다.
③ 참여적 정부모형에서는 조직 하층부 구성원이나 고객들의 의사결정 참여기회가 확대될수록 조직이 효과적으로 기능한다고 본다.
④ 참여적 정부모형의 문제 진단 기준은 관료적 계층제에 있으며, 구조 개혁 방안으로 평면구조를 제안한다. 즉, 공조직이 보다 수평적으로 전환됨으로써 조직의 고위층과 취하위층 간에 계층의 수가 많지 않아야 한다.
⑤ 참여적 정부모형에서는 조직의 고위층과 취하위층 간에 계층 수가 많지 않아야 한다.

(4) 신축적 정부모형(유연정부모형)
① 신축적 정부모형(flexible government)에서는 정책이나 조직의 항구성(영속성)을 문제삼는 모형으로 가변조직이나 임시고용 등 행정의 유연화를 통하여 비용을 절감하고 공익을 증신시킬 수 있다고 보는 거버넌스 모형이다.
② 신축적 정부모형의 문제 진단 기준은 영속성에 있으며, 관리 개혁 방안으로 가변적 인사관리를 제안한다.

③ 특정한 정책영역에 항구적인 관할권을 지닌 전통적인 형태의 조직에 의존하기 보다는 기존 조직의 신축성을 증대시키거나 소멸시키는 것이 바람직한 결과를 낳게 됨을 강조한다.
④ 유연정부모형은 변화하는 정책수요에 맞춰 탄력적으로 구성원들을 활용하는 연성정부모형으로 조직구조, 인력관리, 예산관리 등에 탈항구성과 유연성, 융통성을 추구하므로 조직과 업무에 대한 몰입을 높이기 어렵다는 단점이 있다.

(5) 탈내부규제 정부모형(저통제 정부모형)
① 탈규제적 정부모형(deregulated government)에서는 정부관료제가 직무에 최선을 다하려는 희생적이고도 재능 있는 사람들로 구성된 것으로 가정한다.
② 탈규제적 정부모형은 내부규제를 문제삼는 모형으로 공무원에 대한 지나친 내부규제가 공무원의 독창성과 창의력을 억제하여 정부실패가 발생하였다고 보는 거버넌스 모형으로 내부규제의 완화를 처방한다.
③ 탈규제적 정부모형은 정부관료제가 공공봉사 의지를 지닌 대규모의 헌신적인 구성원으로 구성되어 있다는 것을 전제하여, 정부의 내부규제가 제거되거나 축소되면 정부관료제가 훨씬 역동적이고 효율적으로 기능할 것이라고 가정한다. 기출 17
④ 정책결정에 기업가적 정부의 역할을 강조한 것은 탈내부규제 정부모형이다.

[피터스(G. Peters)의 거버넌스 모형(전통적 정부모형에 대한 대안으로 제시한 정부모형)]

구 분	전통적 정부모형	시장적 정부모형	참여적 정부모형	신축적 정부모형	탈내부규제 정부모형 (저통제 모형)
문제의식 (정부실패 원인)	전근대적 권위	정부의 독점적 공급	계층제	영속성	내부규제
조직개혁 (구조개혁)	계층제	분권화	평면조직	가상조직	-
관리개혁	직업공무원제, 절차적 통제	성과급, 민간부문의 기법	총체적 품질관리, 팀제	가변적 인사관리	관리재량권 확대
정책결정 개혁방안	정치·행정의 구분	내부시장, 시장적 유인	협의, 협상	실 험	기업가적 정부
조정방안	상의하달식, 명령통일	보이지 않는 손	하의상달	조직개편	관리자의 자기이익
공무원제 개혁방안	실적제	시장기제로 대체	계층제 축소	임시고용	내부규제 철폐
공익기준	안정성, 평등	저비용	참여, 협의	저비용, 조정	창의성, 공공봉사 의지를 지닌 활동주의
책임 확보	대의정치	시장에 의존	소비자불만에 의존	-	사후통제에 의존

IX 신공공서비스론(New Public Service)

1. 의의
① 신공공서비스론은 공익을 추구하려는 시민의 적극적 역할과 의욕을 존중하며 시민에게 힘을 실어주고 시민에게 봉사하는 정부의 역할을 강조하는 이론을 말한다. 신공공서비스론은 거버넌스에 관한 시민중심적·사회공동체중심적·서비스중심적 접근방법이다.
② 공무원의 반응대상을 고객보다 시민에 두고 있고, 정부의 역할을 공유된 가치창출을 위한 봉사활동으로 보는 점에서 뉴거버넌스이론과 유사하다.
③ 신공공서비스론은 신공공관리론의 오류에 대한 반작용으로 대두되었으며, 주로 민주적 시민의식론(citizenship), 조직인본주의와 담론이론 등에 기초하고 있다. 기출 22 신공공서비스론의 이론적·학문적 뿌리는 민주주의 이론, 실증주의, 해석학, 비판이론, 포스트모더니즘 등 복합적이다.

2. 특징
① 신공공서비스론의 시민은 사회적 책임의식을 갖춘 적극적 시민성(citizenship)을 특징으로 한다. 기출 23 신공공서비스론은 '정부 - 시민'의 관계는 '기업 - 고객'의 관계와 다르다고 하여, 고객으로서의 주민보다는 공론의 장에 참여하는 적극적 시민성(citizenship)을 갖춘 주민을 강조한다. 신공공서비스론은 고객의 개인적 이익이 아닌 시민 전체로서의 공익에 대한 책임성과 대응성을 강조한다. 기출 22·21·18
② 신공공서비스론에서는 공익은 부산물이 아니라 목표로 보고, 공익을 공유가치에 대한 담론의 결과물로 이해한다(공익 실체설). 기출 19
③ 신공공서비스론은 공공행정의 다양한 가치와 책임성 문제에 관심을 둔다. 즉, 법, 공동체, 정치규범, 전문성, 시민이익 존중 등 다면적 책임성을 강조한다. 기출 22
④ 신공공서비스론에서 관료는 사회문제를 해결하는 과정에서 협상과 중재 기능을 담당한다. 즉, 관료는 협상·중재자로서 시민에 대한 봉사자 역할을 하는 것으로 인식하였다. 기출 21·19
⑤ 신공공서비스론에서는 정부의 역할을 '노젓기'도 아니고 '방향잡기'도 아닌 '봉사'(Service, 공유가치 창출을 위한 집단이익의 협상과 중재)로 보고 있다. 기출 19 (cf. 뉴거버넌스론 - 정부의 역할 '방향잡기')
⑥ 신공공서비스론에서는 행정재량의 필요성은 인정하지만, 행정재량에 대한 제약과 책임이 수반된다고 보았다. 기출 19
⑦ 신공공서비스론에서는 행정의 민주성을 중시한다(전략적 사고와 민주적 행동을 중시). 신공공서비스론은 주권자인 시민의 지위를 중시하고, 공공가치나 정부역할에 대한 결정의 주체는 시민이어야 한다고 본다. 기출 21
⑧ 신공공서비스론은 기술적·경제적 합리성보다 전략적(민주적) 합리성을 추구한다는 점에서 신공공관리론과 다르다.
⑨ 신공공서비스론은 생산성과 더불어 사람의 가치를 존중하는 인본주의 패러다임이다.
⑩ 신공공서비스론은 공공부문의 일방적 축소를 주장한 신공공관리론을 비판하고 평등성·공정성·대표성·참여 등 새로운 규범적 가치에 관한 방향과 이론을 제시하였을 뿐, 이러한 가치들을 구현하는 데 필요한 구체적 처방을 제시하지 못한다는 비판을 받는다.

[전통적 행정이론, 신공공관리론(NPM), 신공공서비스론(NPS)의 비교]

구 분	전통적 행정이론	신공공관리론(NPM)	신공공서비스론(NPS)
이론적 기초	초기의 사회과학	신고전학파 경제이론, 성과관리론	민주주의 이론, 비판이론, 포스트모더니즘, 실증주의, 해석학 등을 포함한 다양한 이론
공 익	법률로 표현된 정치적 결정	개인들의 총 이익의 합 (공익 과정설)	공유가치에 대한 담론의 결과 (공익 실체설)
합리성 모형	개괄적 합리성	기술적·경제적 합리성	전략적 합리성
정부의 역할	노젓기 (정책집행, 공공서비스 전달)	방향잡기 (정책결정)	봉사(Service) (시민과 지역공동체 내의 이익을 협상하고 중재하거나 공유가치를 창출하는 역할)
관료의 반응대상	고객과 유권자	고 객	시 민
정책목표의 달성수단	정부기구를 통한 프로그램	개인 및 비영리기구의 이용	공공기관, 비영리기관, 개인들의 연합체의 구축
책임에 대한 접근 양식	계층제적(행정인은 민주적으로 선출된 정치지도자에게 반응)	시장지향적	다면적, 복합적 책임
행정관료의 동기유발	• 임금과 편익 • 공무원으로서의 신분보호	• 기업가정신 • 정부규모를 축소하려는 이데올로기적 욕구	• 공공서비스, 사회에 기여하려는 욕구 • 시민정신에의 부응
행정관료의 재량	제한된 재량	기업적 목표를 달성하기 위한 넓은 재량인정	재량이 인정되지만 책임의 수반

□ **공직봉사동기(Public Service Motivation)이론**
- 페리와 와이즈(J. Perry & Wise)가 신공공서비스론에 입각하여 제시한 공직봉사동기(Public Service Motivation) 이론은 신공공관리론의 외적 보상 위주의 동기부여에 반발하여 공공부문 종사자의 내재적 보상을 강조한다. 기출 25
- 공직봉사동기이론은 공공조직과 민간조직 종사자 간 동기의 차이를 전제로 한다. 이 이론은 민간부문 종사자들이 주로 개인의 경제적 이익이나 성과에 기반한 동기를 갖는 반면, 공공부문 종사자들은 공공의 이익을 추구하는 동기(공익에 대한 헌신)가 더 강하게 작용한다고 본다. 기출 25
- 합리적 차원의 공직봉사동기는 공익 추구를 함으로써 자신의 이익도 극대화하려는 것이다. 기출 25
- 규범적 차원의 공직봉사동기는 국가에 충성하고 사회정의를 달성하고자 하는 것이다. 기출 25
- 감성적 차원의 공직봉사동기는 사회적으로 중요한 정책에 대한 몰입을 특징으로 한다. 기출 25

제 1 장 행정학의 기초이론

⊃ 확인학습문제

제1절 행정의 본질

01 행정개념에 관한 설명으로 옳지 않은 것은?　　20 행정사 제8회

① 행정의 실체와 역할은 정부를 둘러싼 정치적·사회적·문화적 환경 등의 다양한 환경 속에서 규정된다.
② 행정의 영역과 범위는 명확하게 설정되고 있지 않으며 그 한계도 분명하지 않아서 고도로 체계화된 개념화는 어렵다.
③ 행정에 대한 연구대상의 선택이나 연구방법의 변화에 따라 다르게 이해되어 왔다.
④ 행정개념이 기능개념이기 때문에 기능변화와 다양화에 따라 여러 시각으로 설명될 수는 없다.
⑤ 오늘날에는 행정에 대한 개념해석이 계속 확대되고 있다.

해설

[❶ ▶ ○]　행정은 정부를 둘러싼 정치적·사회적·문화적 환경 등의 다양한 환경과 밀접한 관계를 가지기 때문에 이들과의 연관 속에서 규정된다.
[❷ ▶ ○]　행정개념은 시(時), 공(空)에 따라 유동적이어서 한마디로 정의하거나 단일의 개념을 도출하기 어려운 문제가 있다.
[❸ ▶ ○]　<u>행정개념은 행정에 대한 연구대상의 선택이나 연구방법의 변화에 따라 다르게 이해되어 왔으며</u>, 대표적으로 행정의 관리기술성을 강조하는 행정관리론, 행정과 정치의 연계를 강조하는 통치기능론, 협동적 집단행동 및 행정학의 과학적 연구에 중점을 두는 행정행태론, 행정의 국가발전 유도기능을 강조하는 발전행정론, 공공부문의 시장화를 강조하는 신공공관리론, 참여와 서비스연계망의 관리를 강조하는 (뉴)거버넌스와 봉사와 서비스를 강조하는 신공공서비스론 등이 있다.
[❹ ▶ ×]　정부가 하는 일은 시대에 따라 달라질 수 있는 까닭에 행정을 기능개념으로 접근할 경우 기능의 변화와 더불어 다양한 관점에서 정의할 수 있다.
[❺ ▶ ○]　오늘날에는 행정에 대한 개념 해석이 계속 확대되고 있다.

답 ④

02 행정과 경영의 비교에 관한 설명으로 옳지 않은 것은?

19 행정사 제7회

① 행정의 목적은 공익 추구이고, 경영의 목적은 이윤 극대화이다.
② 행정은 경영보다 상대적으로 엄격한 법적 규제를 받는다.
③ 행정은 모든 국민에 대한 평등성이 강조되지만 경영은 이윤 추구 과정에서 고객 간 차별대우가 용인된다.
④ 행정과 경영은 능률성을 추구하는 과정에서 유사한 관리기법을 많이 활용한다.
⑤ 상대적으로 행정은 관리적 측면이 강하게 나타나고 경영은 권력적 측면이 강하게 나타난다.

해설

[❶ ▶ ○] 행정은 공익을 최고가치로 삼고 질서유지·공공봉사 등 추상적·무형적·다원적 목적을 추구하는 데 반하여 경영은 이윤의 극대화라는 유형적·구체적·일원적인 목적을 추구한다.
[❷ ▶ ○] 행정은 공공성 때문에 그 행위와 책임이 법률에 상세하게 규정되어 있어 엄격한 법적 책임과 규제의 대상이 되며 타율성과 기속성이 강하나, 경영은 운영상의 재량과 자율성이 행정보다 상대적으로 높다.
[❸ ▶ ○] 행정(예 공공재 공급)은 누구에게나 평등하게 서비스가 제공되므로 비배제성 및 무임승차성이 인정된다. 그러나 경영은 이윤 추구 과정에서 고객 간 차별대우가 용인된다.
[❹ ▶ ○] 행정과 경영은 인적·물적 자원을 효율적으로 활용하기 위한 기획, 조직, 예산, 권한의 위임·통제 등에 있어서 유사한 관리기법을 많이 활용한다.
[❺ ▶ ✕] 행정은 특정행위의 이행을 확보하기 위한 권력적 강제수단을 구비하고 있는 반면, 경영은 공리적·경제적 수단이 주된 통제수단이 됨에 그친다. 따라서 <u>상대적으로 행정은 권력적 측면이 강하게 나타나고, 경영은 관리적 측면이 강하게 나타난다</u>.

답 ❺

03 정치행정일원론과 정치행정이원론에 관한 설명으로 옳은 것은?

16 행정사 제4회

① 정치행정이원론은 행정의 정치적 기능을 강조한다.
② 과학적 관리론은 정치행정일원론의 발전에 기여하였다.
③ 정치행정일원론은 정치와 행정을 엄격히 구분한다.
④ 정치행정이원론은 엽관주의의 폐해를 극복하기 위하여 대두되었다.
⑤ 윌슨(Wilson)은 정치행정일원론의 입장을 견지하였다.

해설

[❶ ▶ ✕] <u>정치행정이원론은 정치와 행정을 엄격히 분리하고, 행정에 있어서 정치적 기능(가치판단 및 정책결정기능)을 배제한다</u>. 반면, 정치행정일원론은 행정을 정치와 불가분의 관계에 있다고 보고, 행정의 정치적 기능으로서의 정책형성기능(가치판단 및 정책결정 기능)을 중시한다.
[❷ ▶ ✕] <u>과학적 관리론의 공공부문에 도입은 행정의 전문성 및 능률성(기계적 능률성)을 확보함으로써 정치행정이원론의 발전에 기여하였다</u>.

[❸ ▶ ✕] 정치와 행정을 엄격히 구분하는 것은 정치행정이원론이고, 정치행정일원론은 행정을 정치와 불가분의 관계에 있다고 본다.
[❹ ▶ ○] 미국의 경우 19세기 말 정치권력이 행정에 지나치게 개입해 공무원을 정치적으로 임명하는 문제(엽관주의의 폐해)가 심각해져 이를 극복하고 행정의 능률성을 확보하고자 윌슨(W. Wilson)을 비롯한 초기 행정학자들에 의해 정치행정이원론이 대두되었다.
[❺ ▶ ✕] 윌슨(W. Wilson)은 정치행정이원론의 입장을 견지하였다.

답 ❹

04 사회적 자본(Social Capital)에 관한 설명으로 옳은 것은? 〔15 행정사 제3회〕

① 귤릭(L. Gulick), 어윅(L. Urwick), 페이욜(H. Fayol) 등이 주장하였다.
② 가치중립적이며 과학적인 탐구를 강조한다.
③ 경제대공황(Great Depression)을 극복하기 위한 방법론을 제시하였다.
④ 사회구성원들 간의 신뢰와 협력을 중시한다.
⑤ 신행정학의 이론 형성에 영향을 끼쳤다.

해설

[❶ ▶ ✕] 귤릭(L. Gulick), 어윅(L. Urwick), 페이욜(H. Fayol) 등이 주장한 것은 전통적 행정이론 중 정치행정이원론(행정관리론)이다. 사회적 자본(Social Capital)은 사회문제를 해결하기 위한 구성원들의 신뢰와 협력현상을 말하는 것으로 1990년대 거버넌스와 함께 발달하였다. 따라서 전통적인 행정이론과는 관련이 없다. 사회적 자본에 대해 정의를 한 학자로는 퍼트남(R. D. Putnam), 후쿠야마(F. Fukuyama), 부르디외(P. Bourdieu) 등이 있다.
[❷ ▶ ✕] 가치중립적이며 과학적인 탐구를 강조하는 것은 사이먼(H. A. Simon)에 의하여 체계화된 행정행태론이다.
[❸ ▶ ✕] 경제대공황(Great Depression)을 극복하기 위한 방법론을 제시한 것은 디목(M. E. Dimock), 애플비(P. H. Appleby) 등에 의해 주장된 정치행정일원론이다.
[❹ ▶ ○] 사회적 자본(Social Capital)은 인적ㆍ물적 자본과는 구분되는 사회적 관계 속에 존재하는 자본으로 '사회구성원들이 공동의 문제를 해결하는 데 적극적으로 참여하는 사회의 조건 또는 특성'을 의미한다. 여기서 '사회적 조건 또는 특성'이란 '상호 신뢰', '호혜주의', '친사회적 규범', '협력적 네트워크', 그리고 '적극적 참여' 등을 의미하며, 이러한 특성이 사회적 자본의 핵심 구성요소가 된다.
[❺ ▶ ✕] 신행정학의 이론 형성에 영향을 끼친 것은 1960년대 '적실성의 신조'와 '실천'을 강조하는 후기 행정행태론이다.

답 ❹

제2절 행정의 지향과 가치

05 공익의 실체설과 과정설에 관한 설명으로 옳은 것을 모두 고른 것은?   23 행정사 제11회

> ㄱ. 사익과 차별화되는 공익의 존재를 인정하는 실체설은 공익이 행정의 구체적인 지침이 될 수 있다고 본다.
> ㄴ. 실체설은 개인이나 집단 사이의 이해를 조정하는 행정의 조정자 역할을 강조한다.
> ㄷ. 과정설은 이해당사자 사이의 협상과 타협을 통해 규범적 절대가치에 도달할 수 있다고 본다.
> ㄹ. 「지방재정법」에 규정된 주민참여예산제도의 준수를 통해 지방자치단체의 예산을 배분하는 것은 과정설에 해당된다.

① ㄱ, ㄴ
② ㄱ, ㄹ
③ ㄴ, ㄷ
④ ㄱ, ㄷ, ㄹ
⑤ ㄴ, ㄷ, ㄹ

해설

[ㄱ▶O] 실체설은 공익을 사익을 초월한 실체적·규범적·도덕적 개념으로 파악하는 견해로서 공익의 실체성을 인정하는 입장이다. 실체설은 공익이 행정의 구체적인 지침이 될 수 있다고 본다.
[ㄴ▶✕] 실체설에 의하면 국가는 우월적 지위에서 목민적 역할을 수행하므로, 엘리트와 관료의 적극적 역할을 강조한다. 개인이나 집단 사이의 이해를 조정하는 행정의 조정자 역할을 강조하는 것은 과정설이다.
[ㄷ▶✕] 과정설은 민주적 조정 과정에 의한 공익의 도출을 중시하지만, 사익을 초월한 별도의 공익 개념의 존재를 부정한다(공익 = 사익의 총합). 공익은 선험적인 개념(절대가치)이 아닌 사회집단 간 대립·투쟁·협상·타협의 과정에서 도출되는 산물에 불과하다는 입장이다.
[ㄹ▶O] 「지방재정법」에 규정된 주민참여예산제도의 준수를 통해 지방자치단체의 예산을 배분하는 것은 과정설의 입장에 의해 설명할 수 있다.

답 ❷

06 행정이 추구하는 가치 중 본질적 가치에 해당하는 것은?　　　16 행정사 제4회

① 능률성　　　　　　　　　　　② 형평성
③ 합법성　　　　　　　　　　　④ 합리성
⑤ 효과성

해설

[❷▶○]　행정의 본질적 가치는 행정을 통해 이루고자 하는 궁극적 가치로 공익성, 자유, 정의, 형평성 등이 이에 해당한다. 한편 수단적 가치는 본질적 가치를 달성하기 위한 수단이 되는 가치로 민주성, 합법성, 합리성, 능률성(효율성), 효과성, 생산성, 투명성, 가외성, 신뢰성 등이 이에 해당한다. 수단적 가치 중 '가외성'은 행정에 있어서 중첩이나 여분·초과분 등을 의미하는데, 행정학에서의 본격적인 논의는 란다우(M. Landau)가 불확실성의 시대에 실패에 대비하기 위한 신뢰성 확보 차원에서 강조하면서 대두된 행정개념이다. 가외성이 적용된 사례로 권력분립, 부통령제, 양원제, 재판의 3심제, 대통령의 거부권, 연방주의, 위원회제, 계선과 막료 등을 들 수 있다.

답 ❷

07 행정의 능률성(Efficiency)과 효과성(Eeffectiveness)에 관한 설명으로 옳은 것은?　　　23 행정사 제11회

① 효과성은 목표와 무관하게 자원을 낭비 없이 사용하는 것을 의미한다.
② 능률성은 사회문제의 해결정도를 의미한다.
③ 어떤 해결대안이 효과적이면 그 대안은 항상 능률적이다.
④ 비용효과(Cost-Effectiveness) 분석은 효과를 화폐가치로 측정하기 어려운 상황에서 적용된다.
⑤ 효과성은 행정의 수단적 가치인 반면, 능률성은 민주성과 마찬가지로 본질적 가치이다.

해설

[❶▶×]　능률성(Efficiency, 효율성)은 투입 대비 산출의 비율을 의미하는 것으로서, 목표와 무관하게 자원을 낭비 없이 사용하는 것을 의미한다.
[❷▶×]　효과성(Effectiveness)은 목표 대비 산출의 비율을 말하고, 목표달성도(= 사회문제의 해결 정도)를 의미한다.
[❸▶×]　어떤 해결대안이 효과적이라고 하여 그 대안이 항상 능률적인 것은 아니다. 능률성이 높아도 효과성은 낮을 수 있으며, 효과성이 높더라도 능률성은 낮을 수 있다.
[❹▶○]　비용편익분석(Cost-Benefit Analysis)은 정책대안들의 비용과 편익을 모두 화폐적(금전적) 가치로 환산하여 비교·평가하는 정책분석기법이다. 반면 비용효과분석(Cost-Effectiveness Analysis)은 효과를 화폐가치로 측정하기 어려운 상황에서 적용된다(비용은 화폐가치로 산정).
[❺▶×]　효과성, 능률성, 민주성은 모두 행정의 수단적 가치에 해당한다. 행정의 본질적 가치에는 공익성, 정의 복지, 형평성, 평등, 자유 등이 있다.

답 ❹

제1장 | 행정학의 기초이론

08 행정의 가치에 관한 설명으로 옳은 것은?

25 행정사 제13회

① 입법국가에 비해 현대행정의 합법성은 상황에 따라 신축성을 부여하는 법의 적합성을 강조한다.
② 효율성은 결과적 측면, 효과성은 과정적 측면에서 정책평가의 중요한 기준이 된다.
③ 대내적 민주성에서 중요한 요소는 국민의 참여이다.
④ 수평적 형평은 약자에 대한 배려의 의미이고, 수직적 형평은 동등한 자들 간 공평의 의미이다.
⑤ 공익의 과정설은 공익과 사익이 명확히 구분되는 별개의 개념으로 본다.

해설

[❶ ▶ ○] 현대 행정에서 합법성은 입법 국가에서 강조하는 것과 달리, 상황에 따라 신축성을 부여하는 법의 적합성을 더 강조한다. 입법 국가에서의 합법성은 법률의 엄격한 적용에 따른 행정(형식적 적합성)을 의미한다. 반면, 현대 행정에서의 합법성은 형식적 적합성뿐만 아니라 법률의 목적과 정신에 부합하는 상황 적합성을 중시한다.

[❷ ▶ ×] 효율성(능률성, Efficiency)은 투입 대비 산출의 비율로 수단적·과정적 측면에 중점을 두는 반면, 효과성(Effectiveness)은 목표에 대한 산출의 비율(목표달성도)로 기능적·결과적 측면에 중점을 둔다.

[❸ ▶ ×] 행정의 민주성은 대외적 민주성과 대내적 민주성으로 구분된다. 대외적 민주성은 정부가 국민 의사를 존중하고 수렴하는 책임행정의 구현을 의미하며(국민의 참여가 중요한 요소), 대내적 민주성은 행정조직 내부 관리 및 운영의 민주화를 의미한다.

[❹ ▶ ×] 수평적 형평은 동등한 자들 간 공평의 의미(= 같은 것은 같게)이고, 수직적 형평은 약자에 대한 배려의 의미(= 다른 것은 다르게)이다. 장애인들에게 특별한 세금감면 혜택을 부여하는 것은 사회적 약자에게는 특별한 배려를 함으로써 다른 것은 다르게 다루어야 한다는 수직적 형평성에 부합하는 제도이다.

[❺ ▶ ×] 공익과 사익이 명확히 구분되는 별개의 개념으로 보는 것은 공익 실체설이다. 공익 실체설은 공익이 사익을 초월하여 선험적·규범적인 것으로 존재한다고 본다. 공익 실체설은 정의 또는 공동선과 같은 절대가치를 공익으로 본다. 공익 과정설은 사익을 초월한 별도의 공익 실체를 존재를 부정한다. 공익 과정설은 공익을 사익의 총합이거나 수많은 사익 간의 갈등의 조정·타협의 소산물 또는 민주적 정치체제 내의 개인과 집단 간 정치활동의 결과물로 본다.

답 ❶

09 행정이론과 추구하는 행정이념의 연결이 옳지 않은 것은? `24` 행정사 제12회

① 인간관계론 – 사회적 능률성
② 행정행태론 – 효과성
③ 신공공관리론 – 효율성
④ 과학적 관리론 – 기계적 능률성
⑤ 신행정론 – 사회적 형평성

해설

[❶ ▶ ○] 1930년대 인간관계론에서 추구하는 행정이념은 사회적 능률성(민주성)이다. 사회적 능률성은 산출의 가치를 고려하는 장기적, 인간적, 민주적, 상대적 효율성으로 1930년대 디목(M. E. Dimock)이 도입한 개념으로서 행정에 의한 사회문제의 해결, 다양한 가치의 조화 등을 중시한 사실상 민주성에 가까운 개념이다(통치기능론, 정치행정일원론).

[❷ ▶ ✕] 1940년대 행정행태론에서 추구하는 행정이념은 합리성(목표에 대한 수단의 적합성)이다. 효과성은 1960년대 발전행정론에서 추구하는 행정이념이다. 효과성(Effectiveness)은 목표 대비 산출의 비율을 말하고, 목표달성도(= 사회문제의 해결 정도)를 의미한다.

[❸ ▶ ○] 1980년대 신공공관리론에서 추구하는 행정이념은 효율성(= 능률성 + 효과성, 생산성)이다.

> [참고] 효율성(생산성) = 능률성 + 효과성
> 전통적 개념으로 효율성은 능률성과 동의어로 사용되었으나, 오늘날 공공행정 부문의 생산성(효율성)은 최소의 비용과 노력으로 최대의 산출을 얻으면서도 산출물이 당초의 목표를 어느 정도 달성했는가를 나타내는 능률성과 효과성을 합한 개념으로 이해한다. 능률성과 효과성은 항상 일치하는 것은 아니므로 이를 조화시키고자 하는 이념이 생산성이며 국내학자들은 이를 효율성으로 본다.

[❹ ▶ ○] 1880년대 과학적 관리론에서 추구하는 행정이념은 기계적 능률성이다. 기계적 능률성(Efficiency)은 투입 대비 산출의 비율을 의미하는 것으로서, 목표와 무관하게 자원을 낭비 없이 사용하는 것을 의미한다.

[❺ ▶ ○] 1970년대 신행정론에서 추구하는 행정이념은 사회적 형평성(서비스의 공평한 배분정도, 소외계층 위주의 행정)이다.

◆ 행정이념의 종류와 변천

이 념	개 념	시기 및 행정이론	시대적 배경
합법성	법률 적합성	19세기 관료제이론	입법국가
절약과 능률성 (기계적 능률성)	산출 / 투입 (투입 대비 산출의 비율)	1900년대 행정관리론 (과학적 관리론)	행정학 성립기
민주성 (사회적 능률성)	국민을 위한 행정(대응성)	1930년대 통치기능론 (인간관계론)	행정국가
합리성	목표에 대한 수단의 적합성	1940년대 행정행태론	
효과성	목표달성도	1960년대 발전행정론	
사회적 형평성	서비스의 공평한 배분정도 (소외계층 위주의 행정)	1970년대 신행정론	
생산성(효율성)	능률성 + 효과성	1980년대 신공공관리론	신행정국가
신뢰성	정부에 대한 국민의 믿음	2000년대 뉴거버넌스	
공익성	국민에 대한 봉사	2000년대 신공공서비스	

답 ❷

제3절 행정학의 특징과 체계

10 행정학의 학문적 성격에 관한 설명으로 옳은 것은? 　　19 행정사 제7회

① 행정학의 과학성을 강조하는 사람들은 행정현상의 보편적인 원칙을 인정하지 않는다.
② 행정학에서 기술성은 행태주의에 의해 중요하게 제기되었다.
③ 상대적으로 사이몬(H. A. Simon)은 기술성을, 왈도(D. Waldo)는 과학성을 더 강조하였다.
④ 행정학은 다른 학문으로부터 많은 이론과 지식을 받아들여 종합학문적인 성격을 지니고 있다.
⑤ 1950년대에 공공선택론, 신행정론 등의 영향으로 행정학의 정체성 위기가 처음 등장했다.

해설

[❶▶✕] 행정학의 과학성을 강조하는 사람들도 행정현상의 보편적인 원칙을 인정한다. 행정학의 과학성을 강조하는 대표적인 입장으로 사이몬(H. A. Simon)에 의하여 체계화된 행정행태론이 있다. 행정행태론은 행정학 연구에 자연과학적 연구방법(논리실증주의)을 도입하여 행정연구의 과학화를 주장하였다. 행정행태론은 검증된 이론의 일반법칙성(보편성)을 추구한다. 일반법칙성이란 연구대상이었던 개인이나 집단에게만 이론이 적용되는 것이 아니라 대상 이외의 개인이나 집단에게 보편적으로 타당함을 의미한다.

[❷▶✕] 행정학에서 '기술성'이 아니라 '과학성'이 행태주의에 의해 중요하게 제기되었다. 행정학에서 기술성이란 행정학의 역할을 사회문제의 해결을 위한 실천적 처방과 치료방안을 제공하는 것으로 보는 것을 말한다. 행정학에서 기술성을 중요하게 생각하는 것은 행태주의가 아니라 윌슨(W. Wilson)의 행정(공공)관리론, 이스턴(D. Easton)의 후기행태주의, 왈도(D. Waldo)의 신행정학 등이다.

[❸▶✕] 행정학의 학문적 발전과 사회문제에 대한 처방을 위해서는 과학성과 기술성의 조화가 요구되며, 사이몬(H. A. Simon)은 과학성을 강조한 반면, 왈도(D. Waldo)는 기술성을 강조하였다는 차이점이 있다.

[❹▶○] 행정학은 종합학문적 성격을 가진다. 행정학은 행정학 고유의 접근방법과 지식으로만 이루어진 것이 아니며, 정치학, 경제학, 경영학, 사회학, 법학, 심리학 등의 다양한 학문의 개념이나 이론을 받아들여 종합학문으로서의 학문체계를 구성한다[간학문적 성격, 학제간(interdisciplinary) 성격].

[❺▶✕] 통치기능설의 영향으로 행정학의 정체성 위기가 처음 등장하였다. 신행정론, 공공선택론은 행정학의 정체성의 위기를 극복하려고 시도하였다.

답 ❹

11 행정학의 성격으로 옳지 않은 것은?

① 행정문제에 대한 처방과 실천을 강조하는 기술성(art)
② 행정현상의 인과관계 지식화를 강조하는 과학성
③ 실용학문으로서의 전문직업성
④ 다양한 학문분야의 영향을 받은 종합학문성
⑤ 일정한 경로를 따라 움직이는 경로의존성

해설

[❶ ▶ ○] [❷ ▶ ○] 행정학은 시민사회, 정치집단, 시장과의 상호작용 속에서 <u>공공가치의 달성을 위해 정부가 수행하는 정책이나 관리활동에 대한 지식과 이론을 구축하는 것(과학성)과 이러한 지식과 이론을 바탕으로 적실성 있는 처방과 실천으로 공공가치를 실제로 구현해 나가는 것(기술성)</u>을 모두 연구대상으로 한다. 즉, <u>행정학은 과학성(진단, 검증, 이론)과 기술성(art, 처방, 실천)의 두 가지 측면을 가지고 있다.</u>
[❸ ▶ ○] <u>행정학은 현실의 문제를 해결할 수 있는 실용학문으로서의 전문직업성(professionalism)</u>을 갖는다. 전문직업성은 왈도(D. Waldo)가 신행정학에서 기술성(처방성)의 의미로 강조한 행정학의 특성이다.
[❹ ▶ ○] <u>행정학은 종합학문적 성격을 가진다. 행정학은 행정학 고유의 접근방법과 지식으로만 이루어진 것이 아니며, 정치학, 경제학, 경영학, 사회학, 법학, 심리학 등의 다양한 학문의 개념이나 이론을 받아들여 종합학문으로서의 학문체계를 구성한다[간학문적 성격, 학제간(interdisciplinary) 성격].</u>
[❺ ▶ ×] <u>경로의존성은 행정학의 학문적 성격이 아니다.</u> 제도가 일단 형성되면 일정한 경로를 유지하기 때문에 환경변화에 적응하지 못하는 점(제도의 경로의존성)을 강조하는 것은 역사적 제도주의의 주장이다.

답 ❺

12 미국 행정학의 형성과 발달과정에 관한 설명으로 옳지 않은 것은? 21 행정사 제9회

① 1883년 제정된 펜들턴법(Pendleton Act)에 의해 엽관제 인사제도가 도입되었다.
② 1887년 윌슨(W. Wilson)은 "행정의 연구(The Study of Administration)"에서 행정의 본질을 관리로 파악하였다.
③ 1920년대에서 1930년대에 걸쳐 능률에 기초한 관리를 주장하는 정통 행정학의 모습을 갖추게 되었다.
④ 1930년대 이후 등장한 정치행정일원론은 행정의 정책형성 기능을 중시하였다.
⑤ 1940년대 이후 행태주의는 행정학의 과학화를 위하여 사실판단적인 것만을 연구대상으로 삼았다.

해설

[❶ ▸ ✕] 1883년 제정된 펜들턴법(Pendleton Act)은 엽관주의 폐단을 막고 실적주의 확립을 위하여 공개경쟁시험제도를 도입하고 공무원의 정치활동금지 및 중앙인사기구의 설치 등을 규정하였다.
[❷ ▸ ○] 1887년 윌슨(W. Wilson)이 펜들턴법을 이론적으로 뒷받침하기 위하여 행정의 연구를 출간하면서 행정은 정치가 아니라 관리의 영역이라고 주장하였다(행정관리론, 정치행정이원론).
[❸ ▸ ○] 기술적 행정학이라고 불리는 미국의 고전기 행정학(1880~1930년대)은 Wilson, White, Gulick, Taylor, Ford 등에 의하여 주장되었으며 이들은 행정을 권력현상이 아닌 공공정책의 구체화, 즉 사무·관리·기술·집행현상으로 파악하고 행정의 능률성(기계적 효율성)을 추구하였다.
[❹ ▸ ○] 1930년대 이후 등장한 정치행정일원론은 행정을 정치와 불가분의 관계에 있다고 보고, 행정의 정치적 기능으로서의 정책형성기능(가치판단 및 정책결정 기능)을 중시하였다.
[❺ ▸ ○] 1950년대 이후의 행정행태론(행태주의)은 행정학 연구에 있어 자연과학적 연구방법(논리실증주의)의 도입하여 행정연구의 과학화를 주장하였다. 행태주의는 기본적으로 행정을 존재(sein)의 영역으로 보고, 최대한 가치(value)의 영역을 배제하고 사실(facts)을 바탕으로 연구하려는 입장이다.

답 ❶

13 경합성과 배제성을 기준으로 분류한 재화의 유형에 관한 설명으로 옳지 않은 것은?

18 행정사 제6회

① 공유재는 경합성과 비배제성을 지니고 있다.
② 유료재(toll goods)는 고속도로나 공원 같이 배제원칙의 적용이 가능한 공공재를 포함한다.
③ 순수공공재의 공급은 정부가 담당하지만 그 비용은 수익자가 자신의 편익에 정비례하여 직접 부담한다.
④ 순수민간재는 경합성과 배제성을 동시에 지니고 있다.
⑤ 공공재의 존재는 시장실패를 초래할 수 있다.

해설

[❶ ▶ ○] 공유재는 소비는 경쟁적이지만(경합성), 배제가 불가능한 재화(비배제성)로서 구성원 모두가 공유하는 공동재를 말한다. 천연자원, 국립공원, 하천이나 정부예산이 이에 해당한다.

[❷ ▶ ○] 유료재(toll goods)는 고속도로나 공원 같이 배제원칙의 적용이 가능한 공공재를 포함한다. 즉, 공공재 중에서도 요금제를 만들어 요금을 지불하지 않는 소비자를 배제할 수 있는 공공재는 유료재에 포함된다.

[❸ ▶ ×] 순수공공재는 '비경합성'과 '비배제성'을 특징으로 하는 전형적인 공공서비스로 국방, 치안, 외교 등이 이에 해당한다. <u>순수공공재의 공급은 정부가 담당하지만, 그에 필요한 비용은 일반재원(조세)으로 충당</u>한다.

[❹ ▶ ○] 순수민간재는 '경합성'과 '배제성'을 모두 가지고 있다. 시장의 수요와 공급의 법칙이나 개인의 선호에 따라 공급 또는 이용할 수 있는 사적 재화, 예를 들면 빵, 구두 등이 이에 해당한다.

[❺ ▶ ○] 공공재의 '비경합성' 및 '비배제성'의 특징으로 인하여 '무임승차'의 문제가 발생하므로 적정 수준의 시장이 형성되기 어려워 <u>공공재의 존재는 시장실패의 원인</u>이 된다. 결국 정부는 일반재원(조세)을 통해 직접 공급하게 된다.

⊙ 재화와 서비스의 유형

구 분	비경합성	경합성(경쟁성)
비배제성	공공재 예 국방, 외교, 치안, 등대 등	공유재 예 천연자원, 국립공원, 하천 등
배제성	유료재(요금재) 예 고속도로, 전기, 가스, 상하수도 등	민간재(시장재) 예 택시, 음식점, 호텔 등

※ <u>경합성</u>이란 한 사람의 소비가 다른 사람의 소비량을 줄이는 효과가 있는 재화나 서비스의 특성을 말하고, <u>배제성</u>이란 정당한 대가(요금)를 지불하지 않는 소비자를 소비에서 배제할 수 있는 재화나 서비스의 특성을 말한다.

답 ❸

14 공급의 담당주체와 수단의 결합방식으로 공공서비스를 아래와 같이 나타낼 때 (　)에 들어갈 내용으로 옳은 것은?

24 행정사 제12회

정부 역할		공급 주체	
		공공부문	민간부문
공급 수단	권력	(ㄱ)	(ㄴ)
	시장	(ㄷ)	(ㄹ)

	ㄱ	ㄴ	ㄷ	ㄹ
①	일반행정	책임경영	민간위탁	민간기업
②	책임경영	일반행정	민간기업	민간위탁
③	민간기업	민간위탁	책임경영	일반행정
④	일반행정	민간위탁	책임경영	민간기업
⑤	책임경영	민간위탁	일반행정	민간기업

해설

[④ ▶ ○] 공공서비스를 공급하는 방식은 그 주체가 누구이며, 공급 수단이 권력에 의한 것인지 시장에 근거한 것인지에 따라 네 가지 유형으로 나뉜다. 공공서비스의 주체는 일반적으로 공공부문과 민간부문으로 나뉘고, 서비스를 제공하는 수단은 권력과 시장으로 볼 수 있다.

● 공공서비스의 공급 방식 : 주체와 수단에 따른 분류

정부 역할		공급 주체	
		공공부문	민간부문
공급 수단	권력	일반행정	민간위탁
	시장	책임경영	민간기업(민영화)

- (ㄱ : 일반행정) – 공공 서비스의 공급 주체가 공공부문(정부)이고 공급 수단이 권력에 기반하는 형태는 일반행정에 해당한다. 일반행정의 대상이 되는 공공서비스는 정부의 기본적 업무로서 공익성이 우선되어 민간의 참여가 배제되는 공공서비스이다.
- (ㄴ : 민간위탁) – 공공서비스의 공급 주체가 민간부문이지만, 서비스를 제공하는 수단이 권력에 근거한 형태는 민간위탁이다. 민간위탁은 서비스 공급을 민간부문에 맡기되, 서비스의 안정적 공급을 위해 공급 업체를 선정할 때 정부가 정한 기준을 충족하는 업체와의 계약을 통해 독점의 지위를 부여하는 것으로 수단 자체는 정부 권력에 근거했다고 볼 수 있다. 민간위탁의 대상이 되는 공공서비스는 서비스의 소비에 배제성이 있고, 공공성의 기준이 상대적으로 완화될 수 있는 공공서비스이다.
- (ㄷ : 책임경영) – 공공서비스의 공급 주체는 공공부문(정부)이나, 서비스를 제공하는 수단이 시장에 근거하는 형태는 책임경영에 해당한다. 오늘날 책임운영기관의 형태로 운영되는 운전면허시험장, 국립의료원 서비스가 이에 해당한다.
- (ㄹ : 민간기업) – 공공서비스를 공급하는 주체도 민간부문이고, 공급 수단도 시장에 근거하는 형태는 민간기업(민영화)에 해당한다.

답 ④

15 다음에서 설명하고 있는 공공서비스 전달 방식은?   25 행정사 제13회

> ○ 민간부문에 대해 일정한 구역 내 공공서비스를 제공할 수 있는 영업권을 부여하는 방식
> ○ 정부가 서비스 수준 및 요금체계를 통제하면서도 서비스 생산을 민간부문에 이양하는 형태

① 보조금　　　　　　　　　　② 바우처
③ 아웃소싱　　　　　　　　　④ 프랜차이즈
⑤ 자조활동

해설

[❶ ▸ ×] 보조금(subsidy)은 서비스의 성격 자체는 공공성을 가지고 있으나 공공부문으로는 서비스나 재화의 생산·공급이 수요에 미치지 못할 경우 이와 유사한 <u>서비스를 제공하는 민간부문의 생산자에게 재정 또는 현물 등의 생산보조금을 제공</u>함으로써 이에 기여하게 하는 방식이다.

[❷ ▸ ×] 바우처(voucher, 이용권)는 공공서비스의 생산을 민간부문에 위탁하면서 시민들의 서비스 구입 부담을 완화시키기 위해 소비자에게 금전적 가치가 있는 증서(쿠폰, voucher)를 제공하는 방식을 의미한다. 바우처(voucher)는 <u>소비자가 재화의 선택권을 갖는다는 장점</u>이 있어 소비자 중심의 맞춤형 사회서비스가 강조되면서 서비스가 확대되고 있다.

[❸ ▸ ×] 아웃소싱(outsourcing)은 인사, 회계, 전산관리 등과 같이 정부기관 내부에서 수행되던 특정 업무과정 일부를 외부의 전문기관에게 위탁하는 것을 의미한다. <u>아웃소싱은 관련 업무과정의 '일부'를 대행하게 한다는 점에서 특정 분야의 공공서비스의 생산과정 '전체'를 계약하는 민간위탁(contract out)과는 구별</u>된다. 아웃소싱은 조직의 역량을 핵심 역량에 집중하고, 전문성을 활용하며, 비용을 절감하는 등의 효과를 기대하며 이루어진다.

[❹ ▸ O] <u>프랜차이즈(franchise)</u>는 <u>정부가 특정 재화나 서비스의 생산·공급과 관련하여 민간부문에 대해 일정한 구역 내 공공서비스를 제공할 수 있는 영업권(독점권)을 부여하는 방식</u>이다. 프랜차이즈는 <u>정부가 서비스 수준 및 요금체계를 통제하면서도 서비스 생산을 민간부문에 이양하는 형태</u>이다.

[❺ ▸ ×] 자조활동(self-service)은 <u>주민 스스로가 이웃끼리 공공서비스를 계획·생산하고 소비하는 자기생산 또는 자급자족 활동</u>으로 공급자와 수혜자가 같은 집단에 소속되어 서로 돕는 형식을 말한다(예 주민순찰).

답 ❹

제4절 시장실패와 정부실패

16 시장실패의 이유에 관한 내용으로 옳은 것을 모두 고른 것은? `22 행정사 제10회`

> ㄱ. 정부의 공공지출에 대한 순편익 극대화 보장의 어려움
> ㄴ. 공공서비스 성과평가의 객관적 기준설정의 어려움
> ㄷ. 국방 및 치안서비스 활동과 같은 공공재의 독점적 성격
> ㄹ. 환경오염으로 인한 외부불경제 효과

① ㄱ, ㄴ
② ㄱ, ㄹ
③ ㄴ, ㄷ
④ ㄴ, ㄹ
⑤ ㄷ, ㄹ

해설

[ㄱ ▶ ×] 정부의 공공지출에 대한 순편익 극대화 보장의 어려움은 정부실패의 원인이다. 니스카넨(Niskanen)의 예산극대화 가설과 관련된 설명이다. 이 가설에서는 정치가와 관료는 목적함수가 서로 다름을 가정하고, 정치가는 순편익의 극대화를 추구하는 반면, 관료는 비용이 예산에 의해 충당되어야 한다는 점에만 관심을 갖고 예산극대화를 추구하게 된다고 본다. 이러한 관료들의 예산극대화의 추구 성향으로 인해 공공재는 과잉생산되고 자원배분의 비효율성이 발생하여 정부실패의 원인이 된다는 이론이다.

[ㄴ ▶ ×] 공공서비스 성과평가의 객관적 기준설정의 어려움은 정부실패의 원인이다.

[ㄷ ▶ O] 국방 및 치안서비스 활동과 같은 공공재의 존재는 '비경합성' 및 '비배제성'의 특징으로 인하여 '무임승차'의 문제가 발생하므로 적정 수준의 시장이 형성되기 어려워 시장실패의 원인이 된다. 결국 정부는 일반재원(조세)을 통해 직접 공급하게 된다.

[ㄹ ▶ O] 외부효과가 발생 시 경제주체의 활동에 대한 정당한 대가가 지불되지 않으므로 과다공급 또는 과소공급을 초래한다. 따라서 외부효과(외부경제, 외부불경제)는 시장실패의 원인이 된다. 환경오염물의 배출과 같은 부정적 외부효과를 외부불경제라고 하는데, 정부의 개입이 없다면 과다 공급되는 문제가 있다. 이에 정부는 과다공급을 막기 위해 공적 규제(벌금이나 과태료 등)를 통하여 대응하게 된다.

◎ 시장실패와 정부실패의 원인

시장실패의 원인	정부실패의 원인
• 공공재의 존재 • 외부효과(외부경제 or 외부불경제) • 자연독점(독과점의 출현) • 불완전 경쟁 • 불완전한 정보(정보의 비대칭성) • 소득의 불공정한 분배	• 내부성(내부조직목표와 사회적 목표의 괴리) • X-비효율성·비용체증 • 파생적 외부효과 • 권력의 편재(권력의 특혜나 남용) • 비용과 수익의 분리(절연)(= 비용과 편익의 괴리)

답 ⑤

17 시장실패에 관한 설명으로 옳은 것은?

① 시장에서의 정보 비대칭성은 자원배분의 효율성과는 무관하다.
② 전기·수도와 같은 공공서비스 공급에 정부가 개입하는 이유는 해당 서비스가 비경합성과 비배제성을 지니고 있기 때문이다.
③ 긍정적 외부효과가 존재하는 시장의 경우 과소공급에 따른 비효율성이 초래된다.
④ 코우즈 정리(Coase Theorem)에서는 부정적 외부효과의 해결을 위한 정부의 규제정책을 강조한다.
⑤ 자연독점산업의 경우 경쟁의 촉진이 산업 전체의 생산비용 절감 측면에서 유리하다.

해설

[❶ ▶ ×] 시장에서의 정보 비대칭성이 있는 경우 소비자는 공급자보다 늘 정보 면에서 불리하며 공급자는 소비자의 무지를 이용하여 이윤을 창출하려는 의도를 가지고 행동하게 된다. 이는 결국 시장에서 자원배분의 비효율성을 초래하여 시장실패의 원인이 된다.

[❷ ▶ ×] 전기·수도는 요금재에 해당하는 것으로 비경합성과 배제성을 그 특징으로 한다. 한편 국방·외교·치안과 같은 공공재는 비경합성 및 비배제성이라는 특성으로 인해 '무임승차'가 발생하므로 시장에서 공급되기 어려운 문제가 있으므로 정부가 일반재원(조세)을 통하여 직접 공공재를 공급하게 된다.

경합성과 배제성
- 경합성 : 한 사람의 소비가 다른 사람의 소비량을 줄이는 효과가 있는 재화나 서비스의 특성을 '경합성'이라 하고, 한 사람의 소비가 다른 사람의 소비에 영향을 미치지 않는 경우 그러한 재화나 서비스의 특성을 '비경합성'이라 한다.
- 배제성 : 정당한 대가(요금)를 지불하지 않는 소비자를 소비에서 배제할 수 있는 재화나 서비스의 특성을 '배제성'이라 하고, 정당한 대가를 지불하지 않더라도 소비자를 소비에서 배제할 수 없는 재화나 서비스의 특성을 '비배제성'이라 한다.

[❸ ▶ ○] 긍정적 외부효과는 외부에서 이익을 주는 효과로서 외부경제라고도 하며 외부에 이익을 주고도 정당한 대가를 지급받지 못하는 경우를 말한다. 긍정적 외부효과가 존재하는 시장의 경우 과소공급으로 인한 비효율성을 초래하고 시장실패의 원인이 된다.

[❹ ▶ ×] 코우즈 정리(Coase Theorem)는 시장에서 부정적인 외부효과가 발생하는 경우 국가에 의한 규제가 아니라 공유재산의 사유화를 통해 문제를 해결할 수 있다는 이론을 말한다. 즉, 거래비용이 적고 각 개인의 소유권이 명확하게 제도상으로 설정되어 있는 경우 등 일정한 조건 아래서는 시장에서의 효율적인 자원배분이 가능하며, 정부의 인위적 개입이 불필요하다는 것을 증명한 이론이다.

[❺ ▶ ×] 항공기와 철도 같은 자연독점산업의 경우에는 경쟁을 촉진하는 것이 자원배분의 효율성 측면에서 바람직하나, 규모의 경제가 있는 경우 비용절감의 장점이 있을 수 있으므로 생산비용절감의 측면에서는 독점이 유리할 수 있다.

답 ❸

18 외부효과에 관한 설명으로 옳지 않은 것은?

① 긍정적 외부효과는 사회적 적정수준보다 과잉생산의 결과를 가져온다.
② 불법주차, 환경오염 등은 부정적 외부효과를 야기시키는 행위이다.
③ 외부효과란 시장을 거치지 않고 제3자에게 이익을 주거나 비용을 부담시키는 행위이다.
④ 부정적 외부효과를 해결하기 위해 조세를 부과할 수도 있다.
⑤ 긍정적 외부효과의 대표적인 예는 교육, 교통정리 등이 있다.

해설

[❶ ▸ ×] 긍정적 외부효과는 (시장, 가격기구) 외부에서 직·간접적으로 타인의 경제활동에 이익을 주고도 정당한 대가를 지급받지 못하는 경우를 말하며, 외부경제라고도 한다. 긍정적 외부효과가 존재하는 경우 사회적 적정수준보다 과소공급(과소생산)의 결과를 가져와 시장실패의 원인이 된다.

[❷ ▸ ○] 부정적 외부효과는 (시장, 가격기구) 외부에서 직·간접적으로 타인의 경제활동에 불이익을 주고도 정당한 비용을 지급하지 않는 경우를 말하며, 외부불경제라고도 한다. 부정적 외부효과가 존재하는 경우 사회적 적정수준보다 과다공급(과잉생산)의 결과를 가져와 시장실패의 원인이 된다. 불법주차, 환경오염 등은 부정적 외부효과를 야기시키는 행위이다.

[❸ ▸ ○] 외부효과란 시장을 거치지 않고 제3자에게 이익을 주거나 비용을 부담시키는 행위이다.

[❹ ▸ ○] 정부는 부정적 외부효과를 해결하기 위해 조세(피구세)나 벌금을 부과할 수 있다.

[❺ ▸ ○] 긍정적 외부효과의 대표적인 예는 교육, 교통정리 등이 있다.

답 ❶

19 정부실패이론의 설명으로 옳지 않은 것은?　　　**23** 행정사 제11회

① 정부예산의 공유재적 성격 때문에 자원배분의 비효율성이 발생한다.
② 정부의 X-비효율성은 정부서비스의 공급측면보다는 사회적·정치적 수요 측면 때문에 발생한다.
③ 선거에 민감한 정치인들의 정치적 보상기제로 인해 사회문제가 과장되거나 단기적 해결책에 그치는 경우가 발생한다.
④ 사회문제 해결의 목표보다는 내부적인 절차와 규칙에 집착하는 정부조직 목표의 대치(displacement) 현상이 발생한다.
⑤ 정부 개입에 의한 인위적 지대(rent)를 획득하는 과정에서 불필요한 자원 낭비가 발생한다.

해설

[❶ ▶ ○]　공유재의 비극 : 정부예산의 공유재적 성격 때문에 사람들이 경쟁적으로 더 먼저 또 더 많은 재원을 확보하기 위해 노력한다. 사유재와 달리 정부가 공급하는 예산은 정치적 타협으로 결정되어 이 과정에서 개인이나 조직의 이기주의가 작용하게 되고, 결과적으로 수요보다 공급이 많은 자원배분의 비효율성이 발생한다(예 Niskanen의 관료예산극대화가설).

> 정부예산도 공유재적 특징을 지니고 있기 때문에 예산배분 과정에도 공유재의 비극(공유지의 비극)이 나타날 수 있다. 첫째, 예산은 무한대로 늘릴 수 없기 때문에 총량이 제한되어 있으며(제한된 자원), 둘째, 예산을 확보하기 위해 노력하는 많은 정부부처들이 존재하고(많은 사용자), 셋째, 모든 정부부처들이 예산 확보를 위해 노력하게 되면 예산이 상한선을 넘어서게 되고 정부는 재정적자에 의존할 수밖에 없다(과다사용에 의한 고갈). 예산과정에서 공유재의 비극 문제가 발생하게 되면 각 부처들이 예산극대화를 위해 노력하게 되어 전체적인 차원에서는 예산의 지속적인 증가 현상이 발생하게 된다(총량적 재정규율의 문제). 또한 각 부처들이 지속적으로 예산을 확보하는 것이 가능하다고 믿게 되면, 우선순위나 사업의 효과성에 따라 예산을 배분하는 것이 매우 어려워지며, 이렇게 되면 자원배분의 효율성이 낮아질 수밖에 없다.

[❷ ▶ ×]　X-비효율성이란 경제주체가 독점적 지위를 가지는 경우 관리상의 효율성을 극대화하려는 유인이 부족해 생산의 평균비용이 증가하는 현상을 말한다. 정부의 독점적 지위나 특정 민간기업에 정부가 독점적 지위를 허용함으로써 정부의 X-비효율성이 발생한다. 따라서 정부 X-비효율성은 정부서비스의 공급 측면에서 정부가 독점적 지위를 가짐으로써 발생한다.
[❸ ▶ ○]　선거에 민감한 정치인들의 정치적 보상기제로 인해 사회문제가 과장되거나 단기적 해결책에 그치는 경우가 발생한다는 것(정치인들의 왜곡된 보상체계, 정치인들의 단기적 이익 중시)은 정부실패의 원인을 수요 측면과 공급 측면의 원인에 따라 분류할 때 수요측면의 정부실패 원인에 해당한다(C. Wolf).
[❹ ▶ ○]　사회목표와 내부조직목표의 괴리로 인하여 사회문제 해결의 목표보다는 내부적인 절차와 규칙에 집착하는 정부조직 목표의 대치(displacement) 현상이 발생한다.
[❺ ▶ ○]　정부 개입에 의한 인위적 지대(rent)를 획득하는 과정에서 불필요한 자원 낭비가 발생한다는 것은 정부실패의 원인 중 파생적 외부효과를 말한다.

답 ❷

제5절 행정학의 주요 이론

20 과학적 관리론과 인간관계론에 관한 설명으로 옳지 않은 것은? 　　16　행정사 제4회

① 과학적 관리론은 비공식적 집단의 역할을 강조하지만, 인간관계론은 공식적 조직의 역할을 중시한다.
② 메이요(Mayo)의 호손(Hawthorne) 실험은 인간관계론의 형성에 영향을 주었다.
③ 인간관계론은 작업환경이나 물리적 조건보다 조직구성원들의 사회심리적 요인을 중시한다.
④ 과학적 관리론과 인간관계론은 생산성 향상을 추구한다는 점에서 유사하다.
⑤ 과학적 관리론은 과업목표의 달성을 위해 체계적인 관리와 통제를 중시하는 관료제 조직에 적합하다.

해설

[❶▶×]　과학적 관리론은 공식구조(공식적 조직)에 대한 과학적 분석을 중시한 반면, 인간관계론은 비공식적 구조(비공식적 집단)의 역할을 중시하였다.

[❷▶○]　메이요(E. Mayo)의 호손 공장 연구(1927~1932년)에 의해 인간관계론의 이론적 기반이 마련되었다. 처음에는 과학적 관리론의 바탕 위에서 작업장의 조명, 휴식 시간 등 물리적·육체적 작업조건과 물질적 보상방법의 변화가 근로자의 동기 유발과 노동생산성에 미치는 영향을 분석하려고 설계되었으나, 연구의 결과 생산성은 누구와 같이 일하고, 사람의 대접을 받고 있으며, 자기의 능력을 인정받고 있는가의 인간적이고 사회심리적 요소에 의해서 결정된다는 사실을 발견하게 된 것이다.

[❸▶○]　인간관계론은 인간을 작업환경, 물리적·경제적·육체적 조건보다는 인간관계의 사회심리적인 요인에 의해 영향을 받는 사회심리적 존재로 인식하였다.

[❹▶○]　인간관계론과 과학적 관리론의 공통점은 외부 환경적 요인을 고려하지 않은 폐쇄적 행정이론이라는 점과 생산성 향상을 위한 관리기술이라는 점이다.

[❺▶○]　과학적 관리론은 최소의 비용과 노력으로 최대의 산출을 확보하는 능률성을 가장 중요한 가치로 삼고, 공식구조 중심의 과학적 관리기술을 연구한 이론으로서 과업목표의 달성을 위해 체계적인 관리와 통제를 중시하는 관료제 조직에 적합하다.

● 과학적 관리론과 인간관계론의 비교

구 분	과학적 관리론	인간관계론
인간관	합리적·경제적 인간관(X론적 인간관)	사회적 인간관(Y론적 인간관)
초 점	• 공식구조의 설계 중시 • 기계적 능률성 중시	• 비공식적 구조에 대한 관심 • 사회적 능률성 중시
관리 방식	명확한 목표와 반복적 훈련 강조	인간중심의 유연한 관리 강조
동기 부여	경제적 보상	사회적 욕구 충족 등 비경제적 보상
학문적 기여	고전적 행정학(행정관리론, 정치행정이원론)의 성립에 기틀을 마련	신고전적 행정학(행태주의)의 이론적 발전에 기초를 제공

※ 공통점 : 폐쇄적 행정이론, 생산성 향상을 위한 관리기술

답 ❶

21 행정학의 행태론적 접근방법의 특징으로 옳지 않은 것은?

① 종합학문적 접근방법
② 일반 법칙성 추구
③ 환경과의 상호작용을 통한 진화과정 강조
④ 조직구조보다는 인간 중심의 접근
⑤ 가치중립적 접근의 강조

해설

[❶▸○] 행태론적 접근방법은 종합학문적 접근방법이다. 행태론적 접근방법은 심리학, 사회학, 인류학, 경제학, 정치학 등에서 개인의 심리적·사회적·문화적·소비적·정치적 행태를 연구하는 데 다양하게 적용되고 있다. 따라서 이들 학문과 행정학이 공통적으로 관심을 갖는 행태 분야에서는 종합학문으로서 상호 유용한 지식을 공유하게 된다.

[❷▸○] [❺▸○] 사회과학에서 과학적 방법을 가장 충실히 따르는 대표적인 접근방법이 행태론적 접근방법이다. 행태론적 접근방법은 '인간행태의 규칙성'을 가정하고, 이러한 행태의 규칙성을 '경험적으로 관찰'함으로써 가설을 검증한다. 경험적 관찰은 연구자의 주관적 가치가 개입되지 않은 가치중립적 입장에서 현상을 객관적으로 관찰할 것이 요구된다. 객관적 관찰은 연구대상인 행태에서도 가치가 배제될 것이 요구된다. 그리고 변수 간의 정확한 '인과관계'를 규명하고자 하며, 검증된 이론의 일반 법칙성을 추구한다. 일반 법칙성이란 연구대상이었던 개인이나 집단에게만 이론이 적용되는 것이 아니라 대상 이외의 개인이나 집단에게도 보편적으로 타당함을 의미한다.

[❸▸✕] 환경과의 상호작용을 통한 진화과정 강조는 체제론적 접근방법의 특징에 해당한다. 체제론적 접근방법은 연구 대상인 현상을 '체제(system)'의 관점에서 분석하고 설명하고자 한다. 어떠한 행정 현상이나 문제를 독립적인 것이 아니라 여러 관련 요소가 서로 연결되어 있고 특히 외부 환경과의 유기적인 상호작용 관계로 본다.

[❹▸○] 행태론적 접근방법의 연구대상은 인간의 행태이다. 행태론적 접근방법은 조직의 구조나 경제적 유인에 기계적으로 반응할 것으로 본 과학적관리론의 가정을 부정하고 인간 개인의 사회적·심리적 측면을 연구의 대상으로 삼았다는 것이 중요한 특색이다. 행정과 관련한 법, 제도, 구조 등의 측면에서 행정현상을 이해하기보다는 행정에 참여하고 행정에 영향을 미치는 사람들의 동기, 역할, 행동을 중심으로 행정현상을 이해하려는 입장이다.

답 ❸

22 행정학의 주요이론과 접근방법에 관한 설명으로 옳은 것은?

① 생태론적 접근방법은 행정의 가치지향성과 기술성을 중시하며, 시장원리에 입각한 공공관리에 초점을 둔다.
② 행태론적 접근방법은 행정현상을 자연·사회·문화적 환경과 관련시켜 설명한다.
③ 신행정론은 고객 중심의 행정, 사회적 형평성 등을 강조한다.
④ 체제론적 접근방법은 행정과 환경의 상호작용을 중시하고, 선진국보다 개발도상국의 행정현상을 설명하는 데 유용하다.
⑤ 신공공관리론은 상호 신뢰에 기반한 조정과 협조를 강조하지만, 뉴거버넌스론(New Governance)은 상호 경쟁의 원리를 중시한다.

해설

[❶ ▸ ×] 행정의 가치지향성과 기술성을 중시한 이론은 신행정론이고 시장원리에 입각한 공공관리에 초점을 둔 이론은 신공공관리론이다. 생태론적 접근방법은 행정현상을 자연적·사회적 환경과 관련시켜 이해하려는 거시적 접근방법을 말한다.

[❷ ▸ ×] 행정현상을 자연·사회·문화적 환경과 관련시켜 설명한 이론은 생태론적 접근방법이다. 행태론적 접근방법(행태주의)은 행정학 연구에 있어 자연과학적 연구방법(논리실증주의)을 도입하여 행정연구의 과학화를 주장하였다. 행태주의는 기본적으로 행정을 존재(sein)의 영역으로 보고, 최대한 가치(value)의 영역을 배제하고 사실(facts)을 바탕으로 연구하려는 입장이다.

[❸ ▸ ○] 신행정론은 현실문제에 대한 해결책을 제시하지 못하였던 행태주의와 실증주의에 대한 반발로 등장하였으며, 현실적합성을 확보하기 위하여 새로운 가치로서의 사회적 형평성을 중시하고, 고객 중심의 행정(민주성), 능동적 행정, 문제 및 정책지향적 행정 등을 강조하였다.

[❹ ▸ ×] 체제론적 접근방법은 행정현상을 하나의 유기체로 보아 행정을 둘러싸고 있는 다른 환경적 요소와의 관련성 속에서 행정 현상를 연구하려는 개방체제적 접근방법으로, 변동의 소용돌이 속에 있는 개발도상국보다는 투입기능이 활성화되고 안정적인 선진국의 행정 현상을 설명하는 데 적합한 연구방법이다. 개발도상국의 행정현상을 설명하는 데 유용한 이론은 생태론적 접근방법(비교행정연구, 리그스의 프리즘적 모형)이다.

[❺ ▸ ×] 신공공관리론은 상호 경쟁의 원리를 중시하지만, 뉴거버넌스론(New Governance)은 상호 신뢰에 기반한 조정과 협조를 강조하였다.

답 ❸

23

리그스(F. W. Riggs)의 프리즘적 모형(Prismatic Model)에 관한 설명으로 옳지 않은 것은?

20 행정사 제8회

① 개발도상국의 행정체제를 설명하기 위한 이론적 모형이다.
② 프리즘적 사회는 농업사회에서 산업사회로 넘어가는 과도기적 사회를 말한다.
③ 프리즘적 사회의 특징은 형식주의, 정실주의, 이질혼합성을 들 수 있다.
④ 생태론적 접근방법에 의해 설명된다.
⑤ 농업사회에서 지배적인 행정 모형을 사랑방모형(Sala Model)이라 한다.

해설

[❶ ▸ O] [❷ ▸ O]　리그스(F. W. Riggs)는 개발도상국의 행정체제를 설명하기 위하여 농업사회를 융합된 사회, 산업사회를 분화된 사회로 파악하고 그 중간에 농업사회에서 산업사회로 이행되어 가는 개발도상국 모델로 과도기 사회인 프리즘적 사회(모형)를 제시하였다.

[❸ ▸ O]　프리즘적 사회의 특징은 형식주의(외형과 내실이 괴리되는 문화적 특성, 형식·명분 중시), 정실주의(공직 임명 시 실적 외의 요인, 즉 정치적 요인이나 혈연·지연·학연 등을 기준으로 하는 것), 이질혼합성(전통적 요소와 현대적 요소의 혼재)을 들 수 있다.

[❹ ▸ O]　프리즘 모형은 환경의 중요성을 강조하는 생태론적 접근방법에 의해 설명된다. 즉, 선진국의 행정체제를 개발도상국에 도입할 때 왜 제대로 작동하지 않는지를 설명한 이론이다.

> 생태론적 접근방법은 행정을 유기체로 파악하고 행정현상을 자연·사회·문화적 환경과 관련시켜 이해하려는 접근법이다. 생태론자들은 서구의 행정제도가 후진국에 잘 작동되지 않는 이유는 사회문화적 환경이 다르기 때문으로 분석하였다.

[❺ ▸ ✕]　농업사회(융합된 사회)의 관료제 모형은 안방모델(Chamber Model, 공사의 미구분)이라고 하고, 과도기 사회(프리즘적 사회)의 관료제 모형을 사랑방모델(Sala Model, 공사 구분과 미구분의 혼재)이라고 한다.

➲ 리그스의 프리즘적 모형

구 분	융합된 사회	프리즘적 사회	분화된 사회
사회구조	농업사회	과도기 사회	산업사회
관료제 모형	• 안방모델(Chamber Model) • 공·사의 미구분	• 사랑방모델(Sala Model) • 공·사의 구분과 미구분의 혼재	• 사무실모델(Office Model) • 공·사의 구분

답 ❺

24 행정이 국가발전이라는 목표를 달성하기 위해 정치를 비롯하여 경제·사회의 변동을 주도해 나가야 한다는 행정학설은?

① 행정관리설
② 행정목적실현설
③ 행정행태설
④ 발전기능설
⑤ 법함수설

해설

[❶▶×] 행정관리설은 정치와 행정은 분명히 구별된다는 정치·행정이원론의 입장에 입각해, 행정을 정책집행을 위한 전문적 관리기술로 이해했다. 즉, 행정을 관리라는 사회기술의 과정 또는 기술 체제로 보는 관점으로 윌슨(W. Wilson)과 화이트(L. D. White), 귤릭(L. Gulick) 등이 대표적 학자이다.

[❷▶×] [❺▶×] 행정목적실현설과 법함수설은 '실질적 의미의 행정'에 관한 행정법학에서의 학설이다. 행정목적실현설은 오토 마이어(O. Mayer) 등이 주장한 학설로 행정은 이미 제정된 법질서 아래에서 국가목적인 공익을 적극적이고 구체적으로 실현하기 위한 일체의 작용으로 보는 견해이다.❷ 법함수설은 켈젠(Kelsen) 등이 주장한 학설로 입법, 사법, 행정의 구별을 부인하고 법이 만들어 놓은 규범이나 정책을 단순히 구체화, 개별화시키는 법적 작용을 행정이라고 파악하는 견해이다.❺

[❸▶×] 행정행태설은 행정은 공동 목표를 달성하기 위한 구성원들의 합리적이고 집단적인 협동 행동이라고 정의하는 관점을 말한다. 인간의 협동행위에 초점을 맞추어 행정을 정의한 이러한 견해는 사이먼(H. A. Simon) 등의 행태론자들이 주창했다.

[❹▶○] 발전기능설은 행정을 정책수립과 그 집행의 기능뿐만이 아니라 국가나 사회를 발전시키는 기능으로 파악하는 견해이다. 에스만(M. J. Esman), 와이드너(E. W. Weidner) 등에 의하여 제창되었으며, 이 학설에 입각하여 체계이론적으로 전개한 이론이 발전행정론이다. 이 학설의 핵심은 행정이 정치에 대한 우위적인 위치에서 스스로 정치·경제·사회의 발전 목표의 설정에 적극적으로 참여하여 행정이 국가발전을 주도하는 역할을 담당해야 한다는 것이다. 1960~70년대 개발도상국의 정부주도 고도성장을 지원하기 위한 행정에서 강조되었기 때문에 '개발기능설'이라고도 한다.

답 ❹

25 신행정학(New Public Administration)이 중요시하여 추구하였던 것은?　17 행정사 제5회

① 행정의 탈정치화
② 가치와 사실의 분리
③ 논리실증주의
④ 절약과 능률
⑤ 현실적합성

해설

[❺ ▶ ○]　신행정학(New Public Administration)은 현실문제에 대한 해결책을 제시하지 못하였던 행태주의와 실증주의에 대한 반발로 등장하였으며, 현실적합성을 확보하기 위하여 새로운 가치로서의 사회적 형평성을 중시하고, 고객중심의 행정(민주성), 능동적 행정, 문제 및 정책지향적 행정 등을 강조하였다.
[❶ ▶ ×][❷ ▶ ×][❸ ▶ ×][❹ ▶ ×]　행정의 탈정치화,❶ 절약과 능률❹은 고전적 행정학(행정관리론, 정치행정이원론)의 특징이고, 가치와 사실의 분리,❷ 논리실증주의❸는 행정행태론(행태주의)의 특징이라고 할 수 있다.

답 ❺

26 행정학의 접근방법 중 포스트모더니즘의 특성이 아닌 것은?　17 행정사 제5회

① 상상(imagination)
② 탈영역화(deterritorialization)
③ 은유(metaphor)
④ 과학주의(scientism)
⑤ 해체(deconstruction)

해설

[❶ ▶ ○]　상상(imagination)은 소극적으로는 과거의 관행과 규칙에 얽매이지 않는 행정의 운영을, 적극적으로는 문제의 특수성과 다양성을 인정하는 것을 말한다.
[❷ ▶ ○]　탈영역화(deterritorialization)는 모든 지식의 성격과 조직에서 갖고 있는 '고유'영역이 해체(탈영역화)된다는 의미이다. 행정학 고유영역이라고 믿는 지식의 성격이 변화하고, 행정조직의 계층성이 약화되는 탈관료제의 모습이 등장한다.
[❸ ▶ ○]　은유(metaphor)는 일반적으로 유사성을 근거로 하나의 사물을 다른 사물에 비교하여 의미를 더하는 수사학적 기법을 말하는데, 이는 언어의 절대성과 보편성을 중시하는 모더니즘에 대한 반발로 등장한 포스트모더니즘의 직관적·비유적 표현방식을 가리키기도 한다.
[❹ ▶ ×]　과학주의(scientism)는 모더니즘(현대주의)의 특징으로 모더니즘(현대주의)은 행정과학 및 응용과학을 수립하고자 하였으며 사회과학방법론을 절충적으로 사용할 것을 촉구하였다.
[❺ ▶ ○]　해체(deconstruction)는 외면적인 텍스트(언어, 몸짓, 이야기, 설화 등)의 근거를 파헤쳐 보는 것을 말한다. 한편, 나 아닌 다른 사람을 인식적 객체가 아닌 도덕적 타자로 인정하는 것을 의미하는 타자성(alterity)도 포스트모더니즘의 특성에 해당한다.

답 ❹

27 공공선택이론의 기본가정 및 특징으로 옳지 않은 것은?

① 방법론적 개인주의
② 합리적 이기주의
③ 집합적 결정 중시
④ 제도적 장치의 마련
⑤ 단일 조직장치 강조

해설

[❶ ▸ O]   공공선택이론은 국가나 공공조직이 아닌 개인을 분석의 기초단위로 채택함으로서 방법론적 개인주의(개체주의)를 추구한다.

[❷ ▸ O]   모든 개인은 공익 차원이 아니라 개인의 효용함수에 따라 각자 자신의 이익을 추구하는 합리적·이기적 존재로 보는 합리적 이기주의(합리적 경제인)를 전제로 한다.

[❸ ▸ O]   모든 인간은 이기적이므로 가급적 다수가 참여하는 민주주의에 의한 집합적 결정을 중시한다.

[❹ ▸ O]   공공선택이론은 공공재(공공서비스)의 효율적인 공급과 생산을 위해 제도적 장치를 마련하는 것이 중요하다고 본다. 즉, 개인의 합리적 선택을 통해 최적의 공공서비스가 제공될 수 있도록 투명한 정보 공개, 경쟁 시스템 도입, 분권화된 의사 결정, 시민 참여 확대와 같은 제도적 장치를 마련해야 한다.

[❺ ▸ ×]   공공선택이론은 다양한 공공기관들이 협력하고 경쟁하는 다조직적 장치의 유용성을 강조한다. 즉, 공공기관들이 시민들의 선택을 받기 위해 노력하고, 그 과정에서 공공 서비스 질을 향상시키는 것이 중요하다고 본다.

답 ⑤

28 행정학의 접근방법에 관한 설명으로 옳은 것은?

① 신제도주의 접근방법은 검증된 이론의 일반 법칙성을 추구한다.
② 체제론적 접근방법은 현상을 설명하는데 전체성보다 부분의 중요성을 강조한다.
③ 역사적 제도주의는 국가나 조직의 경계를 넘어 제도가 서로 닮아가는 것을 강조한다.
④ 공공선택이론은 합리적 선택이론에 제도의 역할을 접목해서 공공부문에까지 확대 적용한다.
⑤ 행태론적 접근방법은 이상적인 제도를 법제화하면 안정적인 사회질서가 유지된다는 가정에 기초한다.

해설

[❶ ▶ ×] 검증된 이론의 일반 법칙성을 추구하는 것은 신제도주의 접근방법이 아니라 행태론적 접근방법이다.
일반 법칙성이란 연구대상이었던 개인이나 집단에게만 이론이 적용되는 것이 아니라 대상 이외의 개인이나 집단에게도 보편적으로 타당함을 의미한다.

[❷ ▶ ×] 체제론적 접근방법은 연구 대상인 현상을 '체제(system)'의 관점에서 분석하고 설명하고자 한다. 어떠한 행정 현상이나 문제를 독립적인 것이 아니라 여러 관련 요소가 서로 연결되어 있고 특히 외부 환경과의 유기적인 상호작용 관계로 본다. 따라서 현상을 설명하는데 부분보다 전체(전체적인 시스템의 상호작용과 관계)의 중요성을 강조한다.

[❸ ▶ ×] 국가나 조직의 경계를 넘어 제도가 서로 닮아가는 것을 강조하는 것은 사회학적 제도주의이다. 역사적 제도주의는 역사적 맥락으로서의 제도의 중요성을 강조하여 동일한 정책이라도 국가별 역사적 특수성에 따라 그 형태나 결과가 달리 나타날 수 있다고 이해하였다.

[❹ ▶ ○] 공공선택이론은 합리적 선택이론에 제도의 역할을 접목해서 공공부문에까지 확대 적용한다. 공공선택이론은 공공부문에 경제학적 관점을 도입하려는 접근법으로 행정을 공공재의 공급과 소비관계로 파악하고 정부는 공공재의 공급자, 국민은 소비자로 규정하여 시장에서처럼 시민이 자신의 선호에 따라 공공재를 선택할 수 있다는 이론을 말한다. 공공선택이론은 공공재 및 공공서비스의 공급과 생산은 공공부문의 시장경제화를 통하여 달성할 수 있다고 하며, 정치 및 행정현상에 경제학적 분석도구를 적용하여 설명한다.

[❺ ▶ ×] 이상적인 제도를 법제화하면 안정적인 사회질서가 유지된다는 가정에 기초하는 것은 구 제도주의이다. 구 제도주의는 이상적인 제도를 법제화하면 사회 구성원들이 그 제도에 순응하고 그 결과 사회질서가 안정적으로 유지될 것이라는 가정에 기초한다.

답 ❹

29 행정현상에 대한 접근방법의 설명으로 옳은 것은?

① 행태론적 접근방법은 행정현상에 관한 이론의 맥락성과 상대성을 강조한다.
② 체제론적 접근방법은 현상의 전체성보다는 구성부분 사이의 일방적·선형적 인과관계를 강조한다.
③ 사회학적 신제도주의는 제도가 국가나 조직의 경계를 넘어 유사한 형태로 수렴된다고 본다.
④ 전통적인 법적·제도적 접근방법은 제도가 일단 형성되면 일정한 경로를 유지하기 때문에 환경변화에 적응하지 못하는 점을 강조한다.
⑤ 합리적 선택 신제도주의에서는 제도를 개인의 합리적 선택의 일방적 결정요인으로 간주한다.

해설

[❶ ▸ ×] 행정현상에 관한 이론의 맥락성과 상대성을 강조한 이론은 포스트모더니즘이론이다. 행태론적 접근방법(행태주의)은 행정학 연구에 있어 자연과학적 연구방법(논리실증주의)을 도입하여 행정연구의 과학화를 주장하였다. 행태주의는 기본적으로 행정을 존재(sein)의 영역으로 보고, 최대한 가치(value)의 영역을 배제하고 사실(facts)을 바탕으로 연구하려는 입장이다.

[❷ ▸ ×] 체제론적 접근방법에서는 부분들 간의 상호연관성(interdependence)을 강조한다. 체제는 부분들 간의 유기적 관계로 형성되기 때문에 체제론적 접근방법에서는 이들 부분들의 관계를 거시적·전체적 관점에서 순환적이며 상호작용적으로 파악한다. 이러한 점에서 전체를 부분으로 환원시켜 부분들 간의 일방적·선형적 인과관계를 밝히려던 엄격한 과학적 태도와는 시각을 달리하는 것이다.

[❸ ▸ ○] 사회학적 신제도주의는 규칙이나 절차뿐만 아니라 전통, 관습, 규범, 문화 등을 포함하여 사람의 표준화된 행동을 낳는 것이면 제도로 이해하므로 제도의 범위를 가장 넓게 해석하는 입장으로, 제도의 비공식적 측면을 중시하고 사회적 정당성을 얻기 위하여 조직의 구조와 형태가 수렴되고 같아지는 동형화가 발생한다고 주장하였다. 따라서 사회학적 제도주의는 서로 다른 국가들 사이의 제도가 유사해지는 현상을 설명하는데 유리하다.

[❹ ▸ ×] 전통적인 법적·제도적 접근방법이 아니라, 역사적 신제도주의에서 제도가 일단 형성되면 일정한 경로를 유지하기 때문에 환경변화에 적응하지 못하는 점을 강조한다(불합리한 제도가 지속되는 이유 설명).

[❺ ▸ ×] 합리적 선택 신제도주의는 개인을 합리적 행위자로 전제하고, 제도는 개인들 간의 전략적 상호작용의 결과로 형성된 균형으로 인식한다. 제도는 개인의 선택을 결정하지는 않지만, 개별 행위자의 행동에 영향을 주며, 거래의 불확실성과 거래비용을 감소시켜 거래의 인정성과 교환의 효율성을 높이는 역할을 수행한다.

답 ❸

30 신제도주의에 관한 설명으로 옳은 것은?

① 합리적 선택 제도주의는 개인의 표준화된 행동코드로서 제도의 준수를 통한 소속감을 강조한다.
② 역사적 제도주의는 서로 다른 국가들 사이의 제도가 유사해지는 현상을 설명하는데 유리하다.
③ 사회학적 제도주의는 동일한 상황에서 국가 간의 상이한 제도로 인해 서로 다른 정책이 채택되고 효과도 다르게 나타나는 현상을 강조한다.
④ 사회학적 제도주의는 개인에 대한 가정에 기초한 미시적·연역적 방법에 주로 의존한다.
⑤ 합리적 선택 제도주의의 연장선상에서 오스트롬(E. Ostrom)은 '공유재의 비극'의 해결방안으로 공동체 중심의 자치제도를 제시한다.

해설

[❶▶✕] 합리적 선택 제도주의가 아니라, 사회학적 제도주의가 개인의 표준화된 행동코드로서 제도의 준수를 통한 소속감을 강조한다. 사회학적 제도주의는 규칙이나 절차뿐만 아니라 전통, 관습, 규범, 문화 등을 포함하여 사람의 표준화된 행동을 낳는 것이면 제도로 이해하므로 제도의 범위를 가장 넓게 해석하는 입장이다. 제도 자체에 인간의 표준화된 행동코드가 내재되어 있어(embedded) 그 틀을 벗어나기 힘들며 개인은 인지적으로 현상을 보고 해석하는 고정된 생각의 틀을 가지고 있는데 그것은 많은 사람들이 공유하는 믿음의 체계인 문화나 법적·정치적 장치를 벗어날 수 없다는 것이다. 이렇듯 개인은 정치적·사회적으로 안정된 제도 속에 종속되고 그런 제도나 문화를 따름으로써 그 사회에 대한 소속감이나 일체감을 갖게 된다.
[❷▶✕] 역사적 제도주의가 아니라, 사회학적 제도주의가 서로 다른 국가들 사이의 제도가 유사해지는 현상(동형화)을 설명하는데 유리하다.
[❸▶✕] 사회학적 제도주의가 아니라, 역사적 제도주의가 동일한 상황에서 국가 간의 상이한 제도로 인해 서로 다른 정책이 채택되고 효과도 다르게 나타나는 현상을 강조한다.
[❹▶✕] 사회학적 제도주의는 방법론적 전체주의에 의한 거시적·귀납적 방법에 주로 의존한다. 개인에 대한 가정에 기초한 미시적·연역적 방법에 주로 의존하는 것은 합리적 선택 제도주의이다.
[❺▶○] 합리적 선택 제도주의의 연장선상에서 오스트롬(E. Ostrom)은 '공유재의 비극'의 해결방안으로 공동체 중심의 자치제도를 제시한다(공공선택론).

답 ❺

31 신공공관리(New Public Management)에 관한 설명으로 옳지 않은 것은?

① 정부는 시민을 위하여 정부서비스의 품질을 향상시켜야 한다.
② 자원배분의 투명성을 높이고 거래비용을 최소화하여야 한다.
③ 정부의 기능을 민간화하고 지출을 팽창시켜야 한다.
④ 공공관리와 시민에 대한 공공서비스 공급의 효율화를 위해 시장기제를 도입해야 한다.
⑤ 정부서비스 공급의 관리는 산출·성과지향적이어야 한다.

해설

[❶ ▶ ○] 신공공관리론(NPM)은 정부에 대한 주인이며 동시에 고객인 국민에게 최적의 방법으로 높은 질의 행정서비스를 제공함으로써 국민을 최대한 만족시켜 주는 정부 역할을 강조하였다. 전통적으로 정부가 제공하는 행정서비스는 공급자 중심이고 권위주의적인 특성을 갖고 있었으나, 신공공관리론은 고객의 선호와 수요에 의해 서비스의 질과 양이 결정되는 시장의 원리를 적용하여 행정에도 '고객'의 개념을 도입하였다.

[❷ ▶ ○] 신공공관리론은 자원배분의 투명성을 높이고, 시장성 테스트를 통하여 거래비용을 최소화 하고자 한다.

[❸ ▶ ✕] 정부의 비대화와 비효율에 대한 대응으로서 정부조직과 기능 및 인력을 민영화하고 비용지출을 최소화하여야 한다.

[❹ ▶ ○] 신공공관리론의 가장 중요한 특성은 시장원리와 민간부문의 경영기법을 도입해서 보다 효율적(efficiency + effectiveness)이고 국민의 요구에 더 잘 대응할 수 있도록 기존의 정부관료제 관리방식을 개혁하는 것이라 할 수 있다. 신공공관리론은 관료제 중심의 전통적 관리방식에 비해 특히, 경쟁, 성과, 고객을 강조하는 면이 두드러진다.

[❺ ▶ ○] 신공공관리론은 성과중심의 관리를 강조한다. 투입 요소를 엄격히 규제하거나 업무수행에서 엄격히 절차를 따르도록 하는 통제중심의 관리를 탈피하여 얼마나 일의 성과(산출)를 거두었는가를 강조한다. 따라서 성과를 달성하는 과정에 대하여는 재량을 부여하되 결과에 대하여는 분명한 책임을 묻는 관리방식이다.

답 ❸

32 오스본(D. Osborne)과 게블러(T. Gaebler)의 전통적 행정과 신공공관리에 관한 비교설명으로 옳지 않은 것은?

24 행정사 제12회

	기 준	전통적 행정	신공공관리
ㄱ :	정부 역할	노젓기	방향잡기
ㄴ :	서비스 공급	독점적 공급	경쟁 도입
ㄷ :	행정가치	관료 중심	고객 중심
ㄹ :	행정주체	집권적 계층제	참여와 팀워크
ㅁ :	관리방식	업무 중심	규칙 중심

① ㄱ
② ㄴ
③ ㄷ
④ ㄹ
⑤ ㅁ

해설

[ㄱ▶○] 전통적 행정에서는 정부(관료)의 역할을 '노젓기'(정치적으로 정의된 단일 목표에 초점을 둔 정책설계와 집행)로 본 반면, 신공공관리에서는 정부(관료)의 역할을 '방향잡기'(시장의 힘을 활용한 촉매자의 역할)로 보았다.

[ㄴ▶○] 전통적 행정이 행정서비스를 독점적으로 공급하는 반면, 신공공관리는 정부기능·조직·인력을 정부기능의 폐지 또는 민영화, 민간위탁 등을 통해 감축하고, 성과중심의 행정체제로의 전환을 추구하고 시장적 기제의 도입에 따른 경쟁 도입 및 고객 위주의 서비스 지향을 강조하였다.

[ㄷ▶○] 전통적 행정은 관료 중심의 행정인 반면, 신공공관리는 고객 중심의 행정을 지향한다.

[ㄹ▶○] 전통적 행정의 경우 행정주체는 집권적 계층제 조직인 반면, 신공공관리의 행정주체는 권한분산과 하부위임을 통한 참여와 팀워크 중심의 분권적 정부이다.

[ㅁ▶✕] 전통적 행정의 관리방식은 규칙 중심인 반면, 신공공관리의 관리방식은 임무(업무, mission) 중심이다. 여기서 임무(mission)란 기관의 존재이유를 말한다. 신공공관리(NPM)는 전통적 행정(관료제)에 비하면 임무(업무) 중심이지만, 뉴거버넌스에 비하면 상대적으로 임무(업무)보다는 고객 중심적이다.

● 오스본과 게블러의 전통적 행정과 신공공관리 비교

기 준	전통적 행정	신공공관리
정부 역할	노젓기	방향잡기
서비스 공급	독점적 공급	경쟁 도입
행정가치	관료 중심	고객 중심
행정주체	집권적 계층제 (명령과 통제)	참여와 팀워크 (분권적 정부)
관리방식	규칙 중심	업무 중심

답 ⑤

33 신공공관리의 시장성 테스트에 관한 설명으로 옳지 않은 것은?

① 1990년대의 영국 행정개혁 일환으로 시행되었다.
② 특정 공공업무의 처리방식을 선택하기 위한 사전 검증절차이다.
③ 정부가 수행하더라도 시장성이 강하면 책임운영기관 형태로, 약하면 공기업 형태로 운영하는 것이 바람직하다.
④ 시장성 테스트는 내부시장화 또는 민간화 등 다양한 서비스 제공방식을 제시한다.
⑤ 시장성 테스트의 적합한 공공업무는 급속한 시장변화 속에 있는 업무를 포함한다.

해설

[❶ ▶ O] 시장성 테스트(Market Testing)는 1991년 영국 메이저(Major) 행정부에서 행정개혁 일환으로 처음 시행되었다. 영국에서 시행된 시장성 테스트는 정부기능을 원점에서 재검토하여 정부 책임하의 공공업무 공급자를 민간과의 경쟁입찰을 통해 보다 효율적으로 결정하고자 한 제도였다.
[❷ ▶ O] 시장성 테스트(Market Testing)란 특정 공공업무를 민영화, 민간위탁 또는 강제 입찰시킬 것인지의 여부를 결정하기 위한 사전 검증절차를 말한다.
[❸ ▶ ×] 정부가 수행하더라도 시장성이 강하면 공기업 형태로, 시장성이 약하면 책임운영기관 형태로 운영하는 것이 바람직하다. ㉠ 순수정부조직 → ㉡ 책임운영기관 → ㉢ 공기업 → ㉣ 민간위탁 → ㉤ 민영화 순으로 시장성이 강하다고 보면 된다.
[❹ ▶ O] 시장성 테스트는 내부시장화 또는 민간화 등 다양한 서비스 제공방식을 제시한다.
[❺ ▶ O] 시장성 테스트의 적합한 공공업무는 급속한 시장변화 속에 있는 업무를 포함한다.

답 ❸

34 행정학의 패러다임에 관한 설명으로 옳은 것은?

① 뉴거버넌스는 정부 내부의 관리보다는 외부 주체와의 관계를 강조한다.
② 신공공관리는 부서 간 또는 기관 간 경쟁보다 협력을 강조한다.
③ 신행정학은 행정의 능률성과 중립성을 강조한다.
④ 전통적 관료제 중심의 행정은 환경변화에 대한 유연한 적응에 유리하다.
⑤ 신공공관리의 고객은 사회적 책임의식을 갖춘 적극적 시민성을 특징으로 한다.

해설

[❶ ▶ ○]   뉴거버넌스론은 정부 내부의 관리보다는 외부 주체(시장, 시민사회 등)와의 신뢰와 협력에 기초한 관계(네트워크)를 강조한다.
[❷ ▶ ×]   신공공관리론은 정부 내에 시장 요소(경쟁적 요소)를 적극적 도입함으로써 부서 간 또는 기관 간 경쟁을 강조한다.
[❸ ▶ ×]   신행정학은 기존의 가치중립적 관리론에 대해 비판하고, 능률과 절약에 앞서 사회적 형평성의 가치를 중시하고, 고객 중심의 행정(민주성)을 주장하였다.
[❹ ▶ ×]   전통적 관료제 중심의 행정은 그 경직성으로 인하여 환경변화에 대한 유연한 적응이 어렵다.
[❺ ▶ ×]   신공공관리론은 국민을 공리주의에 입각한 고객으로 보지만, 신공공서비스론은 국민을 사회적 책임의식을 갖춘 적극적 시민으로 본다. 뉴거버넌스론은 국민을 공공서비스의 주체인 주인으로 본다.

답 ❶

35 뉴거버넌스에 관한 설명으로 옳은 것을 모두 고른 것은?

> ㄱ. 정부 내부관리에 초점을 맞춘다.
> ㄴ. 정부의 계층제 보다는 수평적 네트워크 모형을 강조한다.
> ㄷ. 정부의 방향잡기 역할을 중시한다.
> ㄹ. 정부 단독의 국정관리 능력을 강조한다.
> ㅁ. 20세기 말 정부혁신의 이론적 기초를 제공하였다.

① ㄱ, ㄴ
② ㄷ, ㄹ
③ ㄴ, ㄷ, ㄹ
④ ㄴ, ㄷ, ㅁ
⑤ ㄱ, ㄴ, ㄷ, ㅁ

해설

[ㄱ▶✕] 뉴거버넌스이론은 정부, 시장, 시민사회의 협력과 협치를 지향한다. 뉴거버넌스이론은 내부관리측면보다 정부 외부의 다양한 조직과 역할자들 간의 신뢰와 협력·조정 등 정치적·사회적 상호작용 및 연계관계를 더 중시한다.

[ㄴ▶○] 뉴거버넌스이론은 계층제보다는 수평적 네트워크 모형을 강조한다. 뉴거버넌스가 새로운 국정관리시스템으로 정착되기 위해서는 정부와 시장 그리고 시민사회가 수평적 네트워크를 구축해야 한다고 본다.

[ㄷ▶○] 뉴거버넌스이론이 상정하는 정부의 역할은 방향잡기(steering)이다. 신공공관리론과 뉴거버넌스이론은 모두 정부의 역할로서 노젓기(rowing)보다 방향잡기(steering)를 강조한다. 정책결정(방향잡기)과 집행기능(노젓기)을 분리하여 정부를 방향잡기의 중심에 놓는다는 점은 동일하지만, 분리된 집행기능(노젓기)을 민영화할 것인가(신공공관리론) 아니면 공동으로 생산할 것인가(뉴거버넌스이론)의 차이가 있을 뿐이다.

[ㄹ▶✕] 뉴거버넌스이론은 공공서비스 공급자로서 정부의 독점적 역할을 부정하고 시민과의 네트워크에 의한 공동생산을 중시한다. 뉴거버넌스이론은 정부와 공공부문에 참여하는 다양한 참여자들의 네트워크를 중시하고, 정부는 전체 네트워크를 관리하는 조정자의 역할을 한다고 본다.

[ㅁ▶○] 뉴거버넌스이론은 전통적인 행정국가의 정부실패와 시장실패를 극복하기 위하여 정부가 민간의 힘을 동원하여 공동체 구성원의 참여(협치)에 의한 공적 문제의 해결을 중시한 이론으로 20세기 말 정부혁신의 이론적 기초를 제공하였다.

답 ④

36 신공공서비스 행정이론에 관한 설명으로 옳은 것을 모두 고른 것은?

22 행정사 제10회

ㄱ. 시민을 자율적인 소비자 또는 고객으로 간주한다.
ㄴ. 민주적 시민의식론과 조직적 인본주의를 이념으로 한다.
ㄷ. 공공행정의 다양한 가치와 책임성 문제에 관심을 둔다.
ㄹ. 공공서비스의 공급에 있어 합리적 선택과 방법론적 개인주의를 강조한다.

① ㄱ, ㄴ
② ㄱ, ㄷ
③ ㄴ, ㄷ
④ ㄴ, ㄹ
⑤ ㄷ, ㄹ

해설

[ㄱ ▶ ✗] 시민을 자율적인 소비자 또는 고객으로 간주하는 이론은 신공공관리론(NPM)이다. 신공공서비스론의 시민은 사회적 책임의식을 갖춘 적극적 시민성(citizenship)을 특징으로 한다.

[ㄴ ▶ ○] 신공공서비스론은 민주시민의 적극적 역할을 강조하는 민주적 시민의식론(citizenship)과 자기실현적 인간관에 입각하여 인간중심주의적 조직관리를 처방하는 조직적 인본주의, 사회공동체의 통합기능을 긍정하고 정부의 역할은 사회공동체의 발전을 돕고 이를 지지해야 한다는 사회공동체이론 등을 그 이론적 기초로 하고 있다.

[ㄷ ▶ ○] 신공공서비스론은 다양한 가치와 복잡하고 다원적인 행정책임(시민에 대한 대응성, 헌법과 법률의 준수, 사회공동체의 이익 존중 등) 문제에 관심을 둔다.

[ㄹ ▶ ✗] 공공서비스의 공급에 있어 합리적 선택과 방법론적 개인주의를 강조하는 것은 공공선택론이다. 공공선택론은 공공재의 공급에서 시민의 선택을 중시하는 접근방법으로 뷰캐넌을 비롯한 경제학자들과 수학자들에 의해 창시되었다.

답 ❸

37 공직봉사동기(Public Service Motivation)에 관한 설명으로 옳지 않은 것은? 25 행정사 제13회

① 신공공관리론의 내적 보상 위주의 동기부여에 반발하여 공공부문 종사자의 외재적 보상을 강조한다.
② 공공조직과 민간조직 종사자 간 동기의 차이를 전제로 한다.
③ 합리적 차원의 공직봉사동기는 공익 추구를 함으로써 자신의 이익도 극대화하려는 것이다.
④ 규범적 차원의 공직봉사동기는 국가에 충성하고 사회정의를 달성하고자 하는 것이다.
⑤ 감성적 차원의 공직봉사동기는 사회적으로 중요한 정책에 대한 몰입을 특징으로 한다.

해설

[❶ ▶ ×] 페리와 와이즈(J. Perry & Wise)가 신공공서비스론에 입각하여 제시한 공직봉사동기(Public Service Motivation)이론은 신공공관리론의 외적 보상 위주의 동기부여에 반발하여 공공부문 종사자의 내재적 보상을 강조한다.
[❷ ▶ O] 공직봉사동기이론은 공공조직과 민간조직 종사자 간 동기의 차이를 전제로 한다. 이 이론은 민간부문 종사자들이 주로 개인의 경제적 이익이나 성과에 기반한 동기를 갖는 반면, 공공부문 종사자들은 공공의 이익을 추구하는 동기(공익에 대한 헌신)가 더 강하게 작용한다고 본다.
[❸ ▶ O] 합리적 차원의 공직봉사동기는 공익 추구를 함으로써 자신의 이익도 극대화하려는 것이다.
[❹ ▶ O] 규범적 차원의 공직봉사동기는 국가에 충성하고 사회정의를 달성하고자 하는 것이다.
[❺ ▶ O] 감성적 차원의 공직봉사동기는 사회적으로 중요한 정책에 대한 몰입을 특징으로 한다.

답 ❶

38 행정학의 주요 이론에 관한 내용으로 옳지 않은 것은?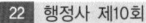

① 신제도주의론은 공식적 제도나 구조는 물론 비공식적 제도와 규범도 중요하게 강조한다.
② 행태주의 행정연구는 가치와 사실문제를 엄격하게 구분하고 자유와 평등의 가치를 연구대상에서 제외한다.
③ 체제이론은 행정현상을 여러 변수 중에서 환경을 포함해 거시적으로 접근한다.
④ 인간관계론은 조직목표 달성을 위해 생산성과 능률성에 기반을 둔 금전적 보상과 경제적 인간관을 강조한다.
⑤ 신행정학 이론은 참여와 형평의 가치를 중심으로 현실문제의 처방적 연구를 중시한다.

해설

[❶ ▶ ○] 신제도주의는 제도가 인간의 행동에 미치는 영향을 연구하는 분야로서, 합리적 선택 신제도주의, 역사적 신제도주의, 그리고 사회학적 신제도주의로 구분될 수 있으며 특히 사회학적 신제도주의는 제도의 공식적 측면보다는 규범, 문화, 상징체계, 의미 등 비공식적 측면을 강조하였다.

[❷ ▶ ○] 사이먼(H. A. Simon)에 의하여 체계화된 행정행태론(행태주의)은 행정학 연구에 있어 자연과학적 연구방법(논리실증주의)을 도입하여 행정연구의 과학화를 주장하였다. 행태주의는 기본적으로 행정을 존재(sein)의 영역으로 보고, 최대한 가치(value)의 영역을 배제하고 사실(facts)을 바탕으로 연구하려는 입장이다. 따라서 행태주의에 의하면 자유와 평등의 가치는 연구대상에서 제외되게 된다.

[❸ ▶ ○] 체제론적 접근방법은 행정현상을 하나의 유기체로 보아 행정을 둘러싸고 있는 다른 환경적 요소와의 관련성 속에서 거시적으로 행정상태를 연구하려는 개방체제적 접근법이다.

> **폐쇄체제와 개방체제**
> • 폐쇄체제는 환경의 영향을 받지 않고 그 자체 내에 필요한 자원과 에너지를 가지고 있어 스스로 기능을 수행하는 체제를 말한다.
> • 개방체제는 환경의 다양한 요구에 대응할 수 있도록 분화되고 분화된 부분들의 질서 있는 기능을 통해 체제를 유지해 나가는 것을 말한다.

[❹ ▶ ✕] 인간관계론에서는 대인관계나 인간의 심리적 만족감 등 사회적 규범이나 사회적・비경제적 보상을 중시하였고 인간을 작업환경이나 물리적 조건보다는 조직구성원의 사회심리적 요인에 의해 영향을 받는 사회심리적 존재(사회적 인간)로 인식하였으나, 과학적 관리론에서는 조직목표 달성을 위해 생산성과 능률성에 기반을 둔 금전적 보상과 경제적 인간관을 강조하였다.

[❺ ▶ ○] 신행정학 이론은 행태주의와 실증주의에 대한 반발로 등장하였으며, 현실적합성을 확보하기 위하여 새로운 가치로서의 사회적 형평, 능동적 행정의 중시, 정책 및 문제지향성의 강조, 사회적 적절성・기술성, 참여와 형평의 가치를 중심으로 한 현실문제의 처방적 연구를 중시하였다.

답 ❹

39 행정이론에 관한 설명으로 옳지 않은 것은?

① 신행정론은 관료들이 정책결정을 해야만 한다는 적극적 정치행정일원론을 주장한다.
② 공공선택이론은 집권적 관료제가 공공서비스를 제공하는 데 있어서 유일한 최선의 방안은 아니라고 한다.
③ 포스트모더니즘 행정이론은 사회적 맥락에 대한 고려 없이 보편적 이론을 발견하고자 하는 실증주의를 배격한다.
④ 신공공관리론은 고객의 개인적 이익이 아닌 시민 전체로서의 공익에 대한 책임성과 대응성을 강조한다.
⑤ 신제도주의이론은 제도가 개인행위를 제약하지만, 개인 간 상호작용의 결과로 제도가 변화될 수도 있다고 본다.

해설

[❶ ▶ ○] 신행정론은 행태론적 접근방법과 실증주의에 대한 반대명제로서 1970년대 후기 산업사회와 함께 등장한 가치중심의 행정이론으로 새로운 가치로서의 사회적 형평 등 가치문제를 중시하였고, 정책지향성이나 문제지향성을 강조하여 관료들이 정책결정을 해야만 한다는 적극적 정치행정일원론을 주장하였으며 고객지향적 행정과 민주적 행정모형을 강조하였다.

[❷ ▶ ○] 공공선택이론은 공공부문에 경제학적 관점을 도입하려는 접근법으로 행정을 공공재의 공급과 소비관계로 파악하고 정부는 공공재의 공급자로, 국민은 소비자로 규정하여 시장에서처럼 시민이 자신의 선호에 따라 공공재를 선택할 수 있다는 이론을 말한다. 공공선택이론은 공공재와 공공서비스를 독점적으로 공급하는 전통적인 정부관료제는 시민의 요구에 민감하게 대응할 수 없어 바람직한 제도적 장치가 되지 못한다고 보고, 대안적 조치로서 중첩적인 관할구역과 분권적·중복적인 조직장치가 필요하다고 주장하였다.

[❸ ▶ ○] 포스트모더니즘이론에서는 보편적 진리를 추구하는 것에 의심을 품고, 진리의 기준은 상대적이고 맥락 의존적(context dependent)이라고 보기 때문에, 사회적 맥락에 대한 고려 없이 보편적 이론을 발견하고자 하는 실증주의를 배격한다.

[❹ ▶ ×] 시민 전체로서의 공익에 대한 책임성과 대응성을 강조하는 것은 신공공서비스론이고, 신공공관리론(NPM)은 시민을 자율적인 소비자 또는 고객으로 간주하는 이론이다. 전통적으로 정부가 제공하는 행정서비스는 공급자 중심이고 권위주의적인 특성을 갖고 있었으나, 신공공관리론은 고객의 선호와 수요에 의해 서비스의 질과 양이 결정되는 시장의 원리를 적용하여 행정에도 고객의 개념을 도입하였다.

[❺ ▶ ○] 신제도주의이론에서는 제도가 개인 간 상호작용을 통해서 만들어지고(종속변수), 그러한 제도가 개인행위를 제약(독립변수)하기도 한다고 이해하였다.

답 ❹

제 2 장 정책론

학습 Key word

❶ 로위의 정책유형, 리플리와 프랭클린의 정책유형, 콥과 로스가 제시한 정책의제설정 모형, 공식적 참여자와 비공식적 참여자, 무의사결정론, 철의 삼각모형, 이슈네트워크와 정책공동체, 조직목표의 변동, 전통적 델파이와 정책델파이, 시뮬레이션, 정책결정모형(합리모형, 점증모형, 혼합주사모형, 만족모형, 사이버네틱스 모형, 쓰레기통모형) 등에 대하여 학습한다.
❷ 정책집행연구의 상향적 접근방법과 하향적 접근방법, 나카무라와 스몰우드가 제시한 정책집행자의 유형, 총괄평가와 형성평가, 정책평가의 타당성(내적 타당성, 외적 타당성, 구성적 타당성, 통계적 타당성), 진실험과 준실험, 정책지지연합모형 등에 대하여 학습한다.

제1절 정책과 정책학의 본질

I 개 설

1. 정책과 정책학의 개념
① 정책이란 공공문제 해결과 공적 목표 달성을 위해 정부에 의해 결정된 행동방침이다. 이스턴(D. Easton)은 '정책이란 희소한 사회적 가치의 권위적 배분이다.'라고 하였다.
② 정책학이란 정책결정 및 정책집행을 설명하고, 정책문제와 관련이 있는 자료들을 수집하여 이에 대한 해석을 제공하는 학문이다(H. D. Lasswell).

2. 정책의 특징
① 정책은 정치적·행정적 과정으로서 매우 불확실하고 복잡한 동태적 과정을 거친다. 기출 20
② 정책 자체가 하나의 행동노선을 담고 있기 때문에 그에 관한 개인들의 행동을 위한 지침 역할을 한다. 기출 20
③ 정책은 변동과 안정을 야기하기도 하며 사회의 이익을 조정·통합하기도 한다. 기출 20

3. 정책학의 발전과정
① 현대적 의미의 정책학은 1951년 발표된 라스웰(H. D. Lasswell)의 「정책지향(Policy Orientation)」이라는 논문에서 그 시발점을 찾을 수 있다.
② 1950년대에는 담론과 프레임을 통한 문제구조화보다는 민간부문의 객관적이고 계량화된 관리과학기법(OR ; Operations Research)이나 후생경제학의 기법의 도입·활용에 주력하였다.

③ 라스웰(H. D. Lasswell)은 2차 세계대전 당시 트루먼 대통령의 일본 원폭 투하를 비판하며 인간의 존엄성 실현을 위한 민주주의 정책학을 강조했다.
④ 라스웰의 정책과학의 학문적 특성
  ㉠ 문제지향성 : 사회문제의 해결 지향
  ㉡ 맥락지향성 : 정책결정은 사회적 과정의 일부
  ㉢ 연합학문성 : 인접학문과의 협동적 연구
  ㉣ 규범지향성 : 사회적 요구에 부응하는 처방성
⑤ 라스웰(H. D. Lasswell)이 제안한 초기 정책학은 행태주의에 밀려났다가 흑인폭동 및 월남전 등 사회적 혼란시기인 1960년대에 재출발하였다. 정책학은 이스턴(D. Easton)의 후기행태주의의 등장으로 다시 연구가 활성화되었다. 후기행태주의는 정책과학의 견인차 역할을 하였다.
⑥ 드로어(Y. Dror)는 보다 나은 수준(최적 수준)의 정책결정을 위하여 정책결정의 방법, 지식, 체제에 관심을 두어야 한다고 주장하고, 정책결정체제에 대한 이해와 정책결정의 개선을 강조하였다. 묵시적 지식(tacit knowledge)이란 초합리적 요인(직관·통찰력 등) 비구조화된 지식을 말하는 것으로, 이는 드로어(Y. Dror)의 정책과학의 특징이다.

> **□ 참고**
> 드로어(Y. Dror)는 정책의 개념에 대하여 매우 불확실하고 복잡한 동태적인 상황 속에서 국가 및 공공단체가 공익의 구현을 위해 만든 미래지향적 행동지침으로 보아, 공익지향성, 미래지향성, 하위결정에 대한 지침성, 복잡·동태성을 그 특성으로 한다고 주장하였다.

Ⅱ 정책의 본질과 유형

1. 샐러몬(L. M. Salamon)의 정책수단 유형 : 직접성의 정도에 따른 분류

(1) 개 설
① 직접성은 정부가 직접적인 집행주체가 되는지의 여부이고, 강제성은 강제력이 수반되는지의 여부이다.
② 경제적 규제는 직접성과 강제성이 모두 높지만, 직접대출의 경우 직접성은 높으나 강제성은 높지 않은(중간정도)의 정책수단이다.
③ 샐러몬은 형평성에 대한 고려가 특히 중요한 경우에는 정부가 조세를 재원으로 직접 시행하는 직접적 수단이 간접적 수단보다 적절하다고 주장한다.

(2) 직접적 수단(직접성의 정도 : 높음)
① 경제적 규제(economic regulation) : 민간의 경제활동을 직접 규제하여 집행, 진입규제, 독과점 규제 등 직접성이 높음 / 강제성이 가장 높은 것에 해당
② 직접대출(직접대부) : 정부가 집행에 필요한 자금을 민간에 직접 대출. 직접성은 높음 / 강제성은 중간
③ 공기업(government corporations) : 정부의 소유 또는 통제 하에 재화와 서비스를 제공하는 방식. 직접성이 높음
④ 정부소비(direct government) : 정부가 직접 예산을 사용하여 시행(공급)하는 방식으로 직접성이 높음 / 가장 역사가 길고 광범위하게 사용되는 정책수단
⑤ 공공정보(정보제공) : 정부가 민간에게 공적정보를 직접 제공. 직접성은 높음(직접성이 낮은 간접적 수단으로 보는 시각도 있음) / 강제성은 낮음

(3) 중간적 수단(직접성의 정도 : 중간)
  ① 사회적 규제(social regulation) : 직접성은 중간 / 강제성은 가장 높은 것에 해당
  ② 조세지출(tax expenditure) : 조세감면에 의한 간접지출을 의미하는 것으로 특정인에게 재정적 인센티브를 부여하는 수단에 해당한다. 직접성 중간
  ③ 계약(위탁) : 경쟁입찰을 통해 계약에 의하여 서비스 생산을 민간에 위탁
  ④ 벌금 : 집행을 저해하는 행위에 대한 금전적 패널티 부과
  ⑤ 공적부과금 : 부정적 외부효과에 대해 불이익(부담)을 주는 교정적 조세. 직접성 중간

(4) 간접적 수단(직접성의 정도 : 낮음)
  ① 손해책임법 : 불법행위에 대한 책임. 직접성 낮음 / 강제성 낮음
  ② 지급보증(대출보증) : 정책집행에 필요한 자금의 지급을 정부가 보증. 직접성 및 강제성 낮음
  ③ 기업지원 : 민간기업에 대한 정부의 자금 지원 등. 직접성 낮음
  ④ 보조금(grant) : 서비스가 기술적으로 복잡한 경우 생산자에게 현금 또는 현물 지원. 보조금은 민영화된 방식으로 직접성이 낮음
  ⑤ 바우처(voucher) : 바우처는 민영화된 방식으로 직접성이 낮음 / 바우처(이용사은권, 증서, 쿠폰방식)는 시민의 선택권을 확대하고 경쟁을 촉진시키는 정책수단으로서, 최근 널리 활용되고 있기는 하지만 가장 광범위하게 사용되는 정책수단은 아니며, 역사도 그리 오래되지 않았다.

> □ **용어 해설**
> - 경제적 규제 : 경제활동에 관한 규칙, 기업의 진입과 퇴출, 가격 및 생산 활동에 대한 통제를 의미한다.
> - 보조금 : 서비스의 성격 자체는 공공성(긍정적 외부효과)을 가지고 있으나 공공부문으로는 서비스나 재화의 생산·공급이 수요에 미치지 못할 경우 이와 유사한 서비스를 제공하는 민간부문의 생산자에게 재정 또는 현물 등의 생산보조금을 제공함으로써 이에 기여하게 하는 방식이다.
> - 공적보험 : 특별한 사건이 발생했을 때 개인이나 기업의 손실을 보상해 주기로 정부가 동의하는 것을 의미한다.
> - 바우처 : 공공서비스의 생산을 민간부문에 위탁하면서 시민들의 서비스 구입부담을 완화시키기 위해 소비자에게 금전적 가치가 있는 증서를 제공하는 방식을 의미한다.
> - 면허 : 특정 민간조직에게 일정한 구역 내에서 공공서비스를 제공하는 권리를 인정해 주는 방식을 의미한다.
> - 조세지출 : 정부가 받아야 할 세금을 받지 않고 포기한 것을 의미한다(조세감면에 의한 간접적 지출).

2. 로위의 정책유형 로위 / 분·규·재·구

(1) 개 설
  ① 로위(T. Lowi)는 정책을 강제력의 행사방법과 강제력의 적용대상에 따라 분배정책, 규제정책, 재분배정책, 구성정책으로 구분하였다.
  ② 로위(T. Lowi)의 정책분류는 다원주의(규제정책)와 엘리트주의(재분배정책)를 통합하려는 노력의 일환으로 볼 수 있다.
  ③ 로위(T. Lowi)는 정책의 유형에 따라 정책의 결정 및 집행 과정이 달라진다고 보았으며, 정책유형에 따라 정치적 관계가 달라질 것으로 가정하고 있다.

(2) 로위의 정책 유형

구 분		강제력의 적용영역	
		개별적 행위	행위의 환경(사회 전체)
강제력의 행사방법	간접적	분배정책	구성정책
	직접적	규제정책	재분배정책

1) 분배정책(배분정책)

① 개념 : 국방, 고속도로·항만·신공항 건설, 대덕 연구 개발특구 지원, 국공립학교를 통한 교육서비스 등과 같이 정부가 조달한 재정자원을 다수의 국민에게 재화와 서비스를 제공하기 위해 배분하는 가장 일반적인 정책유형이다.

② 분배정책은 공적 재원(정부가 조달한 재정자원)으로 재화와 서비스를 사회의 특정 또는 불특정 다수인에게 배분하는 정책으로 수혜자와 비용부담자간 갈등이 없어 추진하기 용이한 정책이다. 대체로 국민 다수에게 돌아가지만 사회간접시설과 같이 특정지역에 보다 직접적인 편익이 돌아가는 경우도 많다.

③ 분배정책은 다수에게 이익이 분산되는 개별화된 정책으로 계급(수혜자와 비용부담자) 간의 갈등이 없다는 점이 특징이다. 기출 18

④ 분배정책은 공적 재원으로 추진되기 때문에 제로섬(zero sum) 게임이 발생하지 않고, 갈등이 규제정책에 비해서 적으며, 집행하기가 가장 용이하다.

⑤ 분배정책은 정책 과정에서 이해당사자들 간의 협상을 통해 비교적 안정적인 연합을 형성한다. 분배정책은 철의 삼각 등에 의하여 로그롤링(log-rolling, 밀어주기)이나 포크배럴(pork-barrel, 나눠먹기)과 같은 정치적 현상이 나타난다. 이는 참여자들의 이해관계가 작용한 결과이다.

> **로그롤링(log-rolling)과 포크배럴(pork-barrel)**
> - 로그롤링(log-rolling)은 의회에서 이권과 관련된 법안을 해당 의원들이 서로에게 이익이 되도록 협력하여 통과시키거나, 특정이익에 대한 수혜를 대가로 상대방이 원하는 정책에 동의해 주는 방식으로 이루어진다.
> - 포크배럴(pork-barrel)은 각종 개발사업과 관련된 법안이나 정책 교부금을 둘러싸고 의원들이 그 혜택을 서로 나누어 가지려고 노력하는 현상을 말한다.

2) 규제정책

① 개념 : 허위과장광고 규제나 오염물질 배출 규제, 탄소배출권 거래제 등과 같이 공익 차원에서 개인이나 기업의 특정한 권리행사를 제약하는 것에 관한 정책을 말한다.

② 규제정책은 특정 개인이나 집단에 대한 선택의 자유를 제한하는 유형의 정책으로 정책불응자에게는 강제력을 행사한다는 특징이 있다.

③ 규제정책은 집단 사이의 갈등 수준이 상당히 높은 편이며, 개인이나 집단의 행위를 통제하기 위하여 정부의 강제력이 직접적으로 동원된다.

④ 규제정책은 피해자와 수혜자가 명백하게 구분되며 정책결정자와 집행자가 서로 결탁하여 나눠먹기식(pork-barrel)으로 정책을 결정하는 것이 어렵다.

⑤ 규제정책은 국가 공권력을 통해 관계 당사자의 순응을 확보하기 때문에 행정권 남용의 가능성이 높다.

3) 재분배정책

① 개념 : 실업자나 저소득층의 소득안정 정책이나 빈곤층을 위한 사회보장 정책과 같이 비용의 부담 주체는 고소득층이고 수혜 대상은 저소득층인 정책을 말한다.
② 재분배정책의 예로 저소득층을 위한 근로장려금 제도, 영세민을 위한 임대주택 건설, FTA협정에 따른 농민피해 지원, 중소기업을 위한 정책자금지원, 사회보장 및 의료보장정책 등이 있다.
③ 로위(T. Lowi)가 주장하는 재분배정책의 가장 큰 특징은 계급 대립의 성격을 지닌다는 것이다(수혜자와 비용부담자 간의 갈등으로 집행이 곤란하게 될 우려). 기출 18
④ 재분배정책은 이데올로기적인 기반에서 정책결정이 이루어진다. 이념적 논쟁과 소득계층 간 갈등이 첨예하게 대립되어 표준 운영절차(SOP)나 일상적 절차의 확립이 비교적 어렵다.
⑤ 재분배정책은 이해당사자 간 제로섬(zero sum) 게임이 벌어지고 갈등이 발생될 가능성이 규제정책에 비해 상대적으로 더 크다.
⑥ 재분배정책은 주로 복지정책으로 중앙정부 차원에서 집권적·안정적·독자적으로 결정된다.

> **□ 연방은행의 신용통제**
> 연방은행의 신용통제란 미국 연방은행이 대부자금을 정부가 선호하는 부문에만 보내거나 선호하지 않는 부문에는 보내지 않는 등(선택적 신용통제) 부문별 경제활동에 영향을 줄 필요가 있을 때 시행하는 중앙은행의 금융정책으로 재분배정책의 성격이 강하다.

[분배정책과 재분배정책의 차이]

구 분	분배정책	재분배정책
추구 이념	효율성	형평성
재원(비용부담)	공적 재원(불특정 다수)	가진 자(고소득층)의 부(富)
정책순응도	높음(집행이 용이함)	낮음(집행 곤란 우려)
수혜자와 비용부담자의 갈등	없 음	심 함
주요 행위자	관료나 하위정부	대통령 등 엘리트
정책의 예	사회간접자본의 건설 등	누진세, 사회보장정책

4) 구성적책

① 정부기구 신설이나 개편, 공무원의 보수나 연금제도 개정, 선거구 획정 등과 같이 정부 내지 국가 자체의 운영규칙에 관련한 정책을 말한다. 기출 20
② 구성정책은 체제 내부를 정비하는 정책으로 대외적 가치배분에는 큰 영향이 없으나 대내적으로는 게임의 법칙이 발생한다.

3. 리플리와 프랭클린의 정책유형 리플 / 경·보

(1) 개 설
① 리플리와 프랭클린(R. B. Ripley & G. A. Franklin)은 정책유형이 달라짐에 따라 정책형성과정과 정책집행과정도 달라진다고 주장한다.
② 리플리와 프랭클린은 분배정책, 경쟁적 규제정책, 보호적 규제정책, 재분배정책으로 분류하였다.

(2) 리플리와 프랭클린의 정책유형

1) 분배정책과 재분배정책
분배정책과 재분배정책은 로위(T. Lowi)는 정책의 유형과 동일하다.

2) 경쟁적 규제정책
① 개념 : 국가가 소유한 희소한 자원에 대해 다수의 경쟁자 중에서 지정된 소수에게만 서비스나 재화를 공급하도록 규제하는 정책을 말한다. 선정된 승리자에게 공급권을 부여하는 대신에 이들에게 규제적인 조치를 하여 공익을 도모할 수 있다.
② TV·라디오 방송권의 부여, 항공노선 배정이나 이동통신 주파수 배정과 같이 이권이 개입된 특정 서비스 제공의 권리를 다수의 경쟁자 중에서 특정 개인이나 집단에만 제한적으로 부여하고 이들의 영업활동 등을 특별히 규제하는 정책을 말한다.
③ 정부가 특정 전문지식과 자격을 갖춘 몇몇 개인이나 기업(집단)에게 특정한 기간 동안 사업을 할 수 있도록 허용하되 일정한 기간 후에는 자격조건을 재심사하도록 함으로써 경쟁력을 높이고, 공익을 위해서 서비스 제공에 대한 규정을 지키도록 하는 정책이다. 기출 13
④ 경쟁적 규제정책은 배분정책과 규제정책의 성격을 동시에 지니고 있다. 기출 20·18

3) 보호적 규제정책
① 개념 : 소수자나 사회적 약자, 그리고 일반대중을 보호하기 위해서 개인이나 집단의 권리 행사나 행동의 자유를 제한하는 정책을 말한다.
② 보호적 규제정책은 직업장 안전을 위한 규제, 국민건강 보호를 위한 식품위생 규제, 최저임금보장, 공공서비스요금 규제와 같이 다수의 국민(소비자나 일반대중)의 이익을 보호하기 위하여 특정집단을 규제(예 기업활동의 내용을 규제)하는 정책을 말한다. 기출 18
③ 보호적 규제정책은 강제력을 수반하기 때문에 규제대상으로부터 큰 반발이 나타나고 규제집행조직과 피규제집단 간 갈등의 가능성이 높다.

[정책학자들의 정책분류]

학 자	정책유형
로위(T. Lowi) 기출 20	분배정책, 규제정책, 재분배정책, 구성정책
알몬드와 파우얼(Almond & Powell)	분배정책, 규제정책, 상징정책, 추출정책
리플리와 프랭클린(Ripley & Franklin)	분배정책, 경쟁적 규제정책, 보호적 규제정책, 재분배정책
설리스베리(Salisbury)	분배정책, 규제정책, 재분배정책, 자율규제정책

4. 알몬드와 파우얼의 정책유형 🔑 알파 / 상·추

(1) 개 설
알몬드와 파우얼(G. Almond & B. Powell)은 정책을 상징정책, 추출정책, 분배정책, 규제정책으로 분류하였다. 기출 18

(2) 알몬드와 파우얼의 정책유형

1) 분배정책과 규제정책
분배정책과 규제정책은 로위(T. Lowi)는 정책의 유형과 동일하다.

2) 상징정책
상징정책은 국기 게양, 국경일 제정 및 준수, 올림픽이나 월드컵과 같은 국제행사 개최 등 국가에 대한 애국심과 자긍심 고취 그리고 국민 통합의 상징적 의미를 가진 정책을 말한다. 기출 20

3) 추출정책
추출정책은 일반국민으로부터 인적·물적 자원을 동원·부담시키는 정책을 말한다. 조세의 부과, 징병(병역의무), 부담금 등이 이에 해당한다. 기출 16

5. 설리스베리(Salisbury)의 정책유형 🔑 설 / 자

① 설리스베리(R. H. Salisbury)는 정책을 분배정책, 규제정책, 재분배정책, 자율규제정책으로 분류하였다.
② 자율규제정책은 의사, 변호사, 약사, 미용사 등과 같이 영업 활동에 대한 규제 내용을 업종에 종사하는 회원의 단체가 스스로 정하고 감시하는 정책유형을 말한다(예 변호사회, 약사회, 의사협회의 면허제도).

[정책유형에 따른 예시]

추출정책	조세의 부과, 징병(병역의무), 성금 모금, 준조세, 부담금, 토지수용 기출 16
규제정책	허위·과장광고 규제, 오염물질 배출 규제(예 기업의 대기오염 방지시설 의무화), 부실기업의 구조조정
분배정책	국공립학교를 통한 교육서비스 제공, 도로·공원·공항·항만 등 사회간접자본의 건설, 지방자치단체에 지원되는 국고보조금 기출 16
상징정책	국기 게양, 국경일의 제정 및 준수, 광화문 복원, 올림픽이나 월드컵과 같은 국제행사의 유치 및 개최 기출 16
구성정책	정부기구 신설이나 정부조직 개편(예 재정경제부와 기획예산처를 기획재정부로 통합), 선거구 획정(선거구의 통폐합) 기출 16
재분배정책	누진과세, 저소득층의 소득안정 정책, 빈곤층을 위한 사회보장 정책(예 영세민을 위한 임대주택 건설), 노령연금제도, 공공근로사업
경쟁적 규제정책	항공노선의 배정, TV·라디오 방송권의 부여, 이동통신 사업자의 선정
보호적 규제정책	독과점 규제, 원산지 표시정책, 그린벨트 보호, 최저임금제 및 근로기준, 오염기준 설정, 안전규제 등

제2절 정책의제와 정책목표

I 정책의제 설정

1. 정책의제의 설정
① 정책의제란 정책담당자가 공식적으로 논의하기로 결정한 정책문제를 말한다. 좁은 의미의 정책의제는 공식화된 제도적 의제를 말한다.
② 정책의제 설정은 정부가 사회문제의 정책적 해결을 위해 공식적인 정책문제로 전환하는 행위를 말한다.

2. 정책의제 설정의 중요성과 오류

(1) 정책의제 설정의 중요성

정책의제 설정은 정책문제 해결의 시작인 동시에 첫 단계이다. 따라서 의제설정과정에서 정책문제 자체를 잘못 정의한다면 정책대안이 아무리 좋아도 올바른 문제해결에 도달할 수 없게 된다. 이처럼 정책의 대상이 되는 문제 자체에 대한 정의를 잘못 내리는 것을 제3종 오류라고 한다.

(2) 정책오류의 유형

① 제1종 오류 : 정책이나 프로그램의 효과가 실제로 발생하지 않았음에도 불구하고 통계적으로 효과가 나타난 것으로 결론을 내리는 오류(정책효과가 없는데 있다고 판단하는 오류). 제1종 오류는 실제로는 모집단의 특성이 영가설(옳은 귀무가설)과 같은 것인데 영가설(옳은 귀무가설)을 기각하는 경우에 발생한다(제1종 오류는 α로 표시한다).

② 제2종 오류 : 정책이나 프로그램의 효과가 실제로 발생하였음에도 불구하고 통계적으로 효과가 나타나지 않은 것으로 결론는 내리는 오류(정책효과가 있는데 없다고 판단하는 오류). 제2종 오류는 모집단의 특성이 영가설(틀린 귀무가설)과 같지 않은데 영가설(틀린 귀무가설)을 인용하는 경우에 발생한다(제2종 오류는 β로 표시한다).

③ 제3종 오류 : 문제의 정의나 구체화에서 공통적으로 범할 수 있는 오류를 제3종 오류라 한다. 이것은 문제의 구조화를 잘못해서 틀린 문제의 해결을 유도하는 오류이다. 옳은 귀무가설을 배제하는 것을 제1종 오류라 하고, 틀린 귀무가설을 채택하는 것을 제2종 오류라 한다면, 틀린 문제의 해답을 찾는 것은 제3종 오류인 것이다. 제3종 오류를 방지하는 것이 정책문제 구조화의 핵심으로 간주된다.

- 확률 $1-\alpha$는 통계치를 믿을 수 있는 신뢰 수준, 즉 옳은 귀무가설(영가설 : null hypothesis)을 인용하여 제1종 오류가 발생하지 않을 확률을 의미하며 여기서 α는 유의수준(제1종 오류 발생확률)로 유의수준이 0.05이면 신뢰수준은 0.95가 된다.
- 확률 $1-\beta$는 검정력으로 틀린 귀무가설(영가설 : null hypothesis)을 기각시킬 확률, 즉 제2종 오류가 발생하지 않은 확률을 의미한다.

Ⅱ 정책의제 설정의 과정

1. 정책의제설정과정의 단계

콥(Cobb)과 엘더(Elder)는 정책의제 설정의 과정을 '㉠ 사회문제 → ㉡ 사회적 이슈 → ㉢ 공중의제(= 체제의제) → ㉣ 정부의제(= 제도의제)' 4가지 단계로 제시하였다.

① **사회문제** : 많은 사회 구성원들이 고민하고 고통받는 문제를 말한다.
② **사회적 이슈(= 사회적 쟁점)** : 사회문제의 성격이나 그 해결방안에 대하여 논란의 대상이 되는 것이 사회적 이슈화(쟁점화)이다. 사회문제는 예상치 못한 위기나 재난 등 극적 사건 통해 사회적 이슈로 부각되기도 하는데 이러한 사건을 촉발장치(= 점화장치)라고 한다. 기출 21
③ **공중의제(= 체제의제)** : 일반대중이 정부가 해결방안을 강구해야 한다고 공감하는 문제를 말한다. 공중의제는 사회문제 혹은 사회적 쟁점이 한 단계 더 나아가 일반 공중의 주목을 받게 된 의제를 말한다. 공중의제는 아직 문서화되거나 공식화되지 않은 의제이다. 기출 21
④ **정부의제(= 제도의제)** : 정책담당자가 공식적으로 논의하기로 결정한 정책문제를 말한다. 일단 정부의제가 되면 그 사회문제는 해결될 가능성이 매우 높아진다.

2. 정책의제 설정에 영향을 미치는 요인

① 정책의제 설정에 영향을 미치는 요인은 정책문제 자체의 관련요인, 주도집단과 참여자 관련요인, 정치적 요인으로 구분된다.
② 정책의제설정은 정책이해관계자, 이슈가 되는 정책문제, 문제를 논의하는 제도적 환경 등 복합적인 관계의 영향을 받는다. 기출 22
③ 사회 이슈와 관련된 행위자가 많고, 문제해결을 위한 다수의 정책 대상 집단에게 영향을 미치는 경우 보다 쉽게 정책의제화될 수 있다. 기출 22
④ 사회문제로 인한 피해자 숫자가 많거나 피해의 사회적 의미가 중대할수록 정책의제로 채택될 가능성이 높다. 기출 22
⑤ 국민적 관심과 집결도가 높거나 특정 사회 이슈에 대해 정치인의 관심도가 클수록 정책의제화될 가능성이 높다. 기출 22
⑥ 정책의제화를 요구하는 집단의 규모와 영향력이 클수록 정책의제화될 가능성이 높다. 기출 22

Ⅲ 콥과 로스(Cobb & Ross)의 정책의제설정 모형

콥과 로스(Cobb & Ross)는 주도집단에 따라 정책의제설정 유형을 외부주도형, 동원형, 내부접근형으로 분류하였다.

1. 외부주도형 [사회문제 → (사회적 쟁점) → 공중의제 → 정부의제]

① 외부주도형은 외부집단에서 먼저 사회문제에 대한 인식이 이루어지고 이것을 공중의제로 확산시키고 나아가 정부의제로 발전시키는 경우를 말한다(㉠ 사회문제 → ㉡ 사회적 쟁점 → ㉢ 공중의제 → ㉣ 정부의제). 기출 21
② 외부주도형은 정부 바깥에 있는 집단이 사회문제를 정부가 해결해 줄 것을 요구하며 정부의제로 채택하도록 하는 유형이다. 기출 17
③ 외부주도형은 이익집단이 발달하고 정부가 외부의 요구에 민감하게 반응하는 정치체제에서 주로 나타난다. 즉, 외부주도형은 다원화되고 민주화된 선진국 정치체제에서 많이 나타나는 유형이다. 기출 17
④ 허쉬만(Hirshman)은 외부집단이 주도하여 정책의제의 채택을 정부에 강요하는 '외부주도형'의 경우를 '강요된 문제'라고 하였다.

2. 동원형 [사회문제 → 정부의제 → 공중의제]

① 동원형은 사회문제가 정부의제로 먼저 채택되고, 정부의 의도적인 노력[[예] 대국민 홍보(PR)]에 의해서 공중의제로 전환(확산)하고 국민의 지지를 확보해가는 의제설정방식을 말한다(㉠ 사회문제 → ㉡ 정부의제 → ㉢ 공중의제). 기출 21
② 동원형은 고위의사결정자 등에 의해 정부의제가 먼저 설정되고 정책순응을 확보하기 위해 다각적인 홍보[공공관계 캠페인(public relations campaign)] 등을 거쳐 최종적으로 정책의제로 채택되는 유형이다. 기출 17
③ 새마을운동, 올림픽이나 월드컵 유치 등은 국민들이 적극적인 관심과 지지를 보이지 않는 상태에서 국가가 민간의 지지를 동원하여 의제를 설정하는 동원형의 대표적인 사례이다.
④ 동원형은 정부의 힘이 강하고 민간부문이 취약한 후진국에서 많이 나타나는 유형이나, 선진국에서도 정치지도자가 특정한 사회문제해결을 주도하는 경우에 나타난다. 기출 17
⑤ 허쉬만(Hirshman)은 정부 내의 결정자들이 주도적으로 정책의제를 채택하는 '동원형'은 '채택된 문제'로 본다.

3. 내부접근형(내부주도형, 음모형) [사회문제 → 정부의제]

① 내부접근형은 사회문제가 바로 정부의제로 채택되고 공중의제로 형성되지 않는 유형을 말한다(㉠ 사회문제 → ㉡ 정부의제). 공중의제화를 억제하기 때문에 일종의 음모형에 해당한다. 기출 21
② 내부접근형은 대중의 지지를 획득하기 위한 공중의제화 과정이 없다는 점에서 공중의제화 과정을 거치는 동원형과 다르다.
③ 내부접근형(= 내부주도형)은 정부기관 내의 관료집단이나 정책결정자에게 쉽게 접근할 수 있는 외부집단이 최고정책결정자에게 접근하여 정부의제로 설정하는 방식을 말한다.

④ 내부접근형은 국방, 외교 등 비밀 유지가 필요한 분야의 정책, 또는 강한 반대가 예상됨에도 불구하고 반드시 추진하려는 정책 등에서 찾아볼 수 있다. 기출 17
⑤ 내부접근형은 선진국의 경우, 특수 이익집단이 비밀리에 정부의 혜택을 보려는 외교·국방정책 등에서 주로 나타난다. 기출 21

제3절 정책과정의 참여자와 참여자 간 관계

I 정책과정의 참여자

① 정책과정의 참여자는 공식적 절차와 기구, 합법적 권위의 존재 여부에 따라 공식적 참여자와 비공식적 참여자로 구분된다.
② 공식적 참여자에는 입법부, 대통령과 행정수반, 국무총리, 부처장관, 행정부처, 사법부, 지방정부가 포함되고, 비공식적 참여자에는 정당, 이익집단, NGO(비정부기구), 시민, 시민단체, 전문가집단, 언론 등이 포함된다. 기출 22·13
③ 공식적 참여자와 비공식적 참여자의 예

공식적 참여자	비공식적 참여자
• 입법부(의회), 국회의원 • 대통령, 국무총리, 부처장관, 대통령비서실 • 행정부처 • 사법부(법원), 헌법재판소 • 지방정부	• 정당 • 이익집단 • 전문가집단 • 시민, 시민단체 • 언론, 대중매체 • 비정부기구(NGO)

II 정책참여자 간 관계

1. **다원주의(Pluralism)**

(1) 개 설
① 다원주의란 다양한 이익집단의 활동에 의하여 정책문제가 제기되며, 국가는 사회 내 이익집단 사이의 힘의 균형을 반영하는 풍향계나 중립적인 심판관에 불과하다는 이론으로 미국사회를 그 배경으로 한다. 다원주의에서 각종 이익집단은 영향력은 서로 다르지만, 정책과정에 동등한 정도의 접근기회를 갖는 것이 특징이다.
② 다원주의는 모든 사회문제는 거의 무작위적으로 정치체제로 투입된다는 이론이다. 다원주의는 정부정책을 다양한 행위자들 간의 협상과 경쟁의 결과로 본다.
③ 달(R. Dahl)은 권력이 분산되어 있는 다원주의사회를 전제로 의사결정과정을 설명함으로써 정책이 소수 특정계층에 의해 주도될 수 없다는 다원론을 주장하였다.

(2) 다원주의(다원론)의 특징

다원주의는 기본적으로 '집단과정이론'과 '다원적 권력이론'으로 크게 구분되는데, 이들 이론에 공통된 다원주의의 주요 특징을 살펴보면 다음과 같다.

① 다원주의에서는 다양한 집단들의 선호를 반영하여 정책이 결정된다. 다원주의는 소수의 개인이나 집단이 아니라 다수의 집단이 정책결정의 장을 주도하고 이들이 정치적 조정과 타협을 거쳐 도달한 합의가 정책이 된다고 본다. 따라서 정책의제 설정은 대부분 외부주도형에 따라 이루어진다.

② 다원주의에서는 지배계층이나 관료의 역할보다는 이익집단 등 외부집단의 역할이 중요시된다. 이익집단들 간에 상호 경쟁적이지만 기본적으로는 게임의 규칙을 준수해야 하는 데 합의를 하고 있다고 본다. 다원주의에서는 이익집단들 간의 경쟁은 정치체제의 유지에 순기능적이라고 본다.

③ 다원주의에서는 권력의 원천이 특정 세력에 집중되어 있는 것이 아니고 각기 분산된 불공평성을 띤다. 다양한 이익집단은 정부의 정책과정에 동등한 접근기회를 가지고 있으며, 이익집단들 간의 영향력에 차이가 있음을 인정한다. 즉, 다원주의는 이익집단 간의 영향력 차이를 인정하지만 전반적으로 균형이 유지되고 있다는 입장이다.

④ 정부는 조정자 역할에 머물거나 게임의 법칙을 진행하는 심판자(중립적인 제3자) 역할을 할 것으로 기대한다. 기출 24

⑤ 미국 등 다원주의 사회에서는 행정부보다 사법부가 정책결정과정에서 담당하는 역할(심판자 역할)이 강한 편이다.

(3) 다원주의의의 변천과 유형

1) 이익집단론

① 초기의 다원론인 이익집단론(Bently & Truman)에 따르면, 정치과정의 핵심은 이익집단활동이며, 정책과정에서 관료들의 소극적인 역할을 상정하고 있다.

② 이익집단론은 정치체제가 잠재이익집단과 중복회원 때문에 특수이익에 치우치지 않는다고 주장한다.
　㉠ 잠재이익집단론 : 침묵적 다수의 이익도 반영될 것임
　㉡ 중복회원이론 : 여러 집단에 중복 소속됨

2) 이익집단론에 대한 반론

① 이익집단자유주의 : 활동적 소수(active minority)의 폐단을 지적하였다.
② 공공이익집단론 : 공공이익집단론은 공익을 주장하는 집단의 이익이 우선시된다는 것을 핵심개념으로 하며, 이는 고전적 다원주의인 이익집단론에 대한 반론이다.

3) 달(R. Dahl)의 다원론

① 다원론을 전개한 달(R. Dahl)은 New Haven시를 대상으로 한 연구에서, 엘리트들의 존재는 인정하지만 정책결정을 담당하는 엘리트가 분야별로 다른 형태를 보이고, 선거(정치적 경쟁)라는 장치가 존재하므로 엘리트가 일반대중을 지배하지는 못한다고 가정한다.

② 달(R. Dahl)은 다원론 관점에서 미국은 민주주의 국가이기 때문에 특정한 어느 개인이나 집단도 주도권을 행사하기 어렵다고 주장하였다.

4) 신다원주의
① 신다원주의(신다원론)는 집단 간 경쟁의 중요성은 여전히 인정하면서(다원주의와 동일), 집단 간 대체적 동등성의 개념을 수정하여 특정 집단이 다른 집단보다 더욱 강력할 수 있다는 점을 인정하였다.
② 신다원주의는 정부가 좀 더 전문적이고 능동적인 주체로서 이익집단에 영향을 주기 때문에 특권을 부여받은 우월적 이익집단(정경유착 등 특권적 이익집단)도 존재할 수 있음을 인정한다(접근기회의 동등성 수정).
③ 신다원주의는 자본주의 국가에서는 기업가 집단의 특권적 지위가 현실의 정책과정에서 나타난다고 본다. 이를 방지하기 위하여 선거 등 외적 요인보다는 정부 내부기구의 분화(분권화)를 통한 민주주의 확립을 강조하였다.

2. 엘리트이론

(1) 고전적 엘리트이론
① 고전적 엘리트이론은 대중에게 영향력을 행사할 수 있는 위치에 있는 소수의 리더(엘리트)들에 의해서 정책결정이 지배된다고 본다(Mosca, Michells).
② 고전적 엘리트이론에서 엘리트들은 다른 계층에 대해 책임을 지지 않는다. 고전적 엘리트이론에서 엘리트들은 폐쇄적이고 동질적이며 다른 계층에 대해서 책임을 지지 않는 집단으로서의 성격을 갖는다. 엘리트들은 사회의 다원화된 이익을 대변하는 것이 아니라 자신들의 이익을 추구한다. 기출 24
③ 엘리트주의에서는 관료의 적극적 역할보다는 지배계층의 역할에 주목한다.
④ 엘리트론자들은 사회의 지배 엘리트가 허용하는 문제만 정책의제로 형성된다고 본다.
⑤ 엘리트론자들은 공익의 실체설의 관점에서는 공동체의 이익이 실현될 수 있는 정책을 가장 이상적인 정책으로 본다.

(2) 현대의 엘리트이론
① 현대의 엘리트이론은 국가는 소수의 지배자와 다수의 피지배자로 구분된다고 전제한다.
② 신엘리트이론: 지위나 명성이 아닌 은밀한 권력(권력의 두 얼굴)에 의한 의도적 무결정 현상을 설명한다. 다원주의는 권력의 밝은 얼굴만 보고 있다고 비판하였다.

(3) 엘리트이론의 변천과 유형

1) 유럽의 엘리트이론
① 미헬스(Michells)의 과두제의 철칙: 소수 엘리트가 다수 일반대중을 지배하는 현상은 철칙

> **□ 과두제의 철칙** 기출 15
> 과두제의 철칙(iron law of oligarchy)이란 아무리 민주적인 조직이라도 조직운영의 전략적, 기술적 필요상 소수의 엘리트에 의한 과두 지배가 필연적인 철칙으로 나타난다는 주장으로, 엘리트 이론 중 하나이다. '과두제'란 소수의 지도자들에 의한 지배체제를 말하고, '철칙'이란 조직을 지배하고 있는 현 지위를 유지하기 위해서는 수단 방법을 가리지 않는다는 뜻이다.

② 2080의 법칙(pareto의 법칙): 소수의 20%가 다수의 80%를 리드한다.
③ 계급이나 능력 중심의 엘리트이론이다.

2) 미국의 엘리트이론
① 밀즈(Mills)의 지위접근법 : 사회적인 지위가 높은 소수의 지배계층(엘리트)이 의제 설정을 주도한다는 지위접근법을 사용하여 미국 엘리트들의 행태를 분석하였다(전국적 차원).
② 헌터(Hunter)의 명성접근법 : 권력은 사회적 명성에서 나온다는 명성접근법을 사용하여 엘리트들을 분석한다(지역적 차원). 지역사회의 권력구조를 실증적으로 연구한 것으로, 사회적 명성이 있는 소수의 엘리트(주로 기업 엘리트)들이 결정한 정책을 정치에 무관심한 일반대중이 비판 없이 수용한다고 설명한다(「지역권력구조(1963)」).
③ 계급이나 능력이 아닌 지위나 명성 중심의 엘리트이론이다.

(4) 무의사결정론(신엘리트이론)

1) 의 의
① 바흐라흐와 바라츠(P. Bachrach & M. Baratz)는 「권력의 두 얼굴(two faces of power), 1963」에서, 권력은 '정책을 결정하는 권력(의사결정권력)'과 '정책의제가 채택되지 않도록 하는 권력(무의사결정권력)'의 두 가지 차원으로 행사됨을 설명하면서 R. Dahl의 다원론(다원주의)은 무의사결정권력(권력의 어두운 측면이 갖는 영향력)에 대해서는 관심을 가지지 않았음을 비판하였는데(다원론은 권력의 두 얼굴 중 밝은 측면만 보았다고 비판함), 이를 신엘리트이론이라 한다.
② 무의사결정은 '의사결정자(엘리트)의 가치나 이익'에 대한 잠재적이거나 현재적인 도전을 억압하거나 방해하는 결과를 초래하는 결정을 의미한다. 기출 24·23
③ 무의사결정론은 권력을 가진 집단은 자신들에게 불리하거나 바람직하지 않다고 생각되는 특정 이슈들이 정부 내에서 논의되지 못하도록 봉쇄한다고 설명한다. 따라서 실제 정책과정은 기득권의 이익을 수호하려는 보수적인 성격을 나타낼 가능성이 높다.

2) 무의사결정을 추진하기 위한 수단
무의사결정을 추진하기 위한 수단으로는 ㉠ 폭력과 같은 강제력을 이용하는 방법, ㉡ 변화 주도자에 대해 부여된 혜택을 박탈하거나 새로운 이익으로 매수하는 방법(적응적 흡수), ㉢ 기존의 규칙이나 제도적 과정을 이용하여, 새로운 주장을 비애국적·비윤리적 또는 지배적 정치이념에 위배되는 것으로 낙인찍는 방법(지배적인 가치·신념·편견의 동원), ㉣ 가장 강도가 약한 간접적인 방법으로 기존 정치체제 내의 지배적인 규범·절차를 수정·보완하는 방법(편견의 수정) 등이 있다. 기출 23

3) 특 징
① 무의사결정론은 고전적 다원론을 비판하면서 등장한 신엘리트이론에 해당한다. 기출 23
② 초기 논의의 초점은 '정책의제 설정' 과정에서의 현상(정책문제화의 봉쇄)을 의미하였으나, 이후 '정책결정'과 '집행과정'까지 확대되었다. 넓은 의미의 무의사결정은 '정책의 전 과정'에서 일어난다. 기출 23
③ 신엘리트이론은 엘리트가 정책문제의 정의와 의제설정과정에서 은밀한 영향력을 행사하기 때문에 실증적 분석방법론의 활용이 어렵다고 주장하였다.

> ▫ **마르크스주의**
> • 현대국가를 모든 자본가 계층의 공통된 이해관계를 대변하기 위한 위원회와 같다고 본다. 기출 24
> • 마르크르주의에 의하면, 사회는 지배계급과 피지배계급으로 나뉘는데 경제적 부를 소유한 지배계급(자본가 계층)이 정치 엘리트로 변하게 되므로 결국 정부 또는 정책의 기능은 지배계급(자본가 계층)을 위한 봉사수단이 된다고 본다.

3. 조합주의(corporatism)

(1) 의 의
① 조합주의는 정책결정에서 정부의 적극적인 역할을 인정하고, 이익집단과의 상호협력을 중시하는 이론이다. 정부는 중립적 심판관을 넘어 국가이익이나 사회의 공동선을 달성하기 위해 주도적인 역할을 담당한다고 본다.
② 조합주의는 국가와 이익집단 간 합의 또는 동맹관계를 토대로 정책과정에서 국가의 역할이 적극적·능동적이라고 본다. 조합주의는 관료의 적극적 역할을 옹호한다.

(2) 특 징
① 조합주의는 국가의 독자성, 지도적·개입적 역할을 강조한다.
② 조합주의는 다원주의와 달리 이익집단 간 비경쟁성과 계층성을 특징으로 한다. 이익집단은 단일적·위계적인 이익대표체계를 형성한다.
③ 조합주의는 기업가단체(자본), 노동자단체(노동), 정부대표의 삼자연합이 주요경제정책을 결정하지만, '공식 제도권 내 집단 간 합의(상호협력)'를 존중하므로 이익집단의 자율성이 제약된다.
④ 조합주의에서의 이익집단은 구성원의 이익증진과 함께 사회적 책임도 중시한다. 이익집단은 상호 경쟁보다는 국가에 협조함으로써 자신의 요구를 정책과정에 투입한다.
⑤ 우리나라의 경제사회노동위원회(구 노사정위원회)는 조합주의에 따른 정책조정방식이다.
⑥ 다원주의, 마르크스주의, 엘리트주의는 사회중심 접근법에 해당하고, 국가주의와 조합주의는 국가중심의 접근법에 해당한다.

(3) 국가조합주의와 사회조합주의
① **국가조합주의** : 국가조합주의는 국가가 민간부문의 집단들에 대하여 강력한 주도권을 행사한다고 보는 모형이다. 국가조합주의는 일반적이고 전형적인 조합주의로 제3세계 및 후진자본주의에서 국가가 일방적으로(위로부터) 주도하는 이익대표체제를 말한다. 국가조합주의는 주로 개발도상국가에서 경제개발과정에서의 이익집단에 대한 통제를 설명하기 위한 이론으로 활용되었다. 이탈리아의 파시스트 조합주의가 대표적이다.
② **사회조합주의** : 사회조합주의는 사회경제체제의 변화에 순응하려는 이익집단의 자발적(아래로부터) 시도로부터 생성되었다. 북유럽 선진자본주의(예 스웨덴, 덴마크, 영국 등)의 의회민주주의 하에서 나타났다.

Ⅲ 정책네트워크모형

1. 정책네트워크

(1) 의 의

① 정책네트워크(policy network) 모형은 다원론과 엘리트이론, 조합주의에 대한 대안으로 등장한 것으로 정책을 다양한 공식, 비공식 참여자들 간의 참여와 상호작용의 산물로 보고, 이러한 정책과정을 포괄적이고 체계적으로 설명하기 위한 모형이다.
② 정책네트워크이론은 기존의 사회중심이론(다원주의)이나 국가중심이론(조합주의)은 한계가 있다는 인식이 대두되고, 국가와 사회의 이분법적 논리에서 나타나는 이론적 한계와 현실설명력의 한계가 나타나면서 다원주의 또는 조합주의라는 이분법적 논리를 버리고 두 이론의 장단점을 보완·연계시키는 접근법으로서 등장하였다.
③ 사회학이나 문화인류학의 연구에서 이용되어 왔던 네트워크 분석을 다양한 참여자들의 행위들로 특징지어지는 정책과정의 연구에 적용한 것이다.

(2) 특 징

① 정책네트워크이론(모형)의 대두배경은 정책결정의 부분화와 전문화 추세를 반영한다.
② 정책네트워크 모형은 참여자와 비참여자를 구분하는 경계가 있다.
③ 정책네트워크의 참여자는 정부뿐만 아니라 민간부문까지 포함한다.
④ 정책네트워크(policy network) 모형은 정치적 지지, 예산, 인력, 전문성 등을 의미하는 자원에 대한 의존성을 토대로 한 참여자들 간의 교환관계를 중시한다. 기출 18
⑤ 정책네트워크는 정책형성뿐만 아니라 정책집행까지 설명하는 유용한 도구이다.
⑥ 정책네트워크는 현상에 대한 기술과 설명은 뛰어나지만, 인과관계를 밝히는 데에는 약하다는 비판을 받는다.
⑦ 정책네트워크 유형에는 하위정부(철의 삼각), 이슈공동체, 정책공동체 등이 있다.

2. 정책네트워크의 유형

(1) 철의 삼각 모형(하위정부 모형)

1) 의 의

① 철의 삼각(Iron Triangle) 또는 하위정부(subgovernment) 모형은 비공식 참여자로 분류되는 이익집단과 공식적 참여자인 행정기관(관련 행정부처, 관료조직)과 의회의 소관 위원회(의회 상임위원회, 선출직 의원) 간의 3자 연합이 각 정책영역별로 정책의 결정과 집행에 주도적인 영향을 미친다고 이해한다. 기출 15
② 철의 삼각(Iron Triangle)은 하위정부와 같은 뜻으로 의회 상임위원회, 행정부처(해당 관료 조직)와 이익집단간의 관계가 통합성이 지극히 높으며, 일종의 동맹관계를 형성하고 있다고 하여 사용되는 개념이다. 하위정부론(철의 삼각)은 이익집단, 의회의 해당 상임위원회, 해당 관료 조직으로 구성된 실질적 정책결정권을 공유하는 네트워크가 존재한다고 주장한다.

2) 특 징
① 철의 삼각 모형(하위정부 모형)에서는 행위자들이 이해관계를 공유하며 자신들의 이익을 정책에 반영하는 호혜적 동맹관계를 맺는다.
② 철의 삼각 모형에서는 폐쇄적 관계를 강조하고 다른 이익집단의 참여를 배제한다.
③ 철의 삼각 모형에서는 정책결정이 참여자들 사이의 협상과 합의에 의해 이루어진다고 본다. 다만, 관료는 특수 이익집단의 이익에 종속되는 경향이 있다.
④ 철의 삼각 모형에서는 소수의 엘리트 행위자들이 특정 정책영역에서 정책결정을 지배하고 있다는 점을 강조한다. 기출 18
⑤ 철의 삼각은 모든 정책분야에 걸쳐서 가능한 것이 아니라 행정수반(대통령)의 관심이 약하거나 영향력이 적은 '분배정책' 분야에서 형성된다. 즉 공적재원으로 추진되는 분배정책에서 주로 나타나며, 그 수단은 로그롤링(log-rolling, 밀어주기)이나 포크배럴(pork-barrel, 나눠먹기) 등이다.
⑥ 철의 삼각 모형은 공식적·비공식적 참여자들 간의 상호작용과 영향력을 동태적으로 묘사하고 있다.

(2) 이슈네트워크(issue network, 이슈공동체)

1) 의 의
① 1970년대 후반 헤클로(Heclo)는 철의 삼각 모형은 이익집단이 늘어나고 다원화됨에 따라 적용의 한계가 있다고 지적하면서 이슈네트워크 모형을 주장하였다.
② 이슈네트워크는 정부부처의 관료, 의원, 기업가, 로비스트, 학자, 언론인 등을 포함하는 특정영역에 이해관계나 관심 있는 사람들은 누구나 참여할 수 있는 의사소통 네트워크로서, 참여 범위가 개방적이고 유동적이다.

2) 특 징
① 이슈네트워크는 철의 삼각 모형의 경험적 타당성에 대하여 의문을 제기하며 참여자의 범위를 대폭 확대시킨 모형이다.
② 단순하고 분명하게 정의된 하위정부의 경계와는 달리 이슈네트워크는 특정영역에 이해관계나 관심 있는 사람들은 누구나 참여할 수 있어 그 경계가 모호하다. 기출 18
③ 이슈네트워크는 정책공동체와 비교할 때 네트워크의 경계가 불분명하여 참여자들의 진입과 퇴장이 비교적 자유로운 편이다.
④ 이슈네트워크에서는 참여자 중 일부만 교환할 자원을 가지고 있어 참여자들 사이의 권력배분이 불평등하다. 기출 18
⑤ 이슈네트워크는 구성원(참여자)들 간 인식에 대한 공유나 책임감이 없고 제로섬(zero sum) 게임이 나타나므로 경쟁적·갈등적이며 매우 유동적·일시적인 불안정한 관계망이다.

(3) 정책공동체(policy community)

1) 의 의
① 정책공동체(policy community)는 특정 정책문제에 대한 전문성을 가진 사람들(행정관료, 정치인 이익집단, 연구기관의 전문가 등에 한정)이 상호 이해를 공유하고 나아가 생산적이고 협력적인 파트너 관계를 유도하는 장으로서의 공동체를 말한다. 정책공동체 참여자의 범위는 '하위정부 모형'보다는 넓고, 이슈네트워크보다는 제한적이다. 기출 18
② 정책공동체 모형은 국가나 관료가 정책과정에서 주도적인 역할을 담당하는 행위자로 간주되며, 이슈네트워크와 비교할 때 구성원 간의 관계가 의존적·협력적이며 비교적 지속적이고 안정적인 관계망이다.
③ 정책공동체는 미국에서의 정당과 의회중심의 정책과정 설명이 한계에 부딪히면서 영국에서 등장한 모형이다. 미국에서의 정책네트워크가 하위정부 모형, 이슈네트워크 중심이었다면, 영국에서의 논의는 정책공동체 중심이었다.

2) 특 징
① 정책공동체의 주요 구성원에는 하위정부 모형의 참여자 외에 전문가집단이 포함된다.
② 정책공동체는 모든 참여자가 교환할 자원을 가지고 참여한다.
③ 정책공동체는 참여자들이 기본가치를 공유하며 그들 간의 접촉빈도가 높다.
④ 정책공동체는 정책결정을 둘러싼 권력게임은 공동의 이익을 추구하는 정합게임(positive-sum game)의 성격을 띤다.
⑤ 정책공동체에서는 공동체의 구성원들이 정책문제의 해결방안을 둘러싸고 갈등을 일으킬 수도 있다고 본다. 즉 이해관계로 인한 갈등은 없지만, 해결방안을 둘러싼 갈등은 있을 수도 있다.

3) 정책공동체와 이슈네트워크의 비교
① 네트워크 내 자원배분과 관련하여 정책공동체는 근본적인 관계가 교환관계이고 모든 참여자가 자원을 보유하고 있으나, 이슈네트워크는 근본적인 관계가 제한적 합의이고 어떤 참여자는 자원 보유가 한정적이다.
② 참여자 수와 관련하여 정책공동체는 극히 제한적이며 의식적으로 일부 집단의 참여를 배제하기도 하나(행정관료, 정치인 이익집단, 연구기관의 전문가 등에 한정), 이슈네트워크는 개방적이며 다양한 행위자들이 참여한다.
③ 이익의 종류와 관련하여 정책공동체는 경제적 또는 전문직업적 이익이 지배적이나, 이슈네트워크는 관련된 모든 이익이 망라된다.
④ 합의와 관련하여 정책공동체는 모든 참여자가 기본적인 가치관을 공유하며 성과의 정통성을 수용하므로 갈등이 적지만, 이슈네트워크는 어느 정도의 합의는 있으나 항상 갈등이 있다.

[이슈네트워크와 정책공동체의 비교]

구 분	이슈네트워크	정책공동체
배 경	미국식 다원주의	유럽식 사회조합주의
참여자의 범위	• 광범위한 다수의 참여 • 개방적·모호한 경계	• 제한된 전문성을 가진 사람들 참여 • 생산적이고 협력적인 파트너 관계
교환 관계	일부 참여자만 자원을 소유	참여자 간 동등한 자원을 소유
합 의	어느 정도 합의가 있으나 항상 갈등 존재	모든 참여자가 기본가치를 공유하고 결과의 정통성 수용(갈등이 적음)
권력 관계	권력 불평등	권력의 균형
연계작용	경쟁적, 갈등적	의존적, 협력적, 신뢰
이익의 종류	관련된 모든 이익	경제적·전문직업적 이익
접촉빈도	유동적	높음
예측가능성	정책산출 예측(문제해결) 곤란	의도한 정책산출 예측(문제해결) 가능
권력게임	영합게임 (zero-sum game, negative-sum game)	정합게임 (positive-sum game)

제4절 정책분석과 미래예측

I 정책문제의 속성

① 정부의 정책문제는 해결해야 할 문제를 어떤 관점에서 보는가에 따라 정책목표의 구체적인 내용과 정책수단도 달라진다.
② 정책문제는 공공성이 강하다. 정책문제는 공적 문제이며, 정책문제의 해결은 공익을 목적으로 한다는 점에서 공공성이 강하다. 기출 13
③ 정책문제는 주관적이며, 정치적 성격이 강하다. 기출 13 정책문제는 정책문제를 정의하는 집단이나 사람의 이해관계, 가치관, 능력, 심리상태 등에 따라 인위적으로 영향을 받는 주관적 성격을 가지고 있으며, 정책결정은 정부가 결정의 주도적 역할을 한다는 점에서 개인이나 기업 차원의 결정과 다르게 정치적이고 권력적인 특성을 가진다.
④ 정책문제는 복잡·다양하고 상호의존적이며, 동태적인 성격을 가지고 있다. 기출 13 정책문제는 복잡하고 다양하며, 하나의 정책문제는 체제 내의 다른 문제들로부터 영향을 주고받는 상호작용 속에서 그 성격과 해결책이 변화하게 된다는 점에서 동태적 성격, 상호의존적 성격을 가지고 있다.
⑤ 현재의 정책문제는 오랜 기간 동안 형성된 것으로 눈에 보이는 현실만 고려해서는 그 원인을 제대로 밝혀낼 수 없는 역사성을 띠고 있다. 따라서 정책문제는 역사적 산물인 경우가 많다(예 친일청산문제). 기출 13

II 정책목표

1. 정책목표의 기능
① 미래의 바람직한 상태를 밝혀 조직활동의 방향 제시
② 조직이 존재하는 정당성의 근거
③ 구성원의 응집성·일체감 확보로 구성원들의 동기 부여 및 통합·조정 촉진
④ 조직의 구조와 과정을 설계하는 준거를 제공하고 성과를 평가하는 기준

2. 정책목표의 변동
① **목표의 대치 또는 전환** : 목표의 대치는 원래 설정한 1차적 목표(종국적 가치)를 고려하지 않고, 2차적 목표(수단적 가치)에 집착하는 것을 말한다. 미헬스(R. Michels)의 과두제 철칙(iron law of oligarchy)은 목표의 대치 현상을 설명한 것이다. 기출 20
② **목표의 승계** : 목표가 달성되었거나 목표달성이 불가능한 경우 본래의 목표를 새로운 목표로 교체하는 것이다. 기출 20
③ **목표의 추가(목표의 다원화)** : 동종목표의 수 또는 이종목표가 늘어나는 것. 목표의 추가는 조직목표 달성이 어려울 때 기존 목표에 새로운 목표를 추가하는 것이다(예 대학교가 교육목표 외에 사회봉사목표를 추가하는 것). 기출 20
④ **목표의 확대** : 목표달성이 낙관적일 때 목표의 수준을 더 높이거나 범위를 확장하는 것이다(예 월드컵에서 16강 진출을 목표로 했으나 8강 진출로 바꾼 것).
⑤ **목표의 축소** : 동종 또는 이종 목표의 수나 범위가 줄어드는 것이다. 기출 20

III 정책분석과 관리과학

1. 정책분석

(1) 의 의

정책분석(PA ; Policy Analysis)이란 의사결정자의 판단의 질을 높여주기 위한 각종 대안에 대한 일련의 비교·평가활동으로 정책정보를 창출·제시해주는 지적·인지적 활동을 말한다.

(2) 정책분석의 특징
① 정책분석은 정책이 내포하는 목적가치를 중요시 한다. 기출 24
② 정책분석은 자원과 비용의 사회적 배분을 고려한다. 기출 24
③ 정책분석은 계량분석·비용편익분석 외에 질적 분석을 중요시 한다. 기출 24
④ 정책분석은 정치적·비합리적 요인을 고려한다. 기출 24
⑤ 정책분석은 정치학·행정학·심리학·정책과학을 활용한다.

2. 관리과학

(1) 의 의
① 관리과학이란 문제해결이나 의사결정에 최적 대안을 탐색하는데 활용되는 관리결정의 과학적·계량적 분석기법을 말한다.
② 계량적·수리적으로 문제해결의 최적방안을 밝히려는 기법으로 주로 컴퓨터를 활용하는 관리결정의 계량적 분석기법이다. 군대에서 활용되던 OR(Orperation Reseach)이 민간부문에 적용된 것이다.

(2) 특 징
① 계량적 분석·비용편익분석에 입각하여 처방을 제시한다. 기출 24
② 합리모형에 입각하여 이상적·합리적인 최적대안을 추구한다.
③ 심리적·사회적 측면보다는 경제적·기술적 측면을 강조한다.
④ 가치·목표문제와 정치적 요인을 고려하지 않는다.

Ⅳ 정책대안의 미래 예측기법

1. 전통적 델파이와 정책델파이

(1) (전통적) 델파이 분석기법

1) 의 의
① 직관적 미래예측기법인 델파이 분석(delphi technique)은 그리스 현인들이 미래를 예견하던 아폴로 신전이 위치한 도시의 이름을 따서 붙여졌다. 1948년 미국 랜드(RAND) 연구소의 연구진에 의해 개발되어 공공부문이나 민간부문의 예측 활동에서 활용된다.
② 델파이 분석기법은 전문가들을 대상으로 설문을 반복하여 특정 주제에 대한 합의를 도출하는 접근 방식이다. 전문가집단의 의사소통은 구조화된 설문지를 통해 반복적으로 이루어진다.
③ 델파이기법은 상호 토론 없이 독자적으로 형성된 전문가들의 판단을 종합·정리하는 방법이다. 델파이기법은 문제해결의 아이디어를 제공하는 사람들 간에 서로 대면접촉을 하지 않는다. 전문가집단은 익명성이 보장된 상태에서 답변하며 자신의 답변을 수정할 수 있다.

2) 특 징
① 델파이기법은 단기적인 미래 예측보다는 중장기적인 문제에 대한 예측기법으로 통계분석을 활용하는 객관적 예측기법이 아니라, 전문가들의 주관적인 판단을 토대로 하는 주관적 예측기법이다.
② 철저한 격리성과 익명성의 보장 : 익명성을 유지하면서 각각 독자적으로 형성한 판단을 종합·정리한다.
③ 델파이기법은 대면토론을 하지 않기 때문에 구성원 간의 성격마찰, 감정대립, 지배적 성향을 가진 사람의 독주, 다수의견의 횡포 등을 피할 수 있다.
④ 델파이기법은 획일적인 집단사고(group think)를 방지할 수 있다.
⑤ 델파이기법은 전문가들의 의견을 종합하여 보다 합리적인 아이디어를 만들려는 시도이며, 정책대안의 결과 예측뿐 아니라 정책대안의 개발·창출에도 사용된다.

(2) 정책델파이(policy delphi)

1) 의 의
① 정책델파이는 전통적 델파이의 한계를 극복하여 정책문제의 복잡성에 맞는 새로운 절차를 만들어 내려는 시도로서 창안된 주관적 미래예측기법을 말한다.
② 정책델파이는 참가자들을 '전문성' 자체보다는 이해관계와 식견에 바탕(식견 있는 다수의 참여)을 두고, 선택적 익명성(초기단계에서만 익명성 요구), 의견 차이를 부각시키는 양극화된 통계처리, 구조화된 갈등(유도된 의견대립) 활용 등을 그 특징으로 한다. 기출 21

2) 특 징
① 참가자를 선발하는 과정은 '전문성' 자체보다는 이해관계와 식견이라는 기준에 바탕을 둔다.
② 정책델파이는 다양한 이해관계자나 창도자(주창자)가 참여하므로 전통적 델파이와 달리 개인의 이해관계가 가치판단이 개입될 수 있다.
③ 정책델파이는 어느 정도 결론이 표면화되고 나면, 컴퓨터상의 회의·대화나 대면 토론이 허용되는 '선택적 익명성'을 특징으로 한다(초기단계에서만 익명성 요구).
④ 전통적 델파이와 달리 마지막 단계에서는 대면 접촉하는 모임을 통해 토론과 의견의 조율을 꾀한다.
⑤ 개인의 판단을 집약할 때, 불일치와 갈등을 의도적으로 강조하는 수치를 사용한다.
⑥ 정책델파이는 다양한 전문가와 이해관계자들을 참여시켜 그들 간 의견 차이를 확인하는 예측기법이므로 의견일치나 합의의 유도를 추구하지 않는다.

[전통적 델파이와 정책델파이의 차이점]

구 분	전통적 델파이	정책델파이
적 용	일반문제에 대한 예측	정책문제에 대한 예측
응답자	동일 영역의 일반전문가	전문가 이외의 이해관계자 등 식견 있는 다수의 참여
익명성	완전한 익명성	선택적 익명성(초기단계에서만 익명성 요구)
통계처리	일반적인 통계처리 (의견의 대푯값·평균치 or 중위수 중시)	의견 차이를 부각시키는 양극화된 통계처리
합 의	합의도출(의견 일치를 유도)	구조화된 갈등(유도된 의견대립)
토 론	토론 없음	컴퓨터를 통한 회의 or 대면토론

2. 브레인스토밍(brain storming, 집단토의)

(1) 의 의
① 브레인스토밍은 형식이 정해지지 않은 집단토론 상황에서 구성원들이 아이디어와 대안들을 자유롭게 토론하는 방법이다.
② 아이디어 개발단계에서의 브레인스토밍 활동의 분위기는 개방적이고 자유롭게 유지되어야 한다. 누구나 자유롭게 발언할 수 있으며, 다른 아이디어에 편승한 창안을 적극 유도하는 회의방식이다.

(2) 특 징
① 정책문제의 구조화 방법의 일종인 브레인스토밍은 광범위하거나 복잡한 문제보다는 주제(테마)가 한정된 경우에 적합한 회의방식이다.
② 정책대안을 검토하는 과정에서 토론의 질보다는 양을 중시하는 회의방식이다.
③ 아이디어의 산출(개발)과 평가의 두 단계로 구분하여 진행되며, 첫 단계인 아이디어 산출에서는 비판이나 반론이 금지된다.
④ 아이디어 평가는 첫 단계에서 모든 아이디어가 총망라된 다음에 시작되어야 한다.
⑤ 피력된 의견이나 판단에 대해서 비판보다는 창조적인 대안 제시에 집중한다.

3. 교차영향분석(cross-impact analysis)
① 교차영향분석은 전통적 델파이기법을 보완하기 위하여 고안된 것으로 관련된 사건의 발생 여부에 기초하여 미래 특정사건의 발생 가능성에 대한 식견 있는 판단을 이끌어내는 주관적·질적 분석기법으로서, 어떠한 사건에 영향을 미치는 선행사건을 규명함으로써 현재의 상황을 기반으로 미래를 예측하는 기법을 말한다.
② 교차영향분석은 사건 간의 상호관련성 식별에 도움을 주는 기법으로 연관 사건의 발생유무에 기초하여 미래의 어떤 사건이 일어날 확률에 대하여 식견 있는 판단을 이끌어내는 직관적인 기법이다.
③ 교차영향분석은 한 사건의 발생 확률이 다른 사건에 종속적이라는 전제 하에 조건 확률을 이용한다.

4. 모의실험(시뮬레이션)
모의실험(시뮬레이션)은 실제의 사회현상과 유사한 가상적인 모형을 만들어 놓고 그 모형에 조작을 가하여 얻은 실험 결과를 통해 실제 현상의 특성을 규명하고 미래를 예측하는 기법을 말한다. 기출 23

[정책대안의 주요 미래예측 기법]

전통적 델파이기법	관련 분야의 전문지식을 가진 전문가들에게 토론 없이 서면으로 자문을 의뢰(완전한 익명성)하고 이를 반복·종합하여 예측결과를 도출하는 기법으로서, 전문가의 직관에 의존하는 주관적·질적 미래예측기법
정책델파이기법	• 전통적 델파이의 한계를 극복하여 정책문제의 복잡성에 맞는 새로운 절차를 만들어 내려는 시도로서 창안된 주관적 미래예측기법 • 참가자들을 '전문성' 자체보다는 이해관계와 식견에 바탕을 둠. 선택적 익명성(초기단계에서만 익명성 요구), 의견 차이를 부각시키는 양극화된 통계처리, 구조화된 갈등(유도된 의견대립) 활용 등을 그 특징으로 한다.
브레인스토밍 (집단토의)	오스본(A. F. Osborn)에 의하여 창안된 집단토의 기법으로서, 직접적·대면적 접촉을 유지하되, 즉흥적이고 자유로운 분위기에서 조직구성원 및 전문가의 창의적 의견이나 기발한 아이디어를 집단적 토의를 통하여 창안하는 주관적·질적 분석기법
교차영향분석	관련된 사건의 발생 여부에 기초하여 미래 특정사건의 발생 가능성에 대한 식견 있는 판단을 이끌어내는 주관적·질적 분석기법. 어떠한 사건에 영향을 미치는 선행사건을 규명함으로써 현재의 상황을 기반으로 미래를 예측하는 기법
시뮬레이션 (모의실험)	실제의 사회현상과 유사한 가상적인 모형을 만들어 놓고 그 모형에 조작을 가하여 얻은 실험 결과를 통해 실제 현상의 특성을 규명하고 미래를 예측하는 기법

Ⅴ 비용편익분석(CBA)과 비용효과분석(CEA)

1. 비용편익분석(cost-benefit analysis)

(1) 의 의
① 비용편익분석(CBA)은 공공경제를 미시경제학적 관점으로 접근한 것으로 미시경제학이론을 응용한 실무적 분석이다.
② 비용편익분석은 공공사업의 경제적 타당성을 알아보기 위하여 대안별로 비용과 편익을 비교·평가하는 정책분석기법이다.

(2) 특 징
① 비용과 편익을 모두 동일한 척도(화폐적 가치)로 측정한다. 정책대안이 가져오는 모든 비용과 편익을 측정하려고 하며, 화폐적 비용이나 편익으로 쉽게 측정할 수 없는 무형적인 것도 포함된다. 기출 23
② 비용편익분석은 비용과 편익을 모두 금전적(화폐적) 가치로 환산하여 비교·평가하므로 분야가 다른 이질적인 정책이나 프로그램도 비교할 수 있다.
③ 비용은 기회비용, 편익은 소비자잉여의 개념을 활용한다.
  ㉠ 기회비용 : 하나의 재화를 선택했을 때 그로 인해 포기한 다른 재화의 가치 중 가장 큰 가치를 말한다.
  ㉡ 소비자 잉여 : 소비자 잉여는 소비자가 지불해도 좋다고 생각하는 금액과 실제 지불한 가격의 차이가 가져다주는 효용의 크기이다.
④ 비용편익분석은 바람직한 대안을 선택하는 것뿐 아니라 단일 정책의 비용과 편익의 비교에도 이용된다.
⑤ 비용편익분석은 경제적 합리성에 기반한 객관적이고 과학적인 의사결정을 가능하게 한다.

(3) 비용편익분석을 할 때 비용과 편익을 추계하는 방법
① 미래에 발생할 비용과 편익을 화폐적 단위로 표시하고 계량적인 환산을 한다.
② 편익계산 시 화폐가치의 등락에 따른 지가상승이나 금전적 이동 등 단순한 금전적 편익은 실질적 부가가치(편익)의 창출이 아니므로 편익에서 제외시켜야 한다.
③ 비용은 실제 지불된 비용이 아닌 기회비용의 관점에서 평가하며, 이미 투입된 회수불능의 매몰비용이 아닌 미래에 발생할 비용만 계상한다.
④ 비용은 시장가격을 직접 활용할 수 없으므로 자원의 투입에 따른 진정한 가치, 즉 완전경쟁시장에서 형성되는 잠재가격으로 평가한다.
⑤ 사업에 실제 투입된 보조금은 비용에 포함되어야 하며, 세금은 단순한 금전적 이동이므로 비용에 포함시키지 말아야 한다.

(4) 분석 방법

1) 순현재가치법(NPV ; Net Present Value)

> 순현재가치(NPV) = 편익의 총 현재가치(B) - 비용의 총 현재가치(C)

① 순현재가치(NPV)는 편익(B)의 총 현재가치에서 비용(C)의 총 현재가치를 뺀 것이다.
② 순현재가치(NPV = B - C)가 0보다 크면, 경제적 타당성이 있다고 판단하고 순현재가치의 값이 가장 큰 대안이 최선의 대안이 된다. 칼도-힉스 기준(Kaldor-Hicks criterion)이라고도 한다.

③ 미래의 비용과 편익의 가치를 현재가치로 환산하는데 할인율(discount rate)을 적용한다. 적용되는 할인율인 낮을수록 미래 금액의 현재 가치는 높아지게 된다.
④ 칼도-힉스 기준(Kaldor-Hicks criterion)은 전통적인 비용편익분석(CBA)의 기초가 된다. 칼도-힉스 기준(Kaldor-Hicks criterion)은 능률성을 평가하는 기준으로 사회총편익이 사회총비용보다 크다면 사업의 타당성을 인정하는 기준이다. 따라서 분배정책의 비용편익분석에 일반적으로 활용되며 형평성이나 재분배적 편익의 문제를 다루지는 못한다.

2) 편익·비용 비(Benefit/Cost Ratio)

> 편익 비용 비(B/C ratio) = 편익의 총 현재가치(B)/비용의 총 현재가치(C)

① 편익 비용 비(B/C ratio)가 1보다 큰 사업은 경제적으로 타당성이 있다고 본다.
② 순현재가치(NPV)와 편익 비용 비(B/C ratio)는 모두 할인율의 크기에 따라 그 값이 달라진다.

3) 내부수익률(IRR ; Internal Rate of Return)

> • 내부수익률(IRR) = 순현재가치(NPV)를 0으로 만들어주는 할인율
> • 내부수익률(IRR) = 편익 비용 비(B/C ratio)가 1이 되도록 하는 할인율

① 내부수익률(IRR, 기대수익률)은 비용과 편익의 현재가치를 같게 만들어주는 할인율로서 공공할인율을 모를 때 사용하는 기준이므로 내부수익률이 기준할인율(사회적 할인율, 민간할인율, 시장금리)보다 커야 타당성이 인정된다.
② 내부수익률(IRR, 기대수익률)은 정책대안의 순현재가치(NPV)를 0으로 만들어주는 할인율, 편익 비용 비(B/C ratio)가 1이 되도록 하는 할인이율로서, 투자원금에 비하여 매년 몇 %의 이득을 되돌려 받느냐의 투자수익률(일종의 예상수익률)의 개념이다.
③ 내부수익률은 할인율이 주어져 있지 않아 현재가치를 계산할 수 없을 때 사용하는 기준으로 내부수익률이 클수록 우수한 사업이다. 즉, 내부수익률은 할인율을 알지 못해도 사업평가가 가능하도록 하는 분석기법이다.
④ 적절한 할인율이 주어지지 않을 때는 내부수익률 기준을 사용하며, 내부수익률이 시장이자율을 상회하면 일단 투자가치가 있다고 판단한다.
⑤ 내부수익률에 의한 사업의 우선순위는 순현재가치에 의한 사업의 우선순위와 다를 수 있다.
⑥ 사업이 종료된 후에도 다시 투자비가 소요되는 변이된 사업유형에서는 복수의 내부수익률이 존재할 수 있다는 단점이 있다.

4) 자본회수기간

① 자본회수기간은 투자원금을 회수하는데 걸리는 시간으로 짧을수록 좋다(할인율이 높을 때는 단기, 낮을 때는 장기투자가 유리).
② 할인율이 높을 때는 장기투자사업보다 단기간에 실현되는 단기투자사업이 유리하다. 할인율이 높을 때는 할인기간이 장기사업의 경우 순현재가치가 작아져 불리해진다.

(5) 비용편익분석의 한계

① 비용편익분석은 경제적 효율성만을 판단해주므로 분배의 형평성 등을 고려해야 하는 공공부문에는 한계가 있다.
② 공공사업의 경우 불완전경쟁시장에서는 시장가격이 적절한 평가기준이 되지 못하므로 잠재가격(shadow price)을 사용한다. 재화에 대한 잠재가격의 측정과정에서 실제가치를 왜곡할 수 있다.
③ 공공사업의 비용과 편익이 장기간에 걸쳐 발생하기 때문에 적정한 사회적 할인율 선정이 어렵다.
④ 공공사업의 경우 비용은 단기에 집중되는 데 반하여 편익은 장기적으로 발생하게 되고, 낮은 할인율을 적용할수록 공공사업의 경제적 타당성이 높아지는 반면, 높은 할인율을 적용할수록 경제적 타당성이 낮아지게 된다. 따라서 공공사업은 시장이자율보다 낮은 할인율을 사용할 필요가 있다.

2. 비용효과분석(cost-effectiveness analysis)

(1) 의 의

① 비용효과분석(CEA)은 비용은 금전적(화폐적) 가치로 산정하고, 효과는 산출물[물건이나 용역(서비스)]의 단위 또는 측정 가능한 효과로 산정하여 대안별로 비용과 효과(편익)를 비교·평가하는 정책분석기법이다. 기출 23
② 비용효과분석은 산출물을 금전적 가치로 환산하기 어렵거나, 산출물이 동일한 사업의 평가에 주로 이용되고 있다(예 국방, 치안, 보건 등의 영역).

(2) 특 징

① 비용효과분석은 비용과 효과가 서로 다른 단위로 측정되기 때문에 총효과가 총비용을 초과하는지의 여부에 대한 직접적 증거는 제시하지 못한다.
② 비용효과분석은 효과를 금전으로 표시하지 않아도 되므로 외부효과나 무형적 가치 분석에 적합하다. 따라서 공공부문의 사업분석에 유용한 기법이다.
③ 변동하는 비용과 효과의 문제 분석에는 적합하지 않다. 비용효과분석은 비용이 동일하거나(고정비용분석) 효과가 동일한 경우(고정효과분석)에만 사용가능하다.
④ 비용효과분석은 시장가격에 대한 의존도가 낮으므로 민간부문의 사업대안 분석에 적용가능성이 낮다.
⑤ 비용효과분석은 경제적 합리성이 아니라 기술적 합리성(정책대안의 효과성에 초점)을 강조한다.

제5절 정책결정

I 개인적 차원의 정책결정모형

1. 합리모형(합리포괄모형)

(1) 의 의

① 합리모형(합리포괄모형)은 정책결정자가 정책결정에 있어서 주관적이고 감정적인 요소를 배제하고 이성과 고도의 합리성에 따라 행동하고 결정한다는 가정 하에 목표달성의 극대화를 위한 합리적 대안의 탐색·선택을 추구하는 이상적·규범적 모형을 말한다. 기출 14
② 합리모형(합리포괄모형)은 사전에 설정된 고차원 목표의 극대화를 추구한다. 기출 19
③ 합리모형은 정책결정자나 정책분석가가 절대적 합리성을 가지고 있고, 주어진 상황 하에서 목표의 달성을 극대화할 수 있는 최선의 정책대안을 찾아낼 수 있다고 본다.

(2) 특 징

① 합리모형(합리포괄모형)에서 말하는 합리성은 완전한 합리성을 의미한다. 기출 17
② 합리모형은 정책결정과정에서 정치적 합리성보다 경제적 합리성을 더욱 중요시한다.
③ 합리모형은 합리적인 경제인을 가정하며 정책과정의 역동성을 고려하지 않는다.
④ 합리모형은 같은 비용으로 최대의 목표·산출을 얻을 수 있는 대안을 선택하는 행위를 의미한다. 가장 합리적인 대안을 선택하기 위해 모든 대안을 검토하기 때문에 합리적·총체적 관점에서 의사결정이 가능하다.
⑤ 합리모형은 정책결정자가 추구하는 가치들은 중요도에 따라 분류되고 서열화된다.
⑥ 합리모형은 환경변화에 대한 유연한 적응이 가능하다.
⑦ 합리모형은 기존 정책이나 사업의 매몰비용으로 인해 현실 적합성이 떨어지는 한계가 있다.
⑧ 합리모형은 국가권력이 사회 각 계층에 분산된 다원주의 사회에서는 활용하기 어려우며, 권위적이거나 획일적인 전체주의사회나 개발도상국에 적합하다.

2. 점증모형

(1) 의 의

① 점증모형은 기존 정책을 토대로 그보다 약간 수정된 내용의 정책을 추구하는 방식의 의사결정모형으로, 시간이 흐름에 따라 환류되는 정보를 분석하고 지속적으로 수정하여 당면 문제를 부분적·순차적·점진적으로 변화시키고자 한 연속적·점진적·개량주의적 이론이다. 기출 24·14
② 린드블룸(Lindblom), 윌다브스키(Wildavsky) 등에 의하여 주장된 점증모형(점증주의 정책결정모형)은 정치적 다원주의 입장에서(R. Dahl의 다원론에 기초함) 다양한 이해관계인들을 둘러싼 갈등을 타협과 조정을 통해 정책결정을 이루어 나간다는 점에서 정치적 합리성을 추구한다. 기출 17·16
③ 린드블룸(Lindblom)같은 점증주의자들은 합리모형이 불가능한 일을 정책결정자에게 강요함으로써 바람직한 정책결정에 도움을 주지 못한다고 주장한다. 점증모형은 합리모형과 대조적으로 실제의 결정 상황에 기초한 현실적이고 기술적인 모형이다.
④ 점증모형(점증주의 정책결정모형)은 합리모형의 비현실성이나 분석의 복잡성을 덜어줄 수 있고, 급격한 정책의 시행으로 인한 부작용을 최소화할 수 있으며, 정치적 실현가능성 등을 고려할 때 현실적으로 가장 합리적인 모형이다.

(2) 특 징
① 점증모형은 기존 정책을 토대로 그보다 약간 수정된 내용의 정책을 추구하는 방식의 의사결정모형으로, 실제의 결정상황에 기초한 실증적·현실적·기술적 모형이다. 기출 17
② 점증모형은 정책이 결정되는 현실적인 모습을 반영하고 있다. 점증모형은 정책결정을 다양한 정치적 이해를 가진 당사자들의 타협과 조정의 산물이라는 현실을 반영한 것으로 설명한다.
③ 점증모형은 경제적 합리성보다 정치적 합리성을 중요시한다. 기출 16
④ 점증모형은 정책의 정치적 실현가능성을 높여주는 장점이 있다. 기출 16
⑤ 점증모형은 정책대안을 모두 분석하기보다 한정된 정책대안에 주목한다. 계속적·점진적인 방식으로 당면한 정책문제를 해결하고자 한다. 따라서 정책을 축소하거나 종결하기 어렵다. 기출 16
⑥ 점증주의는 타협의 과정을 통해 이해관계의 갈등을 조정하는 데 유리하다. 점증모형은 정책결정과정에서 집단참여의 합의를 중시하고, 목표와 수단이 탄력적으로 상호 조정된다.

(3) 한 계
① 과거의 정책 혹은 다른 정부의 정책대안도 점증주의 정책대안의 주요한 원천들이다. 따라서 대안의 탐색과 분석에 소요되는 비용을 줄일 수 있다. 그러나 기존의 정책이 잘못된 것이면 악순환이 초래된다.
② 점증주의 의사결정은 대폭적 변화가 없어 정치적 갈등은 줄여주지만, 보수적이어서 혁신적인 정책대안 발굴에는 기여하지 못한다. 점증모형은 현상과 기득권을 유지하려는 보수적인 모형이므로 환경변화에 대한 적응력이 약하고 혁신이 저해될 가능성이 있다.
③ 점증모형은 다양한 참여집단의 동의와 합의를 중시하는 모형이지만, 현실적으로는 정책과정이 소수 몇몇 집단(활동적 소수, active minority)에 의해 주도될 가능성이 있다.
④ 목표와 수단이 뚜렷하게 구분되지 않기 때문에 목표 - 수단에 대한 분석은 부적절하다(수단 중심). 점증모형은 목표와 수단이 분리될 수 없으며 전체를 하나의 패키지로 하여 정치적 지지와 합의를 이끌어 내는 것이 중요하다고 본다.
⑤ 사회가 안정되고 다원화(민주화)된 선진사회에 적합하고, 사회가 불안정할 때는 적용이 곤란하다.

3. 만족모형

(1) 의 의
① 사이먼(H. Simon)과 마치(March)의 행태론에서 주장된 만족모형은 정책결정자는 인지능력의 한계, 상황의 불확실성 및 시간의 제약 때문에 제한된 합리성을 가진 존재라는 점과 심리적 인지과정에 주목하여 제시한 주관적·심리적 의사결정모형이다. 따라서 만족모형은 대안 선택의 객관적 기준을 제시하기가 어렵다.
② 만족모형은 현실 속의 정책담당자들이 '완전한 합리성' 하의 '최적대안'을 추구하는 것이 아니라 '제한된 합리성' 하의 '만족대안'에서 결정함을 설명하는 실증적·귀납적 접근법이다. 기출 24

(2) 특 징
① 사이먼(H. Simon)은 합리모형의 의사결정자를 '경제인'으로, 자신이 제시한 의사결정자를 '행정인'으로 제시한다. 경제인은 목표달성의 극대화를(최선의 대안), 행정인은 만족하는 선에서 그친다(만족스러운 대안). 경제인은 복잡하고 동태적인 모든 상황을 고려하지만, 행정인은 실제 상황을 단순화시키고 무작위적이고 순차적으로 대안을 탐색한다.
② 사이먼(H. Simon)은 결정자의 인지능력의 한계, 상황의 불확실성 및 시간의 제약 때문에 제한적 합리성 하에서 결정이 이루어진다고 주장한다. 기출 17

③ 만족모형은 제약조건 하에서 합리적 결정을 내리기 위한 최선의 노력을 전제로 한다.
④ 만족모형은 모든 대안이 아니라 분석이 가능하고 중요하다고 생각되는 한정된 대안만을 순차적으로 검토한 후 만족할 만한 결과를 도출하는 것이다.
⑤ 만족모형은 이상적인 상태를 고려한 최상의 결정은 아니지만 제약조건을 고려하여 충분히 만족할 만한 수준에서 현실적인 결정을 한다.
⑥ 만족모형은 정책결정의 합리성을 제약하는 요인들을 고려할 때 한정된 대안의 비교분석을 통해 최선을 모색하는 선에서 만족하는 것이 합리적이라고 본다.

4. 혼합주사모형(혼합탐사모형, Mixed-Scanning Model) : 합리모형 + 점증모형

(1) 의 의
① 에치오니(Etzioni)는 규범적·이상적이지만 비현실적인 합리모형과 현실적·실증적이지만 보수적인 점증모형을 전략적으로 절충한 통합모형인 혼합주사모형을 주장하였다.
② 혼합주사모형은 정책결정을 근본적인 결정과 세부적인 결정으로 구분하고, '근본적 결정'의 경우 합리모형을, '세부결정'의 경우 점증모형을 선별적으로 적용하는 모형이다. 기출 17
③ 혼합주사모형은 근본결정은 합리모형에 입각하여 거시적이고 장기적인 안목에서 대안의 방향성을 탐색하는 한편, 그 방향성 안에서 세부적인 결정은 점증모형에 입각하여 심층적이고 대안적인 변화를 시도하는 것이 바람직하다는 모형이다.

(2) 특 징
① 혼합주사모형은 합리모형의 이상주의적 특성에서 나오는 단점과 점증모형의 지나친 보수성이라는 약점을 극복할 수 있는 전략으로 제시된 모형이다.
② 혼합주사모형은 범사회적 지도체제로서의 틀을 갖춘 능동적 사회에 적용하는 것이 바람직하다.
③ 혼합주사모형에서는 정책결정이 근본적인 결정과 세부적인 결정의 지속적인 상호작용에 의해 이루어진다고 본다.
④ 혼합주사모형을 주장한 에치오니(Etzioni)는 정책결정 설명모형의 기술적 타당성을 높이는 구체적 방법을 제시하지 못하였다.

5. 최적모형

(1) 의 의
① 드로어(Y. Dror)가 제시한 최적모형은 정책결정자의 직관이나 판단력, 창의성, 통찰력 등 초합리적인 요소를 중시하는 규범적·처방적 모형이다. 기출 24·16
② 최적모형은 합리모형이 과도하게 계량적 분석에 의존해 현실 적합성이 떨어지는 한계를 보완하기 위해 제시되었다.
③ 최적모형은 정책결정을 체계론적 시각에서 파악하고 정책성과를 최적화하려는 정책결정모형이다. 즉 최적모형은 정책과정을 확장시켜 정책단계의 중첩성·환류성·가외성을 인정하는 거시적·체계론적 접근이다.

(2) 특 징
① 최적모형은 정책결정자의 합리성뿐 아니라 직관·판단·통찰 등과 같은 초합리성을 아울러 고려한다. 즉, 최적모형은 계량적 분석뿐만 아니라 정책결정자의 직관적 판단에 의한 결정의 중요성을 강조한다.
② 최적모형은 경제적 합리성의 추구를 기본원리로 삼는다.
③ 최적모형은 비정형적인 결정의 경우 직관의 활용, 가치판단, 창의적 사고, 브레인스토밍을 통한 초합리적 아이디어까지 고려할 것을 주장한다.

6. 공공선택이론 모형
공공선택이론(모형)은 공공부문에 경제학적 관점을 도입하려는 접근법으로 행정을 공공재의 공급과 소비관계로 파악하고 정부는 공공재의 공급자, 국민은 소비자로 규정하여 시장에서처럼 시민이 자신의 선호에 따라 공공재를 선택할 수 있다는 이론을 말한다. 기출 14

Ⅱ 집단적 차원의 정책결정모형

1. 회사모형(Firm Model) 또는 연합모형(Coalition Model)
(1) 의 의
① 회사모형(Firm Model) 또는 연합모형(Coalition Model)은 조직의 제한된 합리성을 극복하기 위한 방법으로 사이어트(Richard Cyert)와 마치(James March)가 제시한 모형이다.
② 회사모형은 계층제적 권위를 가진 단일의 최고지도자가 조직을 장악·통제할 수 없는 상황에서의 의사결정을 설명하는 집단차원의 의사결정모형이다.
③ 회사모형은 개인적 차원의 만족모형을 조직 차원의 의사결정에 적용한 모형이다.
④ 회사모형은 회사를 상이한 개성과 목표를 가진 개인이나 하부조직의 느슨한 연합체로 정의하고, 조직환경을 매우 유동적이고 불확실한 것으로 간주한다.
⑤ 회사모형은 전체적 최적화를 통한 절대적 합리성을 추구하는 합리모형과 달리, 부분적 최적화를 통한 국지적 합리성을 강조한다.

(2) 특 징
① 문제 중심의 탐색 : 시간과 능력의 제약 때문에 정책결정자들은 모든 상황을 고려하기보다 특별히 관심을 끄는 부분에 대해서만 고려한다.
② 불확실성의 극복이 아니라 회피, 단기적 피드백 중시 : 문제상황의 복잡성과 동태성 때문에 조직이 직면하는 불확실성은 대안이 가져올 결과에 대한 예측을 극히 어렵게 하므로, 단기적 환류에 의존하는 의사결정절차를 이용하여 불확실성을 회피하려고 한다.
③ 갈등의 준해결 : 회사의 하위조직들 간에 생겨나는 갈등·모순되는 목표들은 하나의 차원이나 기준으로 통합하는 방법이 없기 때문에 갈등을 완전히 해결하지 못하고, 타협을 통한 봉합을 모색한다.
④ 조직의 학습 : 반복적인 의사결정의 경험이 전수되며 시간의 흐름에 따라 결정수준이 개선되고 목표달성도가 높아지게 된다.
⑤ 표준운영절차 수립 : 정책결정자들의 경험이 축적됨에 따라 가장 효율적이라고 판단되는 정책결정절차와 방식을 마련하게 되고 이를 활용한 정책결정이 증가한다.

2. 쓰레기통 모형(garbage can model)

(1) 의 의
① 쓰레기통 모형은 코헨(M. Cohen), 마치(J. March), 올슨(J. Olsen) 등이 고안한 모형으로 극도로 불확실하고 혼란스러운 상황, 즉 조직화된 무정부 상태(혼란 상태)에서 조직이 어떠한 결정형태를 나타내는가를 연구의 초점으로 한 비합리모형을 말한다. 기출 24·15
② 쓰레기통 모형은 대학조직과 같이 조직구성원 사이의 응집력이 아주 약한 상태, 즉 조직화된 무정부상태(organized anarchy)에서 의사결정이 이루어지는 과정을 설명하려고 시도한다.
③ 쓰레기통 모형은 의사결정에 필요한 네 가지 요소(쓰레기, 흐름)인 정책문제, 해결방안, 참여자, 선택기회가 서로 연관성 없이 독자적으로 여기저기 표류하다가 어느 시점에 우연히 의사결정이 이루어지는(한 쓰레기통에 담겨지는) 모형을 말한다. 따라서 쓰레기통 모형에서는 의사결정에 필요한 4가지 요소가 서로 상호작용하지 않는다. 기출 15

(2) 모형의 전제조건
① 쓰레기통 모형은 문제성 있는 선호(problematic preferences), 불명확한 기술(unclear technology), 일시적 참여자(part-time participants)가 전제조건이다.
② 쓰레기통 모형에서는 의사결정에 참여하는 사람들 간에 무엇을 선호하는지 불분명하다.
③ 불명확한 기술은 목표와 수단 사이의 인과관계가 명확하지 않음을 의미한다. 일시적 참여자는 조직에서 의사결정 참여자의 범위와 그들이 투입하는 에너지가 유동적임을 의미한다.

(3) 특 징
① 쓰레기통 모형은 조직화된 무정부 상태(혼란 상태)에서 이루어지는 의사결정 과정을 기술하고 설명하는 모형이다. 즉, 쓰레기통모형은 조직화된 무정부 상태를 긍정적인 측면에서 체계적으로 분석하고자 한다. 기출 17·15
② 쓰레기통모형은 '조직화된 무정부상태' 속에서 나타나는 몇 가지 흐름에 의하여 정책결정이 우연히 이루어진다고 보는 정책결정모형이다.
③ 쓰레기통모형은 불확실성과 혼란이 심한 상태로 정상적인 권위구조와 결정규칙이 작동하지 않는 상황에 주로 적용된다. 쓰레기통 모형은 부처 간, 정부 간(중앙 - 지방), 부서 간에 뚜렷한 문제해결의 주체가 등장하지 않은 채 혼란스러운 갈등관계가 지속되는 경우에 적용될 수 있다. 또한 상하위 계층적 관계를 지니지 않은 참여자들에 의하여 의사결정이 이루어지는 경우에도 적용할 수 있다. 기출 15

(4) 의사결정의 방식
① 쓰레기통모형의 정책결정 유형으로 진빼기 결정(미뤄두기, choice by flight)과 날치기 통과(끼워넣기, choice by oversight) 등을 들 수 있다.
② 진빼기 결정 : 불리한 주장이나 반대가 사라질 때까지 기다리는 전략을 말한다.
③ 날치기 통과 : 관련된 다른 문제들이 제기되기 전에 재빨리 의사결정을 하는 전략을 말한다.

3. 킹던의 정책의 창(정책흐름) 모형

(1) 의 의

① 킹던(J. Kingdon)의 '정책의 창(policy windows) 모형'은 쓰레기통모형에 좀 더 질서를 주입하여 발전시킨 모형이다. 문제의 흐름, 정책의 흐름, 정치의 흐름의 3가지 흐름이 만날 때 '정책의 창'이 열린다고 본다.

② 정책의 창 모형은 문제의 흐름, 정책의 흐름, 정치의 흐름의 3가지 흐름이 아무 연관성이 없이 독자적으로 흘러 다니다가 우연히 만나서 의사결정이 이루어진다고 본다.

③ 킹던은 문제, 정책, 정치 등 세 가지 흐름의 결합에 의하여 정책의제가 설정된다고 주장하였다. 정책의 창 모형은 정책과정 중 정책의제설정 단계에 초점을 맞춘 모형이다.

(2) 3가지 흐름의 내용

① 문제의 흐름 : 어떤 문제가 정책결정자의 관심을 끌게 되는가는 정책결정자의 인지수단과 문제정의방법에 달려 있다.

② 정책의 흐름 : 문제를 검토하여 해결방안들을 제안하는 전문가들과 분석가들로 구성되며, 여기서 여러 가능성들이 탐색되고 범위가 좁혀진다.

③ 정치의 흐름 : 국가적 분위기 전환, 선거에 따른 행정부나 의회의 인적 교체, 이익집단들의 로비활동과 압력행사 등과 같은 요소들로 구성된다. 킹던은 정치의 흐름이 가장 중요하고 마지막에 열리는 흐름으로 본다.

(3) 정책의 창

① '정책의 창'은 국회의 예산주기, 정기회기 개회 등의 규칙적인 경우뿐 아니라, 때로는 우연한 사건에 의해 열리기도 한다.

② '정책의 창'은 오래 열려있지 않으며 곧 닫히게 되는데, 문제에 대한 대안이 존재하지 않거나, 사건이 사라지거나, 문제가 충분히 다루어졌다고 느낄 때 정책의 창은 닫힐 수 있다.

4. 앨리슨 모형

(1) 의 의

① 앨리슨(Allison) 모형은 쿠바 미사일 위기에 따른 미국 정부의 정책결정 과정을 설명하기 위해서 고안되었다. 기출 14

② 앨리슨은 1960년대 초 쿠바가 소련의 미사일을 도입하려고 했을 때 미사일이 운반되지 못하도록 미국이 해상봉쇄라는 대안을 채택한 사건 당시 의사결정과정을 세 가지 모형을 통해 설명하였다.

③ 앨리슨(Allison)은 집단의 특성에 따라 의사결정모형이 달라져야 한다고 주장하면서 집단적 의사결정을 국가의 정책결정에 적용하기 위해 의사결정모형을 세 가지 상호배타적인 합리적 행위자 모형(모형Ⅰ), 조직과정 모형(모형Ⅱ), 관료정치 모형(모형Ⅲ)으로 분류하고, 그동안 비교적 소홀하게 취급되어 오던 관료정치 모형의 중요성을 보완하였다. 실제 정책결정 과정에서는 어느 하나의 모형이 아니라 3가지 모형이 모두 적용될 수 있다. 기출 14

④ 앨리슨 모형은 원래 국제 정치적 사건과 위기적 사건에 대응하는 정책결정을 설명하기 위한 모형으로 고안되었으나, 일반정책에도 적용 가능하다.

(2) 합리적 행위자 모형 (모형Ⅰ)

① 합리적 행위자 모형은 국가전체의 이익과 국가목표 추구를 위해서 개인의 이익을 고려하지 않는 것을 전제하며, 국가가 단일적인 결정자임을 인정한다.
② 정부의 정책목표와 구성원 개인의 목표가 일치하는 것으로 가정한다.
③ 합리적 행위자 모형은 정책결정자가 국가 전체의 이익이나 전략적 목표를 극대화하기 위한 결정을 한다고 보고, 정책이 최고지도자(국가)와 같은 단일행위자 합리적 선택이라고 간주한다.
④ 의사결정자는 완벽한 정보를 가지고 주어진 목표의 극대화를 추구하는 합리적 존재이다.

(3) 조직과정 모형 (모형Ⅱ)

① 정부는 단일한 결정주체가 아니며 반독립적(semi-autonomous) 하위조직들이 느슨하게 연결된 집합체이다.
② 조직과정 모형(모형Ⅱ)은 느슨하게 연결된 하위 조직체들이 표준운영절차를 통해 상호의존적인 의사결정을 한다고 본다.
③ 정책산출물은 주로 관행과 표준적 절차(SOP)에 따라 만들어진다. 조직과정 모형에서 조직은 불확실성을 회피하기 위하여 정책결정을 할 때 표준운영절차(SOP)나 프로그램 목록(program repertory)에 의존한다.
④ 정책결정은 준해결(quasi-resolution)적 상태에 머무르는 경우가 많으며, 제한된 합리성에 의해 제약을 받는다.
⑤ 조직과정 모형은 조직하위계층에서 적용가능성이 높다.
⑥ 외교·안보문제 분석에 있어서 설명력을 높이기 위한 대안적 모형으로 조직과정모형을 고려하였다.

(4) 관료정치 모형 (모형Ⅲ)

① 관료정치 모형은 조직 내 권력이 독립적 개인 행위자들의 정치적 자원에 의존한다고 본다.
② 관료정치 모형에서는 정책결정의 행위주체는 독자성이 강한 다수 행위자들의 집합이다. 따라서 정책결정에 참여하는 구성원들 간의 목표 공유 정도와 정책결정의 일관성이 모두 매우 낮다. 기출 24
③ 관료정치 모형은 정책결정 결과가 참여자들 간 타협, 협상 등에 의해 정치적으로 좌우된다고 본다.
④ 관료정치 모형은 조직 상위계층에서 적용가능성이 높다.
⑤ 관료정치모형은 여러 다양한 문제에 관심을 갖는 다수의 행위자를 상정하며 이들의 목표는 일관되지 않는다.
⑥ 앨리슨(G. T. Allison)은 관료정치모형의 중요성을 언급하였다.

> **쿠바 미사일 사태의 위기 극복**
> 1960년대 쿠바 미사일 사태에서 미국은 해안봉쇄로 위기를 극복하였다. 정부의 각 부처를 대표하는 사람들은 위기 상황에서 각자가 선호하는 대안을 제시하였다. 대표자들은 여러 대안에 대하여 갈등과 타협의 과정을 거쳤고, 결국 해안봉쇄 결정이 내려졌다. 이는 대통령이 사태 초기에 선호했던 국지적 공습과는 다른 결정이었다. 물론 해안봉쇄가 위기를 해소하는 최선의 대안이라는 보장은 없었고, 부처에 따라서는 불만을 가진 대표자도 있었다.

5. 사이버네틱스 모형

(1) 의 의
① 사이버네틱스 모형은 광범위하고 복잡한 정보탐색을 거치지 않고, 주요 변수에 관한 정보만을 미리 정해진 표준운영절차(SOP) 또는 규칙에 따라 처리하고 미리 개발해 둔 해법의 레퍼토리 가운데서 하나를 선택하여 환경에 적응하고자 하는 적응적·관습적 의사결정모형이다. 따라서 습관적 의사결정을 설명하는 데 유용하다.
② 사이버네틱스 모형은 와이너(Wiener)에 의하여 창시되고 애쉬비(Ashby)에 의하여 계승되었다. 한편, 스타인부르너(Steinbruner)는 시스템 공학의 사이버네틱스 개념을 응용하여 관료제에서 이루어지는 정책결정을 단순하게 묘사하고자 하였다.

(2) 특 징
① 사이버네틱스(Cybernetics) 모형은 정책결정과정에서 한정된 범위의 변수들에만 주의를 집중하고, 나머지 정보는 무시함으로써 변수의 단순화를 통해 불확실성을 통제한다. 기출 19
② 사이버네틱스 모형은 고차원의 목표가 반드시 사전에 존재하는 것으로 전제하지 않으며, 주요 변수의 유지를 위한 적응에 초점을 둔다. 기출 19
③ 사이버네틱스 모형에서는 사전에 설정된 표준운영절차(SOP)의 중요성이 강조된다. 의사결정자는 대안의 결과가 허용범위 내에 있으면 기존의 표준운영절차(SOP)에 의한 의사결정을 계속하며, 처리할 수 없는 문제에 직면할 경우 표준운영절차(SOP)를 수정·변경·추가하면서 문제를 해결한다. 기출 19
④ 사이버네틱스 모형은 시행착오적인 도구적 학습에 의존한다. 사이버네틱스모형은 설정된 목표달성을 위해 정보제어와 환류과정을 통해 자신의 행동을 스스로 조정해 나간다고 가정하는 것이다. 시간의 흐름에 따라 환류되는 정보를 분석하여 잘못한 점이 있으면 수정·보완하는 방식이다.
⑤ 사이버네틱스 모형을 설명하는 예시로 자동온도조절장치를 들 수 있다.

제6절 정책집행

I 정책집행의 접근방법

1. 상향적 접근방법

(1) 의 의
① 상향적 접근방법은 정책집행을 다수의 참여자들 사이에서 발생하는 상호작용으로 인식하고, 일선 관료와 대상 집단의 입장에서 정책집행이 현장에서 실제 어떻게 이루어지는가를 기술(description)하고 설명하는데 중점을 둔다. 따라서 정책집행 과정에 대해 정확하게 이해하기 위해서 일선 관료와 대상 집단의 행태를 고찰한다. 기출 15
② 주요 연구로는 버먼(P. Berman)의 미시적·적응적 집행, 엘모어(R. F. Elmore)의 후방향적 집행(backward mapping), 립스키(M. Lipsky)의 일선관료제(Street-Level Bureaucracy)가 있다.

(2) 특 징
 ① 상향적 접근방법은 정책결정과 정책집행 간의 엄밀한 구분에 의문을 제기한다(정치행정일원론).
 ② 상향적 접근방법은 분명하고 일관된 정책목표의 존재가능성을 부인하고, 정책 목표보다는 집행문제의 해결에 초점을 맞춘다. 기출 15
 ③ 상향적 접근방법은 일선 관료를 정책집행의 중요 행위자로 여긴다. 상향적 접근방법은 정책문제를 둘러싸고 있는 행위자들의 동기, 전략, 행동, 상호작용 등에 주목하며 일선 공무원의 전문지식과 문제 해결능력을 중시한다.
 ④ 상향적 접근방법은 집행이 일어나는 현장을 미시적이고 현실적이며 상호작용적인 차원에서 관찰한다. 따라서 집행에 영향을 주는 집행관료와 이해관계집단 등 다양한 행위자들의 생각과 상호작용을 현장감 있게 분석할 수 있다. 기출 21
 ⑤ 상향적 접근방법은 정책집행 현장에서 집행조직과 정책사업 사이의 상호적응이 강조된다. 기출 22

(3) 장 점
 ① 상향적 접근방법은 일선 집행관료나 집행기관의 문제해결능력 측면에서 정부 프로그램의 상대적 중요도를 평가할 수 있다.
 ② 상향적 접근방법은 실제 집행과정을 상세하게 기술(description)하여 집행과정의 인과관계를 보다 잘 설명할 수 있다.
 ③ 상향적 접근방법은 집행현장을 있는 그대로 파악하기 때문에 의도하지 않았던 정책의 효과도 분석할 수 있으며, 지역 간 집행상의 차이를 파악하는 데 유리하다는 장점이 있다. 기출 15
 ④ 상향적 접근방법은 집행을 주도하는 집단이 없거나, 집행이 다양한 기관에 의해 주도되는 경우를 설명하는 데 유용하다.

(4) 단 점
 ① 상향적 접근방법은 일선현장에 종사하는 집행공무원이 정책집행에 큰 영향을 미치는 행위자임을 강조하지만, 정책결정과 정책집행의 구분이 불필요하다는 관점은 선거직 공무원에 의한 정책결정과 책임이라는 민주주의의 기본가치를 충실하게 반영하지는 못한다는 비판이 있다. 기출 15
 ② 일선집행관료들이 쉽게 느끼지 못하는 사회적, 경제적, 법적 요인들이 경시되기 쉽다. 기출 15

2. 하향적 접근방법
(1) 의 의
 ① 하향적 접근방법은 정책집행을 정책결정과 엄격하게 분리하여 정책집행을 정책결정과정에서 채택된 정책목표를 충실히 달성하는 과정으로 이해하는 접근방법이다(정치행정이원론). 따라서 정책이 추구하는 목표를 분명히 하고, 정책결정자의 의도를 정확히 이해할수록 정책은 보다 효과적으로 집행될 수 있다. 기출 22·21
 ② 하향적 접근방법은 집행과정에 대한 기술(description)이나 인과론적 설명보다는, 정책집행의 영향요인의 발견과 이를 기반으로 한 집행이론을 구축하고 바람직한 집행을 위한 규범적 처방을 정책결정자에게 제시하는 데 관심이 있다. 기출 21

③ 하향적 접근방법은 정책결정권자의 리더십을 성공적 집행의 핵심조건으로 전제한다. 또한 하향적 접근방법에서는 효과적인 정책집행을 위해 갖추어야 할 조건으로서 정책결정의 내용은 타당한 인과이론에 바탕을 두어야 하며 정책내용으로서 법령은 명확한 정책지침을 가지고 있어야 한다고 본다. 기출 21

> 사바티어와 마즈매니언(Sabatier & Mazmanian)은 효과적인 정책집행을 위한 이상적인 조건으로 타당한 인과이론의 존재, 법령이 정확한 정책 지침, 유능하고 헌신적인 집행관료, 조직화된 이익집단, 행정부와 입법부를 포함한 다수의 이해관계 집단으로부터의 지속적인 지지, 정책목표가 집행 과정 동안 우선순위가 변하지 않고 안정적일 것 등이 필요하다고 주장하였다. 기출 21

④ 하향적 접근방법은 정책집행의 영향요인의 발견과 성공적 집행조건과 전략을 규명하여 집행이론을 구축하고 정책결정자에게 규범적 처방을 제시하는데 주된 관심이 있다.

(2) 주요 연구

① 사바티어와 매즈매니언(Sabatier & Mazmanian)은 하향식 접근 방법의 발전에 기여하였다[「집행과정모형(집행단계모형)」(1979)]. 사바티어와 매즈매니언은 처음에는 하향식 접근방법을 주장하다가 나중에는 하향식 접근방법과 상향적 접근법의 통합모형(정책지지연합모형)을 제시하였다.
② 프레스만과 윌다브스키(Pressman & Wildavsky)는 「정책집행론」(1973)에서 집행과정상의 공동행위의 복잡성을 강조하였다. 즉, 정부사업의 집행이 참여자와 의사결정점의 수가 늘어나면서 집행하기 어려운 복잡한 과정으로 변한다고 설명하였다. 정책집행을 정책결정과 분리하지 않고 연속적 과정으로 보면서 정책집행의 실패사례 분석(오클랜드 사례 분석)을 통하여 집행을 저해하는 요인을 규명하였다.
③ 반 미터(Van Meter)와 반 호른(Van Horn)의 집행모형은 정책과 성과에 영향을 미치는 변수들을 강조하였으며(1975), 대표적인 하향적 접근방법에 해당한다.

(3) 특 징

① 하향적 접근방법은 정책결정자의 의도가 충실하게 구현되는 것을 중시하여 정책결정권자의 리더십을 성공적 집행의 핵심조건으로 보므로 결과물을 창출하는 과정에서 정책결정자가 어떤 역할을 했는지에 관심이 집중된다. 기출 22
② 하향적 접근방법은 유능하고 헌신적인 관료가 집행을 담당하여야 효과적인 정책집행이 가능하다고 한다. 기출 21
③ 하향적 접근방법은 명확한 정책목표와 그 실현을 위한 정책수단을 가지고 있다는 가정하고, 정책결정단계에서 주된 역할을 하는 참여자(정책결정자와 지지자)와 정책내용에 초점을 맞춘다. 기출 22
④ 하향식 접근방법은 연역적·규범적 처방에 의한 정책의 예측을 중시한다. 하향적 접근방법에서는 일반화된 집행이론을 도출하기 위해 집행과정에서 나타나는 다양한 요인들을 연역적으로 연구한다.
⑤ 하향식 접근방법에서는 정책목표의 신축적 조정보다는 정책목표의 안정성과 일관성이 효과적인 정책집행을 가져온다고 하였다.
⑥ 하향적 접근방법은 정책집행의 비정치적이고 기술적(technical)인 성격을 강조하는 입장이다. 정책결정자는 정책집행에 영향을 미치는 정치적·조직적·기술적(technical) 과정을 충분히 통제할 수 있다고 본다.

(4) 장 점
① 하향적 접근방법은 집행과정에서 발생할 수 있는 변수들을 미리 예견할 수 있도록 해 주는 체크리스트로서의 기능을 한다는 장점이 있다.
② 하향적 접근방법은 일선 집행관료의 재량권을 축소하고 통제를 강화한다.
③ 하향적 접근방법은 정책집행의 성공을 위해 중요한 요소를 분명하고도 체계적으로 밝힌다.
④ 하향식 접근방법은 공식적 정책목표를 중요한 변수로 취급하므로 집행실적의 객관적 평가가 용이하다.

(5) 단 점
① 하향식 접근방법은 하나의 정책에만 초점을 맞추므로 여러 정책이 동시에 집행되는 경우를 설명하기 힘들다.
② 하향적 접근방법은 정책결정자나 정책지지자들의 입장에서만 연구하므로 집행현장에서의 정책집행자(일선 관료)나 반대자의 입장이나 전략적 행동을 과소평가하거나 쉽게 파악할 수 없다는 단점이 있다. 기출 22 · 21
③ 하향적 접근방법은 명확하고 일관된 정책목표의 설정이 다원적 민주주의 체제에서는 불가능하고, 집행과정상 문제를 미리 예견 · 반영하기란 현실적으로 불가능하다는 비판을 받는다.

Ⅱ 나카무라와 스몰우드(Nakamura & Smallwood)의 정책집행유형

1. 개 설
나카무라와 스몰우드(R. T. Nakamura & F. Smallwood)는 정책결정자와 집행자 간의 관계에 따라 정책집행을 5가지로 유형화하고 그 유형별 특징과 집행의 실패요인을 분석하였다.

2. 고전적 기술관료형
① 고전적 기술관료형은 정책결정자가 구체적인 정책목표와 세부 정책내용까지 결정하고, 하위 정책집행자들의 활동을 엄격히 통제하며, 정책집행자는 상세한 부분에 대해 '아주 제한된 부분의 재량권'만 인정받고 정책결정자가 결정한 정책내용을 충실히 집행하는 유형을 말한다. 기출 22
② 고전적 기술자(기술관료)형은 정책결정자가 구체적인 목표를 설정하면, 정책집행자는 그 목표를 지지하고 목표달성을 위한 기술적인 수단을 강구하는 역할을 담당한다.

3. 지시적 위임형
① 지시적 위임가형은 정책결정자는 정책목표를 수립하고 대체적인 방침만 정하고 정책집행자에게 집행에 필요한 기술적 · 행정적 권한을 위임하고, 정책집행자는 목표와 방침에 합의한 상태에서 집행을 위한 '충분한 재량권'을 부여받는 유형을 말한다.
② 지시적 위임가형은 정책결정자가 구체적인 목표를 설정하면, 정책수단(행정적 수단과 기술적 수단)은 정책집행자가 강구하는 역할을 담당한다.

4. 협상(자)형

① 협상자형은 정책결정자가 목표를 (개괄적으로) 설정하고, 정책집행자는 정책목표와 수단에 대해 결정자와 협상을 벌여 정책이 결정되고 집행되는 유형을 말한다.
② 정책집행자는 정책의 목표와 수단에 대해 정책결정자와 협상한다. 정책결정자와 정책집행자는 정책목표의 바람직성에 대해서 반드시 의견을 같이 하지는 않는다.
③ 정책집행의 실패 요인으로 정책집행자의 정책목표 왜곡을 들 수 있다.

5. 재량적 실험가형

① 재량적 실험가형은 정책결정자는 구체적인 정책의 목표를 설정하지 못하고 추상적 목표에 머물게 되고, 정책의 대부분을 정책집행자들에게 위임하며, 정책결정자가 정책집행자에게 '광범위한 재량권'을 부여하는 유형을 말한다.
② 재량적 실험가형은 정책결정자가 일반적이고 추상적인 목표를 지지하지만 지식과 정보의 부족 및 불확실성 등으로 인하여 구체적인 정책목표를 제시하기 곤란한 모형이다. 정책결정자가 추상적인 목표를 설정하면, 정책집행자는 정책결정자를 위해 목표와 수단을 명확하게 하는 역할을 담당한다.

6. 관료적 기업가형

① 관료적 기업가형은 정책집행자가 정책결정자의 결정권을 장악하고 정책과정 전반을 완전히 통제(지배)하는 유형을 말한다. 정책집행자는 정책결정에 필요한 정보를 산출하고 통제함으로써 정책과정을 지배한다. 기출 23
② 정책집행자가 목표와 수단을 강구한 다음 정책결정자를 설득하고, 정책결정자는 정책집행자가 수립한 목표와 수단을 기술(description)하는 역할을 담당한다.
③ 정책집행자가 가장 광범위한 재량을 갖는 유형에 속한다. 미국 FBI의 국장직을 수행했던 후버(Hoover) 국장이 대표적인 예이다.

[나카무라(R. Nakamura)와 스몰우드(F. Smallwood)가 제시한 정책집행자의 유형]

고전적 기술관료형	정책결정자가 구체적인 정책목표와 세부 정책내용까지 결정하고, 하위 정책집행자들의 활동을 엄격히 통제하며, 정책집행자는 정책결정자가 결정한 정책내용을 충실히 집행하는 유형 기출 22
지시적 위임자형	정책결정자는 정책목표를 수립하고 대체적인 방침만 정하고 정책집행자에게 집행에 필요한 기술적·행정적 권한을 위임하고, 정책집행자는 목표와 방침에 합의한 상태에서 집행을 위한 '충분한 재량권'을 부여받는 유형
협상자형	정책결정자가 목표를 설정하고, 정책집행자는 정책목표와 수단에 대해 결정자와 협상을 벌여 정책이 결정되고 집행되는 유형
재량적 실험가형	정책결정자는 구체적인 정책의 목표를 설정하지 못하고 추상적 목표에 머물게 되고, 정책의 대부분을 정책집행자들에게 위임. 정책결정자가 정책집행자에게 '광범위한 재량권'을 부여하는 유형
관료적 기업가형	정책집행자가 정책결정자의 결정권을 장악하고 정책과정 전반을 완전히 통제하는 유형 기출 23

Ⅲ 정책의 불응·순응

1. 정책에 대한 불응·순응 요인

(1) 정책에 대한 불응 요인

① 정책에 대한 불응은 정책집행자나 정책의 대상집단이 정책결정자의 지시나 요구를 들어주지 않고 저항하는 행위를 말한다.
② 정책의 모호성과 불명확성(불명확한 의사전달), 자원의 부족, 정부의 권위 및 정통성에 대한 부정, 정책에 대한 불신, 정책집행자의 형식적 집행태도나 재량권의 남용 등이 불응의 원인에 해당한다. 기출 16

(2) 정책에 대한 순응 요인

① 정책에 대한 순응은 정책집행자나 정책의 대상집단이 정책이나 법규에 근거한 지시나 요구사항에 대하여 일치된 행동을 보이는 것을 말한다.
② 정책의 소망성·명료성·일관성, 집행자의 태도와 신뢰성, 정책결정기관과 정책집행기관의 정통성, 순응주체의 능력이나 순응 의욕, 형사처벌 등 제재의 사용은 정책순응의 원인이다. 기출 16

2. 정책순응을 확보하기 위한 수단

① **도덕적 설득** : 정책의 도덕성 당위성을 설득하거나 양심에 호소하는 방법. 일선 집행관료의 큰 저항이 없다는 장점이 있으나, 정책에 의해 피해를 입는 대상집단은 의도적으로 불응의 핑계를 찾으려 한다는 단점이 있다(예 안전장비 착용에 대한 중요성을 설득하는 TV 광고).
② **유인과 보상** : 정책 순응 시 보상과 편익을 제공하는 방법. 순응 여부가 순응주체의 자발적인 선택으로 결정된다는 장점이 있으나, 도덕적 자각이나 이타주의적 고려에 의해 자발적으로 순응하는 사람들의 명예나 체면을 손상시키고 사람의 타락을 유발할 수 있다는 단점이 있다(예 보조금 지급, 세금 감면).
③ **처벌과 강압** : 정책 불응 시 불이익이나 제재를 가하거나 혜택을 박탈하는 방법. 비용이 소요되지 않는다는 장점이 있으나, 불응의 형태를 정확하게 점검 및 파악하기 어려운 경우가 많다는 약점이 있다(예 벌금이나 과태료, 허가취소).
④ **촉진전략** : 순응을 촉진하는 방향으로 정책을 해석하고 지원·관리하는 방법(예 신규사업에 대한 선발기준 안내, 관련서류 지원).

제7절 정책평가와 환류

I 정책평가의 목적(필요성)

① 목표가 얼마나 잘 충족되었는지 파악할 수 있다. 기출 14
② 정책 성공과 실패의 원인을 구체적으로 제시할 수 있다. 기출 14
③ 정책 성공을 위한 원칙 발견과 향상된 연구를 위한 토대를 마련할 수 있다. 기출 14
④ 목표달성을 위해 사용된 수단과 하위 목표들을 재확인할 수 있다. 기출 14
⑤ 여러 기법을 사용하는 실험과정으로 유도하여 효과성을 증진시킬 수 있다.

II 정책평가의 절차

정책평가는 일반적으로 ① 정책목표의 확인 → ② 평가 대상 및 기준의 설정 → ③ 인과모형의 설정 → ④ 평가연구 설계 → ⑤ 자료의 수집 및 분석 → ⑥ 평가결과의 환류 및 활용 등의 절차를 거치게 된다. 기출 17

III 평가시기에 따른 정책평가 분류 : 형성평가와 총괄평가

1. 형성평가(= 과정평가)

① 형성평가는 '정책이 집행되는 도중에' 정책집행이 이루어지는 과정을 평가하는 것으로, 집행 관리와 전략의 수정 및 보완을 위한 것이다. 기출 21
② 형성평가는 정책집행 과정에서 발생하는 문제점을 해결하려는 목적으로 수행되는 평가이다.
③ 형성평가는 정책 프로그램에 대한 피드백을 위해 주로 내부 평가자와 외부 평가자의 자문에 의해 평가를 진행하며, 그 결과는 정책집행에 환류된다.
④ 귀납적·질적·주관적 평가, 비실험설계, 프로그램 논리모형

2. 총괄평가

① 총괄평가는 '정책의 집행이 완료된 후에' 그 성과나 효과를 평가하는 것을 말한다. 기출 21
② 총괄평가는 정책이 종료된 후에 그 정책이 당초 의도했던 효과를 가져왔는지의 여부를 판단하는 활동이다.
③ 총괄평가는 정책 프로그램의 최종적 성과를 확인하기 위해 주로 외부 평가자에 의해 수행되며, 평가 결과는 정책 프로그램의 지속, 중단, 확대 등 정책적 판단 또는 의사결정에 활용된다.
④ 연면적·양적·객관적 평가, 실험설계, 프로그램 목표모형

> **□ 평가성 검토, 메타평가**
> - 평가성 검토(evaluability assessment) : 본격적인 평가를 시작하기 전에 평가의 가능성과 소망성을 사전에 검토하는 것으로 일종의 예비평가라고 볼 수 있다. 기출 19
> - 메타 평가(meta evaluation) : 메타평가는 평가자체를 대상으로 하며, 평가활동과 평가체제를 평가해 정책평가의 질을 높이고 결과활용을 증진하기 위한 목적으로 활용한다(평가에 대한 평가).

Ⅳ 정책평가의 요소

1. 인과관계

(1) 개념
① 인과관계란 원인과 결과의 관계, 즉 독립변수와 종속변수의 관계를 의미한다.
② 정책평가에서는 정책 또는 프로그램이 독립변수가 되며, 정책의 산출물이 종속변수가 된다.

(2) 정책실시와 정책목표 달성의 인과관계 성립조건(3가지 조건)
① 시간적 선행성 : 독립변수(정책수단의 실현)는 종속변수(정책목표의 달성)에 선행해서 존재해야 한다.
② 공동변화 : 정책과 목표달성이 일정한 방향으로 변화해야 한다. 즉 정책수단의 변화 정도에 따라 정책목표의 달성 정도 또한 변화해야 한다.
③ 경쟁가설 배제(= 비허위적 관계) : 특정 정책수단의 실현과 정책목표의 달성 간 관계를 설명하는 다른 요인이 배제되어야 하며, 그 정책수단 이외의 다른 요인이 목표달성에 영향을 미치지 않았음을 입증해야 한다. 따라서 A라는 정책이 집행된 이후 그 정책의 목표 B가 달성된 것만으로 정책평가자는 A와 B 사이에 인과관계가 존재한다고 결론을 내릴 수 없다.

> **□ 정책의 변수**
> - 독립변수 : 정책효과를 가져오게 하는 원인이 되는 변수
> - 종속변수 : 독립변수에 의해 나타나는 효과(결과)가 되는 변수
> - 제3의 변수 : 독립변수와 종속변수의 정책적 관계에 영향을 미치는 변수
>
> | | |
> |---|---|
> | 허위변수 | 독립변수와 종속변수가 서로 상관관계가 없는데도 인과관계가 있는 것처럼 보이게 하는 제3의 변수. 기출 19 독립변수인 정책수단의 효과가 전혀 없을 때, 숨어서 정책효과를 가져오는 변수로 정책수단과 정책효과 사이의 인과관계를 완전히 왜곡하는 요인이다. 정책효과의 전부가 정책수단이 아닌 다른 변수에 의하여 기인하는 경우 그 인과관계를 설명하기 위한 개념 |
> | 혼란변수 | 독립변수(정책수단)와 종속변수(정책효과) 간에 상관관계가 있는 상태에서 두 변수 간의 관계를 과대 또는 과소평가하게 만드는 제3의 변수. 정책효과의 일부가 정책수단이 아닌 숨어 있는 다른 변수에서 기인하였을 때 그 인과관계를 설명하기 위한 개념 |
> | 선행변수 | 독립변수에 선행하여 작용함으로써 독립변수에 영향을 미치는 제3의 변수 |
> | 매개변수 | 독립변수와 종속변수 사이에서 매개하는 변수. 독립변수의 결과이면서 종속변수의 원인이 되는 제3의 변수 |
> | 조절변수 | 독립변수와 종속변수 간 상호작용효과를 나타나게 하는 제3의 변수 |
> | 억제변수 | 독립변수와 종속변수 간에 상관관계가 있는데도 없는 것처럼 보이도록 하는 제3의 변수 |
> | 왜곡변수 | 독립변수와 종속변수 간의 관계를 정반대의 관계로 나타나게 하는 제3의 변수 |
> | 구성변수 | 하나의 포괄적 개념은 다수의 하위개념으로 구성되는데, 구성변수는 이러한 포괄적 개념의 하위개념을 의미 |

2. 타당성

(1) 외적 타당성 : 정책평가 결과의 일반화 가능성
정책평가의 외적 타당성은 특정한 상황에서 얻은 정책평가가 다른 상황에도 그대로 적용될 수 있는 정도, 즉 정책평가 결과(정책변수의 효과에 대한 결론)를 일반화할 수 있는 정도를 말한다. 기출 21·19·18

(2) 내적 타당성 : 인과적 추론의 정확성
① 정책평가의 내적 타당성은 정책의 효과가 다른 경쟁적 원인들보다 당해 정책에만 기인하는 것이라고 판단할 수 있는 정도, 즉 정책 수단과 결과의 인과관계에 관한 추론의 정확성을 의미한다. 기출 18
② 정책평가의 내적 타당성은 정책이 집행된 이후에 나타나는 변화가 오직 해당 정책에 기인한 것인지, 다른 요인 때문인지를 밝히는 것과 관련된다. 기출 21·19
③ 허위변수나 혼란변수를 배제할 수 있다면 내적 타당성을 높일 수 있다.

(3) 구성적 타당성(개념적 타당성)
① 구성적 타당성은 연구에 사용된 측정도구가 이론적 구성개념과 일치하는 정도를 말한다. 기출 18
② 구성적 타당성은 처리, 결과, 상황 등에 대한 이론적 구성요소들을 성공적으로 조작화한 정도를 말한다.

(4) 통계적 결론의 타당성
① 통계적 결론의 타당성은 정책효과를 찾아낼 만큼 충분히 정밀하고 강력한 연구설계가 이루어진 정도를 말한다. 기출 18
② 통계적 결론의 타당성은 추정된 원인과 관련이 있는지에 관한 통계적인 의사결정의 타당성을 말한다(정책실시와 영향의 관계에서 정확도를 의미). 통계적 결론의 타당성은 제1종 오류 및 제2종 오류의 발생을 방지한다.

3. 신뢰도(신뢰성)
① 정책평가의 신뢰도(신뢰성)는 동일한 측정도구를 반복해서 사용했을 때 동일한 결과를 얻을 확률을 의미한다. 기출 21
② 신뢰성은 측정도구의 타당성을 담보할 수 있는 필요조건이며, 타당성보다 갖추기 쉽다. 어떤 측정이 타당성이 높다면 그 측정의 신뢰성은 높지만, 신뢰성이 높더라도 그 측정이 반드시 타당하다고 할 수는 없다.

V 정책평가의 타당성 저해 요인

1. 내적 타당성 저해요인
정책평가의 내적 타당성(원인과 결과에 대한 인과적 추론의 정확성)을 저해하는 요인으로 선정요인, 성숙요인, 역사요인, 상실요인, 측정요인, 회귀요인 등을 들 수 있다. 기출 21

(1) 선정요인(선발요인)
① 선정요인(선발요인)은 정책의 대상이 되는 실험집단과 통제집단(비교집단)이 동등하게 선발(선정)되지 못하여 발생하는 현상을 말한다.
② 선발요인은 실험집단 및 통제집단에 대한 무작위 배정과 사전측정을 통해 어느 정도 통제할 수 있다.

(2) 성숙요인(성장효과)

① 성숙요인(maturation effect)은 시간 경과에 따라 실험집단의 특성이 자연스럽게 변화(성장·발전)함으로써 결과에 영향을 미치는 현상을 말한다. 기출 18
② 성숙요인(성장효과)은 시간의 흐름에 따라 자연스럽게 나타나는 실험 전과 실험 후의 상태의 차이를 정책효과로 잘못 평가하는 경우에 발생한다.
③ 성숙요인은 통제집단 구성이나 실험기간의 제한 등으로 어느 정도 통제가 가능하다.

(3) 역사요인(역사적 요소, 사건효과)

① 역사요인(history)은 특정 프로그램(정책) 처리가 집행될 즈음에 외부환경에서 일어난 비의도적인 사건(역사적 사건) 발생이 실험에 영향을 미치는 현상을 말한다.
② 사례 : 정부가 혼잡통행료 제도의 효과를 측정하기 위해 혼잡통행료 실시 이전과 실시 후의 도심의 교통혼잡도를 측정·비교하였는데, 두 측정시점 사이에 유가가 급등하는 상황이 발생한 경우
③ 역사요인은 통제집단 구성이나 실험기간의 제한 등으로 어느 정도 통제가 가능하다.

(4) 상실요인

① 상실요인(mortality)은 정책집행 기간에 대상자 일부가 이탈하여 사전 및 사후 측정값이 달라지는 것과 관련이 있다.
② 상실요인은 정책집행 기간 중 대상 집단의 일부가 탈락해서, 남아 있는 대상이 처음과 다른 경우에 발생한다.
③ 상실요인은 무작위 배정이나 사전측정으로 어느 정도 통제가 가능하다.

(5) 측정요인(검사요인, 시험효과)

① 측정요인(시험효과, testing)은 실험대상자들이 사전측정의 내용에 대해 친숙하게 되어 사후 측정값이 달라지거나 영향을 받는 것을 말한다.
② 측정요인은 '눈에 띄지 않는 관찰' 방법 등으로 통제할 수 있다.

(6) 측정수단요인(측정도구의 변화, 도구요인)

① 측정수단요인(측정도구의 변화)은 연구자(측정자)의 측정기준이나 측정도구(측정방법)가 달라짐으로써 측정결과에 영향을 미치는 것을 의미한다.
② 도구요인(instrumentation)은 실험집단과 비교집단의 측정수단을 달리하거나, 정책 실시 전과 실시 후의 정책효과 측정수단이 다른 경우에 발생한다.

(7) 회귀요인(통계적 회귀)

① 회귀요인(통계적 회귀)은 실험집단으로 선정된 집단이 잘못 선정되어 측정하고자 하는 결과변수의 수준이 지나치게 높거나 낮았다가 다음 측정에서는 평균치로 향하는 것을 의미한다.
② 회귀요인(regression artifact)은 실험집단의 구성에 있어 극단치가 포함되어 있는 경우 그 효과는 재실험을 통해 감소되는 경향을 말한다.
③ 회귀요인은 극단성향의 집단을 실험대상에서 회피하거나 신뢰성 있는 측정도구 사용으로 어느 정도 통제가 가능하다.

2. 외적 타당성 저해요인

(1) 호손(Hawthorne) 효과(실험조작반응 효과)
① 호손(Hawthorne) 효과는 실험집단 구성원이 자신이 실험대상임을 인지하고 평소와 다른 특별한 반응을 보이는 현상으로 인해 평가결과의 일반화(다른 상황에의 적용) 가능성을 저해하는 것을 말한다.
② 호손(Hawthorne) 효과는 인위적인 실험환경에서 얻은 정책평가결과는 실제 사회 현실에의 적용가능성에 의문이 있을 수 있다는 것을 보여준다.

(2) 다수적 처리에 의한 간섭
동일집단에 여러 번의 실험적 처리를 할 경우 실험처리에 어느 정도 익숙해짐으로써 얻은 실험결과는 일반화하여 적용하기가 곤란함을 의미한다.

(3) 표본의 대표성 부족
① 양 집단 간 동질성이 있다 하더라도 각 집단의 구성원이 사회적 대표성이 없으면 그 실험결과를 일반화하기 곤란함을 의미한다.
② 예를 들면, 일정한 연령층을 대상으로 선정한 실험 집단과 통제집단으로부터 얻은 평가결과는 다른 연령층에 그대로 적용되지 않을 수 있다.

(4) 실험조작과 측정의 상호작용
① 사전 측정(pre-test)을 받아본 적이 있는 실험대상자들에게 나온 결과를 사전측정을 받아 본 적이 없는 모집단에 일반화하여 적용하기 곤란함을 의미한다.
② 사전 측정(pre-test)이 실험 처리에 대한 피조사자의 감각에 영향을 줄 수 있으므로 그에 따라 얻는 결과를 모집단에 일반화하면 편의(bias)가 발생할 수 있음을 의미한다.

(5) 크리밍 효과
① 크리밍 효과(creaming effect)는 정책평가과정에서 효과가 크게 나타날 사람들만 의도적으로 실험집단에 포함시킴으로써 실제보다 정책의 효과가 과대평가되는 경우를 설명하는 개념이다.
② 크리밍 효과는 정책평가에 있어서 조건이 양호한 집단을 대상으로 정책수단을 실시한 후 그 결과가 좋게 나타난 정책수단을 다른 상황에 적용하려고 하는 경우에 나타나는 외적 타당성의 문제이다.
③ 크리밍 효과는 준실험에서 발생할 수 있는 것으로 두 집단 간 동질성이 확보되지 못한 상태의 실험이므로 어떤 요인이 내적 타당성과 외적 타당성을 모두 저해할 수 있다는 것을 보여준다.

Ⅵ 정책평가의 방법

1. 비실험적 방법
① 비실험적 방법이란 비교집단(통제집단)이 구성되지 않은 실험을 의미한다(좁은 의미). (예 단일집단 사전사후측정설계 방식)
② 넓은 의미로는 실험 외적인 요인을 통제하지 않은 채 진행되는 실험을 의미한다.

③ 비실험적 방법은 실현가능성과 외적 타당성이 높은 장점이 있지만, 내적 타당성을 확보하기 어렵다는 단점이 있다.
④ **통계적 비실험**: 실험적 설계 없이 시계열 분석 등 통계적 분석으로 외생변수의 영향을 제거하고 정책이 결과변수에 미친 영향을 순수하게 파악하고자 하는 방법이다. 허위변수나 혼란변수를 정확히 파악하여 제거할 수 없으므로 내적 타당성이 저해된다는 한계가 있다.
⑤ 정책실험을 할 수 없는 경우, 통계분석 기법을 이용해서 정책효과의 인과관계를 추론하는 것을 비실험적 정책평가 설계라고 하며 회귀분석이나 경로분석 등이 있다.

2. 실험적 방법

(1) 진실험

① 진실험(true experiment)은 실험집단과 통제집단(비교집단)의 동질성을 확보해 행하는 실험적 평가방법이다(예 통제집단 사전사후측정설계 방식).
② 진실험은 실험집단과 통제집단의 동질성을 확보하여 진행하는 실험이므로 역사적 효과(역사요인), 성숙효과(성숙요인), 선발효과(선정요인)의 영향이 줄어들어 내적 타당성이 확보된다(내적 타당성이 가장 높은 방법).
③ 진실험 설계에 의한 정책영향평가 과정에서 연구대상의 무작위 배정은 실험 집단과 통제 집단의 동질성을 확보함으로써 내적 타당성을 높일 수 있다.
④ 진실험은 엄격하게 통제된 인위적 환경 하에서 진행되므로, 실험의 실현 가능성이나 외적 타당성이 가장 낮은 방법이다.
⑤ 진실험 설계에서는 정책이 집행되기 전부터 미리 준비된 평가라는 점에서 연구자가 사전에 계획하여 실험집단과 통제집단을 무작위 배정할 수 있기 때문에 미래지향적(prosective) 성격이 강하다.

(2) 준실험

① 준실험(quasi-experiment)은 실험집단과 통제집단(비교집단)의 동질성을 확보하지 못한 상태에서 행하는 실험적 평가방법이다. 기출 19
② 진실험과 준실험의 차이는 실험집단과 통제집단의 무작위 배정에 의한 동질성 확보 여부이다.
③ 짝짓기(maching)를 통하여 제3의 요인에 관하여 실험집단과 통제집단을 어느 정도 동등화시킬 수 있다.
④ 회귀-불연속 설계나 단절적 시계열 설계는 과거지향적(retrospective)인 성격을 갖는 준실험 설계방식에 해당한다.
  ㉠ 회귀-불연속 설계: 실험집단과 통제집단에 실험대상을 배정할 때 분명하게 알려진 자격기준(eligibility criterion)을 적용하는 방법으로, 투입자원이 희소하여 오직 대상집단의 일부에게만 희소자원이 공급될 수밖에 없는 경우에 적합한 준실험 설계 유형이다. 회귀-불연속 설계는 구분점(구간)에서 회귀직선의 불연속적인 단절을 이용한다.
  ㉡ 단절적 시계열 설계: 동일 정책대상집단에 대해 정책집행을 기준으로 여러 번의 사전, 사후측정을 하여 정책효과를 추정하는 재귀적 시험설계 방법으로 대표적인 준실험 설계 유형이다.

⑤ 준실험은 집단의 비동질성으로 인해 성숙효과(성숙요인), 역사적 효과(역사요인), 선발효과(선정요인) 등으로 인하여 내적 타당성이 저해된다. 다만 인위적 요소가 많지 않아 진실험에 비해 실험의 실현가능성과 외적 타당성은 높다. 기출 18

[실험적 방법(진실험, 준실험)과 비실험적 방법의 비교]

구 분		실험집단과 통제집단	내적 타당성	외적 타당성	실행가능성
실험적 방법	진실험	동질성 확보 ○	높 음	낮 음	낮 음
	준실험	동질성 확보 ×	중 간	중 간	중 간
비실험적 방법		–	낮 음	높 음	높 음

3. 사회실험과 자연실험

(1) 사회실험

① 사회실험은 자연과학의 실험실 실험으로서 실험집단과 통제집단(control group) 또는 비교집단(comparison group)을 동질적으로 선정하여 행하는 실험이다.
② 진실험 방법을 활용하여 사회실험을 진행할 경우 실험대상자들이 자신이 실험대상이라는 사실을 인지함으로써 평소와 다른 행동을 할 경우 호손 효과(Hawthorne Effect)와 같은 외적 타당성 저해요인이 발생할 수 있다.
③ 실험집단과 비교집단을 무작위 배정(random assignment)할 수 없어 집단 간 동질성 확보가 불가능하면, 준실험 방법을 채택하여 진행할 수 있다.
④ 아직 검증되지 않은 정책 프로그램에 대규모 투자를 하기 전에 그 결과를 미리 평가해 보는 것이 사회실험의 중요한 목적 중 하나이다.
⑤ '솔로몬 4집단 설계'는 '통제집단 사전・사후 설계'와 '통제집단 사후 (비교)설계'의 장점을 갖는다.

(2) 자연실험

① 자연실험(natural experiment)은 변수를 인위적으로 통제하는 진실험보다는 자연스러운 상태 하에서 실시되는 비실험(또는 준실험)에 가까운 실험설계 방식이다.
② 자연실험에서는 사회실험에 비해 비용 문제나 윤리적 문제 때문에 어려움을 겪을 가능성이 적다.
③ 자연실험에서 실험 여건은 자연적인 충격(shock)뿐만 아니라 급격한 정책이나 제도변화에 의해서도 형성된다.
④ 독립변수와 종속변수가 서로 영향을 주고받는 동시적 관계에 있을 때 이를 통제하기 위한 수단으로 자연실험을 이용할 수 있다.

Ⅶ 호그우드(Hogwood)와 피터스(Peters)가 제시한 정책변동의 유형

(1) 정책혁신
① 정책혁신은 기존의 조직이나 예산이 전혀 없는 상태에서 새로운 정책이 만들어지는 결정을 말한다.
② 정책혁신은 사회문제가 처음으로 정책문제로 전환되고 이것을 해결하기 위해 정부가 정책을 결정하는 것으로서, 현재의 정책이나 활동이 없고, 담당조직도 없으며 예산이나 사업 활동도 없는 '무(無)'에서 새로운 것을 만드는 것이다.

(2) 정책승계
① 정책승계는 정책의 기본 목표는 유지하되, 정책을 대체 혹은 수정하거나 일부 종결하는 것을 말한다.
② 실질적인 정책내용이 변화하더라도 정책목표가 변하지 않는다면 이를 정책승계라 한다.
③ 정책승계는 정책목표는 변화되지 않지만 정책수단인 사업이나 사업을 담당하는 조직, 예산 항목에서 중대한 변화가 일어난다는 점에서 정책유지와 다르다.
④ 정책승계는 현존하는 정책의 기본적 성격을 바꾸는 것으로서, 정책의 근본적인 수정을 필요로 하는 경우 정책을 없애고 새로이 완전히 대체하는 경우(선형적 승계) 등을 포함한다.
⑤ 정책승계의 유형
  ㉠ 선형적 승계(정책대체) : 정책목표를 변경하지 않는 범위 내에서 정책 내용을 완전히 새로운 것으로 대체하는 것을 말한다. 과속차량 단속이라는 목표를 변경하지 않고 기존에 경찰관이 현장에서 직접 단속하는 수단을 무인 감시카메라 설치를 통한 단속으로 대체하는 것이 선형적 승계에 해당한다.
  ㉡ 부분적 종결 : 일부정책을 유지하면서 일부는 완전히 폐지하는 정책승계를 말한다.
  ㉢ 우발적 승계 : 다른 분야의 정책변동에 연계하여 우발적인 변화가 나타나는 형태의 정책승계를 말한다.
  ㉣ 복합적 승계 : 정책유지, 정책대체, 정책종결 또는 정책추가 등 3개 이상의 정책승계가 복합적으로 나타나는 것을 말한다.
  ㉤ 정책분할 : 하나의 정책이 다수의 새로운 정책으로 분할되는 형태의 정책승계를 말한다.
  ㉥ 정책통합 : 같은 분야의 정책이 합하여짐으로써 새로운 정책이 나타나는 형태의 정책승계를 말한다.

(3) 정책유지
① 정책유지는 기존 정책의 기본 골격(성격)을 유지하면서 정책수단의 부분적인 변화만 이루어지는 것을 말한다.
② 정책유지는 정책의 기본적 특성을 그대로 유지시키는 것으로서, 정책의 집행과정에서 일어나는 변화와 현재의 특수사정 등에 적응하기 위해서 일어나는 경우가 많다.

(4) 정책종결
① 정책종결은 다른 정책으로의 대체 없이 기존 정책을 완전히 중단하는 것을 말한다.
② 정책목표를 달성하기 위한 전반적인 정책수단을 소멸시키고 이를 대체할 다른 정책을 마련하지 않는 것을 정책종결이라 한다.
③ 정책종결은 현존하는 정책을 완전히 소멸시키는 것으로 정책수단이 되는 사업과 예산을 중단하고 이들을 대체할 다른 수단을 결정하지 않는 경우이다.

VIII 정책변동의 이론적 모형

1. 정책지지연합모형

(1) 의 의

① 사바티어와 마즈매니언(Sabatier & Mazmanian)이 제시한 정책지지연합모형은 10년 이상의 장기간에 걸쳐 신념 체계에 기초한 지지연합의 상호작용과 정책학습, 정치체제의 변화와 사회경제적 환경의 변화로 인해 정책이 변동한다는 모형이다.
② 정책지지연합모형에서는 신념체계에서 규범적 핵심이나 정책 핵심의 변화가 쉽게 나타나지 않기 때문에 근본적인 정책변동은 잘 이루어지지 않는다고 본다. 기출 19
③ 정책지지연합모형에서 정책변화를 이해하기 위한 분석단위로 정책하위체제에 중점을 두고 있다. 즉 정책지지연합모형에서는 정책을 기계적 집행과정이 아니라 변동되는 학습과정으로 보고 집행과정에 있어서 정책지지연합으로 구성되는 정책하위시스템에 중점을 두고 있다.

(2) 특 징

① 정책지지연합모형은 정책지지연합 등 정책을 둘러싼 외적인 환경변수를 정책집행과정과 연계함으로써 정책변동을 설명한다.
② 정책지지연합모형은 정책변화의 과정과 정책지향적 학습의 역할을 이해하려면 단기보다 중장기기간이 필요하다고 보았다. 특히 정책변동에 영향을 주는 외부적 사건은 10년 정도의 기간에 걸쳐 영향을 줄 수 있다고 전제한다.
③ 정책지지연합별 행위자들의 기저핵심신념(deep core beliefs)은 쉽게 변화되지 않으며 행위자들은 이러한 신념을 관철시키기 위하여 서로 경쟁·갈등하고 그 과정에서 정책은 변동된다.
④ 정책지지연합모형은 신념체계별로 여러 개의 연합으로 구성된 정책행위자 집단이 자신들의 신념을 정책으로 관철하기 위하여 경쟁한다는 점을 강조한다. 지지연합(옹호연합)은 그들의 신념 체계가 정부 정책에 관철되도록 여론, 정보, 인적자원, 물적자원 등을 동원하고 활용한다. 지지연합(옹호연합) 사이에서 정치적 갈등 발생 시 정책중재자가 이를 조정하는 중요한 역할을 한다.
⑤ 분석단위로 정책문제에 관심을 가지는 공공 및 민간 조직의 행위자들로 구성되는 정책하위체계(정책하위시스템, policy sub-system)라는 개념을 활용한다. 정책의 기본적 과정은 신념체계별로 구성된 정책하위시스템 내의 정책지지연합들 간 경쟁과 갈등·타협과정(상향적 접근)이라고 본다.
⑥ 정책행위자가 강한 정책신념을 가지고 있다고 간주하며 정책행위자의 신념을 형성·변경시키는 데에 있어 과학적·기술적인 정보가 큰 영향을 미치기 때문에 전문가나 연구자의 역할이 중요시된다고 가정한다.
⑦ 정책지지연합모형에서 정책변동의 핵심경로는 정책지향적 학습, 외부적 충격, 정책하위체계의 내부적 사건, 교섭된 합의 4가지로 보았다.

2. 정책패러다임 변동모형

① 홀(P. Hall)이 제시한 정책패러다임 변동모형은 정책이 한 사회의 패러다임의 변화에 의해 일어난다는 것으로, 정책목표와 정책수단에 있어서 급격한 변화를 가져오는 정책변동을 패러다임 변동(Paradigm Shift)으로 개념화하였다.
② 정책패러다임 변동모형은 정책목표, 정책수단, 정책환경 3가지 변수 중 정책목표와 정책수단에 급격한 변화가 발생하는 정책변동모형이다.
③ 정책은 급격한 변동이 쉽지 않다는 사바티어의 주장과 달리, 홀(P. Hall)은 정책의 근본적인 패러다임이 급격히 변동될 수도 있다고 설명한다(예 자유방임주의 → 케인즈주의 → 통화주의).

3. 단절균형모형

① 단절균형모형(Punctuated Equilibrium)은 역사적 신제도주의의 제도변화이론 중 하나이다. 역사적 신제도주의는 제도의 협착(제도의 정체상태)을 강조하며, 정책 변동(제도 변화)은 사회경제적 위기나 군사적 갈등과 같은 외부적 충격에 의해 단절적으로 급격하게 발생하고, 단절(변동)이 있은 후에 다시 균형을 이룬다고 보고 있다.
② 단절균형모형은 정책이 어떤 계기로 변동되는 이유를 설명해준다(단절 이후 균형 유지).

4. 이익집단 위상변동모형

① 무치아로니(Mucciaroni)가 제시한 이익집단 위상변동모형은 정책결정은 특정 이익집단의 사적 이익과 사회전체의 공적 이익 간의 선택의 문제로 나타나며, 정책의 내용은 사적 이익을 추구하는 이익집단의 위상이 정책과정에서 어떠한 위치를 차지하고 있느냐에 따라 달라질 수 있다고 본다.
② 무치아로니(Mucciaroni)는 이익집단의 위상변동을 이슈맥락과 제도맥락이라는 두 가지 개념을 사용하여 설명한다. 이슈맥락은 이념, 경험, 환경적 요인과 같이 정책의 유지 혹은 변동에 영향을 미치는 정책요인을 말한다. 제도맥락은 입법부나 행정부의 지도자들을 포함한 구성원들이 특정한 정책이나 사업에 대하여 지니고 있는 선호나 행태를 말한다.

제 2 장 정책론

제1절 정책과 정책학의 본질

01 로위(T. Lowi)의 정책유형에 해당하는 것을 모두 고른 것은? `20 행정사 제8회`

ㄱ. 분배정책
ㄴ. 규제정책
ㄷ. 보호적 규제정책
ㄹ. 자율규제정책
ㅁ. 재분배정책
ㅂ. 구성정책

① ㄱ, ㄴ, ㄷ, ㄹ
② ㄱ, ㄴ, ㅁ, ㅂ
③ ㄱ, ㄹ, ㅁ, ㅂ
④ ㄴ, ㄷ, ㄹ, ㅁ
⑤ ㄷ, ㄹ, ㅁ, ㅂ

해설

[ㄱ▸O] [ㄴ▸O] [ㅁ▸O] [ㅂ▸O] 로위(T. Lowi)는 정책의 유형을 강제력의 행사방법과 적용대상에 따라 분배정책(국방, 고속도로, 항만과 같이 정부가 조달한 재정자원을 다수의 국민에게 재화와 서비스를 제공하기 위해 배분하는 가장 일반적인 정책유형)❶, 규제정책(허위과장광고 규제나 오염물질 배출 규제와 같이 공익 차원에서 개인이나 기업의 특정한 권리행사를 제약하는 것에 관한 정책)❷, 재분배정책(실업자나 저소득층의 소득안정 정책이나 빈곤층을 위한 사회보장 정책과 같이 비용의 부담 주체는 고소득층이고 수혜 대상은 저소득층인 정책)❸, 구성정책(정부기구 신설이나 개편, 선거구 획정 등과 같이 정부 내지 국가 자체의 운영규칙에 관련한 정책)❹으로 분류하였다.

[ㄷ▸×] 보호적 규제정책은 리플리와 프랭클린(Ripley & Franklin)이 분류한 정책유형으로, 최저임금보장, 공공서비스요금 규제와 같이 다수의 국민의 이익을 보호하기 위하여 기업활동의 내용을 규제하는 정책을 말한다.

[ㄹ▸×] 자율규제정책은 설리스베리(Salisbury)가 분류한 정책유형으로, 의사, 변호사, 약사, 미용사 등과 같이 영업 활동에 대한 규제 내용을 업종에 종사하는 회원의 단체가 스스로 정하고 감시하는 정책유형을 말한다.

● 정책학자들의 정책분류

학 자	정책유형
로위(T. Lowi)	분배정책, 규제정책, 재분배정책, 구성정책
알몬드와 파우얼(Almond & Powell)	분배정책, 규제정책, 상징정책, 추출정책
리플리와 프랭클린(Ripley & Franklin)	분배정책, 경쟁적 규제정책, 보호적 규제정책, 재분배정책
설리스베리(Salisbury)	분배정책, 규제정책, 재분배정책, 자율규제정책

답 ②

02 리플리와 프랭클린(R. B. Ripley & G. A. Franklin)은 정책유형이 달라짐에 따라 정책형성과정과 정책집행과정도 달라진다고 주장한다. 다음은 그들이 제시한 정책유형 중 어떤 정책에 관한 설명인가?

13 행정사 제1회

> 정부는 특정 전문지식과 자격을 갖춘 몇몇 개인이나 기업(집단)에게 특정한 기간 동안 사업을 할 수 있도록 허용하되 일정한 기간 후에는 자격조건을 재심사하도록 함으로써 경쟁력을 높이고, 공익을 위해서 서비스 제공에 대한 규정을 지키도록 하는 것이다.

① 경쟁적 규제정책
② 보호적 규제정책
③ 상징정책
④ 분배정책
⑤ 재분배정책

해설

[❶ ▶ O] 제시된 글은 경쟁적 규제정책에 대한 설명이다. 항공노선 배정이나 이동통신 주파수 배정과 같이 이권이 개입된 특정 서비스 제공의 권리를 다수의 경쟁자 중에서 특정 개인이나 집단에만 제한적으로 부여하고 이들의 영업활동 등을 특별히 규제하는 정책을 말한다.

[❷ ▶ ×] 보호적 규제정책은 최저임금보장, 공공서비스요금 규제와 같이 다수의 국민의 이익을 보호하기 위하여 기업활동의 내용을 규제하는 정책을 말한다.

[❸ ▶ ×] 알몬드와 파우얼(G. Almond & B. Powell)의 상징정책은 국기 게양, 국경일 행사, 올림픽이나 월드컵과 같은 국제행사 개최 등 국가에 대한 애국심과 자긍심 고취 그리고 국민 통합의 상징적 의미를 가진 정책을 말한다.

[❹ ▶ ×] 분배정책은 정부가 조달한 재정자원을 다수의 국민에게 재화와 서비스를 제공하기 위해 배분하는 가장 일반적인 정책유형으로서 국·공립학교 서비스, 공항·항만 등 사회간접자본의 건설 등이 이에 해당한다.

[❺ ▶ ×] 재분배정책은 실업자나 저소득층의 소득안정 정책이나 빈곤층을 위한 사회보장 정책과 같이 비용의 부담 주체는 고소득층이고 수혜 대상은 저소득층인 정책을 말한다.

답 ❶

03 정책유형 중 상징정책에 해당하는 것을 모두 고른 것은?

ㄱ. 선거구의 통폐합
ㄴ. 올림픽 등 국제행사의 유치 및 개최
ㄷ. 국경일의 제정 및 준수
ㄹ. 국공립학교를 통한 교육서비스 제공
ㅁ. 조세 부과 및 징병

① ㄴ, ㄷ
② ㄷ, ㄹ
③ ㄱ, ㄴ, ㄹ
④ ㄱ, ㄷ, ㄹ
⑤ ㄴ, ㄷ, ㅁ

해설

[ㄴ▶○][ㄷ▶○] 알몬드와 파우얼(G. Almond & B. Powell)의 상징정책은 국가에 대한 애국심과 자긍심 고취 그리고 국민 통합의 상징적 의미를 가진 정책을 말한다. 올림픽 등 국제행사의 유치 및 개최(ㄴ), 국경일의 제정 및 준수(ㄷ)는 상징정책에 해당한다.
[ㄱ▶✕] 선거구의 통폐합은 구성정책에 해당한다.
[ㄹ▶✕] 국공립학교를 통한 교육서비스 제공은 분배정책에 해당한다.
[ㅁ▶✕] 조세 부과 및 징병은 추출정책에 해당한다.

● 정책유형에 따른 예시

추출정책	조세의 부과, 징병, 성금 모금, 준조세, 부담금, 토지수용
규제정책	허위·과장광고 규제, 오염물질 배출 규제
분배정책	국공립학교를 통한 교육서비스 제공, 도로·공원·공항·항만 등 사회간접자본의 건설
상징정책	국기 계양, 국경일의 제정 및 준수, 올림픽이나 월드컵과 같은 국제행사의 유치 및 개최
구성정책	정부기구 신설이나 개편, 선거구 획정
재분배정책	누진과세, 저소득층의 소득안정 정책, 빈곤층을 위한 사회보장 정책, 공공근로사업
경쟁적 규제정책	항공노선의 배정, TV·라디오 방송권의 부여, 이동통신 사업자의 선정
보호적 규제정책	독과점 규제, 원산지 표시정책, 그린벨트 보호, 최저임금제 및 근로기준, 오염기준 설정, 안전규제 등

답 ①

04 공공서비스 생산방식 중 이용권(voucher)에 관한 설명으로 옳지 않은 것은? 24 행정사 제12회

① 공공서비스의 생산을 민간에 위탁하는 방법 중의 하나이다.
② 시민들은 정부가 지정하는 하나의 서비스 제공 기관에서 이용권을 사용하여야 한다.
③ 보건복지부는 각종 돌봄서비스에서 전자 이용권을 제공하고 있다.
④ 소비자 중심의 맞춤형 사회서비스가 강조되면서 서비스가 확대되고 있다.
⑤ 노인, 장애인, 보육 정책 등에서 서비스가 확대되고 있다.

해설

[❶▸○]   이용권(바우처, voucher)이란 공공서비스의 생산을 민간부문에 위탁하면서 시민들의 서비스 구입부담을 완화시키기 위해 소비자에게 금전적 가치가 있는 증서를 제공하는 방식을 의미한다.
[❷▸×]   이용권(바우처, voucher) 제도란 정부가 수요자에게 쿠폰을 지급하여 원하는 공급자를 선택토록 하고, 공급자가 수요자로부터 받은 쿠폰을 제시하면 정부가 재정을 지원하는 방식을 말하므로, 시민들이 정부가 지정하는 하나의 서비스 제공 기관에서 이용권을 사용하여야 하는 것은 아니다.
[❸▸○]   보건복지부는 각종 돌봄서비스에서 전자 이용권을 제공하고 있다.
[❹▸○]   이용권(바우처, voucher)은 소비자가 재화의 선택권을 갖는다는 장점이 있어 소비자 중심의 맞춤형 사회서비스가 강조되면서 서비스가 확대되고 있다.
[❺▸○]   사회복지 분야에서 노인, 장애인, 산모, 아동 등 사회서비스를 필요로 하는 사람들에게 이용권을 발급하여 서비스를 받을 수 있도록 하는 사회서비스 바우처가 많이 활용되고 있다.

답 ❷

제2절 정책의제와 정책목표

05 정책의제 설정에 영향을 미치는 요인이 아닌 것은? 22 행정사 제10회

① 사회 이슈와 관련된 행위자가 많고, 문제해결을 위한 다수의 정책 대상 집단에게 영향을 미치는 경우 보다 쉽게 정책의제화될 수 있다.
② 사회문제로 인한 피해자 숫자가 많거나 피해의 사회적 의미가 중대할수록 정책의제로 채택될 가능성이 높다.
③ 정책의제설정은 정책이해관계자, 이슈가 되는 정책문제, 문제를 논의하는 제도적 환경 등 복합적인 관계의 영향을 받지 않는다.
④ 국민적 관심과 집결도가 높거나 특정 사회 이슈에 대해 정치인의 관심도가 클수록 정책의제화될 가능성이 높다.
⑤ 정책의제화를 요구하는 집단의 규모와 영향력이 클수록 정책의제화될 가능성이 높다.

해설

[❶▶○][❷▶○][❹▶○][❺▶○] 정책의제 설정에 영향을 미치는 요인은 정책문제 자체의 관련요인, 주도집단과 참여자 관련요인, 정치적 요인으로 구분된다. 정책문제 자체의 관련요인의 관점에서 사회 이슈와 관련된 행위자가 많고, 문제해결을 위한 다수의 정책 대상 집단에게 영향을 미치는 경우,❶ 사회문제로 인한 피해자 숫자가 많거나 피해의 사회적 의미가 중대한 경우,❷ 정책의제화될 가능성이 높다. 주도집단과 참여자 관련요인의 관점에서 정책의제화를 요구하는 집단의 규모와 영향력이 클수록 정책의제화될 가능성이 높다.❺ 정치적 요인의 관점에서 보면 국민적 관심과 집결도가 높거나 특정 사회 이슈에 대해 정치인의 관심도가 클수록 정책의제화될 가능성이 높다.❹

[❸▶×] 정책문제는 여러 문제와 얽혀 있고 한 곳에 머물러 있지 않으며 환경변화에 따라 그 성격과 해결책이 달라지게 되므로 <u>정책의제설정은 정책 이해관계자, 이슈가 되는 정책문제, 문제를 논의하는 제도적 환경 등 복합적인 관계의 영향을 받게 된다.</u>

답 ❸

06 콥과 엘더(Cobb & Elder)가 제시한 정책의제설정 순서를 올바르게 나열한 것은?

25 행정사 제13회

ㄱ. 사회적 쟁점
ㄴ. 사회문제
ㄷ. 공중의제(public agenda)
ㄹ. 제도의제(institutional agenda)

① ㄱ - ㄴ - ㄹ - ㄷ
② ㄴ - ㄱ - ㄷ - ㄹ
③ ㄴ - ㄷ - ㄱ - ㄹ
④ ㄷ - ㄴ - ㄱ - ㄹ
⑤ ㄹ - ㄱ - ㄴ - ㄷ

해설

[❷ ▶ ○] 콥과 엘더(Cobb & Elder)는 정책의제 설정의 과정을 "(ㄴ) 사회문제 → (ㄱ) 사회적 쟁점(사회적 이슈) → (ㄷ) 공중의제(public agenda, 체제의제) → (ㄹ) 제도의제(institutional agenda, 정부의제)" 4가지 단계로 제시하였다.

● 콥과 엘더(Cobb & Elder)가 제시한 정책의제설정 순서

사회문제	많은 사회 구성원들이 고민하고 고통받는 문제

⇩ ← **촉발장치(점화장치)** : 예상치 못한 위기나 재난 등 극적 사건

사회적 쟁점	사회문제의 성격이나 그 해결방안에 대하여 논란의 대상이 되는 것

⇩ ← 일반 대중의 주목(공적 관심의 공유)

공중의제 (체제의제)	일반 대중이 정부가 해결방안을 강구해야 한다고 공감하는 문제(일반 공중의 주목을 받게 된 의제). 아직 문서화되거나 공식화되지 않은 의제

⇩ ← 정부의 공식적 채택

제도의제 (정부의제)	정책담당자가 공식적으로 논의하기로 결정한 정책문제. 정부의제가 되면 그 사회문제는 해결될 가능성이 높아짐

답 ❷

07 정책의제설정에 관한 설명으로 옳지 않은 것은? `21` 행정사 제9회

① 공중의제는 사회문제 혹은 사회적 쟁점이 한 단계 더 나아가 일반 공중의 주목을 받게 된 의제를 말한다.
② 외부주도형은 공중의제화를 억제하기 때문에 일종의 음모형에 해당한다.
③ 동원형은 사회문제가 정부의제로 먼저 채택되고, 정부의 의도적인 노력에 의해서 공중의제로 확산되는 경우를 말한다.
④ 내부접근형은 선진국의 경우, 특수 이익집단이 비밀리에 정부의 혜택을 보려는 외교・국방정책 등에서 주로 나타난다.
⑤ 위기나 재난 등 극적 사건은 사회문제를 정부의제화시키는 점화장치에 해당된다.

해설

[❶ ▶ ○] 사회문제(공공문제)는 그 심각성에 대한 일반 국민의 인식이 확산되고 서로 다른 다양한 의견이 개진되면서 사회적 쟁점으로 부각된다. 이들 중 일부는 사회적 쟁점 수준을 넘어 점차 일반 공중의 주목을 받아 정부에 문제해결을 촉구하는 공중의제가 된다. 공중의제 중에서 또다시 일부는 정부의 공식적인 문제해결 의지를 담은 정부의제(= 정책의제, 공식의제, 제도적 의제)가 된다.

[❷ ▶ ✕] 공중의제화를 억제하기 때문에 일종의 음모형에 해당하는 것은 내부접근형이다. 내부접근형(= 내부주도형)은 정부기관 내의 관료집단이나 정책결정자에게 쉽게 접근할 수 있는 외부집단이 최고정책결정자에게 접근하여 정부의제로 설정하는 방식을 말한다(㉠ 사회문제 → ㉡ 정부의제). 외부주도형은 외부집단에서 먼저 사회문제에 대한 인식이 이루어지고 이것을 공중의제로 확산시키고 나아가 정부의제로 발전시키는 경우를 말한다(㉠ 사회문제 → ㉡ 사회적 쟁점 → ㉢ 공중의제 → ㉣ 정부의제).

[❸ ▶ ○] 동원형은 정부가 먼저 사회문제의 심각성을 인식하고 정부의제로 채택한 다음, 이어 대국민 홍보를 통해 공중의제로 전환하고 국민의 지지를 확보해가는 의제설정방식을 말한다(㉠ 사회문제 → ㉡ 정부의제 → ㉢ 공중의제).

[❹ ▶ ○] 내부접근형은 부나 사회적 지위가 편중된 불평등사회, 즉 후진국에서 주로 나타난다. 선진국의 경우, 특수 이익집단이 비밀리에 정부의 혜택을 보려는 외교・국방정책 등에서 주로 나타날 수 있다.

[❺ ▶ ○] 콥과 엘더(Cobb & Elder)의 의제설정과정 모형에서 사회문제는 사회적 이슈(사회적 쟁점) - 공중의제(체제의제) - 정부의제(제도의제)의 순으로 발전하게 되는데, 위기나 재난 등 극적 사건은 사회문제를 정부의제화시키는 점화장치(촉발장치)에 해당한다고 볼 수 있다.

답 ❷

08 콥과 로스(Cobb & Ross)가 제시한 정책의제설정 모형에 관한 내용으로 옳지 않은 것은?

17 행정사 제5회

① 외부주도형은 다원화되고 민주화된 선진국 정치체제에서 많이 나타나는 유형이다.
② 내부접근형은 고위의사결정자 등에 의해 정부의제가 먼저 설정되고 정책순응을 확보하기 위해 다각적인 홍보 등을 거쳐 최종적으로 정책의제로 채택되는 유형이다.
③ 외부주도형은 정부 바깥에 있는 집단이 사회문제를 정부가 해결해 줄 것을 요구하며 정부의제로 채택하도록 하는 유형이다.
④ 내부접근형은 국방, 외교 등 비밀 유지가 필요한 분야의 정책, 또는 강한 반대가 예상됨에도 불구하고 반드시 추진하려는 정책 등에서 찾아볼 수 있다.
⑤ 동원형은 정부의 힘이 강하고 민간부문이 취약한 후진국에서 많이 나타나는 유형이나, 선진국에서도 정치지도자가 특정한 사회문제해결을 주도하는 경우에 나타난다.

해설

[❶ ▶ ○] 외부주도형은 이익집단이 발달하고 정부가 외부의 요구에 민감하게 반응하는 정치체제, 즉 다원화된 선진국에서 일반적으로 발생한다.
[❷ ▶ ×] 고위의사결정자 등에 의해 정부의제가 먼저 설정되고 정책순응을 확보하기 위해 다각적인 홍보 등을 거쳐 최종적으로 정책의제로 채택되는 유형은 동원형이다(㉠ 사회문제 → ㉡ 정부의제 → ㉢ 공중의제). 내부접근형(= 내부주도형, 음모형)은 정부기관 내의 관료집단이나 정책결정자에게 쉽게 접근할 수 있는 외부집단이 최고정책결정자에게 접근하여 정부의제로 설정하는 방식을 말한다(㉠ 사회문제 → ㉡ 정부의제).
[❸ ▶ ○] 외부주도형은 외부 집단에서 먼저 사회문제에 대한 인식이 이루어지고 이것을 공중의제로 확산시키고 나아가 정부의제로 발전시키는 경우를 말한다(㉠ 사회문제 → ㉡ 사회적 쟁점 → ㉢ 공중의제 → ㉣ 정부의제).
[❹ ▶ ○] 내부접근형(= 내부주도형, 음모형)은 국방, 외교 등 비밀 유지가 필요한 분야의 정책, 또는 대중적 지지가 불필요하거나 반대세력이나 국민이 알면 곤란한 경우에 나타날 수 있다.
[❺ ▶ ○] 동원형은 민간부문이 취약한 계층사회나 권위주의사회를 가진 후진국에서 볼 수 있는 유형이나, 선진국에서도 정치지도자가 특정한 사회문제해결을 주도하는 경우에 나타난다.

답 ❷

제3절 정책과정의 참여자와 참여자 간 관계

09 정책과정의 참여자 중 공식적인 참여자에 해당하는 것은?　　22 행정사 제10회

① 이익집단　　② 입법부
③ 정 당　　④ 시민단체
⑤ 민간전문가

해설

[❷ ▶ ○]　정책결정의 참여자는 공식적 절차와 기구, 합법적 권위의 존재 여부에 따라 공식적 참여자와 비공식적 참여자로 구분된다. 공식적 참여자에는 입법부, 대통령과 행정수반, 행정부처, 사법부, 지방정부가 포함되고, 비공식적 참여자에는 정당, 이익집단, NGO(비정부집단), 시민, 전문가집단, 언론 등이 포함된다.

답 ❷

10 철의 삼각(iron triangle) 모형에서 동맹을 형성하는 집단들을 모두 고른 것은?　　15 행정사 제3회

ㄱ. 언론매체	ㄴ. 이익집단
ㄷ. 정 당	ㄹ. 행정기관
ㅁ. 의회 소관 위원회	

① ㄱ, ㄴ, ㄷ　　② ㄱ, ㄴ, ㅁ
③ ㄴ, ㄷ, ㄹ　　④ ㄴ, ㄹ, ㅁ
⑤ ㄷ, ㄹ, ㅁ

해설

[ㄴ ▶ ○] [ㄹ ▶ ○] [ㅁ ▶ ○]　철의 삼각(iron triangle) 또는 하위정부모형은 비공식 참여자로 분류되는 이익집단(ㄴ)과 공식적 참여자인 행정기관(고위관료)(ㄹ)과 의회의 소관 위원회(ㅁ) 간의 3자 연합이 각 정책영역별로 정책의 결정과 집행에 주도적인 영향을 미친다고 이해한다.

답 ❹

11 바흐라흐와 바라츠(P. Bachrach & M. Baratz)의 무의사결정론에 관한 설명으로 옳은 것을 모두 고른 것은?

23 행정사 제11회

> ㄱ. 무의사결정은 의사결정자의 가치나 이익에 대한 잠재적이거나 현재적인 도전을 억압하거나 방해하는 결과를 초래하는 결정을 의미한다.
> ㄴ. 무의사결정은 정책의제 채택과정에서 일어날 뿐 정책결정과 집행과정에서는 일어나지 않는다.
> ㄷ. 무의사결정을 추진하기 위하여 폭력이 동원되기도 한다.
> ㄹ. 엘리트론을 비판하면서 다원론을 계승 발전시킨 신다원론적 이론이다.

① ㄱ, ㄴ
② ㄱ, ㄷ
③ ㄱ, ㄹ
④ ㄴ, ㄹ
⑤ ㄷ, ㄹ

해설

[ㄱ ▶ ○] 바흐라흐와 바라츠(P. Bachrach & M. Baratz)는 「권력의 두 얼굴, 1963」에서, 권력은 '정책을 결정하는 권력(의사결정권력)'과 '정책의제가 채택되지 않도록 하는 권력(무의사결정권력)'의 두 가지 차원으로 행사됨을 설명하면서, Dahl의 다원론(다원적 권력이론)은 무의사결정권력에 대해서는 관심을 가지지 않았음을 비판하였는데, 이를 신엘리트이론이라 한다. 무의사결정은 의사결정자(엘리트)의 가치나 이익에 대한 잠재적이거나 현재적인 도전을 억압하거나 방해하는 결과를 초래하는 결정을 의미한다.

[ㄴ ▶ ×] 초기 논의의 초점은 정책의제 채택과정에서의 현상(정책문제화의 봉쇄)을 의미하였으나, 이후 정책결정과 집행과정까지 확대되었다. 넓은 의미의 무의사결정은 정책의 전 과정에서 일어난다.

[ㄷ ▶ ○] 무의사결정을 추진하기 위한 수단으로는 ㉠ 폭력을 이용하는 방법, ㉡ 변화 주도자에 대해 부여된 혜택을 박탈하거나 새로운 이익으로 매수하는 방법(적응적 흡수), ㉢ 새로운 주장을 비애국적·비윤리적 또는 지배적 정치이념에 위배되는 것으로 낙인찍는 방법(지배적인 가치·신념·편견의 동원), ㉣ 현존 규칙·절차를 재편성하는 방법 등이 있다.

[ㄹ ▶ ×] 무의사결정론은 고전적 다원론을 비판하면서 등장한 신엘리트이론이다.

답 ❷

12 정책과정의 참여자들에 관한 설명으로 옳지 않은 것은? ▨ 행정사 제13회

① 다원주의는 분야별 이익을 독점적으로 대표하는 제한된 수의 이익집단과 국가와의 협력을 강조한다.
② 이슈네트워크는 정책공동체에 비해 상대적으로 많은 이해관계자와 느슨한 관계를 가정한다.
③ 무의사결정론은 다원주의에 대한 비판적 시각에서 등장하였다.
④ 철의 삼각은 폐쇄적 경계를 강조하고, 배타성이 매우 강하다.
⑤ 정책공동체는 다양한 내·외부 전문가 집단의 참여를 강조하는 점에서 하위정부모형과는 차별화된다.

해설

[❶ ▸ ✕]   분야별 이익을 독점적으로 대표하는 제한된 수의 이익집단과 국가와의 협력을 강조하는 것은 조합주의(corporatism)이다. 조합주의는 정책결정에서 정부의 적극적인 역할을 인정하고, 이익집단과의 상호협력을 중시하는 이론이다. 정부는 중립적인 심판관을 넘어 국가이익이나 사회의 공동선을 달성하기 위해 주도적인 역할을 담당한다고 본다. 한편, 다원주의(pluralism)는 소수의 개인이나 집단이 아니라 다수의 집단이 정책결정의 장을 주도하고 이들이 정치적으로 조정과 타협을 거쳐 도달한 합의가 정책이 된다고 본다. 다원주의 시각에서 정부는 다양한 집단들 간에 공정한 타협이 이루어지도록 조정자 역할에 머물거나 게임의 법칙을 집행하는 심판자(중립적인 제3자) 역할을 할 것으로 기대한다.

[❷ ▸ ◯]   이슈네트워크는 정부부처의 관료, 의원, 기업가, 학자, 언론인 등을 포함하는 특정영역에 이해관계나 관심 있는 사람들은 누구나 참여할 수 있는 의사소통 네트워크로서, 참여 범위가 개방적이고 유동적이다. 이슈네트워크는 정책공동체에 비해 상대적으로 많은 이해관계자와 느슨한 관계를 가정한다. 반면 정책공동체는 특정 정책문제에 대한 전문성을 가진 사람들(행정관료, 정치인, 이익집단, 연구기관의 전문가 등에 한정)이 상호 이해를 공유하고 나아가 생산적이고 협력적인 파트너 관계를 유도하는 장으로서의 공동체를 말한다.

[❸ ▸ ◯]   무의사결정론은 다원주의에 대한 비판적 시각에서 등장하였다. 바흐라흐와 바라츠(P. Bachrach & M. Baratz)는 「권력의 두 얼굴, 1963」에서, 권력은 '정책을 결정하는 권력(의사결정권력)'과 '정책의제가 채택되지 않도록 하는 권력(무의사결정권력)'의 두 가지 차원으로 행사됨을 설명하면서, Dahl의 다원론(다원적 권력이론)은 무의사결정권력에 대해서는 관심을 가지지 않았음을 비판하였는데, 이를 신엘리트이론이라 한다. 무의사결정은 의사결정자(엘리트)의 가치나 이익에 대한 잠재적이거나 현재적인 도전을 억압하거나 방해하는 결과를 초래하는 결정을 의미한다.

[❹ ▸ ◯]   철의 삼각(iron triangle) 또는 하위정부모형은 비공식 참여자로 분류되는 이익집단과 공식적 참여자인 행정기관(고위관료)과 의회의 소관 위원회 간의 3자 연합이 각 정책영역별로 정책의 결정과 집행에 주도적인 영향을 미친다고 이해한다. 따라서 철의 삼각은 폐쇄적 경계를 강조하고, 배타성이 매우 강하다.

[❺ ▸ ◯]   정책공동체는 특정 정책문제에 대한 전문성을 가진 사람들(행정관료, 정치인, 이익집단, 연구기관의 전문가 등에 한정)이 상호 이해를 공유하고 나아가 생산적이고 협력적인 파트너 관계를 유도하는 장으로서의 공동체를 말한다. 정책공동체는 다양한 내·외부 전문가 집단의 참여를 강조하는 점에서 하위정부모형과는 차별화된다. 정책공동체 참여자의 범위는 '하위정부 모형'보다는 넓고, 이슈네트워크보다는 제한적이다.

답 ❶

13 정책이론에 관한 설명으로 옳지 않은 것은?

① 마르크스주의 – 현대국가는 모든 자본가 계층의 공통된 이해관계를 대변하기 위한 위원회와 같다.
② 엘리트주의 – 지배계층은 모든 정책과정을 장악하고 영향력을 행사하며 정책의 혜택을 누린다.
③ 무의사결정 – 정치적 행위자는 자신의 효용과 만족감을 최대화하기 위하여 합리적으로 행동한다.
④ 제도주의 – 정책분석의 초점은 정부제도의 공식적·법적 기구에 맞추는 것이다.
⑤ 다원주의 – 정부의 역할은 단지 집단 간의 이익대결과 갈등을 조정하는 중립적인 제3자에 불과하다.

해설

[❶ ▶ ○] 마르크스주의(Marxism)는 현대국가를 모든 자본가 계층의 공통된 이해관계를 대변하기 위한 위원회와 같다고 본다. 마르크스주의에 의하면, 사회는 지배계급과 피지배계급으로 나뉘는데 경제적 부를 소유한 지배계급(자본가 계층)이 정치 엘리트로 변하게 되므로 결국 정부 또는 정책의 기능은 지배계급((자본가 계층)을 위한 봉사수단이 된다고 본다.

[❷ ▶ ○] 엘리트주의는 대중에게 영향력을 행사할 수 있는 소수의 지배계층에 의해서 정책결정이 지배된다고 본다. 엘리트주의 시각에서 이들은 사회의 다원화된 이익을 대변하는 것이 아니라 자신들의 이익을 추구한다. 즉 엘리트주의는 정책을 다수의 합의가 아니라 소수 엘리트의 이익이 지배적으로 반영된 것으로 이해한다.

[❸ ▶ ×] 무의사결정은 의사결정자(엘리트)의 가치나 이익에 대한 잠재적이거나 현재적인 도전을 억압하거나 방해하는 결과를 초래하는 결정을 의미한다. 무의사결정을 추진하기 위한 수단으로는 ⊙ 폭력을 이용하는 방법, ⓒ 변화 주도자에 대해 부여된 혜택을 박탈하거나 새로운 이익으로 매수하는 방법(적응적 흡수), ⓒ 새로운 주장을 비애국적·비윤리적 또는 지배적 정치이념에 위배되는 것으로 낙인찍는 방법(지배적인 가치·신념·편견의 동원), ⓔ 현존 규칙·절차를 재편성하는 방법 등이 있다. 정치적 행위자가 자신의 효용과 만족감을 최대화하기 위하여 합리적으로 행동하는 것은 합리적 선택이론의 내용이다.

[❹ ▶ ○] (구)제도주의는 정부제도의 공식적·법적 기구에 정책분석의 초점을 맞춘다. 반면 신제도주의는 제도의 범주를 확장하여 공식화된 정치체계는 물론, 일련의 행위 규범이나 관행, 규칙들도 제도에 포함시킨다.

[❺ ▶ ○] 다원주의(pluralism)는 소수의 개인이나 집단이 아니라 다수의 집단이 정책결정의 장을 주도하고 이들이 정치적으로 조정과 타협을 거쳐 도달한 합의가 정책이 된다고 본다. 다원주의 시각에서 정부는 다양한 집단들 간에 공정한 타협이 이루어지도록 조정자 역할에 머물거나 게임의 법칙을 집행하는 심판자(중립적인 제3자) 역할을 할 것으로 기대한다.

답 ❸

14 정책네트워크모형에 관한 설명으로 옳지 않은 것은?

18 행정사 제6회

① 자원의존성을 토대로 한 행위자들 간의 교환관계를 중시한다.
② 정책공동체는 이슈네트워크에 비해 개방적이고 유동적인 네트워크로서의 특징을 지닌다.
③ 단순하고 분명하게 정의된 하위정부의 경계와는 달리 이슈네트워크의 경계는 모호하다.
④ 하위정부 모형에서는 소수의 엘리트 행위자들이 특정 정책영역에서 정책결정을 지배하고 있다고 설명한다.
⑤ 이슈네트워크에서는 행위자들 간의 권력배분이 불평등하다.

해설

[❶ ▶ ○] 정책네트워크모형은 정치적 지지, 예산, 인력, 전문성 등을 의미하는 자원에 대한 의존성을 토대로 한 참여자들 간의 교환관계를 중시한다.

[❷ ▶ ×] 이슈네트워크는 정부부처의 관료, 의원, 기업가, 학자, 언론인 등을 포함하는 특정영역에 이해관계나 관심 있는 사람들은 누구나 참여할 수 있는 의사소통 네트워크로서, 참여 범위가 개방적이고 유동적이다. 반면 정책공동체는 특정 정책문제에 대한 전문성을 가진 사람들(행정관료, 정치인 이익집단, 연구기관의 전문가 등에 한정)이 상호 이해를 공유하고 나아가 생산적이고 협력적인 파트너 관계를 유도하는 장으로서의 공동체를 말한다. 정책공동체 참여자의 범위는 '하위정부 모형'보다는 넓고, 이슈네트워크보다는 제한적이다.

[❸ ▶ ○] 단순하고 분명하게 정의된 하위정부의 경계와는 달리 이슈네트워크는 특정영역에 이해관계나 관심 있는 사람들은 누구나 참여할 수 있어 그 경계가 모호하다.

[❹ ▶ ○] 하위정부 모형은 행정기관의 관료, 이익집단, 의회 소관 위원회(상임위원회) 등 소수 엘리트들이 연대를 형성하여 특정 영역의 정책결정을 배타적으로 지배하는 3자 간 동맹이 형성되고 있는 형태를 말한다. 3자 간 동맹을 철의 삼각(iron triangle)으로 표현하기도 한다.

[❺ ▶ ○] 이슈네트워크의 경우, 참여자 중 일부만 교환할 자원을 가지고 있어 참여자들 사이의 권력배분이 불평등하다.

➲ 이슈네트워크와 정책공동체의 비교

구 분	이슈네트워크	정책공동체
배 경	미국식 다원주의	유럽식 사회조합주의
참여자의 범위	• 광범위한 다수의 참여 • 개방적·모호한 경계	• 제한된 전문성을 가진 사람들 참여 • 생산적이고 협력적인 파트너 관계
교환 관계	일부 참여자만 자원을 소유	참여자 간 동등한 자원을 소유
권력 관계	권력 불평등	권력의 균형
연계작용	경쟁적, 갈등적	의존적, 협력적, 신뢰
이익의 종류	관련된 모든 이익	경제적·전문직업적 이익
접촉빈도	유동적	높 음
예측가능성	정책산출 예측(문제해결) 곤란	의도한 정책산출 예측(문제해결) 가능
권력게임	영합게임(zero-sum game)	정합게임(positive-sum game)

답 ❷

제4절 정책분석과 미래예측

15 조직 목표의 변동에 관한 설명으로 옳지 않은 것은? 20 행정사 제8회

① 원래의 목표가 다른 목표로 전환되는 것이 목표의 대치 또는 전환이다.
② 목표가 달성되었거나 달성이 불가능한 경우 본래의 목표를 새로운 목표로 교체하는 것이 목표의 승계이다.
③ 동종목표의 수 또는 이종목표가 늘어나는 것이 목표의 추가이다.
④ 동종 또는 이종 목표의 수나 범위가 줄어드는 것이 목표의 축소이다.
⑤ 미헬스(R. Michels)의 과두제 철칙(iron law of oligarchy)은 목표의 추가 현상을 설명한 것이다.

해설

[❶▸○] 원래의 목표가 사익추구 등 다른 목표로 전환되는 것을 목표의 대치 또는 전환이라고 한다.
[❷▸○] 목표가 달성되었거나 달성이 불가능한 경우 새로운 목표를 설정하여 본래의 목표를 교체하는 것을 목표의 승계라고 한다.
[❸▸○] [❹▸○] 동종목표의 수 또는 이종목표가 증감되는 경우가 있는데 증가되는 경우를 목표의 추가라고 하고, 감소하는 경우를 목표의 축소라고 한다.
[❺▸×] 미헬스(R. Michels)의 과두제의 철칙(iron law of oligarchy)이란 조직의 최고관리자나 소수의 간부가 일단 권력을 장악한 후에는 조직의 본래 목표를 추구하기보다 자기의 권력을 유지·강화시키는 데 더 관심을 갖는다는 것을 말한다. 과두제 철칙(iron law of oligarchy)은 목표의 대치와 관련된다. 목표의 대치는 원래 설정한 1차적 목표(종국적 가치)를 고려하지 않고, 2차적 목표(수단적 가치)에 집착하는 것을 말한다.

답 ⑤

16 관리과학에 관한 설명으로 옳은 것은? 24 행정사 제12회

① 정책이 내포하는 목적가치를 중요시 한다.
② 자원과 비용의 사회적 배분을 고려한다.
③ 질적 분석을 중요시 한다.
④ 정치적 요인을 고려한다.
⑤ 계량적 분석에 입각하여 처방을 제시한다.

해설

[❶▸×] 정책이 내포하는 목적가치를 중요시하는 것은 관리과학이 아니라 정책분석이다.
[❷▸×] 자원과 비용의 사회적 배분 측면을 고려하는 것은 정책분석이다.
[❸▸×] [❹▸×] 질적 분석기법을 이용하고, 정치적 합리성(정치적 요인)을 고려하는 것은 정책분석이다.
[❺▸○] 관리과학(OR ; Operation Research)은 계량적 분석에 입각하여 처방을 제시한다. 관리과학은 정확한 계산에 의하여 최선의 답을 모색하는 알고리즘 방식에 의한 새로운 대안의 탐색을 중시한다.

답 ⑤

17 다음 내용과 밀접한 관련이 있는 정책대안의 미래예측 기법은?

`21` 행정사 제9회

- 선택적 익명
- 식견 있는 다수의 참여
- 양극화된 통계처리
- 구조화된 갈등유도

① 시계열분석기법
② 시뮬레이션
③ 정책델파이
④ 교차영향분석
⑤ 실현가능성분석

해설

[❶ ▶ ×] 시계열분석기법은 과거의 변동추이를 모아둔 시계열 데이터에 대한 분석 결과를 토대로 이를 연장하여 미래를 예측하는 통계적 미래예측기법을 말한다.

[❷ ▶ ×] 시뮬레이션(모의실험)은 실제의 사회현상과 유사한 가상적인 모형을 만들어 놓고 그 모형에 조작을 가하여 얻은 실험 결과를 통해 실제 현상의 특성을 규명하고 미래를 예측하는 기법을 말한다.

[❸ ▶ ○] 정책델파이는 전통적 델파이의 한계를 극복하여 정책문제의 복잡성에 맞는 새로운 절차를 만들어 내려는 시도로서 창안된 주관적 미래예측기법을 말한다. 정책델파이는 참가자들을 '전문성' 자체보다는 이해관계와 식견에 바탕(식견 있는 다수의 참여)을 두고, 선택적 익명성(초기단계에서만 익명성 요구), 의견 차이를 부각시키는 양극화된 통계처리, 구조화된 갈등(유도된 의견대립) 활용 등을 그 특징으로 한다.

[❹ ▶ ×] 교차영향분석은 관련된 사건의 발생 여부에 기초하여 미래 특정사건의 발생 가능성에 대한 식견 있는 판단을 이끌어내는 주관적 · 질적 분석기법으로서, 어떠한 사건에 영향을 미치는 선행사건을 규명함으로써 현재의 상황을 기반으로 미래를 예측하는 기법을 말한다.

[❺ ▶ ×] 실현가능성분석은 정치적 갈등이 심하고 권력이나 자원배분이 동등하지 않은 조건하에서 정책대안을 합법화시키려는 시도의 예상되는 결과를 가늠하는 문제에 대한 기법을 말한다.

● 전통적 델파이와 정책델파이의 차이점

구 분	전통적 델파이	정책델파이
적 용	일반문제에 대한 예측	정책문제에 대한 예측
응답자	동일 영역의 일반전문가	전문가 이외의 이해관계자 등 식견 있는 다수의 참여
익명성	완전한 익명성	선택적 익명성(초기단계에서만 익명성 요구)
통계처리	일반적인 통계처리 (의견의 대푯값 · 평균치 or 중위수 중시)	의견 차이를 부각시키는 양극화된 통계처리
합 의	합의도출(의견 일치를 유도)	구조화된 갈등(유도된 의견대립)
토 론	토론 없음	컴퓨터를 통한 회의 or 대면토론

답 ❸

18 실제 체제를 모방한 모형을 활용하는 정책대안의 미래예측 기법은?   23 행정사 제11회

① 브레인스토밍
② 정책델파이
③ 정책학습
④ 시뮬레이션
⑤ 교차영향분석

해설

[❹ ▶ ○] 실제 체제를 모방한 모형을 활용하는 정책대안의 미래예측 기법은 시뮬레이션(= 모의실험)이다. 한편, 정책학습이란 정책과정에서 올바른 결론을 유도할 수 있는 지식의 축적과 응용 과정을 말하는데, 정책 실패나 시행착오를 통해 장기적으로 정책의 성공을 유도할 수 있다.

▶ 정책대안의 미래예측 기법

전통적 델파이기법	관련 분야의 전문지식을 가진 전문가들에게 토론 없이 서면으로 자문을 의뢰(완전한 익명성)하고 이를 반복·종합하여 예측결과를 도출하는 기법으로서, 전문가의 직관에 의존하는 주관적·질적 미래예측기법
정책델파이기법	• 전통적 델파이의 한계를 극복하여 정책문제의 복잡성에 맞는 새로운 절차를 만들어 내려는 시도로서 창안된 주관적 미래예측기법 • 참가자들을 '전문성' 자체보다는 이해관계와 식견에 바탕을 둠. 선택적 익명성(초기단계에서만 익명성 요구), 의견 차이를 부각시키는 양극화된 통계처리, 구조화된 갈등(유도된 의견 대립) 활용 등을 그 특징으로 한다.
브레인스토밍 (집단토의)	오스본(A. F. Osborn)에 의하여 창안된 집단토의 기법으로서, 직접적·대면적 접촉을 유지하되, 즉흥적이고 자유로운 분위기에서 조직구성원 및 전문가의 창의적 의견이나 기발한 아이디어를 집단적 토의를 통하여 창안하는 주관적·질적 분석기법
교차영향분석	관련된 사건의 발생 여부에 기초하여 미래 특정사건의 발생 가능성에 대한 식견 있는 판단을 이끌어내는 주관적·질적 분석기법. 어떠한 사건에 영향을 미치는 선행사건을 규명함으로써 현재의 상황을 기반으로 미래를 예측하는 기법
시뮬레이션 (모의실험)	실제의 사회현상과 유사한 가상적인 모형을 만들어 놓고 그 모형에 조작을 가하여 얻은 실험결과를 통해 실제 현상의 특성을 규명하고 미래를 예측하는 기법

답 ❹

제5절 정책결정

19 점증주의 정책결정모형에 관한 설명으로 옳지 않은 것은?   16 행정사 제4회

① 정치적 다원주의 입장에서 이해관계자들의 타협과 조정을 통해 정책결정이 이루어진다.
② 경제적 합리성보다 정치적 합리성을 중요시한다.
③ 계속적·점진적인 방식으로 당면한 정책문제를 해결하고자 한다.
④ 정책의 정치적 실현가능성을 높여주는 장점이 있다.
⑤ 정책결정자의 직관이나 판단력, 창의력 등 초합리적인 요소를 중시하는 규범적·처방적 모형이다.

해설

[❶▶○] [❷▶○] 린드블룸(Lindblom), 윌다브스크(Wildavsky) 등에 의하여 주장된 점증모형(점증주의 정책결정모형)은 정치적 다원주의 입장에서(R. Dahl의 다원론에 기초함) 다양한 이해관계인들을 둘러싼 갈등을 타협과 조정을 통해 정책결정을 이루어 나간다는 점에서 정치적 합리성을 추구한다.
[❸▶○] 점증모형(점증주의 정책결정모형)은 기존 정책을 토대로 그보다 약간 수정된 내용의 정책을 추구하는 방식의 의사결정모형으로, 시간이 흐름에 따라 환류되는 정보를 분석하고 지속적으로 수정하여 당면 문제를 부분적·순차적·점진적으로 변화시키고자 한 연속적·점진적·개량주의적 이론이다.
[❹▶○] 점증모형(점증주의 정책결정모형)은 합리모형의 비현실성이나 분석의 복잡성을 덜어줄 수 있고, 급격한 정책의 시행으로 인한 부작용을 최소화할 수 있으며, 정치적 실현가능성 등을 고려할 때 현실적으로 가장 합리적인 모형으로 사회가 안정되고 다원화되어 있는 선진사회에 적용이 용이하다.
[❺▶×] 정책결정자의 직관이나 판단력, 창의력 등 초합리적인 요소를 중시하는 규범적·처방적 모형은 드로어(Y. Dror)가 제시한 최적모형이다.

답 ❺

20 정책결정모형에 관한 설명으로 옳지 않은 것은?

① 에치오니(Etzioni)는 규범적이지만 비현실적인 합리모형과 현실적이지만 보수적인 점증모형을 절충한 모형을 제시하였다.
② 사이몬(Simon)은 결정자의 인지능력의 한계, 상황의 불확실성 및 시간의 제약 때문에 제한적 합리성하에서 결정이 이루어진다고 주장한다.
③ 합리모형에서 말하는 합리성은 정치적 합리성이다.
④ 쓰레기통 모형에서 가정하는 상황은 불확실성과 혼란이 심한 상태이다.
⑤ 점증모형은 실제의 결정상황에 기초한 현실적이고 기술적인 모형이다.

해설

[❶ ▶ ○] 에치오니(Etzioni)는 규범적·이상적이지만 비현실적인 합리모형과 현실적·실증적이지만 보수적인 점증모형을 전략적으로 절충한 통합모형인 혼합주사모형을 주장하였다. 혼합주사모형은 근본적인 결정과 세부적인 결정으로 나누어 '근본적 결정'의 경우 합리모형을, 세부결정의 경우 점증모형을 선별적으로 적용하는 모형이다.

[❷ ▶ ○] 사이몬(Simon)과 마치(March)의 행태론에서 주장된 만족모형은, 정책결정자는 인지능력의 한계, 상황의 불확실성 및 시간의 제약 때문에 제한된 합리성을 가진 존재라는 점과 심리적 인지과정에 주목하여 제시한 주관적·심리적 의사결정모형이다. 현실 속의 정책담당자들은 '완전한 합리성' 하의 '최적대안'을 추구하는 것이 아니라 '제한된 합리성'하의 '만족대안'에서 결정함을 설명하는 실증적·귀납적 접근법이다.

[❸ ▶ ✕] 합리모형(= 합리포괄모형)에서 말하는 합리성은 완전한 합리성을 의미한다. 정치적 합리성을 중시하는 것은 점증모형이다.

[❹ ▶ ○] 쓰레기통 모형은 코헨(M. Cohen), 마치(J. March), 올슨(J. Olsen) 등이 고안한 모형으로 극도로 불확실하고 혼란스러운 상황, 즉 조직화된 혼란상태(무정부상태)에서 조직이 어떠한 결정형태를 나타내는가를 연구의 초점으로 한 비합리모형을 말한다.

[❺ ▶ ○] 점증모형은 기존 정책을 토대로 그보다 약간 수정된 내용의 정책을 추구하는 방식의 의사결정모형으로, 실제의 결정상황에 기초한 실증적·현실적·기술적 모형이다.

답 ❸

21 정책결정모형의 하나인 쓰레기통 모형(garbage can model)에 관한 설명으로 옳지 않은 것은?

15 행정사 제3회

① 조직화된 무정부상태(organized anarchy)에서 이루어지는 의사결정을 설명한다.
② 코헨(M. Cohen), 마치(J. March), 올슨(J. Olsen)이 정립한 모형이다.
③ 의사결정의 네 가지 요소인 정책문제, 해결방안, 참여자, 선택기회가 초기부터 서로 강한 상호작용을 통하여 나타나는 의사결정이다.
④ 고도로 불확실한 조직상황에서 이루어지는 의사결정과정을 기술하고 설명하는 모형이다.
⑤ 상하위 계층적 관계를 지니지 않은 참여자들에 의하여 의사결정이 이루어지는 경우에도 적용할 수 있다.

해설

[❶▶○] [❷▶○] [❹▶○] 쓰레기통 모형은 코헨(M. Cohen), 마치(J. March), 올슨(J. Olsen) 등이 고안한 모형으로 극도로 불확실하고 혼란스러운 상황, 즉 조직화된 무정부상태에서 조직이 어떠한 결정형태를 나타내는가를 연구의 초점으로 한 비합리모형을 말한다.

[❸▶×] 쓰레기통 모형은 의사결정에 필요한 네 가지 요소(쓰레기)인 정책문제, 해결방안, 참여자, 선택기회가 서로 연관성 없이 독자적으로 (쓰레기통 안에서) 여기저기 표류하다가 어느 시점에 우연히 의사결정이 이루어지는(한 쓰레기통에 담겨지는) 모형을 말한다. 따라서 의사결정에 필요한 4가지 요소가 서로 상호작용하지 않는다.

[❺▶○] 쓰레기통 모형은 부처 간, 정부 간(중앙 – 지방), 부서 간에 뚜렷한 문제해결의 주체가 등장하지 않은 채 혼란스러운 갈등관계가 지속되는 경우에 적용될 수 있다. 또한 상하위 계층적 관계를 지니지 않은 참여자들에 의하여 의사결정이 이루어지는 경우에도 적용할 수 있다.

답 ❸

22 정책결정의 이론모형에 관한 설명으로 옳지 않은 것은?

① 만족모형은 인간의 능력에 한계가 있으므로 최적의 대안이 아닌 만족하는 정도의 대안을 결정한다.
② 최적모형은 비정형적인 정책결정 시 창의성이나 통찰력 같은 초합리성을 중요시 한다.
③ 쓰레기통모형은 고도로 불확실한 조직상황하에서의 정책결정양태를 설명한다.
④ 관료정치모형은 의견이 동일한 관리자들이 연합하여 최종해결안을 선택하고, 토론과 협상을 매우 중요시 한다.
⑤ 점증모형은 정책결정과정을 약간의 향상을 위해 그럭저럭 헤쳐 나가는 과정으로 본다.

해설

[❶ ▶ ○] 사이먼(H. Simon)과 마치(March)의 행태론에서 주장된 만족모형은 정책결정자는 인지능력의 한계, 상황의 불확실성 및 시간의 제약 때문에 제한된 합리성을 가진 존재라는 점과 심리적 인지과정에 주목하여 제시한 주관적·심리적 의사결정모형이다. 사이먼(H. Simon)은 합리모형의 의사결정자를 '경제인'으로, 만족모형의 의사결정자를 '행정인'으로 제시하는데, 경제인은 목표달성의 극대화를(최선의 대안), 행정인은 만족하는 선에서 그친다(만족스러운 대안).

[❷ ▶ ○] 드로어(Y. Dror)가 제시한 최적모형은 정책결정자의 직관이나 판단력, 창의력 등 초합리적인 요소를 중시하는 규범적·처방적 모형이다. 최적모형은 정책결정자의 합리성뿐 아니라 직관·판단·통찰 등과 같은 초합리성을 아울러 고려한다. 즉, 최적모형은 계량적 분석뿐만 아니라 정책결정자의 직관적 판단에 의한 결정의 중요성을 강조한다.

[❸ ▶ ○] 코헨(M. Cohen), 마치(J. March), 올슨(J. Olsen) 등이 고안한 쓰레기통모형은 극도로 불확실하고 혼란스러운 상황, 즉 조직화된 무정부 상태(혼란 상태)에서 조직이 어떠한 결정형태를 나타내는가를 연구의 초점으로 한 비합리모형을 말한다.

[❹ ▶ ×] 앨리슨(Allison) 모형 중 관료정치모형(모형Ⅲ)에서 정책결정의 행위주체는 독자성이 강한 다수 행위자들의 집합이다. 따라서 정책결정에 참여하는 구성원들 간의 목표 공유 정도와 정책결정의 일관성이 모두 매우 낮다. 관료정치모형은 정책결정 결과가 참여자들 간 타협, 협상 등에 의해 정치적으로 좌우된다고 본다.

[❺ ▶ ○] 린드블룸(Lindblom), 윌다브스키(Wildavsky) 등에 의하여 주장된 점증모형은 기존 정책을 토대로 그보다 약간 수정된 내용의 정책을 추구하는 방식의 의사결정모형으로, 시간이 흐름에 따라 환류되는 정보를 분석하고 지속적으로 수정하여 당면 문제를 부분적·순차적·점진적으로 변화시키고자 한 연속적·점진적·개량주의적 이론이다.

답 ❹

23 정책결정모형에 관한 설명으로 옳은 것은?

① 엘리슨(Allison)의 조직과정모형은 권력의 소재가 개인 행위자들의 정치적 자원에 의존한다고 본다.
② 쓰레기통모형은 조직의 학습과 불확실성 회피와 같은 요인을 강조한다.
③ 점증모형은 정책대안의 선택과 가치판단은 분리하기 어려운 것으로 본다.
④ 만족모형은 다수가 해당 정책에 합의했는지에 따라 좋은 정책 여부를 판단한다.
⑤ 혼합주사모형은 비정형적 결정을 위한 초합리성을 강조한다.

해설

[❶ ▸ ×] 조직 내 권력이 개인 행위자들의 정치적 자원에 의존한다고 보는 것은 엘리슨(Allison)의 모형에서 관료정치 모형(모형Ⅲ)이다. 조직과정 모형(모형Ⅱ)은 반독립적인 하위조직들이 조직 내 권력을 분산 소유한다고 본다. 한편, 합리적 행위자모형(모형Ⅰ)은 최고지도자(국가)가 권력을 보유한다고 본다.

[❷ ▸ ×] 조직의 학습과 불확실성의 극복이 아니라 회피, 단기적 피드백 중시, 표준운영절차 수립, 갈등의 준해결과 같은 요인을 강조하는 것은 회사모형(Firm Model)이다. 쓰레기통모형은 '조직화된 무정부상태' 속에서 나타나는 몇 가지 흐름에 의하여 정책결정이 우연히 이루어진다고 보는 정책결정모형이다. 쓰레기통모형은 조직화된 무정부 상태(혼란 상태)를 긍정적인 측면에서 체계적으로 분석하고자 한다.

[❸ ▸ ○] 점증모형은 정책대안의 선택과 가치판단은 분리하기 어려운 것으로 본다. 점증모형은 정책결정 과정에서 목표와 수단을 동시에 고려하는데, 목표 달성을 위한 수단을 탐색하는 과정에서 가치판단이 자연스럽게 개입된다고 보기 때문이다.

[❹ ▸ ×] 다수가 해당 정책에 합의했는지에 따라 좋은 정책 여부를 판단하는 것은 점증모형이다. 점증모형은 정책결정을 다양한 정치적 이해를 가진 당사자들의 타협과 조정의 산물이라는 현실을 반영한 것으로 설명한다. 따라서 점증모형은 정책결정과정에서 집단참여의 합의를 중시한다. 만족모형은 습득 가능한 몇 개의 중요한 대안과 탐색가능한 몇 가지의 중요한 결과만을 순차적 관심에 의하여 단계적으로 검토하여 현실적으로 만족하다고 생각하는 선에서 대안(정책)을 채택한다.

[❺ ▸ ×] 비정형적 결정을 위한 초합리성을 강조하는 것은 드로어(Y. Dror)가 제시한 최적모형이다. 최적모형은 정책결정자의 직관이나 판단력, 창의성, 통찰력 등 초합리적인 요소를 중시하는 규범적·처방적 모형이다. 최적모형은 합리모형이 과도하게 계량적 분석에 의존해 현실 적합성이 떨어지는 한계를 보완하기 위해 제시되었다.

답 ❸

24 정책결정에 있어서 사이버네틱스 모형에 관한 설명으로 옳지 않은 것은? 19 행정사 제7회

① 정책결정과정에서 변수의 단순화를 통해서 불확실성을 통제한다.
② 사전에 설정된 표준운영절차(SOP)의 중요성이 강조된다.
③ 주요 변수의 유지를 위한 적응에 초점을 둔다.
④ 사전에 설정된 고차원 목표의 극대화를 추구한다.
⑤ 의사결정자는 처리할 수 없는 문제에 직면할 경우 표준운영절차(SOP)를 수정・변경・추가하면서 문제를 해결한다.

해설

[❶ ▶ O] 사이버네틱스 모형은 한정된 범위의 변수들에만 주의를 집중하고, 나머지 정보는 무시함으로써 변수의 단순화를 통해 불확실성을 통제한다.

[❷ ▶ O] 사이버네틱스 모형은 광범위하고 복잡한 정보탐색을 거치지 않고, 주요 변수에 관한 정보만을 미리 정해진 표준운영절차(SOP) 또는 규칙에 따라 처리하고 미리 개발해 둔 해법의 레퍼토리 가운데서 하나를 선택하여 환경에 적응하고자 하는 적응적・관습적 의사결정모형이다. 따라서 사이버네틱스 모형은 습관적 의사결정을 설명하는 데 유용하다.

[❸ ▶ O] 사이버네틱스 모형은 주요 변수의 유지를 위한 적응에 초점을 둔다.

[❹ ▶ ×] 사이버네틱스 모형은 고차원의 목표가 반드시 사전에 존재하는 것으로 전제하지 않으며 주요 변수의 유지를 위한 적응에 초점을 둔다. 사전에 설정된 고차원 목표의 극대화를 추구하는 것은 합리모형(합리포괄모형)이다.

[❺ ▶ O] 의사결정자는 대안의 결과가 허용범위 내에 있으면 기존의 표준운영절차(SOP)에 의한 의사결정을 계속하며, 허용범위를 벗어난 경우 표준운영절차(SOP)를 수정・변경・추가하면서 문제를 해결한다.

답 ❹

제6절 정책집행

25 정책집행의 상향적 접근방법에 관한 설명으로 옳지 않은 것은?

25 행정사 제13회

① 정책집행을 다수의 참가자들 사이의 상호작용으로 이해한다.
② 정치행정이원론에 기초한 기술적 효율성 개념을 중시한다.
③ 일선관료의 적절한 재량 부여를 강조한다.
④ 바람직한 정책은 실현가능한 정책이라는 집행지상주의에 빠질 수 있다.
⑤ 집행의 영향을 받는 대상집단의 행태와 참여를 강조한다.

해설

[❶ ▶ O] 상향적 접근방법은 정책집행을 다수의 참여자들 사이에서 발생하는 상호작용으로 이해하고, 일선관료와 대상집단의 입장에서 정책집행이 현장에서 실제 어떻게 이루어지는가를 기술(description)하고 설명하는데 중점을 둔다.

[❷ ▶ ×] 정치행정이원론에 기초한 기술적 효율성 개념을 중시하는 것은 하향식 접근방법이다. 상향적 접근방법은 정책결정과 정책집행 간의 엄밀한 구분이 의문을 제기한다(정치행정일원론).

[❸ ▶ O] 상향적 접근방법은 유동적인 정책상황에서 결정자의 리더십보다는 일선관료(집행관료)의 적절한 재량 부여를 강조한다. 상향적 접근방법은 일선관료와 대상집단의 행태를 연구해 일선관료의 전문지식·문제해결능력을 성공적 집행조건으로 보고, 일선관료의 역량 강화와 문제해결에 필요한 재량 부여를 강조한다.

[❹ ▶ O] 상향적 접근방법은 정책집행을 정책결정과 분리하지 않는 정치행정일원론의 시각에서 집행현장에서 효율적으로 적응하는 집행을 이상적인 집행으로 보기 때문에 바람직한 정책은 실현가능한 정책이라는 집행지상주의에 빠질 수 있다.

[❺ ▶ O] 상향적 접근방법은 집행현장에서 집행의 영향을 받는 대상집단의 행태와 참여를 강조한다.

답 ❷

26 정책집행에서 하향적 접근방법에 관한 설명으로 옳지 않은 것은? 22 행정사 제10회

① 정책이 추구하는 목표를 분명히 하고, 정책결정자의 의도를 정확히 이해할수록 정책은 보다 효과적으로 집행될 수 있다.
② 정책결정의 결과물인 정책목표를 달성해 가는 과정을 정책집행으로 이해한다.
③ 정책집행 현장에서 집행조직과 정책사업 사이의 상호적응이 강조된다.
④ 정책이 결과물을 창출하는 과정에서 정책결정자가 어떤 역할을 했는지에 관심이 있다.
⑤ 정책결정단계에서 주된 역할을 하는 참여자와 정책내용에 초점을 맞춘다.

해설

[❶ ▶ ○] [❷ ▶ ○] 하향적 접근방법은 사바티어와 마즈매니언(Sabatier & Mazmanian) 등에 의하여 주장되었으며, 정책집행을 정책결정과 엄격하게 분리하여 정책집행을 결정된 정책목표를 충실히 달성하는 과정으로 이해하는 접근방법이다. 따라서 정책이 추구하는 목표를 분명히 하고, 정책결정자의 의도를 정확히 이해할수록 정책은 보다 효과적으로 집행될 수 있다.

[❸ ▶ ×] 정책집행 현장에서 집행조직과 정책사업 사이의 상호적응이 강조되는 것은 상향적 접근방법이다. 하향적 접근방법은 정책결정자나 정책지지자들의 입장에서만 연구하므로 정책집행자나 반대자의 입장이나 전략적 행동을 파악할 수 없다는 단점이 있다.

[❹ ▶ ○] 하향적 접근방법은 정책결정자의 의도가 충실하게 구현되는 것을 중시하여 정책결정권자의 리더십을 성공적 집행의 핵심조건으로 보므로 결과물을 창출하는 과정에서 정책결정자가 어떤 역할을 했는지에 관심이 집중된다.

[❺ ▶ ○] 하향식 접근방법은 정책결정단계에서 주된 역할을 하는 참여자(정책결정자와 지지자)와 정책내용에 초점을 맞춘다.

답 ❸

27 정책집행연구 중 하향적 접근방법에 관한 설명으로 옳지 않은 것은? <small>21 행정사 제9회</small>

① 집행에 영향을 주는 집행관료와 이해관계집단 등 다양한 행위자들의 생각과 상호작용을 현장감 있게 분석할 수 있다.
② 정책집행을 정책결정과정에서 채택된 정책목표를 달성하는 과정으로 본다.
③ 바람직한 정책집행이 일어날 수 있는 규범적 처방을 정책결정자에게 제시해주는 데 관심을 갖는다.
④ 유능하고 헌신적인 관료가 집행을 담당하여야 효과적인 정책집행이 가능하다고 한다.
⑤ 효과적인 정책집행을 위하여 조직화된 이익집단, 강력한 리더십 등이 있어야 한다고 한다.

해설

[❶ ▸ ×] 집행에 영향을 주는 집행관료와 이해관계집단 등 다양한 행위자들의 생각과 상호작용을 현장감 있게 분석할 수 있는 것은 상향적 접근방법이다. 하향적 접근방법은 정책결정자나 정책지지자들의 입장에서만 연구하므로 집행현장에서의 정책집행자나 반대자의 입장이나 전략적 행동을 파악할 수 없다는 단점이 있다.

[❷ ▸ ○] 하향적 접근방법은 사바티어와 마즈매니언(Sabatier & Mazmanian) 등에 의하여 주장되었으며, 정책집행을 정책결정과 엄격하게 분리하여 정책집행을 결정된 정책목표를 충실히 달성하는 과정으로 이해하는 접근방법이다.

[❸ ▸ ○] 하향적 접근방법은 집행과정에 대한 기술(description)이나 인과론적 설명보다는, 정책집행의 영향요인의 발견과 성공적 집행조건과 전략을 규명하여 집행이론을 구축하고 바람직한 집행을 위한 규범적 처방을 정책결정자에게 제시하는 데 관심이 있다.

[❹ ▸ ○] [❺ ▸ ○] 하향적 접근방법은 정책결정권자의 리더십을 성공적 집행의 핵심조건으로 전제한다. 사바티어와 마즈매니언(Sabatier & Mazmanian)은 효과적인 정책집행을 위한 이상적인 조건으로 타당한 인과이론의 존재, 법령이 정확한 정책 지침, 유능하고 헌신적인 집행관료, 조직화된 이익집단, 행정부와 입법부를 포함한 다수의 이해관계 집단으로부터의 지속적인 지지, 정책목표가 집행 과정 동안 우선순위가 변하지 않고 안정적일 것 등이 필요하다고 주장하였다.

답 ❶

28 다음에서 설명하고 있는 정책집행의 유형은?

> 정책결정자가 세부적인 정책내용까지 결정하며, 정책집행자들은 상세한 부분에 대해 아주 제한된 부분의 재량권만 인정받고 정책목표 달성을 위해 노력한다.

① 고전적 기술관료형
② 지시적 위임형
③ 협상형
④ 재량적 실험가형
⑤ 관료적 기업가형

해설

[❶ ▶ ○] 나카무라와 스몰우드(R. Nakamura & F. Smallwood)는 정책결정자와 집행자의 역할관계를 5가지로 유형화하고 그 유형별 특징과 집행의 실패요인을 분석하였다. 정책결정자가 구체적인 정책목표와 세부 정책내용까지 결정하고, 하위 정책집행자들의 활동을 엄격히 통제하며, 정책집행자는 정책결정자가 결정한 정책내용을 충실히 집행하는 유형은 고전적 기술관료형에 해당한다.

[❷ ▶ ×] 지시적 위임가형은 정책결정자는 정책목표를 수립하고 대체적인 방침만 정하고 정책집행자에게 집행에 필요한 기술적·행정적 권한을 위임하고, 정책집행자는 목표와 방침에 합의한 상태에서 집행을 위한 '충분한 재량권'을 부여받는 유형을 말한다.

[❸ ▶ ×] 협상자형은 정책결정자가 목표를 설정하고, 정책집행자는 정책목표와 수단에 대해 결정자와 협상을 벌여 정책이 결정되고 집행되는 유형을 말한다.

[❹ ▶ ×] 재량적 실험가형은 정책결정자는 구체적인 정책의 목표를 설정하지 못하고 추상적 목표에 머물게 되고, 정책의 대부분을 정책집행자들에게 위임하며, 정책결정자가 정책집행자에게 '광범위한 재량권'을 부여하는 유형을 말한다.

[❺ ▶ ×] 관료적 기업가형은 정책집행자가 정책결정자의 결정권을 장악하고 정책과정 전반을 완전히 통제하는 유형을 말한다.

답 ❶

29 나카무라와 스몰우드(R. Nakamura & F. Smallwood)가 제시한 정책집행자의 유형 중 정책집행자가 정책결정자의 결정권을 장악하고 정책과정 전반을 지배하는 유형은? 23 행정사 제11회

① 고전적 기술관료형
② 관료적 기업가형
③ 재량적 실험가형
④ 지시적 위임자형
⑤ 협상자형

해설

[❷ ▶ ○] 나카무라와 스몰우드(R. Nakamura & F. Smallwood)가 제시한 정책집행자의 유형 중 정책집행자가 정책결정자의 결정권을 장악하고 정책과정 전반을 지배하는 유형은 '관료적 기업가형'이다.

● 나카무라(R. Nakamura)와 스몰우드(F. Smallwood)가 제시한 정책집행자의 유형

고전적 기술관료형	정책결정자가 구체적인 정책목표와 세부 정책내용까지 결정하고, 하위 정책집행자들의 활동을 엄격히 통제하며, 정책집행자는 정책결정자가 결정한 정책내용을 충실히 집행하는 유형
지시적 위임자형	정책결정자는 정책목표를 수립하고 대체적인 방침만 정하고 정책집행자에게 집행에 필요한 기술적·행정적 권한을 위임하고, 정책집행자는 목표와 방침에 합의한 상태에서 집행을 위한 '충분한 재량권'을 부여받는 유형
협상자형	정책결정자가 목표를 설정하고, 정책집행자는 정책목표와 수단에 대해 결정자와 협상을 벌여 정책이 결정되고 집행되는 유형
재량적 실험가형	정책결정자는 구체적인 정책의 목표를 설정하지 못하고 추상적 목표에 머물게 되고, 정책의 대부분을 정책집행자들에게 위임. 정책결정자가 정책집행자에게 '광범위한 재량권'을 부여하는 유형
관료적 기업가형	정책집행자가 정책결정자의 결정권을 장악하고 정책과정 전반을 완전히 통제하는 유형

답 ❷

제7절 정책평가와 환류

30 정책평가에 관한 설명으로 옳지 않은 것은? 〔21〕 행정사 제9회

① 총괄평가는 정책집행이 이루어지는 과정을 평가하는 활동으로 형성평가라고도 한다.
② 정책평가의 외적 타당성은 정책평가 결과의 일반화 가능성을 의미한다.
③ 정책평가의 내적 타당성은 정책이 집행된 이후에 나타나는 변화가 정책에 기인한 것인지, 다른 요인 때문인지를 밝히는 것과 관련된다.
④ 정책평가의 신뢰도는 동일한 측정도구를 반복해서 사용했을 때 동일한 결과를 얻을 확률을 의미한다.
⑤ 정책평가의 내적 타당성을 저해하는 요인으로 선정요인, 성숙요인, 역사요인 등을 들 수 있다.

해설

[❶ ▸ ×] 총괄평가와 형성평가는 평가시기에 따른 구분이다. 총괄평가는 '정책의 집행이 완료된 후에' 그 성과나 효과를 평가하는 것을 말하고, 형성평가는 '정책이 집행되는 도중에' 정책집행이 이루어지는 과정을 평가하는 것을 말한다.

[❷ ▸ ○] 정책평가의 외적 타당성은 특정한 상황에서 얻은 정책평가가 다른 상황에도 그대로 적용될 수 있는 정도, 즉 평가결과를 일반화할 수 있는 정도를 말한다.

[❸ ▸ ○] 정책평가의 내적 타당성은 정책의 효과가 다른 경쟁적 원인들보다 당해 정책에만 기인하는 것이라고 판단할 수 있는 정도, 즉 인과적 추론의 정확성을 의미한다.

[❹ ▸ ○] 정책평가의 신뢰도는 동일한 측정도구를 반복해서 사용했을 때 동일한 결과를 얻을 확률을 의미한다.

[❺ ▸ ○] 정책평가의 내적 타당성(원인과 결과에 대한 인과적 추론의 정확성)을 저해하는 요인으로 선정요인(선발요소)은 정책의 대상이 되는 실험집단과 비교집단이 동등하게 선발(선정)되지 못하여 발생하는 현상을 말하고, 성숙요인(성숙효과)은 시간 경과에 따라 실험집단 특성이 자연스럽게 성장·발전하는 현상을 말하며, 역사요인(사건효과)은 실험기간 동안에 외부에서 일어난 비의도적인 사건발생이 실험에 영향을 미치는 현상을 말한다.

답 ❶

31 정책평가 연구설계의 타당성에 관한 설명으로 옳은 것은?   18 행정사 제6회

① 내적 타당성은 정책변수의 효과에 대한 결론을 일반화시킬 수 있는 범위를 의미한다.
② 외적 타당성은 정책 수단과 결과의 인과관계에 관한 추론의 정확성을 의미한다.
③ 통계적 결론의 타당성은 연구에 사용된 측정도구가 이론적 구성개념과 일치하는 정도를 의미한다.
④ 성숙요인은 내적 타당성을 저해할 수 있다.
⑤ 준실험이 진실험보다 내적 타당성과 외적 타당성이 더 높다.

해설

[❶ ▸ ×] 정책평가의 내적 타당성은 정책의 효과가 다른 경쟁적 원인들보다 당해 정책에만 기인하는 것이라고 판단할 수 있는 정도, 즉 인과적 추론의 정확성을 의미한다.

[❷ ▸ ×] 정책평가의 외적 타당성은 특정한 상황에서 얻은 정책평가가 다른 상황에도 그대로 적용될 수 있는 정도, 즉 평가결과를 일반화할 수 있는 정도를 말한다.

[❸ ▸ ×] 연구에 사용된 측정도구가 이론적 구성개념과 일치하는 정도는 구성적 타당성을 말한다. 통계적 결론의 타당성은 정책효과를 찾아낼 만큼 충분히 정밀하고 강력한 연구설계가 이루어진 정도를 말한다.

[❹ ▸ ○] 성숙요인(성숙효과)은 시간 경과에 따라 실험집단 특성이 자연스럽게 성장·발전하는 현상을 말하는데, 이러한 성숙요인은 정책평가의 내적 타당성(원인과 결과에 대한 인과적 추론의 정확성)을 저해하는 요인이 된다.

[❺ ▸ ×] 진실험적 방법은 실험집단과 통제집단(비교집단)의 동질성을 확보해 행하는 실험적 평가방법이다. 진실험적 방법은 실험집단과 통제집단의 동질성을 확보하여 진행하는 실험이므로 역사적 효과(역사요인), 성숙효과(성숙요인), 선발효과(선정요인)의 영향이 줄어들어 내적 타당성이 확보된다(내적 타당성이 가장 높은 방법). 그러나 엄격하게 통제된 인위적 환경 하에서 진행되므로, 실험의 실현 가능성이나 외적 타당성이 가장 낮은 방법이다. 준실험적 방법은 실험집단과 통제집단(비교집단)의 동질성을 확보하지 못한 상태에서 행하는 실험적 평가방법이다. 준실험적 방법은 집단의 비동질성으로 인해 성숙효과(성숙요인), 역사적 효과(역사요인), 선발효과(선정요인) 등으로 인하여 내적 타당성이 저해된다. 다만 진실험에 비해 인위적 요소가 많지 않아 실험의 실현가능성과 외적 타당성은 높다.

답 ❹

32 다음 설명에 해당하는 정책변동모형은?

19 행정사 제7회

> 신념체계에서 규범적 핵심이나 정책 핵심의 변화가 쉽게 나타나지 않기 때문에 정책 목표와 수단에 급격한 변화를 가져오는 근본적 정책변동은 용이하지 않다.

① 정책지지연합모형
② 정책흐름모형
③ 정책패러다임변동모형
④ 단절균형모형
⑤ 이익집단 위상변동모형

해설

[❶ ▶ ○] 사바티어(Sabatier) 등이 제시한 정책지지연합모형에서는 신념체계에서 규범적 핵심이나 정책 핵심의 변화가 쉽게 나타나지 않기 때문에 근본적인 정책변동은 잘 이루어지지 않는다고 본다. 10년 이상의 장기간에 걸쳐 신념 체계에 기초한 지지연합의 상호작용과 정책학습, 정치체제의 변화와 사회경제적 환경의 변화로 인해 정책이 변동한다는 모형이다.

[❷ ▶ ×] 킹던(Kingdon)의 정책흐름모형에서는 서로 무관하게 자신의 규칙에 따라 흘러 다니는 정책문제의 흐름, 정치의 흐름, 정책대안의 흐름 세 가지의 흐름이 결합하여 정책변동이 이루어진다고 한다.

[❸ ▶ ×] 홀(P. Hall) 제시한 정책패러다임 변동모형은 정책이 한 사회의 패러다임의 변화에 의해 일어난다는 것으로, 정책목표와 정책수단에 있어서 급격한 변화를 가져오는 정책변동을 패러다임 변동으로 개념화하였다.

[❹ ▶ ×] 단절균형모형은 역사적 신제도주의의 제도변화이론 중 하나이다. 역사적 신제도주의는 제도의 협착(제도의 정체상태)을 강조하며, 정책 변동(제도 변화)은 사회경제적 위기나 군사적 갈등과 같은 외부적 충격에 의해 단절적으로 급격하게 발생하고, 단절(변동)이 있은 후에 다시 균형을 이룬다고 보고 있다.

[❺ ▶ ×] 무치아로니(Mucciaroni)가 제시한 이익집단 위상변동모형은 정책결정은 특정 이익집단의 사적 이익과 사회전체의 공적 이익 간의 선택의 문제로 나타나며, 정책의 내용은 사적 이익을 추구하는 이익집단의 위상이 정책과정에서 어떠한 위치를 차지하고 있느냐에 따라 달라질 수 있다고 본다. 무치아로니(Mucciaroni)는 이익집단의 위상변동을 이슈맥락과 제도맥락이라는 두 가지 개념을 사용하여 설명한다.

답 ❶

제 3 장 조직론

학습 Key word
❶ 기계적 구조와 유기적 구조, 집권화와 분권화, 조직구조의 기본변수와 상황변수, 관료제의 특징, 기계적 조직과 학습조직, 팀제, 정부조직체계에서 청 단위기관과 소속부처, 우리나라의 인사혁신처, 책임운영기관 등에 대하여 학습한다.
❷ 동기부여의 내용이론(매슬로우의 욕구계층이론, 허즈버그의 동기·위생 2요인이론, 앨더퍼의 ERG이론)과 과정이론(브룸의 기대이론), 변혁적 리더십, 리더십 행동이론, 균형성과표(BSC), 리엔지니어링(Reengineering) 등에 대하여 학습한다.

제1절 조직과 조직이론

I 조직의 개념
조직이란 일정한 목표를 추구하기 위하여, 의도적으로 구성한 인간들의 집합체이자 사회적 체제로, 일정한 경계를 갖고, 체계화된 구조와 구성원들의 상호작용을 통해, 외부환경에 적응해 나가는 것을 의미한다(Daft).

II 조직이론

1. 고전적 조직이론(19세기말~1930년대)

(1) 의 의
  ① 고전적 조직이론은 조직의 구조적 또는 기계적인 관점을 대표하는 초기의 행정이론으로서, 외부환경보다는 조직 내부의 합리적·능률적 관리에 초점을 두었다.
  ② 해당 이론 : 고전적 관료제(Weber), 과학적 관리론(Tayler), 행정관리론(Wilson, Fayol, Gulick, Urwick)

> ❏ 과학적 관리론과 행정관리론
> 과학적 관리론은 주로 기술적·생산적 측면의 관리만을 다루는 미시적 이론이나, 행정관리론은 조직의 전반적인 관리를 다루는 거시적 이론으로 볼 수 있다.

(2) 특 징
  ① 합리적·경제적 인간관 : 조직 속의 인간을 합리적·경제적 인간으로 간주하여 자기에게 이익이 가장 큰 행동을 타산적으로 선택하는 존재로 파악 → 동기부여로 경제적 유인을 제공, 조직목표와 구성원의 목표가 불일치
  ② 기계적 능률성 중시 : 기계적 능률성을 최고의 가치로 강조

③ 공식적·기계적 구조설계 : 조직의 공식구조(계층제, 절차 등) 설계에 초점
④ 공사행정일원론(정치행정이원론) : 행정을 관리·기술적인 것으로 보는 공사행정일원론에 입각
⑤ 폐쇄적 환경관 : 조직 자체가 외부 환경과 철저히 단절되어 조직 내부만을 고찰한 폐쇄체제를 전제로 한다.

2. 신고전적 조직이론(1930년대~1950년대 말)

(1) 의 의
① 신고전적 조직이론은 고전적 조직이론에 대한 비판으로서 등장한 이론으로서, 호손실험에 의한 인간관계론과 후기 인간관계론으로 나뉜다.
② 해당 이론 : 인간관계론(E. Mayo의 호손실험), 후기 인간관계론

(2) 특 징
① 사회적 인간관 : 인간의 사회적 욕구와 사회적 동기유발 요인에 초점. 인간의 사회적·심리적 측면을 중시
② 사회적 능률성, 비공식적 관계 중시 : 구성원의 인간적 가치를 실현, 생산수준의 결정은 사회적 규범과 비경제적 보수 및 제재가 큰 영향을 미친다고 봄
③ 경험적 과학성 : 고전적 조직이론의 형식적 과학성을 비판. 경험적 사실만을 연구대상으로 하는 과학적 연구방법 추구
④ (대체로) 폐쇄적 환경관 : 고전적 조직이론과 마찬가지로 조직의 외부환경을 고려하지 않는 폐쇄적 환경관에 입각

3. 현대적 조직이론(1950년대 후반~)

(1) 의 의
① 1950년대와 1960년대 이후에 다양하게 발전한 현대적 조직이론은 조직 환경의 중요성을 강조(환경을 조직의 중요한 변수로 인식)하며, 인간을 다양한 욕구를 가진 복잡인으로 가정하였다.
② 관련 이론 : 체제이론, 상황이론(contingency theory), 조직경제학(대리인이론, 거래비용이론), 조직군생태론 등

(2) 특 징
① 자아실현적 인간관·복잡한 인간관 : 인간행태의 발전과 쇄신적 가치관을 중시하며 인간을 자아실현인·복잡인으로 파악한다. 기출 24
② 추구하는 행정이념 : 효과성·생산성·민주성·대응성·사회적 적실성과 종합적인 행정개혁을 중시한다. 기출 24
③ 가치의 다원화 및 행정현상의 다양성을 인정한다. 기출 24
④ 조직에서 변동과 갈등의 순기능을 인정하고 조직발전(OD)을 중시한다. 기출 24
⑤ 개방적 환경관 : 조직을 환경과 상호작용하는 동태적·유기체적 개방체제로 파악한다. 기출 24

[조직이론의 비교(D. Waldo)]

구 분	고전적 조직이론 (19세기 말~1930년대)	신고전적 조직이론 (1930년대~1950년대)	현대적 조직이론 (1950년대 후반~)
인간관	합리적·경제적 인간	사회적 인간	자아실현인·복잡인
연구 초점	조직의 공식구조(계층제, 절차 등) 설계에 초점	인간의 사회적 욕구와 동기유발 요인에 초점	인간 행태나 발전·쇄신적 가치관 중시
추구하는 행정 이념(가치)	기계적 능률성	사회적 능률성	효과성·생산성·민주성· 대응성·사회적 적실성 등 다양한 가치 중시
환경관	폐쇄적 환경관	(대체로) 폐쇄적 환경관	개방적 환경관
연구방법	원리적 접근(형식적 과학성)	경험적 접근 (경험적 과학성)	복합적 연구방법(종합 과학적 성격)
해당 이론	고전적 관료제론(Weber), 과학적 관리론(Tayler), 행정관리론(Wilson, Fayol, Gulick, Urwick)	인간관계론(E. Mayo), 후기 인간관계론	체제이론, 상황이론, 조직경제학(대리인이론, 거래비용이론), 조직군생태론 등

제2절 조직구조론

I 기계적 구조와 유기적 구조

1. 기계적 구조

기계적 구조는 고전적이고 전형적인 관료제 조직에서 찾아볼 수 있고 조직의 외부환경이 안정적일 때 채택되며, 의사결정 집권화, 규칙과 절차 준수(높은 공식화 정도), 명확한 업무구분이 특징이다. 기출 17

2. 유기적 구조

유기적 구조는 낮은 공식화 정도, 수평적 의사소통, 넓은 직무범위와 모호한 책임관계 등을 특징으로 조직구조로서 환경에 대한 뛰어난 적응성이 장점이 조직구조이다.

3. 기계적 구조와 유기적 구조의 비교

분 류	기계적 구조	유기적 구조
장 점	예측가능성	적응성
조직 특성	• 계층제 기출 23 • 좁은 직무범위 기출 23 • 표준운영절차(SOP) 기출 23 • 분명한 책임관계 • 공식적/몰인간적 대면관계 기출 23	• 채널의 분화 • 넓은 직무범위 • 적은 규칙/절차 • 모호한 책임관계 기출 23 • 비공식적/인간적 대면관계
상황 조건	• 명확한 조직목표와 과제 • 분업적 과제 • 단순한 과제 • 성과 측정이 가능 • 금전적 동기부여 • 권위의 정당성 확보	• 모호한 조직목표와 과제 • 분업이 어려운 과제 • 복합적 과제 • 성과 측정이 어려움 • 복합적 동기부여 • 도전 받는 권위

Ⅱ 조직구조의 일반적 모형(Daft의 조직구조모형)

1. 개 설
기계적 구조와 유기적 구조를 양 극단으로 하고, 조직구조의 유형을 5가지 모형으로 분류할 수 있다. ① 기능구조 → ② 사업구조 → ③ 매트릭스 구조 → ④ 수평구조 → ⑤ 네트워크 구조 순으로 유기적 구조의 특징이 강하게 나타난다.

2. Daft의 조직구조모형

(1) 기능구조
① 조직의 전체업무를 공동기능별로 부서화한 방식이다(예 인사부, 제조부, 회계부).
② 기능구조는 유사한 기능을 수행하는 구성원들의 분업을 통해 지식과 기술을 통합적으로 활용하므로 부서와 구성원들의 전문성을 제고할 수 있다.
③ 기능구조는 중복과 낭비를 예방하고 기능 내에서 규모의 경제를 구현할 수 있다.
④ 기능구조는 구성원들이 비슷한 기술과 경력을 가지고 있으므로 부서 내 의사소통과 조정이 유리하고, 유사 기능을 수행하는 조직 구성원들 간의 분업을 통해 전문기술을 발달시킬 수 있다.
⑤ 기능구조는 각 기능 부서들 간 조정과 협력이 요구되는 환경 변화에 둔감하다.
⑥ 기능구조는 의사결정의 상위 집중화로 최고관리층의 업무 부담이 증가될 수 있다.

(2) 사업구조
① 사업구조는 산출물에 기반한 사업부서화 방식이다(예 생산물 1부, 생산물 2부).
② 사업구조는 각 기능의 조정이 부서 내에서 이루어져 기능구조보다 분권적인 조직구조를 가진다.
③ 사업구조는 특정 산출물별로 운영되므로 고객만족도를 제고할 수 있으며, 성과에 대한 책임성 소재가 분명하여 성과관리에 유리하다. 기출 17
④ 사업구조는 환경변화에 대한 탄력적 대응이 장점이다.
⑤ 산출물별 생산라인의 중복으로 규모경제의 실현이 어렵고, 기능이 부서별로 분산되므로 기술적 전문지식과 기술발전에 불리하다는 단점이 있다.
⑥ 사업구조는 자기완결적 기능 단위로서 사업부서 내의 조정은 용이하지만 사업부서 간 조정이 곤란할 수 있다. 또한 부서 간 경쟁이 지나칠 때 조직 전반에 부정적 결과를 초래할 위험이 있다.

(3) 매트릭스구조
① 매트릭스구조는 기능부서의 기술적 전문성과 사업부서의 신속한 대응성이 동시에 요구되면서 등장한 조직형태로서, 기능구조와 사업구조의 화학적 결합을 시도한 구조이다.
② 매트릭스구조는 기능부서의 통제권한의 계층은 수직적으로 흐르고, 사업부서 간 조정권한의 계층은 수평적으로 흐르는 이원적 권한체계가 특징이다.
③ 매트릭스구조는 기능 중심의 수직조직과 프로젝트 중심의 수평조직을 결합한 구조로서, 이중권한체계로 인한 개인의 혼란과 갈등·좌절을 야기하고, 경우에 따라서는 책임과 권한의 한계가 불명확하다.

(4) 수평구조(팀 구조)
   ① 수평구조는 조직구성원을 핵심업무과정 중심으로 조직하는 방식이다.
   ② 수평구조는 수직적 계층과 부서 간 경계를 실질적으로 제거하고 개인을 팀 단위로 모아 의사소통을 원활하게 만든 유기적 구조이다. 기출 17
   ③ 수평구조는 조직구성원들에게 자율관리, 의사결정권과 책임을 위임함으로써 사기와 직무동기 부여에 기여한다.
   ④ 팀제 구조는 책임 및 권한의 소재가 불분명하다는 단점이 있다.

(5) 네트워크구조
   ① 네트워크구조는 결정과 기획 같은 핵심 기능만 수행하는 조직을 중심에 놓고 다수의 독립된 조직들을 협력관계로 묶어 일을 수행하는 조직형태이다.
   ② 네트워크구조는 계약관계에 있는 외부 기관을 직접 통제하기 어렵고, 조직의 정체성이 약해 응집력이 있는 조직문화를 갖기 어려울 수 있다.

III 조직의 기본변수와 상황변수

1. 조직(구조)의 기본변수

(1) 복잡성(분화)
   ① 복잡성은 조직을 구성하는 기구의 분화정도를 의미한다. 기출 18
   ② 수평적 분화(복잡성)는 조직이 수행하는 업무의 세분화를 의미하며, 전문성에 따라 그 분화의 정도가 달라진다.
   ③ 수직적 분화(복잡성)는 조직의 종적인 분화로서 책임과 권한의 계층적 분화의 정도, 즉 조직 내 계층의 수를 의미한다. 기출 18

(2) 공식성(공식화, formalization)
   ① 공식성은 조직 내에 규칙, 절차, 지시 및 의사전달이 명문화(문서화)된 정도를 의미한다. 기출 16
   ② 공식화 정도가 높을수록 조직구성원들의 행동이 정형화되어 통제가 용이해진다. 기출 16
   ③ 공식화를 통해 업무처리상의 혼란을 방지하며 효율적이고 정확·신속한 과업수행이 가능하게 된다. 기출 16
   ④ 조직환경이 안정적이고 조직규모가 클수록 공식화 수준이 높다. 기출 16
   ⑤ 업무수행의 규칙과 절차가 표준화될수록 조직구조의 공식성은 높아진다. 기출 18
   ⑥ 공식화 정도가 높을수록 업무의 예측가능성이 높아진다. 기출 18
   ⑦ 공식화 수준이 너무 높으면, 업무처리에 있어서 조직구성원의 자율성과 창의성이 저해되기도 한다. 기출 16

(3) 집권성(집권화)

① 집권성은 조직계층 상하 간의 권한 배분의 정도를 의미한다.
② 의사결정의 권한이 상위층에 집중된 경우 집권화된 조직이라고 한다. 기출 18
③ 집권화의 촉진요인과 분권화의 촉진요인

집권화의 촉진요인	분권화의 촉진요인
• 교통 및 정보통신의 발달은 신속한 전달을 가능하게 하여 권한위임의 필요를 감소시켜 집권화를 촉진 • 재정자원의 규모가 팽창하여 집권화를 촉진 • 규칙과 절차의 합리성과 효과성에 대한 신뢰는 집권화를 촉진 기출 22 • 전략적 결정 등 중요도가 높은 결정사항으로 인해 집권화를 촉진 • 위기가 발생하거나 소규모의 신설조직으로 인해 집권화를 촉진 • 권위주의적 사회문화, 사회구조와 계서적 원리 등도 집권화를 촉진 • 특정 기능에 대한 조직 내외의 관심이 확대되면 그에 대한 의사결정이 집권화를 촉진 • 조직활동의 통일성·일관성에 대한 요청은 집권화를 촉진 • 일의 전문화나 기능분립적 구조설계 등은 집권화를 촉진 • 전문화(분업) 등으로 인한 하위조직단위 간 횡적 조정이 필요하거나 최고관리층의 권력욕은 집권화를 촉진	• 환경변화의 격동성과 복잡성은 조직의 적응성 제고를 요구하므로 분권화를 촉진 기출 22 • 조직이 속해 있는 사회의 민주화가 촉진되면 조직 내의 분권화를 촉진 기출 22 • 조직구성원의 참여와 자율구제를 강조하는 동기유발전략은 분권화를 촉진 • 고객에게 신속한 상황적응적인 서비스를 제공하여야 한다는 요청은 분권화를 촉진 기출 22 • 구성원의 인적 전문화 및 능력 향상은 분권화를 촉진 • 구성원에게 힘을 실어주려는 것도 분권화를 촉진 • 개인적 창의성 발휘가 중요해질수록 분권화를 촉진 기출 22 • 조직의 규모확대는 분권화를 촉진

[조직구조 설계 시 고려해야 할 기본 요소]

복잡성	• 조직의 분화된 정도를 의미 기출 23 • 단위 부서 사이의 횡적 분화의 정도를 나타내는 수평적 분화와 조직의 계층화 정도를 나타내는 수직적 분화로 구분할 수 있음
공식화	조직 내 직무가 표준화되어 있는 정도, 문서화된 정도를 의미 기출 23
집권성 (집권과 분권)	• 조직계층 상하 간의 권한 분배의 정도를 의미 기출 23 • 집권은 의사결정 권한이 중앙이나 상위기관에 유보되어 있는 것을 의미하고, 분권은 지방 또는 하급기관에 위임되어 있는 것을 의미함 • 의사결정이 이루어지는 계층이 위치한 수준을 의미
명령 체계	• 조직의 가장 높은 지위로부터 가장 낮은 위치까지 연결하는 선 • '나는 누구에게 보고할 책임이 있는가?'라는 의문을 가질 때 해답을 제시 기출 23
통솔 범위	• 한 상관이 효율적이고 효과적으로 관리할 수 있는 부하의 범위 • 상관에게 보고하는 부하의 수를 의미 기출 23

2. 조직(구조)의 상황변수

(1) 규 모
① 규모 : 조직의 크기를 의미. 구성원의 수가 대표적 지표이며, 물적 수용능력, 투입과 산출, 사용 가능한 권력이나 재정적 자원도 주요 지표로 고려된다.
② 규모와 조직의 기본변수와의 관계
  ㉠ 복잡성(+) : 조직의 규모가 클수록 복잡성이 높아진다(수직적·수평적 분화가 촉진).
  ㉡ 공식성(+) : 조직의 규모가 클수록 공식화 수준이 높아진다.
  ㉢ 집권성(-) : 조직의 규모가 클수록 집권성은 낮아진다(분권화 정도는 높아진다).

(2) 기 술
① 기술 : 조직의 여러 투입물을 조직이 목표하는 산출물로 변화시키는 데 이용되는 지식, 도구, 기법 등을 의미한다.
② 기술과 조직의 기본변수와의 관계
  ㉠ 복잡성(+) : 비일상적 기술일수록 복잡성이 높아진다.
  ㉡ 공식성(-) : 비일상적 기술일수록 공식성(공식화)이 낮아진다.
  ㉢ 집권성(-) : 비일상적 기술일수록 집권성은 낮아진다(분권화 정도는 높아진다).

(3) 환 경
① 조직환경 : 조직의 성과와 목표 달성에 영향을 미치는 조직 외부의 모든 요소를 의미. 환경의 불확실성 정도에 따라 상이한 조직구조가 요구된다.
② 조직환경과 조직의 기본변수와의 관계
  ㉠ 복잡성(+) : 환경의 불확실성이 높을수록 복잡성이 높아진다.
  ㉡ 공식성(-) : 환경의 불확실성이 높을수록 공식화 정도가 낮아진다.
  ㉢ 집권성(-) : 환경의 불확실성이 높을수록 집권성(집권화)이 낮아진다(분권화 정도는 높아진다).

[조직의 상황변수와 조직의 기본변수와의 관계]

구 분		상황변수		
		규 모 (규모가 커질수록)	기 술 (비일상적 기술일수록)	환 경 (불확실성이 높을수록)
기본 변수	복잡성	+ (증가)	+ (증가)	+ (증가)
	공식성	+ (증가)	- (감소)	- (감소)
	집권성	- (감소)	- (감소)	- (감소)

〈출처〉 유민봉, 한국행정학 p.408-411

Ⅳ 관료제

1. 개념
① 관료제(bureaucracy)는 관료(bureaucrat)에 의하여 통치(cracy)된다는 의미로서 왕정이나 민주정에 비해 관료가 국가정치와 행정의 중심역할을 수행한다는 의미가 있다.
② 관료제는 소수의 상관과 다수의 부하로 구성되는 피라미드 형태를 취하며 과두제의 철칙이 나타날 수 있다.
③ 오늘날 관료제는 공·사 부문의(행정과 경영의 구분 없이) 단일의사결정센터(one center of decision making)를 가진 대규모 조직에서 공통적으로 나타나는 특정한 구조적 형태를 의미한다.

2. 베버(M. Weber)의 관료제 모형
① 베버(M. Weber)는 권위를 전통적 권위, 카리스마적 권위, 합법적 권위(법적·합리적 권위)로 구분하고, 권위의 유형에 따른 관료제 모형을 제시하였다.
② 합법적 권위는 의회를 통과한 법에서 나오는 권위로 모든 사람에게 평등하고 비정의적으로 적용되며 현대 사회의 사회관계를 이루는 근간이 된다. 베버의 이념형 관료제(근대적 관료제)는 바로 합법적 권위(법적·합리적 권위)에서 정당성을 찾는다. 기출 18
③ 관료제 모형

권위	관료제	특징
전통적 권위	가산관료제	봉건적 지배체제의 확립, 권력을 장악한 자의 신분에 의해 유지, 관직의 사유화, 공적·사적 구분의 결여
카리스마적 권위	카리스마적 관료제	지배자의 특성·자질에 의존, 위기나 재난시에 나타남
법적·합리적 권위	근대적 관료제 (이념형 관료제)	법규에 의한 지배와 법 앞의 평등, 직업관료제, 계층제적 구조, 비정의성(impersonality), 문서주의, 공적·사적 구분, 화폐에 의한 임금지불 등

3. 베버(M. Weber)가 제시한 근대적 관료제의 특징

(1) 법규성(문서화된 법규)
① 관료제는 합법적으로 제정한 법규에 근거를 두고 운영된다. 기출 20
② 근대적 관료제는 자의성과 개인적 선호가 배제된 문서화된 법규에 의하여 모든 직위의 권한과 관할 범위가 규정된다. 이를 통하여 결과에 대한 예측가능성과 신뢰성을 확보할 수 있다. 기출 21·14

(2) 계서제적 조직(계층제의 원리)
근대적 관료제는 조직형태에 있어서 권한과 책임이 명백한 계층구조(피라미드 모양의 계층구조)로 이루어진다. 기출 21·14

(3) 문서주의(문서화의 원리)
근대적 관료제에서 관료의 모든 직무수행과 의사전달은 구두가 아니라 문서에 의거하여 이루어지며, 직무수행의 결과는 문서로 기록·보존된다. 문서주의는 업무처리의 객관성과 정확성, 책임성을 제고시키는 기능을 한다. 기출 20

(4) 비정의성(비인간화, impersonality)

① 베버(M. Weber)의 근대적 관료제는 개인성(personality)을 고려한 업무처리가 아니라 비정의적(Impersonal) 업무 처리를 강조한다. 즉 관료제 하에서 구성원들은 인간으로서의 감정이나 충동적인 화를 멀리하고 객관적이고 공정하게 행동할 것이 기대된다.

② 이상적인 관료는 언제 어디서나 자신의 감정을 절제하고 절차에 따라 기계적으로 일하는 사람, 동정심이나 호의 같은 인간의 온정을 버리고 전문직업인으로서 맡은 일을 냉정하게 처리하는 사람이다.

기출 21·20·14

(5) 관료의 전문화와 전임화

① 분업구조 : 근대적 관료제는 업무의 분업구조 속에서 직무에 대한 권한과 관할범위가 규정된다. 권한은 사람이 아니라 직위에 부여되는 것이다. 기출 21·14

② 전문화와 전임화 : 관료제 내의 구성원들에게는 제한된 범위의 공식적인 임무가 부여되고, 각자는 자신에게 주어진 전문화된 업무에 대해서만 책임을 진다. 기출 21·14

③ 실적주의 : 관료의 채용의 기준은 전문적 능력(실적)이며, 관료로서 직업은 전임직원이 된다. 근대적 관료제는 기술적 전문화를 통한 실적관료제 또는 기술관료제의 성격을 갖는다. 기출 21·20·14

④ 직업관료제 : 관료는 업무 수행에 대한 대가로 정기적으로 일정한 보수를 받는다. 근대적 관료제는 관료의 채용은 실적주의(능력주의)에 의하지만, 임용 후 승진과 보수는 실적보다는 연공서열에 따라 이루어진다.

4. 관료제의 역기능(병리현상, 병폐)

(1) 형식주의[red tape, 번문욕례(繁文縟禮)]

① 번문욕례(red tape) : 문서와 형식에 얽매여 쇄신과 발전에 저항적인 행태를 보이는 것을 말한다.

② 모든 업무를 문서로 처리하는 문서주의는 번문욕례(繁文縟禮)를 초래한다.

(2) 과잉동조

① 과잉동조(overconformity) : 목표 달성을 위해 마련된 규정이나 절차에 집착함으로써 결국 수단이 목표를 압도해버리는 현상을 말한다.

② 머튼(Merton) 모형은 최고관리자의 관료에 대한 지나친 통제가 조직의 경직성(동조과잉)을 초래했다고 비판하였다.

(3) 할거주의(부처이기주의)

① 할거주의(sectionalism) 내지 국지주의(parochialism) : 관료제의 구조적 특성(업무의 전문성에 따른 분업구조) 때문에 조직구성원들이 자신이 소속된 기관과 부서만을 생각하고 다른 부서에 대해 배려하지 않는 편협한 태도를 말한다.

② 할거주의는 관료들이 편협한 안목으로 전체이익보다는 특수이익에 집착하게 만드는 병폐를 의미한다.

③ 셀즈닉(Selznick) 모형은 권한의 위임과 전문화가 조직 하위 체계의 이해관계를 지나치게 분열시켜 할거주의를 초래했다고 비판하였다.

(4) 무리한 세력팽창
① 제국건설(Empire building) : 관료들의 권한행사 영역이 계속 확장되는 것을 의미한다(관료제국주의).
② 파킨슨의 법칙(Parkinson's law) : 공무원의 규모는 업무량에 상관없이 증가한다는 주장을 말한다. 그 이유 중 하나로 공무원들은 동료보다는 부하를 원하고 경쟁보다는 감독·통제하기를 원한다는 것이다.

　기출 15

　㉠ 부하배증의 법칙 : 경쟁을 꺼리는 나머지 동료보다 부하를 증원하려는 심리
　㉡ 업무배증의 법칙 : 본질적 업무보다 지시·감독·통제 등 파생적 업무를 만들어 내려는 심리
　㉢ 부하배증의 법칙과 업무배증의 법칙이 상호작용한다.

(5) 이원적 권력으로 인한 능력과 지위의 부조화
① 상관의 계서적 권한과 부하의 전문적 권력이 이원화됨에 따라 조직 내에서 갈등이 발생하게 되어 조직구성원들의 불만이 증대한다.
② 피터의 원리(Peter principle) : 정부와 같이 계층구조와 연공서열이 작동하는 조직에서 사람은 자신의 업무를 수행하기 힘든 무능력의 수준에 도달할 때까지 승진하려는 경향이 있으므로 상위 직급은 무능한 인물로 채워질 수밖에 없다는 것으로, 관료제의 병리현상을 지적한 이론이다.

(6) 훈련된 무능, 변화에 대한 저항
① 훈련된 무능(trained incapacity) : 한 가지 지식 또는 기술에 대해 훈련받고 기존 규칙을 준수하도록 길들여진 사람이 다른 대안을 생각하지 못하는 것을 의미한다.
② 변화에 대한 저항 : 다양한 외부 환경의 변화에 둔감하고 조직목표의 혁신에 적극적으로 저항하는 현상을 말한다(무사안일주의).
③ 골드너(Gouldner) 모형은 규칙과 통제가 관료들의 무사안일주의를 초래하였다고 비판하였다.

(7) 인격의 상실
집권적이고 권위주의적인 통제와 법규우선주의, 그리고 몰인격적(impersonal) 역할관계는 조직구성원의 사회적 욕구충족을 저해하며 그들의 성장과 성숙을 방해한다.

V 탈관료제 모형

1. 학습조직

(1) 의 의
① 학습조직이란 모든 조직구성원이 문제 인지와 해결에 관여하면서 조직능력을 제고하기 위해 시행착오를 거치면서 지속적으로 실험할 수 있는 조직을 말한다.
② 학습조직은 지식의 창출·공유와 활용이 뛰어난 조직이며, 문제의 해결능력을 향상시켜 나가는 조직으로 지속적인 학습과 시행착오를 허용한다. 　기출 17
③ 학습조직에서는 능률성보다는 '문제해결'을 필수적 가치로 추구한다.
④ 학습조직은 관료제 모형의 대안으로 등장하였다.

(2) 특 징
  ① 학습조직은 개방체제와 자아실현적 인간관을 바탕으로 새로운 지식을 창출하고자 한다.
  ② 학습조직은 자신과 다른 사람의 경험 및 시행착오를 통한 학습활동을 높게 평가한다. 기출 13
  ③ 학습조직은 불확실한 환경에서 조직 스스로 문제해결을 할 수 있도록 조직구성원에게 권한 강화와 학습기회를 제공한다. 기출 13
  ④ 학습조직은 개인 능력보다는 집단학습을 통한 조직능력의 향상에 초점을 맞춘다.
  ⑤ 학습조직은 변화를 위한 학습역량 함양을 통해 미래 행동의 기반을 구축한다. 기출 13
  ⑥ 학습조직은 관계지향성과 집합적 행동을 장려하고, 학습은 공동참여와 공동생산에 기반을 둔다. 기출 13
  ⑦ 학습조직은 중간관리자들의 지식관리와 정보의 수직적 및 수평적 흐름이 중시된다.
  ⑧ 학습조직이 성공하기 위해서는 사려 깊은 리더십이 필요하다.

[학습조직의 특징]

사려 깊은 리더십 요구 기출 23	• 통치이념(조직의 목표, 비전, 핵심 가치 등)의 설계 및 공유 • 구성원이 공유하는 미래비전 창조 • 리더는 조직 제일의 봉사자로서 조직의 임무와 조직구성원들을 지원하는 데 헌신
구성원의 권한 강화 강조 기출 23	• 조직의 문제를 인지하고 해결하는 학습조직의 기본단위는 통합기능팀 • 조직구성원은 탐구심과 학습의 즐거움을 가진다고 가정하고, 구성원에게 충분한 학습기회를 제공할 수 있는 훈련을 강조(개인적 숙련의 강조)
전략수립의 다방향성	• 전략은 중앙집권적으로 수립되는 것이 아니라 여러 방향에서 등장 • 전략수립에 있어 고객 및 공급자와 직접 접촉하고 있는 일선 구성원의 역할이 강화되고, 공급자 또는 경쟁자와 협력적 네트워크를 통한정보 공유로 전략수립에 도움을 얻게 됨
강한 조직일체감	• 부분보다 전체를 중시하고 의사소통을 원활하게 하는 공동체 문화의 강조 기출 23 • 부서 간 경계를 최소화하는 조직문화가 중요하며, 부서 간 협력을 통한 문제해결능력의 향상을 강조 • 개인 학습보다는 팀 학습이나 집단 학습을 중시
정보 공유	문제해결을 위해 조직 구성원은 조직의 공식자료에 항상 접근 가능해야 하며, 조직 구성원 간의 광범위한 의사소통을 장려 기출 23
수평적 조직구조 강조 기출 23	• 불확실한 환경에 필요한 신축성을 제고하기 위해 네트워크 조직과 가상조직을 활용 • 수평적이며 분권화된 조직구조
조직 전체를 강조하는 보상체계	개인별 보상이 아닌 팀워크와 조직 전체를 강조하는 집단적 보상체계를 도입

(3) 기계적 조직과 학습조직의 구별
  1) 기계적 조직의 의의
  기계적 조직은 조직을 기계와 같이 구조화한 조직으로, 엄격한 계층구조를 가지고 있어 책임과 역할이 명확하게 나누어져 있으며, 보고체계 또한 명령통일의 원리가 적용된다.
  2) 기계적 조직과 학습조직의 구별
  ① 기계적 조직은 위계적·경직적 조직문화를 갖는 데 비해 학습조직은 적응적 조직문화를 갖는다. 기출 22
  ② 기계적 조직은 조직원 과업을 상세히 규정한 표준화·분업화에 의해 수행하나, 학습조직은 조직원의 재량과 책임을 중시한다. 기출 22

③ 기계적 조직은 경쟁을 중시하나 학습조직은 협력을 중시한다. 기출 22
④ 기계적 조직은 수직적 구조이나 학습조직은 수평적 구조를 지향한다. 기출 22
⑤ 기계적 조직은 정보가 최고관리층에 집중되는 반면에 학습조직은 정보가 조직원들에게 공유된다.
기출 22

[기계적 조직과 학습조직의 구별]

구 분	기계적 조직	학습조직
조직구조	수직적 계층구조(기능 중심)	수평적 구조(업무프로세스 중심)
조직설계	표준화·분업화의 원리에 의해 설계	• 목표달성을 위한 조직원의 재량과 책임 중시 • 구성원의 권한 강화
주요가치	경쟁 중시	협력 중시 (직원 간, 부서 간, 외부경쟁사 간의 협력 포함)
정보	부하를 통제하기 위해 최고관리층에 독점적으로 집중	협력을 촉진하기 위하여 조직원들에게 정보가 공유됨
조직문화	위계적·경직적 조직문화	• 적응적 조직문화 • 성장을 위한 개방성, 평등, 지속적 개선과 변화의 강조 • 구성원 간의 협력과 상호작용의 중시
통제 및 관리	• 상위계층의 통제관리 • 일선 직원의 의사결정권한은 인정되지 않음	• 의사소통과 수평적 협력 • 일상적 과업수행의 권한이 위임됨

2. 매트릭스 조직

(1) 의 의

① 매트릭스 조직(matrix organization)은 기능구조와 사업구조를 결합한 조직이므로 행렬조직이라고도 한다. 기출 15
② 매트릭스 조직의 사례로 대규모 기업의 사업부제 시스템 등을 들 수 있다. 기출 15
③ 매트릭스 조직은 기능별 조직과 전문적 사업부제 조직(생산조직, 프로젝트 조직)을 화학적으로 혼합한 이중구조적 조직으로 이중적 명령체계를 가지고 있다. 기출 17

(2) 장 점

① 매트릭스 조직은 환경의 불확실성과 조직의 복잡성에 탄력적으로 대응하기 용이한 유기적 구조로 다양한 경험을 가진 내부 전문가들로 구성된 조직이므로 복잡한 의사결정을 하는 데 유용하다. 기출 17
② 매트릭스 조직은 신축성과 적응성이 요구되는 불안정하고 급변하는 조직 환경에 효과적인 조직으로, 각 분야의 전문가들 간 수평적 의사소통을 통해 창의적인 아이디어의 원천이 된다. 기출 15
③ 매트릭스 조직은 이중적 권한구조를 통해 조직에 필요한 인적·물적 자원을 서로 공유하고 이를 효율적으로 배분·활용한다. 따라서 인력활용 측면에서 비용부담이 적다. 기출 15

(3) 단 점
① 매트릭스 조직(matrix organization)은 기능 중심의 수직조직과 프로젝트 중심의 수평조직을 결합한 구조로서, 이원적 명령계통으로 인한 갈등과 권한·책임의 불명확성이 문제점으로 나타난다.
② 매트릭스와 같은 유기적 구조는 기계적 구조와 달리 조직의 표준화와 규칙화의 정도가 낮아진다.
③ 이질적인 조직구성원들로 인하여 하위조직(기능부서와 사업부서) 간 할거주의가 발생할 경우 원만하게 조정하기 어려운 경우가 많다. 기출 17

3. 팀제(수평구조, Team System)

(1) 의 의
① 팀조직(팀제)은 조직의 인력을 신축적·탄력적으로 운영하여 공동의 목표를 달성하기 위해 책임을 공유하고 문제해결을 위해 공동의 접근방법을 사용하는 조직단위로 정의될 수 있다. 기출 14
② 팀조직(팀제)은 업무 중심의 편제를 지향한다.

(2) 장 점
① 팀조직은 전통적 조직에 비하여 수직적인 계층제 형태를 띠지 않고 팀에 대한 권한 부여와 자율적 업무처리를 위한 수평적인 자율운영조직의 성격을 가지고 있어 전략적 업무를 수행에 적합하다. 기출 14
② 팀장에 대한 대폭적인 권한 위임으로 팀장 및 팀원의 권한이 향상되고, 팀의 자율성이 보장되어 조직구성원들의 신속한 의사결정이 가능하게 되고, 개인의 창의력과 효율성이 제고될 수 있다. 또한 팀의 자율성이 보장되어 팀조직은 조직구성원의 참여를 제고시키고 개인적 의견반영이 용이하다. 기출 14
③ 팀조직은 기능이 통합된 조직이고 분업보다는 협업을 통한 문제의 협력적 해결을 중시하므로 조직의 경직성을 탈피하고 팀 내 전문능력 및 기술을 활용하게 한다. 기출 14

(3) 단 점
① 팀조직은 공동의 목표를 달성하기 위하여 책임을 공유하므로 팀원들의 무임승차 현상을 방지하기 어렵다.
② 팀조직은 책임과 권한의 소재가 불분명하다.

4. 네트워크 조직

(1) 의 의
① 네트워크 조직(network organization)은 결정과 기획 등 핵심기능만 남기고 기타 집행사업기능을 각각 전문 업체에 위탁경영하여 일을 수행하는 조직이다. 기출 13
② 네트워크 조직은 핵심기능을 수행하는 소규모의 조직을 중심에 두고 다수의 협력업체를 네트워크로 묶어 과업을 수행한다. 네트워크 조직은 공동의 목표 아래 수직적·수평적 통합을 지향하고 지리적 분산의 장애를 극복하고자 한다.
③ 네트워크 조직은 높은 독자성을 지닌 조직 단위나 조직들 간에 협력적 연계장치로 구성된 조직으로 조직 행위자 간 상호의존성과 관계성이 중요시된다. 기출 17

(2) 특 징
① 네트워크 조직은 자율성이 높고, 환경에 대한 상호작용이 다수의 경계조직을 통해 다원적·분산적으로 이루어진다.
② 네트워크 조직은 가상조직과 임시체제의 속성을 내포한다.
③ 네트워크 조직은 유연성과 신속성을 강조한다.
④ 네크워크 조직의 경계는 유동적이며 모호하다.

(3) 장 점
① 네트워크 조직은 조직망 속의 중심점들(nodes)간의 지속적인 교환관계에서 정보의 새로운 종합과 지식의 산출을 증진시킴으로써 학습이 촉진된다.
② 네트워크 조직은 조직의 유연성과 자율성 강화를 통해 창의력을 발휘할 수 있다.
③ 네트워크 조직은 통합과 학습을 통해 경쟁력을 제고할 수 있다.
④ 네트워크 조직은 조직의 네트워크화를 통해 환경 변화에 따른 불확실성을 감소시킬 수 있고, 환경변화에 신속하게 적응할 수 있다.

(4) 단 점
① 네트워크 조직은 조직의 정체성이 약하고 응집력(결속력) 있는 조직문화를 갖기 어렵다.
② 네트워크 조직은 협력적으로 연계되어 있는 외부기관을 직접 통제하기 어렵다.
③ 네트워크 조직은 네트워크 참여자의 기회주의 행위를 방지하기 위한 감시비용이 많이 든다.
④ 네트워크 조직은 제품과 서비스의 품질관리와 안정적 공급에 어려움이 있다.

□ **테스크 포스(task force), 프로젝트 팀(project team)**
- 테스크 포스(task force) : 특수한 과업 완수를 목표로 기존의 서로 다른 부서에서 사람을 선발하여 구성한 팀으로서, 본래 목적을 달성하면 해체되는 임시조직이다.
- 프로젝트 팀(project team) : 전략적으로 중요하거나 창의성이 요구되는 프로젝트를 진행하기 위하여 여러 부서에서 적합한 사람을 선발하여 구성한 조직이다.

Ⅵ 애드호크라시(adhocracy, 임시특별조직)

1. 의 의
① 탈관료화 현상의 하나로 등장한 후기관료제모형인 애드호크라시(adhocracy)는 현대의 복잡하고 불확실한 환경에 적합한 조직으로 표준운영절차(SOP)를 거부하며 창의적이고 상황적응적인 관리를 중요시하였다. 기출 21
② 애드호크라시는 변화가 심하고 적응력이 강한 임시적인 체계이다. 따라서 애드호크라시는 특정 업무를 수행하기 위해 다양한 분야의 전문가가 일시적으로 구성된 후 업무가 끝나면 해체되는 경우가 많다.
③ 애드호크라시는 전통적 관료제 구조를 대체하기보다는 보완·공존하는 관계이다.

2. 특 징

① 애드호크라시는 <u>팀워크 중심의 자발적 참여와 결과지향적 산출(문제해결)</u>을 중요시한다. 즉, <u>효율성보다 문제해결</u>을 중시한다.
② 애드호크라시는 업무가 비정형적일 때 유용하고, 변화에 신속하게 적응할 수 있으며, <u>다양한 전문가들의 조정</u>이 중시된다.
③ 애드호크라시는 구성원의 능력을 최대한 발휘할 수 있고 조직혁신의 촉진이 용이하다.
④ 애드호크라시는 <u>복잡성, 공식화, 집권화의 정도가 낮다</u>.
⑤ 애드호크라시는 <u>수평적 분화의 정도는 높은 반면, 수직적 분화의 정도는 낮다</u>.
⑥ 애드호크라시는 계층제 형태를 띠지 않기 때문에 <u>권한과 책임이 모호하여 조직 내 갈등이 발생할 가능성이 높고, 효율성도 낮은 조직</u>이다.
⑦ 업무처리과정에서 갈등과 비협조가 일어나고, <u>창의적인 업무 수행 과정에서 직원들이 심적 스트레스를 많이 받는다는 단점</u>이 있다.

Ⅶ 위원회 조직

① 위원회 조직은 위원들 간 합의에 의하여 결정이 이루어진다는 점에서 독임제로 운영되는 계층제와 대조적이다.
② 결정권한의 최종 책임이 기관장 한 사람에게 집중되어 있는 독임제(독임형) 조직과 달리, 위원회 조직은 <u>결정권한의 최종 책임 복수의 사람에게 귀속</u>된다. 기출 21
③ 방송통신위원회, 공정거래위원회와 같은 행정위원회는 결정권한을 갖고 있으며 집행까지 책임을 진다(합의제 행정관청의 지위). 기출 21

Ⅷ 책임운영기관

1. 개 설

① 책임운영기관은 정부가 수행하는 집행적 사무 중 공공성을 유지하면서도 <u>경쟁원리에 따라 운영하는 것이 바람직하거나 전문성이 있어 성과관리를 강화할 필요가 있는 사무에 대해 기관장에게 기관 운영의 자율성(재량권)을 보장하고 기관운영 성과에 대해 책임을 지도록 설치된 행정기관</u>을 말한다. 기출 21
② 책임운영기관은 공익성뿐만 아니라 <u>수익성과 효율성도 관리의 중요가치로 이해</u>한다. 기출 21
③ 책임운영기관의 사무는 <u>공공성이 강하거나 사업적·집행적 성격의 행정서비스 비율이 높고 성과관리가 용이한 사무</u>가 적합하다. 기출 17

2. 우리나라의 책임운영기관

(1) 연혁 및 책임운영기관의 종류
① 1999년 김대중 정부에서 처음으로 도입되었다. 기출 20
② 우리나라는 「책임운영기관의 설치·운영에 관한 법률」(약칭 : 책임운영기관법) 등에 의해 운영되고 있다. 기출 20
③ 우리나라 책임운영기관에는 특허청, 국립재활병원, 국립중앙극장, 국립현대미술관, 경찰병원 등 48개 기관이 선정·운영되고 있다. 기출 17
④ 기관의 지위에 따라 중앙책임운영기관(특허청이 유일함)과 소속책임운영기관으로 구분된다. 기출 20·19
⑤ 중앙책임운영기관의 장인 특허청장은 정무직공무원으로 임용한다(정부조직법 제37조). 소속책임운영기관의 장은 공모를 통해 임기제공무원으로 임용한다(책임운영기관법 제7조). 기출 17

(2) 책임운영기관의 특징
① 책임운영기관의 장에게 조직, 예산 등의 운영상 자율성이 부여되어 있다. 기출 20
② 경영의 자율성이 부여되는 대신 성과에 대한 책임이 요구된다. 기출 19·17
③ 정부가 사업적·집행적 성격이 강한 기관을 분리시켜 유연한 경영방식을 도입한 것이다. 기출 19
④ 행정안전부장관 소속으로 설치한 책임운영기관운영위원회가 책임운영기관제도의 운영과 개선, 기관의 존속 여부 판단 등을 위하여 책임운영기관에 대한 종합평가를 한다(책임운영기관법 제49조, 제51조). 기출 20
⑤ 소속책임운영기관과 소속중앙행정기관 및 그 소속기관 간 공무원의 전보(轉補)가 필요하다고 인정되는 경우에는 소속중앙행정기관의 장이 기관장과 협의하여 실시할 수 있다(책임운영기관법 제20조). 기출 20

(3) 책임운영기관의 회계 및 예산
① 책임운영기관의 회계 : 재정수입의 전부 또는 일부를 자체적으로 확보할 수 있는 사무를 주로 하는 책임운영기관(대통령령으로 규정)은 책임운영기관특별회계로 운영하고, 책임운영기관특별회계기관을 제외한 소속책임운영기관은 일반회계로 운영하되, 예외적으로 개별법에 의한 특별회계의 적용이 가능하다(책임운영기관법 제27조). 기출 17
② 예산편성 및 집행상의 자율권을 확보하기 위한 특별위원회는 별도로 두지 아니하며, 예산의 전용·이월 등이 허용된다(책임운영기관법 제36조, 제37조). 기출 19

IX 우리나라의 정부조직

1. 국무총리 소속기관
① 인사혁신처, 법제처, 식품의약안전처
② 공정거래위원회, 금융위원회, 국민권익위원회, 원자력안전위원회, 개인정보 보호위원회 기출 24·19

> **대통령 소속기관**
> • 감사원, 국가정보원, 방송통신위원회, 특별감찰관 기출 24
> • 대통령비서실, 국가안보실, 대통령경호처

③ 국무조정실, 국무총리비서실이 있다.

> **□ 참고**
> - 2023.6.5. 시행되는 개정 정부조직법에서는 효율적인 보훈 정책을 추진하기 위해 <u>국무총리 소속이었던 국가보훈처를 국가보훈부로 개편</u>하고, 재외동포 정책의 체계적이고 종합적인 수립·시행을 위해 <u>외교부장관 소속으로 재외동포청을 신설</u>하였다. 기출 24
> - 2023.11.17. 시행되는 개정 「공공기관의 정보공개에 관한 법률」 및 「공공기록물 관리에 관한 법률」 행정기관 소속 위원회를 효율적으로 운영하기 위하여 <u>정보공개위원회 및 국가기록관리위원회를 국무총리 소속에서 행정안전부장관 소속으로 변경</u>하였다.

2. 우리나라의 중앙인사기관

(1) 의 의

① 중앙인사기관은 각 행정기관의 합리적 인사운영, 인력의 효율적 활용, 공무원의 공직규범 기준 등 제공 기능을 담당한다. 기출 24
② 중앙인사기관은 행정수반으로부터의 독립성과 다수 위원들의 협의에 의한 의사결정을 하는 합의성 등을 기준으로 유형화할 수 있다. 기출 24
③ 우리나라에서 인사관리기능을 수행하기 위해 각 부처의 인사기관과 각 지방자치단체의 인사기관이 있다.
④ 현재 우리나라의 중앙인사기관은 <u>국무총리 소속의 인사혁신처</u>이다. 기출 24

[우리나라 중앙인사기관의 변천 과정] 기출 24

시 기	중앙인사기관	형 태	기 능
김대중 정부 이전 (1948~1999)	총무처	비독립단독형 (국무총리 소속)	인사행정 전반
김대중 정부 (1999~2003)	행정자치부(인사국)	비독립단독형	인사집행, 조직·정원관리, 연금, 노조 등
	중앙인사위원회	비독립합의형 (대통령 소속)	인사정책, 인사기획, 선발, 감사, 위공무원단제도 등
노무현 정부 (2003~2008)	중앙인사위원회	비독립합의형 (대통령 소속)	인사행정 전반
이명박 정부 (2008~2013)	행정안전부(인사실)	비독립단독형	인사행정 전반
박근혜 정부 (2013)	안전행정부(인사실)	비독립단독형	인사행정 전반 (인사, 보수, 연금, 윤리, 복무)
박근혜 정부(2014) ~윤석열 정부	인사혁신처	비독립단독형 (국무총리 소속)	인사행정 전반 (인사, 보수, 연금, 윤리, 복무)

(2) 인사혁신처

① 인사혁신처는 인사행정을 수행하는 <u>중앙정부의 인사행정기관</u>이며 <u>비독립 단독형 기관</u>으로서 <u>국무총리 소속의 기관</u>이다(정부조직법 제22조). 기출 22
② 인사혁신처는 공무원의 인사·윤리·복무 및 연금에 관한 사무를 관장하고 있으므로(정부조직법 제22조 제1항), <u>인사 법령에 따라 인사행정에 관한 구체적인 사무를 수행한다</u>. 기출 22
③ 인사혁신처에 <u>처장 1명과 차장 1명을 두되, 처장은 정무직으로 하고, 차장은 고위공무원단에 속하는 일반직공무원으로 보한다</u>(정부조직법 제22조 제2항).
④ 인사규칙은 인사에 관한 행정규칙으로 인사혁신처의 직권에 의하여 발하는 명령이기 때문에 법규명령과는 달리 법률의 근거를 요하지 아니한다. 그러나 <u>법률우위의 원칙은 행정규칙에도 적용되므로 인사혁신처는 법률의 범위 내에서 인사규칙을 제정할 수 있다</u>. 기출 22
⑤ 행정기관 소속 공무원의 징계처분, 그 밖에 그 의사에 반하는 불리한 처분이나 부작위에 대한 소청을 심사·결정하게 하기 위하여 <u>인사혁신처에 소청심사위원회를 둔다</u>(국가공무원법 제9조 제1항). 기출 22

3. 정부조직체계에서 청 단위기관과 소속부처(2024.5.17. 시행 정부조직법 기준)

구 분(19부)	소속 청 단위 기관
기획재정부	국세청, 관세청, 조달청, 통계청
외교부	재외동포청(2023.3.4. 신설, 2023.6.5. 시행) 기출 24
법무부	검찰청
국방부	병무청, 방위사업청 기출 22
행정안전부	경찰청, 소방청 기출 22
문화체육관광부	국가유산청(2024.2.13. 개정, 2024.5.17. 시행. 문화재청 → 국가유산청)
농림축산식품부	농촌진흥청, 산림청
산업통상자원부	특허청 기출 22
보건복지부	질병관리청 기출 24
환경부	기상청 기출 22
국토교통부	행정중심복합도시건설청, 새만금개발청
해양수산부	해양경찰청 기출 22
과학기술정보통신부	우주항공청(2024.1.26. 개정, 2024.5.17. 시행)

※ 교육부, 통일부, 국가보훈부(2023.3.4. 신설, 2023.6.5. 시행), 고용노동부, 여성가족부, 중소기업벤처부 6개의 부에는 소속청이 없다.

2025년 6월 이재명 국민주권정부 출범 이후의 정부조직법 개정안

정부조직 개편과 관련하여 국회에 접수된 정부조직법 개정안들의 내용을 살펴보면, ① 기존 기획재정부는 기획예산 기능과 재정경제 기능을 분리하여 '기획예산처'와 '재경경제부'로 이원화하고, 기존 산업통상자원부는 '산업부', '외교통상부', '기후에너지부'로 재편하고, 과학기술정보통신부장관은 과학기술부총리로 격상하고 해양수산부는 복수차관제를 도입하는 개정안, ② 대통령 소속으로 '예산처'를 신설하고 기획재정부의 명칭을 '재무부'로 변경하는 개정안, ③ 고용노동부 산하에 '산업안전보건청'을 신설하는 개정안, ④ 여성가족부의 명칭을 '성평등가족청소년부'로 변경하는 개정안 등이 있다. 2025년 8월 이후에 정부조직법이 개정되면, 개정법에 따른 정오표는 시대에듀 홈페이지에 올릴 예정이니 반드시 확인하기 바란다.

정부조직도(2024.5.17. 시행 정부조직법 기준) 기출 24

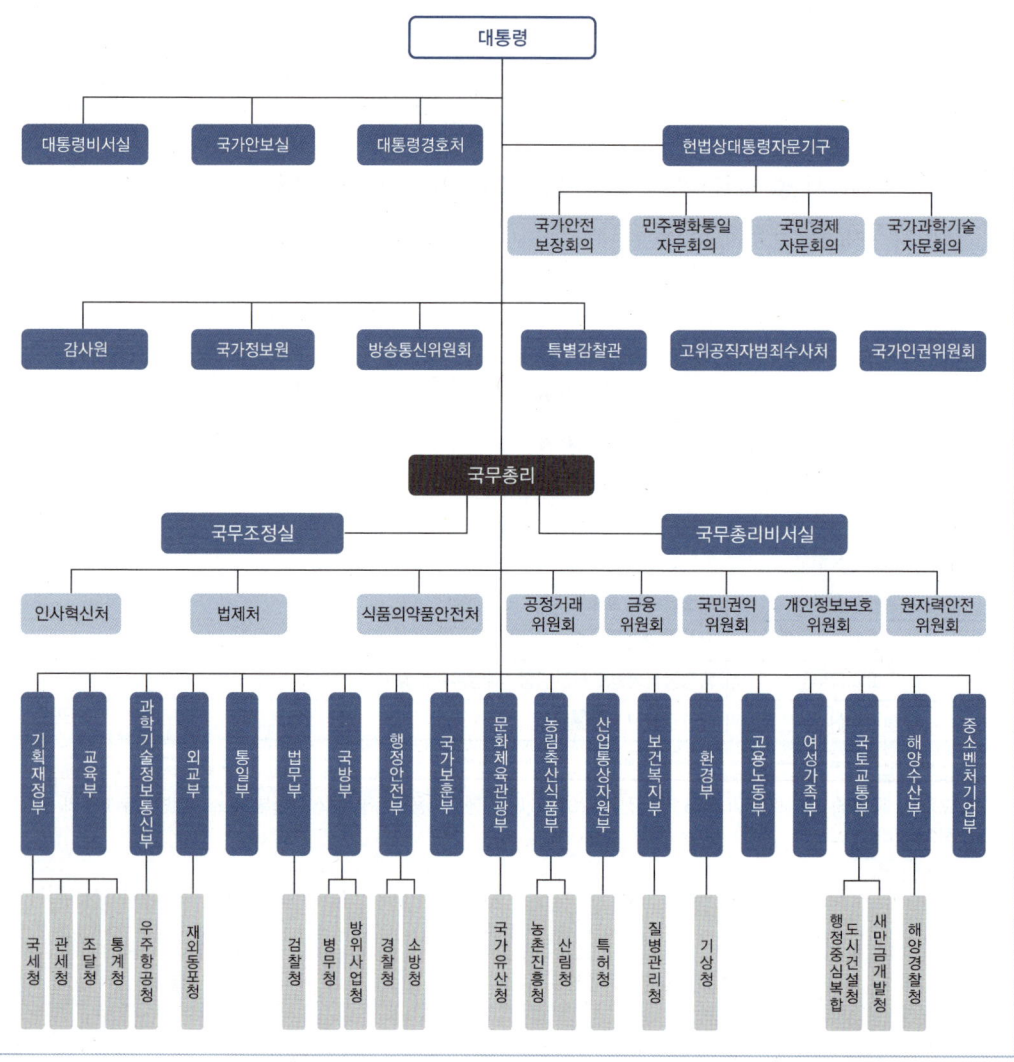

제3절 조직환경론

I 거시조직이론

1. 거시조직이론의 분류
① 결정론(실증주의) : 개인이나 조직이 환경의 구조적 제약에 의해 결정되고 수동적으로 반응한다는 입장(조직의 행동은 환경에 대한 종속변수)
② 임의론(해석주의) : 개인이나 조직은 적극적으로 환경을 형성한다는 입장(조직의 행동은 환경에 대한 독립변수)

2. 결정론적 관점

(1) 상황론적 조직이론(상황적응적 접근방법, 구조적 상황이론)
① 상황론적 조직이론은 체제이론에서와 같이 조직은 일정한 경계를 가지고 환경과 구분되는 체제의 하나로 본다.
② 상황론적 조직이론에서는 조직이 처해있는 상황이 다르면 효과적인 조직설계 및 관리방법도 달라져야 한다고 주장한다. 즉, 유일한 최선의 대안이 존재한다는 것을 부정한다.
③ 안정된 환경 속에 있는 조직은 기계적 조직구조를 선택하고, 불안정한 환경 속에 있는 조직은 유기적 조직구조를 선택하는 것이 효과적이라고 본다.
④ 상황론적 조직이론은 상황과 조직특성 간의 적합 여부가 조직의 효과성을 결정한다고 본다.
⑤ 상황론적 조직이론에서 조직구조는 기본변수(결과변수)이고, 조직구조에 영향을 미치는 환경, 기술, 규모 등이 상황요인에 해당한다.
⑥ 상황론적 조직이론은 연구대상이 될 독립변수를 한정하고 복잡한 상황적 조건들을 환경, 기술, 규모 등으로 유형화함으로써 거대이론보다 분석의 틀을 단순화하였다. 또한 보편적 결론을 제시하지 않고, 개인행위를 연구하지도 않으며, 개별조직을 분석단위로 삼는다는 점에서 중범위이론에 해당한다. 즉, 상황론적 조직이론은 독립변수를 한정하고 상황적 조건들을 유형화하여 중범위라는 제한된 수준 내의 일반성과 규칙성의 발견을 추구한다.
⑦ 번스(Burns)와 스토커(Stalker)는 상황론적 조직이론을 주장한 대표적 학자로써 조직을 둘러싼 환경의 성격 및 특성이 조직구조와 어떻게 관련되는지를 설명하는 데 초점을 둔다.

(2) 조직경제학

1) 주인-대리인 이론(principal-agent theory)
① 주인-대리인 이론은 주인과 대리인의 관계에 관한 경제학적 모형에 근거한 이론이다. 기출 18
② 주인-대리인 이론은 인간의 인지적 한계와 정보부족 등 상황적 제약 때문에 합리성은 제약되며 따라서 불확실성을 통제하기 어렵다고 전제한다.
③ 주인-대리인 이론은 주인과 대리인은 모두 자신의 이익을 극대화하려는 합리적 이기주의자로 가정하고, 주인과 대리인 간에는 정보격차(정보의 비대칭 또는 불균형)와 상충적 이해관계로 대리손실이 발생한다고 주장하였다. 기출 18

④ 주인이 대리인을 통제하고 감시하는 데 발생하는 비용을 거래비용이라고 한다.
⑤ 주인-대리인 이론은 대리손실의 형태에는 역선택과 도덕적 해이가 있다고 한다.
   ㉠ 역선택(adverse selection)은 계약 전 대리인에 대한 정보부족으로 부적격자를 대리인으로 선임함으로서 발생하는 사전손실을 말한다.
   ㉡ 도덕적 해이(moral hazard)는 계약 이후 대리인이 권력 남용으로 주인의 이익이 아닌 자신의 이익을 추구함으로써 발생하는 사후손실을 말한다.
⑥ 주인-대리인 이론은 대리인의 도덕적 해이 현상을 설명하는 데 유용하다. 기출 18
⑦ 효율적 관계의 유지를 위해서는 대리손실(agent loss)을 최소화하고, 유인구조를 재설계하기 위해 노력해야 한다.

2) 윌리엄슨(Williamson)의 거래비용이론
① 거래비용이론은 조직이 생겨나고 일정한 구조를 가지는 이유를 조직경제학적으로 설명하는 접근방법으로, 주인-대리인이론과 함께 신제도주의 경제학 이론에 해당한다.
② 거래비용이론은 자산의 특정성(이전불가능성)과 정보의 불균형성(편재성)을 거래비용을 증가시키는 요인으로 설명하고, 조직구조의 효율성은 거리비용의 최소화가 관건이라고 보았다.
③ 윌리엄슨(Williamson)은 시장의 자발적인 교환행위에서 발생하는 거래비용이 관료제의 조정비용보다 클 경우 조직통합을 통해 거래를 내부화하는 것이 효율적이라고 주장하였다.
④ 거래비용이론의 조직가설에 따르면, 정보의 비대칭성과 기회주의에 의한 거래비용의 증가 때문에 계층제가 필요하다.
⑤ 거래비용이론은 탐색·거래·감시비용 등을 포함하는 거래비용의 절감을 위해 외부화 전략 뿐만 아니라 내부화 전략도 가능하다.
⑥ 거래비용이론은 조직 내 거래비용보다 조직간 거래비용의 최소화에 더 많은 관심을 둔다.
⑦ 거래비용이론의 논리는 정부실패 이후 공공분야의 민영화, 민간위탁, 계약제 등에 응용되었다.

(3) 조직군 생태론(생태학)
① 조직군 생태론은 조직군의 변화를 유발하는 변이가 외부환경에 의하여 일어나며 조직은 이에 수동적으로 대응할 수밖에 없다는 극단적인 결정론으로서, 환경이 조직을 선택한다는 환경주도론을 제시하였다(개별 조직은 외부환경의 선택에 좌우되는 수동적인 존재).
② 조직군의 변화를 이끄는 변이는 우연적 변화(돌연변이)뿐 아니라 계획적이고 의도적인 변화도 포함된다.
③ 조직군 생태론은 단일 조직이 아닌 조직군을 분석단위로 삼는다.
④ 조직군 생태론은 시계열적인 종단적 분석에 의해서만 조직의 변화를 설명할 수 있다고 전제한다.
⑤ 조직군 생태론은 조직이 생겨나고 없어지는 원인을 환경적 적합도에서 찾는다. 따라서 조직 내부관리자들의 전략적 선택이나 집단적 행동의 중요성을 경시한다는 비판을 받는다.

3. 임의론적 관점

(1) 전략적 선택이론
① 전략적 선택이론은 조직구조의 변화가 외부환경 변수보다는 조직 내 정책결정자의 상황판단과 전략에 의해 결정된다고 본다.
② 전략적 선택이론은 조직 설계의 문제를 단순히 상황적응의 차원이 아니라 관리자(설계자)의 자유재량에 의한 전략적·능동적 선택 또는 의사결정 산물로 파악한다.
③ 전략적 선택이론은 동일한 환경에 처한 조직도 환경에 대한 관리자의 가치관이나 지각(인식)·신념 등의 차이로 상이한 구조나 전략을 선택할 수 있다고 본다.

(2) 자원의존이론
① 자원의존이론은 조직이 주도적·능동적으로 환경에 대처하며 조직은 그 환경을 조직에 유리하도록 관리하려는 존재로 본다.
② 자원의존이론은 전략적 선택이론의 일종으로 환경에 피동적으로 대응하기보다는 관리자의 통제능력에 의한 능동적이고 적극적인 환경관리를 중시한다.
③ 조직은 자원을 획득하는 데에 그 환경에 의존하므로 핵심적 희소자원을 획득하고 유지할 수 있는 능력을 조직 생존의 핵심요인으로 파악한다.

(3) 공동체 생태학이론
① 공동체 생태학이론은 조직을 생태학적 공동체 속에서 상호의존적인 조직군들의 한 구성원으로 파악하여 조직 내적 논리보다는 조직 간 공동전략에 의한 능동적 환경적응 과정을 강조한다.
② 공동체 생태학이론은 조직 간의 관계에 대한 논의를 전개한다.

Ⅲ 혼돈이론

1. 의 의
① 혼돈이론은 안정된 운동상태를 보이는 계(系)가 어떻게 혼돈상태로 바뀌는가를 설명하고, 또 혼돈상태에서 숨겨진 질서를 찾으려는 시도이다.
② 혼돈이론은 혼돈과 무질서를 극복·회피하려 하지 않으며, 현실의 복잡성과 불확실성을 단순화·정형화 시키기보다는 그대로 두고 연구하고자 하는 입장이다.

2. 특 징
① 혼돈이론에 의하면, 혼돈은 스스로 불규칙하게 변화할 뿐 아니라 미세한 초기조건의 차이가 점차 증폭되어 시간이 얼마간 지나면 완전히 다른 결과를 다타낸다.
② 혼돈이론에서 설명하는 혼돈 속에서 질서를 찾아가는 과정은 자기조직화(self-organizing)와 공진화(co-evolution)이다. 자기조직화란 자생적 학습능력을 말하고, 공진화란 원인과 결과변수가 상호작용하면서 함께 진화하는 공동진화를 말한다.
③ 혼돈이론은 비선형적, 역동적 체제에서의 불규칙성을 중시한다.
④ 혼돈이론은 전통적 관료제 조직의 통제중심적 성향을 타파하도록 처방한다.

제4절 조직관리론

I 동기부여 이론

1. 개설

① 동기부여 이론은 욕구의 충족과 동기부여 간에 직접적인 인과관계를 인정하고 동기를 유발하는 욕구의 내용 규명에 중점을 두는 내용이론과 욕구의 충족과 동기부여 사이에 직접적인 인과관계를 인정하지 아니하는 과정이론으로 분류된다. 기출 23

② 내용이론은 인간의 동기를 유발하는 내용을 설명하는 이론으로 인간의 욕구와 욕구에서 비롯되는 충동, 욕구의 배열, 유인 또는 달성하려는 목표 등을 분석한다. 매슬로우(A. Maslow)의 욕구계층이론, 앨더퍼(C. Alderfer)의 ERG이론, 허즈버그(F. Herzberg)의 욕구충족요인이원론, 맥클리랜드(D. McClelland)의 성취동기이론 등이 내용이론에 해당한다. 기출 23

③ 과정이론은 인간의 행동이 어떤 과정을 통해 동기유발이 되는가를 설명하는 이론으로, 사람들이 어떠한 방법을 통해 욕구를 충족시키고, 욕구충족을 위한 여러 가지 행동대안 중 어떠한 방법으로 행동선택을 하는가에 중점을 둔다. 브룸(V. H. Vroom)의 V.I.E 기대이론, 애덤스(J. S. Adams)의 형평성이론(공정성이론), 로크(Edwin. A. Locke)의 목표설정이론 등이 과정이론에 해당한다.

2. 내용이론

(1) 매슬로우의 욕구계층이론

1) 의의

① 매슬로우(A. Maslow)의 욕구계층이론은 내용이론에 해당한다. 기출 23

② 매슬로우는 인간의 동기를 유발하는 욕구를 5가지[㉠ 생리적 요구(1단계), ㉡ 안전에 대한 욕구(2단계), ㉢ 사회적 욕구(3단계), ㉣ 존경의 욕구(4단계), ㉤ 자아실현의 욕구(5단계)] 계층으로 분류하였다.

③ 매슬로우는 인간의 욕구를 계층적 구조로 나누어 설명하고, 하위계층의 욕구가 충족되어야 상위계층의 욕구가 나타나기 시작한다고 본다. 기출 21

2) 욕구의 5단계와 내용

계층	욕구의 내용 및 특징	욕구와 관련된 조직요소
5단계 (최상위의 욕구)	**자아실현의 욕구** 가장 추상적·고차원적 욕구. 자기완성에 대한 갈망을 의미하며, 자신의 잠재적 역량을 최대한 실현하려는 욕구 예 성취, 능력발전	도전적 직무, 창의력을 발휘할 수 있는 기회, 자신이 정한 목표달성
4단계	**존경의 욕구** 자신에 대한 긍지를 가지려고 하고, 높게 평가받고, 다른 사람으로부터 존경받기를 원하는 욕구 예 명예, 지위, 인정	사회적 인정, 타인이 인정해 주는 직무
3단계	**사회적 욕구** 소속감을 느끼는 상호관계를 유지하고자 하는 욕구 예 우정, 친목	결속력이 강한 근무집단

2단계	안전에 대한 욕구 위험과 사고로부터 자신을 방어, 보호하고자 하는 욕구 예 물리적 안전	후생복지(연금), 신분보장(정년)
1단계 (최하위의 욕구)	생리적 욕구 욕구의 강도가 가장 높고, 생존을 위해 반드시 충족시켜야 할 욕구 예 의식주	보수(기본급), 근무환경

3) 비 판
① 개인차를 고려하지 않고 획일적 욕구 계층을 설정하였다는 비판이 있다.
② 각 욕구단계가 명확히 구분되지 않는다는 비판이 있으며, 욕구의 중복현상(두 가지 이상의 욕구가 한 가지 행동의 동기로 작동)의 가능성이 있지만 이를 설명하지 못한다는 단점이 있다.
③ 욕구계층이론은 욕구의 후진적·퇴행적 진행을 고려하지 못한다.

(2) 앨더퍼의 ERG이론

① 앨더퍼(C. Alderfer)의 ERG이론은 인간의 욕구를 계층화한 점에서는 매슬로우(A. Maslow)의 욕구계층이론과 공통적이지만, 욕구계층이론이 가지고 있는 한계점을 극복하고자 하였다(욕구의 중복현상을 설명하고, 욕구좌절에 따른 후진적·하향적 퇴행을 제시함). 기출 23
② 앨더퍼는 매슬로우의 욕구 5단계를 줄여서 생존욕구(= 생리적 욕구 + 안전에 대한 욕구), 대인관계 욕구(= 사회적 욕구 + 존경의 욕구), 성장욕구(= 자아실현의 욕구)의 3단계로 제시한 후 상위욕구와 하위욕구 간에 '좌절 – 퇴행'관계를 주장하였다. 즉, 상위욕구 충족이 좌절되면 하위욕구를 충족시키고자 할 수 있다고 본다.
③ 앨더퍼는 ERG이론에서 두 가지 이상의 욕구가 동시에 작용되기도 한다고 주장하였다(욕구의 중복현상 설명).
④ 앨더퍼는 ERG이론도 개인차를 고려하지 않은 획일적 욕구단계 설정은 한계로 지적된다.

(3) 허즈버그의 욕구충족이원론(동기·위생 2요인이론)

1) 의 의
① 허즈버그(F. Herzberg)의 욕구충족이원론은 인간에게 만족을 주는 요인(동기요인)과 불만을 주는 요인(위생요인)은 상호 독립되어 있다고 본다.
② 만족의 반대는 불만족이 아니라 '만족이 없는 상태'이며, 불만족의 반대는 만족이 아니라 '불만족이 없는 상태'라고 본다. 즉, 인간의 기본적 욕구는 불쾌한 것을 피하려는 욕구(위생욕구)와 개인적 성장을 추구하는 욕구(동기욕구)가 차원을 달리하여 이원화되어 있다. 기출 23
③ 위생요인이 충족된다고 하더라도 동기부여로 이어지는 것은 아니고 단지 불만을 제거해주는 데 그치게 된다. 기출 21

2) 욕구충족이원론의 주요 내용
① 위생요인은 주로 생리적 욕구, 안전욕구 등을 만족시키는 요인들이다. 기출 21 위생요인에는 보수, 신분보장, 작업조건, 대인관계 등이 포함된다. 기출 21
② 동기요인은 주로 존경에 대한 욕구, 자아실현의 욕구 등을 만족시키는 요인이다. 동기요인에는 승진, 인정감, 자아계발, 직무상의 책임감 및 안정감 등이 포함된다.

③ 위생요인과 동기요인의 비교

요 인	위생요인(불만요인)	동기요인(만족요인)
성 격	직무 외적 또는 근무환경적 요인	직무 자체와 관련되어 있고 개인에게 성취감을 줄 수 있는 요인
구체적인 예	• 조직의 정책과 관리(방침과 관행) 기출 20 • 신분보장, 보수(임금) 기출 16 • 감독, 작업조건(근무조건) 기출 20 • 대인관계(상하관계, 동료관계) 등 기출 20	• 직무상의 성취감(승진) 기출 16 • 직무에 대한 타인의 인정(인정감) 기출 20 • 직무 그 자체에 대한 보람 • 성장 및 발전(자아계발) • 직무상의 책임감 등 기출 16
매슬로우(A. Maslow)의 욕구계층이론과의 관계	생리적 요구, 안전에 대한 욕구, 사회적 욕구	존경의 욕구, 자아실현의 욕구

3) 비 판

① 욕구충족요인이원론에 대하여는 개인의 욕구 차이에 대한 충분한 고려가 없다는 비판이 있다.
② 전문직에 종사하는 사람을 연구대상으로 하였기 때문에 일반화가 곤란하다는 문제가 있다.
③ 실제의 동기유발이 아니라 만족 자체에 중점을 두고 있기 때문에 하위욕구를 추구하는 계층에는 적용하기 어렵다는 단점이 있다.

(4) 맥그리거의 X · Y이론

① 맥그리거(D. McGregor)는 매슬로우의 욕구계층이론을 바탕으로 인간을 X · Y 두 가지로 대별하고 각각의 인간관에 따른 관리전략을 제시하였다. 맥그리거는 X이론적 인간관에 따른 관리전략은 현대인에게 적합하지 않으며, Y이론적 인간관에 따른 관리를 주장하였다.
  ㉠ X이론 : 인간은 경제적 보상이나 제재 등 외재적 요인으로 동기 부여
  ㉡ Y이론 : 인간은 존경욕구나 자아실현의 욕구 등 내재적 요인으로 동기 부여
② 맥그리거(D. McGregor)의 X이론은 매슬로우가 주장했던 욕구계층 중에서 주로 하위욕구(생존욕구 또는 안전의 욕구)를, Y이론은 주로 상위욕구(존경의 욕구, 자아실현의 욕구)를 중요시하였다.
③ 조직 관리에 있어서 X이론에서 인간 통제에 초점을 두며, Y이론은 인간 성장에 관심을 둔다.

(5) 맥클리랜드의 성취동기이론

① 맥클리랜드(D. McClelland)의 성취동기이론은 개인의 욕구를 성취욕구, 친교욕구, 권력욕구로 분류하고 성취욕구가 높을수록 생산성이 높아진다고 주장하며, 성취욕구를 중시하였다.
② 성취동기이론은 모든 사람이 비슷한 욕구의 계층을 갖고 있다고 보는 매슬로우(A. Maslow)의 욕구계층이론을 비판한다. 기출 23
③ 맥클리랜드(D. McClelland)는 개인의 행동을 동기화시키는 욕구는 학습되는 것이므로 개인마다 욕구의 계층에 차이가 있다고 주장한다.

(6) 아지리스의 미성숙 · 성숙이론

① 아지리스(Argyris)는 공식 조직이 개인의 행태에 미치는 영향 연구를 통하여, 인간이 '미성숙 상태'에서 '성숙 상태'로 발전하는 성격 변화의 경험이 성취동기의 기본이 된다고 주장하였다.
  ㉠ 미성숙 상태 : 수동적 활동, 의존적 상태, 단기적인 전망, 종속적 지위에 만족, 자기실현 결여
  ㉡ 성숙 상태 : 능동적 활동, 독립적 상태, 장기적인 전망, 대등 내지 우월한 지위에 만족, 자기규제 가능

② 관리자의 역할은 가능한 조직구성원이 '성숙 상태'로 변화해 가도록 돕는 것으로 본다.
③ 아지리스의 미성숙·성숙이론은 Y이론에 대한 지지가 함축되어 있다.

3. 과정이론

(1) 브룸의 기대이론
① 브룸(V. Vroom)은 결과에 대한 기대감(E), 결과에 따른 보상[수단성(I)], 그리고 보상에 대한 매력[유의성(V)]에 의해 동기유발의 강도가 좌우된다고 보았다.
② 브룸의 기대이론은 동기부여의 강도를 산정하는 기본개념으로 유의성(유인가, Valence), 수단성(Instrumentality), 기대감(Expectancy)을 제시하였다.
　㉠ 기대감(E)은 특정 결과는 특정한 노력으로 인해 나타날 수 있다는 가능성에 대한 개인의 신념으로 통상 주관적 확률로 표시된다.
　㉡ 수단성(I)은 성과(1차적 결과)가 보상을 가져올 것이라는 주관적 믿음을 의미한다.
　㉢ 유의성(V)은 특정한 보상(2차적 결과)에 대한 주관적 선호의 강도를 의미한다.
③ 브룸의 기대이론은 내용이론이 제시하지 못한 동기부여의 과정에서 오는 기대감과 유의성을 공식화해 동기부여의 과정을 설명하고 있으나 동기부여의 방안을 구체적으로 제시하지는 못하였다.

(2) 애덤스의 공정성이론(형평이론)
① 애덤스(J. Adams)의 공정성 이론은 자신의 노력과 보상과의 관계를 다른 사람과의 비교를 통해 상대적으로 느끼는 공정성의 정도가 동기부여에 영향을 미친다고 설명한다.
② 애덤스(J. Adams)는 자기의 노력과 그 결과로 얻어지는 보상을 준거인물과 비교하여 불공정하다고 인식될 때 불공정성을 해소하고자 동기가 유발된다고 주장하였다.
③ 애덤스의 공정성이론에 따르면 불공정성의 지각은 과소보상 뿐만 아니라 과대보상의 경우에도 발생한다.

(3) 포터와 롤러의 업무·만족 이론
① 포터와 롤러(Porter & Lawler)의 업무·만족 이론은 전통적인 기대이론을 수정·발전시킨 이론으로, 성과나 업적(직무성취 수준)이 구성원의 만족을 가져온다고 주장한다. 만족은 성과에 환류를 통해서만 간접적으로 영향을 줄 뿐 직접적으로는 영향을 주지 못한다고 본다('만족 → 성과' 관점이 아닌, '성과 → 만족' 관점).
② 업무·만족 이론에서는 개인은 성과나 업적에 따라 보상을 받게 되며 이때 주어지는 보상은 공평한 것으로 지각되어야 하는데, 개인이 불공평하다고 인식하면 만족을 줄 수 없게 된다고 본다.
③ 업무·만족 이론은 외재적 보상(승진, 승급, 보수인상 등)보다 내재적 보상(직무자체에 대해 느끼는 성취감)을 더 강조하였다.

(4) 로크의 목표설정이론
① 로크(Locke)의 목표설정이론은 인간의 행동은 '의식적인 목표'와 '성취의도'에 의해 결정된다고 가정한다.
② 로크는 목표의 난이도와 구체성에 의해 개인의 성과가 결정된다고 주장함으로써 목표가 도전적이고 명확할 때 인간은 더욱 노력하게 된다고 설명하였다. 즉, '목표가 도전적이고 명확할 때'(= 목표가 고난도이고 구체적일 때) 동기부여에 효과적이라고 보았다.

[동기부여이론의 체계]

내용이론	합리적·경제적 인간모형	X이론, 과학적 관리론
	사회적 인간모형	Y이론, 인간관계론
	성장이론	**인간의 성장을 중시(X → Y), 행태론** • 매슬로우(A. Maslow)의 욕구 5단계론(욕구계층이론) • 엘더퍼(C. Alderfer)의 ERG이론 • 맥그리거(McGregor)의 X·Y이론 • 허즈버그(F. Herzberg)의 동기·위생 2요인이론(욕구충족이원론) • 맥클랜드(D. McClelland)의 성취동기이론 • 아지리스(Argyris)의 미성숙·성숙이론 • 리커트(Likert)의 4대 관리체제론 • 머레이(Murray)의 명시적 욕구이론
	복잡인모형	**욕구의 복잡성과 개인차를 고려하는 Z이론, 상황적응론** • 샤인(E. Schein)의 복잡인모형 • 해크만과 올드햄(Hackman & Oldham)의 직무특성이론 • 오우치(Ouchi)의 Z이론
과정이론	기대이론	• 브룸(V. Vroom)의 기대이론 `기출 18` • 포터와 롤러(Porter & Lawler)의 업무·만족이론 • 조고풀러스(Georgopoulos)의 통로·목표이론 • 앳킨슨(J. Atkinson)의 기대모형
	공정성이론	애덤스(Adams)의 공정성이론(형평이론)
	목표설정이론	로크(Locke)의 목표설정이론
	학습이론	**고전학습이론 – 조건화이론** : 스키너(Skinner)의 강화이론 **현대학습이론 – 자율학습이론** : 인지학습이론

※ 동기부여이론은 욕구의 충족과 동기부여 간에 직접적인 인과관계를 인정하고 동기를 유발하는 욕구의 내용 규명에 중점을 두는 내용이론과 욕구의 충족과 동기부여 사이에 직접적인 인과관계를 인정하지 아니하는 과정이론으로 구분할 수 있다.

Ⅱ 리더십 이론

1. 개설

① 리더십(leadership)이란 리더가 일정한 상황에서 개인이나 집단에 영향을 미쳐 그 활동을 이끌어 과는 과정을 말한다.
② 리더십 이론은 ㉠ 속성(특성)론 → ㉡ 리더십 행동이론(행태론) → ㉢ 상황론 → ㉣ 신속성론·통합적 접근의 순서로 발달하였다.

2. 특성론(지적론, 속성론)

① 특성론은 리더의 자질을 가진 사람은 어떤 상황에서든 지도자가 될 수 있다고 주장하며, 리더로 적합한 사람을 선택하는 방법을 연구한다(리더 개인의 속성·자질에 대한 연구). `기출 18`
② 특성론은 위인들에 관한 연구에서 출발하여 성공적인 리더는 그들만의 공통적인 특성이나 자질을 가지고 있다는 전제 하에서 신체적 특성, 사회적 특성, 지적 능력, 과업과 관련된 지식 등에 연구의 초점을 둔다.
③ 리더의 특성에 대한 명확한 결론이 없어 성공적 리더와 그렇지 않은 리더의 구분이 모호해진다는 비판을 받는다.

3. 리더십 행동이론(행태론적 접근방법)

(1) 의 의

① 리더십 행동이론(행태론적 접근방법)은 행태론적 연구결과로서 조직의 효과성을 좌우하는 것은 지도자의 자질보다는 행동(행위)유형이라고 이해하여 리더 행동의 다양성과 상대적 차별성, 리더의 행태와 추종자들의 업무 성취 및 효과성·만족 사이의 관계를 실증적으로 규명하는 데 초점을 둔 이론으로 훈련에 의해 효과적인 리더를 양성할 수 있다고 주장한다. 기출 18

② 리더십 행동이론(행태론적 접근방법)은 리더의 자질이 아닌 리더의 행태적 특성이 조직성과에 직접적인 영향을 미친다고 가정한다.

(2) 관련 연구

① 아이오와(Iowa) 주립대학의 실험 결과에 따르면, 민주형, 권위형, 자유방임형 리더십 순으로 선호가 높으며, 민주형 리더십이 생산성과 산출물의 질 측면에서 가장 높은 성과를 이끌어내는 것으로 조사되었다.

② 미시간(Michigan) 대학교의 리더십 연구에서는 리더십유형을 '직원중심형'과 '생산중심형'으로 구분하고, 직원중심형 리더십이 더 효과적인 것으로 나타났다.

③ 오하이오(Ohio) 주립대학 연구에서는 리더십 행태인 '구조설정'과 '배려'는 독자적 국면이며, '구조설정'과 '배려'의 수준이 다 같이 높을 때 생산성이 가장 높다는 것을 발견하였다.

④ 블레이크와 머튼(Blake & Mouton)은 인간에 대한 관심과 생산에 대한 관심이 함께 높은 단합형(team)이 가장 이상적 리더십임을 설명하였다.

(3) 비 판

리더십 행동이론(행태론적 접근방법)은 효과적인 리더의 행동은 상황에 따라 다르다는 사실을 간과하고 있다. 즉 상황변수를 고려하지 않는 접근법이라는 비판을 받는다.

4. 상황론적 접근방법

(1) 의 의

① 리더십 연구의 상황론(상황론적 접근방법)은 상황에 따라 리더십의 효과성이 달라진다는 시각에서 리더의 행동을 파악한다. 기출 18

② 상황론(상황론적 접근방법)은 상황변수인 업무 특성과 리더십 스타일 사이의 관계에 초점을 둔다.
기출 18

(2) 관련 모형

1) 피들러(Fiedler)의 상황적응 모형

① 피들러(Fiedler)는 LPC(Least Preferred Coworker) 점수를 사용하여 리더를 '과업지향 리더'와 '(인간)관계 지향형 리더'로 분류하였다.

② 피들러(Fiedler)의 상황적합이론에서는 상황변수로 ⊙ 리더와 부하의 관계, ⓒ 직위 권력, ⓒ 과업구조 세 가지를 들고 있다.

③ 상황이 유리하거나 불리할 때는 과업지향형 리더가, 중간정도의 상황에서는 인간관계 지향형리더가 적합하다는 결론을 내렸다.

2) 하우스와 에반스(House & Evans)의 경로 – 목표 모형
① 리더십 유형을 4가지(지시적, 지원적, 참여적, 성취지향적 리더십)로 분류한다.
② 참여적 리더십은 부하들이 구조화되지 않은 과업을 수행할 때 필요한 리더십 유형이다.
③ 리더는 추종자들이 바라보는 보상(목표)을 받게 해줄 수 있는 행동(통로)을 명확하게 해주어야 부하의 성과를 높일 수 있다고 설명한다.

3) 허쉬와 블랜차드(Hersey & Blanchard)의 리더십 상황이론(생애주기이론)
① 허쉬와 블랜차드는 리더십을 '인간관계 중심(관계성 행동)'과 '임무 중심(과업행동)' 행태를 기준으로 규정한 다음, 상황변수로서 '부하의 성숙도(maturity)'라는 하나의 차원을 추가한 3차원적 모형을 정립하였다.
② 허쉬와 블랜차드는 부하의 성숙도에 따라 리더의 역할이 달라져야 한다고 주장한다.
   ㉠ 부하의 성숙도가 낮을 때 : 리더의 지시적인 과업행동이 효과적이다.
   ㉡ 부하의 성숙도가 중간일 때 : 리더가 부하에게 관심을 갖고 의사결정에 참여시키는 관계성 행동이 효과적이다.
   ㉢ 부하의 성숙도가 높을 때 : 부하에게 권한을 대폭 위임해주는 것이 효과적이다.

(3) 비 판
특성론과 행태론적 접근방법이 지나치게 일반적인 원리를 파악하는 데만 주력했다면, 상황론적 접근방법은 지나치게 수많은 단편적 상황마다 그러한 상황에 적합한 리더의 행동이나 특성을 파악하는 데에만 주력했다는 비판을 받는다.

5. 현대적 리더십 연구(신속성론)

(1) 변혁적 리더십

1) 의 의
① 번스(Burns)와 바스(Bass) 등이 주장한 변혁적 리더십은 거래적 리더십에 대응하는 이론으로 안정보다는 변화에 능동적으로 적응하거나 변화를 지향하는 최고관리층의 변화추구적·개혁적·체제 개방적 리더십을 말한다. 기출 17·15
② 변혁적 리더십은 새로운 비전을 창출하고 이를 현실화하기 위한 지지를 이끌어내는 리더십이다.

2) 특 징
① 변혁적 리더십의 특성으로는 영감과 비전 제시, 공유에 의한 동기유발, 지적 자극, 개별적 배려 등이 있다. 기출 15
② 변혁적 리더십은 카리스마적 리더십, 영감적 리더십, 촉매적 리더십(구성원에 대한 지적 자극), 섬김의 리더십(인간관계를 중시하는 개별적 배려)이 어우러져 나타난다. 기출 17·15
③ 변혁적 리더십은 임시조직 등 탈관료적·유기적 구조에 더 적합하다. 기출 15

> ❏ **거래적 리더십**
> • 거래적 리더십은 지도자와 부하들 간의 합리적·타산적 교환관계를 중시하고, 보상에 관심을 둔다.
> • 거래적 리더십은 기계적 관료제, 합리적 구조에 더 적합하다.

(2) 서번트 리더십

① 서번트 리더십은 그린리프(Greenleaf)에 의해 처음 도입된 리더십으로, 자기 자신보다는 다른 사람에게 초점을 두고 부하들의 창의성과 잠재력을 발휘할 수 있도록 봉사하는 리더십이다.
② 그린리프(Greenleaf)는 서번트 리더십에서 존중, 봉사, 정의, 정직, 공동체 윤리를 강조했다.

(3) 카리스마적 리더십

① 카리스마적 리더십은 리더의 특출한 성격과 능력에 의해 부하들이 특별히 강한 헌신과 리더와의 일체화를 이끌어내는 리더십이다.
② 리더의 높은 자신감, 강한 동기·도덕적 정당성에 대한 신념을 기초로 하는 새로운 현대적 속성론이다.

제5절 조직의 혁신

I 목표관리(MBO ; Management by objective)

1. 개념과 연혁

① 개념 : 목표관리(MBO)란 참여의 과정을 통해 생산 활동의 단기적 목표를 체계 있게 설정하여 생산활동을 수행하고, 그 결과를 평가·환류시키는 관리체제를 말한다. 목표관리(MBO)는 참여를 통한 목표 설정, 목표달성 과정의 자율성, 성과에 따른 보상과 환류 등을 그 특징으로 한다.
② 연혁 : 1973년 닉슨 대통령이 계획예산제도(PPBS)를 보완하기 위해 목표관리(MBO)를 예산부문에 채택하였고, 우리나라의 경우 1990년대 후반에 도입된 조직목표의 관리방식으로 신공공관리주의 행정개혁을 위해 성과급제와 함께 도입되었다.

2. 목표관리(MBO)의 특징

① Y이론적 인간관에 입각한 관리 : 조직구성원들은 목표성취를 위해 자발적으로 협조하고 합리적으로 행동하는 것으로 가정한다(Y이론 - 인간의 자율능력을 믿는 자기실현적 인간관).
② 참여에 의한 관리 : 목표설정에서부터 조직 구성원들을 참여시킴으로써 동기부여 및 사기앙양에 기여할 수 있다(민주적 관리풍토 조성). 상급자와 하급자 간 상호협의를 통해 일정 기간 달성해야 할 구체적인 업무목표를 설정한다. 구성원들의 수평적인 참여가 중시되는 제도이므로 계급과 서열을 근거로 위계적으로 운영되는 조직문화에서는 효과가 크지 않다.
③ 단기적·가시적·미시적 목표 중시 : 추상성을 띤 목표가 아니라 단기적이고 측정 가능한 생산목표를 설정한다. 단위부서별로 순차적·상향적 목표를 설정한다. 목표관리제는 가시적이고 계량화된 목표를 중시하므로 양적 평가는 가능하나, 질적 평가에는 한계가 있다.
④ 팀워크 및 협동적 노력의 중시 : 조직단위 또는 개인의 활동에 이르기까지 조직의 하부층과 상부층이 다같이 참여하여 공동으로 목표를 결정하고 그 업적을 측정·평가하는 방법으로서, 하나의 목표성취를 위해 조직구성원들이 상호의존적인 입장에서 팀워크를 이루면서 활동한다. 목표관리제는 개인목표와 조직목표의 통합하여 조직의 목표달성을 유도하고, 역할모호성 및 역할갈등을 감소시키며, 일과 사람의 조화수준을 높인다.
⑤ 결과지향적 관리방법(평가 및 환류 강조) : 최종결과의 평가는 목표와 대비시키는 환류의 과정을 강조한다(목표의 효과성 제고). 비능률적 관리행위를 배격하며, 성과와 능률을 중시한다.

3. 목표관리(MBO)의 한계
① 목표관리(MBO)는 성과에 대한 지나친 몰입으로 너무 쉬운 목표를 채택하거나 중요하지 않은 목표를 채택하도록 유도할 수 있다는 한계가 있다.
② 목표관리(MBO)는 조직 내·외의 상황이 안정적이고 예측가능한 조직에서 성공확률이 높다. 목표관리제는 폐쇄적인 내부관리모형이므로 불확실하고 유동적인 환경에는 부적합하다.

II 총체적 품질관리(TQM ; Total Quality Management)

1. 개 념
① 총체적 품질관리(TQM)란 고객에 대한 서비스 품질향상을 목표로 조직 내 모든 사람이 참여하여 지속적으로 업무수행방식을 개선하고자 하는 관리방식을 말한다. 즉, 총체적 품질관리(TQM)는 생산성 제고와 국민에 대한 대응적 책임성을 확보하기 위한 전략적 관리방식이다.
② Deming은 총체적 품질관리(TQM)를 '산출의 질을 제고하기 위한 과정에 대한 통계학적 통제기법'으로 정의하였다.

2. 총체적 품질관리(TQM)의 특징
① TQM은 고객의 요구를 존중한다. 고객의 요구에 부응하는 품질 달성이 최우선적 목표이다(전문가나 관리자가 아닌 고객이 품질 결정). TQM의 관심은 외부 지향적(고객만족 등)이어서 고객의 필요에 따라 목표를 설정하는 것을 강조한다.
② 총체적 품질관리(TQM)는 결점이 없어질 때까지 지속적 개선을 강조한다. 또한 산출물의 일관성 유지를 위해 과정통제계획과 같은 계량화된 통제수단을 활용한다.
③ TQM은 품질관리가 서비스 생산 및 공급이 이루어지는 과정의 매 단계에서 이루어진다(과정 중시).
④ TQM은 예방적·사전적 통제이며, 장기적 시간관에 의한 관리이다(장기적 관점 강조).
⑤ TQM은 사실자료에 기초를 둔 과학적 품질관리 기법을 사용한다.
⑥ TQM은 모든 계층의 구성원들 사이에 개방적이고 신뢰하는 관계를 설정한다(구성원의 참여).
⑦ TQM은 조직 내 모든 사람의 업무에 적용하고, 조직 내 여러 기능의 연대적 관리를 강조하며, 문제해결의 주된 방법은 개인적 노력에서 집단적 노력으로 이동한다(팀워크 중심의 조직관리).
⑧ TQM은 기능적 조직보다는 수평적·분권적 조직에 적합하다. 그러나 TQM이 계층제의 완전한 폐지를 주장하지는 않는다.
⑨ TQM은 모든 조직구성원들은 한편으로 공급자이면서 다른 한편으로는 고객인 이중적 역할을 수행하는 것으로 본다.
⑩ TQM은 공공부문의 민간화·시장화를 추구하는 신공공관리론에 입각한 민간부문의 관리전략이다. 따라서 공공부문의 비시장성과 비경쟁성은 TQM의 필요성 인식을 약화시킨다.

3. 목표관리(MBO)와의 비교

① TQM은 구성원의 참여를 인정한다는 점에서 MBO와 유사하다(Y이론적 인간관).
② 목표관리(MBO)가 개별 구성원의 활동을 바탕으로 한다면, TQM은 팀 단위의 활동을 바탕으로 한다. 목표관리(MBO)가 개인의 성과평가를 위한 도구로 도입되었다면, TQM은 팀 또는 집단의 성과평가를 위한 도구로 도입되었다.
③ 목표관리(MBO)가 조직 내부 성과의 효율성에 초점을 둔다면, TQM은 고객만족도 중심의 대응에 초점을 둔다.
④ TQM은 목표관리(MBO)와 유사하지만 '조직의 개별 구성원에 대한 목표를 설정하고 개인별 성과 측정하는 것'을 중시하지 않는다는 점에서 목표관리와 다르다.
⑤ MBO는 결과지향적인 반면, TQM은 MBO에 비하여 과정을 중시한다. TQM은 조직의 환경변화에 적절히 대응하기 위해 결과보다는 투입 및 과정을 지속적으로 개선한다.

Ⅲ 조직발전(OD ; Orgnization Development)

1. 개 념

① 조직발전(OD)이란 행태과학적 지식을 이용하여 조직과정에 계획적으로 개입함으로써 조직의 효율성과 건전성을 증진시키려는 관리전략을 말한다.
② 조직발전(OD)은 구성원들의 행태를 의도적·계획적으로 변화시켜 조직의 환경변화에 대한 대응능력과 문제해결능력을 향상시켜 궁극적으로는 조직 전체의 변화를 추구하는 기법이다.

2. 조직발전(OD)의 특징

① 조직발전(OD)은 외부 전문가의 충원을 통해서 전문성을 제고하는데 효과적이다. 조직발전(OD)은 주로 외부 인사가 주도한다는 면에서 목표관리(MBO)와 다르다.
② 조직발전(OD)은 외부의 전문가들이 참여하는 하향적 관리방식으로 문제해결역량을 개선하려는 지속적이고 장기적인 노력이다.
③ 조직발전(OD)에서 인간에 대한 가정은 맥그리거(McGregor)의 Y이론이다.
④ 조직발전(OD)은 조직을 환경과 상호작용하는 개방체제적 유기체로 간주한다.
⑤ 조직발전(OD)에서 추구하는 변화는 조직문화의 변화를 포함한다.
⑥ 조직발전(OD)은 심리적 요인에 치중한 나머지 구조적·기술적 요인을 경시할 우려가 있다.

3. 조직발전(OD)의 주요 기법

(1) 감수성 훈련

① 감수성 훈련은 동료 간·동료와 상사 간의 상호작용을 진작시키기 위하여, 실제 근무상황과는 다른 사회·심리적으로 고립된 장소에서 실시하는 훈련기법이다. 실험훈련 혹은 T-집단훈련이라는 명칭으로 불린다.
② 감수성 훈련은 참여자들 스스로 태도와 행동을 반성하도록 유도하며, 소수 인원으로 구성된 집단을 대상으로 한다. 감수성 훈련은 자신이 타인에게 미치는 영향을 검토하도록 하고, 갈등과 상호관계에 관련된 능력을 개선할 목적으로 사용된다.

(2) 팀 빌딩 기법
① 팀 빌딩기법(Team building)은 구성원 간의 협력적 노력을 향상시켜 팀 성과를 증가시키려는 방법을 말한다.
② 팀 빌딩기법은 공통 문제해결을 위한 집단능력 향상, 팀워크 개선에 초점을 맞춘다.

(3) 관리망 훈련
① 관리망 훈련은 감수성 훈련을 개인 → 각 부문 → 조직 전반으로 확대·발전시킨 장기적·포괄적 접근법이다(블레이크와 머튼이 개발한 관리자 대상기법).
② 관리망 훈련은 생산에 대한 관심과 사람에 대한 관심의 이원적 변수에 의거하여, 81개의 리더십(관리망) 유형을 만들고 그중 가장 효과적인 관리방식을 통해 개인과 집단의 관계와 조직 전체의 효율화를 도모하려는 훈련을 말한다.

(4) 태도조사환류
① 태도조사환류는 구성원의 태도를 체계적으로 조사하고, 그 결과를 구성원에게 환류시켜 개선방안을 찾는다.
② 전통적 조사와 달리, 전 직원의 태도를 조사하고, 모든 구성원에게 자료를 환류시킨다.

(5) 과정상담
과정상담은 개인 또는 집단의 업무처리 과정을 개선하는 것을 목적으로 하며, 외부 전문상담가가 조직에 개입하고 업무처리과정을 진단·상담함으로써 조직이 문제를 스스로 해결하도록 유도하는 기법이다.

Ⅳ 전략적 관리(SM ; Strategic Management)

1. 의 의
전략적 관리(SM)는 조직에 영향을 미치는 환경의 변동을 효율적으로 관리함으로써 불확실한 환경에 대비하기 위한 미래의 전략을 탐색하여 조직의 존속·발전을 기하려는 기법이다.

2. 전략적 관리(SM)의 특징
① 전략적 관리는 환경의 변화를 중시하는 변혁적 관리이지만, 환경의 변화에는 시간이 걸린다고 보고 장기적인 관점에서 계획기간을 설정하고 대응책을 마련한다.
② 전략적 관리는 환경변화에 대한 이해를 강조하기 때문에 현재의 환경과 계획기간 중에 일어날 환경변화를 체계적으로 분석한다.
③ 목표지향적인 개혁적 관리기법이다.
④ 조직의 환경 분석뿐만 아니라 조직역량 분석 역시 필수적이다.

3. SWOT분석

(1) 의 의
① SWOT분석은 미국 하버드 대학에서 개발한 전략적 관리의 일종으로 조직 내부 자원·역량은 강점(Strength)과 약점(Weakness)으로, 조직 외부 환경은 기회(Opportunity)와 위협(Threat)으로 구분하여 이를 바탕으로 하는 미래지향적 관리모형이다.
② SWOT분석은 조직 내적 특성과 외부 환경의 조합에 따른 맞춤형 대응전략 수립에 도움이 된다.

(2) 내 용
① 방어적 전략(WT) : 약점(W)을 보완하면서 동시에 위협(T)을 회피하거나 최소화하는 전략으로 가장 소극적인 전력이다.
② 다양화전략(ST) : 조직의 강점(S)을 활용하여 위협(T)을 회피하거나 최소화하는 전략이다.
③ 방향전환전략(WO) : 조직의 약점(W)을 보완해 기회(O)를 활용하는 전략이다.
④ 공격적 전략(SO) : 조직의 강점을 기반으로 기회(O)를 활용하는 전략이다.

		조직 외부의 환경	
		위협(T)	기회(O)
조직 내부의 자원·역량	약점(W)	방어적 전략(WT)	방향전환전략(WO)
	강점(S)	다양화전략(ST)	공격적 전략(SO)

> **벤치마킹**
> 벤치마킹은 최상의 경쟁우위를 창출하는 최고수준의 운영기법이나 능력을 가진 기업을 연구하여 그 강점만을 활용하는 것을 말한다.

V 균형성과표(BSC ; Balanced Scored Card)

1. 개념과 연혁
① 균형성과표(균형성과관리, BSC)는 순익과 같은 미시적·단기적 목표뿐만 아니라 거시적·장기적 측면의 목표나 전략, 조직문화 형성까지도 고려하는 포괄적·통합적 성과관리시스템이다. 기출 14
② 균형성과표(균형성과관리, BSC)는 조직관리에 있어 전통적 '재무적 관점'뿐만 아니라 '고객의 관점'(예 고객의 신뢰), '내부 프로세스 관점', '학습 및 성장의 관점'(예 구성원의 역량)을 균형 있게 관리하여 조직의 과거, 현재 및 미래를 동시에 관리해 나가고자 하는 포괄적·통합적 성과관리시스템이다. 기출 14
③ 우리나라는 기존의 성과관리 시스템이었던 목표관리(MBO)의 단기적·가시적·미시적 목표관리의 한계를 보완하기 위하여 목표관리(MBO)와 연계하여 균형성과표(BSC)를 도입하였다. 균형성과표(BSC)는 목표관리(MBO)보다 장기적 관점에서 목표를 설정하고, 조직의 실질적 효과 측정이 가능하다.

2. 균형성과표 4대 관점

(1) 재무적 관점
① 특징 : 민간부문에서 중시하는 후행지표(전년도의 실적)
② 공공부문 : 공공부문의 경우 재무적 관점은 목표가 아니라 제약조건으로 작용한다.
③ 성과지표(측정지표) : 매출, 자본수익률, 예산 대비 차이(예산 대비 성과·실적) 등

(2) 고객 관점
① 특징 : 공공부문에서 중시하는 대외적 지표
② 공공부문 : 정부는 성과평가에 있어서 재무적 관점보다는 국민이 원하는 정책을 개발하고 재화와 서비스를 제공하는지에 대한 고객의 관점을 중요한 위치에 놓는다. 다만, 이해관계자가 광범위하고 명확하지 않아 적용에 어려움이 있다.
③ 성과지표(측정지표) : 고객만족도, 정책순응도, 민원인의 불만율, 신규 고객의 증감 등

(3) 업무처리(내부 프로세스) 관점
① 특징 : 기업 내부의 업무처리 과정의 중요 지표
② 공공부문 : 업무처리 관점은 정부부문에서 정책결정과정, 정책집행과정, 재화와 서비스의 전달과정 등을 포괄하는 넓은 의미를 가진다.
③ 성과지표(측정지표) : 의사결정과정에의 시민참여, 적법한 절차, 조직 내 커뮤니케이션 구조(소통 구조), 정보공개, 통합적 일처리 절차 등

(4) 학습과 성장 관점
① 특징 : 미래적 관점의 선행지표. 학습과 성장의 관점은 민간부문과 정부부문이 큰 차이를 둘 필요가 없는 부분이다.
② 공공부문 : 구성원의 능력개발이나 직무만족과 같이 주로 인적자원에 대한 성과를 포함한다. 학습과 성장과 같은 무형자산에 대한 강조는 성과평가의 시간에 대한 관점을 단기에서 장기로 전환시킨다. 학습과 성장의 관점은 민간부문과 정부부문이 큰 차이를 둘 필요가 없는 부분이다.
③ 성과지표(측정지표) : 인적 자원의 역량, 지식의 축적, 정보시스템 구축, 학습동아리 수, 제안 건수, 교육훈련 프로그램, 직무만족도 등

> □ **균형성과표(BSC)의 공공부문에의 적용 예시**
> - 재무적 관점 : 공기업 재정운영의 효율성을 제고하기 위해 직원 보수를 조정한다.
> - 고객 관점 : 시민들의 행정서비스 만족도를 제고하기 위해 노력한다.
> - 프로세스 관점 : 정책결정 과정에 시민을 참여시킨다.
> - 학습과 성장 관점 : 공무원의 능력향상을 위해 전문적 직무교육을 강화한다.

3. 균형성과표(BSC)의 특징

① BSC는 관리자의 성과정보가 재무적 정보에 국한된 약점을 극복하고자 다양한 측면의 정보를 제공하며, 재무적 정보 외에 고객, 내부 절차, 학습과 성장 등 조직운영에 필요한 관점을 추가한 것이다(결과에 초점을 둔 재무지표 방식의 성과관리에 대한 대안으로 개발).
② BSC는 과정과 결과 및 조직 내·외부적 관점의 통합적 균형을 추구하고, 상·하 또는 수평적 연계성을 강조하는 조직 전체적 시각에 관심을 둔다. 기출 14
③ BSC는 기존의 성과관리와 마찬가지로 성과지표와 전략과의 연계를 그대로 받아들인다. 기출 14 BSC의 기본틀은 성과관리 체계로 이전의 관리 방식인 TQM이나 MBO와 크게 다르지 않고, 다만 거기에서 진화된 종합모형이라고 평가받고 있다.
④ BSC는 조직목표와 이를 달성하는 데 필요한 주요 변수들의 인과관계를 전략지도로 구성한다.
⑤ BSC는 재무, 고객, 내부 프로세스, 학습과 성장이라는 4가지 관점 간의 균형을 중시한다.
⑥ BSC는 시간적인 측면에서 과거의 실적과 미래의 성장잠재력을 중시하여 단기와 장기를 모두 고려한다. 성과관리를 위한 단기적 관점과 장기적 관점의 균형을 중시한다.
⑦ BSC는 조직의 비전과 목표, 전략으로부터 도출된 성과지표의 집합체이다. BSC는 추상성이 높은 비전에서부터 구체적인 성과지표로 이어지는 위계적인 체계를 가진다.
⑧ 균형성과표(BSC)는 의사소통의 도구로서 조직구성원들에게 조직의 전략목표를 달성하기 위해 필요한 성과가 무엇인지 알려준다.
⑨ 목표관리제는 재무적·단기적·결과적 관점 중심의 전통적 성과관리이지만, 균형성과표(BSC)는 비재무적·장기적·과정적 관점까지를 포괄하는 기법이다.
⑩ BSC의 장점은 거시적이고 추상적인 조직목표와 실천적 행동지표 간 인과관계를 확보함으로서 조직의 전략과 기획을 실행에 옮길 수 있게 한다는 것이다.

> **□ 성과관리**
> • 성과관리의 체계는 미션 → 비전 → 전략 → 전략목표 → 성과목표 → 성과지표 순으로 연결되며 추상성·규범성이 높은 미션·비전에서 구체적이고 경험적인 검증이 가능한 성과지표로 이어지는 위계적인 체계이다. 기출 18
> • 성과목표는 전략목표를 성공적으로 수행하기 위하여 반드시 달성해야 하는 가장 중요하고 근본적인 요소의 의미를 가지고 있으므로 전략목표는 성과목표의 상위목표로 기능한다. 기출 18
> • 결과지표(성과지표)는 고객에게 제공된 서비스의 질적 측면을 반영하는 지표로 적시성, 접근용이성, 만족도, 친절성, 정확성, 형평성 등을 들 수 있다. 교육프로그램의 경우 산출의 질적 성과를 측정하기 위해 피교육자의 만족도와 같은 결과지표가 활용된다. 기출 18
> • 효과성은 생산과정과 활동에서 창출된 직접적 산출물인 산출(output)보다는 산출물이 가져다 준 환경상의 변화인 결과(outcome)에 중점을 둔다. 기출 18
> • 성과평가 논리모형에서 영향(impact)은 그 산출이 가져오는 결과 이후에 발생하는 장기적 효과를 의미한다. 프로그램이 의도한 재화와 서비스의 생산량을 의미하는 것은 산출(output)이다. 기출 18

Ⅵ 리엔지니어링(Reengineering)

1. 의 의
리엔지니어링(Reengineering)은 조직업무의 전반적인 과정과 절차(프로세스)를 축소·재정비하여 가장 합리적인 방법으로 업무를 수행하려는 성과향상과 고객만족도 극대화를 위한 실천적 전략으로, 조직 내 부서별 고도의 분업화로 인한 폐단을 극복하고 비용, 품질, 서비스, 속도와 같은 핵심적 성과에서 극적인 향상을 도모하기 위해 등장하였다. 기출 14

2. 특 징
① 리엔지니어링(Reengineering)은 업무 프로세스를 기본 단위로 하여 업무, 조직, 기업문화까지 다양한 측면에서 변화가 요구 된다. 기출 14
② 리엔지니어링은 조직의 급진적·근본적 변화가 필요할 때 사용되며, 조직 문화도 개혁의 대상이 된다.
③ 리엔지니어링(Reengineering)은 조직업무의 절차를 축소·재설계하여 고객에게 신속하게 서비스를 제공하는 원스톱서비스를 구현하고자 하는 것으로 조직 및 인력 감축이 필수적인 것은 아니다. 기출 14
④ 공공서비스의 경우 서비스의 비분할성 및 비경합성 등과 같은 특징으로 인해 리엔지니어링 추진이 쉽지 않다는 문제가 있다. 기출 14

제3장 조직론

제1절 조직과 조직이론

01 현대조직이론의 특징으로 옳지 않은 것은?   24 행정사 제12회

① 인간행태의 발전과 쇄신적 가치관을 중시하며 인간을 자아실현인·복잡인으로 파악한다.
② 가치의 다원화 및 행정현상의 다양성을 인정한다.
③ 효과성·생산성·민주성·대응성·사회적 적실성과 종합적인 행정개혁을 중시한다.
④ 조직을 환경과 상호작용하는 동태적·유기체적 개방체제로 파악한다.
⑤ 조직발전을 위해 조직의 변동과 갈등을 전적으로 억제한다.

해설

[❶ ▶ ○] 현대적 조직이론은 인간행태의 발전과 쇄신적 가치관을 중시하며 <u>인간을 자아실현인·복잡인으로 파악</u>한다.
[❷ ▶ ○] 현대적 조직이론은 <u>가치의 다원화 및 행정현상의 다양성을 인정</u>한다.
[❸ ▶ ○] 현대적 조직이론은 <u>효과성·생산성·민주성·대응성·사회적 적실성과 종합적인 행정개혁을 중시</u>한다.
[❹ ▶ ○] 현대적 조직이론은 <u>조직을 환경과 상호작용하는 동태적·유기체적 개방체제로 파악</u>한다.
[❺ ▶ ✕] 현대적 조직이론은 <u>조직에서 변동과 갈등의 순기능을 인정하고 조직발전(OD)을 중시</u>한다.

➡ 조직이론의 비교(D. Waldo)

구 분	고전적 조직이론 (19세기 말~1930년대)	신고전적 조직이론 (1930년대~1950년대)	현대적 조직이론 (1950년대 후반~)
인간관	합리적·경제적 인간	사회적 인간	자아실현인·복잡인
연구 초점	조직의 공식구조(계층제, 절차 등) 설계에 초점	인간의 사회적 욕구와 동기유발 요인에 초점	인간 행태나 발전·쇄신적 가치관 중시
추구하는 행정 이념(가치)	기계적 능률성	사회적 능률성	효과성·생산성·민주성·대응성· 사회적 적실성 등 다양한 가치 중시
환경관	폐쇄적 환경관	폐쇄적 환경관	개방적 환경관
연구방법	원리적 접근 (형식적 과학성)	경험적 접근 (경험적 과학성)	복합적 연구방법 (종합 과학적 성격)
해당 이론	고전적 관료제론(Weber), 과학적 관리론(Tayler), 행정관리론(Wilson, Fayol, Gulick, Urwick)	인간관계론(E. Mayo), 후기 인간관계론	체제이론, 상황이론, 조직경제학(대리인이론, 거래비용이론), 조직군생태론 등

답 ❺

제2절 조직구조론

02 기계적(mechanistic) 구조와 대비되는 유기적(organic) 구조의 조직 특성에 해당하는 것은?

23 행정사 제11회

① 모호한 책임관계
② 표준운영절차
③ 좁은 직무범위
④ 계층제
⑤ 공식적/몰인간적 대면관계

해설

[❶ ▶ ○] 유기적(organic) 구조의 조직 특성에 해당하는 것은 ① 모호한 책임관계이다. ② 표준운영절차, ③ 좁은 직무범위, ④ 계층제, ⑤ 공식적/몰인간적 대면관계는 기계적(mechanistic) 구조의 조직 특성에 해당한다.

● 조직구조모형 - 기계적 구조와 유기적 구조

분류	기계적 구조	유기적 구조
장점	예측가능성	적응성
조직 특성	• 계층제 • 좁은 직무범위 • 표준운영절차 • 분명한 책임관계 • 공식적/몰인간적 대면관계	• 채널의 분화 • 넓은 직무범위 • 적은 규칙/절차 • 모호한 책임관계 • 비공식적/인간적 대면관계
상황 조건	• 명확한 조직목표와 과제 • 분업적 과제 • 단순한 과제 • 성과 측정이 가능 • 금전적 동기부여 • 권위의 정당성 확보	• 모호한 조직목표와 과제 • 분업이 어려운 과제 • 복합적 과제 • 성과 측정이 어려움 • 복합적 동기부여 • 도전 받는 권위

답 ❶

03 조직구조의 분권화가 요구되는 상황으로 옳지 않은 것은?

22 행정사 제10회

① 규칙과 절차의 합리성·효율성에 대해 신뢰하고 있다.
② 조직이 속한 사회의 민주화가 촉진되고 있다.
③ 기술과 환경이 격동적으로 변화하고 있다.
④ 고객에게 신속하고 대응적인 서비스 요구가 증가하고 있다.
⑤ 조직구성원들의 참여 확대와 창의성 발현이 요구되고 있다.

해설

[❶▶×] 규칙과 절차의 합리성·효율성에 대한 신뢰의 증가는 공식화와 관련되며, 정형적 규칙과 절차에 따라 구성원의 행동이 이루어지도록 하므로 집권화를 초래하게 된다.

◆ 집권화와 분권화의 촉진요인

집권화의 촉진요인	분권화의 촉진요인
• 교통 및 정보통신의 발달은 신속한 전달을 가능하게 하여 권한위임의 필요를 감소시켜 집권화를 촉진 • 재정자원의 규모가 팽창하여 집권화를 촉진 • <u>규칙과 절차의 합리성과 효율성에 대한 신뢰는 집권화를 촉진</u> • 전략적 결정 등 중요도가 높은 결정사항으로 인해 집권화를 촉진 • 위기가 발생하거나 소규모의 신설조직으로 인해 집권화를 촉진 • 권위주의적 사회문화, 사회구조와 계서적 원리 등도 집권화를 촉진 • 특정 기능에 대한 조직 내외의 관심이 확대되면 그에 대한 의사결정이 집권화를 촉진 • 조직활동의 통일성·일관성에 대한 요청은 집권화를 촉진 • 일의 전문화나 기능분립적 구조설계 등은 집권화를 촉진 • 전문화(분업) 등으로 인한 하위조직단위 간 횡적 조정이 필요하거나 최고관리층의 권력욕은 집권화를 촉진	• <u>환경변화의 격동성과 복잡성은 조직의 적응성 제고를 요구하므로 분권화를 촉진</u> • <u>조직이 속해 있는 사회의 민주화가 촉진되면 조직 내의 분권화를 촉진</u> • <u>조직구성원의 참여와 자율구제를 강조하는 동기유발 전략은 분권화를 촉진</u> • <u>고객에게 신속한 상황적응적인 서비스를 제공하여야 한다는 요청은 분권화를 촉진</u> • 구성원의 인적 전문화 및 능력 향상은 분권화를 촉진 • 구성원에게 힘을 실어주려는 것도 분권화를 촉진 • <u>개인적 창의성 발휘가 중요해질수록 분권화를 촉진</u> • 조직의 규모확대는 분권화를 촉진

답 ❶

04 조직구조의 기본변수에 관한 설명으로 옳지 않은 것은?

① 복잡성은 조직을 구성하는 기구의 분화정도를 의미한다.
② 수평적 복잡성은 조직 내 수직적 계층의 수를 의미한다.
③ 업무수행의 규칙과 절차가 표준화될수록 조직구조의 공식성은 높아진다.
④ 공식화 정도가 높을수록 업무의 예측가능성이 높아진다.
⑤ 의사결정의 권한이 상위층에 집중된 경우 집권화된 조직이라고 한다.

18 행정사 제6회

해설

[❶ ▶ O] 복잡성은 조직을 구성하는 기구의 분화정도를 의미하며, 단위 부서 사이의 횡적 분화의 정도를 나타내는 수평적 분화와 조직의 계층화 정도를 나타내는 수직적 분화로 구분할 수 있다.

[❷ ▶ ×] 수평적 분화(복잡성)는 조직이 수행하는 업무의 세분화를 의미하며, 전문성에 따라 그 분화의 정도가 달라진다. 수직적 분화(복잡성)는 조직의 종적인 분화로서 책임과 권한의 계층적 분화의 정도, 즉 조직 내 계층의 수를 의미한다.

[❸ ▶ O] 공식화란 조직 내의 직무가 정형화, 표준화, 법규화된 정도를 말하는 것으로 규칙·절차·지시 및 의사전달이 명문화된 정도를 의미한다. 일반적으로 업무수행의 규칙과 절차가 표준화될수록 조직구조의 공식성은 높아진다.

[❹ ▶ O] 공식화 정도가 높을수록 불확실성을 감소시켜 업무의 예측가능성이 높아진다.

[❺ ▶ O] 의사결정권이 상위계층에 집중된 정도를 집권성이라고 하며, 의사결정의 권한이 상위층에 집중된 경우 집권화된 조직이라고 한다.

답 ❷

05 조직구조 설계 시 고려해야 할 기본 요소에 관한 설명으로 옳지 않은 것은? `23` 행정사 제11회

① 누구에게 보고하는 지를 정하는 명령 체계
② 상관에게 보고하는 부하의 수를 의미하는 통솔 범위
③ 의사결정이 이루어지는 계층이 위치한 수준을 의미하는 집권과 분권
④ 문서화된 정도를 의미하는 공식화
⑤ 조직의 일차적 목표와 관련된 사업을 수행하는 참모와 이를 지원하는 계선

해설

[⑤ ▶ ×] '조직의 일차적 목표와 관련된 사업을 수행하는 참모와 이를 지원하는 계선'은 조직구조 설계 시 고려해야 할 기본 요소에 해당하지 않는다.

● 조직구조 설계 시 고려해야 할 기본 요소

복잡성	• 조직의 분화된 정도를 의미 • 단위 부서 사이의 횡적 분화의 정도를 나타내는 수평적 분화와 조직의 계층화 정도를 나타내는 수직적 분화로 구분할 수 있음
공식화	조직 내 직무가 표준화되어 있는 정도, 문서화된 정도를 의미
집권성 (집권과 분권)	• 조직계층 상하 간의 권한 배분의 정도를 의미 • 집권은 의사결정 권한이 중앙이나 상위기관에 유보되어 있는 것을 의미하고, 분권은 지방 또는 하급기관에 위임되어 있는 것을 의미함 • 의사결정이 이루어지는 계층이 위치한 수준을 의미
명령 체계	• 조직의 가장 높은 지위로부터 가장 낮은 위치까지 연결하는 선 • '나는 누구에게 보고할 책임이 있는가?'라는 의문을 가질 때 해답을 제시
통솔 범위	• 한 상관이 효율적이고 효과적으로 관리할 수 있는 부하의 범위 • 상관에게 보고하는 부하의 수를 의미

답 ⑤

06 막스 베버(M. Weber)가 제시한 관료제에 관한 설명으로 옳지 않은 것은?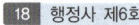

① 계층제의 원리를 근간으로 한다.
② 업무수행에 필요한 전문성을 강조한다.
③ 합법적 권위로부터 관료제의 정당성을 찾는다.
④ 개인성(personality)을 고려한 업무처리를 강조한다.
⑤ 규칙과 절차의 강조로 형식주의(red tape)와 같은 역기능이 초래된다.

해설

[❶ ▶ ○] 베버(M. Weber)가 제시한 관료제는 상명하복의 질서정연한 계층제의 원리(피라미드 모양의 계층구조)를 근간으로 한다.

[❷ ▶ ○] 관료제 내의 구성원들에게는 제한된 범위의 공식적인 임무가 부여된다(분업 구조). 각자는 자신에게 주어진 전문화된 업무에 대해서만 책임을 진다. 관료의 채용의 기준은 전문적 능력(실적)이며, 관료로서 직업은 전임직원이 된다.

[❸ ▶ ○] 베버(M. Weber)는 권위를 전통적 권위, 카리스마적 권위, 합법적 권위(법적·합리적 권위)로 구분한다. 이 중 합법적 권위는 의회를 통과한 법에서 나오는 권위로 모든 사람에게 평등하고 비정의적으로 적용되며 현대사회의 사회관계를 이루는 근간이 된다. 베버의 관료제는 바로 합법적 권위(법적·합리적 권위)를 바탕으로 한 것이다.

[❹ ▶ ✕] 베버(M. Weber)의 관료제는 개인성(personality)을 고려한 업무처리가 아니라 비정의적(Impersonal) 업무 처리를 강조한다. 즉 관료제 하에서 구성원들은 인간으로서의 감정이나 충동적인 화를 멀리 하고 객관적이고 공정하게 행동할 것이 기대된다. 이상형의 관료는 언제 어디서나 자신의 감정을 절제하고 절차에 따라 기계적으로 일하는 사람, 동정심이나 호의 같은 인간의 온정을 버리고 전문직업인으로서 맡은 일을 냉정하게 처리하는 사람이다.

[❺ ▶ ○] 관료제의 병리현상으로 목표가 아닌 수단으로서의 규칙과 절차에 지나치게 집착하는 형식주의(red tape, 번문욕례)가 나타난다. 17세기 영국에서는 공식적인 정부문서를 묶을 때 빨간 끈(red tape)을 사용했는데 관료제에서의 번거롭고 까다로운 규칙, 규제, 절차를 일컬어 red tape, 형식주의 또는 번문욕례(번거롭게 형식만 까다롭게 만든 예문)라 부른다.

답 ❹

---

07 관료제의 특징으로 옳지 않은 것은?

① 분업구조
② 계층구조
③ 문서화된 법규
④ 실적주의
⑤ 정의적(personal) 업무 처리

해설

[❺ ▶ ✕] ① 분업구조, ② 계층구조, ③ 문서화된 법규, ④ 실적주의(기술적 전문화를 통한 실적관료제 또는 기술관료제)는 관료제의 특징에 해당한다. ⑤ 정의적(personal) 업무 처리가 아니라 비정의적(Impersonal) 업무 처리가 관료제의 특징에 해당한다.

답 ❺

08 기계적 조직과 학습조직의 특성에 관한 내용으로 옳지 않은 것은?

① 기계적 조직은 위계적·경직적 조직문화를 갖는 데 비해 학습조직은 적응적 조직문화를 갖는다.
② 기계적 조직은 조직원의 재량과 책임을 중시하나 학습조직은 조직원 과업을 상세히 규정한 표준화·분업화에 의해 수행한다.
③ 기계적 조직은 경쟁을 중시하나 학습조직은 협력을 중시한다.
④ 기계적 조직은 수직적 구조이나 학습조직은 수평적 구조를 지향한다.
⑤ 기계적 조직은 정보가 최고관리층에 집중되는 반면에 학습조직은 조직원들에게 공유된다.

해설

[❷ ▶ ×] 기계적 조직은 조직원 과업을 상세히 규정한 표준화·분업화에 의해 수행하나 학습조직은 조직원의 재량과 책임을 중시한다.

➡ **기계적 조직과 학습조직의 구별**

구 분	기계적 조직	학습조직
조직구조❹	수직적 계층구조(기능 중심)	수평적 구조(업무프로세스 중심)
조직설계❷	표준화·분업화의 원리에 의해 설계	• 목표달성을 위한 재량권과 책임 인정 • 구성원의 권한 강화
주요가치❸	경쟁 중시	협력 중시 (직원 간, 부서 간, 외부경쟁사 간의 협력 포함)
정 보❺	부하를 통제하기 위해 최고관리층에 독점적으로 집중	협력을 촉진하기 위하여 조직원들에게 정보가 공유됨
조직문화❶	위계적·경직적 조직문화	• 적응적 조직문화 • 성장을 위한 개방성, 평등, 지속적 개선과 변화의 강조 • 구성원 간의 협력과 상호작용의 중시
통제 및 관리	• 상위계층의 통제관리 • 일선 직원의 의사결정권한은 인정되지 않음	• 의사소통과 수평적 협력 • 일상적 과업수행의 권한이 위임됨

※ 학습조직은 모든 조직구성원이 문제 인지와 해결에 관여하면서 조직능력을 제고하기 위해 시행착오를 거치면서 지속적으로 실험할 수 있는 조직을 말한다. 기계적 조직은 조직을 기계와 같이 구조화한 조직으로, 엄격한 계층구조를 가지고 있어 책임과 역할이 명확하게 나누어져 있으며, 보고체계 또한 명령통일의 원리가 적용된다.

답 ❷

09 학습조직에 관한 설명으로 옳지 않은 것은?

① 리더의 사려 깊은 리더십이 요구된다.
② 구성원의 권한강화를 강조한다.
③ 수평적 구조의 팀으로 구성된다.
④ 전체보다 부분을 중시한다.
⑤ 조직구성원은 조직의 공식자료에 접근할 수 있어야 한다.

해설

[❹ ▶ ×] 학습조직이란 모든 조직구성원이 문제 인지와 해결에 관여하면서 조직능력을 제고하기 위해 시행착오를 거치면서 지속적으로 실험할 수 있는 조직을 말한다. 효율성이라는 관료제의 궁극적 가치와는 달리 학습조직에서는 '문제해결'이 필수적 가치가 된다. 부서 간 경계를 최소화하는 조직문화가 중요하며, 구성원 상호 간의 협력을 강조한다. 부분보다 전체를 중시하고 의사소통을 원활하게 하는 공동체 문화를 강조한다.

● 학습조직의 특징

구분	내용
사려 깊은 리더십 요구❶	• 통치이념(조직의 목표, 사명, 핵심 가치 등)의 설계 • 구성원이 공유하는 미래비전 창조 • 리더는 조직 제일의 봉사자로서 조직의 임무와 조직구성원들을 지원하는 데 헌신
구성원의 권한 강화 강조❷	• 조직의 문제를 인지하고 해결하는 학습조직의 기본단위는 통합기능팀 • 조직구성원은 탐구심과 학습의 즐거움을 가진다고 가정하고, 구성원에게 충분한 학습기회를 제공할 수 있는 훈련을 강조
전략수립의 다방향성	• 전략은 중앙집권적으로 수립되는 것이 아니라 여러 방향에서 등장 • 전략수립에 있어 고객 및 공급자와 직접 접촉하고 있는 일선 구성원의 역할이 강화되고, 공급자 또는 경쟁자와 협력적 네트워크를 통한 정보 공유로 전략수립에 도움을 얻게 됨
강한 조직일체감	• 부분보다 전체를 중시❹하고 의사소통을 원활하게 하는 공동체 문화의 강조 • 부서 간 경계를 최소화하는 조직문화가 중요하며, 부서 간 협력을 통한 문제해결능력의 향상을 강조
정보 공유	문제해결을 위해 조직 구성원은 조직의 공식자료에 항상 접근 가능해야❺ 하며, 조직 구성원 간의 광범위한 의사소통을 장려
수평적 조직구조 강조❸	불확실한 환경에 필요한 신축성을 제고하기 위해 네트워크 조직과 가상조직을 활용
조직 전체를 강조하는 보상체계	개인별 보상이 아닌 팀워크와 조직 전체를 강조하는 집단적 보상체계를 도입

답 ❹

10 대프트(Daft)의 조직구조 유형에 관한 설명으로 옳은 것은?　　25 행정사 제13회

① 네트워크 구조의 협력적 연계는 조직 간에서 뿐만 아니라 조직 내에서도 형성될 수 있다.
② 수평구조는 변화가 적고 안정적인 상황에서 유리하다.
③ 매트릭스 구조는 이중구조로 인적 자원의 낭비를 초래할 수 있다.
④ 사업구조는 사업별 기능부서의 중복이 없어 효율적이다.
⑤ 기능구조는 권한이 분산되고 규칙과 절차가 유연하다.

해설

[❶ ▶ ○] 네트워크 구조는 결정과 기획 같은 핵심 기능만 수행하는 조직을 중심에 놓고 다수의 독립된 조직들을 협력관계로 묶어 일을 수행하는 조직형태이다. 네트워크 구조의 협력적 연계는 조직 간에서 뿐만 아니라 조직 내에서도 형성될 수 있다.

[❷ ▶ ×] 수평구조(팀 구조)는 수직적 계층과 부서 간 경계를 실질적으로 제거하고 개인을 팀 단위로 모아 의사소통을 원활하게 만든 유기적 구조이다. 조직 환경이 안정적인 상황보다는 변화가 많고 동태적인 상황에 유리하다.

[❸ ▶ ×] 매트릭스 구조는 기능구조와 사업구조(사업부제)를 화학적으로 결합한 구조로 이중적 명령체계를 가진다. 매트릭스 조직은 기능별 조직과 전문적 사업부제 조직을 결합한 조직이므로 행렬조직이라고도 하며, 양 부문에 걸쳐 인적·물적 자원을 효율적으로 활용할 수 있어서 인력활용 측면에서 비용부담이 적다.

[❹ ▶ ×] 사업구조(사업부제)는 산출물에 기반한 사업부서화 방식이다(예 생산물 1부, 생산물 2부). 산출물별 생산라인의 중복에 따른 비효율성으로 인하여 규모의 경제 실현이 어렵고, 기능이 부서별로 분산되므로 기술적 전문지식과 기술발전에 불리하다는 단점이 있다.

[❺ ▶ ×] 기능구조는 조직의 전체업무를 공동기능별로 부서화한 방식이다(예 인사부, 제조부, 회계부). 기능구조는 고전적 조직이론이 중시한 기계적 조직으로서 높은 집권성(의사결정의 상위 집중화)과 공식성(명확한 규칙과 절차의 설정)을 특징으로 한다. 기능구조는 유사한 기능을 수행하는 구성원들의 분업을 통해 지식과 기술을 통합적으로 활용하므로 부서와 구성원들의 전문성을 제고할 수 있다. 기능구조는 중복과 낭비를 예방하고 기능 내에서 규모의 경제를 구현할 수 있다.

답 ❶

11 우리나라 공공조직의 팀제(Team System)에 관한 설명으로 옳지 않은 것은?

① 조직의 인력을 신축적으로 운영하고, 실무 차원에서 팀장 및 팀원의 권한을 향상시킨다.
② 조직구성원들의 신속한 의사결정을 저해시킨다.
③ 팀제를 통해 조직구성원의 참여를 제고시키고 개인적 의견반영이 용이하다.
④ 조직의 경직성을 탈피하고 팀 내 전문능력 및 기술을 활용하게 한다.
⑤ 종전 수직적 조직을 수평적 조직으로 전환해 전략적 업무를 수행하는 조직에 적합하다.

해설

[❶▸○] [❷▸×] 팀조직(팀제)은 조직의 인력을 신축적으로 운영하여 공동의 목표를 달성하기 위해 책임을 공유하고 문제해결을 위해 공동의 접근방법을 사용하는 조직단위로 정의될 수 있다. 팀장에 대한 대폭적인 권한 위임으로 팀장 및 팀원의 권한이 향상되고, 팀의 자율성이 보장되어 조직구성원들의 신속한 의사결정이 가능하게 되고, 개인의 창의력과 효율성이 제고될 수 있다.
[❸▸○] 고위관료의 권한을 축소하고 팀장에 대한 대폭적인 권한의 위임으로 팀의 자율성이 보장되어 팀조직은 조직구성원의 참여를 제고시키고 개인적 의견반영이 용이하다.
[❹▸○] 팀조직은 기능이 통합된 조직이고 분업보다는 협업을 통한 문제의 협력적 해결을 중시하므로 조직의 경직성을 탈피하고 팀 내 전문능력 및 기술을 활용하게 한다.
[❺▸○] 팀조직은 전통적 조직에 비하여 수직적인 계층제 형태를 띠지 않고 팀에 대한 권한 부여와 자율적 업무처리를 위한 수평적 자율운영조직의 성격을 가지고 있어 전략적 업무를 수행에 적합하다.

답 ❷

12 다음 중앙행정조직위원회 중 소속을 달리하는 위원회는?

① 공정거래위원회
② 국민권익위원회
③ 금융위원회
④ 방송통신위원회
⑤ 원자력안전위원회

해설

[❶▸○] [❷▸○] [❸▸○] [❺▸○] 국무총리 소속으로는 3처(인사혁신처, 법제처, 식품의약품안전처), 5위원회(공정거래위원회, 금융위원회, 국민권익위원회, 원자력안전위원회, 개인정보 보호위원회), 2실(국무조정실, 국무총리비서실)이 있다.
[❹▸×] 대통령 소속으로는 국가정보원, 감사원, 방송통신위원회, 특별감찰관, 대통령경호처, 대통령비서실, 국가안보실이 있다.

> **방송통신위원회의 설치 및 운영에 관한 법률 제3조(위원회의 설치)** ① 방송과 통신에 관한 규제와 이용자 보호 등의 업무를 수행하기 위하여 대통령 소속으로 방송통신위원회(이하 "위원회"라 한다)를 둔다.

답 ❹

13 정부조직체계에서 청 단위기관과 소속부처의 연결로 옳은 것을 모두 고른 것은?

22 행정사 제10회

> ㄱ. 기상청 – 환경부
> ㄴ. 방위사업청 – 산업통상자원부
> ㄷ. 소방청 – 행정안전부
> ㄹ. 특허청 – 기획재정부
> ㅁ. 해양경찰청 – 국방부

① ㄱ, ㄷ
② ㄱ, ㄹ
③ ㄴ, ㄹ
④ ㄴ, ㅁ
⑤ ㄷ, ㅁ

해설

[ㄱ▶O] [ㄷ▶O] 기상청 – 환경부(ㄱ), 소방청 – 행정안전부(ㄷ)의 연결은 옳다.
[ㄴ▶X] 방위사업청은 산업통상자원부가 아니라 국방부 소속이다.
[ㄹ▶X] 특허청은 기획재정부가 아니라 산업통상자원부 소속이다.
[ㅁ▶X] 해양경찰청은 국방부가 아니라 해양수산부 소속이다.

● 정부조직체계에서 청 단위기관과 소속부처(2024.5.17. 시행 정부조직법 기준)

구 분(19부)	소속 청 단위 기관
기획재정부	국세청, 관세청, 조달청, 통계청
외교부	재외동포청(2023.6.5. 신설)
법무부	검찰청
국방부	병무청, 방위사업청❷
행정안전부	경찰청, 소방청❸
문화체육관광부	국가유산청(2024.2.13. 개정, 2024.5.17. 시행. 문화재청 → 국가유산청)
농림축산식품부	농촌진흥청, 산림청
산업통상자원부	특허청❹
보건복지부	질병관리청
환경부	기상청❶
국토교통부	행정중심복합도시건설청, 새만금개발청
해양수산부	해양경찰청❺
과학기술정보통신부	우주항공청(2024.1.26. 개정, 2024.5.17. 시행)

※ 교육부, 통일부, 국가보훈부(2023.3.4. 신설, 2023.6.5. 시행), 고용노동부, 여성가족부, 중소기업벤처부 6개의 부에는 소속 청이 없다.

※ 다만, 2025년 7월 현재 국회에 접수된 정부조직법 개정안들의 내용을 살펴보면, ① 기획재정부는 기획예산 기능과 재정경제 기능을 분리하여 '기획예산처'와 '재정경제부'로 이원화하고, 산업통상자원부는 '산업부', '외교통상부', '기후에너지부'로 재편하고, 과학기술정보통신부장관은 과학기술부총리로 격상하고 해양수산부는 복수차관제를 도입하는 개정안, ② 대통령 소속으로 '예산처'를 신설하고 기획재정부의 명칭을 '재무부'로 변경하는 개정안, ③ 고용노동부 산하에 '산업안전보건청'을 신설하는 개정안, ④ 여성가족부의 명칭을 '성평등가족청소년부'로 변경하는 개정안 등이 있다. 2025년 8월 이후에 정부조직법이 개정되면, 개정법에 따른 정오표는 시대에듀 홈페이지에 올릴 예정이니 반드시 확인하기 바란다.

답 ①

14 현재 우리나라 정부조직에 해당하지 않는 것은?

① 고위공직자범죄수사처
② 국가보훈처
③ 여성가족부
④ 재외동포청
⑤ 질병관리청

해설

[① ▶ ○] 「고위공직자범죄수사처 설치 및 운영에 관한 법률」 제3조 제1항

> **고위공직자범죄수사처 설치 및 운영에 관한 법률 제3조(고위공직자범죄수사처의 설치와 독립성)** ① 고위공직자범죄등에 관하여 다음 각 호에 필요한 직무를 수행하기 위하여 고위공직자범죄수사처(이하 "수사처"라 한다)를 둔다.
> 1. 고위공직자범죄등에 관한 수사
> 2. 제2조 제1호 다목, 카목, 파목, 하목에 해당하는 고위공직자로 재직 중에 본인 또는 본인의 가족이 범한 고위공직자범죄 및 관련범죄의 공소제기와 그 유지
> ② 수사처는 그 권한에 속하는 직무를 독립하여 수행한다.
> ③ 대통령, 대통령비서실의 공무원은 수사처의 사무에 관하여 업무보고나 자료제출 요구, 지시, 의견제시, 협의, 그 밖에 직무수행에 관여하는 일체의 행위를 하여서는 아니 된다.

[② ▶ ×] [④ ▶ ○] 2023.3.4. 개정(2023.6.5. 시행)된 정부조직법에서는 효율적인 보훈 정책을 추진하기 위해 국무총리 소속이었던 국가보훈처를 국가보훈부로 개편하고, 재외동포 정책의 체계적이고 종합적인 수립·시행을 위해 외교부장관 소속으로 재외동포청을 신설하였다.

> **정부조직법 제30조(외교부)** ① 외교부장관은 외교, 경제외교 및 국제경제협력외교, 국제관계 업무에 관한 조정, 조약 기타 국제협정, 재외국민의 보호·지원, 국제정세의 조사·분석에 관한 사무를 관장한다.
> ③ 재외동포에 관한 사무를 관장하기 위하여 외교부장관 소속으로 재외동포청을 둔다.

[③ ▶ ○] 정부조직법상 행정각부는 기획재정부, 교육부, 과학기술정보통신부, 외교부, 통일부, 법무부, 국방부, 행정안전부, 국가보훈부, 문화체육관광부, 농림축산식품부, 산업통상자원부, 보건복지부, 환경부, 고용노동부, 여성가족부, 국토교통부, 해양수산부, 중소벤처기업부 총 19부로 구성된다(정부조직법 제26조 제1항).

> **정부조직법 제42조(여성가족부)** 여성가족부장관은 여성정책의 기획·종합, 여성의 권익증진 등 지위향상, 청소년 및 가족(다문화가족과 건강가정사업을 위한 아동업무를 포함한다)에 관한 사무를 관장한다.

[⑤ ▶ ○] 정부조직법 제39조 제2항

> **정부조직법 제39조(보건복지부)** ① 보건복지부장관은 생활보호·자활지원·사회보장·아동(영·유아 보육을 포함한다)·노인·장애인·보건위생·의정(醫政) 및 약정(藥政)에 관한 사무를 관장한다.
> ② 방역·검역 등 감염병에 관한 사무 및 각종 질병에 관한 조사·시험·연구에 관한 사무를 관장하기 위하여 보건복지부장관 소속으로 질병관리청을 둔다.

답 ②

15 행정조직에 관한 설명으로 옳은 것은? 21 행정사 제9회

① 위원회 조직은 결정권한의 최종 책임이 기관장 한 사람에게 집중되어 있는 조직이다.
② 방송통신위원회, 공정거래위원회와 같은 행정위원회는 결정권한을 갖고 있으며 집행까지 책임을 진다.
③ 책임운영기관은 중앙통제 중심의 관료제적 성격을 갖는 조직으로 실제 일을 맡아 집행하는 사람들에게 재량권을 부여하지 않는다.
④ 책임운영기관은 수익성보다는 정부기능이 갖고 있는 공익성만을 강조하며, 효율성보다는 사회적 형평성을 관리의 주요 가치로 삼는다.
⑤ 애드호크라시는 현대의 복잡하고 불확실한 환경에서 발생하는 문제에 신속하게 대응하지 못한다.

해설

[❶ ▸ ×] 결정권한의 최종 책임이 기관장 한 사람에게 집중되어 있는 조직은 독임제(독임형) 조직이다. 위원회는 독임제 조직과 달리 복수의 의사결정권자로 구성되는 합의제 행정기관을 말한다.
[❷ ▸ ○] 방송통신위원회, 공정거래위원회와 같은 행정위원회는 어느 정도의 독립성과 중립성을 부여받고, 부여된 권한 범위 내에서 독립적인 결정권한을 갖고 있으며 집행까지 책임을 진다(행정관청의 지위).
[❸ ▸ ×] 책임운영기관은 정부가 수행하는 집행적 사무 중 공공성을 유지하면서도 경쟁원리에 따라 운영하는 것이 바람직하거나 전문성이 있어 성과관리를 강화할 필요가 있는 사무에 대해 기관장에게 기관운영의 자율성을 보장하고 기관운영 성과에 대해 책임을 지도록 설치된 행정기관을 말한다.
[❹ ▸ ×] 책임운영기관은 수익성과 효율성도 관리의 중요가치로 이해한다.
[❺ ▸ ×] 전통적인 관료제 조직의 한계가 지적되면서 관료제 조직과는 대조를 이루는 조직형태로서 주장된 반관료제 또는 후기관료제모형인 애드호크라시(adhocracy)는 불확실한 환경에 적합한 조직으로 표준운영절차(SOP)를 거부하며 창의적이고 상황적응적인 관리를 중요시하였다.

답 ❷

16 우리나라 인사혁신처에 관한 설명으로 옳지 않은 것은? 22 행정사 제10회

① 법률의 범위 내에서 인사규칙을 제정한다.
② 인사행정의 공정성을 제고하기 위한 독립합의형 대통령 직속기관이다.
③ 인사 법령에 따라 인사행정에 관한 구체적인 사무를 수행한다.
④ 행정기관 소속 공무원의 징계처분 등에 대한 소청을 심사·결정하기 위하여 소청심사위원회를 둔다.
⑤ 인사행정을 수행하는 중앙정부의 인사행정기관이다.

해설

[❶ ▶ ○] 인사규칙은 인사에 관한 행정규칙으로 인사혁신처의 직권에 의하여 발하는 명령이기 때문에 법규명령과는 달리 법률의 근거를 요하지 아니한다. 그러나 법률우위의 원칙은 행정규칙에도 적용되므로 인사혁신처는 법률의 범위 내에서 인사규칙을 제정할 수 있다.

[❷ ▶ ×] [❺ ▶ ○] 인사혁신처는 인사행정을 수행하는 중앙정부의 인사행정기관이며 비독립 단독형 기관으로서 국무총리 소속의 기관이다(정부조직법 제22조).

[❸ ▶ ○] 인사혁신처는 공무원의 인사·윤리·복무 및 연금에 관한 사무를 관장하고 있으므로(정부조직법 제22조 제1항), 인사 법령에 따라 인사행정에 관한 구체적인 사무를 수행할 수 있다.

> **정부조직법 제22조(인사혁신처)** ① 공무원의 인사·윤리·복무 및 연금에 관한 사무를 관장하기 위하여 국무총리 소속으로 인사혁신처를 둔다.
> ② 인사혁신처에 처장 1명과 차장 1명을 두되, 처장은 정무직으로 하고, 차장은 고위공무원단에 속하는 일반직공무원으로 보한다.

[❹ ▶ ○] 행정기관 소속 공무원의 징계처분, 그 밖에 그 의사에 반하는 불리한 처분이나 부작위에 대한 소청을 심사·결정하게 하기 위하여 인사혁신처에 소청심사위원회를 둔다(국가공무원법 제9조 제1항).

답 ❷

17 중앙인사기관에 관한 설명으로 옳지 않은 것은?

① 중앙인사기관은 각 행정기관의 합리적 인사운영, 인력의 효율적 활용, 공무원의 공직규범 기준 등 제공 기능을 담당한다.
② 중앙인사기관은 행정수반으로부터의 독립성과 다수 위원들의 협의에 의한 의사결정을 하는 합의성 등을 기준으로 유형화할 수 있다.
③ 1948년 정부수립 이후 우리나라 중앙인사기관은 비독립단독제 형태를 유지하여 오고 있다.
④ 우리나라에서 인사관리기능을 수행하기 위해 각 부처의 인사기관과 각 지방자치단체의 인사기관이 있다.
⑤ 현재 우리나라의 중앙인사기관은 국무총리 소속의 인사혁신처이다.

24 행정사 제12회

해설

[❶ ▶ ○] 중앙인사기관은 각 행정기관의 합리적 인사운영, 인력의 효율적 활용, 공무원의 공직규범 기준 등 제공 기능을 담당한다.
[❷ ▶ ○] 중앙인사기관은 행정수반으로부터의 독립성과 다수 위원들의 협의에 의한 의사결정을 하는 합의성 등을 기준으로 유형화할 수 있다.
[❸ ▶ ×] 1999년부터 2008년까지 존속했던 우리나라의 '중앙인사위원회'는 비독립합의형 인사기관이었다. 반면 과거 우리나라의 총무처 또는 행정자치부(행정안전부, 안전행정부), 현재의 인사혁신처는 비독립단독형 인사기관이다.

◆ 우리나라 중앙인사기관의 변천 과정

시 기	중앙인사기관	형 태	기 능
김대중 정부 이전 (1948~1999)	총무처	비독립단독형 (국무총리 소속)	인사행정 전반
김대중 정부 (1999~2003)	행정자치부(인사국)	비독립단독형	인사집행, 조직·정원관리, 연금, 노조 등
	중앙인사위원회	비독립합의형 (대통령 소속)	인사정책, 인사기획, 선발, 감사, 위공무원단제도 등
노무현 정부 (2003~2008)	중앙인사위원회	비독립합의형 (대통령 소속)	인사행정 전반
이명박 정부 (2008~2013)	행정안전부(인사실)	비독립단독형	인사행정 전반
박근혜 정부 (2013)	안전행정부(인사실)	비독립단독형	인사행정 전반 (인사, 보수, 연금, 윤리, 복무)
박근혜 정부(2014) ~윤석열 정부	인사혁신처	비독립단독형 (국무총리 소속)	인사행정 전반 (인사, 보수, 연금, 윤리, 복무)

[❹ ▶ ○] 우리나라에서 인사관리기능을 수행하기 위한 기관으로 중앙인사기관(인사혁신처), 각 부처의 인사기관 및 각 지방자치단체의 인사기관이 있다.

[❺ ▶ O] 현재 우리나라의 중앙인사기관은 국무총리 소속의 인사혁신처이다. 인사혁신처는 비독립단독형 인사기관으로서 행정부의 인사업무를 총괄한다. 2014년 세월호 침몰사고를 계기로 안전행정부의 인사기능을 분리하여 인사혁신처가 신설되었다. 입법부·사법부는 국가공무원법상 별도의 인사관장기관을 가지고 있으며, 해당 기관 사무처에서 인사업무를 총괄한다.

> **정부조직법 제22조의3(인사혁신처)** ① 공무원의 인사·윤리·복무 및 연금에 관한 사무를 관장하기 위하여 국무총리 소속으로 인사혁신처를 둔다.
> ② 인사혁신처에 처장 1명과 차장 1명을 두되, 처장은 정무직으로 하고, 차장은 고위공무원단에 속하는 일반직공무원으로 보한다.

답 ❸

18 정부가 도입한 책임운영기관에 관한 설명으로 옳지 않은 것은? 〔19 행정사 제7회〕

① 기관의 지위에 따라 소속책임운영기관과 중앙책임운영기관으로 구분된다.
② 우리나라는 책임운영기관의 설치·운영에 관한 법률 등에 의해 운영되고 있다.
③ 정부가 사업적·집행적 성격이 강한 기관을 분리시켜 유연한 경영방식을 도입한 것이다.
④ 기관장에게 재량권을 부여하여 자율적인 경영과 그 성과에 대한 책임을 지게 한다.
⑤ 예산편성 및 집행상의 자율권을 확보하기 위하여 특별위원회를 두며, 예산의 전용·이월 등이 허용되지 않는다.

해설

[❶ ▶ O] 책임운영기관은 기관의 지위에 따라 중앙행정기관의 소속기관으로서 대통령령으로 설치된 기관인 소속책임운영기관(예 문화체육관광부 소속 국립중앙극장)과 중앙행정기관인 청(廳) 중에서 대통령령으로 설치된 기관인 중앙책임운영기관(예 특허청이 유일함)으로 구분된다.
[❷ ▶ O] 우리나라에서는 1999년 제정된 책임운영기관의 설치·운영에 관한 법률(약칭 : 책임운영기관법)을 제정하여 현재 48개 기관이 지정되어 운영되고 있다(예 특허청, 국립재활원, 경찰병원, 국립현대미술관 등).
[❸ ▶ O] [❹ ▶ O] 책임운영기관은 정부가 수행하는 집행적 사무 중 공공성을 유지하면서도 경쟁원리에 따라 운영하는 것이 바람직하거나 전문성이 있어 성과관리를 강화할 필요가 있는 사무에 대해 기관장에게 기관 운영의 자율성을 보장하고 기관운영 성과에 대해 책임을 지도록 설치된 행정기관을 말한다.❹ 즉, 책임운영기관은 정부가 사업적·집행적 성격이 강한 기관을 분리시켜 유연한 경영방식을 도입한 것이다.❸
[❺ ▶ ×] 예산편성 및 집행상의 자율권을 확보하기 위한 특별위원회는 별도로 두지 아니하며, 예산의 전용·이월 등이 허용된다(책임운영기관법 제36조, 제37조).

답 ❺

제3절 조직환경론

19 주인 – 대리인 이론(principal – agent theory)에 관한 설명으로 옳은 것을 모두 고른 것은?

18 행정사 제6회

> ㄱ. 주인과 대리인 간 정보의 대칭성을 가정한다.
> ㄴ. 주인과 대리인의 관계에 관한 경제학적 모형에 근거한 이론이다.
> ㄷ. 대리인의 도덕적 해이(moral hazard) 현상을 설명하는 데 유용하다.
> ㄹ. 주인과 대리인의 상충적 이해관계로 대리손실(agency loss)이 발생한다.

① ㄱ, ㄴ
② ㄷ, ㄹ
③ ㄱ, ㄴ, ㄷ
④ ㄱ, ㄷ, ㄹ
⑤ ㄴ, ㄷ, ㄹ

해설

[ㄱ ▸ ✕] [ㄴ ▸ ○] [ㄹ ▸ ○] 주인 – 대리인 이론(principal – agent theory)은 주인과 대리인의 관계에 관한 경제학적 모형에 근거한 이론이다. 이 이론은 주인과 대리인은 모두 자신의 이익을 극대화하려는 합리적 이기주의자로 가정하고, 주인과 대리인 간에는 정보격차(정보의 비대칭 또는 불균형)와 근본적 이해관계의 상충으로 대리손실이 발생한다고 주장하였다.

[ㄷ ▸ ○] 주인 – 대리인 이론은 대리손실의 형태에는 역선택과 도덕적 해이가 있다고 한다. 역선택은 계약 전 대리인에 대한 정보부족으로 부적격자를 대리인으로 선임함으로서 발생하는 사전손실을 말하며, 도덕적 해이는 계약 이후 대리인이 권력 남용으로 주인의 이익이 아닌 자신의 이익을 추구함으로써 발생하는 사후손실을 말한다. 이처럼 주인 – 대리인 이론은 대리인의 도덕적 해이(moral hazard) 현상을 설명하는 데 유용하다.

답 ⑤

제4절 조직관리론

20 동기부여 이론에 관한 설명으로 옳은 것은? 　　23 행정사 제11회

① 매슬로우(A. Maslow)의 욕구계층이론은 과정이론에 해당한다.
② 매클리랜드(D. McClelland)의 성취동기이론은 모든 사람이 비슷한 욕구의 계층을 갖고 있다고 보는 점에서 매슬로우(A. Maslow)의 이론을 계승하고 있다.
③ 동기부여 이론은 일반적으로 내용이론과 형식이론으로 분류된다.
④ 앨더퍼(C. Alderfer)의 ERG이론은 인간의 욕구를 계층화한 점에서는 매슬로우(A. Maslow)와 공통된 견해를 지니고 있다.
⑤ 허즈버그(F. Herzberg)의 욕구충족요인이원론은 인간에게 만족을 주는 요인과 불만족을 방지하는 요인은 서로 같은 차원이라고 본다.

해설

[❶ ▸ ✕] 매슬로우(A. Maslow)의 욕구계층이론은 내용이론에 해당한다.

[❷ ▸ ✕] 매클리랜드(D. McClelland)의 성취동기이론은 모든 사람이 비슷한 욕구의 계층을 갖고 있다고 매슬로우(A. Maslow)의 욕구계층이론을 비판한다. 매클리랜드(D. McClelland)는 개인의 행동을 동기화시키는 잠재력을 지닌 욕구는 학습되는 것이므로 개인마다 욕구의 계층에 차이가 있다고 주장한다.

[❸ ▸ ✕] 동기부여 이론은 일반적으로 내용이론과 과정이론으로 분류된다. 내용이론은 인간의 동기를 유발하는 내용을 설명하는 이론으로 인간의 욕구와 욕구에서 비롯되는 충동, 욕구의 배열, 유인 또는 달성하려는 목표 등을 분석한다. 매슬로우(A. Maslow)의 욕구계층이론, 앨더퍼(C. Alderfer)의 ERG이론, 허즈버그(F. Herzberg)의 욕구충족요인이원론, 매클리랜드(D. McClelland)의 성취동기이론 등이 이러한 내용이론에 해당한다. 과정이론은 인간의 행동이 어떤 과정을 통해 동기유발이 되는가를 설명하는 이론으로, 사람들이 어떠한 방법을 통해 욕구를 충족시키고, 욕구충족을 위한 여러 가지 행동대안 중 어떠한 방법으로 행동선택을 하는가에 중점을 둔다. 브룸(V. H. Vroom)의 V.I.E 기대이론, 애덤스(J. S. Adams)의 형평성이론(공정성이론), 로크(Edwin. A. Locke)의 목표설정이론 등이 이러한 과정이론에 해당한다.

[❹ ▸ ○] 앨더퍼(C. Alderfer)의 ERG이론은 인간의 욕구를 계층화한 점에서는 매슬로우(A. Maslow)의 욕구계층이론과 공통적이지만, 욕구계층이론이 가지고 있는 한계점을 극복하고자 하였다(욕구의 중복현상을 설명하고, 욕구좌절에 따른 후진적·하향적 퇴행을 제시함).

[❺ ▸ ✕] 허즈버그(F. Herzberg)의 욕구충족요인이원론은 인간에게 만족을 주는 요인과 불만족을 방지하는 요인은 상호 독립되어 있다고 본다. 만족의 반대는 불만족이 아니라 '만족이 없는 상태'이며, 불만족의 반대는 만족이 아니라 '불만족이 없는 상태'라고 본다. 즉, 인간의 기본적 욕구는 불쾌한 것을 피하려는 욕구(위생욕구)와 개인적 성장을 추구하는 욕구(동기욕구)가 차원을 달리하여 이원화되어 있다.

답 ④

21 허즈버그(F. Herzberg)의 동기·위생 2요인이론에 관한 설명으로 옳은 것은? 21 행정사 제9회

① 인간의 욕구를 계층적 구조로 나누어 설명한다.
② 하위계층의 욕구가 충족되어야 상위계층의 욕구가 나타나기 시작한다.
③ 모든 욕구는 충족되면 동기부여로 이어진다.
④ 동기요인에는 보수, 신분보장, 작업조건, 대인관계 등이 포함된다.
⑤ 위생요인은 주로 생리적 욕구, 안전욕구 등을 만족시키는 요인들이다.

해설

[❶▶×] [❷▶×] 인간의 욕구를 계층적 구조로 나누어 설명하고,❶ 하위계층의 욕구가 충족되어야 상위계층의 욕구가 나타나기 시작한다고 한 것은 매슬로우(Maslow)의 욕구계층이론이다.❷
[❸▶×] 허즈버그(Herzberg)의 동기·위생 2요인이론(욕구충족이원론)은 조직구성원에게 불만을 주는 요인(위생요인)과 만족을 주는 요인(동기요인)은 상호 독립되어 있다는 것을 제시하였다. 즉, 인간의 기본적 욕구는 불유쾌한 것을 피하려는 욕구(위생욕구)와 개인적 성장을 추구하는 욕구(동기욕구)가 두 개의 평행성과 같이 이원화되어 있다고 본다. 따라서 위생요인이 충족된다고 하더라도 동기부여로 이어지는 것은 아니고 단지 불만을 제거해주는 데 그치게 된다.
[❹▶×] 보수, 신분보장, 작업조건, 대인관계 등은 동기요인이 아니라 위생요인에 해당한다.
[❺▶○] 위생요인은 주로 생리적 욕구, 안전욕구 등을 만족시키는 요인들이다. 매슬로우(Maslow)의 욕구계층이론에서의 생리적 요구, 안전에 대한 욕구, 소속의 욕구를 충족시켜주는 요인이 위생요인에 해당한다.

답 ❺

22 변혁적 리더십(Transformational Leadership)에 관한 설명으로 옳지 않은 것은?
15 행정사 제3회

① 변화를 지향하고 체제 개방적이다.
② 영감과 비전 제시, 공유에 의한 동기유발을 중시한다.
③ 지도자와 부하들 간의 합리적·타산적 교환관계를 중시한다.
④ 기계적 관료제 구조보다는 임시체제에 더 적합하다.
⑤ 리더의 카리스마, 구성원에 대한 지적 자극, 인간적인 관계 등이 어우러져 나타난다.

해설

[❶▶○] [❺▶○] 번스(Burns)와 바스(Bass) 등이 주장한 변혁적 리더십은 안정보다는 변화에 능동적으로 적응하거나 변화를 지향하는 최고관리층의 변화추구적·개혁적·체제 개방적 리더십을 말한다.❶ 변혁적 리더십은 카리스마적 리더십, 영감적 리더십, 촉매적 리더십(지적 자극), 섬김의 리더십(인간관계를 중시하는 개별적 배려)이 어우러져 나타난다.❺
[❷▶○] 변혁적 리더십의 특성으로는 영감과 비전 제시, 공유에 의한 동기유발, 지적 자극, 개별적 배려 등이 있다.
[❸▶×] 지도자와 부하들 간의 합리적·타산적 교환관계를 중시하는 것은 거래적 리더십이다.
[❹▶○] 거래적 리더십은 기계적 관료제, 합리적 구조에 더 적합하나, 변혁적 리더십은 임시조직 등 탈관료적·유기적 구조에 더 적합하다는 특징이 있다.

답 ❸

23 리더십 행동이론에 관한 설명으로 옳은 것은?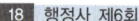

① 상황에 따라 리더십의 효과성이 달라진다는 시각에서 리더의 행동을 파악한다.
② 업무 특성과 리더십 스타일 사이의 관계에 초점을 둔다.
③ 리더로 적합한 사람을 선택하는 방법을 연구한다.
④ 리더의 자질을 가진 사람은 어떤 상황에서든 지도자가 될 수 있다고 주장한다.
⑤ 훈련에 의해 효과적인 리더를 양성할 수 있다고 주장한다.

해설

[❶▶×] 상황에 따라 리더십의 효과성이 달라진다는 시각에서 리더의 행동을 파악하는 것은 리더십 연구의 상황론(상황론적 접근방법)이다. 리더십 연구의 행동이론(행태론적 접근방법)은 리더의 자질이 아닌 리더의 행태적 특성이 조직성과에 직접적인 영향을 미친다고 가정한다.

[❷▶×] 리더십 연구의 행동이론(행태론적 접근방법)은 효과적인 리더의 행동은 상황에 따라 다르다는 사실을 간과하고 있다. 즉 상황변수를 고려하지 않는 접근법이라는 비판을 받는다. 상황변수인 업무 특성과 리더십 스타일 사이의 관계에 초점을 두는 것은 상황론(상황론적 접근방법)이다.

[❸▶×] [❹▶×] 리더의 자질을 가진 사람은 어떤 상황에서든 지도자가 될 수 있다고 주장하며,❹ 리더로 적합한 사람을 선택하는 방법을 연구하는 것은❸ 리더십 연구에 관한 특성론(특성론적 접근방법)이다. 특성론은 위인들에 관한 연구에서 출발하여 성공적인 리더는 그들만의 공통적인 특성이나 자질을 가지고 있다는 전제 하에서 신체적 특성, 사회적 특성, 지적 능력, 과업과 관련된 지식 등에 연구의 초점을 둔다.

[❺▶○] 행동이론(형태론적 접근방법)은 행태론적 연구결과로서 조직의 효과성을 좌우하는 것은 지도자의 자질보다는 행동(행위)유형이라고 이해하여 리더 행동의 다양성과 상대적 차별성, 리더의 행태와 추종자들의 업무 성취 및 효과성·만족 사이의 관계를 실증적으로 규명하는 데 초점을 둔 이론으로 훈련에 의해 효과적인 리더를 양성할 수 있다고 주장한다.

답 ⑤

24 거래적 리더십과 변혁적 리더십에 관한 설명으로 옳지 않은 것은?

① 거래적 리더십은 조직구성원의 보상을 통한 교환관계에서 형성된다.
② 거래적 리더십은 예외에 의한 관리를 추구한다.
③ 거래적 리더십은 지적 자극을 중시하고 변혁적 리더십은 개별적 배려를 중시한다.
④ 변혁적 리더십은 카리스마적 리더십을 기반으로 한다.
⑤ 변혁적 리더십은 구성원들에게 장기적 비전을 제시하여 열정을 고무시킨다.

해설

[❶ ▶ ○] 거래적 리더십은 지도자와 부하들 간의 합리적·타산적 교환관계를 중시하고, 보상에 관심을 둔다. 거래적 리더십은 기계적 관료제, 합리적 구조에 적합하다.

[❷ ▶ ○] 거래적 리더십은 예외에 의한 관리를 포함한다. 거래적 리더십은 두 가지 주요 요소, 즉 조건부 보상과 예외에 의한 관리를 통해 조직 목표 달성을 추구한다. 예외에 의한 관리는 리더가 부하 직원의 성과가 미리 설정된 기준을 충족하지 못하거나 문제가 발생했을 때만 개입하는 방식이다.

[❸ ▶ ✕] 지적 자극을 중시하고 개별적 배려를 중시하는 것은 모두 변혁적 리더십의 특성이다. 그 외에도 변혁적 리더십의 특성으로는 영감과 비전 제시, 공유에 의한 동기유발 등이 있다. 변혁적 리더십은 임시조직 등 탈관료적·유기적 구조에 적합하다.

[❹ ▶ ○] 변혁적 리더십은 카리스마적 리더십을 기반으로 한다. 변혁적 리더십은 카리스마적 리더십, 영감적 리더십, 촉매적 리더십(구성원에 대한 지적 자극), 섬김의 리더십(인간관계를 중시하는 개별적 배려)이 어우러져 나타난다.

[❺ ▶ ○] 변혁적 리더십은 구성원들에게 장기적 비전을 제시하여 열정을 고무시킨다.

답 ❸

제5절 조직의 혁신

25 공공부문에서 성과관리 도구로서 균형성과표(BSC ; Balanced Scored Card)에 관한 설명으로 옳지 않은 것은?   14 행정사 제2회

① 거시적·장기적 측면의 조직문화 형성보다는 순익과 같은 미시적·단기적 목표와 계획 및 전략에 초점을 둔다.
② 성과평가에 구성원의 역량이나 고객의 신뢰를 포함시킬 것을 강조한다.
③ 과정과 결과 및 조직 내·외부적 관점 중 어느 하나보다는 통합적 균형을 추구한다.
④ 성과관리를 위해 조직을 유기적 시스템으로 간주하여 상·하 또는 수평적 연계성을 강조하는 조직 전체적 시각에 관심을 둔다.
⑤ 기존의 성과관리와 마찬가지로 성과지표와 전략과의 연계를 그대로 받아들인다.

해설

[❶▸×] 균형성과표(균형성과관리, BSC)는 순익과 같은 미시적·단기적 목표뿐만 아니라 거시적·장기적 측면의 목표나 전략, 조직문화 형성까지도 고려하는 포괄적·통합적 성과관리시스템이다.

[❷▸○] 균형성과표(균형성과관리, BSC)는 조직관리에 있어 전통적 '재무적 관점'뿐만 아니라 '고객의 관점'(예 고객의 신뢰), '내부 프로세스 관점', '학습 및 성장의 관점'(예 구성원의 역량)을 균형 있게 관리하여 조직의 과거, 현재 및 미래를 동시에 관리해 나가고자 하는 포괄적·통합적 성과관리시스템이다.

[❸▸○][❹▸○] 균형성과표(균형성과관리, BSC)는 과정과 결과 및 조직 내·외부적 관점의 통합적 균형을 추구하고,❸ 상·하 또는 수평적 연계성을 강조하는 조직 전체적 시각에 관심을 둔다.❹

[❺▸○] 균형성과표(균형성과관리, BSC)는 기존의 성과관리와 마찬가지로 성과지표와 전략과의 연계를 그대로 받아들인다. 즉 '비전(추상적) – 전략 – 성과지표(구체적)'로 이어지는 '목표 – 수단 또는 원인 – 결과'의 위계적·하향적 논리구조를 유지하여 비전과 전략이 모든 성과평가의 해석지침이 됨은 물론 구성원 간의 의사소통의 도구가 되도록 하였다.

답 ❶

26 공공조직 업무개선을 위해 정보통신기술을 활용한 리엔지니어링(Reengineering)에 관한 설명으로 옳지 않은 것은?

14 행정사 제2회

① 조직 내 부서별 고도 분업화에 따른 폐단을 극복하기 위한 방안으로 등장하였다.
② 리엔지니어링의 궁극적인 목적은 성과향상과 고객만족의 극대화에 있다.
③ 리엔지니어링에는 조직 및 인력감축이 필수적이다.
④ 리엔지니어링은 프로세스의 변화뿐만 아니라 조직구조나 문화 등 다양한 측면에서의 변화가 요구된다.
⑤ 공공서비스의 비분할성 및 비경합성 등과 같은 특징으로 인해 리엔지니어링 추진이 쉽지 않다.

해설

[❶▸O] [❷▸O] [❹▸O] 리엔지니어링(Reengineering)은 조직업무의 전반적인 과정과 절차를 축소·재정비하여 가장 합리적인 방법으로 업무를 수행하려는 성과중심 내지는 고객만족도 극대화를 위한 실천적 전략으로,❷ 부서별 고도의 분업화로 인한 폐단을 극복하고❶ 비용, 품질, 서비스, 속도와 같은 핵심적 성과에서 극적인 향상을 도모하기 위해 업무프로세스를 기본 단위로 하여 업무, 조직, 기업문화까지 다양한 측면에서 변화가 요구 된다.❹

[❸▸X] [❺▸O] 리엔지니어링(Reengineering)은 조직업무의 절차를 축소·재설계하여 고객에게 신속하게 서비스를 제공하는 원스톱서비스를 구현하고자 하는 것으로 조직 및 인력 감축이 필수적인 것은 아니다.❸ 공공서비스의 경우 서비스의 비분할성 및 비경합성 등과 같은 특징으로 인해 리엔지니어링 추진이 쉽지 않다는 문제가 있다.❺

답

제 4 장 인사행정론

학습 Key word
❶ 엽관주의, 직업공무원제도, 대표관료제, 계급제와 직위분류제, 국가공무원법상 공무원의 구분(경력직 공무원과 특수경력직 공무원), 고위공무원단제도, 공무원 시보임용제도 등에 대하여 학습한다.
❷ 근무성적평정의 방법, 다면평가, 유연근무제, 우수 공무원 등의 특별승진, 내부고발, 부패의 종류, 국가공무원법상 징계의 종류 등에 대하여 학습니다.

제1절 인사행정의 기초이론

I 엽관주의

1. 개 념

① 엽관주의란 당파성·정치적 요인(정당에의 충성도와 공헌도)을 공무원의 임용기준으로 삼는 인사행정제도를 말한다. 기출 21
② 실적(개인의 능력, 자격, 업적 등) 외의 요인에 의해 공직임용이 이루어진다는 점에서 정실주의와 유사하다. 기출 18

2. 연 혁

① 미국의 엽관제(엽관주의)는 1829년 제7대 잭슨 대통령 취임 후 "잭슨민주주의"(공직 독점을 해체하고 공직을 개방하는 것이 민주주의의 실천원리)를 통해 확립되었다('공직의 일은 건전한 상식과 인품을 가진 일반 대중 누구나 수행할 수 있는 것'이라고 전제하였다).
② 미국의 먼로 대통령(1920년 취임)이 제정한 "임기 4년법(Four Year's Law)"은 엽관제의 기반이 되었다(1921년 임기 4년법 제정). "임기 4년법"은 고위공직자의 임기를 대통령의 임기와 일치시켜 정치적 운명을 같이 하도록 한 제도이다.
③ 우리나라에서 엽관주의적 성격의 공직임용은 1952년 자유당 시절부터 시작되어 1956년 선거 후에 부분적으로 성행하였으며, 현재도 정책을 담당하는 정무직이나 별정직 공무원, 공공기관의 장 등의 인사에 엽관주의적 요소가 부분적으로 존재한다고 볼 수 있다. 기출 18 그러나 엽관주의를 공식적인 인사정책으로 채택한 적은 없다는 점에 유의하여야 한다.

3. 특징
① 당파성이나 정치적 요인을 기준으로 공직임용이 이루어진다. 기출 18
② 행정의 일관성, 계속성, 안정성을 저해할 수 있다. 기출 18
③ 공직의 대규모 경질을 통해 공직에의 참여기회를 확대한다. 기출 18

Ⅱ 실적주의

1. 개념
실적주의란 당파성이나 정실·혈연·지연이 아니라 개인의 직무수행능력·자격 및 성적을 기준으로 공무원을 임용하는 제도를 말한다. 기출 21·19

2. 특징
① 실적주의는 공직에의 기회균등(공개경쟁시험), 실적에 의한 임용, 정치적 중립, 정치적 해고로부터의 신분보장을 주요 구성요소로 한다. 따라서 실적주의는 공무원의 정치적 중립성에 기여한다. 기출 19
② 공무원의 직무수행능력·자격 및 성적에 따른 인사관리로 과학적이고 합리적인 인사행정이 가능하며 이를 통해 행정의 능률화와 전문화를 추구할 수 있다(사회적 형평성 추구 ×). 기출 19
③ 실적주의는 직업공무원제의 확립에 기여한다. 현대적 의미의 직업공무원제는 대체로 실적주의의 확립을 필요조건으로 한다. 기출 19
④ 실적주의는 공무원에 대한 강력한 신분보장으로 인해 행정에 대한 민주적 통제의 어려움, 관료의 특권화와 보수화를 초래할 수 있다. 기출 19

Ⅲ 직업공무원제

1. 개념
① 직업공무원제도는 젊고 유능한 인재들을 공직에 유치해 그 업적과 능력에 따라 승진할 수 있는 기회를 부여함으로써 공직을 평생 직업으로 선택하여 근무하게 하는 제도를 말한다. 기출 22
② 직업공무원제도는 계급제, 일반능력자 중심의 임용(일반행정가주의), 신분보장 등을 그 내용으로 한다. 기출 21

2. 특징
① 직업공무원제도는 정치적 중립성과 공무원의 신분을 보장함으로써 행정의 계속성과 안정성을 확보할 수 있다는 장점이 있다. 기출 22
② 폐쇄적 임용으로 인해 공직분위기의 침체가 우려된다. 기출 22
③ 계급제라는 공직분류체계상 전문행정가의 육성이 어려워 행정의 기술화·전문화를 저해한다(일반행정가주의). 기출 22
④ 신분보장으로 인해 무사안일과 관료의 병리현상이 초래될 위험이 있다. 기출 22

Ⅳ 대표관료제(representative bureaucracy)

1. 개념
① 대표관료제는 실적주의(또는 직업공무원제)의 한계를 극복하고 사회적 약자를 보호하기 위해 등장하였다.
② 대표관료제는 한 국가 내에서 다양한 사회집단들의 구성비율에 따라 관료를 충원하는 원리가 적용되는 관료제를 말한다. 우리나라도 실적주의 원칙하에 대표관료제적 요소를 일부 도입하고 있는데, 양성평등채용목표제, 장애인의무고용제, 지역인재추천채용제 등이 이에 해당한다. 기출 14
③ 대표관료제는 각 사회집단의 대표성을 지닌 관료집단 간의 견제와 균형을 통해 사회집단 간 이익을 균형 있게 대변한다는 점에서 대표관료제는 내부적 통제·비제도적 통제에 해당한다.

2. 특징

(1) 장점
① 관료제의 국민대표성 강화(관료제 내에 민주적 가치를 도입)
② 대표관료제는 실질적 기회균등 보장과 사회적 형평성(수직적 형평성)을 제고하는 장점이 있다. 기출 21
③ 대표관료제는 국민에 대한 관료의 대응성과 책임성을 제고할 수 있다. 기출 21
④ 각 사회집단의 대표성을 지닌 공직사회 내부 구성원 상호 간의 견제와 균형을 통해 내적 통제를 강화한다. 기출 17

(2) 단점(한계)
① 대표관료제의 관료들은 자기 출신계층의 이익을 대변하므로 정책과정에서 공익보다는 자신이 속한 배경집단의 이익을 추구할 가능성이 있다. 기출 17
② 대표관료제는 개인의 선택에 대한 인위적 간섭을 초래한다는 점에서 자유주의에 반한다. 기출 17
③ 공직의 전문성과 생산성 및 능률성을 저해하고, 공직의 임용기준을 개인의 능력이 아니라 그가 속한 집단에 두는 할당제를 강요함에 따라 수평적 형평성을 저해하고 역차별의 우려가 있다는 단점이 있다. 기출 17

Ⅴ 계급제

1. 개념
계급제는 직무담당자인 공무원의 자격·학력·능력을 기준으로 계급을 분류하는 제도를 말한다. 기출 21

2. 특징
① 계급제는 폐쇄체계로 운영되므로 장기간 근무하게 되고 내부 승진을 통해 장기근속이 보장되므로 공무원의 신분보장과 직업공무원제도의 확립에 유리하다.
② 계급제는 일반행정가 양성에 유리하다.
③ 계급제는 전직과 전보가 탄력적으로 이루어질 수 있어 인력활용의 신축성과 융통성이 높다.

VI 직위분류제

1. 개념
① 직위분류제란 조직 내의 직위들을 각 직위에 배당된 직무의 속성(특성)에 따라 분류·관리하는 제도를 말한다. 기출 23·21
② 계급제가 사람의 특성(자격과 능력)을 기준으로 한 계급구조라면 직위분류제는 직무의 특성(직무의 난이도와 그 직무수행에 수반되는 책임도)을 기준으로 분류한 직위구조이다. 기출 16
③ 우리나라 공무원제도는 계급제를 기본으로 하면서 직위분류제적 요소를 가미하여 운영하고 있다.
기출 16

2. 특징
① 직위분류제는 직무의 특성에 따라 공직을 분류한다.
② 직위분류제는 직무의 종류와 수준, 업무량 등이 명확하게 나타나므로 동일 직무에 대한 동일 보수의 원칙에 입각한 직무급 수립이 용이하다는 장점이 있다(높은 보수형평성). 기출 17
③ 직위분류제를 수립하기 위한 직무분석과 직무평가는 인력계획, 임용, 배치에 공정한 기준을 제공하여 직무의 내용, 특성, 자격 등 객관적인 기준에 따라 합리적인 인사가 이루어질 수 있다. 기출 17
④ 직위분류제는 지나친 직무의 세분화·전문화로 인해 서로 다른 직무로의 이동이 곤란하고 부서 간 횡적 의사소통이나 협조·조정이 곤란하다는 단점이 있다. 기출 17
⑤ 직위분류제는 직업공무원제 확립을 저해한다. 기출 17
⑥ 직위분류제는 동일 직렬에 장기간 근무를 원칙으로 하기 때문에 행정의 전문화(전문행정가 양성)에 기여한다. 기출 17
⑦ 직위분류제는 전문행정가의 중시로 인한 전직이나 전보 범위가 제한되어 인적자원의 효율적 활용(인사관리의 탄력성과 신축성 확보)에 제약을 가져올 수 있다. 기출 16

3. 직위분류제의 구조 (국가공무원법 제5조)

구 분	내 용	예 시
직위(職位)	1명의 공무원에게 부여할 수 있는 직무와 책임을 말한다. 기출 23	□□ 담당
직급(職級)	직무의 종류·곤란성과 책임도가 상당히 유사한 직위의 군을 말한다.	행정직 9급, 세무직 9급
직무등급	• 직무의 종류는 다르나, 직무의 곤란성과 책임도가 상당히 유사한 직위의 군을 말한다. • 직무 수행의 책임도와 자격요건이 유사해 동일한 보수를 지급할 수 있는 직위의 횡적 군을 말한다.	8급 서기, 9급 서기보
직군(職群)	직무의 성질이 유사한 직렬의 군을 말한다. 기출 23	행정직군, 기술직군
직렬(職列)	직무의 종류가 유사하고 그 책임과 곤란성의 정도가 서로 다른 직급의 군을 말한다. 기출 23	행정직군 내 행정직렬과 세무직렬
직류(職類)	같은 직렬 내에서 담당 분야가 같은 직무의 군을 말한다. 기출 23	행정직렬 내 일반행정직류와 재경직류

제2절 공직(공무원)의 구분

I 국가공무원법상 공무원의 구분

① 국가공무원법은 임용방식과 업무특성에 따라 공무원을 경력직 공무원과 특수경력직 공무원으로 구분한다.
② 경력직 공무원
  ㉠ 경력직 공무원은 실적과 자격에 따라 임용되고 그 신분이 보장되며 평생 동안(근무기간을 정하여 임용하는 공무원의 경우에는 그 기간 동안) 공무원으로 근무할 것이 예정되는 공무원을 말한다. 기출 24·17
  ㉡ 경력직 공무원에는 일반직 공무원과 특정직 공무원이 있다(국가공무원법 제2조). 예를 들면, 헌법재판소 헌법연구관은 특정직 공무원으로서 경력직 공무원에 해당하고, 감사원 사무차장은 일반직 공무원으로서 경력직 공무원에 해당한다(감사원법 제19조 제1항). 기출 20
  ㉢ 경력직 공무원은 실적주의와 직업공무원제의 적용을 받는다. 기출 24
③ 특수경력직 공무원
  ㉠ 특수경력직 공무원에는 정무직 공무원과 별정직 공무원이 있다(국가공무원법 제2조). 예를 들면, 국회의원, 대통령 비서실장, 국민권익위원회 위원장은 정무직 공무원으로서 특수경력직 공무원에 해당한다. 기출 20
  ㉡ 특수경력직 공무원은 실적주의와 직업공무원제의 획일적 적용을 받지는 않는다.

[경력직 공무원과 특수경력직 공무원]

경력직 공무원	일반직 공무원	기술·연구 또는 행정 일반에 대한 업무를 담당하는 공무원 기출 24·17
	특정직 공무원	법관, 검사, 외무공무원, 경찰공무원, 소방공무원, 교육공무원, 군인, 군무원, 헌법재판소 헌법연구관, 국가정보원의 직원, 경호공무원과 특수 분야의 업무를 담당하는 공무원으로서 다른 법률에서 특정직공무원으로 지정하는 공무원 기출 17
특수경력직 공무원	정무직 공무원	선거로 취임하거나 임명할 때 국회의 동의가 필요한 공무원 기출 24·17
		고도의 정책결정 업무를 담당하거나 이러한 업무를 보조하는 공무원으로서 법률이나 대통령령(대통령비서실 및 국가안보실의 조직에 관한 대통령령만 해당한다)에서 정무직으로 지정하는 공무원 기출 17
	별정직 공무원	비서관·비서 등 보좌업무 등을 수행하거나 특정한 업무 수행을 위하여 법령에서 별정직으로 지정하는 공무원 기출 24·17

II 우리나라의 개방형 인사제도

1. 개 설

① 개방형 인사제도는 전문행정가를 양성하여 공직의 전문성 향상과 임무수행의 질을 향상시킨다.
② 개방형 인사제도는 공직 침체를 방지하고 재직자의 자기개발 노력을 촉진한다.
③ 개방형 인사제도는 직업공무원제도 확립을 저해하고, 공직의 안정성·계속성을 저해한다.
④ 개방형 인사제도는 자의적 인사·정실인사의 가능성이 있다.

2. 개방형 직위제도

① **개념**: 개방형 직위제도는 <u>특정 직위에 결원이 발생하면 공직 내외를 불문하고 공개모집에 의해 적격자를 선발·임용하는 제도이다</u>(국가공무원법 제28조의4). 기출 18
② **선발시험**: 소속장관은 개방형 직위에 공무원을 임용하려는 경우에는 공직 내부와 외부를 대상으로 공개모집한 후 개방형 직위 중앙선발시험위원회가 실시하는 선발시험을 거쳐야 한다.
③ **신분**: 원칙적으로 임기제 일반직 공무원이다.
④ **임용기간**: 다른 법령에 특별한 규정이 있는 경우를 제외하고는 <u>5년의 범위에서 소속장관이 정하되, 최소한 2년 이상으로 하여야 한다.</u>
⑤ **전보 제한**: 원칙적으로 개방형 임용 당시 경력직 공무원이었던 사람은 개방형 직위의 임용기간에 다른 직위에 임용될 수 없다.

> **□ 개방형 임용제와 폐쇄형 임용제**
> - **개방형 임용제**는 신규채용이 공직의 모든 계급이나 직위를 불문하고 공직 내·외 모두에 허용되는 인사제도를 말한다. 반면 **폐쇄형 임용제**는 신규채용이 최하위 계층에서만 허용되며 내부승진을 통해 그들이 상위 계층까지 올라갈 수 있는 인사제도를 말한다.
> - 우리나라 인사제도는 폐쇄성이 강했으나, <u>전문성이 특히 요구되거나 효율적인 정책 수립을 위하여 필요하다고 판단되어 공직 내·외부에서 적격자를 임용할 필요가 있는 직위에 대하여는 개방형 직위로 지정하여 운영할 수 있도록 개방형 직위제도를 도입하여</u>(국가공무원법 제28조의4), 혼합형의 인사체제를 운영하고 있다.

3. 공모 직위제도

① **개념**: 공모 직위제도는 <u>해당 기관 내부 또는 외부의 공무원 중에서 직무수행 적격자를 선발·임용하는 제도이다</u>(국가공무원법 제28조의5). 기출 18 공모 직위는 공무원에게만 개방하며 민간인은 지원할 수 없다.
② **공모직위 범위의 확대**: 기존 고위공무원단 및 과장급 직위에서만 운영되고 있는 <u>공모직위 대상을 4급 및 5급 공무원으로 임명할 수 있는 직위까지 확대</u>(2023.4.4. 시행)
③ **공모 직위 선발시험**: 선발심사위원회를 구성하여 서류전형과 면접시험의 방법으로 실시
④ **임용기간**: 임용기간의 제한이 없다.
⑤ **전보 제한**: 원칙적으로 임용된 날부터 2년 이내에 다른 직위에 임용될 수 없다.

> **□ 전문경력관직위**
> - 소속 장관은 해당 기관의 일반직공무원 직위 중 <u>순환보직이 곤란하거나 장기 재직 등이 필요한 특수 업무분야의 직위를 전문경력관직위로 지정할 수 있다</u>(전문경력관 규정 제3조 제1항).
> - <u>전문경력관 직위의 군은 직무의 특성·난이도 및 직무에 요구되는 숙련도 등에 따라 가군, 나군 및 다군으로 구분한다</u>(전문경력관 규정 제4조 제1항). 즉, <u>일반직 공무원과 달리 전문경력관은 계급 구분과 직군·직렬의 분류가 적용되지 않는다.</u> 기출 16

Ⅲ 우리나라의 고위공무원단제도

① 고위공무원단제도는 고위공무원의 개방을 확대하고 경쟁을 촉진하여 성과책임을 강화함으로써 역량 있는 정부를 구현하기 위하여 2006.7. 노무현 정부에서 도입하였다. 기출 22
② 고위공무원단제도는 구성 공무원에게 직무성과계약을 체결하고 성과중심의 근무성적평정을 하게 되며 종래 계급에 기반한 단순 연봉제에서 직무성과급적 연봉제를 채택하여 직무와 성과중심의 인사관리를 추구한다. 기출 22 우리나라의 고위공무원단제도는 계급제에 직위분류제적 요소와 성과관리가 가미된 형태이다.
③ 고위공무원단에 속하는 공무원은 범부처적으로 인사혁신처가 관리·운영하되, 부처에 배치된 고위공무원의 인사와 복무는 소속 장관이 관리를 하게 된다. 기출 22
④ 각 부처 장관이 소속에 관계없이 전체 고위공무원단 중에서 적임자를 인선한다. 다만, 고위공무원단에 속하는 모든 일반직공무원의 신규채용, 임용권은 대통령의 권한이므로 대통령이 채용·임용한다. 기출 22 고위공무원단에 속하는 일반직공무원은 소속 장관의 제청으로 인사혁신처장과 협의를 거친 후에 국무총리를 거쳐 대통령이 임용하되, 소속 장관은 해당 기관에 소속되지 아니한 공무원에 대하여도 임용제청할 수 있다. 이 경우 국세청장은 국회의 인사청문을 거쳐 대통령이 임명한다(국가공무원법 제32조 제1항).
⑤ 고위공무원단을 구성하는 공무원은 전원 중앙행정기관 소속은 아니다. 예를 들면, 특별시·광역시 및 특별자치시의 부시장, 도와 특별자치도의 부지사, 부교육감 등 지방자치단체에 국가공무원으로 보하는 일부 고위직도 고위공무원단에 포함된다(국가공무원법 제2조의2 제2항 제3호 참조). 기출 22
⑥ 고위공무원단제도는 중앙행정기관의 실·국장급(1~3급) 고위공무원의 직위를 폐지하고 이들을 하위직과 분리하여 성과와 능력 중심으로 통합·관리하는 범국가적 인력풀제도를 말하며, 고위공무원단에 소속된 공무원은 직무중심으로 인사관리가 이루어짐에 따라 담당직무의 등급에 따라 그 직위가 결정되게 된다. 고위공무원단 직위위의 직무등급은 가등급과 나등급으로 구분한다. 기출 16

제3절 공무원의 임용

Ⅰ 공무원 시보임용 제도

1. 의 의

① 시보임용 제도는 공무원시험에 합격한 사람들의 공직 적격성을 심사하고 공무원 실무능력 배양을 위해 존재한다. 기출 20
② 시보기간은 시보공무원에게 행정실무의 습득기회를 제공하는 것이다. 기출 13
③ 시보임용은 공무원으로서 적격성 여부를 판단하는 선발과정의 일부이다. 기출 13
④ 시보기간 중 근무성적이 좋으면 정규직 공무원으로 임용된다. 기출 20·13

2. 국가공무원법 제29조

① 시보기간 : 5급 공무원을 신규 채용하는 경우에는 1년, 6급 이하의 공무원을 신규 채용하는 경우에는 6개월간 각각 시보(試補)로 임용하고, 그 기간의 근무성적·교육훈련성적과 공무원으로서의 자질을 고려하여 정규 공무원으로 임용한다(국가공무원법 제29조 제1항). 기출 20

② 시보기간 중 휴직한 기간, 직위해제 기간 및 징계에 따른 정직이나 감봉 처분을 받은 기간은 시보 임용기간에 산입되지 않는다(국가공무원법 제29조 제2항). 기출 20

③ 시보 임용 기간 중에 있는 공무원이 근무성적·교육훈련성적이 나쁘거나 공무원으로서의 자질이 부족하다고 판단되는 경우에는 면직시키거나 면직을 제청할 수 있다(국가공무원법 제29조 제3항). 기출 20

3. 특 징

① 시보임용은 5급 이하의 공무원에만 적용되고, 고위관리직 신규임용에는 적용되지 않는다.
② 임용권자는 시보임용 기간 중에 있는 공무원의 근무상황을 항상 지도·감독하여야 한다(공무원 임용령 제23조 제1항). 기출 13
③ 시보기간 동안에는 신분보장이 제한적이어서 근무성적 및 교육훈련성적이 나쁘거나 자질이 부족한 경우에는 직권면직이 가능하고 면직되어도 소청을 제기할 수 없다. 기출 13

> ❑ **채용후보자**
> • 채용후보자명부의 작성 : 시험을 거쳐 합격자가 결정되면 시험 실시기관은 합격자들의 등록을 받아 채용후보자명부를 작성한다(국가공무원법 제38조). 공무원 공개경쟁 채용시험에 합격한 사람의 채용후보자 명부의 유효기간은 2년으로 한다(공무원임용령 제12조의2).
> • 임용권자는 채용후보자에 대하여 임용 전에 실무 수습을 실시할 수 있다. 이 경우 실무 수습 중인 채용후보자는 그 직무상 행위를 하거나 형법 또는 그 밖의 법률에 따른 벌칙을 적용할 때에는 공무원으로 본다(국가공무원법 제39조 제4항). 기출 18

II 공무원의 내부임용

1. 수평적 이동(배치전환)

(1) 배치전환

배치전환은 보수나 계급의 변동 없이 수평적으로 직위를 옮기는 것을 말한다.

(2) 배치전환의 유형

① 전직(轉職)
  ㉠ 전직이란 직렬을 달리하는 임명을 말한다(예 행정사무관을 외무사무관으로 임용)(국가공무원법 제5조 제5호).
  기출 18
  ㉡ 공무원을 전직 임용하려는 때에는 전직시험을 거쳐야 한다. 다만, 대통령령등으로 정하는 전직의 경우에는 시험의 일부나 전부를 면제할 수 있다(국가공무원법 제28조의3).

② **전보(轉補)** : 전보란 같은 직급 내에서의 보직변경(예 A과 과장에서 B과 과장으로 발령) 또는 고위공무원단 직위 간의 보직변경을 말한다(국가공무원법 제5조 제6호, 지방공무원법 제5조 제6호).
③ **전입(轉入)**
　㉠ 전입이란 임명권자를 달리하는 국회・법원・헌법재판소・선거관리위원회 및 행정부 상호 간에 다른 소속 공무원을 임용하는 것을 말한다. 기출 24
　㉡ 다른 기속 소속 공무원을 전입하려는 때에는 시험을 거쳐 임용하여야 한다. 이 경우 임용 자격 요건 또는 승진소요최저연수・시험과목이 같을 때에는 대통령령등으로 정하는 바에 따라 그 시험의 일부나 전부를 면제할 수 있다(국가공무원법 제28조의2).
④ **파견** : 공무원의 소속을 바꾸지 않고 일시적으로 다른 기관이나 국가기관 이외의 기관 및 단체에서 근무하게 하는 것을 말한다.
⑤ **겸임** : 겸임은 한 사람에게 둘 이상의 직위를 부여하는 것으로 그 대상은 경력직공무원이며, 겸임기간은 2년 이내로 한다(필요한 경우 2년의 범위에서 연장할 수 있음).

2. 수직적 이동

(1) 승 진
① **개념** : 승진이란 하위직급에서 직무의 곤란도와 책임도가 높은 상위직급으로 상향이동하는 수직적 인사이동으로, 보수의 인상을 동반한다.
② **승급과의 구별** : 승급은 같은 계급에서 호봉이 높아짐에 따라 생기는 보수의 증가를 의미하고, 승진과 달리 승급은 계급이나 직책의 변동을 수반하지 않는다.

(2) 강 임
① **개념** : 강임이란 같은 직렬 내에서 하위직급으로 임명하거나 하위직급이 없어 다른 직렬의 하위직급으로 임명하거나, 고위공무원단에 속하는 일반직 공무원을 고위공무원단 직위가 아닌 하위직위에 임명하는 것으로서(국가공무원법 제5조 제4호), 결원을 보충하는 방법의 하나이다. 기출 16
② **요건** : 임용권자는 직제 또는 정원의 변경이나 예산의 감소 등으로 직위가 폐지되거나 하위의 직위로 변경되어 과원이 된 경우 또는 본인이 동의한 경우에는 소속 공무원을 강임할 수 있다(국가공무원법 제73조의4 제1항). 기출 16
③ **우선 임용** : 강임된 공무원은 상위 직급 또는 고위공무원단 직위에 결원이 생기면 우선 임용된다. 다만, 본인이 동의하여 강임된 공무원은 본인의 경력과 해당 기관의 인력 사정 등을 고려하여 우선 임용될 수 있다(국가공무원법 제73조의4 제2항). 기출 16
④ **강등과의 구별** : 강등은 징계처분에 해당한다. 그러나 강임은 징계처분이 아니라 결원을 보충하는 방법의 하나로서 수직적 인사이동이다. 기출 18・16

Ⅲ 시험

1. 의의
① 시험이란 지원자 가운데서 공직에 필요로 하는 능력을 가진 사람과 그렇지 못한 사람을 분별해 내는 수단으로서 공직자로서의 적격성을 판별해 주는 도구로서, 그 형식에 따라 필기시험·실기시험·면접시험으로 나뉜다.
② 실적주의에 의한 인사행정의 기초는 경쟁시험이다. 즉, 공개평등의 원칙에 입각한 경쟁시험은 유능한 인재를 확보할 수 있고 정실을 배제할 수 있는 방법이다.

2. 채용시험의 효용도(효용성)

타당도	기준타당도	• 개념 : 시험이 직무수행능력을 얼마나 정확하게 예측했는가(시험성적이 실적 기준과 얼마나 부합하느냐)의 정도. 시험 성적과 업무수행 실적 간 상관관계를 비교하여 확인 기출 25 • 검증방법 : 예측적 타당성 검증(합격자), 현재적(동시적) 타당성 검증(재직자)
	내용타당도	• 개념 : 직무수행에 필요한 능력요소와 시험문제의 부합 정도. 즉, 시험내용이 특정 직위의 의무와 책임에 직접적으로 관련되는 능력요소들(직무수행에 필요한 지식, 기술 태도 등)의 내용을 제대로 측정할 수 있는 정도 • 검증방법 : 전문가에 의한 내용분석
	구성타당도	• 개념 : 이론적으로 추정한 능력요소와 시험문제의 부합 정도. 즉, 시험이 직무수행의 성공과 관련되어 있다고 이론적(추상적)으로 구성(추정)된 능력요소를 얼마나 정확하게 측정하고 있느냐의 정도 • 검증방법 : 논리적 추론(수렴적 타당도, 차별적 타당도)
신뢰도		• 개념 : 시험이 측정 도구로서 측정대상을 일관성 있게 측정하는 정도. 기출 25 즉, 시험 시기나 도구, 형식, 순서 등에 따라 점수가 영향을 받지 않는 정도를 말한다. 종적 일관성은 서로 다른 시점에서의 측정결과가 안정된(일관된) 값을 가지는 것으로 시간적 차원의 신뢰도를 말한다. • 검증방법 : 재시험법, 동질이형법, 반분법 등 • 타당도와의 관계 : 신뢰도는 타당도의 필요조건일 뿐 충분조건은 아님
객관도		채점의 공정성을 의미하며 신뢰도의 한 조건임. 채점자의 편견이나 시험 외적인 요인에 의하여 시험이 영향을 받지 않는 정도
난이도		어려운 문제와 쉬운 문제의 배합의 적정도. 시험의 변별력과 연관됨
실용도		실시비용의 경제성 및 실시와 채점의 용이성, 노력의 절감 정도 등

※ 타당도는 시험이 측정하려고 하는 바를 실제로 측정할 수 있는 정도를 의미한다.

3. 신뢰도 검증방법

재시험법	시험의 종적 일관선을 조사하는 것으로, 동일한 시험을 동일한 대상집단에게 시간 간격을 두고 2회 실시해 그 성적을 비교 기출 25
동질이형법 (형식변화방법)	같은 내용의 시험을 형식(책형 등)을 달리하여 동일집단에 실시하고 그 성적을 비교하는 방법
반분법(이분법)	한 차례의 시험성적을 분석하되 문제들을 두 부분(홀짝, 전후단 등)으로 나누어 문항 간 성적의 상관관계를 비교하는 방법

제4절 공무원의 능력발전

I 공무원의 교육훈련 방법

강의 (lecture)	강의는 교육내용을 다수의 피교육자에게 단시간에 전달하는데 효과적인 방법이다.
혼합학습 (blended learning)	• 혼합 학습은 온라인 학습과 오프라인 학습을 결합하여 교육 효과를 높이는 학습 방법이다. 전통적인 강의실 수업과 디지털 학습 경험을 결합하여 학습자에게 더욱 역동적이고 유연한 학습 환경을 제공한다.
역할연기 (role playing)	• 역할연기는 특정 상황을 설정하고 그 상황에서 각자 맡은 역할을 연기하며 실제 상황에 대한 이해를 높이고 대처 능력을 향상시키는 학습 방법이다. • 역할연기는 실제 직무상황과 유사한 상황을 설정하여 문제 해결 과정을 체험함으로써 참여자들의 태도 변화와 민감한 반응을 촉진시키는 효과가 있다.
감수성훈련 (sensitivity training) 기출 25	• 감수성훈련은 조직발전(OD)의 가장 기본적 기법으로 T-Group(Training Group) 훈련이라고도 한다. • 실제 근무상황을 떠나 외부환경으로부터 차단된 인위적·비정형적인 상황(사전에 과제나 사회자를 정해주지 않고)에서 10명 내외의 교육훈련 참가자들(서로 모르는 낯선 구성원)의 자유로운 토론을 통해 어떤 문제의 해결 방안이나 상대방에 대한 이해를 얻도록 하는 방법을 말한다. • 감수성훈련은 자기(자아성찰)·타인(대인관계 개선)·집단(집단에 대한 이해)에 대한 태도와 행동을 스스로 평가·변화시키는 활동이다. • 감수성훈련은 자기 자신과 대인관계에 대한 이해 및 인간관계 개선을 목적으로 한다.
시뮬레이션 (simulation)	시뮬레이션은 업무수행 중 직면할 수 있는 어떤 상황을 가상적으로 만들어 놓고 피교육자가 그 상황에 대처해보도록 하는 방법이다.
액션러닝 (action learning)	• 액션 러닝은 교육 참가자들을 소그룹 규모의 팀으로 구성해 개인, 그룹 또는 조직에 중요한 의미가 있는 실제 현안 문제를 해결하면서 동시에 문제 해결 과정에 대한 성찰을 통해 학습하도록 하는 행동학습(learning by doing) 교육훈련 방법이다. • 액션러닝은 참여와 성과 중심의 교육훈련을 지향하는 방법으로, 현장에서 발생하는 현안 문제를 가지고 자율적 학습 또는 전문가의 지원을 받아 구체적인 문제 해결 방안을 모색한다. • 우리나라 정부 부문에는 2005년부터 고위공직자에 대한 교육훈련 방법으로 도입되었다.
분임연구 (syndicate)	• 분임연구는 교육훈련 참가자들을 10명 내외의 소집단(분임)으로 나누어 특정 문제를 연구하고 해결 방안을 제시하는 학습 방법이다. • 각 분임에서 도출된 결과는 전체 집단에서 공유되고 토론되어 최종적인 해결 방안을 모색한다. • 분임연구는 문제 해결 능력과 협업 능력을 향상시키는 데 효과적인 교육 방법이다.
현장훈련 (on the job training)	현장훈련은 피훈련자가 실제 직무를 수행하면서 직무수행에 관한 지식과 기술을 배우는 방법이다.
멘토링 (mentoring)	• 멘토링은 개인 간 신뢰와 존중을 바탕으로 조직내 발전과 학습이라는 공동목표를 달성하려는 상호관계로서 조직 내 전문지식이나 경험이 있는 멘토가 일대일 방식으로 멘티를 지도하는 교육훈련방식이다. • 멘토링은 조직 내 핵심 인재의 육성과 지식 이전, 구성원들 간의 학습활동을 촉진할 수 있는 방법으로, 조직 내 업무 역량을 조기에 배양할 수 있다.
워크아웃 프로그램 (work-out program)	워크아웃 프로그램은 조직의 수직적·수평적 장벽을 제거하고 워크숍을 통한 집단토론 등 전체 구성원의 자발적 참여에 의한 행정혁신을 추진하는 방법으로, 관리자의 신속한 의사결정과 문제 해결을 도와준다는 장점이 있다.

Ⅱ 인사행정의 성과관리

1. 다면평가제

(1) 개념

다면평정(다면평가 방식)은 감독자만이 평정하는 일면평정과는 달리 감독자뿐만 아니라 부하·동료·민원인까지 평정주체로 참여시키는 방법을 말한다.

(2) 특징

1) 장점
① 조직구성원 간 원활한 커뮤니케이션을 통해 상호 이해의 폭을 넓힐 수 있다. `기출 14`
② 다면평가를 통해 능력과 성과중심의 인사관리가 이뤄질 경우, 개인의 행태변화에 긍정적인 영향을 미친다. `기출 14`
③ 개인평가에 있어서 다면평가를 통해 인사고과에 대한 객관성과 공정성을 높일 수 있다. `기출 14`
④ 평가결과는 구성원에 대한 보상과 개인별 역량개발 및 교육훈련 등에 활용될 수 있다. `기출 14`

2) 단점
① 다면평가 방식은 인간관계 중심의 인기투표로 변질될 가능성이 존재한다.
② 상급자가 업무 추진보다 부하 눈치를 의식하는 행정이 이루어질 가능성이 있으며, 관리자가 부하들의 평가를 받는 데 대한 저항감과 불쾌감으로 상사와 부하 간 갈등 야기로 조직 내 화합을 저해할 수 있다. `기출 14`
③ 담합 또는 모략성 응답에 의한 평가결과의 왜곡 가능성도 존재한다는 단점이 있다. `기출 14`

2. 근무성적 평정

(1) 근무성적 평가의 대상 : 5급 이하 공무원

① 5급 이하 공무원은 공무원 성과평가 등에 관한 규정에 따른 근무성적평가의 대상이 된다. `기출 22`
② 정무직 공무원은 일반적으로 근무성적평가의 대상이 되지 아니하고, 고위공무원단 소속 공무원, 4급 이상 공무원 등은 성과계약등 평가의 대상이 된다. 3급 이상 별정직 공무원은 「별정직 공무원 인사규정」에 따라 일반직에 준하여 평가한다(별정직 공무원 인사규정 제7조의2).

(2) 근무성적 평정 방법

도표식 평정척도법	• 직무수행실적·직무수행능력·직무형태 등에 관한 평정요소를 나열하고 각각에 대한 우열의 등급을 표시하는 평정척도(매우우수·우수·보통·미흡·매우 미흡)를 그린 평정표를 통한 평정방법 • 우리나라에서 5급 이하의 공무원의 평정에 이용 • 장점 : 평정서 작성이 간단하고, 평정이 용이함. 평정결과의 계량화와 통계적 조정 가능. 상벌 목적으로 이용하는 데 효과적 • 단점 : 평정요소의 합리적 선정이 곤란, 평가요소에 대한 등급의 비교기준이 불명확하여 평정이 임의적일 수 있음. 연쇄화·집중화·관대화의 오류 발생 가능
강제배분법	• 도표식평정척도법에 따른 평가 시 평정대상자의 성적분포가 과도하게 집중되거나 관대화되는 것을 막기 위해 성적분포 비율을 미리 정하여 순위를 매기거나 배분하는 방법 • 장점 : 평정자의 편견이나 집중화 등의 오류를 방지할 수 있음 `기출 23`

사실기록법	• 공무원의 근무 성적을 객관적인 사실에 기초를 두고 평가하는 방법. 산출기록법, 주기적 검사법, 근태기록법, 가감점수법 등이 있음 • 가감점수법 : <u>공무원의 근무상황에 나타난 긍정적 요소와 부정적 요소를 점수로 환산하여 가점 혹은 감점을 주는 방법</u>
(직접)서열법	• 상대평가방법의 일종으로 평정대상자(= 피평정자) 간의 근무성적을 <u>서열로 표시하는 방법</u>. 서열을 정하기 위한 비교방법으로 쌍쌍비교법, 대인비교법이 있다. 집단의 규모가 작을 때 적합하나, 다른 집단과 비교할 수 있는 객관적 자료는 제시하지 못함 • 쌍쌍비교법 : 평정대상자를 두 사람씩 짝을 지어 비교를 되풀이해 평정하는 방법. 평정자의 주관적 조작을 방지할 수 있고, 평정 그 자체가 용이하나 평정대상자의 수가 많을 경우 활용이 곤란함 • 대인비교법 : 평정요소(지도력, 전문지식 등)를 산정해 각 요소별로 평정 등급을 정한 후 각 평정 등급별로 평정대상자들 중 표준 인물을 선택해 그를 기준으로 다른 평정대상자들을 비교 평가하는 방법
목표관리제 평정법(MBO)	• 평가요소 가운데 '결과'를 중시하는 방법. <u>상하급자 간의 협의를 통해 목표를 정하고, 집행상의 자율을 부여한 목표달성도에 따라 평가하고 환류하는 방식</u> • 단점 : 평정 시 개인 간 비교가 용이하지 않고, 평가에 많은 비용과 시간이 소요되며, <u>성과목표가 모호한 공공부문에는 적용에 한계가 있음</u>
체크리스트법	평가하는 데 적절하다고 판단되는 표준행동 목록(list)을 미리 작성해 두고, 이 목록에 가부를 표시하게 하는 방법
중요사건 기록법	• 평정기간 중 평정대상자의 근무실적에 큰 영향을 주는 중요 사건들을 평정자로 하여금 기술하게 하여 누적된 사건기록을 중심으로 평정하는 방법 • 장점 : 막바지효과(최근의 사건을 중심으로 평가) 등의 시간적 오류의 방지. 평정대상자와 상담을 촉진하는 데 용이하고, 사실에 초점을 두고 있음 • 단점 : 이례적인 행동을 지나치게 강조하여 평균적인 행동이나 전형적인 행동을 무시할 수 있음
행태기준 평정척도법	• <u>도표식 평정척도법과 중요사건 기록법을 결합한 방식</u> • 주요과업 분야별로 바람직한 행태의 유형 및 등급을 구분·제시한 뒤, 평정대상자의 행태를 관찰하여 해당사항에 표시하게 하는 방법이다. 기출 21 • 척도의 설계과정에 평정대상자를 공동으로 참여하게 함으로써 <u>평정에 대한 신뢰와 적극적인 관심</u>을 기대할 수 있다. 기출 21 • 직무가 다르면 별개의 평정양식이 있어야 하는 등 <u>개발에 많은 시간과 비용이 요구된다.</u> 기출 21
행태관찰 평정척도법	• 행태기준 평정척도법과 도표식평정척도법을 결합한 방식 • 직무성과와 관련된 직무행태를 관찰하여 나열하고, 활동의 발생빈도를 측정하는 방법 • 도표식 평정척도법이 갖는 <u>등급과 등급 간의 모호한 구분과 연쇄효과의 오류 발생 가능</u>

(3) 근무성적 평정의 오류

1) 연쇄효과로 인한 오류

① 연쇄효과로 인한 오류(halo effect error)는 <u>어느 하나의 평정요소에 대한 평정자의 판단이 연쇄적으로 다른 요소의 평정에도 영향을 미치는 현상</u>을 말한다(현혹효과, 후광효과).

② 평정대상자가 성실한 경우, 그러한 인상이 창의성·지도력 등 전혀 성격이 다른 요소의 평정에도 영향을 미쳐 좋은 점수를 부여하게 되는 현상이 이에 해당한다.

2) 선입견에 의한 오류

① 선입견에 의한 오류(personal bias error, stereo-typing error)는 <u>평정 요소와 실제적인 관련이 없는 성별·출신 학교·출신 지역·종교 등에 대해 평정자가 갖고 있는 편견(personal bias)이 영향을 미침으로써 발생하는 오류</u>를 말한다.

② 국내 최고 대학을 졸업했기 때문에 일을 잘했을 것이라고 생각하여 평정대상자에게 높은 근무성적평정 등급을 부여하는 경우가 이에 해당한다.

3) 분포상의 착오
① 집중화 오류(central tendency error)
㉠ 집중화 경향의 오류는 평정자(평가자)가 모든 피평정자(평가대상자)에게 중간 수준의 점수를 주는 심리적 경향을 말한다.
㉡ 평정에 의문이 있거나 평정대상자에 대해 잘 모르는 경우, 모험을 피하려는 방편으로 나타난다.
② 관대화 오류(tendency of leniency error)
㉠ 평정대상자를 실제 수준보다 높게(관대하게) 평가하는 경향을 말한다.
㉡ 평정결과의 분포가 우수한 쪽에 집중되는 경향이 있다.
㉢ 관대화의 오류는 평정자들과 부하들(평정대상자들) 사이의 비공식집단적 유대 때문에 발생한다. 따라서 '평정결과의 비공개'를 관대화 경향의 완화방법으로 고려할 수 있다.
③ 엄격화 오류(tendency of strictness error)
㉠ 평정대상자를 실제 수준보다 낮게 평가하는 경향을 말한다.
㉡ 평정결과의 분포가 열등한 쪽에 집중되는 경향이 있다.
④ 방지대책 : 강제배분법을 활용하는 것이 적절하다.
4) 체계적(규칙적) 오류
① 체계적 오류(일관적 착오, systematic error)는 어떤 평정자가 다른 평정자들보다 언제나 좋은 점수 또는 나쁜 점수를 주게 됨으로써 나타나는 현상을 말한다.
② 평정자가 항상 관대화나 엄격화 경향을 보이는 것으로 평정기준이 높거나 낮은 데서 오는 것으로 규칙적 오류, 일관적 착오라고도 한다.
③ 강제배분법을 완화방법으로 고려할 수 있다.
5) 총계적 오류
① 총계적 오류(total error)는 평가자(평정자)가 일관성 있는 평가기준(평정기준)을 갖지 못하여 관대화 및 엄격화 경향이 불규칙하게 나타나는 오류를 의미한다.
② 체계적 오류와 달리 총계적 오류 발생 시 점수의 사후적 조정이 불가능하다. 기출 15

3. 직무성과관리제도(직무성과계약제)
① 직무성과계약제란 장·차관 등 기관 책임자와 실·국장, 과장 간에 업무수행과 관련된 성과 목표 및 지표 등의 내용을 사전에 협약하도록 하고, 이를 토대로 하여 승진, 보상 등 인사관리에 반영하는 제도를 말한다.
② 균형성과관리(균형성과표, BSC)가 조직적 차원의 성과관리제도라면, 직무성과계약제는 개인적 차원의 성과관리제도이다.

4. 역량평가제

(1) **역량평가제의 의의**
① 역량평가제도는 단순한 근무실적 수준을 넘어 업무수행을 위한 충분한 역량을 보유하고 있는지에 대한 평가를 목적으로 한다.
② 역량평가제도는 고위공무원단제도의 도입에 따라 고위공무원으로서의 요구되는 역량을 구비했는지를 사전에 검증하는 제도적 장치이다.

(2) **역량의 개념 및 평가대상**
① 역량의 개념 : 역량평가제에서의 '역량'은 조직의 목표 달성과 연계해 뛰어난 직무수행을 보이는 고성과자의 차별화된 특성과 태도를 의미한다.
② 역량평가제에서 평가대상 역량 : 성과지향, 변화관리, 문제인식, 전략적 사고, 고객만족, 조정통합 등 6가지 평가역량을 측정한다.

(3) **역량평가제도의 특징**
① 역량평가는 성과에 대한 외부 변수를 통제함으로써 개인 역량에 대한 객관적인 평가를 시도한다.
② 역량평가제도는 대상자의 과서 성과를 평가하는 것이 아니라 미래 행동에 대한 잠재력을 측정하는 것이다.

제5절 공무원의 복지와 사기

I 유연근무제 기출 20

유 형		내 용	
근무 형태	시간선택제 전환근무제 (part-time work)	통상적인 근무시간(주 40시간, 1일 8시간)을 근무하던 경력직 공무원이 본인의 필요에 따라 통상적인 근무시간 보다 짧게 근무(1일 3시간 이상, 주당 15~35시간 근무)	
근무 시간	탄력 근무제	개념 : 주 40시간 근무하되, 출·퇴근시간·근무시간·근무일 자율 조정 가능	
		시차출퇴근형	1일 8시간 근무하면서 출·퇴근시간을 자율조정(주 40시간 근무)
		근무시간선택형	1일 8시간 근무에 구애받지 않고, 1일 4시간~12시간을 근무하면서 주 5일 근무 유지(주 40시간 근무)
		집약(압축)근무형	1일 8시간 근무에 구애받지 않고, 1일 4시간~12시간 근무를 통하여 주 3.5~4일 근무(주 40시간 근무)
		재량근무형	출·퇴근의무 없이 프로젝트 수행으로 주 40시간 인정
근무 장소	원격 근무제	개념 : 직장 이외의 장소에서 정보통신망을 이용하여 근무하는 제도	
		재택근무형	사무실이 아닌 자택에서 근무
		스마트워크근무형	사무실이나 집이 아닌 자택 인근 스마트워크센터 등 별도 사무실에서 근무

Ⅱ 보 수

1. 개 념
① 공무원의 보수는 직무의 곤란성과 책임의 정도에 맞도록 계급별·직위별 또는 직무등급별로 정한다.
② 공무원의 보수는 일반의 표준 생계비, 물가 수준, 그 밖의 사정을 고려하여 정하되, 민간 부문의 임금 수준과 적절한 균형을 유지하도록 노력하여야 한다(국가공무원법 제46조).
③ 경력직공무원 간의 보수 및 경력직공무원과 특수경력직 공무원 간의 보수는 균형을 도모하여야 한다.
④ 계급제의 경우 직책에 따라 보수액을 결정하는 것이 아니라 능력, 자격에 따라 보수를 결정한다.

2. 보수의 구성
① 보수란 봉급과 기타 각종 수당을 합산한 금액을 말한다. 다만, 연봉제 적용대상 공무원의 보수는 연봉과 그 밖의 각종 수당을 합산한 금액을 말한다.
② **봉급(기본급)** : 직무의 곤란성 및 책임의 정도에 따라 직책별로 지급되는 기본급여 또는 직무의 곤란성 및 책임의 정도와 재직기간 등에 따라 계급(직무등급 또는 직위 포함)별·호봉별로 지급되는 기본급여를 말한다.
③ **수당(부가급)** : 특수한 근무조건·생활조건을 고려하거나 능률 증진을 위하여 지급하는 부가급을 말한다. 계급제를 채택하고 있는 나라의 경우 수당의 종류가 많은 것이 일반적이다.

3. 생활급·근속급·직무급·직능급·성과급
① **생활급** : 공무원과 그 가족의 생계비에 역점을 두고 보수를 결정하는 방식으로서, 공무원과 그 가족의 기본적인 생활을 보장하기 위한 것이다.
② **근속급(연공급)** : 근속연수(연공, seniority)와 같은 인적요소를 기준으로 보수를 결정하는 방식을 말한다.
③ **직무급** : 직무가 지니는 상대적 가치를 평가하여, 직무의 난이도와 책임에 따라 보수를 결정하는 방식을 말한다. 직무급은 동일 직무에 대한 동일 보수의 원칙에 근거한다. 기출 19
④ **직능급** : 지식과 능력의 숙련도 등의 직무 수행 능력(노동력의 가치)을 기준으로 보수를 결정하는 방식을 말한다.
⑤ **성과급** : 개인이나 집단이 수행한 작업성과나 능률 등에 대한 평가를 시행해 보수를 차등 지급하는 형태를 말한다. 우리나라에서는 1990년대 후반에 도입되었다.

III 승진

1. 개념
특정한 직책에 가장 적합한 자를 선별해 내는 내부임용 방법의 하나로서, 하위직급에서 상위 직급으로 상향 이동하는 수직적 인사이동을 말한다.

2. 특별승진

> **국가공무원법 제40조의4(우수 공무원 등의 특별승진)**
> ① 공무원이 다음 각 호의 어느 하나에 해당하면 제40조 및 제40조의2에도 불구하고 특별승진임용하거나 일반 승진시험에 우선 응시하게 할 수 있다.
> 1. 청렴하고 투철한 봉사 정신으로 직무에 모든 힘을 다하여 공무 집행의 공정성을 유지하고 깨끗한 공직 사회를 구현하는 데에 다른 공무원의 귀감(龜鑑)이 되는 자 [기출 21]
> 2. 직무수행 능력이 탁월하여 행정 발전에 큰 공헌을 한 자 [기출 21]
> 3. 제53조에 따른 제안의 채택·시행으로 국가 예산을 절감하는 등 행정 운영 발전에 뚜렷한 실적이 있는 자 [기출 21]
> 4. 재직 중 공적이 특히 뚜렷한 자가 제74조의2[공무원으로 20년 이상 근속한 자가 정년 전에 스스로 퇴직]에 따라 명예퇴직할 때 [기출 21]
> 5. 재직 중 공적이 특히 뚜렷한 자가 공무로 사망한 때 [기출 21]

제6절 공직윤리와 부패

I 공직윤리

1. 내부고발
① 내부고발의 대상은 일반적으로 조직 내에서 행해진 비윤리적 행위이다. [기출 21]
② 내부고발의 대상이 되는 문제를 조직 내에서 해결할 장치가 없거나 제대로 작동되지 않을 때 주로 일어난다. [기출 21]
③ 내부고발은 조직 내부의 비리를 대외적으로 폭로하는 외부적 행위이다. [기출 21]
④ 내부고발제 실시로 조직 내에서 부패에 대한 경각심 확대와 부패 억제 효과가 기대된다. [기출 21]
⑤ 현재 우리나라는 내부고발자를 보호하기 위한 법률로 「부패방지 및 국민권익위원회 설치와 운영에 관한 법률」과 「공익신고자보호법」이 시행되고 있으며, 최근 「국가공무원법」에도 공익신고자 및 부패행위 신고자 등에 대한 보호 근거를 명확히 하였다(국가공무원법 제17조의3). [기출 21]

2. 국가공무원법상 공무원이 준수해야 할 행동규범

성실 의무(제56조)	모든 공무원은 법령을 준수하며 성실히 직무를 수행하여야 한다.
복종의 의무(제57조)	공무원은 직무를 수행할 때 소속 상관의 직무상 명령에 복종하여야 한다.
직장 이탈 금지(제58조 제1항)	공무원은 소속 상관의 허가 또는 정당한 사유가 없으면 직장을 이탈하지 못한다.
친절·공정의 의무(제59조)	공무원은 국민 전체의 봉사자로서 친절하고 공정하게 직무를 수행하여야 한다.
종교중립의 의무(제59조의2)	공무원은 종교에 따른 차별 없이 직무를 수행하여야 한다. 공무원은 소속 상관이 종교중립의 의무에 위배되는 직무상 명령을 한 경우에는 이에 따르지 아니할 수 있다.
비밀엄수의 의무(제60조)	공무원은 재직 중은 물론 퇴직 후에도 직무상 알게 된 비밀을 엄수(嚴守)하여야 한다. 기출 25
청렴의 의무(제61조)	공무원은 직무와 관련하여 직접적이든 간접적이든 사례·증여 또는 향응을 주거나 받을 수 없다. 공무원은 직무상의 관계가 있든 없든 그 소속 상관에게 증여하거나 소속 공무원으로부터 증여를 받아서는 아니 된다. 기출 25
외국 정부의 영예 등의 제한(제61조)	공무원이 외국 정부로부터 영예나 증여를 받을 경우에는 대통령의 허가를 받아야 한다. 기출 25
품위유지의무(제63조)	공무원은 직무의 내외를 불문하고 그 품위가 손상되는 행위를 하여서는 아니 된다.
영리업무 및 겸직 금지(제64조 제1항)	공무원은 공무 외에 영리를 목적으로 하는 업무에 종사하지 못하며 소속 기관장의 허가 없이 다른 직무를 겸할 수 없다. 기출 25
정치 운동의 금지(제65조 제1항, 제2항)	공무원은 정당이나 그 밖의 정치단체의 결성에 관여하거나 이에 가입할 수 없다. 공무원은 선거에서 특정 정당 또는 특정인을 지지 또는 반대하기 위한 투표를 하거나 하지 아니하도록 권유 운동을 하는 행위 등을 하여서는 아니 된다.
집단행위의 금지(제66조 제1항)	공무원은 노동운동이나 그 밖에 공무 외의 일을 위한 집단 행위를 하여서는 아니 된다. 다만, 사실상 노무에 종사하는 공무원은 예외로 한다.

3. 공직자윤리법상 공무원이 준수해야 할 행동규범

이해충돌 방지의무 (공직자윤리법 제2조의2) 기출 24	• 공직자는 자신이 수행하는 직무가 자신의 재산상 이해와 관련되어 공정한 직무수행이 어려운 상황이 일어나지 않도록 직무수행의 적정성을 확보하여야 함 • 퇴직공직자는 재직 중인 공직자의 공정한 직무수행을 해치는 상황이 일어나지 않도록 노력하여야 함
공직자의 재산등록 및 공개의무 (공직자윤리법 제3조 및 제10조) 기출 24	• 재산등록의무 : 4급 이상(고위공무원단 포함) 공무원과 이에 상당하는 공무원, 정무직, 공기업 등의 장과 부기관장, 감사 등은 본인·배우자·직계존비속의 보유재산 • 재산공개의무 : 1급 이상, 정무직, 공기업의 장·부기관장, 감사 등
주식백지신탁의무 (공직자윤리법 제14조의4) 기출 24	재산공개대상자와 기재부·금융위는 4급 이상 공무원은 이해충돌 방지 차원에서 일정 금액(3,000만원) 이상의 주식을 매각 또는 백지신탁하여야 함
선물수수의 신고·등록의무 (공직자윤리법 제15조)	공직자 또는 가족이 외국정부 또는 외국인으로부터 미화 100달러 이상 또는 국내 시가로 10만원 이상의 선물을 받을 경우에는 이를 정부에 신고·인도하여야 함
퇴직공직자의 취업제한 (공직자윤리법 제17조) 기출 24	• 퇴직 후 3년 간 • 재산등록의무자였던 퇴직공직자는 퇴직 전 5년 동안 소속하였던 부서 또는 기관의 업무와 밀접한 관련성이 있는 기관에 퇴직일로부터 3년 간 취업 제한

4. 공무원 직무상 이해충돌

(1) 의의

① "이해충돌"이란 공직자가 직무를 수행할 때에 자신의 사적 이해관계가 관련되어 공정하고 청렴한 직무수행이 저해되거나 저해될 우려가 있는 상황을 말한다(이해충돌 방지법 제2조 제4호). 즉, 공무원의 직무상 의무와 개인적 이행의 충돌을 의미한다. 기출 25

② 이해충돌 회피의 기본원칙은 "누구도 자신의 사건에 대해 판결할 수 없다"(자연적 정의)는 것이다. 기출 25

③ 이해충돌 규제를 강조하는 이유는 주인-대리인 관계의 신뢰성 유지가 필요하기 때문이다. 기출 25 주인-대리인 관계에서 대리인(공무원)이 자신의 사적 이익을 추구하기 위하여 주인(국민)의 이익을 침해할 수 있다. 이러한 이해충돌 상황을 방지하고 공정한 직무 수행을 보장하기 위해 이해충돌 규제가 필요한 것이다.

④ 이해충돌을 규제하기 위한 제도는 일반적으로 사전 예방적 성격을 띤다. 기출 25

⑤ 고위직 공무원의 인사청문회는 이해충돌의 가능성을 사전에 점검하는 의미가 있다. 기출 25

(2) 이해충돌방지법의 규정 내용

① 사적이해관계자의 신고 및 회피 신청 : 공직자는 직무관련자(직무관련자의 대리인을 포함)가 사적이해관계자임을 안 경우 안 날부터 14일 이내에 소속기관장에게 그 사실을 서면(전자문서를 포함)으로 신고하고 회피를 신청하여야 한다(이해충돌방지법 제5조 제1항). 기출 22

② 직무수행 중 알게 된 비밀 또는 소속 공공기관의 미공개정보 등의 이용 금지 : 공직자는 직무수행 중 알게 된 비밀 또는 소속 공공기관의 미공개정보를 사적 이익을 위하여 이용하거나 제3자로 하여금 이용하게 하여서는 아니 된다(이해충돌방지법 제14조 제3항). 기출 22

③ 직무관련자에게 노무 또는 조언·자문 등을 제공하고 대가를 받는 행위 금지 : 공직자는 직무관련자에게 사적으로 노무 또는 조언·자문 등을 제공하고 대가를 받는 행위를 하여서는 아니 된다. 다만, 국가공무원법 등 다른 법령·기준에 따라 허용되는 경우는 그러하지 아니하다(이해충돌방지법 제10조 제1호). 기출 22

④ 공공기관이 소유하거나 임차한 물품 등을 사적 용도로 사용·수익 금지 : 공직자는 공공기관이 소유하거나 임차한 물품·차량·선박·항공기·건물·토지·시설 등을 사적인 용도로 사용·수익하거나 제3자로 하여금 사용·수익하게 하여서는 아니 된다. 다만, 다른 법령·기준 또는 사회상규에 따라 허용되는 경우에는 그러하지 아니하다(이해충돌방지법 제13조). 기출 22

⑤ 직무관련자인 소속기관의 퇴직자와 사적 접촉을 하는 경우 소속기관장에게 신고 : 공직자는 직무관련자인 소속기관의 퇴직자(공직자가 아니게 된 날부터 2년이 지나지 아니한 사람만 해당)와 사적 접촉(골프, 여행, 사행성 오락을 같이 하는 행위)을 하는 경우 소속기관장에게 신고하여야 한다. 다만, 사회상규에 따라 허용되는 경우에는 그러하지 아니하다(이해충돌방지법 제15조 제1항). 기출 22

5. 공직부패

(1) 의 의
① **개념** : 공직부패란 공무원이 직무와 관련해 부당한 이익을 취하거나 취하려고 기도하는 행동을 말한다.
② **공직부패의 속성** : 직무관련성, 부당한 이익 획득, 의식적 행동, 비윤리성과 손실

(2) 공직부패의 접근방법
① **체제론적 접근법** : 공직부패의 원인에 대하여 문화적 특성, 제도상 결함, 구조상 모순, 공무원의 부정적 행태 등 다양하고 복합적인 요인으로 설명한다. `기출 19`
② **사회문화적 접근법** : 특정한 지배적 관습이나 경험적 습성과 같은 것이 부패를 조장한다고 설명한다(예 우리나라의 선물관행). 공직부패는 공식적 법규나 규범보다는 관습과 같은 사회문화적 환경에 의해 유발된다고 본다. `기출 19`
③ **제도적 접근법** : 사회의 법과 제도의 결함이나 이러한 것들에 대한 관리기구와 운영상의 문제들(예 대표적으로 행정통제 장치의 미비)이 부패의 원인으로 작용한다고 설명한다. `기출 19`
④ **도덕적 접근법** : 개인의 성격 및 습성과 윤리문제가 공직부패와 밀접한 관련이 있다고 설명한다. 공직부패의 원인을 주로 개인들의 윤리의식과 자질에서 찾는다.
⑤ **권력문화적 접근법** : 과도한 권력 집중과 권력 남용을 공직부패의 원인으로 본다.
⑥ **구조적 접근법** : 공직자들의 잘못된 의식구조를 공직부패의 원인으로 본다.

(3) 공직부패의 유형

1) 일반적 유형
① **직무유기형 부패** : 시민이 개입되지 않은 관료 개인의 부패로서, 직무상 의무를 이행하지 않는 형태의 부패(물질적 이익 추구 ×)
② **후원형 부패** : 정실이나 학연 등을 토대로 불법적으로 특정 단체나 개인을 후원하는 형태의 부패(물질적 이익 추구 ×)
③ **사기형 부패** : 거래당사자 없이 공금 횡령, 개인적인 이익의 편취, 회계부정 등이 공무원에 의해 일방적으로 이루어지는 형태의 부패
④ **거래형 부패** : 뇌물을 매개로 이권이나 특혜를 불법적으로 제공하는 가장 전형적인 형태의 부패

2) 내부 부패와 외부 부패
① **내부 부패** : 공무원 간 이루어지는 부패(예 공금횡령)
② **외부 부패** : 관료와 국민 간에 형성되는 부패(예 뇌물수수)

3) 권력형 부패와 생계형 부패
① **권력형 부패** : 정치인이나 고위공무원이 자신의 권력을 남용해 사적 이익을 추구하는 형태의 부패
② **생계형 부패** : 하위직 행정관료들이 낮은 보수를 채우기 위해 생계유지 차원에서 저지르는 부패

4) 부패의 용인가능성 여부에 따른 분류
① 흑색 부패 : 사회체제에 명백하고 심각한 해를 끼치는 부패로 사회구성원 모두가 처벌을 원하는 부패를 말한다.
② 회색부패 : 사회체제에 파괴적인 영향을 미칠 수 있는 잠재성을 가진 부패로 사회구성원 가운데 일부집단은 처벌을 원하지만 다른 일부집단은 처벌을 원하지 않는 부패를 말한다.
③ 백색 부패 : 사회에 심각한 해가 없거나 사익 추구가 없는 선의의 부패로서 부패행위로 규정될 수 있으나 사회구성원의 다수가 어느 정도 용인하는 관례화된 부패를 말한다(예 금융위기가 심각함에도 불구하고 국민들의 동요나 기업활동의 위축을 방지하기 위해 금융위기가 전혀 없다고 관련 공무원이 거짓말을 하는 행위). 기출 19·17

5) 부패의 제도화 정도에 따른 분류 기출 19
① 제도화된 부패 : 부패가 일상화되고 제도화되어 행정체제 내에서 부패가 실질적인 규범이 되고 바람직한 행동규범은 예외적인 것으로 전락하는 경우를 말한다. 이러한 상황 하에서는 부패를 저지르는 사람들은 조직의 보호를 받고, 공식적 행동규범을 고수하려는 사람들은 오히려 제재를 받게 된다(예 인·허가 업무 처리 시 소위 '급행료'를 당연하게 요구하는 행위).
② 일탈형 부패(우발적 부패) : 구조화되지 않은 일시적인 부패로 공금 횡령 등 주로 개인의 윤리적 일탈로 인한 개인의 부패를 말한다(예 무허가 업소를 단속하던 공무원이 정상적인 단속활동을 수행하다가 금품을 제공하는 특정 업소에 대해서는 단속을 하지 않는 행위).

II 징계

1. 국가공무원법상 징계처분
징계는 파면·해임·강등·정직·감봉·견책으로 6가지로 구분한다(국가공무원법 제79조). 기출 23·19·13
① 파 면
  ㉠ 파면은 징계위원회의 의결을 거쳐 각 임용권자 또는 임용권을 위임한 상급감독기관의 장이 한다(국가공무원법 제82조 제1항 단서). 기출 13
  ㉡ 징계로 파면처분을 받은 때부터 5년이 지나지 아니한 자는 공무원으로 임용될 수 없다(국가공무원법 제33조 제7호). 기출 23
② 해 임
  ㉠ 해임은 징계위원회의 의결을 거쳐 각 임용권자 또는 임용권을 위임한 상급감독기관의 장이 한다(국가공무원법 제82조 제1항 단서). 기출 13
  ㉡ 징계로 해임처분을 받은 때부터 3년이 지나지 아니한 자는 공무원으로 임용될 수 없다(국가공무원법 제33조 제8호). 기출 19

③ 강 등
  ㉠ 강등은 1계급 아래로 직급을 내리고(고위공무원단에 속하는 공무원은 3급으로 임용하고, 연구관 및 지도관은 연구사 및 지도사로 한다) 공무원신분은 보유하나 3개월간 직무에 종사하지 못하며 그 기간 중 보수는 전액을 감한다. 다만, 제4조 제2항에 따라 계급을 구분하지 아니하는 공무원과 임기제공무원에 대해서는 강등을 적용하지 아니한다(국가공무원법 제80조 제2항). 기출 23·13
  ㉡ 강등(3개월간 직무에 종사하지 못하는 효력 및 그 기간 중 보수는 전액을 감하는 효력으로 한정한다)의 징계처분은 휴직기간 중에는 그 집행을 정지한다(국가공무원법 제80조 제6항).

> **강 임**
> - 강임이란 같은 직렬 내에서 하위 직급에 임명하거나 하위 직급이 없어 다른 직렬의 하위 직급으로 임명하거나 고위공무원단에 속하는 일반직 공무원을 고위공무원단 직위가 아닌 하위 직위에 임명하는 것으로서(국가공무원법 제5조 제4호), 결원을 보충하는 방법의 하나이다. 기출 16
> - 강임은 징계처분이 아니라 결원보충방법의 하나로서 수직적 인사이동이다. 기출 18·16

④ 정 직
  ㉠ 정직은 1개월 이상 3개월 이하의 기간으로 하고, 정직 처분을 받은 자는 그 기간 중 공무원의 신분은 보유하나 직무에 종사하지 못하며 보수는 전액을 감한다(국가공무원법 제80조 제3항). 기출 23·19·13
  ㉡ 정직의 징계처분은 휴직기간 중에는 그 집행을 정지한다(국가공무원법 제80조 제6항).
⑤ 감 봉
  ㉠ 감봉은 1개월 이상 3개월 이하의 기간 동안 보수의 3분의 1을 감한다(국가공무원법 제80조 제4항).
  ㉡ 감봉의 징계처분은 휴직기간 중에는 그 집행을 정지한다(국가공무원법 제80조 제6항).
⑥ 견책 : 견책은 전과에 대하여 훈계하고 회개하게 한다(국가공무원법 제80조 제5항). 기출 23·19

2. 징계 및 징계부가금 부과 사유의 시효

징계의결 등의 요구는 징계 등 사유가 발생한 날부터 다음의 구분에 따른 기간이 지나면 하지 못한다(국가공무원법 제83조의2).
① 성폭력범죄, 아동·청소년대상 성범죄, 성희롱, 성매매 등 : 10년
② 금품 및 향응 수수, 공금의 횡령·유용의 경우 : 5년 기출 13
③ 그 밖의 징계 등의 사유에 해당하는 경우 : 3년

3. 국가공무원법상 직위해제

(1) 직위해제의 의의
① 직위해제는 징계처분이 아니다. 기출 13
② 직위해제는 일반적으로 공무원이 직무수행능력이 부족하거나 근무성적이 극히 불량한 경우, 공무원에 대한 징계절차가 진행 중인 경우 등에 있어서 일시적으로 당해 공무원에게 직위를 부여하지 아니함으로써 직무에 종사하지 못하도록 하는 잠정적인 조치로서의 보직의 해제를 의미한다(대판 2003.10.10. 2003두5945).

(2) 직위해제 사유

> **국가공무원법 제73조의3(직위해제)**
> ① 임용권자는 다음 각 호의 어느 하나에 해당하는 자에게는 직위를 부여하지 아니할 수 있다.
> 1. 〈삭 제〉
> 2. 직무수행 능력이 부족하거나 근무성적이 극히 나쁜 자 기출 15
> 3. 파면・해임・강등 또는 정직에 해당하는 징계의결이 요구 중인 자 기출 15
> 4. 형사 사건으로 기소된 자(약식명령이 청구된 자는 제외)
> 5. 고위공무원단에 속하는 일반직공무원으로서 제70조의2 제1항 제2호부터 제5호까지의 사유로 적격심사를 요구받은 자
> 6. 금품비위, 성범죄 등 대통령령으로 정하는 비위행위로 인하여 감사원 및 검찰・경찰 등 수사기관에서 조사나 수사 중인 자로서 비위의 정도가 중대하고 이로 인하여 정상적인 업무수행을 기대하기 현저히 어려운 자
>
> □ 비교 : 직권면직 사유
> **국가공무원법 제70조(직권 면직)**
> ① 임용권자는 공무원이 다음 각 호의 어느 하나에 해당하면 직권으로 면직시킬 수 있다.
>   3. 직제와 정원의 개폐 또는 예산의 감소 등에 따라 폐직(廢職) 또는 과원(過員)이 되었을 때
>   4. 휴직 기간이 끝나거나 휴직 사유가 소멸된 후에도 직무에 복귀하지 아니하거나 직무를 감당할 수 없을 때 기출 15
>   5. 제73조의3 제3항에 따라 대기 명령을 받은 자가 그 기간에 능력 또는 근무성적의 향상을 기대하기 어렵다고 인정된 때
>   6. 전직시험에서 세 번 이상 불합격한 자로서 직무수행 능력이 부족하다고 인정된 때
>   7. 병역판정검사・입영 또는 소집의 명령을 받고 정당한 사유 없이 이를 기피하거나 군복무를 위하여 휴직 중에 있는 자가 군복무 중 군무를 이탈하였을 때
>   8. 해당 직급・직위에서 직무를 수행하는데 필요한 자격증의 효력이 없어지거나 면허가 취소되어 담당 직무를 수행할 수 없게 된 때
>   9. 고위공무원단에 속하는 공무원이 제70조의2에 따른 적격심사 결과 부적격 결정을 받은 때

제4장 인사행정론

제1절 인사행정의 기초이론

01 엽관주의에 관한 설명으로 옳지 않은 것은?

18 행정사 제6회

① 당파성이나 정치적 요인을 기준으로 공직임용이 이루어진다.
② 개인의 능력, 자격, 업적 등 실적 외의 요인에 의해 공직임용이 이루어진다는 점에서 정실주의와 유사하다.
③ 행정의 일관성, 계속성, 안정성을 저해할 수 있다.
④ 공직의 대규모 경질을 통해 공직에의 참여기회를 확대한다.
⑤ 우리나라는 엽관주의적 성격의 공직임용을 허용하지 않고 있다.

해설

[❶▶○] [❷▶○] 엽관주의란 당파성·정치적 요인(정당에의 충성도와 공헌도)를 공무원의 임용기준으로 삼는 인사행정제도를 말한다.❶ 개인의 실적(능력·자격·업적) 외의 요인에 의해 공직임용이 이루어진다는 점에서 정실주의와 유사하다.❷

[❸▶○] [❹▶○] 엽관주의는 공직의 대규모 경질을 통해 공직에의 참여기회가 확대되므로 임용기회의 형평성을 높일 수 있으나,❹ 정책의 일관성, 계속성, 안정성을 저해할 우려가 있다.❸

[❺▶✕] 1952년 자유당 시절부터 시작되어 1956년 선거 후에 부분적으로 성행하였으며, 현재도 정책을 담당하는 정무직이나 별정직 공무원, 공공기관의 장 등의 인사에 엽관주의적 요소가 부분적으로 존재한다고 볼 수 있다. 그러나 엽관주의를 공식적인 인사정책으로 채택한 적은 없음을 유의하여야 한다.

답 ❺

02 직업공무원제도에 관한 설명으로 옳지 않은 것은?

① 젊고 유능한 인재들이 공직을 평생 직업으로 선택하여 근무하게 하는 제도이다.
② 행정의 계속성과 안정성을 확보하게 한다.
③ 폐쇄적 임용으로 인해 공직분위기의 침체가 우려된다.
④ 일반행정가보다는 전문행정가 양성을 목표로 한다.
⑤ 신분보장으로 인해 무사안일과 관료의 병리현상이 초래될 위험이 있다.

해설

[❶▶○] 직업공무원제도는 젊고 유능한 인재들을 공직에 유치해 그 업적과 능력에 따라 승진할 수 있는 기회를 부여함으로써 공직을 평생 직업으로 선택하여 근무하게 하는 제도이다.
[❷▶○] 직업공무원제도는 정치적 중립성과 공무원의 신분을 보장함으로써 행정의 계속성과 안정성을 확보할 수 있다는 장점이 있다.
[❸▶○][❹▶×][❺▶○] 직업공무원제도의 단점으로는 폐쇄적 임용으로 인해 외부로부터 전문인력의 충원이 어려워 공직분위기의 침체가 우려되고,❸ 계급제라는 공직분류체계상 전문행정가의 육성이 어려워 행정의 기술화·전문화를 저해하며(일반행정가주의),❹ 신분보장으로 인해 무사안일과 관료의 병리현상이 초래될 위험이 있다는 점 등이 거론되고 있다.❺

답 ❹

03 대표관료제(representative bureaucracy)에 관한 설명으로 옳은 것은?

① 대표관료제는 행정의 전문성과 생산성을 강화한다.
② 대표관료제의 발전은 행정의 형평성과 능률성을 제고한다.
③ 대표관료제는 공직사회 내부 구성원 상호 간 견제를 통하여 내적 통제를 강화한다.
④ 대표관료제의 관료들은 정책과정에서 자신이 속한 배경집단의 이익보다는 공익을 추구한다.
⑤ 집단보다는 개인에 역점을 두는 대표관료제는 자유주의와 부합한다.

해설

[❶▶×][❷▶×] 대표관료제는 실적주의(또는 직업공무원제)의 한계를 극복하고 사회적 약자를 보호하기 위해 등장하였다. 따라서 대표관료제는 실질적 기회균등 보장과 사회적 형평성(수직적 형평성)을 제고하는 장점이 있지만, 공직의 전문성과 생산성 및 능률성을 저해하고, 공직의 임용기준을 개인의 능력이 아니라 그가 속한 집단에 두는 할당제를 강요함에 따라 수평적 형평성을 저해하고 역차별의 우려가 있다는 단점이 있다.
[❸▶○] 대표관료제는 각 사회집단의 대표성을 지닌 관료집단 간의 견제와 균형을 통해 사회집단 간 이익을 균형 있게 대변한다는 점에서 내부적 통제·비제도적 통제에 해당한다.
[❹▶×] 대표관료제의 관료들은 자기 출신계층의 이익을 대변하므로 정책과정에서 공익보다는 자신이 속한 배경집단의 이익을 추구할 가능성이 있다.
[❺▶×] 대표관료제는 개인의 선택에 대한 인위적 간섭을 초래한다는 점에서 자유주의에 반한다.

답 ❸

04 직위분류제에 관한 설명으로 옳지 않은 것은?

① 조직 내의 직위들을 각 직위에 배당된 직무의 속성에 따라 분류·관리하는 제도를 말한다.
② 직위(職位)란 1명의 공무원에게 부여할 수 있는 직무와 책임을 말한다.
③ 직군(職群)이란 직무의 종류·곤란성과 책임도가 상당히 유사한 직위의 군을 말한다.
④ 직렬(職列)이란 직무의 종류가 유사하고 그 책임과 곤란성의 정도가 서로 다른 직급의 군을 말한다.
⑤ 직류(職類)란 같은 직렬 내에서 담당 분야가 같은 직무의 군을 말한다.

해설

[❸ ▶ ×] 직군(職群)이란 직무의 성질이 유사한 직렬의 군을 말한다. 직무의 종류·곤란성과 책임도가 상당히 유사한 직위의 군은 "직급(職級)"이다.

> **국가공무원법 제5조(정의)**   이 법에서 사용하는 용어의 뜻은 다음과 같다.
> 1. "직위(職位)"란 1명의 공무원에게 부여할 수 있는 직무와 책임을 말한다.
> 2. "직급(職級)"이란 직무의 종류·곤란성과 책임도가 상당히 유사한 직위의 군을 말한다.
> 7. "직군(職群)"이란 직무의 성질이 유사한 직렬의 군을 말한다.
> 8. "직렬(職列)"이란 직무의 종류가 유사하고 그 책임과 곤란성의 정도가 서로 다른 직급의 군을 말한다.
> 9. "직류(職類)"란 같은 직렬 내에서 담당 분야가 같은 직무의 군을 말한다.
> 10. "직무등급"이란 직무의 곤란성과 책임도가 상당히 유사한 직위의 군을 말한다.

답 ❸

05 직위분류제에 관한 설명으로 옳지 않은 것은?

① 조직에 있는 직위를 직무의 종류와 수준에 따라 분류해 관리하는 제도이다.
② 동일 노무에 대한 동일 보수를 지급하는 보수 체계의 형평성을 확보할 수 있다.
③ 직무분석 단계는 직무를 종류별로 구분해 직렬과 직군을 형성하는 작업이다.
④ 직무평가 단계는 직무를 수준별로 구분해 직급과 등급을 형성하는 작업이다.
⑤ 직위분류제는 계급제에 비해 인사관리의 탄력성과 신축성 확보가 유리하다.

해설

[❶ ▶ ○] 계급제는 직무담당자인 공무원의 자격·학력·능력을 기준으로 계급을 분류하고 그 계급에 따라 직무를 배분하는 인사제도를 말하며, 직위분류제는 직무를 기준으로 직무의 종류와 수준(난이도·책임도)에 따라 직위를 분류하는 인사제도를 말한다. 계급제가 사람의 자격과 능력을 기준으로 한 계급구조라면 직위분류제는 사람이 맡아서 수행하는 직무와 그 직무수행에 수반되는 책임을 기준으로 분류한 직위구조이다.
[❷ ▶ ○] 직위분류제는 직무의 종류와 수준, 업무량 등이 명확하게 나타나므로 동일 직무(노무)에 대한 동일 보수의 원칙에 입각한 직무급 수립이 용이하다는 장점이 있다(보수 체계의 형평성 확보).
[❸ ▶ ○] 직무분석 단계는 직무를 종류별로 구분해 직렬과 직군을 형성하는 작업이다.
[❹ ▶ ○] 직무평가 단계는 직무를 수준별로 구분해 직급과 등급을 형성하는 작업이다.
[❺ ▶ ×] 직위분류제는 동일 직렬에서는 승진·전보가 가능하지만, 다른 직렬로의 전직이 어렵기 때문에 계급제에 비하여 인사관리의 탄력성과 신축성이 부족하다(수평적 폐쇄성이 강하여 수평적 융통성이 부족).

◆ **직위분류제의 수립절차**

직무조사	직무에 관한 자료를 수집하는 단계
직무분석	직무를 종류별로 구분해 직렬과 직군을 형성하는 작업
직무평가	직무를 수준별(난이도·책임도)로 구분해 직급과 등급을 형성하는 작업
직급명세서	직렬·직급·등급이 결정되면 직급별로 직급명세서를 작성
정 급	직급명세서를 토대로 모든 직위를 각각 해당 직군·직렬·직류와 등급·직급에 배정

답 ❺

06 인사행정제도에 관한 설명으로 옳지 않은 것은?

① 실적제는 개인의 객관적인 능력·자격·성적을 기준으로 공무원을 임용하는 제도이다.
② 직업공무원제도는 계급제, 일반능력자 중심의 임용, 신분보장 등을 토대로 한다.
③ 계급제는 직무를 기준으로 직무의 난이도와 책임도에 따라 직위를 분류하는 제도이다.
④ 엽관제는 정당에 대한 공헌도와 충성심에 입각하여 공무원을 임용하는 제도이다.
⑤ 대표관료제는 국민에 대한 대응성과 공직 임용의 사회적 형평성을 제고시키려는 목적을 지닌 제도이다.

해설

[❶ ▶ ○] 실적주의란 당파성이나 정실·혈연·지연이 아니라 개인의 직무수행능력·자격 및 성적을 기준으로 공무원을 임용하는 제도를 말한다.

[❷ ▶ ○] 직업공무원제도는 젊고 유능한 인재들을 공직에 유치해 그 업적과 능력에 따라 승진할 수 있는 기회를 부여함으로써 공직을 평생 직업으로 선택하여 근무하게 하는 제도를 말하며, 계급제, 일반능력자 중심의 임용(일반행정가주의), 신분보장 등을 그 내용으로 한다.

[❸ ▶ ✕] 계급제는 직무담당자인 공무원의 자격·학력·능력을 기준으로 계급을 분류하는 제도를 말하며, 직위분류제는 직무를 기준으로 직무의 난이도와 책임도에 따라 직위를 분류하는 제도를 말한다. 계급제가 사람의 자격과 능력을 기준으로 한 계급구조라면 직위분류제는 사람이 맡아서 수행하는 직무와 그 직무수행에 수반되는 책임을 기준으로 분류한 직위구조이다.

[❹ ▶ ○] 엽관주의란 당파성·정치적 요인(정당에의 충성도와 공헌도)를 공무원의 임용기준으로 삼는 인사행정제도를 말한다. 개인의 실적(능력·자격·업적) 외의 요인에 의해 공직임용이 이루어진다는 점에서 정실주의와 유사하다.

[❺ ▶ ○] 대표관료제는 한 국가 내에서 다양한 사회집단들의 구성비율에 따라 관료를 충원하는 원리가 적용되는 관료제(실적주의의 수정)를 말한다. 개방형의 성격을 갖는 대표관료제는 국민에 대한 관료의 대응성과 책임성을 제고할 수 있고, 실질적 기회균등의 보장과 사회적 형평성을 제고할 수 있다.

답 ❸

제2절 공직(공무원)의 구분

07 우리나라 공직 혹은 공무원의 분류·관리에 관한 설명으로 옳은 것을 모두 고른 것은?

16 행정사 제4회

> ㄱ. 직위분류제를 근간으로 하면서 계급제적 요소를 부분적으로 도입하고 있다.
> ㄴ. 계급제는 사람의 특성에 따라, 직위분류제는 직무의 특성에 따라 공직을 분류한다.
> ㄷ. 계급제는 공무원의 신분보장과 직업공무원제 확립에 유리하며, 직위분류제는 인력활용의 융통성을 높여 준다.
> ㄹ. 고위공무원단에 소속된 공무원은 계급이 없는 대신 담당직무의 등급에 따라 그 지위가 결정된다.
> ㅁ. 전문경력관은 일반직공무원이지만, 계급 구분과 직군·직렬 분류가 적용되지 않는다.

① ㄱ, ㄴ, ㄷ　　　② ㄴ, ㄷ, ㄹ
③ ㄴ, ㄷ, ㅁ　　　④ ㄴ, ㄹ, ㅁ
⑤ ㄷ, ㄹ, ㅁ

해설

[ㄱ▶×] 계급제와 직위분류제는 상호대립되는 것처럼 보이지만 사실은 상호보완적으로 활용된다. 우리나라는 계급제를 기본으로 하면서 직위분류제적 요소를 가미하여 운영하고 있다.

[ㄴ▶○] 계급제가 사람의 특성(자격과 능력)을 기준으로 한 계급구조라면 직위분류제는 직무의 특성(직무와 그 직무수행에 수반되는 책임)을 기준으로 분류한 직위구조이다.

[ㄷ▶×] 계급제는 폐쇄체계로 운영되므로 장기간 근무하게 되고 내부 승진을 통해 장기근속이 보장되므로 공무원의 신분보장과 직업공무원제도의 확립에 유리하고, 인력활용의 융통성과 효율성을 높여 탄력적 인사관리가 가능하며, 일반행정가 양성에 유리하다. 반면 직위분류제는 전문행정가의 중시로 인한 전직이나 전보 범위가 제한되어 인적자원의 효율적 활용(인사관리의 탄력성과 신축성 확보)에 제약을 가져올 수 있다.

[ㄹ▶○] 고위공무원단제도는 중앙행정기관의 실·국장급(1~3급) 고위공무원의 직위를 폐지하고 이들을 하위직과 분리하여 성과와 능력 중심으로 통합·관리하는 범국가적 인력풀제도를 말하며, 고위공무원단에 소속된 공무원은 직무중심으로 인사관리가 이루어짐에 따라 담당직무의 등급에 따라 그 직위가 결정되게 된다.

[ㅁ▶○] 소속 장관은 해당 기관의 일반직공무원 직위 중 순환보직이 곤란하거나 장기 재직 등이 필요한 특수 업무 분야의 직위를 전문경력관직위로 지정할 수 있다(전문경력관 규정 제3조 제1항). 전문경력관 직위의 군은 직무의 특성·난이도 및 직무에 요구되는 숙련도 등에 따라 가군, 나군 및 다군으로 구분한다(전문경력관 규정 제4조 제1항). 즉, 일반직 공무원과 달리 전문경력관은 계급 구분과 직군·직렬의 분류가 적용되지 않는다.

답 ④

08 경력직 공무원에 관한 설명으로 옳은 것은?

① 직업공무원제의 적용을 받지 않는다.
② 선거에 의해 취임하는 공무원은 경력직 공무원이다.
③ 특수한 임무를 수행하기 위해 임용되는 별정직 공무원이 대표적인 경력직 공무원이다.
④ 실적과 자격에 의해 임용되며 신분이 보장된다.
⑤ 기술직과 연구직에 종사하는 공무원은 경력직 공무원에 해당하지 않는다.

해설

[❶ ▶ ×] 경력직 공무원은 실적주의와 직업공무원제의 적용을 받는다. 반면, 특수경력직 공무원(정무직 공무원과 별정직 공무원)은 실적주의와 직업공무원제의 획일적 적용을 받지 않는다.

[❷ ▶ ×] 국가공무원법은 임용방식과 업무특성에 따라 공무원을 경력직 공무원과 특수경력직 공무원으로 구분한다. 특수경력직 공무원에는 정무직 공무원과 별정직 공무원이 있다(국가공무원법 제2조). 선거로 취임하거나 임명할 때 국회의 동의가 필요한 공무원은 별정직 공무원에 해당한다.

[❸ ▶ ×] 비서관·비서 등 보좌업무 등을 수행하거나 특정한 업무 수행을 위하여 법령에서 별정직으로 지정하는 별정직 공무원은 경력직 공무원이 아니라 특수경력직 공무원에 해당한다.

[❹ ▶ ○] 경력직 공무원은 실적과 자격에 따라 임용되고 그 신분이 보장되며 평생 동안(근무기간을 정하여 임용하는 공무원의 경우에는 그 기간 동안) 공무원으로 근무할 것이 예정되는 공무원을 말한다.

[❺ ▶ ×] 기술직·연구직 또는 행정 일반에 대한 업무를 담당하는 공무원은 일반직 공무원으로서 경력직 공무원에 해당한다.

● 경력직 공무원과 특수경력직 공무원

경력직 공무원	일반직 공무원	기술·연구 또는 행정 일반에 대한 업무를 담당하는 공무원
	특정직 공무원	법관, 검사, 외무공무원, 경찰공무원, 소방공무원, 교육공무원, 군인, 군무원, 헌법재판소 헌법연구관, 국가정보원의 직원, 경호공무원과 특수 분야의 업무를 담당하는 공무원으로서 다른 법률에서 특정직공무원으로 지정하는 공무원
특수경력직 공무원	정무직 공무원	선거로 취임하거나 임명할 때 국회의 동의가 필요한 공무원
		고도의 정책결정 업무를 담당하거나 이러한 업무를 보조하는 공무원으로서 법률이나 대통령령(대통령비서실 및 국가안보실의 조직에 관한 대통령령만 해당한다)에서 정무직으로 지정하는 공무원
	별정직 공무원	비서관·비서 등 보좌업무 등을 수행하거나 특정한 업무 수행을 위하여 법령에서 별정직으로 지정하는 공무원

답 ❹

09 우리나라 고위공무원단제도에 관한 설명으로 옳지 않은 것은? 22 행정사 제10회

① 고위공무원단을 구성하는 공무원은 전원 중앙행정기관 소속이다.
② 각 부처 장관은 소속에 관계없이 전체 고위공무원단 중에서 적임자를 인선한다.
③ 계급과 연공서열보다는 직무와 성과 중심의 인사관리를 추구한다.
④ 행정부처에 배치된 고위공무원의 인사와 복무는 소속 장관이 관리한다.
⑤ 고위직의 개방을 확대하고 경쟁을 촉진하기 위한 제도이다.

해설

[❶ ▶ ×] 고위공무원단을 구성하는 공무원은 전원 중앙행정기관 소속은 아니다. 예를 들면, 특별시·광역시 및 특별자치시의 부시장, 도와 특별자치도의 부지사, 부교육감 등 지방자치단체에 국가공무원으로 보하는 일부 고위직도 고위공무원단에 포함된다(국가공무원법 제2조의2 제2항 제3호 참조).

[❷ ▶ ○] 각 부처 장관이 소속에 관계없이 전체 고위공무원단 중에서 적임자를 인선한다. 다만, 고위공무원단에 속하는 모든 일반직공무원의 신규채용, 임용권은 대통령의 권한이므로 대통령이 채용·임용한다.

[❸ ▶ ○] 고위공무원단제도는 구성 공무원에게 직무성과계약을 체결하고 성과중심의 근무성적평정을 하게 되며 종래 계급에 기반한 단순 연봉제에서 직무성과급적 연봉제를 채택하여 직무와 성과중심의 인사관리를 추구한다.

[❹ ▶ ○] 고위공무원단에 속하는 공무원은 범부처적으로 인사혁신처가 관리·운영하되, 부처에 배치된 고위공무원의 인사와 복무는 소속 장관이 관리를 하게 된다.

[❺ ▶ ○] 고위공무원단제도는 고위공무원의 개방을 확대하고 경쟁을 촉진하여 성과책임을 강화함으로써 역량있는 정부를 구현하기 위하여 2006.7. 노무현 정부에서 도입하였다.

답 ❶

제3절 공무원의 임용

10 우리나라 공무원 시보임용제도에 관한 설명으로 옳지 않은 것은? 　20　행정사 제8회

① 공무원시험에 합격한 사람들의 공직 적격성을 심사하고 공무원 실무능력 배양을 위해 존재한다.
② 국가공무원법에 의하면 공무원의 시보기간은 3개월이다.
③ 시보기간 중 근무성적이 좋으면 정규직 공무원으로 임용된다.
④ 시보기간 중 교육훈련 성적이 나쁘거나 공무원으로서의 자질이 부족하다고 판단되는 경우 면직될 수 있다.
⑤ 시보기간 중 휴직한 기간, 직위해제 기간 및 징계에 따른 정직이나 감봉 처분을 받은 기간은 시보임용기간에 산입되지 않는다.

해설

[❶ ▶ ○] 시보임용은 시험제도의 연장으로 선발과정의 일부이고 직무수행의 적격성을 사후 판정하는 것이며 실무수습기회를 제공하고 초임자의 적응훈련으로서의 성격도 있다.
[❷ ▶ ×] [❸ ▶ ○] 5급 공무원을 신규 채용하는 경우에는 1년, 6급 이하의 공무원을 신규 채용하는 경우에는 6개월간 각각 시보(試補)로 임용하고,❷ 그 기간의 근무성적·교육훈련성적과 공무원으로서의 자질을 고려하여 정규 공무원으로 임용한다❸(국가공무원법 제29조 제1항).
[❹ ▶ ○] 시보 임용 기간 중에 있는 공무원이 근무성적·교육훈련성적이 나쁘거나 공무원으로서의 자질이 부족하다고 판단되는 경우에는 면직시키거나 면직을 제청할 수 있다(국가공무원법 제29조 제3항).
[❺ ▶ ○] 휴직한 기간, 직위해제 기간 및 징계에 따른 정직이나 감봉 처분을 받은 기간은 시보 임용 기간에 넣어 계산하지 아니한다(국가공무원법 제29조 제2항).

답 ❷

11 「국가공무원법」상 국회, 법원, 헌법재판소, 선거관리위원회 및 행정부 상호 간에 소속을 달리하는 인사이동 임용방법은?

24 행정사 제12회

① 파 견
② 전 보
③ 전 입
④ 전 직
⑤ 겸 임

해설

[❶ ▸ ×] 파견(派遣)이란 공무원의 소속을 바꾸지 않고 일시적으로 다른 기관이나 국가기관 이외의 기관 및 단체에서 근무하는 것을 의미한다.

[❷ ▸ ×] 전보(轉補)란 같은 직급 내에서의 보직 변경 또는 고위공무원단 직위 간의 보직 변경(제4조 제2항에 따라 같은 조 제1항의 계급 구분을 적용하지 아니하는 공무원은 고위공무원단 직위와 대통령령으로 정하는 직위 간의 보직 변경을 포함한다)을 말한다(국가공무원법 제5조 제6호). 전보는 동일한 직렬과 직급 내에서 직위만 바꾸는 것을 의미한다.

[❸ ▸ ○] 국가공무원법 상 국회, 법원, 헌법재판소, 선거관리위원회 및 행정부 상호 간에 소속을 달리하는 인사이동 임용방법은 전입(轉入)이다. 전입·전출은 인사 관할을 달리하는 국회, 법원, 헌법재판소, 선거관리위원회 및 행정부 상호 간에 다른 공무원을 받아들이거나 내보내는 것을 의미한다.

> **국가공무원법 제28조의2(전입)** 국회, 법원, 헌법재판소, 선거관리위원회 및 행정부 상호 간에 다른 기관 소속 공무원을 전입하려는 때에는 시험을 거쳐 임용하여야 한다. 이 경우 임용 자격 요건 또는 승진소요최저연수·시험과목이 같을 때에는 대통령령등으로 정하는 바에 따라 그 시험의 일부나 전부를 면제할 수 있다.

[❹ ▸ ×] 전직(轉職)이란 직렬을 달리하는 임명을 말한다(국가공무원법 제5조 제5호). 직렬(職列)이란 직무의 종류가 유사하고 그 책임과 곤란성의 정도가 서로 다른 직급의 군을 말한다(국가공무원법 제5조 제8호). 전직은 인사 관할을 달리하는 기관 사이의 수평적 인사이동에 해당한다.

[❺ ▸ ×] 겸임이란 직위와 직무 내용이 유사하고 담당 직무 수행에 지장이 없다고 인정하면 한 공무원에게 둘 이상의 직위를 부여하는 것을 말한다.

답 ❸

12 다음은 채용시험의 효용성 판단 기준에 관한 설명이다. (   )에 들어갈 내용이 옳게 짝지어진 것은?

25 행정사 제13회

> (ㄱ)는 시험성적이 실적 기준과 얼마나 부합하느냐와 관련한 것으로, 시험 성적과 직무수행실적 간 상관관계를 비교해 확인할 수 있다. 반면 (ㄴ)는 측정 도구가 측정대상을 일관성 있게 측정하는 정도를 말하는 것으로, 동일한 시험을 동일한 대상집단에게 시간 간격을 두고 2회 실시해 그 성적을 비교하는 (ㄷ)을 통해 검증할 수 있다.

① ㄱ : 기준타당도, ㄴ : 내용타당도, ㄷ : 재시험법
② ㄱ : 기준타당도, ㄴ : 신뢰도, ㄷ : 재시험법
③ ㄱ : 내용타당도, ㄴ : 신뢰도, ㄷ : 재시험법
④ ㄱ : 내용타당도, ㄴ : 기준타당도, ㄷ : 반분법
⑤ ㄱ : 신뢰도, ㄴ : 내용타당도, ㄷ : 반분법

해설

[❷▶○] ㄱ : 기준타당도, ㄴ : 신뢰도, ㄷ : 재시험법

채용시험의 효용성(효용도) 판단 기준

타당도	기준타당도	• 개념 : 시험이 직무수행능력을 얼마나 정확하게 예측했는가(시험성적이 실적 기준과 얼마나 부합하느냐)의 정도. 시험 성적과 직무수행실적 간 상관관계를 비교하여 확인❶ • 검증방법 : 예측적 타당성 검증(합격자), 현재적(동시적) 타당성 검증(재직자)
	내용타당도	• 개념 : 직무수행에 필요한 능력요소와 시행문제의 부합 정도. 즉, 시험내용이 특정 직위의 의무와 책임에 직접적으로 관련되는 능력요소들(직무수행에 필요한 지식, 기술, 태도 등)의 내용을 제대로 측정할 수 있는 정도 • 검증방법 : 전문가에 의한 내용분석
	구성타당도	• 개념 : 이론적으로 추정한 능력요소와 시험문제의 부합 정도. 즉, 시험이 직무수행의 성공과 관련되어 있다고 이론적(추상적)으로 구성(추정)된 능력요소를 얼마나 정확하게 측정하고 있느냐의 정도 • 검증방법 : 논리적 추론(수렴적 타당도, 차별적 타당도)
신뢰도		• 개념 : 시험이 측정 도구로서 측정대상을 일관성 있게 측정하는 정도❷ • 검증방법 : 재시험법, 동질이형법, 반분법 등 • 타당도와의 관계 : 신뢰도는 타당도의 필요조건일 뿐 충분조건은 아님
객관도		채점의 공정성을 의미하며 신뢰도의 한 조건임. 채점자의 편견이나 시험 외적인 요인에 의하여 시험이 영향을 받지 않는 정도
난이도		쉬운 문제와 어려운 문제의 혼합비율의 적정도. 시험의 변별력과 연관됨
실용도		실시비용의 경제성 및 실시와 채점의 용이성, 노력의 절감 정도 등

신뢰도 검증방법

재시험법	동일한 시험을 동일한 대상집단에게 시간 간격을 두고 2회 실시해 그 성적을 비교❸
동질이형법 (형식변화방법)	같은 내용의 시험을 형식(책형 등)을 달리하여 동일집단에 실시하고 그 성적을 비교하는 방법
반분법(이분법)	한 차례의 시험성적을 분석하되 문제들을 두 부분(홀짝, 전후단 등)으로 나누어 문항간 성적의 상관관계를 비교하는 방법

답 ❷

제4절 공무원의 능력발전

13 다음에서 설명하고 있는 교육훈련 방법은? 25 행정사 제13회

> ○ 사전에 과제나 사회자를 정해주지 않고 10명 내외의 교육훈련 참가자들의 자유로운 토론을 통해 어떤 문제의 해결 방안이나 상대방에 대한 이해를 얻도록 하는 방법
> ○ 자기 자신과 대인관계에 대한 이해 및 인간관계 개선 등에 목적을 두고 있음

① 감수성훈련(sensitivity training)
② 분임연구(syndicate)
③ 액션 러닝(action learning)
④ 혼합 학습(blended learning)
⑤ 역할 연기(role playing)

해설

[❶ ▶ ○] 감수성훈련(sensitivity training)은 조직발전(OD)의 가장 기본적 기법으로 T-Group(Training Group) 훈련이라고도 한다. 실제 근무상황을 떠나 외부환경으로부터 차단된 인위적·비정형적인 상황(사전에 과제나 사회자를 정해주지 않고)에서 10명 내외의 교육훈련 참가자들(서로 모르는 낯선 구성원)의 자유로운 토론을 통해 어떤 문제의 해결 방안이나 상대방에 대한 이해를 얻도록 하는 방법을 말한다. 감수성훈련은 자기(자아성찰)·타인(대인관계 개선)·집단(집단에 대한 이해)에 대한 태도와 행동을 스스로 평가·변화시키는 활동이다.

[❷ ▶ ×] 분임연구(syndicate)는 교육훈련 참가자들을 10명 내외의 소집단(분임)으로 나누어 특정 문제를 연구하고 해결 방안을 제시하는 학습 방법이다. 각 분임에서 도출된 결과는 전체 집단에서 공유되고 토론되어 최종적인 해결 방안을 모색한다. 분임연구는 문제 해결 능력과 협업 능력을 향상시키는 데 효과적인 교육 방법이다.

[❸ ▶ ×] 액션 러닝(action learning)은 교육 참가자들을 소그룹 규모의 팀으로 구성해 개인, 그룹 또는 조직에 중요한 의미가 있는 실제 현안 문제를 해결하면서 동시에 문제 해결 과정에 대한 성찰을 통해 학습하도록 지원하는 교육방식이다. 우리나라 정부 부문에는 2005년부터 고위공직자에 대한 교육훈련 방법으로 도입되었다.

[❹ ▶ ×] 혼합 학습(blended learning)은 온라인 학습과 오프라인 학습을 결합하여 교육 효과를 높이는 학습 방법이다. 전통적인 강의실 수업과 디지털 학습 경험을 결합하여 학습자에게 더욱 역동적이고 유연한 학습 환경을 제공한다.

[❺ ▶ ×] 역할연기(role playing)는 특정 상황을 설정하고 그 상황에서 각자 맡은 역할을 연기하며 실제 상황에 대한 이해를 높이고 대처 능력을 향상시키는 학습 방법이다. 역할연기(role playing)는 실제 직무와 유사한 상황을 설정하여 문제 해결 과정을 체험함으로써 참여자들의 태도 변화와 민감한 반응을 촉진하는 효과가 있다.

답 ❶

14 다음에서 설명하는 근무성적평정방법은?

21 행정사 제9회

- 주요과업 분야별로 바람직한 행태의 유형 및 등급을 구분·제시한 뒤, 평정대상자의 행태를 관찰하여 해당사항에 표시하게 하는 방법이다.
- 척도의 설계과정에 평정대상자를 공동으로 참여하게 함으로써 평정에 대한 신뢰와 적극적인 관심을 기대할 수 있다.
- 직무가 다르면 별개의 평정양식이 있어야 하는 등 개발에 많은 시간과 비용이 요구된다.

① 중요사건 기록법
② 행태기준 평정척도법
③ 서열법
④ 목표관리제 평정법
⑤ 도표식 평정척도법

해설

[❶ ▶ ✕] 중요사건 기록법은 평정기간 동안 피평정자의 근무실적에 큰 영향을 주는 중요사건들을 평정자로 하여금 기술하게 하여 누적된 사건기록을 중심으로 평정하는 방법을 말한다. 막바지효과(최근의 사건을 중심으로 평가) 등 시간적 오류를 방지할 수 있으며, 피평정자와의 상담을 촉진하는 데 용이하고, 사실에 초점을 두고 있다는 장점이 있다. 그러나 이례적인 행동을 지나치게 강조하여 평균적인 행동이나 전형적인 행동을 무시할 수 있다는 단점이 있다.

[❷ ▶ ○] 보기는 행태기준 평정척도법에 대한 설명이다. 행태기준 평정척도법은 도표식 평정척도법과 중요사건 기록법을 결합한 방식으로, 선정된 중요 과업 분야에 대해서 가장 이상적인 과업 수행 행태에서부터 가장 바람직하지 못한 과업수행 행태까지를 몇 개의 등급으로 구분하고, 등급마다 중요 행태를 명확하게 기술하고 점수를 할당하는 방법이다.

[❸ ▶ ✕] 서열법은 상대평가방법의 일종으로 피평정자 간 근무성적을 서열로 표시하는 방법이다. 집단의 규모가 작을 때 적합한 방법이고, 다른 집단과 비교할 수 있는 객관적 자료는 제시하지 못하는 단점이 있다. 피평정자를 두 사람씩 짝을 지어 비교를 되풀이해 평정하는 쌍쌍비교법, 피평정자들 중 표준 인물을 선택해 그를 기준으로 다른 피평정자들을 비교 평가하는 대인비교법이 있다.

[❹ ▶ ✕] 목표관리제 평정법은 근무과정이나 태도보다는 결과중심의 평정방법으로 구성원이 참여를 통하여 단기 업무목표를 명확하게 설정하고 그 활동결과를 공동으로 평가·환류시키는 목표관리방식을 근무성적평정에 활용한 방법을 말한다. 평정 시 개인 간 비교가 용이하지 않고, 평가에 많은 비용과 시간이 소요되며, 성과목표가 모호한 공공부문에는 적용에 한계가 있다는 단점이 있다.

[❺ ▶ ✕] 도표식 평정척도법은 가장 많이 활용되는 근무평정방법으로 직무수행실적·직무수행능력·직무형태 등에 관한 평정요소를 나열하고 각각에 대한 우열의 등급을 표시하는 평정척도(매우우수·우수·보통·미흡·매우 미흡)를 그린 평정표를 통한 평정방법을 말한다. 평정서 작성이 간단하고, 평정이 용이하며, 평정 결과의 계량화와 통계적 조정이 가능하다는 장점이 있으나 평가요소에 대한 등급의 비교기준이 불명확하여 평정이 임의적일 수 있고 연쇄화·집중화·관대화의 오류가 발생 가능하다는 단점이 있다. 우리나라에서 5급 이하 공무원의 평정에 이용한다.

답 ❷

15

성적분포 비율을 미리 정하여 순위를 매기거나 배분함으로써 평정자의 편견이나 집중화 등의 오류를 방지할 수 있는 근무성적평정 방법은?

23 행정사 제11회

① 강제배분법
② 쌍대비교법
③ 가감점수법
④ 목표관리법
⑤ 직접서열법

해설

[❶ ▶ ○] 성적분포 비율을 미리 정하여 순위를 매기거나 배분함으로써 평정자의 편견이나 집중화 등의 오류를 방지할 수 있는 근무성적평정 방법은 "강제배분법"이다.

● 근무성적평정의 방법(방법을 기준으로 한 평정유형)

도표식평정척도법	• 직무수행실적·직무수행능력·직무형태 등에 관한 평정요소를 나열하고 각각에 대한 우열의 등급을 표시하는 평정척도를 그린 평정표를 통한 평정방법 • 우리나라에서 5급 이하의 공무원의 평정에 이용 • 장점 : 평정서 작성이 간단하고, 평정이 용이함. 평정결과의 계량화와 통계적 조정 가능. 상벌 목적으로 이용하는 데 효과적 • 단점 : 평정요소의 합리적 선정이 곤란, 평가요소에 대한 등급의 비교기준이 불명확하여 평정이 임의적일 수 있음. 연쇄화·집중화·관대화의 오류 발생 가능
강제배분법	• 도표식평정척도법에 따른 평가 시 평정대상자의 성적분포가 과도하게 집중되거나 관대화되는 것을 막기 위해 성적분포 비율을 미리 정하여 순위를 매기거나 배분하는 방법 • 장점 : 평정자의 편견이나 집중화 등의 오류를 방지할 수 있음
사실기록법	• 공무원의 근무 성적을 객관적인 사실에 기초를 두고 평가하는 방법. 산출기록법, 주기적 검사법, 근태기록법, 가감점수법 등이 있음 • 가감점수법 : 공무원의 근무상황에 나타난 긍정적 요소와 부정적 요소를 점수로 환산하여 가점 혹은 감점을 주는 방법
(직접)서열법	• 평정대상자 간의 근무성적을 서열로 표시하는 방법. 서열을 정하기 위한 비교방법으로 쌍쌍비교법, 대인비교법이 있다. 집단의 규모가 작을 때 적합하나, 다른 집단과 비교할 수 있는 객관적 자료는 제시하지 못함 • 쌍쌍비교법 : 평정대상자를 두 사람씩 짝을 지어 비교를 되풀이해 평정하는 방법. 평정자의 주관적 조작을 방지할 수 있고, 평정 그 자체가 용이하나 평정대상자의 수가 많을 경우 활용이 곤란함 • 대인비교법 : 평정요소(지도력, 전문지식 등)를 산정해 각 요소별로 평정 등급을 정한 후 각 평정 등급별로 평정대상자들 중 표준 인물을 선택해 그를 기준으로 다른 평정대상자들을 비교 평가하는 방법
목표관리법 (MBO)	평가요소 가운데 '결과'를 중시하는 방법. 상하급자 간의 협의를 통해 목표를 정하고, 집행상의 자율을 부여한 목표달성도에 따라 평가하고 환류하는 방식
체크리스트법	평가하는 데 적절하다고 판단되는 표준행동 목록(list)을 미리 작성해 두고, 이 목록에 가부를 표시하게 하는 방법
중요사건기록법	평정기간 중 평정대상자의 근무실적에 큰 영향을 주는 중요 사건들을 평정자로 하여금 기술하게 하여 누적된 사건기록을 중심으로 평정하는 방법

답 ❶

16 우리나라 근무성적평가의 대상이 되는 공무원은?   22 행정사 제10회

① 정무직 공무원
② 고위공무원단 소속 공무원
③ 3급 이상 별정직 공무원
④ 4급 이상 공무원
⑤ 5급 이하 공무원

해설

[❺▶○] ⑤ 5급 이하 공무원은 공무원 성과평가 등에 관한 규정에 따른 근무성적평가의 대상이 되나, ① 정무직 공무원은 일반적으로 근무성적평가의 대상이 되지 아니하고, ② 고위공무원단 소속 공무원, ④ 4급 이상 공무원 등은 성과계약등 평가의 대상이 된다. ③ 3급 이상 별정직 공무원은 「별정직 공무원 인사규정」에 따라 일반직에 준하여 평가한다(별정직 공무원 인사규정 제7조의2).

답 ❺

17 공무원에 대한 다면평가 방식의 장점과 유용성에 관한 설명으로 옳지 않은 것은?   14 행정사 제2회

① 조직구성원 간 원활한 커뮤니케이션을 통해 상호 이해의 폭을 넓힐 수 있다.
② 다면평가를 통해 능력과 성과중심의 인사관리가 이뤄질 경우, 개인의 행태변화에 긍정적인 영향을 미친다.
③ 개인평가에 있어서 다면평가를 통해 인사고과에 대한 객관성과 공정성을 높일 수 있다.
④ 평가결과는 구성원에 대한 보상과 개인별 역량개발 및 교육훈련 등에 활용될 수 있다.
⑤ 다면평가는 조직 내 구성원 간의 갈등 해소 및 신뢰성을 제고하고, 그 평가결과는 승진이나 전보, 성과급 지급 등에 활용해야 한다.

해설

[❶▶○] 다면평정(다면평가 방식)은 감독자만이 평정하는 일면평정과는 달리 감독자뿐만 아니라 부하·동료·민원인까지 평정주체로 참여시키는 방법으로 원만한 대인관계를 증진시키려는 강한 동기를 부여함으로써 조직 내 원활한 커뮤니케이션 및 업무의 효율성을 증진시키고 상호 이해의 폭을 넓힐 수 있다.
[❷▶○] 다면평가를 통해 능력과 성과중심의 인사관리가 이뤄질 경우, 자기역량개발을 위한 동기유발 효과로 인해 개인의 행태변화에 긍정적인 영향을 미친다.
[❸▶○] 여러 사람이 평정에 참여하여 소수의 주관과 편견, 개인편차를 줄임으로써 인사고과에 대한 객관성과 공정성을 높일 수 있다.
[❹▶○] 평가결과를 공개하고 구성원의 장단점에 대한 다양한 의견을 수렴·환류하여 구성원에 대한 보상과 개인별 역량개발 및 교육훈련 등에 활용할 수 있다.
[❺▶×] 다면평가 방식은 인간관계 중심의 인기투표로 변질될 가능성이 존재하고, 상급자가 업무 추진보다 부하 눈치를 의식하는 행정이 이루어질 가능성이 있으며, 관리자가 부하들의 평가를 받는 데 대한 저항감과 불쾌감으로 상사와 부하 간 갈등 야기로 조직 내 화합을 저해할 수 있고, 담합 또는 모략성 응답에 의한 평가결과의 왜곡 가능성도 존재한다는 단점이 있다.

답 ❺

제5절 공무원의 복지와 사기

18 공무원 A는 주 5일 대중교통으로 출퇴근 한다. 코로나19 사태로 인해 재택근무를 하고 싶으나 그가 맡은 업무는 정형적이면서도 보안을 유지해야 하는 특성이 있어 집에서 일할 수 없고 반드시 주 5일 출근을 해야만 한다. 대중교통 이용 시 사람들과의 접촉을 최소화하기 위하여 A가 택할 수 있는 가장 적합한 탄력근무 방식으로 묶인 것은? 　20 행정사 제8회

```
ㄱ. 시간선택제 전환근무
ㄴ. 시차출퇴근제
ㄷ. 원격근무제
ㄹ. 재량근무제
ㅁ. 근무시간선택제
```

① ㄱ, ㄴ
② ㄱ, ㄹ
③ ㄴ, ㅁ
④ ㄷ, ㄹ
⑤ ㄷ, ㅁ

해설

[ㄴ▸○] [ㅁ▸○] 공무원 A는 업무의 특성상 반드시 주 5일을 출근하여 업무를 수행하여야 하므로 ㄷ. 원격근무제, ㄹ. 재량근무제는 제외된다. 또한 ㄱ. 시간선택제 전환근무제는 통상적인 근무시간(주 40시간)보다 짧게 근무하는(주당 15~35시간 근무) 형태이다. 공무원 A는 주 5일 출근하고 맡은 업무도 정형적이라는 점을 고려할 때, 주 40시간은 근무를 해야 한다고 판단되므로 시간선택제 전환근무제는 채택하기 어렵다고 할 것이다. 따라서 ㄴ. 시차출퇴근제, ㅁ. 근무시간선택제가 A가 택할 수 있는 가장 적합한 탄력근무 방식으로 볼 수 있다.

● 유연근무제의 유형

유 형			내 용
근무 형태	시간선택제 전환근무제 (part-time work)		통상적인 근무시간(주 40시간, 1일 8시간)을 근무하던 경력직 공무원이 본인의 필요에 따라 통상적인 근무시간 보다 짧게 근무(1일 3시간 이상, 주당 15~35시간 근무)
근무 시간	탄력근무제		개념 : 주 40시간 근무하되, 출·퇴근시간·근무시간·근무일 자율 조정 가능
		시차출퇴근형	1일 8시간 근무하면서 출·퇴근시간을 자율조정(주 40시간 근무)
		근무시간선택형	1일 8시간 근무에 구애받지 않고, 1일 4시간~12시간을 근무하면서 주 5일 근무 유지(주 40시간 근무)
		집약(압축)근무형	1일 8시간 근무에 구애받지 않고, 1일 4시간~12시간 근무를 통하여 주 3.5~4일 근무(주 40시간 근무)
		재량근무형	출·퇴근의무 없이 프로젝트 수행으로 주 40시간 인정
근무 장소	원격근무제		개념 : 직장 이외의 장소에서 정보통신망을 이용하여 근무하는 제도
		재택근무형	사무실이 아닌 자택에서 근무
		스마트워크근무형	사무실이나 집이 아닌 자택 인근 스마트워크센터 등 별도 사무실에서 근무

답 ❸

19 국가공무원법상 우수 공무원으로 특별승진임용하거나 일반 승진시험에 우선 응시하게 할 수 있는 경우에 해당하지 않는 것은?

21 행정사 제9회

① 청렴하고 투철한 봉사 정신으로 직무에 모든 힘을 다하여 공무 집행의 공정성을 유지하고 깨끗한 공직 사회를 구현하는 데에 다른 공무원의 귀감이 되는 자
② 공무원으로 10년 이상 근속하고, 정년 전에 스스로 퇴직할 때
③ 직무수행 능력이 탁월하여 행정 발전에 큰 공헌을 한 자
④ 제안제도의 운영에 있어서 제안의 채택·시행으로 국가 예산을 절감하는 등 행정운영발전에 뚜렷한 실적이 있는 자
⑤ 재직 중 공적이 특히 뚜렷한 자가 공무로 사망한 때

해설

[❷ ▶ ×] 재직 중 공적이 특히 뚜렷한 자로서 공무원으로 20년 이상 근속한 자가 정년 전에 스스로 퇴직(명예퇴직)한 경우이어야 특별승진의 대상이 된다(국가공무원법 제40조의4 제4호).

> **국가공무원법 제40조의4(우수 공무원 등의 특별승진)** ① 공무원이 다음 각 호의 어느 하나에 해당하면 제40조 및 제40조의2에도 불구하고 특별승진임용하거나 일반 승진시험에 우선 응시하게 할 수 있다.
> 1. 청렴하고 투철한 봉사 정신으로 직무에 모든 힘을 다하여 공무 집행의 공정성을 유지하고 깨끗한 공직 사회를 구현하는 데에 다른 공무원의 귀감(龜鑑)이 되는 자❶
> 2. 직무수행 능력이 탁월하여 행정 발전에 큰 공헌을 한 자❸
> 3. 제53조에 따른 제안의 채택·시행으로 국가 예산을 절감하는 등 행정 운영 발전에 뚜렷한 실적이 있는 자❹
> 4. 재직 중 공적이 특히 뚜렷한 자가 제74조의2[공무원으로 20년 이상 근속한 자가 정년 전에 스스로 퇴직(註)]에 따라 명예퇴직할 때❷
> 5. 재직 중 공적이 특히 뚜렷한 자가 공무로 사망한 때❺

제6절 공직윤리와 부패

20 이해충돌방지법에 관한 내용으로 옳지 않은 것은?   22 행정사 제10회

① 공직자는 직무관련자가 사적이해관계자임을 안 날부터 30일 이내에 소속기관장에게 그 사실을 신고하면 회피신청이 면제된다.
② 공직자는 직무수행 중 알게 된 비밀 또는 소속 공공기관의 미공개정보를 사적 이익을 위하여 이용하거나 제3자로 하여금 이용하게 하여서는 아니 된다.
③ 공직자는 직무관련자에게 사적으로 노무 또는 조언·자문 등을 제공하고 대가를 받는 행위를 하여서는 아니 된다.
④ 공직자는 공공기관이 소유하거나 임차한 물품·차량·선박·항공기·건물·토지·시설 등을 사적인 용도로 사용·수익하거나 제3자로 하여금 사용·수익하게 하여서는 아니 된다.
⑤ 공직자는 직무관련자인 소속기관의 퇴직자(공직자가 아니게 된 날부터 2년 이내인 자)와 사적 접촉(골프, 여행, 사행성 오락을 같이 하는 행위)을 하는 경우 소속기관장에게 신고하여야 한다.

해설

[❶ ▶ ×] 다음 각 호의 어느 하나에 해당하는 직무를 수행하는 공직자는 <u>직무관련자(직무관련자의 대리인을 포함)가 사적이해관계자임을 안 경우 안 날부터 14일 이내에 소속기관장에게 그 사실을 서면(전자문서를 포함)으로 신고하고 회피를 신청하여야</u> 한다(이해충돌방지법 제5조 제1항). 즉, 사적이해관계자임을 신고한다고 하여 회피신청이 면제되는 것은 아니다.

[❷ ▶ ○] 공직자는 직무수행 중 알게 된 비밀 또는 소속 공공기관의 미공개정보를 사적 이익을 위하여 이용하거나 제3자로 하여금 이용하게 하여서는 아니 된다(이해충돌방지법 제14조 제3항).

[❸ ▶ ○] 공직자는 직무관련자에게 사적으로 노무 또는 조언·자문 등을 제공하고 대가를 받는 행위를 하여서는 아니 된다. 다만, 국가공무원법 등 다른 법령·기준에 따라 허용되는 경우는 그러하지 아니하다(이해충돌방지법 제10조 제1호).

[❹ ▶ ○] 공직자는 공공기관이 소유하거나 임차한 물품·차량·선박·항공기·건물·토지·시설 등을 사적인 용도로 사용·수익하거나 제3자로 하여금 사용·수익하게 하여서는 아니 된다. 다만, 다른 법령·기준 또는 사회상규에 따라 허용되는 경우에는 그러하지 아니하다(이해충돌방지법 제13조).

[❺ ▶ ○] 공직자는 직무관련자인 소속기관의 퇴직자(공직자가 아니게 된 날부터 2년이 지나지 아니한 사람만 해당)와 사적 접촉(골프, 여행, 사행성 오락을 같이 하는 행위)을 하는 경우 소속기관장에게 신고하여야 한다. 다만, 사회상규에 따라 허용되는 경우에는 그러하지 아니하다(이해충돌방지법 제15조 제1항).

답 ❶

21 공무원 직무상 이해충돌에 관한 설명으로 옳지 않은 것은?   25 행정사 제13회

① 공무원의 직무상 의무와 개인적 이해의 충돌을 의미한다.
② 이해충돌 회피의 기본원칙은 "누구도 자신의 사건에 대해 판결할 수 없다"는 것이다.
③ 이해충돌 규제를 강조하는 이유는 주인-대리인 관계의 신뢰성 유지가 필요하기 때문이다.
④ 이해충돌을 규제하기 위한 제도는 일반적으로 사후 교정의 성격을 띤다.
⑤ 고위직 공무원의 인사청문회는 이해충돌의 가능성을 사전에 점검하는 의미가 있다.

해설

[❶ ▶ ○] "이해충돌"이란 공직자가 직무를 수행할 때에 자신의 사적 이해관계가 관련되어 공정하고 청렴한 직무수행이 저해되거나 저해될 우려가 있는 상황을 말한다(공직자의 이해충돌 방지법 제2조 제4호). 즉, 공무원의 직무상 의무와 개인적 이행의 충돌을 의미한다.
[❷ ▶ ○] 이해충돌 회피의 기본원칙은 "누구도 자신의 사건에 대해 판결할 수 없다"(자연적 정의)는 것이다.
[❸ ▶ ○] 이해충돌 규제를 강조하는 이유는 주인-대리인 관계의 신뢰성 유지가 필요하기 때문이다. 주인-대리인 관계에서 대리인(공무원)이 자신의 사적 이익을 추구하기 위하여 주인(국민)의 이익을 침해할 수 있다. 이러한 이해충돌 상황을 방지하고 공정한 직무 수행을 보장하기 위해 이해충돌 규제가 필요한 것이다.
[❹ ▶ ×] 이해충돌을 규제하기 위한 제도는 일반적으로 사전 예방적 성격을 띤다.
[❺ ▶ ○] 고위직 공무원의 인사청문회는 이해충돌의 가능성을 사전에 점검하는 의미가 있다.

답 ❹

22 내부고발에 관한 설명으로 옳지 않은 것은?

① 내부고발의 대상은 일반적으로 조직 내에서 행해진 비윤리적 행위이다.
② 내부고발의 대상이 되는 문제를 조직 내에서 해결할 장치가 없거나 제대로 작동되지 않을 때 주로 일어난다.
③ 내부고발은 조직 내부의 비리를 대외적으로 폭로하는 외부적 행위이다.
④ 내부고발제 실시로 조직 내에서 부패에 대한 경각심 확대와 부패 억제 효과가 기대된다.
⑤ 현재 우리나라에는 내부고발자를 보호하는 관련 법률이 없다.

해설

[❶▶O] [❷▶O] [❸▶O] 내부고발은 조직구성원이 불법·부당·부도덕하다고 판단되는 조직 내의 비리(비윤리적 행위)를 대외적으로 폭로하는 외부적 행위를 말하며,❶❸ 내부고발의 대상이 되는 문제를 조직 내에서 해결할 장치가 없거나 제대로 작동되지 않을 때 주로 일어난다.❷
[❹▶O] 제도화된 부패처럼 공직 내부의 만연된 비리를 척결하려면 내부고발을 유도하는 것도 방법이며, 이로 인해 조직 내에서 부패에 대한 경각심 확대와 부패 억제 효과를 기대할 수 있다.
[❺▶×] 현재 우리나라는 내부고발자를 보호하기 위한 법률로 「부패방지 및 국민권익위원회 설치와 운영에 관한 법률」과 「공익신고자보호법」이 시행되고 있으며, 최근 국가공무원법에도 공익신고자 및 부패행위 신고자 등에 대한 보호 근거를 명확히 하였다(국가공무원법 제17조의3).

답 ❺

23 공직자윤리법에서 행정윤리 확보를 위해 시행하고 있는 내용이 아닌 것은?

① 주식백지신탁
② 이해충돌 방지 의무
③ 공직자 재산등록과 공개
④ 퇴직공직자 취업제한
⑤ 내부고발

해설

[❶▶O] [❷▶O] [❸▶O] [❹▶O] 공직자윤리법에서 행정윤리 확보를 위해 시행하고 있는 것으로는 주식백지신탁의무(공직자윤리법 제14조의4),❶ 이해충돌방지 의무(공직자윤리법 제2조의2),❷ 공직자의 재산등록 및 공개의무(공직자윤리법 제3조 및 제10조),❸ 퇴직공직자의 취업제한(공직자윤리법 제17조),❹ 선물수수의 신고·등록의무(공직자윤리법 제15조) 등이 있다.
[❺▶×] 내부고발은 「공직자윤리법」이 아니라 「부패방지 및 국민권익위원회의 설치와 운영에 관한 법률」에 규정되어 있다(부패방지권익위법 제56조). 내부고발자 보호제도는 「부패방지 및 국민권익위원회의 설치 및 운영에 관한 법률」과 「공익신고자보호법」과 「국가공무원법」 제17조의3에도 규정되어 있다.

답 ❺

24 국가공무원법상 공무원이 준수해야 할 행동규범을 모두 고른 것은?

25 행정사 제13회

ㄱ. 공무원은 재직 중은 물론 퇴직 후에도 직무상 알게 된 비밀을 엄수하여야 한다.
ㄴ. 공무원은 직무상의 관계가 있든 없든 그 소속 상관에게 증여하거나 소속 공무원으로부터 증여를 받아서는 아니 된다.
ㄷ. 공무원이 외국 정부로부터 영예나 증여를 받을 경우에는 대통령의 허가를 받아야 한다.
ㄹ. 공무원은 공무 외에 영리를 목적으로 하는 업무에 종사하지 못하며 소속 기관장의 허가 없이 다른 직무를 겸할 수 없다.

① ㄱ, ㄷ
② ㄴ, ㄹ
③ ㄱ, ㄴ, ㄹ
④ ㄴ, ㄷ, ㄹ
⑤ ㄱ, ㄴ, ㄷ, ㄹ

해설

[ㄱ ▶ O] 비밀 엄수의 의무(국가공무원법 제60조)
[ㄴ ▶ O] 청렴의 의무(국가공무원법 제61조 제2항)
[ㄷ ▶ O] 외국 정부의 영예 등의 제한(국가공무원법 제62조)
[ㄹ ▶ O] 영리업무 및 겸직 금지(국가공무원법 제64조)

● 국가공무원법상 공무원이 준수해야 할 행동규범

성실 의무(제56조)	모든 공무원은 법령을 준수하며 성실히 직무를 수행하여야 한다.
복종의 의무(제57조)	공무원은 직무를 수행할 때 소속 상관의 직무상 명령에 복종하여야 한다.
직장 이탈 금지 (제58조 제1항)	공무원은 소속 상관의 허가 또는 정당한 사유가 없으면 직장을 이탈하지 못한다.
친절·공정의 의무(제59조)	공무원은 국민 전체의 봉사자로서 친절하고 공정하게 직무를 수행하여야 한다.
종교중립의 의무 (제59조의2)	공무원은 종교에 따른 차별 없이 직무를 수행하여야 한다. 공무원은 소속 상관이 종교중립의 의무에 위배되는 직무상 명령을 한 경우에는 이에 따르지 아니할 수 있다.
비밀 엄수의 의무 (제60조)	공무원은 재직 중은 물론 퇴직 후에도 직무상 알게 된 비밀을 엄수(嚴守)하여야 한다.❶
청렴의 의무 (제61조)	공무원은 직무와 관련하여 직접적이든 간접적이든 사례·증여 또는 향응을 주거나 받을 수 없다. 공무원은 직무상의 관계가 있든 없든 그 소속 상관에게 증여하거나 소속 공무원으로부터 증여를 받아서는 아니 된다.❷
외국 정부의 영예 등의 제한 (제62조)	공무원이 외국 정부로부터 영예나 증여를 받을 경우에는 대통령의 허가를 받아야 한다.❸
품위유지의무(제63조)	공무원은 직무의 내외를 불문하고 그 품위가 손상되는 행위를 하여서는 아니 된다.
영리업무 및 겸직 금지 (제64조 제1항)	공무원은 공무 외에 영리를 목적으로 하는 업무에 종사하지 못하며 소속 기관장의 허가 없이 다른 직무를 겸할 수 없다.❹
정치 운동의 금지 (제65조 제1항, 제2항)	공무원은 정당이나 그 밖의 정치단체의 결성에 관여하거나 이에 가입할 수 없다. 공무원은 선거에서 특정 정당 또는 특정인을 지지 또는 반대하기 위한 투표를 하거나 하지 아니하도록 권유 운동을 하는 행위 등을 하여서는 아니 된다.
집단 행위의 금지 (제66조 제1항)	공무원은 노동운동이나 그 밖에 공무 외의 일을 위한 집단 행위를 하여서는 아니 된다. 다만, 사실상 노무에 종사하는 공무원은 예외로 한다.

답 ⑤

25 다음에서 설명하는 부패의 종류는?

- 부패행위로 규정될 수 있으나 사회구성원의 다수가 어느 정도 용인하는 관례화된 부패로서 사회체제에 심각한 파괴적 영향을 미치지 않는다.
- 금융위기가 심각함에도 불구하고 국민들의 동요나 기업활동의 위축을 방지하기 위해 금융위기가 전혀 없다고 관련 공무원이 거짓말을 하는 것과 같이 공무원이 사적인 이익을 취하기 위해서가 아니라, 경제안정 등과 같이 공익을 위한 목적으로 행한다.

① 백색 부패
② 일탈형 부패
③ 흑색 부패
④ 제도화된 부패
⑤ 회색 부패

해설

[❶▶○] 보기는 백색 부패에 대한 옳은 설명이다. 백색 부패는 사회에 심각한 해가 없거나 사익 추구가 없는 선의의 부패로 구성원들이 어느 정도 용인할 수 있는 부패를 말한다.

[❷▶×] 일탈형 부패(우발적 부패)는 구조화되지 않은 일시적인 부패로 공금 횡령 등 주로 개인의 윤리적 일탈로 인한 개인의 부패를 말한다.

[❸▶×] 흑색 부패는 사회체제에 명백하고 심각한 해를 끼치는 부패로 구성원 모두가 인정하고 처벌을 원하는 부패를 말한다.

[❹▶×] 제도화된 부패는 부패가 일상화되고 제도화되어 행정체제 내에서 부패가 실질적인 규범이 되고 바람직한 행동규범은 예외적인 것으로 전락하는 경우를 말한다. 이러한 상황 하에서는 부패를 저지르는 사람들은 조직의 보호를 받고, 공식적 행동규범을 고수하려는 사람들은 오히려 제재를 받게 된다.

[❺▶×] 회색 부패는 사회체제에 파괴적인 영향을 미칠 수 있는 잠재성을 가진 부패로 사회구성원 가운데 일부집단은 처벌을 원하지만 다른 일부집단은 처벌을 원하지 않는 부패를 말한다.

답 ❶

26 국가공무원법상 징계에 관한 설명으로 옳은 것은?

① 징계는 파면·해임·강등·강임·정직·감봉·견책으로 구분한다.
② 징계로 해임처분을 받은 때부터 5년이 지나지 아니한 자는 공무원으로 임용될 수 없다.
③ 강등은 1계급 아래로 직급을 내리고 공무원신분은 보유하나 6개월간 직무에 종사하지 못하며 그 기간 중 보수는 2분의 1을 감한다.
④ 정직은 1개월 이상 3개월 이하의 기간으로 하고, 정직 처분을 받은 자는 그 기간 중 공무원의 신분은 보유하나 직무에 종사하지 못하며 보수는 전액을 감한다.
⑤ 감봉은 1개월 이상 3개월 이하의 기간 동안 보수의 2분의 1을 감한다.

해설

[❶ ▸ ×] 징계는 파면·해임·강등·정직·감봉·견책 6가지로 구분한다(국가공무원법 제79조). 강임은 징계처분이 아니라 수직적 인사이동이다.

> "강임(降任)"이란 같은 직렬 내에서 하위 직급에 임명하거나 하위 직급이 없어 다른 직렬의 하위 직급으로 임명하거나 고위공무원단에 속하는 일반직공무원을 고위공무원단 직위가 아닌 하위 직위에 임명하는 것을 말한다(국가공무원법 제5조 제4호).

[❷ ▸ ×] 징계로 해임처분을 받은 때부터 3년이 지나지 아니한 자나 징계로 파면처분을 받은 때부터 5년이 지나지 아니한 자는 공무원으로 임용될 수 없다(국가공무원법 제33조 제7호, 제8호).
[❸ ▸ ×] 강등은 1계급 아래로 직급을 내리고 공무원신분은 보유하나 3개월간 직무에 종사하지 못하며 그 기간 중 보수는 전액을 감한다(국가공무원법 제80조 제1항).
[❹ ▸ ○] 정직은 1개월 이상 3개월 이하의 기간으로 하고, 정직 처분을 받은 자는 그 기간 중 공무원의 신분은 보유하나 직무에 종사하지 못하며 보수는 전액을 감한다(국가공무원법 제80조 제3항).
[❺ ▸ ×] 감봉은 1개월 이상 3개월 이하의 기간 동안 보수의 3분의 1을 감한다(국가공무원법 제80조 제4항).

답 ❹

제 5 장 재무행정론

학습 Key word

❶ 전통적 예산의 원칙과 현대적 예산의 원칙의 구별, 전통적 예산의 원칙의 내용과 그 예외, 일반회계와 특별회계, 예산의 분류(본예산, 수정예산, 추가경정예산), 예산 불성립 시 예산집행을 위한 장치(준예산, 가예산, 잠정예산), 조세지출예산제도, 성인지 예산제도에 대하여 학습한다.
❷ 예산 내용의 일반적인 분류방법(기능별, 조직별, 품목별, 경제 성질별 분류), 예산제도의 종류(품목별 예산제도, 성과주의 예산제도, 계획예산제도, 영기준 예산제도, 신성과주의 예산제도), 예산의 구성요소, 국가재정법상 예산편성절차, 법률안과 예산안의 비교, 국회의 예산결산, 예비타당성조사, 예산집행의 신축성을 유지하기 위한 제도적 장치, 재정사업자율평가제도, 감사원, 정부회계의 장부 기장 방식(현금주의와 발생주의), 국가회계법상 중앙정부의 재무제표에 대하여 학습한다.

제1절 예산의 개념과 본질

I 예산의 원칙

1. 개 념
예산의 원칙이란 예산안을 편성하고 집행할 때 지켜야 할 규범(norm)과 준칙(rule)을 말한다.

2. 예산원칙의 변천
① 전통적 예산의 원칙(입법부 우위의 원칙) : 행정부에 대한 입법부의 통제에 초점을 맞춘 원칙. 국회가 행정부를 가능한 엄격하게 통제해야 한다는 입법국가 시대의 특성이 반영 된 것이다.
② 현대적 예산의 원칙(행정부 우위의 원칙) : 행정부의 전문성과 재량을 보장하고 예산의 관리 및 계획기능을 반영한 원칙. 행정국가로 전환되면서 다양한 사업의 수행을 원활하게 하기 위해 발달한 원칙이다.

[전통적 예산의 원칙과 현대적 예산의 원칙의 구별]

전통적(고전적) 예산의 원칙	현대적 예산의 원칙
• 공개성의 원칙	• 행정부 (사업)계획의 원칙 [기출] 14
• 명료성(명확성)의 원칙 [기출] 14	• 행정부 책임의 원칙 [기출] 14
• 사전의결(승인)의 원칙 [기출] 14	• 보고의 원칙 [기출] 14
• 한정성(한계성)의 원칙 [기출] 14	• 예산관리수단 확보의 원칙 [기출] 14
• 통일성의 원칙	• 다원적 절차의 원칙
• 단일성의 원칙	• 행정부 재량의 원칙
• 완전성의 원칙(예산총계주의 원칙)	• 시기신축성의 원칙 [기출] 14
• 엄밀성(정확성)의 원칙 [기출] 14	• 상호교류적 예산기구의 원칙

Ⅱ 전통적 예산의 원칙과 현대적 예산의 원칙

1. 전통적 예산의 원칙

(1) 공개성의 원칙

① 의의 : 예산운영의 전반적인 내용이 국민에게 공개되어야 한다는 원칙. 예산운영의 투명성 확보와 국민의 정당한 요구와 비판을 받도록 하는 데 의미가 있다.

② 예외 : 안보를 이유로 비공개하는 국방부의 일부 경비와 국가정보원 예산(정보비) 등 [기출 19]

(2) 명료성(명확성)의 원칙

① 의의 : 예산구조나 과목은 국민들이 이해하기 쉽게 단순해야 한다는 원칙 [기출 23]

② 예외 : 항목별로 예산을 구분하지 않는 총괄예산(총액계상예산)(국가재정법 제37조)

(3) 사전의결의 원칙

① 의의 : 예산은 집행되기 전에 미리 국회의 의결을 거쳐야 한다는 원칙. 우리나라 헌법도 정부는 회계연도 개시 90일 전까지 예산안을 국회에 제출하고, 국회는 회계연도 개시 30일 전까지 의결해야 한다고 규정하고 있다(헌법 제54조).

② 예외 : 준예산, 예비비의 지출, 사고이월, 재정상의 긴급명령, 선결처분 등 [기출 24·19]

> • **준예산** : 새로운 회계연도가 개시될 때까지 예산안이 의결되지 못한 때에는 정부가 국회에서 예산안이 의결될 때까지 일정한 범위의 경비를 전년도 예산에 준하여 집행할 수 있는 예산제도
> • **예비비의 지출** : 예비비의 지출은 차기국회의 승인을 얻어야 하므로 사전의결의 원칙의 예외에 해당
> • **사고이월** : 예산의 성립 후 불가피한 사유로 지출하지 못한 경비에 대한 이월제도
> • **재정상의 긴급명령** : 대통령은 국회의 집회를 기다릴 여유가 없는 경우에 한하여 법률과 같은 효과를 얻을 수 있는 재정상 필요한 명령을 할 수 있는 제도
> • **선결처분** : 지방의회가 의결정족수에 미달될 때나 지방의회의 의결사항 중 주민의 생명과 재산 보호를 위하여 긴급하게 필요한 사항으로서 지방의회를 소집할 시간적 여유가 없거나 지방의회에서 의결이 지체되어 의결되지 아니할 때 지방자치단체의 장이 내리는 처분(대통령의 재정상의 긴급명령과 유사함)

(4) 한정성(한계성)의 원칙

① 의의 : 예산은 주어진 목적, 규모 그리고 시간에 따라 집행되어야 한다는 원칙. 예산집행 과정에 통제기능을 가장 잘 반영한 원칙으로 예산의 목적 외 사용금지 원칙, 초과지출금지의 원칙, 회계연도 독립의 원칙 3가지 내용을 포함한다.

② 예외 : 이용과 전용(예산의 목적 외 사용금지 원칙의 예외), 예비비와 추가경정예산(초과지출금지의 원칙의 예외), 계속비와 이월(회계연도 독립의 원칙의 예외) 등 [기출 19]

③ 목적 외 사용금지의 원칙

㉠ 원칙 : 각 중앙관서의 장은 세출예산이 정한 목적 외에 경비를 사용할 수 없다는 원칙(국가재정법 제45조).

㉡ 예외 : 이용과 전용

> • **이용(移用)** : 입법과목(장 - 관 - 항) 간 상호융통을 의미. 이용 시에는 국회의결이 필요함
> • **전용(轉用)** : 행정과목(세항 - 목) 간 상호융통을 의미. 전용 시 국회의결은 불필요

④ 초과지출금지의 원칙
  ㉠ 원칙 : 예산에 계상된 금액 이상의 지출은 허용되지 않는다는 원칙.
  ㉡ 예외 : 예비비, 추가경정예산

> • 예비비 : 예측할 수 없었던 예산 외 지출이나 초과지출에 충당하기 위해 마련된 금액
> • 추가경정예산 : 예산에 변경을 가할 필요가 있을 때 추가로 편성하여 국회에 제출되는 예산

⑤ 회계연도 독립의 원칙
  ㉠ 원칙 : 각 회계연도의 경비는 그 연도의 세입 또는 수입으로 충당하여야 한다는 원칙(국가재정법 제3조).
  ㉡ 예외 : 계속비, 이월(명시이월, 사고이월) 기출 24

> • 계속비 : 한 회계연도를 넘어 계속하여 지출할 필요가 있을 때에는 정부는 연한을 정하여 계속비로서 국회의 의결을 얻어야 함
> • 이월 : 당해 회계연도 예산의 일정액을 다음 연도에 넘겨서 지출하는 것. 명시이월(예측된 이월)과 사고이월(예측되지 않은 이월)이 있음

(5) 통일성의 원칙
  ① 의의 : 특정 세입과 특정 세출을 직접 연계시켜서는 안 된다는 원칙. 이 원칙은 모든 정부수입은 일단 국고에 편입된 이후에 이곳에서 모든 지출로 이어져야 한다는 것을 의미한다.
  ② 예외 : 목적세(예 교육세, 교통세 등), 수입대체경비, 특별회계, 기금 등 기출 24 · 19

> • 목적세 : 용도가 지정된 조세로서 교육세, 교통세, 농어촌특별세 등을 말함
> • 수입대체경비 : 일정 사업에서 수입이 예산을 초과하면 그 초과수입을 직접 관련된 경비에 비용으로 지출할 수 있도록 한 것
> • 특별회계 : 특정한 세입(조세 외의 수입)으로 특정한 세출에 충당하기 위하여 일반회계와 별도로 구분·경리하는 예산
> • 기금 : 국가가 특정한 목적을 위하여 특정한 자금을 신축적으로 유지할 필요가 있을 때 법률로써 설치하여 운영하는 자금

(6) 단일성의 원칙
  ① 의의 : 예산은 가능한 모든 재정활동을 포괄하는 단일의 예산 내에서 정리되어야 한다는 원칙. 단일성의 원칙에 의하면 예산은 본예산의 일반회계 예산으로만 구성되어야 함
  ② 예외 : 추가경정예산, 특별회계, 기금 기출 24

(7) 예산총계주의(완전성의 원칙)

① 의의 : 모든 세입과 세출은 예산에 명시적으로 나열되어 있어야 한다는 원칙. 국가재정법은 "세입세출은 모두 예산에 계상하여야 한다."고 하여, 예산총계주의 원칙을 규정하고 있다.

> **국가재정법 제17조(예산의 원칙)** 기출 17
> ① 한 회계연도의 모든 수입을 세입으로 하고, 모든 지출을 세출로 한다.
> ② 제53조에 규정된 사항을 제외하고는 세입과 세출은 모두 예산에 계상하여야 한다.

② 예외 : 수입대체경비(의 초과 수입), 현물출자, 전대차관(轉貸借款). 일반적으로 기금도 예산총계주의의 예외로 들고 있다. 지방재정법 제34조도 기금을 예산총계주의 원칙의 예외로 규정하고 있다(다만, 국가재정법 제53조는 예산총계주의의 원칙의 예외를 규정하면서 기금은 명시하지 않고 있다). 기출 24·19·13

> **국가재정법 제53조(예산총계주의 원칙의 예외)**
> ① 각 중앙관서의 장은 용역 또는 시설을 제공하여 발생하는 수입과 관련되는 경비로서 대통령령으로 정하는 경비(이하 "수입대체경비"라 한다)의 경우 수입이 예산을 초과하거나 초과할 것이 예상되는 때에는 그 초과수입을 대통령령으로 정하는 바에 따라 그 초과수입에 직접 관련되는 경비 및 이에 수반되는 경비에 초과지출할 수 있다.
> ② 국가가 현물로 출자하는 경우와 외국차관을 도입하여 전대(轉貸)하는 경우에는 이를 세입세출예산 외로 처리할 수 있다.
> ③ 차관물자대(借款物資貸)의 경우 전년도 인출예정분의 부득이한 이월 또는 환율 및 금리의 변동으로 인하여 세입이 그 세입예산을 초과하게 되는 때에는 그 세출예산을 초과하여 지출할 수 있다.
> ④ 전대차관을 상환하는 경우 환율 및 금리의 변동, 기한 전 상환으로 인하여 원리금 상환액이 그 세출예산을 초과하게 되는 때에는 초과한 범위 안에서 그 세출예산을 초과하여 지출할 수 있다.
> ⑤ 삭제 〈2014.1.1.〉
> ⑥ 수입대체경비 등 예산총계주의 원칙의 예외에 관하여 필요한 사항은 대통령령으로 정한다.

- 수입대체경비 : 일정 사업에서 수입이 예산을 초과하면 그 초과수입을 직접 관련된 경비에 비용으로 지출할 수 있도록 한 것
- 현물출자 : 금전 이외의 재산(동산, 부동산, 채권, 유가증권, 특허권 등)에 의한 출자형태
- 전대차관 : 외국 차관을 정부 이름으로 대신 빌려서 실제 그 돈을 사용할 차관사업 수행자에게 그대로 넘겨주는 것

(8) 정확성(엄밀성)의 원칙

① 의의 : 예산과 결산이 일치해야 한다는 원칙. 국민에게 필요 이상의 돈을 거두어서는 안 되며 계획대로 정확히 지출해야 한다는 원칙 기출 23
② 예외 : 불용액 등의 발생

2. 현대적 예산원칙

① **행정부 계획과 책임의 원칙** : 사업계획과 예산편성은 유기적으로 이루어져야 하고, 계획된 예산은 경제적으로 집행해야 한다는 원칙 기출 23
② **보고의 원칙** : 예산의 편성, 심의, 집행은 공식적인 보고에 기초를 두어야 한다는 원칙 기출 23
③ **예산관리수단 확보의 원칙** : 정부는 예산관리책임의 효율적 이행을 위한 예산제도와 조직을 구비하여야 한다는 원칙
④ **다원적 절차의 원칙** : 재정운영의 탄력성을 위하여 다양한 행정활동의 유형별로 적합한 예산절차상의 조치를 취해야 한다는 원칙
⑤ **행정부 재량의 원칙** : 예산집행의 효율화를 위해 행정부 재량의 범위를 넓혀야 한다는 원칙. 예산을 세부항목이 아닌 총괄사업으로 통과시키고, 집행상의 재량을 최대한 부여해야 한다는 원칙이다. 최근의 총괄예산(총액계상예산)이 대표적이다.
⑥ **시기 신축성의 원칙** : 여건 변화에 따라 예산집행의 시기를 행정부가 신축적으로 조정할 수 있어야 한다는 원칙. 계속비, 이월, 다년도 예산 등이 대표적이다.
⑦ **상호교류적 예산기구의 원칙(예산기구 상호성의 원칙)** : 중앙예산기관과 각 부처 예산기관 상호 간 의사전달 협력체계가 구축되어야 한다는 원칙

제2절 예산의 종류

I 정부가 공공사업을 위해 조달하는 공공재원

① **조세** : 조세는 국가가 재정권(징세권)에 기초해 동원하는 공공재원으로서, 벌금이나 과태료는 포함하지 않는다. 기출 19
② **수익자 부담금** : 수익자부담금은 공공서비스의 직접적 혜택이나 이용의 대가로 징수하는 재원이다. 시장기구와 유사한 메커니즘을 통해 자원 배분의 효율성을 제고할 수 있고, 부담과 편익의 공평한 배분을 보장할 수 있다. 기출 19
③ **국・공채** : 국・공채는 국가나 지방자치단체가 공공지출 경비의 재원을 조달하기 위해 부담하는 채무이다. 국・공채를 발행하여 환경보전사업이나 사회간접자본건설을 하는 것은 그 부담을 미래세대에게 전가하게 되지만(미래의 일정시점에 정부가 국・공채를 미래세대에 대한 세금으로 매입하기 때문) 사업의 결과로 인한 편익도 미래세대가 누리게 되므로 세대 간 공평성을 갖는다고 볼 수 있다. 기출 19
④ **민간자본** : 민간자본이란 공공부문에서 공공재의 공급을 위해 유치한 민간부문의 자본을 말한다. 민간자본은 산업기반시설 건설뿐만 아니라 공공임대주택, 노인요양시설 등 복지시설 건설에도 유치되고 있다. 기출 19

Ⅱ 공공재원의 지출(정부 총지출)

1. 일반회계

(1) 의 의
① 국가의 회계는 일반회계와 특별회계로 구분한다(국가재정법 제4조 제1항).
② 일반회계는 조세수입 등을 주요 세입으로 하여 국가의 일반적인 세출에 충당하기 위하여 설치한다(국가재정법 제4조 제2항).

(2) 세입예산과 세출예산
① 예산은 재원 조달 및 배분이라는 관점에서 세입예산과 세출예산으로 구분된다. 세입예산은 1회계연도 동안 정부가 거두어들일 수입계획을 말하고(재원 조달), 세출예산은 1회계연도 동안 정부의 지출계획을 말한다(재원 배분). 기출 18
② 세입예산 : 일반회계예산의 세입예산은 주로 조세수입(90%)으로 충당한다.
③ 세출예산 : 세출예산은 국가사업을 위한 기본적 경비지출로 구성된다.

> □ **예산총계와 예산순계**
> • 예산은 회계 간 중복거래 금액의 포함 여부에 따라 예산총계와 예산순계로 구분된다. 기출 18
> • 예산총계 : 일반회계와 특별회계 간 중복계산 분을 차감하지 않고 그대로 파악한 것(회계 간 단순 합계)
> • 예산순계 : 예산총계에서 회계 간 중복분을 모두 차감한 규모로 파악한 것(회계 간 중복분을 제외한 합계)

2. 특별회계

(1) 의 의
① 특별회계는 특정한 세입(조세 외의 수입)으로 특정한 세출에 충당하기 위하여 일반회계와 별도로 구분·경리하는 예산을 말하며, 행정기능의 전문다양화에 부응하여 재정운영주체와 목적 면에서 행정부의 재량권을 인정함으로써 경영의 합리화를 추구할 수 있는 장점이 있다. 기출 17
② 특별회계는 일반적 조세가 아닌 별도의 특정수입과 일반회계의 전입금 등을 재원으로 한다.

(2) 특별회계의 설치요건 기출 21·17
특별회계는 ㉠ 국가에서 특정한 사업을 운영하고자 할 때, ㉡ 특정한 자금을 보유하여 운용하고자 할 때, ㉢ 특정한 세입으로 특정한 세출에 충당함으로써 일반회계와 구분하여 회계처리할 필요가 있을 때에 법률로써 설치하되, [별표 1]에 규정된 법률에 의하지 아니하고는 이를 설치할 수 없다(국가재정법 제4조 제3항).

(3) 특별회계의 특징
① 특별회계는 예산은 모든 재정활동을 포괄하여 하나의 단일예산으로 편성되어야 한다는 예산단일성의 원칙의 예외가 된다. 기출 21·17
② 특별회계는 특정 세입과 특정 세출을 직접 연계시켜서는 안 되고, 모든 정부수입은 일단 국고에 편입된 이후 이곳에서 모든 지출로 이어져야 한다는 예산통일의 원칙에 대한 예외가 된다. 기출 17
③ 특별회계는 정부수지의 명확화, 재정운영의 자율성(재량성) 확보라는 장점이 있으나, 예산구조와 체계의 복잡화, 재정운영의 경직성 초래, 재정통제(책임성)의 악화, 재정팽창의 수단으로의 악용 가능성 등이 단점으로 지적되고 있다. 따라서 예산구조와 체계가 복잡하게 되어 국가재정의 통합적 관리에 불리하다고 할 수 있다. 기출 21·17

(4) 특별회계에 대한 국회의 통제
① 특별회계는 일반회계와 함께 예산을 구성하므로 정부는 회계연도 120일 전까지 예산안을 국회에 제출하고, 국회의 심의·의결로 확정된다.
② 정부는 특별회계 예산 집행 후 다음연도 5월 31일까지 결산안을 국회에 제출하고, 국회의 결산승인을 받는다.

3. 기 금

(1) 기금의 의의 및 설치 목적
① 기금은 국가가 특정한 목적을 위하여 특정한 자금을 신축적으로 운용할 필요가 있을 때에 한정하여 법률로써 설치하되, 정부의 출연금 또는 법률에 따른 민간부담금을 재원으로 하는 기금은 기금설치 근거법률에 의하지 아니하고는 이를 설치할 수 없다. 제1항의 규정에 따른 기금은 세입세출예산에 의하지 아니하고 운용할 수 있다(국가재정법 제5조). 기출 15
② 기금의 규모가 커지면서 일반회계, 특별회계와 함께 '제3의 예산'으로 불리고 있다.

(2) 기금의 특징
① 기금은 집행단계에서 예산(일반회계 및 특별회계)보다 자율성과 탄력성이 강하다(국회의 의결 없이 주요항목에 대한 지출금액의 변경이 가능 – 일반기금 20%, 금융성 기금 30% 범위 내).
② 기금관리주체는 지출계획의 주요항목 지출금액의 범위 안에서 대통령령으로 정하는 바에 따라 세부항목 지출금액을 변경할 수 있다(국가재정법 제70조 제1항). 기출 15
③ 기금은 예산은 모든 재정활동을 포괄하여 하나의 단일예산으로 편성되어야 한다는 예산단일성의 원칙의 예외가 된다.
④ 기금은 특정 세입과 특정 세출을 직접 연계시켜서는 안 되고, 모든 정부수입은 일단 국고에 편입된 이후 이곳에서 모든 지출로 이어져야 한다는 예산통일의 원칙에 대한 예외가 된다(기금은 특정 수입과 지출의 연계가 강하다).
⑤ 기금은 모든 세입과 세출은 예산에 명시적으로 나열되어 있어야 한다는 완전성의 원칙(예산총계주의)의 예외가 된다.
⑥ 예산과 달리 기금은 회계연도 내 운용하고 남은 자금은 적립이 가능하다.

(3) 기금에 대한 통제
① 정부는 주요항목 단위로 마련된 기금운용계획안을 회계연도 개시 120일 전까지 국회에 제출하여야 한다(국가재정법 제68조 제1항). 기출 15
② 국회는 정부가 제출한 기금운용계획안의 주요항목 지출금액을 증액하거나 새로운 과목을 설치하고자 하는 때에는 미리 정부의 동의를 얻어야 한다(국가재정법 제69조). 기출 15·13

Ⅲ 다양한 형태의 예산의 분류

1. 성립시기에 따른 예산의 분류

(1) 본예산

본예산은 매 회계연도 개시 전에 국회의 심의·의결을 거쳐 성립되는 예산을 말한다. 즉, 정기국회의 심의를 거쳐 확정된 최초의 예산(당초예산)이다. 기출 13

(2) 수정예산

① 수정예산은 정부가 국회에 예산안을 제출한 이후 국회의 심의·의결 이전에 기존 예산안의 내용 중 일부를 수정하여 다시 편성하는 예산이다(예산의 성립 전 변경). 기출 13

② 정부는 예산안을 국회에 제출한 후 부득이한 사유로 인하여 그 내용의 일부를 수정하고자 하는 때에는 국무회의의 심의를 거쳐 대통령의 승인을 얻은 수정예산안을 국회에 제출할 수 있다(국가재정법 제35조).

③ 우리나라는 1970년 예산과 1981년, 2009년 예산의 경우 수정예산이 제출된 바 있다.

(3) 추가경정예산

① 의의 : 추가경정예산은 예산이 국회에서 심의·의결을 거쳐 성립된 후 추가 또는 변경을 가하는 예산을 말한다(예산의 성립 후 변경).

② 특징 : 추가경정예산은 본예산을 집행하는 과정에 예산 변경의 사유가 발생했을 때 편성한다는 점과 반드시 국회의 심의·의결을 받아야 하는 점이 특징이다. 기출 13

③ 추가경정예산의 편성 사유 : 정부는 다음 어느 하나에 해당하게 되어 이미 확정된 예산에 변경을 가할 필요가 있는 경우에는 추가경정예산안을 편성할 수 있다(국가재정법 제89조 제1항).
  ㉠ 전쟁이나 대규모 재해(「재난 및 안전관리 기본법」 제3조에서 정의한 자연재난과 사회재난의 발생에 따른 피해를 말한다)가 발생한 경우
  ㉡ 경기침체, 대량실업, 남북관계의 변화, 경제협력과 같은 대내·외 여건에 중대한 변화가 발생하였거나 발생할 우려가 있는 경우
  ㉢ 법령에 따라 국가가 지급하여야 하는 지출이 발생하거나 증가하는 경우

④ 정부는 국회에서 추가경정예산안이 확정되기 전에 이를 미리 배정하거나 집행할 수 없다(국가재정법 제89조 제2항). 기출 13

⑤ 우리나라의 경우 거의 매년 1회~2회 추가경정예산이 편성되고 있고, 편성횟수를 제한하는 규정도 없다.

⑥ 추가경정예산은 예산 단일성의 원칙의 예외로서, 빈번하게 편성되면 국회의 행정부에 대한 통제가 약화되고, 국민의 예산에 대한 이해를 곤란하게 하며, 예산팽창의 원인이 된다.

2. 예산 불성립 시 예산집행을 위한 장치(준예산, 가예산, 잠정예산)

(1) 준예산

① 의의 : 준예산은 본예산이 회계연도 개시일 전까지 성립하지 못하는 경우, 예산안이 국회의 의결을 거칠 때까지 국회의 승인(의결) 없이도 특정 경비에 한해서 전년도의 예산에 준하여 지출할 수 있도록 하는 제도를 말한다. 기출 13

② 준예산으로 지출 가능한 경비

> **헌법 제54조**
> ③ 새로운 회계연도가 개시될 때까지 예산안이 의결되지 못한 때에는 정부는 국회에서 예산안이 의결될 때까지 다음의 목적을 위한 경비는 전년도 예산에 준하여 집행할 수 있다.
>   1. 헌법이나 법률에 의하여 설치된 기관 또는 시설의 유지·운영
>   2. 법률상 지출의무의 이행
>   3. 이미 예산으로 승인된 사업의 계속

③ 정부는 국회에서 부득이한 사유로 회계연도 개시 전까지 예산안이 의결되지 못한 때에는 헌법 제54조 제3항의 규정(준예산)에 따라 예산을 집행하여야 한다(국가재정법 제55조 제1항). 기출 17

④ 준예산은 국회의 의결을 필요로 하지 않는 점에서 사전의결의 원칙의 예외에 해당한다.

⑤ 우리나라는 새로운 회계연도 개시 전에 예산이 의결되지 못하는 경우를 대비해 1960년 3차 개정헌법에서 준예산제도를 도입하여 현재까지 채택하고 있으나, 우리나라의 중앙정부에서 준예산제도를 실제로 사용해 본 경험이 없다. 기출 17·13 다만, 지방정부의 경우 성남시가 2013년 준예산을 편성한 예가 있다.

(2) 잠정예산

① 잠정예산은 새로운 회계연도가 시작되는 날로부터 최초 수개월분의 일정한 금액의 예산을 정부가 집행할 수 있게 허가하는 제도를 말한다. 기출 13

② 잠정예산 제도는 영국, 미국, 캐나다, 일본 등에서 채택하고 있다. 기출 17

(3) 가예산

① 가예산은 회계연도개시 전에 예산이 의결되지 못하는 경우를 대비해 의회가 미리 1개월분 예산만 의결해 정부로 하여금 집행할 수 있도록 하는 제도를 말한다. 기출 13

② 우리나라의 제1공화국 때는 가예산제도를 사용했다(제헌헌법 제94조). 기출 17

Ⅳ 기타 예산제도

1. 조세지출예산제도

(1) 조세지출의 의의

① 조세지출(tax expenditure)이란 정부가 받아야 할 세금을 (비과세, 조세감면, 공제 등의 세제 혜택을 통해) 받지 않고 포기한 액수를 말한다.
② 통상적인 예산상의 재정지출이 직접지출이라면, 조세지출은 간접지출에 해당한다.

(2) 조세지출예산제도

① 개념: 조세지출예산제도는 조세지출(조세감면 등)의 구체적인 내역과 규모를 예산구조에 밝히고 국회의 심의의결을 받도록 하는 제도로 조세감면의 집행을 국회(입법부) 차원에서 통제하고, 정책효과를 판단하는 것이다. 기출 13

② 현 황
　㉠ 중앙정부: 국가재정법상 '조세지출예산서'는 「조세특례제한법」에 따라 2011년부터 작성을 의무화하였다.
　㉡ 지방정부: 지방자치단체에서도 조세지출예산제도가 도입되었다. 지방정부의 경우 「지방세특례제한법」에 따라 '지방세지출보고서'의 작성을 의무화하였다.

③ 조세지출예산제도의 효용
　㉠ 불공정한 조세지출의 폐지
　㉡ 재정부담의 형평성과 투명성 제고
　㉢ 조세감면에 대한 통제로 국고수입의 증대 효과
　㉣ 조세지출에 대한 자료 공개로 국회와 시민의 관심 촉진

④ 조세지출예산제도의 한계: 조세지출에 대한 신축성이 저하되어 시대적 상황에 따른 능동적 대처가 어렵다.

□ 온실가스감축인지 예산제도

- 온실가스감축인지 예산제도는 정부예산의 원칙 중 하나이다(국가재정법 제16조 제6호).
- 온실가스감축인지 예산서에는 온실가스 감축에 대한 기대효과, 성과목표, 효과분석 등을 포함해야 한다(국가재정법 제27조 제2항).
- 정부는 기금이 온실가스 감축에 미칠 영향을 미리 분석한 보고서(온실가스감축인지 기금운용계획서)를 작성해야 한다(국가재정법 제38조의3 제1항). 온실가스감축인지 기금운용계획서에는 온실가스 감축에 대한 기대효과, 성과목표, 효과분석 등을 포함해야 한다(국가재정법 제38조의3 제2항).
- 정부는 예산이 온실가스를 감축하는 방향으로 집행되었는지를 평가하는 보고서(온실가스감축인지 결산서)를 작성하여야 한다(국가재정법 제57조의2 제1항).

2. 성인지 예산제도(남녀평등예산제도)

(1) 의 의
① 성인지 예산이란 예산이 남성과 여성에게 미치는 효과를 분석하여 국가재정이 양성평등의 방식으로 집행될 수 있도록 편성된 예산을 말한다.
② 성인지 예산제도는 양성평등을 위한 정책의 결과(성인지 예산서 작성)와 과정(예산의 성별영향 분석과정)을 동시에 추구한다. 기출 20
③ 성인지 예산제도는 성 주류화를 반영한 것으로 양성평등을 위한 실질적인 예산배분의 변화를 추구한다. 성 주류화(gender mainstreaming)란 여성이 사회의 모든 분야에서 동등하게 참여하고 의사결정권을 갖는 형태로 사회시스템 운영 전반이 전환되는 것을 말한다. 기출 20

(2) 연 혁
① 성인지 예산제도는 호주에서 1984년 처음 시작되어 스웨덴, 프랑스 등 OECD의 많은 국가들로 확산되었다.
② 우리나라는 2010년 국가재정법에 성인지예산제도를 도입함으로써, 2010회계연도부터 우리나라 정부예산에 실제 시행되었다. 기출 20
③ 우리나라는 국가재정법 및 지방재정법에서 성인지 예산서와 결산서(성인지 기금운용계획서와 기금결산서 포함)의 작성을 의무화였다.

(3) 국가재정법의 관련 내용

1) 성인지 예산(예산의 원칙에 반영)
정부는 성별영향평가법 제2조 제1호에 따른 성별영향평가의 결과를 포함하여 예산이 여성과 남성에게 미치는 효과를 평가하고, 그 결과를 정부의 예산편성에 반영하기 위하여 노력하여야 한다(국가재정법 제16조 제5호). 기출 18

2) 성인지 예산서의 작성
① 정부는 예산이 여성과 남성에게 미칠 영향을 미리 분석한 보고서를 작성하여야 한다(국가재정법 제26조 제1항). 기출 20·15
② 성인지 예산서에는 성평등 기대효과, 성과목표, 성별 수혜분석 등을 포함하여야 한다(국가재정법 제26조 제2항). 기출 20

3) 성인지 결산서의 작성
① 정부는 여성과 남성이 동등하게 예산의 수혜를 받고 예산이 성차별을 개선하는 방향으로 집행되었는지를 평가하는 보고서(성인지 결산서)를 작성하여야 한다(국가재정법 제57조 제1항).
② 성인지 결산서에는 집행실적, 성평등 효과분석 및 평가 등을 포함하여야 한다(국가재정법 제57조 제2항).

> ▢ 지출통제예산, 자본예산, 적자예산, 통합재정
> - **지출통제예산** : 개개의 항목에 대한 통제가 아니라, 예산 총액만 통제하고 구체적인 항목별 지출에 대해서는 집행부의 재량을 확대하는 성과지향적(결과지향적) 예산제도. 신공공관리주의 행정개혁의 일환으로 소개되었음. 지출통제예산은 경상경비운영의 효율화를 위한 '효율성 배당(efficiency dividend)' 제도와 연계되어 시행
> - **자본예산** : 세입·세출을 경상적인 것과 자본적인 것으로 구분하는 예산제도. 경상적인 지출은 경상적인 수입(조세)으로 충당하고, 자본적 지출은 대부분 공채발행 등 차입으로 충당하는 복식예산제도의 일종. 적자에 의한 자본예산은 경제불황의 극복을 위한 재정정책적 도구로 이용

- 적자예산 : 수입보다 지출이 많은 예산. 경기침체나 국가적 위기에 정부가 능동적으로 대처하기 위해 편성하는 불균형예산제도. 적자예산으로 인한 재정적자는 국채발행, 한국은행으로부터의 차입, 해외차입 등으로 보전
- 통합재정 : 일반회계, 특별회계, 기금을 모두 포괄한 국가재정 전체를 의미. 정부 전체의 재정규모를 파악하고 재정이 국민경제에 미치는 영향을 효과적으로 파악하고자 하는 제도. 재정건전성 파악을 위해 회계 간 전출입 거래 등 이중거래나 내부거래를 제거한 순세출·순세입의 규모로 작성(순계 개념의 세입·세출 명시)

제3절 예산제도

I 예산의 분류

1. 예산분류의 의의
① 예산의 분류란 국가의 세입·세출을 일정한 기준에 따라 유형별로 구분해 이를 체계적으로 배열한 것을 말한다.
② 예산을 이용하는 목적이 다양하므로 단일의 분류방법으로는 모든 욕구를 충족시키기 어렵기 때문에 다양한 분류방법이 사용된다.

2. 예산 내용의 일반적 분류방법
① 개설 : 예산 내용의 일반적 분류방법으로는 기능별, 조직별, 품목별, 경제 성질별 분류 4가지 유형이 주로 활용된다. '정치적 분류'는 예산 내용의 일반적인 분류방법에 해당하지 않는다. 기출 23
② 예산 내용의 일반적인 분류방법

기능별 분류	• 정부가 무슨 일을 하는 데 얼마를 쓰느냐에 초점 • 정부가 수행하는 기능(활동영역)별로 예산 내용을 분류, 세출예산에만 적용 기출 18 • 정부활동의 일반적이며 총체적인 내용을 보여 주어 일반 납세자가 정부의 예산내용을 쉽게 이해할 수 있도록 설계된 예산의 분류방법 • 국방, 교육, 문화 및 관광, 환경보호 등으로 분류
조직별 분류	• 어떤 기관이 얼마나 쓰느냐에 초점 • 예산 내용을 그 편성과 집행책임을 담당하는 정부의 조직단위별로 분류 • 우리나라는 중앙관서별로 분류하되, 입법부와 사법부를 포함 • 국회 상임위가 거의 중앙관서별로 구성되어 있어 국회의 예산심의에 적합함 • 조직별 분류방식은 사업별 분류방식보다 독립된 행정부서의 예산 상황을 이해하는 데 더 유용하다. 기출 18
품목별 분류	• 정부가 무엇을 구입하는 데 얼마를 쓰느냐에 초점 • 예산으로 구입하고자 하는 재화와 용역의 종류를 기준으로 예산 내용을 분류 • 인건비, 물건비, 경상이전, 자본지출 등과 같이 지출대상별로 분류 • 관료의 권한과 재량을 제한하고 회계책임을 명확히 할 수 있는 통제지향적 분류방법, 가장 전통적인 예산분류방법으로 다른 분류방법과 병행하여 사용됨
경제 성질별 분류	• 국민 경제에 미치는 총체적인 효과가 어떠한가에 초점 • 예산이 국민경제활동의 구성과 수준에 미치게 되는 영향을 파악할 수 있게 하여 정책을 결정하는 데 필요한 자료를 얻기 위한 분류, 고위 정책결정자들에게 유용한 정보 제공 • 국민경제예산, 완전고용예산, 재정충격지표, 통합예산 등

Ⅱ 예산제도의 종류

1. 예산제도의 등장 순서 ▶ 품·성·계·영·신

① 품목별 예산(1920~1930년대) → ② 성과주의 예산(1950년) → ③ 계획 예산(1965년) → ④ 영기준 예산(1979년) → ⑤ 신성과주의 예산(결과지향 예산, 1990년대)의 순으로 등장하였다. 기출 20

2. 품목별 예산제도

① 품목별 예산제도(LIBS ; Line-Item Budgeting System)는 지출의 대상(품목)별로 분류해 편성하는 예산제도로서, 성과보다는 비용에 초점을 두고 지출대상별로 예산액을 명확히 배정함으로써 관료의 권한과 재량을 제한하는 투입지향적·통제지향적 예산제도이다. 기출 15

② 품목별 예산제도는 지출예산별 금액이 자세히 표시되어 있기 때문에 의회의 예산 심의·통제가 용이하여 행정부에 대한 의회의 권한을 강화할 수 있으며, 합법성 위주의 회계검사가 용이하여 공무원의 재량권 남용방지가 가능하므로 예산의 유용이나 남용을 방지하는 데 도움이 된다. 기출 15

③ 품목별 예산제도는 산출이 아닌 투입에 치중하므로 투입과 산출이 연계되지 않아 누구를 위하여, 무엇 때문에 지출하는지, 즉 지출의 목적이나 사업의 내용·성과나 효율성을 잘 알 수가 없어 정부사업의 우선순위 파악이 쉽지 않다. 기출 15

3. 성과주의 예산제도

① 성과주의 예산제도(PBS ; Performance Budgeting System)는 예산을 사업별·활동별로 분류해 편성하고, 업무량과 단위당 원가를 곱하여 예산액을 산정하는 예산제도이다(예산액 = 업무량 × 단위당 원가).

② 성과주의 예산제도(PBS)는 사업 또는 활동별로 예산이 편성되므로 정부가 무슨 사업을 추진하는지 국민들이 쉽게 이해할 수 있고, 예산집행에 신축성·능률성이 향상된다. 또한 예산 배정과정에서 필요 사업량이 제시되므로 예산과 사업을 연계시킬 수 있으며, 성과 평가를 통하여 행정통제를 합리화 할 수 있다는 장점이 있다. 기출 24

③ 성과주의 예산제도(PBS)는 업무단위 선정·단위당 원가의 계산이 어렵고, 성과지표로서 업무단위가 중간산출물에 불과한 경우가 많아 예산 성과의 질적 측면을 파악하기 어려우며, 구체적인 개별적 사업만 나타나 있어 전략적인 목표의식이 결여(장기적인 계획과 연계보다는 단위사업만을 중시)되어 있다는 단점이 있다.

4. 계획예산제도

① 계획예산제도(PPBS ; Planning-Programming-Budgeting System)는 장기적인 계획(Planning)과 단기적인 예산편성(Budgeting)을 프로그램(Programming)을 통해 유기적으로 연결시킴으로써 합리적인 자원배분을 하려는 예산제도이다.

② 계획예산제도는 기획·사업분석·예산기능을 단일의 의사결정으로 통합하고, 부서별로 예산을 배정하는 것이 아니라 정책별로 예산을 배분한다.

③ 계획예산제도에서는 체제분석·운영분석 등 계량적·경제학적 기법을 도입하고, 하향식 예산과정을 통한 재원배분 권한의 집권화, 예산기관의 정책결정 역할을 강조한다.

④ 계획예산제도는 모든 사업이 목표달성을 위해 유기적으로 연계되어 있어 부처 간의 경계를 뛰어넘는 자원배분의 합리화를 가져올 수 있다.

> ❑ **목표관리 예산제도**
> - 목표관리 예산제도(MBO ; Management by Objective)는 상하 조직구성원의 참여를 통해서 부서의 목표를 명확하게 설정하고 구성원들의 개개 목표 내지 책임을 합의하에 부과한 다음 수행결과를 공동으로 평가하고 환류시켜 궁극적으로 효과성 향상에 기여하고자 하는 동태적·민주적인 관리체계를 말한다(Y론적 인간관에 이론적 기반을 둔 제도).
> - 목표관리 예산제도는 부서별 목표와 예산제출을 연계시키기 위한 노력으로 직원들의 참여 및 단기목표를 강조한다.

5. 영기준 예산제도

① 영기준 예산제도(ZBB ; Zero Base Budgeting)는 모든 지출제안서에 대해 매년 '0(zero)'의 기준 상태에서 근본적인 재평가를 바탕으로 우선순위에 의해 예산을 편성하는 총체적·상향적 예산결정방식이다. 기존 프로그램의 계속적인 재평가에 관심을 갖고 계속사업과 신규사업을 함께 재평가하여 사업효과가 높은 순서로 예산을 배정하는 방식이다.

② 영기준 예산제도는 미국 카터(Carter) 행정부에서 긴축재정정책의 일환으로 채택되었던 것으로, 전년도 예산의 답습이 아니라 백지 상태에서 현행 사업을 재검토하고자 한 것이다.

③ 영기준 예산제도는 대안의 분석 및 평가와 대안의 우선순위 결정과정을 통하여 자원의 효율적인 배분 및 예산절감의 효과를 얻을 수 있다.

④ 영기준 예산제도는 계획예산제도에 비해 단기적이며, 현시점 위주의 분석으로 장기적 안목이 결여되어 있고, 과다한 노력과 시간이 소요되며, 공공부문의 경직성 경비(예 국방비, 공무원의 보수, 교육비 등)가 많으면 그 효용이 감소한다.

> ❑ **일몰제(일몰법, sunset law)**
> - 영기준 예산제도와 같은 원리를 받아들이는 입법으로, 입법기관이 따로 존속의 결정을 하지 않는 한 정부의 기존 조직 및 사업이 일정 기간 경과 후 자동적으로 폐지되도록 하는 제도를 말한다. 기출 23
> - 영기준 예산제도는 행정부의 예산편성과정에서 주로 행해지나, 일몰제(일몰법)에 의한 심사는 입법부에서 행하며, 일몰제에 의한 심사는 법률에 의한 것으로 예산의 유효기간을 의미하는 회계연도와는 별도로 진행한다.

6. 신성과주의 예산제도

(1) 의 의

① 신성과주의 예산제도란 집행상의 '자율성'을 부여하고 성과를 통한 '책임성 확보'를 추구(자율과 책임의 조화)하는 1990년대 신공공관리론적 선진국 정부개혁의 흐름을 예산과 연계시킨 제도를 말한다.

② 투입과 통제 중심이 아닌 산출(output) 또는 성과(performance) 중심의 결과 지향적 예산운용방식이다.

③ 1950년대 성과주의예산(PBS)과 구분하여 신성과주의예산(NPBS)이라고 한다.

(2) 특 징

① 산출 이후의 성과에 관심을 가지며(효과성 강조), 재량과 결과에 대한 책임을 강조
② 과거 예산제도들의 장점을 분석·취합
③ 통합성과관리체제의 구축
④ 시장원리를 도입

(3) 장단점
① 장 점
㉠ 예산사용의 결과적 소득과 정책의 실질적 효과에 대한 책임성 확보
㉡ 시민의 필요와 이익에 대한 정부의 대응성 향상
㉢ 공공서비스 전달의 능률성·효율성 증진
② 단 점
㉠ 모든 조직에 공통적으로 적용할 수 있는 표준적 성과측정지표를 개발하기 어려움
㉡ 사업성과의 측정이 어려움
㉢ 기관별 노력과 성과 사이의 인과관계가 다르고, 성과측정의 난이도가 다르므로 정부기관 간 또는 사업 간 성과비교가 어려움

Ⅲ 예산결정모형

1. 합리주의(총체주의)

(1) 의 의
① 합리주의 예산이론은 목표에 대한 사회적 합의가 도출될 수 있다고 가정한다. 따라서 목표에 대한 사회적 합의가 도출되지 않을 때 적용이 곤란하다는 한계가 있다.
② 합리주의 예산이론은 자원배분의 최적화를 통한 사회후생의 극대화(파레토 최적상태)를 추구한다. 합리주의 예산결정모형은 최선(best), 최적(optimal), 극대화(maximizing) 대안을 선택하고자 하는 규범적 성격의 모형이다.
③ 루이스(Lewis)의 '예산결정의 경제학적 명제', 쉬크(Schick)의 '체제 예산운영(systems budgeting)'도 합리주의(총체주의)를 반영한 개념이다.
④ 자원의 합리적 배분을 중시하는 합리주의 예산의 대표적인 예는 계획예산(PPBS)과 영기준예산(ZBB)이다.

(2) 한 계
① 예산담당관이 보수적 성향을 가질 경우 합리주의 예산이론에 따른 예산결정은 현실적으로 힘들어진다.
② 합리주의 예산이론을 적용하면 계획 기능이 강화되는 효과를 창출하는데 이는 집권화의 병리를 초래할 위험이 있다.
③ 경제적 합리성만 추구하면 정치적 합리성의 긍정적 가치를 무시하게 된다는 한계가 있다.
④ 경제적 분석을 위해 계량화가 필요하지만 공공부문 산출 자체가 추상적인 서비스가 많아 분석이 어렵다는 한계가 있다.

2. 점증주의

(1) 의 의

① 점증주의 예산이론은 합리주의(총체주의) 예산이론의 비현실적인 기본 전제를 완화하여, 인간의 능력부족과 환경의 불확실성에 기초한 제한된 합리성을 전제로 한다. 기출 25
② 점증주의 예산이론은 예산결정에서 이해당사자들의 협상과 적응 등 상호 조절을 통한 절차적·정치적 합리성을 강조한다('합의의 정도'가 좋은 예산의 기준, 정치적 합리성에 입각한 접근방식). 기출 25 참여적결정, 균형화의 원리, 공정한 몫의 배분 등을 주요한 가치로 본다. 대표적인 학자로 월다브스키(Wildavsky), 린드블룸(Lindblom) 등이 있다.
③ 점증주의 예산이론은 예산 결정은 전년도 예산 규모에 근거해 소폭의 변화만이 이뤄질 뿐이라고 주장한다. 기출 25
④ 예산통일성의 원칙이 지켜지는 영역에서는 점증주의가 타당하며, 그 예외(특별회계나 목적세) 영역에서는 점증주의가 부적합하다.
⑤ 점증주의모형을 적용한 대표적인 예산제도에는 품목별예산(LIBS)이나 성과주의예산(PBS)이 있다.

(2) 한 계

① 점증주의 예산이론은 권력이 분산된 다원주의 사회를 전제로 한다. 점증주의 예산이론은 비교적 안정적인 사회를 염두에 두고 나온 이론으로서 사회적 불안정성이 높은 경우 예산 결정을 설명하기 힘들다. 기출 25 점증주의는 기존 예산에 소폭의 증감을 전제로 하는데 사회적 불안정성이 높은 상황(경제 대공황, 전쟁 등)에서는 기존의 예산으로는 해결할 수 없는 새로운 문제나 요구가 발생할 가능성이 높기 때문이다.
② 점증주의 예산이론의 경우, 어느 정도의 변화를 점증적이라고 볼 것인가, 무엇을 대상으로 하여 점증성을 판단할 것인가 등 점증성의 판단기준이 모호하다는 비판을 받는다. 기출 25
③ 점증주의 예산이론은 현실성은 높지만, 현상유지적·보수적 성향으로 인하여 발전을 저해할 뿐만 아니라, 기득권 세력을 옹호하고 자원배분의 불공평을 초래할 수 있다는 한계가 있다.

제4절 예산과정

I. 예산주기와 회계연도

1. 예산주기

① 의의 : 예산과정은 예산편성(행정부) → 예산심의·의결(입법부) → 예산집행(행정부) → 예산결산 및 회계검사(입법부)의 단계로 일정한 주기를 가지고 반복되는데, 이를 예산주기(budget cycle) 또는 예산순기라고 한다.

② 우리나라의 예산 주기 : 3년(예산편성·심의는 전년도, 예산집행은 당해 연도, 결산 및 회계검사는 다음 연도)

2. 회계연도

① 의의 : 회계연도란 일정기간 동안의 수입과 지출을 구분·정리해 그 관계를 명확하게 하기 위해 인위적으로 설정한 기간을 말한다.

② 우리나라의 회계연도 : 1년(매년 1월 1일에 시작하여 12월 31일에 종료)

③ 회계연도 독립의 원칙 : 각 회계연도의 경비는 그 연도의 세입 또는 수입으로 충당하여야 한다(국가재정법 제3조).

II. 예 산

1. 예산의 구성요소

예산은 예산총칙·세입세출예산·계속비·명시이월비 및 국고채무부담행위로 구성된다(국가재정법 제19조). 국가결산보고서는 예산안의 구성요소가 아니다. 기출 22

(1) 예산 총칙

> **국가재정법 제20조(예산총칙)**
> ① 예산총칙에는 세입세출예산·계속비·명시이월비 및 국고채무부담행위에 관한 총괄적 규정을 두는 외에 다음 각 호의 사항을 규정하여야 한다. 기출 18
>   1. 제18조 단서의 규정에 따른 국채와 차입금의 한도액(중앙관서의 장이 관리하는 기금의 기금운용계획안에 계상된 국채발행 및 차입금의 한도액을 포함한다)
>   2. 국고금관리법 제32조의 규정에 따른 재정증권의 발행과 일시차입금의 최고액
>   3. 그 밖에 예산집행에 관하여 필요한 사항
> ② 정부는 기존 국채를 새로운 국채로 대체하기 위하여 필요한 경우에는 제1항 제1호의 한도액을 초과하여 국채를 발행할 수 있다. 이 경우 미리 국회에 이를 보고하여야 한다.

(2) 세입세출예산

> **국가재정법 제21조(세입세출예산의 구분)**
> ① 세입세출예산은 필요한 때에는 계정으로 구분할 수 있다.
> ② 세입세출예산은 독립기관 및 중앙관서의 소관별로 구분한 후 소관 내에서 일반회계·특별회계로 구분한다.
> ③ 세입예산은 제2항의 규정에 따른 구분에 따라 그 내용을 성질별로 관·항으로 구분하고, 세출예산은 제2항의 규정에 따른 구분에 따라 그 내용을 기능별·성질별 또는 기관별로 장·관·항으로 구분한다.
> ④ 예산의 구체적인 분류기준 및 세항과 각 경비의 성질에 따른 목의 구분은 기획재정부장관이 정한다.

(3) 계속비

> **국가재정법 제23조(계속비)**
> ① 완성에 수년이 필요한 공사나 제조 및 연구개발사업은 그 경비의 총액과 연부액(年賦額)을 정하여 미리 국회의 의결을 얻은 범위 안에서 수년도에 걸쳐서 지출할 수 있다.
> ② 제1항의 규정에 따라 국가가 지출할 수 있는 연한은 그 회계연도부터 5년 이내로 한다. 다만, 사업규모 및 국가재원 여건을 고려하여 필요한 경우에는 예외적으로 10년 이내로 할 수 있다.
> ③ 기획재정부장관은 필요하다고 인정하는 때에는 국회의 의결을 거쳐 제2항의 지출연한을 연장할 수 있다.

(4) 명시이월비

> **국가재정법 제24조(명시이월비)**
> ① 세출예산 중 경비의 성질상 연도 내에 지출을 끝내지 못할 것이 예측되는 때에는 그 취지를 세입세출예산에 명시하여 미리 국회의 승인을 얻은 후 다음 연도에 이월하여 사용할 수 있다.
> ② 각 중앙관서의 장은 제1항의 규정에 따른 명시이월비에 대하여 예산집행상 부득이한 사유가 있는 때에는 사항마다 사유와 금액을 명백히 하여 기획재정부장관의 승인을 얻은 범위 안에서 다음 연도에 걸쳐서 지출하여야 할 지출원인행위를 할 수 있다.
> ③ 기획재정부장관은 제2항의 규정에 따라 다음 연도에 걸쳐서 지출하여야 할 지출원인행위를 승인한 때에는 감사원에 통지하여야 한다.

(5) 국고채무부담행위

> **국가재정법 제25조(국고채무부담행위)**
> ① 국가는 법률에 따른 것과 세출예산금액 또는 계속비의 총액의 범위 안의 것 외에 채무를 부담하는 행위를 하는 때에는 미리 예산으로써 국회의 의결을 얻어야 한다.
> ② 국가는 제1항에 규정된 것 외에 재해복구를 위하여 필요한 때에는 회계연도마다 국회의 의결을 얻은 범위 안에서 채무를 부담하는 행위를 할 수 있다. 이 경우 그 행위는 일반회계 예비비의 사용절차에 준하여 집행한다.
> ③ 국고채무부담행위는 사항마다 그 필요한 이유를 명백히 하고 그 행위를 할 연도 및 상환연도와 채무부담의 금액을 표시하여야 한다.

2. 예비비
① 정부는 예측할 수 없는 예산 외의 지출 또는 예산초과지출에 충당하기 위하여 일반회계 예산총액의 100분의 1 이내의 금액을 예비비로 세입세출예산에 계상할 수 있다. 다만, 예산총칙 등에 따라 미리 사용목적을 지정해 놓은 예비비는 본문에도 불구하고 별도로 세입세출예산에 계상할 수 있다(국가재정법 제22조 제1항).　기출 23
② 제1항 단서에도 불구하고 공무원의 보수 인상을 위한 인건비 충당을 위하여는 예비비의 사용목적을 지정할 수 없다(국가재정법 제22조 제2항).

Ⅲ 우리나라의 예산과정

1. 국가재정법상 예산편성절차

국가재정법에 의하면 예산편성절차는 각 중앙관서의 장의 중기사업계획서의 제출, 기획재정부장관의 예산편성지침의 통보, 각 중앙관서의 장의 예산요구서의 제출, 기획재정부장관의 예산안의 편성, 정부의 예산안의 국회제출 순으로 진행된다(국가재정법 제28조 내지 제33조).　기출 21

① 중기사업계획서의 제출 : 각 중앙관서의 장은 매년 1월 31일까지 해당 회계연도부터 5회계연도 이상의 기간 동안의 신규사업 및 기획재정부장관이 정하는 주요 계속사업에 대한 중기사업계획서를 기획재정부장관에게 제출하여야 한다(국가재정법 제28조).

② 예산안편성지침의 통보 : 기획재정부장관은 국무회의의 심의를 거쳐 대통령의 승인을 얻은 다음 연도의 예산안편성지침을 매년 3월 31일까지 각 중앙관서의 장에게 통보하여야 한다(국가재정법 제29조 제1항). 기획재정부장관은 제29조 제1항의 규정에 따라 각 중앙관서의 장에게 통보한 예산안편성지침을 국회 예산결산특별위원회에 보고하여야 한다(국가재정법 제30조).

③ 예산요구서의 제출 : 각 중앙관서의 장은 제29조의 규정에 따른 예산안편성지침에 따라 그 소관에 속하는 다음 연도의 예산요구서(세입세출예산·계속비·명시이월비 및 국고채무부담행위 요구서)를 작성하여 매년 5월 31일까지 기획재정부장관에게 제출하여야 한다(국가재정법 제31조 제1항).

④ 예산안의 편성 및 국회제출 : 기획재정부장관은 예산요구서에 따라 예산안을 편성하여 국무회의의 심의를 거친 후 대통령의 승인을 얻어야 한다. 정부는 대통령의 승인을 얻은 예산안을 회계연도 개시 120일 전까지 국회에 제출하여야 한다(국가재정법 제32조, 제33조).　기출 21

2. 예산안의 심의·의결

① 국회는 국가의 예산안을 심의·확정한다(헌법 제54조 제1항).　기출 16
② 국회는 정부의 동의 없이 정부가 제출한 지출예산 각 항의 금액을 증가하거나 새 비목을 설치할 수 없다(헌법 제57조).　기출 16
③ 정부는 회계연도마다 예산안을 편성하여 회계연도 개시 90일 전까지 국회에 제출하고, 국회는 회계연도 개시 30일 전까지 이를 의결하여야 한다(헌법 제54조 제2항).　기출 16

> **국가재정법 제33조(예산안의 국회제출)**
> 정부는 제32조의 규정에 따라 대통령의 승인을 얻은 예산안을 회계연도 개시 120일 전까지 국회에 제출하여야 한다.

④ 예산안과 결산은 소관 상임위원회에 회부하고, 소관 상임위원회는 예비심사를 하여 그 결과를 의장에게 보고한다(국회법 제84조 제1항 전문). 기출 16
⑤ 위원회가 예산안등과 세입예산안 부수 법률안에 대하여 매년 11월 30일까지 심사를 마치지 아니하였을 때에는 그 다음 날에 위원회에서 심사를 마치고 바로 본회의에 부의된 것으로 본다(국회법 제85조의3 제2항 본문). 기출 21

> ☐ **법률(안)과 예산(안)의 비교**
> - 법률안은 국회의원과 정부가 제출할 수 있지만(헌법 제52조), 예산안은 정부만 제출할 수 있다(헌법 제54조 제2항). 기출 16
> - 대통령은 국회가 의결한 법률안에 이의가 있을 때 재의를 요구할 수 있지만(헌법 제53조 제2항), 국회가 의결한 예산에 대해 재의를 요구할 수 없다. 기출 16
> - 법률안은 대통령의 공포절차를 거쳐야 효력이 발생하지만(헌법 제53조 제7항), 예산안은 국회의 의결로 효력이 발생한다. 기출 16
> - 예산안은 국회의 소관 상임위원회의 예비심사와 예산결산특별위원회 심사를 거쳐 국회 본회의 의결을 거쳐 확정되고, 국회의 정부예산안에 대한 심의거부권은 인정되지 아니한다(국회법 제84조 제1항 및 제2항). 기출 16

3. 예산의 집행

① **예산배정요구서의 제출** : 각 중앙관서의 장은 예산이 확정된 후 사업운영계획 및 이에 따른 세입세출예산·계속비와 국고채무부담행위를 포함한 예산배정요구서를 기획재정부장관에게 제출하여야 한다(국가재정법 제42조). 기출 21

② **예산의 배정**
  ㉠ 기획재정부장관은 예산배정요구서에 따라 분기별 예산배정계획을 작성하여 국무회의의 심의를 거친 후 대통령의 승인을 얻어야 한다(국가재정법 제43조 제1항). 기출 21
  ㉡ 기획재정부장관은 각 중앙관서의 장에게 예산을 배정한 때에는 감사원에 통지하여야 한다(국가재정법 제43조 제2항).

Ⅳ 국회의 예산 결산

① 결산은 예산과정의 마지막 단계로서 한 회계연도 동안의 국가의 수입·지출의 실적을 확정적 계수로 표시하여 검증하는 행위를 말한다. 기출 22
② 결산은 국회의 심의과정에서 정부가 예산 범위 내에서 재정활동을 하였는지 사후 확인하고 그 결과를 차기 예산편성과 운용에 반영하여 재정·정책자료로 환류하는 재정통제와 환류기능이 있다. 기출 22
③ 결산심사 결과 부당한 지출이 발견된 경우에도 집행을 취소 또는 무효화할 수는 없고, 국회는 정부에 정치적·도의적 책임을 추궁하게 된다는 점에서 결산은 정치적 성격을 가지는 데 그친다. 기출 22 즉, 재정운용의 비능률이 발견된 경우 국회는 정부에 시정을 요구할 수 있고 차년도 예산과정에서 이러한 점들이 쟁점화될 수 있다. 기출 22
④ 국회는 의결로 감사원에 대하여 감사원법에 따른 감사원의 직무 범위에 속하는 사항 중 사안을 특정하여 감사를 요구할 수 있다. 이 경우 감사원은 감사 요구를 받은 날부터 3개월 이내에 감사 결과를 국회에 보고하여야 한다(국회법 제127조의2 제1항). 기출 22

V 예산집행의 통제와 신축성

1. 총사업비 관리제도

① 총사업비 관리제도란 완성에 2년 이상 소요되는 일정규모 이상의 대규모사업에 대하여 그 사업규모와 총사업비 및 사업기간을 정하여 미리 기획재정부 장관과 협의하도록 하는 것을 말한다.
② 총사업비 관리제도는 예비타당성 조사제도가 도입되기 전 1994년도부터 운영하고 있다.
③ 국가 직접시행사업, 국가대행사업, 국고보조사업 및 국고보조를 받는 민간기관사업 가운데 사업기간이 2년 이상으로 총사업비가 500억원 이상인 토목사업, 총사업비가 200억원 이상인 건축사업을 대상으로 한다.

2. 예비타당성조사

① 예비타당성 조사는 대규모개발사업의 신중한 착수와 재정투자의 효율성을 높이기 위하여 사전에 경제적 타당성 측면뿐만 아니라 당해 사업과 국가재정 전반에 걸쳐 투자우선순위, 재원조달방법, 사업추진의 의지 등 정책적 타당성을 기획재정부가 미리 조사하는 제도를 말한다. 기출 20
② 1994년부터 시행된 총사업비 관리제도의 보완책으로, 1999년에 도입되어 2000회계연도 예산을 편성할 때부터 적용되었다. 기출 20
③ 예비타당성조사는 총사업비가 500억원 이상이면서 국가재정 지원규모가 300억원 이상인 신규사업으로서 건설공사가 포함된 사업, 지능정보화사업, 국가연구개발사업, 그 밖에 사회복지, 보건, 교육, 노동, 문화 및 관광, 환경 보호, 농림해양수산, 산업·중소기업 분야의 사업 등 대규모사업에 대한 예산을 편성하기 위하여 실시한다(국가재정법 제38조 제1항).
④ 다만, 공공청사, 교정시설, 초·중등 교육시설의 신·증축 사업, 문화재 복원사업, 국가안보와 관계되거나 보안을 요하는 사업, 법령에 따라 추진하여야 하는 사업 등은 예비타당성 조사 대상에서 제외된다(국가재정법 제38조 제2항).
⑤ 기획재정부장관은 예비타당성조사 등을 적정하게 수행하기 위하여 한국개발연구원 및 한국조세재정연구원과 전문 인력 및 조사·연구 능력 등 대통령령으로 정하는 지정기준을 갖춘 기관을 전문기관으로 지정하여 전문적인 조사·연구업무 중 전부 또는 일부를 수행하게 할 수 있다(국가재정법 제8조의2 제1항). 기출 20
⑥ 기획재정부장관은 예비타당성조사의 결과를 요약하여 국회 소관상임위원회와 예산결산특별위원회에 제출하여야 한다.

3. 예산집행의 신축성을 유지하기 위한 제도적 장치

(1) 개 설

예산집행의 신축성을 확보(유지)하기 위한 방안으로는 예산의 이용·이체·전용·이월, 예비비, 계속비, 국고채무 부담행위, 수입대체경비, 추가경정예산, 총괄예산제도(총액계상예산제도), 신축적 예산배정제도(긴급배정, 당겨배정, 조기배정, 수시배정, 감액배정, 배정유보) 등이 있다. 기출 16

(2) 예산의 이용·이체·전용·이월, 사고이월
① **예산의 이체(移替)** : 정부기구·직제 또는 정원에 관한 법령이나 조례의 제정·개정·폐지로 인하여 그 직무와 권한의 변동이 있을 때 그 변동내용에 따라 예산을 이동하여 집행하는 것 [기출 24]
② **예산의 이월(移越)** : 회계연도 단년도주의의 단점을 극복하기 위하여 미집행예산을 다음 회계연도에 넘겨서 사용할 수 있도록 허용하는 것, 예산의 이월은 원칙적으로 금지되고 예외적으로 허용된다.
  ㉠ **명시이월(明示移越)** : 연도 내에 그 지출을 마치지 못할 것이 예측되는 예산을 다음 연도에 이월하여 사용하겠다는 취지를 명백히 하여 미리 국회의 의결(승인)을 거쳐 다음 연도에 이월하여 사용하는 것을 말한다. [기출 24]
  ㉡ **사고이월(事故移越)** : 연도 내에 지출원인행위를 하였으나 불가피한 사유로 회계연도 종료 시까지 지출하지 못한 경비와 지출원인행위를 하지 아니한 부대경비를 다음 회계연도로 이월하여 사용하는 것을 말한다. 한번 사고이월한 경비는 다시 다음 연도에 재차 이월할 수 없다(사고이월은 1회에 한정). [기출 24]
③ **예산의 이용(移用)** : 예산의 입법과목(장·관·항)에 대해서 그 집행용도를 조정하여 사용하는 권한을 부여하는 것(예산의 입법과목 상호 간의 융통, 국회의 의결 필요). 각 중앙관서의 장은 예산이 정한 각 기관 간 또는 각 장·관·항 간에 상호 이용(利用)할 수 없다. 다만, 예산집행상 필요에 따라 미리 예산으로써 국회의 의결을 얻은 때에는 기획재정부장관의 승인을 얻어 이용(利用)하거나 기획재정부장관이 위임하는 범위 안에서 자체적으로 이용(利用)할 수 있다(이용은 원칙적으로 금지되고 예외적으로 허용). [기출 24]
④ **예산의 전용(轉用)** : 예산의 행정과목(세항·목)에 대하여 그 집행용도를 조정하여 사용하는 권한을 부여하는 것(예산의 행정과목 상호 간의 융통, 국회의 의결 필요 없음). 중앙관서의 장은 예산의 목적범위 안에서 재원의 효율적 활용을 위하여 대통령령이 정하는 바에 따라 기획재정부장관의 승인을 얻어 각 세항 또는 목의 금액을 전용(轉用)할 수 있다. [기출 24]

> **참고**
> 예산의 정기배정이나 재배정은 예산집행의 신축성을 확보(유지)하기 위한 방안이 아니라 예산통제의 확보방안에 해당한다. [기출 16]

(3) 예비비, 계속비, 국고채무 부담행위
① **예비비** : 예비비는 예측할 수 없는 예산 외의 지출 또는 예산초과지출에 충당하기 위한 경비로서 예산의 신축성을 위한 방안에 해당한다. 정부는 예측할 수 없는 예산 외의 지출 또는 예산초과지출에 충당하기 위하여 일반회계 예산총액의 100분의 1 이내의 금액을 예비비로 세입세출예산에 계상할 수 있다.
② **계속비** : 완성에 수년도를 요하는 공사나 제조 및 연구개발사업의 경우에 그 경비의 총액과 연부액을 정하여 미리 국회의 의결을 얻은 범위 안에서 수년도에 걸쳐 지출할 수 있는 경비로서 예산의 신축성을 위한 방안에 해당한다.
③ **국고채무 부담행위제도** : 당해 예산에 반영되지 않았지만 예산집행과 동일한 효과를 창출할 수 있도록 인정하는 제도로서, 차관, 국공채 등과 같이 국가채무에 포함된다.

(4) 총괄예산제도

총괄예산제도는 지출을 총액으로 승인해주는 총액계상예산제도로 예산집행의 신축성을 위한 제도이다. 예산집행의 구체적 용도를 제한하지 아니하고 포괄적인 지출을 허용하는 제도로서 지방교부세 등 포괄보조금과 같은 형식이 있다.

(5) 신축적 예산배정제도

① 긴급배정 : 회계연도 개시 전에 예산을 배정할 수 있는 제도
② 당겨배정 : 해당분기 도래 전에 앞당겨서 배정할 수 있는 제도
③ 조기배정 : 사업의 조기집행을 위한 연간예산을 상반기에 집중 배정하는 것
④ 수시배정 : 분기별 배정계획에 관계없이 수시로 배정하는 것
⑤ 감액배정 : 분기별 연간배정개획서보다 삭감된 액수로 배정하는 것
⑥ 배정유보 : 예산액 일부의 배정을 유치·보류(재정관리의 효율성 제고)

VI 우리나라의 예산개혁

1. 국가재정운용계획

정부는 재정운용의 효율화와 건전화를 위하여 매년 해당 회계연도부터 5회계연도 이상의 기간에 대한 재정운용계획(이하 "국가재정운용계획"이라 한다)을 수립하여 회계연도 개시 120일 전까지 국회에 제출하여야 한다 (국가재정법 제7조 제1항).

2. 총액배분자율편성예산제도

① 총액배분자율편성예산은 재정당국이 국가재정운용계획에 근거하여 분야별·부처별·부문별 지출한도를 제시하면, 각 부처는 소관 정책과 우선순위에 입각하여 자율적으로 지출한도 내에서 사업의 재원을 배분하는 하향적 예산편성제도를 말한다.
② 총액배분자율편성예산제도는 지출한도가 사전에 제시되기 때문에 부처의 재정사업에 대한 책임과 권한을 강화할 수 있다.

3. 재정성과관리제도

① 정부는 성과중심의 재정운용을 위하여 성과목표관리 및 성과평가를 내용으로 하는 재정사업 성과관리를 시행한다(국가재정법 제85조의2).
  ㉠ 성과목표관리 : 재정사업에 대한 성과목표, 성과지표 등의 설정 및 그 달성을 위한 집행과정·결과의 관리
  ㉡ 성과평가 : 재정사업의 계획 수립, 집행과정 및 결과 등에 대한 점검·분석·평가
② 재정사업 성과관리제도는 재정성과목표관리제도, 재정사업 자율평가제도, 재정사업 심층평가제도의 3가지 형태로 운영되고 있다.

> ☐ **재정사업자율평가제도**
> - 재정사업자율평가제도란 각 중앙관서의 장과 기금관리주체가 기획재정부장관이 정하는 바에 따라 주요 재정사업을 스스로 평가하는 제도를 말한다(국가재정법 시행령 제39조의3 참조). 기출 23
> - 재정사업자율평가제도는 사업수행부처가 관리, 결과 단계의 4개 평가지표에 근거하여 소관 재정사업을 매년 평가한다.

4. 디지털예산회계시스템

① 디지털예산회계시스템은 예산, 회계, 정보의 국면을 하나로 통합하거나 연계하여 재정전체 업무처리가 동일 시스템에서 이루어지고, 관련정보가 생성되는 통합 재정정보시스템을 의미한다.
② 디지털예산회계시스템은 노무현 정부 당시 재정개혁의 일환으로 구축이 추진되었다.

Ⅶ 감사원

1. 감사원의 지위와 구성

① 국가의 세입·세출의 결산, 국가 및 법률이 정한 단체의 회계검사와 행정기관 및 공무원의 직무에 관한 감찰을 하기 위하여 대통령 소속하에 감사원을 둔다(헌법 제97조). 기출 13
② 감사원은 대통령 소속하의 독립기관으로 감사원은 직무에 관해 독립된 지위를 유지하며 그 직무수행상 정치적 압력이나 간섭을 받지 않는다. 기출 13
③ 감사원은 감사원장을 포함한 7명의 감사위원으로 구성한다(감사원법 제3조). 기출 13

2. 감사원장과 감사위원의 임명과 임기

① 감사원장은 국회의 동의를 받아 대통령이 임명한다. 감사위원은 원장의 제청으로 대통령이 임명한다(감사원법 제4조 제1항, 제5조 제1항). 기출 13
② 감사위원의 임기는 4년으로 한다. 감사위원의 정년은 65세로 한다. 다만, 원장인 감사위원의 정년은 70세로 한다(감사원법 제6조). 기출 13

3. 감사원의 규칙제정권

감사원은 감사에 관한 절차, 감사원의 내부 규율과 감사사무 처리에 관한 규칙을 제정할 수 있다(감사원법 제52조). 기출 13

Ⅷ 정부회계

1. 정부회계의 장부 기장 방식 – 현금주의와 발생주의

① 현금주의는 현금변동시점(현금을 수취하거나 지급한 시점)에 거래를 인식하는 방식을 말하고, 발생주의는 현금의 유입과 유출과는 관계없이 수익과 비용이 발생된 시점에 거래를 인식하는 방식을 말한다. 현금주의는 절차와 운용이 간편하고 이해와 통제가 용이하다는 장점이 있고, 발생주의는 재정 건정성 확보 및 경영성과 파악이 용이하고 정보의 적시성을 확보한다는 장점이 있다. 기출 14

② 현금주의는 현금이 수납·지출될 때 인식하므로 손해배상 비용이나 부채성 충당금 등에 대한 인식이 어렵지만, 발생주의는 수익과 비용이 발생된 시점에 거래를 인식하므로 미지급비용과 미수수익을 각각 부채와 자산으로 인식한다. 기출 14

③ 현금주의는 일반행정 부분에 적용가능하며, 발생주의는 사업적 성격이 강한 회계 부분에 적용이 가능하다. 전통적으로 지방정부의 일반회계는 현금주의를, 중앙정부 기업특별회계는 발생주의 회계방식을 적용하였다. 기출 14

④ 현재는 중앙정부와 지방정부의 회계는 모두 발생주의를 따르고 있다(국가회계법 제11조, 지방회계법 제12조). 지방정부는 2007년부터 모든 자치단체가 복식부기·발생주의에 기초한 재무보고서를 작성하도록 의무화하였고, 중앙정부는 2009년부터 국가회계법의 시행으로 중앙정부의 기업특별회계 뿐만 아니라 일반회계도 복식부기·발생주의의 방식으로 전면적으로 전환되었다. 기출 14

2. 국가회계법상 중앙정부의 대표적 재무제표

① 현행 정부회계는 발생주의·복식부기 방식을 채택하여 재무제표를 작성한다(국가회계법 제11조 제1항, 제15조 제3항). 기출 19

② 발생주의·복식부기의 정부회계는 경영성과 파악이 용이하여 성과중심의 정부개혁에 유용한 정보를 제공한다. 기출 19

③ 복식부기는 거래의 이중성에 따라 장부의 차변과 대변에 각각 계상하고 차변의 합계와 대변의 합계의 일치 여부로 자기 검증 기능을 갖는다. 기출 19

④ 미지급비용은 현금주의에서는 인식되지 않으나 발생주의에서는 부채로 인식된다. 즉, 현금주의 회계방식은 현금이 수납·지출될 때 인식하므로 미지급비용에 대한 인식이 어렵지만, 발생주의는 수익과 비용이 발생된 시점에 거래를 인식하므로 미지급비용과 미수수익을 각각 부채와 자산으로 인식한다. 기출 19

⑤ 국가회계법상 중앙정부의 대표적 재무제표는 재정상태표, 재정운영표, 순자산변동표로 구성된다(국가회계법 제14조 제3호). 기출 19

제 5 장 재무행정론

○ 확인학습문제

제1절 예산의 개념과 본질

01 행정부 우위의 현대적 예산원칙에 해당되는 것을 모두 고른 것은?   14 행정사 제2회

ㄱ. 사전승인의 원칙	ㄴ. 예산관리수단 확보의 원칙
ㄷ. 보고의 원칙	ㄹ. 엄밀성의 원칙
ㅁ. 사업계획의 원칙	ㅂ. 한정성의 원칙
ㅅ. 시기신축성의 원칙	ㅇ. 책임의 원칙
ㅈ. 명료성의 원칙	

① ㄱ, ㄴ, ㄹ, ㅇ, ㅈ
② ㄱ, ㄷ, ㄹ, ㅁ, ㅇ
③ ㄴ, ㄷ, ㅁ, ㅅ, ㅇ
④ ㄴ, ㄷ, ㅁ, ㅂ, ㅈ
⑤ ㄷ, ㄹ, ㅁ, ㅂ, ㅅ

해설

[ㄴ▸ㅇ][ㄷ▸ㅇ][ㅁ▸ㅇ][ㅅ▸ㅇ][ㅇ▸ㅇ] 행정부 우위의 현대적 예산원칙에 해당하는 것은 예산관리수단 확보의 원칙(ㄴ), 보고의 원칙(ㄷ), (행정부) 사업계획의 원칙(ㅁ), 시기신축성의 원칙(ㅅ), (행정부) 책임의 원칙(ㅇ)이다.

⊃ 고전적 예산원칙과 현대적 예산원칙의 구별

고전적 예산원칙	현대적 예산원칙
• 완전성의 원칙	• 보고의 원칙❺
• 단일성의 원칙	• 행정부 계획의 원칙❸
• 한정성의 원칙❻	• 행정부 책임의 원칙❹
• 통일성의 원칙	• 상호교류적 예산기구의 원칙
• 공개성의 원칙	• 예산관리수단 확보의 원칙❷
• 명료성의 원칙❽	• 다원적 절차의 원칙
• 사전의결(승인)의 원칙❼	• 행정부 재량의 원칙
• 엄밀성(정확성)의 원칙❸	• 시기신축성의 원칙❹

답 ❸

02 전통적 예산원칙과 대비되는 현대적 예산원칙으로 옳은 것을 모두 고른 것은? `23` 행정사 제11회

> ㄱ. 사업계획과 예산편성은 유기적으로 이루어져야 하고 계획된 예산은 경제적으로 집행해야 한다.
> ㄴ. 국민에게 필요 이상의 돈을 거두어서는 안 되며 계획대로 정확히 지출해야 한다.
> ㄷ. 예산의 편성, 심의, 집행은 공식적인 보고에 기초를 두어야 한다.
> ㄹ. 예산구조나 과목은 국민들이 이해하기 쉽게 단순해야 한다.

① ㄱ, ㄴ
② ㄱ, ㄷ
③ ㄴ, ㄷ
④ ㄴ, ㄹ
⑤ ㄷ, ㄹ

해설

[ㄱ▶O] '사업계획과 예산편성은 유기적으로 이루어져야 하고 계획된 예산은 경제적으로 집행해야 한다'는 것은 현대적 예산의 원칙 중 계획과 책임의 원칙에 대한 설명이다.

[ㄴ▶X] '국민에게 필요 이상의 돈을 거두어서는 안 되며 계획대로 정확히 지출해야 한다'는 것은 전통적 예산의 원칙 중 정확성(엄밀성)의 원칙에 대한 설명이다.

[ㄷ▶O] '예산의 편성, 심의, 집행은 공식적인 보고에 기초를 두어야 한다'는 것은 현대적 예산의 원칙 중 보고의 원칙에 대한 설명이다.

[ㄹ▶X] '예산구조나 과목은 국민들이 이해하기 쉽게 단순해야 한다'는 것은 전통적 예산의 원칙 중 명확성(명료성)의 원칙에 대한 설명이다.

● 현대적 예산의 원칙(행정부 우위의 예산원칙)

행정부 계획과 책임의 원칙	예산편성은 행정부의 사업계획과 유기적으로 이루어져야 하며(행정부 계획의 원칙), 행정부는 계획된 예산을 경제적으로 집행할 책임을 진다(행정부 책임의 원칙).
보고의 원칙	예산의 편성, 심의, 집행은 행정부의 공식적인 보고에 기초를 두어야 한다.
예산관리수단 확보의 원칙	행정부는 예산관리책임의 효율적 이행을 위한 예산제도와 조직을 구비하여야 한다.
다원적 절차의 원칙	재정운영의 탄력성을 위하여 다양한 행정활동의 유형별로 적합한 예산절차상의 조치를 취해야 한다.
행정부 재량의 원칙	예산집행의 효율화를 위해 행정부 재량의 범위를 넓혀야 한다.
시기 신축성의 원칙	여건 변화에 따라 예산집행의 시기를 행정부가 신축적으로 조정할 수 있어야 한다.
상호교류적 예산기구의 원칙	중앙예산기관과 각 부처 예산기관 상호 간 의사전달 협력체계가 구축되어야 한다.

답 ❷

03 다음 예산의 원칙과 예외의 연결이 옳지 않은 것은?

① 사전의결의 원칙 – 준예산
② 한정성의 원칙 – 사고이월
③ 통일의 원칙 – 교육세
④ 단일의 원칙 – 특별회계
⑤ 예산총계주의 원칙 – 기금

해설

[❶▶○] 사전의결의 원칙이란 예산은 집행되기 전에 미리 국회의 의결을 거쳐야 한다는 원칙을 말한다. 사전의결의 원칙의 예외로는 준예산, 예비비의 지출, 사고이월 등이 있다.

[참고] 준예산, 예비비의 지출, 사고이월
- 준예산 : 새로운 회계연도가 개시될 때까지 예산안이 의결되지 못한 때에는 정부가 국회에서 예산안이 의결될 때까지 일정한 범위의 경비를 전년도 예산에 준하여 집행할 수 있는 예산제도
- 예비비의 지출 : 예비비의 지출은 차기국회의 승인을 얻어야 하므로 사전의결의 원칙의 예외에 해당
- 사고이월 : 예산의 성립 후 불가피한 사유로 지출하지 못한 경비에 대한 이월제도

[❷▶○] 한정성의 원칙이란 예산은 주어진 목적, 규모 그리고 시간에 따라 집행되어야 한다는 원칙을 말한다. 예산집행 과정에 통제기능을 가장 잘 반영한 원칙으로 예산의 목적 외 사용금지 원칙, 초과지출금지의 원칙, 회계연도 독립의 원칙 3가지 내용을 포함한다. 한정성의 원칙의 예외로는 이용과 전용(예산의 목적 외 사용금지 원칙의 예외), 예비비와 추가경정예산(초과지출금지의 원칙의 예외), 계속비와 이월(명시이월과 사고이월)(회계연도 독립의 원칙의 예외) 등이 있다.

[❸▶○] 통일의 원칙이란 특정 세입과 특정 세출을 직접 연계시켜서는 안 된다는 원칙을 말한다. 이 원칙은 모든 정부 수입은 일단 국고에 편입된 이후에 이 곳에서 모든 지출로 이어져야 한다는 것을 의미한다. 통일의 원칙의 예외로는 목적세(용도가 지정된 조세로서 교육세, 교통세, 농어촌 특별세 등), 수입대체경비, 특별회계, 기금 등이 있다.

[❹▶○] 단일의 원칙(단일성의 원칙)이란 가능한 모든 재정활동을 포괄하는 단일의 예산 내에서 정리되어야 한다는 원칙. 단일의 원칙에 의하면 예산은 본예산의 일반회계 예산으로만 구성되어야 한다. 단일의 원칙의 예외로는 추가경정예산, 특별회계, 기금 등이 있다.

[❺▶○] 예산총계주의 원칙(완전성의 원칙)이란 모든 세입과 세출은 예산에 명시적으로 나열되어 있어야 한다는 원칙을 말한다. 예산총계주의 원칙의 예외로는 수입대체경비(의 초과 수입), 현물출자, 전대차관(轉貸借款) 등이 있다. 일반적으로 기금도 예산총계주의 원칙의 예외로 들고 있다. 지방재정법 제34조도 기금을 예산총계주의 원칙의 예외로 규정하고 있다(다만, 국가재정법 제53조는 예산총계주의의 원칙의 예외를 규정하면서 기금은 명시하고 있지 않다).

[참고] 현물출자, 전대차관
- 현물출자 : 금전 이외의 재산(동산, 부동산, 채권, 유가증권, 특허권 등)에 의한 출자형태
- 전대차관 : 외국 차관을 정부 이름으로 대신 빌려서 실제 그 돈을 사용할 차관사업 수행자에게 그대로 넘겨주는 것

답 전항 정답

제2절 예산의 종류

04 특별회계제도에 관한 설명으로 옳은 것은? 21 행정사 제9회

① 예산집행부서의 재량을 억제하여 책임성을 제고시킨다.
② 예산단일의 원칙을 준수하는 데 유리하다.
③ 대통령령으로 설치된다.
④ 예산통일의 원칙이 적용되는 제도이다.
⑤ 예산제도가 복잡해지므로 국가재정의 통합적 관리를 어렵게 한다.

해설

[❶▶×] 특별회계는 특정한 세입(조세 외의 수입)으로 특정한 세출에 충당하기 위하여 일반회계와 별도로 구분·경리하는 예산을 말하며, 행정기능의 전문다양화에 부응하여 재정운영주체와 목적 면에서 행정부의 재량권을 인정함으로써 경영의 합리화를 추구할 수 있는 장점이 있다.

[❷▶×][❹▶×] 특별회계는 예산은 모든 재정활동을 포괄하여 하나의 단일예산으로 편성되어야 한다는 예산단일성의 원칙의 예외가 되고, 특정 세입과 특정 세출을 직접 연계시켜서는 안 되고, 모든 정부수입은 일단 국고에 편입된 이후 이 곳에서 모든 지출로 이어져야 한다는 예산통일의 원칙에 대한 예외가 된다.

[❸▶×] 특별회계는 국가에서 특정한 사업을 운영하고자 할 때, 특정한 자금을 보유하여 운용하고자 할 때, 특정한 세입으로 특정한 세출에 충당함으로써 일반회계와 구분하여 회계처리할 필요가 있을 때에 법률로써 설치하되, [별표 1]에 규정된 법률에 의하지 아니하고는 이를 설치할 수 없다(국가재정법 제4조 제3항).

[❺▶○] 특별회계는 정부수지의 명확화, 재정운영의 자율성 확보라는 장점이 있으나, 예산구조와 체계의 복잡화, 재정운영의 경직성 초래, 재정통제의 악화, 재정팽창의 수단으로의 악용 가능성 등이 단점으로 지적되고 있다. 따라서 예산구조와 체계가 복잡하게 되어 국가재정의 통합적 관리에 불리하다고 할 수 있다.

답 ❺

05 우리나라 예산제도에 관한 설명으로 옳은 것은? 25 행정사 제13회

① 정부는 국회에서 추가경정예산이 확정되기 전에 이를 미리 배정하거나 집행할 수 있다.
② 예산법률주의를 채택하고 있다.
③ 국회는 정부가 제출한 기금운용계획안의 주요항목 지출금액을 증액하고자 하는 때에는 미리 정부의 동의를 얻어야 한다.
④ 예산 불성립에 대비하기 위한 제도로 가예산제도를 채택하고 있다.
⑤ 의결된 법률과 예산안에 대한 대외적인 효력을 인정받기 위해서는 공포절차가 필요하다.

해설

[❶ ▶ ×] 정부는 국회에서 추가경정예산안이 확정되기 전에 이를 미리 배정하거나 집행할 수 없다(국가재정법 제89조 제2항).
[❷ ▶ ×] 우리나라는 예산법률주의(예산이 법률과 동일한 형식)가 아니라 예산의결주의(예산이 법률과 다른 예산이라는 의결의 형식)를 채택하고 있다.
[❸ ▶ ○] 국회는 정부가 제출한 기금운용계획안의 주요항목 지출금액을 증액하거나 새로운 과목을 설치하고자 하는 때에는 미리 정부의 동의를 얻어야 한다(국가재정법 제69조).
[❹ ▶ ×] 우리나라는 예산 불성립에 대비하기 위한 제도로 준예산제도를 채택하고 있다(헌법 제54조, 국가재정법 제55조 제1항). 우리나라는 새로운 회계연도 개시 전에 예산이 의결되지 못하는 경우를 대비해 1960년 3차 개정헌법에서 준예산제도를 도입하여 현재까지 채택하고 있으나, 우리나라의 중앙정부에서 준예산제도를 실제로 사용해 본 경험이 없다. 다만, 지방정부의 경우 성남시가 2013년 준예산을 편성한 예가 있다.

[참고] 예산 불성립에 대비하기 위한 제도
- 준예산 : 본예산이 회계연도 개시일 전까지 성립하지 못하는 경우, 예산안이 국회의 의결을 거칠 때까지 국회의 승인(의결) 없이도 특정 경비에 한해서 전년도의 예산에 준하여 지출할 수 있도록 하는 제도. 현재 우리나라에서 채택
- 잠정예산 : 새로운 회계연도가 시작되는 날로부터 최초 수개월분의 일정한 금액의 예산을 정부가 집행할 수 있게 허가하는 제도. 영국, 미국, 캐나다, 일본 등에서 채택
- 가예산 : 회계연도개시 전에 예산이 의결되지 못하는 경우를 대비해 의회가 미리 1개월분 예산만 의결해 정부로 하여금 집행할 수 있도록 하는 제도. 우리나라의 제1공화국 때 가예산제도 채택

[❺ ▶ ×] 의결된 법률안에 대한 대외적 효력을 인정받기 위해서는 공포절차가 필요하다. 그러나 예산안의 경우 공포절차는 필요 없고 국회의 의결로 효력이 발생한다.

[참고] 법률(안)과 예산(안)의 비교
- 법률안은 국회의원과 정부가 제출할 수 있지만, 예산안은 정부만 제출할 수 있다.
- 대통령은 국회가 의결한 법률안에 이의가 있을 때 재의를 요구할 수 있지만, 국회가 의결한 예산안에 대해 재의를 요구할 수 없다.
- 법률안은 대통령의 공포절차를 거쳐야 효력이 발생하지만, 예산안은 국회의 의결로 효력이 발생한다.
- 예산안은 국회의 소관 상임위원회의 예비심사와 예산결산특별위원회 심사를 거쳐 국회 본회의 의결을 거쳐 확정되고, 국회의 정부예산안에 대한 심의거부권은 인정되지 아니한다.

답 ❸

06 국가재정법에 관한 설명으로 옳지 않은 것은?

① 정부는 예산이 여성과 남성에게 미칠 영향을 미리 분석한 보고서인 성인지예산서를 작성하여야 한다.
② 정부가 감사원의 세출예산요구액을 감액하고자 할 때에는 재정정책자문회의에서 감사원장의 의견을 들어야 한다.
③ 정부는 감사원의 검사를 거친 국가결산보고서를 다음 연도 5월 31일까지 국회에 제출해야 한다.
④ 정부는 예산이 온실가스를 감축하는 방향으로 집행되었는지를 평가하는 보고서인 온실가스감축인지 결산서를 작성하여야 한다.
⑤ 정부는 조세지출예산서를 작성하고, 국회에 제출하는 예산안의 첨부서류에 이를 포함해야 한다.

해설

[❶ ▶ ○] 정부는 예산이 여성과 남성에게 미칠 영향을 미리 분석한 보고서(이하 "성인지(性認知)예산서"라 한다)를 작성하여야 한다(국가재정법 제26조 제1항).
[❷ ▶ ✕] 정부는 감사원의 세출예산요구액을 감액하고자 할 때에 '재정정책자문회의'가 아니라 '국무회의'에서 감사원장의 의견을 들어야 한다(국가재정법 제41조).
[❸ ▶ ○] 국가재정법 제61조

> **국가재정법 제61조(국가결산보고서의 국회제출)** 정부는 제60조에 따라 감사원의 검사를 거친 국가결산보고서를 다음 연도 5월 31일까지 국회에 제출하여야 한다.

[❹ ▶ ○] 국가재정법 제73조의3

> **국가재정법 제73조의3(온실가스감축인지 기금결산서의 작성)** ① 정부는 기금이 온실가스를 감축하는 방향으로 집행되었는지를 평가하는 보고서(이하 "온실가스감축인지 기금결산서"라 한다)를 작성하여야 한다.
> ② 온실가스감축인지 기금결산서에는 집행실적, 온실가스 감축 효과분석 및 평가 등을 포함하여야 한다.

[❺ ▶ ○] 국가재정법 제34조 제10호

> **국가재정법 제34조(예산안의 첨부서류)** 제33조의 규정에 따라 국회에 제출하는 예산안에는 다음 각 호의 서류를 첨부하여야 한다.
> 10. 「조세특례제한법」 제142조의2에 따른 조세지출예산서
>
>> **조세특례제한법 제142조의2(조세지출예산서의 작성)** ① 기획재정부장관은 조세감면·비과세·소득공제·세액공제·우대세율적용 또는 과세이연 등 조세특례에 따른 재정지원(이하 "조세지출"이라 한다)의 직전 연도 실적과 해당 연도 및 다음 연도의 추정금액을 기능별·세목별로 분석한 보고서(이하 "조세지출예산서"라 한다)를 작성하여야 한다.

답 ❷

제3절　예산제도

07 예산제도의 등장 순으로 옳게 나열한 것은?　　20 행정사 제8회

> ㄱ. 영기준예산
> ㄴ. 계획예산(PPBS)
> ㄷ. 품목별예산
> ㄹ. 성과주의예산
> ㅁ. 결과지향예산

① ㄱ - ㄷ - ㄴ - ㄹ - ㅁ
② ㄷ - ㄱ - ㄹ - ㄴ - ㅁ
③ ㄷ - ㄹ - ㄴ - ㄱ - ㅁ
④ ㄹ - ㄱ - ㅁ - ㄷ - ㄴ
⑤ ㄹ - ㄷ - ㄱ - ㄴ - ㅁ

해설

[❸ ▶ O]　예산제도는 ㄷ. 품목별예산(1920~1930년대) → ㄹ. 성과주의예산(1950년) → ㄴ. 계획예산(PPBS)(1965년) → ㄱ. 영기준예산(1979년) → ㅁ. 결과지향예산(신성과주의예산)(1990년대) 등의 순으로 등장하였다.

답 ❸

08 시민이나 의원이 집행결과를 쉽게 이해할 수 있으며 정부의 예산 투입과 산출을 연계시키는 예산제도는?

24 행정사 제12회

① 일몰 예산제도
② 성과주의 예산제도
③ 영기준 예산제도
④ 계획 예산제도
⑤ 자본 예산제도

해설

[❶▸✕]　일몰 예산제도(일몰법, sunset law)는 영기준 예산제도와 같은 원리를 받아들이는 입법으로, 입법기관이 따로 존속의 결정을 하지 않는 한 정부의 기존 조직 및 사업이 일정 기간 경과 후 자동적으로 폐지되도록 하는 제도를 말한다. 영기준 예산제도는 행정부의 예산편성과정에서 주로 행해지나, 일몰 예산제도(일몰법)에 의한 심사는 입법부에서 행하며, 일몰 예산제도에 의한 심사는 법률에 의한 것으로 예산의 유효기간을 의미하는 회계연도와는 별도로 진행한다.

[❷▸○]　성과주의 예산제도(PBS)는 예산을 사업별·활동별로 분류해 편성하고, 업무량과 단위당 원가를 곱하여 예산액을 산정하는 예산제도이다(예산액 = 업무량 × 단위당 원가). 성과주의 예산제도(PBS)는 사업별·활동별로 예산이 편성되므로 정부가 무슨 사업을 추진하는지 국민들이 쉽게 이해할 수 있고, 예산 집행에 신축성·능률성이 향상된다. 또한 예산 배정과정에서 필요 사업량이 제시되므로 예산과 사업을 연계시킬 수 있으며, 성과 평가를 통하여 행정통제를 합리화할 수 있다는 장점이 있다.

[❸▸✕]　영기준 예산제도(ZBB ; Zero Base Budgeting)는 모든 지출제안서에 대해 매년 '0(zero)'의 기준 상태에서 근본적인 재평가를 바탕으로 우선순위에 의해 예산을 편성하는 총체적·상향적 예산결정방식이다. 기존 프로그램의 계속적인 재평가에 관심을 갖고 계속사업과 신규사업을 함께 재평가하여 사업효과가 높은 순서로 예산을 배정하는 방식이다.

[❹▸✕]　계획 예산제도(PPBS)는 장기적인 계획(Planning)과 단기적인 예산편성(Budgeting)을 프로그램(Programming)을 통해 유기적으로 연결시킴으로써 합리적인 자원배분을 하려는 예산제도이다. 계획 예산제도는 기획·사업분석·예산기능을 단일의 의사결정으로 통합하고, 부서별로 예산을 배정하는 것이 아니라 정책별로 예산을 배분한다. 계획 예산제도에서는 체제분석·운영분석 등 계량적·경제학적 기법을 도입하고, 하향식 예산과정을 통한 재원배분 권한의 집권화, 예산기관의 정책결정 역할을 강조한다.

[❺▸✕]　자본 예산제도(CBS)는 세입·세출을 경상적인 것과 자본적인 것으로 구분하는 예산제도이다. 경상적인 지출은 경상적인 수입(조세)으로 충당하고, 자본적 지출은 대부분 공채발행 등 차입으로 충당하는 복식예산제도이다. 자본 예산제도는 경제적 불황기 내지 공황기에 적자예산을 편성하여 유효수요와 고용을 증대시킴으로써 불황을 극복하는 유용한 수단이 될 수 있다.

답

09 예산 내용의 일반적인 분류방법에 해당하지 않는 것은? <small>23 행정사 제11회</small>

① 품목별 분류
② 조직별 분류
③ 기능별 분류
④ 경제 성질별 분류
⑤ 정치적 분류

해설

[❺ ▶ ×] 예산 내용의 일반적 분류방법으로는 기능별, 조직별, 품목별, 그리고 경제 성질별 분류 4가지 유형이 주로 활용된다. '정치적 분류'는 예산 내용의 일반적인 분류방법에 해당하지 않는다.

➲ 예산 내용의 일반적인 분류방법

기능별 분류	• 정부가 무슨 일을 하는 데 얼마를 쓰느냐에 초점 • 정부가 수행하는 기능(활동영역)별로 예산 내용을 분류, 세출예산에만 적용 • 정부활동의 일반적이며 총체적인 내용을 보여 주어 일반 납세자가 정부의 예산내용을 쉽게 이해할 수 있도록 설계된 예산의 분류방법 • 국방, 교육, 문화 및 관광, 환경보호 등으로 분류
조직별 분류	• 어떤 기관이 얼마나 쓰느냐에 초점 • 예산 내용을 그 편성과 집행책임을 담당하는 정부의 조직단위별로 분류 • 우리나라는 중앙관서별로 분류하되, 입법부와 사법부를 포함 • 국회 상임위가 거의 중앙관서별로 구성되어 있어 국회의 예산심의에 적합함
품목별 분류	• 정부가 무엇을 구입하는 데 얼마를 쓰느냐에 초점 • 예산으로 구입하고자 하는 재화와 용역의 종류를 기준으로 예산 내용을 분류 • 인건비, 물건비, 경상이전, 자본지출 등과 같이 지출대상별로 분류 • 관료의 권한과 재량을 제한하고 회계책임을 명확히 할 수 있는 통제지향적 분류방법, 가장 전통적인 예산분류방법으로 다른 분류방법과 병행하여 사용됨
경제 성질별 분류	• 국민 경제에 미치는 총체적인 효과가 어떠한가에 초점 • 예산이 국민경제활동의 구성과 수준에 미치게 되는 영향을 파악할 수 있게 하여 정책을 결정하는 데 필요한 자료를 얻기 위한 분류, 고위 정책결정자들에게 유용한 정보 제공 • 국민경제예산, 완전고용예산, 재정충격지표, 통합예산 등

답 ❺

10 점증주의 예산이론에 관한 설명으로 옳지 않은 것은? 25 행정사 제13회

① 인간의 능력부족과 환경의 불확실성에 기초한 제한된 합리성을 전제로 한다.
② 예산 결정은 전년도 예산 규모에 근거해 소폭의 변화만이 이뤄질 뿐이라고 주장한다.
③ 이해당사자들의 협상과 적응 등 상호 조절과정을 강조한다.
④ 사회적 불안정성이 높은 경우 예산 결정을 설명하기 힘들다.
⑤ 전년대비 5% 미만의 소폭적 변화를 점증성의 판단기준으로 한다.

해설

[❶ ▸ ○] 점증주의 예산이론은 합리주의(총체주의) 예산이론의 비현실적인 기본 전제를 완화하여, 인간의 능력부족과 환경의 불확실성에 기초한 제한된 합리성을 전제로 한다.

[❷ ▸ ○] 점증주의 예산이론은 예산 결정은 전년도 예산 규모에 근거해 소폭의 변화만이 이뤄질 뿐이라고 주장한다.

[❸ ▸ ○] 점증주의 예산이론은 예산결정에서 이해당사자들의 협상과 적응 등 상호 조절을 통한 절차적·정치적 합리성을 강조한다. 반면, 합리주의(총체주의) 예산이론은 경제적 분석을 지나치게 중시함으로써 다양한 이해관계의 조정이라는 예산의 정치적 요소를 무시한다.

[❹ ▸ ○] 점증주의 예산이론은 권력이 분산된 다원주의 사회를 전제로 한다. 점증주의 예산이론은 비교적 안정적인 사회를 염두에 두고 나온 이론으로서 사회적 불안정성이 높은 경우 예산 결정을 설명하기 힘들다. 점증주의 예산이론은 기존 예산에 소폭의 증감을 전제로 하는데 사회적 불안정성이 높은 상황(경제 대공황, 전쟁 등)에서는 기존의 예산으로는 해결할 수 없는 새로운 문제나 요구가 발생할 가능성이 높기 때문이다.

[❺ ▸ ✕] 점증주의 예산이론의 경우, 어느 정도의 변화를 점증적이라고 볼 것인가, 무엇을 대상으로 하여 점증성을 판단할 것인가 등 점증성의 판단기준이 모호하다는 비판을 받는다. 즉, 지문의 내용처럼 전년대비 5% 미만의 소폭적 변화를 점증성의 판단기준으로 합의한 바가 없다.

답 ❺

제4절 예산과정

11 정부가 회계연도 개시 120일 전까지 국회에 제출하는 예산안의 구성요소가 아닌 것은?

22 행정사 제10회

① 예산총칙
② 세입세출예산
③ 계속비
④ 명시이월비
⑤ 국가결산보고서

해설

[❶▸O] [❷▸O] [❸▸O] [❹▸O] 국가재정법 제19조, 제61조 참조

> **국가재정법 제19조(예산의 구성)** 예산은 예산총칙·세입세출예산·계속비·명시이월비 및 국고채무부담행위를 총칭한다.
>
> **국가재정법 제제33조(예산안의 국회제출)** 정부는 제32조의 규정에 따라 대통령의 승인을 얻은 예산안을 회계연도 개시 120일 전까지 국회에 제출하여야 한다.

[❺▸×] 국가결산보고서는 국가재정법 제19조에서 정한 예산의 구성요소에 해당하지 아니한다.

답 ❺

12 재정사업자율평가제도에 관한 설명으로 옳은 것은?

23 행정사 제11회

① 일정 규모 이상인 신규 사업의 경제적 타당성을 검토하여 사업의 추진 여부를 결정하는 제도
② 다년도 사업에 대해 사업규모, 총사업비, 사업기간 등을 정해 미리 기획재정부장관과 협의하는 제도
③ 부족한 재원을 고려하여 민간자본을 공공의 SOC 투자에 동원하는 제도
④ 예산지출을 줄이거나 수입을 늘리는 데 기여한 자에게 성과금을 지급하는 제도
⑤ 각 중앙관서의 장과 기금관리주체가 기획재정부장관이 정하는 바에 따라 주요 재정사업을 스스로 평가하는 제도

해설
[❶ ▸ ×] 예비타당성조사(제도)란 일정 규모 이상인 신규 사업의 경제적 타당성을 검토하여 사업의 추진 여부를 결정하는 제도를 말한다(국가재정법 제38조 참조).
[❷ ▸ ×] 총사업비 관리제도란 다년도 사업에 대해 사업규모, 총사업비, 사업기간 등을 정해 미리 기획재정부장관과 협의하는 제도를 말한다(국가재정법 제50조 참조).
[❸ ▸ ×] SOC 민간투자제도란 부족한 재원을 고려하여 민간자본을 공공의 사회간접자본(SOC) 투자에 동원하는 제도를 말한다.
[❹ ▸ ×] 예산성과금제도란 예산의 집행방법 또는 제도의 개선 등으로 예산지출을 줄이거나 수입을 늘리는 데 기여한 자에게 성과금을 지급하는 제도를 말한다(국가재정법 제49조 참조).
[❺ ▸ ○] 재정사업자율평가제도란 각 중앙관서의 장과 기금관리주체가 기획재정부장관이 정하는 바에 따라 주요 재정사업을 스스로 평가하는 제도를 말한다(국가재정법 시행령 제39조의3 참조).

답 ❺

13 우리나라 국가재정법에서 총괄적으로 규정하고 있는 예산총칙의 사항을 모두 고른 것은?

18 행정사 제6회

ㄱ. 계속비
ㄴ. 세입세출예산
ㄷ. 명시이월비
ㄹ. 국고채무부담행위

① ㄱ, ㄴ
② ㄱ, ㄹ
③ ㄴ, ㄷ
④ ㄴ, ㄷ, ㄹ
⑤ ㄱ, ㄴ, ㄷ, ㄹ

해설
[ㄱ ▸ ○] [ㄴ ▸ ○] [ㄷ ▸ ○] [ㄹ ▸ ○] 국가재정법 제20조 제1항 참조

국가재정법 제20조(예산총칙) ① 예산총칙에는 세입세출예산·계속비·명시이월비 및 국고채무부담행위에 관한 총괄적 규정을 두는 외에 다음 각 호의 사항을 규정하여야 한다.
1. 제18조 단서의 규정에 따른 국채와 차입금의 한도액(중앙관서의 장이 관리하는 기금의 기금운용계획안에 계상된 국채발행 및 차입금의 한도액을 포함한다)
2. 국고금관리법 제32조의 규정에 따른 재정증권의 발행과 일시차입금의 최고액
3. 그 밖에 예산집행에 관하여 필요한 사항

답 ❺

14 우리나라 예산과정에 관한 설명으로 옳은 것을 모두 고른 것은?

> ㄱ. 예산편성은 기획재정부가 예산안편성지침을 작성하고 각 중앙행정기관의 장에게 시달하여 중기사업계획서를 제출받으면서 시작한다.
> ㄴ. 정부예산안은 국무회의의 심의와 대통령의 재가로 확정되고 회계연도 개시 120일 전까지 국회에 제출하여야 한다.
> ㄷ. 국회 예산결산특별위원회가 11월 30일까지 예산안 심사를 마치지 않으면 원칙적으로 그 다음 날에 위원회에서 심사를 마치고 바로 본회의에 부의된 것으로 본다.
> ㄹ. 국회에서 예산안이 통과되는 즉시 각 중앙행정기관장은 원칙적으로 기관의 전체 예산을 배정받아 관련 집행 부서에서 바로 집행할 수 있다.

① ㄱ, ㄴ   ② ㄱ, ㄷ
③ ㄴ, ㄷ   ④ ㄴ, ㄹ
⑤ ㄷ, ㄹ

해설

[ㄱ ▶ ×] 국가재정법에 의하면 예산편성절차는 각 중앙관서의 장의 중기사업계획서의 제출, 기획재정부장관의 예산편성지침의 통보, 각 중앙관서의 장의 예산요구서의 제출 순으로 진행된다(국가재정법 제28조 내지 제31조).

[ㄴ ▶ ○] 기획재정부장관은 예산요구서에 따라 예산안을 편성하여 국무회의의 심의를 거친 후 대통령의 승인을 얻어야 한다. 정부는 대통령의 승인을 얻은 예산안을 회계연도 개시 120일 전까지 국회에 제출하여야 한다(국가재정법 제32조, 제33조).

[ㄷ ▶ ○] 위원회가 예산안등과 세입예산안 부수 법률안에 대하여 매년 11월 30일까지 심사를 마치지 아니하였을 때에는 그 다음 날에 위원회에서 심사를 마치고 바로 본회의에 부의된 것으로 본다(국회법 제85조의3 제2항 본문).

[ㄹ ▶ ×] 각 중앙관서의 장은 예산이 확정된 후 사업운영계획 및 이에 따른 세입세출예산·계속비와 국고채무부담행위를 포함한 예산배정요구서를 기획재정부장관에게 제출하여야 한다. 기획재정부장관은 예산배정요구서에 따라 분기별 예산배정계획을 작성하여 국무회의의 심의를 거친 후 대통령의 승인을 얻어야 한다. 기획재정부장관은 각 중앙관서의 장에게 예산을 배정한 때에는 감사원에 통지하여야 한다(국가재정법 제42조, 제43조 제1항, 제2항).

답 ❸

15 국회의 예산결산에 관한 설명으로 옳지 않은 것은?

① 결산 심의를 한 결과 문제가 있는 특정사안에 대하여 감사원에 감사를 요구할 수 있다.
② 결산은 회계연도에서 국가의 수입과 지출 실적을 확정적 계수로 표시하는 행위이다.
③ 예산의 범위 내에서 재정활동을 했는지 확인하고 그 결과를 재정운용에 반영하는 과정이다.
④ 부당한 지출이 발견된 경우 그 책임을 요구하고 무효화할 수 있다.
⑤ 재정운용의 비능률이 발견된 경우 시정을 요구할 수 있고 차년도 예산과정에서 쟁점화될 수 있다.

해설

[❶ ▸ ○] 국회는 의결로 감사원에 대하여 감사원법에 따른 감사원의 직무 범위에 속하는 사항 중 사안을 특정하여 감사를 요구할 수 있다. 이 경우 감사원은 감사 요구를 받은 날부터 3개월 이내에 감사 결과를 국회에 보고하여야 한다(국회법 제127조의2 제1항).

[❷ ▸ ○] 결산은 예산과정의 마지막 단계로서 한 회계연도 동안의 국가의 수입·지출의 실적을 확정적 계수로 표시하여 검증하는 행위를 말한다.

[❸ ▸ ○] 결산은 국회의 심의과정에서 정부가 예산 범위 내에서 재정활동을 하였는지 사후 확인하고 그 결과를 차기 예산편성과 운용에 반영하여 재정·정책자료로 환류하는 재정통제와 환류기능이 있다.

[❹ ▸ ×] [❺ ▸ ○] 결산심사 결과 부당한 지출이 발견된 경우에도 집행을 취소 또는 무효화할 수는 없고, 국회는 정부에 정치적·도의적 책임을 추궁하게 된다는 점에서 결산은 정치적 성격을 가지는 데 그친다.❹ 즉, 재정운용의 비능률이 발견된 경우 국회는 정부에 시정을 요구할 수 있고 차년도 예산과정에서 이러한 점들이 쟁점화될 수 있다.❺

답 ❹

16 예산 집행의 신축성을 유지하기 위한 제도에 관한 설명으로 옳은 것은?

① 이용(移用)이란 세항·목 등 행정과목 간의 예산을 상호 융통하는 것이다.
② 전용(轉用)이란 장·관·항 등 입법과목 간의 예산을 상호 융통하는 것이다.
③ 이체(移替)란 폐지되거나 기능이 이관된 기관의 예산을 신설된 기관의 예산으로 재분배하는 것이다.
④ 명시이월(明示移越)이란 연도 내에 지출원인행위를 하고 불가피한 사유로 인하여 연도 내에 지출하지 못한 경비를 다음 연도로 이월하여 사용하는 것이다.
⑤ 사고이월(事故移越)이란 연도 내에 그 지출을 마치지 못할 것이 예측될 때 미리 국회의 승인을 얻어 다음 연도로 이월하여 사용하는 것이다.

해설

[❶ ▶ ×]   이용(移用)이란 장·관·항 등 입법과목 간의 예산을 상호 융통하는 것을 말한다. 이용 시에는 국회의결을 필요로 한다.
[❷ ▶ ×]   전용(轉用)이란 세항·목 등 행정과목 간의 예산을 상호 융통하는 것을 말한다. 전용 시에는 국회의 의결은 불필요하다.
[❸ ▶ ○]   이체(移替)란 정부기구·직제 또는 정원에 관한 법령이나 조례의 제정·개정·폐지로 인하여 그 직무와 권한의 변동이 있을 때 그 변동내용에 따라 예산을 이동하여 집행하는 것(예산의 재분배)을 말한다.
[❹ ▶ ×]   명시이월(明示移越)이란 세출을 연도 내에 지출을 할 수 없을 것으로 예견되는 예산을 다음연도에 이월하여 사용하겠다는 취지를 명백히 하여 미리 국회의 의결을 거쳐 다음연도에 이월하는 제도를 말한다.
[❺ ▶ ×]   사고이월(事故移越)이란 지출원인행위를 하였으나 불가피한 사유로 회계연도 종료 시까지 지출하지 못한 경비와 지출원인행위를 하지 아니한 부대경비를 다음 회계연도에 넘겨서 사용하는 것을 말한다. 한번 사고이월한 경비는 다시 다음 연도에 재차 이월할 수 없다(사고이월은 1회에 한정).

> [참고] 이월
> 이월(移越)이란 회계연도 단년도주의의 단점을 극복하기 위하여 미집행예산을 다음 회계연도에 넘겨서 사용할 수 있도록 허용하는 것을 말한다. 예산의 이월은 원칙적으로 금지되고 예외적으로 허용된다. 이월에는 명시이월(明示移越)과 사고이월(事故移越)이 있다.

답 ❸

17 정부회계에 관한 설명으로 옳지 않은 것은?

① 복식부기는 거래의 이중성에 따라 장부의 차변과 대변에 각각 계상하고 차변의 합계와 대변의 합계의 일치 여부로 자기 검증 기능을 갖는다.
② 미지급비용은 현금주의에서는 인식되지 않으나 발생주의에서는 부채로 인식된다.
③ 현행 정부회계는 발생주의·복식부기 방식을 채택하여 재무제표를 작성한다.
④ 국가회계법상 중앙정부의 대표적 재무제표는 재정상태보고서, 재정운영보고서, 현금흐름보고서, 순자산변동보고서로 구성된다.
⑤ 발생주의·복식부기의 정부회계는 성과중심의 정부개혁에 유용한 정보를 제공한다.

해설

[❶ ▶ ○] 복식부기는 하나의 거래를 대차평균의 원리에 따라 차변과 대변에 이중기록하는 방식으로, 차변의 합계와 대변의 합계의 일치 여부로 자기 검증 기능을 갖는다.
[❷ ▶ ○] 현금주의 회계방식은 현금이 수납·지출될 때 인식하므로 미지급비용에 대한 인식이 어렵지만, 발생주의는 수익과 비용이 발생된 시점에 거래를 인식하므로 미지급비용과 미수수익을 각각 부채와 자산으로 인식한다.
[❸ ▶ ○] 현행 정부회계는 발생주의·복식부기 방식을 채택하여 재무제표를 작성한다(국가회계법 제11조 제1항, 제15조 제3항).
[❹ ▶ ×] 국가회계법상 중앙정부의 대표적 재무제표는 재정상태표, 재정운영표, 순자산변동표로 구성된다(국가회계법 제14조 제3호). 참고로 2008.12.31. 국가회계법 개정 전에는 중앙정부의 재무제표가 재정상태보고서, 재정운영보고서, 순자산변동보고서, 그 밖에 대통령령으로 정하는 서류로 구성되어 있었다.
[❺ ▶ ○] 발생주의·복식부기의 정부회계는 경영성과 파악이 용이하여 성과중심의 정부개혁에 유용한 정보를 제공한다.

답 ❹

제6장 행정환류론

학습 Key word

❶ 길버트의 행정통제의 유형, 옴부즈만 제도와 국민권익위원회의 비교, 행정개혁의 접근방법[구조적, 과정적(기술적), 행태적(인간관계론적), 통합적, 조직문화적, 사업중심적], 행정개혁에 대한 저항의 원인과 대책, 영국과 미국의 행정개혁, 우리나라의 행정개혁에 대하여 학습한다.
❷ 지식(관리)행정, 전자정부와 공공행정의 변화, 우리나라의 전자정부의 특징, 전자정부법상 용어(정보통신망, 정보자원, 정보기술 아키텍처, 정보시스템 감리), 전자정부의 원칙, 정부 3.0에 대하여 학습한다.

제1절 행정책임과 통제

I 행정책임

1. 행정책임의 의의

(1) 행정책임의 개념
① 행정책임이란 행정관료가 도덕적·법률적 규범에 따라 행동해야 하는 국민에 대한 의무를 말한다(행정책임은 일정한 의무를 전제로 한다).
② 행정의 책임(성)에는 '결과에 대한 책임'과 함께 '과정에 대한 책임'도 포함된다.

(2) 다양한 행정책임의 개념
① 도의적 책임(responsibility) : 공복(公僕)으로서의 관료의 직책과 관련된 광범위한 도의적·자율적 책임을 의미한다.
② 대응적 책임(responsiveness) : 국민이나 고객의 요구, 이념, 가치에 대한 대응성을 강조하는 책임을 의미한다.
③ 법적 책임(accountability) : 설명적·법률적·제도적 책임을 의미한다.

2. 행정책임의 접근법

(1) 외재적 책임과 내재적 책임

1) **외재적(제도적) 책임 : 파이너(Finer)의 고전적 책임론**
   ① 외부적인 힘(제도)에 의한 통제로 확보되는 책임을 말한다.
   ② 법률, 입법부, 사법부, 국민 등에 의한 통제 등
   ③ 외재적(제도적) 책임성은 법규의 규정에 따른 적절한 절차를 강조한다.

2) **내재적(자율적) 책임 : 프리드리히(Friedrich)의 현대적 책임론**
   ① 프리드리히(Friedrich)는 행정의 적극적 이미지를 전제로 공무원이 전문가로서의 기능적 책임을 강조하는 책임론을 제시하였다.
   ② 관료의 내면적 기준에 의한 책임, 즉 공무원이 전문가로서의 직업윤리나 책임감에 기초하여 적극적이고 자발적인 재량을 발휘하여 확보되는 행정책임을 말한다.

(2) 듀브닉과 롬젝(Dubnic & Romzek)의 행정책임성 유형

듀브닉과 롬젝(Dubnic & Romzek)은 통제의 소재(관료조직의 내부와 외부)와 통제의 정도(조직의 자율성)에 따라 행정의 책임기제를 4가지 유형으로 구분하였다.

구 분		관료조직의 통제의 소재	
		내부 지향적	외부 지향적
통제의 정도 (조직의 자율성)	높음(낮음)	관료적(위계적) 책임성	법률적 책임성
	낮음(높음)	전문적 책임성	정치적 책임성

1) **관료적 책임성**
   ① 내부 지향적이고 통제의 강도가 높은 책임성
   ② 자율성이 적은 개별 관료에 대한 통제와 감독이 중요
   ③ 규칙, 규제, 명령, 감독자의 책임 권한이 중요한 변수

2) **법률적 책임성**
   ① 외부 지향적이고 통제의 강도가 높은 책임성
   ② 주어진 법적 의무 사항에 대한 준수 여부를 감독하고 평가하는 합법성에 대한 관리가 중요
   ③ 외부 감사자의 역할이 중요

3) **전문적 책임성**
   ① 내부 지향적이고 통제의 정도가 낮은 책임성
   ② 정부조직 내에서 관료의 전문성과 자율성이 조직 운영의 중요한 요소
   ③ 투입 요소보다는 개인과 조직의 사후적 성과에 대한 관리를 통해 책임성을 담보

4) **정치적 책임성**
   ① 외부 지향적이고 통제의 정도가 낮은 책임성
   ② 대통령, 국회의원, 이익단체 등 주요 이해관계자들의 필요와 요구를 충족시키는가가 가장 중요한 요소

> **참고**
> 현대 행정환경에서 통제 위주의 책임성보다는 자율 위주의 책임성 제고, 외부 통제기제보다 내부 통제기제가 더욱 중요하게 인식되고 있다.

Ⅱ 행정통제

1. 행정통제의 의의
① 행정통제란 공무원 개인 또는 행정체제의 일탈에 대한 감시와 처벌을 통해 원래의 행정성과를 달성하려는 활동을 말한다.
② 행정통제는 행정책임을 확보하는 수단이며, 행정의 신뢰성 확립과 직접적으로 관련되어 있다.
③ '행정책임'과 '행정통제'는 표리관계에 있다.

2. 행정통제의 유형
① 길버트(Gilbert)는 행정통제의 유형을 통제자가 행정조직 내부에 위치하는지의 여부에 따라 '내부통제'와 '외부통제'로 구분하고, 통제방법이 법률 등으로 제도화되었는지 여부에 따라 '공식적 통제'와 '비공식적 통제'로 구분하였다.

구 분	내부통제	외부통제
공식적 통제	• 대통령(대통령실)에 의한 통제 기출 22 • 국무조정실(국무총리실)에 의한 통제 기출 24·22 • 계층제(명령 체계) 및 인사관리제도에 의한 통제 기출 24·21 • 중앙행정부처에 의한 통제 기출 22 • 감사원(독립통제기관)에 의한 통제(회계검사, 직무감찰, 성과감사 등) 기출 24·22·20·13 • 교차기능조직(법제처, 인사혁신처 등)에 의한 통제 • 국민권익위원회에 의한 통제(국무총리 소속)	입법부에 의한 통제 기출 21·20 • 법률의 제정·개폐, 조약의 체결·비준 동의 • 예산 심의·의결, 결산승인, 기채(국채발행)동의 • 국정감사, 국정조사 • 해임건의, 탄핵소추 사법부에 의한 통제 기출 22·21·20·13 법원의 행정소송과 명령·규칙 위헌심사 헌법재판소에 의한 통제 헌법재판소의 헌법심판(위헌법률심판, 탄핵심판, 탄핵심판, 권한쟁의심판 등) 옴부즈만(행정감찰관)에 의한 통제(의회 소속)
비공식적 통제	• 공무원으로서의 직업윤리 • 동료집단의 평가와 비판 • 행정적 의사결정지침으로서의 공익가치를 통한 통제 기출 24	• 국민(시민)에 의한 통제 기출 24·20 • 이익집단에 의한 통제 기출 21·20 • 시민단체에 의한 통제 • 정당에 의한 통제 • 시민참여·주민참여제도, 선거·투표 등 기출 21·13 • 언론, 여론, 매스컴, 인터넷에 의한 통제 기출 24

② 입법부에 의한 통제는 행정통제 방안 중 가장 역사가 오래되었고, 실질적인 효과가 가장 크다.
③ 사법부에 의한 통제는 사후적·소극적이며, 정치적·정책적 통제는 어렵다는 내재적 한계를 지닌다.
④ 사법부에 의한 통제는 합법성을 강조하므로 위법행정보다 부당행정이 많은 현대행정에서 효율적인 통제가 어렵다는 문제가 있다.

3. 옴부즈만(Ombudsman) 제도

(1) 의 의

① 옴부즈만은 행정권의 위법·부당한 행위로 말미암아 권리의 침해를 입은 시민이 제기하는 민원 등을 조사하여 관계기관이 시정을 권고함으로써 국민의 권리를 구제하는 행정감찰기관을 말한다. 기출 20·15

② 옴부즈만 제도는 1809년 스웨덴에서 처음 채택되었고(옴부즈만은 스웨덴어로 대리자를 의미), 이후 핀란드, 노르웨이, 덴마크 등을 거쳐 영국, 미국 등 많은 국가에서 채택·실시하고 있다. 기출 20·15

(2) 소 속

① 옴부즈만은 의회(입법부) 소속인 경우가 일반적이지만, 우리나라의 국민권익위원회처럼 행정부 소속인 경우도 존재한다.

② 옴부즈만은 기능적으로 자율적이고 의회(입법부)나 행정부로부터 정치적으로나 직무상으로 독립된 기관이다. 기출 20

(3) 기능 및 특징

① 옴부즈만은 독립적인 지위에서 조사를 하여 시정을 촉구하거나 건의함으로써 국민의 권리를 구제한다. 기출 20

② 옴부즈만은 비공식적 절차를 이용하는 경우가 많지만, 조사는 대면적·직접적·공개적으로 이루어지고 필요한 사항을 조사해 결과를 알려주고 언론을 통해 공표하기도 한다.

③ 옴부즈만은 시민의 요구·신청·고발에 의하여 활동을 개시하는 것이 일반적이나 직권으로 조사활동을 하는 경우도 있다. 기출 15

④ 옴부즈만 제도는 사법부에 의한 판결보다 비용이 적게 들고, 간편·신속한 문제해결이 가능하다는 특징이 있다. 기출 15

⑤ 「부패방지 및 국민권익위원회의 설치와 운영에 관한 법률」에 의하여 국무총리 소속으로 설치된 국민권익위원회는 옴부즈만 제도와 유사하다고 볼 수 있다. 기출 15

4. 국민권익위원회(우리나라의 옴부즈만 제도)

(1) 국민권익위원회의 목적, 소속 및 업무

① 목적 : 국민권익위원회는 고충민원의 처리와 그에 관련된 불합리한 행정제도의 개선을 목적으로 한다(부패방지권익위법 제3조). 기출 18

② 소속 : 국민권익위원회는 국무총리 소속으로 설치되어 있으며(부패방지권익위법 제11조 제1항), 옴부즈만 제도의 일종으로 볼 수도 있다. 기출 18·13

③ 기능(업무)

㉠ 국민권익위원회는 고충민원의 조사와 처리 및 이와 관련된 시정권고 또는 의견표명에 관한 업무를 수행한다(부패방지권익위법 제12조 제2호). 기출 13

㉡ 국민권익위원회는 행정심판법에 따른 중앙행정심판위원회의 운영과 관련된 업무를 수행한다(부패방지권익위법 제12조 제19호). 기출 18

ⓒ 국민권익위원회는 시정의 권고, 의견 표명, 감사 의뢰 등을 할 수 있다(부패방지권익위법 제46조, 제51조).

기출 18

ⓔ 옴부즈만과 유사한 국민권익위원회는 관계 행정기관등의 장에게 적절한 시정을 권고하거나, 관계 행정기관등의 장에게 의견을 표명할 수 있을 뿐, 법원이 내린 결정 처분에 대해 시정조치, 권고, 취소결정을 할 수는 없다. 기출 20

(2) 국민권익위원회의 구성

① 위원장 및 부위원장은 국무총리의 제청으로 대통령이 임명하고, 상임위원은 위원장의 제청으로 대통령이 임명하며, 상임이 아닌 위원은 대통령이 임명 또는 위촉한다. 이 경우 상임이 아닌 위원 중 3명은 국회가, 3명은 대법원장이 각각 추천하는 자를 임명 또는 위촉한다(부패방지권익위법 제13조 제3항).

② 국민권익위원회의 위원장과 위원의 임기는 각각 3년으로 하되 1차에 한하여 연임할 수 있다(부패방지권익위법 제16조 제2항). 기출 13

③ 국민권익위원회 위원은 재직 중 국회의원 또는 지방의회의원직을 겸직할 수 없다(부패방지권익위법 제17조 제1호).

기출 13

④ 정당의 당원은 국민권익위원회 위원이 될 수 없다(부패방지권익위법 제15조 제1항 제3호). 기출 13

(3) 시민고충처리위원회

① 지방자치단체 및 그 소속기관에 관한 고충민원의 처리와 행정제도의 개선 등을 위하여 각 지방자치단체에 시민고충처리위원회를 둘 수 있다(부패방지권익위법 제32조 제1항). 즉, 시민고충처리위원회는 국민권익위원회의 직속기관이 아니라 각 지방자치단체의 소속기관이다. 기출 18

② 시민고충처리위원회의 위원은 지방자치단체의 장이 지방의회의 동의를 거쳐 위촉한다(부패방지권익위법 제33조 제1항).

③ 시민고충처리위원회의 위원의 임기는 4년으로 하되, 연임할 수 없다(부패방지권익위법 제33조 제2항).

제2절 행정개혁

I 행정개혁의 개념

행정개혁이란 행정체제를 현 상태에서 그보다 나은 상태로 변동시키는 인위적·계획적·동태적·의도적·지속적 과정을 말한다.

II 행정개혁의 접근방법

| 구조적 접근방법 | • 고전적 조직이론에 입각하여 행정체계의 구조적 설계를 개선함으로써 행정개혁의 목표를 달성하려는 접근방법 기출 21
• 분권화 수준의 개선, 권한배분의 개편, 조직의 명령계통의 수정, 통솔범위의 조정, 작업집단의 설계 등을 추진 기출 21·20·14
• 주된 목표는 기능중복의 제거 및 표준적 절차의 간소화 등 기출 21
• 조직의 분권화를 통해 조직계층의 단순화, 명령과 책임 등을 명확화 기출 21 |

과정적 (기술적) 접근방법	• 행정체제의 운영과정(의사결정·의사전달·통제 등)이나 일의 흐름 및 이에 결부된 기술(장비 및 수단)을 개선하려는 접근방법 `기출` 20 • 과학적 관리론에 근거하여 행정에 갖가지 수단, 즉 관리과학·OR(Operations Research)·컴퓨터 등의 계량화 기법을 활용하여 행정성과를 향상 도모 • 문서의 양식과 처리절차, 행정사무의 전산화, 보수의 책정, 정원 관리 등이 행정개혁의 주요 대상
행태적 (인간관계론적) 접근방법	• 인간관계론에 근거하여 개혁의 초점을 인간의 행동에 둠 • 감수성 훈련, 집단토론, 조직발전(OD ; Organizational Development)과 같은 행태과학의 지식과 기법을 활용하여 관료의 가치관, 신념, 태도의 변화를 유도 `기출` 23·20 • 공무원의 의식개혁, 업무자세와 태도 개선, 공무원의 능력개발을 통해 행정개혁 `기출` 21 • 자발성에 의한 민주적·분권적·상향적·참여적 접근방법
통합적 (종합적) 접근방법	• 개방체제 관념에 입각하여 개혁대상의 구성요소들을 포괄적으로 관찰하고, 분화된 접근방법들을 통합하여 개혁을 달성하려는 접근방법 `기출` 20 • 구조·인간·환경 및 조직 간의 상호관련성 고려 • 성공조건 : 정치적 지지로 행정인의 이해·참여를 촉진하여 구조개혁 추진
조직문화적 접근방법	조직의 상징체계, 신화, 의례를 변경하여 조직구성원의 행동양식·관행·신념을 개선함으로써 바람직한 문화변동을 추진하려는 접근방법 `기출` 21·20
사업중심적 접근방법	정책분석과 평가, 생산성 측정 등을 통하여 행정산출의 정책목표와 내용, 소요자원에 초점을 두어 행정의 목표를 개선하고, 서비스의 양과 질을 개선하려는 접근방법

Ⅲ 행정개혁에 대한 저항의 원인과 대책

저항의 원인		• 기득권의 침해 • 개혁내용의 불명확성 • 개혁대상자의 능력부족 • 관료제의 경직성과 보수적 경향 • 참여의 부족이나 비공개적 추진
극복방안	사회적·규범적 방법	• 의사전달과 참여의 확대 `기출` 22·19 • 의사소통과 참여 촉진 • 가치갈등의 해소 `기출` 22 • 집단토론과 교육훈련 `기출` 19 • 충분한 시간의 부여 • 사명감 고취와 역할 인식 강화 `기출` 22
	기술적·공리적 방법	• 개혁의 점진적 추진 • 적절한 시기와 범위의 선택 • 개혁안의 공공성에 대한 홍보 `기출` 22 • 개혁방법·기술의 수정 : 추진전략에 융통성의 부여 • 적절한 인사배치 • 호혜적 전략 : 조건부 지원이나 유인 제공 등 • 손실보상의 최소화와 보상방안의 명확화 • 신분보장과 경제적 보상(임용상 불이익 방지) `기출` 22·19
	강제적·물리적 방법	• 직위에 부여된 공식적 권한으로 명령 • 신분상 불이익 • 긴장 조성 `기출` 22·19 • 물리적 제재 • 권력구조 개편에 의한 저항세력 약화 `기출` 22

Ⅳ 영국과 미국의 행정개혁

1. 영국

(1) 대처(Thatcher) 행정부 : 보수당(1979~1990년)
① 배경 : IMF체제 하의 심각한 재정·경제상 위기에서 출발한 대처 행정부는 신자유주의 정치이념과 시장경제 원리를 중시하는 정부개혁에 착수(대처리즘)
② 넥스트 스텝(Next Steps) 프로그램(1988년) : 중앙부처의 집행 및 서비스 기능을 분리하여 책임운영기관(Executive Agency)을 설치하는 등 일련의 행정개혁 프로그램 기출 23
③ 의무경쟁 입찰제도(CCT) : 지방정부를 대상으로 공공서비스 공급의 경쟁화와 정부기능 재조정을 위해 의무경쟁 입찰제도(CCT)를 도입. 기출 23

(2) 메이저(Major) 행정부 : 보수당(1990~1997년)
① 시민헌장제도 : 시민헌장제도는 1991년 영국 메이저(Major) 행정부에서 가장 먼저 시행. 미국 등 대부분의 OECD 국가에서도 이와 유사한 제도를 운영. 기출 23
② 시장성테스트(Market Testing) : 특정한 공공업무를 민영화, 민간위탁 또는 강제 입찰시킬 것인지의 여부를 결정하기 위한 사전 검증절차를 말한다.

(3) 블레어(Blair) 행정부 : 노동당(1997~2007년)
① 배경 : 개혁적 사회민주주의 정권으로의 교체, 제3의 길(The Third Way)을 표방.
② 특징 : '보다 나은 정부(better government)' 구현을 제시하면서 지속적인 개혁 추진. 참여의 활성화와 공유된 목표를 실현하는 거버넌스 협력체제 구축을 시도.
② 주요 혁신 프로그램 : 의무경쟁 입찰제도(CCT)를 폐지 → 공공서비스 협약제도.

2. 미국

① 1990년대 '정부재창조'로 불린 클린턴 행정부의 개혁이 미국행정개혁의 중심
② 국정성과팀(National Performance Review) : 클린턴 행정부 시절 엘 고어(E. Gore)부통령을 위원장으로 하는 국정성과팀(National Performance Review)이 제안한 정부재창조의 기본원칙은 관료적 문서주의(red tape) 제거, 고객우선주의, 성과산출을 위한 권한 위임, 기본 원칙으로의 복귀 등이다. 기출 15
③ 국정성과팀(NPR)은 '적은 비용으로 일 잘하는 정부(Works Better Costs Less)'를 기치로 공무원의 인원 감축과 일선기관의 통폐합 등 규모 축소
④ '정부성과 및 계약에 관한 법률(GPRA)'을 통해 예산을 업무성과와 연계함으로써 정부지출의 효과성 증대

V 우리나라의 행정개혁

① 제2공화국에서는 감찰위원회는 구성·운영되었지만, 경찰중립화를 위한 공안위원회는 구성되지 못하였다. 기출 21
② 제3공화국의 행정개혁은 대통령 직속으로 설치된 행정개혁조사위원회에 의해 추진되었다. 기출 21
③ 제4공화국의 행정개혁은 서정쇄신운동의 일환으로 전개되었으나, 이 운동은 정치적 동기에서 출발하여 정권을 보전하기 위한 수단으로서의 성격을 가지고 있었다. 기출 21
④ 김영삼 정부에서는 행정절차법과 공공기관의 정보공개에 관한 법률(양 법률 모두 1996년 제정, 1998년 시행)을 제정해 행정의 투명성을 제고하고자 하였다. 기출 21
⑤ 김대중 정부에서는 대통령령으로 정부혁신추진위원회규정(2000. 7. 제정)을 제정하여 이를 근거로 정부혁신추진위원회를 설치하였다. 기출 21
⑥ 노무현 정부(참여정부)에서는 공무원의 전문성과 역량 강화를 위해 고위공무원단 제도를 도입하였다.
⑦ 이명박 정부에서는 '자유'와 '성장' 중심의 국정을 중시하고, 대폭적인 정부조직 개편과 인력의 대폭 감축, '작은 정부 구현정책의 공식화'를 추구하였다.
⑧ 박근혜 정부에서는 정부의 적극적 역할을 강조(창조경제·경제 민주화·국민안전 등을 위한 정부의 적극적 역할 강조)하고, 신뢰받는 정부를 위한 국민 중심의 서비스 정부 3.0 구현을 목표로 하였다.

제3절 정보화와 행정

I 지식(관리)행정

1. 개 설

① 행정지식은 기존 데이터나 정보에 비해 높은 전략적 가치를 내포하지만, 비구조적이고 사람에게서 오랜 시간을 거쳐 창출되기에 다른 유형의 자산과 달리 효과적으로 관리하고 공유하는 데 많은 시간과 자원이 요구된다. 이러한 특성을 지닌 지식의 창출 및 활용과정을 조직차원에서 관리해 조직경쟁력을 제고시키려는 것이 지식관리이다. 기출 23
② 정보의 상위 개념으로서 지식이 정보를 대체하기 시작했다는 의미로서 이미 21세기를 지식사회로 규정하려는 주장이 확산되고 있다(Drucker). 정보는 조직화 또는 구조화된, 그리고 의미를 부여받은 데이터로서, 정보 시스템상의 현재 또는 과거 상태를 말한다. 반면, 지식은 예측 가능성 및 인과관계를 설정하며, 나아가 무엇을 할 것인지에 대한 진단적 의사결정을 가능하게 하므로 정보 이상의 의미를 갖는다. 따라서 지식(관리)행정은 정보행정보다 높은 수준의 활동이다. 기출 23

2. 특 징

① 지식(관리)행정은 지식사회을 설계하고, 지식 창출·형식화·전파·활용 등 지식관리를 통해 가치를 창출하고 극대화하는 행정이다. 또한 예측할 수 없을 정도로 급변하는 환경에서 경쟁력을 갖춘 지능적 행정으로서 그 외연적 모습은 지식정부로 나타난다. 지식(관리)행정은 장래의 기회와 위협 요소에 대응하기 위해 행정활동의 프로세스를 끊임없이 개선하는 학습과정으로서 조직 프로세스를 급격히 변화시키는 리엔지니어링(Reengineering)과 구별된다. 이에 따라 행정조직은 창조력을 지닌 유기체로 기능하도록 스스로 인도하는 자기 지시적(self-guiding)능력을 발휘한다. 기출 23
② 지식(관리)행정은 문제 해결 및 사회변화 예견을 위해 정보관리기술에 의존하고 있다. 즉, 정보기술 발달로 조직 내·외부에 인트라넷이나 인터넷 등 가상공간이 확대되면서 이를 이용해 필요한 정보와 지식을 획득할 수 있게 되었다. 아울러 정보처리 체계적 분류 축적 공유 등이 가능한 정보 시스템을 구축하면서 지식경영 및 지식행정의 토대가 마련될 수 있었다. 기출 23

Ⅱ 전자정부

1. 개 설

① 전자정부의 기반기술 패러다임은 ㉠ 인터넷 기반 전자정부에서 ㉡ 모바일 기술 기반 전자정부로, 다시 모바일 기술에서 ㉢ 유비쿼터스 컴퓨팅과 네트워크 기술 기반 전자정부로 발전·진화해 왔다. 기출 13
② 국민을 위해 언제 어디서나 한 번에 서비스가 제공되고 24시간 처리가 가능한 ONESTOP 전자민원서비스를 제공한다. 기출 13
③ 전자정부는 정부 내 공문서나 자료가 전자적으로 처리되어 종이 없는 행정을 구현한다.
④ 행정정보가 풍부한 정보네트워크를 통해 국민과의 소통이 원활하게 되어 국민과 하나가 되는 정부를 구현하는 데 기여한다. 기출 13
⑤ 전자정부는 정보공개를 촉진하며, 인터넷, 키오스크 등 다양한 매체를 활용하여 정부가 보유한 정보에 쉽게 접근할 수 있도록 하여 국민의 알 권리를 충족시키는 데 기여한다. 기출 13

2. 전자정부의 주요 특징

① 행정업무에 정보기술을 활용하여 대내적으로는 신속·정확한 대국민서비스를 제공하고, 대외적으로는 참여를 통한 시민이나 민간조직 등과의 네트워크를 통해 폭넓은 거버넌스를 구축한다. 기출 18
② 정보기술을 활용하여 공급자(정부)보다 수요자(국민) 중심의 행정서비스를 강조하는 열린 정부이다. 기출 18
③ 정부의 정책과정에 대한 국민의 참여와 보편적 접근을 제고한다. 기출 18
④ 행정업무 절차의 전산화가 항상 행정의 생산성을 보장해주는 것은 아니라는 점에 유의하여야 한다. 기출 18
⑤ 전자정부시대의 도래가 오히려 국민 개개인의 인적·물적 정보에 대한 침해의 우려를 증가시키고 있어 시민 개개인의 프라이버시를 존중하고 보호하기 위해 노력한다. 기출 18

3. 전자정부와 공공행정의 변화

① 전자정부 발전으로 인한 정보화의 역기능은 사회적 질서와 안전을 위협하는 디지털위험으로 진행될 수 있다. 기출 22
② 일반적으로 정보는 공공재 성격이 강하기 때문에 행정정보의 비대칭성 문제는 해소 내지 완화되어야 하는 것이 바람직하다. 기출 22
③ 정부의 맞춤형 전자서비스와 빅데이터 산업 고도화 차원에서 개인정보의 행정기관 간 공동 활용은 중요하다. 기출 22
④ 전자정부 서비스는 이용자들의 거래비용과 기회비용 및 민원업무 감소에 기여한다. 기출 22
⑤ 전자정부의 발달에 의한 공공데이터 개방은 종전에 공공기관이 독점적으로 소유·관리하던 공공데이터(행정정보)를 국민에게 개방하여 국민의 공공데이터(행정정보)에 대한 이용권을 보장하고 새로운 비즈니스 및 신성장동력을 창출할 수 있게 한다. 기출 22

Ⅲ 우리나라의 전자정부

1. 개 설

① 전자정부란 정보기술을 활용하여 행정기관 및 공공기관의 업무를 전자화하여 행정기관등의 상호 간의 행정업무 및 국민에 대한 행정업무를 효율적으로 수행하는 정부를 말한다(전자정부법 제2조 제1호).
② 전자정부는 정보통신기술을 활용하여 효율적인 행정, 질 높은 대민서비스(국민중심의 정부, 인터넷에 의한 대민봉사), 투명하고 민주적인 정부(열린 정부)를 구현하는 실천적인 수단이다. 기출 17
③ 우리나라 전자정부시스템에는 정부민원포털(민원24), 국민신문고, 국가종합전자조달시스템(나라장터), 전자통관시스템(UNI-PASS), 홈택스 서비스(Home Tax), 디지털예산회계시스템(BAIS) 등이 있다. 기출 17
④ 행정기관등의 장은 행정업무를 수행할 때 정보통신망을 이용한 온라인 영상회의 방식을 활용할 수 있다. 이 경우 행정기관등의 장은 원격지 간 업무수행을 할 때에는 온라인 영상회의를 우선적으로 활용하도록 노력하여야 한다(전자정부법 제32조 제1항). 기출 17

2. 특 징

① 전자정부는 정보기술을 활용하여 공급자(정부)보다 수요자(국민) 중심의 행정서비스를 강조한다. 기출 20·19
② 전자정부는 정부의 정책과정과 업무절차에 대한 투명성과 접근성을 높인다. 기출 19
③ 전자정부는 국민과의 소통과 협력을 확대하고, 24시간 행정서비스를 제공한다. 기출 19
④ 전자정부는 스마트워크센터를 통해 시·공간 제약없이 유연한 근무를 가능하게 한다. 스마트워크센터는 원격지에서 업무가 가능하도록 원격업무시스템을 갖춘 사무공간을 말한다. 기출 19·17
⑤ 전자정부는 인터넷이나 DB기술 활용을 통해 부서 간 효율적인 정보교류가 가능하다. 기출 19

3. 전자정부법

(1) 용어의 정의

> **전자정부법 제2조(정의)**
> 이 법에서 사용하는 용어의 뜻은 다음과 같다.
> 10. 정보통신망이란 전기통신기본법 제2조 제2호에 따른 전기통신설비를 활용하거나 전기통신설비와 컴퓨터 및 컴퓨터 이용기술을 활용하여 정보를 수집·가공·저장·검색·송신 또는 수신하는 정보통신체제를 말한다. 기출 15
> 11. 정보자원이란 행정기관등이 보유하고 있는 행정정보, 전자적 수단에 의하여 행정정보의 수집·가공·검색을 하기 쉽게 구축한 정보시스템, 정보시스템의 구축에 적용되는 정보기술, 정보화예산 및 정보화인력 등을 말한다. 기출 15
> 12. 정보기술아키텍처란 일정한 기준과 절차에 따라 업무, 응용, 데이터, 기술, 보안 등 조직 전체의 구성요소들을 통합적으로 분석한 뒤 이들 간의 관계를 구조적으로 정리한 체제 및 이를 바탕으로 정보화 등을 통하여 구성요소들을 최적화하기 위한 방법을 말한다.
> 14. 정보시스템 감리란 감리발주자 및 피감리인의 이해관계로부터 독립된 자가 정보시스템의 효율성을 향상시키고 안전성을 확보하기 위하여 제3자의 관점에서 정보시스템의 구축 및 운영 등에 관한 사항을 종합적으로 점검하고 문제점을 개선하도록 하는 것을 말한다.
> ※ 전기통신기본법 제2조 제2호에 따른 전기통신설비란 전기통신을 하기 위한 기계·기구·선로 기타 전기통신에 필요한 설비를 말한다.

(2) 전자정부의 원칙

> **전자정부법 제4조(전자정부의 원칙)**
> ① 행정기관등은 전자정부의 구현·운영 및 발전을 추진할 때 다음 각 호의 사항을 우선적으로 고려하고 이에 필요한 대책을 마련하여야 한다.
> 1. 대민서비스의 전자화 및 국민편익의 증진 기출 15
> 2. 행정업무의 혁신 및 생산성·효율성의 향상 기출 15
> 3. 정보시스템의 안전성·신뢰성의 확보 기출 15
> 4. 개인정보 및 사생활의 보호 기출 15
> 5. 행정정보의 공개 및 공동이용의 확대 기출 15
> 6. 중복투자의 방지 및 상호운용성 증진

4. 정부 3.0

① 정부 3.0은 공공정보를 적극 개방·공유하고 부처 간 칸막이를 없애 소통·협력함으로써 국정과제에 대한 추진동력을 확보하고 국민 맞춤형서비스를 제공함과 동시에 일자리 창출과 창조경제를 지원하겠다는 박근혜정부에서 처음 실시된 새로운 국민 중심의 유능하고 투명한 정부운영의 패러다임으로, 투명한 정부, 유능한 정부, 서비스 정부를 목표로 하고 개방, 공유, 소통, 협력을 핵심가치로 한다. 기출 16
② 정부와 국민 간의 양방향 소통을 중시하며, 국민에게 맞춤형 서비스 제공을 목적으로 한다. 기출 16
③ 인터넷, 스마트기기, 빅데이터 등 정보통신기술을 적극 활용한다. 기출 16

5. 스마트 전자정부

(1) 의 의

① 스마트 전자정부(Smart-Gov)란 진화된 IT기술과 정부 서비스간 융·복합으로 언제 어디서나 매체에 관계없이 국민이 자유롭게 정부서비스를 이용하고, 참여·소통할 수 있는 선진화된 정부를 의미를 의미한다.
② 스마트 전자정부(Smart-Gov)는 공급자 중심의 획일적인 서비스를 극대화하는 정부가 아니라 국민 중심의 통합·맞춤형 서비스를 제공하는 정부이다. 기출 24

(2) 스마트 전자정부가 구현된 모습(비전)

Seamless	부처별 서비스 연계·통합, 국민 중심의 통합·맞춤형 서비스 기출 24
Mobile	모바일 전자정부, 어디서나 편리한 서비스 기출 24
Any time	국민이 원하는 시간에 언제나 이용 가능한 서비스
Real time	국민수요에 실시간으로 반응하는 서비스 대응체계 기출 24
Together	기업 상생, 소외계층 배려, 국민 참여·소통으로 서비스 선진화 기출 24

> **4차산업혁명 시대의 중요 정보기술**
> - 인공지능(AI) : 인간의 인지·추론·판단 등의 능력을 전자적 방법으로 구현하는 소프트웨어나 컴퓨터시스템, 그 밖의 장치
> - 블록체인(block chain) : 거래정보의 기록을 중앙집중화된 서버나 관리 기능에 의존하지 않고, 분산원장(distributed ledger)을 기반으로 모든 참여자에게 분산된 형태로 배분함으로써, 데이터 관리의 탈집중화된 환경을 제공하는 기술
> - 빅데이터(big data) : 디지털환경에서 생성되는 정형 또는 비정형의 수치, 문자, 영상 등의 대량 데이터의 집합 및 이로부터 가치를 추출하고 결과를 분석하는 기술
> - 사물인터넷(IoT) : 인터넷을 기반으로 모든 사물을 연결하여 사람과 사물, 사물과 사물 간의 정보를 상호 소통하는 지능형 기술 및 서비스

제 6 장 행정환류론

제1절 행정책임과 통제

01 행정통제 유형 중 외부통제에 해당하는 것은?   22 행정사 제10회

① 대통령에 의한 통제
② 중앙행정부처에 의한 통제
③ 감사원에 의한 통제
④ 사법부에 의한 통제
⑤ 국무조정실에 의한 통제

해설

[❹ ▸ ○] ④ 사법부에 의한 통제는 외부통제에 해당한다. ① 대통령에 의한 통제, ② 중앙행정부처에 의한 통제, ③ 감사원에 의한 통제, ⑤ 국무조정실에 의한 통제는 내부통제에 해당한다.

> 길버트(Gilbert)는 행정통제의 유형을 통제자가 행정조직 내부에 위치하는지의 여부에 따라 '내부통제'와 '외부통제'로 구분하고, 통제방법이 법률 등으로 제도화되었는지 여부에 따라 '공식적 통제'와 '비공식적 통제'로 구분하였다.

답 ❹

02 행정통제의 유형 중 외부통제에 해당하지 않는 것은?   21 행정사 제9회

① 입법부에 의한 통제
② 사법부에 의한 통제
③ 시민참여에 의한 통제
④ 이익집단에 의한 통제
⑤ 계층제 및 인사관리제도를 통한 통제

해설

[❺ ▸ ×] ① 입법부에 의한 통제, ② 사법부에 의한 통제, ③ 시민참여에 의한 통제, ④ 이익집단에 의한 통제는 외부통제에 해당하나, ⑤ 계층제 및 인사관리제도를 통한 통제는 내부통제에 해당한다.

답 ❺

03 공식적 수단에 의한 행정통제를 모두 고른 것은?

> 24 행정사 제12회

ㄱ. 계층제를 통한 통제
ㄴ. 감사원을 통한 통제
ㄷ. 시민과 언론을 통한 통제
ㄹ. 공익가치를 통한 통제
ㅁ. 국무총리실을 통한 통제

① ㄱ, ㄴ
② ㄷ, ㄹ
③ ㄱ, ㄴ, ㅁ
④ ㄴ, ㄹ, ㅁ
⑤ ㄷ, ㄹ, ㅁ

해설

[ㄱ▶O] [ㄴ▶O] [ㅁ▶O] 행정통제는 통제방법이 법률 등으로 제도화되었는지 여부에 따라 '공식적 통제'와 '비공식적 통제'로 구분된다. 계층제에 의한 통제, 감사원을 통한 통제, 국무총리실에 의한 통제는 '공식적 통제(=공식적 수단에 의한 통제)'에 해당한다.

[ㄷ▶X] [ㄹ▶X] 시민과 언론을 통한 통제, 공익가치를 통한 통제는 '비공식적 통제(=비공식적 수단에 의한 통제)'에 해당한다.

● 행정통제의 네 가지 유형(Gilbert)

구 분	내부통제	외부통제
공식적 통제	• 대통령실(청와대)과 국무조정실(국무총리실)에 의한 통제 • 계층제(명령 체계) 및 인사관리제도에 의한 통제 • 중앙행정부처에 의한 통제 • 감사원(독립통제기관)에 의한 통제	**입법부에 의한 통제** • 법률의 제정·개폐, 조약의 체결·비준 동의 • 예산 심의·의결, 결산승인, 기채(국채발행)동의 • 국정감사, 국정조사 • 해임건의, 탄핵소추 **사법부에 의한 통제** • 법원의 행정소송과 명령·규칙 위헌심사 **헌법재판소에 의한 통제** • 헌법재판소의 헌법심판(위헌법률심판, 탄핵심판, 권한쟁의심판 등) **옴부즈만(행정감찰관)에 의한 통제**
비공식적 통제	• 공무원으로서의 직업윤리 • 동료집단의 평가와 비판 • 행정적 의사결정지침으로서의 공익가치를 통한 통제	• 국민(시민)에 의한 통제 • 이익집단에 의한 통제 • 시민단체에 의한 통제 • 정당에 의한 통제 • 시민참여·주민참여, 선거·투표 등 • 언론, 여론, 매스컴, 인터넷에 의한 통제

답 ③

04 옴부즈만(Ombudsman) 제도에 관한 설명으로 옳지 않은 것은?

20 행정사 제8회

① 국민의 이익을 보호하려는 취지에서 1809년 스웨덴에서 시작된 행정감찰관제도이다.
② 필요한 사항을 조사해 결과를 알려주고 언론을 통해 공표하기도 한다.
③ 옴부즈만은 기능적으로 자율적이고 입법부와 행정부로부터 독립되어 있다.
④ 독립적인 지위를 가진 사람이 조사를 하여 시정을 촉구하거나 건의함으로써 국민의 권리를 구제한다.
⑤ 옴부즈만과 유사한 국민권익위원회는 법원이 내린 결정 처분에 대해 시정조치, 권고, 취소를 결정한다.

해설

[❶ ▶ ○] 옴부즈만제도는 국민의 이익을 보호하려는 취지에서 1809년 스웨덴에서 시작된 행정감찰관제도이다.

[❷ ▶ ○] 옴부즈만은 비공식적 절차를 이용하는 경우가 많지만, 조사는 대면적·직접적·공개적으로 이루어지고 필요한 사항을 조사해 결과를 알려주고 언론을 통해 공표하기도 한다.

[❸ ▶ ○] 옴부즈만은 일반적으로 의회(입법부) 소속이나, 의회(입법부)나 행정부로부터 정치적으로나 직무상으로 독립된 기관이다.

[❹ ▶ ○] 옴부즈만은 행정권의 위법·부당한 행위로 말미암아 권리의 침해를 입은 시민이 제기하는 민원 등을 독립적 지위에서 조사하여 관계기관이 시정을 권고함으로써 국민의 권리를 구제한다.

[❺ ▶ ×] 국민권익위원회는 관계 행정기관등의 장에게 적절한 시정을 권고하거나, 관계 행정기관등의 장에게 의견을 표명할 수 있을 뿐, 법원이 내린 결정 처분에 대해 시정조치, 권고, 취소결정을 할 수는 없다.

답 ❺

05 우리나라의 국민권익위원회에 관한 설명으로 옳지 않은 것은?

① 국무총리 소속으로 설치되어 있으며, 옴부즈만의 일종으로 간주되기도 한다.
② 권고, 의견 표명, 감사 의뢰 등을 할 수 있다.
③ 고충민원의 처리와 그에 관련된 불합리한 행정제도의 개선을 목적으로 한다.
④ 국민권익위원회는 소관 업무의 원활한 수행을 위하여 직속기관으로 시민고충처리위원회를 둔다.
⑤ 국민권익위원회는 중앙행정심판위원회의 운영에 관한 업무를 수행한다.

해설

[❶ ▶ ○] 국민권익위원회는 국무총리 소속으로 설치되어 있으며, 옴부즈만 제도의 일종으로 볼 수도 있다.

[❷ ▶ ○] 국민권익위원회는 시정의 권고, 의견 표명, 감사 의뢰 등을 할 수 있다(부패방지권익위법 제46조, 제51조).

[❸ ▶ ○] 이 법은 국민권익위원회를 설치하여 고충민원의 처리와 이에 관련된 불합리한 행정제도를 개선하고, 부패의 발생을 예방하며 부패행위를 효율적으로 규제함으로써 국민의 기본적 권익을 보호하고 행정의 적정성을 확보하며 청렴한 공직 및 사회풍토의 확립에 이바지함을 그 목적으로 한다(부패방지권익위법 제1조).

[❹ ▶ ×] 지방자치단체 및 그 소속기관에 관한 고충민원의 처리와 행정제도의 개선 등을 위하여 각 지방자치단체에 시민고충처리위원회를 둘 수 있다(부패방지권익위법 제32조 제1항). 즉, 시민고충처리위원회는 국민권익위원회의 직속기관이 아니라 각 지방자치단체의 소속기관이다.

[❺ ▶ ○] 국민권익위원회는 행정심판법에 따른 중앙행정심판위원회의 운영과 관련된 업무를 수행한다(부패방지권익위법 제12조 제19호).

답 ❹

제2절 행정개혁

06 행정개혁의 접근방법 중 조직의 상징체계, 신화, 의례를 바꾸고 그에 따라 조직구성원의 행동양식과 관행 그리고 신념을 혁신하고자 하는 것은?   21 행정사 제9회

① 구조적 접근방법
② 과정적 접근방법
③ 기술적 접근방법
④ 조직문화 접근방법
⑤ 행태적 접근방법

해설

[① ▶ ×] 구조적 접근방법은 고전적 조직이론에 입각하여 행정체계의 구조적 설계를 개선함으로써 행정개혁의 목표를 달성하려는 접근방법이다.
[② ▶ ×] [③ ▶ ×] 과정적 접근방법(기술적 접근방법)은 행정체제의 운영과정(의사결정·의사전달·통제 등)이나 일의 흐름 및 이에 결부된 기술(장비 및 수단)을 개선하려는 접근방법이다.
[④ ▶ ○] 조직문화적 접근방법은 조직의 상징체계, 의례를 변경하여 조직구성원의 행동양식·관행·신념이 개선됨에 따른 바람직한 문화변동을 추구하는 접근방법이다.
[⑤ ▶ ×] 행태적 접근방법은 감수성 훈련 등을 통해 관료의 가치관, 신념, 태도의 변화를 유도하는 접근방법이다.

답 ④

07 행정개혁의 구조적 접근방법에 관한 설명으로 옳지 않은 것은?   22 행정사 제10회

① 행정체계의 구조적 설계를 개선함으로써 행정개혁의 목표를 달성하려는 접근방법이다.
② 분권화 수준의 개선, 권한배분의 개편, 명령계통의 수정, 작업집단의 설계 등을 추진한다.
③ 주된 목표는 기능중복의 제거 및 표준적 절차의 간소화 등이다.
④ 조직의 분권화를 통해 조직계층의 단순화, 명령과 책임 등을 명확히 할 수 있다.
⑤ 공무원의 의식개혁, 업무자세 및 태도 개선 등에 초점을 맞춘다.

해설

[① ▶ ○] 구조적 접근방법은 공식적·합리적 조직관에 바탕을 두고 행정체계의 구조적 설계를 개선함으로써 행정개혁의 목표를 달성하려는 접근방법이다.
[② ▶ ○] [③ ▶ ○] [④ ▶ ○] 구조적 접근방법은 원리전략과 분권화전략을 활용한다. 이 중 원리전략은 기능중복의 제거, 권한과 책임의 재규정, 조정 및 통제·명령절차의 개선, 표준적 절차의 간소화, 의사소통체계 및 통솔범위의 수정, 작업집단의 설계 등을 활용한다.❷❸ 분권화전략은 구조의 집권화 또는 분권화에 의해 조직구조의 개선을 추구하게 되는데, 조직이 분권화되면 조직의 계층이 단순화되고 명령과 책임의 계통이 명확해지며 막료서비스가 확립될 수 있다는 전략이다.❹
[⑤ ▶ ×] 공무원의 의식개혁, 업무자세 및 태도 개선 등에 초점을 맞추는 것은 행태적(인간관계론적) 접근방법이다.

답 ⑤

08 감수성 훈련 등을 통해 관료의 가치관, 신념, 태도의 변화를 유도하는 행정개혁의 접근방법은?

23 행정사 제11회

① 과정적 접근방법
② 구조적 접근방법
③ 행태적 접근방법
④ 통합적 접근방법
⑤ 사업중심적 접근방법

해설

[❶▸×]　과정적 접근방법은 행정과정에서 사용하는 장비 및 수단 및 분석기법의 개선 등을 통하여 행정체제의 과정 또는 일의 흐름을 개선하려는 접근방법이다.

[❷▸×]　구조적 접근방법은 분권화 수준의 개선, 권한배분의 개편, 명령계통의 수정 등을 통하여 행정체계의 구조적 설계를 개선함으로써 행정개혁의 목표를 달성하려는 접근방법이다.

[❸▸○]　감수성 훈련 등을 통해 관료의 가치관, 신념, 태도의 변화를 유도하는 행정개혁의 접근방법은 행태적 접근방법이다.

[❹▸×]　통합적 접근방법은 개방체제 관념에 입각하여 개혁대상의 구성요소들을 포괄적으로 관찰하고, 분화된 접근방법들을 통합하여 개혁을 달성하려는 접근방법이다.

[❺▸×]　사업중심적 접근방법은 정책분석과 평가, 생산성 측정 등을 통하여 행정산출의 정책목표와 내용, 소요자원에 초점을 두어 행정의 목표를 개선하고, 서비스의 양과 질을 개선하려는 접근방법이다.

답 ❸

09 행정개혁의 저항을 극복하기 위한 규범적·사회적 전략으로 옳은 것을 모두 고른 것은?

22 행정사 제10회

> ㄱ. 의사전달과 참여의 확대
> ㄴ. 개혁의 공공성에 대한 홍보
> ㄷ. 사명감 고취와 역할 인식 강화
> ㄹ. 권력구조 개편과 긴장 조성
> ㅁ. 신분보장과 경제적 보상
> ㅂ. 가치갈등 해소

① ㄱ, ㄴ, ㄹ
② ㄱ, ㄷ, ㅂ
③ ㄴ, ㄷ, ㅁ
④ ㄴ, ㄹ, ㅁ
⑤ ㄷ, ㅁ, ㅂ

해설

[ㄱ▶○] [ㄷ▶○] [ㅂ▶○] 의사전달과 참여의 확대(ㄱ), 사명감 고취와 역할 인식 강화(ㄷ), 가치갈등 해소(ㅂ)는 규범적·사회적 전략에 해당한다.
[ㄴ▶×] [ㅁ▶×] 개혁의 공공성에 대한 홍보(ㄴ), 신분보장과 경제적 보상(ㅁ)은 기술적·공리적 전략에 해당한다.
[ㄹ▶×] 권력구조 개편과 긴장 조성은 강제적·물리적 전략에 해당한다.

답 ❷

10 넥스트 스텝(Next Steps)을 통해 책임운영기관 제도를 도입하고, 공공서비스의 질 향상을 위해 시민헌장제, 의무경쟁입찰제, 시장성테스트 등의 개혁 조치를 추진한 국가는?

23 행정사 제11회

① 영 국
② 일 본
③ 뉴질랜드
④ 미 국
⑤ 독 일

해설

[❶▶○] 영국에서 대처 행정부는 넥스트 스텝(Next Steps) 프로그램을 통해 책임운영기관(Executive Agency) 제도를 도입하였고, 지방정부를 대상으로 공공서비스 공급의 경쟁화와 정부기능 재조정을 위해 의무경쟁 입찰제도(CCT)를 도입하였다. 이후 의무경쟁입찰제도는 2000년 최고가치제도(B.V)로 전환되었다. 공공서비스를 단순히 저렴한 비용으로 제공하는 것만이 능사가 아니라 품질 면에서도 최고의 가치를 지향해야 한다는 것이다. 한편, 시민헌장제도는 1991년 영국 메이저(Major) 행정부에서 가장 먼저 시행하였으며, 미국 등 대부분의 OECD 국가에서도 이와 유사한 제도를 운영하고 있다.

답 ❶

11 행정개혁 저항에 대한 사회적·규범적 극복방안으로 옳은 것을 모두 고른 것은?

19 행정사 제7회

> ㄱ. 교육훈련
> ㄴ. 임용상 불이익 방지
> ㄷ. 경제적 보상
> ㄹ. 긴장조성
> ㅁ. 의사소통과 참여 촉진

① ㄱ, ㄹ
② ㄱ, ㅁ
③ ㄴ, ㄷ
④ ㄴ, ㄹ
⑤ ㄷ, ㅁ

해설

[ㄱ▶O] [ㅁ▶O] 행정개혁 저항에 대한 사회적·규범적 극복방안에 해당하는 것은 교육훈련(ㄱ), 의사소통과 참여 촉진(ㅁ)이다.
[ㄴ▶X] [ㄷ▶X] 임용상 불이익 방지(ㄴ)와 경제적 보상(ㄷ)은 기술적·공리적 극복방안에 해당한다.
[ㄹ▶X] 긴장조성은 강제적·물리적 극복방안에 해당한다.

● 행정개혁에 대한 저항의 원인과 대책

저항의 원인		• 기득권의 침해 • 개혁내용의 불명확성 • 개혁대상자의 능력부족 • 관료제의 경직성과 보수적 경향 • 참여의 부족이나 비공개적 추진
극복방안	사회적·규범적 방법	• 의사전달과 참여의 확대 • 의사소통과 참여 촉진 ❶ • 가치갈등의 해소 • 집단토론과 사전교육훈련 ❶ • 충분한 시간의 부여 • 사명감 고취와 역할 인식 강화
	기술적·공리적 방법	• 개혁의 점진적 추진 • 적절한 시기와 범위의 선택 • 개혁안의 공공성에 대한 홍보 • 개혁방법·기술의 수정 : 추진전략에 융통성의 부여 • 적절한 인사배치 • 호혜적 전략 : 조건부 지원이나 유인 제공 등 • 손실보상의 최소화와 보상방안의 명확화 • 신분보장과 경제적 보상(임용상 불이익 방지) ❶❶
	강제적·물리적 방법	• 직위에 부여된 공식적 권한으로 명령 • 신분상 불이익 • 긴장 조성 ❶ • 물리적 제재 • 권력구조 개편에 의한 저항세력 약화

답 ❷

12 우리나라의 행정개혁에 관한 설명으로 옳지 않은 것은?   21 행정사 제9회

① 제2공화국에서는 경찰중립화를 위해 공안위원회와 감찰위원회가 구성·운영되었다.
② 제3공화국의 행정개혁은 행정개혁조사위원회에 의해 추진되었다.
③ 제4공화국의 행정개혁은 서정쇄신운동의 일환으로 전개되었다.
④ 김영삼정부에서는 행정절차법과 공공기관의 정보공개에 관한 법률을 제정해 행정의 투명성을 제고하고자 하였다.
⑤ 김대중정부에서는 행정개혁을 위해 정부혁신추진위원회를 설치하였다.

해설

[❶ ▶ ×] 제2공화국에서는 감찰위원회는 구성·운영되었지만, 경찰중립화를 위한 공안위원회는 구성되지 못하였다.
[❷ ▶ ○] 제3공화국의 행정개혁은 대통령 직속으로 설치된 행정개혁조사위원회에 의해 추진되었다.
[❸ ▶ ○] 제4공화국의 행정개혁은 서정쇄신운동의 일환으로 전개되었으나, 이 운동은 정치적 동기에서 출발하여 정권을 보전하기 위한 수단으로서의 성격을 가지고 있었다.
[❹ ▶ ○] 김영삼정부에서는 행정절차법과 공공기관의 정보공개에 관한 법률(양 법률 모두 1996년 제정, 1998년 시행)을 제정해 행정의 투명성을 제고하고자 하였다.
[❺ ▶ ○] 김대중정부에서는 대통령령으로 정부혁신추진위원회규정(2000.7. 제정)을 제정하여 이를 근거로 정부혁신추진위원회를 설치하였다.

답 ❶

제3절 정보화와 행정

13 지식행정에 관한 설명으로 옳은 것은?　　　23 행정사 제11회

① 행정지식은 구조적이고 단기간에 창출되기 때문에 관리에 많은 시간과 자원이 소요되지 않는다.
② 지식은 정보와 동일하므로 지식행정은 정보행정과 동일한 수준의 활동이다.
③ 지식행정은 행정활동의 프로세스 개선과 무관하다.
④ 지식행정은 지식사회를 설계하고 지식관리를 통해 가치를 창출하고 극대화하는 것을 의미한다.
⑤ 지식행정은 문제 해결 및 사회변화 예견을 위해 정보관리기술에 의존하지 않는다.

해설

[❶▸×]　행정지식은 기존 데이터나 정보에 비해 높은 전략적 가치를 내포하지만, 비구조적이고 사람에게서 오랜 시간을 거쳐 창출되기에 다른 유형의 자산과 달리 효과적으로 관리하고 공유하는 데 많은 시간과 자원이 요구된다. 이러한 특성을 지닌 지식의 창출 및 활용과정을 조직차원에서 관리해 조직경쟁력을 제고시키려는 것이 지식관리이다. 여기서 요구되는 지식은 학문적 지식의 범위를 넘어 현장에서 쓰일 수 있는 실천적 지식으로서 현장 지식으로 불려진다. 그 개념은 자신의 일을 개선, 개발, 혁신해서 끊임없이 부가가치를 창출할 수 있는 능력으로 정의되기도 한다.

[❷▸×]　정보의 상위 개념으로서 지식이 정보를 대체하기 시작했다는 의미로서 이미 21세기를 지식사회로 규정하려는 주장이 확산되고 있다(Drucker). 정보는 조직화 또는 구조화된, 그리고 의미를 부여받은 데이터로서, 정보 시스템상의 현재 또는 과거 상태를 말한다. 반면, 지식은 예측 가능성 및 인과관계를 설정하며, 나아가 무엇을 할 것인지에 대한 진단적 의사결정을 가능하게 해 주므로 정보 이상의 의미를 갖는다. 따라서 지식행정은 정보행정보다 높은 수준의 활동이다.

[❸▸×][❹▸○]　지식행정은 지식사회을 설계하고, 지식 창출 형식화 전파 활용 등 지식관리를 통해 가치를 창출하고 극대화하는 행정이다. 또한 예측할 수 없을 정도로 급변하는 환경에서 경쟁력을 갖춘 지능적 행정으로서 그 외연적 모습은 지식정부로 나타난다. 지식행정은 장래의 기회와 위협 요소에 대응하기 위해 행정활동의 프로세스를 끊임없이 개선하는 학습과정으로서 조직 프로세스를 급격히 변화시키는 리엔지니어링과 구분된다. 이에 따라 행정조직은 창조력을 지닌 유기체로 기능하도록 스스로 인도하는 자기 지시적(self-guiding)능력을 발휘한다.

[❺▸×]　정보기술 발달로 조직 내 외부에 인트라넷이나 인터넷 등 가상공간이 확대되면서 이를 이용해 필요한 정보와 지식을 획득할 수 있게 되었다. 아울러 정보처리 체계적 분류 축적 공유 등이 가능한 정보시스템을 구축하면서 지식경영 및 지식행정의 토대가 마련될 수 있었다. 즉, 지식행정은 문제 해결 및 사회변화 예견을 위해 정보관리기술에 의존하고 있다.

답 ❹

14 전자정부와 공공행정의 변화에 관한 설명으로 옳지 않은 것은? 　22　행정사 제10회

① 전자정부 발전으로 인한 정보화의 역기능은 사회적 질서와 안전을 위협하는 디지털위험으로 진행될 수 있다.
② 일반적으로 정보는 공공재 성격이 강하기 때문에 행정정보의 비대칭성 문제는 해소 내지 완화되어야 하는 것이 바람직하다.
③ 정부의 맞춤형 전자서비스와 빅데이터 산업 고도화 차원에서 개인정보의 행정기관 간 공동 활용은 중요하다.
④ 전자정부 서비스는 이용자들의 거래비용과 기회비용 및 민원업무 감소에 기여한다.
⑤ 전자정부의 발달에 의한 공공데이터 개방은 행정정보의 독점적 소유를 촉진시키고 있다.

해설

[❶▸○]　전자정부 발전으로 인한 정보화의 역기능은 개인정보·사생활 침해 가능성으로 인해 사회적 질서와 안전을 위협하는 디지털위험으로 진행될 수 있다.
[❷▸○]　일반적으로 정보는 공공재 성격이 강하기 때문에 정보화의 역기능으로 디지털 디바이드(정보의 부익부·빈익빈 현상) 해소를 위해 행정정보의 비대칭성 문제는 해소 내지 완화되어야 하는 것이 바람직하다.
[❸▸○]　정부의 맞춤형 전자서비스와 빅데이터 산업 고도화 차원에서 정부와 국민, 정부와 기업, 정부부처 간의 정보 공동이용을 통해 거래비용을 줄여 행정의 효율성을 제고하고 궁극적으로 국민의 요구에 대한 대응성을 제고할 수 있게 된다.
[❹▸○]　전자정부서비스는 이용자들에게 필요한 정보를 제공하고 서류제출·방문접수 등 절차를 줄여 거래비용을 줄이고 일을 처리하는 데 드는 시간과 비용을 줄여 기회비용을 절감시킨다. 또한, 정보통신망을 활용한 민원업무처리는 현장방문 등을 통한 민원처리업무를 감소시킨다.
[❺▸×]　전자정부의 발달에 의한 공공데이터 개방은 종전에 공공기관이 독점적으로 소유·관리하던 공공데이터(행정정보)를 국민에게 개방하여 국민의 공공데이터(행정정보)에 대한 이용권을 보장하고 새로운 비즈니스 및 신성장동력을 창출할 수 있게 한다.

답　❺

15 전자정부법상 (ㄱ)과 (ㄴ)에 들어갈 용어로 옳은 것은?

- (ㄱ)(이)란 행정기관등이 보유하고 있는 행정정보, 전자적 수단에 의하여 행정정보의 수집・가공・검색을 하기 쉽게 구축한 정보시스템, 정보시스템의 구축에 적용되는 정보기술, 정보화예산 및 정보화인력 등을 말한다.
- (ㄴ)(이)란 전기통신기본법 제2조 제2호에 따른 전기통신설비를 활용하거나 전기통신설비와 컴퓨터 및 컴퓨터 이용기술을 활용하여 정보를 수집・가공・저장・검색・송신 또는 수신하는 정보통신체제를 말한다.
- ※ 전기통신기본법 제2조 제2호에 따른 전기통신설비란 전기통신을 하기 위한 기계・기구・선로 기타 전기통신에 필요한 설비를 말한다.

① ㄱ : 정보자원, ㄴ : 정보통신망
② ㄱ : 정보자원, ㄴ : 정보기술아키텍처
③ ㄱ : 정보시스템감리, ㄴ : 정보통신망
④ ㄱ : 정보시스템감리, ㄴ : 정보기술아키텍처
⑤ ㄱ : 정보기술아키텍처, ㄴ : 정보통신망

해설

(ㄱ)에는 정보자원, (ㄴ)에는 정보통신망이 들어간다(전자정부법 제2조 참조).

전자정부법 제2조(정의) 이 법에서 사용하는 용어의 뜻은 다음과 같다.
10. 정보통신망이란 전기통신기본법 제2조 제2호에 따른 전기통신설비를 활용하거나 전기통신설비와 컴퓨터 및 컴퓨터 이용기술을 활용하여 정보를 수집・가공・저장・검색・송신 또는 수신하는 정보통신체제를 말한다.
11. 정보자원이란 행정기관등이 보유하고 있는 행정정보, 전자적 수단에 의하여 행정정보의 수집・가공・검색을 하기 쉽게 구축한 정보시스템, 정보시스템의 구축에 적용되는 정보기술, 정보화예산 및 정보화인력 등을 말한다.
12. 정보기술아키텍처란 일정한 기준과 절차에 따라 업무, 응용, 데이터, 기술, 보안 등 조직 전체의 구성요소들을 통합적으로 분석한 뒤 이들 간의 관계를 구조적으로 정리한 체제 및 이를 바탕으로 정보화 등을 통하여 구성요소들을 최적화하기 위한 방법을 말한다.
14. 정보시스템 감리란 감리발주자 및 피감리인의 이해관계로부터 독립된 자가 정보시스템의 효율성을 향상시키고 안전성을 확보하기 위하여 제3자의 관점에서 정보시스템의 구축 및 운영 등에 관한 사항을 종합적으로 점검하고 문제점을 개선하도록 하는 것을 말한다.

답

16 우리나라 스마트 전자정부의 비전에 관한 설명으로 옳지 않은 것은? 24 행정사 제12회

① 국민이 직접 증명하는 공급자 중심의 획일적인 서비스를 극대화하는 정부이다.
② 부처 간 장벽이 없는 네트워크를 통해 서비스 연계·통합이 가능한 정부이다.
③ 모바일 기기 등으로 어디서나 편리한 서비스를 제공하는 정부이다.
④ 국민의 수요에 실시간으로 반응하는 서비스를 제공하는 정부이다.
⑤ 참여·소통으로 수요자가 원하는 서비스와 정보를 제공하는 정부이다.

해설

[❶ ▶ ×] 스마트 전자정부(Smart-Gov)란 진화된 IT기술과 정부 서비스간 융·복합으로 언제 어디서나 매체에 관계없이 국민이 자유롭게 정부서비스를 이용하고, 참여·소통할 수 있는 선진화된 정부를 의미를 의미한다. 스마트 전자정부(Smart-Gov)는 <u>공급자 중심의 획일적인 서비스를 극대화하는 정부가 아니라 국민 중심의 통합·맞춤형 서비스를 제공하는 정부</u>이다.

◎ 스마트 전자정부가 구현된 모습

Seamless	부처별 서비스 연계·통합,❷ 국민 중심의 통합·맞춤형 서비스❶
Mobile	모바일 전자정부, 어디서나 편리한 서비스❸
Any time	국민이 원하는 시간에 언제나 이용 가능한 서비스
Real time	국민수요에 실시간으로 반응하는 서비스 대응체계❹
Together	기업 상생, 소외계층 배려, 국민 참여·소통으로 서비스 선진화❺

답 ❶

제7장 지방자치론

학습 Key word

❶ 지방자치권의 사상과 계보(주민자치와 단체자치의 구별), 중앙·지방정부 간 사무배분의 기본원칙(특히 보충성의 원칙), 특별지방행정기관, 지방자치단체에 대한국가의 통제수단, 우리나라 지방자치단체의 종류, 특별지방자치단체, 지방의회의 권한 등에 대하여 학습한다.

❷ 지방재원의 분류(자주재원과 의존재원), 국고보조금과 지방교부세의 비교, 우리나라의 지방재정조정제도, 과세주체에 따른 세목체계, 지방공기업의 종류(지방직영기업, 지방공사·공단), 우리나라의 주민참여제도(주민투표, 주민소환, 주민발안의 일종인 주민조례청구, 주민감사청구, 주민소송) 등에 대하여 학습한다.

제1절 지방자치의 기초이론

I 지방자치권의 사상과 계보

1. 지방자치권의 사상

(1) 고유권설(지방권설)

① 고유권설은 국가와 관계없이 인간이 태어나면서부터 천부의 인권(자연권)을 갖는 것과 마찬가지로 자치권을 본래적이고 침해할 수 없는 지방자치단체의 고유한 권리로 본다. 기출 24·21·19
② 고유권설은 프랑스의 지방권 사상에서 유래되었다. 기출 21·19
③ 중앙정부의 전제적 군주정치가 대의제 민주정치로 대체됨에 따라 오늘날 고유권설(지방권설)의 논거가 매우 취약하게 되었다. 기출 21

(2) 전래권설(국권설)

① 전래권설은 자치권을 주권적 통일국가의 통치구조 일환으로 형성된다는 의미에서 국법으로 부여된 권리로 본다. 기출 19 국가로부터 일정한 부분 자치권한을 이양받은 자치권을 전래권설이라 한다. 기출 24
② 전래권설은 주로 헤겔(Hegel)의 영향을 받은 독일의 공법학자들에 의하여 주장되었다. 기출 19

(3) 제도적 보장설

① 제도적 보장설은 지방자치제도의 본질적 내용보장에 중점을 두어 역사적·전통적으로 형성된 지방자치제도를 헌법에서 규정함으로써 입법자에 의한 침해로부터 그 본질적 내용을 보장하려는 것이다.
② 제도적 보장설에서의 보장은 지방자치제도의 일반적인 보장이지, 개별적인 지방자치단체의 존립을 계속 보장하는 것은 아니다. 기출 21·19

2. 지방자치의 계보(본질)

(1) 주민자치
① 주민자치는 자치권을 지방의 고유한 권리로 보는 고유권설에 기초한다. `기출 23`
② 주민자치는 대의민주제를 포함한 지방자치단체의 주민대표성과 민주성(민주주의)을 강조한다. `기출 23`
③ 주민자치는 지역의 문제를 지역 주민이 자신의 책임 아래 스스로 처리한다는 측면에서 '정치적 의미'가 강하다. `기출 23`
④ 주민자치의 전통은 주로 영국과 미국에서 찾아볼 수 있다. `기출 23`
⑤ 주민자치에서는 지방자치단체에 국가의 위임사무가 존재하지 않기 때문에 자치사무와 위임사무를 구분하지 않는다.
⑥ 주민자치에서는 의결기관이 집행기관도 되는 기관통합형을 채택한다.

(2) 단체자치
① 단체자치는 자치권이 국가로부터 파생 내지 위임된 것으로 보는 전래설(국권설)에 기초한다. `기출 23`
② 단체자치는 민족국가 출현과 함께 수립된 헌정체제에 기초한 중앙정부와 지방자치단체의 관계(지방분권)를 강조한다. `기출 23`
③ 단체자치는 국가에 대한 지방자치단체의 법률상의 상대적 독립성을 강조한다(법률적 의미). `기출 23`
④ 단체자치의 전통은 주로 유럽 대륙권 국가(프랑스, 독일)에서 찾아볼 수 있다. `기출 23`
⑤ 단체자치에서는 자치사무(고유사무)와 국가의 위임사무를 구분한다.
⑥ 단체자치에서는 의결기관과 집행기관을 분리하여 대립시키는 기관분리형(기관대립형)을 채택한다.

II 우리나라 지방자치

1. 개 설
① 지방자치의 본질적 의미는 지역주민이 그 지역의 제반 문제를 스스로 결정하고 처리하는 것이다. `기출 22`
② 지방자치는 지방분권을 전제로 하며, 주민참여는 '풀뿌리 민주주의' 원리를 구현한다. `기출 22`
③ 지방자치는 지역특성에 맞는 행정과 정책을 통해 행정의 능률성과 책임성을 확립한다. `기출 22`
④ 자치권은 원칙적으로 해당 자치단체의 관할구역 안에 있는 재화·물자를 포함한 모든 사람에 포괄적으로 미친다. `기출 21`
⑤ 지방자치는 지방자치단체라는 공법인을 통해 주민에게 필요한 주요 정책의 실험장 역할을 한다. `기출 22`
⑥ 지방자치와 민주주의 상관관계를 인정하는 영미계의 주민자치에서는 지방자치의 정치적 필요성을 중시하고, 유럽 대륙(독일, 프랑스)계의 단체자치에서는 공공행정의 가치를 중시한다. 우리나라의 지방자치의 관념에는 주민자치와 단체자치가 혼합되어 있다. `기출 22`
⑦ 우리나라 지방자치단체의 기관구성은 기본적으로 기관대립형(기관분리형)을 채택하고 있다. 한편 개정 지방자치법은 주민투표를 거쳐 지방자치단체의 기관구성 형태를 달리 할 수 있다고 규정하고 있다(지방자치법 제4조). `기출 16`

2. 지방자치단체의 자치입법권

> **헌법 제117조**
> ① 지방자치단체는 주민의 복리에 관한 사무를 처리하고 재산을 관리하며, 법령의 범위 안에서 자치에 관한 규정을 제정할 수 있다. 기출 17

(1) 지방의회의 조례제정권

1) 조례제정의 대상사무

지방자치단체가 조례를 제정할 수 있는 사항은 지방자치단체의 고유사무인 자치사무와 개별 법령에 의하여 자치단체에 위임된 이른바 단체위임사무에 한하고, 국가사무로서 지방자치단체의 장에 위임된 이른바 기관위임사무에 관한 사항은 조례제정의 범위 밖이라고 할 것이다(대판 1992.7.28. 92추31). 기출 17

2) 조례제정의 한계

① **법률유보의 원칙** : 지방자치단체는 법령의 범위에서 그 사무에 관하여 조례를 제정할 수 있다. 다만, 주민의 권리 제한 또는 의무 부과에 관한 사항이나 벌칙을 정할 때에는 법률의 위임이 있어야 한다(지방자치법 제28조 제1항). 기출 17

② **법률우위의 원칙**

㉠ 헌법 제117조 제1항과 지방자치법 제28조 제1항에서의 '법령의 범위 안에서'란 '법령에 위반되지 아니하는 범위 내에서'를 의미하는데, 이는 법률우위의 원칙을 표현한 것으로 볼 수 있다. 조례가 상위법령에 위반하여 위법한 경우 그 조례는 효력이 없다.

㉡ 다만, 법률에서 "조례로 국가의 법령이 정하는 내용보다 더 침익적인 규율을 할 수 있다"고 규정하는 것은 가능하다. 이러한 법률에 근거하여 제정된 조례는 법률우위의 원칙에 위반된 것이 아니다.

> **□ 사례**
> 특별시·광역시·도·특별자치도는 해당 지역의 환경적 특수성을 고려하여 필요하다고 인정할 때에는 해당 시·도의 조례로 대통령령으로 정하는 환경기준보다 확대·강화된 별도의 환경기준을 설정할 수 있다(환경정책기본법 제12조 제3항). 기출 17

㉢ 시·군 및 자치구의 조례나 규칙은 시·도의 조례나 규칙을 위반하여서는 아니 된다(지방자치법 제30조).

(2) 집행기관(지방자치단체의 장, 교육감)의 규칙제정권

① 지방자치단체의 장은 법령 또는 조례의 범위에서 그 권한에 속하는 사무에 관하여 규칙을 제정할 수 있다(지방자치법 제29조).

② 교육감은 법령 또는 조례의 범위 안에서 그 권한에 속하는 사무에 관하여 교육규칙을 제정할 수 있다(교육자치법 제25조 제1항). 기출 17

3. 자치경찰제

(1) 연 혁

① 2006년 7월 1일 제주특별자치도에서 자치경찰제도를 도입하여 약 15년 동안 시범적으로 운영하여 오다가 2021년 7월 1일 「국가경찰과 자치경찰의 조직 및 운영에 관한 법률」의 시행으로 전국적으로 자치경찰제가 확대·시행되었다.

② 2021년 7월 1일 이후 자치경찰제는 전국적으로 시행되고 있으나, 자치경찰단은 제주특별자치도에서만 운영되고 있다(제주특별자치도설치 및 국제자유도시 조성을 위한 특별법 제88조 제1항). 기출 15

(2) 국가경찰의 사무와 자치경찰의 사무

① 국가경찰의 사무

> **국가경찰과 자치경찰의 조직 및 운영에 관한 법률 제4조(경찰의 사무)**
> ① 경찰의 사무는 다음 각 호와 같이 구분한다.
>   1. 국가경찰사무 : 제3조에서 정한 경찰의 임무를 수행하기 위한 사무. 다만, 제2호의 자치경찰사무는 제외한다.
>
> **국가경찰과 자치경찰의 조직 및 운영에 관한 법률 제3조(경찰의 임무)**
> 경찰의 임무는 다음 각 호와 같다.
>   1. 국민의 생명·신체 및 재산의 보호 기출 24
>   2. 범죄의 예방·진압 및 수사 기출 24
>   3. 범죄피해자 보호
>   4. 경비·요인경호 및 대간첩·대테러 작전 수행
>   5. 공공안녕에 대한 위험의 예방과 대응을 위한 정보의 수집·작성 및 배포
>   6. 교통의 단속과 위해의 방지
>   7. 외국 정부기관 및 국제기구와의 국제협력
>   8. 그 밖에 공공의 안녕과 질서유지

② 자치경찰의 사무

> **국가경찰과 자치경찰의 조직 및 운영에 관한 법률 제4조(경찰의 사무)**
> ① 경찰의 사무는 다음 각 호와 같이 구분한다.
>   2. 자치경찰사무 : 제3조에서 정한 경찰의 임무 범위에서 관할 지역의 생활안전·교통·경비·수사 등에 관한 다음 각 목의 사무
>   가. 지역 내 주민의 생활안전 활동에 관한 사무 기출 24
>   나. 지역 내 교통활동에 관한 사무 기출 24
>   다. 지역 내 다중운집 행사 관련 혼잡 교통 및 안전 관리
>   라. 다음의 어느 하나에 해당하는 수사사무

(3) 시·도자치경찰위원회

① 자치경찰사무를 관장하게 하기 위하여 특별시장·광역시장·특별자치시장·도지사·특별자치도지사(이하 "시·도지사"라 한다) 소속으로 시·도자치경찰위원회를 둔다(국가경찰과 자치경찰의 조직 및 운영에 관한 법률 제18조 제1항). 기출 24

② 시·도자치경찰위원회는 합의제 행정기관으로서 그 권한에 속하는 업무를 독립적으로 수행한다(국가경찰과 자치경찰의 조직 및 운영에 관한 법률 제18조 제2항). 기출 24

> **□ 시·도 경찰청장**
> 시·도 경찰청장은 ㉠ 국가경찰사무에 대해서는 경찰청장의 지휘·감독을, ㉡ 자치경찰사무에 대해서는 시·도자치경찰위원회의 지휘·감독을 받는다. 다만, ㉢ 수사에 관한 사무에 대해서 국가수사본부장의 지휘·감독을 받는다(국가경찰과 자치경찰의 조직 및 운영에 관한 법률 제28조 제3항).

제2절 지방자치단체와 국가의 관계

I 중앙·지방정부 간 사무배분

1. 사무배분의 기본원칙

(1) 보충성의 원칙 기출 21·17

> **지방자치법 제11조(사무배분의 기본원칙)**
> ② 국가는 사무를 배분하는 경우 지역주민생활과 밀접한 관련이 있는 사무는 원칙적으로 시·군 및 자치구의 사무로, 시·군 및 자치구가 처리하기 어려운 사무는 시·도의 사무로, 시·도가 처리하기 어려운 사무는 국가의 사무로 각각 배분하여야 한다. 기출 17

① 중층의 국가공동체 조직에서 하급단위가 잘 처리할 수 있는 업무를 상급단위에서 직접 처리하면 안 된다는 원칙을 말한다. 기출 20
② 기초지방정부가 할 수 있는 일을 상급정부가 관여해서는 안 된다는 기초지방정부 우선의 원칙이다. 기출 21
③ 중앙정부의 역할은 지방정부의 기능을 보완하는 측면에 국한해야 한다. 기출 21
④ 지방자치법 제11조 제2항은 보충성의 원칙을 규정하고 있다.

(2) 효율성의 원칙

효율성의 원칙은 지방세의 주민부담 측면에서 인정되는 원칙으로, 지방세는 자원배분의 효율화에 기여해야 한다는 원칙을 말한다.

(3) 충분재정의 원칙

충분재정의 원칙은 지방세의 재정수입 측면에서 인정되는 원칙으로 지방세는 지방자치를 위하여 충분한 금액이어야 한다는 원칙을 말한다.

(4) 종합성의 원칙

종합성의 원칙은 특별한 사무만을 처리하는 일선기관보다는 지방의 행정이 종합적으로 이루어지는 지방자치단체에 가급적 사무를 배분하여야 한다는 원칙을 말한다.

(5) 지역성의 원칙

지역성의 원칙은 지방세의 징세행정 측면에서 인정되는 원칙으로 과세객체를 관할구역 내에 국한시켜 조세부담 회피를 위한 지역 간의 이동을 막아야 한다는 원칙을 말한다.

> **□ 딜론(Dillon)의 원칙**
> 딜론의 원칙(Dillon's rule)이란 미국에서 주(state) 정부와 지방 정부(local government)와의 관계를 설정하는 데 적용되는 고전적 이론으로서, 지방 정부는 오직 주 헌법이나 법에 명기되어 있거나 명기된 권한의 행사에 필요한 최소한의 범위 내에서만 활동할 수 있다는 것을 말한다.

2. 지방자치법상 사무 배분 및 처리의 기본원칙

① 국가는 지방자치단체가 사무를 종합적·자율적으로 수행할 수 있도록 국가와 지방자치단체 간 또는 지방자치단체 상호 간의 사무를 주민의 편익증진, 집행의 효과 등을 고려하여 서로 중복되지 아니하도록 배분하여야 한다(지방자치법 제11조 제1항). 기출 23

② 국가가 지방자치단체에 사무를 배분하거나 지방자치단체가 사무를 다른 지방자치단체에 재배분할 때에는 사무를 배분받거나 재배분받는 지방자치단체가 그 사무를 자기의 책임하에 종합적으로 처리할 수 있도록 관련 사무를 포괄적으로 배분하여야 한다(지방자치법 제11조 제3항). 기출 23

③ 국가는 제1항에 따라 사무를 배분하는 경우 지역주민생활과 밀접한 관련이 있는 사무는 원칙적으로 시·군 및 자치구의 사무로, 시·군 및 자치구가 처리하기 어려운 사무는 시·도의 사무로, 시·도가 처리하기 어려운 사무는 국가의 사무로 각각 배분하여야 한다(지방자치법 제11조 제2항). 기출 23

④ 지방자치단체는 사무를 처리할 때 주민의 편의와 복리증진을 위하여 노력하여야 한다. 지방자치단체는 조직과 운영을 합리적으로 하고 규모를 적절하게 유지하여야 한다(지방자치법 제12조 제1항 및 제2항). 기출 23

⑤ 지방자치단체는 법령을 위반하여 사무를 처리할 수 없으며, 시·군 및 자치구는 해당 구역을 관할하는 시·도의 조례를 위반하여 사무를 처리할 수 없다(지방자치법 제12조 제3항). 기출 23

3. 우리나라 지방자치단체들 간의 공동사무 협력·처리 방식

① **광역도시계획 수립** : 광역도시계획은 둘 이상의 특별시·광역시·특별자치시·특별자치도·시 또는 군의 공간구조 및 기능을 상호 연계시키고 환경을 보전하며 광역시설을 체계적으로 정비하기 위하여 필요한 경우에 국토교통부장관 또는 도지사에 의해 지정된 광역계획권의 장기발전방향을 제시하는 계획으로, 광역계획권이 둘 이상의 시·도의 관할 구역에 걸쳐 있는 경우에는 관할 시·도지사가 공동으로 수립하게 된다(국토계획법 제11조 제1항 제2호). 기출 18

② **행정협의회 구성** : 지방자치단체는 2개 이상의 지방자치단체에 관련된 사무의 일부를 공동으로 처리하기 위하여 관계 지방자치단체 간의 행정협의회를 구성할 수 있다(지방자치법 제169조 제1항 전문). 기출 18

③ **지방자치단체조합 설립** : 2개 이상의 지방자치단체가 하나 또는 둘 이상의 사무를 공동으로 처리할 필요가 있을 때에는 규약을 정하여 지방의회의 의결을 거쳐 시·도는 행정안전부장관의 승인, 시·군 및 자치구는 시·도지사의 승인을 받아 지방자치단체조합을 설립할 수 있다(지방자치법 제176조 제1항 본문). 기출 18

④ **지방자치단체장 이나 지방의회 의장의 전국적 협의체 설립** : 지방자치단체의 장이나 지방의회의 의장은 상호 간의 교류와 협력을 증진하고, 공동의 문제를 협의하기 위하여 전국적 협의체를 설립할 수 있다(지방자치법 제182조 제1항). 기출 18

II 특별지방행정기관

1. 의 의
특별지방행정기관은 국가의 특정 중앙행정기관에 소속되어 당해 관할구역 내에서 시행되는 소속 중앙행정기관의 행정사무를 관장하는 지방행정기관을 말한다(예 지방 세무서, 지방 경찰서, 지방 세관 등).

2. 장 점
특별지방행정기관은 행정의 전문성·통일성의 확보가 가능하고 중앙정부와 인접지역과의 협력과 광역행정이 용이함으로 광역적인 국가 업무를 효율적으로 처리할 수 있다. 기출 13

3. 단 점
① 특별지방행정기관과 지방자치단체 간의 기능이 중복되어 인력과 예산낭비 등 지방행정의 비효율성이 초래될 수 있다. 기출 13

② 특별지방행정기관은 주민에 의한 직접 참여 및 통제와 책임확보가 곤란하므로 자치행정과 책임행정을 저해하여 지방자치의 위협요인으로 작용할 수 있다. 기출 13

③ 특별지방행정기관의 관할범위가 지방자치단체보다 넓어 광역행정에는 도움이 되지만 현지성을 의미하는 주민접근성이 낮고, 특별지방행정기관과 지방자치단체 간의 이원적 업무수행으로 주민불편을 초래할 가능성이 있다. 기출 13

Ⅲ 지방자치단체에 대한 국가의 통제수단

1. 위법 부당한 명령·처분에 대한 시정명령 및 취소·정지권
지방자치단체의 사무에 관한 지방자치단체의 장의 명령이나 처분이 법령에 위반되거나 현저히 부당하여 공익을 해친다고 인정되면 시·도에 대해서는 주무부장관이, 시·군 및 자치구에 대해서는 시·도지사가 기간을 정하여 서면으로 시정할 것을 명하고, 그 기간에 이행하지 아니하면 이를 취소하거나 정지할 수 있다(지방자치법 제188조 제1항). 기출 16

2. 직무이행명령
지방자치단체의 장이 법령에 따라 그 의무에 속하는 국가위임사무나 시·도위임사무의 관리와 집행을 명백히 게을리하고 있다고 인정되면 시·도에 대해서는 주무부장관이, 시·군 및 자치구에 대해서는 시·도지사가 기간을 정하여 서면으로 이행할 사항을 명령할 수 있다(지방자치법 제189조 제1항). 기출 16

3. 감독기관의 지방자치단체 장에 대한 재의요구 지시
지방의회의 의결이 법령에 위반되거나 공익을 현저히 해친다고 판단되면 시·도에 대해서는 주무부장관이, 시·군 및 자치구에 대해서는 시·도지사가 해당 지방자치단체의 장에게 재의를 요구하게 할 수 있고, 재의요구 지시를 받은 지방자치단체의 장은 의결사항을 이송받은 날부터 20일 이내에 지방의회에 이유를 붙여 재의를 요구하여야 한다(지방자치법 제192조 제1항). 다만, 시·군 및 자치구의회의 의결이 법령에 위반된다고 판단됨에도 불구하고 시·도지사가 재의를 요구하게 하지 아니한 경우 주무부장관이 직접 시장·군수 및 자치구의 구청장에게 재의를 요구하게 할 수 있다(지방자치법 제192조 제2항). 기출 16

제3절 지방자치단체의 종류, 기관과 사무

Ⅰ 우리나라 지방자치단체의 종류

1. 보통지방자치단체
① 지방자치단체는 법인으로 한다(지방자치법 제3조).
② 보통지방자치단체는 광역자치단체(특별시, 광역시, 특별자치시, 도, 특별자치도)와 기초자치단체(시, 군, 구)의 두 가지 종류로 구분한다(지방자치법 제2조 제1항). 기출 22
　㉠ 세종특별자치시, 제주특별자치도는 광역지방자치단체에 해당한다. 기출 20
　㉡ 제주특별자치도는 단층제이므로 제주도의원은 존재하나, 제주시는 자치시가 아니라 행정시에 불과(법인격 없음)하므로 제주시의원은 존재하지 않는다. 기출 24·20
　㉢ 제주특별자치도는 자치경찰단을 두어 자치경찰제를 실시하고 있다. 기출 15

> **특별자치도**
> • 제주특별자치도 : 시와 군을 둘 수 없고, 행정시장은 도지사가 임명 기출 13
> • 강원특별자치도, 전북특별자치도 : 시와 군 유지 ○

③ 특별시, 광역시 및 특별자치시가 아닌 인구 100만 이상의 시는 관계법률이 정하는 바에 따라 특례시가 될 수 있으나, 자치구는 둘 수 없다. 기출 24·22 자치구는 특별시와 광역시의 관할 구역 안에 둔다(지방자치법 제198조, 제3조 제2항). 특례시(행정시)는 지방자치단체가 아니어서 법인격이 없다.

④ 특별시·광역시 또는 특별자치시가 아닌 인구 50만 이상의 시에는 자치구가 아닌 구(행정구)를 둘 수 있고([예] 성남시 분당구), 군에는 읍·면을 두며, 시와 구(자치구를 포함한다)에는 동을, 읍·면에는 리를 둔다(지방자치법 제3조 제3항). 기출 22

　㉠ 경기도 성남시는 기초자치단체에 해당하지만, 성남시 분당구는 자치구가 아닌 행정구에 불과하므로 성남시의원은 존재하나 분당구의원은 존재하지 않는다. 기출 20

　㉡ 자치구가 아닌 (행정)구와 읍·면·동을 폐지하거나 설치하거나 나누거나 합칠 때에는 행정안전부장관의 승인을 받아 그 지방자치단체의 조례로 정한다(지방자치법 제7조 제1항 본문). 기출 14

2. 특별지방자치단체

① 2개 이상의 지방자치단체가 공동으로 특정한 목적을 위하여 광역적으로 사무를 처리할 필요가 있을 때에는 특별지방자치단체를 설치할 수 있다. 이 경우 특별지방자치단체를 구성하는 지방자치단체는 상호 협의에 따른 규약을 정하여 구성 지방자치단체의 지방의회 의결을 거쳐 행정안전부장관의 승인을 받아야 한다[([예] 부산울산경남특별연합(부산 울산, 경상남도를 구성 지방자치단체로 하는 특별지방자치단체로 2022.4.19. 공식 출범)](지방자치법 제199조 제1항). 기출 23·22·14

② 특별지방자치단체는 법인으로 한다(지방자치법 제199조 제3항). 기출 23

③ 특별지방자치단체의 장은 규약으로 정하는 바에 따라 특별지방자치단체의 의회에서 선출한다. 구성 지방자치단체의 장은 지방자치법 제109조에도 불구하고 특별지방자치단체의 장을 겸할 수 있다(지방자치법 제205조 제1항 및 제2항). 기출 23

④ 특별지방자치단체의 의회는 규약으로 정하는 바에 따라 구성 지방자치단체의 의회 의원으로 구성한다. 구성 지방자치단체의 지방의회의원은 지방자치법 제43조 제1항에도 불구하고 특별지방자치단체의 의회 의원을 겸할 수 있다(지방자치법 제204조 제1항 및 제2항). 기출 23

⑤ 특별지방자치단체의 구역은 구성 지방자치단체의 구역을 합한 것으로 한다. 다만, 특별지방자치단체의 사무가 구성 지방자치단체 구역의 일부에만 관계되는 등 특별한 사정이 있을 때에는 해당 지방자치단체 구역의 일부만을 구역으로 할 수 있다(지방자치법 제201조). 기출 23

Ⅱ 지방자치단체의 기관

1. 우리나라의 지방자치단체의 기관구성

우리나라 지방자치단체의 기관구성은 기본적으로 기관대립형을 채택하고 있다. 한편 개정 지방자치법은 주민투표를 거쳐 지방자치단체의 기관구성 형태를 달리 할 수 있다고 규정하고 있다(지방자치법 제4조). 기출 16

2. 지방의회의 권한

① 의결권 : 지방의회는 조례의 제정·개정 및 폐지, 기금의 설치·운용, 청원의 수리와 처리 등에 관한 사항을 의결한다(지방자치법 제47조 제1항 제1호, 제5호, 제9호). 기출 15

② 행정사무 감사권 및 행정사무 조사권 : 지방의회는 매년 1회 그 지방자치단체의 사무에 대하여 시·도에서는 14일의 범위에서, 시·군 및 자치구에서는 9일의 범위에서 감사를 실시하고, 지방자치단체의 사무 중 특정 사안에 관하여 본회의 의결로 본회나 위원회에서 조사하게 할 수 있다(지방자치법 제49조 제1항). 기출 15

③ 서류제출요구권 : 본회나 위원회는 그 의결로 안건의 심의와 직접 관련된 서류의 제출을 해당 지방자치단체의 장에게 요구할 수 있다(지방자치법 제48조 제1항). 기출 15

④ 출석·답변요구권 : 지방자치단체의 장이나 관계 공무원은 지방의회나 그 위원회가 요구하면 출석·답변하여야 한다. 다만, 특별한 이유가 있으면 지방자치단체의 장은 관계 공무원에게 출석·답변하게 할 수 있다(지방자치법 제51조 제2항). 기출 15

⑤ 승인권 : 지방의회는 결산에 대한 승인권(지방자치법 제150조), 선결처분에 대한 승인권(지방자치법 제122조 제2항)을 갖는다.

⑥ 청원의 심사·처리권 : 지방의회는 청원의 심사·처리권을 갖는다(지방자치법 제87조·제88조).

⑦ 지방자치단체장에 대한 불심임의결권(×) : 우리나라 지방자치단체의 기관구성은 기본적으로 기관대립형(기관분리형)을 채택하고 있다. 기관대립형의 경우 지방의회의 지방자치단체에 대한 불신임결의권은 인정되지 아니한다. 기출 15

□ **지방자치법상 지방의회 의원의 징계 종류** 기출 25

지방자치법 제100조(징계의 종류와 의결)
① 징계의 종류는 다음과 같다.
  1. 공개회의에서의 경고
  2. 공개회의에서의 사과
  3. 30일 이내의 출석정지
  4. 제 명
② 제1항 제4호에 따른 제명 의결에는 재적의원 3분의 2 이상의 찬성이 있어야 한다.

3. 지방자치단체의 장의 권한

① **사무의 통할 및 사무의 관리집행권** : 지방자치단체의 장은 지방자치단체의 사무를 통할하고, 지방자치단체의 사무(자치사무와 단체위임사무)를 관리하고 집행하는 최고기관이다.

② **선결처분권**

  ㉠ 지방자치단체의 장은 ㉮ 지방의회가 지방의회의원이 구속되는 등의 사유로 제73조에 따른 의결정족수에 미달될 때와 ㉯ 지방의회의 의결사항 중 주민의 생명과 재산 보호를 위하여 긴급하게 필요한 사항으로서 지방의회를 소집할 시간적 여유가 없거나 지방의회에서 의결이 지체되어 의결되지 아니할 때에는 선결처분(先決處分)을 할 수 있다(지방자치법 제122조 제1항). 선결처분은 지체 없이 지방의회에 보고하여 승인을 받아야 하고, 지방의회에서 승인을 받지 못하면 그 선결처분은 그때부터 효력을 상실한다(지방자치법 제122조 제2항·제3항).

  ㉡ 선결처분권은 지방자치단체의 장의 임무수행에 지방의회의 의결이 요구되는 사안에서 그것이 기대되기 어려운 경우에 지방자치단체의 장이 갖는 일종의 긴급권으로 지방자치단체장의 지방의회에 대한 권한으로서의 의미를 가진다. 기출 13

③ **지방의회의 의결에 대한 재의요구권**

  ㉠ 지방자치단체의 장은 이송받은 조례안에 대하여 이의가 있으면 제2항의 기간에 이유를 붙여 지방의회로 환부하고, 재의를 요구할 수 있다(지방자치법 제32조 제3항).

  ㉡ 지방자치단체의 장은 지방의회의 의결이 월권이거나 법령에 위반되거나 공익을 현저히 해친다고 인정되면 그 의결사항을 이송받은 날부터 20일 이내에 이유를 붙여 재의를 요구할 수 있다(지방자치법 제120조 제1항).

④ **규칙제정권** : 지방자치단체의 장은 법령 또는 조례의 범위에서 그 권한에 속하는 사무에 관하여 규칙을 제정할 수 있다(지방자치법 제29조).

⑤ **주민투표부의권(주민투표회부권)** : 지방자치단체의 장은 주민에게 과도한 부담을 주거나 중대한 영향을 미치는 지방자치단체의 주요 결정사항 등에 대하여 주민투표에 부칠 수 있다(지방자치법 제18조).

[지방자치법상 지방자치단체의 집행기관]

지방자치단체의 장		특별시에 특별시장, 광역시에 광역시장, 특별자치시에 특별자치시장, 도와 특별자치도에 도지사를 두고, 시에 시장, 군에 군수, 자치구에 구청장을 둔다.
보조기관		특별시·광역시 및 특별자치시에 부시장, 도와 특별자치도에 부지사, 시에 부시장, 군에 부군수, 자치구에 부구청장을 둔다. 기출 25
소속행정기관	직속기관	지방자치단체는 소관 사무의 범위에서 필요하면 대통령령이나 대통령령으로 정하는 범위에서 그 지방자치단체의 조례로 자치경찰기관(제주특별자치도만 해당한다), 소방기관, 교육훈련기관, 보건진료기관, 시험연구기관 및 중소기업지도기관 등을 직속기관으로 설치할 수 있다.
	사업소	지방자치단체는 특정 업무를 효율적으로 수행하기 위하여 필요하면 대통령령으로 정하는 범위에서 그 지방자치단체의 조례로 사업소를 설치할 수 있다.
	출장소	지방자치단체는 외진 곳의 주민의 편의와 특정지역의 개발 촉진을 위하여 필요하면 대통령령으로 정하는 범위에서 그 지방자치단체의 조례로 출장소를 설치할 수 있다.

	합의제 행정기관	지방자치단체는 소관 사무의 일부를 독립하여 수행할 필요가 있으면 법령이나 그 지방자치단체의 조례로 정하는 바에 따라 합의제행정기관을 설치할 수 있다.
	자문기관	지방자치단체는 소관 사무의 범위에서 법령이나 그 지방자치단체의 조례로 정하는 바에 따라 자문기관(소관 사무에 대한 자문에 응하거나 협의, 심의 등을 목적으로 하는 심의회, 위원회 등을 말한다. 이하 같다)을 설치·운영할 수 있다.
하부행정기관(의 장)		자치구가 아닌 구에 구청장, 읍에 읍장, 면에 면장, 동에 동장을 둔다. 이 경우 면·동은 행정면·행정동을 말한다.
교육·과학·체육기관		지방자치단체의 교육·과학 및 체육에 관한 사무를 분장하기 위하여 별도의 기관을 둔다.

III 지방자치단체의 사무

1. 지방자치단체의 사무의 종류

(1) 자치사무(고유사무)

① 자치사무(고유사무)란 지역적 이해관계가 있는 지역의 고유한 사무를 말한다. 헌법은 자치사무를 주민의 복리에 관한 사무와 재산관리사무라고 규정하고 있다(헌법 제117조 제1항).

② 지방자치권의 보장은 주민의 복리에 관한 사무 등 지역적 이해관계가 있는 사무는 그 지방자치단체의 사무처리 권한을 보장해주는 것을 내용으로 하는데, 이를 보편성 또는 전권한성의 원칙이라 한다. 따라서 법령에 명문이 규정이 없더라도 주민의 복리에 관한 사무는 그 지방자치단체의 자치사무가 된다.

> ☐ **국가사무**
> 외교·국방, 사법, 국세 등 국가의 존립에 필요한 사무는 국가사무로서 법률에 다른 규정이 있는 경우를 제외하고는 지방자치단체가 처리할 수 없다(지방자치법 제15조 제1호). 기출 24

(2) 위임사무

1) 단체위임사무

① 지방자치단체의 사무 중 단체위임사무는 법령에 따라 지방자치단체에 속하는 사무를 말한다. 기출 13

② 단체위임사무의 예로는 시·도의 국가하천의 점용료의 징수(하천법 제37조 제2항), 시·군의 도세징수사무(구 지방세기본법 제53조 제1항)가 거론되기도 하나 단체위임사무의 예는 찾아보기 어렵다.

2) 기관위임사무

① 기관위임사무는 법령에 의하여 국가(또는 다른 지방자치단체)로 자치단체의 장에게 위임하여 처리하는 사무를 말한다. 기출 13

② 기관위임사무는 법령에 의하여 중앙정부 또는 상급자치단체로부터 자치단체의 장에게 위임된 사무를 말하며, 주로 전국적 이해관계가 큰 사무들이 그 대상이 된다. 기출 16

③ 기관위임사무는 위임기관(국가)이 전액 경비를 부담하는 것이 원칙이다. 즉, 국가가 스스로 하여야 할 사무를 지방자치단체나 그 기관에 위임하여 수행하는 경우 그 경비는 국가가 전부를 그 지방자치단체에 교부하여야 한다(지방재정법 제21조 제2항). 그리고 지방의회가 아니라 위임기관(국가)이 기관위임사무에 관하여 합법성뿐만 아니라 합목적성 통제를 한다. 기출 13

2. 지방자치단체의 사무의 처리

① 중앙행정기관의 장과 지방자치단체의 장이 사무를 처리할 때 의견을 달리하는 경우 이를 협의·조정하기 위하여 국무총리 소속으로 행정협의조정위원회를 둔다(지방자치법 제187조 제1항). 기출 14

② 모든 지방자치단체는 법령의 범위를 벗어나 사무 처리와 조례 제정을 할 수 없다. 기출 22

> **지방자치법 제12조(사무처리의 기본원칙)**
> ③ 지방자치단체는 법령을 위반하여 사무를 처리할 수 없으며, 시·군 및 자치구는 해당 구역을 관할하는 시·도의 조례를 위반하여 사무를 처리할 수 없다. 기출 22
>
> **지방자치법 제28조(조례)**
> ① 지방자치단체는 법령의 범위에서 그 사무에 관하여 조례를 제정할 수 있다. 다만, 주민의 권리 제한 또는 의무 부과에 관한 사항이나 벌칙을 정할 때에는 법률의 위임이 있어야 한다. 기출 22

제4절 지방자치단체의 재정

I 지방재원의 분류

1. 일반재원과 특정재원

① 일반재원: 어떠한 경비로도 자유롭게 지출할 수 있는 재원(예 지방세, 세외수입, 지방교부세)
② 특정재원: 지출할 수 있는 용도가 한정되어 있는 재원(예 국고보조금) 기출 21

2. 자주재원과 의존재원

① 자주재원: 지방자치단체가 자주적으로 결정·실현하는 재원(예 지방세, 세외수입)
② 의존재원: 국가나 상급 지방자치단체에 의해 결정·실현되는 재원[예 국고보조금, 지방교부세, 조정교부금(지방채는 포함 ×)] 기출 21

II 자주재원

1. 지방세

① 과세주체에 따라 특별시세, 광역시세, 도세, 시·군세, 자치구세 등으로 구분
② 과세용도에 따라 보통세와 목적세로 구분
  ㉠ 보통세: 일반적인 재정수요(일반적인 용도)에 충당하기 위하여 부과되는 조세(예 등록면허세, 취득세, 주민세, 자동차세, 담배소비세, 레저세, 지방소비세, 지방소득세, 재산세)
  ㉡ 목적세: 특정 경비(특정 용도)에 충당하기 위하여 부과되는 조세(예 지역자원시설세, 지방교육세)
  기출 21
③ 지방세는 재원의 성격상 자주재원에 해당한다.

2. 세외수입

① 세외수입은 지방자치단체 자체수입 가운데 지방세 이외의 모든 수입을 포함하는 개념으로 재원의 성격상 자주재원에 해당한다. 기출 21
② 세외수입의 종류
　㉠ 경상세외수입 : 사용료, 수수료, 재산임대수입, 교부금 등 기출 21
　㉡ 임시세외수입 : 기부금, 과징금, 복권발행수입, 재산매각수입, 분담금 등

Ⅲ 의존재원

1. 국고보조금

(1) 의 의

① 국고보조금은 국가가 시책 장려상 또는 자치단체의 재정 사정상 필요시 예산의 범위 내에서 자치단체의 행정수행에 소요되는 경비의 일부 또는 전부를 충당하기 위하여 용도를 지정(특정)하여 교부하는 자금(특정재원)이다.
② 국고보조금은 그 사용 용도가 제한되어 있다는 점에서 '끈이 달린 돈(money with strings)'의 성격을 가진다고 이해되고 있다. 기출 18

(2) 특 징

① 국고보조금은 중앙정부와 지방정부 간의 수직적 재정조정제도이다. 기출 15
② 국고보조금은 국가로부터 지원받는 의존재원이다. 기출 21·15
③ 국고보조금은 지방자치단체의 지방비 부담을 요구한다. 기출 18
④ 국고보조금은 용도를 지정하여 교부하는 것이므로 국가의 지방자치단체에 대한 재정상 통제와 감독으로 지방행정·재정의 자주성(자율성)을 침해할 우려가 있다. 기출 18·15
⑤ 중앙정부가 재정여건, 정책목표 등을 고려하여 지원 여부를 결정한다. 기출 15
⑥ 국가 시책을 장려하기 위하여 지원하는 경우도 있다. 기출 15

2. 지방교부세

(1) 의 의

지방교부세는 국가가 재정적 결함이 있는 지방자치단체에 교부하는 금전으로, 국가가 자의적으로 교부할 수 없고 내국세 총액의 일정비율(19.24%)과 종합부동산세 전액, 담배 개별소비세 45%를 재원으로 하고 있으므로 모든 지방자치단체가 공유하는 독립재원에 해당한다. 기출 14

(2) 특 징

① 지방교부세는 국가와 지방자치단체, 지방자치단체 상호 간의 재정불균형을 시정하기 위한 수직적·수평적 재정조정제도에 해당한다. 기출 14
② 지방교부세는 국가로부터 지원받는 의존재원이다. 기출 21

③ 지방교부세는 현금보조의 성격을 가지고 있어 지방비의 부담이 없다. 기출 18
④ 지방교부세는 과세용도에 따라 보통교부세, 특별교부세, 소방안전교부세, 부동산교부세로 구분된다. 기출 21
⑤ 지방교부세 중 보통교부세와 부동산교부세는 조건과 용도가 붙지 않는 일반재원이다. 기출 13

(3) 종류
① 보통교부세 : 지방자치단체 간 균형을 위해 재정 부족액을 산정해 교부하는 일반재원
  ㉠ 보통교부세는 지방교부세 중 용도를 제한하지 않고 교부하는 무조건적인 교부금으로 일반재원에 속한다. 기출 14
  ㉡ 보통교부세는 해마다 기준재정수입액이 기준재정수요액에 못 미치는 지방자치단체에 그 미달액을 기초로 교부하므로(지방교부세법 제6조 제1항 본문), 현재 재정도가 높은 서울, 경기, 수원, 용인 등 일부 지방자치단체의 경우에는 보통교부세를 교부받지 않고 있다. 기출 14
② 특별교부세 : 재해복구비 등의 특정 용도로 지방자치단체에 교부하는 특정재원
③ 부동산교부세 : 종합부동산세액의 전액으로 자치단체의 재정여건 등을 고려하여 교부하는 일반재원
④ 소방안전교부세 : 지방자치단체의 소방 인력 운용, 소방 및 안전시설 확충, 안전관리 강화 등을 위하여 지방자치단체에 대하여 교부하는 특정재원

> **분권교부세**
> 기존의 국고보조금 사업이 지방으로 이양되면서 지방자치단체가 수행하게 될 이들 사업을 위해 마련된 재원으로 국고보조사업을 이양 받은 지방자치단체에 교부하였으나, 2015년에 보통교부세에 통합·운영됨으로써 폐지되었다. 기출 18

3. 조정교부금
① 상급 자치단체(광역자치단체)가 하급 지방자치단체(기초자치단체)를 지원하는 제도로 자치구 조정교부금과 시·군 조정교부금이 있으며, 모두 일반재원으로 활용된다.
② 자치구 조정교부금 : 특별시, 광역시가 자치구 간의 재정조정을 위하여 교부하는 재원
③ 시·군 조정교부금 : 광역시·도(특별시 제외)가 재정의 일부를 관내 시·군에 배분하는 재원

4. 지방채
① 지방채란 재정수입의 부족액을 보전하기 위하여 그 과세권을 실질적인 담보로 하여 증권발행 또는 증서차입의 형식에 의하여 조달되는 차입자금을 의미한다.
② 지방채는 상환기간이 1년이 넘는 것(2년 이상)을 말한다.

Ⅳ 우리나라의 지방재정조정제도

1. 의 의
① 지방재정조정제도는 국가 또는 상급자치단체가 자치단체 또는 하급자치단체에 재정을 지원하여 재정운영의 효율성과 형평성을 실현하고자 하는 제도로, 국고보조금, 지방교부세, 조정교부금제도가 이에 해당한다.
② 지방자치단체들이 재정자립도 향상을 원한다면 지방교부세나 국고보조금 같은 의존재원이 아니라 지방세와 세외수입과 같은 자주재원 확보를 위해 노력해야 할 것이다. 기출 14

2. 특 징
① 지방재정조정제도는 지역 간 재정적 불균형을 시정하는 기능을 한다. 기출 16
② 지방재정조정제도는 거주지역에 관계없이 국민에게 보장해야 하는 최소한의 공공서비스를 제공하기 위한 재원을 확충하는 데 도움을 준다. 기출 16
③ 지방재정조정제도는 국가적으로 추진하는 사업을 장려하거나 촉진하는 기능을 수행한다. 기출 16
④ 지방재정조정제도는 긍정적 외부효과가 큰 지방공공재의 공급을 지원하는 기능이 있다. 기출 16
⑤ 지방재정조정제도는 지방재정분권 및 자주성을 취약하게 하거나 지방자치단체의 다양성과 지방분권을 저해할 가능성이 있다. 기출 16

3. 종 류
① 지방재정조정제도는 지방자치단체의 최소한의 행정수준을 제공하고 자치단체 간의 재정격차를 해소하기 위한 제도로 중앙정부에 의한 지방재정조정제도와 광역자치단체의 지방재정조정제도로 구분된다.
② **중앙정부에 의한 지방재정조정제도** : 국고보조금, 지방교부세, 국가균형발전특별회계, 국고부담금 등이 포함된다. 기출 22
③ **광역자치단체의 지방재정조정제도** : 조정교부금(자치구 조정교부금과 시·군 조정교부금), 징수교부금 등이 있는데, 이들 재원(특별조정교부금은 제외)은 모두 일반재원으로 사용된다(지방재정법 제29조, 제29조의2 참조). 기출 22·18

V 과세주체에 따른 세목체계

구 분		특별시·광역시세	도 세	시·군세	자치구세
지방세	보통세	• 취득세 기출 20 • 주민세 • 자동차세 • 레저세 기출 20 • 담배소비세 기출 20 • 지방소비세 • 지방소득세	• 취득세 기출 20 • 등록면허세 • 레저세 기출 20 • 지방소비세	• 주민세 • 재산세 기출 20·13 • 자동차세 기출 13 • 담배소비세 기출 20 • 지방소득세 기출 13	• 등록면허세 기출 13 • 재산세 기출 20·13
	목적세	• 지역자원시설세 • 지방교육세 기출 13	• 지역자원시설세 • 지방교육세 기출 13		
	※ 특별자치시(세종시)와 제주특별자치도의 세목 : 취득세, 등록면허세, 레저세, 담배소비세, 지방소비세, 주민세, 지방소득세, 재산세, 자동차세, 지역자원시설세, 지방교육세 기출 13				
국 세	내국세 (보통세)	직접세	• 소득세 • 법인세 • 상속증여세 • 종합부동산세 기출 20		
		간접세	• 부가가치세 • 개별소비세 기출 13 • 주 세 • 인지세 • 증권거래세		
	목적세	• 교통·에너지·환경세(다만, 2025.1.1. 폐지됨) • 교육세 • 농어촌특별세 기출 13			
	관 세				

VI 예산관련제도

① 예산성과금(국가재정법 제49조), 지방교부세(지방교부세법 제3조), 준예산(헌법 제54조 제3항), 주민참여예산(지방재정법 제39조) 등은 우리나라에서 현재 채택·시행하고 있으나, 지방세로 이양해야 할 대상인 특정 내국세(주세 등) 중 일정 비율을 재원으로 지역개발사업 수행을 위해 각 지방에 균형 있게 배분해 주던 지방양여금은 2005.1.1. 지방양여금법이 폐지됨으로써 폐지되었다. 기출 15

② 지방자치단체의 장은 대통령령으로 정하는 바에 따라 지방예산 편성 등 예산과정에 주민이 참여할 수 있는 제도를 마련하여 시행하여야 한다(지방재정법 제39조 제1항). 기출 14

Ⅶ 지방공기업

1. 개 설
① 지방공기업은 지방자치단체가 지역주민의 복리증진 등을 목적으로 직접 설치·경영하거나 법인을 설립하여 경영하는 기업이다. 기출 19
② 지방자치단체의 장은 지방공기업의 설립·운영 등 지방공기업의 운영을 관리·감독한다. 기출 19
③ 지방공기업에는 지방자치단체가 자신의 조직과 직원으로 직접 경영하는 지방직영기업과 자치단체가 조례로 법인을 설립하여 간접 경영하는 지방공사, 지방공단이 있다.
④ 지방공사 및 지방공단에 소속된 직원은 공무원으로 볼 수 없으나, 지방직영기업에 속한 직원들은 공무원에 해당한다. 기출 19

2. 지방공기업의 종류

(1) 지방직영기업
① 지방직영기업은 지방자치단체가 자신의 조직과 직원으로 직접 경영하는 기업을 말한다. 기출 17
② 지방자치단체는 지방직영기업을 설치·경영하려는 경우에는 그 설치·운영의 기본사항을 조례로 정하여야 한다(지방공기업법 제5조). 기출 17
③ 지방직영기업은 지방자치단체가 자신의 조직과 직원으로 직접 경영하는 기업으로 당연히 지방자치단체의 감독과 통제를 받는다. 기출 17
④ 지방직영기업이 경영하는 사업은 특별회계로 운영되고, 지방자치단체의 장은 사업연도가 시작되기 전에 예산안을 의회에 제출하여 의결을 받아야 한다(지방공기업법 제13조, 제26조 제1항). 기출 19·17
⑤ 지방직영기업에 대하여는 지방공기업법에서 규정한 사항을 제외하고는 지방자치법, 지방재정법, 그 밖의 관계 법령을 적용한다(지방공기업법 제6조). 기출 19·17

(2) 지방공사·지방공단
① 지방공사·지방공단은 자치단체가 조례로 법인을 설립하여 간접 경영하는 기업을 말한다.
② 지방공기업 중 지방공사·공단의 예산은 이사회의 의결로 확정된다(지방공기업법 제65조, 제76조 제2항). 기출 19
③ 지방공기업 중 지방공사에 대하여는 지방공기업법에서 규정한 사항을 제외하고는 그 성질에 반하지 아니하는 범위에서 상법 중 주식회사에 관한 규정 준용한다(지방공기업법 제75조).

제5절 지방자치와 주민

I 우리나라의 주민참여제도

1. 주민의 직접참여제도

① 우리나라 지방자치법상 명시된 주민직접참여제도는 주민투표(제18조), 주민감사청구(제21조), 주민소송(제22조), 주민소환(제25조), 주민발안제도의 일종으로 거론되는 주민조례청구(주민조례 제정 및 개·폐청구)(제19조)가 있다. 기출 17

② 지방자치법상 주민총회는 도입되지 아니하였다. 기출 17 '주민총회'란 스위스의 직접민주제에 의한 최고 의결기구인 란트슈게마인데에서 비롯된 단어로 지역 현안에 대하여 해당 읍·면·동 주민이면 누구나 참여하여 주민자치 활동과 계획 등 자치활동을 논의하고 결정하는 주민 공론의 장을 말한다.

③ 주민참여예산 : 지방자치단체의 장은 대통령령으로 정하는 바에 따라 지방예산 편성 등 예산과정에 주민이 참여할 수 있는 제도를 마련하여 시행하여야 한다(지방재정법 제39조 제1항). 기출 14

2. 주민의 간접참여제도

주민이 시·도 도시계획위원회나 시·군·구 도시계획위원회의 구성원으로 참여하여 활동함으로써 간접적인 주민참여제도로서의 의의를 가질 수 있다(국토계획법 제113조, 동법 시행령 제111조 및 제112조 참조). 기출 14

II 주민조례청구(주민조례 제정 및 개·폐청구)

1. 의 의

주민조례청구제도는 주민발제도의 일종으로 조례의 제정 또는 개·폐 등에 관하여 주민이 직접 의안을 발의하는 제도이다.

2. 청구권자

18세 이상의 주민으로서 ㉠ 해당 지방자치단체의 관할 구역에 주민등록이 되어 있는 사람이나, ㉡ 출입국관리법에 따른 영주(永住)할 수 있는 체류자격 취득일 후 3년이 지난 외국인으로서 같은 법에 따라 해당 지방자치단체의 외국인등록대장에 올라 있는 사람은 해당 지방자치단체의 의회에 조례를 제정하거나 개정 또는 폐지할 것을 청구할 수 있다(주민조례발안에 관한 법률 제2조). 기출 19·14

3. 주민조례청구 제외 대상 기출 14

> **주민조례발안에 관한 법률 제4조(주민조례청구 제외 대상)**
> 다음 각 호의 사항은 주민조례청구 대상에서 제외한다.
> 1. 법령을 위반하는 사항
> 2. 지방세·사용료·수수료·부담금을 부과·징수 또는 감면하는 사항
> 3. 행정기구를 설치하거나 변경하는 사항
> 4. 공공시설의 설치를 반대하는 사항

Ⅲ 주민투표

1. 의 의
① 주민투표는 지방자치단체(지방정부)의 중요한 사안에 대하여 주민으로 하여금 결정권을 행사하도록 하는 제도로서 주민의 직접참여제도의 하나이다. 기출 19
② 주민투표는 대의제를 대체하는 것이 아니라 대의제를 보완하여 대의제 민주주의가 가질 수 있는 주민의 의사왜곡을 방지하고 주민의 의사가 반영된 정책을 구현하기 위한 제도이다. 기출 19
③ 주민의 주민투표청구에 의한 주민투표에는 적극적 주민투표와 항의적 주민투표로 구분할 수 있다. 적극적 주민투표는 일정한 사안에 관하여 주민이 스스로 결정하고자 하는 적극적 참정욕구에 의하여 실시되는 투표이고, 항의적 주민투표(protest referendum)는 지방의회에서 의결한 사항에 대하여 그 효력 여부를 결정하는 투표를 말한다. 기출 19
④ 주민투표는 주민의 중요한 권리이자 의무로 인식하여 위반자에게 벌금을 부과하거나(예 호주), 벌금 이외의 제재를 가하는 국가(예 그리스, 브라질 등)도 존재한다. 기출 19

2. 주민투표권자
18세 이상의 주민 중 투표인명부 작성기준일 현재 ⊙ 그 지방자치단체의 관할 구역에 주민등록이 되어 있는 사람이나, ⓒ 출입국관리 관계 법령에 따라 대한민국에 계속 거주할 수 있는 자격(체류자격변경허가 또는 체류기간연장허가를 통하여 계속 거주할 수 있는 경우를 포함한다)을 갖춘 외국인으로서 지방자치단체의 조례로 정한 사람에게는 주민투표권이 있다. 다만, 공직선거법 제18조에 따라 선거권이 없는 사람에게는 주민투표권이 없다(주민투표법 제5조 제1항).

3. 주민투표의 대상
① 지방자치단체의 주요결정에 대한 주민투표 : 주민에게 과도한 부담을 주거나 중대한 영향을 미치는 지방자치단체의 주요결정사항은 주민투표에 부칠 수 있다(주민투표법 제7조 제1항).

> **주민투표법 제7조(주민투표의 대상)**
> ② 제1항에도 불구하고 다음 각 호의 어느 하나에 해당하는 사항은 주민투표에 부칠 수 없다.
>   1. 법령에 위반되거나 재판중인 사항
>   2. 국가 또는 다른 지방자치단체의 권한 또는 사무에 속하는 사항
>   3. 지방자치단체가 수행하는 다음 각 목의 어느 하나에 해당하는 사무의 처리에 관한 사항
>   가. 예산 편성·의결 및 집행
>   나. 회계·계약 및 재산관리
> 3의2. 지방세·사용료·수수료·분담금 등 각종 공과금의 부과 또는 감면에 관한 사항
>   4. 행정기구의 설치·변경에 관한 사항과 공무원의 인사·정원 등 신분과 보수에 관한 사항
>   5. 다른 법률에 의하여 주민대표가 직접 의사결정주체로서 참여할 수 있는 공공시설의 설치에 관한 사항. 다만, 제9조 제5항의 규정에 의하여 지방의회가 주민투표의 실시를 청구하는 경우에는 그러하지 아니하다.
>   6. 동일한 사항(그 사항과 취지가 동일한 경우를 포함한다)에 대하여 주민투표가 실시된 후 2년이 경과되지 아니한 사항

② 국가정책에 관한 주민투표 : 중앙행정기관의 장은 지방자치단체를 폐지하거나 설치하거나 나누거나 합치는 경우 또는 지방자치단체의 구역을 변경하거나 주요시설을 설치하는 등 국가정책의 수립에 관하여 주민의 의견을 듣기 위하여 필요하다고 인정하는 때에는 주민투표의 실시구역을 정하여 관계 지방자치단체의 장에게 주민투표의 실시를 요구할 수 있다. 이 경우 중앙행정기관의 장은 미리 행정안전부장관과 협의하여야 한다(주민투표법 제8조 제1항).

4. 주민투표의 확정과 효력

① 우리나라의 경우, 주민투표에 부쳐진 사항은 주민투표권자 총수의 4분의 1 이상의 투표와 유효투표수 과반수의 득표로 확정된다(주민투표법 제24조 제1항 본문). 기출 19
② 과거 전체 투표수가 주민투표권자 총수의 3분의 1에 미달하는 경우 개표하지 아니하였으나, 2022년 주민투표법 개정으로 해당 조항이 삭제되어 주민투표를 실시한 경우에는 항상 개표하여야 한다.
③ 지방자치단체의 장 및 지방의회는 주민투표결과 확정된 내용대로 행정·재정상의 필요한 조치를 하여야 한다(주민투표법 제24조 제5항).
④ 지방자치단체의 장 및 지방의회는 주민투표결과 확정된 사항에 대하여 2년 이내에는 이를 변경하거나 새로운 결정을 할 수 없다(주민투표법 제24조 제6항).

Ⅳ 주민소환

1. 의 의

① 주민소환이란 선거에 의하여 취임한 공직자의 파면을 요구하고 주민들이 그 여부를 결정하는 제도를 말한다.
② 주민소환제도는 선출직 공직자를 임기 중에 주민이 소환하여 퇴출시키는 제도로, 주민에게 손해를 입힌 경우 관련 감사기관에 감사를 청구하여 그 시정을 요구하는 주민감사청구제도와 구별하여야 한다. 기출 16
③ 주민소환제도는 위법·부당행위, 정치적 무능력, 직무유기, 독단적인 행정운영 등 지방자치제의 폐단을 방지하는 데 목적이 있다. 기출 16

2. 주민소환투표권자

제4조 제1항의 규정에 의한 주민소환투표인명부 작성기준일 현재 ㉠ 19세 이상의 주민으로서 당해 지방자치단체 관할구역에 주민등록이 되어 있는 자(선거권이 없는 자는 제외)나 ㉡ 19세 이상의 외국인으로서 출입국관리법 제10조의 규정에 따른 영주의 체류자격 취득일 후 3년이 경과한 자 중 같은 법 제34조의 규정에 따라 당해 지방자치단체 관할구역의 외국인등록대장에 등재된 자는 주민소환투표권이 있다(주민소환에 관한 법률 제3조).

3. 주민소환의 대상

① 주민은 그 지방자치단체의 장 및 지방의회의원(비례대표 지방의회의원은 제외한다)을 소환할 권리를 가진다(지방자치법 제25조 제1항). 즉, 주민소환은 선출직 지방공직자인 해당 지방자치단체의 장 및 (지역구) 지방의회의원이 그 대상이 되며, 비례대표 지방의회 의원(비례대표선거구시·도의회의원 및 비례대표선거구자치구·시·군의회의원)은 제외된다(주민소환에 관한 법률 제7조 제1항). 기출 22·16
② 교육감도 주민소환의 대상이 된다(지방교육자치에 관한 법률 제24조의2).

4. 주민소환투표의 청구기간 제한

> **주민소환에 관한 법률 제8조(주민소환투표의 청구제한기간)**
> 제7조 제1항 내지 제3항의 규정에 불구하고 다음 각 호의 어느 하나에 해당하는 때에는 주민소환투표의 실시를 청구할 수 없다.
> 1. 선출직 지방공직자의 <u>임기개시일부터 1년이 경과하지 아니한 때</u>
> 2. 선출직 지방공직자의 <u>임기만료일부터 1년 미만일 때</u>
> 3. 해당선출직 지방공직자에 대한 <u>주민소환투표를 실시한 날부터 1년 이내인 때</u>

5. 주민소환의 확정 및 효력
① 주민소환은 <u>주민소환투표권자 총수의 3분의 1 이상의 투표와 유효투표 총수 과반수의 찬성으로 확정된다</u>
(주민소환에 관한 법률 제22조 제1항). 기출 16
② 전체 주민소환투표자의 수가 주민소환투표권자 총수의 3분의 1에 미달하는 때에는 <u>개표를 하지 아니한다</u>
(주민소환에 관한 법률 제22조 제2항).
③ 주민소환이 확정된 때에는 <u>주민소환투표대상자는 그 결과가 공표된 시점부터 그 직을 상실하고, 그 직을 상실한 자는 그로 인하여 실시하는 해당보궐선거에 후보자로 등록할 수 없다</u>(주민소환에 관한 법률 제23조).

V 주민감사청구

1. 의 의
주민감사청구란 지방자치단체와 그 장의 권한에 속하는 사무의 처리가 법령에 위반되거나 공익을 현저히 해친다고 인정되면 주무부장관이나 시·도시사에게 감사를 청구할 수 있는 제도를 말한다.

2. 주민감사청구권자

> **지방자치법 제21조(주민의 감사 청구)**
> ① 지방자치단체의 18세 이상의 주민으로서 다음 각 호의 어느 하나에 해당하는 사람(공직선거법 제18조에 따른 선거권이 없는 사람은 제외. 이하 이 조에서 "18세 이상의 주민")은 시·도는 300명, 제198조에 따른 인구 50만 이상 대도시는 200명, 그 밖의 시·군 및 자치구는 150명 이내에서 그 지방자치단체의 조례로 정하는 수 이상의 18세 이상의 주민이 연대 서명하여 그 지방자치단체와 그 장의 권한에 속하는 사무의 처리가 법령에 위반되거나 공익을 현저히 해친다고 인정되면 시·도의 경우에는 주무부장관에게, 시·군 및 자치구의 경우에는 시·도지사에게 감사를 청구할 수 있다.
> 1. 해당 지방자치단체의 관할 구역에 주민등록이 되어 있는 사람
> 2. 출입국관리법 제10조에 따른 영주(永住)할 수 있는 체류자격 취득일 후 3년이 경과한 외국인으로서 같은 법 제34조에 따라 해당 지방자치단체의 외국인등록대장에 올라 있는 사람 기출 22

3. 주민감사청구의 대상 및 제외대상

① 주민감사청구의 대상이 되는 사무는 지방자치단체와 지방자치단체의 장의 권한에 속하는 모든 사무이다. 따라서 자치사무와 단체위임사무뿐만 아니라 기관위임사무도 주민감사 청구의 대상이 된다.
② 주민감사청구의 제외대상

> **지방자치법 제21조(주민의 감사 청구)**
> ② 다음 각 호의 사항은 감사 청구의 대상에서 제외한다.
>   1. 수사나 재판에 관여하게 되는 사항
>   2. 개인의 사생활을 침해할 우려가 있는 사항
>   3. 다른 기관에서 감사하였거나 감사 중인 사항. 다만, 다른 기관에서 감사한 사항이라도 새로운 사항이 발견되거나 중요 사항이 감사에서 누락된 경우와 제22조 제1항에 따라 주민소송의 대상이 되는 경우에는 그러하지 아니하다.
>   4. 동일한 사항에 대하여 제22조 제2항 각 호의 어느 하나에 해당하는 소송이 진행 중이거나 그 판결이 확정된 사항
> ③ 제1항에 따른 청구는 사무처리가 있었던 날이나 끝난 날부터 3년이 지나면 제기할 수 없다.

4. 감사기간 및 결과의 공표 등

① 주무부장관이나 시·도지사는 감사 청구를 수리한 날부터 60일 이내에 감사 청구된 사항에 대하여 감사를 끝내야 하며, 감사 결과를 청구인의 대표자와 해당 지방자치단체의 장에게 서면으로 알리고, 공표하여야 한다(지방자치법 제21조 제9항).
② 주무부장관이나 시·도지사는 주민 감사 청구를 처리(각하를 포함한다)할 때 청구인의 대표자에게 반드시 증거 제출 및 의견 진술의 기회를 주어야 한다(지방자치법 제21조 제11항).

VI 주민소송

1. 의 의

① 주민소송이란 지방자치단체의 기관 및 직원의 공금지출·회계 등 재무행위가 위법하다고 인정되어 주민이 감사기관에 감사를 청구하고도 그 감사결과에 불만족하는 경우에 법원에 재판을 청구하는 제도를 말한다.

기출 24

② 주민소송제도는 지방자치단체의 재무행정의 적법성과 지방재정의 건전하고 적정한 운영을 확보하려는 데 목적이 있다.
③ 우리나라는 별도로 주민소송법을 제정하지 않고, 지방자치법에서 주민소송에 관한 규정을 두고 있다.

2. 주민소송의 요건

① 주민소송을 제기하기 위하여는 반드시 주민감사청구를 하였어야 하고, 주민감사청구를 한 주민만 주민소송을 제기할 수 있다(지방자치법 제22조 제1항).
② 주민감사를 청구한 주민은 누구나 주민소송을 제기할 수 있다. 주민감사청구와 달리 일정 수 이상의 주민의 연대서명을 요하는 것은 아니며, 주민감사를 청구한 주민이라면 1인에 의한 주민소송 제기도 가능하다.
③ 주민소송의 피고는 해당 지방자치단체의 장(당해 사항의 사무처리에 관한 권한을 소속기관의 장에게 위임한 경우에는 그 소속기관의 장)이다(지방자치법 제22조 제1항).

3. 주민소송의 제기 사유

지방자치법 제22조(주민소송)
① 제21조 제1항에 따라 공금의 지출에 관한 사항, 재산의 취득·관리·처분에 관한 사항, 해당 지방자치단체를 당사자로 하는 매매·임차·도급 계약이나 그 밖의 계약의 체결·이행에 관한 사항 또는 지방세·사용료·수수료·과태료 등 공금의 부과·징수를 게을리한 사항을 감사 청구한 주민은 다음 각 호의 어느 하나에 해당하는 경우에 그 감사 청구한 사항과 관련이 있는 위법한 행위나 업무를 게을리한 사실에 대하여 해당 지방자치단체의 장(해당 사항의 사무처리에 관한 권한을 소속기관의 장에게 위임한 경우에는 그 소속기관의 장)을 상대방으로 하여 소송을 제기할 수 있다.
  1. 주무부장관이나 시·도지사가 감사 청구를 수리한 날부터 60일(제21조 제9항 단서에 따라 감사기간이 연장된 경우에는 연장된 기간이 끝난 날을 말한다)이 지나도 감사를 끝내지 아니한 경우
  2. 제21조 제9항 및 제10항에 따른 감사 결과 또는 같은 조 제12항에 따른 조치 요구에 불복하는 경우 기출 22
  3. 제21조 제12항에 따른 주무부장관이나 시·도지사의 조치 요구를 지방자치단체의 장이 이행하지 아니한 경우
  4. 제21조 제12항에 따른 지방자치단체의 장의 이행 조치에 불복하는 경우
⑤ 제2항 각 호의 소송이 진행 중이면 다른 주민은 같은 사항에 대하여 별도의 소송을 제기할 수 없다.

제 7 장 지방자치론

제1절 지방자치의 기초이론

01 지방자치단체의 자치권에 관한 설명으로 옳지 않은 것은?   19 행정사 제7회

① 고유권설(지방권설)에서 자치권은 국가와 관계없이 인간이 태어나면서부터 천부의 인권을 갖는 것과 마찬가지로 지방자치단체의 고유한 권리로 본다.
② 전래권설(국권설)에서 자치권은 주권적 통일국가의 통치구조 일환으로 형성된다는 의미에서 국법으로 부여된 권리로 본다.
③ 제도적 보장설은 자치권이 국가의 통치권에서 나오는 것이라고 하면서도, 헌법에 지방자치의 규정을 둠으로써 지방자치제도가 보장된다고 본다.
④ 고유권설(지방권설)은 주로 헤겔(Hegel)의 영향을 받은 독일의 공법학자들에 의하여 주장되었다.
⑤ 제도적 보장설에서의 보장은 지방자치제도의 일반적인 보장이지, 개별적인 지방자치단체의 존립을 계속 보장하는 것은 아니다.

해설

[❶ ▶ ○] 고유권설(지방권설)은 지방자치권이 지방자치단체의 고유한 권리라는 견해이다. 지방자치권이 지방자치단체의 자연권에 속한다는 것을 근거로 하거나 국가 이전부터 생성된 단체라는 것을 근거로 한다.
[❷ ▶ ○] 전래권설(국권설)은 지방자치권은 국가가 수여한 전래적 권력이라고 이해한다. 전래권설(국권설)은 국가권력의 단일성에 근거한다. 즉, 국가영역 내에서 국가로부터 나오지 아니하는 고권은 있을 수 없다는 논리에 근거한다. 전래권설은 지방자치단체를 국가의 법률에 의한 창조물로 본다.
[❸ ▶ ○] [❺ ▶ ○] 제도적 보장설은 지방자치제도의 본질적 내용보장에 중점을 두어 지방자치제도를 헌법에서 규정함으로써 입법자에 의한 침해로부터 그 본질적 내용을 보장하려는 것으로,❸ 제도적 보장설에서의 보장은 지방자치제도의 일반적인 보장이지, 개별적인 지방자치단체의 존립을 계속 보장하는 것은 아니다.❺
[❹ ▶ ×] 주로 헤겔(Hegel)의 영향을 받은 독일의 공법학자들에 의하여 주장된 것은 전래권설(국권설)이다. 고유권설은 프랑스의 지방권 사상에서 비롯되었다.

답 ❹

02 지방자치의 원리로서 주민자치에 관한 설명으로 옳은 것은? `23` 행정사 제11회

① 국가에 대한 지방자치단체의 법률상의 상대적 독립성을 강조한다.
② 주민자치의 전통은 주로 유럽 대륙권 국가에서 찾아볼 수 있다.
③ 대의민주제를 포함한 지방자치단체의 주민대표성과 민주성을 강조한다.
④ 자치권이 국가로부터 파생 내지 위임된 것으로 보는 전래설 또는 수탁설에 기초한다.
⑤ 민족국가 출현과 함께 수립된 헌정체제에 기초한 중앙정부와 지방자치단체의 관계를 강조한다.

해설

[❶ ▶ ×] 국가에 대한 지방자치단체의 법률상의 상대적 독립성을 강조하는 것은 단체자치이다. 주민자치는 지역의 문제를 지역 주민이 자신의 책임 아래 스스로 처리한다는 측면에서 '정치적 의미'가 강하다.
[❷ ▶ ×] 주민자치의 전통은 주로 영국과 미국에서, 단체자치의 전통은 주로 유럽 대륙권 국가(프랑스, 독일)에서 찾아볼 수 있다.
[❸ ▶ ○] 주민자치는 대의민주제를 포함한 지방자치단체의 주민대표성과 민주성을 강조한다(민주주의).
[❹ ▶ ×] 자치권이 국가로부터 파생 내지 위임된 것으로 보는 전래설 또는 수탁설에 기초하는 것은 단체자치이다. 주민자치는 자치권을 지방의 고유한 권리로 보는 고유권설에 기초한다.
[❺ ▶ ×] 민족국가 출현과 함께 수립된 헌정체제에 기초한 중앙정부와 지방자치단체의 관계(분권주의) 를 강조하는 것은 단체자치이다.

답 ❸

03 지방자치에 관한 설명으로 옳지 않은 것은? `22` 행정사 제10회

① 지방자치의 본질적 의미는 지역주민이 그 지역의 제반 문제를 스스로 결정하고 처리하는 것이다.
② 지방자치는 정치적 활동과는 무관하며 공공행정의 가치를 중시한다.
③ 지방자치는 지방분권을 전제로 하며, 주민참여는 '풀뿌리 민주주의' 원리를 구현한다.
④ 지방자치단체라는 공법인을 통해 주민에게 필요한 주요 정책의 실험장 역할을 한다.
⑤ 지역특성에 맞는 행정과 정책을 통해 행정의 능률성과 책임성을 확립한다.

해설

[❶ ▶ ○] 지방자치란 일정한 지역을 단위로 하여 그 지역의 사무를 국가의 간섭 없이 주민 스스로 자신의 책임 하에 직접 처리하는 것을 말한다. 따라서 지방자치에서 단체자치는 지방자치의 형식(외형)을, 주민자치는 지방자치의 실질(본질)을 의미하는 것으로 이해할 수 있다.
[❷ ▶ ×] 지방자치와 민주주의 상관관계를 인정하는 영미계의 주민자치에서는 지방자치의 정치적 필요성을 중시하고, 유럽 대륙(독일, 프랑스)계의 단체자치에서는 공공행정의 가치를 중시한다. 우리나라의 지방자치의 관념에는 주민자치와 단체자치가 혼합되어 있다.
[❸ ▶ ○] 지방자치는 지방분권을 전제로 하며 주민참여는 풀뿌리 민주주의의 실현수단의 원리를 구현하여 민주주의의 보호수단으로서의 역할을 한다.
[❹ ▶ ○] [❺ ▶ ○] 지방자치는 지방자치단체라는 공법인을 통해 혁신의 제안 등 다양한 정책의 지역적 실험이 용이하게 하여 정책실행의 실험장 역할을 할 수 있다.❹ 또한 지방의 특성이나 실정에 맞는 행정과 정책을 시행하고 중앙과 지방 간의 업무분담을 조정하여 지방행정의 능률성과 책임성을 확립할 수 있게 한다.❺

답 ❷

04 지방자치제도에서 법인격이 없는 행정계층에 해당하는 것은?　　24 행정사 제12회

① 세종특별자치시
② 경상북도 고령군
③ 제주특별자치도 제주시
④ 부산광역시 기장군
⑤ 전라남도 순천시

해설

[❶ ▶ ○]　지방자치단체는 법인으로 한다(지방자치법 제3조). 지방자치단체는 광역자치단체(특별시, 광역시, 특별자치시, 도, 특별자치도)와 기초자치단체(시, 군, 자치구)의 두 가지 종류로 구분한다(지방자치법 제2조 제1항). 세종특별자치시는 광역지방자치단체로서 법인격이 인정된다.

[❷ ▶ ○] [❹ ▶ ○] [❺ ▶ ○]　경상북도 고령군, 부산광역시 기장군, 전라남도 순천시는 기초자치단체로서 법인격이 인정된다.

[❸ ▶ ×]　제주특별자치도는 그 관할구역에 지방자치단체인 시와 군을 두지 아니하고, 제주특별자치도의 관할구역에는 지방자치단체가 아닌 시(이하 "행정시"라 한다)를 둔다. 이때 행정시의 시장은 일반직 지방공무원으로 보하되, 도지사가 임명하도록 규정하고 있다(제주특별자치도 설치 및 국제자유도시 조성을 위한 특별법 제10조 제1항, 제11조 제2항). 제주특별자치도의 제주시나 서귀포시는 지방자치단체가 아닌 행정시로서 법인격이 인정되지 않는다.

답 ❸

05 지방자치단체의 자치권에 관한 설명으로 옳은 것은?

① 자치권은 원칙적으로 해당 자치단체의 관할구역 안에 있는 재화·물자를 제외한 모든 사람에 포괄적으로 미친다.
② 국권설은 프랑스의 지방권 사상을 기초로 확립되었다.
③ 고유권설은 자치권을 인간의 자연권과 마찬가지로 본래적이고 침해할 수 없는 고유한 권리라고 본다.
④ 중앙정부의 전제적 군주정치가 대의제 민주정치로 대체됨에 따라 제도적 보장설의 논거가 매우 취약하게 되었다.
⑤ 제도적 보장설에서 보장이란 헌법으로 지방자치제도를 보장한다는 것이 아니라, 개별적인 지방정부의 존립을 보장한다는 것이다.

해설

[❶▸×] 자치권은 국가주권 아래의 권한으로서 국법으로부터 벗어날 수 없다는 예속성, 국가로부터 어느 정도의 독립성을 지니는 자주성, 관할구역 안에 있는 재화·물자를 포함한 모든 사람에 포괄적으로 미친다는 포괄성을 그 특징으로 한다.
[❷▸×] 프랑스의 지방권 사상을 기초로 확립된 것은 고유권설(지방권설)이다. Thouret(투레)는 지방단체의 지방권은 개인의 기본권과 동가치적인 것으로 간주되고, 이는 마치 국가통치권이 개인의 기본권을 침해할 수 없듯이 지방자치단체의 지방권 역시 국가통치권이 침해할 수 없다는 지방권설을 주장하여 프랑스의 혁명정부에 영향을 주었다. 국권설(전래권설)은 자치권이 국법(헌법)으로 부여된 권리라고 주장한다. 국권설(전래권설)은 독일 공법학자들을 중심으로 주장되었으며 지금까지 학계의 통설의 위치를 차지하고 있다.
[❸▸○] 고유권설(지방권설)은 지방자치권이 지방자치단체의 고유한 권리라는 견해이다. 자연권 사상에 입각하여 인간이 태어나면서부터 천부의 인권을 갖는 것과 마찬가지로 지방자치권이 지방자치단체의 자연권에 속한다는 것을 근거로 하거나 국가 이전부터 생성된 단체라는 것을 근거로 한다.
[❹▸×] 중앙정부의 전제적 군주정치가 대의제 민주정치로 대체됨에 따라 오늘날 고유권설(지방권설)의 논거가 매우 취약하게 되었다.
[❺▸×] 제도적 보장설은 지방자치제도의 본질적 내용보장에 중점을 두어 역사적·전통적으로 형성된 지방자치제도를 헌법에서 규정함으로써 입법자에 의한 침해로부터 그 본질적 내용을 보장하려는 것으로, 제도적 보장설에서의 보장은 지방자치제도의 일반적인 보장이지, 개별적인 지방자치단체의 존립을 계속 보장하는 것은 아니다.

답 ❸

06 지방자치에 관한 설명으로 옳은 것은?

① 일정기간 지역에 거주하지 않았더라도 주민등록만 되어 있다면 지방자치법상 주민으로서의 권리와 의무의 주체가 된다.
② 국가로부터 일정한 부분 자치권한을 이양 받은 자치권을 고유권이라고 한다.
③ 특례시에는 자치구가 설치되어 있다.
④ 자치권이란 자연적으로 발생한 주민의 권리이므로 전래권이다.
⑤ 지방자치단체는 주민의 복리와 재산을 보호하고 외교·국방과 같은 문제를 다룬다.

해설

[❶▶○] 지방자치법은 여러 조항에서 권리·의무의 주체이자 법적 규율의 상대방으로서 '주민'이라는 용어를 사용하고 있다. 지방자치법은 "지방자치단체의 구역에 주소를 가진 자는 그 지방자치단체의 주민이 된다"라고 규정하여(지방자치법 제16조), '주민의 자격'을 '지방자치단체의 구역 안에 주소를 가진 자'로 정하고 있다. 따라서 일정기간 지역에 거주하지 않았더라도 주민등록만 되어 있다면 지방자치법상 주민으로서의 권리와 의무의 주체가 된다고 볼 수 있다.
[❷▶×] 국가로부터 일정한 부분 자치권한을 이양 받은 자치권을 전래권이라고 한다.
[❸▶×] 특례시란 서울특별시·광역시 및 특별자치시를 제외한 인구 100만 이상의 대도시를 말한다(지방자치법 제198조 제2항 제1호). 특례시에는 자치구가 아닌 구를 둘 수 있다(지방자치법 제3조 제3항). 현재 경기도 고양시, 수원시, 용인시와 경상남도 창원시가 특례시에 해당한다. 예를 들면, 경기도 고양시에는 덕양구, 일산동구, 일산서구의 3개의 구가 있으나 이는 자치구 아닌 구(일반구, 행정구)에 불과하다.
[❹▶×] 자치권이 자연적으로 발생한 주민의 권리라고 보는 견해는 자치권을 고유권으로 본다(고유권설).
[❺▶×] 지방자치단체는 주민의 복리에 관한 사무를 처리하고 재산을 관리하며, 법령의 범위 안에서 자치에 관한 규정을 제정할 수 있다(헌법 제117조 제1항). 그러나 외교·국방, 사법, 국세 등 국가의 존립에 필요한 사무는 국가사무로서 법률에 다른 규정이 있는 경우를 제외하고는 지방자치단체가 처리할 수 없다(지방자치법 제15조 제1호).

답 ❶

제2절 지방자치단체와 국가의 관계

07 다음에서 설명하는 중앙·지방정부 간 사무배분의 원칙으로 옳은 것은? `21 행정사 제9회`

> • 기초지방정부가 할 수 있는 일을 상급정부가 관여해서는 안 된다는 기초지방정부 우선의 원칙이다.
> • 중앙정부의 역할은 지방정부의 기능을 보완하는 측면에 국한해야 한다.

① 포괄성의 원칙
② 가외성의 원칙
③ 효율성의 원칙
④ 보충성의 원칙
⑤ 충분재정의 원칙

해설

[❹ ▶ ○] 보충성의 원칙에 대한 설명이다. 한편, 효율성의 원칙은 지방세의 주민부담 측면에서 인정되는 원칙으로, 지방세는 자원배분의 효율화에 기여해야 한다는 원칙을 말한다. 충분재정의 원칙은 지방세의 재정수입 측면에서 인정되는 원칙으로 지방세는 지방자치를 위하여 충분한 금액이어야 한다는 원칙을 말한다.

답 ❹

08 지방자치법상 지방자치단체의 사무 배분 및 처리의 기본원칙에 관한 설명으로 옳지 않은 것은?

23 행정사 제11회

① 국가는 국가와 지방자치단체 간의 사무를 주민의 편익증진 등을 고려하여 서로 중복되지 아니하도록 배분하여야 한다.
② 국가가 지방자치단체에 사무를 배분할 때에는 관련 사무를 포괄적으로 배분하여야 한다.
③ 도와 시·군이 사무를 처리할 때 사무가 서로 겹치면 도에서 먼저 처리한다.
④ 지방자치단체는 조직과 운영을 합리적으로 하고 규모를 적절하게 유지하여야 한다.
⑤ 시·군 및 자치구는 해당 구역을 관할하는 시·도의 조례를 위반하여 사무를 처리할 수 없다.

해설

[❶ ▶ ○] 국가는 지방자치단체가 사무를 종합적·자율적으로 수행할 수 있도록 국가와 지방자치단체 간 또는 지방자치단체 상호 간의 사무를 주민의 편익증진, 집행의 효과 등을 고려하여 서로 중복되지 아니하도록 배분하여야 한다(지방자치법 제11조 제1항).

[❷ ▶ ○] 국가가 지방자치단체에 사무를 배분하거나 지방자치단체가 사무를 다른 지방자치단체에 재배분할 때에는 사무를 배분받거나 재배분받는 지방자치단체가 그 사무를 자기의 책임하에 종합적으로 처리할 수 있도록 관련 사무를 포괄적으로 배분하여야 한다(지방자치법 제11조 제3항).

[❸ ▶ ×] 국가는 제1항에 따라 사무를 배분하는 경우 지역주민생활과 밀접한 관련이 있는 사무는 원칙적으로 시·군 및 자치구의 사무로, 시·군 및 자치구가 처리하기 어려운 사무는 시·도의 사무로, 시·도가 처리하기 어려운 사무는 국가의 사무로 각각 배분하여야 한다(지방자치법 제11조 제2항).

[❹ ▶ ○] 지방자치단체는 사무를 처리할 때 주민의 편의와 복리증진을 위하여 노력하여야 한다. 지방자치단체는 조직과 운영을 합리적으로 하고 규모를 적절하게 유지하여야 한다(지방자치법 제12조 제1항 및 제2항).

[❺ ▶ ○] 지방자치단체는 법령을 위반하여 사무를 처리할 수 없으며, 시·군 및 자치구는 해당 구역을 관할하는 시·도의 조례를 위반하여 사무를 처리할 수 없다(지방자치법 제12조 제3항).

답

09 지방자치법상 국가와 지방자치단체 간의 관계에 관한 설명으로 옳은 것은?   25 행정사 제13회

① 행정협의조정위원회는 지방자치 발전과 지역 간 균형발전에 관련되는 주요 정책을 심의하는 것을 목적으로 한다.
② 지방자치단체나 그 장이 위임받아 처리하는 국가사무에 관하여 시·군 및 자치구에서는 1차로 주무부장관의 지도·감독을 받는다.
③ 행정협의조정위원회의 위원장은 국무총리로 한다.
④ 행정안전부장관은 지방자치단체의 자치사무에 관하여 법령 위반사항에 대해서만 서류·장부 또는 회계를 감사할 수 있다.
⑤ 중앙행정기관의 장과 지방자치단체의 장이 사무를 처리할 때 의견을 달리하는 경우 이를 협의·조정하기 위하여 지방자치단체중앙분쟁조정위원회를 둔다.

해설

[❶▶×] 지방자치 발전과 지역 간 균형발전에 관련되는 주요 정책을 심의하는 것을 목적으로 하는 것은 중앙지방협력회의이다(지방자치법 제186조 제1항 참조). 행정협의조정위원회는 중앙행정기관의 장과 지방자치단체의 장이 사무를 처리할 때 의견을 달리하는 경우 이를 협의·조정하는 것을 목적으로 한다(지방자치법 제187조 제1항 참조).
[❷▶×] 지방자치단체나 그 장이 위임받아 처리하는 국가사무에 관하여 시·군 및 자치구에서는 1차로 시·도지사의 지도·감독을 받고, 2차로 주무부장관의 지도·감독을 받는다(지방자치법 제185조 제1항).
[❸▶×] 행정협의조정위원회의 위원장은 그 밖에 지방자치에 관한 학식과 경험이 풍부한 사람 중에서 국무총리가 위촉하는 4명의 위촉위원 중에서 국무총리가 위촉한다(지방자치법 제187조 제3항).
[❹▶○] 행정안전부장관이나 시·도지사는 지방자치단체의 자치사무에 관하여 보고를 받거나 서류·장부 또는 회계를 감사할 수 있다. 이 경우 감사는 법령 위반사항에 대해서만 한다(지방자치법 제190조 제1항).
[❺▶×] 중앙행정기관의 장과 지방자치단체의 장이 사무를 처리할 때 의견을 달리하는 경우 이를 협의·조정하기 위하여 국무총리 소속으로 행정협의조정위원회를 둔다(지방자치법 제187조 제1항). 지방자치단체 상호 간 또는 지방자치단체의 장 상호 간에 사무를 처리할 때 의견이 달라 생긴 분쟁의 조정과 행정협의회에서 합의가 이루어지지 아니한 사항에 대하여 협의사항의 조정에 필요한 사항을 심의·의결하기 위하여 행정안전부에 지방자치단체중앙분쟁조정위원회(이하 "중앙분쟁조정위원회"라 한다)를, 시·도에 지방자치단체지방분쟁조정위원회(이하 "지방분쟁조정위원회"라 한다)를 둔다(지방자치법 제166조 제1항).

답 ❹

제3절 지방자치단체의 종류, 기관과 사무

10 지방자치법에 규정된 특별지방자치단체에 관한 내용으로 옳지 않은 것은? 23 행정사 제11회

① 특별지방자치단체는 법인으로 한다.
② 구성 지방자치단체의 장은 특별지방자치단체의 장을 겸할 수 있다.
③ 특별지방자치단체의 의회는 규약으로 정하는 바에 따라 구성 지방자치단체의 의회 의원으로 구성한다.
④ 특별지방자치단체의 구역은 특별한 사정이 있을 때에는 해당 지방자치단체 구역의 일부만을 구역으로 할 수 있다.
⑤ 2개 이상의 지방자치단체가 특별지방자치단체를 설치하는 경우 구성하는 지방자치단체의 지방의회 의결을 거쳐 국무총리의 승인을 받아야 한다.

해설
[❶▶○] 특별지방자치단체는 법인으로 한다(지방자치법 제199조 제3항).
[❷▶○] 특별지방자치단체의 장은 규약으로 정하는 바에 따라 특별지방자치단체의 의회에서 선출한다. 구성 지방자치단체의 장은 지방자치법 제109조에도 불구하고 특별지방자치단체의 장을 겸할 수 있다(지방자치법 제205조 제1항 및 제2항).
[❸▶○] 특별지방자치단체의 의회는 규약으로 정하는 바에 따라 구성 지방자치단체의 의회 의원으로 구성한다. 구성 지방자치단체의 지방의회의원은 지방자치법 제43조 제1항에도 불구하고 특별지방자치단체의 의회 의원을 겸할 수 있다(지방자치법 제204조 제1항 및 제2항).
[❹▶○] 특별지방자치단체의 구역은 구성 지방자치단체의 구역을 합한 것으로 한다. 다만, 특별지방자치단체의 사무가 구성 지방자치단체 구역의 일부에만 관계되는 등 특별한 사정이 있을 때에는 해당 지방자치단체 구역의 일부만을 구역으로 할 수 있다(지방자치법 제201조).
[❺▶×] 2개 이상의 지방자치단체가 공동으로 특정한 목적을 위하여 광역적으로 사무를 처리할 필요가 있을 때에는 특별지방자치단체를 설치할 수 있다. 이 경우 특별지방자치단체를 구성하는 지방자치단체는 상호 협의에 따른 규약을 정하여 구성 지방자치단체의 지방의회 의결을 거쳐 행정안전부장관의 승인을 받아야 한다(지방자치법 제199조 제1항).

답 ❺

11 자치경찰제에 관한 설명으로 옳지 않은 것은? 24 행정사 제12회

① 2006년 제주특별자치도 자치경찰제 시범 도입에 이어 2021년부터 본격적으로 자치경찰제가 시행되었다.
② 자치경찰사무로 지역 내 주민의 생활안전 활동과 교통활동에 관한 사무가 있다.
③ 광역자치단체장 소속으로 시·도자치경찰위원회가 자치경찰사무를 관장한다.
④ 시·도 자치경찰위원회는 시·도지사의 지휘감독을 받아 자치경찰사무를 수행한다.
⑤ 국가경찰사무는 국민의 생명·신체 및 재산의 보호, 범죄의 예방·진압 및 수사 등이다.

해설

[❶ ▶ ○] 2006년 7월 1일 제주특별자치도에서 자치경찰제도를 도입하여 약 15년 동안 시범적으로 운영하여 오다가 2021년 7월 1일 「국가경찰과 자치경찰의 조직 및 운영에 관한 법률」의 시행으로 전국적으로 자치경찰제가 확대·시행되었다.

[❷ ▶ ○] 「국가경찰과 자치경찰의 조직 및 운영에 관한 법률」 제4조 제1항 제2호 가목, 나목

> **국가경찰과 자치경찰의 조직 및 운영에 관한 법률 제4조(경찰의 사무)** ① 경찰의 사무는 다음 각 호와 같이 구분한다.
> 1. 국가경찰사무 : 제3조에서 정한 경찰의 임무를 수행하기 위한 사무. 다만, 제2호의 자치경찰사무는 제외한다.
> 2. 자치경찰사무 : 제3조에서 정한 경찰의 임무 범위에서 관할 지역의 생활안전·교통·경비·수사 등에 관한 다음 각 목의 사무
>   가. 지역 내 주민의 생활안전 활동에 관한 사무
>   나. 지역 내 교통활동에 관한 사무
>   다. 지역 내 다중운집 행사 관련 혼잡 교통 및 안전 관리
>   라. 다음의 어느 하나에 해당하는 수사사무

[❸ ▶ ○] 자치경찰사무를 관장하게 하기 위하여 특별시장·광역시장·특별자치시장·도지사·특별자치도지사(이하 "시·도지사"라 한다) 소속으로 시·도자치경찰위원회를 둔다(국가경찰과 자치경찰의 조직 및 운영에 관한 법률 제18조 제1항).

[❹ ▶ ×] 시·도자치경찰위원회는 합의제 행정기관으로서 그 권한에 속하는 업무를 독립적으로 수행한다(국가경찰과 자치경찰의 조직 및 운영에 관한 법률 제18조 제2항).

> [참고] 시·도 경찰청장
> 시·도 경찰청장은 ⑦ 국가경찰사무에 대해서는 경찰청장의 지휘·감독을, ⓒ 자치경찰사무에 대해서는 시·도자치경찰위원회의 지휘·감독을 받는다. 다만, ⓒ 수사에 관한 사무에 대해서 국가수사본부장의 지휘·감독을 받는다(국가경찰과 자치경찰의 조직 및 운영에 관한 법률 제28조 제3항).

[❺ ▶ ○] 국가경찰과 자치경찰의 조직 및 운영에 관한 법률 제4조 제1항 제1호, 제3조 제1호·제2호 등

> **국가경찰과 자치경찰의 조직 및 운영에 관한 법률 제4조(경찰의 사무)** ① 경찰의 사무는 다음 각 호와 같이 구분한다.
> 1. 국가경찰사무 : 제3조에서 정한 경찰의 임무를 수행하기 위한 사무. 다만, 제2호의 자치경찰사무는 제외한다.
>
> **국가경찰과 자치경찰의 조직 및 운영에 관한 법률 제3조(경찰의 임무)** 경찰의 임무는 다음 각 호와 같다.
> 1. 국민의 생명·신체 및 재산의 보호
> 2. 범죄의 예방·진압 및 수사
> 3. 범죄피해자 보호
> 4. 경비·요인경호 및 대간첩·대테러 작전 수행
> 5. 공공안녕에 대한 위험의 예방과 대응을 위한 정보의 수집·작성 및 배포
> 6. 교통의 단속과 위해의 방지
> 7. 외국 정부기관 및 국제기구와의 국제협력
> 8. 그 밖에 공공의 안녕과 질서유지

답 ❹

12 우리나라 지방자치단체의 유형과 특징에 관한 설명으로 옳지 않은 것은?

① 지방자치단체에는 특별시, 광역시, 도, 특별자치도, 특별자치시와 시·군·구(자치구)가 포함된다.
② 두 개 이상의 지방자치단체가 특정한 목적을 위하여 법인으로서의 특별지방자치단체를 설치할 수 있다.
③ 특별시, 광역시 및 특별자치시가 아닌 인구 100만 이상의 시는 특례시 명칭을 부여받고 자치구를 둔다.
④ 모든 지방자치단체는 법령의 범위를 벗어나 사무 처리와 조례 제정을 할 수 없다.
⑤ 특별시·광역시 또는 특별자치시가 아닌 인구 50만 이상의 시는 자치구가 아닌 구를 둘 수 있다.

해설

[❶ ▶ ○] 지방자치단체는 ㉠ 특별시, 광역시, 특별자치시, 도, 특별자치도, ㉡ 시, 군, 구 등의 두 가지 종류로 구분한다(지방자치법 제2조 제1항).

[❷ ▶ ○] 2개 이상의 지방자치단체가 공동으로 특정한 목적을 위하여 광역적으로 사무를 처리할 필요가 있을 때에는 특별지방자치단체를 설치할 수 있다. 이 경우 특별지방자치단체를 구성하는 지방자치단체(이하 "구성 지방자치단체")는 상호 협의에 따른 규약을 정하여 구성 지방자치단체의 지방의회 의결을 거쳐 행정안전부장관의 승인을 받아야 한다(지방자치법 제199조 제1항). [예] 부산울산경남특별연합(부산, 울산, 경상남도를 구성 지방자치단체로 하는 특별지방자치단체로 2022.4.19. 공식 출범)

[❸ ▶ ×] 특별시, 광역시 및 특별자치시가 아닌 인구 100만 이상의 시는 관계법률이 정하는 바에 따라 특례시가 될 수 있으나, 자치구는 둘 수 없다. 자치구는 특별시와 광역시의 관할 구역 안에 둔다(지방자치법 제198조, 제3조 제2항).

[❹ ▶ ○] 지방자치법 제12조 제3항, 제28조 제1항 참조

> **지방자치법 제12조(사무처리의 기본원칙)** ③ 지방자치단체는 법령을 위반하여 사무를 처리할 수 없으며, 시·군 및 자치구는 해당 구역을 관할하는 시·도의 조례를 위반하여 사무를 처리할 수 없다.
>
> **지방자치법 제28조(조례)** ① 지방자치단체는 법령의 범위에서 그 사무에 관하여 조례를 제정할 수 있다. 다만, 주민의 권리 제한 또는 의무 부과에 관한 사항이나 벌칙을 정할 때에는 법률의 위임이 있어야 한다.

[❺ ▶ ○] 특별시·광역시 또는 특별자치시가 아닌 인구 50만 이상의 시에는 자치구가 아닌 구를 둘 수 있고([예] 성남시 분당구), 군에는 읍·면을 두며, 시와 구(자치구를 포함한다)에는 동을, 읍·면에는 리를 둔다(지방자치법 제3조 제3항).

답 ❸

13 2018년 전국동시지방선거 개표 후 한 팀원들이 티타임에 나눈 대화이다. 다음 2018년 전국동시지방선거 당시 대화자들의 주민등록지를 고려할 때 대화내용이 우리나라 지방자치의 실제와 맞지 않는 사람은?

20 행정사 제8회

- 세종특별자치시 : A, D
- 서울특별시 관악구 : B
- 성남시 분당구 : C
- 대전광역시 유성구 : E

① A : "제가 투표한 후보가 시장으로 당선되었는데 서울특별시장과 동급 자치계층 시장이라고 우쭐대더군요."
② B : "제 고향 제주시에 사시는 부모님은 원하시는 후보들이 제주시의원과 제주도의원으로 당선되었다네요. 제가 보기에도 역량 있는 지역일꾼들로 고향 발전이 기대됩니다."
③ C : "분당구는 웬만한 시 규모 이상의 인구가 사는데 구의원 선거투표하려니 투표대상이 아니라고 해서 당황했어요. 제정신 차려서 성남시의원과 경기도의원 후보들 중 제대로 된 인물에 투표했습니다."
④ D : "제 고향은 기장군입니다. 그곳 친구들 말을 들어보니 기장군의원과 부산시의원이 잘 선출되어 제 고향 발전도 기대됩니다."
⑤ E : "저는 대전광역시 유성구에 사는데 시의원은 내가 투표한 분이, 구의원은 내가 투표하지 않은 분이 당선되었어요."

해설

[❶ ▶ ○] 세종특별자치시장과 서울특별시장은 광역자치단체의 장이다.
[❷ ▶ ✕] 제주도(제주특별자치도)는 단층제이므로 제주도의원은 존재하나, 제주시는 자치시가 아니라 행정시에 불과하여 제주시의원은 존재하지 아니한다.
[❸ ▶ ○] 경기도와 성남시는 지방자치단체이지만, 분당구는 자치단체(자치구)가 아닌 행정구에 불과하므로, C는 성남시의원이나 경기도의원 후보들 중에 투표를 하여야 한다.
[❹ ▶ ○] 부산광역시 기장군에 사는 D의 친구들은 부산시의원(광역의회 의원)과 기장군의원(기초의회 의원)에 대한 선거권이 있다.
[❺ ▶ ○] 대전광역시 유성구에 사는 E는 대전광역시의원(광역의회 의원)과 유성구의원(기초의회 의원)에 대한 선거권이 있다.

답 ❷

14 지방자치법상 지방의회 의원의 징계 종류로 옳지 않은 것은? 25 행정사 제13회

① 공개회의에서의 경고
② 재적의원 3분의 2 이상의 찬성에 의한 제명
③ 재적의원 4분의 1 이상의 발의와 재적의원 과반수의 찬성에 의한 해임
④ 30일 이내의 출석 정지
⑤ 공개회의에서의 사과

해설

[❶▶○] [❷▶○] [❹▶○] [❺▶○]

> **지방자치법 제100조(징계의 종류와 의결)** ① 징계의 종류는 다음과 같다.
> 1. 공개회의에서의 경고❶
> 2. 공개회의에서의 사과❺
> 3. 30일 이내의 출석정지❹
> 4. 제 명
> ② 제1항 제4호에 따른 제명 의결에는 재적의원 3분의 2 이상의 찬성이 있어야 한다.❷

[❸▶×] "재적의원 4분의 1 이상의 발의와 재적의원 과반수의 찬성에 의한 해임"은 지방자치법상 지방의회 의원의 징계의 종류에 해당하지 아니한다.

답 ❸

15 지방자치법상 지방자치단체의 보조기관에 해당하는 것은?　　　25 행정사 제13회

① 부지사·부시장·부군수·부구청장
② 사업소
③ 합의제행정기관
④ 자문기관
⑤ 출장소

해설

[❶▶○] 지방자치단체의 집행기관에는 지방자치단체의 장, 보조기관, 소속행정기관, 하부행정기관, 교육·과학·체육기관이 있다. 지방자치법상 지방자치단체의 보조기관에는 부지사·부시장·부군수·부구청장이 있다(지방자치법 제6장 제2절 보조기관, 제123조[부지사·부시장·부군수·부구청장]).

[❷▶×] [❸▶×] [❹▶×] [❺▶×] 사업소, 합의제행정기관, 자문기관, 출장소는 지방자치단체의 소속행정기관에 해당한다(지방자치법 제6장 제3절 소속행정기관, 제126조[직속기관], 제127조[사업소], 제128조[출장소], 제129조[합의제행정기관], 제130조[자문기관의 설치]).

지방자치법상 지방자치단체의 집행기관

지방자치단체의 장		특별시에 특별시장, 광역시에 광역시장, 특별자치시에 특별자치시장, 도와 특별자치도에 도지사를 두고, 시에 시장, 군에 군수, 자치구에 구청장을 둔다.
보조기관		특별시·광역시 및 특별자치시에 부시장, 도와 특별자치도에 부지사, 시에 부시장, 군에 부군수, 자치구에 부구청장을 둔다.
소속행정기관	직속기관	지방자치단체는 소관 사무의 범위에서 필요하면 대통령령이나 대통령령으로 정하는 범위에서 그 지방자치단체의 조례로 자치경찰기관(제주특별자치도만 해당한다), 소방기관, 교육훈련기관, 보건진료기관, 시험연구기관 및 중소기업지도기관 등을 직속기관으로 설치할 수 있다.
	사업소	지방자치단체는 특정 업무를 효율적으로 수행하기 위하여 필요하면 대통령령으로 정하는 범위에서 그 지방자치단체의 조례로 사업소를 설치할 수 있다.
	출장소	지방자치단체는 외진 곳의 주민의 편의와 특정지역의 개발 촉진을 위하여 필요하면 대통령령으로 정하는 범위에서 그 지방자치단체의 조례로 출장소를 설치할 수 있다.
	합의제 행정기관	지방자치단체는 소관 사무의 일부를 독립하여 수행할 필요가 있으면 법령이나 그 지방자치단체의 조례로 정하는 바에 따라 합의제행정기관을 설치할 수 있다.
	자문기관	지방자치단체는 소관 사무의 범위에서 법령이나 그 지방자치단체의 조례로 정하는 바에 따라 자문기관(소관 사무에 대한 자문에 응하거나 협의, 심의 등을 목적으로 하는 심의회, 위원회 등을 말한다. 이하 같다)을 설치·운영할 수 있다.
하부행정기관(의 장)		자치구가 아닌 구에 구청장, 읍에 읍장, 면에 면장, 동에 동장을 둔다. 이 경우 면·동은 행정면·행정동을 말한다.
교육·과학·체육기관		지방자치단체의 교육·과학 및 체육에 관한 사무를 분장하기 위하여 별도의 기관을 둔다.

답 ❶

제4절 지방자치단체의 재정

16 중앙정부에 의한 지방재정조정제도의 형태가 아닌 것은?   22 행정사 제10회

① 국고보조금
② 지방교부세
③ 국가균형발전특별회계
④ 조정교부금
⑤ 국고부담금

해설

[❹ ▶ ✕] 지방재정조정제도는 지방자치단체의 최소한의 행정수준을 제공하고 자치단체 간의 재정격차를 해소하기 위한 제도로 중앙정부에 의한 지방재정조정제도와 광역자치단체의 지방재정조정제도로 구분된다. 전자에는 ① 국고보조금, ② 지방교부세, ③ 국가균형발전특별회계, ⑤ 국고부담금 등이 포함되고, 후자에는 ④ 조정교부금이 포함된다.

답 ❹

17 우리나라 지방교부세에 관한 설명으로 옳지 않은 것은?   14 행정사 제2회

① 지방교부세는 본질적으로 지방자치단체의 공유적 독립재원에 속한다.
② 보통교부세는 사용용도가 정해져 있지 않은 일반재원이다.
③ 지방자치단체 간 재정불균형을 조정할 수 있을 뿐만 아니라 중앙정부와 지방자치단체 간 수직적 재정균형을 조정하는 기능도 가지고 있다.
④ 지방자치단체들은 재정자립도 향상 차원에서 지방교부세의 증액을 위해 노력하고 있다.
⑤ 현행 제도상 보통교부세를 교부받지 않는 지방자치단체도 존재하고 있다.

해설

[❶ ▶ ○] 지방교부세는 국가가 재정적 결함이 있는 지방자치단체에 교부하는 금전으로, 국가가 자의적으로 교부할 수 없고 내국세 총액의 일정비율과 종합부동산세, 개별소비세, 전년도 결산정산액을 지방교부세의 재원으로 하고 있으므로 모든 지방자치단체가 공유하는 독립재원에 해당한다.
[❷ ▶ ○] 보통교부세는 지방교부세 중 용도를 제한하지 않고 교부하는 무조건적인 교부금으로, 일반재원에 속한다.
[❸ ▶ ○] 지방교부세는 국가와 지방자치단체, 지방자치단체 상호 간의 재정불균형을 시정하기 위한 수직적·수평적 재정조정제도에 해당한다.
[❹ ▶ ✕] 지방자치단체들이 재정자립도 향상을 원한다면 지방교부세나 국고보조금 같은 의존재원이 아니라 지방세와 세외수입과 같은 자주재원 확보를 위해 노력할 것이다.
[❺ ▶ ○] 보통교부세는 해마다 기준재정수입액이 기준재정수요액에 못 미치는 지방자치단체에 그 미달액을 기초로 교부하므로(지방교부세법 제6조 제1항 본문), 현재 재정도가 높은 서울, 경기, 수원, 용인 등 일부 지방자치단체의 경우에는 보통교부세를 교부받지 아니하고 있다.

답 ❹

18 우리나라의 지방세가 아닌 것은?   20 행정사 제8회

① 종합부동산세
② 담배소비세
③ 재산세
④ 취득세
⑤ 레저세

해설

[❶ ▶ ×] ② 담배소비세, ③ 재산세, ④ 취득세, ⑤ 레저세 등은 지방세이나, ① 종합부동산세는 국세에 해당한다.

답 ❶

19 현재 우리나라의 지방재원에 관한 설명으로 옳은 것은?   21 행정사 제9회

① 지방교부세는 과세용도에 따라 보통세와 목적세로 나눈다.
② 세외수입은 재원의 성격상 의존재원이다.
③ 국고보조금은 재원의 성격상 자체재원이다.
④ 특정재원과 달리 일반재원은 지방자치단체가 어떠한 경비로도 자유롭게 지출할 수 있는 재원이다.
⑤ 지방세 수입에는 사용료, 수수료, 재산임대수입 등이 있다.

해설

[❶ ▶ ×] 지방교부세는 과세용도에 따라 보통교부세, 특별교부세, 소방안전교부세, 부동산교부세로 구분된다. 보통세와 목적세로 구분되는 것은 지방세이다.
[❷ ▶ ×] 세외수입은 지방자치단체 자체수입 가운데 지방세 이외의 수입을 총칭하는 개념으로 재원의 성격상 자주재원에 해당한다.
[❸ ▶ ×] 국고보조금과 지방교부세는 국가로부터 지원받는 의존재원이다. 지방세와 세외수입은 지방자치단체의 자체수입으로 자주재원(자체재원)에 해당한다.
[❹ ▶ ○] 일반재원은 어떠한 경비에도 자유롭게 지출할 수 있는 재원을 말하고, 특정재원은 지출할 수 있는 용도가 한정되어 있는 재원(예 국고보조금)을 말한다.
[❺ ▶ ×] 지방세는 과세용도에 따라 보통세와 목적세로 구분할 수 있고 보통세는 전체세입으로 전체세출에 충당하는 일반 용도의 조세로 등록면허세, 취득세, 지방소비세 등이 이에 속하고, 목적세는 특정세입으로 특정세출에 충당하는 특정용도의 조세로 지역자원시설세, 지방교육세 등이 속한다. 사용료, 수수료, 재산임대수입 등은 지방세가 아니라 세외수입(경상세외수입)에 해당한다.

답 ❹

20 지방공기업에 관한 설명으로 옳은 것은?

① 일반회계와는 별도로 지방의회의 예산 심의 및 의결이 필요 없는 특별회계로 운영된다.
② 지방공기업법의 적용을 받기 때문에 지방자치법의 적용대상은 아니다.
③ 지방자치단체가 지역주민의 복리증진 등을 목적으로 직접 설치·경영하거나 법인을 설립하여 경영하는 기업이다.
④ 지방자치단체로부터 독립해 있기 때문에 지방자치단체의 통제를 받지 않는다.
⑤ 지방공사 및 지방공단에 소속된 직원은 신분이 지방공무원이다.

해설

[❶ ▶ ×] 지방공기업 중 지방직영기업의 예산은 특별회계로 운영되며 지방자치단체의 장이 사업연도가 시작되기 전에 예산안을 의회에 제출하여 의결을 받아야 한다(지방공기업법 제13조 본문, 제26조 제1항). 지방공기업 중 지방공사·공단의 예산은 이사회의 의결로 확정된다(동법 제65조, 제76조 제2항).

[❷ ▶ ×] 지방공기업 중 지방직영기업에 대하여는 지방공기업법에서 규정한 사항을 제외하고는 지방자치법, 지방재정법, 그 밖의 관계 법령을 적용한다(지방공기업법 제6조). 지방공기업 중 지방공사에 대하여는 지방공기업법에서 규정한 사항을 제외하고는 그 성질에 반하지 아니하는 범위에서 상법 중 주식회사에 관한 규정 준용한다(지방공기업법 제75조).

[❸ ▶ ○] 지방공기업에는 지방자치단체가 자신의 조직과 직원으로 직접 경영하는 지방직영기업과 자치단체가 조례로 법인을 설립하여 간접 경영하는 지방공사, 지방공단, 지방공사·공단 외의 출자·출연법인 등이 포함된다.

[❹ ▶ ×] 지방자치단체의 장은 지방공기업의 설립·운영 등 지방공기업의 운영을 관리·감독한다.

[❺ ▶ ×] 지방공사 및 지방공단에 소속된 직원은 공무원으로 볼 수 없으나, 지방직영기업에 속한 직원들은 공무원에 해당한다.

답 ❸

제5절 지방자치와 주민

21 지방자치법상 명시된 주민직접참여제도로 바르게 묶인 것은?　17 행정사 제5회

① 주민투표, 주민감사, 주민발안
② 주민발안, 주민총회, 주민감사청구
③ 주민투표, 주민감사청구, 주민소환
④ 주민소송, 주민소환, 주민총회
⑤ 주민감사, 주민소송, 주민총회

해설

[❸ ▶ ○] 지방자치법상 명시된 주민직접참여제도는 <u>주민투표</u>(지방자치법 제18조), <u>주민감사청구</u>(지방자치법 제21조), <u>주민소송</u>(지방자치법 제22조), <u>주민소환</u>(지방자치법 제25조), 주민발안제도의 일종으로 거론되는 조례의 제정과 개정·폐지 청구(지방자치법 제19조)가 있다. 지방자치법상 <u>주민총회는 도입되지 아니하였고</u>, 주민이 상급자치단체의 장이나 중앙행정기관의 장에게 감사를 청구할 수 있는 '<u>주민감사청구</u>'가 인정되는 것이지 '주민감사'가 인정되는 것은 아니다.

> 주민총회란 스위스의 직접민주제에 의한 최고의결기구인 란트슈게마인데에서 비롯된 단어로 지역현안에 대하여 해당 읍·면·동 주민이면 누구나 참여하여 주민자치 활동과 계획 등 자치활동을 논의하고 결정하는 주민 공론의 장을 말한다.

답 ❸

22 우리나라 지방자치제도에 있어서 주민의 권리에 관한 내용으로 옳지 않은 것은?　22 행정사 제10회

① 주민 A씨(30세)는 자신이 살고 있는 지역의 지방자치단체 발전과 운영에 기여할 수 있다.
② ○○시 주민 B씨(20세)는 청년일자리 창출에 관한 조례의 필요성에 따라 요건을 갖추어 ○○시 조례의 제정을 청구하였다.
③ 지방자치단체 외국인등록대장에 등록된 베트남국적 C씨(45세)는 국내에 영주할 수 있는 체류자격 취득일 후 현재 3년이 지났지만, 외국인이기 때문에 지방자치단체의 위법행위에 대한 감사를 청구할 수 없다.
④ ○○시 비례대표 시의원의 심각한 불법행위 문제를 알고 있는 ○○시 주민 D씨(55세)는 주민소환투표 청구를 위한 요건을 갖추더라도 주민소환권을 행사할 수 없다.
⑤ ○○시 주민 E씨(57세)는 시의 공금 지출에 관한 사항의 위법에 대해 감사청구한 자로서, 그 감사 결과에 불복하고 법적 요건을 갖추어 시장을 상대로 주민소송을 제기하였다.

해설

[❶ ▶ ○]   주민 A씨(30세)는 지방자치법상 명시된 주민투표(지방자치법 제18조), 주민감사청구(동법 제21조), 주민소송(동법 제22조), 주민소환(동법 제25조) 등이나, 조례의 제정과 개정·폐지 청구(동법 제19조)를 통해 자신이 살고 있는 지역의 지방자치단체 발전과 운영에 기여할 수 있다.

[❷ ▶ ○]   18세 이상의 주민으로서 ㉠ 해당 지방자치단체의 관할 구역에 주민등록이 되어 있는 사람이나, ㉡ 출입국관리법에 따른 영주(永住)할 수 있는 체류자격 취득일 후 3년이 지난 외국인으로서 같은 법에 따라 해당 지방자치단체의 외국인등록대장에 올라 있는 사람은 해당 지방자치단체의 의회에 조례를 제정하거나 개정 또는 폐지할 것을 청구할 수 있다(주민조례발안에 관한 법률 제2조). 따라서 주민 B씨(20세)는 주민조례청구에 대한 나머지 요건을 구비하여 청년일자리 창출에 관한 조례의 제정을 청구할 수 있다.

[❸ ▶ ×]   지방자치단체 외국인등록대장에 등록된 외국인인 베트남국적 C씨(45세)가 국내에 영주할 수 있는 체류자격 취득일 후 현재 3년이 지났다면 지방자치단체의 위법행위에 대한 감사를 청구할 수 있다.

> **지방자치법 제21조(주민의 감사 청구)**   ① 지방자치단체의 18세 이상의 주민으로서 다음 각 호의 어느 하나에 해당하는 사람(공직선거법 제18조에 따른 선거권이 없는 사람은 제외. 이하 이 조에서 "18세 이상의 주민")은 시·도는 300명, 제198조에 따른 인구 50만 이상 대도시는 200명, 그 밖의 시·군 및 자치구는 150명 이내에서 그 지방자치단체의 조례로 정하는 수 이상의 18세 이상의 주민이 연대 서명하여 그 지방자치단체와 그 장의 권한에 속하는 사무의 처리가 법령에 위반되거나 공익을 현저히 해친다고 인정되면 시·도의 경우에는 주무부장관에게, 시·군 및 자치구의 경우에는 시·도지사에게 감사를 청구할 수 있다.
> 1. 해당 지방자치단체의 관할 구역에 주민등록이 되어 있는 사람
> 2. 출입국관리법 제10조에 따른 영주(永住)할 수 있는 체류자격 취득일 후 3년이 경과한 외국인으로서 같은 법 제34조에 따라 해당 지방자치단체의 외국인등록대장에 올라 있는 사람

[❹ ▶ ○]   비례대표 지방의회 의원은 주민소환투표의 대상이 아니므로(지방자치법 제25조 제1항), 주민 D씨(55세)는 비례대표 시의원의 심각한 불법행위 문제를 알고 있더라도 주민소환 투표 청구를 위한 요건을 갖추어 주민소환권을 행사할 수 없다.

[❺ ▶ ○]   주민 E씨(57세)가 시의 공금 지출에 관한 사항의 위법에 대해 감사청구하였다면 감사 결과에 불복하는 경우 주민소송에 대한 나머지 요건을 구비하여 시장을 상대로 주민소송을 제기할 수 있다.

> **지방자치법 제22조(주민소송)**   ① 제21조 제1항에 따라 공금의 지출에 관한 사항, 재산의 취득·관리·처분에 관한 사항, 해당 지방자치단체를 당사자로 하는 매매·임차·도급 계약이나 그 밖의 계약의 체결·이행에 관한 사항 또는 지방세·사용료·수수료·과태료 등 공금의 부과·징수를 게을리한 사항을 감사 청구한 주민은 다음 각 호의 어느 하나에 해당하는 경우에 그 감사 청구한 사항과 관련이 있는 위법한 행위나 업무를 게을리한 사실에 대하여 해당 지방자치단체의 장(해당 사항의 사무처리에 관한 권한을 소속기관의 장에게 위임한 경우에는 그 소속기관의 장)을 상대방으로 하여 소송을 제기할 수 있다.
> 2. 제21조 제9항 및 제10항에 따른 감사 결과 또는 같은 조 제12항에 따른 조치 요구에 불복하는 경우

달 ❸

23 우리나라 주민소환제에 관한 설명으로 옳은 것은?

① 주민이 지방정부의 정책결정이나 행정과정에 직접 참여하여 지역의 주요 현안을 함께 협의·결정하는 제도이다.
② 주민소환투표결과의 확정은 주민소환투표권자 총수의 과반수 투표와 유효투표 총수 과반수의 찬성을 요한다.
③ 비례대표선거구 의원을 포함한 지방의회의원과 지방자치단체의 장이 그 대상이 된다.
④ 위법·부당행위, 정치적 무능력, 직무유기, 독단적인 행정운영 등 지방자치제의 폐단을 방지하는 데 목적이 있다.
⑤ 주민에게 손해를 입힌 경우, 관련 감사기관에 감사를 청구하여 그 시정을 요구하는 제도이다.

해설

[❶ ▶ ×] 주민이 지방정부의 정책결정이나 행정과정에 직접 참여하여 지역의 주요 현안을 함께 협의·결정하는 제도로 볼 수 있는 것은 주민투표제이다(지방자치법 제18조, 주민투표법 제1조).
[❷ ▶ ×] 주민소환은 주민소환투표권자 총수의 3분의 1 이상의 투표와 유효투표 총수 과반수의 찬성으로 확정된다(주민소환에 관한 법률 제22조 제1항).
[❸ ▶ ×] 주민은 그 지방자치단체의 장 및 지방의회의원(비례대표 지방의회의원은 제외한다)을 소환할 권리를 가진다(지방자치법 제25조 제1항). 즉, 주민소환은 선출직 지방공직자인 해당 지방자치단체의 장 및 (지역구) 지방의회의원이 그 대상이 되며, 비례대표 지방의회 의원(비례대표선거구시·도의회의원 및 비례대표선거구자치구·시·군의회의원)은 제외된다(주민소환에 관한 법률 제7조 제1항).
[❹ ▶ ○] 주민소환제는 위법·부당행위, 정치적 무능력, 직무유기, 독단적인 행정운영 등 지방자치제의 폐단을 방지하는 데 목적이 있다.
[❺ ▶ ×] 주민소환제는 선출직 공직자를 임기 중에 주민이 소환하여 퇴출시키는 제도로, 주민에게 손해를 입힌 경우 관련 감사기관에 감사를 청구하여 그 시정을 요구하는 주민감사청구제도와 구별하여야 한다.

답 ❹

24 주민소송제에 관한 설명으로 옳은 것은?

① 주민들이 공직자를 재직 중에 불신임해 그만두게 하는 제도로서 가장 적극적이고 강력한 참여의 형태이다.
② 지역의 주요 안건을 해결하는 제도로서 지방자치단체의 중요한 사항에 대하여 결정권을 행사하는 제도이다.
③ 선출직 공직자를 임기 중에 소환해 파면시키는 제도이다.
④ 주민이 감사청구한 일정한 재무회계 사항과 관련이 있는 지방자치단체의 장 등의 위법한 행위 등에 대하여 손해를 배상하게 하는 제도이다.
⑤ 주민이 능동적이고 적극적으로 지방자치단체의 장이나 의회의원 권한의 일부를 제약하거나 행사한다.

해설

[❶▸×][❸▸×] 선출직 공직자를 임기 중에 소환해 파면시키는 제도로서 주민들이 공직자를 재직 중에 불신임해 그만두게 하는 제도는 주민소환제도이다.
[❷▸×][❺▸×] 지역의 주요 안건을 해결하는 제도로서 지방자치단체의 중요한 사항에 대하여 결정권을 행사하는 제도는 주민투표제도이다. 주민투표는 주민이 능동적이고 적극적으로 지방자치단체의 장이나 의회의원 권한의 일부를 제약하거나 행사하는 제도이다.
[❹▸○] 주민이 감사청구한 일정한 재무회계 사항과 관련이 있는 지방자치단체의 장 등의 위법한 행위 등에 대하여 손해를 배상하게 하는 제도는 주민소송제도이다.

➡ 우리나라의 주민참여제도

주민조례청구제도	주민발안제도의 일종으로 주민이 지방의회에 조례를 제정하거나 개정하거나 폐지할 것을 청구할 수 있는 제도
주민투표제도	지역의 주요 안건을 해결하는 제도로서 주민에게 과도한 부담을 주거나 중대한 영향을 미치는 지방자치단체의 중요한 사항에 대하여 결정권을 행사하는 제도
주민감사청구제도	지방자치단체와 그 장의 권한에 속하는 사무의 처리가 법령에 위반되거나 공익을 현저히 해친다고 인정되면 주민이 상급자치단체의 장이나 중앙행정기관의 장에게 감사를 청구할 수 있는 제도
주민소송제도	주민이 감사청구한 일정한 재무회계 사항과 관련이 있는 지방자치단체의 장 등의 위법한 행위 등에 대하여 손해를 배상하게 하는 제도
주민소환제도	선출직 공직자(지방자치단체의 장, 교육감, 지역구 지방의회 의원)를 임기 중에 소환해 파면시키는 제도

답 ❹

25 우리나라는 도·농 통합이나 행정구역개편을 통하여 지속적으로 통합을 전개해왔는데, 가장 최근에 통합한 도시는?

24 행정사 제12회

① 청주시 + 청원군 = 청주시
② 창원시 + 마산시 + 진해시 = 창원시
③ 여수시 + 여천시 + 여천군 = 여수시
④ 춘천시 + 춘천군 = 춘천시
⑤ 천안시 + 천안군 = 천안시

해설

[❶ ▶ ○] 청주시 + 청원군 = 청주시 : 2013년에 통합하였다(충청북도 청주시 설치 및 지원특례에 관한 법률).
[❷ ▶ ×] 창원시 + 마산시 + 진해시 = 창원시 : 2010년에 통합하였다(경상남도 창원시 설치 및 지원특례에 관한 법률).
[❸ ▶ ×] 여수시 + 여천시 + 여천군 = 여수시 : 1998년에 통합하였다(전라남도 여수시 도농복합형태의 시 설치 등에 관한 법률).
[❹ ▶ ×] 춘천시 + 춘천군 = 춘천시 : 1995년에 통합하였다(경기도 남양주 등 33개 도농복합형태의 시 설치 등에 관한 법률).
[❺ ▶ ×] 천안시 + 천안군 = 천안시 : 1995년에 통합하였다(경기도 평택시 등 5개 도농복합형태의 시 설치 등에 관한 법률).

답 ❶

나는 젊었을 때, 10번 시도하면 9번 실패했다.
그래서 10번씩 시도했다.

-조지 버나드 쇼-

2026 시대에듀 행정사 1차 전과목 한권으로 끝내기

개정2판1쇄 발행	2025년 09월 30일(인쇄 2025년 08월 25일)
초 판 발 행	2024년 03월 20일(인쇄 2024년 02월 27일)
발 행 인	박영일
책 임 편 집	이해욱
편 저	박종화 · 시대법학연구소
편 집 진 행	박종필 · 이재성
표지디자인	현수빈
편집디자인	표미영 · 임창규
발 행 처	(주)시대고시기획
출 판 등 록	제10-1521호
주 소	서울시 마포구 큰우물로 75 [도화동 538 성지 B/D] 9F
전 화	1600-3600
팩 스	02-701-8823
홈 페 이 지	www.sdedu.co.kr
I S B N	979-11-383-9756-8 (13360)
정 가	52,000원(1 · 2 · 3권 포함)

※ 이 책은 저작권법의 보호를 받는 저작물이므로 동영상 제작 및 무단전재와 배포를 금합니다.
※ 잘못된 책은 구입하신 서점에서 바꾸어 드립니다.

합격의 공식
온라인 강의

혼자 공부하기 힘드시다면 방법이 있습니다.
시대에듀의 동영상 강의를 이용하시면 됩니다.
www.sdedu.co.kr ➔ 회원가입(로그인) ➔ 강의 살펴보기